*Diccionario
de bolsillo
del español
actual*

Primera edición, 2004

Produce: SGEL-Educación
Avda. Valdelaparra, 29
28108 Alcobendas (Madrid)

Dirección: Dr. Aquilino Sánchez Pérez

© Aquilino Sánchez Pérez, 2004
© Sociedad General Española de Librería, S. A., 2004

ISBN: 84-9778-104-X
Depósito legal: M-

Compone: Amoretti, S.F., S.L.
Imprime:
Encuaderna:

Queda prohibida, salvo excepción prevista en la Ley, cualquier forma de reproducción, distribución, comunicación pública y transformación de esta obra sin contar con la autorización de los titulares de la propiedad intelectual. La infracción de los derechos mencionados puede ser constitutiva de delito contra la propiedad intelectual (Art. 270 y ss. Código Penal): El Centro Español de Derechos Reprográficos (www.cedro.org) vela por el respeto de los citados derechos.

Introducción

I. OBJETIVOS GENERALES

Este diccionario se ha elaborado sobre bases nuevas y con una metodología diferente a lo que es habitual en la mayoría de las obras lexicográficas. No se han tomado otros diccionarios como fuente a partir de la cual se han redactado las definiciones, ni nos hemos limitado a tomar otros diccionarios, o el uso lingüístico propio de las obras literarias como modelos únicos para decidir sobre qué palabras deben ser incluidas o no. Este diccionario es el 'hermano más pequeño' del *Gran Diccionario de Uso del Español Actual*, recientemente publicado, y tiene su fundamento en los ejemplos de uso proporcionados por un corpus equilibrado y representativo de 20 millones de palabras. Es decir, que está avalado por 20 millones de ejemplos de uso sobre los cuales se han redactado las definiciones.

Las fuentes sobre las cuales se basa este diccionario abreviado y el procedimiento utilizado en su elaboración permiten destacar como características más importantes, las siguientes:

1. Es un fiel reflejo del uso lingüístico que hacen del español todos los hablantes nativos, de España e Hispanoamérica, en los últimos años del siglo XX, uso que ciertamente se prolongará en los inicios del siglo XXI. A pesar de las limitaciones impuestas por su tamaño, el presente diccionario incluye cerca de 30.000 voces, y algunos ejemplos en aquellos casos en los que la identificación del significado parece exigirlo.

2. Régimen preposicional de verbos, sustantivos y adjetivos. Las preposiciones que acompañan necesariamente a algunas palabras, especialmente verbos, son también una información de gran utilidad para el uso adecuado del español, especialmente si se trata de encontrar determinados recursos estilísticos o, sobre todo, para el extranjero que busca no solamente el significado, sino también el uso habitual que los hablantes nativos hacen de una lengua:

pendiente de
comulgar con
depende de
sujeto a

3. El estudiante extranjero y el profesor de español como lengua extranjera, sin dejar de lado al profesor de lengua española en los centros docentes reglados, se encuentran con frecuencia ante el problema de cómo separar una palabra cuando el espacio se acaba al final de una línea. El presente diccionario incluye esta información en cada una de las voces definidas. Conviene advertir, no obstante, que la separación silábica al final de línea no debe equipararse de manera exclusiva al concepto de sílaba, desde el punto de vista fonético o morfológico.

4. Sin lugar a dudas, la manera de definir los significados de las palabras merece el mayor esfuerzo en la elaboración de un diccionario. Este ha sido también nuestro objetivo. Hemos abandonado la tradición de definir poniendo el énfasis en características o rasgos abstractos o excesivamente abstractos. Ese tipo de definición presenta con frecuencia dificultades de comprensión, no sólo porque la condensación excesiva de los rasgos semánticos obscurece el significado, sino porque exige también el uso de vocabulario rebuscado y poco habitual en el uso diario. De ahí que nuestra obra pretenda siempre abundar en las definiciones recurriendo a un mayor abanico de rasgos semánticos, describiendo con mayor prolijidad y detalle lo que caracteriza a las palabras y prestando una especial atención a la función de las cosas definidas. Este conjunto de criterios definitorios permite utilizar un lenguaje descriptivo *más sencillo y accesible* y facilita mucho la comprensión.

5. Las casi 30.000 voces que incluye este diccionario se fundamentan en el corpus *Cumbre*, que ha servido de referencia e instrumento de trabajo. El corpus *Cumbre*, dado su alto grado de representatividad respecto a la lengua hablada y escrita en el mundo hispano, nos ha permitido también añadir una información novedosa en la lexicografía española: señalar en cada voz un **indicador de frecuencia de uso**. Es preciso resaltar la importancia de esta información para muchos usuarios de la obra, y especialmente para los profesionales de la lingüística y para los profesores de español como lengua extranjera o como segunda lengua. Saber qué voces son más usadas es una de las más importantes razones para tomar decisiones sobre qué aprender/enseñar en primer lugar y qué dejar para una segunda etapa. Las marcas de frecuencia utilizadas en esta obra son las siguientes:

Ausencia de marca: Frecuencia no significativa

① *Frecuencia baja*
② *Frecuencia moderada*
③ *Frecuencia notable*
④ *Frecuencia alta*
⑤ *Frecuencia muy alta*

7. En la ordenación de los significados propios de cada palabra se ha utilizado tradicionalmente el criterio de la etimología. Nuestro diccionario se desvía de este proceder como modelo único: ha tomado como criterio principal **la frecuencia de uso, tal cual se refleja en el corpus** *Cumbre*: las acepciones más usadas se ofrecen en primer lugar, y luego siguen las menos usadas. Esta ordenación permite al usuario ganar en eficacia a la hora de consultar la obra, ahorrando a menudo el tiempo que requiere la consulta de significados menos pertinentes. Esta norma solamente se rompe en el caso en que la explicación del primer significado histórico de una palabra es la base de partida para comprender o explicar los significados que actualmente prevalecen.

9. Muchas voces cuentan a menudo con «locuciones», «frases hechas», «refranes», etc., que complementan el uso explicitado en las acepciones. De este tema se ocupa nuestro Diccionario en una sección acotada y fácilmente identificable denominada **LOC**. El apartado cuenta también con ejemplos ilustrativos del uso.

II. SEPARACIÓN SILÁBICA AL FINAL DE LÍNEA

La separación silábica al final de línea suele depender en la práctica del buen sentido de quien escribe. No existen normas precisas al respecto, aunque sí es habitual hacer referencia al tema apostillando que 'las palabras deben separarse por sílabas'. Pero ¿qué debe entenderse por sílaba? Porque el concepto de sílaba no depende, en la percepción que de ella tienen los hablantes, solamente de la grafía, sino de otros factores como la pronunciación, la estética y la etimología. El tema se hace más difícil al enfrentarnos a los diptongos, triptongos e hiatos. En un intento, pues, de racionalizar el tema mediante criterios objetivables, la separación silábica se rige por las siguientes normas o reglas:

i. Toda sílaba (que en español está mayoritariamente constituida por el conjunto *consonante+vocal*) debe mantenerse íntegra, aunque conste de más de dos fonemas (aquellas palabras que cuenten con una preposición latina o castellana seguida de *s* u otra consonante, añaden la *s* a dicha preposición): *cons·tan·te, naf·ta·li·na, at·las*.

ii. Los compuestos en los que la etimología aparece como clara o evidente, se separan donde termina uno de sus componentes: *des.ha.cer*. Si la etimología es percibida por los hablantes como menos evidente, se admite tanto la separación por etimología como por conjuntos silábicos (C + V): *no·so·tros/nos·o·tros, de·sa·pa·re·ci·do/des·a·pa·re·ci·do*.

iii. Se evitará dejar sola una vocal al final de una palabra (pero no al principio), aunque constituya sílaba (criterio estético): *Ma·ría, a·ve·ría, ca·ma·feo*.

iv. **Los grupos vocálicos átonos** no se separan nunca, sea cual fuere su posición: *gar·fio, es·te·reos·co·pia, ae·ró·me·tro*.

Excepto,

— si aparece una *h* entre las vocales que constituyen el grupo: *en·de·he·sar*.
— si se trata de un compuesto de clara etimología: *en·tre·a·bier·to*.

v. **Los grupos vocálicos formados por tónica + átona o átona + tónica:**

— si las vocales *i, u* forman parte de dicho grupo, nunca se separan: *cie·lo, en·friar, egip·cía·co, deísta*.

— si las vocales que intervienen en el grupo son la *a, e, o*, en cualquiera de sus posibles combinaciones y la segunda vocal va seguida de una consonante, se separan: *lo.ar, des.le.al, re.al.ce*.
Pero, *tam·ba·lea·do, poe·ta, aor·ta*.

vi. Los triptongos nunca se separan: *des·pre·ciáis, ave·ri·guáis*.

vii. Los prefijos que aparecen en secuencias de consonante-vocal-consonante + vocal-consonante se separan: *des·em·pol·var, des·in·te·rés*.

viii. Las grafías *ch, rr, ll* nunca deben separarse, ya que constituyen un solo sonido: *he·cho, de·rra·mar, aca·llar*.

III. TRANSCRIPCIÓN FONÉTICA

La transcripción fonética es un elemento de ayuda valiosa, fundamentalmente para quien no es nativo del español. Pero si la transcripción fonética resulta un elemento enriquecedor del diccionario, su restricción a un modelo o variante única plantea problemas cuya solución es inviable por razones de espacio físico. De ahí que nos hayamos visto forzados a optar por una representación esencialmente fonémica, simplificando aspectos fonéticos que, aunque son reales, no inciden gravemente en la pronunciación comunicativamente comprensible. Por tal razón no incluimos las variantes fonéticas de la *n* o de la *m* que dependen del contexto próximo, entre otras simplificaciones. Dado el carácter heterogéneo del público al que va orientado nuestro diccionario, hemos utilizado en todo momento la notación del alfabeto fonético internacional, más conocida allende nuestras fronteras que otros sistemas de representación fonética en boga en nuestro país.

En las vocales nos hemos apartado de la práctica habitual de asignarles diacríticos cualitativos. Sí se indica, como es natural, la sílaba tónica por medio de un diacrítico sobre el núcleo vocálico correspondiente.

Equivalencias entre grafías y símbolos fonéticos

GRAFÍA	SÍMBOLO FONÉTICO
p	[p] (paso)
b, v	[b] (*b*ala, *v*ela)
	[ß] (ha*b*ano)
t	[t] (*t*aco)
d	[d] (*d*iente)
	[ð] (re*d*ada)
k, c(+a,o,u), que, qui	[k] (kilo, carro, queso)
g(+o,a,u), gue, gui	[g] (gota, guerra)
	[ɣ] (ceguera, haga)
m; n+v/m	[m] (momia, ambos; convenir, enmienda)
n	[n] (nada, anca, conde...)
ñ	[ɲ] (año)
ch	[t͡ʃ] (chico, cacho)
y	[ĵ] intermedia (a*y*a) e inicial (*y*unque)
f	[f] (fácil)
c(+e, i), z	[θ] (fácil, zorro, ceja) (En Canarias, Andalucía e Hispanoamérica = [s])
s	[s] (saco; asco; asa)
j, g(+e,i)	[x] (ajo, jabón, gerente)
l	[l] (lado)
ll	[ʎ] (llano)
r	[r] (arena)
r (inicial), rr	[rr] (rana, arroz)

Vocales:

a	[a] (pan)
e	[e] (vez)
i	[i] (sí)
o	[o] (sol)
u	[u] (luz)

Diptongos y triptongos

ai	[ai] (aire)	iu	[ju] (viuda)
au	[au] (aura)	ue	[we] (pues)
ei/y	[ei] (ley)	ua	[wa] (casual)
eu	[eu] (reuma)	uo	[wo] (residuo)
oi	[oi] (boina)	ui	[wi] (ruido)
ie	[je] (pie)	uei	[wei] (buey)
ia	[ja] (piano)	uau	[wau] (guau)
io	[jo] (piojo)		

NOTA:
Las sílabas acentuadas se señalan siempre con una tilde sobre la vocal de la sílaba afectada:

[resíðwo], [kánto], [informaθión]

IV. ILUSTRACIÓN DE LA ESTRUCTURA DE CADA VOZ E INFORMACIÓN QUE CONTIENE

Este diccionario ofrece en cada voz las siguientes características:

i. **Separación silábica**, con fines ortográficos, señalando cómo deben separarse las palabras al final de cada línea, etc.

ca·rre·ra, e·gip·cía·co, e·va·cua·ción, a·tuen·do

ii. **Transcripción fonética,** utilizando los símbolos del alfabeto fonético internacional adaptado al español y siguiendo la pronunciación del llamado «español normativo».
cen·su·rar [θensurár]
ca·pa·ra·zón [kaparaθón]

iii. **Parte de la oración a que pertenece la voz definida:**
ca·pe·llán [kapeʎán] *s/m*

iv. **Clase de verbo** (en los verbos)
ca·pi·ta·li·zar [kapitaliθár] *tr*

v. **Género y número** (en los sustantivos)
ca·pi·tán, -ta·na [kapitán] *s/m, f*

vi. **Definición clara y explicada con términos sencillos:**
cen·trar [θentrár] I. *tr* **1.** Colocar en el centro. **2.** Atraer la atención de otros: *Faustino centraba la atención de quienes escuchaban*. **3.** Concentrar los esfuerzos en algo...

vii. **Algunos ejemplos ilustrativos tomados del uso real:**
cen·tro [θéntro] *s/m* **1.** Punto que está a igual distancia de sus extremos. **2.** FIG Parte principal de algo: *El centro de la actividad guerrillera está en las montañas*...

viii. **Ámbitos de uso: Abreviaturas.**
car·bu·rar [karβurár] I. *tr* Mezclar aire y carburante pulverizado para que explosione. II. *intr* COL Funcionar bien una cosa: *Este aparato no carbura*.

ix. **Locuciones más frecuentes:**
pa·la·bra [paláβra] *s/f* ....
LOC **Comerse las palabras,** pronunciarlas precipitadamente. **De palabra,** sólo con promesas, no hechos. **De pocas palabras,** de carácter poco locuaz. **En una palabra,** para resumir. **Tener palabra,** ser serio y responsable en los compromisos.

x. **Régimen y usos preposicionales.**
ca·rac·te·ri·zar [karakteriár] I. *v/tr* (...) RPr Caracterizarse de/por.

xi. **En los verbos: conjugación irregular y tiempos básicos.**
pen·sar [pensár] I. *intr* (...)
CONJ *Irreg: Pienso, pensé, pensaré, pensado.*

xii. **Anotaciones ortográficas y de pronunciación en las voces con peculiaridades dignas de ser tenidas en cuenta.**
car·día·co, -ca [karðíako] (...)
ORT También *Cardiaco.*

xiii. **Ordenación de las acepciones dentro de cada voz:**

La ordenación de acepciones dentro de cada voz se ha ajustado tradicionalmente al criterio de la etimología y derivación etimológica. En el presente diccionario este criterio ha sido o bien cambiado o bien complementado por el de la **frecuencia de uso**. Consideramos que quien consulta el significado de una palabra ahorra tiempo y gana en eficacia si encuentra en primer lugar la acepción que representa un mayor nivel de uso. Por ejemplo, la voz 'carrera' ofrece la siguiente ordenación de significados:

ca·rre·ra [karréra] *s/f* **1.** Acción de correr de un lugar a otro. **2.** Competición deportiva de velocidad. **3.** Estudios universitarios que capacitan para ejercer una determinada profesión. **4.** Profesión para la que uno está capacitado. **5.** En una prenda de vestir, línea de puntos sueltos. LOC **Dar carrera,** pagar los estudios universitarios a alguien.

Abreviaturas

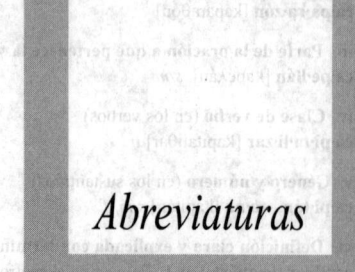

El presente diccionario es parco en el uso de abreviaturas. Se prefiere, en general, especificar el ámbito de uso con plenas palabras. Creemos que esta práctica ayuda a la claridad, evitando que el lector tenga que recurrir con excesiva frecuencia a las tablas de abreviaturas. Éstas son las siguientes:

A

abrev	abreviatura
adj	adjetivo
adv	adverbio
AER	aeronáutica
af	afijo
AGR	agricultura
amb	ambiguo
Amer	americanismo
ANAT	anatomía
ANGL	anglicismo
ANT	antónimo
ARC	arcaico
ARG	argot
Ar	Argentina
ARQ	arquitectura
art	artículo
ART	artes
ASTR	astronomía
aum	aumentativo
AUT	automóvil
aux	auxiliar

B

BIOL	biología
BIOQUÍM	bioquímica
BOT	botánica

C

COM	comercio
col	coloquial
COMP	informática
comp	comparativo
conj	conjunción
cto	complemento
contr	contracto
CULT	cultismo

D

DEP	deportes
DER	Derecho
des	despectivo
dim	diminutivo

E

ECON	economía
ELECTR	electricidad
ej	ejemplo
EQUIT	equitación
esp	especialmente
ETN	etnología
exclam	exclamativo

F

f	femenino
FIG	(sentido) figurado
FIL	filosofía
FÍS	física
FML	formal
frec	frecuentemente

G

GAL	galicismo
gen	generalmente
GEOG	geografía
GEOL	geología

GEOM	geometría	*p ext*	por extensión
ger	gerundio	*p us*	poco usado
GRAM	gramática	*pers*	personal
		PEY	peyorativo
H		*pl*	plural
HIST	historia	POÉT	poético
		pos	posesivo
I		*pp*	participio pasado
imp	imperativo	*pref*	prefijo
imper	impersonal	*prep*	preposición
imperf	imperfecto	*pret*	pretérito, tiempo pasado
ind	indicativo	*pron*	pronombre
indef	indefinido		
indet	indeterminado	**Q**	
indic	indicativo	QUÍM	química
INFML	informal, no formal		
inf	infinitivo	**R**	
int	interjección	REFL(-se)	verbo reflexivo, pronominal o recíproco
inter	interrogativo		
intr	intrasitivo	REL	religión
IR	irónico	*RPr*	régimen preposicional
irreg	irregular	RET	retórica
ital	italianismo		
		S	
L		*s*	nombre, substantivo
LIN	lingüística	SIN	sinónimo
LIT	literario	*sing*	singular
LOC	locución, frase hecha	*subj*	subjuntivo
		suf	sufijo
M		*sup*	superlativo
m	masculino		
MEC	mecánica	**T**	
MAT	matemáticas	TAUR	tauromaquia
MED	medicina	TAB	palabra tabú (debe usarse con cautela, según el contexto)
MIL	militar		
MIT	mitología		
MÚS	música	TEAT	teatro
		TÉC	técnica, tecnología, mecánica
N			
NÁUT	náutica	*tr*	verbo transitivo
num	numeral		
		V	
O		*v*	verbo
ORT	ortografía	VULG	vulgarismo
P		**Z**	
p ej	por ejemplo	ZOOL	zoología

Abreviaturas correspondientes a los países hispanoamericanos:

Ar	*Gu*	*PR*
Bol	*Hon*	*RD*
Ch	*Mex*	*Sal*
Colm	*Nic*	*Ven*
CR	*Pan*	*Ur*
Cu	*Par*	
Ecu	*Pe*	

A a

⑤ **A; a** [á] **I.** *s/f* Primera letra del alfabeto español. **II.** *prep* Como tal expresa: **1.** Dirección hacia un lugar: *Ganamos un viaje a Miami.* **2.** Distancia entre dos lugares: *Fuimos en tren de Madrid a Barcelona.* **3.** Posición en el espacio: *Anótalo al margen.* **4.** Modo o estilo: *Se desplazan a pie o a caballo.* **5.** Precio, distribución o medida: *El kilo está a seis euros.* **6.** Finalidad: *Salió a saludar.* **7.** Orden o mandato: *¡Tú a callar!* LOC **De la A a la Z**, de principio a fin.
GRAM Su *pl* es *aes*.

① **á·ba·co** [áβako] *s/m* Marco con diez alambres paralelos y diez bolas móviles insertas en ellos. Se usa para contar.

② **a·bad** [aβáð] *s/m* Superior de un monasterio de hombres.

a·ba·de·jo [aβaðéχo] *s/m* Bacalao.

① **a·ba·de·sa** [aβaðésa] *s/f* Superiora de un monasterio de mujeres.

② **a·ba·día** [aβaðía] *s/f* Monasterio regido por un abad o abadesa.

④ **a·ba·jo** [aβáχo] **I.** *adv* Indica que algo o alguien está en un lugar o plano inferior a otro: *Llama a la vecina de abajo y dile que suba.* **II.** *interj* Indica desaprobación o rechazo: *¡Abajo la república!* LOC **De arriba abajo**, de un extremo a otro: *Lo miró de arriba abajo sin decir nada.*

① **a·ba·lan·zar·se** [aβalanθárse] *REFL(-se)* Lanzarse, arrojarse decididamente contra algo o alguien.
ORT Ante *e* la *z* cambia a *c*: *Me abalancé.*

a·ba·le·ar [aβaleár] *tr* AMER Disparar balas sobre alguien o algo.

① **a·ba·lo·rio** [aβalórjo] *s/m* **1.** Piececita de vidrio o piedra con un agujerito en medio. **2.** Adorno en forma de collar, hecho con un conjunto de estas piececitas ensartadas mediante un hilo.

① **a·ban·de·ra·do, -da** [aβanderáðo] *s/m,f* **1.** Representante destacado de un grupo, movimiento u organización: *El abanderado de la selección italiana.* **2.** Persona que lleva una bandera o estandarte.

① **a·ban·de·rar** [aβanderár] **I.** *tr* Ponerse al frente de un grupo, movimiento u organización: **II.** *tr* REFL(-se) Registrar(se) un buque extranjero bajo la bandera de otro estado o nación.

⑤ **a·ban·do·nar** [aβandonár] **I.** *tr* **1.** Dejar sin cuidado o atención a alguien o algo. **2.** Marcharse de un lugar. **3.** Renunciar a una idea, creencia, proyecto, etc. **4.** Dejar de llevar, de utilizar o de hacer algo: *Abandonó el vehículo robado.* **5.** Dejar algo en un lugar. **II.** *REFL(-se)* **1.** Dejarse llevar por una emoción o sentimiento. **2.** Confiarse a algo o a alguien. RPr **Abandonarse a.**

a·ban·do·nis·mo [aβandonísmo] *s/m* Tendencia a abandonar lo que se tiene o posee.

③ **a·ban·do·no** [aβandóno] *s/m* Acción o resultado de abandonar(se).

② **a·ba·ni·car** [aβanikár] *tr* REFL(-se) **1.** Mover un abanico u otra cosa semejante para impulsar el aire y aliviar el calor. **2.** Adular falsamente a alguien.
ORT Ante *e* la *c* cambia a *qu*: *Abaniqué.*

② **a·ba·ni·co** [aβaníko] *s/m* **1.** Utensilio semicircular y plegable para mover alguien el aire y así refrescarse. **2.** Conjunto o serie de posibilidades u opciones.

① **a·ba·ra·ta·mien·to** [aβaratamjénto] *s/m* Acción o resultado de abaratarse algo.

② **a·ba·ra·tar** [aβaratár] *tr* REFL(-se) Bajar o hacer que baje el precio de un producto o mercancía.

a·bar·ca [aβárka] *s/f* Calzado tosco y mal ajustado al pie.

③ **a·bar·car** [aβarkár] *tr* **1.** Incluir, contener o implicar algo en su totalidad. **2.** Extenderse algo en el espacio o en el tiempo.
ORT Ante *e* la *c* cambia a *qu*: *Abarqué.*

① **a·bar·qui·llar** [aβarkiʎár] *tr* REFL(-se) Dar a una estructura laminada o adquirir ésta forma curva.

① **a·ba·rro·ta·do, -da** [aβarrotáðo] *adj* Se dice de lo que está totalmente lleno.

② **a·ba·rro·tar** [aβarrotár] *tr* REFL(-se) Llenar(se) completamente un espacio o superficie con personas o cosas. RPr **Abarrotar(se) de/con**.

a·ba·rro·te [aβarróte] *s/m* AMER *pl* Artículos

comerciales de uso cotidiano y venta corriente, principalmente comestibles.

① **a·bas·te·ce·dor, -ra** [aβasteθeðór] *adj s/m,f* (Persona, empresa o institución) que abastece.

② **a·bas·te·cer** [aβasteθér] *tr* Proveer, suministrar o vender productos necesarios para sobrevivir. RPr **Abastecer(se) de/con**.
CONJ *Irreg: Abastezco, abastecí, abasteceré, abastecido.*

② **a·bas·te·ci·mien·to** [aβasteθimjénto] *s/m* Acción o resultado de abastecer(se).

① **a·bas·to** [aβásto] *s/m* Provisiones. LOC **No dar abasto a/para (hacer) algo**, no tener tiempo o capacidad para satisfacer una necesidad.

① **a·ba·te** [aβáte] *s/m* Clérigo de órdenes menores.

① **a·ba·ti·ble** [aβatíβle] *adj* Que se puede abatir: *Asiento abatible.*

① **a·ba·ti·mien·to** [aβatimjénto] *s/m* Pérdida del ánimo o debilitamiento de las fuerzas físicas.

② **a·ba·tir** [aβatír] I. *tr* 1. Derribar, hacer caer algo: *Cuatro helicópteros han sido abatidos.* 2. Causar la muerte. 3. Hacer que baje, se incline o caiga algo. II. *REFL(-se)* 1. Verse afectada una persona por algo negativo (problemas, desgracias, etc.) y sentirse falta de ánimo o fuerzas. 2. Descender desde el aire con rapidez un ave o aparato volador. RPr **Abatirse sobre**.

① **ab·di·ca·ción** [aβðikaθjón] *s/f* Acción o resultado de abdicar.

② **ab·di·car** [aβðikár] *tr intr* Renunciar a algo, *esp* un rey a su corona. RPr **Abdicar de/en**.
ORT La *c* cambia a *qu* ante *e*: *Abdiqué.*

② **ab·do·men** [aβðómen] *s/m* ANAT Parte inferior del tronco de un animal vertebrado y conjunto de vísceras que contiene.

② **ab·do·mi·nal** [aβðominál] *adj* Relativo al abdomen.

① **ab·duc·ción** [aβðukθjón] *s/f* Rapto, retención de una persona en contra de su voluntad.

a·be·cé [aβeθé] *s/m* 1. Abecedario. 2. Principios rudimentarios o básicos de cualquier ciencia, arte, etc.

① **a·be·ce·da·rio** [aβeθeðárjo] *s/m* 1. Serie ordenada de las letras de un idioma. 2. Principios rudimentarios o básicos de cualquier conocimiento. 3. Librito con las letras, para aprender a leer.

① **a·be·dul** [aβeðúl] *s/m* Árbol de corteza plateada y hojas pequeñas y puntiagudas.

② **a·be·ja** [aβéχa] *s/f* Insecto himenóptero que se agrupa en colonias y produce la cera y la miel.

① **a·be·jo·rro** [aβeχórro] *s/m* Insecto himenóptero, de mayor tamaño que la abeja, que emite un zumbido continuo al volar.

② **a·be·rra·ción** [aβerraθjón] *s/f* Acto o conducta disparatados, sin sentido o anormales.

② **a·be·rran·te** [aβerránte] *adj* Que es disparatado, anormal o no tiene sentido.

② **a·ber·tu·ra** [aβertúra] *s/f* 1. Agujero en una superficie, que permite el paso a través de ella. 2. Separación entre las partes de un objeto o un cuerpo.

① **a·be·to** [aβéto] *s/m* Árbol de las abietáceas, de tronco elevado y recto, corteza blanquecina y copa en forma de cono.

⑤ **a·bier·to, -ta** [aβjérto] I. *pp irreg* de 'abrir'. II. *adj* 1. Que no está cerrado: *Guardaban las fotos en cajones.* 2. Se aplica a las personas o actitudes tolerantes: *Es joven de mente abierta.* RPr **Abierto a/de**.

① **a·bi·ga·rra·do, -da** [aβiɣarráðo] *adj* Compuesto de elementos o colores muy diversos.

① **a·bi·ga·rrar** [aβiɣarrár] *tr* Mezclar sin orden elementos o colores diversos.

① **a·bis·mal** [aβismál] *adj* Relativo al abismo.

② **a·bis·mo** [aβísmo] *s/m* Hueco profundo, grande y peligroso.

① **ab·ju·rar** [aβχurár] *intr* Abandonar solemne o públicamente ciertas creencias o ideas, *esp* religiosas o políticas. RPr **Abjurar de**.

① **a·bla·ción** [aβlaθjón] *s/f* 1. Extirpación de un órgano del cuerpo. 2. GEOL Acción o resultado de arrastrar materiales por efecto de la erosión.

a·blan·da·mien·to [aβlandamjénto] *s/m* Acción o resultado de suavizar.

② **a·blan·dar** [aβlandár] *tr REFL(-se)* 1. Poner blanda una cosa. 2. Enternecer(se) o conmover(se) alguien; mitigar alguien su enfado.

a·bla·ti·vo [aβlatíβo] *s/m* GRAM Uno de los casos de la declinación latina, que expresa relaciones de lugar, modo, instrumento, materia, etc.

a·ble·fa·ria [aβlefárja] *s/f* Ausencia de los párpados desde el nacimiento.

① **a·blu·ción** [aβluθjón] *s/f* 1. Ritual de purificación por medio del agua. 2. FML *gen pl* Acción de lavarse.

1 **ab·ne·ga·ción** [aβneɣaθjón] *s/f* Renuncia voluntaria a algo.

ab·ne·gar [aβneɣár] *tr* Renunciar voluntariamente a algo.
CONJ *Irreg: Abniego, abnegué, abnegaré, abnegado*.

a·bo·ba·do, -da [aβoβáðo] *adj* Se aplica a la persona que es o parece boba.

1 **a·bo·ca·do** [aβokáðo] *adj s/m* 1. Expuesto a un peligro inminente: *Abocado al fracaso*. 2. Se aplica al vino de Jerez, producto de la mezcla de vinos secos y dulces.

2 **a·bo·car** [aβokár] *tr intr* 1. Encaminarse o dirigirse hacia un lugar, una situación, una acción, etc. 2. Aproximar una persona su boca hacia un objeto o hacia el suelo. RPr **Abocarse a/en/sobre**.
ORT Ante *e* la *c* cambia a *qu: Aboqué*.

1 **a·bo·chor·nar** [aβot∫ornár] **I.** *tr* 1. Hacer que alguien se avergüence. 2. Causar bochorno el exceso de calor. **II.** REFL(*-se*) Experimentar una persona vergüenza o sentimiento fuerte de culpa y humillación por una falta o error cometido. RPr **Abochornarse de/por**.

1 **a·bo·fe·te·ar** [aβofeteár] *tr* Dar bofetadas a alguien.

1 **a·bo·ga·cía** [aβoɣaθia] *s/f* Profesión del abogado o su ejercicio.

4 **a·bo·ga·do, -da** [aβoɣáðo] *s/m,f* 1. Persona licenciada en Derecho, autorizada para intervenir en juicios representando a una de las partes. 2. Persona que intercede a favor de alguien o algo.

2 **a·bo·gar** [aβoɣár] *intr* 1. Proponer y defender una idea, proyecto o causa. 2. Interceder por alguien. RPr **Abogar a favor de/en favor (contra) de/por**.
ORT Ante *e* la *g* cambia a *gu: Abogué*.

1 **a·bo·len·go** [aβoléŋgo] *s/m* Ascendencia u origen ilustre de una persona.

2 **a·bo·li·ción** [aβoliθjón] *s/f* Supresión, mediante una disposición legal, de una práctica o costumbre.

a·bo·li·cio·nis·mo [aβoliθjonísmo] *s/m* Doctrina que propugna la abolición de algo.

1 **a·bo·li·cio·nis·ta** [aβoliθjonísta] *adj s/m,f* Relativo al abolicionismo, o partidario de él.

2 **a·bo·lir** [aβolír] *tr* Acabar, *gen* mediante una disposición legal, con una práctica, costumbre social o precepto.
GRAM Es un verbo defectivo que se conjuga sólo en las formas cuya desinencia empieza por *i: Abolimos, abolís,* etc.

1 **a·bo·lla·du·ra** [aβoʎaðúra] *s/f* Hundimiento o deformación en una superficie, producidos por un golpe.

1 **a·bo·llar** [aβoʎár] *tr* REFL(*-se*) Provocar un golpe el hundimiento o deformación de la superficie de algo, *esp* si es metálica.

1 **a·bom·ba·do, -da** [aβombáðo] *adj* 1. Que tiene forma redondeada y convexa. 2. AMER Que está aturdido y desconcertado por algo.

1 **a·bom·bar** [aβombár] **I.** REFL(*-se*) 1. Adquirir algo forma redondeada y convexa. 2. AMER Emborracharse, embriagarse. **II.** *tr* 1. Dar forma convexa a algo.

2 **a·bo·mi·na·ble** [aβomináβle] *adj* Que merece rechazo y condena.

1 **a·bo·mi·na·ción** [aβominaθjón] *s/f* Comportamiento o conducta que despierta odio y rechazo.

1 **a·bo·mi·nar** [aβominár] *tr intr* Sentir odio o repugnancia por algo o alguien. RPr **Abominar de**.

2 **a·bo·na·do, -da** [aβonáðo] *adj s/m,f* Se dice de quien disfruta de ciertos servicios mediante el pago de una cuota.

3 **a·bo·nar** [aβonár] **I.** *tr* 1. Pagar una cantidad de dinero por algo. 2. Aumentar la fertilidad de un terreno cultivable añadiéndole determinadas sustancias. **II.** REFL(*-se*) *tr* Inscribir a alguien o inscribirse una persona para recibir ciertos servicios, mediante el pago de una cantidad periódica. RPr **Abonarse a**.

2 **a·bo·no** [aβóno] *s/m* 1. Pago de una cantidad de dinero por algo. 2. Acción o resultado de inscribirse una persona para recibir un servicio mediante el pago de una cuota. 3. Sustancia orgánica o inorgánica que se añade a un terreno cultivable para aumentar su fertilidad.

1 **a·bor·da·je** [aβorðáχe] *s/m* Acción o resultado de abordar. LOC **¡Al abordaje!**, orden de abordaje.

4 **a·bor·dar** [aβorðár] *tr* 1. Comenzar o iniciar algo, *gen* con decisión. 2. Acercarse a alguien para tratar de algo. 3. AMER Subir o acceder a un vehículo o medio de transporte: *Le dispararon cuando abordaba su carro*. 5. Acercarse dos embarcaciones, incluso hasta chocar, accidental o intencionadamente.

2 **a·bo·ri·gen** [aβoríχen] **I.** *adj* Que es del lugar en que vive. **II.** *s/m,pl* Habitantes primitivos de un país o región.

2 **a·bo·rre·cer** [aβorreθér] **I.** *tr* 1. Experimentar hacia algo o alguien un sentimiento de aversión y odio. 2. Abandonar un animal a sus crías. CONJ *Irreg: Aborrezco, aborrecí, aborreceré, aborrecido*.

1 **a·bo·rre·ci·mien·to** [aβorreθimjénto] *s/m* Acción o resultado de aborrecer.

a·bo·rre·gar·se [aβorreɣárse] REFL(-se) Cubrirse el cielo de pequeñas nubes blanquecinas y amontonadas.
ORT Ante *e* la *g* cambia a *gu: Me aborregué*.

3 **a·bor·tar** [aβortár] **I.** *intr* Interrumpir(se), de forma espontánea o provocada, un embarazo y expulsar la hembra el feto. **II.** *tr* Lograr que una acción ya iniciada no llegue a realizarse: *Abortar un proyecto*.

1 **a·bor·tis·ta** [aβortísta] *adj s/m,f* Se dice de quien es partidario de la despenalización del aborto.

1 **a·bor·ti·vo, -va** [aβortíβo] **I.** *s/m* Sustancia que puede provocar un aborto. **II.** *adj* Que hace abortar: *Píldora abortiva*.

2 **a·bor·to** [aβórto] *s/m* **1.** Interrupción, espontánea o provocada, de un embarazo. **2.** ARG Persona, animal o cosa deforme, fea o repugnante.

1 **a·bo·tar·gar** [aβotarɣár] *tr* REFL(-se) Hincharse, desfigurarse el cuerpo de una persona o animal.
ORT Ante *e* la *g* cambia a *gu: Me abotargué*.

a·bo·to·na·du·ra [aβotonaðúra] *s/f* Conjunto de botones de una prenda de vestir.

1 **a·bo·to·nar** [aβotonár] *tr* REFL(-se) Pasar un botón por el ojal para cerrar las dos partes de una prenda de vestir.

1 **a·bo·ve·da·do, -da** [aβoβeðáðo] *adj* Cubierto con una bóveda.

1 **a·bo·ve·dar** [aβoβeðár] *tr* **1.** Cubrir un espacio mediante una bóveda.

a·bra·ca·da·bra [aβrakaðáβra] *s/m* Palabra con que se acompaña el desarrollo de un truco de magia.

1 **a·bra·sa·dor, -ra** [aβrasaðór] *adj* Que abrasa.

1 **a·bra·sar** [aβrasár] **I.** *tr* REFL(-se) **1.** Destruir algo el fuego o un calor excesivo, o el contacto con una sustancia corrosiva. **2.** Consumir una pasión a alguien. RPr **Abrasarse de/en:** *Se abrasa de calor*.

a·bra·sión [aβrasjón] *s/f* Desgaste por fricción o roce.

1 **a·bra·si·vo, -va** [aβrasíβo] **I.** *s/m* Material duro que sirve para pulir, cortar o afilar algo más blando. **II.** *adj* Que produce abrasión o desgaste.

a·bra·za·de·ra [aβraθaðéra] *s/f* Pieza utilizada para ceñir y sujetar algo.

4 **a·bra·zar** [aβraθár] *tr* REFL(-se) **1.** Rodear con los brazos. **2.** Aceptar determinadas ideas, doctrinas o religión.
ORT Ante *e* la *z* cambia a *c: Abracé*.

3 **a·bra·zo** [aβráθo] *s/m* **1.** Acción o resultado de abrazar(se). **2.** (*un abrazo/abrazos*) Fórmula familiar de despedida en cartas.

1 **a·bre·la·tas** [aβrelátas] *s/m* Utensilio para abrir las latas o botes de conserva.

1 **a·bre·va·de·ro** [aβreβaðéro] *s/m* Lugar o recipiente donde beben los animales.

1 **a·bre·var** [aβreβár] *tr* Dar de beber al ganado.

a·bre·via·ción [aβreβjaθjón] *s/f* Acción o resultado de abreviar.

2 **a·bre·viar** [aβreβjár] *tr* Hacer algo más breve o corto.

1 **a·bre·via·tu·ra** [aβreβjatúra] *s/f* **1.** Representación reducida de las palabras en la escritura, suprimiendo algunas de sus letras. **2.** Palabra abreviada.

1 **a·bri·dor, -ra** [aβriðór] *adj s/m* Se dice de lo que abre o sirve para abrir.

3 **a·bri·gar** [aβriɣár] **I.** *tr* REFL(-se) Taparse o cubrirse el cuerpo para protegerse del frío. **II.** *tr* **1.** Resguardar o proteger del viento o del frío. RPr **Abrigarse de/contra**.
ORT Ante *e* la *g* cambia a *gu: Abrigué*.

2 **a·bri·go** [aβríɣo] *s/m* Lugar o prenda de vestir que protege del frío.

5 **a·bril** [aβríl] *s/m* **1.** Cuarto mes del año, que sigue a marzo y consta de 30 días. **2.** *pl* Años: *La joven sólo tiene 18 abriles*.

a·bri·llan·ta·dor, -ra [aβriʎantaðór] *adj s/m* Se aplica a la persona, producto o utensilio que da brillo.

1 **a·bri·llan·tar** [aβriʎantár] *tr* Sacar el brillo a algo.

5 **a·brir** [aβrír] **I.** *tr* **1.** Quitar lo que cubre una abertura para entrar o salir por ella. **2.** Girar una llave o pestillo que impide la apertura de algo. **3.** Empezar a funcionar un establecimiento, inaugurarlo: *Casi todos los meses abren un local*. **4.** INFML Despertar el apetito: *A estas horas siempre se me abren las ganas de comer*. **II.** REFL(-se) **1.** Confiar a alguien los pensamientos o sentimientos más íntimos. **III.** *intr* Iniciar un establecimiento su horario de servicios al cliente: *El cine abre a las cinco*.
CONJ Es *reg*, excepto en el *pp: Abierto*.

2 **a·bro·char** [aβrotʃár] *tr* REFL(-se) Sujetar mediante botones, o broches.

1 **ab·ro·gar** [aβroɣár] *tr* DER Anular una ley.
ORT Ante *e* la *g* cambia a *gu: Abrogué*.

1 **a·bro·jo** [aβróxo] *s/m* Planta de tallo alargado y rastrero, con ramas espinosas y perjudicial para los sembrados.

A·BU·BI·LLA

[1] **a·bron·car** [aβronkár] *tr* Mostrar el público asistente a un espectáculo su desagrado, aburrimiento o disgusto mediante silbidos, gritos o abucheos.
ORT Ante *e* la *c* cambia a *qu*: *Abronqué*.

[2] **a·bru·ma·dor, -ra** [aβrumaðór] *adj* Que abruma.

[2] **a·bru·mar** [aβrumár] *tr* **1.** Ser algo una carga excesiva o agobiante. **2.** Hacer que una persona se sienta agobiada, o resultar una cosa molesta, penosa o insoportable. RPr **Abrumar con**.

[2] **a·brup·to, -ta** [aβrúpto] *adj* Se dice de terrenos de difícil acceso o tránsito: *Un abrupto acantilado*.

[1] **ABS** [aβeése] *adj s/m* Iniciales de un sistema electrónico para controlar el frenado de los automóviles.

[1] **abs·ce·so** [aβsθéso] *s/m* Acumulación de pus en los tejidos del cuerpo humano.

[1] **abs·ci·sa** [aβsθísa] *s/f* MAT *gen pl* Eje horizontal de coordenadas que permite situar cualquier punto en un plano.

[1] **ab·sen·ta** [aβsénta] *s/f* Bebida alcohólica a base de ajenjo.

[1] **ab·sen·tis·mo** [aβsentísmo] *s/m* Ausencia del lugar o puesto en que alguien debería estar, *esp* si se trata de trabajadores.

[2] **áb·si·de** [áβsiðe] *s/m* ARQ Parte del templo, de forma *gen* semicircular y abovedada, situada detrás del altar mayor.

[1] **ab·so·lu·ción** [aβsoluθjón] *s/f* Acción de absolver.

[2] **ab·so·lu·tis·mo** [aβsolutísmo] *s/m* HIST Sistema de gobierno en que el poder de los dirigentes no está limitado por ninguna ley.

[2] **ab·so·lu·tis·ta** [aβsolutísta] **I.** *adj* **1.** Sin límites en el poder que alguien ejerce. **2.** Que no admite oposición ni objeción. **II.** *s/m,f* HIST Partidario del absolutismo.

[5] **ab·so·lu·to, -ta** [aβsolúto] *adj* **1.** Que es ilimitado, independiente o no tiene restricciones. **2.** (*mayoría absoluta*) Que se obtiene por más del 50% de los votos emitidos. LOC **En absoluto, 1,** en frases negativas, refuerza o enfatiza la negación: *No me parece, en absoluto, correcto*. **2,** *en frases afirmativas* completamente, sin restricciones ni excepciones: *Ignoraba en absoluto dónde se encontraban*.

[2] **ab·sol·ver** [aβsolβér] *tr* **1.** DER Declarar libre de culpa u obligación. RPr **Absolver de**.
CONJ *Irreg: Absuelvo, absolví, absolveré, absuelto*.

[1] **ab·sor·ben·te** [aβsorβénte] *adj s/m* (Sustancia) que absorbe o es capaz de absorber.

[4] **ab·sor·ber** [aβsorβér] *tr* **1.** Retener un cuerpo a otro, líquido o gaseoso. **2.** Ocupar la atención y el tiempo de alguien completamente.
CONJ *pp: Absorbido o absorto*.

[2] **ab·sor·ción** [aβsorθjón] *s/f* Acción o resultado de absorber.

[2] **ab·sor·to, -ta** [aβsórto] *adj* Que está pendiente sólo de lo que piensa o hace: *Miraban absortos la televisión*. RPr **Absorto en**.

[1] **abs·te·mio, -ia** [aβstémjo] *adj s/m,f* Que no toma bebidas alcohólicas.

[2] **abs·ten·ción** [aβstenθjón] *s/f* Acción de no hacer o tomar algo.

[1] **abs·ten·cio·nis·mo** [aβstenθjonísmo] *s/m* Actitud de quien defiende o incita a no participar en algo.

[1] **abs·ten·cio·nis·ta** [aβstenθjonísta] *adj s/m,f* Relativo al abstencionismo o partidario de él.

[2] **abs·te·ner·se** [aβstenérse] REFL(-se) Evitar hacer o tomar algo o privarse de ello. RPr **Abstenerse de**.
CONJ *Irreg: Abstengo, abstuve, abstendré, abstenido*.

[2] **abs·ti·nen·cia** [aβstinénθja] *s/f* Acción de privarse de algo.

[3] **abs·trac·ción** [aβstrakθjón] *s/f* Acción o resultado de abstraerse de algo.

[3] **abs·trac·to, -ta** [aβstrákto] *adj* Que no tiene existencia material.

[2] **abs·tra·er** [aβstraér] **I.** *tr* Separar mentalmente las cualidades de un objeto para obtener una idea de él aparte de su realización concreta. **II.** REFL(-se) No prestar alguien atención a lo que le rodea para concentrarse en algo. **III.** *intr* REFL(-se) Prescindir de algo, no contemplarlo ni prestarle la atención debida: *Nunca se abstrae de su entorno*. RPr **Abstraer(se) de/en**.
CONJ *Irreg: Abstraigo, abstraje, abstraeré, abstraído*.

[1] **abs·tru·so, -sa** [aβstrúso] *adj* Que es difícil de comprender.

[1] **ab·suel·to, -ta** [aβswélto] *pp irreg* de 'absolver'.

[4] **ab·sur·do, -da** [aβsúrðo] *adj* Disparatado o contrario a lo que es lógico o cabe esperar.

a·bu·bi·lla [aβuβíʎa] *s/f* Pájaro insectívoro, con un penacho de plumas eréctiles sobre la cabeza.

A·BU·CHE·AR

1 **a·bu·che·ar** [aβutʃeár] *tr* Mostrar el público su desagrado o disgusto mediante gritos o abucheos.

1 **a·bu·cheo** [aβutʃéo] *s/m* Acción de abuchear.

4 **a·bue·lo, -la** [aβwélo] *s/m,f* 1. El padre o la madre del padre o de la madre de una persona. 2. INFML Hombre o mujer de avanzada edad. 3. INFML *gen pl* Antepasados.

1 **a·bu·lia** [aβúlja] *s/f* Falta de voluntad para hacer algo.

1 **a·bú·li·co, -ca** [aβúliko] *adj s/m,f* Que tiene o padece abulia.

1 **a·bul·ta·mien·to** [aβultamjénto] *s/m* Bulto, resultado de abultar.

2 **a·bul·tar** [aβultár] I. *intr* Manifestar una cosa su volumen o tamaño. II. *tr* Hacer que algo o alguien aumente su volumen.

3 **a·bun·dan·cia** [aβundánθja] *s/f* Gran cantidad de algo.

4 **a·bun·dan·te** [aβundánte] *adj* En gran número o cantidad.

3 **a·bun·dar** [aβundár] *intr* Existir una cosa en gran número o cantidad. RPr **Abundar en**.

1 **a·bur·gue·sar·se** [aβurɣesárse] *REFL(-se)* Adquirir una persona costumbres burguesas (vida tranquila y acomodaticia).

2 **a·bu·rri·do, -da** [aβurríðo] *adj* Que causa cansancio o fastidio.

2 **a·bu·rri·mien·to** [aβurrimjénto] *s/m* Cansancio o fastidio.

4 **a·bu·rrir** [aβurrír] I. *REFL(-se)* Sentir cansancio o tedio. II. *tr* Cansar o fastidiar a alguien algo o alguien con que resulta tedioso, molesto o monótono. RPr **Aburrir(se) de**: *Se aburrió de esperarme y se marchó*.

3 **a·bu·sar** [aβusár] *intr* 1. Hacer alguien un uso excesivo o indebido de algo. 2. Obligar por la fuerza una persona a otra a satisfacer sus deseos sexuales. RPr **Abusar de**.

2 **a·bu·si·vo, -va** [aβusíβo] *adj* Que implica abuso.

3 **a·bu·so** [aβúso] *s/m* Acción o resultado de abusar.

a·bu·són, -so·na [aβusón] *adj s/m,f* INFML Se dice de quien tiende a abusar.

1 **ab·yec·to, -ta** [abjékto] *adj* CULT Se aplica a quien comete acciones despreciables, viles o cobardes, o de esas mismas acciones: *Crímenes abyectos*.

4 **a·cá** [aká] *adv* 1. Cerca de quien habla (menos preciso que *aquí*). 2. AMER Aquí.

3 **a·ca·ba·do, -da** [akaβáðo] I. *s/m* 1. Últimos trabajos que se llevan a cabo antes de dar algo por finalizado. II. *adj* 1. Finalizado, terminado. 2. Que está en mal estado o no sirve para nada.

5 **a·ca·bar** [akaβár] I. *tr* Dar fin a algo. II. *intr* 1. Llegar algo a su final, terminar: *Las guerras comienzan, pero nunca acaban*. 2. (Con *en*) Terminar de una determinada manera: *El cuchillo acaba en punta*. 3. (Con *con*) Poner fin a algo, destruirlo: *Acabarás con el coche en cuatro días*. 4. Seguido de un *v* en *ger* o de la *prep por* y un *v* en *inf*, indica que la acción expresada por el *v* se realiza(rá) después o a consecuencia de cierta condición previa: *La pintura acabará por caerse*. 5. Seguido de la *prep de* + *inf*, indica que la acción expresada por el *v* ha ocurrido hace poco: *Tu sobrino acaba de telefonear hace cinco minutos*. RPr **Acabar con/de/en/por**.

a·ca·bó·se [akaβóse] LOC **Ser el acabóse**, INFML expresa que algo ha llegado a su extremo, colmando la paciencia de quien la sufre.

2 **a·ca·cia** [akáθja] *s/f* Familia de plantas, árboles y arbustos, de la familia de las mimosáceas, de flores olorosas y en racimos colgantes.

4 **a·ca·de·mia** [akaðémja] *s/f* 1. Establecimiento docente. 2. Agrupación de personas que destacan en los ámbitos literarios, científicos o artísticos.

4 **a·ca·dé·mi·co, -ca** [akaðémiko] I. *adj* 1. Relacionado con centros de enseñanza oficial, *gen* superior o universitaria. 2. Se aplica a la expresión en que abundan frases y palabras poco corrientes. II. *s/m,f* Miembro de una academia literaria o artística.

2 **a·ca·e·cer** [akaeθér] *intr* Producirse un hecho.

a·cae·ci·mien·to [akaeθimjénto] *s/m* Cosa que sucede.

2 **a·ca·llar** [akaʎár] *tr REFL(-se)* 1. Hacer callar. 2. Calmar a alguien que protesta, llora o se queja.

a·ca·lo·ra·mien·to [akaloramjénto] *s/m* Acción o resultado de acalorarse.

1 **a·ca·lo·rar** [akalorár] I. *REFL(-se)* Excitarse o apasionarse alguien. II. *tr* Excitar a alguien, hacer que pierda la calma. RPr **Acalorarse con/por**.

1 **a·cam·pa·da** [akampáða] *s/f* Acción de acampar.

1 **a·cam·par** [akampár] *intr* Instalarse por

algún tiempo en el campo o en un lugar despoblado.

① **a·ca·na·la·do, -da** [akanaláðo] *adj* Con estrías, surcos o canales.

② **a·can·ti·la·do, -da** [akantiláðo] **I.** *s/m* Corte vertical en un terreno elevado. **II.** *adj* Se aplica a un terreno elevado que termina en un abrupto corte vertical.

① **a·can·to** [akánto] *s/m* Planta de hojas rizadas y espinosas.

① **a·can·to·nar** [akantonár] *tr REFL(-se)* Distribuir(se) las tropas de un ejército en distintos lugares en previsión de un servicio.

① **a·ca·pa·ra·dor, -ra** [akaparaðór] *adj s/m,f* Que acapara.

① **a·ca·pa·ra·mien·to** [akaparamjénto] *s/m* Acción o resultado de acaparar.

② **a·ca·pa·rar** [akaparár] *tr* Acumular gran cantidad de cosas.

a·ca·ra·me·lar·se [akaramelárse] *REFL(-se)* Mostrarse alguien muy cariñoso con otra persona.

① **a·ca·ri·ciar** [akariθjár] **I.** *tr REFL(-se)* Hacer(se) caricias, tocar o tocarse suavemente. **II.** *tr* Pensar en alguna cosa (plan, proyecto, idea) con la esperanza de llevarla a cabo o conseguirla: *Acariciaba la idea de ver a su esposa.*

① **á·ca·ro** [ákaro] **I.** *s/m* Insecto arácnido de pequeño tamaño.

② **a·ca·rre·ar** [akarreár] *tr* **1.** Transportar objetos o mercancías. **2.** Ocasionar o producir desgracias o daños.

① **a·ca·rreo** [akarréo] *s/m* Acción de acarrear.

a·car·to·nar·se [akartonárse] *tr* Ponerse algo rígido.

④ **a·ca·so** [akáso] *adv* Por casualidad. LOC **Por si acaso,** indica precaución ante algo que pueda ocurrir.

① **a·ca·ta·mien·to** [akatamjénto] *s/m* Acción de acatar.

② **a·ca·tar** [akatár] *tr* Aceptar y obedecer las órdenes de un superior o de una autoridad.

① **a·ca·ta·rrar·se** [akatarrárse] *REFL(-se)* Coger un catarro o resfriado.

① **a·cau·da·la·do, -da** [akauðaláðo] *adj* Que tiene mucho dinero o bienes.

① **a·cau·di·llar** [akauðiʎár] *tr* Dirigir o mandar como jefe.

④ **ac·ce·der** [akθeðér] *intr* **1.** Llegar, tener acceso a un lugar, situación, etc.: *Por esa puerta se accede a los jardines.* **2.** Estar de acuerdo o mostrar conformidad con lo que otra persona solicita o impone. RPr **Acceder a.**

① **ac·ce·sar** [akθesár] *intr* AMER Anglicismo por 'acceder'.

① **ac·ce·si·bi·li·dad** [akθesiβiliðáð] *s/f* Cualidad de accesible.

② **ac·ce·si·ble** [akθesíβle] *adj* Que es de fácil acceso. RPr **Accesible a.**

① **ac·cé·sit** [akθésit] *s/m* Cada una de las recompensas inferiores al premio principal.

⑤ **ac·ce·so** [akθéso] *s/m* **1.** Acción de acercarse o llegar a un lugar, o de entrar por él: *El transporte público garantiza el acceso a la ciudad.* **2.** Lugar por el que se entra o llega a otro. **3.** Aparición repentina de una enfermedad o de sus síntomas: *Ha tenido varios accesos de fiebre.*

② **ac·ce·so·rio, -ia** [akθesórjo] **I.** *s/m* Pieza o parte de un objeto que puede cambiarse por otro similar: *Vende repuestos y accesorios para vehículos.* **II.** *adj* Que es secundario.

② **ac·ci·den·ta·do, -da** [akθiðentáðo] **I.** *adj* **1.** Que ha sufrido un accidente. **2.** Se dice de los sucesos o acciones que se ven afectados por acontecimientos inesperados: *Un accidentado viaje.* **3.** Se dice de un terreno irregular, lleno de elevaciones o depresiones repentinas y bruscas. **II.** *s/m,f* Persona u objeto que ha sufrido un accidente.

② **ac·ci·den·tal** [akθiðentál] *adj* **1.** Que no es esencial; casual. **2.** Se dice del cargo que se desempeña de forma provisional.

① **ac·ci·den·tar·se** [akθiðentár] *REFL(-se)* Sufrir un accidente.

② **ac·ci·den·te** [akθiðénte] *s/m* **1.** Suceso imprevisto que provoca una desgracia. **2.** Irregularidad en un terreno. LOC **Por accidente,** por casualidad.

⑤ **ac·ción** [akθjón] *s/f* **1.** Resultado de hacer algo. **2.** Efecto producido por una cosa sobre otra. **3.** FÍS Fuerza con que los cuerpos y agentes físicos obran unos sobre otros. **4.** COM *gen pl* Cada parte en que se divide el capital de una empresa o sociedad anónima: *Las acciones de la Compañía de Gas han bajado.*

④ **ac·cio·nar** [akθjonár] **I.** *tr* Poner un mecanismo en funcionamiento. **II.** *intr* Hacer gestos o movimientos.

① **ac·cio·na·ria·do** [akθjonarjáðo] *s/m* ECON Conjunto de accionistas de una parte del capital de una empresa.

AC·CIO·NIS·TA

③ **ac·cio·nis·ta** [akθjonísta] *s/m,f* ECON Titular de acciones en una empresa o sociedad anónima.

① **a·ce·chan·za** [aθetʃánθa] *s/f* Acecho.

② **a·ce·char** [aθetʃár] *tr* Observar cuidadosamente, evitando ser descubierto.

① **a·ce·cho** [aθétʃo] *s/m* Acción de acechar.

① **a·cé·fa·lo, -la** [aθéfalo] *adj* Que no tiene cabeza.

⑤ **a·cei·te** [aθéite] *s/m* 1. Líquido graso que se extrae de la aceituna o de otros frutos y semillas. 2. Cualquier otro líquido graso, usado como lubricante.

a·cei·te·ra [aθeitéra] *s/f* Recipiente que contiene una pequeña cantidad de aceite.

① **a·cei·to·so, -sa** [aθeitóso] *adj* Que contiene aceite o grasa en exceso.

② **a·cei·tu·na** [aθeitúna] *s/f* Fruto del olivo, del cual se extrae el aceite.

② **a·ce·le·ra·ción** [aθeleraθjón] *s/f* Acción o resultado de acelerar.

② **a·ce·le·ra·dor, -ra** [aθeleraðór] I. *s/m,f* Mecanismo o pedal que permite aumentar la velocidad de los vehículos a motor. II. *adj* Que acelera.

④ **a·ce·le·rar** [aθelerár] I. *tr* Aumentar progresiva y gradualmente la velocidad. II. *REFL(-se)* INFML Actuar apresurada y torpemente.

① **a·ce·le·rón** [aθelerón] *s/m* Aumento brusco de la velocidad.

② **a·cel·ga** [aθélγa] *s/f* Planta comestible de hojas anchas, grandes y sustanciosas.

① **a·cé·mi·la** [aθémila] *s/f* 1. Mula o bestia de carga. 2. Persona ruda o torpe.

① **a·cen·dra·do, -da** [aθendráðo] *adj* Puro, sin mancha.

③ **a·cen·to** [aθénto] *s/m* 1. ORT Tilde con que se marca la mayor intensidad sobre una vocal. 2. LIN Relieve o intensidad en la pronunciación de una sílaba.

① **a·cen·tua·ción** [aθentwaθjón] *s/f* Acción o resultado de acentuar.

③ **a·cen·tuar** [aθentwár] *tr* 1. Realzar algo, hacer que se perciba con mayor intensidad y claridad. 2. ORT Poner acento gráfico sobre las sílabas. 3. Pronunciar una sílaba con mayor relieve o intensidad.
ORT En el *sing* y 3ª *p pl* del *pres* de *ind* y *subj* el acento recae sobre la *ú*: *Acentúo, acentúen.*

② **a·cep·ción** [aθepθjón] *s/f* 1. Cada uno de los significados de una palabra. 2. Sentido que algo tiene: *Es música, en su acepción más simple.*

① **a·cep·ta·bi·li·dad** [aθeptaβiliðáð] *s/f* Cualidad de aceptable.

③ **a·cep·ta·ble** [aθeptáβle] *adj* Que puede ser aceptado.

③ **a·cep·ta·ción** [aθeptaθjón] *s/f* Acción o resultado de aceptar.

⑤ **a·cep·tar** [aθeptár] *tr* Recibir alguien voluntariamente lo que se le ofrece.

② **a·ce·quia** [aθékja] *s/f* Canal por donde discurre el agua.

③ **a·ce·ra** [aθéra] *s/f* En una calle, orilla pavimentada, por la cual transitan los peatones.

① **a·ce·ra·do, -da** [aθeráðo] *adj* De acero, o con sus características.

④ **a·cer·ca (de)** [aθérka] *prep* Sobre, en torno a (algo).

③ **a·cer·ca·mien·to** [aθerkamjénto] *s/m* Acción o resultado de acercar(se).

⑤ **a·cer·car** [aθerkár] *v/tr* Poner algo más cerca. RPr **Acercar(se) a**.
ORT Ante *e* la segunda *c* cambia a *qu*: *Acerqué*.

① **a·ce·ría** [aθería] *s/f* Fábrica de fundición de acero.

③ **a·ce·ro** [aθéro] *s/m* 1. Metal que resulta de la aleación de hierro fundido con una pequeña cantidad de carbono. 2. Espada.

① **a·cé·rri·mo, -ma** [aθérrimo] *adj* Muy fuerte o difícil de doblegar.

② **a·cer·ta·do, -da** [aθertáðo] *adj* Hecho con acierto.

① **a·cer·tan·te** [aθertánte] *adj s/m,f* Persona que resulta premiada en un juego de azar.

④ **a·cer·tar** [aθertár] I. *tr intr* Hallar la solución de algo (enigma, etc.): *Nadie ha acertado la combinación de la lotería.* 2. Alcanzar el objetivo (objeto, cuerpo, etc.) previsto: *Acertó en el blanco.* II. *intr* (con *a + inf*) Ocurrir por casualidad: *Entonces acertaba a pasar por la calle su primo.* RPr **Acertar con/en/a**.
CONJ Irreg: *Acierto, acerté, acertaré, acertado.*

① **a·cer·ti·jo** [aθertíχo] *s/m* Frases, dibujos, etc., que se proponen para descifrar como entretenimiento.

① **a·cer·vo** [aθérβo] *s/m* Lo que una colectividad posee, como conjunto.

① **a·ce·ta·to** [aθetáto] *s/m* Sal del ácido acético.

① **a·ce·ti·le·no** [aθetiléno] *s/m* Gas que se obtiene al combinar agua con carburo de calcio.

1. **a·ce·to·na** [aθetóna] *s/f* Líquido incoloro, volátil, inflamable y de olor semejante al éter.

2. **a·cha·car** [atʃakár] *tr* Hacer a alguien culpable o responsable de una falta o delito. RPr **Achacar a**.
ORT Ante *e* la *c* cambia a *qu: Achaque*.

1. **a·cha·co·so, -sa** [atʃakóso] *adj* Que padece achaques.

1. **a·cha·que** [atʃáke] *s/m gen pl* Enfermedad o dolencia leve.

a·cha·ta·mien·to [atʃatamjénto] *s/m* Acción o resultado de achatar(se).

1. **a·cha·tar** [atʃatár] *tr* REFL(-se) Poner(se) una cosa chata.

2. **a·chi·car** [atʃikár] *tr* Extraer el agua de un lugar.
ORT Ante *e* la *c* cambia a *qu: Achiques*.

1. **a·chi·cha·rrar** [atʃitʃarrár] *tr* Calentar mucho o en exceso.

a·chi·co·ria [atʃikórja] *s/f* Planta de hojas comestibles.

1. **a·chu·char** [atʃutʃár] *tr* 1. Abrazar a alguien con fuerza 2. INFML Agobiar a alguien.

1. **a·chu·chón** [atʃutʃón] *s/m* INFML Acción o resultado de achuchar.

1. **a·cia·go, -ga** [aθjáɣo] *adj* Que presagia desgracias.

1. **a·ci·ca·lar** [aθikalár] *tr* REFL(-se) Arreglar o adornar mucho.

1. **a·ci·ca·te** [aθikáte] *s/m* 1. Lo que incita a actuar. 2. Espuela.

2. **a·ci·dez** [aθiðéθ] *s/f* Cualidad de ácido.

4. **á·ci·do, -da** [áθiðo] I. *adj* De sabor u olor agrio. II. *s/m* Sustancia química que resulta de combinar un anhídrido con agua.

3. **a·cier·to** [aθjérto] *s/m* Acción o resultado de acertar.

á·ci·mo [áθimo] *adj* Se dice del pan sin levadura.

1. **a·cla·ma·ción** [aklamaθjón] *s/f* Acción o resultado de aclamar.

2. **a·cla·mar** [aklamár] *tr* 1. Manifestar aprobación mediante voces o aplausos.

2. **a·cla·ra·ción** [aklaraθjón] *s/f* Acción o resultado de aclarar(se).

1. **a·cla·ra·do** [aklaráðo] *s/m* Acción o resultado de lavar algo sólo con agua.

4. **a·cla·rar** [aklarár] *tr* Poner(se) claro lo que no lo estaba antes.

1. **a·cla·ra·to·rio, -ia** [aklaratórjo] *adj* Que aclara o explica.

1. **a·cli·ma·ta·ción** [aklimataθjón] *s/f* Acción o resultado de aclimatar(se).

1. **a·cli·ma·tar** [aklimatár] *tr* REFL(-se) Acostumbrarse un ser orgánico, o hacer que se acostumbre, a nuevas condiciones de vida. RPr **Aclimatarse a**.

ac·né [akné] *s/f* Inflamación de las glándulas sebáceas, que pruduce la aparición de granitos en la piel.

1. **a·co·bar·dar** [akoβarðár] I. REFL(-se) Asustarse por algo. II. *tr* Dar o causar miedo a alguien. RPr **Acobardarse por**.

1. **a·co·da·do, -da** [akoðáðo] *adj* En forma de codo.

1. **a·co·ge·dor, -ra** [akoxeðór] *adj* 1. (Cosas, lugares) Que resultan agradables y cómodos. 2. Que acoge con agrado.

4. **a·co·ger** [akoxér] I. *tr* 1. Recibir una persona a otra en su casa, compañía, etc. 2. Dar cabida una cosa a otra. II. REFL(-se) Ampararse, refugiarse. RPr **Acogerse a/bajo/en**.
ORT Ante *o/a* la *g* cambia a *j: Acojo*.

1. **a·co·gi·da** [akoxíða] *s/f* Acción o resultado de acoger(se).

1. **a·co·go·tar** [akoɣotár] *tr* INFML Matar de un golpe en el cogote.

1. **a·co·jo·nan·te** [akoxonánte] *adj* Que resulta sorprendente o admirable.

1. **a·co·jo·nar** [akoxonár] *tr* REFL(-se) 1. VULG Asustar a alguien. 2. VULG Asombrar o sorprender.

1. **a·col·char** [akoltʃár] *tr* Poner algún material textil (algodón, seda, lana, etc.) entre dos telas.

1. **a·có·li·to** [akólito] *s/m* 1. Persona que acompaña con asiduidad a otra. 2. En la religión católica, persona que ayuda en la celebración de la misa.

3. **a·co·me·ter** [akometér] I. *tr* 1. Comenzar algo. 2. Atacar con ímpetu a alguien. II. *intr* Atacar el toro dirigiéndose hacia donde se le cita: *El novillo acometía con nobleza*.

1. **a·co·me·ti·da** [akometíða] *s/f* 1. Acción o resultado de acometer. 2. Punto en que una tubería enlaza con la principal.

2. **a·co·mo·da·ción** [akomoðaθjón] *s/f* Acción o resultado de acomodar(se).

a·co·mo·da·di·zo, -za [akomoðaðíθo] *adj* Que se adapta a las circunstancias con facilidad.

1. **a·co·mo·da·do, -da** [akomoðáðo] *adj* Con buena posición económica.

1. **a·co·mo·da·dor, -ra** [akomoðaðór] *s/m,f* En teatros, cines o auditorios, persona que señala sus asientos a los asistentes.

A·CO·MO·DAR

③ **a·co·mo·dar** [akomodár] **I.** *tr* **1.** Poner a alguien en postura cómoda. **2.** Dar alojamiento a alguien. **II.** *intr* Convenir a una persona. RPr **Acomodar(se) a/con**.

① **a·co·mo·da·ti·cio, -a** [akomoðatíθjo] *adj* Que se adapta con facilidad a posturas diferentes, aunque sean opuestas o contradictorias.

② **a·com·pa·ña·mien·to** [akompañamjénto] *s/m* **1.** Acción o resultado de acompañar. **2.** Persona o conjunto de personas que acompañan a otras. **3.** MÚS Notas musicales secundarias que se interpretan a la vez que la melodía principal.

② **a·com·pa·ñan·te** [akompañánte] *adj s/m,f* Persona que acompaña a otra.

⑤ **a·com·pa·ñar** [akompañár] *tr* Ir con alguien o junto a algo. RPr **Acompañar a. Acompañarse de**.

① **a·com·pa·sa·do, -da** [akompasáðo] *adj* Que ocurre a intervalos rítmicos regulares.

① **a·com·pa·sar** [akompasár] *tr REFL(-se)* **1.** Hacer que dos cosas vayan al unísono o de acuerdo. **2.** Hacer que algo ocurra a intervalos rítmicos regulares.

① **a·com·ple·jar** [akompleχár] *tr REFL(-se)* Hacer que una persona sienta o tenga un complejo.

② **a·con·di·cio·na·do, -da** [akondiθjonáðo] *adj* Que está dispuesto para un fin determinado. LOC **Aire acondicionado**, sistema que proporciona aire caliente o frío.

① **a·con·di·cio·na·dor** [akondiθjonaðór] *s/m* (*Acondicionador de aire*) Aparato eléctrico que emite aire caliente o frío, para climatizar un lugar cerrado.

② **a·con·di·cio·nar** [akondiθjonár] *tr* **1.** Preparar o disponer una cosa para un fin determinado. **2.** Climatizar.

① **a·con·go·jar** [akoŋgoχár] *tr REFL(-se)* Hacer que alguien sienta angustia o congoja.

② **a·con·se·ja·ble** [akonseχáβle] *adj* Que se puede recomendar o aconsejar.

④ **a·con·se·jar** [akonseχár] *tr* **I.** Recomendar a alguien que actúe de una manera determinada. **II.** *REFL(-se)* Pedir a alguien que dé consejo sobre cómo actuar: *Se aconsejó con su abogado*. RPr **Aconsejarse con/sobre**.

③ **a·con·te·cer** [akonteθér] **I.** *intr* Ocurrir o producirse un hecho. **II.** *s/m* Conjunto de acontecimientos o hechos que se suceden unos a otros.
CONJ Se conjuga como *agradecer*. Sólo se usa en *inf* y en *3ª p sing* y *pl*.

④ **a·con·te·ci·mien·to** [akonteθimjénto] *s/m* Hecho o suceso que ocurre.

① **a·co·pio** [akópjo] *s/m* Mucha cantidad de algo.

① **a·co·pla·mien·to** [akoplamjénto] *s/m* Acción de acoplar(se).

② **a·co·plar** [akoplár] *tr* Unir una cosa con otra, ajustándolas perfectamente. RPr **Acoplar(se) a/con**.

a·co·qui·nar [akokinár] **I.** *REFL(-se)* INFML Asustarse alguien por algo. **II.** *tr* INFML Causar miedo.

① **a·co·ra·za·do, -da** [akoraθáðo] **I.** *s/m* MIL Barco de guerra, blindado y de gran tamaño. **II.** *adj* Recubierto de algún material resistente, como defensa.

① **a·co·ra·zar** [akoraθár] *tr* Cubrir con planchas de acero como protección.
ORT Ante *e* la *z* cambia a *c*: *Me acoracé*.

⑤ **a·cor·dar** [akorðár] **I.** *tr* **1.** Conseguir dos o más personas un acuerdo. **2.** Decidir sobre algo: *La juez titular ha acordado el embargo de los bienes*. **II.** *REFL(-se)* Traer a la memoria. RPr **Acordarse de**.
CONJ *Irreg: Acuerdo, acordé, acordaré, acordado.*

③ **a·cor·de** [akórðe] **I.** *adj* Conforme con otra cosa. **II.** *s/m* MÚS Conjunto de tres o más notas musicales combinadas armónicamente. RPr **Acorde con**.

② **a·cor·de·ón** [akorðeón] *s/m* Instrumento musical de viento, con fuelle, válvulas y teclado.

① **a·cor·do·nar** [akorðonár] *tr* **1.** Rodear un lugar y aislarlo impidiendo el acceso a él. **2.** Sujetar con un cordón.

a·cor·ne·ar [akornéar] *tr* Dar cornadas.

② **a·co·rra·lar** [akorralár] *tr* **1.** Encerrar el ganado en un corral. **2.** Llevar a alguien a un lugar o situación de los que le es imposible escapar: *La acorraló en el interior de la casa*.

① **a·cor·ta·mien·to** [akortamjénto] *s/m* Acción o resultado de acortar(se).

② **a·cor·tar** [akortár] *tr* Reducir la longitud, tiempo o cantidad de algo.

③ **a·co·sar** [akosár] *tr* **1.** Perseguir a una persona o animal sin descanso. **2.** Requerir de una persona relaciones sexuales en contra de su voluntad.

② **a·co·so** [akóso] *s/m* Acción o resultado de acosar.

④ **a·cos·tar** [akostár] *tr REFL(-se)* Echar(se) (a) alguien en la cama o en otro lugar para dormir o descansar.
CONJ *Irreg: Acuesto, acosté, acostaré, acostado.*

AC·TUAR

[4] **a·cos·tum·brar** [akostumbrár] I. REFL(-se) intr Tener por costumbre hacer algo. II. tr Hacer que alguien adquiera una costumbre. RPr Acostumbrar(se) a.

[1] **a·co·ta·ción** [akotaθjón] s/f 1. Acción o resultado de acotar. 2. Nota que se añade a un texto.

[2] **a·co·tar** [akotár] tr Poner límites.

[1] **á·cra·ta** [ákrata] adj s/m,f Partidario de suprimir la autoridad.

[1] **a·cre** [ákre] I. adj Áspero o agrio. II. s/m Medida de superficie (40,47 áreas).

[1] **a·cre·cen·ta·mien·to** [akreθentamjénto] s/m Acción o resultado de acrecentar(se).

[2] **a·cre·cen·tar** [akreθentár] tr REFL(-se) Aumentar la cantidad o importancia de algo. CONJ Irreg: Acreciento, acrecenté, acrecentaré, acrecentando.

[2] **a·cre·di·ta·ción** [akreðitaθjón] s/f 1. Acción o resultado de acreditar(se). 2. Documento que acredita.

[3] **a·cre·di·tar** [akreðitár] tr 1. Demostrar la verdad o la autenticidad de algo. 2. Proveer de los documentos necesarios para llevar a cabo una misión.

[1] **a·cre·di·ta·ti·vo, -va** [akreðitatíβo] adj Que acredita.

[3] **a·cree·dor, -ra** [akreeðór] adj s/m,f 1. Persona o entidad a la que se debe dinero. 2. DER Que es merecedor de lo que se expresa: Su actitud le ha hecho acreedor a los más severos calificativos. RPr Acreedor a/de (algo).

[2] **a·cri·bi·llar** [akriβiʎár] tr Efectuar muchos disparos de un arma de fuego contra algo o alguien. RPr Acribillar a.

[1] **a·crí·li·co, -ca** [akríliko] adj s/m 1. Ácido que resulta de la oxidación de la acroleína. 2. Que está hecho con ácido acrílico.

a·cris·ta·la·mien·to [akristalamjénto] s/m Acción o resultado de acristalar.

[1] **a·cris·ta·lar** [akristalár] tr Poner cristales.

[1] **a·cri·tud** [akritúð] s/f 1. Cualidad de las cosas que resultan ásperas o agrias. 2. Cualidad de las acciones desagradables o carentes de amabilidad.

[1] **a·cro·ba·cia** [akroβáθja] s/f Arte o piruetas que hace el acróbata.

[1] **a·cró·ba·ta** [akróβata] s/m,f Persona que hace ejercicios de habilidad y equilibrio sobre cuerdas, con aviones, etc.

[1] **a·cro·bá·ti·co, -ca** [akroβátiko] adj Relativo a la acrobacia o al acróbata.

a·cro·ba·tis·mo [akroβatísmo] s/m Arte o profesión del acróbata.

a·cro·má·ti·co, -ca [akromátiko] adj Que carece de color definido.

a·cro·ma·tis·mo [akromatísmo] s/m Cualidad de acromático.

[1] **a·cró·ni·mo** [akrónimo] s/m Palabra formada por la letra o letras iniciales de otras palabras: ONU es el acrónimo de Organización de Naciones Unidas.

[1] **a·cró·po·lis** [akrópolis] s/f ARQ Lugar fortificado y más alto en las ciudades griegas.

[3] **ac·ta** [ákta] s/f Relación escrita de lo tratado en una reunión, o documento en que consta.

[5] **ac·ti·tud** [aktitúð] s/f Disposición de ánimo o posición del cuerpo de alguien.

[1] **ac·ti·va·ción** [aktiβaθjón] s/f Acción de activar(se).

[4] **ac·ti·var** [aktiβár] tr Hacer que algo empiece a funcionar o que se lleve a cabo más rápidamente.

[5] **ac·ti·vi·dad** [aktiβiðáð] s/f 1. Conjunto de las acciones llevadas a cabo por alguien. 2. Cualidad de activo.

[2] **ac·ti·vis·ta** [aktiβísta] adj s/m,f Se dice de quien trabaja activamente a favor del grupo al que pertenece.

[4] **ac·ti·vo, -va** [aktíβo] I. adj 1. Que actúa o hace. 2. Se dice de las sustancias que actúan con rapidez e intensidad. II. s/m ECON Importe de los valores que una persona tiene.

[5] **ac·to** [ákto] s/m 1. Acción, hecho o suceso. 2. Cada una de las partes en que se dividen las obras de teatro.

[5] **ac·tor** [aktór] s/m Hombre que actúa en una obra de teatro o película.

[4] **ac·triz** [aktríθ] s/f Mujer que interpreta a un personaje en una obra de teatro o película.

[5] **ac·tua·ción** [aktwaθjón] s/f Acción o resultado de actuar.

[5] **ac·tual** [aktwál] adj Que existe u ocurre en el momento en que se habla.

[5] **ac·tua·li·dad** [aktwaliðáð] s/f Momento o tiempo presente.

[2] **ac·tua·li·za·ción** [aktwaliθaθjón] s/f Acción o resultado de actualizar(se).

[3] **ac·tua·li·zar** [aktwaliθár] tr REFL(-se) Adaptar(se) al presente y a sus circunstancias.

ORT Ante e la z cambia a c: Actualicé.

[5] **ac·tuar** [aktwár] intr 1. Hacer algo de determinada manera. 2. Producir los efectos que le son propios. 3. Desempeñar

A·CUA·RE·LA

un actor o una actriz su trabajo. RPr **Actuar como/de:** *Actúa de secretario.*
ORT En el *pres* de *ind* y *subj* (*sing* y *3ª p pl*) el acento recae sobre la *u: Actúo, actúe.*

② **a·cua·re·la** [akwaréla] *s/f* Pintura hecha con colores disueltos en agua.

① **a·cua·re·lis·ta** [akwarelísta] *s/m,f* Persona que pinta acuarelas.

② **a·cua·rio** [akwárjo] *s/m* **1.** Depósito de agua en el que se mantienen vivos animales y vegetales acuáticos. **2.** *may* Signo del Zodíaco (del 21 de enero al 19 de febrero).

① **a·cuar·te·la·mien·to** [akwartelamjénto] *s/m* **1.** Acción o resultado de acuartelar(se). **2.** Lugar donde se acuartelan los militares.

① **a·cuar·te·lar** [akwartelár] *tr* REFL(-se) Mantener a los militares en sus cuarteles.

③ **a·cuá·ti·co, -ca** [akwátiko] *adj* Relativo al agua o que vive en ella.

① **a·cu·chi·llar** [akutʃiʎár] *tr* **1.** Atacar a alguien con un arma blanca y herirlo o matarlo. **2.** Lijar una superficie de madera.

① **a·cu·cian·te** [akuθjánte] *adj* Que hay que solucionar con urgencia.

① **a·cu·ciar** [akuθjár] *tr* **1.** Incitar a alguien a realizar algo con urgencia: *Acuciaba, insistente, a su abogado.* **2.** Causar algo gran preocupación.

⑤ **a·cu·dir** [akuðír] *intr* **1.** Ir a un lugar. **2.** (Con *en*) Ir o acercarse a un sitio para ayudar: *Acudió en auxilio de sus familiares.* **3.** Recurrir a alguien para solucionar un problema.

② **a·cue·duc·to** [akweðúkto] *s/m* Conducción para llevar agua a un lugar salvando las irregularidades del terreno.

⑤ **a·cuer·do** [akwérðo] *s/m* **1.** Asunto en que se está de acuerdo tras discutir sobre él. **2.** Decisión de un tribunal o similar. LOC **De acuerdo,** conforme.

① **a·cui·cul·tu·ra** [akwikultúra] *s/f* Técnica de cultivo de especies acuáticas.

① **a·cuí·fe·ro, -ra** [akwífero] *adj s/m* GEOL Se aplica a un terreno o zona que contiene agua.

③ **a·cu·mu·la·ción** [akumulaθjón] *s/f* Acción o resultado de acumular(se).

① **a·cu·mu·la·dor** [akumulaðór] *s/m* Aparato utilizado para almacenar energía.

④ **a·cu·mu·lar** [akumulár] *tr* Juntar cosas, amontonarlas.

① **a·cu·mu·la·ti·vo, -va** [akumulatíβo] *adj* Que puede acumularse.

① **a·cu·nar** [akunár] *tr* Mecer a un niño pequeño en la cuna.

① **a·cu·ña·ción** [akuɲaθjón] *s/f* Acción o resultado de acuñar.

② **a·cu·ñar** [akuɲár] *tr* Fabricar moneda.

② **a·cuo·so, -sa** [akwóso] *adj* Que contiene agua o que está relacionado con ella.

① **a·cu·pun·tu·ra** [akupuntúra] *s/f* Técnica de clavar agujas en distintas partes del cuerpo humano para curar enfermedades o dolencias.

① **a·cu·rru·car·se** [akurrukárse] REFL(-se) Encoger el cuerpo.
ORT Ante *e* la *c* cambia a *qu: Me acurruqué.*

④ **a·cu·sa·ción** [akusaθjón] *s/f* Acción o resultado de acusar(se).

③ **a·cu·sa·do, -da** [akusáðo] **I.** *s/m,f* Persona a la que se acusa. **II.** *adj* Bien definido, claro.

② **a·cu·sa·dor, -ra** [akusaðór] *adj s/m,f* Se dice de quien acusa.

④ **a·cu·sar** [akusár] *tr* **1.** Atribuir a alguien un delito o falta: *La acusan de robo.* **2.** Mostrar los efectos de algo. **3.** Mostrar alguien ciertas carencias: *El delantero acusaba falta de entrenamiento.* RPr **Acusar(se) de**.

a·cu·sa·ti·vo [akusatíβo] *adj s/m* GRAM Uno de los casos de la declinación latina.

① **a·cu·se** [akúse] *s/m* Acción o resultado de acusar. LOC **Acuse de recibo,** notificación de haber recibido algo.

a·cús·ti·ca [akústika] *s/f* FÍS Parte de la física que estudia el sonido.

② **a·cús·ti·co, -ca** [akústiko] *adj* Relacionado con la acústica.

a·cu·tán·gu·lo [akutángulo] *adj* MAT Se aplica a los triángulos cuyos tres ángulos son agudos.

① **a·da·gio** [aðáxjo] *s/m* Movimiento musical lento.

① **a·da·lid** [aðalíð] *s/m* Persona que destaca en algo; caudillo.

② **a·dán** [aðán] *s/m* Se dice del hombre que no cuida su aspecto físico o su arreglo personal.

① **a·dap·ta·bi·li·dad** [aðaptaβiliðáð] *s/f* Cualidad de adaptable.

① **a·dap·ta·ble** [aðaptáβle] *adj* Que tiene posibilidad de adaptarse.

A·DIC·CIÓN

[4] **a·dap·ta·ción** [aðaptaθjón] *s/f* Acción o resultado de adaptar(se).

[1] **a·dap·ta·dor** [aðaptaðór] *s/m* Aparato que puede servir para una función diferente de aquella a la que estaba destinado, o para ajustar otra a un fin determinado.

[4] **a·dap·tar** [aðaptár] I. *tr* Hacer que algo se ajuste a otra cosa o función. II. *REFL(-se)* Acomodarse a determinadas circunstancias. RPr **Adaptarse a**.

[1] **a·de·cen·tar** [aðeθentár] *tr* Limpiar, ordenar algo.

[2] **a·de·cua·ción** [aðekwaθjón] *s/f* Acción o resultado de adecuar(se).

[4] **a·de·cua·do, -da** [aðekwáðo] *adj* Apropiado para un fin. RPr **Adecuado a/para**.

[4] **a·de·cuar** [aðekwár] *tr* Hacer los cambios necesarios para que algo sirva para un fin o esté de acuerdo con otra cosa. RPr **Adecuar(se) a**.
PRON En el *sing* y *3ª p pl* del *pres* de *ind* y *subj* se admite *adecuo* o *adecúo*.

[1] **a·de·fe·sio** [aðefésjo] *s/m,f* INFML Persona de apariencia ridícula o fea.

[2] **a·de·lan·ta·do, -da** [aðelantáðo] *adj* Temprano, precoz. LOC **Por adelantado**, se aplica al pago hecho antes de recibir el producto comprado.

[1] **a·de·lan·ta·mien·to** [aðelantamjénto] *s/m* Acción o resultado de adelantar(se).

[5] **a·de·lan·tar** [aðelantár] I. *tr* 1. Mover o llevar algo hacia delante. 2. Sobrepasar a alguien o algo que circula a menor velocidad y situarse por delante. 3. Hacer una cosa antes del momento establecido: *Adelantar las elecciones*. 4. Aventajar. II. *intr* 1. Sobrepasar un vehículo a otro que circula a menor velocidad: *Está prohibido adelantar en cambio de rasante*. 2. Hacer algo empleando menos tiempo del habitual: *Yendo por el atajo adelantarán mucho*. III. *REFL(-se)* Ocurrir una cosa antes del momento establecido: *El otoño se ha adelantado*. RPr **Adelantar(se) a/en**.

[5] **a·de·lan·te** [aðelánte] I. *adv* Indica movimiento o dirección hacia el objetivo de la marcha. II. *interj* Voz para indicar a alguien que entre en un lugar, o para continuar la marcha.

[2] **a·de·lan·to** [aðelánto] *s/m* 1. Acción o resultado de adelantar. 2. Cosa que ayuda a mejorar las condiciones de vida. 3. Cantidad de dinero que se da antes de lo debido.

[1] **a·del·fa** [aðélfa] *s/f* Arbusto muy frondoso, con flores de variados colores. Es venenoso.

[1] **a·del·ga·za·mien·to** [aðelɣaθamjénto] *s/m* Acción o resultado de adelgazar(se).

[1] **a·del·ga·zan·te** [aðelɣaθánte] I. *adj* Que adelgaza. II. *s/m* Producto para adelgazar.

[1] **a·del·ga·zar** [aðelɣaθár] *intr tr* Disminuir el grosor, volumen o peso de una persona. ORT: Ante *e* la *z* cambia a *c*: *Adelgacé*.

[1] **a·de·mán** [aðemán] *s/m* Gesto del cuerpo, que manifiesta una actitud, intención o estado de ánimo.

[5] **a·de·más** [aðemás] *adv* Indica que la acción del verbo sucede junto a otra u otras ya mencionadas.

[1] **a·de·no·ma** [aðenóma] *s/m* Tumor de estructura similar a la de las glándulas.

[3] **a·den·trar·se** [aðentrárse] *REFL(-se)* Moverse hacia la parte más interna de algo. RPr **Adentrar(se) en**.

[3] **a·den·tro** [aðéntro] I. *adv* Gen indica dirección hacia la parte interior de algo. II. *s/m,pl* Lo más íntimo de alguien.

[2] **a·dep·to, -ta** [aðépto] *s/m,f adj* Que es partidario de unas ideas, actividad, etc. RPr **Adepto a/de**.

[1] **a·de·re·zar** [aðereθár] *tr REFL(-se)* 1. Añadir a las comidas sustancias que les dan sabor. 2. Arreglarse alguien.
ORT Ante *e* la *z* cambia a *c*: *Aderecé*.

[1] **a·de·re·zo** [aðeréθo] *s/m* 1. Acción o resultado de aderezar(se). 2. Cosa con que se adereza.

[2] **a·deu·dar** [aðeuðár] *tr* Deber alguien a otro una cantidad de dinero.

[1] **a·deu·do** [aðeúðo] *s/m* 1. Acción de adeudar. 2. Cantidad que se adeuda.

[1] **ad·he·ren·cia** [aðerénθja] *s/f* 1. Cualidad de las cosas que se adhieren a otra. 2. Cosa adherida.

[1] **ad·he·ren·te** [aðerénte] *s/m* Que se adhiere.

[3] **ad·he·rir** [aðerír] I. *tr* Unir una cosa a otra. II. *REFL(-se)* 1. Estar de acuerdo con las ideas de otras personas. 2. Hacerse miembro de una asociación o grupo. RPr **Adherir(se) a**.
CONJ *Irreg: Adhiero, adherí, adheriré, adherido*.

[3] **ad·he·sión** [aðesjón] *s/f* Acción o resultado de adherirse.

[1] **ad·he·si·vo, -va** [aðesíβo] I. *adj* Que es capaz de pegarse a otra cosa. II. *s/m* 1. Sustancia que se adhiere a otra.

[2] **a·dic·ción** [aðikθjón] *s/f* Hábito de quien no puede prescindir de hacer o tomar algo (*esp* drogas): *Adicción al ordenador/al dinero*.

A·DI·CIÓN

a·di·ción [aðiθjón] *s/f* **1.** Acción o resultado de añadir. **2.** Suma.

a·di·cio·nal [aðiθjonál] *adj* Añadido.

a·dic·to, -ta [aðíkto] *adj s/m,f* **1.** Se aplica a quien no puede prescindir o abstenerse de consumir drogas: *Adicto a la cocaína.* **2.** Se dice de quien no puede dejar de hacer algo: *Adicta al trabajo.* RPr **Adicto a**.

a·dies·tra·mien·to [aðjestramjénto] *s/m* Acción o resultado de adiestrar(se).

a·dies·trar [adjestrár] *tr* Hacer que una persona o animal aprenda algo mediante la práctica. RPr **Adiestrar(se) en**.

a·di·ne·ra·do, -da [aðineráðo] *adj* Que tiene mucho dinero.

a·diós [aðjós] **I.** *interj* Expresión para despedirse: *¡Adiós, padre!* **II.** *s/m* Despedida: *Llegó la hora del adiós*.

a·di·po·si·dad [aðiposiðáð] *s/f* Cualidad de lo que contiene grasa.

a·di·po·so, -sa [aðipóso] *adj* Que contiene grasa.

a·di·ta·men·to [aðitaménto] *s/m* Cosa añadida.

a·di·ti·vo, -va [aðitíβo] **I.** *adj* Que se añade algo a otra cosa. **II.** *s/m* Sustancia que se añade a otras.

a·di·vi·na·ción [aðiβinaθjón] *s/f* Acción o resultado de adivinar.

a·di·vi·nan·za [aðiβinánθa] *s/f* Acertijo, enigma.

a·di·vi·nar [aðiβinár] *tr* **1.** Acertar, encontrar o comprender algo que se ignoraba. **2.** Resolver un acertijo o enigma.

a·di·vi·no, -na [aðiβíno] *s/m,f* Persona que puede adivinar.

ad·je·ti·var [aðχetiβár] *tr intr* Calificar con un adjetivo.

ad·je·ti·vo, -va [aðχetíβo] **I.** *adj* Que no tiene existencia independiente, sino sólo en relación con otras. **II.** *s/m* GRAM Palabra que acompaña al nombre, calificándolo o determinándolo.

ad·ju·di·ca·ción [aðχuðikaθjón] *s/f* Acción o resultado de adjudicar(se).

ad·ju·di·car [aðχuðikár] **I.** *tr* Conceder a alguien una cosa a la que aspiraba en competición con otro(s). **II.** REFL(-*se*) Apropiarse de algo.
ORT Ante *e* la *c* cambia a *qu: Adjudiqué*.

ad·ju·di·ca·ta·rio, -ia [aðχuðikatárjo] *s/m,f* Persona a quien se adjudica algo.

ad·jun·tar [aðχuntár] *tr* Enviar junto con otra cosa.

ad·jun·to, -ta [aðχúnto] *adj* Que va unido a otra cosa.

ad·lá·te·re [aðlátere] *s/m,f* Persona que acompaña a otra.

ad·mi·ní·cu·lo [aðminíkulo] *s/m* CULT Cosa de pequeño tamaño, usada como ayuda para otra cosa.

ad·mi·nis·tra·ción [aðministraθjón] *s/f* **1.** Acción o resultado de administrar(se). **2.** (*gen* en *may*) Entidad pública que gestiona los intereses de una comunidad. **3.** Conjunto de tareas que hace quien administra.

ad·mi·nis·tra·dor, -ra [aðministraðór] *adj s/m,f* Se dice de quien administra.

ad·mi·nis·trar [aðministrár] *tr* **1.** Gestionar los bienes de alguien. **2.** Tomar o hacer tomar medicamentos.

ad·mi·nis·tra·ti·vo, -va [aðministratíβo] **I.** *adj* Relacionado con la administración. **II.** *adj s/m,f* Empleado de una oficina.

ad·mi·ra·ble [aðmiráβle] *adj* Que es digno de admiración.

ad·mi·ra·ción [aðmiraθjón] *s/f* **1.** Acción o resultado de admirar. **2.** GRAM Signo ortográfico (¡!).

ad·mi·ra·dor, -ra [aðmiraðór] *adj s/m,f* Se dice de quien admira.

ad·mi·rar [aðmirár] *tr* **1.** Causar algo sorpresa. **2.** Contemplar algo con agrado o placer. RPr **Admirarse de**.

ad·mi·si·ble [aðmisíβle] *adj* Que puede ser admitido.

ad·mi·sión [aðmisjón] *s/f* Acción o resultado de admitir.

ad·mi·tir [aðmitír] *tr* **1.** Dejar que alguien entre en un lugar o institución. **2.** Tener cabida. **3.** Aceptar.

a·do·bar [aðoβár] *tr* Poner los alimentos en adobo.

a·do·be [aðóβe] *s/m* Especie de ladrillo de barro y paja, usado en la construcción.

a·do·bo [aðóβo] *s/m* Mezcla de varios condimentos y especias, usada para conservar y dar sabor a los alimentos.

a·do·ce·na·do, -da [aðoθenáðo] *adj* De muy poco valor o relieve.

a·doc·tri·na·mien·to [aðoktrinamjénto] *s/m* Acción o resultado de adoctrinar.

a·doc·tri·nar [aðoktrinár] *tr* Indicar a alguien cómo debe comportarse o actuar.

a·do·le·cer [aðoleθér] *intr* **1.** Tener algún defecto o imperfección. **2.** Carecer de algo: *El hospital adolecía de grandes espacios.* RPr **Adolecer de**.

AD·VE·NE·DI·ZO

CONJ *Irreg: Adolezco, adolecí, adoleceré, adolecido.*

3 **a·do·les·cen·cia** [aðolesθénθja] *s/f* Período de la vida entre la niñez y la edad adulta.

4 **a·do·les·cen·te** [aðolesθénte] *adj s/m,f* Persona que está en la adolescencia.

2 **a·don·de** [aðónde] *adv* Indica dirección hacia un lugar.

2 **a·dón·de** [aðónde] *adv interrog* Hacia qué lugar.

a·don·de·quie·ra [aðondekjéra] *adj* A cualquier lugar.

1 **a·do·nis** [aðónis] *s/m* 1. Hombre de gran belleza.

3 **a·dop·ción** [aðopθjón] *s/f* Acción o resultado de adoptar.

5 **a·dop·tar** [aðoptár] *tr* 1. Tomar legalmente como hijo. 2. Tomar un acuerdo o resolución.

1 **a·dop·ti·vo, -va** [aðoptíβo] *adj* Se aplica tanto a quien adopta como a quien es adoptado.

1 **a·do·quín** [aðokín] *s/m* Piedra rectangular usada en la pavimentación.

1 **a·do·qui·nar** [aðokinár] *tr* Poner pavimento de adoquines.

1 **a·do·ra·ble** [aðoráβle] *adj* Digno de ser adorado.

2 **a·do·ra·ción** [aðoraθjón] *s/f* Acción o resultado de adorar.

3 **a·do·rar** [aðorár] *tr* 1. Amar o querer intensamente a alguien. 2. Gustar o desear intensamente una cosa. 3. Rendir culto a Dios, a sus santos o a cosas sagradas.

2 **a·dor·me·cer** [aðormeθér] **I.** *tr* Causar sueño. **II.** *intr REFL(-se)* 1. Adormilarse. 2. Perder sensibilidad una parte del cuerpo.
CONJ *Irreg: Adormezco, adormecí, adormeceré, adormecido.*

1 **a·dor·me·ci·mien·to** [aðormeθimjénto] *s/m* Acción o resultado de adormecer(se).

1 **a·dor·mi·lar·se** [aðormilárse] *REFL(-se)* Empezar alguien a dormirse.

3 **a·dor·nar** [aðornár] *tr* Embellecer con algo.

3 **a·dor·no** [aðórno] *s/m* Cosa que se usa para adornar.

1 **a·do·sa·do** [aðosáðo] *s/m* Vivienda unida lateralmente a otra(s).

1 **a·do·sar** [aðosár] *tr* Colocar una cosa junto a otra. RPr **Adosar a.**

1 **ad·qui·ren·te** [aðkirénte] *s/m,f* Persona que adquiere o compra algo.

5 **ad·qui·rir** [aðkirír] *tr* 1. Comprar. 2. Referido a un compromiso o una obligación, tenerlos.
CONJ *Irreg: Adquiero, adquirí, adquiriré, adquirido.*

4 **ad·qui·si·ción** [aðkisiθjón] *s/f* 1. Acción o resultado de adquirir. 2. Cosa adquirida.

2 **ad·qui·si·ti·vo, -va** [aðkisitíβo] *adj* Que sirve para adquirir.

1 **a·dre·de** [aðréðe] *adv* Deliberadamente.

1 **a·dre·na·li·na** [aðrenalína] *s/f* ANAT Hormona segregada por las glándulas suprarrenales. Es vasoconstrictora.

2 **ads·cri·bir** [aðskriβír] *tr* Asignar a alguien un destino o trabajo. RPr **Adscribir(se) a.**
CONJ El *pp* es adscrito.

2 **ads·crip·ción** [aðskripθjón] *s/f* Acción o resultado de adscribir o adscribir(se).

3 **a·dua·na** [aðwána] *s/f* Oficina en la frontera entre dos países y en los puertos y aeropuertos, para controlar mercancías y viajeros.

3 **a·dua·ne·ro, -ra** [aðwanéro] **I.** *adj* Relativo a la aduana. **II.** *s/m,f* Empleado en una aduana.

2 **a·du·cir** [aðuθír] *tr* Dar razones para justificar algo.
CONJ *Irreg: Aduzco, aduje, aduciré, aducido.*

2 **a·due·ñar·se** [aðweɲárse] *REFL(-se)* Apropiarse alguien de algo. RPr **Adueñarse de.**

1 **a·du·la·ción** [aðulaθjón] *s/f* Acción o resultado de adular.

1 **a·du·la·dor, -ra** [aðulaðór] *adj s/m,f* Se dice de quien adula.

1 **a·du·lar** [aðulár] *tr* Alabar exageradamente a alguien, *gen* para obtener algo.

1 **a·dul·te·ra·ción** [aðulteraθjón] *s/f* Acción o resultado de adulterar(se).

1 **a·dul·te·rar** [aðulterár] *tr REFL(-se)* Variar la naturaleza de algo añadiéndole sustancias extrañas o mezclándolo con ellas.

2 **a·dul·te·rio** [aðultérjo] *s/m* Acción de mantener una persona casada relaciones sexuales con otra que no es su cónyuge.

2 **a·dúl·te·ro, -ra** [aðúltero] *adj s/m,f* Persona que comete adulterio.

4 **a·dul·to, -ta** [aðúlto] *adj s/m,f* Persona que ha alcanzado su pleno desarrollo.

1 **a·dus·to, -ta** [aðústo] *adj* Serio, poco amable.

1 **ad·ve·ne·di·zo, -za** [aðβeneðíθo] *adj s/m,f* Se aplica a quien accede a un puesto que que se cree que no le corresponde y en el que no es bien aceptado.

25

AD·VE·NI·MIEN·TO

[2] **ad·ve·ni·mien·to** [aðβenimjénto] *s/m* Venida, llegada.

[1] **ad·ver·bial** [aðβerβjál] *adj* Relacionado con el adverbio.

[1] **ad·ver·bio** [aðβérβjo] *s/m* Parte de la oración que modifica el significado del verbo, adjetivo u otro adverbio.

[3] **ad·ver·sa·rio, ·ia** [aðβersárjo] *adj s/m,f* Se aplica a quien es contrario a otro o lucha contra él.

[2] **ad·ver·si·dad** [aðβersiðáð] *s/f* **1.** Cualidad de adverso. **2.** Desgracia.

[2] **ad·ver·so, ·sa** [aðβérso] *adj* Contrario, desfavorable.

[3] **ad·ver·ten·cia** [aðβerténθja] *s/f* Acción o resultado de advertir.

[5] **ad·ver·tir** [aðβertír] *tr* **1.** Llamar la atención de alguien sobre algo de su interés. **2.** Hacer que alguien observe la presencia de algo. **3.** Darse alguien cuenta de algo. RPr **Advertir de**.
CONJ *Irreg: Advierto, advertí, advertiré, advertido.*

ad·vien·to [aðβjénto] *s/m* En el cristianismo, las cuatro semanas anteriores a la Navidad.

[2] **ad·ya·cen·te** [aðjaθénte] *adj* Que está próximo o contiguo a otra cosa.

[4] **aé·reo, ·ea** [aéreo] *adj* **1.** Relativo al aire, que se encuentra en él o procede de él. **2.** Ligero.

[1] **ae·ró·bic; ae·ro·bic** [aeróβik] *s/m* DEP Ejercicios gimnásticos moderados para mantenerse en forma.

[1] **ae·ro·di·ná·mi·ca** [aeroðinámika] *s/f* Parte de la mecánica que estudia el movimiento de los gases.

[2] **ae·ro·di·ná·mi·co, ·ca** [aeroðinámiko] *adj* Relativo a la aerodinámica.

[1] **ae·ró·dro·mo** [aeróðromo] *s/m* Aeropuerto.

[1] **ae·ro·es·pa·cial** [aeroespaθjál] *adj* Relacionado con el espacio cósmico o exterior.

[2] **ae·ro·lí·nea** [aerolínea] *s/f* (a menudo *pl*) Compañía dedicada al transporte aéreo.

ae·ro·mo·za [aeromóθa] *s/f* Azafata.

ae·ro·nau·ta [aeronáuta] *s/m,f* Persona que pilota una aeronave.

[1] **ae·ro·náu·ti·ca** [aeronáutika] *s/f* Ciencia de la navegación aérea.

[2] **ae·ro·náu·ti·co, ·ca** [aeronáutiko] *adj* Relativo a la aeronáutica.

ae·ro·na·val [aeronaβál] *adj* MIL Se aplica a las operaciones militares en las que intervienen fuerzas aéreas y navales.

[2] **ae·ro·na·ve** [aeronáβe] *s/f* Avión.

[1] **ae·ro·pla·no** [aeropláno] *s/m* Avión.

[4] **ae·ro·puer·to** [aeropwérto] *s/m* Lugar donde aterrizan y despegan aviones.

[1] **ae·ro·sol** [aerosól] *s/m* Sustancias sólidas o líquidas que están en suspensión en un medio gaseoso.

ae·ros·tá·ti·ca [aerostátika] *s/f* FÍS Ciencia que estudia el equilibrio de los gases.

[1] **ae·ros·tá·ti·co, ·ca** [aerostátiko] *adj* Relacionado con la aerostática.

ae·ro·vía [aeroβía] *s/f* Ruta aérea comercial.

[1] **a·fa·bi·li·dad** [afaβiliðáð] *s/f* Cualidad de afable.

[2] **a·fa·ble** [afáβle] *adj* Agradable en el trato. RPr **Afable con/para (con)**.

[1] **a·fa·ma·do, ·da** [afamáðo] *adj* Muy conocido.

[3] **a·fán** [afán] *s/m* Disposición de quien se dedica a un trabajo con gran empeño y esfuerzo.

[2] **a·fa·nar** [afanár] REFL(-se) Dedicarse a un trabajo con gran empeño. RPr **Afanarse en/por**.

a·fa·sia [afásja] *s/f* Pérdida de la capacidad de hablar.

[1] **a·fe·ar** [afeár] *tr* Hacer más feo.

[1] **a·fec·ción** [afekθjón] *s/f* Trastorno o alteración de la salud de alguna parte del cuerpo.

[2] **a·fec·ta·ción** [afektaθjón] *s/f* Falta de naturalidad en el obrar, hablar o comportamiento.

[4] **a·fec·ta·do, ·da** [afektáðo] *adj* Que no es o no actúa con naturalidad. **II.** *adj s/m,f* Se aplica a quien ha sufrido alguna desgracia.

[5] **a·fec·tar** [afektár] *tr* **1.** Producir un determinado efecto. **2.** Causar un acontecimiento un sentimiento de tristeza o emoción a alguien. **3.** Manifestar un sentimiento que no se tiene: *Afecta simpatía ante sus superiores, pero no es simpática.*

[1] **a·fec·ti·vi·dad** [afektiβiðáð] *s/f* **1.** Cualidad de afectivo. **2.** Conjunto de los fenómenos afectivos.

[3] **a·fec·ti·vo, ·va** [afektíβo] *adj* Que se emociona con facilidad.

[4] **a·fec·to, ·ta** [afékto] **I.** *s/m gen pl* Cualquier estado de ánimo en general. **II.** *adj* Persona que tiene gran inclinación o estima hacia otro y demuestra esos sentimientos: *Un conserje muy afecto al director.* RPr **Afecto a/de**.

a·fec·tuo·si·dad [afektwosiðáð] *s/f* Cualidad de afectuoso.

A·FOR·TU·NA·DO

② **a·fec·tuo·so, ·sa** [afektwóso] *adj* Que manifiesta afecto.

① **a·fei·ta·do** [afeitáðo] *s/m* Acción o resultado de afeitarse.

② **a·fei·tar** [afeitár] *tr* REFL(*-se*) Cortar(se) alguien el pelo de la barba, bigote u otras partes del cuerpo a ras de piel.

① **a·fei·te** [aféite] *s/m* Producto usado por las mujeres para maquillarse.

① **a·fe·mi·na·do, ·da** [afemináðo] *adj* Se dice de los hombres con modales o aspecto de mujer.

② **a·fe·rrar** [aferrár] REFL(*-se*) 1. Agarrarse fuertemente a algo. 2. Mantener una idea o creencia con tenacidad. RPr **Aferrarse a**. CONJ Se usa como *reg* o *irreg (Afierro)*.

① **a·ffai·re** [afér] *s/m* 1. GAL Asunto. 2. Relación amorosa.

① **a·fian·za·mien·to** [afjanθamjénto] *s/m* Acción o resultado de afianzar(se).

② **a·fian·zar** [afjanθár] I. *tr* Asegurar algo. II. REFL(*-se*) Mantenerse con firmeza en una idea, estado, etc. ORT Ante *e* la *z* cambia a *c: Afiancé*.

① **a·fi·che** [afitʃe] *s/m* AMER Cartel o aviso al público.

③ **a·fi·ción** [afiθjón] *s/f* 1. Interés que alguien muestra por algo. 2. Conjunto de personas partidarias de un espectáculo o deporte.

③ **a·fi·cio·na·do, ·da** [afiθjonáðo] *adj s/m,f* 1. Se dice de quien siente interés especial por algo. 2. Se dice de quien se dedica a algo que no es su profesión. 3. Se dice de quien no desarrolla bien su trabajo.

③ **a·fi·cio·nar** [afiθjonár] *tr* REFL(*-se*) Hacer que alguien sienta interés por algo. RPr **Aficionarse a**.

a·fi·jo, ·ja [afixo] *s/m adj* GRAM Se aplica a las partículas que se unen a algunas palabras, en posición inicial o final.

① **a·fi·la·do** [afiláðo] *s/m* Acción o resultado de afilar(se).

a·fi·la·dor, ·ra [afilaðór] *s/m,f* Persona que afila cuchillos, tijeras, etc.

② **a·fi·lar** [afilár] *tr* Hacer más fino y agudo el filo de un utensilio o arma cortante.

② **a·fi·lia·ción** [afiljaθjón] *s/f* Acción o resultado de afiliarse.

③ **a·fi·lia·do, ·da** [afiljáðo] *adj s/m,f* Se aplica a quien pertenece a un grupo, partido político, etc.

③ **a·fi·liar** [afiljár] *tr* REFL(*-se*) Hacerse alguien miembro de un grupo, partido político, etc. RPr **Afiliarse a/en**.

② **a·fín** [afín] *adj* Que tiene algo en común con otra cosa o persona.

② **a·fi·nar** [afinár] I. *intr* Cantar en el tono adecuado. II. *tr* 1. Poner los instrumentos musicales o la voz en el tono adecuado. 2. Retocar algo para que sea más perfecto.

① **a·fin·car·se** [afinkárse] REFL(*-se*) Instalarse en un lugar. ORT Ante *e* la *c* cambia a *qu: Afinque*.

② **a·fi·ni·dad** [afiniðáð] *s/f* 1. Cualidad de tener algo en común. 2. Parentesco.

④ **a·fir·ma·ción** [afirmaθjón] *s/f* Acción o resultado de afirmar(se).

⑤ **a·fir·mar** [afirmár] *tr* REFL(*-se*) 1. Decir que una cosa es cierta. 2. Hacer que una cosa quede bien sujeta. RPr **Afirmarse en**.

② **a·fir·ma·ti·vo, ·va** [afirmatíβo] *adj* Que afirma.

① **a·flic·ción** [aflikθjón] *s/f* Sentimiento de pena o sufrimiento.

① **a·flic·ti·vo, ·va** [afliktíβo] *adj* Que causa aflicción.

② **a·fli·gir** [aflixír] *tr* REFL(*-se*) Provocar pena o padecimiento. RPr **Afligirse con/por**. ORT Ante *a/o* la *g* cambia a *j: Aflija*.

② **a·flo·jar** [afloxár] I. *tr* Hacer que algo esté menos apretado. 2. Hacer que una cosa o acción pierda fuerza o intensidad: *Aflojar el paso*. II. *intr* 1. Perder fuerza o intensidad: *Aflojó el viento*. 2. (Con *en*) Disminuir el interés o la energía en la realización de algo.

② **a·flo·rar** [aflorár] *intr* Aparecer o asomar algo que estaba oculto.

② **a·fluen·cia** [aflwénθja] *s/f* Abundancia de cosas o personas.

① **a·fluen·te** [aflwénte] I. *s/m* Río secundario que termina en otro principal. II. *adj* Que afluye: *La ciudad ha vivido siempre de las contribuciones afluentes de diversas entidades*.

① **a·fluir** [aflwír] *intr* 1. Acudir muchas cosas o personas a un lugar. RPr **Afluir a**. ORT Ante *a/e/o* la *i* cambia a *y: Afluye*.

① **a·fo·nía** [afonía] *s/f* Falta permanente o transitoria de voz.

① **a·fó·ni·co, ·ca** [afóniko] *adj* Que padece afonía.

① **a·fo·ris·mo** [aforísmo] *s/m* Frase breve que contiene un consejo o principio.

① **a·fo·ro** [afóro] *s/m* Capacidad de un local destinado a uso público.

③ **a·for·tu·na·do, ·da** [afortunáðo] *adj* Que tiene buena suerte.

A·FRAN·CE·SA·DO

[1] **a·fran·ce·sa·do, -da** [afranθesáðo] *adj s/m,f* Partidario de lo francés o de los franceses.

[1] **a·fren·ta** [afrénta] *s/f* **1.** Ofensa contra alguien. **2.** Vergüenza que una acción o hecho produce en alguien.

[1] **a·fren·tar** [afrentár] *tr* Causar una ofensa a alguien.

[1] **a·fren·to·so, -sa** [afrentóso] *adj* Que causa afrenta.

[3] **a·fri·ca·no, -na** [afrikáno] *adj s/m,f* De África.

[1] **a·fro·di·sía·co, -ca** [afroðisíako] *adj s/m* Que estimula el deseo sexual.
ORT También *afrodisiaco*.

[1] **a·fro·di·ta** [afroðíta] *adj* Se aplica a las plantas que se reproducen sin intervención sexual.

[4] **a·fron·tar** [afrontár] *tr* Hacer frente a algo (problema, peligro, etc.).

[3] **a·fue·ra** [afwéra] **I.** *adv* Expresa situación en el exterior de un lugar. **II.** *s/f,pl* Alrededores de una ciudad.

[2] **a·ga·char** [ayatʃár] *tr* Inclinar hacia el suelo la parte superior del cuerpo.

[1] **a·ga·lla** [ayáʎa] *s/f gen pl* Aparato respiratorio de los peces. LOC **Tener agallas,** mostrar una actitud valiente o decidida.

[1] **á·ga·pe** [áyape] *s/m* Comida con que se festeja algo.

a·ga·rra·da [ayarráða] *s/f* Pelea o discusión violenta.

[1] **a·ga·rra·de·ra** [ayarraðéra] *s/f* COL *pl* Influencias que alguien tiene para conseguir algo.

[1] **a·ga·rra·de·ro** [ayarraðéro] *s/m* **1.** Parte de un objeto que permite cogerlo. **2.** Agarraderas.

[2] **a·ga·rra·do, -da** [ayarráðo] *adj s/m* **1.** INFML Se aplica al baile en el que las parejas bailan cogidas. **2.** Tacaño.

[4] **a·ga·rrar** [ayarrár] **I.** *tr* **1.** Coger algo o a alguien y retenerlo. **2.** Comenzar a padecer una enfermedad, dolencia, etc.: *Agarrar un constipado.* **II.** REFL(-se) **1.** Adherirse una superficie a otra. **2.** Pelearse dos personas. **III.** *intr* Arraigar o echar raíces una planta.
USO En Hispanoamérica *agarrar* sustituye a *coger*.

[1] **a·ga·rre** [ayárre] *s/m* Acción o resultado de agarrar(se).

a·ga·rro·ta·mien·to [ayarrotamjénto] *s/m* Acción o resultado de agarrotar(se).

[1] **a·ga·rro·tar** [ayarrotár] *tr* REFL(-se) **1.** Poner(se) rígida una parte del cuerpo. **2.** Quedarse una pieza mecánica sin el movimiento que debe tener.

[1] **a·ga·sa·jar** [ayasaχár] *tr* Tratar a alguien con mucha atención y obsequio.

[1] **a·ga·sa·jo** [ayasáχo] *s/m* Acción de agasajar o cosa con que se agasaja.

[1] **á·ga·ta** [áyata] *s/f* Piedra de cuarzo, traslúcida y de colores variados, que se usa como adorno.

[2] **a·ga·za·par·se** [ayaθapárse] REFL(-se) Agacharse alguien, encogiéndose.

[3] **a·gen·cia** [aχénθja] *s/f* **1.** Empresa que presta servicios a los particulares. **2.** Dependencia de un organismo público: *Agencia de Medio Ambiente. Agencia Tributaria.* **3.** Sucursal de una empresa.

[1] **a·gen·ciar** [aχenθjár] *tr* Realizar las gestiones necesarias para conseguir algo.

[3] **a·gen·da** [aχénda] *s/f* **1.** Cuaderno en el que se anota lo que hay que hacer o recordar. **2.** Conjunto de actividades que alguien tiene previsto hacer.

[4] **a·gen·te** [aχénte] **I.** *s/m,f* Persona que actúa por cuenta de otra. **II.** *adj s/m* Fuerza capaz de producir un efecto: *Agente contaminante.*

[2] **á·gil** [áχil] *adj* Que puede actuar o moverse con rapidez.

[2] **a·gi·li·dad** [aχiliðáθ] *s/f* Cualidad de ágil.

[1] **a·gi·li·za·ción** [aχiliθaθjón] *s/f* Acción o resultado de agilizar.

[2] **a·gi·li·zar** [aχiliθár] *tr* Hacer posible la rápida ejecución de algo.
ORT Ante *e* la *z* cambia a *c*: *Agilicé.*

[2] **a·gi·ta·ción** [aχitaθjón] *s/f* Intranquilidad de ánimo o del cuerpo.

[1] **a·gi·ta·dor, -ra** [aχitaðór] **I.** *adj s/m* Se aplica a lo que agita. **II.** *s/m,f* Persona que incita a la sublevación.

a·gi·ta·na·do, -da [aχitanáðo] *adj* Parecido a los gitanos.

[3] **a·gi·tar** [aχitár] *tr* REFL(-se) **1.** Mover(se) una y otra vez de un lado para otro. **2.** Provocar inquietud política o social.

[2] **a·glo·me·ra·ción** [ayloméraθjón] *s/f* **1.** Acción o resultado de aglomerar(se). **2.** Conjunto de personas o cosas juntas y en desorden.

[1] **a·glo·me·ra·do** [ayloméraðo] *s/m* Producto resultante de la unión de fragmentos mediante aglomerante.

a·glo·me·ran·te [aylomeránte] *adj s/m* Se dice de lo que sirve para unir las distintas partes de una cosa.

① **a·glo·me·rar** [aɣlomerár] *tr* Amontonar, juntar cosas en desorden.

① **a·glu·ti·nan·te** [aɣlutinánte] *adj s/m* Se aplica a las sustancias que aglutinan o unen.

② **a·glu·ti·nar** [aɣlutinár] *tr REFL(-se)* **1.** Unir mediante sustancia viscosa. **2.** Unir para un fin.

① **ag·nos·ti·cis·mo** [aɣnostiθísmo] *s/m* FIL Doctrina según la cual el hombre sólo puede entender lo relativo, no lo absoluto.

① **ag·nós·ti·co, -ca** [aɣnóstiko] *adj s/m,f* Relativo al agnosticismo o que lo sigue.

② **a·go·bian·te** [aɣoβjánte] *adj* Que agobia.

② **a·go·biar** [aɣoβjár] *tr REFL(-se)* Causar fatiga y trabajo. RPr **Agobiarse por/con**.

① **a·go·bio** [aɣóβjo] *s/m* Acción o resultado de agobiar(se).

① **a·gol·par·se** [aɣolpárse] *REFL(-se)* Juntarse desordenadamente en un lugar.

② **a·go·nía** [aɣonía] *s/f* Angustia o agotamiento de lo que está próximo a su fin o de quien está muriendo.

① **a·gó·ni·co, -ca** [aɣóniko] *adj* Relacionado con la agonía.

① **a·go·ni·zan·te** [aɣoniθánte] *adj s/m,f* Que agoniza.

② **a·go·ni·zar** [aɣoniθár] *intr* Estar alguien muriéndose o acabándose algo.
ORT Ante *e* la *z* cambia a *c: Agonicé*.

① **á·go·ra** [áɣora] *s/f* Plaza pública.

① **a·go·re·ro, -ra** [aɣoréro] *adj s/m,f* Que anuncia algo futuro, *esp* si se trata de algo malo.

④ **a·gos·tar** [aɣostár] *tr* Secar las plantas el calor excesivo.

④ **a·gos·to** [aɣósto] *s/m* Octavo mes del año.
LOC **Hacer alguien su agosto**, aprovechar la ocasión para obtener ganancias.

① **a·go·ta·ble** [aɣotáβle] *adj* Que puede agotarse.

② **a·go·ta·dor, -ra** [aɣotaðór] *adj* Que agota.

② **a·go·ta·mien·to** [aɣotamjénto] *s/m* Acción o resultado de agotar(se).

④ **a·go·tar** [aɣotár] *tr* **1.** Gastar completamente. **2.** Cansar mucho.

① **a·gra·cia·do, -da** [aɣraθjáðo] **I.** *adj s/m,f* Con suerte en el juego. **II.** *adj* Atractivo.

④ **a·gra·da·ble** [aɣraðáβle] *adj* Que agrada.

③ **a·gra·dar** [aɣraðár] *intr* Producir una sensación placentera.

④ **a·gra·de·cer** [aɣraðeθér] *tr* Expresar gratitud por algo recibido.
CONJ *Irreg: Agradezco, agradecí, agradeceré, agradecido*.

② **a·gra·de·ci·mien·to** [aɣraðeθimjénto] *s/m* Acción o resultado de agradecer.

② **a·gra·do** [aɣráðo] *s/m* Sensación de placer o satisfacción.

② **a·gran·dar** [aɣrandár] *tr REFL(-se)* Hacer más grande.

④ **a·gra·rio, -ia** [aɣrárjo] *adj* Relativo al campo.

① **a·gra·va·mien·to** [aɣraβamjénto] *s/m* Acción o resultado de agravar(se).

① **a·gra·van·te** [aɣraβánte] *adj s/m* Que agrava.

③ **a·gra·var** [aɣraβár] *tr REFL(-se)* Hacer(se) una cosa más grave, peligrosa, etc.

② **a·gra·viar** [aɣraβjár] *tr* Ofender a alguien.

② **a·gra·vio** [aɣráβjo] *s/m* Palabra, gesto o acción que ofende o molesta a alguien.

① **a·graz** [aɣráθ] *s/m* Zumo que se obtiene de los frutos no maduros, *esp* de la uva.

① **a·gre·dir** [aɣreðír] *tr* Atacar a alguien físicamente o de palabra.
CONJ Es un *v* defectivo; se usa *gen* sólo en las formas con desinencia en *i: Agredía*.

① **a·gre·ga·ción** [aɣreɣaθjón] *s/f* Acción o resultado de agregar(se).

② **a·gre·ga·do, -da** [aɣreɣáðo] **I.** *s/m* **1.** Conjunto de cosas unidas entre sí. **2.** Cosa que se añade a otra. **II.** *s/m,f* Persona adscrita a un servicio.

⑤ **a·gre·gar** [aɣreɣár] *tr REFL(-se)* Unir una cosa a otra. RPr **Agregar(se) a**.
ORT Ante *e* la *g* cambia a *gu: Agregué*.

③ **a·gre·sión** [aɣresjón] *s/f* Acción o resultado de atacar a alguien.

② **a·gre·si·vi·dad** [aɣresiβiðáð] *s/f* Cualidad de agresivo.

③ **a·gre·si·vo, -va** [aɣresíβo] *adj* Que tiende a agredir o atacar.

② **a·gre·sor, -ra** [aɣresór] *adj s/m,f* Se aplica a quien agrede.

① **a·gres·te** [aɣréste] *adj* Se dice de los lugares por los que resulta difícil transitar.

① **a·griar** [aɣrjár] *tr REFL(-se)* Poner(se) una cosa agria o ácida.
ORT Se usan más las formas *agrio, agrie* que *agrío, agríes*.

④ **a·grí·co·la** [aɣríkola] *adj* Relativo a la agricultura.

③ **a·gri·cul·tor, -ra** [aɣrikultór] *s/m,f* Persona que se dedica al cultivo de la tierra.

④ **a·gri·cul·tu·ra** [aɣrikultúra] *s/f* Arte de cultivar de la tierra.

① **a·gri·dul·ce** [aɣriðúlθe] *adj* Con sabor agrio y dulce.

① **a·grie·tar** [aɣrjetár] *tr* REFL(*-se*) Abrirse grietas en una superficie.

a·gri·men·sor, -ra [aɣrimensór] *s/m,f* Técnico en la medición de campos.

a·gri·men·su·ra [aɣrimensúra] *s/f* Arte de medir campos.

② **a·grio, -ia** [áɣrjo] **I.** *adj* **1.** Ácido de sabor. **2.** De carácter agresivo o poco amable. **II.** *s/m pl* Frutas agrias (naranja, limón, pomelo). RPr **Agrio a** (*al paladar*) / **de** (*sabor*).

① **a·gro** [áɣro] *s/m* CULT Campo.

① **a·gro·no·mía** [aɣronomía] *s/f* Ciencia del cultivo de la tierra.

① **a·gró·no·mo, -ma** [aɣrónomo] *s/m,f* Técnico en agronomía.

③ **a·gro·pe·cua·rio, -ia** [aɣropekwárjo] *adj* Relacionado con la agricultura y la ganadería.

③ **a·gru·pa·ción** [aɣrupaθjón] *s/f* Acción o resultado de agrupar(se).

② **a·gru·pa·mien·to** [aɣrupamjénto] *s/m* Agrupación.

④ **a·gru·par** [aɣrupár] *tr* Formar un grupo.

⑤ **a·gua** [áɣwa] *s/f* **1.** Cuerpo líquido formado por hidrógeno y oxígeno. Es inodoro, insípido e incoloro. **2.** *pl* Reflejos en forma de ondulación que muestran a la vista algunos materiales (telas, maderas, piedras preciosas, etc.). LOC **(Estar) Con el agua al/hasta el cuello**, INFML estar alguien en una situación apurada o difícil. **Hacérsele a uno la boca agua**, experimentar alguien gran satisfacción por algo.
GRAM En *sing* el *art* antepuesto es *el/un*: *El/un agua*.

② **a·gua·ca·te** [aɣwakáte] *s/m* Árbol tropical, o su fruto.

② **a·gua·ce·ro** [aɣwaθéro] *s/m* Lluvia repentina, violenta y de breve duración.

① **a·gua·dor, -ra** [aɣwaðór] *s/m,f* Persona que vende o transporta agua.

① **a·gua·fies·tas** [aɣwafjéstas] *s/m,f* Persona que estropea la diversión de otros.

① **a·gua·fuer·te** [aɣwafuérte] *s/m* **1.** Ácido nítrico. **2.** Técnica de grabado con este ácido, o grabado resultante.

① **a·gua·ma·ri·na** [aɣwamarína] *s/f* Piedra preciosa, de berilo azul.

① **a·gua·nie·ve** [aɣwanjéβe] *s/f* Lluvia mezclada con nieve.

④ **a·guan·tar** [aɣwantár] *tr* **1.** Soportar cosas desagradables (sufrimientos, desgracias, etc.). **2.** Sujetar algo para que no caiga.

① **a·guan·te** [aɣwánte] *s/m* Capacidad de aguantar(se).

① **a·guar** [aɣwár] *tr* REFL(*-se*) **1.** Mezclar un líquido, *esp* el vino o la leche, con agua. **2.** Estropear alguien algo agradable mediante su intervención.

③ **a·guar·dar** [aɣwarðár] *tr* Permanecer alguien en un sitio hasta que llegue lo que se espera.

② **a·guar·dien·te** [aɣwardjénte] *s/m* Bebida alcohólica que se obtiene destilando el vino u otras sustancias.

① **a·gua·rrás** [aɣwarrás] *s/m* Esencia de trementina; es disolvente.

② **a·gu·de·za** [aɣuðéθa] *s/f* **1.** Capacidad para comprender las cosas con rapidez. **2.** Dicho ingenioso.

① **a·gu·di·za·ción** [aɣuðiθaθjón] *s/f* Acción o resultado de agudizar(se).

① **a·gu·di·zar** [aɣuðiθár] *tr* REFL(*-se*) Hacer(se) algo (enfermedad, etc.) más grave.
ORT Ante la *e* la *z* cambia a *c*: *Agudicé*.

④ **a·gu·do, -da** [aɣúðo] *adj* **1.** Se aplica al filo o punta delgados y finos. **2.** Ingenioso. **3.** Se aplica a las sensaciones fuertes y breves. **4.** Se aplica al ángulo de menos de 90°. **5.** Se dice de los sonidos con muchas vibraciones por segundo, o de la voz e instrumentos que los emiten. **6.** Se dice de la sílaba o vocal con el acento en la última sílaba.

① **a·güe·ro** [aɣwéro] *s/m* Cosa que anuncia buena o mala suerte.

① **a·gue·rri·do, -da** [aɣerríðo] *adj* Que se ha ejercitado en algo duro, *esp* la guerra. RPr **Aguerrido en** (*las batallas*).

a·gui·ja·da [aɣiχáða] *s/f* Palo largo terminado en una punta de hierro, para pinchar a los bueyes.

① **a·gui·jón** [aɣiχón] *s/m* **1.** Órgano de algunos animales, como los insectos o los escorpiones, con el que atacan inyectando veneno. **2.** Estímulo o acicate.

a·gui·jo·ne·ar [aɣiχoneár] *tr* **1.** Estimular con la aguijada. **2.** Incitar a alguien para que actúe con rapidez.

③ **á·gui·la** [áɣila] *s/f* Ave rapaz, con garras.
GRAM En *sing* lleva *art m 'el/un'*: *Un águila. El águila*.

① **a·gui·le·ño, -ña** [aɣiléɲo] *adj* **1.** Relativo al águila. **2.** De rostro o nariz afilados.

① **a·gui·lu·cho** [aɣilútʃo] *s/m* Cría del águila.

① **a·gui·nal·do** [aɣináldo] *s/m* Regalo o gratificación que se da durante la Navidad.

AIS·LA·MIEN·TO

2 **a·gu·ja** [aɣúχa] *s/f* **1.** Instrumento de acero usado para coser. **2.** Manecilla del reloj. **3.** Utensilio de acero hueco usado para pinchar e inyectar líquido en un cuerpo. **4.** Cuarto delantero de un animal. **5.** Rieles móviles para cambiar el tren de vía.

1 **a·gu·je·re·ar** [aɣuχereár] *tr* REFL(-se) Hacer agujeros.

3 **a·gu·je·ro** [aɣuχéro] *s/m* Abertura, *gen* redonda, en una cosa.

1 **a·gu·je·ta** [aɣuχéta] *s/f pl* Dolores en los músculos, después de ejercicio o esfuerzo físico intenso.

1 **a·gu·zar** [aɣuθár] *tr* **1.** Sacar punta al extremo de una cosa o hacerla más delgada o aguda: *Aguzar un lápiz.* **2.** Afinar el entendimiento o los sentidos, forzándolos para que actúen con mayor intensidad: *Agucé el oído y percibí pasos en el corredor. Aguzar el ingenio.*
ORT Ante *e* la *z* cambia a *c: Agucé.*

5 **¡ah!** [á] *interj* Se usa para expresar admiración, sorpresa, susto, pena o alegría.

1 **a·he·rro·jar** [aerroχár] *tr* Sujetar con hierros o cadenas.

5 **a·hí** [aí] *adv* Expresa lugar próximo a quien habla o a quien se habla.

1 **a·hi·ja·do, -da** [aiχáðo] *s/m,f* Una persona respecto a su padrino.

1 **a·hi·jar** [aiχár] *tr* REFL(-se) Adoptar como hijo.

1 **a·hín·co** [aínko] *s/m* Esfuerzo o interés puesto en la realización de algo.

1 **a·hí·to, -ta** [aíto] *adj* Que ha comido o bebido hasta saciarse. RPr **Ahíto de.**

2 **a·ho·ga·do, -da** [aoɣáðo] *adj s/m,f* Que muere por asfixia.

2 **a·ho·gar** [aoɣár] *tr* **1.** Quitar la vida privando de la respiración. **2.** Dañar a las plantas el exceso de agua. **3.** Destruir, estropear algo.
ORT Ante *e* se cambia la *g* por *gu: Ahogué.*

1 **a·ho·go** [aóɣo] *s/m* **1.** Dificultad para respirar. **2.** Sensación de agobio debida al calor excesivo. **3.** Angustia.

2 **a·hon·dar** [aondár] *tr intr* **1.** Penetrar profundamente en algo. RPr **Ahondar en.**

5 **a·ho·ra** [aóra] *adv* Momento en que se encuentra alguien. LOC **Ahora bien,** pero. **Hasta ahora,** fórmula de despedida.

1 **a·hor·ca·do, -da** [aorkáðo] *s/m,f* Persona que ha muerto en la horca.

1 **a·hor·ca·mien·to** [aorkamjénto] *s/m* Acción o resultado de ahorcar(se).

2 **a·hor·car** [aorkár] *tr* REFL(-se) Matar a alguien colgándolo de la horca.
ORT Ante *e* la *c* cambia a *qu: Ahorqué.*

a·ho·rra·dor, -ra [aorraðór] *adj s/m,f* Se aplica a quien ahorra.

4 **a·ho·rrar** [aorrár] *tr* **1.** Gastar poco y guardar lo que queda. **2.** Evitar molestias, trabajos, etc.

1 **a·ho·rra·ti·vo, -va** [aorratíβo] *adj* Se dice de quien ahorra.

4 **a·ho·rro** [aórro] *s/m* **1.** Acción o resultado de ahorrar. **2.** *pl* Cantidad de dinero que se ahorra.

1 **a·hue·car** [awekár] **I.** *tr* REFL(-se) **1.** Poner(se) algo hueco o vaciar su interior. **2.** Poner(se) una cosa esponjosa. **II.** *intr* COL Marcharse de un lugar. LOC **Ahuecar el ala,** COL marcharse.
ORT Ante *e* la *c* cambia a *qu: Ahuequé.*

1 **a·hu·ma·do** [aumáðo] *s/m* **1.** Acción o resultado de ahumar. **2.** *pl* Alimento que ha sido expuesto al humo.

1 **a·hu·mar** [aumár] *tr* Someter algo a la acción del humo.
ORT PRON La *u* lleva tilde cuando el acento tónico recae sobre ella: *Ahúmo, ahúmen.*

2 **a·hu·yen·tar** [aujentár] *tr* Hacer huir.

1 **air·bag** [áirβag] *s/m* ANGL Dispositivo de seguridad en los coches.

5 **ai·re** [ájre] *s/m* **1.** Mezcla de gases que forma la atmósfera terrestre. **2.** Viento: *Hace aire.* **3.** Gracia en el modo de hacer las cosas: *¡Qué aire tiene al andar!* LOC **(Estar) en el aire, 1,** sin sujeción o apoyo. **2,** (estar) emitiéndose un programa de radio o televisión.

1 **ai·rea·ción** [aireaθjón] *s/f* Ventilación.

2 **ai·re·ar** [aireár] *tr* **1.** Hacer o permitir que entre aire en un lugar. **2.** Difundir algo (noticia, rumor, secreto) dándole publicidad.

2 **ai·ro·so, -sa** [airóso] *adj* **1.** Con soltura y gracia. **2.** (*salir airoso*) Con éxito.

1 **ais·la·cio·nis·mo** [aislaθjonísmo] *s/m* Tendencia a estar aislado.

1 **ais·la·cio·nis·ta** [aislaθjonísta] *adj s/m,f* Partidario del aislacionismo.

3 **ais·la·do, -da** [aisláðo] *adj* Solo, separado de los demás.

1 **ais·la·dor, -ra** [aislaðór] *s/m* Pieza que aísla.

3 **ais·la·mien·to** [aislamjénto] *s/m* Acción o resultado de aislar(se).

AIS·LAN·TE

[2] **ais·lan·te** [aislánte] *adj s/m* Se aplica a lo que aísla, *esp* si impide el paso de la electricidad, calor, frío, etc.

[4] **ais·lar** [aislár] *tr* REFL(-se) Separar de los demás o de otra cosa. RPr **Aislar(se) de**.
ORT PRON El acento cae sobre la *i* en el *sing* y 3ª *p pl* del *pres* de *ind* y *subj*: *Aíslo*.

a·ja·mo·nar·se [axamonárse] REFL(-se) COL Engordar mucho.

[1] **a·jar** [axár] *tr* REFL(-se) Quitar el buen aspecto a una persona o cosa.

[1] **a·jar·di·nar** [axarðinár] *tr* Acondicionar un terreno como si fuera un jardín.

[1] **a·je·dre·cis·ta** [axeðreθísta] *s/m,f* Jugador de ajedrez.

[3] **a·je·drez** [axeðréθ] *s/m* Juego entre dos personas, que mueven 16 piezas sobre un tablero cuadriculado.

[1] **a·jen·jo** [axénxo] *s/m* Planta medicinal, amarga y aromática.

[4] **a·je·no, -na** [axéno] *adj* Que no es propio de algo o alguien. RPr **Ajeno a/de**.

a·je·tre·ar·se [axetreárse] REFL(-se) No parar, ir continuamente de un sitio a otro.

[1] **a·je·treo** [axetréo] *s/m* Acción o resultado de ajetrearse.

[3] **a·jo** [áxo] *s/m* Planta cuyo bulbo, blanco y de fuerte olor, se usa como condimento.

[1] **a·juar** [axwár] *s/m* 1. Conjunto de cosas de uso común (ropa, muebles, etc.) en una casa. 2. Conjunto de cosas que aporta una mujer al casarse.

[2] **a·jus·ta·do, -da** [axustáðo] *adj* 1. Apretado, ceñido. 2. Adecuado, razonable.

[4] **a·jus·tar** [axustár] *tr* 1. Hacer que un objeto encaje con otro o en un espacio. 2. Hacer que dos o más cosas discordantes se armonicen y concuerden. 3. Concertar algo (precio, fecha, etc.).

[3] **a·jus·te** [axúste] *s/m* Acción o resultado de ajustar(se).

[1] **a·jus·ti·cia·do, -da** [axustiθjáðo] *adj s/m,f* Persona ejecutada, tras ser condenada a muerte.

[1] **a·jus·ti·cia·mien·to** [axustiθjamjénto] *s/m* Acción o resultado de ajusticiar.

[1] **a·jus·ti·ciar** [axustiθjár] *tr* Aplicar la pena de muerte a un condenado.

[5] **al** [ál] Contracción de *a + el*.

[4] **a·la** [ála] *s/f* 1. En las aves, cada uno de los miembros laterales, cubiertos con plumas, que les sirven para volar. 2. Cada parte situada en los lados de un avión, que le permiten volar. 3. En un sombrero, parte plana que sobresale debajo de la copa y la rodea: *Sombrero de ala ancha*. 4. Parte inferior de un sombrero, que rodea la copa. 5. Parte lateral de algo principal (edificio, formación militar, etc.).
GRAM En *sing* se antepone el *art 'el/un'*: *El/Un ala*.

[2] **a·la·ban·za** [alaβánθa] *s/f* Acción o resultado de alabar(se).

[2] **a·la·bar** [alaβár] *tr* Decir cosas elogiosas o positivas de alguien.

a·la·bar·da [alaβárða] *s/f* Arma parecida a una lanza, con cuchilla transversal.

[1] **a·la·bar·de·ro** [alaβarðéro] *s/m* Soldado que portaba una alabarda.

[1] **a·la·bas·tro** [alaβástro] *s/m* Mármol translúcido, fácil de tallar.

[1] **a·la·ce·na** [alaθéna] *s/f* Hueco en la pared, a modo de armario, para guardar alimentos.

[1] **a·la·crán** [alakrán] *s/m* Arácnido con el abdomen en un aguijón, con el que pica e inyecta veneno.

[2] **a·la·do, -da** [aláðo] *adj* 1. Con alas. 2. Ligero.

[1] **a·lam·bi·que** [alambíke] *s/m* Vasija para destilar.

[1] **a·lam·bra·da** [alambráða] *s/f* Valla de alambre.

[1] **a·lam·brar** [alambrár] *tr* Cercar con alambre.

[1] **a·lam·bre** [alámbre] *s/m* Hilo metálico de diverso grosor.

[1] **a·lam·bris·ta** [alambrísta] *adj s/m,f* Acróbata que realiza ejercicios de equilibrio sobre un alambre.

[2] **a·la·me·da** [alaméða] *s/f* Paseo bordeado de álamos.

[2] **á·la·mo** [álamo] *s/m* Árbol muy alto, de madera blanca y ligera.

a·lan·ce·ar [alanθeár] *tr* Atacar o herir con lanza.

[2] **a·lar·de** [alárðe] *s/m* (*Hacer...*) Ostentación.

[2] **a·lar·de·ar** [alarðeár] *intr* Presumir de algo. RPr **Alardear de**.

a·lar·ga·de·ra [alaryaðéra] *s/f* Pieza para hacer algo más largo.

[1] **a·lar·ga·mien·to** [alaryamjénto] *s/m* Acción o resultado de alargar(se).

[3] **a·lar·gar** [alaryár] *tr* Aumentar la longitud o duración de algo.
ORT Ante *e* la *g* cambia a *gu*: *Alargué*.

[2] **a·la·ri·do** [alaríðo] *s/m* Grito muy fuerte, como expresión de dolor o miedo.

AL·CAN·CE

② **a·lar·ma** [alárma] *s/f* **1.** (*Dar, sonar*) Señal que avisa de un peligro, o aparato que la emite. **2.** Inquietud ante un peligro.

② **a·lar·man·te** [alarmánte] *adj* Que provoca alarma.

③ **a·lar·mar** [alarmár] *tr* Provocar inquietud o temor.

① **a·lar·mis·ta** [alarmísta] *adj s/m,f* Que crea o genera alarma.

① **a·la·zán, -za·na** [alaθán] *adj s/m* Se aplica a los caballos con pelo de color canela.

③ **al·ba** [álβa] *s/f* Tiempo en el que empiezan a aparecer las luces del día, antes de salir el sol.

① **al·ba·cea** [alβaθéa] *s/m,f* Persona encargada de hacer cumplir un testamento.

② **al·ba·ha·ca** [alβ(a)áka] *s/f* Planta aromática.

① **al·ba·ñal, al·ba·ñar** [alβaɲál; ár] *s/m* Canal por el que salen las aguas residuales.

② **al·ba·ñil** [alβaɲíl] *s/m,f* Persona que se dedica a la construcción de edificios.

① **al·ba·ñi·le·ría** [alβaɲilería] *s/f* Oficio o actividad de hacer paredes con ladrillo, piedra, etc.

① **al·ba·rán** [alβarán] *s/m* COM Documento en el que se especifican las mercancías que se entregan al cliente.

① **al·ba·ri·co·que** [alβarikóke] *s/m* Fruto del albaricoquero, con hueso rodeado de carne blanda y rosácea.

al·ba·ri·co·que·ro [alβarikokéro] *s/m* Árbol, cuyo fruto es el albaricoque.

① **al·ba·tros** [alβátros] *s/m* Ave marina y palmípeda de tamaño grande.

① **al·be·drío** [alβeðrío] *s/m* Capacidad del hombre para actuar con libertad.

② **al·ber·ca** [alβérka] *s/f* Depósito artificial de agua.

al·bér·chi·go [alβértʃiyo] *s/m* Fruto, variedad del albaricoque.

③ **al·ber·gar** [alβeryár] *tr* **1.** Dar cobijo o vivienda. **2.** Tener algo (ideas, sentimientos) dentro de uno.
ORT Ante *e* la *g* cambia a *gu: Albergué.*

② **al·ber·gue** [alβérγe] *s/m* **1.** Lugar donde se resguardan personas o animales. **2.** Hotel de pequeño tamaño.

① **al·bi·no, -na** [alβíno] *adj* Persona o animal anormalmente blancos.

① **al·bo, -ba** [álβo] *adj* POÉT Blanco.

① **al·bón·di·ga** [alβóndiγa] *s/f* Bola de carne o pescado picados, aderezada y guisada.

② **al·bor** [alβór] *s/m* **1.** Luz del alba. **2.** Inicio de algo.

① **al·bo·ra·da** [alβoráða] *s/f* Alba.

al·bo·re·ar [alβoreár] *intr* **1.** Amanecer. **2.** Aparecer los primeros signos de algo.

② **al·bor·noz** [alβornóθ] *s/m* Bata de algodón, usada al salir del baño.

al·bo·ro·ta·dor, -ra [alβorotaðór] *adj s/m,f* Que alborota.

② **al·bo·ro·tar** [alβorotár] *tr* REFL(-*se*) Provocar confusión y desorden.

① **al·bo·ro·to** [alβoróto] *s/m* (*Armar*) Acción o resultado de alborotar(se).

① **al·bo·ro·zar** [alβoroθár] *tr* REFL(-*se*) Causar o sentir alegría de modo ruidoso.
ORT Ante *e* la *z* cambia a *c: Alborocé.*

① **al·bo·ro·zo** [alβoróθo] *s/m* Sentimiento de gran alegría y satisfacción.

al·bri·cias [alβríθjas] *interj* Expresa alegría o júbilo.

① **al·bu·fe·ra** [alβuféra] *s/f* Laguna en tierras muy cercanas al mar.

③ **ál·bum** [álβum] *s/m* Conjunto de hojas encuadernadas en las que se colecciona algo (fotografías, sellos, etc.).

al·bu·men [alβúmen] *s/m* Sustancia que envuelve el embrión de las semillas y les sirve de alimento al germinar.

① **al·bú·mi·na** [alβúmina] *s/f* BIO Proteína presente en la clara de huevo, en la leche y en las semillas de algunas plantas.

② **al·ca·cho·fa** [alkatʃófa] *s/f* **1.** Planta de hojas anchas, con cabezuela de hojas carnosas y comestibles. **2.** Pieza redondeada con muchos orificios, que dispersa el agua.

① **al·ca·hue·te, -ta** [alkawéte] *s/m,f* Persona que concierta o encubre relaciones sexuales o amorosas.

① **al·ca·hue·te·ría** [alkaweteía] *s/f* Actividad del alcahuete.

① **al·cai·de** [alkáiðe] *s/m* Encargado del gobierno de una cárcel.

al·cal·da·da [alkaldáða] *s/f* Abuso de autoridad.

④ **al·cal·de** [alkálde] *s/m* Primera autoridad en un ayuntamiento.

① **al·cal·de·sa** [alkaldésa] *s/f* de 'alcalde'.

② **al·cal·día** [alkaldía] *s/f* Oficio del alcalde, o lugar en el que lo ejerce.

① **ál·ca·li** [álkali] *s/m* Óxido metálico que puede actuar como base.

① **al·ca·li·no, -na** [alkalíno] *adj* Que tiene la propiedad de contrarrestar a los ácidos.

① **al·ca·loi·de** [alkalóide] *s/m* Sustancia alcalina vegetal que contiene hidrógeno.

③ **al·can·ce** [alkánθe] *s/m* **1.** Distancia a la

AL·CAN·FOR

que llega la acción, el efecto o la influencia de algo. **2.** Capacidad intelectual de alguien.

[1] **al·can·for** [alkanfór] *s/m* Sustancia sólida, blanca, de olor fuerte, usada contra la polilla en la ropa.

[1] **al·can·ta·ri·lla** [alkantaríʎa] *s/f* Canal subterráneo para conducir las aguas residuales y de lluvia.

[1] **al·can·ta·ri·lla·do** [alkantariʎáðo] *s/m* Conjunto de alcantarillas de una ciudad.

[1] **al·can·za·ble** [alkanθáβle] *adj* Que se puede conseguir.

[5] **al·can·zar** [alkanθár] **I.** *tr* **1.** Llegar hasta la posición de quien o de lo que va delante. **2.** Llegar a coger algo. **3.** (Con *en*) Igualar a otra persona en lo que se expresa: *Te alcanzará en altura*. **4.** Comprender: *No alcanzo a ver sus motivos*. **5.** Llegar una suma, un precio, etc., a la cantidad que se expresa. **II.** *intr* **1.** (Con *a, para*) Haber suficiente para todos: *La fruta no alcanza para todos*. **2.** Ser suficiente para un fin. RPr **Alcanzar a**.
ORT Ante *e* la *z* cambia a *c*: *Alcancé*.

[1] **al·ca·pa·rra** [alkapárra] *s/f* Planta silvestre cuyos tallos y frutos se ponen en vinagre para luego ser consumidos.

al·ca·rria [alkárrja] *s/f* Terreno alto y seco.

[1] **al·ca·traz** [alkatráθ] *s/m* Pelícano americano.

al·ca·ya·ta [alkajáta] *s/f* Clavo con un extremo en ángulo recto, para colgar cosas de él.

[1] **al·ca·za·ba** [alkaθáβa] *s/f* Fortaleza dentro de una población amurallada.

[3] **al·cá·zar** [alkáθar] *s/f* Fortaleza.

[1] **al·ce** [álθe] *s/m* Mamífero rumiante, más grande que el ciervo.

[1] **al·cis·ta** [alθísta] *adj* Relativo al alza o aumento de algo.

[3] **al·co·ba** [alkóβa] *s/f* Dormitorio.

[4] **al·co·hol** [alk(o)ól] *s/m* **1.** Líquido incoloro e inflamable obtenido por la fermentación de sustancias azucaradas o por destilación. **2.** Bebidas alcohólicas en general.

[1] **al·co·ho·le·mia** [alk(o)olémja] *s/f* Presencia de alcohol en la sangre.

[3] **al·co·hó·li·co, ca** [alk(o)óliko] **I.** *adj* **1.** Que contiene alcohol. **2.** Relativo al alcohol. **II.** *adj s/m,f* Consumidor de mucho alcohol.

[2] **al·co·ho·lis·mo** [alk(o)olísmo] *s/m* Enfermedad de quien consume demasiado alcohol.

[1] **al·co·ho·li·za·ción** [alk(o)oliθaθjón] *s/f* Acción o resultado de alcoholizar(se).

[1] **al·co·ho·li·zar** [alk(o)oliθár] REFL(-se) Caer en el alcoholismo.
ORT Ante *e* la *z* cambia a *c*: *Alcoholicé*.

[1] **al·cor·no·que** [alkornóke] **I.** *s/m* Árbol cuyo fruto es la bellota y del que se extrae el corcho. **II.** *adj s/m,f* Persona torpe, de poca inteligencia.

[1] **al·cur·nia** [alkúrnja] *s/f* Origen ilustre de una persona.

[1] **al·da·ba** [aldáβa] *s/f* Pieza de hierro o bronce, puesta sobre una puerta para llamar golpeando con ella.

[1] **al·da·bo·na·zo** [aldaβonáθo] *s/m* Golpe fuerte que se da con la aldaba.

[3] **al·dea** [aldéa] *s/f* Pueblo pequeño.

[1] **al·dea·no, ·na** [aldeáno] *adj s/m,f* Relativo a una aldea o natural de ella.

[2] **a·lea·ción** [aleaθjón] *s/f* Cuerpo metálico que resulta de fundir metales.

[2] **a·lea·to·rio, ·ia** [aleatórjo] *adj* Que depende del azar o suerte.

[1] **a·lec·cio·na·dor, ·ra** [ale(k)θjonaðór] *adj* Que sirve de lección o advertencia.

[1] **a·lec·cio·nar** [ale(k)θjonár] *tr* Dar lecciones o consejos a alguien.

[2] **a·le·da·ño, ·ña** [aleðáɲo] **I.** *adj* Cercano. **II.** *s/m,pl* Terreno en los alrededores de un lugar.

[2] **a·le·ga·ción** [aleɣaθjón] *s/f* Acción o resultado de alegar.

[3] **a·le·gar** [aleɣár] *tr* Presentar hechos o explicaciones para probar algo.
ORT Ante *e* la *g* cambia a *gu*: *Alegué*.

[2] **a·le·ga·to** [aleɣáto] *s/m* Escrito en que se exponen los argumentos de la defensa.

[2] **a·le·go·ría** [aleɣoría] *s/f* Representación de algo mediante referencia a otra cosa con la que tiene relación de semejanza.

[2] **a·le·gó·ri·co, ·ca** [aleɣóriko] *adj* Relativo a la alegoría.

[4] **a·le·grar** [aleɣrár] *tr* Causar alegría en alguien. RPr **Alegrarse de** (*algo*).

[3] **a·le·gre** [aléɣre] *adj* **1.** Que refleja alegría o felicidad. **2.** Que hace que alguien sienta alegría: *Una mañana alegre*. **3.** Se dice del color vivo e intenso. **4.** Se dice de la persona irresponsable o irreflexiva. **5.** Ligero en cuestiones sexuales. RPr **Alegre de**.

[4] **a·le·gría** [aleɣría] *s/f* Sentimiento de satisfacción o felicidad.

[2] **a·le·gro** [aléɣro] *s/m* MÚS Parte de una composición interpretada con viveza.

ÁL·GE·BRA

a·le·grón [aleɣrón] *s/m* INFML Alegría muy intensa e inesperada.

② **a·le·ja·mien·to** [aleχamjénto] *s/m* Acción o resultado de alejar(se).

④ **a·le·jar** [aleχár] **I.** *tr* Colocar algo lejos del lugar en que estaba. **II.** REFL(-se) Marcharse. RPr **Alejar(se) de**.

① **a·le·la·do, -da** [aleláðo] *adj s/m,f* **1.** Tonto. **2.** INFML Sorprendido, sin capacidad de reacción.

② **a·le·lu·ya** [alelúja] *s/m* Canto o expresión de alegría o júbilo.

⑤ **a·le·mán, -ma·na** [alemán] **I.** *adj s/m,f* De Alemania. **III.** *s/m* Lengua hablada en Alemania.

② **a·len·ta·dor, -ra** [alentaðór] *adj* Que transmite ánimo.

③ **a·len·tar** [alentár] **I.** *tr* Dar ánimo a alguien. **II.** *intr* Respirar.
CONJ *Irreg: Aliento, alenté, alentaré, alentado*.

② **a·ler·gia** [alérχja] *s/f* Sensibilidad del organismo ante determinada sustancia que normalmente no provoca efectos.

② **a·lér·gi·co, -ca** [alérχiko] *adj* Relativo a la alergia. RPr **Alérgico a**.

② **a·le·ro** [aléro] *s/m* Parte inferior de un tejado, que sobresale de la pared e impide que el agua de lluvia resbale sobre ella.

① **a·le·rón** [alerón] *s/m* Pieza móvil en la parte posterior de aviones o autos.

② **a·ler·ta** [alérta] **I.** *s/f* Atención ante un riesgo o peligro. **II.** *interj* Expresión ante posibles peligros.

② **a·ler·tar** [alertár] *tr* Advertir ante un posible peligro.

② **a·le·ta** [aléta] *s/f* Apéndice membranoso que sirve a los peces para nadar.

a·le·tar·ga·mien·to [aletarɣamjénto] *s/m* Acción o resultado de aletargar(se).

① **a·le·tar·gar** [aletarɣár] *tr* Causar sopor o somnolencia.
ORT Ante *e* la *g* cambia a *gu: Aletargué*.

① **a·le·te·ar** [aleteár] *intr* Mover repetidamente las aletas.

① **a·le·teo** [aletéo] *s/m* Acción o resultado de aletear.

① **a·le·vín** [aleβín] *s/m* **1.** Cría de pez. **2.** Joven principiante en algo.

① **a·le·vo·sía** [aleβosía] *s/f* Acción innoble y traicionera.

② **al·fa** [álfa] *s/f* Primera letra del alfabeto griego.

② **al·fa·bé·ti·co, -ca** [alfaβétiko] *adj* Relativo al alfabeto.

② **al·fa·be·ti·za·ción** [alfaβetiθaθjón] *s/f* Enseñanza de la lectura y la escritura.

① **al·fa·be·ti·zar** [alfaβetiθár] *tr* Enseñar a alguien a leer y a escribir.
ORT Ante *e* la *z* cambia a *c: Alfabeticé*.

② **al·fa·be·to** [alfaβéto] *s/m* Serie ordenada de las letras de un idioma.

① **al·fal·fa** [alfálfa] *s/f* Planta leguminosa usada como forraje.

① **al·fan·je** [alfánχe] *s/m* Arma blanca de hoja ancha, curva y con filo por uno de sus lados.

① **al·fa·nu·mé·ri·co, -ca** [alfanumériko] *adj* Relativo a las cifras y letras.

① **al·fa·re·ría** [alfarería] *s/f* **1.** Lugar donde se fabrican vasijas de barro cocido. **2.** Arte o tienda del alfarero.

① **al·fa·re·ro, -ra** [alfaréro] *s/m,f* Persona que hace vasijas de barro.

① **al·féi·zar** [alféiθar] *s/m* Parte inferior del muro sobre la que se sitúa una ventana.

① **al·fé·rez** [alféreθ] *s/m,f* Oficial del ejército que precede al rango de teniente.

① **al·fil** [alfíl] *s/m* En el ajedrez, pieza que se mueve diagonalmente.

② **al·fi·ler** [alfilér] *s/m* **1.** Objeto de metal parecido a una aguja, con un extremo en punta y el otro en cabecilla. **2.** Joya con imperdible de sujeción.

② **al·fom·bra** [alfómbra] *s/f* Tela gruesa de lana o fibra, que se coloca sobre el suelo como adorno o decoración.

① **al·fom·bra·do, -da** [alfombráðo] *s/m* **1.** Acción o resultado de alfombrar. **2.** Conjunto de alfombras.

② **al·fom·brar** [alfombrár] *tr* Cubrir el suelo con alfombras.

① **al·for·ja** [alfórχa] *s/f* Tira de tela fuerte, con una bolsa en sus extremos, que se coloca sobre las caballerías o se lleva al hombro.

② **al·ga** [álɣa] *s/f* Planta acuática celular.

① **al·ga·ra·bía** [alɣaraβía] *s/f* Ruido producido por la mezcla de gritos y voces.

① **al·ga·ra·da** [alɣaráða] *s/f* Disturbio callejero.

al·ga·rro·ba [alɣarróβa] *s/f* Fruto del algarrobo.

① **al·ga·rro·bo** [alɣarróβo] *s/m* Árbol leguminoso, cuyo fruto es la algarroba.

① **ál·ge·bra** [álχeβra] *s/f* MAT Parte de las matemáticas que estudia la cantidad en general, utilizando letras u otros signos.

① **al·ge·brai·co, -ca** [alχeβráiko] *adj* MAT Relativo al álgebra.

① **ál·gi·do, -da** [álχiðo] *adj* **1.** Se dice del momento más importante de algo. **2.** Muy frío.

⑤ **al·go** [álγo] **I.** *pron indef* **1.** Cualquier cosa. **2.** Cantidad pequeña e imprecisa de una cosa. **II.** *adv* Un poco.

③ **al·go·dón** [alγoðón] *s/m* **1.** Planta cuyo fruto es una cápsula con semillas rodeadas de pelusa blanca. **2.** Esa fibra, preparada o no, para tejer con ella.

① **al·go·rít·mi·co, -ca** [alγor(r)ítmiko] *adj* Relativo al algoritmo: *Procedimiento algorítmico*.

② **al·go·rit·mo** [alγor(r)ítmo] *s/m* Secuencia ordenada de operaciones para realizar un cálculo o solucionar un problema.

① **al·gua·cil** [alγwaθíl] *s/m* **1.** En un juzgado, empleado que ejecuta las ordenanzas de un juez o tribunal. **2.** En un ayuntamiento, empleado que ejecuta las órdenes del alcalde.

⑤ **al·guien** [álγjen] *pron indef* Persona indeterminada.
GRAM Exige concordancia en género *m*: *Alguien bien enterado*.

⑤ **al·gún** [alγún] *adj* Forma apocopada de 'alguno'.

⑤ **al·gu·no, -na** [alγúno] **I.** *adj* Precede al sustantivo, en sustitución del artículo indeterminado. **II.** *pron indef* Equivale a 'alguien': *Necesito un fontanero, ¿conoces a alguno que sea bueno?*

① **al·ha·ja** [aláχa] *s/f* Joya de gran valor.

al·he·lí [alelí] *s/m* **1.** Planta con flores de colores variados y de olor agradable. **2.** Flor de esta planta.
ORT *pl Alhelíes*.

③ **a·lia·do, -da** [aljáðo] **I.** *adj* Unido. **II.** *s/m,pl* Grupo de países unidos contra Alemania en las dos guerras mundiales.

④ **a·lian·za** [aljánθa] *s/f* **1.** Acción o resultado de aliarse. **2.** Convenio o pacto. **3.** Anillo de boda.

③ **a·liar** [aljár] *tr* REFL(-se) Unir(se) (personas, naciones) para actuar conjuntamente. RPr **Aliarse a/con/contra**.
ORT El acento recae sobre la *i* en el *sing* y *3ª p pl* del *pres* de *ind* y *subj*: *Alía, alíen*.

② **a·lias** [áljas] **I.** *adv* Por otro nombre. **II.** *s/m* Apodo o nombre que no es el verdadero y por el que se conoce a alguien.

① **a·li·caí·do, -da** [alikaíðo] *adj* Abatido.

① **a·li·ca·ta·do, -da** [alikatáðo] **I.** *adj* Se dice de las paredes cubiertas de azulejos. **II.** *s/m* Acción o resultado de alicatar.

① **a·li·ca·tar** [alikatár] *tr* Cubrir una pared con azulejos.

a·li·ca·te(s) [alikáte(s)] *s/m* (*Gen* en *pl*) Tenacilla para sujetar objetos.

② **a·li·cien·te** [aliθjénte] *s/m* Cosa que incita a actuar.

① **a·lí·cuo·ta** [alíkwota] *adj s/f* Proporcional.

① **a·lie·na·ción** [aljenaθjón] *s/f* Acción o resultado de alienar(se).

① **a·lie·nar** [aljenár] *tr* REFL(-se) Perder alguien su propia conciencia de ser quien es, o sentir frustración por ello.

a·lie·ní·ge·na [aljeníχena] *adj s/m,f* Ser procedente de otro planeta.

② **a·lien·to** [aljénto] *s/m* **1.** Aire que sale por la boca al respirar. **2.** Ánimo para hacer algo.

② **a·li·ge·rar** [aliχerár] *tr* **1.** Reducir el peso de algo. **2.** Hacer algo con rapidez. RPr **Aligerarse de**.

① **a·li·jo** [alíχo] *s/m* Conjunto de géneros de contrabando.

① **a·li·ma·ña** [alimáɲa] *s/f* Animal dañino.

④ **a·li·men·ta·ción** [alimentaθjón] *s/f* **1.** Acción de alimentar(se). **2.** Lo que toman los seres vivos para subsistir.

④ **a·li·men·tar** [alimentár] *tr* **1.** Dar algo como alimento para subsistir. **2.** (También *intr*) Ser algo útil para la subsistencia: *Los caramelos no alimentan*. **3.** Servir para que algo funcione: *El carbón alimenta la máquina*. RPr **Alimentar(se) con/de**.

② **a·li·men·ta·rio, -ia** [alimentárjo] *adj* Relativo a la alimentación.

③ **a·li·men·ti·cio, -ia** [alimentíθjo] *adj* Que alimenta.

④ **a·li·men·to** [aliménto] *s/m* Sustancia que permite sobrevivir a los seres vivos.

① **a·li·món** [alimón] *adv* (*al alimón*) En colaboración o de manera conjunta.

① **a·li·nea·ción** [alineaθjón] *s/f* Acción o resultado de alinear(se).

② **a·li·ne·ar** [alineár] *tr* REFL(-se) **1.** Poner en línea recta. **2.** Vincular(se) con una orientación política, ideológica, etc. RPr **Alinear(se) con/de**.

② **a·li·ñar** [aliɲár] *tr* Añadir ciertas sustancias a los alimentos para hacerlos más sabrosos.

① **a·li·ño** [alíɲo] *s/m* **1.** Acción de aliñar. **2.** Cosa con que se aliña.

a·lio·li [aljóli] *s/m* Salsa con aceite y ajos machacados.

② **a·li·sar** [alisár] *tr* Poner algo liso.

① **a·li·sios** [alísjos] *adj s/m,pl* Tipo de vientos que soplan en zonas tropicales.

① **a·lis·ta·mien·to** [alistamjénto] *s/m* Acción o resultado de alistar(se), *esp* en el ejército.

① **a·lis·tar** [alistár] **I.** *tr* Apuntar o inscribir a alguien en una lista. **II.** REFL(-*se*) Entrar voluntariamente en el ejército. RPr **Alistarse en/para**.

① **a·li·te·ra·ción** [aliteraθjón] *s/f* LIT Repetición de una o varias letras en palabras situadas en el mismo verso, para crear determinados efectos rítmicos o sonoros.

③ **a·li·viar** [aliβjár] *tr* **1.** Calmar un dolor físico o enfermedad. **2.** Hacer menos pesado.

② **a·li·vio** [alíβjo] *s/m* Acción o resultado de aliviar(se).

① **al·ji·be** [alxíβe] *s/m* Depósito donde se recoge el agua de lluvia.

⑤ **a·llá** [aʎá] *adv* Indica alejamiento en el espacio o en el tiempo.

① **a·lla·na·mien·to** [aʎanamjénto] *s/m* Acción o resultado de allanar.

② **a·lla·nar** [aʎanár] *tr* **1.** Poner algo llano. **2.** Superar dificultades o problemas. **3.** Entrar en una vivienda con mandamiento judicial.

① **a·lle·ga·do, ·da** [aʎeɣáðo] *adj s/m,f* (*gen* en *pl*) Pariente(s).

② **a·lle·gar** [aʎeɣár] *tr* Reunir o juntar (recursos, bienes).
ORT Ante *e* la *g* cambia a *gu: Allegué*.

② **a·llen·de** [aʎénde] *prep* Al otro lado (de algo).

⑤ **a·llí** [aʎí] *adv* Indica alejamiento de quien habla o escucha.

④ **al·ma** [álma] *s/f* **1.** Parte no material del ser humano. **2.** Vida. **3.** Persona, individuo. **4.** Parte esencial de algo. LOC **En cuerpo y alma**, total y enteramente. **No tener alma**, no tener conciencia o compasión. **Sin alma**, sin conciencia.
GRAM En *sing* se antepone el *art m el/un*: *El/Un alma*.

③ **al·ma·cén** [almaθén] *s/m* Lugar donde se guardan mercancías.
Grandes almacenes, establecimiento comercial de considerable tamaño, en los que se vende todo tipo de artículos.

① **al·ma·ce·na·je** [almaθenáxe] *s/m* Almacenamiento.

③ **al·ma·ce·na·mien·to** [almaθenamjénto] *s/m* Acción o resultado de almacenar.

③ **al·ma·ce·nar** [almaθenár] *tr* **1.** Guardar cosas en un almacén. **2.** Acumular.

① **al·ma·ce·nis·ta** [almaθenísta] *s/m,f* Dueño de un almacén o persona que trabaja en él.

① **al·ma·na·que** [almanáke] *s/m* Calendario con una hoja para cada día del año.

② **al·me·ja** [alméxa] *s/f* Molusco comestible y bivalvo.

① **al·me·na** [alména] *s/f* Cada piedra en forma de prisma que corona los muros de una fortaleza.

② **al·men·dra** [alméndra] *s/f* Fruto del almendro, que es una semilla carnosa dentro de una cáscara leñosa.

① **al·men·dra·do, ·da** [almendráðo] **I.** *adj* Que tiene forma de almendra. **II.** *s/m* Dulce con almendras, harina y azúcar.

② **al·men·dro** [alméndro] *s/m* Árbol cuyo fruto es la almendra.

② **al·mí·bar** [almíβar] *s/m* Azúcar disuelta en agua y cocida.

al·mi·ba·rar [almiβarár] *tr* Cubrir una cosa de almíbar.

② **al·mi·dón** [almiðón] *s/m* Sustancia blanca, presente en la semilla de los cereales.

① **al·mi·do·nar** [almiðonár] *tr* Tratar una tela con almidón para que quede tersa.

① **al·mi·nar** [alminár] *s/m* Torre de una mezquita, desde la que se convoca a los fieles a la oración.

① **al·mi·ran·taz·go** [almirantáθɣo] *s/m* Cargo de almirante.

② **al·mi·ran·te** [almiránte] *s/m,f* En la marina, cargo equivalente al de teniente general en el ejército de tierra: *Ha ascendido a almirante*.

① **al·mi·rez** [almiréθ] *s/m* Recipiente de metal para machacar distintos ingredientes usados en las comidas.

al·miz·cle [almíθkle] *s/m* Sustancia aromática que se obtiene del almizclero.

al·miz·cle·ro, ·ra [almiθkléro] *s/m* Mamífero rumiante.

③ **al·mo·ha·da** [almoáða] *s/f* Cojín alargado para apoyar la cabeza al dormir.

① **al·mo·ha·di·lla** [almoaðíʎa] *s/f* Almohada pequeña.

① **al·mo·ha·dón** [almoaðón] *s/m* Almohada grande.

① **al·mo·ne·da** [almonéða] *s/f* Subasta pública de objetos.

al·mo·rra·na [almorrána] *s/f gen pl* Abultamiento de los vasos sanguíneos al final del recto.

[3] **al·mor·zar** [almorθár] *intr tr* Comer, tomar el almuerzo.
CONJ *Irreg: Almuerzo, almorcé, almorzaré, almorzado.*

[2] **al·muer·zo** [almwérθo] *s/m* **1.** Comida que en unos lugares se toma por la mañana, y en otros coincide con la comida del mediodía. **2.** Lo que se almuerza.

[1] **a·lo·ca·do, -da** [alokáðo] *adj* Que actúa o se comporta de manera irreflexiva o insensata.

[1] **a·lo·cu·ción** [alokuθjón] *s/f* Breve discurso que hace un superior a sus subordinados.

[2] **a·lo·ja·mien·to** [aloxamjénto] *s/m* **1.** Acción o resultado de alojar(se). **2.** Lugar en que uno se aloja.

[3] **a·lo·jar** [aloxár] *tr REFL(se)* **1.** Dar cobijo. **2.** Quedar una cosa dentro de otra: *La bala se alojó en su cuerpo.*

[1] **a·lon·dra** [alóndra] *s/f* Pájaro de color pardo y canto agradable.

[1] **a·lo·pe·cia** [alopéθja] *s/f* CULT Calvicie.

[1] **al·pa·ca** [alpáka] *s/f* Aleación de cobre, níquel y cinc.

[2] **al·par·ga·ta** [alparɣáta] *s/f* (*gen en pl*) Calzado de lona, con suela de cáñamo o esparto, que se sujeta con lazos al tobillo.

[1] **al·pi·nis·mo** [alpinísmo] *s/m* Deporte de escalar montañas.

[1] **al·pi·nis·ta** [alpinísta] *s/m,f* Persona que practica el alpinismo.

[1] **al·pi·no, -na** [alpíno] *adj* Relacionado con los Alpes y, *p ext*, con la montaña.

[1] **al·pis·te** [alpíste] *s/m* Planta gramínea o su semilla, empleada como alimento para los pájaros.

[1] **al·que·ría** [alkería] *s/f* Finca rural con varias dependencias.

[3] **al·qui·lar** [alkilár] *tr* Dar o tomar algo para usarlo a cambio de una cantidad de dinero.

[3] **al·qui·ler** [alkilér] *s/m* **1.** Acción de alquilar. **2.** Precio que se paga por alquilar algo.

[2] **al·qui·mia** [alkímja] *s/f* Ciencia cuya finalidad era encontrar la 'piedra filosofal'.

[1] **al·qui·mis·ta** [alkimísta] *adj s/m,f* Se aplica a quien practicaba la alquimia.

al·qui·ta·ra [alkitára] *s/f* Recipiente utilizado para destilar aguardiente.

[1] **al·qui·trán** [alkitrán] *s/m* Sustancia viscosa, de color negruzco, que se obtiene por destilación de la hulla y de ciertas maderas.

al·qui·tra·nar [alkitranár] *tr* Pavimentar el suelo de alquitrán.

[5] **al·re·de·dor** [alreðeðór] **I.** *adv* **1.** En torno a (algo). **2.** Aproximadamente, poco más o menos: *Salí de casa alrededor de las once.* **II.** *s/m pl* Lugares situados cerca de otro que se menciona.

[2] **al·ta** [álta] *s/f* **1.** Acción mediante la cual un médico declara curado al enfermo, o documento en el que consta. **2.** Inscripción de una persona como miembro de un grupo o asociación.

[1] **al·ta·mar** [altamár] *s/m* Mar adentro, alejado de la costa.

[1] **al·ta·ne·ría** [altanería] *s/f* Altivez, orgullo.

[1] **al·ta·ne·ro, -ra** [altanéro] *adj s/m,f* Que tiene o muestra altanería.

[3] **al·tar** [altár] *s/m* Lugar elevado, a modo de mesa, donde se hace la ofrenda a Dios o a los dioses.

[2] **al·ta·voz** [altaβóθ] *s/m* Aparato que reproduce el sonido grabado.
ORT *pl* Altavoces.

al·te·ra·ble [alteráβle] *adj* Que se puede alterar.

[3] **al·te·ra·ción** [alteraθjón] *s/f* Acción o resultado de alterar(se).

[4] **al·te·rar** [alterár] *tr* **1.** Cambiar algo de alguna manera. **2.** Molestar, perturbar.

[1] **al·ter·ca·do** [alterkáðo] *s/m* Acción o resultado de discutir dos o más personas.

[1] **al·ter·na·dor** [alternaðór] *s/m* Aparato generador de corriente eléctrica alterna.

[2] **al·ter·nan·cia** [alternánθja] *s/f* Acción o resultado de alternar(se).

[3] **al·ter·nar** [alternár] **I.** *tr intr* Sucederse las acciones una a otra. **II.** *intr* Tener relación de amistad o trato con otras personas. RPr **Alternar con/en.**

[3] **al·ter·na·ti·va** [alternatíβa] *s/f* **1.** Opción de elegir entre dos o más cosas. **2.** Cada una de las opciones entre las que es posible elegir. **3.** TAUR (*Dar/Tomar*) Ceremonia mediante la que se da a un novillero el grado de torero.

[5] **al·ter·na·ti·vo, -va** [alternatíβo] *adj* Que se sucede una cosa a otra.

[1] **al·ter·ne** [altérne] *s/m* Trato social con otras personas.

[2] **al·ter·no, -na** [altérno] *adj* Alternativo.

[2] **al·te·za** [altéθa] *s/f* Tratamiento que se da a los príncipes e infantes de España.

[2] **al·ti·ba·jo** [altiβáχo] *s/m pl* Cambio brusco.

[1] **al·ti·llo** [altíʎo] *s/m* Hueco en lo alto de

una pared, bajo el techo de una habitación, que suele usarse como armario.

al·ti·lo·cuen·cia [altilokwénθja] *s/f* Forma de expresarse excesivamente pomposa.

[1] **al·tí·me·tro** [altímetro] *s/m* Instrumento para medir la altura.

[1] **al·ti·pla·no** [altipláno] *s/m* Meseta grande, situada a bastante altitud.

[1] **al·ti·so·nan·te** [altisonánte] *adj* Se aplica al lenguaje afectado.

[2] **al·ti·tud** [altitúð] *s/f* Altura, *esp* en relación con el nivel del mar.

[1] **al·ti·vez** [altiβéθ] *s/f* Cualidad de altivo.
ORT *pl* Altiveces.

[1] **al·ti·vo, -va** [altíβo] *adj* Que trata con desprecio a los demás.

[5] **al·to, -ta** [álto] **I.** *adj* 1. Elevado verticalmente sobre el suelo. 2. Con mayor dimensión vertical que horizontal. 3. Se dice de quien tiene un cargo importante. 4. De precio elevado; caro. 5. En el caso de sonidos, de muchas vibraciones por segundo. 6. De valor superior a lo normal: *Tren de alta velocidad.* LOC **Por todo lo alto,** INFML con mucho lujo y esplendor. **II.** *s/m* 1. Dimensión vertical o altura de un cuerpo. 2. Elevación del terreno: *El alto de Almansa.* LOC **Dar el alto,** obligar a alguien a detenerse. **III.** *adv* Con voz fuerte: *No hables alto.* **IV.** *interj* Expresión para ordenar a alguien que se pare, *esp* si se trata de soldados, para que dejen de marchar o desfilar: *¡Alto! -gritó el sargento.*

al·to·par·lan·te [altoparlánte] *s/m* AMER Altavoz.

[1] **al·to·za·no** [altoθáno] *s/m* Pequeña elevación del terreno.

al·tra·muz [altramúθ] *s/m* Planta leguminosa o su fruto.
ORT *pl* Altramuces.

[1] **al·truis·mo** [altrwísmo] *s/m* Tendencia a hacer el bien de manera desinteresada.

[1] **al·truis·ta** [altrwísta] *adj s/m,f* Que practica el altruismo.

[5] **al·tu·ra** [altúra] *s/f* 1. Cualidad de alto. 2. Lo que mide de alto una persona o animal. 3. En geometría, línea perpendicular imaginaria desde el punto más elevado de una figura hasta su base. 4. *gen pl* Parte más elevada de una montaña.

[1] **a·lu·bia** [alúβja] *s/f* Judía, planta leguminosa o su fruto, que es comestible.

[2] **a·lu·ci·na·ción** [aluθinaθjón] *s/f* Acción o resultado de alucinar(se).

[2] **a·lu·ci·nan·te** [aluθinánte] *adj* Impresionante, asombroso.

[2] **a·lu·ci·nar** [aluθinár] *tr* 1. Causar en alguien una impresión muy fuerte. 2. ARG (Con *con*) Cautivar algo de modo irresistible.

[1] **a·lu·ci·nó·ge·no, -na** [aluθinóχeno] *adj s/m* Que produce alucinación.

[1] **a·lud** [alúð] *s/m* Gran masa de algo, que cae desde lo alto.

[4] **a·lu·dir** [aluðír] *intr* Referirse a algo o a alguien de manera indirecta o sin manifestar con claridad de qué se trata. RPr **Aludir a.**

[1] **a·lum·bra·do, -da** [alumbráðo] **I.** *adj* Que está bien. **II.** *s/m* Conjunto de luces que iluminan un lugar.

[1] **a·lum·bra·mien·to** [alumbramjénto] *s/m* Parto.

[2] **a·lum·brar** [alumbrár] *tr* 1. Dar luz y claridad. 2. Parir una mujer.

[1] **a·lum·bre** [alúmbre] *s/m* Sulfato de alúmina y potasio.

[2] **a·lu·mi·nio** [alumínjo] *s/m* Metal de color y brillo parecidos a los de la plata y muy ligero.

[2] **a·lum·na·do** [alumnáðo] *s/m* Conjunto de estudiantes de un centro de enseñanza.

[5] **a·lum·no, -na** [alúmno] *s/m,f* Persona que aprende.

[1] **a·lu·ni·za·je** [aluniθáχe] *s/m* Acción o resultado de alunizar.

[1] **a·lu·ni·zar** [aluniθár] *intr* Posarse una nave espacial sobre la Luna.
ORT Ante *e* la *z* cambia a *c*: *Alunicé.*

[3] **a·lu·sión** [alusjón] *s/f* Acción o resultado de referirse a algo o a alguien.

[1] **a·lu·si·vo, -va** [alusíβo] *adj* Que alude.

[1] **a·lu·vión** [aluβjón] *s/m* 1. Flujo abundante y violento de agua. 2. Afluencia de personas o cosas.

[1] **al·veo·lar** [alβeolár] *adj* ANAT Relativo a los alvéolos.

[1] **al·véo·lo** [alβéolo] *s/m gen pl* Cavidad en que están incrustados los dientes.
ORT PRON También *alveolo.*

[3] **al·za** [álθa] *s/f* Acción de aumentar (precio, valor, cantidad).
GRAM En *sing* lleva artículo *m*: *El alza.*

[1] **al·za·da** [alθáða] *s/f* Recurso que se interpone contra una decisión gubernativa.

[2] **al·za·do, -da** [alθáðo] *s/m* Diseño de un edificio u obra, proyectados verticalmente y de frente.

[2] **al·za·mien·to** [alθamjénto] *s/m* Acción o resultado de alzar(se).

AL·ZAR

④ **al·zar** [alθár] **I.** *tr* **1.** Mover algo hacia una posición más alta. **2.** Poner en posición vertical algo que se había caído. **3.** Llevar una cosa hacia arriba y mantenerla en esa posición: *Alzó la pistola y apuntó*. **II.** REFLE(-se) **1.** Ponerse de pie. **2.** Destacar en altura sobre lo que está alrededor. **3.** (Con *en*, *contra*) Rebelarse y oponer resistencia. **4.** Mejorar el tiempo, retirándose las nubes **5.** (Con *con*) Conseguir algo: *La selección se alzó con el campeonato*.
ORT Ante e la z cambia a c: *Alcé*.

③ **a·ma** [áma] *s/f* **1.** Señora de la casa. **2.** Dueña de algo.
GRAM Lleva artículo m en sing: *El ama*.

② **a·ma·bi·li·dad** [amaβiliðáð] *s/f* Cualidad de amable.

④ **a·ma·ble** [amáβle] *adj* Agradable y afectuoso en el trato.

③ **a·ma·do, -da** [amáðo] *s/m,f* Persona por la que otra siente atracción sexual y amorosa.

① **a·maes·trar** [amaestrár] *tr* Enseñar determinadas habilidades a un animal mediante la práctica.

① **a·ma·gar** [amaɣár] *tr intr* Aparecer señales de que algo va a ocurrir.
ORT Ante e la g se convierte en gu: *Amagué*.

① **a·ma·go** [amáɣo] *s/m* Señal de algo que no llega a ocurrir.

① **a·mai·nar** [amainár] *intr* Disminuir la fuerza de algo, *esp* del viento.

① **a·mal·ga·ma** [amalɣáma] *s/f* Aleación de mercurio con otro metal.

① **a·ma·man·tar** [amamantár] *tr* Dar de mamar la madre a sus crías.

a·man·ce·bar·se [amanθeβárse] REFL(-se) Vivir juntos un hombre y una mujer sin estar casados.

④ **a·ma·ne·cer** [amaneθér] **I.** *intr* Hacerse de día. **II.** *s/m* **1.** Periodo de tiempo que sigue a la noche. **2.** Momento en que se inicia algo.

① **a·ma·ne·ra·do, -da** [amaneráðo] *adj* Falto de naturalidad.

① **a·ma·ne·ra·mien·to** [amaneramjénto] *s/m* Cualidad de amanerado.

① **a·ma·ne·rar·se** [amanerárse] REFL(-se) Actuar una persona con afectación y sin naturalidad.

① **a·man·sar** [amansár] *tr* REFL(-se) Calmar a una persona o animal, domesticarlo.

④ **a·man·te** [amánte] *adj s/m,f* **1.** Se aplica a la persona que siente un amor profundo por alguien. **2.** Persona con la que otra mantiene relaciones sexuales irregulares. **3.** (Con *de*) Que gusta mucho de algo: *Amante de la velocidad*. RPr **Amante de**.

① **a·ma·nuen·se** [amanwénse] *s/m,f* Persona que copia y escribe a mano y al dictado.

① **a·ma·ñar** [amaɲár] **I.** *tr* Arreglar algo de manera poco clara e irregular. **II.** REFL(-se) (Con *para*) Tener la habilidad necesaria para hacer algo.

② **a·ma·po·la** [amapóla] *s/f* **1.** Planta silvestre de flores rojas y de cuatro pétalos grandes. **2.** Flor de esa planta.

⑤ **a·mar** [amár] *tr* **1.** Tener un sentimiento de amor profundo por alguien. **2.** Desear algo con intensidad: *Ama demasiado el dinero*.

a·ma·ra·je [amaráxe] *s/m* Acción de amarar.

a·ma·rar [amarár] *intr* Posarse sobre el agua un hidroavión.

① **a·mar·ga·do, -da** [amarɣáðo] *adj s/m,f* Que tiene amargura.

③ **a·mar·gar** [amarɣár] **I.** *intr* Tener algo sabor amargo. **II.** *tr* **1.** Hacer que una cosa tenga sabor amargo o desagradable. **2.** Provocar pena, enfado o disgusto en alguien. **III.** REFL(-se) Causarse alguien a sí mismo amargura y pena.
ORT Ante e la g cambia a gu: *Amargué*.

③ **a·mar·go, -ga** [amárɣo] *adj* **1.** De sabor desagradable, como el de la hiel. **2.** Que provoca pena, enfado o disgusto.

① **a·mar·gor** [amarɣór] *s/m* Sabor amargo.

② **a·mar·gu·ra** [amarɣúra] *s/f* Sentimiento de pena, enfado o disgusto.

a·ma·ri·co·na·do, -da [amarikonáðo] *adj s/m* DES Afeminado.

① **a·ma·ri·lle·ar** [amariʎeár] *intr* Ponerse algo amarillo o tomar ese color.

② **a·ma·ri·llen·to, -ta** [amariʎénto] *adj* Parecido al amarillo o que tiende a ese color.

④ **a·ma·ri·llo, -lla** [amaríʎo] *adj* **1.** De color parecido al del oro. **2.** Referido a la prensa, que trata noticias morbosas o sensacionalistas.

a·ma·ri·po·sa·do, -da [amariposáðo] *adj* Afeminado.

① **a·ma·rra** [amárra] *s/f gen pl* Cuerda o cable para sujetar una embarcación.

② **a·ma·rrar** [amarrár] *tr* Sujetar con cuerdas, cadenas, etc.

① **a·ma·rre** [amárre] *s/m* Acción o resultado de amarrar.

a·mar·te·lar·se [amartelárse] REFL(-se) Mostrarse muy cariñosos los enamorados.

a·mar·ti·llar [amartiʎár] *tr* Preparar el disparador de un arma de fuego.

② a·ma·sar [amasár] *tr* 1. Preparar una masa mezclando distintos ingredientes. 2. Acumular bienes, dinero, etc.

① a·ma·si·jo [amasíχo] *s/m* 1. Mezcla desordenada de cosas variadas. 2. Conjunto desordenado que queda tras la destrucción de algo: *El coche quedó hecho un amasijo de hierros*.

① a·ma·teur [amatér] *s/m,f* GAL Aficionado.

① a·ma·tis·ta [amatísta] *s/f* Variedad de cuarzo transparente, muy apreciado en joyería.

① a·ma·to·rio, -ia [amatórjo] *adj* Relacionado con el amor.

a·ma·za·co·tar [amaθakotár] *tr* REFL(-se) Poner(se) una cosa demasiado compacta.

② a·ma·zo·na [amaθóna] *s/f* 1. Mujer que monta a caballo. 2. Mujer fuerte y varonil.

② a·ma·zó·ni·co, -ca [amaθóniko] *adj* Relacionado con el Amazonas.

① am·ba·ges [ambáχes] *s/m,pl* LOC **Sin ambages**, sin disimulo, con claridad.

② ám·bar [ámbar] *s/m* Resina fósil, de color amarillo, usada en joyería.

① am·ba·ri·no, -na [ambaríno] *adj* Relativo al ámbar.

③ am·bi·ción [ambiθjón] *s/f* Deseo intenso y vehemente de conseguir algo (poder, riqueza, etc.).

② am·bi·cio·nar [ambiθjonár] *tr* Desear con intensidad y vehemencia.

③ am·bi·cio·so, -sa [ambiθjóso] *adj s/m,f* Que tiene ambición. RPr **Ambicioso de:** *Ambiciosa de triunfo*.

am·bi·dex·tro, -ra [ambiðé(k)stro] *adj s/m,f* Que usa indistintamente ambas manos.

① am·bien·ta·ción [ambjentaθjón] *s/f* Acción o resultado de ambientar(se).

① am·bien·ta·dor, -ra [ambjentaðór] *s/m* Producto de perfumería que se utiliza para dar buen olor a un lugar.

④ am·bien·tal [ambjentál] *adj* Relacionado con el ambiente.

④ am·bien·tar [ambjentár] I. *tr* Crear ambiente favorable. II. REFL(-se) Adaptarse a circunstancias nuevas y diferentes.

④ am·bien·te [ambjénte] *s/m* 1. Aire que rodea y respiran los seres vivos. 2. Circunstancias en las que viven y se desarrollan los seres vivos, o que les afectan. 3. *pl* Colectivo de personas que se dedican a una actividad: *Ambientes políticos*.

Medio ambiente, conjunto de condiciones en que se desarrollan los seres vivos.

② am·bi·güe·dad [ambiɣweðáð] *s/f* Cualidad de ambiguo,.

③ am·bi·guo, -ua [ambíɣwo] *adj* 1. Impreciso, porque puede ser entendido de distintas maneras. 2. (Palabra) que puede ser masculina o femenina.

⑤ ám·bi·to [ámbito] *s/m* Espacio que queda dentro de ciertos límites.

① am·bi·va·len·cia [ambiβalénθja] *s/f* Cualidad de ambivalente.

① am·bi·va·len·te [ambiβalénte] *adj* Que puede tener dos aspectos, significados, etc., distintos.

⑤ am·bos, -as [ámbos] *adj* Los dos.

② am·bu·lan·cia [ambulánθja] *s/f* Vehículo para transportar heridos o enfermos.

② am·bu·lan·te [ambulánte] *adj* Que cambia de sitio o lugar.

② am·bu·la·to·rio, -ia [ambulatórjo] I. *s/m* Lugar donde los enfermos son atendidos por el médico. II. *adj* Se aplica a la enfermedad que no precisa la hospitalización del paciente.

① a·me·ba [améβa] *s/f* BIOL Protozoo que carece de forma fija y se desplaza mediante seudópodos.

② a·me·dren·tar [ameðrentár] *tr* Hacer que alguien sienta miedo.

③ a·mén [amén] *s/m* Palabra usada para desear que algo ocurra como se ha expresado. LOC **Amén de,** además de.

④ a·me·na·za [amenáθa] *s/f* 1. Acción de amenazar. 2. Palabras o gestos con los que se amenaza.

② a·me·na·za·dor, -ra [amenaθaðór] *adj* Que amenaza.

② a·me·na·zan·te [amenaθánte] *adj* Amenazador.

④ a·me·na·zar [amenaθár] *tr* 1. Decir con palabras o indicar con gestos a alguien que se le va a causar un daño o un mal. 2. (También *intr*) Existir indicios de que sucederá algo malo.
ORT Ante *e* la *z* cambia a *c*: *Amenacé*.

① a·me·ni·dad [ameniðáð] *s/f* Cualidad de lo que es ameno.

① a·me·ni·zar [ameniθár] *tr* Hacer algo ameno.
ORT Ante *e* la *z* cambia a *c*: *Amenicé*.

② a·me·no, -na [améno] *adj* Agradable, grato.

② a·me·ri·ca·na [amerikána] *s/f* Chaqueta de hombre.

A·ME·RI·CA·NIS·MO

[1] **a·me·ri·ca·nis·mo** [amerikanísmo] *s/m* Palabra o expresión propia del español hablado en América.

[1] **a·me·ri·ca·nis·ta** [amerikanísta] *s/m,f* Especialista en cosas de América.

a·me·ri·ca·ni·za·ción [amerikaniθaθjón] *s/f* Acción o resultado de americanizar(se).

a·me·ri·ca·ni·zar [amerikaniθár] *tr* REFL(-se) Dar a algo o a alguien carácter americano.
ORT Ante *e* la *z* cambia a *c: Americanicé.*

[5] **a·me·ri·ca·no, -na** [amerikáno] *adj s/m,f* De américa.

[1] **a·me·ri·tar** [ameritár] *tr* REFL(-se) AMER Merecer(se).

[1] **a·me·ri·zar** [ameriθár] *intr* Posarse sobre el agua un hidroavión.
ORT Ante *e* la *z* cambia a *c: Americé.*

a·me·tra·lla·dor, -ra [ametraʎaðór] *adj* Que ametralla.

[2] **a·me·tra·lla·do·ra** [ametraʎaðóra] *s/f* Arma de fuego que dispara automáticamente y con gran rapidez.

[1] **a·me·tra·lla·mien·to** [ametraʎamjénto] *s/m* Acción o resultado de ametrallar.

[1] **a·me·tra·llar** [ametraʎár] *tr* Disparar con una ametralladora.

[1] **a·mian·to** [amjánto] *s/m* Mineral usado para fabricar tejidos incombustibles.

[1] **a·mi·ga·ble** [amiɣáβle] *adj* Se aplica a las personas afectuosas o afables.

[1] **a·míg·da·la** [amíxðala] *s/f gen pl* Cada uno de los dos órganos glandulosos situados a cada lado de la garganta.

[1] **a·mig·da·li·tis** [amixðalítis] *s/f* Inflamación e infección de las amígdalas.

[5] **a·mi·go, -ga** [amíɣo] *adj s/m,f* 1. Se dice de la persona que mantiene con otra relaciones de amistad y afecto mutuos, y de sus acciones. 2. (Con *de*) Aficionado: *No es amiga de fiestas y reuniones sociales.*

[1] **a·mi·go·te** [amiɣóte] *s/m* AUM de 'amigo'. Puede tener sentido DES.

[1] **a·mi·guis·mo** [amiɣísmo] *s/m* Tendencia de alguien a favorecer a sus amigos en el ejercicio del poder.

[1] **a·mi·la·nar** [amilanár] *tr* REFL(-se) Causar miedo a alguien, limitando su capacidad de reacción.

[2] **a·mi·no·á·ci·do** [aminoáθiðo] *s/m* Sustancia orgánica, que forma parte de las proteínas.

[2] **a·mi·no·rar** [aminorár] *tr* REFL(-se) Disminuir.

[4] **a·mis·tad** [amistáð] *s/f* Relación de confianza y afecto desinteresado entre personas.

[2] **a·mis·to·so, -sa** [amistóso] *adj* Como de amigo.

[1] **am·ne·sia** [amnésja] *s/f* Pérdida total o parcial de la memoria.

[1] **am·né·si·co, -ca** [amnésiko] *adj* Relativo a la amnesia.

[2] **am·nis·tía** [amnistía] *s/f* Perdón concedido a los condenados por algún delito, *esp* de tipo político.

[2] **am·nis·tiar** [amnistiár] *tr* Conceder a alguien la amnistía.
ORT PRON El acento cae sobre la *i* en el *sing* y 3^a *p pl* del *pres* de *ind* y *subj: Amnistían, amnistíe.*

[3] **a·mo** [ámo] *s/m* 1. Dueño de algo. 2. Dueño de una finca, empresa, etc.

a·mo·do·rrar [amoðorrár] *tr* REFL(-se) Adormecerse una persona.

a·mo·jo·nar [amoxonár] *tr* Señalar con mojones los límites de una finca.

[1] **a·mo·lar** [amolár] *tr* Afilar un utensilio.

[1] **a·mol·dar** [amoldár] *tr* 1. Adaptar algo a un molde. 2. Hacer que alguien se comporte de acuerdo con ciertas normas. RPr **Amoldarse a.**

a·mo·nal [amonál] *s/m* Mezcla explosiva, de nitrato amónico, aluminio en polvo y carbón.

[1] **a·mo·nes·ta·ción** [amonestaθjón] *s/f* Acción o resultado de amonestar.

[1] **a·mo·nes·tar** [amonestár] *tr* Reprender levemente a alguien.

[1] **a·mo·nia·co** [amonjáko] *s/m* Gas incoloro, compuesto de un átomo de nitrógeno y tres de hidrógeno.
PRON También *amoníaco.*

[1] **a·mó·ni·co, -ca** [amóniko] *adj* Relativo al amoniaco.

a·mon·ti·lla·do [amontiʎáðo] *adj s/m* Se aplica a cierto vino de Jerez, blanco y dulce.

[1] **a·mon·to·na·mien·to** [amontonamjénto] *s/m* Acción o resultado de amontonar(se).

[2] **a·mon·to·nar** [amontonár] *tr* Acumular cosas sin orden.

[5] **a·mor** [amór] *s/m* 1. Afecto profundo hacia personas o cosas. 2. Sentimiento de atracción entre dos personas, *esp* si son de distinto sexo 3. Cuidado, esmero. LOC **Con/De mil amores** con mucho gusto. **Hacer el amor,** tener relaciones sexuales con alguien.

A·NA·GRA·MA

[1] **a·mo·ral** [amorál] *adj* Indiferente a la moral.

a·mo·ra·li·dad [amoraliðáð] *s/f* Cualidad de amoral.

a·mo·ra·tar·se [amoratárse] *REFL(-se)* Ponerse de color morado.

[1] **a·mor·da·zar** [amorðaθár] *tr* Tapar a alguien la boca con una mordaza para evitar que hable.
ORT Ante *e* la *z* cambia a *c*: *Amordacé*.

[1] **a·mor·fo, -fa** [amórfo] *adj* Sin forma definida.

[1] **a·mo·río** [amorío] *s/m gen pl* Relación amorosa superficial o pasajera.

[4] **a·mo·ro·so, -sa** [amoróso] *adj* 1. Que siente amor. 2. Relativo al amor.

[1] **a·mor·ta·jar** [amortaχár] *tr* Preparar un cadáver para su entierro.

[1] **a·mor·ti·gua·ción** [amortiɣwaθjón] *s/f* Acción o resultado de amortiguar(se).

[1] **a·mor·ti·gua·dor, -ra** [amortiɣwaðór] *s/m* Mecanismo que, en los vehículos, sirve para reducir los movimientos bruscos.

[1] **a·mor·ti·gua·mien·to** [amortiɣwamjénto] *s/m* Acción o resultado de amortiguar(se).

[2] **a·mor·ti·guar** [amortiɣwár] *tr* Reducir la violencia o fuerza de algo.
ORT Ante *e* la *u* tiene diéresis (*ü*): *Amortigüe*.

a·mor·ti·za·ble [amortiθáβle] *adj* Que puede amortizarse.

[2] **a·mor·ti·za·ción** [amortiθaθjón] *s/f* Acción o resultado de amortizar.

[2] **a·mor·ti·zar** [amortiθár] *tr* 1. Pagar una deuda. 2. Recuperar el dinero invertido. 3. Suprimir un puesto de trabajo.
ORT Ante *e* la *z* cambia a *c*: *Amorticé*.

a·mo·sal [amosál] *s/m* Mezcla explosiva.

[1] **a·mo·ti·na·do, -da** [amotináðo] *adj s/m,f* Persona que se amotina.

a·mo·ti·na·mien·to [amotinamjénto] *s/m* Acción o resultado de amotinar(se).

[1] **a·mo·ti·nar** [amotinár] *tr REFL(-se)* Rebelarse contra la autoridad o incitar a ello.

a·mo·vi·ble [amoβíβle] *adj* Que puede ser quitado de donde está (puesto, empleo, etc.).

[3] **am·pa·rar** [amparár] *tr* Proteger.

[2] **am·pa·ro** [ampáro] *s/m* Protección.

am·pe·rí·me·tro [amperímetro] *s/m* ELECTR Aparato para medir la intensidad de una corriente eléctrica.

[1] **am·pe·rio** [ampérjo] *s/m* ELECTR Unidad de medida de la intensidad eléctrica.

[1] **am·plia·ble** [ampljáβle] *adj* Que se puede ampliar.

[4] **am·plia·ción** [ampljaθjón] *s/f* 1. Acción de ampliar. 2. Cosa ampliada.

[4] **am·pliar** [ampljár] *tr* Hacer más grande.
GRAM En el *sing* y 3^a *p pl* del *pres* de *ind* y *subj* se acentúa la *i*: *Amplío*.

[2] **am·pli·fi·ca·ción** [amplifikaθjón] *s/f* Acción o resultado de amplificar.

[2] **am·pli·fi·ca·dor, -ra** [amplifikaðór] I. *adj s/m,f* Que amplifica. II. *s/m* Aparato que aumenta la intensidad del sonido.

[2] **am·pli·fi·car** [amplifikár] *tr* Aumentar (*gen* la intensidad del sonido).
ORT Ante *e* la *c* cambia a *qu*: *Amplifiqué*.

[5] **am·plio, -ia** [ámpljo] *adj* 1. Espacioso, extenso. 2. Que no está apretado ni ceñido.

[3] **am·pli·tud** [amplitúð] *s/f* Cualidad de amplio.

[1] **am·po·lla** [ampóʎa] *s/f* 1. Pequeña hinchazón de la piel, rellena de líquido. 2. Recipiente pequeño de vidrio, en forma redondeada.

am·pu·lo·si·dad [ampulosiðáð] *s/f* Cualidad de ampuloso.

[1] **am·pu·lo·so, -sa** [ampulóso] *adj* Se aplica al lenguaje exagerado y grandilocuente.

[1] **am·pu·ta·ción** [amputaθjón] *s/f* Acción o resultado de amputar.

[1] **am·pu·tar** [amputár] *tr* Separar algo del todo al que pertenece.

[1] **a·mue·blar** [amweβlár] *tr* Poner muebles en un lugar.

[2] **a·mu·le·to** [amuléto] *s/m* Objeto que suele llevarse encima, atribuyéndole propiedades mágicas.

a·mu·ni·cio·nar [amuniθjonár] *tr* Proveer de municiones.

[1] **a·mu·ra·llar** [amuraʎár] *tr* Fortificar con murallas.

[1] **a·na·con·da** [anakónda] *s/f* Serpiente americana, muy grande.

[1] **a·na·co·re·ta** [anakoréta] *s/m,f* Persona que, por motivos religiosos, vive en un lugar solitario y aislado.

[2] **a·na·cró·ni·co, -ca** [anakróniko] *adj* Que no corresponde a la época que se le atirbuye.

[1] **a·na·cro·nis·mo** [anakronísmo] *s/m* Cualidad de anacrónico.

[1] **a·ná·fo·ra** [anáfora] *s/f* Repetición de una o varias palabras al comienzo de la frase.

[2] **a·na·gra·ma** [anaɣráma] *s/m* Variación de

una palabra alterando el orden de sus letras.

[1] **a·nal** [anál] *adj* ANAT Relacionado con el ano.

[1] **a·na·les** [análes] *s/m pl* Relación de sucesos ordenados cronológicamente.

[2] **a·nal·fa·be·tis·mo** [analfaβetísmo] *s/m* Situación de quien no sabe leer ni escribir.

[2] **a·nal·fa·be·to, -ta** [analfaβéto] *adj s/m,f* Que no sabe leer ni escribir.

[1] **a·nal·ge·sia** [analχésja] *s/f* Supresión del dolor físico.

[1] **a·nal·gé·si·co, -ca** [analχésiko] *adj s/m* Que reduce el dolor físico.

[5] **a·ná·li·sis** [análisis] *s/m* 1. Descomposición de las partes de un todo para conocer o deducir sus elementos. 2. Estudio detenido y pormenorizado de un asunto.

[3] **a·na·lis·ta** [analísta] *s/m,f* Especialista en análisis.

[1] **a·na·lí·ti·ca** [analítika] *s/f* Análisis clínico.

[2] **a·na·lí·ti·co, -ca** [analítiko] *adj* Relativo al análisis.

[1] **a·na·li·za·dor** *s/m* Aparato para analizar.

[5] **a·na·li·zar** [analiθár] *tr* Hacer un análisis. ORT Ante *e* la *z* cambia a *c*: *Analicé*.

[2] **a·na·lo·gía** [analoχía] *s/f* Relación de semejanza entre cosas distintas.

[2] **a·na·ló·gi·co, -ca** [analóχiko] *adj* Relativo a la analogía.

[3] **a·ná·lo·go, -ga** [análoγo] *adj* Semejante.

[1] **a·na·quel** [anakél] *s/m gen pl* Tabla horizontal, colocada en la pared para poner cosas en ella.

[2] **a·na·ran·ja·do, -da** [anaranχáðo] *adj* De color naranja.

[1] **a·nar·quía** [anarkía] *s/f* 1. Ausencia o falta de gobierno. 2. Desorden causado por la falta de autoridad.

[1] **a·nár·qui·co, -ca** [anárkiko] *adj* Relativo a la anarquía.

[2] **a·nar·quis·mo** [anarkísmo] *s/m* Doctrina que defiende la supresión de la autoridad.

[2] **a·nar·quis·ta** [anarkísta] *adj s/m,f* Partidario del anarquismo.

[1] **a·na·te·ma** [anatéma] *s/m,f* 1. Exclusión de la Iglesia por falta grave. 2. Maldición.

[1] **a·na·te·ma·ti·zar** [anatematiθár] *tr* Imponer un anatema.
ORT Ante *e* la *z* cambia a *c*: *Anatematicé*.

[2] **a·na·to·mía** [anatomía] *s/f* 1. Estructura orgánica de un ser vivo. 2. Ciencia que estudia la estructura del organismo.

[2] **a·na·tó·mi·co, -ca** [anatómiko] *adj* Relativo a la anatomía.

[2] **a·na·to·mis·ta** [anatomísta] *s/m,f* Especialista en anatomía.

[1] **an·ca** [ánka] *s/f* Cada una de las dos mitades de la parte posterior de algunos animales, como las ranas.

[2] **an·ces·tral** [anθestrál] *adj* 1. Relativo a los antepasados. 2. Muy antiguo.

[2] **an·ces·tro** [anθéstro] *s/m gen pl* Antepasado.

[4] **an·cho, -cha** [ántʃo] I. *adj* 1. Con mucha anchura. 2. Amplio, espacioso. II. *s/m* Anchura. RPr **Ancho de:** *Ancho de hombros*.

[1] **an·choa, an·cho·va** [antʃóa; -óβa] *s/f* Boquerón en conserva.

[2] **an·chu·ra** [antʃúra] *s/f* Una de las tres dimensiones de los cuerpos, junto con la longitud.

[1] **an·cia·ni·dad** [anθjaniðáð] *s/f* Edad avanzada de una persona.

[4] **an·cia·no, -na** [anθjáno] *adj s/m,f* Que tiene muchos años.

[1] **an·cla** [ánkla] *s/f* Utensilio de hierro, con forma de anzuelo doble, que se lanza al mar para sujetar una embarcación.

[1] **an·cla·je** [ankláχe] *s/m* Acción o resultado de aferrarse con fuerza a algo.

[2] **an·clar** [anklár] *intr* NÁUT Inmovilizar una nave con el ancla.

an·da·de·ras [andaðéras] *s/f,pl* Utensilio para que un niño aprenda a andar sin caerse.

[2] **an·da·du·ra** [andaðúra] *s/f* 1. Acción o resultado de andar. 2. Recorrido.

[1] **¡án·da·le!** [ándale] *interj* MEX Expresión para animar a hacer algo o para llamar la atención.

[3] **an·da·luz, -za** [andalúθ] *adj* De Andalucía.

[1] **an·da·mia·je** [andamjáχe] *s/m* Conjunto de andamios en una obra.

[1] **an·da·mio** [andámjo] *s/m* Estructura de tablones para poder trabajar en las partes altas de una obra.

[1] **an·da·na·da** [andanáða] *s/f* 1. Descarga cerrada de una batería. 2. Conjunto de improperios contra alguien. 3. *pl* Localidad cubierta en una plaza de toros.

[1] **an·dan·te** [andánte] *s/m* MÚS Movimiento musical moderadamente lento.

[2] **an·dan·za** [andánθa] *s/f* 1. *pl* Viaje o recorrido. 2. Acción o aventura que implica riesgo.

AN·GE·LI·CAL

⑤ **an·dar** [andár] I. *intr* 1. Desplazarse de un lugar a otro dando pasos. 2. Desplazarse de manera mecánica objetos inanimados: *El coche no anda*. 3. INFML Funcionar una máquina o mecanismo: *Ese reloj no anda*. 4. Seguido de gerundio, equivale a *ir*: *Anda buscando empleo*. 5. Con *a* y ciertos sustantivos (tiros, gritos, golpes, etc.), realizar la acción asociada con ellos: *Andan todo el día a gritos*. 6. (Con *por*) Llegar aproximadamente a la cantidad indicada: *Andará por los dos millones mensuales*. II. *tr* Recorrer a pie una distancia o trayecto: *Anda tres kilómetros cada día*. III. REFL(-*se*) (Con *con, en*) Usar, utilizar: *No te andes con historias*. IV. *s/m gen pl* Manera de andar: *Tiene unos andares extraños*.

① **an·da·rie·go, -ga** [andarjéɣo] *adj s/m,f* Aficionado a andar.

an·das [ándas] *s/f,pl* Armazón sostenido por dos varas paralelas, que sirve para transportar imágenes en procesiones, personas, etc.

① **¡án·de·le!** [ándele] *interj* MEX ¡Ándale!

② **an·dén** [andén] *s/m* 1. Acera elevada a los lados de las vías del metro o del tren, en un muelle, etc. 2. AMER Acera.

③ **an·di·no, -na** [andíno] *adj* Relativo a los Andes.

an·do·rra·no, -na [andorráno] *adj* Relativo a Andorra.

① **an·dra·jo** [andráxo] *s/m gen pl* Pieza de tela o vestido viejos, rotos o muy sucios.

① **an·dra·jo·so, -sa** [andraxóso] *adj* Que viste andrajos.

an·dro·ceo [andróθeo] *s/m* Órgano masculino de las flores.

① **an·dró·gi·no, -na** [andróxino] *adj s/m,f* Que tiene los dos sexos.

① **an·droi·de** [andróide] *s/m,f* Robot o autómata con forma de ser humano.

① **an·du·rrial** [andurrjál] *s/m gen pl* Lugar apartado, de difícil acceso.

③ **a·néc·do·ta** [anékðota] *s/f* Breve relato de un acontecimiento interesante o divertido.

① **a·nec·do·ta·rio** [anekðotárjo] *s/m* Colección de anécdotas.

① **a·nec·dó·ti·co, -ca** [anekðótiko] *adj* Relativo a la anécdota.

① **a·ne·gar** [aneɣár] *tr* Cubrir un lugar de agua. RPr **Anegar de/en. Anegarse en**. ORT Ante *e* la *g* cambia a *gu*: *Anegué*.

① **a·ne·jo, -ja** [anéxo] I. *adj* Unido a otra cosa de mayor tamaño o relevancia. II. *s/m* Cosa unida a otra. RPr **Anejo a**.

a·né·li·do [anéliðo] *adj s/m* Se aplica a cierto tipo de gusanos, de cuerpo cilíndrico, con anillos y sangre roja.

② **a·ne·mia** [anémja] *s/f* Enfermedad causada por la reducción de glóbulos rojos en la sangre.

① **a·né·mi·co, -ca** [anémiko] *adj* Afectado de anemia.

① **a·né·mo·na** [anémona] *s/f* Planta con flores de seis pétalos, grandes y de mucho colorido.

② **a·nes·te·sia** [anestésja] *s/f* Acción de anestesiar.

② **a·nes·te·siar** [anestesjár] *tr* Dejar el organismo o una parte de él sin sensibilidad.

① **a·nes·te·sis·ta** [anestesísta] *s/m,f* Especialista en anestesia.

② **a·ne·xar** [ane(k)sár] *tr* Añadir una cosa a otra.

② **a·ne·xión** [ane(k)sjón] *s/f* Acción o resultado de anexar o anexionar.

① **a·ne·xio·nar** [ane(k)sjonár] *tr* Anexar.

a·ne·xio·nis·mo [ane(k)sjonísmo] *s/m* Práctica o tendencia a la anexión de un territorio por parte de otro país.

a·ne·xio·nis·ta [ane(k)sjonísta] *adj* Relativo al anexionismo.

② **a·ne·xo, -xa** [ané(k)so] I. *adj* Unido a otra cosa de mayor relevancia. II. *s/m* 1. Parte añadida a un documento. 2. ARQ Edificio contiguo o cercano a otro. RPr **Anexo a**.

② **an·fi·bio, -ia** [anfíβjo] *adj* 1. Que puede vivir dentro y fuera del agua. 2. Se aplica a los vehículos que pueden moverse por agua y por tierra.

an·fi·bo·lo·gía [anfiβoloxía] *s/f* Doble sentido de una palabra o expresión.

① **an·fi·tea·tro** [anfiteátro] *s/m* Edificio con gradas en su parte interior, destinado a espectáculos públicos.

② **an·fi·trión, -o·na** [anfitrjón] *s/m,f* Persona con invitados en casa.

① **án·fo·ra** [ánfora] *s/f* Vasija de cuello largo, estrecha por abajo y con dos asas.

an·ga·ri·llas [angaríʎas] *s/f,pl* Armazón con dos varas situadas horizontal y paralelamente, para transportar carga.

⑤ **án·gel** [ánxel] *s/m* 1. Espíritu celeste. 2. Persona bondadosa y dulce.

① **an·ge·li·cal** [anxelikál] *adj* Relativo a los ángeles o propio de ellos.

45

AN·GÉ·LI·CO

2 **an·gé·li·co, -ca** [anχéliko] *adj* Angelical.

2 **an·ge·li·to, -ta** [anχelíto] *s/m,f* Niño de corta edad.

1 **an·ge·lo·te, -ta** [anχelóte] *s/m* 1. Figura de ángel en una pintura o retablo. 2. Niño gordinflón y bondadoso.

1 **án·ge·lus** [ánχelus] *s/m* Oración que se reza tres veces al día y comienza con esta palabra.

1 **an·gi·na** [anχína] *s/f gen pl* 1. (*Tener...*) Inflamación de las amígdalas. 2. Amígdalas.
Angina de pecho, ataques breves, intensos y dolorosos en la zona del corazón.

an·gli·ca·nis·mo [anglikanísmo] *s/m* Doctrina religiosa protestante, religión oficial de Inglaterra.

1 **an·gli·ca·no, -na** *adj s/m,f* Que sigue el anglicanismo.

1 **an·gli·cis·mo** [angliθísmo] *s/m* Palabra o giro tomados del inglés.

1 **an·glo, -gla** [ánglo] *adj* Relativo a Inglaterra.

1 **an·glo·a·me·ri·ca·no, -na** [angloamerikáno] *adj* Relativo a Inglaterra y a Estados Unidos.

1 **an·gló·fi·lo, -la** [anglófilo] *adj s/m,f* Que simpatiza con lo inglés.

2 **an·glo·sa·jón, -jo·na** [anglosaχón] *adj* Relativo a un país o comunidad de habla inglesa.

an·go·le·ño, -ña [angoléɲo] *adj s/m,f* De Angola.

1 **an·gos·to, -ta** [angósto] *adj* Estrecho.

1 **an·gos·tu·ra** [angostúra] *s/f* Paso estrecho.

1 **an·gui·la** [angíla] *s/f* Pez de cuerpo largo, cilíndrico y sin aletas.

1 **an·gu·la** [angúla] *s/f* Cría de la anguila.

an·gu·la·do, -da [anɣuláðo] *adj* Con ángulos.

2 **an·gu·lar** [angulár] *adj* Relativo al ángulo o con esa forma.

4 **án·gu·lo** [ángulo] *s/m* 1. Figura geométrica formada por dos líneas rectas que salen de un mismo punto. 2. Línea formada por la intersección de los dos planos.

1 **an·gu·lo·so, -sa** [angulóso] *adj* Con ángulos o aristas.

3 **an·gus·tia** [angústja] *s/f* 1. Malestar físico intenso. 2. Sentimiento de desazón o intranquilidad.

3 **an·gus·tiar** [angustjár] *tr* Hacer que alguien sienta angustia.

2 **an·gus·tio·so, -sa** [angustjóso] *adj* Que causa angustia.

1 **an·he·lan·te** [anelánte] *adj* Que anhela o desea algo intensamente.

2 **an·he·lar** [anelár] *tr intr* Desear con intensidad.

2 **an·he·lo** [anélo] *s/m* Acción de anhelar.

1 **an·hí·dri·do** [aníðriðo] *s/m* Compuesto de oxígeno y un elemento no metálico.

2 **a·ni·dar** [aniðár] *intr* REFL(*-se*) 1. Construir(se) las aves sus nidos. 2. (También *tr*) Tener alguien en su interior un sentimiento, idea, etc.: *En él anida la envidia. Anida tendencias izquierdistas.*

1 **a·ni·li·na** [anilína] *s/f* Sustancia procedente de la transformación de la bencina.

2 **a·ni·lla** [aníʎa] *s/f* 1. Aro semejante a un anillo y usado con fines diversos. 2. DEP *pl* Par de aros para realizar ejercicios gimnásticos.

1 **a·ni·lla·do, -da** [aniʎáðo] I. *adj* Con anillos. II. *s/m* Acción de poner anillos o anillas.

2 **a·ni·llar** [aniʎár] *tr* Poner anillos o anillas.

3 **a·ni·llo** [aníʎo] *s/m* 1. Objeto en forma de círculo o aro. 2. Aro que se coloca en el dedo de la mano, como adorno.

2 **á·ni·ma** [ánima] *s/f* 1. Alma. 2. Hueco en una cosa, como el del cañón de un arma de fuego.

2 **a·ni·ma·ción** [animaθjón] *s/f* 1. Acción o resultado de animar(se). 2. Presencia de mucha gente en un lugar.

2 **a·ni·ma·do, -da** [animáðo] *adj* Que tiene buena disposición para hacer algo.

2 **a·ni·ma·dor, -ra** [animaðór] *s/m,f* 1. Persona que anima, en especial un espectáculo. 2. AMER Persona que presenta un programa de televisión.

1 **a·ni·mad·ver·sión** [animaðβersjón] *s/f* Sentimiento de hostilidad o rechazo.

5 **a·ni·mal** [animál] I. *s/m* Ser vivo que se mueve por sí mismo. II. *adj* Relativo a los animales: *Anatomía animal.*

a·ni·ma·la·da [animaláða] *s/f* Tontería, disparate.

4 **a·ni·mar** [animár] *tr* 1. Transmitir ánimo o valor. 2. Transmitir alegría en una reunión o fiesta.

2 **a·ní·mi·co, -ca** [anímiko] *adj s/m,f* Relativo al ánimo o al alma.

1 **a·ni·mis·mo** [animísmo] *s/m* Doctrina que considera que todo lo existente tiene alma.

AN·TE·CE·DEN·TE

a·ni·mis·ta [animísta] *adj s/m,f* Relativo al animismo o partidario de él.

④ **á·ni·mo** [ánimo] **I.** *s/m* **1.** Espíritu o alma, como principio de vida en el hombre. **2.** Aliento, valor. **3.** Intención. **II.** *interj* Expresión para incitar a hacer algo.

① **a·ni·mo·si·dad** [animosiðáð] *s/f* Sentimiento de hostilidad o rechazo.

① **a·ni·mo·so, ·sa** [animóso] *adj* Con ánimo y valor.

a·ni·ña·do, ·da [aniɲadose] *adj* Que parece o se comporta como un niño.

① **a·ni·qui·la·ción** [anikilaθjón] *s/f* Acción o resultado de aniquilar.

① **a·ni·qui·la·mien·to** [anikilamjénto] *s/m* Aniquilación.

② **a·ni·qui·lar** [anikilár] *tr* Destruir completamente.

② **a·nís** [anís] *s/m* **1.** Planta aromática de flores blancas y semillas pequeñas. **2.** Licor aromatizado con estas semillas.

③ **a·ni·ver·sa·rio, ·ia** [aniβersárjo] *s/m* Día en el que se cumplen años desde que ocurrió un suceso.

② **a·no** [áno] *s/m* Abertura exterior en que finaliza el intestino y por la cual se expulsan los excrementos.

③ **a·no·che** [anótʃe] *adv* En la noche del día anterior.

② **a·no·che·cer** [anotʃeθér] **I.** *intr* Comenzar a hacerse de noche. **II.** *s/m* Tiempo en que se hace de noche.

① **a·no·di·no, ·na** [anoðíno] *adj* Que carece de interés o no sobresale en nada.

① **á·no·do** [ánoðo] *s/m* Polo positivo de un generador eléctrico.

a·no·fe·les [anoféles] *adj* Mosquito que transmite el paludismo.

② **a·no·ma·lía** [anomalía] *s/f* Cualidad de anómalo.

① **a·nó·ma·lo, ·la** [anómalo] *adj* Extraño, anormal.

a·no·na·da·mien·to [anonaðamjénto] *s/m* Acción o resultado de anonadar(se).

① **a·no·na·dar** [anonaðár] *tr* REFL(-se) Dejar a alguien muy sorprendido y confuso.

① **a·no·ni·ma·to** [anonimáto] *s/m* Condición de anónimo.

③ **a·nó·ni·mo, ·ma** [anónimo] *adj* De autor desconocido.

① **a·no·rak** [anorák] *s/m* Prenda de abrigo impermeable, a modo de chaqueta.
ORT *pl* Anoraks.

① **a·no·re·xia** [anoréksja] *s/f* Rechazo total o parcial del alimento.

① **a·no·ré·xi·co, ·ca** [anoréksiko] *adj s/m,f* Que padece anorexia.

② **a·nor·mal** [anormál] *adj* Que no es normal.

① **a·nor·ma·li·dad** [anormaliðáð] *s/f* Situación o estado de anormal.

② **a·no·ta·ción** [anotaθjón] *s/f* Acción o resultado de anotar.

④ **a·no·tar** [anotár] *tr* **1.** Poner notas en un escrito. **2.** Escribir el nombre en una lista. **3.** DEP Conseguir tantos un jugador.

a·no·vu·la·to·rio, ·ia [anoβulatórjo] *adj s/m,f* Que impide la ovulación en las hembras.

① **an·qui·lo·sa·mien·to** [ankilosamjénto] *s/m* Acción o resultado de anquilosarse.

① **an·qui·lo·sar·se** [ankilosárse] REFL(-se) Interrumpirse el desarrollo o movimiento de algo.

③ **an·sia** [ánsja] *s/f* Deseo intenso por algo.

② **an·siar** [ansjár] *tr* Desear algo intensamente.
ORT En el *sing* y $3^a p\ pl$ del *pres* de *ind* y *subj* el acento recae sobre la *i*: Ansío.

③ **an·sie·dad** [ansjeðáð] *s/f* Inquietud o preocupación de ánimo.

① **an·sio·lí·ti·co, ·ca** [ansjolítiko] *adj s/m* Que calma la ansiedad.

② **an·sio·so, ·sa** [ansjóso] *adj* **1.** Que siente ansiedad. **2.** Con gran deseo de algo.

② **an·ta·gó·ni·co, ·ca** [antaɣóniko] *adj* En oposición o contrario a otra cosa.

① **an·ta·go·nis·mo** [antaɣonísmo] *s/m* Oposición o incompatibilidad entre dos cosas o personas.

① **an·ta·go·nis·ta** [antaɣonísta] *adj s/m,f* Persona que está en oposición a otra(s).

② **an·ta·ño** [antáɲo] *adv* En otros tiempos.

② **an·tár·ti·co, ·ca** [antártiko] *adj* Relativo a la Antártida.

⑤ **an·te** [ánte] **I.** *prep* Delante de, en presencia de. **II.** *s/m* Alce, mamífero rumiante, o su piel.

① **an·te·a·no·che** [anteanótʃe] *adv* En la noche de anteayer.

② **an·te·a·yer** [anteajér] *adv* En el día anterior al de ayer.

② **an·te·bra·zo** [anteβráθo] *s/m* Parte inferior del brazo, entre el codo y la muñeca.

① **an·te·cá·ma·ra** [antekámara] *s/f* Habitación situada antes del lugar en que alguien recibe a otras personas.

④ **an·te·ce·den·te** [anteθeðénte] **I.** *adj s/m*

AN·TE·CE·DER

Que ocurre o está situado antes que otra cosa. **II.** *s/m* (*gen* en *pl*) Circunstancias anteriores que explican algo actual.

[2] **an·te·ce·der** [anteθeðér] *tr* Ocurrir o estar situado antes que otra cosa.

[2] **an·te·ce·sor, -ra** [anteθesór] *s/m,f* **1.** Persona que precedió a otra en un cargo, puesto, etc. **2.** *pl* Antepasados.

[1] **an·te·di·cho, -cha** [anteðítʃo] *adj* Expresado con anterioridad.

[1] **an·te·di·lu·via·no, -na** [anteðiluβjáno] *adj* Muy antiguo, pasado de moda.

[1] **an·te·fir·ma** [antefirma] *s/f* Mención del cargo que ocupa quien suscribe.

[2] **an·te·la·ción** [antelaθjón] *s/f* Espacio de tiempo que separa un suceso de otro posterior.

[2] **an·te·ma·no** [antemáno] LOC **De antemano,** anteriormente.

[4] **an·te·na** [anténa] *s/f* **1.** (*gen* en *pl*) Apéndice articulado de algunos animales. **2.** Dispositivo que capta y emite ondas electromagnéticas o hertzianas.

[2] **an·te·o·jo** [anteóχo] *s/m* **1.** Instrumento óptico para ver algo de lejos. **2.** *pl* Gafas.

[3] **an·te·pa·sa·do** [antepasáðo] *s/m,pl* Conjunto de personas de las que alguien desciende.

[1] **an·te·pe·cho** [antepétʃo] *s/m* Barandilla en puentes, balcones, etc., que sirve de apoyo.

[1] **an·te·pe·núl·ti·mo, -ma** [antepenúltimo] *adj* Anterior al penúltimo.

[2] **an·te·po·ner** [anteponér] *tr* REFL(-se) **1.** Poner delante. **2.** Valorar una cosa más que otra. RPr **Anteponer(se) a.**
CONJ *Irreg:* Antepongo, antepuse, antepondré, antepuesto.

[2] **an·te·pro·yec·to** [anteproχékto] *s/m* Estudio previo a la redacción del proyecto definitivo.

[5] **an·te·rior** [anterjór] *adj* Que precede en el espacio o tiempo.

[3] **an·te·rio·ri·dad** [anterjoriðáð] *s/f* Estado o situación de lo que precede.

[5] **an·tes** [ántes] **I.** *adv* **1.** Antiguamente. **2.** Tiempo pasado. **II.** *adj* Inmediatamente antes en el tiempo: *Horas antes nos habíamos visto allí.* LOC **Cuanto antes,** lo más pronto posible.

[2] **an·te·sa·la** [antesála] *s/f* Habitación en la que esperan los que desean ser recibidos por alguien.

[1] **an·ti·a·bor·tis·ta** [antiaβortísta] *adj s/m,f* Contrario al aborto.

[1] **an·ti·ad·he·ren·te** [antiaðherénte] *adj s/m* Que impide la adherencia.

[1] **an·ti·a·é·reo, -a** [antiaéreo] *adj s/m* Relacionado con la defensa aérea.

[1] **an·ti·al·co·hó·li·co, -ca** [antialk(o)óliko] *adj* Opuesto al consumo de alcohol.

[2] **an·ti·bió·ti·co** [antiβjótiko] *adj s/m* Que actúa contra determinados microorganismos.

[1] **an·ti·ci·clón** [antiθiklón] *s/m* Área de alta presión barométrica.

[2] **an·ti·ci·pa·ción** [antiθipaθjón] *s/f* Acción o resultado de anticipar(se).

[3] **an·ti·ci·par** [antiθipár] *tr* **1.** Hacer algo antes de lo previsto. **2.** Desvelar parte de algo que luego se comunicará. RPr **Anticiparse a.**

[2] **an·ti·ci·po** [antiθipo] *s/m* Cantidad de dinero que se paga con antelación.

[1] **an·ti·cle·ri·cal** [antiklerikál] *adj* Que se opone al clero.

[1] **an·ti·cle·ri·ca·lis·mo** [antiklerikalísmo] *s/m* Doctrina anticlerical.

[1] **an·ti·coa·gu·lan·te** [antikoaɣulánte] *adj s/m* Que impide la coagulación.

[1] **an·ti·co·mu·nis·mo** [antikomunísmo] *s/m* Ideología opuesta al comunismo.

[1] **an·ti·co·mu·nis·ta** [antikomunísta] *adj s/m,f* Opuesto al comunismo.

[1] **an·ti·con·cep·ción** [antikonθepθjón] *s/f* Práctica para evitar el embarazo en la mujer.

[2] **an·ti·con·cep·ti·vo, -va** [antikonθeptíβo] **I.** *adj s/m* Producto o medio que evita el embarazo: *Píldora anticonceptiva.* **II.** *adj* Relativo a la anticoncepción.

[1] **an·ti·con·ge·lan·te** [antikonχelánte] *adj s/m* Producto que evita la congelación de un líquido.

[1] **an·ti·co·rro·si·vo, -va** [antikorrosíβo] *adj s/m* Sustancia que evita la corrosión.

[1] **an·ti·co·rrup·ción** [antikorrupθjón] *adj* Que evita la corrupción.

[1] **an·ti·cris·to** [antikrísto] *s/m may* Ser que, de acuerdo con el Apocalipsis, aparecerá al fin del mundo.

[2] **an·ti·cua·do, -da** [antikwáðo] *adj* Pasado de moda.

[2] **an·ti·cua·rio, -ia** [antikwárjo] *s/m,f* Persona experta en antigüedades y que comercia con ellas.

[2] **an·ti·cuer·po** [antikwérpo] *s/m* BIOL *gen pl*

Antitoxina producida para defenderse de un cuerpo invasor y perjudicial.

1 **an·ti·de·mo·crá·ti·co, -ca** [antiðemokrátiko] *adj* Opuesto a la democracia.

an·ti·de·por·ti·vo, -va [antiðeportíβo] *adj* Opuesto a lo deportivo.

1 **an·ti·de·pre·si·vo, -va** [antiðepresíβo] *adj s/m* Medicamento o tratamiento contra la depresión.

1 **an·ti·des·li·zan·te** [antiðesliðánte] *adj* Que impide que algo se deslice.

1 **an·ti·dis·tur·bios** [antiðistúrβjos] *adj s/m,pl* Policía o cuerpo de policía especial contra los disturbios callejeros.

1 **an·tí·do·to** [antíðoto] *s/m* Sustancia que neutraliza los efectos de un veneno.

2 **an·ti·dro·ga** [antiðróγa] *adj* Opuesto a la droga.

1 **an·ti·e·co·nó·mi·co, -ca** [antiekonómiko] *adj* Que no resulta económico.

1 **an·ti·es·té·ti·co, -ca** [antiestétiko] *adj* Contrario a la estética.

1 **an·ti·faz** [antifáθ] *s/m* Máscara, con agujeros en los ojos, para taparse la cara.

1 **an·tí·ge·no, -na** [antíχeno] *adj s/m* BIOL Bacteria o toxina que, introducida en un organismo, provoca la aparición de un anticuerpo.

1 **an·ti·gri·pal** [antiγripál] *adj s/m* Que actúa contra la gripe.

1 **an·ti·gua·lla** [antiγwáʎa] *s/f* DES Cosa antigua y pasada de moda.

3 **an·ti·güe·dad** [antiγweðáð] *s/f* 1. Cualidad de antiguo. 2. *gen pl* Objeto antiguo. 3. *may* Edad antigua.

1 **an·ti·gue·rri·lle·ro, -ra** [antiγerriʎéro] *adj s/m,f* MIL Se dice de quien actúa contra los guerrilleros y la guerrilla.

5 **an·ti·guo, -ua** [antíγwo] **I.** *adj* Ocurrido hace mucho tiempo. **II.** *s/m pl* Personas que vivieron hace mucho tiempo.

1 **an·tí·lo·pe** [antílope] *s/m,f* Mamífero parecido al ciervo, de cornamenta elevada.

1 **an·ti·mi·sil** [antimisíl] *adj s/m* Mecanismo o arma que actúa contra los misiles.

1 **an·ti·mo·nio** [antimónjo] *s/m* Metal de color blanco y azulado. Símbolo *Sb*.

1 **an·ti·no·mia** [antinómja] *s/f* Oposición entre dos principios, leyes, etc.

1 **an·ti·o·xi·dan·te** [antio(k)siðánte] *adj s/m* Que evita la oxidación.

1 **an·ti·pa·ra·si·ta·rio, -ia** [antiparasitárjo] *adj s/m* 1. Que actúa contra los parásitos. 2. ELECTR Dispositivo para eliminar perturbaciones en las señales radiofónicas.

2 **an·ti·pa·tía** [antipatía] *s/f* Sentimiento de rechazo contra algo o alguien.

2 **an·ti·pá·ti·co, -ca** [antipátiko] *adj s/m,f* Que suscita antipatía.

an·ti·pi·ré·ti·co, -ca [antipirétiko] *adj s/m* Que hace bajar la fiebre.

1 **an·tí·po·da** [antípoða] *s/m,f* Habitante de la tierra en relación con otro que vive en una zona diametralmente opuesta del globo.

1 **an·ti·rro·bo** [antirróβo] *adj s/m* Que protege contra robos.

1 **an·ti·se·mi·tis·mo** [antisemitísmo] *s/m* Ideología contraria a los judíos.

an·ti·sep·sia [antisépsja] *s/f* Cualidad de antiséptico.

1 **an·ti·sép·ti·co, -ca** [antiséptiko] *adj s/m* Relativo a la antisepsia.

1 **an·ti·si·da** [antisíða] *adj* Que actúa contra el sida.

an·ti·sís·mi·co, -ca [antisísmiko] *adj* Preparado para resistir un terremoto.

1 **an·ti·sub·ma·ri·no, -na** [antisubmaríno] *adj* MIL Se dice de los medios para detectar o destruir submarinos.

1 **an·ti·tan·que** [antitánke] *adj* MIL Que sirve para destruir tanques de guerra.

2 **an·ti·te·rro·ris·ta** [antiterroísta] *adj* Que combate el terrorismo.

1 **an·tí·te·sis** [antítesis] *s/f* FIL Relación de oposición entre dos cosas.
ORT *pl Antítesis*.

1 **an·ti·té·ti·co, -ca** [antitétiko] *adj* Que implica antítesis.

an·ti·to·xi·na [antito(k)sína] *s/f* Anticuerpo contra las toxinas.

1 **an·ti·vi·rus** [antiβírus] *adj s/m* COMP Que elimina los virus.

1 **an·to·ja·di·zo, -za** [antoχaðíθo] *adj s/m,f* Que tiene antojos.

2 **an·to·jar·se** [antoχárse] *REFL(-se)* 1. Encapricharse de algo. 2. Pensar que algo es probable: *Mi futuro se me antojaba feliz*.

1 **an·to·jo** [antóχo] *s/m* 1. Deseo caprichoso por algo. 2. Lunar en la piel.

2 **an·to·lo·gía** [antoloχía] *s/f* Colección de fragmentos seleccionados. LOC **De antología**, que merece ser recordado.

2 **an·to·ló·gi·co, -ca** [antolóχiko] *adj* Relacionado con la antología.

an·tó·ni·mo, -ma [antónimo] *adj s/m* De sentido opuesto al de otra palabra.

AN·TO·NO·MA·SIA

[1] **an·to·no·ma·sia** [antonomásja] *s/f* Uso de un apelativo común en vez del propio, o viceversa.

[2] **an·tor·cha** [antórtʃa] *s/f* Utensilio para iluminar un lugar.

[1] **an·tra·ci·ta** [antraθita] *s/f* Carbón mineral de gran poder calorífico.

án·trax [ántra(k)s] *s/m* Inflamación muy dolorosa del tejido subcutáneo.
ORT *pl Ántrax*.

[1] **an·tro** [ántro] *s/m* Lugar desagradable debido a sus condiciones ambientales.

[1] **an·tro·po·fa·gia** [antropofáxja] *s/f* Costumbre de comer carne humana.

[1] **an·tro·pó·fa·go, -ga** [antropófaɣo] *adj s/m,f* Que come carne humana.

[1] **an·tro·poi·de** [antropóiðe] *adj s/m* Con rasgos semejantes a los humanos.

[2] **an·tro·po·lo·gía** [antropoloxía] *s/f* Ciencia que estudia al ser humano.

[2] **an·tro·po·ló·gi·co, -ca** [antropolóxiko] *adj* Relativo a la antropología.

[2] **an·tro·pó·lo·go, -ga** [antropóloɣo] *s/m,f* Experto en antropología.

[1] **an·tro·po·mor·fo, -fa** [antropomórfo] *adj* Que tiene forma humana.

an·true·jo [antrwéxo] *s/m* Carnaval.

[4] **a·nual** [anwál] *adj* Que ocurre cada año o dura un año.

[1] **a·nua·li·dad** [anwaliðáð] *s/f* **1.** Renta que se paga cada año. **2.** Periodo de un año.

[1] **a·nua·rio** [anwárjo] *s/m* Publicación anual de información.

a·nu·ba·rra·do, -da [anuβarráðo] *adj* Con nubes.

[2] **a·nu·dar** [anuðár] *tr* Unir con nudos.

[1] **a·nuen·cia** [anwénθja] *s/f* Consentimiento.

[1] **a·nu·la·ción** [anulaθjón] *s/f* Acción o resultado de anular.

[3] **a·nu·lar** [anulár] **I.** *adj* Relacionado con el anillo. **II.** *adj s/m* Dedo de la mano al lado del meñique. **III.** *tr* **1.** Dejar sin validez. **2.** Limitar o suprimir los efectos de algo. **3.** Limitar el desarrollo personal o la personalidad de alguien.

[1] **a·nun·cia·ción** [anunθjaθjón] *s/f* Acción o resultado de anunciar.

[2] **a·nun·cian·te** [anunθjánte] *adj s/m,f* Se aplica a quien anuncia.

[5] **a·nun·ciar** [anunθjár] *tr* **1.** Dar a conocer algo. **2.** Dar a conocer que algo va a ocurrir: *Las golondrinas anuncian la primavera*. **3.** Comunicar la llegada de alguien. **4.** Dar a conocer un producto comercial para vender más.

[4] **a·nun·cio** [anúnθjo] *s/m* **1.** Acción o resultado de anunciar. **2.** Contenido de lo que se anuncia.

[1] **an·ver·so** [ambérso] *s/m* Lado principal de una medalla o moneda.

[2] **an·zue·lo** [anθwélo] *s/m* **1.** Gancho metálico de pequeño tamaño donde se coloca el cebo para pescar. **2.** Maña o ardid para atraer a alguien.

[2] **a·ña·di·do** [aɲaðíðo] *s/m* **1.** Acción de añadir. **2.** Cosa añadida.

[2] **a·ña·di·du·ra** [aɲaðiðúra] *s/f* Cosa que se añade.

[5] **a·ña·dir** [aɲaðír] *tr* Unir o juntar una cosa con otra.

[1] **a·ña·ga·za** [aɲaɣáθa] *s/f* Estratagema para obtener algo de alguien.

a·ñal [aɲál] *adj s/m,f (Cordero, cabrito)* De un año de edad.

[1] **a·ñe·jo, -ja** [aɲéxo] *adj* **1.** Que tiene un año o más. **2.** Viejo: *Vinos añejos*.

[1] **a·ñi·cos** LOC **Hacer(se) añicos,** INFML romper(se) una cosa en muchos pedazos.

[1] **a·ñil** [aɲíl] *adj s/m* Sexto color del espectro de la luz solar, entre el azul y el violeta.

[5] **a·ño** [áɲo] *s/m* **1.** Periodo de tiempo (365 días) que tarda la Tierra en dar la vuelta alrededor del Sol. **2.** Cualquier periodo de 365 días o doce meses que comienza en una fecha determinada. **3.** *pl* Edad: *A sus años ya no hay esperanza*.

a·ño·jo [aɲóxo] *s/m* Becerro o cordero de un año.

[1] **a·ño·ran·za** [aɲoránθa] *s/f* Nostalgia por la ausencia de alguien querido.

[1] **a·ño·rar** [aɲorár] *tr intr* Sentir la ausencia de alguien querido.

[1] **a·ño·so, -sa** [aɲóso] *adj* Muy viejo.

[1] **aor·ta** [aórta] *s/f* Arteria principal del sistema circulatorio humano.

ao·va·do, -da [aoβáðo] *adj* En forma de huevo.

[1] **a·pa·bu·llan·te** [apaβuʎánte] *adj* Que apabulla.

[1] **a·pa·bu·llar** [apaβuʎár] *tr* Dejar a alguien confuso y sin poder reaccionar.

[1] **a·pa·cen·tar** [apaθentár] *tr* Cuidar el ganado mientras pace.
CONJ *Irreg*: Apaciento, apacenté, apacentaré, apacentado.

[2] **a·pa·ci·ble** [apaθíβle] *adj* **1.** De carácter afable y suave. **2.** Calmado o tranquilo: *Un viento apacible*.

A·PAR·TA·MEN·TO

a·pa·ci·gua·mien·to [apaθiɣwamjénto] *s/m* Acción o resultado de apaciguar(se).

② **a·pa·ci·guar** [apaθiɣwár] **I.** *tr* REFL(-se) **1.** Poner o traer paz. **II.** REFL(-se) Serenarse el tiempo.
ORT Ante *e* la *u* cambia a *ü: Apacigüe.*

② **a·pa·dri·nar** [apaðrinár] *tr* **1.** Actuar como padrino. **2.** Proteger.

② **a·pa·ga·do, ·da** [apaɣáðo] *adj* **1.** Se dice del fuego extinguido. **2.** Desconectado de la corriente. **3.** De carácter tímido, apocado. **4.** (*Color*) Poco vivo. **5.** Se dice del ruido atenuado.

④ **a·pa·gar** [apaɣár] *tr* **1.** Extinguir el fuego. **2.** Desconectar un aparato eléctrico de la corriente. **3.** Atenuar la intensidad de algo.
ORT Ante *e* la *g* cambia a *gu: Apagué.*

① **a·pa·gón** [apaɣón] *s/m* Extinción súbita y pasajera de la energía eléctrica.

① **a·pai·sa·do, ·da** [apaisáðo] *adj* Más ancho que alto, en posición normal.

① **a·pa·la·brar** [apalaβrár] *tr* Comprometer alguien su palabra para algo.

① **a·pa·lan·car** [apalankár] *tr* Levantar o desplazar algo mediante una palanca.
ORT Ante *e* la *c* cambia a *qu: Apalanqué.*

a·pa·lea·mien·to [apaleamjénto] *s/m* Acción o resultado de apalear.

① **a·pa·le·ar** [apaleár] *tr* Dar golpes con un palo.

① **a·pa·ña·do, ·da** [apapáðo] *adj* **1.** Hábil, mañoso. **2.** Adecuado para un fin.

① **a·pa·ñar** [apapár] **I.** *tr* **1.** INFML Arreglar lo que está roto. **2.** Apropiarse de algo. **II.** REFL(-se) Darse maña para conseguir algo.

① **a·pa·ño** [apápo] *s/m* **1.** Acción de apañar(se). **2.** Arreglo chapucero.

① **a·pa·ra·dor, ·ra** [aparaðór] *s/m* Mueble donde se guarda la vajilla, cubertería y cristalería.

④ **a·pa·ra·to** [aparáto] *s/m* **1.** Utensilio, instrumento o máquina construido con una función determinada: *Aparato de televisión.* **2.** ANAT Conjunto de órganos que realizan una función: *Aparato digestivo.* **3.** Pompa, ostentación. **4.** En las tormentas, rayos y truenos que acompañan a la lluvia.

① **a·pa·ra·to·si·dad** [aparatosiðáð] *s/f* Cualidad de aparatoso.

④ **a·pa·ra·to·so, ·sa** [aparatóso] *adj* Exagerado, que llama la atención.

② **a·par·ca·mien·to** [aparkamjénto] *s/m* **1.** Acción de aparcar un vehículo. **2.** Lugar destinado a aparcar.

② **a·par·car** [aparkár] *tr* **1.** Estacionar un vehículo en un lugar destinado para ello. **2.** Aplazar algo para más tarde.
ORT Ante *e* la *c* cambia a *qu: Aparqué.*

① **a·par·ce·ro, ·ra** [aparθéro] *s/m,f* Persona que arrienda algo compartiendo los beneficios con el propietario.

① **a·pa·rea·mien·to** [apareamjénto] *s/m* Acción o resultado de aparear(se).

① **a·pa·re·ar·se** [apareárse] *tr* REFL(-se) Unirse dos animales de sexo opuesto para procrear.

⑤ **a·pa·re·cer** [apareθér] *intr* **1.** Mostrarse, dejarse ver algo. **2.** Ser hallado lo que se había perdido.
CONJ *Irreg: Aparezco, aparecí, apareceré, aparecido.*

② **a·pa·re·ci·do, ·da** [apareθíðo] *s/m,f* Difunto que supuestamente se presenta ante los vivos.

② **a·pa·re·ja·dor, ·ra** [apareχaðór] *s/m,f* Técnico que colabora con el arquitecto y supervisa la construcción.

② **a·pa·re·jar** [apareχár] *tr* **1.** Ordenar adecuadamente. **2.** Poner los aparejos a las caballerías.

① **a·pa·re·jo** [aparéχo] *s/m* **1.** Acción de aparejar o preparar algo. **2.** Conjunto de cosas que se necesitan para pescar. **3.** *gen pl* Conjunto de cosas que se colocan a una caballería para montarla. **4.** Conjunto de velas, cabos, poleas, etc., de una embarcación.

③ **a·pa·ren·tar** [aparentár] **I.** *tr* **1.** Fingir lo que no se tiene. **2.** Tener el aspecto que corresponde a cierta edad. **II.** *intr* Simular lo que no se tiene.

③ **a·pa·ren·te** [aparénte] *adj* Que no es lo que parece.

④ **a·pa·ri·ción** [apariθjón] *s/f* **1.** Acción o resultado de aparecer. **2.** Fantasma.

④ **a·pa·rien·cia** [aparjénθja] *s/f* **1.** Aspecto exterior propio de algo o alguien. **2.** Aspecto lujoso y ostentoso, pero engañoso, de algo.

a·par·ta·de·ro [apartaðéro] *s/m* Lugar al que se llevan las cosas que se apartan.

③ **a·par·ta·do, ·da** [apartáðo] **I.** *adj* Remoto, alejado. **II.** *s/m* Cada una de las partes en que se divide una cosa.
Apartado de correos, lugar de la oficina de correos donde se deposita la correspondencia de los abonados a este servicio.

③ **a·par·ta·men·to** [apartaménto] *s/m* Vivienda de pequeño tamaño.

A·PAR·TA·MIEN·TO

[1] **a·par·ta·mien·to** [apartamjénto] *s/m* AMER Apartamento.

[5] **a·par·tar** [apartár] *tr* **1.** Separar algo de un lugar. **2.** Separar a alguien de algo que le es perjudicial **3.** Quitar a alguien del cargo o puesto que ocupa: *El juez fue apartado del caso*.

[4] **a·par·te** [apárte] **I.** *adv* **1.** En otro lugar. **2.** Además de lo expresado. **II.** *adj* **1.** Privado: *Una conversación aparte*. **2.** Independiente de otra cosa: *Una cuenta aparte*. **III.** *s/m* Lo que alguien dice a otra persona sin que lo oigan los demás.

[1] **a·part·heid** [apar(t)χéið] *s/m* ANGL Política de segregación racial.

a·part·ho·tel; a·par·to·tel [apartotél] *s/m* Hotel con habitaciones tipo apartamento.

[2] **a·pa·sio·na·do, -da** [apasjonáðo] *adj s/m,f* **1.** Con pasión y entusiasmo. **2.** Que carece de objetividad o imparcialidad. RPr **Apasionado de/por**.

[1] **a·pa·sio·na·mien·to** [apasjonamjénto] *s/m* Sentimiento amoroso lleno de pasión.

[2] **a·pa·sio·nan·te** [apasjonánte] *adj* Que apasiona.

[3] **a·pa·sio·nar** [apasjonár] *tr* REFL(-se) Provocar o tener una pasión, *esp* referida al amor. RPr **Apasionarse por**.

[2] **a·pa·tía** [apatía] *s/f* Cualidad de apático.

[1] **a·pá·ti·co, -ca** [apátiko] *adj s/m,f* Que no suele apasionarse fácilmente.

[1] **a·pá·tri·da** [apátriða] *adj s/m,f* Que no tiene patria.

[1] **a·pea·de·ro** [apeaðéro] *s/m* Pequeña estación de ferrocarril, sólo para viajeros.

[2] **a·pe·ar** [apeár] *tr* **1.** Bajar de una caballería o vehículo. **2.** (Con *de*) Convencer a alguien de algo. RPr **Apear(se) de**.

[1] **a·pe·chu·gar** [apetʃuɣár] *intr* Tener aguante para soportar algo. RPr **Apechugar con**.
ORT Ante *e* la *g* cambia a *gu: Apechugué*.

a·pe·drea·mien·to [apeðreamjénto] *s/m* Acción o resultado de apedrear.

[1] **a·pe·dre·ar** [apeðreár] **I.** *tr* Arrojar piedras contra alguien o matarlo a pedradas. **II.** *intr* Caer granizo.

[1] **a·pe·gar·se** [apeɣárse] REFL(-se) Sentir apego o afecto por alguien.
ORT Ante *e* la *g* cambia a *gu: Me apegué*.

[1] **a·pe·go** [apéɣo] *s/m* Cariño o afecto.

a·pe·la·ble [apeláβle] *adj* Que admite apelación.

[2] **a·pe·la·ción** [apelaθjón] *s/f* Acción o resultado de apelar.

a·pe·lan·te [apelánte] *adj s/m,f* Se dice de quien apela.

[3] **a·pe·lar** [apelár] **I.** *tr intr* DER Recurrir una sentencia ante un tribunal superior. **II.** *intr* Recurrir a alguien para resolver un problema. RPr **Apelar a/ante/contra**.

[1] **a·pe·la·ti·vo, -va** [apelatíβo] *s/m* Se dice del nombre que sustituye al verdadero nombre de alguien.

[3] **a·pe·lli·dar** [apeʎiðár] **I.** *tr* REFL(-se) Tener alguien cierto apellido: *Se apellida González*. **II.** *tr* Dar a alguien cierto nombre o apellido.

[3] **a·pe·lli·do** [apeʎiðo] *s/m* Nombre de familia.

[1] **a·pel·ma·zar** [apelmaθár] *tr* REFL(-se) Hacer(se) algo compacto o duro.
ORT Ante *e* la *z* cambia a *c: Apelmacé*.

[1] **a·pe·lo·to·nar** [apelotonár] *tr* REFL(-se) INFML Amontonar(se) o unir(se) de manera compacta.

[1] **a·pe·nar** [apenár] *tr* Causar pena a alguien.

[5] **a·pe·nas** [apénas] **I.** *adv* **1.** Difícilmente, casi no. **2.** Ante expresiones de cantidad, escasamente: *Tardaré apenas dos horas en arreglar tu coche*. **II.** *conj* Inmediatamente después de lo expresado.

a·pen·car [apenkár] *intr* Apechugar.
ORT Ante *e* la *c* cambia a *qu: Apenqué*.

[2] **a·pén·di·ce** [apéndiθe] *s/m* **1.** Cosa que es prolongación de otra. **2.** Parte final y añadida a un libro o escrito. **3.** ANAT Apéndice cecal.

[1] **a·pen·di·ci·tis** [apendiθítis] *s/f* Inflamación del apéndice cecal.
ORT *pl* Apendicitis.

[1] **a·per·ci·bi·mien·to** [aperθiβimjénto] *s/m* Acción o resultado de apercibir(se).

[1] **a·per·ci·bir** [aperθiβír] **I.** *tr* (Con *de*) Advertir o avisar a alguien de algo. **II.** REFL(-se) (Con *de*) Darse cuenta de algo. RPr **Apercibir(se) de**.

a·per·ga·mi·nar·se [aperɣaminárse] REFL(-se) Quedarse la piel arrugada a causa de la vejez o de una enfermedad.

[2] **a·pe·ri·ti·vo** [aperitíβo] *s/m* Bebida acompañada de alguna tapa, que se toma antes de la comida.

[1] **a·pe·ro** [apéro] *s/m pl* Utensilios usados para las labores de labranza.

[4] **a·per·tu·ra** [apertúra] *s/f* **1.** Acción de abrir(se). **2.** Inauguración de un establecimiento.

[1] **a·per·tu·ris·mo** [aperturísmo] *s/m* Actitud de quien está abierto a nuevas ideas.

1 **a·per·tu·ris·ta** [aperturísta] *adj* Relativo al aperturismo.

1 **a·pe·sa·dum·brar** [apesaðumbrár] *tr* REFL(-se) Causar pesadumbre o pena.

2 **a·pes·tar** [apestár] *intr* 1. Oler mal. 2. (Con *de*) Existir una cantidad excesiva de algo. RPr **Apestar a/de**.

1 **a·pes·to·so, -sa** [apestóso] *adj* Que apesta.

3 **a·pe·te·cer** [apeteθér] *tr* Desear una cosa, *esp* si es comida.
CONJ *Irreg: Apetezco, apetecí, apeteceré, apetecido*.

1 **a·pe·te·ci·ble** [apeteθíβle] *adj* Deseable.

2 **a·pe·ten·cia** [apeténθja] *s/f* Deseo de algo, *esp* de comida.

3 **a·pe·ti·to** [apetíto] *s/m* Deseo de algo, *esp* de comer.

1 **a·pe·ti·to·so, -sa** [apetitóso] *adj* Que despierta el apetito.

1 **a·pia·dar** [apjaðár] *tr* REFL(-se) Causar o sentir piedad. RPr **Apiadarse de**.

2 **á·pi·ce** [ápiθe] *s/m* 1. Punto terminal de algo. 2. En frases negativas, nada.

1 **a·pi·cul·tor, -ra** [apikultór] *s/m,f* Persona que se dedica a la cría de abejas.

a·pi·cul·tu·ra [apikultúra] *s/f* Arte de criar abejas para obtener miel.

1 **a·pi·lar** [apilár] *tr* REFL(-se) Amontonar.

1 **a·pi·ñar** [apiɲár] *tr* REFL(-se) Juntar(se) personas o cosas apretadamente.

1 **a·pio** [ápjo] *s/m* Planta de tallos comestibles.

1 **a·pi·so·na·dor, -ra** [apisonaðór] I. *adj* Que apisona. II. *s/f* Máquina para apisonar.

1 **a·pi·so·nar** [apisonár] *tr* Apretar fuertemente el suelo con un rodillo muy pesado.

2 **a·pla·car** [aplakár] *tr* Disminuir la intensidad de algo.
ORT Ante *e* la *c* cambia a *qu: Aplaqué*.

2 **a·pla·nar** [aplanár] *tr* Poner un terreno plano.

1 **a·plas·ta·mien·to** [aplastamjénto] *s/m* Acción o resultado de aplastar.

2 **a·plas·tan·te** [aplastánte] *adj* 1. Que aplasta. 2. Que abruma.

3 **a·plas·tar** [aplastár] *tr* Reducir el grosor de algo presionando fuertemente sobre ello.

a·pla·ta·nar(se) [aplatanár(se)] *tr* REFL(-se) Perder una persona las ganas de hacer cosas.

3 **a·plau·dir** [aplauðír] *tr* Dar palmadas en señal de aprobación o admiración.

3 **a·plau·so** [apláuso] *s/m* Acción o resultado de aplaudir.

a·pla·za·ble [aplaθáβle] *adj* Que puede aplazarse.

2 **a·pla·za·mien·to** [aplaθamjénto] *s/m* Acción o resultado de aplazar algo.

2 **a·pla·zar** [aplaθár] *tr* Suspender temporalmente la ejecución de algo.
ORT Ante *e* la *z* cambia a *c: Aplacé*.

1 **a·pli·ca·bi·li·dad** [aplikabiliðáð] *s/f* Cualidad de aplicable.

3 **a·pli·ca·ble** [aplikáβle] *adj* Que se puede aplicar.

5 **a·pli·ca·ción** [aplikaθjón] *s/f* Acción o resultado de aplicar(se).

5 **a·pli·car** [aplikár] I. *tr* 1. Colocar algo sobre una superficie, en contacto con ella o adherido a ella: *Aplicó el oído a la pared*. 2. Poner o llevar a la práctica: *Aplicar la ley*. II. REFL(-se) Esforzarse en un trabajo. RPr **Aplicar(se) a**.
ORT Ante *e* la *c* cambia a *qu: Apliqué*.

1 **a·pli·que** [aplíke] *s/m* Lámpara que se fija a la pared.

2 **a·plo·mo** [aplómo] *s/m* 1. Serenidad, sensatez. 2. Posición vertical.

1 **ap·nea** [apnéa] *s/f* Falta momentánea de la respiración.

1 **a·po·ca·do, -da** [apokáðo] *adj* Cohibido, tímido.

2 **a·po·ca·lip·sis** [apokalípsis] *s/m* 1. *may* Último libro del Nuevo Testamento. 2. Suceso o escena aterradora.

2 **a·po·ca·líp·ti·co, -ca** [apokalíptiko] *adj* 1. Relacionado con el fin del mundo. 2. Horrible, terrorífico.

1 **a·po·car·se** [apokárse] REFL(-se) Sentirse inferior, acobardarse.
ORT Ante *e* la *c* cambia a *qu: Me apoqué*.

1 **a·pó·co·pe** [apókope] *s/m* GRAM Supresión de letras o sonidos al final de una palabra.

1 **a·pó·cri·fo, -fa** [apókrifo] *adj s/m,f* Que no es auténtico.

2 **a·po·dar** [apoðár] *tr* Poner a alguien un apodo.

2 **a·po·de·ra·do, -da** [apoðeráðo] *adj s/m,f* Que tiene poderes para representar a otra persona.

3 **a·po·de·rar** [apoðerár] I. *tr* Dar poderes de representación a una persona. II. REFL(-se) Adueñarse de algo. RPr **Apoderarse de**.

1 **a·po·díc·ti·co, -ca** [apoðíktiko] *adj* CULT Definitivo, concluyente.

A·PO·DO

[1] **a·po·do** [apóðo] *s/m* Sobrenombre aplicado a alguien, además del suyo propio.

á·po·do, -da [ápoðo] *adj* Sin patas.

[1] **a·pó·fi·sis** [apófisis] *s/f* ANAT Parte más saliente de un hueso.

[2] **a·po·geo** [apoχéo] *s/m* Momento más importante o intenso.

[1] **a·po·li·llar** [apoliʎár] *REFL(-se)* Ser algo roído o destruido por la polilla.

[1] **a·po·lí·neo, -ea** [apolíneo] *adj* Esbelto, como Apolo.

[1] **a·po·lí·ti·co, -ca** [apolítiko] *adj* Que no está interesado en política.

[1] **a·po·lo·gé·ti·co, -ca** [apoloχétiko] *adj* Relativo a la apología.

[2] **a·po·lo·gía** [apoloχía] *s/f* (Con *hacer*) Defensa o alabanza de algo o de alguien.

[1] **a·po·lo·gis·ta** [apoloχísta] *adj s/m,f* Quien hace apologías.

a·pol·tro·na·mien·to [apoltronamjénto] *s/m* Acción o resultado de apoltronarse.

a·pol·tro·nar·se [apoltronárse] *REFL(-se)* Tumbarse sobre un asiento cómodo, con gran relajamiento e indolencia.

[1] **a·po·ple·jía** [apopleχía] *s/f* Suspensión repentina de la actividad cerebral debida a un derrame.

[1] **a·po·rre·ar** [aporreár] *tr* Golpear con una porra.

a·po·rreo [aporréo] *s/m* Acción o resultado de aporrear(se).

[4] **a·por·ta·ción** [aportaθjón] *s/f* 1. Acción de aportar. 2. Cosa que se aporta.

[5] **a·por·tar** [aportár] *tr* 1. Proporcionar algo. 2. Contribuir, *esp* con dinero.

[2] **a·por·te** [apórte] *s/m* 1. Acción de aportar. 2. Cosa que se aporta.

a·po·sen·ta·mien·to [aposentamjénto] *s/m* Acción o resultado de aposentar(se).

[2] **a·po·sen·tar** [aposentár] *tr* Alojar, dar habitación.

[1] **a·po·sen·to** [aposénto] *s/m* Habitación, *esp* si se usa como alojamiento.

a·po·si·ción [aposiθjón] *s/f* GRAM Construcción de dos sustantivos yuxtapuestos, uno de los cuales especifica alguna característica del que le precede.

[1] **a·pó·si·to** [apósito] *s/m* Remedio externo aplicado a una herida.

[1] **a·pos·ta** [apósta] *adv* Deliberadamente.

a·pos·tan·te [apostánte] *s/m,f* Persona que apuesta.

[3] **a·pos·tar** [apostár] **I.** *tr* Acordar dos o más personas que quien no acierte un pronóstico pagará a los demás cierta cantidad de dinero. **II.** *REFL(-se)* (Con *en*) Colocarse o situarse en un lugar. **III.** *intr* (Con *por*) Confiar en que algo se cumplirá: *Ha apostado por la lucha armada.* RPr **Apostar(se) a/en/por**.
CONJ *Irreg: Apuesto, aposté, apostaré, apostado.*

[1] **a·pos·ta·sía** [apostasía] *s/f* Acción o resultado de apostatar.

[1] **a·pós·ta·ta** [apóstata] *s/m,f* Persona que comete apostasía.

a·pos·ta·tar [apostatár] *intr* Renegar alguien de su fe.

[1] **a·pos·ti·lla** [apostíʎa] *s/f* Nota que se añade a un texto para completarlo o explicarlo.

[1] **a·pos·ti·llar** [apostiʎár] *tr* Añadir un comentario o explicación.

[2] **a·pós·tol** [apóstol] *s/m* Persona que propaga ideas, doctrinas, etc.

[1] **a·pos·to·la·do** [apostoláðo] *s/m* Actividad del apóstol.

[2] **a·pos·tó·li·co, -ca** [apostóliko] *adj* Relativo a los apóstoles o al Papa.

a·pos·tro·far [apostrofár] *tr* Reprender con apóstrofes.

a·pós·tro·fe [apóstrofe] *s/m* Insulto, vituperio.

a·pós·tro·fo [apóstrofo] *s/m* Signo ortográfico (') que indica elisión de una vocal.

[1] **a·po·teó·si·co, -ca** [apoteósiko] *adj* Que resulta impresionante o sobresaliente.

[2] **a·po·teo·sis** [apoteósis] *s/f* Final espectacular de algo.

[5] **a·po·yar** [apojár] **I.** *tr* 1. Colocar una cosa sobre otra de manera que se sostenga sobre ella. 2. Servirse de algo como argumento. 3. Estar a favor de algo o alguien. **II.** *REFL(-se)* Ayudarse mutuamente dos o más personas. RPr **Apoyar(se) en/sobre**.

[1] **a·po·ya·tu·ra** [apojatúra] *s/f* Apoyo.

[5] **a·po·yo** [apójo] *s/m* 1. Acción o resultado de apoyar(se). 2. Cosa situada debajo de otra, la cual sirve de base o sostén.

[2] **a·pre·cia·ble** [apreθjáβle] *adj* 1. Digno de aprecio. 2. De cierta importancia. 3. Perceptible.

[3] **a·pre·cia·ción** [apreθjaθjón] *s/f* Acción o resultado de apreciar.

[4] **a·pre·ciar** [apreθjár] **I.** *tr* 1. Determinar el mérito o valor de una persona o cosa. 2.

Sentir afecto por algo o alguien. **3.** Percibir algo, aunque no sea con precisión. **II.** *REFL(-se)* COM Aumentar el valor de una moneda en el mercado de divisas.

2 **a·pre·cio** [apréθjo] *s/m* Acción o resultado de apreciar.

2 **a·pre·hen·der** [apr(e)endér] *tr* **1.** Agarrar o prender algo. **2.** Captar algo con la inteligencia. **3.** Capturar algo, *esp* contrabando.

a·pre·hen·si·ble [apr(e)ensíβle] *adj* Que puede ser aprehendido.

1 **a·pre·hen·sión** [apr(e)ensjón] *s/f* Acción o resultado de aprehender algo.

a·pre·mian·te [apremjánte] *adj* Que apremia.

1 **a·pre·miar** [apremjár] *tr* Dar prisa a alguien para que haga algo con urgencia.

1 **a·pre·mio** [aprémjo] *s/m* Acción o resultado de apremiar.

5 **a·pren·der** [aprendér] *tr* Adquirir conocimientos mediante el estudio, la experiencia, etc.

2 **a·pren·diz, -za** [aprendíθ] *s/m,f* Persona que aprende, *esp* un oficio.

4 **a·pren·di·za·je** [aprendiθáχe] *s/m* Acción o resultado de aprender.

2 **a·pren·sión** [aprensjón] *s/f* Temor o miedo, *gen* no razonados ni razonables.

1 **a·pren·si·vo, -va** [aprensíβo] *adj s/m,f* Que siente aprensión.

1 **a·pre·sa·mien·to** [apresamjénto] *s/m* Acción o resultado de apresar.

2 **a·pre·sar** [apresár] *tr* **1.** Hacer a alguien prisionero. **2.** Capturar personas o cosas: *Apresaron el barco.*

2 **a·pres·tar** [aprestár] **I.** *tr* Preparar algo para un fin. **II.** *REFL(-se)* Prepararse con cierta urgencia para algo. RPr **Aprestarse a**.

1 **a·pres·to** [aprésto] *s/m* **1.** Acción o resultado de aprestar(se). **2.** Sustancia (almidón, cola, etc.) para dar rigidez a los tejidos.

1 **a·pre·su·ra·mien·to** [apresuramjénto] *s/m* Acción o resultado de apresurar(se).

3 **a·pre·su·rar** [apresurár] *tr REFL(-se)* Dar(se) prisa.

4 **a·pre·tar** [apretár] **I.** *tr* **1.** Estrechar con fuerza. **2.** Reducir algo de volumen haciéndolo más tupido. **II.** *intr* **1.** Ganar o adquirir intensidad: *La lluvia apretó al salir a la calle.* **2.** Hacer fuerza: *¿Le duele al apretar?* **III.** *REFL(-se)* Ponerse más juntas las personas. LOC **Apretarse el cinturón**, pasar estrecheces o hambre. GRAM *Conj Irreg: Aprieto, apreté, apretaré, apretado.*

1 **a·pre·tón** [apretón] *s/m* **1.** Presión fuerte o intensa sobre algo. **2.** (A menudo en *pl*) Empujón.

1 **a·pre·tu·jar** [apretuχár] **I.** *tr* INFML Apretar con fuerza. **II.** *REFL(-se)* INFML Juntarse mucho las personas en un espacio reducido.

1 **a·prie·to** [aprjéto] *s/m* Apuro, dificultad.

1 **a·pri·sa** [aprísa] *adv* Con rapidez.

1 **a·pris·co** [aprísko] *s/m* Lugar donde se guarda el ganado.

2 **a·pri·sio·nar** [aprisjonár] *tr* **1.** Encerrar en prisión. **2.** Sujetar con fuerza.

4 **a·pro·ba·ción** [aproβaθjón] *s/f* Acción o resultado de aprobar.

3 **a·pro·ba·do** [aproβáðo] *s/m* Nota mínima para superar un examen.

5 **a·pro·bar** [aproβár] *tr* **1.** Manifestar alguien su asentimiento o conformidad. **2.** Superar alguien un examen. **3.** Dar a alguien un 'aprobado' en el examen. CONJ *Irreg: Apruebo, aprobé, aprobaré, aprobado.*

1 **a·pron·tar** [aprontár] *tr* Preparar algo con rapidez.

2 **a·pro·pia·ción** [apropjaθjón] *s/f* Acción o resultado de apropiar(se) de algo.

3 **a·pro·pia·do, -da** [apropjáðo] *adj* Adecuado, conveniente.

3 **a·pro·piar·se** [apropjárse] *REFL(-se)* Adueñarse de algo. RPr **Apropiarse de**.

1 **a·pro·ve·cha·ble** [aproβetʃáβle] *adj* Que se puede aprovechar.

2 **a·pro·ve·cha·do, -da** [aproβetʃáðo] *adj* **1.** Que se aprovecha completamente. **2.** Estudioso, aplicado.

3 **a·pro·ve·cha·mien·to** [aproβetʃamjénto] *s/m* Acción o resultado de aprovechar.

5 **a·pro·ve·char** [aproβetʃár] **I.** *tr* Obtener provecho o beneficio de algo. **II.** *REFL(-se)* (Con *de*) Beneficiarse de algo. LOC **¡Qué (te/os/le/les) aproveche!**, fórmula de cortesía para desear una buena digestión.

1 **a·pro·vi·sio·na·mien·to** [aproβisjonamjénto] *s/m* Acción o resultado de aprovisionar(se).

1 **a·pro·vi·sio·nar** [aproβisjonár] *tr* Suministrar a alguien lo que necesita.

3 **a·pro·xi·ma·ción** [apro(k)simaθjón] *s/f* Acción o resultado de aproximar(se).

4 **a·pro·xi·mar** [apro(k)simár] *tr* (Con *a*) Acercar una cosa a otra. RPr **Aproximar(se) a**.

aptdo [apartáðo] ABREV de 'apartado (de correos)'.

áp·te·ro, -ra [áptero] *adj* Sin alas.

③ **ap·ti·tud** [aptitúð] *s/f gen pl* Cualidad de apto.

② **ap·to, -ta** [ápto] *adj* Adecuado para un fin.

② **a·pues·ta** [apwésta] *s/f* 1. Acción de apostar. 2. Cantidad apostada.

② **a·pues·to, -ta** [apwésto] *adj* Bien arreglado, de presencia agradable.

① **a·pun·ta·dor, -ra** [apuntaðór] I. *adj s/m,f* Que apunta. II. *s/m,f* En el teatro, persona que dicta el texto a los actores sin ser visto.

① **a·pun·ta·la·mien·to** [apuntalamjénto] *s/m* Acción o resultado de apuntalar.

② **a·pun·ta·lar** [apuntalár] *tr* Reforzar o asegurar algo con puntales.

④ **a·pun·tar** [apuntár] I. *tr* 1. Señalar hacia un lugar. 2. Colocar un arma de manera que alcance el blanco. 3. Escribir el nombre de alguien en una lista. 4. Unir con puntadas ligeras. II. *intr* 1. (Con *a*) Aspirar a algo: *Apunta a sustituir al presidente.* 2. Comenzar a manifestarse algo. III. *REFL(-se)* 1. (Con *a*) Escribir alguien su nombre en una lista. 2. Atribuirse un triunfo, un éxito, etc.: *Con su participación se ha apuntado un éxito profesional.*

② **a·pun·te** [apúnte] *s/m* 1. Acción o resultado de apuntar. 2. *pl* Notas que toman los alumnos en clase. 3. Esbozo de un dibujo o cuadro.

① **a·pun·ti·llar** [apuntiʎár] *tr* TAUR Rematar al toro con la puntilla.

① **a·pu·ña·la·mien·to** [apuɲalamjénto] *s/m* Acción o resultado de apuñalar.

② **a·pu·ña·lar** [apuɲalár] *tr* Clavar a alguien un puñal.

① **a·pu·ra·do** [apuráðo] *s/m* Cosa bien acabada: *Un apurado perfecto.*

③ **a·pu·rar** [apurár] I. *tr* 1. Terminar una cosa. 2. Hacer que alguien sienta ansiedad, vergüenza, etc. 3. Cortar la barba a ras de piel. II. *intr* Urgir algo o su ejecución. RPr **Apurarse por**.

② **a·pu·ro** [apúro] *s/m* 1. Situación de difícil solución. 2. Vergüenza o turbación.

② **a·que·jar** [akeχár] *tr* Sufrir, estar afectado por algo (mal físico, etc.).

⑤ **a·quel; a·que·lla; a·que·llo** [akél; akéʎa; akéʎo] *adj pron* Que está lejos de quienes hablan.

① **a·que·la·rre** [akelárre] *s/m* Reunión nocturna de brujos y brujas.

⑤ **a·quí** [akí] *adv* Cerca, en el lugar o en el tiempo. LOC **De aquí que**, en consecuencia.

① **a·quies·cen·cia** [akjesθénθja] *s/f* Conformidad.

① **a·quie·tar** [akjetár] *tr* REFL(-*se*) Tranquilizar(se).

① **a·qui·la·tar** [akilatár] *tr* 1. Valorar los quilates del oro u otros metales y piedras preciosas. 2. Valorar con precisión.

① **a·qui·li·no, -na** [akilíno] *adj* Aguileño.

② **a·ra** [ára] *s/f* Altar para los sacrificios. LOC **En aras de**, en honor a.
GRAM En *sing* lleva *art m*: *El ara*.

④ **á·ra·be** [áraβe] I. *adj s/m,f* De Arabia. II. *s/m* Lengua árabe.

① **a·ra·bes·co** [araβésko] *s/m* Adorno de forma geométrica.

① **a·rá·bi·go, -ga** [aráβiɣo] *adj* Árabe.

① **a·ra·bis·ta** [araβísta] *s/m,f* Experto en estudios árabes.

① **a·rác·ni·do** [arákniðo] *adj s/m* BIOL Animal con cuatro pares de patas y cabeza unida al tórax (como la araña).

① **a·ra·do** [aráðo] *s/m* Instrumento utilizado para labrar la tierra.

② **a·ra·go·nés, -ne·sa** [araɣonés] *adj s/m,f* De Aragón.

② **a·ran·cel** [aranθél] *s/m* Tarifa oficial que se paga por el tránsito de mercancías.

② **a·ran·ce·la·rio, -ia** [aranθelárjo] *adj* Relativo al arancel.

a·ran·de·la [arandéla] *s/f* Pieza en forma de anillo, que se coloca bajo la cabeza de un tornillo o entre la tuerca y lo que se sujeta.

② **a·ra·ña** [aráɲa] *s/f* 1. Animal artrópodo que fabrica la 'tela de araña'. 2. Lámpara que se cuelga en el techo, con varios brazos.

② **a·ra·ñar** [araɲár] *tr* 1. Raspar algo con las uñas. 2. Ir reuniendo algo poco a poco.

① **a·ra·ña·zo** [araɲáθo] *s/m* Señal que queda al arañar.

③ **a·rar** [arár] *tr* Hacer surcos con el arado.

② **ar·bi·tra·je** [arβitráχe] *s/m* Acción o resultado de arbitrar.

② **ar·bi·tral** [arβitrál] *adj* Relativo al árbitro.

② **ar·bi·trar** [arβitrár] *tr* 1. Conseguir algo para lograr un fin. 2. Ejercer sus funciones el árbitro.

② **ar·bi·tra·rie·dad** [arβitrarjeðáð] *s/f* Cualidad de arbitrario.

② **ar·bi·tra·rio, -ia** [arβitrárjo] *adj* 1. Que se hace por capricho. 2. Que no tiene fundamento serio.

① **ar·bi·trio** [arβitrjo] *s/m* 1. Facultad de decidir. 2. *pl* Impuesto dedicado a gastos de interés público.

AR·DOR

③ **ár·bi·tro** [árβitro] *s/m* Persona que decide en un conflicto entre personas, *esp* en deportes, quien aplica el reglamento y decide o sanciona en caso necesario.

⑤ **ár·bol** [árβol] *s/m* **1.** Planta de tronco leñoso, con ramas a partir de cierta distancia del suelo. **2.** Cada uno de los palos verticales que sostienen las velas y aparejos.

① **ar·bo·la·do, -da** [arβoláðo] *s/m* Conjunto de árboles de un lugar.

ar·bo·la·du·ra [arβoladúra] *s/f* NÁUT Conjunto de palos y velas de un barco.

② **ar·bo·le·da** [arβoléða] *s/f* Terreno poblado de árboles.

① **ar·bó·re·o, -ea** [arβóreo] *adj* Relativo al árbol.

ar·bo·res·cen·te [arβoresθénte] *adj* Que en sus ramificaciones se parece a un árbol.

① **ar·bo·rí·co·la** [arβoríkola] *adj* Que vive en los árboles.

ar·bo·ri·cul·tu·ra [arβorikultúra] *s/f* Cultivo de los árboles.

① **ar·bo·tan·te** [arβotánte] *s/m* ARQ Arco que traslada el empuje de una bóveda a un contrafuerte exterior.

② **ar·bus·to** [arβústo] *s/m* Planta de tallos leñosos que se ramifican desde la base.

② **ar·ca** [árka] *s/f* Caja grande, con una tapa por arriba.
GRAM En *sing* se antepone *art m*: *El/Un arca*.

① **ar·ca·buz** [arkaβúθ] *s/m* Antigua arma de fuego, con la boca más ancha que el fusil.

① **ar·ca·da** [arkáða] *s/f* **1.** Conjunto de arcos unidos. **2.** (*gen* en *pl*) Movimiento del estómago que precede al vómito.

② **ar·cai·co, -ca** [arkáiko] *adj* Antiguo.

① **ar·caís·mo** [arkaísmo] *s/m* Palabra o expresión que ya no se usa.

① **ar·cai·zan·te** [arkaiθánte] *adj* Arcaico, o que tiende a ello.

② **ar·cán·gel** [arkánχel] *s/m* Espíritu celeste de rango superior.

① **arca·no, -na** [arkáno] **I.** *adj* Misterioso, secreto. **II.** *s/m* Cosa de difícil comprensión.

② **ar·ce** [árθe] *s/m* Árbol con hojas sencillas y fruto alado.

① **ar·ce·dia·no** [arθeðjáno] *s/m* Miembro de un cabildo catedralicio.

① **ar·cén** [arθén] *s/m* Cada uno de los márgenes laterales de una carretera.

① **ar·chi·co·no·ci·do, -da** [artʃikonoθíðo] *adj* Muy conocido.

① **ar·chi·dió·ce·sis** [artʃiðjóθesis] *s/f* Diócesis arzobispal.

① **ar·chi·du·que, -esa** [artʃiðúke] *s/m,f* Título nobiliario superior al de duque.

ar·chi·mi·llo·na·rio, -ia [artʃimiʎonárjo] *s/m,f* INFML Quien tiene muchísimo dinero.

② **ar·chi·pié·la·go** [artʃipjélayo] *s/m* GEOG Conjunto de islas.

① **ar·chi·va·dor, -ra** [artʃiβaðór] **I.** *adj s/m,f* Que archiva o sirve para archivar. **II.** *s/m* **1.** Mueble para archivar documentos. **2.** Carpeta en la que se archivan documentos.

③ **ar·chi·var** [artʃiβár] *tr* **1.** Guardar un documento o expediente de forma ordenada. **2.** *P ext*, dar un asunto por finalizado.

① **ar·chi·ve·ro, -ra** [artʃiβéro] *s/m,f* Persona que trabaja en un archivo y lo organiza.

④ **ar·chi·vo** [artʃíβo] *s/m* **1.** Lugar donde se guardan documentos ordenadamente. **2.** Conjunto de estos documentos. **3.** Documento o datos almacenados en el disco de un ordenador.

③ **ar·ci·lla** [arθíʎa] *s/f* Material terroso que, mezclado con agua, es moldeable; se utiliza para fabricar utensilios de cerámica.

① **ar·ci·llo·so, -sa** [arθiʎóso] *adj* Que contiene arcilla.

ar·ci·pres·taz·go [arθiprestáθyo] *s/m* Cargo o dignidad del arcipreste.

① **ar·ci·pres·te** [arθipréste] *s/m* Cargo o dignidad de un sacerdote principal, miembro de un cabildo catedralicio.

④ **ar·co** [árko] *s/m* **1.** GEOM Porción de una línea curva. **2.** ARQ Obra en forma de arco, que cubre un vano entre dos pilares o muros. **3.** Arma para lanzar flechas. **4.** AMER DEP Portería.

① **ar·cón** [arkón] *s/m* Arca grande.

③ **ar·der** [arðér] *intr* **1.** Quemarse algo o mantenerse encendido en fuego. **2.** (Con *de, en*) Tratándose de pasiones, deseos, intereses, etc., tenerlos o sentirlos con fuerza. LOC **Estar que arde**, estar muy excitado, o la situación muy tensa.

② **ar·did** [arðíð] *s/m* Estratagema, maña.

② **ar·dien·te** [arðjénte] *adj* **1.** Que causa ardor. **2.** Apasionado.

② **ar·di·lla** [arðíʎa] *s/f* Mamífero roedor, de cola peluda y movimientos muy ágiles.

② **ar·dor** [arðór] *s/m* **1.** Estado de lo que está caliente o quemándose. **2.** Entusiasmo, interés: *Se dedica a su trabajo con ardor*. **3.** Intensidad de una pasión o acción.

[1] **ar·do·ro·so, -sa** [arðoróso] *adj* Con ardor.

[2] **ar·duo, -ua** [árðwo] *adj* Muy difícil.

[5] **á·rea** [área] *s/f* **1.** Extensión de un terreno. **2.** Medida de superficie equivalente a cien metros cuadrados. **3.** Tema o campo al que se refiere algo. **4.** DEP Parte del terreno de juego delante de la portería.

[4] **a·re·na** [aréna] *s/f* **1.** Partículas de rocas, *esp* las de tipo silíceo. **2.** Lugar donde se combate o compite. **3.** TAUR Ruedo de una plaza de toros.

[2] **a·re·nal** [arenál] *s/m* Terreno arenoso.

[1] **a·ren·ga** [arénga] *s/f* Discurso para excitar el ánimo de los oyentes.

[1] **a·ren·gar** [arengár] *tr intr* Pronunciar una arenga.
ORT Ante *e* la *g* cambia a *gu: Arengué.*

[1] **a·re·ni·lla** [areníʎa] *s/f* Arena muy fina.

[1] **a·re·nis·co, -ca** [arenísko] *adj* Que contiene arena.

[2] **a·re·no·so, -sa** [arenóso] *adj* Con arena, o parecido a ella.

[1] **a·ren·que** [arénke] *s/m* Pez algo mayor que la sardina.

[1] **ar·ga·ma·sa** [aryamása] *s/f* Mezcla de cal, arena y agua, empleada en la construcción.

[2] **ar·ge·li·no, -na** [arχelíno] *adj, s/m,f* De Argelia.

ar·gén·teo, -ea [arχénteo] *adj* CULT De plata, o parecido a ella.

ar·gen·tí·fe·ro, -ra [arχentífero] *adj* Que contiene plata.

[5] **ar·gen·ti·no, -na** [arχentíno] *adj s/m,f* De Argentina.

[1] **ar·go·lla** [aryóʎa] *s/f* Aro de hierro que sirve para amarrar o atar algo en él.

[1] **ar·gón** [aryón] *s/m* Gas noble, abundante en la atmósfera. Símbolo *Ar.*

[1] **ar·got** [aryót] *s/m* GAL Lenguaje propio de una profesión o grupo.
ORT *pl Argots.*

[1] **ar·gu·cia** [aryúθja] *s/f* Argumento falso expuesto con habilidad.

[2] **ar·güir** [arywír] *tr intr* **1.** Extraer una conclusión de otra cosa. **2.** Argumentar.
CONJ *Irreg: Arguyo, argüí, argüiré, argüido.*

[2] **ar·gu·men·ta·ción** [aryumentaθjón] *s/f* Acción o resultado de argumentar.

[2] **ar·gu·men·tal** [aryumentál] *adj* Relativo al argumento.

[4] **ar·gu·men·tar** [aryumentár] *tr intr* Valerse de argumentos para defender o probar algo.

[4] **ar·gu·men·to** [aryuménto] *s/m* **1.** Razonamiento para convencer a alguien de algo. **2.** Tema o asunto de una obra literaria.

a·ria [árja] *s/f* MÚS Composición musical para ser cantada por una sola voz.

[1] **a·ri·dez** [ariðéθ] *s/f* Cualidad de árido.

[2] **á·ri·do, -da** [áriðo] **I.** *adj* **1.** Seco. **2.** De carácter poco agradable o ameno. **II.** *s/m pl* Frutos secos que se pueden medir con unidades de capacidad para líquidos.

[2] **a·ries** [árjes] *s/m* Zona del Zodíaco (21 de marzo al 20 de abril) y signo que la representa.

[1] **a·rie·te** [arjéte] *s/m* Artefacto usado antiguamente para derribar murallas.

[3] **a·rio, -ia** [árjo] *adj s/m,f* De los pueblos indoeuropeos.

[1] **a·ris·co, -ca** [arísko] *adj* Poco amable, intratable.

[2] **a·ris·ta** [arísta] *s/f* GEOM Línea en la que convergen dos planos.

[2] **a·ris·to·cra·cia** [aristokráθja] *s/f* Clase social formada por los nobles.

[2] **a·ris·tó·cra·ta** [aristókrata] *s/m,f* Quien pertenece a la aristocracia.

[2] **a·ris·to·crá·ti·co, -ca** [aristokrátiko] *adj* Perteneciente o relativo a la aristocracia.

[2] **a·ris·to·té·li·co, -ca** [aristotéliko] *adj* Relativo a Aristóteles o a sus ideas.

[1] **a·rit·mé·ti·ca** [aritmétika] *s/f* Parte de las matemáticas que estudia las propiedades y operaciones de los números.

[2] **a·rit·mé·ti·co, -ca** [aritmétiko] *adj* Relativo a la aritmética.

[1] **ar·le·quín** [arlekín] *s/m* LIT Personaje cómico de la Comedia del Arte italiana, que vestía traje de diversos colores.

[4] **ar·ma** [árma] *s/f* **1.** Instrumento para atacar o defenderse. **2.** Cualquier cosa utilizada con igual finalidad. **3.** MIL Sección de un ejército.
LOC **Alzarse en armas,** sublevarse. **(Ser un) Arma de doble filo,** la que puede producir otros efectos, además del pretendido.
GRAM En *sing* se antepone *el, un: El/Un arma.*

[3] **ar·ma·da** [armáða] *s/f* MIL Marina de guerra.

[1] **ar·ma·di·llo** [armaðíʎo] *s/m* Animal mamífero, sin dientes, cubierto de un caparazón de placas óseas y móviles.

[2] **ar·ma·dor, -ra** [armaðór] *adj s/m,f* Quien equipa un barco con fines comerciales.

[2] **ar·ma·du·ra** [armaðúra] *s/f* **1.** Traje protector de metal utilizado por los guerreros antiguos. **2.** Estructura rígida para sostener algo.

1 **ar·ma·men·tís·ti·co, -ca** [armamentístiko] *adj* Relativo al armamento.

2 **ar·ma·men·to** [armaménto] *s/m* Conjunto de armas con que se equipa un soldado o una máquina.

5 **ar·mar** [armár] **I.** *tr* **1.** Dotar de armas para defenderse o atacar. **2.** Preparar un arma para ser usada. **3.** Colocar la estructura que sujeta y sostiene algo: *Armar una tienda de campaña*. **4.** Producir o causar ruidos, líos, etc. **II.** REFL(-se) Tener o estar bien provisto de lo que se expresa: *Tuvo que armarse de paciencia y esperar*. RPr **Armar(se) de.**

3 **ar·ma·rio** [armárjo] *s/m* Mueble vertical, con estantes, cajones, puertas, etc.

1 **ar·ma·tos·te** [armatóste] *s/m* DES Objeto grande, pesado y de poca utilidad.

2 **ar·ma·zón** [armaθón] *s/f* Estructura que sostiene algo.

1 **ar·me·nio, -ia** [arménjo] *adj s/m,f* De Armenia.

1 **ar·me·ría** [armería] *s/f* Lugar en el que se fabrican o se venden armas.

1 **ar·me·ro, -ra** [arméro] *s/m,f* Persona que fabrica, vende o repara armas.

1 **ar·mi·ño** [armíɲo] *s/m* Mamífero pequeño, de piel suave y muy apreciada.

1 **ar·mis·ti·cio** [armistíθjo] *s/m* Suspensión temporal y pactada de la actividad bélica.

3 **ar·mo·nía** [armonía] *s/f* Cualidad de lo que está proporcionado y por ello es bello o atractivo.

ar·mó·ni·ca [armónika] *s/f* Instrumento musical de viento, formado por una pieza de madera con lengüetas.

3 **ar·mó·ni·co, -ca** [armóniko] *adj* Relativo a la armonía.

ar·mo·nio [armónjo] *s/m* MÚS Órgano pequeño, accionado mediante pedal.

2 **ar·mo·nio·so, -sa** [armonjóso] *adj* Con armonía, agradable para el oído.

1 **ar·mo·ni·za·ción** [armoniθaθjón] *s/f* Acción o resultado de armonizar(se).

2 **ar·mo·ni·zar** [armoniθár] *tr* REFL(-se) Poner en armonía.
ORT Ante *e* la *z* cambia a *c: Armonice*.

1 **ar·nés** [arnés] *s/m pl* Aparejos que se colocan a una caballería.

1 **ár·ni·ca** [árnika] *s/f* Planta de propiedades medicinales, o tintura extraída de ella.

2 **a·ro** [áro] *s/m* **1.** Anillo. **2.** En baloncesto, canasta en la que hay que meter el balón.

3 **a·ro·ma** [aróma] *s/m* Olor agradable.

2 **a·ro·má·ti·co, -ca** [aromátiko] *adj* Que tiene aroma.

a·ro·ma·ti·za·ción [aromatiθaθjón] *s/f* Acción o resultado de aromatizar.

1 **a·ro·ma·ti·zar** [aromatiθár] *tr* Dar aroma a algo.
ORT Ante *e* la *z* cambia a *c: Aromaticé*.

2 **ar·pa** [árpa] *s/f* Instrumento de cuerda que se toca con ambas manos.
GRAM En *sing* lleva *art m: El arpa*.

1 **ar·pe·gio** [arpéxjo] *s/m* MÚS Secuencia de sonidos en un acorde.

1 **ar·pía** [arpía] *s/f* Mujer malvada o muy fea.

1 **ar·pi·lle·ra** [arpiʎéra] *s/f* Tela muy basta, de estopa o cáñamo.

1 **ar·pón** [arpón] *s/m* Utensilio de pesca, con una punta ganchuda de hierro en uno de sus extremos.

ar·po·ne·ar [arponeár] *tr intr* Clavar el arpón.

1 **ar·que·ar** [arkeár] *tr* **1.** Dar forma de arco. **2.** Hacer el balance de lo gastado e ingresado.

ar·queo [arkéo] *s/m* Acción o resultado de arquear(se).

2 **ar·queo·lo·gía** [arkeoloxía] *s/f* Ciencia que estudia los restos antiguos.

2 **ar·queo·ló·gi·co, -ca** [arkeolóxiko] *adj* Relativo a la arqueología.

2 **ar·queó·lo·go, -ga** [arkeóloɣo] *s/m,f* Experto en arqueología.

2 **ar·que·ro, -ra** [arkéro] *s/m,f* **1.** Persona que utiliza un arco. **2.** AMER Portero, guardameta.

1 **ar·que·ta** [arkéta] *s/f* Arca pequeña.

2 **ar·que·ti·po** [arketípo] *s/m* Modelo ideal de algo.

4 **ar·qui·tec·to, -ta** [arkitékto] *s/m,f* Persona que se dedica a la arquitectura.

4 **ar·qui·tec·tó·ni·co, -ca** [arkitektóniko] *adj* Relativo a la arquitectura.

5 **ar·qui·tec·tu·ra** [arkitektúra] *s/f* **1.** Técnica de proyección y construcción de edificios. **2.** Estructura de un edificio.

2 **a·rra·bal** [arraβál] *s/m* Barrio en las afueras de una ciudad.

1 **a·rra·ba·le·ro, -ra** [arraβaléro] *adj s/m,f* Que vive en un arrabal o es de modales poco refinados.

a·rra·bio [arráβjo] *s/m* Hierro colado o de primera fundición.

A·RRA·CI·MAR·SE

a·rra·ci·mar·se [arraθimárse] *REFL(-se)* Juntarse en forma de racimo.

② **a·rrai·gar** [arraiɣár] *intr REFL(-se)* **1.** Echar raíces las plantas y desarrollarse. **2.** Consolidarse algo. **3.** Fijar la residencia en un lugar.
ORT Ante *e* la *g* cambia a *gu: Arraigué.*

① **a·rrai·go** [arraiɣo] *s/m* Acción o resultado de arraigar(se).

a·rram·blar [arrambjár] *tr* Llevarse algo de forma abusiva. RPr **Arramblar con.**

a·rran·ca·da [arrankáða] *s/f* Acción de iniciar un movimiento de manera rápida o impetuosa.

④ **a·rran·car** [arrankár] **I.** *tr* **1.** Sacar una cosa de raíz. **2.** Quitar algo con fuerza o violencia. **3.** Obtener algo de alguien. **4.** Poner en marcha un motor o vehículo. **II.** *intr* **1.** Empezar a moverse un vehículo o o máquina. **2.** (Con *de*) Tener una cosa su origen en lo que se expresa. **3.** Con *a+inf,* iniciar bruscamente la acción que se expresa. RPr **Arrancar a/de.**
ORT Ante *e* la *c* cambia a *qu: Arranqué.*

② **a·rran·que** [arránke] *s/m* **1.** Acción o resultado de arrancar(se). **2.** *gen pl* Ímpetu, energía para emprender algo.

a·rra·pie·zo [arrapjéθo] *s/m* Muchacho, niño.

① **a·rras** [árras] *s/f,pl* Dote que el marido hacía a su esposa cuando se casaban.

② **a·rra·sar** [arrasár] *tr intr* Destruir por completo. RPr **Arrasar con.**

④ **a·rras·trar** [arrastrár] **I.** *tr* **1.** Llevar detrás, tirando de la cosa o persona de que se trate. **2.** Producir consecuencias penosas. **3.** Impulsar a alguien a hacer algo. **II.** *intr* En juegos de cartas, echar uno de los jugadores un naipe que obliga a los otros a hacer lo mismo. **III.** *REFL(-se)* **1.** Reptar. **2.** Humillarse.

① **a·rras·tre** [arrástre] *s/m* Acción o resultado de arrastrar. LOC **Estar para el arrastre,** no servir para nada.

① **¡a·rre!** [árre] *interj* Exclamación para incitar a las caballerías a iniciar la marcha.

¡a·rrea! [arréa] *interj* Exclamación de asombro o sorpresa.

② **a·rre·ar** [arreár] *tr* **1.** Incitar a las caballerías para que inicien la marcha **2.** Dar un golpe a alguien.

a·rre·ba·ñar [arreβaɲár] *tr* Recoger algo totalmente, *esp* los restos de comida en un plato.

① **a·rre·ba·ta·do, -da** [arreβatáðo] *adj* **1.** Que hace las cosas deprisa. **2.** De rostro encendido, violento.

① **a·rre·ba·ta·dor, -ra** [arreβataðór] *adj* Que arrebata.

③ **a·rre·ba·tar** [arreβatár] **I.** *tr* Quitar algo a alguien. **II.** *intr REFL(-se)* INFML Dejarse llevar por una pasión.

① **a·rre·ba·to** [arreβáto] *s/m* Impulso súbito que lleva a actuar sin dominio de sí mismo.

① **a·rre·bol** [arreβól] *s/m* Color rojizo de las nubes.

① **a·rre·bu·jar** [arreβuxár] *tr REFL(-se)* **1.** Coger una cosa de manera desordenada, haciendo con ella un revoltijo. **2.** Cubrir(se) o envolver con ropa.

② **a·rre·ciar** [arreθjár] *intr* Aumentar la intensidad de algo.

① **a·rre·ci·fe** [arreθífe] *s/m* Bajo rocoso en el mar, casi a flor de agua.

① **a·rre·drar** [arreðrár] *tr REFL(-se)* Asustar(se).

④ **a·rre·glar** [arreɣlár] **I.** *tr* **1.** Poner a punto lo que estaba estropeado o roto. **2.** Poner en orden. **3.** Solucionar algo de forma favorable. **II.** *REFL(-se)* **1.** Asearse y vestirse con esmero. **2.** (Con *con*) Hacer algo con lo que se tiene.

③ **a·rre·glo** [arréɣlo] *s/m* **1.** Acción o resultado de arreglar. **2.** Acuerdo entre dos partes.

① **a·rre·lla·nar·se** [arreʎanárse] *REFL(-se)* Sentarse cómoda y relajadamente en un asiento.

① **a·rre·man·gar** [arremaŋgár] *tr* Doblar hacia arriba una prenda de vestir (mangas, falda, etc.).
ORT Ante *e* la *g* cambia a *gu: Arremangué.*

② **a·rre·me·ter** [arremetér] *intr* Lanzarse impetuosamente contra algo o alguien. RPr **Arremeter con/contra.**

① **a·rre·me·ti·da** [arremetíða] *s/f* Acción o resultado de arremeter(se).

a·rre·mo·li·nar·se [arremolinárse] *REFL(-se)* Juntarse o amontonarse sin orden.

② **a·rren·da·dor, -ra** [arrendaðór] *s/m,f* Persona que arrienda.

② **a·rren·da·mien·to** [arrendamjénto] *s/m* Acción o resultado de arrendar.

② **a·rren·dar** [arrendár] *tr* Dar o tomar algo en alquiler.
CONJ *Irreg: Arriendo, arrendé, arrendaré, arrendado.*

② **a·rren·da·ta·rio, -ia** [arrendatárjo] *adj s/m,f* Que toma en arriendo.

① **a·rreo** [arréo] *s/m pl* Conjunto de guarniciones que se ponen a los animales de montar o de carga.

② **a·rre·pen·ti·do, -da** [arrepentíðo] *adj* Que se arrepiente de algo. RPr **Arrepentido de**.

② **a·rre·pen·ti·mien·to** [arrepentimjénto] *s/m* (Con *sentir, tener*) Acción o resultado de arrepentirse.

② **a·rre·pen·tir·se** [arrepentírse] REFL(-se) Sentir alguien pesar por haber hecho u omitido algo. RPr **Arrepentirse de**.
CONJ *Irreg: (Me) arrepiento, arrepentí, arrepentiré, arrepentido*.

① **a·rres·ta·do, -da** [arrestáðo] *adj s/m,f* Se dice de quien es detenido o encarcelado.

② **a·rres·tar** [arrestár] *tr* Detener, meter en prisión.

② **a·rres·to** [arrésto] *s/m* Acción o resultado de arrestar.

① **a·rriar** [arrjár] *tr* Bajar una bandera o vela izada.
ORT PRON El acento recae sobre la *i* en el sing y 3ª *p pl* del *pres* de *ind* y *subj*: *Arrío, arríe*, etc.

④ **a·rri·ba** [arríβa] I. *adv* 1. En un lugar más alto del que ocupa quien habla. 2. Anteriormente. II. *interj* Se utiliza para animar a alguien a levantarse o a levantar algo.

① **a·rri·ba·da** [arriβáða] *s/f* Llegada.

④ **a·rri·bar** [arriβár] *intr* Llegar, *esp* una nave a puerto.

① **a·rri·bis·ta** [arriβísta] *adj s/m,f* Se dice de quien es capaz de hacer cualquier cosa para triunfar.

① **a·rrien·do** [arrjéndo] *s/m* 1. Acción o resultado de arrendar. 2. Precio que se paga por arrendar o alquilar algo.

① **a·rrie·ro** [arrjéro] *s/m* Hombre que transporta mercancías con caballerías.

③ **a·rries·gar** [arrjesɣár] *tr* Poner en peligro de destrucción o pérdida.
ORT Ante *e* la *g* cambia a *gu: Arriesgué*.

② **a·rri·mar** [arrimár] *tr* Acercar una cosa a otra. RPr **Arrimar(se) a**.

① **a·rri·mo** [arrímo] *s/m* Cosa o persona en que alguien encuentra ayuda o protección.

① **a·rrin·co·na·mien·to** [arrinkonamjénto] *s/m* Acción o resultado de arrinconar(se).

② **a·rrin·co·nar** [arrinkonár] *tr* Colocar una cosa en un rincón, o dejar de usarla.

① **a·rrit·mia** [arrítmja] *s/f* Carencia de ritmo.

a·rrít·mi·co, -ca [arrítmiko] *adj* Sin ritmo.

① **a·rro·ba** [arróβa] *s/f* Medida de peso (11,5 kg) o de capacidad (16,1 l).

a·rro·ba·mien·to [arroβamjénto] *s/m* Acción o resultado de arrobarse.

① **a·rro·bar** [arroβár] *tr* REFL(-se) Olvidarse alguien de todo ante la contemplación de algo.

① **a·rro·ce·ro, -ra** [arroθéro] *adj* Relativo al arroz o que lo cultiva.

② **a·rro·di·llar** [arroðiʎár] *tr intr* REFL(-se) Hacer que alguien se ponga o ponerse uno mismo de rodillas.

② **a·rro·gan·cia** [arroɣánθja] *s/f* Cualidad de arrogante.

② **a·rro·gan·te** [arroɣánte] *adj* Que se comporta con soberbia y orgullo.

① **a·rro·gar·se** [arroɣárse] REFL(-se) Atribuirse algo, aunque no corresponda ni sea de uno.
ORT Ante *e* la *g* cambia a *gu: Arrogué*.

① **a·rro·ja·di·zo, -za** [arroχaðíθo] *adj* Que puede ser arrojado.

④ **a·rro·jar** [arroχár] I. *tr* 1. Lanzar con violencia. 2. Dar una cuenta el resultado que se expresa. 3. Expulsar: *El monstruo arrojaba fuego*. II. REFL(-se) 1. Lanzarse desde un lugar, por lo general alto. 2. Lanzarse violentamente sobre algo o alguien. RPr **Arrojarse a/contra/sobre**.

① **a·rro·jo** [arróχo] *s/m* Valentía, audacia.

① **a·rro·lla·dor, -ra** [arroʎaðór] *adj* Que arrolla.

② **a·rro·llar** [arroʎár] *tr* 1. Pasar alguna cosa que está en movimiento por encima de otra, atropellándola. 2. Llevarse con violencia el agua o el viento lo que encuentra en su camino. 3. Derrotar al enemigo.

② **a·rro·par** [arropár] *tr* Cubrir con ropa.

a·rro·pe [arrópe] *s/m* Mosto cocido, muy dulce.

① **a·rros·trar** [arrostrár] *tr* Enfrentarse a algo con valentía.

③ **a·rro·yo** [arrójo] *s/m* Corriente pequeña de agua.

① **a·rro·yue·lo** [arrojwélo] *s/m* DIM de 'arroyo', arroyo pequeño.

④ **a·rroz** [arróθ] *s/m* 1. Planta gramínea que se cultiva en terrenos inundables. 2. Fruto de esta planta, con forma de granos.
ORT *pl Arroces*.

① **a·rro·zal** [arroθál] *s/m* Terreno sembrado de arroz.

② **a·rru·ga** [arrúɣa] *s/f* Pliegue irregular, *esp* en la tela o piel.

A·RRU·GAR

③ **a·rru·gar** [arruɣár] *tr* REFL(*-se*) Hacer que aparezcan o aparecer arrugas o pliegues en una superficie.
ORT Ante *e* la *g* cambia a *gu: Arrugué.*

② **a·rrui·nar** [arrwinár] *tr* Causar la ruina o destrucción de algo.

① **a·rru·llar** [arruʎár] *tr* **1.** Cortejar el macho de algunas aves a la hembra con arrullos. **2.** Adormecer a un niño con movimientos suaves o cantos.

① **a·rru·llo** [arrúʎo] *s/m* **1.** Acción de arrullar(se). **2.** Canto de un tórtolo cortejando a la hembra.

① **a·rru·ma·co** [arrumáko] *s/m gen pl* Muestra exagerada o excesiva de cariño, *esp* entre enamorados.

② **ar·se·nal** [arsenál] *s/m* Lugar donde se almacenan armas y municiones.

① **ar·sé·ni·co** [arséniko] *s/m* Elemento venenoso. Símbolo *As*.

⑤ **ar·te** [árte] *s/m,f* **1.** Habilidad para hacer algo que resulta bello. **2.** Forma adecuada de hacer algo, utilizando las técnicas o reglas precisas: *El arte de la pesca.* **3.** Maña. **4.** *pl* Astucia.
GRAM En *pl* es *f: Las artes.*

② **ar·te·fac·to** [artefákto] *s/m* Dispositivo para un fin determinado.

ar·te·jo [artéχo] *s/m* Articulación de los dedos, o segmentos articulados propios de los artrópodos.

② **ar·te·ria** [artérja] *s/f* **1.** Conducto que distribuye la sangre desde el corazón al resto del cuerpo. **2.** Calle importante de una ciudad.

② **ar·te·rial** [arterjál] *adj* Relativo a las arterias.

① **ar·te·rio(e)s·cle·ro·sis** [arterjosklerósis] *s/f* Endurecimiento de las arterias.

① **ar·te·ro, -ra** [artéro] *adj* Que se vale de la astucia en el obrar.

② **ar·te·sa** [artésa] *s/f* Recipiente de madera usada para amasar, etc.

② **ar·te·sa·nal** [artesanál] *adj* Relativo a la artesanía.

③ **ar·te·sa·nía** [artesanía] *s/f* Conjunto de labores artesanales hechas a mano y con habilidad.

③ **ar·te·sa·no, -na** [artesáno] **I.** *adj* Relativo a la artesanía. **II.** *s/m,f* Quien se dedica a un oficio manual.

① **ar·te·sia·no, -na** [artesjáno] *adj* Se aplica al pozo del que brota agua por sí misma.

① **ar·te·so·na·do, -da** [artesonáðo] *s/m* ARQ Techo adornado con molduras.

① **ár·ti·co, -ca** [ártiko] **I.** *adj* Relativo al polo norte. **II.** *s/m* Polo norte.

③ **ar·ti·cu·la·ción** [artikulaθjón] *s/f* **1.** Acción o resultado de articular(se). **2.** Unión de dos cosas (piezas, huesos, etc.). **3.** Pronunciación o emisión de los sonidos.

② **ar·ti·cu·la·do, -da** [artikuláðo] **I.** *adj* **1.** Con articulaciones. **2.** Se dice de un vehículo con partes unidas mediante un eje que permite el movimiento de las partes. **II.** *s/m* Conjunto de artículos de una ley.

④ **ar·ti·cu·lar** [artikulár] *tr* **1.** Unir dos cosas de modo que puedan girar apoyándose en el punto de unión. **2.** GRAM Pronunciar los sonidos o fonemas de una lengua.

ar·ti·cu·la·to·rio, -ia [artikulatórjo] *adj* GRAM Relativo a la emisión de sonidos.

① **ar·ti·cu·lis·ta** [artikulísta] *s/m,f* Persona que escribe artículos en periódicos o revistas.

⑤ **ar·tí·cu·lo** [artíkulo] *s/m* **1.** Cada una de las partes de una ley. **2.** En un periódico o revista, texto de cierta extensión. **3.** Producto que se vende en un comercio. **4.** Parte de la oración (*el, la, los, las*).

② **ar·tí·fi·ce** [artífiθe] *s/m,f* Persona que crea o produce algo.

④ **ar·ti·fi·cial** [artifiθjál] *adj* No natural.

① **ar·ti·fi·cia·li·dad** [artifiθjaliðáð] *s/f* Cualidad de artificial.

ar·ti·fi·cie·ro [artifiθjéro] *s/m* Especialista en explosivos.

② **ar·ti·fi·cio** [artifíθjo] *s/m* **1.** Dispositivo usado para cierto fin. **2.** Habilidad o arte afectada. **3.** Ausencia de naturalidad.

① **ar·ti·fi·cio·si·dad** [artifiθjosiðáð] *s/f* Cualidad de artificioso.

① **ar·ti·fi·cio·so, -sa** [artifiθjóso] *adj* Carente de naturalidad, afectado.

① **ar·ti·lla·do** [artiʎáðo] *adj* Equipado con armas de artillería.

② **ar·ti·lle·ría** [artiʎería] *s/f* Conjunto de armas pesadas (cañones, etc.).

① **ar·ti·lle·ro, -ra** [artiʎéro] **I.** *adj* Relativo a la artillería. **II.** *s/m* Especialista en artillería.

② **ar·ti·lu·gio** [artilúχjo] *s/m* Mecanismo sencillo.

① **ar·ti·ma·ña** [artimáɲa] *s/f* Trampa, engaño.

⑤ **ar·tis·ta** [artísta] *s/m,f* **1.** Persona que cultiva las bellas artes. **2.** Persona dedicada al espectáculo (cine, teatro, baile, etc.).

⑤ **ar·tís·ti·co, -ca** [artístiko] *adj* Relativo al arte, hecho con arte.

A·SEN·TA·DO

[1] **ar·trí·ti·co, ·ca** [artrítiko] *adj s/m,f* Relativo a la artritis.

[2] **ar·tri·tis** [artrítis] *s/f* Inflamación de las articulaciones.

[1] **ar·tró·po·do** [artrópoðo] *adj* BIOL Animal invertebrado con cuerpo de segmentos alineados (insectos).

[1] **ar·tro·sis** [artrósis] *s/f* Degeneración progresiva de las articulaciones.

[1] **ar·zo·bis·pa·do** [arθoβispáðo] *s/m* Dignidad, cargo y territorio de un arzobispo.

[3] **ar·zo·bis·po** [arθoβispo] *s/m* Obispo de una iglesia metropolitana.

[1] **ar·zón** [arθón] *s/m* Cada una de las piezas de madera que lleva una silla de montar, sujetas a su armazón.

[4] **as** [ás] *s/m* 1. Número uno de cada palo de la baraja. 2. Persona que destaca en una profesión, deporte, etc.

[1] **a·sa** [ása] *s/f* Parte de un objeto que sirve para agarrarlo.

[2] **a·sa·do** [asáðo] *s/m* Alimento (*gen* carne) asado.

[1] **a·sa·du·ra** [asaðúra] *s/f gen pl* Conjunto de las entrañas comestibles de una res.

a·sa·du·ri·lla [asaðuríʎa] *s/f* Asadura.

a·sae·te·ar [asaeteár] *tr* Lanzar flechas contra alguien.

[2] **a·sa·la·ria·do, ·da** [asalarjáðo] *adj s/m,f* Quien gana un salario.

[1] **a·sa·la·riar** [asalarjár] *tr* Contratar a alguien a cambio de cierto salario.

[2] **a·sal·tan·te** [asaltánte] *adj s/m,f* Que asalta.

[3] **a·sal·tar** [asaltár] *tr* 1. Atacar a alguien para robarle. 2. Atacar un lugar para conquistarlo. 3. Acudir a la mente de repente un determinado pensamiento: *Le asaltó el temor de perderme.*

[3] **a·sal·to** [asálto] *s/m* Acción o resultado de asaltar.

[4] **a·sam·blea** [asambléa] *s/f* Reunión de personas que han sido convocadas previamente.

[1] **a·sam·blea·rio, ·ia** [asambleárjo] *adj* Relativo a una asamblea.

[1] **a·sam·bleís·ta** [asambleísta] *s/m,f* Quien participa en una asamblea.

[3] **a·sar** [asár] *tr* Cocinar un alimento, exponiéndolo directamente a la acción del fuego o del calor.

[1] **as·cen·den·cia** [asθendénθja] *s/f* Antepasados de los que alguien desciende.

[4] **as·cen·der** [asθendér] *intr* 1. Moverse hacia arriba. 2. (Con *a*) Alcanzar una cantidad cierto valor. 3. (Con *a, de, en*) Mejorar de posición social.

[1] **as·cen·dien·te** [asθendjénte] **I.** *s/m,f* Antecesor. **II.** *s/m* (Con *tener, ejercer*) Influencia.

[2] **as·cen·sión** [asθensjón] *s/f* Acción o resultado de ascender o subir.

[3] **as·cen·so** [asθénso] *s/m* Acción o resultado de ascender (3).

[3] **as·cen·sor** [asθensór] *s/m* Aparato para subir o bajar cosas o personas a los pisos de un edificio.

[1] **as·cen·so·ris·ta** [asθensorísta] *s/m,f* Encargado de manejar el ascensor.

[1] **as·ce·ta** [asθéta] *s/m,f* Persona que practica el ascetismo.

as·cé·ti·ca [asθétika] *s/f* Ascetismo.

[1] **as·ce·tis·mo** [asθetísmo] *s/m* Doctrina que busca la perfección espiritual mediante la privación y la oración.

[1] **as·cii** [ásθi] *s/m* COMP Conjunto de caracteres básicos en un ordenador.

[3] **as·co** [ásko] *s/m* 1. Sensación desagradable que produce algo por su sabor, olor o aspecto. 2. Repugnancia hacia algo.

[1] **as·cua** [áskwa] *s/f* Trozo de materia sólida que arde sin llama.

[1] **a·sea·do, ·da** [aseáðo] *adj* Limpio y arreglado.

[2] **a·se·ar** [aseár] *tr* Limpiar, poner decente.

[1] **a·se·chan·za** [asetʃánθa] *s/f gen pl* Acción engañosa para perjudicar a otro.

[2] **a·se·diar** [aseðjár] *tr* Cercar un lugar o plaza para que se rinda.

[1] **a·se·dio** [aseðjo] *s/m* Acción o resultado de asediar.

[2] **a·se·gu·ra·do, ·da** [aseɣuráðo] *adj s/m,f* Persona con un seguro a su favor.

[2] **a·se·gu·ra·dor, ·ra** [aseɣuraðór] *adj s/m,f* COM Persona o empresa que gestiona seguros.

[5] **a·se·gu·rar** [aseɣurár] **I.** *tr* 1. Sujetar firmemente. 2. Prometer algo con certeza. 3. Contratar un seguro. **II.** REFL(*-se*) (Con *de*) Adquirir seguridad sobre algo. RPr **Asegurarse de.**

[2] **a·se·me·jar** [asemeχár] **I.** *tr* Hacer que algo se parezca a otra cosa. **II.** *intr* REFL(*-se*) Ser una cosa o persona semejante a otra.

a·sen·ta·de·ras [asentaðéras] *s/f,pl* Nalgas, culo.

[2] **a·sen·ta·do, ·da** [asentáðo] *adj* 1. Juicioso, sensato. 2. Consolidado.

A·SEN·TA·DOR

[1] **a·sen·ta·dor, -ra** *s/m,f* Persona que distribuye las mercancías a los pequeños comerciantes.

[2] **a·sen·ta·mien·to** [asentamjénto] *s/m* Acción o resultado de asentar(se).

[3] **a·sen·tar** [asentár] **I.** *tr* **1.** Hacer que una cosa esté segura o firme. **2.** Instalar en un lugar. **3.** Dar un golpe. **II.** REFL(-*se*) Establecerse un grupo de personas en un lugar.
CONJ *Irreg: Asiento, asenté, asentaré, asentado.*

[1] **a·sen·ti·mien·to** [asentimjénto] *s/m* Acción o resultado de asentir.

[3] **a·sen·tir** [asentír] *intr* Mostrar alguien conformidad con algo.
CONJ *Irreg: Asiento, asentí, asentiré, asentido.*

[2] **a·seo** [aséo] *s/m* **1.** Acción o resultado de asear(se). **2.** Cuarto de baño.

[1] **a·sep·sia** [asépsja] *s/f* Ausencia de gérmenes infecciosos.

[1] **a·sép·ti·co, -ca** [aséptiko] *adj* Relativo a la asepsia.

[2] **a·se·qui·ble** [asekíβle] *adj* **1.** Que puede conseguirse. **2.** Que se puede comprender sin dificultad.

[1] **a·ser·ción** [aserθjón] *s/f* Acción o resultado de afirmar algo.

[1] **a·se·rra·de·ro** [aserraðéro] *s/m* Lugar donde se sierra la madera.

a·se·rra·du·ra [aserraðúra] *s/f pl* Restos de madera que quedan al serrar.

a·se·rrar [aserrár] *tr* Serrar.
CONJ *Irreg: Asierro, aserré, aserraré, aserrado.*

[1] **a·ser·to** [asérto] *s/m* Acción o resultado de afirmar algo.

[4] **a·se·si·nar** [asesinár] *tr* Matar a alguien con alevosía.

[4] **a·se·si·na·to** [asesináto] *s/m* Acción de asesinar a alguien.

[3] **a·se·si·no, -na** *s/m,f adj* (Persona) que ha asesinado.

[3] **a·se·sor, -ra** [asesór] *adj s/m,f* Quien asesora.

[2] **a·se·so·ra·mien·to** [asesoramjénto] *s/m* Acción o resultado de asesorar(se).

[3] **a·se·so·rar** [asesorár] *tr* REFL(-*se*) Dar o tomar consejo sobre algo.

[2] **a·se·so·ría** [asesoría] *s/f* **1.** Oficio de quien asesora. **2.** Oficina del asesor.

[2] **a·ses·tar** [asestár] *tr* Dar un golpe a alguien.

[1] **a·se·ve·ra·ción** [aseβeraθjón] *s/f* Acción o resultado de aseverar.

[2] **a·se·ve·rar** [aseβerár] *tr* Afirmar la veracidad de algo.

[1] **a·se·xua·do, -da** [ase(k)swáðo] *adj* Sin sexo.

[1] **a·se·xual** [ase(k)swál] *adj* Que no implica intervención sexual.

as·fal·ta·do, -da [asfaltáðo] *s/m* **1.** Acción de asfaltar. **2.** Superficie recubierta con asfalto.

[2] **as·fal·tar** [asfaltár] *tr* Cubrir con asfalto.

[1] **as·fál·ti·co, -ca** [asfáltiko] *adj* Relativo al asfalto.

[2] **as·fal·to** [asfálto] *s/m* Sustancia bituminosa, negra, que procede de la destilación del petróleo, y usada para pavimentar.

[1] **as·fi·xia** [asfi(k)sja] *s/f* **1.** Dificultad para respirar. **2.** Sensación de agobio debida al calor.

[1] **as·fi·xian·te** [asfi(k)sjánte] *adj* Que asfixia.

[2] **as·fi·xiar** [asfi(k)sjár] *tr* Provocar asfixia.

[5] **a·sí** [así] *adv* **1.** De esta manera. **2.** (Con *de* + *adj*) Tan. **3.** Aunque. LOC **Así, así,** INFML más o menos. **Así pues, Así que,** por consiguiente. **Así y todo,** a pesar de todo.

[3] **a·siá·ti·co, -ca** [asjátiko] *adj s/m,f* De Asia.

[1] **a·si·de·ro** [asiðéro] *s/m* Parte de un objeto que sirve para cogerlo o agarrarse a ella.

[1] **a·si·dui·dad** [asiðwiðáð] *s/f* Cualidad de asiduo.

[2] **a·si·duo, -ua** [asíðwo] *adj* Que ocurre con frecuencia.

[3] **a·sien·to** [asjénto] *s/m* **1.** Lugar o cosa para sentarse. **2.** Cada sitio que ocupa una persona (en local, vehículo, etc.). **3.** Anotación en un libro de cuentas.

a·sig·na·ble [asiɣnáβle] *adj* Se aplica a lo que se puede asignar o es susceptible de ser asignado.

[3] **a·sig·na·ción** [asiɣnaθjón] *s/f* **1.** Acción o resultado de asignar(se). **2.** Sueldo, paga.

[4] **a·sig·nar** [asiɣnár] *tr* **1.** Establecer lo que hay que dar a alguien. **2.** Determinar lo que alguien debe hacer.

[4] **a·sig·na·tu·ra** [asiɣnatúra] *s/f* Cada una de las materias de un plan de estudios.

[1] **a·si·la·do, -da** [asiláðo] *s/m,f* Acogido en una institución benéfica.

[2] **a·si·lar** [asilár] *tr* Dar asilo.

[2] **a·si·lo** [asílo] *s/m* **1.** Institución benéfica para pobres o desamparados. **2.** Protección, amparo.

AS·PI·RAR

[1] **a·si·me·trí·a** [asimetría] *s/f* Falta de simetría.

[2] **a·si·mé·tri·co, -ca** [asimétriko] *adj* Que carece de simetría.

[1] **a·si·mi·la·ble** [asimiláβle] *adj* Que se puede asimilar.

[2] **a·si·mi·la·ción** [asimilaθjón] *s/f* Acción o resultado de asimilar(se).

[3] **a·si·mi·lar** [asimilár] *tr* 1. Incorporar sustancias un organismo. 2. Entender lo que se estudia.

[4] **a·si·mis·mo** [asimísmo] *adv* También.

[5] **a·sir** [asír] *tr* Tomar, coger fuertemente. CONJ *Irreg: Asgo, así, asiré, asido*.

[1] **a·si·rio, -ia** *adj s/m,f* De Asiria.

[4] **a·sis·ten·cia** [asisténθja] *s/f* 1. Acción de asistir. 2. Conjunto de personas que asisten. 3. Ayuda que se presta a alguien.

[2] **a·sis·ten·cial** [asistenθjál] *adj* Relativo a la asistencia.

[2] **a·sis·ten·ta** [asisténta] *s/f* Mujer que realiza labores de limpieza en una casa particular.

[3] **a·sis·ten·te** [asisténte] *adj s/m,f* Que asiste.

[4] **a·sis·tir** [asistír] **I.** *intr* Acudir a un sitio o hallarse presente en él. **II.** *tr* Ayudar.

[2] **as·ma** [ásma] *s/f* Enfermedad respiratoria que produce agobio.

[1] **as·má·ti·co, -ca** [asmátiko] *adj s/m,f* Que padece asma.

[2] **as·no, -na** [ásno] *s/m,f* 1. Animal mamífero, semejante al caballo, aunque más pequeño. 2. Persona torpe.

a·so·cia·ble [asoθjáβle] *adj* Se aplica a las cosas, ideas, etc., que se pueden asociar, relacionar o vincular entre sí de alguna manera: *Pérdidas asociables a la violencia*. RPr **Asociable a**.

[5] **a·so·cia·ción** [asoθjaθjón] *s/f* 1. Acción de asociarse. 2. Entidad que resulta de asociarse personas.

[1] **a·so·cia·cio·nis·mo** [asoθjaθjonísmo] *s/m* Movimiento social que promueve la agrupación de personas.

[3] **a·so·cia·do, -da** [asoθjáðo] *adj s/m,f* Que pertenece a una asociación.

[4] **a·so·ciar** [asoθjár] **I.** *tr* 1. Unir o juntar para conseguir un fin. 2. (Con *a, con*) Establecer una relación entre ideas o sucesos. **II.** REFL(-se) Hacerse alguien miembro de una asociación. RPr **Asociar(se) a/con**.

[2] **a·so·cia·ti·vo, -va** [asoθjatíβo] *adj* Que sirve para asociar.

[2] **a·so·lar** [asolár] *tr* Destruir algo por completo.
CONJ *Irreg: Asuela, asoló, asolará, asolado*.

[4] **a·so·mar** [asomár] **I.** *intr* Comenzar una cosa a aparecer. **II.** *tr* Mostrar algo por una abertura. **III.** REFL(-se) Dejarse ver por un sitio. RPr **Asomarse a/por**.

[4] **a·som·brar** [asombrár] *tr* REFL(-se) Causar o sentir asombro. RPr **Asombrar(se) de/por**.

[2] **a·som·bro** [asómbro] *s/m* Admiración o sorpresa ante algo.

[3] **a·som·bro·so, -sa** [asombróso] *adj* Que causa asombro.

[1] **a·so·mo** [asómo] *s/m* Indicio o señal de algo. LOC **Ni por asomo**, de ninguna manera.

[1] **a·so·na·da** [asonáða] *s/f* Protesta violenta.

[1] **a·so·nan·cia** [asonánθja] *s/f* En métrica, coincidencia vocálica después del acento.

a·so·nan·te [asonánte] *adj* Que tiene asonancia.

[1] **as·pa** [áspa] *s/f* Figura en forma de X, formada por dos elementos cruzados.

[1] **as·pa·vien·to** [aspaβjénto] *s/m gen pl* Gestos exagerados con que alguien demuestra sus sentimientos.

[5] **as·pec·to** [aspékto] *s/m* Forma en que se muestra exteriormente algo o alguien.

[1] **as·pe·re·za** [asperéθa] *s/f* 1. Cualidad de áspero. 2. Cualidad del terreno abrupto y desigual.

[1] **as·per·jar** [asperχár] *tr* Salpicar con gotas pequeñas.

[2] **ás·pe·ro, -ra** [áspero] *adj* 1. Falto de suavidad al tacto. 2. Poco afable en el trato.

[1] **as·per·sión** [aspersjón] *s/f* Acción o resultado de asperjar.

[1] **as·per·sor** [aspersór] *s/m* AGR Aparato para esparcir.

ás·pid [áspið] *s/m* Serpiente muy venenosa.

as·pi·lle·ra [aspiλéra] *s/f* Abertura alargada y estrecha para disparar por ella.

[3] **as·pi·ra·ción** [aspiraθjón] *s/f* Acción o resultado de aspirar.

[1] **as·pi·ra·dor, -ra** [aspiraðór] *s/m,f* Aparato electrodoméstico para limpiar el polvo.

[2] **as·pi·ran·te** *adj s/m,f* Persona que aspira a conseguir algo. RPr **Aspirante a**.

[4] **as·pi·rar** [aspirár] *tr* 1. (Con *a*) Desear

AS·PI·RI·NA

algo con fuerza. **2.** Introducir los seres vivos aire en los pulmones. RPr **Aspirar a**.

② **as·pi·ri·na** [aspiɾína] *s/f* Medicamento con ácido acetilsalicílico, para combatir el dolor y la fiebre.

① **as·que·ar** [askeár] **I.** *tr intr* Dar o causar asco. **II.** *intr* REFL(*-se*) Sentir asco.

① **as·que·ro·si·dad** [askerosiðáð] *s/f* **1.** Cualidad de asqueroso. **2.** Cosa asquerosa.

② **as·que·ro·so, -sa** [askeróso] *adj s/m,f* Muy sucio, o de comportamiento vil.

② **as·ta** [ásta] *s/f* **1.** *gen pl* Cornamenta de animal. **2.** Palo alargado en cuyo extremo se coloca la bandera.
GRAM En *sing* lleva artículo *m*.

① **as·ta·do, -da** [astáðo] *adj* Se aplica al animal que tiene cuernos.

as·te·nia [asténja] *s/f* Debilidad del organismo humano.

① **as·té·ni·co, -ca** [asténiko] *adj* Relativo a la astenia.

① **as·te·ris·co** [asteɾísko] *s/m* Signo gráfico en forma de estrella (*).

① **as·te·roi·de** [asteróiðe] *s/m* ASTR Cada uno de los planetas entre Marte y Júpiter.

① **as·tig·ma·tis·mo** [astiɣmatísmo] *s/m* Defecto de visión que deforma la imagen.

① **as·ti·lla** [astíʎa] *s/f* Fragmento irregular que se desgaja de la madera u otros materiales al romperse éstos.

① **as·ti·llar** [astiʎár] *tr* REFL(*-se*) Hacer astillas.

① **as·ti·lle·ro** [astiʎéɾo] *s/m* Lugar donde se construyen y reparan barcos.

① **as·tra·cán** [astɾakán] *s/m* Piel de cordero recién nacido.

① **as·tral** [astɾál] *adj* Relativo a los astros.

① **as·trin·gen·te** [astɾinxénte] *adj s/m* Se aplica al producto que astringe.

as·trin·gir [astɾinxír] *tr* Producir contracción y sequedad en un tejido orgánico.
CONJ ORT Ante *o/a* la *g* cambia a *j*: *Astrinja*.

② **as·tro** [ástɾo] *s/m* Cuerpo celeste en el firmamento.

as·tro·fí·si·ca [astɾofísika] *s/f* Ciencia que estudia las propiedades físicas de los astros.

② **as·tro·fí·si·co, -ca** [astɾofísiko] *adj s/m,f* Especialista en astrofísica.

① **as·tro·la·bio** [astɾoláβjo] *s/m* ASTR Instrumento antiguo para medir la posición de los astros.

② **as·tro·lo·gía** [astɾoloxía] *s/f* Pseudociencia que intenta predecir acontecimientos futuros a partir de los astros.

① **as·tro·ló·gi·co, -ca** [astɾolóxiko] *adj* Relativo a la astrología.

② **as·tró·lo·go, -ga** [astɾóloɣo] *s/m,f* Especialista en astrología.

② **as·tro·nau·ta** [astɾonáuta] *s/m,f* Tripulante de una nave espacial.

as·tro·náu·ti·ca [astɾonáutika] *s/f* Ciencia de la navegación interplanetaria.

① **as·tro·na·ve** [astɾonáβe] *s/f* Nave para viajar por el espacio.

② **as·tro·no·mía** [astɾonomía] *s/f* Ciencia que estudia los astros.

② **as·tro·nó·mi·co, -ca** [astɾonómiko] *adj* **1.** Relativo a los astros. **2.** Muy elevado, grande.

② **as·tró·no·mo, -ma** [astɾónomo] *s/m,f* Especialista en astronomía.

① **as·tro·so, -sa** [astɾóso] *adj* Sucio, poco aseado.

② **as·tu·cia** [astúθja] *s/f* Cualidad de astuto.

② **as·tu·ria·no, -na** [astuɾjáno] *adj s/m,f* De Asturias.

② **as·tu·to, -ta** [astúto] *adj* Hábil, inteligente.

① **a·sue·to** [aswéto] *s/m* Periodo breve de descanso.

① **a·su·mi·ble** [asumíβle] *adj* Que se puede asumir.

⑤ **a·su·mir** [asumír] *tr* **1.** Hacerse alguien responsable de algo. **2.** Alcanzar, adquirir. **3.** Dar algo por supuesto: *Por sus palabras asumo que es el jefe*.

③ **a·sun·ción** [asunθjón] *s/f* **1.** Acción o resultado de asumir. **2.** Suposición.

⑤ **a·sun·to** [asúnto] *s/m* Cualquier cosa o cuestión.

① **a·sus·ta·di·zo, -za** [asustaðíθo] *adj* Que se asusta con facilidad.

④ **a·sus·tar** [asustár] *tr* REFL(*-se*) Causar miedo o temor. RPr **Asustarse de/por**.

② **a·ta·can·te** [atakánte] *adj s/m,f* Que ataca.

④ **a·ta·car** [atakár] *tr* **1.** Lanzarse contra alguien para hacerle daño. **2.** Censurar, criticar: *La prensa atacó al régimen marroquí*. **3.** Iniciar la realización de algo: *Hoy hemos atacado la cara norte del Everest*.
ORT Ante *e* la *c* cambia a *qu*: *Ataqué*.

a·ta·di·jo [ataðíxo] *s/m* Paquete pequeño y mal hecho.

① **a·ta·du·ra** [ataðúɾa] *s/f* **1.** Acción o resultado de atar(se). **2.** Cosa con que se ata.

A·TE·RRO·RI·ZAR

[2] **a·ta·jar** [ataχár] **I.** *intr* Acortar un camino tomando un atajo. **II.** *tr* Cortar el paso a quien huye o detener a alguien en su actuación.

[1] **a·ta·jo** [atáχo] *s/m* **1.** Camino más corto entre dos puntos. **2.** Serie de personas o cosas que se acumulan una detrás de otra.

[1] **a·ta·la·ya** [atalája] *s/f* Torre desde la que se observa o vigila.

a·ta·ñer [atapér] *intr* Concernir, corresponder algo a alguien. RPr **Atañer a**.
CONJ *Irreg* en $3^a p$: *Atañe, atañó, atañerá, atañido*.

[4] **a·ta·que** [atáke] *s/m* **1.** Acción o resultado de atacar. **2.** Acceso de tos.

[3] **a·tar** [atár] *tr* Sujetar algo con una cuerda o algo semejante.

[3] **a·tar·de·cer** [atarðeθér] **I.** *intr* Acabarse el día o caer la tarde. **II.** *s/m* **1.** Periodo del día que precede a la noche. **2.** Momento de decadencia.
CONJ *Irreg* (sólo en $3^a p$): *Atardezca*.

[1] **a·ta·re·ar·se** [atareárse] *REFL(-se)* Trabajar alguien mucho.

[2] **a·tas·car** [ataskár] **I.** *tr* Taponar un hueco con un obstáculo. **II.** *REFL(-se)* Quedar detenido por un obstáculo.

[1] **a·tas·co** [atásko] *s/m* **1.** Acción o resultado de atascar(se). **2.** Embotellamiento.

[2] **a·taúd** [ataúð] *s/m* Caja para enterrar a un muerto.

[2] **a·ta·viar** [ataβjár] *tr* Vestir a alguien bien y con adornos. RPr **Ataviar(se) con/de**.
ORT PRON El acento cae sobre la *i* en el *sing* y $3^a p$ *pl* del *pres* de *ind* y *subj: Atavío*.

[1] **a·tá·vi·co, -ca** [atáβiko] *adj* Relativo al atavismo.

[1] **a·ta·vío** [ataβío] *s/m* Manera de ir vestido alguien.

[1] **a·ta·vis·mo** [ataβísmo] *s/m* Herencia o comportamiento de antepasados muy antiguos.

[1] **a·teís·mo** [ateísmo] *s/m* Negación de la existencia de Dios.

[2] **a·te·mo·ri·zar** [atemoriθár] *tr REFL(-se)* Causar temor, o tenerlo.
ORT Ante *e* la *z* cambia a *c: Atemoricé*.

[1] **a·tem·pe·rar** [atemperár] *tr REFL(-se)* Moderar(se) los sentimientos o pasiones.

[1] **a·tem·po·ral** [atemporál] *adj* No afectado por el paso del tiempo.

[1] **a·te·na·zar** [atenaθár] *tr* Sujetar con fuerza, como con tenaza.
ORT Ante *e* la *z* cambia a *c: Atenacé*.

[5] **a·ten·ción** [atenθjón] **I.** *s/f* **1.** Acción de atender. **2.** Cuidado o respeto hacia alguien. **II.** *interj* Exclamación para avisar o llamar a alguien. LOC **A la atención de**, dirigido a.

[5] **a·ten·der** [atendér] *tr intr* **1.** (Con *a*) Aplicar la mente o los sentidos para captar lo que se dice. **2.** Acoger o admitir favorablemente las peticiones, etc., de alguien. **3.** (Con *a*) Cuidar de alguien. **4.** En un negocio, estar pendiente del trabajo que se ofrece al público.
CONJ *Irreg: Atiendo, atendí, atenderé, atendido*.

[2] **a·te·ner·se** [atenérse] *REFL(-se)* Ajustarse a algo dentro de los límites marcados. RPr **Atenerse a**.
CONJ *Irreg: Atengo, atuve, atendré, atenido*.

[1] **a·te·nien·se** [atenjénse] *adj s/m,f* De Atenas.

[3] **a·ten·ta·do** [atentáðo] *s/m* Acción violenta contra alguien o daño grave contra sus bienes.

[3] **a·ten·ta·men·te** [atentaménte] *adv* Con atención.

[3] **a·ten·tar** [atentár] *intr* Cometer una acción violenta contra personas o cosas. RPr **Atentar contra**.

[3] **a·ten·to, -ta** [aténto] *adj* **1.** Que pone atención en lo que hace. **2.** Cortés, amable. RPr **Atento a/con**.

[1] **a·te·nua·ción** [atenwaθjón] *s/f* Acción o resultado de atenuar(se).

[1] **a·te·nuan·te** [atenwánte] *adj s/m* Que atenúa.

[2] **a·te·nuar** [atenwár] *tr* Disminuir la intensidad de algo.
PRON El acento recae sobre la *u* en el *pres* de *ind* y *subj* (*sing* y $3^a p p pl$): *Atenúo*.

[2] **a·teo, -ea** [atéo] *adj s/m,f* Persona que niega la existencia de Dios.

[1] **a·te·ri·do, -da** [ateríðo] *adj* Con mucho frío.

a·te·rir·se [aterírse] *REFL(-se)* Tener alguien mucho frío.

[2] **a·te·rra·dor, -ra** [aterraðór] *adj* Que causa terror.

[2] **a·te·rrar** [aterrár] *tr* Causar terror a alguien.

[2] **a·te·rri·za·je** [aterriθáχe] *s/m* Acción o resultado de aterrizar.

[2] **a·te·rri·zar** [aterriθár] *intr* Tomar tierra un avión.
ORT Ante *e* la *z* cambia a *c: Aterricé*.

[2] **a·te·rro·ri·zar** [aterroriθár] **I.** *tr* Causar

A·TE·SO·RAR

terror. **II.** REFL(-se) Sentir mucho miedo o terror. RPr **Aterrorizarse de/por**.
ORT Ante *e* la *z* cambia a *c*: *Aterroricé*.

② **a·te·so·rar** [atesorár] *tr* Juntar y guardar riquezas o cosas de valor.

① **a·tes·ta·do, -da** [atestáðo] *s/m* DER Documento en el que se relata un suceso.

① **a·tes·tar** [atestár] *tr* **1.** Llenar algo completamente. **2.** DER Dar testimonio en un juicio o proceso judicial.

② **a·tes·ti·guar** [atestiɣwár] *tr* Declarar como testigo en un juicio.
ORT Ante *e*, la *u* cambia a *ü*: *Atestigüé*.

① **a·ti·bo·rra·do, -da** [atiβoráðo] *adj* Completamente lleno.

① **a·ti·bo·rrar** [atiβorrár] *tr* Llenar completamente. RPr **Atiborrar(se) de**.

① **á·ti·co, -ca** [átiko] *s/m* En un edificio, piso último o superior, que suele tener terraza.

① **a·til·da·do** [atildáðo] *adj* Que está excesivamente arreglado o actúa con afectación.

① **a·til·dar** [atildár] *tr* REFL(-se) Arreglarse alguien mucho o actuar con afectación.

② **a·ti·nar** [atinár] *intr* (Con *a*, *en*) Apuntar bien y dar en el blanco deseado.

② **a·tí·pi·co, -ca** [atípiko] *adj* No típico.

① **a·ti·ran·tar** [atirantár] *tr* Poner algo tenso.

② **a·tis·bar** [atisβár] *tr* Ver algo débilmente.

① **a·tis·bo** [atísβo] *s/m* **1.** Acción o resultado de atisbar. **2.** Indicio o señal de algo.

① **¡a·ti·za!** [atíθa] *interj* Exclamación de sorpresa.

① **a·ti·zar** [atiθár] *tr* **1.** Activar el fuego. **2.** Dar golpes a alguien.
ORT Ante *e* la *z* cambia a *c*: *Aticé*.

④ **at·lán·ti·co, -ca** [atlántiko] *adj* Relativo al océano Atlántico.

① **at·las** [átlas] *s/m* GEOG Conjunto de mapas.

② **at·le·ta** [atléta] *s/m,f* Persona que practica el atletismo.

③ **at·lé·ti·co, -ca** [atlétiko] *adj* **1.** Relativo a un atleta o al atletismo. **2.** Se dice de la persona de buena constitución física.

② **at·le·tis·mo** [atletísmo] *s/m* DEP Conjunto de pruebas deportivas que implican fuerza, velocidad, etc.

④ **at·mós·fe·ra** [atmósfera] *s/f* **1.** Capa de aire que rodea la Tierra. **2.** Aire que hay dentro de un local. **3.** Condiciones o circunstancias que rodean algo o a alguien. **4.** Unidad de medida de la presión.

③ **at·mos·fé·ri·co, -ca** [atmosfériko] *adj* Relativo a la atmósfera.

① **a·to·lla·de·ro** [atoʎaðéro] *s/m* **1.** Lugar donde pueden quedarse atascados los vehículos. **2.** Situación problemática de la que es difícil salir.

① **a·to·lón** [atolón] *s/m* Arrecife de coral que rodea a una laguna comunicada con el mar por estrechos canales.

① **a·to·lon·dra·do, -da** [atolondráðo] *adj* Irreflexivo, que actúa con aturdimiento.

① **a·to·lon·dra·mien·to** [atolondramjénto] *s/m* Acción o resultado de atolondrar(se).

① **a·to·lon·drar** [atolondrár] *tr* REFL(-se) Aturdirse alguien por un golpe o por una impresión fuerte.

③ **a·tó·mi·co, -ca** [atómiko] *adj* Relativo al átomo.

① **a·to·mi·za·ción** [atomiθaθjón] *s/f* Acción o resultado de atomizar(se).

① **a·to·mi·zar** [atomiθár] *tr* REFL(-se) **1.** Dividir(se) algo en partículas muy pequeñas. **2.** Esparcir un líquido en gotas muy finas.
ORT Ante *e* la *z* cambia a *c*: *Atomicé*.

③ **á·to·mo** [átomo] *s/m* **1.** Partícula más pequeña de un cuerpo simple. **2.** Parte muy pequeña de algo.

① **a·to·nía** [atonía] *s/f* Falta de entusiasmo o pasión.

② **a·tó·ni·to, -ta** [atónito] *adj* Sorprendido, asombrado.

① **á·to·no, -na** [átono] *adj* Sin acento.

a·ton·ta·mien·to [atontamjénto] *s/m* Acción o resultado de atontar(se).

① **a·ton·tar** [atontár] *tr* REFL(-se) Volver algo tonto a alguien.

② **a·tor·men·tar** [atormentár] *tr* Causar dolor o hacer que alguien sufra.

① **a·tor·ni·llar** [atorniʎár] *tr* Introducir un tornillo haciéndolo girar sobre sí mismo.

a·to·si·ga·mien·to [atosiɣamjénto] *s/m* Acción o resultado de atosigar(se).

① **a·to·si·gar** [atosiɣár] *tr* Abrumar con excesivas prisas.
ORT Ante *e* la *g* cambia a *gu*: *Atosigué*.

① **a·tra·ca·dor, -ra** [atrakaðór] *s/m,f* Persona que atraca.

② **a·tra·car** [atrakár] **I.** *intr tr* Amarrar una embarcación en un muelle. **II.** *tr* Amenazar a alguien con un arma y robarle. **III.** REFL(-se) Comer o beber en exceso.
ORT Ante *e* la *c* cambia a *qu*: *Atraqué*.

③ **a·trac·ción** [atrakθjón] *s/f* **1.** Acción o

resultado de atraer(se). **2.** Espectáculos o diversiones en ferias o lugares especiales.

2 **a·tra·co** [atráko] *s/m* Acción o resultado de atracar (II).

1 **a·tra·cón** [atrakón] *s/m* Acción o resultado de comer o beber demasiado.

4 **a·trac·ti·vo, -va** [atraktíβo] **I.** *adj* Que atrae. **II.** *s/m* Cualidades que atraen en una persona o cosa.

4 **a·tra·er** [atraér] *tr* **1.** Hacer que otra cosa o persona se acerque. **2.** Llamar la atención, hacer que alguien sienta interés por la persona, animal o cosa de que se trate: *Su belleza atrajo todas las miradas*.
CONJ *Irreg: Atraigo, atraje, atraeré, atraído.*

1 **a·tra·gan·tar·se** [atraɣantárse] *REFL(-se)* **1.** Sentir alguien ahogo, *esp* cuando algo tapa la garganta. **2.** Quedarse una cosa detenida en la garganta al comer. **3.** Resultarle a alguien desagradable o molesta una persona o cosa: *A Pablo se le atragantó el subdirector*.

1 **a·tran·car** [atraŋkár] *tr* Cerrar con una tranca o travesaño.
ORT Ante *e* la *c* cambia a *qu: Atranqué*.

3 **a·tra·par** [atrapár] *tr* Coger con rapidez y a veces con maña.

5 **a·trás** [atrás] *adv* **1.** Hacia o en la zona detrás de la espalda de quien habla. **2.** Antes en el tiempo.

2 **a·tra·sa·do, -da** [atrasáðo] *adj* **1.** Más atrás de lo debido. **2.** Que está desfasado respecto a lo que es actual.

2 **a·tra·sar** [atrasár] **I.** *tr* **1.** Mover o llevar algo hacia atrás. **2.** Demorar la realización de algo. **II.** *tr intr* Hacer retroceder las manecillas de un reloj. **III.** *REFL(-se)* Llegar más tarde de lo debido.

2 **a·tra·so** [atráso] *s/m* **1.** Acción de atrasar(se). **2.** Tiempo que va atrasada una cosa o persona. **3.** COM *pl* Cantidad que se adeuda porque no se ha pagado a tiempo.

4 **a·tra·ve·sar** [atraβesár] **I.** *tr* **1.** Pasar de un lado al otro en un lugar. **2.** Poner cruzada una cosa, de lado a lado. **3.** Pasar por una situación concreta.
CONJ *Irreg: Atravieso, atravesé, atravesaré, atravesado.*

1 **a·tra·yen·te** [atrajénte] *adj* Que atrae.

4 **a·tre·ver·se** [atreβérse] *REFL(-se)* Decidirse a hacer algo. RPr **Atreverse a/con.**

2 **a·tre·vi·do, -da** [atreβiðo] *adj* **1.** Que tiene determinación para hacer algo. **2.** Que llama la atención por su novedad.

2 **a·tre·vi·mien·to** [atreβimjénto] *s/m* Acción o resultado de atreverse.

3 **a·tri·bu·ción** [atriβuθjón] *s/f* Acción o resultado de atribuir(se).

4 **a·tri·buir** [atriβuír] *tr* Asignar algo a alguien. RPr **Atribuir a.**
CONJ *Irreg: Atribuyo, atribuí, atribuiré, atribuido.*

1 **a·tri·bu·lar** [atriβulár] *tr* REFL(-se) Causar o sentir pena o preocupación.

a·tri·bu·ti·vo, -va [atriβutíβo] *adj* GRAM Con función de atributo.

2 **a·tri·bu·to** [atriβúto] *s/m* **1.** Cualidad propia de un ser. **2.** Cosa u objeto que representa otra cosa. **3.** GRAM Cualidad que se dice del sujeto de la oración.

1 **a·tril** [atríl] *s/m* Soporte sobre el que se coloca un libro.

1 **a·trin·che·rar** [atrintʃerár] **I.** *tr* Fortificar con trincheras. **II.** *REFL(-se)* **1.** Defenderse mediante trincheras. **2.** Refugiarse tras una actitud determinada.

2 **a·trio** [átrjo] *s/m* Patio interior, *gen* rodeado de columnas.

2 **a·tro·ci·dad** [atroθiðáð] *s/f* **1.** Cualidad de atroz. **2.** *gen pl* Cosa atroz.

1 **a·tro·fia** [atrófja] *s/f* Falta de desarrollo normal de un órgano corporal.

2 **a·tro·fiar** [atrofjár] *tr* REFL(-se) Causar atrofia o sufrirla.

1 **a·tro·na·dor, -ra** [atronaðór] *adj* Que ensordece.

1 **a·tro·nar** [atronár] *intr tr* Aturdir o perturbar con un gran ruido.

1 **a·tro·pe·lla·mien·to** [atropeʎamjénto] *s/m* Acción o resultado de atropellar(se).

2 **a·tro·pe·llar** [atropeʎár] **I.** *tr* **1.** Arrollar un vehículo a alguien pasando por encima de él. **2.** Actuar sin respetar la ley o los derechos. **II.** *REFL(-se)* Apresurarse demasiado al hacer o decir algo.

2 **a·tro·pe·llo** [atropéʎo] *s/m* Acción o resultado de atropellar.

2 **a·troz** [atróθ] *adj* Cruel.

ATS [á té ése] *s/m,f* Sigla por 'Ayudante Técnico Sanitario'.

2 **a·tuen·do** [atwéndo] *s/m* Ropa o adornos que se llevan puestos.

2 **a·tún** [atún] *s/m* Pez grande y comestible.

1 **a·tu·ne·ro, -ra** [atunéro] *adj* Relativo al atún.

1 **a·tur·di·do, -da** [aturðiðo] *adj* Que actúa con precipitación o irreflexivamente.

1 **a·tur·di·mien·to** [aturðimjénto] *s/m* Estado de quien se encuentra aturdido o confuso.

A·TUR·DIR

[2] **a·tur·dir** [aturðír] *tr* REFL(-se) Hacer una impresión fuerte, un golpe, etc., que determinada persona pierda la capacidad de actuar.

[1] **a·tu·sar** [atusár] *tr* Arreglar o alisar el pelo con la mano.

[2] **au·da·cia** [auðáθja] *s/f* Cualidad de audaz.

[2] **au·daz** [auðáθ] *adj s/m,f* Capaz de hacer algo difícil o peligroso.

[1] **au·di·ble** [auðíβle] *adj* Que se puede oír.

[2] **au·di·ción** [auðiθjón] *s/f* **1.** Acción o resultado de oír. **2.** Concierto o recital.

[4] **au·dien·cia** [auðjénθja] *s/f* **1.** Número de personas que escuchan la radio o ven la televisión en un momento dado. **2.** Recepción que concede un personaje importante (rey, etc.). **3.** Sesión pública de un tribunal de justicia.

[1] **au·dí·fo·no** [auðífono] *s/m* Aparato que permite oír mejor.

[2] **au·dio** [áuðjo] *s/m adj* Medios usados para la transmisión o recepción del sonido.

[3] **au·dio·vi·sual** [auðjoβiswál] *adj* Relativo a la vista y al oído.

[1] **au·di·tar** [auðitár] *tr* Inspeccionar las cuentas de una empresa o entidad.

[2] **au·di·ti·vo, ·va** [auðitíβo] *adj* Relativo al oído.

[1] **au·di·tor, ·ra** [auðitór] *s/m,f* Persona habilitada para auditar.

[2] **au·di·to·ría** [auðitoría] *s/f* Trabajo, empleo u oficina del auditor.

[3] **au·di·to·rio, ·ia** [auðitórjo] *s/m* **1.** Conjunto de asistentes a un acto o espectáculo. **2.** Sala destinada a un acto público o espectáculo.

[3] **au·ge** [áuxe] *s/m* Momento más importante de algo.

au·gur [auγúr] *s/m* Adivino.

[2] **au·gu·rar** [auγurár] *tr* Predecir el futuro.

[2] **au·gu·rio** [auγúrjo] *s/m* Predicción o signo del futuro.

[3] **au·gus·to, ·ta** [auγústo] *adj* De familia real.

[3] **au·la** [áula] *s/f* Sala en que se imparten clases.

[1] **au·la·rio** [aulárjo] *s/m* Edificio para aulas.

[2] **au·llar** [auʎár] *intr* **1.** Emitir ciertos animales un grito ululante. **2.** Sonido semejante que emite el viento, una sirena, etc.
ORT En el *sing* y $3^a p\ pl$ del *pres* de *ind* y *subj* el acento recae sobre la *u*: *Aúllo*.

[2] **au·lli·do** [auʎíðo] *s/m* Grito ululante de ciertos animales (como el lobo).

[5] **au·men·tar** [aumentár] *tr* Hacer que una cosa crezca en tamaño, intensidad, importancia, etc. RPr **Aumentar de/en:** *Aumentar de peso*.

au·men·ta·ti·vo, ·va [aumentatíβo] *adj* Que aumenta o intensifica.

[4] **au·men·to** [auménto] *s/m* Acción o resultado de aumentar.

[5] **aun** [aún] **I.** *adv* Hasta, incluso. **II.** *conj* Aunque.

[5] **aún** [aún] *adv* Todavía: *Aún no he terminado el libro*.

[2] **au·nar** [aunár] *tr* REFL(-se) Unir para un mismo fin.
ORT PRON El acento recae sobre la *u* en el *sing* y $3^a p\ pl$ del *pres* de *ind* y *subj*: *Aúno*.

[5] **aun·que** [áunke] *conj* Pero, a pesar de que.

¡aú·pa! [áupa] *interj* **1.** Exclamación de ánimo. LOC **De aúpa,** intenso, grande.

[1] **au·par** [aupár] *tr* **1.** Levantar en brazos.
ORT En *sing* y $3^a p\ pl$ del *pres* de *ind* y *subj* el acento recae sobre la *u*: *Aúpo*.

[2] **au·ra** [áura] *s/f* Resplandor que supuestamente rodea el cuerpo de las personas.

[1] **áu·reo, ·ea** [áureo] *adj* Dorado.

[1] **au·reo·la** [auréola] *s/f* **1.** Resplandor que rodea a personas o cosas. **2.** Fama.
ORT PRON También *auréola*.

[2] **au·rí·cu·la** [auríkula] *s/f* **1.** Cavidad superior del corazón. **2.** Pabellón auditivo.

[2] **au·ri·cu·lar** [aurikulár] **I.** *adj s/m* Dedo más pequeño de la mano (meñique). **III.** *s/m* Parte de un aparato telefónico que permite escuchar a quien habla.

[1] **au·rí·fe·ro, ·ra** [aurífero] *adj* Que contiene oro.

[3] **au·ro·ra** [auróra] *s/f* **1.** El amanecer. **2.** Principio de algo.

[1] **aus·cul·tar** [auskultár] *tr* Aplicar el oído al tórax o al abdomen, con o sin instrumentos, para detectar su estado.

[4] **au·sen·cia** [ausénθja] *s/f* **1.** Estado de ausente. **2.** Carencia de algo. **3.** Estado de distracción.

[3] **au·sen·tar·se** [ausentárse] REFL(-se) Marcharse de un lugar, abandonarlo por un tiempo.

[3] **au·sen·te** [auσénte] *adj s/m,f* Separado, alejado de una persona o lugar.

[2] **aus·pi·ciar** [auspiθjár] *tr* **1.** Contribuir a la realización de algo. **2.** Predecir o anunciar.

[1] **aus·pi·cio** [auspíθjo] *s/m* Indicio a favor o en contra de algo.

AU·TO·MO·TOR

[2] **aus·te·ri·dad** [austeriðáð] *s/f* Cualidad de austero.

[2] **aus·te·ro, -ra** [austéro] *adj* Sobrio, sencillo en vida y costumbres.

[2] **aus·tral** [austrál] *adj* Relativo al hemisferio sur.

[2] **aus·tra·lia·no, -na** *adj s/m,f* De Australia.

[3] **aus·tria·co, -ca** [austriáko] *adj s/m,f* De Austria.
ORT PRON También *austríaco*.

[1] **aus·tro** [áustro] *s/m* Viento que sopla del sur.

[1] **au·tar·quía** [autarkía] *s/f* Autosuficiencia para gobernarse o sobrevivir.

[1] **au·tár·qui·co, -ca** [autárkiko] *adj* Relativo a la autarquía.

[2] **au·ten·ti·ci·dad** [autentiθiðáð] *s/f* Cualidad de auténtico.

[4] **au·tén·ti·co, -ca** [auténtiko] *adj* Verdadero, no falsificado.

[1] **au·ten·ti·fi·car** [autentifikár] *tr* Dar fe de que una cosa es real o verdadera.
ORT Ante *e* la *c* cambia a *qu: Autentifiqué.*

[1] **au·tis·mo** [autísmo] *s/m* Aislamiento de sí mismo respecto al mundo exterior.

[1] **au·tis·ta** [autísta] *adj s/m,f* Que padece el autismo.

[4] **au·to** [áuto] *s/m* 1. Automóvil. 2. DER *pl* Diligencias, documentos, etc., de un proceso judicial. 3. DER Sentencia de un tribunal.

au·to- [áuto] *pref* con el significado de *a sí mismo, por sí mismo*: *Autogestión.*

au·to·ad·he·si·vo, -va [autoaðesíβo] *s/m* Papel con una sustancia para adherirse.

au·to·a·jus·te [autoaxúste] *s/m* Procedimiento automático de adaptación o acomodación.

[2] **au·to·bio·gra·fía** [autoβjoɣrafía] *s/f* Biografía de uno mismo.

[2] **au·to·bio·grá·fi·co, -ca** [autoβjoɣráfiko] *adj* Relativo a la autobiografía.

[4] **au·to·bús** [autoβús] *s/m* Automóvil de gran tamaño para el transporte de pasajeros.

[2] **au·to·car** [autokár] *s/m* Autobús para trayectos largos, no regulares.

[1] **au·to·cla·ve** [autokláβe] *s/m* Instrumento para desinfectar o esterilizar.

[1] **au·to·com·pla·cen·cia** [autokomplaθénθja] *s/f* Actitud de quien se complace a sí mismo.

[1] **au·to·con·trol** [autokontról] *s/m* Control sobre sí mismo.

[1] **au·to·cra·cia** [autokráθja] *s/f* Sistema de gobierno por una sola persona.

[1] **au·to·crá·ti·co, -ca** [autokrátiko] *adj* Relativo a la autocracia o a quien la ejerce.

[2] **au·to·crí·ti·ca** [autokrítika] *s/f* Crítica sobre uno mismo.

[2] **au·tóc·to·no, -na** [autóktono] *adj* Nacido en el mismo país.

[1] **au·to·de·fen·sa** [autoðefénsa] *s/f* Defensa de sí mismo.

[1] **au·to·des·truc·ción** [autoðestrukθjón] *s/f* Destrucción de uno mismo.

[3] **au·to·de·ter·mi·na·ción** [autoðeterminaθjón] *s/f* Acción de autodeterminarse un país o región.

[2] **au·to·di·dac·to, -ta** [autoðiðákto] *adj s/m,f* Que aprende por sí mismo.

[1] **au·to·es·cue·la** [autoeskwéla] *s/f* Centro para aprender a conducir.

[2] **au·to·es·ti·ma** [autoestíma] *s/f* Aprecio de uno mismo.

[1] **au·to·e·xi·gen·cia** [autoe(k)sixénθja] *s/f* Hecho de ser exigente consigo mismo.

[1] **au·to·ges·tión** [autoxestjón] *s/f* Sistema de gobierno no dependiente de otros.

au·to·gi·ro [autoxíro] *s/m* Helicóptero.

[2] **au·to·go·bier·no** [autoɣoβjérno] *s/m* Sistema de gobierno autónomo.

[2] **au·tó·gra·fo, -fa** [autóɣrafo] *adj s/m* Escrito por el propio autor.

[1] **au·to·li·qui·da·ción** [autolikiðaθjón] *s/f* Liquidación hecha por uno mismo.

[2] **au·tó·ma·ta** [autómata] *s/m,f* 1. Máquina programada a imitación del hombre. 2. Quien obra o actúa mecánica o automáticamente.

[3] **au·to·má·ti·co, -ca** [automátiko] I. *adj* 1. Que funciona por sí mismo. 2. De forma instintiva, sin intervención de la voluntad. II. *s/f* Máquina que lava automáticamente. III. *s/m* 1. Especie de broche a presión para sujetar prendas de vestir. 2. ELECTR Dispositivo eléctrico que controla el paso de la corriente.

[1] **au·to·ma·tis·mo** [automatísmo] *s/m* Cualidad de automático.

[2] **au·to·ma·ti·za·ción** [automatiθaθjón] *s/f* Acción o resultado de automatizar(se).

[2] **au·to·ma·ti·zar** [automatiθár] *tr* Aplicar procesos automáticos en la producción industrial.
ORT Ante *e* la *z* cambia a *c: Automaticé.*

[1] **au·to·mo·ción** [automoθjón] *s/f* Industria de la fabricación de automóviles.

[1] **au·to·mo·tor, -ra** [automotór] I. *s/m* Tren

con motor autónomo. **II.** *adj s/m* Vehículo automóvil.

[2] **au·to·mo·triz** [automotríθ] *adj* Automotor.

[4] **au·to·mó·vil** [automóβil] *adj s/m* Vehículo que se mueve por sí mismo.

[1] **au·to·mo·vi·lis·mo** [automoβilísmo] *s/m* Deporte del automóvil.

[2] **au·to·mo·vi·lis·ta** [automoβilísta] **I.** *adj* Relativo al automóvil. **II.** *s/m,f* Persona que conduce un automóvil.

[2] **au·to·mo·vi·lís·ti·co, -ca** [automoβilístiko] *adj* Relativo al automóvil.

[4] **au·to·no·mía** [autonomía] *s/f* **1.** Facultad de obrar con independencia de otros. **2.** Región con autogobierno.

[4] **au·to·nó·mi·co, -ca** [autonómiko] *adj* Relativo a la autonomía.

[1] **au·to·no·mis·ta** [autonomísta] **I.** *adj* Relativo a la autonomía. **II.** *adj s/m,f* Partidario de la autonomía.

[5] **au·tó·no·mo, -ma** [autónomo] *adj* Que tiene autonomía.

[3] **au·to·pis·ta** [autopísta] *s/f* Carretera, sin cruces y de doble vía.

[1] **au·to·pro·pul·sa·do, -da** [autopropulsáðo] *adj* Que se desplaza por su propia fuerza motriz.

au·to·pro·pul·sión [autopropulsjón] *s/f* Desplazamiento mediante una fuerza motriz propia.

[2] **au·top·sia** [autópsja] *s/f* Disección y examen de un cadáver.

[5] **au·tor, -ra** [autór] *s/m,f* Quien produce una obra.

[2] **au·to·ría** [autoría] *s/f* Cualidad de autor.

[5] **au·to·ri·dad** [autoriðáð] *s/f* **1.** Facultad de gobernar. **2.** Institución pública con facultad legal para gobernar. **3.** Persona entendida en una materia.

[3] **au·to·ri·ta·rio, -ria** [autoritárjo] *adj s/m,f* Que tiende a imponer su voluntad.

[2] **au·to·ri·ta·ris·mo** [autoritarísmo] *s/m* Cualidad de lo que es autoritario.

[3] **au·to·ri·za·ción** [autoriθaθjón] *s/f* Acción o resultado de autorizar, o documento en que consta.

[4] **au·to·ri·zar** [autoriθár] *tr* **1.** Dar permiso para que alguien haga algo. RPr **Autorizar a**.
ORT Ante *e* la *z* cambia a *c*: *Autoricé*.

[1] **au·to·rre·gu·la·ción** [autorreɣulaθjón] *s/f* Proceso por el cual algo se regula a sí mismo.

[2] **au·to·rre·tra·to** [autorretráto] *s/m* Retrato que alguien hace de sí mismo.

[1] **au·to·ser·vi·cio** [autoserβíθjo] *s/m* Establecimiento comercial en que uno se sirve a sí mismo.

[1] **au·to·stop** [autostó(p)] *s/m* ANGL (Con *hacer*) Acción de parar un vehículo para viajar gratis.

au·to·sto·pis·ta [auto(e)stopísta] *s/m,f* ANGL Persona que viaja haciendo autostop.

[1] **au·to·su·fi·cien·cia** [autosufiθjénθja] *s/f* Cualidad de autosuficiente.

[1] **au·to·su·fi·cien·te** [autosufiθjénte] *adj* Que se vale por sí mismo.

[2] **au·to·vía** [autoβía] *s/f* Carretera, con dos vías y con posibles cruces al mismo nivel.

[3] **au·xi·liar** [au(k)siljár] **I.** *tr* Ayudar. **II.** *adj* Que ayuda a otros. **III.** *s/m,f* Empleado público de escala inferior.

[2] **au·xi·lio** [au(k)síljo] *s/m* Ayuda que se presta o cosas con que se ayuda.

[2] **a·val** [aβál] *s/m* Garantía sobre la fiabilidad de otra persona.

[2] **a·va·lan·cha** [aβalántʃa] *s/f* Gran cantidad de algo; alud.

[3] **a·va·lar** [aβalár] *tr* Garantizar mediante aval.

[1] **a·va·lis·ta** [aβalísta] *s/m,f* COM Persona o entidad que avala un crédito.

[4] **a·van·ce** [aβánθe] *s/m* **1.** Acción de progresar en algo. **2.** Pronóstico.

[1] **a·van·za·di·lla** [aβanθaðíʎa] *s/f* Grupo de personas que van antes a un lugar para abrir camino o solucionar los problemas.

[4] **a·van·za·do, -da** [aβanθáðo] *adj* Adelantado en ideas, etc.

[5] **a·van·zar** [aβanθár] *tr intr* Ir hacia delante.
ORT Ante *e* la *z* cambia a *c*: *Avancé*.

[2] **a·va·ri·cia** [aβaríθja] *s/f* Afán por poseer riquezas.

[2] **a·va·ri·cio·so, -sa** [aβariθjóso] *adj s/m,f* Que tiene avaricia.

a·va·rien·to, -ta [aβarjénto] *adj s/m,f* Avaro.

[2] **a·va·ro, -ra** [aβáro] *adj s/m,f* Que tiene avaricia.

[1] **a·va·sa·lla·dor, -ra** [aβasaʎaðór] *adj* Que avasalla.

[1] **a·va·sa·llar** [aβasaʎár] *tr* Someter a alguien por la fuerza.

[2] **a·va·tar** [aβatár] *s/m gen pl* Cambio no previsto.

[4] **a·ve** [áβe] *s/f* Animal vertebrado, ovíparo y con alas para volar.
GRAM En *sing* lleva artículo *m*.

A·VI·TUA·LLAR

2 **a·ve·ci·nar·se** [aβeθinárse] *REFL(-se)* Acercarse o aproximarse, en el espacio o en el tiempo.

1 **a·ve·cin·dar** [aβeθindár] *tr REFL(-se)* Inscribir(se) en el censo de una población.

1 **a·ve·jen·tar** [aβeχentár] *REFL(-se)* Hacerse viejo.

1 **a·ve·lla·na** [aβeʎána] *s/f* Fruto comestible del avellano, de forma redondeada y con cáscara.

1 **a·ve·lla·no** [aβeʎáno] *s/m* Arbusto cuyo fruto es la avellana.

1 **a·ve·ma·ría** [aβemaría] *s/f* (También *m*) Oración dedicada a la Virgen María.

1 **a·ve·na** [aβéna] *s/f* Cereal usado *gen* como pienso.

1 **a·ve·nen·cia** [aβenénθja] *s/f* Acuerdo.

4 **a·ve·ni·da** [aβeníða] *s/f* 1. Calle amplia. 2. Crecida del volumen de agua de un río.

3 **a·ve·nir** [aβenír] *tr REFL(-se)* Poner(se) de acuerdo.
CONJ *Irreg: Avengo, avine, avendré, avenido.*

1 **a·ven·ta·jar** [aβentaχár] *tr* Tener o llevar ventaja. RPr **Aventajar en**.

2 **a·ven·tar** [aβentár] *tr* Separar el grano de la paja lanzando el cereal al viento.
CONJ *Irreg: Aviento, aventé, aventaré, aventado.*

4 **a·ven·tu·ra** [aβentúra] *s/f* Suceso extraordinario que suele implicar cierto riesgo.

4 **a·ven·tu·rar** [aβenturár] **I.** *tr* Arriesgar, poner algo en peligro. **II.** *REFL(-se)* Hacer algo que implica cierto riesgo. RPr **Aventurarse a**.

2 **a·ven·tu·re·ro, -ra** *adj s/m,f* Que busca aventuras.

a·ve·ra·ge [áβereitʃ; aβeráχe] *s/m* ANGL Promedio.

3 **a·ver·gon·zar** [aβerɣonθár] *tr REFL(-se)* Causar o tener vergüenza. RPr **Avergonzarse de/por**.
CONJ *Irreg: Avergüenzo, avergoncé, avergonzaré, avergonzado.*

1 **a·ve·ría** [aβería] *s/f* Desperfecto en un mecanismo.

2 **a·ve·riar** [aβerjár] *tr REFL(-se)* Producir(se) una avería.
ORT En el *sing* y *3ª p pl* del *pres* de *ind* y *subj* el acento recae sobre la *i: Averíe.*

1 **a·ve·ri·gua·ción** [aβeriɣwaθjón] *s/f* Acción o resultado de averiguar.

3 **a·ve·ri·guar** [aβeriɣwár] *tr* Investigar para descubrir la verdad de algo.
ORT Ante *e* la *u* cambia a *ü: Averigüé.*

1 **a·ver·no** [aβérno] *s/m* Infierno, lugar donde habitan los muertos.

2 **a·ver·sión** [aβersjón] *s/f* Sentimiento de rechazo.

1 **a·ves·truz** [aβestrúθ] *s/m* Ave grande y corredora, de patas largas y fuertes.

1 **a·ve·zar** [aβeθár] *tr REFL(-se)* Acostumbrar(se) a algo.
ORT Ante *e* la *z* cambia a *c: Avecé.*

2 **a·via·ción** [aβjaθjón] *s/f* **1.** Desplazamiento de vehículos por el aire. **2.** MIL Arma militar aérea.

1 **a·via·dor, -ra** [aβjaðór] *s/m,f* Persona que pilota un avión.

1 **a·viar** [aβjár] *tr* Poner algo en orden, limpiándolo.
ORT PRON El acento recae sobre la *i* en el *sing* y *3ª p pl* del *pres* de *ind* y *subj: Avío.*

1 **a·ví·co·la** [aβíkola] *adj* Relativo a la avicultura.

a·vi·cul·tor, -ra [aβikultór] *s/m,f* Persona que se dedica a la avicultura.

a·vi·cul·tu·ra [aβikultúra] *s/f* Arte y técnica de criar aves para el consumo.

2 **a·vi·dez** [aβiðéθ] *s/f* Cualidad de ávido.

2 **á·vi·do, -da** [áβiðo] *adj* Que desea algo con vehemencia. RPr **Ávido de**.

1 **a·vie·so, -sa** [aβjéso] *adj* De mala intención.

1 **a·vi·na·grar** [aβinaɣrár] *tr REFL(-se)* **1.** Hacer(se) una cosa agria. **2.** Volver(se) de mal carácter.

4 **a·vión** [aβjón] *s/m* Vehículo con alas para desplazarse por el aire.

1 **a·vio·ne·ta** [aβjonéta] *s/f* Avión pequeño.

1 **a·vi·sa·do, -da** [aβisáðo] *adj* Prudente y espabilado.

4 **a·vi·sar** [aβisár] *tr* **1.** Llamar la atención de alguien sobre algo. **2.** Advertir a alguien de algo.

3 **a·vi·so** [aβíso] *s/m* **1.** Acción o resultado de avisar. **2.** Noticia que se comunica.

1 **a·vis·pa** [aβíspa] *s/f* Insecto de color amarillo y listas negras, con un aguijón para defenderse.

1 **a·vis·pa·do, -da** [aβispáðo] *adj* Astuto, de carácter despierto.

1 **a·vis·pe·ro** [aβispéro] *s/m* **1.** Nido de avispas. **2.** Lugar o asunto peligroso.

1 **a·vis·tar** [aβistár] *tr* Ver algo a lo lejos.

1 **a·vi·tua·lla·mien·to** [aβitwaʎamjénto] *s/m* Acción o resultado de avituallar(se).

a·vi·tua·llar [aβitwaʎár] *tr REFL(-se)* Suministrar víveres.

② **a·vi·var** [aβiβár] *tr* Animar, intensificar.

① **a·vi·zor** [aβiθór] LOC **(Estar) Ojo avizor**, (estar) con mirada atenta.

① **a·xial** [a(k)sjál] *adj* Relativo al eje.

② **a·xi·la** [a(k)síla] *s/f* ANAT Parte del cuerpo debajo del brazo.

① **a·xi·lar** [a(k)silár] *adj* Relativo a la axila.

① **a·xio·ma** [a(k)sjóma] *s/m* Afirmación clara y evidente.

④ **ay** [ái] **I.** *interj* Exclamación de dolor, susto, etc. **II.** *s/m* Quejido o lamento.

⑤ **a·yer** [ajér] **I.** *adv* Día que precede al actual. **II.** *s/m* El tiempo pasado.

① **a·yo, ·ya** [ájo] *s/m,f* Encargado de la educación de los hijos.
GRAM *Aya* lleva artículo *m* en *sing: El aya*.

④ **a·yu·da** [ajúða] *s/f* Acción o resultado de ayudar(se).

③ **a·yu·dan·te, ·ta** [ajuðánte] *adj s/m,f* Persona que ayuda.

⑤ **a·yu·dar** [ajuðár] **I.** *tr* Colaborar, prestar colaboración. **II.** REFL(*-se*) (Con *de*) Servirse de alguien. RPr **Ayudarse de**.

① **a·yu·nar** [ajunár] *intr* No tomar alimento.

① **a·yu·nas** [ajúnas] LOC **Estar en ayunas**, no haber tomado alimento.

② **a·yu·no, ·na** [ajúno] **I.** *adj* Que no ha tomado alimento. RPr **Ayuno de**. **II.** *s/m* Acción de ayunar.

④ **a·yun·ta·mien·to** [ajuntamjénto] *s/m* **1.** Corporación, formada por el alcalde y los concejales, que gobierna un municipio. **2.** Edificio en que se aloja.

① **a·za·ba·che** [aθaβátʃe] *s/m* Variedad del lignito, negra y muy dura, usada en joyería.

① **a·za·da** [aθáða] *s/f* Herramienta para labrar la tierra.

① **a·za·fa·to, ·ta** [aθafáto] *s/m,f* Persona que atiende a los pasajeros de un avión o a los clientes (en ferias, congresos, etc.).

② **a·za·frán** [aθafrán] *s/m* Planta de cuyas flores se extrae un producto usado como condimento.

② **a·za·har** [aθ(a)ár] *s/m* Flor del naranjo o del limonero.

③ **a·zar** [aθár] *s/m* Causa de ciertos acontecimientos que se deben a la suerte o casualidad.

② **a·za·ro·so, ·sa** [aθaróso] *adj* Que abunda en peligros.

① **a·zo·gue** [aθóɣe] *s/m* Mercurio.

① **a·zor** [aθór] *s/m* Ave rapaz.

① **a·zo·rar** [aθorár] *tr* REFL(*-se*) Turbar(se), aturdir(se).

a·zo·tai·na [aθotáina] *s/f* INFML Serie de azotes.

② **a·zo·tar** [aθotár] *tr* **1.** Dar azotes (2). **2.** Causar daños o destrozos: *El terremoto ha azotado varias ciudades*.

① **a·zo·te** [aθóte] *s/m* **1.** Látigo para golpear. **2.** Golpe dado con un azote, con la mano, etc.

② **a·zo·tea** [aθotéa] *s/f* Terraza.

② **az·te·ca** [aθtéka] *adj* Se dice del pueblo que habitaba en México antes de la llegada de los españoles.

④ **a·zú·car** [aθúkar] *s/m,f* Sustancia sólida y dulce, cristalizada en gránulos.

① **a·zu·ca·ra·do, ·da** [aθukaráðo] *adj* Que contiene azúcar.

① **a·zu·ca·rar** [aθukarár] *tr* Poner azúcar en algo.

② **a·zu·ca·re·ro, ·ra** [aθukaréro] **I.** *adj* Relativo al azúcar. **II.** *s/f* Fábrica donde se elabora el azúcar. **III.** *s/m,f* Recipiente donde se guarda el azúcar.

① **a·zu·ca·ri·llo** [aθukaríʎo] *s/m* Porción de azúcar prensada.

② **a·zu·ce·na** [aθuθéna] *s/f* Planta de flores blancas y olorosas.

② **a·zu·fre** [aθúfre] *s/m* Elemento químico de color amarillo. Símbolo S.

⑤ **a·zul** [aθúl] *adj s/m* Quinto color del espectro de luz solar.

① **a·zu·la·do, ·da** [aθuláðo] *adj* De color azul.

② **a·zu·le·jo** [aθuléχo] *s/m* Baldosa cubierta de esmalte, para revestir paredes.

a·zu·le·te [aθuléte] *s/m* Producto usado para dar a la ropa un tono azulado.

① **a·zu·zar** [aθuθár] *tr* Incitar a animales o personas para que luchen entre sí.
ORT Ante *e* la *z* cambia a *c: Azucé*.

B b

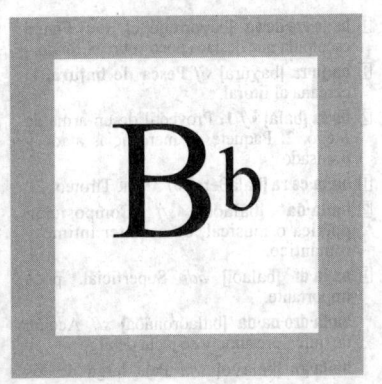

B; b [bé] *s/f* Segunda letra del alfabeto. Se pronuncia como la 'v'.

[1] **ba·ba** [báβa] *s/f* Saliva que fluye por la boca. LOC **(Tener) Mala baba,** (tener) mala intención.

[1] **ba·be·ar** [baβeár] *intr* Echar baba por la boca.

[1] **ba·bel** [baβél] *s/f* FIG Lugar donde hay confusión y desorden.

ba·beo [baβéo] *s/m* Acción o resultado de babear.

[1] **ba·be·ro** [baβéro] *s/m* **1.** Pieza de tela que se ata al cuello, por delante, para evitar que los niños se manchen al comer. **2.** Prenda que se pone sobre la ropa habitual para que ésta no se manche.

[1] **ba·bia** [báβja] LOC **Estar en babia,** estar distraído.

ba·bie·ca [baβjéka] *s/m,f adj* Tonto.

[2] **ba·bi·lo·nio, -ia** [baβilónjo] *adj s/m,f* De Babilonia.

ba·ble [báβle] *s/m* Dialecto asturiano.

[1] **ba·bor** [baβór] *s/m* Lado izquierdo de una embarcación mirando a proa o al frente.

ba·bo·sa [baβósa] *s/f* Molusco sin concha, que segrega baba.

ba·bo·se·ar [baβoseár] *tr* Manchar con baba.

[1] **ba·bo·so, -sa** [baβóso] *adj s/m,f* **1.** Que echa baba. **2.** Tonto, bobo.

[1] **ba·bu·cha** [baβútʃa] *s/f* Zapatilla sin talón.

[2] **ba·by** [báβi] *s/m* Delantal para bebé.

[1] **ba·ca** [báka] *s/f* Portaequipajes sobre el techo de un vehículo.

ba·ca·la·da [bakaláða] *s/f* Bacalao curado.

[1] **ba·ca·la·de·ro, -ra** [bakalaðéro] *s/m,f adj* Relativo al bacalao.

[2] **ba·ca·lao** [bakaláo] *s/m* Pez comestible, fresco o en conserva.

[1] **ba·ca·nal** [bakanál] *adj s/f* Fiesta con desenfreno, orgía.

ba·ca·r(r)á [bakarrá] *s/m* Juego de cartas.

[2] **ba·che** [bátʃe] *s/m* **1.** Hoyo en una carretera. **2.** FIG Periodo difícil y transitorio que afecta a alguien o algo.

ba·che·ar [batʃeár] *tr* Reparar los baches de una carretera.

ba·cheo [batʃéo] *s/m* Acción o resultado de bachear.

[2] **ba·chi·ller, -ra** [batʃiʎér] *s/m,f* Persona que ha cursado los estudios de bachillerato.

[3] **ba·chi·lle·ra·to** [batʃiʎeráto] *s/m* Estudios de enseñanza.

[1] **ba·ci·lo** [baθílo] *s/m* Bacteria de forma cilíndrica.

[3] **bac·te·ria** [baktérja] *s/f* BIOL Microorganismo unicelular portador de gérmenes.

[2] **bac·te·ria·no, -na** [bakterjáno] *adj* Relativo a las bacterias.

[1] **bac·te·ri·ci·da** [bakteriθíða] *adj s/m* Producto que destruye las bacterias.

[1] **bac·te·rio·lo·gía** [bakterjoloxía] *s/f* BIOL Ciencia que estudia las bacterias.

[1] **bac·te·rio·ló·gi·co, -ca** [bakterjolóxiko] *adj* Relativo a la bacteriología.

[1] **bac·te·rió·lo·go, -ga** [bakterjóloɣo] *s/m,f* Especialista en bacteriología.

[1] **bá·cu·lo** [bákulo] *s/m* **1.** Bastón que sirve de apoyo y ayuda para andar. **2.** Consuelo, apoyo o ayuda de cualquier tipo.

[1] **ba·da·jo** [baðáxo] *s/m* Pieza que cuelga en el interior de una campana para hacerla sonar al golpearla.

[1] **ba·da·na** [baðána] *s/f* Piel curtida de poca calidad.

ba·dén [baðén] *s/m* En una carretera, depresión en el pavimento.

ba·dil [baðíl] *s/m* Utensilio para atizar la lumbre.

ba·ffle; ba·fle [báfle] *s/m* Altavoz.

[2] **ba·ga·je** [baɣáxe] *s/m* Conjunto de cosas que uno lleva consigo, físicas (ropa de uso personal, etc.) o no (ideas, conocimientos, etc.).

[1] **ba·ga·te·la** [baɣatéla] *s/f* Cosa de poca importancia.

[2] **¡bah!** [bá(a)] *interj* Expresión para expresar incredulidad o falta de interés.

[3] **ba·hía** [baía] *s/f* Entrada del mar en la costa.

[1] **bai·la·ble** [bailáβle] **I.** *adj* Que se puede bailar. **II.** *s/m* Baile.

BAI·LA·DOR

[1] **bai·la·dor, -ra** [bailaðór] *adj s/m,f* Aficionado al baile.

[1] **bai·la·or, -ra** [bailaór] *s/m,f* Bailador de flamenco.

[4] **bai·lar** [bailár] I. *intr tr* Mover el cuerpo al ritmo de la música. II. *intr* Moverse algo con holgura por no estar bien sujeto.

[3] **bai·la·rín, -ri·na** [bailarín] *s/m,f* Persona que baila o es profesional del baile.

[3] **bai·le** [báile] *s/m* 1. Acción de bailar. 2. Fiesta donde se baila. 3. Cada una de las maneras de bailar.

[1] **bai·lo·te·ar** [bailoteár] *intr* Bailar sin gracia ni ritmo.

bai·lo·teo [bailotéo] *s/m* Acción o resultado de bailotear.

[3] **ba·ja** [báχa] *s/f* 1. Descenso de algo. 2. Cese en el trabajo, o documento en que consta. 3. Pérdida(s) en el campo de batalla.

[2] **ba·ja·da** [baχáða] *s/f* 1. Acción de bajar. 2. Inclinación del suelo hacia abajo.

[1] **ba·ja·mar** [baχamár] *s/f* Duración o fin del reflujo en el mar.

[1] **ba·jan·te** [baχánte] *s/f* Tubería por donde bajan del tejado las aguas de lluvia.

[5] **ba·jar** [baχár] *intr tr* 1. Ir o poner algo desde un punto alto a otro de altura inferior. 2. Disminuir (tamaño, precio, etc.). 3. Apearse de un vehículo o animal.

[1] **ba·jel** [baχél] *s/m* Barco.

[1] **ba·je·ro, -ra** [baχéro] *adj* Que se coloca debajo de otra cosa.

[1] **ba·je·za** [baχéθa] *s/f* 1. Cualidad de bajo o vil. 2. Acción vil e indigna.

[1] **ba·jío** [baχío] *s/m* Banco de arena en aguas navegables.

[1] **ba·jis·ta** [baχísta] I. *adj* Que tiene carácter descendente y decreciente. II. *s/m,f* Persona que toca el bajo.

[5] **ba·jo, -ja** [báχo] I. *adj* 1. De escasa estatura o altura. 2. Que está cerca del suelo. 3. poco potente (*sonido*); reducido, escaso (*valor, intensidad*). 4. Inclinado hacia abajo: *Escuchaba con la cabeza baja.* II. *prep* Debajo de: *Dormían bajo techo.* IV. *s/m* 1. Parte más baja de algo. 2. En un edificio, piso al nivel de la calle. 3. MÚS Persona que canta con voz grave. 4. *pl* Parte inferior de un vehículo: *Los bajos de un coche.*

[1] **ba·jón** [baχón] *s/m* Descenso brusco y significativo en algo (salud, precio, etc.).

[1] **ba·jo·rre·lie·ve** [baχorreljéβe] *s/m* Figura esculpida que destaca poco sobre el fondo.

[1] **ba·ju·ra** [baχúra] *s/f* **Pesca de bajura**, la cercana al litoral.

[2] **ba·la** [bála] *s/f* 1. Proyectil de un arma de fuego. 2. Paquete de mercancías atado y prensado.

[1] **ba·la·ce·ra** [balaθéra] *s/f* AMER Tiroteo.

[2] **ba·la·da** [baláða] *s/f* Composición poética o musical, de carácter íntimo y romántico.

[1] **ba·la·dí** [balaðí] *adj* Superficial, poco importante.

ba·la·dro·na·da [balaðronáða] *s/f* Acción de quien presume y se jacta de algo.

bá·la·go [bálaγo] *s/m* Paja larga de los cereales, sin espiga.

ba·la·lai·ca; ba·la·lai·ka [balaláika] *s/f* Instrumento musical típico de Rusia.

[3] **ba·lan·ce** [balánθe] *s/m* 1. (*Hacer un balance*) Análisis financiero de una empresa para comprobar el estado de sus cuentas. 2. Valoración final a que se llega tras analizar un proceso, actividad, etc.

[2] **ba·lan·ce·ar** [balanθeár] *tr* Mover algo de un lado a otro.

[1] **ba·lan·ceo** [balanθéo] *s/m* Acción o resultado de balancear(se).

[1] **ba·lan·cín** [balanθín] *s/m* 1. Asiento colgante que se mece o mueve a voluntad. 2. Barra móvil en torno a un eje para regular el movimiento de vaivén en uno de sus extremos.

[1] **ba·lan·dro** [balándro] *s/m* Embarcación de pequeño tamaño.

bá·la·no [bálano] *s/m* ANAT Parte extrema y bulbosa del pene.

[3] **ba·lan·za** [balánθa] *s/f* Instrumento para pesar.

[2] **ba·lar** [balár] *intr* Dar balidos (la oveja, el cordero y otros animales).

ba·las·to [balásto] *s/m* Capa de piedras machacadas y grava sobre la que se asientan las traviesas de las vías férreas o usada en la pavimentación de carreteras.

[1] **ba·laus·tra·da** [balaustráða] *s/f* Serie de balaustres.

[1] **ba·laus·tre** [baláustre] *s/m* Columna pequeña unida por encima a un pasamano. PRON También *balaústre*.

[2] **ba·la·zo** [baláθo] *s/m* Disparo o impacto de bala.

[2] **bal·bu·ce·ar** [balβuθeár] *intr tr* Hablar de forma vacilante, como los niños.

1 **bal·bu·ceo** [balβuθéo] *s/m* Acción o resultado de balbucear.

1 **bal·bu·cir** [balβuθír] *tr intr* Balbucear.
GRAM Es defectivo. Sólo se conjuga en *inf* y en las formas con desinencia en *i: Balbucía.*

1 **bal·cá·ni·co, -ca** [balkániko] *adj s/m,f* De los Balcanes.

3 **bal·cón** [balkón] *s/m* Abertura en un muro, a ras del piso y protegida por una barandilla.

1 **bal·co·na·da** [balkonáða] *s/f* Serie de balcones.

bal·da·quín [baldakín] *s/m* Dosel de tela noble, que se colocaba como ornamentación sobre un trono, altar o púlpito.

1 **bal·da·qui·no** [baldakíno] *s/m* Baldaquín.

1 **bal·dar** [baldár] *tr* Dejar a alguien sin poderse mover o andar.

1 **bal·de** [bálde] *s/m* Cubo. LOC **De balde,** gratis. **En balde,** en vano, inútilmente.

bal·de·ar [baldeár] *tr* Arrojar agua con cubos sobre un piso o cubierta de un barco.

2 **bal·dío, -ía** [baldío] **I.** *adj s/m* Se dice de la tierra estéril. **II.** *adj* Inútil, vano.

1 **bal·dón** [baldón] *s/m* Cosa vergonzosa y humillante.

2 **bal·do·sa** [baldósa] *s/f* Ladrillo de poco grosor usado para revestir muros o suelos.

1 **bal·do·sín** [baldosín] *s/m* Baldosa pequeña.

3 **ba·le·ar** [baleár] **I.** *adj s/m,f* De las islas Baleares. **II.** *tr* AMER Disparar balas.

1 **ba·li·do** [balíðo] *s/m* Sonido emitido por el carnero, oveja, cabra o ciervo.

1 **ba·lín** [balín] *s/m* Bala de pequeño calibre.

1 **ba·lís·ti·ca** [balístika] *s/f* Ciencia que estudia los proyectiles y su trayectoria.

1 **ba·lís·ti·co, -ca** [balístiko] *adj* Relativo a la balística.

ba·li·za [balíθa] *s/f* **1.** Señal fija y flotante en el mar. **2.** Señal en un aeropuerto, carretera o vía para avisar de un peligro.

ba·li·za·je [balíθaxe] *s/m* Sistema de balizas instaladas en un puerto o aeropuerto.

1 **ba·li·zar** [balíθar] *tr* Poner balizas.
ORT Ante *e* la *z* cambia a *c: Balicé.*

2 **ba·lle·na** [baʎéna] *s/f* Mamífero cetáceo de gran tamaño.

ba·lle·na·to [baʎenáto] *s/m* Cría de ballena.

1 **ba·lle·ne·ro, -ra** [baʎenéro] *adj s/m,f* Relativo a la ballena o a su pesca.

1 **ba·lles·ta** [baʎésta] *s/f* **1.** Arma de caza y guerra para lanzar flechas, en forma de arco montado sobre una caja de madera. **2.** Conjunto de láminas de acero elásticas y superpuestas, usadas como suspensión en los vehículos.

2 **ba·llet** [balét] *s/m* **1.** Baile escénico y artístico de música y danza. **2.** Conjunto de bailarines que lo interpretan.

2 **bal·nea·rio, -ia** [balneárjo] **I.** *s/m* Establecimiento de baños termales. **II.** *adj* Relativo a los baños termales.

1 **ba·lom·pié** [balompjé] *s/m* Fútbol.

3 **ba·lón** [balón] *s/m* Pelota grande para jugar al fútbol, baloncesto, etc.

ba·lo·na·zo [balonáθo] *s/m* Impacto fuerte de balón.

1 **ba·lon·ces·tis·ta** [balonθestísta] *adj s/m,f* Se dice de la persona que practica el baloncesto.

2 **ba·lon·ces·to** [balonθésto] *s/m* Deporte que consiste en meter el balón en la cesta del contrario.

2 **ba·lon·ma·no** [balommáno] *s/m* Deporte cuyo objetivo es meter el balón con la mano en la meta del contrario.

1 **ba·lon·vo·lea** [balomboléa] *s/m* Deporte que consiste en pasar el balón con la mano, por encima de una red, al campo contrario dificultando su recogida.

1 **ba·lo·ta·je** [balotáxe] *s/m* AMER Acción de votar.

2 **bal·sa** [bálsa] *s/f* **1.** Plataforma flotante de maderos atados entre sí, para el transporte, *esp* en los ríos. **2.** Depósito de agua.

1 **bal·sá·mi·co, -ca** [balsámiko] *adj* Relativo al bálsamo, o que lo contiene.

1 **bál·sa·mo** [bálsamo] *s/m* **1.** Sustancia aromática. **2.** FIG Consuelo, alivio.

1 **bál·ti·co, -ca** [báltiko] *adj* Relativo al mar Báltico.

1 **ba·luar·te** [balwárte] *s/m* Obra fortificada.

1 **bam·ba** [bámba] *s/f* Tipo de baile cubano y su música.

1 **bam·ba·li·na** [bambalína] *s/f* TEAT Cada una de las tiras de lienzo o papel que cuelgan en la parte superior del decorado.

1 **bam·bo·le·ar** [bamboleár] *tr* REFL(-se) Mover(se) de un lado a otro, sin caerse.

bam·bo·leo [bamboléo] *s/m* Acción o resultado de bambolear(se).

1 **bam·bú** [bambú] *s/m* Planta de caña fuerte,

alta y flexible, usada en la construcción, muebles, etc.

2 **ba·nal** [banál] *adj* GAL Sin valor, poco importante.

1 **ba·na·li·dad** [banaliðáð] *s/f* Cualidad de banal, o cosa banal.

1 **ba·na·li·zar** [banaliθár] *tr* Hacer que algo sea banal.
ORT Ante *e* la *z* cambia a *c: Banalicé*.

1 **ba·na·na** [banána] *s/f* AMER Árbol o fruto del banano.

2 **ba·na·ne·ro, -ra** [bananéro] **I.** *adj* **1.** Relativo a la banana. **2.** PEY Corrupto: *República bananera*. **II.** *s/m* Árbol que produce las bananas.

2 **ba·na·no** [banáno] *s/m* **1.** Árbol que produce el banano o plátano. **2.** Fruto de este árbol.

3 **ban·ca** [bánka] *s/f* **1.** Profesión de los bancos (1) en su conjunto. **2.** Asiento sin respaldo. **3.** AMER Escaño en una cámara parlamentaria. **4.** En los juegos de azar, depósito del dinero que se juega.

2 **ban·ca·da** [bankáða] *s/f* AMER Conjunto de diputados de un partido político.

1 **ban·cal** [bankál] *s/m* Sección de terreno cultivable.

4 **ban·ca·rio, -ia** [bankárjo] *adj* Relativo a la banca (1).

1 **ban·ca·rro·ta** [bankarróta] *s/f* Suspensión de una actividad mercantil por no pagar las deudas.

5 **ban·co** [bánko] *s/m* **1.** Establecimiento que hace negocio con el dinero que depositan o reciben sus clientes. **2.** Asiento alargado y estrecho, de madera u otros materiales, con o sin respaldo. **3.** Fondo poco profundo en zonas navegables.

4 **ban·da** [bánda] *s/f* **1.** Trozo estrecho y alargado de tela o material similar. **2.** En el dial de radio, frecuencia de emisión. **3.** Grupo organizado de malhechores o de personas con fines perjudiciales. **4.** Conjunto musical con instrumentos de viento. **5.** Lado o costado.

1 **ban·da·da** [bandáða] *s/f* Conjunto de aves o peces que se desplazan juntos.

1 **ban·da·zo** [bandáθo] *s/m* **1.** (Con *dar*) Inclinación brusca de una embarcación o vehículo hacia un lado. **2.** Cambio brusco de actitud.

1 **ban·de·ar** [bandeár] *intr tr* Dar bandazos.

3 **ban·de·ja** [bandéχa] *s/f* **1.** Pieza lisa con un pequeño reborde alrededor, para servir alimentos, bebidas, etc.

4 **ban·de·ra** [bandéra] *s/f* **1.** Rectángulo de tela, normalmente con franjas de color(es), que simboliza a una nación o colectividad. **2.** Trozo de tela u otro material, usado para señalizar. **3.** Tropa bajo una misma bandera.

ban·de·ra·zo [banderáθo] *s/m* DEP Señal de bandera, hecha por un juez, normalmente para indicar la salida o la llegada de una carrera (de coches, de motos, de ciclistas, etc.).

1 **ban·de·ría** [bandería] *s/f* Bando, facción.

1 **ban·de·ri·lla** [banderíʎa] *s/f* Palo de unos 70 cm de largo y punta afilada que el torero clava en la cerviz del toro.

1 **ban·de·ri·lle·ro** [banderiʎéro] *s/m* TAUR Torero que clava las banderillas al toro.

1 **ban·de·rín** [banderín] *s/m* Banderita triangular o cuadrada, o soldado que la lleva.

1 **ban·de·ro·la** [banderóla] *s/f* Bandera pequeña, usada para señalizar o identificar.

1 **ban·di·da·je** [bandiðáχe] *s/m* Bandolerismo.

2 **ban·di·do, -da** [bandíðo] *adj s/m,f* **1.** Bandolero. **2.** COL Persona que estafa y engaña.

2 **ban·do** [bándo] *s/m* **1.** Partido, facción. **2.** Aviso público de la autoridad competente.

1 **ban·do·le·ra** [bandoléra] *s/f* Correa que cruza el pecho y espalda y sirve para llevar colgada un arma.

ban·do·le·ris·mo [bandolerísmo] *s/m* Actividad de los bandoleros.

2 **ban·do·le·ro, -ra** [bandoléro] *s/m,f* Persona, miembro de una banda, que roba en despoblados.

1 **ban·du·rria** [bandúrrja] *s/f* MÚS Instrumento musical más pequeño que la guitarra, que se toca con púa.

1 **ban·jo** [bánχo; bánjo] *s/m* MÚS Instrumento musical similar a la guitarra, con caja de resonancia redonda.

3 **ban·que·ro, -ra** [bankéro] *s/m,f* **1.** Dueño de un banco o quien lo dirige. **2.** Depositario de la banca (en juegos).

2 **ban·que·ta** [bankéta] *s/f* **1.** Asiento pequeño. **2.** AMER Acera.

2 **ban·que·te** [bankéte] *s/m* Comida buena, a la cual asiste mucha gente.

1 **ban·qui·llo** [bankíʎo] *s/m* Asiento ocupado por los acusados.

2 **ba·ña·dor, -ra** [baɲaðór] *s/m* Prenda para bañarse en público.

4 **ba·ñar** [baɲár] *tr* **1.** Introducir el cuerpo en un líquido (agua), *gen* para limpiarlo. **2.** FIG Lindar las aguas del mar, de un río, de un lago, etc., con algún lugar. **3.** Cubrir algo con una sustancia.

2 **ba·ñe·ra** [baɲéra] *s/f* Recipiente para bañarse.

1 **ba·ñis·ta** [baɲísta] *s/m,f* Persona que toma un baño.

4 **ba·ño** [báɲo] *s/m* **1.** Acción de bañar(se). **2.** Bañera. **3.** Capa de una sustancia con que se recubre algo.

1 **bap·tis·te·rio** [baptistérjo] *s/m* Pila bautismal.

1 **ba·que·li·ta** [bakelíta] *s/f* Resina sintética para fabricar aislantes, barnices, etc.

1 **ba·que·ta** [bakéta] *s/f* **1.** Vara delgada y alargada. **2.** Resina sintética.

ba·que·te·ar [baketeár] *tr* Mover reiteradamente de un lado a otro, con incomodidad y molestias.

ba·que·teo [baketéo] *s/m* Acción o resultado de baquetear(se).

4 **bar** [bar] *s/m* Establecimiento donde se sirven bebidas y cosas de comer.

1 **ba·ra·hún·da** [baraúnda] *s/f* Confusión y ruido grande.

2 **ba·ra·ja** [baráχa] *s/f* Conjunto de naipes para los juegos de azar.

2 **ba·ra·jar** [baraχár] *tr* **1.** Mezclar sin orden los naipes de una baraja. **2.** Tomar en consideración diferentes opciones antes de tomar una decisión.

2 **ba·ran·da** [baránda] *s/f* Barandilla.

1 **ba·ran·dal** [barandál] *s/m* Barandilla.

2 **ba·ran·di·lla** [barandíʎa] *s/f* Antepecho, normalmente con balaustres o barras, en puentes, balcones, etc.

1 **ba·ra·ti·ja** [baratíχa] *s/f* Cosa de poco valor.

1 **ba·ra·ti·llo** [baratíʎo] *s/m* Establecimiento que vende cosas a bajo precio.

4 **ba·ra·to, ·ta** [baráto] *adj* Que cuesta poco dinero.

3 **bar·ba** [bárβa] *s/f* Parte de la cara, situada debajo de la boca o pelos que, en el hombre, crecen en esta parte.

1 **bar·ba·coa** [barβakóa] *s/f* Parrilla para asar carne o pescado al aire libre.

3 **bar·ba·ri·dad** [barβariðáð] *s/f* **1.** Hecho brutal o cruel. **2.** Cantidad grande de algo.

2 **bar·ba·rie** [barβárie] *s/f* Estado de falta de cultura y educación.

3 **bár·ba·ro, ·ra** [bárβaro] *adj* **1.** Cruel, despiadado y sanguinario. **2.** COL Estupendo: *Me parece bárbaro que lo haga*. **3.** Desproporcionado, excesivo: *Estos autobuses hacen un ruido bárbaro*.

1 **bar·be·cho** [barβétʃo] *s/m* Campo que no se cultiva durante cierto tiempo.

1 **bar·be·ría** [barβería] *s/f* Establecimiento del barbero.

2 **bar·be·ro, ·ra** [barβéro] *adj s/m,f* Persona cuyo oficio es afeitar la barba y cortar el cabello.

bar·bi·lam·pi·ño, ·ña [barβilampíɲo] *adj* Con poca barba.

2 **bar·bi·lla** [barβíʎa] *s/f* **1.** Porción de la cara debajo de la boca. **2.** Punta de la barba.

1 **bar·bi·tú·ri·co** [barβitúriko] *adj s/m* Relativo al ácido con propiedades hipnóticas y sedantes, o ese mismo ácido.

1 **bar·bo** [bárβo] *s/m* Pez comestible de río.

1 **bar·bo·tar** [barβotár] *tr* Emitir sonidos y palabras entrecortadas y con poca claridad.

bar·bo·te·ar [barβoteár] *intr* Barbotar.

2 **bar·bu·do, ·da** [barβúðo] *adj s/m,f* Con mucha barba.

3 **bar·ca** [bárka] *s/f* Embarcación pequeña.

1 **bar·ca·za** [barkáθa] *s/f* Barco para llevar carga de un buque a otro o de un buque a tierra.

2 **bar·ce·lo·nés, ·ne·sa** [barθelonés] *adj s/m,f* De Barcelona.

4 **bar·co** [bárko] *s/m* Embarcación cóncava de diferentes tamaños, usada para navegar.

bar·da [bárða] *s/f* Recubrimiento por encima de las tapias o paredes para protegerlas de la lluvia.

1 **bar·dal** [barðál] *s/m* Barda.

2 **bar·do** [bárðo] *s/m* Poeta.

1 **ba·re·mar** [baremár] *tr* Aplicar un baremo.

1 **ba·re·mo** [barémo] *s/m* Escala numérica para valorar algo.

1 **ba·ri·cen·tro** [bariθéntro] *s/m* Centro de gravedad de un cuerpo.

ba·rio [bárjo] *s/m* Metal alcalino. Símbolo *Ba*.

1 **ba·rí·to·no** [barítono] *adj s/m* Cantante con voz entre el tenor y el bajo.

1 **bar·lo·ven·to** [barloβénto] *s/m* En el mar, dirección de donde viene el viento.

1 **bar·man** [bárman] *s/m* ANGL Hombre que sirve bebidas en un bar.

2 **bar·niz** [barníθ] *s/m* Disolución resinosa

BAR·NI·ZA·DO

que se extiende sobre objetos para abrillantarlos e impermeabilizarlos.
ORT *pl* barnices.

1 **bar·ni·za·do** [barniθáðo] *s/m* Acción o efecto de barnizar.

2 **bar·ni·zar** [barniθár] *tr* Aplicar barniz sobre un objeto.
ORT Ante *e* la *z* cambia a *c: Barnicé.*

1 **ba·ró·me·tro** [barómetro] *s/m* Instrumento para medir la presión atmosférica.

2 **ba·rón, -ne·sa** [barón] *s/m* Título nobiliario inferior al vizconde.

2 **bar·que·ro, -ra** [barkéro] *s/m,f* Persona que conduce una barca.

1 **bar·qui·llo** [barkíʎo] *s/m* Hojaldre crujiente de diversas formas.

3 **ba·rra** [bárra] *s/f* 1. Pieza alargada y delgada, de diferentes materiales. 2. Mostrador de un bar. 3. Palanca de hierro, gruesa y fuerte. 4. Pieza alargada en que se presentan ciertos alimentos (turrón, chocolate, pan, etc.).

2 **ba·rra·ca** [barráka] *s/f* Construcción provisional, de materiales ligeros.

1 **ba·rra·cón** [barrakón] *s/m* Construcción grande, provisional y usada como alojamiento.

ba·rra·ga·na [barraɣána] *s/f* Concubina.

3 **ba·rran·co** [barránko] *s/m* Corte profundo en el terreno.

ba·rrar [barrár] *tr* Cerrar con barra(s).

ba·rre·du·ra [barreðúra] *s/f pl* Residuos que se barren.

1 **ba·rre·na** [barréna] *s/f* Barra de hierro o de acero para taladrar.

1 **ba·rre·nar** [barrenár] *tr* Perforar con una barrena.

1 **ba·rren·de·ro, -ra** [barrendéro] *s/m,f* Persona que se dedica a barrer las vías urbanas.

1 **ba·rre·ño** [barréɲo] *s/m* Recipiente grande, para usos domésticos.

4 **ba·rrer** [barrér] *tr* 1. Limpiar el suelo con escoba. 2. Arrastrar.

3 **ba·rre·ra** [barréra] *s/f* 1. Valla que separa un lugar de otro. 2. Obstáculo que impide el paso por un lugar.

2 **ba·rria·da** [barrjáða] *s/f* Barrio de una ciudad.

1 **ba·rri·ca** [barríka] *s/f* Tonel de tamaño medio.

1 **ba·rri·ca·da** [barrikáða] *s/f* Barrera improvisada para impedir el paso.

1 **ba·rri·do** [barríðo] *s/m* Acción o resultado de barrer.

2 **ba·rri·ga** [barríɣa] *s/f* Vientre.

1 **ba·rri·gu·do, -da** [barriɣúðo] *adj s/m,f* Con mucha barriga.

2 **ba·rril** [barríl] *s/m* 1. Recipiente para transporte y almacenamiento de líquidos. 2. Unidad de medida aplicada al petróleo.

1 **ba·rri·le·te** [barriléte] *s/m* 1. Barril pequeño. 2. En un revólver, pieza cilíndrica y giratoria donde se colocan las balas.

5 **ba·rrio** [bárrjo] *s/m* Zona delimitada o periférica de una población.
ba·rrio·ba·je·ro, -ra [barrjoβaxéro] *adj s/m,f* De los barrios bajos de una población.

1 **ba·rri·tar** [barritár] *intr* Dar (un elefante) barritos.
ba·rri·to [barríto] *s/m* Berrido emitido por un elefante.

1 **ba·rri·zal** [barriθál] *s/m* Lugar cubierto de barro.

3 **ba·rro** [bárro] *s/m* Mezcla de tierra y agua, *esp* si es arcilla.

4 **ba·rro·co, -ca** [barróko] *adj* 1. Se aplica al estilo artístico de los siglos XVI y XVII. 2. Complicado o retorcido.

1 **ba·rro·so, -sa** [barróso] *adj* Con barro.

2 **ba·rro·te** [barróte] *s/m gen pl* Barra gruesa de hierro. LOC **Entre barrotes,** encarcelado.

1 **ba·rrun·tar** [barruntár] *tr* Presentir o sospechar algo.

1 **ba·rrun·to** [barrúnto] *s/m* Indicio o señal de algo.

1 **bar·to·la** [bartóla] LOC **(Echarse/ Tenderse/Tumbarse, etc.) a la bartola,** sin preocupación.

1 **bár·tu·los** [bártulos] *s/m,pl* COL Objetos que normalmente se utilizan en una actividad.

2 **ba·ru·llo** [barúʎo] *s/m* Confusión grande. LOC **A barullo,** en abundancia.

1 **ba·sal** [basál] *adj* Relativo a la base.

1 **ba·sál·ti·co, -ca** [basáltiko] *adj* Relativo al basalto o que lo contiene

1 **ba·sal·to** [basálto] *s/m* Roca volcánica, negra y verdosa.

1 **ba·sa·men·to** [basaménto] *s/m* Asiento de una columna.

5 **ba·sar** [basár] *tr* REFL(-se) Asentar(se) o apoyar(se) algo sobre una base. RPr **Basar(se) en.**

1 **bas·ca** [báska] *s/f* **1.** *gen pl* Malestar espasmódico que precede al vómito. **2.** Grupo de personas amigas o que salen juntas para divertirse.

1 **bás·cu·la** [báskula] *s/f* Aparato para pesar.

1 **bas·cu·lar** [baskulár] *intr* Efectuar algo un movimiento de vaivén.

5 **ba·se** [báse] *s/f* **1.** Soporte de algo. **2.** Parte más importante de algo. **3.** Lugar que sirve como centro de una determinada actividad. **4.** MAT En una potencia, cantidad que toma como factor multiplicador el exponente.

5 **bá·si·co, -ca** [básiko] *adj* Fundamental.

2 **ba·sí·li·ca** [basílika] *s/f* Iglesia importante por su antigüedad o privilegios.

1 **ba·si·lis·co** [basilísko] *s/m* Animal fantástico que supuestamente mataba con la mirada. LOC **Estar/Ponerse hecho un basilisco**, INFML estar alguien muy enfadado y furioso.

1 **bas·quet·(bol); bás·quet·(bol)** [básket(bol)] *s/m* ANGL Deporte que consiste en introducir el balón en el aro del equipo contrario.

5 **bas·tan·te** [bastánte] *adj adv* En cantidad suficiente.

4 **bas·tar** [bastár] *intr* REFL(-*se*) Ser suficiente. RPr **Bastar con**.

bas·tar·di·lla [bastarðíʎa] *s/f* Letra cursiva.

2 **bas·tar·do, -da** [bastárðo] **I.** *adj s/m,f* Se aplica al hijo ilegítimo. **II.** *adj* Poco noble, indigno.

bas·te·dad [basteðáð] *s/f* Cualidad de basto.

2 **bas·ti·dor** [bastiðór] *s/m* Armazón que soporta una estructura. LOC **Entre bastidores,** fuera de escena, en privado.

bas·ti·lla [bastíʎa] *s/f* Doblez hecho en la tela con puntadas para que no se deshaga.

1 **bas·ti·men·to** [bastiménto] *s/m* Provisiones.

1 **bas·tión** [bastjón] *s/m* Recinto fortificado.

4 **bas·to, -ta** [básto] *adj* **1.** Poco refinado. **2.** Hecho con descuido, poco fino.

3 **bas·tón** [bastón] *s/m* **1.** Vara con empuñadura, que sirve de apoyo al caminar. **2.** Vara usada como distintivo de autoridad.

bas·to·na·zo [bastonáθo] *s/m* Golpe dado con un bastón.

4 **ba·su·ra** [basúra] *s/f* Desperdicios, restos de cualquier cosa.

1 **ba·su·ral** [basurál] *s/m* AMER Basurero (I).

2 **ba·su·re·ro, -ra** [basuréro] **I.** *s/m* Lugar en el que se amontona la basura. **II.** *s/m,f* Persona que recoge la basura.

2 **ba·ta** [báta] *s/f* **1.** Prenda de vestir larga y holgada, para estar cómodo en casa. **2.** Prenda de vestir usada para proteger la ropa habitual.

1 **ba·ta·ca·zo** [batakáθo] *s/m* **1.** Golpe fuerte que uno se da al caerse. **2.** FIG Fracaso importante.

4 **ba·ta·lla** [batáʎa] *s/f* Lucha entre enemigos.

4 **ba·ta·llar** [bataʎár] *intr* **1.** Luchar con armas. **2.** FIG Esforzarse mucho para conseguir algo.

2 **ba·ta·llón** [bataʎón] *s/m* Unidad de un ejército.

ba·tán [batán] *s/m* Máquina con mazos o rodillos, para limpiar y compactar el tejido.

1 **ba·ta·ta** [batáta] *s/f* Tubérculo azucarado semejante a la patata, o planta que lo produce.

ba·te [báte] *s/m* DEP Palo para jugar al béisbol.

1 **ba·tea** [batéa] *s/f gen pl* Cajón grande para la cría de mejillones.

1 **ba·te·ar** [bateár] *intr tr* Golpear la pelota con el bate.

1 **ba·tel** [batél] *s/m* Barco pequeño.

3 **ba·te·ría** [batería] *s/f* **1.** Conjunto de los instrumentos de percusión. **2.** Serie de cosas colocadas una al lado de otra. **3.** ELECTR Aparato que permite la acumulación de energía eléctrica. **4.** MIL Conjunto de cañones en tierra firme o a bordo de un barco.

1 **ba·ti·bu·rri·llo** [batiβurríʎo] *s/m* Mezcla desordenada de cosas.

1 **ba·ti·da** [batíða] *s/f* Registro de una zona para algún fin.

2 **ba·ti·do** [batíðo] *s/m* **1.** Acción de batir. **2.** Bebida preparada con leche, fruta o helado.

1 **ba·ti·dor, -ra** [batiðór] **I.** *adj* Que bate. **II.** *s/m,f* Aparato que sirve para batir y mezclar alimentos.

1 **ba·tien·te** [batjénte] **I.** *adj* Que bate. **II.** *s/m* Lado del marco sobre el que pegan las hojas de una puerta o ventana, o lugar contra el que rompen las olas.

1 **ba·tín** [batín] *s/m* Bata corta.

3 **ba·tir** [batír] **I.** *tr* **1.** Agitar una sustancia para que se espese o se mezclen sus componentes. **2.** Dar golpes el viento, la lluvia, las olas, etc., contra algo. **3.**

Registrar con cuidado un lugar en busca de caza o de gente. **4.** Golpear. **II.** REFL(-se) (Con *con, por*) Pelearse dos personas. RPr **Batirse con alguien/por algo.**

ba·tis·ca·fo [batiskáfo] *s/m* Aparato de inmersión a grandes produndidades.

1 **ba·tra·cio** [batráθjo] *s/m* Animal anfibio.

1 **ba·tu·rro, -rra** [batúrro] *adj s/m,f* De Aragón.

2 **ba·tu·ta** [batúta] *s/f* Varita que usa el director de orquesta para marcar el compás.

2 **baúl** [baúl] *s/m* Caja grande de madera para guardar ropa o para transportarla. **2.** AMER En un automóvil, lugar para el equipaje.

1 **bau·tis·mal** [bautismál] *adj* Relativo al bautismo.

2 **bau·tis·mo** [bautísmo] *s/m* Sacramento que supuestamente borra el pecado original y hace cristiano a quien lo recibe.

3 **bau·ti·zar** [bautiθár] *tr* **1.** Administrar el sacramento del bautismo. **2.** Poner nombre. **3.** FIG Echar agua al vino para aumentar la cantidad.
ORT Ante *e* la *z* cambia a *c: Baucticé*.

1 **bau·ti·zo** [bautíθo] *s/m* Acción o resultado de bautizar.

1 **bau·xi·ta** [bau(k)síta] *s/f* Roca blanda, de color blanquecino.

1 **ba·ya** [bája] *s/f* Fruto carnoso y jugoso, con las semillas envueltas en la pulpa.

1 **ba·ye·ta** [bajéta] *s/f* Trozo de un tejido, para fregar o limpiar el suelo.

1 **ba·yo, -ya** [bájo] *adj* De color blanco amarillento.

1 **ba·yo·ne·ta** [bajonéta] *s/f* Hoja de acero de doble filo, que se coloca en el cañón de un fusil y se usa como arma.

2 **ba·za** [báθa] *s/f* En una partida de cartas, naipes de cada jugada. LOC **Meter baza,** intervenir.

1 **ba·zar** [baθár] *s/m* Tienda en la que se venden objetos diversos.

2 **ba·zo, -za** [báθo] *s/m* Víscera situada a la izquierda del estómago.

1 **ba·zo·ca** [baθóka] *s/m* MIL Arma portátil de infantería.

1 **ba·zo·fia** [baθófja] *s/f* Cosa mal hecha y desagradable.

2 **be** [bé] *s/f* Nombre de la 'b'.

1 **bea·te·ría** [beatería] *s/f* Religiosidad exagerada o falsa.

1 **bea·ti·fi·ca·ción** [beatifikaθjón] *s/f* Acción o resultado de beatificar.

1 **bea·ti·fi·car** [beatifikár] *tr* Declarar oficialmente el Papa que alguien es modelo de vida cristiana.
ORT Ante *e* la *c* cambia a *qu: Beatifiqué*.

1 **bea·tí·fi·co, -ca** [beatífiko] *adj* Pacífico y tranquilo.

1 **bea·ti·tud** [beatitúð] *s/f* Felicidad, placidez.

2 **bea·to, -ta** [beáto] *adj s/m,f* **1.** Persona declarada por el Papa modelo de vida cristiana. **2.** Persona de religiosidad afectada o falsa.

3 **be·bé** [beβé] *s/m* Niño muy pequeño.

1 **be·be·de·ro** [beβeðéro] *s/m* Lugar donde beben los animales.

be·be·di·zo [beβeðíθo] *s/m* Bebida a la que se le atribuyen propiedades mágicas o que favorece los amoríos.

1 **be·be·dor, -ra** [beβeðór] *adj s/m,f* Que bebe.

5 **be·ber** [beβér] **I.** *tr intr* **1.** Tomar un líquido. **2.** Consumir bebidas alcohólicas. **II.** *intr* Brindar: *El matrimonio bebió por el porvenir de su hijo.* RPr **Brindar por.**

be·bi·ble [beβíβle] *adj* Que se puede beber.

3 **be·bi·da** [beβíða] *s/f* **1.** Acción o resultado de beber. **2.** Líquido que se bebe.

3 **be·bi·do, -da** [beβíðo] *adj* Borracho.

3 **be·ca** [béka] *s/f* Ayuda económica para estudiar.

1 **be·ca·do, -da** [bekáðo] *adj s/m,f* Que disfruta de una beca.

3 **be·car** [bekár] *tr* Conceder una beca.
ORT La *c* cambia a *qu* ante *e: Bequé*.

2 **be·ca·rio, -ia** [bekárjo] *s/m,f* Persona que disfruta de una beca.

be·ce·rra·da [beθerráða] *s/f* Espectáculo en el que se torean becerros.

2 **be·ce·rro, -rra** [beθérro] *s/m,f* Cría de la vaca, hasta de uno o dos años.

1 **be·cha·mel** [betʃamél] *s/f* GAL Salsa a base de leche y harina.
ORT También *bechamela, besamel*.

1 **be·del, -la** [beðél] *s/m,f* En centros de enseñanza, subalterno.

1 **be·dui·no, -na** [beðwíno] *s/m,f* Árabe nómada.

1 **be·fa** [béfa] *s/f* Burla o insulto.

be·fo, -fa [béfo] *adj s/m,f* Belfo.

1 **be·go·nia** [beɣónja] *s/f* BOT Planta de jardín, de flores rosadas.

[1] **bei·ge** [béij; béis] *adj* De color amarillento, ocre o castaño claro.

[2] **béis·bol** [béisβol] *s/m* ANGL Juego en el que participan dos equipos que alternativamente han de lanzar y recoger una pelota o golpearla con un bate.

bel·ce·bú [belθeβú] *s/m may* Uno de los nombres del demonio.

[1] **bel·dad** [beldáð] *s/f* 1. Belleza o hermosura. 2. Mujer de gran belleza.

[1] **be·lén** [belén] *s/m* 1. Representación del nacimiento de Jesucristo, formada por diversas figuras. 2. FIG Situación de mucha confusión y desorden.

[1] **bel·fo, ·fa** [bélfo] *adj s/m,f* De labios abultados y, *esp*, con el inferior colgante.

[2] **bel·ga** [bélga] *adj s/m,f* De Bélgica.

be·li·cis·mo [beliθísmo] *s/m* Actitud de quien tiende a provocar conflictos armados o violentos.

be·li·cis·ta [beliθísta] *adj s/m,f* Partidario de la guerra.

[3] **bé·li·co, ·ca** [béliko] *adj* Relativo a la guerra.

[1] **be·li·co·so, ·sa** [belikóso] *adj* Violento o inclinado a las peleas.

[1] **be·li·ge·ran·cia** [beliχeránθja] *s/f* Cualidad de beligerante.

[2] **be·li·ge·ran·te** [beliχeránte] *adj* 1. Que muestra inclinación a la pelea. 2. Que participa en una guerra.

be·lio [béljo] *s/m* Unidad de medida de la intensidad del sonido, cuya décima parte es el decibelio.

[1] **be·lla·co, ·ca** [beʎáko] *adj s/m,f* Poco honrado, granuja.

[1] **be·lla·do·na** [beʎaðóna] *s/f* BOT Planta de la que se obtiene la atropina.

[1] **be·lla·que·ría** [beʎakería] *s/f* Acción propia de un bellaco.

[4] **be·lle·za** [beʎéθa] *s/f* 1. Cualidad de bello. 2. Cosa o persona bella.

[5] **be·llo, ·lla** [béʎo] *adj* Que produce placer y deleite por su perfección.

[1] **be·llo·ta** [beʎóta] *s/f* Fruto de la encina o del roble.

[1] **be·mol** [bemól] *adj, s/m* Se dice de la nota que está alterada en un semitono por debajo de su sonido natural, o signo gráfico que lo indica.

[1] **ben·ce·no** [benθéno] *s/m* Hidrocarburo tóxico e inflamable, que se obtiene por la destilación de alquitrán de hulla.

[1] **ben·ci·na** [benθína] *s/f* Líquido inflamable que se obtiene por destilación del petróleo.

[3] **ben·de·cir** [bendeθír] *tr* 1. Pedir la protección de Dios. 2. Desear a alguien bien y felicidad. 3. Conceder Dios prosperidad.

[3] **ben·di·ción** [bendiθjón] *s/f* Acción de bendecir o palabras con que se bendice.

[2] **ben·di·to, ·ta** [bendíto] I. *adj* Bienaventurado. II. *adj s/m,f* Persona muy buena, o boba.

[1] **be·ne·fac·tor, ·ra** [benefaktór] *adj s/m,f* Bienhechor.

[1] **be·ne·fi·cen·cia** [benefiθénθja] *s/f* Actividad de quien ayuda a los necesitados.

[4] **be·ne·fi·ciar** [benefiθjár] *tr* (Con *a*) Resultar algo o alguien bueno para otra cosa o persona. RPr **Beneficiarse con/de**.

[2] **be·ne·fi·cia·rio, ·ia** [benefiθjárjo] *adj s/m,f* Que recibe un beneficio.

[5] **be·ne·fi·cio** [benefíθjo] *s/m* 1. Ganancia económica. 2. Acción que produce un efecto positivo.

[2] **be·ne·fi·cio·so, ·sa** [benefiθjóso] *adj* Que beneficia.

[2] **be·né·fi·co, ·ca** [benéfiko] *adj* Que es bueno o provechoso.

[1] **be·ne·mé·ri·ta** [benemérita] *s/f may* Cuerpo de la Guardia Civil.

[1] **be·ne·mé·ri·to, ·ta** [benemérito] *adj* Que merece respeto y admiración.

[2] **be·ne·plá·ci·to** [benepláθito] *s/m* Aprobación.

[2] **be·ne·vo·len·cia** [beneβolénθja] *s/f* Cualidad de benévolo.

[1] **be·ne·vo·len·te** [beneβolénte] *adj* Que tiene buena voluntad y comprensión.

[2] **be·né·vo·lo, ·la** [benéβolo] *adj* Benevolente.

[1] **ben·ga·la** [bengála] *s/f* Explosivo que se lanza y arde con luz muy viva.

ben·ga·lí [bengalí] *adj s/m,f* De Bengala.

[1] **be·nig·ni·dad** [beniɣniðáð] *s/f* Cualidad de benigno.

[2] **be·nig·no, ·na** [beníɣno] *adj* 1. Que tiene disposición a tratar a otros sin severidad. 2. Se aplica a cosas, moderado.

[1] **ben·ja·mín, ·mi·na** [benχamín] *s/m,f* El hijo o hija menor de una familia.

ben·zol [benθól] *s/m* Hidrocarburo tóxico e inflamable, usado como disolvente.

[1] **beo·do, ·da** [beóðo] *adj s/m,f* Borracho.

1 **ber·be·re·cho** [berβerétʃo] *s/m* Molusco bivalvo y comestible.

ber·be·ris·co, -ca [berβerísko] *adj s/m,f* De Berbería.

be·ré·ber [beréβer] *adj s/m,f* De un pueblo del norte de África.
ORT También *bereber, berebere*.

2 **be·ren·je·na** [berenχéna] *s/f* Planta cuyo fruto, de forma alargada, es comestible, o ese mismo fruto.

1 **be·ren·je·nal** [berenχenál] *s/m* LOC **Meterse en un berenjenal,** meterse en dificultades.

1 **ber·gan·tín** [berɣantín] *s/m* Embarcación ligera de dos palos, con bauprés y vela cuadrada.

1 **be·ri·lio** [beríljo] *s/m* Elemento metálico y sólido, de color blanco. Símbolo *Be*.

1 **ber·li·na** [berlína] *s/f* Automóvil de cuatro o seis plazas.

1 **ber·li·nés, -ne·sa** [berlinés] *adj s/m,f* De Berlín.

ber·me·jo, -ja [berméχo] *adj* De color rojizo claro.

1 **ber·me·llón** [bermeʎón] *s/m* Cinabrio en polvo, de color rojo.

1 **ber·mu·das** [bermúðas] *s/m,f* Pantalón que cubre la pierna hasta las rodillas.

1 **be·rre·ar** [berreár] *intr* Llorar con fuerza, *esp* los niños.

1 **be·rri·do** [berríðo] *s/m* 1. Grito fuerte. 2. Voz característica del becerro, ciervo, etc.

1 **be·rrin·che** [berríntʃe] *s/m* Enfado grande.

1 **be·rro** [bérro] *s/m* Planta que suele comerse en ensalada.

1 **ber·za** [bérθa] *s/f* Col.

ber·zo·tas [berθótas] *s/m,f* FIG Persona ignorante o tonta.

1 **be·sa·ma·nos** [besamános] *s/m* Acto en el que se besa la mano de alguien (rey, etc.) en señal de respeto.

be·sa·mel; be·sa·me·la [besamél(a)] *s/f* Bechamel.

4 **be·sar** [besár] *tr intr* Tocar a alguien con los labios juntos en señal de amor, amistad o respeto.

4 **be·so** [béso] *s/m* Acción o resultado de besar.

3 **bes·tia** [béstja] **I.** *s/f* Animal de carga. **II.** *adj s/m,f* Persona de poca educación o poco inteligente.

1 **bes·tial** [bestjál] *adj* 1. Muy grande. 2. Propio de una bestia.

1 **bes·tia·li·dad** [bestjaliðáð] *s/f* 1. Acción bestial. 2. Gran cantidad: *Nos divertimos una bestialidad.*

1 **best·se·ller** [bes(t)séler] *s/m* ANGL Libro que figura entre los más vendidos.

1 **be·su·go** [besúɣo] *s/m* 1. Pez de carne blanca y sabrosa. 2. FIG Persona torpe.

1 **be·su·que·ar** [besukeár] *tr* REFL(-*se*) Dar(se) muchos besos.

1 **be·su·queo** [besukéo] *s/m* Acción o resultado de besuquear.

2 **bé·ti·co, -ca** [bétiko] *adj* De Andalucía.

1 **be·tún** [betún] *s/m* Sustancia para limpiar y abrillantar el calzado.

1 **bi·a·nual** [bianwál] *adj* Dos veces al año.

1 **bi·be·rón** [biβerón] *s/m* Botella pequeña con una tetina, para alimentar a los niños recién nacidos.

3 **bi·blia** [bíβlja] *s/f may* Conjunto de los libros sagrados del Antiguo y Nuevo Testamento

3 **bí·bli·co, -ca** [bíβliko] *adj* Relativo a la Biblia.

1 **bi·blió·fi·lo, -la** [biβljófilo] *s/m,f* Aficionado a los libros, *esp* a los antiguos y raros.

2 **bi·blio·gra·fía** [biβljoɣrafía] *s/f* Relación de libros sobre un tema o autor.

2 **bi·blio·grá·fi·co, -ca** [biβljoɣráfiko] *adj* Referido a la bibliografía.

4 **bi·blio·te·ca** [biβljotéka] *s/f* Colección ordenada de libros o lugar donde están.

1 **bi·blio·te·ca·rio, -ia** [biβljotekárjo] *s/m,f* Encargado de una biblioteca.

1 **bi·ca·me·ral** [bikamerál] *adj* Se dice del Estado que cuenta con dos cámaras de representantes.

1 **bi·car·bo·na·to** [bikarβonáto] *s/m* Sal derivada del ácido carbónico.

1 **bi·cé·fa·lo, -la** [biθéfalo] *adj* Con dos cabezas.

1 **bi·cen·te·na·rio, -ia** [biθentenárjo] *s/m* Segundo centenario.

1 **bí·ceps** [bíθeps] *adj s/m* Músculo que flexiona el brazo.

1 **bi·cha·rra·co** [bitʃarráko] *s/m* DES Animal con forma rara o desagradable.

2 **bi·cho** [bítʃo] *s/m* 1. Cualquier animal pequeño o cuyo nombre no se sabe. 2. Persona mala o con mala intención.

2 **bi·ci** [bíθi] *s/f* Apócope de 'bicicleta'.

3 **bi·ci·cle·ta** [biθikléta] *s/f* Vehículo de dos ruedas, con dos pedales que mueven la rueda trasera.

1 **bi·co·ca** [bikóka] *s/f* COL Cosa o situación

BIO·GRA·FÍA

que produce mucho beneficio y exige poco esfuerzo.

1 **bi·co·lor** [bikolór] *adj* De dos colores.

1 **bi·dé** [biðé] *s/m* GAL Lavabo de asiento para la higiene íntima.

1 **bi·di·men·sio·nal** [biðimensjonál] *adj* De dos dimensiones espaciales.

1 **bi·dón** [biðón] *s/m* Recipiente metálico para líquidos.

1 **bie·la** [bjéla] *s/f* Pieza mecánica que transforma el movimiento de vaivén en otro de rotación, o viceversa.

5 **bien** [bjén] **I.** *s/m* **1.** Cosa buena o útil. **2.** La perfección absoluta o bondad en abstracto. **3.** *pl* Conjunto de las posesiones de alguien. **4.** Calificación académica superior al 'aprobado'. **II.** *adv* **1.** Correctamente. **2.** De manera divertida. **III.** *adj* INFML (Con *gente*) De buena posición social: *Es para la gente bien.*

1 **bie·nal** [bjenál] *adj* Que dura dos años.

1 **bien·a·ven·tu·ra·do, -da** [bjenaβenturáðo] **I.** *adj s/m,f* Afortunado, feliz. **II.** *s/m,f* REL Se dice de quien se cree que disfruta ya de la felicidad eterna.

1 **bien·a·ven·tu·ran·za** [bjenaβenturánθa] *s/f* Felicidad eterna.

4 **bien·es·tar** [bjenestár] *s/m* Estado de quien se siente a gusto y feliz o tiene lo necesario para vivir.

1 **bien·he·chor, -ra** [bjenetʃór] *adj s/m,f* Que ayuda a otros.

1 **bie·nio** [bjénjo] *s/m* Periodo de dos años.

2 **bien·ve·ni·da** [bjembeníða] *s/f* Satisfacción que se muestra por haber llegado bien a un lugar.

3 **bien·ve·ni·do, -da** [bjembeníðo] *adj* Recibido con agrado. RPr **Bienvenido a.**

1 **bies** [bjés] *s/m* Tira de tela cortada oblicuamente y cosida al borde de otra tela, como adorno.

bi·fá·si·co, -ca [bifásiko] *adj* De dos corrientes alternas iguales.

1 **bi·fe** [bífe] *s/m* AR Filete de carne.

1 **bi·fur·ca·ción** [bifurkaθjón] *s/f* **1.** División de algo en dos ramales separados. **2.** Punto donde se produce esta división.

bi·fur·car [bifurkár] *tr* Dividir algo en dos partes o ramales.
ORT Ante *e* la *c* cambia a *qu*: *Bifurque.*

1 **bi·ga·mia** [biγámja] *s/f* Situación de quien está casado con dos personas al mismo tiempo.

1 **bí·ga·mo, -ma** [bíγamo] *adj s/m,f* Que practica la bigamia.

3 **bi·go·te** [biγóte] *s/m* Pelo que se deja crecer sobre el labio superior de la cara.

1 **bi·go·tu·do, -da** [biγotúðo] *adj* Con mucho bigote.

1 **bi·ki·ni** [bikíni] *s/m* Traje de baño femenino de dos piezas.

2 **bi·la·te·ral** [bilaterál] *adj* Que afecta a dos partes.

1 **bil·baí·no, -na** [bilβaíno] *adj s/m,f* De Bilbao.

1 **bi·liar** [biljár] *adj* Relativo a la bilis.

2 **bi·lin·güe** [bilíŋgwe] *adj s/m,f* Que domina dos lenguas por igual.

1 **bi·lin·güis·mo** [biliŋgwísmo] *s/m* Situación de bilingüe.

1 **bi·lis** [bílis] *s/f* Líquido verdoso o amarillento, amargo, segregado por el hígado.

2 **bi·llar** [biʎár] *s/m* Juego de salón que se practica sobre una mesa rectangular, con bolas que se golpean con un taco.

bi·lle·ta·je [biʎetáxe] *s/m* Conjunto de billetes.

4 **bi·lle·te** [biʎéte] *s/m* **1.** Papel impreso que emite el banco central de un país como dinero legal. **2.** Tarjeta para entrar a un espectáculo o usar un medio de transporte. **3.** Comprobante de participación en un sorteo.

1 **bi·lle·te·ro, -ra** [biʎetéro] *s/m,f* Cartera de bolsillo para guardar billetes, tarjetas o documentos.

3 **bi·llón** [biʎón] *s/m* Un millón de millones.

1 **bi·mem·bre** [bimémbre] *adj* De dos miembros o partes.

1 **bi·mo·tor** [bimotór] *adj s/m* Avión con dos motores.

2 **bi·na·rio, -ia** [binárjo] *adj* Compuesto de dos elementos.

1 **bin·go** [bíŋgo] *s/m* Juego de azar o sala donde se juega.

bi·no·cu·lar [binokulár] *s/m,pl* Aparato óptico para ver a distancia con los dos ojos.

2 **bi·no·mio** [binómjo] *s/m* Expresión algebraica de dos términos.

1 **bio·de·gra·da·ble** [bioðeγraðáβle] *adj* Que puede descomponerse de manera natural.

1 **bio·fí·si·ca** *s/f* Ciencia que estudia los fenómenos físicos en relación con los seres vivos.

3 **bio·gra·fía** [bioγrafía] *s/f* Narración de la vida de alguien.

② **bio·grá·fi·co, -ca** [bioɣráfiko] *adj* Relativo a la biografía.

② **bió·gra·fo, -fa** [bióɣrafo] *s/m,f* Autor de una biografía.

③ **bio·lo·gía** [bioloχía] *s/f* Ciencia que estudia los seres vivos.

④ **bio·ló·gi·co, -ca** [biolóχiko] *adj* Relativo a la biología.

② **bió·lo·go, -ga** [bióloɣo] *s/m,f* Especialista en biología.

① **bio·ma·sa** [biomása] *s/f* Suma total de la materia de los seres que viven en un lugar determinado.

① **biom·bo** [bjómbo] *s/m* Mampara con bastidores articulados para establecer separaciones en un espacio.

① **biop·sia** [biópsja] *s/f* Extracción y análisis de tejidos de un ser vivo.

bio·rrit·mo [biorrítmo] *s/m gen pl* Variación cíclica en la actividad de los procesos de una persona o animal.

② **bios·fe·ra** [biosféra] *s/f* Zona con vida en la atmósfera terrestre.

bip [bíp] *s/m* Sonido con que se imita el pitido intermitente de un aparato.

① **bí·pe·do, -da** [bípeðo] *adj s/m* Animal que tiene dos pies.

bi·pla·za [bipláθa] *adj s/m* Vehículo de dos plazas.

① **bi·po·lar** [bipolár] *adj* Con dos polos.

① **bi·po·la·ri·dad** [bipolariðáð] *s/f* Propiedad de bipolar.

① **bi·qui·ni** [bikíni] *s/m* Bikini.

① **bir·lar** [birlár] *tr* COL Quitar algo a alguien con habilidad.

① **bir·li·bir·lo·que** [birliβirlóke] LOC **Por arte de birlibirloque,** como por arte de magia, sin que se sepa cómo ha ocurrido.

① **bir·ma·no, -na** [birmáno] *adj s/m,f* De Birmania.

① **bi·ro·me** [biróme] *s/m* AR Bolígrafo.

bi·rre·ac·tor [birreaktór] *s/m* Avión propulsado por dos reactores.

bi·rre·te [birréte] *s/m* Gorro que usan los profesores doctores universitarios, magistrados, y jueces en actos oficiales.

① **bi·rria** [bírrja] *s/f* DES Cosa fea o sin valor.

② **bis** [bís] *adv* Indica que debe repetirse o que está repetido.

② **bis·a·bue·lo, -la** [bisaβwélo] *s/m,f* Padre o madre del abuelo o de la abuela de una persona.

① **bi·sa·gra** [bisáɣra] *s/f* Mecanismo con dos piezas unidas por un eje común, que permite abrir puertas o ventanas.

① **bis·bi·se·ar** [bisβiseár] *tr* INFML Hablar en voz muy baja.

bis·bi·seo [bisβiséo] *s/m* Acción o resultado de bisbisear.

bi·sec·tor, -triz [bisektór; -tríθ] *adj s/m,f* Plano o línea recta que divide algo en dos partes iguales.

bi·sel [bisél] *s/m* Corte oblicuo en el borde de algo.

① **bi·se·lar** [biselár] *tr* Cortar a bisel.

① **bi·se·xual** [bise(k)swál] *adj s/m,f* Se dice de la persona que siente atracción sexual por hombres y por mujeres.

① **bi·se·xua·li·dad** [bise(k)swaliðáð] *s/f* Condición de bisexual.

① **bi·sies·to** [bisjésto] *adj s/m* Se aplica al año que tiene un día más, que se añade al mes de febrero.

bi·sí·la·bo, -ba [bisílaβo] *adj s/m* Con dos sílabas.

① **bis·mu·to** [bismúto] *s/m* Metal de color gris, muy frágil y fácil de fundir. Símbolo *Bi*.

① **bis·nie·to, -ta** [bisnjéto] *s/m,f* Respecto de una persona, hijo o hija de su nieto o nieta.

② **bi·son·te** [bisónte] *s/m* Mamífero rumiante bóvido y de gran tamaño.

bi·so·ñé [bisoɲé] *s/m* Peluca en la parte delantera de la cabeza.

bi·so·ñez [bisoɲéθ] *s/f* Cualidad de bisoño.

① **bi·so·ño, -ña** [bisóɲo] *adj s/m,f* Persona inexperta o nueva en algo.

① **bis·tec** [bisték] *s/m* Filete de carne para asar.
ORT También *biftec, bifstec*.

① **bis·tu·rí** [bisturí] *s/m* Instrumento de hoja cortante usado en operaciones quirúrgicas.

① **bi·su·te·ría** [bisutería] *s/f* Joyería barata o de imitación.

③ **bit** [bít] *s/m* COMP Unidad mínima de almacenamiento de información.

bí·t(t)er [bíter] *s/m* Bebida amarga, que se toma como aperitivo.

① **bi·tu·mi·no·so, -sa** [bituminóso] *adj* Que tiene betún o se parece a él.

② **bi·zan·ti·no, -na** [biθantíno] **I.** *adj* **1.** Se dice de la discusión muy rebuscada o estéril. **II.** *s/m,f* De Bizancio.

1 **bi·za·rría** [biθarría] *s/f* Cualidad de bizarro.

1 **bi·za·rro, -rra** [biθárro] *adj* Valiente.

1 **biz·co, -ca** [bíθko] *adj s/m,f* De mirada u ojo torcido o no bien coordinados.

2 **biz·co·cho** [biθkótʃo] *s/m* Dulce que se elabora con masa de huevo, leche y harina cocida al horno.

1 **biz·nie·to, -ta** [biθnjéto] *s/m,f* Bisnieto.

5 **blan·co, -ca** [blánko] **I.** *adj s/m,f* 1. Se aplica al color que contiene todos los del espectro luminoso. 2. Persona y raza cuya piel es de color pálido o claro. **II.** *s/m* 1. Objetivo hacia el que se apunta o dispara. 2. Espacio libre en una serie. **III.** *s/f* 1. Pieza del dominó con las dos partes sin números. 2. Nota que vale la mitad de una redonda. LOC **Dar en el blanco,** acertar.

1 **blan·cor** [blankór] *s/m* Blancura.

2 **blan·cu·ra** [blankúra] *s/f* Cualidad de blanco.

1 **blan·den·gue** *adj* Demasiado blando.

3 **blan·dir** [blandír] *tr* Mover un arma o algo similar con la mano y de forma amenazante.

3 **blan·do, -da** [blándo] *adj* 1. Que se corta, cede o se deforma con facilidad. 2. De carácter débil.

1 **blan·du·ra** [blandúra] *s/f* Cualidad de blando.

2 **blan·que·ar** [blankeár] *tr intr* Poner(se) algo blanco.

1 **blan·que·ci·no, -na** [blankeθíno] *adj* Que tira a blanco.

1 **blan·queo** [blankéo] *s/m* Acción o resultado de blanquear.

1 **blan·qui·llo, -lla** [blankíʎo] *s/m* 1. CH PE Variedad de albaricoque. 2. MEX GU Huevo de ave.

1 **blas·fe·mar** [blasfemár] *intr* Decir blasfemias.

1 **blas·fe·mia** [blasfémja] *s/f* Expresión o palabra injuriosa contra Dios o las cosas sagradas.

1 **blas·fe·mo, -ma** [blasfémo] *adj s/m,f* Que blasfema o contiene blasfemia.

1 **bla·són** [blasón] *s/m* 1. Escudo de armas. 2. FIG Honor o fama.

1 **ble·do** [bléðo] *s/m* Cosa que no vale nada.

ble·fa·ri·tis [blefarítis] *s/f* Inflamación de los párpados.

blen·da [blénda] *s/f* Sulfuro de cinc.

1 **ble·no·rra·gia** [blenorráxia] *s/f* Enfermedad infecciosa que consiste en la inflamación de la uretra.

ble·no·rrea [blenorréa] *s/f* Blenorragia.

1 **blin·da·do, -da** [blindáðo] **I.** *adj* Que está protegido con blindaje. **II.** *s/m* MIL Carro acorazado o tanque.

1 **blin·da·je** [blindáxe] *s/m* Recubrimiento de algo con planchas metálicas protectoras.

2 **blin·dar** [blindár] *tr* Reforzar con blindaje.

1 **bloc** [blók] *s/m* Conjunto de hojas de papel unidas.

4 **blo·car** [blokár] *tr* DEP Detener y agarrar un jugador, *esp* el portero, el balón en el aire.
ORT Ante *e* y la *c* cambia a *qu: Bloqué*.

4 **blo·que** [blóke] *s/m* 1. Masa sólida de algo, sin labrar. 2. Edificio con varias viviendas familiares. LOC **En bloque,** en su totalidad.

3 **blo·que·ar** [blokeár] **I.** *tr* 1. Impedir el paso o el movimiento por un lugar. 2. Impedir el desarrollo de un proceso. **II.** *REFL(-se)* INFML Detenerse la capacidad de actuación mental de alguien.

2 **blo·queo** [blokéo] *s/m* Acción o resultado de bloquear.

2 **blu·sa** [blúsa] *s/f* Prenda de vestir femenina que cubre la parte superior del cuerpo.

1 **boa** [bóa] *s/f* Serpiente americana no venenosa y de gran tamaño.

1 **boa·to** [boáto] *s/m* Ostentación de riqueza o poder.

2 **bo·ba·da** [boβáða] *s/f* Cosa tonta o sin importancia.

1 **bo·ba·li·cón, -co·na** [boβalikón] *adj s/m,f* Muy tonto.

2 **bo·bi·na** [boβína] *s/f* Porción de hilo, alambre, etc., enrollado sobre un cilindro.

2 **bo·bi·nar** [boβinár] *tr REFL(-se)* Enrollar(se) hilos, alambres, etc., en una bobina.

2 **bo·bo, -ba** [bóβo] *adj s/m,f* Persona poco inteligente, tonta.

5 **bo·ca** [bóka] *s/f* 1. Entrada al aparato digestivo. 2. Abertura del interior al exterior de algo. 3. FIG Persona o animal que hay que alimentar. LOC **A pedir de boca,** tal y como se ha deseado. **De boca,** de palabra (pero no de hecho).

1 **bo·ca·ca·lle** [bokakáʎe] *s/f* Entrada a una calle.

2 **bo·ca·di·llo** [bokaðíʎo] *s/m* Trozo de pan cortado en dos partes y relleno de comida.

BO·CA·DO

② **bo·ca·do** [bokáðo] *s/m* **1.** Porción de comida que se toma de una vez. **2.** Parte del freno que entra en la boca de una caballería.

bo·ca·ja·rro [bokaxárro] **A bocajarro**, de manera brusca e inesperada.

① **bo·ca·man·ga** [bokamánga] *s/f* Parte de la manga próxima a la muñeca.

② **bo·ca·na·da** [bokanáða] *s/f* Cantidad de líquido, aire o humo que se toma o se echa de una vez por la boca.

① **bo·ca·ta** [bokáta] *s/m* COL Bocadillo.

① **bo·ca·za** [bokáθa] **I.** *s/f* Boca grande. **II.** *s/m,f,pl* FIG Persona que habla más de lo debido.

bo·ce·ra [boθéra] *s/f gen pl* Restos de comida o bebida que quedan alrededor de los labios.

② **bo·ce·to** [boθéto] *s/m* Proyecto o esquema de algo.

bo·cha [bótʃa] *s/f pl* Juego que consiste en tirar bolas siguiendo ciertas reglas.

① **bo·chin·che** [botʃíntʃe] *s/m* (Con *armarse*, *haber*) Situación confusa, con ruido y jaleo.

② **bo·chor·no** [botʃórno] *s/m* **1.** Calor excesivo y sofocante. **2.** Vergüenza.

② **bo·chor·no·so, -sa** [botʃornóso] *adj* Que produce bochorno.

② **bo·ci·na** [boθína] *s/f* Utensilio que produce una señal sonora de peligro o advertencia.

① **bo·ci·na·zo** [boθináθo] *s/m* Ruido fuerte al tocar la bocina.

① **bo·cio** [bóθjo] *s/m* MED Aumento excesivo del tamaño de la glándula tiroides.

④ **bo·da** [bóða] *s/f* Ceremonia de casarse y fiesta que acompaña.

③ **bo·de·ga** [boðéɣa] *s/f* **1.** Lugar subterráneo donde se almacena el vino. **2.** Establecimiento donde se vende vino y otras bebidas. **3.** Espacio de un barco en que se coloca la carga.

② **bo·de·gón** [boðeɣón] *s/m* Cuadro que representa cosas y objetos no animados.

① **bo·de·gue·ro, -ra** [boðeɣéro] *s/m,f* Dueño o encargado de una bodega.

bo·do·que [boðóke] *s/m,f* Persona tonta y torpe.

① **bo·drio** [bóðrjo] *s/m* FIG Cosa de mala calidad o mal hecha.

① **bo·dy** [bóði] *s/m* ANGL Prenda de ropa interior femenina, muy ajustada, que cubre todo el cuerpo.

② **bo·fe·ta·da** [bofetáða] *s/f* Golpe dado en la cara con la palma de la mano abierta.

① **bo·fe·tón** [bofetón] *s/m* Bofetada.

① **bo·ga** [bóɣa] *s/f* Acción o resultado de bogar. LOC **(Estar) En boga**, (estar) de moda.

① **bo·gar** [boɣár] *intr* Remar.
ORT Ante *e* la *g* cambia a *gu*: *Bogué*.

① **bo·ga·van·te** [boɣaβánte] *s/m* Crustáceo parecido a la langosta, de carne muy apreciada.

② **bo·he·mio, -ia** [boémjo] *adj s/m,f* **1.** De vida irregular y desordenada. **2.** De Bohemia.

① **boi·cot** [boikót] *s/m* ANGL Acción o resultado de boicotear.

① **boi·co·te·ar** [boikoteár] *tr* Actuar contra algo o alguien para impedir una acción o su desarrollo.

① **boi·co·teo** [boikotéo] *s/m* Boicot.

② **boi·na** [bóina] *s/f* Gorra sin visera, redonda.

① **boj** [bóx] *s/m* Arbusto de hojas perennes y de madera dura.

① **bol** [ból] *s/m* Tazón sin asas.

③ **bo·la** [bóla] *s/f* **1.** Cuerpo esférico, de materiales diversos. **2.** DEP Balón. **3.** FIG Embuste, mentira. **4.** VULG *pl* Testículos.

② **bol·che·vi·que** [boltʃeβíke] *adj* Referido al bolchevismo o seguidor de este sistema.

bol·che·vis·mo [boltʃeβísmo] *s/m* Sistema político y social comunista que triunfó en Rusia en 1917.

bo·le·ar [boleár] *tr* DEP Lanzar la bola.

bo·leo [boléo] *s/m* Acción o resultado de bolear. LOC **A boleo**, INFML al azar.

bo·le·ra [boléra] *s/f* Local donde se juega a los bolos.

② **bo·le·ro, -ra** [boléro] *s/m* Tipo de baile y composición musical de compás ternario.

① **bo·le·ta** [boléta] *s/f* **1.** AMER En rifas o juegos de azar, papel en que consta el número que se juega. **2.** AMER Billete. LOC **Dar (la) boleta a alguien**, AMER despedirle.

① **bo·le·te·ría** [boletería] *s/f* AMER Lugar en el que se venden billetes.

③ **bo·le·tín** [boletín] *s/m* **1.** Publicación periódica sobre temas determinados. **2.** Espacio breve de noticias en radio o televisión. **3.** Papel donde constan las calificaciones.

② **bo·le·to** [boléto] *s/m* **1.** Billete. **2.** En juegos de azar, papeleta en que consta el número que se juega.

① **bo·li** [bóli] *s/m* COL Apócope de 'bolígrafo'.

[1] **bo·li·che** [bolítʃe] *s/m* 1. AMER Taberna. 2. En el juego de las bochas, bola pequeña hacia la que se deben tirar las grandes.

bo·li·che·ro, **-ra** [bolitʃéro] *s/m,f* AMER Propietario de un boliche.

[1] **bó·li·do** [bóliðo] *s/m* Vehículo muy rápido.

[2] **bo·lí·gra·fo** [bolíɣrafo] *s/m* Utensilio para escribir, con tinta que fluye al girar una bolita en su extremo.

[1] **bo·li·llo** [bolíʎo] *s/m* Palito torneado en el que se van enrollando los hilos al hacer encajes.

[4] **bo·lí·var** [bolíβar] *s/m* Moneda de Venezuela.

[3] **bo·li·via·no**, **-na** [boliβjáno] *adj s/m,f* De Bolivia.

[1] **bo·lle·ría** [boʎería] *s/f* 1. Conjunto de bollos. 2. Establecimiento en el que se elaboran o se venden bollos.

[1] **bo·llo** [bóʎo] *s/m* 1. Panecillo hecho con agua, harina, huevos, leche, etc. 2. Abultamiento en la superficie de algo.

[1] **bo·lo** [bólo] *s/m* 1. Pieza cilíndrica hecha de madera, con base plana. 2. *pl* Juego de bolos.

[4] **bol·sa** [bólsa] *s/f* 1. Receptáculo de tamaños diferentes, para guardar cosas diversas. 2. COM Actividad de compra y venta de valores bursátiles o lugar donde se lleva a cabo. 3. Cavidad de la tierra en la que se ha acumulado algún material (petróleo, etc.).

[4] **bol·si·llo** [bolsíʎo] *s/m* Especie de bolsa interior o exterior cosida a un vestido. LOC **De bolsillo**, que cabe en el bolsillo, de pequeño tamaño.

[3] **bol·so** [bólso] *s/m* 1. Bolsa que suelen llevar las mujeres con sus cosas personales. 2. Bolsa.

[1] **bo·lu·dez** [boluðéθ] *s/f* AMER Tontería.

[1] **bo·lu·do**, **-da** [bolúðo] *adj s/m,f* 1. AMER Poco inteligente o espabilada. 2. AMER Como insulto equivale a 'estúpido': *¡Óyeme, boludo, agáchate!*

[3] **bom·ba** [bómba] *s/f* 1. MIL Artefacto bélico con carga explosiva. 2. Máquina que aspira gases o líquidos. 3. FIG Noticia inesperada y sorprendente. 4. AMER Gasolinera. LOC **Caer algo como una bomba**, producir algo gran desconcierto. **Pasarlo bomba**, divertirse mucho.

[1] **bom·ba·cho**, **-cha** [bombátʃo] *adj s/m* Pantalón más corto de lo habitual, con pernera algo acampanada.

bom·bar·da [bombárða] *s/f* Tipo de cañón.

[2] **bom·bar·de·ar** [bombarðeár] *tr* Lanzar bombas sobre un objetivo.

[2] **bom·bar·deo** [bombarðéo] *s/m* Acción de bombardear.

[1] **bom·bar·de·ro**, **-ra** [bombarðéro] *adj s/m,f* Se aplica al barco o avión que sirve para bombardear.

[1] **bom·ba·zo** [bombáθo] *s/m* 1. Explosión de una bomba. 2. FIG Acontecimiento sensacional.

[1] **bom·be·ar** [bombeár] *tr* Trasvasar un líquido con una bomba.

[1] **bom·beo** [bombéo] *s/m* Acción de bombear.

[3] **bom·be·ro**, **-ra** [bombéro] *adj s/m,f* 1. Persona que se dedica a apagar incendios. 2. AMER Encargado de vender gasolina en una gasolinera.

[2] **bom·bi·lla** [bombíʎa] *s/f* 1. Globo de cristal que ilumina mediante un filamento incandescente al pasar por él la corriente eléctrica. 2. AMER Tubito delgado para sorber el mate.

[1] **bom·bi·llo** [bombíʎo] *s/m* AMER Bombilla (1).

[1] **bom·bín** [bombín] *s/m* Sombrero en forma de hongo.

[3] **bom·bo** [bómbo] *s/m* 1. Caja redonda y giratoria, que contiene las bolas de un sorteo. 2. MÚS Tambor grande. 3. (Con *dar*) Elogio exagerado.

[1] **bom·bón** [bombón] *s/m* 1. Golosina de chocolate. 2. FIG Persona muy atractiva, *esp* si es mujer.

[1] **bom·bo·na** [bombóna] *s/f* Envase metálico que contiene gases a presión o líquidos.

[1] **bom·bo·ne·ra** [bombonéra] *s/f* Caja o recipiente para guardar bombones.

bom·bo·ne·ría [bombonería] *s/f* Lugar donde se venden bombones.

[1] **bo·na·chón**, **-cho·na** [bonatʃón] *adj s/m,f* Persona bondadosa y amable.

[2] **bo·nae·ren·se** [bonaerénse] *adj s/m,f* De Buenos Aires.

bo·nan·ci·ble [bonanθíβle] *adj* Sereno, suave.

[2] **bo·nan·za** [bonánθa] *s/f* 1. Prosperidad. 2. Buen estado del tiempo o del mar.

[3] **bon·dad** [bondád] *s/f* Cualidad de bueno.

[2] **bon·da·do·so**, **-sa** [bondaðóso] *adj* Amable, que tiende a hacer el bien.

[1] **bo·ne·te** [bonéte] *s/m* 1. Gorro eclesiástico de cuatro picos. 2. En los rumiantes, segunda cavidad estomacal.

BO·NIA·TO

[1] **bo·nia·to** [bonjáto] *s/m* Planta cuya raíz es un tubérculo comestible y dulce.

[2] **bo·ni·fi·ca·ción** [bonifikaθjón] *s/f* Acción o resultado de bonificar.

[1] **bo·ni·fi·car** [bonifikár] *tr* Rebajar el importe de algo.
ORT Ante *e* la *c* cambia a *qu: Bonifiqué*.

[5] **bo·ni·to**, **-ta** [boníto] **I.** *adj* 1. Agradable o atractivo. 2. Abundante en cantidad: *Una bonita cantidad de dinero*. **II.** *s/m* Pez comestible.

[3] **bo·no** [bóno] *s/m* 1. Papeleta que se puede cambiar por otra cosa. 2. COM Título de deuda estatal.

[1] **bo·no·lo·to** [bonolóto] *s/f* Juego público de azar.

[1] **bon·sai** [bonsái] *s/m* Árbol enano, cultivado en tiestos.

bon·zo [bónθo] *s/m* Monje budista.

bo·ñi·ga [boɲíɣa] *s/f* Excremento del ganado vacuno.

[2] **boom** [búm; bún] *s/m* Aumento o incremento rápido de algo.

[1] **boo·me·rang** [bumerán] *s/m* ANGL Arma arrojadiza que vuelve al punto de lanzamiento.

[1] **bo·quea·da** [bokeáða] *s/f* Acción repetida de abrir y cerrar la boca en los moribundos.

[1] **bo·que·ar** [bokeár] *intr* Abrir la boca varias veces seguidas.

[1] **bo·que·rón** [bokerón] *s/m* Pez más pequeño que la sardina.

[2] **bo·que·te** [bokéte] *s/m* Abertura irregular en un muro.

[1] **bo·qui·a·bier·to**, **-ta** [bokjaβjérto] *adj* Sorprendido por algo.

[2] **bo·qui·lla** [bokíʎa] *s/f* 1. Parte de los instrumentos musicales por la que se sopla. 2. Tubito, con o sin filtro, para fumar.

[1] **bor·bo·tar** [borβotár] *intr* Hervir, salir el agua haciendo burbujas.

[1] **bor·bo·te·ar** [borβoteár] *intr* Borbotar.

[1] **bor·bo·tón** [borβotón] *s/m* Burbuja que sube a la superficie del agua con fuerza. LOC **A borbotones**, con fuerza y discontinuidad.

[1] **bor·ce·guí** [borθeɣí] *s/m* Bota alta, hasta algo más arriba del tobillo.

[1] **bor·da** [bórða] *s/f* Parte más elevada del costado de un barco.

[2] **bor·da·do**, **-da** [borðáðo] *s/m* 1. Trabajo de costura a mano. 2. Acción de bordar.

[4] **bor·dar** [borðár] *tr* Adornar un tejido o piel con distintos hilos cosidos en relieve.

[1] **bor·de** [bórðe] **I.** *s/m* 1. Línea que señala el límite de una cosa. 2. En la orilla del mar, río, etc., zona que separa el agua de la tierra. **II.** *adj* Silvestre. **III.** *adj s/m,f* FIG Persona de mal humor e intención.

[2] **bor·de·ar** [borðeár] *tr* 1. Ir por el borde o límite de algo. 2. FIG Estar próximo a una edad, una condición, etc.: *Esto bordea el ridículo*.

[1] **bor·di·llo** [borðíʎo] *s/m* Borde de piedras alargadas que separan la acera de la calzada.

[2] **bor·do** [bórðo] *s/m* LOC **A bordo (de)**, dentro de la embarcación o vehículo. **Subir a bordo**, embarcar.

[2] **bor·dón** [borðón] *s/m* Cuerda de un instrumento que emite los sonidos más graves.

[1] **bo·re·al** [boreál] *adj* Relativo al Norte.

[1] **bor·la** [bórla] *s/f* Adorno con hilos sueltos por un extremo.

bor·ne [bórne] *s/m* Pieza fija a la que se fijan los extremos de los cables eléctricos.

[1] **bo·ro** [bóro] *s/m* Elemento semimetálico de color pardo oscuro. Símbolo *B*.

bo·ro·na [boróna] *s/f* Pan de maíz.

[1] **bo·rra** [bórra] *s/f* Parte más basta de la lana o pelusa del paño.

[2] **bo·rra·che·ra** [borratʃéra] *s/f* Pérdida temporal de la capacidad física y mental por beber demasiado alcohol.

[3] **bo·rra·cho**, **-cha** [borrátʃo] *adj s/m,f* Persona que ha bebido demasiado alcohol. RPr **Borracho de**.

[2] **bo·rra·dor** [borraðór] *s/m* 1. Utensilio para borrar. 2. Escrito provisional, antes del definitivo.

[1] **bo·rra·ja** [borráχa] *s/f* Planta herbácea usada en infusiones.

[4] **bo·rrar** [borrár] *tr* Hacer desaparecer, suprimir. RPr **Borrar(se) de**.

[1] **bo·rras·ca** [borráska] *s/f* Tormenta con truenos y relámpagos.

[1] **bo·rras·co·so**, **-sa** [borraskóso] *adj* 1. Se dice del tiempo malo o con borrascas. 2. FIG Difícil.

[2] **bo·rre·go**, **-ga** [borréɣo] **I.** *s/m,f* Cordero de uno o dos años. **II.** *adj s/m,f* Persona demasiado dócil a los mandatos de otro.

bo·rre·guil [borreɣíl] *adj* 1. Relativo al borrego. 2. Fácil de manipular.

[2] **bo·rri·co**, **-ca** [borríko] **I.** *s/m,f* Asno. **II.** *adj s/m,f* FIG Persona estúpida.

1 **bo·rrón** [borrón] *s/m* Mancha de tinta en un papel.

1 **bo·rro·ne·ar** [borroneár] *tr* Hacer borrones.

2 **bo·rro·so, -sa** [borróso] *adj* Que no se ve con claridad.

1 **bos·co·so, -sa** [boskóso] *adj* Con muchos bosques.

3 **bos·nio, -ia** [bósnjo] *adj s/m,f* De Bosnia.

4 **bos·que** [bóske] *s/m* Terreno con muchos árboles.

1 **bos·que·jar** [boskeχár] *tr* Hacer bosquejos.

1 **bos·que·jo** [boskéχo] *s/m* Líneas generales de un dibujo o de un plan.

1 **bos·ta** [bósta] *s/f* Excremento del ganado vacuno o caballar.

2 **bos·te·zar** [bosteθár] *intr* Abrir mucho la boca de manera involuntaria, con inspiración y espiración lentas.
ORT Ante *e* la *z* cambia a *c: Bostecé*.

1 **bos·te·zo** [bostéθo] *s/m* Acción de bostezar.

2 **bo·ta** [bóta] *s/f* 1. Calzado que cubre el pie y parte de la pierna o toda ella. 2. Recipiente pequeño para el vino. LOC **Ponerse las botas**, FIG comer o beber mucho y bien.

1 **bo·ta·du·ra** [botaðúra] *s/f* Lanzamiento de una embarcación al agua por vez primera.

1 **bo·tá·ni·ca** [botánika] *s/f* Ciencia que estudia los vegetales.

2 **bo·tá·ni·co, -ca** [botániko] *adj* Relativo a la botánica.

3 **bo·tar** [botár] **I.** *tr* 1. Impulsar algo contra el suelo para que suba de nuevo hacia arriba. 2. AMER Despedir del trabajo. 3. Echar al agua un barco por vez primera. **II.** *intr* 1. Saltar o subir repetidas veces una pelota tras haber chocado contra el suelo.

1 **bo·ta·ra·te** [botaráte] *s/m,f* Persona alocada.

2 **bo·te** [bóte] *s/m* 1. Embarcación pequeña de remos. 2. Recipiente cilíndrico en el que se envasan conservas, bebidas, etc. 3. Acción de botar (II). 4. En un sorteo de lotería, premio que queda acumulado del sorteo anterior. LOC **Chupar del bote**, FIG aprovecharse. **Darse el bote**, FIG marcharse de un lugar. **De bote en bote**, FIG completamente lleno de gente.

4 **bo·te·lla** [botéʎa] *s/f* Recipiente cilíndrico de cuello estrecho.

1 **bo·ti·ca** [botíka] *s/f* Farmacia.

2 **bo·ti·ca·rio, -ia** [botikárjo] *s/m,f* Farmacéutico.

1 **bo·ti·jo** [botíχo] *s/m* Vasija de barro, con vientre abultado, y un pitorro para beber.

3 **bo·tín** [botín] *s/m* 1. Cosas que se roban. 2. Lo que se arrebata al enemigo vencido. 3. Calzado de cuero que cubre el tobillo y parte de la pierna.

1 **bo·ti·quín** [botikín] *s/m* Sala, armario o maletín con medicamentos para urgencias.

2 **bo·to, -ta** [bóto] **I.** *adj* Se dice del filo sin corte. **II.** *s/m* Bota alta de una sola pieza.

3 **bo·tón** [botón] *s/m* 1. Pieza que se pulsa o presiona para desconectar o conectar un mecanismo. 2. Pieza dura y redonda, que se cose en la ropa para que, pasada por un ojal, sujete una prenda de vestir. 3. En el tallo de las plantas, bulto inicial del que salen las hojas y flores. 4. *pl* Muchacho uniformado que hace los recados en los hoteles.

bo·to·na·du·ra [botonaðúra] *s/f* Conjunto de botones en un traje o vestido.

1 **bo·tu·lis·mo** [botulísmo] *s/m* Intoxicación por comer alimentos en mal estado.

1 **bou** [bóu] *s/m* 1. Procedimiento de pesca en el cual dos barcas arrastran una red por el fondo del mar. 2. Barca utilizada para este tipo de pesca.

1 **bou·quet** [buké] *s/m* Aroma de un vino.

2 **bou·ti·que** [butík] *s/f* GAL Establecimiento donde se venden artículos de moda y de calidad.

3 **bó·ve·da** [bóβeða] *s/f* Construcción curva que cubre el espacio entre dos muros o pilares.

bo·ve·di·lla [boβeðíʎa] *s/f* Pieza pequeña que cubre el espacio entre vigas contiguas.

1 **bó·vi·do** [bóβiðo] *adj* Se aplica a los rumiantes con cuernos como la vaca.

1 **bo·vi·no, -na** [boβíno] *adj* Se aplica al ganado vacuno.

2 **bo·xea·dor, -ra** [bo(k)seaðór] *s/m,f* Persona que practica el boxeo.

2 **bo·xe·ar** [bo(k)seár] *intr* DEP Practicar el boxeo.

1 **bo·xeo** [bo(k)séo] *s/m* Deporte en el que dos personas luchan a puñetazos, siguiendo ciertas reglas.

1 **bo·ya** [bója] *s/f* Señal flotante sujeta al fondo del mar.

1 **bo·yan·te** [boján̄te] *adj* Próspero.

1 **bo·ye·ro, -ra** [bojéro] *s/m,f* Persona que cuida bueyes.

boy-scout [bói eskáut] *s/m* Muchacho explorador.

1 **bo·zal** [boθál] *s/m* Funda que se ajusta a la boca de ciertos animales para que no muerdan o no coman.

1 **bo·zo** [bóθo] *s/m* **1.** Pelillo suave sobre el labio. **2.** Parte externa de la boca.

1 **bra·ce·ar** [braθeár] *intr* **1.** Mover alguien los brazos repetidas veces. **2.** Mover los brazos para nadar.

1 **bra·ce·ro** [braθéro] *s/m* Jornalero.

brác·tea [bráktea] *s/f* Hoja pequeña al lado de la flor.

2 **bra·ga** [bráɣa] *s/f gen pl* Prenda de ropa interior femenina, con dos aberturas para las piernas, que cubre desde la cintura hasta la ingle.

1 **bra·ga·do, -da** [braɣáðo] **I.** *adj* Valiente y decidido. **II.** *s/f* Cara interior del muslo de algunos animales.

1 **bra·gue·ta** [braɣéta] *s/f* Abertura delantera en los pantalones o calzoncillos.

1 **bra·gue·ta·zo** [braɣetáθo] *s/m* (Con *dar*) Casamiento con alguien de posición social muy superior.

brah·mán, brac·mán [bramán] *s/m* Miembro de la casta principal de la India.

brah·ma·nis·mo [bramanísmo] *s/m* Religión india que cree en Brahma como dios supremo y principio único de todo.

1 **brai·lle** [bráiʎe] *s/m* Método de escritura y lectura para ciegos.

bra·ma [bráma] *s/f* **1.** Acción de bramar. **2.** Época de celo de ciertos animales.

1 **bra·man·te** [bramánte] *s/m* Cordel o hilo de cáñamo.

1 **bra·mar** [bramár] *intr* Dar gritos fuertes y roncos (ciertos animales, el viento, el mar, etc.).

1 **bra·mi·do** [bramíðo] *s/m* **1.** Grito ronco y profundo. **2.** Ruido fuerte producido por el aire, el mar, etc.

1 **bran·dy** [brándi] *s/m* ANGL Coñac.

1 **bran·quia** [bránkja] *s/f gen pl* Órgano respiratorio de los animales acuáticos.

1 **bran·quial** [brankjál] *adj* Relativo a las branquias.

2 **bra·sa** [brása] *s/f* Pedazo de una materia sólida e incandescente.

2 **bra·se·ro** [braséro] *s/m* Recipiente de metal, poco profundo y *gen* redondo, con brasas para dar calor.

3 **bra·si·le·ño, -ña** [brasiléɲo] *adj s/m,f* De Brasil.

1 **bra·si·le·ro, -ra** [brasiléro] *adj s/m,f* AMER Brasileño.

1 **bra·va·ta** [braβáta] *s/f* Acción de quien presume de valiente sin serlo.

1 **bra·vío, -ía** [braβío] *adj* Indómito, no domesticado.

3 **bra·vo, -va** [bráβo] *adj* **1.** Valiente. **2.** Se dice del animal que acomete, como el toro. **3.** Se dice del animal salvaje aún sin domesticar. **4.** Aplicado al mar, agitado.

1 **bra·vu·cón, -co·na** [braβukón] *adj s/m,f* Que presume de valiente.

1 **bra·vu·co·na·da** [braβukonáða] *s/f* Acción o comportamiento de quien presume de valiente.

1 **bra·vu·co·ne·ría** [braβukoneɾía] *s/f* Bravuconada.

1 **bra·vu·ra** [braβúra] *s/f* Fiereza, valentía.

1 **bra·za** [bráθa] *s/f* NÁUT Unidad de longitud (1,7 m).

1 **bra·za·da** [braθáða] *s/f* **1.** Movimiento de brazos al nadar, remar, etc. **2.** Cantidad de algo que se lleva bajo el brazo.

1 **bra·za·le·te** [braθaléte] *s/m* Banda de tela que rodea el brazo en señal de algo.

5 **bra·zo** [bráθo] *s/m* **1.** Cada uno de los dos miembros superiores del cuerpo humano. **2.** Pata delantera de los mamíferos cuadrúpedos. **3.** Apoyo lateral de un asiento. **4.** Cada una de las partes en que se divide algo (río, etc.). **5.** Pieza alargada y móvil, con uno de sus extremos fijo y otro suelto. **6.** LOC **A brazo partido**, con mucho esfuerzo. **Con los brazos abiertos**, con afecto. **Cruzarse de brazos**, FIG permanecer sin hacer nada.

1 **brea** [bréa] *s/f* Sustancia espesa y pegajosa que procede de la destilación de carbón mineral, alquitrán, etc.

1 **bre·ba·je** [breβáχe] *s/m* Bebida de mal aspecto o sabor.

3 **bre·cha** [brétʃa] *s/f* Abertura en la pared.

1 **bré·col** [brékol] *s/m* Variedad de la col.

1 **bre·ga** [bréɣa] *s/f* (Con *dar*) Trabajo que exige gran esfuerzo.

1 **bre·gar** [breɣár] **I.** *intr* Trabajar con mucho esfuerzo y dedicación. **II.** *tr* Trabajar la masa del pan, el yeso, etc., de cierta manera.

ORT Ante *e* la *g* cambia a *gu*: *Bregué*.

1 **bre·ña** [bréɲa] *s/f* Terreno rocoso cubierto de maleza.

bre·te [bréte] *s/m* (*estar, poner en un brete*) Situación difícil.

1 **bre·tón, -to·na** [bretón] *adj s/m,f* De Bretaña.

1 **bre·va** [bréβa] *s/f* Primer fruto anual de la higuera.

4 **bre·ve** [bréβe] *adj* De corta extensión o duración.

2 **bre·ve·dad** [breβeðáð] *s/f* Cualidad de breve.

1 **bre·via·rio** [breβjárjo] *s/m* Libro que contiene los rezos de todo el año litúrgico.

1 **bre·zo** [bréθo] *s/m* Arbusto de madera dura.

1 **bri·bón, ·na** [briβón] *adj s/m,f* Se aplica a la persona que no se comporta de forma honrada o es desvergonzada.

bri·bo·ne·ría [briβonería] *s/f* Cualidad de la persona bribona.

bri·bon·zue·lo, ·la [briβonθwélo] *adj s/m,f* Granuja, pillo.

1 **bri·co·la·je** [brikoláχe] *s/m* Trabajo manual realizado por uno mismo.

1 **bri·da** [bríða] *s/f* Conjunto formado por el freno del caballo, el correaje y las riendas.

1 **brid·ge** [brítʃ; brídχe] *s/m* Juego de cartas.

3 **bri·ga·da** [briɣáða] **I.** *s/f* Grupo de personas organizadas para realizar un trabajo. **II.** *s/m* Suboficial del ejército, superior al sargento.

2 **bri·ga·dier** [briɣaðjér] *s/m* General de brigada.

4 **bri·llan·te** [briʎánte] **I.** *adj* **1.** Que brilla. **2.** FIG Que es digno de admiración por sus méritos o cualidades. **II.** *s/m* Diamante tallado.

2 **bri·llan·tez** [briʎantéθ] *s/f* Cualidad de brillante.

bri·llan·ti·na [briʎantína] *s/f* Cosmético para dar brillo al cabello.

4 **bri·llar** [briʎár] *intr* **1.** Despedir o emitir luz. **2.** Destacar algo o alguien por sus cualidades.

2 **bri·llo** [bríʎo] *s/m* Acción de brillar o cualidad de brillante.

2 **brin·car** [brinkár] *intr* Elevarse en el aire mediante un impulso del cuerpo hacia arriba. RPr **Brincar de** (*alegría*).
ORT Ante *e* la *c* cambia a *qu: Brinqué.*

1 **brin·co** [brínko] *s/m* Acción o resultado de brincar.

4 **brin·dar** [brindár] **I.** *intr* Expresar un deseo mientras se levanta en alto la copa de beber. **II.** *tr* Ofrecer a alguien algo que necesita. **III.** REFL(*-se*) (Con *a*) Ofrecerse espontáneamente para realizar un trabajo, etc.

1 **brin·dis** [bríndis] *s/m* Acción o resultado de brindar.

1 **brío** [brío] *s/m* Fuerza o energía en lo que se hace.

1 **brio·so, ·sa** [brjóso] *adj* Con brío.

3 **bri·sa** [brísa] *s/f* Viento suave y agradable.

1 **bris·ca** [bríska] *s/f* Juego de cartas.

4 **bri·tá·ni·co, ·ca** [britániko] *adj s/m,f* De Gran Bretaña.

1 **briz·na** [bríθna] *s/f* Porción muy pequeña de algo.

2 **bro·ca** [bróka] *s/f* Barrena para taladrar.

1 **bro·ca·do** [brokáðo] *s/m* Tela de seda o algodón, con bordados en oro o plata.

1 **bro·cal** [brokál] *s/m* Muro pequeño que rodea la boca de un pozo.

1 **bro·cha** [brótʃa] *s/f* Utensilio formado por un mango, cerdas o pelos, para pintar.

1 **bro·cha·zo** [brotʃáθo] *s/m* Cada uno de los movimientos que se dan con una brocha sobre la superficie que se pinta.

2 **bro·che** [brótʃe] *s/m* **1.** Conjunto de dos piezas que se enganchan para cerrar algo. **2.** Joya prendida sobre la ropa.

1 **bro·ker** [bróker] *s/m,f* ANGL Intermediario en operaciones financieras.

4 **bro·ma** [bróma] *s/f* Hecho o dicho con que alguien intenta hacer reír, sin intención de molestar.

2 **bro·me·ar** [bromeár] *intr* Hacer bromas.

1 **bro·mis·ta** [bromísta] *adj s/m,f* Se dice de quien acostumbra a gastar bromas.

1 **bro·mo** [brómo] *s/m* QUÍM Elemento no metálico. Símbolo *Br*.

2 **bron·ca** [brónka] *s/f* Riña, disputa o discusión fuerte.

3 **bron·ce** [brónθe] *s/m* Aleación de cobre con estaño.

1 **bron·cea·do, ·da** [bronθeáðo] *s/m* Acción o resultado de broncear.

1 **bron·cea·dor, ·ra** [bronθeaðór] *adj s/m* Se dice de lo que broncea la piel.

1 **bron·ce·ar** [bronθeár] *tr* Poner la piel morena exponiéndola al sol.

2 **bron·co, ·ca** [brónko] *adj* **1.** De sonido grave o bajo. **2.** De mal carácter.

1 **bron·quial** [bronkjál] *adj* Relativo a los bronquios.

1 **bron·quio** [brónkjo] *s/m* ANAT Cada una de las dos ramificaciones en que se divide la tráquea hasta los pulmones.

1 **bron·qui·tis** [bronkítis] *s/f* Inflamación de los bronquios.

bro·quel [brokél] *s/m* Escudo pequeño para defenderse.

[1] **bro·que·ta** [brokéta] *s/f* Palito en que se ensartan alimentos para asarlos.

[3] **bro·tar** [brotár] *intr* **1.** Crecer las plantas. *P ext*, crecer algo saliendo hacia el exterior. **2.** Salir o manar agua de un manantial. RPr **Brotar de**.

[2] **bro·te** [bróte] *s/m* **1.** Tallo nuevo de una planta. **2.** Principio de algo.

bro·za [bróθa] *s/f* Deshecho de cualquier cosa.

[1] **bru·ces** [brúθes] *s/f* **Darse de bruces**, tropezarse con algo o alguien de frente. **(Caer/Echarse/Tenderse) De bruces**, (caer/echarse/tenderse) con la cara contra el suelo.

bru·ja [brúxa] *s/f* **1.** Personaje femenino maligno o malvado. **2.** Mujer que dice tener poderes sobrenaturales. **3.** COL Mujer con malas intenciones.

[2] **bru·je·ría** [bruxería] *s/f* Actividad del brujo.

[3] **bru·jo, ·ja** [brúxo] **I.** *s/m,f* Persona que dice tener poderes mágicos y sobrenaturales. **II.** *adj* Muy atractivo.

[2] **brú·ju·la** [brúxula] *s/f* Aguja imantada que señala siempre el Norte.

[2] **bru·ma** [brúma] *s/f* Niebla poco densa.

[1] **bru·ñi·do, ·da** [bruɲíðo] *adj s/m* Acción de dar brillo o lustre.

[1] **bru·ñir** [bruɲír] *tr* Dar brillo a una cosa.

[3] **brus·co, ·ca** [brúsko] *adj* **1.** Que ocurre o cambia de manera rápida. **2.** Poco amable en el trato.

[1] **brus·que·dad** [bruskeðáð] *s/f* Cualidad de brusco.

[3] **bru·tal** [brutál] *adj* De comportamiento violento o cruel.

[2] **bru·ta·li·dad** [brutaliðáð] *s/f* Cualidad de brutal.

[3] **bru·to, ·ta** [brúto] **I.** *adj* **1.** Se aplica a la cantidad global sobre la que no se ha hecho ningún descuento. **2.** Se aplica al peso total de un producto comercial (contenido y continente). **3.** Sin pulir. **II.** *adj s/m,f* Poco inteligente, aunque fuerte.

[2] **bu·cal** [bukál] *adj* Referido a la boca.

[1] **bu·ca·ne·ro** [bukanéro] *s/m* Pirata que robaba o saqueaba las posesiones españolas de ultramar.

[1] **bu·ce·ar** [buθeár] *intr* Nadar por debajo de la superficie del agua.

[1] **bu·ceo** [buθéo] *s/m* Acción o resultado de bucear.

[1] **bu·che** [bútʃe] *s/m* Primera bolsa digestiva en las aves.

[2] **bu·cle** [búkle] *s/m* **1.** Rizo del cabello en forma de espiral. **2.** Cualquier cosa con esta forma, como el cruce de varias carreteras o autopistas a distinto nivel.

[1] **bu·co·den·tal** [bukoðentál] *adj* Relativo a la boca y a los dientes.

[1] **bu·có·li·co, ·ca** [bukóliko] *adj* Tranquilo y apacible.

[1] **bu·dis·mo** [buðísmo] *s/m* REL Religión fundada por Buda.

[2] **bu·dis·ta** [buðísta] **I.** *s/m,f* Seguidor del budismo. **II.** *adj* Relativo al budismo.

[5] **buen** [bwén] *adj* Apócope de 'bueno' (delante de nombres masculinos).

[2] **bue·na·ven·tu·ra** [bwenaβentúra] *s/f* Adivinación que suelen hacer las gitanas sobre el futuro de alguien.

[5] **bue·no, ·na** [bwéno] *adj* **1.** Que tiene lo que le es propio. **2.** Que obra bien desde el punto de vista moral. **3.** Que está bien de salud. **4.** (Con *estar*) Se dice de la persona atractiva físicamente. LOC **A buenas/Por las buenas**, voluntariamente. **Estar de buenas**, tener buen humor.

[2] **buey** [bwéi] *s/m* Toro castrado.

[1] **bú·fa·lo** [búfalo] *s/m* Mamífero rumiante bóvido de gran tamaño.

[2] **bu·fan·da** [bufánda] *s/f* Prenda de vestir que se pone alrededor del cuello.

[1] **bu·far** [bufár] *intr* Respirar fuerte y con ruido el toro, el caballo u otro animal.

[1] **bu·fe·te** [buféte] *s/m* **1.** Despacho de abogados. **2.** Mesa de escribir con cajones.

[1] **bu·ffet** [bufé] *s/m* Mesa en la se ponen todos los alimentos que los comensales pueden servirse.

[1] **bu·fi·do** [bufíðo] *s/m* Resoplido fuerte que emiten algunos animales.

[1] **bu·fo, ·fa** [búfo] *adj* De carácter cómico o burlesco.

[2] **bu·fón, ·fo·na** [bufón] *s/m,f* Persona que intenta hacer reír o divertir a los demás.

[1] **bu·fo·na·da** [bufonáða] *s/f* Dicho o hecho propios del bufón.

[1] **bu·gan·vi·lla** [buɣambíʎa] *s/f* Arbusto trepador con gran cantidad de ramas largas y abundantes flores.

[1] **bu·har·di·lla** [bwarðíʎa] *s/f* Desván.

[1] **bú·ho** [búo] *s/m* Ave rapaz nocturna.

[1] **bu·ho·ne·ro, ·ra** [buonéro] *s/m,f* Vendedor de baratijas.

2 **bui·tre** [bwítre] *s/m* Ave rapaz de gran tamaño y carroñera.

1 **bu·jía** [buxía] *s/f* 1. En los motores de explosión, pieza que produce la chispa eléctrica. 2. Vela de cera.

1 **bu·la** [búla] *s/f* REL Documento papal que trata de asuntos de fe o de interés general.

1 **bul·bo** [búlβo] *s/m* Ensanchamiento de la parte subterránea del tallo de algunas plantas.

1 **bul·bo·so, -sa** [bulβóso] *adj* Con bulbos.

1 **bu·le·var** [buleβár] *s/m* Calle ancha con un paseo central.

2 **búl·ga·ro, -ra** [búlɣaro] *adj s/m,f* De Bulgaria.

1 **bu·li·mia** [bulímja] *s/f* Deseo insaciable de comer.

1 **bu·lla** [búʎa] *s/f* Ruido confuso.

1 **bu·llan·gue·ro, -ra** [buʎangéro] *adj s/m,f* Amigo de bullas y alboroto.

bull·do·zer [buldóθer] *s/m* ANGL Máquina excavadora, con pala delantera para arrastrar tierras.

2 **bu·lli·cio** [buʎíθjo] *s/m* Ruido causado por la actividad y movimiento de mucha gente.

1 **bu·lli·cio·so, -sa** [buʎiθjóso] *adj* Con mucho ruido y alboroto.

2 **bu·llir** [buʎír] *intr* 1. FIG Moverse de manera desordenada y sin parar. 2. Hervir un líquido.
CONJ *Irreg: Bulle, bulló, bullirá, bullera*.

1 **bu·lo** [búlo] *s/m* Noticia falsa.

3 **bul·to** [búlto] *s/m* 1. Porción de algo que sobresale del resto. 2. Paquete. 3. Cuerpo u objeto cuya forma y contenidos se desconocen. LOC **A bulto**, aproximadamente. **De bulto**, muy importante. **Escabullirse/Escurrir el bulto**, eludir una responsabilidad.

1 **bu·me·ran(g)** [bumerán] *s/m* ANGL Arma arrojadiza que vuelve al punto de lanzamiento.

1 **bun·ga·low** [bungaló(u)] *s/m* ANGL Casa de campo o de playa, de un solo piso.

1 **bún·ker** [búnker] *s/m* Refugio subterráneo contra bombardeos.

1 **bu·ñue·lo** [buɲwélo] *s/m* Masa frita de harina y agua, en forma de bola.

3 **bu·que** [búke] *s/m* Barco grande.

2 **bur·bu·ja** [burβúxa] *s/f* Especie de globo de pequeño tamaño, lleno de aire o de gas, que se forma en el interior de un líquido.

1 **bur·bu·je·an·te** [burβuxeánte] *adj* Que hace burbujas, con un ruido característico.

1 **bur·bu·je·ar** [burβuxeár] *intr* Hacer burbujas un líquido.

bur·bu·jeo [burβuxéo] *s/m* Acción de burbujear.

2 **bur·del** [burðél] *s/m* Casa de prostitución.

2 **bur·do, -da** [búrðo] *adj* Tosco.

3 **bur·gués, -gue·sa** [burɣés] *adj s/m,f* De clase media acomodada.

3 **bur·gue·sía** [burɣesía] *s/f* Clase media de posición acomodada.

1 **bu·ril** [buríl] *s/m* Instrumento puntiagudo para grabar sobre metal.

2 **bur·la** [búrla] *s/f* Acción o palabras con las que se ridiculiza a alguien.

1 **bur·la·de·ro** [burlaðéro] *s/m* Barrera de tablas para que el torero pueda refugiarse si le ataca el toro.

3 **bur·lar** [burlár] *tr* 1. Engañar. 2. Evitar algo perjudicial. RPr **Burlarse de**.

1 **bur·les·co, -ca** [burlésko] *adj* Que hace reír o que expresa burla.

bur·le·te [burléte] *s/m* Tira que se fija en los bordes de puertas y ventanas para que no pase el aire.

2 **bur·lón, -lo·na** [burlón] I. *adj* Que implica burla. II. *s/m,f* Persona que suele hacer burla o gastar bromas a los demás.

2 **bu·ro·cra·cia** [burokráθja] *s/f* Actividad que llevan a cabo los funcionarios de la Administración Pública.

2 **bu·ró·cra·ta** [burókrata] *s/m,f* Persona que hace tareas administrativas, *esp* en la Administración Pública.

2 **bu·ro·crá·ti·co, -ca** [burokrátiko] *adj* Relativo a la burocracia.

1 **bu·ro·cra·ti·za·ción** [burokratiθaθjón] *s/f* Acción o resultado de burocratizar.

1 **bu·rra·da** [burráða] *s/f* 1. Hecho o dicho estúpido. 2. FIG Gran cantidad de algo.

3 **bu·rro, -rra** [búrro] I. *adj s/m,f* 1. Ignorante, tonto. 2. Terco. II. *s/m,f* Mamífero más pequeño que el caballo, usado como animal de carga.

2 **bur·sá·til** [bursátil] *adj* Relativo a la bolsa de valores.

2 **bus** [bús] *s/m* ABREV de 'autobús'.

1 **bus·ca** [búska] *s/f* Acción o resultado de buscar.

5 **bus·car** [buskár] *tr* Esforzarse por encontrar algo o a alguien.
ORT Ante *e* la *c* cambia a *qu: Busqué*.

1 **bus·co·na** [buskóna] *s/f* Mujer que mantiene

relaciones sexuales con hombres a cambio de dinero.

④ **bús·que·da** [búskeða] *s/f* Acción o resultado de buscar.

② **bus·to** [bústo] *s/m* Parte superior del cuerpo humano.

③ **bu·ta·ca** [butáka] *s/f* Asiento con brazos y cómodo.

① **bu·ta·no** [butáno] **I.** *s/m* Hidrocarburo gaseoso natural o derivado, por destilación, del petróleo. **II.** *adj* De color anaranjado.

① **bu·ti·fa·rra** [butifárra] *s/f* Embutido de carne de cerdo.

bu·trón [butrón] *s/m* Agujero efectuado en una pared para robar.

① **bu·zo** [búθo] *s/m* Persona que trabaja sumergida bajo el agua.

② **bu·zón** [buθón] *s/m* Recipiente con abertura por donde se echan las cartas.

by·pass [baipás] *s/m* Injerto en una arteria o vena para restablecer el paso de la sangre.

① **by·te** [báit] *s/m* COMP Unidad estándar para medir la capacidad de almacenamiento de datos.

Cc

[4] **C; c** [θé] *s/f* Tercera letra del alfabeto. Delante de *e*, *i* se pronuncia como *z* y delante de *a*, *o*, *u*, como *k*. En Hispanoamérica y Andalucía, delante de *e* o *i* suele pronunciarse *s*.

¡ca! [ká] *interj* Exclamación negativa.

[2] **ca·bal** [kaβál] *adj* Completo, exacto. LOC **Estar alguien en sus cabales**, estar en el uso normal de su capacidad mental.

[1] **cá·ba·la** [káβala] *s/f* Suposición o conjetura sobre algo futuro.

[1] **ca·bal·ga·da** [kaβalɣáða] *s/f* Paseo a caballo.

[1] **ca·bal·ga·du·ra** [kaβalɣaðúra] *s/f* Animal de carga o para montar.

[2] **ca·bal·gar** [kaβalɣár] *intr* Montar o subir a lomos de una caballería.
ORT Ante *e* la *g* cambia a *gu*: *Cabalguen*.

[1] **ca·bal·ga·ta** [kaβalɣáta] *s/f* Desfile festivo de jinetes, carrozas, etc.

[1] **ca·ba·lis·ta** [kaβalísta] *s/m,f* Persona que se dedica a hacer cábalas.

[1] **ca·ba·lís·ti·co, -ca** [kaβalístiko] *adj* Relacionado con la cábala.

[1] **ca·ba·lla** [kaβáʎa] *s/f* Pez comestible, parecido a la sardina.

ca·ba·llar [kaβaʎár] *adj* Relacionado con el caballo.

[1] **ca·ba·lle·res·co, -ca** [kaβaʎerésko] *adj* 1. Propio de un caballero. 2. Relativo a la caballería medieval.

[2] **ca·ba·lle·rí·a** [kaβaʎería] *s/m* 1. Caballo, mulo o asno usado como montura. 2. Cuerpo del ejército cuyo medio de transporte era antes el caballo o el mulo, y que ahora usa vehículos motorizados.

[1] **ca·ba·lle·ri·za** [kaβaʎeríθa] *s/f* Lugar donde se guardan las caballerías.

[1] **ca·ba·lle·ri·zo** [kaβaʎeríθo] *s/m* Encargado de una caballeriza.

[4] **ca·ba·lle·ro** [kaβaʎéro] *s/m* 1. Hombre a quien se le atribuye dignidad, honradez y cortesía. 2. Hombre, en oposición a mujer. 3. Hombre de la nobleza, armado caballero.

[1] **ca·ba·lle·ro·si·dad** [kaβaʎerosiðáð] *s/f* Cualidad de caballero.

[1] **ca·ba·lle·ro·so, -sa** [kaβaʎeróso] *adj* De palabras o acciones dignas o nobles.

[1] **ca·ba·lle·te** [kaβaʎéte] *s/m* Soporte de tres pies.

[1] **ca·ba·llis·ta** [kaβaʎísta] *s/m,f* Persona que entiende de caballos o que los sabe montar.

[2] **ca·ba·lli·to** [kaβaʎíto] *s/m pl* Plataforma giratoria con animales, cochecitos, etc., en que se montan los niños.

[5] **ca·ba·llo** [kaβáʎo] *s/m* 1. Animal mamífero de cuatro patas usado para montar o como animal de tiro. 2. En ajedrez, pieza en forma de caballo. 3. ARG Heroína, droga. 4. FÍS Unidad de potencia en los motores.

ca·ba·llón [kaβaʎón] *s/m* Lomo entre dos surcos.

[1] **ca·ba·llu·no, -na** [kaβaʎúno] *adj* Semejante al caballo.

[2] **ca·ba·ña** [kaβáɲa] *s/f* 1. Vivienda tosca construida con troncos y ramas. 2. Conjunto de ganado propio de un lugar.

[2] **ca·ba·ret** [kaβarét] *s/m* GAL Sala de espectáculos nocturnos.

[1] **ca·ba·re·te·ro, -ra** [kaβaretéro] *adj* Relativo al cabaret.

[4] **ca·be** [káβe] *prep* Cerca de, junto a.

[2] **ca·be·ce·ar** [kaβeθeár] **I.** *intr* 1. Mover la cabeza de uno a otro lado o arriba y abajo. 2. Moverse hacia arriba y hacia abajo la proa y popa de un barco. **II.** *tr* Golpear una pelota con la cabeza.

[1] **ca·be·ceo** [kaβeθéo] *s/m* Acción de cabecear.

[3] **ca·be·ce·ra** [kaβeθéra] *s/f* 1. Pieza de la cama situada en el extremo de la almohada. 2. Parte principal de un sitio. 3. En un periódico o libro, titular.

[2] **ca·be·ci·lla** [kaβeθíʎa] *s/m,f* Jefe de una rebelión.

[2] **ca·be·lle·ra** [kaβeʎéra] *s/f* Conjunto de los pelos de la cabeza.

[4] **ca·be·llo** [kaβéʎo] *s/m* Pelo de la cabeza.

[1] **ca·be·llu·do, -da** [kaβeʎúðo] *adj* Que tiene mucho pelo.

[4] **ca·ber** [kaβér] *intr* 1. (Con *por*) Tener algo

espacio suficiente para contener a otra. **2.** (En *3ª pers*) Ser algo posible: *Cabe preguntarse si ocurrió.* **3.** Corresponder algo a alguien: *No me cabe a mí el agradecérselo.* LOC **En/Dentro de lo que cabe,** dentro de lo posible.
CONJ *Irreg: Quepo (cabes...), cupe, cabré, cabido.*

ca·bes·tran·te [kaβestránte] *s/m* Cabrestante.

1 **ca·bes·tri·llo** [kaβestríʎo] *s/m* Trozo de tela que se cuelga del cuello para sujetar un brazo herido.

1 **ca·bes·tro** [kaβéstro] *s/m* **1.** Cuerda que se pone en el cuello de una caballería para guiarla o atarla. **2.** Buey manso que guía a los toros bravos.

5 **ca·be·za** [kaβéθa] *s/f* **1.** En las personas y animales, parte superior del cuerpo. **2.** Parte principal o inicial de un aparato u órgano. **3.** Res. **4.** Inteligencia, talento. **5.** Persona que dirige a otros. **6.** Vida de una persona. **7.** Primera posición en algo (lista, escrito, etc.): *Ocupa la cabeza de la lista.* LOC **Ir de cabeza,** desear mucho algo o a alguien. **Perder la cabeza (por algo/por alguien),** FIG perder la serenidad o el juicio. **Sentar (la) cabeza,** FIG volverse alguien sensato. **Tener poca cabeza,** no obrar con inteligencia.

1 **ca·be·za·da** [kaβeθáða] *s/f* Acción de mover la cabeza hacia abajo, como quien dormita.

1 **ca·be·zal** [kaβeθál] *s/m* **1.** Parte principal de algo (cama, etc.). **2.** En un magnetófono o vídeo, dispositivo para grabar o reproducir.

1 **ca·be·za·zo** [kaβeθáθo] *s/m* Golpe dado con la cabeza.

1 **ca·be·zón, -zo·na** [kaβeθón] *adj* Terco.

ca·be·zo·na·da [kaβeθonáða] *s/f* Actitud de quien es terco.

1 **ca·be·zo·ne·ría** [kaβeθonería] *s/f* Cabezonada.

1 **ca·be·zo·ta** [kaβeθóta] *adj s/m,f* Cabezón.

1 **ca·be·zu·do, -da** [kaβeθúðo] **I.** *adj* Cabezota. **II.** *s/m,pl* Persona que se pone una gran cabeza de cartón, de aspecto cómico o grotesco, para participar en festejos populares.

2 **ca·bi·da** [kaβíða] *s/f* Capacidad de algo para contener otra cosa en su interior.

2 **ca·bil·do** [kaβíldo] *s/m* **1.** Ayuntamiento. **2.** En una catedral, grupo de eclesiásticos con mayor autoridad.

2 **ca·bi·na** [kaβína] *s/f* Espacio aislado del exterior, en el que suele instalarse el conductor y el mecanismo de control de un vehículo.

1 **ca·biz·ba·jo, -ja** [kaβiθβáχo] *adj* Con la cabeza baja.

3 **ca·ble** [káβle] *s/m* **1.** Cuerda gruesa, metálica o de fibra vegetal. **2.** Hilo de conducción eléctrica recubierto de material aislante. **3.** Cablegrama.

1 **ca·blea·do, -da** [kaβleáðo] *s/m* Acción o resultado de cablear.

1 **ca·ble·ar** [kaβleár] *tr* Poner cables en un lugar.

ca·ble·gra·fiar [kaβleɣrafiár] *tr* Enviar un mensaje por cable.
ORT PRON El acento cae sobre la *i* en el *sing* y *3ª p pl* del *pres* de *indic* y *subj*: *Cablegrafío.*

5 **ca·bo** [káβo] *s/m* **1.** Profesional del ejército, de rango superior al soldado raso. **2.** GEOG Parte de la costa que penetra en el mar. **3.** Extremo de algo. LOC **Al cabo de,** después de. **Al fin y al cabo,** después de todo. **De cabo a rabo,** de principio a fin. **Llevar a cabo,** realizar.

1 **ca·bo·ta·je** [kaβotáχe] *s/m* Navegación costera entre los puertos de un país.

3 **ca·bra** [káβra] *s/f* Mamífero rumiante y doméstico, útil por su leche y carne.

2 **ca·bre·ar** [kaβreár] *tr* REFL(-se) Hacer que alguien se enfade o enfadarse.

1 **ca·breo** [kaβréo] *s/m* COL Sentimiento de enfado.

2 **ca·bre·ro, -ra** [kaβréro] *s/m,f* Quien se encarga de un rebaño de cabras.

1 **ca·brío, -ía** [kaβrío] *adj* Relativo a las cabras.

1 **ca·brio·la** [kaβrjóla] *s/f* Salto acompañado de pirueta con el cuerpo.

ca·brio·lé [kaβrjolé] *s/m* Vehículo ligero, tirado por caballos.

2 **ca·bri·to** [kaβríto] *s/m* Cría de la cabra, mientras mama.

2 **ca·brón, -bro·na** [kaβrón] *s/m,f* **1.** VULG Insulto grave contra quien hace o dice algo que causa irritación u ofende. **2.** Persona malintencionada.

1 **ca·bro·na·da** [kaβronáða] *s/f* VULG Acción malintencionada.

1 **ca·ca** [káka] *s/f* **1.** COL Excremento humano, *esp* el de los niños. **2.** COL Cosa de poco valor.

1 **ca·ca·hue·te** [kaka(g)wéte] *s/m* Planta o su fruto, comestible y con cáscara.

CA·DE·RA

② **ca·cao** [kakáo] *s/m* **1.** Árbol tropical, con fruto en baya, o su semilla, que triturada produce el chocolate. **2.** Situación de desorden y confusión.

① **ca·ca·re·ar** [kakareár] **I.** *intr* **1.** Emitir el gallo o la gallina su voz. **2.** FIG Hablar demasiado. **II.** *tr* FIG Alabar las propias cualidades.

① **ca·ca·reo** [kakaréo] *s/m* Acción o resultado de cacarear.

① **ca·ca·túa** [kakatúa] *s/f* **1.** Pájaro que puede aprender a pronunciar palabras. **2.** Mujer vieja y muy fea.

② **ca·ce·ría** [kaθería] *s/f* Acción o resultado cazar.

② **ca·ce·ro·la** [kaθeróla] *s/f* Recipiente con dos asas, para cocinar.

ca·ce·ro·la·da [kaθeroláða] *s/f* Protesta de un grupo de personas que golpean y hacen ruido con cacerolas.

① **ca·cha** [kátʃa] *s/f* **1.** *pl* Nalgas. **2.** Pieza que recubre a cada lado el mango de un arma blanca o la culata de un arma.

① **ca·cha·lo·te** [katʃalóte] *s/m* Animal cetáceo muy grande.

① **ca·cha·rre·ría** [katʃarrería] *s/f* Tienda del cacharrero.

ca·cha·rre·ro, ·ra [katʃarréro] *s/m,f* Persona que vende cacharros.

② **ca·cha·rro** [katʃárro] *s/m* **1.** Cualquier recipiente para líquidos, alimentos, etc. **2.** Cosa que no funciona bien.

ca·cha·va [katʃáβa] *s/f* Palo curvado en su parte superior, usado como ayuda al andar.

ca·cha·za [katʃáθa] *s/f* Lentitud en el hablar u obrar.

① **ca·cha·zu·do, ·da** [katʃaθúðo] *adj* Con mucha lentitud.

① **ca·ché** [katʃé] *s/m* Cantidad de dinero que cobra un profesional por su trabajo.

① **ca·che·ar** [katʃeár] *tr* Registrar a alguien para comprobar si lleva algo oculto.

ca·cheo [katʃéo] *s/m* Acción de cachear.

① **ca·che·te** [katʃéte] *s/m* Golpe dado con la mano.

① **ca·che·te·ar** [katʃeteár] *tr* Dar cachetes.

ca·chim·ba [katʃímba] *s/f* Pipa para fumar.

ca·chi·po·rra [katʃipórra] *s/f* Palo abultado en un extremo, usado como arma por la policía.

ca·chi·po·rra·zo [katʃiporráθo] *s/m* Golpe dado con una cachiporra.

① **ca·chi·va·che** [katʃiβátʃe] *s/m* Cosa vieja, o que no sirve para nada.

② **ca·cho** [kátʃo] *s/m* Trozo o pedazo.

ca·chon·de·ar(se) [katʃondeár(se)] *REFL(-se)* COL Burlarse de alguien. RPr **Cachondearse de**.

① **ca·chon·deo** [katʃondéo] *s/m* COL Acción de cachondearse.

① **ca·chon·do, ·da** [katʃóndo] *adj s/m,f* Persona de carácter abierto y alegre.

② **ca·cho·rro, ·rra** [katʃórro] *s/m,f* Cría de mamífero.

ca·chu·pín, ·pi·na [katʃupín] *s/m,f* GU MEX Emigrante español.

② **ca·ci·que, ·ca** [kaθíke] *s/m,f* **1.** Jefe de una tribu india. **2.** Persona que ejerce abusivamente la autoridad.

① **ca·ci·quil** [kaθikíl] *adj* Relativo al cacique.

① **ca·ci·quis·mo** [kaθikísmo] *s/m* Comportamiento o acción del cacique.

① **ca·co** [káko] *s/m* Ladrón.

① **ca·co·fo·nía** [kakofonía] *s/f* Repetición desagradable de un mismo sonido.

① **cac·to** [kákto] *s/m* Planta de tallos y hojas carnosos en los que se acumula agua.

① **cac·tus** [káktus] *s/m* Cacto.

ca·cu·men [kakúmen] *s/m* Agudeza mental.

⑤ **ca·da** [káða] *adj* Que se refiere a todos los componentes de un grupo, pero de manera individualizada.

① **ca·dal·so** [kaðálso] *s/m* Plataforma para ahorcar o decapitar a los condenados.

④ **ca·dá·ver** [kaðáβer] *s/m* Cuerpo sin vida.

① **ca·da·vé·ri·co, ·ca** [kaðaβériko] *adj* Relativo a un cadáver.

④ **ca·de·na** [kaðéna] *s/f* **1.** Serie de piezas entrelazadas entre sí y formando un todo articulado. **2.** Sucesión de cosas o acontecimientos. **3.** Conjunto de hoteles u otros establecimientos de la misma empresa. **4.** Conjunto de centros emisores de radio o televisión de una compañía. **5.** Conjunto de máquinas que completan un proceso de producción industrial: *Cadena de montaje*. LOC **En cadena**, uno después de otro.

② **ca·den·cia** [kaðénθja] *s/f* Repetición de algo a intervalos regulares.

① **ca·den·cio·so, ·sa** [kaðenθjóso] *adj* Con cadencia.

① **ca·de·ne·ta** [kaðenéta] *s/f* Labor de ganchillo en forma de cadena.

③ **ca·de·ra** [kaðéra] *s/f* Huesos superiores de la pelvis, debajo de la cintura.

CA·DE·TE

2 **ca·de·te** [kaðéte] *s/m* Alumno en una academia militar.

1 **cad·mio** [káðmjo] *s/m* Metal anticorrosivo, similar al estaño. Símbolo *Cd*.

2 **ca·du·car** [kaðukár] *intr* **1.** Llegar algo a su fin por viejo. **2.** Perder su validez.
ORT Ante *e* la *c* cambia a *qu: Caduque*.

2 **ca·du·ci·dad** [kaðuθiðáð] *s/f* Acción o resultado de caducar.

2 **ca·du·co, -ca** [kaðúko] *adj* **1.** Se dice del árbol con hojas que caen una vez al año. **2.** Temporal. **3.** Anticuado, viejo.

5 **ca·er** [kaér] *intr* **1.** Moverse algo hacia abajo por su propio peso. **2.** Ser derrotado o perder la vida en combate. **3.** Llegar a su fin: *El Gobierno cayó en enero*. **4.** (Con *en*) Pasar a una situación menos favorable: *El niño cayó en una depresión*. **5.** Coincidir algo con cierta fecha o día. **6.** Estar algo dentro de unos límites. **7.** (Con *sobre*) Abalanzarse. **8.** En un juego de azar, resultar premiado con cierta cantidad de dinero o con un regalo: *El premio cayó en Alicante*. LOC **Caer algo bien/mal a uno, 1,** sentar bien/mal. **2,** (*prendas de vestir*) favorecer o no a uno. **Caer como una bomba,** sentar muy mal a uno. **Estar al caer,** estar algo a punto de suceder.
CONJ *Irreg: Caigo, (caes...), caeré, caí, caído.*

5 **ca·fé** [kafé] *s/m* **1.** Árbol cuya semilla es el café. **2.** Infusión hecha de las semillas de este árbol. **3.** Establecimiento donde se sirven café y bebidas.

1 **ca·feí·na** [kafeína] *s/f* Alcaloide extraído del café.

1 **ca·fe·tal** [kafetál] *s/m* Plantación de cafetos.

1 **ca·fe·ta·le·ro, -ra** [kafetaléro] **I.** *adj* Relativo al café. **II.** *s/m,f* AMER Persona que cultiva o comercia con café.

1 **ca·fe·te·ra** [kafetéra] *s/f* Recipiente para hacer café.

2 **ca·fe·te·ría** [kafetería] *s/f* Local donde se sirven bebidas y comidas ligeras.

2 **ca·fe·te·ro, -ra** [kafetéro] *adj* **1.** Relativo al café. **2.** Se aplica a quien le gusta mucho el café.

ca·fe·to [kaféto] *s/m* Planta del café.

1 **ca·fre** [káfre] *adj* Cruel, salvaje.

ca·ga·da [kaɣáða] *s/f* **1.** Excrementos. **2.** Equivocación o acción desfortunada.

1 **ca·ga·do, -da** [kaɣáðo] *adj s/m,f* Cobarde.

ca·ga·le·ra [kaɣaléra] *s/f* **1.** Diarrea. **2.** Miedo.

2 **ca·gar** [kaɣár] **I.** *intr* VULG Expulsar excrementos por vía anal. **II.** *REFL(-se)* **1.** VULG Expulsar excrementos por vía anal de manera involuntaria. **2.** (Con *en*) Blasfemar.
ORT Ante *e* la *g* cambia a *gu: Cague*.

1 **ca·gón, -go·na** [kaɣón] *adj s/m,f* **1.** Quien hace de vientre a menudo. **2.** Cobarde.

1 **ca·güen** [káɣwen] **Me cagüen,** LOC TAB Contracción de 'me cago en': ¡*Me cagüen diez!*

4 **caí·da** [kaíða] *s/f* Acción o resultado de caer.

2 **cai·mán** [kaimán] *s/m* Animal parecido al cocodrilo.

cai·ro·ta [kairóta] *adj s/m,f* De El Cairo.

5 **ca·ja** [káχa] *s/f* **1.** Recipiente de seis caras para guardar o transportar algo. **2.** Recipiente para contener y proteger un mecanismo. **3.** Recipiente donde se guardan valores o el dinero. **4.** Lugar donde se efectúan ingresos y pagos en un banco. LOC **Caja de ahorros,** entidad bancaria para guardar la gente sus ahorros, a cambio de un interés.
Caja negra, en un avión, la que contiene un mecanismo que registra los parámetros del vuelo.

2 **ca·je·ro, -ra** [kaχéro] **I.** *s/m,f* Persona encargada de cobros y pagos en un establecimiento comercial o banco. **II.** *s/m* (*Cajero automático*) Máquina automática para obtener dinero mediante tarjeta.

2 **ca·je·ti·lla** [kaχetíλa] *s/f* Paquete de cigarrillos.

1 **ca·je·tín** [kaχetín] *s/m* Pieza en forma de caja para el pestillo de la cerradura.

3 **ca·jón** [kaχón] *s/m* **1.** Caja grande. **2.** Recipiente tosco, *gen* de madera, con o sin tapa, para guardar o transportar algo: *La cristalería de Bohemia la llevaron en varios cajones*. LOC **Ser algo de cajón,** ser evidente.

1 **ca·jo·ne·ra** [kaχonéra] *s/f* Mueble que consta de cajones.

2 **cal** [kál] *s/f* Óxido de calcio, sustancia blanca usada en la construcción con argamasa. LOC **A cal y canto,** (*cerrado*) totalmente.

1 **ca·la** [kála] *s/f* **1.** Pequeña ensenada. **2.** Corte en una superficie para extraer un trozo del interior y examinarlo.

2 **ca·la·ba·cín** [kalaβaθín] *s/m* Calabaza pequeña y tierna.

2 **ca·la·ba·za** [kalaβáθa] *s/f* Planta rastrera o su fruto, grande y comestible. LOC **Dar**

calabazas, rechazar a alguien, *esp* en asuntos amorosos.

ca·la·bo·bos [kalaβóβos] *s/m* Lluvia fina y persistente.

[2] **ca·la·bo·zo** [kalaβóθo] *s/m* Celda para encerrar a los presos.

[1] **ca·la·de·ro** [kalaðéro] *s/m* Lugar idóneo para pescar.

[2] **ca·la·do, -da** [kaláðo] *s/m* **1.** Labor de encaje, calando la tela con agujeros bordados. **2.** Altura de la parte sumergida de una embarcación. **3.** FIG Intensidad: *Una medida de gran calado ético.*

ca·la·fa·te·ar [kalafateár] *tr* Tapar junturas para impermeabilizar.

[2] **ca·la·mar** [kalamár] *s/m* Molusco cefalópodo comestible.

[1] **ca·lam·bre** [kalámbre] *s/m* Contracción dolorosa e involuntaria de un músculo.

[2] **ca·la·mi·dad** [kalamiðáð] *s/f* **1.** Suceso que provoca pérdidas materiales o desgracias. **2.** Cosa mal hecha.

[1] **ca·la·mi·to·so, -sa** [kalamitóso] *adj* Que causa males o desgracias.

ca·lan·dria [kalándrja] *s/f* Pájaro parecido a la alondra.

[1] **ca·la·ña** [kaláɲa] *s/f* Naturaleza o modo de ser.

[2] **ca·lar** [kalár] **I.** *tr* **1.** Atravesar un líquido algo permeable y empaparlo. **2.** FIG Descubrir las intenciones ocultas de alguien: *¡Te he calado, muchacha!* **3.** Dibujar algo haciendo agujeros en ello. **4.** Sumergir los utensilios de pesca en el mar. **5.** Referido a las gafas o sombrero, ponérselos. **II.** *intr* Penetrar algo en el interior de alguien y afectarle: *Las costumbres romanas calaron hondo en España.* **III.** *REFL(-se)* **1.** Mojarse completamente. **2.** MEC Pararse un motor por exceso de gasolina en las bujías.

[2] **ca·la·ve·ra** [kalaβéra] **I.** *s/f* Esqueleto de la cabeza. **II.** *s/m* Persona de conducta irresponsable.

cal·ca·ñal; cal·ca·ñar [kalkaɲál; kalkaɲár] *s/m* Parte posterior del talón.

[2] **cal·car** [kalkár] *tr* **1.** Copiar el original mediante presión y por contacto. **2.** Imitar. ORT Ante *e* la *c* cambia a *qu: Calque.*

[1] **cal·cá·reo, -ea** [kalkáreo] *adj* Que contiene cal.

[1] **cal·ce** [kálθe] *s/m* Cuña.

cal·ce·ta [kalθéta] *s/f* Trabajo de punto hecho a mano.

[2] **cal·ce·tín** [kalθetín] *s/m* Prenda que cubre el pie y a veces parte de la pierna.

[1] **cál·ci·co, -ca** [kálθiko] *adj* QUÍM Relativo al calcio.

cal·ci·fi·ca·ción [kalθifikaθjón] *s/f* Acción o resultado de calcificar.

[1] **cal·ci·fi·car** [kalθifikár] *tr* REFL(-se) Producir(se) en un tejido propiedades calcáreas mediante la acción de sales de calcio. ORT Ante *e* la *c* cambia a *qu: Calcifiquen.*

[1] **cal·ci·na·ción** [kalθinaθjón] *s/f* Acción o resultado de calcinar.

[2] **cal·ci·nar** [kalθinár] *tr* Carbonizar.

[2] **cal·cio** [kálθjo] *s/m* Metal blanco y blando. Símbolo Ca.

[2] **cal·co** [kálko] *s/m* **1.** Acción o resultado de calcar. **2.** Dibujo calcado. **3.** FIG Imitación exacta.

cal·co·gra·fía [kalkoɣrafía] *s/f* Técnica de reproducción presionando una lámina metálica grabada contra un papel o tela.

[1] **cal·co·ma·nía** [kalkomanía] *s/f* Dibujo coloreado que se puede pegar a la piel o a una superficie.

cal·co·pi·ri·ta [kalkopiríta] *s/f* Mineral del que se extrae el cobre.

[1] **cal·cu·la·ble** [kalkuláβle] *adj* Que puede ser calculado.

[2] **cal·cu·la·dor, -ra** [kalkulaðór] **I.** *adj s/m,f* Previsor egoísta. **II.** *s/f* Máquina para calcular.

[4] **cal·cu·lar** [kalkulár] *tr* **1.** Hacer operaciones matemáticas para averiguar una cantidad. **2.** Adelantar algo (opinión, juicio, etc.) a partir de determinados datos.

[4] **cál·cu·lo** [kálkulo] *s/m* **1.** Acción o resultado de calcular. **2.** MED Concreción mineral que se forma en ciertos órganos.

[1] **cal·de·ar** [kaldeár] *tr* **1.** Elevar la temperatura. **2.** Excitar el ánimo.

[3] **cal·de·ra** [kaldéra] *s/f* Recipiente metálico para hervir, cocer o calentar algo.

[1] **cal·de·re·ta** [kalderéta] *s/f* Guiso de pescado o carne.

[1] **cal·de·ri·lla** [kalderíʎa] *s/f* Conjunto de monedas de poco valor.

cal·de·rín [kalderín] *s/m* Caldera pequeña, *esp* la que se usa como recipiente de presión en algunos vehículos a motor.

[3] **cal·de·ro** [kaldéro] *s/m* Recipiente circular con un asa, o su contenido.

[3] **cal·do** [káldo] *s/m* **1.** Sustancia resultante de cocer agua con carne, pescado, etc. **2.** *pl* Jugo extraído de frutos (vino, aceite).

[1] **cal·do·so, -sa** [kaldóso] *adj* Con mucho caldo.

CA·LÉ

ca·lé [kalé] *adj s/m,f* Gitano.

② **ca·le·fac·ción** [kalefakθjón] *s/f* **1**. Acción o resultado de calentar algo. **2**. Sistema o aparato para calentar.

① **ca·le·fac·tor** [kalefaktór] *s/m* Aparato que expulsa aire caliente.

① **ca·lei·dos·co·pio** [kaleiðoskópjo] *s/m* Tubo óptico con cristales que ofrecen diversos colores al moverlo.

③ **ca·len·da·rio** [kalendárjo] *s/m* **1**. Sistema para dividir el tiempo en años, meses, semanas y días. **2**. Hoja u hojas con esta división impresa. **3**. Agenda de actuaciones de alguien.

① **ca·len·ta·dor**, **-ra** [kalentaðór] *s/m* Aparato para calentar(se).

② **ca·len·ta·mien·to** [kalentamjénto] *s/m* Acción o resultado de subir la temperatura.

④ **ca·len·tar** [kalentár] *tr* **1**. Elevar la temperatura de algo. **2**. VULG Despertar el apetito sexual. **3**. COL Golpear a alguien repetidamente.
CONJ *Irreg*: *Caliento, calentaré, calenté, calentado*.

① **ca·len·tu·ra** [kalentúra] *s/f* **1**. Inflamación en el labio, con pus. **2**. Fiebre.

① **ca·len·tu·rien·to**, **-ta** [kalenturjénto] *adj s/m,f* Quien tiene la temperatura alta.

① **ca·le·sa** [kalésa] *s/f* Carruaje de dos o cuatro ruedas, abierto por delante.

ca·le·tre [kalétre] *s/m* COL Inteligencia, talento.

① **ca·li·bra·ción** [kaliβraθjón] *s/f* Acción o resultado de calibrar.

② **ca·li·brar** [kaliβrár] *tr* Medir el calibre o valorar la importancia de algo.

① **ca·li·bre** [kalíβre] *s/m* **1**. Diámetro interior de un objeto cilíndrico. **2**. Importancia de algo.

⑤ **ca·li·dad** [kaliðáð] *s/f* **1**. Grado o posición en la escala de lo más o menos bueno, de lo bien o mal hecho. **2**. Naturaleza de una cosa: *Un salto de calidad hacia la democracia*. LOC **En calidad de**, como.

① **ca·li·dez** [kaliðéθ] *s/f* Sensación agradable de calor.

③ **cá·li·do**, **-da** [káliðo] *adj* **1**. Caliente. **2**. Agradable a los sentidos.

ca·li·dos·co·pio [kaliðoskópjo] *s/m* Caleidoscopio.

③ **ca·lien·te** [kaljénte] *adj* **1**. Que tiene calor. **2**. VULG Sexualmente excitado. **3**. Que implica riesgo o peligro: *El país se ha convertido en zona caliente*.

② **ca·li·fa** [kalifa] *s/m* Jefe supremo entre los musulmanes.

① **ca·li·fa·to** [kalifáto] *s/m* Sistema político basado en el liderazgo de un califa o territorio bajo su dominio.

① **ca·li·fi·ca·ble** [kalifikáβle] *adj* Que puede ser calificado.

③ **ca·li·fi·ca·ción** [kalifikaθjón] *s/f* **1**. Acción o resultado de calificar. **2**. Puntuación con que se califica algo.

④ **ca·li·fi·car** [kalifikár] *tr* **1**. (Con *de*) Atribuir la cualidad que se expresa: *Lo califican de mentiroso*. **2**. Asignar una puntuación dentro de una escala.

② **ca·li·fi·ca·ti·vo**, **-va** [kalifikatíβo] *adj* Que califica.

① **ca·li·gra·fía** [kaliɣrafía] *s/f* Arte de escribir a mano con letra bonita.

① **ca·li·grá·fi·co**, **-ca** [kaliɣráfiko] *adj* Relativo a la caligrafía.

① **ca·li·ma** [kalíma] *s/f* Niebla tenue.

② **cá·liz** [káliθ] *s/m* **1**. REL Copa para consagrar el vino en la celebración de la Eucaristía. **2**. En una flor, receptáculo externo.

① **ca·li·za** [kalíθa] *s/f* Roca de carbonato de cal.

② **ca·li·zo**, **-za** [kalíθo] *adj* Que contiene cal.

⑤ **ca·lla·do**, **-da** [kaʎaðo] *adj* Reservado, poco hablador.

⑤ **ca·llar** [kaʎár] *intr* REFL(*-se*) **1**. No hablar o dejar de hablar. **2**. Dejar algo de hacer ruido o de sonar.

⑤ **ca·lle** [káʎe] *s/f* **1**. En una localidad, camino, *gen* asfaltado, por donde circulan los vehículos, y con una acera a cada lado para los peatones. **2**. Carril, espacio limitado por líneas o lindes. **3**. Gente corriente. LOC **Echar/Poner a alguien en la calle**, despedirlo de su trabajo.

② **ca·lle·ja** [kaʎéxa] *s/f* Calle estrecha.

① **ca·lle·je·ar** [kaʎexeár] *intr* Andar por las calles, *gen* sin rumbo fijo.

ca·lle·jeo [kaʎexéo] *s/m* Acción o resultado de callejear.

② **ca·lle·je·ro**, **-ra** [kaʎexéro] **I**. *adj* **1**. Que sucede en la calle. **2**. Se aplica al animal que no tiene dueño. **II**. *s/m* Guía alfabética de las calles de una ciudad.

② **ca·lle·jón** [kaʎexón] *s/m* Espacio estrecho entre dos paredes.

① **ca·lle·jue·la** [kaʎexwéla] *s/f* Calle poco importante y estrecha.

ca·llis·ta [kaʎísta] *s/m,f* Especialista en curar callos.

② **ca·llo** [káʎo] *s/m* **1**. Endurecimiento de la

CAM·BA·LA·CHE

piel en pies o manos. **2.** Despojos de ganado vacuno guisados. **3.** FIG COL Mujer muy fea. LOC **Dar el callo,** COL trabajar.

ca·llo·si·dad [kaʎosiðáð] *s/f* Callo poco profundo.

1 **ca·llo·so, -sa** [kaʎóso] *adj* Que tiene callos.

3 **cal·ma** [kálma] *s/f* Estado de tranquilidad y quietud.

1 **cal·man·te** [kalmánte] **I.** *adj* Que calma. **II.** *s/m* Medicamento para calmar el dolor.

3 **cal·mar** [kalmár] **I.** *tr* Reducir o eliminar la agitación, movimiento o intensidad de algo. **II.** REFL(-se) Recuperar una persona la tranquilidad.

3 **cal·mo, -ma** [kálmo] *adj* Tranquilo, en reposo.

1 **cal·mo·so, -sa** [kalmóso] *adj* Que tiene o está en calma.

ca·ló [kaló] *s/m* Lenguaje de los gitanos.

5 **ca·lor** [kalór] *s/m* **1.** Energía que se manifiesta en aumento de la temperatura y que expande los cuerpos. **2.** Temperatura elevada de la atmósfera.

3 **ca·lo·ría** [kaloría] *s/f* **1.** Unidad de calor. **2.** Unidad que mide el valor nutritivo de los alimentos.

1 **ca·ló·ri·co, -ca** [kalóriko] *adj* Referente a las calorías de los alimentos.

1 **ca·lo·rí·fi·co, -ca** [kalorífiko] *adj* Que produce calor.

ca·los·tro [kalóstro] *s/m* Primera leche de la hembra después de parir.

1 **ca·lum·nia** [kalúmnja] *s/f* Acusación grave y falsa contra alguien.

2 **ca·lum·niar** [kalumnjár] *tr* Acusar falsamente a alguien.

1 **ca·lum·nio·so, -sa** [kalumnjóso] *adj* Que contiene calumnia.

2 **ca·lu·ro·so, -sa** [kaluróso] *adj* Que tiene o transmite calor o afecto.

2 **cal·va** [kálβa] *s/f* Parte de la cabeza de la que se ha caído el cabello.

2 **cal·va·rio** [kalβárjo] *s/m* Sufrimiento prolongado.

1 **cal·vi·cie** [kalβíθje] *s/f* Estado de calvo.

1 **cal·vi·nis·mo** [kalβinísmo] *s/m* Doctrina de Calvino.

1 **cal·vi·nis·ta** [kalβinísta] *adj* Relativo al calvinismo o seguidor de él.

2 **cal·vo, -va** [kálβo] *adj* Sin o con poco cabello en la cabeza.

1 **cal·za** [kálθa] *s/f* **1.** Cuña para inmovilizar algo. **2.** Media.

cal·za·da [kalθáða] *s/f* **1.** Tramo central de una calle. **2.** Carretera.

3 **cal·za·do, -da** [kalθáðo] **I.** *s/m* Pieza que recubre y protege el pie. **II.** *adj* Que lleva zapatos en los pies.

cal·za·dor [kalθaðór] *s/m* Utensilio que ayuda a meter el calzado en el pie.

3 **cal·zar** [kalθár] *tr* **1.** Cubrir y proteger el pie con calzado. **2.** Inmovilizar algo con una calza.
ORT: Ante *e* la *z* cambia a *c: Calcen.*

2 **cal·zón** [kalθón] *s/m* Pantalón.

cal·zo·na·zos [kalθonáθos] *s/m* Hombre dominado por su mujer.

2 **cal·zon·ci·llo** [kalθonθíʎo] *s/m* Prenda interior masculina, que se lleva debajo de los pantalones.

5 **ca·ma** [káma] *s/f* Mueble para dormir o descansar. LOC **Caer en cama,** enfermar.

1 **ca·ma·da** [kamáða] *s/f* Conjunto de crías de un mismo parto.

1 **ca·ma·feo** [kamaféo] *s/m* Figura tallada en relieve.

1 **ca·ma·le·ón** [kamaleón] *s/m* **1.** Reptil de cuatro patas, que cambia la coloración de su piel. **2.** FIG Persona hábil para cambiar de actitud a conveniencia.

1 **ca·ma·leó·ni·co, -ca** [kamaleóniko] *adj* Relativo al camaleón.

5 **cá·ma·ra** [kámara] **I.** *s/f* **1.** Aparato para filmar o hacer fotos. **2.** Organismo oficial que regula ciertos asuntos. **3.** Cuerpo legislativo de un país. **II.** *s/m,f* Persona que filma con cámara.

2 **ca·ma·ra·da** [kamaráða] *s/m,f* Compañero de actividades.

1 **ca·ma·ra·de·ría** [kamaraðería] *s/f* Relación de amistad y afecto.

3 **ca·ma·re·ro, -ra** [kamaréro] *s/m,f* Persona que sirve en bares, restaurantes, etc.

1 **ca·ma·ri·lla** [kamaríʎa] *s/f* Grupo de personas que influyen en la toma de decisiones.

1 **ca·ma·rín** [kamarín] *s/m* Habitación para vestirse y maquillarse los artistas.

2 **ca·ma·rón** [kamarón] *s/m* Crustáceo comestible parecido a la gamba.

1 **ca·ma·ro·te** [kamaróte] *s/m* Dormitorio de un barco.

1 **ca·mas·tro** [kamástro] *s/m* Cama dura e incómoda.

1 **cam·ba·la·che** [kambalátʃe] *s/m* Intercambio de objetos de poco valor.

CAM·BIAN·TE

2 **cam·bian·te** [kambjánte] *adj* Que tiene tendencia a cambiar.

5 **cam·biar** [kambjár] **I.** *tr intr* **1.** Experimentar diferencia o variación algo. **2.** Dar una cosa y recibir otra equivalente en su lugar. **3.** Permutar un tipo de dinero por otro. **II.** REFL(-*se*) **1.** Quitarse una ropa y ponerse otra. **2.** Transformarse una cosa en otra. RPr **Cambiar en/por. Cambiar(se) de**.

2 **cam·bia·rio, ·ia** [kambjárjo] *adj* Referente al negocio del cambio.

5 **cam·bio** [kámbjo] *s/m* **1.** Acción o resultado de cambiar(se). **2.** Precio de cotización de las monedas extranjeras. **3.** Moneda pequeña o fraccionaria. **4.** En un vehículo, mecanismo para pasar de una marcha a otra.

1 **cam·bis·ta** [kambísta] *s/m,f* Persona que se dedica a la compraventa de valores o moneda.

cam·bo·ya·no, ·na [kambojáno] *adj s/m,f* De Camboya.

1 **ca·me·lar** [kamelár] *tr* Adular a otro para conseguir algo.

1 **ca·me·lia** [kamélja] *s/f* Árbol de jardín, de hojas y flores parecidas a la rosa.

ca·me·lle·ro, ·ra [kameʎéro] *s/m,f* Persona que cuida o conduce camellos.

2 **ca·me·llo, ·lla** [kaméʎo] *s/m,f* **1.** Mamífero rumiante típico del desierto. **2.** ARG Traficante de drogas en pequeñas cantidades. LOC **Disfrutar como un camello**, COL divertirse mucho.

1 **ca·me·lo** [kamélo] *s/m* **1.** Cosa que aparenta ser buena sin serlo realmente. **2.** Noticia falsa.

2 **ca·me·ri·no** [kameríno] *s/m* Camarín.

2 **ca·mi·lla** [kamíʎa] *s/f* **1.** Especie de cama pequeña y alargada para transportar enfermos o heridos. **2.** Mesa redonda con tarima para un brasero.

1 **ca·mi·lle·ro** [kamiʎéro] *s/m,f* Quien lleva una camilla.

2 **ca·mi·nan·te** [kaminánte] *adj s/m,f* Se aplica a quien viaja caminando.

5 **ca·mi·nar** [kaminár] *intr* Desplazarse o moverse a pie.

1 **ca·mi·na·ta** [kamináta] *s/f* Recorrido a pie, largo y fatigoso.

5 **ca·mi·no** [kamíno] *s/m* **1.** Vía por la que se puede caminar. **2.** Recorrido entre dos puntos.

4 **ca·mión** [kamjón] *s/m* Vehículo a motor, grande y resistente, usado para el transporte.

2 **ca·mio·ne·ro, ·ra** [kamjonéro] *s/m,f* Conductor de camiones.

2 **ca·mio·ne·ta** [kamjonéta] *s/f* Camión pequeño.

4 **ca·mi·sa** [kamísa] *s/f* Prenda de vestir que cubre la parte superior del cuerpo. LOC **Cambiar de camisa**, variar de opinión según convenga a uno.

ca·mi·se·ría [kamisería] *s/f* Tienda de camisas.

3 **ca·mi·se·ta** [kamiséta] *s/f* **1.** Prenda interior de punto, que se lleva debajo de la camisa. **2.** Prenda similar que llevan los deportistas y los identifica.

2 **ca·mi·són** [kamisón] *s/m* Prenda femenina, larga y holgada, usada para dormir.

ca·mo·mi·la [kamomíla] *s/f* Manzanilla.

ca·mo·rra [kamórra] *s/f* **1.** Discusión violenta y ruidosa. **2.** Sociedad mafiosa italiana.

1 **ca·mo·rris·ta** [kamorrísta] *adj s/m,f* Que origina o busca camorra.

1 **ca·mo·te** [kamóte] *s/m* **1.** AMER Batata o boniato. **2.** AMER Enamoramiento.

1 **cam·pal** [kampál] *adj* Relativo al campo.

2 **cam·pa·men·to** [kampaménto] *s/m* Lugar al aire libre donde un ejército instala temporalmente sus tiendas.

3 **cam·pa·na** [kampána] *s/f* **1.** Instrumento hueco, *gen* de bronce, en forma de copa invertida, que suena al ser golpeado con un mazo que cuelga en su interior. **2.** Parte superior de una chimenea.

2 **cam·pa·na·da** [kampanáða] *s/f* Golpe y sonido que produce una campana.

2 **cam·pa·na·rio** [kampanárjo] *s/m* Torre donde están las campanas.

1 **cam·pa·ni·for·me** [kampanifórme] *adj* Que tiene forma de campana.

2 **cam·pa·ni·lla** [kampaníʎa] *s/f* Campana pequeña que se toca agitándola con la mano.

1 **cam·pan·te** [kampánte] *adj* Contento y satisfecho.

1 **cam·pa·nu·do, ·da** [kampanúðo] *adj* Grandilocuente, rimbombante.

5 **cam·pa·ña** [kampána] *s/f* **1.** Actividades a favor o en contra de algo o alguien. **2.** Expedición militar.

1 **cam·par** [kampár] *intr* Moverse o circular con plena libertad.

1 **cam·pe·ar** [kampeár] *intr* Destacar por su frecuencia o abundancia.

1 **cam·pe·cha·no, ·na** [kampetʃáno] *adj* De trato sencillo y afable.

CAN·CI·LLER

③ **cam·pe·ón, -o·na** [kampeón] *s/m,f* Vencedor en una competición deportiva.

③ **cam·peo·na·to** [kampeonáto] *s/m* Competición deportiva en la que se disputa el título de campeón.

② **cam·pe·ro, -ra** [kampéro] *adj* Relativo al campo.

① **cam·pe·si·na·do** [kampesináðo] *s/m* Grupo o clase social de los campesinos.

④ **cam·pe·si·no, -na** [kampesíno] **I.** *adj* Relativo al campo. **II.** *s/m,f* Persona que vive o trabaja en el campo.

① **cam·pes·tre** [kampéstre] *adj* Relativo al campo.

② **cam·ping** [kámpin] *s/m* Terreno para acampar o actividad de acampar.

② **cam·pi·ña** [kampíɲa] *s/f* Extensión de tierra cultivable.

① **cam·pis·ta** [kampísta] *s/m,f* Persona que acampa.

⑤ **cam·po** [kámpo] *s/m* **1.** Superficie terrestre no habitada. **2.** Terreno de cultivo. **3.** DEP Superficie delimitada para practicar un deporte. **4.** En la guerra, terreno ocupado por cada ejército: *El General ordenó entrar en campo enemigo.* **5.** Conjunto de ideas, actividades, etc., relacionadas con un área del saber.

① **cam·po·san·to** [kamposánto] *s/m* Cementerio.

② **cam·pus** [kámpus] *s/m* Zona universitaria.

① **ca·mu·fla·je** [kamufláxe] *s/m* Acción o resultado de camuflar.

② **ca·mu·flar** [kamuflár] *tr* Cambiar el aspecto para pasar desapercibido, o engañar a otros.

② **can** [kán] *s/m* Perro.

① **ca·na** [kána] *s/f* Cabello de color blanco. LOC **Echar una cana al aire,** FIG permitirse una diversión quien normalmente no lo hace.

② **ca·na·dien·se** [kanaðjénse] *adj s/m,f* De Canadá.

⑤ **ca·nal** [kanál] *s/m* **1.** Cauce cóncavo para conducir el agua. **2.** GEOG Paso estrecho entre dos mares. **3.** Conducto cóncavo que recoge el agua de lluvia de los tejados. **4.** Banda de frecuencia para transmitir y recibir señales de radio o televisión. **5.** Sistema organizado de distribución de productos comerciales. **6.** Res muerta y limpia de despojos, apta para el consumo humano.
GRAM Puede ser *m* o *f*, excepto en 2 y 4.

① **ca·na·li·za·ción** [kanaliθaθjón] *s/f* Acción o resultado de canalizar.

③ **ca·na·li·zar** [kanaliθár] *tr* **1.** Encauzar un líquido o gas por un conducto o tubo. **2.** FIG Encauzar y controlar ideas, sentimientos, etc.
ORT Ante *e* la *z* cambia a *c*: *Canalice.*

② **ca·na·lla** [kanáʎa] *adj s/m,f* Persona ruin y despreciable.

① **ca·na·lla·da** [kanaʎáða] *s/f* Acción propia de un canalla.

① **ca·na·lles·co, -ca** [kanaʎésko] *adj* Propio de un canalla.

① **ca·na·lón** [kanalón] *s/m* Tubería que recoge el agua de lluvia de los tejados y la vierte al suelo.

① **ca·na·na** [kanána] *s/f* Cinturón ancho para guardar cartuchos.

① **ca·na·pé** [kanapé] *s/m* **1.** Rebanada pequeña de pan, con algún alimento encima. **2.** Asiento mullido para sentarse o reclinarse.

④ **ca·na·rio, -ia** [kanárjo] **I.** *adj s/m,f* De las islas Canarias. **II.** *s/m,f* Pájaro pequeño y cautivo a menudo en jaulas, de canto agradable.

② **ca·nas·ta** [kanásta] *s/f* **1.** Cesta con una o dos asas. **2.** DEP En baloncesto, aro metálico por el que se debe introducir el balón. *P ext*, tanto así conseguido.

cán·ca·mo [kánkamo] *s/m* Tornillo terminado en forma de anilla por un extremo.

① **can·cán** [kankán] *s/f* Prenda interior femenina, con muchos volantes, o baile en que la mujer sale así vestida.

① **can·cel** [kanθél] *s/m* Contrapuerta que se adosa a la puerta principal para impedir el paso del aire, polvo, etc.

① **can·ce·la** [kanθéla] *s/f* Verja a la entrada de una casa.

② **can·ce·la·ción** [kanθelaθjón] *s/f* Acción o resultado de cancelar algo.

③ **can·ce·lar** [kanθelár] *tr* Anular algo.

④ **cán·cer** [kánθer] *s/m* MED Tumor maligno.

cancer·be·ro, -ra [kanθerβéro] *s/m,f* **1.** Guardián. **2.** DEP En fútbol, portero.

① **can·ce·rí·ge·no, -na** [kanθeríxeno] *adj* Que produce cáncer.

① **can·ce·ro·so, -sa** [kanθeróso] *adj* Relativo al cáncer.

③ **can·cha** [kántʃa] *s/f* Pista de juego.

① **can·chal** [kantʃál] *s/m* Lugar lleno de piedras de diferentes tamaños desprendidas de rocas más grandes.

③ **can·ci·ller** [kanθiʎér] *s/m* **1.** Máximo re-

CAN·CI·LLE·RÍA

presentante del Gobierno en algunos países. **2.** AMER Ministro de Asuntos Exteriores.

2 **can·ci·lle·ría** [kanθiʎería] *s/f* **1.** AMER Ministerio de Asuntos Exteriores. **2.** Oficina de una embajada o consulado.

4 **can·ción** [kanθjón] *s/f* Composición para ser cantada.

1 **can·cio·ne·ro** [kanθjonéro] *s/m* Colección de canciones.

2 **can·da·do** [kandáðo] *s/m* Mecanismo para cerrar, que consta de una caja en la que se inserta la llave y de una barra metálica en forma de 'U' invertida, uno de cuyos extremos se libera accionando la llave.

2 **can·de·la** [kandéla] *s/f* Vela con una mecha para dar luz.

2 **can·de·la·bro** [kandeláβro] *s/m* Candelero con varios brazos.

1 **can·de·le·ro, -ra** [kandeléro] *s/m* Soporte para velas.

2 **can·den·te** [kandénte] *adj* **1.** Que está al rojo vivo. **2.** De actualidad.

5 **can·di·da·to, -ta** [kandiðáto] *s/m,f* Persona que aspira a un cargo o es propuesa para el mismo.

3 **can·di·da·tu·ra** [kandiðatúra] *s/f* Presentación de alguien como candidato o lista de candidatos.

1 **can·di·dez** [kandiðéθ] *s/f* Cualidad de cándido.

2 **cán·di·do, -da** [kándiðo] *adj* Ingenuo, sin malicia.

1 **can·dil** [kandíl] *s/m* Recipiente con una mecha sumergida en aceite, la cual se enciende para dar luz.

1 **can·di·le·ja** [kandiléχa] *s/f pl* En el teatro, fila de luces en la parte delantera del escenario.

1 **can·dor** [kandór] *s/m* **1.** Cualidad de la persona sincera, honesta e ingenua en sus actuaciones, que no engaña ni supone mala intención en los demás: *Admiro en los niños su candor y su frescura en todo lo que hacen.* **2.** Candidez.

1 **can·do·ro·so, -sa** [kandoróso] *adj* Sincero, ingenuo y honesto.

2 **ca·ne·la** [kanéla] *s/f* Corteza del canelo, aromática y de sabor agradable, usada como condimento.

1 **ca·ne·lo, -la** [kanélo] *s/m* Árbol lauráceo del que se extrae la canela.

1 **ca·ne·lo·nes** [kanelónes] *s/m,pl* Rollo de pasta relleno con carne picada.

1 **ca·ne·sú** [kanesú] *s/m* Parte superior del cuerpo de un vestido.

can·gi·lón [kanχilón] *s/m* Cada recipiente usado en la noria para sacar agua.

2 **can·gre·jo** [kangréχo] *s/m* Crustáceo marino comestible, de cinco pares de patas y cubierto por un caparazón.

can·gue·lo [kangélo] *s/m* Miedo.

1 **can·gu·ro** [kangúro] **I.** *s/m* Mamífero marsupial que anda sobre sus dos patas traseras. **II.** *s/m,f* Persona contratada por horas para cuidar niños.

2 **ca·ní·bal** [kaníβal] *adj s/m,f* Antropófago.

1 **ca·ni·ba·lis·mo** [kaniβalísmo] *s/m* Práctica de comer carne de los de la misma especie.

1 **ca·ni·ca** [kaníka] *s/f* Bola pequeña de barro usada en el juego de las canicas, o este mismo juego.

ca·ni·che [kanítʃe] *s/m* Perro doméstico de pequeño tamaño.

1 **ca·ní·cu·la** [kaníkula] *s/f* Parte más calurosa del año.

cá·ni·do, -da [kániðo] *adj* De la familia del perro.

ca·ni·jo, -ja [kaníχo] *adj* De aspecto débil y enfermizo.

1 **ca·ni·lla** [kaníʎa] *s/f* **1.** ANAT Hueso alargado del brazo o de la pierna. **2.** Tubito cilíndrico para devanar el hilo. **3.** AMER Grifo.

1 **ca·ni·no, -na** [kaníno] **I.** *adj* Referido al perro. **II.** *s/m* Diente entre los incisivos y premolares.

1 **can·je** [kánχe] *s/m* Acción o resultado de canjear.

1 **can·je·ar** [kanχeár] *tr* Cambiar una cosa por otra, *gen* con algún documento que garantiza la legalidad del cambio. RPr **Canjear por.**

1 **can·na·bis** [kánaβis] *s/m* Droga extraída del cáñamo.

3 **ca·no, -na** [káno] *adj* Aplicado al cabello de color blanco o a quien lo tiene así.

2 **ca·noa** [kanóa] *s/f* Embarcación pequeña y estrecha.

ca·nó·dro·mo [kanóðromo] *s/m* Lugar para competiciones con galgos.

3 **ca·non** [kánon] *s/m* Regla o precepto que regula la manera de hacer algo.

2 **ca·nó·ni·co, -ca** [kanóniko] *adj* Que está de acuerdo con el canon.

2 **ca·nó·ni·go** [kanóniɣo] *s/m* Religioso que tiene un cargo en catedralicio.

CA·ÑI·ZO

1 **ca·no·ni·za·ción** [kanoniθaθjón] *s/f* Acción o resultado de canonizar a alguien.

1 **ca·no·ni·zar** [kanoniθár] *tr* Declarar el Papa santo a alguien.
ORT Ante *e* la *z* cambia a *c*: *Canonicen*.

ca·non·jía [kanonχía] *s/f* Oficio y renta del canónigo.

ca·no·ro, -ra [kanóro] *adj* De canto melodioso.

1 **ca·no·so, -sa** [kanóso] *adj* Con canas.

3 **can·san·cio** [kansánθjo] *s/m* Sensación de agotamiento físico.

4 **can·sar** [kansár] *tr intr* Producir algo sensación de agotamiento físico. RPr **Cansar(se) de**.

1 **can·si·no, -na** [kansíno] *adj* Lento y perezoso.

can·ta·ble [kantáβle] *adj* Que puede ser cantado.

2 **can·tá·bri·co, -ca** [kantáβriko] *adj* De Cantabria o del mar Cantábrico.

2 **cán·ta·bro, -ra** *adj s/m,f* De Cantabria.

can·ta·ma·ña·nas [kantamaɲánas] *s/m,f* Persona informal e irresponsable.

4 **can·tan·te** *s/m,f* Profesional del canto.

1 **can·ta·or, -ra** [kantaór] *s/m,f* Persona que canta flamenco.

5 **can·tar** [kantár] I. *tr intr* 1. Producir con la voz sonidos musicales y melodiosos. 2. FIG Decir todo lo que se sabe de algo. II. *s/m* Sonido armonioso y melodioso.

1 **can·ta·rín, -ri·na** [kantarín] *adj* Aficionado a cantar.

2 **cán·ta·ro** [kántaro] *s/m* Vasija de boca y fondo estrechos y parte central ancha, usado para transportar y almacenar líquidos.

1 **can·ta·ta** [kantáta] *s/f* Composición musical polifónica.

1 **can·tau·tor, -ra** [kantautór] *s/m,f* Persona que compone las canciones que canta.

2 **can·te** [kánte] *s/m* Acción de cantar.

2 **can·te·ra** [kantéra] *s/f* Lugar de donde se extrae piedra.

1 **can·te·ría** [kantería] *s/f* Técnica de labrar la piedra.

1 **can·te·ro, -ra** [kantéro] *s/m,f* Persona que labra la piedra.

2 **cán·ti·co** [kántiko] *s/m* Canto religioso.

5 **can·ti·dad** [kantiðáð] I. *s/f* Porción, gen grande, de algo medible. II. *adv* COL Muchísimo: *Tu corbata me gusta cantidad*.

1 **can·ti·le·na** [kantiléna] *s/f* Repetición molesta de lo mismo.

1 **can·tim·plo·ra** [kantimplóra] *s/f* Recipiente para llevar bebida.

2 **can·ti·na** [kantína] *s/f* Establecimiento público donde se sirven y se venden bebidas y comida.

1 **can·ti·ne·la** [kantinéla] *s/f* Cantilena.

can·ti·zal [kantiθál] *s/m* Terreno en el que abundan los cantos (4).

4 **can·to** [kánto] *s/m* 1. Acción de cantar o cosa que se canta. 2. Arte de cantar. 3. LIT Composición poética. 4. Piedra redondeada por la erosión o el arrastre. 5. Borde estrecho que lo delimita: *Golpeó la pelota con el canto de la raqueta*. 6. En un arma de hoja cortante (espada, cuchillo), lado opuesto al filo. 7. En un libro, lado opuesto al lomo. 8. Arista o esquina de algo (mesa, puerta, etc). LOC **De canto,** de lado.

2 **can·tón** [kantón] *s/m* División territorial o administrativa.

1 **can·to·nal** [kantonál] *adj* Relativo al cantón.

2 **can·tor, -ra** [kantór] *adj s/m,f* Que canta o es aficionado a cantar.

1 **can·to·ral** [kantorál] *s/m* Libro con la letra y música de cantos religiosos.

1 **can·tu·rre·ar** [kanturreár] *intr* Cantar a media voz.

1 **can·tu·rreo** [kanturréo] *s/m* Acción o resultado de canturrear.

1 **ca·nu·tas** [kanútas] **Pasarlas canutas,** COL pasarlo muy mal.

1 **ca·nu·to** [kanúto] *s/m* 1. En una caña, segmento entre dos nudos. 2. Tubo fino y corto, con fondo y tapadera.

ca·ña [káɲa] *s/f* 1. Planta gramínea, de tallos largos, con nudos y entrenudos huecos. 2. ANAT Hueso largo y hueco, gen del brazo o de la pierna. 3. En una bota, parte que cubre el tobillo. 4. Vaso pequeño de cerveza.

1 **ca·ña·da** [kaɲáða] *s/f* 1. Paso estrecho entre dos alturas. 2. Camino para el ganado trashumante.

1 **cá·ña·mo** [káɲamo] *s/m* Planta herbácea de fibra aprovechable para cordeles y suelas de zapatillas.

1 **ca·ña·ve·ral** [kaɲaβerál] *s/m* Lugar abundante en cañas.

1 **ca·ñe·ría** [kaɲería] *s/f* Tubo para conducir líquidos o gases.

1 **ca·ñi·zo** [kaɲíθo] *s/m* Entramado de cañas.

③ **ca·ño** [káɲo] *s/m* Tubo por donde sale el agua en una fuente.

③ **ca·ñón** [kaɲón] **I.** *s/m* **1.** Arma pesada de fuego. **2.** En una pluma de ave, tubo hueco del que salen las barbas. **3.** Valle o paso estrecho y profundo. **II.** *adj adv* COL (Con *estar*) Muy bien, estupendo: *La muchacha está cañón. Una joven cañón.* LOC **Estar al pie del cañón,** FIG estar siempre dispuesto para cumplir con el deber. **Pasárselo cañón,** COL divertirse mucho.

① **ca·ño·na·zo** [kaɲonáθo] *s/m* Disparo o impacto de cañón.

① **ca·ño·ne·ar** [kaɲoneár] *tr* Disparar con un cañón repetidamente.

ca·ño·neo [kaɲonéo] *s/m* Acción o resultado de cañonear.

ca·ño·ne·ra [kaɲonéra] *s/f* Barco pequeño de guerra, equipado con cañones.

② **cao·ba** [kaóβa] *s/f* Árbol americano de madera muy apreciada, o su madera.

① **cao·lín** [kaolín] *s/m* Arcilla blanca y fina, para fabricar porcelana y papel.

② **ca·os** [káos] *s/m* Ausencia total de orden.

② **caó·ti·co, -ca** [kaótiko] *adj* Relativo al caos.

④ **ca·pa** [kápa] *s/f* **1.** Prenda de vestir, amplia y sin mangas. **2.** Cantidad de una sustancia que se extiende uniformemente sobre otra.

⑤ **ca·pa·ci·dad** [kapaθiðáð] *s/f* **1.** Espacio disponible para contener algo. **2.** Inteligencia o aptitud para comprender o hacer algo.

③ **ca·pa·ci·ta·ción** [kapaθitaθjón] *s/m* Acción o resultado de capacitar.

③ **ca·pa·ci·tar** [kapaθitár] *tr* Dar a alguien la preparación necesaria para hacer algo.

① **ca·par** [kapár] *tr* Extirpar los órganos genitales masculinos.

① **ca·pa·ra·zón** [kaparaθón] *s/m* Coraza que cubre y protege el cuerpo de algunos animales.

② **ca·pa·taz, -za** [kapatáθ] *s/m,f* Encargado de vigilar a un grupo de trabajadores.

⑤ **ca·paz** [kapáθ] *adj* Que tiene capacidad. RPr **Capaz de/para.**

① **ca·pa·zo** [kapáθo] *s/m* Cesta grande.

① **cap·cio·so, -sa** [kapθjóso] *adj* Engañoso, que lleva a error.

ca·pea [kapéa] *s/f* Acción de capear novillos.

① **ca·pe·ar** [kapeár] *tr* **1.** FIG Evitar hábilmente algo difícil o comprometido. **2.** Torear con capa.

① **ca·pe·llán** [kapeʎán] *s/m* Sacerdote encargado de una fundación religiosa.

① **ca·pe·ru·za** [kaperúθa] *s/f* **1.** Gorro acabado en punta hacia atrás. **2.** Pieza que cubre el extremo de algo.

① **ca·pi·cúa** [kapikúa] *adj s/m* Número con cifras simétricas, que se lee igual de izquierda a derecha que de derecha a izquierda.

② **ca·pi·lar** [kapilár] **I.** *adj* Relativo al cabello: *Loción capilar.* **II.** *adj s/m pl* Tubos de pequeño diámetro que, en forma de red, enlazan la terminación de las arterias con el principio de las venas.

① **ca·pi·la·ri·dad** [kapilariðáð] *s/f* Propiedad de un líquido para ascender por conductos capilares.

④ **ca·pi·lla** [kapíʎa] *s/f* **1.** Iglesia pequeña. **2.** Pequeño grupo de personas leales a otra.

ca·pi·ro·ta·zo [kapirotáθo] *s/m* Golpe dado en la cabeza con el dedo corazón, soltándolo bruscamente.

① **ca·pi·ro·te** [kapiróte] *s/m* **1.** Gorro en forma de cono que se lleva en las procesiones de Semana Santa. **2.** Prenda de vestir con capucha, que cubre los hombros y la parte superior del pecho, usada por los doctores universitarios en actos solemnes.

⑤ **ca·pi·tal** [kapitál] **I.** *adj* **1.** De gran importancia. **2.** Aplicado a pena o condena, que se castiga con la muerte. **II.** *s/f* Ciudad en la que reside el Gobierno de una nación. **III.** *s/m* Conjunto de los bienes materiales que alguien posee.

① **ca·pi·ta·li·dad** [kapitaliðáð] *s/f* Cualidad de la ciudad que es capital de Estado.

② **ca·pi·ta·li·no, -na** [kapitalíno] *adj* De la capital.

③ **ca·pi·ta·lis·mo** [kapitalísmo] *s/m* Sistema económico basado en la propiedad privada y libertad de mercado.

③ **ca·pi·ta·lis·ta** [kapitalísta] **I.** *adj* Referente al capital o al capitalismo. **II.** *s/m,f* Persona con mucho dinero.

② **ca·pi·ta·li·za·ción** [kapitaliθaθjón] *s/f* Acción o resultado de capitalizar.

② **ca·pi·ta·li·zar** [kapitaliθár] *tr* **1.** Aportar capital o dinero o hacer que una empresa lo acumule. **2.** Añadir al capital ahorrado los intereses. **3.** FIG Usar algo en beneficio propio: *El presidente capitalizó el éxito de su equipo.*
ORT: Ante *e* la *z* cambia a *c*: *Capitalicen.*

④ **ca·pi·tán, -ta·na** [kapitán] *s/m,f* **1.** En el ejército, oficial que dirige una compañía. **2.** Persona que lidera a un grupo de personas.

① **ca·pi·ta·ne·ar** [kapitaneár] *tr* Mandar o dirigir un grupo.

② **ca·pi·ta·nía** [kapitanía] *s/f* **1.** Oficio o condición de capitán. **2.** Cargo de Capitán General o lugar en que reside.

② **ca·pi·tel** [kapitél] *s/m* ARQ Parte superior de una columna, que corona y adorna el fuste.

① **ca·pi·to·lio** [kapitóljo] *s/m* Edificio majestuoso, sede municipal o del Parlamento.

① **ca·pi·tu·la·ción** [kapitulaθjón] *s/f* Acción o resultado de capitular.

② **ca·pi·tu·lar** [kapitulár] **I.** *adj* Relativo al cabildo catedralicio. **II.** *intr* Rendirse al enemigo fijando ciertas condiciones.

⑤ **ca·pí·tu·lo** [kapítulo] *s/m* Parte numerada de un libro, ley, etc.

① **ca·po** [kápo] *s/m* Jefe de una mafia u organización clandestina.

① **ca·pó** [kapó] *s/m* Cubierta delantera del motor de un vehículo.

① **ca·pón** [kapón] *s/m* Pollo castrado.

① **ca·po·ta** [kapóta] *s/f* En un carruaje o coche, techo plegable.

① **ca·po·tar** [kapotár] *tr* Dar un vehículo una vuelta de campana y quedar en posición invertida.

② **ca·po·te** [kapóte] *s/m* **1.** Trozo de tela que usa el torero para torear. **2.** Prenda de vestir parecida a la capa, pero con menos vuelo.

③ **ca·pri·cho** [kaprítʃo] *s/m* Deseo o impulso poco o nada razonable.

② **ca·pri·cho·so, -sa** [kaprítʃóso] *adj* Que actúa sin razón ni motivación aparente.

① **ca·pri·no, -na** [kapríno] *adj* Relativo a la cabra.

② **cáp·su·la** [kápsula] *s/f* **1.** Recipiente cerrado para contener algo en su interior. **2.** Medicamento y envoltura que lo recubre.

② **cap·ta·ción** [kaptaθjón] *s/f* Acción o resultado de captar.

④ **cap·tar** [kaptár] *tr* **1.** Percibir algo a través de los sentidos: *Con la vista captamos el color*. **2.** Recoger algo (imagen, sonido, etc.) con el aparato adecuado para ello. **3.** Comprender, entender algo. **4.** Atraer la atención, interés, etc.: *Esta novela capta la atención del lector*.

① **cap·tor, -ra** [kaptór] *adj s/m,f* Que capta.

② **cap·tu·ra** [kaptúra] *s/f* **1.** Acción o resultado de capturar. **2.** Cosa capturada.

③ **cap·tu·rar** [kapturár] *tr* Atrapar a la persona o animal que huye.

① **ca·pu·cha** [kapútʃa] *s/f* Especie de gorro unido a algunas prendas de vestir.

① **ca·pu·llo** [kapúʎo] **I.** *s/m* **1.** Envoltura en que algunos insectos hacen su metamorfosis. **2.** En una flor, yema a punto de abrirse. **II.** *adj s/m,f* COL Estúpido, tonto.

① **ca·qui** [káki] **I.** *s/m* **1.** Árbol de frutos carnosos, o su fruto. **II.** *adj* De color marrón pardo o verdoso.

⑤ **ca·ra** [kára] *s/f* **1.** Parte de la cabeza en que se hallan los ojos, la nariz y la boca. **2.** Expresión que esta parte muestra. **3.** Aspecto exterior o apariencia de las cosas. **4.** Lado de una superficie. **5.** Anverso de una moneda o medalla. **6.** Cada superficie que se graba en una cinta de audio o vídeo. LOC **Dar la cara,** afrontar responsabilidades o peligros. **Por la cara,** gratis. **Ser un cara,** ser un sinvergüenza.

① **ca·ra·be·la** [karaβéla] *s/f* Embarcación antigua, con una cubierta y tres palos.

① **ca·ra·bi·na** [karaβína] *s/f* Arma de fuego, parecida al fusil, pero más corta.

③ **ca·ra·bi·ne·ro** [karaβinéro] *s/m* Guardia en zonas fronterizas.

② **ca·ra·col** [karakól] *s/m* **1.** Molusco con dos pares de tentáculos sobre la cabeza y concha en espiral. **2.** ANAT En el oído interno, conducto cónico en espiral. LOC **¡Caracoles!,** expresión de sorpresa o disgusto.

① **ca·ra·co·la** [karakóla] *s/f* Molusco marino con concha cónica en espiral.

ca·ra·co·la·da [karakoláða] *s/f* Guiso de caracoles.

⑤ **ca·rác·ter** [karákter] *s/m* **1.** Modo de ser de alguien. **2.** Personalidad firme y enérgica de alguien: *No tiene carácter para gobernar*. **3.** Letra o signo de escritura.

⑤ **ca·rac·te·rís·ti·ca** [karakterística] *s/f* Rasgo propio de una persona, cosa o lugar.

⑤ **ca·rac·te·rís·ti·co, -ca** [karakterístiko] *adj* Que es propio de alguien o algo.

② **ca·rac·te·ri·za·ción** [karakteriθaθjón] *s/f* Acción o resultado de caracterizar.

④ **ca·rac·te·ri·zar** [karakteriθár] *tr* **1.** Hacer algo que una persona, animal o cosa sea diferente de los demás. **2.** Representar un actor o actriz un personaje. RPr **Caracterizarse de/por**.

ORT Ante *e* la *z* cambia a *c: Caractericen*.

|1| **ca·ra·du·ra** [karaðúra] *s/m,f* Persona cínica y desvergonzada.

|1| **ca·ra·ji·llo** [karaχíʎo] *s/m* Café con leche y un poco de coñac.

|2| **ca·ra·jo** [karáχo] *interj* COL Expresión de enfado o extrañeza. LOC **Irse algo al carajo**, estropearse.

|2| **ca·ram·ba** [karámba] *interj* Expresión de sorpresa o enfado.

|1| **ca·ram·bo·la** [karambóla] *s/f* En el billar, jugada en que una bola golpea otras dos bolas a la vez o a una tras otra.

|2| **ca·ra·me·lo** [karamélo] *s/m* Dulce elaborado con almíbar o azúcar y otras sustancias aromáticas.

|1| **ca·ran·to·ña** [karantóɲa] *s/f* Caricia.

|1| **ca·ra·que·ño, -ña** [karakéɲo] *adj s/m,f* De Caracas.

|1| **ca·rá·tu·la** [karátula] *s/f* Portada (de libro, revista, etc.).

|2| **ca·ra·va·na** [karaβána] *s/f* **1.** Grupo numeroso de personas o vehículos que viajan juntas. **2.** Vehículo o remolque equipado como vivienda.

|2| **¡ca·ray!** [karái] *interj* ¡Caramba!

|3| **car·bón** [karβón] *s/m* Materia de color negro, que resulta de la combustión parcial o descomposición de ciertos productos orgánicos.

|1| **car·bon·ci·llo** [karβonθíʎo] *s/m* Palillo de madera ligera carbonizada, para dibujar.

|2| **car·bo·ne·ro, -ra** [karβonéro] **I.** *adj* Relativo al carbón. **II.** *adj s/m,f* Persona que hace o vende carbón.

|1| **car·bó·ni·co, -ca** [karβóniko] *adj* Se aplica a las mezclas en que hay carbono.

|1| **car·bo·ní·fe·ro, -ra** [karβonífero] *adj* Que abunda en carbón.

|1| **car·bo·ni·lla** [karβoníʎa] *s/f* Partículas que resultan de la combustión del carbón.

car·bo·ni·za·ción [karβoniθaθjón] *s/f* Acción o resultado de carbonizar(se).

|1| **car·bo·ni·zar** [karβoniθár] *tr* **1.** Reducir a carbón. **2.** Quemar totalmente.
ORT Ante *e* la *z* cambia a *c: Carbonice.*

|3| **car·bo·no** [karβóno] *s/m* QUÍM Elemento no metálico, principal componente de las sustancias orgánicas. Símbolo C.

|1| **car·bun·clo** [karβúnklo] *s/m* Rubí, mineral duro, rojo y brillante, muy apreciado en joyería.

car·bun·co [karβúnko] *s/m* Enfermedad infecciosa que origina el ántrax.

car·bu·ra·ción [karβuraθjón] *s/f* Acción o resultado de carburar.

|1| **car·bu·ra·dor** [karβuraðór] *s/m* En un motor de explosión, dispositivo que inyecta e inflama el combustible.

|1| **car·bu·ran·te** [karβuránte] *s/m* Mezcla inflamable que alimenta los motores de explosión.

|1| **car·bu·rar** [karβurár] **I.** *tr* Mezclar aire y carburante pulverizado para que explosione. **II.** *intr* COL Funcionar bien una cosa: *Este aparato no carbura.*

|1| **car·bu·ro** [karβúro] *s/m* Compuesto de carbono y otro elemento simple.

car·ca [kárka] *adj s/m,f* De ideas anticuadas.

car·caj [karkáχ] *s/m* Caja o funda que se lleva al hombro con las flechas.

|3| **car·ca·ja·da** [karkaχáða] *s/f* Risa sonora y fuerte.

|1| **car·ca·je·ar** [karkaχeár] *intr* REFL(-se) Reír a carcajadas.

|1| **car·ca·jeo** [karkaχéo] *s/m* Acción o resultado de carcajear(se).

|1| **car·ca·mal** [karkamál] *adj s/m,f* DES Persona de edad y gruñona.

|1| **car·ca·sa** [karkása] *s/f* Armazón de algo.

|4| **cár·cel** [kárθel] *s/f* Edificio en que se encierra a los presos.

|1| **car·ce·la·rio, -ia** [karθelárjo] *adj* Relativo a la cárcel.

|1| **car·ce·le·ro, -ra** [karθeléro] *s/m,f* Persona que vigila a los presos.

|1| **car·ci·no·ma** [karθinóma] *s/m* Tumor maligno.

|1| **car·co·ma** [karkóma] *s/f* **1.** Insecto cuya larva se alimenta de madera. **2.** FIG Cosa que destruye algo lentamente.

|2| **car·co·mer** [karkomér] *tr* Roer la carcoma la madera.

car·da [kárða] *s/f* Acción o utensilio de cardar.

|1| **car·dar** [karðár] *tr* Preparar la fibra textil para el hilado.

|3| **car·de·nal** [karðenál] *s/m* **1.** En el catolicismo, prelado y consejero papal. **2.** Mancha morada en la piel producida por un golpe.

|1| **car·de·na·li·cio, -ia** [karðenalíθjo] *adj* Relativo a los cardenales de la Iglesia Católica.

|1| **cár·de·no, -na** [kárðeno] *adj* Morado.

|3| **car·día·co, -ca** [karðíako] *adj* Relativo al corazón.
ORT También *cardiaco.*

|2| **car·di·nal** [karðinál] *adj* **1.** Muy importante, fundamental. **2.** Se aplica a los cuatro

CAR·MÍN

puntos del horizonte que sirven de orientación. **3.** GRAM Se dice del adjetivo numeral que indica una cantidad precisa.

[1] **car·dio·lo·gía** [karðjoloɣía] *s/f* Rama de la medicina que estudia el corazón.

[1] **car·dió·lo·go, -ga** [karðjóloɣo] *s/m,f* Especialista en cardiología.

[1] **car·dio·pa·tía** [karðjopatía] *s/f* Enfermedad del corazón.

[1] **car·do** [kárðo] *s/m* Planta de tallo largo y grandes hojas espinosas y comestibles.

[1] **car·du·men** [karðúmen] *s/m* Cantidad grande de peces que se desplazan en grupo.

ca·re·ar [kareár] *tr* Interrogar a dos o más personas para contrastar lo que dicen y descubrir la verdad.

[4] **ca·re·cer** [kareθér] *tr* No tener lo que se expresa. RPr **Carecer de**.
CONJ *Irreg: Carezco, carecí, careceré, carecido.*

ca·re·na [karéna] *s/f* Parte sumergida del casco de una nave.

[3] **ca·ren·cia** [karénθja] *s/f* Situación de no tener algo.

[2] **ca·ren·te** [karénte] *s/m* Que no tiene lo que se menciona. RPr **Carente de**.

[1] **ca·reo** [karéo] *s/m* Acción o resultado de carear.

[1] **ca·res·tía** [karestía] *s/f* **1.** Carencia de algo: *Carestía de agua*. **2.** Precio muy elevado de las cosas.

[1] **ca·re·ta** [karéta] *s/f* Máscara.

[1] **ca·rey** [karéi] *s/m* Tortuga marina o material de que está hecho su caparazón.

[4] **car·ga** [kárɣa] *s/f* **1.** Acción o resultado de cargar. **2.** Peso que se lleva o transporta. **3.** Acción de colocar munición en un arma de fuego. **4.** Cosa o persona que causa molestia. **5.** Responsabilidad u obligación que supone esfuerzo. **6.** Peso que soporta una estructura. **7.** (*gen pl*) Impuestos.

[1] **car·ga·dor, -ra** [karɣaðór] *s/m,f, adj* Que carga.

[2] **car·ga·men·to** [karɣaménto] *s/m* Conjunto de mercancías cargadas en un vehículo.

[1] **car·gan·te** [karɣánte] *adj* Se aplica a la persona muy molesta y pesada.

[5] **car·gar** [karɣár] **I.** *tr* **1.** Poner algo sobre una persona, animal o vehículo (o dentro de éste). **2.** Tener un recipiente una determinada capacidad. **3.** Introducir en un arma de fuego la munición. **4.** Almacenar energía en un dispositivo. **5.** (Seguido de *con*) Responsabilizar a alguien de algo. **II.** *intr* **1.** (Seguido de *con*) Transportar: *Yo cargaré con las maletas*. **2.** (Con *contra*) Abalanzarse, acometer: *El jugador cargó contra el portero y le hizo una falta*. **III.** REFL(*-se*) Acabar con la vida de alguien. RPr **Cargar(se) con/de**.

[5] **car·go** [kárɣo] *s/m* **1.** Cantidad de dinero que se debe pagar por algo. **2.** Acusación formal contra alguien por un delito. **3.** Función o trabajo que alguien desempeña en una empresa, oficina, etc. LOC **Hacerse cargo de**, responsabilizarse de.

[1] **car·gue·ro, -ra** [karɣéro] *adj s/m* Que lleva carga.

[1] **ca·riar** [karjár] *tr* REFL(*-se*) MED Producirse caries en los dientes.

[1] **ca·riá·ti·de** [karjátiðe] *s/f* ARQ Estatua de mujer utilizada como columna en un templo.

[2] **ca·ri·ca·tu·ra** [karikatúra] *s/f* Dibujo con los rasgos más característicos de alguien.

[1] **ca·ri·ca·tu·res·co, -ca** [karikaturésko] *adj* Relativo a la caricatura.

[1] **ca·ri·ca·tu·ris·ta** [karikaturísta] *s/m,f* Profesional de la caricatura.

[1] **ca·ri·ca·tu·ri·zar** [karikaturiθár] *tr* Hacer caricaturas.
ORT Ante *e* la *z* cambia a *c: Caricaturicen*.

[3] **ca·ri·cia** [kariθja] *s/f* Toque suave y amoroso con la mano.

[3] **ca·ri·dad** [kariðáð] *s/f* **1.** Ayuda que se da a quien la necesita. **2.** Sentimiento que impulsa a amar a los demás.

[1] **ca·ries** [kárjes] *s/f* Enfermedad que destruye los dientes.

[1] **ca·ri·llón** [kariʎón] *s/m* Serie de campanas que producen una melodía.

[3] **ca·ri·ño** [kariɲo] *s/m* Sentimiento de afecto o amor hacia alguien.

[3] **ca·ri·ño·so, -sa** [kariɲóso] *adj* Que siente o muestra cariño. RPr **Cariñoso con**.

[1] **ca·rio·ca** [karjóka] *adj* De Río de Janeiro.

[2] **ca·ris·ma** [karísma] *s/m* Don o habilidad para atraer a otros.

[2] **ca·ris·má·ti·co, -ca** [karismátiko] *adj* Con carisma.

[1] **ca·ri·ta·ti·vo, -va** [karitatíβo] *adj* **1.** Relativo a la caridad. **2.** Que muestra caridad. RPr **Caritativo con**.

[1] **ca·riz** [kariθ] *s/m* Aspecto.

[1] **car·me·sí** [karmesí] *adj* De color rojo.

[1] **car·mín** [karmín] *s/m* Sustancia roja para colorear los labios.

CAR·NA·DA

1 **car·na·da** [karnáða] *s/f* Cebo de carne para pescar o cazar.

2 **car·nal** [karnál] *adj* **1.** Relativo a la carne. **2.** Lujurioso. **3.** Se aplica a un pariente en primer grado.

3 **car·na·val** [karnaβál] *s/m* Días que preceden a la cuaresma y fiestas que se celebran entonces.

1 **car·na·va·les·co, -ca** [karnaβalésko] *adj* Relativo al carnaval y a sus fiestas.

1 **car·na·za** [karnáθa] *s/f* Cebo.

5 **car·ne** [kárne] *s/f* **1.** En el cuerpo de los animales, sustancia blanda, entre la piel y los huesos. **2.** Aspecto material, opuesto al espiritual, del ser humano. **3.** Parte interior y blanda de un fruto. LOC **En carne viva,** sin la piel.

2 **car·né(t)** [karné(t)] *s/m* Tarjeta de identidad.

2 **car·ne·ro** [karnéro] *s/m* Rumiante ovino macho, apreciado por su lana y carne.

2 **car·ni·ce·ría** [karniθería] *s/f* Establecimiento donde se vende carne para el consumo.

2 **car·ni·ce·ro, -ra** [karniθéro] *adj* **1.** Se aplica al animal que mata a otro para comerlo. **2.** Que gusta mucho de la carne. **3.** Cruel y sanguinario.

1 **cár·ni·co, -ca** [kárniko] *adj* Referido a la carne de consumo.

2 **car·ní·vo·ro, -ra** [karníβoro] *adj s/m* **1.** Que se alimenta principalmente de carne. **2.** Que come mucha carne.

car·no·si·dad [karnosiðáð] *s/f* Exceso o abundancia de carne en alguna parte del cuerpo.

2 **car·no·so, -sa** [karnóso] *adj* **1.** Gordo. **2.** De pulpa blanda y jugosa.

5 **ca·ro, -ra** [káro] *adj* **1.** De precio alto. **2.** Querido.

1 **ca·ro·ta** [karóta] *adj s/m,f* Caradura.

1 **ca·ró·ti·da** [karótiða] *adj s/f* Cada una de las arterias del cuello, que llevan sangre a la cabeza.

1 **car·pa** [kárpa] *s/f* **1.** Pez comestible de agua dulce. **2.** Entoldado grande para espectáculos.

2 **car·pan·ta** [karpánta] *s/m* Hambre, o tipificación de quien la tiene.

2 **car·pe·ta** [karpéta] *s/f* **1.** Pareja de láminas de papel duro o cartón para guardar papeles. **2.** COMP Sección creada para guardar archivos.

1 **car·pe·ta·zo** [karpetáθo] LOC **Dar carpetazo,** FIG dar (algo) por concluido.

2 **car·pin·te·ría** [karpintería] *s/f* Oficio o taller del carpintero.

2 **car·pin·te·ro** [karpintéro] *s/m* Profesional que trabaja y labra la madera.

1 **car·po** [kárpo] *s/m* ANAT Conjunto de huesos que unen la mano con el antebrazo.

ca·rra·ca [karráka] *s/f* Objeto de madera con una rueda giratoria, usado para hacer ruido.

2 **ca·rras·ca, -co** [karráska] *s/f s/m* Árbol pequeño y parecido a la encina.

1 **ca·rras·pe·ar** [karraspeár] *intr* Toser ligeramente para eliminar asperezas de garganta.

1 **ca·rras·peo** [karraspéo] *s/m* Acción o resultado de carraspear.

ca·rras·pe·ra [karraspéra] *s/f* Aspereza de garganta que obliga a toser para eliminarla.

ca·rras·po·so, -sa [karraspóso] *adj* Que carraspea.

5 **ca·rre·ra** [karréra] *s/f* **1.** Acción de correr de un lugar a otro. **2.** Competición deportiva de velocidad. **3.** Estudios universitarios que capacitan para ejercer una determinada profesión. **4.** Profesión para la que uno está capacitado. **5.** En una prenda de vestir, línea de puntos sueltos. LOC **Dar carrera,** pagar los estudios universitarios a alguien.

1 **ca·rre·ri·lla** [karreríʎa] *s/f* Carrera corta. LOC **De carrerilla,** de memoria.

2 **ca·rre·ta** [karréta] *s/f* Carro largo y estrecho.

ca·rre·ta·da [karretáða] *s/f* Cantidad que se transporta en un carro o carreta.

2 **ca·rre·te** [karréte] *s/m* **1.** Eje con un disco o borde plano en cada extremo, para enrollar o devanar hilo, etc. **2.** Película fotográfica enrollada en un carrete.

5 **ca·rre·te·ra** [karretéra] *s/f* Camino pavimentado para la circulación de vehículos.

1 **ca·rre·te·ro, -ra** [karretéro] *s/m,f* Persona que hace o conduce carros o carretas.

1 **ca·rre·ti·lla** [karretíʎa] *s/f* Receptáculo en forma de caja abierta por arriba, con una rueda delantera y dos barras posteriores para agarrar. Se usa para transportar cosas.

1 **ca·rre·tón** [karretón] *s/m* Carro pequeño.

1 **ca·rri·co·che** [karrikótʃe] *s/m* Vehículo pequeño para transportar algo, *esp* bebés.

2 **ca·rril** [karríl] *s/m* **1.** Espacio entre dos

líneas paralelas, por donde circulan los vehículos. **2.** Huella que dejan las ruedas de los vehículos. **3.** Barras paralelas de hierro por las que circula el tren o el tranvía.

③ **ca·rri·llo** [karríʎo] *s/m* En la cara, cada una de las dos partes blandas y carnosas a cada lado.

① **ca·rri·zo** [karríθo] *s/m* Planta gramínea, usada como forraje.

④ **ca·rro** [kárro] *s/m* **1.** Plataforma de transporte sobre dos ruedas, con dos barras laterales a la(s) que se enganchan las caballerías que tiran de ella. **2.** AMER Automóvil. **3.** En una máquina de escribir, pieza cilíndrica horizontal sobre la que se coloca el papel.

② **ca·rro·ce·ría** [karroθería] *s/f* **1.** En los vehículos (coche, tren, etc.), armazón exterior. **2.** Taller del carrocero.

① **ca·rro·ce·ro, -ra** [karroθéro] *s/m,f* Persona que fabrica o repara carros.

① **ca·rro·ma·to** [karromáto] *s/m* Carro grande con toldo.

① **ca·rro·ña** [karróɲa] *s/f* Carne o cuerpo putrefacto.

① **ca·rro·ñe·ro, -ra** [karroɲéro] *adj* Que se alimenta de carroña.

① **ca·rro·za** [karróθa] **I.** *s/f* Carro o vehículo adornado para desfilar en los festejos. **II.** *s/m,f* COL Persona de edad y anticuada en sus ideas y gustos.

① **ca·rrua·je** [karrwáxe] *s/m* Vehículo parecido a la carroza.

① **ca·rru·sel** [karrusél] *s/m* Atracción giratoria de feria, en la que montan los niños.

⑤ **car·ta** [kárta] *s/f* **1.** Mensaje escrito que se envía a alguien por correo. **2.** Cada una de las cartulinas de una baraja. **3.** Menú. **4.** Mapa. LOC **A la carta,** a gusto de quien pide (algo). **Dar carta blanca,** dar poder o libertad para hacer algo. **Tomar cartas en el asunto,** intervenir.

① **car·ta·bón** [kartaβón] *s/m* Instrumento triangular para dibujar.

① **car·ta·ge·ne·ro, -ra** [kartaxenéro] *adj s/m,f* De Cartagena.

① **car·ta·gi·nés, -ne·sa** [kartaxinés] *adj s/m,f* De Cartago.

① **car·ta·pa·cio** [kartapáθjo] *s/m* **1.** Carpeta. **2.** Cuaderno de apuntes.

① **car·te·ar·se** REFL(*-se*) Escribirse cartas dos personas mutuamente.

④ **car·tel** [kartél] *s/m* Anuncio grande expuesto en lugares públicos.

② **cár·tel** [kártel] *s/m* Grupos, o asociación de ellos, *esp* si persiguen fines ilegales.

② **car·te·le·ra** [karteléra] *s/f* **1.** Armazón para pegar o fijar anuncios. **2.** Lista de espectáculos.

① **car·te·le·ro, -ra** [karteléro] *adj* Que atrae a mucho público.

car·teo [kartéo] *s/m* Acción o resultado de cartearse.

cár·ter [kárter] *s/m* Depósito con aceite lubricante, en la parte inferior de un vehículo.

③ **car·te·ra** [kartéra] *s/f* **1.** Funda de material flexible, que se lleva en el bolsillo para guardar dinero o documentos. **2.** Bolsa para transportar utensilios de trabajo. **3.** Cargo y actividad de un ministro.

car·te·ría [kartería] *s/f* Oficina de correos en la que se recibe y clasifica la correspondencia.

① **car·te·ris·ta** [karterísta] *s/m,f* Ladrón de carteras de bolsillo.

③ **car·te·ro, -ra** [kartéro] *s/m,f* Repartidor de cartas.

① **car·ti·la·gi·no·so, -sa** [kartilaxinóso] *adj* Relativo al cartílago.

② **car·tí·la·go** [kartílaγo] *s/m* ANAT Tejido resistente y elástico en el cuerpo de los animales.

② **car·ti·lla** [kartíʎa] *s/f* Librito para aprender a leer.

① **car·to·gra·fía** [kartoγrafía] *s/f* Ciencia y técnica de trazar mapas.

① **car·to·grá·fi·co, -ca** [kartoγráfiko] *adj* Relativo a la cartografía.

① **car·tó·gra·fo, -fa** [kartóγrafo] *s/m,f* Especialista en cartografía.

car·to·man·cia [kartománθja] *s/f* Arte de adivinación mediante la interpretación de las cartas.
ORT También *cartomancía*.

③ **car·tón** [kartón] *s/m* **1.** Material elaborado con varias capas de pasta de papel de baja calidad. **2.** Paquete de diez cajetillas de cigarrillos. **3.** Cartulina con números para jugar al bingo.

① **car·tu·che·ra** [kartutʃéra] *s/f* Estuche para llevar cartuchos.

② **car·tu·cho** [kartútʃo] *s/m* Receptáculo cilíndrico con material explosivo.

① **car·tu·ja** [kartúxa] *s/f* Orden religiosa o monasterio donde viven sus miembros.

① **car·tu·jo, -ja** [kartúxo] *s/m,f* De la orden de la Cartuja.

CAR·TU·LI·NA

② **car·tu·li·na** [kartulína] *s/f* **1.** Cartón fino y flexible. **2.** DEP Tarjeta de color con que el árbitro penaliza a un jugador.

ca·rún·cu·la [karúnkula] *s/f* Parte carnosa, roja y eréctil en la cabeza de ciertas aves.

⑤ **ca·sa** [kása] *s/f* **1.** Edificio habitado por personas. **2.** Conjunto de miembros de una familia. **3.** Empresa.

① **ca·sa·ca** [kasáka] *s/f* Chaqueta o abrigo corto.

① **ca·sa·ción** [kasaθjón] *s/f* DER Anulación de una sentencia por un tribunal.

① **ca·sa·de·ro, -ra** [kasaðéro] *adj* Que está en edad de casarse.

④ **ca·sa·do, -da** [kasáðo] *s/m,f* Quien ha contraído matrimonio.

① **ca·sa·men·te·ro, -ra** [kasamentéro] *adj s/m,f* Que arregla casamientos.

② **ca·sa·mien·to** [kasamjénto] *s/m* Acción o resultado de contraer matrimonio.

② **ca·sa·no·va** [kasanóβa] *s/m* Hombre galante y seductor.

⑤ **ca·sar** [kasár] **I.** *tr* **1.** Unir a dos personas en matrimonio. **2. II.** *intr* Colocar ciertas cosas para que se correspondan entre sí o encajen.

cas·ca [káska] *s/f* Piel de la uva o cáscara de un fruto.

① **cas·ca·bel** [kaskaβél] *s/m* Bola hueca de metal, con bolitas en su interior para que suenen al agitarla.

cas·ca·be·leo [kaskaβeléo] *s/m* Sonido de cascabeles.

② **cas·ca·da** [kaskáða] *s/f* Caída de agua desde cierta altura.

cas·ca·jo [kaskáxo] *s/m* Conjunto de piedras menudas o piedra partida.

① **cas·ca·nue·ces** [kaskanwéθes] *s/m* Utensilio para romper la cáscara de las nueces.

③ **cas·car** [kaskár] **I.** *tr* **1.** Romper algo duro o quebradizo. **2.** COL Golpear a alguien. **II.** *intr* **1.** COL Hablar mucho. **2.** Morir: *Cuando cascas, ya nadie te devuelve la vida.*
ORT Ante *e* la *c* cambia a *qu*: *Casque.*

③ **cás·ca·ra** [káskara] *s/f* Envoltura o cubierta exterior dura de ciertas cosas.

cas·ca·ri·lla [kaskaríʎa] *s/f* Cubierta fina y fácil de romper.

① **cas·ca·rón** [kaskarón] *s/m* Cáscara de huevo, que envuelve a la cría.

① **cas·ca·rra·bias** [kaskarráβjas] *adj s/m,f* Persona muy irritable.

③ **cas·co** [kásko] *s/m* **1.** Pieza de material resistente para cubrir y proteger la cabeza. **2.** Cada fragmento de material quebradizo (cerámica, vidrio, etc.). **3.** Parte córnea en el pie de las caballerías. **4.** Centro de una ciudad. **5.** Armazón de un barco. **6.** *pl* Pequeños altavoces que se aplican a cada oído para escuchar la radio, música, etc.

① **cas·co·te** [kaskóte] *s/m* Fragmento que resulta de algo que se rompe.

② **ca·se·río** [kaserío] *s/m* Casa o agrupación de casas en el campo.

ca·ser·na [kaserna] *s/f* Zona fortificada bajo los baluartes o murallas.

② **ca·se·ro, -ra** [kaséro] **I.** *adj* **1.** Hecho en casa. **2.** Que gusta de quedarse en casa. **II.** *s/m,f* Dueño de una casa o propiedad, o persona que la administra en su nombre.

② **ca·se·rón** [kaserón] *s/m* Casa grande.

② **ca·se·ta** [kaséta] *s/f* **1.** Construcción pequeña. **2.** Cada puesto de información o venta en una feria.

① **ca·se·te** [kaséte] *s/m,f* **1.** Aparato para escuchar o grabar sonidos. **2.** Caja pequeña de plástico, con una cinta magnética en su interior para grabar o reproducir sonidos o imágenes.

⑤ **ca·si** [kási] *adv* Por poco.

② **ca·si·lla** [kasíʎa] *s/m* **1.** Cada uno de los cuadrados en que está dividido un tablero o papel cuadriculado. **2.** Cada hueco de un casillero. LOC **Sacar a alguien de sus casillas**, irritarle.

① **ca·si·lle·ro** [kasiʎéro] *s/m* Mueble con compartimentos para clasificar cosas.

③ **ca·si·no** [kasíno] *s/m* **1.** Casa de juegos de azar. **2.** Local en que se reúne un grupo de personas con fines recreativos o culturales.

⑤ **ca·so** [káso] *s/m* **1.** Situación o circunstancia en que alguien se encuentra o se ha encontrado. **2.** Casualidad. **3.** GRAM Flexión nominal. LOC **En su caso**, si fuera necesario. **Hacer caso**, prestar atención. **Ni caso**. **Ser alguien un caso**, ser alguien especial o diferente de los demás.

② **ca·so·na** [kasóna] *s/f* Casa grande y señorial.

① **ca·so·rio** [kasórjo] *s/m* COL Casamiento mal hecho.

① **cas·pa** [káspa] *s/f* Escamas de piel muerta y blancuzcas en el cuero cabelludo.

¡cás·pi·ta! [káspita] *interj* Expresión de admiración o extrañeza.

① **cas·que·te** [kaskéte] *s/m* Pieza de la arma-

CA·TA·LO·GAR

dura que cubre la parte superior de la cabeza.

[1] **cas·qui·llo** [kaskiʎo] *s/m* 1. Pieza que cubre y protege algo: *Casquillo de bombilla.* 2. Cartucho vacío.

[1] **cas·qui·va·no, -na** [kaskiβáno] *adj* 1. Se dice de quien es poco fiable. 2. (*Mujer*) que gusta de flirtear.

[2] **cas·ta** [kásta] *s/f* 1. Variedad de animales diferenciados por ciertos caracteres hereditarios, o ese mismo conjunto de rasgos hereditarios. 2. Linaje de una persona. 3. Grupo de individuos o estrato social que se distingue de otros por la religión, extracto social, etc.

[2] **cas·ta·ña** [kastáɲa] *s/f* 1. Fruto del castaño. 2. COL Golpe, cachete.

[1] **cas·ta·ñe·te·ar** [kastaɲeteár] I. *tr* Tocar las castañuelas. II. *intr* Hacer ruido los dientes al chocar repetidamente unos con otros.

cas·ta·ñe·teo [kastaɲetéo] *s/m* Acción de castañetear o sonido producido.

[3] **cas·ta·ño, -ña** [kastáɲo] I. *adj* De color marrón oscuro. II. *s/m* Árbol cuyo fruto es la castaña.

[1] **cas·ta·ñue·la** [kastaɲwéla] *s/f* Pieza cóncava de madera que al chocar contra otra produce un ruido característico.

[1] **cas·te·lla·ni·zar** [kasteʎaniθár] *tr* Asimilar el español una palabra de otra lengua. ORT Ante *e* la *z* cambia a *c*: *Castellanicen*.

[4] **cas·te·lla·no, -na** [kasteʎáno] I. *adj* Relativo a Castilla o al castellano. II. *s/m* Español, lengua oficial de España.

cas·te·llo·nen·se [kasteʎonénse] *adj s/m,f* De Castellón.

[1] **cas·ti·cis·mo** [kastiθísmo] *s/m* Cualidad de castizo.

[2] **cas·ti·dad** [kastiðáð] *s/f* Cualidad de casto.

[2] **cas·ti·ga·dor, -ra** [kastiɣaðór] *adj s/m,f* Se dice de quien impone un castigo a otro.

[4] **cas·ti·gar** [kastiɣár] *tr* Imponer un castigo a alguien por haber cometido una falta. ORT Ante *e* la *g* cambia a *gu*: *Castigue*.

[3] **cas·ti·go** [kastíɣo] *s/m* Acción o resultado de castigar.

[4] **cas·ti·llo** [kastíʎo] *s/m* Construcción militar de carácter defensivo.

[2] **cas·ti·zo, -za** [kastíθo] *adj* 1. Propio de un lugar. 2. Que usa el lenguaje sin elementos extranjeros.

[2] **cas·to, -ta** [kásto] *adj* Que se abstiene del trato sexual.

[1] **cas·tor** [kastór] *s/m* Mamífero anfibio apreciado por su piel.

[1] **cas·tra·ción** [kastraθjón] *s/f* Acción o resultado de castrar.

[3] **cas·trar** [kastrár] *tr* Extirpar los órganos genitales.

[2] **cas·tren·se** [kastrénse] *adj* Relativo al ejército.

[2] **ca·sual** [kaswál] *adj* Que sucede por causalidad.

[3] **ca·sua·li·dad** [kaswaliðáð] *s/f* Causa de lo que ocurre inesperadamente, sin preverlo.

[1] **ca·suís·ti·ca** [kaswístika] *s/f* Conjunto de casos particulares y diferentes que se pueden dar o prever en un determinado asunto.

[1] **ca·suís·ti·co, -ca** [kaswístiko] *adj* Relativo a la casuística.

[1] **ca·su·lla** [kasúʎa] *s/f* REL Túnica exterior que se pone el sacerdote para decir misa.

[1] **ca·ta** [káta] *s/f* Acción de catar.

[2] **ca·ta·clis·mo** [kataklísmo] *s/m* Suceso desgraciado o desastre muy grande.

ca·ta·cum·ba [katakúmba] *s/f pl* Galerías subterráneas que los antiguos cristianos usaban para el culto y para enterramientos.

[1] **ca·ta·du·ra** [kataðúra] *s/f* Aspecto físico, gen negativo, de alguien.

[1] **ca·ta·fal·co** [katafálko] *s/m* Armazón de madera sobre el que se coloca el féretro.

[4] **ca·ta·lán, -la·na** [katalán] I. *adj s/m,f* De Cataluña. II. *s/m* Lengua propia de Cataluña.

[2] **ca·ta·la·nis·mo** [katalanísmo] *s/m* Naturaleza de lo catalán.

[1] **ca·ta·la·nis·ta** [katalanísta] *adj s/m,f* Partidario de lo catalán.

[1] **ca·ta·le·jo** [kataléχo] *s/m* Instrumento con una lente para observar a distancia.

ca·ta·lep·sia [katalépsja] *s/f* Pérdida repentina de la contractilidad muscular debida a un trastorno cerebral.

[1] **ca·tá·li·sis** [katálisis] *s/f* QUÍM Aumento de la velocidad de una reacción química por la acción de una sustancia catalizadora que no se altera.

[1] **ca·ta·lí·ti·co, -ca** [katalítiko] *adj* Relativo a la catálisis.

[1] **ca·ta·li·za·dor, -ra** [kataliθaðór] *adj s/m* Que activa una reacción química.

[1] **ca·ta·lo·ga·ción** [kataloɣaθjón] *s/f* Acción o resultado de catalogar.

[2] **ca·ta·lo·gar** [kataloɣár] *tr* 1. Clasificar. 2.

CA·TÁ·LO·GO

Incluir en una lista. **3.** Incluir en una categoría o clase con características ya definidas. RPr **Catalogar como/de**.
ORT Ante *e* la *g* cambia a *gu: Catalogue*.

③ **ca·tá·lo·go** [katáloɣo] *s/m* Lista ordenada de algo.

① **ca·ta·plas·ma** [kataplásma] *s/f* Masa de ciertas sustancias que se aplica externamente con fines curativos.

① **ca·ta·pul·ta** [katapúlta] *s/f* **1.** Máquina de guerra antigua, que lanzaba piedras a distancia. **2.** Dispositivo que sirve para impulsar algo, real o figurado.

① **ca·ta·pul·tar** [katapultár] *tr* **1.** Lanzar mediante una catapulta. **2.** Impulsar.

② **ca·tar** [katár] *tr* Probar algo.

② **ca·ta·ra·ta** [kataráta] *s/f* **1.** Salto grande de agua. **2.** Enfermedad del ojo, que afecta al cristalino.

ca·ta·rral [katarrál] *adj* Relativo al catarro.

② **ca·ta·rro** [katárro] *s/m* Inflamación de las mucosas en las vías respiratorias superiores.

① **ca·tar·sis** [katársis] *s/f* Purificación.

① **ca·tas·tral** [katastrál] *adj* Relativo al catastro.

① **ca·tas·tro** [katástro] *s/m* Listado de las fincas rústicas y urbanas.

③ **ca·tás·tro·fe** [katástrofe] *s/f* Suceso desgraciado grave.

② **ca·tas·tró·fi·co, -ca** [katastrófiko] *adj* Relativo a la catástrofe.

① **ca·tas·tro·fis·mo** [katastrofismo] *s/m* Tendencia de alguien a ver las cosas de modo pesimista.

① **ca·tas·tro·fis·ta** [katastrofista] *adj s/m,f* Pesimista en la manera de ver la cosas.

① **ca·te** [káte] *s/m* COL Suspenso.

① **ca·te·ar** [kateár] *tr* COL Suspender en un examen.

② **ca·te·cis·mo** [kateθísmo] *s/m* Libro que contiene, en forma de preguntas y respuestas, la doctrina cristiana.

ca·te·cú·me·no, -na [katekúmeno] *s/m,f* Persona que se instruye en los principios de la fe cristiana para recibir el bautismo.

③ **cá·te·dra** [káteðra] *s/f* Cargo y empleo de mayor categoría en la enseñanza secundaria y universitaria.

④ **ca·te·dral** [kateðrál] *s/f* Iglesia principal de una diócesis.

① **ca·te·dra·li·cio, -ia** [kateðralíθjo] *adj* Relativo a una catedral.

③ **ca·te·drá·ti·co, -ca** [kateðrátiko] *s/m,f* Titular de una cátedra.

⑤ **ca·te·go·ría** [kateɣoría] *s/f* **1.** Cada grupo en que se clasifican personas o cosas. **2.** Valor o importancia de algo.

② **ca·te·gó·ri·co, -ca** [kateɣóriko] *adj* Que se afirma o niega con rotundidad.

ca·te·na·ria [katenárja] *s/f* Sistema de suspensión del tendido eléctrico sobre las vías del ferrocarril.

② **ca·te·que·sis** [katekésis] *s/f* Enseñanza del catecismo.

① **ca·te·quis·ta** [katekísta] *s/m,f* Persona que enseña la doctrina cristiana.

ca·te·qui·zar [katekiθár] *tr* Enseñar la doctrina cristiana.
ORT Ante *e* la *z* cambia a *c: Catequice*.

① **ca·ter·va** [katérβa] *s/f* Grupo grande y desordenado de personas o cosas.

ca·té·ter [katéter] *s/m* MED Sonda para explorar el organismo.

ca·te·te·ris·mo [kateterísmo] *s/m* MED Técnica de insertar un catéter en el organismo para explorarlo.

① **ca·te·to, -ta** [katéto] **I.** *s/m* En un triángulo rectángulo, cada uno de los dos lados adyacentes al ángulo recto. **II.** *adj s/m,f* Ignorante, tosco.

① **ca·tó·di·co, -ca** [katóðiko] *adj* Relativo al cátodo.

① **cá·to·do** [kátoðo] *s/m* Polo negativo en un dispositivo eléctrico.

② **ca·to·li·cis·mo** [katoliθísmo] *s/m* Doctrina de la Iglesia Católica.

⑤ **ca·tó·li·co, -ca** [katóliko] *adj s/m,f* Que profesa el catolicismo.

① **ca·tón** [katón] *s/m* Libro para aprender a leer.

③ **ca·tor·ce** [katórθe] *adj pron* Diez más cuatro.

ca·tor·cea·vo, -va [katorθeáβo] *adj s/m* Cada una de las catorce partes de un todo.

② **ca·tre** [kátre] *s/m* Cama.

① **cau·cá·si·co, -ca** [kaukásiko] *adj s/m,f* Del Cáucaso.

③ **cau·ce** [káuθe] *s/m* Depresión del terreno por donde fluye un curso de agua.

② **cau·cho** [káutʃo] *s/m* **1.** Materia elástica e impermeable, extraída de algunas plantas o elaborada artificialmente. **2.** Árbol del que se extrae el látex que luego se transforma en caucho.

① **cau·ción** [kauθjón] *s/f* DER Condición impuesta para asegurarse de que se cumplirá con una determinada obligación.

③ **cau·dal** [kauðál] **I.** *adj* Relativo a la cola.

II. *s/m* **1.** Cantidad de agua que mana o fluye. **2.** *gen pl* Bienes, dinero que alguien tiene.

[1] **cau·da·lo·so, -sa** [kauðalóso] *adj* Con mucho caudal (de agua u otro líquido).

[1] **cau·di·lla·je** [kauðiʎáxe] *s/m* Gobierno de un caudillo.

[1] **cau·di·llis·mo** [kauðiʎísmo] *s/m* Sistema de gobierno de un caudillo.

[3] **cau·di·llo** [kauðíʎo] *s/m* Persona que manda y dirige, *esp* en el ejército.

[5] **cau·sa** [káusa] *s/f* **1.** Lo que origina algo. **2.** Ideal por el que se trabaja o lucha. **3.** DER Proceso judicial.

[2] **cau·sal** [kausál] *adj* Relativo a la causa.

[2] **cau·sa·li·dad** [kausaliðáð] *s/f* Relación entre causa y efecto.

[2] **cau·san·te** [kausánte] *adj s/m,f* Que causa o produce.

[5] **cau·sar** [kausár] *tr* Producir algo un efecto.

caus·ti·ci·dad [kaustiθiðáð] *s/f* Cualidad de cáustico.

[1] **cáus·ti·co, -ca** [káustiko] *adj* **1.** Que quema los tejidos orgánicos. **2.** Irónico, mordaz.

[2] **cau·te·la** [kautéla] *s/f* Actitud o comportamiento prudente y precavido.

[2] **cau·te·lar** [kautelár] *adj* Se aplica a lo que se hace con cuidado y prudencia.

[2] **cau·te·lo·so, -sa** [kautelóso] *adj* Cauto.

cau·te·rio [kautérjo] *s/m* Cauterización.

[1] **cau·te·ri·za·ción** [kauteriθaθjón] *s/f* Acción o resultado de cauterizar.

[1] **cau·te·ri·zar** [kauteriθár] *tr* Quemar un tejido orgánico con fines curativos.
ORT Ante *e* la *z* cambia a *c*: *Cauterice.*

[1] **cau·ti·va·dor, -ra** [kautiβaðór] *adj* Que cautiva.

[2] **cau·ti·var** [kautiβár] *tr* Atraer con fuerza o de manera irresistible.

[2] **cau·ti·ve·rio** [kautiβérjo] *s/m* Estado de cautivo.

[1] **cau·ti·vi·dad** [kautiβiðáð] *s/f* Privación de libertad.

[2] **cau·ti·vo, -va** [kautíβo] *adj s/m,f* Privado de libertad, prisionero. RPr **Cautivo de**.

[2] **cau·to, -ta** [káuto] *adj* Que obra con cautela.

[1] **ca·va** [káβa] **I.** *s/f* Acción o resultado de cavar la tierra. **II.** *s/m* Vino blanco espumoso y burbujeante similar al champán francés.

[2] **ca·var** [kaβár] *tr* Remover la tierra con una azada u otro utensilio.

[2] **ca·ver·na** [kaβérna] *s/f* Cavidad profunda y subterránea.

ca·ver·ní·co·la [kaβerníkola] *adj s/m,f* Que vive en cavernas. **2.** FIG Conservador, anticuado.

[1] **ca·ver·no·so, -sa** [kaβernóso] *adj* **1.** Relativo a las cavernas. **2.** Que abunda en cavernas.

[1] **ca·viar** [kaβjár] *s/m* Manjar de huevas de esturión.

[2] **ca·vi·dad** [kaβiðáð] *s/f* Espacio hueco en un cuerpo.

[1] **ca·vi·la·ción** [kaβilaθjón] *s/f* Acción o resultado de cavilar.

[1] **ca·vi·lar** [kaβilár] *intr tr* Pensar intensamente sobre algo.

[1] **ca·ya·do** [kajáðo] *s/m* Bastón curvado por donde se agarra.

[3] **ca·za** [káθa] **I.** *s/f* Acción de cazar o animales que se cazan. **II.** *s/m* Avión militar para perseguir y destruir aviones enemigos.

[1] **ca·za·bom·bar·de·ro** [kaθaβombarðéro] *adj s/m* Avión militar para interceptar aviones enemigos y para lanzar bombas.

[3] **ca·za·dor, -ra** *adj s/m,f* Que caza.

[1] **ca·za·do·ra** [kaθaðóra] *s/f* Chaqueta cómoda y con varios bolsillos.

[1] **ca·za·lla** [kaθáʎa] *s/f* Tipo de aguardiente.

[4] **ca·zar** [kaθár] *tr* **1.** Perseguir y atrapar o matar animales. **2.** Conseguir lo que se busca o persigue. **3.** Sorprender a alguien en un error.
ORT Ante *e* la *z* cambia a *c*: *Cacé.*

[2] **ca·zo** [káθo] *s/m* Recipiente con mango.

[2] **ca·zue·la** [kaθwéla] *s/f* Recipiente más ancho que alto, para cocinar alimentos.

[1] **ca·zu·rro, -rra** [kaθúrro] *adj s/m,f* Obstinado en sus opiniones.

cd [θé ðé] *s/m* Sigla por 'disco compacto'.

cd-rom [θéðerróm] *s/m* COMP Disco compacto para almacenar grandes cantidades de datos digitalizados.

[2] **ce** [θé] *s/f* Nombre de la letra 'c'.

[1] **ce·ba** [θéβa] *s/f* Acción o resultado de cebar.

ce·ba·da [θeβáða] *s/f* Cereal usado como pienso y en la elaboración de cerveza.

[1] **ce·ba·dor, -ra** [θeβaðór] *adj s/m,f* Que ceba.

[2] **ce·bar** [θeβár] **I.** *tr* **1.** Sobrealimentar animales para que engorden y aprovechar su carne. **2.** Suministrar a una máquina u otro aparato (coche, horno, etc.) lo nece-

sario para su funcionamiento. **3.** AMER Verter repetidamente agua caliente para preparar mate. **II.** REFL(-se) Ensañarse. RPr **Cebarse en**.

1 **ce·bi·che** [θeβítʃe] s/m AMER Comida de marisco o pescado crudo aliñado con salsa.

1 **ce·bo** [θéβo] s/m **1.** Porción de comida para atraer a los animales. **2.** Persona o cosa atractiva para inducir a alguien a hacer algo. **3.** Pólvora que se introduce en las armas de fuego para que explosione la carga.

4 **ce·bo·lla** [θeβóʎa] s/f Planta de bulbos grandes y comestibles, de olor fuerte.

1 **ce·bo·lle·ta** [θeβoʎéta] s/f Tipo de cebolla más pequeña, o cebolla tierna.

1 **ce·bo·lli·no** [θeβoʎíno] s/m Tonto.

1 **ce·bón, -bo·na** [θeβón] adj s/m,f Se dice del animal cebado.

1 **ce·bra** [θéβra] s/m,f Animal mamífero con rayas transversales en su cuerpo.
Paso de cebra, paso para los peatones en una calle.

1 **ce·bú** [θeβú] s/m Animal mamífero bóvido, con una o dos protuberancias en el dorso.

1 **ce·ca** [θéka] s/f Lugar donde se acuña la moneda. LOC **De la Ceca a la Meca,** de un sitio a otro.

1 **ce·ce·ar** [θeθeár] intr Pronunciar la 's' como la 'z'.

1 **ce·ceo** [θeθéo] s/m Acción de cecear.

1 **ce·ci·na** [θeθína] s/f Carne seca en salazón.

1 **ce·da·zo** [θeðáθo] s/m Armazón redondo, con una red por debajo, usado para cribar.

4 **ce·der** [θeðér] **I.** tr **1.** Dar algo a otro. **2.** Dar preferencia en algo. **II.** intr **1.** Admitir alguien que está equivocado. **2.** Dejar de oponerse o de resistirse. **3.** Desaparecer, hacerse algo menos intenso o notable: *La lluvia cedía.*

ce·de·rrón [θeðerrón] s/m CD-rom, cd-rom.

ce·di·lla [θeðíʎa] s/f Letra en forma de 'c', con un rabillo debajo (ç).

1 **ce·dro** [θéðro] s/m Árbol de tronco recto y muy alto, de madera dura y resistente.

2 **cé·du·la** [θéðula] s/f Documento.

ce·fa·lal·gia [θefalálxja] s/f Cefalea.

1 **ce·fa·lea** [θefaléa] s/f Dolor de cabeza.

1 **ce·fa·ló·po·do, -da** [θefalópoðo] adj s/m Se dice de los moluscos marinos con tentáculos para desplazarse y sujetarse.

3 **ce·gar** [θeɣár] tr **1.** Privar de la capacidad de ver. **2.** Privar de la capacidad de razonar: *La soberbia le ciega.* **3.** Tapar un hueco.
CONJ Irreg: Ciego, cegué, cegaré, cegado.

1 **ce·ga·to, -ta** [θeɣáto] adj s/m,f Persona que ve muy poco.

2 **ce·gue·ra** [θeɣéra] s/f **1.** Pérdida de la visión. **2.** Obcecación mental.

2 **ce·ja** [θéxa] s/f **1.** Parte prominente, recubierta de pelo, situada sobre el párpado. **2.** Pieza móvil que se pone sobre las cuerdas de la guitarra para elevar el tono.

2 **ce·jar** [θexár] intr Dejar de insistir en algo.

1 **ce·ji·jun·to, -ta** [θexixúnto] adj **1.** Que tiene las cejas muy juntas. **2.** Adusto.

1 **ce·la·da** [θeláða] s/f **1.** Emboscada. **2.** Parte de la armadura que protege la cabeza.

2 **ce·la·dor, -ra** [θelaðór] s/m,f Vigilante en una cárcel, colegio, etc.

1 **ce·la·je** [θeláxe] s/m Aspecto del cielo cubierto de nubes.

3 **cel·da** [θélda] s/f Habitación pequeña e individual.

1 **cel·di·lla** [θeldíʎa] s/f Cada cavidad de un panal de abejas.

1 **ce·le·bé·rri·mo, -ma** [θeleβérrimo] sup de 'célebre'.

4 **ce·le·bra·ción** [θeleβraθjón] s/f Acción o resultado de celebrar algo.

5 **ce·le·brar** [θeleβrár] tr **1.** Realizar un acto solemne. **2.** Alabar algo o a alguien.

3 **cé·le·bre** [θéleβre] adj Muy conocido, famoso.

2 **ce·le·bri·dad** [θeleβriðáð] s/f Cualidad de célebre o persona célebre.

ce·le·mín [θelemín] s/m Medida de capacidad para áridos.

2 **ce·le·ri·dad** [θeleriðáð] s/f Rapidez.

3 **ce·les·te** [θeléste] adj **1.** Relativo al cielo. **2.** De color azul claro.

2 **ce·les·tial** [θelestjál] adj **1.** Relativo al cielo y a quienes lo habitan. **2.** FIG Que refleja bondad.

1 **ce·les·ti·na** [θelestína] s/f Mujer que arregla casamientos o amoríos.

1 **ce·li·ba·to** [θeliβáto] s/m Estado de soltería.

1 **cé·li·be** [θéliβe] adj Soltero.

ce·llis·ca [θeʎíska] s/f Tempestad de agua y nieve finas y de viento racheado.

3 **ce·lo** [θélo] s/m **1.** Cuidado e interés en lo que se hace. **2.** Estado de excitación sexual

CEN·TÉ·SI·MO

de los animales. **3.** Cinta transparente y adhesiva usada para pegar algo.

1 **ce·lo·fán** [θelofán] *s/m* Papel transparente, fino y flexible usado para envolver.

1 **ce·lo·sía** [θelosía] *s/f* Enrejado.

3 **ce·lo·so, -sa** [θelóso] *adj* **1.** Que tiene celos. **2.** (Con *de, en*) Que pone mucho cuidado e interés en lo que hace.

2 **cel·ta** [θélta] *adj s/m,f* Se aplica a un pueblo primitivo de Europa y a su lengua.

1 **cel·tí·be·ro, -ra** [θeltíβero] *adj s/m,f* De Celtiberia, en la península Ibérica.

4 **cé·lu·la** [θélula] *s/f* **1.** Unidad básica y con vida propia de los seres vivos. **2.** Unidad mínima o elemental que constituye un todo mayor.

3 **ce·lu·lar** [θelulár] **I.** *adj* Relativo a la célula. **II.** *adj s/m* **1.** AMER Teléfono móvil, sin cable. **2.** Se aplica al vehículo en el que se traslada a los presos.

1 **ce·lu·li·tis** [θelulítis] *s/f* Inflamación del tejido celular.

2 **ce·lu·loi·de** [θelulóiðe] *s/m* **1.** Material plástico, de usos varios. **2.** Película cinematográfica.

2 **ce·lu·lo·sa** [θelulósa] *s/f* Sustancia orgánica en la pared de las células vegetales.

2 **ce·men·tar** [θementár] *tr* Llenar y reforzar con cemento.

2 **ce·men·te·rio** [θementérjo] *s/m* Lugar donde se entierra a los muertos.

1 **ce·men·te·ro, -ra** [θementéro] **I.** *adj* Relativo al cemento. **II.** *s/f* Industria que produce cemento.

2 **ce·men·to** [θeménto] *s/m* Sustancia caliza en polvo, que mezclada con agua se endurece. Se usa en la construcción.

3 **ce·na** [θéna] *s/f* Comida de la noche.

1 **ce·ná·cu·lo** [θenákulo] *s/m* Reunión poco numerosa de personas con afinidad ideológica.

ce·na·gal [θenaɣál] *s/m* Lugar lleno de cieno.

1 **ce·na·go·so, -sa** [θenaɣóso] *adj* Lleno de cieno.

4 **ce·nar** [θenár] *intr tr* Tomar la última comida del día.

cen·ce·rra·da [θenθerráða] *s/f* Ruido de cencerros.

1 **cen·ce·rro** [θenθérro] *s/m* **1.** Campana pequeña y tosca, que se cuelga al cuello de las reses. **2.** Persona insensata y alocada.

1 **ce·ne·fa** [θenéfa] *s/f* Tira con adornos, que bordea el extremo de toallas, sábanas, etc.

2 **ce·ni·ce·ro** [θeniθéro] *s/m* Recipiente para depositar la ceniza de los cigarrillos.

1 **ce·ni·cien·ta** [θeniθjénta] *s/f* Persona humillada o despreciada.

2 **ce·ni·cien·to, -ta** [θeniθjénto] *adj* Del color de la ceniza.

1 **ce·nit** [θenít] *s/m* **1.** ASTR Punto de la esfera celeste en la vertical de otro punto de la Tierra. **2.** Apogeo de algo.
ORT También *cénit, zenit y zénit.*

1 **ce·ni·tal** [θenitál] *adj* Relativo al cenit.

3 **ce·ni·za** [θeníθa] *s/f* Polvo grisáceo que resulta de quemar(se) algo.

1 **ce·ni·zo, -za** *adj s/m,f* Persona que tiene o trae mala suerte.

ce·no·bio [θenóβjo] *s/m* Monasterio.

2 **cen·sar** [θensár] *tr* Incluir en un censo.

2 **cen·so** [θénso] *s/m* Lista de los habitantes de una población.

2 **cen·sor, -ra** [θensór] *s/m,f* Persona que censura algo (libros, etc.).

3 **cen·su·ra** [θensúra] *s/f* Acción de censurar o quienes censuran.

1 **cen·su·ra·ble** [θensuráβle] *adj* Que puede o debe ser censurado.

3 **cen·su·rar** [θensurár] *tr* **1.** Reprender. **2.** Dictaminar alguien que el contenido de algo es reprobable o inadecuado. **3.** Suprimir alguna parte de algo (carta, película, etc.).

1 **cen·tau·ro** [θentáuro] *s/m* MIT Criatura mitológica, mitad hombre mitad caballo.

3 **cen·ta·vo, -va** [θentáβo] *s/m* Centésima parte de algo.

1 **cen·te·lla** [θentéʎa] *s/f* Descarga eléctrica.

1 **cen·te·lle·an·te** [θenteʎeánte] *adj* Que centellea.

1 **cen·te·lle·ar** [θenteʎeár] *intr* Emitir destellos de luz breves e intensos.

cen·te·lleo [θenteʎéo] *s/m* Acción o resultado de centellear.

1 **cen·te·na** [θenténa] *s/f* Conjunto de cien unidades.

3 **cen·te·nar** [θentenár] *s/m* Centena.

3 **cen·te·na·rio, -ia** [θentenárjo] **I.** *adj* Que tiene cien años o más. **II.** *s/m,f* Persona que tiene cien años o más. **III.** *s/m* Fecha en la cual se cumplen cien años o celebración que acompaña.

2 **cen·te·no, -na** [θenténo] *s/m* Cereal de grano alargado.

1 **cen·te·si·mal** [θentesimál] *adj* Relativo a la centésima parte de algo.

1 **cen·té·si·mo, -ma** [θentésimo] *adj s/m,f* Cada una de las cien partes en que se divide una centena.

CEN·TÍ·GRA·DO

[2] **cen·tí·gra·do, -da** [θentíyraðo] *adj* De escala dividida en cien grados.

cen·ti·gra·mo [θentiγrámo] *s/m* Centésima parte de un gramo.

[3] **cen·ti·me·tro** [θentímetro] *s/m* Centésima parte de un metro.

[2] **cén·ti·mo, -ma** [θéntimo] *s/m* Centésima parte de una moneda.

[2] **cen·ti·ne·la** [θentinéla] *adj s/m,f* Persona que vigila un lugar.

cen·to·llo, -lla [θentóʎo] *s/m* Crustáceo marino de carne múy apreciada.

[2] **cen·tra·do, -da** [θentráðo] **I.** *adj* **1.** Que está en el centro o donde corresponde. **II.** *s/m* Acción o resultado de centrar algo.

[5] **cen·tral** [θentrál] **I.** *adj* **1.** Relativo al centro. **2.** Muy importante, fundamental. **II.** *s/f* **1.** Oficina en que están instaladas las dependencias principales de un organismo. **2.** Instalación en que se produce electricidad.

[2] **cen·tra·lis·mo** [θentralísmo] *s/m* Sistema político o doctrina que está a favor de la concentración del poder en un gobierno o Estado único.

[2] **cen·tra·lis·ta** [θentralísta] *adj s/m,f* Relativo al centralismo o partidario de él.

[1] **cen·tra·li·ta** [θentralíta] *s/f* Dispositivo que controla todos los elementos que hacen que algo funcione.

[1] **cen·tra·li·za·ción** [θentraliθaθjón] *s/f* Acción o resultado de centralizar.

[2] **cen·tra·li·zar** [θentraliθár] *tr* REFL(-se) Concentrar(se) el poder en el Gobierno central o en un solo centro.
ORT Ante *e* la *z* cambia a *c*: *Centralicen*.

[5] **cen·trar** [θentrár] **I.** *tr* **1.** Colocar en el centro. **2.** Atraer la atención de otros: *Faustino centraba la atención de quienes escuchaban*. **3.** Concentrar los esfuerzos en algo. **II.** REFL(-se) Concentrarse en lo que es principal. **3.** *intr* DEP Lanzar el balón hacia la parte más cercana a la portería del equipo contrario. RPr **Centrar(se) en/sobre**.

[2] **cén·tri·co, -ca** [θéntriko] *adj* Relativo al centro o que está en él.

[1] **cen·tri·fu·gar** [θentrifuγár] *tr* Hacer girar algo rápidamente para alejar sus componentes del centro.
ORT Ante *e* la *g* cambia a *gu*: *Centrifuguen*.

[1] **cen·trí·fu·go, -ga** [θentrífuγo] **I.** *adj* Que se aleja del centro. **II.** *s/f* AMER Máquina para centrifugar.

[1] **cen·trí·pe·to, -ta** [θentrípeto] *adj* Que atrae o tiende hacia el centro.

[1] **cen·tris·ta** [θentrísta] *adj s/m,f* Relacionado con la política de centro o partidario de ella.

[5] **cen·tro** [θéntro] *s/m* **1.** Punto que está a igual distancia de sus extremos. **2.** FIG Parte principal de algo: *El centro de la actividad guerrillera está en las montañas*. **3.** Zona de una población en la que se concentran lo más importante de ella. **4.** Lugar del que parten o hacia el cual confluyen ciertas cosas: *Centro de comunicaciones*. **5.** Institución en la que se desarrollan ciertas actividades (culturales, educativas, etc.). **6.** DEP Acción o resultado de enviar un jugador el balón hacia la portería del equipo contrario.

cen·tu·pli·car [θentuplikár] *tr* Multiplicar por cien.
ORT Ante *e* la *c* cambia a *qu*: *Centupliquen*.

cén·tu·plo [θéntuplo] *adj s/m* Cantidad cien veces mayor.

[2] **cen·tu·ria** [θentúrja] *s/f* Siglo.

[1] **cen·tu·rión** [θenturjón] *s/m* Jefe de un grupo de cien hombres.

[2] **ce·ñir** [θeɲír] **I.** *tr* Rodear algo apretándolo o impidiendo que se extienda. **II.** REFL(-se) (Con *a*) Mantenerse dentro de los límites señalados. RPr **Ceñir(se) a**.
CONJ *Irreg: Ciño, ceñí, ceñiré, ceñido.*

[2] **ce·ño** [θéɲo] *s/m* Gesto de enfado frunciendo el entrecejo.

[1] **ce·ñu·do, -da** [θeɲúðo] *adj* Con ceño.

[2] **ce·pa** [θépa] *s/f* Tronco o planta de la vid.
LOC **De pura cepa**, auténtico.

[1] **ce·pi·lla·do** [θepiʎáðo] *s/m* Acción o resultado de cepillar.

ce·pi·lla·do·ra [θepiʎaðóra] *s/f* Máquina para cepillar.

[2] **ce·pi·llar** [θepiʎár] **I.** *tr* **1.** Limpiar con un cepillo. **2.** COL Robarle dinero a alguien, o ganarlo en un juego o apuesta: *Le cepilló mil duros al póquer*. **II.** REFL(-se) **1.** ARG Matar a alguien. **2.** COL Gastar el dinero o bienes.

[2] **ce·pi·llo** [θepíʎo] *s/m* **1.** Utensilio de limpieza, con cerdas incrustadas en una pieza de madera o plástico y *gen* con un mango. **2.** En carpintería, herramienta para alisar la madera. **3.** En las iglesias, caja para recoger donativos.

[1] **ce·po** [θépo] *s/m* Dispositivo para cazar, que se cierra atrapando al animal cuando éste lo toca.

ce·po·rro, -rra [θepórro] *adj s/m,f* Torpe, ignorante.

③ **ce·ra** [θéra] *s/f* Sustancia sólida que se reblandece con el calor. Tiene diferentes usos.

② **ce·rá·mi·ca** [θerámika] *s/f* **1.** Arte y técnica de fabricar objetos de arcilla. **2.** Objetos así fabricados.

③ **ce·rá·mi·co, -ca** [θerámiko] *adj* Hecho con cerámica.

① **ce·ra·mis·ta** [θeramísta] *s/m,f* Quien hace objetos de cerámica.

cer·ba·ta·na [θerβatána] *s/f* Caña o canuto alargado para lanzar flechas soplando por un extremo.

⑤ **cer·ca** [θérka] **I.** *adv* A corta distancia, espacial o temporalmente: *Pedro vive cerca.* **II.** *s/f* Construcción con que se valla un terreno.

① **cer·ca·do** [θerkáðo] *s/m* Lugar rodeado por una valla.

③ **cer·ca·nía** [θerkanía] *s/f* **1.** Cualidad de cercano. **2.** *pl* Alrededores.

④ **cer·ca·no, -na** [θerkáno] *adj* Que está a una distancia corta en el espacio o en el tiempo.

④ **cer·car** [θerkár] *tr* Rodear.
ORT Ante *e* la segunda *c* cambia a *qu*: *Cerquemos*.

① **cer·ce·nar** [θerθenár] *tr* Cortar una parte de algo.

① **cer·cio·rar·se** [θerθjorárse] *REFL(-se)* Asegurarse de la verdad de algo. RPr **Cerciorarse de**.

② **cer·co** [θérko] *s/m* **1.** Acción de cercar. **2.** Lo que rodea algo.

① **cer·da** [θérða] *s/f* **1.** Hembra del cerdo. **2.** Pelo grueso y recio.

cer·da·da [θerðáða] *s/f* Acción indigna.

③ **cer·do, -da** [θérðo] **I.** *s/m,f* Mamífero doméstico para la producción de carne y grasas. **II.** *adj s/m,f* **1.** COL Persona sucia. **2.** Persona malintencionada o sin escrúpulos.

③ **ce·re·al** [θereál] *adj s/m* Se aplica a ciertas plantas gramíneas con semillas harinosas.

① **ce·rea·lis·ta** [θerealísta] *adj* Relativo a la producción o al comercio de cereales.

ce·re·be·lo [θereβélo] *s/m* Parte del encéfalo en la sección posterior e inferior del cráneo.

③ **ce·re·bral** [θereβrál] *adj* **1.** Relativo al cerebro. **2.** Que se rige más por la razón que por los sentimientos.

④ **ce·re·bro** [θeréβro] *s/m* **1.** ANAT Masa encefálica alojada en el cráneo. **2.** Inteligencia. **3.** Persona muy inteligente. **4.** FIG Persona que dirige o controla algo: *Él es el cerebro de la compañía.*

④ **ce·re·mo·nia** [θeremónja] *s/f* Acto solemne que se desarrolla según ciertas normas.

② **ce·re·mo·nial** [θeremonjál] **I.** *adj* Relativo a la ceremonia. **II.** *s/m* Conjunto de formalidades que regulan un acto público.

① **ce·re·mo·nio·so, -sa** [θeremonjóso] *adj* Solemne, amigo de ceremonias.

② **ce·re·za** [θeréθa] *s/f* Fruto del cerezo, de piel roja y carne jugosa.

② **ce·re·zo** [θeréθo] *s/m* Árbol cuyo fruto es la cereza.

② **ce·ri·lla** [θeríʎa] *s/f (frec pl)* Varilla corta y muy fina, con una bolita de fósforo en un extremo para encender fuego mediante fricción.

② **cer·ner** [θernér] **I.** *tr* Separar con un cedazo la harina y la cáscara del cereal molido. **II.** *intr* Estar las plantas en el momento de la fecundación. **III.** *REFL(-se)* Estar algo a punto de producirse.
CONJ *Irreg: Cierno, cerní, cerniré, cernido.*

① **cer·ní·ca·lo** [θerníkalo] *s/m* Ave rapaz parecida al halcón.

④ **ce·ro** [θéro] *s/m* Símbolo numérico sin valor propio, excepto si está a la derecha de otro número. LOC **Ser un cero a la izquierda**, no valer nada.

② **ce·rra·du·ra** [θerraðúra] *s/f* Mecanismo para cerrar algo (puerta, cajón, etc.).

① **ce·rra·je·ría** [θerraxería] *s/f* Oficio o local del cerrajero.

① **ce·rra·je·ro, -ra** [θerraxéro] *s/m,f* Persona que fabrica o repara cerraduras, o que trabaja el hierro y otros metales.

① **ce·rra·mien·to** [θerramjénto] *s/m* **1.** Acción de cerrar. **2.** Lo que cierra una abertura.

⑤ **ce·rrar** [θerrár] **I.** *tr* **1.** Juntar o unir dos piezas o espacios para impedir que entre o salga algo. **2.** Taponar un conducto. **3.** Introducir un elemento (cajón, etc.) en el lugar correspondiente. **4.** Dejar un establecimiento de ofrecer servicios al público. **5.** Dar algo por finalizado. **6.** Estar colocado al final o en la última posición de algo: *Los cabezudos cerraban el desfile.* **II.** *REFL(-se)* **1.** (Con *en*) Obstinarse. **2.** Cubrirse el cielo. **3.** Finalizar el plazo para (hacer) algo: *El plazo de inscripción se cierra el 6 de agosto.* RPr **Cerrar(se) a/con/contra/en/sobre**.
CONJ *Irreg: Cierro, cerré, cerraré, cerrado.*

CE·RRA·ZÓN

[1] **ce·rra·zón** [θerraθón] *s/f* Actitud obstinada de alguien.

[1] **ce·rril** [θerríl] *adj* Torpe, obstinado.

[3] **ce·rro** [θérro] *s/m* Elevación de un terreno, más pequeña que un monte.

[1] **ce·rro·ja·zo** [θerroχáθo] *s/m* Acción de echar bruscamente el cerrojo para cerrar.

[2] **ce·rro·jo** [θerróχo] *s/m* Barra de hierro que se desliza entre dos guías para cerrar algo.

[3] **cer·ta·men** [θertámen] *s/m* Competición literaria en la que se disputa un premio.

[2] **cer·te·ro, -ra** [θertéro] *adj* 1. Que da en el blanco. 2. Acertado.

[3] **cer·te·za** [θertéθa] *s/f* Cualidad de cierto.

[2] **cer·ti·dum·bre** [θertiðúmbre] *s/f* Certeza.

[2] **cer·ti·fi·ca·ción** [θertifikaθjón] *s/f* 1. Acción de certificar. 2. Certificado.

[3] **cer·ti·fi·ca·do** [θertifikáðo] *s/m* Documento oficial para garantizar que algo es cierto o legal.

[3] **cer·ti·fi·car** [θertifikár] *tr* 1. Garantizar como válido o cierto. 2. Enviar por correo una carta certificada.
ORT Ante *e* la *c* cambia a *qu*: *Certifiquen.*

[1] **ce·ru·men** [θerúmen] *s/m* Cera de los oídos.

[2] **cer·van·ti·no, -na** [θerβantíno] *adj* Relativo a Cervantes.

cer·va·to [θerβáto] *s/m* Cachorro de ciervo.

[1] **cer·ve·ce·ría** [θerβeθería] *s/f* Fábrica de cerveza o lugar donde se vende o se toma.

[1] **cer·ve·ce·ro, -ra** [θerβeθéro] *adj s/m,f* 1. Que gusta de beber cerveza. 2. Relativo a la cerveza.

[4] **cer·ve·za** [θerβéθa] *s/f* Bebida alcohólica a partir de cereales germinados y fermentados.

[2] **cer·vi·cal** [θerβikál] *adj* Relativo a la cerviz.

[1] **cér·vi·do, -da** [θérβiðo] *adj s/m* Se aplica a los mamíferos rumiantes cuyos machos tienen grandes cuernos.

[1] **cer·viz** [θerβíθ] *s/f* Parte posterior y superior del cuello: *Hundió su estoque en la cerviz del toro.* LOC **Doblar la cerviz,** FIG someterse. **Ser alguien de dura cerviz,** FIG ser alguien difícil de doblegar.

[1] **ce·san·te** [θesánte] *adj* Que cesa.

[1] **ce·san·tía** [θesantía] *s/f* Situación del trabajador que ha sido cesado.

[4] **ce·sar** [θesár] **I.** *intr* Interrumpirse una acción, fenómeno, etc.: *Elena no cesaba de llorar.* **II.** *tr* Obligar a alguien a dejar su empleo. RPr **Cesar de.**

[1] **ce·sá·rea** [θesárea] *s/f* Intervención quirúrgica para extraer el feto mediante incisión en el abdomen.

[2] **ce·se** [θése] *s/m* Acción o resultado de cesar algo o documento en que consta.

[3] **ce·sión** [θesjón] *s/f* Acción de ceder.

[2] **cés·ped** [θéspeð] *s/m* 1. Hierba corta y espesa, que cubre el suelo. 2. DEP Terreno de juego.

[2] **ces·ta** [θésta] *s/f* 1. Recipiente para llevar o poner algo en él. 2. DEP En baloncesto, aro metálico por el que debe introducirse el balón para conseguir puntos.

[1] **ces·te·ría** [θestería] *s/f* Arte y técnica de elaborar cestas.

[2] **ces·to** [θésto] *s/m* Cesta grande.

[1] **ce·su·ra** [θesúra] *s/f* Pausa en un verso.

ce·ta [θéta] *s/f* Nombre de la letra 'z'.

[1] **ce·tá·ceo, -ea** [θetáθeo] *adj* Se aplica a ciertos mamíferos adaptados a la vida acuática (ballena, delfín, etc.).

ce·tre·ría [θetrería] *s/f* Arte de amaestrar aves rapaces y de cazar con ellas.

[1] **ce·tro** [θétro] *s/m* 1. Bastón de mando, símbolo de autoridad o dignidad. 2. Dignidad de rey o emperador.

ceu·tí [θeutí] *adj* De Ceuta.

[2] **ch** [tʃé] *s/f* Grafía compuesta de 'c' y 'h'.

[1] **cha·ba·ca·ne·ría** [tʃaβakanería] *s/f* Cualidad de chabacano.

[1] **cha·ba·ca·no, -na** [tʃaβakáno] *adj* Vulgar, de mal gusto.

[2] **cha·bo·la** [tʃaβóla] *s/f* Construcción tosca y pobre.

cha·bo·lis·mo [tʃaβolísmo] *s/m* Concentración de un núcleo de población, pobre o marginada, en chabolas.

[1] **cha·cal** [tʃakál] *s/m* Mamífero carroñero, parecido al lobo.

[1] **cha·cha** [tʃátʃa] *s/f* Empleada en el servicio doméstico.

[1] **cha·cha·chá** [tʃatʃatʃá] *s/m* Baile de origen cubano.

[1] **chá·cha·ra** [tʃátʃara] *s/f* Conversación informal de poca importancia.

[1] **cha·chi** [tʃátʃi] *adj* COL Muy bueno.

cha·ci·ne·ría [tʃaθinería] *s/f* Establecimiento donde se venden embutidos de cerdo.

[1] **cha·co·ta** [tʃakóta] *s/f* LOC **Tomarse a chacota,** burlarse (de algo).

[1] **cha·cra** [tʃákra] *s/f* AMER Finca rural para el cultivo de cereales u hortalizas.

[1] **cha·far** [tʃafár] *tr* Aplastar.

CHA·PIS·TE·RÍA

1 **cha·flán** [tʃaflán] *s/m* Superficie que resulta al cortar una esquina por un plano próximo a ella.

1 **chal** [tʃál] *s/m* Prenda que usan las mujeres para cubrir los hombros y la espalda.

1 **cha·la·do, -da** [tʃaláðo] *adj s/m,f* **1.** Que se comporta de manera extravagante. **2.** (Con *por*) Se dice de aquel a quien le gusta mucho otra cosa o persona: *Está chalada por Juan.*

cha·la·ne·ar [tʃalaneár] *intr* Actuar con maña y astucia en los negocios.

cha·la·neo [tʃalanéo] *s/m* Acción o resultado de chalanear.

1 **cha·lar** [tʃalár] **I.** *tr* Gustar mucho a otra persona. **II.** *REFL(-se)* (Con *por*) Perder alguien el buen juicio o la sensatez por algo o por alguien.

1 **cha·lé(t)** [tʃalé(t)] *s/m* GAL Vivienda unifamiliar con jardín.

2 **cha·le·co** [tʃaléko] *s/m* Prenda de vestir en forma de camisa sin mangas.

1 **cha·lu·pa** [tʃalúpa] *s/f* Embarcación pequeña.

1 **cha·ma·co, -ca** [tʃamáko] *s/m,f* MEX Niño, muchacho.

1 **cha·ma·rra** [tʃamárra] *s/f* Prenda similar a una cazadora.

1 **cham·ba** [tʃámba] *s/f* **1.** Buena suerte o casualidad. **2.** AMER Trabajo o empleo.

1 **cham·ber·go, -ga** [tʃambérɣo] *adj s/m* Sombrero de ala ancha y con plumas.

cha·mi·zo [tʃamíθo] *s/m* Choza cubierta con ramaje o hierba seca.

1 **cha·mo, -ma** [tʃámo] *s/m,f* VEN Niño, muchacho.

2 **cham·pán** [tʃampán] *s/m* Cava (II).

2 **cham·pi·ñón** [tʃampiɲón] *s/m* Hongo comestible parecido a la seta.

1 **cham·pú** [tʃampú] *s/m* Jabón líquido para lavar el cabello.

1 **cha·mus·car** [tʃamuskár] *tr REFL(-se)* Quemar(se) un poco algo.
ORT Ante *e* la *c* cambia a *qu*: *Chamusqué.*

1 **cha·mus·qui·na** [tʃamúskina] *s/f* LOC **Oler a chamusquina,** sospechar que va a suceder algo negativo.

chan·ce·ar [tʃanθeár] *intr REFL(-se)* Gastar bromas.

chan·chi [tʃántʃi] *adj adv* Muy bueno, o muy bien.

1 **chan·cho, -cha** [tʃántʃo] *s/m,f* AMER Cerdo o su carne.

chan·chu·lle·ro, -ra [tʃantʃuʎéro] *adj s/m,f* Implicado en chanchullos o amigo de ellos.

1 **chan·chu·llo** [tʃantʃúʎo] *s/m* COL Acción o asunto poco claro o ilegal.

1 **chan·cla** [tʃánkla] *s/f* Chancleta.

1 **chan·cle·ta** [tʃankléta] *s/f* Zapatilla sin talón.

chan·cle·te·ar [tʃankleteár] *intr* Caminar en chancletas.

chan·clo [tʃánklo] *s/m* **1.** Calzado de madera y con suela gruesa, para proteger el pie de la humedad o del barro. **2.** Calzado impermeable en el que se introduce el pie calzado.

1 **chan·cro** [tʃánkro] *s/m* Úlcera de origen sifilítico.

1 **chan·dal** [tʃándal] *s/m* Pantalón largo y chaqueta holgados y cómodos para hacer deporte o andar por casa.
ORT También *chándal*.

chan·fai·na [tʃanfáina] *s/f* Guiso de entrañas de reses.

chan·que·te [tʃankéte] *s/m* Pez pequeño, parecido a la cría del boquerón.

2 **chan·ta·je** [tʃantáxe] *s/m* Acción o resultado de chantajear.

1 **chan·ta·je·ar** [tʃantaxeár] *tr* Exigir a alguien cierta cantidad de dinero para retirar una determinada amenaza o evitarle un daño.

1 **chan·ta·jis·ta** [tʃantaxísta] *s/m,f* Quien hace chantaje.

1 **chan·za** [tʃánθa] *s/f* Broma.

1 **cha·pa** [tʃápa] *s/f* **1.** Lámina delgada de material duro. **2.** Pieza pequeña y plana, con un símbolo grabado, que identifica a quien la tiene o lleva.

1 **cha·pa·do** [tʃapáðo] *s/m* **1.** Acción o resultado de chapar. **2.** Lámina de metal que recubre algo.

2 **cha·par** [tʃapár] *tr* Recubrir con chapa.

1 **cha·pa·rral** [tʃaparrál] *s/m* Terreno con muchos chaparros.

cha·pa·rre·ar [tʃaparreár] *intr* Llover con fuerza.

1 **cha·pa·rro, -rra** [tʃapárro] *adj* Bajo y rechoncho.

1 **cha·pa·rrón** [tʃaparrón] *s/m* Lluvia fuerte de poca duración.

1 **cha·pín** [tʃapín] *s/m* Calzado con suela gruesa de corcho.

1 **cha·pis·ta** [tʃapísta] *s/m,f* Persona que trabaja o repara la chapa.

1 **cha·pis·te·ría** [tʃapistería] *s/f* Taller donde se trabaja la chapa.

CHA·PO·TE·AR

1. **cha·po·te·ar** [tʃapoteár] *intr* Agitar y golpear el agua con manos o pies.

1. **cha·po·teo** [tʃapotéo] *s/m* Acción o resultado de chapotear.

1. **cha·pu·ce·ro, -ra** [tʃapuθéro] **I.** *adj* Hecho rápidamente y mal. **II.** *s/m,f* Persona que hace las cosas deprisa y mal.

1. **cha·pu·rr(e)ar** [tʃapurr(e)ár] *tr* Hablar mal un idioma.

cha·pu·rreo [tʃapurréo] *s/m* Acción o resultado de chapurr(e)ar.

1. **cha·pu·za** [tʃapúθa] **I.** *s/f* Trabajo hecho rápidamente y mal. **II.** *s/m,f pl* Chapucero.

1. **cha·pu·zar** [tʃapuθár] *tr* Lanzarse bruscamente al agua.
ORT Ante *e* la *z* cambia a *c: Chapuce.*

1. **cha·pu·zón** [tʃapuθón] *s/m* Acción o resultado de chapuzar(se).

1. **cha·qué** [tʃaké] *s/m* Especie de chaqueta abierta en faldones por detrás, usada en ceremonias.

3. **cha·que·ta** [tʃakéta] *s/f* Prenda de vestir que cubre la parte superior del cuerpo.

cha·que·te·ro, -ra [tʃaketéro] *adj s/m,f* Se aplica a la persona que cambia de opinión según conviene.

1. **cha·que·tón** [tʃaketón] *s/m* Chaqueta grande, entre la chaqueta y el abrigo.

cha·ran·ga [tʃaránga] *s/f* Banda de música que toca con instrumentos de viento.

2. **char·ca** [tʃárka] *s/f* Cantidad de agua acumulada en un hoyo o cavidad.

2. **char·co** [tʃárko] *s/m* Charca grande.

1. **char·cu·te·ría** [tʃarkutería] *s/f* Arte de elaborar embutidos, o establecimiento donde se elaboran o se venden.

3. **char·la** [tʃárla] *s/f* Acción de charlar.

4. **char·lar** [tʃarlár] *intr* Conversar dos o más personas entre sí.

2. **char·la·tán, -ta·na** [tʃarlatán] **I.** *adj s/m,f* Persona que habla mucho y sin sustancia. **II.** *s/m,f* Vendedor ambulante.

1. **char·la·ta·ne·ría** [tʃarlatanería] *s/f* Cualidad de charlatán.

char·les·tón [tʃarlestón] *s/m* Tipo de baile muy vivo y animado.

char·lo·ta·da [tʃarlotáða] *s/f* Corrida o festejo taurino y cómico.

1. **cha·rol** [tʃaról] *s/m* Lustre muy brillante y adherente.

1. **cha·rrar** [tʃarrár] *intr* Hablar mucho y sin parar.

1. **cha·rre·te·ra** [tʃarretéra] *s/f* Insignia sobre el hombro de la guerrera.

1. **cha·rro, -rra** *adj s/m,f* **1.** De Salamanca. **2.** AMER Se aplica a ciertos hombres de campo, hábiles en el manejo del caballo y en la ganadería, que acostumbran a vestir traje típico y bordado.

1. **chár·ter** [tʃárter] *adj s/m* ANGL Se aplica a los vuelos no regulares.

1. **chas·ca·rri·llo** [tʃaskarríʎo] *s/m* Anécdota o frase chistosa.

1. **chas·co** [tʃásko] *s/m* (Con *llevar(se)*) Broma desagradable o que causa sorpresa.

1. **cha·sis** [tʃásis] *s/m* Armazón que sirve de soporte a la carrocería.

1. **chas·que·ar** [tʃaskeár] *tr* Hacer que algo dé chasquidos.

2. **chas·qui·do** [tʃaskíðo] *s/m* Sonido corto, agudo y seco.

1. **chat** [tʃat] *s/f* Comunicación simultánea a través de internet y entre varios usuarios.

2. **cha·ta·rra** [tʃatárra] *s/f* Utensilio metálico en desuso.

cha·ta·rre·ría [tʃatarrería] *s/f* Establecimiento en que se compra y vende chatarra.

cha·ta·rre·ro, -ra [tʃatarréro] *s/m,f* Persona que se dedica a la compraventa de chatarra.

1. **cha·te·ar** [tʃateár] *intr* **1.** Tomar chatos (II). **2.** Mantener comunicación por escrito a través de internet.

2. **cha·to, -ta** [tʃáto] **I.** *adj* De nariz aplastada. **II.** *s/m* Vaso ancho y bajo para beber vino en las tabernas, o vino tomado con esos vasos.

chau·vi·nis·mo [tʃauβinísmo] *s/m* Patriotismo excesivo.

1. **chau·vi·nis·ta** [tʃauβinísta] *adj s/m,f* Relativo al chauvinismo o partidario de él.

3. **cha·val, -la** [tʃaβál] *s/m,f* Muchacho, chico.

cha·ve·ta [tʃaβéta] *s/f* Pasador colocado en una barra para que no se salga lo colocado en ella. LOC **Estar mal de la chaveta**, estar loco.

3. **cha·vo, -va** [tʃáβo] **I.** *s/m,f* MEX Chaval. **II.** *s/m* Moneda de muy poco valor.

2. **che** [tʃé] **I.** *s/f* Nombre de la grafía 'ch'. **II.** *s/m,f* De Argentina o Valencia. **III.** *interj* Exclamación para llamar la atención de alguien.

2. **che·co, -ca** [tʃéko] *adj s/m,f* De la República Checa.

1. **chef** [tʃéf] *s/m* Cocinero jefe de un restaurante u hotel.

2. **che·lo** [tʃélo] *s/m* Instrumento musical de cuerda.

[1] **che·pa** [tʃépa] *s/f* Abultamiento en la espalda o pecho.

che·po·so, -sa [tʃepóso] *adj* Que tiene chepa.

[3] **che·que** [tʃéke] *s/m* Documento de pago a favor de alguien.

[2] **che·que·ar** [tʃekeár] *tr* Revisar algo para asegurarse de que está o funciona bien.

[1] **che·queo** [tʃekéo] *s/m* Acción o resultado de chequear(se).

ché·ve·re [tʃéβere] **I.** *adj* VEN COLM Muy bueno. **II.** *adv* VEN COLM Estupendamente: *Lo pasaron chévere*.

[1] **chic** [tʃík] *adj* Elegante.

[1] **chi·ca·no, -na** [tʃikáno] *adj s/m,f* Estadounidense de origen o ascendencia mexicana o relacionado con él.

chi·ca·rrón, -rro·na [tʃikarrón] *adj s/m,f* Muchacho muy crecido.

[2] **chi·cha** [tʃítʃa] *s/f* **1.** Carne comestible o del cuerpo humano. **2.** Bebida alcohólica obtenida de la fermentación del maíz.

chi·cha·rra [tʃitʃárra] *s/f* Insecto de canto estridente.

[1] **chi·cha·rrón** [tʃitʃarrón] *s/m* Residuos que quedan al derretir(se) la manteca de cerdo.

[1] **chi·che·ro, -ra** [tʃitʃéro] *s/m,f* AMER Persona que hace o vende chicha (2).

[1] **chi·chón** [tʃitʃón] *s/m* Abultamiento en la frente o cabeza a consecuencia de un golpe.

[2] **chi·cle** [tʃíkle] *s/m* Golosina para masticar.

[5] **chi·co, -ca** [tʃíko] **I.** *adj* Pequeño. **II.** *s/m,f* Niño, muchacho. **III.** *s/f* Empleada en el servicio doméstico.

chi·fla [tʃífla] *s/f* Acción o resultado de chiflar.

[1] **chi·fla·do, -da** [tʃifládo] *adj s/m,f* **1.** Loco. **2.** (Con *por*) Muy enamorado de otra persona.

[1] **chi·fla·du·ra** [tʃifladúra] *s/f* Cualidad de chiflado.

[1] **chi·flar** [tʃiflár] **I.** *tr* Gustar a alguien mucho o una determinada cosa o persona: *Le chifla ir de caza*. **II.** *intr* Tocar un silbato. **III.** REFL(-*se*) **1.** Tener una afición o interés muy grande por algo o alguien. **2.** Volverse loco. RPt **Chiflar(se) con/de/por**.

chi·hua·hua [tʃiywáywa] *adj s/m,f* Raza de perro pequeño.

chi·la·ba [tʃiláβa] *s/f* Prenda de vestir larga y con capucha, propia de los árabes.

[1] **chi·le, chi·li** [tʃíle, -i] *s/m* Pimiento picante.

[4] **chi·le·no, -na** [tʃiléno] *adj s/m,f* De Chile.

[2] **chi·llar** [tʃiʎár] *intr* **1.** Dar chillidos. **2.** Hablar a gritos.

[2] **chi·lli·do** [tʃiʎíðo] *s/m* Sonido inarticulado y agudo de la voz humana.

[1] **chi·llón, -llo·na** [tʃiʎón] *adj s/m,f* **1.** Persona o animal que chilla mucho. **2.** Aplicado a la voz muy aguda y fuerte. **3.** Aplicado al color, de tonalidad muy viva.

[3] **chi·me·nea** [tʃimenéa] *s/f* **1.** Tubo o conducto para la salida del humo. **2.** Hogar donde se enciende fuego para calentar un espacio.

[2] **chim·pan·cé** [tʃimpanθé] *s/m,f* Primate grande y de brazos largos.

[2] **chi·na** [tʃína] *s/f* Piedra pequeña y redondeada.

[1] **chin·char** [tʃintʃár] *tr* Fastidiar.

[1] **chin·che** [tʃíntʃe] **I.** *s/f* Insecto que se alimenta de sangre. **II.** *s/m,f* Persona molesta o exigente.

[1] **chin·che·ta** [tʃintʃéta] *s/f* Clavito metálico de cabeza circular y achatada.

[1] **chin·chi·lla** [tʃintʃíʎa] *s/f* Animal roedor apreciado por su piel.

chin·chín [tʃintʃín] *interj* Fórmula para brindar.

[1] **chin·chón** [tʃintʃón] *s/m* Juego de naipes.

[1] **chi·nes·co, -ca** [tʃinésko] *adj* Chino o parecido a lo chino.

[1] **chin·ga·da** [tʃingáða] *s/f* AMER VULG Cosa de muy poco valor. LOC **Hijo de la gran chingada,** VULG AMER hijo de puta.

[1] **chin·ga·do, -da** [tʃingáðo] *adj* **1.** AMER Estropeado. **2.** AMER Molesto, enfadado.

[1] **chin·gar** [tʃingár] *intr tr* **1.** VULG Tener relaciones sexuales. **2.** COL Molestar, enojar. **3.** Beber *frec* vino u otras bebidas alcohólicas.
ORT Ante *e* la *g* cambia a *gu*: *Chingué*.

[5] **chi·no, -na** [tʃíno] **I.** *adj s/m,f* De China. **II.** *s/m* Lengua que se habla en China.

[2] **chip** [tʃíp] *s/m* COMP ANGL Circuito electrónico.

chi·pi·rón [tʃipirón] *s/m* Calamar pequeño.

[1] **chi·prio·ta** [tʃiprjóta] *adj* De Chipre.

[1] **chi·qui·lla·da** [tʃikiʎáða] *s/f* Acción propia de niños.

[1] **chi·qui·lle·ría** [tʃikiʎería] *s/f* Conjunto de chiquillos.

[2] **chi·qui·llo, -lla** [tʃikíʎo] *adj s/m,f* Niño, muchacho.

[1] **chi·ri·go·ta** [tʃiriyóta] *s/f* Burla no hiriente.

chi·rim·bo·lo [tʃirimbólo] *s/m* COL Cualquier objeto cuyo nombre se ignora.

[1] **chi·ri·mía** [tʃirimía] *s/m* Instrumento musical de viento, similar a la flauta.

chi·ri·mi·ri [tʃirimíri] *s/m* Lluvia muy fina.

[1] **chi·ri·mo·ya** [tʃirimója] *s/f* Fruto del chirimoyo, jugoso, dulce y con pepitas incrustadas en la pulpa.

chi·ri·mo·yo [tʃirimójo] *s/m* Árbol cuyo fruto es la chirimoya.

[1] **chi·rin·gui·to** [tʃiringíto] *s/m* Puesto de comidas, helados, etc., al aire libre.

chi·ri·pa [tʃirípa] *s/f* Buena suerte.

[1] **chir·la** [tʃírla] *s/f* Molusco menor que la almeja.

chi·ro·na [tʃiróna] *s/f* COL Cárcel.

[1] **chi·rrian·te** [tʃirrjánte] *adj* Que chirría.

[1] **chi·rriar** [tʃirrjár] *intr* **1.** Producir un sonido agudo y estridente. **2.** Cantar los pájaros sin armonía.
ORT PRON En *sing* y en la *3ª p pl* del *pres indic* y *subj*, el acento recae sobre la última *i: Chirrío, chirríen*.

[1] **chi·rri·do** [tʃirrído] *s/m* Acción o resultado de chirriar.

[2] **chis·me** [tʃísme] *s/m* **1.** Información sobre la vida privada de alguien y que se cuenta a otros para difamar. **2.** Nombre dado a cualquier objeto cuyo nombre no se sabe.

chis·mo·rre·ar [tʃismorreár] *intr* Contar chismes (1).

[1] **chis·mo·rreo** [tʃismorréo] *s/m* Acción o resultado de chismorrear.

[1] **chis·mo·so, -sa** [tʃismóso] *adj s/m,f* Que cuenta chismes o es amigo de ellos.

[2] **chis·pa** [tʃíspa] **I.** *s/f* **1.** Partícula encendida y muy pequeña que salta de un objeto ardiendo o al frotarlo. **2.** Descarga eléctrica. **3.** FIG Gracia e ingeniosidad en el hablar. **II.** *adj* (Con *estar*) Bebido.

[1] **chis·pa·zo** [tʃispáθo] *s/m* Acción de saltar una chispa.

[1] **chis·pe·an·te** [tʃispeánte] *adj* Que desprende chispas.

chis·pe·ar [tʃispeár] *intr* **1.** Lloviznar. **2.** Echar algo chispas.

[1] **chis·po·rro·te·ar** [tʃisporroteár] *intr* Desprender algo chispas repetidamente.

[1] **chis·po·rro·teo** [tʃisporrotéo] *s/m* Acción o resultado de chisporrotear.

[3] **chis·tar** [tʃistár] *intr* Hablar o decir algo: *Lo pagaron sin chistar*.

[3] **chis·te** [tʃíste] *s/m* Historia graciosa y ocurrente que provoca risa.

[1] **chis·te·ra** [tʃistéra] *s/f* Sombrero de copa alta.

[1] **chis·to·so, -sa** [tʃistóso] *adj s/m,f* Que tiene gracia o hace reír contando chistes.

chi·tón [tʃitón] *interj* usada para indicar a alguien que se calle.

[1] **chi·var** [tʃiβár] **I.** *intr* REFL(-se) Delatar a alguien. **II.** *tr* Contar algo indebido.

[1] **chi·va·ta·zo** [tʃiβatáθo] *s/m* Acción o resultado de chivar(se).

[1] **chi·va·to, -ta** [tʃiβáto] **I.** *adj s/m,f* Quien acusa o delata a otros. **II.** *s/m* Dispositivo eléctrico que avisa de alguna anomalía.

[2] **chi·vo, -va** [tʃíβo] *s/m,f* Cría de la cabra.

[2] **cho·can·te** [tʃokánte] *adj* Sorprendente.

[4] **cho·car** [tʃokár] **I.** *intr* **1.** Encontrarse o juntarse dos o más cosas de manera brusca y violenta. **2.** Enfrentarse dos fuerzas, personas, ejércitos, etc. **II.** *tr* **1.** Juntar o unir dos o más cosas con un golpe brusco y violento. **2.** Causar sorpresa o extrañeza.
ORT Ante *e* la *c* cambia a *qu: Choqué*.

cho·ca·rre·ría [tʃokarrería] *s/f* Chiste grosero.

cho·ca·rre·ro, -ra [tʃokarréro] *adj s/m,f* Gracioso, pero grosero.

[1] **cho·che·ar** [tʃotʃeár] *intr* COL Tener alguien debilitadas las facultades mentales.

cho·che·ra [tʃotʃéra] *s/f* Chochez.

[1] **cho·chez** [tʃotʃéθ] *s/f* Cualidad de chocho.

[1] **cho·cho, -cha** [tʃótʃo] *adj s/m,f* Con las facultades mentales debilitadas.

[1] **cho·clo** [tʃóklo] *s/m* AMER Mazorca de maíz tierno.

[3] **cho·co·la·te** [tʃokoláte] *s/m* **1.** Masa hecha con cacao y azúcar, leche y otras sustancias aromatizantes. **2.** Bebida que se prepara con chocolate.

cho·co·la·te·ría [tʃokolatería] *s/f* Establecimiento donde se hace y se vende chocolate.

cho·co·la·te·ro, -ra [tʃokolatéro] *adj s/m,f* Aficionado al chocolate.

[1] **cho·co·la·ti·na** [tʃokolatína] *s/f* Pastilla pequeña de chocolate.

[3] **chó·fer** [tʃófer] *s/m,f* Conductor de automóvil.

[1] **cho·llo** [tʃóʎo] *s/m* Cosa que se consigue con poco gasto o esfuerzo.

[1] **cho·lo, -la** [tʃólo] *adj s/m,f* Mestizo, descendiente de padre europeo y madre india.

[1] **chom·pa** [tʃómpa] *s/f* AMER Suéter.

1 **cho·pe·ra** [tʃopéra] *s/f* Terreno plantado de chopos.

2 **cho·po** [tʃópo] *s/m* Árbol de tronco alto y esbelto.

2 **cho·que** [tʃóke] *s/m* **1.** Acción o resultado de chocar. **2.** Enfrentamiento entre dos personas.

cho·ri·ce·ar [tʃoriθeár] *tr* COL Chorizar.

cho·ri·zar [tʃoriθár] *tr* COL Robar.
ORT Ante la *e* la *z* cambia a *c: Choricé*.

2 **cho·ri·zo** [tʃoríθo] **I.** *s/m* Embutido de carne picada de cerdo. **II.** *s/m,f* COL Ladrón.

chor·li·to [tʃorlíto] *s/m* Ave migratoria de plumaje vistoso. LOC **Cabeza de chorlito,** FIG distraído, alocado.

1 **cho·rra·da** [tʃorráða] *s/f* Cosa tonta o sin importancia.

2 **cho·rre·ar** [tʃorreár] *intr tr* Caer un líquido a chorro.

1 **cho·rreo** [tʃorréo] *s/m* Acción o resultado de chorrear.

3 **cho·rro** [tʃórro] *s/m* Agua u otro líquido que sale por una abertura a cierta presión. LOC **A chorro,** abundantemente y en forma de hilo de diferente grosor.

cho·teo [tʃotéo] *s/m* Burla.

1 **cho·tis** [tʃótis] *s/m* Baile de parejas.

1 **cho·to, -ta** [tʃóto] *s/m* Cría de la cabra o ternero. LOC **Estar como una chota,** FIG estar chiflado o loco.

2 **cho·za** [tʃóθa] *s/f* Construcción tosca con cubierta de ramas u otros materiales ligeros.

2 **chu·bas·co** [tʃuβásko] *s/m* Lluvia fuerte y de poca duración.

1 **chu·bas·que·ro** [tʃuβaskéro] *s/m* Prenda para proteger de la lluvia.

1 **chu·cha** [tʃútʃa] *s/f* VULG AMER Órgano sexual masculino o femenino.

1 **chu·che·ría** [tʃutʃería] *s/f* **1.** Golosina. **2.** Cosa de poco valor.

1 **chu·cho, -cha** [tʃútʃo] *s/m,f* DES Perro.

chu·fa [tʃúfa] *s/f* Planta con tubérculos muy apreciados.

chu·le·ar [tʃuleár] *tr intr* COL Burlarse de alguien o algo.

chu·leo [tʃuléo] *s/m* Acción o resultado de chulear(se).

1 **chu·le·ría** [tʃulería] *s/f* Cualidad de chulo.

1 **chu·le·ta** [tʃuléta] **I.** *s/f* **1.** Costilla de un animal, con su carne. **2.** Cosa anotada para copiar en un examen. **II.** *s/m,f* Chulo.

chu·le·tón [tʃuletón] *s/m* Chuleta grande.

2 **chu·lo, -la** [tʃúlo] **I.** *adj* **1.** Bonito. **2.** Arrogante. **II.** *s/m* Hombre que vive a costa de las prostitutas.

1 **chum·be·ra** [tʃumbéra] *s/f* Planta cuyo fruto es el higo chumbo.

chum·bo, -ba [tʃúmbo] *adj* Se aplica a un tipo de higo, ovalado, de pulpa dulce y jugosa.

1 **chun·go, -ga** [tʃúngo] **I.** *adj* De poca calidad o con mal aspecto. **II.** *s/f* Burla.

chun·gue·ar·se [tʃungeárse] REFL(*-se*) Burlarse de algo o de alguien.

1 **chu·pa** [tʃúpa] *s/f* Chaqueta o cazadora, *esp* si es de cuero.

chu·pa·chup(s) [tʃupatʃúp(s)] *s/m* Bola de caramelo, con un palillo para agarrarla.

1 **chu·pa·do, -da** [tʃupáðo] *adj* **1.** Delgado. **2.** COL Fácil de hacer.

2 **chu·par** [tʃupár] **I.** *tr* **1.** Extraer líquido o jugo sorbiendo con los labios. **2.** Tener una cosa en la boca y moverla en ella con la lengua para que se disuelva. **3.** Pasar la lengua por una superficie. **4.** Consumir combustible una máquina o vehículo al funcionar. LOC **Chuparse el dedo,** ser tonto o ingenuo.

1 **chu·pa·tin·tas** [tʃupatíntas] *s/m,f* COL Oficinista de poca valía.

1 **chu·pe** [tʃúpe] *s/m* COL Beneficio obtenido de algo.

chu·pe·ta [tʃupéta] *s/f* Chupete.

1 **chu·pe·ta, -te** [tʃupéta; -te] *s/m* Objeto en forma de pezón para que lo chupen los niños y se calmen.

1 **chu·pe·te·ar** [tʃupeteár] *tr* Chupar poco a poco.

chu·pe·teo [tʃupetéo] *s/m* Acción o resultado de chupetear.

1 **chu·pi·na·zo** [tʃupináθo] *s/m* **1.** En los fuegos artificiales, disparo con un mortero cargado de candelillas. **2.** Lanzamiento fuerte contra la portería del equipo contrario.

chu·pón, -po·na [tʃupón] *adj s/m,f* Que chupa.

1 **chu·rras·co** [tʃurrásko] *s/m* Trozo de carne a la brasa.

chu·rre·ría [tʃurrería] *s/f* Puesto en que se hacen y venden churros.

chu·rre·ro, -ra [tʃurréro] *s/m,f* Persona que hace o vende churros.

1 **chu·rro** [tʃúrro] *s/m* **1.** Masa de harina, agua y sal, frita y de forma cilíndrica; se

① **chu·rum·bel** [tʃurumbél] *s/m,f* Niño.

① **chus·co, -ca** [tʃúsko] *adj* Gracioso, con picardía.

① **chus·ma** [tʃúsma] *s/f* PEY Conjunto de gente despreciable.

① **chus·que·ro, -ra** [tʃuskéro] *adj s/m,f* Oficial que procede de la clase de tropa.

① **chu·tar** [tʃutár] *tr intr* Lanzar el balón de una patada fuerte hacia la meta del equipo contrario.

① **chu·zo** [tʃúθo] *s/m* Palo con un pincho de hierro, usado como arma defensiva.

① **cia·nu·ro** [θjanúro] *s/m* Sustancia venenosa.

ciá·ti·ca [θjátika] *s/f* Inflamación dolorosa del nervio ciático.

② **ci·be·res·pa·cio** [θiβerespáθjo] *s/m* Redes de comunicación digital y bancos de datos accesibles por ordenador.

① **ci·ber·nau·ta** [θiβernáuta] *adj s/m,f* Usuario del ciberespacio.

ci·ber·né·ti·ca [θiβernétika] *s/f* Ciencia que estudia los sistemas de control y de comunicación de los seres vivos y de las máquinas.

② **ci·ber·né·ti·co, -ca** [θiβernétiko] *adj* Relativo a la cibernética.

ci·ca·te·ría [θikatería] *s/f* Cualidad de cicatero.

① **ci·ca·te·ro, -ra** [θikatéro] *adj s/m,f* Mezquino.

② **ci·ca·triz** [θikatríθ] *s/f* Marca que deja una herida curada en la piel.

② **ci·ca·tri·za·ción** [θikatriθaθjón] *s/f* Acción o resultado de cicatrizar(se).

⑤ **ci·ca·tri·zar** [θikatriθár] *tr intr* REFL(*-se*) Curar(se) una herida dejando una marca en la piel.

ORT Ante *e* la *z* cambia a *c*: *Cicatrice*.

② **cí·cli·co, -ca** [θíkliko] *adj* Relativo a un ciclo.

② **ci·clis·mo** [θiklísmo] *s/m* Deporte de la bicicleta.

② **ci·clis·ta** [θiklísta] **I.** *s/m,f* **1.** Persona que va en bicicleta. **2.** Profesional del deporte de la bicicleta. **II.** *adj* Relativo a la actividad o deporte de la bicicleta.

④ **ci·clo** [θíklo] *s/m* **1.** Serie de procesos, fenómenos, etc., que se repiten sucesivamente. **2.** Serie de actividades culturales, sociales, etc., relacionadas entre sí.

① **ci·clo·mo·tor** [θiklomotór] *s/m* Vehículo de dos ruedas, que funciona a motor o con pedales.

① **ci·clón** [θiklón] *s/m* Temporal de viento muy fuerte y con lluvias torrenciales.

① **cí·clo·pe** [θíklope] *s/m* MIT Gigante con un solo ojo en la frente.

① **ci·cló·peo, -ea** [θiklópeo] *adj* De gran tamaño.

ci·cu·ta [θikúta] *s/f* Planta con un veneno muy fuerte.

③ **cie·go, -ga** [θjéɣo] **I.** *adj s/m,f* Privado de la capacidad de ver. **II.** *s/m* ANAT Parte del intestino grueso en forma de bolsa pequeña. LOC **A ciegas**, sin ver o sin conocer algo.

⑤ **cie·lo** [θjélo] **I.** *s/m* **1.** Parte de la atmósfera que rodea la Tierra. **2.** Superficie superior de un recinto o espacio. **3.** Morada de Dios y de los santos. **II.** *interj* Expresión de admiración o sorpresa.

① **ciem·piés** [θjempjés] *s/m* Gusano de cuerpo alargado y con muchas patas.

④ **cien** [θjén] *adj pron* Apócope de *ciento*.

① **cié·na·ga** [θjénaɣa] *s/f* Lugar pantanoso, lleno de cieno.

⑤ **cien·cia** [θjénθja] *s/f* **1.** Conjunto de conocimientos adquiridos por el hombre. **2.** Cada área de ese conocimiento.

① **cie·no** [θjéno] *s/m* Mezcla de agua, tierra y otras sustancias orgánicas.

⑤ **cien·tí·fi·co, -ca** [θjentífiko] *adj s/m,f* Relativo a la ciencia o profesional de la ciencia.

⑤ **cien·to** [θjénto] *pron num s/m* Diez veces diez. LOC **A cientos**, muchos.

① **cier·ne** [θjérne] *s/m* **1.** Acción de cerner las plantas. **2.** Cierna. LOC **En ciernes**, que aún no está totalmente desarrollado.

③ **cie·rre** [θjérre] *s/m* **1.** Acción o resultado de cerrar(se). **2.** Mecanismo para cerrar algo.

⑤ **cier·to, -ta** [θjérto] *adj* **1.** Verdadero. **2.** (Delante del *s*) Indeterminado, no demasiado evidente: *Experimentó cierta mejoría*. LOC **Por cierto**, a propósito.

② **cier·vo, -va** [θjérβo] *s/m,f* Rumiante con cuernos ramificados.

① **cier·zo** [θjérθo] *s/m* Viento del norte.

④ **ci·fra** [θífra] *s/f* **1.** Cada uno de los diez símbolos de los números. **2.** Cantidad total, suma.

① **ci·fra·do, -da** [θifráðo] *adj* Escrito en clave.

② **ci·frar** [θifrár] *tr* REFL(*-se*) **1.** Escribir en clave. **2.** Calcular o valorar algo cuantitativamente: *Las deudas de la región se cifran en un millón*. RPr **Cifrar(se) en**.

CI·NE·MA·TO·GRA·FÍA

[1] **ci·ga·la** [θiγála] *s/f* Crustáceo marino con patas delanteras provistas de pinzas y de carne muy apreciada.

[1] **ci·ga·rra** [θiγárra] *s/f* Insecto de cabeza grande cuyo macho emite un sonido chillón y monótono.

[4] **ci·ga·rri·llo** [θiγarríλo] *s/m* Envoltura de picadura de tabaco en forma cilíndrica.

[2] **ci·ga·rro** [θiγárro] *s/m* Hojas de tabaco seco enrolladas sobre sí mismas en forma cilíndrica, para fumar.

ci·go·ñal [θiγoɲál] *s/m* Dispositivo para extraer agua de un pozo, mediante un madero que se sujeta perpendicularmente sobre un palo con horquilla. Se maneja desde un extremo y del otro cuelga un cubo.

[1] **ci·go·to** [θiγóto] *s/m* Óvulo fecundado.

[2] **ci·güe·ña** [θiγwéɲa] *s/f* Ave zancuda y migratoria, de pico y patas largas.

[1] **ci·güe·ñal** [θiγweɲál] *s/m* MEC En un motor de combustión, eje que transforma el movimiento rectilíneo en movimiento giratorio.

[1] **ci·li·ar** [θiljár] *adj* Relativo a las pestañas.

[1] **ci·li·cio** [θiliθjo] *s/m* 1. Vestidura áspera de los penitentes. 2. Cinturón con púas para mortificarse.

[1] **ci·lin·dra·da** [θilindráða] *s/f* MEC Capacidad de los cilindros de un motor de combustión.

[2] **ci·lín·dri·co, -ca** [θilíndriko] *adj* Relativo al cilindro.

[2] **ci·lin·dro** [θilíndro] *s/m* 1. Figura geométrica de igual grosor en toda su longitud. 2. Pieza mecánica y hueca de esta forma.

[3] **ci·ma** [θíma] *s/f* 1. Parte más elevada de una montaña. 2. Punto o momento de máximo desarrollo, esplendor, etc.

[1] **ci·ma·rrón, -rro·na** [θimarrón] *adj s/m,f* AMER Se aplica al animal no domesticado o a la planta salvaje.

cím·ba·lo [θímbalo] *s/m* Instrumento musical de percusión, que consta de platillos.

[1] **cim·bo·rrio** [θimbórrjo] *s/m* Estructura cilíndrica que sustenta la cúpula.

[1] **cim·bre·ar** [θimbreár] *tr intr* Hacer que ondule y vibre un objeto alargado y flexible agitándolo por un extremo.

[1] **ci·men·ta·ción** [θimentaθjón] *s/f* Acción o resultado de cimentar(se).

[2] **ci·men·tar** [θimentár] *tr* Poner los cimientos de algo.

CONJ *Irreg: Cimiento, cimenté, cimentaré, cimentado.*

[1] **ci·me·ro, -ra** [θiméro] *adj* Que está en la parte más alta de algo.

[2] **ci·mien·to** [θimjénto] *s/m* 1. *pl* Parte subterránea que sustenta un edificio. 2. FIG Lo que da fundamento y consistencia a algo.

ci·mi·ta·rra [θimitárra] *s/f* Sable curvo usado por los árabes.

[1] **ci·na·brio** [θináβrjo] *s/m* Mineral que se extrae del mercurio.

[2] **cinc** [θink] *s/m* QUÍM Metal blanquiazulado y brillante. Símbolo Zn. ORT También *zinc*.

[1] **cin·cel** [θinθél] *s/m* Herramienta de acero para labrar piedras o metales.

[1] **cin·ce·lar** [θinθelár] *tr* Grabar o labrar algo con un cincel.

[1] **cin·cha** [θíntʃa] *s/f* Banda resistente que sujeta la silla de montar por debajo del vientre de la caballería.

[1] **cin·cho** [θíntʃo] *s/m* Aro de hierro para ceñir y sujetar algo.

[5] **cin·co** [θínko] *adj pron num* Cuatro más uno.

[4] **cin·cuen·ta** [θinkwénta] *adj pron num* Cinco veces diez.

[1] **cin·cuen·te·na·rio** [θinkwentenárjo] *s/m* Fecha en que se cumplen cincuenta años de algo.

[1] **cin·cuen·tón, -to·na** [θinkwentón] *adj s/m,f* Persona que tiene entre cincuenta y sesenta años.

[5] **ci·ne** [θíne] *s/m* 1. Técnica de proyectar imágenes sobre una pantalla. 2. Local donde acude el público a ver películas. LOC **De cine,** maravilloso.

[3] **ci·ne·as·ta** [θineásta] *adj s/m,f* Profesional del cine.

[1] **ci·ne·club** [θineklúβ] *s/m* Grupo o asociación que fomenta el cine o local donde se reúne.

[1] **ci·né·fi·lo, -la** [θinéfilo] *s/m,f* Aficionado al cine.

[1] **ci·ne·gé·ti·co, -ca** [θineχétiko] *adj* Relativo a la caza.

[1] **ci·ne·ma** [θinéma] *s/m* Cine.

ci·ne·ma·nía [θinemanía] *s/f* Afición por el cine.

[1] **ci·ne·mas·co·pe** [θinemaskópe] *s/m* Grabación y proyección de películas en pantalla panorámica.

[1] **ci·ne·ma·te·ca** [θinematéka] *s/f* Local en que se archivan y guardan películas.

[2] **ci·ne·ma·to·gra·fía** [θinematoγrafía] *s/m* Arte y técnica del cine.

[4] **ci·ne·ma·to·grá·fi·co, -ca** [θinematoɣráfiko] *adj* Relativo a la cinematografía.

ci·né·ti·ca [θinétika] *s/f* FÍS Rama de la mecánica que estudia el movimiento de los cuerpos.

[1] **ci·né·ti·co, -ca** [θinétiko] *adj* FÍS Relativo al movimiento.

[2] **cí·ni·co, -ca** [θíniko] *adj s/m,f* Que se comporta o actúa con cinismo.

[2] **ci·nis·mo** [θinísmo] *s/m* Comportamiento o actitud de quien realiza acciones desvergonzadas y reprochables sin avergonzarse por ello.

[4] **cin·ta** [θínta] *s/f* **1.** Tira fina y alargada de un material. **2.** Banda magnética para grabar o reproducir sonidos o imágenes.

[1] **cin·to** [θínto] *s/m* Cinturón.

[3] **cin·tu·ra** [θintúra] *s/f* Parte más estrecha entre el torso y el vientre del cuerpo humano, o parte del vestido que cubre esta zona.

[3] **cin·tu·rón** [θinturón] *s/m* Tira de cuero o de tela para sujetar una prenda a la cintura.

[2] **ci·prés** [θiprés] *s/m* Árbol de copa alta y tronco recto.

[1] **cir·cen·se** [θirθénse] *adj* Relativo al circo.

[3] **cir·co** [θírko] *s/m* Espectáculo de entretenimiento o local con gradas donde se ofrece.

[4] **cir·cui·to** [θirkwíto] *s/m* **1.** Espacio o ámbito con límites. **2.** Dispositivo en el cual los puntos de salida y de entrada coinciden o se unen. **3.** Dispositivo eléctrico o electrónico formado por elementos conectados entre sí. **4.** DEP Recorrido en una competición. **5.** Serie de lugares de un recorrido turístico.

[4] **cir·cu·la·ción** [θirkulaθjón] *s/f* **1.** Acción de circular. **2.** Tránsito de personas y vehículos.

[2] **cir·cu·lan·te** [θirkulánte] *adj* Que circula.

[4] **cir·cu·lar** [θirkulár] **I.** *tr* **1.** Moverse siguiendo un trayecto. **2.** Difundirse una noticia. **II.** *adj* Relativo al círculo o con esa forma. **III.** *adj s/f* Copia de un documento para informar de algo.

[2] **cir·cu·la·to·rio, -ia** [θirkulatórjo] *adj* Relativo a la circulación.

[4] **cír·cu·lo** [θírkulo] *s/m* **1.** GEOM Superficie limitada por una circunferencia. **2.** Conjunto de personas con las que uno se relaciona. **3.** Asociación para un fin determinado.

[1] **cir·cun·ci·dar** [θirkunθidár] *tr* Cortar parte del prepucio.

[1] **cir·cun·ci·sión** [θirkunθisjón] *s/f* Acción o resultado de circuncidar.

cir·cun·ci·so, -sa [θirkunθíso] *adj s/m,f* Que ha sido circuncidado.

[2] **cir·cun·dan·te** [θirkundánte] *adj* Que circunda.

[2] **cir·cun·dar** [θirkundár] *tr* Rodear.

[2] **cir·cun·fe·ren·cia** [θirkunferénθja] *s/f* GEOM Línea curva, cerrada y plana, cuyos puntos equidistan del centro.

[1] **cir·cun·fle·jo, -ja** [θirkunfléχo] *adj s/m* Se dice del acento en ángulo (^).

[1] **cir·cun·lo·quio** [θirkunlókjo] *s/m* Manera confusa o indirecta de expresar algo.

[2] **cir·cuns·cri·bir** [θirkunskriβír] *tr* Reducir a ciertos límites. RPr **Circunscribir(se) a**.

[2] **cir·cuns·crip·ción** [θirkunskripθjón] *s/f* División administrativa de un territorio.

[1] **cir·cuns·cri·to, -ta** [θirkunskríto] *pp* de 'circunscribir'.

cir·cuns·pec·ción [θirkunspekθjón] *s/f* Cualidad de circunspecto.

[1] **cir·cuns·pec·to, -ta** [θirkunspékto] *adj* Con actitud comedida y digna.

[5] **cir·cuns·tan·cia** [θirkunstánθja] *s/f* **1.** Condición que afecta, influye o acompaña a algo o a alguien. **2.** *pl* Situación, condiciones.

[2] **cir·cuns·tan·cial** [θirkunstanθjál] *adj* Relativo a la circunstancia.

[1] **cir·cuns·tan·te** [θirkunstánte] *adj s/m,f,pl* Presente.

[1] **cir·cun·va·la·ción** [θirkumbalaθjón] *s/f* **1.** Acción de circunvalar. **2.** Carretera que rodea una población.

[1] **cir·cun·va·lar** [θirkumbalár] *tr* Rodear un lugar.

[1] **cir·cun·vo·lu·ción** [θirkumboluθjón] *s/f* Giro, vuelta alrededor de otra cosa o persona.

[2] **ci·rio** [θírjo] *s/m* Vela larga y gruesa. LOC **Montar un cirio,** COL causar un escándalo.

ci·rro [θírro] *s/m* Nube blanca y poco espesa.

[1] **ci·rro·sis** [θirrósis] *s/f* Degeneración de los tejidos orgánicos (hígado).

[1] **ci·rue·lo, -la** [θirwélo] **I.** *s/m* Árbol cuyo fruto es la ciruela. **II.** *s/f* Fruto del ciruelo, de piel fina, carne jugosa y con hueso en el interior.

[3] **ci·ru·gía** [θiruχía] *s/f* Rama de la medicina que trata de curar mediante intervención quirúrgica.

CLA·RI·VI·DEN·CIA

[3] **ci·ru·ja·no, -na** [θiruχáno] *adj s/m,f* Profesional de la cirugía.

[1] **cis·co** [θísko] *s/m* **1.** *pl* Carbón vegetal menudo. **2.** Situación confusa, bullicio. LOC **Hacer cisco /Dejar a alguien hecho cisco,** COL dejarle en mal estado, físico o moral.

[1] **cis·ma** [θísma] *s/m* Separación de un grupo menor de otro mayor.

[1] **cis·má·ti·co, -ca** [θismátiko] *adj s/m,f* Relativo al cisma.

[2] **cis·ne** [θísne] *s/m* Ave palmípeda, de cuello largo y flexible y plumaje blanco.

[2] **cis·ter·na** [θistérna] *s/f* Depósito para almacenar líquidos.

[1] **cis·ti·tis** [θistítis] *s/f* Inflamación de la vejiga urinaria.

ci·su·ra [θisúra] *s/f* Incisión muy fina.

[3] **ci·ta** [θíta] *s/f* **1.** Acuerdo entre personas para encontrarse en el lugar y tiempo acordados. **2.** Mención que se hace para confirmar lo que se dice o escribe.

[2] **ci·ta·ción** [θitaθjón] *s/f* Acción de citar.

[5] **ci·tar** [θitár] *tr* **1.** Notificar a alguien que acuda a una reunión o encuentro en el lugar y tiempo señalados. **2.** Repetir lo que otro ha dicho o escrito para confirmar algo.

[1] **cí·ta·ra** [θítara] *s/f* Instrumento musical de cuerda.

[1] **ci·to·lo·gía** [θitoloχía] *s/f* Estudio de las células.

[1] **ci·to·plas·ma** [θitoplásma] *s/m* Parte que rodea al núcleo del protoplasma de la célula.

[2] **cí·tri·co, -ca** [θítriko] *adj s/m* Relativo a los frutos ácidos, o estos frutos.

[1] **ci·trí·co·la** [θitríkola] *adj* Relativo al cultivo de los cítricos.

[5] **ciu·dad** [θjuðáð] *s/f* Núcleo grande e importante de población.

[4] **ciu·da·da·nía** [θjuðaðanía] *s/f* Cualidad y derecho de ciudadano.

[5] **ciu·da·da·no, -na** [θjuðaðáno] **I.** *adj* Relativo a una ciudad o a sus habitantes. **II.** *adj s/m,f* Habitante de una ciudad o país.

[1] **ciu·da·de·la** [θjuðaðéla] *s/f* Recinto fortificado de una población.

[3] **cí·vi·co, -ca** [θíβiko] **I.** *adj* Relativo al civismo. **II.** *s/m* AR Cerveza (vaso de cerveza).

[5] **ci·vil** [θiβíl] **I.** *adj* **1.** Relativo a la ciudad o a los ciudadanos. **2.** Que no es militar ni eclesiástico. **II.** *s/m,f* Miembro de la Guardia Civil.

[4] **ci·vi·li·za·ción** [θiβiliθaθjón] *s/f* **1.** Acción o resultado de civilizar(se). **2.** Cultura y conocimientos de un país o pueblo en un momento dado: *Civilización griega.*

[2] **ci·vi·li·zar** [θiβiliθár] *tr* Hacer que un pueblo adquiera más cultura, costumbres más humanas, etc. ORT Ante *e* la *z* cambia a *c*: *Civilice.*

[1] **ci·vis·mo** [θiβísmo] *s/m* Cualidad de buen ciudadano.

ci·za·lla [θiθáʎa] *s/f* (*gen pl*) Utensilio para cortar planchas de metal, cartón, etc.

[2] **ci·za·ña** [θiθáɲa] *s/f* **1.** Planta gramínea perjudicial en los sembrados. **2.** Cosa mala que estropea otra buena. **3.** Discordia.

[2] **cla·mar** [klamár] *tr intr* **1.** (Con o sin *por*) Pedir algo de manera desesperada. **2.** Exigir: *El crimen clama venganza.*

[2] **cla·mor** [klamór] *s/m* Griterío confuso de gente.

[1] **cla·mo·ro·so, -sa** [klamoróso] *adj* Con clamor.

[2] **clan** [klán] *s/m* Agrupación de personas con intereses comunes.

[2] **clan·des·ti·ni·dad** [klandestiniðáð] *s/f* Cualidad de clandestino.

[3] **clan·des·ti·no, -na** [klandestíno] *adj* Hecho a escondidas o en secreto.

[2] **cla·ra** [klára] *s/f* Sustancia líquida y transparente que rodea la yema del huevo.

[1] **cla·ra·bo·ya** [klaraβója] *s/f* Abertura acristalada en un techo.

[1] **cla·re·ar** [klareár] **I.** *intr* **1.** Empezar a amanecer. **2.** Desaparecer las nubes, la niebla, etc. **II.** *tr* Dar claridad a algo.

[1] **cla·re·te** [klaréte] *adj s/m* Se dice del vino tinto claro.

[4] **cla·ri·dad** [klariðáð] *s/f* **1.** Cualidad de claro. **2.** Luz débil.

[1] **cla·ri·fi·ca·ción** [klarifikaθjón] *s/f* Acción o resultado de clarificar.

[2] **cla·ri·fi·car** [klarifikár] *tr* Poner en claro. ORT Ante *e* la *c* cambia a *qu*: *Clarifique.*

[1] **cla·rín** [klarín] *s/m* Trompeta pequeña de sonido agudo, o quien la toca.

[1] **cla·ri·ne·te** [klarinéte] *s/m* Instrumento musical de viento en forma de tubo alargado acabado en forma de campana.

[1] **cla·ri·vi·den·cia** [klariβiðénθja] *s/f* Capacidad de alguien para comprender las cosas.

CLA·RI·VI·DEN·TE

[1] **cla·ri·vi·den·te** [klariβiðénte] *adj s/m,f* Que tiene clarividencia.

[5] **cla·ro, -ra** [kláro] **I.** *adj* **1.** Con mucha luz. **2.** Aplicado al cielo, sin nubes. **3.** De tonalidad clara. **4.** Que es evidente y así se manifiesta. **5.** Fácil de comprender. **6.** Con escasa cantidad de aquello de que se trata: *Café claro*. **II.** *s/m* Espacio libre entre un grupo de cosas. **III.** *interj* Exclamación que expresa asentimiento: *-¿Y murió al tomarse el veneno? -¡Claro!*

[1] **cla·ros·cu·ro** [klaroskúro] *s/m* Contraste de luces y sombras en un cuadro.

[5] **cla·se** [kláse] *s/f* **1.** Conjunto de personas o cosas con características similares. **2.** Calidad o importancia de algo: *Hotel de primera clase*. **3.** Tipo de localidad, billete, asiento, etc.: *Viaja en primera clase*. **4.** Grupo de población según importancia, rango, etc. **5.** Grupo de alumnos que recibe un mismo nivel de enseñanza. **6.** Sala donde se enseña.

[2] **cla·si·cis·mo** [klasiθísmo] *s/m* Cualidad de clásico.

[5] **clá·si·co, -ca** [klásiko] *adj* **1.** Relativo al arte y cultura de la antigüedad griega o romana. **2.** Tradicional, poco atrevido o novedoso. **3.** Típico.

[4] **cla·si·fi·ca·ción** [klasifikaθjón] *s/f* Acción o resultado de clasificar(se).

[1] **cla·si·fi·ca·dor, -ra** [klasifikaðór] *adj s/m,f* Que clasifica.

[3] **cla·si·fi·car** [klasifikár] **I.** *tr* Ordenar por clases o categorías. **II.** REFL(-se) Conseguir participar en una competición.
ORT Ante *e* la *c* cambia a *qu*: *Clasifique*.

[1] **cla·sis·ta** [klasísta] *adj s/m,f* Relativo a una clase social o partidario de la diferenciación en clases.

[1] **clau·di·ca·ción** [klauðikaθjón] *s/f* Acción o resultado de claudicar.

[1] **clau·di·car** [klauðikár] *intr* Ceder ante una dificultad.
ORT Ante *e* la *c* cambia a *qu*: *Claudique*.

[1] **claus·tral** [klaustrál] **I.** *adj* Relativo al claustro. **II.** *s/m,f* Miembro de un claustro.

[2] **claus·tro** [kláustro] *s/m* **1.** Galería con pórtico en el interior de un convento o iglesia. **2.** Conjunto de personas que gobierna un centro docente.

[1] **claus·tro·fo·bia** [klaustrofóβja] *s/f* Aversión a los espacios cerrados.

[3] **cláu·su·la** [kláusula] *s/f* Cada uno de los apartados de un documento legal.

[2] **clau·su·ra** [klausúra] *s/f* **1.** Acción de clausurar. **2.** Estado de aislamiento en un convento.

[3] **clau·su·rar** [klausurár] *tr* Cerrar.

[4] **cla·var** [klaβár] *tr* **1.** Introducir algo con punta en otro cuerpo. **2.** Sujetar una cosa con clavos. **3.** Fijar la atención, la vista, etc.

[4] **cla·ve** [kláβe] **I.** *s/f* **1.** Conjunto de signos o símbolos para cifrar o descifrar algo (mensaje). **2.** Cosa que explica algo que no se entendería por sí solo. **3.** Conjunto de caracteres fijos y establecidos para acceder a algo (ordenador, programa, etc.). **II.** *adj* Importante, fundamental. **III.** *s/m* Instrumento musical parecido al clavicordio.

[2] **cla·vel** [klaβél] *s/m* Planta de jardín, de flor muy apreciada, o esta flor.

[1] **cla·ve·lli·na** [klaβeʎína] *s/f* Clavel sencillo.

[1] **cla·ve·te·ar** [klaβeteár] *tr* Sujetar o adornar con clavos.

cla·ve·teo [klaβetéo] *s/m* Acción de clavetear.

cla·vi·cor·dio [klaβikórðjo] *s/m* Instrumento musical de cuerda y teclado.

[1] **cla·ví·cu·la** [klaβíkula] *s/f* Huesos a ambos lados de la parte delantera y superior del tórax.

[1] **cla·vi·ja** [klaβíxa] *s/f* Pieza que se introduce o se encaja en otra para sujetar.

[2] **cla·vo** [kláβo] *s/m* **1.** Barra de hierro acerado para sujetar o fijar algo. **2.** Condimento aromático. LOC **Como un clavo,** exacto, puntual. **Dar en el clavo,** acertar.

[1] **cla·xon** [klákson] *s/m* Utensilio que produce señales acústicas de aviso.

[1] **cle·men·cia** [kleménθja] *s/f* Cualidad de quien juzga con benevolencia y sin rigor.

[2] **cle·men·te** [kleménte] *adj* Que tiene clemencia.

clep·to·ma·nía [kleptomanía] *s/f* Impulso irrefrenable de robar.

clep·tó·ma·no, -na [kleptómano] *adj s/m,f* Persona afectada de cleptomanía.

[1] **cle·re·cía** [klereθía] *s/f* Clero.

[1] **cle·ri·cal** [klerikál] *adj* Relativo al clero.

[1] **cle·ri·ca·lis·mo** [klerikalísmo] *s/m* Influencia excesiva de la Iglesia en política.

[2] **clé·ri·go** [klériγo] *s/m* Quien ha recibido órdenes sagradas.

[2] **cle·ro** [kléro] *s/m* Conjunto de clérigos.

[2] **clic** [klík] *s/m* **1.** Chasquido breve y seco. **2.** (*Hacer clic*) (Presionar) uno de los botones del ratón de un ordenador para situar el cursor en un lugar determinado de la pantalla.

② **cli·ché** [klitʃé] *s/m* 1. Frase o palabra muy usada o repetida que ha perdido su valor original. 2. Película fotográfica sin revelar. 3. Plancha sobre la que se graba un impreso.

⑤ **clien·te, -ta** [kljénte] *s/m,f* Persona que utiliza los servicios de una tienda o de un profesional.

② **clien·te·la** [kljentéla] *s/f* Conjunto de los clientes de un profesional, tienda, etc.

④ **cli·ma** [klíma] *s/m* Conjunto de las condiciones atmosféricas de una zona.

① **cli·ma·te·rio** [klimatérjo] *s/m* Periodo en que cesa la función sexual.

③ **cli·má·ti·co, -ca** [klimátiko] *adj* Relativo al clima.

① **cli·ma·ti·za·ción** [klimatiθaθjón] *s/f* Acción o resultado de climatizar.

① **cli·ma·ti·za·do, -da** [klimatiθáðo] *adj* Refrigerado.

cli·ma·ti·za·dor [klimatiθaðór] *s/m* Aparato para climatizar.

cli·ma·ti·zar [klimatiθár] *tr* Dar a un local temperatura y humedad agradables.
ORT Ante *e* la *z* cambia a *c*: *Climatice.*

① **cli·ma·to·lo·gía** [klimatoloχía] *s/f* 1. Ciencia que estudia el clima. 2. Clima.

① **cli·ma·to·ló·gi·co, -ca** [klimatolóχiko] *adj* Relativo a la climatología.

① **clí·max** [klímaks] *s/m* Momento más importante en el desarrollo de algo.

② **clí·ni·ca** [klínika] *s/f* Hospital privado.

④ **clí·ni·co, -ca** [klíniko] *adj* Relativo a la clínica.

① **clip** [klíp] *s/m* ANGL Pinza de material acerado, para sujetar el pelo o papeles.

① **clí·to·ris** [klítoris] *s/m* Parte carnosa y eréctil en la vulva.

① **cloa·ca** [kloáka] *s/f* Conducto subterráneo para las aguas residuales de una población.

① **clon** [klón] *s/m* Copia exacta de otra cosa.

① **clo·na·ción** [klonaθjón] *s/f* Acción o resultado de clonar.

② **clo·nar** [klonár] *tr* Producir copias de organismos o seres vivos.

① **cló·ni·co, -ca** [klóniko] *adj* Parecido o exactamente igual que otra cosa.

clo·queo [klokéo] *s/m* Sonido característico de la gallina clueca.

① **clo·ra·ción** [kloraθjón] *s/f* Acción o resultado de clorar.

clo·rar [klorár] *tr* Poner cloro en el agua.

② **clo·ro** [klóro] *s/m* Gas soluble en agua y muy tóxico. Símbolo *Cl.*

① **clo·ro·fi·la** [klorofíla] *s/f* Pigmento verde en hojas y tallos.

① **clo·ro·fí·li·co, -ca** [klorofíliko] *adj* Relativo a la clorofila.

① **clo·ro·for·mo** [klorofórmo] *s/m* Líquido incoloro usado como anestésico.

clown [klóun] *s/m* ANGL Payaso.

④ **club** [klúb] *s/m* Agrupación de personas con intereses comunes, o lugar donde se reúnen.

① **clue·co, -ca** [klwéko] *adj s/f* Se aplica a ciertas aves cuando empollan.

② **co·ac·ción** [koa(k)θjón] *s/f* Acción de coaccionar.

① **co·ac·cio·nar** [koa(k)θjonár] *tr* Obligar a alguien a hacer algo.

① **co·ac·ti·vo, -va** [koaktíβo] *adj* Que coacciona.

② **co·ad·yu·var** [koaðjuβár] *intr* Ayudarse dos o más personas para conseguir algo.
RPr **Coadyuvar a/en.**

① **coa·gu·la·ción** [koaγulaθjón] *s/f* Acción o resultado de coagular(se).

coa·gu·lan·te [koaγulánte] *adj s/m* (Sustancia) que coagula o ayuda a ello.

① **coa·gu·lar** [koaγulár] *tr* REFL(-se) Solidificarse un líquido.

① **coá·gu·lo** [koáγulo] *s/m* Parte de un líquido solidificado.

③ **coa·li·ción** [koaliθjón] *s/f* Alianza entre personas.

① **coa·li·gar** [koaliγár] *tr* REFL(-se) Unir(se) o cooperar para un fin común.
ORT Ante *e* la *g* cambia a *gu*: *Coaliguemos.*

① **co·ar·ta·da** [koartáða] *s/f* Circunstancia que prueba que alguien no estaba en un lugar a una hora determinada.

① **co·ar·tar** [koartár] *tr* Impedir la libertad de acción de alguien.

① **co·au·tor, -ra** [koautór] *s/m,f* Autor junto con otro(s).

① **co·a·xial** [koaksjál] *adj* Con un eje común.

① **co·ba** [kóβa] *s/f* Adulación.

① **co·bal·to** [koβálto] *s/m* Metal de color gris acerado. Símbolo *Co.*

② **co·bar·de** [koβárðe] *adj s/m,f* Falto de valor.

② **co·bar·día** [koβarðía] *s/f* Cualidad de cobarde.

① **co·ba·ya** [koβája] *s/m,f* Roedor usado en la investigación científica.

CO·BER·TI·ZO

[1] **co·ber·ti·zo** [koβertíθo] *s/m* Construcción rústica y sencilla.

[3] **co·ber·tu·ra** [koβertúra] *s/f* 1. Acción de cubrir(se). 2. Cosa que cubre o protege. 3. Alcance de un aparato transmisor.

[2] **co·bi·jar** [koβiχár] *tr* REFL(-se) 1. Proteger. 2. Dar albergue o alojamiento.

[1] **co·bi·jo** [koβíχo] *s/m* 1. Acción de cobijar. 2. Lugar donde alguien se cobija.

[2] **co·bra** [kóβra] *s/f* Serpiente grande y venenosa.

[2] **co·bra·dor, -ra** [koβraðór] *s/m,f* Persona que cobra.

[1] **co·bran·za** [koβránθa] *s/f* Acción de cobrar.

[5] **co·brar** [koβrár] I. *tr* 1. Recibir alguien dinero. 2. Empezar a tener lo que se menciona: *Le está cobrando cariño al perro.* II. *intr* Recibir golpes o un castigo.

[2] **co·bre** [kóβre] *s/m* Metal rojizo y buen conductor de la electricidad. Símbolo *Cu*.

[1] **co·bri·zo, -za** [koβríθo] *adj* Del color del cobre.

[2] **co·bro** [kóβro] *s/m* Acción de cobrar o cantidad que se cobra.

[2] **co·ca** [kóka] *s/f* 1. Arbusto de cuyas hojas se extrae la cocaína. 2. Cocaína.

[1] **co·ca·co·la** [kokakóla] *s/f* Bebida refrescante.

[2] **co·ca·í·na** [kokaína] *s/f* Sustancia que se extrae de las hojas de la coca, estimulante y anestésica.

co·cai·nó·ma·no, -na [kokainómano] *adj s/m,f* Adicto a la cocaína.

[1] **co·cal** [kokál] *s/m* PE Lugar plantado de cocas.

[1] **co·ca·le·ro, -ra** [kokaléro] *adj s/m,f* AMER Lugar donde se cultiva coca o persona que hace ese trabajo.

[2] **coc·ción** [kokθjón] *s/f* Acción o resultado de cocer(se).

cóc·cix [kó(k)θi(k)s] *s/m* Hueso terminal de la columna vertebral.
ORT *pl* cóccix

[1] **co·ce·ar** [koθeár] *tr intr* Dar coces.

[4] **co·cer** [koθér] I. *tr* 1. Cocinar algo en agua hirviendo. 2. Preparar algo sometiéndolo a la acción del fuego. II. REFL(-se) Tramarse algo.
CONJ *Irreg:* Cuezo, cocí, coceré, cocido.

co·cham·bre [kotʃámbre] *s/f* Cosa sucia.

[1] **co·cham·bro·so, -sa** [kotʃambróso] *adj* Asqueroso, sucio.

[5] **co·che** [kótʃe] *s/m* 1. Vehículo autopropulsado. 2. Vehículo de cuatro ruedas, tirado por caballerías. 3. Vagón de tren para pasajeros.

[1] **co·che·ra** [kotʃéra] *s/f* Lugar donde se guardan los coches.

[2] **co·che·ro, -ra** [kotʃéro] *s/m,f* Conductor de un vehículo tirado por caballerías.

[1] **co·chi·na·da** [kotʃináða] *s/f* Cosa o acción sucia y ruin.

[1] **co·chi·ni·llo** [kotʃiníʎo] *s/m* Cría de cerdo.

[2] **co·chi·no, -na** [kotʃíno] *adj s/m,f* Cerdo.

[2] **co·ci·do** [koθíðo] *s/m* Guiso típico preparado en una olla con agua, garbanzos, carne y verduras.

[2] **co·cien·te** [koθjénte] *s/m* Resultado de dividir un número por otro.

[4] **co·ci·na** [koθína] *s/f* 1. Aparato para cocinar. 2. Habitación donde se cocina. 3. Conjunto de comidas típicas de una zona o país.

[4] **co·ci·nar** [koθinár] *tr* Preparar alimentos para comer.

[3] **co·ci·ne·ro, -ra** [koθinéro] *s/m,f* Profesional de la cocina.

[2] **co·co** [kóko] *s/m* 1. Cocotero o su fruto. 2. COL Cabeza, inteligencia. 3. Personaje ficticio y temible para los niños.

co·co·cha [kokótʃa] *s/f* Protuberancia carnosa y comestible en la cabeza de la merluza y bacalao.

[2] **co·co·dri·lo** [kokoðrílo] *s/m* Reptil de gran tamaño.

[1] **co·co·te·ro** [kokotéro] *s/m* Árbol tropical de la familia de las palmeras.

[2] **cóc·tel** [kóktel] *s/m* ANGL Combinado de licores y jugos. **Cóctel molotov,** botella con líquido inflamable y mecha.

[1] **coc·te·le·ra** [koktinéra] *s/f* Recipiente para preparar cócteles.

[2] **co·da·zo** [koðáθo] *s/m* Golpe dado con el codo.

[1] **co·de·ar·se** [koðeárse] REFL(-se) Relacionarse con otros como entre iguales.

co·deí·na [koðeína] *s/f* Sustancia calmante.

[1] **co·de·ra** [koðéra] *s/f* Refuerzo en la manga de una prenda.

[2] **có·di·ce** [kóðiθe] *s/m* Manuscrito antiguo.

[1] **co·di·cia** [koðíθja] *s/f* Deseo exagerado de riquezas.

[2] **co·di·ciar** [koðiθjár] *tr* Tener codicia.

[1] **co·di·cio·so, -sa** [koðiθjóso] *s/m,f adj* Que tiene codicia.

[2] **co·di·fi·ca·ción** [koðifikaθjón] *s/f* Acción o resultado de codificar(se).

COIN·CI·DEN·TE

[2] **co·di·fi·car** [koðifikár] *tr* Elaborar un mensaje aplicando las reglas de un código.
ORT Ante *e* la *c* cambia a *qu: Codifiquen.*

[4] **có·di·go** [kóðiɣo] *s/m* **1.** Conjunto sistemático de leyes o reglas. **2.** Conjunto de signos o señales para cifrar y descifrar un mensaje.
Código postal, combinación de números asignada a cada zona o población para el reparto de correo.

[1] **co·di·llo** [koðíʎo] *s/m* Parte de las extremidades anteriores de las reses más cercana al pecho.

co·di·rec·ción [koðirekθjón] *s/f* Acción de codirigir.

co·di·rec·tor, -ra [koðirektór] *s/m,f* Persona que dirige junto con otra.

co·di·ri·gir [koðiriχír] *tr* Dirigir junto con otro(s).
ORT Ante *o/a* la *g* cambia a *j: Codirijo.*

[3] **co·do** [kóðo] *s/m* **1.** Parte posterior de la articulación del brazo con el antebrazo. **2.** Tubería en ángulo. LOC **Hablar por los codos,** hablar mucho.

[1] **co·dor·niz** [koðorníθ] *s/f* Ave más pequeña que la perdiz, apreciada por su carne.

co·e·di·tar [koeðitár] *tr* Publicar en colaboración con otro(s).

co·e·du·ca·ción [koeðukaθjón] *s/f* Acción o resultado de coeducar.

co·e·du·car [koeðukár] *tr* Educar a personas de ambos sexos en la misma aula o en el mismo centro.
ORT Ante *e* la *c* cambia a *qu: Coeduquemos.*

[2] **co·e·fi·cien·te** [koefiθjénte] *s/m* Cifra que multiplica a otra un determinado número de veces.

[1] **co·er·ción** [koerθjón] *s/f* Prohibición de hacer algo.

[1] **co·er·ci·ti·vo, -va** [koerθitíβo] *adj* Que prohíbe hacer algo.

[2] **co·e·tá·neo, -ea** [koetáneo] *adj s/m,f* Que viven o existen al mismo tiempo.

[2] **co·e·xis·ten·cia** [koe(k)sisténθja] *s/f* Hecho de coexistir.

[2] **co·e·xis·tir** [koe(k)sistír] *intr* Existir al mismo tiempo que otra(s) cosa(s) o persona(s).

[1] **co·fia** [kófja] *s/f* Prenda femenina para recoger y sujetar el cabello.

[1] **co·fra·de** [kofráðe] *s/m,f* Miembro de una cofradía.

[2] **co·fra·día** [kofraðía] *s/f* Asociación de personas para fines de carácter religioso.

[2] **co·fre** [kófre] *s/m* Caja para guardar dinero o cosas de valor.

[5] **co·ger** [koχér] **I.** *tr* **1.** Tomar, asir algo con las manos y sujetarlo. **2.** Entender algo. **3.** Subirse a un medio de transporte. **4.** Enfermar, sentir una enfermedad. **II.** *intr* **1.** Tener algo suficiente capacidad para contener otra cosa en su interior. **2.** Arraigar una planta. **3.** AMER Realizar el acto sexual. RPr **Coger(se) con/de/por**.
USO Debe usarse con especial cuidado en Hispanoamérica.
ORT Ante *a/o* la *g* cambia a *j: Cojo.*

[1] **co·gi·da** [koχíða] *s/f* Acción de coger.

[1] **cog·ni·ción** [koɣniθjón] *s/f* Conocimiento.

[2] **cog·ni·ti·vo, -va** [koɣnitíβo] *adj* Relativo al conocimiento.

[1] **cog·nos·ci·ti·vo, -va** [koɣnosθitíβo] *adj* Que puede conocer.

[1] **co·go·llo** [koɣóʎo] *s/m* **1.** Hojas interiores, blancas y tiernas, de las hortalizas. **2.** Lo más selecto de algo.

co·gor·za [koɣórθa] *s/f* COL Borrachera.

[1] **co·go·te** [koɣóte] *s/m* Parte inferior y posterior de la cabeza.

[1] **co·ha·bi·tar** [koaβitár] *intr* Vivir alguien con otra(s) persona(s).

[1] **co·he·cho** [koétʃo] *s/m* Soborno a un funcionario público.

[3] **co·he·ren·cia** [koerénθja] *s/f* Cualidad de las partes de un todo que forman unidad sin contradicciones. RPr **Coherencia con**.

[3] **co·he·ren·te** [koerénte] *adj* Que tiene coherencia.

[2] **co·he·sión** [koesjón] *s/f* Cualidad de las cosas fuertemente unidas entre sí.

co·he·sio·nar [koesjonár] *tr* REFL(-se) Dar cohesión.

[3] **co·he·te** [koéte] *s/m* **1.** Cartucho de explosivos con una varilla, que se lanza al aire en los fuegos de artificio. **2.** Proyectil espacial propulsado a reacción. LOC **Como un cohete,** a gran velocidad.

[1] **co·hi·bir** [koiβír] *tr* Hacer que alguien no actúe con naturalidad ni libremente.
ORT PRON El acento recae sobre la *i* en el *sing* y *3ª p pl* del *pres* de *indic* y *subj: Cohíbes, cohíban.*

[1] **co·hor·te** [koórte] *s/m* Grupo numeroso de personas.

[1] **coi·ma** [kóima] *s/f* AMER Soborno.

[3] **coin·ci·den·cia** [koinθiðénθja] *s/f* Acción o resultado de coincidir.

[2] **coin·ci·den·te** [koinθiðénte] *adj* Que coincide.

5 co·in·ci·dir [koinθiðír] *intr* **1.** Ocurrir dos o más cosas al mismo tiempo. **2.** Estar de acuerdo. **3.** Ser una cosa igual que otra. RPr **Coincidir con/en.**

2 coi·to [kóito] *s/m* Unión sexual de personas o animales.

2 co·je·ar [koχeár] *intr* Andar con dificultad por defecto de pie o pierna. RPr **Cojear de.**

1 co·je·ra [koχéra] *s/f* Defecto en un pie o pierna, que impide andar bien.

2 co·jín [koχín] *s/m* Funda de tela rellena de material suave, para apoyarse en ella.

1 co·ji·ne·te [koχinéte] *s/m* Pieza en que se apoya o gira un eje.

2 co·jo, -ja [kóχo] *adj s/m, f* Quien cojea.

2 co·jón [koχón] *s/m* VULG Testículo. LOC **Estar hasta los cojones de algo/alguien,** FIG estar harto de algo/alguien. **Por cojones,** a la fuerza.

1 co·jo·nu·do, -da [koχonúðo] *adj* VULG Estupendo.

2 col [kól] *s/f* Planta de huerta, de hojas anchas y comestibles.

4 co·la [kóla] *s/f* **1.** Prolongación de la columna vertebral en algunos animales. **2.** Elemento final de algo. **3.** Conjunto de personas en fila, una detrás de otra. **4.** Sustancia líquida y pegajosa, para pegar cosas. **5.** Ingrediente tónico usado en bebidas. LOC **Traer cola,** tener algo consecuencias.

4 co·la·bo·ra·ción [kolaβoraθjón] *s/f* Acción o resultado de colaborar.

1 co·la·bo·ra·cio·nis·mo [kolaβoraθjonísmo] *s/m* Apoyo dado al enemigo o Gobierno opresor.

1 co·la·bo·ra·cio·nis·ta [kolaβoraθjonísta] *adj s/m,f* Que apoya al Gobierno invasor.

3 co·la·bo·ra·dor, -ra [kolaβoraðór] *adj s/m,f* Que colabora.

4 co·la·bo·rar [kolaβorár] *intr* Trabajar con otros para un fin.

1 co·la·cao [kolakáo] *s/m* Cacao en polvo (*marca comercial*).

1 co·la·ción [kolaθjón] *s/f* **1.** Acto de conceder título académico. **2.** Comida ligera.

1 co·la·da [koláða] *s/f* **1.** Ropa sucia para lavar. **2.** Extracción del hierro fundido de un alto horno.

2 co·la·do, -da [koláðo] *adj* COL (*Estar colado por*) Enamorado.

1 co·la·dor [kolaðór] *s/m* Utensilio de cocina, con agujeros, para colar líquidos.

2 co·lap·sar [kolapsár] *tr* Paralizar una actividad.

2 co·lap·so [kolápso] *s/m* Paralización de algo.

3 co·lar [kolár] **I.** *tr intr* **1.** Pasar un líquido por un colador. **2.** Dar por válido o bueno algo falso. **II.** REFL(-se) Pasar por un lugar sin ser notado o sin permiso. CONJ *Irreg: Cuelo, colé, colaré, colado.*

2 co·la·te·ral [kolaterál] *adj* Al lado de otra cosa principal o más importante, o junto a ella.

2 col·cha [kóltʃa] *s/f* Cobertura de una cama, puesta como decoración.

2 col·chón [koltʃón] *s/m* Saco aplanado y liso, relleno de material esponjoso, para acostarse encima.

col·cho·ne·ría [koltʃonería] *s/f* Lugar donde se fabrican o se venden colchones.

1 col·cho·ne·ta [koltʃonéta] *s/f* Colchón delgado.

2 co·le [kóle] *s/m* COL ABREV de 'colegio'.

1 co·le·ar [koleár] *intr* **1.** Mover un animal la cola. **2.** Durar las consecuencias de algo.

4 co·lec·ción [kolekθjón] *s/f* **1.** Conjunto de cosas de una misma clase. **2.** Cantidad grande de cosas.

1 co·lec·cio·na·ble [kolekθjonáβle] *adj s/m* Que puede ser coleccionado.

3 co·lec·cio·nar [kolekθjonár] *tr* Formar una colección.

2 co·lec·cio·nis·ta [kolekθjonísta] *s/m,f* Quien colecciona.

1 co·lec·ta [kolékta] *s/f* Recaudación de donativos para ayudar a otros.

2 co·lec·ti·vi·dad [kolektiβiðáð] *s/f* Conjunto de personas agrupadas para un mismo fin.

1 co·lec·ti·vis·mo [kolektiβísmo] *s/m* Doctrina a favor de la propiedad común de los medios de producción.

1 co·lec·ti·vis·ta [kolektiβísta] *adj s/m,f* Relativo al colectivismo o partidario de él.

1 co·lec·ti·vi·za·ción [kolektiβiθaθjón] *s/f* Acción o resultado de colectivizar.

1 co·lec·ti·vi·zar [kolektiβiθár] *tr* Convertir lo individual en colectivo. ORT Ante *e* la *z* cambia a *c: Colectivicemos.*

5 co·lec·ti·vo, -va [kolektíβo] **I.** *adj* Relativo a una colectividad. **II.** *s/m* **1.** Agrupación de personas con algo en común. **2.** AMER Vehículo de transporte público.

1 co·lec·tor, -ra [kolektór] **I.** *adj s/m,f* Que colecciona o recoge algo. **II.** *s/m* Conducto subterráneo para las aguas del alcantarillado.

CO·LON

[4] **co·le·ga** [koléɣa] *s/m,f* Compañero de profesión.

[2] **co·le·gia·do, -da** [koleχjáðo] *s/m,f* Miembro de un colegio profesional. **II.** *s/m,f* DEP Árbitro.

[2] **co·le·gial, -la** [koleχjál] **I.** *adj* Relativo al colegio. **II.** *s/m,f* Estudiante de un colegio.

co·le·giar [koleχjár] *tr* REFL(-*se*) Inscribir(se) como miembro de un colegio profesional.

[1] **co·le·gia·ta** [koleχjáta] *s/f* Iglesia menor con privilegios de catedral.

[4] **co·le·gio** [koléχjo] *s/m* **1.** Establecimiento dedicado a la enseñanza primaria y secundaria. **2.** Asociación profesional para defender los intereses de sus miembros.

[1] **co·le·gir** [koleχír] *tr* Deducir.
CONJ *Irreg: Colijo, colegí, colegiré, colegido.*

[1] **co·le·óp·te·ro, -ra** [koleóptero] *adj s/m,pl* Insecto masticador con cuatro alas, o clase de ellos.

[3] **có·le·ra** [kólera] **I.** *s/f* Enfado intenso y violento. **II.** *s/m* Enfermedad que causa vómitos y diarreas.

[1] **co·lé·ri·co, -ca** [koleríko] *adj* Relativo a la cólera o al cólera.

[3] **co·les·te·rol** [kolesteról] *s/m* Sustancia cuyo exceso en la sangre produce arteriosclerosis.

[1] **co·le·ta** [koléta] *s/f* Trenza de pelo.

[1] **co·le·ta·zo** [koletáθo] *s/m* **1.** Golpe con la cola. **2.** Manifestación final y violenta de algo.

[1] **co·le·ti·lla** [koletíʎa] *s/f* Cosa añadida al final de algo.

[1] **col·ga·dor** [kolɣaðór] *s/m* Utensilio para colgar.

[1] **col·ga·du·ra** [kolɣaðúra] *s/f gen pl* Tapiz o tela que se cuelga.

[1] **col·ga·jo** [kolɣáχo] *s/m* Tela o trapo que cuelga de cualquier manera.

[2] **col·gan·te** [kolɣánte] **I.** *adj* Que cuelga. **II.** *s/m* Joya que se lleva colgando del cuello.

[4] **col·gar** [kolɣár] *tr intr* **1.** (Con *de, en*) Sujetar una cosa a otra por su parte superior, de manera que queda suspendida en el aire. **2.** Ahorcar. **3.** Dar por terminada una llamada telefónica.
CONJ *Irreg: Cuelgo, colgué, colgaré, colgado.*

[1] **co·li·brí** [kolibrí] *s/m* Pájaro muy pequeño, que se alimenta del néctar de las flores.

[1] **có·li·co** [kóliko] *s/m* Dolor agudo en el intestino u otros órganos.

[2] **co·li·flor** [koliflór] *s/f* Variedad de col, de inflorescencia atrofiada.

[2] **co·li·lla** [kolíʎa] *s/f* Extremo que queda tras fumar un cigarrillo.

[3] **co·li·na** [kolína] *s/f* Elevación suave del terreno.

[1] **co·lin·dan·te** [kolindánte] *adj* Que limita con otra cosa.

[1] **co·lin·dar** [kolindár] *intr* Coincidir los límites de uno o más lugares.

[1] **co·li·rio** [kolírjo] *s/m* Medicamento líquido para los ojos.

[1] **co·li·seo** [koliséo] *s/m* Teatro.

[2] **co·li·sión** [kolisjón] *s/f* Acción o resultado de colisionar.

[2] **co·li·sio·nar** [kolisjonár] *intr* Chocar dos cosas entre sí.

[1] **co·li·tis** [kolítis] *s/f* Inflamación del colon.

[2] **co·lla·do** [koʎáðo] *s/m* Colina pequeña.

[2] **co·lla·ge** [koláχe] *s/m* GAL Técnica de combinar y pegar sobre un lienzo o papel trozos de distintos materiales.
ORT También *colage.*

[3] **co·llar** [koʎár] *s/m* Adorno alrededor del cuello.

[1] **co·lle·ja** [koʎéχa] *s/f* Planta comestible.

[1] **co·lle·ra** [koʎéra] *s/f* Collar relleno de borra que se ciñe al cuello de las caballerías.

[1] **col·ma·do** [kolmáðo] *s/m* Tienda de comestibles.

[2] **col·mar** [kolmár] *tr* **1.** Llenar hasta el borde. **2.** Satisfacer completamente a alguien. RPr **Colmar de.**

[2] **col·me·na** [kolména] *s/f* Habitáculo donde viven y crían las abejas.

[2] **col·me·nar** [kolmenár] *s/m* Lugar donde hay colmenas de abejas.

[2] **col·mi·llo** [kolmíʎo] *s/m* **1.** Diente puntiagudo entre el primer premolar y el incisivo. **2.** Cada uno de los dos colmillos sobresalientes y curvados de los elefantes.

[2] **col·mo** [kólmo] *s/m* Grado máximo de algo. LOC **Ser el colmo,** ser intolerable o sorprendente.

[3] **co·lo·ca·ción** [kolokaθjón] *s/f* **1.** Acción o resultado de colocar(se). **2.** Empleo.

[5] **co·lo·car** [kolokár] *tr* **1.** Poner en el lugar adecuado. **2.** Conseguir un empleo a alguien.

[1] **co·lo·fón** [kolofón] *s/m* FIG Cosa que pone fin a algo o que se añade como final.

[4] **co·lom·bia·no, -na** [kolombjáno] *adj s/m,f* De Colombia.

CO·LON

[2] **co·lon** [kólon] *s/m* Parte del intestino grueso, entre el ciego y el recto.

[4] **co·lo·nia** [kolónja] *s/f* **1.** Grupo de los habitantes de un país que se establece en otro. **2.** Territorio dependiente de otro. **3.** Mezcla de agua, alcohol y sustancias aromáticas.

[3] **co·lo·nial** [kolonjál] *adj* Relativo a una colonia (1, 2).

[2] **co·lo·nia·lis·mo** [kolonjalísmo] *s/m* Doctrina a favor de la colonización.

[1] **co·lo·nia·lis·ta** [kolonjalísta] *adj* Relativo al colonialismo o partidario de él.

[2] **co·lo·ni·za·ción** [koloniθaθjón] *s/f* Acción o resultado de colonizar.

[2] **co·lo·ni·za·dor, -ra** [koloniθaðór] *adj s/m,f* Que coloniza.

[2] **co·lo·ni·zar** [koloniθár] *tr* Establecer colonias en otro país.
ORT Ante *e* la *z* cambia a *c*: *Colonicen.*

[2] **co·lo·no, -na** [kolóno] *s/m,f* Habitante de una colonia, o labrador que cultiva tierras arrendadas.

[2] **co·lo·quial** [kolokjál] *adj* Propio de la conversación no formal.

[3] **co·lo·quio** [kolókjo] *s/m* Conversación.

[5] **co·lor** [kolór] *s/m* **1.** Sensación óptica variada que producen los rayos del sol sobre la vista. **2.** Sustancia con que se colorea algo. **3.** Manera particular de ser o parecer.

[2] **co·lo·ra·ción** [koloraθjón] *s/f* Acción o resultado de colorear(se).

[2] **co·lo·ra·do, -da** [koloráðo] *adj s/m* De color rojo.

[2] **co·lo·ran·te** [koloránte] *adj s/m* Que da color.

[2] **co·lo·re·ar** [koloreár] **I.** *tr* Dar color a algo. **II.** *intr* REFL(*-se*) Tomar un color parecido al colorado.

[1] **co·lo·re·te** [koloréte] *s/m* Cosmético para dar color a las mejillas.

[2] **co·lo·ri·do** [koloríðo] *s/m* **1.** Conjunto de colores. **2.** Animación: *Una escena llena de colorido.*

[2] **co·lo·sal** [kolosál] *adj* De gran tamaño, extraordinario.

[1] **co·lo·so** [kolóso] *s/m* Cosa o persona muy grande.

[4] **co·lum·na** [kolúmna] *s/f* **1.** ARQ Estructura perpendicular que sustenta una construcción. **2.** Eje de del esqueleto en los vertebrados. **3.** Cada división vertical en una página impresa. **4.** Formación de soldados en forma de hilera.

[1] **co·lum·na·ta** [kolumnáta] *s/f* Serie de columnas.

[1] **co·lum·nis·ta** [kolumnísta] *s/m,f* Colaborador habitual en una sección del periódico.

[1] **co·lum·piar** [kolumpjár] *tr* Balancear.

[1] **co·lum·pio** [kolúmpjo] *s/m* Asiento suspendido por dos cuerdas para balancearse.

[2] **co·ma** [kóma] **I.** *s/f* Signo ortográfico (,) para separar frases. **II.** *s/m* Estado de inconsciencia de alguien, antes de morir.

[2] **co·ma·dre** [komáðre] *s/f* Celestina, alcahueta.

co·ma·dre·ja [komaðréχa] *s/f* Mamífero carnívoro, pequeño y ágil.

co·ma·dreo [komaðréo] *s/m* Chismorreo.

co·ma·dro·na [komaðróna] *s/f* Mujer que ayuda en los partos.

[1] **co·man·che** [komántʃe] *adj s/m,f* Relativo a una tribu de indios norteamericanos.

[2] **co·man·dan·cia** [komandánθja] *s/f* Empleo de comandante o lugar donde están sus oficinas.

[3] **co·man·dan·te** [komandánte] *s/m* Militar de rango superior al de capitán.

[3] **co·man·do** [komándo] *s/m* **1.** Grupo de militares seleccionados para una misión peligrosa. **2.** En informática, orden, instrucción.

[3] **co·mar·ca** [komárka] *s/f* Unidad territorial.

[1] **co·mar·cal** [komarkál] *adj* Relativo a la comarca.

[1] **co·ma·to·so, -sa** [komatóso] *adj s/m,f* Que está en coma (II).

[1] **com·ba** [kómba] *s/f* **1.** Curva en un cuerpo sólido. **2.** Juego de niños con una cuerda combada.

[1] **com·bar** [kombár] *tr* Dar forma de curva a algo.

[3] **com·ba·te** [kombáte] *s/m* Batalla, pelea.

com·ba·ti·ble [kombatíβle] *adj* Que puede ser combatido.

[2] **com·ba·tien·te** [kombatjénte] *s/m,f* Quien combate.

[4] **com·ba·tir** [kombatír] *intr tr* Luchar.

[1] **com·ba·ti·vi·dad** [kombatiβiðáð] *s/f* Inclinación a la lucha.

[2] **com·ba·ti·vo, -va** [kombatíβo] *adj* Inclinado a la lucha.

[4] **com·bi·na·ción** [kombinaθjón] *s/f* **1.** Acción o resultado de combinar(se). **2.** Prenda de ropa interior femenina.

[2] **com·bi·na·do** [kombináðo] *s/m* Bebida alcohólica de licores diversos mezclados.

CO·MI·SIO·NA·DO

④ **com·bi·nar** [kombinár] *tr intr* Unir(se) cosas diferentes de modo que formen un todo armónico: *Estos colores combinan bien.*

com·bus·ti·bi·li·dad [kombustiβiliðáð] *s/f* Cualidad de combustible.

③ **com·bus·ti·ble** [kombustíβle] *adj s/m* Que arde fácilmente.

② **com·bus·tión** [kombustjón] *s/f* Acción o resultado de arder.

① **co·me·de·ro** [komeðéro] *s/m* Recipiente en que comen los animales o lugar al que van a comer.

③ **co·me·dia** [koméðja] *s/f* Obra teatral entretenida y desenlace feliz. LOC **Hacer comedia**, fingir.

② **co·me·dian·te, -ta** [komeðjánte] *s/m,f* Actor.

① **co·me·di·do, -da** [komeðíðo] *adj* Moderado en palabras o actitudes.

① **co·me·di·mien·to** [komeðimjénto] *s/m* Actitud de quien es moderado.

co·me·dió·gra·fo, -fa [komeðjóɣrafo] *s/m,f* Autor de comedias.

co·me·dir·se [komeðírse] *REFL(-se)* Comportarse con moderación y compostura. CONJ *Irreg: Comido, comedí, comediré, comedido.*

③ **co·me·dor, -ra** [komeðór] I. *adj* Que come mucho o bien. II. *s/m* 1. Lugar para servir la comida. 2. Muebles del comedor en una casa.

② **co·men·sal** [komensál] *s/m,f* Persona que se sienta a la mesa para comer.

⑤ **co·men·tar** [komentár] *tr* Expresar alguien su opinión sobre algo.

④ **co·men·ta·rio** [komentárjo] *s/m* Opinión sobre algo o alguien.

② **co·men·ta·ris·ta** [komentarísta] *s/m,f* Persona que hace comentarios.

⑤ **co·men·zar** [komenθár] *tr intr* Iniciar algo. CONJ *Irreg: Comienzo, comencé, comenzaré, comenzado.*

⑤ **co·mer** [komér] *tr intr* 1. Ingerir alimento por la boca. 2. Realizar la comida principal del día. 3. Corroer.

⑤ **co·mer·cial** [komerθjál] I. *adj* 1. Relativo al comercio. II. *s/m* 1. AMER Anuncio televisivo. 2. Agente de ventas.

③ **co·mer·cia·li·za·ción** [komerθjaliθaθjón] *s/f* Acción o resultado de comercializar.

② **co·mer·cia·li·zar** [komerθjaliθár] *tr* Hacer lo necesario para vender un producto. ORT *Ante e la z cambia a c: Comercialicen.*

④ **co·mer·cian·te** [komerθjánte] *adj s/m,f* Que se dedica al comercio.

② **co·mer·ciar** [komerθjár] *intr* Intercambiar un producto por otro o por dinero.

⑤ **co·mer·cio** [komérθjo] *s/m* 1. Acción o resultado de comerciar. 2. Establecimiento donde se vende o se compra.

② **co·mes·ti·ble** [komestíβle] *adj* Que se puede comer.

② **co·me·ta** [kométa] I. *s/m* ASTR Cuerpo celeste que consta de cabeza y cola luminosa. II. *s/f* Juguete con un armazón que se eleva en el aire y se sujeta con cuerdas.

④ **co·me·ter** [kometér] *tr* Hacer o incurrir en un error, falta o delito.

③ **co·me·ti·do** [kometíðo] *s/m* Lo que alguien tiene que hacer.

① **co·me·zón** [komeθón] *s/f* Picor molesto o doloroso.

② **có·mic** [kómik] *s/m* ANGL Tira de dibujos, de carácter cómico.

① **co·mi·ci·dad** [komiθiðáð] *s/f* Cualidad de cómico.

② **co·mi·cios** [komíθjos] *s/m,pl* Elecciones.

③ **có·mi·co, -ca** [kómiko] *adj s/m,f* Que causa risa o es gracioso.

④ **co·mi·da** [komíða] *s/f* Alimento que se toma.

① **co·mi·di·lla** [komiðíʎa] *s/f* FIG Cosa que es motivo de comentarios maliciosos.

④ **co·mien·zo** [komjénθo] *s/m* 1. Acción de comenzar. 2. Inicio.

② **co·mi·lla** [komíʎa] *s/f pl* Signo ortográfico ("...") para señalar una cita.

① **co·mi·lón, -lo·na** [komilón] *adj s/m,f* Que come mucho.

① **co·mi·lo·na** [komilóna] *s/f* Comida muy abundante.

② **co·mi·no** [komíno] *s/m* Planta de semillas muy pequeñas, o esta semilla.

③ **co·mi·sa·ría** [komisaría] *s/f* 1. Empleo de comisario. 2. Oficina del comisario.

③ **co·mi·sa·rio, -ia** [komisárjo] *s/m,f* 1. Jefe superior de policía de un distrito. 2. Persona que desempeña un cargo por nombramiento.

⑤ **co·mi·sión** [komisjón] *s/f* 1. Acción o resultado de cometer una acción punible. 2. Personas seleccionadas para llevar a cabo una misión. 3. Cantidad cobrada por operaciones de compraventa.

② **co·mi·sio·na·do, -da** [komisjonáðo] *adj s/m,f* Persona autorizada para hacer algo en nombre de otro.

CO·MI·SIO·NAR

[1] **co·mi·sio·nar** [komisjonár] *tr* Autorizar a otro para hacer algo en su nombre.

[1] **co·mi·sio·nis·ta** [komisjonísta] *adj s/m,f* Persona que cobra comisiones (3).

[2] **co·mi·su·ra** [komisúra] *s/f* Punto de unión de dos bordes (labios).

[4] **co·mi·té** [komité] *s/m* Grupo de personas autorizadas para hacer algo en representación de un grupo mayor.

[2] **co·mi·ti·va** [komitíβa] *s/f* Conjunto de personas que acompañan en una solemnidad.

[5] **co·mo** [kómo] *adv conj* **1.** De modo/manera que: *Hazlo como quieras*. **2.** En calidad de: *Actúas como un padre*. **3.** Introduce una comparación. **4.** Parecido a. **5.** Puesto que. **6.** Aunque, a pesar de que. **8.** Si: *Como no lo hagas, se enfadará*.

[5] **có·mo** [kómo] **I.** *adv interj* **1.** De qué manera o modo: *¿Cómo se prepara ese cóctel?* **2.** Por qué. **II.** *s/m* Manera o modo de hacer algo: *El cómo ha sucedido no lo sé*. LOC ¿**A cómo...?**, ¿A cuánto...?

[2] **có·mo·da** [kómoða] *s/f* Mueble de poca altura y con cajones en el frente.

[3] **co·mo·di·dad** [komoðiðáð] *s/f* Cualidad de cómodo.

[1] **co·mo·dín** [komoðín] *s/m* **1.** Cómoda pequeña. **2.** En una baraja o conjunto de naipes o cartas, naipe que no pertenece a ninguno de los cuatro palos y, por tanto, se puede usar en lugar de cualquier otro para completar una determinada baza o jugada. **3.** (También *adj*) Cosa, circunstancia, persona, etc., que se usa como mejor le conviene a uno o para servir a sus propósitos.

[4] **có·mo·do, -da** [kómoðo] *adj* **1.** Que es fácilmente manejable o realizable. **2.** Relajado y a gusto.

co·mo·dón, -do·na [komoðón] *adj s/m,f* Muy inclinado a la comodidad.

co·mo·quie·ra [komokjéra] *adv* De cualquier manera.

[2] **com·pac·tar** [kompaktár] *tr* Hacer algo compacto.

com·pact disc [kómpak disk] *s/m* ANGL Disco compacto, para la grabación digital de música o datos.

[2] **com·pac·to, -ta** [kompákto] *adj* Apretado y con pocos huecos.

[2] **com·pa·de·cer** [kompaðeθér] *tr* REFL(-*se*) Sentir compasión. RPr **Compadecerse de**. CONJ *Irreg: Compadezco, compadecí, compadeceré, compadecido*.

[2] **com·pa·dre** [kompáðre] *s/m* **1.** Con respecto a la madrina o al padrino de un niño o niña, el padre de éste o ésta. **2.** Amigo, vecino.

[1] **com·pa·gi·na·ción** [kompaχinaθjón] *s/f* Acción o resultado de compaginar(se).

[2] **com·pa·gi·nar** [kompaχinár] *tr* Combinar o hacer compatibles cosas diferentes.

[1] **com·pa·ñe·ris·mo** [kompaɲerísmo] *s/m* Relación de amistad entre personas.

[5] **com·pa·ñe·ro, -ra** [kompaɲéro] *s/m,f* Persona que comparte trabajo con otra o vive con ella.

[5] **com·pa·ñía** [kompaɲía] *s/f* **1.** Acción o circunstancia de acompañar. **2.** Persona o animal que acompaña. **3.** COM Sociedad mercantil. **4.** Unidad de soldados al mando de un capitán. **5.** Conjunto de actores que representan una obra.

[2] **com·pa·ra·ble** [komparáβle] *adj* Que puede ser comparado. RPr **Comparable a/con**.

[4] **com·pa·ra·ción** [komparaθjón] *s/f* Acción o resultado de comparar(se).

[4] **com·pa·rar** [komparár] *tr* REFL(-*se*) Establecer semejanzas o diferencias entre cosas. RPr **Comparar(se) a/con**.

[2] **com·pa·ra·ti·vo, -va** [komparatíβo] *adj* Que compara o sirve para comparar.

[2] **com·pa·re·cen·cia** [kompareθénθja] *s/f* Acción o resultado de comparecer.

[3] **com·pa·re·cer** [kompareθér] *intr* Presentarse en un lugar, *esp* si es ante un juez. CONJ *Irreg: Comparezco, comparecí, compareceré, comparecido*.

[1] **com·pa·re·cien·te** [kompareθjénte] *s/m,f* DER Persona que comparece ante el juez.

[1] **com·par·sa** [kompársa] *s/f* Conjunto de personas que desfilan o bailan en grupo por las calles.

[1] **com·par·ti·men·tar** [kompartimentár] *tr* REFL(-*se*) Dividir algo en compartimentos o en partes.

[2] **com·par·ti·men·to** [kompartim(i)énto] *s/m* Cada una de las partes que resulta de dividir un espacio.

[5] **com·par·tir** [kompartír] *tr* Usar o tener algo entre varios. RPr **Compartir con**.

[3] **com·pás** [kompás] *s/m* **1.** Instrumento para dibujar circunferencias y, para tomar medidas. **2.** Ritmo.

[2] **com·pa·sión** [kompasjón] *s/f* Sentimiento de lástima por el mal ajeno.

[1] **com·pa·si·vo, -va** [kompasíβo] *adj* Que siente compasión.

[2] **com·pa·ti·bi·li·dad** [kompatiβiliðáð] *s/f* Cualidad de compatible.

1 **com·pa·ti·bi·li·zar** [kompatiβiliθár] *tr intr* Hacer compatibles dos o más cosas.
ORT Ante *e* la *z* cambia a *c*: *Compatibilice*.

3 **com·pa·ti·ble** [kompatíβle] *adj* Que puede hacerse u ocurrir al mismo tiempo que otra cosa. RPr **Compatible con**.

3 **com·pa·trio·ta** [kompatrjóta] *s/m,f* Persona de la misma nacionalidad que otra.

1 **com·pen·diar** [kompendjár] *tr* Resumir.

1 **com·pen·dio** [kompéndjo] *s/m* Resumen.

1 **com·pe·ne·tra·ción** [kompenetraθjón] *s/f* Acción o resultado de compenetrarse.

1 **com·pe·ne·trar·se** [kompenetrárse] *REFL(-se)* Comprenderse bien personas que tienen ideas, opiniones, etc., similares.

3 **com·pen·sa·ción** [kompensaθjón] *s/f* Acción o resultado de compensar.

3 **com·pen·sar** [kompensár] *tr* 1. Anular una cosa los efectos de otra. 2. Satisfacer a otro por los daños sufridos.

2 **com·pen·sa·to·rio, -ia** [kompensatórjo] *adj* Que compensa.

5 **com·pe·ten·cia** [kompeténθja] *s/f* 1. Cualidad de competente. 2. Persona o compañía comercial con la que otra rivaliza. 3. Capacidad para hacer bien una cosa. 4. Responsabilidad sobre algo.

1 **com·pe·ten·cial** [kompetenθjál] *adj* Relativo a la competencia.

3 **com·pe·ten·te** [kompeténte] *adj* Idóneo o adecuado para algo.

2 **com·pe·ter** [kompetér] *intr* 1. Ser responsabilidad de alguien. 2. Ser de la incumbencia o interés de otro: *Esto no le compete a nadie más que a mí*. RPr **Competer a**.

3 **com·pe·ti·ción** [kompetiθjón] *s/f* Acción de competir o prueba en que se compite.

3 **com·pe·ti·dor, -ra** [kompetiðór] *adj s/m,f* Quien compite.

4 **com·pe·tir** [kompetír] *intr* Enfrentarse dos o más personas o equipos para conseguir una misma cosa. RPr **Competir con/contra/en/por**.
CONJ *Irreg: Compito, competí, competiré, competido*.

3 **com·pe·ti·ti·vi·dad** [kompetitiβiðáð] *s/f* Cualidad de competitivo.

3 **com·pe·ti·ti·vo, -va** [kompetitíβo] *adj* Relativo a la competición.

1 **com·pi·la·ción** [kompilaθjón] *s/f* 1. Acción de compilar. 2. Conjunto de textos literarios reunidos.

1 **com·pi·la·dor, -ra** [kompilaðór] *adj s/m,f* Quien compila.

1 **com·pi·lar** [kompilár] *tr* Reunir en una sola obra varios textos, leyes, etc.

1 **com·pin·che** [kompíntʃe] *s/m,f* Compañero, *esp* si es cómplice en algo delictivo.

2 **com·pla·cen·cia** [komplaθénθja] *s/f* Satisfacción por algo hecho o conseguido.

3 **com·pla·cer** [komplaθér] *tr* Agradar a otra persona.
CONJ *Irreg: Complazco, complací, complaceré, complacido*.

2 **com·pla·cien·te** [komplaθjénte] *adj* Inclinado a complacer.

3 **com·ple·ji·dad** [komplexiðáð] *s/f* Cualidad de complejo.

5 **com·ple·jo, -ja** [kompléxo] **I.** *adj* Compuesto por varios elementos. **II.** *s/m* 1. Cosa compuesta de elementos diversos. 2. Realidad inconsciente que afecta a la manera de ser y de comportarse de alguien.

3 **com·ple·men·tar** [komplementár] *tr* Servir de complemento. RPr **Complementar(se) con**.

2 **com·ple·men·ta·rie·dad** [komplementarjeðáð] *s/f* Cualidad de complementario.

3 **com·ple·men·ta·rio, -ia** [komplementárjo] *adj* Que es complemento de algo.

2 **com·ple·men·to** [kompleménto] *s/m* 1. Cosa que se une a otra para perfeccionarla o completarla. 2. GRAM Palabra que se añade a otra u otras para completar su significado. 3. *pl* Cosas no esenciales que completan o mejoran algo.

5 **com·ple·tar** [kompletár] *tr* Hacer que algo sea completo.

5 **com·ple·to, -ta** [kompléto] *adj* 1. Que tiene todo lo que debe tener. 2. Lleno, sin espacio libre.

1 **com·ple·xión** [komple(k)sjón] *s/f* Constitución fisiológica de una persona o animal.

3 **com·pli·ca·ción** [komplikaθjón] *s/f* 1. Acción o resultado de complicar(se). 2. Cualidad de complicado.

3 **com·pli·ca·do, -da** [komplikáðo] *adj* 1. Confuso, poco claro. 2. Se dice de la conducta difícil de comprender o explicar.

4 **com·pli·car** [komplikár] *tr* 1. Hacer algo difícil. 2. Hacer que alguien intervenga en un asunto poco claro.
ORT Ante *e* la *c* cambia a *qu*: *Complique*.

3 **cóm·pli·ce** *s/m,f adj* Persona que realiza un acto delictivo o que participa en él.

3 **com·pli·ci·dad** [kompliθiðáð] *s/f* Cualidad de cómplice.

1 **com·plot** [komplót] *s/m* Confabulación entre personas.
ORT También *compló. pl Complo(t)s*.

COM·PO·NEN·DA

[1] **com·po·nen·da** [komponénda] *s/f* Arreglo provisional o mal hecho de algo.

[4] **com·po·nen·te** [komponénte] *s/m,f* Cosa que forma parte de un todo o conjunto.

[5] **com·po·ner** [komponér] **I.** *tr* **1.** Formar un todo uniendo sus partes. **2.** Formar varias cosas, personas, etc., parte de algo. **3.** Arreglar algo que estaba roto. **4.** Crear una obra musical. **II.** *intr* Componer (4). LOC **Componérselas**, encontrar por sí mismo la solución a un problema. RPr **Componerse de**.
CONJ *Irreg: Compongo, compuse, compondré, compuesto*.

[5] **com·por·ta·mien·to** [komportamjénto] *s/m* Manera de comportarse.

[4] **com·por·tar** [komportár] **I.** *tr* Implicar una cosa a otra. **II.** REFL(-se) **1.** Actuar de la manera que se indica: *Se comporta mal en clase.* **2.** (Sin *adv*) Actuar de manera correcta o adecuada.

[4] **com·po·si·ción** [komposiθjón] *s/f* **1.** Acción o resultado de componer. **2.** Obra musical, literaria o artística en general. **3.** Conjunto de vagones de un tren.

[4] **com·po·si·tor, -ra** [kompositór] *adj s/m,f* Persona que compone obras musicales.

[2] **com·pos·tu·ra** [kompostúra] *s/f* **1.** Acción o resultado de componer algo. **2.** Comportamiento correcto y comedido.

[1] **com·po·ta** [kompóta] *s/f* Fruta cocida en agua y azúcar.

[4] **com·pra** [kómpra] *s/f* **1.** Acción o resultado de comprar. **2.** Lo que se compra.

[3] **com·pra·dor, -ra** [kompraðór] *adj s/m,f* Quien compra.

[5] **com·prar** [komprár] *tr* Adquirir algo a cambio de dinero o algo equivalente.

[2] **com·pra·ven·ta** [kompraβénta] *s/f* Acción o resultado de comprar y vender.

[5] **com·pren·der** [komprendér] *tr* **1.** Percibir con claridad el significado de algo. **2.** Contener una cosa a otra.

[3] **com·pren·si·ble** [komprensíβle] *adj* Que puede ser comprendido.

[4] **com·pren·sión** [komprensjón] *s/f* **1.** Acción o resultado de comprender. **2.** Actitud tolerante respecto a otros o su conducta.

[2] **com·pren·si·vo, -va** [komprensíβo] *adj* Que siente o muestra comprensión.

[1] **com·pre·sa** [komprésa] *s/f* Trozo de gasa o de tela que se aplica sobre alguna parte del cuerpo.

[2] **com·pre·sión** [kompresjón] *s/f* Acción o resultado de comprimir.

[1] **com·pre·sor, -ra** [kompresór] **I.** *adj* Que comprime. **II.** *s/m* Aparato usado para comprimir gases.

[1] **com·pri·mi·do** [komprimíðo] *s/m* Pastilla con medicamento cuyos componentes están comprimidos y pueden tragarse.

[2] **com·pri·mir** [komprimír] *tr* Reducir el tamaño o volumen de algo.

[1] **com·pro·ba·ble** [komproβáβle] *adj* Que se puede comprobar.

[2] **com·pro·ba·ción** [komproβaθjón] *s/f* Acción o resultado de comprobar.

[1] **com·pro·ban·te** [komproβánte] *s/m* Documento que comprueba algo.

[5] **com·pro·bar** [komproβár] *tr* Establecer o demostrar la veracidad, validez, etc., de algo.
CONJ *Irreg: Compruebo, comprobé, comprobaré, comprobado*.

[1] **com·pro·me·te·dor, -ra** [komprometeðór] *adj* Que compromete.

[4] **com·pro·me·ter** [komprometér] **I.** *tr* **1.** Poner a alguien en cierto riesgo o dificultad. **2.** (Con *a*) Poner a alguien en situación de tener que hacer algo. RPr **Comprometer(se) a**.

[1] **com·pro·mi·sa·rio, -ia** [kompromisárjo] *adj s/m,f* Persona que actúa como representante de otra.

[5] **com·pro·mi·so** [kompromíso] *s/m* **1.** Acuerdo por el que dos o más personas se obligan a algo. **2.** Situación difícil o embarazosa.

[1] **com·puer·ta** [kompwérta] *s/f* En una presa o canal, puerta que impide el paso del agua.

[4] **com·pues·to, -ta** [kopwésto] **I.** *adj* Que consta de varias partes o elementos. **II.** *s/m* Sustancia formada por varios elementos.

com·pul·sa [kompúlsa] *s/f* Acción o resultado de compulsar, o documento compulsado.

[1] **com·pul·sar** [kompulsár] *tr* Dar como válida la copia de un documento original.

[1] **com·pul·sión** [kompulsjón] *s/f* Acción o resultado de obligar a hacer algo de manera imperiosa.

[1] **com·pul·si·vo, -va** [kompulsíβo] *adj* Que es incapaz de dejar de hacer algo.

[1] **com·pun·gir·se** [kompunxírse] REFL(-se) Sentir alguien dolor o sufrimiento.
ORT Ante *o/a* la *g* cambia a *j: Compunja.*

[1] **com·pu·ta·ble** [komputáβle] *adj* Que se puede computar.

[2] **com·pu·ta·ción** [komputaθjón] *s/f* Acción de computar o cálculo matemático.

CON·CEP·TUAL

[1] **com·pu·ta·cio·nal** [komputaθjonál] *adj* Relativo a los ordenadores.

[4] **com·pu·ta·dor, -ra** [komputaðór] *s/m,f* Aparato electrónico que realiza cálculos y procesa datos.

[2] **com·pu·tar** [komputár] *tr* **1.** Calcular. **2.** Tener en cuenta.

[1] **com·pu·ta·ri·zar** [komputariθár] *tr* Procesar datos mediante un ordenador.
ORT Ante *e* la *z* cambia a *c*: *Computarice*.

[2] **cóm·pu·to** [kómputo] *s/m* Cálculo.

[2] **co·mul·gar** [komulɣár] *intr* **1.** Recibir la comunión. **2.** FIG (Con *con*) Compartir con alguien ideas u opiniones.
ORT Ante *e* la *g* cambia a *gu*: *Comulgue*.

[5] **co·mún** [komún] *adj* **1.** Usado o compartido por más de uno. **2.** Abundante: *El pino es un árbol muy común en España.* **3.** GRAM De género masculino y femenino.

[2] **co·mu·na** [komúna] *s/f* Conjunto de personas que viven en comunidad.

[2] **co·mu·nal** [komunál] *adj* De quienes viven en comunidad.

[1] **co·mu·ni·ca·ble** [komunikáβle] *adj* Que puede ser comunicado.

[5] **co·mu·ni·ca·ción** [komunikaθjón] *s/f* **1.** Acción o resultado de comunicar(se). **2.** *pl* Sistema para comunicarse entre sí personas o lugares.

[3] **co·mu·ni·ca·do** [komunikáðo] *s/m* Escrito en que se comunica algo.

[2] **co·mu·ni·ca·dor, -ra** [komunikaðór] *adj s/m,f* Que se comunica.

[1] **co·mu·ni·can·te** [komunikánte] *adj* Que comunica.

[5] **co·mu·ni·car** [komunikár] **I.** *tr* Transmitir un mensaje. **II.** *intr* **1.** Estar ocupada la línea telefónica. **2.** Estar dos o más lugares unidos entre sí mediante caminos o carreteras.
ORT Ante *e* la *c* cambia a *qu*: *Comuniquen*.

[3] **co·mu·ni·ca·ti·vo, -va** [komunikatíβo] *adj* Que tiene facilidad para relacionarse con los demás.

[5] **co·mu·ni·dad** [komuniðáð] *s/f* Asociación de personas con fines comunes.

[2] **co·mu·nión** [komunjón] *s/f* **1.** En la religión cristiana, hecho de tomar el pan y el vino consagrados que representan el cuerpo y la sangre de Cristo. **2.** Coincidencia en algo, como opiniones, ideas, etc.

[3] **co·mu·nis·mo** [komunísmo] *s/m* Sistema de organización social que defiende la propiedad común de los bienes.

[4] **co·mu·nis·ta** [komunísta] *adj s/m,f* Relativo al comunismo o seguidor de él.

[4] **co·mu·ni·ta·rio, -ia** [komunitárjo] *adj* Relativo a una comunidad.

[5] **con** [kón] *prep* Expresa la relación de medio o instrumento, compañía o colaboración: *Fue al cine con su mejor amigo.*

[1] **co·na·to** [konáto] *s/m* Acción o resultado de intentar hacer algo, sin llegar a conseguirlo.

[1] **con·ca·te·na·ción** [konkatenaθjón] *s/f* Acción o resultado de concatenar(se).

[1] **con·ca·te·nar** [konkatenár] *tr* REFL(-se) Unir(se) o enlazar(se) una cosa a otra(s).

[1] **con·ca·vi·dad** [konkaβiðáð] *s/f* Cualidad de cóncavo.

[2] **cón·ca·vo, -va** [kónkaβo] *adj* Con la superficie más hundida por el centro que por los bordes.

[1] **con·ce·bi·ble** [konθeβíβle] *adj* Que puede ser concebido o comprendido.

[4] **con·ce·bir** [konθeβír] *tr intr* **1.** Quedar embarazada una hembra. **2.** Idear un plan, proyecto, etc.
CONJ *Irreg: Concibo, concebí, concebiré, concebido.*

[4] **con·ce·der** [konθeðér] *tr* **1.** Dar algo quien tiene autoridad o poder para hacerlo. **2.** Admitir, reconocer algo.

[3] **con·ce·jal, -la** [konθeχál] *s/m,f* Miembro de un concejo o ayuntamiento.

[1] **con·ce·ja·lía** [konθeχalía] *s/f* Cargo de concejal.

[2] **con·ce·jo** [konθéχo] *s/m* Ayuntamiento.

[4] **con·cen·tra·ción** [konθentraθjón] *s/f* Acción o resultado de concentrar(se).

[2] **con·cen·tra·do** [konθentráðo] *s/m* Mezcla con poco líquido y mucha sustancia diluida.

[4] **con·cen·trar** [konθentrár] *tr* REFL(-se) **1.** Agrupar en un solo lugar cosas dispersas. **2.** Poner toda la atención en algo. RPr **Concentrar(se) en.**

[1] **con·cén·tri·co, -ca** [konθéntriko] *adj* Con un mismo centro.

[4] **con·cep·ción** [konθepθjón] *s/f* Acción o resultado de concebir.

[5] **con·cep·to** [konθépto] *s/m* **1.** Idea o representación mental y abstracta de algo. **2.** Opinión sobre algo o alguien. **3.** Cada artículo o unidad en una lista. LOC **Bajo ningún concepto,** de ninguna manera.

[3] **con·cep·tual** [konθeptwál] *adj* Relativo al concepto.

① **con·cep·tua·li·zar** [konθeptwaliθár] *tr REFL(-se)* Conceptuar.
ORT Ante *e* la *z* cambia a *c: Conceptualices.*

① **con·cep·tuar** [konθeptwár] *tr* Formar un concepto o juicio sobre algo.
ORT PRON El acento recae sobre la *u* en *sing* y en *3ª p pl* del *pres indic* y *subj: Conceptúo.*

② **con·cer·nien·te** [konθernjénte] *adj* Que concierne (a).

② **con·cer·nir** [konθernír] *intr* 1. Ser responsabilidad o función propia de otra cosa o persona. 2. Afectar a otro. RPr **Concernir a.**
CONJ *Irreg: Concierne, concernió, concernirá, (concernido).*

② **con·cer·ta·ción** [konθertaθjón] *s/f* Acción o resultado de concertar.

④ **con·cer·tar** [konθertár] *tr* Poner de acuerdo.
CONJ *Irreg: Concierto, concerté, concertaré, concertado.*

① **con·cer·tis·ta** [konθertísta] *s/m,f* Persona que da conciertos.

④ **con·ce·sión** [konθesjón] *s/f* Acción o resultado de conceder.

② **con·ce·sio·na·rio, -ia** [konθesjonárjo] I. *adj s/m,f* Que tiene una concesión. II. *s/m* Establecimiento comercial autorizado para vender o distribuir un producto.

② **con·cha** [kónt∫a] *s/f* Cubierta calcárea que envuelve y protege el cuerpo de ciertos animales.

con·cha·bar·se [kont∫aβárse] *REFL(-se)* COL Ponerse de acuerdo para hacer algo, ilícito o perjudicial para otro(s).

① **con·cho** [kónt∫o] I. *s/m* AMER Campesino, simple. II. *adj* AMER De color vino.

④ **con·cien·cia** [konθjénθja] *s/f* 1. Conocimiento que el ser humano tiene de sí mismo. 2. Conocimiento sobre la bondad o maldad de las propias acciones: *Carmina es una mujer sin conciencia.* 3. Conocimiento de lo que nos rodea. LOC (**Hacer algo**) **A conciencia,** (hacer algo) con mucha meticulosidad.

① **con·cien·cia·ción** [konθjenθjaθjón] *s/f* Acción o resultado de concienciar(se).

④ **con·cien·ciar** [konθjenθjár] *tr REFL(-se)* Hacer a alguien consciente de algo.

① **con·cien·zu·do, -da** [konθjenθúðo] *adj* Hecho bien y con meticulosidad.

④ **con·cier·to** [konθjérto] *s/m* 1. Acuerdo. 2. Composición musical ejecutada en público.

① **con·ci·liá·bu·lo** [konθiljáβulo] *s/m* Reunión secreta en la que se trata algo no lícito o no autorizado.

② **con·ci·lia·ción** [konθiljaθjón] *s/f* Acción o resultado de conciliar(se).

② **con·ci·lia·dor, -ra** [konθiljaðór] *adj s/m,f* Que concilia.

② **con·ci·liar** [konθiljár] *tr* 1. Poner de acuerdo o armonía. 2. (*Conciliar el sueño*) Dormirse.

① **con·ci·lia·to·rio, -ia** [konθiljatórjo] *adj* Que concilia o sirve para conciliar.

② **con·ci·lio** [konθiljo] *s/m* Reunión de personas, *esp* religiosas, para decidir algo.

① **con·ci·sión** [konθisjón] *s/f* Cualidad de conciso.

① **con·ci·so, -sa** [konθísa] *adj* Breve y claro.

① **con·ci·tar** [konθitár] *tr* Atraer hacia sí mismo o hacia otro actitudes hostiles.

① **cón·cla·ve** [kónklaβe] *s/m* Reunión de cardenales para elegir Papa.

⑤ **con·cluir** [konkluír] *tr* 1. Finalizar. 2. Llegar a una determinada idea o decisión.
CONJ *Irreg: Concluyo, concluí, concluiré, concluido.*

④ **con·clu·sión** [konklusjón] *s/f* Acción o resultado de concluir(se).

① **con·clu·yen·te** [konklujénte] *adj* Que pone fin a una discusión o conversación.

① **con·co·mi·tan·te** [konkomitánte] *adj* Que actúa o se lleva a cabo junto con otra cosa.

② **con·cor·dan·cia** [konkorðánθja] *s/f* Relación entre cosas o personas que están de acuerdo o en armonía.

② **con·cor·dar** [konkorðár] *tr intr* Estar o hacer que algo esté de acuerdo con otra cosa. RPr **Concordar con/en.**
CONJ *Irreg: Concuerdo, concordé, concordaré, concordado.*

① **con·cor·da·to** [konkorðáto] *s/m* Acuerdo diplomático entre la Santa Sede y un Estado.

① **con·cor·de** [konkórðe] *adj* Que está de acuerdo con otra cosa: *Concorde con la realidad.* RPr **Concorde con/en.**

② **con·cor·dia** [konkórðja] *s/f* Relación de paz o armonía entre personas, países, etc.

② **con·cre·ción** [konkreθjón] *s/f* Acción o resultado de concretar(se).

⑤ **con·cre·tar** [konkretár] *tr REFL(-se)* 1. Realizarse o producirse: *El acuerdo se concretará hoy.* 2. Especificar.

① **con·cre·ti·zar** [konkretiθár] *tr REFL(-se)* Concretar.
ORT Ante *e* la *z* cambia a *c: Concretice.*

CON·DI·MEN·TO

[4] **con·cre·to, -ta** [konkréto] **I.** *adj* **1.** Que existe realmente. **2.** Específico. **II.** *s/m* AMER Cemento armado.

[1] **con·cu·bi·na·to** [konkuβináto] *s/m* Relación entre un hombre y una mujer que conviven sin estar casados.

con·cu·bi·no, -na [konkuβíno] *s/m,f* Quien vive en concubinato.

[1] **con·cul·car** [konkulkár] *tr* REFL(-se) Obrar en contra de algo.
ORT Ante *e* la *c* cambia a *qu: Conculquen.*

[1] **con·cu·pis·cen·cia** [konkupisθénθja] *s/f* Afición excesiva por los placeres, *esp* los relativos al sexo.

[2] **con·cu·rren·cia** [konkurrénθja] *s/f* **1.** Acción o resultado de concurrir. **2.** Personas que asisten a un acto o espectáculo.

[1] **con·cu·rren·te** [konkurrénte] *adj s/m,f* Que concurre.

[1] **con·cu·rri·do, -da** [konkurríðo] *adj* Se aplica al lugar o espectáculo al que asisten muchas personas.

[3] **con·cu·rrir** [konkurrír] *intr* **1.** Coincidir varias cosas o personas en un mismo lugar o tiempo. **2.** Asistir a un determinado espectáculo o acto.

[1] **con·cur·san·te** [konkursánte] *s/m,f* Participante en un concurso.

[3] **con·cur·sar** [konkursár] *intr* Tomar parte en un concurso.

[3] **con·cur·so** [konkúrso] *s/m* **1.** Competición en la que los participantes se enfrentan para conseguir algo. **2.** Colaboración en algo: *Su concurso no fue necesario para salir del problema.*

[2] **con·da·do** [kondáðo] *s/m* Dignidad de conde o territorio bajo su jurisdicción.

[1] **con·dal** [kondál] *adj* Relativo a un conde o condado.

[4] **con·de** [kónde] *s/m* Título nobiliario inferior al de marqués.

[2] **con·de·co·ra·ción** [kondekoraθjón] *s/f* Acción de condecorar, o cosa con que se condecora.

[1] **con·de·co·rar** [kondekorár] *tr* Reconocer y agradecer el mérito o valor de alguien concediéndole un distintivo.

[3] **con·de·na** [kondéna] *s/f* **1.** Acción de condenar. **2.** DER Castigo o pena impuesta.

[1] **con·de·na·ble** [kondenáβle] *adj* Que puede o merece ser condenado.

[1] **con·de·na·ción** [kondenaθjón] *s/f* Acción o resultado de condenar.

[3] **con·de·na·do, -da** [kondenáðo] *adj s/m,f* Persona que recibe condena.

[4] **con·de·nar** [kondenár] *tr* **1.** Establecer un juez o tribunal la pena que se debe imponer al culpable. **2.** Manifestar la no aprobación de algo. RPr **Condenarse a.**

[1] **con·de·na·to·rio, -ia** [kondenatórjo] *adj* Que condena o censura.

[1] **con·den·sa·ción** [kondensaθjón] *s/f* FÍS Fenómeno por el cual una sustancia gaseosa pasa al estado líquido.

[2] **con·den·sa·dor, -ra** [kondensaðór] *s/m* **1.** Mecanismo para condensar vapores o gases. **2.** ELECTR Aparato para almacenar carga eléctrica.

[2] **con·den·sar** [kondensár] *tr* **1.** Hacer algo más espeso. **2.** Convertir una sustancia gaseosa en líquida. RPr **Condensar(se) en.**

[2] **con·de·sa** [kondésa] *s/f* **1.** Mujer con título nobiliario inferior al de marqués. **2.** Esposa de un conde.

[1] **con·des·cen·den·cia** [kondesθendénθja] *s/f* Acción o resultado de condescender.

[1] **con·des·cen·der** [kondesθendér] *intr* Ser alguien tolerante con los deseos de los demás.
CONJ *Irreg: Condesciendo, concescendí, condescenderé, condescendido.*

[1] **con·des·cen·dien·te** [kondesθendjénte] *adj* Que condesciende.

[5] **con·di·ción** [kondiθjón] *s/f* **1.** Cosa sin la cual no se puede o no se debe hacer algo. **2.** Naturaleza de algo o de alguien. **3.** Estado o situación en que se encuentra algo o alguien: *Viven en condiciones de pobreza.*

[2] **con·di·cio·nal** [kondiθjonál] **I.** *adj* Sujeto a una determinada condición. **II.** *s/m* GRAM Modo verbal.

[1] **con·di·cio·na·li·dad** [kondiθjonaliðáð] *s/f* Cualidad de condicional.

[2] **con·di·cio·na·mien·to** [kondiθjonamjénto] *s/m* Acción o resultado de condicionar.

[2] **con·di·cio·nan·te** [kondiθjonánte] *adj s/m,f* (En AMER *esp* usado como *f*) (Cosa) que condiciona.

[5] **con·di·cio·nar** [kondiθjonár] *tr* Hacer que la realización de algo dependa de cierta condición. RPr **Condicionar a.**

con·di·men·ta·ción [kondimentaθjón] *s/f* Acción o resultado de condimentar.

[1] **con·di·men·tar** [kondimentár] *tr* Añadir especias a los alimentos para mejorar su sabor.

[1] **con·di·men·to** [kondiménto] *s/m* Sustancia que se añade a los alimentos para darles un determinado sabor.

[1] **con·dis·cí·pu·lo, ·la** [kondisθípulo] *s/m,f* Con relación a una persona, otra que estudia en el mismo centro o con el mismo profesor.

[1] **con·do·len·cia** [kondolénθja] *s/f* **1.** Sentimiento de quien participa en el dolor ajeno. **2.** *pl* Pésame.
con·do·ler·se [kondolérse] REFL(-se) Sentir compasión por el dolor de otra persona. RPr **Condolerse de/por**.
CONJ *Irreg: (Me) conduelo, condolí, condoleré, condolido.*

[1] **con·do·mi·nio** [kondomínjo] *s/m* AMER Edificio o propiedad en que se comparten áreas comunes.

[2] **con·dón** [kondón] *s/m* Preservativo para evitar la fecundación de la mujer.

[1] **con·do·na·ción** [kondonaθjón] *s/f* Acción o resultado de condonar.

[1] **con·do·nar** [kondonár] *tr* Perdonar una pena o deuda.

[2] **cón·dor** [kóndor] *s/m* Ave rapaz y carroñera parecida al buitre, que habita en los Andes.

[3] **con·duc·ción** [kondukθjón] *s/f* **1.** Acción o resultado de conducir. **2.** Conjunto de tubos o cables para conducir algo (líquido, electricidad, etc.).

[1] **con·du·cen·te** [konduθénte] *adj* Que ayuda a la consecución de algo. RPr **Conducente a**.

[5] **con·du·cir** [konduθír] **I.** *tr intr* **1.** Guiar, orientar o llevar hacia un fin. **2.** Controlar mecanismos de un vehículo a motor para que se mueva en una determinada dirección. **III.** REFL(-se) Actuar alguien de una determinada manera. RPr **Conducir a**.
CONJ *Irreg: Conduzco, conduje, conduciré, conducido.*

[4] **con·duc·ta** [kondúkta] *s/f* Comportamiento.

[1] **con·duc·ti·bi·li·dad** [konduktiβiliðáð] *s/f* Conductividad.

[1] **con·duc·ti·vi·dad** [konduktiβiðáð] *s/f* Cualidad de los cuerpos para conducir el calor o la electricidad.

[2] **con·duc·to** [kondúkto] *s/m* **1.** Tubo o canal por el que pasa un líquido o un gas. **2.** Medio a través del cual se hace algo.

[4] **con·duc·tor, ·ra** [konduktór] *adj s/m,f* Que conduce.

[1] **con·du·mio** [kondúmjo] *s/m* Conjunto de alimentos que se toman.

[4] **co·nec·tar** [konektár] **I.** *tr* **1.** Unir o poner en contacto dos cosas o personas. **2.** Relacionar dos o más cosas o sucesos. **II.** *intr* Establecer contacto una persona con otra. RPr **Conectar con/Conectarse a**.

[1] **co·nec·ti·vi·dad** [konektiβiðáð] *s/f* Acción o capacidad de conectarse a algo.

co·ne·je·ra [koneχéra] *s/f* Madriguera o jaula de conejos.

[3] **co·ne·jo, ·ja** [konéχo] *s/m,f* Animal mamífero roedor, más pequeño que la liebre, apreciado por su piel y carne.

[4] **co·ne·xión** [kone(k)sjón] *s/f* Enlace o trabazón entre dos o más cosas.

[1] **co·ne·xo, ·xa** [koné(k)so] *adj* Unido, enlazado.

[1] **con·fa·bu·la·ción** [konfaβulaθjón] *s/f* Acción o resultado de confabular(se).

[1] **con·fa·bu·lar** [konfaβulár] *intr* REFL(-se) Poner(se) de acuerdo para hacer algo ilícito o perjudicial.

[3] **con·fec·ción** [konfekθjón] *s/f* **1.** Acción o resultado de confeccionar. **2.** Fabricación de prendas de vestir en serie, o estas prendas.

[3] **con·fec·cio·nar** [konfekθjonár] *tr* Hacer o fabricar un producto.

[3] **con·fe·de·ra·ción** [konfeðeraθjón] *s/f* **1.** Acción o resultado de confederar(se). **2.** Personas o países unidos para un fin común.

con·fe·de·ra·do, ·da [konfeðeráðo] *adj s/m,f* Que forma parte de una confederación.

[1] **con·fe·de·ral** [konfeðerál] *adj* Relativo a una confederación.

con·fe·de·ra·lis·mo [konfeðeralísmo] *s/m* Sistema confederal o doctrina que lo promueve.

con·fe·de·rar [konfeðerár] *tr* REFL(-se) Unir(se) varias personas o países con un fin común.

[4] **con·fe·ren·cia** [konferénθja] *s/f* **1.** Exposición en público sobre un determinado tema. **2.** Reunión de personas para tratar de algo.

[1] **con·fe·ren·cian·te** [konferenθjánte] *adj s/m,f* Quien da una conferencia.

[3] **con·fe·rir** [konferír] *tr* Conceder un premio, honor, etc.
CONJ *Irreg: Confiero, conferí, conferiré, conferido.*

[1] **con·fe·sa·ble** [konfesáβle] *adj* Que puede ser confesado.

[4] **con·fe·sar** [konfesár] *tr intr* **1.** Contar algo que estaba oculto hasta entonces. **2.** Declararse autor de un delito. **3.** REL Decir el penitente sus pecados al confesor.
CONJ *Irreg: Confieso, confesé, confesaré, confesado.*

③ **con·fe·sión** [konfesjón] *s/f* Acción o resultado de confesar(se).

② **con·fe·sio·nal** [konfesjonál] *adj* Relativo a una confesión religiosa.

① **con·fe·s(l)o·na·rio** [konfes(j)onárjo] *s/m* Garita de madera, con celosías a los lados, donde el penitente se confiesa.

① **con·fe·so, -sa** [konféso] *adj s/m,f* Que ha confesado algún delito.

② **con·fe·sor, -ra** [konfesór] *s/m* Sacerdote que confiesa.

con·fe·ti [konféti] *s/m* Trocitos de papel de colores que se tiran en fiestas o celebraciones.

① **con·fia·bi·li·dad** [konfjaβiliðáð] *s/f* AMER Cualidad de algo o alguien en que se puede confiar.

② **con·fia·ble** [konfjáβle] *adj* AMER Que tiene confiabilidad.

⑤ **con·fian·za** [konfjánθa] *s/f* **1.** Actitud de quien confía. **2.** Seguridad en sí mismo. **3.** Sencillez y familiaridad en el trato.

④ **con·fiar** [konfjár] **I.** *intr* Tener confianza o seguridad (en algo/alguien). **II.** *tr* Dejar al cuidado de otra persona. **III.** *REFL(-se)* Ponerse en manos de alguien o contarle alguien sus secretos.
ORT PRON El acento cae sobre la *i* en *sing* y *3ª p pl* del *pres indic* y *subj: Confío*.

② **con·fi·den·cia** [konfiðénθja] *s/f* Acción de contar algo íntimo o que se mantenía oculto, o cosa que se cuenta.

② **con·fi·den·cial** [konfiðenθjál] *adj* Reservado, secreto.

① **con·fi·den·cia·li·dad** [konfiðenθjaliðáð] *s/f* Cualidad de confidencial.

② **con·fi·den·te, -ta** [konfiðénte] *s/m,f* Persona a la que uno cuenta sus secretos.

③ **con·fi·gu·ra·ción** [konfiɣuraθjón] *s/f* **1.** Acción de configurar(se). **2.** Forma en que está dispuesto algo. **3.** En informática, instalación adecuada de los programas en un ordenador.

④ **con·fi·gu·rar** [konfiɣurár] *tr REFL(-se)* **1.** Disponer(se) de cierta manera las distintas partes de algo. **2.** Instalar adecuadamente un programa informático.

② **con·fín** [konfín] *s/m* Lugar alejado de un lugar determinado o centro.

① **con·fi·na·do, -da** [konfináðo] *adj s/m,f* Que sufre confinamiento. RPr **Confinado a.**

① **con·fi·na·mien·to** [konfinamjénto] *s/m* Acción o resultado de confinar(se).

② **con·fi·nar** [konfinár] **I.** *tr* Obligar a alguien a vivir o actuar dentro de unos límites. **II.** *intr* Lindar dos fincas o países. RPr **Confinar a/con.**

② **con·fir·ma·ción** [konfirmaθjón] *s/f* Acción de confirmar(se).

④ **con·fir·mar** [konfirmár] *tr* **1.** Asegurar que una cosa es cierta. **2.** Dar validez a algo provisional. **3.** Administrar el sacramento de la confirmación. RPr **Confirmar(se) en.**

① **con·fis·ca·ción** [konfiskaθjón] *s/f* Acción o resultado de confiscar.

① **con·fis·car** [konfiskár] *tr* Quitar los bienes a alguien y asignarlos a la Hacienda pública.
ORT Ante *e* la *c* cambia a *qu: Confisque.*

① **con·fi·ta·do, -da** [konfitáðo] **I.** *adj* Se aplica a las frutas cocidas en agua y azúcar. **II.** *s/m* Fruta confitada.

① **con·fi·tar** [konfitár] *tr* Cocer en agua y azúcar.

① **con·fi·te** [konfite] *s/m* Dulce pequeño con una fruta o semilla en su interior.

① **con·fi·te·ría** [konfitería] *s/f* Tienda de dulces.

① **con·fi·tu·ra** [konfitúra] *s/f* Fruta conservada en dulce.

① **con·fla·gra·ción** [konflaɣraθjón] *s/f* Conflicto bélico entre países.

② **con·flic·ti·vi·dad** [konfliktiβiðáð] *s/f* Cualidad de conflictivo.

③ **con·flic·ti·vo, -va** [konfliktíβo] *adj* Que causa conflicto.

④ **con·flic·to** [konflíkto] *s/m* **1.** Lucha o desacuerdo entre dos o más partes. **2.** Dificultad.

② **con·fluen·cia** [konflwénθja] *s/f* **1.** Acción o resultado de confluir. **2.** Lugar en que confluyen dos o más cosas.

② **con·fluir** [konflwír] *intr* Coincidir cosas o personas en un mismo lugar. RPr **Confluir con/en.**
CONJ *Irreg: Confluyo, confluí, confluiré, confluido.*

② **con·for·ma·ción** [konformaθjón] *s/f* Forma en que algo está dispuesto.

④ **con·for·mar** [konformár] *tr* **1.** Disponer las distintas partes de algo de una manera determinada. **2.** Satisfacer lo que alguien quiere o pide. **3.** Adaptar una cosa a otra. RPr **Conformar(se) con.**

③ **con·for·me** [konfórme] **I.** *adj* **1.** Que está de acuerdo con otro: *Estoy conforme con Luis.* **2.** Satisfecho con algo. **II.** *s/m* Al pie de un documento escrito, palabras con que se aprueba su contenido. **III.** *conj* **1.**

Al mismo tiempo que. **2.** Según: *Te pagaremos conforme a lo que trabajes.*

3️⃣ **con·for·mi·dad** [konformiðáð] *s/f* Cualidad de conforme.

1️⃣ **con·for·mis·mo** [konformísmo] *s/m* Actitud de quien es conformista.

1️⃣ **con·for·mis·ta** [konformísta] *adj s/m,f* Quien acepta sin más lo establecido.

2️⃣ **con·fort** [konfórt] *s/m* Comodidad.

1️⃣ **con·for·ta·bi·li·dad** [konfortaβiliðáð] *s/f* Cualidad de confortable.

2️⃣ **con·for·ta·ble** [konfortáβle] *adj* Cómodo.

1️⃣ **con·for·tar** [konfortár] *tr* Dar ánimo al afligido o sin fuerza.

1️⃣ **con·fra·ter·ni·dad** [konfraterniðáð] *s/f* Relación buena o íntima entre personas.

1️⃣ **con·fra·ter·ni·zar** [konfraterniθár] *intr* Tratarse como hermanos.
ORT Ante *e* la *z* cambia a *c*: *Confraternices.*

3️⃣ **con·fron·ta·ción** [konfrontaθjón] *s/f* Acción o resultado de confrontar(se).

2️⃣ **con·fron·tar** [konfrontár] *tr* Observar varias cosas para establecer similitudes o diferencias.

con·fu·cio·nis·mo [konfuθjonísmo] *s/m* Doctrina religiosa basada en las enseñanzas de Confucio.

1️⃣ **con·fun·di·ble** [konfundíβle] *adj* Que puede confundirse.

4️⃣ **con·fun·dir** [konfundír] *tr* **1.** Tomar algo o a alguien por lo que no es. **2.** Turbar, abrumar a alguien. **3.** Hacer que alguien se equivoque.

4️⃣ **con·fu·sión** [konfusjón] *s/f* Situación de desorden.

1️⃣ **con·fu·sio·nis·mo** [konfusjonísmo] *s/m* Ausencia o escasez de claridad.

3️⃣ **con·fu·so, -sa** [konfúso] *adj* Desordenado, falto de claridad.

2️⃣ **con·ge·la·ción** [konχelaθjón] *s/f* Acción o resultado de congelar(se).

1️⃣ **con·ge·la·dor, -ra** [konχelaðór] **I.** *adj* Que congela. **II.** *s/m* Aparato o sección de éste para congelar. **III.** *s/f* AMER Frigorífico.

1️⃣ **con·ge·la·mien·to** [konχelamjénto] *s/m* AMER Congelación.

con·ge·lan·te [konχelánte] *adj s/m* Que congela.

3️⃣ **con·ge·lar** [konχelár] *tr* REFL(-se) **1.** Convertir(se) un líquido en sólido sometiéndolo a temperaturas muy bajas. **2.** ECON Inmovilizar salarios, fondos, etc.

1️⃣ **con·gé·ne·re** [konχénere] *adj s/m,f* De la misma especie o género.

1️⃣ **con·ge·niar** [konχenjár] *intr* Llevarse bien con otros por tener gustos u opiniones parecidas.

2️⃣ **con·gé·ni·to, -ta** [konχénito] *adj* De nacimiento.

2️⃣ **con·ges·tión** [konχestjón] *s/f* Acción o resultado de congestionar(se).

2️⃣ **con·ges·tio·nar** [konχestjonár] *tr* REFL(-se) **1.** Producir(se) una afluencia excesiva de sangre en una parte del cuerpo. **2.** Juntarse una excesiva cantidad de algo en un lugar.

1️⃣ **con·ges·ti·vo, -va** [konχestíβo] *adj* Relativo a la congestión.

1️⃣ **con·glo·me·ra·do** [konɣlomeráðo] *s/m* Conjunto de cosas unidas unas a otras.

1️⃣ **con·glo·me·rar** [konglomerár] *tr* REFL(-se) Unir(se) fuertemente sustancias distintas mediante presión.

1️⃣ **con·go·ja** [kongóχa] *s/f* Sufrimiento muy intenso.

con·go·le·ño, -ña [kongoléɲo] *adj s/m,f* Del Congo.

1️⃣ **con·gra·ciar** [kongraθjár] *tr intr* REFL(-se) Captar la benevolencia o afecto de otro. RPr **Congraciar(se) con.**

1️⃣ **con·gra·tu·la·ción** [kongratulaθjón] *s/f gen pl* Satisfacción por algo agradable que sucede.

1️⃣ **con·gra·tu·lar** [kongratulár] *tr* Expresar satisfacción a alguien por algo bueno ocurrido. RPr **Congratularse con/de/por.**

2️⃣ **con·gre·ga·ción** [kongreɣaθjón] *s/f* **1.** Acción o resultado de congregar(se). **2.** Conjunto de personas que se reúnen. **3.** Conjunto de comunidades religiosas bajo una misma autoridad.

2️⃣ **con·gre·gar** [kongreɣár] *tr* Reunir gente en un mismo lugar.
ORT Ante *e* la *g* cambia a *gu*: *Congregué.*

1️⃣ **con·gre·sal** [kongresál] **I.** *adj* AMER Relativo al congreso o a los congresistas. **II.** *s/m,f* AMER Congresista.

2️⃣ **con·gre·sis·ta** [kongresísta] *s/m,f* Persona que participa en un congreso.

5️⃣ **con·gre·so** [kongréso] *s/m* **1.** Reunión de profesionales de una especialidad o ciencia. **2.** Cámara de Diputados o lugar donde se reúnen sus miembros.

1️⃣ **con·grio** [kóngrjo] *s/m* Pez de cuerpo alargado y casi cilíndrico.

1️⃣ **con·gruen·cia** [kongrwénθja] *s/f* Cualidad de estar varias cosas o las partes de algo correctamente enlazadas.

2️⃣ **con·gruen·te** [kongrwénte] *adj* Que tiene congruencia.

CO·NO·CI·DO

[2] **có·ni·co, -ca** [kóniko] *adj* Relativo al cono: *Masa cónica*.

[1] **co·ní·fe·ro, -ra** [konífero] *adj* De hoja perenne y en forma de aguja.

[1] **con·je·tu·ra** [konχetúra] *s/f* Juicio formado sobre otra cosa o persona a partir de indicios.

[2] **con·je·tu·rar** [konχeturár] *tr* Formarse alguien conjeturas.

[1] **con·ju·ga·ción** [konχuγaθjón] *s/f* 1. Acción o resultado de conjugar(se). 2. GRAM Conjunto sistemático de las distintas formas de un verbo.

[2] **con·ju·gar** [konχuγár] *tr* 1. Poner de acuerdo o en armonía. 2. GRAM Ordenar las distintas formas de un verbo. RPr **Conjugar(se) con**.
ORT Ante *e* la *g* cambia a *gu: Conjugues*.

[2] **con·jun·ción** [konχunθjón] *s/f* 1. Acción o resultado de unir(se) dos o más cosas. 2. GRAM Palabra cuya función es unir o relacionar elementos de la oración.

[1] **con·jun·tar** [konχuntár] *tr* Unir cosas de manera que formen un todo armónico.

con·jun·ti·va [konχuntíβa] *s/f* ANAT Membrana mucosa que cubre la parte anterior del ojo.

[1] **con·jun·ti·vi·tis** [konχuntíβitis] *s/f* Inflamación de la conjuntiva.

[1] **con·jun·ti·vo, -va** [konχuntíβo] *adj* Que junta o une.

[5] **con·jun·to, -ta** [konχúnto] I. *adj* Que se realiza junto con otro u otros. II. *s/m* 1. Agrupación de cosas formando unidad. 2. DEP Equipo. 3. Combinación de prendas de vestir. 4. Grupo musical.

[1] **con·ju·ra** [konχúra] *s/f* Conjuración.

[1] **con·ju·ra·ción** [konχuraθjón] *s/f* Acción o resultado de conjurar(se).

[1] **con·ju·ra·do, -da** [konχuráðo] *adj s/m,f* Que participa en una conjura.

[2] **con·ju·rar** [konχurár] I. *tr* REL Pronunciar exorcismos u otras fórmulas para expulsar al demonio de alguien. II. REFL(-*se*) Formar una conspiración contra otro(s).

[2] **con·ju·ro** [konχúro] *s/m* 1. Acción o resultado de conjurar. 2. Fórmula mágica para conjurar.

[3] **con·lle·var** [konʎeβár] *tr* Llevar una cosa otra consigo.

[2] **con·me·mo·ra·ción** [kommemoraθjón] *s/f* Acción o resultado de conmemorar(se).

[2] **con·me·mo·rar** [kommemorár] *tr* REFL(-*se*) Celebrar algo para recordarlo.

[2] **con·me·mo·ra·ti·vo, -va** [kommemoratíβo] *adj* Que conmemora.

[4] **con·mi·go** [kommíγo] *pron pers* 1ª p *s* Forma compuesta del pronombre 'mí' + 'con'.

[1] **con·mi·nar** [komminár] *tr* Exigir alguien con autoridad que otro haga algo. RPr **Conminar a**.

[1] **con·mi·se·ra·ción** [kommiseraθjón] *s/f* Compasión por el mal ajeno.

[1] **con·mo·ción** [kommoθjón] *s/f* Alteración fuerte del ánimo.

[1] **con·mo·cio·nar** [kommoθjonár] *tr* REFL(-*se*) Producir una conmoción.

[2] **con·mo·ve·dor, -ra** [kommoβeðór] *adj* Que conmueve.

[3] **con·mo·ver** [kommoβér] *tr* REFL(-*se*) Mover a compasión.
CONJ *Irreg: Conmuevo, conmoví, conmoveré, conmovido*.

[1] **con·mu·ta·ción** [kommutaθjón] *s/f* Acción o resultado de conmutar(se).

[2] **con·mu·ta·dor, -ra** [kommutaðór] I. *adj* Que conmuta. II. *s/m* Mecanismo que permite dirigir la corriente en una u otra dirección.

[1] **con·mu·tar** [kommutár] *tr* Cambiar una cosa por otra.

[1] **con·na·tu·ral** [konnaturál] *adj* Que pertenece a la naturaleza de lo que se trata. RPr **Connatural a**.

[1] **con·ni·ven·cia** [konniβénθja] *s/f* Acuerdo de varios para hacer algo ilícito.

[2] **con·no·ta·ción** [konnotaθjón] *s/f* Acción o resultado de connotar.

[1] **con·no·tar** [konnotár] *tr* Evocar una palabra otro significado, además del principal.

[2] **co·no** [kóno] *s/m* Figura geométrica en forma de embudo, cuyo diámetro disminuye progresivamente hasta el vértice.

[2] **co·no·ce·dor, -ra** [konoθeðór] *adj s/m,f* Que conoce bien algo.

[5] **co·no·cer** [konoθér] I. *tr* 1. Tener la representación de cosas en la mente. 2. Identificar algo o a alguien, diferenciarlo de otras cosas de su clase. 3. Estar enterado de lo que se menciona: *Conoció la noticia por los periódicos*. II. *intr* (Con *de*) Saber bastante de algo: *El muchacho conoce de mujeres*. III. REFL(-*se*) Verse por primera vez personas que no se habían visto antes. RPr **Conocer de**.
CONJ *Irreg: Conozco, conocí, conoceré, conocido*.

[5] **co·no·ci·do, -da** [konoθíðo] *s/m,f* Persona con la que se tiene o se ha tenido algún trato.

[5] **co·no·ci·mien·to** [konoθimjénto] *s/m* **1.** Facultad del hombre para conocer. **2.** Acción o resultado de conocer. **3.** Lo que se sabe.

[2] **con·que** [kónke] *conj* Expresa relación de consecuencia entre dos frases.

[3] **con·quis·ta** [konkísta] *s/f* Acción o resultado de conquistar.

[3] **con·quis·ta·dor, -ra** [konkistaðór] *adj s/m,f* Que conquista.

[4] **con·quis·tar** [konkistár] *tr* **1.** Vencer un ejército a otro y apoderarse de su territorio. **2.** Conseguir alguien algo con esfuerzo.

[2] **con·sa·bi·do, -da** [konsaβíðo] *adj* Que ya es conocido.

[2] **con·sa·gra·ción** [konsaɣraθjón] *s/f* Acción o resultado de consagrar.

[3] **con·sa·grar** [konsaɣrár] *tr* **1.** Hacer o declarar algo sagrado. **2.** Dedicar alguien su tiempo o esfuerzos a una actividad.

[1] **con·san·guí·neo, -ea** [konsangíneo] *adj* Con parentesco de antepasados comunes.

[1] **con·san·gui·ni·dad** [konsanginiðáð] *s/f* Relación entre personas consanguíneas.

[2] **cons·cien·cia** [konsθjénθja] *s/f* Conocimiento de la propia existencia, o esa facultad.

[4] **cons·cien·te** [konsθjénte] *adj* En pleno uso de sus facultades mentales y sensoriales.

[1] **cons·crip·to** [konskrípto] *s/m* Soldado en periodo de instrucción.

[2] **con·se·cu·ción** [konsekuθjón] *s/f* Acción o resultado de conseguir.

[5] **con·se·cuen·cia** [konsekwénθja] *s/f* Hecho que deriva de otro.

[2] **con·se·cuen·te** [konsekwénte] *adj* **1.** Que se sigue o se deriva de otra cosa. **2.** Que actúa de acuerdo con sus ideas.

[3] **con·se·cu·ti·vo, -va** [konsekutíβo] *adj* Que sigue inmediatamente a otra cosa.

[5] **con·se·guir** [konseɣír] *tr* Alcanzar lo deseado.

CONJ *Irreg: Consigo, conseguí, conseguiré, conseguido.*

[2] **con·se·je·ría** [konseχería] *s/f* **1.** Cargo de consejero. **2.** Departamento a cargo de un consejero.

[4] **con·se·je·ro, -ra** [konseχéro] *s/m,f* **1.** Persona que da consejo. **2.** Cargo similar al de ministro en los Gobiernos regionales.

[5] **con·se·jo** [konséχo] *s/m* **1.** Parecer sobre lo que alguien debe o no hacer o cómo hacerlo. **2.** Organismo consultivo. **3.** Reunión de este organismo.

[4] **con·sen·so** [konsénso] *s/m* Acuerdo entre personas.

[1] **con·sen·sual** [konsenswál] *adj* Referido al consenso.

[2] **con·sen·suar** [konsenswár] *tr* Acordar entre personas.

ORT PRON El acento cae sobre la *u* en *sing* y *3ª p pl* del *pres indic* y *subj*: *Consensúo.*

[1] **con·sen·ti·do, -da** [konsentíðo] *adj* Mimado en exceso.

[1] **con·sen·ti·dor, -ra** [konsentiðór] *adj s/m,f* Que consiente.

[2] **con·sen·ti·mien·to** [konsentimjénto] *s/m* Acción o resultado de consentir.

[3] **con·sen·tir** [konsentír] **I.** *tr* Permitir hacer algo. **II.** *intr* Acceder a algo: *Consintió en casarse con él.* RPr **Consentir en.**

CONJ *Irreg: Consiento, consentí, consentiré, consentido.*

[1] **con·ser·je** [konsérχe] *s/m,f* Encargado del edificio en un centro público.

[2] **con·ser·je·ría** [konserχería] *s/f* **1.** Cargo de conserje o sala donde está. **2.** Cargo u oficina del Consejero en los Gobiernos regionales.

[3] **con·ser·va** [konsérβa] *s/f* Alimento envasado al vacío para que se conserve durante cierto tiempo.

[4] **con·ser·va·ción** [konserβaθjón] *s/f* Acción o resultado de conservar(se).

[4] **con·ser·va·dor, -ra** [konserβaðór] *adj* Partidario de mantener lo que se tiene.

[2] **con·ser·va·du·ris·mo** [konserβaðurísmo] *s/m* Doctrina de los conservadores.

[1] **con·ser·van·te** [konserβánte] *adj s/m* (Sustancia química) que ayuda a conservar los alimentos.

[5] **con·ser·var** [konserβár] **I.** *tr* Mantener en el mismo estado durante largo tiempo. **II.** REFL(-se) Mantenerse alguien saludable y bien.

[2] **con·ser·va·to·rio, -ia** [konserβatórjo] *s/m* Establecimiento de enseñanza musical.

[1] **con·ser·ve·ro, -ra** [konserβéro] *adj* Relativo a las conservas.

[3] **con·si·de·ra·ble** [konsiðeráβle] *adj* Que merece ser considerado por su gran tamaño o importancia.

[4] **con·si·de·ra·ción** [konsiðeraθjón] *s/f* Acción o resultado de considerar.

[5] **con·si·de·rar** [konsiðerár] *tr* **1.** Pensar detenidamente sobre algo. **2.** Mostrar respeto o deferencia por algo o alguien.

[2] **con·sig·na** [konsíɣna] *s/f* **1.** Orden o instrucción que se da a alguien para que la

cumpla. **2.** Caja de seguridad a disposición del público para guardar su equipaje.

② **con·sig·na·ción** [konsiɣnaθjón] *s/f* Acción o resultado de consignar.

③ **con·sig·nar** [konsiɣnár] *tr* **1.** Enviar algo a un destinatario. **2.** MEX Enviar a la cárcel.

① **con·sig·na·ta·rio, -ia** [konsiɣnatárjo] *s/m,f* **1.** COM Persona a quien va dirigida una mercancía. **2.** Persona que recibe en depósito el dinero consignado.

③ **con·si·go** [konsíɣo] *pron pers* Con él o con ellos mismos.

④ **con·si·guien·te** [konsiɣjénte] *adj* Que deriva lógicamente de otra cosa. LOC **Por consiguiente**, por lo tanto.

② **con·sis·ten·cia** [konsisténθja] *s/f* Cualidad de fuerte o resistente.

③ **con·sis·ten·te** [konsisténte] *adj* **1.** (Con *en*) Que tiene consistencia. **2.** Que consta de lo que se expresa. RPr **Consistente en**.

⑤ **con·sis·tir** [konsistír] *intr* Estar compuesto de lo que se menciona: *El mobiliario consiste en una cama y una mesa*. RPr **Consistir en**.

① **con·sis·to·rial** [konsistorjál] *adj* Relativo al consistorio.

① **con·sis·to·rio** [kosistórjo] *s/m* Ayuntamiento.

② **con·so·la** [konsóla] *s/f* Panel con los mandos de un determinado sistema electrónico. P *ext*, conjunto de teclado y microordenador de un videojuego.

① **con·so·la·ción** [konsolaθjón] *s/f* Acción o resultado de consolar.

① **con·so·la·dor, -ra** [konsolaðór] *adj* Que consuela.

③ **con·so·lar** [konsolár] *tr* Aliviar las penas. CONJ *Irreg: Consuelo, consolé, consolaré, consolado.*

③ **con·so·li·da·ción** [konsoliðaθjón] *s/f* Acción o resultado de consolidar.

④ **con·so·li·dar** [konsoliðár] *tr* Dar solidez a algo.

① **con·so·mé** [konsomé] *s/m* Caldo de carne o verduras.

② **con·so·nan·te** [konsonánte] **I.** *adj* Con rima armónica. **II.** *s/m* Sonido articulado.

① **con·so·nán·ti·co, -ca** [kosonántiko] *adj* Relativo a las consonantes.

③ **con·sor·cio** [konsórθjo] *s/m* Asociación de empresas para fines comunes.

② **con·sor·te** [konsórte] *s/m,f* Cada uno de los cónyuges con respecto al otro.

① **cons·pi·cuo, -ua** [konspíkwo] *adj* Famoso, que destaca.

② **cons·pi·ra·ción** [konspiraθjón] *s/f* Acción o resultado de conspirar.

① **cons·pi·ra·dor, -ra** [konspiraðór] *s/m,f* Persona que conspira.

② **cons·pi·rar** [konspirár] *intr* Unirse varios contra otro(s).

③ **cons·tan·cia** [konstánθja] *s/f* **1.** Cualidad de constante. **2.** Circunstancia de ser algo cierto.

④ **cons·tan·te** [konstánte] **I.** *adj* **1.** Que dura. **2.** Que muestra firmeza y perseverancia. RPr **Constante en**. **II.** *s/f* Rasgo, fenómeno, etc., que se repite sin variar.

④ **cons·tar** [konstár] *intr* **1.** Saber algo con certeza: *Me consta que está estudiando mucho*. **2.** Estar registrado por escrito. **3.** (Con *de*) Estar algo formado por varias partes o elementos, etc. RPr **Constar de**.

② **cons·ta·ta·ción** [konstataθjón] *s/f* Acción o resultado de constatar.

③ **cons·ta·tar** [konstatár] *tr* REFL(-se) Comprobar la verdad de algo.

② **cons·te·la·ción** [konstelaθjón] *s/f* ASTR Grupos de estrellas que aparentan una figura determinada.

① **cons·ter·na·ción** [konsternaθjón] *s/f* Sentimiento de gran pena por algo desagradable e inesperado.

① **cons·ter·nar** [konsternár] *tr* Causar consternación.

① **cons·ti·pa·do** [konstipáðo] *s/m* Inflamación de las mucosas de las vías respiratorias superiores, con tos y estornudos.

① **cons·ti·par·se** [konstipárse] REFL(-se) Contraer un constipado.

⑤ **cons·ti·tu·ción** [konstituθjón] *s/f* **1.** Acción o resultado de constituir(se). **2.** Manera de estar constituido algo. **3.** Conjunto de leyes fundamentales de un Estado.

④ **cons·ti·tu·cio·nal** [konstituθjonál] *adj* Relativo a la Constitución de un Estado.

② **cons·ti·tu·cio·na·li·dad** [konstituθjonaliðáθ] *s/f* Cualidad de constitucional.

① **cons·ti·tu·cio·na·lis·ta** [konstituθjonalísta] *adj s/m,f* Relativo a la constitución o partidario de ella.

⑤ **cons·ti·tuir** [konstituír] **I.** *tr* **1.** Formar varias cosas lo que se menciona. **2.** Ser algo lo que se expresa. **II.** REFL(-se) Reunirse varias personas para formar lo que se expresa.
CONJ *Irreg: Constituyo, constituí, constituiré, constituido.*

② **cons·ti·tu·ti·vo, -va** [konstitutíβo] *adj* Que es parte esencial.

CONS·TI·TU·YEN·TE

[3] **cons·ti·tu·yen·te** [konstitujénte] **I.** *adj* Que constituye. **II.** *adj s/f* Se dice de las Cortes reunidas para elaborar la Constitución de un país.

[1] **cons·tre·ñir** [konstreɲír] *tr* **1.** Obligar o forzar a hacer algo. **2.** MED Reducir el volumen de una parte del cuerpo.
CONJ *Irreg: Constriño, constreñí, constreñiré, constreñido.*

[1] **cons·tric·ción** [konstrikθjón] *s/f* Acción o resultado de constreñir(se).

[5] **cons·truc·ción** [konstrukθjón] *s/f* **1.** Acción o resultado de construir. **2.** Edificio construido.

[3] **cons·truc·ti·vo, -va** [konstruktíβo] *adj* **1.** Relativo a la construcción. **2.** Positivo: *Crítica constructiva.*

[1] **cons·truc·to** [konstrúkto] *s/m* Idea o concepto complejo que resulta de la combinación de otras ideas o conceptos.

[3] **cons·truc·tor, -ra** [konstruktór] *s/m,f* Persona o empresa que construye.

[5] **cons·truir** [konstruír] *tr* Hacer algo (edificio, vehículo, etc.) usando los elementos necesarios.
CONJ *Irreg: Construyo, construí, construiré, construido.*

[1] **con·sue·gro, -ra** [konswéɣro] *s/m,f* Con respecto al padre o a la madre de uno de los cónyuges, el padre o la madre del otro.

[2] **con·sue·lo** [konswélo] *s/m* Acción de consolar, o cosa que consuela.

[1] **con·sue·tu·di·na·rio, -ia** [konswetuðinárjo] *adj* Relativo a las costumbres.

[1] **cón·sul** [kónsul] *s/m* Cargo diplomático que cuida los intereses de los ciudadanos de su país en un país extranjero.

[2] **con·su·la·do** [konsuláðo] *s/m* **1.** Cargo de cónsul. **2.** Lugar donde trabaja y reside el cónsul.

[1] **con·su·lar** [konsulár] *adj* Relativo al cónsul o al consulado.

[3] **con·sul·ta** [konsúlta] *s/f* **1.** Acción de consultar. **2.** Despacho en que el médico atiende a sus pacientes.

[4] **con·sul·tar** [konsultár] *tr* **1.** Pedir opinión a otro sobre algo. **2.** Buscar información en una determinada obra de referencia.

[2] **con·sul·ti·vo, -va** [konsultíβo] *adj* Constituido para ser consultado.

[2] **con·sul·tor, -ra** [konsultór] *s/m,f* Persona a la que se recurre para que dé su opinión profesional sobre algo.

[2] **con·sul·to·ría** [konsultoría] *s/f* Actividad, profesión o despacho del consultor.

[2] **con·sul·to·rio** [konsultórjo] *s/m* Local donde atiende un médico.

[1] **con·su·ma·ción** [konsumaθjón] *s/f* Acción o resultado de consumar(se).

[2] **con·su·ma·do, -da** [konsumáðo] *adj* Experto en algo.

[4] **con·su·mar** [konsumár] *tr* REFL(-se) Completar la realización de algo.

con·su·mi·ble [konsumíβle] *adj* Que puede ser consumido.

[1] **con·su·mi·ción** [konsumiθjón] *s/f* **1.** Acción de consumir. **2.** Lo que alguien toma en un bar.

[4] **con·su·mi·dor, -ra** [konsumiðór] *s/m,f* Persona que consume (bienes, etc.).

[4] **con·su·mir** [konsumír] *tr* **1.** Gastar lo que se menciona. **2.** Hacer algo que alguien se debilite en exceso.

[1] **con·su·mis·mo** [konsumísmo] *s/m* Tendencia a consumir más de lo necesario.

[1] **con·su·mis·ta** [konsumísta] *adj s/m,f* Persona que tiende al consumismo.

[4] **con·su·mo** [konsúmo] *s/m* Acción o resultado de consumir.

[1] **con·sun·ción** [konsunθjón] *s/f* MED Adelgazamiento excesivo.

[1] **con·sus·tan·cial** [konsustanθjál] *adj* De la misma sustancia. RPr **Consustancial a/con.**

[3] **con·ta·bi·li·dad** [kontaβiliðáð] *s/f* Método para controlar los gastos e ingresos de un negocio.

[2] **con·ta·bi·li·zar** [kontaβiliθár] *tr* Anotar en un libro de cuentas.
ORT Ante *e* la *z* cambia a *c: Contabilice.*

[2] **con·ta·ble** [kontáβle] **I.** *adj* **1.** Que puede ser contado. **2.** COM Relativo a la contabilidad. **II.** *s/m,f* Persona que lleva la contabilidad de un negocio.

[2] **con·tac·tar** [kontaktár] *intr tr* Establecer contacto con algo o alguien. RPr **Contactar con.**

[5] **con·tac·to** [kontákto] *s/m* **1.** Acción de tocarse o rozarse cosas o personas. **2.** Acción o resultado de comunicarse uno con otro. **3.** Persona de enlace entre dos partes. **4.** Conexión eléctrica.

[3] **con·ta·do, -da** [kontáðo] *adj* Poco frecuente. LOC **Al contado,** en metálico.

[2] **con·ta·dor, -ra** [kontaðór] **I.** *adj* Que cuenta. **II.** *s/m,f* **1.** Dispositivo que mide el consumo de agua, luz, etc. **2.** AMER Contable.

[1] **con·ta·du·ría** [kontaðuría] *s/f* AMER Empleo y actividad del contador.

3 **con·ta·giar** [kontaxjár] *tr* Transmitir una enfermedad, hábito, etc., a otro.

2 **con·ta·gio** [kontáxjo] *s/m* Acción o resultado de contagiar(se).

2 **con·ta·gio·so, -sa** [kontaxjóso] *adj* Que contagia.

con·tai·ner [kontáiner] *s/m* ANGL Recipiente en forma de caja grande, para depositar o transportar mercancías.
ORT *pl Containers*.

3 **con·ta·mi·na·ción** [kontaminaθjón] *s/f* Acción o resultado de contaminar(se).

2 **con·ta·mi·nan·te** [kontaminánte] *adj, s/m* Que contamina.

3 **con·ta·mi·nar** [kontaminár] *tr intr* Alterar la pureza o estado natural de algo mediante la incorporación de gérmenes u otras sustancias perjudiciales.

1 **con·tan·te** [kontánte] *adj* Se aplica al dinero en efectivo.

5 **con·tar** [kontár] I. *intr* 1. Decir los números correlativos y en orden. 2. Calcular una determinada cantidad. 3. (Seguido de *con*) Tener en cuenta para algo: *No contaremos con ellos para la fiesta.* 4. Tener cierta cosa: *Cuenta con buenas recomendaciones.* II. *tr* 1. Tener en cuenta los elementos de un conjunto para calcular el total. 2. Sumar una cantidad a otra para calcular el total. 3. Explicar cómo se ha producido algo. RPr **Contar con**.
CONJ *Irreg: Cuento, conté, contaré, contado*.

3 **con·tem·pla·ción** [kontemplaθjón] *s/f* 1. Acción o resultado de contemplar(se). 2. *pl* Miramientos.

5 **con·tem·plar** [kontemplár] *tr* 1. Mirar detenidamente y con atención. 2. Tener en cuenta para tomar una decisión.

1 **con·tem·pla·ti·vo, -va** [kontemplatíβo] *adj* Relativo a la contemplación.

1 **con·tem·po·ra·nei·dad** [kontemporaneiðáð] *s/f* Cualidad de contemporáneo.

4 **con·tem·po·rá·neo, -ea** [kontemporáneo] *adj s/m,f* Que existe o tiene lugar al mismo tiempo o en la misma época.

1 **con·tem·po·ri·zar** [kontemporiθár] *intr* Acomodarse fácilmente a la manera de ser o actuar de otro.
ORT Ante *e* la *z* cambia a *c*: *Contemporice*.

2 **con·ten·ción** [kontenθjón] *s/f* Moderación.

2 **con·ten·cio·so** [kontenθjóso] *s/m* Asunto administrativo que se somete a la decisión de un juez.

2 **con·ten·der** [kontendér] *intr* Enfrentarse, luchar. RPr **Contender con/contra/por**.
CONJ *Irreg: Contiendo, contendí, contenderé, contendido*.

2 **con·ten·dien·te** [kontendjénte] *adj s/m,f* Que contiende.

2 **con·te·ne·dor** [konteneðór] *s/m* Recipiente grande para depositar escombros u otros materiales.

5 **con·te·ner** [kontenér] I. *tr* 1. Tener o llevar algo otra cosa en su interior. 2. Impedir que algo se haga más grande o que se salga de sus límites. II. REFL(-se) Esforzarse alguien para no mostrar sus sentimientos o emociones, o para no hacer algo.
CONJ *Irreg: Contengo, contuve, contendré, contenido*.

4 **con·te·ni·do** [konteníðo] *s/m* Lo que está en el interior de otra cosa.

3 **con·ten·tar** [kontentár] I. *tr* Dar o hacer algo que produce alegría a otra persona. II. REFL(-se) Conformarse.

4 **con·ten·to, -ta** [konténto] I. *adj* Alegre, satisfecho. II. *s/m* Sentimiento de alegría o satisfacción.

1 **con·teo** [kontéo] *s/m* Acción o resultado de contar.

2 **con·ter·tu·lio, -la** [kontertúljo] *s/m,f* Persona que participa con otras en una tertulia.

3 **con·tes·ta·ción** [kontestaθjón] *s/f* Acción o resultado de contestar.

2 **con·tes·ta·dor, -ra** [kontestaðór] *s/m* Aparato para grabar un mensaje telefónico.

5 **con·tes·tar** [kontestár] *tr intr* Responder a lo que se ha preguntado.

1 **con·tes·ta·ta·rio, -ia** [kontestatárjo] *adj s/m,f* Que rechaza lo que es normalmente aceptado o valorado.

4 **con·tex·to** [konté(k)sto] *s/m* Conjunto de circunstancias, en que algo se desarrolla.

1 **con·tex·tual** [konte(k)stwál] *adj* Relativo al contexto.

con·tex·tua·li·za·ción [konte(k)stwaliθaθjón] *s/f* Acción o resultado de contextualizar.

1 **con·tex·tua·li·zar** [konte(k)stwaliθár] *tr* Poner algo en un determinado contexto.
ORT Ante *e* la *z* cambia a *c*: *Contextualice*.

1 **con·tex·tu·ra** [konte(k)stúra] *s/f* Manera como algo está compuesto, *esp* los hilos de una tela.

2 **con·tien·da** [kontjénda] *s/f* Pelea, lucha.

4 **con·ti·go** [kontíɣo] *pron pers 2ª p s* Forma compuesta de 'ti' + 'con'.

[1] **con·ti·güi·dad** [kontiɣwiðáð] *s/f* Cualidad de contiguo.

[2] **con·ti·guo, -ua** [kontíɣwo] *adj* Que está junto a otra cosa. RPr **Contiguo a**.

[1] **con·ti·nen·cia** [kontinénθja] *s/f* Abstinencia de los placeres, *esp* los sexuales.

[3] **con·ti·nen·tal** [kontinentál] *adj* Relativo a un continente.

[4] **con·ti·nen·te** [kontinénte] *s/m* **1**. Lo que contiene algo en su interior. **2**. Cada una de las seis extensiones de la corteza terrestre separadas por los océanos.

[2] **con·tin·gen·cia** [kontinxénθja] *s/f* Cualidad de contingente.

[2] **con·tin·gen·te** [kontinxénte] **I**. *adj* Que puede suceder o existir, o no. **II**. *s/m* Conjunto o grupo señalado para algo.

[4] **con·ti·nua·ción** [kontinwaθjón] *s/f* Acción o resultado de continuar.

[5] **con·ti·nuar** [kontinwár] **I**. *tr* Seguir haciendo algo que se había iniciado. **II**. *intr* Estar realizándose lo que se expresa: *Continúa el riesgo de inundaciones*.
ORT PRON El acento cae sobre la *u* en *sing* y *3ª p pl* del *pres indic* y *subj*: *Continúo*.

[4] **con·ti·nui·dad** [kontinwiðáð] *s/f* Cualidad de continuo.

[1] **con·ti·nuis·mo** [kontinwísmo] *s/m* Tendencia a mantener algo sin cambios.

[1] **con·ti·nuis·ta** [kontinwísta] *adj s/m,f* Relativo al continuismo o partidario de él.

[4] **con·ti·nuo, -ua** [kontínwo] **I**. *adj* Sin interrupción en el tiempo o en el espacio. **II**. *s/m* Compuesto de varias partes unidas.

con·to·ne·ar·se [kontoneárse] REFL(-se) Mover afectada o exageradamente caderas y hombros al caminar.

[3] **con·tor·no** [kontórno] *s/m* Línea que delimita la forma de algo.

[1] **con·tor·sión** [kontorsjón] *s/f* Contracción o movimiento forzado del cuerpo.

[1] **con·tor·sio·nar** [kontorsjonár] *tr* REFL(-se) Hacer contorsiones.

[5] **con·tra** [kóntra] **I**. *prep* Expresa oposición. **II**. *s/m* Problema o inconveniente.

[1] **con·tra·a·ta·car** [kontr(a)atakár] *intr* Responder a un ataque con otro.
ORT Ante *e* la *c* cambia a *qu*: *Contraataquemos*.

[1] **con·tra·a·ta·que** [kontr(a)atáke] *s/m* Acción o resultado de contraatacar.

[1] **con·tra·ba·jo** [kontraβáxo] *s/m* Instrumento musical de cuerda, de sonido grave, o persona que lo toca.

[1] **con·tra·ban·dis·ta** [kontraβandísta] *s/m,f* Persona que practica el contrabando.

[2] **con·tra·ban·do** [kontraβándo] *s/m* **1**. Acción de introducir en un país mercancías procedentes de otro país, sin pagar los impuestos de aduana. **2**. Mercancías así introducidas.

[3] **con·trac·ción** [kontrakθjón] *s/f* Acción o resultado de contraer(se).

[1] **con·tra·cep·ción** [kontraθepθjón] *s/f* Acción de evitar la fecundación del óvulo femenino.

[1] **con·tra·cep·ti·vo, -va** [kontraθeptíβo] *adj s/m* Que evita la concepción.

[1] **con·tra·co·rrien·te** [kontrakorrjénte] *s/f* Corriente en dirección opuesta a otra.

con·trác·til [kontráktil] *adj* Que se contrae.

[2] **con·trac·tual** [kontraktwál] *adj* Relativo a un contrato.

[1] **con·tra·cul·tu·ra** [kontrakultúra] *s/f* Cultura contraria a la establecida.

[1] **con·tra·de·cir** [kontraðeθír] *tr* Decir alguien lo contrario de lo que dice otro.
CONJ *Irreg*: *Contradigo, contradije, contradeciré, contradecido*.

[4] **con·tra·dic·ción** [kontraðikθjón] *s/f* Acción o resultado de contradecir(se).

[3] **con·tra·dic·to·rio, -ia** [kontraðiktórjo] *adj* Que implica contradicción.

[3] **con·tra·er** [kontraér] *tr* **1**. Reducir algo de volumen o tamaño. **2**. Adquirir una enfermedad, compromiso, etc.
CONJ *Irreg*: *Contraigo, contraje, contraeré, contraído*.

[1] **con·tra·es·pio·na·je** [kontraespjonáxe] *s/m* Servicio de seguridad para protegerse contra el espionaje extranjero.

[1] **con·tra·fuer·te** [kontrafwérte] *s/m* Pilar adosado a la parte exterior de un muro para reforzarlo.

[1] **con·tra·gol·pe** [kontraɣólpe] *s/m* Golpe como respuesta o reacción a otro golpe.

[1] **con·tra·he·cho, -cha** [kontraétʃo] *adj* Mal formado, jorobado.

con·tra·in·cen·dios [kontrainθéndjos] *s/m* Dispositivo para prevenir o extinguir incendios.

[1] **con·tra·in·di·ca·ción** [kontraindikaθjón] *s/f* Acción o resultado de contraindicar.

[1] **con·tra·in·di·car** [kontraindikár] *tr* Desaconsejar algo por ser perjudicial.
ORT Ante *e* la *c* cambia a *qu*: *Contraindique*.

[2] **con·tra·lor, -ra** [kontralór] *s/m,f* AMER Persona u organismo para revisar las cuentas oficiales.

② **con·tra·lo·ría** [kontraloría] *s/f* Cargo y oficio de contralor.

① **con·tral·to** [kontrálto] *s/m,f* Voz intermedia entre la de tiple y tenor, o persona que la tiene.

① **con·tra·luz** [kontralúθ] *s/m,f* Aspecto que presenta algo desde el lado opuesto a la luz.

① **con·tra·ma·es·tre** [kontramaéstre] *s/m,f* Oficial de marinería.

① **con·tra·ma·no** [kontramáno] LOC **A contramano**, en dirección opuesta a la habitual o a la establecida.

con·tra·me·di·da [kontrameðíða] *s/f* Medida para debilitar o anular el efecto de otra u otras acciones.

① **con·tra·o·fen·si·va** [kontraofensíβa] *s/f* Acción o resultado de contraatacar.

① **con·tra·or·den** [kontraórðen] *s/f* Orden que anula otra anterior.

② **con·tra·par·ti·da** [kontrapartíða] *s/f* Cosa que compensa otra.

① **con·tra·pe·lo** [kontrapélo] LOC **A contrapelo**, de manera contraria a como debería ser.

① **con·tra·pe·so** [kontrapéso] *s/m* Peso opuesto a otro para equilibrar.

② **con·tra·po·ner** [kontraponér] *tr* Oponer a otra cosa para equilibrar sus efectos.
CONJ *Irreg: Contrapongo, contrapuse, contrapondré, contrapuesto.*

① **con·tra·por·ta·da** [kontraportáða] *s/f* Última página de un libro o revista.

② **con·tra·po·si·ción** [kontraposiθjón] *s/f* Acción o resultado de contraponer(se).

② **con·tra·pro·du·cen·te** [kontraproðuθénte] *adj* Que produce efectos opuestos a los que se pretendían.

① **con·tra·pro·pues·ta** [kontrapropwésta] *s/f* Propuesta opuesta a otra anterior.

① **con·tra·pun·to** [kontrapúnto] *s/m* MÚS Simultaneidad de voces con distintas líneas melódicas.

② **con·tra·riar** [kontrarjár] *tr* Oponerse a alguien.
ORT PRON El acento recae sobre la *i* en el *sing* y *3ª p pl* del *pres indic* y *subj: Contraría, contraríen.*

② **con·tra·rie·dad** [kontrarjeðáð] *s/f* **1.** Enfado o disgusto. **2.** Imprevisto que impide o dificulta la realización de algo.

⑤ **con·tra·rio, -ia** [kontrárjo] *adj s/m,f* Enemigo, adversario.

① **con·tra·rre·loj** [kontrarrelóx] *s/f adj* Prueba que consiste en realizar un determinado recorrido en el menor tiempo posible. LOC **A contrarreloj**, FIG muy deprisa.

② **con·tra·rres·tar** [kontrarrestár] *tr* Anular una cosa el efecto de otra(s).

① **con·tra·rre·vo·lu·ción** [kontrarreβoluθjón] *s/f* Reacción contra una revolución, de signo contrario a ésta.

① **con·tra·rre·vo·lu·cio·na·rio, -ia** [kontrarreβoluθjonárjo] *adj s/m,f* Relativo a la contrarrevolución o partidario de ella.

① **con·tra·sen·ti·do** [kontrasentíðo] *s/m* Cosa contraria a la lógica.

① **con·tra·se·ña** [kontraséɲa] *s/f* Palabra(s) clave para reconocer a otro, para entrar en un lugar, para utilizar una máquina, etc.

④ **con·tras·tar** [kontrastár] **I.** *intr* (Con *con*) Aparecer algo diferente de otra cosa al compararlos. **II.** *tr* Someter a prueba el valor o la autenticidad de algo. RPr **Contrastar con**.

③ **con·tras·te** [kontráste] *s/m* Oposición entre cosas que contrastan.

① **con·tra·ta** [kontráta] *s/f* Acuerdo para hacer algo por un precio fijo.

③ **con·tra·ta·ción** [kontrataθjón] *s/f* Acción o resultado de contratar.

② **con·tra·tan·te** [kontratánte] *adj s/m,f* Se aplica a la persona o empresa que contrata a otra.

④ **con·tra·tar** [kontratár] *tr* Acordar dos partes la realización de un trabajo por una determinada cantidad de dinero o algo similar.

con·tra·te·rro·ris·mo [kontraterrorísmo] *s/m* Conjunto de medidas para combatir el terrorismo.

① **con·tra·te·rro·ris·ta** [kontraterrorísta] *adj* Relativo al contraterrorismo.

② **con·tra·tiem·po** [kontratjémpo] *s/m* Suceso imprevisto que impide o dificulta la realización de algo.

② **con·tra·tis·ta** [kontratísta] *adj s/m,f* Persona o empresa que hace algo por contrata.

⑤ **con·tra·to** [kontráto] *s/m* Acuerdo formal entre las partes para hacer algo bajo determinadas condiciones.

① **con·tra·ve·nir** [kontraβenír] *tr* Actuar en contra de lo dispuesto por la ley.
CONJ *Irreg: Contravengo, contravine, contravendré, contravenido.*

① **con·tra·ven·ta·na** [kontraβentána] *s/f* Ventana complementaria y exterior para impedir el paso de la luz.

① **con·tra·yen·te** [kontrajénte] *s/m,f* Persona que contrae matrimonio.

CON·TRI·BU·CIÓN

[4] **con·tri·bu·ción** [kontriβuθjón] *s/f* **1.** Acción o resultado de contribuir. **2.** Cantidad con que se contribuye.

[5] **con·tri·buir** [kontriβwír] *intr* **1.** Aportar algo para un fin. **2.** Pagar impuestos.
CONJ *Irreg: Contribuyo, contribuí, contribuiré, contribuido.*

[1] **con·tri·bu·ti·vo, -va** [kontriβutíβo] *adj* Relativo a la contribución.

[3] **con·tri·bu·yen·te** [kontriβujénte] *adj s/m,f* Que contribuye, *esp* quien paga impuestos.

[1] **con·tri·ción** [kontriθjón] *s/f* Dolor por haber ofendido a Dios o por haber hecho algo malo.

[2] **con·trin·can·te** [kontrinkánte] *s/m,f* Competidor en una prueba.

[5] **con·trol** [kontról] *s/m* Acción o resultado de controlar.

[1] **con·tro·la·ble** [kontroláβle] *adj* Que puede ser controlado.

[2] **con·tro·la·dor, -ra** [kontrolaðór] *adj* Que controla.

[5] **con·tro·lar** [kontrolár] **I.** *tr* **1.** Dominar, sujetar: *No podía controlar al perro.* **2.** Vigilar o comprobar el funcionamiento de algo. **II.** REFL(-se) Dominarse a sí mismo.

[3] **con·tro·ver·sia** [kontroβérsja] *s/f* Discusión.

[1] **con·tro·ver·sial** [kontroβersjál] *adj* AMER Relativo a la controversia.

[2] **con·tro·ver·tir** [kontroβertír] *intr* Discutir.
CONJ *Irreg: Controvierto, controvertía, controvertiré, controvertido.*

[1] **con·tu·ber·nio** [kontuβérnjo] *s/m* Pacto entre personas con fines ilícitos.

[1] **con·tu·ma·cia** [kontumáθja] *s/f* Cualidad de cotumaz.

[1] **con·tu·maz** [kontumáθ] *adj* Obstinado.

[2] **con·tun·den·cia** [kontundénθja] *s/f* Cualidad de contundente.

[3] **con·tun·den·te** [kontundénte] *adj* **1.** Que sirve para golpear. **2.** Que resulta convincente o decisivo.

[1] **con·tu·sión** [kontusjón] *s/f* Daño en una parte del cuerpo a causa de un golpe.

[1] **con·tu·sio·nar** [kontusjonár] *tr* Causar una contusión.

[1] **con·tu·so, -sa** [kontúso] *adj* Que ha recibido un golpe o contusión.

[1] **con·va·le·cen·cia** [kombaleθénθja] *s/f* Acción o resultado de convalecer.

[1] **con·va·le·cer** [kombaleθér] *intr* Recuperar progresivamente las fuerzas tras una enfermedad.
CONJ *Irreg: Convalezco, convalecí, convaleceré, convalecido.*

[1] **con·va·le·cien·te** [kombaleθjénte] *adj s/m,f* Que convalece.

[1] **con·va·li·da·ción** [kombaliðaθjón] *s/f* Acción o resultado de convalidar.

[1] **con·va·li·dar** [kombaliðár] *tr* Declarar que algo es válido.

[1] **con·vec·ción** [kombekθjón] *s/f* FÍS Transmisión del calor de un punto a otro a través de un fluido.

[5] **con·ven·cer** [kombenθér] *tr intr* Lograr con razones que alguien haga algo o cambie de actitud. RPr **Convencer de**.
ORT Ante *o/a* la *c* cambia a *z*: *Convenzo, convenzamos.*

[2] **con·ven·ci·mien·to** [kombenθimjénto] *s/m* Acción o resultado de convencer.

[3] **con·ven·ción** [kombenθjón] *s/f* **1.** Pacto entre naciones. **2.** Reunión de una determinada organización o grupo. **3.** Manera de ser o de proceder generalmente aceptada: *La agobian las convenciones sociales.*

[3] **con·ven·cio·nal** [kombenθjonál] *adj* Según la costumbre o convención.

[1] **con·ven·cio·na·lis·mo** [kombenθjonalísmo] *s/f* Cualidad de convencional.

[2] **con·ve·ni·do, -da** [kombeníðo] *adj* Establecido por acuerdo.

[3] **con·ve·nien·cia** [kombeniénθja] *s/f* **1.** Cualidad de conveniente. **2.** Cosa que conviene.

[4] **con·ve·nien·te** [kombenjénte] *adj* Aconsejable, provechoso.

[4] **con·ve·nio** [kombénjo] *s/m* Acuerdo entre partes.

[4] **con·ve·nir** [kombenír] **I.** *tr intr* Llegar a un acuerdo. **II.** *intr* Ser bueno o recomendable. RPr **Convenir a/en**.
CONJ *Irreg: Convengo, convine, convendré, convenido.*

[3] **con·ven·to** [kombénto] *s/m* Casa de religiosos o monjes.

[1] **con·ven·tual** [kombentwál] *adj* Relativo al convento.

[3] **con·ver·gen·cia** [komberχénθja] *s/f* Acción o resultado de converger.

[1] **con·ver·gen·te** [komberχénte] *adj* Que converge.

[2] **con·ver·ger** [komberχér] *intr* Unirse o concentrarse en un mismo punto. RPr **Converger en**.
ORT También *convergir*. La *g* cambia a *j* delante de *a/o*: *Converjo, converjamos.*

[5] **con·ver·sa·ción** [kombersaθjón] *s/f* Charla.

CO·PLA

[1] **con·ver·sa·cio·nal** [kombersaθjonál] *adj* Relativo a la conversación.

[4] **con·ver·sar** [kombersár] *intr* Hablar una persona con otra(s).

[3] **con·ver·sión** [kombersjón] *s/f* Acción o resultado de convertir(se).

[2] **con·ver·so, -sa** [kombérso] *adj s/m,f* Que ha adoptado otra religión.

[2] **con·ver·ti·bi·li·dad** [kombertiβiliðáð] *s/f* Cualidad de convertible.

[1] **con·ver·ti·ble** [kombertíβle] *adj* Que puede convertirse.

[5] **con·ver·tir** [kombertír] *tr* 1. Transformar en otra cosa. 2. Hacer que alguien cambie de religión. RPr **Convertir a/en**.
CONJ *Irreg: Convierto, convertí, convertiré, convertido*.

[1] **con·ve·xo, -xa** [kombékso] *adj* Se aplica a la superficie que sobresale más por el centro.

[4] **con·vic·ción** [kombikθjón] *s/f* Acción o resultado de convencer(se).

[1] **con·vic·to, -ta** [kombíkto] *adj s/m,f* Acusado cuyo delito ha sido probado. RPr **Convicto de**.

[1] **con·vi·da·do, -da** [kombiðáðo] *adj s/m,f* Persona que ha sido invitada.

[2] **con·vi·dar** [kombiðár] *tr* Invitar a alguien a participar en algo grato (fiesta, etc.).

[2] **con·vin·cen·te** [kombinθénte] *adj* Que convence.

[1] **con·vi·te** [kombíte] *s/m* Fiesta, banquete.

[4] **con·vi·ven·cia** [kombiβénθja] *s/f* Acción o resultado de convivir.

[3] **con·vi·vir** [kombiβír] *intr* Vivir en compañía de otro(s).

[4] **con·vo·car** [kombokár] *tr* Citar a alguien a un lugar para un fin. RPr **Convocar a**.
ORT Ante *e* la *c* cambia a *qu: Convoque*.

[4] **con·vo·ca·to·ria** [kombokatórja] *s/f* Acción de convocar o documento con que se convoca.

[1] **con·voy** [kombói] *s/m* Conjunto de vehículos de transporte hacia un destino.
ORT *pl Convoyes*.

[2] **con·vul·sión** [kombulsjón] *s/f* Movimiento brusco, sacudida.

[2] **con·vul·sio·nar** [kombulsjonár] *tr* Provocar convulsiones.

[1] **con·vul·si·vo, -va** [kombulsíβo] *adj* Relativo a las convulsiones.

[1] **con·yu·gal** [konjuɣál] *adj* Relativo a los cónyuges o al matrimonio.

[2] **cón·yu·ge** [kónjuχe] *s/m,f* Con respecto a una persona, otra que está casada con ella.

[1] **co·ña** [kóɲa] *s/f* COL Broma pesada.

[2] **co·ñac** [koɲák] *s/m* GAL Bebida alcohólica que se obtiene por destilación de vino blanco.
ORT También *coñá. pl Coñacs, coñás*.

[1] **co·ña·zo** [koɲáθo] *s/m* COL Fastidio, aburrimiento.

[3] **co·ño** [kóɲo] I. *s/m* VULG Órgano sexual de la mujer. II. *interj* VULG Expresa enfado, sorpresa o extrañeza, molestia, alegría, etc.: *¡Coño!, ¿ya has vuelto?*

[4] **co·o·pe·ra·ción** [ko(o)peraθjón] *s/f* Acción o resultado de cooperar.

[2] **co·o·pe·rar** [ko(o)perár] *intr* Participar en la realización de algo.

[3] **co·o·pe·ra·ti·va** [ko(o)peratíβa] *s/f* Asociación de personas para obtener beneficios, *esp* en la venta de productos.

[1] **co·op·tar** [ko(o)ptár] *intr* Optar a algo junto con otro.

[4] **co·or·di·na·ción** [ko(o)rðinaθjón] *s/f* Acción o resultado de coordinar(se).

[3] **co·or·di·na·dor, -ra** [ko(o)rðinaðór] *s/m,f* Persona que coordina.

[3] **co·or·di·nar** [ko(o)rðinár] *tr* Organizar u ordenar algo para llevarlo a cabo adecuadamente.

[4] **co·pa** [kópa] *s/f* 1. Recipiente de forma acampanada para beber. 2. Trofeo con esta forma. 3. Conjunto de ramas y hojas que forman la parte superior de los árboles. 4. Parte superior, hueca, del sombrero.

[4] **co·par** [kopár] *tr* 1. Acumular o conseguir la mayor parte o la totalidad de algo. 2. Cercar por sorpresa.

[1] **co·par·ti·ci·pe** [kopartíθipe] *adj s/m,f* Que participa junto con otro(s).

co·peo [kopéo] *s/m* COL Acción de tomar copas.

[3] **co·pia** [kópja] *s/f* Acción o resultado de copiar, o cosa copiada.

[1] **co·pia·do·ra** [kopjaðóra] *s/f* Máquina para hacer copias.

[4] **co·piar** [kopjár] *tr* Reproducir exactamente igual que el original.

[1] **co·pi·lo·to** [kopilóto] *s/m,f* Piloto auxiliar.

[1] **co·pión, -pio·na** [kopjón] *s/m,f* Quien copia de otro.

[2] **co·pio·so, -sa** [kopjóso] *adj* Muy abundante.

[1] **co·pis·ta** [kopísta] *adj s/m,f* Que tiene por oficio copiar.

[2] **co·pla** [kópla] *s/f* Composición poética de arte menor.

co·po [kópo] *s/m* Porción de nieve que cae al nevar.

co·pón [kopón] *s/m* Copa grande, para guardar la Eucaristía.

co·pro·duc·ción [koproðukθjón] *s/f* Acción o resultado de coproducir.

co·pro·du·cir [koproðuθír] *tr* Producir junto con otro(s).
CONJ Se conjuga como *producir*.

co·pro·pie·ta·rio, -ia [kopropjetárjo] *adj s/m,f* Que es propietario de algo junto con otro(s).

có·pu·la [kópula] *s/f* Unión sexual de macho y hembra.

co·pu·la·ción [kopulaθjón] *s/f* Acción o resultado de copular.

co·pu·lar [kopulár] *tr intr* Unirse sexualmente macho y hembra.

co·pu·la·ti·vo, -va [kopulatíβo] *adj* Que une o junta.

co·py·right [kopiráit] *s/m* ANGL Derecho del autor de una obra para reproducirla y venderla.

co·que [kóke] *s/m* Carbón obtenido al calcinar la hulla.

co·que·te·ar [koketeár] *intr* Hacer algo para agradar al sexo opuesto (*esp* la mujer al hombre).

co·que·teo [koketéo] *s/m* Acción o resultado de coquetear.

co·que·te·ría [koketería] *s/f* Cualidad de coqueto.

co·que·to, -ta [kokéto] *adj* Que se arregla o hace algo para resultar atractivo a otra persona.

co·ra·je [koráxe] *s/m* 1. Actitud decidida y valerosa. 2. Sentimiento de irritación o ira.

co·ral [korál] I. *s/m* Nombre común de ciertos animales marinos que viven en colonias formando arrecifes calcáreos. II. *s/f* Agrupación de personas para el canto coral. III. Relativo al coro.

co·rán [korán] *s/m may* Libro sagrado del Islam.

co·rá·ni·co, -ca [koróniko] *adj* Relativo al Corán.

co·ra·za [koráθa] *s/f* Parte de la armadura que cubría y protegía el pecho y la espalda.

co·ra·zón [koraθón] *s/m* 1. Órgano que en los animales bombea la sangre al resto del cuerpo. 2. Este órgano, considerado como el lugar donde se aloja el amor y los sentimientos. 3. Parte central de algo. LOC **De corazón,** sinceramente.

co·ra·zo·na·da [koraθonáða] *s/f* Sentimiento espontáneo sin razón aparente que lo cause.

cor·ba·ta [korβáta] *s/f* Banda alargada de tela que se coloca alrededor del cuello o, con los extremos colgando sobre el pecho, como adorno en el vestir.

cor·be·ta [korβéta] *s/f* Embarcación ligera de guerra.

cor·cel [korθél] *s/m* Caballo veloz y de hermosa apariencia.

cor·chea [kortʃéa] *s/f* Nota musical, equivalente a la mitad de una negra.

cor·che·te [kortʃéte] *s/m* 1. Broche de dos piezas, una de las cuales se sujeta a la otra. 2. Signo ortográfico similar al paréntesis ([ ]).

cor·cho [kórtʃo] *s/m* 1. Capa exterior de la corteza del alcornoque. 2. Tapón (de botella).

¡cór·cho·lis! [kórtʃolis] *interj* Expresión de sorpresa o asombro.

cor·da·je [korðáxe] *s/m* Conjunto de cuerdas.

cor·del [korðél] *s/m* Cuerda no muy gruesa.

cor·de·ro [korðéro] *s/m,f* 1. Cría de la oveja, menor de un año. 2. FIG Persona dócil.

cor·dial [korðjál] *adj* 1. Amable y simpático. 2. (*bebida*) Que tonifica el corazón.

cor·dia·li·dad [korðjaliðáð] *s/f* Cualidad de cordial.

cor·di·lle·ra [korðiʎéra] *s/f* Conjunto de montañas alineadas.

cor·do·bán [korðoβán] *s/m* Piel curtida de cabra.

cor·do·bés, -be·sa [korðoβés] *adj s/m,f* De Córdoba.

cor·dón [korðón] *s/m* 1. Cuerda para atar cosas. 2. Cable de conexión en los aparatos eléctricos. 3. Conjunto de personas en línea y unidas para impedir el paso.

cor·du·ra [korðúra] *s/f* Sensatez.

co·rea·no, -na [koreáno] *adj* De Corea.

co·re·ar [koreár] *tr* Repetir a coro.

co·reo·gra·fía [koreoɣrafía] *s/f* Conjunto de pasos de un ballet o arte de componer bailes o danzas.

co·reó·gra·fo, -fa [koreóɣrafo] *s/m,f* Que compone coreografías.

co·riá·ceo, -ea [korjáθeo] *adj* Con textura parecida al cuero.

co·ri·feo [koriféo] *s/m* Persona que asume la representación de otras o sus intereses.

CO·RRE·DI·ZO

[1] **co·rin·dón** [korindón] *s/m* Mineral muy duro.

[1] **co·ris·ta** [korísta] *s/m,f* Miembro del coro.

[1] **cor·mo·rán** [kormorán] *s/m* Cuervo marino.

[2] **cor·na·da** [kornáða] *s/f* Golpe dado por un animal con la punta de los cuernos, o herida así causada.

[1] **cor·na·men·ta** [kornaménta] *s/f* Conjunto de cuernos de un animal.

[1] **cór·nea** [kórnea] *s/f* Membrana curva y transparente que cubre el iris y la pupila.

[1] **cor·ne·ar** [korneár] *tr* Embestir un animal con los cuernos.

[1] **cor·ne·ja** [kornéxa] *s/f* Ave similar al cuervo, pero más pequeña.

[1] **cór·neo, -ea** [kórneo] *adj* Relativo al cuerno o con sus características.

[1] **cór·ner** [kórner] *s/m* DEP En el fútbol, falta al salir el balón del campo por la línea de la portería propia de quien la lanzó.

[1] **cor·ne·ta** [kornéta] **I.** *s/f* Instrumento musical de viento parecido al clarín. **II.** *s/m* Quien toca la corneta.

[1] **cor·ne·tín** [kornetín] *s/m* Instrumento musical de viento parecido a la corneta.

[2] **cor·ni·sa** [kornísa] *s/f* Moldura que remata la parte superior de un edificio, por debajo del tejado.

[3] **cor·nu·do, -da** [kornúðo] *adj s/m* Marido cuya mujer le es infiel.

[1] **cor·nú·pe·ta** [kornúpeta] *adj s/m* Animal con cuernos.

[3] **co·ro** [kóro] *s/m* **1.** Conjunto de personas que cantan. **2.** Lugar de una iglesia en que cantan.

[1] **co·ro·la** [koróla] *s/f* Parte de la flor que rodea el pistilo y estambres.

[1] **co·ro·la·rio** [korolárjo] *s/m* Proposición que se deduce de algo demostrado anteriormente.

[4] **co·ro·na** [koróna] *s/f* **1.** Adorno para la cabeza, de forma circular. **2.** Institución de la monarquía y el poder que representa.

[2] **co·ro·na·ción** [koronaθjón] *s/f* Acción o resultado de coronar(se).

[3] **co·ro·nar** [koronár] *tr* **1.** Poner una corona en la cabeza de alguien, como símbolo de poder, gloria, etc. **2.** Completar, perfeccionar algo. **3.** Llegar a la parte más alta de algo (montaña, etc.).

[2] **co·ro·na·rio, -ia** [koronárjo] *adj* Se aplica a las arterias que rodean el corazón.

[4] **co·ro·nel** [koronél] *s/m,f* Jefe militar al mando de un regimiento.

[1] **co·ro·ni·lla** [koroníʎa] *s/f* Parte superior y posterior de la cabeza. LOC **Estar hasta la coronilla**, FIG estar harto.

[1] **cor·pi·ño** [korpíno] *s/m* Prenda de vestir sin mangas y ajustada al cuerpo.

[3] **cor·po·ra·ción** [korporaθjón] *s/f* Organización con fines comerciales o financieros.

[3] **cor·po·ral** [korporál] *adj* Relativo al cuerpo.

[1] **cor·po·ra·ti·vis·mo** [korporatiβismo] *s/m* Tendencia de los miembros de un grupo a buscar su propio beneficio o privilegios.

[2] **cor·po·ra·ti·vo, -va** [korporatíβo] *adj* Relativo a una corporación.

[1] **cor·po·rei·dad** [korporeiðáð] *s/f* Cualidad de corpóreo.

[1] **cor·pó·reo, -ea** [korpóreo] *adj* **1.** Con forma de cuerpo. **2.** Relativo al cuerpo.

[1] **cor·pu·len·cia** [korpulénθja] *s/f* Cualidad de corpulento.

[2] **cor·pu·len·to, -ta** [korpulénto] *adj* De cuerpo alto y grueso.

[1] **cor·pus** [kórpus] *s/m* Recopilación de muestras lingüísticas de diversa índole.

[1] **cor·pús·cu·lo** [korpúskulo] *s/m* Cuerpo o elemento muy pequeño.

[3] **co·rral** [korrál] *s/m* Recinto cerrado y *gen* descubierto, donde se guardan los animales.

[1] **co·rra·lón** [korralón] *s/m* MEX Recinto para guardar mercancías retiradas a sus propietarios.

[2] **co·rrea** [korréa] *s/f* Tira de cuero.

[1] **co·rrea·je** [korreáxe] *s/m* Conjunto de correas.

[3] **co·rrec·ción** [korrekθjón] *s/f* **1.** Acción o resultado de corregir(se). **2.** Cualidad de correcto: *Se comporta con gran corrección*. **3.** Tachadura en un escrito para corregir errores.

[1] **co·rrec·cio·nal** [korrekθjonál] **I.** *adj* Que corrige o sirve para corregir. **II.** *s/m* Establecimiento penitenciario para penas menores.

[1] **co·rrec·ti·vo, -va** [korrektíβo] *adj s/m* Se aplica al castigo impuesto para corregir un mal comportamiento o falta.

[4] **co·rrec·to, -ta** [korrékto] *adj* **1.** Sin errores. **2.** Educado.

[2] **co·rrec·tor, -ra** [korrektór] *adj s/m,f* Que corrige.

[1] **co·rre·de·ra** [korreðéra] *s/f* Ranura por la que se desliza una pieza.

[1] **co·rre·di·zo, -za** [korreðíθo] *adj* Se aplica a

lo que se desata o se desliza con facilidad (lazo, nudo).

3 **co·rre·dor, -ra** [korreðór] **I.** *adj s/m,f* Que corre. **II.** *s/m* **1.** Pasillo. **2.** COM Intermediario en la compraventa de propiedades.

4 **co·rre·gir** [korreχír] *tr* Eliminar defectos o faltas.
CONJ *Irreg: Corrijo, corregí, corregiré, corregido.*

2 **co·rre·la·ción** [korrelaθjón] *s/f* Relación mutua entre dos o más cosas.

1 **co·rre·la·cio·nar** [korrelaθjonár] *tr* Establecer una determinada relación entre dos o más cosas.

1 **co·rre·la·ti·vo, -va** [korrelatíβo] *adj* Que implica correlación.

1 **co·rre·li·gio·na·rio, -ia** [korreliχjonárjo] *adj s/m,f* De la misma religión o ideología.

4 **co·rreo** [korréo] *s/m* **1.** Correspondencia que se envía o recibe. **2.** *pl may* Servicio público encargado de la correspondencia o lugar destinado a este servicio. **3.** Persona que distribuye la correspondencia: *Juan es el correo de la empresa.*

1 **co·rreo·so, -sa** [korreóso] *adj* Blando, flexible.

5 **co·rrer** [korrér] **I.** *intr* **1.** Avanzar rápidamente moviendo las piernas o las patas, levantando un pie del suelo antes de apoyar el otro. **2.** Realizar una actividad con rapidez. **3.** Fluir un líquido. **4.** Difundir(se) una noticia. **II.** *tr* **1.** Mover algo de un lado o lugar a otro. **2.** Viajar: *Ya ha corrido medio mundo.* **III.** REFL(-*se*) **1.** Emborronarse la tinta o los colores al ser aplicados. **2.** VULG Tener un orgasmo.

1 **co·rre·ría** [korrería] *s/f gen pl* Viaje por lugares diversos.

3 **co·rres·pon·den·cia** [korrespondénθja] *s/f* **1.** Acción o resultado de corresponder(se). **2.** Conjunto de cartas que se envían o reciben. **3.** Relación que mantienen dos personas por correo.

5 **co·rres·pon·der** [korrespondér] *intr* **1.** Dar una persona a otra determinada cosa por haber recibido antes algo de ella. **2.** Ser algo parte de otra cosa que se menciona. **3.** Ser algo oportuno o lo que se debe hacer.

5 **co·rres·pon·dien·te** [korrespondjénte] *adj* Que corresponde.

1 **co·rres·pon·sa·ble** [korresponsáβle] *adj s/m,f* Responsable de algo junto con otro(s).

3 **co·rres·pon·sal** [korresponsál] *adj s/m,f* Periodista.

1 **co·rre·ta·je** [korretáχe] *s/m* Cantidad que cobra un corredor (2) por sus servicios.

1 **co·rre·te·ar** [korreteár] *intr* Correr de un lado a otro sin parar.

co·rre·vei·di·le [korreβeiðíle] *s/m,f* Quien transmite chismes de unos a otros.

3 **co·rri·da** [korríða] *s/f* **1.** Espectáculo taurino. **2.** Carrera corta.

5 **co·rrien·te** [korrjénte] **I.** *adj* **1.** Que fluye (*líquidos*). **2.** Normal, común. **3.** Que sucede con frecuencia o habitualmente. **II.** *s/f* **1.** Movimiento de traslación de las aguas de un río, mar, de aire, etc., de un lugar a otro, y esa misma cantidad de agua u otro líquido que fluye. **2.** (*Corriente eléctrica*) Paso de partículas eléctricas a través de un cuerpo conductor. **3.** Tendencia artística de una época.

1 **co·rri·llo** [korríʎo] *s/m* Grupo de personas que se apartan de las demás para hablar.

1 **co·rri·mien·to** [korrimjénto] *s/m* Acción o resultado de correr(se).

1 **co·rro** [kórro] *s/m* Conjunto de personas que se unen en círculo.

2 **co·rro·bo·rar** [korroβorár] *tr* Confirmar con datos o pruebas.

1 **co·rro·er** [korroér] *tr* REFL(-*se*) Destruir lenta y progresivamente.
CONJ *Irreg: Corroo/corroyo/corroigo, corroí, corroeré, corroido.*

2 **co·rrom·per** [korrompér] *tr* **1.** Alterar la naturaleza de algo. **2.** FIG Pervertir las buenas costumbres. **3.** Sobornar.

1 **co·rro·sión** [korrosjón] *s/f* Acción o resultado de corroer(se).

1 **co·rro·si·vo, -va** [korrosíβo] *adj* Que corroe.

4 **co·rrup·ción** [korrupθjón] *s/f* Acción o resultado de corromper(se).

1 **co·rrup·te·la** [korruptéla] *s/f* Circunstancia o costumbre de incumplir la ley.

co·rrup·ti·ble [korruptíβle] *adj* Que puede corromperse.

3 **co·rrup·to, -ta** [korrúpto] *adj* Que está corrompido.

1 **co·rrup·tor, -ra** [korruptór] *adj s/m,f* Que corrompe.

1 **cor·sa·rio, -ia** [korsárjo] *adj s/m,f* Embarcación (y su tripulación) que atacaban a los mercantes de otros países con autorización del país bajo cuya bandera se protegían.

1 **cor·sé** [korsé] *s/m* Prenda interior femenina, muy ajustada al torso.

1 **cor·se·te·ría** [korsetería] *s/f* Artículos de ropa interior femenina, industria que los fabrica o tienda que los vende.

CO·SER

2 **cor·so, -sa** [kórso] *adj s/m,f* De Córcega. LOC **(Tener) Patente de corso,** (tener) permiso para obrar alguien a su antojo.

cor·ta·cés·ped [kortaθéspeð] *s/m* Máquina para cortar el césped.

1 **cor·ta·do** [kortáðo] *s/m* Café con un poco de leche.

1 **cor·ta·du·ra** [kortaðúra] *s/f* Hendidura o abertura hecha en una superficie con un objeto cortante.

1 **cor·ta·fue·go** [kortafwéɣo] *s/m* Franja de terreno sin vegetación para evitar que se propague el fuego.

2 **cor·tan·te** [kortánte] *adj* 1. Que corta o puede cortar. 2. Referido al lenguaje, brusco y seco.

1 **cor·ta·pi·sa** [kortapísa] *s/f* Obstáculo, impedimento.

1 **cor·ta·plu·mas** [kortaplúmas] *s/m* Navaja pequeña.

5 **cor·tar** [kortár] I. *tr* 1. Dividir o separar algo en partes mediante un objeto afilado. 2. Eliminar lo que crece o sobresale. 3. Interrumpir el servicio de agua, luz, etc. 4. Impedir el paso o el acceso a una carretera o calle. 5. Poner fin, interrumpir algo: *Los alumnos cortarán las clases a las doce.* II. *intr* 1. Estar afilado un objeto de modo que penetra en algo y puede separarlo en partes. 2. Alzar parte de las cartas dividiendo la baraja.

cor·ta·ú·ñas [kortaúɲas] *s/f* Utensilio en forma de tenacillas para cortar las uñas.

5 **cor·te** [kórte] I. *s/m* 1. Acción o resultado de cortar. 2. Interrupción de algo. 3. Marca que queda al cortar. 4. Manera de cortar o estar cortado algo: *No me gusta tu corte de pelo.* 5. Actividad y técnica de cortar las piezas de las prendas de vestir. 6. COL Vergüenza, pudor: *Le daba corte mirar a su novia.* 7. Trozo de helado cortado y puesto entre dos galletas. 8. COL Trabajo o lugar donde se trabaja: *¡Vamos al corte, compañeros!* II. *s/f* 1. Conjunto de personas que viven en palacio, con el rey y su familia. 2. Población en la que un monarca tiene su residencia. 3. *pl (Cortes Generales)* Cámaras legislativas (Congreso y Senado), o edificio donde se reúnen.

1 **cor·te·dad** [korteðáð] *s/f* Cualidad de corto.

1 **cor·te·jar** [korteχár] *tr* Intentar enamorar a otra persona mediante halagos u obsequios.

2 **cor·te·jo** [kortéχo] *s/m* 1. Acción o resultado de cortejar. 2. Séquito que acompaña a un rey o persona importante.

3 **cor·tés** [kortés] *adj* Educado y atento.

2 **cor·te·sa·no, -na** [kortesáno] I. *adj* 1. Relativo a la corte. 2. Cortés. II. *s/f* Mujer de vida licenciosa.

3 **cor·te·sía** [kortesía] *s/f* 1. Cualidad de cortés. 2. Actitud de respeto y atención hacia otro(s).

3 **cor·te·za** [kortéθa] *s/f* 1. Capa exterior del tronco o ramas de un árbol o planta. 2. Capa exterior de frutos o alimentos (pan, queso, etc.).

1 **cor·ti·cal** [kortikál] *adj* Relativo a la corteza o parecido a ella.

1 **cor·ti·jo** [kortíχo] *s/m* Finca en el campo, con viviendas, establos, etc.

3 **cor·ti·na** [kortína] *s/f* 1. Pieza de tela colgante detrás de una ventana. 2. Lo que encubre algo.

1 **cor·ti·na·je** [kortináχe] *s/f gen pl* Conjunto de cortinas.

4 **cor·to, -ta** [kórto] *adj* 1. De poca longitud. 2. Con poco talento.

cor·to·cir·cui·tar [kortoθirkwitár] *tr* Producir un circuito eléctrico.

1 **cor·to·cir·cui·to** [kortoθirkwíto] *s/m* Contacto entre conductores eléctricos, que genera una descarga.

1 **cor·to·me·tra·je** [kortometráχe] *s/m* Película corta.

cor·va [kórβa] *s/f* Parte de la pierna opuesta a la rodilla.

cor·ve·jón [korβeχón] *s/m* Articulación que une el muslo y la caña en las patas traseras de las caballerías.

cór·vi·do, -da [kórβiðo] *adj s/m,f* Se aplica a las aves de la familia del cuervo.

1 **cor·vo, -va** [kórβo] *adj* Curvo.

2 **cor·zo, -za** [kórθo] *s/m,f* Mamífero de la familia de los cérvidos.

5 **co·sa** [kósa] *s/f* 1. Cualquier realidad existente, material o inmaterial, real o figurada. 2. Objeto inanimado. 3. Asunto.

1 **cos·co·rrón** [koskorrón] *s/m* Golpe fuerte en la cabeza.

3 **co·se·cha** [kosétʃa] *s/f* 1. Frutos que se recogen cuando están maduros. 2. Vino producido en un año determinado.

1 **co·se·cha·do·ra** [kosetʃaðóra] *s/f* Máquina para cosechar la mies..

3 **co·se·char** [kosetʃár] *tr intr* Recoger la cosecha.

co·se·no [koséno] *s/m* Seno del complemento de un ángulo o arco.

5 **co·ser** [kosér] *tr intr* 1. Unir mediante hilo

y aguja. **2.** Unir con grapas. **3.** (Con *a*) Acribillar.

1 **co·si·do** [kosíðo] *s/m* Acción o resultado de coser.

2 **cos·mé·ti·co, -ca** [kosmétiko] **I.** *adj* Relativo a la cosmética. **II.** *s/m gen pl* Producto para embellecer la piel. **III.** *s/f* Arte y técnica de aplicar esos productos.

2 **cós·mi·co, -ca** [kósmiko] *adj* Relativo al cosmos.

1 **cos·mo·go·nía** [kosmoɣonía] *s/f* Ciencia que estudia el origen y la evolución del universo.

1 **cos·mo·gra·fía** [kosmoɣrafia] *s/f* Descripción astronómica del universo.

1 **cos·mo·lo·gía** [kosmoloχia] *s/f* Ciencia que estudia el universo y sus leyes.

1 **cos·mó·lo·go, -ga** [kosmóloɣo] *s/m,f* Persona experta en cosmología.

1 **cos·mo·nau·ta** [kosmonáuta] *s/m,f* Astronauta.

2 **cos·mo·po·li·ta** [kosmopolíta] *adj s/m,f* Se aplica a la persona familiarizada con costumbres y gentes muy diversas.

2 **cos·mos** [kósmos] *s/m* Mundo, universo.

1 **co·so** [kóso] *s/m* Lugar en que se celebran corridas de toros.

2 **cos·qui·llas** [koskíʎas] *s/f,pl* Sensación de hormigueo que se experimenta al ser tocada suave y repetidamente una parte sensible del cuerpo.

1 **cos·qui·lle·ar** [koskiʎeár] *tr* Hacer cosquillas.

1 **cos·qui·lleo** [koskiʎéo] *s/m* Acción de cosquillear o sensación que resulta de ello.

5 **cos·ta** [kósta] *s/f* **1.** Contorno bañado por una extensión de agua o franja a su alrededor. **2.** *pl* Gastos que conlleva un juicio.

3 **cos·ta·do** [kostáðo] *s/m* **1.** Parte del cuerpo humano entre el pecho y la espalda. **2.** Parte similar en un objeto de cuatro caras o lados.

1 **cos·tal** [kostál] **I.** *s/m* Bolsa de tela gruesa y resistente. **II.** *adj* Relativo a las costillas.

cos·ta·la·da [kostaláða] *s/f* Costalazo.

cos·ta·la·zo [kostaláθo] *s/m* Golpe fuerte al caer de espaldas o de costado.

5 **cos·tar** [kostár] *tr intr* **1.** Tener algo un determinado valor monetario. **2.** Resultar difícil la realización de algo.
CONJ *Irreg: Cuesta, costó, costará, costado.*

1 **cos·ta·rri·cen·se** [kostarriθénse] *adj s/m,f* De Costa Rica.

4 **cos·te** [kóste] *s/m* Precio que se paga por algo.

2 **cos·te·ar** [kosteár] **I.** *tr* Pagar los gastos de algo. **II.** *intr* Navegar a lo largo de la costa.

1 **cos·te·ño, -ña** [kostéɲo] *adj* Costero.

2 **cos·te·ro, -ra** [kostéro] *adj* Relativo a la costa.

2 **cos·ti·lla** [kostíʎa] *s/f* **1.** ANAT Cada uno de los veinticuatro huesos largos y curvados, desde la columna vertebral al pecho. **2.** Esos huesos con carne, para comer.

1 **cos·ti·llar** [kostiʎár] *s/m* Parte del cuerpo donde están las costillas.

4 **cos·to** [kósto] *s/m* Precio.

3 **cos·to·so, -sa** [kostóso] *adj* Que cuesta mucho.

1 **cos·tra** [kóstra] *s/f* Capa exterior endurecida.

5 **cos·tum·bre** [kostúmbre] *s/f* **1.** Lo que se hace con frecuencia regular. **2.** *pl* Conjunto de las actitudes y maneras de comportarse de alguien.

2 **cos·tum·bris·ta** [kostumbrísta] *adj* Que gusta de la descripción de las costumbres típicas.

3 **cos·tu·ra** [kostúra] *s/f* **1.** Acción de coser. **2.** Actividad y técnica de (cortar y) coser prendas de vestir. **3.** Serie de puntadas consecutivas para unir dos piezas diferentes.

1 **cos·tu·re·ra** [kosturéra] *s/f* Mujer que se dedica a coser.

1 **cos·tu·re·ro** [kosturéro] *s/m* Mesita y útiles para coser.

2 **co·ta** [kóta] *s/f* **1.** Coraza protectora. **2.** Altura de un punto sobre el nivel medio del mar. **3.** Grado o punto máximo al que llega algo.

1 **co·ta·rro** [kotárro] *s/m* Reunión bulliciosa de personas.

1 **co·te·jar** [koteχár] *tr* Comparar.

2 **co·te·jo** [kotéχo] *s/m* Comparación.

4 **co·ti·dia·no, -na** [kotiðjáno] *adj* Diario.

co·ti·le·dón [kotileðón] *s/m* Hojilla que rodea al embrión al germinar una semilla.

1 **co·ti·lla** [kotíʎa] *adj s/m,f* Persona amiga de chismes.

1 **co·ti·lle·ar** [kotiʎeár] *intr tr* Contar chismes.

1 **co·ti·lleo** [kotiʎéo] *s/m* Acción o resultado de cotillear.

1 **co·ti·llón** [kotiʎón] *s/m* Fiesta, *esp* la que se celebra en Nochevieja.

3 **co·ti·za·ción** [kotiθaθjón] *s/f* Precio de las acciones, o valor de una moneda.

2 **co·ti·zar** [kotiθár] **I.** *tr* ECON Tener o alcanzar las acciones, una moneda, el oro, etc., un determinado precio. **II.** *intr tr* Pagar la cuota. **III.** *intr* Participar un valor en Bolsa.
ORT Ante *e* la *z* cambia a *c: Cotice.*

2 **co·to** [kóto] *s/m* Terreno acotado para cazar.

1 **co·to·rra** [kotórra] *s/f* **1.** Ave parecida al papagayo, que repite palabras y sonidos. **2.** FIG Persona que habla mucho.

1 **co·to·rre·ar** [kotorreár] *intr* COL Hablar mucho.

1 **co·tur·no** [kotúrno] *s/m* Calzado de suela muy gruesa, que usaban los actores de las comedias griegas.

1 **cow·boy** [kaubói] *s/m* ANGL Vigilante del ganado vacuno.

1 **co·xis** [kóksis] *s/m* Vértebra de cuatro huesecillos, al final de la columna vertebral.
ORT También *cóccix.*

1 **co·yo·te** [kojóte] *s/m* **1.** Carnívoro de menor tamaño que el lobo. **2.** MEX Persona que ayuda a pasar ilegalmente la frontera con Estados Unidos.

3 **co·yun·tu·ra** [kojuntúra] *s/f* Circunstancia o momento adecuado para hacer algo.

2 **co·yun·tu·ral** [kojunturál] *adj* Relativo a una coyuntura.

1 **coz** [kóθ] *s/f* Sacudida violenta de un animal con sus patas traseras.

cpu [θé pé ú] *s/f* Unidad central de procesamiento en un ordenador.

1 **crac** [krák] *s/m* **1.** Sonido breve y seco, al quebrarse algo. **2.** ECON Quiebra o bancarrota.

1 **cra·ne·al** [kraneál] *adj* Relativo al cráneo.

2 **crá·neo** [kráneo] *s/m* ANAT Caja ósea que contiene el cerebro.

1 **crá·pu·la** [krápula] *s/m* Hombre que vive para los placeres.

1 **cra·so, -sa** [kráso] *adj* Muy grande o importante.

2 **crá·ter** [kráter] *s/m* Boca de un volcán.

5 **crea·ción** [kreaθjón] *s/f* Acción de crear o cosa creada.

4 **crea·dor, -ra** [kreaðór] *adj s/m,f* Que crea.

5 **cre·ar** [kreár] *tr* **1.** Producir algo que no existía. **2.** Hacer que algo exista o empiece a funcionar.

3 **crea·ti·vi·dad** [kreatiβiðáð] *s/f* Cualidad de creativo.

3 **crea·ti·vo, -va** [kreatíβo] *adj* Capaz de crear, *esp* en las artes.

5 **cre·cer** [kreθér] **I.** *intr* Aumentar en estatura, intensidad, número o tamaño. **II.** REFL(-se) Hacerse más fuerte y seguro de sí mismo. RPr **Crecer en**.
CONJ *Irreg: Crezco, crecí, creceré, crecido.*

1 **cre·ces** [kréθes] *s/m* LOC **Con creces**, ampliamente.

1 **cre·ci·da** [kreθíða] *s/f* Aumento del caudal de agua de un río o corriente.

4 **cre·cien·te** [kreθjénte] *adj* Que crece.

5 **cre·ci·mien·to** [kreθimjénto] *s/m* Acción o resultado de crecer.

2 **cre·den·cial** [kreðenθjál] *s/f* Documento que acredita.

3 **cre·di·bi·li·dad** [kreðiβiliðáð] *s/f* Cualidad de creíble.

2 **cre·di·ti·cio, -ia** [kreðitíθjo] *adj* Relativo al crédito.

5 **cré·di·to** [kréðito] *s/m* **1.** Aceptación de algo como verdadero. **2.** COM Cantidad de dinero que se recibe de otro. **3.** *sing* Reputación profesional.

2 **cre·do** [kréðo] *s/m* Creencias de alguien.

1 **cre·du·li·dad** [kreðuliðáð] *s/f* Cualidad de crédulo.

1 **cré·du·lo, -la** [kréðulo] *adj* Que cree con facilidad lo que le dicen.

4 **cre·en·cia** [kreénθja] *s/f* **1.** Convencimiento firme de que algo es de una determinada manera. **2.** *pl* Ideología, religión de alguien.

5 **cre·er** [kreér] *intr tr* **1.** Aceptar como cierto algo cuya veracidad no está demostrada. **2.** Pensar que algo es como se expresa: *No la creo tan malvada.* RPr **Creer en**.

2 **cre·í·ble** [kreíβle] *adj* Que puede ser creído.

3 **cre·ma** [kréma] *s/f* **1.** Nata de la leche. **2.** Postre preparado con leche, huevos y otros ingredientes. **3.** Lo más selecto.

cre·ma·ción [kremaθjón] *s/f* Acción o resultado de incinerar un cadáver.

2 **cre·ma·lle·ra** [kremaʎéra] *s/f* **1.** Cierre para prendas de vestir. **2.** Tercer raíl dentado, en el que se engranan los piñones de la locomotora.

1 **cre·ma·to·rio, -ia** [krematórjo] **I.** *adj* Relativo a la cremación. **II.** *s/m* Horno para quemar cadáveres o residuos.

1 **cre·mo·so, -sa** [kremóso] *adj* De crema o con ese aspecto.

1 **cre·pi·tan·te** [krepitánte] *adj* Que crepita.

① **cre·pi·tar** [krepitár] *intr* Producir sonidos como la madera seca al arder.

① **cre·pus·cu·lar** [krepuskulár] *adj* Relativo al crepúsculo.

② **cre·pús·cu·lo** [krepúskulo] *s/m* Claridad al amanecer y al anochecer y tiempo que dura.

① **cres·pón** [krespón] *s/m* Gasa negra, usada en señal de luto.

② **cres·ta** [krésta] *s/f* 1. Parte carnosa y roja, sobre la cabeza de ciertas aves (*p ej* el gallo). 2. Cima de una montaña, ola, etc.

① **cre·ti·no, -na** [kretíno] *adj s/m,f* Estúpido.

③ **cre·yen·te** [krejénte] *adj s/m,f* Que cree.

② **cría** [kría] *s/f* 1. Acción y actividad de criar animales. 2. Animal de corta edad.

① **cria·de·ro, -ra** [krjaðéro] *s/m* Recinto para la cría de animales.

cria·di·lla [krjaðíʎa] *s/f* Testículo de las reses.

③ **cria·do, -da** [krjáðo] *s/m,f* Persona que trabaja para otra, *gen* en el servicio doméstico o personal.

② **crian·za** [krjánθa] *s/f* Acción o resultado de criar y época que dura.

④ **criar** [krjár] **I.** *tr* 1. Alimentar a sus crías las hembras de los mamíferos. 2. Cuidar de ciertos animales para fines comerciales. 3. Ser algo propicio para que se desarrolle otra cosa. **II.** *intr* Reproducirse los animales. **III.** *REFL(-se)* 1. Crecer o desarrollarse de la manera que se expresa. 2. Producirse o reproducirse un animal o planta.

ORT PRON En el *sing* y en la *3ª p pl* del *pres indic* y *subj*, el acento cae sobre la *i*: *Crían*.

③ **cria·tu·ra** [krjatúra] *s/f* 1. Niño o niña recién nacido. 2. FIG Cualquier cosa creada.

① **cri·ba** [kríβa] *s/f* 1. Acción o resultado de cribar. 2. Utensilio con una red para separar las partículas pequeñas de las grandes.

① **cri·bar** [kriβár] *tr* Pasar algo por una criba (2) para separar unos elementos de otros.

④ **cri·men** [krímen] *s/m* Delito de quien mata a alguien.

③ **cri·mi·nal** [kriminál] **I.** *adj* Relativo al crimen. **II.** *s/m,f* Quien ha cometido un crimen.

① **cri·mi·na·li·dad** [kriminaliðáð] *s/f* 1. Cualidad de criminal. 2. Cantidad de crímenes cometidos durante un periodo de tiempo.

cri·mi·na·lis·ta [kriminalísta] *adj s/m,f* Especialista en asuntos criminales.

cri·mi·no·lo·gía [kriminoloxía] *s/f* Ciencia que estudia el crimen y sus causas o remedios.

① **crin** [krín] *s/f gen pl* Conjunto de cerdas que tienen en la cerviz o parte posterior del cuello algunos animales.

② **crío, -ía** [krío] *s/m,f* Niño de corta edad.

① **crio·ge·nia** [krjoxénja] *s/f* Técnicas para la producción y utilización de temperaturas muy bajas.

① **crio·gé·ni·co, -ca** [krjoxéniko] *adj* Relativo a la criogenia.

③ **crio·llo, -lla** [krjóʎo] *adj s/m,f* Persona de ascendencia europea, nacida en Hispanoamérica.

① **crip·ta** [krípta] *s/f* Sala subterránea de una iglesia.

① **críp·ti·co, -ca** [kríptiko] *adj* Difícil de explicar o descifrar.

crip·to·gra·fía [kriptoɣrafía] *s/f* Arte de cifrar y descifrar escritos.

① **cri·sá·li·da** [krisáliða] *s/f* 1. Insecto en fase de metamorfosis, para convertirse en larva. 2. Envoltura en la que se produce esa metamorfosis.

① **cri·san·te·mo** [krisantémo] *s/m* Planta de flores grandes y vistosas.

⑤ **cri·sis** [krísis] *s/f* 1. Situación de dificultad o escasez. 2. Momento de cambio importante o decisivo en un proceso (*p ej* una enfermedad).

① **cri·sol** [krisól] *s/m* Vasija para fundir o purificar sustancias.

② **cris·pa·ción** [krispaθjón] *s/f* 1. Acción de crispar(se). 2. Estado de gran nerviosismo e irritación.

② **cris·par** [krispár] *tr REFL(-se)* 1. Irritar. 2. Poner(se) rígidos bruscamente los nervios o músculos.

④ **cris·tal** [kristál] *s/m* 1. Sustancia con partículas de forma poliédrica y regulares. 2. Material rígido, incoloro, transparente y frágil.

① **cris·ta·le·ra** [kristaléra] *s/f* Puerta o ventana grande de cristal.

① **cris·ta·le·ría** [kristalería] *s/f* 1. Taller o establecimiento donde se fabrican o se venden objetos de cristal. 2. Conjunto de utensilios de cristal.

① **cris·ta·le·ro, -ra** [kristaléro] *s/m,f* Quien trabaja o vende cristal.

② **cris·ta·li·no, -na** [kristalíno] **I.** *adj* 1. De cristal. 2. Claro, transparente. **II.** *s/m* Órgano del ojo que hace converger los rayos de luz sobre la retina.

CRU·JI·DO

[1] **cris·ta·li·za·ción** [kristaliθaθjón] *s/f* Acción o resultado de cristalizar.

[2] **cris·ta·li·zar** [kristaliθár] *intr REFL(-se)* **1.** Adquirir una sustancia forma de cristal. **2.** Llevarse a cabo un proyecto.
ORT Ante *e* la *z* cambia a *c: Cristalicen*.

[1] **cris·tian·dad** [kristjandáð] *s/f* Conjunto de todos los cristianos.

[3] **cris·tia·nis·mo** [kristjanísmo] *s/m* Religión fundada por Jesucristo.

[1] **cris·tia·ni·za·ción** [kristjaniθaθjón] *s/f* Acción o resultado de cristianizar(se).

[1] **cris·tia·ni·zar** [kristjaniθár] *tr* Convertir al cristianismo.
ORT Ante *e* la *z* cambia a *c: Cristianice*.

[5] **cris·tia·no, -na** *adj s/m,f* Referido al cristianismo o seguidor de él.

[4] **cris·to** [krísto] *s/m* Imagen de Jesucristo en la cruz.

[5] **cri·te·rio** [kritérjo] *s/m* Norma para juzgar o decidir.

[4] **crí·ti·ca** [krítika] *s/f* Acción de criticar.

[1] **cri·ti·ca·ble** [kritikáβle] *adj* Que puede ser criticado.

[4] **cri·ti·car** [kritikár] *tr intr* Expresar desaprobación o desacuerdo respecto a algo o a alguien.
ORT Ante *e* la *c* cambia a *qu: Critiqué*.

[5] **crí·ti·co, -ca** [krítiko] **I.** *adj* **1.** Relativo a la crítica. **2.** En medicina, en estado muy grave. **II.** *s/m,f* Quien ejerce la crítica. RPr **Crítico con**.

[1] **cro·ar** [kroár] *intr* Emitir la rana o el sapo su sonido característico.

croa·sán [kroasán] *s/m* GAL Tipo de bollo.

[2] **croa·ta** [kroáta] *adj s/m,f* De Croacia.

[1] **cro·can·te** *s/m* Dulce de pasta suave con almendras tostadas incrustadas.

cro·ma·do [kromáðo] *s/m* Objeto cromado.

cro·mar [kromár] *tr* Recubrir de cromo.

[2] **cro·má·ti·co, -ca** [kromátiko] *adj* Relativo al color.

[1] **cro·mo** [krómo] *s/m* Metal blanco grisáceo. Símbolo *Cr*.

[2] **cro·mo·so·ma** [kromosóma] *s/m* Elemento que interviene en la división celular y factores hereditarios.

[3] **cró·ni·ca** [krónika] *s/f* **1.** Recopilación cronológica de hechos históricos. **2.** Artículo periodístico sobre un suceso.

[3] **cró·ni·co, -ca** [króniko] *adj* Que dura mucho tiempo o se repite periódicamente.

[2] **cro·nis·ta** [kronísta] *s/m,f* Quien escribe crónicas.

[2] **cro·no·lo·gía** [kronoloxía] *s/f* Ciencia que se ocupa de ordenar fechas y hechos.

[2] **cro·no·ló·gi·co, -ca** [kronolóxiko] *adj* Relativo a la cronología.

cro·no·me·tra·je [kronometráxe] *s/m* Acción o resultado de cronometrar.

[1] **cro·no·me·trar** [kronometrár] *tr* Medir el tiempo con un cronómetro.

[1] **cro·nó·me·tro** [kronómetro] *s/m* Reloj de precisión para medir el tiempo.

[1] **cro·que·ta** [krokéta] *s/f* Masa ovalada, hecha con pasta y trozos pequeños de carne, pescado, etc.

[2] **cro·quis** [krókis] *s/m* Dibujo preliminar de algo.

[1] **cross** [krós] *s/m* ANGL Carrera deportiva con obstáculos.

cró·ta·lo [krótalo] *s/m* Serpiente venenosa.

[2] **cru·ce** [krúθe] *s/m* **1.** Acción de cruzar. **2.** Punto en el que se cortan dos o más líneas, calles, etc. **3.** Raza que resulta de la combinación de otras dos diferentes.

[2] **cru·ce·ro, -ra** [kruθéro] *s/m* **1.** Viaje de placer por el mar o barco en que se realiza. **2.** En una iglesia o catedral, espacio en que se cruza la nave transversal con la nave mayor. **3.** Embarcación de guerra. **4.** Velocidad óptima y constante de desplazamiento de un vehículo.

[2] **cru·cial** [kruθjál] *adj* Muy importante.

[2] **cru·ci·fi·car** [kruθifikár] *tr* **1.** Clavar o sujetar en una cruz. **2.** FIG Causar sufrimiento.
ORT Ante *e* la *c* cambia a *qu: Crucifique*.

[2] **cru·ci·fi·jo** [kruθifíxo] *s/m* Figura de Jesucristo clavado en una cruz.

[1] **cru·ci·fi·xión** [kruθifi(k)sjón] *s/f* Acción o resultado de crucificar.

[1] **cru·ci·for·me** [kruθifórme] *adj* En forma de cruz.

[1] **cru·ci·gra·ma** [kruθiɣráma] *s/m* Cuadrícula con huecos en blanco y negro, que hay que completar con palabras adecuadas.

[2] **cru·de·za** [kruðéθa] *s/f* Cualidad de crudo.

[3] **cru·do, -da** [krúðo] **I.** *adj* **1.** (Alimento) no cocido. **2.** Muy frío. **3.** Beis claro. **4.** Desagradable. **II.** *s/m* Petróleo sin refinar.

[3] **cruel** [krwél] *adj* Que no tiene compasión ni piedad.

[2] **cruel·dad** [krweldáð] *s/f* **1.** Cualidad de cruel. **2.** Acción cruel.

[1] **cruen·to, -ta** [krwénto] *adj* Con derramamiento de sangre.

[1] **cru·ji·do** [kruxíðo] *s/m* Acción o resultado de crujir.

CRU·JIEN·TE

[1] **cru·jien·te** [kruχjénte] *adj* Que cruje.

[2] **cru·jir** [kruχír] *intr* Producir algo sonidos cortos y secos al romperse.

[1] **cru·pier** [krupjér] *s/m,f* GAL En un casino, encargado del juego.

[1] **crus·tá·ceo, -ea** [krustáθeo] *adj s/m* Se dice del animal articulado, con caparazón, un par de antenas y varios pares de patas a cada lado.

[4] **cruz** [krúθ] *s/f* 1. Figura que forman dos líneas al cortarse verticalmente. 2. Armazón con esa forma para torturar o colgar a los condenados. 3. Sufrimiento grande. 4. Lado opuesto al principal o cara en una moneda. 5. En ciertos cuadrúpedos, parte más alta del lomo.
ORL *pl Cruces*.

[2] **cru·za·da** [kruθáða] *s/f* 1. *may* Expedición militar de los cristianos contra los musulmanes, en el Medioevo, para expulsarlos de Tierra Santa. 2. Conjunto de acciones para conseguir algo.

[3] **cru·za·do, -da** [kruθáðo] I. *adj* Que resulta de cruzar(se). II. *s/m* Quien tomó parte en las Cruzadas.

[5] **cru·zar** [kruθár] I. *tr* 1. Estar dos cosas colocadas en forma de cruz. 2. Atravesar de un lado a otro. 3. Mezclar razas para la reproducción animal. II. *intr* Pasar por delante de otra cosa: *Los coches cruzan en todas direcciones.* III. REFL(-se) Encontrarse con quien va en dirección opuesta. RPr **Cruzar(se) con/por**.
ORT Ante *e* la *z* cambia a *c: Cruce*.

cu [kú] *s/m* Nombre de la letra 'q'.

cua·der·na [kwaðérna] *s/f* Pieza transversal en el casco de un buque.

[3] **cua·der·no** [kwaðérno] *s/m* Conjunto de pliegos u hojas de papel en forma de libro.

[2] **cua·dra** [kwáðra] *s/f* 1. Lugar cubierto donde se recogen las caballerías. 2. Conjunto de caballos de carrera del mismo criador. 3. AMER Tramo de una calle entre dos esquinas.

[4] **cua·dra·do, -da** [kwaðráðo] I. *adj* 1. Con forma de cuadrado. II. *s/m* 1. Figura geométrica de cuatro líneas rectas iguales, formando cuatro ángulos rectos. 2. MAT Número que resulta de multiplicar otro por sí mismo.

cua·dra·ge·na·rio, -ia [kwaðraχenárjo] *adj s/m,f* Que tiene cuarenta años.

cua·dra·gé·si·mo, -ma [kwaðraχésimo] *adj* Adjetivo numeral ordinal que corresponde a 'cuarenta'.

[1] **cua·dran·gu·lar** [kwaðrangulár] *adj* Con cuatro ángulos.

[1] **cua·dran·te** [kwaðránte] *s/m* GEOM Cuarta parte de un círculo.

[4] **cua·drar** [kwaðrár] I. *tr intr* 1. Dar a algo forma de cuadrado. 2. COM Hacer coincidir el debe y el haber en una cuenta. 2. (Con *con*) Corresponder una cosa con otra: *Eso no cuadra con lo que dijeron.* III. REFL(-se) Ponerse en posición militar, con los pies fijos y en escuadra. RPr **Cuadrar con**.

[1] **cua·dra·tu·ra** [kwaðratúra] *s/f* Acción o resultado de cuadrar.

[1] **cua·drí·cu·la** [kwaðríkula] *s/f* Dibujo que resulta al cortarse perpendicularmente dos series de líneas paralelas y equidistantes.

[1] **cua·dri·cu·lar** [kwaðrikulár] *tr* Trazar líneas formando cuadrículas.

cua·dri·ga [kwaðríγa] *s/f* Carro tirado por cuatro caballos.

[1] **cua·dri·lá·te·ro, -ra** [kwaðrilátero] I. *adj s/m* GEOM Se aplica al polígono de cuatro lados. II. *s/m* DEP En boxeo, plataforma sobre la cual se disputa el combate.

[1] **cua·dri·lla** [kwaðríʎa] *s/f* Conjunto de personas que colaboran para un fin.

cua·dri·pli·car [kwaðriplikár] *tr* REFL(-se) Multiplicar por cuatro.
ORT También *cuadruplicar*. Ante *e* la *c* cambia a *qu: Cuadriplique*.

[5] **cua·dro** [kwáðro] *s/m* 1. GEOM Cuadrado. 2. GEOM Figura geométrica de cuatro lados formando ángulo recto. 3. Dibujo con un marco alrededor. 4. Estructura de barras de una bicicleta. 5. Descripción que se hace de una acción, suceso, etc. 6. Conjunto de jefes y oficiales en el ejército, o de directivos en una empresa.

cua·dru·ma·no, -na [kwaðrumáno] *adj s/m,f* Primate.

[1] **cua·drú·pe·do, -da** [kwaðrúpeðo] *adj s/m* Animal con cuatro extremidades.

[1] **cuá·dru·ple, -plo** [kwáðruple; -plo] *adj* Cuatro veces mayor.

[1] **cua·dru·pli·car** [kwaðruplikár] *tr* REFL(-se) Multiplicar por cuatro.
ORT También *cuadriplicar*. Ante *e* la *c* cambia a *qu: Cuadruplique*.

cua·ja·da [kwaχáða] *s/f* 1. Parte de la leche que se espesa o solidifica. 2. Postre elaborado con ella.

[2] **cua·jar** [kwaχár] I. *tr intr* Hacer que un líquido se ponga espeso. II. *intr* Llegar a realizarse algo.

[1] **cua·jo** [kwáχo] *s/m* 1. Acción o resultado de cuajar(se). 2. Compartimento del estó-

mago de los rumiantes. LOC **De cuajo,** de raíz, totalmente.

cual [kwál] **I.** *pron rel* Equivale a 'que' o 'quien' y se construye con el artículo determinado. **II.** *adv conj* Como: *Huye cual alma en pena.* **III.** *adj pron indef* Se usa sin artículo: *Dime tal o cual libro y te diré el nombre del autor.* **IV.** *pron correl* Se usa con 'tal', y equivale a 'como': *Se muestra abierto y jovial, tal cual es él.*

cuál [kwál] *adj pron int* (sin *art*): *Di, ¿cuál es tu secreto?*

[2] **cua·les·quier, -ra** [kwaleskjér] *adj pron indef* (antes del *n*) *pl* de 'cualquier, cualquiera'.

[4] **cua·li·dad** [kwaliðáð] *s/f* Lo que hace que algo sea lo que es y lo diferencia de otras cosas.

[2] **cua·li·fi·ca·ción** [kwalifikaθjón] *s/m* **1.** Acción o resultado de cualificar(se). **2.** Preparación y conocimientos de alguien para realizar un determinado trabajo.

[2] **cua·li·fi·ca·do, -da** [kwalifikáðo] *adj* Con cualificación para algo.

[2] **cua·li·fi·car** [kwalifikár] *tr* REFL(*-se*) **1.** Determinar las cualidades de algo o de alguien. **2.** Hacer que alguien tenga las cualidades necesarias para algo: *¿Qué lo cualifica para este trabajo?*
ORT Ante *e* la *c* cambia a *qu: Cualifique.*

[2] **cua·li·ta·ti·vo, -va** [kwalitatíβo] *adj* Relativo a la cualidad.

[5] **cual·quier** [kwalkjér] *adj pron indef apoc* de 'cualquiera'.
ORT *pl Cualesquier.*

[5] **cual·quie·ra** [kwalkjéra] **I.** *adj pron indef m* y *f* Persona o cosa indeterminada: *Una persona cualquiera.* **II.** *s/m,f* Persona vulgar o común: *No sale con un cualquiera como yo.*
ORT *pl Cualesquiera.*

[2] **cuan, cuán** [kwán] *adv* **1.** *correlativo, apoc* de 'cuanto/cuánto'. Equivale a 'como', en expresiones comparativas como 'tan ... cuan': *Tan amigo de la juerga cuan enemigo de trabajar.* **2.** Se usa delante de un adjetivo con valor ponderativo: *Está de pie frente a mí, cuan alta es.*

[5] **cuan·do** [kwándo] *conj* Introduce oraciones de tiempo o condicionales: *Cuando tenía quince años, no lloraba. Cuando no se queja, es que le gusta.*

[4] **cuán·do** [kwándo] *adv* En qué tiempo.

[3] **cuan·tía** [kwantía] *s/f* Cantidad a la que asciende algo.

[1] **cuan·ti·fi·ca·ble** [kwantifikáβle] *adj* Que puede ser cuantificado.

[1] **cuan·ti·fi·ca·ción** [kwantifikaθjón] *s/f* Acción o resultado de cuantificar.

[2] **cuan·ti·fi·car** [kwantifikár] *tr* Expresar con números una magnitud (peso, velocidad, etc.).
ORT Ante *e* la *c* cambia a *qu: Cuantifiqué.*

[2] **cuan·tio·so, -sa** [kwantjóso] *adj* Muy grande.

[2] **cuan·ti·ta·ti·vo, -va** [kwantitatíβo] *adj* Relativo a la cantidad.

[5] **cuan·to, -ta** [kwánto] **I.** *adj pron rel* Indica cantidad y equivale a '(todo) lo que': *Te regalaré cuanto me pidas.* **II.** *adv rel* Indica relación de equivalencia: *Cuanto mejor te portes, más te querrán ellos.* LOC **Cuanto antes,** lo antes posible.

[5] **cuán·to, -ta** [kwánto] **I.** *adj pron int* Se usa para preguntar la cantidad o medida de algo: *¿Cuántos años tienes?* **II.** *adv exclam* Equivale a 'mucho': *¡Cuánto trabaja, jefe!*

[4] **cua·ren·ta** [kwarénta] *adj* **1.** Treinta más diez. **2.** Cuadragésimo.

cua·ren·ta·vo, -va [kwarentáβo] *adj s/m,f* Cuadragésimo.

[1] **cua·ren·te·na** [kwarenténa] *s/f* **1.** Conjunto de cuarenta unidades. **2.** Periodo de tiempo de observación de cuarenta días.

[1] **cua·ren·tón, -to·na** [kwarentón] *adj s/m,f* Persona que pasa de los cuarenta años.

[1] **cua·res·ma** [kwarésma] *s/f may* Periodo de tiempo desde el Miércoles de Ceniza hasta el Sábado Santo.

cua·res·mal [kwaresmál] *adj* Relativo a la Cuaresma.

[3] **cuar·ta** [kwárta] *s/f* Medida de longitud que corresponde a la distancia entre la punta del dedo meñique y el pulgar.

[1] **cuar·te·ar** [kwarteár] *tr* **1.** Resquebrajarse algo. **2.** Trocear el cuerpo muerto de una res.

[3] **cuar·tel** [kwartél] *s/m* Edificio para el alojamiento de tropas.

[1] **cuar·te·la·zo** [kwarteláθo] *s/m* Sublevación militar.

[1] **cuar·te·li·llo** [kwartelíʎo] *s/m* Edificio en que se aloja una unidad militar, o puesto de policía o Guardia Civil.

[2] **cuar·te·to** [kwartéto] *s/m* **1.** LIT Estrofa de cuatro versos de once sílabas, con rima en *ABBA.* **2.** Conjunto de cuatro instrumentos musicales o de cuatro voces.

[2] **cuar·ti·lla** [kwartíʎa] *s/f* Hoja de papel, cuarta parte de un pliego.

[1] **cuar·ti·llo** [kwartíʎo] *s/m* Medida de capacidad (1,156 l).

[5] **cuar·to, -ta** [kwárto] **I.** *adj* Que sigue al tercero en orden. **II.** *adj s/m* Cada una de las cuatro partes de algo. **III.** *s/m* **1.** Sala de una vivienda: *Cuarto de baño*. **2.** *pl* Dinero.

[1] **cuar·zo** [kwárθo] *s/m* Mineral de sílice, de gran dureza.

[1] **cua·te** [kwáte] *s/m,f* AMER Persona con la que se tiene confianza y amistad.

[1] **cua·ter·na·rio, -ia** [kwaternárjo] *adj* Era geológica desde el final de la era terciaria hasta la actualidad.

[1] **cua·tre·ro, -ra** [kwatréro] *adj s/m,f* Que roba ganado.

[1] **cua·trie·nio** [kwatrjénjo] *s/m* Periodo de cuatro años.

[1] **cua·tri·lli·zo, -za** [kwatriʎíθo] *s/m,f* Cada niño nacido en un parto de cuatro.

[1] **cua·tri·mes·tre** [kwatriméstre] *s/m* Periodo de cuatro meses.

[1] **cua·tri·mo·tor** [kwatrimotór] *adj s/m* Con cuatro motores.

[1] **cua·tri·par·ti·to, -ta** [kwatripartíto] *adj* Dividido en cuatro partes.

[5] **cua·tro** [kwátro] *adj pron num* Tres más uno.

[2] **cu·ba** [kúβa] *s/f* Recipiente para líquidos.

[1] **cu·ba·li·bre** [kuβalíβre] *s/m* Bebida de ginebra o ron con coca-cola.

[4] **cu·ba·no, -na** [kuβáno] *adj s/m,f* De Cuba.

[1] **cu·ba·ta** [kuβáta] *s/m* COL Cubalibre.

[1] **cu·ber·te·ría** [kuβertería] *s/f* Conjunto de cuchillos, cucharas y tenedores para la mesa.

[1] **cu·be·ta** [kuβéta] *s/f* Cuba pequeña.

cu·bi·car [kuβikár] *tr* MAT Calcular el volumen.

ORT Ante *e* la *c* cambia a *qu: Cubique*.

[2] **cú·bi·co, -ca** [kúβiko] *adj* **1.** Con forma de cubo. **2.** GEOM Referido al volumen. **3.** MAT Elevado a la tercera potencia.

[1] **cu·bí·cu·lo** [kuβíkulo] *s/m* Habitación pequeña.

[3] **cu·bier·ta** [kuβjérta] *s/f* **1.** Cosa para tapar o cubrir algo. **2.** Funda exterior de caucho de la rueda de los vehículos, que protege la cámara de aire. **3.** Suelo o piso de una embarcación.

[4] **cu·bier·to, -ta** [kuβjérto] **I.** *adj* Que resulta de cubrir. **II.** *s/m* Conjunto de tenedor, cuchillo y cuchara usados para comer. LOC **A cubierto (de)**, protegido (por).

[1] **cu·bil** [kuβíl] *s/m* Lugar cubierto, para refugio de animales.

[1] **cu·bi·le·te** [kuβiléte] *s/m* Cubo pequeño, para mover los dados en su interior.

[2] **cu·bis·mo** [kuβísmo] *s/m* Movimiento pictórico de la primera quincena del siglo XX.

[2] **cu·bis·ta** [kuβísta] *adj s/m,f* Relativo al cubismo o seguidor de este movimiento.

[1] **cu·bi·tal** [kuβitál] *adj* ANAT Relativo al codo.

[2] **cu·bi·to** [kuβíto] *s/m* Trozo pequeño de hielo.

[1] **cú·bi·to** [kúβito] *s/m* Hueso más grueso y largo del antebrazo.

[5] **cu·bo** [kúβo] *s/m* **1.** Recipiente cilíndrico para fines diversos. **2.** Cantidad que cabe en un cubo. **3.** GEOM Poliedro regular limitado por seis lados cuadrados iguales. LOC **Al cubo**, MAT multiplicado dos veces por sí mismo.

[5] **cu·brir** [kuβrír] **I.** *tr* **1.** Tapar o cubrir una cosa con otra. **2.** Recorrer una distancia: *El tren cubrirá esa distancia en dos horas*. **3.** Unirse sexualmente un macho y una hembra. **4.** Proteger de un peligro. **5.** Informar. **6.** Ser suficiente para algo una cantidad de dinero. **II.** REFL(-*se*) **1.** Llenarse una cosa de algo que la oculta. **2.** Ponerse alguien el sombrero. RPr **Cubrir(se) con/de**.

CONJ *pp irreg: cubierto*.

[1] **cu·ca·ra·cha** [kukarátʃa] *s/f* Insecto común en los hogares, con un par de antenas y patas cortas.

[2] **cu·cha·ra** [kutʃára] *s/f* Utensilio formado por una pieza cóncava unida a un mango, para llevar líquidos a la boca.

[3] **cu·cha·ra·da** [kutʃaráða] *s/f* Cantidad que cabe en una cuchara.

[1] **cu·cha·ri·lla** [kutʃaríʎa] *s/f* Cuchara pequeña.

[1] **cu·cha·rón** [kutʃarón] *s/m* Cuchara grande.

[1] **cu·chi·che·ar** [kutʃitʃeár] *intr* Hablar en voz muy baja.

[1] **cu·chi·cheo** [kutʃitʃéo] *s/m* Acción o resultado de cuchichear.

[1] **cu·chi·lla** [kutʃíʎa] *s/f* Hoja o lámina de hierro afilada, usada para cortar.

[1] **cu·chi·lla·da** [kutʃiʎáða] *s/f* Corte de cuchillo o arma cortante.

[3] **cu·chi·llo** [kutʃíʎo] *s/m* Hoja metálica y afilada, inserta en un mango, para cortar.

[1] **cu·chi·tril** [kutʃitríl] *s/m* Habitación pequeña y desordenada.

CUI·TA

cu·chu·fle·ta [kutʃufléta] *s/f* Palabras para hacer reír o para burlarse de alguien.

1 **cu·cli·llas** [kuklíʎas] *s/f,pl* **De/En cuclillas,** manera de estar el cuerpo agachado, con las piernas juntas y flexionadas y el trasero apoyado en los talones.

2 **cu·co, -ca** [kúko] **I.** *adj* **1.** Bonito. **2.** Astuto. **II.** *s/m* **1.** Ave con un canto peculiar ('cu cu'). **2.** Cesto forrado para transportar bebés.

1 **cu·cú** [kukú] *s/m* Onomatopeya que imita el canto del cuco.

1 **cu·cu·ru·cho** [kukurútʃo] *s/m* Papel o cartón enrollado en forma cónica.

4 **cue·llo** [kwéʎo] *s/m* **1.** ANAT Parte del cuerpo que une la cabeza con el torso. **2.** En las prendas de vestir, parte que rodea el cuello. **3.** Parte superior y más estrecha de una botella u otro recipiente.

2 **cuen·ca** [kwénka] *s/f* **1.** ANAT Cavidad del ojo. **2.** Terrenos cuyas aguas confluyen en un río o en el mar. **3.** Territorio con yacimientos minerales.

4 **cuen·co** [kwénko] *s/m* Recipiente cóncavo y sin asas.

5 **cuen·ta** [kwénta] *s/f* **1.** Acción o resultado de contar. **2.** Operación matemática de sumar, restar, etc. **3.** Papel con la relación de productos y sus precios. **4.** COM Relación de los ingresos y gastos de un negocio. **5.** Cada una de las bolas que se ensartan en un hilo o cadena y forman un rosario. **6.** COM Dinero depositado en un banco. **7.** Justificación que se da sobre algo. LOC **A(l) fin de cuentas,** después de todo. **Darse cuenta de algo,** comprenderlo o advertirlo. **Sin darse cuenta,** de manera involuntaria.

1 **cuen·ta·go·tas** [kwentaɣótas] *s/m* **A/Con cuentagotas,** FIG poco a poco, con escasez.

cuen·ta·ki·ló·me·tros [kwentakilómetros] *s/m* Instrumento que mide los kilómetros recorridos por un vehículo.

1 **cuen·tis·ta** [kwentísta] **I.** *adj s/m,f* Que exagera o falsea la realidad. **II.** *s/m,f* Persona que escribe cuentos.

5 **cuen·to** [kwénto] *s/m* **1.** Narración breve de un suceso de ficción. **2.** Invención de algo contado como verdadero. **3.** Lo contado con mala intención o para murmurar. LOC **Vivir del cuento,** vivir sin trabajar.

3 **cuer·da** [kwérða] *s/f* **1.** Conjunto de hilos de cáñamo, lino o fibra, retorcidos unos con otros hasta formar una trenza resistente para atar, sujetar, etc. **2.** Hilo que al vibrar produce los sonidos en un instrumento musical.

3 **cuer·do, -da** [kwérðo] *adj s/m,f* Juicioso, sensato.

4 **cuer·no** [kwérno] *s/m* **1.** Apéndice óseo de ciertos animales a ambos lados de la cabeza. **2.** *pl* Infidelidad conyugal. **3.** Instrumento músico de viento. LOC **Irse algo al cuerno,** COL frustrarse. **Mandar a alguien al cuerno,** decirle que se vaya o abandonarle.

3 **cue·ro** [kwéro] *s/m* **1.** Piel que recubre la carne de los animales. **2.** Odre para contener líquidos.

5 **cuer·po** [kwérpo] *s/m* **1.** Materia orgánica que constituye los seres vivos. **2.** Persona o animal sin vida. **3.** Parte que comprende desde la parte inferior del cuello hasta la parte inferior de las nalgas. **4.** Cualquier cosa que existe físicamente. **5.** Parte principal de algo. **6.** Conjunto de algo (personas, leyes, etc.). LOC **En cuerpo y alma,** con todo el esfuerzo del que alguien es capaz. **Hacer de cuerpo,** expulsar los excrementos por vía anal.

2 **cuer·vo** [kwérβo] *s/m* Ave de la familia de los córvidos, de plumaje negro.

cues·co [kwésko] *s/m* Hueso de algunos frutos.

4 **cues·ta** [kwésta] *s/f* Terreno en pendiente. LOC **A cuestas,** sobre la espalda.

cues·ta·ción [kwestaθjón] *s/f* Petición de limosna para fines benéficos.

5 **cues·tión** [kwestjón] *s/f* **1.** Asunto. **2.** Pregunta para averiguar la verdad de algo. LOC **Es cuestión de,** se trata de.

1 **cues·tio·na·ble** [kwestjonáβle] *adj* Que puede ser cuestionado.

2 **cues·tio·na·mien·to** [kwestjonamjénto] *s/m* Acción o resultado de cuestionar(se).

4 **cues·tio·nar** [kwestjonár] *tr* REFL(-se) Poner en duda.

2 **cues·tio·na·rio** [kwestjonárjo] *s/m* Conjunto de preguntas sobre un tema.

4 **cue·va** [kwéβa] *s/f* Cavidad subterránea.

4 **cui·da·do** [kwiðáðo] *s/m* Interés y atención que se pone en algo.

2 **cui·da·do·so, -sa** [kwiðaðóso] *adj* Que obra con cuidado y atención. RPr **Cuidadoso con/de.**

5 **cui·dar** [kwiðár] *tr intr* Ocuparse con atención e interés de que una persona o cosa esté bien. RPr **Cuidar(se) con/de/por.**

1 **cui·ta** [kwíta] *s/f* Cosa que preocupa o apena.

CU·LA·TA

1 **cu·la·ta** [kuláta] *s/f* **1.** Parte posterior de la caja de un arma de fuego. **2.** MEC En un motor de combustión interna, pieza metálica que cierra el cuerpo de los cilindros. LOC **Salir el tiro por la culata,** FIG tener algo efectos contrarios a los pretendidos.

1 **cu·la·ta·zo** [kulatáθo] *s/m* Golpe dado con la culata.

1 **cu·le·ar** [kuleár] *intr* Mover el culo a uno y otro lado.

1 **cu·le·bra** [kuléβra] *s/f* Serpiente.

cu·le·bre·ar [kuleβreár] *intr* Moverse en zigzag, como las culebras.

cu·le·bri·na [kuleβrína] *s/f* Pieza antigua de artillería, de poco calibre.

1 **cu·le·brón** [kuleβrón] *s/m* Serie de televisión, de carácter sentimental.

cu·le·ra [kuléra] *s/f* Remiendo en la parte que cubre las nalgas.

2 **cu·li·na·rio, -ia** [kulinárjo] *adj* Relativo al arte de cocinar.

1 **cul·men** [kúlmen] *s/m* Punto de máximo desarrollo.

2 **cul·mi·na·ción** [kulminaθjón] *s/f* Acción o resultado de culminar.

2 **cul·mi·nan·te** [kulmináṅte] *adj* Que culmina.

3 **cul·mi·nar** [kulminár] *intr tr* Llegar algo al punto máximo de su desarrollo. RPr **Culminar con/en.**

3 **cu·lo** [kúlo] *s/m* **1.** Parte posterior de personas y animales. **2.** Ano. **3.** Parte inferior de vasijas o recipientes LOC **Ir de (puto) culo,** VULG tener (muchos) problemas o dificultades. **Irse algo a tomar por el culo,** VULG frustrarse, destrozarse. **Traer/Llevar de culo a alguien,** causar algo o alguien (muchos) problemas.

1 **cu·lom·bio** [kulómbjo] *s/m* FÍS Unidad de carga eléctrica.

cu·lón, -lo·na [kulón] *adj* Con el culo muy grande.

4 **cul·pa** [kúlpa] *s/f* **1.** Responsabilidad por un error o delito. **2.** DER Falta que puede implicar delito.

2 **cul·pa·bi·li·dad** [kulpabiliðáð] *s/f* Cualidad de culpable.

1 **cul·pa·bi·li·zar** [kulpaβiliθár] *tr* REFL(-se) Culpar.
ORT Ante *e* la *z* cambia a *c*: *Culpabilice.*

4 **cul·pa·ble** [kulpáβle] *adj s/m,f* Que ha cometido una culpa.

2 **cul·par** [kulpár] *tr* REFL(-se) Atribuir a alguien la culpa de algo.

1 **cul·tis·mo** [kultísmo] *s/m* Palabra o expresión culta.

1 **cul·ti·va·ble** [kultiβáβle] *adj* Que puede ser cultivado.

4 **cul·ti·var** [kultiβár] *tr* **1.** Aplicar a la tierra los tratamientos y productos necesarios para que fructifiquen las plantas. **2.** FIG Hacer algo para que una cosa (sentimiento, actitud, etc.) se desarrolle. **3.** FIG Practicar una actividad o arte.

4 **cul·ti·vo** [kultíβo] *s/m* Acción o resultado de cultivar.

4 **cul·to, -ta** [kúlto] **I.** *adj* **1.** Con mucha cultura y conocimientos. **2.** Se dice de la palabra tomada o derivada de las lenguas clásicas. **II.** *s/m* Respeto y adoración de la divinidad o ceremonias que acompañan.

5 **cul·tu·ra** [kultúra] *s/f* Conjunto de conocimientos adquiridos por una persona o pueblo.

5 **cul·tu·ral** [kulturál] *adj* Relativo a la cultura.

1 **cul·tu·ris·mo** [kulturísmo] *s/m* Actividad deportiva para desarrollar los músculos.

4 **cum·bre** [kúmbre] *s/f* **1.** Parte más elevada de una montaña. **2.** FIG Punto de máximo desarrollo o esplendor. **3.** Reunión de los más altos representantes de varios países.

3 **cum·ple·a·ños** [kumpleáɲos] *s/m* Aniversario del nacimiento de alguien o fiesta que acompaña.

3 **cum·pli·do** [kumplíðo] *s/m* Alabanza o elogio hacia alguien.

1 **cum·pli·dor, -ra** [kumpliðór] *adj s/m,f* Que cumple.

2 **cum·pli·men·tar** [kumplimentár] *tr* **1.** Cumplir una orden. **2.** Mostrar cortesía o respeto hacia alguien.

4 **cum·pli·mien·to** [kumplimjénto] *s/m* Acción o resultado de cumplir(se).

5 **cum·plir** [kumplír] *tr intr* **1.** Llevar algo a cabo, *esp* si es obligado. **2.** Satisfacer una pena o castigo. **3.** Llegar al número de años que se expresa.

2 **cú·mu·lo** [kúmulo] *s/m* **1.** Amontonamiento de muchas cosas. **2.** Nubes blancas y redondeadas.

2 **cu·na** [kúna] *s/f* **1.** Cama pequeña, para niños, con lados altos. **2.** Origen o parentesco de alguien: *Un joven de noble cuna.*

2 **cun·dir** [kundír] *intr* **1.** Extenderse un rumor, noticia, etc. **2.** Dar algo (como el tiempo) mucho de sí para un fin.

1 **cu·nei·for·me** [kuneifórme] *adj* En forma de cuña.

[1] **cu·ne·ta** [kunéta] *s/f* Zanja a cada lado de la carretera.

[2] **cu·ña** [kúɲa] *s/f* Pieza de madera, metal, etc., en forma de ángulo agudo (para fijar, ajustar algo, etc.).

[2] **cu·ña·do, -da** [kuɲáðo] *s/m,f* Con respecto a una persona, hermano o hermana de su cónyuge, o cónyuge de su hermano o hermana.

[1] **cu·ño** [kúɲo] *s/m* 1. Pieza de acero para acuñar moneda. 2. Sello, dibujo, etc., grabado en una moneda o medalla. 3. Características principales de algo: *Novela de cuño dieciochesco*.

[4] **cuo·ta** [kwóta] *s/f* 1. Cantidad que paga alguien como socio de una asociación. 2. Parte proporcional de algo.

[1] **cu·pé** [kupé] *s/m* Coche cerrado, *gen* de dos plazas.

[1] **cu·plé** [kuplé] *s/m* GAL Cancioncilla de música ligera y letra frívola.

[1] **cu·ple·tis·ta** [kupletísta] *s/m,f* Cantante de cuplés.

[2] **cu·po** [kúpo] *s/m* Parte proporcional con que se contribuye a algo.

[2] **cu·pón** [kupón] *s/m* 1. COM Parte de un documento de deuda pública. 2. Trozo de papel que se puede recortar para algún fin (rifa, sorteo, etc.).

[1] **cu·po·na·zo** [kuponáθo] *s/m* Premio especial en la lotería de los ciegos.

cú·pri·co, -ca [kúpriko] *adj* QUÍM De cobre.

[3] **cú·pu·la** [kúpula] *s/f* 1. ARQ Bóveda semiesférica que cubre un edificio. 2. Líderes de una institución o similar.

[3] **cu·ra** [kúra] I. *s/f* Acción o resultado de curar. II. *s/m* Sacerdote católico.

[1] **cu·ra·ble** [kuráβle] *adj* Que puede curarse.

[2] **cu·ra·ción** [kuraθjón] *s/f* Acción o resultado de curar(se).

[2] **cu·ran·de·ro, -ra** [kurandéro] *s/m,f* Quien cura sin ser médico o mediante magia.

[4] **cu·rar** [kurár] *tr intr* 1. Aplicar a un enfermo el remedio adecuado. 2. Someter ciertos productos alimenticios a determinados procesos para conservarlos. RPr **Curar(se) de**.

[2] **cu·ra·ti·vo, -va** [kuratíβo] *adj* Que sirve para curar.

[1] **cur·do, -da** [kúrðo] *adj s/m,f* Del Kurdistán.

cu·ria [kúrja] *s/f* Burocracia pontificia.

[1] **cu·rio** [kúrjo] *s/m* QUÍM Elemento químico. Símbolo *Cm*.

[1] **cu·rio·se·ar** [kurjoseár] *intr tr* Entrometerse en los asuntos de otros.

[4] **cu·rio·si·dad** [kurjosiðáð] *s/f* 1. Interés excesivo por las cosas de los demás. 2. Cosa curiosa.

[4] **cu·rio·so, -sa** [kurjóso] *adj* 1. Que siente curiosidad. 2. Aseado, limpio. 3. Extraño.

[1] **cu·rran·te, -ta** [kurránte] *adj s/m,f* COL Que trabaja para ganarse la vida.

[2] **cu·rrar** [kurrár] *intr tr* COL Trabajar.

[2] **cu·rri·cu·lar** [kurrikulár] *adj* Relativo al currículo.

[2] **cu·rrí·cu·lo** [kurríkulo] *s/m* Conjunto de materias que deben cursarse.

[4] **cur·sar** [kursár] *tr* 1. Hacer que algo siga sus trámites. 2. Estudiar una materia.

[3] **cur·si** [kúrsi] *adj s/m,f* Amanerado, ridículo.

[1] **cur·si·le·ría** [kursilería] *s/f* 1. Cualidad de cursi. 2. Cosa cursi.

cur·si·llis·ta [kursiʎísta] *s/m,f* Asistente a un cursillo.

[2] **cur·si·llo** [kursíʎo] *s/m* Curso de corta duración.

[1] **cur·si·vo, -va** [kursíβo] *adj s/f* Se aplica al tipo de letra inclinada hacia la derecha.

[5] **cur·so** [kúrso] *s/m* 1. Dirección de algo en movimiento. 2. Periodo docente durante el año. 3. Conjunto de alumnos de ese periodo escolar. LOC **Dar curso**, tramitar.

[1] **cur·sor** [kursór] *s/m* Marcador de posición en la pantalla de un ordenador.

[1] **cur·ti·do** [kurtíðo] *s/m* 1. Acción o resultado de curtir. 2. Piel curtida.

[1] **cur·ti·dor, -ra** [kurtiðór] *adj s/m,f* Que curte.

[2] **cur·tir** [kurtír] *tr* 1. Tratar la piel para ser usada. 2. Acostumbrar a alguien a las dificultades. RPr **Curtir(se) en**.

[3] **cur·va** [kúrβa] *s/f* 1. Línea que cambia de dirección sin formar ángulos. 2. Parte curva de un camino o vía.

[3] **cur·var** [kurβár] *tr REFL(-se)* Dar forma de curva.

[2] **cur·va·tu·ra** [kurβatúra] *s/f* Cualidad de curvo.

[1] **cur·vi·lí·neo, -ea** [kurβilíneo] *adj* De líneas curvas.

[3] **cur·vo, -va** [kúrβo] *adj* Que se aparta de la dirección recta.

cus·cús [kuskús] *s/m* Comida de sémola cocida.

[2] **cús·pi·de** [kúspiðe] *s/f* Parte más alta de algo o momento de máximo desarrollo.

[2] **cus·to·dia** [kustóðja] *s/f* Acción o efecto de custodiar.

CUS·TO·DIAR

② **cus·to·diar** [kustoðjár] *tr* Vigilar.
② **cus·to·dio** [kustóðjo] *adj s/m* Que custodia.
② **cu·tá·neo, -ea** [kutáneo] *adj* Relativo al cutis.
② **cu·tis** [kútis] *s/m* Piel del cuerpo humano, *esp* del rostro.

① **cu·tre** [kútre] *adj* Desaseado, sucio.
① **cu·yo, -ya** [kújo] *adj rel* De quien, del/de la cual; de los/de las cuales (*concuerda en número y género con el sustantivo al que se refiere*).

Dd

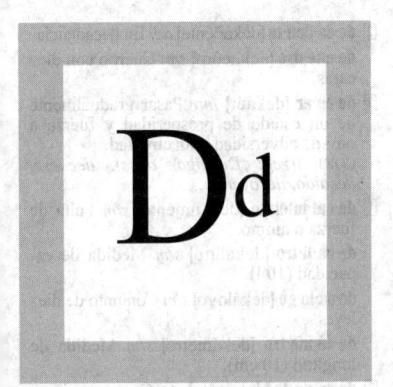

[4] **D; d** [dé] *s/f* Cuarta letra del alfabeto español.

[1] **dac·ti·lar** [daktilár] *adj* Relativo a los dedos.

dac·ti·lo·gra·fía [daktiloɣrafía] *s/f* Mecanografía.

[1] **dá·di·va** [dáðiβa] *s/f* Acción de dar o cosa que se da.

[1] **da·di·vo·so, -sa** [daðiβóso] *adj* Generoso.

[5] **da·do, -da** [dáðo] *s/m* Pieza cúbica, con números en cada uno de sus lados y usada en juegos de azar. LOC **Dado que,** puesto que.

[1] **da·dor, -ra** [daðór] *s/m,f* Quien da.

[1] **da·ga** [dáɣa] *s/f* Arma blanca, de hoja corta y afilada.

[1] **da·lia** [dálja] *s/f* BOT Planta de jardín, de flores grandes.

[1] **dál·ma·ta** [dálmata] *adj s/m,f* Raza canina de piel blanca, con manchas negras.

dal·to·nia·no, -na; dal·tó·ni·co, -ca [daltonjáno; daltóniko] *adj s/m,f* Relativo al daltonismo.

dal·to·nis·mo [daltonísmo] *s/m* Defecto de la visión para distinguir ciertos colores, o que los confunde.

[4] **da·ma** [dáma] *s/f* **1.** Mujer noble y distinguida. **2.** Nombre dado a la mujer como cortesía o en rótulos: *Las damas primero.* **3.** *pl* Juego sobre un tablero ajedrezado con 24 piezas.

[1] **da·mas·co** [damásko] *s/m* Tela fuerte de seda o lino, de uno o dos colores.

[1] **da·mas·qui·na·do** [damaskináðo] *s/m* Arte de incrustar oro, plata o cobre sobre armas u otros objetos.

[1] **da·me·ro** [daméro] *s/m* Tablero del juego de damas.

[1] **da·mi·se·la** [damiséla] *s/f* Joven presumida o pretenciosa.

[1] **dam·ni·fi·ca·do, -da** [damnifikáðo] *adj s/m,f* Afectado por catástrofes o desgracias.

dam·ni·fi·car [da(m)nifikár] *tr* Causar daño o perjuicio.
ORT Ante *e* la *c* cambia a *qu: Damnifique.*

[1] **dan·di** [dándi] *s/m* Joven presumido.

[2] **da·nés, -ne·sa** [danés] *adj s/m,f* De Dinamarca.

[1] **dan·tes·co, -ca** [dantésko] *adj* Macabro.

[3] **dan·za** [dánθa] *s/f* Acción de danzar o modo de hacerlo.

[1] **dan·zan·te, -ta** [danθánte] *s/m,f* Profesional de la danza.

[3] **dan·zar** [danθár] *intr tr* Moverse al son de la música.
ORT Ante *e* la *z* cambia a *c: Dancen.*

[1] **dan·za·rín, -ri·na** [danθarín] *s/m,f* Que practica la danza.

[4] **da·ñar** [daɲár] *tr* Causar mal o perjuicio.

[2] **da·ñi·no, -na** [daɲíno] *adj* Que causa mal o perjudica.

[4] **da·ño** [dáɲo] *s/m* Cosa mala o perjudicial.

[5] **dar** [dár] **I.** *tr* **1.** Hacer entrega de algo a otra persona. **2.** Producir algo su fruto: *Las flores dan olor.* **3.** Comunicar una noticia. **4.** FIG Sonar en un reloj las campanadas de la hora: *Dan las siete.* **5.** Elevar la intensidad o fuerza de algo. **6.** FIG Suministrar algo: *Ya han dado la luz.* **7.** Repartir cartas de la baraja. **II.** *intr* **1.** (Con *a*) Estar orientada una construcción hacia un lugar. **2.** FIG (Con *en*) Acertar en el blanco. **3.** (Con *con*) Descubrir lo que se buscaba: *El detective dio con la pista.* **4.** (Con *contra*) Golpear contra algo. **III.** REFL(*-se*) **1.** Existir o producirse un hecho. **2.** (Con *por* + *adj*) Considerarse alguien de una determinada manera: *No se daba por vencida.* **3.** (Con *a*) Entregarse a algo: *Se dio al alcohol.* **4.** (Con *susto, sorpresa, alegría,* etc.) Recibir alguien lo expresado por el sustantivo: *Se dio un susto tremendo.*
CONJ Irreg: Doy, (das, da...), di, daré, dado.

[2] **dar·do** [dárðo] *s/m* Arma arrojadiza.

[1] **dár·se·na** [dársena] *s/f* Lugar protegido en un puerto.

[1] **da·ta** [dáta] *s/f* Indicación del tiempo y lugar en que algo sucede.

[1] **da·ta·ción** [dataθjón] *s/f* Acción o resultado datar.

[4] **da·tar** [datár] **I.** *tr* Poner fecha a algo. **II.** *intr* Remontarse algo a un momento

concreto del pasado: *La obra data de 1503*. RPr **Datar de**.

① **dá·til** [dátil] *s/m* Fruto de la palmera, dulce al paladar.

da·ti·vo [datíβo] *s/m* GRAM Caso gramatical.

⑤ **da·to** [dáto] *s/m* Información útil para un fin.

⑤ **de** [dé] I. *s/f* Nombre de la letra 'd'. II. *prep* Expresa posesión, origen, materia, naturaleza o cualidad de algo: *Falda de lino. Hombres de bien*.

② **de·am·bu·lar** [deambulár] *intr* Andar sin rumbo fijo.

① **de·án** [deán] *s/m* Dignidad eclesiástica inferior a la del obispo.

① **de·ba·cle** [deβákle] *s/f* Desastre.

④ **de·ba·jo** [deβáχo] *adv* Señala un lugar inferior respecto a otro.

④ **de·ba·te** [deβáte] *s/m* Discusión sobre un tema.

④ **de·ba·tir** [deβatír] I. *tr intr* Discutir sobre un tema. II. REFL(-se) FIG Luchar para superar un problema.

① **de·be** [déβe] *s/m* En una cuenta, parte en la que se anotan los gastos.

⑤ **de·ber** [deβér] I. *s/m* **1**. Obligación que alguien tiene. **2**. *pl* Tarea o trabajo escolar. II. *tr* **1**. (*deber + inf*) Tener obligación de hacer algo. **2**. FIG (con *a*) Derivar, tener su origen en algo o alguien. **3**. Tener obligación de pagar una cantidad de dinero: *¿Qué le debo?* III. *aux* (*deber + inf*) Ser algo necesario para el fin expresado. IV. REFL(-se) Sentirse alguien obligado a hacer algo: *Me debo a la verdad*. RPr **Deber(se) a**.

④ **de·bi·do, -da** [deβíðo] *adj* Que es lo exigido o requerido.

④ **dé·bil** [déβil] *adj* Con poca fuerza o intensidad.

③ **de·bi·li·dad** [deβiliðáð] *s/f* Cualidad de débil.

② **de·bi·li·ta·mien·to** [deβilitamjénto] *s/m* Disminución de la fuerza, intensidad, etc.

③ **de·bi·li·tar** [deβilitár] *tr* Hacer más débil.

① **dé·bi·to** [déβito] *s/m* Lo que se debe.

② **de·but** [deβút] *s/m* Primera actuación de un artista en público.

① **de·bu·tan·te** [deβutánte] *adj s/m,f* Que actúa por vez primera.

② **de·bu·tar** [deβutár] *intr* Actuar por vez primera.

⑤ **dé·ca·da** [dékaða] *s/f* Periodo de diez años.

③ **de·ca·den·cia** [dekaðénθja] *s/f* Estado de debilidad o deterioro.

② **de·ca·den·te** [dekaðénte] *adj* En decadencia.

de·cae·dro [dekaéðro] *s/m* Cuerpo con diez caras.

② **de·ca·er** [dekaér] *intr* Pasar gradualmente de un estado de prosperidad y fuerza a otro de adversidad o inactividad.
CONJ *Irreg: Decaigo, decaí, decaeré, decaído, decayendo*.

① **de·cai·mien·to** [dekaimjénto] *s/m* Falta de fuerza o ánimo.

de·ca·li·tro [dekalítro] *s/m* Medida de capacidad (10 l).

de·cá·lo·go [dekáloγo] *s/m* Conjunto de diez leyes.

de·cá·me·tro [dekámetro] *s/m* Medida de longitud (10 cm).

② **de·ca·na·to** [dekanáto] *s/m* Cargo o empleo del decano, u oficina que ocupa.

③ **de·ca·no, -na** [dekáno] I. *s/m,f* Persona designada o elegida para dirigir una facultad universitaria. II. *s/m,f* Miembro más antiguo de una comunidad, institución, etc.

① **de·can·ta·ción** [dekantaθjón] *s/f* Acción o resultado de decantar(se).

② **de·can·tar** [dekantár] I. *tr* Hacer que alguien se incline por una opción. II. REFL(-se) Depositarse las impurezas en el fondo. RPr **Decantarse por/hacia**.

① **de·ca·pi·ta·ción** [dekapitaθjón] *s/f* Acción o resultado de decapitar.

① **de·ca·pi·tar** [dekapitár] *tr* Cortar la cabeza.

de·ca·sí·la·bo, -ba [dekasílaβo] *adj s/m* De diez sílabas.

③ **de·ce·na** [deθéna] *s/f* Conjunto de diez unidades.

① **de·cen·cia** [deθénθja] *s/f* Cualidad de decente.

② **de·ce·nio** [deθénjo] *s/m* Periodo de diez años.

② **de·cen·te** [deθénte] *adj* Honesto, decoroso.

② **de·cep·ción** [deθepθjón] *s/f* Contrariedad e insatisfacción ante lo que resulta peor de lo esperado.

① **de·cep·cio·nan·te** [deθepθjonánte] *adj* Que causa decepción.

② **de·cep·cio·nar** [deθepθjonár] *tr* Defraudar algo por no resultar como se esperaba.

① **de·ce·so** [deθéso] *s/m* Fallecimiento de una persona.

① **de·cha·do** [detʃáðo] *s/m* Modelo de virtudes, y perfección.

① **de·ci·be·lio** [deθiβéljo] *s/m* Unidad para medir la intensidad del sonido.

[4] **de·ci·di·do, -da** [deθiðíðo] *adj* Firme y enérgico al actuar.

[5] **de·ci·dir** [deθiðír] *tr intr* Tomar una decisión o resolución sobre algo.

[1] **de·ci·li·tro** [deθilítro] *s/m* Décima parte de un litro.

[2] **dé·ci·ma** [déθima] *s/f* Parte o fracción que resulta de dividir algo en diez porciones iguales: *Una décima de segundo*.

[2] **de·ci·mal** [deθimál] *adj* Que es una parte de diez.

[1] **de·cí·me·tro** [deθímetro] *s/m* Décima parte de un metro.

[3] **dé·ci·mo, -ma** [déθimo] I. *adj* Correspondiente al número diez. II. *s/m,f* Cada una de las diez partes iguales en que se divide algo. III. *s/m* Décima parte de un billete de lotería.

[1] **de·ci·mo·nó·ni·co, -ca** [deθimonóniko] *adj* Relativo al siglo XIX.

[5] **de·cir** [deθír] I. *tr intr* 1. Expresar algo mediante el habla. 2. Afirmar lo que se expresa. 3. Traer a la memoria: *¿No te dice nada este nombre?* LOC **Es decir,** a saber, quiero decir. II. *s/m* Sentencia, dicho.
CONJ *Irreg: Digo, dije, diré, dicho.*

[5] **de·ci·sión** [deθisjón] *s/f* 1. Acción o resultado de decidir(se). 2. Opción o cosa elegida.

[4] **de·ci·si·vo, -va** [deθisíβo] *adj* Que empuja a tomar una decisión.

[1] **de·ci·so·rio, -ia** [deθisórjo] *adj* DER Con poder de decisión.

[1] **de·cla·ma·ción** [deklamaθjón] *s/f* Acción o resultado de declamar.

[1] **de·cla·mar** [deklamár] *tr intr* Hablar o recitar con elocuencia.

[1] **de·cla·ma·to·rio, -ia** [deklamatórjo] *adj* Solemne, hinchado.

[5] **de·cla·ra·ción** [deklaraθjón] *s/f* Acción o resultado de declarar(se).

[1] **de·cla·ran·te** [deklaránte] *adj s/m,f* Que declara.

[5] **de·cla·rar** [deklarár] I. *tr* Reafirmar, explicar algo. II. *intr* 1. Dar a conocer algo públicamente. III. REFL(-se) 1. Empezar a producirse un fenómeno. 2. Manifestar alguien su amor a otra persona.

[1] **de·cli·na·ción** [deklinaθjón] *s/f* Serie ordenada de los casos gramaticales de una palabra.

[2] **de·cli·nar** [deklinár] I. *intr* Decaer, disminuir en perfección, intensidad, etc. II. *tr* 1. Rechazar. 2. GRAM Poner una palabra en todas sus formas posibles.

[2] **de·cli·ve** [deklíβe] *s/m* 1. Inclinación del terreno. 2. Decadencia.

[1] **de·co·di·fi·car** [dekoðifikár] *tr* Descodificar.

de·co·la·je [dekoláχe] *s/m* AMER Despegue de un avión.

[1] **de·co·lo·ra·ción** [dekoloraθjón] *s/f* Acción o resultado de perder el color.

[1] **de·co·lo·rar** [dekolorár] *tr* Quitar el color de algo.

[1] **de·co·mi·sar** [dekomisár] *tr* Apoderarse el fisco de algo.

[1] **de·co·mi·so** [dekomíso] *s/m* Acción o resultado de decomisar.

[3] **de·co·ra·ción** [dekoraθjón] *s/f* Lo que embellece algo.

[2] **de·co·ra·do** [dekoráðo] *s/m* 1. Decoración de un escenario. 2. Cosas usadas para decorar.

[1] **de·co·ra·dor, -ra** [dekoraðór] *adj s/m,f* Especialista en decoración.

[3] **de·co·rar** [dekorár] *tr* Disponer las cosas con gusto para que el conjunto resulte agradable a la vista.

[3] **de·co·ra·ti·vo, -va** [dekoratíβo] *adj* Relativo a la decoración.

[1] **de·co·ro** [dekóro] *s/m* Decencia, aspecto cuidado.

[1] **de·co·ro·so, -sa** [dekoróso] *adj* Con decoro.

[2] **de·cre·cer** [dekreθér] *intr* Disminuir. RPr **Decrecer en.**
CONJ *Irreg: Decrezco, decrecí, decreceré, decrecido.*

[2] **de·cre·cien·te** [dekreθjénte] *adj* Que decrece.

[1] **de·cré·pi·to, -ta** [dekrépito] *adj s/m,f* Decadente.

[1] **de·cre·pi·tud** [dekrepitúð] *s/f* Estado de deterioro debido a la edad.

[4] **de·cre·tar** [dekretár] *tr* Resolver por decreto.

[4] **de·cre·to** [dekréto] *s/m* Decisión tomada por la autoridad competente.

de·cú·bi·to [dekúβito] *s/m* Posición del cuerpo humano tendido sobre un plano horizontal.

dé·cu·plo, -la [dékuplo] *adj s/m* Que es diez veces mayor.

[1] **de·cur·so** [dekúrso] *s/m* Transcurso del tiempo.

[1] **de·dal** [deðál] *s/m* Objeto cilíndrico hueco, para proteger la punta del dedo al coser.

[3] **de·di·ca·ción** [deðikaθjón] *s/f* Acción o resultado de dedicar(se).

DE·DI·CAR

[5] **de·di·car** [deðikár] *tr* **1.** Ocuparse en una actividad. **2.** Escribir algo en señal de afecto o agradecimiento hacia otro. **3.** Reservar algo para un uso especial: *Esta familia dedica un 40% para vestirse.* RPr **Dedicarse a**.
ORT Ante *e* la *c* cambia a *qu: Dedique*.

[1] **de·di·ca·to·ria** [deðikatórja] *s/f* Palabras con que se encabeza algo (libro) en honor de alguien.

[1] **de·di·llo** [deðíʎo] *s/m* **Al dedillo,** de memoria.

[5] **de·do** [déðo] *s/m* **1.** Cada una de las partes en que acaba la mano, pie o pezuña. **2.** Medida de longitud. LOC **A dedo,** sin seguir criterios objetivos de selección. **Chuparse el dedo,** ser muy ingenuo.

[2] **de·duc·ción** [deðukθjón] *s/f* Acción o resultado de deducir.

[1] **de·du·ci·ble** [deðuθíβle] *adj* Que se puede deducir.

[3] **de·du·cir** [deðuθír] *tr* **1.** Quitar algo de un total. **2.** Llegar a una conclusión a partir de un principio. RPr **Deducir de**.
CONJ *Irreg: Deduzco, deduje, deduciré, deducido*.

[1] **de·duc·ti·vo, -va** [deðuktíβo] *adj* Que procede por deducción.

[1] **de·fe·ca·ción** [defekaθjón] *s/f* Acción o resultado de defecar.

[1] **de·fe·car** [defekár] *tr* Expulsar las heces por el ano.
ORT Ante *e* la *c* cambia a *qu: Defequen*.

de·fec·ción [defekθjón] *s/f* Acción o resultado de abandonar.

[4] **de·fec·to** [defékto] *s/m* Imperfección.

[2] **de·fec·tuo·so, -sa** [defektwóso] *adj* Que tiene algún defecto.

[4] **de·fen·der** [defendér] *tr* **I.** *tr* Proteger contra algún daño o perjuicio. **II.** REFL(-*se*) COL Desenvolverse de manera aceptable en la vida. RPr **Defender(se) de/contra**.
CONJ *Irreg: Defiendo, defendí, defenderé, defendido*.

[1] **de·fen·di·ble** [defendíβle] *adj* Que se puede defender.

[1] **de·fe·nes·trar** [defenestrár] *tr* **1.** Arrojar violentamente a alguien por una ventana. **2.** Privar a alguien del favor o cargo que tenía.

[5] **de·fen·sa** [defénsa] **I.** *s/f* **1.** Acción o resultado de defender(se). **2.** Protección. **3.** Obra de fortificación. **4.** DER Abogado defensor. **5.** DEP Línea de jugadores que defiende la propia portería. **II.** *s/m,f* Jugador de la defensa.

[1] **de·fen·si·va** [defensíβa] *s/f* LOC **A la defensiva,** en actitud de defenderse.

[3] **de·fen·si·vo, -va** [defensíβo] *adj* Que sirve para defender(se).

[4] **de·fen·sor, -ra** [defensór] *adj s/m,f* Que defiende.

[1] **de·fen·so·ría** [defensoría] *s/f* AMER Cargo o función del abogado defensor.

[1] **de·fe·ren·cia** [deferénθja] *s/f* Atención hacia alguien como señal de respeto.

[3] **de·fi·cien·cia** [defiθjénθja] *s/f* Cualidad de deficiente.

[2] **de·fi·cien·te** [defiθjénte] *adj s/m,f* Que tiene algún defecto o carencia.

[4] **dé·fi·cit** [défiθit] *s/m* **1.** ECON Diferencia negativa entre ingresos y gastos. **2.** Falta o escasez de algo.

[2] **de·fi·ci·ta·rio, -ia** [defiθitárjo] *adj* Que tiene déficit.

[1] **de·fi·ni·ble** [definíβle] *adj* Que puede ser definido.

[4] **de·fi·ni·ción** [definiθjón] *s/f* **1.** Acción o resultado de definir(se). **2.** Palabras con que se define.

[5] **de·fi·nir** [definír] *tr* Explicar los significados de las palabras u otras cosas.

[5] **de·fi·ni·ti·vo, -va** [definitíβo] *adj* Que no necesita más cambios. LOC **En definitiva,** en conclusión.

[1] **de·fi·ni·to·rio, -ia** [definitórjo] *adj* Que define.

[1] **de·fla·ción** [deflaθjón] *s/f* Acción o resultado de disminuir el volumen del dinero en circulación.

de·fla·grar [deflaɣrár] *intr* Arder una sustancia con rapidez.

de·fo·lian·te [defoljánte] *adj s/m* Producto que provoca la caída de las hojas.

[1] **de·fo·res·ta·ción** [deforestaθjón] *s/f* Acción o resultado de deforestar.

[1] **de·fo·res·tar** [deforestár] *tr* Destruir o arrancar los árboles de un terreno.

[2] **de·for·ma·ción** [deformaθjón] *s/f* Acción o resultado de deformar(se).

[2] **de·for·mar** [deformár] *tr* Alterar algo en su forma.

[1] **de·for·me** [defórme] *adj* Que no es normal en su forma.

[1] **de·for·mi·dad** [deformiðáð] *s/f* Cualidad de deforme.

[1] **de·frau·da·ción** [defrauðaθjón] *s/f* Acción o resultado de defraudar.

[1] **de·frau·da·dor, -ra** [defrauðaðór] *adj s/m,f* Que defrauda.

③ **de·frau·dar** [defrauðár] *tr* **1.** No pagar los impuestos debidos a la Hacienda pública. **2.** Causar decepción por no resultar como se esperaba.

② **de·fun·ción** [defunθjón] *s/f* Fallecimiento de una persona.

① **de·ge·ne·ra·ción** [deχeneraθjón] *s/f* Acción o resultado de degenerar.

① **de·ge·ne·ra·do, -da** [deχeneráðo] *adj s/m,f* Corrupto, vicioso.

② **de·ge·ne·rar** [deχenerár] *intr* Pasar a un estado o condición peor. RPr **Degenerar en**.

① **de·glu·ción** [deγluθjón] *s/f* Acción o resultado de deglutir.

① **de·glu·tir** [deγlutír] *tr intr* Tragar alimentos.

① **de·go·lla·mien·to** [deγoʎamjénto] *s/m* Acción o resultado de degollar.

① **de·go·llar** [deγoʎár] *tr* Cortar el cuello a una persona o animal.
CONJ *Irreg: Degüello, degollé, degollaré, degollado*.

de·go·lli·na [deγoʎína] *s/f* Matanza de muchas personas.

de·gra·da·ble [deγraðáβle] *adj* Que puede degradarse.

② **de·gra·da·ción** [deγraðaθjón] *s/f* QUÍM Acción o resultado de degradar(se).

① **de·gra·dan·te** [deγraðánte] *adj* Que degrada.

② **de·gra·dar** [deγraðár] *tr* Privar de su cargo o dignidad a alguien.

① **de·güe·llo** [deγwéʎo] *s/m* Acción de degollar.

① **de·gus·ta·ción** [deγustaθjón] *s/f* Acción de degustar.

① **de·gus·tar** [deγustár] *tr* Probar alimentos o bebidas para valorar su calidad.

① **de·he·sa** [deésa] *s/f* Terreno acotado y destinado al pasto.

① **dei·dad** [deiðáð] *s/f* Cualidad de un dios.

dei·fi·ca·ción [deifikaθjón] *s/f* Acción de deificar.

dei·fi·car [deifikár] *tr* **1.** Elevar a la categoría de dios. **2.** Ensalzar.
ORT Ante *e* la *c* cambia a *qu: Deifiquen*.

① **de·ja·ción** [deχaθjón] *s/f* Acción de dejar o descuidar alguien sus funciones o responsabilidades.

① **de·ja·dez** [deχaðéθ] *s/f* Falta de cuidado, negligencia.

⑤ **de·jar** [deχár] **I.** *tr* **1.** Separarse de otra cosa o persona. **2.** Colocar en su sitio. **3.** Entregar algo a otra persona, permitir que lo use: *¿Me dejas el coche?* **4.** Abandonar una actividad: *Dejó su carrera de violinista*. **5.** Dar permiso para hacer algo. **6.** (Con *de* + *inf*) Interrumpirse la acción que expresa el *inf: Dejó de navegar*. **II.** REFL(-se) Descuidarse. **III.** *aux* (Con *inf* u oración con 'que') Permitir que se realice la acción expresada por el verbo: *Deja hervir el agua*. RPr **Dejar(se) de**.

① **de·je** [déχe] *s/m* Modo o manera peculiar de hablar.

⑤ **del** [dél] *art/m,sing* Forma contracta de *de+el*.

① **de·la·ción** [delaθjón] *s/f* Acción o resultado de delatar.

② **de·lan·tal** [delantál] *s/m* Prenda delantera para proteger la ropa.

⑤ **de·lan·te** [delánte] *adv* **1.** Expresa que algo o alguien ocupa la parte frontal. **2.** En la parte anterior, enfrente de. **3.** En presencia de alguien.

② **de·lan·te·ra** [delantéra] *s/f* **1.** Parte anterior. **2.** Ventaja respecto a otra persona o cosa que le sigue **3.** DEP Línea de jugadores en la posición de ataque.

② **de·lan·te·ro, -ra** [delantéro] **I.** *adj* Que va delante. **II.** *s/m,f* DEP Jugador en la línea de ataque.

② **de·la·tar** [delatár] *tr* **1.** Revelar quién es el autor de un delito. **2.** Ser algo indicio de otra cosa.

① **de·la·tor, -ra** [delatór] *adj s/m,f* Que delata.

① **de·lec·ta·ción** [delektaθjón] *s/f* Sensación de placer o bienestar.

④ **de·le·ga·ción** [deleγaθjón] *s/f* **1.** Acción o resultado de delegar. **2.** Conjunto de personas en quien otros delegan. **3.** Oficina del delegado.

③ **de·le·ga·do, -da** [deleγáðo] *adj s/m,f* Persona en quien se delega.

③ **de·le·gar** [deleγár] *tr intr* Dar alguien poder para que otro actúe en su nombre. RPr **Delegar en**.
ORT Ante *e* la *g* cambia a *gu: Delegue*.

② **de·lei·tar** [deleitár] *tr* REFL(-se) Causar gozo o deleite.

① **de·lei·te** [deléite] *s/m* Sensación de agrado o placer.

① **de·le·té·reo, -ea** [deletéreo] *adj* Que causa destrucción o muerte.

① **de·le·tre·ar** [deletreár] *tr intr* Pronunciar separadamente las letras de cada sílaba.

de·le·treo [deletréo] *s/m* Acción o resultado de deletrear.

① **de·lez·na·ble** [deleθnáβle] *adj* De poca calidad.

DEL·FÍN

[2] **del·fín** [delfín] *s/m* 1. Mamífero cetáceo fácil de domesticar. 2. FIG Quien actúa como sucesor de otro en un cargo.

[1] **del·ga·dez** [delɣaðéθ] *s/f* Cualidad de delgado.

[4] **del·ga·do, -da** [delɣáðo] *adj* 1. Con pocas carnes o grasas. 2. De poco grosor o espesor.

[2] **de·li·be·ra·ción** [deliβeraθjón] *s/f* Acción o resultado de deliberar.

[2] **de·li·be·rar** [deliβerár] *tr intr* Pensar o tratar detenidamente un asunto antes de decidir sobre él.

[1] **de·li·be·ra·ti·vo, -va** [deliβeratíβo] *adj* Que delibera.

[3] **de·li·ca·de·za** [delikaðéθa] *s/f* Cualidad de delicado.

[4] **de·li·ca·do, -da** [delikáðo] *adj* 1. Débil, frágil. 2. De difícil tratamiento o solución. 3. Agradable a los sentidos.

[2] **de·li·cia** [delíθja] *s/f* Sensación de placer intenso.

[3] **de·li·cio·so, -sa** [deliθjóso] *adj* Que causa deleite.

[2] **de·lic·ti·vo, -va** [deliktíβo] *adj* Relativo a un delito.

[2] **de·li·mi·ta·ción** [delimitaθjón] *s/f* Acción o resultado de delimitar.

[3] **de·li·mi·tar** [delimitár] *tr* Señalar los límites de algo.

[3] **de·lin·cuen·cia** [delinkwénθja] *s/f* 1. Hecho de cometerse delitos. 2. Cantidad de delitos que se cometen en un país o zona.

[3] **de·lin·cuen·te** [delinkwénte] *adj s/m,f* Que comete delitos.

[1] **de·li·ne·an·te** [delineánte] *s/m,f* Técnico auxiliar de un arquitecto.

[2] **de·li·ne·ar** [delineár] *tr* Trazar la figura o líneas de un cuerpo.

[1] **de·lin·quir** [delinkír] *intr* Cometer un delito.
ORT Ante *o/a* la secuencia *qu* cambia a *c: Delinco, delincan.*

[2] **de·li·ran·te** [deliránte] *adj* Que delira.

[1] **de·li·rar** [delirár] *intr* Hallarse en estado de delirio.

[2] **de·li·rio** [delírjo] *s/m* Perturbación mental, con pérdida de memoria y juicio, alucinaciones e incoherencia de ideas.

[4] **de·li·to** [delíto] *s/m* Acción contra la ley.

[2] **del·ta** [délta] *s/m* Terreno plano formado por sedimentos de un río en su desembocadura.

[1] **del·toi·des** [deltóiðes] *adj s/m* MED Músculo desde la clavícula al omóplato.

[1] **de·ma·cra·do, -da** [demakráðo] *adj* De aspecto enfermizo.

[2] **de·ma·go·gia** [demaɣóxja] *s/f* Táctica política para atraer el voto mediante adulación y engaño.

[1] **de·ma·gó·gi·co, -ca** [demaɣóxiko] *adj* Relativo a la demagogia.

[1] **de·ma·go·go, -ga** [demaɣóɣo] *s/m,f* Quien se vale de la demagogia.

[4] **de·man·da** [demánda] *s/f* 1. Acción de pedir. 2. DER Reclamación por vía legal. 3. COM Cantidad de mercancías que se compran.

[2] **de·man·da·do, -da** [demandáðo] *adj s/m,f* Aquel contra quien se actúa judicialmente.

[2] **de·man·dan·te** [demandánte] *adj s/m,f* Quien promueve una reclamación judicial.

[4] **de·man·dar** [demandár] *tr* 1. Pedir. 2. Reclamar algo judicialmente.

[2] **de·mar·ca·ción** [demarkaθjón] 1. Acción de demarcar. 2. Zona delimitada.

[1] **de·mar·car** [demarkár] *tr* Establecer los límites de un terreno o o territorio, etc.
ORT Ante *e* la *c* cambia a *qu: Demarque.*

[5] **de·más** [demás] I. *adj* Restante. II. *pron* Lo restante. LOC **Por lo demás**, aparte de eso.

[1] **de·ma·sía** [demasía] *s/f* Exceso o abundancia.

[5] **de·ma·sia·do, -da** [demasjáðo] *adv* Más de lo necesario.

[2] **de·men·cia** [deménθja] *s/f* Cualidad de demente.

[1] **de·men·cial** [demenθjál] *adj* Relativo a la demencia.

[2] **de·men·te** [deménte] *adj s/m,f* Privado de juicio o razón.

[1] **de·mé·ri·to** [demérito] *s/m* Falta de mérito.

[1] **de·miur·go** [demjúrɣo] *s/m* FIL Dios creador.

[1] **de·mo** [démo] *s/f* Versión limitada de un programa informático.

[5] **de·mo·cra·cia** [demokráθja] *s/f* Sistema político en que los ciudadanos eligen a sus gobernantes.

[3] **de·mó·cra·ta** [demókrata] *adj s/m,f* Partidario de la democracia.

[5] **de·mo·crá·ti·co, -ca** [demokrátiko] *adj* Relativo a la democracia.

[2] **de·mo·cra·ti·za·ción** [demokratiθaθjón] *s/f* Acción o resultado de democratizar(se).

1 **de·mo·cra·ti·zar** [demokratiθár] *tr* Adaptar a los principios democráticos.
ORT Ante *e* la *z* cambia a *c*: *Democratice*.

1 **de·mo·dé** [demoðé] *adj* GAL Anticuado.

1 **de·mo·gra·fía** [demoɣrafía] *s/f* Conjunto de la población de un país o zona.

3 **de·mo·grá·fi·co, -ca** [demoɣráfiko] *adj* Relativo a la demografía.

1 **de·mo·le·dor, -ra** [demoleðór] *adj* Capaz de destruir.

1 **de·mo·ler** [demolér] *tr* Destruir.
CONJ *Irreg: Demuelo, demolí, demoleré, demolido*.

2 **de·mo·li·ción** [demoliθjón] *s/f* Acción o resultado de derribar edificios.

1 **de·mo·nia·co, -ca** [demonjáko] *adj* Relativo al demonio.
ORT También *demoníaco*.

3 **de·mo·nio** [demónjo] *s/m* Ángel caído o espíritu del mal. LOC **De mil demonios**, muy malo. **¡Demonio(s)!**, expresión de cólera o sorpresa.

1 **de·mo·ni·zar** [demoniθár] *tr* Atribuir características muy malas o negativas.
ORT Ante *e* la *z* cambia a *c: Demonice*.

2 **de·mo·ra** [demóra] *s/f* Acción o resultado de demorarse.

3 **de·mo·rar** [demorár] *tr* Retrasar.

1 **de·mos·tra·ble** [demostráβle] *adj* Que se puede demostrar o comprobar.

3 **de·mos·tra·ción** [demostraθjón] *s/f* Acción o resultado de demostrar:

5 **de·mos·trar** [demostrár] *tr* Probar que algo es verdad.
CONJ *Irreg: Demuestro, demostré, demostraré, demostrado*.

1 **de·mos·tra·ti·vo, -va** [demostratíβo] **I.** *adj* Que demuestra. **II.** *adj s/m* GRAM Adjetivo o pronombre que identifica o tiene esa función.

1 **de·mu·dar** [demuðár] *tr* Cambiar o alterar.

1 **de·ne·ga·ción** [deneɣaθjón] *s/f* Acción o resultado de denegar.

2 **de·ne·gar** [deneɣár] *tr* No conceder lo que se pide.
CONJ *Irreg: Deniego, denegué, denegaré, denegado*.

1 **den·gue** [déŋge] *s/m* Enfermedad epidémica e infecciosa.

1 **de·ni·gran·te** [deniɣránte] *adj* Que denigra o humilla.

1 **de·ni·grar** [deniɣrár] *tr* Dañar la imagen o reputación de alguien.

1 **de·no·da·do, -da** [denoðáðo] *adj* LIT Atrevido, intrépido.

3 **de·no·mi·na·ción** [denominaθjón] *s/f* Acción o resultado de denominar. LOC **Denominación de origen,** garantía oficial de la procedencia y calidad de ciertos productos.

2 **de·no·mi·na·dor, -ra** [denominaðór] *adj s/m,f* **1.** Que denomina. **2.** MAT Número que expresa las partes iguales en que se divide la unidad.

5 **de·no·mi·nar** [denominár] *tr* Asignar un nombre determinado.

2 **de·no·tar** [denotár] *tr* Ser una cosa signo de otra que se expresa.

3 **den·si·dad** [densiðáð] *s/f* Cualidad de denso.

3 **den·so, -sa** [dénso] *adj* **1.** Con mucha cantidad en poco volumen. **2.** Muy junto, amontonado en gran número. **3.** Difícil de entender.

1 **den·ta·do, -da** [dentáðo] *adj* Con dientes.

2 **den·ta·du·ra** [dentaðúra] *s/f* Conjunto de dientes (incisivos, muelas y colmillos).

2 **den·tal** [dentál] *adj* Relativo a los dientes.

1 **den·ta·rio, -ia** [dentárjo] *adj* Relativo a los dientes.

1 **den·te·lla·da** [denteʎáða] *s/f* Acción o resultado de clavar los dientes en algo o herida que queda.

1 **den·te·ra** [dentéra] *s/f* Sensación desagradable en los dientes al comer cosas ácidas.

1 **den·ti·ción** [dentiθjón] *s/f* Acción de salirle los dientes a un niño o animal.

1 **den·tí·fri·co** [dentífriko] *s/m* Sustancia para limpiar los dientes.

den·ti·na [dentína] *s/f* Marfil o esmalte de los dientes.

2 **den·tis·ta** [dentísta] *adj s/m,f* Especialista en el tratamiento de los dientes.

5 **den·tro** [déntro] *adv* En el interior de un espacio o tiempo.

1 **de·nue·do** [denwéðo] *s/m* Energía, valor.

1 **de·nues·to** [denwésto] *s/m* Insulto grave y ofensivo.

4 **de·nun·cia** [denúnθja] *s/f* **1.** Acción de denunciar. **2.** Notificación para denunciar.

2 **de·nun·cian·te** [denunθjánte] *adj s/m,f* Que denuncia.

5 **de·nun·ciar** [denunθjár] *tr* Notificar a la autoridad competente que se ha cometido un delito.

1 **de·on·to·lo·gía** [deontoloxía] *s/f* Tratado sobre los deberes de una profesión.

2 **de·pa·rar** [deparár] *tr* Dar lo que se tenía como en reserva.

DE·PAR·TA·MEN·TAL

[2] **de·par·ta·men·tal** [departamentál] *adj* Relativo a un departamento.

[5] **de·par·ta·men·to** [departaménto] *s/m* **1.** Cada una de las partes en que se divide un espacio, organismo, materia, etc. **2.** AMER Vivienda pequeña.

[1] **de·par·tir** [departír] *intr* Conversar.

[1] **de·pau·pe·ra·ción** [depauperaθjón] *s/f* Acción o resultado de depauperar(se).

de·pau·pe·rar [depauperár] *tr* Debilitar, empobrecer.

[4] **de·pen·den·cia** [dependénθja] *s/f* **1.** Relación de subordinación hacia un superior. **2.** Cada sección de un organismo, oficina, etc.

[5] **de·pen·der** [dependér] *intr* Estar bajo la autoridad de otro o necesitar de él para subsistir. RPr **Depender de.**

[1] **de·pen·dien·ta** [dependjénta] *s/f* Empleada.

[3] **de·pen·dien·te** [dependjénte] **I.** *adj* Que depende. **II.** *s/m* Empleado.

[1] **de·pi·la·ción** [depilaθjón] *s/f* Acción o resultado de depilar(se).

[1] **de·pi·lar** [depilár] *tr* Quitar el pelo o vello de una parte del cuerpo.

de·pi·la·to·rio, -ia [depilatórjo] *adj s/m* Que sirve para depilar.

[2] **de·plo·ra·ble** [deploráβle] *adj* **1.** Triste, desagradable. **2.** En mal estado, descuidado.

[1] **de·plo·rar** [deplorár] *tr* Sentir disgusto o pena por algo.

[2] **de·po·ner** [deponér] *tr* **1.** Privar a alguien de su cargo. **2.** Abandonar una determinada actitud.
CONJ *Irreg: Depongo, depuse, depondré, depuesto.*

[1] **de·por·ta·ción** [deportaθjón] *s/f* Acción o resultado de deportar.

[2] **de·por·ta·do, -a** [deportáðo] *adj s/m,f* Exiliado.

[2] **de·por·tar** [deportár] *tr* Desterrar.

[4] **de·por·te** [depórte] *s/m* Ejercicio físico.

[3] **de·por·tis·ta** [deportísta] *adj s/m,f* Aficionado al deporte.

[1] **de·por·ti·vi·dad** [deportiβiðáð] *s/f* Actitud de quien se ajusta a las normas deportivas.

[4] **de·por·ti·vo, -va** [deportíβo] *adj* Relativo al deporte.

[1] **de·po·si·ción** [deposiθjón] *s/f* **1.** Acción o resultado de deponer. **2.** Evacuación del vientre.

[4] **de·po·si·tar** [depositár] *tr* **1.** Poner algo en un lugar. **2.** Confiar algo a alguien.

[2] **de·po·si·ta·rio** [depositárjo] *s/m,f* Persona a quien se confía algo para que lo guarde.

[4] **de·pó·si·to** [depósito] *s/m* **1.** Acción o resultado de depositar. **2.** Cosa depositada. **3.** Lugar en que se deposita algo.

[1] **de·pra·va·ción** [depraβaθjón] *s/f* Cualidad de depravado.

[1] **de·pra·va·do, -da** [depraβáðo] *adj* Corrupto, inmoral.

[1] **de·pra·var** [depraβár] *tr* Corromper moralmente, pervertir.

[1] **de·pre·cia·ción** [depreθjaθjón] *s/f* Acción o resultado de depreciarse algo.

[1] **de·pre·ciar** [depreθjár] *tr* Hacer que disminuya el valor de algo.

[1] **de·pre·da·ción** [depreðaθjón] *s/f* Acción de depredar.

[2] **de·pre·da·dor, -ra** [depreðaðór] *adj s/m,f* Se dice del animal que caza y devora sus presas.

[4] **de·pre·sión** [depresjón] *s/f* **1.** Acción o resultado de deprimir(se). **2.** Hundimiento del terreno. **3.** FIG Situación de baja actividad económica.

[2] **de·pre·si·vo, -va** [depresíβo] *adj* Relativo a la depresión del ánimo.

[1] **de·pri·men·te** [depriménte] *adj* Que deprime.

[2] **de·pri·mir** [deprimír] *tr* **1.** FIG Causar tristeza o desánimo. **2.** Rebajar la altura o el nivel de algo.

[2] **de·pri·sa** [deprísa] *adv* Con rapidez.

[2] **de·pu·ra·ción** [depuraθjón] *s/f* Acción o resultado de depurar.

[2] **de·pu·rar** [depurár] *tr* **1.** Eliminar las sustancias nocivas. **2.** Eliminar de un sistema político o administrativo a quienes no son adictos.

[5] **de·re·cha** [derétʃa] *s/f* **1.** Mano derecha. **2.** Sector social con ideas conservadoras.

[1] **de·re·cha·zo** [deretʃáðo] *s/m* Golpe dado con la mano derecha.

[1] **de·re·chis·ta** [deretʃísta] *adj s/m,f* Conservador.

[5] **de·re·cho, -cha** [derétʃo] **I.** *adj* **1.** Situado del lado de la mano derecha. **2.** Recto, sin torcerse. **3.** En posición vertical. **II.** *s/m* **1.** Cosa que corresponde al ser humano y se puede exigir como tal. **2.** Ciencia que estudia las leyes, o Facultad en que se estudian. **3.** *pl* Lo que cobran ciertos profesionales por su trabajo.

[2] **de·ri·va** [deríβa] *s/f* Desvío del rumbo o dirección de una nave, o de otro vehículo o cosa.

[2] **de·ri·va·ción** [deriβaθjón] *s/f* **1.** Acción o resultado de derivar(se). **2.** Conexión de la que deriva otra en dirección diferente.

DES·A·COR·DE

[4] **de·ri·var** [deriβár] *tr intr* Tener una cosa su origen en otra. RPr **Derivar de**.

[1] **der·ma·ti·tis** [dermatítis] *s/f* Irritación de la piel.

[1] **der·ma·to·lo·gía** [dermatoloχía] *s/f* Estudio de las enfermedades de la piel.

[1] **der·ma·to·ló·gi·co, -ca** [dermatolóχiko] *adj* Relativo a la dermatología.

[1] **der·ma·tó·lo·go, -ga** [dermatóloɣo] *s/m,f* Especialista en dermatología.

[1] **dér·mi·co, -ca** [dérmiko] *adj* Relativo a la dermis.

[1] **der·mis** [dérmis] *s/f* Capa de la piel debajo de la epidermis.

der·mo·pro·tec·tor, -ra [dermoprotektór] *adj s/m* Sustancia protectora de la piel.

[1] **de·ro·ga·ción** [deroɣaθjón] *s/f* Acción o resultado de derogar.

[2] **de·ro·gar** [deroɣár] *tr* Anular una ley o precepto.
ORT Ante *e* la *g* cambia a *gu: Derogue*.

[1] **de·ro·ga·to·rio, -ia** [deroɣatórjo] *adj* Que deroga.

[1] **de·rra·ma** [derráma] *s/f* Reparto de un gasto entre los miembros de una comunidad, o cantidad a que asciende.

[1] **de·rra·ma·mien·to** [derramamjénto] *s/m* Acción o resultado de derramar(se).

[3] **de·rra·mar** [derramár] *tr* Esparcir un líquido o cosas menudas.

[1] **de·rra·me** [derráme] *s/m* Derramamiento.

[1] **de·rra·par** [derrapár] *intr* Deslizarse las ruedas de un vehículo, perdiendo su adherencia al suelo.

de·rra·pe [derrápe] *s/m* Acción o resultado de derrapar.

[1] **de·rren·gar** [derrengár] *tr* Cansar mucho, hasta dejarlo sin fuerzas.
CONJ *Irreg: Derriengo/derrengo, derrengué, derrengaré, derrengado*.

de·rre·ti·mien·to [derretimjénto] *s/m* Acción o resultado de derretir(se).

[2] **de·rre·tir** [derretír] *tr* Deshacer una sustancia sólida mediante el calor.
CONJ *Irreg: Derrito, derretí, derretiré, derretido*.

[3] **de·rri·bar** [derriβár] *tr* Hacer caer al suelo.

[1] **de·rri·bo** [derríβo] *s/m* 1. Acción de derribar. 2. Materiales que resultan de ello.

[1] **de·rro·ca·mien·to** [derrokamjénto] *s/m* Acción de derrocar.

[2] **de·rro·car** [derrokár] *tr* Quitar el poder o el cargo a alguien.
ORT Ante *e* la *c* cambia a *qu: Derroque*.

[1] **de·rro·cha·dor, -ra** [derrotʃaðór] *adj s/m,f* Que derrocha.

[2] **de·rro·char** [derrotʃár] *tr* Malgastar los bienes o dinero.

[1] **de·rro·che** [derrótʃe] *s/m* Acción de derrochar.

[3] **de·rro·ta** [derróta] *s/f* Acción de derrotar.

[4] **de·rro·tar** [derrotár] *tr* Vencer al adversario o superarlo.

[2] **de·rro·te·ro** [derrotéro] *s/m* 1. Rumbo de una nave. 2. FIG Camino, dirección.

de·rro·tis·mo [derrotísmo] *s/m* Cualidad de derrotista.

de·rro·tis·ta [derrotísta] *adj s/m,f* Que mantiene una actitud negativa o pesimista sobre algo.

[1] **de·rruir** [derrwír] *tr* Derribar un edificio.
CONJ *Irreg: Derruyo, derruí, derruiré, derruido*.

[1] **de·rrum·ba·mien·to** [derrumbamjénto] *s/m* Acción o resultado de derrumbar.

[3] **de·rrum·bar** [derrumbár] **I.** *tr* 1. Derribar un edificio. 2. FIG Hacer que algo se venga abajo. **II.** REFL(*-se*) Desmoralizarse una persona.

[1] **de·rrum·be** [derrúmbe] *s/m* Derrumbamiento.

[1] **des·a·bas·te·ci·mien·to** [desaβasteθimjénto] *s/m* Privación de lo necesario para vivir.

[1] **des·a·bo·to·nar** [desaβotonár] *tr* Sacar los botones de los ojales.

[1] **de·sa·bri·do, -a** [desaβríðo] *adj* 1. Sin sabor. 2. De mal carácter.

[2] **des·a·bro·char** [desaβrotʃár] *tr* Abrir los cierres de una prenda de vestir.

[1] **des·a·ca·tar** [desakatár] *tr* No obedecer una norma o ley.

[1] **des·a·ca·to** [desakáto] *s/m* Acción de desacatar o delito que resulta de ello.

[1] **des·a·ce·le·ra·ción** [desaθeleraθjón] *s/f* Acción o resultado de desacelerar.

[1] **des·a·ce·le·rar** [desaθelerár] *tr* Disminuir gradualmente la velocidad.

[1] **des·a·cer·ta·do, -da** [desaθertáðo] *adj* Que obra sin acierto.

[1] **des·a·cier·to** [desaθjérto] *s/m* Error al hacer algo.

[1] **des·a·con·se·ja·ble** [desakonseχáβle] *adj* Poco o nada aconsejable.

[1] **des·a·con·se·jar** [desakonseχár] *tr* Persuadir a alguien para que no haga algo.

[1] **des·a·co·plar** [desakoplár] *tr* Separar dos partes o cosas unidas.

des·a·cor·de [desakórðe] *adj* Que no concuerda con otra cosa. RPr **Desacorde con**.

[1] **des·a·cos·tum·brar** [desakostumbrár] *tr REFL(-se)* Hacer que alguien pierda una costumbre.

[2] **des·a·cre·di·tar** [desakreðitár] *tr* Dañar la buena fama de alguien.

[1] **des·ac·ti·va·ción** [desaktiβaθjón] *s/f* Acción o resultado de desactivar.

[2] **des·ac·ti·var** [desaktiβár] *tr* Anular o interrumpir un proceso activador.

[2] **des·a·cuer·do** [desakwérðo] *s/m* Falta de acuerdo.

[1] **de·sa·fian·te** [desafjánte] *adj* Que desafía.

[3] **de·sa·fiar** [desafjár] *tr* 1. Provocar a alguien para que luche. 2. Hacer frente a un riesgo o peligro.
GRAM El acento recae sobre la *i* en el *sing* y *3ª p pl* del *pres* de *ind* y *subj: Desafío*.

[1] **des·a·fi·nar** [desafinár] *intr* Desviarse una voz o instrumento musical del tono adecuado.

[3] **de·sa·fío** [desafio] *s/m* Acción o resultado de desafiar.

[1] **des·a·fo·ra·do, -da** [desaforáðo] *adj s/m,f* Que no se sujeta a ley o norma.

[2] **des·a·for·tu·na·do, -da** [desafortunáðo] *adj* Que tiene mala suerte.

[1] **des·a·fue·ro** [desafwéro] *s/m* Acción contra la ley.

[3] **des·a·gra·da·ble** [desaɣraðáβle] *adj* No agradable.

[2] **des·a·gra·dar** [desaɣraðár] *intr* Causar desagrado.

[1] **des·a·gra·de·ci·do, -da** [desaɣraðeθíðo] *adj s/m,f* Que no corresponde a lo que se le da.

[1] **des·a·gra·do** [desaɣráðo] *s/m* Disgusto, descontento.

[1] **des·a·gra·viar** [desaɣraβjár] *tr* Compensar a alguien por el daño hecho.

[1] **des·a·gra·vio** [desaɣráβjo] *s/m* Acción o resultado de desagraviar.

[1] **des·a·gre·gar** [desaɣreɣár] *tr* Separar un elemento o aspecto de otro o de un conjunto al que pertenece.
ORT Ante *e* la *g* cambia a *gu: Desagregue*.

[1] **des·a·guar** [desaɣwár] *tr intr* 1. Salir un líquido de donde está. 2. Ir las aguas de un río a parar a otra corriente. RPr **Desaguar a/en**.
ORT Ante *e* la *u* cambia a *ü: Desagüen*.

[1] **des·a·güe** [desáɣwe] *s/m* Canal por donde se desagua.

[1] **de·sa·gui·sa·do** [desaɣisáðo] *s/m* Acción injuriosa o delictiva.

[1] **des·a·ho·ga·do, -da** [desaoɣáðo] *adj* 1. Espacioso. 2. De buena posición económica.

[2] **des·a·ho·gar** [desaoɣár] *tr* Aliviar alguien su dolor o angustia exteriorizando sus sentimientos.
ORT Ante *e* la *g* cambia a *gu: Desahogue*.

[1] **des·a·ho·go** [desaóɣo] *s/m* Acción o resultado de desahogar(se).

[1] **des·ahu·ciar** [desauθjár] *tr* 1. Declarar a un enfermo incurable. 2. Obligar a alguien a abandonar la vivienda que ocupa.

[1] **des·ahu·cio** [desáuθjo] *s/m* Acción o resultado de desahuciar.

[1] **des·ai·rar** [desairár] *tr* Mostrar menosprecio hacia alguien.

[1] **des·ai·re** [desáire] *s/m* Acción o resultado de desairar.

[1] **des·a·jus·te** [desaχúste] *s/m* 1. Unión defectuosa entre elementos o piezas. 2. FIG Falta de proporción o equilibrio entre partes.

[1] **de·sa·la·do·ra** [desalaðóra] *s/f* Instalación para desalar el agua.

[1] **de·sa·lar** [desalár] *tr* Quitar la sal a algo.

[1] **des·a·len·ta·dor, -ra** [desalentaðór] *adj* Que causa desaliento.

[2] **des·a·len·tar** [desalentár] *tr* Quitar el ánimo.
CONJ *Irreg: Desaliento, desalenté, desalentaré, desalentado*.

[1] **des·a·lien·to** [desaljénto] *s/m* Falta de ánimo o de esperanza.

de·sa·li·ni·zar [desaliniθár] *tr* Eliminar la sal del agua de mar.
ORT Ante *e* la *z* cambia a *c: Desalinice*.

[1] **des·a·li·ña·do, -da** [desalipáðo] *adj* Descuidado en su aspecto o vestir.

[1] **des·a·li·ño** [desalípo] *s/m* Falta de aseo o cuidado en el vestir.

[1] **des·al·ma·do, -da** [desalmáðo] *adj s/m,f* Sin conciencia, malvado.

[2] **des·a·lo·jar** [desaloχár] *tr* 1. Obligar a alguien a abandonar su vivienda. 2. Desplazar un cuerpo un volumen.

[1] **des·a·lo·jo** [desalóχo] *s/m* Acción o resultado de desalojar.

[2] **des·a·mor** [desamór] *s/m* Falta de amor.

[2] **des·a·mor·ti·za·ción** [desamortiθaθjón] *s/f* Acción o resultado de desamortizar.

[1] **des·a·mor·ti·zar** [desamortiθár] *tr* Apropiarse el Estado de los bienes de entidades o comunidades religiosas.
ORT Ante *e* la *z* cambia a *c: Desamortice*.

DES·A·TOR·NI·LLAR

[2] **des·am·pa·rar** [desamparár] *tr* Dejar sin protección.

[1] **des·am·pa·ro** [desampáro] *s/m* Falta de protección.

[1] **des·an·dar** [desandár] *tr* Volver hacia atrás por el camino ya recorrido.
CONJ *Irreg: Desando, desanduve, desandaré, desandado.*

[1] **des·an·ge·la·do, -da** [desanχeláðo] *adj* Poco atractivo.

[2] **de·san·grar** [desangrár] *tr* Sacar o perder la sangre.

[1] **des·a·ni·ma·do, -da** [desanimáðo] *adj* Sin ánimo, deprimido.

[2] **des·a·ni·mar** [desanimár] *tr* Quitar a alguien el ánimo.

[2] **des·á·ni·mo** [desánimo] *s/m* Falta de ánimo.

[1] **des·a·pa·ci·ble** [desapaθíβle] *adj* Desagradable a los sentidos.

[5] **des·a·pa·re·cer** [desapareθér] *intr* Dejar de estar en un lugar o de existir.
CONJ *Irreg: Desaparezco, desaparecí, desapareceré, desaparecido.*

[4] **des·a·pa·ri·ción** [desapariθjón] *s/f* Acción o resultado de desaparecer.

[1] **des·a·pe·gar** [desapeɣár] *tr REFL(-se)* Apartar una cosa de otra.
ORT Ante *e* la *g* cambia a *gu: Desapegue.*

[1] **des·a·pe·go** [desapéɣo] *s/m* Falta de apego o interés.

[2] **des·a·per·ci·bi·do, -da** [desaperθiβíðo] *adj* Que pasa inadvertido.

[1] **des·a·pren·si·vo, -va** [desaprensíβo] *adj s/m,f* Que habla o actúa sin miramiento.

[1] **des·a·pro·ba·ción** [desaproβaθjón] *s/f* Hecho de no aprobar algo.

[1] **des·a·pro·bar** [desaproβár] *tr* No aprobar.
CONJ *Irreg:* Como *aprobar.*

[1] **des·a·pro·ve·char** [desaproβetʃár] *tr* No sacar provecho a algo.

[1] **des·ar·ma·do, -da** [desarmáðo] *adj* 1. Sin armas. 2. Descompuesto en piezas.

[2] **des·ar·mar** [desarmár] *tr* 1. Quitar a alguien sus armas. 2. Separar las piezas que componen un mecanismo. 3. FIG Dejar a alguien sin argumentos para defenderse.

[1] **des·ar·me** [desárme] *s/m* Acción o resultado de desarmar(se).

[1] **des·a·rrai·gar** [desarraiɣár] *tr* 1. Arrancar de raíz. 2. Separar a alguien del lugar donde vive.
ORT Ante *e* la *g* cambia a *gu: Desarraigué.*

[1] **des·a·rrai·go** [desarráiɣo] *s/m* Acción o resultado de desarraigar(se).

[1] **des·a·rra·pa·do, -da** [desarrapáðo] *adj s/m,f* Vestido miserablemente.

[1] **des·a·rre·glo** [desarréɣlo] *s/m* Acción o resultado de desarreglar(se).

[4] **des·a·rro·lla·do, -da** [desarroʎáðo] *adj* Con un alto grado de desarrollo.

[5] **des·a·rro·llar** [desarroʎár] I. *tr* 1. Hacer crecer en tamaño, número o fuerza. 3. Llevar a cabo. 4. Explicar con más detalle. 5. Producir algo un determinado efecto: *Este motor desarrolla 272 caballos.* II. REFL(-se) Suceder un hecho.

[5] **des·a·rro·llo** [desarróʎo] *s/m* Acción o resultado de desarrollar(se).

[1] **des·ar·ti·cu·la·ción** [desartikulaθjón] *s/f* Acción o resultado de desarticular(se).

[1] **des·ar·ti·cu·lar** [desartikulár] *tr* 1. Separar elementos unidos entre sí. 2. FIG Desbaratar un plan o proyecto.

[1] **des·a·sis·tir** [desasistír] *tr* Dejar sin atención ni ayuda.

des·as·nar [desasnár] *tr* FIG Suavizar el carácter rudo e ignorante de alguien.

[2] **des·a·so·sie·go** [desasosjéɣo] *s/m* Falta de sosiego.

[1] **de·sas·tra·do, -da** [desastráðo] *adj s/m,f* Descuidado en su aspecto.

[3] **de·sas·tre** [desástre] *s/m* 1. Suceso lamentable, que implica desgracia o fracaso. 2. Quien hace las cosas mal.

[2] **de·sas·tro·so, -sa** [desastróso] *adj* Relativo a un desastre.

[3] **des·a·tar** [desatár] *tr* 1. Quitar lo que ata. 2. Provocar reacciones, pasiones, etc., violentas.

[1] **des·a·tas·ca·dor** [desataskaðór] *s/m* Instrumento o producto para desatascar.

[1] **des·a·tas·car** [desataskár] *tr* Quitar lo que impide el paso.
ORT Ante *e* la *c* cambia a *qu: Desatasque.*

[1] **des·a·ten·ción** [desatenθjón] *s/f* Falta de atención o respeto.

[2] **des·a·ten·der** [desatendér] *tr* No prestar atención.
CONJ *Irreg:* Como *atender.*

[1] **des·a·ten·to, -ta** [desaténto] *adj* Se aplica a quien no presta atención o es descortés.

[1] **des·a·ti·na·do, -da** [desatináðo] *adj* Que carece de acierto o tino.

[1] **des·a·ti·no** [desatíno] *s/m* Disparate.

des·a·tor·ni·llar [desatorniʎár] *tr* Sacar un tornillo dándole vueltas al revés.

des·a·tran·car [desatrankár] *tr* Desatascar.
ORT Ante *e* la *c* cambia a *qu: Desatranque*.

[1] **des·au·to·ri·za·ción** [desautoriθaθjón] *s/f* Acción o resultado de desautorizar.

[1] **des·au·to·ri·zar** [desautoriθár] *tr* Quitar a alguien la autoridad o la autorización para algo.
ORT Ante *e* la *z* cambia a *c: Desautorice*.

[1] **des·a·ve·nen·cia** [desaβenénθja] *s/f* Desacuerdo.

[3] **des·a·yu·nar** [desajunár] *tr intr* Tomar el desayuno.

[3] **des·a·yu·no** [desajúno] *s/m* Primera comida del día.

[2] **de·sa·zón** [desaθón] *s/f* Estado de inquietud del ánimo.

[2] **des·ban·car** [desβankár] *tr* Quitar un puesto a otro para ocuparlo uno mismo.
ORT Ante *e* la *c* cambia a *qu: Desbanquen*.

[1] **des·ban·da·da** [desβandáða] *s/f* Huida en desorden.

[1] **des·ba·ra·jus·te** [desβaraχúste] *s/m* Alteración del orden.

[1] **des·ba·ra·tar** [desβaratár] *tr* 1. Deshacer el orden establecido. 2. FIG Destruir un plan, proyecto, etc.

des·ba·rrar [desβarrár] *intr* Decir o hacer cosas disparatadas.

[1] **des·bas·tar** [desβastár] *tr* Quitar lo más basto de algo.

[1] **des·blo·que·ar** [desβlokeár] *tr* Quitar el bloqueo.

des·blo·queo [desβlokéo] *s/m* Acción o resultado de desbloquear.

[1] **des·bo·ca·do, -da** [desβokáðo] *adj* Descontrolado.

[1] **des·bo·car** [desβokár] **I.** *tr* Hacer que se pierda el control sobre algo. **II.** REFL(-se) No obedecer el caballo al freno.
ORT Ante *e* la *c* cambia a *qu: Desboque*.

[1] **des·bor·da·mien·to** [desβorðamjénto] *s/m* Acción o resultado de desbordar(se).

[1] **des·bor·dan·te** [desβorðánte] *adj* Que se sale de sus límites.

[3] **des·bor·dar** [desβorðár] *tr intr* Salirse de sus límites o sobrepasar sus posibilidades.

des·bra·var [desβraβár] *intr* REFL(-se) Perder una bebida alcohólica su fuerza.

des·bro·ce [desβróθe] *s/m* Acción o resultado de desbrozar.

[1] **des·bro·zar** [desβroθár] *tr* 1. Limpiar un terreno de malas hierbas. 2. FIG Eliminar los obstáculos que dificultan algo.
ORT Ante *e* la *z* cambia a *c: Desbroce*.

[1] **des·ca·bal·gar** [deskaβalɣár] *intr* (Con *de*) Bajarse de una caballería.
ORT Ante *e* la *g* cambia a *gu: Descabalgue*.

[1] **des·ca·be·lla·do, -da** [deskaβeʎáðo] *adj* Poco prudente, insensato.

[1] **des·ca·be·llar** [deskaβeʎár] *tr* Matar al toro hiriéndole en la cerviz con el estoque.

[1] **des·ca·be·llo** [deskaβéʎo] *s/m* Acción o resultado de descabellar al toro.

des·ca·be·za·mien·to [deskaβeθamjénto] *s/m* Acción o resultado de descabezar(se).

[1] **des·ca·be·zar** [deskaβeθár] *tr* 1. Cortar la cabeza. 2. Cortar la parte superior de algo.
ORT Ante *e* la *z* cambia a *c: Descabece*.

[1] **des·ca·fei·na·do, -da** [deskafeináðo] *adj* 1. Sin cafeína. 2. Con poca fuerza o calidad.

[1] **des·ca·la·brar** [deskalaβrár] *tr* Herir gravemente en la cabeza.

[1] **des·ca·la·bro** [deskaláβro] *s/m* Gran daño o pérdida.

[1] **des·cal·ci·fi·ca·ción** [deskalθifikaθjón] *s/f* Acción o resultado de descalcificar(se).

des·cal·ci·fi·ca·dor [deskalθifikaðór] *s/m* Aparato para eliminar la cal del agua.

des·cal·ci·fi·car [deskalθifikár] *tr* REFL(-se) Eliminar la cal.
ORT Ante *e* la *c* cambia a *qu: Descalcifique*.

[2] **des·ca·li·fi·ca·ción** [deskalifikaθjón] *s/f* Acción o resultado de descalificar.

[2] **des·ca·li·fi·car** [deskalifikár] *tr* 1. Dañar la buena imagen o reputación. 2. Expulsar de una competición deportiva.
ORT Ante *e* la *c* cambia a *qu: Descalifique*.

[2] **des·cal·zar** [deskalθár] *tr* Quitar el calzado.
ORT Ante *e* la *z* cambia a *c: Descalce*.

[2] **des·cal·zo, -za** [deskálθo] *adj* Con los pies desnudos o sin calzado.

[1] **des·cam·pa·do, -da** [deskampáðo] *adj s/m* Se dice del terreno sin vegetación.

[4] **des·can·sar** [deskansár] **I.** *intr* 1. Dormir o reposar para recuperar energías. 2. Apoyarse un cuerpo sobre otro: *La bóveda descansa sobre las columnas*. 3. Interrumpir una acción o trabajo para recuperar las fuerzas. 4. Estar colocado algo en un sitio y durante un tiempo. **II.** *tr* FIG Apoyar una cosa sobre otra: *Descansó la cabeza en el respaldo del sillón*.

1 **des·can·si·llo** [deskansíʎo] *s/m* Espacio entre tramo y tramo de una escalera.

3 **des·can·so** [deskánso] *s/m* **1.** Acción o resultado de descansar. **2.** Intermedio.

1 **des·ca·pi·ta·li·za·ción** [deskapitaliθaθjón] *s/f* Acción o resultado de descapitalizar.

1 **des·ca·pi·ta·li·zar** [deskapitaliθár] *tr* Dejar sin capital o sin fondos.
ORT Ante *e* la *z* cambia a *c: Descapitalicemos.*

1 **des·ca·po·ta·ble** [deskapotáβle] *adj s/m* Se dice del coche con capota plegable.

2 **des·ca·ra·do, -da** [deskaráðo] *adj s/m,f* Atrevido, irrespetuoso.

2 **des·car·ga** [deskárɣa] *s/f* Acción o resultado de descargar.

3 **des·car·gar** [deskarɣár] **I.** *tr* **1.** Sacar la carga de un vehículo, o quitarla de quien la llevaba. **2.** Extraer la munición de un arma. **3.** Dar (golpe, etc.). **4.** Anular la tensión eléctrica de un cuerpo. **II.** *intr* Disparar un arma de fuego. RPt **Descargar en/sobre. Descargar(se) contra/de/en.**
ORT Ante *e* la *g* cambia a *gu: Descargue.*

1 **des·car·go** [deskárɣo] *s/m* Acción o resultado de disculpar a alguien de sus culpas.

2 **des·car·na·do, -da** [deskarnáðo] *adj* Carente de carne.

1 **des·car·nar** [deskarnár] *tr* Quitar la carne que recubre el hueso.

1 **des·ca·ro** [deskáro] *s/m* Falta de vergüenza o respeto.

1 **des·ca·rriar** [deskarrjár] *REFL(-se)* Perder la orientación.
ORT El acento recae sobre la *i* en el *sing* y *3ª p pl* del *pres* de *ind* y *subj: Descarrío.*

1 **des·ca·rri·la·mien·to** [deskarrilamjénto] *s/m* Acción o resultado de descarrilar.

1 **des·ca·rri·lar** [deskarrilár] *intr* Salirse de su carril un tren.

des·ca·rrío [deskarrío] *s/m* Acción o resultado de descarriar(se).

1 **des·car·ta·ble** [deskartáβle] *adj* **1.** Que se puede descartar. **2.** AMER Desechable.

4 **des·car·tar** [deskartár] *tr* Dejar de lado algo, entre otras cosas opcionales.

1 **des·car·te** [deskárte] *s/m* **1.** Carta o conjunto de cartas de que se deshace. **2.** AMER Cosa no aprovechable.

1 **des·cas·ca·ri·llar** [deskaskariʎár] *tr* REFL(-se) Quitar o perder algo su cáscara.

2 **des·cas·ta·do, -da** [deskastáðo] *adj s/m,f* Con poco o ningún afecto hacia sus familiares.

2 **des·cen·den·cia** [desθendénθja] *s/f* Conjunto de hijos y demás generaciones sucesivas que descienden de alguien.

2 **des·cen·den·te** [desθendénte] *adj* Que desciende o que va de más a menos.

4 **des·cen·der** [desθendér] **I.** *tr intr* Ir o mover(se) de un sitio más alto a otro más bajo. **II.** *intr* **1.** Disminuir en cantidad, altura, calidad o rango. **2.** Proceder, por línea directa, un individuo de otro u otros. RPt **Descender de.**
CONJ *Irreg: Desciendo, descendí, descenderé, descendido.*

3 **des·cen·dien·te** [desθendjénte] *s/m,f* Ser vivo que desciende de otros anteriores.

1 **des·cen·di·mien·to** [desθendimjénto] *s/m* Acción o resultado de bajar.

3 **des·cen·so** [desθénso] *s/m* Acción o resultado de descender.

2 **des·cen·tra·li·za·ción** [desθentraliθaθjón] *s/f* Acción o resultado de descentralizar.

1 **des·cen·tra·li·za·dor, -ra** [desθentraliθaðór] *adj* Que descentraliza.

2 **des·cen·tra·li·zar** [desθentraliθár] *tr* Transferir poder una entidad central u otras menores.
ORT Ante *e* la *z* cambia a *c: Descentralice.*

1 **des·cen·trar** [desθentrár] *tr* Sacar de su centro o de su ambiente.

1 **des·ce·re·bra·do, -da** [desθereβráðo] *adj* Irracional, irreflexivo.

1 **des·ce·rra·jar** [desθerraxár] *tr* **1.** Abrir violentamente rompiendo la cerradura. **2.** FIG Disparar.

1 **des·ci·fra·ble** [desθifráβle] *adj* Que se puede descifrar.

2 **des·ci·frar** [desθifrár] *tr* Averiguar el sentido de un mensaje en clave.

2 **des·cla·si·fi·ca·ción** [desklasifikaθjón] *s/f* Acción o resultado de desclasificar.

1 **des·cla·si·fi·car** [desklasifikár] *tr* Hacer públicos datos que se mantenían secretos.
ORT Ante *e* la *c* cambia a *qu: Desclasifique.*

1 **des·cla·var** [desklaβár] *tr* Arrancar un clavo.

1 **des·co·ca·do, -da** [deskokáðo] *adj s/m,f* Atrevido en el vestir o en cuestiones morales.

des·co·co [deskóko] *s/m* Descaro.

1 **des·co·di·fi·ca·ción** [deskoðifikaθjón] *s/f* Acción o resultado de descodificar.

1 **des·co·di·fi·ca·dor** [deskoðifikaðór] *s/m* Aparato para descodificar.

1 **des·co·di·fi·car** [deskoðifikár] *tr* Descifrar un mensaje cifrado.

DES·CO·JO·NAR·SE

ORT Ante *e* la *c* cambia a *qu: Descodifique*.

[1] **des·co·jo·nar·se** [deskoxonárse] *REFL(-se)* VULG Reírse o disfrutar mucho.

[2] **des·col·gar** [deskolɣár] **I.** *tr* **1.** Quitar un cuerpo u objeto del lugar en que estaba colgado. **2.** Bajar lo que estaba colgado a cierta altura. **II.** *tr intr* Levantar el auricular del teléfono para hablar. **III.** *REFL(-se)* Decir o hacer de repente algo inoportuno.
CONJ *Irreg: Descuelgo, descuelgue, descolgaré, descolgado.*

[1] **des·co·llar** [deskoʎár] *intr* Sobresalir en su entorno.
CONJ *Irreg: Descuello, descollé, descollaré, descollado.*

[1] **des·co·lo·car** [deskolokár] *tr* **1.** Quitar a alguien de su lugar o posición. **2.** Confundir a alguien.
ORT Ante *e* la *c* cambia a *qu: Descoloque*.

[1] **des·co·lo·ni·za·ción** [deskoloniθaθjón] *s/f* Acción o resultado de descolonizar.

[1] **des·co·lo·ni·zar** [deskoloniθár] *tr* Hacer que un país o territorio deje de ser colonia y se independice.
ORT Ante *e* la *z* cambia a *c: Descolonice*.

[2] **des·co·lo·ri·do, -da** [deskolorído] *adj* Que han perdido su color original.

des·co·me·di·mien·to [deskomeðimjénto] *s/m* Falta de respeto o cortesía.

des·com·pen·sa·ción [deskompensaθjón] *s/f* Acción o resultado de descompensar(se).

des·com·pen·sar [deskompensár] *tr* Alterar el equilibrio o la correspondencia de las partes con el todo.

[3] **des·com·po·ner** [deskomponér] *tr* Separar las partes de un compuesto.
CONJ *Irreg: Como poner.*

[2] **des·com·po·si·ción** [deskomposiθjón] *s/f* Acción o resultado de descomponer(se).

[1] **des·com·pre·sión** [deskompresjón] *s/f* Acción o resultado de descomprimir.

[1] **des·com·pri·mir** [deskomprimír] *tr REFL(-se)* Hacer que algo pierda la compresión.

[1] **des·com·pues·to, -ta** [deskompwésto] *adj* Se aplica al cuerpo o sustancia en estado de putrefacción.

[2] **des·co·mu·nal** [deskomunál] *adj* Muy grande, extraordinario.

[2] **des·con·cer·tan·te** [deskonθertánte] *s/f* Que desconcierta.

[3] **des·con·cer·tar** [deskonθertár] *tr REFL(-se)* Confundir a alguien.
CONJ *Irreg: Desconcierto, desconcerté, desconcertaré, desconcertado.*

[1] **des·con·char** [deskontʃár] *tr REFL(-se)* Perder o hacer que algo pierda su revestimiento.

[2] **des·con·cier·to** [deskonθjérto] *s/m* **1.** Falta de orden o concierto. **2.** Estado de confusión mental.

[2] **des·co·nec·tar** [deskonektár] **I.** *tr* Cortar o interrumpir la conexión entre diversas piezas de una máquina. **II.** *intr* Aislarse de algo.

[1] **des·co·ne·xión** [deskone(k)sjón] *s/f* Acción o resultado de desconectar(se).

[1] **des·con·fia·do, -da** [deskonfjáðo] *adj s/m,f* Que desconfía o es propenso a ello.

[3] **des·con·fian·za** [deskonfjánθa] *s/f* Falta de confianza.

[2] **des·con·fiar** [deskonfjár] *intr* No confiar.
RPr **Desconfiar de.**
ORT El acento recae sobre la *i* en el *sing* y *3ª p pl* del *pres* de *ind* y *subj: Desconfía.*

des·con·ge·la·ción [deskonxelaθjón] *s/f* Acción o resultado de descongelar(se).

[1] **des·con·ge·la·mien·to** [deskonxelamjénto] *s/m* Descongelación.

[1] **des·con·ge·lar** [deskonxelár] *tr REFL(-se)* **1.** Hacer que algo deje de estar congelado. **2.** FIG Desbloquear una cuenta.

des·con·ges·tión [deskonxestjón] *s/f* Acción o resultado de descongestionar(se).

[1] **des·con·ges·tio·nar** [deskonxestjonár] *tr REFL(-se)* Eliminar o disminuir la congestión.

[1] **des·co·no·ce·dor, -ra** [deskonoθeðór] *adj* Que desconoce algo.

des·co·no·cer [deskonoθér] *tr* Ignorar o no conocer.
CONJ *Irreg: Desconozco, desconocí, desconoceré, desconocido.*

[4] **des·co·no·ci·do, -da** [deskonoθíðo] *s/m,f* Que no es conocido.

[2] **des·co·no·ci·mien·to** [deskonoθimjénto] *s/m* Falta de conocimiento sobre algo.

[1] **des·con·si·de·ra·ción** [deskonsiðeraθjón] *s/f* Falta de consideración.

[1] **des·con·si·de·ra·do, -da** [deskonsiðeráðo] *adj s/m,f* Que obra sin consideración.

[1] **des·con·so·lar** [deskonsolár] *tr* Causar tristeza o pena.
CONJ *Irreg: Como consolar.*

[1] **des·con·sue·lo** [deskonswélo] *s/m* Sentimiento de pena y tristeza.

[1] **des·con·ta·do, -da** LOC **Por descontado,** COL por supuesto, sin duda alguna.

[1] **des·con·ta·mi·na·ción** [deskontaminaθjón] *s/f* Acción o resultado de descontaminar.

DES·DEN·TA·DO

1 **des·con·ta·mi·nan·te** [deskontaminánte] *adj s/m* Que descontamina.

1 **des·con·ta·mi·nar** [deskontaminár] *tr* Eliminar los gérmenes y sustancias nocivas.

3 **des·con·tar** [deskontár] *tr* Rebajar la cantidad de algo.
CONJ *Irreg:* Como *contar*.

2 **des·con·ten·to, -ta** [deskonténto] **I.** *adj s/m,f* Poco satisfecho. **II.** *s/m* Sentimiento de disgusto o insatisfacción.

1 **des·con·trol** [deskontról] *s/m* Falta de control.

1 **des·con·tro·lar** [deskontrolár] *tr* Hacer perder el control.

1 **des·con·vo·car** [deskombokár] *tr* Anular una convocatoria.
ORT Ante *e* la *c* cambia a *qu: Desconvoque.*

1 **des·co·or·di·na·ción** [desko(o)rðinaθjón] *s/f* Falta de coordinación.

1 **des·co·ra·zo·na·dor, -ra** [deskoraθonaðór] *adj* Que descorazona.

1 **des·co·ra·zo·nar** [deskoraθonár] *tr intr* Quitar a alguien el ánimo o las ganas de hacer algo.

1 **des·cor·char** [deskortʃár] *tr* Sacar el corcho de una botella.

1 **des·co·rrer** [deskorrér] *tr* Correr algo en sentido opuesto a como estaba antes.

1 **des·cor·tés** [deskortés] *adj* Que carece de cortesía.

1 **des·cor·te·sía** [deskortesía] *s/f* Falta de cortesía.

1 **des·cor·te·zar** [deskorteθár] *tr* REFL(-se) Quitar la corteza.
ORT Ante *e* la *z* cambia a *c: Descortece.*

1 **des·co·ser** [deskosér] *tr* Deshacer(se) lo cosido.

1 **des·co·si·do** [deskosíðo] *s/m* Parte descosida de una prenda.

des·co·te [deskóte] *s/m* Abertura en una prenda de vestir por el cuello, espalda o pecho.

1 **des·co·yun·tar** [deskojuntár] *tr* REFL(-se) Separar(se) las partes articuladas, *esp* huesos.

2 **des·cré·di·to** [deskréðito] *s/m* Pérdida de la fama o reputación.

1 **des·creí·do, -da** [deskreíðo] *adj* Falto de fe.

1 **des·crei·mien·to** [deskreimjénto] *s/m* Falta de fe.

des·cre·mar [deskremár] *tr* Quitar la crema a la leche.

4 **des·cri·bir** [deskriβír] *tr* 1. Exponer los rasgos o propiedades de algo. 2. Trazar.
CONJ *Irreg: Describo, describí, describiré, descrito.*

4 **des·crip·ción** [deskripθjón] *s/f* Acción o resultado de describir.

2 **des·crip·ti·vo, -va** [deskriptíβo] *adj* Que describe o sirve para describir.

1 **des·crip·tor, -ra** [deskriptór] *adj s/m* Que describe.

3 **des·cri·to, -ta** [deskríto] *pp irreg* de 'describir'.

1 **des·cuar·ti·za·mien·to** [deskwartiθamjénto] *s/m* Acción o resultado de descuartizar.

1 **des·cuar·ti·zar** [deskwartiθár] *tr* Dividir el cuerpo en varios trozos.
ORT Ante *e* la *z* cambia a *c: Descuartice.*

4 **des·cu·bier·to, -ta** [deskuβjérto] **I.** *adj* 1. Sin cobertura o protección. 2. Con la cabeza sin cubrir. 3. Sin nubes (en el cielo). **II.** *s/m* Déficit en una cuenta.

2 **des·cu·bri·dor, -ra** [deskuβriðór] *adj s/m,f* Que descubre algo desconocido.

4 **des·cu·bri·mien·to** [deskuβrimjénto] *s/m* Acción o resultado de descubrir.

5 **des·cu·brir** [deskuβrír] **I.** *tr* 1. Quitar lo que cubre o tapa. 2. Averiguar algo que se desconocía. 3. Dar a conocer algo oculto. **II.** REFL(-se) Quitarse lo que se llevaba cubriendo la cabeza.
CONJ *Irreg: Descubro, descubrí, descubriré, descubierto.*

3 **des·cuen·to** [deskwénto] *s/m* 1. Acción o resultado de descontar. 2. Cantidad que se descuenta.

2 **des·cui·da·do, -da** [deskwiðáðo] *adj* Que no se cuida de sí mismo o de las cosas.

2 **des·cui·dar** [deskwiðár] *tr* No prestar atención o cuidado. RPr **Descuidarse de.**

des·cui·de·ro, -ra [deskwiðéro] *s/m,f* Ladrón que roba aprovechando el descuido de alguien.

2 **des·cui·do** [deskwiðo] *s/m* Falta de cuidado o atención.

5 **des·de** [désðe] *prep* 1. Expresa el origen o procedencia de algo. 2. Indica distancia temporal entre dos momentos.

1 **des·de·cir** [desðeθír] *intr* REFL(-se) 1. Retractarse de lo dicho. 2. No corresponder una cosa con otra.
CONJ *Irreg: Desdigo, desdije, desdeciré, desdicho.*

2 **des·dén** [desðén] *s/m* Actitud de indiferencia.

1 **des·den·ta·do, -da** [desðentáðo] *adj* Sin dientes.

DES·DE·ÑA·BLE

[1] **des·de·ña·ble** [desðeɲáβle] *adj* Digno de ser desdeñado.

[2] **des·de·ñar** [desðeɲár] *tr* Mostrar falta de aprecio o interés hacia algo o alguien.

[1] **des·di·bu·jar** [desðiβuχár] *tr* Hacer confusa o borrosa una imagen o recuerdo.

[2] **des·di·cha** [desðitʃa] *s/f* Desgracia.

[2] **des·di·cha·do, -da** [desðitʃáðo] *adj s/m,f* Que sufre desdicha.

[1] **des·do·bla·mien·to** [desðoβlamjénto] *s/m* Acción o resultado de desdoblar(se).

[2] **des·do·blar** [desðoβlár] *tr* Extender doblado.

des·do·ble [desðóβle] *s/m* Acción o resultado de desdoblar(se).

[1] **des·do·ro** [desðóro] *s/m* Disminución o pérdida de prestigio o reputación.

[3] **de·sea·ble** [deseáβle] *adj* Que se puede desear.

[5] **de·se·ar** [deseár] *tr* Aspirar a algo que se quiere tener.

[1] **de·se·ca·ción** [desekaθjón] *s/f* Acción o resultado de desecar(se).

[2] **de·se·car** [desekár] *tr* Secar algo eliminando su humedad.
ORT Ante *e* la *c* cambia a *qu: Deseque*.

[1] **de·se·cha·ble** [desetʃáβle] *adj* Que se puede desechar.

[2] **de·se·char** [desetʃár] *tr* 1. Dejar algo por inservible. 2. FIG Rechazar algo por no ser útil.

[2] **de·se·cho** [desétʃo] *s/m* Lo que se desecha.

[1] **des·em·ba·lar** [desembalár] *tr* Quitar el envoltorio de un paquete.

[1] **des·em·bal·sar** [desembalsár] *tr* Vaciar un embalse.

[1] **des·em·ba·ra·zar** [desembaraθár] *tr* REFL(-se) Quitar lo que estorba. RPr **Desembarazarse de**.
ORT Ante *e* la *z* cambia a *c: Desembarace*.

des·em·ba·ra·zo [desembaráθo] *s/m* Falta de timidez.

[1] **des·em·bar·ca·de·ro** [desembarkaðéro] *s/m* Lugar para desembarcar.

[3] **des·em·bar·car** [desembarkár] *tr intr* Salir los viajeros o sacar las mercancías de una embarcación.
ORT Ante *e* la *c* cambia a *qu: Desembarque*.

[1] **des·em·bar·co** [desembárko] *s/m* Acción o resultado de desembarcar.

[1] **des·em·bar·que** [desembárke] *s/m* Acción o resultado de desembarcar.

[2] **des·em·bo·ca·du·ra** [desembokaðúra] *s/f* Lugar estrecho por donde desembocan una corriente de agua, un conducto, una calle o un camino.

[3] **des·em·bo·car** [desembokár] *intr* 1. (Con *en*) Ir las aguas de un río a otra corriente o al mar. 2. (Con *en*) Terminar una calle en cierto lugar. 3. FIG Tener algo un desenlace.
ORT Ante *e* la *c* cambia a *qu: Desemboque*.

[2] **des·em·bol·sar** [desembolsár] *tr* Pagar o entregar cierta cantidad de dinero.

[2] **des·em·bol·so** [desembólso] *s/m* Acción de desembolsar o cantidad de dinero que se desembolsa.

des·em·bra·gar [desembraɣár] *tr intr* MEC Quitar el embrague.
ORT Ante *e* la *g* cambia a *gu: Desembrague*.

des·em·bra·gue [desembráɣe] *s/m* Acción o resultado de desembragar.

des·em·bro·llar [desembroʎár] *tr* FIG Aclarar algo.

[1] **des·em·bu·char** [desembutʃár] *tr intr* Decir alguien todo lo que sabe.

des·em·pa·car [desempakár] *tr* AMER Deshacer un paquete o el equipaje.
ORT Ante *e* la *c* cambia a *qu: Desempaque*.

des·em·pa·que·tar [desempaketár] *tr* Deshacer un paquete.

[1] **des·em·pa·tar** [desempatár] *tr intr* Deshacer un empate.

[1] **des·em·pa·te** [desempáte] *s/m* Acción o resultado de desempatar.

des·em·pe·drar [desempeðrár] *tr* Arrancar las piedras de un empedrado.
CONJ *Irreg: Como empedrar*.

[4] **des·em·pe·ñar** [desempeɲár] *tr* Hacer alguien lo que es propio de su cargo o función.

[2] **des·em·pe·ño** [desempéɲo] *s/m* Acción o resultado de desempeñar.

[2] **des·em·plea·do, -da** [desempleáðo] *adj s/m,f* Sin trabajo o empleo.

[4] **des·em·pleo** [despleó] *s/m* Estado de quien está sin trabajo.

[1] **des·em·pol·var** [desempolβár] *tr* REFL(-se) 1. Quitar el polvo. 2. Sacar algo del olvido.

[1] **des·en·ca·de·na·mien·to** [desenkaðenamjénto] *s/m* Acción o resultado de desencadenar(se) algo.

[3] **des·en·ca·de·nar** [desenkaðenár] *tr* 1. Hacer que algo comience. 2. Quitar las cadenas.

1 **des·en·ca·ja·do, -da** [desenkaχáðo] *adj* **1.** Fuera de su sitio. **2.** Con el rostro alterado por el terror, sorpresa o sufrimiento.

1 **des·en·ca·jar** [desenkaχár] **I.** *tr* Salir algo de su lugar. **II.** REFL(-se) *tr* Cambiar(se) la expresión de la cara por una emoción súbita.

des·en·ca·mi·nar [desenkaminár] *tr* Apartar del camino adecuado.

1 **des·en·can·tar** [desenkantár] *tr* REFL(-se) Defraudar por no resultar como se esperaba.

2 **des·en·can·to** [desenkánto] *s/m* Decepción.

1 **des·en·chu·far** [desentʃufár] *tr* Hacer que lo que está enchufado deje de estarlo.

1 **des·en·cuen·tro** [desenkwéntro] *s/m* Falta de acuerdo o entendimiento.

1 **des·en·fa·da·do, -da** [desenfaðáðo] *adj* **1.** Que actúa con desenfado. **2.** Se aplica al lenguaje poco convencional.

1 **des·en·fa·do** [desenfáðo] *s/m* Gracia o soltura al hablar o actuar.

1 **des·en·fo·car** [desenfokár] *tr* **1.** Hacer que una imagen vista con lente pierda el enfoque. **2.** Tratar algo sin acierto.
ORT Ante *e* la *c* cambia a *qu*: *Desenfoque*.

1 **des·en·fo·que** [desenfóke] *s/m* Acción o resultado de desenfocar(se).

1 **des·en·fre·no** [desenfréno] *s/m* FIG Sin freno o control.

1 **des·en·fun·dar** [desenfundár] *tr* Quitar la funda o sacar algo de ella.

1 **des·en·gan·char** [desengantʃár] *tr* REFL(-se) Soltar lo que está enganchado. RPr **Desenganchar(se) de**.

2 **des·en·ga·ñar** [desengaɲár] *tr* REFL(-se) Sacar del engaño. RPr **Desengañarse de**.

2 **des·en·ga·ño** [desengáɲo] *s/m* Acción o resultado de desengañar(se).

des·en·gra·sar [desengrasár] *tr* Quitar o limpiar la grasa de algo.

2 **des·en·la·ce** [desenláθe] *s/m* Final de algo.

2 **des·en·la·zar** [desenlaθár] *tr* REFL(-se) Llegar algo a su final.
ORT Ante *e* la *z* cambia a *c*: *Desenlace*.

1 **des·en·mas·ca·rar** [desemmaskarár] *tr* REFL(-se) Quitar(se) la máscara o dar a conocer algo oculto.

1 **des·en·re·dar** [desenreðár] *tr* Deshacer un enredo.

1 **des·en·ro·llar** [desenroʎár] *tr* Extender algo enrollado.

1 **des·en·ros·car** [desenroskár] *tr* Sacar un tornillo dándole vueltas al revés.
ORT Ante *e* la *c* cambia a *qu*: *Desenrosque*.

2 **des·en·ten·der·se** [desentendérse] REFL(-se) (Con *de*) Dejar de ocuparse de algo. RPr **Desentenderse de**.

2 **des·en·te·rrar** [desenterrár] *tr* Sacar a la luz lo que estaba enterrado u oculto.
CONJ *Irreg: Como enterrar*.

1 **des·en·to·nar** [desentonár] *intr* **1.** (Con *con*) Contrastar en exceso con algo. **2.** Desafinar. RPr **Desentonar con**.

2 **des·en·tra·ñar** [desentraɲár] *tr* FIG Llegar a descubrir lo más secreto o profundo.

1 **des·en·tu·me·cer** [desentumeθér] *tr* Quitar el entumecimiento.
CONJ *Irreg: Desentumezco, desentumecí, desentumeceré, desentumecido*.

1 **des·en·vai·nar** [desembainár] *tr* Sacar un arma de su funda.

1 **des·en·vol·tu·ra** [desemboltúra] *s/f* Soltura en el trato.

2 **des·en·vol·ver** [desembolβer] **I.** *tr* Quitar la envoltura. **II.** REFL(-se) Actuar con soltura o naturalidad.
CONJ *Irreg: Como volver*.

2 **des·en·vol·vi·mien·to** [desembolβimjénto] *s/m* Acción o resultado de desenvolver(se).

1 **des·en·vuel·to, -ta** [desembwélto] *adj* FIG Que obra con soltura y naturalidad.

5 **de·seo** [deséo] *s/m* **1.** Acción o resultado de desear. **2.** Cosa que se desea.

2 **de·seo·so, -sa** [deseóso] *adj* Que siente deseo. RPr **Deseoso de**.

1 **des·e·qui·li·bra·do, -da** [desekiliβráðo] *adj s/m,f* Carente de equilibrio o de juicio.

2 **des·e·qui·li·brar** [desekiliβrár] *tr* Hacer perder el equilibrio.

3 **des·e·qui·li·brio** [desekiliβrjo] *s/m* Falta de equilibrio.

2 **de·ser·ción** [deserθjón] *s/f* Acción o resultado de desertar.

1 **de·ser·tar** [desertár] *tr* Abandonar un soldado su puesto o alguien sus obligaciones.

1 **de·sér·ti·co, -ca** [desértiko] *adj* Relativo al desierto o como un desierto.

1 **de·ser·ti·za·ción** [desertiθaθjón] *s/f* Acción de transformarse un terreno en zona desértica.

1 **de·ser·tor, -ra** [desertór] *s/m,f* Persona que deserta.

des·es·com·brar [deseskombrár] *tr* Limpiar de escombros.

3 **des·es·pe·ra·ción** [desesperaθjón] *s/f* Acción o resultado de desesperar.

③ **des·es·pe·ra·do, -da** [desesperáðo] *adj s/m,f* Que no tiene esperanza.

① **des·es·pe·ran·te** [desperánte] *adj* Que hace desesperar.

② **des·es·pe·ran·za** [desesperánθa] *s/f* Falta de esperanza.

③ **des·es·pe·rar** [desesperár] *tr intr* Perder la esperanza de conseguir algo.

① **des·es·ta·bi·li·za·dor, -ra** [desestaβiliθaðór] *adj* Que desestabiliza.

① **des·es·ta·bi·li·zar** [desestaβiliθár] *tr* Alterar la estabilidad de algo.
ORT Ante *e* la *z* cambia a *c: Desestabilice*.

② **des·es·ti·mar** [desestimár] *tr* 1. Rechazar. 2. Manifestar poco aprecio por algo.

① **des·fa·cha·tez** [desfatʃatéθ] *s/f* COL Falta de vergüenza, descaro.

① **des·fal·co** [desfálko] *s/m* Hecho de apoderarse alguien del dinero que se le había confiado.

① **des·fa·lle·cer** [desfaʎeθér] *intr* Quedar sin fuerzas.
CONJ *Irreg: Desfallezco, desfallecí, desfalleceré, desfallecido*.

① **des·fa·lle·ci·mien·to** [desfaʎeθimjénto] *s/m* Disminución de las fuerzas o del ánimo.

① **des·fa·sa·do, -da** [desfasáðo] *adj* Que no se ajusta a las circunstancias del momento.

① **des·fa·se** [desfáse] *s/m* Falta de adaptación al momento.

② **des·fa·vo·ra·ble** [desfaβoráβle] *adj* Que no es favorable.

① **des·fa·vo·re·cer** [desfaβoreθér] *tr* Perjudicar al aspecto físico o interés de alguien.
CONJ *Irreg: Como favorecer*.

② **des·fi·gu·rar** [desfiɣurár] *tr* Cambiar la forma o el aspecto.

① **des·fi·la·de·ro** [desfilaðéro] *s/m* Paso estrecho entre montañas.

③ **des·fi·lar** [desfilár] *intr* 1. MIL Marchar las tropas en formación. 2. Ir uno detrás de otro.

③ **des·fi·le** [desfíle] *s/m* Acción o resultado de desfilar.

① **des·flo·rar** [desflorár] *tr* 1. Utilizar por primera vez. 2. Quitar la virginidad a una mujer.

① **des·fo·gar** [desfoɣár] *tr* Dar salida a los sentimientos o pasiones.
ORT Ante *e* la *g* cambia a *gu: Desfogue*.

① **des·ga·jar** [desɣaxár] *tr* REFL(*-se*) Separar(se) una rama del tronco. RPr **Desgajar(se) de**.

② **des·ga·na** [desɣána] *s/f* Falta de gana.

① **des·ga·nar** [desɣanár] *tr* Quitar la gana o apetito.

① **des·ga·ñi·tar·se** [desɣaɲitárse] REFL(*-se*) Dar gritos forzando la voz.

① **des·gar·ba·do, -da** [desɣarβáðo] *adj* Con poca gracia o elegancia en sus movimientos.

② **des·ga·rra·dor, -ra** [desɣarraðór] *adj* Que desgarra.

① **des·ga·rra·mien·to, des·ga·rrón** [desɣarramjénto; desɣárro] *s/m* Acción o resultado de desgarrar(se).

② **des·ga·rrar** [desɣarrár] *tr* 1. Romper algo en pedazos tirando de ello. 2. FIG Causar pena o dolor intensos.

① **des·ga·rro** *s/m* Rotura al desgarrar.

② **des·gas·tar** [desɣastár] *tr* Gastar con el uso.

② **des·gas·te** [desɣáste] *s/m* Acción o resultado de desgastar(se).

② **des·glo·sar** [desɣlosár] *tr* Separar un todo en sus partes.

① **des·glo·se** [desɣlóse] *s/m* Acción o resultado de desglosar.

① **des·go·bier·no** [desɣoβjérno] *s/m* Hecho de gobernar mal.

④ **des·gra·cia** [desɣráθja] *s/f* Acontecimiento o suceso triste o desafortunado.

③ **des·gra·cia·do, -da** [desɣraθjáðo] *adj s/m,f* 1. Que sufre una desgracia. 2. Que tiene mala suerte.

① **des·gra·ciar** [desɣraθjár] *tr* Echar a perder o estropear.

② **des·gra·nar** [desɣranár] *tr* 1. Quitar los granos a un fruto. 2. FIG Ir diciendo una cosa tras otra, como insultos, oraciones, etc. 3. Ir pasando entre los dedos cosas como granos, como las cuentas de un rosario.

des·gra·sar [desɣrasár] *tr* Quitar la grasa.

① **des·gra·va·ción** [desɣraβaθjón] *s/f* Acción o resultado de desgravar.

① **des·gra·var** [desɣraβár] *tr* Rebajar un impuesto.

① **des·gre·ña·do, -da** [desɣreɲáðo] *adj* Con el cabello en desorden.

① **des·gua·ce** [desɣwáθe] *s/m* Acción o resultado de desguazar.

des·guar·ne·cer [desɣwarneθér] *tr* 1. Quitar la guarnición a un animal de tiro. 2. Dejar sin protección.
CONJ *Irreg: Como guarnecer*.

① **des·gua·zar** [desɣwaθár] *tr* Deshacer un barco, vehículo, etc.
ORT Ante *e* la *z* cambia a *c: Desguace*.

③ **des·ha·cer** [desaθér] **I.** *tr* **1.** Hacer que una cosa ya hecha quede como estaba antes. **2.** Destruir algo. **3.** Convertir en líquido algo sólido. **II.** REFL(-se) **1.** (Con *en*) Manifestar externamente un estado emocional: *Se deshizo en lágrimas.* **2.** Romperse una relación existente: *Su matrimonio no tardará en deshacerse.* **3.** (Con *de*) Desprenderse de algo propio. RPr **Deshacerse de/en.**
CONJ *Irreg: Deshago, deshice, desharé, deshecho.*

des·ha·rra·pa·do, -da [desarrapáðo] *adj* Miserable, andrajoso.

② **des·he·cho, -cha** [desétʃo] *adj* **1.** Que está sin hacer. **2.** Roto, estropeado. **3.** Sin ánimo, abatido.

① **des·he·lar** [deselár] *tr* REFL(-se) Fundir(se) lo que está helado.
CONJ *Irreg: Deshielo, deshelé, deshelaré, deshelado.*

① **des·he·re·dar** [desereðár] *tr* Despojar a alguien de su herencia.

① **des·hi·dra·ta·ción** [desiðrataθjón] *s/f* Acción o resultado de deshidratar(se).

des·hi·dra·tan·te [desiðratánte] *adj s/m* Que deshidrata.

① **des·hi·dra·tar** [desiðratár] *tr* REFL(-se) Hacer perder o perder algo el agua que contiene.

① **des·hie·lo** [desjélo] *s/m* Acción o resultado de deshelar(se).

① **des·hi·la·char** [desilatʃár] *tr* Sacar los hilos o hilachas a una tela.

① **des·hi·lar** [desilár] *tr* Sacar los hilos a un tejido.

des·hil·va·nar [desilβanár] *tr* Quitar los hilvanes.

① **des·hin·char** [desintʃár] *tr* Hacer perder la hinchazón.

① **des·ho·jar** [desoxár] *tr* Arrancar las hojas o los pétalos de las flores.

des·ho·lli·nar [desoʎinár] *tr intr* Limpiar el hollín o suciedad acumulados.

① **des·ho·nes·to, -ta** [desonésto] *adj s/m,f* Que va contra la moral o las buenas costumbres.

① **des·ho·nor** [desonór] *s/m* Pérdida del honor.

① **des·hon·ra** [desónra] *s/f* Pérdida de la honra.

① **des·hon·rar** [desonrár] *tr intr* Hacer que alguien pierda la honra.

① **des·hon·ro·so, -sa** [desonróso] *adj* Que causa deshonra.

① **des·ho·ra** [desóra] *s/f* Momento inoportuno para algo.

① **des·hue·sar** [des(γ)wesár] *tr* Quitar los huesos a la fruta o a la carne.

① **des·hu·ma·ni·za·ción** [desumaniθaθjón] *s/f* Acción o resultado de deshumanizar(se).

① **des·hu·ma·ni·zar** [desumaniθár] *tr* Hacer que alguien pierda los valores humanos.
ORT Ante *e* la *z* cambia a *c: Deshumanice.*

① **de·si·día** [desíðja] *s/f* Falta de cuidado, abandono, desinterés.

④ **de·sier·to, -ta** [desjérto] **I.** *adj* **1.** Sin habitantes. **2.** Sin participantes. **II.** *s/m* Lugar arenoso y estéril, sin agua ni vegetación.

③ **de·sig·na·ción** [desiγnaθjón] *s/f* Acción o resultado de designar.

④ **de·sig·nar** [desiγnár] *tr* **1.** Denominar. **2.** Destinar a un fin concreto.

② **de·sig·nio** [desíγnjo] *s/m* Plan que alguien se propone llevar a cabo.

③ **des·i·gual** [desiγwál] *adj* **1.** No igual. **2.** Con irregularidades o desniveles en la superficie. **3.** Cambiante, voluble.

③ **des·i·gual·dad** [desiγwaldáð] *s/f* Cualidad de desigual.

② **des·i·lu·sión** [desilusjón] *s/f* Falta de ilusión.

② **des·i·lu·sio·nar** [desilusjonár] *tr* Hacer que alguien pierda la ilusión.

① **des·in·cen·ti·var** [desinθentiβár] *tr* Quitar el incentivo.

① **de·si·nen·cia** [desinénθja] *s/f* GRAM Terminación variable al final de una palabra, que expresa los accidentes gramaticales.

① **des·in·fec·ción** [desinfekθjón] *s/f* Acción o resultado de desinfectar(se).

① **des·in·fec·tan·te** [desinfektánte] *adj s/m* Que desinfecta.

① **des·in·fec·tar** [desinfektár] *tr* Eliminar la infección.

① **des·in·flar** [desinflár] *tr* REFL(-se) **1.** Sacar o salir el aire o gas contenido en el interior. **2.** FIG Quitar o perder algo su importancia.

① **des·in·for·ma·ción** [desinformaθjón] *s/f* Acción o resultado de desinformar(se).

des·in·for·mar [desinformár] *tr* Dar intencionadamente información errónea para un fin.

① **des·in·hi·bi·ción** [desiniβiθjón] *s/f* Pérdida de la inhibición.

① **des·in·hi·bir** [desiniβír] *tr* Hacer perder a alguien la vergüenza o la timidez.

des·ins·ta·lar [desinstalár] *tr* Quitar algo que se había instalado.

2 **des·in·te·grar** [desinteɣrár] *tr REFL(-se)* Descomponer(se) algo en sus partes.

2 **des·in·te·rés** [desinterés] *s/m* Falta de interés.

2 **des·in·te·re·sar·se** [desinteresárse] *REFL(-se)* Perder alguien el interés por algo. RPr **Desinteresarse de**.

1 **des·in·to·xi·ca·ción** [desinto(k)sikaθjón] *s/f* Tratamiento para eliminar las sustancias nocivas.

1 **des·in·to·xi·car** [desinto(k)sikár] *tr REFL(-se)* Eliminar la intoxicación.
ORT Ante *e* la *c* cambia a *qu: Desintoxique.*

2 **de·sis·tir** [desistír] *intr* Abandonar algo ya empezado. RPr **Desistir de**.

des·ja·rre·tar [desxarretár] *tr* Cortar a un animal las patas por el jarrete.

1 **des·la·va·za·do, -da** [deslaβaθáðo] *adj* Sin prestancia ni cohesión.

2 **des·le·al** [desleál] *adj s/m,f* Que no es leal.

1 **des·le·al·tad** [deslealtáð] *s/f* Falta de lealtad.

1 **des·leír** [desleír] *tr REFL(-se)* Disolver(se) un cuerpo sólido en un líquido.
CONJ *Irreg: Deslío, desleí, desleiré, desleído.*

1 **des·len·gua·do, -da** [deslengwáðo] *adj s/m,f* FIG Que habla mal de los demás, grosero.

1 **des·li·gar** [desliɣár] *tr REFL(-se)* 1. Romper(se) los lazos que unían personas o cosas. 2. Quitar(se) las ataduras. RPr **Desligarse de**.
ORT Ante *e* la *g* cambia a *gu: Desligue.*

1 **des·lin·dar** [deslindár] *tr* 1. Fijar los límites entre propiedades o territorios. 2. Diferenciar una cosa de otra.

1 **des·lin·de** [deslínde] *s/m* Acción o resultado de deslindar.

2 **des·liz** [deslíθ] *s/m* Falta, error.

2 **des·li·za·mien·to** [desliθamjénto] *s/m* Acción o resultado de deslizar(se).

1 **des·li·zan·te** [desliθánte] *adj* Que se desliza.

3 **des·li·zar** [desliθár] *tr* **I.** *tr.* Mover o pasar algo suavemente sobre una superficie. **II.** *REFL(-se)* Moverse con suavidad, silenciosamente.
ORT Ante *e* la *z* cambia a *c: Deslice.*

1 **des·lu·ci·do, -da** [desluθíðo] *adj* Poco brillante.

1 **des·lu·cir** [desluθír] *tr REFL(-se)* Hacer perder el buen aspecto o brillantez.
CONJ *Irreg: Desluzco, deslucí, deslucirá, deslucido.*

1 **des·lum·bra·mien·to** [deslumbramjénto] *s/m* Acción o resultado de deslumbrar(se).

2 **des·lum·bran·te** [deslumbránte] *adj* Que deslumbra.

2 **des·lum·brar** [deslumbrár] *tr* **1**. Impedir la visión una luz intensa. **2**. FIG Producir algo una fuerte impresión en alguien.

1 **des·ma·drar·se** [desmaðrárse] *REFL(-se)* Obrar alocadamente.

1 **des·ma·dre** [desmáðre] *s/m* **1**. Pérdida de la moderación. **2**. Juerga incontrolada.

1 **des·mán** [desmán] *s/m* Acción abusiva.

1 **des·man·dar·se** [desmandárse] *REFL(-se)* Perder el control o compostura.

1 **des·man·te·la·mien·to** [desmantelamjénto] *s/m* Acción o resultado de desmantelar.

2 **des·man·te·lar** [desmantelár] *tr* Desarmar lo que estaba montado.

des·ma·qui·llar [desmakiʎár] *tr REFL(-se)* Quitar(se) el maquillaje.

1 **des·mar·car·se** [desmarkárse] *REFL(-se)* Librarse de la vigilancia del contrario. RPr **Desmarcarse de**.
ORT Ante *e* la *c* cambia a *qu: Desmarque.*

2 **des·ma·yar** [desmajár] **I.** *REFL(-se)* Perder una persona el conocimiento. **II.** *intr* Perder alguien el ánimo: *Me han servido sin desmayar.*

1 **des·ma·yo** [desmájo] *s/m* Pérdida del conocimiento o del ánimo.

2 **des·me·di·do, -da** [desmeðíðo] *adj* Excesivo.

1 **des·me·jo·rar** [desmexorár] *intr REFL(-se)* Perder gradualmente las fuerzas o la salud.

1 **des·me·le·na·do, -da** [desmelenáðo] *adj s/m,f* Que ha perdido la compostura.

1 **des·me·le·nar** [desmelenár] *REFL(-se)* Perder la compostura o la moderación.

1 **des·mem·brar** [desmembrár] *tr REFL(-se)* Separar(se) o dividirse los miembros de un cuerpo.
CONJ *Irreg: Desmiembro, desmembré, desmembraré, desmembrado.*

1 **des·me·mo·ria·do, -da** [desmemorjáðo] *adj s/m,f* Que ha perdido la memoria.

3 **des·men·tir** [desmentír] *tr* Decir que algo afirmado no es verdad.
CONJ *Irreg: Desmiento, desmentí, desmentiré, desmentido.*

1 **des·me·nu·zar** [desmenuθár] *tr* Dividir en partículas.
ORT Ante *e* la *z* cambia a *c: Desmenuce.*

DE·SO·LAR

des·me·re·cer [desmereθér] *intr* **1.** Perder algo parte de su mérito o valor. **2.** FIG (Con *de*) No igualar en méritos o en calidad a otra cosa o persona.
CONJ *Irreg:* Como *merecer*.

des·me·re·ci·mien·to [desmereθimjénto] *s/m* Acción o resultado de desmerecer.

des·me·su·ra [desmesúra] *s/f* Falta de moderación.

des·me·su·ra·do, -da [desmesuráðo] *adj* Excesivo en sus dimensiones.

des·mi·li·ta·ri·za·ción [desmilitariθaθjón] *s/f* Acción de desmilitarizar.

des·mi·li·ta·ri·zar [desmilitariθár] *tr* **1.** Eliminar el carácter militar. **2.** Retirar las fuerzas militares de un lugar.
ORT Ante *e* la *z* cambia a *c: Desmilitarice.*

des·mi·ti·fi·car [desmitifikár] *tr* Quitar a algo su carácter mítico.
ORT Ante *e* la *c* cambia a *qu: Desmitifique.*

des·mo·char [desmotʃár] *tr* Quitar o cortar la parte superior de algo.

des·mon·ta·ble [desmontáβle] *adj* Que se puede desmontar.

des·mon·ta·je [desmontáχe] *s/m* Acción o resultado de desmontar.

des·mon·tar [desmontár] **I.** *tr* **1.** Separar las piezas que componen un mecanismo. **2.** FIG Acabar con algo. **II.** *tr intr* (Con *de*) Bajar de la cabalgadura. RPr **Desmontar(se) de**.

des·mon·te [desmónte] *s/m* **1.** Acción o resultado de desmontar. **2.** Terreno allanado.

des·mo·ra·li·za·ción [desmoraliθaθjón] *s/f* Acción o resultado de desmoralizar(se).

des·mo·ra·li·zar [desmoraliθár] *tr* Hacer que alguien pierda la confianza en sí mismo.
ORT Ante *e* la *z* cambia a *c: Desmoralice.*

des·mo·ro·na·mien·to [desmoronamjénto] *s/m* Acción o resultado de desmoronar(se).

des·mo·ro·nar [desmoronár] *tr* Deshacer algo disgregando sus partes.

des·mo·ti·va·ción [desmotiβaθjón] *s/f* Falta de motivación.

des·mo·ti·var [desmotiβár] *tr* REFL(-se) Quitar la motivación o interés por algo.

des·na·tar [desnatár] *tr* Quitar la nata.

des·na·tu·ra·li·za·ción [desnaturaliθaθjón] *s/f* Acción o resultado de desnaturalizar(se).

des·na·tu·ra·li·zar [desnaturaliθár] *tr* Hacer perder las propiedades naturales de algo.
ORT Ante *e* la *z* cambia a *c: Desnaturalice.*

des·ni·vel [desniβél] *s/m* Diferencia de nivel entre dos superficies.

des·ni·ve·lar [desniβelár] *tr* REFL(-se) Hacer que algo deje de estar nivelado.

des·nu·car [desnukár] *tr* REFL(-se) Matarse o causar la muerte con un golpe en la nuca.
ORT Ante *e* la *c* cambia a *qu: Desnuque.*

des·nu·clea·ri·za·ción [desnukleariθaθjón] *s/f* Acción o resultado de desnuclearizar.

des·nu·clea·ri·zar [desnukleariθár] *tr* Eliminar o reducir el armamento nuclear.
ORT Ante *e* la *z* cambia a *c: Desnuclearicemos.*

des·nu·dar [desnuðár] *tr* Quitar la ropa que alguien lleva puesta.

des·nu·dez [desnuðéθ] *s/f* Cualidad de desnudo.

des·nu·do, -da [desnúðo] **I.** *adj* Sin ropa sobre el cuerpo. **II.** *s/m* ART Figura humana sin vestido.

des·nu·tri·ción [desnutriθjón] *s/f* Acción o resultado de desnutrir(se).

des·nu·trir [desnutrír] *tr* REFL(-se) No nutrirse suficientemente.

des·o·be·de·cer [desoβeðeθér] *tr* No obedecer.
CONJ *Irreg:* Como *obedecer*.

des·o·be·dien·cia [desoβeðjénθja] *s/f* Falta de obediencia.

des·o·be·dien·te [desoβeðjénte] *adj s/m,f* Que no obedece.

des·o·cu·pa·ción [desokupaθjón] *s/f* Falta de ocupación o empleo.

des·o·cu·pa·do, -da [desokupáðo] *adj s/m,f* Sin ocupación o empleo.

des·o·cu·par [desokupár] *tr* REFL(-se) **1.** Dejar libre de obstáculos. **2.** Vaciar(se) el contenido de un recipiente. **3.** Dejar o quedarse libre una vivienda.

des·o·do·ran·te [desoðoránte] *adj s/m* Producto perfumado, contra los malos olores.

des·oír [desoír] *tr* No prestar atención.
CONJ *Irreg:* Como *oír*.

de·so·la·ción [desolaθjón] *s/f* Situación o estado de soledad o abandono.

de·so·la·dor, -ra [desolaðór] *adj* Que causa tristeza o dolor.

de·so·lar [desolár] *tr* REFL(-se) **1.** Causar tristeza o dolor. **2.** Destruir.

1 **de·so·llar** [desoʎár] *tr* Quitar o arrancar la piel.
CONJ *Irreg: Desuello, desollé, desollaré, desollado.*

1 **des·or·bi·ta·do, -da** [desorβitáðo] *adj* De proporciones exageradamente grandes.

1 **des·or·bi·tar** [desorβitár] *tr* FIG Exagerar.

3 **des·or·den** [desórðen] *s/m* Falta de orden.

2 **des·or·de·nar** [desorðenár] *tr* Alterar el orden.

1 **des·or·ga·ni·za·ción** [desorɣaniθaθjón] *s/f* Acción o resultado de desorganizar(se).

des·or·ga·ni·zar [desorɣaniθár] *tr* Deshacer el orden establecido.
ORT *Ante e la z cambia a c: Desorganice.*

1 **des·o·rien·ta·ción** [desorjentaθjón] *s/f* Acción o resultado de desorientar(se).

1 **des·o·rien·tar** [desorientár] *tr* Hacer perder la orientación.

1 **des·o·var** [desoβár] *intr* Expulsar las hembras sus huevecillos.

1 **des·o·ve** [desóβe] *s/m* Acción o resultado de desovar.

1 **des·pa·bi·lar** [despaβilár] *tr intr* Avivar el ingenio, o despertar quien está dormido.

2 **des·pa·char** [despatʃár] I. *tr* 1. Resolver con eficacia los trámites de un asunto. 2. Vender la mercancía propia de una tienda o comercio: *No despachar alcohol a menores.* 3. Enviar a alguien a un lugar. II. REFL(*-se*) Exteriorizar alguien lo que piensa sin reservas. III. *intr* Atender a un cliente: *El cliente despacha con su abogado.*

4 **des·pa·cho** [despátʃo] *s/m* 1. Habitación para el trabajo personal o para atender a los clientes. 2. Comunicación oficial. 3. Acción o resultado de despachar.

des·pa·chu·rrar [despatʃurrár] *tr* Apretar algo blando, expulsando lo que hay en su interior.

3 **des·pa·cio** [despáθjo] *adv* Con lentitud.

1 **des·pam·pa·nan·te** [despampanánte] *adj* Muy llamativo.

des·pan·zu·rrar [despanθurrár] *tr* Despachurrar.

1 **des·pa·re·jo, -ja** [desparéxo] *adj* Que no es igual que otra cosa.

1 **des·par·pa·jo** [desparpáxo] *s/m* Desenfado al hablar o actuar.

1 **des·pa·rra·mar** [desparramár] *tr* Extender por una superficie.

1 **des·pa·ta·rrar** [despatarrár] *tr* Abrir mucho las piernas.

1 **des·pe·cha·do, -da** [despetʃáðo] *adj s/m,f* Desengañado, con despecho.

1 **des·pe·cho** [despétʃo] *s/m* Sentimiento de quien se siente fracasado o rechazado.

2 **des·pec·ti·vo, -va** [despektíβo] *adj* Que implica desprecio o desdén.

1 **des·pe·da·zar** [despeðaθár] *tr* Hacer pedazos.
ORT *Ante e la z cambia a c: Despedace.*

3 **des·pe·di·da** [despeðíða] *s/f* Acción o resultado de despedir(se).

2 **des·pe·di·do, -da** [despeðíðo] *adj* Se dice de quien ha perdido su empleo.

4 **des·pe·dir** [despeðír] *tr* 1. Lanzar con fuerza hacia fuera. 2. Desprender de sí algo (olor, luz, etc.). 3. Decir adiós a alguien. 4. Echar a alguien de su puesto de trabajo. RPr **Despedirse de.**
CONJ *Irreg: Despido, despedí, despediré, despedido.*

3 **des·pe·gar** [despeɣár] I. *tr* Separar cosas pegadas. II. *intr* Emprender el vuelo un avión. III. REFL(*-se*) Perder el afecto, por algo o alguien.
ORT *La g cambia a gu ante e: Despegué.*

3 **des·pe·go** [despéɣo] *s/m* Falta de afecto o interés.

1 **des·pe·gue** [despéɣe] *s/m* Acción o resultado de despegar un avión.

1 **des·pei·nar** [despeinár] *tr intr* Deshacer el peinado.

2 **des·pe·ja·do, -da** [despexáðo] *adj* 1. De frente espaciosa. 2. Sin obstáculos. 3. Se dice del cielo sin nubes. 4. De mente clara. 5. Que no siente sueño.

3 **des·pe·jar** [despexár] I. *tr* 1. Dejar un espacio libre de obstáculos. 2. Salir del lugar que se ocupaba. 3. Aclarar o resolver un tema o asunto. 4. DEP Arrojar el balón lejos de la portería propia. II. *intr* REFL(*-se*) 1. Mejorar el tiempo. 2. Recuperar la actividad mental.

1 **des·pe·lle·jar** [despeʎexár] *tr* Quitar o arrancar la piel.

des·pe·lo·tar·se [despelotárse] REFL(*-se*) 1. COL Quedarse desnudo, particularmente en público. 2. Reírse mucho.

1 **des·pe·lo·te** [despelóte] *s/m* COL Acción o resultado de despelotarse.

2 **des·pen·sa** [despénsa] *s/f* Lugar en que se guardan los alimentos, o alimentos guardados.

1 **des·pe·ña·de·ro** [despeɲaðéro] *s/m* Lugar muy abrupto, del que es fácil caerse.

1 **des·pe·ñar** [despeɲár] *tr* Arrojar desde un lugar muy alto.

DES·PO·TRI·CAR

[1] **des·per·di·ciar** [desperðiθjár] *tr* No aprovechar algo bien.

[2] **des·per·di·cio** [desperðiθjo] *s/m* 1. Acción de desperdiciar(se). 2. Cosa desperdiciada.

[1] **des·per·di·gar** [desperðiɣár] *tr* REFL(-se) Separar(se) las distintas partes de un todo.
ORT Ante *e* la *g* cambia a *gu: Desperdigue*.

[1] **des·pe·re·zar** [despereθár] *tr* Estirar los músculos para desentumecerlos o quitarse la pereza.
ORT Ante *e* la *z* cambia a *c: Me desperecé*.

[1] **des·per·fec·to** [desperfékto] *s/m* Imperfección o deterioro leve.

[1] **des·per·so·na·li·zar** [despersonaliθár] *tr* Hacer perder lo que distingue a alguien o algo.
ORT Ante *e* la *z* cambia a *c: Despersonalice*.

[2] **des·per·ta·dor, -ra** [despertaðór] *s/m* Reloj con alarma para despertar.

[5] **des·per·tar** [despertár] *tr intr* 1. Dejar de estar dormido. 2. FIG Provocar ciertas emociones o deseos.
CONJ *Irreg: Despierto, desperté, despertaré, despertado*.

[2] **des·pia·da·do, -da** [despjaðáðo] *adj* Sin piedad.

[3] **des·pi·do** [despíðo] *s/m* Acción o resultado de despedir a alguien de su empleo.

[1] **des·pie·ce** [despjéθe] *s/m* Acción o resultado de descuartizar el cuerpo de un animal.

[3] **des·pier·to, -ta** [despjérto] *adj* 1. Que no está dormido. 2. De mente clara.

[1] **des·pil·fa·rra·dor, -ra** [despilfarraðór] *adj s/m,f* Que despilfarra.

[2] **des·pil·fa·rrar** [despilfarrár] *tr* Gastar mucho y sin control.

[1] **des·pil·fa·rro** [despilfárro] *s/m* Acción o resultado de despilfarrar.

des·pio·jar [despjoxár] *tr* Quitar los piojos.

[1] **des·pis·ta·do, -da** [despistáðo] *adj s/m,f* Que no se entera de lo que pasa.

[2] **des·pis·tar** [despistár] *tr* Hacer que alguien pierda la orientación; desconcertar.

[1] **des·pis·te** [despíste] *s/m* Acción o resultado de despistar(se).

[1] **des·plan·te** [desplánte] *s/m* Insolencia.

[3] **des·pla·za·mien·to** [desplaθamjénto] *s/m* Acción o resultado de desplazar(se).

[4] **des·pla·zar** [desplaθár] I. *tr* REFL(-se) Mover(se) de un lugar a otro. II. *tr* Desalojar un cuerpo un volumen de agua.
ORT Ante *e* la *z* cambia a *c: Desplace*.

[1] **des·ple·ga·ble** [despleɣáβle] *adj* Que se puede desplegar.

[3] **des·ple·gar** [despleɣár] *tr* 1. Extender lo que está doblado o enrollado. 2. FIG Manifestar cierta capacidad o aptitud.
CONJ *Irreg: Despliego, desplegué, desplegaré, desplegado*.

[2] **des·plie·gue** [despljéɣe] *s/m* Acción o resultado de desplegar(se).

[2] **des·plo·mar·se** [desplomárse] REFL(-se) Venirse abajo, caer pesadamente.

[1] **des·plo·me** [desplóme] *s/m* Acción o resultado de desplomar(se).

[1] **des·plu·mar** [desplumár] *tr* 1. Quitar las plumas a un ave. 2. FIG Dejar a alguien sin dinero.

[1] **des·po·bla·do, -da** [despoβláðo] I. *adj* Con poca o ninguna población. II. *s/m* Lugar sin población.

[1] **des·po·blar** [despoβlár] *tr* Dejar un lugar sin población.
CONJ *Irreg: Como poblar*.

[2] **des·po·jar** [despoxár] *tr* Quitar a alguien lo que tiene. RPr **Despojar(se) de**.

[2] **des·po·jo** [despóxo] *s/m* 1. Acción o resultado de despojar. 2. Cosa que se despoja. 3. *pl* Parte que queda de lo ya usado. 4. *pl* Restos mortales.

[1] **des·po·li·ti·zar** [despolitiθár] *tr* Quitar a algo su carácter político.
ORT Ante *e* la *z* cambia a *c: Despolitice*.

des·por·ti·llar [desportiʎár] *tr* REFL(-se) Romper(se) a causa de un golpe el borde o canto de algo.

[1] **des·po·sa·do, -da** [desposáðo] *adj s/m,f* Recién casado.

[1] **des·po·sar** [desposár] *tr* REFL(-se) Contraer matrimonio. RPr **Desposarse con**.

[1] **des·po·se·er** [desposeér] *tr* Privar a alguien de lo que tiene. RPr **Desposeer(se) de**.
CONJ *Irreg: Como poseer*.

[1] **des·po·so·rio** [desposórjo] *s/m* Ceremonia del matrimonio.

[1] **dés·po·ta** [déspota] *s/m,f* Persona que abusa de su poder.

[1] **des·pó·ti·co, -ca** [despótiko] *adj* Relativo al déspota o propio de él.

[2] **des·po·tis·mo** [despotísmo] *s/m* Forma despótica de gobernar o sistema político de esta índole.

[1] **des·po·tri·car** [despotrikár] *intr* Proferir

insultos o cosas denigrantes. RPr **Despotricar contra**.

ORT Ante *e* la *c* cambia a *qu: Despotrique*.

[2] **des·pre·cia·ble** [despreθjáβle] *adj* 1. Digno de desprecio. 2. De escasa o ninguna importancia.

[3] **des·pre·ciar** [despreθjár] *tr* 1. Manifestar falta de aprecio. 2. Rechazar algo por considerarlo de poco interés o valor.

[1] **des·pre·cia·ti·vo, ·va** [despreθjatíβo] *adj* Que denota desprecio.

[2] **des·pre·cio** [despréθjo] *s/m* Acción o resultado de despreciar.

[4] **des·pren·der** [desprendér] I. *tr* Separar algo de aquello a lo que estaba sujeto. II. REFL(-se) 1. Renunciar a la posesión o disfrute de algo. 2. FIG Liberarse de algo que sujetaba. 3. FIG Deducir. RPr **Desprenderse de**.

[1] **des·pren·di·do, ·da** [desprendíðo] *adj* Generoso.

[2] **des·pren·di·mien·to** [desprendimjénto] *s/m* 1. Acción o resultado de desprender(se). 2. Representación artística del descendimiento del cuerpo de Cristo de la Cruz.

[1] **des·preo·cu·pa·ción** [despreokupaθjón] *s/f* Acción o resultado de despreocupar(se).

[1] **des·preo·cu·par·se** [despreokupárse] REFL(-se) Liberarse de una preocupación o inquietud. RPr **Despreocuparse de**.

[1] **des·pres·ti·giar** [desprestiχjár] *tr* Dañar la buena imagen o reputación de alguien.

[2] **des·pres·ti·gio** [desprestíχjo] *s/m* Acción o resultado de desprestigiar(se).

[1] **des·pre·ve·ni·do, ·da** [despreβeníðo] *adj* Que no está preparado para algo que ocurrirá.

[1] **des·pro·por·ción** [desproporθjón] *s/f* Falta de proporción.

[2] **des·pro·por·cio·na·do, ·da** [desproporθjonáðo] *adj* Se aplica al cuerpo u objeto que presenta una anomalía o irregularidad en su forma, al ser sus partes desiguales en exceso.

[1] **des·pro·pó·si·to** [despropósito] *s/m* Cosa absurda o desacertada.

[1] **des·pro·te·ger** [desproteχér] *tr* Quitar la protección.

ORT Ante *o/a* la *g* cambia a *j: Desproteja*.

[2] **des·pro·vis·to, ·ta** [desproβísto] *adj* Que carece de algo. RPr **Desprovisto de**.

[5] **des·pués** [despwés] *adv* Expresa posterioridad en el tiempo; más tarde.

[1] **des·pun·tar** [despuntár] I. *tr* Quitar la punta de algo. II. *intr* 1. Empezar a aparecer algo que es el principio de una cosa. 2. FIG Sobresalir entre otras cosas o personas.

[1] **des·qui·cia·mien·to** [deskiθjamjénto] *s/m* Acción o resultado de desquiciar(se).

[1] **des·qui·ciar** [deskiθjár] *tr* 1. Sacar de quicio. 2. FIG Hacer que alguien pierda la serenidad y compostura.

[1] **des·qui·tar·se** [deskitárse] REFL(-se) Vengarse de una ofensa o daño. RPr **Desquitarse de**.

[1] **des·qui·te** [deskíte] *s/m* Acción o resultado de desquitar(se).

des·ra·ti·zar [desrratiθár] *tr* Exterminar las ratas y ratones de un lugar.

ORT Ante *e* la *z* cambia a *c: Desratice*.

[2] **des·ta·ca·ble** [destakáβle] *adj* Que puede ser destacado.

[2] **des·ta·ca·men·to** [destakaménto] *s/m* Tropa que se envía para una misión.

[5] **des·ta·car** [destakár] I. *tr* 1. MIL Separar un grupo de tropa del grueso de un ejército para una misión especial. 2. Llamar la atención sobre algo. II. *intr* Ser más perceptible que el resto.

ORT Ante *e* la *c* cambia a *qu: Destaque*.

[1] **des·ta·jo** [destáχo] *s/m* Trabajo que se hace por una cantidad fija de dinero.

[2] **des·ta·par** [destapár] *tr* 1. Quitar la tapa. 2. Quitar la ropa que cubre algo. 3. Hacer público algo que estaba oculto.

[1] **des·ta·pe** [destápe] *s/m* Acción de desnudarse en un espectáculo.

[2] **des·tar·ta·la·do, ·da** [destartaláðo] *adj* Deteriorado o roto.

[2] **des·te·llo** [destéλo] *s/m* Brillo, luz intensa.

[1] **des·tem·plar** [destemplár] *tr* 1. Quitar el temple. 2. Alterar ligeramente el estado físico, psíquico o anímico de alguien.

[1] **des·te·ñir** [destepír] *tr* Quitar o aclarar el color de algo.

CONJ *Irreg: Destiño, desteñí, desteñiré, desteñido*.

[1] **des·ter·ni·llar·se** [desterniλárse] REFL(-se) LOC **Desternillarse de risa**, reírse mucho.

[1] **des·te·rra·do, ·da** [desterráðo] *adj s/m,f* Que sufre destierro.

[2] **des·te·rrar** [desterrár] *tr* 1. Obligar a alguien a salir de su país. 2. FIG Apartar de sí pensamientos o ideas.

CONJ *Irreg: Destierro, desterré, desterraré, desterrado*.

[1] **des·te·tar** [destetár] *tr* Hacer que deje de mamar un niño.

des·te·te [destéte] *s/m* Acción o resultado de destetar.

DES·VEN·TA·JO·SO

[1] **des·tiem·po** [destjémpo] *adv* LOC **A destiempo**, en momento inoportuno.

[2] **des·tie·rro** [destjérro] *s/m* **1.** Acción o resultado de desterrar, o ese castigo. **2.** Lugar al que se destierra.

[2] **des·ti·la·ción** [destilaθjón] *s/f* Acción o resultado de destilar.

[2] **des·ti·lar** [destilár] *tr* Evaporar la parte volátil de una sustancia, reduciéndola de nuevo a líquido mediante condensación.

des·ti·le·ría [destilería] *s/f* Local donde se destila.

[5] **des·ti·nar** [destinár] *tr* **1.** Asignar un fin a algo. **2.** Nombrar a alguien para que desempeñe un determinado cargo.

[3] **des·ti·na·ta·rio, -ia** [destinatárjo] *adj s/m,f* Persona a quien va dirigido algo.

[5] **des·ti·no** [destíno] *s/m* **1.** Fin determinado para algo. **2.** Empleo o función confiado a alguien. **3.** Fin de un trayecto o viaje. **4.** Serie de sucesos incontrolables por el hombre.

[2] **des·ti·tu·ción** [destituθjón] *s/f* Acción o resultado de destituir.

[2] **des·ti·tuir** [destitwír] *tr* Privar a alguien del empleo o cargo. RPr **Destituir de**.
CONJ *Irreg: Destituyo, destituí, destituiré, destituido.*

[1] **des·tor·ni·lla·dor** [destorniʎaðór] *s/m* Utensilio para atornillar y desatornillar.

[1] **des·tor·ni·llar** [destorniʎár] *tr* Sacar un tornillo dándole vueltas de derecha a izquierda.

[2] **des·tre·za** [destréθa] *s/f* Habilidad.

[1] **des·tri·par** [destripár] *tr* Sacar las tripas; reventar o aplastar haciendo que salgan las tripas.

[1] **des·tro·na·mien·to** [destronamjénto] *s/m* Acción o resultado de destronar.

[1] **des·tro·nar** [destronár] *tr* Privar a un rey de su cargo y autoridad.

[3] **des·tro·zar** [destroθár] *tr* Romper en pedazos.
ORT Ante *e* la *z* cambia a *c: Destroce*.

[2] **des·tro·zo** [destróθo] *s/m* Acción o resultado de destrozar(se).

[3] **des·truc·ción** [destrukθjón] *s/f* Acción o resultado de destruir(se).

[1] **des·truc·ti·vo, -va** [destruktíβo] *adj* Que destruye o puede destruir.

[2] **des·truc·tor, -ra** [destruktór] **I.** *adj s/m,f* Capaz de destruir. **II.** *s/m* MIL Buque de guerra, bien armado y veloz.

[4] **des·truir** [destrwír] *tr* **1.** Destrozar algo, dejándolo inservible. **2.** FIG Hacer que un ser vivo deje de existir.
CONJ *Irreg: Destruyó, destruí, destruiré, destruido.*

[1] **des·u·nión** [desunjón] *s/f* Falta de unión.

[1] **des·u·nir** [desunír] *tr* REFL(-se) **1.** Separar lo unido. **2.** Enemistar a unos con otros.

[1] **des·u·sa·do, -da** [desusáðo] *adj* Que ya no se usa o es poco usado.

[1] **des·u·so** [desúso] *s/m* Falta de uso.

[1] **des·vaí·do, -da** [desβaíðo] *adj* Poco preciso o nítido.

[2] **des·va·li·do, -da** [desβalíðo] *adj s/m,f* Falto de protección.

[1] **des·va·li·jar** [desβalixár] *tr* Quitar a alguien lo que lleva encima.

[1] **des·va·li·mien·to** [desβalimjénto] *s/m* Situación de quien necesita ayuda o protección.

[1] **des·va·lo·ri·za·ción** [desβaloriθaθjón] *s/f* Acción o resultado de desvalorizar(se).

[1] **des·va·lo·ri·zar** [desβaloriθár] *tr* REFL(-se) Disminuir el valor de algo.
ORT Ante *e* la *z* cambia a *c: Desvalorice*.

[2] **des·ván** [desβán] *s/m* Habitación más alta de una casa, para guardar objetos no usados.

[2] **des·va·ne·cer** [desβaneθér] *tr* REFL(-se) **1.** Perder intensidad, hasta desaparecer. **2.** Perder súbita y temporalmente el conocimiento.
CONJ *Irreg: Desvanezco, desvanecí, desvaneceré, desvanecido.*

[1] **des·va·ne·ci·mien·to** [desβaneθimjénto] *s/m* Acción o resultado de desvanecer(se).

[1] **des·va·riar** [desβarjár] *intr* Pensar o decir cosas disparatadas.
ORT El acento cae sobre la *i* en el *sing* y *3ª p pl* del *pres* de *ind* y *subj: Desvarío*.

[1] **des·va·río** [desβarío] *s/m* **1.** Estado de quien desvaría. **2.** Hecho o dicho de quien desvaría.

[3] **des·ve·lar** [desβelár] **I.** *tr* **1.** Impedir que alguien se duerma. **2.** Dar a conocer algo. **II.** REFL(-se) Esforzarse, poner atención en hacer algo bien. RPr **Desvelarse por**.

[2] **des·ve·lo** [desβélo] *s/m* Acción o resultado de desvelar(se).

[1] **des·ven·ci·ja·do, -da** [desβenθixáðo] *adj* Roto o muy viejo.

[2] **des·ven·ta·ja** [desβentáxa] *s/f* Inferioridad respecto a otra cosa.

[1] **des·ven·ta·jo·so, -sa** [desβentaxóso] *adj* Que tiene desventajas.

DES·VEN·TU·RA

[2] **des·ven·tu·ra** [desβentúra] *s/f* Suceso triste o adverso.

[1] **des·ven·tu·ra·do, -da** [desβenturáðo] *adj s/m,f* Triste a causa de una desgracia.

[1] **des·ver·gon·za·do, -da** [desβerɣonθáðo] *adj s/m,f* Que habla o actúa con desvergüenza.

[1] **des·ver·güen·za** [desβerɣwénθa] *s/f* Falta de vergüenza.

[2] **des·ves·tir** [desβestír] *tr* Quitar a alguien sus prendas de vestir.
CONJ *Irreg:* Como *vestir*.

[3] **des·via·ción** [desβjaθjón] *s/f* 1. Acción o resultado de desviar(se). 2. Ramal de una vía de comunicación.

[3] **des·viar** [desβjár] *tr* Apartar de una dirección, camino o propósito.
ORT El acento recae sobre la *i* en el *sing* y *3ª p pl* del *pres* de *ind* y *subj: Desvío*.

[1] **des·vin·cu·la·ción** [desβinkulaθjón] *s/f* Acción o resultado de desvincular(se).

[1] **des·vin·cu·lar** [desβinkulár] *tr* Liberar de los vínculos. RPt **Desvincular(se) de**.

[2] **des·vío** [desβío] *s/m* 1. Acción o resultado de desviar(se). 2. Vía o camino que se aparta de otro principal.

des·vir·gar [desβirɣár] *tr* Hacer que una mujer pierda su virginidad.
ORT Ante *e* la *g* cambia a *gu: Desvirgue*.

[2] **des·vir·tuar** [desβirtwár] *tr* Hacer perder a algo o a alguien su valor o propiedades.
ORT El acento recae sobre la *u* en el *sing* y *3ª p pl* del *pres* de *ind* y *subj: Desvirtúo*.

[1] **des·vi·vir·se** [desβiβírse] REFL(*-se*) Trabajar con afán y desvelo por algo. RPt **Desvivirse por**.

[4] **de·ta·llar** [detaʎár] *tr* Describir con detalle.

[4] **de·ta·lle** [detáʎe] *s/m* 1. Cada parte o aspecto que integra un todo. 2. Atención o cortesía hacia alguien.

[1] **de·ta·llis·ta** [detaʎísta] I. *adj s/m,f* Que cuida de los detalles. II. *s/m,f* Comerciante al por menor.

[2] **de·tec·ción** [detekθjón] *s/f* Acción o resultado de detectar.

[1] **de·tec·ta·ble** [detektáβle] *adj* Que se puede detectar.

[4] **de·tec·tar** [detektár] *tr* Captar la presencia de algo, *gen* mediante aparatos especiales.

[2] **de·tec·ti·ve** [detektíβe] *s/m,f* Investigador privado.

[1] **de·tec·ti·ves·co, -ca** [detektiβésko] *adj* Relativo al detective o a su profesión.

[2] **de·tec·tor, -ra** [detektór]*adj s/m* Aparato para detectar.

[3] **de·ten·ción** [detenθjón] *s/f* Acción o resultado de detener(se).

[5] **de·te·ner** [detenér] I. *tr* 1. Impedir el avance o ejecución de algo. 2. Privar a alguien de su libertad: *El criminal fue detenido 'in fraganti'*. II. REFL(*-se*) Entretenerse en algo.
CONJ *Irreg: Detengo, detuve, detendré, detenido*.

[3] **de·te·ni·do, -da** [deteníðo] I. *adj s/m,f* Persona bajo arresto temporal. II. *adj* Que ha sido hecho con mucho cuidado y detenimiento: *Un detenido y minucioso análisis de la bomba*.

[2] **de·te·ni·mien·to** [detenimjénto] *s/m* Acción o resultado de examinar algo con detalle.

[2] **de·ten·tar** [detentár] *tr* Ocupar un cargo o tener y disponer de algo, *esp* si se hace ilícitamente.

[2] **de·ter·gen·te** [deterχénte] *adj s/m* Producto para lavar.

[3] **de·te·rio·rar** [deterjorár] *tr* Estropear, hacer perder en calidad.

[2] **de·te·rio·ro** [deterjóro] *s/m* Acción o resultado de deteriorar(se).

[4] **de·ter·mi·na·ción** [determinaθjón] *s/f* 1. Acción o resultado de determinar o decidir(se).

[3] **de·ter·mi·nan·te** [determinánte] *adj s/m* Que determina.

[5] **de·ter·mi·nar** [determinár] *tr* 1. Fijar o precisar lo que se expresa. 2. Tomar una decisión.

[1] **de·ter·mi·nis·mo** [determinísmo] *s/m* Doctrina según la cual el universo obedece a leyes fijas y universales.

[1] **de·ter·mi·nis·ta** [determinísta] *adj s/m,f* Relativo al determinismo o partidario de él.

[1] **de·tes·ta·ble** [detestáβle] *adj* Que es digno de odio o desprecio.

[2] **de·tes·tar** [detestár] *tr* Aborrecer.

[1] **de·to·na·ción** [detonaθjón] *s/f* Acción o resultado de detonar.

[1] **de·to·na·dor, -ra** [detonaðór] *adj s/m* Mecanismo o sustancia para provocar una detonación.

[1] **de·to·nan·te** [detonánte] *adj s/m* Que hace detonar.

[1] **de·to·nar** [detonár] *tr intr* Producir la explosión de un artefacto.

[2] **de·trac·tor, -ra** [detraktór] *adj s/m,f* Que calumnia o difama.

1 **de·tra·er** [detraér] *tr* Quitar parte de algo. RPr **Detraer de**.
CONJ *Irreg: Detraigo, detraje, detraeré, detraído.*

5 **de·trás** [detrás] *adv* Señala: **1**. Posterioridad en el espacio. **2**. Parte posterior.

2 **de·tri·men·to** [detriménto] *s/m* Perjuicio o daño moral.

1 **de·tri·to** [detríto] *s/m* Conjunto de partículas que resultan de la disgregación de una masa sólida.

1 **de·tri·tus** [detrítus] *s/m* Restos orgánicos en descomposición.

4 **deu·da** [déuða] *s/f* **1**. Obligación que alguien tiene de devolver o pagar una cantidad a otro. **2**. Cantidad debida. **3**. Obligación moral de alguien respecto a otro.

1 **deu·do, -da** [déuðo] *s/m,f* Pariente.

2 **deu·dor, -ra** [deuðór] *adj s/m,f* Que debe algo.

1 **deu·te·rio** [deutérjo] *s/m* QUÍM Isótopo de hidrógeno. Símbolo *D*.

3 **de·va·lua·ción** [deβalwaθjón] *s/f* Acción o resultado de devaluar(se).

2 **de·va·luar** [deβalwár] *tr* REFL(-se) Disminuir el valor de algo, *esp* de una moneda.
ORT La *u* recibe el acento en el *sing* y *3ªp pl* del *pres* de *ind* y *subj*: *Devalúo*.

1 **de·va·nar** [deβanár] *tr* Enrollar hilo en un carrete.

1 **de·va·neo** [deβanéo] *s/m* Actividad inútil o censurable.

1 **de·vas·ta·ción** [deβastaθjón] *s/f* Acción o resultado de devastar.

2 **de·vas·ta·dor, -ra** [deβastaðór] *adj* Que destruye.

1 **de·vas·tar** [deβastár] *tr* Destruir por completo.

1 **de·ven·gar** [deβengár] *tr* Tener derecho a percibir dinero por un trabajo o servicio.
ORT Ante *e* la *g* cambia a *gu*: *Devengue*.

1 **de·ven·go** [deβéngo] *s/m* Acción de devengar, o cantidad que se devenga.

2 **de·ve·nir** [deβenír] **I**. *intr* Convertirse, llegar a ser. RPr **Devenir en**. **II**. *s/m* Transformación o proceso que implica cambio.

2 **de·vo·ción** [deβoθjón] *s/f* **1**. Amor y respeto hacia algo religioso o la divinidad. **2**. Afecto intenso hacia alguien o algo.

1 **de·vo·cio·na·rio** [deβoθjonárjo] *s/m* Libro de oraciones litúrgicas.

2 **de·vo·lu·ción** [deβoluθjón] *s/f* Acción o resultado de devolver.

4 **de·vol·ver** [deβolβér] **I**. *tr* **1**. Hacer que algo prestado, perdido o robado vuelva a su dueño. **2**. Cambiar por otro un artículo comprado. **3**. Dar la cantidad sobrante a quien hace un pago. **II**. *intr* Vomitar.
CONJ *Irreg:* Como *volver*.

3 **de·vo·rar** [deβorár] *tr* **1**. Comerse un animal a su presa. **2**. Comer con gran apetito y ansia, tragando apresuradamente. **3**. FIG Consumir o destruir totalmente, *esp* el fuego.

2 **de·vo·to, -ta** [deβóto] *adj s/m,f* Que siente mucha devoción por Dios o los santos.

2 **de·vuel·to** [deβwélto] *s/m* **1**. AMER Dinero sobrante de un pago. **2**. AMER Vómito.

1 **de·yec·ción** [dejekθjón] *s/f* (a menudo *pl*) Excrementos.

5 **día** [día] *s/m* **1**. Tiempo que la Tierra tarda en dar una vuelta sobre sí misma. **2**. Tiempo entre la salida y la puesta del Sol. **3**. Tiempo atmosférico: *Hizo un día lluvioso*. **4**. FIG *pl* Vida de una persona.
LOC **Buenos días**, expresión usada para saludar por las mañanas. **Cuatro días**, poco tiempo: **Día a día**, todos los días. **Vivir al día**, gastar todo lo que se gana.

2 **dia·be·tes** [djaβétes] *s/f* Enfermedad causada por la secreción insuficiente de insulina en el páncreas.

2 **dia·bé·ti·co, -ca** [djaβétiko] *adj s/m,f* Relativo a la diabetes o persona que la padece.

4 **dia·blo** [djáβlo] *s/m* **1**. Ángel caído o espíritu del mal. **2**. FIG Persona astuta para lograr lo que pretende. **3**. Niño rebelde o travieso.

1 **dia·blu·ra** [djaβlúra] *s/f* Acción propia de quien es travieso.

2 **dia·bó·li·co, -ca** [djaβóliko] *adj* Relativo al diablo; malo, perverso.

1 **diá·co·no, -ni·sa** [djákono] *s/m, f* Persona que ha recibido la orden religiosa inferior a la de sacerdote.

dia·crí·ti·co, -ca [djakrítiko] *adj* Signo ortográfico que da a una letra un valor especial que normalmente no tiene (*p ej* 'ü').

1 **dia·de·ma** [djaðéma] *s/f* **1**. Cinta con que se ciñe la cabeza. **2**. Joya en forma de media corona.

2 **diá·fa·no, -na** [djáfano] *adj* **1**. Que deja pasar la luz a su través. **2**. FIG Claro y evidente.

2 **dia·frag·ma** [djafráyma] *s/m* **1**. ANAT Membrana musculosa que separa el abdomen del tórax. **2**. Mecanismo que

regula la entrada de la luz en una cámara fotográfica. **3.** Sistema anticonceptivo para la mujer.

[1] **diag·no·sis** [djaɣnósis] *s/f* Diagnóstico.

[2] **diag·nos·ti·car** [djaɣnostikár] *tr* MED Dar o hacer un diagnóstico.
ORT Ante *e* la *c* cambia a *qu: Diagnostique.*

[4] **diag·nós·ti·co, -ca** [djaɣnóstiko] *s/m* **1.** MED Conclusión a la que llega el médico sobre el estado de salud de un paciente tras analizar los síntomas. **2.** FIG Estudio analítico para determinar las causas y la solución de algo.

[2] **dia·go·nal** [djaɣonál] *adj s/f* **1.** Línea recta que une en un polígono dos vértices no consecutivos y en un poliedro dos vértices no situados en la misma cara. **2.** Línea recta que atraviesa otras en forma oblicua.

[2] **dia·gra·ma** [djaɣráma] *s/m* Gráfico que representa el desarrollo de un fenómeno.

[1] **dial** [djál] *s/m* Esfera o placa con números, letras o signos para establecer conexión (en radio, teléfono).

[1] **dia·lec·tal** [djalektál] *adj* Relativo a un dialecto.

[2] **dia·léc·ti·ca** [djaléktika] *s/f* **1.** Ciencia que estudia las leyes o formas de discutir y argumentar. **2** Habilidad para hilvanar ideas o conceptos ingeniosos y confundir o convencer a otros.

[3] **dia·léc·ti·co, -ca** [djaléktiko] *adj* Relativo a la dialéctica.

[2] **dia·lec·to** [djalékto] *s/m* Variante de un idioma.

[1] **diá·li·sis** [djálisis] *s/f* MED Método terapéutico para pacientes con insuficiencia renal.

[3] **dia·lo·gar** [djaloɣár] *intr* Hablar dos personas entre sí.
ORT Ante *e* la *g* cambia a *gu: Dialogue.*

[5] **diá·lo·go** [djáloɣo] *s/m* Conversación entre dos o más personas.

[2] **dia·man·te** [djamánte] *s/m* Mineral de carbono puro cristalizado, muy apreciado en joyería.

[2] **dia·man·ti·no, -na** [djamantíno] *adj* Similar al diamante en sus cualidades.

[1] **dia·me·tral·men·te** [djametrálmente] *adv* Totalmente: *He cambiado diametralmente de idea.*

[3] **diá·me·tro** [djámetro] *s/m* Línea recta que une dos puntos de una circunferencia pasando por el centro de ella.

[3] **dia·na** [djána] *s/f* **1.** MIL Toque de corneta al amanecer. **2.** Punto central en un blanco de tiro.

[1] **dian·tre** [djántre] *s/m* Eufemismo por 'demonio' o 'diablo', para expresar sorpresa o enfado.

[1] **dia·pa·són** [djapasón] *s/m* FÍS Utensilio en forma de 'U', que, al vibrar, produce un sonido con 440 vibraciones por segundo.

[1] **dia·po·si·ti·va** [djapositíβa] *s/f* Cliché positivo de una fotografía que se puede proyectar.

[5] **dia·rio, -ia** [djárjo] **I.** *adj* Que sucede todos los días. **II.** *s/m* **1.** Periódico que se publica todos los días. **2.** Libro que recoge lo que se hace u ocurre cada día. **3.** Libro con los ingresos y gastos diarios. LOC **A diario,** cada día. **De diario,** que se lleva todos los días o habitualmente.

[2] **dia·rrea** [djarréa] *s/f* MED Trastorno intestinal que provoca evacuación frecuente.

[1] **dia·rrei·co, -ca** [djarréiko] *adj* MED Relativo a la diarrea.

[1] **diás·po·ra** [djáspora] *s/f* Dispersión de un grupo étnico por varios lugares.

diás·to·le [djástole] *s/f* MED Movimiento rítmico de dilatación del corazón. Alterna con la sístole.

[1] **dia·tri·ba** [djatríβa] *s/f* Discurso o escrito injurioso contra alguien.

[2] **di·bu·jan·te** [diβuχánte] *s/m,f* Persona cuya profesión es dibujar.

[4] **di·bu·jar** [diβuχár] **I.** *tr* Trazar en una superficie, mediante lápiz o similar, la figura de algo. **II.** *REFL(-se)* Hacerse evidente o perfilarse lo que está oculto.

[4] **di·bu·jo** [diβúχo] *s/m* **1.** Acción o resultado de dibujar(se). **2.** Cosa que se dibuja.

[2] **dic·ción** [dikθjón] *s/f* Manera de hablar y pronunciar.

[4] **dic·cio·na·rio** [dikθjonárjo] *s/m* Libro en el que se recogen las palabras de una lengua, con sus definiciones.

[5] **di·cha** [dítʃa] *s/f* Felicidad.

[1] **di·cha·ra·che·ro, -ra** [ditʃaratʃéro] *adj s/m,f* Gracioso y ocurrente.

[5] **di·cho** [dítʃo] *s/m* **1.** Palabra o conjunto de palabras que se dicen. **2.** Frase ingeniosa de origen popular.

[3] **di·cho·so, -sa** [ditʃóso] *adj* **1.** Muy contento o feliz. **2.** COL Molesto, fastidioso.

[5] **di·ciem·bre** [diθjémbre] *s/m* Último o duodécimo mes del año.

[1] **di·co·to·mía** [dikotomía] *s/f* Situación que ofrece dos alternativas, *esp* si son opuestas.

[2] **dic·ta·do** [diktáðo] *s/m* Acción de dictar o cosa dictada.

[3] **dic·ta·dor, -ra** [diktaðór] *s/m,f* Gobernante que asume todos los poderes del Estado.

[4] **dic·ta·du·ra** [diktaðúra] *s/f* Sistema de gobierno por un dictador.

dic·tá·fo·no [diktáfono] *s/m* Aparato que recoge y reproduce lo que se habla o se dicta ante él.

[2] **dic·ta·men** [diktámen] *s/m* Opinión de un experto sobre una determinada cuestión.

[2] **dic·ta·mi·nar** [diktaminár] *tr intr* Emitir un dictamen.

[4] **dic·tar** [diktár] *tr* 1. Leer algo para que otro lo copie. 2. Pronunciar o dar leyes, decretos, etc.

[2] **dic·ta·to·rial** [diktatorjál] *adj* Relativo a un dictador.

[3] **di·dác·ti·co, -ca** [diðáktiko] *adj* 1. Relativo a la enseñanza. 2. Útil o provechoso.

[2] **die·ci·nue·ve** [djeθinwéβe] *adj pron* Diez más nueve.

[3] **die·cio·cho** [djeθjótʃo] *adj pron* Diez más ocho.

[3] **die·ci·séis** [djeθiséis] *adj pron* Diez más seis.

[3] **die·ci·sie·te** [djeθisjéte] *adj pron* Diez más siete.

[4] **dien·te** [djénte] *s/m* 1. Cada una de las piezas duras en las mandíbulas de los mamíferos, para comer. 2. Cada una de las partes en el borde de algunos utensilios, para cortar. LOC **Con uñas y dientes**, con fiereza.

dié·re·sis [djéresis] *s/f* GRAM Signo ortográfico sobre la *u* para señalar que esta vocal debe pronunciarse (*cigüeña*).

[2] **die·sel** [djésel] *adj* Se aplica al motor o vehículo que funciona con gasoil.

[2] **dies·tro, -ra** [djéstro] I. *adj* 1. Que está a la derecha. 2. Hábil y experimentado. II. *s/m,f* Torero, matador de toros. III. *s/f* Mano derecha. LOC **A diestro y siniestro**, en todas direcciones. RPr **Diestro en**.

[3] **die·ta** [djéta] *s/f* 1. Régimen alimenticio por razones de salud o para adelgazar. 2. Alimentos así tomados. 3. *pl* Cantidad de dinero que se paga diariamente a un empleado que se envía en misión especial fuera de su residencia.

die·ta·rio [djetárjo] *s/m* Libro en que se anotan los ingresos y gastos diarios.

[1] **die·té·ti·ca** [djetétika] *s/f* MED Especialidad de la medicina que estudia lo relacionado con la alimentación.

[1] **die·té·ti·co, -ca** [djetétiko] *adj* Relativo a la dieta o a la dietética.

[5] **diez** [djéθ] *adj pron* Nueve más uno.

[1] **diez·mar** [djeθmár] *tr* Causar una epidemia o calamidad gran mortandad en un país o zona.

[1] **diez·mo** [djéθmo] *s/m* Décima parte de los frutos o ganancias que se pagaban como tributo.

[1] **di·fa·ma·ción** [difamaθjón] *s/f* Acción o resultado de difamar.

[1] **di·fa·mar** [difamár] *tr* Dañar la buena imagen o reputación de alguien.

[1] **di·fa·ma·to·rio, -ia** [difamatórjo] *adj* Que difama.

[5] **di·fe·ren·cia** [diferénθja] *s/f* 1. Cualidad de diferente. 2. Desacuerdo, discrepancia.

[2] **di·fe·ren·cia·ción** [diferenθjaθjón] *s/f* Acción o resultado de diferenciar(se).

[3] **di·fe·ren·cial** [diferenθjál] I. *adj* Relativo a una diferencia. II. *s/m* Mecanismo que regula la velocidad en los automóviles. III. *s/f* MAT Valor o diferencia infinitamente pequeña de una variable.

[5] **di·fe·ren·ciar** [diferenθjár] I. *tr intr* Establecer diferencia entre personas o cosas. II. *tr* Hacer una cosa que dos o más personas o cosas sean diferentes entre sí.

[5] **di·fe·ren·te** [diferénte] *adj* 1. Que no es igual que otro(s). 2. *pl* Varios, más de uno: *Ha sido premiado en diferentes ocasiones*.

[1] **di·fe·ri·do, -da** [diferíðo] *adj* Se usa en la expresión 'en diferido' para referirnos al programa de radio o televisión que se emite después de su grabación.

[3] **di·fe·rir** [diferír] I. *tr* Retrasar alguien la realización de algo. II. *intr* Ser diferente lo que se expresa. RPr **Diferir de**.
CONJ *Irreg: Difiero, diferí, diferiré; diferido*.

[5] **di·fí·cil** [difíθil] *adj* 1. Que exige mucho esfuerzo, inteligencia o habilidad. 2. De carácter áspero o desagradable.

[5] **di·fi·cul·tad** [difikultáð] *s/f* Cualidad de difícil.

[4] **di·fi·cul·tar** [difikultár] *tr* Hacer más difícil la realización de algo.

[1] **di·fi·cul·to·so, -sa** [difikultóso] *adj* Que implica dificultad.

[1] **dif·te·ria** [diftérja] *s/f* MED Enfermedad infecciosa, caracterizada por la formación de placas en las mucosas.

DI·FU·MI·NAR

[1] **di·fu·mi·nar** [difuminár] *tr* **1.** Extender los trazos del lápiz frotando con el esfumino. **2.** Hacer que algo pierda nitidez.

di·fu·mi·no [difumíno] *s/m* Rollito de papel poroso para difuminar.

[3] **di·fun·dir** [difundír] *tr* **1.** Esparcir por todas partes. **2.** FIG Extender una noticia o rumor.

[3] **di·fun·to, -ta** [difúnto] *adj s/m,f* Persona muerta.

[4] **di·fu·sión** [difusjón] *s/f* Acción o resultado de difundir(se).

[2] **di·fu·so, -sa** [difúso] *adj* Dilatado, extendido sin precisión.

[1] **di·fu·sor, -ra** [difusór] *adj s/m,f* Que difunde o propaga.

[1] **di·ge·ri·ble** [diχeríβle] *adj* Que puede ser digerido.

[2] **di·ge·rir** [diχerír] *tr* **1.** Convertir los alimentos en sustancias apropiadas para el organismo. **2.** FIG Asumir un hecho o situación.
CONJ *Irreg: Digiero, digerí, digeriré, digerido.*

[2] **di·ges·tión** [diχestjón] *s/f* Acción o resultado de digerir.

[3] **di·ges·ti·vo, -va** [diχestíβo] *adj* **1.** Relativo a la digestión. **2.** Fácil de digerir o que ayuda a la digestión.

[4] **di·gi·tal** [diχitál] *adj* **1.** Relativo a los dedos. **2.** Relativo a los números dígitos y *esp* a los aparatos electrónicos que suministran información mediante valores numéricos.

[1] **di·gi·ta·li·za·ción** [diχitaliθaθjón] *s/f* Acción o resultado de digitalizar.

[1] **di·gi·ta·li·zar** [diχitaliθár] *tr* Convertir en un sistema o secuencia de números.
ORT Ante *e* la *z* cambia a *c: Digitalice.*

[2] **dí·gi·to** [díχito] *s/m* Número de una sola cifra.

[2] **dig·nar·se** [diɣnárse] REFL(-*se*) Acceder a algo que se pide. RPr **Dignarse a.**

[1] **dig·na·ta·rio** [diɣnatárjo] *s/m* Persona con una determinada dignidad.

[4] **dig·ni·dad** [diɣniðáð] *s/f* **1.** Cualidad de digno. **2.** Cargo honorífico o de autoridad o persona que lo tiene.

[1] **dig·ni·fi·car** [diɣnifikár] *tr* Dar dignidad.
ORT Ante *e* la *c* cambia a *qu: Dignifique.*

[3] **dig·no, -na** [díɣno] *adj* **1.** Que merece algo. **2.** De calidad aceptable: *Un sueldo digno para vivir.* RPr **Digno de.**

[1] **di·gre·sión** [diɣresjón] *s/f* Acción o resultado de divagar.

[1] **di·la·ción** [dilaθjón] *s/f* Retraso en la realización de algo.

[1] **di·la·pi·dar** [dilapiðár] *tr* Malgastar los bienes.

[2] **di·la·ta·ción** [dilataθjón] *s/f* Acción o resultado de dilatar(se).

[2] **di·la·tar** [dilatár] *tr* FÍS Hacer que un cuerpo aumente de volumen.

[1] **di·la·to·rio, -ia** [dilatórjo] *adj* Que retrasa.

[1] **di·lec·to, -ta** [dilékto] *adj* Querido.

[2] **di·le·ma** [diléma] *s/m* Situación de quien debe elegir entre dos opciones con iguales ventajas o desventajas.

[1] **di·le·tan·te** [diletánte] *adj s/m,f* Interesado en algo por pasatiempo y no como profesión.

di·le·tan·tis·mo [diletantísmo] *s/m* ITAL Cualidad de diletante.

[3] **di·li·gen·cia** [diliχénθja] *s/f* **1.** Cualidad de diligente. **2.** Trámite administrativo o constancia escrita de él. **3.** Coche de viajeros tirado por caballos.

[1] **di·li·gen·ciar** [diliχenθjár] *tr* Poner los medios necesarios para lograr algo.

[1] **di·li·gen·te** [diliχénte] *adj* Activo y rápido en su actuación.

[2] **di·lu·ci·dar** [diluθiðár] *tr* Esclarecer algo.

[1] **di·luir** [dilwír] *tr* REFL(-*se*) **1.** Disolver(se) un sólido en un líquido. **2.** Hacer que disminuya la intensidad de algo.
CONJ *Irreg: Diluyo, diluí, diluiré, diluido.*

di·lu·via·no, -na [diluβjáno] *adj* Relativo al Diluvio Universal.

di·lu·viar [diluβjár] *intr* Llover mucho.

[2] **di·lu·vio** [dilúβjo] *s/m* Lluvia muy abundante y fuerte.

[1] **di·ma·nar** [dimanár] *intr* Tener una cosa su origen en otra. RPr **Dimanar de.**

[4] **di·men·sión** [dimensjón] *s/f* Tamaño o extensión de un lugar.

[1] **di·mes y di·re·tes** [dímes i dirétes] *s/m,pl* LOC Noticias o comentarios frívolos.

[1] **di·mi·nu·ti·vo, -va** [diminutíβo] *adj* Se aplica al sufijo que modifica el significado de la palabra a la que se une (*gen* para expresar pequeñez o afecto).

[3] **di·mi·nu·to, -ta** [diminúto] *adj* Muy pequeño.

[3] **di·mi·sión** [dimisjón] *s/f* Acción o resultado de dimitir.

[1] **di·mi·sio·na·rio, -ia** [dimisjonárjo] *adj s/m,f* Quien ha dimitido o tiene intención de hacerlo.

[3] **di·mi·tir** [dimitír] *intr* Renunciar alguien a un cargo.

DI·REC·CIÓN

[1] **di·na** [dína] *s/f* FÍS Unidad de fuerza en el sistema cegesimal.

di·na·mar·qués, -que·sa [dinamarkés] *adj s/m,f* De Dinamarca.

[1] **di·ná·mi·ca** [dinámika] *s/f* Parte de la mecánica que estudia las leyes del movimiento.

[1] **di·na·mi·ci·dad** [dinamiθiðáð] *s/f* Cualidad de dinámico.

[4] **di·ná·mi·co, -ca** [dinámiko] *adj* **1.** Relativo a la dinámica. **2.** Muy activo y emprendedor.

[2] **di·na·mis·mo** [dinamísmo] *s/m* Cualidad de dinámico.

[1] **di·na·mi·ta** [dinamíta] *s/f* Explosivo de nitroglicerina con una materia inerte.

[1] **di·na·mi·tar** [dinamitár] *tr* Hacer que algo explote con dinamita.

[1] **di·na·mi·te·ro, -ra** [dinamitéro] *adj s/m,f* Quien dinamita.

[1] **di·na·mi·za·ción** [dinamiθaθjón] *s/f* Acción o resultado de dinamizar.

[1] **di·na·mi·zar** [dinamiθár] *tr* Dar a algo un mayor movimiento en su desarrollo.
ORT Ante *e* la *z* cambia a *c*: *Dinamice*.

[1] **di·na·mo, dí·na·mo** [dinámo; dínamo] *s/f* FÍS Aparato que transforma la energía mecánica en eléctrica.

[3] **di·nas·tía** [dinastía] *s/f* Serie de reyes de un país y de la misma familia.

[2] **di·nás·ti·co, -ca** [dinástiko] *adj* Relativo a una dinastía.

[1] **di·ne·ral** [dinerál] *s/m* Cantidad muy grande de dinero.

[5] **di·ne·ro** [dinéro] *s/m* Moneda de curso legal.

[2] **di·no·sau·rio** [dinosáurjo] *s/m* Reptil saurio de la era secundaria.

[1] **din·tel** [dintél] *s/m* ARQ Parte que cierra por arriba el hueco de una puerta o ventana.

di·ñar [diɲár] *tr* **Diñarla,** COL morirse.

[1] **dio·ce·sa·no, -na** [djoθesáno] *adj* Relativo a la diócesis.

[2] **dió·ce·sis** [djóθesis] *s/f* REL Territorio bajo la autoridad de un obispo.

[1] **dio·do** [djóðo] *s/m* Dispositivo electrónico de dos electrodos por el que circula la corriente en un solo sentido.

[1] **diop·tría** [dio(p)tría] *s/f* Unidad de medida usada en óptica.

[5] **Dios** [djós] *s/m* Ser supremo y superior, supuesto creador del universo. LOC **A Dios gracias,** afortunadamente. **A la buena de Dios,** sin atención, ni cuidado. **Como Dios,** muy bien. **Irse con Dios,** expresión de despedida. **Ni Dios,** nadie.

[2] **dio·sa** [djósa] *s/f* Deidad de sexo femenino.

[2] **di·ó·xi·do** [djóksiðo] *s/m* Compuesto formado por dos átomos de oxígeno y otro de un elemento no metálico.

[1] **di·plo·do·co, -cus** [diploðóko, -kus] *s/m* Reptil dinosaurio del periodo Jurásico.

[2] **di·plo·ma** [diplóma] *s/m* Documento oficial que acredita un título académico.

[2] **di·plo·ma·cia** [diplomáθja] *s/f* **1.** Arte o ciencia de las relaciones internacionales. **2.** Carrera de quienes se dedican a este servicio. **3.** FIG Habilidad en el trato con otras personas.

[1] **di·plo·ma·do, -da** [diplomáðo] *adj s/m,f* Que ha obtenido un diploma.

[2] **di·plo·mar** [diplomár] *tr* Conceder un diploma.

[4] **di·plo·má·ti·co, -ca** [diplomátiko] **I.** *adj* **1.** Relativo a la diplomacia. **2.** FIG Hábil y astuto en el trato con los demás. **II.** *s/m,f* Funcionario del cuerpo diplomático.

[1] **di·plo·ma·tu·ra** [diplomatúra] *s/f* Grado académico que se obtiene después de cursar con éxito los estudios correspondientes a una carrera de tres años.

díp·te·ro, -ra [díptero] *adj* Se aplica al insecto con dos alas, como la mosca.

[1] **díp·ti·co** [díptiko] *s/m* **1.** Cuadro de dos tableros que se cierran como las tapas de un libro. **2.** Impreso de una hoja doblada por la mitad.

[1] **dip·ton·gar** [diptongár] *tr intr* Transformar(se) una vocal en diptongo.
ORT Ante *e* la *g* cambia a *gu*: *Diptongue*.

[1] **dip·ton·go** [diptóngo] *s/m* Pronunciación de dos vocales en una sola sílaba.

[3] **di·pu·ta·ción** [diputaθjón] *s/f* Organismo formado por los diputados provinciales que gobiernan una provincia.

[5] **di·pu·ta·do, -da** [diputáðo] *s/m,f* Persona elegida para representar a un colectivo en un organismo legislativo.

[2] **di·que** [díke] *s/m* Muro artificial para contener las aguas de un río, del mar, etc.

[5] **di·rec·ción** [direkθjón] *s/f* **1.** Acción o resultado de dirigir. **2.** Rumbo que describe en el espacio un cuerpo en movimiento. **3.** Punto de destino hacia el cual se orienta o mueve un cuerpo. **4.** Persona o conjunto de personas encargadas de dirigir un organismo. **5.** Cargo del director. **6.** Datos en el exterior de un sobre

DI·REC·CIO·NA·BLE

señalando el nombre y lugar de residencia del destinatario. **7.** Mecanismo para guiar un vehículo.

[1] **di·rec·cio·na·ble** [direkθjonáβle] *adj* Que se puede direccionar.

[1] **di·rec·cio·nar** [direkθjonár] *tr* En informática, enviar información y encaminarla en la dirección adecuada.

[4] **di·rec·ti·vo, -va** [direktíβo] **I.** *adj* Que dirige o forma parte de la dirección de un organismo. **II.** *s/m,f* Persona que pertenece a una junta directiva o que dirige algo. **III.** *s/f* **1.** Mesa o junta de gobierno de una corporación. **2.** Conjunto de instrucciones que marcan una línea de actuación.

[5] **di·rec·to, -ta** [dirékto] **I.** *adj* **1.** Que sigue una línea recta. **2.** Que cubre un trayecto sin detenerse o desviarse de la ruta. **3.** Sin intermediarios. **4.** Que habla con claridad y sin rodeos. **II.** *s/m* **1.** Tren que sólo se detiene en las estaciones más importantes. **2.** Golpe que alcanza de lleno al contrario. **III.** *s/f* En un vehículo, marcha que permite alcanzar la máxima velocidad.

[5] **di·rec·tor, -ra** [direktór] *adj s/m,f* Que dirige.

[3] **di·rec·to·rio, -ia** [direktórjo] *s/m* Lista de nombres, direcciones y otros datos ordenados alfabéticamente.

[2] **di·rec·triz** [direktríθ]*adj s/f* Que guía o encamina hacia un fin.

dir·ham [dírxam] *s/m* Unidad monetaria de Marruecos.

[2] **di·ri·gen·cia** [dirixénθja] *s/f* AMER Dirección o equipo directivo.

[4] **di·ri·gen·te** [dirixénte] *adj s/m,f* Que dirige.

[1] **di·ri·gi·ble** [dirixíβle] **I.** *adj* Que puede ser dirigido. **II.** *s/m* Globo dirigible.

[5] **di·ri·gir** [dirixír] **I.** *tr* **1.** Encaminar algo hacia un lugar. **2.** Gobernar o dar normas para ello. **II.** REFL(-se) Hablar a alguien.
ORT Ante *o/a* la g cambia a *j: Dirijo, dirija*.

[1] **di·ri·gis·mo** [dirixísmo] *s/m* Tendencia de un Gobierno o autoridad a controlar excesivamente algo.

[2] **di·ri·mir** [dirimír] *tr* Poner fin a una disputa.

[1] **dis·ca·do** [diskáðo] *s/m* AMER Acción o resultado de marcar un número de teléfono.

[1] **dis·cal** [diskál] *adj* ANAT Relativo al disco intervertebral.

[2] **dis·ca·pa·ci·dad** [diskapaθiðáð] *s/f* Cualidad de discapacitado.

[2] **dis·ca·pa·ci·ta·do, -da** [diskapaθitáðo] *adj s/m,f* Persona incapacitada.

[1] **dis·car** [diskár] *tr* AMER Marcar un número de teléfono.
ORT Ante *e* la c cambia a *qu: Disqué*.

[1] **dis·cen·te** [disθénte] *adj s/m,f* Alumno.

[1] **dis·cer·ni·mien·to** [disθernimjénto] *s/m* Capacidad para discernir entre cosas buenas o malas.

[2] **dis·cer·nir** [disθernír] *tr intr* Ser capaz de diferenciar una cosa de otra.
CONJ *Irreg: Discierno, discerní, discerniré, discernido.*

[4] **dis·ci·pli·na** [disθiplína] *s/f* **1.** Conjunto de reglas o normas que encaminan la conducta de las personas. **2.** Cada materia que se enseña en los centros docentes. **3.** Instrumento para azotar o para flagelarse alguien.

[3] **dis·ci·pli·nar** [disθiplinár] **I.** *tr* Someter a alguien a una disciplina. **II.** *adj* Relacionado con una disciplina o materia.

[2] **dis·ci·pli·na·rio, -ia** [disθiplinárjo] *adj* Relativo a la disciplina.

[3] **dis·cí·pu·lo, -la** [disθípulo] *s/m,f* Alumno.

[4] **dis·co** [dísko] *s/m* **1.** Objeto de forma plana y circular. **2.** Placa circular que se utiliza para grabar y reproducir sonidos. **3.** DEP Pieza circular que los atletas lanzan en la prueba de lanzamiento de disco. **4.** Semáforo.

[1] **dis·co·gra·fía** [diskoɣrafía] *s/f* **1.** Técnica de grabar y reproducir discos sonoros. **2.** Conjunto de los discos de un autor o de una época.

[2] **dis·co·grá·fi·co, -ca** [diskoɣráfiko] *adj* Relativo a los discos o a la discografía.

[1] **dís·co·lo, -la** [dískolo] *adj s/m,f* Rebelde.

[1] **dis·con·for·me** [diskonfórme] *adj* Que no está conforme.

[1] **dis·con·for·mi·dad** [diskonformiðáð] *s/f* Cualidad de disconforme.

[1] **dis·con·ti·nui·dad** [diskontinwiðáð] *s/f* Falta de continuidad.

[2] **dis·con·ti·nuo, -ua** [diskontínwo] *adj* Que no es continuo.

[1] **dis·cor·dan·cia** [diskorðánθja] *s/f* Cualidad de discordante.

[1] **dis·cor·dan·te** [diskorðánte] *adj* Que no está de acuerdo o en armonía con otra u otras cosas.

[1] **dis·cor·de** [diskórde] *adj* En desacuerdo.

[2] **dis·cor·dia** [diskórðja] *s/f* Situación en que no hay acuerdo.

③ **dis·co·te·ca** [diskotéka] *s/f* Local para bailar al son de la música.

① **dis·co·te·que·ro, -ra** [diskotekéro] **I.** *adj* Que es propio de discotecas de baile. **II.** *adj s/m,f* Aficionado a las discotecas.

② **dis·cre·ción** [diskreθjón] *s/f* Cualidad de discreto.

① **dis·cre·cio·nal** [diskreθjonál] *adj* Que queda al juicio y discreción de quien lo usa.

① **dis·cre·cio·na·li·dad** [diskreθjonaliðáð] *s/f* Cualidad de discrecional.

① **dis·cre·pan·cia** [diskrepánθja] *s/f* Desacuerdo.

② **dis·cre·par** [diskrepár] *intr* Opinar de manera diferente.

③ **dis·cre·to, -ta** [diskréto] **I.** *adj s/m,f* Prudente, sensato. **II.** *adj* Que no llama mucho la atención: *Llevaba un vestido discreto.*

③ **dis·cri·mi·na·ción** [diskriminaθjón] *s/f* Acción o resultado de discriminar.

② **dis·cri·mi·nar** [diskriminár] *tr intr* **1.** Establecer diferencia entre personas o cosas. **2.** Dar un trato de inferioridad a alguien, *esp* por motivos de raza, política, etc. RPr **Discriminar de/entre**.

② **dis·cri·mi·na·to·rio, -ia** [diskriminatórjo] *adj* Que discrimina.

② **dis·cul·pa** [diskúlpa] *s/f* Razones que alguien da para justificar un comportamiento aparentemente culpable.

① **dis·cul·pa·ble** [diskulpáβle] *adj* Que se puede disculpar.

③ **dis·cul·par** [diskulpár] *tr* REFL(-se) Pedir o dar disculpas.

③ **dis·cu·rrir** [diskurrír] *intr* **1.** Fluir un líquido. **2.** Transcurrir el tiempo. **3.** FIG Pensar detenidamente sobre algo para llegar a una solución.

① **dis·cur·si·vo, -va** [diskursíβo] *adj* Relativo al discurso.

② **dis·cur·so** [diskúrso] *s/m* Exposición sobre un tema y ante el público.

④ **dis·cu·sión** [diskusjón] *s/f* Acción o resultado de discutir.

② **dis·cu·ti·ble** [diskutíβle] *adj* **1.** Que se puede discutir. **2.** De futuro incierto.

⑤ **dis·cu·tir** [diskutír] *tr intr* Hablar sobre un tema exponiendo cada cual su opinión.

① **di·se·car** [disekár] *tr* Preparar el cuerpo de un animal muerto con sustancias conservantes para mantenerlo como si estuviera vivo.

ORT Ante *e* la *c* cambia a *qu: Diseque.*

① **di·sec·ción** [disekθjón] *s/f* Acción o resultado de disecar.

① **di·sec·cio·nar** [disekθjonár] *tr* **1.** Dividir un cuerpo en sus partes para estudiar su anatomía. **2.** Analizar con detalle.

① **di·se·mi·na·ción** [diseminaθjón] *s/f* Acción o resultado de diseminar(se).

② **di·se·mi·nar** [diseminár] *tr* Desparramar.

① **di·sen·sión** [disensjón] *s/f* Falta de acuerdo.

① **di·sen·te·ría** [disentería] *s/f* MED Enfermedad infecciosa, con inflamación del intestino grueso y diarrea.

① **di·sen·tir** [disentír] *intr* Estar en desacuerdo. RPr **Disentir de/en**.
CONJ *Irreg: Disiento, disentí, disentiré, disentido.*

③ **di·se·ña·dor, -ra** [diseɲaðór] *s/m,f* Persona que diseña como profesión.

④ **di·se·ñar** [diseɲár] *tr* Hacer un diseño.

④ **di·se·ño** [diséɲo] *s/m* **1.** Acción o resultado de diseñar. **2.** Arte o técnica de diseñar.

① **di·ser·ta·ción** [disertaθjón] *s/f* Acción o resultado de disertar.

① **di·ser·tar** [disertár] *intr* Exponer algo razonadamente.

② **dis·fraz** [disfráθ] *s/m* Traje de máscara o cualquier cosa que se lleva para ocultar la identidad.

③ **dis·fra·zar** [disfraθár] *tr* **1.** Poner un disfraz. **2.** FIG Ocultar los verdaderos sentimientos o intenciones. RPr **Disfrazarse de**.
ORT Ante *e* la *z* cambia a *c: Disfrace.*

⑤ **dis·fru·tar** [disfrutár] *tr intr* Experimentar gozo o placer por algo. RPr **Disfrutar con/de**.

① **dis·gre·gar** [disɣreɣár] *tr* REFL(-se) Dividir(se) un todo en sus partículas. RPr **Disgregarse en**.
ORT Ante *e* la *g* cambia a *gu: Disgregue.*

② **dis·gus·tar** [disɣustár] *tr* REFL(-se) Causar disgusto; enfadarse.

③ **dis·gus·to** [disɣústo] *s/m* Sentimiento de desagrado o rechazo.

① **di·si·den·cia** [disiðénθja] *s/f* Cualidad o actitud de disidente.

② **di·si·den·te** [disiðénte] *adj s/m,f* Que está en desacuerdo o se aparta de algo.

① **di·sí·mil** [disímil] *adj* Que no es semejante ni igual a otro.

③ **di·si·mu·lar** [disimulár] **I.** *tr* Ocultar algo. **II.** *intr* Hacer creer alguien que no se entera de lo que otros hacen.

② **di·si·mu·lo** [disimúlo] *s/m* Habilidad para encubrir algo propio.

② **di·si·par** [disipár] *tr* **1.** Hacer que algo desaparezca, esparciendo sus partículas o elementos. **2.** Hacer desaparecer algo inmaterial. **3.** Malgastar alguien sus bienes.

① **dis·ke·tte** [diskéte] *s/m* Disquete.

① **dis·la·te** [disláte] *s/m* Disparate.

① **dis·le·xia** [dislé(k)sja] *s/f* Anomalía en la lectura y escritura.

① **dis·lé·xi·co, -ca** [dislé(k)siko] *adj s/m,f* Relativo a la dislexia o quien la padece.

① **dis·lo·ca·ción** [dislokaθjón] *s/f* Acción o resultado de dislocar(se).

① **dis·lo·car** [dislokár] *tr* REFL(-se) Sacar de su sitio (hueso, tendón, etc.).
ORT Ante *e* la *c* cambia a *qu: Disloque*.

① **dis·me·no·rrea** [dismenorréa] *s/f* Evacuación de la sangre menstrual con dolor y dificultad.

④ **dis·mi·nu·ción** [disminuθjón] *s/f* Acción o resultado de disminuir.

④ **dis·mi·nuir** [disminwír] *tr intr* Reducir en cantidad, tamaño, etc.
CONJ *Irreg: Disminuyo, disminuí, disminuiré, disminuido*.

① **dis·nea** [disnéa] *s/f* Dificultad en la respiración.

① **di·so·cia·ción** [disoθjaθjón] *s/f* Acción o resultado de disociar(se).

① **di·so·ciar** [disoθjár] *tr* REFL(-se) Separar(se) lo que está unido.

di·so·lu·ble [disolúβle] *adj* Que se puede disolver.

③ **di·so·lu·ción** [disoluθjón] *s/f* **1.** Acción o resultado de disolver(se). **2.** Mezcla que resulta de ello.

① **di·so·lu·to, -ta** [disolúto] *adj s/m,f* De malas costumbres, vicioso.

② **di·sol·ven·te** [disolβénte] *adj s/m* Que disuelve.

③ **di·sol·ver** [disolβér] *tr* **1.** Incorporar(se) una sustancia a un líquido. **2.** Poner fin a una unión (matrimonio, asociación).
CONJ *Irreg: Disuelvo, disolví, disolveré, disuelto*.

① **di·so·nan·cia** [disonánθja] *s/f* Cualidad de disonante.

① **di·so·nan·te** [disonánte] *adj* Que no está en armonía con otra cosa.

② **dis·par** [dispár] *adj* **1.** Desigual o diferente. **2.** Variado: *Un público muy dispar*.

dis·pa·ra·de·ro [disparaδéro] *s/m* Disparador de un arma de fuego.

① **dis·pa·ra·dor** [disparaδór] *s/m* Mecanismo para disparar.

④ **dis·pa·rar** [disparár] **I.** *tr intr* **1.** Lanzar un proyectil mediante un arma. **2.** Hacer que algo aumente con rapidez. **3.** DEP Lanzar un futbolista el balón con fuerza.

② **dis·pa·ra·te** [disparáte] *s/m* Cosa absurda.

① **dis·pa·re·jo, -ja** [disparéχo] *adj* Irregular, desigual.

② **dis·pa·ri·dad** [dispariδáδ] *s/f* Cualidad de dispar.

③ **dis·pa·ro** [dispáro] *s/m* Acción o resultado de disparar(se).

① **dis·pen·dio** [dispéndjo] *s/m* Gasto excesivo.

① **dis·pen·sa** [dispénsa] *s/f* Excepción a las normas generales.

② **dis·pen·sar** [dispensár] *tr* **1.** Otorgar un honor, favor o atención. **2.** Eximir de una obligación o norma.

① **dis·pen·sa·rio** [dispensárjo] *s/m* Establecimiento donde se presta asistencia médica.

① **dis·pep·sia** [dispépsja] *s/f* Anomalía de la digestión, que hace que ésta sea lenta y difícil.

② **dis·per·sar** [dispersár] *tr* Esparcir algo en distintas direcciones.

② **dis·per·sión** [dispersjón] *s/f* Acción o resultado de dispersar(se).

② **dis·per·so, -sa** [dispérso] *adj* Que se ha dispersado.

① **dis·pli·cen·cia** [displiθénθja] *s/f* Actitud o cualidad de displicente.

① **dis·pli·cen·te** [displiθénte] *adj* De actitud desdeñosa o de carácter áspero.

⑤ **dis·po·ner** [disponér] **I.** *tr* **1.** Colocar u ordenar con algún fin. **2.** Ordenar algo la autoridad o ley. **II.** *intr* (Con *de*) Servirse de algo o ser dueño de ello. **III.** REFL(-se) Prepararse para hacer algo. RPr **Disponer de. Disponerse a/para**.
CONJ *Irreg: Dispongo, dispuse, dispondré, dispuesto*.

③ **dis·po·ni·bi·li·dad** [disponiβiliδáδ] *s/f* Cualidad de disponible.

④ **dis·po·ni·ble** [disponíβle] *adj* Se dice de lo que se puede disponer.

⑤ **dis·po·si·ción** [disposiθjón] *s/f* **1.** Acción de disponer o manera en que algo está colocado. **2.** Condición de quien se siente dispuesto a algo: *Tiene disposición al diálogo*. **3.** Orden de un superior.

④ **dis·po·si·ti·vo** [dispositíβo] *s/m* Mecanismo dispuesto para un fin.

DI·VER·GEN·TE

[2] **dis·pu·ta** [dispúta] *s/f* Acción o resultado de disputar.

[3] **dis·pu·tar** [disputár] *tr intr* **1.** Luchar para conseguir algo. **2.** Discutir.

[2] **dis·que·te** [diskéte] *s/m* COMP Diskette.

[1] **dis·que·te·ra** [disketéra] *s/f* COMP Unidad del ordenador con una ranura para introducir el disquete.

[1] **dis·qui·si·ción** [diskisiθjón] *s/f* Examen sutil y minucioso de algo.

[4] **dis·tan·cia** [distánθja] *s/f* Espacio de tiempo o lugar entre dos cosas o hechos.

[2] **dis·tan·cia·mien·to** [distanθjamjénto] *s/m* Acción o resultado de distanciar(se).

[4] **dis·tan·ciar** [distanθjár] *tr* Hacer que aumente la distancia entre dos cosas o personas.

[3] **dis·tan·te** [distánte] *adj* **1.** Que está a cierta distancia de otra cosa. **2.** Poco afectuoso, frío.

[2] **dis·tar** [distár] *intr* Estar a cierta distancia. RPr **Distar de**.

[1] **dis·ten·der** [distendér] *tr* REFL(-*se*) Hacer que se relaje lo que estaba tenso.
CONJ *Irreg: Distiendo, distendí, distenderé, distendido*.

[1] **dis·ten·sión** [distensjón] *s/f* Acción o resultado de distender(se).

[3] **dis·tin·ción** [distinθjón] *s/f* **1.** Acción o resultado de distinguir(se). **2.** Elegancia, refinamiento.

[1] **dis·tin·go** [distíngo] *s/m* Restricción sutil.

[4] **dis·tin·guir** [distingír] **I.** *tr intr* Diferenciar. **II.** *tr* **1.** Ver algo con precisión y diferenciarlo de su entorno. **2.** (Con *con*) Hacer que alguien destaque concediéndole una distinción o premio. **III.** REFL(-*se*) Diferenciarse de los demás por alguna cualidad.
ORT La *u* de *gu* se pierde ante *a/o: Distingo*.

[2] **dis·tin·ti·vo, -va** [distintíβo] **I.** *adj* Que caracteriza o distingue. **II.** *s/m* Señal que identifica a alguien.

[5] **dis·tin·to, -ta** [distínto] *adj* Diferente. RPr **Distinto de**.

[2] **dis·tor·sión** [distorsjón] *s/f* Acción o resultado de doblar(se).

[2] **dis·tor·sio·nar** [distorsjonár] *tr* Alterar algo en su forma o composición.

[2] **dis·trac·ción** [distrakθjón] *s/f* **1.** Acción o resultado de distraer(se). **2.** Pasatiempo.

[3] **dis·tra·er** [distraér] *tr* **1.** Hacer que alguien desvíe su atención de algo. **2.** Entretener. RPr **Distraer(se) con/de/en**.

CONJ *Irreg: Distraigo, distraje, distraeré, distraído*.

[4] **dis·tri·bu·ción** [distriβuθjón] *s/f* Acción o resultado de distribuir(se).

[2] **dis·tri·bui·dor, -ra** [distriβwiðór] **I.** *adj* Que distribuye o reparte. **II.** *s/f* Empresa que distribuye productos.

[4] **dis·tri·buir** [distriβwír] *tr* **1.** Repartir algo en distintos lugares. **2.** Poner ordenadamente por partes o secciones.
CONJ *Irreg: Distribuyo, distribuí, distribuiré, distribuido*.

[1] **dis·tri·bu·ti·vo, -va** [distriβutíβo] *adj* Relativo a la distribución.

[4] **dis·tri·to** [distríto] *s/m* Demarcación administrativa de un territorio.

[2] **dis·tur·bio** [distúrβjo] *s/m* Alteración de la paz y orden.

[2] **di·sua·dir** [diswaðír] *tr* Influir con razones o consejos para que alguien cambie de intención o actitud.

[1] **di·sua·sión** [diswasjón] *s/f* Acción o resultado de disuadir.

[1] **di·sua·si·vo, -va** [diswasíβo] *adj* Que disuade o puede disuadir.

[1] **di·sua·so·rio, -ia** [diswasórjo] *adj* Disuasivo.

[1] **dis·yun·ción** [disjunθjón] *s/f* Acción o resultado de separar.

[2] **dis·yun·ti·va** [disjuntíβa] *s/f* Alternativa entre dos opciones opuestas.

[1] **di·ti·ram·bo** [ditirámbo] *s/m* POÉT Composición poética para exaltar algo.

[1] **DIU** [díu] *s/m* Dispositivo anticonceptivo para la mujer.

diu·re·sis [djurésis] *s/f* MED Secreción abundante de orina.

[1] **diu·ré·ti·co, -ca** [djurétiko] *adj s/m* Que produce diuresis.

[2] **diur·no, -na** [djúrno] *adj* Relativo al día.

[1] **di·va** [díβa] *s/f* FIG Cantante, artista de gran fama.

[1] **di·va·ga·ción** [diβaɣaθjón] *s/f* Acción o resultado de divagar.

[1] **di·va·gar** [diβaɣár] *intr* Desviarse del tema que se está tratando.
ORT Ante *e* la *g* cambia a *gu: Divague*.

[2] **di·ván** [diβán] *s/m* Sofá alargado, *gen* sin brazos ni respaldo.

[2] **di·ver·gen·cia** [diβerχénθja] *s/f* Acción o resultado de divergir.

[2] **di·ver·gen·te** [diβerχénte] *adj* Que diverge o se separa.

DI·VER·GIR

[1] **di·ver·gir** [diβerxír] *intr* Separarse cada vez más dos líneas, personas, opiniones, etc.
ORT Ante *o/a* la *g* cambia a *j: Diverjo, diverja*.

[3] **di·ver·si·dad** [diβersiðáð] *s/f* Cualidad de diferente.

[2] **di·ver·si·fi·ca·ción** [diβersifikaθjón] *s/f* Acción o resultado de diversificar(se).

[2] **di·ver·si·fi·car** [diβersifikár] *tr* Hacer que algo sea más variado y diverso.
ORT Ante *e* la *c* cambia a *qu: Diversifique*.

[3] **di·ver·sión** [diβersjón] *s/f* 1. Acción de divertir(se). 2. Pasatiempo.

[5] **di·ver·so, -sa** [diβérso] *adj* 1. Diferente. 2. *pl* Varios.

[1] **di·ver·ti·men·to** [diβertiménto] *s/m* 1. Diversión. 2. Composición musical.

[1] **di·ver·ti·mien·to** [diβertimjénto] *s/m* Acción o resultado de divertir(se).

[4] **di·ver·tir** [diβertír] *tr* Hacer que alguien disfrute, se ría o se entretenga.
CONJ *Irreg: Divierto, divertí, divertiré, divertido*.

[2] **di·vi·den·do** [diβiðéndo] *s/m* 1. MAT Cantidad que se divide por otra, que es el divisor. 2. ECON Cantidad variable que recibe cada uno de los accionistas en función de las beneficios obtenidos. 3. (*gen pl*) Beneficio.

[4] **di·vi·dir** [diβiðír] *tr* 1. Separar un todo en partes. 2. FIG Introducir enfrentamiento o discordia entre personas. 3. MAT (Con *entre, por*) Averiguar cuántas veces una cantidad o divisor contiene a otra, que es el dividendo. RPr **Dividirse entre/por**.

[2] **di·vi·ni·dad** [diβiniðáð] *s/f* 1. Naturaleza o esencia de Dios. 2. Dios.

[1] **di·vi·ni·zar** [diβiniθár] *tr* Dar a alguien el culto propio de Dios.
ORT Ante *e* la *z* cambia a *c: Divinice*.

[4] **di·vi·no, -na** [diβíno] *adj* 1. Relativo a Dios. 2. FIG Bello, hermoso.

[2] **di·vi·sa** [diβísa] *s/f* 1. Señal distintiva que distingue una cosa o persona de otra(s). 2. Moneda extranjera.

[3] **di·vi·sar** [diβisár] *tr* Lograr ver algo o a alguien a lo lejos.

[1] **di·vi·si·bi·li·dad** [diβisiβiliðáð] *s/f* Cualidad de divisible.

[1] **di·vi·si·ble** [diβisíβle] *adj* Que se puede dividir.

[4] **di·vi·sión** [diβisjón] *s/f* 1. Acción o resultado de dividir(se). 2. Lo que separa espacios. 3. DEP Conjunto de equipos deportivos de la misma categoría y que compiten entre sí. 4. MIL Parte de un cuerpo. 5. Operación de dividir.

[1] **di·vis·mo** [diβísmo] *s/m* Cualidad o condición de divo.

[1] **di·vi·sor, -ra** [diβisór] I. *adj* Que divide. II. *adj s/m* MAT Se aplica al número por el que se divide otro.

[1] **di·vi·so·rio, -ia** [diβisórjo] *adj* (también *s/f*) Que divide.

[2] **di·vo, -va** [díβo] *s/m,f* Cantante, artista de mucha fama.

[2] **di·vor·cia·do, -da** [diβorθjáðo] *adj s/m,f* Que se ha divorciado.

[2] **di·vor·ciar** [diβorθjár] *tr* 1. Deshacer legalmente un matrimonio. RPr **Divorciarse de**.

[3] **di·vor·cio** [diβórθjo] *s/m* Acción o resultado de divorciar(se).

[3] **di·vul·ga·ción** [diβulɣaθjón] *s/f* Acción o resultado de divulgar(se) algo.

[2] **di·vul·gar** [diβulɣár] *tr* REFL(-se) Hacer algo público (datos, hechos, etc.).
ORT Ante *e* la *g* cambia a *gu: Divulgue*.

[1] **do·ber·man** [dóβerman] *s/m* Raza canina o animal perteneciente a ella, fiero e inteligente.

[2] **do·bla·di·llo** [doβlaðíʎo] *s/m* Pliegue que remata el borde de una prenda de vestir.

[1] **do·bla·je** [doβláxe] *s/m* Acción o resultado de traducir una película cinematográfica a otro idioma.

[4] **do·blar** [doβlár] I. *tr* 1. Cerrar o plegar algo por varias partes. 2. Poner curvo algo que estaba recto. 3. Aumentar por dos. 4. Hacer el doblaje de una película. 5. Cambiar de dirección. II. *intr* 1. Sonar las campanas en señal de duelo. 2. Cambiar de dirección.

[4] **do·ble** [dóβle] I. *adj* 1. Que es dos veces mayor que otra cosa. 2. Constituido por dos cosas iguales. 3. Fuerte (*tela, cuerda*). 4. Con capacidad para dos personas: *Habitación doble*. 5. FIG Falso, poco sincero. 6. Que trabaja como espía al servicio de dos partes rivales. II. *s/m* 1. Cantidad dos veces mayor que otra. 2. Parte por donde se pliega algo. III. *s/m,f* Persona muy parecida a otra y que podría pasar por ella.

[2] **do·ble·gar** [doβleɣár] *tr* 1. FIG Obligar a alguien a cambiar de voluntad. 2. Someter a la voluntad de otro.
ORT Ante *e* la *g* cambia a *gu: Doblegue*.

[1] **do·ble·te** [doβléte] *s/m* Hecho de lograr algo dos veces.

[1] **do·blez** [doβléθ] I. *s/m* Parte por donde se

DO·MES·TI·CAR

dobla algo o señal que queda en ello. **II.** *s/f* Falta de sinceridad.

do·blón [doβlón] *s/m* Moneda antigua de oro.

5 **do·ce** [dóθe] *adj pron* Diez más dos.

do·ce·a·vo, -va [doθeáβo] *adj* Cada una de las doce partes en que se divide un todo.

3 **do·ce·na** [doθéna] *s/f* Conjunto de doce unidades.

2 **do·cen·cia** [doθénθja] *s/f* Actividad de enseñar.

4 **do·cen·te** [doθénte] *adj s/m,f* Relativo a la docencia o persona que la ejerce.

2 **dó·cil** [dóθil] *adj* Fácil de educar, maleable.

1 **do·ci·li·dad** [doθiliðáð] *s/f* Cualidad de dócil.

2 **doc·to, -ta** [dókto] *adj* Que sabe mucho. RPr **Docto en.**

3 **doc·tor, -ra** [doktór] *s/m,f* **1.** Médico. **2.** Persona que ha recibido el más alto grado académico.

2 **doc·to·ra·do** [diktoráðo] *s/m* **1.** Grado de doctor. **2.** Estudios para obtener este grado.

2 **doc·to·ral** [doktorál] *adj* Relativo al grado de doctor.

doc·to·rar [doktorár] *tr* REFL(-se) Otorgar el grado de doctor.

4 **doc·tri·na** [doktrína] *s/f* Conjunto de ideas que constituyen una determinada filosofía, sistema, etc.

2 **doc·tri·nal** [doktrinál] *adj* Relativo a la doctrina.

1 **doc·tri·na·rio, -ia** [doktrinárjo] *adj s/m,f* Partidario de una doctrina o ideología.

4 **do·cu·men·ta·ción** [dokumentaθjón] *s/f* **1.** Acción o resultado de documentar(se). **2.** Documentos que se estudian para informarse sobre algo.

3 **do·cu·men·tal** [dokumentál] **I.** *adj* Que se basa en documentos. **II.** *s/m* Película o programa sobre temas culturales o científicos.

1 **do·cu·men·ta·lis·ta** [dokumentalísta] **I.** *adj s/m,f* Relativo a la documentación o especialista en ella. **II.** *s/m,f* Persona que hace cine documental.

2 **do·cu·men·tar** [dokumentár] **I.** *tr* Probar la veracidad de algo con documentos. **II.** REFL(-se) Recoger información para saber de algo.

5 **do·cu·men·to** [dokuménto] *s/m* **1.** Escrito en el que se prueba o acredita algo. **2.** Testimonio escrito de épocas pasadas.

do·de·cae·dro [doðekaéðro] *s/m* Cuerpo geométrico de doce caras.

do·gal [doγál] *s/m* **1.** Cuerda con la que se ata por el cuello a las caballerías. **2.** Soga con un nudo corredizo.

2 **dog·ma** [dóγma] *s/m* Afirmación de una verdad que se toma como indiscutible.

2 **dog·má·ti·co, -ca** [doγmátiko] *adj s/m,f* **1.** Relativo al dogma. **2.** Seguidor del dogmatismo.

1 **dog·ma·tis·mo** [doγmatísmo] *s/m* Cualidad de dogmático.

dog·ma·ti·zar [doγmatiθár] *intr* Afirmar algo como si fuera un dogma.
ORT Ante *e* la *z* cambia a *c*: *Dogmatice*.

1 **do·go** [dóγo] *adj s/m* Raza de perros de gran tamaño, o animal de esa raza.

5 **dó·lar** [dólar] *s/m* Unidad monetaria en varios países.

1 **do·la·ri·za·ción** [dolariθaθjón] *s/f* AMER Acción o resultado de dolarizar.

1 **do·la·ri·zar** [dolariθár] *tr* AMER Convertir en dólares o adoptar el dólar como moneda base.
ORT Ante *e* la *z* cambia a *c*: *Dolarice*.

2 **do·len·cia** [dolénθja] *s/f* Indisposición, enfermedad.

4 **do·ler** [dolér] *intr* REFL(-se) **1.** Causar dolor o tenerlo. **2.** Sentir pena y dolor. RPr **Dolerse de.**
CONJ *Irreg*: (Me) *duelo, dolí, dolerá, dolido*.

2 **do·lien·te** [doljénte] *adj* Que padece una dolencia.

1 **dol·men** [dólmen] *s/m* Monumento megalítico funerario hecho con piedras grandes.

1 **do·lo** [dólo] *s/m*. Engaño o acción malintencionados.

5 **do·lor** [dolór] *s/m* **1.** Sensación desagradable y molesta en el cuerpo. **2.** Pena o aflicción por la desgracia ajena.

3 **do·lo·ro·so, -sa** [doloróso] *adj* Relativo al dolor o que lo causa.

1 **do·lo·so, -sa** [dolóso] *adj* Engañoso.

1 **do·ma** [dóma] *s/f* Acción o resultado de domar.

1 **do·ma·dor, -ra** [domaðór] *s/m,f* Persona que doma.

1 **do·mar** [domár] *tr* Hacer que un animal salvaje se vuelva manso y dócil.

1 **do·me·ñar** [domeɲár] *tr* Someter.

1 **do·mes·ti·ca·ción** [domestikaθjón] *adj* Acción o resultado de domesticar.

1 **do·mes·ti·car** [domestikár] *tr* **1.** Hacer que

DO·MÉS·TI·CO

un animal salvaje se vuelva manso y dócil. 2. Suavizar el carácter.
ORT Ante *e* la *c* cambia a *qu*: *Domestique*.

[4] **do·més·ti·co, -ca** [doméstiko] *adj* 1. Relativo a la casa u hogar. 2. Se dice del animal que convive con el hombre.

[1] **do·mi·ci·lia·ción** [domiθiljaθjón] *s/f* Acción de domiciliar.

[2] **do·mi·ci·liar** [domiθiljár] I. *tr* 1. Asignar un domicilio a una persona. 2. Realizar una domiciliación bancaria. II. *REFL(-se)* Establecer el lugar de residencia en un lugar.

[1] **do·mi·ci·lia·rio, -ia** [domiθiljárjo] *adj* Relativo al domicilio.

[4] **do·mi·ci·lio** [domiθíljo] *s/m* Casa o lugar donde uno habita.

[2] **do·mi·na·ción** [dominaθjón] *s/f* Acción o resultado de dominar.

[1] **do·mi·na·dor, -ra** [dominaðór] *adj s/m,f* Que domina.

[4] **do·mi·nan·te** [dominánte] *adj* Que domina.

[4] **do·mi·nar** [dominár] I. *tr intr* Tener dominio sobre algo o alguien. II. *intr* 1. Sobresalir sobre el entorno. 2. Ser el elemento más importante o habitual: *En las escuelas domina el ruso*. III. *tr* 1. FIG Contener algo violento (pasiones, carácter). 2. FIG Conocer a fondo una determinada materia o ciencia.

[5] **do·min·go** [domíngo] *s/m* Séptimo día de la semana civil.

[1] **do·min·gue·ro, -ra** [domingéro] I. *adj* Propio del domingo. II. *adj s/m,f* Persona que suele salir de excursión los domingos.

[2] **do·mi·ni·cal** [dominikál] *adj* Relativo al domingo.

[3] **do·mi·ni·ca·no, -na** [dominikáno] *adj s/m,f* De Santo Domingo o República Dominicana.

[2] **do·mi·ni·co, -ca** [dominíko] *adj s/m,f* De la Orden de Santo Domingo.

[4] **do·mi·nio** [domínjo] *s/m* 1. Acción o resultado de dominar. 2. Poder legítimo sobre un territorio o grupo de gente. 3. *pl* Territorio sometido a la autoridad de otro.

[2] **do·mi·nó** [dominó] *s/m* Juego de veintiocho fichas rectangulares marcadas con puntos de 0 a 6.

do·mó·ti·ca [domótika] *s/f* Técnica que se ocupa de la aplicación de la informática a la vivienda.

[5] **don** [dón] *s/m* 1. Bien natural o sobrenatural que alguien recibe. 2. Habilidad o gracia para hacer algo. 3. Tratamiento de cortesía antepuesto al nombre: *Don Antonio*.

[3] **do·na·ción** [donaθjón] *s/f* Acción o resultado de donar.

[1] **do·nai·re** [donáire] *s/f* Habilidad, gracia para expresarse o moverse.

[2] **do·nan·te** [donánte] *adj s/m,f* Que dona.

[3] **do·nar** [donár] *tr* Dar alguien a otro algo que posee o es suyo.

[1] **do·na·ti·vo** [donatíβo] *s/m* Dinero o bienes que se donan.

[1] **don·cel** [donθél] *s/m* Joven, muchacho.

[2] **don·ce·lla** [donθéʎa] *s/f* Muchacha, *esp* si es virgen.

[5] **don·de** [dónde] *adv* En el lugar en que.

[5] **dón·de** [dónde] *adv* ¿En qué lugar?

[1] **don·de·quie·ra** [dondekjéra] *adv* En cualquier parte.

[1] **don·juán** [donχwán] *s/m* Hombre mujeriego y pendenciero.

[1] **don·jua·nes·co, -ca** [donχwanésko] *adj* Relativo a un donjuán.

don·na·die [donnáðje] *s/m* DES Persona sin valía ni importancia.

[1] **do·no·so, -sa** [donóso] *adj* Con gracia.

[5] **do·ña** [dóɲa] *s/f* Tratamiento femenino, similar a 'don'.

do·pa·je [dopáχe] *s/m* Acción de doparse.

do·par [dopár] *tr* Suministrar a un deportista productos estimulantes para mejorar su rendimiento.

[1] **do·ping** [dópin] *s/m* ANGL Acción de doparse.

[2] **do·quier** [dokjér] *adv* LIT (*Por doquier*) En cualquier parte.

[1] **do·ra·da** [doráða] *s/f* Pez marino, comestible.

[4] **do·ra·do, -da** [doráðo] I. *adj* 1. Del color del oro. 2. FIG Espléndido, feliz. II. *s/m* Acción o resultado de dorar.

[2] **do·rar** [dorár] *tr* 1. Cubrir con una capa de oro o con una sustancia de este color. 2. FIG Tostar un alimento hasta que toma un color dorado.

[1] **dor·mi·lón, -lo·na** [dormilón] *adj s/m,f* Que duerme mucho.

[5] **dor·mir** [dormír] I. *intr* 1. Estar en reposo el cuerpo y los sentidos para descansar. 2. Pasar la noche en un lugar. II. *tr* Hacer que alguien se quede dormido. III. *REFL(-se)* FIG Quedarle temporalmente a alguien una parte del cuerpo insensible.
CONJ *Irreg: Duermo, dormí, dormiré, dormido*.

[2] **dor·mi·tar** [dormitár] *intr* Dormir ligeramente.

[4] **dor·mi·to·rio** [dormitórjo] *s/m* **1.** Habitación para dormir. **2.** Muebles de esta habitación.

[2] **dor·sal** [dorsál] *adj* Relativo al dorso.

[2] **dor·so** [dórso] *s/m* **1.** Espalda. **2.** Parte opuesta a la principal.

[5] **dos** [dós] *adj pron* Uno más uno.

[1] **do·sel** [dosél] *s/m* Cubierta ornamental sobre un trono, imagen, etc.

[1] **do·si·fi·ca·ción** [dosifikaθjón] *s/f* Acción o resultado de dosificar.

[1] **do·si·fi·car** [dosifikár] *tr* Administrar en dosis.
ORT Ante *e* la *c* cambia a *qu*: *Dosifique*.

[3] **do·sis** [dósis] *s/f* Cantidad que se da cada vez, *esp* si es un medicamento.

[1] **do·ssier** [dosjér] *s/m* Conjunto de documentos sobre un asunto.

[3] **do·ta·ción** [dotaθjón] *s/f* **1.** Acción o resultado de dotar. **2.** Conjunto de personas asignadas a un servicio. **3.** Cantidad de dinero destinada a un fin.

[3] **do·tar** [dotár] *tr* **1.** Proveer de los medios necesarios para un fin. **2.** Dar un padre a la hija que se casa dinero o bienes como dote matrimonial. **3.** FIG Dar la naturaleza una determinada cualidad. RPr **Dotar con/de**.

[2] **do·te** [dóte] *s/f* **1.** Dinero o bienes que una mujer aporta al matrimonio o recibe al casarse. **2.** *pl* Cualidades.

[1] **drac·ma** [drákma] *s/m,f* Unidad monetaria de Grecia.

[1] **dra·co·nia·no, -na** [drakonjáno] *adj* FIG Muy cruel, severo.

dra·ga [dráɣa] *s/f* Máquina para limpiar los fondos de un puerto, río, etc.

[1] **dra·ga·do** [dráɣaðo] *s/m* Acción o resultado de dragar.

dra·ga·mi·nas [draɣamínas] *s/m* Buque destinado a limpiar de minas los mares.

[1] **dra·gar** [draɣár] *tr* Limpiar el fondo de un puerto, río, etc.
ORT Ante *e* la *g* cambia a *gu*: *Drague*.

[2] **dra·gón** [draɣón] *s/m* Animal imaginario, fiero, con alas y de gran tamaño, que escupía fuego.

[3] **dra·ma** [dráma] *s/m* **1.** Obra literaria para ser representada. **2.** Suceso trágico.

[4] **dra·má·ti·co, -ca** [dramátiko] *adj* Relativo a un drama o a un suceso trágico.

[2] **dra·ma·tis·mo** [dramatísmo] *adj s/m* Cualidad de dramático.

[1] **dra·ma·ti·za·ción** [dramatiθaθjón] *s/f* Acción o resultado de dramatizar.

[1] **dra·ma·ti·zar** [dramatiθár] **I.** *tr* Dar forma dramática a algo. **II.** *intr* Dar excesiva importancia a algo.
ORT Ante *e* la *z* cambia a *c*: *Dramatice*.

[1] **dra·ma·tur·gia** [dramatúrxja] *s/f* Arte de componer obras dramáticas.

[2] **dra·ma·tur·go, -ga** [dramatúrɣo] *s/m,f* Autor de dramas o adaptador de obras de teatro para la escena.

[1] **dra·món** [dramón] *s/m* Drama de efectos exagerados.

[2] **drás·ti·co, -ca** [drástiko] *adj* Enérgico, eficaz.

[2] **dre·na·je** [drenáxe] *s/m* Acción o resultado de drenar.

[1] **dre·nar** [drenár] *tr* Desecar las aguas de un terreno mediante canales de desagüe.

[1] **dri·blar** [driβlár] *tr intr* DEP Avanzar un jugador con el balón sorteando al contrario.

[1] **dril** [dríl] *s/m* Tela fuerte de hilo.

[4] **dro·ga** [dróɣa] *s/f* Sustancia alucinógena o estupefaciente.

[2] **dro·ga·dic·ción** [droɣaðikθjón] *s/f* Afición o hábito patológico de drogarse.

[2] **dro·ga·dic·to, -ta** [droɣaðíkto] *adj s/m,f* Que consume drogas habitualmente.

[2] **dro·gar** [droɣár] *tr* REFL(-se) Administrar(se) drogas.
ORT Ante *e* la *g* cambia a *gu*: *Drogue*.

[1] **dro·ga·ta** [droɣáta] *s/m,f* COL Drogadicto.

[1] **dro·go·de·pen·den·cia** [droɣoðependénθja] *s/f* Dependencia físico-psíquica de las drogas.

[1] **dro·go·de·pen·dien·te** [droɣoðependjénte] *adj s/m,f* Persona adicta a la droga.

[1] **dro·gue·ría** [droɣería] *s/f* **1.** Establecimiento en que se venden productos de limpieza, pinturas, disolventes, etc. **2.** AMER Farmacia.

[1] **dro·me·da·rio, -ia** [drómeðárjo] *s/m,f* Mamífero rumiante, parecido al camello, pero con una sola giba.

[1] **dual** [dwál] *adj s/m* **1.** Que hace referencia a dos partes o consta de ellos. **2.** GRAM Número gramatical que designa dos personas o cosas.

[1] **dua·li·dad** [dwaliðáð] *s/f* Cualidad de dual.

[1] **du·bi·ta·ti·vo, -va** [duβitatíβo] *adj* Que manifiesta o implica duda.

[2] **du·ca·do** [dukáðo] *s/m* **1.** Título de duque o duquesa, o territorio bajo su autoridad. **2.** Antigua moneda española.

[1] **du·cal** [dukál] *adj* Relativo al duque o duquesa.

DU·CHA

du·cha [dútʃa] *s/f* 1. Chorro de agua dispersa para lavarse el cuerpo. 2. Instalación usada con este fin.

du·char [dutʃár] *tr* REFL(*-se*) Dar(se) una ducha.

du·cho, -cha [dútʃo] *adj* Experimentado, con experiencia. RPr **Ducho en**.

dúc·til [dúktil] *adj* Maleable.

duc·ti·li·dad [duktiliðáð] *s/f* Cualidad de dúctil.

du·da [dúða] *s/f* Falta de determinación para tomar una decisión.

du·dar [duðár] *tr intr* Tener dudas sobre algo. RPr **Dudar de/sobre**.

du·do·so, -sa [duðóso] *adj* Que duda u ofrece dudas.

due·lo [dwélo] *s/m* 1. Combate entre dos personas que se han retado. 2. Encuentro deportivo entre rivales. 3. Sentimiento de dolor o aflicción.

duen·de [dwénde] *s/m* 1. Espíritu travieso que supuestamente habita en las casas y asusta a la gente. 2. Ser fantástico de los cuentos infantiles.

due·ño, -ña [dwéɲo] *s/m* Persona que posee negocios o bienes. RPr **Dueño de**.

dul·ce [dúlθe] **I.** *adj* 1. De sabor parecido al del azúcar: *Una nata muy dulce*. 2. Agradable a los sentidos. 3. De trato amable y agradable. **II.** *s/m* Cosa de comer con el azúcar como elemento principal.

dul·ci·fi·car [dulθifikár] *tr* 1. Volver algo dulce. 2. Suavizar.
ORT Ante *e* la *c* cambia a *qu: Dulcifique*.

dul·zón, -zo·na [dulθón] *adj* Demasiado dulce.

dul·zor [dulθór] *s/m* Cualidad de dulce.

dul·zu·ra [dulθúra] *s/f* Dulzor.

du·na [dúna] *s/m* Montículo de arena, de forma redondeada, que el viento forma en playas y desiertos.

dúo [dúo] *s/m* 1. Pareja de artistas que actúan juntos. 2. Composición musical con dos voces o instrumentos.

duo·dé·ci·mo, -ma [dwoðéθimo] *adj* Que corresponde al número doce.

duo·de·nal [dwoðenál] *adj* Relativo al duodeno.

duo·de·no, -na [dwoðéno] *s/m* Sección inicial del intestino delgado, desde el estómago al yeyuno.

dú·plex [dúple(k)s] *s/m* Vivienda de dos pisos superpuestos y comunicados entre sí.

du·pli·ca·ción [duplikaθjón] *s/f* Acción o resultado de duplicar(se).

du·pli·ca·do [duplikáðo] *s/m* Copia de un documento.

du·pli·car [duplikár] *tr* Multiplicar por dos, hacer dos veces.
ORT Ante *e* la *c* cambia a *qu: Duplique*.

du·pli·ci·dad [dupliθiðáð] *s/f* Cualidad de doble.

du·plo, -la [dúplo] *adj s/m* Número que contiene a otro dos veces.

du·que, -sa [dúke] *s/m* Título nobiliario superior al de conde, o persona que lo ostenta.

du·ra·bi·li·dad [duraβiliðáð] *s/f* Cualidad de durable.

du·ra·ble [duráβle] *adj* Que dura o puede durar.

du·ra·ción [duraθjón] *s/f* 1. Acción o resultado de durar. 2. Tiempo que dura algo.

du·ra·de·ro, -ra [duraðéro] *adj* Durable.

du·ran·te [duránte] *adv* Expresa el tiempo que dura algo.

du·rar [durár] *intr tr* 1. Ocurrir algo en un tiempo determinado. 2. Resistir el paso del tiempo.

du·raz·no [duráθno] *s/m* Variedad del melocotonero, o su fruto.

du·re·za [duréθa] *s/f* 1. Cualidad de duro. 2. Parte endurecida de algo.

dur·mien·te [durmjénte] *adj s/m,f* Que duerme.

du·ro, -ra [dúro] **I.** *adj* 1. Que ofrece mucha resistencia al ser cortado, doblado, etc. 2. Poco blando. 3. Sinvergüenza. 4. Difícil o penoso. 5. FIG Que exige gran esfuerzo: *Un trabajo duro*. 6. Fuerte o resistente para el trabajo o el sufrimiento. **II.** *s/m* Moneda que, antes del euro, equivalía a cinco pesetas.

DVD [dé úβe ðé] *s/m* 1. Sistema de almacenamiento digital de datos en un disco compacto. 2. Disco así grabado.

E e

5 E; e [é] **I.** *s/f* Quinta letra del alfabeto español. **II.** *conj* Y (ante palabras que empiezan con 'i' o 'hi' -*Padre e hijo*-, pero no ante 'hie' ni al iniciar la interrogación).

2 ¡ea! [éa] *interj* Se emplea para dar énfasis a algo, para animar o estimular.

1 e·ba·nis·ta [eβanísta] *s/m* Carpintero en trabajos con maderas finas.

1 e·ba·nis·te·ría [eβanistería] *s/f* Taller del ebanista.

2 é·ba·no [éβano] *s/m* Árbol de las ebenáceas, de madera apreciada, o su madera.

1 é·bo·la [éβola] *s/m* Virus infeccioso, contagioso y mortal.

1 e·bo·ni·ta [eβoníta] *s/f* Goma dura obtenida a partir del caucho vulcanizado.

1 e·brie·dad [eβrjeðáð] *s/f* Estado de ebrio.

2 e·brio, -ia [éβrjo] *adj s/m,f* Trastornado por haber bebido demasiado alcohol. RPr **Ebrio de.**

2 e·bu·lli·ción [eβuʎiθjón] *s/f* Acción o resultado de hervir.

ec·ce·ma [e(k)θéma] *s/m* MED Afección inflamatoria de la piel, con pequeñas vejigas de líquido.

5 e·char [etʃár] **I.** *tr* **1.** Impulsar o lanzar algo hacia un lugar determinado. **2.** Producir o desprender un cuerpo una sustancia (humo, mal olor, etc.). **3.** Surgir o brotar una nueva parte de un organismo que crece: *Echar raíces un árbol*. **4.** Obligar a alguien a dejar su empleo, cargo, etc. **5.** Jugar una carta, pieza, etc. **6.** Proyectar una película. **7.** FIG Hacer cálculos, números, etc. **8.** (Con *culpa*) Atribuir una cosa a otro u otros: *Le echó la culpa al perro*. **II.** *intr* Iniciar la acción que se expresa: *Echa-ron a correr*. **III.** *REFL(-se)* **1.** Abalanzarse sobre alguien. **2.** Poner el cuerpo en posición horizontal para dormir o descansar. **3.** (Con *a*) Comenzar a realizar una acción: *Juan se echó a dormir*. RPr **Echar a/de/en/hacia.**

1 e·clec·ti·cis·mo [eklektiθísmo] *s/m* Doctrina que se plantea elegir lo mejor de varias opciones.

1 e·cléc·ti·co, -ca [ekléktiko] *adj s/m,f* Relativo al eclecticismo.

1 e·cle·sial [eklesjál] *adj* Relativo a la Iglesia.

2 e·clip·sar [eklipsár] *tr* **1.** ASTR Causar un astro el eclipse de otro. **2.** FIG Hacer que algo o alguien pierda importancia.

1 e·clip·se [eklípse] *s/m* **1.** ASTR Ocultación temporal de un astro por la interposición de otro entre éste y el Sol. **2.** FIG Pérdida de la importancia que algo o alguien tenía.

1 e·clo·sión [eklosjón] *s/f* Aparición repentina de algo (movimiento cultural).

4 e·co [éko] *s/m* **1.** Repetición de un sonido al chocar contra una superficie dura. **2.** Repercusión social de un hecho.

1 e·co·gra·fía [ekoɣrafía] *s/f* MED Exploración del interior del cuerpo mediante la reflexión de ondas ultrasónicas.

3 e·co·lo·gía [ekoloɣía] *s/f* Estudio de la relación entre los organismos vivos y el medio en que viven.

3 e·co·ló·gi·co, -ca [ekolóxiko] *adj* Relativo a la ecología.

3 e·co·lo·gis·ta [ekoloxísta] *s/m,f* Defensor del medio ambiente.

1 e·co·no·ma·to [ekonomáto] *s/m* Almacén en que determinados grupos pueden comprar a precios más bajos.

5 e·co·no·mía [ekonomía] *s/f* **1.** Arte o sistema para administrar bien los ingresos y gastos. **2.** Ciencia que estudia este sistema. **3.** Situación de las finanzas de una empresa, país, etc. **4.** Ahorro en el consumo o uso de algo.

5 e·co·nó·mi·co, -ca [ekonómiko] **I.** *adj* Relativo a la economía. **II.** *s/f,pl* Estudios en la Facultad de Economía.

3 e·co·no·mis·ta [ekonomísta] *s/m,f* Experto en economía.

1 e·co·no·mi·zar [ekonomiθár] *tr* Reducir gastos.
ORT La *z* cambia a *c* ante *e*: *Economicé*.

2 e·co·sis·te·ma [ekosistéma] *s/m* Relaciones entre los organismos vivos y el medio en que viven.

E·CO·TU·RIS·MO

[1] **e·co·tu·ris·mo** [ekoturísmo] *s/m* Turismo que respeta el medio ambiente.

[3] **e·cua·ción** [ekwaθjón] *s/f* Relación de igualdad entre dos expresiones numéricas con una o más incógnitas.

[4] **e·cua·dor** [ekwaðór] *s/m* 1. Línea imaginaria que divide la Tierra en dos mitades. 2. Punto medio en un proceso.

[1] **e·cuá·ni·me** [ekwánime] *adj* Justo, imparcial.

[1] **e·cua·ni·mi·dad** [ekwanimiðáð] *s/f* Cualidad de ecuánime.

e·cua·to·gul·nea·no, ·na [ekwatoɣineáno] *adj* De Guinea Ecuatorial.

[2] **e·cua·to·rial** [ekwatorjál] *adj* Relativo al ecuador.

[3] **e·cua·to·ria·no, ·na** [ekwatorjáno] *adj* Del Ecuador.

[1] **e·cues·tre** [ekwéstre] *adj* Relativo al caballo o a la equitación.

[2] **e·cu·mé·ni·co, ·ca** [ekuméniko] *adj* Universal.

ec·ze·ma [ekθéma] *s/m* Eccema.

[5] **e·dad** [eðáð] *s/f* Tiempo vivido por un ser vivo.

[1] **e·de·ma** [eðéma] *s/m* Bulto, hinchazón.

[1] **e·dén** [eðén] *s/m* Paraíso terrenal.

[4] **e·di·ción** [eðiθjón] *s/f* 1. Acción de editar (libro, disco, etc.). 2. Conjunto de ejemplares editados de una vez.

[2] **e·dic·to** [eðíkto] *s/m* Escrito de la autoridad expuesto en lugares públicos para que pueda ser visto por todos.

[1] **e·di·fi·ca·ble** [eðifikáβle] *adj* Se dice de la zona en que está permitido construir.

[2] **e·di·fi·ca·ción** [eðifikaθjón] *s/f* 1. Acción de edificar. 2. Edificio.

[1] **e·di·fi·can·te** [eðifikánte] *adj* Ejemplar.

[3] **e·di·fi·car** [eðifikár] *tr* 1. Construir una casa o cualquier otro tipo de edificio en el que pueda alojarse y vivir una persona o animal. 2. FIG Formar o crear algo en general o partiendo de algo ya existente: *Ésta es la única respuesta positiva para edificar una relación de paz.*
ORT La *c* cambia a *qu* ante *e: Edifiqué.*

[1] **e·di·fi·cio** [eðifíθjo] *s/m* Construcción hecha para vivir o trabajar en ella.

[2] **e·dil** [eðíl] *s/m* Concejal de un Ayuntamiento.

[3] **e·di·tar** [eðitár] *tr* Publicar una obra.

[4] **e·di·tor, ·ra** [eðitór] *adj s/m,f* Que edita una obra.

[5] **e·di·to·rial** [eðitorjál] I. *adj* Relativo al editor o a la edición. II. *s/m* (A veces también *f*) Artículo que refleja la línea de pensar u opinión de un periódico. III. *s/f* Empresa que edita libros.

[1] **e·dre·dón** [eðreðón] *s/m* Funda rellena con pluma suave de ave, para abrigar en la cama.

[5] **e·du·ca·ción** [eðukaθjón] *s/f* 1. Acción o resultado de educar. 2. Modales de alguien.

[3] **e·du·ca·dor, ·ra** [eðukaðór] *adj s/m,f* Que educa.

[1] **e·du·can·do, ·da** [eðukándo] *s/m,f* Quien recibe educación.

[4] **e·du·car** [eðukár] *tr* 1. Instruir en los conocimientos del hombre. 2. Enseñar modales y normas de comportamiento.
ORT La *c* cambia a *qu* ante *e: Eduqué.*

[5] **e·du·ca·ti·vo, ·va** [eðukatíβo] *adj* Que sirve para educar o se refiere a la educación.

[1] **e·dul·co·ran·te** [eðulkoránte] *s/m* Sustancia para edulcorar.

[1] **e·dul·co·rar** [eðulkorár] *tr* Endulzar algo añadiéndole azúcar.

e·fe [éfe] *s/f* Nombre de la letra 'f'.

[1] **e·fe·bo** [eféβo] *s/m* Muchacho adolescente.

[1] **e·fec·tis·mo** [efektísmo] *s/m* Cualidad de lo que o de quien impresiona.

[1] **e·fec·tis·ta** [efektísta] *adj s/m,f* Que actúa con efectismo.

[2] **e·fec·ti·vi·dad** [efektiβiðáð] *s/f* Cualidad de efectivo.

[4] **e·fec·ti·vo, ·va** [efektíβo] I. *adj* 1. Que produce resultados válidos y eficaces. 2. Real, verdadero. II. *s/m* 1. Dinero en moneda. 2. MIL Fuerzas militares o de grupos especializados (bomberos, policía).

[5] **e·fec·to** [efékto] *s/m* 1. Consecuencia o resultado de una acción o causa. 2. Impresión que algo produce en el ánimo. 3. *pl* Propiedades, bienes. 4. Trucos y artilugios usados en un espectáculo. LOC **En efecto,** en realidad. **Golpe de efecto,** acción muy llamativa.

[5] **e·fec·tuar** [efektwár] *tr* Llevar a cabo.
ORT PRON El acento recae sobre la *u* en el *sing* y *3ª p pl* del *pres* de *ind* y *subj: Efectúo.*

[2] **e·fe·mé·ri·de(s)** [efemériðe(s)] *s/f* 1. Acontecimiento importante del pasado. 2. Conmemoración de ese acontecimiento.

[1] **e·fer·ves·cen·cia** [eferβesθénθja] *s/f* 1. Desprendimiento de pequeñas burbujas gaseosas de un líquido. 2. Estado de agitación o inquietud.

[1] **e·fer·ves·cen·te** [eferβesθénte] *adj* Que está en efervescencia.

[4] **e·fi·ca·cia** [efikáθja] *s/f* Cualidad de eficaz.

[4] **e·fi·caz** [efikáθ] *adj* Que consigue los resultados pretendidos.

[3] **e·fi·cien·cia** [efiθjénθja] *s/f* Cualidad de eficiente.

[3] **e·fi·cien·te** [efiθjénte] *adj* Que logra los resultados pretendidos de la manera más económica y rápida posible.

[1] **e·fi·gie** [efíxje] *s/f* Representación de una persona en figura o imagen.

[2] **e·fí·me·ro, -ra** [efímero] *adj* De muy corta duración.

[1] **e·flu·vio** [eflúβjo] *s/m* Emisión de partículas vaporosas que desprende un cuerpo.

[1] **e·fu·sión** [efusjón] *s/f* Manifestación apasionada de sentimientos.

[1] **e·fu·si·vo, -va** [efusíβo] *adj* Muy expresivo en la manifestación de sus afectos.

[1] **é·gi·da** [éxiða] *s/f* FIG Protección o dominio ejercido por quien tiene poder o autoridad.

[3] **e·gip·cio, -ia** [exípθjo] *adj s/m,f* De Egipto.

é·gi·ra [éxira] *s/f* Era de los musulmanes, que se inicia en el 622.

[1] **é·glo·ga** [éyloɣa] *s/f* Composición poética de carácter bucólico.

[2] **e·go** [éɣo] *s/m* Autoestima, valoración excesiva de sí mismo.

[1] **e·go·cén·tri·co, -ca** [eɣoθéntriko] *adj* Relativo al egocentrismo.

[1] **e·go·cen·tris·mo** [eɣoθentrísmo] *s/m* Actitud de quien se considera centro de todo.

[2] **e·goís·mo** [eɣoísmo] *s/m* Valoración excesiva de sí mismo y de lo suyo.

[2] **e·goís·ta** [eɣoísta] *adj s/m,f* Relativo al egoísmo o que lo tiene.

[1] **e·gó·la·tra** [eɣólatra] *adj s/m,f* Que se admira a sí mismo con exceso.

e·go·la·tría [eɣolatría] *s/f* Actitud del ególatra.

[1] **e·gre·gio, -ia** [eɣréxjo] *adj* Que supera a los demás en calidad o importancia.

[2] **e·gre·sa·do, -da** [eɣresáðo] *s/m,f* AMER Que ha finalizado sus estudios en un centro de enseñanza.

[2] **e·gre·sar** [eɣresár] *intr* AMER Abandonar una institución docente tras finalizar los estudios.

[2] **e·gre·so** [eɣréso] *s/m* AMER Acción de egresar o cosa que egresa.

[5] **¡eh!** [é] *interj* Se usa como exclamación para llamar la atención de alguien, o, al final de una frase, para subrayar lo que se dice.

[4] **e·je** [éxe] *s/m* **1.** Barra que atraviesa una pieza giratoria y actúa como soporte. **2.** FIG Lo más importante o fundamental de algo. **3.** GEOM Línea recta sobre la que gira un cuerpo.

[4] **e·je·cu·ción** [exekuθjón] *s/f* Acción o resultado de ejecutar.

[1] **e·je·cu·ta·ble** [exekutáβle] *adj* Que puede ser ejecutado.

[4] **e·je·cu·tar** [exekutár] *tr* **1.** Poner en práctica una idea, proyecto, etc. **2.** Practicar ejercicios físicos que requieren habilidad. **3.** Matar a alguien, legalmente o no.

[5] **e·je·cu·ti·vo, -va** [exekutíβo] **I.** *adj* **1.** Que ha de ser ejecutado de inmediato. **2.** Encargado de llevar a cabo las decisiones tomadas. **II.** *s/m,f* Persona que desempeña un cargo directivo en una empresa. **III.** *s/f* Junta directiva de una empresa.

[2] **e·je·cu·tor, -ra** [exekutór] *adj s/m,f* Que ejecuta.

[4] **e·jem·plar** [exemplár] **I.** *adj* Que sirve de ejemplo. **II.** *s/m* **1.** Cada individuo de una especie. **2.** Cada copia del original.

[1] **e·jem·pla·ri·dad** [exemplariðáð] *s/f* Cualidad de ejemplar.

[1] **e·jem·pla·ri·zar** [exemplariθár] *intr* Servir de ejemplo.
ORT La *z* cambia a *c* ante *e*: *Ejemplaricé*.

[1] **e·jem·pli·fi·ca·ción** [exemplifikaθjón] *s/f* Acción o resultado de ejemplificar.

[2] **e·jem·pli·fi·car** [exemplifikár] *tr* Demostrar o ilustrar con ejemplos.
ORT La *c* cambia a *qu* ante *e*: *Ejemplifiqué*.

[5] **e·jem·plo** [exémplo] *s/m* **1.** Cosa digna de ser imitada. **2.** Lo que se ofrece como modelo para aclarar algo.

[5] **e·jer·cer** [exerθér] *tr intr* **1.** Llevar a cabo las tareas propias de una profesión o actividad. **2.** Tener algo efecto o influencia en algo.
ORT La *c* cambia a *z* ante *o/a*: *Ejerzo, ejerza*.

[5] **e·jer·ci·cio** [exerθíθjo] *s/m* **1.** Acción o resultado de ejercer, *esp* una profesión. **2.** Acción de ejercitarse en algo. **3.** Actividad física. **4.** MIL Maniobras para adiestrar a los soldados. **5.** Trabajo escolar. **6.** Duración de una ley presupuestaria.

[3] **e·jer·ci·tar** [exerθitár] *tr* Hacer uso de una determinada facultad, capacidad, derecho, etc.

E·JÉR·CI·TO

5 **e·jér·ci·to** [eχérθito] *s/m* **1.** Fuerzas militares de una nación. **2.** Grupo numeroso de gente.

2 **e·ji·do** [eχíðo] *s/m* Terreno sin cultivar en las afueras de una población.

1 **e·jo·te** [eχóte] *s/m* AMER Judía verde.

5 **el** [él] *art* Se emplea ante nombres de género masculino singular.

5 **él** [él] *pron* Pronombre personal de tercera persona singular.

4 **e·la·bo·ra·ción** [elaβoraθjón] *s/f* Acción o resultado de elaborar.

4 **e·la·bo·rar** [elaβorár] *tr* Transformar una materia prima en un producto.

2 **e·las·ti·ci·dad** [elastiθiðáð] *s/f* Cualidad de elástico.

2 **e·lás·ti·co, -ca** [elástiko] **I.** *adj* **1.** Que recupera su forma primitiva tras desaparecer la fuerza que actuaba sobre él. **2.** Acomodaticio. **II.** *s/m* Tejido de consistencia flexible.

1 **e·le** [éle] *s/f* Nombre de la letra 'l'.

5 **e·lec·ción** [ele(k)θjón] *s/f* **1.** Acción o resultado de elegir. **2.** *pl* Votación para elegir a los representantes.

1 **e·lec·ti·vo, -va** [elektíβo] *adj* Hecho mediante elección.

2 **e·lec·to, -ta** [elékto] *adj* Que ha sido elegido.

3 **e·lec·tor, -ra** [elektór] *adj s/m,f* Que elige.

2 **e·lec·to·ra·do** [elektoráðo] *s/m* Conjunto de los electores.

5 **e·lec·to·ral** [elektorál] *adj* Relativo a las elecciones.

1 **e·lec·to·ra·lis·mo** [elektoralísmo] *s/m* Actitud de quien actúa sólo para conseguir más votos.

1 **e·lec·to·ra·lis·ta** [elektoralísta] *adj* Que actúa sólo para ganar las elecciones.

3 **e·lec·tri·ci·dad** [elektriθiðáð] *s/f* Tipo de energía producida por la desigualdad entre electrones y protones.

1 **e·lec·tri·cis·ta** [elektriθísta] *adj s/m,f* Profesional de la electricidad.

5 **e·léc·tri·co, -ca** [eléktriko] *adj* Relativo a la electricidad o que funciona con ella.

1 **e·lec·tri·fi·ca·ción** [elektrifikaθjón] *s/f* Acción o resultado de electrificar.

1 **e·lec·tri·fi·car** [elektrifikár] *tr* Hacer que algo funcione mediante electricidad o instalarla donde no la había.
ORT La *c* cambia a *qu* ante *e: Electrifiqué*.

1 **e·lec·tri·zan·te** [elektriθánte] *adj* Que electriza.

2 **e·lec·tri·zar** [elektriθár] *tr* REFL(-se) **1.** Cargar(se) de electricidad un cuerpo. **2.** FIG Exaltar el ánimo de otro(s).
ORT La *z* cambia a *c* ante *e: Electricé*.

1 **e·lec·tro·car·dio·gra·ma** [elektrokarðjoɣráma] *s/m* Gráfico que registra la actividad del corazón.

1 **e·lec·tro·cu·tar** [elektrokutár] *tr* Matar mediante una descarga eléctrica.

1 **e·lec·tro·do** [elektróðo] *s/m* Elemento terminal de un circuito eléctrico.

2 **e·lec·tro·do·més·ti·co** [elektroðoméstiko] *s/m* Aparato usado en la casa, que funciona mediante energía eléctrica o gas.

1 **e·lec·tró·ge·no, -na** [elektróyeno] *adj* Que genera electricidad.

1 **e·lec·tro·i·mán** [elektroimán] *s/m* Barra de hierro dulce que se imanta haciendo pasar por ella una corriente eléctrica.

1 **e·lec·tró·li·sis** [elektrólisis] *s/f* Descomposición de un cuerpo mediante el paso de una corriente eléctrica.

1 **e·lec·tro·lí·ti·co, -ca** [elektrolítiko] *adj* Relativo a la electrólisis.

4 **e·lec·trón** [elektrón] *s/m* FÍS Partícula atómica que contiene la mínima carga posible de electricidad negativa.

3 **e·lec·tró·ni·ca** [elektrónika] *s/f* Ciencia que estudia el comportamiento de las partículas atómicas electrizadas.

4 **e·lec·tró·ni·co, -ca** [elektróniko] *adj* Relativo a la electrónica.

e·lec·tros·tá·ti·ca [elektrostátika] *s/f* Rama de la física que estudia las leyes que regulan la electricidad de los cuerpos en equilibrio.

1 **e·lec·tros·tá·ti·co, -ca** [elektrostátiko] *adj* Relativo a la electrostática.

3 **e·le·fan·te, -ta** [elefánte] *s/m,f* Mamífero de gran tamaño, con nariz prolongada en trompa y grandes colmillos de marfil.

e·le·fan·tia·sis [elefantjásis] *s/f* MED Enfermedad que se caracteriza por el crecimiento anormal de alguna parte del cuerpo.

3 **e·le·gan·cia** [eleɣánθja] *s/f* Cualidad de elegante.

4 **e·le·gan·te** [eleɣánte] *adj* Armónico, proporcionado y bello.

1 **e·le·gía** [eleχía] *s/f* Composición poética referida a hechos tristes.

e·le·gia·co; e·le·gía·co, -ca [eleχiáko; eleχíako] *adj* Relativo a la elegía.

1 **e·le·gi·bi·li·dad** [eleχiβiliðáð] *s/f* Cualidad de elegible.

1 **e·le·gi·ble** [eleχíβle] *adj* Que puede ser elegido.

4 **e·le·gi·do, -da** [eleχído] *adj s/m,f* Escogido entre varios.

5 **e·le·gir** [eleχír] *tr* Escoger entre varios, *esp* mediante votación.
CONJ *Irreg: Elijo, elegí, elegiré, elegido.*

3 **e·le·men·tal** [elementál] *adj* 1. Fundamental, necesario. 2. Muy sencillo, de fácil comprensión.

5 **e·le·men·to** [eleménto] *s/m* 1. Cada una de las partes identificables de un todo. 2. *pl* Fenómenos de la naturaleza cuando son violentos (huracán, tormenta, etc.). 3. Nociones básicas de algo.

2 **e·len·co** [elénko] *s/m* Lista de cosas.

1 **e·le·pé** [elepé] *s/m* Disco de vinilo de larga duración.

2 **e·le·va·ción** [eleβaθjón] *s/f* 1. Acción o resultado de elevarse. 2. Terreno más alto respecto a su entorno.

1 **e·le·va·dor** [eleβaðór] *s/m* AMER Ascensor.

1 **e·le·va·lu·nas** [eleβalúnas] *s/m* Mecanismo para subir y bajar los cristales de un automóvil.

5 **e·le·var** [eleβár] *tr* 1. Colocar en una posición más alta. 2. Hacer algo más alto de lo que era. 3. FIG Nombrar a alguien para un cargo superior. 4. FIG Enviar una solicitud a una autoridad.

3 **e·li·mi·na·ción** [eliminaθjón] *s/f* Acción o resultado de eliminar.

4 **e·li·mi·nar** [eliminár] *tr* 1. Hacer que algo o alguien desaparezca. 2. Matar.

1 **e·li·mi·na·to·ria** [eliminatórja] *s/f* Prueba para seleccionar a los participantes más aptos en una competición.

1 **e·li·mi·na·to·rio, -ia** [eliminatórjo] *adj* Que sirve para eliminar.

2 **e·lip·se** [elípse] *s/f* Curva cerrada de forma similar a la trayectoria de los astros.

1 **e·lip·sis** [elípsis] *s/f* GRAM Supresión de algún elemento que no es imprescindible.

2 **e·líp·ti·co, -ca** [elíptiko] *adj* Relativo a la elipse o a la elipsis.

2 **e·li·te, é·li·te** [elíte; élite] *s/f* GAL Grupo minoritario y selecto.

1 **e·li·tis·mo** [elitísmo] *s/m* Ideología a favor de las élites.

2 **e·li·tis·ta** [elitísta] *adj s/m,f* Relativo al elitismo o partidario de él.

1 **e·li·xir, e·lí·xir** [eli(k)sír; elí(k)sir] *s/m* 1. Licor compuesto de diversas sustancias en alcohol. 2. Remedio milagroso o maravilloso.

5 **e·lla** [éʎa] *pron pers* de 3ª persona singular.

e·lle [éʎe] *s/f* Nombre de la secuencia *ll*.

5 **e·llo** [éʎo] *pron pers* neutro de 3ª persona.

e·lo·cu·ción [elokuθjón] *s/f* Manera de usar el lenguaje para expresar ideas.

1 **e·lo·cuen·cia** [elokwénθja] *s/f* Facultad de hablar con fluidez y convencimiento.

2 **e·lo·cuen·te** [elokwénte] *adj* Que habla con elocuencia.

3 **e·lo·giar** [eloχjár] *tr* Expresar admiración por las cualidades o valor de alguien o algo.

2 **e·lo·gio** [elóχjo] *s/m* Expresión con que se elogia.

1 **e·lo·gio·so, -sa** [eloχjóso] *adj* Que contiene elogio(s).

1 **e·lo·te** [elóte] *s/m* MEX Nombre dado a la mazorca tierna de maíz.

1 **e·lu·cu·bra·ción** [elukuβraθjón] *s/f* Divagación poco útil.

1 **e·lu·cu·brar** [elukuβrár] *tr* Pensar de manera poco útil.

e·lu·di·ble [eluðíβle] *adj* Que se puede eludir.

3 **e·lu·dir** [eluðír] *tr* Evitar o librarse de algo con habilidad.

1 **e·mail** [iméil] *s/m* ANGL Mensaje electrónico.

1 **e·ma·na·ción** [emanaθjón] *s/f* Acción de emanar o cosa que emana.

2 **e·ma·nar** [emanár] **I.** *intr* 1. Desprenderse algo de un cuerpo o lugar. 2. Proceder una cosa de otra que se expresa. **II.** *tr* Provocar o dar origen a lo que se expresa. RPr **Emanar de.**

2 **e·man·ci·pa·ción** [emanθipaθjón] *s/f* Acción o resultado de emanciparse.

2 **e·man·ci·par** [emanθipár] *tr* Liberar de la sujeción, de la esclavitud, etc. RPr **Emanciparse de.**

1 **em·ba·dur·nar** [embaðurnár] *tr* REFL(-se) Manchar(se) con una sustancia pegajosa.

3 **em·ba·ja·da** [embaχáða] *s/f* 1. Cargo de quien representa a un país en otro extranjero. 2. Residencia del embajador u oficinas de la embajada. 3. Mensaje enviado a través de un embajador.

4 **em·ba·ja·dor, -ra** [embaχaðór] *s/m,f* Representante diplomático encargado de la embajada.

2 **em·ba·la·je** [embaláχe] *s/m* 1. Acción o resultado de embalar algo. 2. Caja o envoltura para embalar.

EM·BA·LAR

1. **em·ba·lar** [embalár] **I.** *tr* Cubrir algo con un envoltorio protector. **II.** REFL(-se) Alcanzar gran velocidad (vehículo, persona).

em·bal·do·sa·do [embaldosáðo] *s/m* **1.** Pavimento de baldosas. **2.** Acción de embaldosar.

em·bal·do·sar [embaldosár] *tr* Cubrir el suelo o pared con baldosas.

em·bal·sa·ma·mien·to [embalsamamjénto] *s/m* Acción o resultado de embalsamar.

1. **em·bal·sa·mar** [embalsamár] *tr* **1.** Impedir que un cadáver se descomponga mediante sustancias que se inyectan en él. **2.** Perfumar el ambiente con aromas agradables.

2. **em·bal·sar** [embalsár] *intr* REFL(-se) Acumular(se) agua formando una balsa.

2. **em·bal·se** [embálse] *s/m* Lugar preparado para embalsar agua.

2. **em·ba·ra·za·da** [embaraθáðo] *adj s/f* Mujer que lleva un hijo en su vientre.

3. **em·ba·ra·zar** [embaraθár] *tr* **1.** Hacer que alguien se sienta turbado. **2.** Fecundar, dejar encinta a una mujer.
ORT La *z* cambia a *c* ante *e*: *Embaracé*.

3. **em·ba·ra·zo** [embaráθo] *s/m* **1.** Acción de quedarse embarazada una mujer. **2.** Estado de la mujer embarazada. **3.** Causa o motivo de molestia o estorbo.

1. **em·ba·ra·zo·so, -sa** [embaraθóso] *adj* Que causa apuro o vergüenza.

2. **em·bar·ca·ción** [embarkaθjón] *s/f* Tipo de construcción en forma cóncava, que flota sobre el agua.

1. **em·bar·ca·de·ro** [embarkaðéro] *s/m* Lugar para embarcar o desembarcar.

3. **em·bar·car** [embarkár] *tr* **1.** Meter en un barco o avión pasajeros o carga para su transporte. **2.** FIG Hacer que alguien participe en un negocio, asunto, etc. RPr **Embarcar(se) de/en**.
ORT La *c* cambia a *qu* ante *e*: *Embarqué*.

5. **em·bar·gar** [embaryár] *tr* **1.** DER Retener o inmovilizar por vía judicial los bienes de alguien. **2.** FIG Absorber u ocupar algo la atención de alguien.

5. **em·bar·go** [embáryo] *s/m* **1.** Acción o resultado de embargar. **2.** Prohibición de comerciar con otros países. LOC **Sin embargo**, no obstante.

1. **em·bar·que** [embárke] *s/m* Acción o resultado de embarcar.

1. **em·ba·rran·car** [embarrankár] *intr* Detenerse una embarcación al encallar su casco en el fondo.
ORT La *c* cambia a *qu* ante *e*: *Embarranqué*.

1. **em·ba·rrar** [embarrár] *tr* Cubrir con barro.

1. **em·ba·ru·llar** [embaruʎár] *tr* Enredar, confundir.

em·bas·tar [embastár] *tr* Coser con puntadas largas.

2. **em·ba·te** [embáte] *s/m* **1.** Acción de golpear violentamente contra algo el agua del mar. **2.** FIG Ataque o empuje repentino e impetuoso de alguien o algo.

1. **em·bau·ca·dor, -ra** [embaukaðór] *adj s/m,f* Que embauca.

em·bau·ca·mien·to [embaukamjénto] *s/m* Acción o resultado de embaucar.

1. **em·bau·car** [embaukár] *tr* Engañar a alguien, *gen* ingenuo, mediante algo que le sorprende.
ORT La *c* cambia a *qu* ante *e*: *Embauqué*.

1. **em·be·ber** [embeβér] **I.** *tr* Absorber un cuerpo algún líquido. **II.** REFL(-se) **1.** Encogerse una tela al ser humedecida. **2.** FIG Quedarse alguien absorto en la contemplación de algo. RPr **Embeberse de/en**.

em·be·le·sa·mien·to [embelesamjénto] *s/m* Acción o resultado de embelesar(se).

2. **em·be·le·sar** [embelesár] *tr* Quedar alguien cautivado por algo que le hace olvidarse de lo que le rodea.

1. **em·be·le·so** [embeléso] *s/m* Acción o resultado de embelesar(se).

1. **em·be·lle·ce·dor, -ra** [embeʎeθeðór] *adj* Que embellece.

2. **em·be·lle·cer** [embeʎeθér] *tr* Hacer más bonito o hermoso.
CONJ *Irreg*: *Embellezco, embellecí, embelleceré, embellecido*.

1. **em·be·lle·ci·mien·to** [embeʎeθimjénto] *s/m* Acción o resultado de embellecer(se).

em·be·ro [embéro] *s/m* Árbol apreciado por su madera, o madera de este árbol.

1. **em·bes·ti·da** [embestíða] *s/f* Acción o resultado de embestir.

2. **em·bes·tir** [embestír] *tr intr* Lanzarse violentamente contra algo o alguien.
CONJ *Irreg*: *Embisto, embestí, embestiré, embestido*.

em·blan·que·cer [emblankeθér] *tr* REFL(-se) Poner(se) algo blanco.
CONJ *Irreg*: *Emblanquezco, emblanquecí, emblanqueceré, emblanquecido*.

2. **em·ble·ma** [embléma] *s/m* Grabado simbólico de algo (en un escudo, casa, etc.).

2. **em·ble·má·ti·co, -ca** [emblemátiko] *adj* Que es representativo y característico de algo.

em·bo·ba·mien·to [emboβamjénto] *s/m* Acción o resultado de embobarse.

[1] **em·bo·bar** [emboβár] *tr* Suspender el ánimo de alguien a causa de su admiración por algo.

[1] **em·bo·ca·du·ra** [embokaðúra] *s/f* **1.** MÚS Objeto a modo de boquilla en un instrumento de viento. **2.** Lugar amplio por donde entran los barcos.

[1] **em·bo·car** [embokár] *tr* **1.** Dirigir algo hacia una parte más estrecha. **2.** Encaminarse hacia la embocadura.
ORT La *c* cambia a *qu* ante *e: Emboqué*.

[1] **em·bo·la·do** [emboláðo] *s/m* Trampa, engaño.

[1] **em·bo·lia** [embólja] *s/f* Interrupción u obstrucción de la circulación en un vaso sanguíneo debido a un coágulo.

[1] **ém·bo·lo** [émbolo] *s/m* Pieza que se mueve con vaivén dentro de otro tupo, transmitiendo así fuerza motora.

em·bol·sa·mien·to [embolsamjénto] *s/m* Acción o resultado de embolsar.

[1] **em·bol·sar** [embolsár] *tr* **1.** Guardar en una bolsa. **2.** Cobrar cierta cantidad de dinero.

em·bo·qui·lla·do, -da [embokiʎáðo] *adj* Se aplica al cigarrillo con filtro.

[2] **em·bo·rra·char** [emborratʃár] *tr* Hacer que alguien beba demasiado alcohol, hasta perder el control de sus sentidos. RPr **Emborrachar(se) con/de**.

[1] **em·bo·rro·nar** [emborronár] *tr* Llenar de borrones o tachaduras.

[1] **em·bos·ca·da** [emboskáða] *s/f* Acción o resultado de emboscar(se).

[1] **em·bos·car** [emboskár] *tr* Esconderse y sorprender a alguien en el ataque.
ORT La *c* cambia a *qu* ante *e: Embosqué*.

em·bo·ta·mien·to [embotamjénto] *s/m* Acción o resultado de embotar(se).

[1] **em·bo·tar** [embotár] *tr* **1.** Hacer que el filo de un arma deje de ser cortante o punzante. **2.** Quitar agudeza a las facultades o sentidos de alguien.

[1] **em·bo·te·lla·do, -da** [emboteʎáðo] **I.** *adj* Envasado en una botella con tapón. **II.** *s/m* Acción o resultado de embotellar.

[1] **em·bo·te·lla·mien·to** [emboteʎamjénto] *s/m* **1.** Acción o resultado de embotellar(se). **2.** Exceso de automóviles en una calle o carretera.

[1] **em·bo·te·llar** [emboteʎár] *tr* **1.** Introducir un líquido o sustancia en botellas. **2.** Provocar un colapso el exceso de algo (vehículos, llamadas telefónicas, etc.).

[1] **em·bo·zar** [emboθár] *tr* **1.** Cubrir el rostro con algo. **2.** Obstruir algo un conducto.
ORT La *z* cambia a *c* ante *e: Embocé*.

[1] **em·bo·zo** [embóθo] *s/m* **1.** Parte de una capa o manto para tapar el rostro. **2.** Parte de la sábana que se dobla hacia fuera y toca el rostro.

[1] **em·bra·gar** [embraɣár] *tr intr* Hacer que un eje participe del movimiento de otro.
ORT La *g* cambia a *gu* ante *e: Embragué*.

[1] **em·bra·gue** [embráɣe] *s/m* **1.** Dispositivo para embragar. **2.** Pedal que acciona este dispositivo.

[1] **em·bra·ve·cer** [embraβeθér] **I.** *tr* Enfurecer a un animal. **II.** REFL(*-se*) **1.** Ponerse furioso, *esp* un animal. **2.** Agitarse el mar.
CONJ *Irreg: Embravezco, embravecí, embraveceré, embravecido*.

[1] **em·bria·ga·dor, -ra** [embrjaɣaðór] *adj* Que embriaga.

[2] **em·bria·gar** [embrjaɣár] *tr* REFL(*-se*) Provocar un estado de embriaguez. RPr **Embriagarse con/de**.
ORT La *g* cambia a *gu* ante *e: Embriagué*.

[2] **em·bria·guez** [embrjaɣéθ] *s/f* Estado de trastorno de los sentidos y facultades mentales debido al consumo excesivo de alcohol.

[1] **em·bri·dar** [embriðár] *tr* Colocar las bridas a las caballerías.

[1] **em·brio·lo·gía** [embrjoloxía] *s/f* Ciencia que estudia la formación y desarrollo de los embriones.

[3] **em·brión** [embrjón] *s/m* **1.** Estado de los seres vivos desde la fecundación del óvulo hasta el comienzo de su vida autónoma. **2.** Estado inicial de algo.

[1] **em·brio·na·rio, -ia** [embrjonárjo] *adj* **1.** BIOL Relativo al embrión. **2.** FIG Que está en sus inicios.

[1] **em·bro·llar** [embroʎár] *tr* Mezclar desordenadamente las cosas.

[1] **em·bro·llo** [embróʎo] *s/m* **1.** Situación de confusión o enredo. **2.** FIG Asunto poco claro.

[1] **em·bru·jar** [embruxár] *tr* Ejercer sobre alguien una acción de brujería.

[1] **em·bru·jo** [embrúxo] *s/m* Acción o resultado de embrujar.

[1] **em·bru·te·ce·dor, -ra** [embruteθeðór] *adj* Que embrutece.

[1] **em·bru·te·cer** [embruteθér] *tr* Hacer más bruto.
CONJ *Irreg: Embrutezco, embrutecí, embruteceré, embrutecido*.

em·bru·te·ci·mien·to [embruteθimjénto] *s/m* Acción o resultado de embrutecer(se).

EM·BU·CHA·DO

em·bu·cha·do [embutʃáðo] *s/m* Tripa rellena de carne picada con condimentos.

em·bu·char [embutʃár] *tr* Introducir en una tripa carne picada y otros condimentos.

1 **em·bu·do** [embúðo] *s/m* Utensilio de forma cónica para trasvasar líquidos.

1 **em·bus·te** [embúste] *s/m* Falsedad, mentira.

1 **em·bus·te·ro, -ra** [embustéro] *adj s/m,f* Que dice embustes o mentiras.

1 **em·bu·ti·do** [embutíðo] *s/m* Conserva de carne picada, *gen* de cerdo, condimentada con especias e introducida en la tripa lavada de un animal.

2 **em·bu·tir** [embutír] **I.** *tr* **1.** Preparar embutido de carne. **2.** Introducir un material en otro. **II.** *REFL(-se)* Comer mucho. RPr **Embutir(se) de/en.**

1 **e·me** [éme] *s/f* Nombre de la letra *m*.

3 **e·mer·gen·cia** [emerχénθja] *s/f* Situación adversa que requiere una solución inmediata.

2 **e·mer·gen·te** [emerχénte] *adj* Que emerge.

3 **e·mer·ger** [emerχér] *intr* Salir algo de un líquido o asomar a la superficie. RPr **Emerger de.**
ORT La *g* cambia a *j* ante *a/o: Emerja.*

1 **e·mé·ri·to, -ta** [emérito] *adj* Se dice del profesor ya jubilado a quien se le autoriza a seguir dando clases.

2 **e·mi·gra·ción** [emiɣraθjón] *s/f* Acción o resultado de emigrar.

1 **e·mi·gra·do, -da** [emiɣráðo] *adj s/m,f* Que vive fuera de su país.

2 **e·mi·gran·te** [emiɣránte] *adj s/m,f* Que emigra.

2 **e·mi·grar** [emiɣrár] *intr* **1.** Salir alguien de su país de origen y fijar su residencia en otro. **2.** Cambiar de zona climática los animales.

1 **e·mi·nen·cia** [eminénθja] *s/f* **1.** Cualidad de eminente. **2.** Tratamiento que se da a los cardenales.

2 **e·mi·nen·te** [eminénte] *adj* Que sobresale sobre los demás en algo.

1 **e·mir** [emír] *s/m* Príncipe o caudillo árabe.

1 **e·mi·ra·to** [emiráto] *s/m* Cargo o territorio del emir.

2 **e·mi·sa·rio, -ia** [emisárjo] **I.** *s/m,f* Persona que se envía para transmitir un mensaje o realizar una misión. **II.** *s/m* Conducto para dar salida a las aguas.

4 **e·mi·sión** [emisjón] *s/f* **1.** Acción de emitir. **2.** Programa transmitido por radio o televisión.

3 **e·mi·sor, -ra** [emisór] **I.** *adj s/m,f* Que emite. **II.** *s/m* Aparato que emite mediante ondas hertzianas o electromagnéticas. **III.** *s/f* Estación de radio o televisión.

4 **e·mi·tir** [emitír] *tr intr* **1.** Enviar ondas electromagnéticas o hertzianas al espacio. **2.** Producir una cosa o persona algo que sale de ella. **3.** Poner dinero o valores en circulación.

4 **e·mo·ción** [emoθjón] *s/f* Estado de alteración o agitación del ánimo.

3 **e·mo·cio·nal** [emoθjonál] *adj* Relativo a la emoción.

1 **e·mo·cio·na·li·dad** [emoθjonaliðáð] *s/f* Cualidad de emocional.

2 **e·mo·cio·nan·te** [emoθjonánte] *adj* Que causa emoción.

3 **e·mo·cio·nar** [emoθjonár] *tr* Causar o producir una emoción en alguien. RPr **Emocionarse ante/con/de/por.**

1 **e·mo·lien·te** [emoljénte] *adj s/m* Que sirve para ablandar un tumor, dureza, etc.

1 **e·mo·lu·men·to** [emoluménto] *s/m* Dinero que se paga por un trabajo.

1 **e·mo·ti·vi·dad** [emotiβiðáð] *s/f* Cualidad de emotivo.

2 **e·mo·ti·vo, -va** [emotíβo] *adj* **1.** Relativo a la emoción. **2.** Propenso a emocionarse.

1 **em·pa·car** [empakár] *tr* Empaquetar.
ORT La *c* cambia a *qu* ante *e: Empaqué.*

1 **em·pa·char** [empatʃár] *tr* Provocar indigestión.

1 **em·pa·cho** [empátʃo] *s/m* Indigestión.

em·pa·dro·na·mien·to [empaðronamjénto] *s/m* Acción o resultado de empadronar(se).

1 **em·pa·dro·nar** [empaðronár] *tr* Inscribir en la lista de habitantes de una localidad.

1 **em·pa·la·gar** [empalaɣár] *tr intr* **1.** No gustar un alimento por ser demasiado dulce al paladar. **2.** Cansar, provocar fastidio.
ORT La *g* cambia a *gu* ante *e: Empalagué.*

em·pa·la·go [empaláɣo] *s/m* Acción o resultado de empalagar.

1 **em·pa·la·go·so, -sa** [empalaɣóso] *adj s/m,f* Que empalaga.

em·pa·lar [empalár] *tr* Ejecutar a alguien atravesándolo con un palo.

1 **em·pa·li·de·cer** [empaliðeθér] *intr* Ponerse pálido.
CONJ *Irreg:* Como *palidecer.*

em·pa·li·za·da [empaliθáða] *s/f* Obra de estacas o palos clavados para cercar un terreno.

① **em·pal·mar** [empalmár] **I.** *tr* Alargar algo añadiéndole otro trozo por un extremo. **II.** *intr* **1.** Seguir una cosa inmediatamente a otra, sin interrupción. **2.** Combinarse o corresponderse secuencialmente los horarios de un medio de transporte.

① **em·pal·me** [empálme] *s/m* **1.** Acción o resultado de empalmar. **2.** Lugar en que dos cosas empalman o están empalmadas. **3.** Cosa que empalma con otra.

① **em·pa·na·da** [empanáða] *s/f* Masa de harina rellena con otro alimento.

① **em·pa·na·di·lla** [empanaðíʎa] *s/f* Empanada pequeña.

① **em·pa·nar** [empanár] *tr* Rebozar con pan rallado.

① **em·pan·ta·na·mien·to** [empantanamjénto] *s/m* Acción o resultado de empantanarse.

① **em·pan·ta·nar** [empantanár] *tr* **1.** Llenar de agua un terreno. **2.** Impedir el avance o desarrollo de algo.

② **em·pa·ñar** [empaɲár] *tr* Hacer que algo pierda su brillo, nitidez, transparencia, etc.

③ **em·pa·par** [empapár] **I.** *tr* **1.** Absorber un cuerpo cierta cantidad de líquido en su masa. **2.** Impregnar un líquido otra sustancia que puede absorberlo. **II.** *REFL(-se)* FIG (Con *de*) Adquirir buenos conocimientos sobre algo. RPr **Empaparse de/en**.

① **em·pa·pe·la·do, -da** [empapeláðo] *s/m* Acción o resultado de empapelar o superficie empapelada.

① **em·pa·pe·lar** [empapelár] *tr intr* **1.** Revestir una pared u otra superficie con papel. **2.** Abrir un expediente o procesar a alguien.

① **em·pa·que** [empáke] *s/m* **1.** Acción de empaquetar. **2.** Aspecto que alguien transmite a los demás. **3.** Afectación en los modales.

① **em·pa·que·ta·do** [empaketáðo] *s/m* Operación de empaquetar.

① **em·pa·que·ta·dor, -ra** [empaketaðór] *adj s/m,f* Que empaqueta.

① **em·pa·que·tar** [empaketár] *tr* **1.** Poner en paquetes. **2.** Sancionar o procesar a alguien.

① **em·pa·re·da·do, -da** [empareðáðo] *s/m* Bocadillo con otro alimento en medio.

① **em·pa·re·dar** [empareðár] *tr* Poner entre paredes.

① **em·pa·re·ja·mien·to** [empareχamjénto] *s/m* Acción o resultado de emparejar(se).

② **em·pa·re·jar** [empareχár] *tr REFL(-se)* **1.** Formar pareja(s). **2.** Poner una cosa al mismo nivel que otra. RPr **Emparejar(se) con**.

② **em·pa·ren·tar** [emparentár] *intr* Contraer vínculos de parentesco con alguien. RPr **Emparentar(se) con**.
CONJ *Irreg: Empariento, emparenté, emparentaré, emparentado.*

① **em·pa·rra·do, -da** [emparráðo] *s/m* Planta emparrada o enredada sobre un armazón.

em·pa·rrar [emparrár] *tr* Formar emparrado.

① **em·pas·tar** [empastár] *tr* Cubrir o llenar con pasta o crema.

① **em·pas·te** [empáste] *s/m* **1.** Acción o resultado de empastar algo. **2.** Pasta con que se llena un hueco dental.

② **em·pa·tar** [empatár] *intr* Obtener el mismo número de puntos, votos, etc., en una competición.

① **em·pa·te** [empáte] *s/m* Acción o resultado de empatar.

① **em·pa·tía** [empatía] *s/f* Identificación afectiva con otra cosa o persona.

① **em·pe·ci·na·mien·to** [empeθinamjénto] *s/m* Acción o resultado de empecinar(se).

① **em·pe·ci·nar·se** [empeθinárse] *REFL(-se)* Obstinarse en algo.

① **em·pe·der·ni·do, -da** [empeðerníðo] *adj* Obstinado en un error o costumbre.

① **em·pe·dra·do** [empeðráðo] *s/m* **1.** Conjunto de piedras con que se cubre un lugar. **2.** Operación de empedrar.

① **em·pe·drar** [empeðrár] *tr* Cubrir el suelo con las piedras.
CONJ *Irreg: Empiedro, empedré, empedraré, empedrado.*

① **em·pei·ne** [empéine] *s/m* Parte superior del pie, que une la caña de la pierna con el principio de los dedos.

① **em·pe·llón** [empeʎón] *s/m* Empujón violento.

④ **em·pe·ñar** [empeɲár] **I.** *tr* **1.** Dejar algo en préstamo a cambio de una cantidad de dinero. **2.** FIG Comprometerse alguien verbalmente a cumplir lo que se expresa. **II.** *REFL(-se)* **1.** Insistir en algo hasta conseguirlo. **2.** Contraer muchas deudas. RPr **Empeñarse en**.

② **em·pe·ño** [empéɲo] *s/m* **1.** Acción o resultado de empeñar. **2.** Constancia para conseguir lo que alguien se propone.

① **em·peo·ra·mien·to** [empeoramjénto] *s/m* Acción o resultado de empeorar(se).

② **em·peo·rar** [empeorár] *tr* Hacer que algo esté peor.

① **em·pe·que·ñe·cer** [empekeɲeθér] *tr intr* Hacer más pequeño.
CONJ *Irreg: Empequeñezco, empequeñecí, empequeñeceré, empequeñecido.*

④ **em·pe·ra·dor** [emperaðór] *s/m* Soberano de un imperio.

② **em·pe·ra·triz** [emperatríθ] *s/f* Soberana de un imperio o esposa de un emperador.

① **em·pe·ri·fo·llar** [emperifoʎár] *tr* REFL(-se) Arreglar(se) en exceso.

② **em·pe·ro** [empéro] *conj* Sin embargo.

① **em·pe·rrar·se** [emperrárse] REFL(-se) **1.** Obstinarse en algo. **2.** (Con *con*) Encapricharse de algo. RPr **Emperrarse con**.

⑤ **em·pe·zar** [empeθár] **I.** *tr* Iniciar algo. **II.** *intr* **1.** Tener algo su principio: *Empezaban los problemas.* **2.** (Con *con, por*) Iniciar algo que luego servirá como principio de otra cosa: *Empezaremos por ponernos de acuerdo.* **3.** (Con *a*) Iniciar una acción bruscamente. RPr **Empezar a/con/por**.
ORT *La z cambia a c ante e: Empecé.*
CONJ *Irreg: Empiezo, empecé, empezaré, empezado.*

② **em·pi·nar** [empinár] *tr* **1.** Colocar algo en posición vertical. **2.** Tomar bebidas alcohólicas.

① **em·pí·reo, -ea** [empíreo] **I.** *adj* FIG Celestial. **II.** *s/m* Cielo o paraíso celestial.

② **em·pí·ri·co, -ca** [empíriko] *adj* Basado en la práctica o experimentación.

① **em·pi·ris·mo** [empirísmo] *s/m* Doctrina basada en la experiencia como fuente de conocimiento.

① **em·plas·to** [emplásto] *s/m* Preparado farmacéutico para uso externo.

② **em·pla·za·mien·to** [emplaθamjénto] *s/m* **1.** Acción o resultado de emplazar. **2.** Lugar en que está emplazado algo.

② **em·pla·zar** [emplaθár] *tr* **1.** Indicar el día, hora y lugar para que alguien comparezca. **2.** Señalar dónde debe situarse algo (edificio, etc.).
ORT *La z cambia a c ante e: Emplacé.*

④ **em·plea·do, -da** [empleáðo] *s/m,f* Trabajador por cuenta ajena.

② **em·plea·dor, -ra** [empleaðór] *s/m,f* Quien da empleo a otros.

⑤ **em·ple·ar** [empleár] *tr* REFL(-se) **1.** Darle a alguien o conseguir éste un cargo o empleo. **2.** Hacer servir algo para un fin. **3.** Gastar(se) algo (dinero, esfuerzo, etc.) en realizar una actividad.

④ **em·pleo** [empléo] *s/m* **1.** Acción o resultado de emplear. **2.** Trabajo.

① **em·plo·mar** [emplomár] *tr* **1.** Sujetar algo con plomo, *esp* los cristales de las vidrieras. **2.** AMER Empastar las muelas.

① **em·plu·mar** [emplumár] *tr* **1.** Poner plumas como adorno. **2.** Procesar o abrir expediente a alguien.

② **em·po·bre·cer** [empoβreθér] *tr intr* Hacer más pobre.
CONJ *Irreg: Empobrezco, empobrecí, empobreceré, empobrecido.*

① **em·po·bre·ci·mien·to** [empoβreθimjénto] *s/m* Acción o resultado de empobrecer(se).

① **em·po·llar** [empoʎár] *tr* **1.** Ponerse un ave sobre los huevos hasta que nazcan los polluelos. **2.** Estudiar mucho e intensamente.

① **em·po·llón, ·llo·na** [empoʎón] *adj s/m,f* COL Que estudia mucho.

① **em·pol·var** [empolβár] *tr* Echar polvos para embellecer.

em·pon·zo·ñar [emponθoɲár] *tr* **1.** Envenenar. **2.** Estropear una relación, situación, etc.

① **em·po·rio** [empórjo] *s/m* Centro comercial o empresa de gran importancia.

① **em·po·trar** [empotrár] *tr* Introducir algo (*p ej* un armario) en un hueco en la pared. RPr **Empotrar en**.

② **em·pren·de·dor, -ra** [emprendeðór] *adj s/m,f* Que tiene iniciativa y capacidad de decisión.

④ **em·pren·der** [emprendér] *tr* Iniciar algo.

⑤ **em·pre·sa** [emprésa] *s/f* **1.** Acción que alguien inicia. **2.** Entidad mercantil, comercial o industrial.

① **em·pre·sa·ria·do** [empresarjáðo] *s/m* Conjunto de los empresarios de un país o región.

④ **em·pre·sa·rial** [empresarjál] *adj* Relativo a la empresa o a los empresarios.

⑤ **em·pre·sa·rio, -ia** [empresárjo] *s/m,f* Persona que tiene a su cargo una empresa.

② **em·prés·ti·to** [empréstito] *s/m* **1.** Acción de tomar algo en préstamo. **2.** Cantidad prestada.

④ **em·pu·jar** [empuxár] *tr intr* Hacer presión para mover o hacer algo.

② **em·pu·je** [empúxe] *s/m* **1.** Acción o resultado de empujar. **2.** Decisión para hacer algo. **3.** Fuerza que impulsa a un vehículo hacia adelante.

② **em·pu·jón** [empuxón] *s/m* Hecho de empujar con fuerza.

① **em·pu·ña·du·ra** [empuɲaðúra] *s/f* Lugar por donde se agarra algo (espada, utensilio, etc.).

2 **em·pu·ñar** [empuɲár] *tr* Coger o asir con la mano cerrada.

1 **e·mu·la·ción** [emulaθjón] *s/f* Acción o resultado de emular.

2 **e·mu·lar** [emulár] *tr* Imitar algo o a alguien, con el ánimo de igualar(lo) o mejorar(lo).

1 **é·mu·lo, -la** [émulo] *adj s/m,f* Que emula.

1 **e·mul·sión** [emulsjón] *s/f* Líquido en el cual se mantienen en suspensión partículas de algo insoluble en él.

5 **en** [én] *prep* 1. Expresa lugar, relación de tiempo o situación en que se encuentra algo. 2. Expresa forma o modalidad: *Escrito en español*.

1 **e·na·gua** [enáɣwa] *s/f pl* Prenda de vestir interior de la mujer, por debajo de la falda.

2 **e·na·je·na·ción** [enaxenaθjón] *s/f* Acción o resultado de enajenar(se).

e·na·je·na·mien·to [enaxenamjénto] *s/m* Enajenación.

1 **e·na·je·nar** [enaxenár] *tr* 1. Transmitir a otra persona la posesión de algo. 2. FIG Perturbar la razón o juicio de alguien.

1 **en·al·te·cer** [enalteθér] *tr* Alabar.
CONJ *Irreg: Enaltezco, enaltecí, enalteceré, enaltecido*.

e·na·mo·ra·di·zo, -za [enamoraðiθo] *adj* Propenso a enamorarse.

3 **e·na·mo·ra·do, -da** [enamoráðo] *adj s/m,f* Que siente amor por alguien.

2 **e·na·mo·ra·mien·to** [enamoramjénto] *s/m* Acción o resultado de enamorar(se).

4 **e·na·mo·rar** [enamorár] *tr* Provocar o despertar amor en otro. RPr **Enamorarse de**.

1 **e·na·nis·mo** [enanísmo] *s/m* Trastorno en el crecimiento, que hace que alguien sea más pequeño que la media de su especie.

2 **e·na·no, -na** [enáno] *s/m,f* 1. Persona de estatura anormalmente baja. 2. Ser fantástico de los cuentos infantiles.

2 **en·ar·bo·lar** [enarβolár] *tr* Levantar en alto (bandera, estandarte, etc.).

2 **en·ar·de·cer** [enarðeθér] *tr REFL(-se)* Provocar a la exaltación o a la violencia.
CONJ *Irreg: Enardezco, enardecí, enardeceré, enardecido*.

en·ar·de·ci·mien·to [enarðeθimjénto] *s/m* Acción o resultado de enardecer(se).

1 **en·ca·bal·gar** [enkaβalɣár] *tr* Poner una cosa sobre otra.
ORT La *g* cambia a *gu* ante *e: Encabalgué*.

2 **en·ca·be·za·do, -da** [enkaβeθáðo] *s/m* Titular de un escrito.

1 **en·ca·be·za·mien·to** [enkaβeθamjénto] *s/m* 1. Acción o resultado de encabezar. 2. Fórmula con la que se comienza cierto tipo de escritos (carta).

3 **en·ca·be·zar** [enkaβeθár] *tr* 1. Ser o ir el primero en un grupo, lista, etc. 2. Poner un encabezamiento a un escrito.
ORT La *z* cambia a *c* ante *e: Encabecé*.

1 **en·ca·bri·tar·se** [enkaβritárse] *REFL(-se)* 1. Levantarse un animal sobre sus patas traseras. 2. FIG COL Enfadarse alguien mucho.

en·ca·bro·na·mien·to [enkaβronamjénto] *s/m* Enfado muy intenso.

1 **en·ca·bro·nar** [enkaβronár] *tr REFL(-se)* COL Enfadar a alguien o enfadarse mucho alguien.

1 **en·ca·de·na·mien·to** [enkaðenamjénto] *s/m* Acción o resultado de encadenar(se).

2 **en·ca·de·nar** [enkaðenár] *tr REFL(-se)* 1. Sujetarse o sujetar con cadenas. 2. FIG Enlazar unos hechos, datos, etc., con otros.

3 **en·ca·jar** [enkaxár] I. *tr* 1. Meter ajustadamente una cosa en otra. 2. Disparar, dar un golpe a alguien. 3. GAL Recibir golpes o algo perjudicial del contrario. 4. (Con *bien, mal*) Reaccionar adecuadamente ante algo. II. *intr* (Con *con*) Ir bien, completarse una cosa con otra: *Su humor no encaja con nuestro estilo*. RPr **Encajar con/en**.

2 **en·ca·je** [enkáxe] *s/m* 1. Acción o resultado de encajar(se). 2. Tejido calado y con adornos.

en·ca·jo·na·mien·to [enkaxonamjénto] *s/m* Acción o resultado de encajonar(se).

1 **en·ca·jo·nar** [enkaxonár] *tr* 1. Introducir en cajones. 2. Meter en un lugar muy estrecho.

1 **en·ca·lar** [enkalár] *tr* Blanquear con cal.

1 **en·ca·llar** [enkaʎár] *intr* Quedar una embarcación detenida tras tocar su fondo contra el fondo del mar, río, etc.

1 **en·ca·lle·cer** [enkaʎeθér] *tr REFL(-se)* Endurecerse o criar callos la piel.
CONJ *Irreg: Encallezco, encallecí, encalleceré, encallecido*.

en·ca·lle·ci·mien·to [enkaʎeθimjénto] *s/m* Acción o resultado de encallecer(se).

1 **en·ca·mar·se** [enkamárse] 1. Meterse en cama. 2. Agazaparse las piezas de caza. 3. Doblarse las mieses por la lluvia o el aire.

EN·CA·MI·NAR

[3] **en·ca·mi·nar** [enkaminár] *tr* Poner en el camino adecuado. RPr **Encaminar(se)** a/hacia.

[1] **en·can·di·lar** [enkandilár] *tr* Deslumbrar, *esp* aparentando lo que no se es.

[1] **en·ca·ne·cer** [enkaneθér] *intr* REFL(-se) Echar canas; envejecer.
CONJ *Irreg: Encanezco, encanecí, encaneceré, encanecido.*

[3] **en·can·ta·do, -da** [enkantáðo] *adj* 1. (Con, de) Muy satisfecho. 2. Que es resultado de encantar.

[3] **en·can·ta·dor, -ra** [enkantaðór] *adj s/m,f* Que encanta.

[1] **en·can·ta·mien·to** [enkantamjénto] *s/m* Acción o resultado de encantar(se).

[4] **en·can·tar** [enkantár] *tr* 1. Aplicar las artes mágicas para lograr efectos maravillosos. 2. Provocar en alguien gran satisfacción.

en·can·te [enkánte] *s/m* Mercadillo de cosas usadas.

[3] **en·can·to** [enkánto] *s/m* 1. Atractivo. 2. *pl* Rasgos que hacen a alguien *esp* atractivo.

en·ca·ñi·za·da [enkaɲiθáða] *s/f* Enrejado de cañas.

[1] **en·ca·ño·nar** [enkaɲonár] *tr* Dirigir un arma contra alguien o algo.

[1] **en·ca·po·tar·se** [enkapotárse] REFL(-se) Cubrirse el cielo de nubes.

[1] **en·ca·pri·char·se** [enkapritʃárse] REFL(-se) 1. Empeñarse en un capricho. 2. Enamorarse de alguien por capricho. RPr **Encapricharse con/de**.

[1] **en·cap·su·lar** [enkapsulár] *tr* Meter en una cápsula.

[1] **en·ca·pu·cha·do, -da** [enkaputʃáðo] *adj s/m,f* Cubierto con una capucha.

[1] **en·ca·pu·char** [enkaputʃár] *tr* REFL(-se) Cubrir(se) con una capucha.

[1] **en·ca·ra·mar** [enkaramár] *tr* REFL(-se) Poner en un sitio más elevado, difícil de alcanzar.

[3] **en·ca·rar** [enkarár] *tr intr* 1. (Con *con*) Poner una cosa o persona frente a otra. 2. Hacer frente a algo. RPr **Encararse a/con**.

en·car·ce·la·ción [enkarθelaθjón] *s/f* Acción o resultado de encarcelar a alguien.

[1] **en·car·ce·la·mien·to** [enkarθelamjénto] *s/m* Encarcelación.

[2] **en·car·ce·lar** [enkarθelár] *tr* Meter a alguien en la cárcel.

[2] **en·ca·re·cer** [enkareθér] I. *tr* FIG Hablar muy bien de algo o de alguien. II. *intr* REFL(-se) Elevar el precio de algo.
CONJ *Irreg: Encarezco, encarecí, encareceré, encarecido.*

[1] **en·ca·re·ci·mien·to** [enkareθimjénto] *s/m* Acción o resultado de encarecer.

[4] **en·car·ga·do, -da** [enkaryáðo] *adj s/m,f* Que tiene algo a su cuidado (industria, negocio, etc.).

[5] **en·car·gar** [enkaryár] I. *tr* 1. Decir a alguien que haga algo. 2. Pedir a alguien que suministre cierta cosa o producto. II. REFL(-se) (Con *de*) Ser responsable de algo. RPr **Encargar(se) de**.
ORT La g cambia a gu ante e: *Encargué.*

[2] **en·car·go** [enkáryo] *s/m* 1. Acción o resultado de encargar(se). 2. Cosa encargada.

[1] **en·ca·ri·ñar·se** [enkariɲárse] REFL(-se) Sentir cariño por algo o alguien.

[2] **en·car·na·ción** [enkarnaθjón] *s/f* Acción o resultado de encarnar(se).

[2] **en·car·na·do, -da** [enkarnáðo] I. *adj* De color carne. II. *s/m* Color rojo.

en·car·na·du·ra [enkarnaðúra] *s/f* Disposición de los tejidos orgánicos para cicatrizar.

[3] **en·car·nar** [enkarnár] I. *tr* 1. Representar un determinado personaje. 2. FIG Personificar una virtud o cualidad. II. *intr* Tomar forma en una persona algo inmaterial.

[1] **en·car·ni·za·do, -da** [enkarniθáðo] *adj* FIG Se dice de la batalla o lucha muy reñida o violenta.

[1] **en·car·ni·za·mien·to** [enkarniθamjénto] *s/m* Crueldad en la lucha.

[1] **en·car·ni·zar·se** [enkarniθár] REFL(-se) Ser cruel con otros.
ORT La z cambia a c ante e: *Encarnicé.*

[1] **en·ca·rri·lar** [enkarrilár] *tr* 1. Poner sobre raíles. 2. Guiar por el camino adecuado.

[1] **en·car·tar** [enkartár] *tr* Procesar a alguien.

en·ca·si·lla·do, -da [enkasiʎáðo] I. *adj* Incluido en un conjunto o grupo. II. *s/m* Conjunto de cuadrículas que forman un dibujo.

[1] **en·ca·si·llar** [enkasiʎár] *tr* 1. Poner en casillas. 2. Clasificar algo según sus características.

[1] **en·cas·que·tar** [enkasketár] *tr* 1. Poner un gorro o sombrero. 2. Hacer que alguien aguante algo pesado.

en·cas·qui·llar·se [enkaskiʎárse] REFL(-se) Quedar inutilizada un arma de fuego por atascarse el casquillo de una bala.

[1] **en·cas·trar** [enkastrár] *tr* Encajar en un hueco.

1 **en·cau·sar** [enkausár] *tr* Iniciar un proceso judicial contra alguien.

1 **en·cau·za·mien·to** [enkauθamjénto] *s/m* Acción o resultado de encauzar(se).

2 **en·cau·zar** [enkauθár] *tr* 1. Dirigir una corriente por un cauce. 2. Encaminar correctamente.
ORT La *z* cambia a *c* ante *e*: *Encaucé*.

1 **en·ce·fá·li·co, -ca** [enθefáliko] *adj* Relativo al encéfalo.

1 **en·ce·fa·li·tis** [enθefalítis] *s/f* Inflamación del encéfalo.

1 **en·cé·fa·lo** [enθéfalo] *s/m* Centro del sistema nervioso.

1 **en·cen·de·dor** [enθendeðór] *s/m* Utensilio para encender algo.

4 **en·cen·der** [enθendér] *tr* REFL(*-se*) 1. Hacer que algo arda. 2. Poner(se) en funcionamiento un aparato o mecanismo. 3. Iniciar algo, *esp* sentimientos o pasiones.
CONJ *Irreg: Enciendo, encendí, encenderé, encendido.*

3 **en·cen·di·do** [enθendíðo] *s/m* 1. Dispositivo que produce la chispa para poner el motor en marcha. 2. Acción de encender.

1 **en·ce·ra·do** [enθeráðo] *s/m* 1. Acción o resultado de encerar. 2. Tablero preparado para escribir con tiza sobre él.

1 **en·ce·rar** [enθerár] *tr* Aplicar cera a algo.

4 **en·ce·rrar** [enθerrár] I. *tr* 1. Meter en algún lugar del que no es posible salir. 2. Poner una cosa dentro de otra. 3. Meter en la cárcel. II. REFL(*-se*) Meterse en un lugar cerrado para no comunicarse con los demás.
CONJ *Irreg: Encierro, encerré, encerraré, encerrado.*

1 **en·ce·rro·na** [enθerróna] *s/f* COL Encierro voluntario de personas con un fin.

en·ces·tar [enθestár] *tr intr* En baloncesto, lograr que la pelota entre en la canasta contraria.

en·ces·te [enθéste] *s/m* Acción o resultado de encestar.

en·char·ca·mien·to [entʃarkamjénto] *s/m* Acción o resultado de encharcar(se).

1 **en·char·car** [entʃarkár] *tr* REFL(*-se*) Formar(se) charcos en algún lugar.
ORT La *c* cambia a *qu* ante *e*: *Encharqué*.

1 **en·chi·la·da** [entʃiláða] *s/f* MEX Torta de maíz rellena con carne picada y aderezada con chile.

1 **en·chu·fa·do, -da** [entʃufáðo] *adj s/m,f* Que ha obtenido algo por influencia de otra persona.

2 **en·chu·far** [entʃufár] *tr* 1. Conectar un aparato a la corriente eléctrica. 2. Obtener algo mediante recomendación de otra persona.

1 **en·chu·fe** [entʃúfe] *s/m* 1. ELECTR Cada una de las dos partes del dispositivo mediante el cual se conectan a la red los aparatos eléctricos. 2. Recomendación para conseguir algo.

2 **en·cí·a** [enθía] *s/f* Carne que rodea y en que están incrustados los dientes.

1 **en·cí·cli·ca** [enθíklika] *s/f* Carta o mensaje del Papa a todos los creyentes.

3 **en·ci·clo·pe·dia** [enθiklopéðja] *s/f* Obra que comprende todas las ramas del saber humano.

1 **en·ci·clo·pé·di·co, -ca** [enθiklopéðiko] *adj* Relativo a la enciclopedia.

2 **en·cie·rro** [enθjérro] *s/m* 1. Acción o resultado de encerrar(se). 2. Situación de quien está encerrado en un lugar. 3. Acción de conducir a los toros para encerrarlos antes de la corrida.

5 **en·ci·ma** [enθíma] *adv* Expresa: 1. Que algo está sobre otra cosa. 2. Además, por añadidura: *Trabaja poco y encima cobra más.* 3. Sobre sí o con uno mismo: *No lleva encima ni una perra gorda.*

en·ci·me·ra [enθiméra] *s/f* Placa, *gen* de mármol, con la que se cubren los muebles o armarios en cocinas o lavabos.

1 **en·ci·me·ro, -ra** [enθiméro] *adj* Que se pone sobre otra cosa.

2 **en·ci·na** [enθína] *s/f* Árbol cuyo fruto es la bellota.

1 **en·ci·nar** [enθinár] *s/m* Lugar poblado de encinas.

1 **en·cin·ta** [enθínta] *adj* (*Estar/Quedar encinta*) Embarazada.

1 **en·claus·trar** [enklaustrár] *tr* REFL(*-se*) FIG Retirarse alguien de la vida social encerrándose en un lugar.

2 **en·cla·var** [enklaβár] *tr* Construir un edificio en un lugar determinado.

2 **en·cla·ve** [enkláβe] *s/m* Lugar, *esp* si está situado dentro de otro país o región.

1 **en·clen·que** [enklénke] *adj s/m,f* Enfermizo.

en·clí·ti·co, -ca [enklítiko] *adj s/m,f* GRAM Se aplica a la partícula que se une a la que precede.

1 **en·co·frar** [enkofrár] *tr* Poner un armazón o molde para contener algo (en minas, construcción).

EN·CO·GER

③ **en·co·ger** [enkoχér] *tr intr* **1.** Disminuir el tamaño de algo. **2.** Disminuir algo (sentimientos, pasiones) en intensidad o energía.
ORT La *g* cambia a *j* ante *o/a: Encojo, encoja.*

① **en·co·gi·mien·to** [enkoχimjénto] *s/m* Acción o resultado de encoger(se).

① **en·co·lar** [enkolár] *tr* Pegar con cola.

① **en·co·le·ri·zar** [enkoleriθár] *tr* Hacer que alguien se ponga colérico.
ORT La *z* cambia a *c* ante *e: Encolericé.*

③ **en·co·men·dar** [enkomendár] **I.** *tr* Dejar a alguien el cuidado de una persona o cosa. **II.** *REFL(-se)* FIG Ponerse alguien en manos de otro, confiando en él. RPr **Encomendar(se) a.**
CONJ *Irreg: Encomiendo, encomendé, encomendaré, encomendado.*

① **en·co·mia·ble** [enkomjáβle] *adj* Que es digno de alabanza.

① **en·co·miar** [enkomjár] *tr* Hablar elogiosamente de alguien o algo.

① **en·co·miás·ti·co, -ca** [enkomjástiko] *adj* Que contiene alabanza.

① **en·co·mien·da** [enkomjénda] *s/f* Acción o resultado de encomendar.

en·co·mio [enkómjo] *s/m* Alabanza muy elogiosa.

① **en·co·na·mien·to** [enkonamjénto] *s/m* Encono.

① **en·co·nar** [enkonár] *tr REFL(-se)* Provocar mayor tensión y enfrentamiento.

① **en·co·no** [enkóno] *s/m* Rencor muy profundo.

en·con·tra·di·zo, -za [enkontraðíθo] *adj* LOC **Hacerse el encontradizo,** provocar un encuentro, como si no se pretendiese.

⑤ **en·con·trar** [enkontrár] **I.** *tr* Hallar lo que se buscaba. **II.** *REFL(-se)* **1.** Estar situado en el lugar que se expresa. **2.** Estar o hallarse en cierto estado o circunstancia: *Se encontraba absorto en su historia.* **3.** Coincidir en un lugar determinado.
CONJ *Irreg: Encuentro, encontré, encontraré, encontrado.*

① **en·con·tro·na·zo** [enkontronáθo] *s/m* COL Golpe violento entre personas o cosas.

en·co·ñar·se [enkoɲárse] *REFL(-se)* VULG Encapricharse con algo o alguien. RPr **Encoñarse con.**

en·co·pe·ta·do, -da *adj* FIG COL Que presume de pertenecer a una clase social alta.

en·cor·ba·ta·do, -da [enkorβatáðo] *adj* Que lleva corbata.

① **en·cor·se·tar** [enkorsetár] *tr REFL(-se)* Reducir a límites estrechos.

① **en·cor·var** [enkorβár] *tr* Hacer que algo tome forma curva.

① **en·cres·par** [enkrespár] *tr* **1.** Hacer enfadar, enfurecer. **2.** Producir olas grandes en el mar.

① **en·crip·tar** [enkriptár] *tr* Codificar la señal emitida.

② **en·cru·ci·ja·da** [enkruθiχáða] *s/f* **1.** Lugar en el que se cruzan dos o más caminos. **2.** FIG Situación difícil o comprometida.

① **en·cua·der·na·ción** [enkwaðernaθjón] *s/f* **1.** Acción o resultado de encuadernar. **2.** Cubierta o tapas de cartón de un libro.

① **en·cua·der·nar** [enkwaðernár] *tr* Coser o pegar los pliegos u hojas de un libro y ponerles tapas de cartón, cartulina o plástico.

② **en·cua·drar** [enkwaðrár] *tr* **1.** Encerrar en un cuadro o marco. **2.** Colocar dentro de un grupo o categoría.

① **en·cua·dre** [enkwáðre] *s/m* Acción o resultado de encuadrar.

① **en·cu·bier·to, -ta** [enkuβjérto] *adj* Hecho a escondidas.

① **en·cu·bri·dor, -ra** [enkuβriðór] *adj s/m,f* Que encubre u oculta algo.

① **en·cu·bri·mien·to** [enkuβrimjénto] *s/m* Acción o resultado de encubrir.

② **en·cu·brir** [enkuβrír] *tr* Ocultar algo.
CONJ *Irreg: Encubro, encubrí, encubriré, encubierto.*

④ **en·cuen·tro** [enkwéntro] *s/m* **1.** Acción de encontrar(se). **2.** Competición deportiva.

③ **en·cues·ta** [enkwésta] *s/f* Datos obtenidos mediante una serie de preguntas a distintas personas para conocer su opinión sobre un tema.

① **en·cues·ta·dor, -ra** [enkwestaðór] *s/m,f* Persona que realiza una encuesta.

③ **en·cues·tar** [enkwestár] *tr* Realizar una encuesta.

① **en·cum·brar** [enkumbrár] *tr REFL(-se)* Elevar a una posición social alta.

① **en·de·ble** [endéβle] *adj* Débil, enfermizo.

① **en·de·blez** [endeβléθ] *s/f* Cualidad de endeble.

① **en·de·ca·sí·la·bo, -ba** [endekasílaβo] *adj s/m* Verso de once sílabas, o esa misma composición.

en·de·cha [endétʃa] *s/f* Poema o canción triste.

en·de·mia [endémja] *s/f* MED Enfermedad o plaga que se da periódicamente en una región.

② en·dé·mi·co, -ca [endémiko] *adj* 1. Relativo a la endemia. 2. Que se repite con frecuencia en un lugar determinado.

① en·de·mo·nia·do, -da [endemonjáðo] *adj* 1. Poseído por el demonio. 2. Desagradable, malo.

en·de·re·za·mien·to [endereθamjénto] *s/m* Acción o resultado de enderezar(se).

② en·de·re·zar [endereθár] *tr* 1. Poner derecho algo que estaba torcido. 2. Dirigir hacia un punto determinado. 3. Hacer que alguien obre bien y adecuadamente, enmendar.
ORT La *z* cambia a *c* ante *e*: *Enderecé*.

② en·deu·da·mien·to [endeuðamjénto] *s/m* Acción o resultado de endeudarse.

② en·deu·dar·se [endeuðárse] REFL(-se) Contraer deudas.

① en·dia·bla·do, -da [endjaβláðo] *adj* Endemoniado.

① en·di·bia [endíβja] *s/f* Variedad de achicoria, de hojas tiernas y comestibles.

① en·dil·gar [endilɣár] *tr* Pasar a alguien algo molesto y pesado.
ORT La *g* cambia a *gu* ante *e*: *Endilgué*.

en·dio·sa·mien·to [endjosamjénto] *s/m* Acción o resultado de endiosar(se).

① en·dio·sar [endjosár] *tr* Ensalzar en exceso a alguien.

① en·di·via [endíβja] *s/f* Endibia.

en·do·car·dio [endokárðjo] *s/m* Membrana que recubre las cavidades del corazón.

en·do·car·pio [endokárpjo] *s/m* Capa interior de las tres que forman el pericarpio de los frutos.

① en·do·cri·no, -na [endokríno] I. *adj* Relativo a las secreciones internas de las glándulas. II. *s/m,f* Endocrinólogo.

① en·do·cri·no·lo·gía [endokrinoloχía] *s/f* Rama de la fisiología que estudia las secreciones internas.

① en·do·cri·nó·lo·go, -ga [endokrinóloɣo] *s/m,f* Experto en endocrinología.

en·do·don·cia [endoðónθja] *s/f* Ciencia que estudia las enfermedades de la pulpa dentaria.

① en·do·ga·mia [endoɣámja] *s/f* 1. Costumbre de casarse con miembros de la misma familia. 2. Recurso al entorno cercano y a las amistades en la provisión de puestos de trabajo.

① en·do·gá·mi·co, -ca [endoɣámiko] *adj* Relativo a la endogamia.

① en·dó·ge·no, -na [endóχeno] *adj* Que se origina en el interior de otra cosa.

en·do·min·gar [endomingár] REFL(-se) Vestir de fiesta.
ORT La *g* cambia a *gu* ante *e*: *Endomingué*.

① en·do·sar [endosár] *tr* 1. Ceder un documento de crédito a otro haciéndolo constar así en el dorso. 2. Pasar a otro una responsabilidad o carga molesta.

① en·dos·co·pia [endoskópja] *s/f* Reconocimiento del interior del organismo mediante el endoscopio.

en·dos·co·pio [endoskópjo] *s/m* Aparato para explorar un órgano.

en·dos·fe·ra [endosféra] *s/f* GEOL Parte central en el interior de la Tierra.

① en·dul·zar [endulθár] *tr* REFL(-se) Poner(se) o volver(se) algo dulce.
ORT La *z* cambia a *c* ante *e*: *Endulcé*.

② en·du·re·cer [endureθér] *tr* REFL(-se) 1. Hacer(se) o poner(se) algo duro o más duro. 2. FIG Hacer(se) algo más riguroso, estricto, etc.
CONJ *Irreg: Endurezco, endurecí, endureceré, endurecido.*

② en·du·re·ci·mien·to [endureθimjénto] *s/m* Acción o resultado de endurecer(se).

① e·ne·bro [enéβro] *s/m* Arbusto frecuente en el área mediterránea.

④ e·ne·mi·go, -ga [enemíɣo] *adj s/m,f* 1. Que es contrario o se opone: *Propaganda enemiga*. 2. En relación de discordia y odio. RPr **Enemigo de**.

① e·ne·mis·tad [enemistáð] *s/f* Sentimiento de odio entre personas enemigas.

① e·ne·mis·tar [enemistár] *tr* REFL(-se) Hacer que se pierda o perderse la amistad entre personas.

③ e·ner·gé·ti·co, -ca [enerχétiko] *adj* Relativo a la energía.

⑤ e·ner·gía [enerχía] *s/f* 1. Causa que puede ser convertida en trabajo mecánico. 2. Potencial para obrar.

② e·nér·gi·co, -ca [enérχiko] *adj* Que posee energía.

① e·ner·gú·me·no, -na [enerɣúmeno] *s/m,f* Persona muy enfadada o que actúa con violencia.

⑤ e·ne·ro [enéro] *s/m* Mes primero del año.

① e·ner·van·te [enerβánte] *adj s/m* Que enerva.

① e·ner·var [enerβár] *tr* REFL(-se) Poner(se) nervioso.

① e·né·si·mo, -ma [enésimo] *adj* COL Que se ha repetido muchas veces.

EN·FA·DAR

3 en·fa·dar [enfaðár] *tr REFL(-se)* Provocar enfado. RPr **Enfadar(se) con/contra/por**.

2 en·fa·do [enfáðo] *s/m* Irritación por algo o alguien que molesta o contraría.

1 en·fan·gar [enfangár] *tr* Cubrir de fango o lodo.
ORT La *g* cambia a *gu* ante *e*: *Enfangué*.

3 én·fa·sis [énfasis] *s/m* Importancia que se da a algo.

1 en·fá·ti·co, -ca [enfátiko] *adj* Con énfasis.

2 en·fa·ti·zar [enfatiθár] **I.** *tr* Poner énfasis en algo para darle importancia. **II.** *intr* Hablar con énfasis.
ORT La *z* cambia a *c* ante *e*: *Enfaticé*.

4 en·fer·mar [enfermár] *intr* Contraer una enfermedad.

5 en·fer·me·dad [enfermeðáð] *s/f* Alteración del funcionamiento de alguna parte del organismo.

2 en·fer·me·ría [enfermería] *s/f* Lugar acondicionado para asistir a los enfermos.

3 en·fer·me·ro, -ra [enferméro] *s/m,f* Persona cualificada para cuidar a los enfermos.

2 en·fer·mi·zo, -za [enfermíθo] *adj* Propenso a contraer enfermedades.

4 en·fer·mo, -ma [enférmo] *adj s/m,f* Que padece una enfermedad. RPr **Enfermo de**.

1 en·fer·vo·ri·zar [enferβoriθár] *tr REFL(-se)* Avivar(se) el entusiasmo o fervor en alguien.
ORT La *z* cambia a *c* ante *e*: *Enfervoricé*.

2 en·fi·lar [enfilár] **I.** *tr* **1.** Hacer que alguien o algo tome una dirección determinada. **2.** (*Tener enfilado*) Tener alguien animadversión contra otra persona. **II.** *intr REFL(-se)* Dirigirse hacia un lugar o dirección determinada.

1 en·fi·se·ma [enfiséma] *s/m* MED Hinchazón en un tejido por la presencia de aire o gas.

1 en·fla·que·cer [enflakeθér] *intr REFL(-se)* Ponerse alguien flaco.
CONJ *Irreg: Enflaquezco, enflaquecí, enflaqueceré, enflaquecido*.

en·fla·que·ci·mien·to [enflakeθimjénto] *s/m* Acción o resultado de enflaquecer(se).

4 en·fo·car [enfokár] *tr* **1.** Dirigir la luz de un foco o similar hacia un lugar. **2.** Ajustar la imagen que se percibe a través de una lente.
ORT La *c* cambia a *qu* ante *e*: *Enfoqué*.

3 en·fo·que [enfóke] *s/m* Acción o resultado de enfocar.

en·fos·car [enfoskár] *tr* Revestir un muro con mortero.
ORT La *c* cambia a *qu* ante *e*: *Enfosqué*.

1 en·fras·car [enfraskár] *REFL(-se)* Dedicar toda la atención a una actividad.
ORT La *c* cambia a *qu* ante *e*: *Enfrasqué*.

4 en·fren·ta·mien·to [enfrentamjénto] *s/m* Acción o resultado de enfrentar(se).

5 en·fren·tar [enfrentár] *tr REFL(-se)* **1.** Poner(se) frente a frente. **2.** Hacer frente a algo. RPr **Enfrentarse a/con**.

3 en·fren·te [enfrénte] *adv* **1.** Delante. **2.** Expresa oposición o enemistad.

1 en·fria·mien·to [enfrjamjénto] *s/m* **1.** Acción o resultado de enfriar(se). **2.** Indisposición.

3 en·friar [enfrjár] *tr* Reducir la temperatura.
ORT PRON La *i* recibe el acento en la *sing* y *3ª p pl* del *pres* de *ind* y *subj*: *Enfrío*.

2 en·fun·dar [enfundár] *tr* **1.** Poner algo en su funda. **2.** FIG Ponerse una prenda de vestir.

2 en·fu·re·cer [enfureθér] *tr* Poner furioso.
CONJ *Irreg: Enfurezco, enfurecí, enfureceré, enfurecido*.

en·fu·re·ci·mien·to [enfureθimjénto] *s/m* Acción o resultado de enfurecer(se).

1 en·ga·la·nar [engalanár] *tr REFL(-se)* Adornar(se) o embellecer(se) con galas o adornos.

2 en·gan·char [engantʃár] **I.** *tr* **1.** Sujetar con un gancho o algo similar. **2.** Unir a las caballerías a los tiros de los carruajes para que los arrastren. **II.** *REFL(-se)* Alistarse en el ejército. RPr **Engancharse a**.

1 en·gan·che [engántʃe] *s/m* **1.** Acción o resultado de enganchar(se). **2.** Cosa para enganchar algo.

1 en·ga·ña·bo·bos [engaɲaβóβos] *s/m,f* **1.** Persona que engaña. **2.** Cosa engañosa.

4 en·ga·ñar [engaɲár] *tr* **1.** Hacer que alguien crea que algo es lo que realmente no es. **2.** Ser alguien infiel a su pareja.

en·ga·ñi·fa [engaɲífa] *s/f* COL Cosa que aparenta ser buena o útil, sin serlo realmente.

2 en·ga·ño [engáɲo] *s/m* Acción o resultado de engañar(se).

2 en·ga·ño·so, -sa [engaɲóso] *adj* Que engaña.

1 en·gar·ce [engárθe] *s/m* **1.** Acción o resultado de engarzar. **2.** Pieza de metal en la que se engarza algo.

1 en·gar·zar [engarθár] **I.** *tr* Unir una cosa con otra o en otra. **II.** *REFL(-se)* Implicarse en discusiones y disputas.
ORT La *z* cambia a *c* ante *e*: *Engarcé*.

1 en·gas·tar [engastár] *tr* Incrustar una cosa en otra.

EN·JUN·DIA

en·gas·te [engáste] *s/m* **1.** Acción o resultado de engastar. **2.** Pieza de metal en la que se incrusta una piedra preciosa.

en·ga·tu·sa·mien·to [engatusamjénto] *s/m* Acción o resultado de engatusar.

1 **en·ga·tu·sar** [engatusár] *tr* COL Conseguir algo mediante halagos.

2 **en·gen·drar** [enχendrár] *tr* **1.** Dar origen a un ser de la misma especie mediante procreación. **2.** Causar la aparición de algo.

1 **en·gen·dro** [enχéndro] *s/m* Criatura o ser engendrado.

2 **en·glo·bar** [englobár] *tr* FIG Incluir algo otras cosas o conjunto de cosas.

1 **en·go·la·do, -da** [engoláðo] *adj* Afectado, presuntuoso.

2 **en·gor·dar** [engorðár] **I.** *tr* Hacer que una persona o animal se haga más gordo. **II.** *intr* Ponerse gordo o más gordo.

1 **en·gor·de** [engórðe] *s/m* Acción o resultado de engordar.

1 **en·go·rro** [engórro] *s/m* Molestia, fastidio.

1 **en·go·rro·so, -sa** [engorróso] *adj* Que causa engorro.

2 **en·gra·na·je** [engranáχe] *s/m* **1.** Acción o resultado de engranar. **2.** Conjunto de las piezas que engranan un mecanismo.

1 **en·gra·nar** [engranár] *intr tr* Encajar o hacer que una pieza encaje en otra por medio de unos dientes, de modo que la fuerza de uno pase al otro.

1 **en·gran·de·cer** [engrandeθér] *tr* **1.** Hacer algo más grande. **2.** Ennoblecer.

CONJ: *Irreg: Engrandezco, engrandecí, engrandeceré, engrandecido.*

1 **en·gran·de·ci·mien·to** [engrandeθimjénto] *s/m* Acción o resultado de engrandecer(se).

2 **en·gra·sar** [engrasár] *tr* Aplicar grasa a un mecanismo para suavizar su funcionamiento.

en·gra·se [engráse] *s/m* Acción o resultado de engrasar(se).

1 **en·greí·do, -da** [engreíðo] *adj s/m,f* Persona vanidosa o soberbia.

1 **en·grei·mien·to** [engreimjénto] *s/m* Acción o resultado de engreír(se).

1 **en·greír·se** [engreírse] REFL(-se) Creerse alguien superior a los demás.
CONJ *Irreg: Engrío, engreí, engreiré, engreído.*

1 **en·gro·sa·mien·to** [engrosamjénto] *s/m* Acción o resultado de engrosar(se).

2 **en·gro·sar** [engrosár] *tr* Hacer que algo sea más grueso, voluminoso o mayor en número.

CONJ *Irreg: Engrueso, engrosé, engrosaré, engrosado.*

en·gru·do [engrúðo] *s/m* Masa de harina o almidón en agua, usada para pegar.

1 **en·guan·tar** [engwantár] *tr* REFL(-se) Poner(se) guantes en la mano.

2 **en·gu·llir** [enguʎír] *tr intr* Tragar, comer algo con avidez.

1 **en·he·brar** [eneβrár] *tr* Pasar un hilo por el ojo de una aguja.

1 **en·hies·to, -ta** [enjésto] *adj* Erguido.

2 **en·ho·ra·bue·na** [enoraβuéna] *s/f* Felicitación.

2 **e·nig·ma** [eníɣma] *s/m* Dicho o expresión difícil de entender o descifrar.

2 **e·nig·má·ti·co, -ca** [eniɣmátiko] *adj* Relativo a un enigma.

en·ja·bo·na·du·ra [enχaβonaðúra] *s/f* Acción o resultado de enjabonar(se).

1 **en·ja·bo·nar** [enχaβonár] *tr* **1.** Poner jabón para lavar(se). **2.** FIG Adular.

1 **en·jae·zar** [enχaeθár] *tr* Poner jaeces o adornos a las caballerías.
ORT La *z* cambia a *c* ante *e*: *Enjaecé*.

en·jal·be·gar [enχalβeɣár] *tr* Blanquear una pared.
ORT La *g* cambia a *gu* ante *e*: *Enjalbegué*.

1 **en·jam·bre** [enχámbre] *s/m* **1.** Conjunto de las abejas que, con su reina, forman una unidad o colmena. **2.** Grupo de personas o cosas que forman un conjunto numeroso y compacto.

1 **en·ja·re·tar** [enχaretár] *tr* Hacer algo deprisa y mal.

1 **en·jau·lar** [enχaulár] *tr* Meter o encerrar en una jaula.

1 **en·jua·gar** [enχwaɣár] *tr* Limpiar con agua.
ORT La *g* cambia a *gu* ante *e*: *Enjuagué*.

1 **en·jua·gue** [enχwáɣe] *s/m* Acción o resultado de enjuagar(se).

1 **en·ju·gar** [enχuɣár] *tr* REFL(-se) **1.** Quitar la humedad, secar algo (lágrimas). **2.** Cancelar una deuda.
ORT La *g* cambia a *gu* ante *e*: *Enjugué*.

2 **en·jui·cia·mien·to** [enχwiθjamjénto] *s/m* Acción o resultado de enjuiciar.

2 **en·jui·ciar** [enχwiθjár] *tr* **1.** Formarse alguien una opinión o emitir un juicio sobre algo. **2.** DER Instruir un juicio.

1 **en·jun·dia** [enχúndja] *s/f* **1.** Relevancia o importancia de algo. **2.** Grasa acumulada en la overa de las aves.

1 **en·jun·dio·so**, **-sa** [enχundjóso] *adj* Importante.

1 **en·ju·to**, **-ta** [enχúto] *adj* 1. Seco. 2. Delgado.

3 **en·la·ce** [enláθe] *s/m* 1. Acción o resultado de enlazar(se). 2. Matrimonio. 3. Lugar en que se unen dos o más líneas de ferrocarril. 4. Persona que actúa como canal de comunicación con otras.

en·la·dri·llar [enlaðriʎár] *tr* Recubrir con ladrillos.

1 **en·la·ta·do** [enlatáðo] *s/m* Productos conservados en lata.

1 **en·la·tar** [enlatár] *tr* Meter en latas.

4 **en·la·zar** [enlaθár] *tr intr* 1. Relacionar unas cosas con otras. 2. Establecer comunicación entre elementos por medio de una conexión. 3. Comunicar lugares mediante una vía de comunicación. RPr **Enlazar(se) con**.
ORT La *z* cambia a *c* ante *e*: Enlacé.

1 **en·lo·que·ce·dor**, **-ra** [enlokeθeðór] *adj* Que enloquece.

3 **en·lo·que·cer** [enlokeθér] *tr intr* 1. Volverse loco. 2. Causar un sentimiento muy intenso. 3. Gustar mucho algo. RPr **Enloquecer de/por**.
CONJ *Irreg: Enloquezco, enloquecí, enloqueceré, enloquecido.*

en·lo·que·ci·mien·to [enlokeθimjénto] *s/m* Acción o resultado de enloquecer(se).

en·lo·sa·do [enlosáðo] *s/m* Suelo cubierto de losas.

en·lo·sar [enlosár] *tr* Cubrir con losas.

en·lu·ci·do [enluθíðo] *s/m* 1. Acción de enlucir. 2. Capa de yeso con que se enluce algo.

1 **en·lu·cir** [enluθír] *tr* Cubrir una superficie con una capa de yeso.
CONJ *Irreg: Enluzco, enlucí, enluciré, enlucido.*

2 **en·lu·tar** [enlutár] *tr* REFL(-se) Vestir(se) de luto.

1 **en·ma·ra·ñar** [emmaraɲár] *tr* REFL(-se) Enredar(se) o complicar(se) algo.

3 **en·mar·car** [emmarkár] *tr* Poner un marco a algo.
ORT La *c* cambia a *qu* ante *e*: Enmarqué.

1 **en·mas·ca·ra·do**, **-da** [emmaskaráðo] *adj s/m* Que lleva puesta una máscara.

1 **en·mas·ca·ra·mien·to** [emmaskaramjénto] *s/m* Acción o resultado de enmascarar.

2 **en·mas·ca·rar** [emmaskarár] *tr* REFL(-se) Cubrir(se) el rostro con una máscara para no ser reconocido.

2 **en·men·dar** [e(m)mendár] *tr* Corregir un error o fallo. RPr **Enmendarse de**.
CONJ *Irreg: Enmiendo, enmendé, enmendaré, enmendado.*

2 **en·mien·da** [e(m)mjénda] *s/f* 1. Acción o resultado de enmendar(se). 2. Rectificación introducida en un texto.

1 **en·mo·he·cer** [emmoeθér] *tr* Cubrir algo de moho.
CONJ *Irreg: Enmohezco, enmohecí, enmoheceré, enmohecido.*

en·mo·he·ci·mien·to [emmoeθimjénto] *s/m* Acción o resultado de enmohecer(se).

en·mo·que·tar [emmoketár] *tr* Cubrir de moqueta.

2 **en·mu·de·cer** [emmuðeθér] *tr intr* Hacer callar a alguien o quedarse alguien callado. RPr **Enmudecer de**.
CONJ *Irreg: Enmudezco, enmudecí, enmudeceré, enmudecido.*

1 **en·ne·gre·cer** [enneɣreθér] *tr* Poner algo negro.
CONJ *Irreg: Ennegrezco, ennegrecí, ennegreceré, ennegrecido.*

1 **en·no·ble·cer** [ennoβleθér] *tr* Dar dignidad y grandeza a algo.
CONJ *Irreg: Ennoblezco, ennoblecí, ennobleceré, ennoblecido.*

2 **enojado**, **-da** [enoχáðo] *adj* Enfadado.

2 **e·no·jar** [enoχár] *tr* Causar enojo o enfado.

1 **e·no·jo** [enóχo] *s/m* Irritación por algo que contraría o molesta a alguien.

1 **e·no·jo·so**, **-sa** [enoχóso] *adj* Que causa enojo.

e·no·lo·gía [enoloχía] *s/f* Ciencia sobre la elaboración de vinos.

e·nó·lo·go, **-ga** [enóloɣo] *s/m,f* Experrto en enología.

2 **en·or·gu·lle·cer** [enorɣuʎeθér] *tr* REFL(-se) Hacer sentir a alguien satisfacción y orgullo. RPr **Enorgullecerse de**.
CONJ *Irreg: Enorgullezco, enorgullecí, enorgulleceré, enorgullecido.*

en·or·gu·lle·ci·mien·to [enorɣuʎeθimjénto] *s/m* Acción o resultado de enorgullecer(se).

5 **e·nor·me** [enórme] *adj* De gran tamaño.

1 **e·nor·mi·dad** [enormiðáð] *s/f* Cualidad de enorme.

1 **en·quis·tar·se** [enkistárse] REFL(-se) 1. Fijarse algo dentro de otra materia, creando una capa protectora que la aísla. 2. MED Rodearse un tumor de tejido fibroso, a modo de quiste.

1 **en·rai·zar** [enrraiθár] *intr* REFL(-se) 1. Echar

raíces una planta. **2.** FIG Asentarse en un lugar. RPr **Enraizar(se) en**.
ORT La *z* cambia a *c* ante *e*: *Enraicé*.
PRON El acento cae en la *i* en el *sing* y *3ª p pl* del *pres* de *ind* y *subj*: *Enraízo*.

1 **en·ra·ma·da** [enrramáða] *s/f* Conjunto de ramas y hojas espesas y entrelazadas.

1 **en·ra·mar** [enrramár] *tr* Poner una enramada en un lugar.

1 **en·ra·re·cer** [enrrareθér] **I.** *tr* Hacer(se) un cuerpo gaseoso menos denso de lo que era. **II.** *intr* REFL(*-se*) Hacer(se) una cosa rara o escasa.
CONJ *Irreg: Enrarezco, enrarecí, enrareceré, enrarecido*.

en·ra·re·ci·mien·to [enrrareθimjénto] *s/m* Acción o resultado de enrarecer(se).

en·ra·sar [enrrasár] *tr* Hacer que una superficie quede al mismo nivel que otra.

1 **en·re·da·de·ra** [enrreðaðéra] *s/f* Planta de tallo trepador.

3 **en·re·dar** [enrreðár] **I.** *tr* **1.** Enmarañar, entrelazar hilos, cables, etc., de manera desordenada. **2.** FIG Involucrar a alguien en algún asunto poco claro. **II.** *intr* Entretenerse con algo poco serio o jugar molestando a los demás.

1 **en·re·do** [enrréðo] *s/m* **1.** Maraña o lío de hilos, cables, etc. **2.** Asunto.

1 **en·re·ja·do, -da** [enrreχáðo] *s/m* Reja o conjunto de rejas.

1 **en·re·jar** [enrreχár] *tr* Cerrar o proteger con rejas.

1 **en·re·ve·sa·do, -da** [enrreβesáðo] *adj* Difícil.

1 **en·re·ve·sar** [enrreβesár] *tr* Hacer algo complicado o difícil.

2 **en·ri·que·ce·dor, -ra** [enrrikeθeðór] *adj* Que enriquece.

4 **en·ri·que·cer** [enrrikeθér] *tr* **1.** Hacer más rico. **2.** Aumentar la calidad de algo.
CONJ *Irreg: Enriquezco, enriquecí, enriqueceré, enriquecida*.

2 **en·ri·que·ci·mien·to** [enrrikeθimjénto] *s/m* Acción o resultado de enriquecer(se).

1 **en·ro·car** [enrrokár] **I.** *intr* En ajedrez, mover simultáneamente el rey y las dos torres. **II.** REFL(*-se*) FIG Obstinarse alguien en cierta idea. RPr **Enrocarse en**.
ORT La *c* cambia a *qu* ante *e*: *Enroqué*.

2 **en·ro·je·cer** [enrroχeθér] *tr intr* Poner(se) de color.
CONJ *Irreg: Enrojezco, enrojecí, enrojeceré, enrojecido*.

1 **en·ro·je·ci·mien·to** [enrroχeθimjénto] *s/m* Acción o resultado de enrojecer(se).

1 **en·ro·lar** [enrrolár] *tr* REFL(*-se*) Inscribir(se) en la tripulación de un barco o en el ejército. RPr **Enrolar(se) en**.

2 **en·ro·llar** [enrroʎár] **I.** *tr* Recoger algo en forma de rollo. **II.** REFL(*-se*) **1.** Hablar en exceso de cosas poco sustanciales. **2.** Tener facilidad para relacionarse con otros.

1 **en·ron·que·cer** [enrronkeθér] *tr intr* Ponerse ronco.
CONJ *Irreg: Enronquezco, enronquecí, enronqueceré, enronquecido*.

en·ro·que [enrróke] *s/m* Acción o resultado de enrocar en el juego del ajedrez.

2 **en·ros·car** [enrroskár] *tr* REFL(*-se*) **1.** Poner algo en forma de rosca. **2.** Introducir un tornillo o tuerca haciéndolo girar sobre sí mismo.
ORT La *c* cambia a *qu* ante *e*: *Enrosqué*.

1 **en·sai·ma·da** [ensaimáða] *s/f* Bollo típico de Mallorca, de pasta de hojaldre.

3 **en·sa·la·da** [ensaláða] *s/f* **1.** Plato de hortalizas variadas y crudas, aderezadas con aceite, vinagre y sal. **2.** Mezcla variada de algo.

1 **en·sa·la·de·ra** [ensalaðéra] *s/f* Fuente para la ensalada.

1 **en·sal·mo** [ensálmo] *s/m* Rezo supersticioso para curar.

2 **en·sal·zar** [ensalθár] *tr* REFL(*-se*) Alabar.
ORT La *z* cambia a *c* ante *e*: *Ensalcé*.

1 **en·sam·bla·je** [ensambláχe] *s/m* Acción o resultado de ensamblar.

1 **en·sam·blar** [ensamblár] *tr* Unir o juntar dos piezas que pueden acoplarse.

1 **en·san·cha·mien·to** [ensantʃamjénto] *s/m* Acción o resultado de ensanchar(se).

2 **en·san·char** [ensantʃár] *tr* Aumentar la anchura de algo.

1 **en·san·che** [ensántʃe] *s/m* Acción o resultado de ensanchar, *esp* fuera del casco urbano.

1 **en·san·gren·tar** [ensangrentár] *tr* Manchar de sangre.
CONJ *Irreg: Ensangriento, ensangrenté, ensangrentaré, ensangrentado*.

1 **en·sa·ña·mien·to** [ensaɲamjénto] *s/m* Acción o resultado de ensañar(se).

1 **en·sa·ñar·se** [ensaɲárse] REFL(*-se*) Gozar haciendo daño o algo cruel a otros.

1 **en·sar·tar** [ensartár] *tr* **1.** Pasar un hilo o alambre por el hueco de un objeto (perlas, cuentas), para unirlo a otros en secuencia. **2.** Atravesar con un arma el cuerpo de alguien. **3.** Decir algo de forma continuada.

EN·SA·YAR

en·sa·yar [ensajár] *tr* Hacer algo a modo de prueba.

en·sa·yis·ta [ensajísta] *s/m,f* Persona que escribe ensayos.

en·sa·yo [ensájo] *s/m* **1.** Acción o resultado de ensayar(se). **2.** Escrito o estudio no exhaustivo sobre un tema.

en·se·gui·da [enseɣíða] *adv* En seguida, inmediatamente después del momento en cuestión.

en·se·na·da [ensenáða] *s/f* Entrante del mar en tierra firme.

en·se·ña [enséna] *s/f* Insignia, estandarte.

en·se·ñan·te [ensenánte] *adj s/m,f* Que enseña.

en·se·ñan·za [ensenánθa] *s/f* Acción de enseñar o cosas que se enseñan.

en·se·ñar [ensenár] *tr intr* **1.** Transmitir a alguien ciertos conocimientos o experiencias. **2.** Indicar, mostrar algo.

en·se·ño·re·ar·se [ensenoreárse] REFL(-se) Hacerse dueño o amo de algo. RPr **Enseñorearse de**.

en·se·res [enséres] *s/m,pl* Conjunto de utensilios necesarios para una actividad, que suelen utilizarse en la casa.

en·si·llar [ensiʎár] *tr* Poner la silla de montar a una caballería.

en·si·mis·ma·mien·to [ensimismamjénto] *s/m* Acción o resultado de ensimismarse.

en·si·mis·mar [ensimismár] *tr* REFL(-se) Hacer que alguien se quede o quedarse uno absorto o concentrado totalmente en algo.

en·so·ber·be·cer [ensoβerβeθér] *tr* Hacer que alguien se crea superior.
CONJ *Irreg: Ensoberbezco, ensoberbecí, ensoberbeceré, ensoberbecido*.

en·som·bre·cer [ensombreθér] *tr* **1.** Cubrir de sombras u oscuridad. **2.** Oscurecer un dibujo. **3.** Provocar tristeza o melancolía.
CONJ *Irreg: Ensombrezco, ensombrecí, ensombreceré, ensombrecido*.

en·so·ña·ción [ensonaθjón] *s/f* Acción o resultado de ensoñar(se).

en·so·ñar [ensonár] *tr* REFL(-se) Tener ensueños o imaginarse cosas agradables.
CONJ *Irreg: Ensueño, ensoñé, ensoñaré, ensoñado*.

en·sor·de·ce·dor, -ra [ensorðeθeðór] *adj* Que ensordece.

en·sor·de·cer [ensorðeθér] **I.** *tr* Causar sordera. **II.** *intr* REFL(-se) Dejar algo de hacer ruido o sonar.
CONJ *Irreg: Ensordezco, ensordecí, ensordeceré, ensordecido*.

en·su·ciar [ensuθjár] **I.** *tr* Poner algo sucio. **II.** *intr* REFL(-se) COL Hacerse alguien sus necesidades corporales encima.

en·sue·ño [enswéno] *s/m* Ilusión, fantasía.

en·ta·blar [entaβlár] *tr* (Con *con*) Iniciar una acción.

en·ta·bli·llar [entaβliʎár] *tr* Sujetar algo (brazo, etc.) con tablillas y vendajes.

en·ta·llar [entaʎár] *tr* **1.** Esculpir o tallar figuras. **2.** Ajustar un vestido al talle.

en·ta·ri·ma·do [entarimáðo] *s/m* Suelo de tablas ensambladas.

en·ta·ri·mar [entarimár] *tr* Cubrir con tablas un suelo.

en·te [énte] *s/m* **1.** Lo que es o existe. **2.** Institución u organización social.

en·te·le·quia [entelékja] *s/f* Cosa irreal o imaginaria.

en·ten·de·de·ras [entendeðéras] *s/f,pl* Entendimiento.

en·ten·de·dor, -ra [entendeðór] *adj s/m,f* Que entiende.

en·ten·der [entendér] **I.** *tr* **1.** Captar claramente el significado de algo. **2.** Opinar, considerar. **II.** *intr* **1.** Comprender lo que se dice o hace. **2.** (Con *de*) Ser un experto en algo: *No entendía de cine*. **III.** REFL(-se) **1.** Llevarse dos o más personas como se expresa: *No se entendía bien con su padre*. **2.** Tener dos personas una relación amorosa. **IV.** *s/m* Juicio, opinión.
RPr **Entender de/en. Entenderse con**.
CONJ *Irreg: Entiendo, entendí, entenderé, entendido*.

en·ten·di·do, -da [entendíðo] *adj s/m,f* (Con *en*) Experto en algo.

en·ten·di·mien·to [entendimjénto] *s/f* **1.** Facultad para entender y razonar. **2.** Acción o resultado de ponerse de acuerdo dos o más personas.

en·ten·te [enténte] *s/f* Acuerdo entre personas.

en·te·ra·do, -da [enteráðo] **I.** *adj* Que sabe mucho de algo. **II.** *s/m* Nota con la palabra 'enterado' que alguien suscribe con su firma para certificar que ha sido informado de algo.

en·te·rar·se [enterárse] REFL(-se) Conocer plenamente algo. RPr **Enterarse de**.

en·te·re·za [enteréθa] *s/f* Fortaleza de ánimo.

en·te·ri·tis [enterítis] *s/f* Inflamación de la mucosa intestinal.

en·ter·ne·ce·dor, -ra [enterneθeðór] *adj* Que enternece.

EN·TRE·A·BIER·TO

[2] en·ter·ne·cer [enterneθér] *tr* REFL(*-se*) Provocar sentimientos de ternura o compasión.
CONJ *Irreg: Enternezco, enternecí, enterneceré, enternecido.*

en·ter·ne·ci·mien·to [enterneθimjénto] *s/m* Acción o resultado de enternecer(se).

[4] en·te·ro, -ra [entéro] I. *adj* 1. Completo, con todas sus partes. 2. Con entereza de ánimo. II. *s/m* MAT Número no fraccionado. LOC Por entero, enteramente.

[1] en·te·rra·dor, -ra [enterraðor] *s/m,f* Quien entierra a los muertos.

[1] en·te·rra·mien·to [enterramjénto] *s/m* 1. Acción o resultado de enterrar. 2. Lugar en que alguien está enterrado.

[4] en·te·rrar [enterrár] *tr* 1. Poner bajo tierra o cubrir con tierra. 2. Dar sepultura a un cadáver. 3. Olvidar.
CONJ *Irreg: Entierro, enterré, enterraré, enterrado.*

en·ti·bar [entiβár] *tr* Apuntalar una galería subterránea con tablas.

[1] en·ti·biar [entiβjár] *tr* 1. Hacer que algo se ponga tibio. 2. Debilitar(se) algo (pasión).

[5] en·ti·dad [entiðáð] *s/f* 1. Ente o ser. 2. Conjunto de cosas o personas que forman una unidad. 3. Valor, importancia de algo.

[2] en·tie·rro [entjérro] *s/m* 1. Acción o resultado de enterrar un cadáver. 2. Ceremonia que acompaña a este acto.

en·tol·da·do [entoldáðo] *s/m* 1. Acción de entoldar. 2. Lugar cubierto de toldos.

[2] en·to·na·ción [entonaθjón] *s/f* Acción o resultado de entonar.

[2] en·to·nar [entonár] I. *tr* 1. Cantar una canción o melodía. 2. Dar el tono ajustado al hablar o cantar. 3. MED Dar a alguien la fuerza perdida. II. *intr* Armonizar dos o más cosas. III. REFL(*-se*) Recuperar las fuerzas perdidas.

[5] en·ton·ces [entónθes] *adv* 1. En el momento en que tiene lugar la acción. 2. En tal caso: *Bueno, entonces, ¿vienes?*

[1] en·ton·te·cer [entonteθér] *tr* Volver tonto a alguien.
CONJ *Irreg: Entontezco, entontecí, entonteceré, entontecido.*

[4] en·tor·nar [entornár] *tr* Abrir o cerrar de manera incompleta una puerta o ventana.

[4] en·tor·no [entórno] *s/m* Lo que rodea a alguien o algo.

[2] en·tor·pe·cer [entorpeθér] *tr* Dificultar la realización de algo.
CONJ *Irreg: Entorpezco, entorpecí, entorpeceré, entorpecido.*

[1] en·tor·pe·ci·mien·to [entorpeθimjénto] *s/m* Acción o resultado de entorpecer(se).

[4] en·tra·da [entráða] *s/f* 1. Acción o resultado de entrar. 2. Lugar por donde se entra a un lugar. 3. Cantidad de gente que entra en un local. 4. Cantidad de dinero recaudado en un espectáculo. 5. Billete que da acceso a un espectáculo. 6. Primer plato, ligero, en una comida. 7. Parte sin pelo que prolonga la frente a cada lado y hacia arriba.

[4] en·tra·do, -da [entráðo] *adj* 1. Avanzado en un proceso: *Las víctimas eran entradas en años.* 2. Que abunda en algo: *Mujer entrada en carnes.*

[2] en·tra·ma·do [entramáðo] *s/m* Armazón de madera que sirve de soporte a algo.

en·tram·bos, -bas [entrambós] *adj pron pl* Ambos.

[2] en·tran·te [entránte] I. *adj* Que entra o empieza. II. *s/m sing/pl* Entremeses.

[2] en·tra·ña [entrápa] *s/f* 1. Vísceras u órganos en el interior del cuerpo. 2. *sing/pl* Lo más interior o escondido de algo. 3. FIG *pl* Índole o naturaleza de alguien. 4. FIG *pl* Sentimientos: *Hombre sin entrañas.*

[2] en·tra·ña·ble [entrapáβle] *adj* Digno de cariño o afecto.

[3] en·tra·ñar [entrapár] *tr* Implicar una cosa a otra.

[5] en·trar [entrár] I. *intr* 1. Pasar del exterior al interior. 2. Introducirse una cosa en otra. 3. Incorporarse a un grupo, asociación, etc. 4. Empezar a ejercer una profesión: *Entré de profesor en un colegio.* 5. Surgir en alguien cierto estado de ánimo: *Me entró miedo.* 6. Estar incluido en una cantidad determinada, en un total o unidad: *Entran tres tomates por kilo.* 7. FIG Ser algo parte de otra cosa. 8. Caber una cosa dentro de otra en un lugar: *El armario no entra en esta habitación.* 9. FIG Tratar ciertos asuntos: *El alcalde entró en los problemas de sus concejales.* II. *tr* Introducir algo en algún lugar. RPr **Entrar a/en**.

[5] en·tre [éntre] *prep* 1. En medio de dos o más personas o cosas. 2. Incluido en una lista. 3. Hace referencia a un intervalo temporal o espacial: *Matrículas entre 1987 y 1991.* 4. Interviniendo dos o más personas: *Entre él y otro me pararon.*

[1] en·tre·a·bier·to, -ta [entreaβjérto] *adj* A medio abrir.

233

2 **en·tre·a·brir** [entreaβrír] *tr* Abrir de forma incompleta.

1 **en·tre·ac·to** [entreákto] *s/m* Pausa entre acto y acto de una representación.

1 **en·tre·ca·no, -na** [entrekáno] *adj* Que empieza a tener canas.

1 **en·tre·ce·jo** [entreθéχo] *s/m* Espacio entre las cejas.

1 **en·tre·co·mi·llar** [entrekomiʎár] *tr* Poner entre comillas.

1 **en·tre·cor·ta·do, -da** [entrekortáðo] *adj Gen* aplicado a la voz, discontinua o intermitente.

1 **en·tre·cor·tar** [entrekortár] *tr* Hacer que algo se desarrolle de forma discontinua o intermitente.

en·tre·cot [entrekót] *s/m* Filete de carne vacuna de la parte situada entre las costillas.

2 **en·tre·di·cho** [entreðítʃo] LOC **Poner/ Quedar en entredicho,** poner/quedar en duda el valor de algo o alguien.

en·tre·dós [entreðós] *s/m* Tira de encaje y adorno, cosida entre dos telas.

en·tre·fo·rro [entrefórro] *s/m* Tela entre el forro y el exterior de una prenda.

4 **en·tre·ga** [entréɣa] *s/f* **1.** Acción o resultado de entregar. **2.** Cosa que se entrega. **3.** Dedicación o esfuerzo puesto en hacer algo.

5 **en·tre·gar** [entreɣár] **I.** *tr* Dar algo a otro. **II.** *REFL(-se)* Dedicarse por completo a una actividad.

ORT La *z* cambia a *gu* ante *e: Entregué.*

1 **en·tre·guis·mo** [entreɣísmo] *s/m* Pérdida de la voluntad de luchar.

2 **en·tre·la·zar** [entrelaθár] *tr* Cruzar hilos de forma que queden entretejidos.

ORT La *z* cambia a *c* ante *e: Entrelacé.*

en·tre·lí·nea [entrelínea] *s/f* **1.** Cosa que se sugiere, sin decirla expresamente. **2.** Espacio en blanco entre dos líneas.

en·tre·me·dias [entremédjas] *adv* Entre otras cosas, en el espacio o en el tiempo.

1 **en·tre·més** [entremés] *s/m* **1.** Alimento al empezar una comida. **2.** Pieza teatral breve, *gen* cómica, entre acto y acto de una comedia.

1 **en·tre·me·ter** [entremetér] **I.** *tr* Meter una cosa entre otra. **II.** *REFL(-se)* Intervenir alguien en asuntos que no son de su competencia.

1 **en·tre·mez·clar** [entremeθklar] *tr REFL(-se)* Mezclar(se) unas cosas con otras.

3 **en·tre·na·dor, -ra** [entrenaðór] *s/m,f* Persona que entrena en los deportes.

3 **en·tre·na·mien·to** [entrenamjénto] *s/m* Acción o resultado de entrenar(se).

3 **en·tre·nar** [entrenár] *tr REFL(-se)* Preparar(se) para practicar algún deporte mediante ejercicio y práctica.

en·tre·pa·ño [entrepáɲo] *s/m* Espacio de pared entre dos balcones, huecos, etc.

1 **en·tre·pier·na** [entrepjérna] *s/f* **1.** Parte interior de los muslos. **2.** *sing/pl* Pieza de tela cosida a la entrepierna de un pantalón.

1 **en·tre·sa·car** [entresakár] *tr* Sacar una cosa de entre otras.

ORT La *c* cambia a *qu* ante *e: Entresaqué.*

1 **en·tre·si·jo** [entresíχo] *s/m* Interioridades de algo.

1 **en·tre·sue·lo** [entreswélo] *s/m* Planta de un edificio entre la planta baja y el primer piso.

1 **en·tre·sue·ño** [entreswéɲo] *s/m* Adormecimiento, sueño ligero.

2 **en·tre·tan·to** [entretánto] *adv* Mientras.

1 **en·tre·te·jer** [entreteχér] *tr* Meter en un tejido hilos de otro color o material.

1 **en·tre·te·la** [entretéla] **I.** *s/f* Tejido entre el forro y la tela de una prenda. **II.** *s/f,pl* Parte más secreta o íntima de alguien o algo.

3 **en·tre·te·ner** [entretenér] **I.** *tr* **1.** Distraer a alguien impidiendo que haga algo. **2.** Divertir, distraer. **II.** *REFL(-se)* Retrasarse en la realización de una acción.

CONJ *Irreg: Entretengo, entretuve, entretendré, entretenido.*

3 **en·tre·te·ni·mien·to** [entretenimjénto] *s/m* Acción o resultado de entretener(se).

en·tre·tiem·po [entretjémpo] *s/m* Época del año entre dos estaciones.

4 **en·tre·ver** [entreβér] *tr* **1.** Ver de modo confuso o borroso. **2.** Empezar a ver la solución de algo.

CONJ *Irreg: Entreveo, entreví, entreveré, entrevisto.*

en·tre·vía [entreβía] *s/f* Espacio entre los rieles de una vía.

4 **en·tre·vis·ta** [entreβísta] *s/f* Encuentro o reunión entre personas para tratar un tema.

2 **en·tre·vis·ta·do, -da** [entreβistáðo] *s/m,f* Persona objeto de una entrevista.

1 **en·tre·vis·ta·dor, -ra** [entreβistaðór] *s/m,f* Persona que entrevista.

4 **en·tre·vis·tar** [entreβistár] *tr* Hacer una entrevista.

2 **en·tris·te·cer** [entristeθér] *tr* Poner triste a alguien.

EN·VI·LE·CER

CONJ *Irreg: Entristezco, entristecí, entristeceré, entristecido.*

[1] **en·tro·me·ter** [entrometér] *REFL(-se)* Interferir en asuntos ajenos de forma inoportuna.

[1] **en·tro·me·ti·do, -da** [entrometíðo] *adj s/m,f* Que se entromete.

[1] **en·tro·ni·za·ción** [entroniθaθjón] *s/f* Acción o resultado de entronizar(se).

[1] **en·tro·ni·zar** [entroniθár] *tr* Colocar a alguien en el trono, con la dignidad que corresponde.
ORT La *z* cambia a *c* ante *e*: *Entronicé.*

[1] **en·tron·que** [entrónke] *s/m* Acción o resultado de empalmar o unirse una cosa con otra, o punto de tal unión.

[1] **en·tu·bar** [entuβár] *tr* **1.** Poner tubos. **2.** Canalizar mediante tubos.

[1] **en·tuer·to** [entwérto] *s/m* Perjuicio, injusticia.

[1] **en·tu·me·cer** [entumeθér] *tr REFL(-se)* Dejar o quedarse sin movimiento un miembro del cuerpo.
CONJ *Irreg: Entumezco, entumecí, entumeceré, entumecido.*

en·tu·me·ci·mien·to [entumeθimjénto] *s/m* Acción o resultado de entumecer(se).

[1] **en·tur·biar** [enturβjár] *tr* Poner algo turbio.

[4] **en·tu·sias·mar** [entusjasmár] *tr* Infundir entusiasmo o alegría. RPr **Entusiasmarse con/por.**

[3] **en·tu·sias·mo** [entusjásmo] *s/m* Exaltación del ánimo, debida a la admiración por algo o por alguien.

[2] **en·tu·sias·ta** [entusjásta] *adj s/m,f* Que siente entusiasmo.

[2] **e·nu·me·ra·ción** [enumeraθjón] *s/f* Acción o resultado de enumerar.

[2] **e·nu·me·rar** [enumerár] *tr* Presentar cosas ordenadamente o contándolas.

[1] **e·nun·cia·ción** [enunθjaθjón] *s/f* Acción o resultado de enunciar.

[2] **e·nun·cia·do** [enunθjáðo] *s/m* **1.** Acción de enunciar. **2.** Cosa que se enuncia.

[3] **e·nun·ciar** [enunθjár] *tr* Exponer una idea con claridad.

[1] **en·vai·nar** [embainár] *tr* Meter en su funda una espada o arma blanca.

en·va·len·to·na·mien·to [embalentonamjénto] *s/m* Acción o resultado de envalentonar(se).

[1] **en·va·len·to·nar** [embalentonár] *tr* Infundir a alguien excesivos ánimos, de modo que se torne arrogante.

[1] **en·va·ne·cer** [embaneθér] *tr* Hacer que alguien sienta vanidad. RPr **Envanecerse de/por.**
CONJ *Irreg: Envanezco, envanecí, envaneceré, envanecido.*

en·va·ne·ci·mien·to [embaneθimjénto] *s/m* Acción o resultado de envanecer(se).

[1] **en·va·ra·do** [embaráðo] *adj* Que se muestra superior a los demás.

[1] **en·va·rar** [embarár] *tr REFL(-se)* Poner(se) rígido un miembro del cuerpo.

[1] **en·va·sa·do** [embasáðo] *s/m* Acción de envasar.

[2] **en·va·sar** [embasár] *tr* Introducir, *gen* líquidos o granos, en envases.

[1] **en·va·se** [embáse] *s/m* **1.** Acción o resultado de envasar. **2.** Recipiente para envasar.

[3] **en·ve·je·cer** [embeχeθér] *tr intr* Hacer(se) más viejo.
CONJ *Irreg: Envejezco, envejecí, envejeceré, envejecido.*

[3] **en·ve·je·ci·mien·to** [embeχeθimjénto] *s/m* Acción o resultado de envejecer.

[2] **en·ve·na·mien·to** [embenenamjénto] *s/m* Acción o resultado de envenenar(se).

[2] **en·ve·ne·nar** [embenenár] *tr* Administrar veneno a alguien o matarle de esa manera.

[2] **en·ver·ga·du·ra** [emberɣaðúra] *s/f* **1.** Importancia de un asunto. **2.** Anchura de una vela, de las alas de un ave o avión, etc.

[1] **en·vés** [embés] *s/m* Parte opuesta a la cara o frente de algo.

[3] **en·via·do, -da** [embjaðo] *s/m,f* Persona mandada para cumplir una misión.

[5] **en·viar** [embjár] *tr* **1.** Hacer que alguien se desplace a un lugar para un fin. **2.** Dirigir algo a alguien por correo, fax, etc.
ORT PRON El acento recae sobre la *i* en el *sing* y *3ª p pl* del *pres* de *ind* y *subj*: *Envío.*

en·vi·ciar [embiθjár] *tr* Hacer que alguien adquiera un vicio.

[2] **en·vi·dia** [embíðja] *s/f* Sentimiento de pesar por no tener algo que otro tiene.

[2] **en·vi·dia·ble** [embiðjáβle] *adj* Que es digno de ser envidiado.

[3] **en·vi·diar** [embiðjár] *tr* Desear las cosas que otros tienen, sufriendo por no poseerlas.

[2] **en·vi·dio·so, -sa** [embiðjóso] *adj s/m,f* Que siente envidia.

[1] **en·vi·le·cer** [embileθér] *tr REFL(-se)* Hacer(se) alguien vil o despreciable.
CONJ *Irreg: Envilezco, envilecí, envileceré, envilecido.*

1 **en·vi·le·ci·mien·to** [embileθimjénto] *s/m* Acción o resultado de envilecer(se).

2 **en·vío** [embío] *s/m* **1.** Acción de enviar. **2.** Cosa que se envía.

1 **en·vión** [embjón] *s/m* AMER Empuje o impulso fuerte.

en·vis·car [embiskár] *tr* Azuzar a los perros para que ataquen.
ORT La *c* cambia a *qu* ante *e*: *Envisqué*.

1 **en·vi·te** [embíte] *s/m* En los juegos de cartas, apuesta que se añade a la ordinaria.

1 **en·viu·dar** [embjuðár] *intr* Quedarse viudo alguien.

1 **en·vol·to·rio** [emboltórjo] *s/m* **1.** Conjunto de cosas empaquetadas en desorden. **2.** Cosa para envolver.

1 **en·vol·tu·ra** [emboltúra] *s/f* Cosa que envuelve o recubre algo.

1 **en·vol·ven·te** [embolβénte] *adj* Que envuelve o rodea.

4 **en·vol·ver** [embolβér] *tr* Cubrir algo por completo con otra cosa que lo rodea.
CONJ *Irreg: Envuelvo, envolví, envolveré, envuelto.*

3 **en·vuel·to, -ta** [embwélto] **I.** *adj* Cubierto con algo. **II.** *s/m* MEX Tortilla de maíz guisada.

1 **en·ye·sar** [enjesár] *tr* Cubrir con yeso.

1 **en·zar·zar** [enθarθár] *tr* Iniciar una pelea o discusión.
ORT Ante *e* la *z* cambia a *c*: *(Me) enzarcé*.

1 **en·zi·ma** [enθíma] *s/f* Sustancia catalizadora producida por las células vivas.

1 **e·ñe** [éɲe] *s/f* Nombre de la letra 'ñ'.

eo·ce·no, -na [eoθéno] *adj s/m* De la etapa terciaria, o esa misma época.

1 **eó·li·co, -ca** [eóliko] *adj* Relativo al viento.

1 **é·pi·ca** [épika] *s/f* Poesía épica.

1 **e·pi·cen·tro** [epiθéntro] *s/m* Lugar en que se origina un movimiento sísmico.

2 **é·pi·co, -ca** [épiko] *adj* **1.** Relativo a la epopeya. **2.** Digno de admiración y renombre.

1 **e·pi·cú·reo, -a** [epikúreo] **I.** *adj* Que busca sólo el placer. **II.** *s/m,f* Seguidor de la doctrina que busca el placer en la vida.

2 **e·pi·de·mia** [epiðémja] *s/f* Enfermedad contagiosa, que afecta a muchas personas en un lugar.

1 **e·pi·dé·mi·co, -ca** [epiðémiko] *adj* Relativo a la epidemia.

1 **e·pi·de·mio·lo·gía** [epiðemjoloxía] *s/f* Ciencia que se ocupa del estudio de las epidemias.

1 **e·pi·de·mio·ló·gi·co, -ca** [epiðemjolóxiko] *adj* Relativo a la epidemiología.

1 **e·pi·dér·mi·co, -ca** [epiðérmiko] *adj* Relativo a la epidermis.

1 **e·pi·der·mis** [epiðérmis] *s/f* Capa superficial de la piel.

1 **e·pi·du·ral** [epiðurál] *adj s/f* MED Se dice de la anestesia que deja sin sensibilidad la parte inferior del tronco durante un tiempo.

e·pi·glo·tis [epiɣlótis] *s/f* Cartílago que tapa la glotis durante la ingestión de alimentos.

1 **e·pí·go·no** [epíɣono] *s/m* Quien sigue las huellas de otro, *esp* en arte o ciencia.

2 **e·pí·gra·fe** [epíɣrafe] *s/m* **1.** Resumen breve al principio de un capítulo, obra, etc. **2.** Breve inscripción grabada en piedra o metal, como recuerdo de algo o de alguien.

e·pi·gra·fía [epiɣrafía] *s/f* Ciencia que estudia los epígrafes.

1 **e·pi·gra·ma** [epiɣráma] *s/m* Breve composición de carácter satírico o ingenioso.

1 **e·pi·lep·sia** [epilépsja] *s/f* Enfermedad que se caracteriza por convulsiones o agitaciones violentas.

1 **e·pi·lép·ti·co, -ca** [epiléptiko] *adj s/m,f* Relativo a la epilepsia o que la padece.

1 **e·pí·lo·go** [epíloɣo] *s/m* Parte final y resumen de un discurso, escrito, etc.

1 **e·pis·co·pa·do** [episkopáðo] *s/m* **1.** Cargo o dignidad de obispo. **2.** Conjunto de los obispos de un país o de la Iglesia.

2 **e·pis·co·pal** [episkopál] *adj* Relativo al obispo.

1 **e·pi·só·di·co, -ca** [episóðiko] *adj* Relativo a un episodio.

4 **e·pi·so·dio** [episóðjo] *s/m* Suceso tomado aisladamente, pero que forma parte de un conjunto.

1 **e·pis·te·mo·lo·gía** [epistemoloxía] *s/f* Doctrina que estudia los métodos del conocimiento científico.

2 **e·pis·te·mo·ló·gi·co, -ca** [epistemolóxiko] *adj* Relativo a la epistemología.

1 **e·pís·to·la** [epístola] *s/f* Carta o misiva.

1 **e·pis·to·lar** [epistolár] *adj* Relativo a las cartas.

1 **e·pi·ta·fio** [epitáfjo] *s/m* Inscripción referida a alguien fallecido.

1 **e·pi·te·lial** [epiteljál] *adj* Relativo al epitelio.

[1] **e·pi·te·lio** [epitéljo] *s/m* Capa que recubre las partes internas y externas del organismo.

[1] **e·pí·te·to** [epíteto] *s/m* Adjetivo que señala cualidades inherentes al nombre que califica: *'La blanca nieve'*.

[1] **e·pí·to·me** [epítome] *s/m* Resumen de lo más importante de algo.

[5] **é·po·ca** [épóka] *s/f* Periodo de tiempo en la historia de un país, en la vida, etc.

[1] **e·pó·ni·mo, -ma** [epónimo] *adj* Que da nombre a una nación, época, etc.

[2] **e·po·pe·ya** [epopéja] *s/f* Poema que versa sobre acciones heroicas.

[2] **e·qui·dad** [ekiðáð] *s/f* Cualidad de quien obra dando a cada cual lo que le corresponde y es justo.

e·qui·dis·tan·cia [ekiðistánθja] *s/f* Igualdad de equidistante.

[1] **e·qui·dis·tan·te** [ekiðistánte] *adj* Que equidista de otra cosa.

[1] **e·qui·dis·tar** [ekiðistár] *intr* Estar algo a la misma distancia de otra u otras cosas. RPr **Equidistar de**.

é·qui·do [ékiðo] *adj, s/m* Animal de la familia del caballo o del asno.

[1] **e·qui·lá·te·ro, -ra** [ekilátero] *adj* De lados iguales entre sí.

[2] **e·qui·li·bra·do, -da** [ekiliβráðo] *adj* Que tiene equilibrio.

[3] **e·qui·li·brar** [ekiliβrár] *tr* Hacer que algo tenga o mantenga el equilibrio respecto a otra cosa.

[4] **e·qui·li·brio** [ekilíβrjo] *s/m* Estado de un cuerpo cuyas fuerzas opuestas se compensan mutuamente.

[1] **e·qui·li·bris·ta** [ekiliβrísta] *adj s/m,f* Persona diestra en ejercicios de equilibrio.

[1] **e·qui·no, -na** [ekíno] *adj* Relativo al caballo.

[1] **e·qui·noc·cio** [ekinó(k)θjo] *s/m* ASTR Momento en que el Sol se halla exactamente sobre el Ecuador, de modo que el día y la noche duran lo mismo.

[2] **e·qui·pa·je** [ekipáχe] *s/m* Conjunto de maletas, paquetes, etc., que se llevan de viaje.

[2] **e·qui·pa·mien·to** [ekipamjénto] *s/m* **1.** Acción o resultado de equipar. **2.** Elementos con que se equipa algo o con que se provee a alguien.

[5] **e·qui·par** [ekipár] *tr* Proveer de lo necesario para algo.

[2] **e·qui·pa·ra·ble** [ekiparáβle] *adj* Que se puede equiparar.

[1] **e·qui·pa·ra·ción** [ekiparaθjón] *s/f* Acción o resultado de equiparar.

[2] **e·qui·pa·rar** [ekiparár] *tr* Establecer igualdad o equivalencia entre cosas o personas. RPr **Equiparar(se) a/con**.

[5] **e·qui·po** [ekípo] *s/m* **1.** Conjunto de lo que es necesario para algo. **2.** Conjunto de personas que realizan un trabajo en común. **3.** DEP Conjunto de jugadores que compite con otros. **4.** Conjunto de elementos o aparatos necesarios para un fin: *Equipo de música*.

[1] **e·quis** [ékis] **I.** *s/f* Nombre de la letra 'x'. **II.** *adj* Poco preciso.

[1] **e·qui·ta·ción** [ekitaθjón] *s/f* Arte de montar el caballo.

[2] **e·qui·ta·ti·vo, -va** [ekitatíβo] *adj* Que posee equidad.

[2] **e·qui·va·len·cia** [ekiβalénθja] *s/f* Igualdad entre el valor, significado, etc., de dos o más cosas.

[4] **e·qui·va·len·te** [ekiβalénte] *adj* Que equivale en algo a otra cosa. RPr **Equivalente a/de**.

[3] **e·qui·va·ler** [ekiβalér] *intr* Tener el mismo valor, importancia, etc. RPr **Equivaler a**. CONJ *Irreg*: Como *valer*.

[2] **e·qui·vo·ca·ción** [ekiβokaθjón] *s/f* Acción de equivocarse.

[4] **e·qui·vo·car** [ekiβokár] **I.** *tr* Confundir una cosa con otra. **II.** REFL(*-se*) Cometer un error tomando una cosa por lo que no es. ORT La *c* cambia a *qu* ante *e*: *Equivoqué*.

[2] **e·qui·vo·co, -ca** [ekíβoko] *adj* Que puede ser interpretado de varias maneras.

[5] **e·ra** [éra] *s/f* **1.** Época histórica determinada por algún hecho de gran relevancia. **2.** Cada una de las etapas geológicas en la formación de la Tierra. **3.** Lugar para trillar y aventar las mieses.

[1] **e·ra·rio** [erárjo] *s/m* Conjunto de los bienes públicos de una nación.

[1] **e·re** [ére] *s/f* Nombre de la letra 'r' (con sonido suave).

[2] **e·rec·ción** [erekθjón] *s/f* Acción o resultado de ponerse erecto un órgano, *esp* el órgano sexual masculino.

[1] **e·réc·til** [eréktil] *adj* Que puede ponerse erecto.

[1] **e·rec·to, -ta** [erékto] *adj* Erguido, en posición vertical.

[1] **e·re·mi·ta** [eremíta] *s/m,f* Persona que vive devotamente y en soledad.

[1] **er·go·no·mía** [erγonomía] *s/f* Ciencia que se ocupa de las condiciones laborales de las personas y su entorno.

1 **er·go·nó·mi·co, -ca** [erɣonómiko] *adj* Relativo a la ergonomía.

3 **er·guir** [erɣír] *tr* Levantar, poner en posición vertical.
CONJ *Irreg: Yergo, erguí, erguiré, erguido.*

1 **e·rial** [erjál] *s/m* Terreno no cultivado.

3 **e·ri·gir** [eriçír] I. *tr* Levantar o construir algo. II. REFL(-se) Adjudicarse uno mismo cierto cargo o posición. RPr **Erigir(se) en**.
ORT *La g cambia a j ante a/o: Erijo, erija.*

e·ri·si·pe·la [erisipéla] *s/f* Enfermedad infecciosa de la piel.

2 **e·ri·za·do, -da** [eriθáðo] *adj* Lleno (de). RPr **Erizado de**.

2 **e·ri·zar** [eriθár] *tr* REFL(-se) Poner(se) algo tieso o rígido, *esp* el pelo o el vello.
ORT *La z cambia a c ante e: Ericé.*

1 **e·ri·zo** [eríθo] *s/m* ZOOL Mamífero con el dorso y los costados cubiertos de púas.

2 **er·mi·ta** [ermíta] *s/f* Capilla en zona despoblada.

1 **er·mi·ta·ño, -ña** [ermitáɲo] *s/m,f* Persona que vive en soledad y aislado.

1 **e·ró·ge·no, -na** [eróχeno] *adj* Que produce excitación sexual.

2 **e·ro·sión** [erosjón] *s/f* 1. GEOL Desgaste en la superficie terrestre por la acción del viento, agua, etc. 2. Lesión o herida superficial en la piel.

2 **e·ro·sio·nar** [erosjonár] *tr* Causar erosión.

1 **e·ro·si·vo, -va** [erosíβo] *adj* Que causa erosión.

3 **e·ró·ti·co, -ca** [erótiko] *adj* Relativo al amor, *esp* el sexual.

2 **e·ro·tis·mo** [erotísmo] *s/m* Cualidad de erótico.

1 **e·ro·ti·zar** [erotiθár] *tr* Provocar erotismo.
ORT *La z cambia a c ante e: Eroticé.*

1 **e·rra·bun·do, -da** [erraβúndo] *adj* Que va de un lugar a otro y sin domicilio fijo.

2 **e·rra·di·ca·ción** [erraðikaθjón] *s/f* Acción o resultado de erradicar.

2 **e·rra·di·car** [erraðikár] *tr* Arrancar de raíz o eliminar totalmente.
ORT *La c cambia a qu ante e: Erradiqué.*

2 **e·rran·te** [erránte] *adj* Que va de un lado para otro, sin rumbo fijo.

2 **e·rrar** [errár] I. *tr intr* Equivocarse. II. *intr* Ir de un lado a otro, sin rumbo fijo.
CONJ *Irreg: Yerro, erré, erraré, errado.*

2 **e·rra·ta** [erráta] *s/f* Falta o error en un escrito.

1 **e·rrá·ti·co, -ca** [errátiko] *adj* Que se da u ocurre de forma aleatoria o imprevisible.

1 **e·rre** [érre] *s/f* Nombre de la letra 'r' (sonido fuerte). LOC **Erre que erre**, con tozudez.

2 **e·rró·neo, -ea** [erróneo] *adj* Que es o contiene error.

5 **e·rror** [errór] *s/m* Acción o creencia equivocada o desacertada.

2 **er·tzai·na** [ertʃáina] *s/m,f* Miembro de la policía autonómica vasca.

1 **e·ruc·tar** [eruktár] *intr* Expulsar ruidosamente por la boca los gases del estómago.

2 **e·ruc·to** [erúkto] *s/m* Acción o resultado de eructar.

2 **e·ru·di·ción** [eruðiθjón] *s/f* Saber amplio sobre un tema.

2 **e·ru·di·to, -ta** [eruðíto] *adj s/m,f* Que posee erudición.

2 **e·rup·ción** [erupθjón] *s/f* 1. Expulsión violenta de lo que se contiene en un lugar (volcán). 2. Mancha o grano en la piel.

1 **e·rup·ti·vo, -va** [eruptíβo] *adj* Relativo a la erupción.

1 **es·bel·tez** [esβeltéθ] *s/f* Cualidad de esbelto.

2 **es·bel·to, -ta** [esβélto] *adj* Alto y elegante.

1 **es·bi·rro** [esβírro] *s/m* Quien ejecuta las órdenes de alguien, *esp* si son crueles.

2 **es·bo·zar** [esβoθár] *tr* Hacer un esbozo de algo.
ORT *La z cambia a c ante e: Esbocé.*

1 **es·bo·zo** [esβóθo] *s/m* Trazos de las líneas generales de un dibujo o plan.

1 **es·ca·be·char** [eskaβetʃár] *tr* Poner en escabeche.

1 **es·ca·be·che** [eskaβétʃe] *s/m* 1. Salsa especial para conservar carne o pescado. 2. Alimento así adobado y conservado.

es·ca·be·chi·na [eskaβetʃína] *s/f* Destrozo grande en algo.

1 **es·ca·bel** [eskaβél] *s/m* Tarima pequeña para apoyar los pies.

es·ca·bro·si·dad [eskaβrosiðáð] *s/f* Cualidad de escabroso.

1 **es·ca·bro·so, -sa** [eskaβróso] *adj* 1. Se dice del terreno desigual y abrupto. 2. Se aplica al asunto complejo y difícil. 3. Que se aproxima a lo inmoral u obsceno.

1 **es·ca·bu·llir·se** [eskaβuʎírse] REFL(-se) Escaparse alguien de un lugar sin ser visto. RPr **Escabullirse de/(de) entre**.

1 **es·ca·cha·rrar** [eskatʃarrár] *tr* REFL(-se) COL Estropear(se) o romper(se) algo.

1 **es·ca·fan·dra** [eskafándra] *s/f* Traje imper-

ES·CA·PA·RA·TE

meable usado por los buzos para sumergirse en el agua.

3 **es·ca·la** [eskála] *s/f* **1.** Escalera de mano. **2.** Sucesión de cosas de la misma índole, que van variando en tamaño, intensidad, etc. **3.** MÚS Serie de las siete notas musicales. **4.** MIL Escalafón en la milicia. **5.** Proporción que señala el tamaño real de algo en relación con el dibujo que lo representa. **6.** Estancia corta en un puerto o aeropuerto o lugar en que un barco o avión hacen esa parada. **7.** Grado de intensidad o importancia en el desarrollo de algo.

2 **es·ca·la·da** [eskaláða] *s/f* Acción o resultado de escalar.

1 **es·ca·la·dor, -ra** [eskalaðór] *adj s/m,f* Que escala.

2 **es·ca·la·fón** [eskalafón] *s/m* Lista de cargos o niveles en una institución o cuerpo.

4 **es·ca·lar** [eskalár] *tr* **1.** Subir una pendiente, montaña, etc. **2.** FIG (También *intr*) Alcanzar una posición social más elevada.

1 **es·cal·dar** [eskaldár] *tr* **1.** Echar agua hirviendo sobre algo o alguien. **2.** Causar escarmiento: *El joven salió escaldado de la experiencia.*

1 **es·ca·le·no** [eskaléno] *adj* Se aplica al triángulo de ángulos desiguales.

4 **es·ca·le·ra** [eskaléra] *s/f* **1.** Serie de escalones para subir y bajar de un lugar. **2.** Utensilio de dos largueros o barras paralelos entre sí, unidos por travesaños puestos a modo de escalones. **3.** Conjunto de varias cartas del mismo color y valor correlativo.

1 **es·ca·le·ri·lla** [eskaleríʎa] *s/f* Escalera pequeña.

1 **es·cal·far** [eskalfár] *tr* Cocer los huevos sin su cáscara en agua hirviendo.

2 **es·ca·li·na·ta** [eskalináta] *s/f* Escalera en el vestíbulo o en el exterior de la entrada principal de un edificio.

2 **es·ca·lo·frian·te** [eskalofrjánte] *adj* Que produce escalofríos o terror.

2 **es·ca·lo·frío** [eskalofrío] *s/m* Sensación de frío en el cuerpo, junto con temblores.

2 **es·ca·lón** [eskalón] *s/m* Cada una de las piezas horizontales de la escalera, que sirven para apoyar el pie.

es·ca·lo·na·mien·to [eskalonamjénto] *s/m* Acción o resultado de escalonar(se).

2 **es·ca·lo·nar** [eskalonár] *tr* **1.** Colocar algo de trecho en trecho. **2.** Distribuir algo en dosis sucesivas.

es·ca·lo·pe [eskalópe] *s/m* Filete de carne, rebozado y frito.

es·cal·pe·lo [eskalpélo] *s/m* Utensilio cortante, usado en cirugía.

1 **es·ca·ma** [eskáma] *s/f* Cada una de las placas protectoras, sobrepuestas entre sí, que forman una capa protectora sobre la piel de ciertos animales (peces, reptiles).

1 **es·ca·mar** [eskamár] *tr* **1.** Quitar las escamas a un pez. **2.** Provocar recelo o desconfianza.

1 **es·ca·mo·so, -sa** [eskamóso] *adj* Cubierto de escamas.

1 **es·ca·mo·te·ar** [eskamoteár] *tr* Robar o quitar algo con astucia y sin que se advierta.

es·ca·mo·teo [eskamotéo] *s/m* Acción o resultado de escamotear.

1 **es·cam·par** [eskampár] *intr* Cesar la lluvia y despejarse el cielo de nubes.

es·can·cia·dor, -ra [eskanθjaðór] *adj s/m,f* Que escancia vinos en un banquete.

1 **es·can·ciar** [eskanθjár] *tr* Servir bebidas en una copa, *esp* vino.

1 **es·can·da·le·ra** [eskandaléra] *s/f* Gran escándalo o alboroto.

2 **es·can·da·li·zar** [eskandaliθár] *tr intr* Provocar escándalo.
ORT La *z* cambia a *c* ante *e*: *Escandalicé.*

4 **es·cán·da·lo** [eskándalo] *s/m* **1.** Mezcla confusa de gritos y ruidos. **2.** Conducta contraria a la moral o a las costumbres.

2 **es·can·da·lo·so, -sa** [eskandalóso] *adj* Que provoca escándalo.

2 **es·can·di·na·vo, -va** [eskandináβo] *adj s/m,f* De Escandinavia.

es·ca·ne·ar [eskaneár] *tr* Digitalizar datos o imágenes mediante un escáner.

1 **es·cá·ner** [eskáner] *s/m* **1.** Aparato para la exploración radiográfica. **2.** Radiografía así obtenida. **3.** COMP Instrumento electrónico que capta y digitaliza imágenes o documentos, para procesarlos mediante ordenador.

2 **es·ca·ño** [eskáɲo] *s/m* **1.** Banco con respaldo. **2.** Acta de diputado, o diputado en las Cortes.

1 **es·ca·pa·da** [eskapáða] *s/f* Acción de escapar(se).

4 **es·ca·par** [eskapár] *intr* **1.** Salir del lugar en que alguien estaba encerrado. **2.** (Con *de*) Librarse de un peligro, situación arriesgada, etc. **3.** Estar fuera del alcance de algo o alguien. RPr **Escapar a/de.**

3 **es·ca·pa·ra·te** [eskaparáte] *s/m* En las tiendas

y comercios, espacio hueco en la fachada, con cristaleras, donde se exponen las mercancías en venta.

1 **es·ca·pa·to·ria** [eskaparatórja] *s/f* Acción de escapar.

2 **es·ca·pe** [eskápe] *s/m* 1. Acción o resultado de escaparse un gas, líquido, etc. 2. Lugar por donde algo sale o se escapa.

1 **es·cá·pu·la** [eskápula] *s/f* Omóplato.

1 **es·ca·pu·lar** [eskapulár] *adj* Relativo a la escápula.

1 **es·ca·pu·la·rio** [eskapulárjo] *s/m* Pedazo de tela que cuelga del cuello, como objeto devoto o distintivo de ciertas órdenes religiosas o cofradías.

es·ca·que [eskáke] *s/m* 1. Cada una de las casillas en el tablero del ajedrez o damas. 2. *pl* Ajedrez.

1 **es·ca·que·ar·se** [eskakeárse] REFL(-se) COL Escabullirse para evitar una situación comprometida o una obligación.

2 **es·ca·ra·ba·jo** [eskaraβáχo] *s/m* Insecto coleóptero, de cuerpo ovalado y patas cortas.

1 **es·ca·ra·mu·za** [eskaramúθa] *s/f* Combate o pelea poco importante.

1 **es·ca·ra·pe·la** [eskarapéla] *s/f* Adorno de cintas o plumas en el sombrero o en el pecho.

es·car·ba·dien·tes [eskarβaðjéntes] *s/m* Palillo para quitar los restos de comida entre los dientes.

2 **es·car·bar** [eskarβár] *tr intr* 1. Remover la tierra o una superficie blanda arañándola superficialmente. 2. Investigar un asunto para averiguar algo.

1 **es·car·ceo** [eskarθéo] *s/m* 1. Intentos antes de iniciar algo por primera vez. 2. Relación amorosa superficial.

1 **es·car·cha** [eskártʃa] *s/f* Rocío congelado que se deposita sobre la vegetación o el suelo.

1 **es·car·char** [eskartʃár] *tr* 1. Hacer confitura de manera que el azúcar cristalice sobre las frutas. 2. Preparar una bebida alcohólica haciendo que el azúcar cristalice sobre una rama introducida en el recipiente.

1 **es·car·la·ta** [eskarláta] *adj s/m* De color rojo intenso.

es·car·la·ti·na [eskarlatína] *s/f* Enfermedad infecciosa grave, con manchas de color rojo sobre la piel.

1 **es·car·men·tar** [eskarmentár] I. *tr* Castigar a quien ha obrado mal para que se corrija. II. *intr* Aprender alguien de sus propios errores para no cometerlos más.
CONJ *Irreg: Escarmiento, escarmenté, escarmentaré, escarmentado.*

1 **es·car·mien·to** [eskarmjénto] *s/m* Acción o resultado de escarmentar.

1 **es·car·ne·cer** [eskarneθér] *tr* Burlarse de alguien humillándole.
CONJ *Irreg: Escarnezco, escarnecí, escarneceré, escarnecido.*

1 **es·car·nio** [eskárnjo] *s/m* Burla insultante y humillante.

1 **es·ca·ro·la** [eskaróla] *s/f* Hortaliza de hojas rizadas, que se toma como ensalada.

1 **es·car·pa·do, -da** [eskarpáðo] *adj* Se dice del terreno con mucha pendiente.

2 **es·ca·sa·men·te** [eskásamente] *adv* 1. Con escasez. 2. Apenas: *Tenía escasamente veinte años.*

2 **es·ca·se·ar** [eskaseár] *intr* Haber poco de algo.

3 **es·ca·sez** [eskaséθ] *s/f* Cualidad o situación de escaso.

4 **es·ca·so, -sa** [eskáso] *adj* Insuficiente en cantidad, tamaño, etc.

1 **es·ca·ti·mar** [eskatimár] *tr* Dar menos de lo que se puede dar.

1 **es·ca·to·lo·gía** [eskatoloχía] *s/f* Cualidad de escatológico.

1 **es·ca·to·ló·gi·co, -ca** [eskatolóχiko] *adj* Relacionado con la vida después de la muerte.

1 **es·ca·yo·la** [eskajóla] *s/f* Yeso calcinado, usado en escultura y en moldes.

2 **es·ca·yo·lar** [eskajolár] *tr* 1. Cubrir un vendaje con escayola. 2. Enlucir una pared con escayola.

5 **es·ce·na** [esθéna] *s/f* 1. Lugar de un teatro donde se representa una obra. 2. Parte de una obra dramática o película. 3. Acontecimiento o suceso espectacular o poco común.

4 **es·ce·na·rio** [esθenárjo] *s/m* 1. Lugar del teatro en el que se representa una obra. 2. Lugar en que se desarrolla una acción: *Esa zona fue el escenario del combate.*

2 **es·cé·ni·co, -ca** [esθéniko] *adj* Relativo a la escena teatral.

1 **es·ce·ni·fi·ca·ción** [esθenifikaθjón] *s/f* Acción o resultado de escenificar.

1 **es·ce·ni·fi·car** [esθenifikár] *tr* Poner en escena una obra.
ORT *La segunda c cambia a qu ante e: Escenifiqué.*

ES·CON·DI·TE

[2] **es·ce·no·gra·fía** [esθenoɣráfía] *s/f* **1.** Decorados para poner en escena una obra. **2.** Arte de decorar escenarios.

[1] **es·ce·no·grá·fi·co, -ca** [esθenoɣráfiko] *adj* Relativo a la escenografía.

[3] **es·cep·ti·cis·mo** [esθeptiθísmo] *s/m* Cualidad, actitud o doctrina del escéptico.

[2] **es·cép·ti·co, -ca** [esθéptiko] *adj s/m,f* Que tiende a adoptar una postura de incredulidad ante ideas y creencias o ante la realidad en general.

[2] **es·cin·dir** [esθindír] *tr REFL(-se)* Separar(se), dividir(se).

[2] **es·ci·sión** [esθisjón] *s/f* Corte, división.

[1] **es·cla·re·ce·dor, -ra** [esklareθeðór] *adj* Que esclarece.

[2] **es·cla·re·cer** [esklareθér] **I.** *tr* Poner en claro. **II.** *intr* Empezar la claridad del día. CONJ *Irreg: Esclarezco, esclarecí, esclareceré, esclarecido.*

[1] **es·cla·re·ci·mien·to** [esklareθimjénto] *s/m* Acción o resultado de esclarecer.

[1] **es·cla·vi·na** [esklaβína] *s/f* Prenda de vestir que cubre los hombros.

[1] **es·cla·vis·mo** [esklaβísmo] *s/m* Doctrina a favor de la esclavitud.

[2] **es·cla·vi·tud** [esklaβitúð] *s/f* **1.** Situación o estado del esclavo. **2.** Dependencia excesiva de algo o alguien.

[1] **es·cla·vi·zar** [esklaβiθár] *tr* **1.** Convertir a una persona libre en esclavo. **2.** Someter a alguien.
ORT La *z* cambia a *c* ante *e: Esclavicé.*

[4] **es·cla·vo, -va** [eskláβo] *adj s/m,f* **1.** Que carece de libertad por estar bajo el dominio de otro. **2.** Excesivamente dependiente de algo o de alguien. RPr **Esclavo de**.

[1] **es·cle·ro·sis** [esklerósis] *s/f* Endurecimiento de un órgano o tejido orgánico.

[1] **es·clu·sa** [esklúsa] *s/f* Recinto con puertas que controlan el paso del agua.

[2] **es·co·ba** [eskóβa] *s/f* Utensilio para barrer, con un mango y un manojo de ramas o hilos fuertes en un extremo.

[1] **es·co·ba·zo** [eskoβáθo] *s/m* Golpe dado con la escoba.

[1] **es·co·bi·lla** [eskoβíʎa] *s/f* **1.** Escoba pequeña. **2.** AMER Cepillo para limpiarse los dientes.

es·co·ce·du·ra [eskoθeðúra] *s/f* Acción o resultado de escocer(se).

[1] **es·co·cer** [eskoθér] *intr* Sentir irritación fuerte en la piel.
CONJ *Irreg: Escuezo, escocí, escoceré, escocido.*

[2] **es·co·cés, -ce·sa** [eskoθés] *adj s/m,f* De Escocia.

es·co·fi·na [eskofína] *s/f* Herramienta con dientes para afinar la madera.

[4] **es·co·ger** [eskoxér] *tr intr* Optar por una cosa o persona entre varias.
ORT La *g* cambia a *j* ante *o/a: Escojo, escoja.*

[5] **es·co·lar** [eskolar] **I.** *adj* Relativo a la escuela. **II.** *s/m,f* Niño o niña que estudia en la escuela.

[2] **es·co·la·ri·dad** [eskolariðáð] *s/f* **1.** Tiempo en el que se va a la escuela. **2.** Asistencia a la escuela.

[1] **es·co·la·ri·za·ción** [eskolariθaθjón] *s/f* Acción o resultado de escolarizar.

[1] **es·co·la·ri·zar** [eskolariθár] *tr* Proporcionar educación básica en la escuela.
ORT La *z* cambia a *c* ante *e: Escolaricé.*

[1] **es·co·lás·ti·ca** [eskolástika] *s/f* Doctrina filosófica, abstracta y formalista, propia de la Edad Media.

[2] **es·co·lás·ti·co, -ca** [eskolástiko] *adj s/m,f* Relativo a la escolástica o seguidor de esta doctrina.

es·co·lio·sis [eskoljósis] *s/f* Desviación de la columna vertebral.

es·co·lle·ra [eskoʎéra] *s/f* Muro de piedras o bloques hecho como defensa contra el oleaje.

[2] **es·co·llo** [eskóʎo] *s/m* **1.** Peñasco peligroso que asoma a la superficie del agua. **2.** Peligro, dificultad.

[2] **es·col·ta** [eskólta] *s/f* **1.** Conjunto de soldados, vehículos, etc., que acompañan a alguien o algo para protegerlos. **2.** (*m, f*) Persona que acompaña a alguien para protegerle.

[2] **es·col·tar** [eskoltár] *tr* Acompañar a alguien para protegerle.

[1] **es·com·bre·ra** [eskombréra] *s/f* Lugar donde se arrojan escombros.

[2] **es·com·bro** [eskómbro] *s/m pl* Materiales de desecho.

[4] **es·con·der** [eskondér] *tr* **1.** Poner a alguien o algo donde nadie pueda verlo. **2.** Ocultar una cosa a otra. **3.** Encerrar algo otra cosa que no se percibe a primera vista.

es·con·di·das [eskondíðas] *adv* **A escondidas,** de forma oculta.

[2] **es·con·di·te** [eskondíte] *s/m* **1.** Lugar adecuado para esconderse. **2.** Juego de niños.

1. **es·con·dri·jo** [eskondríχo] *s/m* Escondite (1).

es·co·ñar [eskoɲár] *tr* COL Estropear.

2. **es·co·pe·ta** [eskopéta] *s/f* Arma de fuego portátil, con uno o dos cañones, usada para cazar.

1. **es·co·plo** [eskóplo] *s/m* Herramienta con filo cortante en un extremo, para trabajar la madera.

1. **es·co·rar** [eskorár] *intr* REFL(-se) Inclinarse un barco hacia uno u otro lado por la fuerza del viento, el peso de la carga, etc.

1. **es·cor·bu·to** [eskorβúto] *s/m* Enfermedad causada por la falta de vitamina C.

1. **es·co·ria** [eskórja] *s/f* 1. Sustancia que flota sobre el crisol de los hornos de fundición de metales y que procede de las impurezas de éstos. 2. Lo peor o más despreciable de algo.

2. **es·cor·pión** [eskórpjon] *s/m* Arácnido con un aguijón venenoso en la cola.

1. **es·co·rren·tía** [eskorrentía] *s/f* Corrientes de agua que discurren por cauces o pendientes y desembocan en un río.

1. **es·co·ta·du·ra** [eskotaðúra] *s/f* Abertura en el cuello de un vestido.

es·co·tar [eskotár] *tr* 1. Pagar alguien la parte que le corresponde. 2. Hacer un escote en una prenda de vestir.

2. **es·co·te** [eskóte] *s/m* 1. Abertura en la parte superior de un vestido, alrededor del cuello, o esa parte descubierta del cuerpo. 2. Parte que le corresponde pagar a alguien. LOC **A escote**, pagando cada uno la parte que le corresponde.

1. **es·co·ti·lla** [eskotíʎa] *s/f* 1. Abertura que comunica las cubiertas de un buque. 2. Abertura para acceder al interior de un submarino.

1. **es·co·zor** [eskoθór] *s/m* Sensación irritante en la piel.

2. **es·cri·ba** [eskríβa] *s/m* 1. Intérprete de la ley judía. 2. Copista.

2. **es·cri·ba·no, -na** [eskriβáno] *s/m* Notario.

1. **es·cri·bien·te** [eskriβjénte] *s/m,f* Persona que se dedica a escribir o a copiar escritos.

5. **es·cri·bir** [eskriβír] *tr* 1. (También *intr*) Representar gráficamente ideas o sonidos mediante los símbolos convencionales de una lengua (*gen* letras y números). 2. Comunicar algo mediante carta.

CONJ *Irreg: Escribo, escribí, escribiré, escrito.*

5. **es·cri·to** [eskríto] *s/m* Texto u obra escrita.

5. **es·cri·tor, -ra** [eskritór] *s/m,f* Persona que escribe obras literarias.

3. **es·cri·to·rio** [eskritórjo] *s/m* Mueble para guardar papeles y escribir.

3. **es·cri·tu·ra** [eskritúra] *s/f* 1. Acción o resultado de escribir. 2. Documento firmado ante notario, en el que se anota un acuerdo o pacto sobre algo (compra, venta, etc.). 3. *pl* La Biblia.

3. **es·cri·tu·rar** [eskriturár] *tr* Formalizar un acuerdo mediante escritura notarial.

1. **es·cro·to** [eskróto] *s/m* En los mamíferos, bolsa que contiene los testículos.

2. **es·crú·pu·lo** [eskrúpulo] *s/m* Duda sobre si algo es bueno, lícito, moral, etc.

1. **es·cru·pu·lo·si·dad** [eskrupulosiðáð] *s/f* Cualidad de quien es escrupuloso.

2. **es·cru·pu·lo·so, -sa** [eskrupulóso] *adj s/m,f* 1. Que actúa con escrupulosidad. 2. Que tiene escrúpulos.

2. **es·cru·tar** [eskrutár] *tr* 1. Observar algo con mucha atención. 2. Realizar el recuento oficial de los votos emitidos.

2. **es·cru·ti·nio** [eskrutínjo] *s/m* 1. Examen detallado de algo. 2. Cómputo de los votos emitidos.

2. **es·cua·dra** [eskwáðra] *s/f* 1. Instrumento de medición en forma de triángulo rectángulo. 2. Número de soldados a las órdenes de un cabo. 3. Conjunto de los barcos de guerra al mando de un almirante.

1. **es·cua·dri·lla** [eskwaðríʎa] *s/f* 1. Escuadra de embarcaciones ligeras de guerra. 2. Grupo de aviones al mando de un jefe.

2. **es·cua·drón** [eskwaðrón] *s/m* Unidad militar de tierra o aire.

1. **es·cuá·li·do, -da** [eskwáliðo] *adj* Muy delgado.

3. **es·cu·cha** [eskútʃa] *s/f* Acción o resultado de escuchar.

5. **es·cu·char** [eskutʃár] *tr* 1. Percibir el oído los ruidos del entorno. 2. Prestar alguien atención a lo que se dice.

es·cu·dar [eskuðár] I. *tr* Defender de algún peligro. II. REFL(-se) Valerse de algo para no hacer una cosa. RPr **Escudarse en**.

1. **es·cu·de·ría** [eskuðería] *s/f* Equipo en una competición automovilística.

2. **es·cu·de·ro** [eskuðéro] *s/m* Sirviente que llevaba el escudo de su señor.

1. **es·cu·di·lla** [eskuðíʎa] *s/f* Vasija ancha, de media esfera, para tomar la sopa.

2. **es·cu·do** [eskúðo] *s/m* 1. Arma defensiva para cubrir y proteger el cuerpo. 2. Defensa, protección.

1. **es·cu·dri·ñar** [eskuðriɲár] *tr* Examinar algo con atención.

5 **es·cue·la** [eskwéla] *s/f* **1.** Institución donde se imparte enseñanza. **2.** Edificio en que está instalada. **3.** Conjunto de conocimientos que se dan o se reciben. **4.** Doctrina de un autor: *La Escuela Pitagórica*. **5.** Lo que sirve de lección.

2 **es·cue·to, -ta** [eskwéto] *adj* Sin adornos innecesarios.

1 **es·cuin·cle** [eskwínkle] *s/m,f* MEX Muchacho/a.

1 **es·cul·car** [eskulkár] *tr* AMER Buscar.
ORT La segunda *c* cambia a *qu* ante *e*: *Esculqué*.

2 **es·cul·pir** [eskulpír] *tr* Realizar una obra escultórica a mano.

3 **es·cul·tor, -ra** [eskultór] *s/m,f* Quien hace esculturas.

2 **es·cul·tó·ri·co, -ca** [eskultóriko] *adj* Relativo a la escultura.

4 **es·cul·tu·ra** [eskultúra] *s/f* **1.** Arte de modelar o tallar figuras. **2.** Obra esculpida.

1 **es·cul·tu·ral** [eskulturál] *adj* **1.** Relativo a la escultura. **2.** De cuerpo esbelto.

1 **es·cu·pi·de·ra** [eskupiðéra] *s/f* Pequeño recipiente para escupir en él.

2 **es·cu·pir** [eskupír] *tr intr* **1.** Arrojar saliva por la boca. **2.** Echar algo de sí, *esp* con violencia.

1 **es·cu·pi·ta·jo** [eskupitáχo] *s/m* Lo que se escupe.

es·cu·rre·pla·tos [eskurreplátos] *s/m* Utensilio de cocina para poner los platos a escurrir.

1 **es·cu·rri·di·zo, -za** [eskurriðíθo] *adj* **1.** Que se escurre fácilmente. **2.** Se dice del lugar donde es fácil resbalar.

es·cu·rri·dor [eskurriðór] *s/m* Colador con agujeros para escurrir las verduras.

3 **es·cu·rrir** [eskurrír] **I.** *tr* Hacer que algo deje escapar el agua que aún contiene. **II.** *intr* Soltar algo el líquido que contiene. **III.** REFL(-se) **1.** Deslizarse sobre una superficie resbaladiza. **2.** (Con *de*) Escaparse de un lugar. RPr **Escurrirse de/(de) entre/por**.

1 **es·drú·ju·lo, -la** [esðrúχulo] *adj s/m,f* Se aplica a las palabras que tienen el acento tónico o tilde en la antepenúltima sílaba y a este acento.

5 **e·se, -sa** [ése] **I.** *s/f* Nombre de la letra 's': *No pronuncia las eses*. **II.** *adj demostrativo* (*ese, esa, eso; esos, esas*) Indica proximidad en el espacio o en el tiempo y en relación con el que habla.

5 **é·se, -sa** [ése] *pron demostrativo*: *Ése fue el diagnóstico*.

4 **e·sen·cia** [esénθja] *s/f* Lo que constituye la naturaleza de algo.

4 **e·sen·cial** [esenθjál] *adj* **1.** Relativo a la esencia. **2.** Necesario y básico.

3 **es·fe·ra** [esféra] *s/f* **1.** GEOM Cuerpo o superficie cuyos puntos están a la misma distancia de otro interior, llamado centro. **2.** Ámbito al que se extiende la influencia de alguien o algo.

1 **es·fé·ri·co, -ca** [esfériko] **I.** *adj* Con forma de esfera. **II.** *s/m* Balón.

1 **es·fin·ge** [esfinχe] *s/f* Animal fantástico, con cuerpo de león y cabeza humana.

1 **es·fín·ter** [esfínter] *s/m* Músculo en forma de anillo con que se cierra o abre algún orificio del organismo.

4 **es·for·zar** [esforθár] **I.** *tr* Hacer que algo o alguien haga un esfuerzo. **II.** REFL(-se) Hacer esfuerzos.
CONJ *Irreg: Esfuerzo, esforcé, esforzaré, esforzado*.

5 **es·fuer·zo** [esfwérθo] *s/m* Uso de la fuerza física para un fin.

2 **es·fu·mar** [esfumár] **I.** *tr* Dibujar algo extendiendo los trazos con el esfumino. **II.** REFL(-se) **1.** Desaparecer gradualmente en la distancia. **2.** FIG COL Desaparecer alguien de un lugar inesperadamente. RPr **Esfumarse de/en**.

es·fu·mi·no [esfumíno] *s/m* En pintura, rollito de papel o piel suave, acabado en punta, que sirve para difuminar los trazos del lápiz o del carboncillo al dibujar.

1 **es·gri·ma** [esγríma] *s/f* Arte de manejar la espada, florete o sable.

2 **es·gri·mir** [esyrimír] *tr* **1.** Sostener, empuñar y blandir un arma blanca amenazando a alguien con ella. **2.** Usar argumentos o razones para defenderse o atacar.

1 **es·guin·ce** [esγínθe] *s/m* Torcedura violenta y dolorosa de un miembro o ligamento.

2 **es·la·bón** [eslaβón] *s/m* Cada una de las piezas en forma de anillo o de gancho, que se unen para formar una cadena.

1 **es·la·bo·nar** [eslaβonár] *tr* Unir eslabones.

es·lá·lom [eslálom] *s/m* DEP Descenso en esquí por una pendiente señalada con banderines.

2 **es·la·vo, -va** [esláβo] *adj s/m,f* De un antiguo pueblo que habitó Europa central y oriental.

2 **es·lo·gan** [eslóγan] *s/m* ANGL Frase publicitaria usada repetidamente en anuncios comerciales, etc.

ES·LO·RA

[1] **es·lo·ra** [eslóra] *s/f* Longitud de un barco.

[1] **es·lo·va·co, -ca** [esloβáko] *adj s/m,f* De Eslovaquia.

[1] **es·lo·ve·no, -na** [esloβéno] *adj s/m,f* De Eslovenia.

[2] **es·mal·tar** [esmaltár] *tr* Cubrir con esmalte.

[1] **es·mal·te** [esmálte] *s/m* Barniz para porcelanas, que se vitrifica a altas temperaturas.

[2] **es·me·ral·da** [esmerálda] *s/f* Piedra preciosa de color verde claro.

[2] **es·me·rar·se** [esmerárse] *REFL(-se)* Poner mucha atención y cuidado en lo que se hace. RPr **Esmerarse en/por**.

es·me·ril [esmeríl] *s/m* Roca dura, variedad del corindón y usada como abrasivo.

[1] **es·me·ri·la·do** [esmeriláðo] *s/m* Acción o resultado de esmerilar.

es·me·ri·lar [esmerilár] *tr* Pulir con el esmeril o con otra sustancia abrasiva.

[1] **es·me·ro** [esméro] *s/m* Cuidado y atención que se pone para hacer bien las cosas.

[1] **es·mi·rria·do, -da** [esmirrjáðo] *adj* Flaco, poco desarrollado.

[1] **es·mo·quin** [esmókin] *s/m* ANGL Chaqueta masculina, *gen* de color negro y de etiqueta.

[1] **es·ni·far** [esnifár] *tr* Aspirar cocaína u otra sustancia similar por la nariz.

es·nob [esnób/β] *adj s/m,f* ANGL Que imita lo que está de moda, aunque no conozca ni su valor real ni su significado.

[1] **es·no·bis·mo** [esnoβísmo] *s/m* Cualidad de esnob.

[1] **e·só·fa·go** [esófaγo] *s/m* Conducto del aparato digestivo, que va desde la faringe hasta el estómago.

[1] **e·so·té·ri·co, -ca** [esotériko] *adj* Oculto, misterioso.

[1] **e·so·te·ris·mo** [esoterísmo] *s/m* Cualidad de esotérico.

[2] **es·pa·bi·lar** [espaβilár] *tr* 1. FIG Hacer que alguien se despierte. 2. FIG Hacer que alguien sea más listo o avispado.

[1] **es·pa·chu·rrar** [espatʃurrár] *tr* Aplastar, chafar.

[1] **es·pa·cia·do, -da** [espaθjáðo] I. *adj* Que se presenta o se da a intervalos de tiempo. II. *s/m* Acción o resultado de espaciar.

[4] **es·pa·cial** [espaθjál] *adj* Relativo al espacio.

[5] **es·pa·ciar** [espaθjár] *tr* Poner separación de tiempo o espacio entre dos cosas o hechos.

[5] **es·pa·cio** [espáθjo] *s/m* 1. Extensión o magnitud que comprende todo lo que existe. 2. Parte que ocupa cada cosa en ese espacio. 3. Lugar desocupado entre una serie de cosas o sitios. 4. Separación entre dos letras, palabras, líneas, etc.

[2] **es·pa·cio·so, -sa** [espaθjoso] *adj* Amplio.

[3] **es·pa·da** [espáða] I. *s/f* 1. Arma blanca de hoja larga, recta y acabada en punta. 2. *pl* Uno de los cuatro palos de la baraja española. II. *s/m* Matador de toros.

[1] **es·pa·da·chín** [espaðatʃín] *s/m* Experto en el manejo de la espada.

[1] **es·pa·da·ña** [espaðáɲa] *s/f* Hierba con hojas en forma de espada.

[1] **es·pa·gue·ti** [espaγéti] *s/m* ITAL Pasta de trigo en forma de fideos largos.

[5] **es·pal·da** [espálda] *s/f* 1. Parte posterior del cuerpo, desde los hombros hasta la cintura. 2. Parte posterior de algo. LOC **A espaldas de**, en ausencia de.

[1] **es·pal·dar** [espaldár] *s/m* Espalda, *gen* de una res para el consumo.

[1] **es·pal·da·ra·zo** [espaldaráθo] *s/m* Apoyo decisivo que algo supone.

[1] **es·pan·ta·da** [espantáða] *s/f* Huida repentina, retirada.

es·pan·ta·di·zo, -za [espantaðíθo] *adj* Que se espanta con facilidad.

[1] **es·pan·ta·jo** [espantáxo] *s/m* Figura para espantar, *esp* a los pájaros en los sembrados.

[1] **es·pan·ta·pá·ja·ros** [espantapáxaros] *s/m* Espantajo.

[3] **es·pan·tar** [espantár] *tr* 1. Causar miedo o espanto. 2. Ahuyentar a los animales.

[2] **es·pan·to** [espánto] *s/m* Sentimiento de terror o miedo muy intenso.

[3] **es·pan·to·so, -sa** [espantóso] *adj* 1. Que causa espanto. 2. Muy feo o desagradable.

[5] **es·pa·ñol, -la** [espaɲól] I. *adj s/m,f* De España. II. *s/m* Lengua castellana.

[1] **es·pa·ño·la·da** [espaɲoláða] *s/f* DES Acción que exagera los aspectos más típicos del español.

[1] **es·pa·ño·lis·ta** [espaɲolísta] *adj s/m,f* Relativo al españolismo o promotor del mismo.

es·pa·ño·li·za·ción [espaɲoliθaθjón] *s/f* Acción o resultado de españolizar(se).

es·pa·ño·li·zar [espaɲoliθár] *tr* Hacer que se adquieran costumbres españolas.
ORT La *z* cambia a *c* ante *e: Españolicé*.

[1] **es·pa·ra·dra·po** [esparaðrápo] *s/m* Tira de tela o de plástico, con material adhesivo por un lado.

2 **es·par·ci·mien·to** [esparθimjénto] *s/m* Diversión o entretenimiento.

2 **es·par·cir** [esparθír] *tr* 1. Extender algo por un lugar. 2. Propagar una noticia.
ORT La *c* cambia a *z* ante *o/a: Esparzo, esparza.*

2 **es·pá·rra·go** [espárrayo] *s/m* 1. BOT Planta de tallo herbáceo, cuyas puntas son comestibles y muy apreciadas. 2. Pieza en forma de barra que sirve de eje o sujeción a otras. LOC **Mandar a freír espárragos,** FIG COL expresión para rechazar a alguien con enojo o sin miramientos.

es·pa·rra·gue·ra [esparrayéra] *s/f* Planta de espárragos.

1 **es·par·ta·no, -na** [espartáno] *adj s/m,f* Muy austero, sobrio.

1 **es·par·to** [espárto] *s/m* Planta gramínea de tallos duros y resistentes.

1 **es·pas·mo** [espásmo] *s/m* Contracción involuntaria de los músculos.

1 **es·pas·mó·di·co, -ca** [espasmóðiko] *adj* Relativo al espasmo.

es·pa·ta·rrar·se [espatarrárse] REFL(-se) COL Separar mucho las piernas al sentarse o caerse.

2 **es·pá·tu·la** [espátula] *s/f* Paleta pequeña, con mango largo y bordes afilados, usada para extender sustancias pastosas.

2 **es·pe·cia** [espéθja] *s/f* Sustancia aromática usada como condimento en cocina.

5 **es·pe·cial** [espeθjál] *adj* 1. Propio o adecuado para algo. 2. Que no es normal o corriente. 3. Que tiene alguna cualidad poco común.

3 **es·pe·cia·li·dad** [espeθjaljðáð] *s/f* 1. Cosa o actividad que alguien hace mejor que los demás. 2. Campo específico de estudios, de una ciencia, etc.

4 **es·pe·cia·lis·ta** [espeθjalísta] *adj s/m,f* Persona experta en algo.

3 **es·pe·cia·li·za·ción** [espeθjaliθaθjón] *s/f* Acción o resultado de especializar(se).

4 **es·pe·cia·li·zar** [espeθjaliθár] *tr intr* Preparar(se) (a) alguien para una tarea, actividad, etc., específica. RPr **Especializarse en.**
ORT La *z* cambia a *c* ante *e: Especialicé.*

5 **es·pe·cie** [espéθje] *s/f* 1. Conjunto de cosas, seres, etc., con características comunes: *La especie humana.* 2. Cada grupo en que se dividen los seres vivos con características comunes.

2 **es·pe·ci·fi·ca·ción** [espeθifikaθjón] *s/f* Acción o resultado de especificar.

4 **es·pe·ci·fi·car** [espeθifikár] *tr* Precisar algo aclarando sus detalles.
ORT La segunda *c* cambia a *qu* ante *e: Especifiqué.*

es·pe·ci·fi·ca·ti·vo, -va [espeθifikatíβo] *adj* Que especifica.

2 **es·pe·ci·fi·ci·dad** [espeθifiθiðáð] *s/f* Cualidad de específico.

5 **es·pe·cí·fi·co, -ca** [espeθífiko] *adj* Que es propio o característico de algo, diferenciándolo del resto.

1 **es·pé·ci·men** [espéθimen] *s/m* Ejemplar o individuo que se considera como representativo de la clase a la que pertenece.

4 **es·pec·ta·cu·lar** [espektakulár] *adj* Que impresiona mucho.

1 **es·pec·ta·cu·la·ri·dad** [espektakulariðáð] *s/f* Cualidad de espectacular.

4 **es·pec·tá·cu·lo** [espektákulo] *s/m* 1. Acto público para divertir a la gente. 2. Cosa que se contempla y recrea la vista. 3. Acción que escandaliza a quienes la ven.

4 **es·pec·ta·dor, -ra** [espektaðór] *s/m,f* Quien contempla un espectáculo.

1 **es·pec·tral** [espektrál] *adj* Relativo al espectro.

3 **es·pec·tro** [espéktro] *s/m* 1. Figura irreal, *gen* aterradora, que alguien cree ver realmente. 2. Conjunto de elementos o variantes de una misma clase o especie.

3 **es·pe·cu·la·ción** [espekulaθjón] *s/f* Acción o resultado de especular.

2 **es·pe·cu·la·dor, -ra** [espekulaðór] *adj s/m,f* Se aplica a quien especula o a lo relativo a la especulación.

2 **es·pe·cu·lar** [espekulár] *intr* 1. Reflexionar profundamente sobre algo. 2. Hacer negocios para obtener grandes beneficios.

2 **es·pe·cu·la·ti·vo, -va** [espekulatíβo] *adj* 1. Relativo a la especulación económica. 2. De carácter teórico.

2 **es·pe·jis·mo** [espeχísmo] *s/m* 1. Fenómeno óptico que consiste en ver imágenes invertidas de las cosas a cierta distancia. 2. Cosa engañosa.

4 **es·pe·jo** [espéχo] *s/m* 1. Lámina de cristal, con una capa de azogue por detrás, que refleja las imágenes. 2. Lo que refleja algo. 3. Cosa que puede ser contemplada como modelo.

1 **es·pe·leo·lo·gía** [espeleoloχía] *s/f* Ciencia que estudia el origen y formación de las cuevas.

1 **es·pe·leó·lo·go, -ga** [espeleóloyo] *s/m,f* Experto en espeleología.

[1] **es·pe·luz·nan·te** [espeluθnánte] *adj* Terrible, atroz.

[4] **es·pe·ra** [espéra] *s/f* Acción o resultado de esperar.

[1] **es·pe·ran·to** [esperánto] *s/m* Idioma artificial ideado en 1887 como lengua universal.

[4] **es·pe·ran·za** [esperánθa] *s/f* Sentimiento de quien espera conseguir o que ocurra algo que desea.

[2] **es·pe·ran·za·dor, -ra** [esperanθaðór] *adj* Que da esperanza(s).

[4] **es·pe·ran·zar** [esperanθár] *tr* Dar a alguien esperanzas de cierta cosa.
ORT La *z* cambia a *c* ante *e*: *Esperancé*.

[5] **es·pe·rar** [esperár] *tr intr* 1. Tener confianza en que algo ocurrirá. 2. Permanecer en un lugar hasta que ocurra algo. 3. Recibir a alguien o algo.

[1] **es·per·ma** [espérma] *s/m,f* Sustancia seminal que segregan los testículos de los mamíferos macho.

es·per·ma·ti·ci·da [espermatiθíða] *s/m* Sustancia que mata los espermatozoides.

es·per·ma·to·zoi·de [espermatoθóiðe] *s/m* Célula sexual masculina, que fecunda el óvulo femenino.

[1] **es·per·mi·ci·da** [espermiθíða] *adj s/m* Sustancia que mata los espermatozoides.

[1] **es·per·pén·ti·co, -ca** [esperpéntiko] *adj* Relativo al esperpento.

[1] **es·per·pen·to** [esperpénto] *s/m* Persona o cosa de aspecto ridículo o grotesco.

[2] **es·pe·sar** [espesár] *tr* REFL(-se) Hacer(se) un líquido más espeso o denso.

[2] **es·pe·so, -sa** [espéso] *adj* 1. Referido a sustancias líquidas, que tienen mucha sustancia sólida diluida en ellas. 2. Con las unidades de que se trate, muy juntas y apretadas.

[2] **es·pe·sor** [espesór] *s/m* 1. Grosor de un cuerpo que es más largo que ancho. 2. Densidad de un cuerpo.

[2] **es·pe·su·ra** [espesúra] *s/f* 1. Cualidad de espeso. 2. Lugar con mucha vegetación.

[1] **es·pe·tar** [espetár] *tr* Decir algo con brusquedad.

[2] **es·pí·a** [espía] *s/m,f* 1. Persona que espía. 2. Acción de espiar.

[2] **es·piar** [espjár] *tr intr* Observar a escondidas lo que alguien hace o dice.
PRON El acento recae sobre *i* en el *sing* y *3ª p pl* del *pres* de *ind* y *subj*: *Espío*.

[1] **es·pi·char** [espitʃár] *tr* LOC **Espicharla,** morirse alguien.

[1] **es·pi·ga** [espíɣa] *s/f* 1. Conjunto de flores o frutos dispuestos a lo largo de un tallo único, como en los cereales. 2. Parte más delgada de una pieza que se introduce en otra.

[1] **es·pi·ga·do, -da** [espiɣáðo] *adj* 1. Se dice del joven alto y delgado. 2. Con espiga.

es·pi·ga·dor, -ra [espiɣaðór] *adj s/m,f* Que recoge las espigas que quedan en el campo tras la siega.

[1] **es·pi·gar** [espiɣár] I. *tr* Coger las espigas que han quedado en el campo. II. *intr* Empezar a echar espigas los cereales.
ORT La *g* cambia a *gu* ante *e*: *Espigué*.

[1] **es·pi·gón** [espiɣón] *s/m* En las playas o costas, saliente para protegerlas o para desviar las corrientes.

[3] **es·pi·na** [espína] *s/f* 1. Formación puntiaguda en los tallos de algunas plantas. 2. Cada una de las piezas duras y puntiagudas que forman el esqueleto de un pez. 3. Espina dorsal. 4. Sentimiento de pesar o disgusto.

[2] **es·pi·na·ca** [espináka] *s/f* Hortaliza de hojas comestibles.

[1] **es·pi·nal** [espinál] *adj* Relativo a la espina dorsal.

[1] **es·pi·na·zo** [espináθo] *s/m* Columna vertebral.

[1] **es·pi·ni·lla** [espiníʎa] *s/f* 1. Parte anterior de la canilla de la pierna, donde se aprecia el hueso. 2. Grano en la piel, como un punto negro, debido a la obstrucción del conducto de una glándula sebácea.

[1] **es·pi·no** [espíno] *s/m* Arbolillo de ramas espinosas, con pequeñas flores blancas y con fruto en baya rojiza.

[2] **es·pi·no·so, -sa** [espinóso] *adj* 1. Que tiene espinas. 2. Con muchos problemas o inconvenientes.

[2] **es·pio·na·je** [espjonáxe] *s/m* Acción de espiar.

[1] **es·pi·ra·ción** [espiraθjón] *s/f* Acción de expulsar el aire de los pulmones al respirar.

[2] **es·pi·ral** [espirál] *s/f* 1. Línea que describe una trayectoria circular alrededor de un punto, del cual se va alejando más a cada vuelta que da. 2. FIG (*en espiral*) Aumento progresivo de algo.

[1] **es·pi·rar** [espirár] *tr intr* Expulsar el aire inspirado.

[1] **es·pi·ri·tis·mo** [espiritísmo] *s/m* Doctrina y práctica de la evocación de los espíritus de los muertos.

⟦1⟧ **es·pi·ri·tis·ta** [espiritísta] *adj s/m,f* Relativo al espiritismo, o quien lo practica.

⟦5⟧ **es·pí·ri·tu** [espíritu] *s/m* **1.** Parte no material del ser humano o ser inmaterial. **2.** Alma de una persona muerta. **3.** Cosa esencial de algo.

⟦4⟧ **es·pi·ri·tual** [espiritwál] *adj* **1.** Relativo al espíritu. **2.** De carácter religioso.

⟦2⟧ **es·pi·ri·tua·li·dad** [espiritwaliðáð] *s/f* Cualidad de espiritual.

es·pi·ta [espíta] *s/f* Grifo pequeño, *gen* en una cuba. LOC **Abrir/Cerrar la espita,** dar o permitir algo, o dejar de proporcionarlo.

es·plen·di·dez [esplendiðéθ] *s/f* Cualidad de espléndido.

⟦3⟧ **es·plén·di·do, -da** [espléndiðo] *adj* **1.** Vistoso, de buena apariencia. **2.** Generoso.

⟦3⟧ **es·plen·dor** [esplendór] *s/m* Cualidad de espléndido.

⟦1⟧ **es·plen·do·ro·so, -sa** [esplendoróso] *adj* Que brilla mucho; magnífico.

⟦1⟧ **es·plie·go** [espljéɣo] *s/m* BOT Planta muy aromática, de flores azules en espiga.

⟦1⟧ **es·po·le·ar** [espoleár] *tr* **1.** Azuzar o pinchar a la caballería con la espuela. **2.** Estimular a alguien.

⟦1⟧ **es·po·le·ta** [espoléta] *s/f* Dispositivo que inicia la detonación de una bomba.

⟦1⟧ **es·po·lón** [espolón] *s/m* **1.** Saliente óseo en las patas de algunos animales. **2.** Muro de contención o defensa. **3.** Pieza afilada que llevaban algunas embarcaciones para embestir a las naves enemigas.

⟦2⟧ **es·pol·vo·re·ar** [espolβoreár] *tr* Esparcir algo en polvo.

es·pon·deo [espondéo] *s/m* En la poesía, pie de dos sílabas largas.

⟦1⟧ **es·pon·ja** [espónχa] *s/f* **1.** Animal de esqueleto córneo y esponjoso. **2.** Cualquier producto que imita esa estructura y textura. **3.** Que absorbe, como la esponja.

⟦2⟧ **es·pon·jar** [esponχár] *tr* Hacer que algo sea esponjoso o más esponjoso.

es·pon·jo·si·dad [esponχosiðáð] *s/f* Cualidad de esponjoso.

⟦1⟧ **es·pon·jo·so, -sa** [esponχóso] *adj* De consistencia porosa.

⟦1⟧ **es·pon·sa·les** [esponsáles] *s/m,pl* **1.** Promesa mutua y solemne de matrimonio. **2.** Boda, ceremonia y fiesta que acompaña a los esponsales.

⟦1⟧ **es·pón·sor** [espónsor] *s/m* ANGL Empresa o persona que patrocina algo.

⟦2⟧ **es·pon·ta·nei·dad** [espontaneiðáð] *s/f* Cualidad de espontáneo.

⟦3⟧ **es·pon·tá·neo, -ea** [espontáneo] **I.** *adj* **1.** Que se produce de forma natural, sin causa externa que lo provoque. **2.** Hecho por voluntad propia, sin coacción. **II.** *s/m,f* Persona que interviene en un espectáculo por impulso natural, sin ser llamado para ello.

⟦1⟧ **es·po·ra** [espóra] *s/m* BOT Célula reproductora de las plantas criptógamas, capaz de reproducirse por sí sola.

⟦2⟧ **es·po·rá·di·co, -ca** [esporáðiko] *adj* Que ocurre o se da de forma aislada y ocasional.

es·po·ran·gio [esporánχjo] *s/m* Receptáculo de las esporas.

⟦1⟧ **es·po·sa·do, -da** [esposáðo] *adj* Que lleva esposas.

⟦4⟧ **es·po·sar** [esposár] *tr* Sujetar con esposas.

⟦1⟧ **es·po·sas** [espósas] *s/f,pl* Utensilio de dos aros o pulseras con el cual se sujeta por las muñecas a los presos o detenidos.

⟦4⟧ **es·po·so, -sa** [espóso] **I.** *s/m,f* Persona que ha contraído matrimonio. **II.** *s/m,pl* Matrimonio.

es·pot [espót] *s/m* ANGL Anuncio publicitario breve.

es·pray [esprái] *s/m* ANGL Sistema que permite la pulverización de un líquido mediante un gas a presión.

es·print [esprínt] *s/m* ANGL Esfuerzo final que realiza un deportista para lograr la victoria.

⟦1⟧ **es·pue·la** [espwéla] *s/f* Arco de metal, terminado en una pequeña rueda con puntas, para picar y estimular a la caballería.

⟦1⟧ **es·puer·ta** [espwérta] *s/f* Recipiente cóncavo y flexible, con dos asas, usado para transportar cosas. LOC **A espuertas,** en abundancia.

es·pul·gar [espulɣár] *tr* Limpiar de pulgas y piojos.
ORT La *g* cambia a *gu* ante *e: Espulgué.*

⟦2⟧ **es·pu·ma** [espúma] *s/f* Conjunto de burbujas que se forman en la superficie de un líquido.

⟦1⟧ **es·pu·ma·de·ra** [espumaðéra] *s/f* Utensilio para quitar la espuma de los líquidos al cocinar.

⟦1⟧ **es·pu·man·te** *adj s/m* Referido a vinos, que es espumoso.

⟦1⟧ **es·pu·ma·ra·jo** [espumaráχo] *s/m* **1.** Espuma sucia y repugnante. **2.** Masa abundante de saliva que se arroja por la boca.

1 **es·pu·mo·so, -sa** [espumóso] **I.** *adj* Que produce mucha espuma. **II.** *adj s/m* Se dice del vino con gas carbónico.

1 **es·pú·reo, -ea** [espúreo] *adj* Espurio.

1 **es·pu·rio, -ia** [espúrjo] *adj* Que carece de autenticidad o legitimidad.

1 **es·pu·tar** [esputár] *tr* Arrojar flemas o mucosidades por la boca.

1 **es·pu·to** [espúto] *s/m* Mucosidad o flema que se expulsa por la boca.

2 **es·que·je** [eskéχe] *s/m* Tallo joven de una planta, que puede cortarse y trasplantarse.

2 **es·que·la** [eskéla] *s/f* Anuncio impreso en el que se notifica la muerte de alguien.

1 **es·que·lé·ti·co, -ca** [eskelétiko] *adj* 1. Relativo al esqueleto. 2. Muy delgado.

3 **es·que·le·to** [eskeléto] *s/m* 1. Estructura o armazón de los vertebrados. 2. Armazón que da soporte a algo.

4 **es·que·ma** [eskéma] *s/m* 1. Representación de lo esencial de algo. 2. Relación de los puntos más importantes de algo.

2 **es·que·má·ti·co, -ca** [eskemátiko] *adj* Relativo al esquema.

1 **es·que·ma·tis·mo** [eskematísmo] *s/m* Exposición mediante esquemas.

1 **es·que·ma·ti·zar** [eskematiθár] *tr* Representar o describir algo de forma esquemática.
ORT La *z* cambia a *c* ante *e*: *Esquematicé*.

2 **es·quí** [eskí] *s/m* Patín para deslizarse por la nieve o por el agua.
ORT *pl Esquís* o *esquíes*.

es·quia·ble [eskjáβle] *adj* Aplicado a un terreno o lugar, que se puede esquiar en él.

1 **es·quia·dor, -ra** [eskjaðor] *s/m,f* Persona que practica el esquí.

2 **es·quiar** [eskjár] *intr* Practicar el deporte del esquí.
ORT PRON El acento cae sobre la *i* en el *sing* y 3ª *p pl* del *pres* de *ind* y *subj*: *Esquío*.

es·qui·fe [eskífe] *s/m* Pequeña embarcación que se lleva a bordo de otra mayor.

es·qui·ja·ma [eskiχáma] *s/m* Pijama cerrado y ajustado al cuerpo.

1 **es·qui·la** [eskíla] *s/f* 1. Cencerro pequeño en forma de campana, que se coloca en el cuello del ganado vacuno. 2. Operación de esquilar el ganado.

es·qui·la·dor, -ra [eskilaðór] *s/m,f* Que esquila.

es·qui·lar [eskilar] *tr* Cortar el pelo o la lana del ganado.

es·qui·leo [eskiléo] *s/m* Acción o resultado de esquilar.

1 **es·quil·mar** [eskilmár] *tr* Agotar una fuente de ingresos o riqueza por explotarla en exceso.

1 **es·qui·mal** [eskimál] *adj s/m,f* De Groenlandia o de las tierras altas del Norte.

3 **es·qui·na** [eskína] *s/f* 1. Arista o ángulo que forman dos caras al juntarse. 2. Lugar en el que se juntan dos muros de un edificio. 3. Lugar en que se cruzan dos calles.

1 **es·qui·na·do, -da** [eskináðo] *adj* Que forma esquina.

1 **es·qui·na·zo** [eskináθo] *s/m* LOC **Dar esquinazo**, COL rehuir el encuentro con alguien.

1 **es·quir·la** [eskírla] *s/f* Fragmento irregular que se desprende de un material duro al romperse.

1 **es·qui·rol** [eskiról] *s/m* Obrero que acude a trabajar en sustitución de otro que hace huelga.

1 **es·quis·to** [eskísto] *s/m* Roca de estructura laminar y de color negro azulado.

2 **es·qui·var** [eskiβár] *tr* Evitar.

1 **es·qui·vo, -va** [eskíβo] *adj* Que rehúye el trato con los demás.

2 **es·qui·zo·fre·nia** [eskiθofrénja] *s/f* Enfermedad que provoca la disociación de ciertas funciones síquicas.

1 **es·qui·zo·fré·ni·co, -ca** [eskiθofréniko] *adj s/m,f* Relativo a la esquizofrenia, o quien la padece.

1 **es·qui·zoi·de** [eskiθóiðe] *adj s/m,f* Relativo a la esquizofrenia, o quien la padece.

4 **es·ta·bi·li·dad** [estaβiliðáð] *s/f* Cualidad de estable.

2 **es·ta·bi·li·za·ción** [estaβiliθaθjón] *s/f* Acción o resultado de estabilizar(se).

1 **es·ta·bi·li·za·dor, -ra** [estaβiliθaðór] *adj s/m,f* Que estabiliza.

2 **es·ta·bi·li·zar** [estaβiliθár] *tr* Hacer que algo adquiera estabilidad.
ORT La *z* cambia a *c* ante *e*: *Estabilicé*.

4 **es·ta·ble** [estáβle] *adj* 1. Fijo, sujeto y que no tiene peligro de moverse o caerse. 2. Que no cambia ni se altera.

5 **es·ta·ble·cer** [estaβleθér] **I.** *tr* 1. Poner algo en un lugar para que permanezca en él. 2. Definir, determinar. 3. Fijar una norma o ley, o dictarla. 4. Iniciar una comunicación o relación con otra persona o entidad. **II.** REFL(-se) 1. Fijar alguien su

residencia en un lugar. **2.** Abrir un negocio o comercio.
CONJ *Irreg: Establezco, establecí, estableceré, establecido.*

4 **es·ta·ble·ci·mien·to** [estaβleθimjénto] *s/m* **1.** Acción o resultado de establecer(se). **2.** Edificio que alberga una institución, comercio, etc.

2 **es·ta·blo** [estáβlo] *s/m* Lugar cubierto para guardar el ganado.

1 **es·ta·bu·lar** [estaβulár] *tr* Criar y guardar el ganado en un establo.

2 **es·ta·ca** [estáka] *s/f* Palo con punta afilada para clavarlo en el suelo.

es·ta·ca·da [estakáða] *s/f* Conjunto de estacas clavadas en el suelo. LOC **Dejar a alguien en la estacada**, abandonarlo cuando está en apuros o en peligro.

1 **es·ta·ca·zo** [estakáθo] *s/m* Golpe dado con una estaca.

4 **es·ta·ción** [estaθjón] *s/f* **1.** Lugar en que se detiene un vehículo de transporte público. **2.** Conjunto de edificios que lo constituyen. **3.** Instalaciones y locales desde los que emite un programa de radio o televisión. **4.** Centro de observación científica. **5.** AMER Dependencias de un cuerpo de seguridad del Estado. **6.** Cada una de las cuatro partes del año. **7.** Temporada.
Estación de servicio, instalación con surtidores de gasolina para los vehículos.
Estación espacial, nave espacial para habitar temporalmente en ella.

1 **es·ta·cio·nal** [estaθjonál] *adj* Relativo a una estación del año.

1 **es·ta·cio·na·li·dad** [estaθjonaliðáð] *s/f* Cualidad de estacional.

2 **es·ta·cio·na·mien·to** [estaθjonamjénto] *s/m* **1.** Acción o resultado de estacionar(se). **2.** Lugar donde se pueden estacionar vehículos.

3 **es·ta·cio·nar** [estaθjonár] *tr* Dejar algo colocado en algún lugar, *esp* un vehículo.

1 **es·ta·cio·na·rio, ·ia** [estaθjonárjo] *adj* Que se mantiene sin cambio ni variación.

1 **es·ta·día** [estadía] *s/f* Permanencia en un lugar.

es·ta·di·llo [estaðíλo] *s/m* Cuadro dividido en casillas, para anotar datos.

3 **es·ta·dio** [estáðjo] *s/m* Lugar con graderías para los espectadores, destinado a competiciones deportivas.

2 **es·ta·dis·ta** [estaðísta] *s/m,f* Persona con cualidades para gobernar un Estado.

3 **es·ta·dís·ti·ca** [estaðístika] *s/f* Ciencia que se ocupa de recopilar datos e interpretarlos mediante técnicas probabilísticas.

3 **es·ta·dís·ti·co, ·ca** [estaðístiko] **I.** *adj* Relativo a la estadística. **II.** *s/m,f* Especialista en estadística.

5 **es·ta·do** [estáðo] *s/m* **1.** Situación en que se encuentra algo o alguien. **2.** Situación de estar casado o soltero. **3.** Organización política y administrativa de una comunidad bajo una autoridad común. LOC **Estar en estado**, estar embarazada una mujer.

4 **es·ta·dou·ni·den·se** [estaðouniðénse] *adj s/m,f* De los Estados Unidos de América.

2 **es·ta·fa** [estáfa] *s/f* Acción o resultado de estafar.

1 **es·ta·fa·dor, ·ra** [estafaðór] *adj s/m,f* Que estafa.

2 **es·ta·far** [estafár] *tr* Quitar algo a alguien mediante engaño.

1 **es·ta·fe·ta** [estaféta] *s/f* Oficina de correos.

1 **es·ta·lac·ti·ta** [estalaktíta] *s/f* Acumulación de carbonato cálcico en los techos de grutas o cavernas producido por el goteo de aguas calcáreas.

es·ta·lag·mi·ta [estalaɣmíta] *s/f* Acumulación calcárea similar a la estalactita, sobre el suelo de una gruta o caverna.

1 **es·ta·li·nis·ta** [estalinísta] *adj s/m,f* Relativo a Stalin o seguidor de su doctrina.

4 **es·ta·llar** [estaʎár] *intr* **1.** Reventar algo de forma violenta. **2.** Producir algo un ruido seco y fuerte. **3.** Manifestar súbitamente una emoción o estado de ánimo. **4.** Producirse un fenómeno social repentina y violentamente.

2 **es·ta·lli·do** [estaʎíðo] *s/m* Acción o resultado de estallar.

1 **es·tam·bre** [estámbre] *s/m* **1.** Hilo de hebras del vellón de lana o tela fabricada con este hilo. **2.** Órgano sexual masculino en las flores.

1 **es·ta·men·tal** [estamentál] *adj* Relativo al estamento.

2 **es·ta·men·to** [estaménto] *s/m* Sector o grupo social de características semejantes.

2 **es·tam·pa** [estámpa] *s/f* **1.** Imagen impresa. **2.** Papel o tarjeta con una imagen impresa, *esp* religiosa. **3.** Escena representada, descrita, etc., relativa a la vida real. **4.** Imagen que produce en los demás el aspecto de alguien o algo.

1 **es·tam·pa·ción** [estampaθjón] *s/f* Acción o resultado de estampar.

1 **es·tam·pa·do, ·da** [estampáðo] **I.** *adj s/m*

Tejido en el que se estampan dibujos. **II.** *s/m* Operación de estampar.

2 **es·tam·par** [estampár] *tr* **1.** Reproducir imágenes mediante moldes e imprimirlos sobre otro material. **2.** Dejar huella. **3.** Arrojar con violencia alguna cosa contra algo. **4.** Referido a besos, bofetadas, etc., darlos.

1 **es·tam·pi·da** [estampíða] *s/f* Acción de huir corriendo, repentinamente y sin rumbo fijo, *esp* el ganado.

1 **es·tam·pi·do** [estampíðo] *s/m* Ruido fuerte y seco, como el de una bomba al estallar.

1 **es·tam·pi·lla** [estampíʎa] *s/f* Sello con la firma o rúbrica de alguien.

1 **es·tam·pi·llar** [estampiʎár] *tr* Marcar con estampilla.

2 **es·tan·ca·mien·to** [estankamjénto] *s/m* Acción o resultado de estancar(se).

2 **es·tan·car** [estankár] *tr* Detener el curso o avance de algo.

ORT La *c* cambia a *qu* ante *e: Estanqué*.

4 **es·tan·cia** [estánθja] *s/f* **1.** Permanencia en un lugar. **2.** Habitación. **3.** AMER Hacienda rural o rancho.

1 **es·tan·cie·ro, -ra** [estanθjéro] *s/m,f* AMER Persona que posee una estancia (3) o que cuida de ella.

1 **es·tan·co, -ca** [estánko] **I.** *adj* Cerrado herméticamente. **II.** *s/m* Establecimiento en que se vende tabaco, sellos y papel timbrado.

es·tand [082n(d)] *s/m* En una feria, puesto donde se exponen artículos.

ORT *pl Estands*.

3 **es·tán·dar** [estándar] **I.** *adj* **1.** De carácter normal o corriente. **2.** Uniforme. **II.** *s/m* Nivel o medida reconocido como modelo de referencia.

1 **es·tan·da·ri·za·ción** [estandariθaθjón] *s/f* Acción o resultado de estandarizar.

1 **es·tan·da·ri·zar** [estandariθár] *tr* Ajustar a un mismo tipo o modelo.

ORT La *z* cambia a *c* ante *e: Estandaricé*.

2 **es·tan·dar·te** [estandárte] *s/m* Insignia o bandera usada por un grupo como símbolo distintivo.

2 **es·tan·que** [estánke] *s/m* Depósito de agua.

1 **es·tan·que·ro, -ra** [estankéro] *s/m,f* Encargado de un estanco.

es·tan·qui·dad [estankiðáð] *s/f* Cualidad de cerrado o estanco.

2 **es·tan·te** [estánte] *s/m* Tabla colocada horizontalmente en la pared para colocar cosas sobre ella.

2 **es·tan·te·ría** [estantería] *s/f* Conjunto de estantes en un mueble, armario, etc.

es·ta·ñar [estaɲár] *tr* Soldar con estaño.

2 **es·ta·ño** [estáɲo] *s/m* Metal maleable y más duro que el plomo.

5 **es·tar** [estár] **I.** *aux* Atribuye una cualidad al sujeto de la oración, con carácter transitorio (a diferencia de *ser*): *No está casado aún*. **II.** *intr* **1.** Permanecer en un lugar, condición, situación, etc.: *Mis hijos están en casa*. **2.** Estar a favor de alguien: *Ella siempre está con Pedro*. **3.** Estar ocupado en un trabajo: *Aún estoy en ello, joven*. LOC **Estar de, 1,** hacer el trabajo que se expresa. **2,** hallarse en la situación de lo que se cita: *Ahora estoy de vacaciones*. **Estar de más,** sobrar.

CONJ *Irreg: Estoy, estuve, estaré, estado*.

es·tár·ter [estárter] *s/m* ANGL Dispositivo de encendido en el motor de combustión interna.

4 **es·ta·tal** [estatál] *adj* Relativo al Estado.

3 **es·tá·ti·co, -ca** [estátiko] **I.** *s/f* Ciencia que estudia las leyes del equilibrio. **II.** *adj* **1.** Relativo a la estática. **2.** Inmóvil, inalterado.

3 **es·ta·tua** [estátwa] *s/f* Obra de escultura que representa una figura humana o animal.

1 **es·ta·tuir** [estatuír] *tr* Establecer o determinar algo.

CONJ *Irreg: Estatuyo, estatuí, estatuiré, estatuido*.

3 **es·ta·tu·ra** [estatúra] *s/f* Altura de una persona.

2 **es·ta·tus** [estátus] *s/m* Posición social de alguien dentro de una sociedad.

2 **es·ta·tu·ta·rio, -ia** [estatutárjo] *adj* Relativo a los estatutos.

4 **es·ta·tu·to** [estatúto] *s/m* Normas por las que se rige una institución o ente social.

2 **es·te, -ta** [éste] **I.** *s/m* Uno de los cuatro puntos cardinales, por donde sale el Sol. **II.** *adj, pron demostrativo (este, esta, estos, estas)* Próximo al hablante, en el espacio o en el tiempo.

és·te, -ta [éste] *pron demostrativo*.

2 **es·te·la** [estéla] *s/f* **1.** Rastro que deja en la superficie del agua una embarcación en movimiento. **2.** Rastro que deja en el aire un cuerpo luminoso, un avión, etc. **3.** Recuerdo que alguien (o sus acciones) deja a su paso.

2 **es·te·lar** [estelár] *adj* **1.** Relativo a las estrellas. **2.** Superior a lo normal.

es·te·la·ri·dad [estelariðáð] *s/f* AMER Popularidad.

es·te·no·gra·fía [estenoɣrafía] *s/f* Escritura abreviada mediante signos especiales.

es·te·no·grá·fi·co, -ca [estenoɣráfiko] *adj* Relativo a la estenografía.

es·te·nó·gra·fo, -fa [estenóɣrafo] *s/m,f* Experto en estenografía.

① **es·te·no·sis** [estenósis] *s/f* MED Estrechamiento patológico de un orificio o conducto.

es·te·no·ti·pia [estenotípja] *s/f* Estenografía que se realiza a máquina.

① **es·ten·tó·reo, -ea** [estentoréo] *adj* Se aplica al sonido muy fuerte.

① **es·te·pa** [estépa] *s/f* Terreno llano, extenso y sin cultivar.

① **es·te·pa·rio, -ia** [estepárjo] *adj s/m,f* Relativo a la estepa o que vive en ella.

és·ter [éster] *s/m* QUÍM Compuesto que resulta de sustituir el hidrógeno de un ácido por radicales alcohólicos.

① **es·te·ra** [estéra] *s/f* Tejido grueso de esparto, palmas, etc., para cubrir el suelo.

① **es·ter·co·le·ro** [esterkoléro] *s/m* **1.** Lugar en el que se arroja el estiércol o la basura. **2.** Lugar muy sucio.

① **es·té·reo** [estéreo] **I.** *adj* ABREV de 'estereofonía', estereofónico. **II.** *s/m* Aparato de música con sistema estereofónico.

es·te·reo·fo·nía [estereofonía] *s/f* Sistema de grabación y reproducción de sonidos mediante dos canales o altavoces.

① **es·te·reo·fó·ni·co, -ca** [estereofóniko] *adj* Relativo a la estereofonía.

① **es·te·reo·ti·pa·do, -da** [estereotipáðo] *adj* Que se utiliza a modo de fórmula repetitiva.

② **es·te·reo·ti·po** [estereotípo] *s/m* Cosa o dicho poco original, muy repetido, que suele ser una simplificación exagerada de algo.

② **es·té·ril** [estéril] *adj* **1.** Que no tiene descendencia o no da fruto. **2.** Que no sirve para nada. **3.** MED Que carece de gérmenes patógenos.

① **es·te·ri·li·dad** [esteriliðáð] *s/f* Cualidad de estéril.

① **es·te·ri·li·za·ción** [esteriliθaθjón] *s/f* Acción o resultado de esterilizar.

① **es·te·ri·li·za·dor, -ra** [esteriliθaðór] *adj* Que esteriliza.

① **es·te·ri·li·zar** [esteriliθár] *tr* **1.** Volver estéril. **2.** MED Eliminar los gérmenes patógenos de algo.
ORT La *z* cambia a *c* ante *e*: *Esterilicé*.

① **es·te·ri·lla** [esteríʎa] *s/f* **1.** DIM de 'estera'. **2.** Tejido de pajas o de hilos gruesos.

① **es·ter·li·na** [esterlína] *s/f adj* Se dice de la unidad monetaria británica.

① **es·ter·nón** [esternón] *s/m* Hueso plano, en la parte anterior del tórax, en el que confluyen las costillas.

① **es·te·ro** [estéro] *s/m* **1.** Terreno que se inunda con las mareas. **2.** AMER Terreno pantanoso.

① **es·te·roi·de** [esteróiðe] *s/m* Compuesto orgánico que constituye la base de muchas hormonas, sales, etc.

① **es·ter·tor** [estertór] *s/m* Respiración forzada y ronca, propia del moribundo.

① **es·te·ta** [estéta] *s/m,f* Persona entendida en estética.

① **es·te·ti·cis·mo** [estetiθísmo] *s/m* Actitud de quien concede importancia primordial a la belleza.

es·te·ti·cis·ta [estetiθísta] **I.** *adj* Relativo al esteticismo. **II.** *s/m,f* Experto en cuidados de belleza.

④ **es·té·ti·co, -ca** [estétiko] **I.** *s/f* Ciencia de lo bello. **II.** *adj* Relativo a la estética.

es·te·tos·co·pio [estetoskópjo] *s/m* MED Instrumento para auscultar al enfermo.

es·tia·je [estjáxe] *s/m* **1.** Disminución del nivel del agua de una corriente, río, etc., a causa de la sequía. **2.** Tiempo que dura esta situación.

es·ti·ba [estíβa] *s/f* Acción o resultado de estibar.

① **es·ti·ba·dor, -ra** [estiβaðór] *s/m,f* Cargador de barcos.

① **es·ti·bar** [estiβár] *tr* Distribuir convenientemente la carga en una embarcación.

① **es·tiér·col** [estjérkol] *s/m* Excrementos de los animales.

① **es·tig·ma** [estíɣma] *s/m* **1.** Marca o señal en el cuerpo. **2.** Lo que supone una vergüenza o deshonra para alguien.

① **es·tig·ma·ti·zar** [estiɣmatiθár] *tr* Producir estigmas en alguien.
ORT La *z* cambia a *c* ante *e*: *Estigmaticé*.

① **es·ti·lar** [estilár] *intr* Tener por costumbre.

① **es·ti·le·te** [estiléte] *s/m* Puñal de hoja estrecha y puntiaguda.

① **es·ti·lis·ta** [estilísta] *s/m,f adj* Persona que cuida su estilo, *esp* el escritor.

① **es·ti·lís·ti·co, -ca** [estilístiko] **I.** *s/f* Ciencia que estudia los recursos del lenguaje para lograr mayor perfección expresiva. **II.** *adj* Relativo al estilo.

[2] **es·ti·li·zar** [estiliθár] *tr* Resaltar los trazos fundamentales de algo.
ORT La *z* cambia a *c* ante *e*: *Estilicé*.

[5] **es·ti·lo** [estílo] *s/m* **1.** Modo o manera de hacer algo. **2.** Conjunto de rasgos que distinguen e identifican algo. **3.** Práctica o costumbre: *Se vistió al estilo asiático.* **4.** Elegancia y refinamiento en el vestir.

[1] **es·ti·lo·grá·fi·ca** [estiloɣráfika] *s/f* Pluma con depósito recargable.

[3] **es·ti·ma** [estíma] *s/f* Aprecio, consideración.

[1] **es·ti·ma·ble** [estimáβle] *adj* **1.** Digno de aprecio o estima. **2.** Notable en cantidad.

[3] **es·ti·ma·ción** [estimaθjón] *s/f* Acción o resultado de estimar.

es·ti·ma·do, -da [estimáðo] *adj* Apreciado o querido. Se usa como fórmula al inicio de una carta.

[4] **es·ti·mar** [estimár] *tr* **1.** Sentir aprecio o admiración hacia alguien. **2.** Considerar. **3.** Dar un valor, cifra, etc., a algo.

[1] **es·ti·ma·ti·vo, -va** [estimatíβo] *adj* Que valora o sirve para valorar.

[2] **es·ti·mu·la·ción** [estimulaθjón] *s/f* Acción o resultado de estimular(se).

[1] **es·ti·mu·la·dor, -ra** [estimulaðór] *adj* Que estimula.

[2] **es·ti·mu·lan·te** [estimulánte] *adj s/m* Que estimula.

[4] **es·ti·mu·lar** [estimulár] *tr* Hacer que alguien se sienta animado a hacer algo.

[4] **es·tí·mu·lo** [estímulo] *s/m* Lo que incita a hacer algo.

[1] **es·tío** [estío] *s/m* Verano.

[1] **es·ti·pen·dio** [estipéndjo] *s/m* Pago por un trabajo realizado.

[1] **es·ti·pu·la·ción** [estipulaθjón] *s/f* Cada una de las cláusulas de un documento público o privado.

[2] **es·ti·pu·lar** [estipulár] *tr* Establecer o convenir algún acuerdo.

[1] **es·ti·ra·do, -da** [estiráðo] *adj* Orgulloso y engreído en el trato.

[1] **es·ti·ra·mien·to** [estiramjénto] *s/m* Acción o resultado de estirar(se).

[3] **es·ti·rar** [estirár] **I.** *tr* **1.** Poner tenso o tirante algo. **2.** Hacer que algo sea más largo tirando de sus extremos. **3.** Quitar las arrugas a algo. **4.** Mover las piernas, brazos, etc., para ejercitar los músculos. **II.** *intr* Tirar con fuerza de alguna cosa: *Después estiras de aquí.* **III.** REFL(-se) **1.** Poner rectos los brazos o piernas para desentumecerlos. **2.** Crecer mucho y en poco tiempo. LOC **Estirar la pata,** COL morir.

[1] **es·ti·rón** [estirón] *s/m* **1.** Acción de estirar(se) bruscamente. **2.** COL Crecimiento rápido.

[2] **es·tir·pe** [estírpe] *s/f* Linaje noble o ilustre.

[2] **es·ti·val** [estiβál] *adj* Relativo al verano.

[5] **es·to** [ésto] *pron demostrativo* neutro. LOC **En esto,** en este momento.

[1] **es·to·ca·da** [estokáða] *s/f* Golpe con la punta de la espada, o estoque o herida así causada.

es·to·ca·je [estokáxe] *s/m* Almacenamiento.

[1] **es·to·fa** [estófa] *s/f* Cosa de poca calidad.

[1] **es·to·fa·do** [estofáðo] *s/m* Guiso de carne o pescado con otros condimentos.

[1] **es·to·far** [estofár] *tr* Guisar carne, pescado, etc., con ciertos condimentos.

[1] **es·toi·cis·mo** [estoiθísmo] *s/m* **1.** Doctrina que muestra indiferencia ante el dolor. **2.** Entereza de ánimo ante las desgracias.

[1] **es·toi·co, -ca** [estóiko] **I.** *adj* Relativo al estoicismo. **II.** *adj s/m,f* **1.** Quien soporta las desgracias o el dolor con entereza.

[1] **es·to·la** [estóla] *s/f* Tira de piel o similar con que las mujeres se abrigan o adornan el cuello y hombros.

[1] **es·to·ma·cal** [estomakál] **I.** *adj* Relativo al estómago. **II.** *adj s/m* Medicamento para facilitar la digestión.

[4] **es·tó·ma·go** [estómaɣo] *s/m* Órgano en forma de saco, en el que se digieren los alimentos. LOC **No tener estómago para,** FIG no poder soportar o aguantar algo.

es·to·ma·to·lo·gía [estomatoloxía] *s/f* Ciencia que estudia las enfermedades de la boca.

[1] **es·to·ma·tó·lo·go, -ga** [estomatóloɣo] *s/m,f* Experto en estomatología.

es·tón, -to·na; es·to·nio, -ia [estón; estónjo] *adj s/m,f* De Estonia.

[1] **es·to·pa** [estópa] *s/f* Fibra basta de lino o cáñamo. LOC **Repartir estopa,** COL pegar.

[1] **es·to·que** [estóke] *s/m* Espada estrecha, de sección cuadrangular, con punta pero sin filo.

[2] **es·tor·bar** [estorβár] *tr* **1.** Ser un obstáculo para algo. **2.** Poner difícil la realización de algo.

[1] **es·tor·bo** [estórβo] *s/m* Lo que estorba.

[1] **es·tor·ni·no** [estorníno] *s/m* Pájaro de plumaje negro, abundante en España.

[1] **es·tor·nu·dar** [estornuðár] *intr* Arrojar el aire con violencia por las vías respiratorias.

[1] **es·tor·nu·do** [estornúðo] *s/m* Acción o resultado de estornudar.

ES·TRE·NAR

[1] **es·tra·bis·mo** [estraβísmo] *s/m* Defecto de la vista por el cual los dos ejes de visión no pueden fijarse a la vez en la misma dirección.

[2] **es·tra·do** [estráðo] *s/m* Tarima un poco más alta que el suelo para que se vea mejor lo que se hace sobre ella.

[1] **es·tra·fa·la·rio, -ia** [estrafalárjo] *adj s/m,f* Que viste o se comporta de forma llamativa y extravagante.

[2] **es·tra·go** [estráγo] *s/m* Daño o destrozo grande.

[1] **es·tra·gón** [estraγón] *s/m* BOT Planta aromática, usada como condimento.

[1] **es·tram·bó·ti·co, -ca** [estrambótiko] *adj* Extraño, estrafalario.

[1] **es·tran·gu·la·ción** [estrangulaθjón] *s/f* Acción o resultado de estrangular(se).

[1] **es·tran·gu·la·dor, -ra** [estrangulaðór] *adj s/m,f* Que estrangula.

[1] **es·tran·gu·la·mien·to** [estrangulamjénto] *s/m* Estrangulación.

[2] **es·tran·gu·lar** [estrangular] *tr* Ahogar a alguien oprimiendo su cuello para que no respire.

[1] **es·tra·per·lis·ta** [estraperlísta] *s/m,f* Persona que practica el estraperlo.

[1] **es·tra·per·lo** [estrapérlo] *s/m* **1.** Introducción o venta clandestina de artículos intervenidos por el Estado o sujetos a tasa. **2.** Mercancía así introducida o vendida.

[1] **es·tra·ta·ge·ma** [estrataχéma] *s/f* Acción hábil o engañosa para conseguir algo o eludirlo.

[2] **es·tra·te·ga** [estratéγa] *s/m,f* Experto en estrategia.

[4] **es·tra·te·gia** [estratéχja] *s/f* Habilidad para llevar adelante un asunto adecuadamente.

[4] **es·tra·té·gi·co, -ca** [estratéχiko] *adj* Relativo a la estrategia.

[1] **es·tra·ti·fi·ca·ción** [estratifikaθjón] *s/f* Acción o resultado de estratificar(se).

[1] **es·tra·ti·fi·car** [estratifikár] *tr* Formar o disponer en estratos.
ORT La *c* cambia a *qu* ante *e*: *Estratifiqué*.

[2] **es·tra·to** [estráto] *s/m* **1.** Masa de terreno de origen sedimentario, dispuesta en capas paralelas, con espesor uniforme. **2.** Cualquier cosa dispuesta de esta forma. **3.** Cada sector social diferenciado del resto. **4.** Nube baja, larga y estrecha.

[1] **es·tra·tos·fe·ra** [estratosféra] *s/f* Zona superior de la atmósfera, entre los doce y cien kilómetros de altura.

es·tra·tos·fé·ri·co, -ca [estratosfériko] *adj* Relativo a la estratosfera.

[1] **es·tra·za** [estráθa] *s/f* Tipo de papel basto.

[1] **es·tre·cha·mien·to** [estretʃamjénto] *s/m* **1.** Acción o resultado de estrechar(se). **2.** Lugar en que algo se hace más estrecho.

[4] **es·tre·char** [estretʃár] *tr* **1.** Reducir algo a menor anchura o espacio. **2.** Apretar con los brazos o con la mano en señal de afecto. **3.** FIG Hacer más íntima una relación.

[2] **es·tre·chez** [estretʃéθ] *s/f* **1.** Cualidad de estrecho. **2.** *pl* Dificultad, apuro.

[4] **es·tre·cho, -cha** [estrétʃo] **I.** *adj* **1.** Que tiene poca anchura. **2.** Se dice de la prenda muy ajustada o apretada al cuerpo. **3.** Que implica intimidad y unión afectiva. **4.** Que permite poco margen de acción. **II.** *s/m* Paso de mar entre dos porciones de tierra muy cercanas.

es·tre·gar [estreγár] *tr* Frotar con fuerza.
CONJ *Irreg: Estriego, estregué, estregaré, estregando.*

[4] **es·tre·lla** [estréʎa] **I.** *s/f* **1.** Astro que brilla con luz propia. **2.** Forma con que se representan habitualmente estos astros, con círculo y varias puntas. **3.** FIG Persona que sobresale en su profesión. **II.** *adj* (*invariable*) Que destaca: *El tema estrella del mes*. LOC **Tener buena/mala estrella,** FIG tener buena/mala suerte en la vida.

[1] **es·tre·lla·do, -da** [estreʎáðo] *adj* **1.** En forma de estrella. **2.** Con muchas estrellas. **3.** Que se ha estrellado al chocar contra otra cosa.

[3] **es·tre·llar** [estreʎár] **I.** *tr* **1.** Lanzar algo con violencia contra un sitio, destruyéndolo. **2.** Echar un huevo en la sartén rompiéndolo para freírlo. **II.** REFL(-se) Fracasar en algo.

[1] **es·tre·lla·to** [estreʎáto] *s/m* Condición de quien se ha convertido en una estrella (3) del espectáculo.

[1] **es·tre·me·ce·dor, -ra** [estremeθeðór] *adj* Que estremece.

[3] **es·tre·me·cer** [estremeθér] *tr* **1.** Hacer temblar. **2.** Hacer el frío, miedo, fiebre, etc., que alguien se agite con movimientos rápidos. **3.** Conmover a alguien.
CONJ *Irreg: Estremezco, estremecí, estremeceré, estremecido.*

[2] **es·tre·me·ci·mien·to** [estremeθimjénto] *s/m* Acción o resultado de estremecer(se).

[4] **es·tre·nar** [estrenár] **I.** *tr* **1.** Usar algo por primera vez. **2.** Representar un espectáculo por primera vez en público. **II.** REFL(-se) Empezar a hacer algo por vez primera.

ES·TRE·NO

[3] **es·tre·no** [estréno] *s/m* Acción o resultado de estrenar(se).

[1] **es·tre·ñi·do, -da** [estreɲíðo] *adj* Que padece estreñimiento.

[2] **es·tre·ñi·mien·to** [estreɲimjénto] *s/m* Dificultad para evacuar el contenido intestinal.

[1] **es·tre·ñir** [estreɲír] *intr* REFL(-*se*) Causar o padecer estreñimiento.
CONJ *Irreg: Estriño, estreñí, estreñiré, estreñido.*

[2] **es·tré·pi·to** [estrépito] *s/m* Ruido muy grande.

[1] **es·tre·pi·to·so, -sa** [estrepitóso] *adj* Que produce estrépito.

[3] **es·trés** [estrés] *s/m* ANGL Estado de tensión nerviosa.

[1] **es·tre·san·te** [estresánte] *adj* Que causa estrés.

[1] **es·tre·sar** [estresár] *tr* Producir estrés.

[1] **es·tría** [estría] *s/f* Surco estrecho.

[1] **es·triar** [estrjár] *tr* REFL(-*se*) Formar(se) estrías o surcos estrechos en la superficie de algo.
ORT PRON La *i* recibe acento en el *sing* y *3ᵃ p pl* del *pres* de *ind* y *subj: Estría.*

[1] **es·tri·ba·ción** [estriβaθjón] *s/f* Derivación de una cordillera.

[2] **es·tri·bar** [estriβár] *intr* FIG Tener algo su fundamento o razón en otra cosa. RPr **Estribar en.**

[1] **es·tri·bi·llo** [estriβíʎo] *s/m* Frase en verso que se repite después de cada estrofa.

[1] **es·tri·bo** [estríβo] *s/m* **1.** Pieza de metal que pende a cada lado de la silla de montar y en las cuales el jinete mete y apoya los pies. **2.** Escalón para subir o bajar de carruajes, trenes, etc. **3.** ARQ Refuerzo externo de un muro. LOC **Perder los estribos,** perder el control de sí mismo.

[1] **es·tri·bor** [estriβór] *s/m* Banda derecha del navío, mirando de popa a proa.

[1] **es·tric·ni·na** [estriknína] *s/f* Sustancia muy venenosa.

[3] **es·tric·to, -ta** [estríkto] *adj* **1.** Que se ajusta a lo que tiene que ser. **2.** Que cumple sus deberes con rectitud y rigor.

[1] **es·tri·den·cia** [estriðénθja] *s/f* Cualidad de estridente.

[2] **es·tri·den·te** [estriðénte] *adj* Con sonido chirriante y desagradable.

[2] **es·tro·fa** [estrófa] *s/f* Conjunto de versos con metro y rima determinados.

[1] **es·tró·fi·co, -ca** [estrófiko] *adj* Relativo a una estrofa.

[2] **es·tró·ge·no** [estróxeno] *s/m* Sustancia hormonal relacionada con la actividad sexual.

es·tron·cio [estrónθjo] *s/m* Metal amarillo. Símbolo Sr.

[1] **es·tro·pa·jo** [estropáxo] *s/m* Trozo de esparto o de otro material similar para fregar.

es·tro·pa·jo·so, -sa [estropaxóso] *adj* **1.** Desaseado, andrajoso. **2.** De pronunciación defectuosa y torpe.

[3] **es·tro·pe·ar** [estropeár] *tr* **1.** Deteriorar el estado de algo, dejarlo inservible. **2.** Hacer que una cosa deje de funcionar. **3.** Hacer que fracase o se malogre una acción, plan, proyecto, etc.

[1] **es·tro·pi·cio** [estropíθjo] *s/m* Destrozo aparatoso.

[4] **es·truc·tu·ra** [estruktúra] *s/f* **1.** Manera como están dispuestas las distintas partes de un todo. **2.** Armazón.

[2] **es·truc·tu·ra·ción** [estrukturaθjón] *s/f* Acción o resultado de estructurar(se) algo.

[4] **es·truc·tu·ral** [estrukturál] *adj* Relativo a la estructura.

[5] **es·truc·tu·rar** [estrukturár] *tr* Dar una estructura a algo.

[2] **es·truen·do** [estrwéndo] *s/m* Ruido muy grande.

[1] **es·truen·do·so, -sa** [estrwendóso] *adj* Que causa estruendo.

[1] **es·tru·jar** [estruxár] *tr* **1.** Apretar bien algo para sacarle el jugo. **2.** Sacar todo el beneficio posible de algo.

[1] **es·tua·rio** [estwárjo] *s/m* Terreno inmediato a las orillas de un río.

es·tu·ca·do, -da [estukáðo] *s/m* Acción o resultado de estucar.

es·tu·ca·dor, -ra [estukaðór] *adj s/m,f* Que estuca paredes.

[1] **es·tu·car** [estukár] *tr* Enlucir con estuco.
ORT La *c* cambia a *qu* ante *e: Estuqué.*

[2] **es·tu·che** [estútʃe] *s/m* Receptáculo para guardar algo.

[1] **es·tu·co** [estúko] *s/m* **1.** Masa de cal apagada y mármol pulverizado. **2.** Masa de yeso blanco y agua de cola.

[1] **es·tu·dian·ta·do** [estuðjantáðo] *s/m* Conjunto de estudiantes de un centro.

[5] **es·tu·dian·te** [estuðjánte] *s/m,f* Persona que cursa estudios en un centro docente.

[3] **es·tu·dian·til** [estuðjantíl] *adj* Relativo a los estudiantes.

E·TO·LO·GÍA

[5] **es·tu·diar** [estudjár] *tr intr* **1.** Aplicar la inteligencia y la memoria para comprender y adquirir conocimientos. **2.** Cursar estudios en un centro docente. **3.** Observar y analizar algo con atención.

[5] **es·tu·dio** [estúdjo] **I.** *s/m* **1.** Acción de estudiar. **2.** Trabajo que resulta de esa acción. **3.** Habitación para estudiar o trabajar en una obra creativa. **II.** *s/m,pl* **1.** Conjunto de materias que se estudian para obtener cierta titulación. **2.** Conjunto de edificios para filmaciones cinematográficas, emisiones de radio o televisión, etc.

[3] **es·tu·dio·so, -sa** [estuðjóso] **I.** *adj* Aplicado en el estudio. **II.** *s/m,f* Dedicado al estudio de una materia especializada.

[2] **es·tu·fa** [estúfa] *s/f* Aparato para calentar el interior de una vivienda.

[1] **es·tu·pe·fac·ción** [estupefakθjón] *s/f* Cualidad de lo que impresiona o asombra.

[2] **es·tu·pe·fa·cien·te** [estupefaθjénte] **I.** *adj* Que produce estupefacción. **II.** *adj s/m* Sustancia tóxica que crea hábito y dependencia.

[2] **es·tu·pe·fac·to, -ta** [estupefákto] *adj* Asombrado y desconcertado por lo que ocurre o se ve.

[4] **es·tu·pen·do, -da** [estupéndo] **I.** *adj* Muy bueno, con muchas cualidades y virtudes. **II.** *adv* Muy bien.

[2] **es·tu·pi·dez** [estupiðéθ] *s/f* **1.** Cualidad de estúpido. **2.** Dicho o hecho propio de un estúpido.

[3] **es·tú·pi·do, -da** [estúpiðo] *adj s/m,f* Falto de inteligencia, sin sentido.

[2] **es·tu·por** [estupór] *s/m* Asombro o extrañeza ante algo, *gen* inesperado.

es·tu·pro [estúpro] *s/m* Delito de quien tiene relaciones sexuales con una persona menor de edad, de entre 12 y 18 años.

es·tu·rión [esturjón] *s/m* Pez con cuya hueva se prepara el caviar.

[1] **es·vás·ti·ca** [esβástika] *s/f* Cruz gamada.

[1] **e·ta·nol** [etanól] *s/m* Alcohol etílico.

[5] **e·ta·pa** [etápa] *s/f* **1.** Cada una de las divisiones en que se divide un trayecto. **2.** Cada uno de los estados que se suceden en la evolución de algo.

[3] **e·ta·rra** [etárra] *adj s/m,f* Miembro de un grupo terrorista vasco.

[5] **etc.** [e(t)θétera] *s/m* ABREV de 'etcétera'.

[4] **et·cé·te·ra** [e(t)θétera] *s/m* Expresión para señalar que se sobreentiende algo que no se expresa.

[1] **éter** [éter] *s/m* Óxido de etilo, líquido inflamable y volátil.

[1] **e·té·reo, -ea** [etéreo] *adj* Ligero, sutil.

[3] **e·ter·ni·dad** [eterniðáð] *s/f* **1.** Cualidad de eterno. **2.** Espacio temporal que no tiene fin.

[1] **e·ter·ni·zar** [eterniθár] *tr* Hacer que algo dure mucho tiempo.
ORT La *z* cambia a *c* ante *e*: *Eternicé*.

[4] **e·ter·no, -na** [etérno] *adj* **1.** Que no tiene ni principio ni fin. **2.** Que dura mucho o demasiado.

[3] **é·ti·ca** [étika] *s/f* **1.** Tratado de los principios morales. **2.** Conjunto de principios y normas de conducta que regulan el comportamiento humano.

[4] **é·ti·co, -ca** [étiko] *adj* Relativo a la ética.

[1] **e·ti·le·no** [etiléno] *s/m* Gas incoloro y muy inflamable.

[1] **e·tí·li·co, -ca** [etíliko] *adj* Relativo al alcohol.

[1] **e·ti·mo·lo·gía** [etimoloxía] *s/f* Ciencia que estudia el origen y evolución de las palabras.

[1] **e·ti·mo·ló·gi·co, -ca** [etimolóxiko] *adj* Relativo a la etimología.

[1] **e·tio·lo·gía** [etjoloxía] *s/m* FIL Estudio de las causas que originan un fenómeno.

[1] **e·tio·ló·gi·co, -ca** [etjolóxiko] *adj* Relativo a la etiología.

[1] **e·tío·pe** [etíope] *adj s/m,f* De Etiopía.
PRON También *etiope*.

[2] **e·ti·que·ta** [etikéta] *s/f* **1.** Letrero que se coloca sobre algo indicando lo que es. **2.** Normas que regulan el desarrollo de los actos oficiales.

[1] **e·ti·que·ta·do** [etiketáðo] *s/m* Acción de etiquetar.

[2] **e·ti·que·tar** [etiketár] *tr* Poner etiquetas.

[2] **et·nia** [étnja] *s/f* Colectividad de individuos de la misma raza o cultura.

[3] **ét·ni·co, -ca** [étniko] *adj* Relativo a una etnia determinada.

[1] **et·no·gra·fía** [etnoɣrafía] *s/f* Ciencia que estudia las razas.

[1] **et·no·grá·fi·co, -ca** [etnoɣráfiko] *adj* Relativo a la etnografía.

[1] **et·no·lo·gía** [etnoloxía] *s/f* Ciencia que estudia a los grupos humanos según criterios étnicos, culturales, etc.

[1] **et·no·ló·gi·co, -ca** [etnolóxiko] *adj* Relativo a la etnología.

[1] **et·nó·lo·go, -ga** [etnóloɣo] *s/m,f* Experto en etnología.

[1] **e·to·lo·gía** [etoloxía] *s/f* Ciencia que estudia el comportamiento de los animales.

[1] **e·trus·co, -ca** [etrúsko] *adj s/m,f* De Etruria (en la Italia antigua).

[2] **eu·ca·lip·to** [eukalípto] *s/m* Árbol originario de Australia, de cuyas hojas se extrae una sustancia medicinal.

[1] **eu·ca·ris·tía** [eukaristía] *s/f* Sacramento de las iglesias cristianas.

[1] **eu·ca·rís·ti·co, -ca** [eukarístiko] *adj* Relativo a la eucaristía.

[1] **eu·cli·dia·no, -na** [euklidjáno] *adj* Relativo a Euclides.

[1] **eu·fe·mis·mo** [eufemísmo] *s/m* Expresión con que se denomina algo, en sustitución de la palabra en uso, que podría resultar dura o grosera.

eu·fo·nía [eufonía] *s/f* Combinación de sonidos, que resulta sonora y agradable.

[2] **eu·fo·ria** [eufórja] *s/f* Estado de alegría, que se exterioriza.

[2] **eu·fó·ri·co, -ca** [eufóriko] *adj* Relativo a la euforia o que la tiene.

[1] **eu·nu·co** [eunúko] *s/m* Hombre castrado.

eu·ra·siá·ti·co, -ca [eurasjátiko] *adj* Relativo a Europa y Asia, conjuntamente.

[2] **eu·ro** [éuro] *s/m* Unidad monetaria de la Unión Europea.

[1] **eu·ro·a·siá·ti·co, -ca** [euroasjátiko] *adj* Eurasiático.

eu·ro·cá·ma·ra [eurokámara] *s/f* Parlamento de la Unión Europea.

eu·ro·co·nec·tor [eurokonektór] *s/m* Dispositivo que permite conectar unos aparatos con otros para transmitir imagen y sonido.

[1] **eu·ro·co·pa** [eurokópa] *s/f* Competición europea de fútbol.

[1] **eu·ro·di·pu·ta·do, -da** [euroðiputáðo] *s/m,f* Diputado del Parlamento Europeo.

eu·ro·pei·dad [europeiðáð] *s/f* Cualidad de europeo.

[1] **eu·ro·peís·mo** [europeísmo] *s/m* Carácter de lo que es europeo.

[1] **eu·ro·peís·ta** [europeísta] *adj s/m,f* Relativo al europeísmo o partidario del mismo.

[1] **eu·ro·pei·za·ción** [europeiθaθjón] *s/f* Acción o resultado de europeizar(se).

[1] **eu·ro·pei·zar** [europeiθár] *tr* REFL(-se) Comunicar o transmitir costumbres o civilización de Europa, o adoptar el carácter europeo.
ORT La *z* cambia a *c* ante *e*: *Europeicé*.

[5] **eu·ro·peo, -ea** [európeo] *adj s/m,f* De Europa.

[1] **eu·ro·vi·sión** [euroβisjón] *s/f* Red televisiva entre los países europeos.

[2] **eus·ke·ra** [euskéra] *s/m* Idioma autóctono del País Vasco.

[2] **eu·ta·na·sia** [eutanásja] *s/f* Muerte sin dolor.

[2] **e·va·cua·ción** [eβakwaθjón] *s/f* 1. Acción de evacuar. 2. Excrementos expulsados por vía anal.

[2] **e·va·cuar** [eβakwár] *tr intr* 1. Abandonar un lugar. 2. Hacer que alguien desaloje un lugar. 3. Expulsar del cuerpo excrementos u orina.
PRON El acento puede o no recaer sobre la *u* en el *sing* y 3^a *p pl* del *pres de indic* y *subj*: *Evacúan. Evacua*.

[2] **e·va·dir** [eβaðír] **I.** *tr* 1. Evitar un riesgo o peligro. 2. Ocultar el pago de dinero a la Hacienda Pública. **II.** REFL(-se) (Con *de*) Escapar de un determinado lugar. RPr **Evadirse de**.

[1] **e·va·lua·ble** [eβalwáβle] *adj* Que puede ser evaluado.

[4] **e·va·lua·ción** [eβalwaθjón] *s/f* 1. Acción o resultado de evaluar. 2. Examen.

[1] **e·va·lua·dor, -ra** [eβalwaðór] *adj s/m,f* Que evalúa.

[4] **e·va·luar** [eβalwár] *tr* Estimar o valorar algo (conocimientos, proyecto, etc.).
PRON En la 3^a *p sing* y *pl* del *pres indic* y *subj* el acento recae sobre la *u*: *Evalúa*.

[1] **e·va·lua·ti·vo, -va** [eβalwatíβo] *adj* Relativo a la evaluación.

[1] **e·va·nes·cen·te** [eβanesθénte] *adj* Que se desvanece o se esfuma.

[2] **e·van·gé·li·co, -ca** [eβanχéliko] *adj* Relativo al Evangelio.

[3] **e·van·ge·lio** [eβanχéljo] *s/m* 1. Conjunto de las enseñanzas de Jesucristo. 2. Verdad que se presenta o se considera indiscutible.

[2] **e·van·ge·lis·ta** [eβanχelísta] *adj s/m* Cada uno de los cuatro autores de los evangelios.

[1] **e·van·ge·li·za·ción** [eβanχeliθaθjón] *s/f* Acción o resultado de evangelizar.

[1] **e·van·ge·li·za·dor, -ra** [eβanχeliθaðór] *adj s/m,f* Que evangeliza.

[1] **e·van·ge·li·zar** [eβanχeliθár] *tr intr* Transmitir o enseñar el Evangelio.
ORT Ante *e* la *z* cambia a *c*: *Evangelicé*.

[2] **e·va·po·ra·ción** [eβaporaθjón] *s/f* Acción o resultado de evaporar(se) algo.

[2] **e·va·po·rar** [eβaporár] *tr* 1. Hacer que un líquido se convierta en vapor. 2. Consumir rápidamente.

[2] **e·va·sión** [eβasjón] *s/f* Acción o resultado de evadir(se).

EX·CAR·CE·LAR

[1] **e·va·si·va** [eβasíβa] *s/f* Respuesta con la que alguien evita responder directamente a lo que se le pregunta.

[1] **e·va·si·vo, ·va** [eβasíβo] *adj* Que evade o elude una dificultad.

[1] **e·va·sor, ·ra** [eβasór] *adj s/m,f* Persona que evade o se evade.

[4] **e·ven·to** [eβénto] *s/m* Suceso, *esp* si es imprevisto.

[3] **e·ven·tual** [eβentwál] *adj* 1. Que es posible que ocurra. 2. Que trabaja en una empresa de manera temporal.

[2] **e·ven·tua·li·dad** [eβentwaliðáð] *s/f* 1. Cualidad de eventual. 2. Suceso que puede ocurrir.

[3] **e·vi·den·cia** [eβiðénθja] *s/f* Cualidad de evidente.

[4] **e·vi·den·ciar** [eβiðenθjár] *tr REFL(-se)* Mostrar(se) una cosa como cierta y evidente.

[5] **e·vi·den·te** [eβiðénte] *adj* Cierto, sin la menor duda.

[1] **e·vi·ta·ble** [eβitáβle] *adj* Que puede ser evitado.

[1] **e·vi·ta·ción** [eβitaθjón] *s/f* Acción o resultado de evitar.

[5] **e·vi·tar** [eβitár] *tr* 1. Impedir que suceda algo. 2. Encontrar la manera de no cumplir una obligación. 3. No encontrarse con alguien.

[3] **e·vo·ca·ción** [eβokaθjón] *s/f* Acción o resultado de evocar.

[2] **e·vo·ca·dor, ·ra** [eβokaðór] *adj* Que evoca.

[3] **e·vo·car** [eβokár] *tr* Traer algo a la memoria. ORT Ante *e* la *c* cambia a *qu: Evoqué*.

[5] **e·vo·lu·ción** [eβoluθjón] *s/f* Acción o resultado de evolucionar.

[3] **e·vo·lu·cio·nar** [eβoluθjonár] *intr* 1. Cambiar gradualmente un organismo. 2. Cambiar de ideología. 3. Hacer movimientos de cambio de dirección un ejército.

[1] **e·vo·lu·cio·nis·mo** [eβoluθjonísmo] *s/m* Teoría que defiende la evolución de las especies por selección natural.

[1] **e·vo·lu·cio·nis·ta** [eβoluθjonísta] *adj s/m,f* Relativo al evolucionismo o partidario de él.

[2] **e·vo·lu·ti·vo, ·va** [eβolutíβo] *adj* Relativo a la evolución.

[4] **ex** [éks] *prep* que se antepone a los nombres de ciertos cargos denotando que ya no lo tienen.

[1] **ex·a·brup·to** [e(k)saβrúpto] *s/m* Respuesta brusca.

[1] **ex·ac·ción** [e(k)sakθjón] *s/f* Imposición y cobro de impuestos o tasas.

[2] **ex·a·cer·bar** [e(k)saθerβár] *tr REFL(-se)* Hacer(se) más grave o acusado un determinado estado físico o espiritual.

[3] **e·xac·ti·tud** [e(k)saktitúθ] *s/f* Cualidad de exacto.

[4] **e·xac·to, ·ta** [e(k)sákto] *adj* 1. Preciso, riguroso. 2. Que corresponde fielmente al original. 3. (Cantidad) no fraccionaria.

[2] **e·xa·ge·ra·ción** [e(k)saχeraθjón] *s/f* Acción o resultado de exagerar.

[3] **e·xa·ge·rar** [e(k)saχerár] *tr intr* 1. Aumentar en exceso (cualidad, defecto, etc.). 2. Deformar la realidad dándole proporciones mayores de las que tiene.

[2] **e·xal·ta·ción** [e(k)saltaθjón] *s/f* Acción o resultado de exaltar(se).

[1] **e·xal·ta·do, ·da** [e(k)saltáðo] *adj s/m,f* Que se deja llevar por sus pasiones con facilidad o con frecuencia.

[2] **e·xal·tar** [e(k)saltár] **I.** *tr* 1. Alabar con entusiasmo o exageración. 2. Causar excitación o alteración del ánimo en alguien. **II.** *REFL(-se)* Dejarse alguien llevar por la pasión o entusiasmo.

[4] **e·xa·men** [e(k)sámen] *s/m* 1. Inspección atenta de algo o alguien. 2. Prueba para que los alumnos demuestren sus conocimientos sobre algo.

[1] **e·xa·mi·na·dor, ·ra** [e(k)saminaðór] *adj s/m,f* Que examina.

[1] **e·xa·mi·nan·do, ·da** [e(k)saminándo] *s/m,f* Que se examina o se va a examinar.

[4] **e·xa·mi·nar** [e(k)saminár] *tr* 1. Estudiar o inspeccionar detalladamente algo para conocerlo mejor. 2. Hacer que los alumnos realicen una determinada prueba para demostrar sus conocimientos.

[1] **e·xan·güe** [e(k)sángwe] *adj* Agotado, sin fuerzas.

[1] **e·xá·ni·me** [e(k)sánime] *adj* Sin vida.

[1] **e·xas·pe·ra·ción** [e(k)sasperaθjón] *s/f* Acción o resultado de exasperar(se).

[1] **e·xas·pe·ran·te** [e(k)sasperánte] *adj* Se aplica a lo que o a quien exaspera.

[2] **e·xas·pe·rar** [e(k)sasperár] *tr* Hacer que otra persona se enfade mucho o se enfurezca.

[1] **ex·car·ce·la·ción** [e(k)skarθelaθjón] *s/f* Acción o resultado de excarcelar.

ex·car·ce·la·mien·to [e(k)skarθelamjénto] *s/m* Excarcelación.

[1] **ex·car·ce·lar** [e(k)skarθelár] *tr REFL(-se)* Poner en libertad a quien estaba en prisión.

EX·CA·VA·CIÓN

[2] **ex·ca·va·ción** [e(k)skaβaθjón] *s/f* Acción o resultado de excavar.

[1] **ex·ca·va·dor, -ra** [e(k)skaβaðór] **I.** *adj s/m,f* Que excava. **II.** *s/f* Máquina para excavar.

[2] **ex·ca·var** [e(k)skaβár] *tr intr* Hacer un hoyo o cavidad en un lugar.

[1] **ex·ce·den·cia** [e(k)sθeðénθja] *s/f* Circunstancia o situación de quien está excedente (I).

[1] **ex·ce·den·ta·rio, -ia** [e(k)sθeðentárjo] *adj* Excedente (II).

[3] **ex·ce·den·te** [e(k)sθeðénte] **I.** *adj* Empleado que cesa en su trabajo, pero sigue en plantilla. **II.** *adj s/m* **1.** Que sobra. **2.** Mercancías o dinero que sobrepasa el nivel normal de demanda.

[3] **ex·ce·der** [e(k)sθeðér] **I.** *tr intr* **1.** Ser una cosa superior a otra en la calidad, cantidad, etc. **2.** Rebasar una cantidad el límite previsto o fijado. **II.** REFL(-*se*) Sobrepasar alguien el límite de lo razonable en su comportamiento. RPr **Exceder(se) de/en.**

[3] **ex·ce·len·cia** [e(k)sθelénθja] *s/f* **1.** Cualidad de excelente. **2.** Tratamiento de cortesía reservado a ciertos cargos o dignidades.

[4] **ex·ce·len·te** [e(k)sθelénte] *adj* Muy bueno.

[1] **ex·ce·len·tí·si·mo, -ma** [e(k)sθelentísimo] *adj* Excelencia (2).

[1] **ex·cel·so, -sa** [e(k)sθélso] *adj* De gran categoría o excelencia.

[1] **ex·cen·tri·ci·dad** [e(k)sθentriθiðáð] *s/f* Cualidad o condición de excéntrico.

[2] **ex·cén·tri·co, -ca** [e(k)sθéntriko] **I.** *adj* Fuera del centro. **II.** *adj s/m,f* Que actúa o se comporta de manera rara o poco común.

[4] **ex·cep·ción** [e(k)sθepθjón] *s/f* **1.** Acción o resultado de exceptuar. **2.** Cosa que se aparta de la norma.

[4] **ex·cep·cio·nal** [e(k)sθepθjonál] *adj* **1.** Que es una excepción a la regla. **2.** De calidad extraordinaria.

[1] **ex·cep·cio·na·li·dad** [e(k)sθepθjonaliðáð] *s/f* Cualidad de excepcional.

ex·cep·to [e(k)sθépto] *prep* Con excepción de.

[2] **ex·cep·tuar** [e(k)sθeptwár] *tr* Excluir de lo normal o regla común. RPr **Exceptuar de.**
PRON En *sing* y 3ª *p pl* del *pres indic* y *subj* el acento recae sobre la *u: Exceptúe.*

[4] **ex·ce·si·vo, -va** [e(k)sθesíβo] *adj* Mayor o más grande de lo necesario o razonable.

[4] **ex·ce·so** [e(k)sθéso] *s/m* Cantidad mayor de lo necesario o razonable.

[1] **ex·ci·pien·te** [e(k)sθipjénte] *s/m* Sustancia inactiva usada en la composición de medicamentos.

ex·ci·ta·bi·li·dad [e(k)sθitaβiliðáð] *s/f* Cualidad de excitable.

ex·ci·ta·ble [e(k)sθitáβle] *adj* Que puede excitarse o ser excitado.

[2] **ex·ci·ta·ción** [e(k)sθitaθjón] *s/f* Acción o resultado de excitar(se).

[2] **ex·ci·tan·te** [e(k)sθitánte] *adj* Que excita.

[2] **ex·ci·tar** [e(k)sθitár] *tr* Causar agitación, nerviosismo o exaltación a otra persona.

[2] **ex·cla·ma·ción** [e(k)sklamaθjón] *s/f* Palabra o sonido con que se expresa un estado de ánimo.

[4] **ex·cla·mar** [e(k)sklamár] *tr intr* Pronunciar o emitir ciertas palabras o sonidos, expresando un estado de ánimo (excitación, alegría, asombro, etc.).

[1] **ex·cla·ma·ti·vo, -va** [e(k)sklamatíβo] *adj* Relativo a la exclamación.

ex·claus·trar [e(k)sklaustrár] *tr* Hacer que un religioso abandone la orden religiosa en que está.

[4] **ex·cluir** [e(k)skluír] *tr* **1.** Sacar a alguien del lugar, grupo, clase, etc., en que estaba. **2.** Rechazar, no tomar en consideración una idea, posibilidad, etc. RPr **Excluir de.**
CONJ *Irreg: Excluyo, excluí, excluiré, excluido.*

[2] **ex·clu·sión** [e(k)sklusjón] *s/f* Acción o resultado de excluir(se).

[3] **ex·clu·si·va** [e(k)sklusíβa] *s/f* Derecho no compartido y único que se da a alguien o alguien tiene sobre algo (información, reportaje, etc.).

ex·clu·si·ve [e(k)sklusíβe] *adv* Sin incluir lo último que se menciona.

[2] **ex·clu·si·vi·dad** [e(k)sklusiβiðáð] *s/f* Cualidad de exclusivo.

[1] **ex·clu·si·vis·mo** [e(k)sklusiβísmo] *s/m* Actitud de quien muestra exclusividad.

[1] **ex·clu·si·vis·ta** [e(k)sklusiβísta] *adj* Relativo al exclusivismo o que lo practica.

[4] **ex·clu·si·vo, -va** [e(k)sklusíβo] *adj* Que pertenece o es usado únicamente por una persona.

[2] **ex·clu·yen·te** [e(k)sklujénte] *adj* Que excluye.

[1] **ex·co·mul·gar** [e(k)skomulyár] *tr* Apartar oficialmente a alguien de la Iglesia Católica.
ORT Ante *e* la *g* cambia a *gu: Excomulgué.*

[1] **ex·co·mu·nión** [e(k)skomunjón] *s/f* Acción o resultado de excomulgar.

[1] **ex·cre·cen·cia** [e(k)skreθénθja] *s/f* Abultamiento o crecimiento anormal en un órgano o parte del cuerpo.

[1] **ex·cre·ción** [e(k)skreθjón] *s/f* Acción o resultado de excretar.

[2] **ex·cre·men·to** [e(k)skreménto] *s/m* Restos de los alimentos que quedan después de la digestión y que el organismo expulsa por vía anal.

[1] **ex·cre·tar** [e(k)skretár] *tr* Expulsar los excrementos o sustancias glandulares.

[1] **ex·cre·tor, -ra** [e(k)skretór] *adj* Que expulsa al exterior las sustancias de desecho.

[1] **ex·cul·pa·ción** [e(k)skulpaθjón] *s/f* Acción o resultado de exculpar(se).

[1] **ex·cul·par** [e(k)skulpár] *tr* Declarar a alguien no culpable de algo.

[3] **ex·cur·sión** [e(k)skursjón] *s/f* Salida o viaje corto, que se hace por placer, deporte o con fines culturales.

[1] **ex·cur·sio·nis·mo** [e(k)skursjonísmo] *s/m* Actividad y práctica de ir de excursión con cierta regularidad.

[1] **ex·cur·sio·nis·ta** [e(k)skursjonísta] *adj s/m,f* Relativo al excursionismo o que lo practica.

[2] **ex·cu·sa** [e(k)skúsa] *s/f* **1.** Acción o resultado de excusar(se). **2.** Argumento con que alguien se excusa.

[1] **ex·cu·sa·ble** [e(k)skusáβle] *adj* Que puede ser excusado.

[3] **ex·cu·sar** [e(k)skusár] *tr* **1.** Hacer o decir algo para justificar lo que otro hace, o para pedir perdón por algo que ha hecho. **2.** (Con *de*) Liberar a alguien de una obligación o responsabilidad. RPr **Excusar de**.

[1] **e·xe·cra·ble** [e(k)sekráβle] *adj* Que merece ser execrado.

[1] **e·xe·crar** [e(k)sekrár] *tr* Condenar, reprobar.

[1] **e·xé·ge·sis** [e(k)séxesis] *s/f* Interpretación o explicación de una obra.
ORT También *exegesis*.

[2] **e·xen·ción** [e(k)senθjón] *s/f* **1.** Acción de eximir(se). **2.** Privilegio por el cual alguien está exento de algo gravoso.

[2] **e·xen·to, -ta** [e(k)sénto] *adj* **1.** Libre de algo poco grato o gravoso. **2.** Que carece de lo que se menciona. RPr **Exento de**.

[1] **e·xe·quias** [e(k)sékjas] *s/f,pl* Ceremonias religiosas para honrar a un difunto.

ex·fo·lia·ción [e(k)sfoljaθjón] *s/f* Separación en láminas o escamas.

[1] **ex·ha·la·ción** [e(k)salaθjón] *s/f* Acción o resultado de exhalar. LOC **Como una exhalación**, velozmente.

[2] **ex·ha·lar** [e(k)salár] *tr* **1.** Emitir o despedir un cuerpo olor, gas, etc. **2.** Emitir un suspiro, queja, dolor, etc.

[1] **ex·haus·ti·vi·dad** [e(k)saustiβiðáð] *s/f* Cualidad de exhaustivo.

[2] **ex·haus·ti·vo, -va** [e(k)saustíβo] *adj* Que incluye o abarca algo totalmente.

[2] **ex·haus·to, -ta** [e(k)sáusto] *adj* Agotado, sin fuerzas.

[3] **ex·hi·bi·ción** [e(k)siβiθjón] *s/f* Acción de exhibir(se) o cosa exhibida.

[1] **ex·hi·bi·cio·nis·mo** [e(k)siβiθjonísmo] *s/m* Afán de exhibirse o llamar la atención.

[1] **ex·hi·bi·cio·nis·ta** [e(k)siβiθjonísta] *adj s/m,f* Que practica el exhibicionismo.

[3] **ex·hi·bir** [e(k)siβír] **I.** *tr* Mostrar en público. **II.** REFL(-*se*) Mostrar a otros, *esp* las partes sexuales.

[1] **ex·hor·ta·ción** [e(k)sortaθjón] *s/f* Acción o resultado de exhortar.

[2] **ex·hor·tar** [e(k)sortár] *tr* Persuadir a alguien con ruegos o razonamientos para que haga o no algo.

[1] **ex·hor·to** [e(k)sórto] *s/m* DER Documento por el que un juez solicita a otro que cumplimente cierta diligencia.

[1] **ex·hu·ma·ción** [e(k)sumaθjón] *s/f* Acción o resultado de exhumar.

[1] **ex·hu·mar** [e(k)sumár] *tr* Desenterrar un cadáver.

[4] **e·xi·gen·cia** [e(k)sixénθja] *s/f* **1.** Acción o resultado de exigir. **2.** Cosa que se exige.

[3] **e·xi·gen·te** [e(k)sixénte] *adj s/m,f* Que exige mucho. RPr **Exigente con/de**.

[2] **e·xi·gi·ble** [e(k)sixíβle] *adj* Que puede ser exigido.

[5] **e·xi·gir** [e(k)sixír] *tr* **1.** Pedir algo a lo que se tiene derecho. **2.** Pedir algo de manera imperiosa. **3.** Necesitar una cosa de otra para ser llevada a cabo.
ORT Ante *a/o* la *g* cambia a *j*: *Exijo*.

[2] **e·xi·guo, -gua** [e(k)síywo] *adj* Excesivamente pequeño.

[1] **e·xi·lar** [e(k)silár] *tr* REFL(-*se*) Exiliar(se).

[2] **e·xi·lia·do, -da** [e(k)siljáðo] *adj s/m,f* Que vive en el exilio.

[3] **e·xi·liar** [e(k)siljár] *tr* Obligar a alguien a marcharse de su patria. RPr **Exiliar(se) de**.

[2] **e·xi·lio** [e(k)síljo] *s/m* **1.** Acción de exiliar(se). **2.** Estado de exiliado. **3.** Lugar del exilio.

[1] **e·xi·men·te** [e(k)siménte] *adj s/f* Que exime de algo.

[1] **e·xi·mio, -ia** [e(k)símjo] *adj* Que sobresale en su profesión.

[2] **e·xi·mir** [e(k)simír] *tr REFL(-se)* Liberar(se) de una obligación o carga. RPr **Eximir(se) de**.

[5] **e·xis·ten·cia** [e(k)sisténθja] **I.** *s/f* **1.** Circunstancia de existir algo o alguien. **2.** Vida humana. **II.** *s/f,pl* Mercancías de que se dispone.

[2] **e·xis·ten·cial** [e(k)sistenθjál] *adj* Relativo a la existencia.

[1] **e·xis·ten·cia·lis·mo** [e(k)sistenθjalísmo] *s/m* Doctrina filosófica que da prioridad a la existencia sobre la esencia.

[1] **e·xis·ten·cia·lis·ta** [e(k)sistenθjalísta] *adj s/m,f* Relativo al existencialismo o partidario de él.

[4] **e·xis·ten·te** [e(k)sisténte] *adj* Que existe.

[5] **e·xis·tir** [e(k)sistír] *intr* **1.** Tener vida o realidad. **2.** Haber o quedar algo.

[5] **é·xi·to** [é(k)sito] *s/m* Resultado positivo de algo.

[2] **e·xi·to·so, -sa** [e(k)sitóso] *adj* Que tiene éxito.

[2] **é·xo·do** [é(k)soðo] *s/m* Emigración de un pueblo o persona.

[1] **ex·o·ne·ra·ción** [e(k)soneraθjón] *s/f* Acción o resultado de exonerar.

[1] **ex·o·ne·rar** [e(k)sonerár] *tr* **1.** Privar o destituir a alguien de su empleo. **2.** Eximir. RPr **Exonerar de**.

[1] **ex·or·bi·tan·te** [e(k)sorβitánte] *adj* Desproporcionadamente grande.

[1] **ex·or·cis·mo** [e(k)sorθísmo] *s/m* Conjuro contra las fuerzas del mal.

[1] **ex·or·cis·ta** [e(k)sorθísta] *s/m,f* Persona que hace exorcismos.

ex·or·cis·ta·do [e(k)sorθistáðo] *s/m* Tercera de las órdenes menores eclesiásticas.

[1] **ex·or·ci·zar** [e(k)sorθiθár] *tr* Liberar a alguien mediante exorcismos del espíritu maligno.
ORT Ante *e* la *z* cambia a *c*: *Exorcicé*.

ex·or·dio [e(k)sórðjo] *s/m* Parte inicial de un discurso u obra.

[1] **e·xo·té·ri·co, -ca** [e(k)sotériko] *adj* Fácilmente comprensible.

[2] **e·xó·ti·co, -ca** [e(k)sótiko] *adj* **1.** De tierras extrañas. **2.** Poco usual.

[1] **e·xo·tis·mo** [e(k)sotísmo] *s/m* Cualidad de exótico.

[3] **ex·pan·dir** [e(k)spandír] *tr REFL(-se)* **1.** Hacer algo más grande. **2.** Divulgar una noticia o rumor. **3.** Hacer que un negocio crezca.

[4] **ex·pan·sión** [e(k)spansjón] *s/f* Acción o resultado de expandir(se).

ex·pan·sio·nar·se [e(k)spansjonárse] *REFL(-se)* **1.** Aumentar de volumen un gas. **2.** Relajarse, divertirse.

[1] **ex·pan·sio·nis·mo** [e(k)spansjonísmo] *s/m* Política exterior de un país, tendente a aumentar su territorio y su poder.

[1] **ex·pan·sio·nis·ta** [e(k)spansjonísta] *adj s/m,f* Relativo al expansionismo o que lo practica.

[2] **ex·pan·si·vo, -va** [e(k)spansíβo] *adj* **1.** Relativo a la expansión. **2.** Que tiende a dilatarse.

ex·pa·tria·ción [e(k)spatrjaθjón] *s/f* Acción o resultado de expatriar(se).

[1] **ex·pa·triar** [e(k)spatrjár] *tr REFL(-se)* Expulsar a alguien de su patria.
PRON En *sing* y *3ª p pl* del *pres indic* y *subj* el acento recae sobre la *i*: *Expatríe*.

[2] **ex·pec·ta·ción** [e(k)spektaθjón] *s/f* Actitud de quien está a la espera de algo.

[2] **ex·pec·tan·te** [e(k)spektánte] *adj* Que espera atento y vigilante.

[3] **ex·pec·ta·ti·va** [e(k)spektatíβa] *s/f* **1.** Posibilidad de conseguir algo. **2.** Cosa que alguien espera que suceda.

ex·pec·to·ra·ción [e(k)spektoraθjón] *s/f* **1.** Acción o resultado de expectorar. **2.** Sustancia que se expectora.

[1] **ex·pec·to·ran·te** [e(k)spektoránte] *s/m* Medicamento que sirve para expectorar.

ex·pec·to·rar [e(k)spektorár] *tr* Expulsar las mucosidades del aparato respiratorio, *gen* mediante la tos.

[3] **ex·pe·di·ción** [e(k)speðiθjón] *s/f* **1.** Acción o resultado de expedir. **2.** Viaje de un grupo de personas con un fin concreto. **3.** Conjunto de personas que participan en una expedición.

[1] **ex·pe·di·cio·na·rio, -ia** [e(k)speðiθjonárjo] *adj s/m,f* Que participa en una expedición.

[3] **ex·pe·dien·tar** [e(k)speðjéntar] *tr* Abrir un expediente (1) a alguien.

[3] **ex·pe·dien·te** [e(k)speðjénte] *s/m* **1.** Conjunto de trámites relativos a un asunto. **2.** Documentos en que constan. **3.** Conjunto de servicios prestados por un empleado en la administración, empresa, etc. **4.** Investigación sobre el comportamiento de un empleado o funcionario. **5.** Calificaciones obtenidas por un estudiante.

EX·PO·NEN·CIAL

[2] **ex·pe·dir** [e(k)speðír] *tr* Enviar.
CONJ *Irreg: Expido, expedí, expediré, expedido*.

[1] **ex·pe·di·ti·vo, -va** [e(k)speðitíβo] *adj* Que resuelve un asunto con rapidez.

[1] **ex·pe·di·to, -ta** [e(k)speðíto] *adj* Libre de obstáculos.

[1] **ex·pe·ler** [e(k)spelér] *tr* Arrojar del interior al exterior.

[1] **ex·pen·de·dor, -ra** [e(k)spendeðór] *adj s/m,f* Que expende algo.

ex·pen·de·du·ría [e(k)spendeðuría] *s/f* Tienda de artículos de monopolio estatal.

[1] **ex·pen·der** [e(k)spendér] *tr* **1.** Vender al por menor. **2.** Vender billetes, entradas, etc.

[2] **ex·pen·sas** [e(k)spénsas] *s/f,pl* Gastos. LOC **A expensas de**, a costa de.

[5] **ex·pe·rien·cia** [e(k)sperjénθja] *s/f* **1.** Conocimientos o habilidad para realizar un trabajo. **2.** Hechos vividos por alguien. **3.** Conocimientos adquiridos mediante la práctica propia.

[2] **ex·pe·ri·men·ta·ción** [e(k)sperimentaθjón] *s/f* Acción o resultado de experimentar.

[3] **ex·pe·ri·men·tal** [e(k)sperimentál] *adj* Basado en experimentos.

[4] **ex·pe·ri·men·tar** [e(k)sperimentár] **I.** *intr* Hacer experimentos. **II.** *tr* Aplicado a sentimientos, situaciones, etc., vivirlos o ser objeto de ellos.

[3] **ex·pe·ri·men·to** [e(k)speriménto] *s/m* Prueba que se hace para estudiar o analizar el comportamiento o efectos de algo.

[4] **ex·per·to, -ta** [e(k)spérto] *adj s/m,f* Persona hábil o práctica en una actividad o profesión. RPr **Experto en**.

[1] **ex·pia·ción** [e(k)spjaθjón] *s/f* Acción o resultado de expiar.

[1] **ex·piar** [e(k)spjár] *tr* Pagar por los pecados, faltas o delitos cometidos con alguna pena o castigo.
PRON En *sing* y 3ª *p pl* del *pres indic* y *subj* el acento recae sobre la *i: Expíen*.

[1] **ex·pia·to·rio, -ia** [e(k)spjatórjo] *adj* Que se hace para expiar los pecados o faltas.

[1] **ex·pi·ra·ción** [e(k)spiraθjón] *s/f* Acción o resultado de expirar.

[2] **ex·pi·rar** [e(k)spirár] *intr* **1.** Morir. **2.** Terminar.

[2] **ex·pla·na·da** [e(k)splanáða] *s/f* Porción de terreno allanado.

[1] **ex·pla·yar** [e(k)splajár] **I.** *tr* Hacer que algo sea más amplio o extenso. **II.** *REFL(-se)* **1.** Divertirse haciendo algo. **2.** Explicar algo extensamente. **3.** (Con *con*) Contar alguien sus secretos a otro. RPr **Explayarse con/en**.

[2] **ex·pli·ca·ble** [e(k)splikáβle] *adj* Que puede explicarse.

[4] **ex·pli·ca·ción** [e(k)splikaθjón] *s/f* Acción o resultado de explicar(se).

[5] **ex·pli·car** [e(k)splikár] **I.** *tr* **1.** Dar detalles o información sobre algo para que pueda ser entendido. **2.** Enseñar alguna materia en un centro docente. **II.** *intr* *REFL(-se)* Dar a conocer alguien lo que piensa: *¿Me explico bien?*
ORT La *c* cambia a *qu* ante *e: Explique*.

[2] **ex·pli·ca·ti·vo, -va** [e(k)splikatíβo] *adj* Que explica o sirve para explicar(se).

[1] **ex·pli·ci·ta·ción** [e(k)spliθitaθjón] *s/f* Acción o resultado de explicitar.

[1] **ex·pli·ci·tar** [e(k)spliθitár] *tr* Expresar algo claramente y con precisión.

[3] **ex·plí·ci·to, -ta** [e(k)spliθito] *adj* Expresado precisa y claramente.

[3] **ex·plo·ra·ción** [e(k)sploraθjón] *s/f* Acción o resultado de explorar.

[2] **ex·plo·ra·dor, -ra** [e(k)sploraðór] *adj s/m,f* Que explora.

[3] **ex·plo·rar** [e(k)splorár] *tr* **1.** Recorrer y reconocer un lugar o paraje. **2.** Examinar el médico el cuerpo del paciente.

[1] **ex·plo·ra·to·rio, -ia** [e(k)sploratórjo] *adj* Relativo a la exploración.

[3] **ex·plo·sión** [e(k)splosjón] *s/f* **1.** Liberación repentina y violenta de la energía contenida en una sustancia, acompañada de un gran ruido. **2.** Manifestación repentina y violenta de un fenómeno, sentimiento, etc.

[2] **ex·plo·sio·nar** [e(k)splosjonár] *tr intr* Explotar (I.3 y II).

[3] **ex·plo·si·vo, -va** [e(k)splosíβo] *adj s/m* **1.** Que puede provocar una explosión. **2.** Que puede tener consecuencias peligrosas.

[4] **ex·plo·ta·ción** [e(k)splotaθjón] *s/f* **1.** Acción o resultado de explotar. **2.** Instalaciones para explotar un producto natural (*p ej* minerales).

[4] **ex·plo·tar** [e(k)splotár] **I.** *tr* **1.** Extraer los recursos de una mina o similar. **2.** Obtener beneficio de algo o de alguien. **3.** Hacer que estalle o explote un artefacto. **II.** *intr* Hacer algo explosión.

[1] **ex·po·lia·ción** [e(k)spoljaθjón] *s/f* Expolio.

[1] **ex·po·liar** [e(k)spoljár] *tr* Despojar a alguien de lo que es suyo.

[1] **ex·po·lio** [e(k)spoljo] *s/m* **1.** Acción o resultado de expoliar. **2.** Conjunto de cosas expoliadas.

[1] **ex·po·nen·cial** [e(k)sponenθjál] *adj* Que crece a un ritmo cada vez más rápido.

EX·PO·NEN·TE

2 **ex·po·nen·te** [e(k)sponénte] **I.** *adj s/m,f* Se dice de lo que es o se considera representativo de otra cosa. **II.** *s/m* MAT En una potencia, número o letra en la parte superior derecha de la base para indicar el número de veces que ésta debe multiplicarse por sí misma.

5 **ex·po·ner** [e(k)sponér] *tr intr* **1.** Explicar ideas, teorías, etc., con claridad. **2.** Mostrar a los demás.
CONJ *Irreg: Expongo, expuse, expondré, expuesto*.

1 **ex·por·ta·ble** [e(k)sportáβle] *adj* Que puede ser exportado.

4 **ex·por·ta·ción** [e(k)sportaθjón] *s/f* **1.** Acción o resultado de exportar. **2.** Conjunto de productos exportados.

3 **ex·por·ta·dor, -ra** [e(k)sportaðór] *adj s/m,f* Que exporta.

3 **ex·por·tar** [e(k)sportár] *tr* Vender mercancías un país a otro.

5 **ex·po·si·ción** [e(k)sposiθjón] *s/f* **1.** Acción o resultado de exponer(se). **2.** En fotografía, tiempo en que la película se expone a la luz.

1 **ex·po·si·ti·vo, -va** [e(k)spositíβo] *adj* Que sirve para exponer.

1 **ex·pó·si·to, -ta** [e(k)spósito] *adj s/m,f* Niño abandonado por sus padres y criado en un orfanato.

2 **ex·po·si·tor, -ra** [e(k)spositór] *adj s/m,f* Que expone o sirve para ello.

1 **ex·prés** [e(k)sprés] *adj s/m* **1.** Rápido. **2.** Café hecho a presión. **3.** Aplicado al tren, expreso.

5 **ex·pre·sar** [e(k)spresár] **I.** *tr* Manifestar con palabras, miradas, gestos, etc. **II.** REFL(-*se*) Hacerse entender.

5 **ex·pre·sión** [e(k)spresjón] *s/f* **1.** Acción o resultado de expresar(se). **2.** Modo de expresarse alguien. **3.** Palabra o combinación de palabras con que alguien se expresa. **4.** Aspecto de la cara o gestos que expresan algo.

2 **ex·pre·sio·nis·mo** [e(k)spresjonísmo] *s/m* Movimiento artístico que pretende representar la sensibilidad del artista frente al mundo exterior.

2 **ex·pre·sio·nis·ta** [e(k)spresjonísta] *adj s/m,f* Relativo al expresionismo o partidario de él.

2 **ex·pre·si·vi·dad** [e(k)spresiβiðáð] *s/f* Cualidad de expresivo.

4 **ex·pre·si·vo, -va** [e(k)spresíβo] *adj* **1.** Relativo a la expresión. **2.** Que expresa algo con claridad y viveza.

3 **ex·pre·so, -sa** [e(k)spréso] **I.** *adj* Claro, explícito. **II.** *adj s/m* **1.** Tren rápido de pasajeros. **2.** Se aplica al café que se prepara haciendo pasar agua hirviendo y a presión a través de un filtro con café molido.

2 **ex·pri·mir** [e(k)sprimír] *tr* Prensar algo para extraer su jugo.

2 **ex·pro·pia·ción** [e(k)spropjaθjón] *s/f* Acción o resultado de expropiar.

2 **ex·pro·piar** [e(k)spropjár] *tr* Desposeer a alguien de un bien legalmente y por razones de interés común.

3 **ex·pues·to, -ta** [e(k)spwésto] *adj* **1.** Que está a la vista. **2.** Que no está protegido. RPr **Expuesto a**.

ex·pug·nar [e(k)spuɣnár] *tr* Tomar por las armas.

4 **ex·pul·sar** [e(k)spulsár] *tr* Expulsar de un lugar. RPr **Expulsar de**.

3 **ex·pul·sión** [e(k)spulsjón] *s/f* Acción o resultado de expulsar.

ex·pul·sor, -ra [e(k)spulsór] **I.** *adj* Que sirve para expulsar. **II.** *s/m* Dispositivo para expulsar los casquillos de bala en un arma de fuego.

1 **ex·pur·gar** [e(k)spurɣár] *tr* Eliminar algo que se considera perjudicial (un texto, etc.).
ORT Ante *e* la *g* cambia a *gu: Expurgué*.

1 **ex·qui·si·tez** [e(k)skisitéθ] *s/f* **1.** Cualidad de exquisito. **2.** Cosa exquisita.

3 **ex·qui·si·to, -ta** [e(k)skisíto] *adj* Excelente, que satisface al gusto refinado.

1 **ex·ta·siar** [e(k)stasjár] *tr* REFL(-*se*) Hacer que alguien caiga en éxtasis, o caer uno mismo en él.
PRON En *sing* y 3ª *p pl* del *pres indic* y *subj* el acento recae sobre la *i: Extasío*.

2 **éx·ta·sis** [é(k)stasis] *s/m* **1.** Estado de quien se encuentra como fuera del mundo real. **2.** Sustancia estimulante y estupefaciente.

1 **ex·tem·po·rá·neo, -ea** [e(k)stemporáneo] *adj* Inoportuno.

5 **ex·ten·der** [e(k)stendér] **I.** *tr* **1.** Hacer que algo crezca y ocupe más espacio. **2.** Desplegar algo o un miembro del cuerpo, poniéndolo recto. **3.** Rellenar un cheque con los datos necesarios para hacerlo efectivo. **4.** Dar algo a otra persona alargando el brazo. **II.** REFL(-*se*) **1.** Durar algo cierto tiempo. **2.** Difundirse una determinada noticia, enfermedad, etc. **3.** Acostarse con el cuerpo totalmente estirado. RPr **Extender(se) en/por/sobre**.

EX·TRA·O·FI·CIAL

CONJ *Irreg: Extiendo, extendí, extenderé, extendido.*

[1] **ex·ten·si·ble** [e(k)stensíβle] *adj* Que puede extenderse.

[4] **ex·ten·sión** [e(k)stensjón] *s/f* **1.** Acción o resultado de extender(se). **2.** Longitud de algo, en el espacio o en el tiempo. **3.** Cada línea de teléfono de un mismo abonado conectada a un punto.

[2] **ex·ten·si·vo, -va** [e(k)stensíβo] *adj* Que puede extenderse o aplicarse a otras cosas.

[4] **ex·ten·so, -sa** [e(k)sténso] *adj* De gran amplitud.

[1] **ex·ten·sor, -ra** [e(k)stensór] *adj* Que sirve para extender o para hacer que algo se extienda.

[1] **ex·te·nua·ción** [e(k)stenwaθjón] *s/f* **1.** Acción o resultado de extenuar(se). **2.** Estado de debilidad y agotamiento.

[1] **ex·te·nuar** [e(k)stenwár] *tr* Causar debilidad o agotamiento.
PRON En *sing* y *3ª p pl* del *pres indic* y *subj* el acento recae sobre la *u: Extenúo.*

[5] **ex·te·rior** [e(k)sterjór] **I.** *adj* En la parte de fuera de una cosa. **II.** *s/m* **1.** Parte externa de algo. **2.** (País) extranjero.

[1] **ex·te·rio·ri·za·ción** [e(k)sterjoriθaθjón] *s/f* Acción o resultado de exteriorizar(se).

[2] **ex·te·rio·ri·zar** [e(k)sterjoriθár] *tr* REFL(*-se*) Mostrar(se) al exterior.
ORT Ante *e* la *z* cambia a *c: Exterioricé.*

[1] **ex·ter·mi·na·dor, -ra** [e(k)sterminaðór] *adj s/m,f* Que extermina.

[2] **ex·ter·mi·nar** [e(k)sterminár] *tr* Aniquilar, acabar totalmente con personas o cosas.

[2] **ex·ter·mi·nio** [e(k)stermínjo] *s/m* Acción o resultado de exterminar.

[1] **ex·ter·nar** [e(k)sternár] *tr* AMER Expresar algo públicamente.

[4] **ex·ter·no, -na** [e(k)stérno] **I.** *adj* Que está fuera o separado de un cuerpo, en la parte exterior. **II.** *adj s/m,f* Alumno que no reside en el centro en que estudia.

[3] **ex·tin·ción** [e(k)stinθjón] *s/f* Acción o resultado de extinguir(se).

[3] **ex·tin·guir** [e(k)stingír] *tr* REFL(*-se*) Acabar(se) algo por completo, *gen* de modo progresivo.
ORT Ante *a/o* la *u* desaparece: *Extingo.*

[1] **ex·tin·tor** [e(k)stintór] *s/m* Recipiente con sustancias para apagar incendios.

[1] **ex·tir·pa·ción** [e(k)stirpaθjón] *s/f* Acción o resultado de extirpar.

[2] **ex·tir·par** [e(k)stirpár] *tr* Arrancar de raíz; eliminar por completo.

[2] **ex·tor·sión** [e(k)storsjón] *s/f* Acción o resultado de extorsionar.

[1] **ex·tor·sio·nar** [e(k)storsjonár] *tr* Obtener de alguien dinero u otra cosa mediante amenazas.

[3] **ex·tra** [é(k)stra] **I.** *adj* **1.** De calidad extraordinaria. **2.** Que no es ordinario o habitual. **II.** *s/m* Gasto o ingreso extraordinario.

[2] **ex·trac·ción** [e(k)stra(k)θjón] *s/f* **1.** Acción o resultado de extraer. **2.** Origen o condición social de alguien.

[2] **ex·trac·tar** [e(k)straktár] *tr* Hacer un extracto o resumen de algo.

[2] **ex·trac·to** [e(k)strákto] *s/m* **1.** Resumen de un escrito, libro, etc. **2.** Sustancia concentrada de algo.

[1] **ex·trac·tor, -ra** [e(k)straktór] *adj s/m* Que extrae o sirve para extraer.

[3] **ex·tra·di·ción** [e(k)straðiθjón] *s/f* Acción o resultado de extraditar.

[2] **ex·tra·di·tar** [e(k)straðitár] *tr* Entregar a un criminal reclamado por otro país.

[4] **ex·tra·er** [e(k)straér] *tr* **1.** Sacar. **2.** Obtener una sustancia de algo. RPr **Extraer de**.
CONJ Se conjuga como 'traer'.

[1] **ex·tra·es·co·lar** [e(k)straeskolár] *adj* Que se hace aparte o además de lo escolar.

[1] **ex·tra·li·mi·ta·ción** [e(k)stralimitaθjón] *s/f* Acción o resultado de extralimitarse.

[1] **ex·tra·li·mi·tar·se** [e(k)stralimitárse] REFL(*-se*) Sobrepasarse en los límites autorizados.

[1] **ex·tra·mu·ros** [e(k)stramúros] *adv s/m,pl* Fuera de los límites de una población.

[1] **ex·tran·je·ría** [e(k)stranχería] *s/f* Condición de extranjero.

[5] **ex·tran·je·ro, -ra** [e(k)stranχéro] **I.** *adj s/m,f* Que no es propio del país de uno. **II.** *s/m* País que no es el propio de uno.

[4] **ex·tra·ñar** [e(k)straɲár] **I.** *tr* **1.** Echar de menos algo que se tenía. **2.** Sentirse incómodo con alguien o en un lugar nuevo o desconocido. **II.** *intr* Causar algo extrañeza. RPr **Extrañarse de**.

[2] **ex·tra·ñe·za** [e(k)straɲéθa] *s/f* Cualidad de extraño.

[4] **ex·tra·ño, -ña** [e(k)stráɲo] **I.** *adj* **1.** Que causa sorpresa o desazón por no ser habitual. **2.** Desconocido. **4.** Ajeno a algo. **II.** *s/m,f* Persona desconocida. RPr **Extraño a**.

[1] **ex·tra·o·fi·cial** [e(k)straofiθjál] *adj* Que no es oficial.

4️⃣ **ex·tra·or·di·na·rio, -ia** [e(k)straorðinárjo] *adj* Que no es ordinario.

1️⃣ **ex·tra·po·la·ble** [e(k)strapoláβle] *adj* Que puede ser extrapolado.

1️⃣ **ex·tra·po·la·ción** [e(k)strapolaθjón] *s/f* Acción o resultado de extrapolar.

1️⃣ **ex·tra·po·lar** [e(k)strapolár] *tr* Aplicar algo a un ámbito distinto para extraer ciertas consecuencias. RPr **Extrapolar a**.

1️⃣ **ex·tra·pre·su·pues·ta·rio, -ia** [e(k)strapresupwestárjo] *adj* Que queda fuera de un presupuesto.

1️⃣ **ex·tra·rra·dio** [e(k)strarrádjo] *s/m* Territorio alrededor de la zona central o principal de una población.

1️⃣ **ex·tra·sen·so·rial** [e(k)strasensorjál] *adj* Que se percibe sin la intervención de los sentidos.

2️⃣ **ex·tra·te·rres·tre** [e(k)straterréstre] *s/m,f* Ser que supuestamente habita el espacio exterior.

1️⃣ **ex·tra·te·rri·to·ria·li·dad** [e(k)straterritorjaliðáð] *s/f* Privilegio de quien no está sujeto a las leyes de país en que está, sino a aquel del cual es originario.

1️⃣ **ex·tra·va·gan·cia** [e(k)straβaɣánθja] *s/f* Cualidad de extravagante o cosa extravagante.

2️⃣ **ex·tra·va·gan·te** [e(k)straβaɣánte] **I.** *adj* Muy raro o poco común. **II.** *adj s/m,f* Persona que actúa o se comporta de modo poco habitual.

1️⃣ **ex·tra·ver·ti·do, -da** [e(k)straβertíðo] *adj* De carácter abierto y alegre.

2️⃣ **ex·tra·viar** [e(k)straβjár] *tr* **1.** Hacer perder la orientación. **2.** Perder algo por no dejarlo en su sitio.
PRON En *sing* y *3ª p pl* del *pres indic* y *subj* y en *sing* y *3ª p pl* del *imp*, el acento recae en la *i*: *Extravíen*.

1️⃣ **ex·tra·vío** [e(k)straβío] *s/m* Acción o resultado de extraviar(se).

4️⃣ **ex·tre·mar** [e(k)stremár] *tr* Llevar algo al extremo.

1️⃣ **ex·tre·ma·un·ción** [e(k)stremaunθjón] *s/f* Sacramento que se administra a los moribundos.

2️⃣ **ex·tre·me·ño, -ña** [e(k)stremépo] *adj s/m,f* De Extremadura.

2️⃣ **ex·tre·mi·dad** [e(k)stremiðáð] *s/f* **1.** Brazo o pierna. **2.** Parte final de algo.

1️⃣ **ex·tre·mis** [e(k)strémis] *adv* In extremis, en el último momento.

1️⃣ **ex·tre·mis·mo** [e(k)stremísmo] *s/m* Tendencia a adoptar ideas, opiniones, etc., extremas (I.3) o exageradas.

2️⃣ **ex·tre·mis·ta** [e(k)stremísta] *adj s/m,f* Relativo al extremismo o partidario de él.

4️⃣ **ex·tre·mo, -ma** [e(k)strémo] **I.** *adj* **1.** En grado muy alto o máximo. **2.** Muy alejado. **3.** Muy exagerado. **II.** *s/m* **1.** Punto último o más alto de algo. **2.** Parte final de algo. LOC **En último extremo**, si no queda otra solución.

1️⃣ **ex·trín·se·co, -ca** [e(k)strínseko] *adj* Que existe fuera o independientemente de algo.

1️⃣ **ex·tro·ver·ti·do, -da** [e(k)stroβertíðo] *adj* Extravertido.

1️⃣ **e·xu·be·ran·cia** [e(k)suβeránθja] *s/f* Cualidad de exuberante.

1️⃣ **e·xu·be·ran·te** [e(k)suβeránte] *adj* **1.** Muy abundante o rico en algo. **2.** (*jardín, bosque, etc.*). Que abunda en flores, plantas o vegetación. **3.** De cuerpo muy atractivo.

1️⃣ **e·xu·dar** [e(k)suðár] *tr intr* Dejar escapar un líquido a través de los poros.

1️⃣ **e·xul·tan·te** [e(k)sultánte] *adj* Que muestra gran alegría.

1️⃣ **ex·vo·to** [e(k)sβóto] *s/m* Ofrenda a Dios o a los santos en agradecimiento por un bien recibido.

1️⃣ **e·ya·cu·la·ción** [ejakulaθjón] *s/f* Acción o resultado de eyacular.

1️⃣ **e·ya·cu·lar** [ejakulár] *tr intr* Expulsar con fuerza el contenido de un órgano (*esp* el esperma de los testículos).

1️⃣ **e·yec·ción** [ejekθjón] *s/f* Acción o resultado de eyectar(se).

e·yec·tar [ejektár] *tr* Arrojar o expulsar con fuerza.

Ff

[4] **F; f** [éfe] *s/f* Sexta letra del alfabeto español.

[2] **fa** [fá] *s/m* MÚS Cuarta nota de la escala musical. LOC **Ni fu ni fa**, expresa indiferencia.

[1] **fa·ba·da** [faβáða] *s/f* Potaje de judías, tocino, chorizo y morcilla.

[4] **fá·bri·ca** [fáβrika] *s/f* **1.** Local con instalaciones para producir productos industriales. **2.** Construcción de ladrillo.

[3] **fa·bri·ca·ción** [faβrikaθjón] *s/f* Acción o resultado de fabricar algo.

[3] **fa·bri·can·te** [faβrikánte] *s/m,f* Persona o empresa que fabrica algo.

[4] **fa·bri·car** [faβrikár] *tr* Producir algo (artículos industriales, etc.) mediante la aplicación de ciertos procesos.
ORT Ante *e* la *c* cambia a *qu: Fabrique*.

[1] **fa·bril** [faβríl] *adj* Relativo a una fábrica o a la fabricación.

[2] **fá·bu·la** [fáβula] *s/f* Narración fantástica.

[3] **fa·bu·lo·so, -sa** [faβulóso] *adj* Extraordinario, muy grande en calidad o cantidad.

[1] **fa·ca** [fáka] *s/f* Cuchillo de gran tamaño.

[2] **fac·ción** [fakθjón] *s/f* **1.** Grupo que se separa de otro más grande y se declara en rebeldía. **2.** *pl* Rasgos del rostro.

[1] **fac·cio·so, -sa** [fakθjóso] *adj, s/m* **1.** Relativo a una facción. **2.** Rebelde armado.

[3] **fa·ce·ta** [faθéta] *s/f* Aspecto de un asunto.

[2] **fa·cha** [fátʃa] **I.** *s/f* **1.** Aspecto que alguien presenta, *esp* si es ridículo. Persona de mal aspecto. **II.** *adj s/m,f* Persona de ideas reaccionarias.

[4] **fa·cha·da** [fatʃáða] *s/f* Pared de un edificio que da al exterior.

[2] **fa·cial** [faθjál] *adj* Relativo a la cara.

[5] **fá·cil** [fáθil] *adj* Que exige poco esfuerzo o se obtiene sin dificultad. RPr **Fácil de**.

[4] **fa·ci·li·dad** [faθiliðáð] *s/f* Cualidad de fácil.

[4] **fa·ci·li·tar** [faθilitár] *tr* Hacer algo fácil o más fácil.

[1] **fa·ci·ne·ro·so, -sa** [faθineróso] *adj s/m,f* Delincuente.

[1] **fac·sí·mi·l(e)** [faksímil(e)] *s/m* Copia exacta de algo impreso.

[2] **fac·ti·ble** [faktíβle] *adj* Que puede llevarse a cabo.

[2] **fác·ti·co, -ca** [fáktiko] *adj* Relativo a los hechos.

[2] **fac·to** [fákto] **De facto**, de hecho.

[5] **fac·tor** [faktór] *s/m* **1.** Cosa que origina algún efecto, a veces junto con otras causas. **2.** MAT Cantidad que se multiplica para obtener un producto.

[2] **fac·to·ría** [faktoría] *s/f* Local industrial.

[3] **fac·tu·ra** [faktúra] *s/f* **1.** Relación detallada de artículos y precios de una operación comercial. **2.** Forma como está hecha una cosa.

[2] **fac·tu·ra·ción** [fakturaθjón] *s/f* Acción de facturar o cosas facturadas.

[3] **fac·tu·rar** [fakturár] *tr* **1.** Extender una factura. **2.** Entregar y registrar mercancías para que sean enviadas a cierto destino.

[4] **fa·cul·tad** [fakultáð] *s/f* **1.** Capacidad para hacer algo. **2.** Capacidad física o intelectual. **3.** Cada Centro en que se estructura una universidad, o edificio que lo alberga.

[4] **fa·cul·tar** [fakultár] *tr* Autorizar.

[2] **fa·cul·ta·ti·vo, -va** [fakultatíβo] **I.** *adj* **1.** Relativo a la facultad o poder que alguien tiene. **2.** Que es opcional. **II.** *s/m* Médico.

[2] **fae·na** [faéna] *s/f* **1.** Actividad, trabajo. **2.** Cada serie de lances en el toreo. **3.** Acción malintencionada.

[2] **fae·nar** [faenár] *intr* **1.** Pescar. **2.** Trabajar.

[1] **fa·go·ci·tar** [faɣoθitár] *tr* Absorber una entidad o empresa a otra.

fa·go·ci·to [faɣoθito] *s/m* Célula que destruye los cuerpos extraños o nocivos del organismo.

[1] **fa·got** [faɣót] *s/m* Instrumento musical de viento.

[1] **fai·sán** [faisán] *s/m* Ave gallinácea, de plumaje rojizo y verde y cola larga; es apreciada por su carne.

[1] **fa·ja** [fáxa] *s/m* Pedazo de tela poco ancho y alargado, para rodear y sujetar algo.

[1] **fa·jar** [faxár] **I.** *tr* Rodear con una faja. **II.** *REFL(-se)* AMER Pegarse o combatir con alguien.

[1] **fa·jín** [faxín] *s/m* Faja de seda, utilizada por generales y altos cargos.

fa·ji·na [faxína] *s/f* Toque militar para formar antes de comer.

[1] **fa·jo** [fáxo] *s/m* Conjunto de objetos largos y delgados, ordenados y atados.

[2] **fa·la·cia** [faláθja] *s/f* Cualidad de falso.

[2] **fa·lan·ge** [falánxe] *s/f* **1.** Conjunto numeroso de tropas o personas unidos para un fin. **2.** Cada uno de los huesos en los dedos de las manos y pies.

[1] **fa·lan·ge·ta** [falanxéta] *s/f* Tercera falange de los dedos.

[1] **fa·lan·gi·na** [falanxína] *s/f* Segunda falange de los dedos.

[1] **fa·laz** [faláθ] *adj* Falso, engañoso.

[4] **fal·da** [fálda] **I.** *s/f* **1.** Prenda de vestir femenina que cubre el cuerpo de la cintura hacia abajo. **2.** Parte inferior de una montaña. **3.** En una res, parte interior de la carne en las paredes abdominales. **II.** *s/f,pl* Mujeres en general.

[1] **fal·de·ro, -ra** [faldéro] *adj* Mujeriego. LOC **Perro faldero,** perro pequeño.

[1] **fal·dón** [faldón] *s/m* **1.** Falda grande. **2.** Parte inferior y colgante de algunas prendas.

fa·li·bi·li·dad [faliβiliðáð] *s/f* Cualidad de falible.

[1] **fa·li·ble** [falíβle] *adj* Que puede equivocarse.

[1] **fá·li·co, -ca** [fáliko] *adj* Relativo al miembro sexual masculino.

[2] **fa·lla** [fáʎa] *s/f* **1.** Defecto, anomalía. **2.** Rotura o quiebra del terreno.

[4] **fa·llar** [faʎár] **I.** *intr* **1.** Romperse algo porque no aguanta un peso o fuerza. **2.** Fracasar. **II.** *tr* **1.** DER Dar una sentencia la autoridad competente. **2.** (También *intr*) En juegos de cartas, echar un triunfo. **3.** No lograr el objetivo pretendido: *El soldado falló el tiro*. **4.** Equivocarse en la respuesta.

[1] **fa·lle·ba** [faʎéβa] *s/f* Dispositivo de cierre en puertas y ventanas.

[4] **fa·lle·cer** [faʎeθér] *intr* Morir.
CONJ Irreg: *Fallezco, fallecí, falleceré, fallecido*.

[3] **fa·lle·ci·do, -da** [faʎeθíðo] *s/m,f* Persona muerta.

[2] **fa·lle·ci·mien·to** [faʎeθimjénto] *s/m* Hecho de morirse alguien.

[1] **fa·lli·do** [faʎíðo] *s/m* COM Cantidad de dinero que no se puede cobrar.

[3] **fa·llo** [fáʎo] *s/m* **1.** Sentencia del juez. **2.** Defecto, falta, deficiencia.

[1] **fa·lo** [fálo] *s/m* Miembro sexual masculino.

[1] **fal·sea·mien·to** [falseamjénto] *s/m* Acción o resultado de falsear.

[2] **fal·se·ar** [falseár] **I.** *tr* Alterar algo falsificándolo. **II.** *intr* **1.** Perder algo su firmeza. **2.** MÚS Desafinar.

[2] **fal·se·dad** [falseðáð] *s/f* **1.** Cualidad de falso. **2.** Hecho o dicho falso.

[1] **fal·se·te** [falséte] *s/m* MÚS Voz más aguda de lo normal.

[2] **fal·si·fi·ca·ción** [falsifikaθjón] *s/f* Acción o resultado de falsificar.

[1] **fal·si·fi·ca·dor, -ra** [falsifikaðór] *adj s/m,f* Que falsifica.

[2] **fal·si·fi·car** [falsifikár] *tr* Hacer que aparezca como verdadero lo que es falso. ORT La *c* cambia a *qu* ante *e: Falsifiqué*.

[5] **fal·so, -sa** [fálso] *adj* **1.** No verdadero, contrario a la verdad. **2.** Que no es auténtico. **3.** Que simula sentir o tener algo que no siente o no tiene.

[5] **fal·ta** [fálta] *s/f* **1.** Carencia de algo. **2.** Imperfección. **3.** Error en un ejercicio, examen, etc. **4.** DEP Infracción de las reglas del juego. **5.** DER Infracción voluntaria de una ley o norma. **6.** Ausencia de alguien al trabajo. **7.** Ausencia de la menstruación en la mujer. LOC **Echar en falta,** echar de menos. **Sin falta,** con total seguridad.

[5] **fal·tar** [faltár] *intr* **1.** No estar algo donde debería estar o no haber algo que debiera haber en un lugar. **2.** No tener lo que es necesario. **3.** Consumirse o acabarse algo necesario: *Poco a poco el aire empezó a faltar*. **4.** Estar alguien ausente. **5.** (Con *a*) Decir o hacer algo que ofende: *Me faltó al respeto*. **6.** Tener que transcurrir un tiempo para llegar a cierto punto, situación, etc.: *Faltan seis horas para empezar*. RPr **Faltar a**.

[5] **fal·to, -ta** [fálto] *adj* Necesitado de lo que se menciona. RPr **Falto de**.

[1] **fa·lúa** [falúa] *s/f* Embarcación pequeña.

[4] **fa·ma** [fáma] *s/f* **1.** Prestigio. **2.** Opinión que se tiene de alguien o algo. RPr **Fama de**.

[1] **fa·mé·li·co, -ca** [faméliko] *adj* Muy hambriento.

[5] **fa·mi·lia** [famílja] *s/f* **1.** Conjunto de personas emparentadas entre sí, *esp* padres e hijos. **2.** Descendencia que una pareja tiene: *Espero casarme y tener familia*. **3.** Conjunto de personas que se sienten unidas por ideas o intereses.

[5] **fa·mi·liar** [familjár] **I.** *adj* **1.** Relativo a la familia. **2.** Conocido, sabido. **II.** *s/m* Pariente.

FAR·MA·CO·LÓ·GI·CO

[2] **fa·mi·lia·ri·dad** [familjariðáð] *s/f* Trato de confianza entre personas.

[2] **fa·mi·lia·ri·zar** [familjariθár] *tr* Acostumbrar a alguien a algo.
ORT La *z* cambia a *c* ante *e: Familiaricé.*

[5] **fa·mo·so, -sa** [famóso] *adj* Muy conocido por la gente.

[1] **fan** [fán] *s/m,f* Seguidor incondicional o entusiasta admirador de alguien.

[1] **fa·nal** [fanál] *s/m* Farol grande.

[2] **fa·ná·ti·co, -ca** [fanátiko] *adj s/m,f* Defensor apasionado de ideas o creencias. RPr **Fanático de.**

[2] **fa·na·tis·mo** [fanatísmo] *s/m* Cualidad de fanático.

[1] **fan·dan·go** [fandáŋgo] *s/m* Baile español antiguo.

[1] **fa·ne·ga** [fanéγa] *s/f* Medida de capacidad o superficie (22,5 o 55,5 1 o 64 áreas).

[1] **fan·fa·rria** [fanfárrja] *s/m* Conjunto de instrumentos musicales muy ruidosos.

[1] **fan·fa·rrón, -rro·na** [fanfarrón] *adj s/m,f* Que gusta de aparentar lo que no es.

fan·fa·rro·na·da [fanfarronáða] *s/f* Acción propia del fanfarrón.

[1] **fan·fa·rro·ne·ar** [fanfarroneár] *intr* Aparentar alguien lo que no es.

fan·fa·rro·ne·ría [fanfarronería] *s/f* 1. Cualidad de fanfarrón. 2. Acción o dicho del fanfarrón.

[1] **fan·go** [fáŋgo] *s/m* Masa blanda y espesa de agua con tierra.

[1] **fan·go·so, -sa** [faŋgóso] *adj* Lleno de fango.

[1] **fan·ta·se·ar** [fantaseár] *intr tr* Imaginar cosas fantásticas e irreales.

[4] **fan·ta·sía** [fantasía] *s/f* 1. Capacidad de la mente para crear cosas inexistentes. 2. Producto de la imaginación sin existencia real. LOC **De fantasía,** (adorno) raro o inusual.

[1] **fan·ta·sio·so, -sa** [fantasjóso] *adj* Con mucha fantasía.

[4] **fan·tas·ma** [fantásma] *s/m* 1. Imagen irreal de un muerto que supuestamente se aparece a los vivos. 2. Cosa no real que alguien se imagina. 3. Persona que presume de lo que no es.

fan·tas·ma·da [fantasmáða] *s/f* Acción propia de una persona presuntuosa.

[1] **fan·tas·ma·go·ría** [fantasmaγoría] *s/f* Arte de hacer aparecer figuras no reales mediante ilusiones ópticas.

[1] **fan·tas·ma·gó·ri·co, -ca** [fantasmaγóriko] *adj* Relativo a la fantasmagoría.

[1] **fan·tas·mal** [fantasmál] *adj* Relativo al fantasma.

fan·tas·món, -mo·na [fantasmón] *adj s/m* Persona que aparenta lo que no es.

[3] **fan·tás·ti·co, -ca** [fantástiko] *adj* 1. Que impresiona por su calidad o belleza. 2. Que es fruto de la fantasía.

[1] **fan·to·che** [fantótʃe] *s/m* 1. Persona grotesca y ridícula. 2. Persona presuntuosa.

[1] **fan·zi·ne** [fansín; fandíne] *s/m* Revista sobre un tema de interés especial.

[1] **fa·quir** [fakír] *s/m* 1. Santón o asceta hindú. 2. Artista que realiza espectáculos llamativos.

[1] **fa·rán·du·la** [farándula] *s/f* Arte y profesión de los comediantes y cómicos.

[2] **fa·ra·ón, -o·na** [faraón] *s/m,f* Nombre de los antiguos reyes egipcios.

[1] **fa·raó·ni·co, -ca** [faraóniko] *adj* 1. Relativo a los faraones o a su época. 2. Grandioso.

[1] **far·dar** [farðár] *intr* Presumir. RPr **Fardar de.**

far·del [farðél] *s/m* Saco o bolsa que portaban los caminantes, pastores, etc., para guardar su comida o sus cosas.

[1] **far·do** [fárðo] *s/m* Bulto o paquete de tela fuerte.

far·dón, -do·na [farðón] *adj s/m,f* Que presume mucho.

[1] **far·fu·llar** [farfuʎár] *tr* Hablar de forma atropellada.

[1] **fa·rin·ge** [farínxe] *s/f* Parte del aparato digestivo que une la boca con el esófago.

fa·rín·geo, -ea [farínxeo] *adj* Relativo a la faringe.

fa·rin·gi·tis [farinxítis] *s/f* Inflamación de la faringe.

fa·ri·saís·mo [farisaísmo] *s/m* Hipocresía.

[1] **fa·ri·seís·mo** [fariseísmo] *s/m* Farisaísmo.

[1] **fa·ri·seo, -ea** [fariséo] *s/m,f* Persona que aparenta ser fiel cumplidor del deber, sin serlo en su vida privada.

[3] **far·ma·céu·ti·co, -ca** [farmaθéutiko] *s/m,f* Licenciado en farmacia o que está a cargo de una farmacia.

[3] **far·ma·cia** [farmáθja] *s/f* 1. Establecimiento donde se preparan y venden medicamentos. 2. Ciencia que estudia las sustancias y sus propiedades.

[2] **fár·ma·co** [fármako] *s/m* Sustancia para curar.

[1] **far·ma·co·lo·gía** [farmakoloxía] *s/f* Rama de la medicina que estudia los medicamentos.

[1] **far·ma·co·ló·gi·co, -ca** [farmakolóyiko] *adj* Relativo a la farmacología.

FA·RO

[2] **fa·ro** [fáro] *s/m* Torre elevada en la costa, con una luz potente para orientar a los navegantes por la noche.

[2] **fa·rol** [faról] *s/m* 1. Caja de cristal con una lámpara en su interior. 2. Hecho o dicho jactancioso.

[2] **fa·ro·la** [faróla] *s/f* Farol para iluminar las calles.

fa·ro·le·ar [faroleár] *intr* Jactarse de algo.

[1] **fa·ro·le·ro, -ra** [faroléro] *adj s/m,f* Que presume de lo que no es.

[1] **fa·ro·li·llo** [farolíλo] *s/m* Farol pequeño para verbenas al aire libre.

[1] **fa·rra** [fárra] *s/f* Diversión, juerga.

[1] **fá·rra·go** [fárrayo] *s/m* Conjunto de cosas desordenadas.

[1] **fa·rra·go·so, -sa** [farrayóso] *adj* Confuso y desordenado.

[1] **fa·rru·co, -ca** [farrúko] *adj s/m* Bravucón.

[2] **far·sa** [fársa] *s/f* 1. Cosa con que se finge algo. 2. Obra teatral breve y cómica.

[1] **far·san·te, -ta** [farsánte] *adj s/m,f* Persona que finge ser lo que no es.

[1] **fas·cí·cu·lo** [fasθíkulo] *s/m* Cada uno de los cuadernillos de un libro que se entrega por partes.

[2] **fas·ci·na·ción** [fasθinaθjón] *s/f* Sentimiento de atracción irresistible por alguien o algo.

[2] **fas·ci·nan·te** [fasθinánte] *adj* Que fascina.

[3] **fas·ci·nar** [fasθinár] *tr* Atraer de forma irresistible.

[3] **fas·cis·mo** [fasθísmo] *s/m* Movimiento político-social de carácter totalitario.

[3] **fas·cis·ta** [fasθísta] *adj s/m,f* Relativo al fascismo o partidario de él.

[4] **fa·se** [fáse] *s/f* 1. Cada uno de los estados por los que pasa alguien o algo a lo largo de un proceso. 2. Corriente alterna que origina una corriente polifásica.

[3] **fas·ti·diar** [fastiðjár] *tr* 1. Causar molestia o enfado. 2. Estropear algo.

[1] **fas·ti·dio** [fastíðjo] *s/m* Sensación de enfado o disgusto.

[1] **fas·ti·dio·so, -sa** [fastiðjóso] *adj* Que causa fastidio.

[1] **fas·to** [fásto] *s/m* Magnificencia, esplendor.

fas·tuo·si·dad [fastuosiðáð] *s/f* Cualidad de fastuoso.

[1] **fas·tuo·so, -sa** [fastuóso] *adj* Que derrocha riqueza y lujo.

[3] **fa·tal** [fatál] *adj* 1. Desgraciado, trágico. 2. Inevitable.

[2] **fa·ta·li·dad** [fataliðáð] *s/f* Cualidad de fatal.

[1] **fa·ta·lis·mo** [fatalísmo] *s/m* Creencia según la cual todo sucede por inevitable determinación del destino.

[1] **fa·ta·lis·ta** [fatalísta] *adj s/m,f* 1. Relativo al fatalismo. 2. Con actitud negativa en la vida.

[2] **fa·tí·di·co, -ca** [fatíðiko] *adj* Funesto, que implica desgracias o males.

[2] **fa·ti·ga** [fatíya] *s/f* 1. Sensación de cansancio tras un esfuerzo. 2. Desgaste de una pieza o metal debido al uso.

[3] **fa·ti·gar** [fatiγár] I. *tr* Causar fatiga o cansancio. II. *REFL(-se)* Cansarse tras un esfuerzo.
ORT La *g* cambia a *gu* ante *e: Fatigué*.

[1] **fa·ti·go·so, -sa** [fatiγóso] *adj* Que produce fatiga.

[1] **fa·tuo, -ua** [fátwo] *adj s/m,f* Presuntuoso, con vanidad.

[1] **fau·ces** [fáuθes] *s/f,pl* En los mamíferos, parte posterior de la boca, hasta la faringe.

[3] **fau·na** [fáuna] *s/f* Conjunto de las especies animales que habitan una zona.

[1] **fau·no** [fáuno] *s/m* Dios de campos y selvas.

[2] **faus·to** [fáusto] I. *s/m* Ostentación de lujo y riqueza. II. *adj* Que trae alegría o felicidad.

[5] **fa·vor** [faβór] *s/m* 1. Ayuda o beneficio que alguien presta a otra persona. 2. Situación de privilegio y confianza ante el rey u otro alto cargo. LOC **Por favor**, expresión para pedir algo cortésmente.

[4] **fa·vo·ra·ble** [faβoráβle] *adj* Propicio para algo.

[4] **fa·vo·re·cer** [faβoreθér] *tr* 1. Ayudar. 2. Prestar un beneficio o ventaja. 3. Sentar bien una prenda de vestir.
CONJ *Irreg: Favorezco, favorecí, favoreceré, favorecido.*

[1] **fa·vo·ri·tis·mo** [faβoritísmo] *s/m* Actitud de quien da preferencia a los favores personales, antes que a los méritos.

[3] **fa·vo·ri·to, -ta** [faβoríto] I. *adj* Preferido o predilecto. II. *adj s/m,f* Posible ganador. III. *s/m* Persona que cuenta con el favor del rey o de quien gobierna.

[3] **fax** [fáks] *s/m* 1. Dispositivo para recibir o enviar mensajes impresos por vía electrónica. 2. Ese mensaje impreso.

fa·xe·ar [fakseár] *intr* Enviar un fax.

[2] **faz** [fáθ] *s/f* Cara, rostro.

5 **fe** [fé] *s/f* **1.** Creencia incondicional, sin necesidad de pruebas. **2.** Confianza en alguna bondad o cualidad: *Tengo fe en su buen juicio*. **3.** Conjunto de creencias de una religión. **4.** Documento que certifica algo.

1 **fe·al·dad** [fealdáð] *s/f* Cualidad de feo.

5 **fe·bre·ro** [feβréro] *s/m* Segundo mes del año, con 28 días, o 29 los bisiestos.

2 **fe·bril** [feβríl] *adj* **1.** Relativo a la fiebre o que la tiene. **2.** Muy activo.

1 **fe·cal** [fekál] *adj* Relativo a las heces.

5 **fe·cha** [fétʃa] *s/f* Indicación de un día determinado.

1 **fe·char** [fetʃár] *tr* **1.** Poner la fecha en un documento. **2.** Determinar la fecha de algo.

1 **fe·cho·ría** [fetʃoría] *s/f* Acción mala o perversa.

1 **fé·cu·la** [fékula] *s/f* Sustancia blanca, en las semillas y raíces de las plantas, convertible en harina.

2 **fe·cun·da·ción** [fekundaθjón] *s/f* Acción o resultado de fecundar.

2 **fe·cun·dar** [fekundár] *tr* **1.** Unirse el elemento masculino al femenino, dando origen a un nuevo ser. **2.** Hacer fértil o productivo.

2 **fe·cun·di·dad** [fekundiðáð] *s/f* Cualidad de fecundo o fértil.

2 **fe·cun·do, -da** [fekúndo] *adj* **1.** Que es capaz de fecundar o de ser fecundado. **2.** Productivo (terreno). RPr **Fecundo en**.

4 **fe·de·ra·ción** [feðeraθjón] *s/f* Acción de federarse o entidad que resulta de ello.

4 **fe·de·ral** [feðerál] **I.** *adj* Relativo a una federación. **II.** *s/m* MEX Policía estatal.

2 **fe·de·ra·lis·mo** [feðeralísmo] *s/m* Doctrina a favor de la federación entre naciones.

1 **fe·de·ra·lis·ta** [feðeralísta] *adj s/m,f* Relativo al federalismo o partidario de él.

1 **fe·de·rar** [feðerár] *tr* Unir organismos o países para formar una federación.

2 **fe·de·ra·ti·vo, -va** [feðeratíβo] *adj* Relativo a una federación.

1 **fe·ha·cien·te** [feaθjénte] *adj* DER Que sirve de prueba cierta.

fe·la·ción [felaθjón] *s/f* Práctica de sexo oral.

1 **fel·des·pa·to** [feldespáto] *s/m* Grupo de minerales compuestos de silicato de sodio, alúmina, potasio, calcio y magnesio u otro óxido ferroso.

4 **fe·li·ci·dad** [feliθiðáð] *s/f* Estado de ánimo o satisfacción de quien logra lo que desea o lo que se ha propuesto.

2 **fe·li·ci·ta·ción** [feliθitaθjón] *s/f* Acción de felicitar.

3 **fe·li·ci·tar** [feliθitár] *tr* Desear felicidad a alguien por algo bueno ocurrido. RPr **Felicitarse de/por**.

fé·li·do, -da [félido] *adj* De la familia de los felinos.

1 **fe·li·grés, -gre·sa** [feliɣrés] *s/m,f* Persona que pertenece a una parroquia.

1 **fe·li·gre·sía** [feliɣresía] *s/f* Conjunto de feligreses.

2 **fe·li·no, -na** [felíno] *adj s/m,f* Se aplica a los animales de la familia del gato o del león.

5 **fe·liz** [felíθ] *adj* **1.** Que siente felicidad o goza de ella. **2.** Que causa o anuncia felicidad. **3.** Que transcurre sin incidentes desagradables: *Una travesía feliz*.

1 **fe·lo·nía** [felonía] *s/f* Traición.

1 **fel·pa** [félpa] *s/f* Tejido similar al terciopelo, con el pelo más largo.

1 **fel·pu·do, -da** [felpúðo] *s/m* Esterilla a la entrada de las casas para limpiarse los zapatos antes de entrar.

4 **fe·me·ni·no, -na** [femeníno] **I.** *adj* **1.** Relativo a la mujer, o propio de ella. **2.** Con órganos sexuales receptores en la reproducción. **II.** *adj, s/m* Género gramatical que no es ni masculino ni neutro.

1 **fe·mi·nei·dad, fe·mi·ni·dad** [femin(e)iðað] *s/f* Cualidad de femenino.

1 **fe·mi·nis·mo** [feminísmo] *s/m* Doctrina a favor de la igualdad de derechos entre mujeres y hombres.

1 **fe·mi·nis·ta** [feminísta] *adj s/m,f* Relativo al feminismo o partidario de él.

1 **fe·mo·ral** [femorál] *adj* Relativo al fémur.

2 **fé·mur** [fémur] *s/m* Hueso del muslo.

1 **fe·ne·cer** [feneθér] *intr* Morir, terminarse algo.
CONJ *Irreg: Fenezco, fenecí, feneceré, fenecido*.

fe·ne·ci·mien·to [feneθimjénto] *s/m* Acción o resultado de fenecer.

1 **fe·ni·cio, -ia** [feníθjo] *adj s/m,f* De Fenicia.

fé·ni·co, -ca [féniko] *adj* Aplicado al ácido orgánico extraído de la hulla.

2 **fé·nix** [féniks] *s/m* **1.** Ave mitológica de la que se creía que renacía una vez muerta. **2.** Persona única por sus méritos o cualidades.

1 **fe·nol** [fenól] *s/m* Sustancia sólida obtenida de la destilación de los aceites de alquitrán.

2 **fe·no·me·nal** [fenomenál] *adj* 1. Que excede en cantidad o calidad a los de su especie. 2. Muy bueno, extraordinario.

5 **fe·nó·me·no** [fenómeno] *s/m* Manifestación de algo que puede percibirse mediante los sentidos.

1 **fe·no·ti·po** [fenotípo] *s/m* Conjunto de factores hereditarios que posee cada ser vivo.

1 **feo, -ea** [féo] *adj* 1. Desagradable a la vista, sin belleza. 2. Poco honrado. 3. Aplicado a situaciones, poco favorables.

fe·ra·ci·dad [feraθiðáð] *s/f* Cualidad de fértil.

1 **fe·raz** [feráθ] *adj* Muy fértil.

2 **fé·re·tro** [féretro] *s/m* Caja en la que se entierra a un muerto.

4 **fe·ria** [férja] *s/f* 1. Mercado al aire libre, de carácter local, o fiesta que acompaña. 2. Exhibición de productos industriales en un local.

1 **fe·ria·do, -a** [ferjáðo] *adj s/m* Festivo.

2 **fe·rial** [ferjál] *adj* Relativo a la feria.

1 **fe·rian·te** [ferjánte] *adj s/m,f* Que va a la feria a comprar o vender.

1 **fer·men·ta·ción** [fermentaθjón] *s/f* Acción o resultado de fermentar.

1 **fer·men·tar** [fermentár] **I.** *intr* Experimentar una sustancia un cambio químico mediante la acción de algunos agentes. **II.** *tr* Hacer que se produzca la fermentación de algo.

1 **fer·men·to** [ferménto] *s/m* Sustancia que hace que otra fermente.

1 **fer·nan·di·no, -na** [fernandíno] *adj s/m* Relativo a Fernando o partidario de él.

1 **fe·ro·ci·dad** [feroθiðáð] *s/f* Cualidad de feroz.

3 **fe·roz** [feróθ] *adj* 1. Aplicado a un animal, que ataca a otros animales y los devora. 2. Que obra con ensañamiento y crueldad. 3. Que causa terror y daños. 4. Desmesurado, muy intenso: *Una feroz competencia*.

2 **fé·rreo, -ea** [férreo] *adj* 1. De hierro o que tiene sus características. 2. Fuerte y tenaz.

1 **fe·rre·te·ría** [ferretería] *s/f* Establecimiento en que se venden herramientas y utensilios diversos.

1 **fé·rri·co, -ca** [férriko] *adj* Relativo a los compuestos de hierro.

3 **fe·rro·ca·rril** [ferrokarríl] *s/m* 1. Vía con dos carriles paralelos de hierro, por el que circula el tren. 2. Tren.

1 **fe·rro·so, -sa** [ferróso] *adj* De hierro o que lo contiene.

2 **fe·rro·via·rio, -ia** [ferroβiárjo] **I.** *adj* Relativo al ferrocarril. **II.** *s/m,f* Trabajador de una compañía ferroviaria.

1 **fe·rry** [férri] *s/m* Medio de transporte entre dos orillas separadas por agua.

2 **fér·til** [fértil] *adj* 1. Que da mucho fruto. 2. (*animal*) Capaz de procrear.

2 **fer·ti·li·dad** [fertiliðáð] *s/f* Cualidad de fértil.

1 **fer·ti·li·za·ción** [fertiliθaθjón] *s/f* Acción o resultado de fertilizar.

2 **fer·ti·li·zan·te** [fertiliθánte] *adj s/m* Que fertiliza.

1 **fer·ti·li·zar** [fertiliθár] *tr* Incorporar abonos a la tierra para que sea más fértil.
ORT La *z* cambia a *c* ante *e: Fertilicé.*

2 **fer·vien·te** [ferβjénte] *adj* De sentimientos ardientes e intensos.

2 **fer·vor** [ferβór] *s/m* 1. FIG Empeño, afán con que alguien hace algo. 2. Devoción.

1 **fer·vo·ro·so, -sa** [ferβoróso] *adj* Que tiene o muestra fervor.

2 **fes·te·jar** [festeχár] *tr* 1. Celebrar con una fiesta. 2. (*tr, intr*) Cortejar un hombre a una mujer.

2 **fes·te·jo** [festéχo] **I.** *s/m* Acción o resultado de festejar. **II.** *s/m,pl* Celebraciones públicas durante las fiestas populares.

2 **fes·te·ro, -ra** [festéro] *adj s/m,f* Relativo a la fiesta o amigo de ellas.

2 **fes·tín** [festín] *s/m* Comida extraordinaria y abundante.

4 **fes·ti·val** [festiβál] *s/m* Conjunto de festejos de diversa índole (musicales, etc.).

2 **fes·ti·vi·dad** [festiβiðáð] *s/f* Día festivo.

2 **fes·ti·vo, -va** [festíβo] *adj* Relativo a la fiesta.

1 **fes·tón** [festón] *s/m* Bordado que remata los bordes de las prendas.

1 **fes·to·ne·ar** [festoneár] *tr* Adornar algo con festones.

1 **fe·tal** [fetál] *adj* Relativo al feto.

1 **fe·ti·che** [fetítʃe] *s/m* 1. Ídolo, objeto que se venera en algunas religiones. 2. Objeto que alguien conserva por creer que trae buena suerte.

1 **fe·ti·chis·mo** [fetitʃísmo] *s/m* 1. Culto a los fetiches. 2. Aprecio o veneración hacia algo o alguien.

1 **fe·ti·chis·ta** [fetitʃísta] *adj s/m,f* Relativo al fetichismo o partidario de él.

1 **fe·ti·dez** [fetiðéθ] *s/f* Cualidad de fétido.

[1] **fé·ti·do, -da** [fétiðo] *adj* Que desprende mal olor.

[2] **fe·to** [féto] *s/m* 1. En los vivíparos, embrión desde la concepción hasta el parto. 2. Persona deforme y fea.

[2] **feu·dal** [feuðál] *adj* Relativo al feudalismo.

[2] **feu·da·lis·mo** [feuðalísmo] *s/m* Sistema socio-político basado en los feudos.

[1] **feu·do** [féuðo] *s/m* Tierras que un señor cedía a un vasallo a cambio de ciertas obligaciones.

[2] **fia·bi·li·dad** [fiaβiliðáð] *s/f* Cualidad de fiable.

[2] **fia·ble** [fiáβle] *adj* Que merece confianza.

fia·dor, -ra [fiaðór] *s/m,f* Persona que responda por otro y le fía.

[1] **fiam·bre** [fiámbre] *s/m* Alimento cocinado y preparado para comerlo frío.

[1] **fiam·bre·ra** [fiambréra] *s/f* Recipiente para llevar comida en excursiones, etc.

[1] **fi·an·za** [fiánθa] *s/f* Garantía como señal de que alguien cumplirá lo prometido.

[2] **fiar** [fiár] I. *tr* 1. Garantizar alguien que otro cumplirá con su obligación o compromiso. 2. Vender algo sin abonar de inmediato su precio. II. *intr REFL(-se)* Depositar alguien su confianza en otro. RPr **Fiarse de**.
ORT El acento recae sobre la *i* en el *sing* y *3º p pl* del *pres* de *ind* y *subj*: *Fío, fíen*.

[1] **fias·co** [fiásko] *s/m* Resultado negativo o decepcionante.

[3] **fi·bra** [fíβra] *s/f* 1. Hebra o filamento de un tejido. 2. Sensibilidad de alguien.

[1] **fi·bro·so, -sa** [fiβróso] *adj* Relativo a la fibra, o de fibra.

[4] **fic·ción** [fikθjón] *s/f* Acción o resultado de fingir o simular.

[2] **fi·cha** [fítʃa] *s/f* 1. Placa pequeña, de material duro y usada para fines diversos. 2. Hoja de papel o de cartulina en que se anotan datos.

[2] **fi·cha·je** [fitʃáxe] *s/m* 1. Acción o resultado de contratar un equipo a un jugador. 2. Persona objeto de un fichaje.

[3] **fi·char** [fitʃár] I. *tr* 1. Contratar un club deportivo a un jugador. 2. Identificar la policía a una persona por algún delito. II. *intr* Introducir una ficha de control laboral en la máquina que corresponde.

[4] **fi·che·ro** [fitʃéro] *s/m* 1. Caja o mueble para guardar fichas o documentos. 2. Conjunto de datos almacenados ordenadamente en un ordenador.

FI·GU·RAR

[2] **fic·ti·cio, -ia** [fiktíθjo] *adj* No verdadero.

[1] **fi·cus** [fíkus] *s/m* Grupo de plantas tropicales, o árbol de este grupo.

[1] **fi·de·dig·no, -na** [fiðeðíɣno] *adj* Que merece ser creído.

[1] **fi·dei·co·mi·so** [fiðeikomíso] *s/m* Disposición testamental por la que alguien encomienda una herencia a otro para que disponga de ella según lo que dispone el testador.

[3] **fi·de·li·dad** [fiðeliðáð] *s/f* Cualidad de fiel.

[1] **fi·deo** [fiðéo] *s/m* Pasta alimenticia de harina en forma de filamento.

[1] **fi·du·cia·rio, -ia** [fiðuθjárjo] I. *s/m,f* Encargado de un fideicomiso. II. *adj* COM Se aplica al valor o crédito que se da a algo en función de la confianza que se deposita en ello.

[3] **fie·bre** [fjéβre] *s/f* Subida anormal de la temperatura corporal.

[4] **fiel** [fiél] I. *adj* 1. Constante en sus afectos (el amor, la amistad, la fidelidad, etc.) o que cumple con las obligaciones contraídas. 2. Que reproduce algo con exactitud. II. *s/m,f* REL Persona que sigue y practica las normas de una religión. III. *s/m* Aguja que marca el equilibrio en las balanzas romanas. RPr **Fiel a**.

[1] **fiel·tro** [fiéltro] *s/m* Material de textura gruesa, de lana o borra.

[2] **fie·ra** [fjéra] I. *s/f* 1. Mamífero carnívoro, que vive en estado salvaje. 2. Persona de carácter muy violento. II. *s/m,f* Persona que destaca por sus habilidades o inteligencia en algo.

[1] **fie·re·za** [fjeréθa] *s/f* Cualidad de fiero.

[2] **fie·ro, -ra** [fjéro] *adj* Que ataca o actúa con crueldad.

[5] **fies·ta** [fjésta] I. *s/f* 1. Acto en el que se reúnen personas para disfrutar y divertirse. 2. Día en que se conmemora algo con actos especiales. 3. Corrida de toros. II. *s/f,pl* Caricias.

[5] **fi·gu·ra** [fiɣúra] *s/f* 1. Forma exterior de los cuerpos materiales. 2. Personaje conocido y relevante. 3. Dibujo o estatua que representa a alguien o algo. 4. GEOM Espacio encerrado entre líneas.

[2] **fi·gu·ra·ción** [fiɣuraθjón] *s/f* Acción o resultado de figurar.

[1] **fi·gu·ra·do, -a** [fiɣuráðo] *adj* Se dice del sentido de una palabra, distinto del que originalmente tiene.

[5] **fi·gu·rar** [fiɣurár] I. *tr* Representar algo. II. *intr* 1. Estar incluido en una relación, lista, etc. 2. Aparecer como se expresa:

FI·GU·RA·TI·VO

H. F. figura como protagonista. **3.** Aparentar algo, aunque no lo sea: *Al joven le gusta figurar.* **III.** REFL(-se) Creerse alguien algo.

2 **fi·gu·ra·ti·vo, -va** [fiɣuratíβo] *adj* Que representa algo.

1 **fi·gu·rín** [fiɣurín] *s/m* Dibujo de la figura humana que sirve de modelo para algo.

1 **fi·gu·rón** [fiɣurón] *s/m* Persona que aparenta más de lo que es.

3 **fi·ja·ción** [fixaθjón] *s/f* Acción o resultado de fijar(se).

3 **fi·ja·do** [fiɣádo] *s/m* Operación de fijar algo.

1 **fi·ja·dor, -ra** [fixaðór] *adj s/m* Que fija o sirve para fijar.

5 **fi·jar** [fixár] **I.** *tr* **1.** Sujetar, poner algo en un sitio de modo que no pueda moverse. **2.** Decidir o determinar algo con precisión. **II.** REFL(-se) **1.** Poner la atención en algo o alguien. **2.** Darse cuenta (de algo). RPr **Fijar a/con/en. Fijarse en.**

1 **fi·je·za** [fixéθa] *s/f* Cualidad de fijo.

4 **fi·jo, -ja** [fíxo] *adj* **1.** Que está siempre en el mismo sitio. **2.** Permanente, insistente. **3.** Que no cambia ni se altera. **4.** (*Empleo, trabajo*) Definitivo. RPr **Fijo a/en.**

3 **fi·la** [fíla] *s/f* **1.** Línea que forman personas o cosas colocadas una detrás de otra. **2.** *pl* Fuerzas militares. LOC **En fila india,** uno detrás de otro.

1 **fi·la·men·to** [filaménto] *s/m* Hilo muy fino.

1 **fi·lan·tro·pía** [filantropía] *s/f* Cualidad del filántropo.

1 **fi·lan·tró·pi·co, -ca** [filantrópiko] *adj* Relativo al filántropo.

1 **fi·lán·tro·po, -pa** [filántropo] *s/m,f* Amante de los demás.

2 **fi·lar·mó·ni·ca** [filarmónika] *s/f* MÚS Orquesta sinfónica de importancia.

2 **fi·lar·mó·ni·co, -ca** [filarmóniko] *adj* Relativo a la música o al aficionado a ella.

1 **fi·la·te·lia** [filatélja] *s/f* Afición por coleccionar sellos de correos.

1 **fi·la·té·li·co, -ca** [filatéliko] *adj* Relativo a la filatelia.

2 **fi·le·te** [filéte] *s/m* **1.** Trozo de carne o pescado para el consumo. **2.** Moldura estrecha y delgada.

fil·fa [fílfa] *s/f* Cosa engañosa o falsa.

2 **fi·lia·ción** [filjaθjón] *s/f* Registro de los datos de alguien.

2 **fi·lial** [filjál] **I.** *adj* Relativo a los hijos. **II.** *s/f* Centro que depende de otro más importante.

1 **fi·li·bus·te·ro** [filiβustéro] *s/m* Pirata del siglo XVII.

fi·li·for·me [filifórme] *adj* En forma de hilo.

1 **fi·li·gra·na** [filiɣrána] *s/f* Obra delicada de orfebrería, de hilos de oro y plata.

1 **fi·lí·pi·ca** [filípika] *s/f* Crítica severa contra alguien.

2 **fi·li·pi·no, -na** [filipíno] *adj s/m,f* De Filipinas.

1 **fi·lis·teo, -ea** [filistéo] *adj s/m,f* De la antigua Filistea.

3 **film(e)** [film(e)] *s/m* Película cinematográfica.

2 **fil·ma·ción** [filmaθjón] *s/f* Acción o resultado de filmar.

3 **fil·mar** [filmár] *tr* Grabar imágenes.

1 **fíl·mi·co, -ca** [fílmiko] *adj* Relativo a un film.

1 **fil·mo·gra·fía** [filmografía] *s/f* Conjunto de filmes de un mismo autor.

1 **fil·mo·te·ca** [filmotéka] *s/f* Lugar donde se archivan películas.

2 **fi·lo** [fílo] *s/m* Arista o borde agudo y cortante.

2 **fi·lo·lo·gía** [filoloxía] *s/f* Ciencia que estudia las lenguas y sus culturas.

1 **fi·lo·ló·gi·co, -ca** [filolóxiko] *adj* Relativo a la filología.

1 **fi·ló·lo·go, -ga** [filóloɣo] *s/m,f* Experto en filología.

1 **fi·lón** [filón] *s/m* **1.** Masa de un material, de grosor variable, que se extiende por un terreno. **2.** Negocio que resulta muy rentable.

1 **fi·lo·so·far** [filosofár] *tr* Pensar cuestiones importantes.

4 **fi·lo·so·fía** [filosofía] *s/f* Ciencia que intenta explicar la esencia y causas de todo lo que existe.

4 **fi·lo·só·fi·co, -ca** [filosófiko] *adj* Relativo a la filosofía.

4 **fi·ló·so·fo, -fa** [filósofo] *s/m,f* Experto en filosofía.

1 **fi·lo·xe·ra** [filokséra] *s/f* Insecto que ataca la vid.

2 **fil·tra·ción** [filtraθjón] *s/f* Acción o resultado de filtrar(se).

3 **fil·trar** [filtrar] *tr intr* **1.** Hacer pasar o pasar una sustancia líquida por una materia porosa que retiene alguno de sus componentes. **2.** Dar a conocer algo de modo no oficial.

FIS·GAR

[2] **fil·tro** [fíltro] *s/m* Utensilio con una sustancia porosa para filtrar.

fi·mo·sis [fimósis] *s/f* Estrechez excesiva del prepucio, que impide la salida del glande.

[5] **fin** [fin] *s/m* **1.** Terminación, final. **2.** Finalidad, objetivo. LOC **Por fin,** finalmente.

[1] **fi·na·do, -da** [fináðo] *s/m,f* Difunto.

[5] **fi·nal** [finál] **I.** *s/m* **1.** Punto o momento después del cual ya no queda más. **2.** Parte última de algo. **II.** *s/f* Partido último en una competición. **III.** *adj* Que constituye el fin.

[4] **fi·na·li·dad** [finaliðáð] *s/f* Fin u objetivo.

[2] **fi·na·lis·ta** [finalísta] *adj s/m,f* Se aplica al deportista o equipo que llegan hasta el fin de una competición.

[2] **fi·na·li·za·ción** [finaliθaθjón] *s/f* Acción o resultado de terminar(se).

[4] **fi·na·li·zar** [finaliθár] *tr* Terminar.
ORT La *z* cambia a *c* ante *e*: *Finalicé*.

[4] **fi·nan·cia·ción** [finanθjaθjón] *s/f* Acción o resultado de financiar.

[3] **fi·nan·cia·mien·to** [finanθjamjénto] *s/m* Financiación.

[4] **fi·nan·ciar** [finanθjár] *tr* Aportar el dinero necesario para una actividad o empresa.

[5] **fi·nan·cie·ro, -ra** [finanθjéro] **I.** *adj* Relativo a las finanzas. **II.** *s/m,f* Persona o empresa que financia algo.

[1] **fi·nan·cis·ta** [finanθísta] *adj s/m,f* AMER Financiero (II).

[3] **fi·nan·zas** [finánθas] *s/f,pl* Actividades económicas relacionadas con los negocios.

[3] **fin·ca** [fínka] *s/f* Propiedad inmueble, rústica o urbana.

[1] **fin·car** [finkár] *tr* AMER Tomar algo como base o fundamento de otra cosa.
ORT PRON La *c* cambia a *qu* ante *e*: *Finquen*.

[1] **fi·nés, -ne·sa** [finés] *adj s/m,f* De Finlandia.

[1] **fi·ne·za** [finéθa] *s/f* Cualidad de fino.

[1] **fin·gi·mien·to** [finχimjénto] *s/m* Acción o resultado de fingir.

[3] **fin·gir** [finχír] *tr* Aparentar que es verdad lo que no lo es.
ORT Ante *o/a* la *g* cambia a *j*: *Finjo, finja*.

[1] **fi·ni·qui·tar** [finikitár] *tr* Saldar una cuenta o deuda.

[1] **fi·ni·qui·to** [finikíto] *s/m* Acción de finiquitar o documento en que consta.

[1] **fi·ni·se·cu·lar** [finisekulár] *adj* Relativo al fin de siglo.

[2] **fi·ni·to, -ta** [finíto] *adj* Que tiene fin.

[1] **fi·ni·tud** [finitúð] *s/f* Cualidad de finito.

[1] **fin·lan·dés, -de·sa** [finlandés] *adj s/m,f* De Finlandia.

[3] **fi·no, -na** [fíno] **I.** *adj* **1.** De poco grosor o espesor. **2.** De buena calidad. **3.** Educado o refinado. **4.** Sin asperezas o arrugas. **II.** *s/m* Vino de Jerez muy seco, que suele tomarse como aperitivo.

fi·no·lis [finólis] *adj s/m,f* Afectadamente delicado y fino.

[1] **fin·que·ro, -ra** [finkéro] *s/m* AMER Propietario de fincas.

[1] **fin·ta** [fínta] *s/f* DEP Acción, ademán o gesto que engaña a otro.

[2] **fi·nu·ra** [finúra] *s/f* Cualidad de fino.

flor·do [fjórðo] *s/m* Golfo estrecho y alargado entre montañas abruptas.

[4] **fir·ma** [fírma] *s/f* **1.** Nombre y apellido(s) de alguien, *gen* acompañados de una rúbrica, con que se firma un documento. **2.** Acción de firmar. **3.** Empresa.

[1] **fir·ma·men·to** [firmaménto] *s/m* Espacio exterior a la tierra, *esp* con estrellas visibles.

[2] **fir·man·te** [firmánte] *adj s/m,f* Que firma.

[5] **fir·mar** [firmár] *tr* Poner alguien su firma en un documento.

[3] **fir·me** [fírme] **I.** *adj* **1.** Fijo, que no se mueve ni se altera. **2.** Sólido, consistente. **II.** *s/m* **1.** Capa sólida de un terreno. **2.** Pavimento de las carreteras. LOC **En firme,** con carácter definitivo.

[3] **fir·me·za** [firméθa] *s/f* Cualidad de firme.

[5] **fis·cal** [fiskál] **I.** *adj* **1.** Relativo al fisco. **2.** Relativo a la justicia o al fiscal. **II.** *s/m,f* Funcionario judicial que defiende los intereses del Estado.

[3] **fis·ca·lía** [fiskalía] *s/f* Cargo u oficio del fiscal.

[2] **fis·ca·li·dad** [fiskaliðáð] *s/f* Impuestos.

[2] **fis·ca·li·za·ción** [fiskaliθaθjón] *s/f* Acción o resultado de fiscalizar.

[1] **fis·ca·li·za·dor, -ra** [fiskaliθaðór] *adj s/m,f* Que fiscaliza.

[1] **fis·ca·li·zar** [fiskaliθár] *tr* **1.** Inspeccionar las actividades económicas. **2.** Controlar las actividades de alguien.
ORT La *z* cambia a *c* ante *e*: *Fiscalicé*.

[2] **fis·co** [físko] *s/m* Bienes o tesoro de una nación.

[1] **fis·gar** [fisɣár] *intr* Intentar enterarse de los asuntos de otros.
ORT La *g* cambia a *gu* ante *e*: *Fisgué*.

fis·gón, -go·na [fisɣón] *adj s/m,f* Que fisgonea.

[1] **fis·go·ne·ar** [fisɣoneár] *tr* Fisgar.

[2] **fí·si·ca** [físika] *s/f* Ciencia que estudia la materia y sus leyes.

[5] **fí·si·co, -ca** [físiko] **I.** *adj* Relativo a lo real. **II.** *s/m,f* Experto en física. **III.** *s/m* Aspecto de una persona.

[2] **fi·sio·lo·gía** [fisjoloχía] *s/f* Ciencia que estudia el funcionamiento de los seres vivos.

[2] **fi·sio·ló·gi·co, -ca** [fisjolóχiko] *adj* Relativo a la fisiología.

[1] **fi·sió·lo·go, -ga** [fisjóloɣo] *s/m,f* Experto en fisiología.

[2] **fi·sión** [fisjón] *s/f* QUÍM División del núcleo de un átomo, liberando energía.

[1] **fi·sio·te·ra·peu·ta** [fisjoterapéuta] *s/m,f* Especialista en fisioterapia.

[1] **fi·sio·te·ra·pia** [fisjoterápja] *s/f* Tratamiento de lesiones mediante métodos naturales.

[2] **fi·so·no·mía** [fisonomía] *s/f* Conjunto de los rasgos que perfilan el aspecto exterior de alguien.

[1] **fi·so·no·mis·ta** [fisonomísta] *s/m,f* Persona que recuerda y retiene con facilidad los rostros de las personas.

[1] **fís·tu·la** [fístula] *s/f* Conducto de carácter ulceroso, en la piel o mucosas.

[2] **fi·su·ra** [fisúra] *s/f* **1.** Grieta, hendedura. **2.** Fractura parcial en un hueso.

[1] **fla·ci·dez** [flaθiðéθ] *s/f* Cualidad de flácido.

flá·ci·do, -da [flá(k)θiðo] *adj* Sin consistencia, blando y fofo.

[3] **fla·co, -ca** [fláko] *adj* **1.** Delgado. **2.** Débil, poco resistente.

[1] **fla·cu·ra** [flakúra] *s/f* Cualidad de flaco.

[1] **fla·ge·la·ción** [flaχelaθjón] *s/f* Acción o resultado de flagelar(se).

[1] **fla·ge·la·do, -da** [flaχeláðo] **I.** *adj* Con uno o más flagelos. **II.** *s/m,pl* Clase de protozoos con flagelos.

[1] **fla·ge·lar** [flaχelár] *tr* Golpear con un flagelo.

[1] **fla·ge·lo** [flaχélo] *s/m* **1.** Tira de cuero, o conjunto de ellas, para azotar el cuerpo como castigo. **2.** Cosa que produce sufrimiento o desgracias.

[1] **fla·gran·te** [flaɣránte] *adj* **1.** Evidente. **2.** Que se está produciendo en el momento en que se habla.

[2] **fla·man·te** [flamánte] *adj* Vistoso, llamativo.

[1] **fla·me·ar** [flameár] **I.** *intr tr* Ondear una bandera o tela por la acción del viento. **II.** *tr* Quemar con una llama.

[3] **fla·men·co, -ca** [flaménko] **I.** *adj s/m* Cante y música típica de Andalucía. **II.** *adj* Achulado, valentón. **III.** *s/m* Ave zancuda, parecida a la cigüeña. **IV.** *adj s/m,f* De Flandes.

[1] **fla·mí·ge·ro, -ra** [flamíχero] *adj* Que despide llamas o tiene esas características.

[1] **flan** [flán] *s/m* Postre dulce, elaborado con huevos, leche y azúcar; cuajado al baño María.

[2] **flan·co** [flánko] *s/m* Cada uno de los dos lados o costados de algo.

fla·ne·ra [flanéra] *s/f* Molde para el flan.

[2] **flan·que·ar** [flankeár] *tr* Situarse a los lados o costados.

[1] **fla·que·ar** [flakeár] *intr* Perder fuerza o vigor.

[1] **fla·que·za** [flakéθa] *s/f* **1.** Debilidad. **2.** Vicio o debilidad censurable.

[2] **flash** [flás] *s/m* **1.** ANGL Dispositivo que produce una luz muy intensa e instantánea. **2.** Noticia reciente y breve.

[1] **fla·to** [fláto] *s/m* Acumulación anómala de gases en el abdomen.

[1] **fla·tu·len·cia** [flatulénθja] *s/f* Acumulación anómala de gases en el intestino.

[2] **flau·ta** [fláuta] *s/f* MÚS Instrumento musical en forma de tubo, con una serie de agujeros que se tapan o liberan para dejar pasar el aire.

[1] **flau·tis·ta** [flautísta] *s/m,f* Persona que toca la flauta.

[1] **fle·bi·tis** [fleβítis] *s/f* Inflamación de una vena que obstruye el flujo sanguíneo y dificulta su circulación.

[2] **fle·cha** [flétʃa] *s/f* **1.** Arma arrojadiza que se dispara con arco. **2.** Indicador con esta forma.

[1] **fle·cha·zo** [fletʃáθo] *s/m* **1.** Acción o resultado de disparar una flecha. **2.** Enamoramiento repentino.

[1] **fle·co** [fléko] *s/m* **1.** Adorno de hilos o cordoncillos que cuelgan de una tira horizontal. **2.** Porción de pelo que cae sobre la frente. **3.** *pl* Aspectos de menor importancia en una negociación.

[1] **fle·ma** [fléma] *s/f* **1.** Sustancia viscosa en las mucosas de las vías respiratorias, que se arroja por la boca. **2.** Calma y lentitud en las reacciones de alguien.

[1] **fle·má·ti·co, -ca** [flemátiko] *adj* Relativo a la flema.

fle·món [flemón] *s/m* Inflamación de un tejido conjuntivo, *esp* de las encías.

fle·qui·llo [flekíλo] *s/m* Pelo que cae sobre la frente.

fle·tar [fletár] *tr* Alquilar una embarcación para el transporte de mercancías.

fle·te [fléte] *s/m* 1. Cuantía por fletar una embarcación. 2. Carga que se transporta en un barco.

fle·xi·bi·li·dad [fle(k)siβiliðáð] *s/f* Cualidad de flexible.

fle·xi·bi·li·za·ción [fle(k)siβiliθaθjón] *s/f* Acción o resultado de flexibilizar algo.

fle·xi·bi·li·zar [fle(k)siβiliθár] *tr* Hacer más flexible.
ORT La *z* cambia a *c* ante *e*: *Flexibilicé.*

fle·xi·ble [fle(k)síβle] *adj* 1. Que puede doblarse sin que se rompa. 2. Susceptibles de cambiar o adaptarse a otra cosa o situación.

fle·xión [fle(k)sjón] *s/f* 1. Acción o resultado de doblar(se). 2. GRAM Alteración de la terminación de una palabra.

fle·xio·nar [fle(k)sjonár] *tr* Doblar alguna parte del cuerpo.

fle·xi·vo, -va [fle(k)síβo] *adj* Que tiene flexión gramatical.

fle·xo [flé(k)so] *s/m* Lámpara de mesa con brazo flexible y extensible.

fle·xor, -ra [fle(k)sór] *adj* Que flexiona algo.

fli·pa·do, -da [flipáðo] *adj* 1. VULG Bajo el efecto de las drogas. 2. COL Asombrado.

fli·par [flipár] **I.** *tr intr* 1. COL Gustar mucho a uno. 2. COL Asombrar. **II.** *REFL(-se)* Consumir drogas.

flir·te·ar [flírtear] *intr* Practicar el flirteo.

flir·teo [flirtéo] *s/m* Relación amorosa frívola y superficial.

flo·je·ar [floχeár] *intr* Disminuir en fuerza, intensidad, calidad, etc.

flo·je·dad [floχeðáð] *s/f* Cualidad de flojo.

flo·je·ra [floχéra] *s/f* AMER Pereza, desgana.

flo·jo, -ja [flóχo] *adj* 1. Que no está tirante o asegurado. 2. Débil, poco fuerte. 3. De menor calidad, intensidad, etc., que otra cosa. 4. AMER Perezoso, gandul.

flop·py [flópi] *s/m adj* COMP ANGL Disco magnético pequeño para la grabación de datos.

flor [flór] *s/f* 1. Parte de una planta con los órganos de reproducción. 2. Lo mejor y más selecto de algo. 3. Alabanza, cumplido.

flo·ra [flóra] *s/f* Conjunto de las plantas de una zona.

flo·ra·ción [floraθjón] *s/f* Acción o resultado de florecer.

flo·ral [florál] *adj* Relativo a las flores.

flo·re·cer [floreθér] *intr* 1. Brotar flores en las plantas. 2. Aparecer, surgir algo en un determinado momento.
CONJ *Irreg: Florezco, florecí, floreceré, florecido.*

flo·re·cien·te [floreθjénte] *adj* Que florece; próspero.

flo·re·ci·mien·to [floreθimjénto] *s/m* Acción o resultado de florecer.

flo·ren·ti·no, -na [florentíno] *adj s/m,f* De Florencia.

flo·reo [floréo] *s/m* Acción o resultado de florear.

flo·re·ro [floréro] *s/m* Jarrón para poner flores.

flo·res·cen·cia [floresθénθja] *s/f* Acción o resultado de florecer una planta.

flo·res·ta [floresta] *s/f* Lugar con muchos árboles y arbustos.

flo·re·te [floréte] *s/m* Espadín usado en esgrima.

flo·ri·cul·tor, -ra [florikultór] *s/m,f* Persona que cultiva flores.

flo·ri·cul·tu·ra [florikultúra] *s/f* Cultivo y estudio de las flores.

flo·ri·do, -da [floríðo] *adj* 1. Con flores. 2. Selecto. 3. Aplicado al lenguaje, rico y adornado.

flo·rín [florín] *s/m* Tipo de moneda.

flo·ri·pon·dio [floripóndjo] *s/m* Adorno grande y de mal gusto.

flo·ris·ta [florísta] *s/m,f* Quien vende flores.

flo·ris·te·ría [floristería] *s/f* Tienda de flores.

flo·ri·tu·ra [floritúra] *s/f* Adorno, *esp* si es excesivo y recargado.

flo·ta [flóta] *s/f* Conjunto de barcos de un país o de aviones de un país o compañía.

flo·ta·ción [flotaθjón] *s/f* Acción de flotar.

flo·ta·dor, -ra [flotaðór] *s/m* Pieza hinchable para mantener algo a flote en el agua.

flo·tan·te [flotánte] *adj* 1. Que flota. 2. Que no permanece en un lugar.

flo·tar [flotár] *intr* 1. Mantenerse algo sobre la superficie del agua u otro líquido. 2. FIG Haber algo en el ambiente, aunque no se manifieste claramente. 5. Variar el valor de la moneda.

flo·te [flóte] *s/m* Flotación. LOC **A flote,** flotando.

FLO·TI·LLA

[1] **flo·ti·lla** [flotíʎa] *s/f* Conjunto reducido de barcos, aviones u otros vehículos.

[2] **fluc·tua·ción** [fluktwaθjón] *s/f* Acción o resultado de fluctuar.

[1] **fluc·tuan·te** [fluktwánte] *adj* Que fluctúa.

[2] **fluc·tuar** [fluktuár] *intr* Sufrir cambios alternativos de intensidad, de tamaño, etc. ORT El acento recae sobre la *u* en el *sing* y *3ª p pl* del *pres* de *ind* y *subj*: *Fluctúo*.

[2] **flui·dez** [flwiðéθ] *s/f* Cualidad de fluido.

[2] **flui·do, -da** [flwíðo] **I.** *adj* **1.** Que se adapta a la cavidad del continente (líquidos, gases). **2.** Que corre fácilmente. **3.** Que se produce de forma natural y fácil: *Una conversación fluida*. **II.** *s/m* **1.** Sustancia de moléculas poco cohesionadas. **2.** Corriente eléctrica.

[3] **fluir** [fluír] *intr* **1.** Deslizarse o correr un líquido o un gas a través de un conducto. **2.** Brotar un líquido o gas de un sitio. **3.** Moverse de un lugar a otro.
CONJ *Irreg: Fluyo, fluí, fluiré, fluido.*

[4] **flu·jo** [flúχo] *s/m* **1.** Acción o resultado de fluir algo. **2.** Masa de un fluido que avanza por un cauce. **3.** Líquido que segrega un organismo.

[1] **flúor** [flúor] *s/m* Elemento metaloide gaseoso. Símbolo *F*.

fluo·res·cen·cia [flworesθénθja] *s/f* Propiedad de ciertos cuerpos para emitir rayos luminosos.

[1] **fluo·res·cen·te** [flworesθénte] **I.** *adj* Que tiene fluorescencia. **II.** *s/m* Tubo translúcido que genera luz al entrar en contacto el neón con la electricidad.

[1] **fluo·ru·ro** [flworúro] *s/m* Compuesto de flúor y un metal.

[2] **flu·vial** [fluβjál] *adj* Relativo a los ríos.

[1] **fo·bia** [fóβia] *s/f* Aversión hacia algo o alguien.

[1] **fo·ca** [fóka] *s/f* Mamífero adaptado a la vida en el mar, con cuerpo y aletas de pez.

[1] **fo·ca·li·zar** [fokaliθár] *tr intr* Centrar la atención en algo.
ORT Ante *e* la *z* cambia a *c*: *Focalicé*.

[3] **fo·co** [fóko] *s/m* **1.** Lámpara que emite una luz muy potente. **2.** Punto en el que se concentra o converge algo.

[1] **fo·fo, -fa** [fófo] *adj* Blando, poco denso.

[1] **fo·ga·ta** [foɣáta] *s/f* Fuego con abundante llama.

[2] **fo·gón** [foɣón] *s/m* Sitio de la cocina donde está el fuego (natural, de gas, etc.) para cocinar.

[1] **fo·go·na·zo** [foɣonáθo] *s/m* Fuego repentino y fugaz.

fo·go·ne·ro [foɣonéro] *s/m* Encargado del fogón en las cocinas antiguas.

[1] **fo·go·si·dad** [foɣosiðáð] *s/f* Cualidad de fogoso.

[1] **fo·go·so, -sa** [foɣóso] *adj* Con entusiasmo o ímpetu.

[1] **fo·gue·ar** [foɣeár] *tr* Acostumbrar al fuego del combate.

[1] **fo·gueo** [foɣéo] *s/m* Acción o resultado de foguear.

[2] **fol·clo·re; fol·klo·re** [folklóre] *s/m* Conjunto de costumbres y tradiciones de un pueblo o país.

[2] **fol·cló·ri·co; fol·kló·ri·co, -ca** [folklóriko] *adj* Relativo al folclore.

fo·lia·ción [foljaθjón] *s/f* Acción o resultado de echar hojas las plantas.

[1] **fo·liar** [foljár] *tr* Numerar las páginas de un libro.

[1] **fo·lí·cu·lo** [folíkulo] *s/m* Glándula en forma de saquito, entre las membranas de la piel o las mucosas.

[2] **fo·lio** [fóljo] *s/m* Hoja de papel o de un libro.

fo·lío·lo; fo·lio·lo [folíolo; foljólo] *s/m* Cada una de las hojillas de una hoja compuesta.

[2] **fo·lla·je** [foʎáχe] *s/m* Conjunto de ramas y hojas de los árboles.

[2] **fo·llar** [foʎár] *tr intr* VULG Mantener relaciones sexuales.

[2] **fo·lle·tín** [foʎetín] *s/m* Novela melodramática.

[1] **fo·lle·ti·nes·co, -ca** [foʎetinésko] *adj* Relativo a un folletín.

[2] **fo·lle·to** [foʎéto] *s/m* Impreso de pocas páginas.

[2] **fo·llón, -llo·na** [foʎón] *s/m* Alboroto, situación confusa.

fo·llo·ne·ro, -ra [foʎonéro] *adj s/m,f* Que promueve o participa en follones.

[4] **fo·men·tar** [fomentár] *tr* Promover.

[3] **fo·men·to** [foménto] *s/m* Acción o resultado de fomentar.

[2] **fon·da** [fónda] *s/f* Establecimiento que ofrece alojamiento y comida.

[1] **fon·dea·de·ro** [fondeaðéro] *s/m* Lugar para fondear los barcos.

[1] **fon·de·ar** [fondeár] *tr intr* Asegurar un barco en el mar con anclas.

[5] **fon·do** [fóndo] *s/m* **1.** Parte inferior o más baja de algo. **2.** Parte más alejada de un sitio desde el cual se mira. **3.** Parte más profunda de algo (lago, mar). **4.** Cosa más importante y esencial. **5.** Conjunto de

FOR·MI·DA·BLE

libros u obras de una biblioteca o archivo. **6.** MEX Falda blanca que las mujeres llevan debajo del vestido. **7.** *pl* Dinero, bienes de alguien. LOC **A fondo,** realizado a conciencia.

[2] **fo·ne·ma** [fonéma] *s/m* Mínima unidad significativa de sonido de una lengua.

[2] **fo·né·ti·co, -ca** [fonétiko] *adj* Relativo a los sonidos del lenguaje.

fo·nia·tría [fonjatría] *s/f* Estudio de las enfermedades de los órganos de fonación.

[1] **fó·ni·co, -ca** [fóniko] *adj* Relativo al sonido.

[1] **fo·no** [fóno] *s/f* CH Auricular del teléfono o para escuchar música.

[1] **fo·no·lo·gía** [fonoloχía] *s/f* Parte de la lingüística que estudia los sonidos de una lengua atendiendo a sus funciones.

[1] **fo·no·ló·gi·co, -ca** [fonolóχiko] *adj* Relativo a la fonología.

[1] **fo·no·te·ca** [fonotéka] *s/f* Conjunto de documentos sonoros archivados, o lugar en que se guardan.

[1] **fon·ta·ne·ría** [fontanería] *s/f* **1.** Oficio de fontanero, o su tienda o taller. **2.** Conjunto de tuberías en un edificio.

[1] **fon·ta·ne·ro, -ra** [fontanéro] *s/m,f* Especialista en la instalación y reparación de cañerías.

[1] **foo·ting** [fútin] *s/m* ANGL (*Hacer footing*) Ejercicio físico de correr al aire libre.

[1] **fo·ra·ji·do, -da** [foraχído] *s/m,f* Malhechor o ladrón fuera de lugares poblados.

[3] **fo·ral** [forál] *adj* Relativo a los fueros.

[2] **fo·rá·neo, -ea** [foráneo] *adj s/m,f* Que no ha nacido en el lugar de referencia.

[2] **fo·ras·te·ro, -ra** [forastéro] *adj s/m,f* Que procede de otro lugar.

[1] **for·ce·je·ar** [forθeχeár] *intr* Hacer fuerza para liberarse de algo que se resiste.

[1] **for·ce·jeo** [forθeχéo] *s/m* Acción o resultado de forcejear.

[1] **fór·ceps** [fórθe(p)s] *s/m* Instrumento para extraer a los bebés del vientre de la madre.

[2] **fo·ren·se** [forénse] *adj, s/m,f* Médico que asiste al juez en cuestiones médicas y legales.

[3] **fo·res·tal** [forestál] *adj* Relativo a los bosques.

[1] **for·fait** [forfé] *s/m* GAL Cantidad de dinero que se paga por un trabajo.

[1] **for·ja** [fórχa] *s/f* **1.** Taller para forjar el hierro. **2.** Acción o resultado de forjar.

[1] **for·ja·do** [forχáðo] *s/m* Obra de cemento y hierro que separa los distintos pisos de un edificio.

[3] **for·jar** [forχár] *tr* **1.** Moldear el hierro con un martillo. **2.** Crear algo con esfuerzo y trabajo. **3.** Imaginar algo.

[5] **for·ma** [fórma] *s/f* **1.** Modo como se nos ofrece a la vista o al tacto la materia de los cuerpos. **2.** Contorno de un objeto. **3.** Manera de pensar, actuar, etc. **4** DER Requisitos legales o de procedimiento. **5.** *pl* Configuración del cuerpo humano. LOC **Estar en forma,** estar en buenas condiciones físicas.

[5] **for·ma·ción** [formaθjón] *s/f* **1.** Acción o resultado de formar(se). **2.** Conjunto de personas o cosas alineadas en fila.

[1] **for·ma·dor, -ra** [formaðór] *adj s/m,f* Que forma.

[4] **for·mal** [formál] *adj* **1.** Relativo a la forma. **2.** De comportamiento recto y responsable.

[1] **for·ma·li·dad** [formaliðáð] *s/f* **1.** Cualidad de formal. **2.** Requisitos para realizar un trámite.

[2] **for·ma·lis·mo** [formalísmo] *s/m* Actitud de quien da excesiva importancia a las formas.

[1] **for·ma·lis·ta** [formalísta] *adj s/m,f* Relativo al formalismo o partidario de él.

[1] **for·ma·li·za·ción** [formaliθaθjón] *s/f* Acción o resultado de formalizar(se).

[2] **for·ma·li·zar** [formaliθár] *tr* Dar forma y carácter definitivo a algo.
ORT La *z* cambia a *c* ante *e: Formalicé*.

[5] **for·mar** [formár] **I.** *tr* **1.** Dar forma a algo. **2.** Hacer varias cosas juntas una unidad. **3.** Enseñar, transmitir conocimientos a otros. **II.** *intr* Ordenarse una compañía militar en filas.

[2] **for·ma·te·ar** [formateár] *tr* COMP Dar formato o estructura a un disco o CD.

for·ma·teo [formatéo] *s/m* COMP Acción o resultado de formatear.

[2] **for·ma·ti·vo, -va** [formatíβo] *adj* Que forma.

[3] **for·ma·to** [formáto] *s/m* **1.** Forma y tamaño de algo. **2.** Estructuración de los datos grabados.

for·mi·ca [formíka] *s/f* Laminado artificial que se pega sobre un aglomerado de madera.

[1] **fór·mi·co** [fórmiko] *adj* Se dice del ácido que segregan las hormigas.

[2] **for·mi·da·ble** [formiðáβle] *adj* **1.** Grande o muy grande. **2.** Muy bueno.

1 **for·mol** [formól] *s/m* Líquido incoloro, de olor fuerte y desagradable.

1 **for·món** [formón] *s/m* Herramienta de carpintero, para trabajar la madera.

4 **fór·mu·la** [fórmula] *s/f* **1.** Representación unívoca y sintética de una ley o hecho científico. **2.** Relación de componentes que forman un medicamento. **3.** Procedimiento para realizar o resolver algo.

3 **for·mu·la·ción** [formulaθjón] *s/f* Acción o resultado de formular.

4 **for·mu·lar** [formulár] *tr* **1.** Expresar algo mediante una fórmula. **2.** Expresar algo oralmente o por escrito.

2 **for·mu·la·rio, -ia** [formulárjo] **I.** *s/m* Hoja de papel parcialmente impresa y con huecos para anotar ciertos datos. **II.** *adj* Relativo a una fórmula o formulismo.

1 **for·mu·lis·mo** [formulísmo] *s/m* Tendencia a dar importancia a las formas.

1 **for·ni·ca·ción** [fornikaθjón] *s/f* Acción o resultado de fornicar.

for·ni·ca·dor, -ra [fornikaðór] *s/m,f* Que fornica mucho.

1 **for·ni·car** [fornikár] *intr* Tener relaciones sexuales con alguien fuera del matrimonio.
ORT La *c* cambia a *qu* ante *e: Forniqué.*

1 **for·ni·do, -da** [forníðo] *adj* Fuerte, robusto.

4 **fo·ro** [fóro] *s/m* **1.** Grupo de trabajo para discutir ciertos asuntos o lugar donde tiene lugar. **2.** En la antigua Roma, plaza para el debate público.

1 **fo·ro·fo, -fa** [forófo] *adj s/m,f* Admirador y seguidor incondicional de alguien o algo. RPr **Forofo de**.

1 **fo·rra·je** [forráxe] *s/m* Pasto herbáceo que se da al ganado.

1 **fo·rra·je·ro, -ra** [forraxéro] *adj* Que sirve de forraje para el ganado.

1 **fo·rrar** [forrár] **I.** *tr* Recubrir algo con un material de protección. **II.** *REFL(-se)* Enriquecerse.

1 **fo·rro** [fórro] *s/m* Material con que se recubre algo.

4 **for·ta·le·cer** [fortaleθér] *tr* Hacer fuerte o más fuerte.
CONJ *Irreg: Fortalezco, fortalecí, fortaleceré, fortalecido.*

1 **for·ta·le·ci·mien·to** [fortaleθimjénto] *s/m* Acción o resultado de fortalecer(se).

3 **for·ta·le·za** [fortaléθa] *s/f* **1.** Fuerza, vigor. **2.** Construcción fortificada.

2 **for·ti·fi·ca·ción** [fortifikaθjón] *s/f* **1.** Acción o resultado de fortificar(se). **2.** Construcción para proteger frente al enemigo.

2 **for·ti·fi·car** [fortifikár] *tr* **1.** Dar fuerza física o moral. **2.** Hacer fuerte un lugar para protegerse o resistir.
ORT La *c* cambia a *qu* ante *e: Fortifiqué.*

1 **for·tín** [fortín] *s/m* Fuerte pequeño.

2 **for·tui·to, -ta** [fortwíto] *adj* Que ocurre por casualidad.

4 **for·tu·na** [fortúna] *s/f* **1.** Suerte favorable. **2.** Bienes que alguien posee. LOC **Por fortuna**, por suerte.

1 **fo·rún·cu·lo** [forúnkulo] *s/m* Tumor purulento y duro debajo de la piel.

5 **for·zar** [forθár] *tr* **1.** Aplicar la fuerza para vencer la resistencia de algo. **2.** Hacer que alguien haga algo en contra de su voluntad. RPr **Forzar a**.
CONJ *Irreg: Fuerzo, forcé, forzaré, forzado.*

2 **for·zo·so, -sa** [forθóso] *adj* Que debe hacerse.

1 **for·zu·do, -da** [forθúðo] *adj* Con gran fuerza física.

2 **fo·sa** [fósa] *s/f* **1.** Cavidad abierta en el suelo. **2.** Hoyo en que se entierra a los difuntos.

1 **fos·fa·to** [fosfáto] *s/m* Sal que resulta de combinar el ácido fosfórico con una base.

1 **fos·fo·res·cen·cia** [fosforesθénθja] *s/f* Propiedad de emitir luz en la oscuridad.

1 **fos·fo·res·cen·te** [fosforesθénte] *adj* Que desprende luminosidad.

3 **fós·fo·ro** [fósforo] *s/m* **1.** Metaloide venenoso e inflamable. Símbolo *P*. **2.** Cerilla.

2 **fó·sil** [fósil] *adj s/m* **1.** Restos de organismos de épocas pasadas. **2.** Anticuado.

fo·si·li·za·ción [fosiliθaθjón] *s/f* Acción o resultado de fosilizar(se).

1 **fo·si·li·zar** [fosiliθár] *tr* Convertir en fósil.
ORT La *z* cambia a *c* ante *e: Fosilicé.*

2 **fo·so** [fóso] *s/m* **1.** Cavidad excavada en un terreno. **2.** Excavación profunda alrededor de un edificio fortificado.

4 **fo·to** [fóto] *s/f* Fotografía.

fo·to·cé·lu·la [fotoθélula] *s/f* Célula sensible a la luz.

2 **fo·to·co·pia** [fotokópja] *s/f* Reproducción fotográfica de algo.

1 **fo·to·co·pia·do·ra** [fotokopjaðóra] *s/f* Máquina para fotocopiar.

2 **fo·to·co·piar** [fotokopjár] *tr* Hacer fotocopias.

1 **fo·to·gé·ni·co, -ca** [fotoχéniko] *adj* Que suele salir favorecido en las fotografías.

fo·to·gra·ba·do [fotoɣraβáðo] *s/m* Procedimiento de impresión mediante planchas grabadas, a partir de un cliché fotográfico.

[4] **fo·to·gra·fía** [fotoɣrafía] *s/f* **1.** Procedimiento de reproducción de imágenes sobre superficies sensibles a la luz. **2.** Imagen así obtenida.

[4] **fo·to·gra·fiar** [fotoɣrafjár] *tr* Hacer fotografías.
ORT PRON El acento recae sobre la *i* en el *sing* y *3ª p pl* del *pres* de *ind* y *subj: Fotografío.*

[3] **fo·to·grá·fi·co, -ca** [fotoɣráfiko] *adj* Relativo a la fotografía.

[3] **fo·tó·gra·fo, -fa** [fotóɣrafo] *s/m,f* Persona que hace fotografías, ocasionalmente o por profesión.

[2] **fo·to·gra·ma** [fotoɣráma] *s/m* Cada fotografía de las que componen una película cinematográfica.

fo·to·ma·tón [fotomatón] *s/m* Cabina pública para hacer fotografías rápidas.

[1] **fo·tó·me·tro** [fotómetro] *s/m* Instrumento para medir la intensidad de la luz.

[1] **fo·tón** [fotón] *s/m* Unidad mínima de luz.

fo·to·rre·por·ta·je [fotorreportáχe] *s/m* Reportaje con abundantes fotografías.

[1] **fo·to·sín·te·sis** [fotosíntesis] *s/f* Fenómeno químico que llevan a cabo las plantas por la acción de la luz.

[1] **fo·to·vol·tai·co, -ca** [fotoβoltáiko] *adj* Que transforma energía luminosa en energía eléctrica.

[1] **frac** [frák] *s/m* Prenda de vestir masculina, usada en ceremonias solemnes.

[2] **fra·ca·sa·do, -da** [frakasáðo] *adj s/m,f* Que no ha tenido éxito.

[4] **fra·ca·sar** [frakasár] *intr* No conseguir el éxito esperado.

[4] **fra·ca·so** [frakáso] *s/m* Acción o resultado de fracasar.

[2] **frac·ción** [frakθjón] *s/f* **1.** Acción o resultado de fraccionar(se) algo. **2.** Cada parte en que se fracciona algo. **3.** MAT Expresión en forma de quebrado.

[2] **frac·cio·na·mien·to** [fra(k)θjonamjénto] *s/m* Acción o resultado de fraccionar(se).

[2] **frac·cio·nar** [fra(k)θjonár] *tr* Dividir algo en partes o fracciones.

[1] **frac·cio·na·rio, -ia** [fra(k)θjonárjo] *adj s/m* Relativo a la fracción.

[2] **frac·tu·ra** [fraktúra] *s/f* **1.** Acción o resultado de fracturar(se) algo. **2.** Lugar por donde se rompe algo.

[2] **frac·tu·rar** [frakturár] *tr* Romper.

[2] **fra·gan·cia** [fraɣánθja] *s/f* Olor delicioso y suave que algo desprende.

[1] **fra·gan·te** [fraɣánte] *adj* Que desprende fragancia.

[1] **fra·gan·ti** [fraɣánti] *s/m* **In fraganti,** en el preciso momento en que se está haciendo algo indebido.

[2] **fra·ga·ta** [fraɣáta] *s/f* Barco de guerra para funciones de patrulla y escolta.

[3] **frá·gil** [fráχil] *adj* **1.** Que se rompe con facilidad. **2.** Débil, enfermizo.

[2] **fra·gi·li·dad** [fraχiliðáð] *s/f* Cualidad de frágil.

[2] **frag·men·ta·ción** [fraɣmentaθjón] *s/f* Acción o resultado de fragmentar(se).

[3] **frag·men·tar** [fraɣmentár] *tr* Partir algo en trozos.

[1] **frag·men·ta·rio, -ia** [fraɣmentárjo] *adj* Que está incompleto.

[3] **frag·men·to** [fraɣménto] *s/m* Parte o porción de algo mayor.

[2] **fra·gor** [fraɣór] *s/m* Ruido muy fuerte y prolongado.

[1] **fra·gua** [fráɣwa] *s/f* Fogón en que se calientan los metales para forjarlos, o taller en que está situado.

[2] **fra·guar** [fraɣwár] **I.** *intr* Endurecerse el cemento, la cal o el yeso. **II.** *tr* **1.** Moldear sobre el yunque el hierro u otro metal en caliente. **2.** Idear algo, un proyecto, etc.
ORT Ante *e* la *u* cambia a *ü: Fragüé.*

[3] **frai·le** [fráile] *s/m* Religioso, monje.

[1] **fram·bue·sa** [frambwésa] *s/f* Fruto del frambueso, de color rojo y agridulce.

fram·bue·so [frambwéso] *s/m* Arbusto parecido a la zarza.

[5] **fran·cés, -ce·sa** [franθés] **I.** *adj s/m,f* De Francia. **II.** *s/m* Idioma propio de Francia.

[2] **fran·cis·ca·no, -na** [franθiskáno] *adj s/m* De la orden de San Francisco de Asís.

franc·ma·són, -so·na [fran(k)masón] *s/m,f* Seguidor de la francmasonería.

franc·ma·so·ne·ría [fran(k)masonería] *s/f* Organización secreta y cerrada, de ideología racionalista en política y religión y fuertemente jerarquizada.

[5] **fran·co, -ca** [fránko] **I.** *adj s/m,f* De Franconia. **II.** *adj* **1.** Libre de ciertas cargas e impuestos. **2.** Libre de obstáculos. **3.** Sincero de carácter. RPr **Franco de. III.** *s/m* Moneda en ciertos países.

fran·có·fi·lo, -la [frankófilo] *adj s/m,f* Amigo de Francia o lo francés.

[1] **fran·co·ti·ra·dor, -ra** [frankotiraðór] *s/m* 1. Combatiente que actúa aisladamente. 2. Persona que actúa por su cuenta.

[1] **fra·ne·la** [franéla] *s/f* Tejido o tela fina de lana o de algodón.

[2] **fran·ja** [fránχa] *s/f* Trozo largo y estrecho de algo.

fran·quea·ble [frankeáβle] *adj* Que puede ser franqueado.

[2] **fran·que·ar** [frankeár] *tr* 1. Dejar libre el paso por un lugar. 2. Pasar de un lado a otro. 3. Poner sellos a una carta.

fran·queo [frankéo] *s/m* Acción o resultado de franquear una carta, paquete, etc.

[2] **fran·que·za** [frankéθa] *s/f* Cualidad de quien es franco.

[2] **fran·qui·cia** [frankíθja] *s/f* 1. Exención del pago de un impuesto. 2. En seguros, cantidad de dinero que corre a cargo del cliente en caso de accidente.

[2] **fran·quis·ta** [frankísta] *adj s/m,f* Relativo a Franco o partidario de él.

[2] **fras·co** [frásko] *s/m* Recipiente para contener líquidos, esencias, etc.

[5] **fra·se** [fráse] *s/f* Conjunto de palabras con sentido, que constituyen una oración gramatical.

[1] **fra·ter·nal** [fraternál] *adj* Propio de hermanos, de trato cordial.

[2] **fra·ter·ni·dad** [fraterniðáð] *s/f* Relación de afecto entre hermanos.

fra·ter·ni·za·ción [fraterniθaθjón] *s/f* Acción o resultado de fraternizar.

fra·ter·ni·zar [fraterniθár] *intr* Tratarse entre sí como hermanos.
ORT La *z* cambia a *c* ante *e: Fraternicé.*

[1] **fra·ter·no, -na** [fratérno] *adj* Fraternal.

[1] **fra·tri·ci·da** [fratriθíða] I. *s/m,f* Que mata a su propio hermano. II. *adj* Entre familiares o ciudadanos de un mismo país.

fra·tri·ci·dio [fratriθíðjo] *s/m* Crimen de quien mata a su hermano.

[3] **frau·de** [fráuðe] *s/m* Delito por no pagar los impuestos debidos.

[2] **frau·du·len·to, -ta** [frauðulénto] *adj* Que implica fraude.

[4] **fray** [frái] *s/m* Tratamiento que precede al nombre propio de un fraile.

[1] **freá·ti·co, -ca** [freátiko] *adj* Se dice de las aguas que se acumulan en el subsuelo sobre una capa impermeable.

[5] **fre·cuen·cia** [frekwénθja] *s/f* Cualidad de frecuente.

[1] **fre·cuen·ta·ción** [frekwentaθjón] *s/f* Acción o resultado de frecuentar.

[4] **fre·cuen·tar** [frekwentár] *tr* 1. Hacer algo repetidas veces. 2. Acudir a menudo a un lugar.

[4] **fre·cuen·te** [frekwénte] *adj* Que se repite a menudo.

[1] **fre·ga·de·ro** [freɣaðéro] *s/m* Lugar para fregar la vajilla.

[1] **fre·ga·do, -da** [freɣáðo] I. *s/m* 1. Acción o resultado de fregar. 2. Situación poco clara o violenta. II. *adj* 1. AMER Que tiene dificultades o problemas. 2. AMER Que resulta perjudicado.

[2] **fre·gar** [freɣár] *tr* 1. Pasar un objeto áspero por una superficie para limpiarla. 2. Eliminar lo sucio de algo. 3. AMER Causar a alguien un perjuicio o fastidio.
CONJ *Irreg: Friego, fregué, fregaré, fregado.*

[1] **fre·go·na** [freɣóna] *s/f* Utensilio doméstico para fregar los suelos sin arrodillarse.

freí·du·ría [freiðuría] *s/f* Establecimiento donde se fríe pescado para la venta.

[5] **freír** [freír] *tr* 1. (También *intr*) Guisar un alimento con aceite o manteca. 2. Molestar mucho a alguien.
CONJ *Irreg: Frío, freí, freiré, frito.*

fré·jol [fréχol] *s/m* Planta de judías o su fruto.

[1] **fre·na·do** [frenáðo] *s/m* Acción o resultado de frenar.

[4] **fre·nar** [frenár] *tr* 1. Disminuir o anular la velocidad de un cuerpo en movimiento. 2. Moderar un instinto o pasión.

[1] **fre·na·zo** [frenáθo] *s/m* Acción o resultado de frenar.

[2] **fre·ne·sí** [frenesí] *s/m* Exaltación violenta y vehemente del ánimo.

[2] **fre·né·ti·co, -ca** [frenétiko] *adj* Preso de frenesí.

fre·ni·llo [freníʎo] *s/m* Membrana que sujeta la lengua a la parte inferior de la boca.

[3] **fre·no** [fréno] *s/m* 1. Dispositivo para frenar. 2. Instrumento de hierro, que se inserta en la boca de los caballos para sujetarlos y guiarlos. 3. Cosa que frena o modera algo.

[5] **fren·te** [frénte] I. *s/f* Parte superior de la cara, por encima de los ojos. II. *s/m* 1. Parte delantera de algo. 2. MIL Fuerzas militares y zona de combate en una guerra. 3. En meteorología, zona de encuentro de una masa fría con otra cálida. LOC **De frente,** de cara. **Hacer frente,** enfrentarse.

1 **fre·sa** [frésa] *s/f* 1. Planta de rastrera y de frutos comestibles. 2. Fruto de esta planta. 3. Herramienta para trabajar los metales.

fre·sa·do·ra [fresaðóra] *s/f* Máquina para fresar.

fre·sar [fresár] *intr* 1. Abrir agujeros en los metales. 2. Labrar la tierra.

fres·ca·les [freskáles] *s/m,f* Persona descarada.

4 **fres·co, -ca** [frésko] I. *adj* 1. Moderadamente frío. 2. Se dice del fruto recién cogido. 3. Recién aplicado (yeso, pintura). 4. Que es reciente. 5. (Prenda de vestir) ligera, que no da calor. II. *adj s/m,f* Persona descarada. III. *s/m* 1. Frescura agradable. 2. Pintura sobre una pared sobre un estuco todavía húmedo. IV. *s/f* Aire fresco.

1 **fres·cor** [freskór] *s/m* Temperatura agradablemente fresca.

2 **fres·cu·ra** [freskúra] *s/f* 1. Cualidad de fresco. 2. Acción de quien actúa con descaro.

1 **fres·no** [frésno] *s/m* Árbol de madera blanca, muy apreciada.

1 **fre·són** [fresón] *s/m* Variedad de fresa, de mayor tamaño.

fre·za [fréθa] *s/f* Acción o resultado de desovar un pez.

2 **frial·dad** [frialdáð] *s/f* 1. Cualidad o sensación de frío. 2. Ausencia de afecto.

1 **fri·ca·ti·vo, -va** [frikatíβo] *adj s/m,f* Que se produce mediante el roce del aire con un órgano articulatorio.

2 **fric·ción** [frikθjón] *s/f* Acción o resultado de rozar una cosa con otra.

1 **frie·ga** [frjéγa] *s/f* Fricción en alguna parte del cuerpo.

1 **fri·gi·dez** [friχiðéθ] *s/f* 1. Cualidad o sensación de frígido. 2. Carencia de apetito sexual.

1 **frí·gi·do, -da** [fríχiðo] *adj* 1. Muy frío. 2. Que carece de apetito sexual.

1 **fri·go** [fríγo] *s/m* Frigorífico.

fri·go·ría [friγoría] *s/f* Unidad para medir el frío.

2 **fri·go·rí·fi·co, -ca** [friγorífiko] *s/m* Electrodoméstico para mantener frías bebidas y alimentos.

1 **frí·jol; fri·jol** [fríχol; friχól] *s/m* Fréjol.

4 **frío, -ía** [frío] I. *adj* 1. De temperatura baja. 2. Que carece de pasión. 3. Incapaz de sentir afecto algo. 4. Que mantiene la calma y serenidad. 5. (*Color*) sedante o relajante. II. *s/m* Temperatura ambiental baja. LOC **Dejar frío a alguien**, impresionar tanto a alguien que no sabe cómo reaccionar. **En frío**, sin la preparación previa y adecuada. **Quedarse frío**, quedar alguien muy impresionado por algo.

frio·le·ra [frjoléra] *s/f* Gran cantidad de algo, como dinero.

1 **frio·le·ro, -ra** [frjoléro] *adj s/m,f* Muy sensible al frío.

1 **fri·sar** [frisár] *tr intr* Tener aproximadamente la edad que se expresa.

1 **fri·so** [fríso] *s/m* Elemento arquitectónico que, junto con el arquitrabe y la cornisa, forman el cornisamento.

2 **fri·ta·da** [fritáða] *s/f* Plato de cosas fritas.

2 **fri·to** [fríto] *s/m* Alimento frito. LOC **Dejar frito a alguien**, matarle. **Tener a alguien frito**, molestarle mucho.

1 **fri·tu·ra** [fritúra] *s/f* Plato de alimentos fritos.

2 **fri·vo·li·dad** [friβoliðáð] *s/f* Cualidad de frívolo o acción frívola.

fri·vo·li·zar [friβoliθár] *intr* Actuar con frivolidad.

ORT Ante *e* la *z* cambia a *c*: *Frivolicé*.

2 **frí·vo·lo, -la** [fríβolo] *adj s/m,f* Que actúa con ligereza.

1 **fron·da** [frónda] *s/f* Conjunto de ramas y hojas de los árboles.

1 **fron·do·si·dad** [frondosiðáð] *s/f* Cualidad de frondoso.

2 **fron·do·so, -sa** [frondóso] *adj* Con muchas ramas y hojas.

2 **fron·tal** [frontál] I. *adj* Relativo a la frente. II. *s/m* Parte delantera de algo.

4 **fron·te·ra** [frontéra] *s/f* 1. Línea que señala la separación entre dos países. 2. Línea o momento que señala el final o límite de algo.

3 **fron·te·ri·zo, -za** [fronteríθo] *adj* Que está en la frontera entre dos países.

1 **fron·tis·pi·cio** [frontispíθjo] *s/m* Fachada principal de un edificio.

1 **fron·tón** [frontón] *s/m* 1. Pared contra la que se lanza la pelota en el juego del frontón. 2. Juego de pelota así practicado. 3. Remate triangular en la fachada de un edificio.

fro·ta·ción [frotaθjón] *s/f* Acción de frotar(se).

1 **fro·ta·mien·to** [frotamjénto] *s/m* Acción de frotar.

3 **fro·tar** [frotár] *tr intr* Pasar con fuerza y repetidamente una cosa sobre otra.

2 **fruc·tí·fe·ro, -ra** [fruktífero] *adj* 1. Que produce mucho fruto. 2. Beneficioso y útil.

FRUC·TI·FI·CAR

[1] **fruc·ti·fi·car** [fruktifikár] *intr* Dar fruto algo; ser productivo.
ORT La *c* cambia a *qu* ante *e: Fructifiqué.*

[1] **fruc·tuo·so, -sa** [fruktuóso] *adj* Provechoso, útil.

[1] **fru·gal** [fruɣál] *adj* Moderado en el comer y beber.

[1] **fru·ga·li·dad** [fruɣaliðáð] *s/f* Cualidad de frugal.

[1] **frui·ción** [fruiθjón] *s/f* Sensación placentera al hacer algo.

[1] **frun·ce** [frúnθe] *s/m* Adorno de tela fruncida.

[2] **frun·cir** [frunθír] *tr* 1. Hacer pliegues paralelos en tela, papel, etc. 2. Arrugar la piel de la frente.

[1] **frus·le·ría** [fruslería] *s/f* Cosa de poco valor.

[3] **frus·tra·ción** [frustraθjón] *s/f* Acción o resultado de frustrar(se).

[1] **frus·tran·te** [frustránte] *adj* Que causa frustración.

[3] **frus·trar** [frustrár] *tr* Ser la causa de que algo no se lleve a buen término.

[4] **fru·ta** [frúta] *s/f* 1. Fruto comestible. 2. En general, conjunto de los frutos comestibles.

[2] **fru·tal** [frutál] *adj s/m* Árbol que da fruta.

[1] **fru·te·ría** [frutería] *s/f* Tienda donde se vende fruta.

[1] **fru·te·ro, -ra** [frutéro] I. *adj* Relativo a la fruta. II. *s/m,f* Persona que vende fruta.

[4] **fru·to** [frúto] *s/m* 1. BOT Producto de la fecundación del ovario en las plantas. 2. Producto de la tierra, útil para el hombre. 3. Efecto beneficioso o útil de algo.

[1] **fu** [fú] *s/m* **Ni fu ni fa,** FAM expresión para denotar indiferencia.

[1] **fuc·sia** [fúksja] I. *s/f* BOT Arbusto de color rojo o violáceo. II. *s/m adj* Color similar al de esta planta.

[5] **fue·go** [fuéɣo] *s/m* 1. Luz y calor que produce una materia que arde. 2. Hogar en la casa, para cocinar. 3. Dispositivo por donde sale y se quema el gas utilizado en diversos electrodomésticos. 4. Incendio de grandes dimensiones. 5. Ardor de una pasión o sentimiento. LOC **Romper el fuego,** comenzar alguien a disparar.
Fuegos artificiales/de artificio, (en *pl*) conjunto de artefactos con materias explosivas que se disparan para producir efectos vistosos.

[1] **fuel** [fuél] *s/m* Producto del petróleo usado en calefacción.

[1] **fue·lle** [fuéʎe] *s/m* Utensilio para lanzar aire en una dirección y así avivar el fuego, suministrar aire, etc.

[5] **fuen·te** [fuénte] *s/f* 1. Lugar de donde mana agua. 2. Recipiente ovalado o redondo para servir la comida. 3. Causa u origen de algo.

[5] **fue·ra** [fuéra] I. *adv* 1. En la parte exterior de un espacio. 2. Lejos del lugar habitual. II. *interj* Se usa para expulsar a alguien de un lugar o expresar rechazo.

[3] **fue·ro** [fuéro] *s/m* Privilegio o exención.

[5] **fuer·te** [fuérte] I. *adj* 1. Que tiene fuerza o resistencia. 2. (*golpe*) Que se da con fuerza. 3. Robusto, resistente al desgaste. 4. Bien sujeto. 5. (*comida*) De sabor intenso, picante. 6. (*palabra*) Grosero, malsonante. 7. Muy vivo e intenso. II. *s/m* Lugar fortificado.

[5] **fuer·za** [fuérθa] I. *s/f* 1. Capacidad para hacer un esfuerzo o trabajo, o acción que conlleva determinados efectos. 2. Poder para dominar a otros. 3. Poder físico o moral. 4. Capacidad para resistir, mantener o contener algo. 5. FIG Energía, impetuosidad con que se lleva a cabo algo. 6. Corriente eléctrica. 7. *pl* Conjunto de tropas para defender un país. LOC **A fuerza de,** por medio de algo.
Fuerza pública, cuerpo de agentes de la policía.
Fuerzas Armadas, conjunto de fuerzas militares de un país.

[2] **fu·ga** [fúɣa] *s/f* 1. Acción o resultado de fugarse. 2. Composición musical. 3. Pérdida accidental de un gas o líquido.

[1] **fu·ga·ci·dad** [fuɣaθiðáð] *s/f* Cualidad de fugaz.

[1] **fu·gar·se** [fuɣárse] REFL(-*se*) Marcharse alguien de un sitio en que está encerrado o retenido.
ORT La *g* cambia a *gu* ante *e: Fugué.*

[2] **fu·gaz** [fuɣáθ] *adj* De duración muy breve.

[2] **fu·gi·ti·vo, -va** [fuχitíβo] *adj s/m,f* Que huye.

[2] **fu·la·no, -na** [fuláno] I. *s/m* Apelativo que se da a alguien cuyo nombre se desconoce. II. *s/f* Prostituta.

fu·lar [fulár] *s/m* Pañuelo de tela fina alrededor del cuello.

fu·le·ro, -ra [fuléro] *adj s/m,f* Embustero, mentiroso.

[1] **ful·gir** [fulχír] *intr* LIT Resplandecer con mucho brillo.
ORT Ante *a/o* la *g* cambia a *j: Fulja.*

[2] **ful·gor** [fulɣór] *s/m* LIT Resplandor o brillo muy intenso.

[2] **ful·gu·ran·te** [fulɣuránte] *adj* 1. Que resplandece o brilla mucho. 2. Que ocurre muy rápidamente.

[1] **fu·lle·ro, -ra** [fuʎéro] *adj* Engañoso, falso.

[2] **ful·mi·nan·te** [fulminánte] I. *adj* De acción o resultado repentino. II. *s/m* Sustancia que hace estallar los explosivos.

[1] **ful·mi·nar** [fulminár] *tr* 1. Matar un rayo a alguien. 2. Causar la destrucción de algo o alguien.

fu·ma·da [fumáða] *s/f* Cantidad de humo que se absorbe de una vez.

[2] **fu·ma·dor, -ra** [fumaðór] *adj s/m,f* Que fuma.

[4] **fu·mar** [fumár] *tr intr* Aspirar el humo del tabaco.

fu·ma·ro·la [fumaróla] *s/f* Abertura en las proximidades de un volcán, por la que salen gases.

[1] **fu·mi·ga·ción** [fumiɣaθjón] *s/f* Acción o resultado de fumigar.

[1] **fu·mi·gar** [fumiɣár] *tr* Lanzar un líquido pulverizado o gases para desinfectar.
ORT La *g* cambia a *gu* ante *e: Fumigué*.

fu·nám·bu·lo, -la [funámbulo] *s/m,f* Equilibrista sobre una cuerda.

[5] **fun·ción** [funθjón] *s/f* 1. Acción y finalidad que caracteriza algo. 2. Acción o ejercicio propio de ciertos cargos. 3. Actividad propia de un órgano. 4. Acto público, espectáculo.

[3] **fun·cio·nal** [funθjonál] *adj* Relativo a la función.

[2] **fun·cio·na·li·dad** [funθjonaliðáð] *s/f* Cualidad de funcional.

[4] **fun·cio·na·mien·to** [funθjonamjénto] *s/m* Acción de funcionar.

[5] **fun·cio·nar** [funθjonár] *intr* Llevar a cabo la función que corresponde.

[1] **fun·cio·na·ria·do** [funθjonarjáðo] *s/m* Colectivo de todos los funcionarios.

[1] **fun·cio·na·rial** [funθjonarjál] *adj* Relativo al funcionariado.

[5] **fun·cio·na·rio, -ia** [funθjonárjo] *s/m,f* Empleado al servicio de la Administración pública.

[1] **fun·da** [fúnda] *s/f* Cubierta que protege algo.

[4] **fun·da·ción** [fundaθjón] *s/f* 1. Acción de fundar. 2. Institución con fines benéficos.

[2] **fun·da·cio·nal** [fundaθjonál] *adj* Relativo a la fundación.

[3] **fun·da·dor, -ra** [fundaðór] *adj s/m,f* Que funda o crea algo.

[5] **fun·da·men·tal** [fundamentál] *adj* Que constituye el fundamento de algo.

[2] **fun·da·men·ta·lis·mo** [fundamentalísmo] *s/m* Movimiento religioso estricto en la aplicación de las leyes y normas.

[2] **fun·da·men·ta·lis·ta** [fundamentalísta] *adj s/m,f* Relativo al fundamentalismo o seguidor de él.

[5] **fun·da·men·tar** [fundamentár] *tr* Poner las bases de algo.

[3] **fun·da·men·to** [fundaménto] *s/m* 1. Base en que se apoya algo. 2. *pl* Conocimientos básicos de una ciencia.

[4] **fun·dar** [fundár] *tr* 1. Crear o iniciar algo. 2. Poner una cosa sobre otra.

[2] **fun·di·ción** [fundiθjón] *s/f* 1. Acción o resultado de fundir. 2. Taller donde se funde. 3. Hierro colado.

[3] **fun·dir** [fundír] *tr* REFL(-se) 1. Convertir un cuerpo sólido en líquido mediante el calor. 2. Unir dos cosas en una. 3. Gastar sin control.

[2] **fú·ne·bre** [fúneβre] *adj* 1. Relativo a los difuntos. 2. De aspecto triste.

[1] **fu·ne·ral** [funerál] *s/m* Ceremonia en honor de un difunto.

fu·ne·ra·la [funerála] *s/f* A la funerala, roto, estropeado.

[1] **fu·ne·ra·ria** [funerárja] *s/f* Empresa que se encarga de dar sepultura a los cadáveres.

[2] **fu·ne·ra·rio, -ia** [funerárjo] *adj* Relacionado con los entierros o la muerte.

[1] **fu·nes·to, -ta** [funésto] *adj* Desgraciado.

[1] **fun·gi·ble** [funχíβle] *adj* Que se consume o gasta con el uso.

fun·gi·ci·da [funχiθíða] *adj s/m* Que elimina los hongos.

[1] **fu·ni·cu·lar** [funikulár] *s/m adj* 1. Ferrocarril para subir pendientes muy pronunciadas. 2. Vehículo que se mueve suspendido de un cable, para salvar grandes desniveles.

[1] **fur·cia** [fúrθja] *s/f* DES Prostituta.

[2] **fur·gón** [furɣón] *s/m* 1. Vagón para el equipaje o el correo. 2. Furgoneta.

[2] **fur·go·ne·ta** [furɣonéta] *s/f* Automóvil para el transporte.

[3] **fu·ria** [fúrja] *s/f* 1. Sentimiento de enfado muy violento. 2. Fuerza o intensidad grande: *La furia de las olas*.

[1] **fu·ri·bun·do, -da** [furiβúndo] *adj* 1. Que siente o señala. 2. Muy entusiasta o aficionado a algo.

FU·RIO·SO

[3] **fu·rio·so, -sa** [furjóso] *adj* Con furia.

[2] **fu·ror** [furór] *s/m* Furia.

[1] **fu·rriel; fu·rrier** [furrjél; furriér] *s/m* Soldado auxiliar del sargento.

[2] **fur·ti·vo, -va** [furtíβo] *adj s/m* Que se hace a escondidas.

fu·rún·cu·lo [furúnkulo] *s/m* Tumor purulento, de forma cónica, que se forma en el espesor de la piel.

[1] **fu·se·la·je** [fuseláχe] *s/m* Cuerpo del avión, donde van los pasajeros y mercancías.

[1] **fu·si·ble** [fusíβle] *s/m* Filamento metálico entre un aparato eléctrico y la entrada de corriente, que se funde si aumenta anormalmente la corriente.

fu·si·for·me [fusifórme] *adj* En forma de un huso.

[2] **fu·sil** [fusíl] *s/m* Arma de fuego larga y portátil.

[2] **fu·si·la·mien·to** [fusilamjénto] *s/m* Acción o resultado de fusilar.

[3] **fu·si·lar** [fusilár] *tr* Ejecutar a alguien con una descarga de fusilería.

[1] **fu·si·le·ría** [fusilería] *s/f* Conjunto de fusiles o de soldados armados con fusiles.

[1] **fu·si·le·ro** [fusiléro] *s/m* Soldado de infantería armado con fusil.

[4] **fu·sión** [fusjón] *s/f* 1. Acción o resultado de fundirse. 2. Unión de dos o más cosas en una.

[2] **fu·sio·nar** [fusjonár] *tr REFL(-se)* Hacer de dos o más cosas una sola.

[1] **fus·ta** [fústa] *s/f* Vara delgada y flexible, con una correa en el extremo, para arrear a las caballerías.

[1] **fus·te** [fúste] *s/m* 1. Valor, prestigio o grado de influencia de alguien o algo. 2. ARQ Parte de una columna entre la basa y el capitel.

[1] **fus·ti·gar** [fustiγár] *tr* 1. Golpear a las caballerías con una fusta. 2. Criticar con dureza.
ORT La *g* cambia a *gu* ante *e: Fustigué*.

[4] **fút·bol** [fútbol] *s/m* Deporte en que dos equipos de once jugadores cada uno se enfrentan en un campo y deben meter el balón en la portería del contrario.

[1] **fut·bo·le·ro, -ra** [futboléro] *adj* Aficionado al fútbol.

[1] **fut·bo·lín** [futbolín] *s/m* Juego mecánico que emula el fútbol.

[2] **fut·bo·lis·ta** [futbolísta] *s/m,f* Persona que juega al fútbol, *esp* si se trata de jugadores profesionales.

[2] **fut·bo·lís·ti·co, -ca** [futbolístiko] *adj* Relativo al fútbol.

[1] **fú·til** [fútil] *adj* Sin importancia o interés.

[1] **fu·ti·li·dad** [futiliðáð] *s/f* Cualidad de fútil.

[1] **fu·tu·ri·ble** [futuríβle] *s/m adj* Que puede suceder en el futuro.

[2] **fu·tu·ris·ta** [futurísta] *adj s/m,f* Que se orienta hacia el futuro.

[5] **fu·tu·ro, -ra** [futúro] **I.** *adj* Que aún no ha sucedido. **II.** *s/m* 1. Tiempo que aún no es presente, pero que llegará. 2. GRAM Tiempo verbal para expresar acciones que aún no han tenido lugar.

fu·tu·ro·lo·gía [futuroloχía] *s/f* Arte y práctica de adivinar el futuro.

[1] **fu·tu·ró·lo·go, -ga** [futurólογο] *s/m,f* Experto en predecir el futuro.

Gg

[4] **G; g** [χé] *s/f* Séptima letra del alfabeto español Ante *e, i* se pronuncia como 'j'; ante *a, o, u*, tiene sonido suave.

[1] **ga·ba·cho, -cha** [gaβátʃo] *adj s/m,f* DES Francés.

[1] **ga·bán** [gaβán] *s/m* Abrigo.

[2] **ga·bar·di·na** [gaβarðína] *s/f* Prenda similar al abrigo, impermeable y más ligera.

ga·be·la [gaβéla] *s/f* Impuesto o tributo.

[4] **ga·bi·ne·te** [gaβinéte] *s/m* 1. Conjunto de ministros de un gobierno. 2. Lugar en que se recibe o desarrolla una actividad profesional.

[1] **ga·ce·la** [gaθéla] *s/f* Antílope pequeño, ágil y veloz.

[2] **ga·ce·ta** [gaθéta] *s/f* Publicación periódica, con noticias diversas.

[1] **ga·ce·ti·lla** [gaθetíʎa] *s/f* Parte de un periódico con noticias breves.

[1] **ga·cha** [gátʃa] *s/f,pl* Comida de harina cocida con agua, sal y otros condimentos.

ga·chí [gatʃí] *s/f* COL Mujer atractiva, *esp* joven.

[1] **ga·cho, -cha** [gátʃo] *adj* Inclinado hacia abajo.

ga·chó [gatʃó] *adj* COL Tipo, individuo.

[1] **ga·chu·pín, -i·na** [gatʃupín] *s/m,f* MEX DES Persona de origen español establecida en México.

[2] **ga·di·ta·no, -na** [gaðitáno] *adj* De Cádiz.

[2] **ga·fa** [gáfa] *s/f pl* Utensilio de dos lentes con armazón, sujeto a la nariz y a las orejas con dos varillas.

[1] **ga·fe** [gáfe] *adj s/m* Persona que trae mala suerte.

[1] **gag** [gáγ] *s/m* ANGL Efecto cómico, *esp* en el cine.

[1] **gai·ta** [gáita] *s/f* 1. Instrumento musical de viento. 2. COL Cosa sin valor, molesta y engorrosa.

[1] **gai·te·ro, -ra** [gaitéro] *s/m,f* Persona que toca la gaita.

[1] **ga·je** [gáχe] *s/m,pl s/m* **Gajes del oficio,** inconvenientes que conlleva un trabajo.

[1] **ga·jo** [gáχo] *s/m* 1. Cada una de las partes naturales de algunas frutas. 2. Cualquier parte que depende o deriva de otra mayor. 3. Racimo de cualquier fruta, *esp* de uvas.

[3] **ga·la** [gála] *s/f* 1. Espectáculo o fiesta en la que es preciso llevar ropa especial. 2. *pl* Vestidos lujosos. LOC **De gala,** de gran solemnidad o lujo. **Hacer gala de,** manifestar algo especial.

[1] **ga·lác·ti·co, -ca** [galáktiko] *adj* Relativo a la galaxia.

[1] **ga·lai·co, -ca** [galáiko] *adj* De Galicia.

[3] **ga·lán** [galán] *s/m* Hombre de aspecto apuesto y atractivo.

[2] **ga·lan·te** [galánte] *adj* Atento y amable, *esp* con las mujeres.

[1] **ga·lan·te·ar** [galanteár] *tr* Cortejar un hombre a una mujer.

[1] **ga·lan·teo** [galantéo] *s/m* Acción de galantear.

[1] **ga·lan·te·ría** [galantería] *s/f* Cualidad del galante.

ga·la·nu·ra [galanúra] *s/f* Elegancia y gracia.

[2] **ga·lá·pa·go** [galápaγo] *s/m* Tortuga.

[1] **ga·lar·dón** [galarðón] *s/m* Recompensa o premio.

[2] **ga·lar·do·nar** [galarðonár] *tr* Conceder un premio o recompensa.

[3] **ga·la·xia** [galá(k)sja] *s/f* Conjunto de astros, planetas, etc., que forman un sistema estelar.

gal·ba·na [galβána] *s/f* Pereza, *gen* por exceso de calor.

ga·le·na [galéna] *s/f* Mineral compuesto de plomo y azufre.

[2] **ga·le·no, -na** [galéno] *s/m,f* Médico.

[1] **ga·le·ón** [galeón] *s/m* Embarcación antigua de vela y grande.

[1] **ga·leo·te** [galeóte] *s/m* Hombre condenado a remar en una galera.

[2] **ga·le·ra** [galéra] *s/f* Embarcación antigua de vela y remo.

ga·le·ra·da [galeráða] *s/f* Trozo de texto compuesto, que se corrige antes de la impresión definitiva.

GA·LE·RÍA

[4] **ga·le·ría** [galería] *s/f* **1.** Espacio *gen* alargado, con o sin vidrieras, que da al exterior de un edificio. **2.** Pasillo estrecho y largo en excavaciones subterráneas. **3.** Local o sala destinados a la exposición de obras de arte. **4.** Lugar alto de un teatro o público que lo ocupa. **5.** Público, en general.

[1] **ga·ler·na** [galérna] *s/f* Viento fuerte en la costa del norte de España.

[1] **gal·go, -ga** [gálɣo] *s/m,f* Perro de caza, de cuerpo delgado y patas largas.

gá·li·bo [gáliβo] *s/m* Dispositivo que señala la altura máxima de un vehículo para pasar por un túnel o bajo un puente.

[1] **ga·li·cis·mo** [galiθísmo] *s/m* Giro propio del francés.

[1] **ga·li·ma·tías** [galimatías] *s/m* **1.** Lenguaje confuso e incomprensible. **2.** Situación confusa.

[1] **ga·llar·de·te** [gaʎarðéte] *s/m* Banderita, *gen* de forma triangular, usada como señal o insignia.

[1] **ga·llar·día** [gaʎarðía] *s/f* Cualidad de gallardo.

[2] **ga·llar·do, -da** [gaʎárðo] *adj* Elegante y de buen aspecto.

[4] **ga·lle·go, -ga** [gaʎéɣo] *adj s/m,f* De Galicia.

[2] **ga·lle·ta** [gaʎéta] *s/f* **1.** Pasta hecha con agua, harina y azúcar, cocida al horno y crujiente. **2.** Pan elaborado sin levadura. **3.** COL Golpe dado a alguien con la mano.

[3] **ga·lli·na** [gaʎína] **I.** *s/f* Ave doméstica, hembra del gallo. **II.** *adj s/m* COL Cobarde. LOC **Carne/Piel de gallina,** FIG aspecto erizado de la piel humana a causa del frío o del miedo.

[1] **ga·lli·ná·ceo, -ea** [gaʎináθeo] *adj* Relativo a las gallinas.

ga·lli·na·za [gaʎináθa] *s/f* Excrementos de gallina, usados como abono.

[2] **ga·lli·ne·ro** [gaʎinéro] *s/m* **1.** Lugar en que están las aves de corral. **2.** FIG COL Parte más alta y económica del teatro. **3.** FIG Lugar con mucho alboroto y ruido.

[1] **ga·lli·ne·ta** [gaʎinéta] *s/f* Ave zancuda, de zonas pantanosas.

ga·lli·to, -ta [gaʎíto] *adj s/m* Presuntuoso, provocador.

[2] **ga·llo** [gáʎo] *s/m* **1.** Ave gallinácea, con cresta roja, con espolones en los tarsos y pico corto y grueso. **2.** Quiebra o distorsión de la voz al hablar o cantar.

[3] **ga·lo, -la** [gálo] *adj s/m,f* De Francia.

[2] **ga·lón** [galón] *s/m* **1.** Cinta de tela, para adornar. **2.** Cinta dorada, que llevan los militares en la bocamanga. **3.** Medida de capacidad (3,8 l).

[1] **ga·lo·pa·da** [galopáða] *s/f* Carrera a galope.

[1] **ga·lo·pan·te** [galopánte] *adj* **1.** Que galopa. **2.** Muy rápido, sin contención.

[2] **ga·lo·par** [galopár] *intr* **1.** Ir a galope un caballo. **2.** Cabalgar al galope.

[1] **ga·lo·pe** [galópe] *s/m* Máxima velocidad del caballo.

[1] **ga·lo·pín** [galopín] *s/m* Muchacho desarrapado y sucio.

[1] **gal·pón** [galpón] *s/m* MEX Cobertizo.

gal·va·ni·za·do [galβaniθáðo] *s/m* Acción de galvanizar.

[1] **gal·va·ni·zar** [galβaniθár] *tr* Aplicar una capa de cinc sobre otro metal.
ORT La *z* cambia a *c* ante *e*: *Galvanice.*

[3] **ga·ma** [gáma] *s/f* Gradación o variedad en algo.

[2] **gam·ba** [gámba] *s/f* Crustáceo marino, de caparazón blando y muy apreciado como alimento.

[1] **gam·be·rra·da** [gamberráða] *s/f* Acción propia del gamberro.

[1] **gam·be·rris·mo** [gamberrísmo] *s/m* Comportamiento del gamberro.

[1] **gam·be·rro, -rra** [gambérro] *s/m,f* Persona que se comporta desconsiderada o escandalosamente.

[1] **ga·me·to** [gaméto] *s/m* Célula sexual masculina o femenina.

[1] **ga·mo, -ma** [gámo] *s/m,f* Animal de la familia de los cérvidos, de pelaje rojizo y cuernos en forma de pala.

[1] **ga·mu·za** [gamúθa] *s/f* **1.** Rumiante similar a la cabra, hábil para saltar por las rocas. **2.** Piel de este animal, muy suave y flexible.

[4] **ga·na** [gána] *s/f* **1.** (*frec* en *pl*) Deseo natural de tener o hacer algo. **2.** Apetito. LOC **De buena/mala gana,** con gusto/a disgusto.

[3] **ga·na·de·ría** [ganaðería] *s/f* **1.** Conjunto de ganado. **2.** Actividades relacionadas con el ganado.

[3] **ga·na·de·ro, -ra** [ganaðéro] **I.** *adj* Relativo a la ganadería. **II.** *s/m,f* Propietario de ganado.

[4] **ga·na·do** [ganáðo] *s/m* Conjunto de animales (vacas, ovejas, caballos, etc.) que se crían por su utilidad para el hombre.

GAR·GAN·TA

③ **ga·na·dor, -ra** [ganaðór] *adj s/m,f* Que gana.

③ **ga·nan·cia** [ganánθja] *s/f* **1.** Acción o resultado de ganar. **2.** Beneficio que se obtiene de algo.

① **ga·nan·cial** [gananθjál] *adj* **1.** Relativo a las ganancias. **2.** *pl* (Bienes) de ambos cónyuges, a partes iguales.

ga·na·pán [ganapán] *s/m* Persona que se gana la vida con trabajos menores.

⑤ **ga·nar** [ganár] **I.** *tr* **1.** Resultar alguien vencedor en algo. **2.** Recibir alguien remuneración económica por un trabajo. **3.** Conseguir o adquirir algo, *gen* en beneficio propio. **4.** Alcanzar un fin o meta: *Ganaron las alturas antes de anochecer.* **II.** *intr* **1.** Aventajar alguien (a otro) en algo. **2.** Mejorar algo. **III.** REFL(-*se*) Conquistar la voluntad o estima de alguien: *Jaime sabía ganarse a la gente.* RPr **Ganar a/en**.

① **gan·chi·llo** [gantʃíʎo] *s/m* **1.** Aguja terminada en gancho, para hacer labores de punto. **2.** Labor así hecha.

② **gan·cho** [gántʃo] *s/m* **1.** Remate curvo y puntiagudo para agarrar o colgar cosas. **2.** Atractivo que atrae a otros. LOC **Tener gancho,** tener poder de atracción.

① **gan·chu·do, -da** [gantʃúðo] *adj* En forma de gancho.

① **gan·dul, -la** [gandúl] *adj s/m,f* Holgazán, vago.

gan·du·le·ar [ganduleár] *intr* Holgazanear.

gan·du·le·ría [ganduleɾía] *s/f* Cualidad de quien es holgazán.

① **gan·ga** [gánga] *s/f* **1.** Cosa de valor inferior al real. **2.** Escoria de un mineral.

① **gan·glio** [gángljo] *s/m* Tumor pequeño y duro en los músculos.

① **gan·go·so, -sa** [gangóso] **I.** *adj* De tono o resonancia nasal. **II.** *s/m,f* Persona que habla así.

① **gan·gre·na** [gangréna] *s/f* Muerte de un tejido u órgano por infección u otra causa.

gan·gre·nar·se [gangrenárse] REFL(-*se*) Producirse la muerte o destrucción de un tejido u órgano.

① **gángs·ter** [gánster] *s/m,f* ANGL Miembro de un grupo mafioso.

gangs·te·ris·mo [gansterísmo] *s/m* ANGL Conducta propia de los gángsters.

gan·gue·ar [gangeár] *intr* Hablar con resonancia nasal.

gan·sa·da [gansáða] *s/f* Acción o dicho ridículo, *gen* para divertir a los demás.

① **gan·so, -sa** [gánso] **I.** *s/m* Ave palmípeda doméstica, grande y de plumaje gris. **II.** *s/m,f* COL Estúpido. LOC **Hacer el ganso,** hacer o decir gansadas.

① **gan·zúa** [ganθúa] *s/f* Varilla metálica para abrir o forzar cerraduras.

① **ga·ñán** [gaɲán] *s/m* Mozo de labranza.

ga·ñi·do [gaɲíðo] *s/m* Aullido de queja del perro y otros animales.

ga·ñir [gaɲír] *intr* Dar el perro y otros animales aullidos de pena o dolor.
CONJ Pierde la *i* ante *e/o* en el *pret* de *indic* y de *subj*: *Gañó, gañera*.

ga·ño·te [gaɲóte] *s/m* COL Garganta.

① **ga·ra·ba·te·ar** [gaɾaβateáɾ] *tr* Hacer garabatos.

① **ga·ra·ba·to** [gaɾaβáto] *s/m* Trazo irregular, caprichoso o mal hecho.

② **ga·ra·je** [gaɾáxe] *s/m* Local para reparar o guardar vehículos.

② **ga·ran·te** [gaɾánte] *adj s/m,f* Que ofrece garantía.

④ **ga·ran·tía** [gaɾantía] *s/f* **1.** Seguridad de que algo llegará a buen término. **2.** Cosa para asegurar el cumplimiento de un compromiso. **3.** Obligación del fabricante de un producto respecto a su correcto funcionamiento durante un tiempo.

⑤ **ga·ran·ti·zar** [gaɾantiθáɾ] *tr* Dar garantía.
ORT La *z* cambia a *c* ante *e*: *Garantice*.

① **ga·ra·ñón** [gaɾaɲón] *s/m* Asno destinado a la procreación.

ga·ra·pi·ña·do, -da [gaɾapiɲáðo] *adj* Se aplica a las almendras u otros frutos bañados en almíbar solidificado en grumos.

② **gar·ban·zo** [gaɾβánθo] *s/m* Legumbre comestible o planta que la produce. LOC **Buscarse (alguien) los garbanzos,** ganarse alguien la vida.

gar·beo [gaɾβéo] *s/m* Acción de pasear por un sitio.

② **gar·bo** [gáɾβo] *s/m* Gracia y desenvoltura de movimientos.

gar·bo·so, -sa [gaɾβóso] *adj* Con garbo.

① **gar·de·nia** [gaɾðénja] *s/f* **1.** Planta de flores blancas y aromáticas. **2.** Flor de esta planta.

① **gar·du·ña** [gaɾðúɲa] *s/f* Mamífero carnívoro nocturno.

① **ga·re·te** [gaɾéte] *s/m* **Ir(se) al garete,** perder el rumbo, fracasar algo.

① **gar·fio** [gáɾfjo] *s/m* Gancho de hierro.

① **gar·ga·jo** [gaɾɣáxo] *s/m* Esputo viscoso que se expele por la boca.

③ **gar·gan·ta** [gaɾɣánta] *s/f* **1.** Parte anterior

GAR·GAN·TI·LLA

y externa del cuello. 2. Conducto interno entre el velo del paladar y la entrada del esófago. 3. Paso estrecho entre montañas.

① **gar·gan·ti·lla** [garɣantíʎa] *s/f* Joya ajustada al cuello.

① **gár·ga·ra** [gárɣara] *s/m,pl* Acción de mantener un líquido en la boca, mirando hacia arriba y expulsando aire para agitarlo. LOC **Mandar a hacer gárgaras,** rechazar (a alguien).

① **gár·go·la** [gárɣola] *s/f* Conducto de desagüe en tejado o fuente, con adornos.

① **ga·ri·ta** [garíta] *s/f* 1. Caseta del centinela. 2. Salita del portero en un edificio.

② **ga·ri·to** [garíto] *s/m* Casa clandestina de juegos.

① **gar·na·cha** [garnátʃa] *s/f* Variedad de uva muy dulce.

② **ga·rra** [gárra] *s/f* 1. Pie de animal, con uñas fuertes y corvas para apresar y desgarrar. 2. Cada una de esas uñas. 3. FIG *pl* Dominio u opresión sobre alguien. LOC **Tener garra,** FIG tener cualidades para atraer a la gente.

① **ga·rra·fa** [garráfa] *s/f* Vasija grande, de cuello estrecho y con asas laterales.

① **ga·rra·fal** [garrafál] *adj* Muy grande, negativo o perjudicial.

① **ga·rra·fón** [garrafón] *s/m* Garrafa grande.

① **ga·rra·pa·ta** [garrapáta] *s/f* Arácnido pequeño y parásito de ciertos animales.

① **ga·rra·pa·te·ar** [garrapateár] *tr intr* Trazar rasgos irregulares y difíciles de entender.

ga·rra·pi·ñar [garrapiɲár] *tr* Recubrir (almendras, etc.) con almíbar solidificado. ORT También *garapiñar.*

① **ga·rri·do, -da** [garrído] *adj* Apuesto, bien proporcionado.

ga·rro·cha [garrótʃa] *s/f* Vara larga con una puya, para picar las reses bravas.

① **ga·rro·ta·zo** [garrotáθo] *s/m* Golpe dado con un garrote o con un palo cualquiera.

① **ga·rro·te** [garróte] *s/m* 1. Palo grueso y fuerte. 2. Sistema de ejecución de los condenados a muerte, o utensilio para tal fin.

ga·rru·le·ría [garrulería] *s/f* Cualidad del garrulo.

ga·rru·lo, -la [garrúlo] *adj s/m,f* De modales poco refinados.

① **gá·rru·lo, -la** [gárrulo] *adj* Muy hablador.

① **ga·rúa** [garúa] *s/f* AMER Llovizna.

② **gar·za** [gárθa] *s/f* Ave zancuda, con moño de color gris y pico largo.

④ **gas** [gás] *s/m* 1. Cualquier fluido aeriforme, sin forma ni volumen propio. 2. *pl* Aires que se acumulan en el intestino y producen flatulencias. LOC **A todo gas,** con la máxima potencia.

② **ga·sa** [gása] *s/f* 1. Tela clara y ligera, de hilo o seda. 2. Tela de este tipo, usada en medicina y cirugía.

① **ga·se·ar** [gaseár] *tr* Intoxicar mediante la inhalación de gas.

① **ga·seo·duc·to** [gaseoðúkto] *s/m* Gasoducto.

① **ga·seo·sa** [gaseósa] *s/f* Bebida refrescante de agua y gas carbónico.

② **ga·seo·so, -sa** [gaseóso] *adj* 1. En estado de gas. 2. Que contiene gas.

① **ga·si·fi·ca·ción** [gasifikaθjón] *s/f* Acción de gasificar(se).

ga·si·fi·car [gasifikár] *tr* 1. Convertir un cuerpo en gas. 2. Dotar a una región de una red de tuberías que hacen posible el suministro de gas.
ORT La *c* cambia a *qu* ante *e*: *Gasifiqué*.

② **ga·so·duc·to** [gasoðúkto] *s/m* Tubería gruesa para la conducción de gas.

① **ga·só·ge·no** [gasóxeno] *s/m* Aparato para producir gas.

① **gas·oil** [gasóil] *s/m* Gasóleo.

② **ga·só·leo** [gasóleo] *s/m* Producto líquido a partir de la destilación del petróleo.

③ **ga·so·li·na** [gasolína] *s/f* Petróleo refinado, usado como combustible.

② **ga·so·li·ne·ra** [gasolinéra] *s/f* Establecimiento para la venta de gasolina y otros combustibles.

ga·so·li·ne·ro, -ra [gasolinéro] *s/m,f* Propietario o responsable de una estación de servicio de gasolinas.

② **gas·ta·do, -da** [gastáðo] *adj* 1. Consumido por el uso. 2. Estropeado y deteriorado. 3. (Persona) envejecida o debilitada.

④ **gas·tar** [gastár] I. *tr* 1. Emplear el dinero para obtener un bien o servicio. 2. Consumir algo para hacer alguna actividad. 3. Debilitar. 4. Llevar puesta una prenda. 5. Tener o mostrar un cierto estado de ánimo. II. REFL(-se) Consumirse algo.

⑤ **gas·to** [gásto] *s/m* 1. Acción o resultado de gastar, *esp* dinero. 2. Cantidad gastada (dinero, energía, etc.).

② **gás·tri·co, -ca** [gástriko] *adj* Relativo al estómago.

① **gas·tri·tis** [gastrítis] *s/f* Inflamación del estómago.

① **gas·tro·en·te·ri·tis** [gastroenterítis] *s/f* Inflamación de las mucosas estomacales e intestinales.

GE·NE·RA·LA·TO

[1] **gas·tro·in·tes·ti·nal** [gastrointestinál] *adj* Relativo al estómago y a los intestinos.

[2] **gas·tro·no·mía** [gastronomía] *s/f* Arte de la buena comida.

[2] **gas·tro·nó·mi·co, -ca** [gastronómiko] *adj* Relativo a la gastronomía.

[1] **gas·tró·no·mo, -ma** [gastrónomo] *s/m,f* Experto en gastronomía.

[1] **ga·tas** [gátas] **A gatas,** (andar) apoyando manos y rodillas o pies en el suelo, como los gatos.

[1] **ga·te·ar** [gateár] *intr* Desplazarse a gatas.

[1] **ga·te·ra** [gatéra] *s/f* Agujero para que pasen los gatos.

[1] **ga·ti·llo** [gatíʎo] *s/m* Dispositivo para disparar las armas de fuego.

[4] **ga·to, -ta** [gáto] *s/m,f* **1.** Mamífero felino doméstico, carnívoro, de patas cortas con uñas retráctiles. **2.** *m* Máquina pequeña para levantar pesos a poca altura. LOC **Haber gato encerrado,** existir algo oculto. **Ser gato viejo,** ser persona astuta o con experiencia.

ga·tu·no, -na [gatúno] *adj* Relativo al gato o parecido a él.

[2] **gau·cho, -cha** [gáutʃo] *s/m,f* Natural de las pampas de Argentina, Uruguay y sur de Brasil, dedicado *gen* a la ganadería.

[1] **ga·ve·ta** [gaβéta] *s/f* **1.** Cajón corredizo de los escritorios y otros muebles. **2.** Recipiente usado por los albañiles.

[1] **ga·vi·lán** [gaβilán] *s/m* Ave rapaz parecida al azor.

[1] **ga·vi·lla** [gaβíʎa] *s/f* Manojo de cosas alargadas (cañas, etc.).

[2] **ga·vio·ta** [gaβjóta] *s/f* Ave palmípeda marina, que se alimenta de peces.

[2] **gay** [gái] *adj s/m* ANGL Hombre homosexual.

[1] **ga·za·po** [gaθápo] *s/m* **1.** Conejo joven. **2.** Error o fallo.

gaz·mo·ñe·ría [gaθmoɲería] *s/f* Modestia afectada.

[1] **gaz·mo·ño, -ña** [gaθmóɲo] *adj* Escrupuloso y afectado, *esp* en cuestiones morales.

[1] **gaz·na·te** [gaθnáte] *s/m* COL Garganta.

[1] **gaz·pa·cho** [gaθpátʃo] *s/m* Sopa fría hecha con agua, aceite y varias hortalizas trituradas.

ga·zu·za [gaθúθa] *s/f* COL Hambre fuerte.

[1] **ge** [χé] *s/f* Nombre de la letra 'g'.

[1] **géi·ser** [χéiser] *s/m* Surtidor intermitente de origen volcánico.

[1] **gei·sha** [χéisa] *s/f* Mujer japonesa para acompañar y entretener a los hombres.

[2] **gel** [χél] *s/m* Sustancia jabonosa líquida, para el aseo personal.

[2] **ge·la·ti·na** [χelatína] *s/f* Sustancia sólida y transparente, de textura blanda.

[1] **ge·la·ti·no·so, -sa** [χelatinóso] *adj* Similar a la gelatina.

[1] **gé·li·do, -da** [χélido] *adj* Muy frío.

[1] **ge·ma** [χéma] *s/f* Piedra preciosa.

[3] **ge·me·lo, -la** [χemélo] **I.** *adj s/m,f* **1.** Se aplica a los hermanos nacidos de un mismo parto. **2.** Se dice de las cosas idénticas o muy similares. **II.** *s/m pl* Conjunto de dos botones iguales, para cerrar los puños de las camisas.

[1] **ge·mi·do** [χemíðo] *s/m* Voz lastimera.

ge·mi·nar [χeminár] *tr* Duplicar.

[1] **gé·mi·nis** [χéminis] *s/m may* Constelación y tercer signo del Zodíaco.

[3] **ge·mir** [χemír] *intr* Quejarse con voz lastimera.
CONJ *Irreg: Gimo, gemí, gemiré, gemido.*

ge·mo·lo·gía [χemoloχía] *s/f* Ciencia de las piedras preciosas.

[3] **gen** [χén] *s/m* BIOL Partícula cromosómica, responsable de los factores hereditarios en animales y plantas.

[1] **gen·dar·me** [χendárme] *s/m* Agente de policía encargado del orden público.

[2] **gen·dar·me·ría** [χendarmería] *s/f* Cuerpo de gendarmes.

[1] **ge·nea·lo·gía** [χenealoχía] *s/f* Ascendientes de una persona o animal.

[1] **ge·nea·ló·gi·co, -ca** [χenealóχiko] *adj* Relativo a la genealogía.

[5] **ge·ne·ra·ción** [χeneraθjón] *s/f* **1.** Acción o resultado de generar. **2.** Sucesión de descendientes en línea directa. **3.** Conjunto de seres de edad similar.

[2] **ge·ne·ra·cio·nal** [χeneraθjonál] *adj* Relativo a la generación.

[3] **ge·ne·ra·dor, -ra** [χeneraðór] **I.** *adj* Que genera algo. **II.** *s/m* Máquina que produce energía.

[5] **ge·ne·ral** [χenerál] **I.** *adj* **1.** Que afecta a todos o a un conjunto. **2.** Que ocurre con frecuencia: *Es un fenómeno muy general.* **3.** No preciso, global. **4.** Mayoritario o predominante en un conjunto. **II.** *s/m* MIL Alto jefe militar. LOC **En general/Por lo general,** normalmente.

[1] **ge·ne·ra·la** [χenerála] *s/f* Toque de alarma para que los soldados preparen sus armas.

[1] **ge·ne·ra·la·to** [χeneraláto] *s/m* **1.** Empleo o grado de general. **2.** Conjunto de los generales de un ejército.

GE·NE·RA·LI·DAD

[2] **ge·ne·ra·li·dad** [χeneraliðáð] *s/f* **1.** La totalidad de un conjunto. **2.** Cualidad de común y ampliamente extendido. **3.** *pl* Nociones básicas.

[2] **ge·ne·ra·li·za·ción** [χeneraliθaθjón] *s/f* Acción o resultado de generalizar.

[2] **ge·ne·ra·li·zar** [χeneraliθár] *tr intr* Hacer general o común.
ORT Ante e la *z* cambia a *c*: *Generalice*.

[5] **ge·ne·rar** [χenerár] *tr* Producir, engendrar.

[1] **ge·ne·ra·ti·vo, -va** [χeneratíβo] *adj* Que puede engendrar.

[1] **ge·ne·ra·triz** [χeneratríθ] **I.** *adj* Que genera. **II.** *s/f adj* En geometría, figura, línea o plano generadores de otros.

[3] **ge·né·ri·co, -ca** [χenériko] *adj* **1.** Común. **2.** Aplicado a un medicamento, sin nombre comercial, pero con las características básicas pertinentes.

[4] **gé·ne·ro** [χénero] *s/m* **1.** Conjunto de seres con características iguales. **2.** Tela, producto textil en general. **3.** Mercancía, producto comercial. **4.** LIN Accidente gramatical masculino, femenino o neutro.

[3] **ge·ne·ro·si·dad** [χenerosiðáð] *s/f* Cualidad de generoso.

[3] **ge·ne·ro·so, -sa** [χeneróso] *adj* **1.** Inclinado a dar a otros de lo suyo. **2.** Altruista, desinteresado. **3.** Abundante.

[2] **gé·ne·sis** [χénesis] **I.** *s/m may* Primer libro de la Biblia. **II.** *s/f* Origen o principio de algo.

[1] **ge·né·ti·ca** [χenétika] *s/f* Ciencia biológica que estudia los fenómenos hereditarios de los seres vivos.

[4] **ge·né·ti·co, -ca** [χenétiko] *adj* **1.** Relativo a la herencia biológica. **2.** Relacionado con la génesis de algo.

[3] **ge·nial** [χenjál] *adj* **1.** Con gran talento creador. **2.** Que destaca por su calidad o carácter extraordinario.

[1] **ge·nia·li·dad** [χenjaliðáð] *s/f* Cualidad de genial.

[3] **ge·nio** [χénjo] *s/m* **1.** Manera de ser de alguien. **2.** Aptitud o talento extraordinario y no común. LOC **Tener genio**, tener (mal) carácter.

[2] **ge·ni·tal** [χenitál] **I.** *adj* Relativo al sistema reproductor de los seres vivos. **II.** *s/m,pl* Órganos sexuales externos de machos y hembras.

[1] **ge·ni·ti·vo, -va** [χenitíβo] *s/m* Caso gramatical.

[1] **ge·no·ci·da** [χenoθíða] *s/m,f* Persona que comete genocidio.

[2] **ge·no·ci·dio** [χenoθíðjo] *s/m* Exterminio de un grupo social por causa de su raza, religión, etc.

[2] **ge·no·ma** [χenóma] *s/m* Conjunto de cromosomas necesarios para formar una célula.

[1] **ge·no·vés, -ve·sa** [χenoβés] *adj* De Génova.

[5] **gen·te** [χénte] *s/f* **1.** Conjunto de todas las personas. **2.** Persona. **3.** Familia.
Gente de cuidado, la que no es digna de confianza.
Gente de la calle, COL la gente común y normal.
Gente gorda, COL la que es muy importante, rica o poderosa.

[2] **gen·til** [χentíl] **I.** *adj* Amable, cortés. **II.** *adj s/m,f* De religión no cristiana.

[1] **gen·ti·le·za** [χentíléθa] *s/f* **1.** Cualidad de quien es gentil. **2.** Acción amable y cortés.

[1] **gen·ti·li·cio, -ia** [χentilíθjo] *adj, s/m* Relativo a la nacionalidad, linaje o familia.

[2] **gen·tío** [χentío] *s/m* Concentración de muchas personas en un lugar.

[1] **gen·tu·za** [χentúθa] *s/f* PEY Gente despreciable y poco recomendable.

[1] **ge·nu·fle·xión** [χenufle(k)sjón] *s/f* Acción de doblar una rodilla ante algo o alguien, en señal de reverencia.

[2] **ge·nui·no, -na** [χenwíno] *adj* Auténtico, no falso.

[1] **geo·es·ta·cio·na·rio, -ia** [χeoestaθjonárjo] *adj* En movimiento de rotación sincrónico alrededor de la Tierra.

[3] **geo·gra·fía** [χeoɣrafía] *s/f* **1.** Ciencia que estudia la Tierra. **2.** Tierra, campo, región.

[4] **geo·grá·fi·co, -ca** [χeoɣráfiko] *adj* Relativo a la geografía.

[1] **geó·gra·fo, -fa** [χeóɣrafo] *s/m,f* Especialista en geografía.

[2] **geo·lo·gía** [χeoloχía] *s/f* Ciencia que estudia el origen y constitución de la Tierra.

[2] **geo·ló·gi·co, -ca** [χeolóχiko] *adj* Relativo a la geología.

[2] **geó·lo·go, -ga** [χeóloɣo] *s/m,f* Especialista en geología.

[2] **geo·me·tría** [χeometría] *s/f* Parte de las matemáticas que trata de la propiedades y medidas de la extensión.

[3] **geo·mé·tri·co, -ca** [χeométriko] *adj* Relativo a la geometría.

geo·tec·nia [χeotéknja] *s/f* Parte de la geología que estudia la corteza terrestre.

[1] **ge·ra·nio** [χeránjo] *s/m* Planta de jardín, con flores de vistosos colores.

GI·NE·CO·LO·GÍA

[2] **ge·ren·cia** [χerénθja] *s/f* **1.** Actividades relacionadas con la organización y gestión de una institución o empresa. **2.** Cargo y oficina del gerente.

[2] **ge·ren·cial** [χerenθjál] *adj* Relativo a la gerencia.

[3] **ge·ren·te** [χerénte] *s/m,f* Persona encargada de la gestión de una empresa o institución.

[1] **ge·ria·tra** [χerjátra] *s/m,f* Especialista en las enfermedades de los ancianos.

[1] **ge·ria·tría** [χerjatría] *s/f* Estudio de las enfermedades propias de la vejez.

[1] **ge·riá·tri·co, -ca** [χerjátriko] **I.** *adj* Relativo a la geriatría. **II.** *s/m* Centro médico especializado en el cuidado de personas ancianas.

ge·ri·fal·te [χerifálte] *s/m* Persona muy importante.

[2] **ger·má·ni·co, -ca** [χermániko] *adj* Relativo a los germanos antiguos o Alemania actual.

ger·ma·nis·mo [χermanísmo] *s/m* Giro propio de una lengua germánica.

[2] **ger·ma·no, -na** [χermáno] *adj s/m,f* Germánico.

[2] **germen** [χérmen] *s/m* **1.** Primera fase del desarrollo de un nuevo ser. **2.** Parte de una semilla de la que se origina una nueva planta. **3.** Microorganismo infeccioso causante de enfermedades. **4.** Principio de algo.

[1] **ger·mi·na·ción** [χerminaθjón] *s/f* Acción de germinar.

[1] **ger·mi·nal** [χerminál] *adj* Relativo al germen.

[2] **ger·mi·nar** [χerminár] *intr* Surgir una nueva planta de una semilla.

[1] **ge·ron·to·lo·gía** [χerontoloχía] *s/f* Ciencia de la vejez.

[1] **ge·ron·tó·lo·go, -ga** [χerontóloγo] *s/m,f* Especialista en gerontología.

[1] **ge·run·dio** [χerúndjo] *s/m* Forma no personal del verbo (en español, acabada en *-ando* o en *-iendo*).

[1] **ges·ta** [χésta] *s/f* Hecho memorable.

[2] **ges·ta·ción** [χestaθjón] *s/f* **1.** Tiempo de embarazo. **2.** Primeras etapas en el desarrollo de algo.

[1] **ges·tan·te** [χestánte] *adj s/f* Mujer en estado de gestación.

[4] **ges·tar** [χestár] **I.** *tr* Llevar una mujer un ser vivo en su interior hasta su nacimiento. **II.** *REFL(-se)* Estar algo en proceso de desarrollo o formación.

[1] **ges·ti·cu·la·ción** [χestikulaθjón] *s/f* Acción de gesticular.

[1] **ges·ti·cu·lar** [χestikulár] *intr* Hacer gestos, *esp* con las manos, cabeza o facciones del rostro.

[5] **ges·tión** [χestjón] *s/f* Acción o resultado de gestionar.

[3] **ges·tio·nar** [χestjonár] *tr* Realizar alguien los trámites necesarios para conseguir algo.

[4] **ges·to** [χésto] *s/m* Movimiento de manos, cabeza o facciones del rostro, que señalan un estado de ánimo.

[3] **ges·tor, -ra** [χestór] *s/m,f* Quien gestiona.

[1] **ges·to·ría** [χestoría] *s/f* Oficina del gestor.

[1] **ges·tual** [χestwál] *adj* Relativo a los gestos.

gi·ba [χíβa] *s/f* Joroba.

gi·bo·so, -sa [χiβóso] *adj* Con giba.

gi·bral·ta·re·ño, -ña [χiβraltaréɲo] *adj s/m,f* De Gibraltar.

gi·ga [χíγa] *s/m,f* Unidad de capacidad de almacenamiento de datos en un ordenador (mil millones de bytes).

[3] **gi·gan·te, -ta** [χiγánte] **I.** *adj* De gran tamaño. **II.** *s/m,f* **1.** Personaje fabuloso de dimensiones extraordinarias. **2.** Persona de gran altura y corpulencia. **3.** Cosa muy grande o sobresaliente en su campo.

[3] **gi·gan·tes·co, -ca** [χiγantésko] *adj* Muy grande.

[1] **gi·go·ló** [χiγoló] *s/m* Joven que vive a costa de sus amantes, *gen* mujeres mayores que él.

[2] **gi·li·po·lla(s)** [χilipóʎa(s)] *adj s/m,f* Tonto, estúpido.

[1] **gi·li·po·llez** [χilipoʎéθ] *s/f* Acción propia del gilipollas.

[1] **gim·na·sia** [χimnásja] *s/f* **1.** Ejercicios físicos para mantenerse en forma. **2.** Cualquier actividad que adiestra en algo.

[2] **gim·na·sio** [χimnásjo] *s/m* Local para hacer gimnasia.

[1] **gim·nas·ta** [χimnásta] *s/m,f* Persona que practica la gimnasia como profesión.

[1] **gim·nás·ti·co, -ca** [χimnástiko] *adj* Relativo a la gimnasia.

[1] **gi·mo·te·ar** [χimoteár] *intr* Gemir sin causa justificada.

gi·mo·teo [χimotéo] *s/m* Acción de gimotear.

[1] **gin** [χín] *s/m* Ginebra.

[3] **gi·ne·bra** [χinéβra] *s/f* Bebida alcohólica.

gi·ne·ceo [χineθéo] *s/m* Parte femenina de la flor.

[1] **gi·ne·co·lo·gía** [χinekoloχía] *s/f* Especialidad que se ocupa de las enfermedades de la mujer.

GI·NE·CO·LÓ·GI·CO

[1] **gi·ne·co·ló·gi·co, -ca** [χinekolóχiko] *adj* Relativo a la ginecología.

[2] **gi·ne·có·lo·go, -ga** [χinekóloγo] *s/m,f* Especialista en la mujer.

gi·ne·ta [χinéta] *s/f* Mamífero carnívoro pequeño.

gin·gi·vi·tis [χinχiβítis] *s/f* Inflamación de las encías.

[1] **gin·to·nic** [χintónik] *s/m* Bebida de ginebra y agua tónica.

[2] **gi·ra** [χíra] *s/f* **1.** Viaje por diversos lugares. **2.** Serie de actuaciones de un artista por distintos lugares.

[4] **gi·rar** [χirár] **I.** *tr* **1.** Cambiar el sentido o dirección de algo. **2.** Expedir una orden de pago. **3.** Enviar cierta cantidad de dinero por giro postal. **II.** *intr* **1.** Dar vueltas un cuerpo sobre sí mismo o en torno a otro. **2.** Desarrollarse una conversación, negocio, etc., en torno a un tema. **3.** Desviarse de la dirección seguida. **III.** *REFL(-se)* Darse alguien la vuelta. RPr **Girar a/hacia/sobre.**

[2] **gi·ra·sol** [χirasól] *s/m* Planta de tallo largo y recto, con flores grandes y semillas comestibles.

[2] **gi·ra·to·rio, -ia** [χiratórjo] *adj* Que gira.

[4] **gi·ro** [χiro] *s/m* **1.** Acción de rotar un cuerpo sobre sí mismo. **2.** Movimiento circular. **3.** FIG Desvío o cambio en la trayectoria de algo. **4.** Estructura gramatical propia de una lengua. **5.** Acción de enviar dinero por correo.

gi·ta·ne·ar [χitaneár] *intr* **1.** Actuar como un gitano. **2.** COL Halagar a otra persona para conseguir algo de ella.

gi·ta·ne·ría [χitanería] *s/f* Cualidad de gitano.

[3] **gi·ta·no, -na** [χitáno] *adj s/m,f* Miembro de un pueblo nómada de tradiciones muy arraigadas.

[1] **gla·cia·ción** [glaθjaθjón] *s/f* Formación de glaciares en un lugar o época.

[2] **gla·cial** [glaθjál] *adj* **1.** Muy frío. **2.** Sin afecto ni emoción.

[2] **gla·ciar** [glaθjár] **I.** *s/m* Masa de hielo de grandes dimensiones, en zonas de nieves perpetuas, que se desliza lentamente hacia los valles. **II.** *adj* Relativo al glaciar.

[1] **gla·dia·dor** [glaðjaðór] *s/m* Luchador a muerte en los circos romanos.

gla·dío·lo [glaðíolo] *s/m* Planta de jardín, con flores vistosas.

ORT También *gladiolo*.

[1] **gla·m(o)ur** [glamúr] *s/m* Atractivo o encanto especial.

[1] **glan·de** [glánde] *s/m* Parte extrema del miembro sexual masculino.

[2] **glán·du·la** [glándula] *s/f* Órgano que segrega o elimina sustancias, necesarias o nocivas para el organismo.

[1] **glan·du·lar** [glandulár] *adj* Relativo a las glándulas.

[1] **gla·se·ar** [glaseár] *tr* Cubrir un pastel con azúcar derretida y clara de huevo.

glau·co·ma [glaukóma] *s/m* Enfermedad del ojo.

[1] **gli·ce·ri·na** [gliθerína] *s/f* Sustancia orgánica líquida, incolora e inodora, empleada en farmacia y cosmética.

[4] **glo·bal** [gloβál] *adj* Relativo a la totalidad o a un conjunto.

[1] **glo·ba·li·dad** [gloβaliðáð] *s/f* Cualidad de global.

[2] **glo·ba·li·za·ción** [gloβaliθaθjón] *s/f* Acción de globalizar.

[1] **glo·ba·li·zar** [gloβaliθár] *tr* Dar carácter global.

ORT Ante *e* la *z* cambia a *c*: *Globalice.*

[3] **glo·bo** [glóβo] *s/m* **1.** La Tierra. **2.** Pequeña bolsa de goma que aumenta de tamaño al llenarse de aire. **3.** Aparato de navegación aérea, que se eleva al llenarse de un gas ligero. **4.** Esfera de vidrio que protege lámparas y farolas.

[1] **glo·bu·lar** [gloβulár] *adj* **1.** Compuesto de globos o glóbulos. **2.** De forma esférica.

[2] **gló·bu·lo** [glóβulo] *s/m* Cuerpo celular, *esp* en la sangre.

[3] **glo·ria** [glórja] *s/f* **1.** Fama y buen nombre conseguido mediante hechos de gran mérito. **2.** Persona o hecho que enaltece. **3.** Lugar donde están Dios, sus santos y los justos. **4.** Cosa de gran calidad. LOC **Estar/Sentirse en la gloria,** sentirse alguien muy a gusto.

[1] **glo·riar·se** [glorjárse] *REFL(-se)* **1.** Presumir de algo ante los demás, enorgulleciéndose de ello. **2.** Alegrarse mucho de algo. RPr **Gloriarse de/en.**

CONJ El acento recae sobre la *i* en el *sing* y 3ª *pers pl* del *pres* de *ind* y *subj*: *Glorío.*

[2] **glo·rie·ta** [glorjéta] *s/f* Plazoleta en un jardín, o en la que desembocan varias calles.

[1] **glo·ri·fi·ca·ción** [glorifikaθjón] *s/f* Acción o resultado de glorificar.

[1] **glo·ri·fi·car** [glorifikár] *tr* Reconocer y exaltar el mérito o buen nombre de alguien.

ORT La *c* cambia a *qu* ante *e*: *Glorifiqué.*

GO·MA

③ **glo·rio·so, -sa** [glorjóso] *adj* Merecedor de fama o gloria; excelente, magnífico

① **glo·sa** [glósa] *s/f* Nota aclaratoria en un texto.

② **glo·sar** [glosár] *tr* Añadir una glosa.

① **glo·sa·rio** [glosárjo] *s/m* Listado de palabras difíciles o poco usuales, con su explicación.

glo·tis [glótis] *s/f* Abertura entre las cuerdas vocales.

① **glo·tón, -to·na** [glotón] *adj s/m,f* Que come en exceso.

① **glo·to·ne·ría** [glotonería] *s/f* Voracidad.

glu·ce·mia [gluθémja] *s/f* Exceso de azúcar en la sangre.

② **glu·co·sa** [glukósa] *s/f* Tipo de azúcar presente en la fécula de algunos frutos.

glu·ten [glúten] *s/m* Sustancia albuminoidea, presente en las semillas de algunos cereales.

① **glú·teo, -ea** [glúteo] I. *adj* Relativo a la nalga. II. *s/m,pl* Músculos de las nalgas.

① **gno·mo** [nómo] *s/m* Ser fantástico, pequeño y propio de los cuentos infantiles.

② **go·ber·na·bi·li·dad** [goβernaβiliðáð] *s/f* Cualidad de gobernable.

① **go·ber·na·ble** [goβernáβle] *adj* Que se puede gobernar.

③ **go·ber·na·ción** [goβernaθjón] *s/f* Acción o resultado de gobernar.

④ **go·ber·na·dor, -ra** [goβernaðór] *s/m,f* Representante del gobierno en un territorio o provincia.

① **go·ber·na·du·ra** [goβernaðúra] *s/f* AMER Cargo de gobernador.

① **go·ber·nan·ta** [goβernánta] *s/f* Mujer encargada de una institución o establecimiento de hostelería.

③ **go·ber·nan·te** [goβernánte] *adj s/m,f* Se aplica a quien gobierna.

⑤ **go·ber·nar** [goβernár] *tr intr* 1. Tener la responsabilidad de gobernar un país o Estado funcione. 2. Dirigir una nave. 3. Controlar con autoridad, de acuerdo con determinadas leyes.
CONJ *Irreg: Gobierno, goberné, gobernaré, gobernado.*

⑤ **go·bier·no** [goβjérno] *s/m* 1. Acción o resultado de gobernar. 2. Conjunto de ministros de un Estado.

② **go·ce** [góθe] *s/m* Acción o resultado de disfrutar de algo.

② **go·do, -da** [góðo] *adj s/m,f* 1. De un pueblo germánico que invadió el sur de Europa durante el imperio romano. 2. DES Español, en las islas Canarias.

go·gó [goyó] LOC **A gogó**, en abundancia.

③ **gol** [gól] *s/m* Acción de introducir el balón en la portería contraria, o tanto que se consigue con ello.

① **go·la** [góla] *s/f* Garganta.

① **go·lea·da** [goleáða] *s/f* Número considerable de goles que un equipo logra.

① **go·le·ar** [goleár] *tr* Meter muchos goles en la portería del contrario.

② **golf** [gólf] *s/m* Deporte de origen escocés, que consiste en meter una pequeña bola en diversos hoyos, golpeándola con un palo.

① **gol·fe·ar** [golfeár] *intr* Vivir o comportarse como un golfo (I).

③ **gol·fo, -fa** [gólfo] I. *adj s/m,f* 1. Persona que actúa con picardía y sin escrúpulos. 2. De vida alegre. 3. (*mujer*) Prostituta. II. *s/m* Porción de mar que se adentra en la tierra.

① **go·lle·te** [goʎéte] *s/m* 1. Cuello de una botella, garrafa, etc. 2. Parte superior del cuello.

② **go·lon·dri·na** [golondrína] *s/f* Ave migratoria, pequeña.

① **go·lon·dri·no** [golondríno] *s/m* Forúnculo en la axila.

① **go·lo·si·na** [golosína] *s/f* 1. Cosa que se come más por placer que por alimentarse. 2. Cualquier cosa deseable o apetitosa.

① **go·lo·so, -sa** [golóso] I. *adj* Que provoca el deseo de ser comido o poseído. II. *adj s/m,f* Aficionado a las golosinas.

⑤ **gol·pe** [gólpe] *s/m* 1. Choque violento entre dos cuerpos. 2. Desgracia o revés repentino e inesperado. 3. Ocurrencia ingeniosa. 4. FIG Acción planificada y realizada sorpresivamente, *gen* delictiva. LOC **No dar/pegar golpe**, no trabajar. **De golpe**, de repente. **De golpe y porrazo**, de forma brusca e inesperada.
Golpe de Estado, acción mediante la cual un grupo se hace con el poder y gobierno de un país.

④ **gol·pe·ar** [golpeár] *tr intr* Dar uno o varios golpes sobre otro cuerpo.

① **gol·pe·te·ar** [golpeteár] *tr intr* Dar golpes ligeros y continuos sobre algo.

② **gol·pis·ta** [golpísta] I. *adj* Relativo a un golpe de Estado. II. *s/m,f* Persona que ejecuta o participa en un golpe de Estado.

③ **go·ma** [góma] *s/f* 1. Sustancia elástica, impermeable y ligera, natural o artificial.

2. Pequeña porción de este material utilizada para borrar. 3. Tira o banda de este material elástico, usado para fines diversos.

① **go·mi·na** [gomína] *s/f* Sustancia viscosa para fijar el cabello.

① **gó·na·da** [gónaða] *s/f* Glándula sexual.

① **gón·do·la** [góndola] *s/f* Embarcación típica de Venecia.

① **gong** [góŋ] *s/m* Disco metálico suspendido, usado como instrumento de percusión.

go·nió·me·tro [gonjómetro] *s/m* Instrumento para medir ángulos.

go·no·co·co [gonokóko] *s/m* Microorganismo bacteriano.

① **go·no·rrea** [gonorréa] *s/f* Enfermedad venérea de la uretra o vagina.

① **gor·dia·no** [gorðjáno] *adj* (*nudo gordiano*) Difícil de resolver.

④ **gor·do, -da** [górðo] I. *adj* 1. Con mucha carne o grasa. 2. Grueso en espesor. 3. Importante. II. *s/m,f* 1. Persona obesa. 2. *m* Premio principal de la lotería nacional en España. LOC **Armar(se) la gorda,** COL provocar(se) un incidente de gran importancia. **No tener ni gorda,** COL no tener nada de dinero.

① **gor·du·ra** [gorðúra] *s/f* Cualidad de gordo.

① **gor·go·jo** [gorɣóχo] *s/m* Insecto, que constituye una plaga en los cereales.

① **gor·go·ri·to** [gorɣoríto] *s/m,pl* Quiebro agudo de la voz.

① **go·ri·la** [goríla] *s/m* Primate antropomorfo, fuerte y corpulento.

① **gor·je·ar** [gorχeár] *intr* Hacer quiebros un ave con su canto.

① **gor·jeo** [gorχéo] *s/m* Acción o resultado de gorjear.

② **go·rra** [górra] *s/f* Prenda para cubrir la cabeza, sin copa ni alas. LOC **De gorra,** gratis.

① **go·rri·no, -na** [gorríno] I. *s/m,f* Cerdo. II. *adj* Sucio.

② **go·rrión, -o·na** [gorrjón] *s/m,f* Pájaro pequeño, de color pardo.

③ **go·rro** [górro] *s/m* Prenda para cubrir o abrigar la cabeza, sin alas laterales ni visera. LOC **Estar hasta el gorro de alguien/de algo,** COL estar harto de ello.

① **go·rrón, -rro·na** [gorrón] *adj s/m,f* Que come o bebe a cuenta de los demás.

go·rro·ne·ar [gorroneár] *tr intr* Obtener o consumir cosas a costa de los demás.

④ **go·ta** [góta] *s/f* 1. Pequeña porción de un líquido que se separa de él. 2. Pequeña cantidad de algo. 3. Enfermedad de las articulaciones. LOC **Ni gota,** nada.

② **go·te·ar** [goteár] *intr* 1. Caer un líquido gota a gota. 2. Llover muy poco. 3. Producirse algo poco a poco, pero sin parar.

① **go·teo** [gotéo] *s/m* Acción o resultado de gotear.

② **go·te·ra** [gotéra] *s/f* Grieta por donde se filtra el agua, o señal que deja.

① **go·te·ro** [gotéro] *s/m* Dispositivo que hace que un líquido fluya gota a gota.

③ **gó·ti·co, -ca** [gótiko] I. *s/m* Arte que se desarrolló en Europa entre los siglos XII y XVI. II. *adj* 1. Relativo al arte gótico. 2. Relativo a los godos y a su lengua.

① **gour·met** [gurmé] *adj s/m,f* GAL Refinado en el comer y beber.

① **go·za·da** [goθáða] *s/f* Cosa que produce mucho gozo.

④ **go·zar** [goθár] I. *intr* 1. Experimentar sensaciones agradables y placenteras. 2. (Con *de*) Poseer algo o disfrutar de ello. II. REFL(-*se*) (Con *en*) Disfrutar con algo: *Se goza en el mal ajeno.* RPr **Gozar de/en.**
ORT La *z* cambia a *c* ante *e*: *Gocé.*

① **goz·ne** [góθne] *s/m* Mecanismo articulado, sobre el que gira una puerta o ventana.

② **go·zo** [góθo] *s/m* Sensación de alegría y placer.

② **go·zo·so, -sa** [goθóso] *adj* Que siente o produce gozo.

goz·que [góθke] *s/m* Perro pequeño y ladrador.

③ **gra·ba·ción** [graβaθjón] *s/f* Acción o resultado de registrar sonido o imágenes.

③ **gra·ba·do** [graβáðo] *s/m* 1. Técnica de grabar. 2. Lámina grabada.

② **gra·ba·dor, -ra** [graβaðór] I. *adj s/m,f* Que graba. II. *s/m,f* (AMER) Aparato electrónico para grabar sonidos.

④ **gra·bar** [graβár] *tr* 1. Registrar sonidos o imágenes en discos, cintas, etc. 2. Dibujar con incisiones sobre un material duro. 3. Trazar un dibujo sobre una plancha para reproducirlo sobre láminas de papel. 4. FIG Fijar algo en la mente. RPr **Grabar con/en.**

① **gra·ce·jo, -ja** [graθéχo] *s/m* Gracia para hablar o escribir.

⑤ **gra·cia** [gráθja] *s/f* 1. Don natural que hace que alguien sea atractivo o divertido para los demás. 2. Capacidad para hacer bien algo. 3. Dicho ocurrente o gracioso. 4. Don divino para alcanzar la bienaventuranza eterna. **5.** Favor concedido no por merecimiento, sino por benevolencia. **6.** Perdón de una pena. **7.** *pl* Expresión de cortesía para mostrar agradecimiento (*frec* con 'dar'): *Muchas gracias*. LOC **Gracias a**, a causa de.

1 **grá·cil** [gráθil] *adj* Delgado, delicado y sutil.

3 **gra·cio·so, -sa** [graθjóso] *adj* **1.** Que tiene gracia **2.** Tratamiento de la realeza británica.

1 **gra·da** [gráða] *s/f* **1.** Peldaño, o conjunto de ellos. **2.** *pl* Conjunto de asientos donde se acomodan los espectadores (teatro, etc.).

1 **gra·da·ción** [graðaθjón] *s/f* Ordenación secuencial en grados sucesivos de intensidad, valor, etc.

1 **gra·de·ría** [graðería] *s/f* Graderío.

1 **gra·de·río** [graðerío] *s/m* Conjunto de gradas en un estadio, teatro, etc., donde se sientan los espectadores.

1 **gra·dien·te** [graðjénte] *s/m* **1.** Relación de diferencia de presión barométrica entre dos puntos. **2.** AMER Declive, pendiente.

5 **gra·do** [gráðo] *s/m* **1.** Estadio dentro de una escala variable o un proceso. **2.** Cada unidad de medida de cantidad, calidad, etc. **3.** Cada nivel en la escala jerárquica de un ejército. **4.** Nivel del título concedido tras la finalización de los estudios: *Grado de doctor.* **5.** AMER Cada curso en que se agrupan los alumnos según sus edades, nivel, etc. LOC **De buen grado/de mal grado**, voluntariamente / contra la voluntad de alguien. **En grado sumo**, en el mayor grado posible.

1 **gra·dua·ble** [graðwáβle] *adj* Que puede ser graduado.

2 **gra·dua·ción** [graðwaθjón] *s/f* **1.** Acción o resultado de graduar(se). **2.** Proporción de alcohol en una bebida. **3.** Grado o jerarquía en la carrera militar. **4.** Obtención de un título al final de los estudios.

2 **gra·dua·do, -da** [graðwáðo] *adj* Que ha obtenido una titulación universitaria (*esp* en Hispanoamérica).

2 **gra·dual** [graðwál] *adj* Que va de grado en grado, de forma escalonada.

2 **gra·duar** [graðwár] **I.** *tr* **1.** Dar a algo el grado de intensidad, fuerza, etc., requerido. **2.** Medir o marcar los grados de algo dentro de una escala. **3.** Regular. **II.** REFL(-*se*) AMER Obtener un título académico. RPr **Graduarse en**.
ORT PRON En el *pres* de *indic* y *subj* el acento recae sobre la *u*: *Gradúo*.

1 **gra·ffi·ti** [grafíti] *s/m* ANGL Dibujo o texto sobre una pared.

1 **gra·fía** [grafía] *s/f* Letra.

1 **grá·fi·ca** [gráfika] *s/f* Diagrama que muestra la relación entre dos o más coordenadas o variables.

4 **grá·fi·co, -ca** [gráfiko] **I.** *adj* **1.** Relativo a la escritura, dibujo o impresión. **2.** Relativo a la fotografía. **3.** Se dice de la descripción viva y clara. **II.** *s/m* Representación gráfica de algo.

1 **gra·fis·mo** [grafísmo] *s/m* **1.** Modo de expresión gráfica. **2.** Obra o diseño gráficos.

1 **gra·fi·to** [grafíto] *s/m* Mineral de carbono, negro, utilizado para hacer minas de lápices y otros productos industriales.

1 **gra·fo·lo·gía** [grafoloχía] *s/f* Estudio de la escritura de alguien para conocer su personalidad.

gra·fó·lo·go, -ga [grafóloγo] *s/m,f* Especialista en grafología.

gra·gea [graχéa] *s/f* Pastilla, píldora.

1 **gra·jo** [gráχo] *s/f* Ave semejante al cuervo, de plumaje negruzco, pies rojos y uñas negras.

1 **gra·ma** [gráma] *s/f* Hierba muy común, de tallo rastrero.

3 **gra·má·ti·ca** [gramátika] *s/f* Ciencia que estudia el sistema de una lengua y su funcionamiento.

2 **gra·ma·ti·cal** [gramatikál] *adj* Relativo a la gramática o que se ajusta a ella.

1 **gra·ma·ti·ca·li·dad** [gramatikaliðáð] *s/f* Cualidad de gramatical.

1 **gra·má·ti·co** [gramátiko] *s/m* Especialista en gramática.

1 **gra·mí·neo, -ea** [gramíneo] *adj s/f,pl* Gramináceo.

3 **gra·mo** [grámo] *s/m* Unidad de peso en el sistema métrico decimal.

1 **gra·mó·fo·no** [gramófono] *s/m* Tocadiscos.

1 **gra·mo·la** [gramóla] *s/f* Gramófono sin bocina exterior.

5 **gran** [grán] *adj* Apócope de 'grande'. Se usa en *sing* y antepuesto al nombre: *Un gran hombre.*

1 **gra·na** [grána] **I.** *adj* De color rojo oscuro. **II.** *s/f* **1.** Color rojo oscuro. **2.** Sustancia de este color, obtenida de un insecto. **3.** Semilla menuda de algunos vegetales.

1 **gra·na·da** [granáða] *s/f* **1.** Fruto del granado. **2.** Proyectil explosivo.

2 **gra·na·di·no, -na** [granaðíno] *adj s/m,f* De Granada.

② **gra·na·do, -da** [granáðo] **I.** *adj* Se aplica a lo mejor o más selecto de algo. **II.** *s/m* Árbol cuyo fruto es la granada.

② **gra·nar** [granár] *intr* Formarse el grano de los frutos o madurar éstos.

① **gra·na·te** [granáte] *s/m* **1.** Piedra preciosa de color rojo oscuro. **2.** Color rojo oscuro.

gra·na·zón [granaθón] *s/f* Acción o resultado de granar.

⑤ **gran·de** [gránde] **I.** *adj* **1.** Mayor de lo común o normal. **2.** De mucha importancia, valor o mérito. **3.** De cierta edad, no joven. **II.** *s/m* Persona noble o perteneciente a la nobleza. LOC **A lo grande,** de forma espléndida. **Pasarlo en grande,** disfrutar mucho de algo.

③ **gran·de·za** [grandéθa] *s/f* Cualidad de grande.

① **gran·di·lo·cuen·cia** [grandilokwénθja] *s/f* Elocuencia excesiva.

① **gran·di·lo·cuen·te** [grandilokwénte] *adj* **1.** Excesivamente altisonante y pomposo. **2.** Que habla o escribe con grandilocuencia.

① **gran·dio·si·dad** [grandjosiðáð] *s/f* Cualidad de grandioso.

② **gran·dio·so, -sa** [grandjóso] *adj* De grandes dimensiones, que impresiona por algo.

① **gran·du·llón, -llo·na** [granduʎón] *adj s/m,f* AUM DES de 'grande'.

① **gra·nel** [granél] **A granel,** (productos) sin envasar ni empaquetar.

② **gra·ne·ro, -ra** [granéro] *s/m* **1.** Lugar donde se guarda el grano. **2.** Territorio abundante en grano.

① **gra·ní·ti·co, -ca** [graníṭiko] *adj* Hecho de granito o parecido a él.

② **gra·ni·to** [graníṭo] *s/m* Roca compacta y dura, usada en la construcción y escultura.

① **gra·ni·za·da** [graniθáða] *s/f* Precipitación de granizo.

① **gra·ni·za·do** [graniθáðo] *s/m* Bebida refrescante, con hielo desmenuzado y zumos varios.

① **gra·ni·zar** [graniθár] *intr* Caer granizo. GRAM Sólo se usa en 3ª persona: *Graniza, granice.*

② **gra·ni·zo** [graníθo] *s/m* Agua congelada que cae de las nubes en forma de bolitas de hielo.

② **gran·ja** [gráɲxa] *s/f* **1.** Finca de explotación agrícola, con casa, almacén, establo, etc. **2.** Instalación para la cría de aves de corral u otros animales.

① **gran·je·ar** [graɲxeár] **I.** *tr* Captar o atraer ciertas actitudes o voluntades: *Su carácter le granjea antipatías.* **II.** REFL(*-se*) Obtener o conseguir algo.

① **gran·je·ro, -ra** [graɲxéro] **I.** *adj* Relativo a la granja. **II.** *s/m,f* Persona que posee una granja o trabaja en ella.

③ **gra·no** [gráno] *s/m* **1.** Fruto de los cereales y otras plantas similares. **2.** Porción redonda y menuda de algo: *Un grano de sal.* **3.** Pequeño bulto en la piel, a menudo con pus. LOC **Ir al grano,** tratar lo importante.

① **gra·nu·ja** [granúxa] *s/m,f* **1.** Persona traviesa, que engaña y a veces roba. **2.** Pícaro.

① **gra·nu·lar** [granulár] **I.** *adj* En forma granos. **II.** *tr* Reducir a gránulos.

① **grá·nu·lo** [gránulo] *s/m* **1.** Grano pequeño. **2.** Cada una de las partículas en que se solidifica un cuerpo tras un determinado proceso.

gra·nu·lo·so, -sa [granulóso] *adj* Que tiene gránulos o los forma.

① **gran·za(s)** [gránθa(s)] *s/f pl* Restos de las semillas de los cereales después de cribarlas.

grao [gráo] *s/m* Desembarcadero.

① **gra·pa** [grápa] *s/f* **1.** Pieza de metal cuyos extremos se clavan y doblan para unir o sujetar algo. **2.** Aguardiente de orujo de origen italiano.

gra·pa·do [grapáðo] **I.** *adj* Sujeto por grapas. **II.** *s/m* Acción de sujetar o unir con grapas.

① **gra·pa·do·ra** [grapaðóra] *s/f* Utensilio para grapar.

① **gra·par** [grapár] *tr* Sujetar o unir con grapas.

② **gra·sa** [grása] *s/f* **1.** Sustancia untuosa en el tejido o en las semillas vegetales. **2.** Manteca o sebo de los animales.

① **gra·sien·to, -ta** [grasjénto] *adj* **1.** Que tiene grasa. **2.** Sucio.

④ **gra·so, -sa** [gráso] *adj* Que contiene grasa.

① **gra·so·so, -sa** [grasóso] *adj* Grasiento.

② **gra·ti·fi·ca·ción** [gratifikaθjón] *s/f* **1.** Acción de gratificar. **2.** Cantidad de dinero que se da a alguien para recompensarle por algo.

② **gra·ti·fi·can·te** [gratifikánte] *adj* Que produce satisfacción.

① **gra·ti·fi·car** [gratifikár] *tr intr* **1.** Recompensar. **2.** Complacer o satisfacer a alguien.
ORT Ante *e* la *z* cambia a *qu*: *Gratifique.*

① **gra·ti·nar** [gratinár] *tr* Dorar al horno la capa superior de un alimento.

③ **gra·tis** [grátis] *adv* Sin pagar nada; sin esfuerzo.

GRIS

[2] **gra·ti·tud** [gratitúð] *s/f* Agradecimiento por un favor o beneficio.

[3] **gra·to, -ta** [gráto] *adj* Agradable, placentero. RPr **Grato a**.

[2] **gra·tui·dad** [gratwiðáð] *s/f* Cualidad de gratuito.

[3] **gra·tui·to, -ta** [gratwíto] *adj* 1. Que no cuesta dinero. 2. Arbitrario, sin fundamento.

[1] **gra·va** [gráβa] *s/f* Piedra machacada o guijarro.

[2] **gra·va·men** [graβámen] *s/m* Carga, impuesto u obligación.

[4] **gra·var** [graβár] *tr* Imponer una tasa o tributo.

[4] **gra·ve** [gráβe] *adj* 1. Serio, que puede implicar riesgo. 2. (*persona*) Serio, que impone respeto. 3. De tonalidad baja. 4. GRAM Referido al acento que recae en la penúltima sílaba.

[3] **gra·ve·dad** [graβeðáð] *s/f* 1. Fuerza que atrae a los cuerpos hacia el centro de la Tierra. 2. Seriedad, importancia de algo.

[1] **gra·vi·dez** [graβiðéθ] *s/f* Cualidad de grávido.

[1] **grá·vi·do, -da** [gráβiðo] *adj* 1. Pesado. 2. (*hembra*) Embarazada.

[1] **gra·vi·lla** [graβíʎa] *s/f* Guijarro menudo o piedra triturada.

[1] **gra·vi·ta·ción** [graβitaθjón] *s/f* 1. Gravedad. 2. Acción de gravitar.

[2] **gra·vi·tar** [graβitár] *intr* 1. Moverse un cuerpo celeste en torno a otro por la fuerza de atracción que aquél ejerce sobre él. 2. Apoyar un cuerpo su peso sobre otro. 3. FIG Estar algo como por encima de otra cosa, de tal modo que puede influir sobre ella: *La inflación gravita sobre la economía española*.

[2] **gra·vi·ta·to·rio, -ia** [graβitatórjo] *adj* Relativo a la gravitación.

[1] **gra·vo·so, -sa** [graβóso] *adj* Que constituye una carga u ocasiona gasto económico.

[1] **graz·nar** [graθnár] *intr* Producir algunas aves (cuervo, grajo, ganso) su voz característica.

[1] **graz·ni·do** [graθníðo] *s/m* Acción o resultado de graznar.

[1] **gre·da** [gréða] *s/f* Tipo de arcilla arenosa usada en cerámica.

[1] **gre·ga·rio, -ia** [greɣárjo] *adj* 1. Que vive en rebaño o manada. 2. Que forma parte de un grupo homogéneo, sin diferenciarse unos de otros.

[1] **gre·ga·ris·mo** [greɣarísmo] *s/m* Tendencia a vivir en grupo.

[1] **gre·lo** [grélo] *s/m* Brote tierno del nabo.

[2] **gre·mial** [gremjál] **I.** *adj* Relativo a un gremio o a un sindicato. **II.** *s/f* AMER Sindicato de trabajadores.

gre·mia·lis·mo [gremjalísmo] *s/m* Organización basada en gremios.

[1] **gre·mia·lis·ta** [gremjalísta] *adj s/m,f* Partidario del gremialismo.

[3] **gre·mio** [grémjo] *s/m* Asociación de personas del mismo oficio o profesión.

[1] **gre·ña** [gréɲa] *s/f* (*frec en pl*) Cabellera revuelta y desaseada. LOC **Andar/Estar a la greña**, pelear o discutir.

[1] **gre·ñu·do, -da** [greɲúðo] *adj* Que tiene greñas.

[1] **gres** [grés] *s/m* Mezcla de arcilla y arena cuarzosa usada en alfarería.

[1] **gres·ca** [gréska] *s/f* Disputa, riña.

gre·si·te [gresíte] *s/m* Material cerámico, en forma de baldosas de distintos tamaños.

[1] **grey** [gréi] *s/f* 1. Rebaño. 2. Conjunto de personas unidas por un mismo credo, condición, etc.

[4] **grie·go, -ga** [grjéɣo] *adj s/m,f* De Grecia.

[2] **grie·ta** [grjéta] *s/f* Abertura estrecha y alargada.

[1] **gri·fe·ría** [grifería] *s/f* Conjunto de grifos de una instalación de fontanería.

[2] **gri·fo** [grífo] *s/m* 1. Dispositivo para controlar el paso de un fluido (agua, gas). 2. AMER Surtidor de gasolina.

[1] **grill** [gríl] *s/m* 1. ANGL Parrilla para preparar comida a la brasa. 2. En un horno, fuente superior de calor para gratinar los alimentos.

[1] **gri·llar·se** [griʎárse] REFL(*-se*) Salir brotes en ciertas semillas y tubérculos.

[1] **gri·lle·te** [griʎéte] *s/m* Arco de hierro para sujetar una cadena a los pies o manos de los presos.

[2] **gri·llo** [gríʎo] *s/m* 1. Insecto caracterizado por el sonido agudo y monótono que produce. 2. Brote de algunos tubérculos. 3. Par de grilletes.

[1] **gri·ma** [gríma] *s/f* Sensación de disgusto o asco.

[2] **grin·go, -ga** [gríngo] *adj s/m,f* AMER De Estados Unidos.

[1] **gri·pal** [gripál] *adj* Relativo a la gripe.

[2] **gri·pe** [grípe] *s/f* Enfermedad epidémica, acompañada de fiebre y catarro.

gri·po·so, -sa [gripóso] *adj* Afectado de gripe.

[4] **gris** [grís] *adj s/m* 1. Color entre blanco y

297

GRI·SÁ·CEO

negro. 2. Nublado, desapacible. 3. Anodino, aburrido.

[2] **gri·sá·ceo, -ea** [grisáθeo] *adj* De color tendente al gris.

[1] **gri·sú** [grisú] *s/m* Gas metano, muy inflamable.

[4] **gri·tar** [gritár] *intr* Dar gritos.

[1] **gri·te·río** [griterío] *s/m* Confusión de voces altas y numerosas.

[4] **gri·to** [gríto] *s/m* Voz emitida en voz alta y potente. LOC **A grito pelado,** con voz muy alta. **Poner alguien el grito en el cielo,** irritarse alguien mucho. **Ser algo el último grito,** ser algo lo más novedoso.

gro·en·lan·dés, ·de·sa [groenlandés] *adj s/m,f* De Groenlandia.

[1] **gro·gui** [gróɣi] *adj* Aturdido y casi sin conocimiento.

[2] **gro·se·ría** [grosería] *s/f* Cualidad de grosero.

[2] **gro·se·ro, -ra** [groséro] *adj* 1. Descortés, maleducado. 2. Tosco o poco refinado.

[2] **gro·sor** [grosór] *s/m* Espesor de un cuerpo.

[2] **gro·tes·co, -ca** [grotésko] *adj* Ridículo, extravagante.

[2] **grúa** [grúa] *s/f* Máquina para levantar pesos y transportarlos de un lugar a otro.

[4] **grue·so, ·sa** [grwéso] **I.** *adj* 1. De espesor o volumen considerable. 2. Obeso. 3. (*mar*) Muy agitada por las olas. **II.** *s/m* 1. Lo fundamental de algo. 2. Espesor.

[1] **gru·lla** [grúʎa] *s/f* Ave zancuda de gran tamaño.

[1] **gru·me·te** [gruméte] *s/m* Muchacho aprendiz de marinero.

[1] **gru·mo** [grúmo] *s/m* Pequeña porción redondeada y compacta en una masa líquida.

gru·mo·so, ·sa [grumóso] *adj* Que tiene grumos.

[1] **gru·ñi·do** [gruɲíðo] *s/m* Sonido ronco característico de ciertos animales, como el cerdo.

[2] **gru·ñir** [gruɲír] **I.** *intr* Emitir un animal, *esp* el cerdo, su sonido característico. **II.** *tr* Emitir alguien sonidos inarticulados para mostrar disgusto.
CONJ *Irreg en las formas: Gruñó, gruñera, gruñese, gruñendo.*

[1] **gru·ñón, -ño·na** [gruɲón] *adj s/m,f* Que gruñe (II) mucho.

[1] **gru·pa** [grúpa] *s/f* Parte trasera del lomo de las caballerías.

[2] **gru·pal** [grupál] *adj* Relativo a un grupo.

[5] **gru·po** [grúpo] *s/m* 1. Conjunto de personas o cosas. 2. Cada sección en que se divide un todo. 3. Conjunto de empresas de un mismo propietario.

[2] **gru·ta** [grúta] *s/f* Cueva o cavidad en la superficie terrestre.

[1] **gua·ca·ma·yo** [gwakamájo] *s/m* Ave similar al papagayo.

[1] **gua·da·ña** [gwaðáɲa] *s/f* Utensilio para segar a ras de tierra.

[1] **gua·gua** [gwágwa] *s/f* AMER, ISLAS CANARIAS Autobús urbano.

[1] **gua·je** [gwáχe] *s/m* Niño.

[1] **gua·jo·lo·te** [gwaχolóte] *s/m* MEX Pavo.

[1] **gual·do, -da** [gwáldo] *adj* Amarillo.

gual·dra·pa [gwaldrápa] *s/f* Cubierta larga sobre las ancas de los caballos o mulas.

[1] **gua·na·co** [gwanáko] *s/m* Cuadrúpedo americano semejante al camello.

[1] **guan·che** [gwántʃe] *adj s/m,f* De las islas Canarias.

[1] **gua·no** [gwáno] *s/m* Materia que resulta de la acumulación de excrementos de aves marinas.

[1] **guan·ta·zo** [gwantáθo] *s/m* Golpe en la cara con la mano abierta.

[2] **guan·te** [gwánte] *s/m* Prenda que cubre y se adapta a la mano. LOC **Echar el guante,** apresar, coger.

[1] **guan·te·ra** [gwantéra] *s/f* Compartimento del salpicadero de los automóviles donde se guardan objetos diversos.

[1] **gua·pe·ras** [gwapéras] *adj s/m* COL Hombre guapo.

[4] **gua·po, -pa** [gwápo] *adj* De aspecto físico agraciado.

gua·pu·ra [gwapúra] *s/f* Cualidad de guapo.

[1] **gua·ran·go, -ga** [gwarángo] *adj* AMER Maleducado.

[1] **gua·ra·po** [gwarápo] *s/m* 1. AMER Jugo de caña de azúcar. 2. AMER Bebida hecha con este jugo.

[3] **guar·da** [gwárða] **I.** *s/m* Persona encargada de la vigilancia y custodia de algo. **II.** *s/f* 1. Acción de guardar algo. 2. Observancia de preceptos o mandatos. 3. Muesca de una llave.

[1] **guar·da·ba·rre·ra(s)** [gwarðaβarréra(s)] *s/m,f* Persona encargada de la vigilancia del paso a nivel de un ferrocarril.

guar·da·ba·rros [gwarðaβárros] *s/m* En un vehículo, protección contra las salpicaduras de agua o barro.

GUE·RRI·LLA

[1] **guar·da·bos·que(s)** [gwardaβóske(s)] *s/m,f* Persona encargada de la vigilancia de un bosque.

[1] **guar·da·cos·tas** [gwarðakóstas] *s/m* Embarcación para vigilar el litoral.

[2] **guar·da·es·pal·das** [gwarðaespáldas] *s/m,f* Persona para la protección personal de alguien.

[1] **guar·da·me·ta** [gwarðaméta] *s/m,f* DEP Portero.

[1] **guar·da·pol·vo(s)** [gwarðapólβo(s)] *s/m* Prenda que protege del polvo y suciedad.

[5] **guar·dar** [gwarðár] **I.** *tr* **1.** Conservar o proteger algo. **2.** Retirar algo de un lugar para conservarlo. **3.** Mantener lo que se expresa. **4.** (Con *de*) Proteger contra algo: *El abrigo te guardará del frío.* **II.** REFL(-*se*) **1.** Meter algo en un lugar para conservarlo. **2.** Reservarse alguien algo, tenerlo a su disposición. **3.** (Con *de*) Evitar o precaverse de algo: *Guárdate de las malas compañías.* RPr **Guardarse de**.

[1] **guar·da·rro·pa** [gwarðarrópa] *s/m* **1.** Conjunto de prendas de vestir de alguien. **2.** Lugar donde los clientes dejan las prendas de abrigo.

[2] **guar·de·ría** [gwarðería] *s/f* Institución en la que se cuida y atiende a niños de corta edad.

[5] **guar·dia** [gwárðja] **I.** *s/f* **1.** Vigilancia, protección. **2.** Servicio que prestan por turnos los miembros de una unidad militar. **3.** Cuerpo del ejército o de las fuerzas de seguridad. **II.** *s/m,f* Miembro del ejército o de las fuerzas de seguridad. LOC **Estar/Ponerse en guardia,** ponerse en actitud de vigilancia o alerta.

[3] **guar·dián, -dia·na** [gwarðján] *s/m,f* Quien guarda o vigila algo o a alguien.

[1] **gua·re·cer** [gwareθér] **I.** *tr* Proteger de un peligro. **II.** REFL(-*se*) Ponerse a cubierto para protegerse de algo. RPr **Guarecerse de**.
CONJ *Irreg*: *Guarezco, guarecí, guareceré, guarecido*.

[2] **gua·ri·da** [gwaríða] *s/f* **1.** Lugar donde se refugia un animal. **2.** FIG Lugar en que se refugian delincuentes o malhechores.

[1] **gua·ris·mo** [gwarísmo] *s/m* Cifra arábiga o conjunto de ellas.

[1] **guar·ne·cer** [gwarneθér] *tr* **1.** Poner complementos o adornos a algo. **2.** Dotar de tropas a una plaza. RPr **Guarnecerse con/de**.
CONJ *Irreg*: *Guarnezco, guarnecí, guarneceré, guarnecido*.

[2] **guar·ni·ción** [gwarniθjón] **I.** *s/f* **1.** Adorno en vestidos, habitaciones, etc. **2.** Tropa con que se defiende una plaza. **3.** Complemento que se sirve como acompañamiento de un plato principal. **II.** *s/f,pl* Conjunto de los correajes en las caballerías.

[1] **gua·rra·da** [gwarráða] *s/f* Acción sucia o mala.

[1] **gua·rre·ría** [gwarrería] *s/f* **1.** Cualidad de guarro. **2.** Acción sucia o mala.

[2] **gua·rro, -ra** [gwárro] **I. 1.** *s/m,f* Cerdo. **2.** Persona sucia y desaseada. **II.** *adj* Sucio.

[1] **gua·sa** [gwása] *s/f* Broma, burla.

gua·se·ar·se [gwaseárse] REFL(-*se*) Burlarse o reírse de alguien. RPr **Guasearse de**.

[1] **gua·són, -so·na** [gwasón] *adj s/m,f* Que gusta de bromas.

[1] **gua·ta** [gwáta] *s/f* Lámina gruesa de algodón, para acolchados.

[3] **gua·te·mal·te·co, -ca** [gwatemaltéko] *adj s/m,f* De Guatemala.

[1] **gua·te·que** [gwatéke] *s/m* Fiesta casera, en que se bebe y se baila.

[1] **guau** [gwáu] Sonido que imita el ladrido del perro.

[1] **guay** [gwái] *adj interj* COL Estupendo, muy bueno.

[1] **gua·ya·ba** [gwajáβa] *s/f* AMER Fruto del guayabo, jugoso y de color verde amarillento.

[1] **gua·ya·bo** [gwajáβo] *s/m* **1.** Árbol cuyo fruto es la guayaba. **2.** Muchacha joven y atractiva.

[4] **gu·ber·na·men·tal** [guβernamentál] *adj* Relativo al Gobierno.

[1] **gu·ber·na·ti·vo, -va** [guβernatíβo] *adj* Relativo al Gobierno.

gue·de·ja [geðéχa] *s/f* Cabellera abundante.

gue·par·do [gepárðo] *s/m* Mamífero carnicero, parecido a la pantera.

[5] **gue·rra** [gérra] *s/f* **1.** Enfrentamiento armado. **2.** Situación de rivalidad entre personas, empresas, etc. **3.** FIG Cualquier tipo de hostilidad o lucha: *Una guerra de mentiras*.

[1] **gue·rre·ar** [gerreár] *intr* Hacer la guerra.

[1] **gue·rre·ra** [gerréra] *s/f* Chaqueta del uniforme militar.

[4] **gue·rre·ro, -ra** [gerréro] *adj s/m,f* **1.** Relativo a la guerra. **2.** Aficionado a guerrear.

[3] **gue·rri·lla** [gerríʎa] *s/f* Grupo armado y poco numeroso.

3 **gue·rri·lle·ro, -ra** [gerriʎéro] **I.** *adj* Relativo a la guerrilla. **II.** *s/m,f* Miembro de una guerrilla.

1 **gue·to** [géto] *s/m* Barrio en el que vive un grupo étnico o un tipo determinado de gente, que se mantiene aislado del resto.

3 **guía** [gía] **I.** *s/m,f* Persona que muestra el camino, en sentido real o FIG. **II.** *s/f* **1.** Acción de guiar. **2.** Cosa que sirve como orientación. **3.** Publicación que informa sobre algo. **4.** Manillar de bicicleta. **5.** Cada una de las puntas del bigote largo. **6.** Tallo principal en una planta. **7.** Documento que da fe de lo que se transporta.

4 **guiar** [giár] **I.** *tr* **1.** Ir delante mostrando el camino. **2.** Conducir un vehículo. **II.** *REFL(-se)* **1.** Llevar un determinado camino o rumbo. **2.** Orientarse por algo. RPr **Guiarse por**.
CONJ El acento recae sobre la *i* en el *sing* y *3ª p pl* del *pres* de *ind* y *subj*: *Guío*.

1 **gui·ja·rro** [gixárro] *s/m* Piedra pequeña y redondeada.

1 **gui·llo·ti·na** [giʎotína] *s/f* **1.** Máquina para decapitar a los reos. **2.** Máquina similar para cortar papel.

1 **gui·llo·ti·nar** [giʎotinár] *tr* Cortar con una guillotina.

1 **guin·da** [gínda] *s/f* Fruto del guindo, similar a la cereza pero de más ácido.

1 **guin·di·lla** [gindíʎa] *s/f* Pimiento pequeño y muy picante.

guin·do [gíndo] *s/m* Árbol de fruto ácido.

1 **gui·nea·no, -na** [gineáno] *adj s/m,f* De Guinea.

1 **gui·ña·po** [giɲápo] *s/m* **1.** Trozo de tela roto o rasgado. **2.** FIG Persona con mal aspecto y andrajoso.

2 **gui·ñar** [giɲár] **I.** *tr* Abrir y cerrar repetida y rápidamente un solo ojo, manteniendo el otro abierto, *gen* para hacer una señal. **II.** *REFL(-se)* Hacerse guiños dos personas.

2 **gui·ño** [gíɲo] *s/m* Acción de guiñar.

1 **gui·ñol** [giɲól] *s/m* Teatro de marionetas.

4 **guión** [gjón] *s/m* **1.** Escrito esquemático. **2.** En cine, texto con los diálogos e indicaciones escénicas para el rodaje. **3.** GRAM Signo ortográfico (-).
ORT También *guion*.

2 **guio·nis·ta** [gjonísta] *s/m,f* Escritor de guiones cinematográficos.

gui·par [gipár] *tr* COL Ver, entender.

1 **gui·ri** [gíri] *s/m,f* COL Extranjero, *esp* si es un turista típico.

1 **gui·ri·gay** [giriɣái] *s/m* COL Confusión, ruido confuso.

guir·la·che [girlátʃe] *s/m* Turrón de almendras tostadas y caramelo.

1 **guir·nal·da** [girnálda] *s/f* Corona de flores o follaje.

1 **gui·sa** [gísa] *s/f* Manera o modo. LOC **A guisa de**, a modo de.

1 **gui·sa·do, -da** [gisáðo] **I.** *adj* Cocinado en forma de guiso. **II.** *s/m* Guiso de carne o pescado.

2 **gui·san·te** [gisánte] *s/m* Legumbre comestible, con semillas en vaina.

2 **gui·sar** [gisár] **I.** *tr* **1.** Preparar los alimentos cociéndolos en una salsa con diversos condimentos. **2.** Cocinar. **II.** *REFL(-se)* Estar preparándose o maquinándose algo.

2 **gui·so** [gíso] *s/m* Comida preparada mediante la cocción de un alimento en salsa y con condimentos.

1 **güis·qui** [gwíski] *s/m* Bebida alcohólica obtenida de la fermentación de cereales.

3 **gui·ta·rra** [gitárra] *s/f* Instrumento musical de caja de madera, con un agujero circular en medio, mástil con trastes y seis cuerdas tensadas.

2 **gui·ta·rris·ta** [gitarrísta] *s/m,f* Persona que toca la guitarra.

1 **gu·la** [gúla] *s/f* Apetito desordenado en el comer y beber.

1 **gu·rú** [gurú] *s/m* Maestro, guía.

1 **gu·sa·ni·llo** [gusaníʎo] *s/m* **1.** DIM de 'gusano'. **2.** Inquietud o sensación de intranquilidad que alguien siente.

2 **gu·sa·no** [gusáno] *s/m* **1.** Animal invertebrado de pequeño tamaño, forma cilíndrica anillada y cuerpo blando y contráctil. **2.** DES Persona despreciable y vil.

2 **gus·ta·ción** [gustaθjón] *s/f* Acción o resultado de probar algo.

5 **gus·tar** [gustár] **I.** *tr* Sentir o percibir el sabor de las cosas en el paladar. **II.** *intr* **1.** Provocar agrado, satisfacción, placer, etc., en alguien: *Le gustó el país*. **2.** Provocar atracción una persona en otra, *esp* de otro sexo. **3.** Querer, desear o apetecer: *Venga cuando guste*. RPr **Gustar de**.

1 **gus·ta·ti·vo, -va** [gustatíβo] *adj* Relativo al sentido del gusto.

1 **gus·ta·zo** [gustáθo] *s/m* Placer grande.

1 **gus·ti·llo** [gustíʎo] *s/m* Cierto sabor o satisfacción menor.

4 **gus·to** [gústo] *s/m* **1.** Sentido corporal con el que se percibe el sabor de las cosas. **2.** Sabor que tienen las cosas. **3.** (Con *dar*) Placer, deleite o satisfacción. **4.** Propia voluntad o albedrío: *Su yerno*

lleva los negocios a su gusto. **5.** Inclinación por ciertas cosas o inclinación hacia ellas. **6.** Sensibilidad para apreciar las cosas bonitas o bellas: *Es una persona con gusto.* LOC **Con mucho gusto,** expresión de cortesía para acceder a lo que alguien pide. **De buen gusto,** apropiado y correcto. **De mal gusto,** inapropiado e incorrecto.

② **gus·to·so, -sa** [gustóso] *adj* **1.** Con agrado: *Acepté gustosa la invitación.* **2.** De sabor agradable. **3.** Que produce gusto o placer.

① **gu·tu·ral** [guturál] *adj s/f* Relativo a la garganta.

H h

[4] **H; h** [átʃe] *s/f* Octava letra del alfabeto español. No se pronuncia.

[2] **ha·ba** [áβa] *s/f* **1.** Planta leguminosa. **2.** Fruto y semilla de esta planta, comestible. LOC **Ser algo habas contadas**, ser algo limitado en número.

ha·ba·ne·ra [aβanéra] *s/f* Canción melódica de origen cubano.

[2] **ha·ba·ne·ro, -ra** [aβanéro] *adj s/m,f* De La Habana.

[1] **ha·ba·no** *s/m* Cigarro puro.

[5] **ha·ber** [aβér] **I.** *s/m* **1.** Conjunto de lo que alguien tiene. **2.** Saldo favorable en una cuenta. **3.** *pl* Sueldo o remuneración. **II.** *v/imp* **1.** Hallarse, encontrarse: *Hay demasiada gente aquí.* **2.** Ocurrir, suceder. **3.** Tener lugar, celebrarse: *Ayer hubo corrida de toros.* **4.** Existir: *No había problemas de abastecimiento.* **III.** *aux* Con la forma de *pp* forma los tiempos compuestos de todos los verbos: *He trabajado.*

[1] **ha·bi·chue·la** [aβitʃwéla] *s/f* Judía, alubia.

[3] **há·bil** [áβil] *adj* **1.** Con destreza y pericia para hacer algo bien. **2.** Astuto, sagaz. **3.** (*día*) Laborable.

[4] **ha·bi·li·dad** [aβiliðáð] *s/f* Cualidad de hábil.

[1] **ha·bi·li·do·so, -sa** [aβiliðóso] *adj* Que tiene habilidad para hacer algo.

[1] **ha·bi·li·ta·ción** [aβilitaθjón] *s/f* **1.** Acción de habilitar. **2.** Cargo o despacho del habilitado.

[1] **ha·bi·li·ta·do, -da** [aβilitáðo] *s/m,f* Funcionario encargado de los pagos.

[2] **ha·bi·li·tar** [aβilitár] *tr* **1.** Acondicionar un espacio para una función determinada. **2.** Facultar o declarar a alguien apto para algo. **3.** Proveer del capital necesario.

[1] **ha·bi·ta·bi·li·dad** [aβitaβiliðáð] *s/f* Cualidad de habitable.

[1] **ha·bi·ta·ble** [aβitáβle] *adj* Que puede ser habitado.

[5] **ha·bi·ta·ción** [aβitaθjón] *s/f* **1.** Cada sección de un edificio separada de otras mediante paredes. **2.** Dentro de una vivienda, dormitorio.

[1] **ha·bi·tá·cu·lo** [aβitákulo] *s/m* Espacio reducido donde pueden habitar personas.

[4] **ha·bi·tan·te** [aβitánte] *s/m,f* Cada persona que vive en un lugar.

[4] **ha·bi·tar** [aβitár] **I.** *intr* Vivir en un lugar. **II.** *tr* Ocupar un espacio.

[2] **há·bi·tat** [áβitat] *s/m* Medio ambiente en que vive una especie vegetal o animal.

[4] **há·bi·to** [áβito] *s/m* **1.** Costumbre. **2.** Traje distintivo de los eclesiásticos.

[4] **ha·bi·tual** [aβitwál] *adj* Que se repite con regularidad y sin variar.

[4] **ha·bi·tuar** [aβitwár] *tr REFL(-se)* Acostumbrar(se). RPr **Habituar(se) a**.
ORT PRON En el *sing* y *3ª pers pl* del *pres* de *indic* y *subj* el acento recae sobre la *u*: *Habitúo*.

[4] **ha·bla** [áβla] *s/f* **1.** Facultad de hablar. **2.** Acción de hablar. **3.** Idioma.
GRAM El artículo *sing* es *m*: *El/Un habla*.

[1] **ha·bla·dor, -ra** [aβlaðór] *adj* Que habla mucho.

[1] **ha·bla·du·ría** [aβlaðuría] *s/f* (*gen* en *pl*) Comentario sin fundamento o de crítica a alguien.

[2] **ha·blan·te** [aβlánte] *s/m,f* Persona que habla.

[5] **ha·blar** [aβlár] **I.** *tr* **1.** Emitir los sonidos propios de una lengua. **2.** Tratar sobre algo. **II.** *intr* **1.** Comunicarse los seres humanos mediante sonidos articulados. **2.** Conversar. **3.** Mencionar, hacer referencia a algo: *Hablan de cien muertos.* **4.** (Con *de*) Dar un tratamiento determinado a una persona: *Yo le hablo de usted.* **5.** (Con *en*) Usar alguien una lengua determinada para expresarse: *Hablaban en alemán.* **6.** (Con *de*) Traer algo a la memoria de alguien.

[1] **ha·ce·dor, -ra** [aθeðór] *s/m,f* Persona que hace algo.

[1] **ha·cen·da·do, -da** [aθendáðo] *s/m,f* Propietario de fincas.

[1] **ha·cen·do·so, -sa** [aθendóso] *adj* Diligente, *esp* en las tareas domésticas.

[5] **ha·cer** [aθér] **I.** *tr* **1.** Crear. **2.** Producir, fabricar. **3.** Causar algo un determinado efecto. **4.** Realizar una determinada tarea:

HAM·BUR·GUE·SA

Hacer la maleta. **5.** Realizar un movimiento o gesto. **6.** Cursar ciertos estudios: *El hacía filosofía y ella económicas.* **7.** Obligar a alguien a hacer algo: *En el internado nos hacían levantar a las siete de la mañana.* **8.** Provocar algo: *Con su discurso nos hizo llorar.* **9.** Trabajar en un medio o género determinado: *La actriz ya no hace teatro.* **II.** *intr* (Con *de*) Representar alguien un papel determinado: *Una hace de gancho y la otra de testigo.* **III.** REFL(*-se*) **1.** Fingir o simular algo: *Cuando nos vio se hizo el desentendido.* **2.** Convertirse, llegar a ser: *Andrés consiguió hacerse rico.* **3.** (seguido de *a*) Acostumbrarse a algo: *No tardó en hacerse al país.* **4.** (Seguido de *con*) Conseguir algo: *Colombia se hizo con la medalla de oro.* **IV.** *imp* **1.** Con condiciones atmosféricas, indica la situación climatológica: *Hace frío.* **2.** Indica el tiempo transcurrido desde un momento determinado: *Trabaja desde hace años.*
CONJ *Irreg:* Hago, haré, hice, hecho.

[2] **ha·cha** [átʃa] *s/f* **1.** Herramienta de hoja metálica y cortante, sujeta a un mango, utilizada *gen* para cortar leña. **2.** Vela de cera grande y gruesa. LOC **Ser un hacha**, ser muy bueno en algo.
GRAM Lleva *gen* art *m* en *sing*.

[1] **ha·cha·zo** [atʃáθo] *s/m* Golpe de hacha.

[1] **ha·che** [átʃe] *s/f* Nombre de la letra 'h'. LOC **Por hache o por be**, por una u otra razón.

[1] **ha·chís** [χatʃís] *s/m* Droga estupefaciente extraída del cáñamo índico.

[1] **ha·chón** [atʃón] *s/m* Vela de cera, grande y gruesa.

[5] **ha·cia** [áθja] *prep* **1.** Indica el sentido u orientación de un movimiento o posición. **2.** Señala posición: *La ventana mira hacia el Sur.* **3.** (*tiempo*) Aproximadamente: *Llegó hacia las cinco.*

[4] **ha·cien·da** [aθjénda] *s/f* **1.** Organismo público que administra las finanzas de un país. **2.** Conjunto de bienes de alguien. **3.** Finca agrícola o ganadera grande.

[1] **ha·ci·na·mien·to** [aθinamjénto] *s/m* Acción o resultado de hacinar(se).

[1] **ha·ci·nar·se** [aθinárse] REFL(*-se*) Amontonarse sin orden.

[1] **ha·cker** [χáker] *s/m,f* ANGL En informática, persona que intenta introducirse en los sistemas informáticos sin autorización.

[2] **ha·da** [áða] *s/f* Ser fantástico de los cuentos, con forma de mujer joven y con poderes mágicos.
GRAM En *sing* va precedido de *art m*: *Un/El hada.*

[1] **ha·do** [áðo] *s/m* Destino, suerte.

[1] **ha·gio·gra·fía** [aχjoɣrafía] *s/f* Historia de las vidas de los santos.

[2] **hai·tia·no, -na** [aitjáno] *adj s/m,f* De Haití.

[2] **¡ha·la!** [ála] Exclamación para transmitir o infundir ánimo o prisa.

[1] **ha·la·ga·dor, -ra** [alaɣaðór] *adj* Que halaga.

[2] **ha·la·gar** [alaɣár] *tr* **1.** Ser algo motivo de satisfacción para alguien. **2.** Ofrecer muestras de aprecio o admiración.

[1] **ha·la·go** [aláɣo] *s/m* Acción o resultado de halagar.

[1] **ha·la·güe·ño, -ña** [alaɣwéɲo] *adj* Que ofrece buenas perspectivas.

[1] **hal·cón** [alkón] *s/m* Ave rapaz diurna.

[1] **¡ha·le!** [ále] *interj* ¡Hala!

[1] **há·li·to** [álito] *s/m* Aliento de persona o animal.

[1] **ha·li·to·sis** [alitósis] *s/f* Mal olor de aliento.

[2] **hall** [χól] *s/m* ANGL Vestíbulo, entrada.

[5] **ha·llar** [aʎár] **I.** *tr* **1.** Encontrar algo. **2.** Descubrir o inventar alguien algo desconocido. **II.** REFL(*-se*) **1.** Encontrarse, estar en un determinado lugar o momento. **2.** Tener delante o estar frente a algo, en sentido real o FIG.

[3] **ha·llaz·go** [aʎáðɣo] *s/m* Acción o resultado de hallar algo.

[1] **ha·lo** [álo] *s/m* **1.** Cerco resplandeciente que rodea a un cuerpo brillante. **2.** Resplandor circular que en la imaginería religiosa rodea la cabeza de los santos. **3.** Fama.

[1] **ha·ló·ge·no, -na** [alóχeno] *adj* **1.** Se aplica a los elementos no metálicos que forman sales haloideas. **2.** Se aplica a las bombillas que funcionan con tales elementos y a la luz que proyectan.

[1] **hal·te·ro·fi·lia** [alterofilja] *s/f* Deporte de levantamiento de pesos.

[2] **ha·ma·ca** [amáka] *s/f* **1.** Red de malla que se cuelga por los extremos y sirve de cama. **2.** Silla de tijera, para recostarse.

[4] **ham·bre** [ámbre] *s/f* **1.** Necesidad de comer que alguien siente. **2.** Deseo intenso y vehemente de algo.
GRAM En *sing* lleva *art m*: *El hambre.*

[2] **ham·brien·to, -ta** [ambrjénto] *adj s/m,f* Con mucha hambre.

[1] **ham·bru·na** [ambrúna] *s/f* Escasez generalizada de alimentos básicos.

[2] **ham·bur·gue·sa** [amburɣésa] *s/f* **1.** Especie de filete de carne picada, aliñada con ingredientes. **2.** Bocadillo con uno de estos filetes en su interior.

ham·bur·gue·se·ría [amburɣesería] *s/f* Local donde se sirven hamburguesas.

1 **ham·pa** [ámpa] *s/f* Grupo social, que vive de la delincuencia.
GRAM En *sing* lleva *art m: El/Un hampa*.

1 **háms·ter** [χámster] *s/m* Roedor similar al ratón, usado en experimentación científica.

1 **han·di·cap** [χándikap] *s/m* ANGL Condición que reduce las posibilidades de alguien.

1 **han·gar** [angár] *s/m* Nave de gran capacidad para guardar los aviones u otros vehículos grandes.

1 **ha·ra·gán, -ga·na** [araɣán] *adj* Perezoso.

1 **ha·ra·ga·ne·ar** [araɣaneár] *intr* Holgazanear.

1 **ha·ra·pien·to, -ta** [arapjénto] *adj* Vestido con harapos.

1 **ha·ra·po** [arápo] *s/m* (*gen* en *pl*) Cada trozo de un vestido roto.

1 **ha·ra·ki·ri** [(χ)arakíri] *s/m* Suicidio ritual japonés.

1 **ha·ras** [áras] *s/m* AMER Cuadra donde se crían caballos.

1 **ha·rén; ha·rem** [arén; arém] *s/m* 1. En las viviendas musulmanas, parte reservada a las mujeres. 2. Grupo de mujeres que viven en esta parte de la casa.

4 **ha·ri·na** [arína] *s/f* Polvo muy fino que resulta de moler las semillas de los cereales.

1 **ha·ri·no·so, -sa** [arinóso] *adj* Que tiene mucha harina o es similar a ella.

1 **har·mo·nía** [armonía] *s/f* Armonía.

har·mó·ni- [armóni-] *s/m* Armóni-.

3 **har·tar** [artár] *tr* 1. (Con *de*) Saciar el apetito de comer y beber. 2. Satisfacer totalmente un deseo. 3. Molestar, fastidiar. RPr **Hartar(se) de**.

1 **har·taz·go** [artáθɣo] *s/m* Acción o resultado de hartar(se).

3 **har·to, -ta** [árto] I. *adj pp* de 'hartar'. II. *adv* (sólo con *harto*) Bastante, mucho.

5 **has·ta** [ásta] I. *prep* Indica el límite en el espacio, tiempo, cantidad o acción. II. *adv* Incluso.

2 **has·tiar** [astjár] *tr* REFL(*-se*) Aburrir.
ORT PRON El acento recae sobre la *i* en el *sing* y 3ª *pers pl* del *pres* de *indic* y *subj: Hastío*.

1 **has·tío** [astío] *s/m* Aburrimiento, molestia.

ha·ta·jo [atáχo] *s/m* DES Grupo de cosas o personas.

2 **ha·to** [áto] *s/m* 1. Conjunto de muchas cosas juntas o que se toman como un todo. 2. Grupo de ganado.

1 **ha·wa·ia·no, -na** [χawajáno] *adj s/m,f* De Hawai.

5 **ha·ya** [ája] *s/f* Árbol de madera ligera y resistente, o madera de ese árbol.
GRAM En *sing* lleva *art m: Un/El haya*.

4 **haz** [áθ] I. *s/m* 1. Conjunto de cosas largas (hierbas, cañas) atadas por el centro. 2. Conjunto de rayos luminosos que parten de un mismo origen. 3. Lado principal, de los dos que algo tiene. II. *s/f* Parte o lado más importante de algo.

3 **ha·za·ña** [aθáɲa] *s/f* Acción o hecho heroico.

1 **haz·me·rreír** [aθmerreír] *s/m,f* COL Persona que provoca burla y diversión.

5 **he** [é] Expresión usada con *aquí* y *ahí*, o con los pronombres *me, te, la, le, los, las* y que señala algo: *He ahí los resultados*.

1 **he·bi·lla** [eβíʎa] *s/f* Pieza de metal en el extremo de un cinturón, para abrocharlo.

2 **he·bra** [éβra] *s/f* 1. Porción de hilo que se pasa por la aguja. 2. Filamento o fibra de las materias textiles.

3 **he·breo, -ea** [eβréo] *adj s/m,f* Del antiguo pueblo judío o del actual Estado de Israel.

1 **he·ca·tom·be** [ekatómbe] *s/f* Desastre con muchos muertos y heridos.

1 **he·chi·ce·ría** [etʃiθería] *s/f* Práctica de ritos y acciones supersticiosas.

2 **he·chi·ce·ro, -ra** [etʃiθéro] *s/m,f* Persona que practica la hechicería.

2 **he·chi·zar** [etʃiθár] *tr* 1. Ejercer un maleficio sobre alguien mediante prácticas supersticiosas. 2. Cautivar a alguien.
ORT Ante *e* la *z* cambia a *c: Hechicé*.

2 **he·chi·zo, -za** [etʃiθo] *s/m* 1. Acción de hechizar. 2. Atractivo irresistible sobre los demás.

5 **he·cho, -cha** [étʃo] I. *pp* de 'hacer'. II. *s/m* 1. Obra o acción. 2. Suceso o acontecimiento.
LOC **De hecho**, en realidad.

1 **he·chu·ra** [etʃúra] *s/f* 1. Acción o resultado de hacer. 2. Manera como aparece hecha una prenda de vestir.

4 **hec·tá·rea** [ektárea] *s/f* Medida de superficie, que equivale a cien áreas.

1 **hec·to·li·tro** [ektolítro] *s/m* Medida de capacidad equivalente a cien litros.

1 **hec·tó·me·tro** [ektómetro] *s/m* Medida de longitud equivalente a cien metros.

1 **he·der** [eðér] *intr* Despedir un olor desagradable y penetrante.
CONJ *Irreg: Hiede, hedió, hederá, hedido*.

1. **he·dion·do, -da** [eðjóndo] *adj* Que desprende un olor desagradable y repugnante.

1. **he·do·nis·mo** [eðonísmo] *s/m* Doctrina que considera el placer como fin último del hombre.

he·do·nis·ta [eðonísta] *adj s/m,f* Relativo al hedonismo o que lo practica.

1. **he·dor** [eðór] *s/m* Olor muy fuerte y desagradable.

2. **he·ge·mo·nía** [exemonía] *s/f* **1.** Supremacía de un Estado sobre otros. **2.** Superioridad de cualquier tipo.

2. **he·ge·mó·ni·co, -ca** [exemóniko] *adj* Que ejerce hegemonía.

1. **hé·gi·ra; hé·ji·ra** [éxira] *s/f* Era musulmana (desde el año 622 de la era cristiana).

2. **he·la·da** [eláða] *s/f* Congelación de los líquidos debida al frío.

he·la·de·ra [elaðéra] *s/f* AMER Frigorífico.

1. **he·la·de·ría** [elaðería] *s/f* Establecimiento donde se venden helados.

1. **he·la·de·ro, -ra** [elaðéro] *s/m,f* Persona que vende helados.

2. **he·la·do, -da** [eláðo] **I.** *adj* **1.** Congelado, hecho hielo. **2.** FIG Con mucho frío. **3.** Estupefacto, atónito. **II.** *s/m* Alimento o golosina de sabor dulce y cremoso, que se consume muy frío o congelado.

4. **he·lar** [elár] **I.** *tr* Congelar. **II.** *intr impers* (En tercera persona *sing*) Causar la congelación una temperatura por debajo de cero grados. RPr **Helarse de**.
CONJ *Irreg: Hiela, heló, helará, helado.*

2. **he·le·cho** [elétʃo] *s/m* Planta criptógama, que se reproduce por esporas.

1. **he·lé·ni·co, -ca** [eléniko] *adj* Relativo a la antigua Grecia.

1. **he·le·nis·mo** [elenísmo] *s/m* Antigua civilización griega.

2. **he·le·no, -na** [eléno] **I.** *adj* Relativo a Grecia. **II.** *s/m,f* Habitante de la antigua Grecia.

1. **hé·li·ce** [éliθe] *s/f* Instrumento propulsor de barcos y aviones.

1. **he·li·coi·dal** [elikoiðál] *adj* En forma de hélice.

3. **he·li·cóp·te·ro** [elikóptero] *s/m* Vehículo de aviación, con hélice, que asciende y desciende verticalmente.

2. **he·lio** [éljo] *s/m* Gas muy ligero.

he·lio·cén·tri·co, -ca [eljoθéntriko] *adj* Que tiene el Sol como centro.

he·lio·gra·ba·do [eljoɣraβáðo] *s/m* **1.** Técnica de grabado en relieve. **2.** Reproducción así obtenida.

1. **he·li·puer·to** [elipwérto] *s/m* Pista para el despegue y aterrizaje de helicópteros.

1. **hel·vé·ti·co, -ca** [elβétiko] *adj s/m,f* De Suiza.

1. **he·ma·tíe** [ematíe] *s/f* Glóbulo rojo de la sangre.

1. **he·ma·to·lo·gía** [ematoloxía] *s/f* Rama de la medicina que estudia la sangre.

1. **he·ma·tó·lo·go, -ga** [ematóloɣo] *s/m,f* Especialista en hematología.

1. **he·ma·to·ma** [ematóma] *s/f* Tumor sanguíneo por rotura de vasos o contusiones.

3. **hem·bra** [émbra] *s/f* **1.** Persona o animal del sexo femenino. **2.** Pieza con un agujero o hueco en que encaja otra.

1. **he·me·ro·te·ca** [emerotéka] *s/f* Biblioteca de periódicos y revistas.

1. **he·mi·ci·clo** [emiθíklo] *s/m* Espacio con forma de semicírculo.

1. **he·mi·ple·jia, he·mi·ple·jía** [emipléxia; emipleɣía] *s/f* Parálisis de un lado del cuerpo.

2. **he·mis·fé·ri·co, -ca** [emisfériko] *adj* **1.** Con forma de media esfera. **2.** Relativo a un hemisferio.

3. **he·mis·fe·rio** [emisférjo] *s/m* **1.** Cada mitad de una esfera. **2.** La mitad norte o sur de la Tierra, dividida por el ecuador.

1. **he·mo·fi·lia** [emofílja] *s/f* Enfermedad que impide la coagulación de la sangre.

1. **he·mo·fí·li·co, -ca** [emofíliko] *adj s/m,f* Relativo a la hemofilia o quien la padece.

1. **he·mo·glo·bi·na** [emoɣloβína] *s/f* Sustancia colorante de los glóbulos rojos de la sangre.

2. **he·mo·rra·gia** [emorráxia] *s/f* Derrame de sangre por la rotura de un vaso sanguíneo.

1. **he·mo·rrá·gi·co, -ca** [emorráxiko] *adj* Relativo a la hemorragia.

1. **he·mo·rroi·de** [emorrójðe] *s/f* (usualmente en *pl*) Pequeño tumor sanguíneo por la dilatación de las venas del ano.

2. **hen·chir** [entʃír] *tr* Llenar un espacio vacío, haciendo que aumente su tamaño. RPr **Henchir(se) de**.
CONJ *Irreg,* como *pedir.* Sólo se emplean los tiempos que tienen *i* en la terminación *(henchía, henchido).*

hen·de·du·ra [endeðúra] *s/f* Hendidura.

1. **hen·der** [endér] *tr* Producir una abertura o grieta estrecha y alargada.
CONJ *Irreg: Hiendo, hendí, hendiré, hendido.*

2. **hen·di·du·ra** [endiðúra] *s/f* Grieta o abertura estrecha y larga producida sobre un cuerpo.

1. **hen·dir** [endír] *tr* Hender.
CONJ *Irreg: Hiendo, hendí, hendiré, hendido.*

[1] **he·no** [éno] *s/m* Hierba forrajera de los prados, que se usa para alimentar al ganado.

[2] **he·pá·ti·co, -ca** [epátiko] *adj* Relativo al hígado.

[1] **he·pa·ti·tis** [epatítis] *s/f* Inflamación del hígado

hep·ta·e·dro [eptaéðro] *s/m* Cuerpo geométrico de siete caras.

hep·tá·go·no, -na [eptáɣono] *adj s/m* Polígono de siete lados.

[1] **he·rál·di·ca** [eráldika] *s/f* Disciplina que estudia los escudos de armas.

[1] **he·rál·di·co, -ca** [eráldiko] *adj* Relativo a los escudos de armas.

[1] **he·ral·do** [eráldo] *s/m* Mensajero.

[1] **her·bá·ceo, -ea** [erβáθeo] **I.** *adj* Que tiene la naturaleza o propiedades de la hierba. **II.** *s/f,pl* Esta clase de plantas.

[1] **her·ba·rio, -ia** [erβárjo] **I.** *adj* Relativo a las hierbas. **II.** *s/m* Colección de hierbas y plantas secas y clasificadas.

her·ba·zal [erβaθál] *s/m* Terreno poblado de hierbas.

[1] **her·bi·ci·da** [erβiθíða] *s/m* Producto para eliminar las malas hierbas.

[2] **her·bí·vo·ro, -ra** [erβíβoro] **I.** *adj s/m,f* Se aplica al animal que se alimenta de plantas y, *esp*, de hierbas. **II.** *s/m,pl* Esta clase de animales.

[1] **her·bo·la·rio, -ia** [erβolárjo] **I.** *s/m,f* Persona que recoge o vende plantas medicinales. **II.** *s/m* Tienda de plantas o hierbas medicinales.

her·cio [érθjo] *s/m* Unidad de frecuencia de un movimiento vibratorio, expresada en ciclos por segundo.

[1] **her·cú·leo, -ea** [erkúleo] *adj* Muy fuerte o robusto.

[1] **he·re·dad** [ereðáð] *s/f* Conjunto de posesiones de un mismo dueño.

[3] **he·re·dar** [ereðár] *tr* **1.** Recibir alguien en testamento bienes y derechos de una persona muerta. **2.** Recibir los seres vivos de sus progenitores ciertos rasgos biológicos.

[4] **he·re·de·ro, -ra** [ereðéro] *adj s/m,f* Persona que hereda.

[2] **he·re·di·ta·rio, -ia** [ereðitárjo] *adj* Adquirido por herencia.

[1] **he·re·je** [eréχe] *s/m,f* Persona que mantiene una herejía.

[1] **he·re·jía** [ereχía] *s/f* Doctrina de quien mantiene creencias contrarias a los dogmas de la Iglesia Católica.

[4] **he·ren·cia** [erénθja] *s/f* Conjunto de bienes que alguien hereda.

[1] **he·ré·ti·co, -ca** [erétiko] *adj* Relativo a la herejía.

[3] **he·ri·da** [eríða] *s/f* Lesión o rotura en los tejidos del cuerpo.

[4] **he·ri·do, -da** [eríðo] *s/m,f* **1.** Persona lesionada por un golpe, arma, etc. **2.** Persona ofendida o agraviada.

[4] **he·rir** [erír] *tr* **1.** Causar lesiones o daño en los tejidos del cuerpo. **2.** Provocar ofensa o agravio en alguien. RPr **Herir de/en**. CONJ *Irreg: Hiero, heriré, herí, herido*.

[1] **her·ma·fro·di·ta** [ermafroðíta] *adj s/m,f* Que tiene órganos reproductores de ambos sexos.

[1] **her·ma·na·mien·to** [ermanamjénto] *s/m* Acción de hermanar(se).

[1] **her·ma·nar** [ermanár] *tr* REFL(-se) Unir(se), asociar(se) o relacionar(se) dos o más cosas.

[1] **her·ma·nas·tro, -tra** [ermanástro] *s/m,f* Persona que tiene en común con otra sólo uno de los dos progenitores.

[2] **her·man·dad** [ermandáð] *s/f* **1.** Cofradía. **2.** Agrupación de personas para un fin común. **3.** Relación de afecto y cariño entre personas.

[5] **her·ma·no, -na** [ermáno] *s/m,f* **1.** Persona que con respecto a otra tiene los mismos padres. **2.** Miembro de una orden religiosa.

[1] **her·me·néu·ti·ca** [ermenéutika] *s/f* Disciplina que trata de la interpretación de los textos.

[1] **her·me·néu·ti·co, -ca** [ermenéutiko] *adj* Relativo a la hermenéutica.

[5] **her·mé·ti·co, -ca** [ermétiko] *adj* **1.** Que cierra totalmente. **2.** De carácter reservado. **3.** Muy difícil de entender.

[1] **her·me·tis·mo** [ermetísmo] *s/m* Cualidad de hermético.

[1] **her·mo·se·ar** [ermoseár] *tr* Hacer que algo sea o parezca más hermoso.

[4] **her·mo·so, -sa** [ermóso] *comp* **1.** Dotado de belleza. **2.** Robusto y saludable. **3.** (*tiempo*) Agradable. **4.** (*acciones humanas*) Noble.

[1] **her·mo·su·ra** [ermosúra] *s/f* Cualidad de hermoso, o persona o cosa hermosa.

[1] **her·nia** [érnja] *s/f* Salida total o parcial de una víscera fuera de su cavidad.

her·niar·se [ernjárse] REFL(-se) Sufrir una hernia.

[1] **hé·roe** [éroe] *s/m* **1.** Hombre que lleva a cabo una acción de gran valor. **2.** Protagonista de una historia, película, etc.

HI·DRÁU·LI·CO

[1] **he·roi·ci·dad** [eroiθiðáð] *s/f* 1. Cualidad del héroe. 2. Acción heroica.

[3] **he·roi·co, -ca** [eróiko] *adj* Que implica heroísmo.

[2] **he·ro·í·na** [eroína] *s/f* 1. Sustancia estupefaciente en forma de polvo blanco, derivada de la morfina. 2. Mujer famosa por sus acciones o protagonista de una historia, película, etc.

[1] **he·roi·nó·ma·no, -na** [eroinómano] *s/m,f* Adicto a la heroína.

[2] **he·ro·ís·mo** [eroísmo] *s/m* Cualidad de héroe.

[1] **her·pe(s)** [érpe(s)] *s/m* Erupción de la piel.

[1] **he·rra·du·ra** [erraðúra] *s/f* Pieza de hierro en forma de 'U', para proteger las pezuñas de las caballerías.

[1] **he·rra·je** [erráxe] *s/m* Conjunto de piezas de hierro con que se guarnecen muebles, puertas, etc.

[4] **he·rra·mien·ta** [erramjénta] *s/f* Utensilio para hacer algún trabajo manual.

[4] **he·rrar** [errár] *tr* Poner las herraduras a las caballerías.
CONJ *Irreg: Hierro, herré, herraré, herrado.*

[1] **he·rre·ría** [errería] *s/f* Taller del herrero.

[3] **he·rre·ro** [erréro] *s/m* Persona que trabaja el hierro.

[1] **he·rrum·bre** [errúmbre] *s/f* Óxido de hierro sobre el hierro.

[1] **he·rrum·bro·so, -sa** [errumbróso] *adj* Cubierto de herrumbre.

[1] **her·vi·de·ro** [erβiðéro] *s/m* 1. Gran cantidad de personas o cosas en movimiento constante. 2. Lugar o momento en que surge y se agita algo.

[3] **her·vir** [erβír] I. *tr* 1. Calentar un líquido hasta que alcanza la ebullición. 2. Someter a la acción del agua en ebullición: *Hervir las acelgas en agua.* II. *intr* 1. Moverse agitadamente un líquido cuando se calienta, produciendo burbujas y desprendiendo vapor. 2. (Con *en* y *de*) Tener gran cantidad de lo que se indica: *El pueblo hervía de turistas.*
CONJ *Irreg: Hiervo, herví, herviré, hervido.*

[2] **her·vor** [erβór] *s/m* Acción de hervir un líquido.

[1] **he·te·ro·do·xia** [eteroðóksja] *s/f* Desacuerdo con un dogma o postulado.

[2] **he·te·ro·do·xo, -xa** [eteroðókso] I. *adj* 1. Que no está de acuerdo con los dogmas de fe. 2. En desacuerdo con la doctrina oficial o habitual. II. *s/m,f* Persona heteredoxa.

[1] **he·te·ro·ge·nei·dad** [eteroχeneiðáð] *s/f* Cualidad de heterogéneo.

[2] **he·te·ro·gé·neo, -ea** [eteroχéneo] *adj* Formado por elementos diversos y dispares.

[2] **he·te·ro·se·xu·al** [eterosekswál] I. *adj* Atracción sexual entre personas de distinto sexo. II. *adj s/m,f* Que se relaciona sexualmente con personas del sexo opuesto.

[1] **heu·rís·ti·co, -ca** [eurístiko] *adj* Que se descubre o inventa mediante investigación.

he·xa·e·dro [e(k)saéðro] *s/m* Cuerpo de seis caras.

[1] **he·xa·go·nal** [e(k)saɣonál] *adj* Que tiene seis lados.

[1] **he·xá·go·no** [e(k)sáɣono] *s/m* Polígono de seis lados.

[1] **hez** [éθ] *s/f* 1. *pl* Sedimento de residuos insolubles en un líquido. 2. *pl* Excrementos. 3. Lo más despreciable de algo.

[1] **hia·to** [iáto] *s/m* Encuentro de dos vocales que no forman diptongo.

[1] **hi·ber·na·ción** [iβernaθjón] *s/f* Estado de letargo en invierno.

[1] **hi·ber·nar** [iβernár] I. *intr* Pasar algunos animales el invierno en estado de letargo. II. *tr* Congelar un cadáver artificialmente.

[1] **hi·bri·dar** [iβriðár] *intr tr REFL(-se)* Volverse algo híbrido o producir seres híbridos.

[2] **hí·bri·do, -da** [íbriðo] *adj s/m* Producido por el cruce de dos especies diferentes.

[3] **hi·dal·go, -ga** [iðálɣo] *s/m* Persona de noble linaje.

hi·dal·guía [iðalɣía] *s/f* Cualidad de hidalgo.

[1] **hi·dra** [íðra] *s/f* Monstruo de la mitología griega, con figura de serpiente de siete cabezas.

[1] **hi·dra·ta·ción** [iðrataθjón] *s/f* Acción o resultado de hidratar.

[1] **hi·dra·tan·te** [iðratánte] *adj* Que hidrata.

[1] **hi·dra·tar** [iðratár] *tr* 1. Combinar una sustancia con agua. 2. Aplicar a la piel productos hidratantes.

[2] **hi·dra·to** [iðráto] *s/m* Compuesto de moléculas de agua con otra sustancia.

[1] **hi·dráu·li·ca** [iðráulika] *s/f* Ciencia que estudia el movimiento y equilibrio de los fluidos.

[2] **hi·dráu·li·co, -ca** [iðráuliko] *adj* 1. Relativo a la hidráulica. 2. Que funciona con la energía producida por el agua u otro líquido.

② **hí·dri·co, -ca** [iðriko] *adj* Relativo al agua.

① **hi·dro·a·vión** [iðroaβjón] *s/m* Avión que puede posarse o despegar sobre agua.

② **hi·dro·e·léc·tri·co, -ca** [iðroelektriko] *adj* Que usa el agua para producir electricidad.

hi·dró·fi·lo, -la [iðrófilo] *adj* Que absorbe los líquidos.

hi·dro·fo·bia [iðrofóbja] *s/f* Aversión patológica al agua.

hi·dró·fu·go, -ga [iðrófuɣo] *adj* Que rechaza la humedad y el agua.

③ **hi·dró·ge·no** [iðróxeno] *s/m* Elemento químico gaseoso. Símbolo *H*.

hi·dro·gra·fía [iðroɣrafía] *s/f* Parte de la geografía que estudia las aguas de la Tierra.

① **hi·dro·grá·fi·co, -ca** [iðroɣráfiko] *adj* Relativo a la hidrografía.

① **hi·dro·lo·gía** [iðroloxía] *s/f* Ciencia que estudia las aguas.

② **hi·dro·ló·gi·co, -ca** [iðrolóxiko] *adj* Relativo a la hidrología.

hi·dro·ma·sa·je [iðromasáxe] *s/m* Masaje mediante agua a presión.

hi·dro·miel [iðromjél] *s/m* Bebida de agua y miel.

① **hi·dro·pe·sía** [iðropesía] *s/f* Acumulación anormal de líquido seroso en una cavidad del organismo.

hi·dros·fe·ra [iðrosféra] *s/f* Conjunto de las partes líquidas de la Tierra.

① **hi·dro·so·lu·ble** [iðrosolúβle] *adj* Soluble en agua.

① **hi·dro·te·ra·pia** [iðroterápja] *s/f* Tratamiento de las enfermedades mediante aguas especiales.

hi·dro·vía [iðroβía] *s/f* Vía marítima o fluvial.

① **hie·dra** [jéðra] *s/f* Planta trepadora que se extiende con facilidad.

① **hiel** [jél] *s/f* Líquido amargo, amarillento verdoso, que segrega el hígado.

hie·le·ra [jeléra] *s/f* AMER Frigorífico.

① **hie·lo** [jélo] *s/m* Agua congelada.

① **hie·na** [jéna] *s/f* Mamífero carnicero y carroñero.

① **hie·rá·ti·co, -ca** [jerátiko] *adj* De semblante serio y rígido.

① **hie·ra·tis·mo** [jeratísmo] *s/m* Cualidad de hierático.

③ **hier·ba** [jérβa] *s/f* Planta pequeña, de tallo tierno y hojas blandas.

① **hier·ba·bue·na** [jerβaβwéna] *s/f* Planta herbácea aromática.

④ **hie·rro** [jérro] *s/m* **1.** Metal dúctil, maleable y resistente, de color gris oscuro. Símbolo *Fe*. **2.** Cualquier pieza de este metal. LOC **De hierro,** muy resistente. **Quitar hierro,** quitar importancia (a algo).

hi·fi [ifi] *s/m* ANGL Sistema de audición de alta fidelidad.

hi·ga·di·llo [iɣaðíʎo] *s/m* Hígado de las aves.

③ **hí·ga·do** [íɣaðo] *s/m* **1.** Víscera que segrega la bilis. **2.** *pl* Valor: *No tiene hígados para hacerlo.*

③ **hi·gie·ne** [ixjéne] *s/f* **1.** Conjunto de normas y prácticas para mantener la salud. **2.** Limpieza.

② **hi·gié·ni·co, -ca** [ixjéniko] *adj* Relativo a la higiene.

② **hi·go** [íɣo] *s/m* Fruto de la higuera, blando y dulce.

hi·gro·me·tría [iɣrometría] *s/f* Estudio de la humedad atmosférica.

hi·gró·me·tro [iɣrómetro] *s/m* Aparato para medir la humedad de la atmósfera.

② **hi·gue·ra** [iɣéra] *s/f* Árbol cuyo fruto es el higo y la breva. LOC **Estar en la higuera,** COL estar distraído o ignorar algo.

① **hi·jas·tro, -ra** [ixástro] *s/m,f* Con respecto a uno de los dos cónyuges, hijo de uno solo de ellos.

① **hi·jo, -ja** [íxo] *s/m,f* **1.** Persona o animal respecto a su madre o padre. **2.** Persona con respecto a las circunstancias o entorno del que es natural. **3.** Obra o producto que resulta del ingenio de alguien.
Hijo de perra, TAB hijo de puta.
Hijo de puta, TAB expresión insultante contra alguien.
Hijo natural, hijo nacido fuera del matrimonio.

hi·la·da [iláða] *s/f* Serie de cosas dispuestas en línea.

① **hi·la·do** [iláðo] *s/m* **1.** Acción de hilar. **2.** Fibra textil convertida en hilo.

① **hi·lan·de·ro, -ra** [ilandéro] *s/m,f* Persona cuyo oficio es hilar.

③ **hi·lar** [ilár] *intr tr* **1.** Transformar la fibra textil en hilo. **2.** Deducir, inferir.

① **hi·la·ran·te** [ilaránte] *adj* Que produce risa.

① **hi·la·ri·dad** [ilariðáð] *s/f* Risa.

hi·la·tu·ra [ilatúra] *s/f* Conjunto de operaciones para transformar las fibras textiles en hilo.

HI·PÓ·CRI·TA

[2] **hi·le·ra** [iléra] *s/f* Serie de cosas o personas ordenadas en línea.

[3] **hi·lo** [ilo] *s/m* **1.** Hebra delgada y larga que se extrae de una materia textil. **2.** Chorro fino y continuo de un líquido. **3.** Porción mínima y frágil de algo inmaterial: *Un hilo de luz*. LOC **Al hilo de**, en relación con. **Perder el hilo**, perder el curso de una trama, narración, etc.

hil·ván [ilβán] *s/m* Costura provisional de puntadas largas. LOC **Tener cogido con hilvanes**, no estar seguro.

hil·va·na·do [iβanáðo] **I.** *adj* Cosido con hilvanes. **II.** *s/m* Acción o resultado de hilvanar.

[2] **hil·va·nar** [ilβanár] *tr* **1.** Coser con puntadas largas. **2.** Relacionar una cosa con otra de modo general.

[1] **hi·men** [imen] *s/m* Membrana que recubre el orificio externo de la vagina.

[1] **hi·me·neo** [imenéo] *s/m* Casamiento, boda.

[3] **him·no** [imno] *s/m* **1.** Canto solemne de alabanza. **2.** Composición musical.

[2] **hin·ca·pié** [inkapjé] *s/m* (*hacer*) Énfasis.

[2] **hin·car** [inkár] **I.** *tr* **1.** Introducir en un cuerpo un objeto punzante. **2.** Hacer arrodillar a alguien. **II.** REFL(-*se*) Arrodillarse.
ORT Ante *e* la *c* cambia a *qu*: *Hinque*.

[1] **hin·cha** [intʃa] **I.** *adj s/m,f* COL Persona muy entusiasta de algo, *esp* un deporte. **II.** *s/f* COL Sentimiento de animadversión contra alguien.

[1] **hin·cha·ble** [intʃáβle] *adj* Que se puede hinchar.

hin·cha·da [intʃáða] *s/f* Conjunto de seguidores entusiastas de un equipo deportivo.

[2] **hin·cha·do, -da** [intʃáðo] *adj* **1.** Inflamado o abultado. **2.** (*lenguaje, estilo*) Grandilocuente, afectado.

[2] **hin·char** [intʃár] **I.** *tr* **1.** Llenar un objeto con gas o aire, aumentando su volumen. **2.** Exagerar un hecho, noticia, etc. **3.** Hacer que algo aumente de volumen. **II.** REFL(-*se*) **1.** COL Adoptar alguien una actitud orgullosa o engreída. **2.** Hacer o consumir algo en gran cantidad. RPr **Hincharse a/de**.

[1] **hin·cha·zón** [intʃaθón] *s/f* Efecto de hincharse algo.

[2] **hin·dú** [indú] *adj s/m,f* De la India.

[1] **hin·duis·mo** [induísmo] *s/m* Religión más importante en la India.

[1] **hi·no·jo** [inóxo] *s/m* Planta aromática. LOC **Postrarse de hinojos**, ponerse de rodillas.

[1] **hi·par** [ipár] *intr* Tener hipo.

[1] **hí·per** [iper] *s/m* COL Abreviatura de 'hipermercado'.

[1] **hi·per·ac·ti·vi·dad** [iperaktiβiðáð] *s/f* Agitación o actividad constante.

[1] **hi·pér·bo·le** [ipérβole] *s/f* Figura que consiste en exagerar aquello de que se habla.

[1] **hi·per·mer·ca·do** [ipermerkáðo] *s/m* Establecimiento comercial en régimen de autoservicio y de gran extensión.

[1] **hi·per·sen·si·ble** [ipersensíβle] *adj* Sensible en exceso.

[2] **hi·per·ten·sión** [ipertensjón] *s/f* Tensión arterial superior a la normal.

[1] **hi·per·ten·so, -sa** [iperténso] *adj s/m,f* Que padece de hipertensión.

[1] **hi·per·tro·fia** [ipertrófja] *s/f* **1.** Desarrollo excesivo de un órgano del cuerpo. **2.** Crecimiento exagerado de algo.

[1] **hí·pi·ca** [ipika] *s/f* Deporte en que corren caballos o lugar donde se celebra.

[1] **hí·pi·co, -ca** [ipiko] *adj* Relativo a los caballos o la equitación.

[1] **hi·pi·do** [ipíðo] *s/m* Sonido que produce el hipo.

[2] **hip·no·sis** [ipnósis] *s/f* Estado psíquico próximo al sueño, provocado por sugestión.

[1] **hip·nó·ti·co, -ca** [ipnótiko] *adj* Relacionado con la hipnosis.

[1] **hip·no·tis·mo** [ipnotísmo] *s/m* Conjunto de técnicas para producir la hipnosis.

hip·no·ti·za·ción [ipnotiθaθjón] *s/f* Acción de hipnotizar.

[1] **hip·no·ti·za·dor, -ra** [ipnotiθaðór] *s/m,f* Persona que hipnotiza.

[2] **hip·no·ti·zar** [ipnotiθár] *tr* Hacer que alguien entre en estado de hipnosis.
ORT La *z* cambia a *c* ante *e*: *Hipnotice*.

[1] **hi·po** [ipo] *s/m* Contracciones del diafragma que producen un ruido característico en la garganta.

[1] **hi·po·con·dría; hi·po·con·dria** [ipokondría; -kóndria] *s/f* Depresión del ánimo, que consiste en la preocupación obsesiva y angustiosa por la salud.

[1] **hi·po·con·dría·co, -ca** [ipokondríako] *adj s/m,f* Quien padece de hipocondría.

hi·po·co·rís·ti·co [ipokorístiko] *adj, s/m* Nombre abreviado, cariñoso o familiar: *'Asun'* (por *Asunción*).

[2] **hi·po·cre·sía** [ipokresía] *s/f* Cualidad o acción del hipócrita.

[2] **hi·pó·cri·ta** [ipókrita] *adj s/m,f* Que finge o aparenta lo que no es.

1 **hi·pó·dro·mo** [ipóðromo] *s/m* Lugar para las carreras de caballos.

1 **hi·pó·fi·sis** [ipófisis] *s/f* Glándula que regula las secreciones hormonales.

1 **hi·po·pó·ta·mo** [ipopótamo] *s/m,f* Mamífero paquidermo de gran tamaño, que vive en el agua.

1 **hi·po·tá·la·mo** [ipotálamo] *s/m* Región en la base del cerebro, unida a la hipófisis.

2 **hi·po·te·ca** [ipotéka] *s/f* Crédito hipotecario para la compra de un inmueble.

2 **hi·po·te·car** [ipotekár] *tr* 1. Poner bajo hipoteca un bien inmueble. 2. Comprometer.
ORT Ante *e* la *c* cambia a *qu*: *Hipotequé*.

2 **hi·po·te·ca·rio, -ia** [ipotekárjo] *adj* Relativo a la hipoteca.

hi·po·ten·sión [ipotensjón] *s/f* Tensión de la sangre inferior a la normal.

1 **hi·po·te·nu·sa** [ipotenúsa] *s/f* Lado opuesto al ángulo recto en un triángulo rectángulo.

4 **hi·pó·te·sis** [ipótesis] *s/f* Proposición que se toma como punto de partida en un razonamiento.

2 **hi·po·té·ti·co, -ca** [ipotétiko] *adj* Relativo a la hipótesis.

1 **hip·py** [χípi] *adj s/m,f* 1. ANGL Movimiento juvenil que rechazaba el sistema social establecido. 2. Persona afín a este movimiento o de vida bohemia.
PRON La 'h' inicial suele aspirarse.

1 **hi·rien·te** [irjénte] *adj* Que hiere.

1 **hir·su·to, -ta** [irsúto] *adj* Rígido, áspero.

1 **his·pa·len·se** [ispalénse] *adj* De Sevilla.

2 **his·pá·ni·co, -ca** [ispániko] *adj* 1. Español. 2. De origen hispanoamericano.

1 **his·pa·ni·dad** [ispaniðáð] *s/f* Comunidad de pueblos que hablan español.

1 **his·pa·nis·mo** [ispanísmo] *s/m* Giro propio del español.

1 **his·pa·nis·ta** [ispanísta] *s/m,f* Estudioso de la cultura hispana.

his·pa·ni·zar [ispaniθár] *tr* Dar carácter hispano a algo.
ORT Ante *e* la *z* cambia a *c*: *Hispanice*.

4 **his·pa·no, -na** [ispáno] *adj s/m,f* Relativo a los países de habla española.

3 **his·pa·no·a·me·ri·ca·no,   -na** [ispanoamerikáno] *adj s/m,f* De Hispanoamérica.

1 **his·pa·no·ha·blan·te** [ispanoaβlánte] *adj s/m,f* Que tiene el español como lengua materna.

2 **his·te·ria** [istérja] *s/f* Estado patológico que conlleva excitación nerviosa.

2 **his·té·ri·co, -ca** [istériko] *adj* Relativo a la histeria o que la padece.

1 **his·te·ris·mo** [isterísmo] *s/m* Histeria.

1 **his·to·gra·ma** [istoɣráma] *s/m* Representación gráfica de una tabla de frecuencias.

1 **his·to·lo·gía** [istoloχía] *s/f* Disciplina que estudia los tejidos.

5 **his·to·ria** [istórja] *s/f* 1. Conjunto de hechos de la humanidad en tiempos pasados. 2. Exposición sistemática de tales hechos o disciplina que los estudia. 3. Narración de un suceso. 4. COL Asunto, cuestión. LOC **Dejarse alguien de historias,** ir a lo fundamental y básico.

4 **his·to·ria·dor, -ra** [istorjaðór] *s/m,f* Especialista en historia.

2 **his·to·rial** [istorjál] *s/m* Conjunto de datos y antecedentes de algo o alguien.

1 **his·to·riar** [istorjár] *tr* Exponer un suceso por escrito.

5 **his·tó·ri·co, -ca** [istóriko] *adj* 1. Relativo a la historia. 2. De gran importancia.

2 **his·to·rie·ta** [istorjéta] *s/f* Relato corto y *gen* divertido.

2 **his·to·rio·gra·fía** [istorjoɣrafía] *s/f* Estudio de los principios y fuentes de la investigación histórica.

1 **his·to·rio·grá·fi·co, -ca** [istorjoɣráfiko] *adj* Relativo a la historiografía.

1 **his·trión** [istrjón] *s/m* Actor teatral.

2 **his·trió·ni·co, -ca** [istrjóniko] *adj* De gestos o ademanes exagerados y afectados.

1 **hit·le·ria·no, -na** [χitlerjáno] *adj s/m,f* Relativo a Hitler o a su sistema sociopolítico.

1 **hi·to** [íto] *s/m* Hecho de gran importancia.

1 **ho·bby** [χóβi] *s/m* ANGL Ocupación que alguien realiza por afición o como entretenimiento.

1 **ho·ci·car** [oθikár] *intr* Mover y levantar la tierra con el hocico algunos animales.
ORT Ante *e* la *c* cambia a *qu*: *Hocique*.

1 **ho·ci·co** [oθíko] *s/m* 1. Parte prolongada hacia adelante de la cara de algunos mamíferos, con la boca y la nariz. 2. COL DES Boca de una persona.

1 **ho·ckey** [χókei] *s/m* ANGL Deporte en que la pelota se impulsa con bastones curvados.

ho·dier·no, -na [oðjérno] *adj* De hoy, del presente.

1 **ho·ga·ño** [oɣáɲo] *adv* En el año presente.

4 **ho·gar** [oɣár] *s/m* 1. Casa donde reside alguien, *gen* con la familia. 2. Sitio donde

se enciende la lumbre en las chimeneas, cocinas, etc.

1 **ho·ga·re·ño, -ña** [oɣaréɲo] *adj* Relativo al hogar.

1 **ho·ga·za** [oɣáθa] *s/f* Pan grande y redondo.

2 **ho·gue·ra** [oɣéra] *s/f* Fuego en el suelo y con mucha llama.

5 **ho·ja** [óχa] *s/f* 1. Lámina, gen de color verde, plana y delgada, que nace del tallo y de las ramas de los vegetales. 2. Porción rectangular de papel para escribir. 3. Parte afilada y cortante de ciertas armas o utensilios. 4. Cada sección móvil en una puerta o ventana.

1 **ho·ja·la·ta** [oχaláta] *s/f* Lámina de hierro o acero cubierta de estaño.

1 **ho·jal·dre** [oχáldre] *s/m* Masa de pastelería, de harina y manteca y en capas superpuestas.

1 **ho·ja·ras·ca** [oχaráska] *s/f* 1. Conjunto de hojas caídas y secas. 2. Cosa inútil o superflua.

2 **ho·je·ar** [oχeár] *tr* Pasar hojas leyendo rápidamente.

5 **¡ho·la!** [óla] *interj* Expresión de saludo coloquial.

3 **ho·lan·dés, -de·sa** [olandés] *adj s/m,f* De Holanda.

1 **ho·lan·de·sa** [olandésa] *s/f* Hoja de papel, de tamaño menor que el folio (28 x 22 cm).

2 **hol·ding** [χóldin] *s/m* ANGL Sociedad financiera de un conjunto de empresas.

1 **hol·ga·do, -da** [olɣáðo] *adj* 1. Ancho, espacioso. 2. Que vive con comodidad.

1 **hol·gan·za** [olɣánθa] *s/f* Estado de reposo o descanso.

4 **hol·gar** [olɣár] *intr* 1. Sobrar o estar algo de más. 2. Descansar. 3. Alegrarse.
CONJ *Irreg: Huelgo, holgué, holgaré, holgado.*

1 **hol·ga·zán, -za·na** [olɣaθán] *adj s/m,f* Persona poco dada a trabajar.

hol·ga·za·ne·ar [olɣaθaneár] *intr* Hacer el vago, no querer trabajar.

hol·ga·za·ne·ría [olɣaθanería] *s/f* Cualidad del holgazán.

1 **hol·gu·ra** [olɣúra] *s/f* 1. Espacio vacío entre dos piezas que encajan. 2. Cualidad de holgado.

3 **ho·llar** [oʎár] *tr* Pisar dejando huella.
CONJ *Irreg: Huello, hollé, hollaré, hollado.*

ho·lle·jo [oʎéχo] *s/m* Piel fina de algunos frutos.

1 **ho·llín** [oʎín] *s/m* Sustancia negra y espesa que resulta del humo.

2 **ho·lo·caus·to** [olokáusto] *s/m* Exterminio sistemático de un grupo social.

1 **ho·lo·gra·fía** [oloɣrafía] *s/f* Superposición de haces de rayos láser para conseguir la reproducción tridimensional de los objetos.

1 **ho·lo·grá·fi·co, -ca** [oloɣráfiko] *adj* Relativo a la holografía.

1 **ho·lo·gra·ma** [oloɣráma] *s/m* Cliché fotográfico que da la ilusión de relieve al ser iluminado por un rayo láser.

5 **hom·bre** [ómbre] *s/m* 1. Especie humana en su conjunto. 2. Individuo del sexo masculino. 3. Individuo adulto de sexo masculino. LOC **¡Hombre!,** muletilla frecuente del lenguaje para expresar sorpresa, alegría, etc.

1 **hom·bre·ra** [ombréra] *s/f* Almohadilla pequeña en la parte interior de algunas prendas para realzar los hombros de quien las lleva.

1 **hom·bría** [ombría] *s/f* Conjunto de cualidades asociadas al hombre.

4 **hom·bro** [ómbro] *s/m* 1. Cada una de las partes superiores laterales del tronco, de donde nacen los brazos. 2. Parte de una prenda de vestir que cubre esa zona del cuerpo. LOC **Arrimar el hombro,** ayudar.

4 **ho·me·na·je** [omenáχe] *s/m* Demostración de admiración o respeto en reconocimiento de los méritos o valía de alguien.

1 **ho·me·na·je·ar** [omenaχeár] *tr* Rendir un homenaje a alguien.

1 **ho·me·ó·pa·ta** [omeópata] *s/m,f* Persona que practica la homeopatía.

1 **ho·meo·pa·tía** [omeopatía] *s/f* Método terapéutico a base de dosis pequeñas de ciertas sustancias.

1 **ho·meo·pá·ti·co, -ca** [omeopátiko] *adj* Relativo a la homeopatía.

2 **ho·mi·ci·da** [omiθíða] *adj s/m,f* Persona que mata a otra.

3 **ho·mi·ci·dio** [omiθíðjo] *s/m* Acción o resultado de causar la muerte a alguien.

1 **ho·mi·lía** [omilía] *s/f* Plática de un sacerdote sobre temas religiosos.

1 **ho·mí·ni·do** [omíniðo] *adj s/m,pl* Relativo a los primates que nos recuerdan al hombre, o que son similares a él.

1 **ho·mo·ge·nei·dad** [omoχeneiðáð] *s/f* Cualidad de homogéneo.

1 **ho·mo·ge·nei·za·ción** [omoχeneiθaθjón] *s/f* Acción de homogeneizar.

① **ho·mo·ge·nei·za·dor, -ra** [omoχeneiθaðór] *adj* Que homogeneiza.

① **ho·mo·ge·nei·zar** [omoχeneiθár] *tr* Hacer algo homogéneo.
ORT Ante *e* la *z* cambia a *c*: *Homogeneicé*.

② **ho·mo·gé·neo, -ea** [omoχéneo] *adj* Formado por componentes del mismo género o muy semejantes.

① **ho·mo·lo·ga·ble** [omoloɣáβle] *adj* Que puede ser homologado.

② **ho·mo·lo·ga·ción** [omoloɣaθjón] *s/f* Acción o resultado de homologar algo.

② **ho·mo·lo·gar** [omoloɣár] *tr* **1.** Equiparar, poner en relación de igualdad. **2.** Comprobar que algo se ajusta a lo oficialmente establecido.
ORT Ante *e* la *g* cambia a *gu*: *Homologue*.

② **ho·mó·lo·go, -ga** [omóloɣo] *adj* Que se corresponde o equipara con otra(s) cosa(s).

ho·mo·ni·mia [omonímja] *s/f* LIN Relación entre palabras que se pronuncian o se escriben igual, aunque tienen significados distintos.

① **ho·mó·ni·mo, -ma** [omónimo] *adj* **1.** Con el mismo nombre. **2.** LIN Se dice de las palabras que tienen homonimia.

③ **ho·mo·se·xual** [omoseksuál] *adj s/m,f* Que siente atracción sexual hacia personas del mismo sexo.

② **ho·mo·se·xua·li·dad** [omosekswaliðáð] *s/f* Cualidad de homosexual.

hon·da [ónda] *s/f* Tira de cuero u otro material para lanzar piedras.

④ **hon·do, -da** [óndo] **I.** *adj* **1.** Que tiene cierta profundidad. **2.** Situado muy por debajo de la superficie. **3.** (*sentimiento*) Muy intenso. **II.** *s/m* Profundidad de una cosa hueca o cóncava.

① **hon·dón** [ondón] *s/m* **1.** Hondonada. **2.** Fondo de algo cóncavo o hueco.

① **hon·do·na·da** [ondonáða] *s/f* Lugar más profundo respecto a lo que le rodea.

③ **hon·du·ra** [ondúra] *s/f* Profundidad de algo.

② **hon·du·re·ño, -ña** [onduréɲo] *adj s/m,f* De Honduras.

② **ho·nes·ti·dad** [onestiðáð] *s/f* **1.** Cualidad de honesto. **2.** Castidad.

② **ho·nes·to, -ta** [onésto] *adj* **1.** Que obra con honradez y verdad. **2.** De costumbres castas.

③ **hon·go** [óngo] *s/m* **1.** Nombre de las plantas sin clorofila, con reproducción preferentemente asexual. **2.** Parte superior de estas plantas, que sobresale del suelo y que es comestible en algunas especies y venenosa en otras.

④ **ho·nor** [onór] *s/m* **1.** Buen nombre, reputación. **2.** *gen pl* Tratamiento especial que se da a alguien en razón de sus méritos o cargo. **3.** Honestidad de la mujer. LOC **En honor a/de**, como homenaje a (alguien).

① **ho·no·ra·bi·li·dad** [onoraβiliðáð] *s/f* Cualidad de honorable.

② **ho·no·ra·ble** [onoráβle] *adj* Que merece ser respetado y honrado.

② **ho·no·ra·rio, -ia** [onorárjo] **I.** *adj* Que se concede sólo nominalmente, honorífico. **II.** *s/m,pl* Retribución por los servicios de un profesional.

① **ho·no·rí·fi·co, -ca** [onorífiko] *adj* Que conlleva honor, pero no es retribuido.

② **hon·ra** [ónrra] *s/f* **1.** Cualidad de quien actúa según la ley y es intachable en su conducta. **2.** Lo que es motivo de orgullo y satisfacción.

② **hon·ra·dez** [onrraðéθ] *s/f* Cualidad de honrado.

③ **hon·rar** [onrrár] **I.** *tr* **1.** Ensalzar o premiar a una persona por sus méritos o virtudes. **2.** Ser algo digno de estima o aprecio. **3.** Venerar a Dios o a sus santos. **II.** REFL(*-se*) Enorgullecerse de algo. RPr **Honrarse en/con/de**.

hon·ri·lla [onrríʎa] *s/f* Amor propio.

① **hon·ro·so, -sa** [onrróso] *adj* Que implica honra.

⑤ **ho·ra** [óra] *s/f* **1.** Cada una de las veinticuatro partes iguales del día solar, que consta de sesenta minutos. **2.** Tiempo oportuno para algo. LOC **Dar la hora**, sonar la hora en un reloj. **Llegarle a alguien su hora**, llegar el momento de la muerte a alguien. **Pedir alguien hora**, solicitar una cita.
Hora punta, la máxima aglomeración de gente.

① **ho·ra·dar** [oraðár] *tr* Hacer un agujero en algo de parte a parte.

④ **ho·ra·rio, -ia** [orárjo] **I.** *adj* Relativo a la hora u horas. **II.** *s/m* Cuadro que indica las horas en que está previsto hacer algo.

① **hor·ca** [órka] *s/f* **1.** Instrumento para ahorcar a alguien. **2.** Instrumento para las faenas agrícolas con las mieses.

① **hor·ca·ja·das** [orkaxáðas] LOC **A horcajadas**, manera de montar a caballo, con una pierna a cada lado.

① **hor·cha·ta** [ortʃáta] *s/f* Bebida refrescante hecha con chufas o almendras.

hor·cha·te·ría [ortʃatería] *s/f* Establecimiento donde se hace y sirve horchata.

HOS·PI·TA·LI·DAD

[1] **hor·da** [órða] *s/f frec pl* Grupo de gente violenta e incontrolada.

[3] **ho·ri·zon·tal** [oriθontál] *adj* Que forma línea paralela con el horizonte.

[1] **ho·ri·zon·ta·li·dad** [oriθontaliðáð] *s/f* Cualidad de horizontal.

[4] **ho·ri·zon·te** [oriθónte] *s/m* Línea en la lejanía, en la que parecen unirse la tierra y el cielo.

[1] **hor·ma** [órma] *s/f* Molde que da forma a algo, *esp* al calzado.

[2] **hor·mi·ga** [ormíɣa] *s/f* Insecto de pequeño tamaño, que construye y vive en galerías subterráneas y en comunidad.

[3] **hor·mi·gón** [ormiɣón] *s/m* Mezcla de piedra menuda y mortero de cemento y arena.

[1] **hor·mi·go·ne·ra** [ormiɣonéra] *s/f* **1.** Máquina con la que se hace el hormigón. **2.** Fábrica de hormigón.

[1] **hor·mi·gueo** [ormiɣéo] *s/m* Sensación en el cuerpo, similar a un cosquilleo.

[1] **hor·mi·gue·ro, -ra** [ormiɣéro] **I.** *adj* Relativo a las hormigas. **II.** *s/m* **1.** Lugar donde viven las hormigas. **2.** Aglomeración de gente en movimiento.

[1] **hor·mi·gui·ta** [ormiɣíta] *s/f* Persona muy laboriosa.

[3] **hor·mo·na** [ormóna] *s/f* Sustancia segregada por ciertos órganos de animales y plantas.

[2] **hor·mo·nal** [ormonál] *adj* Relativo a las hormonas.

[1] **hor·na·ci·na** [ornaθína] *s/f* Hueco o nicho en un muro, en el que suele colocarse una imagen de adorno.

[1] **hor·na·da** [ornáða] *s/f* **1.** Cantidad de pan que se cuece en el horno de una sola vez. **2.** Conjunto de individuos de una misma promoción.

[2] **hor·ne·ar** [orneár] *tr* Cocer un alimento en el horno.

[1] **hor·ni·llo** [orníʎo] *s/m* Utensilio para cocinar o calentar líquidos.

[4] **hor·no** [órno] *s/m* **1.** Electrodoméstico para asar o cocinar alimentos. **2.** Estructura abovedada para cocer cosas diversas (pan, arcilla, etc.). LOC **No estar el horno para bollos,** no ser el momento apropiado para algo.

[2] **ho·rós·co·po** [oróskopo] *s/m* Predicción del futuro de alguien a partir de la posición de los astros.

[1] **hor·qui·lla** [orkíʎa] *s/f* **1.** Pieza de alambre doblada por la mitad, para sujetar el pelo. **2.** Rama bifurcada. **3.** Distancia entre dos cantidades o magnitudes.

[2] **ho·rren·do, -da** [orréndo] *adj* Horrible, cruel.

[1] **hó·rreo** [órreo] *s/m* Granero sobre cuatro pilares, típico de Asturias.

[3] **ho·rri·ble** [orríβle] *adj* Que produce horror.

[1] **ho·rri·pi·lan·te** [orripilánte] *adj* Que produce terror.

[3] **ho·rror** [orrór] *s/m* **1.** Sentimiento intenso de miedo y repulsa. **2.** Atrocidad o monstruosidad. **3.** *pl* Cosas o hechos crueles que causan terror.

[2] **ho·rro·ri·zar** [orroriθár] *tr* Causar terror o pavor.
ORT Ante *e* la *z* cambia a *c: Horrorice.*

[2] **ho·rro·ro·so, -sa** [orroróso] *adj* **1.** Que causa horror. **2.** Feo.

[2] **hor·ta·li·za** [ortalíθa] *s/f* Planta comestible que se cultiva en la huerta.

[1] **hor·te·la·no, -na** [orteláno] *s/m,f* Persona que cultiva una huerta.

[2] **hor·ten·sia** [orténsja] *s/f* Planta de jardín, de flores grandes.

hor·te·ra [ortéra] *adj s/m,f* COL De mal gusto.

[1] **hor·te·ra·da** [orteráða] *s/f* Cosa o acción de mal gusto.

[1] **hor·tí·co·la** [ortíkola] *adj* Relativo a las huertas y sus productos.

hor·ti·cul·tor, -ra [ortikultór] *s/m,f* Persona dedicada a la horticultura.

[1] **hor·ti·cul·tu·ra** [ortikultúra] *s/f* Cultivo de los productos de huerta.

[2] **hos·co, -ca** [ósko] *adj* Poco sociable o amistoso.

[1] **hos·pe·da·je** [ospeðáxe] *s/m* Alojamiento, o cantidad que se paga por él.

[2] **hos·pe·dar** [ospeðár] *tr* Alojar a alguien en una casa particular o en un establecimiento hostelero.

[1] **hos·pe·de·ría** [ospeðería] *s/f* Establecimiento hotelero.

hos·pi·cia·no, -na [ospiθjáno] *adj s/m,f* Se aplica al niño que vive en un hospicio.

[1] **hos·pi·cio** [ospíθjo] *s/m* Casa de acogida para niños pobres, huérfanos o abandonados.

[5] **hos·pi·tal** [ospitál] *s/m* Centro donde se presta tratamiento médico.

[2] **hos·pi·ta·la·rio, -ia** [ospitalárjo] *adj* **1.** Relacionado con los hospitales. **2.** Que acoge a otros con amabilidad.

[2] **hos·pi·ta·li·dad** [ospitaliðáð] *s/f* Buena acogida y recibimiento para con los huéspedes o visitantes.

HOS·PI·TA·LI·ZA·CIÓN

1 **hos·pi·ta·li·za·ción** [ospitaliθaθjón] *s/f* Acción o resultado de hospitalizar.

2 **hos·pi·ta·li·zar** [ospitaliθár] *tr* Ingresar a alguien en un hospital.
ORT Ante *e* la *z* cambia a *c*: *Hospitalicé*.

2 **hos·tal** [ostál] *s/m* Establecimiento hotelero de mediana categoría, inferior a la de un hotel.

1 **hos·te·le·ría** [ostelería] *s/f* Sector de la industria que se ocupa de las instalaciones, empresas y establecimientos que proporcionan alojamiento y alimentación a sus clientes.

1 **hos·te·le·ro, -ra** [osteléro] I. *adj* Relativo a la hostelería. II. *s/m,f* Empresario de hostelería.

1 **hos·te·ría** [ostería] *s/f* Establecimiento hostelero que ofrece alojamiento y manutención, *gen* a precios módicos.

2 **hos·tia** [óstja] I. *s/f* 1. Oblea blanca, redonda y de pan ácimo. 2. VULG Bofetada o golpe violento. II. *interj* VULG Exclamación vulgar de sorpresa, asombro, etc. LOC **A hostias**, a golpes o bofetadas. **A toda hostia**, a gran velocidad. **Estar alguien de mala hostia**, estar de mal humor. **Tener mala hostia**, tener mal genio.

hos·tiar [ostjár] *tr* VULG Pegar.

hos·tia·zo [ostjáθo] *s/m* VULG Bofetada, golpe o impacto fuerte.

1 **hos·ti·ga·mien·to** [ostiɣamjénto] *s/m* Acción de hostigar.

2 **hos·ti·gar** [ostiɣár] *tr* Acosar leve, pero persistentemente.
ORT Ante *e* la *g* cambia a *gu*: *Hostigue*.

3 **hos·til** [ostíl] *adj* Contrario, enemigo.

2 **hos·ti·li·dad** [ostiliðáð] *s/f* 1. Cualidad de hostil. 2. *pl* Acciones o ataques militares.

5 **ho·tel** [otél] *s/m* Establecimiento de hostelería para el alojamiento de gente.

1 **ho·te·le·ría** [otelería] *s/f* Hostelería.

2 **ho·te·le·ro, -ra** [oteléro] I. *adj* Relativo al hotel u hoteles. II. *s/m,f* Propietario de un hotel.

5 **hoy** [ói] *adv* Día o tiempo presente. LOC. **Hoy día**, en el tiempo presente. **Hoy por hoy**, en lo referido al presente.

1 **ho·ya** [ója] *s/f* Concavidad grande en la tierra.

2 **ho·yo** [ójo] *s/m* 1. Agujero en la tierra. 2. Concavidad en una superficie. 3. Sepultura.

2 **hoz** [óθ] *s/f* 1. Instrumento de corte curvo, para segar y cortar hierbas. 2. Paso estrecho entre montañas.

1 **ho·zar** [oθár] *intr* Remover algunos animales la tierra con su hocico.
ORT Ante *e* la *z* cambia a *c*: *Hocen*.

1 **hu·cha** [útʃa] *s/f* Recipiente para guardar el dinero ahorrado.

4 **hue·co, -ca** [wéko] I. *adj* 1. Vacío o cóncavo. 2. (*lenguaje*) Sobrecargado, pomposo. II. *s/m* 1. Espacio vacío en una superficie o en un cuerpo. 2. Carencia o falta de algo o de alguien que se echa de menos. 3. Espacio de tiempo libre entre las ocupaciones o actividades de alguien.

hue·co·gra·ba·do [wekoɣraβáðo] *s/m* Procedimiento de fotograbado en máquinas rotativas.

3 **huel·ga** [wélɣa] *s/f* Suspensión temporal, colectiva y concertada del trabajo por razones laborales o políticas.

1 **huel·guis·ta** [welɣísta] *adj s/m,f* Que participa en una huelga.

3 **hue·lla** [wéʎa] *s/f* 1. Señal que deja a su paso una persona o animal. 2. Marca que queda al tocar algo. 3. Impresión profunda y duradera que queda en la memoria.

2 **huér·fa·no, -na** [wérfano] *adj, s/m,f* 1. Menor de edad que pierde a su padre, madre o a ambos. 2. Carente de algo. RPr **Huérfano de**.

1 **hue·ro, -ra** [wéro] *adj* Vacío, sin contenido.

3 **huer·ta** [wérta] *s/f* Terreno destinado al cultivo de hortalizas.

1 **huer·ta·no, -na** [wertáno] I. *adj* Relativo a la huerta. II. *s/m,f* Quien vive en la huerta.

3 **huer·to** [wérto] *s/m* Terreno en el que se cultivan hortalizas, legumbres y árboles frutales.

4 **hue·so** [wéso] *s/m* 1. Parte sólida y dura del esqueleto de los vertebrados. 2. Parte dura y leñosa de algunos frutos, como el melocotón. 3. *pl* Restos mortales de una persona. 4. COL Persona severa y exigente. LOC **Hasta los huesos**, profunda o intensamente.

3 **hués·ped** [wéspeð] *s/m* 1. Persona que se aloja en una casa ajena. 2. Persona que pernocta en un establecimiento hostelero.

2 **hues·te** [wéste] *s/f,pl* 1. Tropa. 2. *p[l]* Partidarios de una persona o causa.

1 **hue·su·do, -da** [wesúðo] *adj* De huesos grandes y pronunciados.

1 **hue·va** [wéβa] *s/f* 1. Masa formada por los huevecillos de ciertos peces. 2. Esa misma masa, curada, que se consume como aperitivo.

4 **hue·vo** [wéβo] *s/m* 1. Cuerpo orgánico

de forma redondeada, producido por las hembras de las aves u otras especies animales, como los peces, insectos, etc. Contiene el germen del embrión. **2.** Huevo de gallina, para la alimentación humana. **3.** BIOL Célula germinal que, una vez fecundada, da origen a un ser vivo de la misma especie. **4.** VULG Testículos. LOC **Costar algo un huevo,** VULG ser algo muy caro. **Estar alguien hasta los huevos de algo,** VULG estar alguien harto de algo. **Por huevos,** VULG a la fuerza. **Tener alguien huevos,** VULG ser alguien valiente.

[1] **hue·vón, ·vo·na** [weβón] *adj s/m,f* **1.** COL AMER Poco espabilado, torpe. **2.** AMER Cobarde.

[2] **hui·da** [uíða] *s/f* Acción o resultado de huir.

[1] **hui·di·zo, ·za** [uiðíθo] *adj* Que se espanta con facilidad y tiende a huir.

[4] **huir** [uír] **I.** *intr* **1.** Abandonar un lugar de forma rápida y precipitada. **2.** (Con *de*) Escaparse de un lugar. **II.** *tr* FIG Evitar una persona a otra. RPr **Huir de/a.**
CONJ *Irreg: Huyo, huí, huiré, huido.*

[1] **hu·le** [úle] *s/m* Tejido de acabado brillante e impermeable.

[1] **hu·lla** [úʎa] *s/f* Carbón fósil.

[4] **hu·ma·ni·dad** [umaniðáð] *s/f* **1.** Género humano. **2.** Cualidad de humano. **3.** Naturaleza humana. **4.** Cualidad de quien es compasivo y benevolente. **5.** *pl* Letras humanas.

[2] **hu·ma·nis·mo** [umanísmo] *s/m* Cultivo de las humanidades.

[2] **hu·ma·nis·ta** [umanísta] *adj s/m,f* Relativo al humanismo renacentista.

[2] **hu·ma·nís·ti·co, ·ca** [umanístiko] *adj* Relacionado con las humanidades.

[3] **hu·ma·ni·ta·rio, ·ia** [umanitárjo] *adj* Dispuesto a la caridad y beneficiencia.

[1] **hu·ma·ni·ta·ris·mo** [umanitarísmo] *s/m* Actitud humanitaria.

[2] **hu·ma·ni·zar** [umaniθár] *tr* **1.** Hacer humano o más humano. **2.** Hacer que algo sea menos duro o cruel
ORT Ante la *e* la *z* cambia a *c*: *Humanice.*

[5] **hu·ma·no, ·na** [umáno] **I.** *adj* **1.** Relativo al hombre. **2.** Comprensivo, compasivo. **II.** *s/m* Ser humano.

hu·ma·noi·de [umanóiðe] *s/m,f* Ser parecido a los humanos.

[1] **hu·ma·re·da; hu·ma·re·da** [umaráða, -éða] *s/f* Masa de humo grande y densa.

HUN·DIR

[2] **hu·me·an·te** [umeánte] *adj* Que humea.

[1] **hu·me·ar** [umeár] *intr* Desprender humo o vaho.

[4] **hu·me·dad** [umeðáð] *s/f* Cualidad de húmedo.

[2] **hu·me·de·cer** [umeðeθér] *tr* Mojar algo ligeramente.
CONJ *Irreg.: Humedezco, humedecí, humedeceré, humedecido.*

[4] **hú·me·do, ·da** [úmeðo] *adj* Ligeramente impregnado de agua u otro líquido.

[1] **hú·me·ro** [úmero] *s/m* Hueso del brazo entre el hombro y el codo.

[2] **hu·mil·dad** [umildáð] *s/f* Cualidad de humilde.

[3] **hu·mil·de** [umílde] *adj* **1.** Que no es ni altanero ni arrogante; modesto. **2.** De condición social baja.

[2] **hu·mi·lla·ción** [umiʎaθjón] *s/m* Acción o resultado de humillar.

[2] **hu·mi·llan·te** [umiʎánte] *adj* Que causa humillación.

[2] **hu·mi·llar** [umiʎár] *tr* Causar sensación de vergüenza o degradación en la dignidad y orgullo de alguien.

[4] **hu·mo** [úmo] *s/m* **1.** Producto gaseoso que se desprende de las materias orgánicas en combustión. **2.** *pl* Actitud de altivez o arrogancia.

[4] **hu·mor** [umór] *s/m* **1.** Disposición o estado de ánimo pasajero. **2.** Genio, temperamento. **3.** Cualidad para divertir o hacer reír a los demás. **4.** MED Líquido en el organismo de los animales.

[1] **hu·mo·ris·mo** [umorísmo] *s/m* Manera de percibir y comentar las situaciones y circunstancias con ingenio y gracia.

[2] **hu·mo·ris·ta** [umorísta] *s/m,f* Persona que se dedica al humorismo.

[2] **hu·mo·rís·ti·co, ·ca** [umorístiko] *adj* Relativo al humorismo.

[1] **hu·mus** [úmus] *s/m* BIOL Capa superior del suelo donde se deposita la materia orgánica resultante de la descomposición de vegetales y otros organismos.

[2] **hun·di·mien·to** [undimjénto] *s/m* **1.** Acción o resultado de hundirse. **2.** Concavidad en una superficie.

[4] **hun·dir** [undír] *tr* **1.** Meter algo en un sitio, masa, líquido, etc. **2.** Clavar un objeto punzante en un cuerpo. **3.** Provocar que un edificio o construcción se derrumbe. **4.** Abatir gravemente el ánimo de alguien, destruirlo o arruinarlo.

② **hún·ga·ro, -ra** [úngaro] *adj s/m,f* De Hungría.

② **hu·ra·cán** [urakán] *s/m* Viento fuerte e impetuoso.

① **hu·ra·ca·na·do, -da** [urakanáðo] *adj* Que tiene la fuerza de un huracán.

① **hu·ra·ño, -ña** [uráɲo] *adj* Que rehuye el trato o la conversación con la gente.

② **hur·gar** [uryár] *tr intr* 1. Remover algo con los dedos o con algún objeto. 2. (Con *en*) Curiosear, fisgar. RPr **Hurgar en**.
ORT La *g* cambia a *gu* ante *e: Hurgue*.

① **hu·rón** [urón] *s/m* Pequeño mamífero carnicero, de cuerpo alargado, que se emplea en la caza de conejos.

① **¡hu·rra!** [úrra] *interj* Expresión de alegría o entusiasmo.

① **hur·ta·di·llas** [urtaðíʎas] LOC **A hurtadillas**, a escondidas, disimuladamente.

② **hur·tar** [urtár] *tr* 1. Robar. 2. Esconder u ocultar algo. RPr **Hurtar(se) a**.

① **hur·to** [úrto] *s/m* Acción de hurtar.

② **hus·me·ar** [usmeár] *tr* 1. Rastrear con el olfato. 2. Intentar alguien enterarse de cosas que no le conciernen.

① **hu·so** [úso] *s/m* 1. Utensilio de madera para hilar la lana a mano. 2. Pieza en ciertas máquinas de hilar, donde se colocan los carretes en que se enrolla el hilo.

Huso horario, cada una de las veinticuatro partes en que se divide la Tierra a efectos horarios.

② **¡huy!** [úi] *interj* Expresión de asombro, sorpresa, alivio, etc.

I i

③ **I; i** [i] *s/f* Novena letra del alfabeto español. GRAM *pl* **Íes**.

③ **i·bé·ri·co, -ca** [iβériko] *adj* Relativo a los antiguos iberos o a la península Ibérica.

① **i·be·ro, -ra** [iβéro] *adj s/m,f* Relativo a los primitivos habitantes de España.

③ **i·be·ro·a·me·ri·ca·no, -na** [iβeroamerikáno] *adj s/m,f* Relativo a los países de América colonizados por España y Portugal.

① **i·bi·cen·co, -ca** [iβiθénko] *adj* De Ibiza.

① **i·ce·berg** [iθeβér] *s/m* Gran masa de hielo que flota en el mar.

② **i·có·ni·co, -ca** [ikóniko] *adj* Relativo al icono.

② **i·co·no** [ikóno] *s/m* **1.** Imagen religiosa propia de la Iglesia Ortodoxa. **2.** Imagen simbólica y representativa de algo.

① **i·co·no·clas·ta** [ikonoklásta] *adj s/m,f* **1.** Que niega el culto a las imágenes sagradas. **2.** Que rechaza o no respeta los valores y símbolos tradicionales.

② **i·co·no·gra·fía** [ikonoɣrafía] *s/f* Arte de la imagen, o estatuas o conjunto de ellas.

① **i·co·no·grá·fi·co, -ca** [ikonoɣráfiko] *adj* Relativo a la iconografía.

① **ic·te·ri·cia** [ikteríθja] *s/f* Enfermedad que provoca la coloración amarillenta de la piel.

ic·tio·lo·gía [iktjoloχía] *s/f* Ciencia de los peces.

② **i·da** [íða] *s/f* Acción de ir de un lugar a otro.

⑤ **i·dea** [iðéa] *s/f* **1.** Representación de algo en la mente. **2.** Intención de hacer algo. **3.** Noción básica o elemental de algo. **4.** *pl* Manera de pensar de una persona. **5.** Descripción simplificada de algo. LOC **Hacerse a la idea de algo,** aceptar o habituarse a algo. **No tener idea de algo,** desconocer algo.

④ **i·de·al** [iðeál] **I.** *adj* **1.** Perfecto en su género. **2.** Que no es real. **II.** *s/m* **1.** Modelo de perfección de algo. **2.** Meta u objetivo al que alguien aspira. **3.** *gen pl* Sistema de creencias y valores.

② **i·dea·lis·mo** [iðealísmo] *s/m* **1.** Doctrina de quien cree que las cosas sólo tienen realidad en la mente que las concibe. **2.** Tendencia a idealizar.

② **i·dea·lis·ta** [iðealísta] *s/m,f* Que tiende al idealismo.

① **i·dea·li·za·ción** [iðealiθaθjón] *s/f* Acción o resultado de idealizar.

① **i·dea·li·zar** [iðealiθár] *tr* Dar carácter ideal o perfecto a algo o a alguien.
ORT La *z* cambia a *c* ante *e/i*: *Idealicé*.

⑤ **i·de·ar** [iðeár] *tr* Formar una idea de algo.

① **i·dea·rio** [iðeárjo] *s/m* Conjunto de ideas de una persona o institución.

① **í·dem** [íðem] *pron* Lo mismo.

③ **i·dén·ti·co, -ca** [iðéntiko] *adj* Igual. RPr **Idéntico a.**

④ **i·den·ti·dad** [iðentiðáð] *s/f* Cualidad de idéntico.
Carnet de identidad, documento oficial identificativo, con los datos y foto de una persona.

① **i·den·ti·fi·ca·ble** [iðentifikáβle] *adj* Que puede ser identificado.

④ **i·den·ti·fi·ca·ción** [iðentifikaθjón] *s/f* Acción de identificar.

② **i·den·ti·fi·ca·dor, -ra** [iðentifikaðór] *adj* Que identifica.

⑤ **i·den·ti·fi·car** [iðentifikár] **I.** *tr* Establecer la identidad de una persona. **II.** REFL(*-se*) **1.** (Con *con*) Coincidir con la opinión o ideas de otro. **2.** Demostrar una persona su identidad mediante prueba o documento. RPr **Identificarse con.**
ORT Ante *e* la *c* cambia a *qu*: *Identifiqué*.

① **i·den·ti·fi·ca·ti·vo, -va** [iðentifikatíβo] *adj* Que sirve para identificar.

④ **i·deo·lo·gía** [iðeoloχía] *s/f* Conjunto de ideas propias de un individuo o colectivo.

④ **i·deo·ló·gi·co, -ca** [iðeolóχiko] *adj* Relativo a la ideología.

② **i·deó·lo·go, -ga** [iðeóloɣo] *s/m,f* Persona que crea o conoce a fondo una ideología.

① **i·dí·li·co, -ca** [iðíliko] *adj* **1.** Utópico, alejado de la realidad.. **2.** Muy agradable y placentero.

I·DI·LIO

[1] **i·di·lio** [iðíljo] *s/m* **1.** Relación amorosa. **2.** FIG Relación muy íntima y agradable.

[4] **i·dio·ma** [iðjóma] *s/f* Sistema de comunicación lingüística de un grupo humano.

[1] **i·dio·má·ti·co, -ca** [iðjomátiko] *adj* Relativo al idioma.

[2] **i·dio·sin·cra·sia** [iðjosinkrásja] *s/f* Modo de ser de una persona o grupo.

[1] **i·dio·ta** [iðjóta] *adj s/m,f* Estúpido, poco inteligente.

[1] **i·dio·tez** [iðjotéθ] *s/f* Imbecilidad, necedad.

[5] **i·do, -da** [íðo] *adj* Muy distraído, con la mente en otra parte.

[1] **i·dó·la·tra** [iðólatra] *adj s/m,f* Que adora ídolos o divinidades paganas.

[1] **i·do·la·trar** [iðolatrár] *tr* **1.** Querer en exceso. **2.** Adorar a divinidades paganas.

[1] **i·do·la·tría** [iðolatría] *s/f* Adoración de ídolos o dioses paganos.

[2] **í·do·lo** [íðolo] *s/m* **1.** Persona muy admirada (actor, cantante, etc.). **2.** Figura de una falsa divinidad.

[1] **i·do·nei·dad** [iðoneiðáð] *s/f* Cualidad de idóneo.

[3] **i·dó·neo, -ea** [iðóneo] *adj* Apto para algo. RPr **Idóneo para**.

[5] **i·gle·sia** [iɣlésja] *s/f* **1.** Templo cristiano. **2.** Conjunto de creencias, fieles y ministros de una religión cristiana.

i·glú [iɣlú] *s/m* Cabaña de hielo de los esquimales.

[1] **íg·neo, -ea** [íɣneo] *adj* Con características del fuego (calor, luz, etc.).

[1] **ig·ni·ción** [iɣniθjón] *s/f* Acción o resultado de iniciarse una combustión.

[1] **ig·no·mi·nia** [iɣnomínja] *s/f* Estado de la persona que ha perdido el respeto y aprecio de los demás.

[1] **ig·no·mi·nio·so, -sa** [iɣnominjóso] *adj* Que causa o conlleva ignominia.

[3] **ig·no·ran·cia** [iɣnoránθja] *s/f* Estado de quien no tiene cultura ni instrucción.

[2] **ig·no·ran·te** [iɣnoránte] *adj* Que carece de educación o de conocimientos sobre algo.

[4] **ig·no·rar** [iɣnorár] *tr* **1.** No saber algo. **2.** No prestar atención a algo.

[1] **ig·no·to, -ta** [iɣnóto] *adj* CULT Desconocido.

[5] **i·gual** [iɣwál] **I.** *adj* **1.** Que no es diferente de otra cosa. **2.** Sin desigualdades ni diferencias en su forma. **II.** *s/m,f gen pl* Persona de la misma clase o categoría que otra. **III.** *adv* **1.** Del mismo modo. **2.** COL Tal vez: *No sé, igual apruebo*. LOC **Sin igual apruebo**. LOC **Sin igual**, sin que pueda ser igualado.

[1] **i·gua·la** [iɣwála] *s/f* **1.** Acuerdo o contrato pactado entre quien presta un servicio y quien lo recibe. **2.** Cuota que se paga por tal servicio.

[4] **i·gua·lar** [iɣwalár] **I.** *tr* Poner al mismo nivel. **II.** REFL(*-se*) Alcanzar la misma posición que otro. RPr **Igualarse a/con/en**.

[4] **i·gual·dad** [iɣwaldáð] *s/f* Cualidad de igual.

[2] **i·gua·li·ta·rio, -ia** [iɣwalitárjo] *adj* Que implica igualdad.

[1] **i·gua·li·ta·ris·mo** [iɣwalitarísmo] *s/m* Tendencia o doctrina que propugna la igualdad de todos.

[4] **i·gual·men·te** [iɣwálmente] *adv* **1.** Del mismo modo. **2.** En la misma medida y proporción. **3.** También, además.

[1] **i·gua·na** [iɣwána] *s/f* Reptil parecido al lagarto, de carne y huevos comestibles.

i·ja·da [ixáða] *s/f* Cavidad lateral entre las costillas falsas y las caderas.

[1] **i·jar** [ixár] *s/m* Ijada.

[1] **i·ku·rri·ña** [ikurríɲa] *s/f* Bandera oficial del País Vasco.

[1] **i·la·ción** [ilaθjón] *s/f* Conexión o coordinación entre partes.

[4] **i·le·gal** [ileɣál] *adj* Contrario a la ley.

[2] **i·le·ga·li·dad** [ileɣaliðáð] *s/f* **1.** Cualidad de ilegal. **2.** Acto ilegal.

[1] **i·le·ga·li·za·ción** [ileɣaliθaθjón] *s/f* Acción o resultado de ilegalizar.

[1] **i·le·ga·li·zar** [ileɣaliθár] *tr* Decretar que algo legal deja de serlo.
ORT Ante *e* la *z* cambia a *c*: *Ilegalice*.

[1] **i·le·gi·ble** [ileχíβle] *adj* Que no se puede leer.

[1] **i·le·gi·ti·mi·dad** [ileχitimiðáð] *s/f* Cualidad de ilegítimo.

[2] **i·le·gí·ti·mo, -ma** [ileχítimo] *adj* **1.** Que no es conforme a las leyes. **2.** (*hijo*) Concebido por personas que no son marido y mujer.

í·leon [íleon] *s/m* Parte final del intestino delgado.

[1] **i·le·so, -sa** [iléso] *adj* Que no ha recibido lesión o daño.

[1] **i·le·tra·do, -da** [iletráðo] *adj* **1.** Que no sabe leer ni escribir. **2.** Con poca cultura.

[3] **i·lí·ci·to, -ta** [ilíθito] *adj* No lícito.

[2] **i·li·mi·ta·do, -da** [ilimitáðo] *adj* Sin límites.

[1] **i·ló·gi·co, -ca** [ilóχiko] *adj* Que carece de lógica.

IM·PA·CIEN·TAR

3 **i·lu·mi·na·ción** [iluminaθjón] *s/f* **1.** Acción o resultado de iluminar(se) algo. **2.** Cantidad de luz en un lugar. **3.** Conjunto de luces para iluminar algo.

4 **i·lu·mi·nar** [iluminár] **I.** *tr* Proporcionar luz a algo. **II.** REFL(*-se*) **1.** Llenarse un lugar de luz. **2.** Tomar la cara, ojos, etc., un aspecto alegre y radiante.

4 **i·lu·sión** [ilusjón] *s/f* **1.** Representación mental que no responde a la realidad. **2.** Esperanza vana o sin fundamento.

3 **i·lu·sio·nar** [ilusjonár] **I.** *tr* Crear ilusiones en alguien. **II.** REFL(*-se*) Concebir ilusiones o entusiasmarse con algo. RPr **Ilusionar(se) con.**

1 **i·lu·sio·nis·mo** [ilusjonísmo] *s/m* Prestidigitación.

1 **i·lu·sio·nis·ta** [ilusjonísta] *s/m,f* Prestidigitador.

1 **i·lu·so, -sa** [ilúso] *adj s/m,f* Ingenuo, incauto.

2 **i·lu·so·rio, -ia** [ilusórjo] *adj* Falso o engañoso.

3 **i·lus·tra·ción** [ilustraθjón] *s/f* **1.** Acción o resultado de ilustrar(se). **2.** Dibujo, fotografía, etc., de un texto impreso. **3.** Cosa con que algo se aclara o ejemplifica. **4.** *may* Movimiento intelectual del siglo XVIII.

2 **i·lus·tra·do, -da** [ilustráðo] *adj* Instruido.

2 **i·lus·tra·dor, -ra** [ilustraðór] *s/m,f* Quien hace ilustraciones.

4 **i·lus·trar** [ilustrár] *tr* **1.** Acompañar una explicación de algo que facilite su comprensión. **2.** Incorporar dibujos o fotografías a un texto.

2 **i·lus·tra·ti·vo, -va** [ilustratíβo] *adj* Que ilustra o aclara.

2 **i·lus·tre** [ilústre] *adj* Célebre, distinguido.

2 **i·lus·trí·si·mo, -ma** [ilustrísimo] *adj* Tratamiento de ciertas personalidades (en política, ciencia).
ORT Suele abreviarse en *Ilmo, Ilma.*

5 **i·ma·gen** [imáχen] *s/f* **1.** Representación visual o mental de algo. **2.** Prestigio, reputación. **3.** Reproducción de la figura de una cosa o persona.

2 **i·ma·gi·na·ble** [imaχináβle] *adj* Que puede ser imaginado.

4 **i·ma·gi·na·ción** [imaχinaθjón] *s/f* **1.** Capacidad humana para formar en la mente ideas e imágenes de cosas. **2.** (A veces *pl*) Imagen no real formada en la mente.

5 **i·ma·gi·nar** [imaχinár] *tr* **1.** Formarse una idea o imagen mental de algo. **2.** Suponer, sospechar. **3.** Idear algo.

1 **i·ma·gi·na·ria** [imaχinárja] **I.** *s/f* MIL Periodo de guardia por turnos durante la noche. **II.** *s/m* MIL Soldado encargado de vigilar durante la noche.

3 **i·ma·gi·na·rio, -ia** [imaχinárjo] *adj* Que sólo existe en la mente.

2 **i·ma·gi·na·ti·vo, -va** [imaχinatíβo] *adj* **1.** Relacionado con la imaginación. **2.** Se aplica a la persona creativa.

1 **i·ma·gi·ne·ría** [imaχinería] *s/f* Escultura o pintura de imágenes religiosas.

2 **i·mán** [imán] *s/m* **1.** Cuerpo que atrae al hierro. **2.** Encargado de dirigir la oración en el culto musulmán.

1 **i·man·ta·ción** [imantaθjón] *s/f* Acción o resultado de imantar.

1 **i·man·tar** [imantár] *tr* Dotar de propiedades magnéticas.

1 **im·ba·ti·ble** [imbatíβle] *adj* Que no se puede vencer.

3 **im·bé·cil** [imbéθil] *adj s/m,f* **1.** Poco inteligente. **2.** (*como insulto*) Necio, estúpido.

1 **im·be·ci·li·dad** [imbeθiliðáð] *s/f* Cualidad de imbécil.

1 **im·ber·be** [imbérβe] *adj* Sin barba.

1 **im·bo·rra·ble** [imborráβle] *adj* Que no se puede borrar u olvidar.

1 **im·bri·ca·ción** [imbrikaθjón] *s/f* Acción o resultado de imbricar(se).

1 **im·bri·car** [imbrikár] *tr* Disponer cosas iguales, de manera que queden parcialmente superpuestas.
ORT Ante *e* la *c* cambia a *qu: Me imbriqué.*

1 **im·buir** [imbwír] *tr* Transmitir o inculcar a otro ciertas ideas o sentimientos. RPr **Imbuir(se) de.**
CONJ *Irreg: Imbuyo, imbuí, imbuiré, imbuido.*

i·mi·ta·ble [imitáβle] *adj* Que se puede imitar.

3 **i·mi·ta·ción** [imitaθjón] *s/f* **1.** Acción de imitar. **2.** Cosa que resulta de haber copiado otra.

1 **i·mi·ta·dor, -ra** [imitaðór] *adj s/m,f* Que imita.

3 **i·mi·tar** [imitár] *tr* Hacer o tratar de hacer lo mismo que otro, a quien se toma como modelo.

1 **i·mi·ta·ti·vo, -va** [imitatíβo] *adj* Relativo a la imitación.

2 **im·pa·cien·cia** [impaθjénθja] *s/f* Sensación de intranquilidad o ansiedad.

2 **im·pa·cien·tar** [impaθjentár] **I.** *tr* Causar algo sensación de nerviosismo o exaspe-

IM·PA·CIEN·TE

ración. **II.** REFL(-se) Intranquilizarse. RPr **Impacientarse con/por.**

[2] **im·pa·cien·te** [impaθjénte] *adj* **1.** Intranquilo, nervioso. **2.** Que tiene poca paciencia.

[1] **im·pac·tan·te** [impaktánte] *adj* Que impacta.

[4] **im·pac·tar** [impaktár] *intr* **1.** Chocar con fuerza una cosa contra otra. **2.** Impresionar.

[3] **im·pac·to** [impákto] *s/m* Acción o resultado de impactar.

[1] **im·pa·ga·ble** [impaɣáβle] *adj* Que no se puede pagar.

[1] **im·pa·ga·do, -da** [impaɣáðo] *adj* Que no ha sido pagado.

[1] **im·pa·go, -ga** [impáɣo] *s/m* Falta de pago.

[1] **im·pal·pa·ble** [impalpáβle] *adj* Que no se puede palpar.

[1] **im·par** [impár] *adj* **1.** (*número*) Que no es divisible por dos. **2.** Que corresponde a un número impar.

[2] **im·pa·ra·ble** [imparáβle] *adj* Que no se puede parar.

[2] **im·par·cial** [imparθjál] *adj* Que actúa o juzga con objetividad y ecuanimidad.

[2] **im·par·cia·li·dad** [imparθjaliðáð] *s/f* Cualidad de imparcial.

[1] **im·par·ti·ción** [impartiθjón] *s/f* Acción o resultado de impartir algo.

[3] **im·par·tir** [impartír] *tr* Comunicar, enseñar algo (saber, conocimientos).

[1] **im·pás** [impás] *s/m* GAL Estancamiento.

[1] **im·pa·si·bi·li·dad** [impasiβiliðáð] *s/f* Cualidad de impasible.

[2] **im·pa·si·ble** [impasíβle] *adj* Que no se altera.

[1] **im·pa·vi·dez** [impaβiðéθ] *s/f* Cualidad de la persona impávida.

[1] **im·pá·vi·do, -da** [impáβiðo] *adj* Imperturbable.

[2] **im·pe·ca·ble** [impekáβle] *adj* Sin defecto ni tacha.

[2] **im·pe·di·do** [impeðíðo] *adj s/m,f* Persona con alguna incapacidad física.

im·pe·di·men·ta [impeðiménta] *s/f* Bagaje que suele llevar la tropa.

[2] **im·pe·di·men·to** [impeðiménto] *s/m* Cosa que dificulta algo.

[5] **im·pe·dir** [impeðír] *tr* Hacer difícil la realización de algo.

[1] **im·pe·ler** [impelér] *tr* Ejercer fuerza para mover algo.

[2] **im·pe·ne·tra·ble** [impenetráβle] *adj* **1.** Que no se puede penetrar. **2.** Difícil de entender o descifrar.

[1] **im·pen·sa·ble** [impensáβle] *adj* Inconcebible, inimaginable.

[1] **im·pen·sa·do, -da** [impensáðo] *adj* Que se hace sin haberlo pensado.

im·pe·pi·na·ble [impepináβle] *adj* COL Evidente.

[2] **im·pe·ran·te** [imperánte] *adj* Que predomina.

[2] **im·pe·rar** [imperár] *intr* Tener preponderancia, ejercer el poder sobre algo.

[2] **im·pe·ra·ti·vo, -va** [imperatíβo] **I.** *adj* **1.** Que manda. **2.** Que se debe hacer de inmediato. **II.** *adj s/m* GRAM Modo verbal. **III.** *s/m* Obligación.

[2] **im·per·cep·ti·ble** [imperθeptíβle] *adj* Que no se puede percibir.

[1] **im·per·di·ble** [imperðíβle] **I.** *adj* Que no se puede perder. **II.** *s/m* Alfiler que se abrocha.

[1] **im·per·do·na·ble** [imperðonáβle] *adj* Que no puede ser perdonado.

[1] **im·pe·re·ce·de·ro, -ra** [impereθeðéro] *adj* Eterno, que no perece.

[1] **im·per·fec·ción** [imperfekθjón] *s/f* **1.** Falta de perfección. **2.** Defecto.

[2] **im·per·fec·to, -ta** [imperfékto] **I.** *adj* Que contiene o muestra imperfecciones. **II.** *s/m* GRAM Tiempo verbal para expresar el pasado.

[3] **im·pe·rial** [imperjál] *adj* Relativo al emperador o al imperio.

[2] **im·pe·ria·lis·mo** [imperjalísmo] *s/m* Sistema de los imperialistas.

[2] **im·pe·ria·lis·ta** [imperjalísta] *adj s/m,f* Partidario de extender el dominio de un país por la fuerza.

[1] **im·pe·ri·cia** [imperíθja] *s/f* Falta de experiencia o habilidad.

[4] **im·pe·rio** [impérjo] *s/m* **1.** Forma de gobierno bajo la autoridad de un emperador. **2.** Países sujetos a este tipo de gobierno. **3.** Acción de mandar.

[2] **im·pe·rio·so, -sa** [imperjóso] *adj* **1.** Que no puede dejarse de hacer. **2.** Que manda con autoridad severa.

im·per·mea·bi·li·za·ción [impermeaβiliθaβjón] *s/f* Acción o resultado de impermeabilizar.

im·per·mea·bi·li·zan·te [impermeaβiliθánte] *adj s/m* Producto para impermeabilizar.

[1] **im·per·mea·bi·li·zar** [impermeaβiliθár] *tr* Hacer que algo sea impermeable.
ORT Ante *e* la *z* cambia a *c*: *Impermeabilice*.

② **im·per·mea·ble** [impermeáβle] **I.** *adj* Que no deja traspasar el agua u otro líquido. **II.** *s/m* Prenda de vestir para no mojarse.

② **im·per·so·nal** [impersonál] *adj* Que no se aplica a nadie en particular.

① **im·per·so·na·li·dad** [impersonaliðáð] *s/f* Cualidad de impersonal.

① **im·per·té·rri·to, -ta** [impertérrito] *adj* Que no se altera.

① **im·per·ti·nen·cia** [impertinénθja] *s/f* **1.** Cualidad de impertinente. **2.** Cosa impertinente.

② **im·per·ti·nen·te** [impertinénte] *adj s/m,f* Inoportuno y molesto.

① **im·per·tur·ba·ble** [imperturβáβle] *adj* Que no se altera ni se inmuta.

② **ím·pe·tu** [ímpetu] *s/m* **1.** Fuerza o violencia natural de algo. **2.** Energía y brío.

im·pe·tuo·si·dad [impetwosiðáð] *s/f* Violencia o energía en la actuación.

① **im·pe·tuo·so, -sa** [impetwóso] *adj* Con ímpetu.

① **im·pío, -ía** [impío] *adj* **1.** Que carece de piedad y compasión. **2.** Irreligioso.

② **im·pla·ca·ble** [implakáβle] *adj* Que no se puede aplacar ni mitigar.

③ **im·plan·ta·ción** [implantaθjón] *s/f* Acción o resultado de implantar(se).

③ **im·plan·tar** [implantár] *tr* **1.** Establecer(se) nuevas ideas, doctrinas, etc. **2.** MED Fijar un órgano o tejido en otro.

① **im·plan·te** [implánte] *s/m* **1.** Acción de implantar. **2.** MED Cosa que se implanta (2).

② **im·ple·men·ta·ción** [implementaθjón] *s/f* Acción o resultado de implementar.

③ **im·ple·men·tar** [implementár] *tr* Llevar a cabo, ejecutar.

③ **im·pli·ca·ción** [implikaθjón] *s/f* **1.** Participación en algo. **2.** *pl* Consecuencias que algo ocasiona.

⑤ **im·pli·car** [implikár] **I.** *tr* **1.** Comprometer a otro(s) en una actuación o hechos. **2.** Entrañar o llevar contenida una cosa a otra. **II.** REFL(-se) Involucrarse en un asunto. RPr **Implicar(se) en**.
ORT La *c* cambia a *qu* ante *e: Impliqué*.

③ **im·plí·ci·to, -ta** [implíθito] *adj* Incluido, aunque no se exprese así.

③ **im·plo·rar** [implorár] *tr* Pedir algo con gran sentimiento.

① **im·po·lu·to, -ta** [impolúto] *adj* Sin mancha.

① **im·pon·de·ra·ble** [imponderáβle] **I.** *adj* Que excede a lo previsto. **II.** *s/m* Circunstancia imprevisible.

② **im·po·nen·te** [imponénte] *adj* Que impresiona por su magnitud, belleza, etc.

⑤ **im·po·ner** [imponér] **I.** *tr* **1.** Obligar a alguien a aceptar o hacer algo. **2.** Poner una sanción, condena, etc. **3.** Otorgar algo (condecoración, premio, etc.). **4.** Ingresar dinero en una cuenta. **II.** *intr* Causar temor, miedo, respeto, etc. **III.** REFL(-se) **1.** Generalizarse algo. **2.** Hacerse algo necesario. **3.** Resultar superior a los oponentes en una prueba. **4.** Obligarse uno a algo. **5.** Hacerse respetar u obedecer. **6.** Triunfar. RPr **Imponer(se) a/en/sobre**.
CONJ *Irreg: Impongo, impondré, impuse, impuesto.*

① **im·po·ni·ble** [imponíβle] *adj* Sometido a tributación fiscal.

① **im·po·pu·lar** [impopulár] *adj* Que no es popular.

① **im·po·pu·la·ri·dad** [impopulariðáð] *s/f* Cualidad de impopular.

④ **im·por·ta·ción** [importaθjón] *s/f* **1.** Acción o resultado de importar. **2.** *pl* Productos importados.

② **im·por·ta·dor, -ra** [importaðór] *adj s/m,f* Persona que importa.

⑤ **im·por·tan·cia** [importánθja] *s/f* Cualidad de importante.

⑤ **im·por·tan·te** [importánte] *adj* De mucho valor o relevancia.

⑤ **im·por·tar** [importár] **I.** *tr* **1.** Introducir en un país mercancías de otro. **2.** Costar. **II.** *intr* **1.** Resultar algo importante o valioso. **2.** (*gen* en frases negativas o interrogativas) Tener inconvenientes.

③ **im·por·te** [impórte] *s/m* Cuantía, coste.

① **im·por·tu·nar** [importunár] *tr* Molestar.

③ **im·po·si·bi·li·dad** [imposiβiliðáð] *s/f* Cualidad de imposible.

② **im·po·si·bi·li·tar** [imposiβilitár] *tr* Hacer imposible.

⑤ **im·po·si·ble** [imposíβle] **I.** *adj* **1.** Que no es posible o factible. **2.** Difícil de aguantar. **II.** *s/m* Cosa muy difícil de hacer o conseguir.

③ **im·po·si·ción** [imposiθjón] *s/f* **1.** Obligación. **2.** Acción de imponer. **3.** Cantidad de dinero que se ingresa de una vez en una cuenta.

② **im·po·si·ti·vo, -va** [impositíβo] *adj* Relacionado con los impuestos.

① **im·pos·tor, -ra** [impostór] *s/m,f* Persona que se hace pasar por quien no es.

① **im·pos·tu·ra** [impostúra] *s/f* Suplantación de algo o alguien por lo que no es.

IM·PO·TEN·CIA

2 **im·po·ten·cia** [impoténθja] *s/f* Falta de poder o capacidad para hacer algo.

2 **im·po·ten·te** [impoténte] *adj s/m* 1. Que tiene impotencia. 2. Se aplica al varón que es incapaz de realizar plenamente el acto sexual.

1 **im·prac·ti·ca·ble** [impraktikáβle] *adj* 1. Que no se puede ejecutar. 2. Intransitable.

1 **im·pre·ca·ción** [imprekaθjón] *s/f* Acción o resultado de imprecar.

1 **im·pre·car** [imprekár] *tr* REFL(-*se*) Proferir palabras deseando mal a alguien.
ORT Ante *e* la *c* cambia a *qu: Impreque.*

1 **im·pre·ci·sión** [impreθisjón] *s/f* Falta de precisión.

2 **im·pre·ci·so, -sa** [impreθíso] *adj* No preciso.

1 **im·pre·de·ci·ble** [impreðeθíβle] *adj* Que no se puede predecir.

1 **im·preg·na·ción** [impreɣnaθjón] *s/f* Acción o resultado de impregnar(se) algo.

3 **im·preg·nar** [impreɣnár] *tr* Penetrar un líquido por los poros de otra sustancia.

im·pre·me·di·ta·do, -da [impremeðitáðo] *adj* Irreflexivo.

3 **im·pren·ta** [imprénta] *s/f* 1. Técnica o arte de imprimir. 2. Taller para imprimir.

4 **im·pres·cin·di·ble** [impresθindíble] *adj* Totalmente necesario.

1 **im·pre·sen·ta·ble** [impresentáβle] *adj* Que no es digno de presentar(se).

4 **im·pre·sión** [impresjón] *s/f* 1. Efecto que algo u alguien provoca en el ánimo. 2. Acción o resultado de imprimir. LOC **Dar la impresión de que + verbo**, parecer que.

1 **im·pre·sio·na·ble** [impresjonáβle] *adj* Que se impresiona fácilmente.

4 **im·pre·sio·nan·te** [impresjonánte] *adj* Que produce una gran impresión.

4 **im·pre·sio·nar** [impresjonár] I. *tr intr* Causar una fuerte sensación en el ánimo de alguien. II. *tr* Registrar una imagen, sonido, etc.

2 **im·pre·sio·nis·mo** [impresjonísmo] *s/m* Movimiento pictórico.

2 **im·pre·sio·nis·ta** [impresjonísta] *adj s/m,f* Relativo al impresionismo o partidario de él.

2 **im·pre·so, -sa** [impréso] I. *adj pp* de 'imprimir'. II. *s/m* 1. Material impreso. 2. Formulario con espacios para rellenar.

2 **im·pre·sor, -ra** [impresór] *s/f* Máquina para hacer copias en papel. III. *s/m,f* Persona que imprime, o dueño de una imprenta.

2 **im·pre·vi·si·ble** [impreβisíβle] *adj* Que no se puede prever.

1 **im·pre·vi·sión** [impreβisjón] *s/f* Falta de previsión.

2 **im·pre·vis·to, -ta** [impreβísto] I. *adj* No previsto con antelación. II. *s/m Gen pl* Acontecimiento no previsto.

3 **im·pri·mir** [imprimír] *tr* 1. Trasladar a papel o a otro material texto o dibujos mediante una imprenta o impresora. 2. Fijar algo en el ánimo o en la mente. 3. Dar algo a otra cosa un determinado carácter.
CONJ *pp irreg: Impreso.*

2 **im·pro·ba·ble** [improβáβle] *adj* Poco probable.

1 **ím·pro·bo, -ba** [ímproβo] *adj* Aplicado a un trabajo, tarea, etc., que requiere gran esfuerzo.

2 **im·pro·ce·den·te** [improθeðénte] *adj* Que no se ajusta a derecho.

1 **im·pro·duc·ti·vi·dad** [improðuktiβiðáð] *s/f* Falta de productividad.

2 **im·pro·duc·ti·vo, -va** [improðuktíβo] *adj* Que no produce.

2 **im·pron·ta** [imprónta] *s/f* Marca o huella.

1 **im·pro·nun·cia·ble** [impronunθjáβle] *adj* Muy difícil o imposible de pronunciar.

1 **im·pro·pe·rio** [impropérjo] *s/m* Palabra o expresión insultante.

2 **im·pro·pio, -ia** [imprópjo] *adj* Inapropiado en una persona o cosa. RPr **Impropio de/en/para.**

1 **im·pro·rro·ga·ble** [improrroɣáβle] *adj* Que no se puede prorrogar.

2 **im·pro·vi·sa·ción** [improβisaθjón] *s/f* Acción o resultado de improvisar.

3 **im·pro·vi·sar** [improβisár] *tr* Hacer algo sin preparación previa.

1 **im·pro·vi·so** [improβíso] *adv* **De improviso,** desprevenidamente.

2 **im·pru·den·cia** [impruðénθja] *s/f* Falta de prudencia.

1 **im·pru·den·te** [impruðénte] *adj* Carente de sensatez y buen juicio.

im·pú·ber [impúβer] *adj s/m,f* Que aún no ha llegado a la pubertad.

1 **im·pu·di·cia** [impuðíθja] *s/f* Falta de pudor.

1 **im·pú·di·co, -ca** [impúðiko] *adj s/m,f* Carente de pudor.

4 **im·pues·to, -ta** [impwésto] I. *adj* COL Con conocimientos profundos de algo. RPr **(Estar) impuesto en.** II. *s/m* Cantidad

que se paga al Estado, en razón de las ganancias.

1 **im·pug·na·ble** [impuɣnáβle] *adj* Que se puede impugnar.

1 **im·pug·na·ción** [impuɣnaθjón] *s/f* Acción o resultado de impugnar.

2 **im·pug·nar** [impuɣnár] *tr* 1. Rechazar u oponerse a algo. 2. DER Interponer un recurso contra una resolución judicial.

4 **im·pul·sar** [impulsár] *tr* Dar empuje a algo o causar su movimiento. RPr **Impulsar a**.

1 **im·pul·si·vi·dad** [impulsiβiðáð] *s/f* Cualidad de impulsivo.

1 **im·pul·si·vo, -va** [impulsíβo] *adj* Que obra con impulsividad.

4 **im·pul·so** [impúlso] *s/m* Empuje ejercido sobre algo para desplazarlo o potenciarlo.

2 **im·pul·sor, -ra** [impulsór] *adj s/m,f* Que impulsa.

1 **im·pu·ne** [impúne] *adj* Que queda sin castigo.

3 **im·pu·ni·dad** [impuniðáð] *s/f* Falta de castigo o pena.

2 **im·pu·re·za** [impuréθa] *s/f* Cualidad de impuro.

1 **im·pu·ro, -ra** [impúro] *adj* 1. No puro. 2. Deshonesto.

1 **im·pu·ta·ble** [imputáβle] *adj* Que se puede imputar. RPr **Imputable a**.

2 **im·pu·ta·ción** [imputaθjón] *s/f* Acción o resultado de imputar.

3 **im·pu·tar** [imputár] *tr* Atribuir a alguien una falta o delito.

1 **in·a·bar·ca·ble** [inaβarkáβle] *adj* Que no puede abarcarse.

1 **in·a·ca·ba·ble** [inakaβáβle] *adj* Que nunca se acaba.

2 **in·ac·ce·si·ble** [inakθesíβle] *adj* No accesible. RPr **Inaccesible a**.

1 **in·ac·ción** [inakθjón] *s/f* Falta de acción.

2 **in·a·cep·ta·ble** [inaθeptáβle] *adj* Que no se puede aceptar.

1 **in·ac·ti·vi·dad** [inaktiβiðáð] *s/f* Falta de actividad.

1 **in·ac·ti·vo, -va** [inaktíβo] *adj* Sin actividad.

1 **in·a·dap·ta·do, -da** [inaðaptáðo] *adj s/m,f* Que no se adapta a algo.

2 **in·a·de·cua·do, -da** [inaðekwáðo] *adj* No apropiado.

2 **in·ad·mi·si·ble** [inaðmisíβle] *adj* Que no puede admitir.

2 **in·a·go·ta·ble** [inaɣotáβle] *adj* Que no se agota.

1 **in·a·guan·ta·ble** [inaɣwantáβle] *adj* Que no puede aguantarse.

1 **in·a·lám·bri·co, -ca** [inalámbriko] *adj* Que no utiliza cables para la transmisión.

2 **in·al·can·za·ble** [inalkanθáβle] *adj* Que no se puede alcanzar.

2 **in·al·te·ra·ble** [inalteráβle] *adj* Que no cambia ni se altera.

1 **i·na·ni·ción** [inaniθjón] *s/f* Estado de debilidad extrema del organismo.

2 **in·a·pe·la·ble** [inapeláβle] *adj* Que no admite apelación.

1 **in·a·pe·ten·cia** [inapeténθja] *s/f* Falta de apetito.

1 **in·a·pla·za·ble** [inaplaθáβle] *adj* Que no se puede aplazar.

1 **in·a·pli·ca·ble** [inaplikáβle] *adj* Que no se puede aplicar.

1 **in·a·pre·cia·ble** [inapreθjáβle] *adj* 1. Que no se puede percibir a simple vista. 2. Muy valioso.

1 **in·ar·ti·cu·la·do, -da** [inartikuláðo] *adj* 1. Que no está articulado: *Elementos inarticulados*. 2. Se aplica a los sonidos vocales que no forman palabras.

1 **in·a·se·qui·ble** [inasekíβle] *adj* Que no se puede conseguir.

1 **in·au·di·ble** [inauðíβle] *adj* Que no se puede oír.

2 **in·au·di·to, -ta** [inauðíto] *adj* Sorprendente, insólito.

3 **in·au·gu·ra·ción** [inauɣuraθjón] *s/m* Acción de inaugurar algo.

2 **in·au·gu·ral** [inauɣurál] *adj* Relativo a la inauguración.

4 **in·au·gu·rar** [inauɣurár] *tr* 1. Dar principio a algo. 2. Abrir al público un establecimiento.

2 **in·ca** [ínka] *adj s/m,f* De una civilización indígena del antiguo Perú, (siglo XIII y XV).

2 **in·cal·cu·la·ble** [inkalkuláβle] *adj* Que no se puede calcular.

1 **in·ca·li·fi·ca·ble** [inkalifikáβle] *adj* Que no se puede calificar.

1 **in·can·des·cen·cia** [inkandesθénθja] *s/f* Estado de incandescente.

1 **in·can·des·cen·te** [inkandesθénte] *adj* Al rojo vivo.

2 **in·can·sa·ble** [inkansáβle] *adj* Que resiste al cansancio.

3 **in·ca·pa·ci·dad** [inkapaθiðáð] *s/f* Falta de capacidad para algo.

1 **in·ca·pa·ci·ta·do, -da** [inkapaθitáðo] *adj*

IN·CA·PA·CI·TAR

s/m,f **1.** Sin capacidad para algo. **2.** Con las facultades físicas o psíquicas disminuidas.

[1] **in·ca·pa·ci·tar** [inkapaθitár] *tr* Hacer incapaz, inhabilitar. RPr **Incapacitar para**.

[4] **in·ca·paz** [inkapáθ] *adj s/m,f* Que carece de capacidad para algo. RPr **Incapaz de/para**.

[1] **in·cau·ta·ción** [inkautaθjón] *s/f* Acción o resultado de incautar(se).

[1] **in·cau·tar** [inkautár] *tr* REFL(-se) Apropiarse la autoridad de bienes de alguien. RPr **Incautarse de**.

[1] **in·cau·to, -ta** [inkáuto] *adj* Sin malicia, ingenuo.

[3] **in·cen·diar** [inθendjár] *tr* Provocar un incendio.

[1] **in·cen·dia·rio, -ia** [inθendjárjo] **I.** *adj* **1.** Que puede provocar un incendio. **2.** FIG Que incita a la subversión. **II.** *s/m,f* Persona que provoca un incendio intencionadamente.

[3] **in·cen·dio** [inθéndjo] *s/m* Fuego de grandes dimensiones.

[1] **in·cen·sa·rio** [inθensárjo] *s/m* Utensilio para incensar.

[1] **in·cen·ti·va·ción** [inθentiβaθjón] *s/f* Acción o resultado de incentivar.

[1] **in·cen·ti·va·dor, -ra** [inθentiβaðór] *adj* Que incentiva.

[2] **in·cen·ti·var** [inθentiβár] *tr* Impulsar o promover la realización de algo.

[3] **in·cen·ti·vo** [inθentíβo] *s/m* Estímulo, aliciente.

[3] **in·cer·ti·dum·bre** [inθertiðúmbre] *s/f* Estado de duda o inseguridad.

[2] **in·ce·san·te** [inθesánte] *adj* Que no cesa.

[1] **in·ces·to** [inθésto] *s/m* Relación sexual entre familiares, prohibida legalmente.

[1] **in·ces·tuo·so, -sa** [inθestuóso] *adj* Relativo al incesto.

[3] **in·ci·den·cia** [inθiðénθja] *s/f* Incidente.

[1] **in·ci·den·tal** [inθiðentál] *adj* De menor importancia.

[3] **in·ci·den·te** [inθiðénte] *s/m* **1.** Cosa imprevista que ocurre durante el desarrollo de algo. **2.** Discusión, pelea.

[3] **in·ci·dir** [inθiðír] *intr* **1.** Insistir o enfatizar algo. **2.** Repercutir algo sobre otra cosa. RPr **Incidir en**.

[1] **in·cien·so** [inθjénso] *s/m* Gomorresina de olor aromático al arder.

[3] **in·cier·to, -ta** [inθjérto] *adj* **1.** Que no es cierto o verdadero. **2.** Dudoso, inseguro.

[1] **in·ci·ne·ra·ción** [inθineraθjón] *s/f* Acción o resultado de incinerar.

[1] **in·ci·ne·ra·dor, -ra** [inθineraðór] *s/m,f* Instalación o aparato para incinerar.

[1] **in·ci·ne·rar** [inθinerár] *tr* Quemar algo para reducirlo a cenizas.

[2] **in·ci·pien·te** [inθipjénte] *adj* Que empieza.

[1] **in·ci·sión** [inθisjón] *s/f* Corte o hendidura hechos con un instrumento cortante.

[2] **in·ci·si·vo, -va** [inθisíβo] **I.** *adj* **1.** Que puede cortar o abrir. **2.** Agudo, mordaz. **II.** *s/m* Diente cuya función es cortar los alimentos.

[2] **in·ci·so** [inθíso] *s/m* **1.** Observación, o comentario marginal. **2.** Pausa.

[1] **in·ci·ta·ción** [inθitaθjón] *s/f* Estímulo. RPr **Incitación a**.

[1] **in·ci·tan·te** [inθitánte] *adj* Que incita a algo.

[2] **in·ci·tar** [inθitár] *tr* Impulsar o animar a hacer algo. RPr **Incitar a**.

[1] **in·cla·si·fi·ca·ble** [inklasifikáβle] *adj* Que no se puede clasificar.

[1] **in·cle·men·cia** [inkleménθja] *s/f gen pl* Rigor del tiempo.

[1] **in·cle·men·te** [inkleménte] *adj* Muy duro o adverso por su rigor.

[3] **in·cli·na·ción** [inklinaθjón] *s/f* **1.** Tendencia hacia algo. **2.** Desviación de la posición horizontal.

[4] **in·cli·nar** [inklinár] **I.** *tr* **1.** Desviar algo de su posición vertical u horizontal. **2.** Agachar o bajar alguna parte del cuerpo. **II.** REFL(-se) **1.** (Con *a*) Tender hacia una determinada cosa. **2.** (Con *por*) Sentir alguien preferencia por algo o alguien: *Se inclina por la calidad del producto*. RPr **Inclinarse a/hacia/por**.

[1] **ín·cli·to, -ta** [ínklito] *adj* Ilustre.

[5] **in·cluir** [inkluír] *tr* **1.** Poner una cosa dentro de otra. **2.** Llevar implícita una cosa a otra.
CONJ *Irreg*: *Incluyo, incluí, incluiré, incluido*.

[2] **in·clu·sión** [inklusjón] *s/f* Introducción o integración de una cosa en otra.

[3] **in·clu·si·ve** [inklusíβe] *adv* **1.** Suele usarse tras un *s* para expresar que también se incluye lo expresado por él: *El plazo de presentación de las solicitudes permanecerá abierto hasta el día 31 de julio inclusive*. **2.** Incluso, también.

[1] **in·clu·si·vo, -va** [inklusíβo] *adj* Se dice de lo que incluye o tiene capacidad para incluir algo.

5 **in·clu·so, -sa** [inklúso] *adv* 1. También. 2. En mayor grado.

2 **in·co·ar** [inkoár] *tr* Iniciar una actuación judicial.

2 **in·cóg·ni·ta** [inkóγnita] *s/f* 1. MAT Cantidad o magnitud desconocida. 2. Cosa o circunstancia desconocida.

in·cóg·ni·to, -ta [inkóγnito] *adj* No conocido. LOC **De incógnito,** ocultando la verdadera identidad.

1 **in·co·he·ren·cia** [inkoerénθja] *s/f* Falta de coherencia.

1 **in·co·he·ren·te** [inkoerénte] *adj* Que carece de coherencia.

2 **in·co·lo·ro, -ra** [inkolóro] *adj* Sin color.

1 **in·có·lu·me** [inkólume] *adj* Sin daño o lesión.

1 **in·com·bus·ti·ble** [inkombustíβle] *adj* 1. Que no arde. 2. Que no se agota.

2 **in·co·mo·dar** [inkomoðár] *tr* Causar molestias.

2 **in·co·mo·di·dad** [inkomoðiðáð] *s/f* 1. Falta de comodidad. 2. Cosa molesta.

3 **in·có·mo·do, -da** [inkómoðo] *adj* Que no resulta cómodo.

2 **in·com·pa·ra·ble** [inkomparáβle] *adj* Que no es comparable a otra cosa.

1 **in·com·pa·re·cen·cia** [inkompareθénθja] *s/f* No asistencia a un acto al que se ha sido convocado.

2 **in·com·pa·ti·bi·li·dad** [inkompatibiliðáð] *s/f* Cualidad de incompatible.

2 **in·com·pa·ti·ble** [inkompatíβle] *adj* No compatible.

1 **in·com·pe·ten·cia** [inkompeténθja] *s/f* Falta de competencia.

1 **in·com·pe·ten·te** [inkompeténte] *adj* No competente.

2 **in·com·ple·to, -ta** [inkompléto] *adj* No completo.

1 **in·com·pren·di·do, -da** [inkomprendíðo] *adj* Que no es comprendido.

2 **in·com·pren·si·ble** [inkomprensíβle] *adj* Que no se puede comprender.

2 **in·com·pren·sión** [inkomprensjón] *s/f* Falta de comprensión.

1 **in·co·mu·ni·ca·ción** [inkomunikaθjón] *s/f* Falta de comunicación entre personas.

1 **in·co·mu·ni·car** [inkomunikár] *tr* Privar de la posibilidad de comunicarse.
ORT Ante *e* la *c* cambia a *qu: Incomuniqué.*

2 **in·con·ce·bi·ble** [inkonθeβíβle] *adj* Que no se puede imaginar.

2 **in·con·clu·so, -sa** [inkonklúso] *adj* No acabado.

2 **in·con·di·cio·nal** [inkondiθjonál] I. *adj* No sometido a condiciones. II. *s/m,f* Partidario de alguien sin reserva alguna.

1 **in·co·ne·xo, -xa** [inkonékso] *adj* Sin conexión o cohesión.

1 **in·con·fe·sa·ble** [inkonfesáβle] *adj* Que no se puede confesar o decir.

1 **in·con·for·mis·mo** [inkonformísmo] *s/m* Actitud de quien no está conforme.

1 **in·con·for·mis·ta** [inkonformísta] *adj s/m,f* Disconforme, contestatario.

2 **in·con·fun·di·ble** [inkonfundíβle] *adj* Que no se puede confundir con otra cosa o persona.

1 **in·con·gruen·cia** [inkongrwénθja] *s/f* Falta de congruencia.

1 **in·con·gruen·te** [inkongrwénte] *adj* No congruente.

1 **in·con·men·su·ra·ble** [inkommensuráβle] *adj* De grandes proporciones.

1 **in·cons·cien·cia** [inkonsθjénθja] *s/f* 1. Estado de quien ha perdido el conocimiento. 2. Carente de sensatez.

3 **in·cons·cien·te** [inkonsθjénte] *adj* 1. Sin conocimiento. 2. (Con *de*) No consciente de algo.

1 **in·con·se·cuen·te** [inkonsekwénte] *adj* Que no guarda una relación lógica con otra cosa.

1 **in·con·sis·ten·cia** [inkonsisténθja] *s/f* Falta de consistencia.

1 **in·con·sis·ten·te** [inkonsisténte] *adj* Que carece de consistencia.

1 **in·con·so·la·ble** [inkonsoláβle] *adj* Que no se puede consolar.

1 **in·cons·tan·cia** [inkonstánθja] *s/f* Falta de constancia.

1 **in·cons·tan·te** [inkonstánte] *adj* No constante.

2 **in·con·ta·ble** [inkontáβle] *adj* Que es imposible de contar.

1 **in·con·te·ni·ble** [inkonteníβle] *adj* Que no se puede contener.

1 **in·con·tes·ta·ble** [inkontestáβle] *adj* Evidente.

1 **in·con·ti·nen·cia** [inkontinénθja] *s/f* Falta de continencia.

1 **in·con·tras·ta·ble** [inkontrastáβle] *adj* Que no se puede contrastar.

2 **in·con·tro·la·ble** [inkontroláβle] *adj* Que no se puede controlar.

2 **in·con·tro·la·do, -da** [inkontroláðo] *adj s/m,f* Sin control.

IN·CON·TRO·VER·TI·BLE

[1] **in·con·tro·ver·ti·ble** [inkontroβertíβle] *adj* Que no admite duda.

[1] **in·con·ve·nien·cia** [inkomβenjénθja] *s/f* Incomodidad.

[4] **in·con·ve·nien·te** [inkombenjénte] **I.** *adj* No conveniente. **II.** *s/m* Dificultad, contrariedad.

[1] **in·cor·diar** [inkorðjár] *tr* Molestar.

[1] **in·cor·dio** [inkórðjo] *s/m* Molestia.

[4] **in·cor·po·ra·ción** [inkorporaθjón] *s/f* Acción o resultado de incorporar(se).

[5] **in·cor·po·rar** [inkorporár] **I.** *tr* **1.** Integrar una cosa en otra. **2.** Levantar la parte superior del cuerpo de quien está tendido. **II.** REFL(*-se*) Ingresar una persona en un puesto de trabajo. RPr **Incorporar(se) a**.

[1] **in·co·rrec·ción** [inkorrekθjón] *s/f* **1.** Falta de corrección. **2.** Error, falta.

[2] **in·co·rrec·to, -ta** [inkorrékto] *adj* Erróneo.

[1] **in·co·rre·gi·ble** [inkorreχíβle] *adj* Que no se puede corregir.

[1] **in·co·rrup·ti·ble** [inkorruptíβle] *adj* Que no se corrompe o no se deja corromper.

[1] **in·co·rrup·to, -ta** [inkorrúpto] *adj* No corrupto.

[2] **in·cre·du·li·dad** [inkreðuliðáð] *s/f* Cualidad de incrédulo.

[2] **in·cré·du·lo, -la** [inkréðulo] *adj s/m,f* Que no cree con facilidad.

[4] **in·creí·ble** [inkreíβle] *adj* **1.** Imposible de creer. **2.** Sorprendente.

[5] **in·cre·men·tar** [inkrementár] *tr* Aumentar.

[4] **in·cre·men·to** [inkreménto] *s/m* Crecimiento o aumento.

[1] **in·cre·par** [inkrepár] *tr* Reprender con severidad.

[1] **in·cri·mi·nar** [inkriminár] *tr* Acusar a alguien de un crimen o delito.

[1] **in·cruen·to, -ta** [inkrwénto] *adj* No sangriento.

[1] **in·crus·ta·ción** [inkrustaθjón] *s/f* **1.** Acción de incrustar. **2.** Cosa incrustada.

[1] **in·crus·tar** [inkrustár] *tr* REFL(*-se*) Introducir(se) una cosa en la superficie de otra, quedando ajustada en ella.

[1] **in·cu·ba·ción** [inkuβaθjón] *s/f* Acción de incubar(se).

[1] **in·cu·ba·do·ra** [inkuβaðóra] *s/f* **1.** Receptáculo para cuidar a niños nacidos prematuramente. **2.** Aparato para incubar huevos artificialmente.

[1] **in·cu·bar** [inkuβár] *tr* **1.** Calentar un animal ovíparo sus huevos con su cuerpo para que se desarrolle el embrión. **2.** MED Desarrollar alguien una enfermedad sin advertirlo.

[2] **in·cues·tio·na·ble** [inkwestjonáβle] *adj* Que no admite discusión por ser evidente.

[2] **in·cul·car** [inkulkár] *tr* Fijar ideas en el ánimo mediante repetición insistente.
ORT Ante *e* la *c* cambia a *qu: Inculqué*.

[1] **in·cul·pa·ción** [inkulpaθjón] *s/f* Acción de inculpar.

[2] **in·cul·par** [inkulpár] *tr* Acusar a alguien de un delito. RPr **Inculpar de**.

[2] **in·cul·to, -ta** [inkúlto] *adj* Sin cultura.

[1] **in·cum·ben·cia** [inkumbénθja] *s/f* Obligación que corresponde a alguien.

[1] **in·cum·bir** [inkumbír] *intr* Corresponder algo a alguien por ser de su competencia.

[3] **in·cum·pli·mien·to** [inkumplimjénto] *s/m* Falta de cumplimiento.

[2] **in·cum·plir** [inkumplír] *tr* No cumplir.

[2] **in·cu·ra·ble** [inkuráβle] *adj* Que no tiene cura.

[3] **in·cu·rrir** [inkurrír] *intr* Cometer una falta, error o delito. RPr **Incurrir en**.

[2] **in·cur·sión** [inkursjón] *s/f* **1.** MIL Correría de guerra. **2.** FIG Penetración. RPr **Incursión en**.

[2] **in·cur·sio·nar** [inkursjonár] *intr* **1.** Hacer una incursión militar. **2.** Penetrar. RPr **Incursionar en**.

[1] **in·cur·so, -sa** [inkúrso] *adj* Que ha incurrido en lo que se expresa. RPr **Incurso en**.

[2] **in·da·ga·ción** [indaɣaθjón] *s/f* Averiguación, pesquisa.

[2] **in·da·gar** [indaɣár] *tr* Hacer.
ORT Ante *e* la *g* cambia a *gu: Indaguen*.

[2] **in·de·bi·do, -da** [indeβíðo] *adj* Incorrecto, ilícito.

[1] **in·de·cen·cia** [indeθénθja] *s/f* Falta de decencia.

[1] **in·de·cen·te** [indeθénte] *adj* Sin decencia.

[1] **in·de·ci·ble** [indeθíβle] *adj* Que no se puede decir.

[2] **in·de·ci·sión** [indeθisjón] *s/f* Falta de decisión.

[2] **in·de·ci·so, -sa** [indeθíso] *adj* Que duda.

[1] **in·de·fec·ti·ble** [indefektíβle] *adj* Necesario.

[1] **in·de·fen·di·ble** [indefendíβle] *adj* Que no se puede defender.

[2] **in·de·fen·sión** [indefensjón] *s/f* Condición de quien no se puede defender.

[2] **in·de·fen·so, -sa** [indefénso] *adj* Que no se puede defender.

[1] **in·de·le·ble** [indeléβle] *adj* Que no se puede borrar.

[1] **in·dem·ne** [indémne] *adj* Que no ha sufrido daño.

[3] **in·dem·ni·za·ción** [indemniθaθjón] *s/f* Compensación por los daños sufridos.

[2] **in·dem·ni·zar** [indemniθár] *tr* Compensar por los daños sufridos.
ORT La *z* cambia a *c* ante *e: Indemnice*.

[4] **in·de·pen·den·cia** [independénθja] *s/f* No dependencia de otro.

[1] **in·de·pen·den·tis·mo** [independentísmo] *s/m* Movimiento político que propugna la independencia de un territorio.

[2] **in·de·pen·den·tis·ta** [independentísta] *adj s/m,f* Relativo al independentismo o partidario de él.

[4] **in·de·pen·dien·te** [independjénte] *adj* 1. Que tiene independencia. 2. Autónomo. RPr **Independiente de**.

[2] **in·de·pen·di·zar** [independiθár] *tr* Hacer independiente. RPr **Independizar(se) de**.
ORT La *z* cambia a *c* ante *e: Independice*.

[1] **in·des·ci·fra·ble** [indesθifráβle] *adj* Imposible de descifrar.

[1] **in·des·crip·ti·ble** [indeskriptíβle] *adj* Imposible de describir.

[2] **in·de·sea·ble** [indeseáβle] *adj* No recomendable.

[1] **in·des·truc·ti·ble** [indestruktíβle] *adj* Que no se puede destruir.

[1] **in·de·tec·ta·ble** [indetektáβle] *adj* Que no se puede detectar.

[1] **in·de·ter·mi·na·ción** [indeterminaθjón] *s/f* Falta de determinación.

[2] **in·de·ter·mi·na·do, -da** [indeterminádo] *adj* No determinado.

[2] **in·dia·no, -na** [indjáno] I. *adj* Relativo a las Indias. II. *s/m,f* Emigrante que vuelve rico de América.

[3] **in·di·ca·ción** [indikaθjón] *s/f* 1. Acción de indicar. 2. Señal para comunicar algo.

[3] **in·di·ca·dor, -ra** [indikaðór] *adj* Que indica.

[5] **in·di·car** [indikár] *tr* 1. Informar sobre una cosa. 2. Ser indicio de algo.
ORT La *c* cambia a *qu* ante *e: Indiqué*.

[2] **in·di·ca·ti·vo, -va** [indikatíβo] I. *adj* Que indica o pone de manifiesto. II. *s/m* 1. Señal o indicio del cual se deduce algo. 2. GRAM Modo verbal.

[4] **ín·di·ce** [índiθe] I. *s/m* 1. Relación ordenada de cosas. 2. Indicio o señal de la intensidad o importancia de algo. 3. Número que expresa la relación entre cantidades. II. *adj s/m* Dedo segundo de la mano, que se utiliza para señalar.

[3] **in·di·cio** [indíθjo] *s/m* Señal o rastro que permite conocer otra cosa relacionada.

[3] **in·di·fe·ren·cia** [indiferénθja] *s/f* Cualidad de indiferente.

[3] **in·di·fe·ren·te** [indiferénte] *adj* 1. Que muestra falta de interés o preferencia. 2. Que no despierta interés especial.

[4] **in·dí·ge·na** [indíχena] *adj s/m,f* Originario de una zona o país.

[1] **in·di·gen·cia** [indiχénθja] *s/f* Falta de medios para vivir.

[1] **in·di·gen·te** [indiχénte] *adj s/m,f* Sin recursos para subsistir.

[1] **in·di·ges·tar** [indiχestár] *tr* Causar indigestión.

[1] **in·di·ges·tión** [indiχestjón] *s/f* Trastorno del estómago por digerir mal un alimento.

[1] **in·di·ges·to, -ta** [indiχésto] *adj* Que se digiere con dificultad.

[3] **in·dig·na·ción** [indiɣnaθjón] *s/f* Irritación.

[1] **in·dig·nan·te** [indiɣnánte] *adj* Que causa indignación.

[3] **in·dig·nar** [indiɣnár] *tr* Provocar indignación.

[1] **in·dig·ni·dad** [indiɣniðáð] *s/f* Falta de dignidad.

[2] **in·dig·no, -na** [indíɣno] *adj* No digno. RPr **Indigno de**.

[5] **in·dio, -ia** [índjo] *adj s/m,f* 1. De la India. 2. De los antiguos pueblos indígenas del continente americano. LOC **En fila india,** uno detrás de otro. **Hacer el indio,** hacer tonterías.

[1] **in·di·rec·ta** [indirékta] *s/f* Comentario para dar a entender algo sin decirlo claramente.

[3] **in·di·rec·to, -ta** [indirékto] *adj* No directo.

[1] **in·dis·ci·pli·na** [indisθiplína] *s/f* Falta de disciplina.

[1] **in·dis·cre·ción** [indiskreθjón] *s/f* Falta de discreción.

[2] **in·dis·cre·to, -ta** [indiskréto] *adj s/m,f* Que carece de discreción.

[2] **in·dis·cri·mi·na·do, -da** [indiskrimináðo] *adj* Sin hacer distinción.

[3] **in·dis·cu·ti·ble** [indiskutíβle] *adj* Que no admite discusión por ser evidente.

[1] **in·di·so·lu·ble** [indisolúβle] *adj* 1. Que no se puede disolver. 2. No soluble.

[4] **in·dis·pen·sa·ble** [indispensáβle] *adj* Imprescindible.

[1] **in·dis·po·ner** [indisponér] *tr* **1.** Enemistar. **2.** Causar una indisposición o malestar leve. RPr **Indisponer(se) con/contra**.
CONJ *Irreg: Indispongo, indispuse, indispondré, indispuesto.*

[1] **in·dis·po·si·ción** [indisposiθjón] *s/f* Trastorno leve de la salud.

[1] **in·dis·pues·to, -ta** [indispwésto] *adj* Con indisposición.

[1] **in·dis·tin·to, -ta** [indistínto] *adj* **1.** Que puede ser o usarse de una forma o de otra. **2.** Que no se diferencia de otra cosa.

[4] **in·di·vi·dual** [indiβiðwál] *adj* Propio de cada individuo.

[2] **in·di·vi·dua·li·dad** [indiβiðwaliðáð] *s/f* **1.** Cualidad de individual. **2.** Personalidad.

[2] **in·di·vi·dua·lis·mo** [indiβiðwalísmo] *s/m* Tendencia a actuar independientemente de los demás.

[2] **in·di·vi·dua·lis·ta** [indiβiðwalísta] *adj s/m,f* Con individualismo, o persona que actúa así.

[2] **in·di·vi·dua·li·zar** [indiβiðwaliθár] *tr* Diferenciar algo, identificándolo con sus rasgos distintivos.
ORT Ante *e* la *z* cambia a *c: Individualicé.*

[5] **in·di·vi·duo, -ua** [indiβíðwo] *s/m,f* **1.** Cada ser de una especie o género. **2.** Persona de identidad desconocida.

[1] **in·di·vi·si·bi·li·dad** [indiβisiβiliðáð] *s/f* Cualidad de indivisible.

[1] **in·di·vi·si·ble** [indiβisíβle] *adj* Que no se puede dividir.

[1] **in·di·vi·so, -sa** [indiβíso] *adj* No dividido en partes.

[1] **in·do·chi·no, -na** [indotʃíno] *adj s/m,f* De Indochina.

[2] **in·do·cu·men·ta·do, -da** [indokumentáðo] *adj s/m,f* **1.** Que no tiene o no lleva consigo sus documentos de identidad. **2.** Mal informado.

[3] **ín·do·le** [índole] *s/f* Carácter o naturaleza de algo.

[1] **in·do·len·cia** [indolénθja] *s/f* Pereza, dejadez.

[1] **in·do·len·te** [indolénte] *adj* Perezoso, dejado.

[1] **in·do·lo·ro, -ra** [indolóro] *adj* Que no causa dolor.

[1] **in·do·ma·ble** [indomáβle] *adj* Que no se puede domar o someter.

[1] **in·dó·mi·to, -ta** [indómito] *adj* Que no se puede domar o no está domado.

[2] **in·do·ne·sio, -ia** [indonésjo] *adj s/m,f* De Indonesia.

[2] **in·duc·ción** [indukθjón] *s/f* **1.** Acción o resultado de inducir. **2.** Razonamiento que parte de lo particular para llegar a lo general.

[3] **in·du·cir** [induθír] *tr* **1.** Incitar o alentar a hacer algo. **2.** Llegar a una conclusión por inducción. RPr **Inducir a**.
CONJ *Irreg: Induzco, induje, induciré, inducido.*

[1] **in·duc·ti·vo, -va** [induktíβo] *adj* Relativo a la inducción (2).

[1] **in·duc·tor, -ra** [induktór] **I.** *adj s/m,f* Que induce o instiga. **II.** *s/m* ELECTR Circuito eléctrico que produce la corriente.

[3] **in·du·da·ble** [induðáβle] *adj* Que no admite duda.

[1] **in·dul·gen·cia** [indulχénθja] *s/f* **1.** Buena disposición para perdonar los errores y faltas. **2.** REL Remisión de la pena por los pecados.

[1] **in·dul·gen·te** [indulχénte] *adj* Que perdona con facilidad.

[2] **in·dul·tar** [indultár] *tr* Perdonar una pena o parte de ella.

[2] **in·dul·to** [indúlto] *s/m* DER Perdón total o parcial de una pena.

[2] **in·du·men·ta·ria** [indumentárja] *s/f* Conjunto de prendas de vestir, *esp* las que se llevan puestas.

[4] **in·dus·tria** [indústrja] *s/f* **1.** Actividad económica para transformar la materia prima en productos. **2.** Fábrica o establecimiento dedicado a esta actividad.

[5] **in·dus·trial** [industrjál] **I.** *adj* Relativo a la industria. **II.** *s/m,f* Empresario.

[2] **in·dus·tria·li·za·ción** [industrjaliθaθjón] *s/f* Desarrollo de la industria en un país.

[3] **in·dus·tria·li·zar** [industrjaliθár] *tr* Fomentar la implantación de industrias en un país.
ORT Ante *e* la *z* cambia a *c: Industrialice.*

[1] **in·dus·trio·so, -sa** [industrjóso] *adj* Emprendedor.

[3] **i·né·di·to, -ta** [inédito] *adj* Totalmente desconocido.

[2] **i·ne·fa·ble** [inefáβle] *adj* Que no se puede explicar con palabras.

[2] **in·e·fi·ca·cia** [inefikáθja] *s/f* Falta de eficacia.

[2] **in·e·fi·caz** [inefikáθ] *adj* No eficaz.

[1] **in·e·fi·cien·cia** [inefiθjénθja] *s/f* Falta de eficiencia.

IN·FE·RIR

[2] **in·e·lu·di·ble** [ineluðíβle] *adj* Que no se puede evitar.

[1] **i·ne·na·rra·ble** [inenarráβle] *adj* Que no se puede explicar con palabras.

[1] **i·nep·ti·tud** [ineptitúð] *s/f* Falta de aptitud.

[1] **i·nep·to, ·ta** [inépto] *adj* Incompetente, torpe.

[2] **in·e·quí·vo·co, ·ca** [inekíβoko] *adj* Que no admite duda.

[2] **i·ner·cia** [inérθja] *s/f* 1. Cualidad por la que los cuerpos no pueden cambiar su estado de reposo o de movimiento. 2. Falta de energía, inacción.

[1] **i·ner·me** [inérme] *adj* Indefenso.

[2] **i·ner·te** [inérte] *adj* Sin vida, inmóvil.

[1] **in·es·cru·ta·ble** [ineskrutáβle] *adj* Que no se puede llegar a conocer.

[3] **in·es·pe·ra·do, ·da** [inesperáðo] *adj* No esperado.

[3] **in·es·ta·bi·li·dad** [inestaβiliðáð] *s/f* Falta de estabilidad.

[2] **in·es·ta·ble** [inestáβle] *adj* Que no es estable.

[1] **in·es·ti·ma·ble** [inestimáβle] *adj* Muy valioso.

[4] **in·e·vi·ta·ble** [ineβitáβle] *adj* Que no se puede evitar.

[1] **in·e·xac·ti·tud** [ine(k)saktitúð] *s/f* Falta de exactitud.

[1] **in·e·xac·to, ·ta** [ine(k)sákto] *adj* No exacto.

[1] **in·ex·cu·sa·ble** [ine(k)skusáβle] *adj* Que no se puede eludir o dejar de hacer.

[2] **in·e·xis·ten·te** [ine(k)sisténte] *adj* Que no existe.

[2] **in·e·xo·ra·ble** [ine(k)soráβle] *adj* Que no se puede evitar y se cumple inflexiblemente.

[1] **in·ex·pe·rien·cia** [ine(k)sperjénθja] *s/f* Falta de experiencia.

[2] **in·ex·per·to, ·ta** [ine(k)spérto] *adj* Que carece de experiencia.

[2] **in·ex·pli·ca·ble** [ine(k)splikáβle] *adj* Que no se puede explicar.

[1] **in·ex·pre·si·vo, ·va** [ine(k)spresíβo] *adj* Que carece de expresividad.

[1] **in·ex·pug·na·ble** [ine(k)spuɣnáβle] *adj* Que no se puede conquistar por las armas.

[1] **in·ex·tin·gui·ble** [ine(k)stinyíβle] *adj* Que no se puede extinguir.

[1] **in·ex·tri·ca·ble** [ine(k)strikáβle] *adj* Difícil de entender.

[1] **in·fa·li·bi·li·dad** [infaliβiliðáð] *s/f* Imposibilidad de equivocarse.

[2] **in·fa·li·ble** [infalíβle] *adj* Que nunca se equivoca ni falla.

[1] **in·fa·mar** [infamár] *tr* Desacreditar a alguien.

[2] **in·fa·me** [infáme] *adj* 1. Sin honra. 2. Malo.

[2] **in·fa·mia** [infámja] *s/f* Acción o dicho vergonzoso y detestable.

[4] **in·fan·cia** [infánθja] *s/f* Periodo de la vida humana desde el nacimiento hasta la adolescencia.

[2] **in·fan·ta** [infánta] *s/f* Hija legítima de un rey.

[3] **in·fan·te** [infánte] *s/m* 1. Niño de poca edad. 2. Soldado de infantería. 3. Hijo de reyes, no heredero de la corona.

[2] **in·fan·te·ría** [infantería] *s/f* Tropa que combate a pie.

in·fan·ti·ci·da [infantiθíða] *adj s/m,f* Que mata a un niño.

in·fan·ti·ci·dio [infantiθíðjo] *s/m* Acción de matar a un niño.

[4] **in·fan·til** [infantíl] *adj* 1. Relativo a la infancia. 2. Propio de niños, pueril.

[1] **in·fan·ti·lis·mo** [infantilísmo] *s/m* Conducta infantil en una persona adulta.

[2] **in·far·to** [infárto] *s/m* Lesión de un órgano por falta de riego sanguíneo.

[1] **in·fa·ti·ga·ble** [infatiɣáβle] *adj* Que no se fatiga.

[1] **in·faus·to, ·ta** [infáusto] *adj* Que conlleva o produce desgracia.

[3] **in·fec·ción** [infekθjón] *s/f* Acción, efecto o proceso de infectar(se).

[2] **in·fec·cio·so, ·sa** [infekθjóso] *adj* Que produce infección.

[2] **in·fec·tar** [infektár] *tr* Transmitir gérmenes que provocan enfermedad.

[1] **in·fec·to, ·ta** [infékto] *adj* Infectado o contagiado. RPr **Infecto de**.

[1] **in·fe·cun·do, ·da** [infekúndo] *adj* Estéril.

[2] **in·fe·liz** [infelíθ] *adj s/m,f* 1. Que no es feliz. 2. COL Ingenuo.

[1] **in·fe·ren·cia** [inferénθja] *s/f* Deducción de algo a partir de otra cosa conocida.

[4] **in·fe·rior** [inferjór] **I.** *adj* 1. Que está debajo o más bajo. 2. De menor cantidad o importancia. **II.** *adj s/m,f* Persona subordinada a otra. RPr **Inferior a**.

[2] **in·fe·rio·ri·dad** [inferjoriðáð] *s/f* Cualidad de inferior.

[2] **in·fe·rir** [inferír] *tr* Llegar a una conclusión mediante razonamiento. RPr **Inferir de/por. Inferirse de**.

CONJ *Irreg: Infiero, inferí, inferiré, inferido*.

329

② **in·fer·nal** [infernál] *adj* 1. Relativo al infierno. 2. Muy desagradable o perjudicial.

① **in·fes·tar** [infestár] *tr* REFL(*-se*) Llenar(se) un lugar con gran cantidad de cosas perjudiciales. RPr **Infestar(se) de**.

in·fi·bu·lar [infiβulár] *tr* Colocar un obstáculo en los órganos genitales para impedir la unión sexual.

② **in·fi·de·li·dad** [infiðeliðáð] *s/f* Falta de fidelidad.

③ **in·fiel** [infjél] I. *adj* Desleal. II. *adj s/m,f,pl* Pagano.

① **in·fier·ni·llo** [infjerníʎo] *s/m* Cocinilla portátil.

③ **in·fier·no** [infjérno] *s/m* 1. REL Lugar para el castigo eterno. 2. Lugar de mucha discordia o sufrimiento.

in·fil·tra·ción [infiltraθjón] *s/f* Acción o resultado de infiltrarse.

② **in·fil·trar** [infiltrár] *tr* 1. Hacer que un líquido penetre en un cuerpo sólido y poroso. 2. Introducir a alguien en campo enemigo para obtener información.

② **ín·fi·mo, -ma** [ínfimo] *adj* Muy pequeño.

② **in·fi·ni·dad** [infiniðáð] *s/f* (Con *de*) Gran cantidad de algo.

① **in·fi·ni·te·si·mal** [infinitesimál] *adj* MAT Infinitamente pequeño.

① **in·fi·ni·ti·vo, -va** [infinitíβo] *s/m* GRAM Forma no personal del verbo (en *–ar, -er, -ir*).

④ **in·fi·ni·to, -ta** [infiníto] *adj* 1. Sin límites ni fin. 2. Muy numeroso.

① **in·fi·ni·tud** [infinitúð] *s/f* Cualidad de infinito.

④ **in·fla·ción** [inflaθjón] *s/f* ECON Subida excesiva de precios.

② **in·fla·cio·na·rio, -ia** [inflaθjonárjo] *adj* Relativo a la inflación.

② **in·fla·cio·nis·ta** [inflaθjonísta] *adj* Inflacionario.

① **in·fla·ma·ble** [inflamáβle] *adj* Que arde con facilidad.

② **in·fla·ma·ción** [inflamaθjón] *s/f* Acción o resultado de inflamar.

② **in·fla·mar** [inflamár] I. *tr* 1. Hacer que algo arda con grandes llamas. 2. Provocar sentimientos intensos de entusiasmo, pasión, etc. II. REFL(*-se*) Hincharse una parte del cuerpo.

① **in·fla·ma·to·rio, -ia** [inflamatórjo] *adj* Relativo a la inflamación.

② **in·flar** [inflár] I. *tr* 1. Llenar de aire o gas. 2. FIG Aumentar o exagerar la importancia o intensidad de algo. II. REFL(*-se*) Comer en cantidad. RPr **Inflar(se) a/de**.

① **in·fle·xi·bi·li·dad** [infle(k)siβiliðáð] *s/f* Cualidad de inflexible.

① **in·fle·xi·ble** [infle(k)síβle] *adj* Que no se doblega ni cede.

② **in·fle·xión** [infle(k)sjón] *s/f* 1. Variación en una tendencia. 2. Cambio de un tono de voz a otro.

② **in·fli·gir** [infliχír] *tr* Causar dolor, sufrimiento o pena.

ORT La *g* cambia a *j* ante *a/o*: *Inflija, inflijo*.

④ **in·fluen·cia** [inflwénθja] *s/f* Acción o resultado de influir.

④ **in·fluen·ciar** [inflwenθjár] *tr* Ejercer influencia.

in·fluen·za [inflwénθa] *s/f* Gripe.

④ **in·fluir** [inflwír] *intr* 1. Ejercer poder o autoridad sobre alguien. 2. Causar efectos una cosa en otra. RPr **Influir en**.

CONJ Irreg: *Influyo, influí, influiré, influido*.

② **in·flu·jo** [inflúχo] *s/m* Influencia.

② **in·flu·yen·te** [influjénte] *adj* Que influye.

⑤ **in·for·ma·ción** [informaθjón] *s/f* 1. Acción de infomar. 2. Conjunto de datos sobre algo. 3. Servicio para informar.

② **in·for·ma·dor, -ra** [informaðór] *adj s/m,f* Que informa.

② **in·for·mal** [informál] *adj s/m,f* 1. No formal. 2. Que no tiene carácter oficial. 3. Que no cumple con sus obligaciones y compromisos.

① **in·for·ma·li·dad** [informaliðáð] *s/f* Falta de formalidad.

② **in·for·man·te** [informánte] *adj s/m,f* Que facilita información.

⑤ **in·for·mar** [informár] I. *tr* Proporcionar información sobre algo. II. REFL(*-se*) Conseguir información sobre algo. RPr **Informar(se) de/sobre**.

③ **in·for·má·ti·ca** [informátika] *s/f* Ciencia del tratamiento automático de la información mediante ordenadores.

④ **in·for·má·ti·co, -ca** [informátiko] I. *adj* Relativo a la informática. II. *s/m,f* Especialista en informática.

④ **in·for·ma·ti·vo, -va** [informatíβo] I. *adj* Que informa. II. *s/m* Programa televisivo o radiofónico de información.

① **in·for·ma·ti·zar** [informatiθár] *tr* Instalar sistemas informáticos.

ORT Ante *e* la *z* cambia a *c*: *Informatice*.

④ **in·for·me** [infórme] **I.** *adj* De forma no bien definida. **II.** *s/m* Documento con datos sobre algo o alguien.

① **in·for·tu·na·do, -da** [infortunáðo] *adj* **1.** Que es víctima de una desgracia o situación adversa. **2.** Que tiene mala suerte.

① **in·for·tu·nio** [infortúnjo] *s/m* Adversidad.

③ **in·frac·ción** [infrakθjón] *s/f* Transgresión de una ley o norma.

② **in·frac·tor, -ra** [infraktór] *adj s/m,f* Que no cumple una ley o norma.

④ **in·fra·es·truc·tu·ra** [infraestruktúra] *s/f* **1.** Conjunto de medios necesarios para el funcionamiento de algo. **2.** Conjunto de obras y equipamientos materiales necesarios para el funcionamiento de una comunidad o país.

① **in fra·gan·ti** [infraɣánti] *adv* En el momento en que se comete una falta o delito.
ORT También *infraganti*.

① **in·fra·hu·ma·no, -na** [infraumáno] *adj* Impropio del ser humano.

① **in·fran·quea·ble** [infrankeáβle] *adj* Que no se puede franquear.

① **in·fra·rro·jo, -ja** [infrarróχo] *adj s/m* Se aplica a las radiaciones del espectro solar situadas más allá del rojo visible.

① **in·fra·u·ti·li·zar** [infrautiliθár] *tr* Utilizar algo sin aprovechar al máximo sus capacidades.
ORT Ante *e* la *z* cambia a *c*: *Infrautilice*.

① **in·fra·va·lo·rar** [infraβalorár] *tr* Valorar algo en menos de lo que merece.

② **in·fre·cuen·te** [infrekwénte] *adj* Poco frecuente.

① **in·frin·gir** [infrinχír] *tr* Incumplir una ley o norma.
ORT La *g* cambia a *j* ante *a/o*: *Infrinjo*.

① **in·fu·la** [ínfula] *s/f gen pl* Soberbia, arrogancia.

① **in·fun·da·do, -da** [infundáðo] *adj* Que carece de fundamento.

① **in·fun·dio** [infúndjo] *s/m* Noticia falsa.

② **in·fun·dir** [infundír] *tr* **1.** Producir una cierta sensación o sentimiento de ánimo. **2.** Transmitir algo a otra cosa.

② **in·fu·sión** [infusjón] *s/f* Bebida que resulta de introducir en agua hirviendo ciertas plantas aromáticas o medicinales.

② **in·ge·niar** [inχenjár] *tr* Idear o inventar algo. LOC **Ingeniárselas (alguien) para...**, tener alguien el ingenio para solucionar problemas o imprevistos.

③ **in·ge·nie·ría** [inχenjería] *s/f* Conocimientos aplicados a la utilización de los recursos naturales en beneficio del hombre.

④ **in·ge·nie·ro, -ra** [inχenjéro] *s/m,f* Profesional de la ingeniería.

② **in·ge·nio** [inχénjo] *s/m* **1.** Facultad mental para inventar o encontrar soluciones a los problemas. **2.** Talento especial para expresar algo con agudeza. **3.** Máquina.

① **in·ge·nio·si·dad** [inχenjosiðáð] *s/f* **1.** Cualidad de ingenioso. **2.** Cosa ingeniosa.

② **in·ge·nio·so, -sa** [inχenjóso] *adj* Con ingenio.

② **in·gen·te** [inχénte] *adj* Muy grande.

② **in·ge·nui·dad** [inχenwiðáð] *s/f* Cualidad de ingenuo.

③ **in·ge·nuo, -ua** [inχénwo] *adj s/m,f* Que muestra excesiva candidez e inocencia.

② **in·ge·rir** [inχerír] *tr* Introducir alimentos o medicación, por la boca.
CONJ *Irreg: Ingiero, ingerí, ingiere, ingerido.*

② **in·gle** [íngle] *s/f* ANAT Parte del cuerpo donde los muslos se unen con el bajo vientre.

⑤ **in·glés, -gle·sa** [inglés] **I.** *adj s/m,f* De Inglaterra. **II.** *s/m* Lengua inglesa.

① **in·go·ber·na·ble** [ingoβernáβle] *adj* Muy difícil o imposible de gobernar.

① **in·gra·ti·tud** [ingratitúð] *s/f* Falta de agradecimiento.

② **in·gra·to, -ta** [ingráto] *adj* **1.** No grato. **2.** Desagradecido.

① **in·gra·vi·dez** [ingraβiðéθ] *s/f* Cualidad de ingrávido.

① **in·grá·vi·do, -da** [ingráβiðo] *adj* Que no está sometido a la gravedad.

④ **in·gre·dien·te** [ingreðjénte] *s/m* Cada una de las sustancias que forman un compuesto.

④ **in·gre·sar** [ingresár] **I.** *intr* **1.** Entrar a formar parte de una institución, entidad, etc. **2.** Entrar como paciente en un hospital. **II.** *tr* **1.** Meter dinero en una cuenta bancaria. **2.** Llevar a alguien a un hospital. **3.** Ganar una cantidad de dinero.

⑤ **in·gre·so** [ingréso] *s/m* **1.** Acción de ingresar. **2.** Hospitalización. **3.** Depósito de dinero en una cuenta.

① **in·gui·nal** [inginál] *adj* Relativo a la ingle.

① **in·há·bil** [ináβil] *adj* No hábil.

① **in·ha·bi·li·ta·ción** [inaβilitaθjón] *s/f* DER Privación de ciertos derechos.

① **in·ha·bi·li·tar** [inaβilitár] *tr* DER Declarar inhábil para algo mediante disposición oficial.

① **in·ha·bi·ta·ble** [inaβitáβle] *adj* Que no puede ser habitado.

① **in·ha·la·ción** [inalaθjón] *s/f* Acción o resultado de inhalar.

① **in·ha·la·dor** [inalaðór] *s/m* Aparato para hacer inhalaciones.

① **in·ha·lar** [inalár] *tr* Aspirar un gas o sustancia pulverizada.

② **in·he·ren·te** [inerénte] *adj* Unido a una cosa de forma consustancial. RPr **Inherente a**.

② **in·hi·bi·ción** [iniβiθjón] *s/f* Acción o resultado de inhibir.

② **in·hi·bir** [iniβír] I. *tr* 1. Impedir algo. 2. Suspender transitoriamente la función de un órgano. II. *REFL(-se)* 1. Abstenerse de intervenir en un asunto. 2. Decidir un juez no intervenir en una causa.

① **in·hós·pi·to, -ta** [inóspito] *adj* Se aplica al lugar poco acogedor.

① **in·hu·ma·ción** [inumaθjón] *s/f* Acción de enterrar un cadáver.

② **in·hu·ma·no, -na** [inumáno] *adj* Cruel, despiadado.

① **in·hu·mar** [inumár] *tr* Enterrar un cadáver.

② **i·ni·cia·ción** [iniθjaθjón] *s/f* Acción de iniciar(se) algo.

③ **i·ni·cia·do, -da** [iniθjáðo] *adj s/m,f* Con experiencia o conocimientos de algo.

④ **i·ni·cial** [iniθjál] *adj* Relativo al inicio.

① **i·ni·cia·li·zar** [iniθjaliθár] *tr* COMP Configurar un programa o sistema en sus valores iniciales.

ORT Ante *e* la *z* cambia a *c*: *Inicialicé*.

⑤ **i·ni·ciar** [iniθjár] *tr* 1. Comenzar algo. 2. (Con *en*) Proporcionar los primeros conocimientos sobre algo.

⑤ **i·ni·cia·ti·va** [iniθjatíβa] *s/f* Capacidad para emprender cosas nuevas.

④ **i·ni·cio** [iníθjo] *s/m* Comienzo de algo.

① **i·ni·cuo, -ua** [iníkwo] *adj* Injusto.

① **in·i·gua·la·ble** [iniɣwaláβle] *adj* Imposible de igualar.

① **in·i·ma·gi·na·ble** [inimaχináβle] *adj* Muy difícil o imposible de imaginar.

① **in·in·te·li·gi·ble** [ininteliχíβle] *adj* Que no se puede comprender.

② **in·in·te·rrum·pi·do, -da** [ininterrumpíðo] *adj* No interrumpido.

① **i·ni·qui·dad** [inikiðáð] *s/f* Injusticia grande.

② **in·je·ren·cia** [inχerénθja] *s/f* Intervención no deseada en asuntos ajenos.

in·je·rir [inχerír] *REFL(-se)* Entrometerse en asuntos ajenos.

CONJ *Irreg: Injiero, injerí, injeriré, injerido*.

② **in·jer·tar** [inχertár] *tr* 1. MED Implantar tejido vivo en una parte lesionada del cuerpo. 2. BOT Introducir una rama con yemas en el tronco de otra planta para que brote y se incorpore a ella.

② **in·jer·to** [inχérto] *s/m* Acción de injertar o cosa injertada.

① **in·ju·ria** [inχúrja] *s/f* Ofensa, agravio.

② **in·ju·riar** [inχurjár] *tr* Ofender o insultar a alguien.

① **in·ju·rio·so, -sa** [inχurjóso] *adj* Que causa injuria.

③ **in·jus·ti·cia** [inχustíθja] *s/f* Falta de justicia.

① **in·jus·ti·fi·ca·ble** [inχustifikáβle] *adj* Que no se puede justificar.

③ **in·jus·to, -ta** [inχústo] *adj* No justo.

② **in·ma·cu·la·do, -da** [immakuláðo] *adj* Sin defecto ni tacha.

① **in·ma·du·rez** [immaðuréθ] *s/f* Cualidad de inmaduro.

① **in·ma·du·ro, -ra** [immaðúro] *adj* 1. Que carece de madurez intelectual o emocional. 2. (*idea*) Poco meditada.

① **in·ma·nen·te** [immanénte] *adj* Inherente a un ser. RPr **Inmanente a**.

① **in·mar·ce·si·ble** [immarθesíβle] *adj* CULT Que no se estropea ni marchita.

① **in·ma·te·rial** [immaterjál] *adj* No material.

② **in·me·dia·ción** [immeðjaθjón] *s/f pl* Zonas próximas a un lugar.

① **in·me·dia·tez** [immeðjatéθ] *s/f* Cualidad de inmediato.

⑤ **in·me·dia·to, -ta** [immeðjáto] *adj* 1. Que se produce con prontitud. 2. Contiguo. RPr **Inmediato a**.

② **in·me·jo·ra·ble** [immeχoráβle] *adj* Que no se puede mejorar.

② **in·men·si·dad** [immensiðáð] *s/f* Cualidad de inmenso.

④ **in·men·so, -sa** [inménso] *adj* Muy grande.

① **in·me·re·ci·do, -da** [immereθíðo] *adj* No merecido.

② **in·mer·sión** [immersjón] *s/f* Introducción total de un cuerpo en un líquido.

③ **in·mer·so, -sa** [immérso] *adj* 1. Totalmente concentrado en algo. 2. Sumergido. RPr **Inmerso en**.

② **in·mi·gra·ción** [immiɣraθjón] *s/f* Movimientos de población de un lugar a otro.

③ **in·mi·gran·te** [immiɣránte] *adj s/m,f* Que inmigra.

① **in·mi·grar** [immiɣrár] *intr* Llegar alguien a otro país para establecerse en él.

IN·O·POR·TU·NO

[1] **in·mi·nen·cia** [imminénθja] *s/f* Cualidad de inminente.

[2] **in·mi·nen·te** [imminénte] *adj* Que está a punto de suceder.

[1] **in·mis·cuir·se** [immiskwírse] *REFL(-se)* Entrometerse en asuntos ajenos. RPr **Inmiscuirse en**.
CONJ *Irreg: Inmiscuyo, inmiscuí, inmiscuiré, inmiscuido.*

[1] **in·mi·se·ri·cor·de** [immiserikórðe] *adj* Sin compasión alguna.

[1] **in·mo·bi·lia·ria** [immoβiljárja] *s/f* Empresa dedicada a la construcción, compraventa o alquiler de edificios y fincas.

[2] **in·mo·bi·lia·rio, -ia** [immoβiljárjo] *adj* Relacionado con los bienes inmuebles.

[1] **in·mo·la·ción** [immolaθjón] *s/f* Acción o resultado de inmolar(se).

[1] **in·mo·lar** [immolár] **I.** *tr* Sacrificar víctimas para ofrecerlas a una divinidad. **II.** *REFL(-se) P ext*, sacrificarse por un ideal.

[2] **in·mo·ral** [immorál] *adj* Contrario a la moral.

[2] **in·mo·ra·li·dad** [immoraliðáð] *s/f* Falta de moralidad.

[2] **in·mor·tal** [immortál] *adj* **1.** Que no es mortal. **2.** Que perdura en el tiempo.

[2] **in·mor·ta·li·dad** [immortaliðáð] *s/f* Cualidad de inmortal.

[1] **in·mor·ta·li·zar** [immortaliθár] *tr REFL(-se)* Dar carácter inmortal.
ORT La *z* ante *e* cambia a *c: Inmortalice.*

[3] **in·mó·vil** [immóβil] *adj* Que no se mueve.

[2] **in·mo·vi·li·dad** [immoβiliðáð] *s/f* Cualidad de inmóvil.

[1] **in·mo·vi·lis·mo** [immoβilísmo] *s/m* Tendencia a oponerse a cualquier cambio.

[1] **in·mo·vi·lis·ta** [immoβilísta] *adj s/m,f* Relativo al inmovilismo o partidario de él.

[1] **in·mo·vi·li·za·ción** [immoβiliθaθjón] *s/f* Acción o resultado de inmovilizar.

[2] **in·mo·vi·li·zar** [immoβiliθár] *tr* Impedir el movimiento de algo o alguien.
ORT Ante *e* la *z* cambia a *c: Inmovilice.*

[3] **in·mue·ble** [immwéβle] **I.** *adj* Aplicado a los bienes que no pueden ser movidos de su lugar (tierras, edificios, etc.). **II.** *s/m* Casa o edificio.

[1] **in·mun·di·cia** [immundíθja] *s/f* Suciedad, basura.

[2] **in·mun·do, -da** [immúndo] *adj* Muy sucio.

[2] **in·mu·ne** [immúne] *adj* MED Que resiste a la enfermedad. RPr **Inmune a**.

[2] **in·mu·ni·dad** [immuniðáð] *s/f* **1.** Cualidad de inmune. **2.** Privilegio que libera de ciertas obligaciones.

[1] **in·mu·ni·za·ción** [immuniθaθjón] *s/f* Acción o resultado de inmunizar(se).

[1] **in·mu·ni·zar** [immuniθár] *tr* Hacer inmune a ciertas infecciones y enfermedades.
ORT La *z* cambia a *c* ante *e: Inmunice.*

[1] **in·mu·no·de·fi·cien·cia** [immunoðefiθjénθja] *s/f* Deficiencia en las defensas contra la enfermedad.

[2] **in·mu·ta·ble** [immutáβle] *adj* Que no cambia.

[1] **in·mu·tar·se** [immutár] *REFL(-se)* Alterarse.

[1] **in·na·to, -ta** [innáto] *adj* Nacido con el individuo, no adquirido.

[4] **in·no·va·ción** [innoβaθjón] *s/f* Acción o resultado de innovar(se).

[3] **in·no·va·dor, -ra** [innoβaðór] *adj s/m,f* Que innova.

[1] **in·no·var** [innoβár] *intr* Introducir novedades.

in·no·va·ti·vo, -va [innoβatíβo] *adj* Que innova o tiene tendencia a innovar.

[3] **in·nu·me·ra·ble** [innumeráβle] *adj* Que es imposible contarlo.

[1] **i·no·cen·cia** [inoθénθja] *s/f* Cualidad de inocente.

[1] **i·no·cen·ta·da** [inoθentáða] *s/f* Broma típica del día de los Santos Inocentes.

[4] **i·no·cen·te** [inoθénte] *adj* **1.** Sin malicia. **2.** No culpable de un delito.

[2] **i·no·cui·dad** [inokwiðáð] *s/f* Cualidad de inocuo.

[1] **i·no·cu·la·ción** [inokulaθjón] *s/f* Acción o resultado de inocular(se).

[1] **i·no·cu·lar** [inokulár] *tr* MED Introducir en una persona o animal sustancias o gérmenes de una enfermedad.

[2] **i·no·cuo, -ua** [inókwo] *adj* No es dañino ni perjudicial.

[1] **i·no·do·ro, -ra** [inoðóro] **I.** *adj* Sin olor. **II.** *s/m* Retrete.

[2] **in·o·fen·si·vo, -va** [inofensíβo] *adj* Que no causa daño, ni ofende.

[2] **in·ol·vi·da·ble** [inolβiðáβle] *adj* Que no se puede olvidar.

[1] **in·o·pe·ran·te** [inoperánte] *adj* Que no produce efecto.

[1] **i·no·pia** [inópja] *s/f* Pobreza o escasez. LOC **Estar en la inopia**, estar distraído.

[1] **in·o·pi·na·do, -da** [inopináðo] *adj* Que ocurre de forma inesperada.

[2] **in·o·por·tu·no, -na** [inoportúno] *adj* Inapropiado para el momento.

[2] **in·or·gá·ni·co, -ca** [inoryániko] *adj* **1.** BIOL No orgánico. **2.** Que carece de organización.

[1] **in·o·xi·da·ble** [inoksiðáβle] *adj* Que no se oxida.

[1] **in·put** [ímput] *s/m* ANGL Conjunto de datos o información que se introducen (en un ordenador).

[1] **in·que·bran·ta·ble** [inkeβrantáβle] *adj* Que no quiebra ni se rompe.

[2] **in·quie·tan·te** [inkjetánte] *adj* Que inquieta.

[3] **in·quie·tar** [inkjetár] *tr* Quitar la tranquilidad y sosiego.

[2] **in·quie·to, -ta** [inkjéto] *s/f* **1.** Preocupado, intranquilo. **2.** Emprendedor.

[4] **in·quie·tud** [inkjetúð] *s/f* Estado de quien está inquieto.

[3] **in·qui·li·no, -na** [inkilíno] *s/m,f* Persona que vive de alquiler.

[1] **in·qui·na** [inkína] *s/f* Aversión, antipatía.

[2] **in·qui·rir** [inkirír] *tr intr* Investigar, indagar. CONJ *Irreg: Inquiero, inquirí, inquiriré, inquirido.*

[2] **in·qui·si·ción** [inkisiθjón] *s/f* **1.** Investigación o indagación. **2.** *may* Tribunal eclesiástico para castigar los delitos contra la fe.

[1] **in·qui·si·dor, -ra** [inkisiðór] **I.** *adj s/m,f* Indagador. **II.** *s/m* Miembro de la Inquisición.

[1] **in·qui·si·ti·vo, -va** [inkisitíβo] *adj* Que indaga o averigua.

[1] **in·qui·si·to·rial** [inkisitorjál] *adj* Relativo a la Inquisición.

[1] **in·ri** [ínrri] *s/m* **Para más/mayor inri**, por si fuera poco.

[2] **in·sa·cia·ble** [insaθjáβle] *adj* Que nunca se sacia.

[1] **in·sa·lu·bre** [insalúβre] *adj* Nocivo para la salud.

[1] **in·sa·lu·bri·dad** [insaluβriðáð] *s/f* Cualidad de insalubre.

[2] **in·sal·va·ble** [insalβáβle] *adj* Que no se puede salvar.

[1] **in·sa·no, -na** [insáno] *adj* **1.** Loco, demente. **2.** Perjudicial.

[2] **in·sa·tis·fac·ción** [insatisfakθjón] *s/f* Falta de satisfacción.

[1] **in·sa·tis·fac·to·rio, -ia** [insatisfaktórjo] *adj* Que no produce satisfacción.

[2] **in·sa·tis·fe·cho, -cha** [insatisfétʃo] *adj* Que no está satisfecho.

[3] **ins·cri·bir** [inskriβír] *tr* Dejar constancia de algo en un registro oficial. RPr **Inscribir(se) en.** CONJ *pp inscrito.*

[3] **ins·crip·ción** [inskripθjón] *s/f* **1.** Acción o resultado de inscribirse. **2.** Escrito breve grabado en una superficie dura.

[2] **ins·cri·to, -ta** [inskríto] **I.** *pp irreg* de 'inscribir'. **II.** *adj* Que consta oficialmente en un registro.

[1] **in·sec·ti·ci·da** [insektiθíða] *adj s/m* Sustancia para matar insectos.

[1] **in·sec·tí·vo·ro, -ra** [insektíβoro] *adj* ZOOL Que se alimenta de insectos.

[3] **in·sec·to** [insékto] *s/m* Animal invertebrado, pequeño, con patas articuladas y respiración traqueal.

[3] **in·se·gu·ri·dad** [inseyuriðáð] *s/f* Falta de seguridad.

[2] **in·se·gu·ro, -ra** [inseyúro] *adj* Sin seguridad.

[1] **in·se·mi·na·ción** [inseminaθjón] *s/f* Fecundación del óvulo o huevo con semen del macho.

in·se·mi·nar [inseminár] *tr* Verter semen en los óvulos femeninos para fecundarlos.

[1] **in·sen·sa·tez** [insensatéθ] *s/f* Falta de sensatez.

[2] **in·sen·sa·to, -ta** [insensáto] *adj s/m,f* Falto de sensatez.

[1] **in·sen·si·bi·li·dad** [insensiβiliðáð] *s/f* Falta de sensibilidad.

[1] **in·sen·si·bi·li·zar** [insensiβiliθár] *tr* REFL(-se) Hacer(se) insensible. ORT Ante *e* la *z* cambia a *c: Insensibilicé.*

[2] **in·sen·si·ble** [insensíβle] *adj* Que no se conmueve ni emociona. RPr **Insensible a/ante.**

[2] **in·se·pa·ra·ble** [inseparáβle] *adj* Que no se puede separar.

[1] **in·se·pul·to, -ta** [insepúlto] *adj* Se aplica al cadáver que no está sepultado.

[3] **in·ser·ción** [inserθjón] *s/f* Acción o resultado de insertar.

[3] **in·ser·tar** [insertár] *tr* REFL(-se) Incluir(se) una cosa en otra.

[2] **in·ser·to, -ta** [insérto] **I.** *pp irreg* de 'insertar'. **II.** *adj* Incluido en algo.

[2] **in·ser·vi·ble** [inserβíβle] *adj* Que no sirve.

[1] **in·si·dia** [insíðja] *s/f* Acciones o palabras con mala intención.

[1] **in·si·dio·so, -sa** [insiðjóso] *adj s/m,f* Malintencionado.

[2] **in·sig·ne** [insíyne] *adj* Célebre, famoso.

[2] **in·sig·nia** [insíynja] *s/f* **1.** Distintivo. **2.** Bandera.

[1] **in·sig·ni·fi·can·cia** [insiynifikánθja] *s/f* Cosa de escasa importancia o valor.

② **in·sig·ni·fi·can·te** [insiɣnifikánte] *adj* Que tiene poco valor o importancia.

② **in·si·nua·ción** [insinwaθjón] *s/f* Acción o resultado de insinuar(se).

③ **in·si·nuar** [insinwár] **I.** *tr* Dar a entender algo de forma sutil. **II.** REFL(-se) COL Mostrar indirectamente deseos de relaciones amorosas.
ORT PRON El acento recae sobre la *u* en el sing y *3ª p pl* del *pres indic* y *subj: Insinúo.*

① **in·sí·pi·do, -da** [insípiðo] *adj* Sin sabor.

③ **in·sis·ten·cia** [insisténθja] *s/f* Acción de insistir.

② **in·sis·ten·te** [insisténte] *adj* Que insiste en algo.

⑤ **in·sis·tir** [insistír] *intr* Repetir varias veces algo. RPr **Insistir en/sobre.**

① **in·so·la·ción** [insolaθjón] *s/f* Indisposición por exposición excesiva a los rayos solares.

② **in·so·len·cia** [insolénθja] *s/f* Atrevimiento, descaro.

① **in·so·len·tar** [insolentár] *tr* Hacer que alguien sea insolente.

① **in·so·len·te** [insolénte] *adj* Que actúa con descaro.

③ **in·só·li·to, -ta** [insólito] *adj* Poco frecuente.

① **in·so·lu·ble** [insolúβle] *adj* **1.** No soluble. **2.** Que no se puede resolver.

① **in·sol·ven·cia** [insolβénθja] *s/f* Situación de quien es insolvente.

① **in·sol·ven·te** [insolβénte] *adj* Que no puede pagar las deudas.

① **in·som·ne** [insómne] *adj* Que no tiene sueño o no puede dormir.

② **in·som·nio** [insómnjo] *s/m* Falta de sueño.

① **in·son·da·ble** [insondáβle] *adj* Que no puede ser conocido a fondo.

in·so·no·ri·za·ción [insonoriθaθjón] *s/f* Acción o resultado de insonorizar.

① **in·so·no·ri·zar** [insonoriθár] *tr* Aislar contra el ruido.
ORT La *z* cambia a *c* ante *e: Insonorice.*

in·so·no·ro, -ra [insonóro] *adj* Que no es sonoro.

③ **in·so·por·ta·ble** [insoportáβle] *adj* Que no puede soportarse.

① **in·sos·la·ya·ble** [insoslajáβle] *adj* Que no se puede evitar.

② **in·sos·pe·cha·do, -da** [insospetʃáðo] *adj* Inesperado.

② **in·sos·te·ni·ble** [insosteníβle] *adj* Que no se puede mantener.

③ **ins·pec·ción** [inspekθjón] *s/f* Acción o resultado de inspeccionar.

② **ins·pec·cio·nar** [inspekθjonár] *tr* Examinar algo para comprobar su estado.

③ **ins·pec·tor, -ra** [inspektór] *s/m,f* **1.** Persona encargada de la inspección. **2.** Agente de policía sin uniforme.

③ **ins·pi·ra·ción** [inspiraθjón] *s/f* Acción o resultado de inspirar.

④ **ins·pi·rar** [inspirár] *tr* **1.** Suscitar ideas creadoras o sentimientos en alguien. **2.** Introducir aire en los pulmones.

④ **ins·ta·la·ción** [instalaθjón] *s/f* **1.** Acción de instalar. **2.** Conjunto de cosas instaladas.

① **ins·ta·la·dor, -ra** [instalaðór] *s/m,f* Que instala.

⑤ **ins·ta·lar** [instalár] **I.** *tr* Colocar algo en la forma y lugar adecuados para que funcione. **II.** REFL(-se) Fijar la residencia en un lugar. RPr **Instalar(se) en.**

④ **ins·tan·cia** [instánθja] *s/f* **1.** Solicitud escrita para pedir algo. **2.** DER Cada grado en la Administración de justicia. **3.** Institución con poder o autoridad.

② **ins·tan·tá·neo, -ea** [instantáneo] *adj* Que dura muy poco o se produce en un instante.

⑤ **ins·tan·te** [instánte] *s/m* Fracción de tiempo muy breve. LOC **Al instante,** enseguida.

③ **ins·tar** [instár] *tr* Insistir para que se haga algo prontamente. RPr **Instar a.**

② **ins·tau·ra·ción** [instauraθjón] *s/f* Acción o resultado de instaurar.

② **ins·tau·rar** [instaurár] *tr* Restablecer algo.

ins·ti·ga·ción [instiɣaθjón] *s/f* Incitación o provocación a hacer algo.

① **ins·ti·ga·dor, -ra** [instiɣaðór] *adj s/m,f* Que instiga.

① **ins·ti·gar** [instiɣár] *tr* Incitar a hacer algo. RPr **Instigar a.**
ORT Ante *e* la *g* cambia a *gu: Instigué.*

② **ins·tin·ti·vo, -va** [instintíβo] *adj* Que es fruto del instinto.

③ **ins·tin·to** [instínto] *s/m* Tendencia innata de los seres vivos, que los lleva a actuar según las circunstancias.

⑤ **ins·ti·tu·ción** [instituθjón] *s/f* **1.** Organismo con una determinada función en un país. **2.** Acción de instituir(se) algo.

④ **ins·ti·tu·cio·nal** [instituθjonál] *adj* Relativo a las instituciones.

② **ins·ti·tuir** [instituír] *tr* Establecer, fundar algo.

CONJ *Irreg: Instituyo, instituí, instituiré, instituido.*

ins·ti·tu·to [instit́uto] *s/f* 1. Centro público de enseñanza de nivel secundario. 2. Institución de carácter científico, social, etc.

ins·ti·tu·triz [institutríθ] *s/f* Encargada de la educación de los niños de una familia.

ins·truc·ción [instrukθjón] *s/f* 1. Conjunto de conocimientos. 2. Acción de instruir(se). 3. DER Desarrollo o curso de un proceso judicial. 4. *pl* Normas o directrices sobre cómo actuar en un asunto.

ins·truc·ti·vo, -va [instruktíβo] *adj* Que informa sobre algo.

ins·truc·tor, -ra [instruktór] *adj s/m,f* Que instruye.

ins·trui·do, -da [instruíðo] *adj* Con muchos conocimientos.

ins·truir [instruír] *tr* 1. Proporcionar conocimientos. 2. DER Realizar las acciones propias de un expediente judicial.
CONJ *Irreg; Instruyo, instruí, instruiré, instruido.*

ins·tru·men·ta·ción [instrumentaθjón] *s/f* AMER Acción de instrumentar.

ins·tru·men·tal [instrumentál] **I.** *adj* 1. Que sirve como medio o instrumento para un fin. 2. MÚS Escrito sólo para instrumentos musicales. **II.** *s/m* Conjunto de instrumentos (musicales, profesionales).

ins·tru·men·ta·li·zar [instrumentaliθár] *tr* Emplear algo o a alguien como simple medio para un fin.
ORT Ante *e* la *z* cambia a *c: Instrumentalicé.*

ins·tru·men·tar [instrumentár] *tr* AMER Disponer algo con los medios necesarios para su ejecución.

ins·tru·men·tis·ta [instrumentísta] *s/m,f* MÚS Músico que toca un instrumento.

ins·tru·men·to [instruménto] *s/m* 1. Utensilio o herramienta. 2. MÚS Aparato con que se ejecuta la música.

in·su·bor·di·na·ción [insuβorðinaθjón] *s/f* Falta de disciplina.

in·su·bor·di·nar [insuβorðinár] **I.** *tr* Provocar la insubordinación. **II.** REFL(-*se*) Sublevarse.

in·su·fi·cien·cia [insufiθjénθja] *s/f* Cualidad de insuficiente.

in·su·fi·cien·te [insufiθjénte] **I.** *adj* Que no es suficiente. **II.** *s/m* No aprobado.

in·su·flar [insuflár] *tr* MED Introducir un gas o vapor en el organismo.

in·su·fri·ble [insufríβle] *adj* Que no se puede sufrir.

in·su·lar [insulár] *adj, s/m,f* Isleño.

in·su·li·na [insulína] *s/f* Hormona que regula la glucosa de la sangre.

in·sul·so, -sa [insúlso] *adj* 1. Sin gracia ni interés. 2. Insípido.

in·sul·tan·te [insultánte] *adj* Que ofende.

in·sul·tar [insultár] *tr* Ofender.

in·sul·to [insúlto] *s/m* 1. Acción de insultar. 2. Cosa ofensiva.

in·su·mi·sión [insumisjón] *s/f* Falta de sumisión.

in·su·mi·so, -sa [insumíso] *adj s/m,f* Que no se somete ni obedece.

in·su·pe·ra·ble [insuperáβle] *adj* Que no se puede superar.

in·sur·gen·cia [insurχénθja] *s/f* 1. Sublevación. 2. AMER Grupo de insurgentes.

in·sur·gen·te [insurχénte] *adj s/m,f* Sublevado.

in·su·rrec·ción [insurrekθjón] *s/f* Sublevación.

in·su·rrec·to, -ta [insurrékto] *adj s/m,f* Sublevado.

in·sus·tan·cial [insustanθjál] *adj* Que carece de interés o contenido.

in·sus·ti·tui·ble [insustituíβle] *adj* Que no puede ser sustituido.

in·ta·cha·ble [intat∫áβle] *adj* Sin motivo para el reproche.

in·tac·to, -ta [intákto] *adj* No tocado.

in·tan·gi·ble [intanχíβle] *adj* Que no puede ser tocado.

in·te·gra·ble [inteɣráβle] *adj* Que puede ser integrado.

in·te·gra·ción [inteɣraθjón] *s/f* Acción o resultado de integrar.

in·te·gral [inteɣrál] *adj* 1. Que tiene en cuenta todos los aspectos. 2. (*alimentos*) Elaborado con la harina del grano completo.

in·te·gran·te [inteɣránte] *adj s/m,f* Que integra.

in·te·grar [inteɣrár] **I.** *tr* Constituir un todo o entidad mayor. **II.** *tr* REFL(-*se*) Incorporarse a un grupo o conjunto. RPr **Integrar(se) a/en/con.**

in·te·gri·dad [inteɣriðáð] *s/f* Cualidad de íntegro.

in·te·gris·mo [inteɣrísmo] *s/m* Doctrina que propugna el cumplimiento estricto de las normas, *esp* en religión.

in·te·gris·ta [inteɣrísta] *adj s/m,f* Relativo al integrismo o partidario de él.

IN·TE·RE·SA·DO

[2] **ín·te·gro, -ra** [ínteɣro] *adj* 1. Completo. 2. Honrado.

[1] **in·te·lec·to** [intelékto] *s/m* Facultad de entender.

[4] **in·te·lec·tual** [intelektwál] I. *adj* Relativo al intelecto. II. *s/m,f* Persona dedicada al cultivo y uso de la inteligencia.

[1] **in·te·lec·tua·li·dad** [intelektwaliðáð] *s/f* Conjunto de intelectuales.

[4] **in·te·li·gen·cia** [inteliχénθja] *s/f* 1. Facultad de conocer, entender y razonar. 2. FIG Habilidad para actuar. 3. Espionaje.

[4] **in·te·li·gen·te** [inteliχénte] *adj* 1. Dotado de inteligencia y talento. 2. Con mecanismos que controlan el funcionamiento según las condiciones que se dan.

[2] **in·te·li·gi·ble** [inteliχíβle] *adj* Comprensible.

[2] **in·tem·pe·rie** [intempérje] *s/f* Ambiente natural, sometido a las inclemencias del tiempo atmosférico.

[1] **in·tem·pes·ti·vo, -va** [intempestíβo] *adj* No oportuno.

[5] **in·ten·ción** [intenθjón] *s/f* Propósito o fin con que se hace algo.

[2] **in·ten·cio·na·do, -da** [intenθjonáðo] *adj* De forma consciente y deliberada.

[2] **in·ten·cio·nal** [intenθjonál] *adj* AMER Intencionado.

[2] **in·ten·cio·na·li·dad** [intenθjonaliðáð] *s/f* Intención.

[2] **in·ten·den·cia** [intendénθja] *s/f* Control del abastecimiento de un servicio, *esp* el del ejército.

[2] **in·ten·den·te** [intendénte] *s/m,f* Jefe de los servicios de intendencia.

[4] **in·ten·si·dad** [intensiðáð] *s/f* Grado de fuerza o potencia.

[1] **in·ten·si·fi·ca·ción** [intensifikaθjón] *s/f* Aumento de la intensidad de algo.

[2] **in·ten·si·fi·car** [intensifikár] *tr* Aumentar(se) la intensidad.
ORT Ante *e* la *c* cambia a *qu: Intensifique.*

[2] **in·ten·si·vo, -va** [intensíβo] *adj* 1. Que se realiza de forma intensa. 2. (*jornada laboral*) Ininterrumpida.

[4] **in·ten·so, -sa** [inténso] *adj* Con intensidad.

[5] **in·ten·tar** [intentár] *tr* Proponerse hacer algo y esforzarse en ello.

[4] **in·ten·to** [inténto] *s/m* Acción de intentar.

[1] **in·ten·to·na** [intentóna] *s/f* Intento, *gen* frustrado.

[4] **in·ter·ac·ción** [interakθjón] *s/f* Acción recíproca entre personas o cosas.

[1] **in·ter·ac·cio·nar** [interakθjonár] *intr* Actuar coordinadamente para hacer algo conjuntamente.

[2] **in·ter·ac·ti·vo, -va** [interaktíβo] *adj* Relativo a la interacción.

[1] **in·ter·ac·tuar** [interaktwár] *intr* Relacionarse activamente entre sí personas o cosas.
ORT La *u* lleva tilde en el *sing* y *3ª* del *pl* del *pres* de *indic* y *subj: Interactúo.*

[3] **in·ter·a·me·ri·ca·no, -na** [interamerikáno] *adj* Relativo a las relaciones entre países americanos.

[1] **in·ter·a·nual** [interanwál] *adj* Que se obtiene relacionando datos de dos o más años.

[1] **in·ter·ban·ca·rio, -ia** [interβankárjo] *adj* Relativo a las relaciones entre bancos.

[2] **in·ter·ca·lar** [interkalár] *tr* Poner una cosa entre otras.

[1] **in·ter·cam·bia·ble** [interkambjáβle] *adj* Que se puede cambiar.

[4] **in·ter·cam·biar** [interkambjár] *tr* Cambiar entre sí personas, opiniones, etc.

[3] **in·ter·cam·bio** [interkámbjo] *s/m* Cambio recíproco de cosas.

[1] **in·ter·ce·der** [interθeðér] *intr* Mediar en favor de otro. RPr **Interceder por/ante (alguien)**.

[2] **in·ter·cep·tar** [interθeptár] *tr* 1. Detener algo en movimiento. 2. Captar mensajes, *esp* sin autorización.

[1] **in·ter·ce·sión** [interθesjón] *s/m* Mediación a favor de alguien.

in·ter·ce·sor, -ra [interθesór] *adj s/m,f* Que intercede.

[2] **in·ter·con·ti·nen·tal** [interkontinentál] *adj* Referido a dos o más continentes.

[1] **in·ter·cul·tu·ral** [interkulturál] *adj* Relativo a dos o más culturas.

[1] **in·ter·de·pen·den·cia** [interðependénθja] *s/f* Dependencia recíproca entre personas o cosas.

[1] **in·ter·dic·ción** [interðikθjón] *s/f* DER Prohibición.

[5] **in·te·rés** [interés] *s/m* 1. Valor o importancia de algo. 2. Actitud favorable a algo. 3. Provecho, utilidad. 4. *pl* Conveniencias, necesidades o bienes que alguien posee. 5. Porcentaje que devenga una cantidad de dinero prestado o depositada en un banco.

[4] **in·te·re·sa·do, -da** [interesáðo] I. *adj* Que muestra interés o se mueve por él. II. *adj s/m,f* Persona a quien le concierne algo, o implicada en un asunto.

IN·TE·RE·SAN·TE

[5] **in·te·re·san·te** [interesánte] *adj* 1. Que interesa. 2. Que despierta interés.

[5] **in·te·re·sar** [interesár] I. *intr* 1. Provocar interés. 2. Ser de interés para alguien. II. *tr* 1. Despertar interés. 2. Afectar: *El tema interesa a ambas partes.* III. REFL(-se) Mostrar interés. RPr **Interesarse por**.

[1] **in·ter·faz** [interfáθ] *s/m* COMP Dispositivo que conecta dos elementos.

[1] **in·ter·fec·to, -ta** [interfékto] *s/m,f* 1. Persona muerta. 2. Persona a la que se hace referencia.

[2] **in·ter·fe·ren·cia** [interferénθja] *s/f* Acción o resultado de interferir.

[2] **in·ter·fe·rir** [interferír] *intr* 1. Interponerse en el curso o marcha de algo. 2. TÉC Provocar interferencias en la comunicación.
CONJ *Irreg: Interfiero, interferí, interferiré, interferido.*

[1] **in·ter·fo·no** [interfóno] *s/m* Aparato de comunicación interior.

[2] **in·ter·gu·ber·na·men·tal** [interyuβernamentál] *adj* Que afecta a varios gobiernos.

[1] **in·te·ri·ni·dad** [interiniðáθ] *s/f* Cualidad de interino.

[2] **in·te·ri·no, -na** [interíno] *adj s/m,f* Que desempeña un cargo provisionalmente.

[5] **in·te·rior** [interjór] I. *adj* Que está dentro. II. *s/m* 1. Parte de dentro de una cosa. 2. *pl* Escenas que se ruedan en un estudio. 3. DEP Jugador entre el delantero centro y un extremo.

[1] **in·te·rio·ri·dad** [interjoriðáθ] *s/f* 1. Cualidad de interior. 2. *gen pl* Asuntos privados.

[1] **in·ter·jec·ción** [interχekθjón] *s/f* Clase de palabras para expresar estados de ánimo.

in·ter·lí·nea [interlínea] *s/f* Espacio entre dos líneas.

[3] **in·ter·lo·cu·tor, -ra** [interlokutór] *s/m,f* Participante en un diálogo.

[1] **in·ter·lu·dio** [interlúðjo] *s/m* MÚS Composición breve entre dos piezas o entre dos actos.

[2] **in·ter·me·dia·ción** [intermeðjaθjón] *s/f* Mediación.

[3] **in·ter·me·dia·rio, -ia** [intermeðjárjo] *adj s/m,f* Que media entre personas.

[3] **in·ter·me·dio, -ia** [interméðjo] I. *adj* Que está entre dos cosas. II. *s/m* 1. Intervalo entre dos acciones. 2. (*en espectáculos*) Descanso.

[3] **in·ter·mi·na·ble** [intermináβle] *adj* Que no tiene o no parece tener fin.

[1] **in·ter·mi·ten·cia** [intermiténθja] *s/f* Discontinuidad.

[2] **in·ter·mi·ten·te** [intermiténte] I. *adj* Que sucede con discontinuidad. II. *s/m* Dispositivo que enciende y apaga alternativamente una luz para llamar la atención.

[5] **in·ter·na·cio·nal** [internaθjonál] I. *adj* Que afecta o se refiere a dos o más naciones. II. *s/f* Himno socialista.

[2] **in·ter·na·cio·na·li·za·ción** [internaθjonaliθaθjón] *s/f* Acción o resultado de internacionalizar.

[1] **in·ter·na·cio·na·li·zar** [internaθjonaliθár] *tr* REFL(-se) Dar o tomar carácter internacional.
ORT La *z* cambia a *c* ante *e: Internacionalice.*

[2] **in·ter·na·do, -da** [internáðo] I. *adj s/m,f* Ingresado en un centro sanitario o penitenciario. II. *s/m* 1. Centro educativo en que los estudiantes viven como internos. 2. Régimen o condición del interno.

[4] **in·ter·nar** [internár] *tr* 1. Hacer que alguien ingrese en un centro sanitario o en un internado. 2. Hacer que alguien penetre en el interior de un territorio. RPr **Internarse en**.

[1] **in·ter·nau·ta** [internáuta] *s/m,f* Persona que utiliza Internet en busca de información.

[4] **in·ter·net** [internét] *s/m,f* Red mundial de comunicación entre ordenadores.

[1] **in·ter·nis·ta** [internísta] *adj s/m,f* Especialista en enfermedades de los órganos internos.

[4] **in·ter·no, -na** [intérno] I. *adj* 1. Que está dentro de algo. 2. (*medicina, universidad*) Que realiza prácticas en un hospital o departamento. II. *s/m,f* 1. Persona que cumple condena en la cárcel. 2. Persona que estudia y vive en el mismo centro.

[1] **in·ter·pe·la·ción** [interpelaθjón] *s/f* Acción o resultado de interpelar.

[2] **in·ter·pe·lar** [interpelár] *tr* Pedir explicaciones a alguien.

[2] **in·ter·per·so·nal** [interpersonál] *adj* Que afecta a dos o más personas.

[1] **in·ter·po·lar** [interpolár] *tr* Poner una cosa entre otras.

[3] **in·ter·po·ner** [interponér] *tr* REFL(-se) 1. Poner(se) algo entre dos cosas o personas. 2. DER Formalizar un recurso legal. RPr **Interponer(se) en/entre**.
CONJ *Irreg: Interpongo, interpuse, interpondré, interpuesto.*

[1] **in·ter·po·si·ción** [interposiθjón] *s/f* Acción de interponer(se).

IN·TRA·DU·CI·BLE

[4] **in·ter·pre·ta·ción** [interpretaθjón] *s/f* Acción o resultado de interpretar.

[5] **in·ter·pre·tar** [interpretár] *tr* **1.** Dar sentido a una cosa, hecho, texto, etc. **2.** Desarrollar algo conforme a ciertos criterios. **3.** Representar un papel teatral. **4.** Ejecutar una composición musical.

[2] **in·ter·pre·ta·ti·vo, -va** [interpretatíβo] *adj* Relativo a la interpretación.

[3] **in·tér·pre·te** [intérprete] *s/m,f* **1.** Persona que interpreta. **2.** Persona que traduce oral y simultáneamente de una lengua a otra.

[1] **in·ter·pro·vin·cial** [interproβinθjál] *adj* Entre dos o más provincias.

[2] **in·ter·re·la·ción** [interrelaθjón] *s/f* Relación entre varias personas o cosas.

[2] **in·ter·re·la·cio·nar** [interrelaθjonár] *tr* REFL(-se) Relacionar(se) entre sí varias personas o cosas.

[2] **in·te·rro·ga·ción** [interroɣaθjón] *s/f* **1.** Pregunta. **2.** Signo ortográfico para señalar una pregunta.

[3] **in·te·rro·gan·te** [interroɣánte] *s/m,f* Cuestión dudosa o no aclarada.

[3] **in·te·rro·gar** [interroɣár] *tr* Hacer preguntas.
ORT La *g* cambia a *gu* ante *e: Interrogue.*

[2] **in·te·rro·ga·to·rio** [interroɣatórjo] *s/m* Formulación de una serie de preguntas.

[4] **in·te·rrum·pir** [interrumpír] *tr* Detener la continuidad de algo.

[3] **in·te·rrup·ción** [interrupθjón] *s/f* Suspensión de algo en curso.

[2] **in·te·rrup·tor** [interruptór] *s/m* Aparato para interrumpir o no el paso de la corriente eléctrica.

[2] **in·ter·sec·ción** [intersekθjón] *s/f* **1.** Punto donde se cortan dos líneas o superficies. **2.** Lugar donde confluyen dos vías de comunicación.

[1] **in·ters·ti·cio** [interstíθjo] *s/m* Espacio pequeño entre dos cuerpos.

[1] **in·ter·ur·ba·no, -na** [interurβáno] *adj* Entre poblaciones distintas.

[3] **in·ter·va·lo** [interβálo] *s/m* Espacio de tiempo entre dos momentos, hechos o fenómenos.

[5] **in·ter·ven·ción** [interβenθjón] *s/f* **1.** Acción de intervenir. **2.** MED Operación quirúrgica.

[1] **in·ter·ven·cio·nis·mo** [interβenθjonísmo] *s/m* Intervención indebida de un país en los asuntos de otro.

[1] **in·ter·ven·cio·nis·ta** [interβenθjonísta] *adj s/m,f* Relativo al intervencionismo o partidario de él.

[5] **in·ter·ve·nir** [interβenír] **I.** *intr* **1.** Participar en algo. **2.** Hacer uso de la palabra en una reunión. **3.** Actuar las fuerzas de seguridad en un conflicto. **II.** *tr* **1.** MED Operar. **2.** Controlar.
CONJ *Irreg:* como *venir*.

[2] **in·ter·ven·tor, -ra** [interβentór] *s/m,f* **1.** Persona autorizada para supervisar las cuentas públicas. **2.** Quien vigila para que las votaciones se desarrollen según la ley.

[1] **in·ter·viú** [interβjú] *s/f* ANGL Entrevista periodística.
ORT También *interview*.

in·tes·ta·do, -da [intestáðo] *adj s/m,f* DER Muerto sin haber hecho testamento.

[2] **in·tes·ti·nal** [intestinál] *adj* Relativo a los intestinos.

[2] **in·tes·ti·no, -na** [intestíno] **I.** *adj* Que se produce entre grupos opuestos o adversarios de la misma comunidad. **II.** *s/m* Órgano del aparato digestivo, que se extiende desde el estómago hasta el ano.

[1] **in·ti·mar** [intimár] **I.** *intr* Entablar amistad íntima. **II.** *tr* Requerir a alguien para que cumpla algo.

[2] **in·ti·mi·da·ción** [intimiðaθjón] *s/f* Acción de intimidar.

[3] **in·ti·mi·dad** [intimiðáð] *s/f* **1.** Vida privada y personal de alguien. **2.** *pl* Cosas de la vida personal de alguien.

[3] **in·ti·mi·dar** [intimiðár] *tr* Infundir miedo.

[4] **ín·ti·mo, -ma** [íntimo] **I.** *adj* **1.** Que ocurre en la intimidad. **2.** Se dice de la relación fuerte entre personas. **3.** Aplicado a un lugar, acogedor. **4.** Utilizado en la higiene corporal de las partes sexuales. **5.** (*prendas de vestir*) En contacto directo con la piel. **II.** *s/m,f pl* Amigos muy cercanos.

[1] **in·to·ca·ble** [intokáβle] *adj* Que no puede ser tocado.

[2] **in·to·le·ra·ble** [intoleráβle] *adj* Que no se puede tolerar.

[2] **in·to·le·ran·cia** [intoleránθja] *s/f* Falta de tolerancia.

[1] **in·to·le·ran·te** [intoleránte] *adj s/m,f* Que no es tolerante.

[2] **in·to·xi·ca·ción** [into(k)sikaθjón] *s/f* Acción o resultado de intoxicar.

[1] **in·to·xi·car** [into(k)sikár] *tr* REFL(-se) **1.** Envenenar(se). **2.** FIG Difundir información con fines tendenciosos.
ORT Ante *e* la *c* cambia a *qu: Intoxique*.

[1] **in·tra·du·ci·ble** [intraðuθíβle] *adj* Que no puede ser traducido.

[1] **in·tra·mu·ros** [intramúros] *adv* Dentro de una población.

[1] **in·tra·mus·cu·lar** [intramuskulár] *adj* Que está o se inyecta en el interior de un músculo.

[1] **in·tran·qui·lo, -la** [intrankílo] *adj* Falto de tranquilidad.

[1] **in·tra(n)s·fe·ri·ble** [intra(n)sferíβle] *adj* Que no puede ser transferido.

[2] **in·tran·si·gen·cia** [intransiχénθja] *s/f* Falta de transigencia.

[2] **in·tran·si·gen·te** [intransiχénte] *adj* Que no transige.

[1] **in·tran·si·ta·ble** [intransitáβle] *adj* Que no puede ser transitado.

in·tran·si·ti·vo, -va [intransitíβo] *adj s/m* GRAM Se aplica a los verbos que se construyen sin complemento directo.

[1] **in·tras·cen·den·te** [intrasθendénte] *adj* Sin trascendencia.

[1] **in·tra·ta·ble** [intratáβle] *adj* De trato difícil.

in·tre·pi·dez [intrepiδéθ] *s/f* Cualidad de intrépido.

[1] **in·tré·pi·do, -da** [intrépiδo] *adj* Con valor y coraje ante los peligros.

[2] **in·tri·ga** [intríγa] *s/f* Acción o resultado de intrigar.

[1] **in·tri·gan·te** [intriγánte] *adj s/m,f* Que intriga.

[2] **in·tri·gar** [intriγár] **I.** *tr* Provocar gran interés o curiosidad. **II.** *intr* Actuar con astucia y de forma oculta para conseguir algo.
ORT La *g* cambia a *gu* ante *e: Intrigue.*

[1] **in·trin·ca·do, -da** [intrinkáδo] *adj* Complicado y difícil.

[1] **in·trín·gu·lis** [intríngulis] *s/m* Dificultad o complicación.
GRAM *pl Intríngulis.*

[2] **in·trín·se·co, -ca** [intrínseko] *adj* Característico de algo.

[4] **in·tro·duc·ción** [introδukθjón] *s/f* **1.** Acción de introducir. **2.** Colocación de una cosa en el interior de algo. **3.** Parte explicativa al comienzo de una obra.

[5] **in·tro·du·cir** [introδuθír] *tr* **1.** Hacer entrar una cosa en el interior de otra. **2.** Poner en uso por vez primera en un entorno. **3.** Hacer una presentación. **4.** Hacer que alguien acceda al conocimiento de algo. **5.** Entrar a formar parte de un grupo. RPr **Introducir(se) en/entre.**
CONJ *Irreg: Introduzco, introduje, introduciré, introducido.*

[1] **in·tro·duc·tor, -ra** [introδuktór] *adj s/m,f* Que introduce.

[1] **in·tro·duc·to·rio, -ia** [introδuktórjo] *adj* Que sirve para introducir.

[2] **in·tro·mi·sión** [intromisjón] *s/f* Acción o resultado de entrometerse.

[1] **in·tros·pec·ción** [introspekθjón] *s/f* Observación y análisis de sí mismo.

[2] **in·tros·pec·ti·vo, -va** [introspektíβo] *adj* Relacionado con la introspección.

[1] **in·tro·ver·ti·do, -da** [introβertíδo] *adj* Que tiende a concentrarse en sí mismo.

[1] **in·tru·sión** [intrusjón] *s/f* Acción de introducirse indebidamente en un sitio.

[1] **in·tru·sis·mo** [intrusísmo] *s/m* Ejercicio fraudulento de una actividad profesional.

[2] **in·tru·so, -sa** [intrúso] *adj s/m,f* Que se ha introducido indebidamente en un lugar o profesión.

[3] **in·tui·ción** [intwiθjón] *s/f* Percepción clara e instantánea de algo, sin raciocinio.

[3] **in·tuir** [intwír] *tr* Percibir mediante la intuición.
CONJ *Irreg: Intuyo, intuí, intuiré, intuido.*

[2] **in·tui·ti·vo, -va** [intwitíβo] *adj* Relativo a la intuición.

[2] **i·nun·da·ción** [inundaθjón] *s/f* Acción o resultado de inundar(se).

[3] **i·nun·dar** [inundár] *tr* Cubrir de agua u otro líquido un lugar.

[2] **i·nu·si·ta·do, -da** [inusitáδo] *adj* Extraño, poco habitual.

[2] **in·u·sual** [inuswál] *adj* No usual.

[4] **in·ú·til** [inútil] **I.** *adj* **1.** Que carece de utilidad. **2.** Inservible. **II.** *adj s/m,f* Que no puede trabajar o valerse por sí mismo.

[1] **in·u·ti·li·dad** [inutiliδáθ] *s/f* Falta de utilidad.

[1] **in·u·ti·li·zar** [inutiliθár] *tr* Hacer que algo no sea útil.
ORT La *z* cambia a *c* ante *e: Inutilice.*

[4] **in·va·dir** [imbaδír] *tr* **1.** Entrar en un lugar por la fuerza. **2.** Sobrevenir un cierto estado de ánimo. **3.** Llenar o extenderse algo por un lugar: *Un olor suave invadió la sala.* **4.** Sobrepasar algo ciertos límites.

[2] **in·va·li·dar** [imbaliδár] *tr* Dejar sin validez.

[2] **in·va·li·dez** [imbaliδéθ] *s/f* Cualidad de inválido.

[2] **in·vá·li·do, -da** [imbáliδo] **I.** *adj s/m,f* Incapacitado para ciertas funciones por alguna carencia física. **II.** *adj* Que carece de validez.

[2] **in·va·ria·ble** [imbarjáβle] *adj* Que no varía.

IN·VO·LU·CRAR

③ **in·va·sión** [imbasjón] *s/f* Acción de invadir.

② **in·va·sor, -ra** [imbasór] *adj s/m,f* Que invade.

① **in·vec·ti·va** [imbektíβa] *s/f* Discurso o escrito violento contra alguien.

② **in·ven·ci·ble** [imbenθíβle] *adj* Que no puede ser vencido.

③ **in·ven·ción** [imbenθjón] *s/f* Acción o resultado de inventar.

④ **in·ven·tar** [imbentár] *tr* 1. Descubrir o idear algo nuevo. 2. Idear algo falso.

① **in·ven·ta·riar** [imbentarjár] *tr* Hacer inventario.

② **in·ven·ta·rio** [imbentárjo] *s/m* Lista ordenada de cosas.

① **in·ven·ti·va** [imbentíβa] *s/f* Capacidad para inventar.

② **in·ven·to** [imbénto] *s/m* 1. Cosa inventada. 2. Ocurrencia o imaginación falsa.

② **in·ven·tor, -ra** [imbentór] *s/m,f* Persona que inventa.

② **in·ver·na·de·ro** [imbernaðéro] *s/m* Lugar *esp* acondicionado para el cultivo de plantas.

① **in·ver·nal** [imbernál] *adj* Relativo al invierno.

③ **in·ver·nar** [imbernár] *intr* Pasar el invierno en un lugar.
CONJ *Irreg: Invierno, inverné, invernaré, invernado.*

② **in·ve·ro·sí·mil** [imberosímil] *adj* Que no tiene apariencia de verdad.

⑤ **in·ver·sión** [imbersjón] *s/f* Acción o resultado de invertir.

② **in·ver·sio·nis·ta** [imbersjonísta] *s/m,f* AMER Persona o entidad que invierte su dinero.

③ **in·ver·so, -sa** [imbérso] *adj* Opuesto o contrario.

③ **in·ver·sor, -ra** [imbersór] *s/m,f* Inversionista.

① **in·ver·te·bra·do, -da** [imberteβráðo] I. *adj* Se aplica a los animales que no tienen columna vertebral. II. *s/m,pl* Grupo de estos animales.

② **in·ver·ti·do, -da** [imbertíðo] *adj s/m,f* Homosexual.

④ **in·ver·tir** [imbertír] *tr* 1. Emplear dinero para obtener beneficios. 2. Consumir algo no material (tiempo, energía, etc.). 3. Cambiar en dirección opuesta el orden, dirección o sentido de algo. RPr **Invertir en.**
CONJ *Irreg: Invierto, invertí, invertiré, invertido.*

② **in·ves·ti·du·ra** [imbestiðúra] *s/f* Acción de investir.

⑤ **in·ves·ti·ga·ción** [imbestiɣaθjón] *s/f* Acción o resultado de investigar.

④ **in·ves·ti·ga·dor, -ra** [imbestiɣaðór] I. *adj* Relativo a la investigación. II. *s/m,f* Persona que investiga.

④ **in·ves·ti·gar** [imbestiɣár] *tr* 1. Realizar estudios para descubrir nuevos conocimientos. 2. Intentar aclarar algo mediante indagaciones.
ORT La *g* cambia a *gu* ante *e: Investigue.*

① **in·ves·tir** [imbestír] *tr* Conceder cierto honor, dignidad o cargo.
CONJ *Irreg: Invisto, investí, investiré, investido.*

① **in·ve·te·ra·do, -da** [imbeteráðo] *adj* Muy antiguo y arraigado.

① **in·via·bi·li·dad** [imbjaβiliðáð] *s/f* Cualidad de inviable.

② **in·via·ble** [imbjáβle] *adj* Imposible de llevar a cabo.

① **in·vic·to, -ta** [imbíkto] *adj* No vencido.

① **in·vi·den·te** [imbiðénte] *adj s/m,f* Ciego.

④ **in·vier·no** [imbjérno] *s/m* Estación entre el 21 de diciembre y el 21 de marzo en el hemisferio Norte, y entre el 21 de junio y el 21 de septiembre en el hemisferio Sur.

① **in·vio·la·bi·li·dad** [imbjolaβiliðáð] *s/f* Cualidad de inviolable.

① **in·vio·la·ble** [imbjoláβle] *adj* Que no puede ser violado.

③ **in·vi·si·ble** [imbisíβle] *adj* Que no puede ser visto.

③ **in·vi·ta·ción** [imbitaθjón] *s/f* 1. Acción o resultado de invitar. 2. Tarjeta con que se invita.

④ **in·vi·ta·do, -da** [imbitáðo] *s/m,f* Persona que es objeto de una invitación.

⑤ **in·vi·tar** [imbitár] *tr* 1. Comunicar una persona a otra el deseo de que asista a un acto. 2. Pagar voluntariamente la consumición de otro(s). 3. Inducir a hacer algo: *Los colores estimulantes invitan a la actividad.* RPr **Invitar a.**

① **in·vo·ca·ción** [imbokaθjón] *s/f* Acción de invocar o palabras con que se invoca.

③ **in·vo·car** [imbokár] *tr* Apelar a una divinidad o entidad sobrenatural para que conceda un bien.
ORT La *c* cambia a *qu* ante *e: Invoque.*

① **in·vo·lu·ción** [imboluθjón] *s/f* Retroceso en la evolución de algo.

③ **in·vo·lu·crar** [imbolukrár] I. *tr* Mezclar a alguien en un asunto. II. *REFL(-se)* Impli-

IN·VO·LUN·TA·RIO

carse alguien en un asunto. RPr **Involucrar(se) en/con**.

[2] **in·vo·lun·ta·rio, -ia** [imboluntárjo] *adj* Sin intervención de la voluntad.

[1] **in·vul·ne·ra·ble** [imbulneráβle] *adj* Que no es vulnerable.

[2] **in·yec·ción** [injekθjón] *s/f* Acción o resultado de inyectar algo.

[1] **in·yec·ta·ble** [injektáβle] *adj s/m* (*sustancia*) Que se puede inyectar.

[2] **in·yec·tar** [injektár] *tr* **1.** Introducir una sustancia en un cuerpo, *gen* a presión. **2.** MED Introducir un líquido medicamentoso en el organismo con un utensilio adecuado.

[1] **in·yec·tor** [injektór] *s/m* Dispositivo para inyectar.

ion [ión] *s/m* Átomo con carga positiva o negativa.

[2] **ió·ni·co, -ca** [ióniko] *adj* Relativo a los iones.

[1] **io·ni·zar** [ioniθár] **I.** *tr* Transformar en ion. **II.** REFL(*-se*) Cargarse algo de iones.
ORT La *z* cambia a *c* ante *e: Ionice*.

[1] **io·nos·fe·ra** [ionosféra] *s/f* Capa de la atmósfera, que abunda en iones.

[2] **IPC** [i-pé-θé] *s/m* 'Índice de Precios al Consumo'.

[5] **ir** [ír] **I.** *intr* **1.** Dirigirse a un lugar determinado o moverse de un punto a otro. **2.** Asistir a un lugar con un fin. **3.** Progresar de la manera que se expresa. **4.** Mostrar un determinado aspecto exterior: *Todos iban muy elegantes*. **5.** Funcionar un aparato o mecanismo: *El motor no va*. **6.** Resultar algo como se expresa. **7.** Haber transcurrido una determinada cantidad de algo: *Van ya tres días lloviendo*. **II.** REFL(*-se*) **1.** Abandonar un lugar determinado. **2.** Acabarse algo: *La nieve se irá en dos días*. **III.** *aux* (Con *gerundio*) Potencia el valor de desarrollo lento y gradual de la acción, propio del gerundio: *La catedral se iba llenando de gente*. LOC **Ir listo,** COL estar abocado a fracasar. **Ir tirando,** COL ir viviendo, pasar con cierta precariedad. **Írsele a (alguien) el santo al cielo,** FIG quedarse alguien momentáneamente distraído. **¡Qué va!,** expresión exclamativa para negar lo que otro dice.
CONJ *Irreg: Voy (vas, va), iré, fui, ido*.

[3] **i·ra** [íra] *s/f* Irritación o enfado violento.

[1] **i·ra·cun·do, -da** [irakúndo] *adj* Propenso a la ira o dominado por ella.

[2] **i·ra·ní** [iraní] *adj s/m,f* De Irán.
GRAM *pl Iraníes*.

[1] **i·ra·quí** [irakí] *adj s/m,f* De Irak.
GRAM *pl Iraquíes*.

[1] **i·ras·ci·ble** [irasθíβle] *adj* Que entra en ira con facilidad.

[2] **i·ris** [íris] *s/m* Membrana del ojo, en cuyo centro está la pupila.

[1] **i·ri·sar** [irisár] *intr* Presentar algo reflejos similares a los del arco iris.

[2] **ir·lan·dés, -de·sa** [irlandés] *adj s/m,f* De Irlanda.

[3] **i·ro·nía** [ironía] *s/f* Burla sutil y disimulada.

[2] **i·ró·ni·co, -ca** [iróniko] *adj* Que muestra ironía.

[1] **i·ro·ni·zar** [ironiθár] *intr* Hacer ironía de algo.
ORT Ante *e* la *z* cambia a *c: Ironice*.

[2] **IRPF** [i erre pe éfe] *s/m* 'Impuesto sobre la Renta de las Personas Físicas'.

[2] **i·rra·cio·nal** [irraθjonál] *adj* **1.** No racional, opuesto a la razón. **2.** Que carece de la facultad de razonar.

[1] **i·rra·cio·na·li·dad** [irraθjonaliðáθ] *s/f* Cualidad de irracional.

[1] **i·rra·dia·ción** [irraðjaθjón] *s/f* Acción o resultado de irradiar.

[2] **i·rra·diar** [irraðjár] *tr* **1.** Emitir un cuerpo rayos de luz o calor. **2.** FIG Propagar algo no material (como ideas).

[2] **i·rre·al** [irreál] *adj* No real.

[1] **i·rrea·li·dad** [irrealiðáθ] *s/f* Cualidad de irreal.

[1] **i·rrea·li·za·ble** [irrealiθáβle] *adj* Que no se puede llevar a cabo.

[1] **i·rre·ba·ti·ble** [irreβatíβle] *adj* Que no se puede rebatir.

[1] **i·rre·con·ci·lia·ble** [irrekonθiljáβle] *adj* Que no ofrece posibilidad de conciliación.

[1] **i·rre·co·no·ci·ble** [irrekonoθíβle] *adj* Que no se puede reconocer.

[1] **i·rre·cu·pe·ra·ble** [irrekuperáβle] *adj* Que no se puede recuperar.

[2] **i·rre·duc·ti·ble** [irreðuktíβle] *adj* Inmodificable.

[1] **i·rre·fle·xi·vo, -va** [irrefleksíβo] *adj* **1.** Que no reflexiona. **2.** Que se hace sin reflexión previa.

[1] **i·rre·fre·na·ble** [irrefrenáβle] *adj* Imposible de frenar o reprimir.

[1] **i·rre·fu·ta·ble** [irrefutáβle] *adj* Que no se puede refutar.

[3] **i·rre·gu·lar** [irreɣulár] *adj* **1.** Sin uniformidad o simetría. **2.** Que no se atiene a las leyes o normas. **3.** Variable e inconstante.

[3] **i·rre·gu·la·ri·dad** [irreɣulariðáθ] *s/f* **1.** Falta de regularidad. **2.** Anomalía.

I·TI·NE·RA·RIO

[1] **i·rre·le·van·te** [irreleβánte] *adj* Que carece de importancia o relevancia.

[2] **i·rre·me·dia·ble** [irremeðjáβle] *adj* Se aplica a lo que no se puede remediar, reparar o solucionar.

[1] **i·rre·mi·si·ble** [irremisíβle] *adj* Que no se puede perdonar.

[2] **i·rre·nun·cia·ble** [irrenunθjáβle] *adj* Se dice de aquello a lo que no se puede renunciar.

[2] **i·rre·pa·ra·ble** [irreparáβle] *adj* Que no se puede reparar.

[2] **i·rre·pe·ti·ble** [irrepetíβle] *adj* Que no se puede repetir.

[1] **i·rre·pro·cha·ble** [irreprotʃáβle] *adj* Intachable, sin falta.

[2] **i·rre·sis·ti·ble** [irresistíβle] *adj* Se dice de lo que no se puede resistir o aguantar.

[1] **i·rre·so·lu·ble** [irresolúβle] *adj* Que no se puede resolver.

[1] **i·rre·so·lu·to, -ta** [irresolúto] *adj* No solucionado.

[1] **i·rres·pi·ra·ble** [irrespiráβle] *adj* Que no se puede respirar.

[2] **i·rres·pon·sa·bi·li·dad** [irresponsaβiliðáð] *s/f* Falta de responsabilidad.

[2] **i·rres·pon·sa·ble** [irresponsáβle] *adj* Se dice de quien actúa sin responsabilidad.

[1] **i·rre·ve·ren·cia** [irreβerénθja] *s/f* 1. Falta de respeto. 2. Hecho o dicho irreverente.

[1] **i·rre·ve·ren·te** [irreβerénte] *adj* 1. Contrario a la reverencia o respeto debidos. 2. Que no muestra respeto hacia algo.

[2] **i·rre·ver·si·ble** [irreβersíβle] *adj* Que no puede volver a su estado anterior.

[2] **i·rre·vo·ca·ble** [irreβokáβle] *adj* Que no se puede revocar.

[1] **i·rri·ga·ción** [irriɣaθjón] *s/f* Acción de regar o de irrigar.

[1] **i·rri·gar** [irriɣár] *tr* 1. Regar. 2. Aportar sangre a un determinado tejido u órgano. ORT Ante *e* la *g* cambia a *gu*: *irrigue*.

[1] **i·rri·so·rio, -ia** [irrisórjo] *adj* 1. Que provoca risa. 2. Insignificante.

[1] **i·rri·ta·bi·li·dad** [irritaβiliðáð] *s/f* Cualidad de irritable.

[1] **i·rri·ta·ble** [irritáβle] *adj* Que tiende a irritarse.

[2] **i·rri·ta·ción** [irritaθjón] *s/f* Acción o resultado de irritar(se).

[2] **i·rri·tan·te** [irritánte] *adj* Que irrita.

[3] **i·rri·tar** [irritár] *tr* 1. Producir enfado o enojo. 2. Producir enrojecimiento o escozor de la piel.

[1] **i·rrom·pi·ble** [irrompíβle] *adj* Que no se puede romper.

[2] **i·rrum·pir** [irrumpír] *intr* Entrar impetuosamente en un lugar. RPr **Irrumpir en.**

[2] **i·rrup·ción** [irrupθjón] *s/f* Entrada impetuosa en un lugar.

[5] **is·la** [ísla] *s/f* 1. Porción de tierra rodeada de agua por todas partes. 2. Zona claramente delimitada respecto a su entorno.

[2] **is·lam** [islám] *s/m* Religión de los musulmanes.

[3] **is·lá·mi·co, -ca** [islámiko] *adj* Relativo al islam.

[1] **is·la·mis·mo** [islamísmo] *s/f* Conjunto de creencias del islam.

[1] **is·la·mis·ta** [islamísta] I. *adj* Relativo al islam. II. *s/m,f* Persona que profesa la religión islámica.

[1] **is·lan·dés, -de·sa** [islandés] *adj s/m,f* De Islandia.

[1] **is·le·ño, -ña** [isléɲo] I. *adj* Relativo a alguna isla. II. *s/m,f* Habitante de una isla.

[1] **is·lo·te** [islóte] *s/m* Isla pequeña.

i·só·cro·no, -na [isókrono] *adj* Que se realiza en tiempos de igual duración.

i·so·mor·fo, -fa [isomórfo] *adj* Se dice de los cuerpos que tienen diferente composición química, pero igual forma cristalina.

i·sós·ce·les [isósθeles] *adj* Se dice del ángulo con dos lados iguales.

[2] **i·só·to·po** [isótopo] *s/m* Cuerpo simple con el mismo número de átomos que otro.

[1] **is·que·mia** [iskémja] *s/f* Interrupción de la circulación arterial en un órgano o zona.

[2] **is·rae·lí** [isrraelí] I. *adj* Relativo al actual Estado de Israel. II. *s/m,f* Habitante del actual Estado de Israel.

[1] **is·rae·li·ta** [isrraelíta] *adj s/m,f* De Israel.

[2] **ist·mo** [ístmo] *s/m* Franja de tierra que une una península con el resto del continente, o dos continentes entre sí.

[5] **i·ta·lia·no, -na** [italjáno] I. *adj s/m,f* De Italia. II. *s/m* Lengua italiana.

[1] **í·tem** [item] *s/m* (*voz latina*) Cada una de las partes de un conjunto.

i·te·ra·ción [iteraθjón] *s/f* Repetición.

[1] **i·ti·ne·ran·cia** [itinenánθja] *s/f* Movimiento por diversos lugares, sin establecerse en ninguno de ellos.

[1] **i·ti·ne·ran·te** [itinenánte] *adj* Que va de un sitio a otro.

[3] **i·ti·ne·ra·rio** [itinenárjo] *s/m* Ruta de un recorrido.

IVA

③ **IVA** [íβa] *s/m* 'Impuesto sobre el Valor Añadido'.

② **i·zar** [iθár] *tr* Elevar algo hasta lo alto de un mástil, *esp* una bandera o una vela.
ORT Ante *e* la *z* cambia a *c: Icé*.

④ **iz·quier·da** [iθkjérða] *s/f* **1.** Mano o pierna situada en la parte del cuerpo donde se encuentra el corazón. **2.** Situación o dirección correspondientes a este lado. **3.** Ideología que defiende ideas no conservadoras.

① **iz·quier·dis·mo** [iθkjerðísmo] *s/m* Doctrina de la izquierda (3).

② **iz·quier·dis·ta** [iθkjerðísta] *adj s/m,f* Relativo a la izquierda, o partidario del izquierdismo.

⑤ **iz·quier·do, -da** [iθkjérðo] *adj* **1.** Situado en el lado del corazón. **2.** Del lado de la mano izquierda de quien habla o actúa.

iz·quier·do·so, -sa [iθkjerðóso] *adj* COL De connotaciones izquierdistas o tendente a ellas.

344

J j

[5] **J; j** [χóta] *s/f* Décima letra del alfabeto.

[2] **ja·ba·lí** [χaβalí] *s/m* Mamífero salvaje, parecido al cerdo. GRAM *pl* **Jabalíes**.

[1] **ja·ba·li·na** [χaβalína] *s/f* **1.** Hembra del jabalí. **2.** Arma arrojadiza, actualmente usada en competiciones deportivas.

[1] **ja·ba·to, -ta** [χaβáto] **I.** *s/m* Cría de jabalí. **II.** *s/m,f* Joven valiente.

[2] **ja·bón** [χaβón] *s/m* Producto que se usa mezclado con agua para lavar el cuerpo o la ropa. LOC **Dar jabón a alguien**, FIG adularle.

ja·bo·na·da [χaβonáða] *s/f* Aplicación de jabón y agua para lavar algo.

ja·bo·na·du·ra [χaβonaðúra] *s/f* **1.** Jabonada. **2.** Agua y espuma que se forma al lavar con jabón.

[1] **ja·bo·nar** [χaβonár] *tr* Dar jabón a algo.

[1] **ja·bo·ne·ro, -ra** [χaβonéro] **I.** *adj* Relativo al jabón. **II.** *s/m,f* Persona que fabrica o vende jabón.

[1] **ja·bo·no·so, -sa** [χaβonóso] *adj* Que contiene jabón o es de contextura similar al jabón.

[1] **ja·ca** [χáka] *s/f* Caballo o yegua de poca alzada.

[1] **ja·ca·ran·da** [χakaránda] *s/f* Árbol con flores de color morado y azulado.

já·ce·na [χáθena] *s/f* Viga maestra.

[1] **ja·cin·to** [χaθínto] *s/m* Planta con flores acampanadas de diferentes colores, o flor de esta planta.

[1] **ja·co** [χáko] *s/m* Caballo pequeño y de poco valor.

[1] **ja·co·beo, -ea** [χakoβéo] *adj* Relacionado con el apóstol Santiago.

[1] **jac·tan·cia** [χaktánθja] *s/f* Alabanza presuntuosa de uno mismo.

[1] **jac·tan·cio·so, -sa** [χaktanθjóso] *adj* Que se jacta de algo.

[1] **jac·tar·se** [χaktárse] REFL*(-se)* Presumir excesivamente de algo. RPr **Jactarse de**.

[1] **ja·cu·la·to·ria** [χakulatórja] *s/f* Oración breve.

[1] **ja·cu·zzi** [jakúsi] *s/m* Bañera con agua a presión, para masajes.

[1] **ja·de** [χáðe] *s/m* Piedra muy dura, blanquecina o de color verdoso, apreciada en joyería.

[2] **ja·de·an·te** [χaðeánte] *adj* Que jadea.

[2] **ja·de·ar** [χaðeár] *intr* Respirar con dificultad, de manera entrecortada.

[1] **ja·deo** [χaðéo] *s/m* Respiración entrecortada y agitada.

[1] **ja·ez** [χaéθ] *s/m* **1.** COL Clase o condición de cosas o personas, *esp* cuando no son muy apreciadas. **2.** Adorno de las caballerías.

[2] **ja·guar** [χaɣwár] *s/m* Mamífero felino carnicero, similar a la pantera.

[2] **ja·lar** [χalár] **I.** *tr* **1.** COL Comer. **2.** AMER Agarrar. **3.** AMER Tirar de algo, atraerlo hacia sí. **4.** AMER Robar. **II.** *intr* AMER Irse o escaparse de un lugar.

[1] **ja·lea** [χaléa] *s/f* Dulce de fruta en conserva, de aspecto gelatinoso.

Jalea real, sustancia segregada por las abejas para alimentar a las larvas.

[2] **ja·le·ar** [χaleár] *tr* Animar con gritos, palmas, etc.

[1] **ja·leo** [χaléo] *s/m* Situación de gran alboroto y desorden.

[1] **ja·lón** [χalón] *s/m* **1.** Hecho o acontecimiento importante que sirve como punto de referencia. **2.** AMER Tirón fuerte o violento de algo.

ja·lo·na·mien·to [χalonamjénto] *s/m* Acción o resultado de jalonar.

[1] **ja·lo·nar** [χalonár] *tr* Ser algo un punto de referencia.

ja·mai·ca·no, -na [χamaikáno] *adj s/m,f* De Jamaica.

[5] **ja·más** [χamás] *adv* Nunca.

[1] **jam·ba** [χámba] *s/f* ARQ Cada una de las dos piezas que sostienen el dintel.

ja·mel·go [χamélɣo] *s/m* Caballo flaco.

[3] **ja·món** [χamón] *s/m* Pierna del cerdo curada.

[4] **ja·po·nés, -ne·sa** [χaponés] *adj s/m,f* De Japón.

JA·QUE

[1] **ja·que** [χáke] *s/m* En el ajedrez, cerco al rey o reina del contrario.

[1] **ja·que·ca** [χakéka] *s/f* Dolor muy intenso de cabeza.

[1] **ja·ra** [χára] *s/f* Arbusto de hoja perenne.

[2] **ja·ra·be** [χaráβe] *s/m* Preparado medicinal líquido, de sabor *gen* dulce.

[1] **ja·ra·na** [χarána] *s/f* Juerga, diversión animada y ruidosa.

[4] **jar·dín** [χarðín] *s/m* Zona donde se cultivan flores y plantas.

[1] **jar·di·ne·ra** [χarðinéra] *s/f* 1. Recipiente donde se cultivan flores o plantas ornamentales. 2. Coche descubierto, tirado por caballos o por un tranvía.

[1] **jar·di·ne·ría** [χarðinería] *s/f* Arte de cultivar plantas de adorno.

[2] **jar·di·ne·ro, -ra** [χarðinéro] *s/m,f* Persona que cuida de un jardín.

[2] **ja·rra** [χárra] *s/f* Recipiente con asas, para contener líquidos o bebidas.

ja·rre·te [χarréte] *s/m* 1. Parte carnosa de la pantorrilla. 2. Corvejón de los animales.

[2] **ja·rro** [χárro] *s/m* Jarra.

[2] **ja·rrón** [χarrón] *s/m* Vasija decorativa en forma de jarro.

[1] **jas·pe** [χáspe] *s/m* Variedad de cuarzo, opaco y de colores variados.

jas·pe·ar [χaspeár] *tr* Pintar imitando las vetas y colores del jaspe.

[1] **Jau·ja** [χáuχa] *s/f* Lugar imaginario donde todo es próspero y abundante.

[2] **jau·la** [χáula] *s/f* Caja con barrotes para encerrar animales.

[1] **jau·ría** [χauría] *s/f* Conjunto de perros que participan en una cacería.

[2] **jaz·mín** [χaθmín] *s/m* 1. Arbusto con tallos delgados y flores blancas muy olorosas. 2. Flor de ese arbusto.

[3] **jazz** [jás] *s/m* MÚS Música con ritmo muy marcado y cambiante, que gusta de la improvisación.

[1] **jeep** [jíp] *s/m* ANGL Vehículo ligero, para todo tipo de terrenos.

[2] **je·fa·tu·ra** [χefatúra] *s/f* 1. Institución a cargo de un jefe. 2. Oficinas de esa institución. 3. Cargo de jefe.

[5] **je·fe, -fa** [χéfe] *s/m,f* 1. Cargo superior de un cuerpo o institución. 2. Persona que manda un grupo.

[1] **je·que** [χéke] *s/m* Gobernador de un territorio musulmán.

[1] **je·rar·ca** [χerárka] *s/m,f* Persona de alta categoría.

[3] **je·rar·quía** [χerarkía] *s/f* 1. Organización de un organismo en categorías. 2. Cada una de esas categorías.

[2] **je·rár·qui·co, -ca** [χerárkiko] *adj* Relativo a la jerarquía.

[1] **je·rar·qui·za·ción** [χerarkiθaθjón] *s/f* Clasificación en categorías.

[1] **je·rar·qui·zar** [χerarkiθár] *tr* Organizar en rangos o categorías.
ORT La *z* cambia a *c* ante *e*: *Jerarquice*.

[2] **je·rez** [χeréθ] *s/m* Tipo de vino blanco, seco y fino, de alta graduación alcohólica.

[2] **jer·ga** [χérγa] *s/f* Lenguaje especial de ciertos grupos o sectores sociales o profesionales.

[1] **jer·gón** [χerγón] *s/m* Colchón de paja o esparto.

[1] **je·rin·ga** [χeríŋga] *s/f* Instrumento para inyectar o extraer sustancias de un cuerpo.

[1] **je·rin·gar** [χeriŋgár] *tr* COL Molestar.
ORT Ante *e* la *g* cambia a *gu*: *Jeringue*.

[1] **je·rin·gui·lla** [χeriŋgíλa] *s/f* Jeringa de pequeño tamaño.

[2] **je·ro·glí·fi·co** [χeroγlífiko] *s/m* 1. Símbolo que representa ideas o palabras. 2. Pasatiempo que consiste en adivinar una frase o palabra a través de dibujos.

[2] **jer·sey** [χerséi] *s/m* ANGL Prenda de punto que cubre el cuerpo desde el cuello hasta la cadera.
GRAM *pl Jerseys*.

[3] **je·sui·ta** [χesuíta] *s/m* Religioso de la Compañía de Jesús.

[1] **je·suí·ti·co, -ca** [χesuítiko] *adj* Relativo a los jesuitas.

[1] **jet** [jét] *s/m* ANGL Avión a reacción.
Jet-set, alta sociedad.

[2] **je·ta** [χéta] I. *adj s/m,f* COL Desvergonzado. II. *s/f* 1. COL Cara. 2. COL Descaro, desfachatez. 3. Hocico del cerdo.

ji·bia [χíβja] *s/f* Molusco cefalópodo parecido al calamar.

[1] **jí·ca·ra** [χíkara] *s/f* Taza para tomar chocolate.

[1] **jil·gue·ro** [χilγéro] *s/m* Pájaro cantor, con plumaje vistoso pardo, amarillo y negro.

ji·li·po·lla(s) [χilipóλa(s)] *adj s/m,f* Gilipollas.

[1] **ji·ne·ta** [χinéta] *s/f* Mamífero carnicero, del tamaño de un gato. LOC **A la jineta**, estilo de montar a caballo con los estribos cortos y las piernas dobladas en posición vertical.

[2] **ji·ne·te** [χinéte] *s/m* Persona que va a caballo.

346

JUE·GO

[1] **ji·ra·fa** [χiráfa] *s/f* Mamífero rumiante, de gran altura y con el cuello muy largo.

[1] **ji·rón** [χirón] *s/m* Trozo arrancado o desgarrado de una prenda de vestir o tela.

[2] **jo** [χó] *interj* COL Expresa sorpresa, disgusto, admiración, etc.

[1] **joc·key** [χókei] *s/m,f* ANGL Jinete profesional de carreras de caballos.

jo·co·si·dad [χokosiðáð] *s/f* Cualidad de jocoso.

[1] **jo·co·so, -sa** [χokóso] *adj* Gracioso, divertido.

[4] **jo·der** [χoðér] I. *tr intr* 1. VULG Molestar. 2. VULG Impedir la realización o disfrute de algo. 3. VULG Realizar el acto sexual. II. *REFL(-se)* 1. VULG Fastidiarse o aguantarse. 2. VULG Estropearse una cosa. LOC **¡Joder!**, VULG interjección para indicar sorpresa, extrañeza, admiración, disgusto, etc.

[2] **jo·di·do, -da** [χoðíðo] *adj* 1. VULG Molesto, incómodo. 2. Difícil, complicado. 3. VULG (Con *estar*) Fastidiado.

[1] **jo·fai·na** [χofáina] *s/f* Recipiente ancho y de poca profundidad.

[1] **jol·go·rio** [χolγórjo] *s/m* Diversión ruidosa y alegre.

[1] **jo·lín** [χolín] *interj* COL Indica sorpresa, extrañeza, disgusto, admiración, etc.
USO También *jolines*.

[1] **jor·da·no, -na** [χorðáno] *adj s/m,f* De Jordania.

[4] **jor·na·da** [χornáða] *s/f* 1. Tiempo dedicado a una actividad o trabajo. 2. Periodo de tiempo correspondiente a un día.

[1] **jor·nal** [χornál] *s/m* 1. Salario por un día de trabajo. 2. Trabajo por día. LOC **A jornal**, cobrando una cantidad fija por cada día trabajado.

[2] **jor·na·le·ro, -ra** [χornaléro] *s/m,f* Persona que trabaja a jornal, *esp* en el campo.

[1] **jo·ro·ba** [χoróβa] *s/f* 1. Abultamiento anómalo en la espalda o pecho. 2. Bulto dorsal de gran tamaño en los camellos y dromedarios.

[1] **jo·ro·ba·do, -da** [χoroβáðo] *adj s/m,f* Que tiene joroba.

[2] **jo·ro·bar** [χoroβár] *tr* COL Molestar, fastidiar.

[1] **jo·ron·go** [χoróngo] *s/m* MEX Poncho, abrigo típico de los campesinos.

[1] **jo·ta** [χóta] *s/f* 1. Nombre de la letra 'j'. 2. Música popular de varias regiones españolas o baile que la acompaña.

[5] **jo·ven** [χóβen] I. *adj* Que aún no ha alcanzado la madurez. II. *adj s/m,f* Persona entre la niñez y la madurez.

[1] **jo·vial** [χoβjál] *adj* Alegre, desenfadado.

[1] **jo·via·li·dad** [χoβjaliðáð] *s/f* Cualidad de jovial.

[3] **jo·ya** [χója] *s/f* 1. Objeto de adorno, de metal y piedras preciosas. 2. Cosa o persona de gran valor.

[2] **jo·ye·ría** [χojería] *s/f* 1. Arte, técnica, oficio o industria de las joyas. 2. Establecimiento donde se venden joyas.

[1] **jo·ye·ro, -ra** [χojéro] I. *adj s/m,f* Profesional de la joyería. II. *s/m* Caja para guardar joyas.

[1] **jua·ne·te** [χwanéte] *s/m* Hueso que sobresale, en el dedo gordo del pie.

[3] **ju·bi·la·ción** [χuβilaθjón] *s/f* 1. Acción o resultado de jubilarse. 2. Paga de un jubilado.

[2] **ju·bi·la·do, -da** [χuβiláðo] *adj s/m,f* Persona retirada de su trabajo por razón de edad.

[3] **ju·bi·lar** [χuβilár] *tr* Retirar a una persona de su trabajo por haber alcanzado la edad establecida.

[2] **jú·bi·lo** [χúβilo] *s/m* Alegría intensa y exteriorizada.

[1] **ju·bón** [χuβón] *s/m* Antigua prenda de vestir, ceñida al cuerpo hasta la cintura.

[1] **ju·dai·co, -ca** [χuðáiko] *adj* Relacionado con el judaísmo.

[2] **ju·daís·mo** [χuðaísmo] *s/m* Religión de los judíos.

[2] **ju·das** [χúðas] *s/m,f* DES Persona traidora y malvada.

[1] **ju·día** [χuðía] *s/f* 1. Planta leguminosa, que se cultiva para el consumo humano. 2. Fruto de esta planta.

[1] **ju·di·ca·tu·ra** [χuðikatúra] *s/f* 1. Cuerpo constituido por los jueces de un país. 2. Cargo de juez.

[5] **ju·di·cial** [χuðiθjál] *adj* Relativo a los jueces o a la justicia.

[4] **ju·dío, -ía** [χuðío] *adj s/m,f* 1. Relativo al judaísmo. 2. Del actual Estado de Israel.

[1] **ju·do** [júðo] *s/m* Lucha deportiva, de origen japonés.

[1] **ju·do·ca** [juðóka] *s/m,f* Persona que practica el judo.

[5] **jue·go** [χwéγo] *s/m* 1. Acción o resultado de jugar. 2. Entretenimiento que se atiene a ciertas reglas. 3. Juego de azar. 4. Conjunto de piezas que componen un todo unitario o sirven para el mismo uso. 5. Combinación de elementos que produ-

JUER·GA

cen un determinado efecto: *El adecuado juego de luces y sombras.* **6.** FIG Estrategia o plan para conseguir algo. **7.** DEP Cada una de las partes de que consta un partido. **8.** DEP *gen pl* Evento deportivo con varias competiciones: *Los Juegos del Mediterráneo.* **9.** Partido de un deporte determinado. **10.** Punto de unión entre dos cosas articuladas y espacio que hay entre ellas. LOC **A juego,** armonizando con algo. **Estar (algo) en juego,** estar en una situación arriesgada.

2 **juer·ga** [χwérγa] *s/f* Diversión animada y ruidosa.

1 **juer·guis·ta** [χwerγísta] *s/m,f* Amante de la juerga.

5 **jue·ves** [χwéβes] *s/m* Día de la semana entre el miércoles y el viernes.

4 **juez, -za** [χwéθ] *s/m,f* Funcionario de la justicia, encargado de juzgar y sentenciar.

2 **ju·ga·da** [χuγáða] *s/f* **1.** Intervención de un jugador en el juego. **2.** Lance del juego. **3.** FIG Estrategia o táctica usada para conseguir algo. **4.** FIG Acción malintencionada.

4 **ju·ga·dor, -ra** [χuγaðór] *s/m,f* Persona que participa en un juego.

5 **ju·gar** [χuγár] **I.** *tr intr* Participar en un juego. **II.** *tr* **1.** Apostar algo en el juego de azar. **2.** Arriesgar lo que se expresa en una acción: *Juega su prestigio.* **3.** Desempeñar cierta responsabilidad o función: *Las defensas juegan un papel fundamental en el equipo.* **III.** *intr* **1.** Entretenerse haciendo algo: *De pequeña jugaba con muñecas.* **2.** FIG (Con *con*) No tratar algo o a alguien con la seriedad debida. **3.** Intervenir alguien en un momento del juego por ser su turno: *Te toca jugar.* **4.** Participar en un juego de azar. LOC **Jugar(se)la a alguien,** hacer algo contra otro con mala intención. RPr **Jugar a/con/en.**
CONJ *Irreg: Juego, jugué, jugaré, jugado.*

1 **ju·ga·rre·ta** [χuγarréta] *s/f* COL Acción malintencionada contra alguien.

1 **ju·glar, -re·sa** [χuγlár] *s/m,f* Artista ambulante que divertía a la gente.

3 **ju·go** [χúγo] *s/m* **1.** Líquido extraído de sustancias animales o vegetales. **2.** FIG Utilidad, provecho.

2 **ju·go·so, -sa** [χuγóso] *adj* **1.** Sustancioso. **2.** Que tiene jugo.

3 **ju·gue·te** [χuγéte] *s/m* Objeto con el que se entretienen los niños.

1 **ju·gue·te·ar** [χuγeteár] *intr* Entretenerse jugando.

1 **ju·gue·te·ría** [χuγetería] *s/f* Establecimiento en que se venden juguetes.

1 **ju·gue·tón, -to·na** [χuγetón] *adj* Que juega mucho.

5 **jui·cio** [χwiθjo] *s/m* **1.** Facultad mental con la que se distinguen y valoran las cosas. **2.** Sensatez, cordura. **3.** Opinión o valoración sobre algo. **4.** DER Proceso ante un juez o tribunal, para esclarecer ciertos hechos y luego dictar sentencia.

1 **jui·cio·so, -sa** [χwiθjóso] *adj* Prudente.

5 **ju·lio** [χúljo] *s/m* Séptimo mes del año, entre junio y agosto.

1 **jum·bo** [júmbo] **I.** *s/m* ANGL Avión de pasajeros de grandes dimensiones. **II.** *adj* Muy grande.

1 **jun·co** [χúnko] *s/m* **1.** Planta herbácea de tallos largos. **2.** NÁUT Embarcación ligera y pequeña, propia de Asia.

1 **jun·gla** [χúngla] *s/f* Terreno con vegetación espesa y exuberante.

5 **ju·nio** [χúnjo] *s/m* Sexto mes del año, entre mayo y julio.

1 **jú·nior** [júnjor] *adj s/m,f* **1.** ANGL Aplicado a un deportista, entre los 17 y 21 años. **2.** Más joven o el más joven.

4 **jun·ta** [χúnta] *s/f* **1.** Organismo para dirigir los asuntos de un grupo o entidad. **2.** Punto de unión entre dos o más cosas, o espacio entre ellas.

5 **jun·tar** [χuntár] **I.** *tr* **1.** Unir una cosa con otra. **2.** Unir en grupo. **3.** FIG Acumular. **II.** REFL(-se) Vivir dos personas juntas sin estar casadas. RPr **Juntarse a/con.**

5 **jun·to, -ta** [χúnto] *adj* **1.** Unido a otra cosa. **2.** Agrupado, reunido con otras cosas y formando conjunto.

1 **jun·tu·ra** [χuntúra] *s/f* Parte por donde se unen dos cosas.

1 **ju·ra** [χúra] *s/f* **1.** Juramento solemne para guardar fidelidad y obediencia. **2.** Juramento.

3 **ju·ra·do, -da** [χuráðo] **I.** *adj* **1.** Que ha prestado juramento. **2.** FIG Firmemente comprometido con algo o en algo. **II.** *s/m* **1.** Conjunto de personas encargadas de valorar a los participantes en un concurso. **2.** DER Tribunal formado por un conjunto de ciudadanos para determinar la inocencia o culpabilidad del acusado. **3.** Cada miembro de este tribunal.

ju·ra·men·ta·ción [χuramentaθjón] *s/f* AMER Jura.

2 **ju·ra·men·tar** [χuramentár] **I.** *tr* Tomar juramento a alguien. **II.** REFL(-se) Comprometerse bajo juramento.

[2] **ju·ra·men·to** [χuraménto] *s/m* 1. Promesa solemne que alguien hace. 2. Blasfemia.

[4] **ju·rar** [χurár] I. *tr* 1. Afirmar algo poniendo como testigo algo sagrado o de mucho valor. 2. Comprometerse solemnemente a cumplir con los deberes de un cargo. II. *intr* Blasfemar.

[5] **ju·rí·di·co, -ca** [χuríðiko] *adj* Relativo al derecho y a las leyes.

[3] **ju·ris·dic·ción** [χurisðikθjón] *s/f* 1. Autoridad para hacer cumplir las leyes en un determinado lugar. 2. Demarcación administrativa bajo una autoridad determinada.

[2] **ju·ris·dic·cio·nal** [χurisðikθjonál] *adj* Relativo a la jurisdicción.

[2] **ju·ris·pru·den·cia** [χurispruðénθja] *s/f* 1. DER Ciencia del derecho. 2. Conjunto de las sentencias emitidas por ciertos tribunales y no especificadas en la legislación.

[2] **ju·ris·ta** [χurísta] *s/m,f* Especialista en derecho.

[5] **jus·ti·cia** [χustíθja] *s/f* 1. Principio que lleva a dar a cada cual lo que le corresponde. 2. Actuación acorde con la razón. 3. DER Acción que se ajusta a derecho. 4. DER Conjunto de organismos y personas encargados de la aplicación de las leyes. LOC **En justicia**, de acuerdo con lo que es justo.

[1] **jus·ti·cie·ro, -ra** [χustiθjéro] *adj, s/m,f* Que aplica la justicia con rigor.

[1] **jus·ti·fi·ca·ble** [χustifikáβle] *adj* Que se puede justificar.

[3] **jus·ti·fi·ca·ción** [χustifikaθjón] *s/f* 1. Acción de justificar. 2. Causa o razón que justifica algo.

[1] **jus·ti·fi·can·te** [χustifikánte] *adj s/m* Prueba o documento que justifica algo.

[4] **jus·ti·fi·car** [χustifikár] *tr* 1. Probar algo con razones y argumentos. 2. Ser una cosa la razón que explica o respalda a otra: *El interés económico justifica el proyecto.* 3. Igualar los márgenes y longitud de líneas en un texto impreso.
ORT La *c* cambia a *qu* ante *e: Justifique.*

[1] **jus·ti·fi·ca·ti·vo, -va** [χustifikatíβo] *adj* Que sirve para justificar.

[1] **jus·ti·pre·ciar** [χustipreθjár] *tr* Valorar algo con rigor y acierto.

[5] **jus·to, -ta** [χústo] I. *adj* 1. Que obra según justicia. 2. Preciso, exacto. 3. Adecuado o conveniente. II. *adv* Exactamente: *Te han cobrado justo el doble.*

[4] **ju·ve·nil** [χuβeníl] I. *adj* Relativo a la juventud. II. *adj s/m,f* DEP Perteneciente a la categoría de entre quince y dieciocho años.

[4] **ju·ven·tud** [χuβentúð] *s/f* 1. Etapa de la vida entre la niñez y la madurez. 2. Colectivo formado por los jóvenes.

[3] **juz·ga·do, -da** [χuθγáðo] *s/m* 1. Órgano que administra justicia, a cargo de un juez. 2. Lugar donde se juzga.

[4] **juz·gar** [χuθγár] *tr* 1. Ejercer un juez las funciones que le son propias. 2. Emitir alguien una opinión o juicio sobre algo. 3. Creer, considerar. LOC **A juzgar por**, según se deduce de.
ORT La *g* cambia a *gu* ante *e: Juzgue.*

K k

[3] **K; k** [ká]*s/f* Undécima letra del alfabeto.

[2] **ka** [ká] *s/f* Nombre de la letra 'k'.
ORT *pl Kas*.

ká·ser [káiser] *s/m* Emperador alemán del II Reich.

ka·ki [káki] *adj* Caqui (I).

[1] **ka·mi·ka·ze** [kamikáθe] *s/m,f* Persona que arriesga su vida por una causa, o esta misma acción temeraria.

[1] **ka·ra·o·ke** [karaóke] *s/m* **1.** Actividad en la que alguien canta leyendo la letra en una pantalla y con acompañamiento musical pregrabado. **2.** Equipo electrónico y local donde se realiza esta actividad.

[1] **ká·ra·te** [kárate] *s/m* Modalidad de lucha japonesa, en la que dos personas intentan derribarse mediante golpes secos y contundentes.
ORT También *karate*.

ka·ra·te·ka [karatéka] *s/m,f* Persona que practica el kárate.

ka·za·ko, -ka [kaθáko] *adj s/m,f* De Kazajistán.

[1] **ke·nia·no, -na** [kenjáno] *adj s/m,f* De Kenia.

[1] **ke·nia·ta** [kenjáta] *adj s/m,f* Keniano.

[1] **ket·chup** [kétʃup] *s/m* ANGL Salsa de tomate condimentada.

ki·bbutz [kiβúts] *s/m* Granja agraria israelí explotada en régimen de cooperativa.

ki·ki·ri·kí [kikirikí] *s/m* Sonido onomatopéyico con el que se imita o reproduce la voz del gallo.
ORT También: *quiquiriquí*.

[4] **ki·lo** [kílo] *s/m* Kilogramo.
ORT También *quilo*.

[1] **ki·lo·ca·lo·ría** [kilokaloría] *s/f* FÍS Unidad de calor equivalente a mil calorías.

[2] **ki·lo·gra·mo** [kiloɣrámo] *s/m* Unidad de peso que equivale a mil gramos. (Abreviado en *kg*).

ki·lo·li·tro [kilolitro] *s/m* Unidad de volumen equivalente a mil litros.

[1] **ki·lo·me·tra·je** [kilometráχe] *s/m* Número de kilómetros recorridos.

[1] **ki·lo·mé·tri·co, -ca** [kilométriko] *adj* **1.** Relativo a los kilómetros. **2.** COL De gran longitud.

[5] **ki·ló·me·tro** [kilómetro] *s/m* Unidad de longitud equivalente a mil metros. (Abreviado en *km*).

[1] **ki·lo·tón** [kilotón] *s/m* Unidad de medida de la potencia explosiva de bombas.

[1] **ki·lo·va·tio** [kiloβátjo] *s/m* Unidad de energía eléctrica equivalente a mil vatios.

[1] **ki·mo·no** [kimóno] *s/m* Prenda de vestir tradicional japonesa, larga y con mangas anchas.
ORT También *quimono*.

[1] **kios·co** [kjósko] *s/m* **1.** Caseta, *gen* en lugares públicos, donde suelen venderse periódicos y golosinas para niños. **2.** AMER Construcción similar donde se venden artículos de consumo habitual.

[1] **klos·ko** [kjósko] *s/m* Kiosco.

[1] **kit** [kít] *s/m* **1.** ANGL Conjunto de piezas sueltas, que se han de montar para formar un objeto o utensilio. **2.** Conjunto de cosas u objetos con la misma finalidad.

[2] **kitsch** [kitʃ] *adj* Estéticamente feo.

[1] **ki·wi** [kíɣwi] *s/m* Arbusto cuyo fruto, con carne tierna de color verde y pepitas negras, es comestible.

[1] **klee·nex** [klíneks] *s/m* Pañuelo desechable de celulosa.

know-how [nouχáu] *s/m* ANGL Conocimientos o técnicas de gestión empresarial.

[1] **KO** [káo] *s/m* ANGL En boxeo, fuera de combate. LOC **Dejar KO a alguien**, derrotarlo.

ko·a·la [koála] *s/m,f* Mamífero marsupial trepador, de origen australiano.

kung·fu [kunfú] *s/m* Lucha cuerpo a cuerpo, de origen chino.

[1] **kur·do, -da** [kúrðo] *adj s/m,f* Del Kurdistán.

[1] **ku·wai·tí** [kuβaití] *adj s/m,f* De Kuwait.
GRAM *pl Kuwaities*.

L¹

[5] **L; l** [éle] *s/f* Duodécima letra del alfabeto.

[5] **la** [lá] **I.** *art/f,sing* Se antepone a los nombres femeninos singulares. **II.** *pron pers 3ª p s/f* en función de objeto directo: *Ayer la vi.* **III.** *s/m* Sexta nota de la escala musical.

[1] **la·be·rín·ti·co, -ca** [laβeríntiko] *adj* Complicado, tortuoso.

[3] **la·be·rin·to** [laβerínto] *s/m* **1.** Lugar con numerosos caminos entrecruzados, que hacen difícil la salida. **2.** Parte del oído interno.

[1] **la·bia** [láβja] *s/f* COL Desenvoltura y fluidez de palabra.

[1] **la·bial** [laβjál] *adj* **1.** Relacionado con los labios. **2.** Articulado con la intervención de los labios.

lá·bil [láβil] *adj* Inseguro, frágil.

la·bi·li·dad [laβiliðáð] *s/f* Cualidad de lábil.

[4] **la·bio** [láβjo] *s/m* **1.** Cada uno de los dos bordes exteriores, carnosos y movibles, de la boca. **2.** *pl* Boca. **3.** Bordes de los repliegues cutáneos de la vulva en la mujer.

[4] **la·bor** [laβór] *s/f* **1.** Trabajo. **2.** Trabajos propios del cultivo de la tierra. **3.** Trabajo de coser y bordar. LOC **Sus labores,** tareas domésticas de la propia casa.

[2] **la·bo·ra·ble** [laβoráβle] *adj* Se dice del día en que se puede trabajar.

[5] **la·bo·ral** [laβorál] *adj* Relativo al trabajo.

[1] **la·bo·ra·lis·ta** [laβoralísta] *adj s/m,f* Se dice del abogado especializado en derecho laboral.

[ ] **la·bo·rar** [laβorár] *intr* Trabajar.

[ ] **la·bo·ra·to·rio** [laβoratórjo] *s/m* Instalación equipada con los instrumentos necesarios para llevar a cabo investigaciones.

la·bo·reo [laβoréo] *s/m* Actividades relacionadas con el cultivo de la tierra.

[1] **la·bo·rio·si·dad** [laβorjosiðáð] *s/f* Dedicación al trabajo.

[2] **la·bo·rio·so, -sa** [laβorjóso] *adj* **1.** Trabajador. **2.** Que implica gran esfuerzo o dificultad: *Un laborioso proceso de pruebas.*

[2] **la·bra·do, -da** [laβráðo] *adj* Aplicado a un terreno, trabajado para su cultivo.

[2] **la·bra·dor, -ra** [laβraðór] **I.** *s/m,f* Persona dedicada a las labores del campo. **II.** *s/m adj* Raza de perros originaria de la península del Labrador, en Canadá.

la·bran·tío, -ía [laβrantío] *s/m* Tierra de labor.

[1] **la·bran·za** [laβránθa] *s/f* Actividades relacionadas con el cultivo de los campos.

[2] **la·brar** [laβrár] **I.** *tr* **1.** Cultivar la tierra. **2.** Hacer dibujos en relieve sobre una superficie dura. **II.** *tr* REFL(-*se*) Trabajar, dar forma: *El gobierno se labró una imagen de conciliador.*

[1] **la·brie·go, -ga** [laβrjéɣo] *s/m,f* Trabajador del campo.

[1] **la·ca** [láka] *s/f* **1.** Sustancia similar a la resina, que se usa para elaborar barnices. **2.** Barniz elaborado con ella.

[1] **la·ca·do, -da** [lakáðo] *s/m* Operación de lacar.

la·car [lakár] *tr* Barnizar con laca.
ORT Ante *e* la *c* cambia a *qu: Laqué.*

[2] **la·ca·yo** [lakájo] *s/m* **1.** Antiguo criado vestido con librea. **2.** FIG Persona servil y aduladora.

[1] **la·ce·ran·te** [laθeránte] *adj* Que lacera.

[1] **la·ce·rar** [laθerár] *tr* Producir heridas o lesiones en el cuerpo.

[1] **la·cio, -ia** [láθjo] *adj* Se dice del cabello liso.

la·cón [lakón] *s/m* Parte de la pata delantera del cerdo, cocida o curada.

[1] **la·có·ni·co, -ca** [lakóniko] *adj* Breve y conciso.

[1] **la·co·nis·mo** [lakonísmo] *s/m* Concisión en el hablar.

[1] **la·cra** [lákra] *s/f* Cosa perjudicial.

la·crar [lakrár] *tr* Cerrar y sellar con lacre.

[1] **la·cre** [lákre] *s/m* Pasta sólida, de color rojo, que se utiliza para cerrar o sellar documentos.

[1] **la·cri·mal** [lakrimál] **I.** *adj* Relativo a las lágrimas. **II.** *s/m* Órgano del ojo que produce lágrimas.

351

LA·CRI·MÓ·GE·NO

[1] **la·cri·mó·ge·no, -na** [lakrimóχeno] *adj* Que produce lágrimas o hace llorar.

[1] **la·cri·mo·so, -sa** [lakrimóso] *adj* 1. Que tiene lágrimas. 2. Que incita a llorar.

[1] **lac·tan·cia** [laktánθja] *s/f* Periodo de la vida de los mamíferos durante el cual maman.

[1] **lac·tan·te** [laktánte] *adj s/m,f* 1. Que mama. 2. Se dice de la mujer que amamanta a su hijo.

[1] **lac·ta·rio, -ia** [laktárjo] *adj* Relacionado con la leche.

[2] **lác·teo, -ea** [lákteo] *adj* Relacionado con la leche o derivado de ella.

lac·ti·ci·nio [laktiθínio] *s/m* Producto derivado de la leche.

[1] **lác·ti·co, -ca** [láktiko] *adj* Relativo a la leche.

[1] **la·cus·tre** [lakústre] *adj* Relativo a los lagos.

[2] **la·de·ar** [laðeár] *tr* REFL(-se) Inclinar hacia un lado.

[2] **la·de·ra** [laðéra] *s/f* Pendiente en un monte o colina.

[1] **la·di·lla** [laðíʎa] *s/f* Parásito en las zonas vellosas del cuerpo humano.

[1] **la·di·no, -na** [laðíno] I. *adj* Astuto. II. *adj s/m,f* Relativo a los sefardíes. III. *s/m* Lengua de los sefardíes.

[5] **la·do** [láðo] *s/m* 1. ANAT Parte derecha o izquierda del tronco, en oposición a la parte delantera o trasera. 2. Parte lateral de un cuerpo, por oposición a la central, o parte izquierda contrapuesta a la derecha y viceversa. 3. Cada línea o plano que limita la superficie o el volumen de algo. 4. FIG Aspectos de una cosa: *Hay que ver su lado imaginativo.* LOC **Al lado,** muy cerca. **Dejar de lado,** apartar, no tener en cuenta.

la·dra·dor, -ra [laðraðór] *adj* Que ladra.

[2] **la·drar** [laðrár] *intr* Dar ladridos un perro.

[4] **la·dri·do** [laðríðo] *s/m* Voz característica del perro.

[1] **la·dri·llo** [laðríʎo] *s/m* 1. Pieza de barro cocido, en forma de prisma rectangular, usada en la construcción. 2. FIG Cosa pesada o aburrida.

[3] **la·drón, -dro·na** [laðrón] *s/m,f* Persona que roba.

[1] **la·gar** [laɣár] *s/m* Lugar donde se prensa la uva y otros frutos para extraer su jugo.

[1] **la·gar·ta** [laɣárta] *s/f* DES Mujer astuta.

[2] **la·gar·ti·ja** [laɣartíχa] *s/f* Reptil de pequeño tamaño.

[2] **la·gar·to** [laɣárto] *s/m* Reptil de longitud superior a los 30 cm, de color verdoso.

[4] **la·go** [láɣo] *s/m* Gran extensión de agua acumulada en una depresión del terreno.

[4] **lá·gri·ma** [láɣrima] *s/f* Gotas acuosas que segregan las glándulas lacrimales. LOC **A lágrima viva,** llorando intensamente. **Lágrimas de cocodrilo,** las que son fingidas o falsas.

la·gri·mal [laɣrimál] I. *adj* Relativo a las lágrimas. II. *s/m* Extremidad del ojo próxima a la nariz.

[1] **la·gri·me·ar** [laɣrimeár] *intr* 1. Segregar lágrimas los ojos. 2. Llorar.

la·gri·meo [laɣriméo] *s/m* Flujo de lágrimas.

la·gri·mo·so, -sa [laɣrimóso] *adj* Lloroso.

[3] **la·gu·na** [laɣúna] *s/f* 1. Lago pequeño. 2. FIG Cosa que falta o de la que se carece.

[1] **lai·cis·mo** [laiθísmo] *s/m* Doctrina que propugna la independencia del Estado respecto a la autoridad eclesiástica.

[2] **lai·co, -ca** [láiko] *adj s/m,f* 1. Independiente de la influencia religiosa. 2. Que no es religioso.

laís·mo [laísmo] *s/m* GRAM Uso de *la/las* por *le/les,* en función de complemento indirecto.

laís·ta [laísta] *adj s/m,f* Relativo al laísmo o que lo practica.

[1] **la·ja** [láχa] *s/f* Piedra lisa y de poco grosor.

[1] **la·ma** [láma] *s/m* Lámina delgada y estrecha hecha de un material duro.

la·me·cu·los [lamekúlos] *s/m,f* COL Persona servil y aduladora.

[3] **la·men·ta·ble** [lamentáβle] *adj* Que causa pena o disgusto.

[1] **la·men·ta·ción** [lamentaθjón] *s/m* 1. Acción de lamentar(se). 2. *pl* Palabras de lamento.

[4] **la·men·tar** [lamentár] I. *tr* Sentir disgusto o contrariedad. II. REFL(-se) Expresar disgusto, contrariedad, arrepentimiento, etc., por algo. RPt **Lamentarse de/por.**

[2] **la·men·to** [laménto] *s/m* Lamentación.

[2] **la·mer** [lamér] *tr* Pasar la lengua repetidamente sobre algo.

la·me·tón [lametón] *s/m* Acción de lamer.

[3] **lá·mi·na** [lámina] *s/f* 1. Plancha plana y delgada de un material. 2. Figura o dibujo impreso.

la·mi·na·ción [laminaθjón] *s/m* Acción de laminar.

[1] **la·mi·na·do, -da** [lamináðo] I. *adj* Dispuesto en láminas. II. *s/m* 1. Operación de laminar. 2. Producto laminado.

LAR·GAR

[1] **la·mi·nar** [laminár] **I.** *tr* Reducir a láminas. **II.** *adj* **1.** En forma de lámina. **2.** Formado por láminas superpuestas.

[2] **lám·pa·ra** [lámpara] *s/f* **1.** Soporte para las bombillas eléctricas. **2.** Bombilla eléctrica. **3.** Dispositivo que produce luz. **4.** FIG Mancha.

[1] **lam·pa·ri·lla** [lamparíʎa] *s/f* Pequeña mecha que flota sobre aceite y puede encenderse.

[1] **lam·pa·rón** [lamparón] *s/m* FIG Mancha grande.

[1] **lam·pi·ño, -ña** [lampíɲo] *adj* **1.** Sin pelo o vello. **2.** Sin barba.

lam·pis·ta [lampísta] *s/m,f* Fontanero.

lam·pis·te·ría [lampistería] *s/f* Taller del fontanero o lampista.

[1] **lam·prea** [lampréa] *s/f* Pez comestible, muy apreciado en gastronomía.

[3] **la·na** [lána] *s/f* **1.** Pelo de la oveja, llama, etc., que se usa como materia textil. **2.** Hilo elaborado con esta materia.

[1] **la·nar** [lanár] *adj* Relativo a la lana y a los animales que la tienen.

[1] **lan·ce** [lánθe] *s/m* **1.** Situación crítica en el transcurso de una acción. **2.** Cada acción individual en un juego o deporte.

lan·ce·ar [lanθeár] *tr* Herir con lanza.

[1] **lan·ce·ro** [lanθéro] *s/m* Soldado armado con lanza.

[2] **lan·cha** [lántʃa] *s/f* Embarcación pequeña para prestar servicios auxiliares.

[1] **lan·da** [lánda] *s/f* Extensión de terreno llano, no cultivable, con plantas silvestres.

[1] **la·ne·ro, -ra** [lanéro] *adj* Relativo a la lana.

[2] **lan·gos·ta** [langósta] *s/f* **1.** Insecto saltador, que en enjambres destroza los cultivos. **2.** Crustáceo marino con caparazón duro y dos pinzas muy desarrolladas, cuya carne es muy apreciada.

[1] **lan·gos·ti·no** [langostíno] *s/m* Crustáceo marino, menor que la langosta y de carne apreciada.

[1] **lan·gui·de·cer** [langideθér] *intr* Debilitarse, perder vigor.
CONJ *Irreg:* Languidezco, languidecí, languideceré, languidecido.

[1] **lan·gui·dez** [langidéθ] *s/f* Falta de fuerza o vigor.

[2] **lán·gui·do, -da** [lángido] *adj* Falto de vigor o energía.

la·no·so, -sa [lanóso] *adj* Que tiene mucha lana.

la·nu·do, -da [lanúðo] *adj* Lanoso.

[2] **lan·za** [lánθa] *s/f* Arma con un mango largo y punta metálica.

[2] **lan·za·da** [lanθáða] *s/f* Golpe o herida de lanza.

[1] **lan·za·de·ra** [lanθaðéra] **I.** *s/f* Aeronave espacial para enviar carga al espacio. **II.** *s/f adj* Se aplica al tren que une dos poblaciones en poco tiempo.

[1] **lan·za·lla·mas** [lanθaʎámas] *s/m* Arma portátil para lanzar líquidos inflamables.

[3] **lan·za·mien·to** [lanθamjénto] *s/m* **1.** Acción de lanzar. **2.** Promoción de una idea, moda, etc.

[1] **lan·za·mi·si·les** [lanθamisíles] *s/m* Artefacto para lanzar misiles.

[5] **lan·zar** [lanθár] **I.** *tr* **1.** Arrojar algo mediante un impulso hecho con fuerza. **2.** Promocionar una idea, moda, etc. **II.** REFL(-se) **1.** Emprender una acción con ánimo y energía. **2.** Precipitarse hacia un lugar: *Los niños se lanzaron al agua.* **3.** Dirigirse con violencia contra algo o alguien. RPr **Lanzar a/contra/sobre.**
ORT La *z* cambia a *c* ante *e: Lancé.*

[1] **lan·za·zo** [lanθáθo] *s/m* Golpe o corte de lanza.

la·o·sia·no, -na [laosjáno] *adj s/m,f* De Laos.

[1] **la·pa** [lápa] *s/f* Molusco marino y comestible, que vive adherido a las rocas.
LOC **Agarrarse como una lapa,** agarrarse con mucha fuerza.

[1] **la·pi·ce·ra** [lapiθéra] *s/f* AMER Bolígrafo.

[1] **la·pi·ce·ro** [lapiθéro] *s/m* Lápiz.

[2] **lá·pi·da** [lápiða] *s/f* Losa con una inscripción conmemorativa.

la·pi·da·ción [lapiðaθjón] *s/f* Acción de lapidar.

[1] **la·pi·dar** [lapiðár] *tr* Matar a pedradas.

[1] **la·pi·da·rio, -ia** [lapiðárjo] *adj* Se aplica a las frases que perduran por su concisión, precisión y solemnidad.

[1] **la·pis·lá·zu·li** [lapisláθuli] *s/m* Mineral de color azul intenso, apreciado en joyería.

[3] **lá·piz** [lápiθ] *s/m* Barra cilíndrica de madera, con una mina de grafito en su interior, usada para escribir o dibujar.

[1] **la·pón, -po·na** [lapón] *adj s/m,f* De Laponia.

[2] **lap·so** [lápso] *s/m* Periodo de tiempo transcurrido.

[1] **lap·sus** [lápsus] *s/m* Equivocación o error.

[1] **lar** [lár] *s/m* **1.** *gen pl* Lugar donde se vive. **2.** Fogón, chimenea. **3.** MIT Entre los romanos, divinidad del hogar y la familia.

[2] **lar·gar** [laryár] **I.** *tr* **1.** COL Dar o propinar golpes, puñetazos, etc. **2.** COL Decir o

LAR·GO

contar algo aburrido y pesado. **3.** COL Echar de un lugar, empleo, etc. **4.** NÁUT Soltar poco a poco una cuerda. **II.** *intr* COL Hablar mucho e indiscretamente. **III.** *REFL(-se)* COL Irse de un lugar.
ORT La *g* cambia a *gu* ante *e*: *Largué*.

5 **lar·go, -ga** [láryo] **I.** *adj* **1.** De mucha longitud. **2.** Amplio, extenso en duración: *Un largo rato*. **3.** COL Aplicado a una cantidad, ligeramente superior a lo que se indica: *Gana tres mil euros largos al mes*. **4.** Muchos: *Largos años de trabajo*. **5.** (*prenda de vestir*) Hasta los pies. **6.** Astuto, que actúa con doblez. **II.** *s/m* Longitud. LOC **A la larga**, al final. **A lo largo de**, en el transcurso de. **Dar (alguien) largas**, retrasar algo con excusas. **Pasar (alguien) de largo**, pasar por un sitio sin detenerse.

2 **lar·go·me·tra·je** [laryometráxe] *s/m* Película de más de sesenta minutos de duración.

1 **lar·gue·ro** [laryéro] *s/m* **1.** En un armazón, palo colocado longitudinalmente. **2.** DEP En la portería, palo transversal superior que une los postes laterales.

1 **lar·gue·za** [laryéθa] *s/f* Generosidad.

1 **lar·gu·ra** [laryúra] *s/f* Longitud.

1 **la·rin·ge** [larínxe] *s/f* Órgano del aparato respiratorio en que se encuentran las cuerdas vocales.

1 **la·rín·geo, -ea** [larínxeo] *adj* Relativo a la laringe.

la·rin·gi·tis [larinxítis] *s/f* Inflamación de la laringe.

la·rin·gó·lo·go, -ga [laringóloyo] *s/m,f* Especialista en la laringe.

2 **lar·va** [lárβa] *s/f* Animal en fase de desarrollo y antes del estado adulto.

1 **lar·va·do, -da** [larβáðo] *adj* **1.** Se aplica a las enfermedades no exteriorizadas. **2.** Que no se manifiesta claramente al exterior.

1 **lar·va·rio, -ia** [larβárjo] *adj* Relativo a las larvas.

5 **las** [lás] **I.** *art/f,pl* de 'la'. **II.** *pron pers 3ª p p/f* en la función de objeto directo.

las·ca [láska] *s/f* Trozo pequeño y delgado desprendido de una piedra.

1 **las·ci·via** [lasθíβja] *s/f* Tendencia a la lujuria.

1 **las·ci·vo, -va** [lasθíβo] *adj* Lujurioso.

2 **lá·ser** [láser] **I.** *s/m* **1.** Aparato que genera rayos de luz concentrados. **2.** Rayo de luz así generado. **II.** *adj* Que funciona con rayos de este tipo: *Una impresora láser*.

1 **la·si·tud** [lasitúð] *s/f* Falta de fuerza o energía.

1 **la·so, -sa** [láso] *adj* Flojo, débil.

3 **lás·ti·ma** [lástima] *s/f* Sentimiento de pena o compasión.

2 **las·ti·mar** [lastimár] *tr* Herir o causar daño físico.

1 **las·ti·me·ro, -ra** [lastiméro] *adj* Lastimoso.

1 **las·ti·mo·so, -sa** [lastimóso] *adj* **1.** Que inspira sentimientos de lástima. **2.** Deplorable.

2 **las·trar** [lastrár] *tr* **1.** Poner o añadir peso a algo. **2.** FIG Obstaculizar, entorpecer.

1 **las·tre** [lástre] *s/m* **1.** Peso que se carga en una embarcación para regular su estabilidad. **2.** Obstáculo.

2 **la·ta** [láta] *s/f* Envase de hojalata. LOC **Dar la lata**, molestar.

la·ta·zo [latáθo] *s/m* COL Cosa muy molesta.

1 **la·ten·te** [laténte] *adj* Que está oculto pero sin manifestarse al exterior.

4 **la·te·ral** [laterál] **I.** *adj* **1.** Que está a un lado. **2.** Relativo a los lados. **3.** FIG De importancia menor. **II.** *s/m* **1.** Parte exterior, por oposición a la zona central. **2.** DEP Jugador en cada banda del campo.

1 **la·te·ra·li·dad** [lateraliðáð] *s/f* Cualidad de lateral.

1 **lá·tex** [láte(k)s] *s/m* Savia de color y aspecto lechoso en algunas plantas.

2 **la·ti·do** [latíðo] *s/m* Movimientos alternativos y rítmicos de dilatación y contracción del corazón y arterias.

2 **la·ti·fun·dio** [latifúndjo] *s/m* Finca agraria de gran extensión.

2 **la·ti·fun·dis·ta** [latifundísta] **I.** *adj* Relativo al latifundio. **II.** *s/m,f* Propietario de un latifundio.

1 **la·ti·ga·zo** [latiyáθo] *s/m* **1.** Golpe de látigo. **2.** FIG Efecto repentino e intenso de algo no material.

2 **lá·ti·go** [látiyo] *s/m* Palo o vara con una correa en el extremo, para azotar o golpear.

1 **la·ti·gui·llo** [latiyíʎo] *s/m* Palabra o expresión de la que se abusa.

3 **la·tín** [latín] *s/m* Lengua del antiguo imperio romano.

la·ti·ni·zar [latiniθár] *tr* Extender la lengua o cultura latina en un territorio.
ORT Ante *e* la *z* cambia a *c*: *Latinice*.

4 **la·ti·no, -na** [latíno] *adj* **1.** Relativo al latín.

LE·CHE

2. Relativo a los países de lenguas derivadas del latín. 3. Relacionado con los países de Latinoamérica.

[4] **la·ti·no·a·me·ri·ca·no, -na** [latinoamerikáno] *adj s/m,f* Relacionado con los países de América colonizados por españoles, portugueses y franceses.

[3] **la·tir** [latír] *intr* Palpitar el corazón.

[2] **la·ti·tud** [latitúð] *s/f* Distancia desde un punto de la superficie terrestre hasta la línea del ecuador.

[2] **la·to, -ta** [láto] *adj* Extenso.

[1] **la·tón** [latón] *s/m* Aleación de cobre y cinc.

[1] **la·to·so, -sa** [latóso] *adj* COL Muy molesto y pesado.

[1] **la·tro·ci·nio** [latroθínjo] *s/m* Robo.

[1] **laúd** [laúð] *s/m* Instrumento musical de cuerda, más pequeño y corto que la guitarra.

[1] **lau·da·to·rio, -ia** [lauðatórjo] *adj* Que contiene alabanza.

[1] **lau·do** [láuðo] *s/m* Decisión de quien actúa como árbitro en un conflicto.

[1] **lau·rea·do, -da** [laureáðo] *adj* Premiado o condecorado.

[2] **lau·rel** [laurél] *s/m* **1.** Árbol cuya hoja se usa como condimento, o esa hoja. **2.** *pl* Gloria o triunfo conseguido.

[2] **la·va** [láβa] *s/f* Material fundido que expulsan los volcanes.

la·va·ble [laβáβle] *adj* Que puede ser lavado.

[2] **la·va·bo** [laβáβo] *s/m* **1.** Pieza provista de un grifo y un desagüe, para el aseo personal. **2.** Cuarto de baño.

[1] **la·va·de·ro** [laβaðéro] *s/m* **1.** Cuarto pequeño donde se lava la ropa **2.** Instalación para el lavado de ciertos materiales o vehículos.

[2] **la·va·do** [laβáðo] *s/m* Acción o resultado de lavar.

[2] **la·va·dor, -ra** [laβaðór] **I.** *adj s/m,f* Que lava. **II.** *s/f* Electrodoméstico para lavar la ropa.

[1] **la·van·da** [laβánda] *s/f* **1.** Planta muy aromática. **2.** Esencia aromática extraída de las flores de esta planta.

[1] **la·van·de·ría** [laβandería] *s/f* **1.** Establecimiento donde se lava la ropa por encargo. **2.** Lugar para el lavado de ropa.

[1] **la·van·de·ro, -ra** [laβandéro] *s/m,f* Persona que lava la ropa.

[1] **la·va·pla·tos** [laβaplátos] *s/m* Electrodoméstico para lavar los platos y demás piezas de menaje.

[4] **la·var** [laβár] *tr* **1.** Eliminar la suciedad con agua y jabón. **2.** Eliminar lo que mancha o afea.

[1] **la·va·ti·va** [laβatíβa] *s/f* Líquido que se introduce por el ano para limpiar el intestino.

[1] **la·va·to·rio** [laβatórjo] *s/m* AMER Lavabo.

[1] **la·va·va·ji·llas** [laβaβaχíʎas] *s/m* Lavaplatos.

la·vo·te·ar [laβoteár] *tr* REFL(-se) COL Lavar(se) alguien de forma rápida y descuidada.

[1] **la·xan·te** [laksánte] *adj s/m* Se dice del producto que facilita la evacuación del vientre.

[1] **la·xi·tud** [laksitúð] *s/f* Falta de severidad o energía.

[1] **la·xo, -xa** [lákso] *adj* Flojo, relajado.

[1] **la·ya** [lája] *s/f* Clase, condición.

la·za·da [laθáða] *s/f* Nudo en forma de lazo.

[1] **la·za·ri·llo** [laθaríʎo] *s/m* Persona o animal que hace de guía.

[3] **la·zo** [láθo] *s/m* **1.** Atadura o nudo hecho con una cinta, como adorno. **2.** Lazada hecha para sujetar o atrapar animales. **3.** Vínculo moral o afectivo.

[5] **le** [lé] *pron pers 3ª p* usado en la función de complemento indirecto.

[3] **le·al** [leál] *adj* Fiel, digno de confianza. RPr Leal a.

[1] **leal·tad** [lealtáð] *s/f* Cualidad de leal.

[1] **lea·sing** [lísin] *s/m* ANGL Forma de financiación de un bien mediante el pago de una cuota periódica.

[1] **le·brel** [leβrél] *s/m* Perro cazador, de patas largas y delgadas.

[4] **lec·ción** [lekθjón] *s/f* **1.** Cada unidad docente en un libro de texto. **2.** Explicación y enseñanza del profesor en clase. **3.** Cosa que sirve de ejemplo.

le·chal [letʃál] *adj s/m* Animal en edad de mamar, *esp* el cordero.

[1] **le·cha·zo** [letʃáθo] *s/m* Cordero lechal.

[4] **le·che** [létʃe] *s/f* **1.** Líquido blanquecino de las glándulas mamarias de las hembras en los mamíferos, con el cual alimentan a las crías. **2.** Ese mismo líquido procedente de ciertos animales (vaca), destinado al consumo humano. **3.** Líquido segregado por algunas plantas. **4.** COL Golpe o bofetada. LOC **A toda leche,** COL a mucha velocidad. **De la leche,** COL en gran cantidad o de gran intensidad: *Como te pillen, te meten una bronca de la leche.* **De mala leche,** de mal humor. **Echando**

leches, COL a toda velocidad. ¡Leches!/¡Qué leche!, COL exclamaciones para expresar desagrado, sorpresa, etc. **Mala leche**, mala intención.

1 **le·che·ra** [letʃéra] *s/f* 1. Pequeño recipiente para servir la leche. 2. Mujer que vende o reparte leche. 3. Recipiente para transportar la leche.

1 **le·che·ría** [letʃería] *s/f* Establecimiento en el que se vende leche.

2 **le·che·ro, -ra** [letʃéro] I. *adj* 1. Relativo a la leche. 2. Relativo a los animales que producen leche. II. *s/m,f* Persona que vende o reparte leche.

2 **le·cho** [létʃo] *s/m* 1. Lugar donde se duerme. 2. Cauce por donde corren las aguas de un río.

1 **le·chón** [letʃón] *s/m* Cerdo que aún mama.

1 **le·cho·so, -sa** [letʃóso] *adj* Con el color o apariencia de la leche.

2 **le·chu·ga** [letʃúγa] *s/f* Planta herbácea, de hojas verdes que se suelen comer en ensalada.

le·chu·gui·no [letʃuγíno] *s/m* COL Hombre joven, de elegancia afectada.

1 **le·chu·za** [letʃúθa] *s/f* Ave rapaz nocturna, de ojos grandes y pico corto y curvo.

2 **lec·ti·vo, -va** [lektíβo] *adj* Se aplica al día o periodo de tiempo en que se imparten clases.

5 **lec·tor, -ra** [léktor] I. *adj* Relativo a la lectura. II. *s/m,f* 1. Persona que lee. 2. Persona que enseña su lengua nativa en un centro de enseñanza extranjero. III. *s/m* Aparato que capta las señales grabadas en un soporte y las reproduce e interpreta adecuadamente.

lec·to·ra·do [lektoráðo] *s/m* Cargo del lector (II.2).

5 **lec·tu·ra** [lektúra] *s/f* 1. Acción de leer. 2. Interpretación del sentido de un texto u obra.

5 **le·er** [leér] *tr* 1. Comprender e interpretar el sentido de un escrito. 2. Repetir en voz alta las palabras de un escrito. 3. Comprender e interpretar algo.
ORT *Irreg*: En las formas en que la *i* va seguida de vocal, ésta se transforma en *y*: *Leyó, leyendo*.

1 **le·ga·ción** [leγaθjón] *s/f* 1. Cargo diplomático o lugar donde se ejerce. 2. Conjunto de personas que representan a un Estado para un fin.

2 **le·ga·do** [leγáðo] *s/m* 1. Conjunto de bienes que una persona deja a su muerte. 2. Conjunto de lo que se transmite y perdura a lo largo del tiempo: *El legado que la civilización islámica nos ha dejado*. 3. Persona enviada oficialmente por una autoridad para que actúe en su nombre.

1 **le·ga·jo** [leγáxo] *s/m* Conjunto de documentos agrupados o atados juntos.

5 **le·gal** [leγál] *adj* 1. Relacionado con la ley. 2. De acuerdo con la ley. 3. COL Digno de confianza.

3 **le·ga·li·dad** [leγaliðáð] *s/f* 1. Cualidad de legal. 2. Conjunto de leyes.

2 **le·ga·li·za·ción** [leγaliθaθjón] *s/f* Acción de legalizar.

2 **le·ga·li·zar** [leγaliθár] *tr* 1. Dar carácter legal a algo. 2. Certificar la autenticidad o legitimidad de algo.
ORT Ante la *e* la *z* cambia a *c*: *Legalice*.

1 **lé·ga·mo** [léγamo] *s/m* Barro pegajoso.

1 **le·ga·ña** [leγáɲa] *s/f* Sustancia que resulta al secarse la secreción de las glándulas lacrimales.

1 **le·ga·ño·so, -sa** [leγaɲóso] *adj* Que tiene legañas.

2 **le·gar** [leγár] *tr* Dejar en herencia mediante un testamento.
ORT La *g* cambia a *gu* ante *e*: *Legué*.

2 **le·ga·ta·rio, -ia** [leγatárjo] *s/m,f* Persona o entidad a quien se lega algo en testamento.

2 **le·gen·da·rio, -ia** [lexendárjo] *adj s/m,f* De gran fama y popularidad.

1 **le·gi·bi·li·dad** [lexiβiliðáð] *s/f* Cualidad de legible.

1 **le·gi·ble** [lexíβle] *adj* Que se puede leer.

2 **le·gión** [lexjón] *s/f* 1. FIG Gran número de personas. 2. MIL Cuerpo especial de soldados voluntarios. 3. Cuerpo del ejército imperial romano.

1 **le·gio·na·rio, -ia** [lexjonárjo] I. *adj* Relacionado con la legión. II. *s/m,f* Soldado de la legión.

5 **le·gis·la·ción** [lexislaθjón] *s/f* Conjunto de leyes de un Estado o sobre una materia.

3 **le·gis·la·dor, -ra** [lexislaðór] *adj s/m,f* Que legisla.

2 **le·gis·lar** [lexislár] *intr* Elaborar o establecer leyes.

4 **le·gis·la·ti·vo, -va** [lexislatíβo] *adj* 1. Relativo a la legislación. 2. Con facultades para elaborar o establecer leyes.

3 **le·gis·la·tu·ra** [lexislatúra] *s/f* Periodo de tiempo que están constituidas las cámaras parlamentarias, entre elección y elección.

le·gí·ti·ma [lexítima] *s/f* DER Porción de la

herencia de la que el testador no puede disponer libremente.

2 **le·gi·ti·ma·ción** [leχitimaθjón] *s/f* Acción de legitimar.

2 **le·gi·ti·mar** [leχitimár] *tr* Certificar el carácter legítimo de algo.

3 **le·gi·ti·mi·dad** [leχitimiðáð] *s/f* Cualidad de legítimo.

3 **le·gí·ti·mo, -ma** [leχítimo] *adj* 1. De acuerdo con la ley. 2. Justo o lícito. 3. Auténtico. 4. (*hijos*) Nacido de un matrimonio legalmente constituido.

1 **le·go, -ga** [léγo] *adj s/m,f* 1. Ignorante, no versado en algo. 2. Religioso sin acceso a la ordenación sacerdotal. RPr **Lego en**.

2 **le·gua** [léγwa] *s/f* Unidad de longitud (5,5 km). LOC **A la legua**, desde lejos; de manera evidente.

1 **le·gu·le·yo, -ya** [leγuléjo] *adj* DES Relativo a los asuntos legales.

2 **le·gum·bre** [leγúmbre] *s/f* Semilla comestible que se cría en vainas (judías, lentejas, etc.).

1 **le·gu·mi·no·so, -sa** [leγuminóso] *adj* Se aplica a las que crían frutos en vaina.

leí·ble [leíble] *adj* Que se puede leer.

3 **leí·do, -da** [leíðo] *adj* 1. Culto. 2. Que se lee mucho.

leís·mo [leísmo] *s/m* GRAM Uso de *le/les* como complemento directo, en lugar de *lo/los*.

leís·ta [leísta] I. *adj* Relacionado con el leísmo. II. *s/m,f* Quien practica el leísmo.

1 **leit·mo·tiv** [láitmotif; léitmotif] *s/m* Tema central que se repite en una composición musical, conversación, etc.

2 **le·ja·nía** [leχanía] *s/f* Distancia grande entre dos puntos.

4 **le·ja·no, -na** [leχáno] *adj* 1. Alejado en el espacio o en el tiempo. 2. Poco accesible.

1 **le·jía** [leχía] *s/f* Agua con sales alcalinas, sosa cáustica, etc., usada en la limpieza.

5 **le·jos** [léχos] *adv* A gran distancia en el espacio o en el tiempo. LOC **A lo lejos**, en la lejanía. **Llegar lejos**, FIG alcanzar una posición destacada. RPr **Lejos de**.

1 **le·lo, -la** [lélo] *adj* COL Simple, atontado.

3 **le·ma** [léma] *s/m* 1. Frase que expresa la idea que inspira y guía la conducta de alguien, o de un colectivo. 2. Título con el tema general de un certamen, campaña, etc. 3. Palabra base no flexionada.

lé·mur [lémur] *s/m* Mamífero cuadrumano, de cola larga y hocico alargado.

1 **len·ce·ría** [lenθería] *s/f* 1. Ropa blanca, *esp* la ropa interior y de cama. 2. Establecimiento donde se vende este tipo de ropa.

5 **len·gua** [léngwa] *s/f* 1. ANAT Órgano muscular carnoso y movible en el interior de la boca, para degustar alimentos y articular sonidos. 2. FIG Cosa estrecha y alargada, similar a la de la lengua. 3. Idioma. LOC **Con la lengua fuera**, FIG extremadamente cansado. **Irse alguien de la lengua**, COL hablar más de lo debido. **No tener alguien pelos en la lengua**, COL hablar con franqueza. **Tirar a alguien de la lengua**, COL hacer que hable más de lo debido sobre algo.

1 **len·gua·do** [lengwáðo] *s/m* Pez marino comestible, de cuerpo casi plano.

5 **len·gua·je** [lengwáχe] *s/m* 1. Facultad del hombre para comunicarse mediante palabras. 2. Sistema de sonidos utilizado por el hombre como medio de comunicación. 3. Modo de expresión y comunicación, en general.

len·gua·raz [lengwaráθ] *adj* Descarado en el hablar.

1 **len·güe·ta** [lengwéta] *s/f* Pequeña lámina metálica y movible en la boquilla de ciertos instrumentos musicales.

len·güe·ta·da [lengwetáða] *s/f* Cada uno de los movimientos de la lengua para tomar o lamer algo.

1 **len·güe·ta·zo** [lengwetáθo] *s/m* Lengüetada.

len·güe·te·ar [lengweteár] *tr* Dar lengüetazos al lamer.

le·ni·dad [leniðáð] *s/f* Benevolencia excesiva en el castigo.

1 **le·ni·ti·vo, -va** [lenitíβo] *adj* Que alivia o calma.

le·no·ci·nio [lenoθínjo] *s/m* Mediación de alguien para que dos personas tengan relaciones sexuales ilícitas.

3 **len·te** [lénte] I. *s/f* Pieza de cristal, que aumenta o disminuye el tamaño de las cosas. II. *s/m,pl* Gafas.

2 **len·te·ja** [lentéχa] *s/f* 1. Planta herbácea con fruto en vaina, de semillas comestibles. 2. Semilla de esta planta.

1 **len·te·jue·la** [lenteχwéla] *s/f* Pequeña lámina redonda de material brillante, usada como adorno.

1 **len·ti·lla** [lentíλa] *s/f* Pequeña lente graduada, que se adapta al ojo.

3 **len·ti·tud** [lentitúð] *s/f* Cualidad de lento.

4 **len·to, -ta** [lénto] I. *adj* Que va despacio o tarda mucho. II. *s/m* MÚS Movimiento musical pausado, entre el 'largo' y el 'adagio'.

LE·ÑA

3 **le·ña** [léɲa] *s/f* **1.** Madera troceada y seca, para hacer fuego. **2.** COL Golpes.

1 **le·ña·dor, -ra** [leɲaðór] *s/m,f* Persona que corta madera.

1 **le·ña·zo** [leɲáθo] *s/m* COL Golpe fuerte.

1 **le·ñe** [léɲe] *interj* Expresión de disgusto o admiración.

le·ñe·ra [leɲéra] *s/f* Lugar donde se guarda la leña.

1 **le·ñe·ro, -ra** [leɲéro] *s/m,f* Persona que recoge y vende leña.

1 **le·ño** [léɲo] *s/m* Trozo grande de madera, cortado de un tronco y limpio de hojas y ramas.

1 **le·ño·so, -sa** [leɲóso] *adj* Duro, como la madera.

3 **leo** [léo] **I.** *s/m* Constelación y quinto signo del Zodíaco. **II.** *adj s/m,f* Perteneciente a este signo.

4 **le·ón, -o·na** [león] *s/m,f* Mamífero carnicero de gran tamaño, de pelaje amarillo rojizo, fiero y fuerte.

1 **leo·na·do, -da** [leonáðo] *adj* Que se parece al león, o a alguno de sus rasgos distintivos.

2 **leo·nés, -ne·sa** [leonés] *adj s/m,f* De León.

1 **leo·ni·no, -na** [leoníno] *adj* (*contratos, acuerdos*) Claramente ventajoso para una de las partes.

1 **leon·ti·na** [leontína] *s/f* Cadena para colgar algunos objetos, *esp* los relojes de bolsillo.

2 **leo·par·do** [leopárðo] *s/m* Mamífero carnicero, de pelo amarillento con manchas negras y marrones.

leo·tar·dos [leotárðos] *s/m,pl* Prenda femenina ajustada, de punto, que cubre los pies, piernas y nalgas hasta la cintura.

1 **le·po·ri·no, -na** [leporíno] *adj* Relativo a la liebre.

2 **le·pra** [lépra] *s/f* Enfermedad infectocontagiosa que produce ulceraciones en la piel.

le·pro·se·ría [leprosería] *s/f* Hospital de leprosos.

1 **le·pro·so, -sa** [lepróso] *adj s/m,f* Persona con lepra.

1 **ler·do, -da** [lérðo] *adj* Torpe, lento.

1 **le·ri·da·no, -na** [leriðáno] *adj s/m,f* De Lérida.

1 **les·bia·nis·mo** [lesβjanísmo] *s/m* Homosexualidad femenina.

2 **les·bia·no, -na** [lesβjáno] *adj s/f* Amor o mujer homosexual.

1 **lés·bi·co, -ca** [lésβiko] *adj* Relativo al lesbianismo.

4 **le·sión** [lesjón] *s/f* Daño.

3 **le·sio·nar** [lesjonár] *tr* REFL(-se) Causar lesión o daño.

1 **le·si·vo, -va** [lesíβo] *adj* Que causa daño o perjuicio.

2 **le·tal** [letál] *adj* Que puede producir la muerte.

1 **le·ta·nía** [letanía] *s/f* **1.** Oración que consta de una larga serie de súplicas o invocaciones. **2.** Lista interminable de cosas.

1 **le·tar·go** [letárɣo] *s/m* **1.** Estado de somnolencia profunda y prolongada. **2.** Estado de inactividad.

1 **le·tón, -to·na** [letón] *adj s/m,f* De Letonia.

5 **le·tra** [létra] *s/f* **1.** Cada signo gráfico que representa los sonidos de un idioma. **2.** Forma particular de escribir propia de alguien. **3.** Texto de una composición musical. **4.** ECON Documento mercantil que se extiende a modo de orden de pago. **5.** *pl* Conjunto de disciplinas humanísticas, en oposición a las de ciencias. **6.** *pl* Educación, cultura: *Es persona de letras*. LOC **Al pie de la letra,** en sentido literal.

2 **le·tra·do, -da** [letráðo] **I.** *adj* Culto. **II.** *s/m,f* Abogado.

2 **le·tre·ro** [letréro] *s/m* Escrito que se coloca en lugar adecuado para dar a conocer algo.

1 **le·tri·na** [letrína] *s/f* Retrete muy elemental.

1 **le·tris·ta** [letrísta] *s/m,f* Persona que escribe letras de canciones.

1 **leu·ce·mia** [leuθémja] *s/f* Enfermedad caracterizada por el aumento anormal de leucocitos en la sangre.

1 **le·va** [léβa] *s/f* **1.** Reclutamiento de personas para un servicio estatal, *esp* por razones de guerra. **2.** MEC Pieza que gira alrededor de un eje, de tal manera que el movimiento de rotación se transforma en movimiento de vaivén.

1 **le·va·di·zo, -za** [leβaðíθo] *adj* Que se puede levantar y bajar.

2 **le·va·du·ra** [leβaðúra] *s/f* **1.** Nombre de ciertos hongos que provocan la fermentación. **2.** Masa con estos microorganismos, para provocar la fermentación.

3 **le·van·ta·mien·to** [leβantamjénto] *s/m* Acción o resultado de levantar(se).

5 **le·van·tar** [leβantár] **I.** *tr* **1.** Mover desde abajo hacia arriba. **2.** Poner verticalmente o en su posición correcta algo que está

LI·BE·RA·LI·ZAR

inclinado o tirado. **3.** Dirigir hacia arriba: *Levantó los ojos*. **4.** Retirar lo que cubre una cosa para dejar ver lo que hay debajo. **5.** Construir una edificación. **6.** Impulsar o animar algo. **7.** Poner fin a algo impuesto (castigo, pena). **8.** Desmontar algo que estaba instalado en un lugar. **9.** Erigir un monumento. **10.** Lograr un animal de caza que una pieza salga de su escondite. **II.** REFL(-se) **1.** Abandonar alguien la cama tras haber dormido. **2.** Ponerse alguien de pie. **3.** Sobresalir en altura sobre el entorno. **4.** Sublevarse contra la autoridad. **5.** Empezar a producirse algo: *Se levantó un fuerte viento*.

2 **le·van·te** [leβánte] *s/m* **1.** Lugar por donde sale el sol. **2.** *may* Zona de la costa mediterránea, que comprende las regiones de Valencia y Murcia.

1 **le·van·ti·no, -na** [leβantíno] *adj s/m,f* De la zona de Levante.

1 **le·van·tis·co, -ca** [leβantísko] *adj* Que tiende a la sublevación.

1 **le·var** [leβár] *tr* Usado en la LOC **Levar anclas**, recoger el ancla para que un barco pueda zarpar.

3 **le·ve** [léβe] *adj* De poca intensidad o fuerza.

1 **le·ve·dad** [leβeðáð] *s/f* Cualidad de leve.

1 **le·vi·ta** [leβíta] *s/f* Prenda masculina de etiqueta, similar a un abrigo corto y cruzada por delante.

1 **le·vi·ta·ción** [leβitaθjón] *s/f* Acción de levitar.

1 **le·vi·tar** [leβitár] *intr* Elevarse y mantenerse flotando en el aire.

2 **lé·xi·co, -ca** [léksiko] **I.** *adj* Relativo al vocabulario. **II.** *s/m* Conjunto de palabras de una lengua.

1 **le·xi·co·gra·fía** [leksikoɣrafía] *s/f* Disciplina sobre la elaboración de diccionarios.

1 **le·xi·co·grá·fi·co, -ca** [leksikoɣráfiko] *adj* Relacionado con la lexicografía.

le·xi·có·gra·fo, -fa [leksikóɣrafo] *s/m,f* Experto en lexicografía.

5 **ley** [léi] *s/f* **1.** Regla o proceso natural, constante e invariable, por el que se rigen los fenómenos de la naturaleza. **2.** Norma establecida para regular algo. LOC **De ley**, aplicado a un metal precioso, que se contiene en una proporción determinada, según establece la ley.

4 **le·yen·da** [lejénda] *s/f* **1.** Narración de sucesos imaginarios o fabulosos. **2.** Frase o texto explicativo al pie de dibujos o imágenes.

lez·na [léθna] *s/f* Aguja muy fuerte, con mango de madera, usada en zapatería.

1 **lía** [lía] *s/f* Cuerda de esparto, larga y gruesa.

lia·do, -da [ljáðo] *adj* **1.** Envuelto con lo que se indica. **2.** COL Muy ocupado. **3.** COL (Con *en*) Implicado en algo. **4.** Que mantiene ocultamente relaciones sentimentales con otra persona.

1 **lia·na** [ljána] *s/f* Planta selvática, de tallo muy largo, flexible y trepador.

3 **liar** [ljár] **I.** *tr* **1.** Envolver algo con algún material o enrollarlo sobre sí mismo. **2.** Complicar un asunto. **3.** Implicar a alguien en un asunto. **4.** COL Confundir a alguien. **II.** REFL(-se) **1.** (Con *a* + *inf*) Llevar a cabo una acción con decisión. **2.** (Con *a*) Propinar o dar lo que se menciona: *Se lió a tiros*. **3.** Entablar relaciones sentimentales una persona con otra de manera oculta. LOC **Liarla**, COL crear una situación difícil y comprometida. RPr **Liarse a/con/en**.

ORT PRON En el *sing* y *3ª p pl* del *pres* de *indic* y *subj*, el acento recae sobre la *i*: *Lío, líen*.

1 **li·ba·ción** [liβaθjón] *s/f* Acción de libar.

1 **li·ba·nés, -ne·sa** [liβanés] *adj s/m,f* Del Líbano.

1 **li·bar** [liβár] *tr* **1.** Chupar los insectos el néctar de las flores. **2.** Derramar el sacerdote un vaso de vino o licor tras haberlo probado.

1 **li·be·lo** [liβélo] *s/m* Escrito difamatorio.

1 **li·bé·lu·la** [liβélula] *s/f* Insecto con cuatro alas y cuerpo cilíndrico largo y fino.

4 **li·be·ra·ción** [liβeraθjón] *s/f* Acción o resultado de liberar(se).

2 **li·be·ra·dor, -ra** [liβeraðór] *adj s/m,f* Que libera.

4 **li·be·ral** [liβerál] **I.** *adj* **1.** De talante abierto y tolerante. **2.** Desprendido. **II.** *s/m,f* Partidario de la libertad individual en política, economía, etc.

1 **li·be·ra·li·dad** [liβeraliðáð] *s/f* **1.** Tendencia a tolerar actitudes, ideas, etc., diferentes. **2.** Generosidad.

3 **li·be·ra·lis·mo** [liβeralísmo] *s/m* Doctrina que defiende la libertad del individuo y la no injerencia del Estado en cuestiones sociales y económicas.

2 **li·be·ra·li·za·ción** [liβeraliθaθjón] *s/f* Acción o resultado de liberalizar.

2 **li·be·ra·li·zar** [liβeraliθár] *tr* Hacer que algo sea más libre y abierto.

ORT La *z* cambia a *c* ante *e*: *Liberalice*.

LI·BE·RAR

[4] **li·be·rar** [liβerár] **I.** *tr* **1.** Poner en libertad. **2.** (Con *de*) Librar a alguien de una obligación. **3.** Desprender algo (sustancia, energía, etc.). **II.** REFL(-*se*) Verse alguien libre de algo que obliga.

[1] **li·be·ria·no, -na** [liβerjáno] *adj s/m,f* De Liberia.

[5] **li·ber·tad** [liβertáð] *s/f* **1.** Facultad natural de los seres humanos para decidir sobre sus actos. **2.** Condición de quien es libre. **3.** Derecho para obrar libremente y sin coacción. **4.** Facilidad, soltura para hacer algo.

[2] **li·ber·ta·dor, -ra** [liβertaðór] *adj s/m,f* Que libera o proporciona libertad.

[5] **li·ber·tar** [liβertár] *tr* Poner en libertad.

[1] **li·ber·ta·rio, -ia** [liβertárjo] *adj s/m,f* Anarquista.

[1] **li·ber·ti·na·je** [liβertináχe] *s/m* Conducta desenfrenada e inmoral.

[1] **li·ber·ti·no, -na** [liβertíno] **I.** *adj* Relativo al libertinaje. **II.** *adj s/m,f* De vida descontrolada y licenciosa.

[1] **li·bi·di·no·so, -sa** [liβiðinóso] *adj* Dado a los placeres sexuales.

[1] **li·bi·do** [liβíðo] *s/f* Deseo sexual.

[1] **li·bio, -ia** [liβjo] *adj s/m,f* De Libia.

[2] **li·bra** [líβra] **I.** *adj s/f* Séptimo signo del Zodíaco o persona que pertenece a él. **II.** *s/f* **1.** Unidad monetaria de ciertos países (Inglaterra, Italia, etc.). **2.** Unidad de peso (453,59 g).

[1] **li·bra·mien·to** [liβramjénto] *s/m* ECON Orden de pago mediante documento escrito.

[1] **li·bran·za** [liβránθa] *s/f* Libramiento.

[5] **li·brar** [liβrár] **I.** *tr* **1.** (Con *de*) Salvar a alguien de algún mal. **2.** Mantener un hecho conflictivo o difícil, como una batalla. **3.** ECON Emitir una orden de pago. **II.** *intr* No trabajar en los días indicados por tenerlos libres. **III.** REFL(-*se*) **1.** (Con *de*) Quedar libre de algo perjudicial. **2.** Desprenderse o deshacerse de algo poco agradable. RPr **Libra(se) de**.

[5] **li·bre** [líβre] *adj* **1.** Que tiene libertad de acción. **2.** No sometido en contra de su voluntad. **3.** (Con *de*) Exento de ciertas obligaciones. **4.** Desocupado, disponible. **5.** Que carece de lo que se menciona: *Libre de impurezas*. **6.** No reservado. **7.** No sometido a normas.

li·brea [liβréa] *s/f* Uniforme de algunos empleados o subalternos.

li·bre·cam·bio [liβrekámbjo] *s/m* Libre cambio.

li·bre·cam·bis·mo [liβrekambísmo] *s/m* Doctrina económica que defiende el sistema del libre cambio.

[1] **li·bre·cam·bis·ta** [liβrekambísta] *adj s/m,f* Relativo al librecambismo o partidario de él.

[1] **li·bre·pen·sa·dor, -ra** [liβrepensaðór] *s/m,f* Partidario de la libertad de pensamiento en cuestiones religiosas.

[3] **li·bre·ría** [liβrería] *s/f* **1.** Establecimiento para la venta de libros. **2.** Mueble o estantería para libros.

[2] **li·bre·ro, -ra** [liβréro] **I.** *adj* Relativo a los libros. **II.** *s/m,f* Comerciante de libros.

[1] **li·bres·co, -ca** [liβrésko] *adj* DES Relativo a los libros.

[2] **li·bre·ta** [liβréta] *s/f* Cuaderno para anotaciones.
Libreta de ahorros, cartilla de ahorros expedida por un banco.

[2] **li·bre·to** [liβréto] *s/m* **1.** Texto dialogado de una obra musical. **2.** AMER Guión de una película.

[5] **li·bro** [líβro] *s/m* **1.** Conjunto de hojas de papel, impresas y encuadernadas. **2.** Cada una de las partes en que se puede dividir una obra literaria o científica.

[4] **li·cen·cia** [liθénθja] *s/f* **1.** Permiso o autorización para hacer algo. **2.** Libertad con que alguien hace algo.

[3] **li·cen·cia·do, -da** [liθenθjáðo] *s/m,f* **1.** Persona que ha concluido los estudios de licenciatura en una facultad universitaria. **2.** AMER Forma de tratamiento antepuesta al nombre, aplicada a quien tiene una licenciatura.

[1] **li·cen·ciar** [liθenθjár] *intr* REFL(-*se*) **1.** Otorgar a alguien el título universitario de licenciado. **2.** Conceder a un soldado o militar permiso para abandonar el servicio activo. RPr **Licenciarse en**.

[2] **li·cen·cia·tu·ra** [liθenθjatúra] *s/f* **1.** Título que se obtiene tras realizar los estudios correspondientes en la universidad. **2.** Estudios conducentes a la obtención de tal título.

[1] **li·cen·cio·so, -sa** [liθenθjóso] *adj* De conducta moralmente irregular.

[3] **li·ceo** [liθéo] *s/m* **1.** En algunos países, centro de enseñanza secundaria. **2.** Sociedad cultural o recreativa.

[2] **li·ci·ta·ción** [liθitaθjón] *s/f* Acción o resultado de licitar.

[1] **li·ci·tar** [liθitár] **I.** *tr* Sacar a subasta pública. **II.** *intr* Ofrecer dinero por algo que se subasta.

LIM·BO

2 **lí·ci·to, -ta** [líθito] *adj* Permitido por la ley.

1 **li·ci·tud** [liθitúð] *s/f* Cualidad de lícito.

2 **li·cor** [likór] *s/m* Bebida alcohólica, dulce y aromatizada.

1 **li·co·re·ría** [likorería] *s/f* Establecimiento donde se producen o venden bebidas alcohólicas.

1 **li·cua·ción** [likwaθjón] *s/f* Transformación de algo en líquido.

1 **li·cua·do·ra** [likwaðóra] *s/f* Electrodoméstico para licuar frutas y hortalizas.

2 **li·cuar** [likwár] *tr* REFL(-*se*) Convertir(se) un cuerpo sólido o gaseoso en líquido. ORT El acento recae sobre la *u* en el *sing* y *3ª pers* del *pl* y *pres* de *subj*: *Licúo*.

1 **li·cue·fac·ción** [likwefakθjón] *s/f* Licuación.

1 **lid** [líð] *s/f* 1. *pl* Actividad que implica lucha y competitividad. 2. Lucha, combate.

4 **lí·der** [líðer] *adj s/m,f* 1. Dirigente, *esp* de un partido político. 2. Quien encabeza una clasificación.

2 **li·de·rar** [liðerár] *tr* 1. Dirigir un grupo, partido político, etc. 2. Ocupar el primer lugar en una clasificación.

1 **li·de·ra·to** [liðeráto] *s/m* Liderazgo.

3 **li·de·raz·go** [liðeráθγo] *s/m* Condición de quien lidera algo.

1 **li·dia** [líðja] *s/f* Toreo.

2 **li·diar** [liðjár] **I.** *tr* Torear. **II.** *intr* Enfrentarse a algo molesto o difícil. RPr **Lidiar con**.

2 **lie·bre** [ljéβre] *s/f* Mamífero parecido al conejo, que vive en libertad. LOC **Levantar la liebre**, FIG descubrir algo oculto.

lien·dre [ljéndre] *s/f* Huevo del piojo.

3 **lien·zo** [ljénθo] *s/m* 1. Tela basta hecha de lino, cáñamo o algodón. 2. Tela para pintar sobre ella, u obra pintada.

1 **lif·ting** [liftin] *s/m* ANGL Operación de cirugía estética para eliminar arrugas en la piel del rostro.

3 **li·ga** [líγa] *s/f* 1. Cinta elástica para sujetar las medias o calcetines. 2. DEP Competición deportiva en la que cada equipo debe jugar contra todos los demás de su categoría. 3. Asociación de personas con algo en común.

1 **li·ga·du·ra** [liγaðúra] *s/f* 1. Acción de ligar. 2. Cosa que ata o sujeta.

2 **li·ga·men·to** [liγaménto] *s/m* 1. Cordón fibroso que une los huesos de las articulaciones. 2. Sección membranosa que sostiene determinados órganos del cuerpo.

2 **li·gar** [liγár] **I.** *tr* 1. Unir, enlazar. 2. Iniciar contactos con otra persona en vistas a una posible relación amorosa. **II.** *intr* COL Iniciar una relación amorosa. RPr **Ligar a/con**.
ORT La *g* cambia a *gu* ante *e*: *Ligué*.

1 **li·ga·zón** [liγaθón] *s/f* Unión estrecha.

2 **li·ge·re·za** [liχeréθa] *s/f* 1. Poco peso o consistencia de algo. 2. Rapidez en la actuación. 3. Falta de reflexión en el obrar. 4. Hecho o dicho irreflexivo.

4 **li·ge·ro, -ra** [liχéro] *adj* 1. Que pesa poco. 2. De poca consistencia o sustancia: *Un almuerzo ligero*. 3. Poco perceptible. 4. Rápido, ágil de movimiento. 5. (*tejido*) Fino, de poco abrigo. LOC **A la ligera**, sin pensar con detenimiento.

1 **lig·ni·to** [liγníto] *s/m* Carbón mineral fósil, de escaso poder calorífico.

1 **li·gón, -go·na** [liγón] *adj s/m,f* COL Persona con facilidad para relacionarse con fines amorosos.

1 **li·gue** [líγe] *s/m* 1. COL Acción de ligar. 2. Persona con la que se liga.

1 **li·gue·ro, -ra** [liγéro] **I.** *adj* DEP Relacionado con la liga deportiva. **II.** *s/m* Prenda de lencería femenina para sujetar la parte superior de las medias.

1 **li·gui·lla** [liγíʎa] *s/f* DEP Competición en la que interviene un número reducido de equipos.

2 **li·ja** [líχa] *s/f* 1. Papel fuerte que por una de sus caras tiene adheridos gránulos de vidrio o esmeril; se usa para pulir. 2. Pez marino cuya piel está cubierta de granillos muy duros.

1 **li·jar** [liχár] *tr* Pulir una superficie con lija.

1 **li·la** [líla] **I.** *s/f* 1. Arbusto de flores pequeñas y olorosas, de color violáceo o blanco. 2. Flor de este arbusto. **II.** *adj* De color morado claro.

li·liá·ceo, -ea [liliáθeo] **I.** *adj s/m,f* Se aplica a las plantas de raíz bulbosa, como el lirio. **II.** *s/f,pl* Familia de estas plantas.

3 **li·ma** [líma] *s/f* 1. Herramienta de acero, con la superficie estriada o granulosa, para pulir. 2. Fruto del limero, similar al limón, aunque de menor tamaño y con piel verdosa.

li·ma·du·ra [limaðúra] *s/f* 1. Operación de limar. 2. *pl* Partículas que se desprenden al limar algo.

3 **li·mar** [limár] *tr* 1. Pulir una superficie u objeto con una lima. 2. Perfeccionar algo (escrito, proyecto).

1 **lim·bo** [límbo] *s/m* 1. REL Lugar donde van las almas de los niños que mueren antes

de ser bautizados. **2.** Parte principal y ancha de las hojas de las plantas.

li·me·ro, -ra [liméro] *s/m* Árbol cuyo fruto es la lima.

④ **li·mi·ta·ción** [limitaθjón] *s/f* Acción o resultado de limitar.

③ **li·mi·ta·do, -da** [limitáðo] *adj* Que tiene límites.

⑤ **li·mi·tar** [limitár] **I.** *tr* **1.** Poner límites. **2.** Señalar los límites en la extensión de algo. **II.** *intr* (Con *con*) Tener un límite común con otra cosa. RPr **Limitar con. Limitar(se) a.**

⑤ **lí·mi·te** [límite] **I.** *adj* Que no se puede sobrepasar: *Una situación límite.* **II.** *s/m* **1.** Línea que circunscribe un lugar. **2.** Punto, cantidad o nivel máximo o mínimo permitidos: *Límite de velocidad.*

② **li·mí·tro·fe** [limítrofe] *adj* Que limita con otra cosa.

① **li·mo** [límo] *s/m* Cieno, lodo.

③ **li·món** [limón] *s/m* Fruto del limonero, de color amarillo y sabor ácido.

li·mo·na·da [limonáða] *s/f* Bebida refrescante de zumo de limón, agua y azúcar.

li·mo·nar [limonár] *s/m* Terreno plantado de limoneros.

① **li·mo·ne·ro, -ra** [limonéro] **I.** *adj* Relativo a los limones. **II.** *s/m* Árbol frutal de hoja perenne, que produce limones.

② **li·mos·na** [limósna] *s/f* Lo que se da a alguien por caridad.

① **lim·pia·bo·tas** [limpjaβótas] *s/m,f* Persona que limpia los zapatos de los clientes.

① **lim·pia·dor, -ra** [limpjaðór] **I.** *adj* Que limpia. **II.** *s/m,f* Profesional de la limpieza.

① **lim·pia·pa·ra·bri·sas** [limpjaparaβrísas] *s/m* Mecanismo que limpia automáticamente el agua del parabrisas de un vehículo.

④ **lim·piar** [limpjár] *tr* **1.** Eliminar la suciedad o lo que estorba o sobra. **2.** FIG Eliminar algo que resulta molesto o perjudicial. **3.** Robar.

① **lim·pi·dez** [limpiðéθ] *s/f* Claridad o transparencia.

① **lím·pi·do, -da** [límpiðo] *adj* Limpio, transparente.

③ **lim·pie·za** [limpjéθa] *s/f* **1.** Ausencia de suciedad. **2.** Acción de limpiar. **3.** Destreza o perfección con que se realiza una actividad: *Pasó con limpieza entre las dos aristas.* **4.** Rectitud, honestidad.

① **lim·pio, -ia** [límpjo] *adj* **1.** Que no tiene suciedad o manchas. **2.** (Con *ser*) Aseado. **3.** (Con *ser*) Que no produce suciedad ni contamina. **4.** Sin impurezas ni mezclas. **5.** (*cielo*) Despejado. **6.** (*dinero*) Libre de impuestos. LOC **Limpio de,** libre de lo que se menciona.

① **li·mu·si·na** [limusína] *s/f* Automóvil lujoso, de gran tamaño, usado *gen* en ocasiones especiales, como celebraciones y actos protocolarios.

② **li·na·je** [lináxe] *s/m* Antepasados y descendientes de una persona.
El linaje humano, la humanidad.

① **li·na·za** [lináθa] *s/f* Semilla del lino.

② **lin·ce** [línθe] *s/m,f* Mamífero felino carnicero, similar al gato. LOC **Ser alguien un lince (para),** ser alguien muy listo y sagaz.

① **lin·cha·mien·to** [lintʃamjénto] *s/m* Ajusticiamiento de alguien sin juicio previo.

① **lin·char** [lintʃár] *tr* Ejecutar a una persona sin juicio previo.

lin·da·no [lindáno] *s/m* Insecticida en forma de polvo blanco.

lin·dan·te [lindánte] *adj* Que linda.

① **lin·dar** [lindár] *intr* **1.** Tener límites en lugar con otro. **2.** FIG Estar algo muy próximo a lo que se indica. RPr **Lindar con.**

① **lin·de** [línde] *s/m,f* Línea que delimita una zona u otra cosa.

① **lin·de·ro** [lindéro] *s/m* Linde.

① **lin·de·za** [lindéθa] *s/f* **1.** Cualidad de lindo. **2.** Hecho o dicho agradable. **3.** FIG Dicho ofensivo o desagradable.

④ **lin·do, -da** [líndo] *adj* **1.** Bonito y agradable a la vista. **2.** AMER Bueno, grato. **3.** AMER Físicamente atractivo. LOC **De lo lindo,** COL mucho.

⑤ **lí·nea** [línea] *s/f* **1.** Sucesión continua de puntos en el espacio. **2.** Trazo delgado y alargado. **3.** Serie de palabras que constituyen un renglón en un escrito. **4.** Contorno exterior de un objeto. **5.** Estilo o tendencia: *Publicaciones de línea conservadora.* **6.** Ruta regular de transporte. **7.** Cable para la comunicación telefónica o telegráfica. **8.** Cable de energía eléctrica. **9.** Esbeltez en el cuerpo: *Le costaba mantener la línea.* **10.** Frontera entre dos zonas o cosas. LOC **En línea,** COMP conectado. **En líneas generales,** sin entrar en detalles. **Entre líneas,** que se sugiere, pero no se dice claramente.

③ **li·ne·al** [lineál] *adj* **1.** Relativo a la línea. **2.** Que se produce en una dirección determinada.

① **lin·fa** [línfa] *s/f* Líquido orgánico que circula por los vasos linfáticos.

[1] **lin·fá·ti·co, -ca** [linfátiko] *adj* Relativo a la linfa.

[1] **lin·go·te** [lingóte] *s/m* Barra de metal tras su fundición.

[2] **lin·güis·ta** [lingwísta] *s/m,f* Experto en el estudio del lenguaje.

[1] **lin·güís·ti·ca** [lingwístika] *s/f* Disciplina que estudia el lenguaje y las lenguas.

[4] **lin·güís·ti·co, -ca** [lingwístiko] *adj* Relacionado con la lengua.

[2] **li·no** [líno] *s/m* **1.** Planta herbácea, de tallos largos y huecos. **2.** Fibra textil que se extrae de estos tallos.

[1] **li·nó·leo** [linóleo] *s/m* Material resistente, para impermeabilizar suelos.

[1] **li·no·ti·pia** [linotípja] *s/f* Máquina para componer textos.

[1] **li·no·ti·pis·ta** [linotipísta] *s/m,f* Experto en el manejo de la linotipia.

[2] **lin·ter·na** [lintérna] *s/f* **1.** Utensilio portátil de pequeño tamaño, con bombilla y pilas, para alumbrar. **2.** ARQ Construcción en forma de pequeña torre y con varias ventanas, que remata un edificio.

[2] **lío** [lío] *s/m* **1.** Conjunto de cosas revueltas y amontonadas. **2.** Situación difícil. **3.** Confusión mental que desorienta. **4.** Relación sentimental superficial o poco duradera.

lio·fi·li·zar [ljofiliθár] *tr* Deshidratar una sustancia al vacío.

ORT Ante *e* la *z* cambia a *c*: *Liofilice*.

lio·so, -sa [ljóso] *adj* COL Complicado, confuso.

[1] **lí·pi·do** [lípiðo] *s/m* Grasa.

[1] **li·po·so·lu·ble** [liposolúβle] *adj* Soluble en grasas o aceites.

[1] **li·po·suc·ción** [liposukθjón] *s/f* Técnica quirúrgica para succionar la grasa acumulada bajo la piel.

[1] **li·po·ti·mia** [lipotímja] *s/f* Desvanecimiento momentáneo, con pérdida de consciencia.

[1] **li·quen** [líken] *s/m* Planta criptógama que resulta de la simbiosis de un alga y un hongo.

[1] **li·qui·da·ble** [likiðáβle] *adj* Que se puede liquidar.

[3] **li·qui·da·ción** [likiðaθjón] *s/f* Acción o resultado de liquidar.

[3] **li·qui·dar** [likiðár] *tr* **1.** Terminar algo de forma definitiva. **2.** Pagar una deuda. **3.** Vender todas las mercancías un establecimiento, por cierre. **4.** Pagar lo estipulado a quien ha realizado un trabajo. **5.** Hacer un negocio balance de sus cuentas. **6.** COL Gastar el dinero en poco tiempo. **7.** COL Consumir algo con rapidez. **8.** COL Matar.

[2] **li·qui·dez** [likiðéθ] *s/f* **1.** Capacidad para hacer frente a los pagos. **2.** Cualidad de un activo financiero que puede transformarse en efectivo.

[4] **lí·qui·do, -da** [líkiðo] *adj, s/m* **1.** Se aplica a las sustancias que se adaptan a la forma del recipiente que las contiene. **2.** Se dice del saldo que queda después de realizar los descuentos correspondientes.

[2] **li·ra** [líra] *s/f* Instrumento musical de cuerda.

[1] **lí·ri·ca** [lírika] *s/f* Género literario en el que predominan los sentimientos íntimos.

[3] **lí·ri·co, -ca** [líriko] *adj* Relativo a la lírica.

[3] **li·rio** [lírjo] *s/m* **1.** Planta de jardín, de hojas envainadas, de flores grandes, blancas o moradas. **2.** Flor de esta planta.

[2] **li·ris·mo** [lirísmo] *s/m* Cualidad de lírico.

[1] **li·rón** [lirón] *s/m* Mamífero roedor, similar al ratón, que pasa el invierno aletargado.

li·ron·do [liróndo] *adj* LOC **Mondo y lirondo,** sin adornos.

[1] **lis·bo·e·ta** [lisβoéta] *adj s/m,f* De Lisboa.

[1] **li·sia·do, -da** [lisjáðo] *adj s/m,f* Inválido.

[1] **li·siar** [lisjár] *tr* Causar una lesión grave, provocando incapacidad total o parcial.

[3] **li·so, -sa** [líso] *adj* **1.** Sin desigualdades ni asperezas en la superficie. **2.** De color uniforme.

li·son·ja [lisónχa] *s/f* Adulación interesada.

li·son·je·ar [lisonχeár] *tr* Adular, halagar.

li·son·je·ro, -ra [lisonχéro] *adj s/m,f* Que lisonjea.

[5] **lis·ta** [lísta] *s/f* **1.** Relación ordenada de nombres. **2.** Línea o franja de color distinto al del fondo.

[2] **lis·ta·do, -da** [listáðo] **I.** *adj* Que tiene listas o rayas. **II.** *s/m* Lista (1).

[1] **lis·tar** [listár] *tr* Poner o escribir en una lista.

[1] **lis·ti·llo, -lla** [listíʎo] *adj s/m,f* **1.** COL Persona que presume de saber mucho. **2.** Aprovechado.

[1] **lis·tín** [listín] *s/m* Lista extraída de otra mayor.

[4] **lis·to, -ta** [lísto] *adj* **1.** Que comprende con rapidez. **2.** Que se aprovecha de las cosas en su favor. **3.** Dispuesto para hacer algo. LOC **Estar listo,** estar algo terminado. **Pasarse de listo,** COL equivocarse en algo que se había previsto de cierta manera.

lis·tón [listón] *s/m* **1.** Trozo de madera alargado y estrecho. **2.** Nivel o índice que se establece como marca o límite.

li·su·ra [lisúra] *s/f* **1.** Cualidad de liso. **2.** AMER Hecho o dicho grosero.

li·te·ra [litéra] *s/f* **1.** Mueble con dos camas superpuestas. **2.** Cama fija en un barco o tren. **3.** Especie de cabina portátil para personas ilustres.

li·te·ral [literál] *adj* Que reproduce rigurosamente el sentido de las palabras escritas o esas mismas palabras.

li·te·ra·li·dad [literaliðáð] *s/f* Cualidad de literal.

li·te·ra·rio, -ia [literárjo] *adj* Relacionado con la literatura.

li·te·ra·to, -ta [literáto] *s/m,f* Persona dedicada a la creación literaria.

li·te·ra·tu·ra [literatúra] *s/f* **1.** Arte que se vale de las palabras escritas para su expresión. **2.** Conjunto de obras escritas en este arte. **3.** Conjunto de obras sobre un tema o materia.

lí·ti·co, -ca [lítiko] *adj* Relativo a la piedra.

li·ti·ga·ción [litiɣaθjón] *s/f* Acción de litigar.

li·ti·gan·te [litiɣánte] *adj s/m,f* DER Que litiga.

li·ti·gar [litiɣár] *intr* Entablar un pleito o litigio.
ORT Ante *e* la *g* cambia a *gu: Litigue.*

li·ti·gio [litíxjo] *s/m* **1.** Pleito. **2.** Disputa.

li·tio [lítjo] *s/m* Elemento químico metálico, de color blanco plateado. Símbolo *Li.*

li·to·gra·fía [litoɣrafía] *s/f* **1.** Técnica de reproducción de dibujos previamente grabados en piedra calcárea o en plancha metálica. **2.** Reproducción así obtenida.

li·to·gra·fiar [litoɣrafjár] *tr* Reproducir mediante litografía.
ORT PRON La *i* recibe el acento en el *sing* y *3ª p pl* del *pres* de *indic* y *subj: Litografío.*

li·to·grá·fi·co, -ca [litoɣráfiko] *adj* Relativo a la litografía.

li·tó·gra·fo, -fa [litóɣrafo] *s/m,f* Profesional de la litografía.

li·to·ral [litorál] **I.** *adj* Relacionado con la costa. **II.** *s/m* Franja de terreno que linda con el mar.

li·tos·fe·ra [litosféra] *s/f* Capa exterior y sólida de la Tierra.

li·tro [lítro] *s/m* Medida de capacidad equivalente a un decímetro cúbico.

li·tro·na [litróna] *s/f* COL Botella de cerveza de un litro.

li·tua·no, -na [litwáno] *adj s/m,f* De Lituania.

li·tur·gia [litúrxja] *s/f* **1.** Serie de ritos propios de las ceremonias o actos religiosos. **2.** Serie de procedimientos que se siguen en determinados actos.

li·túr·gi·co, -ca [litúrxiko] *adj* Relacionado con la liturgia.

li·vian·dad [liβjandáð] *s/f* Cualidad de liviano.

li·via·no, -na [liβjáno] *adj* **1.** Ligero. **2.** Poco importante.

li·vi·dez [liβiðéθ] *s/f* Cualidad de lívido.

lí·vi·do, -da [líβiðo] *adj* Muy pálido.

li·za [líθa] *s/f* Lucha, competición entre personas.

ll [éʎe] *s/f* Grafía del sonido lateral palatal sonoro llamado 'elle'.

lla·ga [ʎáɣa] *s/f* Ulceración, herida.

lla·ma [ʎáma] *s/f* **1.** Porción de fuego en forma de lengua, que se desprende de un cuerpo al arder. **2.** FIG Vehemencia que se percibe en un sentimiento. **3.** Mamífero rumiante, propio de las zonas andinas. LOC **En llamas,** ardiendo.

lla·ma·do, -da [ʎamáðo] *s/f* **1.** Gesto, signo o palabras para captar la atención de alguien. **2.** Comunicación telefónica. **3.** Invitación a alguien para que haga algo. **III.** *s/m* **1.** AMER Llamamiento a alguien invitándole a que haga algo. **2.** AMER Comunicación telefónica.

lla·ma·mien·to [ʎamamjénto] *s/m* Requerimiento o invitación para hacer algo.

lla·mar [ʎamár] **I.** *tr* **1.** Dirigirse a una persona para captar su atención mediante palabras, gestos, etc. **2.** Golpear en una puerta o tocar un timbre para que alguien abra desde dentro. **3.** Telefonear. **4.** Imponer un nombre. **5.** Dirigir o asignar a alguien un calificativo: *Diego la llamó burra.* **6.** Atraer: *El dinero llama al dinero.* **II.** REFL(-se) Tener el nombre que se indica.

lla·ma·ra·da [ʎamaráða] *s/f* Llama de fuego grande e intensa.

lla·ma·ti·vo, -va [ʎamatíβo] *adj* Que llama la atención.

lla·me·an·te [ʎameánte] *adj* Que desprende llamas.

lla·me·ar [ʎameár] *intr* Desprender llamas.

lla·ne·ro, -ra [ʎanéro] *s/m,f* Habitante de las llanuras.

lla·ne·za [ʎanéθa] *s/f* Sencillez.

LLO·VER

lla·ni·to, -ta [ʎaníto] *adj s/m,f* COL De Gibraltar.

③ **lla·no, -na** [ʎáno] **I.** *adj* **1.** Sin desniveles ni desigualdades. **2.** Sencillo, natural y accesible. **3.** GRAM Con el acento en la penúltima sílaba. **II.** *s/m* Extensión de terreno sin desniveles o accidentes.

② **llan·ta** [ʎánta] *s/f* **1.** Cerco exterior metálico en las ruedas de los coches, bicicletas, etc. **2.** AMER Rueda de un vehículo. **3.** AMER Neumático.

① **llan·ti·na** [ʎantína] *s/f* COL Llanto fuerte y prolongado.

③ **llan·to** [ʎánto] *s/m* Derramamiento de lágrimas, *gen* acompañado de sollozos.

③ **lla·nu·ra** [ʎanúra] *s/f* Extensión de terreno grande y llana.

④ **lla·ve** [ʎáβe] *s/f* **1.** Instrumento para abrir y cerrar las cerraduras, arrancar un motor, etc. **2.** Mecanismo para abrir o cerrar el paso del agua, de un gas, etc. **3.** Medio para conseguir algo. **4.** Movimiento para inmovilizar al contrario en ciertos deportes. **5.** Signo gráfico en forma de paréntesis redondeado.

① **lla·ve·ro** [ʎaβéro] *s/m* Utensilio para guardar las llaves.

lla·vín [ʎaβín] *s/m* Llave pequeña.

③ **lle·ga·da** [ʎeɣáða] *s/f* **1.** Acción de llegar a un sitio. **2.** Lugar en que termina un recorrido.

⑤ **lle·gar** [ʎeɣár] **I.** *intr* **1.** Alcanzar el lugar de destino. **2.** Extenderse la duración de algo hasta un determinado punto o momento. **3.** Conseguir algo: *Por fin llegaron a un acuerdo.* **4.** Alcanzar un determinado nivel: *El agua les llegaba hasta la cintura.* **II.** REFL(-se) COL Acercarse a un lugar. **III.** *aux* **1.** (seguido de *inf*) Culminar algo con cierta acción o actitud: *Le gritó, le insultó, y llegó a amenazarle con un rifle.* **2.** (seguido de *inf*) Concluir una acción: *Llegaron a reunir una gran fortuna.*

ORT Ante *e* la *g* cambia a *gu*: *Llegué.*

⑤ **lle·nar** [ʎenár] *tr* **1.** Ocupar un espacio o recinto en parte o en su totalidad. **2.** (Con *de*) Producir un sentimiento determinado en alguien: *El sueño me llenó de angustia.* **3.** Dar algo en abundancia: *El director nos llenó de alabanzas.* RPr **Llenar de.**

⑤ **lle·no, -na** [ʎéno] **I.** *adj* **1.** Que contiene en sí otra cosa o cosas que lo ocupan en su totalidad o en alto grado: *Un comedor lleno de humo.* **2.** En abundancia o con intensidad: *Me miró llena de asombro.* **3.** Que ha comido o bebido en abundancia. **II.** *s/m* Hecho de estar ocupadas todas las localidades de un lugar. LOC **De lleno,** totalmente. RPr **Lleno de.**

① **lle·va·de·ro, -ra** [ʎeβaðéro] *adj* Que es fácil de soportar.

⑤ **lle·var** [ʎeβár] **I.** *tr* **1.** Trasladar una cosa de un lugar a otro. **2.** Conducir hacia un determinado lugar: *La carretera lleva a la playa.* **3.** Vestir lo que se indica: *Llevan pantalones anchos.* **4.** Desempeñar una tarea o actividad. **5.** Contener algo lo que se indica: *El descodificador lleva un módem.* **6.** Soportar, sufrir. **7.** Inducir, impulsar a hacer algo. **8.** Consumir o necesitar algo cierta cantidad de tiempo: *El informe le llevó casi un año de trabajo.* **9.** Sobrepasar en cierta edad: *Le llevaba diez años.* **10.** Estar alguien en un sitio o en una situación determinada: *Lleva veinticuatro horas de viaje.* **II.** REFL(-se) **1.** Tomar o agarrar algo para llevarlo a algún lugar: *Se llevó el vaso a los labios.* **2.** Apropiarse de una cosa que no le pertenece y marcharse con ella: *Se llevaron la caja fuerte.* **3.** Conseguir algo: *Se llevó un premio Goya.* **4.** Experimentar un cierto sentimiento.: *Ana se llevó un susto tremendo.* **5.** Estar de moda: *Esta temporada se llevan los colores claros.* **6.** Congeniar o entenderse dos o más personas. **III.** *aux* (seguido de *pp*) Haber realizado alguien la acción que se indica: *Llevan leídos más de diez libros.* LOC **Llevar (alguien) la voz cantante,** ser alguien quien tiene más influencia o quien manda. **Llevarse por delante,** causar la desaparición o aniquilación de algo. RPr **Llevar a/de/con.**

⑤ **llo·rar** [ʎorár] **I.** *intr* Derramar lágrimas. **II.** *tr* Lamentar.

llo·re·ra [ʎoréra] *s/f* COL Llanto intenso y prolongado.

llo·ri·ca [ʎoríka] *s/m,f* COL Persona que tiende a llorar con frecuencia.

① **llo·ri·que·ar** [ʎorikeár] *intr* Llorar de forma débil, *gen* sin motivo.

① **llo·ri·queo** [ʎorikéo] *s/m* Acción de lloriquear.

① **llo·ro** [ʎóro] *s/m* Acción o resultado de llorar.

② **llo·rón, -na** [ʎorón] *adj s/m,f* **1.** Que llora a menudo. **2.** FIG Que se queja o lamenta constantemente.

① **llo·ro·so, -sa** [ʎoróso] *adj* **1.** Que presenta señales de haber llorado o que está a punto de hacerlo. **2.** (*ojos*) Que abunda en lágrimas o tiene síntomas de haber llorado.

④ **llo·ver** [ʎoβér] **I.** *imp* Caer gotas de agua de

las nubes. **II.** *intr* FIG Caer o acontecer cosas de forma abundante y continuada. CONJ (Usado sólo en *3ª p*). *Irreg*: Llueve, llovió, lloverá, llovido.

[1] **llo·viz·na** [ʎoβíθna] *s/f* Lluvia menuda.

llo·viz·nar [ʎoβiθnár] *impers* Llover de forma suave y con gotas menudas.

[4] **llu·via** [ʎúβja] *s/f* **1.** Agua que cae de las nubes en forma de gotas. **2.** FIG Abundancia de algo: *Una lluvia de balas*.

[2] **llu·vio·so, -sa** [ʎuβjóso] *adj* Con lluvias frecuentes y *gen* intensas.

[5] **lo** [ló] **I.** *art* Forma neutra del *art*. **II.** *pron pers* Expresa la función de complemento directo: *Lo pensé durante muchos años*.

[1] **loa** [lóa] *s/f* Elogio.

[1] **loa·ble** [loáβle] *adj* Que es digno de elogio.

[1] **lo·ar** [loár] *tr* Elogiar.

[1] **lob·by** [lóβi] *s/m* ANGL Grupo de personas influyentes y poderosas.

[1] **lo·bez·no** [loβéθno] *s/m,f* Cría o cachorro del lobo.

[3] **lo·bo, -ba** [lóβo] *s/m,f* Mamífero carnicero y salvaje, similar a un perro grande. LOC **Verle las orejas al lobo**, COL darse cuenta de la existencia de un peligro.

[1] **ló·bre·go, -ga** [lóβreɣo] *adj* Oscuro, tenebroso.

lo·bre·guez [loβreɣéθ] *s/f* Oscuridad.

[1] **lo·bu·la·do, -da** [loβuláðo] *adj* Con lóbulos.

[1] **ló·bu·lo** [lóβulo] *s/m* Parte redondeada y saliente de un órgano.

[5] **lo·cal** [lokál] **I.** *adj* Relativo a un pueblo o lugar. **II.** *s/m* Recinto o parte de un edificio.

[4] **lo·ca·li·dad** [lokaliðáð] *s/f* **1.** Pueblo, ciudad. **2.** Asiento que ocupan los espectadores en un teatro, cine, etc.

[1] **lo·ca·lis·mo** [lokalísmo] *s/m* Apego por lo que es propio de un lugar.

[1] **lo·ca·lis·ta** [lokalísta] *adj* Relativo al localismo.

lo·ca·li·za·ble [lokaliθáβle] *adj* Que puede localizarse.

[3] **lo·ca·li·za·ción** [lokaliθaθjón] *s/f* **1.** Acción de localizar. **2.** Lugar donde algo está situado.

[4] **lo·ca·li·zar** [lokaliθár] *tr* **1.** Averiguar el lugar donde algo o alguien se halla. **2.** Instalar en un determinado lugar. ORT Ante *e* la *z* cambia a *c*: *Localice*.

[1] **lo·ción** [loθjón] *s/m* Líquido o sustancia para dar masajes o aplicar sobre la piel.

[5] **lo·co, -ca** [lóko] **I.** *adj s/m,f* **1.** Con las facultades mentales trastornadas. **2.** Imprudente, poco juicioso. **II.** *adj* **1.** FIG Muy entusiasmado o ilusionado por algo: *Están locos por una casita en la playa*. **2.** Cosa insensata: *Una loca aventura*. LOC **A lo loco**, sin reflexionar. **Ni loco/a**, COL expresión para rechazar algo. RPr **Loco de/por/con**.

[1] **lo·co·mo·ción** [lokomoθjón] *s/f* Acción de trasladarse de un lugar a otro en un vehículo.

[2] **lo·co·mo·tor, -ra** [lokomotór] **I.** *adj* Relativo a la locomoción. **II.** *s/f* Máquina que arrastra los vagones de un tren.

[1] **lo·cua·ci·dad** [lokwaθiðáð] *s/f* Cualidad de locuaz.

[1] **lo·cuaz** [lokwáθ] *adj* Que habla mucho.

[1] **lo·cu·ción** [lokuθjón] *s/f* GRAM Combinación fija de dos o más palabras, invariable y con significado definido.

[4] **lo·cu·ra** [lokúra] *s/f* **1.** Estado de loco. **2.** Acción insensata. **3.** COL Entusiasmo por algo.

[2] **lo·cu·tor, -ra** [lokutór] *s/m,f* Profesional de la radio o la televisión, para retransmitir noticias o información.

[1] **lo·cu·to·rio** [lokutórjo] *s/m* **1.** Estancia o recinto para recibir visitas. **2.** Local con teléfonos públicos.

[1] **lo·da·zal** [loðáθál] *s/m* Terreno cubierto de lodo.

[2] **lo·do** [lóðo] *s/m* Mezcla de barro y agua.

[1] **lo·ga·rit·mo** [loɣarítmo] *s/m* MAT Exponente al que hay que elevar un número positivo para obtener una cantidad determinada.

[2] **lo·gia** [lóxja] *s/f* **1.** ARQ Galería exterior de algunos edificios. **2.** Agrupación de masones.

[3] **ló·gi·ca** [lóxika] *s/f* Ciencia del razonamiento.

[5] **ló·gi·co, -ca** [lóxiko] *adj* **1.** Relativo a la lógica. **2.** Que es coherente y bien fundamentado.

[1] **lo·gís·ti·ca** [loxístika] *s/f* MIL Ciencia de la estrategia de la guerra.

[2] **lo·gís·ti·co, -ca** [loxístiko] *adj* Relativo a la logística.

lo·go [lóɣo] *s/m* COL Logotipo.

lo·go·pe·da [loɣopéða] *s/m,f* Persona especializada en logopedia.

lo·go·pe·dia [loɣopéðja] *s/f* Disciplina que se ocupa de los trastornos del lenguaje.

[1] **lo·go·ti·po** [loɣotípo] *s/m* Emblema gráfico

LU·CIÉR·NA·GA

usado como distintivo de una empresa o producto.

[5] **lo·grar** [loɣrár] *tr* Conseguir algo que se pretendía tener.

[4] **lo·gro** [lóɣro] *s/m* Acción de lograr algo, o cosa lograda.

loís·mo [loísmo] *s/m* GRAM Uso de *lo/los* como complemento indirecto, en lugar de *le/les*.

loís·ta [loísta] *adj s/m,f* Relativo al loísmo o que hace uso de él.

lo·ma [lóma] *s/f* Elevación suave del terreno.

[2] **lom·briz** [lombríθ] *s/f* Gusano de cuerpo blando y cilíndrico, que suele vivir en terrenos húmedos.

[3] **lo·mo** [lómo] *s/m* **1.** Parte superior del cuerpo de los cuadrúpedos, entre el cuello y las patas traseras. **2.** Pieza de carne de esta parte. **3.** Embutido elaborado con esta pieza de carne. **4.** En un libro, parte opuesta al corte de las hojas.

[2] **lo·na** [lóna] *s/f* Tela fuerte e impermeable.

[2] **lon·cha** [lóntʃa] *s/f* Cada trozo o filete delgado que se corta de una pieza mayor.

[2] **lon·di·nen·se** [londinénse] *adj s/m,f* De Londres.

[1] **lon·ga·ni·za** [longaníθa] *s/f* Embutido delgado y alargado, de carne de cerdo picada y sazonada.

[2] **lon·ge·vi·dad** [lonχeβiðáð] *s/f* Larga vida.

[1] **lon·ge·vo, -va** [lonχéβo] *adj s/m,f* De edad avanzada.

[4] **lon·gi·tud** [lonχitúð] *s/f* **1.** La mayor de las dimensiones de una superficie, objeto o cuerpo. **2.** GEOG Distancia desde un punto geográfico hasta el meridiano cero, que se mide en grados.

[2] **lon·gi·tu·di·nal** [lonχituðinál] *adj* Relativo a la longitud.

[1] **lon·gui(s)** [lóngi(s)] LOC **Hacerse alguien el longui(s),** LOC aparentar alguien que no se ha enterado de algo.

[2] **lon·ja** [lónχa] *s/f* Local en que se realizan transacciones comerciales.

[1] **lon·ta·nan·za** [lontanánθa] *s/f* Lejanía.

[2] **look** [lúk] *s/m* ANGL Aspecto exterior de una persona.

[1] **lo·or** [loór] *s/m* LIT Alabanza, elogio.

[1] **lo·que·ro** [lokéro] *adj s/m,f* COL Persona que cuida a los locos.

[3] **lo·ro** [lóro] *s/m* **1.** Ave tropical trepadora, de plumaje vistoso, y que aprende a repetir sonidos humanos. LOC **Estar al loro,** COL prestar atención.

[2] **lo·sa** [lósa] *s/f* **1.** Piedra larga y plana, para cubrir huecos. **2.** Baldosa.

[1] **lo·se·ta** [loséta] *s/f* Losa pequeña para cubrir suelos.

[2] **lo·te** [lóte] *s/m* Conjunto de cosas juntas y de características similares. LOC **Darse/Pegarse (alguien) el lote,** COL acariciarse y tocarse por deseo sexual.

[2] **lo·te·ría** [lotería] *s/f* Juego público de azar en que se premian varios números sacados a suerte.

[1] **lo·te·ro, -ra** [lotéro] *s/m,f* Persona que vende participaciones en la lotería.

[2] **lo·to** [lóto] **I.** *s/m* **1.** Planta acuática de hojas y flores blancas de gran tamaño. **2.** Flor de esta planta. **II.** *s/f* Lotería.

[2] **lo·za** [lóθa] *s/f* Material cerámico elaborado con barro fino y cubierto de barniz vítreo, con que se fabrican vajillas y objetos decorativos.

[1] **lo·za·nía** [loθanía] *s/f* **1.** Aspecto saludable y vigoroso. **2.** Abundancia de ramas y hojas verdes en una planta.

[2] **lo·za·no, -na** [loθáno] *adj* Que tiene lozanía.

[1] **lu·bi·na** [luβína] *s/m* Pez marino de carne muy apreciada.

[1] **lu·bri·ca·ción** [luβrikaθjón] *s/f* Acción o resultado de lubricar.

[1] **lu·bri·can·te** [luβrikánte] *adj s/m* Que lubrica.

[1] **lu·bri·car** [luβrikár] *tr* Impregnar algo (motor, etc.) con cierta sustancia para que funcione con suavidad.
ORT Ante e la c cambia a *qu: Lubrique.*

[1] **lú·bri·co, -ca** [lúβriko] *adj* Propenso a sentir deseo sexual.

[2] **lu·ce·ro** [luθéro] *s/m* Astro grande y brillante en el firmamento.

[4] **lu·cha** [lútʃa] *s/f* Pelea o combate entre dos personas, grupos o entidades enfrentados, en el que suele hacerse uso de la fuerza física o de las armas.

[2] **lu·cha·dor, -ra** [lutʃaðór] *adj, s/m,f* Que lucha.

[5] **lu·char** [lutʃár] *intr* **1.** Pelear o combatir con violencia. **2.** FIG Esforzarse por conseguir algo. RPr **Luchar con/contra/por.**

[2] **lu·ci·dez** [luθiðéθ] *s/f* Cualidad de lúcido.

[2] **lú·ci·do, -da** [lúθiðo] *adj* Con claridad mental y sensatez.

[1] **lu·ciér·na·ga** [luθjérnaɣa] *s/f* Insecto cuya hembra desprende una luz fosforescente de color verdoso.

[1] **lu·ci·mien·to** [luθimjénto] *s/m* Acción o resultado de lucir(se).

[4] **lu·cir** [luθír] **I.** *intr* **1.** Brillar, dar luz. **2.** Dar algo un cierto resultado, *gen* beneficioso: *Gana mucho dinero, pero no le luce nada.* **3.** Proporcionar o dar prestigio. **II.** *tr* **1.** Mostrar o exhibir algo para que sea visto. **2.** Llevar puesta una determinada prenda de vestir.
CONJ *Irreg: Luzco, lucí, luciré, lucido.*

[1] **lu·crar** [lukrár] *intr* REFL(*-se*) Obtener provecho de algo. RPr **Lucrarse de**.

[2] **lu·cra·ti·vo, ·va** [lukratíβo] *adj* Que produce beneficios.

[2] **lu·cro** [lúkro] *s/m* Ganancia, beneficio.

[1] **luc·tuo·so, ·sa** [luktwóso] *adj* Que produce tristeza o pena.

[1] **lu·cu·bra·ción** [lukuβraθjón] *s/f* Acción o resultado de lucubrar.

lu·cu·brar [lukuβrár] *intr* Reflexionar, meditar o trabajar con la mente.

[2] **lú·di·co, ·ca** [lúðiko] *adj* Relacionado con el juego.

lu·dó·pa·ta [luðópata] *s/m,f* Adicto patológico al juego.

[5] **lue·go** [lwéγo] **I.** *adv* Después. **II.** *conj* Expresa consecuencia: *No estás en el censo, luego no puedes votar.* LOC **Desde luego,** expresa conformidad. **Hasta luego,** COL fórmula informal de despedida.

[5] **lu·gar** [luγár] *s/m* **1.** Parte del espacio que puede ocupar un cuerpo. **2.** Sitio adecuado para algo: *La ropa colgada en su lugar.* **3.** Tiempo u ocasión: *¿Tienes lugar para mí en tu agenda?* LOC **En lugar de,** en vez de. **Fuera de lugar,** inoportuno o improcedente. **Tener lugar,** suceder.

[1] **lu·ga·re·ño, ·ña** [luγaréɲo] *s/m,f* Habitante de una población pequeña.

[1] **lu·gar·te·nien·te** [luγartenjénte] *s/m,f* Persona autorizada para sustituir a otra en un cargo con autoridad.

[2] **lú·gu·bre** [lúγuβre] *adj* Oscuro, tétrico.

[3] **lu·jo** [lúχo] *s/m* Gran opulencia y suntuosidad. LOC **De lujo,** de gran opulencia o suntuosidad.

[3] **lu·jo·so, ·sa** [luχóso] *adj* Que tiene lujo.

[3] **lu·ju·ria** [luχúrja] *s/f* Deseo sexual exagerado.

[1] **lu·ju·rian·te** [luχurjánte] *adj* (*vegetación*) Muy frondosa y abundante.

[1] **lu·ju·rio·so, ·sa** [luχurjóso] *adj* Que provoca o manifiesta lujuria.

[1] **lum·ba·go** [lumbáγo] *s/m* Dolor de carácter reumático en la región lumbar.

[1] **lum·bar** [lumbár] *adj* Relativo a la parte inferior de la espalda.

[2] **lum·bre** [lúmbre] *s/f* **1.** Fuego hecho con leña. **2.** Fuego para encender algo.

[1] **lum·bre·ra** [lumbréra] *s/f* COL Persona de gran talento.

[1] **lu·mi·na·ria** [luminárja] *s/f* Luz que adorna las ventanas, balcones, etc., como ornamentación en una fiesta.

[2] **lu·mí·ni·co, ·ca** [lumíniko] *adj* Relativo a la luz.

lu·mi·nis·cen·cia [luminisθénθja] *s/f* Emisión de luz sin incandescencia ni calor.

lu·mi·nis·cen·te [luminisθénte] *adj* Que produce luminiscencia.

[2] **lu·mi·no·si·dad** [luminosiðáð] *s/f* Cualidad de luminoso.

[3] **lu·mi·no·so, ·sa** [luminóso] *adj* **1.** Que despide o irradia luz. **2.** Claro, brillante.

lu·mi·no·tec·nia [luminotéknja] *s/f* Técnica de la iluminación con luz artificial.

[4] **lu·na** [lúna] *s/f* **1.** Cuerpo celeste satélite de la Tierra. **2.** Luz del sol reflejada por este satélite. **3.** Satélite de cualquier astro. **4.** Lámina de vidrio de gran tamaño (en escaparates, parabrisas, etc.). **5.** Espejo grande. LOC **Estar en la luna,** COL estar distraído.

[3] **lu·nar** [lunár] **I.** *adj* Relacionado con la Luna. **II.** *s/m* **1.** Mancha oscura, redondeada y pequeña, en la piel. **2.** Dibujo en forma de luna.

[1] **lu·ná·ti·co, ·ca** [lunátiko] **I.** *adj* Extravagante. **II.** *adj s/m,f* De carácter cambiante.

[5] **lu·nes** [lúnes] *s/m* Día de la semana entre el domingo y el martes.
GRAM *pl Lunes.*

[1] **lu·ne·ta** [lunéta] *s/f* Cristal de la parte trasera de un automóvil.

[2] **lu·pa** [lúpa] *s/f* Lente de aumento, con mango para su manejo. LOC **Mirar con lupa,** FIG examinar detenidamente.

[1] **lu·pa·nar** [lupanár] *s/m* Casa de prostitución.

lú·pu·lo [lúpulo] *s/m* Planta herbácea cuyos frutos, una vez desecados, se utilizan en la elaboración de la cerveza.

[1] **lu·so, ·sa** [lúso] *adj s/m,f* Portugués.

[1] **lus·trar** [lustrár] *tr* Dar brillo mediante frotación.

[1] **lus·tre** [lústre] *s/m* **1.** Brillo de las cosas lustradas. **2.** Prestigio o distinción de una persona.

[2] **lus·tro** [lústro] *s/m* Periodo de cinco años.

1 **lus·tro·so, -sa** [lustróso] *adj* 1. Que tiene lustre o brillo. 2. Con buen aspecto.

1 **lu·te·ra·nis·mo** [luteranísmo] *s/m* Doctrina Lutero y su religión.

1 **lu·te·ra·no, -na** [luteráno] **I.** *adj* Relativo al luteranismo. **II.** *s/m,f* Persona que profesa el luteranismo.

2 **lu·to** [lúto] *s/m* Manifestación de pesar por la muerte de alguien, o actos que acompañan.

1 **lu·xa·ción** [luksaθjón] *s/f* Salida de un hueso de su sitio.

lu·xem·bur·gués, -gue·sa [luksemburɣés] *adj s/m,f* De Luxemburgo.

5 **luz** [lúθ] *s/f* 1. Energía natural o artificial que ilumina las cosas. 2. Luminosidad que desprende un cuerpo. 3. Corriente eléctrica. 4. Solución a un problema. 5. FIG Perspectiva desde la que algo se plantea o percibe: *Estudian el suicidio a la luz de la psiquiatría.* 6. *pl* Inteligencia: *Es hombre de pocas luces.* LOC **A la luz de,** teniendo en cuenta lo dicho. **A todas luces,** sin ninguna duda. **Dar a luz,** parir. **Dar luz verde,** autorizar. **Sacar a la luz,** hacer público.
ORT *pl* Luces.

1 **ly·cra** [líkra] *s/f* GAL Tejido sintético y elástico, para prendas ajustadas al cuerpo.

M m

⑤ **M; m** [éme] *s/f* Decimotercera letra del alfabeto español. Su nombre es 'eme'.

② **ma·ca·bro, -bra** [makáβro] *adj* Repulsivo y de mal gusto, como la muerte.

① **ma·ca·co, -ca** [makáko] *s/m,f* Mono de cola larga y hocico aplastado.

① **ma·ca·nu·do, -da** [makanúðo] *adj* Asombroso.

① **ma·ca·rra** [makárra] *s/m* Chulo de prostitutas.

② **ma·ca·rrón** [makarrón] *s/m* (*gen pl*) Pasta de harina de trigo, en forma de tubito.

ma·ca·rró·ni·co, -ca [makarróniko] *adj* Relativo al lenguaje o estilo incorrecto o poco elegante.

① **ma·ce·do·nia** [maθeðónja] *s/f* Postre con trozos de fruta picados.

① **ma·ce·ra·ción** [maθeraθjón] *s/f* Acción de macerar.

① **ma·ce·rar** [maθerár] *tr* Ablandar algo golpeándolo o manteniéndolo sumergido en un líquido.

② **ma·ce·ta** [maθéta] *s/f* Recipiente para cultivar plantas.

① **ma·ce·te·ro** [maθetéro] *s/m* Soporte para macetas.

② **ma·cha·car** [matʃakár] *tr* **1.** Aplastar a golpes. **2.** FIG Insistir mucho en algo. **3.** Derrotar completamente.
ORT Ante *e* la *c* cambia a *qu*: *Machaqué*.

① **ma·cha·cón, -co·na** [matʃakón] *adj* Que insiste o repite mucho.

ma·cha·da [matʃáða] *s/f* Bravuconería.

ma·cha·mar·ti·llo (a ~) [matʃamartíʎo] *adv* LOC Con firmeza.

② **ma·che·te** [matʃéte] *s/m* Arma blanca, de hoja grande, ancha y de un solo filo.

① **ma·che·te·ar** [matʃeteár] *tr* Golpear o herir con machete.

① **ma·che·te·ro, -ra** [matʃetéro] *adj* **1.** AMER Que estudia mucho. **2.** AMER Desenvuelto en el trabajo.

① **ma·chis·mo** [matʃísmo] *s/m* Creencias y actitudes de quien considera que el hombre es superior a la mujer.

② **ma·chis·ta** [matʃísta] *adj s/m,f* Relativo al machismo o partidario de él.

④ **ma·cho** [mátʃo] *s/m* **1.** Persona, animal o planta con órganos sexuales masculinos. **2.** COL Muletilla del lenguaje con varios significados: laudatorio, de queja, asombro o sorpresa: *¿Pues qué esperabas, macho?* **4.** Pieza que encaja con otra (hembra). **5.** Mulo.

① **ma·chón** [matʃón] *s/m* ARQ Pilar que refuerza un muro.

① **ma·cho·te, -ta** [matʃóte] *adj s/m,f* Que se comporta como se espera de un hombre (valiente).

① **ma·chu·car** [matʃukár] *tr* Machacar.
ORT Ante *e* la *c* cambia a *qu*: *Machuque*.

① **ma·ci·len·to, -ta** [maθilénto] *adj* Pálido, demacrado.

ma·ci·llo [maθíʎo] *s/m* Pieza del piano que golpea la cuerda.

② **ma·ci·zo, -za** [maθíθo] **I.** *adj* **1.** Sin huecos en su interior, no fofo: *Oro macizo*. **2.** De carne dura y apretada. **II.** *s/m* **1.** Masa sólida y compacta de algo. **2.** Conjunto de montañas que forman unidad.

① **ma·cro** [mákro] **I.** *s/m* Cosa grande. **II.** *s/f* COMP Rutina de programación.

① **ma·cro·bió·ti·co, -ca** [makroβjótiko] *adj s/m,f* Apto para la salud por basarse en alimentos naturales.

① **ma·cro·cos·mo(s)** [makrokósmo(s)] *s/m* El universo.

① **má·cu·la** [mákula] *s/f* Deshonra, mancha.

① **ma·cu·to** [makúto] *s/m* Saco o bolsa para llevar cosas a la espalda.

② **ma·da·me** [maðám(e)] *s/f* **1.** GAL Tratamiento de respeto, por 'señora'. **2.** GAL Dueña de un prostíbulo.

② **ma·de·ja** [maðéχa] *s/f* Hilo liado sobre un soporte.

④ **ma·de·ra** [maðéra] *s/f* Materia dura y fibrosa que constituye el tronco y ramas de los árboles.

ma·de·re·ría [maðerería] *s/f* Almacén de madera.

① **ma·de·re·ro, -ra** [maðeréro] **I.** *adj* Relativo a la madera. **II.** *s/f* Empresa que explota la madera. **III.** *s/m* Comerciante de maderas.

② **ma·de·ro** [maðéro] *s/m* 1. Árbol talado y sin ramas. 2. VULG Agente de policía.

② **ma·dras·tra** [maðrástra] *s/f* Mujer que hace de madre con los hijos que su actual marido ha tenido con otra.

① **ma·dra·za** [maðráθa] *s/f* Madre con excesiva dedicación a sus hijos.

⑤ **ma·dre** [máðre] *s/f* 1. Mujer o hembra que ha dado a luz o parido hijos. 2. Tratamiento dado a las religiosas. 3. Origen de algo. LOC ¡**De puta madre!**, VULG estupendo. ¡**La madre que te parió!**, VULG expresión de irritación, enfado, enojo, etc. **Salirse de madre**, desbordarse los ríos.

① **ma·dre·per·la** [maðrepérla] *s/f* Molusco que produce perlas y nácar.

① **ma·dre·sel·va** [maðresélβa] *s/f* Planta trepadora.

② **ma·dri·gal** [maðriγál] *s/m* LIT Poema breve, de carácter amoroso.

① **ma·dri·gue·ra** [maðriγéra] *s/f* 1. Túnel estrecho en el que viven o se guarecen algunos animales, como el conejo. 2. FIG Escondrijo.

④ **ma·dri·le·ño, -ña** [maðriléɲo] *adj s/m,f* De Madrid.

② **ma·dri·na** [maðrína] *s/f* 1. Mujer que acompaña o asiste a otra persona en ciertas ceremonias. 2. Mujer que preside una acto oficial.

④ **ma·dru·ga·da** [maðruγaða] *s/f* 1. Primeras horas de la mañana. 2. Acción de madrugar.

① **ma·dru·ga·dor, -ra** [maðruγaðór] *adj s/m,f* Que madruga.

② **ma·dru·gar** [maðruγár] *tr* Levantarse temprano.
ORT Ante *e* la *g* cambia a *gu*: *Madrugue*.

ma·dru·gón [maðruγón] *s/m* Acción de levantarse muy temprano.

② **ma·du·ra·ción** [maðuraθjón] *s/f* Acción o resultado de madurar.

③ **ma·du·rar** [maðurár] I. *tr* 1. Hacer que los frutos alcancen el estado adecuado para ser cosechados. 2. Desarrollar un plan o idea. II. *intr* Alcanzar los frutos el estado de maduros.

③ **ma·du·rez** [maðuréθ] *s/f* Estado de desarrollo óptimo de algo.

③ **ma·du·ro, -ra** [maðúro] *adj* 1. (*frutos*) Que ha alcanzado el punto óptimo para ser cosechado. 2. Listo para ser desarrollado. 3. Que ha alcanzado un estado de plenitud en su desarrollo.

② **maes·tran·za** [maestránθa] *s/f* Conjunto de talleres y oficinas donde se construyen y reparan piezas de artillería.

① **maes·traz·go** [maestráθγo] *s/m* 1. Dignidad del maestre. 2. Territorio bajo su jurisdicción.

① **ma·es·tre** [maéstre] *s/m* Máxima autoridad de una orden militar.

② **maes·tría** [maestría] *s/f* 1. Habilidad para hacer algo bien. 2. AMER Máster.

⑤ **ma·es·tro, -tra** [maéstro] I. *s/m,f* 1. Persona que enseña una ciencia u oficio. 2. Quien educa y enseña a los niños. 3. Persona con gran conocimiento de un arte o ciencia: *Picasso, maestro de la pintura*. 4. AMER Quien tiene el grado de maestría, anterior al doctorado. 5. Compositor de música. II. *adj* Bien hecho, principal: *Obra maestra. Viga maestra*. LOC **Llave maestra**, la que abre todas las puertas.

② **ma·fia** [máfja] *s/f* Organización criminal clandestina.

① **ma·fio·so, -sa** [mafjóso] *adj s/m,f* Que pertenece a la mafia o actúa como ella.

① **mag·da·le·na** [maγðaléna] *s/f* Bizcocho pequeño. LOC **Llorar como una Magdalena**, llorar mucho.

① **ma·gen·ta** [maχénta] *adj s/m* (De) color rojo oscuro.

③ **ma·gia** [máχja] *s/f* 1. Arte oculto que pretende conseguir prodigios mediante fórmulas secretas. 2. Conjunto de trucos usados por los prestidigitadores.

④ **má·gi·co, -ca** [máχiko] *adj* 1. Relativo a la magia. 2. Maravilloso.

① **ma·gín** [maχín] *s/m* COL Cabeza.

② **ma·gis·te·rio** [maχistérjo] *s/m* 1. Labor y trabajo propio del maestro. 2. Colectivo de todos los profesores de enseñanza primaria. 3. Estudios y grado de maestro.

③ **ma·gis·tra·do, -da** [maχistráðo] *s/m,f* 1. Dignidad o empleo del juez. 2. Categoría superior de juez en un juzgado o audiencia.

② **ma·gis·tral** [maχistrál] *adj* 1. Relacionado con el maestro o su labor de enseñanza. 2. Que se hace con maestría.

① **ma·gis·tra·tu·ra** [maχistratúra] *s/f* 1. Cargo y dignidad de magistrado. 2. DER Conjunto de los magistrados.

② **mag·ma** [máγma] *s/m* Masa incandescente y fluida procedente del interior de la Tierra.

① **mag·na·ni·mi·dad** [maγnanimiðáð] *s/f* Cualidad de magnánimo.

① **mag·ná·ni·mo, -ma** [maγnánimo] *adj* Noble y generoso.

MAG·NA·TE

[2] **mag·na·te** [maɣnáte] *s/m* Persona importante y relevante.

[1] **mag·ne·sia** [maɣnésja] *s/f* Óxido de magnesio.

[2] **mag·ne·sio** [maɣnésjo] *s/m* Metal blanco y ligero. Símbolo *Mg*.

[3] **mag·né·ti·co, -ca** [maɣnétiko] *adj* Que tiene la propiedad de atraer al hierro.

[1] **mag·ne·tis·mo** [maɣnetísmo] *s/m* 1. Poder de atracción de un imán. 2. Poder de atracción de alguien, por su belleza, encanto, etc.

[1] **mag·ne·ti·zar** [maɣnetiθár] *tr* Hacer que un cuerpo adquiera magnetismo.
ORT Ante *e* la *z* cambia a *c*: *Magneticé*.

mag·ne·to [maɣnéto] *s/m* Generador eléctrico.

[1] **mag·ne·to·fón; mag·ne·tó·fo·no** [maɣnetofón; -ófono] *s/m* Aparato para grabar y reproducir sonidos.

[1] **mag·ne·to·fó·ni·co, -ca** [maɣnetofóniko] *adj* Relativo al magnetófono.

[1] **mag·ni·ci·dio** [maɣniθíðjo] *s/m* Asesinato de un jefe de Estado o de Gobierno.

[2] **mag·ni·fi·car** [maɣnifikár] *tr* Engrandecer; ensalzar.
ORT Ante *e* la *c* cambia a *qu*: *Magnifiqué*.

[1] **mag·ni·fi·cen·cia** [maɣnifiθénθja] *s/f* Generosidad, liberalidad.

[4] **mag·ni·fi·co, -ca** [maɣnífiko] *adj* 1. Digno de admiración por su lujo o grandeza. 2. Muy bien hecho. 3. De grandes cualidades.

[4] **mag·ni·tud** [maɣnitúð] *s/f* 1. Tamaño de un cuerpo. 2. Cantidad, *esp* si es grande. LOC **De primera magnitud,** de gran importancia.

[2] **mag·no, -na** [máɣno] *adj* 1. Grande, en sentido no fisico. 2. Ilustre.

[1] **mag·no·lia; -lio** [maɣnólja, -ljo] *s/f,m* 1. Árbol de grandes y olorosas flores blancas. 2. Flor de este árbol.

[3] **ma·go, -ga** [máɣo] *s/m,f* Persona que practica trucos de magia.
Los (tres) Reyes Magos, personajes que, según el cristianismo, acudieron a adorar a Jesús recién nacido.

ma·gre·ar [maɣreár] *tr* VULG Manosear con intenciones sexuales.

[1] **ma·gre·bí** [maɣreβí] *adj s/m,f* Del Magreb.
ORT *pl Magrebíes*.

ma·greo [maɣréo] *s/m* VULG Manoseo entre personas, con intenciones sexuales.

[1] **ma·gro, -gra** [máɣro] *adj* 1. Delgado. 2. Escaso. 3. Se dice de los alimentos sin grasa, *esp* de la carne de consumo.

ma·gu·lla·du·ra [maɣuʎaðúra] *s/f* Daño o contusión.

ma·gu·lla·mien·to [maɣuʎamjénto] *s/m* Magulladura.

[1] **ma·gu·llar** [maɣuʎár] *tr* REFL(-se) Ocasionar daños o contusiones, pero sin herida.

[1] **ma·ho·me·ta·no, -na** [maometáno] *adj s/m,f* Relativo a la religión de Mahoma o a sus seguidores.

[1] **ma·ho·ne·sa** [maonésa] *adj s/f* Salsa con huevo, aceite, sal y limón.

[1] **mai·llot** [maiʎót] *s/m* GAL Camiseta deportiva del ciclista.

[3] **maíz** [maíθ] *s/m* 1. Planta de granos amarillos, gruesos y comestibles, en mazorca. 2. Grano de esa planta.

[1] **mai·zal** [maiθál] *s/m* Terreno sembrado de maíz.

[1] **ma·ja·da** [maχáða] *s/f* Lugar cercado para guardar el ganado por la noche.

[1] **ma·ja·de·ría** [maχaðería] *s/f* Tontería.

[1] **ma·ja·de·ro, -ra** [maχaðéro] *adj s/m,f* Necio, inoportuno.

[2] **ma·jar** [maχár] *tr* Desmenuzar algo machacándolo.

[1] **ma·ja·ra** [maχára] *adj s/m,f* COL Extravagante, loco.

[3] **ma·jes·tad** [maχestáð] *s/f* 1. Tratamiento dado a Dios y a los reyes o emperadores. 2. Que infunde admiración y respeto.

[1] **ma·jes·tuo·si·dad** [maχestwosiðáð] *s/f* Cualidad de majestuoso.

[2] **ma·jes·tuo·so, -sa** [maχestwóso] *adj* Digno de admiración y respeto.

[2] **ma·jo, -ja** [máχo] *adj s/m,f* Agradable, simpático.

[5] **mal** [mál] **I.** *adj* Apócope de 'malo'. **II.** *s/m* 1. Cosa perjudicial, dañina, etc. 2. Cosa contraria a lo que es lo bueno. 3. Enfermedad. 4. Desgracia. **III.** *adv* 1. De modo incorrecto o inapropiado. 2. Insuficientemente: *Veo mal*. 3. (Con *oler, saber*) Desagradablemente: *Ese pescado huele mal*. LOC **Mal que,** aunque. **Mal que bien,** de una u otra manera. **Tomar a mal,** enfadarse.

[1] **ma·la·ba·ris·mo** [malaβarísmo] *s/m* Ejercicios de habilidad.

[1] **ma·la·ba·ris·ta** [malaβarísta] *s/m,f* Persona que practica malabarismos.

[1] **ma·lan·drín, -dri·na** [malandrín] *s/m,f* Persona despreciable.

2 **ma·la·ria** [malárja] *s/f* Enfermedad tropical producida por picaduras de mosquitos.

ma·la·sio, -ia [malásjo] *adj s/m,f* AMER Malayo.

1 **ma·la·yo, -ya** [maláʝo] *adj s/m,f* De Malasia.

1 **mal·ba·ra·tar** [malβaratár] *tr* Vender a mal precio.

1 **mal·cria·do, -da** [malkrjáðo] *adj s/m,f* Mal educado.

1 **mal·criar** [malkrjár] *tr* Educar mal a los hijos.
PRON El acento recae sobre la *i* en el *sing* y *3ª p pl* del *pres indic* y *subj: Malcrío.*

2 **mal·dad** [maldáð] *s/f* 1. Cualidad de malo. 2. Acción malintencionada.

3 **mal·de·cir** [maldeθír] I. *tr* Desear mal a alguien. II. *intr* Renegar de algo o de alguien.
CONJ *Irreg: Maldigo, maldije, maldeciré, maldecido.*

2 **mal·di·ción** [maldiθjón] *s/f* Acción o resultado de maldecir.

3 **mal·di·to, -ta** [maldíto] *adj* 1. Que causa males: *Una maldita noche de calor.* 2. (Delante de *s* y *art*) Intensifica el rechazo o desprecio de lo que sigue: *Maldita la gracia que le hacía su invitado.*

1 **ma·lea·bi·li·dad** [maleaβiliðáð] *s/f* Cualidad de maleable.

1 **ma·lea·ble-** [maleáβle] *adj* Que se puede moldear con facilidad.

1 **ma·le·an·te** [maleánte] *s/m,f* Delincuente, persona de mal vivir.

2 **ma·le·cón** [malekón] *s/m* Muro de contención de las aguas.

1 **ma·le·di·cen·cia** [maleðiθénθja] *s/f* Acción de criticar o difamar.

1 **ma·le·fi·cio** [malefíθjo] *s/m* Daño causado por artes de hechicería.

1 **ma·lé·fi·co, -ca** [maléfiko] *adj* Que perjudica o causa daño.

1 **mal·en·ten·di·do** [malentendíðo] *s/m* Interpretación errónea.

3 **ma·les·tar** [malestár] *s/m* Sensación de incomodidad o molestias.

3 **ma·le·ta** [maléta] *s/f* Bolso o caja grande para llevar cosas en los viajes.

1 **ma·le·te·ro** [maletéro] *s/m* 1. Espacio en el coche para transportar el equipaje. 2. Mozo de equipajes en las estaciones.

ma·le·ti·lla [maletíʎa] *s/m* Aprendiz de torero.

2 **ma·le·tín** [maletín] *s/m* Maleta pequeña.

MAL·PA·RA·DO

1 **ma·le·vo·len·cia** [maleβolénθja] *s/f* Intención de hacer daño.

1 **ma·lé·vo·lo, -la** [maléβolo] *adj* Con mala intención.

2 **ma·le·za** [maléθa] *s/f* Abundancia de hierbas perjudiciales en los sembrados.

1 **mal·for·ma·ción** [malformaθjón] *s/f* Anomalía en el desarrollo de un órgano corporal.

mal·ga·che [malɣátʃe] *adj s/m,f* De Madagascar.

1 **mal·gas·tar** [malɣastár] *tr* Gastar mal el dinero, el tiempo, etc.

1 **mal·he·chor, -ra** [maletʃór] *s/m,f* Persona que comete delitos.

1 **mal·he·rir** [maleɾír] *tr* Herir de gravedad.
CONJ *Irreg: Malhiero, malherí, malheriré, malherido.*

1 **mal·hu·mor** [malumór] *s/m* Estado de enfado.

1 **mal·hu·mo·ra·do, -da** [malumoráðo] *adj* De mal humor.

1 **ma·li·cia** [malíθja] *s/f* 1. Inclinación a hacer mal. 2. Picardía en el obrar. 3. Ausencia de ingenuidad.

2 **ma·li·cio·so, -sa** [maliθjóso] *adj* Que actúa con malicia.

1 **ma·lig·ni·dad** [maliɣniðáð] *s/f* Cualidad de maligno.

2 **ma·lig·no, -na** [malíɣno] I. *adj* 1. Perjudicial, muy malo. 2. Inclinado a hacer el mal. II. *s/m* El demonio.

1 **mal·in·ten·cio·na·do, -da** [malintenθjonáðo] *adj* Con mala intención.

1 **mal·in·ter·pre·tar** [malinterpretár] *tr* Interpretar erróneamente.

1 **ma·lla** [máʎa] *s/f* Tejido con huecos distribuidos homogéneamente.

1 **ma·llor·quín, -qui·na** [maʎorkín] *adj s/m,f* De Mallorca.

1 **mal·nu·tri·ción** [malnutriθjón] *s/f* Alimentación deficiente.

5 **ma·lo, -la** [málo] *adj* 1. Que tiende a hacer el mal. 2. Contrario al bien. 3. Perjudicial, nocivo. 4. Enfermo. 5. (*alimentos*) Estropeado, no apto para el consumo. 6. Desagradable o molesto: *Pasó un rato malo.*

2 **ma·lo·grar** [maloɣrár] *tr* Hacer que algo no llegue a realizarse, o que se estropee.

1 **mal·o·lien·te** [maloljénte] *adj* Que huele mal.

mal·pa·ra·do, -da [malparáðo] *adj* Perjudicado.

373

mal·pen·sa·do, -da [malpensáðo] *adj s/m,f* Que atribuye mala intención a otros.

mal·que·ren·cia [malkerénθja] *s/f* Antipatía hacia alguien.

mal·que·rer [malkerér] *tr* Sentir poca estima hacia alguien.
CONJ *Irreg: Malquiero, malquise, malquerré, malquerido.*

1 **mal·sa·no, -na** [malsáno] *adj* Perjudicial para la salud.

1 **mal·so·nan·te** [malsonánte] *adj* 1. Que suena mal. 2. Grosero, soez.

2 **mal·ta** [málta] *s/f* Granos de cebada germinada y tostada, para hacer cerveza, o como infusión

mal·tés, -te·sa [maltés] *adj s/m,f* De Malta.

3 **mal·tra·tar** [maltratár] *tr* Tratar mal.

1 **mal·tra·to** [maltráto] *s/m* Acción o resultado de maltratar.

2 **mal·tre·cho, -cha** [maltrétʃo] *adj* En mal estado.

1 **mal·va** [málβa] *s/f* Planta silvestre con flores de color violáceo.

2 **mal·va·do, -da** [malβáðo] *adj s/m,f* Muy malo.

1 **mal·ven·der** [malβendér] *tr* Vender a un precio muy bajo.

1 **mal·ver·sa·ción** [malβersaθjón] *s/f* Uso ilegal de dinero público.

mal·ver·sa·dor, -ra [malβersaðór] *adj s/m,f* Que malversa.

1 **mal·ver·sar** [malβersár] *tr* Usar ilegalmente dinero público.

1 **mal·vi·vir** [malβiβír] *intr* Vivir con carencias o penalidades.

2 **ma·ma** [máma] *s/f* 1. Teta. 2. COL Mamá.

5 **ma·má** [mamá] *s/f* COL Madre.

ma·ma·da [mamáða] *s/f* Acción de mamar o resultado de mamar.

1 **ma·ma·de·ra** [mamaðéra] *s/f* AMER Biberón.

1 **ma·ma·do, -da** [mamáðo] *adj* Borracho.

2 **ma·mar** [mamár] *tr intr* 1. Chupar las crías la leche de las mamas para alimentarse. 2. Asimilar algo de otras fuentes.

1 **ma·ma·rio, -ia** [mamárjo] *adj* ANAT Relacionado con las mamas.

ma·ma·rra·cha·da [mamarratʃáða] *s/f* Acción ridícula o extravagante.

1 **ma·ma·rra·cho** [mamarrátʃo] *s/m* 1. Persona vestida de forma extravagante. 2. Persona despreciable.

1 **mam·bo** [mámbo] *s/m* Baile de origen caribeño.

1 **ma·me·lu·co, -ca** [mamelúko] *adj s/m,f* COL Mamarracho, tonto.

1 **ma·mey** [maméi] *s/m* 1. BOT Árbol de frutos ovalados y pulpa jugosa. 2. Fruto de ese árbol.

3 **ma·mí·fe·ro** [mamífero] I. *adj* Se dice de los animales que al nacer se alimentan con la leche de las mamas de la madre. II. *s/m,pl* Clase que forman.

1 **ma·mo·gra·fía** [mamoɣrafía] *s/f* MED Radiografía de mama.

1 **ma·món, -mo·na** [mamón] *adj s/m,f* 1. Que mama o mama mucho. 2. COL (*insulto*) Indeseable.

1 **ma·mo·tre·to** [mamotréto] *s/m* Libro muy grande. También libro pesado de leer.

1 **mam·pa·ra** [mampára] *s/f* Panel móvil para separar espacios.

1 **mam·po·rro** [mampórro] *s/m* Golpe al tropezar y caerse.

1 **mam·pos·te·ría** [mamposteía] *s/f* Obra hecha con piedras sin labrar y unidas unas a otras.

1 **ma·mut** [mamút] *s/m* Especie de elefante fósil de la era Cuaternaria.

1 **ma·ná** [maná] *s/m* 1. Alimento milagroso caído del cielo en el desierto del Sinaí. 2. Cosa que se obtiene sin esfuerzo.

1 **ma·na·da** [manáða] *s/f* 1. Conjunto de animales cuadrúpedos de la misma especie, agrupados y que se mueven juntos. 2. Grupo de personas que se mueven juntas.

1 **ma·na·ger** [mánajer] *s/m,f* ANGL Directivo de una empresa.

2 **ma·nan·tial** [manantjál] *s/m* Fuente de agua que brota naturalmente de un lugar.

5 **ma·nar** [manár] *intr* 1. Salir un líquido de un sitio. 2. Abundar algo.

1 **ma·na·tí** [manatí] *s/m* Mamífero herbívoro, americano, de cuerpo grueso y piel velluda.

1 **ma·na·zas** [manáθas] *s/m,f,pl* Persona torpe.

1 **man·ce·bo** [manθéβo] *s/m* 1. Hombre joven, muchacho. 2. Auxiliar de farmacia.

4 **man·cha** [mántʃa] *s/f* 1. Señal que deja algo en una superficie, ensuciándola. 2. Deshonra, vergüenza.

4 **man·char** [mantʃár] *tr* REFL(-*se*) 1. Llenar de manchas. 2. Causar deshonra.

1 **man·ci·llar** [manθiʎár] *tr* Dañar la buena fama de alguien.

1 **man·co, -ca** [mánko] *adj* 1. Que carece de mano o brazo, o los tiene inútiles. 2. Incompleto, defectuoso.

① **man·co·mu·na·do, -da** [mankomunáðo] *adj* De común acuerdo.

① **man·co·mu·ni·dad** [mankomuniðáð] *s/f* 1. Actuación de común acuerdo. 2. Grupo de personas que actúan mancomunadas.

② **man·da·do, -da** [mandáðo] I. *s/m* Recado. II. *s/m,f* Persona al servicio de otra.

① **man·da·más** [mandamás] *s/m,f* Persona que manda o manda en exceso.

② **man·da·mien·to** [mandamjénto] *s/m* 1. Orden emitida por la autoridad. 2. REL Preceptos del Decálogo.

man·dan·ga [mandánga] *s/f,pl* Tonterías.

⑤ **man·dar** [mandár] *tr* 1. Ordenar el cumplimiento de algo. 2. Enviar. 3. Prescribir un médico una medicina.

① **man·da·rín, -ri·na** [mandarín] I. *s/m* 1. Alto funcionario de China. 2. FIG Persona poderosa o influyente. II. *adj s/m* Lengua mayoritaria en China.

① **man·da·rina** [mandarína] *s/f* Variedad de naranja, pequeña y fácil de pelar.

③ **man·da·ta·rio, -la** [mandatárjo] *s/m,f* 1. Representante de otro. 2. Jefe de Estado o de gobierno.

③ **man·da·to** [mandáto] *s/m* 1. Acción o resultado de mandar. 2. Orden dada. 3. Periodo de ejercicio de una autoridad.

② **man·dí·bu·la** [mandíβula] *s/f* Cada uno de los huesos que forman la boca (si es de animal, *quijada*).

① **man·dil** [mandíl] *s/m* Delantal.

① **man·dio·ca** [mandjóka] *s/f* Arbusto de cuya raíz se extrae la tapioca.

④ **man·do** [mándo] *s/m* 1. Facultad para obligar a otros a obedecer. 2. (*gen en pl*) Persona o grupo de personas con autoridad: *Los altos mandos militares.* 3. Mecanismo que controla el funcionamiento de un aparato o sistema.

① **man·do·ble** [mandóβle] *s/m* 1. Golpe fuerte dado con un arma cogida con las dos manos. 2. Bofetada.

① **man·do·li·na** [mandolína] *s/f* MÚS Instrumento musical de cuatro cuerdas y cuerpo curvo.

① **man·dón, -do·na** [mandón] *adj s/m,f* Que manda más de lo debido.

① **man·dril** [mandríl] *s/m* Mono africano de tamaño medio.

① **ma·ne·ci·lla** [maneθíʎa] *s/f* Aguja señalizadora.

① **ma·ne·ja·bi·li·dad** [maneχaβiliðáð] *s/f* Cualidad de manejable.

② **ma·ne·ja·ble** [maneχáβle] *adj* Fácil de usar.

⑤ **ma·ne·jar** [maneχár] I. *tr* 1. Utilizar algo con las manos. 2. Utilizar. 3. Ejercer un claro dominio sobre alguien. 4. AMER Conducir un vehículo. 5. AMER Administrar una empresa o negocio. II. REFL(-*se*) Desenvolverse bien en la vida.

③ **ma·ne·jo** [manéχo] *s/m* Acción o resultado de manejar.

⑤ **ma·ne·ra** [manéra] I. *s/f* Cada uno de los aspectos de una cosa. 2. *s/f,pl* Modo de comportarse. LOC **De cualquier manera, 1,** sin atención ni cuidado. **2,** arbitrariamente. **De todas (las) maneras,** cualesquiera que sean las circunstancias. **En manera alguna,** de ninguna manera. **No haber manera (de),** no haber medio (de).

② **man·ga** [mánga] I. *s/f* 1. Parte de una prenda que cubre los brazos. 2. Tubo largo y flexible para conducir agua. LOC **Sacar(se) algo de la manga,** conseguir algo por medios no habituales.

① **man·ga·ne·so, -sa** [manganéso] *s/m* Metal usado en la fabricación de acero. Símbolo *Mn.*

① **man·gan·te** [mangánte] *s/m* 1. COL Quien roba. 2. Sinvergüenza.

③ **man·gar** [mangár] *tr* COL Robar. ORT Ante *e* la *g* cambia a *gu: Mangue.*

② **man·go** [mángo] *s/m* 1. Lugar por donde se agarran algunos objetos. 2. Árbol cuyo fruto, amarillo, es comestible. LOC **Tener la sartén por el mango,** dominar una situación.

① **man·go·ne·ar** [mangoneár] I. *intr* Manejar un asunto sin consultar a nadie. II. *tr* Manipular a las personas.

man·go·neo [mangonéo] *s/m* Acción o resultado de mangonear.

man·gos·ta [mangósta] *s/f* Mamífero carnicero de cuerpo alargado.

① **man·gue·ra** [mangéra] *s/f* Tubo largo y flexible para conducir agua.

① **man·gui·to** [mangíto] *s/m* MEC Tubo que une dos piezas cilíndricas.

① **ma·ní** [maní] *s/m* Cacahuete. ORT *pl Manises, maníes.*

② **ma·nía** [manía] *s/f* 1. Trastorno mental que hace obsesionarse por ciertas ideas. 2. Hábito no plenamente justificado. 3. Afición exagerada por algo: *Su manía era coleccionar.*

① **ma·nía·co/ma·nia·co, -ca** [maníako; -jáko] *adj s/m,f* Que padece una manía.

1 **ma·ni·a·tar** [manjatár] *tr* 1. Atar las manos. 2. Impedir que alguien haga o diga algo.

1 **ma·niá·ti·co, ·ca** [manjátiko] *adj s/m,f* Maníaco.

2 **ma·ni·co·mio** [manikómjo] *s/m* Centro para enfermos mentales.

1 **ma·ni·cu·ro, ·ra** [manikúro] I. *s/m,f* Persona que cuida las manos y uñas de otras personas. II. *s/f* Cuidado y embellecimiento de manos y de uñas.

1 **ma·ni·do, ·da** [manído] *adj* Muy usado.

4 **ma·ni·fes·ta·ción** [manifestaθjón] *s/f* 1. Acción o resultado de manifestar(se). 2. Concentración colectiva para protestar contra algo o reivindicar una cosa.

2 **ma·ni·fes·tan·te** [manifestánte] *s/m,f* Quien participa en una manifestación.

5 **ma·ni·fes·tar** [manifestár] I. *tr* Declarar públicamente algo. II. *tr REFL(-se)* Hacer patente una actitud, opinión, etc. III. *REFL(-se)* Participar en una manifestación. CONJ *Irreg: Manifiesto, manifesté, manifestaré, manifestado*.

4 **ma·ni·fies·to, ·ta** [manifjésto] *adj* Evidente, obvio. III. *s/m* Declaración pública a favor o en contra de algo.

1 **ma·ni·gua** [maníɣwa] *s/f* Lugar con arbustos y matorrales.

1 **ma·ni·ja** [maníχa] *s/f* Mango de algunos objetos y herramientas.

1 **ma·ni·lla** [maníʎa] *s/f* (*gen* en *pl*) Aros de hierro o acero para sujetar las manos de los presos.

1 **ma·ni·llar** [maniʎár] *s/m* Pieza delantera para guiar bicicletas o motocicletas.

3 **ma·nio·bra** [manjoβra] *s/f* 1. Acción de maniobrar. 2. Operación para controlar o conducir una máquina accionando sus mandos. 3. Actuación poco clara o ilegal. 4. MIL *pl* Prácticas de la tropa.

3 **ma·nio·brar** [manjoβrár] *intr* Hacer maniobras.

ma·nio·bre·ro, ·ra [manjoβréro] *adj* 1. NÁUT Se dice del barco que maniobra fácilmente. 2. Que actúa con poca claridad.

1 **ma·ni·pu·la·ble** [manipuláβle] *adj* Que se puede manipular.

3 **ma·ni·pu·la·ción** [manipulaθjón] *s/f* Acción o resultado de manipular.

1 **ma·ni·pu·la·dor, ·ra** [manipulaðór] *adj s/m,f* Que manipula.

3 **ma·ni·pu·lar** [manipulár] *tr* 1. Utilizar las manos para manejar las cosas. 2. Intervenir para alterar indebidamente las cosas.

1 **ma·ni·queís·mo** [manikeísmo] *s/m* Reducción de la realidad a los dos principios básicos, del bien y del mal.

1 **ma·ni·queo, ·ea** [manikéo] *adj s/m,f* Que está a favor del maniqueísmo o lo sigue.

2 **ma·ni·quí** [maniki] I. *s/m* Muñeco con figura humana. II. *s/m,f* Persona que exhibe ropa como modelo.
ORT *pl Maniquíes* o *maniquís*.

ma·ni·rro·to, ·ta [manirróto] *adj s/m,f* Derrochador.

2 **ma·ni·ta** [maníta] *s/f* LOC **Hacer manitas**, COL acariciarse dos personas, *esp* novios o amantes. **Ser un manitas**, COL ser hábil manualmente.

1 **ma·ni·to** [maníto] *s/m* MEX COL Tratamiento de confianza.

1 **ma·ni·ve·la** [maniβéla] *s/f* Palanca acodada que transmite el movimiento a un eje.

2 **man·jar** [manχár] *s/m* Alimento, *esp* si es exquisito.

5 **ma·no** [máno] *s/f* 1. Parte del cuerpo humano situada al final del brazo. Se aplica también a las patas delanteras de los cuadrúpedos. 2. Capa de pintura u otra sustancia. 3. Cartas que se reparten a cada jugador. 4. Poder o dominio que alguien ejerce. 5. Tendencia o dirección hacia donde se orienta algo. 6. LOC **A mano**, con las propias manos. **A mano limpia**, sólo con las manos. **Bajo mano**, de manera ilegal o encubierta. **Dar la mano**, saludar a alguien apretando su mano. **De primera mano**, directamente. **Mano a mano**, entre dos personas. **¡Manos arriba!/¡Arriba las manos!**, expresión para ordenar a alguien que ponga las manos en alto. **Meter mano**, actuar en contra de alguien o magrear a otra persona. **Prestar una mano**, ayudar.

2 **ma·no·jo** [manóχo] *s/m* Conjunto de cosas alargadas y estrechas que se atan.

ma·nó·me·tro [manómetro] *s/m* Aparato para medir la presión de los gases.

ma·no·pla [manópla] *s/f* Guante sin separaciones para los dedos.

2 **ma·no·se·ar** [manoseár] *tr* 1. Tocar mucho con las manos. 2. Tocar a otra persona con intención sexual.

1 **ma·no·seo** [manoséo] *s/m* Acción de manosear.

2 **ma·no·ta·zo** [manotáθo] *s/m* Golpe dado con la mano.

1 **ma·no·te·ar** [manoteár] I. *intr* Mover mucho las manos. II. *tr* Golpear con la mano.

ma·no·teo [manotéo] *s/m* Acción de manotear.

MA·QUE·TAR

[1] **man·sal·va (a ~)** [mansálβa] *adv* LOC En abundancia.

[1] **man·se·dum·bre** [manseðúmbre] *s/f* Cualidad de manso.

[2] **man·sión** [mansjón] *s/f* Casa grande y lujosa.

[2] **man·so, -sa** [mánso] *adj* 1. Dócil. 2. No agresivo.

[3] **man·ta** [mánta] *s/f* 1. Prenda para abrigarse, *esp* en la cama. 2. FIG Conjunto espeso de algo. LOC **A manta**, en grandes cantidades. **Tirar de la manta**, FIG descubrir algo oculto.

man·te·ar [manteár] *tr* Lanzar a alguien al aire varias veces, recogiéndolo con una manta.

[2] **man·te·ca** [mantéka] *s/f* Grasa de animal, *esp* del cerdo.

[1] **man·te·ca·do, -da** [mantekáðo] *s/m* Dulce hecho con manteca y harina.

[2] **man·tel** [mantél] *s/m* Pieza de tela con que se cubre la mesa para comer.

man·te·le·ría [mantelería] *s/f* Conjunto de mantel y servilletas.

[5] **man·te·ner** [mantenér] I. *tr* 1. Hacer que algo o alguien permanezca en una situación, estado o lugar. 2. Cubrir las necesidades básicas de alguien. 3. Hacer que algo no decaiga o siga. 4. Poner algo o a alguien en un lugar determinado por algún motivo. II. REFL(-se) Alimentarse. RPr **Mantenerse con/de/en**.
CONJ *Irreg: Mantengo, mantuve, mantendré, mantenido*.

[3] **man·te·ni·do, -da** [manteníðo] *s/m,f* Persona que vive a expensas de otra.

[4] **man·te·ni·mien·to** [mantenimjénto] *s/m* Acción o resultado de mantener(se).

man·teo [mantéo] *s/m* Capa larga de los eclesiásticos.

[3] **man·te·qui·lla** [mantekíʎa] *s/f* Grasa que se obtiene de la leche.

[1] **man·ti·lla** [mantíʎa] *s/f* Prenda con la que las mujeres se cubren la cabeza. LOC **Estar en mantillas**, saber poco de algo.

man·ti·llo [mantíʎo] *s/m* Capa de la tierra abonada con los restos de la descomposición de sustancias orgánicas.

[3] **man·to** [mánto] *s/m* 1. Prenda de vestir que cae hacia el suelo, cubriendo todo el cuerpo. 2. Lo que cubre o protege algo.

[1] **man·tón** [mantón] *s/m* Prenda de vestir con que las mujeres se cubren los hombros y espalda.

[4] **ma·nual** [manwál] I. *adj* Relativo a las manos, o que se hace a mano. II. *s/m* Libro sobre una materia, o que proporciona información sobre el funcionamiento de un aparato.

[1] **ma·nua·li·dad** [manwaliðáð] *s/f* Trabajo hecho con las manos.

[1] **ma·nu·brio** [manúβrjo] *s/m* Mango de algunos objetos y herramientas.

[1] **ma·nu·fac·tu·ra** [manufaktúra] *s/f* 1. Cosa producida manualmente. 2. Fábrica.

[2] **ma·nu·fac·tu·rar** [manufakturár] *tr* Fabricar.

[2] **ma·nu·fac·tu·re·ro, -ra** [manufakturéro] *adj* Relativo a la manufactura.

[2] **ma·nus·cri·to** [manuskríto] I. *adj* Escrito a mano. II. *s/m* Documento o libro escrito a mano.

[1] **ma·nu·ten·ción** [manutenθjón] *s/f* 1. Acción de mantener(se). 2. Conservación.

[3] **man·za·na** [manθána] *s/f* 1. Fruta del manzano. 2. Grupo de casas contiguas rodeadas por calles.

[1] **man·za·ni·lla** [manθaníʎa] *s/f* 1. Planta silvestre, con flores pequeñas. 2. Flor de esta planta, o infusión preparada con ella. 3. Variedad de vino blanco.

[2] **man·za·no** [manθáno] *s/m* Árbol frutal cuyo fruto es la manzana.

[1] **ma·ña** [mápa] *s/f* (*Darse/Tener ~*) Habilidad.

[5] **ma·ña·na** [mapána] I. *s/f* Espacio de tiempo desde la medianoche hasta el mediodía. II. *s/m* Futuro. III. *adv* **El día de mañana**, en el futuro. **¡Hasta mañana!**, expresión de despedida.

[1] **ma·ña·ne·ro, -ra** [mapanéro] *adj* Madrugador.

[1] **ma·ña·ni·tas** [mapanítas] *s/f,pl* Canción mexicana de cumpleaños.

[1] **ma·ño, -ña** [mápo] *adj s/m,f* De Aragón.

[1] **ma·ño·so, -sa** [mapóso] *adj* Hábil.

[4] **ma·pa** [mápa] *s/m* Representación gráfica de la Tierra o de parte de ella sobre un plano.

[1] **ma·pa·che** [mapátʃe] *s/m* Mamífero parecido al tejón, de piel muy apreciada.

[1] **ma·pa·mun·di** [mapamundi] *s/m* Mapa completo de la Tierra, representado en dos hemisferios.

[1] **ma·que·ta** [makéta] *s/f* Reproducción exacta, en tamaño reducido, de un edificio.

[1] **ma·que·ta·ción** [maketaθjón] *s/m* Acción o resultado de maquetar.

ma·que·tar [maketár] *tr* Hacer una maqueta.

ma·que·tis·ta [maketísta] *s/m,f* Especialista en hacer maquetas.

[1] **ma·quia·vé·li·co, -ca** [makiaβéliko] *adj* Hábil para conseguir algo mediante astucia o engaño.

ma·quia·ve·lis·mo [makiaβelísmo] *s/m* Cualidad de maquivélico.

[1] **ma·qui·la** [makíla] *s/f* MEX Ensamblaje de piezas para la industria.

[1] **ma·qui·la·dor, -ra** [makilaðór] **I.** *adj* MEX Relativo a la industria de ensamblaje. **II.** *s/f* MEX Fábrica o industria dedicada al ensamblaje.

[1] **ma·qui·lla·dor, -ra** [makiʎaðór] *adj s/m,f* Que maquilla.

[2] **ma·qui·lla·je** [makiʎáxe] *s/m* **1.** Acción o resultado de maquillar(se). **2.** Sustancia para maquillar.

[2] **ma·qui·llar** [makiʎár] **I.** *tr* REFL(-se) Aplicar maquillaje para embellecer la piel o la cara. **II.** *tr* FIG Ocultar la realidad bajo falsas apariencias.

[5] **má·qui·na** [mákina] *s/f* **1.** Aparato para producir fuerza o energía y desarrollar un trabajo. **2.** FIG Conjunto de elementos que funcionan coordinadamente. LOC **A toda máquina,** FIG rápida y velozmente.

[1] **ma·qui·na·ción** [makinaθjón] *s/f* Acción o resultado de maquinar.

[2] **ma·qui·nar** [makinár] *tr* Preparar un plan en secreto.

[3] **ma·qui·na·ria** [makinárja] *s/f* Conjunto de máquinas.

[1] **ma·qui·nis·ta** [makinísta] *s/m,f* **1.** Encargado del funcionamiento de una máquina, *esp* de un tren o barco. **2.** (*tren*) Conductor de la locomotora.

[5] **mar** [már] *s/m* **1.** Extensión de agua salada que cubre la mayor parte de la corteza terrestre. **2.** Gran número o abundancia de algo: *Un mar de dudas*.

[1] **ma·ra·bun·ta** [maraβúnta] *s/f* **1.** Plaga de hormigas. **2.** COL Muchedumbre.

[1] **ma·ra·ca** [maráka] *s/f* Instrumento musical hecho con una calabaza seca y granos de maíz o piedras en su interior.

[2] **ma·ra·ña** [marána] *s/f* **1.** Maleza. **2.** FIG Situación complicada. **3.** Conjunto de cosas que no pueden desenredarse con facilidad.

[1] **ma·ras·mo** [marásmo] *s/m* Paralización de algo, inmovilidad.

[2] **ma·ra·tón** [maratón] *s/m* DEP Especialidad atlética consistente en correr una distancia de 42 km y 195 metros.

[1] **ma·ra·to·nia·no, -na** [maratonjáno] *adj* Que requiere gran resistencia y esfuerzo.

[3] **ma·ra·vi·lla** [maraβíʎa] *s/f* Cosa que causa admiración. LOC **A las mil maravillas / De maravilla,** muy bien.

[3] **ma·ra·vi·llar** [maraβiʎár] *tr* Producir admiración. RPr **Maravillarse de.**

[4] **ma·ra·vi·llo·so, -sa** [maraβiʎóso] *adj* Que produce admiración.

[4] **mar·ca** [márka] *s/f* **1.** Señal distintiva. **2.** DEP Mejor resultado conseguido en una competición. **3.** Acción de marcar. LOC **De marca,** de fabricante con prestigio. **De marca mayor,** COL en alto grado.

[1] **mar·ca·ción** [markaθjón] *s/f* Acción de marcar un número de teléfono.

[4] **mar·ca·do, -da** [markáðo] *adj* Notorio, perceptible.

[2] **mar·ca·dor, -ra** [markaðór] *s/m* DEP Panel donde se anotan los tantos.

[1] **mar·ca·je** [markáxe] *s/m* DEP Vigilancia intensa de un jugador sobre otro del equipo contrario.

[1] **mar·ca·pa·sos** [markapásos] *s/m* MED Aparato para estimular el ritmo del corazón mediante una corriente eléctrica.

[5] **mar·car** [markár] *tr* **1.** Poner una señal distintiva. **2.** Suponer algo cambio o variación en una situación. **3.** Señalar una obligación o camino. **4.** FIG Causar algo una profunda impresión. **5.** Mostrar un aparato el estado de su funcionamiento. **6.** Pulsar los números de teléfono para establecer una comunicación. **7.** DEP Anotar un jugador un tanto. **8.** Modelar el cabello.

ORT La *c* cambia a *qu* ante *e*: *Marqué*.

[4] **mar·cha** [mártʃa] *s/f* **1.** Acción de marchar(se). **2.** MEC Cada una de las posiciones de la palanca de cambios de un vehículo para aumentar o reducir su velocidad. **3.** MÚS Composición musical de ritmo regular. **4.** Tendencia o evolución en el desarrollo de algo: *La marcha de las negociaciones*. **5.** Manifestación. **6.** Ganas de divertirse y pasarlo bien. LOC **A toda marcha,** COL a la máxima velocidad posible. **Sobre la marcha,** según lo exijan las circunstancias.

[1] **mar·cha·mo** [martʃámo] *s/m* Señal sobre un paquete tras haber sido examinado.

[1] **mar·chan·te, -ta** [martʃánte] **I.** *s/m* Comerciante en obras de arte. **II.** *s/m,f* AMER Vendedor ambulante.

[5] **mar·char** [martʃár] **I.** *intr* **1.** Ir o moverse de un sitio a otro. **2.** Funcionar un mecanismo.

3. Desfilar los soldados marcando el paso y en formación. **II.** REFL(-se) Abandonar un lugar.

② **mar·chi·tar** [martʃitár] *tr* REFL(-se) FIG Perder una planta su frescura.

① **mar·chi·to, -ta** [martʃíto] *adj* (*Estar* ~) Que carece de frescura o lozanía.

① **mar·cho·so, -sa** [martʃóso] *adj* **1.** COL Que tiene ganas de divertirse y pasarlo bien. **2.** COL Relativo a la música que incita a bailar y divertirse.

② **mar·cial** [marθjál] *adj* MIL Relativo a la guerra o defensa.

mar·cia·li·dad [marθjaliðáð] *s/f* Cualidad de marcial.

② **mar·cia·no, -na** [marθjáno] *adj s/m,f* De Marte.

④ **mar·co** [márko] *s/m* **1.** Cerco que se coloca como soporte o adorno alrededor de algo. **2.** Piezas de madera que sirven de soporte a una puerta o ventana. **3.** Contorno que delimita algo.

② **ma·rea** [maréa] *s/f* Movimiento periódico de ascenso y descenso del nivel del mar.

① **ma·re·an·te** [mareánte] *adj* Que marea.

③ **ma·re·ar** [mareár] **I.** *tr* **1.** Producir mareos. **2.** Molestar. **II.** REFL(-se) Sentir mareos.

① **ma·re·ja·da** [mareχáða] *s/f* Estado del mar con olas de gran tamaño.

① **ma·re·ja·di·lla** [mareχaðíʎa] *s/f* Estado del mar con olas de tamaño medio.

① **ma·re·mág·num** [maremáɣnum] *s/m* Concentración desordenada de personas o cosas.

① **ma·re·mo·to** [maremóto] *s/m* Sacudida violenta de la corteza terrestre debajo del mar, que provoca grandes olas.

② **ma·reo** [maréo] *s/m* Pérdida del equilibrio o náusea, a veces con vómitos, causada por un medio de transporte u otras razones.

② **mar·fil** [marfíl] **I.** *s/m* Materia dura y cubierta de esmalte en los dientes de los mamíferos. **II.** *adj* De color blanco amarillento.

mar·ga [márɣa] *s/f* Roca de carbonato de cal y arcilla.

② **mar·ga·ri·na** [marɣarína] *s/f* Grasa animal o vegetal, sustituto de la mantequilla.

③ **mar·ga·ri·ta** [marɣaríta] *s/f* BOT Planta con flores de color amarillo en el centro.

④ **mar·gen** [márχen] **I.** *s/m* **1.** Espacio en blanco a los lados de una página de texto. **2.** COM Diferencia entre el precio de coste y el precio de venta de un producto. **3.** Banda flexible de actuación en algo. **II.** *s/m,f* Zona que bordea un río, camino o terreno.

③ **mar·gi·na·ción** [marχinaθjón] *s/f* Acción o resultado de marginar.

② **mar·gi·na·do, -da** [marχináðo] *adj s/m,f* Excluido.

③ **mar·gi·nal** [marχinál] *adj* **1.** Que está al margen o fuera de los límites. **2.** De menor importancia.

① **mar·gi·na·li·dad** [marχinaliðáð] *s/f* Cualidad de marginal.

② **mar·gi·nar** [marχinár] *tr* **1.** Dejar de lado. **2.** Excluir.

② **ma·ria·chi** [marjátʃi] *s/m* **1.** MÚS Baile y música populares mexicanos originarios de Jalisco. **2.** MÚS Orquesta o grupo musical que interpreta esa música.

ma·ria·no, -na [marjáno] *adj* REL Relacionado con la Virgen María.

① **ma·ri·ca** [maríka] *s/m* Hombre homosexual o afeminado.

② **ma·ri·cón** [marikón] *s/m* VULG Marica. Se usa también como insulto.

ma·ri·co·na [marikóna] *s/f* VULG Maricón.

ma·ri·co·na·da [marikonáða] *s/f* **1.** VULG Acción malintencionada contra alguien. **2.** COL Cosa sin valor, tontería.

ma·ri·co·ne·ra [marikonéra] *s/f* COL Bolso de mano para hombres.

ma·ri·co·ne·ría [marikonería] *s/f* **1.** VULG Cualidad de marica. **2.** VULG Mariconada.

① **ma·ri·da·je** [mariðáχe] *s/m* Unión entre cosas.

⑤ **ma·ri·do** [maríðo] *s/m* Hombre casado respecto a su mujer.

② **ma·ri·hua·na; ma·ri·jua·na** [mariwána; mariχwána] *s/f* Hojas y otras partes del cáñamo índico que, fumadas, tienen efecto narcótico.

① **ma·ri·ma·cho** [marimátʃo] *s/m,f* VULG Mujer de aspecto y modales hombrunos.

② **ma·ri·na** [marína] *s/f* **1.** Conjunto de barcos de un país, o personal que los atiende. **2.** Conjunto de barcos de guerra y su personal.

① **ma·ri·ne·ría** [marinería] *s/f* Conjunto de marineros de un barco.

③ **ma·ri·ne·ro, -ra** [marinéro] **I.** *adj* Se aplica al barco que navega bien. **II.** *s/m* Marino (II).

③ **ma·ri·no, -na** [maríno] **I.** *adj* **1.** Relativo al mar. **2.** Azul oscuro. **II.** *s/m* Hombre cuya profesión es navegar, y con conocimientos para ello.

MA·RIO·NE·TA

[1] **ma·rio·ne·ta** [marjonéta] *s/f* **1.** Muñeco de tela que se mueve mediante cuerdas o con la mano dentro. **2.** Persona fácil de manejar.

[3] **ma·ri·po·sa** [maripósa] *s/f* Insecto lepidóptero cuando deja de ser una larva. Sus alas suelen ser de bellos colores.

[3] **ma·ri·po·se·ar** [mariposeár] *intr* **1.** FIG Cambiar con frecuencia de gustos o aficiones. **2.** FIG Pasar repetidamente junto a alguien o por un lugar.

ma·ri·po·seo [mariposéo] *s/m* FIG Acción de mariposear.

ma·ri·po·són [maripósón] *s/m* **1.** COL Galanteador de varias mujeres a la vez. **2.** DES Hombre afeminado.

[2] **ma·ri·qui·ta** [marikíta] *s/f* **1.** Insecto coleóptero de color rojo vivo, con siete pequeños puntos negros. **2.** DIM de 'marica'. Se usa también como insulto.

ma·ri·sa·bi·di·lla [marisaβiðíʎa] *s/f* PEY Mujer que presume de saber mucho.

ma·ris·ca·da [mariskáða] *s/f* Comida de mariscos variados.

[2] **ma·ris·cal** [mariskál] *s/m* MIL Antigua graduación militar de alto rango.

[2] **ma·ris·co** [marísko] *s/m* Cualquier animal marino invertebrado y comestible, *esp* moluscos o crustáceos.

[1] **ma·ris·ma** [marísma] *s/f* Terreno pantanoso a orillas del mar.

ma·ris·que·ría [mariskería] *s/f* Lugar donde se venden o se consumen mariscos.

[1] **ma·ri·tal** [maritál] *adj* Relativo al matrimonio.

[3] **ma·rí·ti·mo, -ma** [marítimo] *adj* Relativo al mar.

[3] **mar·ke·ting** [márketin] *s/m* ANGL Estrategia y técnicas de mercado.

[1] **mar·mi·ta** [marmíta] *s/f* **1.** Olla de metal con tapadera ajustable. **2.** Recipiente pequeño para llevar la comida en viajes o excursiones.

[3] **már·mol** [mármol] *s/m* Piedra caliza muy dura, con vetas de colores, usada en construcción.

mar·mo·lis·ta [marmolísta] *s/m,f* Especialista en mármol.

[1] **mar·mó·reo, -rea** [marmóreo] *adj* De mármol o parecido a él.

[1] **mar·mo·ta** [marmóta] *s/f* Mamífero roedor, que pasa el invierno dormido.

[1] **ma·ro·ma** [maróma] *s/f* Cuerda muy gruesa.

[3] **mar·qués, -sa** [markés] *s/m* Título nobiliario entre duque y conde, o persona que lo tiene.

[1] **mar·que·sa·do** [markesáðo] *s/m* **1.** Dignidad y título de marqués. **2.** Territorio bajo su jurisdicción.

[1] **mar·que·si·na** [markesína] *s/f* Cubierta que protege un andén o estación.

[1] **mar·que·te·ría** [marketería] *s/f* Trabajo manual y ornamental con madera.

[1] **ma·rra·na·da** [marranáða] *s/f* **1.** Acción o cosa que ensucia o que está mal hecha. **2.** FIG Acción para causar daño a otros.

ma·rra·ne·ar [marraneár] *intr* COL Ensuciar.

[1] **ma·rra·no, -na** [marráno] **I.** *s/m,f* Cerdo. **II.** *adj s/m,f* **1.** COL Persona sucia. **2.** Persona mal intencionada y vil.

[1] **ma·rras** [márras] LOC **De marras,** conocido de antes.

[3] **ma·rrón** [marrón] *adj* Del color propio de la cáscara de las castañas o de la tierra.

[2] **ma·rro·quí** [marrokí] *adj s/m,f* De Marruecos.

ORT *pl* Marroquíes.

ma·rro·qui·ne·ría [marrokinería] *s/f* Industria para fabricar artículos de piel.

ma·rru·lle·ría [marruʎería] *s/f* Cualidad de marrullero o acción marrullera.

ma·rru·lle·ro, -ra [marruʎéro] *adj* Que actúa con engaño y mala intención.

[1] **mar·su·pial** [marsupjál] *adj s/m,pl* Se dice de los mamíferos, como el canguro, cuyas crías se desarrollan en una bolsa abdominal externa.

mar·ta [márta] *s/f* Mamífero carnicero, de piel muy apreciada.

Mar·te [márte] *s/m* **1.** Planeta del sistema solar, cercano a la Tierra. **2.** MIT *may* Dios de la guerra.

[4] **mar·tes** [mártes] *s/m* Segundo día de la semana, que sigue al lunes.

[1] **mar·ti·llar** [martiʎár] *tr intr* Martillear.

[1] **mar·ti·lla·zo** [martiʎáθo] *s/m* Golpe de martillo.

[1] **mar·ti·lle·ar** [martiʎeár] *tr intr* **1.** Golpear repetidamente con un martillo. **2.** FIG Insistir mucho en algo.

mar·ti·lleo [martiʎéo] *s/m,f* Acción de martillear.

[2] **mar·ti·llo** [martíʎo] *s/m* Herramienta formada por un mango de madera y cabeza de metal, usada para golpear.

MAS·TI·CA·CIÓN

[2] **már·tir** [mártir] *s/m,f* Persona que sufre o ha sufrido martirio.

[2] **mar·ti·rio** [martírjo] *s/m* **1.** Tortura o muerte que alguien sufre por sus creencias. **2.** Sufrimiento intenso.

[1] **mar·ti·ri·zar** [martiriθár] *tr* Causar martirio o sufrimiento.
ORT La *z* cambia a *c* ante *e*: *Martiricé*.

[2] **ma·ru·ja** [marúχa] *s/f* PEY Mujer dedicada a las labores domésticas y sin inquietudes culturales.

[1] **ma·ru·jo·na** [maruχóna] *s/f* PEY Maruja.

[2] **mar·xis·mo** [marsísmo] *s/m* Doctrina social de Marx, que postula el paso al comunismo.

[2] **mar·xis·ta** [marsísta] *adj s/m,f* Relativo al marxismo o seguidor de esta doctrina.

[5] **mar·zo** [márθo] *s/m* Tercer mes del año, que sigue a febrero.

[4] **mas** [más] *conj* Pero.

[5] **más** [más] *adv* **1.** Indica aumento de la cantidad o cualidad de lo que se expresa. **2.** Indica suma o adición. **3.** En *más... que*, tiene valor comparativo: *Era más alto que su hermano*. LOC **De más,** de sobra. **Más bien (al contrario),** expresión adversativa. **Más o menos,** aproximadamente. **Sin más ni más,** sin motivo aparente. **Sus más y sus menos,** ventajas e inconvenientes de algo.

[4] **ma·sa** [mása] *s/f* **1.** Parte grande de una materia. *P ext*, conjunto grande de personas o cosas. **2.** Mezcla de una materia sólida con un líquido. **3.** (con *la* y *frec* en *pl*) Gente. **4.** Pieza de una instalación eléctrica en contacto con el suelo. LOC **En masa,** en su totalidad.

[2] **ma·sa·crar** [masakrár] *tr* Llevar a cabo una gran matanza.

[2] **ma·sa·cre** [masákre] *s/f* Gran matanza de personas.

[2] **ma·sa·je** [masáχe] *s/m* **1.** (*Dar*) Acción de presionar y frotar ciertas partes del cuerpo con las manos para relajar los músculos o con fines curativos. **2.** Crema o colonia para después del afeitado.

[1] **ma·sa·je·ar** [masaχeár] *tr* Dar masajes.

[1] **ma·sa·jis·ta** [masaχísta] *s/m,f* Persona que da masajes.

[1] **mas·ca·do, -da** [maskáðo] *adj* FIG Muy fácil de entender.

[2] **mas·car** [maskár] **I.** *tr* **1.** Desmenuzar y triturar los alimentos con la dentadura. **2.** Pensar de manera insistente sobre algo. **II.** REFL(-se) Sentir que algo va a ocurrir.
ORT Ante *e* la *c* cambia a *qu*: *Masqué*.

[3] **más·ca·ra** [máskara] *s/f* Objeto para proteger u ocultar la cara.

[1] **mas·ca·ra·da** [maskaráða] *s/f* **1.** Fiesta con máscaras. **2.** Farsa.

[1] **mas·ca·ri·lla** [maskaríʎa] *s/f* **1.** En escultura, molde que se hace sobre la cara del modelo. **2.** Cosmético que se aplica sobre la cara o el cuello. **3.** Máscara que cubre una parte del rostro.

[2] **mas·co·ta** [maskóta] *s/f* Animal de compañía.

[1] **mas·cu·li·ni·dad** [maskuliniðáð] *s/f* Cualidad de masculino.

[1] **mas·cu·li·ni·za·ción** [maskuliniθaθjón] *s/f* BIOL Acción o resultado de masculinizar.

[1] **mas·cu·li·ni·zar** [maskuliniθár] *tr* Hacer que algo o alguien adquiera rasgos masculinos.
ORT Ante *e* la *z* cambia a *c*: *Masculinice*.

[4] **mas·cu·li·no, -na** [maskulíno] **I.** *adj* **1.** Con los órganos fecundadores en la reproducción. **2.** Propio de los hombres. **II.** *adj s/m* GRAM Género gramatical en la oposición masculino/femenino.

[1] **mas·cu·llar** [maskuʎár] *tr* Hablar entre dientes.

[1] **ma·sía** [masía] *s/f* Casa de campo propia de Cataluña.

[1] **ma·si·fi·ca·ción** [masifikaθjón] *s/f* Acción o resultado de masificar.

[1] **ma·si·fi·car** [masifikár] *tr* REFL(-se) **1.** Llenar(se) en exceso. **2.** Hacer que algo se generalice.
ORT Ante *e* la *c* cambia a *qu*: *Masifiqué*.

ma·si·lla [masíʎa] *s/f* Mezcla pastosa para tapar agujeros.

[4] **ma·si·vo, -va** [masíβo] *adj* Que afecta a mucha gente o cosas: *Cierre masivo de cines*.

[2] **ma·són, -so·na** [masón] *adj s/m,f* Relativo a la masonería o seguidor de ella.

[1] **ma·so·ne·ría** [masonería] *s/f* Organización internacional que tiende al secretismo de sus acciones filantrópicas.

[1] **ma·só·ni·co, -ca** [masóniko] *adj* Relativo a la masonería.

[1] **ma·so·quis·mo** [masokísmo] *s/m* Complacencia sexual en el maltrato y sufrimiento.

[1] **ma·so·quis·ta** [masokísta] *adj s/m,f* Relativo al masoquismo o quien lo sigue.

[1] **mass·me·dia** [masméðja] *s/m,pl* ANGL Medios de comunicación.

[1] **más·ter** [máster] *s/m* Estudios de postgrado o especialización sobre algo.

[1] **mas·ti·ca·ción** [mastikaθjón] *s/f* Acción o resultado de masticar.

MAS·TI·CA·DOR

[1] **mas·ti·ca·dor, -ra** [mastikaðór] *adj* Que mastica o sirve para ello.

[2] **mas·ti·car** [mastikár] **I.** *tr* Desmenuzar o triturar los alimentos con la dentadura. **II.** *REFL(-se)* Presentir algo.
ORT Ante *e* la *c* cambia a *qu*: *Mastiqué*.

[1] **más·til** [mástil] *s/m* **1.** NÁUT Palo largo para sostener las velas. **2.** Palo vertical que sujeta una estructura (tienda de campaña).

[1] **mas·tín** [mastín] *adj s/m* Raza de perro grande y fuerte.

[1] **mas·to·don·te** [mastoðónte] *s/m* **1.** Animal muy grande, similar al elefante, de la era Cuaternaria. **2.** FIG Cosa de gran tamaño.

[1] **mas·to·dón·ti·co, -ca** [mastoðóntiko] *adj* De gran tamaño.

[1] **mas·tuer·zo** [mastuérθo] *adj s/m* DES Hombre grosero y torpe.

[1] **mas·tur·ba·ción** [masturβaθjón] *s/f* Acción de masturbar(se).

[2] **mas·tur·bar** [masturβár] *tr REFL(-se)* Procurar(se) placer sexual manipulando los órganos sexuales.

[1] **mas·tur·ba·to·rio, -ia** [masturβatórjo] *adj* Relativo a la masturbación.

[3] **ma·ta** [máta] *s/f* Planta de tronco leñoso y tallos ramificados.

[2] **ma·ta·de·ro** [mataðéro] *s/m* Lugar en el que se matan y descuartizan animales para el consumo.

[2] **ma·ta·dor, -ra** [mataðór] *s/m,f* TAUR Torero.

[1] **ma·ta·mos·cas** [matamóskas] *s/m* Utensilio para matar moscas.

[3] **ma·tan·za** [matánθa] *s/f* **1.** Acción de matar, *esp* el cerdo, para el consumo doméstico. **2.** Mortandad.

[5] **ma·tar** [matár] **I.** *tr* **1.** Quitar la vida a un ser vivo. **2.** Eliminar, acabar con algo: *El agua mata la sed*. **3.** Reducir el brillo de algo, *esp* de un color. **4.** Inutilizar los sellos de una carta con el matasellos. **II.** *REFL(-se)* **1.** Quitarse alguien la vida. **2.** FIG Esforzarse mucho por conseguir o hacer algo: *Se mata por el dinero*. LOC **Matar el tiempo**, hacer algo para no aburrirse. RPr **Matar a/de**.

[1] **ma·ta·ri·fe** [matarífe] *s/m* Persona cuyo trabajo consiste en matar y descuartizar animales para el consumo.

ma·ta·rra·tas [matarrátas] *s/m* **1.** COL Cualquier producto para matar ratas y ratones. **2.** Licor o bebida de baja calidad.

ma·ta·sa·nos [matasános] *s/m* DES Médico malo.
ORT *pl Matasanos*.

[1] **ma·ta·se·llos** [mataséʎos] *s/m* Tampón para inutilizar los sellos de una carta.
ORT *pl Matasellos*.

[1] **match** [mátʃ] *s/m* ANGL Encuentro deportivo.

[2] **ma·te** [máte] **I.** *adj* Que carece de brillo: *Laca mate*. **II.** *s/m* **1.** Infusión de yerba mate. **2.** Arbusto con cuyas hojas se prepara esa infusión.
Jaque mate, jugada definitiva en ajedrez, en la que el rey del contrario no tiene escapatoria.

[2] **ma·te·ar** [mateár] *intr* Preparar una infusión de mate.

[3] **ma·te·má·ti·ca** [matemátika] *s/f* Ciencia que estudia las relaciones entre cantidades y magnitudes.

[3] **ma·te·má·ti·co, -ca** [matemátiko] **I.** *adj* **1.** MAT Relativo a las matemáticas. **2.** Exacto, preciso. **II.** *s/m,f* Especialista en matemática.

[5] **ma·te·ria** [materia] *s/f* **1.** Elemento, junto con la energía, que compone el mundo sensible. **2.** Asunto, tema. **3.** Disciplina objeto de estudio LOC **Entrar en materia**, empezar a tratar un asunto.
Materia gris, inteligencia.

[5] **ma·te·rial** [materjál] **I.** *adj* **1.** Relativo a la materia. **2.** Relativo al mundo concreto. **II.** *s/m* **1.** Sustancia para fabricar algo. **2.** Cosas necesarias para hacer algo: *Material escolar*.

[1] **ma·te·ria·li·dad** [materjaliðáð] *s/f* Cualidad de lo que es material.

[2] **ma·te·ria·lis·mo** [materjalísmo] *s/m* Doctrina según la cual la materia es la única realidad.

[2] **ma·te·ria·lis·ta** [materjalísta] *adj s/m,f* Relativo al materialismo o seguidor de esta doctrina.

[1] **ma·te·ria·li·za·ción** [materjaliθaθjón] *s/f* Acción o resultado de materializar(se).

[2] **ma·te·ria·li·zar** [materjaliθár] **I.** *tr* Hacer que algo sea real o material. **II.** *REFL(-se)* Concretarse algo.
ORT La *z* cambia a *c* ante *e*: *Materialicé*.

[2] **ma·ter·nal** [maternál] *adj* Relativo a la madre o propio de ella.

[2] **ma·ter·ni·dad** [materniðáð] *s/f* **1.** Circunstancia de tener una mujer o hembra uno o varios hijos. **2.** Clínica para parturientas y recién nacidos.

[3] **ma·ter·no, -na** [matérno] *adj* **1.** Relativo a la madre. **2.** Se aplica a la primera lengua que aprende un niño.

MA·YOR

[2] **ma·ti·nal** [matinál] *adj* Matutino.

[3] **ma·tiz** [matíθ] *s/m* Aspecto.

[2] **ma·ti·za·ción** [matiθaθjón] *s/f* Acción o resultado de matizar.

[3] **ma·ti·zar** [matiθár] *tr* Aclarar con mayor precisión el significado o alcance de algo. ORT La *z* cambia a *c* ante *e: Maticé*.

[1] **ma·to·jo** [matóχo] *s/m* Planta de tallos articulados y hojas carnosas.

[1] **ma·tón, -to·na** [matón] *adj s/m,f* Se dice de quien presume de valiente o intimida a otros.

[2] **ma·to·rral** [matorrál] *s/m* Terreno sin cultivar, lleno de maleza.

[1] **ma·tra·ca** [matráka] *s/f* Rueda de madera con mazos colgantes, que al girar producen un ruido fuerte. LOC **Dar (la) matraca**, molestar mucho.

[1] **ma·traz** [matráθ] *s/m* Recipiente de vidrio usado en los laboratorios.
ORT *pl Matraces*.

[1] **ma·triar·ca** [matrjárka] *s/f* Mujer que dirige y organiza un matriarcado.

[1] **ma·triar·ca·do** [matrjarkáðo] *s/m* Organización social en la que las mujeres ejercen el poder.

[1] **ma·triar·cal** [matrjarkál] *adj* Relativo a la matriarca o al matriarcado.

[3] **ma·trí·cu·la** [matríkula] *s/f* **1.** Registro oficial de personas o cosas. **2.** Inscripción en un registro oficial. **3.** Placa identificativa en los automóviles.

[1] **ma·tri·cu·la·ción** [matrikulaθjón] *s/f* **1.** Acción o resultado de matricular(se). **2.** Matrícula.

[2] **ma·tri·cu·lar** [matrikulár] *tr* REFL(*-se*) Inscribir(se) en un registro oficial o en un centro de enseñanza.

[2] **ma·tri·mo·nial** [matrimonjál] *adj* Relativo al matrimonio.

[4] **ma·tri·mo·nio** [matrimónjo] *s/m* **1.** Unión legal de un hombre y una mujer. **2.** Pareja de marido y mujer.

[2] **ma·triz** [matríθ] *s/f* **1.** ANAT Órgano reproductor de la hembra de los mamíferos. **2.** MAT Conjunto de números ordenados en un cuadrado o un rectángulo. **3.** FIG Cosa que está en el origen de algo. **4.** TÉC Molde para fundir objetos de metal. **5.** Parte de un cheque o recibo que queda como comprobante del original emitido. **6.** Documento original que se archiva.
ORT *pl Matrices*.

[1] **ma·tro·na** [matróna] *s/f* **1.** Comadrona. **2.** Mujer madura y de aspecto corpulento.

[1] **ma·tu·te** [matúte] *s/m* **1.** Introducción clandestina de mercancías. **2.** Productos así introducidos.

[2] **ma·tu·ti·no, -na** [matutíno] *adj* Relativo a la mañana. **II.** *s/m* Periódico de la mañana.

[1] **mau·llar** [mauʎár] *intr* Emitir maullidos el gato.
ORT PRON El acento cae sobre la *u* en el *sing* y *3ª p pl* del *pres indic* y *subj: Maúlle*.

[1] **mau·lli·do** [mauʎíðo] *s/m* Sonido propio del gato.

mau·ri·ta·no, -na [mauritáno] *adj s/m,f* De Mauritania.

[1] **máu·ser** [máuser] *s/m* MIL Tipo de fusil de repetición.

[1] **mau·so·leo** [mausoléo] *s/m* Tumba monumental.

[1] **ma·xi·lar** [maksilár] **I.** *adj* Relativo a la mandíbula o quijada. **II.** *s/m* ANAT Cada hueso que forma las mandíbulas.

[4] **má·xi·ma** [máksima] *s/f* Frase que expresa un consejo, un principio moral, etc.

[1] **ma·xi·ma·lis·mo** [maksimalísmo] *s/m* Posición radical o extremista.

[1] **ma·xi·ma·lis·ta** [maksimalísta] *adj s/m,f* Relativo al maximalismo o seguidor de él.

[2] **má·xi·me** [máksime] *adv* De manera especial y principal.

[5] **má·xi·mo, -ma** [máksimo] **I.** *adj* **1.** Más grande que cualquier otra cosa similar. **2.** De posición superior en una organización. **II.** *s/m* Límite superior de algo. LOC **Al máximo**, con el mayor esfuerzo posible. **Como máximo**, como límite.

[2] **ma·ya** [mája] **I.** *adj s/m,f* De un pueblo indio de Yucatán, norte de Guatemala y Belice. **II.** *s/m* Lengua maya.

ma·yar [majár] *intr* Maullar.

[1] **ma·yes·tá·ti·co, -ca** [majestátiko] *adj* Majestuoso, solemne.

[4] **ma·yo** [májo] *s/m* Quinto mes del año, entre abril y junio

[1] **ma·yo·ne·sa** [majonésa] *adj s/f* Salsa de huevo, aceite, sal y limón.

[5] **ma·yor** [majór] **I.** *comp* **1.** de 'grande'. Que es de tamaño más grande que otra cosa. **2.** Con *art*, tiene valor de superlativo. **3.** De más edad. **II.** *s/m* **1.** Persona con el puesto de máxima responsabilidad en un organismo: *La jefa de la comisaría, mayor Eugenia González*. **2.** MIL Graduación militar equivalente a la de comandante. **III.** *s/m,pl* **1.** Antepasados. **2.** Personas adultas.

MA·YO·RAL

[1] **ma·yo·ral** [majorál] *s/m* **1.** Pastor más importante de un rebaño de gran tamaño. **2.** Encargado de una cuadrilla de trabajadores en el campo.

[1] **ma·yo·raz·go, -ga** [majoráθγo] **I.** *s/m* DER Conjunto de los bienes de una familia que hereda en su integridad el hijo mayor. **II.** *s/m,f* Heredero de un mayorazgo.

[2] **ma·yor·do·mo, -ma** [majorðómo] *s/m,f* Persona que administra y cuida de una casa, palacio, etc.

[5] **ma·yo·ría** [majoría] *s/f* La mayor parte de algo.
Mayoría de edad, DER condición de la persona que tiene la edad legal para actuar con responsabilidad civil.

[2] **ma·yo·ris·ta** [majorísta] *s/m,f* Comerciante al por mayor.

[3] **ma·yo·ri·ta·rio, -ia** [majoritárjo] *adj* Relativo a la mayoría.

[2] **ma·yús·cu·la** [majúskula] *s/f* Letra más grande que la normal, al inicio de un texto u oración.

[2] **ma·yús·cu·lo, -la** [majúskulo] *adj* Más grande de lo normal.

[1] **ma·za** [máθa] *s/f* Utensilio para machacar o golpear.
ma·za·co·te [maθakóte] *s/m* Cosa compacta y apelmazada.

[1] **ma·za·pán** [maθapán] *s/m* Dulce de almendras molidas y azúcar.

[1] **ma·za·zo** [maθáθo] *s/m* **1.** Golpe de maza o de mazo. **2.** Golpe moral que afecta a alguien.

[1] **maz·mo·rra** [maθmórra] *s/f* Calabozo subterráneo en un castillo o fortificación.

[1] **ma·zo** [máθo] *s/m* **1.** Maza. **2.** Conjunto de cosas en haz.

[1] **ma·zor·ca** [maθórka] *s/f* Espiga con sus granos apretados, como la del maíz.

[5] **me** [mé] *pron pers 1ª p s* en función de complemento directo o indirecto.

[1] **mea·da** [meáða] *s/f* Acción o resultado de mear.
mea·de·ro [meaðéro] *s/m* VULG Urinario.
mea·dos [meáðos] *s/m,pl* VULG Orines.

[1] **me·an·dro** [meándro] *s/m* Curvas de un río.

[2] **me·ar** [meár] *intr tr* REFL(-se) VULG Expulsar la orina por la uretra. LOC **Mearse de risa,** VULG reírse mucho. **Mearse de miedo,** VULG pasar mucho miedo.

[1] **mea·to** [meáto] *s/m* Ciertos conductos u orificios del cuerpo.

[1] **¡me·ca·chis!** [mekátʃis] *interj* Expresa descontento o contrariedad: *¡Mecachis en la mar!*

[1] **¡me·ca·güen!** [mekágwen] *interj* VULG ¡Mecachis!

[3] **me·cá·ni·ca** [mekánika] *s/f* **1.** Parte de la física que estudia la acción de las fuerzas sobre los cuerpos. **2.** TÉC Mecanismo de algo. **3.** FIG Manera de funcionar algo o alguien: *Mecánica electoral.*

[4] **me·cá·ni·co, -ca** [mekániko] **I.** *adj* **1.** TÉC Relativo a las máquinas o hecho con ellas. **2.** FIG Que se hace o dice de manera automática. **II.** *s/m,f* Quien construye, maneja o arregla máquinas.

[5] **me·ca·nis·mo** [mekanísmo] *s/m* **1.** Conjunto de piezas coordinadas que producen fuerza o energía. **2.** Manera de funcionar algo.

[1] **me·ca·ni·za·ción** [mekaniθaθjón] *s/f* Acción o resultado de mecanizar.

[1] **me·ca·ni·zar** [mekaniθár] *tr* REFL(-se) **1.** Incorporar maquinaria a un sistema de producción. **2.** Hacer que algo tenga carácter mecánico.
ORT La *z* cambia a *c* ante *e: Mecanicé.*

[1] **me·ca·no·gra·fía** [mekanoγrafía] *s/f* Arte de escribir a máquina.

[1] **me·ca·no·gra·fiar** [mekanoγrafjár] *tr* Escribir a máquina.
GRAM El acento recae sobre la *i* en el *sing* y en la *3ª p pl* del *pres* de *indic* y *subj: Mecanografío.*

[1] **me·ca·no·grá·fi·co, -ca** [mekanoγráfiko] *adj* Relativo a la mecanografía.

[1] **me·ca·nó·gra·fo, -fa** [mekanóγrafo] *s/m,f* Persona cuyo trabajo consiste en escribir a máquina.

[1] **me·ce·do·ra** [meθeðóra] *s/f* Silla de brazos apoyada en dos maderas curvas, que se utiliza para sentarse o mecerse.

[2] **me·ce·nas** [meθénas] *s/m* Protector de artes y letras.

[2] **me·ce·naz·go** [meθenáθγo] *s/m* Protección o patrocinio de una actividad, *esp* artística.

[2] **me·cer** [meθér] *tr* REFL(-se) Mover(se) algo de un lado a otro.
ORT La *c* cambia a *z* ante *a/o: Mezo/Meza.*

[2] **me·cha** [métʃa] *s/f* **1.** Cordón de fibra usado en velas o candiles para producir y mantener la llama. **2.** Cuerda o tubo con pólvora, para encender explosivos. **3.** Mechón de cabellos. LOC **A toda mecha,** FIG a toda velocidad. **Aguantar mecha,** COL soportar algo desagradable.

[1] **me·char** [metʃár] *tr* Rellenar un trozo de carne con tiras de tocino, jamón, etc.

ME·DIO·CRE

[2] **me·che·ro** [metʃéro] *s/m* Encendedor.

[2] **me·chón** [metʃón] *s/m* Conjunto de cabellos.

[3] **me·da·lla** [meðáʎa] *s/f* **1**. Chapa de metal con alguna inscripción o relieve en sus lados, que se cuelga del cuello, como adorno o devoción. **2**. Distinción honorífica.

[1] **me·da·llón** [meðaʎón] *s/m* Escultura en bajo relieve, de forma redonda o elíptica.

[4] **me·dia** [méðja] *s/f* **1**. (*gen* en *pl*) Prenda de vestir (*esp* femenina) que cubre los pies y piernas. **2**. Promedio de varias cantidades. LOC **A medias**, **1**, de manera incompleta. **2**, al 50% para cada uno de los dos.

[3] **me·dia·ción** [meðjaθjón] *s/f* Acción o resultado de mediar.

[3] **me·dia·do, -da** [meðjáðo] *adj* En la mitad de su desarrollo, de su capacidad o posibilidades.

[2] **me·dia·dor, -ra** [meðjaðór] *adj s/m,f* **1**. Que media. **2**. Relativo a la mediación.

[2] **me·dia·na** [meðjána] *s/f* **1**. Franja divisoria entre los dos sentidos de circulación de una autopista o autovía. **2**. MAT Recta desde el vértice de un triángulo hasta el centro del lado opuesto.

[1] **me·dia·ne·ra** [meðjanéra] *s/f* AMER Pared o valla que separa dos viviendas o propiedades.

[1] **me·dia·ne·ro, -ra** [meðjanéro] *adj* Que separa dos viviendas o propiedades.

[1] **me·dia·nía** [meðjanía] *s/f* Cualidad de mediano.

[3] **me·dia·no, -na** [meðjáno] *adj* De calidad, tamaño, etc., medio.

[2] **me·dia·no·che** [meðjanótʃe] *s/f* Las doce de la noche.

[5] **me·dian·te** [meðjánte] **I.** LOC **Dios mediante**, si Dios lo permite. **II.** *prep* Por medio de.

[2] **me·diar** [meðjár] *intr* **1**. Intervenir para poner de acuerdo a dos o más partes en conflicto. **2**. (Con *por*) Interceder en favor de alguien. **3**. Producirse algo que se expresa entre otros dos hechos o situaciones. **4**. Pasar o transcurrir un periodo de tiempo entre dos hechos. **5**. Existir o haber algo entre dos cosas.

me·diá·ti·co, -ca [meðjátiko] *adj* Que sirve de canal y filtro en la transmisión de algo.

[1] **me·dia·ti·za·ción** [meðjatiθaθjón] *s/f* Acción o resultado de mediatizar.

[2] **me·dia·ti·zar** [meðjatiθár] *tr* Influir de manera decisiva en algo.
ORT La *z* cambia a *c* ante *e*: *Mediaticé*.

[1] **me·dia·to, -ta** [meðjáto] *adj* Cercano.

[2] **me·di·ca·ción** [meðikaθjón] *s/f* **1**. Acción o resultado de medicar(se). **2**. Conjunto de medicinas para curar.

[4] **me·di·ca·men·to** [meðikaménto] *s/m* Sustancia o producto de efectos curativos.

[1] **me·di·car** [meðikár] *tr* REFL(-*se*) Prescribir o administrar medicamentos.
ORT Ante *e* la *c* cambia a *qu*: *Mediqué*.

[4] **me·di·ci·na** [meðiθína] *s/f* **1**. Ciencia de las enfermedades y dolencias humanas. **2**. Producto curativo. **3**. Trabajo y profesión del médico.

[2] **me·di·ci·nal** [meðiθinál] *adj* **1**. Que se usa para curar. **2**. Relativo a la medicina o a los medicamentos.

[1] **me·di·ci·nar** [meðiθinár] *tr* REFL(-*se*) Prescribir o administrar medicinas.

[2] **me·di·ción** [meðiθjón] *s/f* ARC Acción o resultado de medir.

[5] **mé·di·co, -ca** [méðiko] **I.** *adj* Relacionado con la medicina. **II.** *s/m,f* Persona habilitada para la medicina.

[5] **me·di·da** [meðíða] *s/f* **1**. Acción o resultado de medir. **2**. Unidad para medir. **3**. Disposición para prevenir o hacer frente a algo. **4**. Valor o proporción de algo variable: *¿En qué medida es falso?* **5**. Equilibrio y moderación. LOC **A medida**, FIG hecho expresamente para un fin. **A medida que**, según. **Sin medida**, sin control.

[3] **me·die·val** [meðjeβál] *adj* Relativo a la Edad Media.

[1] **me·die·vo** [meðjéβo] *s/m* Periodo desde el siglo V hasta el XV.

[5] **me·dio, -ia** [méðjo] **I.** *adj* **1**. Se aplica a la mitad de algo. **2**. Que no es completo. **3**. Representativo de algo: *El agricultor medio europeo es rico.* **4**. Situado en posición intermedia: *Clase media.* **5**. FIG Que afecta a una gran cantidad de personas o cosas: *La delincuencia tiene aterrorizado a medio país.* **II.** *s/m* **1**. Lugar o parte central de algo. **2**. Entorno, ambiente: *El medio marino.* **3**. FÍS Sustancia dentro de la cual se produce un determinado fenómeno. **III.** *s/m,pl* Recursos necesarios para la realización de algo. LOC **De medio a medio**, por completo. **Por medio de**, mediante.

[2] **me·dio·am·bien·tal** [meðjoambjentál] *adj* Relativo al medioambiente.

[1] **me·dio·am·bien·te** [meðjoambjénte] *s/m* Entorno ambiental en que viven los seres vivos.

[2] **me·dio·cre** [meðjókre] *adj* De poco mérito o calidad.

2 **me·dio·cri·dad** [meðjokriðáð] *s/f* Cualidad de mediocre.

3 **me·dio·día** [meðjoðía] *s/m* 1. ASTR Momento del día en que el Sol está en su punto más alto. 2. Punto cardinal opuesto al norte.

me·dio·e·val [meðjoeβál] *adj* Medieval.

1 **me·dio·e·vo** [meðjoéβo] *s/m* Medievo.

5 **me·dir** [meðír] I. *tr* 1. Establecer o determinar la cantidad, volumen, longitud o intensidad de algo. 2. Analizar todas las circunstancias que afectan a algo: *Debes medir tus actos*. II. REFL(-se) 1. Competir con alguien. 2. Compararse con otra persona o cosa. RPr **Medir con/por**: *Medir con una regla. Medir por docenas.* **Medirse con/en**.
CONJ *Irreg: Mido, medí, mediré, midiendo, medido.*

1 **me·di·ta·bun·do, -da** [meðitaβúndo] *adj* Que reflexiona a solas.

2 **me·di·ta·ción** [meðitaθjón] *s/f* Acción o resultado de meditar.

3 **me·di·tar** [meðitár] *tr intr* Reflexionar sobre algo. RPr **Meditar sobre**.

1 **me·di·ta·ti·vo, -va** [meðitatíβo] *adj* Que medita.

4 **me·di·te·rrá·neo, -ea** [meðiterráneo] *adj* Relativo al mar Mediterráneo.

1 **mé·dium** [méðjum] *s/m,f* Persona que supuestamente actúa de intermediario con los espíritus.

1 **me·drar** [meðrár] *intr* 1. Desarrollarse y crecer. 2. Mejorar alguien en su situación económica o social.

2 **me·du·la; mé·du·la** [meðúla; méðula] *s/f* 1. Sustancia en el interior de los huesos y de la columna vertebral. 2. Parte más importante de algo.

1 **me·du·lar** [meðulár] *adj* Relativo a la médula.

1 **me·du·sa** [meðúsa] *s/f* Animal marino sin esqueleto y con forma de campana.

1 **me·ga** [méɣa] I. *pref* que significa 'grande'. II. *s/m* ABREV de 'megabyte'.

1 **me·ga·by·te** [meɣabáit] *s/m* Unidad de almacenamiento de la información en las computadoras (un millón de bytes).

1 **me·ga·fo·nía** [meɣafonía] *s/f* Técnica o aparatos para aumentar el volumen del sonido.

1 **me·ga·fo·no** [meɣafóno] *s/m* Aparato para ampliar el volumen del sonido.

1 **me·ga·lo·ma·nía** [meɣalomanía] *s/f* Delirio de grandeza.

1 **me·ga·ló·ma·no, -na** [meɣalómano] *adj s/m,f* Que padece megalomanía.

1 **me·ga·ló·po·lis** [meɣalópolis] *s/f* Ciudad de gran extensión y población.

3 **me·ji·ca·no, -na** [meχikáno] *adj s/m,f* De México.

3 **me·ji·lla** [meχíʎa] *s/f* Parte carnosa a cada lado de la cara.

2 **me·ji·llón** [meχiʎón] *s/m* Molusco comestible, con conchas de color negro por fuera y azuladas por dentro.

5 **me·jor** [meχór] I. *adj* 1. *comp* de 'bueno'. Más bueno que otra cosa o persona. 2. Con *art* tiene valor superlativo. 3. (*Ser ~*) Preferible. II. *adv comp* de 'bien'. De manera más buena. LOC **A lo mejor,** quizás.

3 **me·jo·ra** [meχóra] *s/f* Acción o resultado de mejorar.

1 **me·jo·ra·ble** [meχoráβle] *adj* Que puede mejorar.

2 **me·jo·ra·mien·to** [meχoramjénto] *s/m* Acción o resultado de mejorar.

1 **me·jo·ra·na** [meχorána] *s/f* Hierba de hojas blanquecinas, usada como antiespasmódica.

5 **me·jo·rar** [meχorár] I. *tr* 1. Transformar algo para aumentar su calidad o valor. 2. Ganar en la salud. II. *intr* REFL(-se) 1. Tornarse el clima más agradable. 2. Recuperarse alguien de una afección o enfermedad. III. *intr* Lograr una mejor situación económica, social, etc. RPr **Mejorar de/en**.

2 **me·jo·ría** [meχoría] *s/f* Acción o resultado de mejorar.

1 **me·jun·je** [meχúnχe] *s/m* Mezcla poco agradable de varios ingredientes.

3 **me·lan·co·lía** [melankolía] *s/f* Sentimiento de tristeza y abatimiento.

2 **me·lan·có·li·co, -ca** [melankóliko] *adj* Propenso a la melancolía.

1 **me·la·ni·na** [melanína] *s/f* Sustancia oscura en las células, que da color negro a la piel.

1 **me·la·no·ma** [melanóma] *s/m* Tumor cutáneo.

1 **me·la·za** [meláθa] *s/f* Líquido pastoso y dulce, resultante de la fabricación del azúcar.

me·lé [melé] *s/f* Aglomeración desordenada y confusa.

2 **me·le·na** [meléna] *s/f* 1. Conjunto de los cabellos de la cabeza, *esp* si están desordenados. 2. Crin del león.

1 **me·le·nu·do, -da** [melenúðo] *adj* Con cabellos largos.

1 **me·le·ro, -ra** [meléro] I. *s/m,f* Persona que vende miel. II. *adj* Relativo a la miel.

MEN·DRU·GO

1 **me·li·fluo, -flua** [melíflwo] *adj* Afectado, excesivamente amable.

me·li·llen·se [meliʎénse] *adj s/m,f* De Melilla.

1 **me·lin·dre** [melíndre] *s/m* **1.** Dulce de masa de harina frita con miel. **2.** *esp* en *pl* Afectación en el lenguaje o comportamiento.

1 **me·lla** [méʎa] *s/f* Desperfecto o rotura en el filo de un cuchillo, herramienta, etc. LOC **Hacer mella**, afectar.

2 **me·lla·do, -da** [meʎáðo] *adj* Con mellas.

1 **me·llar** [meʎár] *tr* REFL(*-se*) Romper(se) el filo de un arma o una herramienta.

2 **me·lli·zo, -za** [meʎíθo] *adj s/m,f* Cada uno de los hermanos nacidos en el mismo parto.

2 **me·lo·co·tón** [melokotón] *s/m* Fruta del melocotonero, de color amarillento, carne jugosa y hueso en su interior.

1 **me·lo·co·to·ne·ro** [melokotonéro] *s/m* Árbol cuyo fruto es el melocotón.

3 **me·lo·día** [meloðía] *s/f* Sucesión de sonidos agradables al oído.

2 **me·ló·di·co, -ca** [melóðiko] *adj* Relativo a la melodía.

1 **me·lo·dio·so, -sa** [meloðjóso] *adj* Melódico.

2 **me·lo·dra·ma** [meloðráma] *s/m* Drama excesivamente sentimental.

1 **me·lo·dra·má·ti·co, -ca** [meloðramátiko] *adj* Relativo al melodrama.

me·lo·ma·nía [melomanía] *s/f* Afición exagerada por la música.

1 **me·ló·ma·no, -na** [melómano] *adj s/m,f* Que tiene melomanía.

2 **me·lón** [melón] *s/m* Planta de tallos rastreros, o su fruto.

1 **me·lo·nar** [melonár] *s/m* AGR Lugar plantado de melones.

me·lo·pea [melopéa] *s/f* COL Borrachera.

me·lo·si·dad [melosiðáð] *s/f* Cualidad de meloso.

1 **me·lo·so, -sa** [melóso] *adj* **1.** Con las propiedades de la miel. **2.** Dulce, suave y cariñoso.

2 **mem·bra·na** [membrána] *s/f* **1.** Capa delgada de tejido orgánico que separa dos cavidades u órganos. **2.** Lámina delgada, resistente y flexible.

1 **mem·bra·no·so, -sa** [membranóso] *adj* De naturaleza similar a las membranas o formado por ellas.

1 **mem·bre·te** [membréte] *s/m* Encabezamiento con el nombre y dirección, en la parte superior del papel usado en la correspondencia.

1 **mem·bri·llo** [membríʎo] *s/m* Árbol de fruto amarillento y aromático.

1 **me·mez** [meméθ] *s/f* Cualidad de memo, o acción estúpida.

1 **me·mo, -ma** [mémo] *adj s/m,f* Poco inteligente, estúpido.

2 **me·mo·ra·ble** [memoráβle] *adj* Digno de recordarse.

1 **me·mo·rán·dum** [memorándum] *s/m* **1.** Comunicado interno en una organización.

5 **me·mo·ria** [memórja] **I.** *s/f* **1.** Facultad mental de recordar. **2.** Acción de recordar o cosa recordada. **3.** COMP Dispositivo de los ordenadores que almacena y procesa datos de trabajo. **4.** Exposición escrita sobre un tema. **II.** *s/f,pl* Libro de recuerdos y experiencias personales. LOC **A la/En memoria de**, en recuerdo de. **De memoria**, recurriendo solamente a la memoria.

1 **me·mo·rís·ti·co, -ca** [memorístiko] *adj* Que da prioridad al aprendizaje de memoria, no razonado.

1 **me·mo·ri·za·ción** [memoriθaθjón] *s/f* Acción o resultado de memorizar.

2 **me·mo·ri·zar** [memoriθár] *tr* Aprender de memoria.
ORT La *z* cambia a *c* ante *e*: *Memorice*.

1 **me·na** [ména] *s/f* Mineral del que se extrae el metal.

1 **me·na·je** [menáχe] *s/m* Conjunto de los utensilios de la casa, *esp* de cocina.

3 **men·ción** [menθjón] *s/f* Referencia a alguien o algo.

5 **men·cio·nar** [menθjonár] *tr* Hacer referencia a algo o alguien.

1 **men·da** [ménda] *s/m* COL La persona que habla.

men·da·ci·dad [mendaθiðáð] *s/f* Cualidad de mendaz.

1 **men·daz** [mendáθ] *adj* Mentiroso.

1 **men·di·can·te** [mendikánte] *adj* Que vive de la limosna.

1 **men·di·ci·dad** [mendiθiðáð] *s/f* Actividad y condición del mendigo.

2 **men·di·gar** [mendiɣár] *tr intr* **1.** Pedir limosna. **2.** Pedir algo humillándose.
ORT Ante *e* la *g* cambia a *gu*: *Mendigue*.

2 **men·di·go, -ga** [mendíɣo] *s/m,f* Persona que vive de la limosna.

1 **men·dru·go** [mendrúɣo] *s/m* Pedazo de pan duro y seco.

ME·NE·AR

2 **me·ne·ar** [meneár] *tr* Sacudir o agitar.

1 **me·neo** [menéo] *s/m* Acción o resultado de menear.

2 **me·nes·ter** [menestér] *s/m* (Ser) algo necesario.

1 **me·nes·te·ro·so, -sa** [menesteróso] *adj s/m,f* Que carece de parte de lo necesario para vivir.

1 **me·nes·tra** [menéstra] *s/f* Guiso de verduras con jamón o carne.

1 **men·ga·no, -na** [mengáno] *s/m,f* COL Una persona cualquiera.

1 **men·gua** [méngwa] *s/f* Acción o resultado de disminuir o menguar. LOC **Sin mengua,** completo.

1 **men·guan·te** [mengwánte] *adj* En el proceso de disminuir.

1 **men·guar** [mengwár] *intr* Disminuir. ORT Ante *e* la *u* debe llevar diéresis (¨): *Mengüé*.

men·hir [menír] *s/m* HIST Monumento megalítico formado por una gran piedra vertical en el suelo.

me·nin·ge [meníŋxe] *s/f* ANAT Capa delgada que recubre el encéfalo y médula espinal.

1 **me·nín·geo, -ea** [meníŋxeo] *adj* ANAT Relativo a la meninge.

me·nin·gí·ti·co, -ca [meniŋxítiko] *adj s/m,f* MED Relativo a la meningitis. Se aplica *esp* a la persona que ha padecido esta enfermedad y aún sufre alguna secuela. A veces tiene valor DES.

1 **me·nin·gi·tis** [meniŋxítis] *s/f* MED Inflamación de las meninges.

1 **me·nis·co** [menísko] *s/m* Parte cartilaginosa de la rodilla.

2 **me·no·pau·sia** [menopáusja] *s/f* Cese de la menstruación en la mujer.

5 **me·nor** [menór] **I.** *adj* **1.** *comp* de 'pequeño'. Más pequeño. **2.** De intensidad más baja o reducida. **3.** Con menos edad que otro. **II.** *s/m,f* **1.** Persona con menos edad que otra. **2.** *pl* Persona de edad inferior a la requerida para tener capacidad jurídica. LOC **Al por menor,** en cantidades pequeñas.

me·nor·quín, -qui·na [menorkín] *adj s/m,f* De Menorca.

5 **me·nos** [ménos] **I.** *adv* **1.** Más reducido en cantidad o calidad. **2.** Indica exclusión de lo que se expresa: *Llegaron todos, menos su hermano*. **3.** (Con *art*) Indica inferioridad absoluta: *Era el menos interesado en el escándalo*. **II.** *s/m* Signo de restar en operaciones matemáticas. LOC **A menos que,** a no ser que. **Al menos,** como mínimo. **Por lo menos,** como mínimo. **Sus más y sus menos,** ventajas e inconvenientes.

2 **me·nos·ca·bar** [menoskaβár] *tr* Disminuir la totalidad de algo.

1 **me·nos·ca·bo** [menoskáβo] *s/m* Perjuicio o deterioro en algo.

2 **me·nos·pre·ciar** [menospreθjár] *tr* **1.** Valorar en menos de lo que se merece. **2.** Tratar con desprecio.

1 **me·nos·pre·cio** [menospréθjo] *s/m* Acción de menospreciar.

5 **men·sa·je** [mensáχe] *s/m* **1.** Comunicación que una persona dirige a otra. **2.** Texto o imagen, o ambos, que se emiten para hacer propaganda de algo.

1 **men·sa·je·ría** [mensaχería] *s/f* **1.** Empresa dedicada al transporte de correspondencia y paquetes. **2.** Mensajes que se envían o sistema para enviarlos.

2 **men·sa·je·ro, -ra** [mensaχéro] *adj s/m,f* **1.** Que lleva o trae mensajes. **2.** FIG Que anuncia la llegada de algo.

2 **mens·trua·ción** [menstrwaθjón] *s/f* **1.** Acción de menstruar. **2.** Residuos que resultan de ello.

1 **mens·trual** [menstrwál] *adj* Relativo a la menstruación.

1 **mens·truar** [menstrwár] *intr* Expulsar de la matriz, las mujeres y algunas hembras de los mamíferos, el óvulo no fecundado. ORT PRON El acento recae sobre la *u* en la 3ª *p sing* y *pl* del *pres* de *indic* y *subj*: *Menstrúa*.

3 **men·sual** [menswál] *adj* De un mes.

2 **men·sua·li·dad** [menswaliðáð] *s/f* Salario de un mes.

1 **men·su·ra·ble** [mensuráβle] *adj* Que puede medirse.

2 **men·ta** [ménta] *s/f* **1.** Hierbabuena o su esencia. **2.** AMER COL Acción de nombrar o aludir a alguien.

1 **men·ta·do, -da** [mentáðo] *adj* Conocido o famoso.

4 **men·tal** [mentál] *adj* Relativo a la mente.

3 **men·ta·li·dad** [mentaliðáð] *s/f* Creencias y valoración de la realidad.

1 **men·ta·li·za·ción** [mentaliθaθjón] *s/f* Acción de mentalizar.

1 **men·ta·li·zar** [mentaliθár] *tr* REFL(-*se*) Hacer que alguien adquiera un modo de pensar determinado. ORT La *z* cambia a *c* ante *e*: *Mentalice*.

ME·RE·CI·MIEN·TO

[2] **men·tar** [mentár] *tr* Nombrar, aludir.
CONJ *Irreg: Miento, menté, mentaré, mentado.*

[4] **men·te** [ménte] *s/f* **1.** Capacidad humana de pensar. **2.** Disposición mental.

[1] **men·te·ca·to, -ta** [mentekáto] *adj s/m,f* Falto de inteligencia o sensatez.

[1] **men·ti·de·ro** [mentiðéro] *s/m* COL Lugar en que se reúne gente ociosa para charlar.

[3] **men·tir** [mentír] *intr* Decir algo falso para engañar a otros.
CONJ *Irreg: Miento, mentí, mentiré, mentido.*

[4] **men·ti·ra** [mentíra] *s/f* **1.** Acción de mentir. **2.** Cosa falsa.

men·ti·ri·ji·llas (de ~) [mentiriχíʎas] *adv* **1.** LOC COL De mentira. **2.** LOC COL De imitación.

[2] **men·ti·ro·so, -sa** [mentiróso] *adj s/m,f* Que dice mentiras.

[1] **men·tís** [mentís] *s/m* (*Dar un*) Declaración pública para negar algo que se ha dicho.

men·tol [mentól] *s/m* Sustancia aromatizante obtenida de la menta.

men·to·la·do, -da [mentoláðo] *adj* Aromatizado con menta o mentol.

[2] **men·tón** [mentón] *s/m* Barbilla.

[1] **men·tor, -ra** [mentór] *s/m,f* Consejero, guía.

[3] **me·nú** [menú] *s/m* **1.** Lista de platos cocinados que se ofrecen en un restaurante o similar. **2.** COMP Lista de comandos disponibles en una aplicación informática.

[1] **me·nu·de·ar** [menuðeár] **I.** *tr* Hacer algo con frecuencia. **II.** *intr* Producirse algo con frecuencia.

[1] **me·nu·den·cia** [menuðénθja] *s/f* Cosa insignificante.

me·nu·di·llo [menuðíʎo] *s/m,pl* Vísceras de las aves.

[4] **me·nu·do, -da** [menúðo] **I.** *adj* **1.** De tamaño pequeño. **2.** Delgado, pequeño. **II.** *s/m,pl* Entrañas, manos y sangre del cerdo o reses. LOC **A menudo,** de manera habitual. **(¡)Menudo(!),** (seguido de *s*) expresión exclamativa que realza lo que se dice: *¡Menuda sorpresita!*

[2] **me·ñi·que** [meɲíke] *adj s/m* ANAT Se dice del dedo más pequeño de la mano.

[1] **meo·llo** [meóʎo] *s/m* Parte central y más importante de algo.

[1] **me·ón, -o·na** [meón] *adj s/m,f* VULG Que orina mucho.

[1] **me·que·tre·fe** [meketréfe] *s/m* Persona de poco fiar.

[2] **mer·ca·de·ar** [merkaðeár] *intr* Comerciar.

[1] **mer·ca·deo** [merkaðéo] *s/m* Acción o resultado de comerciar.

[2] **mer·ca·der, -ra** [merkaðér] *s/m,f* Comerciante.

[3] **mer·ca·de·ría** [merkaðería] *s/f* Productos con los que se comercia.

[1] **mer·ca·di·llo** [merkaðíʎo] *s/m* Mercado al aire libre, con productos propios de la venta ambulante.

[5] **mer·ca·do** [merkáðo] *s/m* **1.** Lugar en que se compran y venden diversos productos. **2.** Lugar de comercio, que puede referirse a la totalidad de un país o zona. **3.** Actividad de compra, venta e intercambio de productos.

[1] **mer·ca·do·tec·nia** [merkaðotéknja] *s/f* Estrategias y técnicas comerciales, o disciplina que se ocupa de ellas.

[3] **mer·can·cía** [merkanθía] *s/f* Producto de compra o venta.

[2] **mer·can·te** [merkánte] **I.** *adj* Relativo al comercio marítimo. **II.** *s/m* Barco dedicado al transporte de mercancías.

[3] **mer·can·til** [merkantíl] *adj* Relativo al comercio.

[1] **mer·can·ti·lis·mo** [merkantilísmo] *s/m* Espíritu mercantil exagerado, o doctrina que da prioridad a él.

[1] **mer·can·ti·lis·ta** [merkantilísta] *adj s/m,f* Relativo al mercantilismo o seguidor de esta doctrina económica.

[1] **mer·car** [merkár] *tr* REFL(*-se*) COL Comprar. ORT Ante *e* la *c* cambia a *qu: Merqué.*

[4] **mer·ced** [merθéð] *s/f* Gracia o privilegio otorgado. LOC **A merced (de),** dependiendo de la voluntad de alguien. **Merced a,** mediante.

[2] **mer·ce·na·rio, -ia** [merθenárjo] *adj s/m,f* Que se alquila como soldado por dinero.

[1] **mer·ce·ría** [merθería] *s/f* Tienda de artículos de costura.

[3] **mer·cu·rio** [merkúrjo] *s/m,sing* **1.** Metal blanco, brillante y pesado. Símbolo *Hg.* **2.** *may* Planeta más cercano al Sol.

[2] **me·re·ce·dor, -ra** [mereθeðór] *adj* Que merece.

[5] **me·re·cer** [mereθér] *tr* REFL(*-se*) Hacerse digno de algo.
CONJ *Irreg: Merezco, merecí, mereceré, merecido.*

[2] **me·re·ci·do** [mereθíðo] *s/m* Castigo justo y apropiado que alguien recibe por algo malo que ha hecho.

[1] **me·re·ci·mien·to** [mereθimjénto] *s/m* Acción de merecer algo.

2 **me·ren·dar** [merendár] *tr intr* Tomarse la merienda.
CONJ *Irreg: Meriendo, merendé, merendaré, merendado.*

1 **me·ren·de·ro** [merendéro] *s/m* Lugar preparado para merendar.

1 **me·ren·gue** [merénge] *s/m* Dulce con clara de huevo batida a punto de nieve y azúcar.

1 **me·re·triz** [meretríθ] *s/f* Prostituta.
ORT *pl Meretrices.*

2 **me·ri·dia·no, -na** [meriðjáno] I. *adj* 1. Relativo a las horas centrales del día. 2. Muy claro. II. *s/m* Círculo máximo de la esfera celeste, que pasa por los polos.

2 **me·ri·dio·nal** [meriðjonál] *adj s/m,f* Relacionado con el sur.

2 **me·rien·da** [merjénda] *s/f* Comida ligera que se toma por la tarde.

2 **me·ri·no, -na** [meríno] *adj s/m,f* Relativo a una raza de ovejas de lana muy fina.

4 **mé·ri·to** [mérito] *s/m* 1. Cosa que hace que alguien sea digno de recompensa. 2. Valor de algo por alguna cualidad que tiene.

1 **me·ri·to·rio, -ria** [meritórjo] I. *adj* Digno de elogio o recompensa. II. *s/m,f* Quien trabaja sin cobrar, para hacer méritos y lograr un puesto de trabajo.

1 **mer·lu·za** [merlúθa] *s/f* 1. Pez marino de carne apreciada. 2. COL Borrachera.

1 **mer·lu·zo, -za** [merlúθo] *adj s/m,f* DES Estúpido.

1 **mer·ma** [mérma] *s/f* Acción o resultado de mermar.

2 **mer·mar** [mermár] *tr intr* Disminuir.

2 **mer·me·la·da** [mermeláða] *s/f* Dulce de fruta cocida y azúcar.

3 **me·ro, -ra** [méro] I. *adj* (Siempre delante de *s*) Simple, único. II. *s/m* Pez marino de carne muy apreciada.

1 **me·ro·dea·dor, -ra** [meroðeaðór] *adj s/m,f* Que merodea.

2 **me·ro·de·ar** [meroðeár] *intr* Andar por un lugar una y otra vez. RPr **Merodear por.**

5 **mes** [més] *s/m* 1. Cada uno de los doce periodos en que se divide un año. 2. Periodo de treinta días. 3. COL Menstruación, en las mujeres. 4. Salario mensual.

5 **me·sa** [mésa] *s/f* 1. Mueble que consta de una superficie horizontal sobre uno o varios pies. 2. Mueble sobre el cual se come o preparado para comer en él. 3. Grupo de personas que presiden una reunión o acto. LOC **Poner/Servir la mesa,** prepararla con los utensilios para comer en ella. **Presidir la mesa,** ocupar el lugar preferente en ella.

1 **me·sar** [mesár] *tr* REFL(-se) Acariciar(se) o tirar(se) de los pelos del cabello o barba.

1 **me·se·ro, -ra** [meséro] *s/m,f* AMER Camarero.

2 **me·se·ta** [meséta] *s/f* Terreno llano, grande y situado a cierta altura sobre el nivel del mar.

1 **me·siá·ni·co, -ca** [mesjániko] *adj* Relativo al Mesías.

1 **me·sia·nis·mo** [mesjanísmo] *s/m* Creencia en la salvación por parte de un Mesías.

1 **me·sías** [mesías] *s/m* REL Salvador enviado por Dios.

1 **me·so·cra·cia** [mesokráθja] *s/f* Gobierno de la clase media.

2 **me·són** [mesón] *s/m* Hospedería.

1 **me·so·ne·ro, -ra** [mesonéro] *s/m,f* Dueño o encargado de un mesón.

2 **mes·ti·za·je** [mestiθáxe] *s/m* Cruce de razas.

2 **mes·ti·zo, -za** [mestíθo] *adj s/m,f* Se dice de la persona cuyos padres son de razas distintas.

1 **me·su·ra** [mesúra] *s/f* Actitud moderada y equilibrada.

1 **me·su·rar** [mesurár] *tr* Moderar.

3 **me·ta** [méta] *s/f* 1. DEP Línea real o imaginaria que marca el final de una carrera. 2. DEP Portería. 3. FIG Objetivo o fin.

2 **me·ta·bó·li·co, -ca** [metaβóliko] *adj* Relativo al metabolismo.

2 **me·ta·bo·lis·mo** [metaβolísmo] *s/m* Conjunto de cambios biológicos en los seres vivos.

1 **me·ta·bo·li·zar** [metaβoliθár] *tr intr* Transformar mediante metabolismo.
ORT La *z* cambia a *c* ante *e: Metabolice.*

1 **me·ta·car·po** [metakárpo] *s/m* Parte del esqueleto de la mano, entre el carpo y los dedos.

1 **me·ta·cri·la·to** [metakriláto] *s/m* Material plástico transparente, rígido y resistente.

2 **me·ta·fí·si·ca** [metafísika] *s/f* Parte de la filosofía que trata del ser y sus causas.

2 **me·ta·fí·si·co, -ca** [metafisiko] *adj* Relativo a la metafísica.

3 **me·tá·fo·ra** [metáfora] *s/f* Figura retórica que consiste en emplear una palabra con un significado figurado.

2 **me·ta·fó·ri·co, -ca** [metafóriko] *adj* Relativo a la metáfora.

[4] **me·tal** [metál] *s/m* Cuerpo simple que es buen conductor del calor y electricidad, brillante y sólido a temperatura normal.

[4] **me·tá·li·co, -ca** [metáliko] **I.** *adj* Relativo al metal, o que tiene sus propiedades. **II.** *s/m* (con *en*) Dinero en efectivo.

[1] **me·ta·li·zar** [metaliθár] *tr* **1.** Dar propiedades metálicas a algo. **2.** Aplicar una capa de metal.
ORT La *z* cambia a *c* ante *e*: *Metalicé*.

[1] **me·ta·loi·de** [metalóiðe] *s/m* QUÍM Cuerpo simple no metálico.

[1] **me·ta·lur·gia** [metalúrχia] *s/f* Técnica de extracción y elaboración de los metales.

[2] **me·ta·lúr·gi·co, -ca** [metalúrχiko] **I.** *adj* Relativo a la metalurgia. **II.** *s/m* Persona que trabaja en la metalurgia.

[1] **me·ta·mor·fis·mo** [metamorfísmo] *s/m* Transformación natural de una roca o material.

[2] **me·ta·mor·fo·sis** [metamorfósis] *s/f* **1.** Transformaciones durante el desarrollo de un ser vivo. **2.** Cambio en el carácter o la personalidad de alguien.

[1] **me·ta·no** [metáno] *s/m* Gas inflamable e incoloro.

[1] **me·ta·nol** [metanól] *s/m* Alcohol líquido inflamable.

[1] **me·tás·ta·sis** [metástasis] *s/f* MED Reproducción de un tumor en un órgano diferente de aquel en que surgió.

[1] **me·te·du·ra** [meteðúra] *s/f* LOC **Metedura de pata**, dicho o hecho desafortunado.

[1] **me·teó·ri·co, -ca** [meteóriko] *adj* Muy rápido.

[1] **me·teo·ri·to** [meteoríto] *s/m* Masa mineral de origen espacial.

[1] **me·teo·ro** [meteóro] *s/m* Fenómeno atmosférico (lluvia, viento, etc.).

[2] **me·teo·ro·lo·gía** [meteoroloχía] *s/f* Ciencia que estudia los fenómenos naturales.

[2] **me·teo·ro·ló·gi·co, -ca** [meteorolóχiko] *adj* Relativo a la meteorología.

[1] **me·teo·ró·lo·go, -ga** [meteoróloγo] *s/m,f* Profesional de la meteorología.

[5] **me·ter** [metér] **I.** *tr* **1.** Poner o introducir algo dentro de una cosa. **2.** Poner o colocar alguien con autoridad o poder a una persona en un sitio: *El juez la metió en la cárcel*. **3.** Poner algo en un sitio: *Meter agua en el cubo*. **4.** Producir o causar lo que se expresa: *Meter miedo*. **II.** *tr* REFL(*-se*) **1.** Hacer que alguien comprenda algo: *No hay quien te meta matemáticas en la cabeza*. **2.** Tomar parte en un asunto. **3.** (*Meter(se) a*) Empezar a trabajar en un oficio o profesión. **III.** REFL(*-se*) **1.** Ponerse o introducirse algo dentro de una cosa. **2.** Entrar en un lugar determinado. **3.** Entrometerse en algo: *En eso no me meto*. **4.** Ir a parar: *¿Dónde te habías metido?* LOC **Meter mano a alguien**, **1,** tocar a una persona con intenciones sexuales. **2,** actuar (judicialmente) contra alguien.

[1] **me·ti·cu·lo·si·dad** [metikulosiðáð] *s/f* Cualidad de quien es meticuloso.

[2] **me·ti·cu·lo·so, -sa** [metikulóso] *adj* (*Ser* ~) Detallista y minucioso.

[2] **me·ti·da** [metíða] *s/f* Golpe o impulso que se da o se recibe al acometer.

[3] **me·ti·do, -da** [metíðo] *adj* Abundante en algo: *Metido en años*.

[2] **me·tó·di·co, -ca** [metóðiko] *adj* Que actúa sistemática y ordenadamente.

[5] **mé·to·do** [metóðo] *s/f* **1.** Manera sistemática y ordenada de hacer algo. **2.** Conjunto de ejercicios y procedimientos para enseñar o aprender algo.

[3] **me·to·do·lo·gía** [metoðoloχía] *s/f* **1.** Ciencia del método. **2.** Método.

[2] **me·to·do·ló·gi·co, -ca** [metoðolóχiko] *adj* Relativo a la metodología.

[1] **me·tra·lla** [metráʎa] *s/f* Munición fragmentaria y pequeña en los proyectiles de explosión.

[2] **me·tra·lle·ta** [metraʎéta] *s/f* Arma de fuego, ligera y portátil, que dispara sucesiva y automáticamente.

[1] **mé·tri·ca** [métrika] *s/f* Parte de la ciencia literaria que estudia las estructuras rítmicas de los versos.

[2] **mé·tri·co, -ca** [métriko] *adj* Relativo al metro.

[5] **me·tro** [métro] *s/m* **1.** Unidad de longitud del Sistema Métrico Decimal. **2.** Tren subterráneo para el transporte urbano.

[2] **me·tró·po·li(s)** [metrópoli(s)] *s/f* **1.** Gran ciudad. **2.** Capital de un Estado con colonias.

[3] **me·tro·po·li·ta·no, -na** [metropolitáno] **I.** *adj* Relativo a la metrópoli. **II.** *s/m* Tren subterráneo.

[5] **me·xi·ca·no, -na** [meχikáno] *adj s/m,f* De México.
USO La grafía oficial en Méjico es *México*. La pronunciación conserva el valor de *j* para la *x*.

[3] **mez·cla** [méθkla] *s/f* Acción o resultado de mezclar(se).

[1] **mez·cla·dor, -ra** [meθklaðór] *adj* Que mezcla.

[4] **mez·clar** [meθklár] **I.** *tr* REFL(-se) **1.** Unir(se) sustancias. **2.** Colocar o poner juntas personas o cosas. **3.** (Con *en*) Participar en un asunto. **II.** REFL(-se) **1.** Introducirse una persona entre otras. **2.** Entrometerse. RPr **Mezclar con/en/entre**.

[1] **mez·co·lan·za** [meθkolánθa] *s/f* Mezcla confusa.

[1] **mez·quin·dad** [meθkindáð] *s/f* Cualidad de mezquino.

[2] **mez·qui·no, -na** [meθkíno] *adj* **1.** Poco generoso, ruin. **2.** (*cantidad*) Pequeño.

[3] **mez·qui·ta** [meθkíta] *s/f* Templo musulmán.

[5] **mi** [mí] **I.** *s/m* MÚS Tercera nota de la escala musical. **II.** *adj* Forma apocopada de *mío/mía*.

[5] **mí** [mí] *pron pers 1ª p s.* LOC **Para mí (que),** COL en mi opinión. **Por mí,** COL en lo que depende de mí.

[1] **mia·ja** [mjáχa] *s/f* Migaja.

[1] **mias·ma** [mjásma] *s/m* Emanación fétida de la descomposición de sustancias orgánicas.

[1] **miau** [mjáu] *interj* Sonido para imitar la voz del gato.

[1] **mic·ción** [mikθjón] *s/f* Acción o resultado de orinar.

[1] **mi·co, -ca** [míko] **I.** *s/m* Cuadrumano parecido al mono. **II.** *adj* Feo.

[1] **mi·cra** [míkra] *s/f* Milésima parte de un milímetro.

[2] **mi·cro** [míkro] *s/m* **1.** Cosa muy pequeña. **2.** Forma abreviada de palabras con el prefijo 'micro-' (micrófono, microbús). **3.** AMER Autobús pequeño.

[1] **mi·cro·bia·no, -na** [mikroβjáno] *adj* Relativo a los microbios.

[1] **mi·cro·bio** [mikróβjo] *s/m* Ser unicelular microscópico.

[1] **mi·cro·bio·lo·gía** [mikroβjoloχía] *s/f* Parte de la biología que estudia los microbios.

[1] **mi·cro·bio·ló·gi·co, -ca** [mikroβjolóχiko] *adj* Relativo a la microbiología.

[1] **mi·cro·bió·lo·go, -ga** [mikroβjólogo] *s/m,f* Experto en microbiología.

[1] **mi·cro·bús** [mikroβús] *s/m* Autobús pequeño.

[3] **mi·cró·fo·no** [mikrófono] *s/m* Dispositivo que transforma los sonidos en impulsos eléctricos para transmitirlos.

[1] **mi·cro·on·das** [mikroóndas] *s/m* Electrodoméstico que calienta mediante ondas electromagnéticas.

[2] **mi·cro·or·ga·nis·mo** [mikroorγanísmo] *s/m* Organismo muy pequeño.

[2] **mi·cro·pro·ce·sa·dor** [mikroproθesaðór] *s/m* Circuito electrónico con miles de transistores integrados.

[2] **mi·cros·có·pi·co, -ca** [mikroskópiko] *adj* **1.** Relativo al microscopio o que solamente se puede observar a través de él. **2.** Muy pequeño.

[2] **mi·cros·co·pio** [mikroskópjo] *s/m* Aparato óptico para observar lo que no es visible a simple vista.

[5] **mie·do** [mjéðo] *s/m* Sensación de intranquilidad ante un peligro real o imaginario. LOC **De miedo,** COL enfatiza el carácter extraordinario de algo.

[1] **mie·do·so, -sa** [mjeðóso] *adj s/m,f* Que tiene miedo.

[3] **miel** [mjél] *s/f* Sustancia pegajosa y dulce fabricada por las abejas.

miel·go, -ga [mjélγo] *adj* Gemelo.

[5] **miem·bro** [mjémbro] *s/m* **1.** Extremidad del hombre o de los animales, *esp* brazos y piernas. **2.** Persona que forma parte de una organización. **3.** Órgano sexual masculino.

[5] **mien·tras** [mjéntras] **I.** *conj* **1.** Expresa simultaneidad de acciones. **2.** Con tal que. **II.** *adv* Al mismo tiempo que (otra acción).

[4] **miér·co·les** [mjérkoles] *s/m* Tercer día de la semana, que sigue al martes.

[3] **mier·da** [mjérða] *s/f* **1.** Excrementos. **2.** Porquería, suciedad. **3.** Persona o cosa de poca valía. LOC **De mierda,** de poca calidad o valía. **Irse (algo) a la mierda,** estropearse o romperse algo.

[1] **mies** [mjés] *s/f* Cereal maduro para la siega.

[2] **mi·ga** [míγa] **I.** *s/f* **1.** Parte interior y blanda del pan. **2.** Parte central y más importante de algo. **II.** *s/f,pl* Pan desmenuzado o remojado y frito. LOC **Tener miga,** ser muy interesante.

[1] **mi·ga·ja** [miγáχa] *s/f* **1.** Trozo pequeño de algo. **2.** *pl* Desperdicios o sobras.

[2] **mi·gra·ción** [miγraθjón] *s/f* Acción o resultado de migrar.

mi·gra·dor, -ra [miγraðór] *adj* Que migra.

[1] **mi·gra·ña** [miγrána] *s/f* Dolor fuerte de cabeza.

[1] **mi·grar** [miγrár] *intr* Desplazarse alguien desde el lugar en que está asentado a otro para establecerse en él.

[2] **mi·gra·to·rio, -ia** [miγratórjo] *adj* Relativo a la migración.

MI·NAR

[1] **mi·jo** [míχo] *s/m* BOT Planta graminácea de grano comestible, o ese grano.

[5] **mil** [míl] *adj pron s/m* **1.** Diez veces cien. **2.** (*pl*, seguido por *de*) Cantidad indeterminada o muy grande.

[4] **mi·la·gro** [miláɣro] *s/m* **1.** Hecho inexplicable por causas naturales conocidas. **2.** Cosa extraordinaria.

[2] **mi·la·gro·so, -sa** [milaɣróso] *adj* **1.** Que sucede de manera inexplicable. **2.** Sorprendente, que causa admiración.

[1] **mi·la·no** [miláno] *s/m* Ave rapaz de plumaje rojizo.

[2] **mi·le·na·rio, -ia** [milenárjo] **I.** *adj* Que dura miles de años. **II.** *s/m* Milenio.

[3] **mi·le·nio** [milénjo] *s/m* Periodo de mil años.

[1] **mi·lé·si·mo, -ma** [milésimo] *adj s/m,f* **1.** Que está en la posición mil de una serie. **2.** Cada una de las mil partes de un todo.

[2] **mi·li** [míli] *s/f* Servicio militar.

[2] **mi·li·cia** [milíθja] *s/f* **1.** Fuerzas armadas de un país. **2.** Profesión militar.

[2] **mi·li·cia·no, -na** [miliθjáno] **I.** *adj* Relativo a la milicia. **II.** *s/m,f* Miembro de una milicia.

[1] **mi·li·gra·mo** [miliɣrámo] *s/m* Milésima parte de un gramo.

[1] **mi·li·li·tro** [mililítro] *s/m* Milésima parte de un litro.

[1] **mi·li·mé·tri·co, -ca** [milimétriko] *adj* **1.** Relativo al milímetro. **2.** Exacto.

[2] **mi·lí·me·tro** [milímetro] *s/m* Milésima parte de un metro.

[2] **mi·li·tan·cia** [militánθja] *s/f* **1.** Participación activa en una asociación o partido. **2.** Conjunto de los miembros de una asociación o partido político.

[3] **mi·li·tan·te** [militánte] *adj s/m,f* Que milita.

[5] **mi·li·tar** [militár] **I.** *adj* MIL Relativo al ejército o a la milicia. **II.** *s/m,f* Profesional de la milicia. **III.** *intr* Participar activamente en una asociación o partido político. RPr **Militar en**.

[1] **mi·li·ta·ris·mo** [militarísmo] *s/m* Influencia del ejército en el gobierno de un Estado.

[1] **mi·li·ta·ris·ta** [militarísta] *adj s/m,f* Relativo al militarismo o partidario de él.

[2] **mi·li·ta·ri·za·ción** [militariθaθjón] *s/f* Acción o resultado de militarizar.

[1] **mi·li·ta·ri·zar** [militariθár] *tr* Introducir la disciplina y organización militar.
ORT La *z* cambia a *c* ante *e*: *Militarice*.

[2] **mi·lla** [míʎa] *s/f* **1.** Unidad de medida marina (1.852 m). **2.** Unidad de medida terrestre (1.609 m).

[3] **mi·llar** [miʎár] *s/m* Conjunto de mil unidades.

[5] **mi·llón** [miʎón] *s/m* **1.** Mil grupos de mil unidades. **2.** Gran cantidad.

[1] **mi·llo·na·da** [miʎonáða] *s/f* Cantidad elevada de dinero.

[3] **mi·llo·na·rio, -ia** [miʎonárjo] *adj s/m,f* Que tiene muchos millones.

[1] **mi·lon·ga** [milónga] *s/f* **Cantar/Contar/Venir con milongas,** FIG contar mentiras.

[2] **mi·mar** [mimár] *tr* Tratar con mucha consideración y cuidado.

[2] **mim·bre** [mímbre] *s/m,f* Rama fina y flexible de la mimbrera.

mim·bre·ar [mimbreár] *intr* REFL(*-se*) FIG Mover(se) o doblar(se) con flexibilidad.

mim·bre·ra [mimbréra] *s/f* BOT Arbusto con ramas largas, delgadas y flexibles.

[1] **mi·mé·ti·co, -ca** [mimétiko] *adj* Relativo al mimetismo.

[1] **mi·me·tis·mo** [mimetísmo] *s/m* **1.** Propiedad de algunos animales y plantas para adaptarse en forma y color al entorno. **2.** Tendencia a imitar.

[1] **mí·mi·ca** [mímika] *s/f* Arte de imitar mediante gestos y movimientos corporales.

[2] **mi·mo** [mímo] *s/m* **1.** Mímica. **2.** (*Gen* en *pl*) Gesto de cariño o ternura. **3.** (*Gen* en *p*) Exceso de caprichos y atenciones. **4.** COL Trato cuidadoso.

[1] **mi·mo·sa** [mimósa] *s/f* Planta de flores amarillas.

[1] **mi·mo·so, -sa** [mimóso] *adj* Que gusta de ser tratada con mimos.

[3] **mi·na** [mína] *s/f* **1.** Yacimiento mineral. **2.** Fuente de agua que brota naturalmente en un lugar. **3.** Artefacto explosivo que se esconde en tierra o se sumerge en el mar. **4.** Barra fina de grafito en la parte central de un lápiz. **5.** FIG Cosa o persona de las que se puede sacar mucho beneficio. **6.** AMER COL Mujer.

[1] **mi·na·do** [mináðo] *s/m* Acción o resultado de minar.

mi·na·dor, -ra [minaðór] *adj s/m,f* Que mina.

[2] **mi·nar** [minár] *tr* **1.** Excavar un terreno para extraer mineral. **2.** Colocar minas explosivas en tierra o en el mar. **3.** Debilitar.

MI·NA·RE·TE

[1] **mi·na·re·te** [minaréte] *s/m* Torre de la mezquita a la que sube el almuédano para llamar a los musulmanes a la oración.

[4] **mi·ne·ral** [minerál] *adj s/m* Sustancia natural no orgánica.

[1] **mi·ne·ra·li·zar** [mineraliθár] *tr* Dar a una sustancia propiedades minerales.
ORT La *z* cambia a *c* ante *e*: *Mineralice*.

[1] **mi·ne·ra·lo·gía** [mineraloχía] *s/f* Ciencia de los minerales.

[2] **mi·ne·ría** [minería] *s/f* 1. Técnica de extracción de minerales. 2. Instalaciones mineras.

[3] **mi·ne·ro, -ra** [minéro] I. *adj* Relativo a la minería o mina. II. *s/m,f* Oficio de quien trabaja en la mina.

[2] **mi·nia·tu·ra** [minjatúra] *s/f* 1. Pintura artística o decorativa, en tamaño muy reducido. 2. Reproducción de algo en tamaño reducido.

[1] **mi·nia·tu·ris·ta** [minjaturísta] *s/m,f* Especialista en pintar o reproducir miniaturas.

[1] **mi·nia·tu·ri·za·ción** [minjaturiθaθjón] *s/f* Acción o resultado de miniaturizar.

mi·nia·tu·ri·zar [minjaturiθár] *tr* TÉC Reducir a un tamaño muy pequeño.
ORT La *z* cambia a *c* ante *e*: *Miniaturice*.

mi·ni·bar [minibár] *s/m* Frigorífico pequeño que suele haber en las habitaciones de los hoteles.

mi·ni·ca·de·na [minikaðéna] *s/f* Equipo de música de dimensiones reducidas.

[2] **mi·ni·fal·da** [minifálda] *s/f* Falda femenina corta o muy corta.

[1] **mi·ni·fal·de·ro, -ra** [minifaldéro] *adj* Relativo a la minifalda, a quien la lleva o a quien es aficionada a llevarla.

[1] **mi·ni·fun·dio** [minifúndjo] *s/m* Unidad de explotación agraria de pequeño tamaño.

[1] **mi·ni·fun·dis·mo** [minifundísmo] *s/m* Sistema de explotación agrícola basado en el minifundio.

[2] **mi·ni·mi·zar** [minimiθár] *tr* 1. Quitar importancia a algo. 2. Reducir el tamaño del recuadro de una aplicación informática.
ORT Ante *e* la *z* cambia a *c*: *Minimicé*.

[5] **mí·ni·mo, -ma** [mínimo] I. *adj* 1. Que es lo más pequeño de su clase o especie. 2. Muy pequeño. 3. Límite o tope inferior. II. *s/m* Límite o valor más pequeño de una cosa: *Ofrecen el mínimo de superficie*. LOC **A la mínima**, con el menor pretexto. **Al mínimo**, en el nivel más bajo de todos. **Como mínimo, 1,** como límite más bajo. **2,** por lo menos.

[1] **mi·nio** [mínjo] *s/m* Óxido de plomo, de color rojo, usado contra la oxidación.

[2] **mi·nis·te·rial** [ministerjál] *adj* Relativo al ministerio o al ministro.

[5] **mi·nis·te·rio** [ministérjo] *s/m* 1. Cada uno de los departamentos encargados de la Administración del Estado. 2. Edificio en el que se instalan sus oficinas. 3. Cargo o función.

mi·nis·tra·ble [ministráβle] *adj* Que puede ser nombrado ministro.

[5] **mi·nis·tro, -tra** [minístro] *s/m,f* Persona al cargo de un ministerio.

[1] **mi·no·rar** [minorár] *tr* REFL(-se) Disminuir, reducir a menos.

[3] **mi·no·ría** [minoría] *s/f* 1. Parte menor de las partes o miembros de un conjunto. 2. Condición del menor de edad.

[2] **mi·no·ris·ta** [minorísta] *adj* 1. COM Comerciante de productos en cantidades pequeñas. 2. Relativo al comercio al por menor.

[2] **mi·no·ri·ta·rio, -ia** [minoritárjo] *adj* Relativo a la minoría.

[1] **mi·nu·cia** [minúθja] *s/f* Cosa sin importancia o valor.

[1] **mi·nu·cio·si·dad** [minuθjosiðáð] *s/f* Cualidad de minucioso.

[2] **mi·nu·cio·so, -sa** [minuθjóso] *adj* Que presta atención a los detalles.

[3] **mi·nús·cu·lo, -la** [minúskulo] *adj* Muy pequeño.

[1] **mi·nus·va·lía** [minusβalía] *s/f* 1. Reducción o disminución del valor de algo. 2. Incapacidad física o mental.

[2] **mi·nus·vá·li·do, -da** [minusβáliðo] *adj s/m,f* Que padece una minusvalía (2).

[1] **mi·nus·va·lo·rar** [minusβalorár] *tr* Estimar o valorar por debajo de lo que se merece.

[1] **mi·nu·ta** [minúta] *s/f* 1. Honorarios que cobra un abogado, notario, etc., por sus servicios. 2. Borrador de un documento. 3. Menú.

mi·nu·te·ro [minutéro] *s/m* Aguja que marca los minutos en un reloj.

[5] **mi·nu·to** [minúto] *s/m* Cada una de las sesenta partes en que se divide una hora.

[5] **mío, -ía** [mío] *adj pron pos 1ª p s* Expresa posesión. LOC **Los míos**, personas que pertenecen al grupo familiar.

[1] **mio·car·dio** [mjokárðjo] *s/m* Parte muscular del corazón.

[1] **mio·pe** [mjópe] *adj s/m,f* Que padece miopía.

MÍ·TI·CO

[1] **mio·pí·a** [mjopía] *s/f* **1.** Visión defectuosa de los objetos lejanos. **2.** Cortedad mental.

[5] **mi·ra** [míra] *s/f* **1.** Dispositivo para fijar la vista hacia un punto determinado o al apuntar. **2.** (*frec* en *pl*) Objetivo o fin que se pretende. LOC **Con miras a**, con el propósito de.

[4] **mi·ra·da** [miráða] *s/f* Acción o resultado de mirar.

[4] **mi·ra·do, -da** [miráðo] *adj* **1.** Respetuoso, prudente. **2.** (*Estar bien/mal ~*) Ser o no bien considerado.

[2] **mi·ra·dor, -ra** [miraðór] *s/m* **1.** Lugar desde el que se contempla un paisaje. **2.** Balcón, cerrado o no con cristales.

[1] **mi·ra·mien·to** [miramjénto] *s/m* Respeto o consideración hacia los demás.

[5] **mi·rar** [mirár] I. *tr* **1.** Dirigir la vista hacia algo o alguien y fijarla en ello. **2.** Examinar con detenimiento. **3.** FIG Estar algo orientado en una dirección. **4.** Consultar algo, *gen* en un libro. **5.** Informarse de algo. **6.** Tener cuidado. II. *intr* **1.** (Con *por*) Cuidar de algo o alguien: *Mira por tus padres.* **2.** (Con *para*) Dirigir la vista hacia un lugar.

[1] **mi·ría·da** [miríaða] *s/f* Cantidad muy numerosa de algo.

[1] **mi·ri·lla** [miríʎa] *s/f* **1.** Pequeña abertura en la puerta de una casa para ver quién llama. **2.** Abertura muy pequeña en un instrumento.

[1] **mir·lo** [mírlo] *s/m* Pájaro de color pardo o negro, y de pico amarillo. LOC **Ser un mirlo blanco**, ser algo excepcional.

[1] **mi·rón, -ro·na** [mirón] *adj s/m,f* Que mira de manera impertinente.

[1] **mi·rra** [mírra] *s/f* Gomorresina roja, aromática.

[3] **mi·sa** [mísa] *s/f* REL Ceremonia más importante de la liturgia cristiana. LOC **No saber de la misa la media**, ignorar algo por completo.

[1] **mi·sal** [misál] *s/m* REL Libro con las oraciones de la misa.

mi·san·tro·pí·a [misantropía] *s/f* Cualidad de misántropo.

[1] **mi·sán·tro·po, -pa** [misántropo] *s/m,f* Persona que no se relaciona con los demás.

[1] **mis·ce·lá·nea** [misθelánea] *s/f* **1.** Mezcla de cosas diferentes. **2.** Publicación con artículos o escritos sobre temas diversos.

[3] **mi·se·ra·ble** [miseráβle] *adj* **1.** Que carece de lo necesario para vivir. **2.** Insuficiente, escaso: *Una pensión miserable.* **3.** Mezquino.

[4] **mi·se·ria** [misérja] *s/f* **1.** Condición de miserable. **2.** Tacañería.

[2] **mi·se·ri·cor·dia** [miserikórðja] *s/f* Sentimiento de compasión hacia las penas o miserias ajenas.

[1] **mi·se·ri·cor·dio·so, -sa** [miserikorðjóso] *adj* Que siente misericordia.

[2] **mí·se·ro** [mísero] *adj* Miserable.

[3] **mi·sil** [misíl] *s/m* Proyectil autopropulsado.

[4] **mi·sión** [misjón] *s/m* **1.** Encargo, cometido. **2.** Expedición de personas que deben llevar a cabo un trabajo. **3.** Acción evangelizadora de los religiosos.

[2] **mi·sio·ne·ro, -ra** [misjonéro] I. *adj* Relativo a las misiones religiosas. II. *adj s/m,f* Evangelizador.

[1] **mi·si·va** [misíβa] *s/f* Mensaje escrito.

[5] **mis·mo, -ma** [mísmo] I. *adj* **1.** Idéntico a sí mismo. **2.** Igual. II. *pron pers* 3ª *p s/m* Tiene valor identificativo. LOC **Estar en/las mismas**, no progresar.

[1] **mi·so·gi·nia** [misoχínja] *s/f* Cualidad de misógino.

[1] **mi·só·gi·no, -na** [misóχino] *adj s/m,f* Que odia o rechaza a las mujeres y lo que les es propio.

[2] **miss** [mís] *s/f* ANGL Señorita ganadora en un concurso de belleza.

mis·te·la [mistéla] *s/f* Bebida de mosto de uva sin fermentar y alcohol.

[4] **mis·te·rio** [mistérjo] *s/m* **1.** Cosa incomprensible para la mente humana. **2.** Cada paso de la vida, pasión y muerte de Jesucristo.

[4] **mis·te·rio·so, -sa** [misterjóso] *adj* Que encierra misterio o que actúa de forma enigmática.

[3] **mís·ti·co, -ca** [místiko] I. *adj* **1.** Que entra en contacto con la divinidad mediante la contemplación y el perfeccionamiento de su espíritu. **2.** Relativo a la mística. II. *s/f* Parte de la teología que trata de la vida espiritual o contemplativa.

[1] **mis·ti·fi·ca·ción** [mistifikaθjón] *s/f* Acción o resultado de mistificar.

mis·ti·fi·car [mistifikár] *tr* Falsificar, falsear.

ORT Ante *e* la *c* cambia a *qu*: *Mistifique.*

[5] **mi·tad** [mitáð] *s/f* **1.** Cada una de las dos partes iguales en que se divide un todo. **2.** Punto central de algo.

[3] **mí·ti·co, -ca** [mítiko] *adj* Relativo a la mitología o al mito.

395

MI·TI·FI·CA·CIÓN

[1] **mi·ti·fi·ca·ción** [mitifikaθjón] *s/f* Acción o resultado de mitificar.

[1] **mi·ti·fi·car** [mitifikár] *tr* Convertir en mito. ORT Ante *e* la *c* cambia a *qu: Mitifique*.

[1] **mi·ti·ga·ción** [mitiɣaθjón] *s/f* Acción o resultado de mitigar(se).

[2] **mi·ti·gar** [mitiɣár] *tr* REFL(-*se*) Reducir(se) o disminuir la intensidad o rigor de algo. ORT Ante *e* la *g* cambia a *gu: Mitigue*.

[2] **mi·tin** [mítin] *s/m* Acto público en que se pronuncian discursos de tipo político.

mi·ti·ne·ro, -ra [mitinéro] *adj* Relativo al mitin o que habla como si estuviera en un mitin.

[4] **mi·to** [míto] *s/m* 1. Relato fabuloso. 2. Cosa fantástica o irreal. 3. Persona o cosa idealizada.

[2] **mi·to·lo·gía** [mitoloχía] *s/f* Conjunto de mitos de un pueblo, o su historia.

[2] **mi·to·ló·gi·co, -ca** [mitolóχiko] *adj* Relativo a la mitología.

[1] **mi·tra** [mítra] *s/f* 1. Gorro alto, acabado en punta, que usan los obispos y otras autoridades eclesiásticas en actos solemnes.

[3] **mix·to, -ta** [mí(k)sto] I. *adj* Formado por elementos diferentes. II. *s/m* Cerilla.

[1] **mix·tu·ra** [mi(k)stúra] *s/f* Mezcla.

mne·mo·tec·nia [nemotéknja] *s/f* Arte de aumentar la capacidad de retención de la memoria.

[1] **mne·mo·téc·ni·co, -ca** [nemotékniko] *adj* Que ayuda a memorizar.

[3] **mo·bi·lia·rio** [moβiljárjo] *s/m* Conjunto de muebles de una habitación, casa o edificio.

[1] **mo·ca** [móka] *s/f* Variedad de café.

mo·cá·ra·be [mokáraβe] *s/m* Adorno arquitectónico en bóvedas y cornisas.

[1] **mo·ca·sín** [mokasín] *s/m* Calzado de piel, muy flexible.

[1] **mo·ce·dad** [moθeðáð] *s/f* 1. Periodo entre la adolescencia y la edad adulta. 2. Conjunto de personas jóvenes.

[1] **mo·ce·tón, -to·na** [moθetón] *s/m,f* Persona joven y robusta.

mo·che [mótʃe] LOC (*A troche y ~*) sin orden, cuidado o medida.

[2] **mo·chi·la** [motʃila] *s/f* Bolsa resistente que se lleva a la espalda para transportar cosas.

[1] **mo·cho, -cha** [mótʃo] I. *adj* Sin punta. II. *s/m* Extremo de un objeto o herramienta que no tiene punta y es grueso.

[1] **mo·chue·lo** [motʃwélo] *s/m* Ave rapaz nocturna. LOC **Cargar con/Caerle/Colgarle (a alguien) el mochuelo**, cargar alguien con la culpa o tener que resolver algo difícil.

[2] **mo·ción** [moθjón] *s/f* 1. Propuesta ante una asamblea para que se discuta o se delibere sobre algo. 2. Acción o resultado de mover(se).

[1] **mo·co** [móko] *s/m* Sustancia pegajosa y espesa que segregan ciertas membranas mucosas, *esp* en la nariz. LOC **No ser (algo) moco de pavo**, ser algo muy valioso.

[1] **mo·co·so, -sa** [mokóso] I. *adj* Que tiene mucho moco. II. *adj s/m,f* Niño o jovencito atrevido e impertinente.

[5] **mo·da** [móða] *s/f* Costumbres y usos predominantes en un momento o periodo histórico.

[2] **mo·dal** [moðál] I. *adj* Relativo al modo. II. *s/m,pl* Manera de comportarse alguien.

[4] **mo·da·li·dad** [moðaliðáð] *s/f* Manera de ser o de manifestarse.

mo·de·la·ble [moðeláβle] *adj* Que se puede modelar.

[2] **mo·de·la·do, -da** [moðeláðo] *s/m* Acción o resultado de modelar.

[5] **mo·de·lar** [moðelár] *tr* Dar forma o configurar con barro u otro material plástico.

[1] **mo·dé·li·co, -ca** [moðéliko] *adj* Que es modelo de algo.

[5] **mo·de·lo** [moðélo] I. *s/m* 1. Cosa o persona que se imita o sirve de ejemplo. 2. Representación de algo en pequeño. II. *s/m,f* Persona que viste ropa para exhibirla.

[2] **mo·dem, mó·dem** [móðem] *s/m* Dispositivo para conectar ordenadores entre sí.

[2] **mo·de·ra·ción** [moðeraθjón] *s/f* Sensatez.

[1] **mo·de·ra·dor, -ra** [moðeraðór] *s/m,f* Persona que modera un debate.

[3] **mo·de·rar** [moðerár] *tr* REFL(-*se*) 1. Reducir o disminuir la potencia, intensidad, etc., de algo. 2. Ser alguien sensato.

[3] **mo·der·ni·dad** [moðerniðáð] *s/f* Cualidad de moderno.

[2] **mo·der·nis·mo** [moðernísmo] *s/m* 1. Usos o tendencias modernas. 2. Movimiento de renovación artística, *esp* literaria, entre 1880 y 1920.

[2] **mo·der·nis·ta** [moðernísta] *adj s/m,f* Que es seguidor del modernismo, o relativo a este movimiento.

[3] **mo·der·ni·za·ción** [moðerniθaθjón] *s/f* Acción o resultado de modernizar(se).

MOL·DE·AR

[1] **mo·der·ni·za·dor, -ra** [moðerniθaðór] *adj* Que moderniza o puede hacerlo.

[1] **mo·der·ni·zan·te** [moðerniθánte] *adj* Que moderniza o puede hacerlo.

[2] **mo·der·ni·zar** [moðerniθár] *tr REFL(-se)* Hacer que algo sea o aparezca moderno. ORT Ante *e* la *c* cambia a *z*: *Modernice*.

[5] **mo·der·no, -na** [moðérno] *adj* **1.** Actual, reciente. **2.** Que se refiere al presente.

[2] **mo·des·tia** [moðéstja] *s/f* **1.** Cualidad de modesto. **2.** Escasez de medios o recursos.

[3] **mo·des·to, -ta** [moðésto] *adj* **1.** Humilde y sencillo. **2.** Escaso de medios o recursos.

[1] **mó·di·co, -ca** [móðiko] *adj* Reducido o limitado.

[1] **mo·di·fi·ca·ble** [moðifikáβle] *adj* Que se puede modificar.

[4] **mo·di·fi·ca·ción** [moðifikaθjón] *s/f* Acción o resultado de modificar.

[4] **mo·di·fi·car** [moðifikár] *tr REFL(-se)* Cambiar algo. ORT Ante *e* la *c* cambia a *qu*: *Modifique*.

[1] **mo·dis·mo** [moðísmo] *s/m* Expresión fija del lenguaje.

[2] **mo·dis·ta** [moðísta] *s/m,f* Experto en hacer prendas de vestir.

[2] **mo·dis·to** [moðísto] *s/m* Modista, *esp* el creador de moda.

[5] **mo·do** [móðo] **I.** *s/m* **1.** Manera de ser. **2.** Cada forma verbal en que se manifiesta la acción del verbo. **II.** *s/m,pl* Manera de comportarse alguien. LOC **A modo de,** como. **De ningún modo,** en absoluto. **De todos (los) modos,** en cualquier caso. **En modo alguno,** (en frases negativas) de ningún modo.

[1] **mo·do·rra** [moðórra] *s/f* Somnolencia pesada.

mo·do·si·dad [moðosiðáð] *s/f* Cualidad de modoso.

[1] **mo·do·so, -sa** [moðóso] *adj* Educado y cortés.

[2] **mo·du·la·ción** [moðulaθjón] *s/f* Acción o resultado de modular.

[1] **mo·du·la·dor, -ra** [moðulaðór] *adj* Que modula.

[2] **mo·du·lar** [moðulár] **I.** *tr* **1.** Cambiar el tono de la voz de manera armónica mientras se habla o se canta. **2.** ELECTR Modificar la frecuencia o fase de una onda eléctrica. **II.** *adj* Relativo al módulo.

[3] **mó·du·lo** [móðulo] *s/m* **1.** Cada una de las partes en que se estructura un conjunto. **2.** Pieza tipo que se reproduce en construcciones prefabricadas. **3.** Nave espacial dependiente de otra mayor.

[1] **mo·fa** [mófa] *s/f* Burla.

[1] **mo·far** [mofár] *intr REFL(-se)* Burlarse de algo o de alguien. RPr **Mofarse de.**

[1] **mo·fe·ta** [moféta] *s/f* Mamífero carnicero parecido a la comadreja, caracterizado por el mal olor que puede despedir.

[1] **mo·fle·te** [mofléte] *s/m* Mejilla carnosa y abultada.

[1] **mo·fle·tu·do, -da** [mofletúðo] *adj s/m,f* Con mofletes.

[2] **mo·go·llón** [moɣoʎón] **I.** *s/m* **1.** Gran cantidad. **2.** Situación de confusión o desorden. **II.** *adv* Mucho.

[1] **mo·hín** [moín] *s/m* Gesto facial de disgusto o enfado.

[1] **mo·hí·no, -na** [moíno] *adj* Disgustado.

[1] **mo·ho** [móo] *s/m* Hongo muy pequeño que crece sobre los cuerpos orgánicos en descomposición.

[1] **mo·ho·so, -sa** [moóso] *adj* Con moho.

[3] **moi·sés** [moisés] *s/m* Pequeño cesto, usado como cuna para bebés.

mo·ja·du·ra [moxaðúra] *s/f* Acción o resultado de mojar(se).

mo·ja·ma [moxáma] *s/f* Carne seca y curada de atún.

[3] **mo·jar** [moxár] **I.** *tr REFL(-se)* **1.** Quedar un líquido adherido a un cuerpo o penetrar en él, humedeciéndolo. **2.** Empapar pan en salsa. **3.** Orinarse involuntariamente. **II.** *intr REFL(-se)* COL Comprometerse en algo con riesgo. RPr **Mojar en.**

mo·je [móxe] *s/m* Salsa para mojar pan.

mo·ji·ga·te·ría [moxiɣatería] *s/f* Cualidad de mojigato.

[1] **mo·ji·ga·to, -ta** [moxiɣáto] *adj s/m,f* Persona excesivamente piadosa o que se escandaliza por todo.

[1] **mo·jón** [moxón] *s/m* Señal para indicar los límites de fincas o propiedades.

[2] **mo·lar** [molár] **I.** *adj* Se dice de la muela. **II.** *s/m* Muela. **III.** *intr* COL Gustar mucho una cosa.

[2] **mol·de** [mólde] *s/m* Pieza hueca por dentro, con la forma de algo que se desea crear.

[1] **mol·dea·ble** [moldeáβle] *adj* Que se puede moldear. Aplicado a una persona, que es fácilmente manipulable.

[1] **mol·dea·do** [moldeáðo] *s/m* Acción o resultado de moldear.

[2] **mol·de·ar** [moldeár] *tr* **1.** Dar forma mediante un molde. **2.** Peinar el cabello dándole forma.

[1] **mol·du·ra** [moldúra] *s/f* **1.** ARQ Adorno arquitectónico en fachadas e interiores. **2.** Listón de madera para tapar juntas en puertas o ventanas. **3.** Marco de un cuadro.

[1] **mol·du·rar** [moldurár] *tr* ARQ Hacer molduras en algo.

[2] **mo·le** [móle] **I.** *s/f* Cuerpo macizo y muy grande. **II.** *s/m* MEX Tipo de salsa.

[4] **mo·lé·cu·la** [molékula] *s/f* Conjunto de átomos que caracterizan cada elemento químico.

[2] **mo·le·cu·lar** [molekulár] *adj* Relativo a la molécula.

[3] **mo·ler** [molér] *tr* **1.** Reducir a partes muy pequeñas o a polvo. **2.** Cansar o dejar maltrecho.
CONJ *Irreg: Muelo, molí, moleré, molido.*

[4] **mo·les·tar** [molestár] **I.** *tr* Hacer que una persona se enfade. **II.** REFL(*-se*) **1.** (Con *en*) Esforzarse alguien en hacer algo. **2.** (Con *por*) Ofenderse. RPr **Molestarse en/por.**

[3] **mo·les·tia** [moléstja] *s/f* **1.** Enfado o contrariedad. **2.** Cosa que molesta. **3.** Dolor o sufrimiento ligero.

[3] **mo·les·to, -ta** [molésto] *adj* **1.** Que provoca enfado o contrariedad. **2.** (*Estar ~*) Ofendido.

[1] **mo·li·cie** [molíθje] *s/f* Cualidad de suave, muelle o blando.

[1] **mo·lien·da** [moljénda] *s/f* Acción o resultado de moler.

mo·lien·te [moljénte] *adj s/m,f* Que muele. LOC **Corriente y moliente,** muy común y normal.

[1] **mo·li·ne·ro, -ra** [molinéro] *s/m,f* Persona que trabaja en un molino.

[1] **mo·li·ni·llo** [moliníʎo] *s/m* Aparato para moler.

[4] **mo·li·no** [molíno] *s/m* **1.** Máquina para moler, laminar o machacar algo. **2.** Instalación donde se muele.

[1] **mo·lla** [móʎa] *s/f* **1.** Parte carnosa o blanda del cuerpo. **2.** Acumulación de grasa en una parte del cuerpo. **3.** Miga del pan.

[1] **mo·lle·ja** [moʎéxa] *s/f* Estómago de las aves.

[1] **mo·lle·ra** [moʎéra] *s/f* **1.** Parte superior del cráneo. **2.** COL Talento. LOC **Meter en la mollera,** FIG hacer que alguien comprenda algo.

[1] **mo·lo·tov** [molotóf] *s/m* **Cóctel molotov,** LOC bomba de fabricación casera.

mol·tu·rar [molturár] *tr* Moler.

[1] **mo·lus·co** [molúsko] *s/m* Animal de cuerpo blando, protegido con una concha calcárea.

[2] **mo·men·tá·neo, -ea** [momentáneo] *adj* Que dura o se hace en pocos momentos.

[5] **mo·men·to** [moménto] *s/m* **1.** Periodo de tiempo muy breve. **2.** Oportunidad, ocasión. LOC **Al momento,** de manera inmediata. **De/Por el momento,** en el presente.

[1] **mo·mia** [mómja] *s/f* Cadáver disecado.

[1] **mo·mi·fi·ca·ción** [momifikaθjón] *s/f* Acción o resultado de momificar(se).

[1] **mo·mi·fi·car** [momifikár] *tr* REFL(*-se*) Convertir un cadáver en momia.
ORT La *c* cambia a *qu* ante *e: Momifique.*

[2] **mo·na** [móna] *s/f* **1.** Hembra del mono. **2.** COL (*Agarrar/Coger una ~*) Borrachera.

[1] **mo·na·cal** [monakál] *adj* Relativo a los monjes y monjas.

[1] **mo·na·da** [monáða] *s/f* **1.** Gesto o mueca propios de un mono. **2.** Cosa bonita o graciosa, *esp* si se trata de niños.

[2] **mo·na·gui·llo** [monaɣíʎo] *s/m* Niño que ayuda en la misa.

[3] **mo·nar·ca** [monárka] *s/m* Soberano de un país.

[4] **mo·nar·quía** [monarkía] *s/f* Sistema de gobierno en que un rey ejerce la autoridad suprema.

[3] **mo·nár·qui·co, -ca** [monárkiko] *adj s/m,f* Relativo al monarca o a la monarquía, o partidario de ella.

[3] **mo·nas·te·rio** [monastérjo] *s/m* Convento bajo la autoridad de un abad, prior o superior.

[1] **mo·nás·ti·co, -ca** [monástiko] *adj* Relativo a los monjes o al monasterio.

[1] **mon·da** [mónda] *s/f* **1.** Acción de mondar. **2.** Época en que se podan los árboles o se recogen ciertos frutos: *La monda del azafrán.* LOC **Ser la monda,** ser muy divertido.

mon·da·dien·tes [mondaðjéntes] *s/m* Palillo para limpiar los restos de comida que quedan entre los dientes.

[2] **mon·dar** [mondár] *tr* **1.** Quitar la piel o cáscara de un fruto. **2.** Limpiar el cauce de un río o canal.

[1] **mon·do, -da** [móndo] *adj* LOC **Mondo y lirondo,** limpio de cosas, sin adornos.

[1] **mon·don·go** [mondóngo] *s/m* Intestinos del cerdo o de las reses.

[4] **mo·ne·da** [monéða] *s/f* **1.** Pieza metálica redondeada, que se usa como medida del valor de algo, o en la compra o venta de las cosas. **2.** Unidad monetaria de un Estado.

[1] **mo·ne·de·ro** [moneðéro] **I.** *s/m* Bolsita

pequeña para las monedas. **II.** *adj* AMER Que funciona con monedas.

mo·ne·ría [monería] *s/f* Monada.

④ **mo·ne·ta·rio**, **-ia** [monetárjo] *adj* Relativo a la moneda.

① **mon·gol**, **-la** [mongól] *adj s/m,f* De Mongolia.

① **mon·gó·li·co**, **-ca** [mongóliko] *adj* 1. Mongol. 2. MED Que padece mongolismo.

mon·go·lis·mo [mongolísmo] *s/m* Alteración congénita de un cromosoma, que implica retraso mental.

① **mo·ni·go·te** [moniγóte] *s/m* 1. Persona despreciable. 2. FIG Figura grotesca. 3. Dibujo mal hecho.

② **mo·ni·tor**, **-ra** [monitór] **I.** *s/m,f* Persona que coordina o dirige una actividad. **II.** *s/m,f* 1. Receptor de imágenes emitidas por estaciones de televisión. 2. Unidad periférica de un ordenador para visualizar los datos.

① **mo·ni·to·ri·zar** [monitoriθár] *tr* Supervisar o controlar el desarrollo de algo.

ORT Ante e la z cambia a c: *Monitorice*.

③ **mon·ja** [mónχa] *s/f* Religiosa de una comunidad.

③ **mon·je** [mónχe] *s/m* Religioso que vive en comunidad en un monasterio.

① **mon·jil** [monχíl] *adj* Relativo a las monjas.

③ **mo·no**, **-na** [móno] **I.** *s/m,f* Mamífero primate cuadrumano, *esp* los de tamaño mediano o grande. **II.** *s/m* Prenda de vestir de una pieza. **III.** *adj* 1. Bonito. 2. Gracioso, atractivo.

mo·no·ca·rril [monokarríl] *adj* Con un solo carril.

① **mo·no·cor·de** [monokórðe] *adj* 1. MÚS Con una sola cuerda. 2. Monótono.

① **mo·no·cro·mo**, **-ma** [monokrómo] *adj* De un solo color.

① **mo·nó·cu·lo** [monókulo] *s/m* Lente para un solo ojo.

① **mo·no·cul·ti·vo** [monokultíβo] *s/m* Terreno en que se cultivan plantas de una sola clase.

mo·no·ga·mia [monoγámja] *s/f* Estado o cualidad de monógamo.

① **mo·nó·ga·mo**, **-ma** [monóγamo] *adj s/m,f* Que forma pareja con un solo individuo del otro sexo.

① **mo·no·gra·fía** [monoγrafía] *s/f* Estudio detallado de un tema.

② **mo·no·grá·fi·co**, **-ca** [monoγráfiko] **I.** *adj* Relativo a la monografía. **II.** *s/m* Publicación sobre un único tema.

① **mo·no·lin·güe** [monolíngwe] *adj s/m,f* 1. Que habla una sola lengua. 2. Escrito en una lengua.

① **mo·no·lí·ti·co**, **-ca** [monolítiko] *adj* 1. Relativo a los monolitos. 2. Que tiene las propiedades de la piedra.

① **mo·no·li·to** [monolíto] *s/m* Monumento con una gran piedra.

② **mo·nó·lo·go** [monóloγo] *s/m* 1. Acción de hablar alguien solo. 2. TEAT Fragmento en el que habla sólo un personaje.

mo·no·ma·nía [monomanía] *s/f* Obsesión por una idea fija.

mo·no·ma·nía·co, **-ca** [monomaníako] *adj s/m,f* Que padece monomanía.

① **mo·no·mio** [monómjo] *s/m* Expresión algebraica con un solo término.

mo·no·pa·tín [monopatín] *s/m* Tabla con ruedas, para desplazarse sobre ella.

① **mo·no·pla·za** [monopláθa] *s/m* Vehículo para una sola persona.

③ **mo·no·po·lio** [monopóljo] *s/m* Explotación de algo en exclusiva.

② **mo·no·po·li·zar** [monopoliθár] *tr* Poseer algo en exclusiva.

ORT Ante e la z cambia a c: *Monopolice*.

① **mo·no·sí·la·bo**, **-ba** [monosílaβo] *s/m* Palabra de una sola sílaba.

① **mo·no·teís·mo** [monoteísmo] *s/m* Creencia en un solo dios.

① **mo·no·teís·ta** [monoteísta] *adj s/m,f* Relativo al monoteísmo.

② **mo·no·to·nía** [monotonía] *s/f* Cualidad de monótono.

② **mo·nó·to·no**, **-na** [monótono] *adj* 1. Se aplica al sonido con un solo tono. 2. Repetitivo, y por ello aburrido.

① **mo·no·vo·lu·men** [monoβolúmen] *adj s/m* Vehículo que aparenta un solo bloque, más amplio en su interior.

② **mo·nó·xi·do** [monó(k)siðo] *s/m* Óxido con un solo átomo de oxígeno en su molécula.

③ **mon·se·ñor** [monseɲór] *s/m* Tratamiento de ciertas dignidades eclesiásticas.

① **mon·ser·ga** [monsérγa] *s/f* COL Cosa molesta.

③ **mons·truo** [mónstrwo] *s/m* 1. Ser grotesco y desproporcionado, *gen* malvado y perverso. 2. Persona que causa admiración, extrañeza o sorpresa por alguna razón: *Es un monstruo de la pantalla*.

① **mons·truo·si·dad** [monstrwosiðáθ] *s/f* 1. Cualidad de monstruoso. 2. Cosa monstruosa.

② **mons·truo·so, -sa** [monstrwóso] *adj* **1.** Relativo al monstruo. **2.** Muy desagradable, repugnante, o perverso y cruel. **3.** Muy grande, enorme.

① **mon·ta** [mónta] *s/f* EQUIT Acción de montar. LOC **De poca monta,** de poco valor.

① **mon·ta·car·gas** [montakáryas] *s/m* Ascensor para mercancías.

③ **mon·ta·do** [montáðo] *s/m* Bocadillo pequeño de embutidos o fiambre.

① **mon·ta·dor, -ra** [montaðór] *s/m,f* **1.** Persona que monta máquinas o aparatos. **2.** Persona que lleva a cabo el montaje de una película.

③ **mon·ta·je** [montáxe] *s/m* **1.** Acción o resultado de montar algo. **2.** Acción ilegal o poco clara.

① **mon·tan·te** [montánte] *s/m* **1.** Valor o importe total de algo en dinero. **2.** Pieza horizontal o vertical para sostener una estructura.

④ **mon·ta·ña** [montáɲa] *s/f* **1.** Elevación grande del terreno sobre su entorno. También, zona montañosa. **2.** FIG Gran cantidad de cierta cosa.

① **mon·ta·ñe·ro, -ra** [montaɲéro] *adj s/m,f* Que practica el montañismo.

② **mon·ta·ñés, -ñe·sa** [montaɲés] *adj s/m,f* Nacido o que vive en zona de montaña.

① **mon·ta·ñis·mo** [montaɲísmo] *s/m* Ejercicio o deporte de escalar montañas.

① **mon·ta·ño·so, -sa** [montaɲóso] *adj* Relativo a la montaña o con montañas.

⑤ **mon·tar** [montár] **I.** *intr* REFL(-se) **1.** Subir(se) encima de algo o de un animal. **2.** Cabalgar. **3.** (Con *a*) Costar algo una cantidad determinada. **II.** *tr* **1.** Cabalgar. **2.** Poner a alguien sobre un animal o cosa. **3.** Organizar algo. **4.** Colocar las piezas de un aparato. **5.** Preparar un arma para dispararla. **6.** Batir la nata, la clara de huevo, etc.

① **mon·ta·raz** [montaráθ] *adj* **1.** Que vive en el monte. **2.** Poco sociable.

③ **mon·te** [mónte] *s/m* **1.** Montaña. **2.** Zona no cultivada y agreste.

mon·te·pío [montepío] *s/m* Asociación de trabajadores que crean una reserva de dinero mediante las cotizaciones de sus miembros.

① **mon·te·ría** [montería] *s/f* Caza de piezas de gran tamaño.

② **mon·tés** [montés] *adj* Que es de monte o se cría en él.

① **mon·tí·cu·lo** [montíkulo] *s/m* Pequeña elevación del terreno.

③ **mon·to** [mónto] *s/m* Importe total de algo en dinero.

④ **mon·tón** [montón] *s/m* **1.** Conjunto que resulta de acumular cosas. **2.** Gran cantidad de algo. LOC **Del montón,** que no destaca en nada.

② **mon·tu·ra** [montúra] *s/f* **1.** Silla para montar caballerías. **2.** Animal de montar. **3.** Soporte para colocar algo sobre él: *Lentes con montura de plata.*

③ **mo·nu·men·tal** [monumentál] *adj* **1.** Relativo al monumento. **2.** Muy grande, impresionante.

④ **mo·nu·men·to** [monuménto] *s/m* **1.** Obra escultórica o construcción para conmemorar algo. **2.** Obra de gran valor.

② **mon·zón** [monθón] *s/m* Viento estacional que sopla desde el Océano Índico hacia África y Asia.

① **mo·ña** [móɲa] *s/f* **1.** Lazo de adorno. **2.** COL Borrachera.

② **mo·ño** [móɲo] *s/m* **1.** Conjunto de pelo de la cabeza enrollado, sujeto con horquillas. **2.** Conjunto de plumas de la cabeza de algunas aves,. LOC **Estar hasta el moño,** estar muy harto.

① **mo·que·ar** [mokeár] *intr* Segregar la nariz mocos.

mo·queo [mokéo] *s/m* Acción o resultado de moquear.

mo·que·ro [mokéro] *s/m* COL Pañuelo para limpiarse los mocos.

① **mo·que·ta** [mokéta] *s/f* Tela recia y fuerte, para cubrir suelos.

① **mo·qui·llo** [mokíʎo] *s/m* Catarro de algunos animales.

① **mo·ra** [móra] *s/f* **1.** Fruto del moral, morera y zarza. **2.** Retraso en el cumplimiento de algo debido.

② **mo·ra·da** [moráða] *s/f* Lugar donde se vive.

② **mo·ra·do, -da** [moráðo] **I.** *adj s/m* Se dice del color entre rojo y azul. **II.** *s/m* COL Mancha de color azul oscuro o violeta. LOC **Pasarlas moradas,** pasarlo mal.

② **mo·ra·dor, -ra** [moraðór] *adj s/m,f* Habitante.

⑤ **mo·ral** [morál] **I.** *adj* Relativo a la moral o a la ética. **II.** *s/f* **1.** Conjunto de principios que rigen el comportamiento de una persona o sociedad. **2.** Estado de ánimo.

① **mo·ra·le·ja** [moraléxa] *s/f* Enseñanza que deriva de algo.

② **mo·ra·li·dad** [moraliðáð] *s/f* **1.** Cualidad de moral. **2.** Conjunto de principios de carácter moral. **3.** Conducta ajustada a la moral.

MORRO

[2] **mo·ra·lis·ta** [moralísta] *adj s/m,f* **1.** Experto en cuestiones morales. **2.** Defensor de lo que se ajusta a la moral.

[1] **mo·ra·li·za·dor, -ra** [moraliθaðór] *adj* Que moraliza.

[1] **mo·ra·li·zar** [moraliθár] **I.** *tr* Hacer que algo adquiera carácter moral. **II.** *intr* Impartir enseñanzas de carácter moral. ORT Ante *e* la *z* cambia a *c*: *Moralice*.

[1] **mo·rar** [morár] *intr* CULT Vivir en un lugar.

[1] **mo·ra·tón** [moratón] *s/m* Morado (II).

[1] **mo·ra·to·ria** [moratórja] *s/f* Plazo para pagar una deuda.

[1] **mór·bi·do, -da** [mórβiðo] *adj* **1.** Blando, suave. **2.** Que causa o puede causar enfermedad.

[2] **mor·bo** [mórβo] *s/m* Gusto o afición exagerada por los sucesos escandalosos o escabrosos.

[1] **mor·bo·si·dad** [morβosiðáð] *s/f* Cualidad de morboso.

[2] **mor·bo·so, -sa** [morβóso] *adj* **1.** Perjudicial para la salud. **2.** Que provoca morbo.

[1] **mor·ci·lla** [morθíʎa] *s/f* Embutido de sangre cocida, con cebolla y especias.

[1] **mor·da·ci·dad** [morðaθiðáð] *s/f* Cualidad de mordacidad.

[1] **mor·daz** [morðáθ] *adj* Con ironía o desprecio.

[1] **mor·da·za** [morðáθa] *s/f* Objeto que se coloca sobre la boca para impedir hablar o gritar.

[1] **mor·de·dor, -ra** [morðeðór] **I.** *adj* Que muerde o tiende a hacerlo. **II.** *s/m* Objeto para morder.

[1] **mor·de·du·ra** [morðeðúra] *s/f* **1.** Acción o resultado de morder. **2.** Herida o señal que queda al morder.

[3] **mor·der** [morðér] *tr* **1.** Clavar los dientes. **2.** Arrancar fragmentos pequeños de algo o ir desgastándolo poco a poco. CONJ *Irreg: Muerdo, mordí, morderé, mordido.*

[1] **mor·di·da** [morðíða] *s/f* **1.** AMER Acción o resultado de morder. **2.** AMER Comisión ilegal percibida por un funcionario por efectuar un trámite.

[1] **mor·dis·co** [morðísko] *s/m* **1.** Acción o resultado de morder. **2.** Herida o señal que queda al morder. **3.** Trozo que se arranca al morder.

[1] **mor·dis·que·ar** [morðiskeár] *tr* Dar mordiscos pequeños.

[4] **mo·re·no, -na** [moréno] **I.** *adj* **1.** Relativo al color oscuro, próximo al negro. **2.** Más oscuro que las demás cosas de su especie: *Pan moreno.* **II.** *adj s/m,f* Persona de raza blanca con la piel oscura.

[1] **mo·re·ra** [moréra] *s/f* BOT Árbol cuyo fruto es la mora.

[1] **mor·fi·na** [morfína] *s/f* Sustancia estupefaciente extraída del opio.

[2] **mor·fo·lo·gía** [morfoloxía] *s/f* **1.** Estudio de las formas de cualquier cosa o de su estructura. **2.** LIN Estudio de las formas de las palabras.

[2] **mor·fo·ló·gi·co, -ca** [morfolóxiko] *adj* Relativo a la morfología.

mor·ga·ná·ti·co, -ca [morɣanátiko] *adj* Relativo al matrimonio entre una persona de la familia real con otra que no lo es.

[1] **mor·gue** [morɣe] *s/f* Depósito de cadáveres.

mor·gue·ro, -ra [morɣéro] *s/m,f* AMER Persona que trabaja en un depósito de cadáveres.

[2] **mo·ri·bun·do, -da** [moriβúndo] *adj s/m,f* Que se está muriendo.

[5] **mo·rir** [morír] **I.** *intr* REFL(-se) **1.** Dejar de vivir un ser vivo. **2.** FIG (Con *de, por*) Sentir un deseo irrefrenable de algo: *Morir de amor.* **II.** *intr* Acabar o terminar algo, o el curso de algo: *La cicatriz moría en el mentón.* CONJ *Irreg: Muero, morí, moriré, muerto.*

[3] **mo·ro, -ra** [móro] *adj s/m,f* **1.** Del norte de África, *esp* de Marruecos. **2.** Musulmán.

[1] **mo·ro·si·dad** [morosiðáð] *s/f* Cualidad de moroso.

[1] **mo·ro·so, -sa** [moróso] *adj s/m,f* Que no cumple a tiempo con el pago de una deuda.

mo·rra·da [morráða] *s/f* Golpe que alguien se da contra algo.

[1] **mo·rral** [morrál] *s/m* Bolsa de un tejido resistente, que se lleva en bandolera para transportar cosas.

[1] **mo·rra·lla** [morráʎa] *s/f* Conjunto de productos de escaso valor.

mo·rre·ar [morreár] *tr* REFL(-se) Besar(se) en la boca.

[1] **mo·rre·na** [morréna] *s/f* Materiales arrastrados por la erosión de un glaciar.

mo·rreo [morréo] *s/m* Acción o resultado de morrear(se).

[1] **mo·rri·ña** [morrína] *s/f* Tristeza nostálgica.

[2] **mo·rro** [mórro] *s/m* **1.** Hocico. **2.** Boca y nariz de una persona. **3.** Parte delantera de algo: *El morro del coche.* LOC **Estar/Ponerse de morros,** enfadarse.

mo·rro·co·tu·do, -da [morrokotúðo] *adj* Extraordinario, muy difícil o grande.

1 **mo·rrón** [morrón] *adj* Se aplica a una clase de pimiento muy carnoso y dulce.

1 **mor·sa** [mórsa] *s/f* Mamífero parecido a la foca, con colmillos largos.

1 **Mor·se** [mórse] *s/m* Sistema de señales basado en la combinación de puntos y rayas.

1 **mor·ta·de·la** [mortaðéla] *s/f* Embutido de carne de cerdo y ternera.

1 **mor·ta·ja** [mortáxa] *s/f* Ropa o tela con que se envuelve un cadáver para enterrarlo.

4 **mor·tal** [mortál] **I.** *adj* **1.** Que ha de morir. **2.** Que puede provocar la muerte. **3.** Aburrido, pesado. **II.** *s/m,f* Ser humano.

3 **mor·ta·li·dad** [mortaliðáð] *s/f* **1.** Cualidad de mortal. **2.** Porcentaje de personas que mueren en un periodo determinado.

1 **mor·tan·dad** [mortandáð] *s/f* Gran cantidad de muertes debido a una guerra, epidemia, etc.

1 **mor·te·ci·no, -na** [morteθíno] *adj* **1.** Sin fuerza o vigor. **2.** Que se está muriendo.

2 **mor·te·ro** [mortéro] *s/m* **1.** Cuenco para machacar cosas de cocina. **2.** Pieza de artillería de gran calibre para lanzar proyectiles a corta distancia. **3.** Masa de cemento, arena y agua, usada en la construcción.

1 **mor·tí·fe·ro, -ra** [mortífero] *adj* Que mata o puede provocar la muerte.

1 **mor·ti·fi·ca·ción** [mortifikaθjón] *s/f* Acción o resultado de mortificar(se).

2 **mor·ti·fi·car** [mortifikár] *tr* REFL(-se) **1.** Causar sufrimiento físico. **2.** Hacer sufrir al propio cuerpo con privaciones o castigos.
ORT La *c* cambia a *qu* ante *e*: *Mortifique.*

1 **mor·tuo·rio, -ia** [mortwórjo] *adj* Relativo a la muerte.

mo·rue·co [morwéko] *s/m* AGR Carnero para la reproducción.

1 **mo·ru·no, -na** [morúno] *adj* Moro.

2 **mo·sai·co** [mosáiko] *s/m* **1.** ART Superficie de pequeñas piezas de cerámica, piedra, etc., que forman figuras artísticas. **2.** Conjunto de cosas diversas.

2 **mos·ca** [móska] *s/f* **1.** Insecto díptero de color negro y alas transparentes. LOC **Tener la mosca detrás de la oreja,** recelar o sospechar de algo o alguien.

1 **mos·car·dón** [moskarðón] *s/m* **1.** Mosca grande y peluda. **2.** FIG Persona insistente y molesta.

1 **mos·ca·tel** [moskatél] **I.** *adj* Relativo a una variedad de uva dulce y olorosa. **II.** *s/m* Vino hecho con esta uva.

1 **mos·cón, -co·na** [moskón] *s/m* Moscardón

1 **mos·co·vi·ta** [moskoβíta] *adj s/m,f* De Moscú.

2 **mos·que·ar** [moskeár] *tr* REFL(-se) Enfadarse con alguien o recelar de algo.

1 **mos·queo** [moskéo] *s/m* FIG Acción o resultado de mosquear(se).

1 **mos·que·tón** [mosketón] *s/m* Antigua arma de fuego, más corta que el fusil.

1 **mos·qui·te·ra** [moskitéra] *s/f* Tela para cubrir una cama o litera e impedir que pasen los mosquitos.

2 **mos·qui·to** [moskíto] *s/m* Insecto díptero con una trompa en aguijón, con el que pican y chupan la sangre.

1 **mos·ta·cho** [mostátʃo] *s/m* Bigote grande.

1 **mos·ta·za** [mostáθa] *s/f* **1.** Planta con semilla de color negro. **2.** Polvo que resulta de moler esa semilla, usado como condimento.

1 **mos·to** [mósto] *s/m* Zumo de la uva antes de fermentar.

3 **mos·tra·dor, -ra** [mostraðór] *s/m* Mueble alargado para atender al público los comerciantes, o en una oficina, o para servir al público en un bar.

5 **mos·trar** [mostrár] *tr* **1.** Exponer a la vista. **2.** Reflejar o manifestar un sentimiento o actitud.
CONJ *Irreg: Muestro, mostré, mostraré, mostrado.*

1 **mos·tren·co, -ca** [mostrénko] **I.** *adj* DER Que no tiene dueño o poseedor conocido: *Bienes mostrencos.* **II.** *s/m,f* Inepto, ignorante.

1 **mo·ta** [móta] *s/f* **1.** Parte muy pequeña de algo. **2.** Pequeña imperfección o defecto. **3.** En frases negativas equivale a *nada: No se ve ni una mota de polvo.*

2 **mo·te** [móte] *s/m* Sobrenombre, apodo.

1 **mo·te·ar** [moteár] *tr* Colocar o dibujar motas en algo.

1 **mo·te·jar** [moteχár] *tr* Calificar a alguien de forma despectiva. RPr **Motejar de**.

1 **mo·tel** [motél] *s/m* Hotel de carretera.

1 **mo·te·ro, -ra** [motéro] *s/m,f* Aficionado a la moto.

mo·ti·li·dad [motiliðáð] *s/f* Capacidad de moverse por sí mismo.

2 **mo·tín** [motín] *s/m* Movimiento de rebeldía contra la autoridad.

MU·DA

[3] **mo·ti·va·ción** [motiβaθjón] *s/f* **1.** Acción o resultado de motivar. **2.** Causa, motivo.

[1] **mo·ti·va·dor, -ra** [motiβaðór] *adj* Que motiva.

[4] **mo·ti·var** [motiβár] *tr* **1.** Estar en el origen de algo, o ser la causa principal de una acción. **2.** Hacer que una persona ponga el máximo empeño para conseguir algo.

[5] **mo·ti·vo** [motíβo] *s/m* **1.** Causa o razón principal de un comportamiento o actuación. **2.** MÚS Tema principal de una composición.

[3] **mo·to** [móto] *s/f* COL Motocicleta.

[2] **mo·to·ci·cle·ta** [motoθikléta] *s/f* Vehículo con motor y dos ruedas.

[1] **mo·to·ci·clis·mo** [motoθiklísmo] *s/m* DEP Conjunto de modalidades de competición deportiva en las que participan motocicletas.

[1] **mo·to·ci·clis·ta** [motoθiklísta] *adj s/m,f* Relativo al motociclismo o conductor de una motocicleta.

[1] **mo·to·cross** [motokrós] *s/m* Especialidad deportiva con moto y en terreno accidentado.

[4] **mo·tor, -ra** [motór] **I.** *adj* **1.** Relativo a lo que mueve o impulsa. **II.** *s/m* Máquina que transforma la energía en movimiento y hace que se mueva.

[1] **mo·to·ra** [motóra] *s/f* Lancha con motor.

[1] **mo·to·ris·ta** [motorísta] *adj s/m,f* Conductor de una moto.

[1] **mo·to·ri·za·ción** [motoriθaθjón] *s/f* Acción o resultado de motorizar(se).

[1] **mo·to·ri·zar** [motoriθár] *tr* Equipar con medios de transporte a motor.
ORT Ante *e* la *z* cambia a *c: Motorice*.

[2] **mo·triz** [motríθ] *adj* Forma femenina de *motor* (que mueve).

[1] **mo·ve·di·zo, -za** [moβeðíθo] *adj* **1.** Que se puede mover con facilidad. **2.** Inestable.

[5] **mo·ver** [moβér] **I.** *tr* **1.** Cambiar algo de un lugar a otro. **2.** Hacer que se mueva o funcione algo. **3.** Incitar a algo: *Eso le mueve a risa*. **II.** *intr* Empezar a salir las hojas y tallos de las plantas. **III.** REFL(-*se*) **1.** Darse prisa. **2.** Hacer movimientos: *Aquí no se mueve nadie*.
CONJ Irreg: *Muevo, moví, moveré, movido*.

[1] **mo·vi·ble** [moβíβle] *adj* Que puede moverse.

[2] **mo·vi·da** [moβíða] *s/f* Ambiente de renovación o animación en un lugar o tiempo.

[4] **mó·vil** [móβil] **I.** *adj* Que se mueve o no está fijo en un lugar: *Servicio móvil de asistencia*. **II.** *s/m* **1.** Causa o motivo. **2.** Objeto que se mueve: *La velocidad del móvil*. **3.** Teléfono portátil y sin cables.

[3] **mo·vi·li·dad** [moβiliðáð] *s/f* Cualidad de móvil.

[3] **mo·vi·li·za·ción** [moβiliθaθjón] *s/f* Acción o resultado de movilizar(se).

[3] **mo·vi·li·zar** [moβiliθár] *tr* **1.** Llamar a filas para formar parte de un ejército. **2.** Activar recursos para un fin.
ORT Ante *e* la *z* cambia a *c: Movilice*.

[5] **mo·vi·mien·to** [moβimjénto] *s/m* **1.** Acción de mover(se). **2.** Grupo de personas organizadas que actúan para un fin. **3.** Tendencias o corriente estética, artística, etc. **4.** MÚS Cada parte en que se estructura una obra musical. **5.** COM Comercio o tráfico de productos.

[1] **mo·vio·la** [moβjóla] *s/f* Dispositivo para proyectar imágenes a voluntad de quien las ve.

[1] **mo·zal·be·te** [moθalβéte] *s/m* Muchacho.

mo·zam·bi·que·ño, -ña [moθambikéɲo] *adj s/m,f* De Mozambique.

[1] **mo·zá·ra·be** [moθáraβe] *adj s/m,f* Cristiano que vivía en territorio ocupado por los árabes, en España, en los siglos VIII al XV.

[3] **mo·zo, -za** [móθo] **I.** *adj s/m,f* Persona joven y soltera. **II.** *s/m,f* **1.** Persona que atiende las mesas de un restaurante, hotel, etc. **2.** Joven en edad militar, hasta que entra en la caja de reclutas.

[1] **mu** [mú] *interj* COL Onomatopeya que imita el mugido de las reses. LOC **Sin decir ni mu,** sin decir nada.

[1] **mu·cha·cho, -cha** [mutʃátʃo] **I.** *s/m,f* Joven. **II.** *s/f* Mujer empleada en el servicio doméstico.

[2] **mu·che·dum·bre** [mutʃeðúmbre] *s/f* Concentración grande de personas.

[5] **mu·cho, -cha** [mútʃo] **I.** *adj* Muy grande en cantidad. **II.** *adv* **1.** Con gran intensidad, cantidad o grado. **2.** A menudo: *El niño se resfría mucho*. LOC **Como mucho,** señala el límite de lo expresado. **Ni mucho menos,** en absoluto.

[1] **mu·co·si·dad** [mukosiðáð] *s/f* Sustancia pegajosa y espesa en las cavidades del cuerpo comunicadas con el exterior.

[2] **mu·co·sa** [mukósa] *s/f* Membrana que segrega mucosidad.

[2] **mu·da** [múða] *s/f* **1.** Acción o resultado de mudar(se), *esp* la renovación de ciertas

MU·DA·BLE

partes del cuerpo (piel, plumas). **2.** Conjunto de prendas interiores.

[1] **mu·da·ble** [muðáβle] *adj* Que muda o puede hacerlo.

[2] **mu·dan·za** [muðánθa] *s/f* Acción o resultado de mudar(se).

[3] **mu·dar** [muðár] **I.** *tr* **1.** Cambiar o alterar algo. **2.** Renovar un ser vivo ciertas partes de su organismo. **II.** *tr REFL(-se)* **1.** Trasladar(se) o mover(se) de un lugar o domicilio a otro. **2.** Cambiar la ropa que se lleva puesta. RPr **Mudar(se) a/de/en**.

[2] **mu·dé·jar** [muðéχar] *adj s/m,f* Relativo a los musulmanes que vivían entre los cristianos durante la Reconquista de España.

[1] **mu·dez** [muðéθ] *s/f* Cualidad o estado de mudo.

[3] **mu·do, -da** [múðo] *adj s/m,f* Que no puede hablar.

[4] **mue·ble** [mwéβle] **I.** *adj* DER Que no puede ser movido o trasladado de lugar en que está (muebles, edificios). **II.** *s/m* Objetos de la casa, *gen* de madera, que sirven para adornar, comer, dormir, etc.

[3] **mue·ca** [mwéka] *s/f* Gesto expresivo de los músculos de la cara.

[2] **mue·la** [mwéla] *s/f* **1.** Diente de la boca situado detrás de los caninos. **2.** Piedra para afilar cuchillos o herramientas. **3.** Piedra de molino, para moler el grano.

[3] **mue·lle** [mwéʎe] **I.** *adj* **1.** Blando y cómodo. **2.** Fácil, que implica poco esfuerzo: *Lleva una vida muelle*. **II.** *s/m* **1.** Pieza de alambre, en forma de espiral, para amortiguar los golpes. **2.** Parte de un puerto o estación de ferrocarril para cargar o descargar mercancías.

[1] **muer·mo** [mwérmo] *s/m* **1.** Enfermedad de las caballerías. **2.** Persona o cosa muy aburrida y pesada.

[5] **muer·te** [mwérte] *s/f* **1.** Fin de la vida de un ser vivo. **2.** Conclusión, fin o desaparición de una trayectoria, trazado. LOC **De muerte**, extraordinario.

[5] **muer·to, -ta** [mwérto] *adj* **1.** Que ha perdido la vida. **2.** FIG Sin brillo o fuerza: *Vestido de colores muertos*. **3.** (Con *de*) Con gran intensidad en lo expresado: *Llegaron muertos de frío*. **4.** Muy cansado. **III.** *s/m,f* Persona sin vida. LOC **Medio muerto**, maltrecho o muy cansado. RPr **Muerto de**.

[1] **mues·ca** [mwéska] *s/f* Pequeña marca en algo para identificarlo, o pequeña rotura en su parte exterior.

[4] **mues·tra** [mwéstra] *s/f* **1.** Porción pequeña, representativa de un producto. **2.** Modelo para copiar o mostrar. **3.** (Con *de*) Cosa que es señal de algo: *Muestra de debilidad*. **4.** Exposición de obras de arte en un lugar.

[1] **mues·tra·rio** [mwestrárjo] *s/m* Conjunto de muestras.

[1] **mues·treo** [mwestréo] *s/m* Acción de tomar muestras de algo.

[1] **mu·gi·do** [muχíðo] *s/m* Sonido característico del ganado vacuno.

[1] **mu·gir** [muχír] *intr* Emitir el ganado vacuno su sonido característico.
ORT Ante *a/o* la g cambia a *j*: *Muja*.

[2] **mu·gre** [múɣre] *s/f* Suciedad.

[1] **mu·grien·to, -ta** [muɣrjénto] *adj* Con mugre o grasa.

[5] **mu·jer** [muχér] *s/f* **1.** Persona del sexo femenino, *esp* si es adulta. **2.** Mujer casada.

[1] **mu·je·rie·go, -ga** [muχerjéɣo] *adj* Se dice del hombre aficionado a las mujeres.

mu·je·río [muχerío] *s/m* Grupo de mujeres.

[1] **mu·jer·zue·la** [muχerθwéla] *s/f* DESP Prostituta.

mú·jol [múχol] *s/m* Pez marino de carne y huevas apreciadas.

[2] **mu·la** [múla] *s/f* Animal hembra resultado del cruce de un asno y una yegua, o de un caballo y una burra. LOC **Trabajar como una mula**, trabajar mucho.

[1] **mu·la·dar** [mulaðár] *s/m* Lugar donde se arroja la basura.

[2] **mu·la·to, -ta** [muláto] *adj s/m,f* De padres de raza blanca y negra.

[1] **mu·le·ro** [muléro] *s/m* Mozo de mulas.

[1] **mu·le·ta** [muléta] *s/f* **1.** Objeto con que los cojos se ayudan al caminar. **2.** TAUR Palo con un trapo rojo, que usa el torero para atraer y engañar al toro.

[1] **mu·le·ti·lla** [muletíʎa] *s/f* Expresión frecuente e innecesaria del lenguaje.

[1] **mu·llir** [muʎír] *tr* **1.** Esponjar algo para que esté blando. **2.** Cavar la tierra para oxigenarla.
CONJ *Irreg: Mullo, mullí (mulló), mulliré, mullido*.

[1] **mu·lo** [múlo] *s/m* Animal que procede del cruce de un asno y una yegua, o de un caballo y una burra.

[3] **mul·ta** [múlta] *s/f* Sanción económica por una infracción o delito.

[3] **mul·tar** [multár] *tr* Imponer una multa.

[1] **mul·ti·co·lor** [multikolór] *adj* De muchos colores.

[1] **mul·ti·co·pis·ta** [multikopísta] *s/f* Máquina de hacer copias de texto o dibujos.

[1] **mul·ti·for·me** [multiforme] *adj* De muchos aspectos o formas.

[2] **mul·ti·la·te·ral** [multilaterál] *adj* Que afecta a varias partes.

[2] **mul·ti·me·dia** [multiméðja] *adj s/m* Que utiliza y combina varios recursos informáticos (texto, sonido, imagen).

[2] **mul·ti·mi·llo·na·rio, -ia** [multimiʎonárjo] *adj s/m,f* Que tiene muchos millones.

[3] **mul·ti·na·cio·nal** [multinaθjonál] **I.** *adj* Formado por muchas naciones. **II.** *adj s/f* Empresa con sucursales o filiales en varios países.

[4] **múl·ti·ple** [múltiple] *adj* Formado por muchos elementos.

[2] **mul·ti·pli·ca·ción** [multiplikaθjón] *s/f* **1.** Acción o resultado de multiplicar. **2.** Operación de multiplicar.

[1] **mul·ti·pli·ca·dor, -ra** [multiplikaðór] *adj* Que multiplica.

[4] **mul·ti·pli·car** [multiplikár] **I.** *tr REFL(-se)* Aumentar la cantidad, número, etc., de algo. **II.** *tr* MAT Sumar el primer término de una operación matemática las veces que indica el multiplicador. **III.** *intr REFL(-se)* Reproducirse los seres vivos. RPr **Multiplicar(se) por**.
ORT Ante *e* la *c* cambia a *qu: Multiplique*.

[2] **mul·ti·pli·ci·dad** [multipliθiðáð] *s/f* Cualidad de múltiple.

[2] **múl·ti·plo** [múltiplo] *s/m* Número que incluye a otro una cantidad exacta de veces.

[4] **mul·ti·tud** [multitúð] *s/f* Conjunto grande de personas o cosas.

[2] **mul·ti·tu·di·na·rio, -ia** [multituðinárjo] *adj* Con presencia de mucha gente.

[1] **mul·ti·u·so** [multiúso] *adj* De varios usos.

[1] **mul·ti·u·sua·rio** [multiusuárjo] *adj* COMP Que puede ser utilizado por varios usuarios a la vez.

[1] **mun·da·nal** [mundanál] *adj* Mundano.

[2] **mun·da·no, -na** [mundáno] *adj* **1.** Relativo al mundo. **2.** Se aplica a los ambientes y círculos sociales en que predomina la diversión y el placer.

[5] **mun·dial** [mundjál] **I.** *adj* Relativo al mundo. **II.** *s/m* DEP Campeonato en el que participan todos los países del mundo.

[1] **mun·di·llo** [mundíʎo] *s/m* Ambiente en que alguien vive o desarrolla su actividad.

[5] **mun·do** [múndo] *s/m* **1.** Conjunto de todo lo que existe. **2.** La Tierra o su representación. **3.** Género humano.
El Tercer mundo, conjunto de Estados con economías pobres o en vías de desarrollo.

[2] **mu·ni·ción** [muniθjón] *s/f pl* Proyectiles para las armas de fuego.

[4] **mu·ni·ci·pal** [muniθipál] **I.** *adj* Relativo al municipio. **II.** *s/m,f* Guardia municipal.

[2] **mu·ni·ci·pa·li·dad** [muniθipaliðáð] *s/f* **1.** Territorio que depende de un ayuntamiento. **2.** AMER Ayuntamiento.

[1] **mu·ni·ci·pa·li·zar** [muniθipaliθár] *tr* Pasar algo a depender del ayuntamiento.
ORT Ante *e* la *z* cambia a *c: Municipalicen*.

[4] **mu·ni·ci·pio** [muniθípjo] *s/m* Territorio que depende de un ayuntamiento.

mu·ni·fi·cen·cia [munifiθénθja] *s/f* Generosidad.

[3] **mu·ñe·ca** [muɲéka] *s/f* **1.** Parte del brazo en que se articula éste con la mano. **2.** Juguete infantil en forma de figura humana.

[2] **mu·ñe·co** [muɲéko] *s/m* **1.** Figura humana de tamaños diversos. **2.** Persona fácil de manejar.

mu·ñei·ra [muɲéira] *s/f* Baile típico de Galicia.

mu·ñe·que·ra [muɲekéra] *s/f* Cinta para proteger la muñeca.

[1] **mu·ñón** [muɲón] *s/m* Parte que queda al amputar un miembro del cuerpo.

[2] **mu·ral** [murál] **I.** *adj* Relativo a la pared. **II.** *s/m* Obra de arte hecha sobre un muro.

[3] **mu·ra·lla** [muráʎa] *s/f* Muro defensivo alrededor de una ciudad o territorio.

[2] **mur·cié·la·go** [murθjélaɣo] *s/m* Mamífero que vuela guiándose por ultrasonidos.

[2] **mur·ga** [múrɣa] *s/f* LOC **Dar la murga,** fastidiar, molestar.

[2] **mur·mu·llo** [murmúʎo] *s/m* Sonido sordo y suave, producido por la conversación en voz baja, por las olas del mar, etc.

[1] **mur·mu·ra·ción** [murmuraθjón] *s/f* Acción o resultado de murmurar.

[3] **mur·mu·rar** [murmurár] **I.** *tr intr* **1.** Hablar mal de alguien. **2.** Pronunciar algo en voz baja. **II.** *tr* Causar o producir murmullo.

[4] **mu·ro** [múro] *s/m* Pared gruesa o que limita espacios.

[1] **mus** [mús] *s/m* Juego de cartas en que participan dos, cuatro o seis jugadores.

MU·SA

[2] **mu·sa** [músa] *s/f* Cosa que inspira o motiva la creación artística.

[1] **mu·sa·ra·ña** [musarána] *s/f* Mamífero insectívoro parecido al ratón. LOC **Mirar a las musarañas/Pensar en las musarañas**, FIG estar distraído.

[3] **mus·cu·lar** [muskulár] *adj* Relativo al músculo.

[1] **mus·cu·la·tu·ra** [muskulatúra] *s/f* Conjunto de los músculos del cuerpo.

[4] **mús·cu·lo** [múskulo] **I.** *s/m* Cada una de las partes carnosas unida a los huesos por los tendones. **II.** *s/m,pl* Musculatura.

[1] **mus·cu·lo·so, -sa** [muskulóso] *adj* Que tiene músculos.

[1] **mu·se·li·na** [muselína] *s/f* Tela muy fina y ligera.

[5] **mu·seo** [muséo] *s/m* Lugar en que se exponen y conservan obras de arte.

[2] **mus·go** [músɣo] **I.** *s/m* Planta criptógama y herbácea, que crece en lugares oscuros y húmedos. **II.** *s/m,pl* Clase que forman.

[5] **mú·si·ca** [músika] *s/f* Combinación armoniosa de sonidos.

[4] **mu·si·cal** [musikál] *adj* Relativo a la música.

[1] **mu·si·ca·li·dad** [musikaliðáð] *s/f* Cualidad de musical.

[5] **mú·si·co, -ca** [músiko] **I.** *adj* Relativo a la música. **II.** *s/m,f* Profesional de la música.

[1] **mu·si·có·lo·go, -ga** [musikóloɣo] *s/m,f* Experto en música.

[2] **mu·si·tar** [musitár] *tr intr* Hablar en voz baja.

[3] **mus·lo** [múslo] *s/m* Parte de la pierna entre la rodilla y la ingle.

[1] **mus·tio, ·tia** [mústjo] *adj* Que carece de frescura o lozanía.

[3] **mu·sul·mán, ·ma·na** [musulmán] *adj s/m,f* Que sigue los preceptos y normas de la religión fundada por Mahoma.

mu·ta·ble [mutáβle] *adj* Que cambia.

[3] **mu·ta·ción** [mutaθjón] *s/f* Acción o resultado de mutar(se).

[2] **mu·tan·te** [mutánte] *adj s/m,f* Que muta.

[1] **mu·tar** [mutár] *tr intr* Cambiar o transformar(se).

[1] **mu·ti·la·ción** [mutilaθjón] *s/f* Acción o resultado de mutilar(se).

[1] **mu·ti·la·do, -da** [mutiláðo] *adj s/m,f* Que ha sufrido una mutilación.

[2] **mu·ti·lar** [mutilár] *tr* **1.** Cortar o amputar un miembro u órgano a un ser vivo. **2.** FIG Disminuir algo de manera notable.

[2] **mu·tis** [mútis] *s/m* LOC **Hacer mutis (por el foro)**, **1**, TEAT retirarse un actor de escena. **2**, FIG desaparecer.

[1] **mu·tis·mo** [mutísmo] *s/m* Actitud de quien guarda silencio.

[1] **mu·tua** [mútwa] *s/f* Mutualidad.

[1] **mu·tua·li·dad** [mutwaliðáð] *s/f* Asociación de personas que contribuyen en la creación de un fondo para ayudarse mutuamente.

[1] **mu·tua·lis·ta** [mutwalísta] **I.** *adj s/m,f* Relativo a la mutualidad o a sus miembros. **II.** *s/f* AMER Mutualidad.

[3] **mu·tuo, -ua** [mútwo] *adj* Que afecta simultáneamente y por igual a varios sujetos.

[5] **muy** [múi] *adv* Mucho.

N

[5] **N; n** [éne] *s/f* Decimocuarta letra del alfabeto español.

[1] **na·bo** [náβo] *s/m* Planta de raíz blanca o amarillenta, comestible.

[1] **ná·car** [nákar] *s/m* Materia dura y blanca, que recubre el interior de las conchas de algunos animales.

[1] **na·ca·ra·do, ·da** [nakaráðo] *adj* **1.** De nácar. **2.** Que se parece al nácar.

[5] **na·cer** [naθér] *intr* **1.** Salir del vientre materno el hijo concebido por las hembras, o las crías del huevo. **2.** Surgir algo desde el interior de otra cosa. **3.** Brotar las fuentes. **4.** (Con *de*, *en*) Empezar el desarrollo o curso de algo. **5.** Tener algo el origen en lo que se expresa: *Es un hombre que nace del pueblo*.
CONJ Irreg: Nazco, nací, naceré, nacido.

[2] **na·cien·te** [naθjénte] **I.** *adj* Que nace o se inicia. **II.** *s/m* Punto del horizonte por donde sale el Sol.

[4] **na·ci·mien·to** [naθimjénto] *s/m* **1.** Acción o resultado de nacer. **2.** Inicio de algo. **3.** Lugar o punto donde empieza o surge algo.

[5] **na·ción** [naθjón] *s/m* **1.** Territorio que forma una unidad política. **2.** Conjunto de personas con cultura y tradiciones comunes.

[5] **na·cio·nal** [naθjonál] *adj* Relativo a una nación.

[3] **na·cio·na·li·dad** [naθjonaliðáð] *s/f* Circunstancia de pertenecer a una nación, o condición jurídica que ello implica.

[4] **na·cio·na·lis·mo** [naθjonalísmo] *s/m* Movimiento político que defiende la exaltación exclusivista del espíritu de una nación.

[4] **na·cio·na·lis·ta** [naθjonalísta] *adj s/m,f* Relativo al nacionalismo o partidario de él.

[1] **na·cio·na·li·za·ción** [naθjonaliθaθjón] *s/f* Acción o resultado de nacionalizar.

[2] **na·cio·na·li·zar** [naθjonaliθár] **I.** *tr* REFL(*-se*) Conceder un Estado la nacionalidad a quien es de otro país. **II.** *tr* Hacerse un Estado con la propiedad de bienes y empresas privadas.
ORT Ante *e* la *z* cambia a *c: Nacionalice*.

[1] **na·cis·mo** [naθísmo] *s/m* Movimiento político alemán fundado por A. Hitler, de carácter nacionalista y fascista.

[5] **na·da** [náða] **I.** *pron indef* **1.** Ninguna cosa. **2.** Algo: *¿Nada que ustedes puedan decir?* **3.** Poco de lo que se expresa: *Y nada de vida sedentaria*. **II.** *adv* **1.** (Seguido de otro *adv* o *adj*) Expresa cantidad, grado o duración indeterminados: *Ese vestido no te queda nada bien*. **2.** (Seguido de otro *adv* o *adj*) De ninguna manera, en absoluto. **III.** *s/f* Cualidad de lo que no existe. LOC **De nada,** fórmula de cortesía para responder a quien agradece algo: *-Gracias por venir. -De nada*.

[1] **na·da·dor, ·ra** [naðaðór] *adj s/m,f* Que nada.

[5] **na·dar** [naðár] *intr* **1.** Desplazarse en el agua mediante movimientos del cuerpo, brazos y piernas. **2.** FIG (Con *en*) Ser una cosa abundante o numerosa: *Nadaban en oro*. RPr Nadar en.

[5] **na·die** [náðje] *pron indef* Ninguna persona. LOC **Ser (alguien) un don nadie,** no ser nadie.

[1] **na·do** [náðo] *s/m* LOC **A nado,** nadando.

[3] **naf·ta** [náfta] *s/f* Líquido incoloro, muy inflamable, que se obtiene del petróleo.

[1] **naf·ta·li·na** [naftalína] *s/f* Hidrocarburo sólido, que se obtiene de la destilación del alquitrán de hulla.

[1] **nai·lon** [náilon] *s/m* Fibra textil sintética.
ORT También *nylon*.

[2] **nai·pe** [náipe] *s/m* (A menudo en *pl*) Cartón delgado, con figuras por un lado, que se usa en los juegos de cartas.

[2] **nal·ga** [nálγa] *s/f* Cada una de las dos partes carnosas y redondeadas del cuerpo entre el final de la columna vertebral y los muslos.

[1] **na·na** [nána] *s/f* **1.** Canción suave para dormir a los niños. **2.** Abuela. **3.** AMER Mujer que cuida a los niños.

¡na·nay! [nanái] *interj* COL Expresión de rechazo o negación.

na·no·tec·no·lo·gía [nanoteknoloxía] *s/f* Tecnología que funciona con elementos muy pequeños.

[1] **nao** [náo] *s/f* Nave.

[1] **na·pa** [nápa] *s/f* Piel curtida, de oveja o cabra.

[1] **na·palm** [napálm] *s/m* Sustancia muy inflamable.

na·pia [nápja] *s/f* Nariz, *esp* cuando es muy grande.

[3] **na·ran·ja** [naránχa] **I.** *s/f* Fruta del naranjo. **II.** *s/m* Color entre el rojo y el amarillo, o de ese color. LOC **¡Naranjas (de la China)!**, FIG expresión de enfado o rechazo.
Media naranja, cónyuge.

[1] **na·ran·ja·da** [naranχáða] *s/f* Bebida de zumo de naranja.

[1] **na·ran·jal** [naranχál] *s/m* Lugar plantado de naranjos.

[2] **na·ran·jo** [naránχo] *s/m* Árbol frutal de hoja perenne, cuyo fruto es la naranja.

[1] **nar·ci·sis·mo** [narθisísmo] *s/m* Actitud de quien se preocupa excesivamente de sí mismo.

[1] **nar·ci·sis·ta** [narθisísta] *adj s/m,f* Relativo al narcisismo o que lo manifiesta.

[2] **nar·ci·so** [narθíso] *s/m* **1.** Persona narcisista. **2.** Planta de flores amarillas o blancas, con corola de seis lóbulos.

[1] **nar·co** [nárko] *s/m,f* ABREV de 'narcotraficante' o 'narcotráfico'.

[1] **nar·có·ti·co, -ca** [narkótiko] *adj s/m* Se aplica a la sustancia que causa sueño o embota la sensibilidad.

nar·co·ti·zar [narkotiθár] *tr* Adormecer o causar pérdida de la sensibilidad mediante el consumo de un narcótico.
ORT Ante *e* la z cambia a *c*: *Narcotice*.

[2] **nar·co·tra·fi·can·te** [narkotrafikánte] *adj s/m,f* Que trafica con narcóticos.

[3] **nar·co·trá·fi·co** [narkotráfiko] *s/m* Comercio con narcóticos.

[2] **nar·do** [nárðo] *s/m* BOT Planta de flores blancas en espiga, muy olorosas.

na·ri·gu·do, -da [nariγúðo] *adj s/m,f* Que tiene la nariz muy grande.

[4] **na·riz** [naríθ] *s/f* **1.** ANAT (*frec* en *pl*) Órgano del olfato, situado entre la boca y los ojos. **2.** Profesional de la elaboración de aromas y fragancias. LOC **Darse de narices con alguien**, encontrarse con alguien. **En/Ante mis/tus/sus (propias) narices**, delante de la persona de que se trata. **Estar hasta las narices**, FIG estar muy harto y cansado (de algo). **Por narices**, a la fuerza: **Tener (alguien) narices**, ser muy atrevido.

na·ri·zo·ta(s) [nariθóta(s)] *s/m,f,pl* Quien tiene la nariz muy grande.

[3] **na·rra·ción** [narraθjón] *s/f* **1.** Acción o resultado de narrar. **2.** Relato.

[3] **na·rra·dor, -ra** [narraðór] *adj s/m,f* Que narra.

[3] **na·rrar** [narrár] *tr* Contar hechos de palabra o por escrito.

[2] **na·rra·ti·va** [narratíβa] *s/f* Género literario de la narración.

[3] **na·rra·ti·vo, -va** [narratíβo] *adj* Relativo a la narración.

na·sa [nása] *s/f* Arte de pesca en forma de cesta, con un embudo en un extremo y una tapadera en el otro.

[2] **na·sal** [nasál] *adj* Relativo a la nariz.

na·sa·li·zar [nasaliθár] *tr* LIN Hacer que un sonido se produzca exhalando el aire por la nariz.
ORT Ante *e* la z cambia a *c*: *Nasalice*.

[2] **na·ta** [náta] *s/f* **1.** Sustancia grasa y cremosa de la leche. **2.** FIG Lo mejor de algo. LOC **La flor y nata**, lo mejor.

[2] **na·ta·ción** [nataθjón] *s/f* **1.** Acción de nadar. **2.** Deporte de nadar.

[2] **na·tal** [natál] *adj* Relativo al nacimiento o al lugar donde se ha nacido.

[1] **na·ta·li·cio, -ia** [nataliθjo] **I.** *adj* Relativo al día del nacimiento. **II.** *s/m* Nacimiento.

[2] **na·ta·li·dad** [nataliðáð] *s/f* Proporción de nacimientos en un territorio o tiempo determinado.

[1] **na·ta·to·rio, -ia** [natatórjo] *adj* Relativo a la natación.

[1] **na·ti·llas** [natíʎas] *s/f,pl* Dulce de huevo, leche y azúcar.

[1] **na·ti·vi·dad** [natiβiðáð] *s/f may* Festividad que conmemora el nacimiento de Jesucristo.

[3] **na·ti·vo, -va** [natíβo] **I.** *adj* Relativo al lugar donde se ha nacido. **II.** *s/m,f* Persona que ha nacido en el lugar de que se trata.

[2] **na·to, -ta** [náto] *adj* **1.** De nacimiento. **2.** Relativo al título o dignidad que conlleva un cargo.

[5] **na·tu·ral** [naturál] **I.** *adj* **1.** Relativo a la naturaleza. **2.** Que ha ocurrido según las leyes de la naturaleza. **3.** Que no ha experimentado transformación ni cambio. **4.** A temperatura ambiente. **5.** Espontáneo en su comportamiento. **6.** Nacido en el lugar que se expresa: *Es natural de Costa Rica*. **6.** Propio de alguien o algo desde el principio. **7.** Se dice de los días que

computan oficialmente en los plazos administrativos. **II.** *s/m* **1.** Persona que ha nacido en un lugar determinado. **2.** Manera de ser. RPr **Natural de/en**.

5 **na·tu·ra·le·za** [naturaléθa] *s/f* **1.** Conjunto de todo lo que existe en el universo. **2.** Lugar deshabitado o no manipulado por el hombre. **3.** Conjunto de elementos esenciales de algo. **4.** Ciudadanía.

3 **na·tu·ra·li·dad** [naturaliðáð] *s/f* Espontaneidad y sencillez en la manera de ser.

2 **na·tu·ra·lis·mo** [naturalísmo] *s/m* Movimiento artístico que pretende reflejar la naturaleza tal cual es.

2 **na·tu·ra·lis·ta** [naturalísta] *adj s/m,f* Relativo al naturalismo o seguidor de esta corriente.

1 **na·tu·ra·li·za·ción** [naturaliθaθjón] *s/f* Acción o resultado de naturalizar(se).

1 **na·tu·ra·li·zar** [naturaliθár] *tr* REFL(*-se*) Conceder un Estado el estatuto de nacionalidad a quien es de otro país.
ORT Ante *e* la *z* cambia a *c: Naturalice.*

na·tu·ris·mo [naturísmo] *s/m* Doctrina que defiende un régimen de vida natural o en contacto con la naturaleza.

1 **na·tu·ris·ta** [naturísta] *adj s/m,f* Relativo al naturismo o seguidor de él.

2 **nau·fra·gar** [naufraɣár] *intr* **1.** Hundirse un barco. **2.** Fracasar.
ORT Ante *e* la *g* cambia a *gu: Naufrague.*

2 **nau·fra·gio** [naufráxjo] *s/m* Acción o resultado de naufragar (1).

2 **náu·fra·go, -ga** [náufraɣo] *adj s/m,f* Quien ha sufrido un naufragio.

2 **náu·sea** [náusea] *s/f* **1.** Ganas de vomitar. **2.** Asco, repugnancia.

1 **nau·sea·bun·do, -da** [nauseaβúndo] *adj* Que causa náusea.

1 **náu·ti·ca** [náutika] *s/f* Arte de navegar.

2 **náu·ti·co, -ca** [náutiko] *adj* Relativo a la náutica o a la navegación.

2 **na·va·ja** [naβáxa] *s/f* **1.** Objeto cortante de hoja móvil y punzante. **2.** Molusco comestible, con conchas alargadas. LOC **A punta de navaja,** intimidación con una navaja abierta.

1 **na·va·ja·zo** [naβaxáθo] *s/m* Golpe o herida de navaja.

1 **na·va·je·ro, -ra** [naβaxéro] **I.** *adj* Relativo a la navaja. **II.** *s/m,f* Delincuente que intimida con una navaja.

3 **na·val** [naβál] *adj* Relativo a las naves o a la navegación.

4 **na·ve** [náβe] *s/f* **1.** Embarcación con cubierta, grande, a vela o a motor. **2.** Vehículo que se desplaza por el aire. **3.** Local de grandes dimensiones.

1 **na·ve·ga·ble** [naβeɣáβle] *adj* Que permite la navegación.

3 **na·ve·ga·ción** [naβeɣaθjón] *s/f* Acción o resultado de navegar.

1 **na·ve·ga·dor, -ra** [naβeɣaðór] *s/m* COMP Aplicación informática que permite navegar por Internet.

2 **na·ve·gan·te** [naβeɣánte] *adj s/m,f* Que navega.

3 **na·ve·gar** [naβeɣár] *intr* **1.** Desplazarse en barco o en avión. **2.** Recorrer las páginas de Internet buscando información.
ORT Ante *e* la *g* cambia a *gu: Navegue.*

4 **na·vi·dad** [naβiðáð] *s/f* **1.** Fiesta que conmemora el nacimiento de Jesucristo. **2.** (En *pl, may*) Periodo de tiempo entre el 25 de diciembre y el 6 de enero.

2 **na·vi·de·ño, -ña** [naβiðéɲo] *adj* Relativo a la Navidad.

na·vie·ra [naβjéra] *s/f* Empresa que tiene o fleta barcos.

1 **na·vie·ro, -ra** [naβjéro] **I.** *adj* Relativo a las naves o a la navegación. **II.** *s/m,f* Propietario de una naviera.

2 **na·vío** [naβío] *s/m* Buque de grandes dimensiones.

3 **na·zi** [náθi] *adj s/m,f* Relativo al nazismo.

2 **na·zis·mo** [naθísmo] *s/m* Nacismo.

2 **ne·bli·na** [neβlína] *s/f* Niebla poco densa.

1 **ne·bu·lo·sa** [neβulósa] *s/f* Masa de materia cósmica luminosa y difusa.

1 **ne·bu·lo·so, -sa** [neβulóso] *adj* **1.** Relativo a lo que tiene niebla o nubes. **2.** Poco claro.

1 **ne·ce·dad** [neθeðáð] *s/f* **1.** Cualidad de necio. **2.** Acción o dicho necio.

5 **ne·ce·sa·rio, -ia** [neθesárjo] *adj* Imprescindible.

1 **ne·ce·ser** [neθesér] *s/m* Estuche con los utensilios para el aseo personal.

5 **ne·ce·si·dad** [neθesiðáð] *s/f* **1.** Cualidad de necesario. **2.** Carencia de lo básico para vivir. **3.** (*frec* en *pl*) Cosas que alguien necesita. **4.** Cosa que es o se siente como necesaria: *Siente la necesidad de viajar.*
LOC **De primera necesidad,** imprescindible. **Hacer alguien sus necesidades,** defecar.

2 **ne·ce·si·ta·do, -da** [neθesitáðo] *adj s/m,f* **1.** Que está falto de lo que se expresa. **2.** Que carece de lo necesario para vivir. RPr **Necesitado de**.

⑤ **ne·ce·si·tar** [neθesitár] *tr* Tener necesidad de algo. RPr **Necesitar de**.

② **ne·cio, -ia** [néθjo] *adj s/m,f* Ignorante, imprudente.

① **né·co·ra** [nékora] *s/f* Crustáceo marino de carne muy apreciada.

ne·cró·fa·go, -ga [nekrófaγo] *adj* Que se alimenta de cadáveres.

① **ne·cro·fi·lia** [nekrofílja] *s/f* 1. Tendencia morbosa a la muerte. 2. Práctica sexual con cadáveres.

ne·cro·lo·gia [nekroloχía] *s/f* Nota sobre las personas que han muerto.

① **ne·cro·ló·gi·co, -ca** [nekrolóχiko] I. *adj* Relativo a la necrología. II. *s/f* Nota que informa de la muerte de alguien.

ne·cro·man·cia [nekrománθja] *s/f* Arte de predecir el futuro evocando a los muertos.

① **ne·␣cró·po·lis** [nekrópolis] *s/f* Lugar donde se entierra a los muertos.

① **ne·cro·sis** [nekrósis] *s/f* Muerte de un tejido corporal.

① **néc·tar** [néktar] *s/m* 1. Sustancia azucarada de ciertas flores. 2. Bebida muy agradable.

nec·ta·ri·na [nektarína] *s/f* Fruta que resulta de injertar un melocotonero y un ciruelo.

① **neer·lan·dés, -de·sa** [neerlandés] *adj s/m,f* De Holanda.

① **ne·fan·do, -da** [nefándo] *adj* Moralmente repugnante.

② **ne·fas·to, -ta** [nefásto] *adj* Desastroso, muy malo.

① **ne·frí·ti·co, -ca** [nefrítiko] *adj* Relativo a los riñones.

② **ne·ga·ción** [neγaθjón] *s/f* Acción o resultado de negar.

② **ne·ga·do** [neγáðo] LOC **Ser un negado,** no ser apto para algo.

⑤ **ne·gar** [neγár] I. *tr* 1. Decir que no a lo que se pide. 2. Declarar la no existencia de algo. II. REFL(-se) Rechazar. RPr **Negarse a**.
CONJ *Irreg: Niego, negué, negaré, negado.*

③ **ne·ga·ti·va** [neγatíβa] *s/f* Acción o resultado de negar algo.

④ **ne·ga·ti·vo, -va** [neγatíβo] I. *adj* 1. Que niega. 2. Que se valoran los aspectos no positivos de algo. 3. (*análisis, pruebas médicas*) Que no hay signos de enfermedad. 4. Desfavorable. II. *s/m* Película fotográfica revelada.

ne·gli·gé [neγlijé] *s/m* Bata ligera que usa la mujer para estar en casa.

② **ne·gli·gen·cia** [neγliχénθja] *s/f* Falta de cuidado o atención.

① **ne·gli·gen·te** [neγliχénte] *adj* Descuidado, falto de cuidado y atención.

① **ne·go·cia·ble** [neγoθjáβle] *adj* Que se puede negociar.

⑤ **ne·go·cia·ción** [neγoθjaθjón] *s/f* Acción o resultado de negociar.

② **ne·go·cia·do** [neγoθjáðo] *s/m* Sección administrativa que se cuida de un asunto.

② **ne·go·cia·dor, -ra** [neγoθjaðór] *adj s/m,f* Que negocia.

① **ne·go·cian·te** [neγoθjánte] *adj s/m,f* 1. Que se dedica a los negocios. 2. Que busca sacar provecho excesivo de cualquier actividad.

④ **ne·go·ciar** [neγoθjár] I. *intr* Realizar una actividad comercial para obtener beneficio. II. *tr* 1. Dialogar para resolver un conflicto. 2. Operar en bolsa.

⑤ **ne·go·cio** [neγóθjo] *s/m* 1. Acción o resultado de negociar. 2. Diferencia a favor entre el precio de coste y el precio de venta. 3. Establecimiento comercial.
Negocio redondo, el que proporciona mucha ganancia.

① **ne·gre·ar** [neγreár] *intr* Adquirir el color negro o un tono más oscuro.

① **ne·gre·ro, -ra** [neγréro] *adj s/m,f* Relativo al comercio de esclavos o a quien comercia con ellos.

ne·gri·ta [neγríta] *s/f* Tipo de letra con trazo grueso.

① **ne·gri·tud** [neγritúð] *s/f* 1. Cualidad de negro. 2. Conjunto de características de las personas de raza negra.

⑤ **ne·gro, -gra** [néγro] I. *adj* 1. Que carece de luz y es totalmente oscuro. 2. MÚS Que dura la mitad que una blanca. 3. Triste, desgraciado. 4. FIG (*Estar ~*) Muy enfadado. 5. Malo: *Ha sido un año negro*. 6. Relativo a la muerte o a sucesos trágicos: *Humor negro*. 6. (*dinero*) Ilegal. 7. Se dice de las aguas sucias. II. *adj s/m,f* Persona de piel muy morena u oscura. III. *s/m,f* COL Persona que trabaja, pero cuyo beneficio se lleva otro. LOC **Pasarlas negras,** pasarlo muy mal. **Verse alguien negro,** encontrar dificultades (para hacer algo).

① **ne·groi·de** [neγróiðe] *adj* Con rasgos de la raza negra o tirando a negro.

① **ne·gru·ra** [neγrúra] *s/f* Cualidad de negro.

NEU·RO·TO·XI·CO·LO·GÍA

[1] **ne·gruz·co, -ca** [neɣrúθko] *adj* Que se aproxima al color negro.

ne·mo·tec·nia [nemotéknja] *s/f* Técnicas para aumentar la capacidad de retención de la memoria.

ne·mo·téc·ni·ca [nemoték nika] *s/f* Nemotecnia.

ne·mo·téc·ni·co, -ca [nemotékniko] *adj* Que ayuda a memorizar.

[3] **ne·ne, -na** [néne] *s/m,f* Niño de corta edad.

[1] **ne·nú·far** [nenúfar] *s/m* BOT Planta acuática, con grandes hojas y flores blancas.

neo·ce·lan·dés, -de·sa [neoθelandés] *adj s/m,f* De Nueva Zelanda.

[1] **neo·cla·si·cis·mo** [neoklasiθísmo] *s/m* ART Movimiento cultural, artístico y literario del siglo XVIII, que trata de recuperar la Antigüedad Clásica.

[2] **neo·clá·si·co, -ca** [neoklásiko] *adj s/m,f* Relativo al neoclasicismo o partidario de él.

[1] **neo·co·lo·nial** [neokolonjál] *adj* Relativo a los territorios que acaban de obtener la independencia.

[1] **neó·fi·to, -ta** [neófito] *adj s/m,f* **1.** Persona recién bautizada. **2.** Quien acaba de incorporarse a un grupo, ideología, etc.

[3] **neo·li·be·ral** [neoliβerál] *adj s/m,f* Relativo al neoliberalismo o partidario de él.

[2] **neo·li·be·ra·lis·mo** [neoliβeralísmo] *s/m* Sistema económico que propugna una intervención mínima del Estado en las relaciones de mercado.

[1] **neo·lí·ti·co, -ca** [neolítiko] *adj s/m may* Relativo al periodo prehistórico anterior a la Edad de los Metales (7000 a.C.).

[1] **neo·lo·gis·mo** [neoloxísmo] *s/m* Palabra o expresión recién incorporada a una lengua.

[1] **ne·ón** [neón] *s/m* Gas incoloro e inodoro, usado en el alumbrado fluorescente.

[1] **neo·na·to, -ta** [neonáto] *adj* Recién nacido.

[2] **neo·yor·qui·no, -na** [neojorkíno] *adj s/m,f* De Nueva York.

[1] **neo·ze·lan·dés, -de·sa** [neoθelandés] *adj s/m,f* Neocelandés.

[1] **ne·pa·lés, -le·sa** [nepalés] *adj s/m,f* De Nepal.

[1] **ne·po·tis·mo** [nepotísmo] *s/m* Favoritismo a favor de los familiares en la asignación de cargos públicos.

[1] **ner·va·du·ra** [nerβaðúra] *s/f* Moldura saliente.

[3] **ner·vio** [nérβjo] *s/m* **1.** Fibra orgánica que transmite impulsos sensoriales y motores. **2.** (en *pl*) Estado de gran agitación o ansiedad. **3.** Fuerza, vigor. **4.** Cada una de las fibras que forman la estructura radiada de las hojas. **5.** Moldura saliente en un arco o bóveda.

[1] **ner·vio·si·dad** [nerβjosiðáð] *s/f* Nerviosismo.

[2] **ner·vio·sis·mo** [nerβjosísmo] *s/m* Estado de tensión o agitación.

[4] **ner·vio·so, -sa** [nerβjóso] *adj* **1.** Relativo a los nervios. **2.** Muy excitado, o fácilmente excitable.

[1] **nes·ca·fé** [neskafé] *s/m* Café soluble.

[3] **ne·to, -ta** [néto] *adj* **1.** Que se percibe con claridad. **2.** Se dice del peso, cantidad, etc., calculado tras descontar lo que se puede o debe deducir (tara, impuestos, etc.).

[2] **neu·má·ti·co, -ca** [neumátiko] **I.** *adj* Que funciona con aire. **II.** *s/m* Cubierta de caucho con aire comprimido, que se coloca sobre las llantas de un vehículo.

[2] **neu·mo·nía** [neumonía] *s/f* Inflamación de los pulmones.

[1] **neu·ra** [néura] *s/f* Obsesión.

[1] **neu·ral·gia** [neurálxia] *s/f* Dolor en un nervio.

[1] **neu·rál·gi·co, -ca** [neurálxiko] *adj* **1.** MED Relativo a la neuralgia. **2.** Muy importante o fundamental.

[1] **neu·ras·te·nia** [neurasténja] *s/f* Enfermedad nerviosa que afecta negativamente a las facultades mentales.

neu·ras·té·ni·co, -ca [neurasténiko] *adj s/m,f* Relativo a la neurastenia o que la padece.

[1] **neu·ro·lo·gía** [neuroloxía] *s/f* Especialidad que se ocupa de las enfermedades nerviosas.

[1] **neu·ro·ló·gi·co, -ca** [neurolóxiko] *adj* Relativo a los nervios.

[1] **neu·ró·lo·go, -ga** [neuróloɣo] *s/m,f* Especialista en neurología.

[2] **neu·ro·na** [neuróna] *s/f* Célula nerviosa.

[1] **neu·ro·nal** [neuronál] *adj* Relativo a la neurona.

[1] **neu·ro·pa·tía** [neuropatía] *s/f* MED Enfermedad nerviosa.

[2] **neu·ro·sis** [neurósis] *s/f* Enfermedad mental caracterizada por trastornos de la personalidad.

[2] **neu·ró·ti·co, -ca** [neurótiko] *adj s/m,f* Relativo a la neurosis o que la padece.

neu·ro·to·xi·co·lo·gía [neurotoksikoloxía]

NEU·TRAL

s/f MED Especialidad médica que estudia las sustancias perjudiciales o nocivas para los nervios.

2 **neu·tral** [neutrál] *adj s/m,f* Que no toma partido por ninguna de las partes en conflicto.

2 **neu·tra·li·dad** [neutraliðáð] *s/f* Cualidad de neutral.

1 **neu·tra·li·za·ción** [neutraliθaθjón] *s/f* Acción o resultado de neutralizar.

2 **neu·tra·li·zar** [neutraliθár] *tr* REFL(-se) 1. Contrarrestar el efecto de una causa con la acción contraria. 2. Matar a alguien. 3. Reducir a alguien por la fuerza. 4. Dejar fuera de combate al enemigo.
ORT Ante *e* la *z* cambia a *c: Neutralice.*

2 **neu·tri·no** [neutríno] *s/m* FÍS Partícula de electricidad de carga neutra y con una masa de tamaño muy reducido.

2 **neu·tro, -tra** [néutro] *adj* 1. Sin características definidas. 2. Se aplica a la sustancia que no es ácida ni básica. 3. Que no toma partido por las partes en un debate o conflicto. 4. Se dice de las palabras que no son ni masculinas ni femeninas.

2 **neu·trón** [neutrón] *s/m* Parte del núcleo del átomo sin carga eléctrica.

2 **ne·va·da** [neβáða] *s/f* Acción o resultado de nevar.

3 **ne·var** [neβár] *intr* Caer nieve.
CONJ *Irreg: Nieva, nevó, nevará, nevado.*

2 **ne·ve·ra** [neβéra] *s/f* 1. Electrodoméstico para conservar alimentos con el frío. 2. Lugar donde hace mucho frío.

ne·vis·ca [neβíska] *s/f* Nevada de poca intensidad.

ne·vis·car [neβiskár] *intr* Nevar con poca intensidad.
ORT Ante *e* la *c* cambia a *qu: Nevisque.*

2 **ne·xo** [né(k)so] *s/m* Elemento de unión.

5 **ni** [ní] *conj* 1. Enlaza dos oraciones, o dos elementos de una oración. 2. Refuerza lo expresado en una oración negativa.

3 **ni·ca·ra·güen·se** [nikaraɣwénse] *adj s/m,f* De Nicaragua.

ni·ca·ra·güe·ño, -ña [nikaraɣwéɲo] *adj s/m,f* Nicaragüense.

2 **ni·cho** [nítʃo] *s/m* 1. Cavidad en una pared. 2. Cavidad en un cementerio para colocar los cadáveres.

1 **ni·co·ti·na** [nikotína] *s/f* Sustancia alcalina venenosa del tabaco.

ni·da·da [niðáða] *s/f* Conjunto de los huevos o polluelos de un nido.

1 **ni·dal** [niðál] *s/m* Lugar donde las aves ponen sus huevos.

ni·di·fi·car [niðifikár] *intr* Preparar las aves sus nidos.
ORT Ante *e* la *c* cambia a *qu: Nidifique.*

3 **ni·do** [níðo] *s/m* 1. Lugar donde las aves ponen sus huevos. 2. Lugar donde se refugian maleantes o personas indeseables. 3. Escondrijo.

3 **nie·bla** [njéβla] *s/f* Concentración densa de vapor de agua en la capa inferior de la atmósfera.

4 **nie·to, -ta** [njéto] *s/m,f* Hijo o hija del hijo o hija de alguien.

3 **nie·ve** [njéβe] *s/f* Agua congelada que cae de las nubes en forma de copos blancos.

NIF [níf] *s/m may* Sigla por 'Número de Identificación Fiscal'.

1 **ni·ge·ria·no, -na** [nixerjáno] *adj s/m,f* De Nigeria.

ni·gro·man·cia [niɣrománθja] *s/f* Arte de adivinar el futuro evocando a los muertos.

ni·gro·man·te [niɣromante] *s/m,f* Persona que practica la nigromancia.

1 **ni·hi·lis·mo** [niilísmo] *s/m* Negación de toda creencia.

1 **ni·hi·lis·ta** [niilísta] *adj s/m,f* Relativo al nihilismo o seguidor de él.

1 **ni·ki** [níki] *s/m* Jersey de manga corta.

ni·lón [nilón; náilon] *s/m* Nylon.

1 **nim·bar** [nimbár] *tr* Rodear la cabeza con una aureola.

nim·bo [nímbo] *s/m* 1. Aureola de luz sobre la cabeza de una imagen religiosa. 2. Nube uniforme de color gris oscuro.

1 **ni·mie·dad** [nimjeðáð] *s/f* Insignificancia.

1 **ni·mio, -ia** [nímjo] *adj* Que no tiene importancia.

2 **nin·fa** [nínfa] *s/f* 1. Deidad que habita en los ríos, bosques o fuentes. 2. Insecto en la última fase de la metamorfosis. 3. Mujer hermosa.

1 **nin·fó·ma·na** [ninfómana] *s/f* Se dice de la mujer con ninfomanía.

nin·fo·ma·nía [ninfomanía] *s/f* Deseo sexual exagerado en la mujer.

5 **nin·gún** [ningún] *adj* Apócope de 'ninguno' (ante *s/m*).

nin·gu·ne·ar [ninguneár] *tr* Valorar poco.

5 **nin·gu·no, -na** [ningúno] *adj pron indef* 1. Expresa la inexistencia de algo. 2. Realza la importancia de lo que se antepone: *El dinero de la hipoteca no era ninguna* *tontería.* LOC **Como ninguno,** más que cualquier otro.

① **ni·ña** [níɲa] *s/f* Abertura del iris, de color oscuro, en el centro del ojo. LOC **Como la(s) niña(s) de sus ojos,** mucho.

ni·ña·da [niɲáða] *s/f* Niñería.

① **ni·ña·to, -ta** [niɲáto] *adj s/m,f* Persona inexperta e inmadura.

ni·ñe·ra [niɲéra] *s/f* Mujer que cuida de los hijos de otros.

① **ni·ñe·ría** [niɲería] *s/f* **1.** Acción o dicho propio de los niños. **2.** Cosa de poca importancia.

① **ni·ñe·ro, -ra** [niɲéro] *adj s/m,f* Que cuida de los niños o que gusta de su compañía.

③ **ni·ñez** [niɲéθ] *s/f* Periodo de la vida desde la infancia hasta la adolescencia.

⑤ **ni·ño, -ña** [níɲo] *s/m,f* Persona en el periodo entre el nacimiento y la adolescencia.

② **ni·pón, -po·na** [nipón] *adj s/m,f* De Japón.

① **ní·quel** [níkel] *s/m* Metal de color blanco, duro e inoxidable. Símbolo *Ni.*

ni·que·la·do [nikeláðo] *s/m* Acción o resultado de niquelar.

ni·que·lar [nikelár] *tr* Recubrir con una capa de níquel.

① **nir·va·na** [nirβána] *s/m* Estado de perfección espiritual, alcanzado mediante la meditación y la disciplina.

① **nís·ca·lo** [získalo] *s/m* Hongo comestible.

① **nís·pe·ro** [níspero] *s/m* **1.** Árbol con fruto ovalado y de color anaranjado, de pulpa comestible y semillas grandes. **2.** Fruto de ese árbol.

② **ni·ti·dez** [nitiðéθ] *s/f* Cualidad de nítido.

② **ní·ti·do, -da** [nítiðo] *adj* **1.** Que se percibe con claridad. **2.** Bien definido, preciso.

① **ni·tra·to** [nitráto] *s/m* Sales del ácido nítrico al combinarse con un radical, usadas principalmente como abonos.

① **ni·tro·ge·na·do, -da** [nitroxenáðo] *adj* Que contiene nitrógeno.

② **ni·tró·ge·no** [nitróxeno] *s/m* Elemento gaseoso, incoloro e insípido, que forma el 79% del aire de la atmósfera. Símbolo *N.*

① **ni·tro·gli·ce·ri·na** [nitroɣliθerína] *s/f* Líquido oleaginoso resultante del ácido nítrico con glicerina. Es un explosivo muy potente.

⑤ **ni·vel** [niβél] *s/m* **1.** Elevación o altura que algo alcanza. **2.** Cada estado, valor, grado, etc., que algo puede alcanzar. **3.** Posición social que disfruta alguien. **4.** Instrumento para verificar la horizontalidad o verticalidad de una superficie. LOC **A nivel, 1,** en un plano horizontal. **2,** a la misma altura: *Paso a nivel.* **3,** en el plano de referencia: *A nivel teórico, rechazan el modelo.*

① **ni·ve·la·ción** [niβelaθjón] *s/f* Acción o resultado de nivelar(se).

④ **ni·ve·lar** [niβelár] *tr* REFL(*-se*) **1.** Poner(se) algo horizontal. **2.** Poner(se) al mismo nivel o categoría.

① **ní·veo, -ea** [níβeo] *adj* Blanco como la nieve.

⑤ **no** [nó] *adv* **1.** Se usa para negar. **2.** Se coloca al final de oraciones, como muletilla o para buscar la aprobación de alguien: *Vienes a la feria, ¿no?* LOC **Y si no...,** en caso contrario.

② **no·bi·lia·rio, -ia** [noβiljárjo] *adj* Relativo a la nobleza.

④ **no·ble** [nóβle] **I.** *adj s/m,f* Se dice de quien obtiene de un rey un título de conde, duque, marqués, etc. **II.** *adj* **1.** Generoso o altruista. **2.** (*animal*) Fiel, obediente. **3.** (*metales, maderas*) De gran calidad o valor.

③ **no·ble·za** [noβléθa] *s/f* **1.** Cualidad de noble (I). **2.** Conjunto de los nobles. **3.** Generosidad o bondad de alguien. **4.** Mansedumbre, docilidad.

⑤ **no·che** [nótʃe] *s/f* Parte del día entre la puesta y la salida del Sol. LOC **De la noche a la mañana,** de manera inesperada.

② **no·che·bue·na** [notʃeβwéna] *s/f* Noche del 24 al 25 de diciembre.

① **no·che·vie·ja** [notʃeβjéxa] *s/f* Noche del 31 de diciembre al 1 de enero.

③ **no·ción** [noθjón] *s/f* **1.** (*Tener ~*) Conocimiento de algo. **2.** (*frec* en *pl*) Conocimiento elemental de algo.

② **no·ci·vo, -va** [noθíβo] *adj* Perjudicial, dañino.

① **noc·tám·bu·lo, -la** [noktámbulo] *adj s/m,f* **1.** Que vaga durante la noche (para divertirse, etc.). **2.** Que tiene lugar durante la noche. **3.** Que se levanta mientras duerme sin ser consciente de ello.

① **noc·tur·ni·dad** [nokturniðáð] *s/f* Cualidad de nocturno.

④ **noc·tur·no, -na** [noktúrno] **I.** *adj* Referido a la noche. **II.** *s/m* Composición musical intimista y melancólica.

② **no·do** [nóðo] *s/m* **1.** Punto de intersección de varios elementos. **4.** COMP Punto en que confluyen las líneas y se accede a una red informática.

① **no·dri·za** [noðríθa] *s/f* **1.** Mujer que amamanta a un niño que no es su hijo. **2.** Se aplica a la nave que abastece de combustible a otro medio de transporte.

2 **no·gal** [noɣál] **I.** *s/m* Árbol cuyo fruto es la nuez. **II.** *adj s/m* Color ocre o de ese color.

2 **nó·ma·da** [nómaða] *adj s/m,f* Sin residencia fija.

1 **no·ma·dis·mo** [nomaðísmo] *s/m* Vida errante de los nómadas.

2 **no·más** [nomás] *adv* **1.** AMER Sólo: *Faltaba nomás que cerrara los ojos.* **2.** AMER Mismo, igual (que), LOC **Ahora nomás,** AMER ahora mismo.

3 **nom·bra·mien·to** [nombramjénto] *s/m* **1.** Acción o resultado de nombrar o documento en que consta.

5 **nom·brar** [nombrár] *tr* **1.** Mencionar el nombre de algo o alguien. **2.** Poner nombre. **3.** Designar a una persona para un cargo o empleo.

5 **nom·bre** [nómbre] *s/m* **1.** Palabra que designa una cosa o persona. **2.** Palabra que identifica a una persona y que precede a los apellidos. **3.** (*De* ~) Reputación, renombre. **4.** GRAM Sustantivo. LOC **Buen nombre,** prestigio de alguien. **Con nombre(s) y apellidos,** de manera directa y precisa. **Sin nombre,** incalificable.

2 **no·men·cla·tu·ra** [nomenklatúra] *s/f* Léxico especializado de una ciencia.

2 **nó·mi·na** [nómina] *s/f* Lista de quienes perciben un sueldo en una empresa o entidad.

2 **no·mi·na·ción** [nominaθjón] *s/f* Acción o resultado de nominar.

2 **no·mi·nal** [nominál] *adj* **1.** Relativo al nombre. **2.** Sólo de nombre, no real.

2 **no·mi·nar** [nominár] *tr* Nombrar.

1 **no·mi·na·ti·vo, ·va** [nominatíβo] **I.** *adj* Relativo a los documentos bancarios en que consta el nombre del beneficiario. **II.** *adj s/m* Caso gramatical que funciona como sujeto.

1 **no·na·ge·na·rio, ·ia** [nonaxenárjo] *adj s/m,f* Que tiene entre 90 y 99 años de edad.

1 **no·na·to, ·ta** [nonáto] *adj* Que no ha nacido aún o ha nacido por medios artificiales.

1 **no·nes** [nónes] *adv* de negación: *Ella le dijo que nones.*

1 **no·no, ·na** [nóno] *adj* Noveno.

1 **no·que·ar** [nokeár] *tr* En boxeo, dejar al rival fuera de combate.

2 **nor·des·te** [norðéste] *s/m* Punto del horizonte entre el norte y el este.

2 **nór·di·co, ·ca** [nórðiko] *adj* Relativo al Norte, y *esp* a los países escandinavos.

2 **no·res·te** [noréste] *s/m* Nordeste.

1 **no·ria** [nórja] *s/f* **1.** Aparato para sacar agua de un pozo mediante una rueda con cangilones o cubos. **2.** Atracción de feria, que consta de una gran rueda giratoria, con vagonetas para la gente.

5 **nor·ma** [nórma] *s/f* Regla o principio.

5 **nor·mal** [normál] *adj* **1.** Según la norma. **2.** Habitual. **3.** (*estar*) En su sano juicio.

3 **nor·ma·li·dad** [normaliðáð] *s/f* Cualidad de normal.

2 **nor·ma·li·za·ción** [normaliθaθjón] *s/f* Acción o resultado de normalizar.

2 **nor·ma·li·zar** [normaliθár] *tr* Hacer que algo o alguien sea normal o se ajuste a una norma.
ORT Ante *e* la *z* cambia a *c: Normalice.*

3 **nor·ma·ti·va** [normatíβa] *s/f* Conjunto de normas que regulan algo.

2 **nor·ma·ti·vi·dad** [normatiβiðáð] *s/f* Cualidad de normativo.

3 **nor·ma·ti·vo, ·va** [normatíβo] *adj* **1.** Relativo a la norma. **2.** Que se ajusta a una norma.

2 **nor·o·es·te** [noroéste] *s/m* Punto del horizonte entre el norte y el oeste.

5 **nor·te** [nórte] **I.** *s/m* **1.** (*may*) Polo de la Tierra en la región ártica, o punto del horizonte que marca esta dirección. **2.** Objetivo que alguien persigue. **II.** *adj* Orientado hacia el norte o situado al norte. LOC **Perder alguien el norte,** desorientarse.

5 **nor·te·a·me·ri·ca·no, ·na** [norteamerikáno] *adj s/m,f* De Norteamérica, *frec* equivalente a los Estados Unidos de América.

2 **nor·te·ño, ·ña** [nortéɲo] *adj* Relativo al norte.

3 **no·rue·go, ·ga** [norwéɣo] *adj s/m,f* De Noruega.

5 **nos** [nós] *pron pers 1ª p p* en función de complemento directo o indirecto. A veces lo usan los reyes o el Papa: *Nos, el rey.*

5 **no·so·tros, ·as** [nosótros] *pron pers 1ª p p* Funciona como sujeto.

3 **nos·tal·gia** [nostálxia] *s/f* Tristeza por la ausencia de seres queridos.

2 **nos·tál·gi·co, ·ca** [nostálxiko] *adj s/m,f* Relativo a la nostalgia.

4 **no·ta** [nóta] *s/f* **1.** Escrito breve y provisional. **2.** Apunte breve para recordar o resumir algo. **3.** Calificación en un examen. **4.** Signo usado para la representación de los sonidos

en la escala musical. **5.** Aspecto, rasgo distintivo. **6.** Cuenta por la consumición o comida. LOC **Dar la nota,** llamar la atención. **De mala nota,** de mala fama o reputación.

no·ta·bi·li·dad [notaβiliðáð] *s/f* Cualidad de notable.

4 **no·ta·ble** [notáβle] **I.** *adj* Destacado, digno de atención. **II.** *s/m* Calificación escolar equivalente a 7-8 sobre diez. **III.** *s/m,pl* Personas importantes.

2 **no·ta·ción** [notaθjón] *s/f* Conjunto de signos usados en una ciencia.

5 **no·tar** [notár] **I.** *tr* **1.** Darse cuenta de algo. **2.** Percibir algo mediante los sentidos. **II.** REFL(-*se*) Ser algo perceptible.

1 **no·ta·ría** [notaría] *s/f* **1.** Trabajo o empleo de notario. **2.** Despacho del notario.

1 **no·ta·ria·do, -da** [notarjáðo] *s/m* Cuerpo de notarios.

1 **no·ta·rial** [notarjál] *adj* Relativo al notario.

3 **no·ta·rio, -ia** [notárjo] *s/m,f* Funcionario público que da fe de la veracidad de contratos, testamentos, etc.

5 **no·ti·cia** [notíθja] *s/f* Comunicación sobre un hecho o acontecimiento.

1 **no·ti·cia·rio** [notiθjárjo] *s/m* Programa televisivo o radiofónico en que se dan las noticias.

2 **no·ti·cie·ro** [notiθjéro] *s/m* **1.** Noticiario. **2.** Periódico.

1 **no·ti·ción** [notiθjón] *s/m* Noticia muy importante.

2 **no·ti·cio·so, -sa** [notiθjóso] **I.** *adj* Relativo a la noticia. **II.** *s/m* AMER Noticiario.

3 **no·ti·fi·ca·ción** [notifikaθjón] *s/f* Acción o resultado de notificar, o documento en que se hace.

3 **no·ti·fi·car** [notifikár] *tr* Comunicar algo a alguien.
ORT Ante *e* la *c* cambia a *qu: Notifique.*

1 **no·to·rie·dad** [notorjeðáð] *s/f* Cualidad de notorio.

3 **no·to·rio, -ia** [notórjo] *adj* Famoso o conocido.

no·va·ta·da [noβatáða] *s/f* (*Dar/Hacer* ~) Broma que se suele hacer a los novatos.

2 **no·va·to, -ta** [noβáto] *adj s/m,f* Que carece de experiencia en algo o es nuevo en un trabajo o centro.

4 **no·ve·cien·tos, -as** [noβeθjéntos] *adj s/m* Nueve veces cien.

4 **no·ve·dad** [noβeðáð] *s/f* **1.** Cualidad de nuevo. **2.** Cosa nueva. LOC **Sin novedad,** sin cambio alguno.

3 **no·ve·do·so, -sa** [noβeðóso] *adj* Que implica novedad.

1 **no·vel** [noβél] *adj* Principiante, inexperto.

4 **no·ve·la** [noβéla] *s/f* **1.** Obra narrativa en prosa. **2.** Género literario de este tipo de obras.

4 **no·ve·lar** [noβelár] **I.** *tr* Narrar en forma de novela. **II.** *intr* Escribir novelas.

1 **no·ve·les·co, -ca** [noβelésko] *adj* **1.** Relativo a la novela. **2.** De ficción o que es fruto de la fantasía.

1 **no·ve·lis·ta** [noβelísta] *s/m,f* Persona que escribe novelas.

1 **no·ve·lís·ti·ca** [noβelístika] *s/f* Género de la novela.

1 **no·ve·lís·ti·co, -ca** [noβelístiko] *adj* Relativo a la novela.

1 **no·ve·lón** [noβelón] *s/m* Novela de gran extensión, pero de poca calidad.

2 **no·ve·na** [noβéna] *s/f* Rezo que se practica durante nueve días.

1 **no·ve·na·rio** [noβenárjo] *s/m* **1.** Periodo de tiempo de nueve días. **2.** Práctica religiosa que dura nueve días.

2 **no·ve·no, -na** [noβéno] *adj s/m,f* **1.** En la posición nueve de una serie. **2.** Cada parte de las nueve en que se divide algo.

4 **no·ven·ta** [noβénta] *adj pron num* Nueve grupos de diez unidades.

no·ven·tón, -to·na [noβentón] *adj s/m,f* Que tiene entre 90 y 99 años de edad.

2 **no·viaz·go** [noβjáθγo] *s/m* Relaciones entre los novios.

1 **no·vi·cia·do** [noβiθjáðo] *s/m* Tiempo de preparación en una orden religiosa, antes de profesar.

1 **no·vi·cio, -ia** [noβíθjo] **I.** *s/m,f* Religioso que se prepara antes de profesar. **II.** *adj s/m,f* Inexperto, novato.

5 **no·viem·bre** [noβjémbre] *s/m* Undécimo mes del año, entre octubre y diciembre.

1 **no·vi·lla·da** [noβiʎáða] *s/f* Corrida en la que se lidian novillos.

1 **no·vi·lle·ro** [noβiʎéro] *s/m,f* Persona que torea novillos.

2 **no·vi·llo, -lla** [noβíʎo] *s/m,f* Toro o vaca joven. LOC **Hacer novillos,** faltar los alumnos a clase.

5 **no·vio, -ia** [nóβjo] *s/m,f* Persona que mantiene una relación amorosa con otra antes de casarse.

1 **nu·ba·rrón** [nuβarrón] *s/m* Nube grande y oscura, que amenaza lluvia.

[4] **nu·be** [núβe] *s/f* **1.** Masa de vapor de agua en la atmósfera. **2.** Sombra en algo transparente. **3.** Acumulación de algo que suele ser molesto: *Una nube de fotógrafos.* LOC **Estar en/por las nubes,** FIG estar distraído. **Estar algo por las nubes,** FIG valer mucho dinero.

[1] **nú·bil** [núβil] *adj s/m,f* En edad de casarse.

[1] **nu·bio, -ia** [núβjo] *adj s/m,f* De Nubia.

[2] **nu·bla·do, -da** [nuβláðo] **I.** *adj* Cubierto de nubes. **II.** *s/m* Nube de gran extensión o conjunto de ellas.

[1] **nu·blar** [nuβlár] *tr* REFL(-se) **1.** Ocultar las nubes el sol, o cubrirse el cielo de ellas. **2.** Enturbiar(se) la vista.

[2] **nu·bo·si·dad** [nuβosiðáð] *s/f* Cualidad de nuboso.

[3] **nu·bo·so, -sa** [nuβóso] *adj* Con nubes.

[3] **nu·ca** [núka] *s/f* Parte posterior de la cabeza, donde ésta se une al cuello.

[4] **nu·cle·ar** [nukleár] *adj* Relativo al núcleo.

nu·clea·ri·zar [nukleariθár] *tr* **1.** Introducir energía nuclear en un lugar. **2.** Dotar de armas atómicas.
ORT Ante *e* la *z* cambia a *c*: *Nuclearice.*

[4] **nú·cleo** [núkleo] *s/m* **1.** Parte central de algo. **2.** Parte más importante de algo. **3.** Conjunto de viviendas: *Núcleos rurales.*

[2] **nu·di·llo** [nuðíʎo] *s/m* (*frec* en *pl*) Articulaciones de los dedos de la mano.

[1] **nu·dis·mo** [nuðísmo] *s/m* Actitud y práctica de quien defiende mantener el cuerpo desnudo.

[1] **nu·dis·ta** [nuðísta] *adj s/m,f* Relativo al nudismo o partidario de él.

[3] **nu·do** [núðo] *s/m* **1.** Lazo o entrelazado de dos cuerpos (cuerdas) flexibles. **2.** Lazo de unión entre personas. **3.** Abultamiento duro en algo sólido. **4.** Junta de un tallo o rama con otros. **5.** Lugar donde se cruzan vías de comunicación. **6.** Unidad de velocidad (1.852 m).

[1] **nu·do·so, -sa** [nuðóso] *adj* Que tiene nudos.

[2] **nue·ra** [nwéra] *s/f* Respecto a una persona, mujer de su hijo.

[5] **nues·tro, -tra** [nwéstro] *adj pron posesivo* de *1ª p pl* Indica posesión o pertenencia. LOC **La nuestra,** ocasión propicia.

[5] **nue·va** [nwéβa] *s/f* Acontecimiento o suceso no conocido hasta que se hace público.

[5] **nue·ve** [nwéβe] *adj s/m* Numeral que equivale a ocho más uno.

[5] **nue·vo, -va** [nwéβo] *adj* **1.** Que surge o se fabrica por primera vez: *El disco nuevo de boleros.* **2.** Que sustituye o acaba de sustituir a algo anterior. **3.** Diferente: *Vive en un nuevo barrio.* **4.** Que no se ha deteriorado. **5.** Que no se ha usado aún o empieza a ser usado: *Mañana estrena zapatos nuevos.*

[2] **nuez** [nwéθ] *s/f* **1.** Fruto del nogal, de cáscara dura y semilla rugosa y comestible. **2.** Abultamiento de la laringe en el exterior de la garganta.

[2] **nu·li·dad** [nuliðáð] *s/f* **1.** Cualidad de nulo. **2.** Persona inepta.

[3] **nu·lo, -la** [núlo] *adj* **1.** Sin valor. **2.** No apto para algo, incapaz.

[1] **nu·men** [númen] *s/m* Inspiración del artista.

nu·me·ra·ble [numeráβle] *adj* Que se puede numerar.

[2] **nu·me·ra·ción** [numeraθjón] *s/f* Acción o resultado de numerar.

[1] **nu·me·ra·dor** [numeraðór] *s/m* Término que expresa el número de partes de una fracción matemática.

[1] **nu·me·ral** [numerál] **I.** *adj* Relativo a los números. **II.** *adj s/m* Relativo a los números o que expresa valor numérico.

[1] **nu·me·rar** [numerár] *tr* Poner números a algo para ordenarlo, clasificarlo, etc.

[1] **nu·me·ra·rio, -ia** [numerárjo] *adj s/m,f* Que forma parte de un organismo con carácter fijo.

[2] **nu·mé·ri·co, -ca** [numériko] *adj* Relativo al número.

[1] **nu·me·ri·to** [numeríto] *s/m* Situación confusa o melodramática.

[5] **nú·me·ro** [número] *s/m* **1.** Conjunto susceptible de ser contado en unidades. **2.** GRAM Accidente gramatical de ciertas partes de la oración (adjetivo, sustantivo, verbo), que expresa singular o plural. **3.** Diario, revista. **4.** Talla o tamaño del calzado, prendas de vestir, etc. **5.** Actuación o atracción de un espectáculo. LOC **En números redondos,** en cantidad aproximada.
Números rojos, saldo negativo.

[5] **nu·me·ro·so, -sa** [numeróso] *adj* De muchos elementos.

[1] **nu·mis·má·ti·ca** [numismátika] *s/f* Estudio de las monedas y medallas.

[5] **nun·ca** [núnka] *adv* **1.** En ningún momento. **2.** Ninguna vez: *Nunca lo volverás a ver.*

nun·cia·tu·ra [nunθjatúra] *s/f* **1.** Cargo y dignidad de nuncio apostólico. **2.** Residencia del nuncio.

NY·LON

[1] **nun·cio** [núnθjo] *s/m* 1. Representante diplomático del Papa en otro Estado. 2. Persona que lleva o trae mensajes.

[2] **nup·cial** [nupθjál] *adj* Relativo a las bodas.

[1] **nup·cias** [núpθjas] *s/f,pl* Boda.

[1] **nu·tria** [nútrja] *s/f* Mamífero que vive en las riberas de los ríos, de piel muy apreciada.

[2] **nu·tri·ción** [nutriθjón] *s/f* Acción o resultado de nutrir(se).

[2] **nu·tri·cio·nal** [nutriθjonál] *adj* Relativo a la nutrición.

[2] **nu·trien·te** [nutrjénte] *adj s/m* Que nutre.

[3] **nu·trir** [nutrír] **I.** *tr* 1. Proporcionar a un organismo las sustancias alimenticias que necesita. 2. (Con *de*) Proporcionar los medios o recursos necesarios para algo. **II.** *REFL(-se)* Alimentarse un ser vivo. RPr **Nutrir(se) con/de**.

[2] **nu·tri·ti·vo, -va** [nutritíβo] *adj* Que nutre o alimenta.

[1] **ny·lon** [nilón; náilon] *s/m* ANGL Fibra textil sintética.

1 **Ñ; ñ** [éɲe] *s/f* Decimoquinta letra del alfabeto español.

ñan·dú [ɲandú] *s/m* Ave corredora, parecida al avestruz, pero de menor tamaño.

ño·ñe·ría [ɲoɲería] *s/f* **1.** Cualidad de ñoño. **2.** Acción o comportamiento ñoño.

ño·ñez [ɲoɲéθ] *s/f* Ñoñería.

1 **ño·ño, -ña** [ɲóɲo] *adj* **1.** Carente de gracia o estilo al hacer o decir las cosas. **2.** Afectado o remilgado en el trato o comportamiento.

1 **ño·ra** [ɲóra] *s/f* Pimiento pequeño y muy picante.

ñu [ɲú] *s/m,f* Rumiante bóvido con cuernos retorcidos, de tamaño inferior al búfalo.

Oo

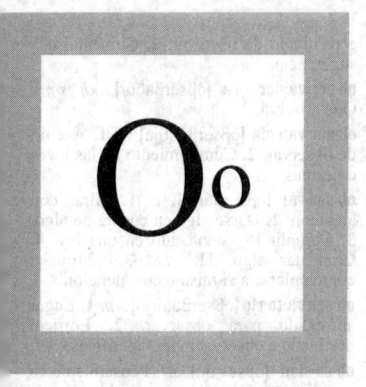

[5] **O; o** [ó] **I.** *s/f* Decimosexta letra del alfabeto español. **II.** *conj* Pone en relación dos opiniones o posibilidades.
ORT Delante de palabras que comienzan por *o*, *ho*, la *conj o* cambia a *u*: *Da igual uno u otro*. Entre cifras, puede acentuarse: *Tiene 48 ó 50 libros*.

[2] **oa·sis** [oásis] *s/m* **1.** Zona con vegetación y agua en un desierto. **2.** Lugar o situación de descanso o alivio: *Un oasis de paz*.

[1] **ob·ce·ca·ción** [oβθekaθjón] *s/f* Acción o resultado de obcecar(se).

[1] **ob·ce·car** [oβθekár] **I.** *tr* Impedir una pasión o un estado de ánimo ver o juzgar algo con claridad. **II.** REFL(-*se*) Mantenerse obstinadamente en su actitud. RPr **Obcecarse con/en/por**.
ORT Ante *e* la *c* cambia a *qu*: *Obceque*.

[4] **o·be·de·cer** [oβeðeθér] **I.** *tr* **1.** Cumplir lo que otro o una ley ordena o impone. **2.** Responder un mecanismo o máquina a la acción que se ejerce sobre ellos. **II.** *intr* (Con *a*) Ser algo el resultado de una causa que se expresa. RPr **Obedecer a**.
CONJ *Irreg: Obedezco, obedecí, obedeceré, obedecido*.

[2] **o·be·dien·cia** [oβeðjénθja] *s/f* **1.** Acción de obedecer. **2.** Cualidad de obediente.

[2] **o·be·dien·te** [oβeðjénte] *adj* Que obedece. RPr **Obediente a**.

[ ] **o·be·lis·co** [oβelísko] *s/m* Poste cuadrangular de gran altura, rematado en forma de pirámide.

[ ] **o·ber·tu·ra** [oβertúra] *s/f* Parte inicial de una obra musical.

[ ] **o·be·si·dad** [oβesiðáð] *s/f* Cualidad de obeso.

[ ] **o·be·so, -sa** [oβéso] *adj* Muy gordo.

[1] **ó·bi·ce** [óβiθe] *s/m* Obstáculo, inconveniente.

[1] **o·bis·pa·do** [oβispáðo] *s/m* **1.** Cargo o dignidad del obispo. **2.** Territorio bajo la autoridad de un obispo.

[4] **o·bis·po, -pa** [oβíspo] *s/m,f* Prelado que gobierna una diócesis.

[1] **ó·bi·to** [óβito] *s/m* Muerte natural de una persona.

o·bi·tua·rio [oβitwárjo] *s/m* Libro en que se registran los fallecimientos y entierros de una parroquia.

[2] **ob·je·ción** [oβχeθjón] *s/f* Acción o resultado de objetar.

ob·je·ta·ble [oβχetáβle] *adj* Que puede o debe ser objetado.

[4] **ob·je·tar** [oβχetár] *tr* Argumentar o razonar en contra de algo.

[1] **ob·je·ti·var** [oβχetiβár] *tr* Dar a algo carácter objetivo.

[3] **ob·je·ti·vi·dad** [oβχetiβiðáð] *s/f* Cualidad de objetivo.

[5] **ob·je·ti·vo, -va** [oβχetíβo] **I.** *adj* **1.** Que actúa con criterios basados en la razón y con imparcialidad. **2.** Relativo al objeto: *Imágenes objetivas del cerebro*. **3.** Que tiene existencia independientemente del sujeto que lo conoce. **4.** Aplicado a exámenes, que sólo admiten una respuesta válida. **II.** *s/m* **1.** (*alcanzar*, *cumplir*, *lograr*) Meta o fin que pretende alcanzarse. **2.** Edificio, instalaciones, etc., elegidos como fin en una operación militar. **3.** Lente por la que pasa la luz del exterior a una cámara (fotográfica, de vídeo, etc.).

[5] **ob·je·to** [oβχéto] *s/m* **1.** Cosa con existencia material, que no es de gran tamaño. En *pl*, cosas: *Objetos personales*. **2.** Cosa sobre la que se piensa, se siente, etc., externa al sujeto: *El objeto de la reflexión*. **3.** Finalidad o propósito que se pretende conseguir.

[2] **ob·je·tor, -ra** [oβχetór] *s/m,f* Que objeta.

o·blea [oβléa] *s/f* Lámina muy fina de agua, harina y otros ingredientes, que se tuesta y se consume como golosina.

o·bli·cui·dad [oβlikwiðáð] *s/f* Cualidad de oblicuo.

[1] **o·bli·cuo, -ua** [oβlíkwo] *adj* **1.** Que no es perpendicular ni paralelo a una línea o plano. **2.** Que no forma ángulo recto.

[5] **o·bli·ga·ción** [oβliɣaθjón] *s/f* **1.** Acción o resultado de tener que cumplir algo o estar obligado a algo. **2.** Título de participación que una empresa vende para obtener capital. **3.** *pl* Conjunto de deberes o cargas.

O·BLI·GAR

[5] **o·bli·gar** [oβliɣár] *tr* **1.** Ordenar o imponer a alguien con autoridad el cumplimiento de algo. **2.** Forzar a hacer algo.
ORT Ante *e* la *g* cambia a *gu: Obligue.*

[2] **o·bli·ga·to·rie·dad** [oβliɣatorjeðáð] *s/f* Cualidad de obligatorio.

[4] **o·bli·ga·to·rio, -ia** [oβliɣatórjo] *adj* Que implica obligación.

[1] **o·bli·te·rar** [oβliterár] *tr* Anular, destruir.

[1] **o·blon·go, -ga** [oβlóngo] *adj* Más largo que ancho, en forma de elipse.

ob·nu·bi·la·ción [oβnuβilaθjón] *s/f* Acción o resultado de obnubilar(se).

[1] **ob·nu·bi·lar** [oβnuβilár] *tr* Ofuscar.

[1] **o·boe** [oβóe] *s/m* Instrumento musical de viento.

[1] **ó·bo·lo** [óβolo] *s/m* Donativo pequeño.

[5] **o·bra** [óβra] *s/f* **1.** Producto de lo que alguien hace. **2.** Producto artístico. **3.** Edificio en construcción.

[1] **o·bra·je** [oβráxe] *s/m* **1.** AMER Obra o trabajo de obrero. **2.** Taller o factoría.

[1] **o·bran·te** [oβránte] *adj* Que obra (*esp* con el significado de 'en manos/en poder de').

[5] **o·brar** [oβrár] **I.** *intr* **1.** Llevar a cabo algo. **2.** Hacer trabajos de reparación o mejora en una vivienda o local. **3.** Estar en manos o en poder de quien se expresa. **II.** *tr* Hacer algo.

[1] **o·bre·ris·ta** [oβrerísta] *adj s/m,f* Defensor de los derechos de los obreros.

[4] **o·bre·ro, -ra** [oβréro] **I.** *s/m,f* Persona que lleva a cabo un trabajo manual a cambio de un salario. **II.** *adj* Relativo a los trabajadores.

[1] **obs·ce·ni·dad** [o(β)sθeniðáð] *s/f* Cualidad de obsceno.

[2] **obs·ce·no, -na** [o(β)sθéno] *adj s/m,f* **1.** Que sugiere o presenta algo relacionado con el sexo. **2.** Indecente o inmoral.

[2] **ob·se·quiar** [oβsekjár] *tr* **1.** Dar un regalo. **2.** Tener atenciones especiales con alguien. RPr **Obsequiar con.**

[1] **ob·se·quio** [oβsékjo] *s/m* **1.** Acción o resultado de obsequiar. **2.** Cosa que se da a alguien para complacerle.

ob·se·quio·si·dad [obsekjosiðáð] *s/f* Cualidad de obsequioso.

[1] **ob·se·quio·so, -sa** [oβsekjóso] *adj* Atento en el trato. RPr **Obsequioso con/para con.**

[1] **ob·ser·va·ble** [oβserβáβle] *adj* Que puede ser observado.

[4] **ob·ser·va·ción** [oβserβaθjón] *s/f* **1.** Acción o resultado de observar. **2.** Comentario o sugerencia.

[3] **ob·ser·va·dor, -ra** [oβserβaðór] *adj s/m,f* Que observa.

[1] **ob·ser·van·cia** [oβserβánθja] *s/f* **1.** Acción de observar. **2.** Cumplimiento de las leyes o normas.

[5] **ob·ser·var** [oβserβár] **I.** *tr* **1.** Mirar con atención. **2.** Darse algún cuenta de algo. **3.** Cumplir lo establecido en una ley. **4.** Comentar algo. **II.** REFL(-se) Mirarse, contemplarse a sí mismo con atención.

[2] **ob·ser·va·to·rio** [oβserβatórjo] *s/m* **1.** Lugar apropiado para observar. **2.** Edificio destinado a observaciones científicas.

[3] **ob·se·sión** [oβsesjón] *s/f* Pensamiento o idea fija. RPr **Obsesión por.**

[3] **ob·se·sio·nar** [oβsesjonár] *tr* REFL(-se) Provocar obsesión. RPr **Obsesionarse con/por.**

[2] **ob·se·si·vo, -va** [oβsesíβo] *adj* Que obsesiona.

[1] **ob·se·so, -sa** [oβséso] *adj s/m,f* Dominado por obsesiones.

[2] **ob·so·le·to, -ta** [oβsoléto] *adj* Caído en desuso.

[1] **obs·ta·cu·li·za·ción** [o(β)stakuliθaθjón] *s/f* Acción o resultado de obstaculizar.

[2] **obs·ta·cu·li·zar** [o(β)stakuliθár] *tr* **1.** Poner obstáculos. **2.** Ser algo un obstáculo.
ORT Ante *e* la *z* cambia a *c: Obstaculice.*

[4] **obs·tá·cu·lo** [o(β)stákulo] *s/m* Cosa que dificulta el paso o la realización de algo.

[5] **obs·tan·te** [o(β)stánte] **No obstante,** sin embargo.

[1] **obs·tar** [o(β)stár] *intr* Ser algo un obstáculo o impedimento. RPr **No obstar para.**
USO Se emplea sólo en las formas de $3^a\,p$ y en forma *negativa.*

[1] **obs·te·tri·cia** [o(β)stetríθja] *s/f* Especialidad a que se ocupa del embarazo, el parto y el puerperio de la mujer.

[1] **obs·ti·na·ción** [o(β)stinaθjón] *s/f* Acción o resultado de obstinar(se).

[2] **obs·ti·nar·se** [o(β)stinárse] REFL(-se) Mantenerse inflexiblemente en una actitud o ideas, sin atender a razones en contra. RPr **Obstinarse en.**

[1] **obs·truc·ción** [o(β)strukθjón] *s/f* Acción o resultado de obstruir.

[2] **obs·truir** [o(β)strwír] **I.** *tr* Impedir el paso o la realización de algo. **II.** REFL(-se) Taparse un conducto.
CONJ *Irreg: Obstruyo, obstruí, obstruiré, obstruido.*

O·CU·LAR

3 **ob·ten·ción** [oβtenθjón] *s/f* Acción o resultado de obtener.

5 **ob·te·ner** [oβtenér] *tr* 1. Conseguir algo. 2. Llegar a un resultado tras análisis o esfuerzo.
CONJ *Irreg: Obtengo, obtuve, obtendré, obtenido.*

1 **ob·tu·ra·dor, ·ra** [oβturaðór] *adj s/m* Que obtura.

1 **ob·tu·rar** [oβturár] *tr* Tapar un conducto.

1 **ob·tu·so, ·sa** [oβtúso] *adj* 1. Que no acaba en punta. 2. Lento de comprensión. 3. Se aplica al ángulo mayor que el recto.

1 **o·bús** [oβús] *s/m* 1. MIL Pieza de artillería mayor que el mortero, para lanzar proyectiles de gran calibre. 2. Proyectil que esta pieza dispara.

1 **ob·viar** [oββjár] *tr* Dejar de lado.

1 **ob·vie·dad** [oββjedáð] *s/f* 1. Cualidad de obvio. 2. Cosa obvia.

3 **ob·vio, ·ia** [óββjo] *adj* Claro, evidente.

1 **o·ca** [óka] *s/f* Ave palmípeda doméstica, de plumaje gris y pies rojizos.
Juego de la oca, juego de mesa.

5 **o·ca·sión** [okasjón] *s/f* 1. Oportunidad o momento favorable para hacer algo. 2. Oportunidad para comprar algo que está en venta. LOC **De ocasión,** (*mercancía*) a precio muy bajo.

2 **o·ca·sio·nal** [okasjonál] *adj* Que ocurre o sucede con poca frecuencia.

4 **o·ca·sio·nar** [okasjonár] *tr* Producir, ser motivo de algo.

2 **o·ca·so** [okáso] *s/m* 1. Momento en que el Sol se pone. 2. Decadencia, final de algo.

4 **oc·ci·den·tal** [o(k)θiðentál] *adj s/m,f* Relativo al occidente, a lo que está en esa dirección, o es natural de esa zona.

3 **oc·ci·den·te** [o(k)θiðénte] *s/m* 1. Punto del horizonte por donde se pone y oculta el Sol. 2. Zona geográfica más cercana a este punto. 3. *may* Estados con economías más desarrolladas.

1 **oc·ci·pi·tal** [o(k)θipitál] *adj* Relativo al occipucio.

oc·ci·pu·cio [o(k)θipúθjo] *s/m* Parte posterior de la cabeza.

2 **o·ceá·ni·co, ·ca** [oθeániko] *adj* 1. Relativo al océano. 2. De grandes dimensiones.

4 **o·céa·no** [oθéano] *s/m* 1. Extensión de agua salada que cubre la mayor parte de la corteza terrestre. 2. Una parte de las cinco en que se divide esta extensión. 3. Gran número o abundancia de algo: *Un océano de escombros.*

1 **o·cea·no·gra·fía** [oθeanoγrafía] *s/f* Ciencia que estudia los mares y océanos.

1 **o·cea·no·grá·fi·co, ·ca** [oθeanoγráfiko] *adj* Relativo a la oceanografía.

o·cha·vo [otʃáβo] *s/m* (*frec* en oraciones negativas) Dinero.

4 **o·chen·ta** [otʃénta] *adj pron* Numeral que equivale a ocho grupos de diez unidades.

o·chen·tón, ·to·na [otʃentón] *adj s/m,f* Que tiene entre 80 y 89 años de edad.

5 **o·cho** [ótʃo] *adj pron* Siete más uno.

3 **o·cio** [óθjo] *s/m* Situación de quien no trabaja.

1 **o·cio·si·dad** [oθjosiðáð] *s/f* Cualidad de ocioso.

2 **o·cio·so, ·sa** [oθjóso] *adj* 1. Que no trabaja. 2. Innecesario.

o·cluir [oklu̯ír] *tr* MED Cerrar o bloquear una cavidad o conducto del organismo.
CONJ *Irreg: Ocluyo, ocluí, ocluiré, ocluido.*

1 **o·clu·sión** [oklusjón] *s/f* Acción o resultado de ocluir(se).

1 **o·clu·si·vo, ·va** [oklusíβo] *adj* Que ocluye o cierra.

2 **o·cre** [ókre] I. *s/m* Mineral terroso, óxido de hierro hidratado. II. *adj s/m* Color amarillo oscuro o de ese color.

oc·ta·e·dro [oktaéðro] *s/m* Cuerpo geométrico de ocho caras triangulares.

1 **oc·ta·na·je** [oktanáxe] *s/m* Número de octanos de un carburante (como la gasolina).

1 **oc·ta·no** [oktáno] *s/m* Unidad de medida para expresar la pureza de los derivados del petróleo.

1 **oc·ta·vi·lla** [oktaβíʎa] *s/f* Impreso con propaganda política.

2 **oc·ta·vo, ·va** [oktáβo] *adj s/m* 1. Que sigue en orden al séptimo. 2. Cada parte de las ocho en que se divide un todo.

1 **oc·to·ge·na·rio, ·ia** [oktoxenárjo] *adj s/m,f* Que tiene entre 80 y 89 años de edad.

1 **oc·to·go·nal** [oktoγonál] *adj* Relativo al octógono.

1 **oc·tó·go·no, ·na** [októγono] *adj s/m* Relativo al polígono de ocho lados.

1 **oc·to·sí·la·bo, ·ba** [oktosílaβo] *adj s/m* Se aplica a la palabra o verso con ocho sílabas.

5 **oc·tu·bre** [oktúβre] *s/m* Décimo mes del año, entre septiembre y noviembre.

2 **o·cu·lar** [okulár] I. *adj* 1. Relativo a los ojos. 2. Que se lleva a cabo con la vista:

421

O·CU·LIS·TA

Inspección ocular. **3.** DER Que está presente y ha visto el hecho de que se trata: *Testigos oculares.* **II.** *s/m* Lente a la que alguien aplica el ojo para ver algo.

[1] **o·cu·lis·ta** [okulísta] *s/m,f* Especialista en el cuidado y tratamiento de los ojos.

[1] **o·cul·ta·ción** [okultaθjón] *s/f* Acción o resultado de ocultar.

[1] **o·cul·ta·mien·to** [okultamjénto] *s/m* Ocultación.

[4] **o·cul·tar** [okultár] **I.** *tr* **1.** Impedir que algo sea visto. **2.** Callar alguien lo que sabe o conoce. **II.** REFL(-se) Esconderse.

[1] **o·cul·tis·mo** [okultísmo] *s/m* Creencias y prácticas de la magia y espiritismo.

[1] **o·cul·tis·ta** [okultísta] **I.** *s/m,f* Que practica el ocultismo o es partidario de él. **II.** *adj* Relativo al ocultismo.

[3] **o·cul·to, -ta** [okúlto] *adj* **1.** Escondido, no visible. **2.** Desconocido.

[4] **o·cu·pa·ción** [okupaθjón] *s/f* **1.** Acción o resultado de ocupar(se). **2.** Actividad o trabajo que alguien desarrolla. **3.** Permanencia de las fuerzas armadas de un país en otro, para tutelarlo. **4.** Cantidad de personas que se alojan en establecimientos hoteleros de un lugar.

[2] **o·cu·pa·cio·nal** [okupaθjonál] *adj* Relativo a la ocupación.

[2] **o·cu·pan·te** [okupánte] *adj s/m,f* Que ocupa una vivienda, un vehículo, etc.

[5] **o·cu·par** [okupár] **I.** *tr* **1.** Llenar un espacio. **2.** Tomar posesión de un territorio o zona. **3.** Desarrollar las tareas y funciones de un puesto o empleo. **4.** Requerir una actividad o tarea la atención de alguien. **5.** Dar un trabajo a alguien. **6.** Llenar un espacio de tiempo con actividades o trabajos: *Aprenda a ocupar su tiempo libre.* **7.** Usar: *¿Cuántas líneas telefónicas puede usted ocupar al mismo tiempo?.* **II.** REFL(-se) Prestar atención, cuidarse de alguien o algo. RPr **Ocuparse de/en**.

[2] **o·cu·rren·cia** [okurrénθja] *s/f* Idea o inspiración repentina que tiene alguien.

[1] **o·cu·rren·te** [okurrénte] *adj s/m,f* Ingenioso, gracioso.

[5] **o·cu·rrir** [okurrír] **I.** *intr* Tener lugar o suceder algo. **II.** REFL(-se) Tener alguien la idea de hacer o decir algo.
USO Se usa sólo en $3^a p$.

[2] **o·da** [óða] *s/f* Composición poética en alabanza de algo o alguien.

[4] **o·diar** [oðjár] *tr* Sentir odio.

[3] **o·dio** [óðjo] *s/m* Sentimiento intenso de aversión y repulsa contra algo o alguien.

[2] **o·dio·so, -sa** [oðjóso] *adj* Que provoca odio o merece ser odiado.

[2] **o·di·sea** [oðiséa] *s/f* Serie de aventuras.

[1] **o·don·to·lo·gía** [oðontoloχía] *s/f* Especialidad que se ocupa de las enfermedades y cuidado de los dientes.

[1] **o·don·to·ló·gi·co, -ca** [oðontolóχiko] *adj* Relativo a la odontología.

[1] **o·don·tó·lo·go, -ga** [oðontóloγo] *s/m,f* Especialista en odontología.

[1] **o·dre** [óðre] *s/m* Recipiente de cuero o piel.

[4] **oes·te** [oéste] *s/m* **1.** Punto del horizonte por donde se oculta el Sol. **2.** Zona geográfica más cercana a este punto.

[2] **o·fen·der** [ofendér] **I.** *tr* Humillar o menospreciar a alguien. **II.** REFL(-se) Molestarse o incomodarse. RPr **Ofenderse con/por**.

[2] **o·fen·sa** [ofénsa] *s/f* Acción o resultado de ofender(se).

[2] **o·fen·si·va** [ofensíβa] *s/f* Acción de atacar, en especial una fuerza armada.

[3] **o·fen·si·vo, -va** [ofensíβo] *adj* **1.** Que ofende. **2.** Relativo a la ofensiva.

[1] **o·fen·sor, -ra** [ofensór] *adj s/m,f* Que ofende.

[4] **o·fer·ta** [oférta] *s/f* **1.** Acción o resultado de ofrecer algo. **2.** Bienes y servicios disponibles en el mercado. **3.** Artículo de precio muy bajo.

[4] **o·fer·tar** [ofertár] *tr* Ofrecer algo (en venta, alquiler, etc.).

[1] **off·set** [ófset] *s/m* Sistema de impresión mediante un clisé especial.

[5] **O·fi·cial** [ofiθjál] **I.** *adj* Relativo a la Administración Pública o al gobierno, y a sus cosas. **II.** *s/m* **1.** Profesional entre aprendiz y maestro de un oficio. **2.** Categoría entre auxiliar y jefe. **3.** En el ejército, graduación comprendida desde alférez hasta capitán.

[2] **o·fi·cia·li·dad** [ofiθjaliðáð] *s/f* **1.** Cualidad de oficial. **2.** Conjunto de los oficiales de un ejército.

[2] **o·fi·cia·lis·ta** [ofiθjalísta] *adj s/m,f* Relativo al oficialismo, o partidario de él.

[1] **o·fi·cia·li·zar** [ofiθjaliθár] *tr* Dar carácter oficial a algo.
ORT Ante *e* la *z* cambia a *c*: *Oficialice*.

[3] **o·fi·ciar** [ofiθjár] *tr* Dirigir un sacerdote las oraciones y ritos de un oficio religioso.
RPr **Oficiar de**.

[5] **o·fi·ci·na** [ofiθína] *s/f* Lugar en que se trabaja o se despachan asuntos.

O·LA

[1] **o·fi·ci·nes·co, -ca** [ofiθinésko] *adj* Relativo a la oficina.

[1] **o·fi·ci·nis·ta** [ofiθinísta] *s/m,f* Empleado de una oficina.

[4] **o·fi·cio** [ofíθjo] *s/m* **1.** Profesión de alguien. **2.** Escrito oficial con los formulismos propios del caso. **3.** Ceremonia o función religiosa. LOC **De oficio,** siguiendo las normas habituales. **Sin oficio ni beneficio,** sin profesión ni trabajo.

[1] **o·fi·cio·so, -sa** [ofiθjóso] *adj* Que no tiene carácter oficial.

[1] **o·fi·dio** [ofíðjo] *s/m* Reptil sin extremidades.

o·fi·má·ti·ca [ofimátika] *s/f* Aplicaciones informáticas para el trabajo de oficina.

o·fi·má·ti·co, -ca [ofimátiko] *adj* Relativo a la ofimática.

[5] **o·fre·cer** [ofreθér] **I.** *tr* **1.** Poner una cosa a disposición de alguien. **2.** Presentar a la vista. **3.** Obsequiar a alguien con algo. **4.** Ofertar una determinada cantidad de dinero. **II.** REFL(-se) **1.** Presentarse alguien para hacer algo. **2.** (*Esp* en frases interrogativas) Desear alguien algo: *¿Se le ofrece algo, señor?* RPr **Ofrecerse a/de/en/para.**
CONJ *Irreg: Ofrezco, ofrecí, ofreceré, ofrecido.*

[2] **o·fre·ci·mien·to** [ofreθimjénto] *s/m* Acción o resultado de ofrecer(se).

[2] **o·fren·da** [ofrénda] *s/f* **1.** Acción de ofrecer. **2.** Cosa que se ofrece.

[2] **o·fren·dar** [ofrendár] *tr* Hacer una ofrenda.

[1] **of·tal·mo·lo·gía** [oftalmoloχía] *s/f* Especialidad que se ocupa de las enfermedades y cuidado de los ojos.

[1] **of·tal·mó·lo·go, -ga** [oftalmóloγo] *s/m,f* Especialista en oftalmología.

[1] **o·fus·ca·ción** [ofuskaθjón] *s/f* **1.** Visión borrosa. **2.** Aturdimiento, falta de claridad mental.

[1] **o·fus·car** [ofuskár] *tr* **1.** Dificultar la visión o hacerla borrosa el exceso de luz. **2.** Aturdir y hacer perder la lucidez mental.
ORT Ante *e* la *c* cambia a *qu: Ofusque.*

[1] **o·gro** [óγro] *s/m,f* **1.** Gigante fantástico y malvado. **2.** Persona muy fea e insociable.

[4] **¡oh!** [ó] *interj* Expresa diferentes estados de ánimo: *¡Oh!, ¡qué vergüenza!*

[1] **oh·mio** [ómjo] *s/m* FÍS Unidad de resistencia eléctrica.

oí·ble [oíβle] *adj* Que se oye o puede oírse.

[1] **oí·das** [oíðas] *adv* LOC **De oídas,** sabiéndolo sólo por haberlo oído.

[4] **oí·do** [oíðo] *s/m* **1.** Sentido que permite captar los sonidos. **2.** Órgano sensorial de la oreja, el oído medio y el oído interno. LOC **Dar/Prestar oído(s),** creer lo que alguien dice. **De oído,** con base en aquello que se escucha. **Duro/Tardo de oído,** que no oye bien.

[5] **oír** [oír] *tr* **1.** Percibir sonidos mediante el sentido del oído. **2.** Prestar atención a lo que alguien dice.
CONJ *Irreg: Oigo, oí, oiré, oído.*

[1] **o·jal** [oχál] *s/m* Abertura en la tela de una prenda de vestir para abrocharla con botones.

¡o·ja·lá! [oχalá] *interj* Expresa el deseo de que suceda lo que se manifiesta.

[1] **o·jea·da** [oχeáða] *s/f* Mirada rápida.

[1] **o·jea·dor, -ra** [oχeaðór] *s/m,f* Persona que ojea la caza.

[2] **o·je·ar** [oχeár] *tr* **1.** Mirar algo superficialmente. **2.** Espantar a los animales para llevarlos hacia los cazadores.

o·jeo [oχéo] *s/m* Acción o resultado de ojear la caza.

[2] **o·je·ra** [oχéra] *s/f* (*frec* en *pl*) Mancha oscura alrededor del ojo.

[1] **o·je·ri·za** [oχeríθa] *s/f* Rechazo o antipatía hacia alguien.

[1] **o·je·te** [oχéte] *s/m* **1.** Agujero pequeño en una tela, reforzado con hilo o aro metálico, para pasar por él un lazo o cordón, o como adorno en bordados. **2.** VULG Ano. **3.** ARG Órgano sexual femenino.

[1] **o·ji·va** [oχíβa] *s/f* Figura formada por dos arcos iguales unidos en uno de sus extremos en forma de punta. *P ext,* arco con esa forma.

[1] **o·ji·val** [oχiβál] *adj* En forma de ojiva.

[5] **o·jo** [óχo] *s/m* **1.** Órgano de la visión. **2.** Vista, mirada. **3.** Agujero que atraviesa algo de parte a parte. **4.** Habilidad para advertir algo. LOC **A ojo,** aproximadamente. **A ojos cerrados,** sin pensarlo. **A ojos vistas,** de manera evidente. **Buen ojo,** acierto. **En un abrir y cerrar de ojos,** muy rápidamente. **No pegar ojo,** no poder dormir. **Ojo por ojo,** haciendo a otro el mismo daño que él ha causado. **Ser todo ojos,** mirar con mucha atención.

¡o·jo! [óχo] *interj* Se usa para avisar, advertir o amenazar: *¡Ojo, que viene el jefe!*

[3] **OK** [okéi] *s/m* LOC De acuerdo.

[4] **o·la** [óla] *s/f* **1.** Movimiento ondulatorio del agua en mares o lagos. **2.** FIG Gran cantidad de algo.

¡O·LE!

1 **¡o·le!, ¡o·lé!** [óle; olé] *interj* Se usa para animar o mostrar aprobación: *¡Ole!, ¡qué bien!*

2 **o·lea·da** [oleáða] *s/f* 1. Golpe de una ola. 2. FIG Gran cantidad de algo.

1 **o·lea·gi·no·so, -sa** [oleaxinóso] *adj* Que tiene aceite.

2 **o·lea·je** [oleáxe] *s/m* Movimiento de un conjunto de olas que se suceden unas a otras.

1 **o·lei·co, -ca** [oléiko] *adj* Relativo al ácido de las materias grasas.

o·lei·co·la [oleíkola] *adj* Relativo a la oleicultura.

o·lei·cul·tu·ra [oleikultúra] *s/f* Arte del cultivo del olivo.

2 **ó·leo** [óleo] *s/m* 1. Aceite que se emplea en determinadas ceremonias religiosas. 2. Pintura de colores disueltos en aceite, o técnica de pintar así.

1 **o·leo·duc·to** [oleoðúkto] *s/m* Tuberías para llevar el petróleo a grandes distancias.

4 **o·ler** [olér] I. *tr* 1. Percibir los olores mediante el sentido del olfato. 2. Intuir o sospechar algo. II. *intr* Producir o exhalar un olor determinado: *La ropa olía a gasolina*. III. REFL(-se) Imaginarse algo que puede ocurrir. RPr **Oler a**.
CONJ *Irreg*: Huelo, olí, oleré, olido.

2 **ol·fa·te·ar** [olfateár] *tr* 1. Oler insistentemente, aspirando por la nariz. 2. Oler el aire un animal para orientarse. 3. Intuir o sospechar algo.

ol·fa·teo [olfatéo] *s/m* Acción o resultado de olfatear.

1 **ol·fa·ti·vo, -va** [olfatíβo] *adj* Relativo al olfato.

2 **ol·fa·to** [olfáto] *s/m* 1. ANAT Sentido con que se perciben los olores. 2. Capacidad para intuir o sospechar algo.

1 **o·li·gar·ca** [oliɣárka] *s/m,f* Miembro de una oligarquía.

2 **o·li·gar·quía** [oliɣarkía] *s/f* Sistema de gobierno por un grupo reducido de personas.

2 **o·li·gár·qui·co, -ca** [oliɣárkiko] *adj* Relativo a la oligarquía.

1 **o·li·go·fré·ni·co, -ca** [oliɣofréniko] *adj s/m,f* Relativo a la oligofrenia, o que la padece.

1 **o·li·go·po·lio** [oliɣopóljo] *s/m* Control del mercado por unos pocos, eliminando la competencia.

1 **o·lim·pía·da; o·lim·pia·da** [olimpíaða; olimpjáða] *s/f* Conjunto de competiciones deportivas internacionales que se celebran cada cuatro años.

3 **o·lím·pi·co, -ca** [olímpiko] *adj* 1. Relativo a la Olimpiada. 2. De actitud altiva.

1 **o·lis·que·ar** [oliskeár] *tr* 1. Oler con insistencia. 2. Curiosear.

2 **o·li·va** [olíβa] I. *s/f* Aceituna (fruto del olivo). II. *adj* De color verde oscuro.

o·li·vá·ceo, -ea [oliβáθeo] *adj* Del color de la oliva verde.

3 **o·li·var** [oliβár] *s/m* Terreno plantado de olivos.

1 **o·li·va·re·ro, -ra** [oliβaréro] I. *adj* Relativo al cultivo del olivo y aceite. II. *s/m,f* Persona dedicada al cultivo del olivo.

2 **o·li·vo** [olíβo] *s/m* Árbol cuyo fruto es la aceituna.

3 **o·lla** [óʎa] *s/f* 1. Vasija redonda, con dos asas, que se usa para cocinar. 2. Comida típica española con garbanzos, carne, tocino y verduras.

2 **ol·mo** [ólmo] *s/m* Árbol de hojas ovaladas, caducas y vellosas por el envés.

o·ló·gra·fo, -fa [olóɣrafo] *adj s/m* Se aplica al testamento escrito personalmente por quien lega sus bienes.

4 **o·lor** [olór] *s/m* Sustancias que se desprenden de algo y pueden ser percibidas por el olfato.

2 **o·lo·ro·so, -sa** [oloróso] *adj* 1. Que desprende cierto olor. 2. (También *s*) (*vinos*) De aroma fuerte y aromático.

1 **ol·vi·da·di·zo, -za** [olβiðaðíθo] *adj* Se dice de quien olvida fácilmente.

5 **ol·vi·dar** [olβiðár] *tr* REFL(-se) Dejar de retener algo en la memoria. RPr **Olvidarse de**.

3 **ol·vi·do** [olβíðo] *s/m* 1. Acción o resultado de olvidar. 2. Cosa que se olvida.

2 **om·bli·go** [ombliɣo] *s/m* 1. Cicatriz rugosa con aspecto de hoyo, que queda en el vientre tras cortar el cordón umbilical. 2. Parte central de algo.

1 **o·mi·no·so, -sa** [ominóso] *adj* Despreciable.

2 **o·mi·sión** [omisjón] *s/f* Acción o resultado de omitir.

1 **o·mi·so** [omíso] LOC **Hacer caso omiso**, no atender a lo que se expresa.

2 **o·mi·tir** [omitír] *tr* 1. Dejar de hacer algo 2. No mencionar.

2 **óm·ni·bus** [ómniβus] *s/m* 1. AMER Autobús 2. PAR UR Autobús urbano.

1 **om·ní·mo·do, -da** [omnímoðo] *adj* Que lo abarca todo.

1 **om·ni·po·ten·cia** [omnipoténθja] *s/f* Cualidad de omnipotente.

[2] **om·ni·po·ten·te** [omnipoténte] *adj* Que puede hacerlo todo.

[1] **om·ni·pre·sen·cia** [omnipresénθja] *s/f* Cualidad de omnipresente.

[2] **om·ni·pre·sen·te** [omnipresénte] *adj* Que está presente en todas partes.

[1] **om·nis·cien·cia** [omnisθjénθja] *s/f* Cualidad de omnisciente.

[1] **om·nis·cien·te** [omnisθjénte] *adj* Que lo sabe todo.

[1] **om·ní·vo·ro, -ra** [omníβoro] *adj s/m,f* Que come de todo.

[1] **o·mo·pla·to; o·mó·pla·to** [omopláto; omóplato] *s/m* Huesos planos y triangulares en la parte superior de la espalda.

o·na·gro [onáɣro] *s/m* Asno salvaje.

[1] **o·na·nis·mo** [onanísmo] *s/m* Masturbación masculina.

[4] **on·ce** [ónθe] *adj pron* Numeral que equivale a diez unidades más una.

on·cea·vo, -va [onθeáβo] *adj s/m* Cada una de las once partes de un todo.

[1] **on·ce·no, -na** [onθéno] *adj s/m* Situado en la posición once de una serie.

[1] **on·co·lo·gía** [onkoloχía] *s/f* MED Especialidad que estudia los tumores cancerígenos.

[1] **on·co·ló·gi·co, -ca** [onkolóχiko] *adj* Relativo a la oncología.

[1] **on·có·lo·go, -ga** [onkóloɣo] *s/m,f* Especialista en oncología.

[4] **on·da** [ónda] *s/f* 1. Curva o serie de ellas que se forman en una superficie y se propagan por ella. 2. AMER Modo o estilo de vida: *La onda de la modernidad.* LOC **Coger la onda,** comprender lo que otro quiere decir. **Estar en la onda,** compartir determinadas ideas o manera de ser.

[1] **on·de·ar** [ondeár] *intr* Formarse ondas sobre la superficie del agua u otras superficies flexibles.

[1] **on·du·la·ción** [ondulaθjón] *s/f* 1. Acción o resultado de ondular(se). 2. Superficie ondulada.

[1] **on·du·la·do, -da** [onduláðo] I. *adj* En forma de ondas. II. *s/m* Acción o resultado de ondular.

[1] **on·du·lan·te** [ondulánte] *adj* Que tiene o hace ondas.

[2] **on·du·lar** [ondulár] *tr* Formar ondas.

[1] **on·du·la·to·rio, -ia** [ondulatórjo] *adj* Se dice del movimiento en forma de ondas.

[2] **o·ne·ro·so, -sa** [oneróso] *adj* 1. Difícil de soportar. 2. DER Que se adquiere a cambio de algo (dinero, etc.).

O·PE·RAR

[2] **ONG** [óeneχe] Sigla por 'Organización No Gubernamental'.

[1] **ó·ni·ce** [óniθe] *s/m* Ágata veteada y fina.

[1] **o·ní·ri·co, -ca** [oníriko] *adj* Relativo a los sueños.

[1] **on li·ne** [onláin] *adj adv* 1. ANGL En conexión con la unidad central. 2. Al instante.

o·no·más·ti·ca [onomástika] *s/f* Día del santo de alguien.

[1] **o·no·más·ti·co, -ca** [onomástiko] *adj* Relativo a los nombres propios.

[1] **o·no·ma·to·pe·ya** [onomatopéja] *s/f* Imitación del sonido de algo o palabra que lo expresa.

o·no·ma·to·pé·yi·co, -ca [onomatopéjiko] *adj* Relativo a la onomatopeya.

[1] **on·to·lo·gía** [ontoloχía] *s/f* Parte de la metafísica que estudia la naturaleza del ser.

[1] **on·to·ló·gi·co, -ca** [ontolóχiko] *adj* Relativo a la ontología.

[3] **ONU** [ónu] *s/f* Sigla por 'Organización de las Naciones Unidas'.

[1] **on·za** [ónθa] I. *s/f* Unidad de peso (30 g). II. *s/m* Jaguar.

[1] **o·pa·ci·dad** [opaθiðáð] *s/f* Cualidad de opaco.

[2] **o·pa·co, -ca** [opáko] *adj* Que no permite el paso de la luz.

[4] **op·ción** [opθjón] *s/f* 1. Acción o resultado de optar. 2. Posibilidad de elegir.

[1] **op·cio·nal** [opθjonál] *adj* Relativo a la opción.

[4] **ó·pe·ra** [ópera] *s/f* 1. Representación dramática cantada, con acompañamiento musical. 2. Edificio para estas representaciones.

[1] **o·pe·ra·ble** [operáβle] *adj* Que se puede operar.

[5] **o·pe·ra·ción** [operaθjón] *s/f* 1. Acción o resultado de operar. 2. COM Negociación. 3. MED Intervención practicada por un cirujano en el cuerpo humano. 4. MAT Combinación de números para obtener un resultado.

[3] **o·pe·ra·dor, -ra** [operaðór] I. *adj s/m,f* Que opera. II. *s/m,f* Técnico en un determinado trabajo, o en el manejo de un sistema o máquina. III. *s/m* MAT Símbolo que indica el tipo de operación que debe realizarse.

[4] **o·pe·rar** [operár] I. *intr* Llevar a cabo. II. *tr* Intervenir un cirujano quirúrgicamente. III. REFL(-se) 1. Suceder algo. 2. Ser alguien objeto de una operación quirúrgica.

425

O·PE·RA·RIO

[2] **o·pe·ra·rio, -ia** [operárjo] *s/m,f* Obrero en una fábrica o taller.

[1] **o·pe·ra·ti·vi·dad** [operatiβiðáð] *s/f* Cualidad de operativo.

[4] **o·pe·ra·ti·vo** [operatíβo] *adj* Eficaz.

[1] **o·pe·ra·to·rio, -ia** [operatórjo] *adj* Relativo a la intervención quirúrgica.

[1] **o·pe·re·ta** [operéta] *s/f* Ópera de poca extensión y tema frívolo.

[1] **o·pe·rís·ti·co, -ca** [operístiko] *adj* Relativo a la ópera.

[1] **o·piá·ceo, -ea** [opiáθeo] *adj* Que contiene opio o deriva de él.

[1] **o·pi·na·ble** [opináβle] *adj* Susceptible de opinión.

[4] **o·pi·nar** [opinár] *tr* 1. Tener una determinada idea o punto de vista sobre algo. 2. Manifestar alguien sus ideas sobre algo.

[5] **o·pi·nión** [opinjón] *s/f* Juicio, manera de pensar, ideas que alguien tiene sobre algo.

[1] **o·pio** [ópjo] *s/m* Estupefaciente natural que se extrae de la adormidera.

[1] **o·pí·pa·ro, -ra** [opíparo] *adj* Abundante y bueno.

[1] **o·po·nen·te** [oponénte] *adj s/m,f* Contrincante, contrario.

[1] **o·po·ner** [oponér] I. *tr* Poner una cosa contra otra, para impedir algo. II. *REFL(-se)* Mostrar oposición. RPr **Oponerse a**.
CONJ *Irreg: Opongo, opuse, opondré, opuesto*.

[1] **o·por·to** [opórto] *s/m* Tipo de vino dulce, de la región de Oporto.

[5] **o·por·tu·ni·dad** [oportuniðáð] *s/f* 1. Cualidad de oportuno. 2. Ocasión o momento favorable. 3. Cosa que está en venta o que se ofrece en condiciones especiales.

[1] **o·por·tu·nis·mo** [oportunísmo] *s/m* Actitud de quien sabe sacar provecho de cualquier circunstancia amoldándose a ella.

[2] **o·por·tu·nis·ta** [oportunísta] *s/m,f* Relativo al oportunismo o hábil y astuto para sacar partido de las situaciones.

[4] **o·por·tu·no, -na** [oportúno] *adj* 1. Que ocurre en el momento adecuado. 2. Conveniente o necesario.

[4] **o·po·si·ción** [oposiθjón] *s/f* 1. Acción o resultado de oponer(se). 2. Minoría que se suele oponer al Gobierno en un país democrático. 3. (*gen en pl*) Sistema de selección de los aspirantes mediante la realización de una serie de pruebas.

[1] **o·po·si·tar** [opositár] *intr* Realizar las pruebas de una oposición (3). RPr **Opositar a**.

[3] **o·po·si·tor, -ra** [opositór] *adj s/m,f* 1. Que se opone a algo. 2. Persona que se presenta a las pruebas de una oposición.

[2] **o·pre·sión** [opresjón] *s/f* 1. Acción o resultado de oprimir. 2. Incomodidad o malestar físico, provocado por la sensación de presión en el pecho.

[1] **o·pre·si·vo, -va** [opresíβo] *adj* Que oprime.

[1] **o·pre·sor, -ra** [opresór] *adj s/m,f* Que oprime o coarta la libertad de los demás.

[3] **o·pri·mir** [oprimír] *tr* 1. Presionar sobre algo. 2. Someter a alguien de manera arbitraria o tiránica.

[1] **o·pro·bio** [opróβjo] *s/m* Deshonra o vergüenza pública.

[4] **op·tar** [optár] *intr* 1. Tener la posibilidad de elegir. 2. Aspirar a ocupar un empleo o cargo. RPr **Optar a/por**.

[2] **op·ta·ti·vo, -va** [optatíβo] *adj* Que puede elegirse entre varias posibilidades.

[2] **óp·ti·ca** [óptika] *s/f* 1. Punto de vista. 2. Establecimiento especializado en lentes correctoras. 3. Parte de la Física que se ocupa de los fenómenos luminosos y sus leyes.

[3] **óp·ti·co, -ca** [óptiko] I. *adj* Relativo a la óptica o a la visión. II. *s/m,f* Especialista en aparatos ópticos.

[3] **op·ti·mis·mo** [optimísmo] *s/m* Actitud del optimista.

[3] **op·ti·mis·ta** [optimísta] *adj s/m,f* Que tiende a ver los aspectos positivos de las cosas.

[1] **op·ti·mi·za·ción** [optimiθaθjón] *s/f* Acción o resultado de optimizar.

[2] **op·ti·mi·zar** [optimiθár] *tr* 1. Hacer lo posible para obtener un mayor rendimiento de algo. 2. Mejorar el rendimiento de algo.
ORT *Ante e la z cambia a c: Optimicé*.

[3] **óp·ti·mo, -ma** [óptimo] *sup irreg* de 'bueno'. Que ha alcanzado el máximo nivel de calidad.

[3] **o·pues·to, -ta** [opwésto] *adj* 1. Que está en contra de algo. 2. Colocado enfrente de algo. RPr **Opuesto a**.

[1] **o·pu·len·cia** [opulénθja] *s/f* Abundancia, gran cantidad de algo.

[2] **o·pu·len·to, -ta** [opulénto] *adj* Muy rico o abundante en algo.

[2] **o·pus** [ópus] *s/m* Obra numerada en la producción de un compositor.

[1] **o·pús·cu·lo** [opúskulo] *s/m* Obra impresa de pocas páginas.

[1] **o·que·dad** [okeðáð] *s/f* Cavidad o hueco.

O·RE·JA

1 **o·ra** [óra] *conj* Tiene función distributiva: *Ora reía, ora lloraba.*

4 **o·ra·ción** [oraθjón] *s/f* **1.** Acción de orar. **2.** Palabras con que se ora. **3.** Enunciado lingüístico con autonomía sintáctica y significado completo.

1 **o·ra·cio·nal** [oraθjonál] *adj* Relativo a la oración gramatical.

1 **o·rá·cu·lo** [orákulo] *s/m* Mensaje de una divinidad a través de sus ministros (sacerdote, pitonisa).

2 **o·ra·dor, -ra** [oraðór] *s/m,f* Persona que habla en público o pronuncia discursos.

3 **o·ral** [orál] *adj* **1.** Relativo a la boca. **2.** Que se expresa mediante palabras. **3.** Hecho con la boca: *Sexo oral.* **4.** Que se ingiere por la boca: *Anticonceptivos orales.*

1 **ó·ra·le** [órale] *interj* MEX Expresa sorpresa, ánimo, etc.: *Órale, manito. ¿Por qué disparas?*

1 **o·ra·li·dad** [oraliðáð] *s/f* Cualidad de oral.

1 **o·ran·gu·tán, -ta·na** [orangután] *s/m,f* Primate corpulento y muy similar al hombre.

4 **o·rar** [orár] *intr* Dirigirse a una divinidad o a los santos para alabarlos o pedirles ayuda.

1 **o·ra·to·ria** [oratórja] *s/f* Arte de hablar con elocuencia.

2 **o·ra·to·rio** [oratórjo] *s/m* Lugar retirado para orar.

2 **or·be** [órβe] *s/m* Mundo, universo.

3 **ór·bi·ta** [órβita] *s/f* **1.** Trayectoria de un astro o nave espacial en su traslación alrededor de un astro. **2.** Cavidad o cuenca de los ojos.

1 **or·bi·tal** [orβitál] *adj* Relativo a la órbita.

1 **or·bi·tar** [orβitár] *intr tr* ASTR Girar una nave espacial, un satélite, etc., alrededor de un astro.

1 **or·ca** [órka] *s/f* Mamífero cetáceo de gran tamaño, con una mancha blanca a la altura del ojo.

1 **ór·da·go** [órðaɣo] *s/m* LOC **De órdago,** de gran tamaño, calidad, etc.: *El pitorreo era de órdago.*

5 **or·den** [órðen] **I.** *s/m* **1.** Disposición de las cosas según corresponde. **2.** Hecho de funcionar algo de acuerdo con ciertas normas. **3.** Posición de acuerdo con cierta norma o criterio. **4.** Lista de temas por tratar. **II.** *s/f* **1.** Acción o resultado de ordenar o mandar algo. **2.** Cosa que se ordena, o palabras con las que se manda: *El piloto desobedeció las órdenes.* **3.** Organización civil o militar. **4.** Organización religiosa cuyos miembros viven en comunidad. **5.** DER (en *may*) Disposición normativa, de rango inferior al de una ley. LOC **¡A la orden!,** saludo militar. **De orden de,** por mandato de. **De primer orden,** de gran importancia. **En orden a,** con la finalidad de.

3 **or·de·na·ción** [orðenaθjón] *s/f* **1.** Acción o resultado de ordenar. **2.** Disposición por cierto orden.

3 **or·de·na·do, -da** [orðenáðo] *adj* **1.** Que está en orden o se ajusta a una norma en su disposición. **2.** Que acostumbra a tener las cosas en orden.

4 **or·de·na·dor, -ra** [orðenaðór] **I.** *adj* Que ordena o clasifica. **II.** *s/m* Máquina de cálculo y tratamiento automático de la información.

3 **or·de·na·mien·to** [orðenamjénto] *s/m* **1.** Acción o resultado de ordenar. **2.** Conjunto de disposiciones legales sobre un tema.

2 **or·de·nan·za** [orðenánθa] **I.** *s/f* Norma obligatoria dictada por una autoridad. **II.** *s/m* **1.** MIL Soldado adscrito al servicio de un oficial militar. **2.** Persona que trabaja en una oficina en funciones y tareas básicas.

4 **or·de·nar** [orðenár] **I.** *tr* **1.** Colocar o disponer en orden. **2.** Mandar algo que debe cumplirse. **3.** REL Conceder una orden sagrada. **II.** REFL(-se) **1.** Apuntar u orientarse algo hacia una finalidad determinada. **2.** Recibir las órdenes sagradas.

1 **or·de·ñar** [orðeɲár] *tr* **1.** Extraer la leche de las ubres de algunos animales. **2.** FIG Sacar el máximo beneficio de algo o alguien.

or·de·ño [orðéɲo] *s/m* Acción o resultado de ordeñar.

1 **or·di·nal** [orðinál] *adj s/m* Numeral que expresa la posición u orden de algo en una serie.

1 **or·di·na·riez** [orðinarjéθ] *s/f* **1.** Cualidad de ordinario (II) o basto. **2.** Cosa o comportamiento de mal gusto.

4 **or·di·na·rio, -ia** [orðinárjo] **I.** *adj* **1.** Que ocurre de manera habitual o frecuente. **2.** Hecho con materiales de poca calidad. **II.** *adj s/m,f* Que habla o actúa con mal gusto y sin refinamiento. **III.** *s/m* Obispo. LOC **De ordinario,** de manera habitual.

1 **o·re·ar** [oreár] *tr* REFL(-se) Ventilar(se) algo al aire libre.

1 **o·ré·ga·no** [oréɣano] *s/m* Planta aromática, usada como condimento.

4 **o·re·ja** [oréχa] *s/f* Parte exterior del órgano

O·RE·JE·RA

del oído. LOC **Agachar las orejas**, ceder en un enfrentamiento. **Hasta las orejas**, por completo, totalmente.

[1] **o·re·je·ra** [oreχéra] *s/f* **1.** Pieza o prenda para cubrir las orejas. **2.** En las caballerías, pieza a cada lado de los ojos para impedir que vean por los lados.

[1] **o·re·ju·do, -da** [oreχúðo] *adj* De orejas grandes.

[1] **or·fa·na·to** [orfanáto] *s/m* Centro de acogida de niños huérfanos.

[1] **or·fan·dad** [orfandáð] *s/f* **1.** Condición de huérfano. **2.** Ayuda económica que recibe un huérfano. **3.** Situación de abandono o desprotección.

[1] **or·fe·bre** [orféβre] *s/m,f* Persona que crea objetos artísticos.

[1] **or·fe·bre·ría** [orfeβrería] *s/f* Arte de trabajar los metales preciosos.

[1] **or·fe·ón** [orfeón] *s/m* Grupo musical que canta sin acompañamiento instrumental.

[4] **or·gá·ni·co, -ca** [orγániko] *adj* **1.** Formado por órganos. **2.** Referido a los órganos del cuerpo. **3.** (*sustancia*) Producido por los seres vivos. **4.** DER Que funciona o se estructura en partes jerárquicamente organizadas.

[2] **or·ga·ni·gra·ma** [orγaniγráma] *s/m* Representación gráfica de la estructura de una entidad o empresa.

[1] **or·ga·ni·llo** [orγaníʎo] *s/m* Piano pequeño, que funciona moviendo un cilindro con un manubrio.

[5] **or·ga·nis·mo** [orγanísmo] *s/m* **1.** Conjunto de órganos de un ser vivo. *P ext*, ser vivo. **2.** Asociación creada para fines comunes.

[1] **or·ga·nis·ta** [orγanísta] *s/m,f* Persona que toca el órgano.

[5] **or·ga·ni·za·ción** [orγaniθaθjón] *s/f* **1.** Acción o resultado de organizar. **2.** Conjunto de personas que se asocian para un fin común.

[3] **or·ga·ni·za·dor, -ra** [orγaniθaðór] *adj s/m,f* Que organiza.

[5] **or·ga·ni·zar** [orγaniθár] **I.** *tr* **1.** Preparar o disponer algo para que funcione adecuadamente. **2.** Promover la asociación de personas con un objetivo común. **II.** REFL(-se) **1.** Disponer el modo de actuación más adecuado y eficaz para un fin. **2.** Producirse una situación de confusión o jaleo no previsto.

ORT Ante *e* la *z* cambia a *c*: *Organice*.

[2] **or·ga·ni·za·ti·vo, -va** [orγaniθatíβo] *adj* Relativo a la organización.

[5] **ór·ga·no** [órγano] *s/m* **1.** Parte de un ser vivo que realiza una función. **2.** Elemento con una función especial en un conjunto organizado. **3.** Periódico a través del cual una organización da su opinión. **4.** Instrumento musical de viento, controlado mecánicamente mediante teclados y pedal.

[1] **or·gás·mi·co, -ca** [orγásmiko] *adj* Relativo al orgasmo.

[2] **or·gas·mo** [orγásmo] *s/m* Momento de mayor intensidad del placer sexual.

[1] **or·gía** [orχía] *s/f* **1.** Fiesta desenfrenada. **2.** Desenfreno sexual.

or·giás·ti·co, -ca [orχjástiko] *adj* Relativo a la orgía.

[4] **or·gu·llo** [orγúʎo] *s/m* Satisfacción de alguien por sus cualidades, o por su manera de ser o actuar.

[3] **or·gu·llo·so, -sa** [orγuʎóso] *adj* Que siente orgullo.

[4] **o·rien·ta·ción** [orjentaθjón] *s/f* **1.** Acción o resultado de orientar(se). **2.** Posición de algo respecto a los puntos cardinales. **3.** Tendencia o inclinación de alguien. **4.** (*gen en pl*) Consejos que se dan a alguien.

[1] **o·rien·ta·dor, -ra** [orjentaðór] *adj s/m,f* Que orienta.

[4] **o·rien·tal** [orjentál] *adj s/m,f* Del Oriente o situado en esa dirección.

[4] **o·rien·tar** [orjentár] **I.** *tr* **1.** Situar en una dirección determinada. **2.** Señalar la dirección o el camino. **3.** Dar consejos a alguien. **II.** REFL(-se) Situarse en una determinada dirección.

[1] **o·rien·ta·ti·vo, -va** [orjentatíβo] *adj* **1.** Que orienta. **2.** Aproximado.

[3] **o·rien·te** [orjénte] *s/m* **1.** Punto del horizonte por donde sale el Sol. **2.** Conjunto de países asiáticos.

[2] **o·ri·fi·cio** [orifíθjo] *s/m* Abertura que atraviesa algo de parte a parte.

[5] **o·ri·gen** [oríχen] *s/m* **1.** Punto o momento en que comienza algo. **2.** Causa principal de un comportamiento o actuación. **3.** Lugar de nacimiento o procedencia.

[4] **o·ri·gi·nal** [oriχinál] **I.** *adj* **1.** Relativo al origen. **2.** (Con *de*) Que ha nacido o procede de cierto lugar. **3.** Que no es copia ni imitación de otra cosa. **4.** Novedoso. **II.** *s/m* Obra que se redacta por primera vez y sirve de modelo, o de la que se hacen copias posteriormente.

[2] **o·ri·gi·na·li·dad** [oriχinaliðáð] *s/f* Cualidad de original.

O·RU·GA

[4] o·ri·gi·nar [oriχinár] *tr* Ser la causa o motivo de algo.

[3] o·ri·gi·na·rio, -ia [oriχinárjo] *adj* 1. Relativo al inicio de algo. 2. (Con *de*) Que es del lugar del que se expresa. RPr **Originario de**.

[3] o·ri·lla [oríʎa] *s/f* 1. Línea que marca el límite de una superficie. 2. Zona de esa superficie contigua a la línea que la delimita. 3. Límite entre la tierra y una extensión de agua.

[1] o·ri·llar [oriʎár] *tr* Dejar algo de lado, no tratarlo.

[1] o·rín [orín] *s/m* 1. Óxido rojizo en la superficie del hierro debido a la humedad. 2. COL Orina.

[2] o·ri·na [orína] *s/f* Líquido filtrado por el riñón, que luego es expulsado por la uretra.

[1] o·ri·nal [orinál] *s/m* Recipiente para recoger la orina o las heces.

[2] o·ri·nar [orinár] I. *intr* Expulsar la orina por la uretra. II. *tr* Expulsar un líquido por la uretra: *Orina sangre*.

[2] o·riun·do, -da [orjúndo] *adj s/m,f* Originario. RPr **Oriundo de**.

[1] or·la [órla] *s/f* 1. Cinta de adorno en el borde de una tela, retrato, etc. 2. Cuadro hecho con las fotos de los alumnos y profesores de la misma promoción.

[1] or·lar [orlár] *tr* Poner una orla alrededor de algo.

[2] or·na·men·ta·ción [ornamentaθjón] *s/f* Acción o resultado de ornamentar.

[2] or·na·men·tal [ornamentál] *adj* Que sirve de ornamentación.

[1] or·na·men·tar [ornamentár] *tr* Decorar con adornos.

[1] or·na·men·to [ornaménto] *s/m* Elemento decorativo y de adorno.

[1] or·nar [ornár] *tr* Adornar.

[1] or·na·to [ornáto] *s/m* Adorno.

[1] or·ni·to·lo·gía [ornitoloχía] *s/f* Parte de la zoología que se ocupa de las aves.

[1] or·ni·to·ló·gi·co, -ca [ornitolóχiko] *adj* Relativo a la ornitología.

[1] or·ni·tó·lo·go, -ga [ornitóloγo] *s/m,f* Especialista en ornitología.

[4] o·ro [óro] I. *s/m* 1. Metal precioso de color amarillo y muy apreciado. Símbolo *Au*. 2. Dinero, riqueza. 3. (en *pl*) Uno de los cuatro palos de la baraja española. II. *adj* Del color del oro. LOC **Hacerse alguien de oro**, FIG ganar mucho dinero. **Prometer alguien el oro y el moro**, FIG prometer alguien todo lo imaginable.

[1] o·ro·gra·fía [oroγrafía] *s/f* Descripción del relieve terrestre.

[1] o·ro·grá·fi·co, -ca [oroγráfiko] *adj* Relativo a la orografía.

[1] o·ron·do, -da [oróndo] *adj* Contento, satisfecho.

[1] o·ro·pel [oropél] *s/m* 1. Lámina de latón que imita al oro. 2. Cosa que aparenta lo que no es.

[3] or·ques·ta [orkésta] *s/f* Conjunto de músicos que tocan instrumentos conjuntamente.

[1] or·ques·ta·ción [orkestaθjón] *s/f* Acción o resultado de orquestar.

[2] or·ques·tal [orkestál] *adj* MÚS Relativo a la orquesta.

[3] or·ques·tar [orkestár] *tr* 1. Adaptar una obra musical para que sea interpretada por una orquesta. 2. Organizar algo con un fin.

[1] or·quí·dea [orkíðea] *s/f* Planta de flores muy vistosas y delicadas, o sus flores.

[1] or·ti·ga [ortíγa] *s/f* Planta urticácea cuyas hojas producen un picor intenso.

[1] or·to [órto] *s/m* Salida del Sol o de otro astro.

[1] or·to·don·cia [ortoðónθja] *s/f* Especialidad que se ocupa de las malformaciones dentarias y de su corrección.

[2] or·to·do·xia [ortoðó(k)sja] *s/f* Cualidad de ortodoxo.

[3] or·to·do·xo, -xa [ortoðó(k)so] *adj s/m,f* Conforme con los ritos y tradiciones de la Iglesia o, en general, con cualquier otra doctrina.

[2] or·to·gra·fía [ortoγrafía] *s/f* 1. Manera de escribir correctamente las palabras de una lengua. 2. Parte de la gramática que se ocupa de la escritura correcta de las palabras.

[1] or·to·grá·fi·co, -ca [ortoγráfiko] *adj* Relativo a la ortografía.

[1] or·to·lo·gía [ortoloχía] *s/f* Arte de pronunciar con corrección.

[1] or·to·pe·dia [ortopéðja] *s/f* 1. Especialidad que se ocupa de las deformaciones del cuerpo humano y de su corrección mediante aparatos. 2. Establecimiento donde se fabrican o venden estos aparatos.

[1] or·to·pé·di·co, -ca [ortopéðiko] I. *adj* Relativo a la ortopedia. II. *s/m,f* Especialista en ortopedia.

[1] o·ru·ga [orúγa] *s/f* 1. Larva de las mariposas, en forma de gusano. 2. Cadena articulada y sin fin, que permite a una máquina moverse por terrenos difíciles.

O·RU·JO

[1] **o·ru·jo** [orúxo] *s/m* **1.** Residuo que se obtiene de las uvas, aceitunas u otras frutas, que se usa para elaborar aguardiente u obtener aceite vegetal. **2.** Aguardiente.

or·za [órθa] *s/f* Vasija de barro y sin asas.

or·zue·lo [orθwélo] *s/m* Grano en el borde del párpado.

[5] **os** [ós] *pron pers* 2^a *p p* Funciona como complemento directo o indirecto.

[2] **o·sa·día** [osaðía] *s/f* Cualidad de osado.

[1] **o·sa·do, -da** [osáðo] *adj s/m,f* Que actúa con descaro, atrevimiento o audacia.

[1] **o·sa·men·ta** [osaménta] *s/f* Esqueleto de un animal.

[3] **o·sar** [osár] *tr* Atreverse a hacer algo.

[1] **o·sa·rio** [osárjo] *s/m* Lugar donde se depositan los huesos de las sepulturas.

[1] **ós·car** [óskar] *s/m* Premio (a la mejor película, etc.) que se concede anualmente en Hollywood.

os·cen·se [osθénse] *adj s/m,f* De Huesca.

[2] **os·ci·la·ción** [osθilaθjón] *s/f* Acción o resultado de oscilar.

[3] **os·ci·lar** [osθilár] *intr* **1.** Mover(se) de un lado a otro algo que está suspendido. **2.** Moverse dentro de ciertos límites.

[1] **os·ci·la·to·rio, -ia** [osθilatórjo] *adj* Que oscila.

[1] **os·cu·ran·tis·mo** [oskurantísmo] *s/m* Actitud de quien se opone a la educación de las clases sociales menos favorecidas.

[1] **os·cu·ran·tis·ta** [oskurantísta] *adj s/m,f* Relativo al oscurantismo o partidario de él.

[2] **os·cu·re·cer** [oskureθér] **I.** *tr* **1.** Quitar la luz o claridad. **2.** Disminuir el valor o el mérito de algo. **II.** *intr* (en 3^a *p sing*) Comenzar a hacerse de noche. **III.** *s/m* Momento que marca el inicio de la noche.

[1] **os·cu·re·ci·mien·to** [oskureθimjénto] *s/m* Acción o resultado de oscurecer(se).

[4] **os·cu·ri·dad** [oskuriðáð] *s/f* Falta de luz.

[5] **os·cu·ro, -ra** [oskúro] **I.** *adj* **1.** Sin luz o con poca luz. **2.** De color tendente al negro. **3.** Que no se entiende fácilmente: *Un libro oscuro.* **4.** Confuso, turbio. **II.** *s/m* Parte de una pintura con menos luz que las demás.

[2] **ó·seo, -ea** [óseo] *adj* Relativo al hueso.

o·se·ra [oséra] *s/f* **1.** Cueva de osos. **2.** Osario.

o·sez·no [oséθno] *s/m* Cachorro de oso.

o·si·fi·ca·ción [osifikaθjón] *s/f* Acción o resultado de osificarse.

o·si·fi·car·se [osifikárse] REFL(-se) Convertirse en hueso.
ORT Ante *e* la *c* cambia a *qu: Osifique.*

[1] **ós·mo·sis** [ósmosis] *s/f* **1.** Flujo en ambas direcciones del líquido contenido en dos compartimentos separados por un tabique semipermeable. **2.** FIG Influencia recíproca entre dos cosas o personas.

[2] **o·so, -sa** [óso] *s/m,f* Mamífero plantígrado de gran tamaño. LOC **Hacer el oso,** hacer alguien tonterías.

[2] **os·ten·si·ble** [ostensíβle] *adj* Que se pone de manifiesto y puede verse.

os·ten·si·vo, -va [ostensíβo] *adj* Claro y patente.

[2] **os·ten·ta·ción** [ostentaθjón] *s/f* Acción o resultado de ostentar.

[3] **os·ten·tar** [ostentár] *tr* **1.** Mostrar a los demás algo para que lo vean y lo admiren. **2.** Poseer algo (como un cargo) que da ciertos honores o derechos.

[2] **os·ten·to·so, -sa** [ostentóso] *adj* **1.** Que gusta de mostrar lo que posee, *esp* riqueza o poder. **2.** Que se enseña o muestra notoriamente para que se note.

[1] **os·teo·po·ro·sis** [osteoporósis] *s/f* Descalcificación ósea.

[2] **os·tra** [óstra] *s/f* Molusco de conchas rugosas y de carne muy apreciada. LOC **Aburrirse como una ostra,** aburrirse mucho. **¡Ostras!,** expresa sorpresa, rechazo, etc.

[1] **os·tra·cis·mo** [ostraθísmo] *s/m* Retirada o apartamiento de la vida pública.

[1] **o·te·ar** [oteár] *tr* **1.** Mirar desde un lugar alto lo que se presenta ante la vista. **2.** Observar cuidadosa y detenidamente.

o·ti·tis [otítis] *s/f* Inflamación del oído.

[1] **o·to·ñal** [otoɲál] *adj* Relativo al otoño.

[3] **o·to·ño** [otóɲo] *s/m* Tercera estación del año, entre el verano y el invierno.

[2] **o·tor·ga·mien·to** [otorɣamjénto] *s/m* Acción o resultado de otorgar.

[4] **o·tor·gar** [otorɣár] *tr* **1.** Consentir o acceder a algo. **2.** Conceder, dar lo que se pide. **3.** Hacer ante notario un documento conforme a ley.
ORT Ante *e* la *g* cambia a *gu: Otorgue.*

o·to·rri·no·la·rin·go·lo·gía [otorrinolaringoloxía] *s/f* Estudio de las enfermedades del oído, nariz y garganta.

o·to·rri·no·la·rin·gó·lo·go, -ga [otorrinolaringóloɣo] *s/m,f* Especialista en otorrinolaringología.

[5] **o·tro, -tra** [ótro] *adj pron indef* Distinto de lo que se expresa.

O·ZO·NO

[2] **o·tro·sí** [otrosí] *adv* Además.

[2] **o·va·ción** [oβaθjón] *s/f* Aplauso ruidoso de aceptación y agrado.

[1] **o·va·cio·nar** [oβaθjonár] *tr* Aplaudir con ovación.

[1] **o·val** [oβál] *adj* Semejante a un óvalo o huevo.

[1] **o·va·la·do, -da** [oβaláðo] *adj* Oval.

o·va·lar [oβalár] *tr* Dar forma de óvalo a algo.

[1] **ó·va·lo** [óβalo] *s/m* **1.** Curva cerrada, similar a la elipse. **2.** Figura plana cuya forma se parece a la mitad de un huevo cortado por la mitad.

[2] **o·va·rio, -ia** [oβárjo] **I.** *adj* Relativo al ovario. **II.** *s/m* **1.** Órgano sexual femenino que produce los óvulos. **2.** Órgano reproductor de las flores, en forma de recipiente.

[3] **o·ve·ja** [oβéχa] *s/f* Mamífero rumiante bóvido, que se cría en grandes rebaños o en granjas. LOC **Oveja negra**, persona diferente porque no actúa como la mayoría de la gente.

o·ver·boo·king [oβerbúkin] *s/m* ANGL Venta de reservas de plazas por encima de las que hay realmente disponibles.

[1] **o·ve·ten·se** [oβeténse] *adj s/m,f* De Oviedo.

[1] **o·vi·llo** [oβíʎo] *s/m* **1.** Hilo de algodón, lana, etc., liado sobre sí mismo y formando una bola. **2.** FIG Conjunto de cosas revueltas.

[1] **o·vi·no, -na** [oβíno] *adj* Relativo al ganado lanar.

[1] **o·ví·pa·ro, -ra** [oβíparo] *adj* Que se reproduce por huevos.

[2] **ov·ni** [óβni] *s/m* Sigla por 'Objeto Volante no Identificado'.

[1] **o·voi·de** [oβóiðe] *adj* Oval.

[1] **o·vu·la·ción** [oβulaθjón] *s/f* Acción o resultado de ovular.

[1] **o·vu·lar** [oβulár] *intr* Desprenderse un óvulo fértil del ovario para ser fecundado.

o·vu·la·to·rio, -ia [oβulatórjo] *adj* Relativo a la ovulación.

[2] **ó·vu·lo** [óβulo] *s/m* Célula sexual femenina que, fecundada, da lugar al embrión.

[1] **o·xi·da·ble** [o(k)siðáβle] *adj* Que puede oxidarse.

[2] **o·xi·da·ción** [o(k)siðaθjón] *s/f* Acción o resultado de oxidar(se).

[1] **o·xi·dan·te** [o(k)siðánte] *adj* Que oxida o puede hacerlo.

[2] **o·xi·dar** [o(k)siðár] *tr* REFL(-se) Formarse óxido en un cuerpo.

[3] **ó·xi·do** [ó(k)siðo] *s/m* Sustancia que resulta de la combinación del oxígeno con otro elemento, normalmente un metal.

[1] **o·xi·ge·na·ción** [o(k)siχenaθjón] *s/f* Acción o resultado de oxigenar(se).

[1] **o·xi·ge·na·do, -da** [o(k)siχenáðo] *adj* Que contiene oxígeno.

[1] **o·xi·ge·nar** [o(k)siχenár] **I.** *tr* **1.** Combinar un cuerpo con oxígeno. **2.** FIG Dar vida a algo: *Una prosa que oxigena el texto*. **II.** REFL(-se) Llenar los pulmones con aire para recoger más oxígeno.

[4] **o·xí·ge·no** [o(k)síχeno] *s/m* **1.** Elemento gaseoso, principal componente del aire, que es absorbido por los seres vivos en la respiración. Símbolo O. **2.** FIG Cosa que da o prolonga la vida de algo.

[4] **o·yen·te** [ojénte] *adj s/m,f* Que oye.

[2] **o·zo·no** [oθóno] *s/m* Variedad alotrópica del oxígeno.

Pp

[5] **P; p** [pé] *s/f* Decimoséptima letra del alfabeto español. Su nombre es 'pe'.

[3] **pa·be·llón** [paβeʎón] *s/m* **1.** Edificio que es una dependencia de otro mayor. **2.** Cada edificio que forma un grupo de varios destinados a un fin común. **3.** Bandera que representa a un país. **4.** Parte externa del oído.

[1] **pá·bu·lo** [páβulo] LOC **Dar pábulo a,** fomentar una creencia u opinión.

[2] **pa·cer** [paθér] *intr tr* Comer el ganado la hierba en los campos.
CONJ *Irreg: Pazco, pací, paceré, pacido.*

[1] **pa·chá** [patʃá] *s/m* Virrey turco. LOC **Vivir como un pachá,** vivir con toda clase de lujos.

[1] **pa·chan·ga** [patʃánga] *s/f* COL Música animada y ruidosa.

pa·cha·rán [patʃarán] *s/m* Licor elaborado con una baya.

pa·cho·rra [patʃórra] *s/f* Tranquilidad, cachaza.

[1] **pa·chu·cho, -cha** [patʃútʃo] *adj* **1.** (*verduras, frutas*) Excesivamente maduro. **2.** Decaído o convaleciente.

[3] **pa·cien·cia** [paθjénθja] *s/f* **1.** Disposición de ánimo para mantenerse en espera. **2.** Capacidad para mantener la calma. **3.** Capacidad para realizar tareas que requieren mucho tiempo.

[5] **pa·cien·te** [paθjénte] **I.** *adj* Que tiene paciencia. **II.** *s/m,f* Persona enferma.

[2] **pa·ci·fi·ca·ción** [paθifikaθjón] *s/f* Acción o resultado de pacificar.

[2] **pa·ci·fi·car** [paθifikár] *tr* Mediar para restablecer la paz.
ORT Ante *e* la *c* cambia a *qu: Pacifiquen.*

[4] **pa·cí·fi·co, -ca** [paθífiko] **I.** *adj* **1.** Amante de la paz. **2.** Sosegado, tranquilo. **II.** *s/m may* Océano entre los continentes americano y asiático.

[1] **pa·ci·fis·mo** [paθifísmo] *s/m* Doctrina contraria a la guerra.

[2] **pa·ci·fis·ta** [paθifísta] *adj s/m,f* Relativo a la paz o partidario de ella.

[1] **pa·co·ti·lla** [pakotíʎa] LOC **De pacotilla,** de poco valor.

[4] **pac·tar** [paktár] *tr* Llegar a un acuerdo sobre algo.

[4] **pac·to** [pákto] *s/m* Acuerdo.

[1] **pa·ddle** [páðel] *s/m* ANGL Deporte similar al tenis.
ORT También *pádel.*

[4] **pa·de·cer** [paðeθér] *tr intr* **1.** Experimentar el dolor de una enfermedad. **2.** Experimentar algo negativo o adverso. RPr **Padecer de/con/por.**
CONJ *Irreg: Padezco, padecí, padeceré, padecido.*

[2] **pa·de·ci·mien·to** [paðeθimjénto] *s/m* Acción de padecer.

[1] **pa·dras·tro** [paðrástro] *s/m* Con respecto al hijo de una madre, el nuevo marido de ésta.

[1] **pa·dra·zo** [paðráθo] *s/m* COL Padre comprensivo e indulgente.

[5] **pa·dre** [páðre] *s/m* **1.** Varón o macho respecto a sus hijos. **2.** Inventor, creador de algo. **3.** Tratamiento antepuesto al nombre de un sacerdote. **4.** *pl* Padre y madre a la vez. LOC **De padre y muy señor mío,** de gran tamaño o importancia.

[1] **pa·dre·nues·tro** [paðrenwéstro] *s/m* Oración que comienza con las palabras 'Padre nuestro'.

[1] **pa·dri·naz·go** [paðrináθyo] *s/m* **1.** Condición de padrino. **2.** Protección.

[2] **pa·dri·no** [paðríno] *s/m* **1.** Persona que acompaña a otra en la recepción de ciertos sacramentos. **2.** Protector o acompañante de honor en algunos actos. **3.** Patrocinador. LOC **Tener buen/os padrino/s,** tener buenas influencias para obtener algo.

[2] **pa·drón** [paðrón] *s/m* Lista de los habitantes de un lugar.

[2] **pae·lla** [paéʎa] *s/f* Plato típico español, de arroz y otros ingredientes.

[1] **pae·lle·ra** [paeʎéra] *s/f* Recipiente donde se hace la paella.

[3] **pa·ga** [páya] *s/f* **1.** Acción o resultado de pagar. **2.** Cantidad que se paga.

[1] **pa·ga·de·ro, -ra** [payaðéro] *adj* Que debe o puede ser pagado.

PA·LA·DE·AR

③ **pa·ga·do, -da** [paɣáðo] *adj* (Con *de*) Excesivamente satisfecho consigo mismo y sus cualidades. RPr **Pagado de**.

① **pa·ga·dor, -ra** [paɣaðór] *adj s/m,f* Que paga.

pa·ga·du·ría [paɣaðuría] *s/m* Oficina donde se paga.

① **pa·ga·nis·mo** [paɣanísmo] *s/m* 1. Doctrina de los paganos. 2. Cualidad de pagano.

② **pa·ga·no, -na** [paɣáno] *adj s/m,f* 1. Que no es cristiano, judío o musulmán. 2. Quien paga.

⑤ **pa·gar** [paɣár] I. *tr* 1. Dar dinero por un servicio u objeto. 2. (*con*) Corresponder a un favor recibido con algo similar. 3. Sufrir un castigo por una falta. II. *intr* Sufrir las consecuencias por algo hecho. RPr **Pagar con/de/por**.
ORT Ante *e* la *g* cambia a *gu*: *Paguen*.

① **pa·ga·ré** [paɣaré] *s/m* Documento que obliga a pagar una cantidad en un plazo determinado.

⑤ **pá·gi·na** [páχina] *s/f* 1. Cada una de las dos caras de una hoja. 2. Contenido escrito en cada una de esas caras. 3. Hecho memorable.

① **pa·gi·na·ción** [paχinaθjón] *s/f* Acción o resultado de paginar.

pa·gi·nar [paχinár] *tr* Numerar las páginas de un libro.

⑤ **pa·go** [páɣo] *s/m* 1. Acción de entregar lo que se debe. 2. Cantidad entregada. 3. Acción de corresponder a un favor. 4. (con *por, en*) Entre nosotros, en nuestro entorno.

① **pa·go·da** [paɣóða] *s/f* Templo budista.

⑤ **pa·ís** [país] *s/m* Territorio que forma una unidad política.

④ **pai·sa·je** [paisáχe] *s/m* Territorio que se contempla desde un lugar.

① **pai·sa·jis·ta** [paisaχísta] *s/m,f* Pintor de paisajes.

① **pai·sa·jís·ti·co, -ca** [paisaχístiko] *adj* Relativo al paisaje.

① **pai·sa·na·je** [paisanáχe] *s/m* Conjunto de personas que habitan un lugar.

② **pai·sa·no, -na** [paisáno] I. *adj* Que es del mismo lugar que otro. II. *s/m,f* Quien no es militar. LOC **De paisano**, sin uniforme militar o hábito eclesiástico.

③ **pa·ja** [páχa] *s/f* 1. Tallo de los cereales. 2. Trozo pequeño de esta caña seca. 3. Color de tonalidad amarillenta. 4. Cosa de poco valor. 5. COL Masturbación.

② **pa·jar** [paχár] *s/m* Lugar donde se guarda la paja.

① **pa·ja·re·ra** [paχaréra] *s/f* Jaula para pájaros.

① **pa·ja·re·ría** [paχarería] *s/f* Tienda en que se venden pájaros.

① **pa·ja·ri·ta** [paχaríta] *s/f* Lazo de cuello con los extremos cruzados y acabados en punta ancha.

④ **pá·ja·ro** [páχaro] *s/m* 1. Ave, *esp* de pequeño tamaño. 2. Persona de poco fiar.

① **pa·ja·rra·co; pa·ja·rru·co** [paχarráko; paχarrúko] *s/m* 1. PEY Pájaro grande. 2. FIG Persona poco recomendable.

② **pa·je** [páχe] *s/m* Criado al servicio de un señor, a quien acompaña.

① **pa·ji·zo, -za** [paχíθo] *adj* Del color de la paja.

① **pa·kis·ta·ní** [pakistaní] *adj s/m,f* Paquistaní.

② **pa·la** [pála] *s/f* 1. ARG Herramienta para remover o excavar la tierra, con un mango unido a una plancha de hierro. 2. Parte de una excavadora para remover o transportar tierra. 3. Utensilio pequeño, similar a una pala, usado en la cocina.

⑤ **pa·la·bra** [paláβra] *s/f* 1. Agrupación de sonidos o letras con un significado. 2. Facultad humana de hablar y expresarse: *Perdió el don de la palabra*. 3. Acto o turno de hablar: *Ahora tiene la palabra el presidente*. 4. *pl* Cosa que se dice. 5. (Con *dar, mantener,* etc.) Promesa. LOC **Comerse las palabras,** pronunciarlas precipitadamente. **De palabra,** sólo con promesas, no hechos. **De pocas palabras,** de carácter poco locuaz. **En una palabra,** para resumir. **Tener palabra,** ser serio y responsable en los compromisos.

① **pa·la·bre·ría** [palaβrería] *s/f* Exceso de palabras sin contenido.

① **pa·la·bro·ta** [palaβróta] *s/f* Término malsonante u ofensivo.

① **pa·la·ce·te** [palaθéte] *s/m* Palacio pequeño.

① **pa·la·cie·go, -ga** [palaθjéɣo] *adj* Relativo a la vida de palacio.

⑤ **pa·la·cio** [paláθjo] *s/m* Edificio grande y lujoso destinado a residencia de reyes o de nobles.

① **pa·la·da** [paláða] *s/f* 1. Cantidad de lo que se coge con una pala. 2. Movimiento con una pala.

② **pa·la·dar** [palaðár] *s/m* 1. Superficie de la parte superior en el interior de la boca. 2. Capacidad para distinguir los sabores de los alimentos.

① **pa·la·de·ar** [palaðeár] *tr* Saborear.

1 **pa·la·dín** [palaðín] *s/m* Defensor valiente y esforzado.

1 **pa·la·di·no, -na** [palaðíno] *adj* Claro o explícito.

pa·la·fi·to [palafíto] *s/m* Vivienda edificada sobre el agua.

2 **pa·lan·ca** [palánka] *s/f* Barra rígida que, apoyada sobre un punto fijo, permite levantar pesos.

1 **pa·lan·ga·na** [palangána] *s/f* Recipiente para lavarse.

pa·la·tal [palatál] *adj s/f* Relativo al paladar.

1 **pa·la·ti·no, -na** [palatíno] *adj* Relativo al palacio.

2 **pal·co** [pálko] *s/m* Compartimento con asientos y balcón en los teatros.

1 **pa·lé** [palé] *s/m* Plataforma sobre la cual se coloca la mercancía para su transporte.

pa·leo·gra·fía [paleoɣrafía] *s/f* Arte para descifrar los documentos antiguos.

1 **pa·leo·lí·ti·co, -ca** [paleolítiko] *adj s/m* Relativo a la primera parte de la Edad de Piedra.

1 **pa·leon·to·lo·gía** [paleontoloχía] *s/f* Estudio de los seres orgánicos en estado fósil.

1 **pa·leon·tó·lo·go, -ga** [paleontóloɣo] *s/m,f* Experto en paleontología.

1 **pa·les·tra** [paléstra] *s/f* Lugar en que se celebran certámenes.

1 **pa·le·ta** [paléta] **I.** *s/f* **1.** Utensilio que utilizan los albañiles para remover y aplicar la masa. **2.** Pala pequeña. **3.** Utensilio que usan los pintores para mezclar colores. **4.** ART Combinación de colores. **5.** Pala de un ventilador o rueda hidráulica. **II.** *s/m* Albañil.

pa·le·ti·lla [paletíʎa] *s/f* **1.** Hueso ancho de la espalda. **2.** Cuarto delantero de ciertos animales.

2 **pa·le·to, -ta** [paléto] *adj s/m,f* Ignorante y sin refinamiento.

2 **pa·liar** [paljár] *tr* Atenuar un sufrimiento o un mal.
PRON El acento recae sobre la *i* en las formas del *pres indic* y *subj*: *Palío, palie*.

1 **pa·lia·ti·vo, -va** [paljatíβo] *adj s/m* Que atenúa.

1 **pa·li·de·cer** [paliðeθér] *intr* **1.** Ponerse pálido. **2.** Perder importancia o valor.
CONJ *Irreg*: *Palidezco, palidecí, palideceré, palidecido*.

2 **pa·li·dez** [paliðéθ] *s/f* Cualidad de pálido.

3 **pá·li·do, -da** [páliðo] *adj* **1.** De intensidad suave o apagada. **2.** Sin el color habitual de la cara.

1 **pa·li·llo** [palíʎo] *s/m* **1.** Trocito de madera o plástico para limpiar la comida que queda entre los dientes. **2.** *gen pl* Palitos usados en los países orientales para comer. **3.** Palitos para golpear los tambores.

pa·lio [páljo] *s/m* Dosel sobre cuatro o más varas, usado en las procesiones.

1 **pa·li·que** [palíke] LOC **Estar de palique**, hablar largo rato de cosas sin importancia.

pa·li·tro·que [palitróke] *s/m* Palo.

2 **pa·li·za** [palíθa] *s/f* **1.** Conjunto de golpes que se dan a una persona. **2.** Esfuerzo agotador.

3 **pal·ma** [pálma] *s/f* **1.** Parte plana e interior de la mano. **2.** *pl* Golpes sonoros producidos al chocar las manos. **3.** Palmera datilera. **4.** Triunfo o fama alcanzados.

1 **pal·ma·da** [palmáða] *s/f* Golpe dado con la palma de la mano.

3 **pal·mar** [palmár] **I.** *adj* **1.** Relativo a la palma de la mano. **2.** Hecho de palma. **II.** *s/m* Lugar poblado de palmas. **III.** *intr* COL Morirse. LOC **Palmarla**, morirse.

1 **pal·ma·rés** [palmarés] *s/m* **1.** Lista de triunfos o éxitos que alguien ha conseguido. **2.** Relación de ganadores.

1 **pal·ma·rio, -ia** [palmárjo] *adj* Claro, evidente.

1 **pal·ma·to·ria** [palmatórja] *s/f* Candelero bajo, con asa.

1 **pal·me·ar** [palmeár] *intr* Dar palmadas.

2 **pal·me·ra** [palméra] *s/f* Árbol que produce dátiles.

1 **pal·me·ral** [palmerál] *s/m* Lugar poblado de palmeras.

2 **pal·me·ro, -ra** [palméro] **I.** *adj s/m,f* De la isla de la Palma. **II.** *s/m,f* Persona que cuida las palmeras.

pal·me·sa·no, -na [palmesáno] *adj s/m,f* De Palma de Mallorca.

pal·mí·pe·do, -da [palmípeðo] **I.** *adj* Se dice del ave con los dedos unidos por una membrana. **II.** *s/f,pl* Familia de estas aves.

pal·mi·ta [palmíta] LOC **En palmitas**, con excesivo miramiento.

1 **pal·mi·to** [palmíto] *s/m* **1.** Planta palmácea, cuyas hojas se emplean para hacer esteras. **2.** FIG Cara o tipo agraciado de una mujer.

2 **pal·mo** [pálmo] *s/m* Medida de longitud (21 cm). LOC **Palmo a palmo**, detalladamente.

PAN·DE·RO

[1] **pal·mo·te·ar** [palmoteár] *intr* Dar palmadas.

[4] **pa·lo** [pálo] *s/m* **1.** Trozo de madera, más largo que grueso. **2.** Golpe dado con un palo. **3.** Contratiempo o revés serio. **4.** Cada una de las cuatro series de cartas en que está dividida la baraja. LOC **A palo seco**, FIG sin nada complementario. **Dar palos de ciego**, hacer algo sin objetivo claro.

[4] **pa·lo·ma** [palóma] *s/f* Ave doméstica de tamaño medio, apreciada por su carne.

[1] **pa·lo·mar** [palomár] *s/m* Lugar donde se crían palomas.

pa·lo·mi·lla [palomíʎa] *s/f* **1.** Mariposa pequeña. **2.** Tuerca con expansiones laterales para facilitar el giro.

[1] **pa·lo·mi·ta** [palomíta] *s/f* Grano de maíz tostado y abierto en estrella.

[1] **pa·lo·mo** [palómo] *s/m* Macho de la paloma.

[1] **pa·lo·te** [palóte] *s/m* Trazo de un niño al intentar escribir las primeras letras.

[2] **pal·pa·ble** [palpáβle] *adj* **1.** Evidente. **2.** Que puede ser tocado.

[2] **pal·par** [palpár] *tr* Tocar algo con las manos para reconocerlo.

[2] **pal·pi·ta·ción** [palpitaθjón] *s/f* **1.** Acción o resultado de palpitar. **2.** *pl* Latidos del corazón.

[1] **pal·pi·tan·te** [palpitánte] *adj* Que palpita.

[2] **pal·pi·tar** [palpitár] *intr* **1.** Contraerse y dilatarse el corazón. **2.** Dar muestras de algo, o manifestarse mediante indicios.

[1] **pál·pi·to** [pálpito] *s/m* Acción o resultado de palpitar.

[1] **pal·po** [pálpo] *s/m* Cada uno de los apéndices que insectos y arañas tienen en la boca.

[1] **pa·lu·dis·mo** [paluðísmo] *s/m* Enfermedad transmitida por los mosquitos.

[1] **pa·lur·do, -da** [palúrðo] *adj s/m,f* Poco educado.

[1] **pa·me·la** [paméla] *s/f* Sombrero femenino de copa baja y ala ancha y flexible.

[1] **pa·me·ma** [pamémá] *s/f* Tontería.

pam·pa [pámpa] *s/f* Llanura extensa y sin arbolado propia de Argentina.

[1] **pám·pa·no** [pámpano] *s/m* **1.** Brote tierno de la vid. **2.** Zarcillo de la vid.

[1] **pam·pe·ro, -ra** [pampéro] *adj s/m,f* AMER De la pampa.

pam·pi·ro·la·da [pampiroláða] *s/f* Tontería.

[1] **pam·pli·na** [pamplína] *s/f* **1.** Hecho o dicho sin valor. **2.** Adulación falsa.

pam·pli·ne·ro, -ra [pamplinéro] *adj* Propenso a las pamplinas.

[1] **pam·plo·nés, -ne·sa** [pamplonés] *adj s/m,f* De Pamplona.

pam·plo·ni·ca [pamploníka] *adj s/m,f* Pamplonés.

[5] **pan** [pán] *s/m* **1.** Alimento que resulta de la cocción de harina mezclada con agua y levadura, una vez ha fermentado. **2.** Pieza de este alimento. **3.** Sustento diario. **4.** Hoja muy fina de pasta, oro o plata. LOC **Ser algo pan comido**, ser algo muy fácil.

[1] **pa·na** [pána] *s/f* Tejido de algodón, semejante al terciopelo pero más basto.

[1] **pa·na·cea** [panaθéa] *s/f* Remedio para todos los males.

pa·na·ché [panátʃe] *s/m* Surtido de verduras cocinadas.

[2] **pa·na·de·ría** [panaðería] *s/f* Lugar donde se hace o vende pan.

[2] **pa·na·de·ro, -ra** [panaðéro] *s/m,f* Persona que fabrica o vende pan.

[1] **pa·nal** [panál] *s/m* Conjunto de celdillas de la colmena en que las abejas depositan la miel.

[2] **pa·na·me·ño, -ña** [panaméɲo] *adj s/m,f* De Panamá.

[2] **pan·a·me·ri·ca·no, -na** [panamerikáno] *adj* Relativo a todos los países de América.

[2] **pan·car·ta** [pankárta] *s/f* Cartel con consignas reivindicativas.

[1] **pan·ce·ta** [panθéta] *s/f* Parte del vientre del cerdo, con trozos magros y grasos.

pan·cha [pántʃa] *s/f* COL Vientre.

[1] **pan·cho, -cha** [pántʃo] *adj* COL Tranquilo y apacible.

[1] **pán·creas** [pánkreas] *s/m* Glándula que segrega un jugo que ayuda en la digestión.

[1] **pan·creá·ti·co, -ca** [pankreátiko] *adj* Relativo al páncreas.

[2] **pan·da** [pánda] **I.** *s/m* Especie asiática de oso de colores blanco y negro. **II.** *s/f* Grupo de personas que se unen para un fin, *esp* para divertirse.

pan·de·ar [pandeár] *tr* Curvar.

[1] **pan·de·re·ta** [panderéta] *s/f* Pandero pequeño que se toca en fiestas como la Navidad.

[1] **pan·de·ro** [pandéro] *s/m* **1.** Instrumento musical formado por un aro sobre el que se coloca un pergamino tenso, con sonajas o cascabeles en los bordes. **2.** VULG Trasero, nalgas.

PAN·DI·LLA

[2] **pan·di·lla** [pandíʎa] *s/f* Panda (II).

[1] **pa·ne·gí·ri·co** [paneχíriko] *s/m* Discurso oratorio en alabanza de alguien.

[3] **pa·nel** [panél] *s/m* **1.** Cada porción lisa de una pared, puerta, etc. **2.** Superficie lisa para fines diversos: *Paneles solares*. **3.** Grupo de personas que intervienen en un debate.

[1] **pa·ne·ro, -ra** [panéro] **I.** *adj* Se dice de quien es muy aficionado a comer pan. **II.** *s/m* Cesto para contener panes.

[1] **pa·ne·ro, -ra** [panéro] **I.** *adj* Aficionado a comer pan. **II.** *s/m* Cesto para contener panes.

[1] **pán·fi·lo, -la** [pánfilo] *adj s/m,f* Tonto.

[1] **pan·fle·ta·rio, -ia** [panfletárjo] *adj* Referido a los panfletos.

pan·fle·tis·ta [panfletísta] *s/m,f* Autor de panfletos.

[2] **pan·fle·to** [panfléto] *s/m* Escrito de propaganda política o difamatorio.

[3] **pá·ni·co** [pániko] *s/m* Miedo muy grande. LOC **De pánico,** muy grande.

pa·ni·fi·ca·do·ra [panifikaðóra] *s/f* Empresa que elabora pan.

pa·ni·fi·car [panifikár] *tr* Elaborar o hacer pan.
ORT Ante *e* la *c* cambia a *qu*: *Panifique*.

pa·no·cha [panótʃa] *s/f* Espiga de maíz, que contiene los granos.

pa·no·ja [panóχa] *s/f* Espiga del maíz, panizo o mijo.

[1] **pa·no·li(s)** [panóli(s)] *adj s/m,f* COL Tonto, simple.

[4] **pa·no·ra·ma** [panoráma] *s/m* **1.** Paisaje. **2.** Visión general o global de algo.

[2] **pa·no·rá·mi·co, -ca** [panorámiko] **I.** *adj* **1.** Relativo al panorama. **2.** Global. **II.** *s/f* Vista de conjunto.

[1] **pan·ta·grué·li·co, -ca** [pantaɣrwéliko] *adj* Abundante en exceso.

[4] **pan·ta·lla** [pantáʎa] *s/f* **1.** Superficie para proyectar imágenes. **2.** Superficie fluorescente (televisión). **3.** Televisión. **4.** Lámina que se coloca ante una luz (bombilla, foco) para orientarla a voluntad. **5.** Objeto para separar o delimitar espacios.

[4] **pan·ta·lón** [pantalón] *s/m* (En *sing* o *pl*) Prenda de vestir que cubre ambas piernas por separado, desde la cintura hasta la rodilla o pies. LOC **Bajarse los pantalones,** FIG ceder ante las exigencias de otro.

[2] **pan·ta·no** [pantáno] *s/m* Depósito artificial de grandes dimensiones para almacenar agua.

[1] **pan·ta·no·so, -sa** [pantanóso] *adj* Abundante en aguas poco profundas.

[1] **pan·teís·mo** [panteísmo] *s/m* Doctrina que afirma que Dios es el Universo.

[1] **pan·teís·ta** [panteísta] *adj s/m,f* Relativo al panteísmo o seguidor de él.

[2] **pan·te·ón** [panteón] *s/m* Monumento funerario para varias personas.

[2] **pan·te·ra** [pantéra] *s/f* Felino carnicero, de la familia del leopardo.

[1] **pan·to·mi·ma** [pantomíma] *s/f* **1.** Representación con gestos y sin palabras. **2.** Simulación de algo no real.

[1] **pan·to·rri·lla** [pantorríʎa] *s/f* Parte gruesa de la pierna, entre la corva y el tobillo.

pan·tu·fla [pantúfla] *s/f* Zapatilla sin talón ni orejas.

pan·ty [pánti] *s/m gen pl* Medias femeninas elásticas y transparentes.

[2] **pan·za** [pánθa] *s/f* **1.** Vientre, *esp* si es abultado. **2.** Parte abultada de algo (vasija, muro).

pan·za·da [panθáða] *s/f* COL Hartazgo.

[1] **pan·zu·do** [panθúðo] *adj* Que tiene el vientre muy abultado.

[2] **pa·ñal** [paɲál] *s/m* Compresa que se pone a los niños pequeños para mantenerlos limpios. LOC **Estar en pañales,** estar en los comienzos de algo.

[3] **pa·ño** [páɲo] *s/m* **1.** Tejido de lana muy compacta. **2.** Trozo de tela en general. **3.** Trozo continuo que es parte de un conjunto. LOC **En paños menores, 1,** con la ropa interior solamente. **2,** en situación comprometida. **Conocer el paño,** conocer bien algo.

[1] **pa·ño·le·ta** [paɲoléta] *s/f* Prenda femenina de adorno o abrigo.

[3] **pa·ñue·lo** [paɲwélo] *s/m* **1.** Trozo de tela o de papel desechable para sonarse la nariz, secarse el sudor, etc. **2.** Cualquier trozo cuadrado de tela para otros usos.

[3] **pa·pa** [pápa] **I.** *s/m* **1.** Sumo Pontífice. **2.** Padre. **II.** *s/f* **1.** En Hispanoamérica y Canarias, patata. **2.** *pl* Comida con harina y leche, que suele darse a los niños.

[4] **pa·pá** [papá] *s/m* **1.** Padre. **2.** *pl* Padre y madre.

[1] **pa·pa·da** [papáða] *s/f* Abultamiento carnoso en la parte inferior del mentón.

[1] **pa·pa·do** [papáðo] *s/m* Cargo o dignidad de Papa, o tiempo que dura.

[2] **pa·pa·ga·yo** [papaɣájo] *s/m* **1.** Ave de plumaje vistoso, que es capaz de imitar

sonidos humanos. **2.** Persona que habla mucho y sin sentido.

2 **pa·pal** [papál] *adj* Relativo al Papa.

3 **pa·pa·lo·te** [papalóte] *s/m* **1.** AMER Cometa. **2.** Mariposa.

1 **pa·pa·na·tas** [papanátas] *s/m,f* COL Crédulo, bobalicón.

1 **pa·pa·na·tis·mo** [papanatísmo] *s/m* Cualidad de papanatas.

1 **pa·pa·rru·cha** [paparrútʃa] *s/f* Cosa sin sentido.

1 **pa·pa·ya** [papája] *s/f* Árbol de países cálidos, cuyo fruto es dulce y comestible.

5 **pa·pel** [papél] *s/m* **1.** Lámina delgada de fibra de celulosa, para escribir. **2.** Hoja de papel, escrita o impresa. **3.** Documento. **4.** Referido a dinero, billete de banco. **5.** En Bolsa, conjunto de valores negociados. **6.** TEAT Parte que corresponde a cada personaje. **7.** Cometido o función que alguien desempeña.

1 **pa·pe·leo** [papeléo] *s/m* Trámites burocráticos.

2 **pa·pe·le·ra** [papeléra] *s/f* **1.** Cesto para los papeles que se desechan. **2.** Fábrica de papel.

2 **pa·pe·le·ría** [papelería] *s/f* Tienda de útiles de escritorio.

2 **pa·pe·le·ro, -ra** [papeléro] *adj* Relativo al papel.

2 **pa·pe·le·ta** [papeléta] *s/f* **1.** Trozo de papel pequeño, con datos útiles para algún fin (votar, rifa). **2.** Problema difícil de resolver.

1 **pa·pe·li·na** [papelína] *s/f* Papel doblado con droga en polvo.

1 **pa·pe·lón, -lo·na** [papelón] *s/m* Situación ridícula.

1 **pa·pe·ra(s)** [papéra(s)] *s/f* Inflamación de las glándulas parótidas.

1 **pa·pi·la** [papíla] *s/f* Pequeña prominencia en las ramificaciones nerviosas de la piel y en algunas mucosas.

1 **pa·pi·lla** [papíʎa] *s/f* Alimento triturado.

1 **pa·pi·ro** [papíro] *s/m* Planta con tallos largos, o lámina elaborada con ellos, usada antiguamente para escribir.

1 **pa·pis·ta** [papísta] LOC **Ser más papista que el Papa,** ser alguien muy fanático de algo.

pa·po [pápo] *s/m* Parte abultada entre la barba y el cuello. LOC **Tener (mucho) papo,** ser muy atrevido o caradura.

4 **pa·que·te** [pakéte] *s/m* **1.** Bulto de varias cosas envueltas y sujetas con una cuerda, formando una unidad. **2.** Conjunto de acciones de Bolsa. **3.** Conjunto de medidas o disposiciones.

1 **pa·que·te·ría** [paketería] *s/f* Mercancía que se transporta o guarda en paquetes.

1 **pa·qui·der·mo** [pakiðérmo] *adj s/m* Mamífero que tiene la piel gruesa y tres o cuatro dedos en cada extremidad, como el elefante, o clase que forman.

1 **pa·quis·ta·ní** [pakistaní] *adj s/m,f* De Paquistán.

5 **par** [pár] **I.** *adj* **1.** Equivalente o igual. **2.** (Número) divisible por dos. **II.** *s/m* **1.** Conjunto de dos cosas de la misma especie: *Un par de botas*. **2.** Título de alta dignidad. LOC **A la par,** a la vez. **De par en par,** (puertas, ventanas) completamente abiertas.

5 **pa·ra** [pára] *prep* Expresa finalidad, dirección, duración en el tiempo, etc.

1 **pa·ra·bién** [paraβjén] *s/m* Felicitación.

2 **pa·rá·bo·la** [paráβola] *s/f* **1.** Relato del que se desprende una enseñanza moral. **2.** Curva abierta, con dos lados simétricos.

2 **pa·ra·bó·li·co, -ca** [paraβóliko] **I.** *adj* Relativo a la parábola. **II.** *adj s/f* Antena receptora de señales para la transmisión de datos o imágenes.

1 **pa·ra·bri·sas** [paraβrísas] *s/m* Cristal de la parte delantera de un vehículo.

1 **pa·ra·caí·das** [parakaíðas] *s/m* Utensilio de tela fuerte en forma de sombrilla, que frena la caída al desplegarse.

pa·ra·cai·dis·mo [parakaiðísmo] *s/m* Práctica de lanzamiento en paracaídas.

1 **pa·ra·cai·dis·ta** [parakaiðísta] **I.** *adj* Relativo al paracaidismo. **II.** *s/m,f* Persona que se lanza en paracaídas.

1 **pa·ra·cho·ques** [paratʃókes] *s/m* Pieza de los vehículos en la parte delantera y trasera para amortiguar los choques.

2 **pa·ra·da** [paráða] *s/f* **1.** Acción de parar(se). **2.** Lugar donde se detienen los vehículos de transporte para recoger o dejar pasajeros. **3.** Desfile de tropas. **4.** Puesto de venta en un mercado.

2 **pa·ra·de·ro** [paraðéro] *s/m* Lugar donde alguien ha ido o se aloja.

2 **pa·ra·dig·ma** [paraðíɣma] *s/m* Modelo o ejemplo.

2 **pa·ra·dig·má·ti·co, -ca** [paraðiɣmátiko] *adj* Relativo al paradigma.

1 **pa·ra·di·sía·co; pa·ra·di·sia·co, -ca** [paraðisíako; paraðisiáko] *adj* Relativo al paraíso.

PA·RA·DO

3 pa·ra·do, -da [paráðo] I. *adj* 1. Que ha interrumpido su movimiento. 2. Poco activo, con poca iniciativa. 3. (Con *quedar, dejar*) Sorprendido, desconcertado. 4. (Con *bien, mal*) Favorecido o perjudicado. II. *s/m,f* Persona sin trabajo o empleo.

2 pa·ra·do·ja [paraðóχa] *s/f* Coincidencia de hechos opuestos.

2 pa·ra·dó·ji·co, -ca [paraðóχiko] *adj* Relativo a la paradoja.

2 pa·ra·dor, -ra [paraðór] *s/m* Establecimiento hostelero estatal.

1 pa·ra·es·ta·tal [paraestatál] *adj* Que colabora con la Administración estatal, sin pertenecer a ella.

1 pa·ra·far·ma·cia [parafarmáθja] *s/f* 1. Productos que suelen venderse en farmacias sin ser estrictamente medicamentos. 2. Lugar donde se vende este tipo de productos.

1 pa·ra·fi·na [parafína] *s/f* Sustancia blanca y sólida, que se obtiene del petróleo y se emplea como aislante o en la fabricación de cera.

1 pa·ra·fra·se·ar [parafraseár] *tr* Hacer una paráfrasis.

1 pa·rá·fra·sis [paráfrasis] *s/f* Explicación o glosa.

1 pa·rá·gra·fo [paráɣrafo] *s/m* Párrafo.

2 pa·ra·guas [paráɣwas] *s/m* Utensilio portátil que se usa para protegerse de la lluvia.

2 pa·ra·gua·yo, -ya [paraɣwájo] I. *adj s/m,f* De Paraguay. II. *s/f* Variedad de melocotón, achatada. III. *s/m* Árbol que produce el fruto llamado paraguayo.

1 pa·ra·güe·ro [paraɣwéro] *s/m* Mueble para dejar en él los paraguas.

3 pa·ra·í·so [paraíso] *s/m* 1. Supuesto lugar en el que Dios puso a Adán y Eva. 2. Cielo o lugar de felicidad.

2 pa·ra·je [paráχe] *s/m* Lugar, sitio.

2 pa·ra·le·lis·mo [paralelísmo] *s/m* Cualidad de paralelo.

4 pa·ra·le·lo, -la [paralélo] I. *adj* 1. Equidistante respecto a una línea o plano. 2. Semejante en su desarrollo. II. *s/f* 1. Línea que es paralela a otra. 2. *pl* Barras equidistantes para ejercicios gimnásticos. III. *s/m* 1. Cada uno de los círculos equidistantes del ecuador. 2. Comparación, cotejo.

2 pa·rá·li·sis [parálisis] *s/f* 1. Pérdida del movimiento en una o varias partes del cuerpo. 2. Interrupción de un proceso.

1 pa·ra·lí·ti·co, -ca [paralítiko] *adj s/m,f* Afectado de parálisis.

2 pa·ra·li·za·ción [paraliθaθjón] *s/f* Acción o resultado de paralizar(se).

1 pa·ra·li·zan·te [paraliθánte] *adj* Que paraliza.

3 pa·ra·li·zar [paraliθár] I. *tr* 1. Causar parálisis o inmovilidad. 2. Interrumpir el funcionamiento de algo. II. REFL(-se) Quedarse inmóvil.
ORT Ante *e* la *z* cambia a *c: Paralice*.

3 pa·rá·me·tro [parámetro] *s/m* Dato o factor que permanece estable en un análisis.

2 pa·ra·mi·li·tar [paramilitár] *adj* Que funciona como un ejército, aunque no lo sea.

2 pá·ra·mo [páramo] *s/m* Terreno llano e inhóspito.

1 pa·ran·gón [parangón] *s/m* Comparación.

1 pa·ra·nin·fo [paranínfo] *s/m* En las universidades y centros de enseñanza, sala para actos solemnes.

1 pa·ra·noia [paranóia] *s/f* Trastorno mental que provoca obsesiones y manías anormales.

1 pa·ra·noi·co, -ca [paranóiko] *adj s/m,f* Relativo a la paranoia o quien la sufre.

1 pa·ra·nor·mal [paranormál] *adj* Fuera de lo normal.

1 pa·ra·pe·tar·se [parapetárse] REFL(-se) Resguardarse tras un parapeto para protegerse.

1 pa·ra·pe·to [parapéto] *s/m* 1. Baranda de protección en puentes o lugares semejantes para evitar caídas. 2. Terraplén de tierra para defenderse.

5 pa·rar [parár] I. *intr* 1. Interrumpir el movimiento o la acción. 2. Llegar a una situación o lugar. 3. Detenerse los vehículos en una estación. II. *tr* Detener el movimiento o la realización de algo.

1 pa·ra·rra·yo(s) [pararrájo(s)] *s/m* Dispositivo para proteger de los rayos.

1 pa·ra·si·co·lo·gía [parasikoloχía] *s/f* Estudio de los fenómenos que son de difícil explicación científica.

1 pa·ra·si·có·lo·go, -ga [parasikóloɣo] *s/m,f* Experto en parasicología.

1 pa·ra·si·ta·rio, -ia [parasitárjo] *adj* Relativo a los parásitos.

2 pa·rá·si·to, -ta [parásito] *adj s/m,f* Que vive a expensas de otro.

1 pa·ra·sol [parasól] *s/m* Sombrilla.

2 par·ce·la [parθéla] *s/f* Cada trozo en que se divide un terreno grande.

1 **par·ce·la·ción** [parθelaθjón] *s/f* Acción o resultado de parcelar.

1 **par·ce·la·mien·to** [parθelamjénto] *s/m* Parcelación.

2 **par·ce·lar** [parθelár] *tr* Dividir en parcelas.

1 **par·che** [pártʃe] *s/m* 1. Pedazo de cualquier material que se pega para tapar un agujero. 2. Trozo de tela que se aplica al cuerpo con una sustancia medicamentosa. 3. Cosa que destaca sobre el conjunto al que se añade, afeándolo.

1 **par·che·ar** [partʃeár] *tr* Poner parches o remiendos.

1 **par·chís** [partʃís] *s/m* Juego de mesa.

4 **par·cial** [parθjál] I. *adj* 1. Relativo a una parte. 2. Poco ecuánime. II. *s/m,f* AMER Seguidor incondicional de alguien o algo.

1 **par·cia·li·dad** [parθjaliðáð] *s/f* Falta de ecuanimidad.

2 **par·co, -ca** [párko] *adj* Moderado.

1 **par·di·llo** [parðíʎo] I. *s/m* Pájaro de color pardo, buen cantor. II. *adj s/m,f* COL Que se deja engañar con facilidad.

3 **par·do, -da** [párðo] *s/m* Color similar al de la tierra.

1 **par·duz·co, -ca** [parðúθko] *adj* Que tiende al color pardo.

5 **pa·re·cer** [pareθér] I. *s/m* Opinión. II. *intr* 1. Tener un determinado aspecto o apariencia. 2. Causar una determinada impresión. 3. Haber indicios de que ha sucedido o sucederá lo que se expresa: *Parece que va a nevar.* III. REFL(*-se*) Tener un aspecto similar al de otro. LOC **Al parecer,** según lo que se puede apreciar.
CONJ *Irreg: Parezco, parecí, pareceré, parecido.*

4 **pa·re·ci·do, -da** [pareθíðo] I. *adj* 1. Que se asemeja a otra persona o cosa. 2. (Precedido de *bien, mal*) De buen/mal aspecto. II. *s/m* Relación de semejanza entre dos cosas o personas.

5 **pa·red** [paréð] *s/f* 1. Obra de albañilería para separar o cerrar un espacio. 2. Superficie lateral de un cuerpo.

1 **pa·re·dón** [pareðón] *s/m* Muro grande de contención. LOC **Llevar/Enviar al paredón,** (hacer) fusilar a alguien.

4 **pa·re·ja** [paréχa] *s/f* 1. Par de dos personas, animales o cosas, *esp* si son marido y mujer. 2. Cada miembro de la pareja respecto al otro.

4 **pa·re·jo, -ja** [paréχo] *adj* Uniforme o igual.

1 **pa·ren·tal** [parentál] *adj* Relativo a los padres y parientes.

1 **pa·ren·te·la** [parentéla] *s/f* Conjunto de parientes.

2 **pa·ren·tes·co** [parentésko] *s/m* Relación de consanguinidad entre personas.

2 **pa·rén·te·sis** [paréntesis] *s/m* 1. GRAM Signos ortográficos para encerrar una frase, cifra, etc. Su forma es ( ). 2. Información o comentario intercalado en el discurso o texto.

pa·reo [paréo] *s/m* Prenda femenina, anudada alrededor del torso o de la cintura.

1 **pa·ria** [párja] *s/m,f* 1. Persona de la clase social más baja en la India. 2. Persona excluida o no aceptada en su entorno o grupo.

1 **pa·ri·da** [paríða] *s/f* ARG Cosa necia o estúpida.

2 **pa·ri·dad** [pariðáð] *s/f* Cualidad de equivalente.

3 **pa·rien·te, -ta** [parjénte] *adj s/m,f* Que pertenece a la familia de alguien.

1 **pa·rie·tal** [parjetál] I. *adj* Perteneciente a la pared. II. *adj s/m* Huesos a cada lado de la cabeza.

pa·ri·hue·la [pari(ɣ)wéla] *s/f* Utensilio a modo de camilla, para transportar personas heridas.

1 **pa·ri·pé** [paripé] *s/m* COL Cosa fingida. LOC **Hacer el paripé,** cubrir las apariencias.

1 **pa·rir** [parír] *tr intr* Expeler al exterior las hembras de los mamíferos el hijo que han concebido.

1 **pa·ri·sien·se; pa·ri·si·no, -na** [parisjénse; parisíno] *adj s/m,f* De París.

1 **pa·ri·ta·rio, -ia** [paritárjo] *adj* De número igual en cada componente.

1 **par·king** [párkin] *s/m* Lugar para estacionar vehículos.

4 **par·la·men·tar** [parlamentár] *intr* Negociar para solucionar un conflicto.

4 **par·la·men·ta·rio, -ia** [parlamentárjo] I. *adj* Relativo al Parlamento. II. *s/m,f* Miembro de un Parlamento.

1 **par·la·men·ta·ris·mo** [parlamentarísmo] *s/m* Doctrina y sistema parlamentarios.

4 **par·la·men·to** [parlaménto] *s/m* 1. Asamblea legislativa. 2. Intervención oral extensa ante el público o en una conversación.

1 **par·lan·chín, -chi·na** [parlantʃín] *adj s/m,f* Que habla mucho.

1 **par·lan·te** [parlánte] I. *adj* Que habla. II. AMER Altavoz.

PAR·LO·TE·AR

1 **par·lo·te·ar** [parloteár] *intr* Hablar mucho.

1 **par·lo·teo** [parlotéo] *s/m* Charla insustancial.

3 **pa·ro** [páro] *s/m* **1.** Interrupción de una actividad. **2.** Cese del trabajo en una empresa. **3.** Situación de quien no tiene empleo. **4.** Fenómeno social de desempleo generalizado.

1 **pa·ro·dia** [paróðja] *s/f* Imitación burlesca.

2 **pa·ro·diar** [paroðjár] *tr* Imitar de forma burlesca.

1 **pa·rón** [parón] *s/m* Interrupción brusca de una actividad.

1 **pa·ro·xis·mo** [paro(k)sísmo] *s/m* Exaltación extrema de una pasión.

2 **par·pa·de·ar** [parpaðeár] *intr* **1.** Abrir y cerrar los párpados repetidamente. **2.** Oscilar una luz.

1 **par·pa·deo** [parpaðéo] *s/m* Acción de parpadear.

3 **pár·pa·do** [párpaðo] *s/m* Membrana móvil que recubre el ojo.

4 **par·que** [párke] *s/m* **1.** Zona ajardinada para esparcimiento. **2.** Lugar donde se almacena material de servicio público. **3.** Conjunto de los vehículos de cierta clase o utilidad: *Se renovó el parque de automóviles.* **4.** Recinto pequeño para protección de los niños que aún no andan solos.
Parque de atracciones, lugar con máquinas de feria para recreo público.

1 **par·qué** [parké] *s/m* **1.** Pavimento de maderas ensambladas. **2.** Lugar donde se realizan las transacciones bursátiles.

1 **par·quea·de·ro** [parkeaðéro] *s/m* AMER Aparcamiento.

2 **par·que·ar** [parkeár] *tr intr* AMER Estacionar un vehículo.

1 **par·que·dad** [parkeðáð] *s/f* Cualidad de parco.

2 **pa·rra** [párra] *s/f* Planta de la vid que crece y se sujeta a una pared o enrejado. LOC **Subirse a la parra,** enfadarse.

1 **pa·rra·fa·da** [parrafáða] *s/f* Habla ininterrumpida de alguien.

4 **pá·rra·fo** [párrafo] *s/m* Cada trozo de un escrito entre dos puntos y aparte.

pa·rral [parrál] *s/m* Conjunto de parras sostenidas por un armazón.

1 **pa·rran·da** [parránda] *s/f* Diversión de un grupo de personas.

1 **pa·rri·ci·da** [parriθíða] *s/m,f* Quien comete parricidio.

1 **pa·rri·ci·dio** [parriθíðjo] *s/m* Asesinato del padre, madre, cónyuge o hijos.

2 **pa·rri·lla** [parríʎa] *s/f* **1.** Rejilla para asar o tostar. **2.** Programación de emisiones en televisión.

pa·rri·lla·da [parriʎáða] *s/f* Plato de carnes, pescados o verduras variadas a la brasa.

2 **pá·rro·co** [párroko] *s/m* Sacerdote encargado de una parroquia.

3 **pa·rro·quia** [parrókja] *s/f* **1.** Iglesia o templo de un distrito o población. **2.** Zona bajo la circunscripción de una iglesia determinada. **3.** Conjunto de fieles que corresponden a una parroquia. **4.** Conjunto de personas que habitualmente utilizan los servicios de un bar, comercio, etc.

2 **pa·rro·quial** [parrokjál] *adj* Relativo a la parroquia.

1 **pa·rro·quia·no, -na** [parrokjáno] *adj s/m,f* Cliente habitual de un comercio, bar, etc.

1 **par·si·mo·nia** [parsimónja] *s/f* Calma y lentitud en la realización de algo.

1 **par·si·mo·nio·so, -sa** [parsimonjóso] *adj* Que actúa con parsimonia.

5 **par·te** [párte] **I.** *s/f* **1.** Cada sección de un conjunto. **2.** Cantidad que corresponde a alguien en un reparto. **3.** Cada división de un libro, obra musical, etc. **4.** (También *pl*) Cada uno de los bandos que rivalizan entre sí. **5.** *pl* Órganos genitales. **II.** *s/m* Comunicación oficial sobre algo. LOC **Dar parte,** informar.

par·te·ro, -ra [partéro] *s/m,f* Persona que asiste en un parto.

1 **par·te·rre** [partérre] *s/m* GAL Zona de un jardín con césped y flores.

1 **par·ti·ción** [partiθjón] *s/f* Acción de dividir en partes.

5 **par·ti·ci·pa·ción** [partiθipaθjón] *s/f* **1.** Acción o resultado de participar en algo. **2.** Parte que corresponde a quien participa en algo. **3.** Notificación.

4 **par·ti·ci·pan·te** [partiθipánte] *adj s/m,f* Que participa en algo.

5 **par·ti·ci·par** [partiθipár] **I.** *intr* **1.** Tener o tomar parte en algo. **2.** (Con *de*) Tener ciertas características en común: *Participan de las mismas ideas.* **II.** *tr* Notificar. RPr **Participar de/en.**

2 **par·ti·ci·pa·ti·vo, -va** [partiθipatíβo] *adj* **1.** Que participa o gusta de participar.

2 **par·ti·ci·pe** [partíθipe] *adj s/m,f* Que participa.

1 **par·ti·ci·pio** [partiθípjo] *s/m* GRAM Forma verbal con función de adjetivo.

PA·SAR

[4] **par·tí·cu·la** [partíkula] *s/f* Parte muy diminuta de algo.

[5] **par·ti·cu·lar** [partikulár] **I.** *adj* **1.** Especial y diferente del resto. **2.** Propio y exclusivo. **II.** *s/m,f* Persona sin cargos oficiales. **III.** *s/m* Asunto o tema.

[2] **par·ti·cu·la·ri·dad** [partikulariðáð] *s/f* Cualidad de lo que es particular o especial.

[1] **par·ti·cu·la·ris·mo** [partikularísmo] *s/m* Tendencia hacia lo particular.

[1] **par·ti·cu·la·ri·zar** [partikulariθár] **I.** *tr* **1.** Diferenciar del resto. **2.** Personalizar. **II.** *intr* Referirse a lo particular, especial y característico.
ORT Ante *e* la *z* cambia a *c: Particularice*.

[3] **par·ti·da** [partíða] *s/f* **1.** Acción de salir o partir. **2.** Cantidad de un género o mercancía enviada de una vez. **3.** Cantidad de dinero que se destina a un fin. **4.** Conjunto de personas reunidas con un fin. **5.** En un juego, conjunto de jugadas.

[4] **par·ti·da·rio, -ia** [partiðárjo] *adj s/m,f* **1.** (Con *de*) Que está a favor de alguien o algo. **2.** Relativo a un partido. **3.** Que sigue las directrices de un partido. RPr **Partidario de**.

[1] **par·ti·dis·mo** [partiðísmo] *s/m* Tendencia a comportarse con parcialidad.

[2] **par·ti·dis·ta** [partiðísta] *adj s/m,f* Que no es imparcial.

[5] **par·ti·do, -da** [partíðo] **I.** *adj* Roto, dividido en partes. **II.** *s/m* **1.** Agrupación de personas con una misma ideología. **2.** Encuentro competitivo entre jugadores o equipos contrarios. **3.** Decisión o postura que alguien toma. **4.** Persona que ofrece posibilidades de ser una buena esposa o un buen marido. LOC **Sacar partido**, obtener beneficio o provecho.

[5] **par·tir** [partír] **I.** *tr* **1.** Dividir en partes. **2.** Romper en pedazos la capa protectora de algo: *Partir un coco.* **3.** Cortar y separar una parte del todo. **II.** *intr* **1.** Salir de un lugar para dirigirse a otro. **2.** (Con *de*) Tener el origen en un lugar. **III.** *REFL(-se)* Romperse en trozos. LOC **Partirse de risa**, reírse mucho.

[2] **par·ti·tu·ra** [partitúra] *s/f* Anotación escrita de la música de una obra.

[3] **par·to** [párto] *s/m* Acción de parir la hembra.

[1] **par·tu·rien·ta** [parturjénta] *adj s/f* Hembra que está de parto.

par·ve·dad [parβeðáð] *s/f* Cualidad de parvo.

[1] **par·vo, -va** [párβo] *adj* Escaso, pequeño.

[1] **par·vu·la·rio** [parβulárjo] *s/m* Escuela para párvulos.

par·vu·lis·ta [parβulísta] *s/m,f* Maestro a cargo de los párvulos.

[1] **pár·vu·lo, -la** [párβulo] *s/m,f* Niño de muy corta edad.

[5] **pa·sa** [pása] *s/f* Uva o ciruela desecada.

[5] **pa·sa·ble** [pasáβle] *adj* Aceptable en calidad.

[1] **pa·sa·ca·lle** [pasakáʎe] *s/m* Música de festejos, de ritmo alegre.

[3] **pa·sa·da** [pasáða] *s/f* **1.** Acción o resultado de pasar. **2.** Recorrido sobre algo con la vista. **3.** Aplicación de algo sobre una superficie. **4.** Capa de pintura que se da. **5.** ARG Acción, cosa sorprendente o extraordinaria: *Es una pasada estudiar en Madrid.* LOC **De pasada**, superficialmente. **Mala pasada**, acción malintencionada contra alguien.

[1] **pa·sa·de·ro, -ra** [pasaðéro] *adj* Que se puede tolerar.

[2] **pa·sa·di·zo** [pasaðíθo] *s/m* Paso estrecho.

[5] **pa·sa·do, -da** [pasáðo] **I.** *adj* **1.** Que ya ha sucedido. **2.** (*alimentos*) Que ha perdido su validez. **II.** *s/m* **1.** Tiempo o cosas anteriores al presente. **2.** Vida anterior de alguien. **3.** Tiempo verbal para expresar tiempo pasado.

[1] **pa·sa·dor** [pasaðór] *s/m* Barra que se hace correr de un lado a otro para sujetar o cerrar.

[3] **pa·sa·je** [pasáχe] *s/m* **1.** Billete. **2.** Conjunto de pasajeros a bordo de un barco, avión. **3.** Calle estrecha y corta. **4.** Fragmento o escena de una obra.

[4] **pa·sa·je·ro, -ra** [pasaχéro] **I.** *adj* De breve duración. **II.** *s/m,f* Persona que viaja en un medio de transporte.

[1] **pa·sa·ma·no(s)** [pasamáno(s)] *s/m* Barra para apoyarse con la mano.

[1] **pa·sa·mon·ta·ñas** [pasamontáɲas] *s/m* Prenda de abrigo que tapa cabeza y cara.

[1] **pa·san·te** [pasánte] *s/m,f* Auxiliar de abogado.

[2] **pa·sa·por·te** [pasapórte] *s/m* Documento de identificación para pasar de un país a otro.

[5] **pa·sar** [pasár] **I.** *tr* **1.** Ir de un punto o lugar a otro. **2.** Atravesar algo (cuerpo, río). **3.** Ir más allá de un punto o situación. **4.** Deslizar una cosa sobre algo. **5.** Introducir algo por un espacio, hueco, etc. **6.** Dar a alguien una cosa que *gen* está cerca de él: *Pásame la sal.* **7.** Llevar o transpor-

PA·SA·RE·LA

tar una cosa de un lugar a otro. **8.** Referido a tiempo, transcurrir éste dentro de ciertos límites. **9.** Experimentar o soportar algo. **10.** Superar una prueba. **11.** Llevar las páginas de un libro de un lado a otro. **12.** Proyectar un film. **II.** *intr* **1.** Ir de un lugar a otro. **2.** Tener algo un recorrido determinado: *¿Por dónde pasará el gasoducto?* **3.** (Con *de*) Ir más allá de algún lugar o límite: *No pasarán de Toledo.* **4.** Transferirse algo de un lugar a otro: *La gripe pasó del padre al hijo.* **5.** Suceder un hecho. **6.** Invitar a alguien a entrar en un lugar: *Pasen Uds., por favor.* **7.** (Con *a* + *inf*) Cambiar a otro estado o situación. **8.** (Con *por, como*) Aparentar alguien que es lo que realmente no es: *Se hacía pasar por una chica.* **9.** ARG (Con *de*) Mostrar indiferencia: *Pasa de él.* **III.** REFL(-*se*) **1.** Cambiar de estado o ideas: *Se pasaron al catolicismo.* **2.** Traspasar cierto límite: *La paella se ha pasado.* **3.** (alimentos, etc.) Dejar de estar en buenas condiciones. LOC **Pasarlo bien/mal,** divertirse o aburrirse. **Pasarlo bomba/en grande,** divertirse mucho. **Pasar por alto,** ignorar algo. **Pasarse de listo,** excederse en algo por exceso de malicia.

③ **pa·sa·re·la** [pasaréla] *s/f* **1.** Puente pequeño y provisional. **2.** En un desfile de moda, plataforma donde se exhiben las modelos.

② **pa·sa·tiem·po** [pasatjémpo] *s/m* Diversión o entretenimiento.

② **pas·cua** [páskwa] *s/f* **1.** Fiesta que conmemora la Resurrección de Cristo. **2.** (*sing* o *pl*) Fiestas de Navidad. LOC **Estar como unas pascuas,** estar muy alegre. **Hacer la pascua a alguien,** causarle molestias o disgustos.

① **pas·cual** [paskwál] *adj* Relativo a la Pascua.

③ **pa·se** [páse] *s/m* **1.** Acción o resultado de pasar. **2.** Permiso que autoriza a entrar en un espectáculo, exposición, etc. **3.** Desfile de modelos en la pasarela. **4.** DEP Acción de pasar el balón a otro jugador.

② **pa·se·an·te** [paseánte] *adj s/m,f* Que pasea.

④ **pa·se·ar** [paseár] **I.** *intr* Andar a pie por un lugar. **II.** *tr* Sacar a alguien para que pasee a pie, o en un vehículo.

④ **pa·seo** [paséo] *s/m* **1.** Acción de pasear(se). **2.** Lugar *esp* adecuado para pasear por él. LOC **Enviar/Mandar a paseo a alguien,** despedir a alguien con enfado.

④ **pa·si·llo** [pasíʎo] *s/m* **1.** Pieza larga y estrecha para comunicar unas habitaciones con otras. *P ext,* cualquier paso estrecho. **2.** Ruta asignada a los aviones para desplazarse por el aire.

④ **pa·sión** [pasjón] *s/f* **1.** Sentimiento intenso. **2.** Afición exagerada por algo: *Pasión por el fútbol.*

② **pa·sio·nal** [pasjonál] *adj* Relativo a las pasiones.

② **pa·si·vi·dad** [pasiβiðáð] *s/f* Cualidad de pasivo.

④ **pa·si·vo, -va** [pasíβo] **I.** *adj* **1.** GRAM Que recibe la acción del sujeto: *La voz pasiva.* **2.** Falta de respuesta a un estímulo, inactivo. **3.** Que sufre los efectos de la acción de otro: *Fumadores pasivos.* **4.** Sujeto al pago de tributos. **II.** *s/m* Cantidad que se adeuda.

② **pas·mar** [pasmár] *tr intr* Dejar muy asombrado a alguien.

① **pas·mo** [pásmo] *s/m* Asombro grande.

⑤ **pa·so** [páso] *s/m* **1.** Acción de pasar. **2.** Lugar por donde se pasa. **3.** Cada movimiento del pie al andar. **4.** Espacio entre las pisadas de uno y otro pie. **5.** Forma de andar. **6.** Avance en un proceso. **7.** REL Escena de la pasión de Jesucristo. LOC **De paso,** de forma transitoria. **Salir al paso,** salir al encuentro. **Salir del paso,** solucionar algo de manera transitoria.
Paso a nivel, cruce de una línea de tren y una carretera.

② **pa·so·do·ble** [pasoðóβle] *s/m* Baile y música cuyo ritmo consiste en pasos dobles (de cuatro por cuatro).

① **pa·so·ta** [pasóta] *s/m,f* Persona que se despreocupa de la sociedad en que vive, mostrándose indiferente.

① **pa·so·tis·mo** [pasotísmo] *s/m* Actitud del pasota.

① **pas·quín** [paskín] *s/m* Escrito crítico o satírico.

① **pass·word** [páswor] *s/m* ANGL Contraseña.

③ **pas·ta** [pásta] *s/f* **1.** Masa de consistencia espesa o semilíquida. **2.** Masa de harina y agua, con algún otro ingrediente, utilizada en pastelería. **3.** Pequeño dulce de masa seca. **4.** Masa para la fabricación de papel. **5.** COL Dinero. LOC **De buena pasta,** de buen carácter.

③ **pas·tar** [pastár] *intr* Pacer el ganado.

② **pas·tel** [pastél] *s/m* **1.** Manjar dulce de masa de harina y otros ingredientes. **2.** Lápiz o barra para pintar. **3.** Arreglo o manejo poco claro.

① **pas·te·le·ría** [pasteleía] *s/f* Establecimiento donde se hacen y venden pasteles.

PA·TI·NAR

[1] **pas·te·le·ro, -ra** [pasteléro] *adj s/m,f* Relativo a la industria del pastel o persona que hace o vende pasteles.

pas·te(u)·ri·za·ción [paste(u)riθaθjón] *s/f* Acción o resultado de pasterizar.

pas·te(u)·ri·zar [paste(u)riθár] *tr* Someter un alimento a altas temperaturas durante un breve tiempo para esterilizarlo.
ORT Ante *e* la *z* cambia a *c: Paste(u)rice*.

[3] **pas·ti·lla** [pastíʎa] *s/f* 1. Porción de una sustancia medicamentosa que se toma sin masticar. 2. Pieza metálica en el mecanismo de frenado de los automóviles. LOC **A toda pastilla,** a toda velocidad.

[1] **pas·ti·zal** [pastiθál] *s/m* Terreno abundante en pastos.

[2] **pas·to** [pásto] *s/m* 1. Hierba que come el ganado en el campo. 2. Forraje. 3. Campo en que pace el ganado. 4. Cualquier otro alimento para el ganado.

[1] **pas·tón** [pastón] *s/m* Mucho dinero.

[4] **pas·tor, -ra** [pastór] *s/m,f* 1. Persona que cuida del ganado. 2. Sacerdote protestante.

[2] **pas·to·ral** [pastorál] I. *adj* Relativo a los pastores de la Iglesia o a sus funciones. II. *s/f* Escrito de un prelado a sus diocesanos.

[1] **pas·to·re·ar** [pastoreár] *tr* Cuidar del ganado y llevarlo a pastar.

[1] **pas·to·reo** [pastoréo] *s/m* Acción o resultado de pastorear.

[1] **pas·to·ril** [pastoríl] *adj* Relativo a los pastores o a su mundo.

pas·to·si·dad [pastosiðáð] *s/f* Calidad de pastoso.

[1] **pas·to·so, -sa** [pastóso] *adj* Blando y moldeable.

[4] **pa·ta** [páta] *s/f* 1. Cada una de las cuatro extremidades de un animal. 2. Pieza de sostén de un mueble. 3. Hembra del pato. LOC **A pata,** COL **a pie. Mala pata,** FIG mala suerte. **Meter la pata,** COL cometer un error importante.

[3] **pa·ta·da** [patáða] *s/f* Golpe dado con el pie o un animal con la pata.

[1] **pa·ta·le·ar** [pataleár] *intr* 1. Golpear fuertemente el suelo con los pies. 2. Agitar las piernas con rabia e ira.

[1] **pa·ta·leo** [pataléo] *s/m* Acción de patalear.

[1] **pa·ta·le·ta** [pataléta] *s/f* Expresión de descontento o ira.

[1] **pa·tán** [patán] *s/m* Persona tosca e ignorante.

[3] **pa·ta·ta** [patáta] *s/f* 1. Planta de tubérculos comestibles. 2. Tubérculo de esta planta.

pa·ta·te·ro, -ra [patatéro] *adj* De muy mala calidad.

pa·ta·tín pa·ta·tán (que ~) [patatín patatán] **Que (si) patatín, que (si) patatán,** expresión para referirse a pretextos no claros.

[1] **pa·ta·tús** [patatús] *s/m* Desmayo leve.

[1] **pa·té** [paté] *s/m* Pasta de hígado de aves o de cerdo.

[2] **pa·te·ar** [pateár] I. *tr intr* 1. Golpear con los pies sobre algo. 2. Recorrer a pie un lugar.

[1] **pa·te·na** [paténa] *s/f* Bandejita de oro o plata sobre la cual se deposita la hostia durante la misa.

[1] **pa·ten·tar** [patentár] *tr* Obtener la patente de algo.

[3] **pa·ten·te** [paténte] I. *adj* Claro, comprensible. II. *s/f* 1. Documento acreditativo de un derecho sobre algo. 2. Registro oficial de un invento o producto nuevos.

[1] **pa·ten·ti·zar** [patentiθár] *tr* Poner de manifiesto.
ORT Ante *e* la *z* cambia a *c: Patentice*.

[1] **pa·teo** [patéo] *s/m* Acción de patear.

[1] **pa·ter·nal** [paternál] *adj* Relativo al afecto paterno.

[1] **pa·ter·na·lis·mo** [paternalísmo] *s/m* Actitud protectora del padre.

[1] **pa·ter·na·lis·ta** [paternalísta] *adj* Relativo al paternalismo o que lo implica.

[2] **pa·ter·ni·dad** [paterniðáð] *s/f* Cualidad o condición de padre.

[3] **pa·ter·no, -na** [patérno] *adj* Relativo al padre.

[2] **pa·té·ti·co, -ca** [patétiko] *adj* Que conmueve.

[1] **pa·te·tis·mo** [pateísmo] *s/m* Calidad de patético.

[1] **pa·tí·bu·lo** [patíβulo] *s/m* Lugar donde se ejecuta a los condenados a muerte.

pa·ti·di·fu·so, -sa [patiðifúso] *adj* COL Sorprendido.

[1] **pa·ti·lla** [patíʎa] *s/f* 1. Especie de pata pequeña con que terminan algunos mecanismos para sujetarlos o encajarlos. 2. Varilla lateral de las gafas. 3. (*sing* o *pl*) Pelo que se deja crecer en la parte superior de cada carrillo.

[1] **pa·tín** [patín] *s/m* 1. Utensilio para deslizarse sobre el hielo o pavimento.

[1] **pa·ti·na·dor, -ra** [patinaðór] *adj s/m,f* Que patina.

[1] **pa·ti·na·je** [patináxe] *s/m* 1. Acción de patinar. 2. Práctica deportiva con patines.

[2] **pa·ti·nar** [patinár] *intr* 1. Deslizarse con

patines sobre una superficie. **2.** Resbalar **3.** Cometer un error o desliz.

pa·ti·ne·te [patinéte] *s/m* Patín usado como juguete por los niños.

④ **pa·tio** [pátjo] *s/m* **1.** Espacio abierto en el interior de un edificio o adosado a él. **2.** Espacio abierto para el recreo de los alumnos en un colegio.

pa·ti·tie·so, -sa [patitjéso] *adj* Asombrado.

pa·ti·zam·bo, -ba [patiθámbo] *adj* Con las piernas torcidas hacia fuera y las rodillas muy juntas.

④ **pa·to, -ta** [páto] *s/m,f* Ave palmípeda acuática. LOC **Pagar el pato**, cargar con la culpa.

pa·to·cha·da [patotʃáða] *s/f* Disparate.

① **pa·tó·ge·no, -na** [patóxeno] *adj* Que causa enfermedades.

③ **pa·to·lo·gía** [patoloxía] *s/f* Estudio de las enfermedades y trastornos del organismo.

② **pa·to·ló·gi·co, -ca** [patolóxiko] *adj* Relativo a la patología.

① **pa·tó·lo·go, -ga** [patóloyo] *s/m,f* Experto en patología.

① **pa·to·so, -sa** [patóso] *adj s/m,f* Que carece de habilidad en sus movimientos.

① **pa·tra·ña** [patrána] *s/f* Falsedad.

④ **pa·tria** [pátrja] *s/f* Nación en la que uno ha nacido y a la cual pertenece.

② **pa·triar·ca** [patrjárka] *s/m* **1.** Título del máximo representante de cada religión oriental. **2.** Persona de más edad y más respetada en una familia.

① **pa·triar·ca·do** [patrjarkáðo] *s/m* **1.** Dignidad, cargo de un patriarca. **2.** Dominio del padre en una familia.

① **pa·triar·cal** [patrjarkál] *adj* **1.** Relativo a un patriarca. **2.** Que da el mayor poder al patriarca o a los hombres.

② **pa·tri·mo·nial** [patrimonjál] *adj* Relativo al patrimonio o bienes de alguien.

④ **pa·tri·mo·nio** [patrimónjo] *s/m* Conjunto de bienes que alguien tiene o hereda.

③ **pa·trio, -ia** [pátrjo] *adj* Relativo a la patria.

② **pa·trio·ta** [patrjóta] *adj s/m,f* Que ama a su patria.

① **pa·trio·te·ro, -ra** [patrjotéro] *adj s/m,f* Que se excede en su patriotismo.

② **pa·trió·ti·co, -ca** [patrjótiko] *adj* Patriota.

② **pa·trio·tis·mo** [patrjotísmo] *s/m* Amor y lealtad hacia la patria.

② **pa·tro·ci·na·dor, -ra** [patroθinaðór] *adj s/m,f* Que patrocina.

② **pa·tro·ci·nar** [patroθinár] *tr* Dar ayuda económica a alguien.

② **pa·tro·ci·nio** [patroθínjo] *s/m* Protección o ayuda.

④ **pa·trón, -tro·na** [patrón] **I.** *adj s/m,f* Santo o santa bajo cuya protección se pone una persona o entidad. **II.** *s/m* **1.** Quien gobierna una embarcación. **2.** Medida o modelo que se toma como referencia para algo. **III.** *s/m,f* Amo o dueño respecto a un criado u obrero.

pa·tro·nal [patronál] *adj* Relativo al patrono.

② **pa·tro·na·to** [patronáto] *s/m* **1.** Protección que alguien ejerce. **2.** Fundación benéfica y consejo que la regenta.

② **pa·tro·no, -na** [patróno] **I.** *s/m,f* **1.** Dueño de una empresa, que da trabajo a obreros. **2.** Jefe en relación con sus subordinados o empleados. **II.** *s/m,f* Patrón (I).

② **pa·tru·lla** [patrúʎa] *s/f* Grupo de soldados, policías, aviones, etc., en misión de vigilancia.

① **pa·tru·lla·je** [patruʎáxe] *s/m* Acción de patrullar.

② **pa·tru·llar** [patruʎár] *tr intr* Recorrer una patrulla algún lugar para vigilar.

② **pa·tru·lle·ro, -ra** [patruʎéro] *adj s/m,f* Que patrulla.

① **pa·tu·co** [patúko] *s/m* Peúco (1).

② **pau·la·ti·no, -na** [paulatíno] *adj* Lento.

③ **pau·sa** [páusa] *s/f* **1.** Breve interrupción de algo. **2.** Manera lenta de hacer algo. **3.** Tiempo que dura una interrupción.

① **pau·sa·do, -da** [pausáðo] *adj* Con pausa, con calma.

③ **pau·ta** [páuta] *s/f* Guía o norma de actuación.

③ **pau·tar** [pautár] *tr* Marcar el procedimiento o reglamentar algo.

① **pa·va** [páβa] *s/f* Hembra del pavo. LOC **Pelar la pava (alguien)**, COL estar alguien de conversación entretenida, amorosa y larga con otra persona.

① **pa·ve·sa** [paβésa] *s/f* Partícula ya carbonizada que se desprende de la combustión.

pa·vía [paβía] *s/f* **1.** Variedad de melocotonero, con frutos de piel lisa y carne jugosa. **2.** Fruto de este árbol.

① **pa·vi·men·ta·ción** [paβimentaθjón] *s/f* **1.** Acción de pavimentar. **2.** Capa de pavimento.

② **pa·vi·men·tar** [paβimentár] *tr* Recubrir un suelo con pavimento.

PE·DA·ZO

② **pa·vi·men·to** [paβiménto] *s/m* Recubrimiento del suelo con un material sólido para hacerlo más transitable.

② **pa·vo** [páβo] *s/m* Ave gallinácea de gran tamaño, sin plumas en la cabeza y apreciada por su carne. LOC **Edad del pavo**, edad de rebeldía e inseguridad.

① **pa·vo·ne·ar** [paβoneár] *intr* REFL(-*se*) Darse alguien importancia. RPr **Pavonearse de**.

pa·vo·neo [paβonéo] *s/m* Acción de pavonear(se).

② **pa·vor** [paβór] *s/m* Miedo o terror intensos.

② **pa·vo·ro·so, -sa** [paβoróso] *adj* Que inspira pavor.

① **pa·ya·sa·da** [pajasáða] *s/f* Acción o dicho de un payaso.

② **pa·ya·so** [pajáso] *s/m,f* **1.** Artista de circo o teatro que suele hacer reír a la gente. **2.** Persona de conducta poco seria.

① **pa·yo, -ya** [pájo] **I.** *adj s/m,f* Que no es de raza gitana. **II.** *s/m,f* Payaso (2).

⑤ **paz** [páθ] *s/f* Situación de ausencia de guerra y conflictos.

① **paz·gua·to, -ta** [paθɣwáto] *adj s/m,f* Ingenuo, simple.

① **pa·zo** [páθo] *s/m* En Galicia, casa solariega.

③ **PC, pc** [peθé] *s/m* Ordenador personal.

② **pe** [pé] *s/f* Nombre de la letra 'p'. LOC **De pe a pa**, de principio a fin.

② **pea·je** [peáxe] *s/m* **1.** Derecho de tránsito por un lugar. **2.** Precio que se paga por ese derecho. **3.** Lugar donde se cobra el importe para pasar.

① **pea·na** [peána] *s/f* Base sobre la que se pone una imagen o figura.

② **pea·tón** [peatón] *s/m* Persona que va a pie.

② **pea·to·nal** [peatonál] *adj* De peatones.

① **pe·ca** [péka] *s/f* Mancha pequeña y oscura en la piel.

③ **pe·ca·do** [pekáðo] *s/m* Transgresión de una norma moral.

② **pe·ca·dor, -ra** [pekaðór] *adj s/m,f* Que peca.

① **pe·ca·mi·no·so, -sa** [pekaminóso] *adj* Que incita al pecado o lo implica.

④ **pe·car** [pekár] *intr* **1.** No cumplir una norma o ley moral. **2.** (Con *de*) Abundar en lo que se expresa. RPr **Pecar de/por**.
ORT Ante *e* la *c* cambia a *qu: Pequé*.

① **pe·ce·ra** [peθéra] *s/f* Recipiente para peces.

④ **pe·char** [petʃár] *intr* Hacerse responsable de algo incómodo.

① **pe·che·ra** [petʃéra] *s/f* Parte delantera de ciertas prendas de vestir.

④ **pe·cho** [pétʃo] *s/m* **1.** Parte del cuerpo humano que encierra el corazón y los pulmones. **2.** Esta parte del cuerpo como depositaria de los sentimientos. **3.** Glándula mamaria de la mujer. LOC **A pecho descubierto**, sin abrigo o protección. **Tomarse algo a pecho**, **1,** interesarse muy en serio por algo. **2,** ofenderse por algo.

① **pe·chu·ga** [petʃúγa] *s/f* Pecho de un ave, como carne comestible.

pe·cío·lo; pe·cio·lo [peθíolo; peθjólo] *s/m* Rabillo que une la hoja al tallo.

pé·co·ra [pékora] *s/f* **1.** Cabeza de ganado lanar. **2.** COL Persona malintencionada.

① **pe·co·so, -sa** [pekóso] *adj s/m,f* Que tiene pecas.

① **pec·to·ral** [pektorál] **I.** *adj* Relativo al pecho. **II.** *adj s/m* Músculo(s) del pecho o relativo a ellos. **III.** *s/m* Cruz que llevan los prelados sobre el pecho.

① **pe·cua·rio, -ia** [pekuárjo] *adj* Relativo al ganado.

③ **pe·cu·liar** [pekuljár] *adj* Propio y característico.

② **pe·cu·lia·ri·dad** [pekuliariðáð] *s/f* Rasgo o característica propios.

① **pe·cu·lio** [pekúljo] *s/m* Bienes económicos o dinero que alguien posee.

① **pe·cu·nia·rio, -ia** [pekunjárjo] *adj* Relativo al dinero.

① **pe·da·go·gía** [peðaγoxía] *s/f* Ciencia de la enseñanza.

③ **pe·da·gó·gi·co, -ca** [peðaγóxiko] *adj* Relativo a la pedagogía.

③ **pe·da·go·go, -ga** [peðaγóγo] *s/m* Experto en pedagogía.

① **pe·dal** [peðál] *s/m* Palanca que se acciona con el pie.

② **pe·da·le·ar** [peðaleár] *intr* Impulsar los pedales con los pies.

① **pe·da·leo** [peðaléo] *s/m* Acción o resultado de pedalear.

pe·dá·neo, -ea [peðáneo] *adj* Relativo a una pedanía.

① **pe·da·nía** [peðanía] *s/f* Núcleo de población que depende de otro municipio mayor.

① **pe·dan·te** [peðánte] *adj s/m,f* Presuntuoso, arrogante.

① **pe·dan·te·ría** [peðantería] *s/f* **1.** Cualidad de pedante. **2.** Dicho o hecho pedantes.

③ **pe·da·zo** [peðáθo] *s/m* Trozo separado de un todo.

PE·DE·RAS·TA

① **pe·de·ras·ta** [peðerásta] *s/m,f* Hombre que comete pederastia.

① **pe·de·ras·tia** [peðerástja] *s/f* Abuso sexual de un hombre con un niño.

① **pe·der·nal** [peðernál] *s/m* Variedad de cuarzo, de gran dureza.

② **pe·des·tal** [peðestál] *s/m* Base sólida que sostiene una estatua, columna, etc.

① **pe·des·tre** [peðéstre] *adj* 1. Que se hace a pie. 2. Que carece de refinamiento.

① **pe·dia·tra** [peðjátra] *s/m,f* Médico especializado en niños.

① **pe·dia·tría** [peðjatría] *s/f* Especialidad médica de la infancia.

pe·di·cu·ra [peðikúra] *s/f* Cuidado especial de los pies.

④ **pe·di·do** [peðíðo] *s/m* 1. Encargo de mercancías a un fabricante o vendedor. 2. AMER Petición o solicitud.

① **pe·di·grí** [peðiɣrí] *s/m* Historial de los antepasados de un animal de pura raza.

① **pe·di·güe·ño, -ña** [peðiɣwéɲo] *adj s/m,f* Que siempre está pidiendo.

⑤ **pe·dir** [peðír] I. *tr* 1. Decir o rogar una persona a otra que le dé o haga alguna cosa. 2. Solicitar algo. 3. (Con *por*) Poner precio a algo. 4. En un restaurante, encargar un plato. 5. Necesitar algo con cierta urgencia: *La sociedad está pidiendo la paz*. 6. Ser una cosa adecuada como complemento de otra: *Esta comida pide un buen vino*. II. *intr* 1. (Con *por*) Rezar. CONJ *Irreg: Pido, pedí, pediré, pedido*.

① **pe·do** [péðo] *s/m* Expulsión de gases intestinales por el ano.

① **pe·do·fi·lia** [peðofílja] *s/f* Tendencia de un adulto a tener relaciones sexuales con menores.

pe·dó·fi·lo, -la [peðófilo] I. *s/m,f* Persona que comete pedofilia. II. *adj* Relativo a la pedofilia.

pe·do·rre·ra [peðorréra] *s/f* Ventosidad.

pe·do·rre·ta [peðorréta] *s/f* Burla que se hace con la boca imitando el sonido del pedo.

① **pe·do·rro, -rra** [peðórro] *s/m,f* Persona que se tira muchos pedos.

② **pe·dra·da** [peðráða] *s/f* Acción de tirar una piedra o golpe producido con ella.

pe·drea [peðréa] *s/f* Premios de la lotería de cantidades pequeñas.

② **pe·dre·gal** [peðreɣál] *s/m* Terreno cubierto de piedras.

① **pe·dre·go·so, -sa** [peðreɣóso] *adj* Con muchas piedras.

① **pe·dre·ría** [peðrería] *s/f* Piedras preciosas.

① **pe·dris·co** [peðrísko] *s/m* Granizo grueso.

① **pe·drus·co** [peðrúsko] *s/m* Pedazo de piedra sin labrar.

① **pe·dún·cu·lo** [peðúnkulo] *s/m* Tallo de las hojas, flores o frutos.

② **pe·ga** [péɣa] *s/f* 1. Acción de pegar una cosa a otra. 2. Inconveniente.

① **pe·ga·di·zo, -za** [peɣaðíθo] *adj* 1. Que se adhiere con facilidad. 2. Que se recuerda o se imita con facilidad.

② **pe·ga·do** [peɣáðo] *s/m* Acción de pegar.

② **pe·ga·jo·so, -sa** [peɣaxóso] *adj* 1. Con poder adherente. 2. (*líquido*) Espeso y de consistencia poco fluida. 3. (*clima*) Con mucha humedad.

② **pe·ga·men·to** [peɣaménto] *s/m* Sustancia adhesiva.

④ **pe·gar** [peɣár] I. *tr* 1. Hacer que una cosa quede adherida a otra. 2. Poner dos cosas juntas. 3. COL Transmitir una persona a otra algún mal o enfermedad. 4. Dar golpes a alguien. II. REFL(-se) 1. Discutir dos o más personas o darse golpes por algún motivo: *Nos pegamos por un sitio en la biblioteca*. 2. Darse lo que se señala: *Me pegué un baño caliente*. LOC **Pegársela a alguien,** COL engañarle.
ORT Ante *e* la *g* cambia a *gu*: *Pegué*.

① **pe·ga·ti·na** [peɣatína] *s/f* Etiqueta publicitaria de papel adhesivo.

① **pe·go** [péɣo] *s/m* LOC **Dar el pego,** engañar.

① **pe·go·te** [peɣóte] *s/m* Emplasto de algo pegajoso, o añadido poco adecuado.

② **pei·na·do, -da** [peináðo] *s/m* Acción de peinarse o estilo de estar peinado.

① **pei·na·dor** [peinaðór] *s/m* Toalla protectora para peinarse.

③ **pei·nar** [peinár] *tr* 1. Arreglar el pelo con un peine. 2. Registrar a fondo una zona la policía.

② **pei·ne** [péine] *s/m* Utensilio para peinarse.

① **pei·ne·ta** [peinéta] *s/f* Peine convexo y de adorno con que la mujer sujeta el peinado.

② **pe·la** [péla] *s/f* COL Antes, peseta.

① **pe·la·di·lla** [pelaðíʎa] *s/f* Almendra recubierta de azúcar confitado.

② **pe·la·do, -da** [peláðo] *adj* 1. (*número*) Que acaba en cero. 2. Sin adornos ni complementos.

① **pe·la·ga·tos** [pelaɣátos] *s/m,f* Persona de poca categoría y valor.

[1] **pe·la·je** [peláxe] *s/m* **1.** Naturaleza del pelo de un animal. **2.** Aspecto que presenta alguien.

[1] **pe·lam·bre** [pelámbre] *s/f* Pelo abundante y mal arreglado.

[1] **pe·lam·bre·ra** [pelambréra] *s/f* Pelambre.

pe·lan·dus·ca [pelandúska] *s/f* Prostituta.

[4] **pe·lar** [pelár] **I.** *tr* **1.** Quitar el pelo, las plumas o la corteza. **2.** Cortar el pelo de la cabeza. **3.** Quitar o despojar a alguien de sus bienes. **II.** REFL(-se) Cortarse alguien el pelo. LOC **Que pela,** (*frío*) muy intenso.

[2] **pel·da·ño** [peldáɲo] *s/m* Cada travesaño de una escalera.

[3] **pe·lea** [peléa] *s/f* Acción de pelear(se).

[4] **pe·le·ar** [peleár] *intr* **1.** Luchar. **2.** Esforzarse por lograr algún objetivo en la vida. **3.** Discutir acaloradamente.

[1] **pe·le·le** [peléle] *s/m* **1.** Muñeco con figura humana. **2.** Persona de poca personalidad.

[1] **pe·le·ón, -o·na** [peleón] *adj* **1.** Que gusta de pelear(se). **2.** Se dice del vino de baja calidad.

[1] **pe·le·te·ría** [peletería] *s/f* **1.** Industria de la piel. **2.** Tienda donde se venden prendas de piel.

pe·le·te·ro, -ra [peletéro] *s/m,f* Persona dedicada a la industria o venta de prendas de piel.

[1] **pe·li** [péli] *s/f* ABREV de 'película'.

[1] **pe·li·a·gu·do, -da** [peliaɣúðo] *adj* Complicado, difícil.

[5] **pe·lí·cu·la** [pelíkula] *s/f* **1.** Capa muy delgada sobre la superficie de un cuerpo. **2.** Obra cinematográfica o cinta en que está grabada.

[1] **pe·li·cu·le·ro, -ra** [pelikuléro] **I.** *adj* Relativo a las películas. **II.** *s/m,f* Aficionado a las películas.

[4] **pe·li·grar** [peliɣrár] *intr* Estar en peligro.

[4] **pe·li·gro** [pelíɣro] *s/m* Riesgo de daño que alguien corre.

[2] **pe·li·gro·si·dad** [peliɣrosiðáð] *s/f* Cualidad de peligroso.

[4] **pe·li·gro·so, -sa** [peliɣróso] *adj* Que implica peligro.

[2] **pe·li·rro·jo, -ja** [pelirróxo] *adj s/m,f* Con el cabello rojizo.

[1] **pe·lla** [péʎa] *s/f* Porción de masa de un material.

pe·lle·ja [peʎéxa] *s/f* Piel.

[2] **pe·lle·jo** [peʎéxo] *s/m* **1.** Piel arrancada de un animal. **2.** Piel de un animal, para contener líquidos. **3.** Piel de algunos frutos.

[1] **pe·lli·za** [peʎíθa] *s/f* Chaqueta corta, forrada de piel.

[1] **pe·lliz·car** [peʎiθkár] *tr* **1.** Coger con los dedos un trozo de piel y carne y retorcerlo. **2.** Coger con los dedos un pedacito de algo.
ORT La *c* ante *e* cambia a *qu*: *Pellizque*.

pe·lliz·co [peʎíθko] *s/m* **1.** Acción o resultado de pellizcar. **2.** Cantidad pequeña de algo.

[1] **pel·ma, pel·ma·zo, -za** [pélma;pelmáθo] *s/m,f* Persona pesada y molesta.

[4] **pe·lo** [pélo] *s/m* **1.** Filamento cilíndrico que crece sobre la piel de los mamíferos. **2.** Conjunto de estos filamentos en la cabeza de un ser humano. **3.** Hebra de la tela. LOC **A pelo,** con la cabeza descubierta. **Con pelos y señales,** con todo tipo de detalles. **Tomar el pelo,** burlarse (de alguien).

[1] **pe·lón, -lo·na** [pelón] *adj s/m,f* Sin pelo en la cabeza.

[3] **pe·lo·ta** [pelóta] **I.** *s/f* **1.** Bola redonda para jugar, de tamaños diversos. **2.** ARG *pl* Testículos. **II.** *adj s/m,f* COL Adulador. LOC **Dejar a alguien en pelotas,** FIG dejarle sin ropa y desnudo.

[2] **pe·lo·ta·zo** [pelotáθo] *s/m* **1.** Golpe de pelota. **2.** COL Enriquecimiento rápido y fácil.

pe·lo·te·ar [peloteár] *intr* Jugar a intercambiar golpes de pelota.

pe·lo·te·ra [pelotéra] *s/f* Discusión violenta.

[1] **pe·lo·ti·lla** [pelotíʎa] *s/m,f* COL Adulador.

[2] **pe·lo·tón** [pelotón] *s/m* Unidad de soldados a las órdenes de un sargento.

[2] **pe·lo·tu·do, -da** [pelotúðo] *adj s/m,f* AMER Estúpido, torpe.

[2] **pe·lu·ca** [pelúka] *s/f* Cabellera postiza.

[1] **pe·lu·che** [pelútʃe] *s/m* **1.** Tejido especial usado en la fabricación de muñecos de juguete. **2.** Muñeco.

[2] **pe·lu·do, -da** [pelúðo] *adj* Con mucho pelo.

[2] **pe·lu·que·ría** [pelukería] *s/f* Oficio de peluquero o lugar donde se ejerce.

[2] **pe·lu·que·ro, -ra** [pelukéro] *s/m,f* Persona que corta y arregla el pelo.

[1] **pe·lu·quín** [pelukín] *s/m* Peluca pequeña. LOC **Ni hablar del peluquín,** expresión para rechazar algo totalmente.

[1] **pe·lu·sa** [pelúsa] *s/f* Pelos muy cortos y finos que se desprenden de las telas o se forma en la piel de algunos frutos.

[1] **pél·vi·co, -ca** [pélβiko] *adj* Relativo a la pelvis.

[1] **pel·vis** [pélβis] *s/f* Cavidad ósea en la parte inferior del tronco.

[4] **pe·na** [péna] *s/f* 1. Sentimiento de dolor o tristeza por algo desagradable. 2. Sanción por un delito. LOC **De pena**, muy malo.

[1] **pe·na·cho** [penátʃo] *s/m* 1. Grupo de plumas en la cabeza de algunas aves. 2. Adorno de plumas en un sombrero.

[1] **pe·na·do, -da** [penáðo] *s/m,f* Condenado a una pena.

[4] **pe·nal** [penál] **I.** *adj* Relativo a los delitos. **II.** *s/m* Establecimiento penitenciario.

[1] **pe·na·li·dad** [penaliðáð] *s/f* Situación difícil o que implica sufrimiento y dolor.

[1] **pe·na·lis·ta** [penalísta] *adj s/m,f* Especialista en derecho penal.

[1] **pe·na·li·za·ción** [penaliθaθjón] *s/f* Acción o resultado de penalizar.

[1] **pe·na·li·zar** [penaliθár] *tr* Imponer una sanción o pena.
ORT Ante *e* la *z* cambia a *c: Penalice.*

[1] **pe·nal·ti** [penálti] *s/m* En fútbol, tiro libre a puerta, como castigo por una falta grave.

[5] **pe·nar** [penár] **I.** *intr* Sufrir. **II.** *tr* Imponer una pena o sanción. RPr **Penar por**.

[1] **pen·ca** [pénka] *s/f* Hoja carnosa de ciertas plantas.

pen·car [penkár] *intr* COL Trabajar o esforzarse mucho.
ORT Ante *e* la *c* cambia a *qu: Penque.*

[1] **pen·co** [pénko] *s/m* 1. Caballo de poco valor. 2. Holgazán.

[1] **pen·de·ja·da** [pendeχáða] *s/f* AMER Acto propio de un pendejo.

[2] **pen·de·jo, -ja** [pendéχo] **I.** *s/m,f* 1. AMER Muchacho. 2. AMER Prostituta. **II.** *adj s/m,f* 1. AMER Estúpido, ignorante. 2. AMER Cobarde.

[1] **pen·den·cia** [pendénθja] *s/f* Riña o pelea.

[1] **pen·den·cie·ro, -ra** [pendenθjéro] *adj s/m,f* Propenso a las riñas o peleas.

[2] **pen·der** [pendér] *intr* 1. Estar suspendido de algo. 2. (Con *sobre*) Suponer algo un peligro o amenaza inminente.

[4] **pen·dien·te** [pendjénte] **I.** *adj* Que pende. **II.** *adj* 1. Inclinado. 2. En espera de solución. 3. Con la atención puesta en algo. RPr **Pendiente de. III.** *s/f* Terreno inclinado, o grado de esa inclinación. **IV.** *s/m* Adorno que se lleva en la oreja.

[1] **pen·dón, -na** [pendón] *s/m* 1. Estandarte. 2. Persona de vida irregular.

pen·do·ne·ar [pendoneár] *intr* Llevar vida ociosa y desordenada.

[1] **pen·du·lar** [pendulár] *adj* Relativo al péndulo.

[2] **pén·du·lo** [péndulo] *s/m* Pieza suspendida de un punto fijo y que oscila en vaivén.

[2] **pe·ne** [péne] *s/m* Miembro genital masculino.

pe·ne·tra·ble [penetráβle] *adj* Que puede ser penetrado.

[2] **pe·ne·tra·ción** [penetraθjón] *s/f* Acción o resultado de penetrar.

[2] **pe·ne·tran·te** [penetránte] *adj* 1. Que penetra. 2. Agudo.

[4] **pe·ne·trar** [penetrár] *tr intr* 1. Introducirse un cuerpo en otro. 2. (Con *en*) Introducirse en el interior de un recinto o espacio.

[2] **pe·ni·ci·li·na** [peniθilína] *s/f* Sustancia antibiótica.

[4] **pe·nín·su·la** [península] *s/f* Extensión de tierra que se adentra en el mar.

[2] **pe·nin·su·lar** [peninsulár] *adj* Relativo a una península.

[1] **pe·ni·que** [peníke] *s/m* Centésima parte de la libra esterlina. LOC **(Ni) un penique**, nada.

[2] **pe·ni·ten·cia** [peniténθja] *s/f* 1. Sacramento mediante el cual el sacerdote perdona los pecados al que los confiesa. 2. Pena impuesta al pecador.

[1] **pe·ni·ten·cia·ría** [penitenθjaría] *s/f* Cárcel.

[2] **pe·ni·ten·cia·rio, -ia** [penitenθjárjo] *adj* Relativo a la penitenciaría.

[1] **pe·ni·ten·te, -ta** [peniténte] *s/m,f* Quien hace penitencia.

[2] **pe·no·so, -sa** [penóso] *adj* 1. Que causa pena. 2. Que comporta un esfuerzo arduo.

[1] **pen·sa·ble** [pensáβle] *adj* Que puede ser pensado.

[3] **pen·sa·dor, -ra** [pensaðór] *adj s/m,f* Que piensa.

[5] **pen·sa·mien·to** [pensamjénto] *s/m* 1. Acción o resultado de pensar. 2. Facultad de pensar. 3. Idea que se genera en la mente al pensar. 4. Ideas fundamentales de una obra o autor. 5. Planta de jardín, o su flor.

[1] **pen·san·te** [pensánte] *adj* Que piensa.

[5] **pen·sar** [pensár] **I.** *intr* 1. Formarse ideas y conceptos ordenados en la mente. 2. (Con *en*) Concentrar la mente en algo. **II.** *tr* 1. Imaginar o idear algo. 2. Tener la intención de hacer algo. 3. Tener una opinión determinada: *Ella piensa lo*

contrario. **4.** Reflexionar. **III.** *REFL(-se)* **Sin pensar(lo)**, de forma poco meditada. RPr **Pensar en/sobre**.
CONJ *Irreg: Pienso, pensaré, pensé, pensado.*

2 **pen·sa·ti·vo, -va** [pensatíβo] *adj* En actitud de pensar.

4 **pen·sión** [pensjón] *s/f* **1.** Cantidad que alguien recibe periódicamente por méritos o servicios. **2.** Coste del alojamiento y alimentación. **3.** Casa de huéspedes.

1 **pen·sio·na·do, -da** [pensjonáðo] **I.** *adj* Que cobra una pensión. **II.** *s/m* Internado para estudiantes.

1 **pen·sio·nar·se** [pensjonárse] *REFL(-se)* **1.** AMER Optar alguien por jubilarse. **2.** AMER Suscribir un plan de pensiones.

2 **pen·sio·nis·ta** [pensjonísta] *s/m,f* Persona que cobra una pensión.

1 **pen·tá·go·no, -na** [pentáγono] *s/m* Polígono de cinco lados.

1 **pen·ta·gra·ma; pen·tá·gra·ma** [pentaɣráma; pentáɣrama] *s/m* MÚS Conjunto de cinco líneas paralelas y horizontales en que se escriben las notas musicales.

pen·tá·me·tro [pentámetro] *adj s/m* Verso de cinco pies.

1 **pen·ta·tlón** [pentatlón] *s/m* DEP Competición atlética de cinco especialidades.

2 **pe·núl·ti·mo, -ma** [penúltimo] *adj* En el lugar anterior al último.

3 **pe·num·bra** [penúmbra] *s/f* Falta o escasez de luz.

1 **pe·nu·ria** [penúrja] *s/f* Escasez de lo necesario para vivir.

3 **pe·ña** [péɲa] *s/f* **1.** Piedra grande. **2.** Colectivo de personas unidas para un fin.

1 **pe·ñas·co** [peɲásko] *s/m* Roca de gran tamaño.

pe·ñas·co·so, -sa [peɲaskóso] *adj* Cubierto de peñascos.

1 **pe·ñón** [peɲón] *s/m* Monte peñascoso.

2 **pe·ón** [peón] *s/m* **1.** Trabajador no especializado. **2.** Pieza o figura del valor mínimo en ciertos juegos (ajedrez).

1 **peo·na·da** [peonáða] *s/f* Trabajo del peón en un día, o dinero que cobra por él.

1 **pe·on·za** [peónθa] *s/f* Juguete de madera con una púa metálica sobre la que gira.

5 **pe·or** [peór] *comp* de 'malo': más malo.

1 **pe·pi·ni·llo** [pepiníʎo] *s/m* Variedad de pepino pequeño.

2 **pe·pi·no** [pepíno] *s/m* Planta herbácea, de fruto pulposo y alargado, que se come crudo en ensaladas. LOC **Importarle algo un pepino a alguien**, COL ser una cosa muy poco importante para alguien.

2 **pe·pi·ta** [pepíta] *s/f* **1.** Semilla de las frutas carnosas. **2.** Pequeña cantidad de metal noble (oro) encontrado en la tierra.

pe·pi·to [pepíto] *s/m* COL Bocadillo de filete de carne.

pe·pi·to·ria [pepitórja] *s/f* Guiso de ave.

1 **pe·po·na** [pepóna] *s/f* **1.** Muñeca muy grande. **2.** FIG Mujer de constitución robusta y algo basta.

1 **pe·que** [péke] *s/m* Niño de corta edad.

1 **pe·que·ña·jo, -ja** [pekeɲáxo] *adj s/m,f* Niño pequeño.

1 **pe·que·ñez** [pekeɲéθ] *s/f* **1.** Cualidad de pequeño. **2.** Cosa trivial.

5 **pe·que·ño, -ña** [pekéɲo] **I.** *adj* **1.** De tamaño inferior al normal. **2.** Cosa de poca importancia. **II.** *s/m,f* Niño de corta edad.

2 **pe·ra** [péra] *s/f* **1.** Fruto del peral, de carne jugosa. **2.** Utensilio de la misma forma que este fruto, utilizado para diversos fines. LOC **Ser la pera**, COL ser sorprendente.

1 **pe·ral** [perál] *s/m* Árbol cuyo fruto es la pera.

pe·ral·te [perálte] *s/m* Diferencia de nivel entre el lado interior y el exterior de una curva.

1 **per·ca** [pérka] *s/f* Pez de río, cuya carne es comestible.

1 **per·cal** [perkál] *s/m* **1.** Tejido de algodón. LOC **Conocer el percal**, FIG conocer bien algo.

1 **per·can·ce** [perkánθe] *s/m* Contratiempo.

2 **per·ca·tar·se** [perkatárse] *REFL(-se)* Darse cuenta de algo. RPr **Percatarse de**.

1 **per·ce·be** [perθéβe] *s/m* Crustáceo con un pedúnculo carnoso y comestible.

4 **per·cep·ción** [perθepθjón] *s/f* Acción o resultado de percibir.

2 **per·cep·ti·ble** [perθeptíβle] *adj* Que puede ser percibido.

2 **per·cep·ti·vo, -va** [perθeptíβo] *adj* Que percibe (1, 2).

2 **per·cep·tor, -ra** [perθeptór] *adj s/m,f* Que percibe (3).

1 **per·cha** [pértʃa] *s/f* Soporte para colgar prendas u otras cosas.

1 **per·che·ro** [pertʃéro] *s/m* Mueble con perchas.

per·che·rón, -ro·na [pertʃerón] *adj s/m,f* Caballo o yegua corpulentos.

PER·CI·BIR

[4] **per·ci·bir** [perθiβír] *tr* **1.** Advertir o captar mediante los sentidos. **2.** Comprender algo. **3.** Recibir dinero como retribución.

[1] **per·cu·sión** [perkusjón] *s/f* **1.** Acción o resultado de percutir. **2.** Instrumentos que suenan al ser golpeados.

per·cu·sor [perkusór] **I.** *adj* Que golpea. **II.** *s/m* Mecanismo que, en un arma de fuego, golpea el fulminante.

[1] **per·cu·tir** [perkutír] *tr intr* Dar golpes sucesivos sobre algo.

per·cu·tor [perkutór] *s/m* Mecanismo para percutir.

[2] **per·de·dor, -ra** [perðeðór] *adj s/m,f* Que pierde.

[5] **per·der** [perðér] **I.** *tr intr* **1.** Dejar de tener algo. **2.** Reducirse la cantidad de algo. **3.** DEP Sufrir una derrota. **4.** FIG Dejar pasar una oportunidad o de utilizar algo. **II.** REFL(-*se*) **1.** Extraviarse. **2.** Dejar de ser percibido por los sentidos. **3.** Dejar algo de existir por falta de uso. **4.** FIG Llevar una vida delictiva o licenciosa: *Otros prefieren perderse y dedicarse a robar*.
CONJ *Irreg: Pierdo, perdí, perderé, perdido.*

[1] **per·di·ción** [perðiθjón] *s/f* Acción o resultado de perder(se).

[5] **pér·di·da** [pérðiða] *s/f* **1.** Privación de lo que se tiene o posee. **2.** Extravío. **3.** Cantidad de algo que se pierde. **4.** (*gen en pl*) Escape o fuga de un líquido o gas.

[4] **per·di·do, -da** [perðíðo] **I.** *adj* **1.** Que no tiene recuperación posible. **2.** Desaparecido, extraviado. **3.** (*mirada*) Sin punto de mira definido. **II.** *adj s/m,f* Vicioso.

[1] **per·di·gón** [perðiɣón] *s/m* **1.** Cada grano de plomo o acero de un cartucho. **2.** Pollo de la perdiz.

per·di·go·na·da [perðiɣonáða] *s/f* Disparo con perdigones.

[1] **per·di·gue·ro, -ra** [perðiɣéro] *adj* Relativo a la perdiz.

[2] **per·diz** [perðíθ] *s/f* Ave de plumaje gris, del tamaño de una paloma.

[4] **per·dón** [perðón] *s/m* Acción o resultado de perdonar.

[1] **per·do·na·ble** [perðonáβle] *adj* Que puede ser perdonado.

[5] **per·do·nar** [perðonár] *tr intr* **1.** Disculpar, no castigar. **2.** No aplicar una pena o eximir de ella.

[1] **per·do·na·vi·das** [perðonaβíðas] *adj s/m,f* Bravucón.

[1] **per·du·ra·bi·li·dad** [perðuraβiliðáð] *s/f* Cualidad de perdurable.

[1] **per·du·ra·ble** [perðuráβle] *adj* Que dura siempre.

[2] **per·du·rar** [perðurár] *intr* Continuar algo su existencia o presencia en el tiempo.

[1] **pe·re·ce·de·ro, -ra** [pereθeðéro] *adj* Que tiene un fin limitado.

[2] **pe·re·cer** [pereθér] *intr* Perder la vida. RPr **Perecer de**.
CONJ *irreg: Perezco, pereceré, perecí, perecido.*

[2] **pe·re·gri·na·ción** [pereɣrinaθjón] *s/f* Acción o resultado de peregrinar.

[1] **pe·re·gri·na·je** [pereɣrináxe] *s/m* Peregrinación.

[2] **pe·re·gri·nar** [pereɣrinár] *intr* **1.** Ir a un lugar santo como peregrino. **2.** Recorrer lugares diversos.

[2] **pe·re·gri·no, -na** [pereɣríno] **I.** *s/m,f* Persona que viaja a un lugar santo. **II.** *adj* Sorprendente, poco habitual.

[3] **pe·re·jil** [perexíl] *s/m* Planta de hojas con bordes dentados, usada como condimento.

[1] **pe·ren·ga·no, -na** [perengáno] *s/m,f* Persona cuyo nombre se ignora.

[2] **pe·ren·ne** [perénne] *adj* **1.** Que dura indefinidamente. **2.** (*plantas*) De hoja que no cae.

[1] **pe·ren·ni·dad** [perenniðáð] *s/f* Cualidad de perenne.

[1] **pe·ren·to·rio, -ia** [perentórjo] *adj* **1.** Que requiere solución urgente. **2.** De plazo próximo a expirar.

[2] **pe·re·za** [peréθa] *s/f* Tendencia a no trabajar.

[2] **pe·re·zo·so, -sa** [pereθóso] *adj s/m,f* **1.** Que tiene pereza. **2.** Que se levanta tarde por las mañanas.

[3] **per·fec·ción** [perfekθjón] *s/f* Cualidad de perfecto.

[2] **per·fec·cio·na·mien·to** [perfekθjonamjénto] *s/m* Acción o resultado de perfeccionar(se).

[3] **per·fec·cio·nar** [perfekθjonár] *tr* Mejorar.

[1] **per·fec·cio·nis·mo** [perfekθjonísmo] *s/m* Tendencia a la perfección.

[1] **per·fec·cio·nis·ta** [perfekθjonísta] *adj s/m,f* Que tiende al perfeccionismo.

[1] **per·fec·ti·ble** [perfektíβle] *adj* Que puede ser perfeccionado.

[4] **per·fec·to, -ta** [perfékto] *adj* Que posee todas las cualidades requeridas.

[1] **per·fi·dia** [perfíðja] *s/f* Traición, maldad.

[1] **pér·fi·do, -da** [pérfiðo] *adj* Que siente o se comporta con perfidia.

450

4 **per·fil** [perfíl] *s/m* 1. Contorno de una figura. 2. Contorno de algo visto de lado.

3 **per·fi·lar** [perfilár] **I.** *tr* 1. Retocar el contorno para que se perciba con nitidez. 2. Precisar o definir los límites o rasgos de algo para que pueda ser identificado. **II.** REFL*(-se)* Configurarse la identidad de alguien o algo.

2 **per·fo·ra·ción** [perforaθjón] *s/f* Acción o resultado de perforar.

1 **per·fo·ra·dor, -ra** [perforaðór] *adj s/m,f* Que perfora.

2 **per·fo·rar** [perforár] *tr* Hacer agujeros en un cuerpo.

3 **per·fu·mar** [perfumár] *tr* Impregnar de perfume.

2 **per·fu·me** [perfúme] *s/m* 1. Buen olor que despiden ciertas cosas o sustancias. 2. Sustancia aromática.

1 **per·fu·me·ría** [perfumería] *s/f* 1. Industria y arte del perfume. 2. Tienda de venta de perfumes y otros artículos de aseo personal.

2 **per·ga·mi·no** [perγamíno] *s/m* 1. Piel curtida para escribir en ella. 2. Documento escrito en esta piel.

1 **pér·go·la** [pérγola] *s/f* Estructura de columnas o postes con una techumbre en la que crecen enredaderas, parras, etc.

pe·ri·car·dio [perikárðjo] *s/m* Membrana que envuelve el corazón.

2 **pe·ri·cia** [períθja] *s/f* Habilidad para hacer algo.

1 **pe·ri·cial** [periθjál] *adj* Relativo a un perito o a su trabajo.

1 **pe·ri·cli·tar** [periklitár] *intr* Que ha perdido valor y vigencia.

2 **pe·ri·fe·ria** [periférja] *s/f* Perímetro externo de algo.

3 **pe·ri·fé·ri·co, -ca** [periferiko] *adj* Relativo a la periferia.

1 **pe·ri·fo·llo** [perifóʎo] *s/m* Adorno innecesario, *esp* en el vestir.

1 **pe·rí·fra·sis** [perífrasis] *s/f* Expresión más extensa que reemplaza a una o unas pocas palabras.

1 **pe·ri·lla** [períʎa] *s/f* 1. Barba que se deja crecer en la barbilla. 2. Utensilio de goma usado con fines médicos o higiénicos. LOC **De perilla(s),** muy bien.

pe·ri·llán, -lla·na [periʎán] *adj s/m,f* Granuja.

2 **pe·rí·me·tro** [perímetro] *s/m* Límite externo o contorno de algo.

pe·ri·neo [perinéo] *s/m* Zona entre el ano y los órganos genitales.

2 **pe·rio·di·ci·dad** [perjoðiθiðáð] *s/f* Cualidad de periódico.

5 **pe·rió·di·co, -ca** [perjóðiko] **I.** *adj* Que sucede o se realiza de forma regular. **II.** *s/m* Publicación diaria con noticias.

3 **pe·rio·dis·mo** [perjoðísmo] *s/m* Profesión del periodista y su ejercicio.

5 **pe·rio·dis·ta** [perjoðísta] *s/m,f* Profesional en el ejercicio de informar al público.

2 **pe·rio·dís·ti·co, -ca** [perjoðístiko] *adj* Relativo al periodismo.

5 **pe·rio·do; pe·río·do** [períoðo; perjóðo] *s/m* 1. Espacio de tiempo determinado. 2. Cada etapa de un ciclo, vida, etc. 3. Flujo mensual de sangre que expulsa la mujer de su matriz.

pe·ri·pa·té·ti·co, -ca [peripatétiko] *adj* Que se hace paseando.

2 **pe·ri·pe·cia** [peripéθja] *s/f* Incidente no previsto.

1 **pe·ri·plo** [períplo] *s/m* Recorrido.

1 **pe·ri·pues·to, -ta** [peripwésto] *adj* Excesivamente arreglado.

1 **pe·ri·que·te** [perikéte] *s/m* LOC **En un periquete,** en un instante.

1 **pe·ri·qui·to** [perikíto] *s/m* Pájaro con plumaje vistoso, a menudo criado en cautividad.

1 **pe·ris·co·pio** [periskópjo] *s/m* Aparato de los submarinos para observar la superficie desde debajo del agua.

pe·ris·ta [perísta] *s/m,f* ARG Persona que compra y vende objetos robados.

1 **pe·ri·ta·je** [peritáχe] *s/f* 1. Acción de peritar. 2. Informe emitido por un perito.

1 **pe·ri·tar** [peritár] *tr* Examinar algo para evaluarlo y emitir un informe de tasación.

2 **pe·ri·to, -ta** [períto] *adj s/m,f* 1. Con estudios de peritaje. 2. (Con *en*) Experto en un tema.

1 **pe·ri·to·neo** [peritonéo] *s/m* Membrana que cubre la superficie interior del abdomen.

pe·ri·to·ni·tis [peritonítis] *s/f* Inflamación del peritoneo.

3 **per·ju·di·car** [perχuðikár] *tr* Causar daño o perjuicio. ORT Ante *e* la *c* cambia a *qu: Perjudique.*

2 **per·ju·di·cial** [perχuðiθjál] *adj* Que perjudica.

3 **per·jui·cio** [perχwíθjo] *s/m* Daño o mal. LOC **Sin perjuicio de,** sin dejar de hacer lo que se expresa.

per·ju·rar [perχurár] *intr* Jurar en falso o con insistencia.

per·ju·rio [perχúrjo] *s/m* Juramento en falso.

per·ju·ro, -ra [perχúro] *s/m,f* Persona que comete perjurio.

2 **per·la** [pérla] **I.** *s/f* Cuerpo nacarado, esférico y de tonos brillantes, que se forma en el interior de madreperlas y ostras. **2.** Persona o cosa muy estimada. LOC **De perlas,** muy bien.

5 **per·ma·ne·cer** [permaneθér] *intr* Continuar en la misma situación, condición, etc. CONJ *Irreg: Permanezco, permanecí, permaneceré, permanecido.*

3 **per·ma·nen·cia** [permanénθja] *s/f* Acción o resultado de permanecer.

4 **per·ma·nen·te** [permanénte] **I.** *adj* Que dura o permanece. **II.** *s/f* Ondulación artificial del cabello, que dura mucho.

1 **per·mea·bi·li·dad** [permeaβiliðáð] *s/f* Cualidad de permeable.

1 **per·mea·ble** [permeáβle] *adj* Que puede ser penetrado por un líquido o sustancias similares.

1 **per·me·ar** [permeár] *tr intr* AMER Penetrar.

1 **per·mi·si·ble** [permisíβle] *adj* Que puede ser permitido.

1 **per·mi·si·vi·dad** [permisiβiðáð] *s/f* Cualidad de permisivo.

1 **per·mi·si·vo, -va** [permisíβo] *adj* Que consiente o permite en exceso.

4 **per·mi·so** [permíso] *s/m* Autorización.

5 **per·mi·tir** [permitír] **I.** *tr* **1.** Autorizar algo. **2.** Introduce una petición cortés: *Permítame tutearle.* **II.** REFL(-se) Tomarse alguien la libertad de hacer algo.

per·mu·ta [permúta] *s/f* Acción o resultado de permutar.

1 **per·mu·ta·ción** [permutaθjón] *s/f* Cambio de una cosa por otra.

1 **per·mu·tar** [permutár] *tr* **1.** Dar una cosa a cambio de otra. **2.** Variar el orden, destino, etc., de dos personas o cosas entre sí.

1 **per·ne·ra** [pernéra] *s/f* Cada parte del pantalón que cubre una pierna.

2 **per·ni·cio·so, -sa** [perniθjóso] *adj* Dañino.

per·nil [perníl] *s/m* Pata completa de un animal, *esp* la del cerdo, curada para el consumo.

per·nio [pérnjo] *s/m* Soporte articulado de metal, que permite que giren sobre él las puertas y ventanas.

1 **per·no** [pérno] *s/m* Clavo con cabeza redonda en un extremo y remachada en el otro, que se coloca en el pernio.

per·noc·ta [pernókta] *s/f* Acción de pernoctar.

1 **per·noc·tar** [pernoktár] *intr* Pasar la noche en un lugar.

5 **pe·ro** [péro] **I.** *conj* Indica que hay un hecho que contradice, modifica, compensa o atenúa, etc., lo que se ha dicho previamente. **II.** *s/m* Objeción, defecto: *A todo le encuentra peros.*

1 **pe·ro·gru·lla·da** [peroγruʎáða] *s/f* Afirmación innecesaria por ser evidente.

1 **pe·rol** [peról] *s/m* Recipiente semisférico, para cocinar.

1 **pe·ro·la** [peróla] *s/f* **1.** Perol menor que el normal. **2.** Cabeza.

1 **pe·ro·né** [peroné] *s/m* Hueso de la pierna, detrás de la tibia.

1 **pe·ro·neo, -ea** [peronéo] *s/m* Músculos que unen la rodilla con el pie.

1 **pe·ro·rar** [perorár] *intr* Hablar durante mucho tiempo y sin parar.

pe·ro·ra·ta [peroráta] *s/f* Intervención oral larga y aburrida.

2 **per·pen·di·cu·lar** [perpendikulár] **I.** *adj* En ángulo recto con otra superficie o línea. **II.** *s/f* Línea que forma ángulo recto con otra.

1 **per·pe·tra·ción** [perpetraθjón] *s/f* Acción o resultado de perpetrar algo.

2 **per·pe·trar** [perpetrár] *tr* Cometer delito.

1 **per·pe·tua·ción** [perpetwaθjón] *s/f* Acción o resultado de hacer(se) algo perpetuo.

2 **per·pe·tuar** [perpetwár] *tr* Hacer que algo sea perpetuo.

1 **per·pe·tui·dad** [perpetwiðáð] *s/f* Cualidad o condición de lo que es perpetuo.

2 **per·pe·tuo, -ua** [perpétwo] *adj* Que dura para siempre.

2 **per·ple·ji·dad** [perpleχiðáð] *s/f* Sentimiento de confusión o duda.

2 **per·ple·jo, -ja** [perpléχo] *adj* Que no sabe qué hacer o decir.

2 **pe·rra** [pérra] *s/f* **1.** Hembra del perro. **2.** COL *(Hijo de)* Puta. **3.** Rabieta **4.** *pl* Dinero.

1 **pe·rre·ra** [perréra] *s/f* Lugar en que se recogen perros sin dueño.

pe·rre·ría [perrería] *s/f* Acción malintencionada contra alguien.

5 **pe·rro** [pérro] **I.** *s/m* **1.** Mamífero carnívoro, doméstico y leal al hombre. **2.** Persona de mala catadura o conducta. **II.** *adj* Muy malo. LOC **Perro viejo,** FIG persona de mucha experiencia.

[1] **pe·rru·no, ·na** [perrúno] *adj* Relativo a los perros.

[2] **per·sa** [pérsa] *adj s/m,f* De Persia.

[3] **per·se·cu·ción** [persekuθjón] *s/f* Acción o resultado de perseguir.

[2] **per·se·gui·dor, ·ra** [perseɣiðór] *adj s/m,f* Que persigue.

[4] **per·se·guir** [perseɣír] *tr* 1. Seguir a alguien para alcanzarlo y cogerlo. 2. Ir tras alguien o algo por alguna razón o finalidad. CONJ *Irreg: Persigo, perseguí, perseguiré, perseguido.*

[2] **per·se·ve·ran·cia** [perseβeránθja] *s/f* Constancia en algo.

[1] **per·se·ve·ran·te** [perseβeránte] *adj* Que persevera.

[1] **per·se·ve·rar** [perseβerár] *intr* Mantenerse firme en algo.

[2] **per·sia·na** [persjána] *s/f* Utensilio y mecanismo de cierre en aberturas y ventanas para atenuar o impedir el paso de la luz.

[1] **pér·si·co, ·ca** [pérsiko] *adj* De Persia.

[1] **per·sig·nar** [persiɣnár] *intr REFL(-se)* Hacer la señal de la cruz.

[2] **per·sis·ten·cia** [persisténθja] *s/f* Acción o resultado de persistir.

[2] **per·sis·ten·te** [persisténte] *adj* 1. Que persiste. 2. Que insiste en una actitud o idea.

[3] **per·sis·tir** [persistír] *intr* 1. Mantenerse firme en algo. 2. Durar largo tiempo.

[5] **per·so·na** [persóna] *s/f* 1. Ser humano. 2. GRAM Accidente gramatical del verbo o del pronombre que permite especificar a quién se habla o quién habla.

[5] **per·so·na·je** [personáχe] *s/m* 1. Ser ficticio o real ideado por un autor en una obra literaria. 2. Persona destacada e influyente.

[5] **per·so·nal** [personál] I. *adj* 1. Propio de una persona o relativo a ella. 2. Que afecta a la parte física de alguien. II. *s/m* Empleados de una empresa en su conjunto.

[4] **per·so·na·li·dad** [personaliðáð] *s/f* 1. Conjunto de rasgos que configuran el carácter de una persona. 2. Persona famosa y con prestigio.

[1] **per·so·na·lis·mo** [personalísmo] *s/m* Actitud de quien actúa de forma excesivamente personal.

[1] **per·so·na·lis·ta** [personalísta] *adj* Relativo al personalismo.

[1] **per·so·na·li·za·ción** [personaliθaθjón] *s/f* Acción o resultado de personalizar.

[2] **per·so·na·li·zar** [personaliθár] *tr intr* Hacer referencia expresa a alguien.

ORT Ante la *e* la *z* cambia a *c: Personalice.*

per·so·nar·se [personárse] *REFL(-se)* Hacer acto de presencia en un lugar.

[1] **per·so·ni·fi·ca·ción** [personifikaθjón] *s/f* Acción o resultado de personificar(se).

[2] **per·so·ni·fi·car** [personifikár] *tr intr* 1. Representar algo o alguien un ejemplo o muestra de otra cosa o persona. 2. Interpretar alguien un papel determinado. ORT Ante *e* la *c* cambia a *qu: Personifique.*

[4] **pers·pec·ti·va** [perspektíβa] *s/f* 1. Punto de mira. 2. Vista que se contempla desde un lugar. 3. Modo o manera especial de considerar un asunto. 4. Distancia temporal con respecto a algo y capacidad de enjuiciarlo. 5. (en *sing o pl*) Posibilidades: *La operación no tiene perspectivas de éxito.*

[1] **pers·pi·ca·cia** [perspikáθja] *s/f* Cualidad de quien es perspicaz.

[1] **pers·pi·caz** [perspikáθ] *adj* Que capta las cosas con agudeza y rapidez.

[2] **per·sua·dir** [perswaðír] *tr* Convencer con razones.

[2] **per·sua·sión** [perswasjón] *s/f* Acción o resultado de persuadir.

[1] **per·sua·si·vo, ·va** [perswasíβo] *adj* Que persuade.

[5] **per·te·ne·cer** [perteneθér] *intr* 1. Ser una cosa propiedad de alguien. 2. Corresponder. 3. Ser parte de un todo. RPr **Pertenecer a.** CONJ *Irreg: Pertenezco, pertenecí, perteneceré, pertenecido.*

[3] **per·te·ne·cien·te** [perteneθjénte] *adj* Que pertenece. RPr **Perteneciente a.**

[3] **per·te·nen·cia** [perteménθja] *s/f* 1. Acción o resultado de pertenecer (a algo o a alguien). 2. *pl* Conjunto de cosas que pertenecen a alguien.

[1] **pér·ti·ga** [pértiɣa] *s/f* Vara larga y resistente.

per·ti·na·cia [pertináθja] *s/f* Cualidad de pertinaz.

[1] **per·ti·naz** [pertináθ] *adj* 1. Obstinado. 2. Que dura mucho.

[1] **per·ti·nen·cia** [pertinénθja] *s/f* Cualidad de pertinente.

[3] **per·ti·nen·te** [pertinénte] *adj* 1. Adecuado, oportuno. 2. Relativo a algo.

[1] **per·tre·char** [pertretʃár] *tr* Abastecer de lo necesario.

[1] **per·tre·chos** [pertrétʃos] *s/m,pl* Equipamiento.

PER·TUR·BA·CIÓN

[2] **per·tur·ba·ción** [perturβaθjón] *s/f* Acción o resultado de perturbar(se).

[1] **perturbado, -da** [perturβáðo] *s/m,f* Persona con trastornos mentales.

[2] **per·tur·ba·dor, -ra** [perturβaðór] *adj s/m,f* Que perturba.

[2] **per·tur·bar** [perturβár] *tr* Alterar el buen funcionamiento o estado de algo.

[4] **pe·rua·no, -na** [perwáno] *adj s/m,f* De Perú.

[1] **per·ver·si·dad** [perβersiðáð] *s/f* Cualidad de perverso.

[2] **per·ver·sión** [perβersjón] *s/f* Acción o resultado de pervertir.

[2] **per·ver·so, -sa** [perβérso] *adj s/m,f* Muy malo.

[1] **per·ver·tir** [perβertír] *tr* 1. Alterar el funcionamiento o estado normal de algo. 2. Volver malo o vicioso.
CONJ *Irreg: Pervierto, pervertí, pervertiré, pervertido.*

[1] **per·vi·ven·cia** [perβiβénθja] *s/f* Acción o resultado de pervivir.

[1] **per·vi·vir** [perβiβír] *intr* Continuar existiendo.

[2] **pe·sa** [pésa] *s/f* 1. Pieza de un peso determinado, para medir el peso de algo mediante comparación. 2. Contrapeso en ciertos mecanismos. 3. *pl* Piezas de peso y tamaño diverso para ejercitar los músculos levantándolas.

[1] **pe·sa·dez** [pesaðéθ] *s/f* 1. Cualidad de pesado. 2. Sensación de cansancio.

[3] **pe·sa·di·lla** [pesaðíʎa] *s/f* 1. Sueño con escenas angustiosas. 2. Preocupación persistente.

[3] **pe·sa·do, -da** [pesáðo] I. *adj* 1. Que pesa mucho. 2. Lento o torpe. 3. Que causa opresión. 4. (*vehículo*) De gran tonelaje. 5. Que aburre. II. *s/m,f* Persona que aburre.

[2] **pe·sa·dum·bre** [pesaðúmbre] *s/f* Sentimiento de tristeza.

[1] **pé·sa·me** [pésame] *s/m* Expresión de dolor por la muerte de alguien.

[5] **pe·sar** [pesár] I. *tr* 1. Tener un peso determinado. 2. Determinar el peso de algo. 3. Examinar cuidadosamente para apreciar las ventajas e inconvenientes de algo. II. *s/m* Sentimiento de dolor o pena.
LOC **A pesar de / Pese a**, aunque.

[1] **pe·sa·ro·so, -sa** [pesaróso] *adj* Triste, apenado.

[3] **pes·ca** [péska] *s/f* 1. Acción o resultado de pescar. 2. Conjunto de peces pescados de una vez.

[1] **pes·ca·de·ría** [peskaðería] *s/f* Establecimiento donde se vende pescado.

[1] **pes·ca·de·ro, -ra** [peskaðéro] *s/m,f* Persona que se dedica a la venta de pescado.

[1] **pes·ca·di·lla** [peskaðíʎa] *s/f* Cría de la merluza o merluza pequeña.

[3] **pes·ca·do** [peskáðo] *s/m* Cualquier pez sacado del agua, o su carne.

[3] **pes·ca·dor, -ra** [peskaðór] *adj s/m,f* Persona que pesca.

[1] **pes·can·te** [peskánte] *s/m* En los carruajes, asiento delantero del cochero.

[4] **pes·car** [peskár] *tr intr* 1. Sacar peces del agua. 2. Sorprender a alguien haciendo algo indebido.
ORT Ante e la *c* cambia a *qu: Pesqué.*

[1] **pes·co·zón** [peskoθón] *s/m* Golpe que se da con la mano en la cabeza o cogote.

[2] **pes·cue·zo** [peskwéθo] *s/m* Cuello.

[1] **pe·se·bre** [peséβre] *s/m* Lugar en que se da la comida a los animales.

[5] **pe·se·ta** [peséta] *s/f* Moneda de España hasta el año 2002.

[1] **pe·se·te·ro, -ra** [pesetéro] *adj s/m,f* Aficionado a acumular dinero, tacaño.

[2] **pe·si·mis·mo** [pesimísmo] *s/m* Tendencia a ver el lado negativo de las cosas.

[2] **pe·si·mis·ta** [pesimísta] *adj s/m,f* Que tiene pesimismo.

[2] **pé·si·mo, -ma** [pésimo] *sup* Muy malo.

[5] **pe·so** [péso] *s/m* 1. Fuerza de la gravedad sobre los cuerpos. 2. Objeto pesado. 3. Sensación de pesadez en el cuerpo o en alguno de sus órganos. 4. Moneda de varios países hispanoamericanos (Chile, México, Argentina, etc.). 5. FIG Importancia de una cosa sobre alguien o algo: *Le abrumaba el peso de los créditos*. 6. Responsabilidad: *Todo el peso recaerá sobre ellos*. LOC **De peso**, FIG de importancia.

[2] **pes·pun·te** [pespúnte] *s/m* Labor de costura con puntadas unidas.

[1] **pes·pun·te·ar** [pespunteár] *tr* Dar pespuntes.

[1] **pes·que·ría** [peskería] *s/f* 1. Arte u oficio de la pesca. 2. Empresa de pesca.

[3] **pes·que·ro, -ra** [peskéro] *adj* Relativo a la pesca.

[2] **pes·qui·sa** [peskísa] *s/f* Investigación, indagación.

[2] **pes·ta·ña** [pestáɲa] *s/f* 1. Pelo situado en el borde del ojo. 2. Parte saliente en un borde.

[1] **pes·ta·ñe·ar** [pestaɲeár] *intr* Abrir y cerrar los párpados repetidamente.

PI·CA·DO

pes·ta·ñeo [pestaɲéo] *s/m* Acción o resultado de pestañear.

② **pes·te** [péste] *s/f* **1.** Enfermedad mortal y contagiosa. **2.** Olor fétido. **3.** Cosa que abunda en exceso: *Los caracoles son una peste en el jardín.* **4.** *pl* Crítica violenta: *Echa pestes contra todos.*

① **pes·ti·ci·da** [pestiθíða] *adj s/m* Producto para combatir las plagas agrícolas.

① **pes·ti·len·cia** [pestilénθja] *s/f* Mal olor.

① **pes·ti·len·te** [pestilénte] *adj* Que despide mal olor.

① **pes·ti·llo** [pestíʎo] *s/m* Pasador para asegurar una puerta.

① **pe·ta·ca** [petáka] *s/f* Estuche para guardar el tabaco.

② **pé·ta·lo** [pétalo] *s/m* BOT Cada hoja que forma la corola de la flor.

pe·tan·ca [petánka] *s/f* Juego que consiste en lanzar una bola grande a cierta distancia y punto.

① **pe·tar·do** [petárðo] *s/m* **1.** Tubo lleno de pólvora para explosionar. **2.** Cosa o persona muy mala.

① **pe·ta·te** [petáte] *s/m* Lío de enseres personales que suelen llevar los soldados o marineros.

① **pe·te·ne·ra** [petenéra] *s/f* **Salir por peteneras,** decir o hacer algo inoportuno.

④ **pe·ti·ción** [petiθjón] *s/f* **1.** Acción o resultado de pedir. **2.** Cosa que se pide.

① **pe·ti·cio·na·rio, -ia** [petiθjonárjo] *adj s/m,f* Quien hace una petición.

① **pe·ti·me·tre, -tra** [petimétre] *s/m,f* Presumido en exceso.

① **pe·ti·to·rio, -ia** [petitórjo] *adj* Relativo a una petición.

① **pe·to** [péto] *s/m* Armadura, vestido o adorno que cubre el pecho.

① **pé·treo, -ea** [pétreo] *adj* De piedra o con sus características.

② **pe·tri·fi·car** [petrifikár] *tr* Convertir en piedra.
ORT Ante la *e* la *c* cambia a *qu: Petrifique.*

pe·tro·dó·lar [petroðólar] *s/m* Dólares o dinero obtenido mediante la venta de petróleo.

pe·tro·le·ar [petroleár] *tr* Rociar o limpiar con petróleo.

④ **pe·tró·leo** [petróleo] *s/m* **1.** Mezcla de hidrocarburos que se encuentra en yacimientos subterráneos a gran profundidad. **2.** Esta misma sustancia, destilada, para el consumo doméstico.

③ **pe·tro·le·ro, -ra** [petroléro] **I.** *adj* Relativo al petróleo. **II.** *s/f* Empresa dedicada a la refinación de petróleo o a su venta y distribución. **III.** *s/m* Barco para el transporte de petróleo.

① **pe·tro·lí·fe·ro** [petrolífero] *adj* Que contiene petróleo.

① **pe·tu·lan·cia** [petulánθja] *s/f* Arrogancia, insolencia.

① **pe·tu·lan·te** [petulánte] *adj s/m,f* Arrogante, insolente.

② **pe·yo·ra·ti·vo, -va** [pejoratíβo] *adj* Que implica valoración negativa.

④ **pez** [péθ] **I.** *s/f* Sustancia viscosa y oscura, derivada del alquitrán, para impermeabilizar embarcaciones. **II.** *s/m* **1.** Vertebrado acuático, de respiración branquial y reproducción ovípara. **2.** *pl* Clase de estos vertebrados. LOC **Estar pez en algo,** ignorar totalmente algo.

② **pe·zón** [peθón] *s/m* Punta de la mama.

① **pe·zu·ña** [peθúɲa] *s/f* Pie o mano de los animales de pata hendida.

② **pia·do·so, -sa** [pjaðóso] *adj* **1.** De gran religiosidad. **2.** Bondadoso.

② **pia·nis·ta** [pjanísta] *s/m,f* Persona que toca el piano.

④ **pia·no** [pjáno] *s/m* Instrumento musical de cuerdas golpeadas por macillos accionados por un teclado.

① **pia·no·for·te** [pjanofórte] *s/m* Tipo de piano, con menos resonancia y potencia.

pia·no·la [pjanóla] *s/f* Piano mecánico que toca piezas previamente dispuestas en rollos que hacen golpear las cuerdas adecuadas al girar.

① **piar** [pjár] *intr* Producir los pájaros su sonido característico.
ORT PRON El acento recae sobre la *i* en el *sing* y *3ª p pl* del *pres* de *ind* y *subj: Pía.*

① **pia·ra** [pjára] *s/f* Manada de cerdos.

② **pi·be, -ba** [píβe] *s/m,f* AR Muchacho.

② **pi·ca** [píka] *s/f* Palo largo con una punta de hierro en el extremo.

① **pi·ca·cho** [pikátʃo] *s/m* Pico alto y agudo de una montaña.

① **pi·ca·da** [pikáða] *s/f* **1.** Acción o resultado de picar. **2.** Conjunto de ingredientes culinarios picados.

① **pi·ca·de·ro** [pikaðéro] *s/m* Lugar para amaestrar y montar caballos.

① **pi·ca·di·llo** [pikaðíʎo] *s/m* Alimento reducido a trozos muy pequeños.

③ **pi·ca·do** [pikáðo] *s/m* Acción o resultado de picar. LOC **Caer en picado, 1,** disminuir con rapidez. 2, (*avión, pájaro*) caer verticalmente al suelo.

① **pi·ca·dor, -ra** [pikaðór] I. *adj* Que pica. II. *s/m* 1. Hombre que adiestra caballos para montar. 2. Torero de a caballo, que clava una pica al toro para debilitarlo.

① **pi·ca·du·ra** [pikaðúra] *s/f* 1. Acción o resultado de picar, *esp* un insecto o serpiente. 2. Señal o herida que queda al picar.

pi·ca·jo·so, -sa [pikaxóso] *adj s/m,f* Que se ofende con facilidad.

② **pi·can·te** [pikánte] I. *adj* 1. Que causa picor en la boca. 2. Con gracia o ingenio, *esp* en lo erótico: *Chistes picantes*. II. *s/m* Sabor de picor que producen algunos alimentos o condimentos.

① **pi·ca·pe·dre·ro, -ra** [pikapeðréro] *s/m,f* Persona que pica piedra.

pi·ca·pi·ca [pikapíka] *s/m* Sustancia que produce picores por contacto.

pi·ca·plei·tos [pikapléitos] *s/m,f* Abogado de poca valía.

① **pi·ca·por·te** [pikapórte] *s/m* Pieza de metal para llamar golpeando la puerta.

④ **pi·car** [pikár] I. *tr* 1. Morder o clavar su aguijón un insecto u otro animal. 2. Morder un pez el anzuelo o cebo. 3. Partir en trozos muy pequeños. 4. Hacer saltar partículas pequeñas de un bloque sólido. 5. Pinchar al toro con la vara del picador. 6. Comer una porción muy pequeña de algo. 7. Despertar interés o curiosidad. II. *intr* 1. (Con *en*) Picotear un ave, o clavar su aguijón otro animal. 2. Causar irritación en la piel. 3. Referido a los rayos del sol, calentar mucho. 4. Producir sensación de picor en el paladar. 5. Morder los peces el cebo. III. *REFL(-se)* 1. Agujerearse la ropa por efecto del tiempo o la polilla. 2. Oxidarse un metal. 3. Desarrollar caries los dientes o muelas. 4. Agitarse el mar. 5. FIG Ofenderse alguien por algo.
ORT Ante *e* la *c* cambia a *qu: Pique*.

② **pi·car·día** [pikarðía] I. *s/f* 1. Cualidad de pícaro. 2. Travesura infantil. II. *s/m* Prenda interior de mujer usada para dormir.

① **pi·ca·res·ca** [pikaréska] *s/f* 1. Forma de vida de los pícaros. 2. Literatura que recrea este mundo.

① **pi·ca·res·co, -ca** [pikarésko] *adj* Relativo a quien obra sin escrúpulos.

② **pí·ca·ro, -ra** [píkaro] I. *adj* Que obra con malicia o falta de honestidad. II. *s/m,f* Persona sin escrúpulos.

pi·ca·tos·te [pikatóste] *s/m* Trozo de pan tostado o frito.

① **pi·ca·zón** [pikaθón] *s/f* Fuerte sensación de picor en el cuerpo.

① **pi·cha** [pítʃa] *s/f* VULG Miembro viril.

① **pi·chi·chi** [pitʃitʃi] *s/m* Jugador que ha metido más goles en la temporada.

② **pi·chón, -cho·na** [pitʃón] *s/m* Pollo o cría de la paloma.

pi·cia [píθja] *s/f* Error, equivocación.

pi·cio [píθjo] *s/m* LOC **Más feo que Picio**, muy feo.

① **pic·nic** [píknik] *s/m* ANGL Merienda.

③ **pi·co** [píko] *s/m* 1. Boca de las aves. 2. Parte más alta de una montaña. 3. Parte esquinada o angular de algo. 4. Borde saliente de algunas jarras o recipientes. 5. Herramienta con un palo que en su extremo sostiene una barra de hierro puntiaguda para cavar o picar. 6. Parte fraccionaria que sobrepasa un número exacto.

① **pi·cor** [pikór] *s/m* 1. Sensación de irritación o escozor en el cuerpo. 2. Ardor en el paladar por comer algo picante.

① **pi·co·ta** [pikóta] *s/f* Variedad de cereza. LOC **Poner en la picota**, hacer público algo negativo de alguien.

① **pi·co·ta·zo** [pikotáθo] *s/m* 1. Golpe con el pico. 2. Picada de un insecto. 3. Señal o herida que deja el picotazo.

① **pi·co·te·ar** [pikoteár] *tr intr* 1. Picar las aves al comer. 2. FIG Comer pequeñas cantidades de alimento.

③ **pic·tó·ri·co, -ca** [piktóriko] *adj* Relativo a la pintura artística.

① **pi·cu·do, -da** [pikúðo] *adj* Que tiene puntas o es puntiagudo.

⑤ **pie** [pjé] *s/m* 1. ANAT Parte última de las extremidades inferiores, que sirve para andar. 2. Base de una columna, escultura o similar. 3. Pata de apoyo de los muebles. 4. Medida de longitud (30,5 o 28 cm). 5. Parte final de un escrito, opuesta a la cabecera. 6. En poesía, unidad de medición del verso. 7. FIG (Con *dar, tomar*, etc.) Excusa. LOC **A pie**, andando. **Con pies de plomo**, con cautela. **Parar los pies a alguien**, poner fin a su atrevimiento.

③ **pie·dad** [pjeðáð] *s/f* Compasión por alguien que sufre.

⑤ **pie·dra** [pjéðra] *s/f* 1. Sustancia mineral, dura y compacta. 2. Fragmento de este material. 3. Granizo. 4. MED Concreción calcárea en el interior de algunos órganos (vejiga, riñones).

[5] **piel** [pjél] *s/f* **1.** Capa de tejido fibroso y liso que recubre el cuerpo de personas y animales. **2.** Esta misma capa separada del cuerpo y curtida. **3.** Vida: *Está arriesgando su piel.*

[4] **pien·so** [pjénso] *s/m* Alimento para el ganado.

[5] **pier·na** [pjérna] *s/f* Extremidad inferior del ser humano, desde el tronco hasta el pie.

[5] **pie·za** [pjéθa] *s/f* **1.** Parte de un mecanismo o aparato. **2.** Unidad de una colección. **3.** Prenda de vestir que forma parte de un conjunto. **4.** Obra dramática o musical. **5.** En la caza o pesca, cada animal que se cobra.

pí·fa·no [pífano] *s/m* Flautín de sonido muy agudo, que suele usarse en las bandas militares.

pi·fia [pífja] *s/f* COL Error, fallo.

[1] **pi·fiar** [pifjár] *intr* Cometer una pifia.

[1] **pig·men·ta·ción** [piɣmentaθjón] *s/f* Acción o resultado de pigmentar(se).

[1] **pig·men·tar** [piɣmentár] *tr* Colorear con pigmento.

[1] **pig·men·to** [piɣménto] *s/m* Sustancia colorante.

[1] **pig·meo, -ea** [piɣméo] *adj s/m,f* Muy pequeño.

[1] **pig·no·rar** [piɣnorár] *tr* Renunciar a un derecho a cambio de dinero.

pi·ja·da [piχáða] *s/f* COL Tontería.

[2] **pi·ja·ma** [piχáma] *s/m* Prenda de vestir.

[1] **pi·jo, -ja** [píχo] **I.** *adj s/m,f* COL Persona acomodada que se comporta con afectación y esnobismo. **II.** *s/m* ARG pene. LOC **Importar (algo) un pijo,** no tener ninguna importancia.

[1] **pi·jo·te·ro, -ra** [piχotéro] *adj* Molesto, fastidioso.

[2] **pi·la** [píla] *s/f* **1.** Recipiente grande donde se echa agua para usos diversos. **2.** Conjunto de cosas amontonadas. **3.** Generador de energía mediante la reacción química de dos sustancias.

[2] **pi·lar** [pilár] *s/m* **1.** Apoyo vertical de un edificio o construcción. **2.** FIG Sostén, apoyo.

[1] **pi·las·tra** [pilástra] *s/f* Columna grande.

[2] **píl·do·ra** [píldora] *s/f* Medicamento comprimido en forma de pastilla.

[1] **pi·le·ta** [piléta] *s/f* **1.** AMER Piscina. **2.** Pila pequeña.

[1] **pi·li·la** [pilíla] *s/f* COL Miembro viril de un niño.

[1] **pi·lla·je** [piʎáχe] *s/m* Acción de robar o saquear.

[3] **pi·llar** [piʎár] **I.** *tr* **1.** Alcanzar a aquel a quien se persigue. **2.** Sorprender a alguien haciendo algo indebido. **3.** Atropellar un vehículo, o coger un animal a alguien. **4.** Contraer algo (*enfermedad, borrachera*). **5.** FIG Conseguir o lograr algo bueno: *Pilló un taxi en una hora punta.* **6.** FIG Hallarse una cosa o lugar cerca o lejos, en el espacio o en el tiempo. **7.** FIG Lograr comprender algo. **II.** *intr* Encontrarse en una situación o ubicación determinada: *La estación pilla de camino.*

pi·llas·tre, -ra [piʎástre] *s/m,f* Granuja.

[1] **pi·lle·ría** [piʎería] *s/f* Acción de un pillo.

[1] **pi·llo, -lla** [píʎo] *adj s/m,f* Malicioso, que actúa con engaño.

[1] **pi·lón** [pilón] *s/m* **1.** Pila grande de un lavadero o fuente. **2.** Pilar, columna.

pí·lo·ro [píloro] *s/m* Abertura que comunica el estómago con el intestino.

[1] **pi·lo·so, -sa** [pilóso] *adj* Con pelo.

[1] **pi·lo·ta·je** [pilotáχe] *s/m* Acción o resultado de pilotar una nave o vehículo.

[3] **pi·lo·tar** [pilotár] *tr* Conducir un avión, barco o coche de carreras.

[1] **pi·lo·te** [pilóte] *s/m* Madero o poste clavado en el suelo.

[3] **pi·lo·to** [pilóto] **I.** *s/m,f* Persona experta en dirigir un barco, avión, etc. **II.** *s/m* **1.** Luz para señalizar la situación de un vehículo. **2.** Llama pequeña y permanente en un calentador a gas. **III.** *adj* Que sirve de modelo: *Un programa piloto.*

[1] **pil·tra·fa** [piltráfa] *s/f* Persona física o moralmente destrozada.

[2] **pi·men·tón** [pimentón] *s/m* Pimiento rojo molido.

[3] **pi·mien·ta** [pimjénta] *s/f* Granos molidos del pimentero, picantes, que se usan para condimentar los alimentos.

[3] **pi·mien·to** [pimjénto] *s/m* Planta de huerta, con frutos de forma cónica y hueca, o ese fruto. LOC **Importar algo un pimiento,** no importar nada. **No valer un pimiento,** no valer nada.

[1] **pim·po·llo** [pimpóʎo] *s/m* **1.** Brote de las plantas. **2.** Persona joven y atractiva.

[2] **pin** [pín] *s/m* Insignia pequeña que se sujeta a las prendas de vestir.

[1] **pi·na·co·te·ca** [pinakotéka] *s/f* Museo de pinturas.

[1] **pi·ná·cu·lo** [pinákulo] *s/m* ARQ Remate puntiagudo en la parte más alta de un edificio.

[1] **pi·na·da** [pináða] *s/f* Pinar.

2 **pi·nar** [pinár] *s/m* Lugar cubierto de pinos.

pi·na·za [pináθa] *s/f* Hojarasca del pino y demás coníferas.

2 **pin·cel** [pinθél] *s/m* Utensilio para pintar.

1 **pin·ce·la·da** [pinθeláða] *s/f* **1**. Trazo de pincel. **2**. Resumen condensado de algo.

2 **pin·char** [pintʃár] **I**. *tr* **1**. Clavar algo afilado. **2**. Poner una inyección. **3**. Intervenir una línea telefónica. **4**. FIG Estimular a alguien para que haga algo. **II**. *intr* **1**. Clavarse los pinchos que algo tiene: *Este rosal pincha*. **2**. Sufrir un pinchazo en una rueda.

2 **pin·cha·zo** [pintʃáθo] *s/m* **1**. Acción o resultado de pinchar(se). **2**. Señal o herida que deja la acción de pinchar.

1 **pin·che, -cha** [píntʃe] *s/m,f* Ayudante de cocina.

1 **pin·chi·to** [pintʃíto] *s/m* Aperitivo pinchado en un palillo.

1 **pin·cho** [píntʃo] *s/m* **1**. Varilla metálica afilada. **2**. Pinchito.

pin·ga [pínga] *s/f* AMER Pene.

1 **pin·ga·jo** [pingáxo] *s/m* COL Cosa que cuelga de otra.

1 **ping·pong** [pin pón] *s/m* DEP Tenis de mesa.

1 **pin·güe** [píngwe] *adj* Abundante.

1 **pin·güi·no** [pingwíno] *s/m* Ave palmípeda de color blanco y negro que habita las zonas polares.

1 **pi·ni·to** [piníto] *s/m* LOC **Hacer pinitos,** hacer los primeros intentos en algo.

3 **pi·no** [píno] *s/m* **1**. Árbol con hojas de aguja y perennes. **2**. Madera de este árbol. LOC **El quinto pino,** muy lejos.

pi·no·cha [pinótʃa] *s/f* Hoja del pino.

2 **pin·ta** [pínta] **I**. *s/f* **1**. Señal pequeña en el plumaje, la piel, etc. **2**. Medida de capacidad (0,5 l). **3**. Aspecto de las personas o cosas. **II**. *s/m* COL (*Ser un pinta*) Persona poco honrada y holgazana.

1 **pin·ta·da** [pintáða] *s/f* Consigna escrita en una pared o similar.

4 **pin·tar** [pintár] **I**. *tr* **1**. Revestir con pintura. **2**. Hacer un cuadro artístico. **II**. *intr* **1**. Dejar marca un lápiz, pincel o similar: *Este rotulador no pinta*. **2**. FIG Tener algo que ver en un asunto.

1 **pin·ta·rra·je·ar** [pintarraxeár] **I**. *tr intr* Pintar mal o hacer garabatos. **II**. *REFL(-se)* Maquillarse en exceso.

5 **pin·tor, -ra** [pintór] *s/m,f* Persona cuyo oficio es pintar.

2 **pin·to·res·co, -ca** [pintorésko] *adj* **1**. Digno de ser contemplado. **2**. Bello. **3**. Extravagante, original.

5 **pin·tu·ra** [pintúra] *s/f* **1**. Acción de pintar. **2**. Arte de pintar. **3**. Obra pintada. **4**. Sustancia o producto con que se pinta.

2 **pin·za** [pínθa] *s/f* **1**. Utensilio cuyos extremos sujetan por presión. **2**. *pl* Pliegue en una prenda.

2 **pi·ña** [pína] *s/f* **1**. Fruto del pino. **2**. Fruto tropical, grande y de carne jugosa. **3**. Golpe violento. **4**. Grupo de personas muy unidas.

1 **pi·ña·ta** [piɲáta] *s/f* Recipiente lleno de dulces y regalos, que se suspende en alto y hay que romper con un palo, con los ojos vendados.

2 **pi·ñón** [piɲón] *s/m* **1**. Simiente del pino piñonero. **2**. MEC Rueda dentada de un engranaje. LOC **A piñón fijo,** de manera rutinaria y mecánica.

2 **pío, -ía** [pío] *adj* Muy devoto. LOC **No decir ni pío,** callarse.

2 **pio·jo** [pjóxo] *s/m* Insecto parasitario del hombre y otros animales.

1 **pio·jo·so, -sa** [pjoxóso] *adj* Abundante en piojos.

1 **pio·la** *adj* **1**. AMER Que está muy bien, decente. **2**. Simpático.

3 **pio·ne·ro, -ra** [pjonéro] *adj s/m,f* **1**. Persona que se adelanta a los demás en la exploración del terreno. **2**. Que inicia algo antes que nadie.

2 **pi·pa** [pípa] *s/f* **1**. Utensilio para fumar. **2**. Semilla de algunos frutos. LOC **Pasarlo pipa,** COL divertirse mucho.

1 **pi·pí** [pipí] *s/m* (*Hacer*) Orina.

pi·pio·lo, -la [pipjólo] *s/m,f* Novato, inexperto.

pi·pi·rra·na [pipirrána] *s/f* Ensalada de pepino y tomate.

1 **pi·que** [píke] *s/m* Situación de enemistad o resentimiento. LOC **Echar a pique,** FIG hacer que algo fracase. **Irse a pique, 1,** hundirse una embarcación. **2,** FIG fracasar.

1 **pi·que·ta** [pikéta] *s/f* Herramienta de albañilería con mango y dos cabezas metálicas en los extremos, una plana y otra en punta.

2 **pi·que·te** [pikéte] *s/m* **1**. Grupo pequeño de soldados. **2**. Grupo de personas que interviene activamente en una misión (para protestar, vigilar una huelga, etc.).

1 **pi·ra** [píra] *s/f* Hoguera.

1 **pi·ra·gua** [piráγwa] *s/f* Embarcación estrecha y alargada.

pi·ra·güis·mo [piraɣwísmo] *s/m* Práctica deportiva de navegación en piragua.

1 **pi·ra·güis·ta** [piraɣwísta] *s/m,f* Persona que practica el piragüismo.

1 **pi·ra·mi·dal** [piramiðál] *adj* Con forma de pirámide.

3 **pi·rá·mi·de** [pirámiðe] *s/f* 1. Cuerpo geométrico con base poligonal y caras triangulares y un vértice común. 2. Construcción piramidal.

1 **pi·ra·ña** [piráɲa] *s/f* Pez carnívoro muy voraz.

1 **pi·rar** [pirár] REFL(-se) COL Irse o ausentarse de un lugar. LOC **Pirárselas**, escaparse.

2 **pi·ra·ta** [piráta] I. *s/m,f* 1. Persona que asalta y roba barcos en el mar. 2. Secuestrador de un avión. 3. Ladrón de lo ajeno. II. *adj* Clandestino, no autorizado.

1 **pi·ra·te·ar** [pirateár] *tr intr* 1. Cometer actos de piratería. 2. Copiar materiales ilegalmente.

1 **pi·ra·te·ría** [piratería] *s/f* 1. Acción propia de los piratas. 2. Acción de robar o hurtar algo.

1 **pi·re·nai·co, ·ca** [pirenáiko] *adj* Relativo a los Pirineos.

1 **pi·ri·pi** [pirípi] *adj* COL Bebido.

1 **pi·ri·ta** [piríta] *s/f* Sulfuro de hierro.

1 **pi·ró·ma·no, ·na** [pirómano] *s/m,f* Persona que tiene la obsesión de provocar incendios.

1 **pi·ro·pe·ar** [piropeár] *tr* Decir un piropo a alguien.

pi·ro·peo [piropéo] *s/m* Acción o resultado de piropear.

2 **pi·ro·po** [pirópo] *s/m* Elogio en voz alta sobre la belleza física, encanto o atractivo de alguien (*esp* de una mujer).

1 **pi·ro·tec·nia** [pirotéknia] *s/f* Técnica de la fabricación de explosivos o de fuegos de artificio.

1 **pi·ro·téc·ni·co, ·ca** [pirotékniko] *adj* Relativo a la pirotecnia.

pi·rrar·se [pirrárse] REFL(-se) Desear ansiosamente. RPr **Pirrarse por**.

1 **pí·rri·co, ·ca** [pírriko] *adj* Logrado con poco beneficio o mucho daño.

1 **pi·rue·ta** [pirwéta] *s/f* Movimiento rápido y hábil del cuerpo.

1 **pi·ru·le·ta** [piruléta] *s/f* Caramelo en forma plana y redondeada, con un palito para sujetarlo.

1 **pis** [pís] LOC **Hacer(se) pis**, orinar(se).

1 **pi·sa·da** [pisáða] *s/f* 1. Acción de pisar al andar. 2. Huella que queda al pisar.

1 **pi·sa·pa·pe·les** [pisapapéles] *s/m* Objeto pesado que se coloca sobre los papeles.

4 **pi·sar** [pisár] I. *tr* 1. Poner un pie o los dos sobre algo. 2. Apretar algo con el pie. 3. Pasar un vehículo rodando por encima de algo. 4. Tratar a alguien de forma humillante. II. *intr* Pasar por un sitio o estar en un lugar.

1 **pis·ci·cul·tu·ra** [pisθikultúra] *s/f* Arte y actividad de la cría de peces en viveros.

1 **pis·ci·fac·to·ría** [pisθifaktoría] *s/f* Criadero de peces.

3 **pis·ci·na** [pisθína] *s/f* Estanque para bañarse las personas.

1 **pis·cis** [písθis] *s/m* Signo del Zodíaco.

1 **pis·co** [písko] *s/m* AMER Tipo de aguardiente, muy común en el Perú.

pis·co·la·bis [piskoláβis] *s/m* Ración ligera de algo.

4 **pi·so** [píso] *s/m* 1. Vivienda unifamiliar en la planta de un edificio. 2. Suelo por el que se pisa. 3. Suelo del interior de cualquier edificio. 4. Cada capa de cosas superpuestas. 6. Suela del zapato.

2 **pi·so·te·ar** [pisoteár] *tr* 1. Dar pisadas fuertes y repetidas. 2. Tratar de forma injusta o desconsiderada.

1 **pi·so·tón** [pisotón] *s/m* Pisada fuerte sobre el pie de otro.

4 **pis·ta** [písta] *s/f* 1. Superficie acondicionada para ciertas actividades (baile, aterrizaje, etc.). 2. Carretera ancha. 3. DEP Suelo acotado y marcado para ciertos deportes (tenis, atletismo). 4. En los discos o disquetes, división entre zonas de almacenamiento de la información. 5. Señal o información que es indicio de algo.

1 **pis·ta·cho** [pistátʃo] *s/m* Fruto del pistachero, con cáscara, algo dulce y comestible.

pis·ti·lo [pistílo] *s/m* Órgano femenino de la flor.

1 **pis·to** [písto] *s/m* Revuelto de verduras u hortalizas guisadas.

3 **pis·to·la** [pistóla] *s/f* 1. Arma de fuego, manejable con una sola mano. 2. Utensilio para proyectar pintura pulverizada.

1 **pis·to·le·ra** [pistoléra] *s/f* Funda para la pistola.

pis·to·le·ris·mo [pistolerísmo] *s/m* Actividad del pistolero.

1 **pis·to·le·ro, ·ra** [pistoléro] *s/m,f* Persona que atraca o arremete con pistola.

① **pis·to·le·ta·zo** [pistoletáθo] *s/m* Disparo de pistola.

① **pis·tón** [pistón] *s/m* **1.** Cápsula en que se coloca el fulminante. **2.** Émbolo de una máquina.

pis·to·nu·do, -da [pistonúðo] *adj* COL Estupendo.

① **pi·ta** [píta] *s/f* **1.** Planta de hojas carnosas. **2.** Cuerda hecha con hebras de esta planta.

① **pi·ta·da** [pitáða] *s/f* Acción o resultado de pitar.

① **pi·tan·za** [pitánθa] *s/f* Ración de comida diaria.

pi·ta·ño·so, -sa [pitaɲóso] *adj* Lleno de legañas.

② **pi·tar** [pitár] **I.** *intr* **1.** Tocar el pito. **2.** COL Funcionar satisfactoriamente. **II.** *tr* Arbitrar un partido de fútbol.

① **pi·ti·do** [pitíðo] *s/m* Sonido del silbato.

① **pi·ti·lle·ra** [pitiʎéra] *s/f* Estuche para cigarrillos.

② **pi·ti·llo** [pitíʎo] *s/m* COL Cigarrillo.

② **pi·to** [píto] *s/m* **1.** Silbato de sonido agudo. **2.** Sonido producido por este instrumento. **3.** COL Cigarrillo. **4.** ARG Pene del hombre. LOC **Importar algo un pito/tres pitos,** no importar nada una cosa. **No valer un pito,** no valer nada. **Tocarse el pito,** no hacer nada.

② **pi·tón** [pitón] **I.** *s/m* Cuerno de toro. **II.** *s/f* Serpiente de gran tamaño.

① **pi·to·ni·sa** [pitonísa] *s/f* **1.** Sacerdotisa del dios griego Apolo. **2.** Mujer que supuestamente predice el futuro.

① **pi·to·rre·ar·se** [pitorreárse] REFL(-se) Burlarse de algo.

① **pi·to·rreo** [pitorréo] *s/m* Acción o resultado de pitorrearse.

① **pi·to·rro** [pitórro] *s/m* Extremo de los botijos o porrones, por el que sale el líquido.

pi·to·te [pitóte] *s/m* COL Situación con muchos gritos o peleas.

① **pi·tui·ta·ria** [pitwitárja] *s/f* Membrana que segrega la mucosidad nasal.

① **pi·vo·tar** [piβotár] *intr* Girar algo sobre un pivote o eje.

① **pi·vo·te** [piβóte] *s/m* Eje sobre el que algo gira.

① **pi·xel** [pí(k)sel] *s/m* Punto más pequeño de luz en una pantalla de televisión.

② **pi·za·rra** [piθárra] *s/f* **1.** Clase de roca de grano fino, estructurada en láminas. **2.** Trozo de esta roca, cortado y dispuesto para su uso. **3.** Tabla encerada y preparada para escribir sobre ella.

② **piz·ca** [píθka] *s/f* Cantidad muy pequeña de algo. LOC **Ni pizca de...,** nada de.

piz·pi·re·to, -ta [piθpiréto] *adj* Vivaracho, jovial.

② **pi·zza** [pítsa; píθa] *s/f* ITAL Torta horneada de harina de trigo, con ingredientes diversos sobre ella.

① **pi·zze·ría** [pitseria; piθería] *s/f* ITAL Restaurante en el que se sirven pizzas.

④ **pla·ca** [pláka] *s/f* **1.** Lámina o plancha superpuesta o formada sobre otra cosa. **2.** Insignia identificativa. **3.** Capa de la corteza terrestre. **4.** En fotografía, soporte con una de sus caras sensibles a la luz. **5.** COMP Lámina metálica sobre la cual se integran circuitos electrónicos: *Placa de sonido*. **6.** Parte superior de una cocina, donde están los fuegos.

① **pla·ce·bo** [plaθéβo] *s/m* Sustancia sin propiedades terapéuticas, pero que satisface las ansias curativas del paciente.

① **pla·cen·ta** [plaθénta] *s/f* Fibra esponjosa que envuelve el feto.

① **pla·cen·ta·rio, -ia** [plaθentárjo] *adj* Relativo a la placenta.

② **pla·cen·te·ro, -ra** [plaθentéro] *adj* Que causa placer.

④ **pla·cer** [plaθér] **I.** *s/m* Sensación agradable. LOC **A placer,** con total libertad. **II.** *tr* Causar satisfacción o gusto.
CONJ *Irreg: Plazco, plació/plugo, placeré, placido.* En las formas de *indic, indef, subj* y *fut*, coexisten las formas con z/c y g/gu: *Plazca/pluga, placiera/pluguiera, plació/plugo.*

plá·cet [pláθet] *s/m* COL Permiso o conformidad.

① **pla·ci·dez** [plaθiðéθ] *s/f* Cualidad de plácido.

② **plá·ci·do, -da** [pláθiðo] *adj* Sosegado, apacible.

① **pla·fón** [plafón] *s/m* Adorno de yeso en el centro del techo, de donde suele colgar una lámpara.

② **pla·ga** [pláɣa] *s/f* **1.** Enfermedad que ataca a un colectivo de personas, animales o plantas. **2.** Cosa que se da en abundancia.

② **pla·gar** [playár] *tr* Llenar en exceso. RPl **Plagar(se) de.**
ORT Ante *e* la g cambia a gu: *Plague.*

① **pla·giar** [plaxjár] *tr intr* Copiar lo que es propiedad de otro.

① **pla·gia·rio, -ia** [plaxjárjo] *adj s/m,f* Que plagia.

PLAN·TÍ·GRA·DO

[1] **pla·gio** [pláxjo] *s/m* **1.** Acción o resultado de plagiar. **2.** AMER Secuestro.

[1] **pla·gui·ci·da** [playiθiða] *adj s/m* Producto para exterminar las plagas.

[5] **plan** [plán] *s/m* **1.** Descripción detallada de lo que alguien quiere hacer. **2.** (Con *en*) Modo o actitud: *Come en plan casero*. **3.** Relación con una persona del sexo opuesto para pasarlo bien.

[1] **pla·na** [plána] *s/f* **1.** Hoja de papel o cara de ella. **2.** Hoja impresa de un diario. **3.** Instrumento de albañilería para extender y alisar la masa.

[3] **plan·cha** [plántʃa] *s/f* **1.** Lámina delgada de metal. **2.** Utensilio para planchar ropa. **3.** Utensilio de hierro para guisar alimentos al fuego. **4.** Torpeza al decir algo inoportuno o indiscreto.

[1] **plan·cha·do, -da** [plantʃáðo] *s/m* Acción o resultado de planchar.

[1] **plan·cha·dor, -ra** [plantʃaðór] *s/m,f* Persona que plancha.

[2] **plan·char** [plantʃár] *tr* **1.** Alisar la ropa y quitarle las arrugas con una plancha muy caliente. **2.** Dejar a alguien desconcertado.

[1] **plan·cha·zo** [plantʃáθo] *s/m* Error, equivocación.

[1] **plan·chis·ta** [plantʃísta] *s/m,f* Experto en trabajos de plancha metálica.

[1] **planc·ton** [plánkton] *s/m* Organismos que flotan en las aguas y sirven de alimento a los peces.

[2] **pla·nea·ción** [planeaθjón] *s/f* AMER Planificación.

[1] **pla·nea·dor, -ra** [planeaðór] **I.** *adj* Que planea. **II.** *s/m* Aeronave ligera sin motor. **III.** *s/f* Embarcación muy rápida.

[2] **pla·nea·mien·to** [planeamjénto] *s/m* Acción o resultado de planear.

[3] **pla·ne·ar** [planeár] **I.** *tr* **1.** Proyectar planes. **2.** AMER Planificar. **II.** *intr* Volar un avión sin motor.

[4] **pla·ne·ta** [planéta] *s/m* Cuerpo celeste sin luz propia, que refleja la luz del Sol, alrededor del cual gira.

[2] **pla·ne·ta·rio, -ia** [planetárjo] **I.** *adj* Relativo a los planetas. **II.** *s/m* Aparato que reproduce los movimientos de los astros.

[1] **pla·ne·ta·rium** [planetárjum] *s/m* Planetario (II).

[1] **pla·ni·cie** [planíθje] *s/f* Llanura muy grande.

[1] **pla·ni·fi·ca·ción** [planifikaθjón] *s/f* Acción o resultado de planificar.

[1] **pla·ni·fi·ca·dor, -ra** [planifikaðór] *adj s/m,f* Que planifica.

[3] **pla·ni·fi·car** [planifikár] *tr* Organizar la realización de algo.

ORT Ante *e* la *c* cambia a *qu: Planifique*.

[5] **pla·no, -na** [pláno] **I.** *adj* (*superficie*) Que no tiene relieve. **II.** *s/m* **1.** Representación gráfica y a escala del trazado de una ciudad, edificio, etc. **2.** Cada nivel en que se sitúan las partes de un conjunto. **3.** Imágenes que constituyen una secuencia. **4.** Altura o nivel imaginario desde el cual se considera algo. LOC **De plano,** de forma total.

[5] **plan·ta** [plánta] *s/f* **1.** Parte inferior del pie, con la cual se pisa. **2.** Vegetal, organismo vivo con raíz, tronco y hojas. **3.** Cada nivel de un edificio. **4.** Edificio o instalación de grandes dimensiones, para fines industriales. **5.** Aspecto o conformación física de alguien. LOC **De (nueva) planta,** de nueva construcción.

[2] **plan·ta·ción** [plantaθjón] *s/f* Terreno en que se cultivan plantas o árboles diversos.

[2] **plan·ta·do, -da** [plantáðo] *adj* (*bien/mal*) Con un determinado aspecto físico. LOC **Dejar plantado a alguien,** no acudir a la cita o encuentro acordado.

[5] **plan·tar** [plantár] **I.** *tr* **1.** Introducir una planta o semilla en tierra para que se desarrolle y crezca. **2.** Fijar algo en tierra. **3.** Colocar algo en un lugar u objeto, o ante alguien, *esp* de manera brusca o violenta: *Me plantó su manaza en la pierna*. **4.** Interrumpir una relación amorosa. **5.** No acudir a una cita acordada. **II.** REFL(-*se*) **1.** Quedarse inmóvil en un lugar. **2.** FIG Colocarse en un lugar de repente **3.** Negarse a cambiar de actitud u opinión.

[1] **plan·te** [plánte] *s/m* Actitud colectiva para rechazar o exigir algo.

[4] **plan·tea·mien·to** [planteamjénto] *s/m* Acción o resultado de plantear.

[5] **plan·te·ar** [planteár] **I.** *tr* Exponer un problema, cuestión, etc., para estudiarlo o solucionarlo. **II.** REFL(-*se*) Orientar la solución de un problema o presentarse un problema.

ORT La *e* se mantiene, aunque siga otra *e: Plantee*.

[2] **plan·tel** [plantél] *s/m* **1.** Plantilla de empleados o deportistas. **2.** Lugar donde se crían plantas.

[2] **plan·teo** [plantéo] *s/m* AMER Planteamiento.

plan·tí·gra·do, -da [plantíɣraðo] *adj s/m,f*

461

PLAN·TI·LLA

Que apoya toda la planta del pie y mano al andar.

[3] **plan·ti·lla** [plantíʎa] *s/f* **1.** Empleados de una empresa. **2.** Suela que cubre la planta del zapato. **3.** Pieza que sirve de modelo para dar forma a algo.

[1] **plan·tío** [plantío] *s/m* Terreno recién plantado de árboles u hortalizas.

[1] **plan·tón** [plantón] *s/m* **1.** Planta joven para ser trasplantada. **2.** COL Incumplimiento de una cita.

[1] **pla·ñi·de·ra** [plaɲiðéra] *s/f* Mujer que se contrata para que llore en un entierro.

[1] **pla·ñi·de·ro, -ra** [plaɲiðéro] *adj* Lastimero.

[1] **pla·que·ta** [plakéta] *s/f* Célula de la sangre que interviene en la coagulación.

[1] **plas·ma** [plásma] *s/m* **1.** Líquido sanguíneo antes de la coagulación. **2.** En física, materia en estado gaseoso.

[1] **plas·ma·ción** [plasmaθjón] *s/f* Acción o resultado de plasmar(se).

[3] **plas·mar** [plasmár] *tr* **1.** Dar forma a una cosa. **2.** Poner en práctica una idea, crear algo. RPr **Plasmarse en**.

[2] **plás·ti·ca** [plástika] *s/f* Arte de modelar.

[1] **plas·ti·ci·dad** [plastiθiðáð] *s/f* Cualidad de lo que es plástico.

[4] **plás·ti·co, -ca** [plástiko] **I.** *adj* **1.** Relativo a la plástica. **2.** Flexible, moldeable: *Arcilla plástica.* **II.** *adj s/m* **1.** Material sintético de gran resistencia y moldeable. **2.** Porción de este material.

plas·ti·fi·ca·ción [plastifikaθjón] *s/f* Acción o resultado de plastificar.

[1] **plas·ti·fi·car** [plastifikár] *tr* Recubrir con una capa de plástico.
ORT Ante *e* la *c* cambia a *qu: Plastifique*.

[1] **plas·ti·li·na** [plastilína] *s/f* Material blando y moldeable.

[4] **pla·ta** [pláta] *s/f* **1.** Metal precioso, dúctil, maleable y de color blancuzco, apreciado en joyería. **2.** AMER Dinero.

[3] **pla·ta·for·ma** [platafórma] *s/f* **1.** Superficie horizontal y elevada sobre el terreno. **2.** En los tranvías, vagones de tren, etc., parte externa y sin asientos, en la puerta por donde se baja.

[1] **pla·ta·ne·ro, -ra** [platanéro] **I.** *adj* Relativo al cultivo de plátanos. **II.** *s/m,f* Planta tropical cuyo fruto es el plátano.

[3] **plá·ta·no** [plátano] *s/m* **1.** Planta tropical cuyo fruto es el plátano. **2.** Fruto de esta planta.

[1] **pla·tea** [platéa] *s/f* Patio de butacas.

[2] **pla·tea·do, -da** [plateáðo] **I.** *adj* Bañado en plata. **II.** *s/m* **1.** Operación de platear. **2.** Revestimiento de plata.

[2] **pla·te·ar** [plateár] *tr* Dar un baño de plata a un objeto.

[2] **plá·ti·ca** [plátika] *s/f* Conversación, charla.

[2] **pla·ti·car** [platikár] *tr intr* Conversar.
ORT Ante *e* la *c* cambia a *qu: Platique*.

[2] **pla·ti·llo** [platíʎo] *s/m* **1.** Plato pequeño. **2.** AMER Guiso o especialidad gastronómica.

[1] **pla·ti·na** [platína] *s/f* **1.** Base del microscopio en que se coloca el objeto observado. **2.** Bobina donde se ponen las cintas para su reproducción en un casete.

[1] **pla·ti·no** [platíno] *s/m* Metal precioso. Símbolo *Pt*.

[4] **pla·to** [pláto] *s/m* **1.** Recipiente de poca profundidad, redondeado, para comer. **2.** Comida que se sirve en él. **3.** Guiso. LOC **Pagar los platos rotos,** cargar con culpas ajenas.

[2] **pla·tó** [plató] *s/m* Escenario.

[2] **pla·tó·ni·co, -ca** [platóniko] *adj* **1.** Relativo a Platón. **2.** Desinteresado o espiritual.

[2] **plau·si·ble** [plausíβle] *adj* Digno de aplauso.

[4] **pla·ya** [plája] *s/f* Franja de arena en la orilla de mares, lagos o ríos.

[1] **play·boy** [pleibói] *s/m* ANGL Hombre seductor, de mucho éxito con las mujeres.

[1] **pla·ye·ro, -ra** [plajéro] **I.** *adj* **1.** Relativo a la playa. **2.** Adecuado para usar en la playa. **II.** *s/f* (*gen* en *pl*) Prenda o calzado adecuado para la playa.

[5] **pla·za** [pláθa] *s/f* **1.** Espacio abierto en una población, para recreo, fiestas, etc. **2.** Mercado en una plaza. **3.** Población fortificada. **4.** Lugar o sitio que alguien ocupa. **5.** Asiento para un viajero.

[5] **pla·zo** [pláθo] *s/m* **1.** Tiempo límite para hacer algo. **2.** COM Fracción del precio que se paga por partes.

[1] **pla·zo·le·ta** [plaθoléta] *s/f* Plaza pequeña.

[1] **plea·mar** [pleamár] *s/f* Punto más alto de la marea.

[1] **ple·be** [pléβe] *s/f* Pueblo llano.

[1] **ple·be·yo, -ya** [pleβéjo] *adj s/m,f* De la plebe.

[1] **ple·bis·ci·ta·rio, -ia** [pleβisθitárjo] *adj* Relativo a los plebiscitos.

[2] **ple·bis·ci·to** [pleβisθíto] *s/m* Consulta directa al voto del pueblo para resolver una cuestión política.

[1] **plec·tro** [pléktro] *s/m* Púa con que se rasgan ciertos instrumentos de cuerda.

1 **ple·ga·ble** [pleγáβle] *adj* Que puede ser plegado.

1 **ple·ga·mien·to** [pleγamjénto] *s/m* Acción o resultado de plegar(se).

3 **ple·gar** [pleγár] **I.** *tr* Doblar haciendo pliegues. **II.** *intr* Acabar el trabajo o jornada laboral. **III.** *REFL(-se)* (Con *a*) Ceder, someterse. RPr **Plegarse a/ante**.
CONJ *Irreg: Pliego, plegué, plegaré, plegado.*

2 **ple·ga·ria** [pleγárja] *s/f* Súplica, oración.

plei·te·ar [pleiteár] *intr* Sostener un pleito.

1 **plei·te·sía** [pleitesía] *s/f* Acatamiento.

2 **plei·to** [pléito] *s/m* Litigio judicial entre partes.

2 **ple·na·rio, ·ia** [plenárjo] **I.** *adj* Relativo al pleno. **II.** *s/m* Que reúne a todos sus miembros.

1 **ple·ni·lu·nio** [plenilúnjo] *s/m* Luna llena.

1 **ple·ni·po·ten·cia·rio, ·ia** [plenipotenθjárjo] *adj s/m,f* Se dice de quien ostenta plenos poderes, en representación de la autoridad.

3 **ple·ni·tud** [plenitúð] *s/f* Cualidad de lo que está lleno o completo.

5 **ple·no, ·na** [pléno] **I.** *adj* **1.** Completo, total. **2.** Central: *Estábamos en pleno desierto*. **II.** *s/m* **1.** Reunión general. **2.** Acierto de todos los números en un juego de azar. LOC **En pleno,** con presencia de todos los miembros.

1 **plé·to·ra** [plétora] *s/f* Abundancia excesiva de algo.

1 **ple·tó·ri·co, ·ca** [pletóriko] *adj* Que abunda en algo. RPr **Pletórico de**.

pleu·ra [pléura] *s/f* Membrana que recubre los pulmones y cavidad torácica.

pleu·ral [pleurál] *adj* Relativo a la pleura.

1 **plé·ya·de** [pléjaðe] *s/f* Grupo de personas que sobresalen en algo.

1 **pli·ca** [plíka] *s/f* Sobre cerrado y sellado.

2 **plie·go** [pljéγo] *s/m* **1.** Hoja de papel cuadrangular que se dobla por la mitad. **2.** Hoja de papel.

2 **plie·gue** [pljéγe] *s/m* **1.** Señal, marca o raya en un papel al doblarlo. **2.** Plegamiento en la corteza terrestre.

plin [plín] *interj* ¡A mí plin!, LOC expresa indiferencia o desdén.

1 **plin·to** [plínto] *s/m* **1.** Base inferior de la columna. **2.** Aparato para ejercicios de salto.

1 **plio·ce·no, ·na** [pljoθéno] *adj s/m* Se aplica a la capa superior del terreno terciario y a lo perteneciente o relativo a su época.

pli·sar [plisár] *tr* Hacer pliegues menudos.

plo·ma·da [plomáða] *s/f* Utensilio para señalar la línea vertical.

1 **plo·me·ría** [plomería] *s/f* AMER Fontanería.

plo·me·ro [ploméro] *s/m* AMER Fontanero.

1 **plo·mi·zo, ·za** [plomíθo] *adj* **1.** Del color del plomo. **2.** Pesado.

2 **plo·mo** [plómo] *s/m* **1.** Metal pesado, blando. Símbolo Pb. **2.** Proyectil de este metal, bala. **3.** Filamento en las instalaciones eléctricas para protegerlas frente a cambios de tensión.

4 **plu·ma** [plúma] *s/f* **1.** Cada pieza que cubre la piel de las aves. **2.** Utensilio para escribir. **3.** Escritor.

1 **plu·ma·je** [plumáχe] *s/m* Conjunto de las plumas de un ave.

1 **plu·ma·zo** [plumáθo] *s/m* **1.** Trazo fuerte hecho con la pluma. **2.** Acción rápida y tajante para solucionar algo.

plúm·beo, ·ea [plúmbeo] *adj* Pesado, aburrido.

1 **plu·me·ro** [pluméro] *s/m* **1.** Utensilio con un mazo de plumas al extremo, para quitar el polvo. **2.** Conjunto de plumas de adorno. LOC **Vérsele a alguien el plumero,** dejar ver alguien sus intenciones.

1 **plu·mier** [plumjér] *s/m* Caja con artículos para escribir.

1 **plu·mí·fe·ro, ·ra** [plumífero] *adj* Que tiene plumas.

1 **plu·mi·lla** [plumíʎa] *s/f* Pieza metálica inserta en un pequeño mango, para escribir con tinta.

plu·mín [plumín] *s/m* Plumilla de la pluma estilográfica.

1 **plu·món** [plumón] *s/m* Pluma pequeña y suave debajo del plumaje de las aves.

3 **plu·ral** [plurál] **I.** *adj* **1.** GRAM Que se refiere a más de una persona o cosa. **2.** Múltiple. **II.** *s/m* Número gramatical que expresa más de una persona o cosa.

2 **plu·ra·li·dad** [pluraliðáð] *s/f* Cualidad de plural.

2 **plu·ra·lis·mo** [pluralísmo] *s/m* Pluralidad.

2 **plu·ra·lis·ta** [pluralísta] *adj* Relativo al pluralismo o partidario de él.

plu·ra·li·zar [pluraliθár] **I.** *tr* GRAM Poner en plural. **II.** *intr* REFL(-se) Ampliar o referir algo a más de una persona.
ORT Ante *e* la *z* cambia a *c*: *Pluralice*.

1 **plu·ri·a·nual** [plurianwál] *adj* Que dura varios años.

plu·ri·em·pleo [plurimpléo] *s/m* Desempeño de varios empleos a la vez.

1 **plu·ri·lin·güe** [plurilíngwe] *adj* Que habla o está escrito en varias lenguas.

2 **plus** [plús] *s/m* Sobresueldo, gratificación.

1 **plus·cuam·per·fec·to** [pluskwamperfékto] *adj s/m* GRAM Tiempo verbal compuesto que expresa una acción pasada.

1 **plus·mar·ca** [plusmárka] *s/f* DEP Mejor marca.

1 **plus·mar·quis·ta** [plusmarkísta] *s/m,f* DEP Deportista que consigue una plusmarca.

1 **plus ul·tra** [plusúltra] *s/m* Más allá.

1 **plus·va·lía** [plusβalía] *s/f* Aumento de valor que experimenta una propiedad.

1 **plu·to·nio** [plutónjo] *s/m* Elemento radiactivo obtenido en las centrales nucleares.

1 **plu·vial** [pluβjál] *adj* Relativo a la lluvia.

plu·vio·me·tría [pluβjometría] *s/f* Medición de la cantidad de lluvia que cae en un lugar y tiempo determinados.

1 **plu·vió·me·tro** [pluβjómetro] *s/m* Aparato para medir la pluviometría de un lugar.

plu·vio·si·dad [pluβjosiðáð] *s/f* Cantidad de lluvia que cae en un lugar.

5 **po·bla·ción** [poβlaθjón] *s/f* 1. Conjunto de personas de un país, ciudad, etc. 2. Lugar donde viven las personas.

2 **po·bla·cio·nal** [poβlaθjonál] *adj* Relativo a la población (1).

3 **po·bla·do** [poβláðo] I. *adj* Habitado. II. *s/m* Pueblo, aldea.

2 **po·bla·dor, -ra** [poβlaðór] *adj s/m,f* Habitante.

5 **po·blar** [poβlár] *tr* 1. Ocupar las personas un lugar y vivir en él. 2. Llenar un lugar de algo, *esp* de seres vivos. RPr **Poblar(se) con/de**.
CONJ *Irreg: Pueblo, poblé, poblaré, poblado.*

5 **po·bre** [póβre] I. *adj* 1. Que carece de lo necesario para vivir. 2. (Con *de, en*) Escaso en algo. 3. (*antepuesto al nombre*) Que inspira compasión: *La pobre mujer estaba herida.* II. *s/m,f* 1. Persona sin los medios necesarios para vivir. 2. Persona que pide limosna.

4 **po·bre·za** [poβréθa] *s/f* 1. Falta de dinero o medios de subsistencia. 2. Escasez o falta de algo.

1 **po·cho, -cha** [pótʃo] *adj* 1. En malas condiciones. 2. Decaído, malo de salud.

1 **po·cho·lo, -la** [potʃólo] *adj* COL Bonito, con gracia.

1 **po·cil·ga** [poθílga] *s/f* 1. Establo para cerdos. 2. Lugar muy sucio.

1 **po·ci·llo** [poθíʎo] *s/m* Taza pequeña para tomar chocolate, café, etc.

1 **pó·ci·ma** [póθima] *s/f* Bebida medicinal.

1 **po·ción** [poθjón] *s/f* Bebida a la que *gen* se le supone efectos medicinales.

5 **po·co, -ca** [póko] I. *adj* Escaso, limitado. II. *adv* 1. En pequeña cantidad, o escasa y reducida intensidad: *Poco brillante.* III. *s/m* Pequeña cantidad. LOC **Hace poco,** poco tiempo antes. **Poco a poco,** muy lentamente. **Por poco,** casi.

1 **po·da** [póða] *s/f* 1. Acción o resultado de podar. 2. Tiempo en que se poda.

po·da·de·ra [poðaðéra] *s/f* Utensilio para podar.

5 **po·dar** [poðár] *tr* Cortar las ramas de un árbol o planta.

1 **po·den·co, -ca** [poðénko] *s/m,f* Perro de raza cazadora.

5 **po·der** [poðér] I. *s/m* 1. Capacidad o facultad para hacer algo. 2. Fuerza física, energía o vigor. 3. Dominio o control sobre otros. 4. *pl* Autorización. 5. Cada una de las tres ramas en que se organiza el gobierno de un Estado: *El poder ejecutivo.* II. *tr intr* 1. Tener capacidad para hacer algo. 2. Existir la posibilidad que ocurra algo: *Puede aparecer un animal peligroso.* III. *aux* 1. No haber obstáculos en la realización de algo: *¿Puedo llamarla Margery?* 2. Tener o no permiso para algo: *¿Puedo irme?* IV. *imp* (usualmente en 3ª per) Ser posible: *Puede llover de un momento a otro.*
CONJ *Irreg: Puedo, pude, podré, podido.*

2 **po·de·río** [poðerío] *s/m* Dominio sobre alguien o algo.

4 **po·de·ro·so, -sa** [poðeróso] *adj* 1. Con mucho poder. 2. Con energía y vigor. 3. (*motivo, razón*) Fuerte, convincente.

2 **po·dio; pó·dium** [póðjo; póðjum] *s/m* Pedestal al que suben los vencedores de una competición.

po·do·lo·gía [poðoloxía] *s/f* Estudio de las enfermedades de los pies.

po·dó·lo·go, -ga [poðóloγo] *s/m,f* Especialista en podología.

1 **po·dre·dum·bre** [poðreðúmbre] *s/f* 1. Descomposición de la materia orgánica. 2. Corrupción moral.

2 **po·drir** [poðrír] *tr* REFL(*-se*) Pudrir(se).

4 **poe·ma** [poéma] *s/m* Composición poética.

5 **poe·sía** [poesía] *s/f* 1. Arte de expresarse en verso. 2. Composición en verso.

PO·LI·TÉC·NI·CO

Sensación estética al contemplar ciertas obras de arte.

④ **poe·ta** [poéta] *s/m,f* Persona que escribe poesía.

① **poé·ti·ca** [poétika] *s/f* Tratado de las reglas de la poesía.

④ **poé·ti·co, -ca** [poétiko] *adj* Relativo a la poesía.

① **poe·ti·sa** [poetísa] *s/f* Mujer que escribe poesía.

poe·ti·zar [poetiθár] *tr* Componer poesía.
ORT Ante *e* la *z* cambia a *c*: *Poetice*.

① **pó·ker** [póker] *s/m* Póquer.

② **po·la·co, -ca** [poláko] *adj s/m,f* De Polonia.

① **po·lai·na** [poláina] *s/f* Especie de media calza, que cubría desde el tobillo a la rodilla.

② **po·lar** [polár] *adj* Relativo a los polos terrestres.

① **po·la·ri·dad** [polariðáð] *s/f* FÍS Condición de localizarse en los extremos opuestos o polos de un cuerpo.

① **po·la·ri·zar** [polariθár] *tr* Fijar la atención o interés en una dirección o cosa.
ORT Ante *e* la *z* cambia a *c*: *Polarice*.

① **po·lea** [poléa] *s/f* Rueda acanalada por la que pasa una cuerda, para elevar pesos.

③ **po·lé·mi·ca** [polémika] *s/f* Discusión, controversia sobre un tema.

④ **po·lé·mi·co, -ca** [polémiko] *adj* Que suscita polémica.

① **po·le·mi·zar** [polemiθár] *intr* Entablar o suscitar polémica o discusión sobre algo.
ORT Ante *e* la *z* cambia a *c*: *Polemice*.

① **po·len** [pólen] *s/m* Polvillo fecundante que producen las flores.

① **po·leo** [poléo] *s/m* Planta con flores azuladas o moradas, muy olorosa, usada en infusiones, o infusión hecha con ella.

① **po·li** [póli] *s/m,f* COL Policía.

⑤ **po·li·cía** [poliθía] **I.** *s/f* Cuerpo armado, encargado del orden público. **II.** *s/m,f* Miembro de este cuerpo.

① **po·li·cia·co, -ca** [poliθjáko] *adj* Relativo a la policía.

④ **po·li·cial** [poliθjál] *adj* Relativo a la policía.

① **po·li·clí·ni·ca** [poliklínika] *s/f* Establecimiento hospitalario con diversas especialidades.

① **po·li·cro·ma·do, -da** [polikromáðo] *adj* Decorado con varios colores.

① **po·li·cro·mar** [polikromár] *tr* Dar más de un color a algo.

① **po·li·cro·mía** [polikromía] *s/f* Cualidad de lo que es polícromo.

po·li·cro·mo, -ma [políkromo] *adj* De varios colores.

① **po·li·de·por·ti·vo, -va** [poliðeportíβo] *adj s/m* Adecuado para la práctica de varios deportes.

① **po·lie·dro** [poliéðro] *s/m* Cuerpo geométrico limitado por caras planas.

① **po·liés·ter** [poliéster] *s/m* Fibra sintética empleada en la fabricación de tejidos.

① **po·li·fa·cé·ti·co, -ca** [polifaθétiko] *adj* Con varias facetas o aspectos.

② **po·li·fo·nía** [polifonía] *s/f* Combinación armónica de varias melodías.

② **po·li·fó·ni·co, -ca** [polifóniko] *adj* Relativo a la polifonía.

① **po·li·ga·mia** [poliɣámja] *s/f* Matrimonio de un hombre con varias mujeres.

① **po·lí·ga·mo, -ma** [políɣamo] *adj s/m,f* Que tiene más de una esposa.

po·lí·glo·ta [políɣlota] *adj* Que domina varios idiomas o está escrito en varias lenguas.

① **po·li·go·nal** [poliɣonál] *adj* Relativo al polígono o con esa forma.

② **po·lí·go·no** [políɣono] *s/m* **1.** Plano limitado por varias rectas. **2.** Zona destinada a expansión industrial o de viviendas.

① **po·li·lla** [políʎa] *s/f* Insecto nocturno cuya larva destruye los tejidos.

① **po·li·mor·fo, -fa** [polimórfo] *adj* Que puede adoptar más de una forma.

① **po·li·ne·sio, -ia** [polinésjo] *adj s/m,f* De Polinesia.

po·li·ni·za·ción [poliniθaθjón] *s/f* Acción o resultado de polinizar.

po·li·ni·zar [poliniθár] *tr* Fecundar una flor mediante el polen.
ORT Ante *e* la *z* cambia a *c*: *Polinice*.

② **po·li·no·mio** [polinómjo] *s/m* MAT Expresión algebraica de varios términos.

① **po·lio** [póljo] *s/f* Poliomielitis.

① **po·lio·mie·li·tis** [poljomjelítis] *s/f* Enfermedad que afecta a la médula.

po·li·pas·to [polipásto] *s/m* Sistema de poleas.

① **pó·li·po** [pólipo] *s/m* Tumor de las membranas mucosas.

② **po·li·téc·ni·co, -ca** [politékniko] *adj s/m* Centro en que se imparten ciencias o artes diversas, o relativo a él.

PO·LI·TEÍS·MO

[1] **po·li·teís·mo** [politeísmo] *s/m* Religión que admite la existencia de más de un dios.

[1] **po·li·teís·ta** [politeísta] *adj s/m,f* Relativo al politeísmo o quien lo practica.

[5] **po·lí·ti·ca** [polítika] *s/f* **1.** Modo de ejercer el poder en un país. **2.** Directrices que marcan la realización de algo. **3.** Habilidad en las relaciones con los demás.

[5] **po·lí·ti·co, -ca** [polítiko] **I.** *adj* **1.** Relativo a la política. **2.** Hábil en sus relaciones con los demás. **3.** Pariente por vía de matrimonio. **II.** *s/m,f* Persona que se dedica a la actividad de gobierno.

po·li·ti·que·ar [politikeár] *intr* Hacer política de intrigas e interesada.

[1] **po·li·ti·za·ción** [politiθaθjón] *s/f* Acción o resultado de politizar(se).

[2] **po·li·ti·zar** [politiθár] *tr* Implicar a alguien en cuestiones o actuaciones políticas.
ORT Ante *e* la *z* cambia a *c: Politice.*

[1] **po·liu·re·ta·no** [poljuretáno] *s/m* Material plástico usado *esp* en la elaboración de pinturas.

[1] **po·li·va·len·cia** [poliβalénθja] *s/f* Cualidad de lo que es polivalente.

[1] **po·li·va·len·te** [poliβalénte] *adj* Que vale para varios fines.

[2] **pó·li·za** [póliθa] *s/f* **1.** Documento acreditativo del contrato entre las partes. **2.** Contrato así suscrito.

po·li·zón [poliθón] *s/m* Persona que viaja clandestinamente en barco o avión.

[1] **po·lla** [póʎa] *s/f* **1.** Gallina joven. **2.** VULG Miembro viril.

[1] **po·lla·da** [poʎáða] *s/f* Conjunto de pollos que saca de una vez un ave.

[1] **po·lle·ra** [poʎéra] *s/f* AMER Falda femenina.

po·lle·ría [poʎería] *s/f* Establecimiento donde se venden pollos, gallinas y huevos.

[1] **po·lli·no, -na** [poʎíno] *s/m,f* Asno joven.

[3] **po·llo** [póʎo] *s/m* **1.** Cría de un ave, *esp* la de corral. **2.** Cría de gallina ya apta para el consumo.

[3] **po·lo** [pólo] *s/m* **1.** Cualquiera de los dos extremos del eje imaginario que atravesaría el globo terráqueo de Norte a Sur. **2.** FÍS Cada extremo opuesto de un cuerpo magnético, o las extremidades del circuito de una pila. **3.** Jersey con cuello abierto hasta el pecho. **4.** Golosina que se sujeta con un palito inserto en ella.

[1] **po·lo·le·ar** [pololeár] *intr* CH Coquetear.

[1] **po·lo·leo** [pololéo] *s/m* CH Coqueteo.

[1] **po·lo·lo, -la** [polólo] **I.** *s/m,f* CH Novio. **II.** *s/m,pl* Pantalones de ropa interior o bombachos que llevaban las mujeres.

[1] **pol·trón, -tro·na** [poltrón] **I.** *adj* Perezoso. **II.** *s/m,f* Sillón muy cómodo.

[1] **po·lu·ción** [poluθjón] *s/f* **1.** Contaminación atmosférica. **2.** Derrame de semen, cuando es involuntario.

po·lu·cio·nar [poluθjonár] *tr intr* Contaminar.

[1] **pol·va·re·da** [polβaréða] *s/f* Gran cantidad de polvo que se levanta del suelo.

[1] **pol·ve·ra** [polβéra] *s/f* Cajita para los polvos de maquillaje.

[4] **pol·vo** [pólβo] *s/m* **1.** Materia sólida descompuesta en infinidad de partículas diminutas. **2.** Materia sólida pulverizada. **3.** ARG Cópula sexual, coito. LOC **Echar un polvo,** VULG hacer el acto sexual. **Estar hecho polvo,** COL estar muy cansado.

[2] **pól·vo·ra** [pólβora] *s/f* Mezcla explosiva de salitre, azufre y carbón.

[2] **pol·vo·rien·to, -ta** [polβorjénto] *adj* Lleno o cubierto de polvo.

[1] **pol·vo·rín** [polβorín] *s/m* Depósito o almacén de pólvora y explosivos.

pol·vo·rón [polβorón] *s/m* Dulce de azúcar, manteca y harina.

[1] **po·ma·da** [pomáða] *s/f* Medicamento de aplicación externa.

[1] **po·me·lo** [pomélo] *s/m* Fruto de la clase de los cítricos, de sabor agridulce, o árbol que lo produce.

[1] **pó·mez** [pómeθ] *s/f* (*piedra pómez*) Roca muy ligera y esponjosa.

[1] **po·mo** [pómo] *s/m* **1.** Terminación o remate redondeado para agarrar. **2.** Frasco pequeño de perfume.

[1] **pom·pa** [pómpa] *s/f* **1.** Ostentación de grandeza y suntuosidad. **2.** Burbuja de aire en un líquido.
Pompas fúnebres, ceremonias funerarias.

pom·pis [pómpis] *s/m* COL Nalgas, culo.

[1] **pom·pón** [pompón] *s/m* Bola de adorno, redondeada.

pom·po·si·dad [pomposiðáð] *s/f* Grandiosidad, ostentación.

[1] **pom·po·so, -sa** [pompóso] *adj* Con excesiva pompa.

[1] **pó·mu·lo** [pómulo] *s/m* Hueso de la mejilla y zona que lo rodea y recubre.

[1] **pon·che** [pónt ʃe] *s/m* Mezcla de licor o vino con agua caliente, limón, azúcar y, a veces, té.

POR·CIÓN

[1] **pon·cho** [pónt∫o] *s/m* Prenda de abrigo, que consiste en una pieza de tela con un orificio por el que se pasa la cabeza.

[1] **pon·de·ra·ción** [ponderaθjón] *s/f* Cualidad de lo que es ponderado.

pon·de·ra·do, -da [ponderáðo] *adj* Equilibrado.

[2] **pon·de·rar** [ponderár] I. *tr* 1. Considerar de forma equilibrada las ventajas y desventajas de algo. 2. Hablar elogiosamente de algo. II. *intr* Tener un determinado peso, valor o influencia.

pon·de·ra·ti·vo, -va [ponderatíβo] *adj* Que pondera.

[1] **po·ne·dor, -ra** [poneðór] *adj* Que pone, *esp* huevos.

[3] **po·nen·cia** [ponénθja] *s/f* 1. Informe o comunicación que alguien presenta en un congreso. 2. Comisión que estudia un proyecto.

[2] **po·nen·te** [ponénte] *adj s/m,f* Quien presenta una ponencia.

[5] **po·ner** [ponér] I. *tr* 1. Colocar algo en cierto sitio. 2. Vestir con una prenda. 3. Hacer que algo funcione: *Pon la radio.* 4. Administrar un medicamento o similar. 5. Proyectar una película. 6. Escribir algo determinado. 7. Depositar dinero en un Banco. 8. (Con a + *inf*) Hacer que alguien inicie algo: *Los pusieron a todos a trabajar.* 9. Comunicar por teléfono: *Póngame con el bar.* 10. Aplicado a aves, depositar éstas sus huevos. II. REFL(-*se*) 1. (Con a + *inf*) Iniciar la acción que se expresa: *El pajarito se puso a cantar.* 2. Colocarse en un lugar o posición: *Poneos en fila.* 3. Vestirse con una prenda. 4. Ocultarse el Sol.
CONJ *Irreg: Pongo, puse, pondré, puesto.*

po·ney; po·ni [póni] *s/m* ANGL Caballo de pequeña estatura.

[2] **po·nien·te** [ponjénte] *s/m* Lugar por donde el Sol se pone.

[1] **pon·ti·fi·ca·do** [pontifikáðo] *s/m* Cargo y dignidad del Pontífice.

[1] **pon·ti·fi·cal** [pontifikál] *adj* Relativo al Pontífice.

[1] **pon·ti·fi·car** [pontifikár] *intr* Hablar en tono dogmático.
ORT *Ante e la c cambia a qu: Pontifique.*

[2] **pon·ti·fi·ce** [pontífiθe] *s/m* Máxima autoridad de la Iglesia Católica.

[2] **pon·ti·fi·cio, -ia** [pontifíθjo] *adj* Relativo al pontífice.

[ ] **pon·tón** [pontón] *s/m* Puente de tablones o maderos.

[1] **pon·zo·ña** [ponθóɲa] *s/f* Sustancia venenosa.

[1] **pon·zo·ño·so, -sa** [ponθoɲóso] *adj* Que contiene ponzoña.

[2] **pop** [póp] *s/m adj* Se aplica a un tipo de música popular en las salas de fiesta y discotecas.

[1] **po·pa** [pópa] *s/f* Parte trasera de una embarcación.

[1] **po·pu·la·che·ro, -ra** [populat∫éro] *adj* Que tiende a lo popular o al halago fácil.

[1] **po·pu·la·cho** [populát∫o] *s/m* DES Pueblo.

[5] **po·pu·lar** [populár] *adj* 1. Relativo al pueblo. 2. Famoso y conocido.

[3] **po·pu·la·ri·dad** [populariðáð] *s/f* Cualidad de popular.

[2] **po·pu·la·ri·zar** [populariθár] *tr* REFL(-*se*) Hacer(se) (a) popular.
ORT *Ante e la z cambia a c: Popularice.*

[2] **po·pu·lis·mo** [populísmo] *s/m* Que busca el interés o beneficio del pueblo, a menudo con demagogia.

[2] **po·pu·lis·ta** [populísta] *adj* Relativo al populismo, o partidario de él.

[1] **po·pu·lo·so, -sa** [populóso] *adj* Que tiene muchos habitantes.

[1] **po·pu·rrí** [popurrí] *s/m* Mezcla de cosas diversas.

[1] **pó·quer** [póker] *s/m* Juego de naipes o dados.

[5] **por** [pór] *prep* 1. Expresa paso o tránsito por un lugar. 2. Introduce una circunstancia de tiempo o duración: *Por la mañana.* 3. Introduce un significado de causa. 4. Expresa una relación de medio o instrumento: *Nos comunicamos por carta y por teléfono.* 5. Expresa sustitución, intercambio o equivalencia: *Cambió su casa por otra.* 6. Equivale a 'como': *Le dieron ya por muerto.* 7. (Seguido de un *pron pers*) En lo que se refiere a: *Por nosotros, ya puede irse.*

[3] **por·ce·la·na** [porθelána] *s/f* Material cerámico fino, de caolín, cuarzo y feldespato cocidos a altas temperaturas.

[4] **por·cen·ta·je** [porθentáχe] *s/m* Tanto por ciento.

[2] **por·cen·tual** [porθentwál] *adj* Que se expresa según un porcentaje.

[1] **por·che** [pórt∫e] *s/m* Cobertizo con columnas y arcos, a la entrada de un edificio o casa.

[2] **por·ci·no, -na** [porθíno] *adj* Relativo al cerdo.

[3] **por·ción** [porθjón] *s/f* Parte de un todo, separada de él.

1 **por·dio·se·ro, -ra** [porðjoséro] *s/m,f* Mendigo.

1 **por·fía** [porfía] *s/f* Conducta insistente para lograr algo.

1 **por·fiar** [porfjár] *intr.* 1. Insistir con obstinación. 2. Disputar con alguien.
ORT PRON El acento recae sobre *i* en el *sing* y *3ª p pl* del *pres* de *ind* y *subj*: *Porfío*.

2 **por·me·nor** [pormenór] *s/m* Detalle sin importancia.

2 **por·me·no·ri·zar** [pormenoriθár] *tr* Describir con detalle.
ORT Ante *e* la *z* cambia a *c*: *Pormenorice*.

1 **por·no** [pórno] I. *adj* Relativo a la pornografía. II. *s/m* Material pornográfico.

2 **por·no·gra·fía** [pornoɣrafía] *s/f* Descripción o representación de cosas obscenas para estimular el sexo.

2 **por·no·grá·fi·co, -ca** [pornoɣráfiko] *adj* Relativo a la pornografía.

2 **po·ro** [póro] *s/m* Espacio muy pequeño entre las partículas de un cuerpo.

po·ro·si·dad [porosiðáð] *s/f* Cualidad de poroso.

1 **po·ro·so, -sa** [poróso] *adj* Que tiene poros.

5 **por·que** [pórke] *conj* Expresa relación de causa.

4 **por·qué** [porké] *s/m* Causa o razón.

2 **por·que·ría** [porkería] *s/f* 1. Cosa muy sucia. 2. COL Cosa sin valor.

1 **por·que·ri·zo, -za** [porkeríθo] *s/m,f* Persona que cuida cerdos.

1 **por·que·ro, -ra** [porkéro] *s/m,f* Porquerizo.

2 **po·rra** [pórra] *s/f* 1. Palo o bastón grueso. 2. En apuestas y juegos, fondo reunido entre todos los participantes. LOC **Enviar/Mandar a la porra**, rechazar o apartar a alguien.

po·rra·da [porráða] *s/f* Gran cantidad de algo, *esp* de dinero.

1 **po·rra·zo** [porráθo] *s/m* COL Golpe fuerte. LOC **De golpe y porrazo**, de repente.

po·rre·ta [porréta] *s/f* LOC **En porretas**, desnudo.

po·rri·llo [porríʎo] *s/m* LOC **A porrillo**, en abundancia.

po·rro [pórro] *s/m* 1. Puerro. 2. COL Cigarrillo de marihuana o hachís.

1 **po·rrón** [porrón] *s/m* Recipiente de vidrio para beber vino a chorro.

1 **por·ta·a·vio·nes** [porta(a)βjónes] *s/m* Embarcación de guerra, para el transporte y despegue de aviones.

1 **por·ta·ble** [portáβle] *adj s/m* AMER Portátil.

3 **por·ta·da** [portáða] *s/f* Primera plana del libro impreso.

3 **por·ta·dor, -ra** [portaðór] *adj s/m,f* 1. Que lleva algo o carga con ello. 2. MED Que lleva en sí el virus de una enfermedad. LOC **Al portador**, COM (talón) que puede hacer efectivo quien lo presenta al cobro.

por·ta·e·qui·pa·jes [portaekipáχes] *s/m* Lugar para llevar el equipaje.

3 **por·tal** [portál] *s/m* Pieza de entrada en una casa o edificio.

por·ta·lám·pa·ras [portalámparas] *s/m* Casquillo en que se insertan las bombillas.

por·ta·ma·le·tas [portamalétas] *s/m* Portaequipajes de un vehículo.

1 **por·tan·te** [portánte] *adj* LOC **Coger el portante**, irse de forma repentina.

1 **por·ta·pa·pe·les** [portapapéles] *s/m* Fichero en el que se copian datos provisionalmente.

4 **por·tar** [portár] I. *tr* Llevar o traer. II. REFL(-se) Comportarse.

1 **por·ta·rre·tra·tos** [portarretrátos] *s/m* Marco para colocar fotos.

2 **por·tá·til** [portátil] *adj* Fácil de transportar.

por·ta·vio·nes [portaβjónes] *s/m* Portaaviones.

4 **por·ta·voz** [portaβóθ] *s/m* Persona que habla o actúa como representante de otro(s).

1 **por·ta·zo** [portáθo] *s/m* 1. Golpe fuerte de una puerta al cerrarse. 2. FIG Respuesta negativa en una negociación.

2 **por·te** [pórte] *s/m* 1. Acción de llevar o transportar. 2. (También *pl*) Cantidad que se paga por el transporte de una mercancía. 3. Aspecto de algo.

1 **por·tea·dor, -ra** [porteadór] *s/m,f* Persona que transporta mercancías.

1 **por·ten·to** [porténto] *s/m* Cosa o suceso prodigioso.

1 **por·ten·to·so, -sa** [portentóso] *adj* Que causa admiración.

2 **por·te·ño, -ña** [portéɲo] *adj s/m,f* De Buenos Aires.

2 **por·te·ría** [portería] *s/f* 1. Lugar en que se encuentra el portero de una casa o finca. 2. Cargo o función del portero. 3. DEP Lugar delimitado que defiende el portero para evitar que el equipo contrario introduzca el balón en él.

3 **por·te·ro, -ra** [portéro] *s/m,f* 1. Persona

cargo de la entrada de un edificio. **2.** DEP Jugador que defiende la portería (3).

[2] **pór·ti·co** [pórtiko] *s/m* Galería con arcadas o columnas, a la entrada de iglesias, museos, etc.

[1] **por·ti·llo** [portíʎo] *s/m* **1.** Abertura en una valla. **2.** En una puerta grande, puerta más pequeña.

[2] **por·tón** [portón] *s/m* Puerta grande.

[1] **por·to·rri·que·ño, -ña** [portorrikéɲo] *adj s/m,f* De Puerto Rico.

[2] **por·tua·rio, -ia** [portwárjo] *adj* Relativo a un puerto.

[3] **por·tu·gués, -gue·sa** [portuɣés] *adj s/m,f* De Portugal.

[3] **por·ve·nir** [porβenír] *s/m* Tiempo futuro.

[2] **pos** [pós] LOC **En pos de,** en busca de.

[2] **po·sa·da** [posáða] *s/f* Casa de hospedaje.

[1] **po·sa·de·ras** [posaðéras] *s/f,pl* Nalgas.

[1] **po·sa·de·ro, -ra** [posaðéro] *s/m,f* Persona que tiene o regenta una posada.

[3] **po·sar** [posár] **I.** *tr* Apoyar o descansar una cosa sobre otra. **II.** *intr* Ponerse ante alguien como modelo. **III.** REFL(*-se*) Referido a ave, insecto, etc., descansar o ponerse en algún lugar.

[1] **pos·da·ta** [posðáta] *s/f* Añadido al final de una carta o documento.

[2] **po·se** [póse] *s/f* **1.** Posición o postura corporal. **2.** Actitud afectada.

[2] **po·see·dor, -ra** [pose(e)ðór] *adj s/m,f* Que posee.

[5] **po·seer** [poseér] *tr* **1.** Tener algo o ser dueño de ello. **2.** Tener relación sexual con alguien.

[1] **po·seí·do, -da** [poseíðo] **I.** *adj* Dominado por un sentimiento, pasión o deseo. **II.** *adj s/m,f* FIG Sometido al poder del diablo. RPr **Poseído de /por.**

[4] **po·se·sión** [posesjón] *s/f* **1.** Acción o resultado de poseer. **2.** (*gen en pl*) Propiedades o bienes que alguien posee.

[1] **po·se·si·vo, -va** [posesíβo] **I.** *adj s/m* GRAM Que indica posesión. **II.** *adj* Con deseos excesivos de dominio sobre los demás.

[1] **po·se·so, -sa** [poséso] *adj s/m,f* Que está poseído por el demonio.

[2] **pos·gue·rra** [posɣérra] *s/f* Tiempo que sigue a una guerra.

[5] **po·si·bi·li·dad** [posiβiliðáð] *s/f* **1.** Cualidad de posible. **2.** Cosa posible. **3.** Opción.

[3] **po·si·bi·li·tar** [posiβilitár] *tr* Hacer que algo sea posible.

[5] **po·si·ble** [posíβle] *adj* **1.** Que puede ser o realizarse. **2.** Creíble o verosímil.

[5] **po·si·ción** [posiθjón] *s/f* **1.** Manera de estar colocada una persona o cosa. **2.** Lugar en que está situado algo. **3.** Condición social. **4.** Clasificación en un orden.

[1] **po·si·cio·nal** [posiθjonál] *adj* Relacionado con la posición.

[1] **po·si·cio·na·mien·to** [posiθjonamjénto] *s/m* Acción o resultado de posicionar(se).

[3] **po·si·cio·nar** [posiθjonár] **I.** *tr* Hacer que una cosa esté situada en determinada posición. **II.** REFL(*-se*) Adoptar alguien una determinada actitud o punto de vista.

[5] **po·si·ti·vo, -va** [positíβo] *adj* **1.** Beneficioso o provechoso. **2.** MAT Se dice de las cantidades superiores a cero. **3.** MED Que señala la presencia de una determinada sustancia. **4.** FÍS Se dice de la carga eléctrica opuesta a la negativa. **5.** Sin lugar a duda.

[1] **po·so** [póso] *s/m* Sedimento que se deposita en el fondo de un recipiente con líquido.

[2] **pos·po·ner** [posponér] *tr* Poner después de otra cosa o fecha.
CONJ *Irreg: Pospongo, pospondré, pospuse, pospuesto.*

[1] **pos·po·si·ción** [posposiθjón] *s/f* Acción o resultado de posponer.

[1] **pos·ta** [pósta] *s/f.* Bala de plomo de pequeño tamaño. LOC **A posta,** de forma intencionada.

[3] **pos·tal** [postál] **I.** *adj* Relativo al servicio de correos. **II.** *s/f* Tarjeta con vistas de algún lugar, que se envía por correo y sin sobre.

[2] **pos·te** [póste] *s/m* Madero que se hinca en el suelo y sirve como señal o apoyo.

[1] **pós·ter** [póster] *s/m* Cartel.

[1] **pos·ter·ga·ción** [posterɣaθjón] *s/f* Acción o resultado de postergar.

[2] **pos·ter·gar** [posterɣár] *tr* Demorar la realización de algo.
ORT Ante *e* la *g* cambia a *gu: Postergué.*

[2] **pos·te·ri·dad** [posteriðáð] *s/f* Generaciones o época que siguen en el tiempo.

[4] **pos·te·rior** [posterjór] *adj* Que sucede más tarde en el tiempo.

[2] **pos·te·rio·ri·dad** [posterjoriðáð] *s/f* Cualidad de posterior.

pos·ti·lla [postíʎa] *s/f* Costra seca en una herida.

[1] **pos·tín** [postín] *s/m* Lujo y elegancia.

[2] **pos·ti·zo, -za** [postíθo] **I.** *adj* Que no es auténtico. **II.** *s/m* Peluca.

POST·O·PE·RA·TO·RIO

[1] **post·o·pe·ra·to·rio, -ia** [pos(t)operatórjo] *adj* Que sigue a una operación quirúrgica.

[1] **pos·tor** [postór] *s/m* Persona que puja en una subasta.

[1] **pos·tra·ción** [postraθjón] *s/f* 1. Acción de postrar(se). 2. Estado de debilidad o abatimiento.

[3] **pos·trar** [postrár] I. *tr* Debilitar. II. REFL(-se) Inclinarse hasta el suelo o ponerse de rodillas ante alguien o algo. RPr **Postrar(se) ante/de.**

[2] **pos·tre** [póstre] *s/m* Fruta o dulce que suele servirse como plato final en la comida. LOC **A la postre,** por último.

[1] **pos·tre·ro, -ra** [postréro] *adj* Último en una serie.
GRAM Se apocopa en 'postrer' cuando precede al nombre.

[1] **pos·tri·me·ría** [postrimería] *s/m* (*esp* en *pl*) Momento último de la vida de alguien o final de algo.

[1] **pos·tu·la·ción** [postulaθjón] *s/f* Acción o resultado de postular.

[2] **pos·tu·la·do** [postuláðo] *s/m* Verdad que se admite sin necesidad de pruebas.

[3] **pos·tu·lar** [postulár] I. *intr* 1. Participar en una colecta. 2. AMER Presentarse a un cargo o elecciones. II. *tr* 1. Afirmar algo como base de razonamiento. 2. AMER Presentar a alguien como candidato.

[2] **pós·tu·mo, -ma** [póstumo] *adj* Que se hace con posterioridad a la muerte de alguien con quien está relacionado. LOC **A título póstumo,** después de su muerte.

[4] **pos·tu·ra** [postúra] *s/f* 1. Colocación del cuerpo de una forma determinada. 2. Posición o punto de vista ante un tema.

[1] **pos·ven·ta** [posβénta] *s/f* Servicio que el fabricante ofrece al cliente para mantener lo que ha comprado en caso de avería.

po·ta·bi·li·dad [potaβiliðáð] *s/f* Cualidad de potable.

po·ta·bi·li·zar [potaβiliθár] *tr* Hacer que el agua sea potable.
ORT Ante *e* la *z* cambia a *c*: *Potabilice.*

[2] **po·ta·ble** [potáβle] *adj* 1. Apto para ser bebido. 2. COL De calidad aceptable.

[1] **po·ta·je** [potáxe] *s/m* Guiso de legumbres, verduras y otros ingredientes.

[1] **po·ta·sa** [potása] *s/f* Óxido del potasio.

[2] **po·ta·sio** [potásjo] *s/m* Metal de color plateado, blando, que en contacto con el agua y aire produce llama. Símbolo *K*.

[1] **po·te** [póte] *s/m* Recipiente cilíndrico, para calentar líquidos.

[3] **po·ten·cia** [poténθja] *s/f* 1. Capacidad para producir ciertas acciones o efectos. 2. Energía que determinados mecanismos generan. 3. Poder o poderío. *P ext*, nación con mucho poder. 4. MAT Producto de la multiplicación de un número por sí mismo una o varias veces.

[1] **po·ten·cia·ción** [potenθjaθjón] *s/f* Acción o resultado de potenciar(se).

[4] **po·ten·cial** [potenθjál] I. *adj* 1. Relativo a la potencia. 2. Que puede llegar a ser lo que se expresa: *Comprador potencial.* 3. GRAM Modo verbal que presenta la acción como posible. II. *s/m* 1. Energía eléctrica medida en unidades. 2. Poder que se tiene pero no se pone en práctica: *Es una empresa de gran potencial.*

[2] **po·ten·cia·li·dad** [potenθjaliðáð] *s/f* Posibilidad de que algo ocurra.

[4] **po·ten·ciar** [potenθjár] *tr* Dar más potencia.

[1] **po·ten·ta·do** [potentáðo] *s/m,f* Persona rica y poderosa.

[3] **po·ten·te** [poténte] *adj* Con mucha potencia.

[2] **po·tes·tad** [potestáð] *s/f* Autoridad sobre algo.

po·tes·ta·ti·vo, -va [potestatíβo] *adj* No obligatorio.

[1] **po·tin·gue** [potíŋge] *s/m* Preparado de aspecto desagradable o de mal sabor, olor, etc.

[2] **po·to·sí** [potosí] LOC **Valer un Potosí,** Valer mucho.

po·tra [pótra] *s/f* Yegua joven.

[1] **po·tran·ca** [potráŋka] *s/f* Yegua de menos de tres años.

po·tran·co [potráŋko] *s/m* Caballo joven, menor de tres años.

[2] **po·tro** [pótro] *s/m* 1. Caballo joven. 2. Aparato para ejercicios de salto.

[1] **po·yo** [pójo] *s/m* Banco de piedra adosado a la pared de una casa.

[1] **po·za** [póθa] *s/f* 1. Hoyo con agua retenida. 2. En un río, lugar profundo.

po·zal [poθál] *s/m* Cubo para sacar agua del pozo.

[3] **po·zo** [póθo] *s/m* 1. Hoyo excavado en la tierra, *gen* para sacar agua. 2. Excavación profunda en el suelo.

[4] **prác·ti·ca** [práktika] *s/f* 1. Acciones para la aplicación de algo en la realidad (teoría, etc.). 2. Uso, costumbre.

[1] **prac·ti·ca·ble** [praktikáβle] *adj* 1. Que puede practicarse. 2. (*lugar, camino*) Que permite el tránsito por él.

PRE·CI·PI·TAR

[2] **prac·ti·can·te** [praktikánte] **I.** *adj* Que practica. **II.** *s/m,f* Profesional auxiliar del médico.

[4] **prac·ti·car** [praktikár] **I.** *tr* **1.** Ejercer una actividad profesional. **2.** Hacer algo como entrenamiento o para perfeccionarse en ello. **3.** Hacer: *Esas curanderas practican la magia negra.* **II.** *intr* Hacer prácticas.
ORT Ante *e* la *c* cambia a *qu: Practique.*

[1] **prac·ti·ci·dad** [praktiθiðáð] *s/f* Cualidad de práctico.

[5] **prác·ti·co, -ca** [práktiko] **I.** *adj* **1.** Relativo a la práctica. **2.** Útil, que produce beneficio. **II.** *s/m* **1.** Marino experto en guiar embarcaciones para entrar a puerto. **2.** Examen referido a la práctica de algo. RPr **Práctico en.**

[2] **pra·de·ra** [praðéra] *s/f* Prado grande o terreno con prados.

[3] **pra·do** [práðo] *s/m* Terreno con hierba para el pasto.

[2] **prag·má·ti·co, -ca** [praɣmátiko] **I.** *adj* Relativo al pragmatismo. **II.** *s/m,f* Persona que actúa con pragmatismo.

[2] **prag·ma·tis·mo** [praɣmatísmo] *s/m* Preeminencia de los aspectos prácticos frente a cualquier otra cosa.

[2] **pra·xis** [práksis] *s/f* CULT Práctica.

[1] **pre·a·cuer·do** [preakwérðo] *s/m* Acuerdo provisional, antes del definitivo.

[2] **pre·ám·bu·lo** [preámbulo] *s/m* **1.** Palabras a modo de introducción. **2.** Cosa que precede a otra principal.

[1] **pre·a·vi·so** [preaβíso] *s/m* Aviso que se hace previamente a la ejecución o cumplimiento de lo que se notifica.

[1] **pre·ben·da** [preβénda] *s/f* Cargo bien retribuido y cómodo, obtenido *gen* por favoritismo.

pre·bos·te [preβóste] *s/m* Jefe de una comunidad.

[1] **pre·cam·pa·ña** [prekampáɲa] *s/f* Campaña electoral que precede al inicio oficial de la verdadera.

[1] **pre·ca·rie·dad** [prekarjeðáð] *s/f* Cualidad de precario.

[2] **pre·ca·rio, -ia** [prekárjo] *adj* Que carece de estabilidad o seguridad.

[1] **pre·ca·ri·za·ción** [prekariθaθjón] *s/f* Acción o resultado de volverse algo precario.

[1] **pre·ca·ri·zar** [prekariθár] *tr* Hacer algo precario.
ORT Ante *e* la *z* cambia a *c: Precarice.*

[3] **pre·cau·ción** [prekauθjón] *s/f* Acción o medida para prevenir algo que es adverso o perjudicial.

[1] **pre·ca·ver** [prekaβér] *tr* REFL(-se) Tomar medidas para evitar un peligro.

[1] **pre·ca·vi·do, -da** [prekaβíðo] *adj* Que toma medidas de precaución.

[1] **pre·ce·den·cia** [preθeðénθja] *s/f* Circunstancia de ir una cosa antes que otra.

[4] **pre·ce·den·te** [preθeðénte] **I.** *adj* Que precede. **II.** *s/m* Hecho que precede a otro y tiene relación con él.

[3] **pre·ce·der** [preθeðér] *tr* Ocurrir algo antes que otra cosa.

[1] **pre·cep·ti·vo, -va** [preθeptíβo] *adj* Obligatorio.

[1] **pre·cep·to** [preθépto] *s/m* Orden o mandato.

[1] **pre·cep·tor, -ra** [preθeptór] *s/m,f* Encargado de la educación de un niño o joven.

[1] **pre·cep·tuar** [preθeptwár] *tr* Prescribir lo que debe hacerse.
ORT PRON El acento recae sobre la *u* en el *sing* y 3^a *p pl* del *pres* de *ind* y *subj: Preceptúo.*

pre·ces [préθes] *s/f,pl* **1.** Oraciones. **2.** Ruegos, súplicas.

pre·ciar [preθjár] **I.** *tr* Valorar. **II.** REFL(-se) (Con *de*) Jactarse o presumir de algo. RPr **Preciarse de.**

[1] **pre·cin·tar** [preθintár] *tr* Poner un precinto.

[1] **pre·cin·to** [preθínto] *s/m* Cinta sellada de seguridad.

[5] **pre·cio** [préθjo] *s/m* **1.** Cantidad de dinero que vale algo o que se paga por ello. **2.** Esfuerzo, penalidad.

[1] **pre·cio·si·dad** [preθjosiðáð] *s/f* Cosa preciosa.

[4] **pre·cio·so, -sa** [preθjóso] *adj* **1.** De gran valor. **2.** Muy bonito.

[2] **pre·ci·pi·cio** [preθipíθjo] *s/m* Corte profundo y casi vertical en el terreno.

[3] **pre·ci·pi·ta·ción** [preθipitaθjón] *s/f* **1.** Acción o resultado de precipitar(se). **2.** Cantidad de agua, granizo o nieve caídos.

[2] **pre·ci·pi·ta·do, -da** [preθipitáðo] **I.** *adj* Excesivamente apresurado, irreflexivo. **II.** *s/m* Sustancia que se deposita en el fondo de un recipiente tras una reacción química.

[3] **pre·ci·pi·tar** [preθipitár] **I.** *tr* **1.** Hacer caer desde lo alto a un nivel inferior. **2.** Hacer que una sustancia se deposite en el fondo del recipiente. **3.** Hacer que algo ocurra apresurada o prematuramente. **II.** *intr* Depositarse una sustancia en el fondo del recipiente. **III.** REFL(-se) **1.** Actuar de modo irreflexivo. **2.** Lanzarse sobre alguien o algo con rapidez.

⑤ **pre·ci·sar** [preθisár] I. *tr* **1.** Determinar con exactitud. **2.** Tener necesidad de algo. II. *intr* (Con *de*) Necesitar.

④ **pre·ci·sión** [preθisjón] *s/f* Exactitud.

④ **pre·ci·so, -sa** [preθíso] *adj* **1.** Necesario. **2.** Exacto.

① **pre·cla·ro, -ra** [prekláro] *adj* Ilustre.

① **pre·co·ci·dad** [prekoθiðáð] *s/f* Cualidad de precoz.

① **pre·co·ci·na·do, -da** [prekoθináðo] *adj* (*alimento*) Que ya ha sido cocinado antes de la venta al consumidor.

pre·co·ci·nar [prekoθinár] *tr* Cocinar un alimento de antemano.

② **pre·co·lom·bi·no, -na** [prekolombíno] *adj* Anterior a la llegada de Colón a América.

① **pre·con·ce·bi·do, -da** [prekonθeβíðo] *adj* Pensado de antemano.

pre·con·ce·bir [prekonθeβír] *tr* Idear o pensar de antemano.
CONJ *Irreg: Preconcibo, preconcebí, preconcebiré, preconcebido.*

① **pre·co·ni·zar** [prekoniθár] *tr* Prever, recomendar.
ORT La *z* ante *e* cambia a *c: Preconice.*

① **pre·con·tra·to** [prekontráto] *s/m* Contrato que se firma antes que el definitivo.

② **pre·coz** [prekóθ] *adj* Que aparece antes de lo esperado o debido.

② **pre·cur·sor, -ra** [prekursór] *adj s/m,f* Que anuncia lo que va a suceder.

① **pre·da·dor, -ra** [preðaðór] *adj s/m,f* Que mata a otros animales para devorarlos.

② **pre·de·ce·sor, -ra** [preðeθesór] *adj s/m,f* Anterior a otro en una sucesión, orden, etc.

① **pre·de·ci·ble** [preðeθíβle] *adj* Que puede predecirse.

③ **pre·de·cir** [preðeθír] *tr* Anunciar con antelación lo que va a suceder.
CONJ *Irreg: Predigo, predije, prediré, predicho.*

① **pre·des·ti·na·ción** [preðestinaθjón] *s/f* Acción o resultado de predestinar.

① **pre·des·ti·na·do, -da** [preðestináðo] *adj s/m,f* Que tiene su destino marcado de antemano.

① **pre·des·ti·nar** [preðestinár] *tr* Marcar el destino con antelación.

① **pre·de·ter·mi·na·ción** [preðetermináθjón] *s/f* Acción o resultado de predeterminar.

② **pre·de·ter·mi·nar** [preðeterminár] *tr* Determinar algo previamente, antes de que ocurra.

① **pré·di·ca** [préðika] *s/f* Sermón.

① **pre·di·ca·do** [preðikáðo] *s/m* GRAM Lo que se afirma o niega de un sujeto.

② **pre·di·ca·dor, -ra** [preðikaðór] *adj s/m,f* Que predica.

① **pre·di·ca·men·to** [preðikaménto] *s/m* Estimación, prestigio o fama.

③ **pre·di·car** [preðikár] *tr* Pronunciar un sermón.
ORT La *c* cambia a *qu* ante *e: Predique.*

③ **pre·dic·ción** [preði(k)θjón] *s/f* Acción o resultado de predecir.

① **pre·dic·ti·vo, -va** [preðiktíβo] *adj* Que puede predecir.

② **pre·di·lec·ción** [preðilekθjón] *s/f* Preferencia.

② **pre·di·lec·to, -ta** [preðilékto] *adj* Preferido.

② **pre·dio** [préðjo] *s/m* Finca o propiedad de carácter rústico.

① **pre·dis·po·ner** [preðisponér] *tr* REFL(-se) **1.** Influir de antemano en el ánimo a favor o en contra de algo o alguien. **2.** Causar un estado de propensión a padecer algo.
CONJ *Irreg: Predispongo, predispuse, predispondré, predispuesto.*

② **pre·dis·po·si·ción** [preðisposiθjón] *s/f* **1.** Estado de ánimo a favor o en contra de alguien o algo. **2.** Tendencia a padecer una dolencia. RPr **Predisposición a.**

① **pre·dis·pues·to** [preðispwésto] *adj* Inclinado a favor o en contra de algo.

② **pre·do·mi·nan·te** [preðominánte] *adj* Que predomina.

③ **pre·do·mi·nar** [preðominár] *intr tr* **1.** Abundar más que otra cosa. **2.** Sobresalir, dominar.

③ **pre·do·mi·nio** [preðomínjo] *s/m* Superioridad.

① **pre·e·lec·to·ral** [preelektorál] *adj* Que precede a una elección.

② **pre·e·mi·nen·cia** [pre(e)minénθja] *s/f* Condición de mayor poder o importancia.

① **pre·e·mi·nen·te** [pre(e)minénte] *adj* Más importante o que destaca.

② **pre·es·co·lar** [pre(e)skolár] *adj s/m,f* De una etapa previa a la edad inicial de escolarización.

① **pre·es·ta·ble·ci·do, -da** [pre(e)staβleθíðo] *adj* Establecido de antemano.

② **pre·e·xis·ten·te** [pre(e)(k)sisténte] *adj* Que ya existe o ha existido antes.

pre·e·xis·tir [pre(e)(k)sistír] *intr* Existir con anterioridad.

① **pre·fa·bri·ca·do, -da** [prefaβrikáðo] *adj* Fabricado con una forma única y en serie.

① **pre·fa·bri·car** [prefaβrikár] *tr* Fabricar en formas o módulos iguales.
ORT Ante *e* la *c* cambia a *qu*: *Prefabrique*.

① **pre·fa·cio** [prefáθjo] *s/m* Prólogo.

① **pre·fec·to** [prefékto] *s/m* Representante del Gobierno en una zona.

① **pre·fec·tu·ra** [prefektúra] *s/f* Cargo o dignidad de prefecto.

④ **pre·fe·ren·cia** [preferénθja] *s/f* 1. Inclinación a elegir una opción entre varias posibles. 2. Prioridad, ventaja.

② **pre·fe·ren·cial** [preferenθjál] *adj* Que implica preferencia.

② **pre·fe·ren·te** [preferénte] *adj* Que es objeto de preferencia.

② **pre·fe·ri·ble** [preferíβle] *adj* Digno de ser preferido.

⑤ **pre·fe·rir** [preferír] *tr* Tener preferencia por algo o alguien.
CONJ *Irreg: Prefiero, preferí, preferiré, preferido*.

② **pre·fi·jar** [prefixár] *tr* Fijar de antemano.

② **pre·fi·jo, -ja** [prefixo] *s/m* 1. GRAM Partícula antepuesta a una palabra para formar un compuesto. 2. En los números telefónicos, cifra que antecede al número y que es representativo de un país o provincia.

① **pre·gón** [preɣón] *s/m* 1. Anuncio callejero y en voz alta. 2. Discurso para inaugurar ciertos festejos.

② **pre·go·nar** [preɣonár] *tr* 1. Anunciar algo en voz alta o mediante megáfono. 2. Divulgar determinada información.

① **pre·go·ne·ro, -ra** [preɣonéro] *s/m,f* Que pregona.

⑤ **pre·gun·ta** [preɣúnta] *s/f* Interrogación para saber algo.

⑤ **pre·gun·tar** [preɣuntár] *tr intr* REFL(*-se*) Hacer(se) preguntas.

① **pre·gun·tón, -to·na** [preɣuntón] *adj s/m,f* Que pregunta mucho.

① **pre·his·to·ria** [preistórja] *s/f* Época anterior a aquella en que disponemos de documentos históricos.

② **pre·his·tó·ri·co, -ca** [preistóriko] *adj* Relativo a la prehistoria.

pre·ins·ta·la·ción [preinstalaθjón] *s/f* Instalación provisional, previa a la definitiva.

① **pre·ju·bi·la·ción** [preχuβilaθjón] *s/f* Jubilación antes de la edad prevista.

③ **pre·jui·cio** [preχwíθjo] *s/m* Juicio poco razonable.

① **pre·juz·gar** [preχuθɣár] *tr intr* Juzgar sin conocimiento suficiente.
ORT La *g* va seguida de *u* ante *e*: *Prejuzgue*.

① **pre·la·ción** [prelaθjón] *s/f* Prioridad o preferencia.

② **pre·la·do** [preláðo] *s/m* Superior eclesiástico.

② **pre·li·mi·nar** [preliminár] *adj s/m,pl* Que antecede.

② **pre·lu·dio** [prelúðjo] *s/m* 1. Cosa que precede a otra. 2. Composición musical a manera de introducción.

① **pre·ma·tri·mo·nial** [prematrimonjál] *adj* Previo al matrimonio.

② **pre·ma·tu·ro, -ra** [prematúro] **I.** *adj* En un momento anterior al previsto. **II.** *adj s/m,f* Nacido antes de tiempo.

① **pre·me·di·ta·ción** [premeðitaθjón] *s/f* Acción o resultado de premeditar algo.

② **pre·me·di·tar** [premeðitár] *tr* Planear algo antes de llevarlo a cabo.

④ **pre·miar** [premjár] *tr* Conceder un premio.

① **pre·mier** [premjér] *s/m,f* Primer ministro del Gobierno.

④ **pre·mio** [prémjo] *s/m* Lo que se da en reconocimiento de un mérito.

④ **pre·mi·sa** [premísa] *s/f* Supuesto del que se deduce algo.

pre·mo·lar [premolár] *adj s/m* Diente entre los molares y los caninos.

① **pre·mo·ni·ción** [premoniθjón] *s/f* Presentimiento de algo futuro.

① **pre·mo·ni·to·rio, -ia** [premonitórjo] *adj* Anunciador de algo futuro.

① **pre·mu·ra** [premúra] *s/f* Apresuramiento en la realización de algo.

① **pre·na·tal** [prenatál] *adj* Que precede al nacimiento.

③ **pren·da** [prénda] *s/f* 1. Pieza de ropa para vestir. 2. Cosa que se da como garantía de algo.

② **pren·dar·se** [prendárse] REFL(*-se*) Encapricharse de algo o enamorarse de otra persona. RPr **Prendarse de**.

① **pren·de·dor** [prendeðór] *s/m* Broche.

④ **pren·der** [prendér] **I.** *tr* 1. Agarrar o coger. 2. Apresar a alguien para arrestarlo. 3. Sujetar con agujas u otra cosa. 4. Encender un fuego. 5. AMER Poner en funcionamiento un aparato. **II.** *intr* 1. Empezar a arder una cosa. 2. (Con *de*) Quedar una cosa sujeta a otra, pendiendo de ella: *El lazo prendía de la fachada*. 3. Echar raíces una planta.

④ **pren·sa** [prénsa] *s/f* 1. Medios de comunicación escritos. 2. Máquina que sirve para comprimir o exprimir algo. **3.** Máquina de imprimir.

5 **pren·sar** [prensár] *tr* Comprimir o apretar con una prensa.

1 **pren·sil** [prensíl] *adj* Que sirve para agarrar.

1 **pre·ñar** [preɲár] *tr* Fecundar el macho a la hembra.

pre·ñez [preɲéθ] *s/f* Estado de la hembra fecundada.

4 **preo·cu·pa·ción** [preokupaθjón] *s/f* Intranquilidad, inquietud.

3 **preo·cu·pan·te** [preokupánte] *adj* Que causa preocupación.

5 **preo·cu·par** [preokupár] *tr* Provocar sensación de intranquilidad e inquietud. RPr **Preocuparse de/por**.

pre·pa·go [prepáɣo] *s/m* Pago por adelantado.

4 **pre·pa·ra·ción** [preparaθjón] *s/f* **1.** Acción o resultado de preparar. **2.** Conocimientos sobre algo.

4 **pre·pa·ra·do, -da** [preparáðo] **I.** *adj* **1.** Dispuesto con antelación. **2.** Se dice de la persona con preparación adecuada para una profesión. **3.** (*alimento*) Elaborado con antelación. **II.** *s/m* Medicamento elaborado con ingredientes diversos.

1 **pre·pa·ra·dor, -ra** [preparaðór] *adj s/m,f* Que prepara.

5 **pre·pa·rar** [preparár] **I.** *tr* **1.** Disponer algo para un fin. **2.** Estudiar una materia para un examen. **II.** REFL(*-se*) **1.** Haber síntomas de algo inminente. **2.** DEP Realizar la práctica de un deporte como entrenamiento.

2 **pre·pa·ra·ti·vo, -va** [preparatíβo] *s/m* Cosa o actos para preparar algo.

2 **pre·pa·ra·to·rio, -ia** [preparatórjo] **I.** *adj* Que sirve para preparar algo. **II.** *s/m* Curso de tipo preparatorio. **III.** *s/f* AMER Escuela de carácter preparatorio.

1 **pre·pon·de·ran·cia** [preponderánθja] *s/f* Dominio o superioridad sobre algo.

2 **pre·pon·de·ran·te** [preponderánte] *adj* Que prevalece.

2 **pre·po·si·ción** [preposiθjón] *s/f* GRAM Partícula invariable que relaciona términos.

1 **pre·po·si·cio·nal** [preposiθjonál] *adj* Relativo a las preposiciones.

2 **pre·po·ten·cia** [prepoténθja] *s/f* Cualidad de prepotente.

1 **pre·po·ten·te** [prepoténte] *adj* Que actúa con prepotencia.

1 **pre·pu·cio** [prepúθjo] *s/m* Piel móvil que recubre el extremo del pene.

2 **pre·rro·ga·ti·va** [prerroɣatíβa] *s/f* Privilegio, ventaja.

2 **pre·sa** [présa] *s/f* **1.** (*Hacer presa*) Acción o resultado de prender o apresar. **2.** Cosa apresada. **3.** Muro de grandes proporciones que se construye para retener las aguas. LOC **De presa,** adiestrado para apresar.

2 **pre·sa·giar** [presaxjár] *tr* Anunciar algo futuro.

2 **pre·sa·gio** [presáxjo] *s/m* **1.** Señal o indicio de un hecho futuro. **2.** Presentimiento.

1 **pres·bi·cia** [presβíθja] *s/f* Pérdida de visión de cercanía.

1 **pres·bi·te·rio** [presβitérjo] *s/m* Área del altar mayor.

1 **pres·bí·te·ro** [presβítero] *s/m* Sacerdote.

1 **pres·cin·di·ble** [presθindíβle] *adj* Aplicado a la persona o cosa de la que se puede prescindir.

3 **pres·cin·dir** [presθindír] *intr* Dejar de utilizar. RPr **Prescindir de**.

2 **pres·cri·bir** [preskriβír] **I.** *tr* Mandar. **II.** *intr* Cesar un derecho u obligación.

2 **pres·crip·ción** [preskripθjón] *s/f* Acción o resultado de prescribir.

4 **pre·sen·cia** [presénθja] *s/f* **1.** Acción de estar presente en un lugar. **2.** Apariencia externa de alguien.

5 **pre·sen·ciar** [presenθjár] *tr* Estar presente y ver algo cuando sucede.

1 **pre·sen·ta·ble** [presentáβle] *adj* Apto para presentarse en público.

4 **pre·sen·ta·ción** [presentaθjón] *s/f* Acción o resultado de presentar(se).

2 **pre·sen·ta·dor, -ra** [presentaðór] *s/m,f* Profesional para presentar espectáculos o programas de radio y televisión.

1 **pre·sen·tar** [presentár] **I.** *tr* **1.** Poner ante alguien para que sea visto. **2.** Entregar (solicitud, denuncia, etc.). **3.** Mostrar a alguien a otra persona para que se conozcan. **4.** Mostrar algo por primera vez. **5.** Ofrecer a la vista algo determinado. **6.** Proponer como candidato. **7.** Dirigir un programa cara al público. **II.** REFL(*-se*) **1.** Ofrecerse para un fin. **2.** Comparecer en un lugar de forma inesperada. **3.** Ofrecer una cosa cierto aspecto o características.

5 **pre·sen·te** [presénte] **I.** *adj* **1.** Que está en el lugar de que se trata. **2.** Que pertenece al momento en que se habla. **II.** *s/m* **1.** Momento actual. **2.** GRAM Tiempo verbal que se refiere a una acción que se realiza en el tiempo actual. **3.** Escrito o carta. **4.** Regalo.

PRE·TEN·CIO·SO

[2] **pre·sen·ti·mien·to** [presentimjénto] *s/m* Acción o resultado de presentir algo.

[2] **pre·sen·tir** [presentír] *tr* Tener la sensación o premonición de que algo va a suceder.
CONJ *Irreg: Presiento, presentí, presentiré, presentido*.

[2] **pre·ser·va·ción** [preserβaθjón] *s/f* Acción o resultado de preservar(se).

[3] **pre·ser·var** [preserβár] *tr* **1.** Librar de un peligro. **2.** Mantener algo como es o está.

[2] **pre·ser·va·ti·vo, -va** [preserβatíβo] *s/m* Utensilio de goma que recubre el pene para impedir la fecundación.

[4] **pre·si·den·cia** [presiðénθja] *s/f* **1.** Cargo de presidente. **2.** Acción de ejercer este cargo. **3.** Jefatura del Gobierno en un país. **4.** Conjunto de quienes presiden un acto.

[1] **pre·si·den·cia·ble** [presiðenθjáβle] *adj s/m,f* Que posee los requisitos para ser candidato a la presidencia.

[4] **pre·si·den·cial** [presiðenθjál] *adj* Relativo a la presidencia.

[5] **pre·si·den·te, -ta** [presiðénte] *s/m,f* Persona que preside.

[1] **pre·si·dia·rio, -ia** [presiðjárjo] **I.** *s/m,f* Persona que está en prisión. **II.** *adj* Relativo a las prisiones o prisioneros.

[1] **pre·si·dio** [presíðjo] *s/m* Edificio en que se encarcela a los condenados.

[4] **pre·si·dir** [presiðír] *tr* Ocupar la máxima autoridad en la dirección de un país, institución, etc.

[5] **pre·sión** [presjón] *s/f* **1.** Acción o resultado de presionar. **2.** Coacción sobre alguien.

[4] **pre·sio·nar** [presjonár] *tr* **1.** Ejercer presión física sobre algo, o física o moral sobre alguien. **2.** Tomar medidas para que alguien haga algo.

[4] **pre·so, -sa** [préso] *adj s/m,f* Persona que está en prisión.

[4] **pres·ta·ción** [prestaθjón] *s/f* **1.** Acción o resultado de prestar algo. **2.** DER Servicio que una persona contrata con otra. **3.** (*gen* en *pl*) Rendimiento de una máquina, motor, etc.

[3] **pres·ta·do** [prestáðo] LOC **De prestado,** por cuenta ajena.

[1] **pres·ta·mis·ta** [prestamísta] *s/m,f* Persona que presta dinero con interés.

[4] **prés·ta·mo** [préstamo] *s/m* **1.** Acción o resultado de prestar algo. **2.** Cantidad de dinero prestada.

[1] **pres·tan·cia** [prestánθja] *s/f* Porte distinguido o elegante de alguien.

[5] **pres·tar** [prestár] **I.** *tr* **1.** Dejar algo a otra persona para que haga uso de ello y luego lo devuelva. **2.** Conceder determinado apoyo, favor, etc. **3.** FIG Con 'atención', 'oídos', etc., escuchar lo que alguien dice o tenerlo en cuenta. **4.** Con 'declaración', 'testimonio', etc., concederlos. **II.** REFL (*-se*) Acceder de forma voluntaria a hacer algo. RPr **Prestarse a**.

[1] **pres·ta·ta·rio, -ia** [prestatárjo] *adj s/m,f* Que recibe un préstamo de dinero.

[1] **pres·te·za** [prestéθa] *s/f* Rapidez con que se hace algo.

[1] **pres·ti·di·gi·ta·ción** [prestiðiχitaθjón] *s/f* Arte de realizar juegos de magia o de manos.

[1] **pres·ti·di·gi·ta·dor, -ra** [prestiðiχitaðór] *s/m,f* Experto en prestidigitación.

[1] **pres·ti·giar** [prestiχjár] *tr* Dar prestigio.

[4] **pres·ti·gio** [prestíχjo] *s/m* Buena reputación o fama.

[3] **pres·ti·gio·so, -sa** [prestiχjóso] *adj* Que goza de prestigio.

[2] **pres·to, -ta** [présto] *adj* Dispuesto para hacer algo.

[1] **pre·su·mi·ble** [presumíβle] *adj* Posible, probable.

[1] **pre·su·mi·do, -da** [presumíðo] *adj s/m,f* Que presume de ser mejor, más inteligente, etc., que los demás.

[3] **pre·su·mir** [presumír] **I.** *tr* Sospechar que algo va a ocurrir. **II.** *intr* **1.** (Con *de*) Estar orgulloso o vanagloriarse de algo. **2.** Cuidar excesivamente del arreglo personal. RPr **Presumir de**.

[2] **pre·sun·ción** [presunθjón] *s/f* Acción o resultado de suponer algo.

[4] **pre·sun·to, -ta** [presúnto] *adj* Supuesto.

[1] **pre·sun·tuo·so, -sa** [presuntwóso] *adj s/m,f* Que aparenta más de lo que en realidad tiene o es.

[4] **pre·su·po·ner** [presuponér] *tr* Dar algo por supuesto.
CONJ *Irreg: Presupongo, presupuse, presupondré, presupuesto*.

[3] **pre·su·pues·tar** [presupwestár] *tr* Calcular un presupuesto.

[3] **pre·su·pues·ta·rio, -ia** [presupwestárjo] *adj* Relativo a un presupuesto.

[4] **pre·su·pues·to** [presupwésto] *s/m* **1.** Cálculo anticipado del coste de algo. **2.** Suposición o supuesto.

[2] **pre·su·ro·so, -sa** [presuróso] *adj* Que actúa con prisa.

[1] **pre·ten·cio·so, -sa** [pretenθjóso] *adj* Que tiene pretensiones.

PRE·TEN·DER

[5] **pre·ten·der** [pretendér] *tr* 1. Hacer todo lo posible por conseguir algo. 2. Pedir algo, *gen* excesivo o inoportuno.

[2] **pre·ten·dien·te**, **-ta** [pretendjénte] *adj s/m,f* 1. Que pretende conseguir algo. 2. Que pretende el amor de una persona.

[3] **pre·ten·sión** [pretensjón] *s/f* Acción o resultado de pretender algo.

[2] **pre·té·ri·to**, **-ta** [pretérito] I. *adj* Que pertenece al pasado. II. *s/m* GRAM Tiempo verbal que expresa una acción pasada.

[3] **pre·tex·to** [preté(k)sto] *s/m* Excusa o justificación.

[1] **pre·til** [pretíl] *s/m* Pequeño muro o barandilla protectora.

[3] **pre·va·le·cer** [preβaleθér] *intr* Imponerse una cosa sobre otras.
CONJ *Irreg: Prevalezco, prevalecí, prevaleceré, prevalecido.*

[1] **pre·va·ri·ca·ción** [preβarikaθjón] *s/f* Acción o resultado de prevaricar.

[1] **pre·va·ri·ca·dor**, **-ra** [preβarikaðór] *adj s/m,f* Que prevarica.

pre·va·ri·car [preβarikár] *intr* No cumplir alguien con las obligaciones de su cargo a sabiendas de que obra así.
ORT Ante *e* la *c* cambia a *qu: Prevarique.*

[4] **pre·ven·ción** [preβenθjón] *s/f* Acción o resultado de prevenir una cosa.

[4] **pre·ve·nir** [preβenír] *tr intr* 1. Preparar o disponer con antelación. 2. Advertir de algo que va a suceder. 3. (Con *contra, a favor*, etc.) Influir en el ánimo de alguien a favor o en contra de algo.
CONJ *Irreg: Prevengo, previne, prevendré, prevenido.*

[3] **pre·ven·ti·vo**, **-va** [preβentíβo] *adj* Que previene.

[5] **pre·ver** [preβér] *tr* Ver con anticipación que va a suceder algo.
CONJ *Irreg: Preveo, preví, preveré, previsto.*

[4] **pre·vio**, **-ia** [préβjo] *adj* Que ocurre anteriormente en el tiempo.

[2] **pre·vi·si·ble** [preβisíβle] *adj* Anterior.

[4] **pre·vi·sión** [preβisjón] *s/f* Acción o resultado de prever.

[1] **pre·vi·sor**, **-ra** [preβisór] *adj* Que prevé.

[4] **pre·vis·to**, **-ta** [preβísto] *adj* Visto o calculado con anticipación.

[2] **prie·to**, **-ta** [prjéto] *adj* Muy apretado.

[3] **pri·ma** [príma] *s/f* Gratificación, recompensa.

[2] **pri·ma·cía** [primaθía] *s/f* Cualidad de ser primero o superior a los demás.

[4] **pri·mar** [primár] I. *tr* 1. Favorecer, dar prioridad a alguien o algo. 2. DEP Dar una cantidad de dinero a los jugadores si logran un objetivo. II. *intr* Prevalecer, predominar. RPr **Primar sobre.**

[4] **pri·ma·rio**, **-ia** [primárjo] *adj* 1. Principal o primero en orden de importancia. 2. Primitivo, elemental. 3. (*enseñanza*) De grado elemental.

[1] **pri·ma·te** [primáte] *s/m* Mamífero con extremidades que le permiten agarrar cosas.

[4] **pri·ma·ve·ra** [primaβéra] *s/f* 1. Estación que sucede al invierno y precede al verano. 2. Años. 3. Época de vigor y pujanza.

[1] **pri·ma·ve·ral** [primaβerál] *adj* Relativo a la primavera.

[1] **pri·me·ri·zo**, **-za** [primeríθo] *adj s/m,f* Novato.

[5] **pri·me·ro**, **-ra** [priméro] I. *adj s/m,f* Que precede a todos los demás de su género, grupo, etc. II. *adv* En primer lugar. II. *s/f* Primera velocidad de un vehículo.

[1] **pri·mi·cia** [primíθja] *s/f* Cosa que se realiza, obtiene, etc., en primer lugar.

[1] **pri·mi·ge·nio**, **-ia** [primiχénjo] *adj* Originario.

pri·mí·pa·ra [primípara] *s/f* Mujer que pare por primera vez.

[1] **pri·mi·ti·va** [primitíβa] *s/f adj* Tipo de lotería que consiste en acertar seis números, entre el 1 y el 49.

[1] **pri·mi·ti·vis·mo** [primitiβísmo] *s/m* Cualidad de primitivo.

[4] **pri·mi·ti·vo**, **-va** [primitíβo] *adj* Sin refinamiento, rudimentario.

[4] **pri·mo**, **-ma** [prímo] I. *adj* Primero. II. *s/m,f* 1. Hijo o hija del tío o tía de alguien. 2. COL Que se deja engañar fácilmente.

[2] **pri·mo·gé·ni·to**, **-ta** [primoχénito] *adj s/m,f* Se dice del hijo que nace primero en la familia.

pri·mo·ge·ni·tu·ra [primoχenitúra] *s/f* Condición de primogénito.

[1] **pri·mor** [primór] *s/m* Esmero en la realización de algo.

[3] **pri·mor·dial** [primorðjál] *adj* Que es más importante que lo demás.

[1] **pri·mo·ro·so**, **-sa** [primoróso] *adj* Elaborado con primor.

[4] **prin·ce·sa** [prinθésa] *s/f* Hija de un rey o que posee el título de un principado.

prin·ci·pa·do [prinθipáðo] *s/m* **1.** Dignidad o título de Príncipe. **2.** Territorio adscrito a un príncipe.

prin·ci·pal [prinθipál] **I.** *adj* Primero en importancia. **II.** *s/m* ECON Capital.

prín·ci·pe [prínθipe] **I.** *s/m* Primogénito de un soberano y heredero de la corona. **II.** *adj* Se dice de la primera edición de un texto antiguo.

prin·ci·pes·co, -ca [prinθipésko] *adj* Relativo a un príncipe.

prin·ci·pian·te, -ta [prinθipjánte] *adj s/m,f* Quien comienza a ejercer una tarea, oficio, etc.

prin·ci·piar [prinθipjár] *tr* Dar inicio a algo.

prin·ci·pio [prinθipjo] *s/m* **1.** Acción o resultado de iniciar(se) o comenzar algo. **2.** Situación o punto en que algo se inicia. **3.** Base o fundamento de conducta y acción. **4.** *pl* Primeras nociones de una ciencia o arte. LOC **En principio,** como punto de partida.

prin·ga·do, -da [pringáðo] *adj s/m,f* **1.** COL Que es fácil víctima de un engaño, robo, etc. **2.** Que trabaja más de lo necesario. **3.** Persona de poca valía.

prin·gar [pringár] *tr* REFL(-*se*) **1.** Manchar(se) con grasa. **2.** Implicar(se) en un caso de corrupción.
ORT La *g* cambia a *gu* ante *e*: *Pringue*.

prin·go·so, -sa [pringóso] *adj* Grasiento y pegajoso.

prin·gue [prínge] *s/m* Grasa o suciedad.

prior, -ra [prjór] *adj s/m,f* Superior de una orden religiosa.

prio·ri·dad [prjoriðáð] *s/f* **1.** Preferencia de una cosa frente a otra. **2.** Anterioridad en el tiempo o en un orden.

prio·ri·ta·rio, -ia [prjoritárjo] *adj* Que tiene prioridad.

prio·ri·zar [prjoriθár] *tr* Dar prioridad.
ORT Ante *e* la *z* cambia a *c*: *Priorice*.

pri·sa [prísa] *s/f* Prontitud con que se realiza algo. LOC **A toda prisa,** a gran velocidad.

pri·sión [prisjón] *s/f* **1.** Establecimiento penitenciario para quienes han violado la ley. **2.** Castigo de privación de libertad.

pri·sio·ne·ro, -ra [prisjonéro] *adj s/m,f* **1.** Que está encarcelado. **2.** Persona que cae en poder del enemigo. **3.** Cautivo de algo.

pris·ma [prísma] *s/m* Cuerpo de dos bases planas, paralelas e iguales, y por caras rectangulares.

pris·má·ti·co [prismátiko] *s/m,pl* Instrumento para ver a distancia.

prís·ti·no, -na [prístino] *adj* Primitivo.

pri·va·ci·dad [priβaθiðáð] *s/f* Cualidad de privado.

pri·va·ción [priβaθjón] *s/f* Acción o resultado de privar de algo.

pri·va·do, -da [priβáðo] **I.** *adj* **1.** Personal, íntimo. **2.** Particular, no público. **3.** Falto de algo. **II.** *s/m* Persona que goza de la confianza y favor de un soberano.

pri·var [priβár] **I.** *tr* Quitar. **II.** *intr* **1.** Dominar algo en cierto ambiente, estar de moda. **2.** Gustar mucho una cosa a alguien. **III.** REFL(-*se*) Quedarse sin algo o renunciar a ello. RPr **Privar(se) de.**

pri·va·ti·vo, -va [priβatíβo] *adj* **1.** Propio, característico. **2.** Que priva de algo: *Una condena privativa de libertad*.

pri·va·ti·za·ción [priβatiθaθjón] *s/f* Acción o resultado de privatizar.

pri·va·ti·zar [priβatiθár] *tr* Poner en manos de entidades privadas.
ORT La *z* cambia a *c* ante *e*: *Privatice*.

pri·vi·le·gia·do, -da [priβileχjáðo] *adj s/m,f* **1.** Que goza de un privilegio. **2.** Excelente, superior.

pri·vi·le·giar [priβileχjár] *tr* Dar un privilegio o trato de favor.

pri·vi·le·gio [priβiléχjo] *s/m* **1.** Excepción de una carga u obligación. **2.** Ventaja.

pro [pró] **I.** *prep* A favor de: *Asociación pro divorcio*. **II.** *s/m* **De pro,** de importancia. **El pro y el contra,** (en *sing* o *pl*) la ventaja y desventaja de algo.

proa [próa] *s/f* Parte delantera de una embarcación.

pro·ba·bi·li·dad [proβaβiliðáð] *s/f* Cualidad de probable.

pro·ba·ble [proβáβle] *adj* **1.** Que puede probarse. **2.** Que puede suceder.

pro·ba·dor, -ra [proβaðór] **I.** *s/m* Lugar en que los clientes prueban la ropa. **II.** *adj s/m,f* Que prueba.

pro·bar [proβár] **I.** *tr* **1.** Demostrar con pruebas que una cosa es cierta. **2.** Ser algo indicio de lo que se expresa. **3.** Consumir una pequeña cantidad de algo para averiguar cómo sabe o es. **II.** *intr* Hacer algo, a modo de prueba. **III.** REFL(-*se*) Ponerse una prenda para ver si queda bien o no.
CONJ *Irreg: Pruebo, probé, probaré, probado*.

pro·be·ta [proβéta] *s/f* Tubo de laboratorio usado para ciertas pruebas.

PRO·BI·DAD

[1] **pro·bi·dad** [proβiðáð] *s/f* Cualidad de probo.

[5] **pro·ble·ma** [proβléma] *s/m* **1.** Cuestión con cierta dificultad, que hay que resolver. **2.** MAT Proposición que requiere un resultado a partir de ciertos datos conocidos.

[2] **pro·ble·má·ti·ca** [proβlemátika] *s/f* Conjunto de problemas relativos a algo.

[3] **pro·ble·má·ti·co, -ca** [proβlemátiko] *adj* Que implica problemas o que los causa.

[1] **pro·bo, -ba** [próβo] *adj* Honrado, recto.

[1] **pro·ca·ci·dad** [prokaθiðáð] *s/f* **1.** Cualidad de procaz. **2.** Dicho o hecho procaz.

[1] **pro·caz** [prokáθ] *adj* Que ofende por su atrevimiento o desvergüenza.

[3] **pro·ce·den·cia** [proθeðénθja] *s/f* Lugar de origen.

[4] **pro·ce·den·te** [proθeðénte] *adj* **1.** Que procede de un lugar determinado. **2.** Oportuno, adecuado. RPr **Procedente de**.

[1] **pro·ce·di·men·tal** [proθeðimentál] *adj* Relativo al procedimiento.

[5] **pro·ce·di·mien·to** [proθeðimjénto] *s/m* Método o manera como se actúa o se hace algo.

[1] **pró·cer** [próθer] *adj s/m* Persona ilustre y eminente.

[2] **pro·ce·sa·do, -da** [proθesáðo] *adj s/m,f* Sometido a un proceso judicial.

[2] **pro·ce·sa·dor** [proθesaðór] *s/m* Que procesa o transforma.
Procesador de textos, programa informático para escribir y manipular textos.

[2] **pro·ce·sal** [proθesál] *adj* Relativo a un proceso judicial.

[2] **pro·ce·sa·mien·to** [proθesamjénto] *s/m* Acción o resultado de procesar.

[5] **pro·ce·sar** [proθesár] *tr* **1.** Instruir un proceso judicial contra alguien. **2.** Tratar una materia prima para elaborar algo.

[2] **pro·ce·sión** [proθesjón] *s/f* Marcha agrupada y ordenada de personas con fines religiosos.

[1] **pro·ce·sio·na·ria** [proθesjonárja] *s/f* Tipo de orugas que se desplazan en fila, unidas unas a otras.

[5] **pro·ce·so** [proθéso] *s/m* **1.** Serie de acciones o fases de un fenómeno, encaminadas a un fin. **2.** DER Causa criminal en que alguien es acusado de algo y conjunto de actuaciones que implica.

[2] **pro·cla·ma** [prokláma] *s/f* Manifestación o notificación pública de algo.

[2] **pro·cla·ma·ción** [proklamaθjón] *s/f* Acción o resultado de proclamar(se).

[4] **pro·cla·mar** [proklamár] **I.** *tr* **1.** Manifestar algo públicamente. **2.** Declarar de forma solemne y ceremoniosa. **II.** REFL(-se) Declararse alguien titular de una dignidad o de algo que le pertenece.

[2] **pro·cli·ve** [proklíβe] *adj* Con tendencia o inclinación hacia algo. RPr **Proclive a**.

[1] **pro·cli·vi·dad** [prokliβiðáð] *s/f* Cualidad de proclive a algo. RPr **Proclividad a**.

[2] **pro·crea·ción** [prokreaθjón] *s/f* Acción o resultado de procrear.

[1] **pro·cre·ar** [prokreár] *tr intr* Fecundar el macho a la hembra.

[3] **pro·cu·ra·dor, -ra** [prokuraðór] *s/m,f* Persona habilitada para representar a las partes en un juicio.

[2] **pro·cu·ra·du·ría** [prokuraðuría] *s/f* Cargo u oficio de procurador.

[4] **pro·cu·rar** [prokurár] **I.** *tr* **1.** Hacer esfuerzos por conseguir algo. **2.** Proporcionar algo. **II.** REFL(-se) Proporcionarse algo a uno mismo.

[1] **pro·di·ga·li·dad** [proðiɣaliðáð] *s/f* Cualidad de pródigo.

[2] **pro·di·gar** [proðiɣár] *tr* Dar en abundancia. ORT Ante *e* la *g* cambia a *gu*: *Prodigue*.

[2] **pro·di·gio** [proðíxjo] *s/m* Suceso extraordinario y sorprendente.

[2] **pro·di·gio·so, -sa** [proðixjóso] *adj* Que encierra en sí prodigio.

[2] **pró·di·go, -ga** [próðiɣo] *adj* **1.** Que gasta en exceso. **2.** Que tiene o produce en abundancia.

[5] **pro·duc·ción** [produkθjón] *s/f* **1.** Acción de producir algo. **2.** Cosa producida. **3.** Obra cinematográfica o televisiva.

[5] **pro·du·cir** [proðuθír] **I.** *tr* **1.** Engendrar. **2.** Originar algo ciertos efectos. **3.** Elaborar un producto industrialmente. **4.** Financiar una película o programa televisivo. **II.** REFL(-se) Ocurrir.
CONJ *Irreg: Produzco, produje, produciré, producido.*

[3] **pro·duc·ti·vi·dad** [produktiβiðáð] *s/f* Cualidad de productivo.

[4] **pro·duc·ti·vo, -va** [produktíβo] *adj* Que produce.

[5] **pro·duc·to** [proðúkto] *s/m* **1.** Cosa producida. **2.** Resultado que genera cierta actividad.

[4] **pro·duc·tor, -ra** [produktór] *s/m,f* Persona o empresa que produce.

[2] **proe·za** [proéθa] *s/f* Acción de gran mérito.

[1] **pro·fa·na·ción** [profanaθjón] *s/f* Acción o resultado de profanar.

[2] **pro·fa·nar** [profanár] *tr* Tratar lo sagrado sin respeto.

[2] **pro·fa·no, -na** [profáno] **I.** *adj* No sagrado. **II.** *adj s/m,f* Que no es entendido en una materia. RPr **Profano en**.

[1] **pro·fe** [prófe] *s/m,f* COL ABREV de 'profesor'.

[2] **pro·fe·cía** [profeθía] *s/f* Predicción del profeta.

[2] **pro·fe·rir** [proferír] *tr* Pronunciar o decir algo, *esp* de modo violento.
CONJ *Irreg: Profiero, proferí, proferiré, proferido.*

[2] **pro·fe·sar** [profesár] **I.** *tr* **1.** Seguir determinadas ideas o doctrinas: *Profesa la fe evangélica.* **2.** Experimentar determinados sentimientos hacia alguien o algo. **3.** Ejercer determinada profesión. **II.** *intr* Hacer los votos en una orden religiosa.

[4] **pro·fe·sión** [profesjón] *s/f* **1.** Acción o resultado de profesar. **2.** Empleo, oficio. **3.** Conjunto de personas que ejercen una actividad laboral.

[5] **pro·fe·sio·nal** [profesjonál] *adj s/m,f* **1.** Relativo a una profesión. **2.** Que ejerce su profesión con competencia.

[2] **pro·fe·sio·na·li·dad** [profesjonaliðáð] *s/f* Cualidad del profesional.

[2] **pro·fe·sio·na·li·za·ción** [profesjonaliθaθjón] *s/f* Acción o resultado de profesionalizar(se).

[1] **pro·fe·sio·na·li·zar** [profesjonaliθár] *tr* Hacer que alguien pase a profesional.
ORT *La z cambia a c ante e: Profesionalice.*

[1] **pro·fe·so, -sa** [proféso] *adj s/m,f* REL Que ha ingresado en una orden religiosa. LOC **Ex profeso,** expresamente.

[5] **pro·fe·sor, -ra** [profesór] *s/m,f* Persona que se dedica a la enseñanza.

[3] **pro·fe·so·ra·do** [profesoráðo] *s/m* Conjunto de profesores.

[1] **pro·fe·so·ral** [profesorál] *adj* Relativo al profesorado o a los profesores.

[3] **pro·fe·ta, -ti·sa** [proféta] *s/m* Quien supuestamente ha recibido de Dios el don de predecir hechos futuros.

[2] **pro·fé·ti·co, -ca** [profétiko] *adj* Relativo a un profeta o profecía.

[1] **pro·fe·ti·zar** [profetiθár] *tr* Anunciar lo que va a ocurrir en el futuro.
ORT *La z cambia a c ante e: Profetice.*

[1] **pro·fi·lác·ti·co, -ca** [profiláktiko] **I.** *adj* Que previene contra una enfermedad. **II.** *s/m* Preservativo.

[1] **pro·fi·la·xis** [profilá(k)sis] *s/f* Tratamiento preventivo de las enfermedades.

[2] **pró·fu·go, -ga** [prófuɣo] *adj* Que huye de la justicia o elude el servicio militar.

[4] **pro·fun·di·dad** [profundiðáð] *s/f* Cualidad de profundo.

[3] **pro·fun·di·zar** [profundiθár] *tr intr* **1.** Hacer más profundo. **2.** (Con *en*) Llegar al fondo de una cuestión.
ORT *La z cambia a c ante e: Profundice.*

[5] **pro·fun·do, -da** [profúndo] *adj* **1.** Muy hondo. **2.** Que penetra mucho en el interior de algo. **3.** Intenso, no superficial.

[2] **pro·fu·sión** [profusjón] *s/f* Gran abundancia de algo.

[1] **pro·fu·so, -sa** [profúso] *adj* Muy abundante.

[1] **pro·ge·nie** [proxénje] *s/f* **1.** Descendencia. **2.** Familia de la que alguien desciende.

[1] **pro·ge·ni·tor, -ra** [proxenitór] *s/m,f* Antepasado directo.

[5] **pro·gra·ma** [proɣráma] *s/m* **1.** Plan de actuación. **2.** Exposición ordenada de todos los detalles relativos a algo. **3.** Folleto en el que figuran tales detalles. **4.** Espacio unitario en radio o televisión. **5.** Contenido de las asignaturas o cursos que se imparten. **6.** COMP Instrucciones que un ordenador sigue para realizar una tarea determinada.

[1] **pro·gra·ma·ble** [proɣramáβle] *adj* Que puede ser programado.

[4] **pro·gra·ma·ción** [proɣramaθjón] *s/f* Acción o resultado de programar.

[2] **pro·gra·ma·dor, -ra** [proɣramaðór] *adj s/m,f* Que programa.

[5] **pro·gra·mar** [proɣramár] *tr* Elaborar un programa.

[2] **pro·gra·má·ti·co, -ca** [proɣramátiko] *adj* Relativo al programa de cierta actividad.

[4] **pro·gre·sar** [proɣresár] *intr* Hacer progresos o mejoras en algo.

[1] **pro·gre·sía** [proɣresía] *s/f* Conjunto de quienes se consideran progresistas.

[2] **pro·gre·sión** [proɣresjón] *s/f* **1.** Sucesión de números. **2.** Acción de progresar.

[1] **pro·gre·sis·mo** [proɣresísmo] *s/m* Ideas en favor del progreso social.

[3] **pro·gre·sis·ta** [proɣresísta] **I.** *adj s/m,f* Persona que está a favor del progresismo. **II.** *adj* Relativo al progresismo.

[1] **pro·gre·si·vi·dad** [proɣresiβiðáð] *s/f* Cualidad de progresivo.

[2] **pro·gre·si·vo, -va** [proɣresíβo] *adj* Que aumenta de forma gradual.

[4] **pro·gre·so** [proɣréso] *s/m* **1.** Proceso de mejora o acercamiento gradual a un fin. **2.** Desarrollo y mejora.

[3] **pro·hi·bi·ción** [proiβiθjón] *s/f* Acción o resultado de prohibir.

[4] **pro·hi·bir** [proiβír] *tr* Mandar quien tiene autoridad para ello que no se haga algo.
ORT PRON El acento cae sobre la *i* en el *sing* y 3^a *p sing* del *pres* de *ind* y *subj: Prohíbe, Prohíbo*.

[1] **pro·hi·bi·ti·vo, -va** [proiβitíβo] *adj* **1.** Que sirve para prohibir. **2.** Excesivamente caro o imposible de conseguir.

[1] **pro·hom·bre** [proómbre] *s/m* Persona ilustre.

[2] **pró·ji·mo, -ma** [próχimo] *s/m,f* Cualquier persona respecto de otra.

[1] **pro·le** [próle] *s/f* Hijos o descendencia de alguien.

[1] **pro·le·gó·me·no** [proleɣómeno] *s/m* Introducción a una obra o tratado.

[2] **pro·le·ta·ria·do** [proletarjáðo] *s/m* Clase social de los trabajadores.

[2] **pro·le·ta·rio, -ia** [proletárjo] *s/m,f* Persona que vive sólo de su trabajo.

[2] **pro·li·fe·ra·ción** [proliferaθjón] *s/f* Acción o resultado de proliferar.

[2] **pro·li·fe·rar** [proliferár] *intr* Surgir en abundancia.

[1] **pro·lí·fi·co, -ca** [prolífiko] *adj* Que produce en abundancia.

[1] **pro·li·ji·dad** [proliχiðáð] *s/f* Cualidad de prolijo.

[2] **pro·li·jo, -ja** [prolíχo] *adj* **1.** Aburrido por excesivamente largo. **2.** Abundante. **3.** Detallado.

[1] **pro·lo·gar** [proloɣár] *tr* Poner un prólogo a una obra.
ORT Ante *e* la *g* cambia a *gu: Prologue*.

[2] **pró·lo·go** [próloɣo] *s/m* Escrito que precede a una obra.

[2] **pro·lon·ga·ción** [prolongaθjón] *s/f* Acción o resultado de prolongar(se).

[4] **pro·lon·gar** [prolongár] *tr* **1.** Hacer que algo dure más. **2.** Hacer más largo.
ORT Ante *e* la *g* cambia a *gu: Prolongue*.

[3] **pro·me·diar** [promeðjár] **I.** *intr* Transcurrir un periodo de tiempo por su mitad. **II.** *tr* Calcular el promedio.

[3] **pro·me·dio** [promeðjo] *s/m* **1.** Término medio. **2.** Cantidad mayoritaria en una serie.

[4] **pro·me·sa** [promésa] *s/f* **1.** Acción o resultado de prometer. **2.** Cosa que se promete. **3.** Cosa o persona que promete futuros éxitos.

[2] **pro·me·te·dor, -ra** [prometeðór] *adj* Que promete.

[4] **pro·me·ter** [prometér] **I.** *tr* **1.** Obligarse a algo. **2.** Presentar expectativas de algo, *gen* favorables. **3.** Realizar un juramento. **II.** *intr* Presentar perspectivas favorables. **III.** REFL(-se) Darse palabra de matrimonio.

[1] **pro·mi·nen·cia** [prominénθja] *s/f* **1.** Cualidad de prominente. **2.** Elevación.

[2] **pro·mi·nen·te** [prominénte] *adj* Que sobresale.

[1] **pro·mis·cui·dad** [promiskwiðáð] *s/f* Cualidad de promiscuo.

[1] **pro·mis·cuo, -ua** [promískwo] *adj* Mezclado confusamente.

[4] **pro·mo·ción** [promoθjón] *s/f* **1.** Acción o resultado de promover o promocionar algo. **2.** Paso de una situación o empleo a otro mejor. **3.** COM Oferta en condiciones ventajosas. *P ext*, acciones para dar a conocer un producto. **4.** Personas que obtienen al mismo tiempo un título o grado.

[2] **pro·mo·cio·nal** [promoθjonál] *adj* Relativo a la promoción.

[3] **pro·mo·cio·nar** [promoθjonár] *tr* **1.** Ofrecer un producto en condiciones ventajosas. **2.** Hacer algo para que una cosa sea difundida. **3.** Ascender de nivel o categoría.

[1] **pro·mon·to·rio** [promontórjo] *s/m* Elevación del terreno.

[3] **pro·mo·tor, -ra** [promotór] **I.** *adj s/m,f* Que promueve. **II.** *s/f* Empresa que promueve y financia algo.

[4] **pro·mo·ver** [promoβér] *tr* **1.** Iniciar algo. **2.** Mejorar a alguien de categoría o nivel.
CONJ *Irreg: Promuevo, promoví, promoveré, promovido*.

[2] **pro·mul·ga·ción** [promulgaθjón] *s/f* Acción o resultado de promulgar.

[2] **pro·mul·gar** [promulgár] *tr* Publicar algo oficialmente.
ORT Ante *e* la *g* cambia a *gu: Promulgue*.

[2] **pro·nom·bre** [pronómbre] *s/m* GRAM Parte de la oración que puede sustituir al nombre.

[1] **pro·no·mi·nal** [pronominál] *adj* Relativo al pronombre.

[2] **pro·nos·ti·car** [pronostikár] *tr* Anticipar lo que sucederá en el futuro.
ORT Ante *e* la *c* cambia a *qu: Pronostique*.

[2] **pro·nós·ti·co** [pronóstiko] *s/m* **1.** Acción de pronosticar. **2.** MED Juicio médico sobre una enfermedad.

PRO·RRA·TE·AR

[1] **pron·ti·tud** [prontitúð] *s/f* Rapidez.

[5] **pron·to, -ta** [prónto] **I.** *adj* **1.** Rápido. **2.** Preparado para ser usado. **3.** Listo y preparado para hacer lo que se pide. **II.** *s/m* Impulso repentino en el ánimo. **III.** *adv* **1.** De forma rápida. **2.** Temprano. LOC **De pronto,** de forma repentina. **Hasta pronto,** fórmula para despedirse.

[1] **pron·tua·rio** [prontwárjo] *s/m* Manual con las reglas de una ciencia o arte.

[2] **pro·nun·cia·ción** [pronunθjaθjón] *s/f* Acción o resultado de pronunciar algo.

[2] **pro·nun·cia·do, -da** [pronunθjáðo] *adj* De trazado muy acusado y visible.

[2] **pro·nun·cia·mien·to** [pronunθjamjénto] *s/m* MIL Levantamiento militar contra el poder establecido.

[4] **pro·nun·ciar** [pronunθjár] **I.** *tr* Producir y emitir sonidos articulados para hablar. **II.** REFL(-se) Declararse a favor o en contra de algo o alguien.

[2] **pro·pa·ga·ción** [propaɣaθjón] *s/f* Acción o resultado de propagar(se) algo.

[4] **pro·pa·gan·da** [propaɣánda] *s/f* Publicidad.

[1] **pro·pa·gan·dis·ta** [propaɣandísta] *adj s/m,f* Que hace propaganda.

[2] **pro·pa·gan·dis·ti·co, -ca** [propaɣandístiko] *adj* Relativo a la propaganda.

[2] **pro·pa·gar** [propaɣár] *tr* REFL(-se) **1.** Multiplicar(se) por reproducción. **2.** Extender(se) por todas partes.
ORT La g cambia a gu ante *e: Propague.*

[1] **pro·pa·lar** [propalár] *tr* Divulgar noticias desconocidas.

[1] **pro·pa·no** [propáno] *s/m* Carburo de hidrógeno, empleado como combustible.

[1] **pro·pa·sar·se** [propasárse] REFL(-se) Rebasar los límites en el trato con otros.

[1] **pro·pen·der** [propendér] *intr* Tener tendencia a algo determinado.

[2] **pro·pen·sión** [propensjón] *s/f* Tendencia hacia algo. RPr **Propensión a.**

[2] **pro·pen·so, -sa** [propénso] *adj* Que tiene inclinación hacia lo que se expresa. RPr **Propenso a.**

[4] **pro·pi·ciar** [propiθjár] *tr* Favorecer la ejecución de algo.

[1] **pro·pi·cia·to·rio, -ia** [propiθjatórjo] *adj* Que puede servir para alcanzar el favor divino.

[2] **pro·pi·cio, -ia** [propíθjo] *adj* Favorable.

[5] **pro·pie·dad** [propjeðáð] *s/f* **1.** Hecho de pertenecer algo a alguien. **2.** (*frec en pl*) Bien inmueble. **3.** Cualidad natural de algo.

[4] **pro·pie·ta·rio, -ia** [propjetárjo] *adj s/m,f* Persona o entidad dueña de un bien.

[1] **pro·pi·na** [propína] *s/f* Gratificación voluntaria.

[2] **pro·pi·nar** [propinár] *tr* Dar.

[5] **pro·pio, -ia** [própjo] *adj* **1.** Que pertenece a alguien. **2.** (Con *de*) Propiedad de algo o alguien por naturaleza.

[2] **pro·po·nen·te** [proponénte] *adj s/m,f* Que propone o puede proponer.

[5] **pro·po·ner** [proponér] **I.** *tr* **1.** Exponer un plan o similar para que sea aprobado. **2.** (Con *para*) Presentar a alguien como candidato. **II.** REFL(-se) Tener la intención de hacer algo.
CONJ *Irreg: Propongo, propuse, propondré, propuesto.*

[4] **pro·por·ción** [proporθjón] *s/f* **1.** Cantidad de algo que existe en relación con el todo al que pertenece. **2.** (Con *guardar*) Relación entre las cantidades de una cosa y otras relacionadas con ella. **3.** Dimensión o tamaño.

[2] **pro·por·cio·na·do, -da** [proporθjonáðo] *adj* Que guarda proporción entre las partes.

[3] **pro·por·cio·nal** [proporθjonál] *adj* Que guarda relación de proporción con otra cosa.

[1] **pro·por·cio·na·li·dad** [proporθjonaliðáð] *s/f* Cualidad de proporcional.

[5] **pro·por·cio·nar** [proporθjonár] *tr* **1.** Dar a otro. **2.** Hacer que algo tenga la proporción adecuada.

[3] **pro·po·si·ción** [proposiθjón] *s/f* **1.** Acción o resultado de proponer. **2.** Cosa que se propone. **3.** COL (*gen pl*) Propuestas de tipo amoroso que se hacen a otro. **4.** GRAM Oración, frase.

[5] **pro·pó·si·to** [propósito] *s/m* **1.** Intención de hacer o no algo. **2.** Finalidad. LOC **A propósito, 1,** expresamente. **2,** adecuado u oportuno.

[5] **pro·pues·ta** [propwésta] *s/f* Proyecto o plan presentado.

[2] **pro·pug·nar** [propuɣnár] *tr* Defender una idea o postura.

[1] **pro·pul·sar** [propulsár] *tr* Dar impulso a algo.

[2] **pro·pul·sión** [propulsjón] *s/f* Acción o resultado de propulsar.

[1] **pro·pul·sor, -ra** [propulsór] *adj s/m,f* Que propulsa.

[1] **pro·rra·ta** [prorráta] *s/f* Parte proporcional que corresponde pagar en un reparto.

[1] **pro·rra·te·ar** [prorrateár] *tr* Distribuir proporcionalmente entre los participantes.

481

PRÓ·RRO·GA

[2] **pró·rro·ga** [prórroɣa] *s/f* Plazo durante el cual se prorroga algo.

[1] **pro·rro·ga·ble** [prorroɣáβle] *adj* Que se puede prorrogar.

[2] **pro·rro·gar** [prorroɣár] *tr* Hacer que algo dure más tiempo.
ORT La g ante e cambia a gu: *Prorrogue*.

[1] **pro·rrum·pir** [prorrumpír] *intr* **1.** Salir con ímpetu o violencia. **2.** Iniciar algo de manera vehemente y repentina: *Prorrumpió en carcajadas*.

[3] **pro·sa** [prósa] *s/f* Expresión lingüística no sujeta a las reglas de la poesía.

[1] **pro·sai·co, -ca** [prosáiko] *adj* Vulgar, anodino, sin relieve.

[1] **pro·sa·pia** [prosápia] *s/f* Ascendencia ilustre.

[1] **pros·ce·nio** [prosθénjo] *s/m* Parte del escenario más próxima al público.

[1] **pros·cri·bir** [proskriβír] *tr* **1.** Expulsar a alguien de su patria. **2.** Prohibir un uso o costumbre.

[2] **pros·crip·ción** [proskripθjón] *s/f* Acción o resultado de proscribir.

[1] **pros·cri·to, -ta** [proskríto] *adj s/m,f* Que ha sido desterrado.

[1] **pro·se·cu·ción** [prosekuθjón] *s/f* Acción o resultado de proseguir algo.

[4] **pro·se·guir** [proseɣír] *tr intr* Continuar lo empezado o en el camino iniciado.
CONJ *Irreg: Prosigo, proseguí, proseguiré, proseguido*.

[1] **pro·se·li·tis·mo** [proselitísmo] *s/m* Tendencia a hacer prosélitos.

[1] **pro·se·li·tis·ta** [proselitísta] *adj s/m,f* Relativo al proselitismo o partidario de él.

pro·sé·li·to, -ta [prosélito] *s/m,f* Persona que se ha ganado para una doctrina o causa.

[1] **pro·so·dia** [prosódja] *s/f* Tratado de la pronunciación correcta.

pro·só·di·co, -ca [prosódiko] *adj* Relativo a la prosodia.

[1] **pros·pec·ción** [prospekθjón] *s/f* Exploración o perforación para encontrar yacimientos en el subsuelo.

[1] **pros·pec·ti·va** [prospektíβa] *s/f* Análisis científico de las posibilidades futuras.

[1] **pros·pec·to** [prospékto] *s/m* Impreso breve en el que se anuncia o describe algo.

[2] **pros·pe·rar** [prosperár] *intr* Tener prosperidad.

[2] **pros·pe·ri·dad** [prosperiðáð] *s/f* **1.** Bienestar. **2.** Curso favorable de las cosas.

[2] **prós·pe·ro, -ra** [próspero] *adj* Que tiene prosperidad.

[2] **prós·ta·ta** [próstata] *s/f* ANAT Glándula del aparato genital masculino.

[1] **pros·tá·ti·co, -ca** [prostátiko] *adj* Relativo a la próstata.

[2] **pros·tí·bu·lo** [prostíβulo] *s/m* Casa de prostitución.

[2] **pros·ti·tu·ción** [prostituθjón] *s/f* Acción o resultado de prostituir(se).

[1] **pros·ti·tuir** [prostitwír] *tr* **1.** Hacer que alguien mantenga relaciones sexuales a cambio de dinero. **2.** Degradar por interés o favores.
CONJ *Irreg: Prostituyo, prostituí, prostituiré, prostituido*.

[2] **pros·ti·tu·to, -ta** [prostitúto] *s/m,f* Persona que se prostituye por dinero.

[2] **pro·ta·gó·ni·co, -ca** [protaɣóniko] *adj* Que desempeña un papel decisivo y central.

[3] **pro·ta·go·nis·mo** [protaɣonísmo] *s/m* Cualidad de protagonista.

[4] **pro·ta·go·nis·ta** [protaɣonísta] *s/m,f* Quien es sujeto del papel principal de la trama.

[3] **pro·ta·go·ni·zar** [protaɣoniθár] *tr* **1.** Ser el protagonista. **2.** Hacer algo como actor principal.
ORT La z cambia a c ante e: *Protagonice*.

[4] **pro·tec·ción** [protekθjón] *s/f* Acción o resultado de proteger.

[2] **pro·tec·cio·nis·mo** [protekθjonísmo] *s/m* Sistema económico que protege la producción nacional frente a los productos extranjeros.

[2] **pro·tec·cio·nis·ta** [protekθjonísta] *adj* Relativo al proteccionismo o partidario de él.

[3] **pro·tec·tor, -ra** [protektór] *adj s/m,f* Que protege.

[1] **pro·tec·to·ra·do** [protektoráðo] *s/m* **1.** Soberanía que un país ejerce sobre otro. **2.** Territorio bajo esta tutela.

[5] **pro·te·ger** [proteχér] *tr* Defender contra un daño, peligro, etc.
ORT La g cambia a j ante a y o: *Proteja, protejo*.

[3] **pro·te·gi·do, -da** [proteχíðo] *adj s/m,f* Que es objeto de protección.

[4] **pro·teí·na** [proteína] *s/f* Sustancia orgánica indispensable para el desarrollo.

pro·teí·ni·co, -ca [proteíniko] *adj* Relativo a las proteínas o que las contiene.

[2] **pró·te·sis** [prótesis] *s/f* Pieza artificial que sustituye a un miembro del cuerpo.

[3] **pro·tes·ta** [protésta] *s/f* Acción o resultado de protestar.

3 **pro·tes·tan·te** [protestánte] *adj s/m,f* Relativo al protestantismo o seguidor de esta religión.

1 **pro·tes·tan·tis·mo** [protestantísmo] *s/m* Movimiento religioso que se separó de la Iglesia Católica.

4 **pro·tes·tar** [protestár] **I.** *intr* Mostrar disconformidad o descontento. **II.** *tr* COM Hacer el protesto de una letra de cambio. RPr **Protestar ante/contra/de/por.**

1 **pro·tes·to** [protésto] *s/m* **1.** Requerimiento notarial contra quien no paga una letra de cambio. **2.** Escrito en el que éste se hace constar.

1 **pro·to·co·la·rio, -ia** [protokolárjo] *adj* Según el protocolo o relacionado con él.

3 **pro·to·co·lo** [protokólo] *s/m* **1.** Conjunto de reglas que rigen el desarrollo de una ceremonia. **2.** Acta o documento relativo a un tratado, convenio, etc.

2 **pro·tón** [protón] *s/m* Elemento del núcleo del átomo con carga positiva.

2 **pro·to·ti·po** [prototípo] *s/m* **1.** Primer ejemplar que sirve como modelo. **2.** Ejemplar tipo de algo.

3 **pro·tu·be·ran·cia** [protuβeránθja] *s/f* Abultamiento en una superficie.

3 **pro·ve·cho** [proβétʃo] *s/m* Beneficio o utilidad que resulta de algo.

2 **pro·ve·cho·so, -sa** [proβetʃóso] *adj* Que produce provecho.

3 **pro·vee·dor, -ra** [proβe(e)ðór] *s/m,f* Quien provee o abastece.

3 **pro·ve·er** [proβ(e)ér] **I.** *tr* Dar o vender una mercancía o producto que alguien necesita. **II.** *intr* (Con *a*) Satisfacer las necesidades de alguien. **III.** REFL(-*se*) (Con *de*) Abastecerse. RPr **Proveer(se) a/de.**
CONJ *Irreg: Proveo, proveí, proveeré, provisto.*

3 **pro·ve·nien·te** [proβenjénte] *adj* Que proviene. RPr **Proveniente de.**

4 **pro·ve·nir** [proβenír] *intr* Tener algo su origen o procedencia en otra cosa. RPr **Provenir de.**
CONJ *Irreg: Provengo, provine, provendré, provenido.*

1 **pro·ver·bial** [proβerβjál] *adj* Muy conocido.

1 **pro·ver·bio** [proβérβjo] *s/m* Expresión fija o estereotipada de origen popular.

2 **pro·vi·den·cia** [proβiðénθja] *s/f* Disposición encaminada a la previsión de una necesidad o contingencia.

1 **pro·vi·den·cial** [proβiðenθjál] *adj* **1.** Relativo a la providencia. **2.** Inesperado, pero oportuno.

5 **pro·vin·cia** [proβínθja] *s/f* División territorial y administrativa de una nación.

4 **pro·vin·cial** [proβinθjál] *adj* Relativo a la provincia.

1 **pro·vin·cia·nis·mo** [proβinθjanísmo] *s/m* Cualidad de provinciano.

2 **pro·vin·cia·no, -na** [proβinθjáno] **I.** *adj* Relativo a la provincia. **II.** *adj s/m,f* PEY De mentalidad limitada y lugareña.

2 **pro·vi·sión** [proβisjón] *s/f* **1.** Acción o resultado de proveer. **2.** *pl* Bienes que se guardan para un fin.

3 **pro·vi·sio·nal** [proβisjonál] *adj* Que no es definitivo.

1 **pro·vi·sio·na·li·dad** [proβisjonaliðáð] *s/f* Cualidad de provisional.

1 **pro·vi·so·rio, -ia** [proβisórjo] *adj* Provisional.

2 **pro·vis·to, -ta** [proβísto] *adj* (Con *de*) Que está dotado o equipado con lo que se especifica: *Los indios estaban provistos de hachas y cuerdas.* RPr **Provisto de.**

2 **pro·vo·ca·ción** [proβokaθjón] *s/f* **1.** Acción o resultado de provocar. **2.** Cosa que provoca.

2 **pro·vo·ca·dor, -ra** [proβokaðór] *adj s/m,f* Que provoca.

5 **pro·vo·car** [proβokár] *tr* **1.** Incitar a hacer algo. **2.** Causar una acción cierto fenómeno: *La fuga de capitales provocó inflación.*
ORT La *c* cambia a *qu* ante *e: Provoque.*

2 **pro·vo·ca·ti·vo, -va** [proβokatíβo] *adj* Que provoca.

1 **pro·xe·ne·ta** [pro(k)senéta] *s/m,f* Persona que concierta amores no lícitos.

pro·xe·ne·tis·mo [pro(k)senetísmo] *s/m* Actividad del proxeneta.

3 **pro·xi·mi·dad** [pro(k)simiðáð] *s/f* **1.** Cualidad de próximo. **2.** (*gen* en *pl*) Lugar que está próximo.

5 **pró·xi·mo, -ma** [pró(k)simo] *adj* Cercano en el espacio o en el tiempo.

3 **pro·yec·ción** [projekθjón] *s/f* Acción o resultado de proyectar algo.

5 **pro·yec·tar** [projektár] *tr* **1.** Lanzar algo a distancia. **2.** Extender una cosa su acción o efectos más allá de sí misma. **3.** Exhibir un film. **4.** Producir algo sombra sobre otra superficie o cuerpo. **5.** ARQ Hacer un proyecto de obra.

2 **pro·yec·til** [projektíl] *s/m* **1.** Objeto lanzado mediante algún mecanismo o artefacto. **2.** Bala, bomba.

5 **pro·yec·to** [projékto] *s/m* **1.** Plan de cómo

PRO·YEC·TOR

hacer algo. **2.** ARQ Planos y cálculos de una obra.

① **pro·yec·tor, -ra** [projektór] *adj s/m* Que proyecta.

② **pru·den·cia** [pruðénθja] *s/f* Moderación y cordura en el comportamiento.

① **pru·den·cial** [pruðenθjál] *adj* Moderado.

③ **pru·den·te** [pruðénte] *adj* Que obra con prudencia.

④ **prue·ba** [prwéβa] *s/f* **1.** Acción o resultado de probar. **2.** Cosa que demuestra la veracidad de algo. **3.** (*gen pl*) Muestra de composición tipográfica para ser corregida. **4.** DEP Competición deportiva. **5.** Ejercicio, examen. **6.** FIG Situación difícil o de sufrimiento. **7.** Cantidad pequeña de algo, para comprobar su calidad. LOC **A prueba de,** capaz de resistir lo que se expresa. **En prueba de,** como señal de.

① **pru·ri·to** [pruríto] *s/m* **1.** Picor. **2.** Deseo irrefrenable por hacer algo.

① **pru·sia·no, -na** [prusjáno] *adj s/m,f* De Prusia.

② **psi·co·a·ná·li·sis** [sikoanálisis] *s/m* Estudio de los trastornos psíquicos.

② **psi·co·a·na·lis·ta** [sikoanalísta] *s/m,f* Especialista en psicoanálisis.

② **psi·co·a·na·lí·ti·co, -ca** [sikoanalítiko] *adj* Relativo al psicoanálisis.

psi·co·a·na·li·zar [sikoanaliθár] *tr* REFL(*-se*) Aplicar(se) las técnicas del psicoanálisis.
ORT La *z* cambia a *c* ante *e: Psicoanalice.*

③ **psi·co·lo·gía** [sikoloxía] *s/f* **1.** Estudio de los fenómenos relativos a la mente humana y su comportamiento. **2.** Conjunto de rasgos del temperamento o carácter propio de una persona.

④ **psi·co·ló·gi·co, -ca** [sikolóxiko] *adj* Relativo a la psicología.

③ **psi·có·lo·go, -ga** [sikóloγo] *s/m,f* Especialista en psicología.

① **psi·có·pa·ta** [sikópata] *s/m,f* Enfermo mental.

① **psi·co·sis** [sikósis] *s/f* Enfermedad mental grave.

① **psi·co·te·ra·pia** [sikoterápja] *s/f* Tratamiento de las enfermedades mentales.

① **psi·que** [síke] *s/f* Mente, espíritu.

② **psi·quia·tra** [sikjátra] *s/m,f* Especialista en enfermedades mentales.

② **psi·quia·tría** [sikjatría] *s/f* Estudio de las enfermedades mentales y su curación.

② **psi·quiá·tri·co, -ca** [sikjátriko] **I.** *adj* Relativo a la psiquiatría. **II.** *s/m* Establecimiento sanitario para el cuidado de pacientes con trastornos mentales.

③ **psí·qui·co, -ca** [síkiko] *adj* Relativo a la mente.

② **púa** [púa] *s/f* **1.** Punta afilada en un objeto, espina puntiaguda. **2.** Diente de un peine. **3.** MÚS Lámina triangular para pulsar los instrumentos de cuerda.

② **pub** [púb; páb] *s/m* Bar al estilo inglés.

① **pú·ber** [púβer] *adj s/m,f* Persona que está en la pubertad.

② **pu·ber·tad** [puβertáð] *s/f* Época anterior a la de adulto, anunciadora del desarrollo sexual.

① **pú·bi·co, -ca** [púβiko] *adj* Relativo al pubis.

① **pu·bis** [púβis] *s/m* Zona inferior del abdomen, que se cubre de vello en la pubertad.

④ **pu·bli·ca·ción** [puβlikaθjón] *s/f* **1.** Acción o resultado de publicar(se) algo. **2.** Obra publicada.

⑤ **pu·bli·car** [puβlikár] *tr* **1.** Hacer público un dato o noticia. **2.** Imprimir una obra.
ORT La *c* cambia a *qu* ante *e: Publiquen.*

④ **pu·bli·ci·dad** [puβliθiðáð] *s/f* **1.** Conjunto de técnicas para dar a conocer un producto. **2.** Acción de divulgar algo.

② **pu·bli·cis·ta** [puβliθísta] *s/m,f* Profesional de la publicidad.

③ **pu·bli·ci·ta·rio, -ia** [puβliθitárjo] *adj* Relativo a la publicidad.

⑤ **pú·bli·co, -ca** [púβliko] **I.** *adj* **1.** Que es accesible a todos. **2.** Conocido de todos. **II.** *s/m* **1.** Gente que acude a un lugar o espectáculo. **2.** Clientes de un establecimiento.

② **pu·che·ro** [putʃéro] *s/m* **1.** Utensilio para guisar. **2.** Guiso preparado en él. LOC **Hacer pucheros,** COL iniciar el llanto.

① **pu·cho** [pútʃo] *s/m* AMER Colilla.

pu·di·bun·do, -da [puðiβúndo] *adj* Que muestra excesivo pudor.

① **pú·di·co, -ca** [púðiko] *adj* Pudoroso.

① **pu·dien·te** [puðjénte] *adj* Rico e influyente.

③ **pu·dor** [puðór] *s/m* Sentimiento de vergüenza o timidez.

① **pu·do·ro·so, -sa** [puðoróso] *adj* Que tiene pudor.

② **pu·drir** [puðrír] *tr* REFL(*-se*) **1.** Corromper(se) algo. **2.** FIG Deteriorar(se) algo.

① **pue·ble·ri·no, -na** [pweβleríno] *adj* **1.** Relativo a un pueblo. **2.** Tosco, poco refinado.

⑤ **pue·blo** [pwéβlo] *s/m* **1.** Población con pocos habitantes. **2.** Conjunto de personas de un país o raza. **3.** Gente normal.

PUL·PO

[4] **puen·te** [pwénte] *s/m* **1.** Construcción para atravesar un vacío (río, valle, etc.). **2.** NÁUT Plataforma con barandilla en la cubierta de un barco. **3.** Cosa que sirve de unión con otras. **4.** Día laborable que se toma como festivo por estar entre dos fiestas.

[1] **puen·te·ar** [pwenteár] *tr* Evitar a una persona intermedia y acudir directamente al superior.

[2] **puer·co, -ca** [pwérko] *s/m,f* Cerdo.

pue·ri·cul·tor, -ra [pwerikultór] *s/m,f* Especialista en puericultura.

[1] **pue·ri·cul·tu·ra** [pwerikultúra] *s/f* Arte de cuidar a los niños.

[2] **pue·ril** [pweríl] *adj* Relativo al niño o propio de ellos.

[1] **pue·ri·li·dad** [pweriliðáð] *s/f* Cualidad de pueril.

[1] **puer·pe·rio** [pwerpérjo] *s/m* MED Periodo de seis meses después del parto.

[1] **pue·rro** [pwérro] *s/m* Planta de bulbo comestible.

[5] **puer·ta** [pwérta] *s/f* **1.** Abertura en un muro o pared, que permite pasar de un lado al otro. **2.** Armazón de madera u otros materiales que encaja en esa abertura y permite entrar y salir. **3.** DEP Portería, meta. LOC **Dar con las puertas en las narices,** impedir el paso o acceso a alguien.

[5] **puer·to** [pwérto] *s/m* **1.** Lugar en la costa que ofrece refugio a las embarcaciones. **2.** Paso estrecho entre montañas.

[2] **puer·to·rri·que·ño, -ña** [pwertorrikéɲo] *adj s/m,f* De Puerto Rico.

[5] **pues** [pwés] *conj* Expresa relación de causa, motivo o razón: *Te veré, pues, a las cinco.*

[3] **pues·ta** [pwésta] *s/f* Acción o resultado de poner(se) algo.

[5] **pues·to** [pwésto] *s/m* **1.** Lugar que alguien ocupa. **2.** Lugar en una clasificación o lista. **3.** Empleo. **4.** Lugar de venta, *gen* ambulante. **5.** Lugar en el que hay un destacamento de fuerzas armadas. LOC **Puesto que,** *conj* expresa idea de causa: *Puesto que no viene él, iré yo.*

[1] **puf** [púf] *s/m* Asiento bajo y sin respaldo, de forma circular. ORT *pl* Pufs.

[1] **pú·gil** [púχil] *s/m* Boxeador.

[1] **pu·gi·lis·ta** [puχilísta] *s/m,f* Profesional del boxeo.

pu·gi·lís·ti·co, -ca [puχilístiko] *adj* Relativo al boxeo o lucha libre.

[2] **pug·na** [púγna] *s/f* Oposición o enfrentamiento entre personas.

[2] **pug·nar** [puγnár] *intr* (Con *por*) Esforzarse por conseguir algo. RPr **Pugnar por.**

[1] **pu·ja** [púχa] *s/f* Acción o resultado de pujar.

[2] **pu·jan·te** [puχánte] *adj* Que prospera.

[1] **pu·jan·za** [puχánθa] *s/f* Estado de esplendor, desarrollo o crecimiento.

[2] **pu·jar** [puχár] *intr* **1.** Aumentar el precio de una subasta. **2.** Esforzarse por lograr algo. RPr **Pujar por.**

[1] **pul·cri·tud** [pulkritúð] *s/f* Cualidad de pulcro.

[2] **pul·cro, -ra** [púlkro] *adj* De aspecto cuidado.

[2] **pul·ga** [púlγa] *s/f* Insecto parásito saltador, que se alimenta de sangre. LOC **Tener malas pulgas,** ser muy irritable.

[2] **pul·ga·da** [pulγáða] *s/f* **1.** Medida de longitud (23 mm). **2.** Medida anglosajona de longitud (25,4 mm).

[2] **pul·gar** [pulγár] *s/m* Dedo más grueso de la mano, que se opone a los otros cuatro.

[1] **pul·gón** [pulγón] *s/m* Insecto cuyas larvas se alimentan de vegetales.

[1] **pu·li·do, -da** [pulíðo] **I.** *adj* Arreglado, aseado. **II.** *s/m* Acción o resultado de pulir.

[1] **pu·li·men·tar** [pulimentár] *tr* Dar brillo.

[2] **pu·lir** [pulír] *tr* **1.** Hacer más suave la superficie de algo. **2.** Sacar brillo a algo. **3.** Eliminar imperfecciones o defectos. **4.** Hacer a alguien más refinado. **5.** COL Gastar el dinero con rapidez.

[1] **pu·lla** [púʎa] *s/f* Dicho agudo y molesto.

[3] **pul·món** [pulmón] *s/m* Cada uno de los dos órganos del aparato respiratorio del hombre.

[2] **pul·mo·nar** [pulmonár] *adj* Relativo al pulmón.

[1] **pul·mo·nía** [pulmonía] *s/f* Inflamación del pulmón.

[2] **pul·pa** [púlpa] *s/f* **1.** Parte blanda y carnosa de los frutos. **2.** Masa que resulta de la trituración de la madera.

pul·pe·jo [pulpéχo] *s/m* Acumulación carnosa y redondeada de un dedo o miembro pequeño.

[2] **púl·pi·to** [púlpito] *s/m* Especie de tribuna elevada para predicar en la iglesia.

[1] **pul·po** [púlpo] *s/m* **1.** Molusco cefalópodo comestible, con ocho tentáculos. **2.** Artefacto que gira alrededor de un eje en una feria.

① **pul·po·so, -sa** [pulpóso] *adj* Con mucha pulpa.

① **pul·que** [púlke] *s/m* Bebida alcohólica.

② **pul·sa·ción** [pulsaθjón] *s/f* 1. Acción o resultado de pulsar algo. 2. Latido del corazón.

① **pul·sa·dor, -ra** [pulsaðór] *adj s/m* Que pulsa o sirve para pulsar.

③ **pul·sar** [pulsár] *tr* 1. Apretar con el dedo un botón o tecla. 2. Tantear un asunto.

① **pul·se·ar** [pulseár] *tr* AMER Tomar el pulso.

② **pul·se·ra** [pulséra] *s/f* Aro o cadena de adorno en la muñeca.

② **pul·so** [púlso] *s/m* 1. Sucesión intermitente y rítmica de pequeños impulsos que activan la circulación de la sangre. 2. Firmeza o seguridad para hacer algo.

① **pu·lu·lar** [pululár] *intr* 1. Abundar. 2. Moverse por un lugar muchas personas.

① **pul·ve·ri·za·dor** [pulβeriθaðór] *s/m* Aparato para pulverizar.

② **pul·ve·ri·zar** [pulβeriθár] *tr* 1. Reducir a polvo o dispersar un líquido en gotas menudas. 2. FIG Destruir.
ORT La *z* cambia a *c* ante *e*: *Pulverice*.

② **¡pum!** [púm] Voz onomatopéyica que reproduce el ruido de un golpe seco.

② **pu·ma** [púma] *s/m,f* Mamífero parecido al tigre.

① **pu·na** [púna] *s/f* AMER Meseta elevada y fría en las proximidades de los Andes.

① **pun·ción** [punθjón] *s/f* Acción o resultado de punzar.

① **pun·do·nor** [pundonór] *s/m* Autoestima del propio honor y dignidad.

① **pu·ni·ble** [puníβle] *adj* Que merece castigo.

① **pu·ni·ti·vo, -va** [punitíβo] *adj* Relativo al castigo.

② **punk** [púnk; pánk] *s/m,f* 1. ANGL Movimiento de protesta juvenil. 2. Persona asociada a este movimiento.

④ **pun·ta** [púnta] I. *s/f* 1. Extremo agudo y punzante. 2. Extremo de algo. 3. Clavo pequeño. LOC **Sacar punta a algo,** dar a algo un significado malicioso. II. *adj* 1. (*hora*) De máxima actividad. 2. (*tecnología, ciencia*) Muy avanzado y al día.

① **pun·ta·da** [puntáða] *s/f* Cada pasada del hilo con la aguja.

① **pun·ta·je** [puntáxe] *s/f* AMER Puntuación.

① **pun·tal** [puntál] *s/m* 1. Madero resistente para sostener una obra. 2. Apoyo, sostén de algo.

① **pun·ta·pié** [puntapjé] *s/m* Golpe con la punta del pie.

① **pun·tea·do** [punteáðo] *s/m* Acción o resultado de puntear.

① **pun·te·ar** [punteár] *tr* 1. Señalar o marcar con puntos. 2. MÚS Tocar un instrumento de cuerda pulsando cada una con el dedo o con una púa.
ORT La *e* de la raíz permanece ante otra *e*: *Punteemos*.

pun·te·ra [puntéra] *s/f* En el calzado, parte que cubre la punta del pie.

② **pun·te·ría** [puntería] *s/f* Destreza para acertar con un blanco.

② **pun·te·ro, -ra** [puntéro] I. *adj* Que sobresale en algo. II. *s/m* 1. Vara o utensilio electrónico para señalar en un mapa, etc. 2. COMP Pequeña flecha móvil que señala la opción posible sobre la pantalla.

② **pun·ti·a·gu·do, -da** [puntjaɣúðo] *adj* Con forma de punta aguda.

② **pun·ti·lla** [puntíʎa] *s/f* 1. Labor de encaje en los bordes de una prenda, mantel, etc. 2. Puñal para matar reses. LOC **De puntillas,** de forma disimulada, sin hacer ruido.

① **pun·ti·llo·so, -sa** [puntiʎóso] *adj* Escrupuloso y minucioso en la actuación.

⑤ **pun·to** [púnto] *s/m* 1. Marca pequeña dibujada o marcada sobre una superficie. 2. Signo ortográfico (.). 3. Unidad de calificación en un examen. 4. Sitio o lugar determinado. 5. Cada pasada del hilo al coser. 6. FIG Situación o estado en que se encuentra algo. LOC **A punto,** preparado. **En punto,** exactamente. **Poner a punto,** dejar listo. **Poner los puntos sobre las íes,** FIG puntualizar **Punto y aparte,** el que se pone cuando termina un párrafo.

① **pun·tua·ble** [puntwáβle] *adj* Que puede ser puntuado.

② **pun·tua·ción** [puntwaθjón] *s/f* Acción o resultado de puntuar.

③ **pun·tual** [puntwál] *adj* 1. A la hora debida. 2. (*hora*) Exacto.

② **pun·tua·li·dad** [puntwaliðáð] *s/f* Cualidad de puntual.

① **pun·tua·li·za·ción** [puntwaliθaθjón] *s/f* Acción o resultado de puntualizar.

③ **pun·tua·li·zar** [puntwaliθár] *tr* Especificar o aclarar algo con precisión.
ORT La *z* cambia a *c* ante *e*: *Puntualice*.

① **pun·tuar** [puntwár] I. *tr* 1. Poner en un texto la puntuación ortográfica correcta. 2. Calificar con puntos un examen. II. *intr* Obtener puntos en una prueba.
ORT PRON El acento cae sobre la *u* en el

sing y *3ª p pl* del *pres* de *indic* y *subj: Puntúo*.

[1] **pun·za·da** [punθáða] *s/f* **1.** Acción de punzar. **2.** Dolor agudo en alguna parte del cuerpo.

[1] **pun·zan·te** [punθánte] *adj* Que punza.

[1] **pun·zar** [punθár] **I.** *tr intr* Experimentar un dolor agudo. **II.** *tr* Pinchar con un objeto agudo.
ORT La *z* cambia a *c* ante *e*: *Punce*.

[1] **pun·zón** [punθón] *s/m* **1.** Instrumento puntiagudo de hierro. **2.** Utensilio para grabar o esculpir.

[2] **pu·ña·do** [puɲáðo] *s/m* **1.** Cantidad que cabe en la mano cerrada. **2.** FIG Cantidad pequeña.

[2] **pu·ñal** [puɲál] *s/m* Arma punzante de acero.

[2] **pu·ña·la·da** [puɲaláða] *s/f* Golpe de puñal o herida que produce.

[1] **pu·ñe·ta** [puɲéta] *s/f* **1.** Cosa molesta. **2.** *pl* Manía u obsesión. LOC **Hacer la puñeta a alguien**, COL fastidiar. **Enviar/Mandar a hacer puñetas**, COL rechazar. **Irse algo a hacer puñetas**, COL fracasar.

[2] **pu·ñe·ta·zo** [puɲetáθo] *s/m* Golpe con el puño.

[1] **pu·ñe·te·ro, -ra** [puɲetéro] *adj s/m,f* **1.** Molesto, que fastidia. **2.** COL Que actúa con malicia. LOC **De una puñetera vez**, COL por fin.

[3] **pu·ño** [púɲo] *s/m* **1.** Mano cerrada del ser humano. **2.** Parte de la manga, en una prenda, que llega hasta la muñeca y la rodea. **3.** Parte de un arma blanca, bastón, etc., por donde se agarra con la mano. LOC **Meter/Tener a alguien en un puño**, ejercer gran autoridad sobre alguien.

[1] **pu·pa** [púpa] *s/f* **1.** Erupción en la boca o labios. **2.** Daño físico, dolor.

pu·pi·la·je [pupiláxe] *s/m* **1.** Estado o condición de pupilo. **2.** Hospedaje en una pensión. **3.** Alquiler de una plaza de aparcamiento.

[2] **pu·pi·lo, -la** [pupílo] **I.** *s/m,f* **1.** Persona sometida a la tutela de otra por ser menor de edad, huérfano, etc. **2.** AMER Estudiante interno de un colegio. **II.** *s/f* Abertura en la parte central del iris en el ojo.

[2] **pu·pi·tre** [pupítre] *s/m* Mueble con tapa inclinada, para escribir sobre ella.

[2] **pu·ré** [puré] *s/m* Pasta de legumbres, carne, pescado, etc., triturados.

[3] **pu·re·za** [puréθa] *s/f* **1.** Cualidad de puro. **2.** Castidad.

[1] **pur·ga** [púrɣa] *s/f* **1.** Sustancia medicamentosa para purgarse. **2.** Acción o resultado de purgar. **3.** Eliminación de personas incómodas o indeseables.

[1] **pur·ga·ción** [purɣaθjón] *s/f* Acción o resultado de purgar(se).

[1] **pur·gan·te** [purɣánte] **I.** *adj* Que purga. **II.** *s/m* Sustancia medicamentosa para provocar la evacuación intestinal.

[2] **pur·gar** [purɣár] **I.** *tr* **1.** Eliminar lo inútil o perjudicial. **2.** Administrar una purga o laxante. **3.** Sufrir una pena o castigo. **4.** Apartar a alguien de su empleo o situación. **5.** REL Limpiar el alma de pecado. **II.** REFL(-*se*) Administrarse un purgante. RPr **Purgar(se) con/de**.
ORT La *g* cambia a *gu* ante *e*: *Purgue*.

[1] **pur·ga·to·rio, -ia** [purɣatórjo] *s/m* Lugar donde se expían los pecados leves cometidos en vida.

[2] **pu·ri·fi·ca·ción** [purifikaθjón] *s/f* Acción o resultado de purificar(se).

[2] **pu·ri·fi·car** [purifikár] *tr* Hacer que algo sea más puro.
ORT La *c* cambia a *qu* ante *e*: *Purifique*.

[1] **pu·ri·ta·no, -na** [puritáno] *adj s/m,f* Persona de moral rigurosa.

[5] **pu·ro, -ra** [púro] **I.** *adj* **1.** Libre de mezcla. **2.** Que está limpio o sin manchas. **3.** Que carece de toda imperfección: *Halló en sus ojos una mirada pura*. **4.** Referido al lenguaje, sin contagios, correcto. **5.** Casto. **II.** *s/m* **1.** Cigarro hecho con hojas de tabaco secas y enrolladas. **2.** COL Sanción, castigo.

[2] **púr·pu·ra** [púrpura] *s/m* Color rojo tirando a violeta.

[1] **pur·pu·ra·do, -da** [purpuráðo] *s/m* Cardenal.

[1] **pur·pú·reo, -ea** [purpúreo] *adj* **1.** Relativo a la púrpura. **2.** De color púrpura.

pur·pu·ri·na [purpurína] *s/f* Polvos de color dorado o plateado o pintura elaborada con ellos.

[1] **pu·ru·len·to, -ta** [purulénto] *adj* Que tiene pus.

[1] **pus** [pús] *s/m* MED Secreción amarillenta que segregan las heridas.

[1] **pu·si·lá·ni·me** [pusiláníme] *adj s/m,f* Falto de ánimo, cobarde.

[1] **pu·si·la·ni·mi·dad** [pusilanimiðáð] *s/f* Cualidad de pusilánime.

[1] **pús·tu·la** [pústula] *s/f* Llaga con inflamación purulenta.

[3] **pu·ta** [púta] **I.** *s/f* Mujer que se prostituye. LOC **De puta madre**, ARG de maravilla.

Pasarlas putas, pasarlo mal. **II.** *s/m* ARG Hombre taimado y astuto.

③ **pu·ta·da** [putáða] *s/f* COL Acción malintencionada.

③ **pu·ta·ti·vo, -va** [putatíβo] *adj* Considerado padre, hermano, etc., sin serlo.

③ **pu·te·ar** [puteár] *tr* VULG Tratar mal a alguien.

③ **pu·te·río** [puterío] *s/m* VULG Prostitución o ambiente en el que ésta se ejerce.

pu·te·ro, -ra [putéro] **I.** *adj s/m,f* Que frecuenta el trato con prostitutas. **II.** *adj* Relativo a las putas.

pu·ti·club [putiklúb] *s/m* COL Bar de alterne o prostitución.

④ **pu·to, -ta** [púto] *adj* **1.** VULG Despreciable, fastidioso. **2.** Astuto. LOC **No tener ni puta idea,** COL no saber nada de algo.

③ **pu·tón, -to·na** [putón] *s/m,f* Persona de trato sexual fácil.

③ **pu·tre·fac·ción** [putrefakθjón] *s/f* Acción o resultado de pudrirse algo.

③ **pu·tre·fac·to, -ta** [putrefákto] *adj* Podrido.

③ **pú·tri·do, -da** [pútriðo] *adj* Podrido.

pu·ya [púja] *s/f* Punta acerada en las varas de los picadores y vaqueros.

pu·ya·zo [pujáθo] *s/m* Golpe o herida de puya.

③ **puz·le** [púθle] *s/m* Rompecabezas.

Q q

[2] **Q** [kú] *s/f* Decimoctava letra del alfabeto español. Se llama 'cu'.

[5] **que** [ké] **I.** *pron rel* Equivale a 'el/la/lo cual'. **II.** *conj* **1.** Introduce oraciones subordinadas: *Es una lástima que sea tan malo.* **2.** Sirve para enlazar dos términos de una comparación (*más... que o menos... que*).

[5] **qué** [ké] *pron int* Se usa para preguntar: *¿Qué dices?* LOC **¿Qué tal?**, Expresión de saludo: *¡Hola, Pedro! ¿Qué tal?*

[1] **que·bra·da** [keβráða] *s/f* Paso estrecho entre montañas.

[1] **que·bra·de·ro** [keβraðéro] LOC **Quebradero de cabeza**, gran preocupación.

[1] **que·bra·di·zo, -za** [keβraðíθo] *adj* Fácil de quebrar(se).

[2] **que·bra·do, -da** [keβráðo] **I.** *adj* **1.** Roto. **2.** (*terreno*) Accidentado. **3.** MAT Partes en que se divide la unidad. **II.** *s/m* MAT Representación gráfica de un número fraccionario.

que·bra·du·ra [keβraðúra] *s/f* Acción o resultado de quebrarse algo.

[1] **que·bran·ta·mien·to** [keβrantamjénto] *s/m* Acción o resultado de quebrantar(se) algo.

[2] **que·bran·tar** [keβrantár] **I.** *tr* **1.** Romper o partir de forma violenta. **2.** Incumplir un precepto o ley. **II.** *REFL(-se)* **1.** Romperse o partirse algo. **2.** Perder la resistencia o vigor.

[1] **que·bran·to** [keβránto] *s/m* **1.** Acción o resultado de quebrantar(se) algo. **2.** Daño o perjuicio.

[3] **que·brar** [keβrár] **I.** *tr* **1.** Partir o romper algo con fuerza. **2.** FIG Incumplir una ley o norma. **3.** FIG Vencer la voluntad de alguien que se resistía. **II.** *intr* Declararse insolvente una empresa. **III.** *REFL(-se)* **1.** Romperse algo en trozos. **2.** Referido a voz, hacerse débil.
CONJ *Irreg: Quiebro, quebré, quebraré, quebrado.*

[1] **que·chua** [kétʃua] *adj s/m,f* Relativo a ciertos indios de los Andes, o su lengua.

[1] **que·da** [kéða] *s/f* Acción u hora de recogerse por la noche una población, *esp* en tiempos de guerra.

[5] **que·dar** [keðár] **I.** *intr* **1.** Permanecer en un lugar o estado. **2.** (Seguido de *pp*) Resultar como se expresa: *El acusado quedó absuelto.* **3.** (Con *por* + *inf*) Estar algo por concluir: *Hay muchas necesidades que quedan por cubrir.* **4.** (Con *bien, mal* o similar) Resultar adecuado o correcto, o lo contrario. **5.** COL Estar algo en un emplazamiento determinado: *¿Dónde queda el Ayuntamiento?* **6.** (Seguido de *en*) Acordar algo. **7.** (Seguido de *con, para*) Convenir una cita o acuerdo. **II.** *REFL(-se)* **1.** Permanecer en un lugar o situación. **2.** (Con *con*) Apropiarse de algo o adquirirlo.

[1] **que·do, -da** [kéðo] **I.** *adj* Silencioso. **II.** *adv* Haciendo muy poco ruido.

[3] **que·ha·cer** [keaθér] *s/m* Ocupación.

[1] **quei·ma·da** [keimáða] *s/f* Bebida que se prepara quemando aguardiente de orujo, con ingredientes como granos de café, corteza de limón y azúcar.

[3] **que·ja** [kéxa] *s/f* **1.** Acción o resultado de quejarse. **2.** Expresión de un sentimiento de protesta o descontento.

[4] **que·jar** [kexár] *REFL(-se)* Expresar una queja. LOC **Quejarse de**.

que·ji·ca [kexíka] *adj s/m,f* Que se queja mucho.

[2] **que·ji·do** [kexíðo] *s/m* Sonido de expresión de dolor.

[1] **que·jum·bro·so, -sa** [kexumbróso] *adj* Que expresa queja.

[1] **que·ma** [kéma] *s/f* Acción o resultado de quemar.

[1] **que·ma·dor, -ra** [kemaðór] *s/m* Dispositivo que activa la combustión del carburante.

[2] **que·ma·du·ra** [kemaðúra] *s/f* Acción de quemar o herida que queda.

[4] **que·mar** [kemár] **I.** *tr* **1.** Consumir algo el fuego. **2.** Provocar quemaduras el fuego o las cosas muy calientes. **3.** Exponer los alimentos demasiado a la cocción y estropearlos. **4.** Sobrecalentar y estropear un motor. **5.** Consumir el cuerpo calorías. **6.** Gastar el dinero deprisa. **II.** *intr* **1.** Arder. **2.** Estar algo muy caliente.

QUE·MA·RRO·PA

① **que·ma·rro·pa** [kemarrópa] *adv* **A quemarropa**, desde muy cerca.

① **que·ma·zón** [kemaθón] *s/f* Acción o resultado de quemar(se).

② **que·re·lla** [keréʎa] *s/f* **1.** Pelea, discordia. **2.** DER Demanda o acusación judicial.

① **que·re·llan·te** [kereʎánte] *adj s/m,f* DER Que presenta una querella.

① **que·re·llar·se** [kereʎárse] REFL(-se) Presentar una acusación ante el juez contra un tercero.

① **que·ren·cia** [kerénθja] *s/f* **1.** Tendencia a asociarse con algo con lo que *gen* ya se había estado unido. **2.** Afecto hacia una cosa.

⑤ **que·rer** [kerér] **I.** *s/m* Acción de querer. **II.** *tr* **1.** Tener el deseo de hacer o alcanzar algo. **2.** Sentir amor por alguien o algo. **III.** *impers* Haber indicios de que algo está a punto de suceder. **IV.** REFL(-se) Sentir amor o cariño una persona por otra. CONJ *Irreg: Quiero, quise, querré, querido.*

④ **que·ri·do, -da** [keríðo] **I.** *adj* **1.** Apreciado, amado. **2.** Término con que suele encabezarse una carta: *Mi querida señorita López.* **II.** *s/m,f* Amante.

que·ro·se·no [keroséno] *s/m* Petróleo refinado.

① **que·ru·bín** [keruβín] *s/m* **1.** Clase de ángeles celestes. **2.** Persona de aspecto angelical.

que·se·ro, -ra [keséro] **I.** *adj* Relativo al queso. **II.** *s/m,f* Persona que vende o fabrica queso.

④ **que·so** [késo] *s/m* Producto elaborado a partir de la leche.

① **¡quia!** [kjá] *interj* Expresa incredulidad o negación.

② **qui·cio** [kíθjo] *s/m* Parte de la puerta o ventana en que entra el gozne. LOC **Sacar de quicio**, irritar, exasperar a alguien.

① **quid** [kíð; kwíð] *s/m* Parte fundamental de una cuestión.

② **quie·bra** [kjéβra] *s/f* **1.** Acción de quebrar una empresa. **2.** FIG Fraccionamiento, ruptura.

① **quie·bro** [kjéβro] *s/m* **1.** Movimiento del cuerpo en el que se dobla la cintura. **2.** Temblor en el hilo de voz.

⑤ **quien** [kjén] *pron rel/indef* Designa a una persona.

⑤ **quién** [kjén] *pron int* Se usa en frases interrogativas o exclamativas.

① **quien·quie·ra** [kjenkjéra] *pron indef* Cualquiera. Va seguido siempre de 'que': *Quienquiera que sea.* GRAM *pl* Quienesquiera.

quie·tis·mo [kjetísmo] *s/m* Falta de movimiento o acción.

③ **quie·to, -ta** [kjéto] *adj* Que no se mueve.

② **quie·tud** [kjetúð] *s/f* Falta de movimiento o acción.

① **qui·ja·da** [kiχáða] *s/f* Cada mandíbula en los vertebrados.

③ **qui·jo·te** [kiχóte] *s/m* Persona desinteresada e idealista.

① **qui·jo·tes·co, -ca** [kiχotésko] *adj* Que se comporta como un quijote.

① **qui·la·te** [kiláte] *s/m* Unidad de peso en perlas y piedras preciosas (2 decigramos).

① **qui·lla** [kíʎa] *s/f* Pieza en que se asienta el armazón de una embarcación, desde proa a popa.

① **qui·lo** [kílo] *s/m* **1.** Kilogramo. **2.** Líquido lechoso que se produce durante la digestión.

① **qui·lom·bo** [kilómbo] *s/m* **1.** AMER Casa de prostitutas. **2.** Desorden, alboroto.

① **qui·ló·me·tro** [kilómetro] *s/m* Kilómetro.

quim·bam·bas [kimbámbas] *s/f* LOC **En las quimbambas**, muy lejos.

② **qui·me·ra** [kiméra] *s/f* Cosa deseable, aunque sea inalcanzable.

① **qui·mé·ri·co, -ca** [kimériko] *adj* Relativo a una quimera.

③ **quí·mi·ca** [kímika] *s/f* **1.** Ciencia que estudia la composición de las sustancias. **2.** Atracción y buen entendimiento entre dos personas.

④ **quí·mi·co, -ca** [kímiko] **I.** *adj* Relativo a la química. **II.** *s/m,f* Especialista en química.

① **qui·mio·te·ra·pia** [kimjoterápja] *s/f* Tratamiento de las enfermedades mediante sustancias químicas.

① **qui·mo·no** [kimóno] *s/m* Prenda de vestir de origen oriental. ORT También *kimono*.

① **qui·na** [kína] *s/f* Corteza del quino o bebida medicinal que se obtiene de ella.

quin·ca·lla [kinkáʎa] *s/f* Cosa de poco valor.

① **quin·ce** [kínθe] *adj pron num, s/m* Diez más cinco.

① **quin·ce·a·ñe·ro, -ra** [kinθeaɲéro] *s/m,f* Que ha cumplido quince años.

quin·ce·na [kinθéna] *s/f* Grupo de quince días consecutivos.

① **quin·ce·nal** [kinθenál] *adj* Relativo a una quincena.

1 **qui·nie·la** [kinjéla] *s/f* Apuestas deportivas sobre los resultados de una competición.

3 **qui·nien·tos, -as** [kinjéntos] *adj s/m pron num* Cinco veces cien.

1 **quin·qué** [kinké] *s/m* Lámpara de aceite o petróleo, con un tubo vertical por el que asciende la llama.

1 **quin·que·nio** [kinkénjo] *s/m* Periodo de cinco años consecutivos.

quin·qui [kínki] *s/m,f* Individuo de un grupo social marginado.

3 **quin·ta** [kínta] *s/f* **1.** Conjunto de mozos reclutados anualmente. **2.** Casa de campo.

1 **quin·ta·e·sen·cia** [kintaesénθja] *s/f* Esencia o cosa más pura de algo.

1 **quin·tal** [kintál] *s/m* Peso de cien libras, o 46 kg.

1 **quin·te·to** [kintéto] *s/m* Grupo de cinco personas.

4 **quin·to, -ta** [kínto] **I.** *adj* Que ocupa en un orden el lugar siguiente al cuarto. **II.** *s/m* **1.** Cada una de las partes de las cinco en que se divide un todo. **2.** Mozo ya sorteado para el servicio militar. **3.** Botellín de cerveza de 200 ml.

quín·tu·ple [kíntuple] *adj s/m* Cinco veces mayor.

1 **quin·tu·pli·car** [kintuplikár] *tr REFL(-se)* Multiplicar(se) por cinco.
ORT Ante *e* la *c* cambia a *qu*: *Quintupliqué*.

quín·tu·plo, -pla [kíntuplo] *adj s/m,f* Que es cinco veces mayor.

2 **quios·co** [kjósko] *s/m* Pequeña construcción en sitios públicos, para la venta de revistas, diarios, flores, etc.
ORT También *kiosco*.

1 **quios·que·ro, -ra** [kjoskéro] *s/m,f* Persona a cargo de un quiosco.

2 **qui·ró·fa·no** [kirófano] *s/m* Sala de operaciones quirúrgicas.

1 **qui·ro·man·cia** [kirománθja] *s/f* Adivinación mediante la interpretación de las líneas de la mano.
ORT También *quiromancía*.

qui·ro·mán·ti·co, -ca [kiromántiko] *adj* Relativo a la quiromancia.

1 **qui·ro·ma·sa·je** [kiromasáχe] *s/m* Masaje practicado con las manos.

3 **qui·rúr·gi·co, -ca** [kirúrχiko] *adj* Relativo a la cirugía.

quis·que [kíske] LOC **Todo quisque,** todo el mundo. **Cada quisque,** cada uno.

quis·qui·lla [kiskíʎa] *s/f* Crustáceo del tipo de la gamba, pero más pequeño.

1 **quis·qui·llo·so, -sa** [kiskiʎóso] *adj s/m,f* **1.** Susceptible en exceso. **2.** Que presta excesiva atención al detalle.

1 **quis·te** [kíste] *s/m* Tumor anormal en el cuerpo.

qui·ta·man·chas [kitamántʃas] *s/m* Producto para eliminar las manchas.

qui·ta·nie·ves [kitanjéβes] *adj s/f* Máquina para quitar la nieve en carreteras y caminos.

5 **qui·tar** [kitár] **I.** *tr* **1.** Separar una cosa de otra a la que estaba unida o fijada. **2.** Desposeer a alguien de algo suyo. **3.** Impedir o prohibir hacer algo: *Le han quitado de fumar*. **4.** FIG Retirar de un lugar. **II.** *REFL(-se)* **1.** Desprenderse de algo que se lleva puesto. **2.** Apartarse alguien de un lugar.

2 **qui·te** [kíte] *s/m* Movimiento para evitar un ataque. LOC **Estar al quite,** estar alerta para algo.

1 **qui·te·ño, -ña** [kitéɲo] *adj s/m,f* De Quito.

1 **qui·ti·na** [kitína] *s/f* Materia córnea.

5 **qui·zá(s)** [kiθa(s)] *adv* Expresa duda o posibilidad: *Quizá el tema no sea ese*.

1 **quó·rum** [kwórum] *s/m* Cantidad mínima indispensable de votos o votantes para tomar una decisión.

R r

[5] **R; r** [érre] *s/f* Letra decimonovena del alfabeto español. Su nombre más general es 'erre'.

[1] **ra·ba·di·lla** [rraβaðíʎa] *s/f* 1. Parte final del espinazo. 2. En las aves, extremidad movible en que se insertan las plumas de la cola.

[1] **rá·ba·no** [rráβano] *s/m* Planta de raíz comestible. LOC **Importar un rábano**, no importar nada.

[2] **ra·bia** [rráβja] *s/f* 1. Enfermedad que afecta a los perros, que a su vez pueden transmitirla al hombre. 2. Enfado, ira.

[3] **ra·biar** [rraβjár] *intr* 1. Sentir rabia. 2. (Con *de*) Sentir una sensación muy intensa: *Rabiaba de picor*. RPr **Rabiar de**.

[1] **ra·bie·ta** [rraβjéta] *s/f* Enfado aparatoso, pero de poca importancia.

[1] **ra·bi·no** [rraβíno] *s/m* 1. Maestro en las Sagradas Escrituras judías. 2. Sacerdote del judaísmo.

[2] **ra·bio·so, -sa** [rraβjóso] *adj* 1. Que padece la rabia. 2. Enfurecido, colérico.

[2] **ra·bo** [rráβo] *s/m* 1. Cola de los animales. 2. Cosa que cuelga como la cola. 3. Pedúnculo que sujeta el fruto a las ramas. LOC **De cabo a rabo**, por completo.

[1] **ra·bón, -bo·na** [rraβón] *adj s/m,f* Que no tiene rabo.

ra·ca·ne·ar [rrakaneár] *intr* Actuar de forma tacaña.

rá·ca·no, -na [rrákano] *adj s/m,f* Tacaño, mezquino.

[2] **ra·cha** [rrátʃa] *s/f* 1. Ráfaga de aire o lluvia. 2. Serie de acontecimientos de iguales características (favorables o adversas).

[2] **ra·cial** [rraθjál] *adj* Relativo a la raza.

[2] **ra·ci·mo** [rraθímo] *s/m* Conjunto de granos de uva, o de otros frutos, que cuelgan de un mismo tallo.

ra·cio·ci·nar [rraθjoθinár] *intr* Deducir mediante raciocinio.

[1] **ra·cio·ci·nio** [rraθjoθínjo] *s/m* Facultad del hombre para razonar.

[2] **ra·ción** [rraθjón] *s/f* 1. Parte o porción de comida que se da a cada persona. 2. Cantidad de algo que es considerada suficiente.

[4] **ra·cio·nal** [rraθjonál] *adj* 1. Relativo a la razón. 2. Deducido mediante la razón.

[2] **ra·cio·na·li·dad** [rraθjonaliðáð] *s/f* Cualidad de racional.

[2] **ra·cio·na·lis·mo** [rraθjonalísmo] *s/m* Doctrina que defiende el predominio de la razón.

[2] **ra·cio·na·lis·ta** [rraθjonalísta] *adj s/m,f* Relativo al racionalismo, o partidario de él.

[2] **ra·cio·na·li·za·ción** [rraθjonaliθaθjón] *s/f* Acción o resultado de racionalizar.

[2] **ra·cio·na·li·zar** [rraθjonaliθár] *tr* Hacer que algo sea racional.
ORT Ante *e* la *z* cambia a *c*: *Racionalice*.

[1] **ra·cio·na·mien·to** [rraθjonamjénto] *s/m* Acción o resultado de racionar algo.

[1] **ra·cio·nar** [rraθjonár] *tr* Distribuir por raciones.

[2] **ra·cis·mo** [rraθísmo] *s/m* Exaltación de los valores de una raza sobre las demás.

[2] **ra·cis·ta** [rraθísta] *adj s/m,f* Relativo al racismo o partidario de él.

[1] **ra·da** [rráða] *s/f* Puerto natural.

[2] **ra·dar** [rraðár] *s/m* Sistema para detectar la presencia de objetos lejanos o invisibles.
ORT PRON También *rádar*.

[3] **ra·dia·ción** [rraðjaθjón] *s/f* Acción o resultado de emitir radiación.

[1] **ra·diac·ti·vi·dad** [rraðjaktiβiðáð] *s/f* Energía de los cuerpos radiactivos.

[1] **ra·diac·ti·vo, -va** [rraðjaktíβo] *adj* Que emite radiaciones.

[2] **ra·dia·dor** [rraðjaðór] *s/m* 1. Dispositivo para refrigerar un motor. 2. Aparato por el que circula agua caliente u otro fluido, emitiendo así calor.

[2] **ra·dial** [rraðjál] *adj* Relativo al radio.

[2] **ra·dian·te** [rraðjánte] *adj* 1. Muy brillante. 2. Muy satisfecho.

[4] **ra·diar** [rraðjár] I. *tr* Transmitir por la radio. II. *intr* Emitir rayos o radiaciones.

[1] **ra·di·ca·ción** [rraðikaθjón] *s/f* Acción o resultado de radicar(se) algo.

④ **ra·di·cal** [rraðikál] **I.** *adj* 1. Relativo al radicalismo 2. Relativo a la raíz. **II.** *s/m,f* Partidario del radicalismo. **III.** *s/m* 1. GRAM Parte de la palabra común a todas las derivadas. 2. QUÍM Grupo de átomos no saturado.

① **ra·di·ca·li·dad** [rradikaliðáð] *s/f* Cualidad de radical.

② **ra·di·ca·lis·mo** [rraðikalísmo] *s/m* Doctrina o actitud de quien aboga por posturas extremas.

① **ra·di·ca·li·za·ción** [rraðikaliθaθjón] *s/f* Acción o resultado de radicalizar(se).

① **ra·di·ca·li·zar** [rraðikaliθár] *tr* REFL(-se) Adoptar actitudes radicales.
ORT La *z* cambia a *c* ante *e*: *Radicalice*.

③ **ra·di·car** [rraðikár] **I.** *intr* 1. (Con *en*) Tener su origen en lo que se expresa. 2. Estar situado en un lugar. **II.** REFL(-se) Fijar la residencia en un lugar. RPr **Radicar(se) en**.
ORT La *c* cambia a *qu* ante *e*: *Radique*.

⑤ **ra·dio** [rráðjo] **I.** *s/f* 1. Sistema de radiodifusión a través de ondas hertzianas. 2. Estación de emisión de estos sonidos. 3. Aparato para la recepción de las emisiones. **II.** *s/m* 1. Línea recta desde el centro del círculo hasta un punto de la circunferencia. 2. Pieza que une la llanta de una rueda con su centro o eje. 3. Hueso del antebrazo. 4. Metal de intenso poder radiactivo.

① **ra·dio·ac·ti·vi·dad** [rraðjoaktiβiðáð] *s/f* Radiactividad.

① **ra·dio·ac·ti·vo, -va** [rraðjoaktíβo] *adj* Radiactivo.

① **ra·dio·ca·se·te** [rraðjokaséte] *s/m* Receptor de radio con reproductor de casetes.

② **ra·dio·di·fu·sión** [rraðjoðifusjón] *s/f* Estaciones de radio que emiten por ondas hertzianas.

① **ra·dio·es·cu·cha** [rraðjoeskútʃa] *s/m,f* Oyente de las emisiones de radio.

ra·dio·fo·nía [rraðjofonía] *s/f* Sistema de transmisión por ondas hertzianas.

② **ra·dio·fó·ni·co, -ca** [rraðjofóniko] *adj* Relativo a la radiofonía.

② **ra·dio·gra·fía** [rraðjoɣrafía] *s/f* 1. Técnica de hacer fotografías con rayos X. 2. Fotografía así obtenida. 3. Descripción muy completa de algo o alguien.

② **ra·dio·gra·fiar** [rraðjoɣrafiár] *tr* Transmitir por la telefonía sin hilos.
ORT PRON El acento recae sobre *i* en el *sing* y 3^a *p pl* del *pres* de *ind* y *subj*: *Radiografío*.

① **ra·dio·lo·gía** [rraðjoloχía] *s/f* Estudio de la aplicación de los rayos X en el diagnóstico y tratamiento de enfermedades.

① **ra·dio·ló·gi·co, -ca** [rraðjolóχiko] *adj* Relativo a la radiología.

① **ra·dió·lo·go, -ga** [rraðjóloɣo] *s/m,f* Especialista en radiología.

① **ra·dio·no·ve·la** [rraðjonoβéla] *s/f* Novela emitida por radio.

ra·dio·pa·tru·lla [rraðjopatrúʎa] *s/f* Patrulla policial conectada por radio.

ra·dio·ta·xi [rraðjotá(k)si] *s/m* Taxi conectado por radio.

① **ra·dio·te·le·fo·nía** [rraðjotelefonía] *s/f* Sistema de transmisión a través de ondas hertzianas.

① **ra·dio·te·lé·fo·no** [rraðjoteléfono] *s/m* Aparato utilizado en la radiotelefonía.

① **ra·dio·te·ra·pia** [rraðjoterápja] *s/f* Tratamiento curativo mediante la aplicación de sustancias radiactivas.

① **ra·dio·yen·te** [rraðjojénte] *s/m,f* Persona que escucha un programa de radio.

ra·er [rraér] *tr* Quitar la capa exterior de una superficie con un instrumento cortante o áspero.
CONJ *Irreg: Raigo, raí, raeré, raído*.

② **rá·fa·ga** [rráfaɣa] *s/f* 1. FIG Cosa que llega o se lleva a cabo con rapidez e intensidad. 2. Corriente de aire repentina y violenta.

① **raí·do, -da** [raíðo] *adj* Muy gastado por el uso.

① **rai·gam·bre** [rraiɣámbre] *s/f* Conjunto de raíces entrecruzadas.

① **rail** [rraíl] *s/m* 1. Barras de hierro en la vía de un ferrocarril. 2. Barra por la que algo se desliza.

⑤ **raíz** [rraíθ] **I.** *s/f* 1. Parte subterránea de las plantas. 2. GRAM Parte de una palabra común a otras de la misma familia. 3. MAT Número que se ha de multiplicar por sí mismo una o más veces. 4. FIG Origen, causa de algo. LOC **A raíz de**, a partir de. **De raíz**, completamente. **II.** *adj* Se aplica a la propiedad inmueble: *Bienes raíces*.
ORT *pl Raíces*.

① **ra·ja** [rráχa] *s/f* 1. Abertura o corte muy estrecho. 2. Trozo poco grueso y alargado que se corta de algo.

① **ra·já** [rraχá] *s/m* Título de un soberano indio. LOC **Como un rajá**, muy bien.

② **ra·jar** [rraχár] **I.** *tr* 1. Producir una grieta o corte. 2. Partir en rajas. 3. AMER Apabullar o impresionar a alguien. **II.** REFL(-se) 1. Acobardarse. 2. AMER Huir, marcharse.

1 **ra·ja·ta·bla** [rraχatáβla] *adv* LOC **A rajatabla**, con mucho rigor.

1 **ra·lea** [rraléa] *s/f* LOC **De baja/mala ralea**, muy malo.

1 **ra·len·tí** [rralentí] *s/m* LOC **Al ralentí**, muy lentamente.

1 **ra·len·ti·za·ción** [rralentiθaθjón] *s/f* Acción o resultado de ralentizar.

1 **ra·len·ti·zar** [rralentiθár] *tr* REFL(-se) Hacer(se) más lento.
ORT La *z* cambia a *c* ante *e*: *Ralentice*.

1 **ra·lla·dor** [rraʎaðór] *s/m* Utensilio para rallar alimentos.

1 **ra·lla·du·ra** [rraʎaðúra] *s/f* Trocitos que se producen al rallar.

1 **ra·llar** [rraʎár] *tr* Raspar y desmenuzar algo con un rallador.

2 **ra·lly** [rráli] *s/m* ANGL Carrera automovilística en la que hay que superar numerosos obstáculos y dificultades.
ORT *pl Rallys*.

1 **ra·lo, -la** [rrálo] *adj* Poco denso, con los elementos separados.

4 **ra·ma** [rráma] *s/f* 1. Parte de una planta que crece desde el tronco o tallo principal. 2. Cada una de las partes en que se subdivide algo. LOC **Andarse/Irse por las ramas**, desviarse de lo fundamental.

1 **ra·ma·dán** [rramaðán] *s/m* Noveno mes del año lunar de los musulmanes.

1 **ra·ma·je** [rramáχe] *s/m* Conjunto de las ramas y hojas de una planta.

1 **ra·mal** [rramál] *s/m* 1. Desviación del trayecto o trazado principal de una carretera, camino, etc. 2. Cuerda para sujetar a un animal de tiro.

1 **ra·ma·la·zo** [rramaláθo] *s/m* 1. Sentimiento de carácter violento que se apodera de alguien. 2. FIG Parecido entre dos personas.

1 **ra·me·ra** [rraméra] *s/f* Prostituta.

1 **ra·mi·fi·ca·ción** [rramifikaθjón] *s/f* Acción o resultado de ramificar(se).

1 **ra·mi·fi·car** [rramifikár] *tr* REFL(-se) Dividir(se) en varias secciones o ramas.
ORT Ante *e* la *c* cambia a *qu*: *Ramifique*.

1 **ra·mi·lle·te** [rramiʎéte] *s/m* Pequeño ramo de florecillas o plantas.

3 **ra·mo** [rrámo] *s/m* 1. Conjunto de ramas o flores cortadas. 2. Grupo de ramas cortadas. 3. División de un campo científico o especialidad.

2 **ram·pa** [rrámpa] *s/f* Plano inclinado para subir o bajar.

1 **ram·plón, -plo·na** [rramplón] *adj* Vulgar, ordinario o poco original.

ram·plo·ne·ría [rramplonería] *s/f* Cualidad de ramplón.

3 **ra·na** [rrána] *s/f* Batracio de agua dulce, de piel verde con manchas negras.

ran·che·ra [rrantʃéra] *adj s/f* Canción mejicana.

2 **ran·che·ro, -ra** [rrantʃéro] I. *adj* Relativo a un rancho. II. *s/m,f* Encargado de un rancho o dueño de él.

2 **ran·cho** [rrántʃo] *s/m* 1. AMER Propiedad rural. 2. Comida preparada para muchas personas.

2 **ran·cio, -ia** [rránθjo] *adj* 1. (*alimentos*) Que ha perdido el buen sabor y olor original. 2. Antiguo.

3 **ran·go** [rrángo] *s/m* Categoría o clase.

2 **ran·king** [rránkin] *s/m* ANGL Escala numérica o de clasificación.

2 **ra·nu·ra** [rranúra] *s/f* Surco estrecho en un material, que permite el paso de algo.

ra·pa·ci·dad [rrapaθiðáð] *s/f* Cualidad de rapaz.

1 **ra·pa·do, -da** [rrapáðo] *adj s/m,f* Que tiene la cabeza rasurada.

ra·pa·pol·vo [rrapapólβo] *s/m* Reprensión severa.

1 **ra·par** [rrapár] *tr* REFL(-se) Cortar(se) el pelo al rape o afeitar(se) la barba.

2 **ra·paz, -za** [rrapáθ] I. *adj* Inclinado al robo o rapiña. II. *s/m,f* Muchacho de corta edad. III. *adj s/f,pl* Aves carnívoras.

1 **ra·pe** [rrápe] *s/m* 1. (*Al rape*) (*pelo*) (Cortado) hasta la raíz. 2. Pez comestible.

1 **ra·pé** [rrapé] *s/m* Tabaco en polvo.

3 **ra·pi·dez** [rrapiðéθ] *s/f* Cualidad de rápido.

5 **rá·pi·do, -da** [rrápiðo] I. *adj* 1. Que se realiza en poco tiempo. 2. De duración muy breve. II. *s/m* Corriente muy veloz en un río. III. *adv* Velozmente.

1 **ra·pi·ña** [rrapíɲa] *s/f* Robo.

1 **ra·po·so, -sa** [rrapóso] *s/m,f* 1. Zorro. 2. Persona astuta.

2 **rap·tar** [rraptár] *tr* Retener a alguien en contra de su voluntad.

1 **rap·to** [rrápto] *s/m* 1. Acción o resultado de raptar. 2. Arrebato de ira, celos, locura, etc.

1 **rap·tor, -ra** [rraptór] *adj s/m,f* Que rapta.

1 **ra·que·ta** [rrakéta] *s/f* Marco ovalado y con mango, que sujeta una red tensada con la que se golpea la pelota en juegos como el tenis.

RA·TO·NE·RO

[1] **ra·quis** [rrákis] *s/m* Columna vertebral.

[1] **ra·quí·ti·co, -ca** [rrakítiko] **I.** *adj s/m,f* Que padece raquitismo. **II.** *adj* 1. Pobre o escaso. 2. Débil, enfermizo.

[2] **ra·re·za** [rraréθa] *s/f* 1. Cualidad de raro. 2. Cosa rara.

[4] **ra·ro, -ra** [rráro] *adj* Extraño, poco común.

[1] **ras** [rrás] LOC **A ras de**, a nivel de.

[1] **ra·san·te** [rrasánte] **I.** *adj* Que casi roza el suelo. **II.** *s/f* Línea inclinada respecto al plano horizontal.

[2] **ra·sar** [rrasár] *tr* 1. Igualar la superficie con un rasero. 2. Pasar algo casi rozando otra cosa.

[1] **ras·ca·cie·los** [rraskaθjélos] *s/m* Edificio muy alto.

ras·ca·du·ra [rraskaðúra] *s/f* Acción o resultado de rascar.

[2] **ras·car** [rraskár] *tr* REFL(-se) Frotar con un objeto duro o áspero.
ORT Ante *e* la *c* cambia a *qu: Rasque*.

[1] **ra·se·ro** [rraséro] *s/m* Utensilio para rasar áridos en los recipientes en que se miden. LOC **Por el mismo rasero**, por igual.

[3] **ras·gar** [rrasɣár] **I.** *tr* REFL(-se) Romper(se) algo tirando con fuerza de dos lados. **II.** *tr* Rasguear.
ORT Ante *e* la *g* cambia a *gu: Rasgue*.

[4] **ras·go** [rrásɣo] *s/m* 1. Característica identificadora. 2. *pl* Trazos fisonómicos del rostro. 3. Trazo que se hace al escribir.

[1] **ras·gue·ar** [rrasɣeár] *tr* Tocar un instrumento musical pulsando varias cuerdas a la vez.

[1] **ras·gueo** [rrasɣéo] *s/m* Acción o resultado de rasguear.

[1] **ras·gu·ñar** [rrasɣuɲár] *tr* Hacer rasguños.

[1] **ras·gu·ño** [rrasɣúɲo] *s/m* Arañazo.

[2] **ra·so, -sa** [rráso] **I.** *adj* 1. Liso, uniforme y sin desniveles. 2. Que se desplaza paralelo al suelo y cerca de él. 3. (*empleo*) Que carece de distinción especial. 4. (*cielo*) Despejado, sin nubes. **II.** *s/m* Tela de seda lisa y lustrosa.

[1] **ras·pa** [rráspa] *s/f* 1. Espina del pescado. 2. Hilo áspero de una espiga o de un racimo al quitar el grano. 3. Baile popular, alegre y desenfadado.

[1] **ras·pa·do** [rraspáðo] *s/m* Acción o resultado de raspar, *esp* si se hace en la matriz de la hembra.

[4] **ras·pa·du·ra** [rraspaðúra] *s/f* Acción o resultado de raspar.

[2] **ras·par** [rraspár] *tr* Frotar repetidamente con algo áspero o cortante.

[1] **ras·po·so, -sa** [rraspóso] *adj* Que raspa o es áspero.

[1] **ras·trea·dor, -ra** [rrastreaðór] *adj s/m,f* Que busca siguiendo un rastro.

[2] **ras·tre·ar** [rrastreár] **I.** *tr* 1. Buscar siguiendo su rastro. 2. Examinar escrupulosamente una cosa en busca de algo. **II.** *intr* Seguir la pista o rastro de algo.

[1] **ras·treo** [rrastréo] *s/m* Acción o resultado de rastrear.

[1] **ras·tre·ro, -ra** [rrastréro] *adj* 1. Que se mueve arrastrándose. 2. Poco noble, servil.

[1] **ras·tri·llo** [rrastríʎo] *s/m* Utensilio para arrastrar o recoger hierba, paja, etc.

[3] **ras·tro** [rrástro] *s/m* 1. Indicio o huella que deja alguien o algo. 2. Resto que queda de algo que se ha consumido. 3. Utensilio parecido al rastrillo. 4. Lugar para la venta de ropas o enseres usados. LOC **Ni rastro**, nada en absoluto.

[1] **ras·tro·jo** [rrastróxo] *s/m* 1. Residuo de la mies que queda en el campo una vez acabada la siega. 2. Campo de rastrojo.

[1] **ra·su·rar** [rrasurár] *tr* Afeitar.

[2] **ra·ta** [rráta] *s/f* 1. Mamífero roedor, voraz, que suele vivir en lugares sucios o alcantarillado. 2. Hembra del ratón. 3. Persona tacaña y despreciable.

[1] **ra·te·ro, -ra** [rratéro] *s/m,f* Ladrón de cosas menores.

ra·ti·ci·da [rratiθíða] *s/m* Producto para matar ratas y ratones.

[2] **ra·ti·fi·ca·ción** [rratifikaθjón] *s/f* Acción o resultado de ratificar algo.

[3] **ra·ti·fi·car** [rratifikár] *tr* REFL(-se) Confirmar o validar algo, o reafirmarse en ello.
ORT Ante *e* la *c* cambia a *qu: Ratifique*.

[2] **ra·tio** [rrátjo] *s/m,f* Relación o proporción entre dos cantidades.

[5] **ra·to** [rráto] *s/m* Espacio no muy extenso de tiempo. LOC **A ratos**, de forma ocasional. **Pasar el/un rato**, entretenerse.

[3] **ra·tón** [rratón] *s/m* 1. Mamífero roedor, pequeño y voraz. 2. COMP Dispositivo que controla el cursor en la pantalla.

[1] **ra·to·ne·ra** [rratonéra] *s/f* 1. Trampa para cazar ratones. 2. Nido de ratones. 3. Agujero por el que entran los ratones. 4. FIG Trampa.

[1] **ra·to·ne·ro, -ra** [rratonéro] **I.** *adj* Relativo a los ratones. **II.** *s/m,f* Animal, *esp* aves, que se alimenta de ratones.

RAU·DAL

[1] **rau·dal** [rrauðál] *s/m* **1.** Torrente abundante de agua. **2.** FIG Gran cantidad de algo. LOC **A raudales**, en gran cantidad.

[1] **rau·do, -da** [rráuðo] *adj* Muy veloz.

[3] **ra·ya** [rrája] *s/f* **1.** Línea continua o de puntos. **2.** Línea que separa el cabello en dos partes. **3.** Dosis de cocaína. **4.** Pez marino. LOC **Mantener a raya**, controlar dentro de unos límites. **Pasar(se) de la raya**, rebasar lo tolerable o normal.

[1] **ra·ya·do, -da** [rrajáðo] **I.** *adj* Que tiene rayas. **II.** *s/m* Conjunto de rayas en un papel, ropa, etc.

[1] **ra·ya·no, -na** [rrajáno] *adj* Que linda con otra cosa.

[3] **ra·yar** [rrajár] **I.** *tr* **1.** Trazar rayas. **2.** Estar al borde de un límite. **II.** *intr* (Con *con, en*) Limitar con algo, o asemejarse a ello.

[4] **ra·yo** [rrájo] *s/m* **1.** Haz de luz que procede de un cuerpo luminoso. **2.** Descarga eléctrica de gran intensidad durante las tormentas.

[1] **ra·yón** [rrajón] *s/m* Fibra sintética.

[2] **¡ra·yos!** [rrájos] *interj* Expresa indignación.

[2] **ra·yue·la** [rrajwéla] *s/f* Juego infantil.

[4] **ra·za** [rráθa] *s/f* **1.** BIOL Cada grupo en que se subdividen las especies de seres vivos. **2.** Cada grupo de seres humanos con un mismo color de piel. LOC **De raza**, sin mezcla de razas.

[5] **ra·zón** [rraθón] *s/m* **1.** Facultad de pensar. **2.** Argumento en apoyo de algo. **3.** Causa, motivo. LOC **En razón de**, según la causa de algo. **Entrar en razón**, atender a razones. **Tener razón**, estar en lo cierto.

[4] **ra·zo·na·ble** [rraθonáβle] *adj* Conforme a razón.

[3] **ra·zo·na·mien·to** [rraθonamjénto] *s/m* **1.** Acción o resultado de razonar. **2.** Conjunto de ideas que llevan lógicamente a una conclusión.

[4] **ra·zo·nar** [rraθonár] **I.** *intr* Coordinar pensamientos de manera lógica para llegar a una conclusión. **II.** *tr* Justificar con razones.

[2] **re** [rré] *s/m* Nota musical.

[2] **re·a·brir** [rreaβrír] *tr* Volver a abrir lo que estaba cerrado.
CONJ *Irreg: Reabro, reabrí, reabriré, reabierto.*

[4] **re·ac·ción** [rreakθjón] *s/f* **1.** Cualquier acción que se opone a otra y que es motivada por ésta. **2.** TÉC Fuerza en dirección opuesta a otra. **3.** QUÍM Acción recíproca entre cuerpos, de la que resultan otros cuerpos.

[4] **re·ac·cio·nar** [rreakθjonár] *intr* Producirse una reacción.

[2] **re·ac·cio·na·rio, -ia** [rreakθjonárjo] *adj s/m,f* Contrario al cambio de ideas.

[2] **rea·cio, -ia** [rreáθjo] *adj* Que se opone a realizar algo. RPr **Reacio a**.

[2] **re·ac·ti·va·ción** [rreaktiβaθjón] *s/f* Acción o resultado de reactivar(se).

[2] **re·ac·ti·var** [rreaktiβár] *tr* REFL(-se) Activar(se) de nuevo.

[1] **re·ac·ti·vo, -va** [rreaktíβo] *adj* Que provoca reacción.

[2] **re·ac·tor** [rreaktór] *s/m* **1.** Dispositivo en que se producen reacciones. **2.** Motor de reacción. **3.** Avión propulsado con este motor.

[1] **re·ad·mi·sión** [rreaðmisjón] *s/f* Acción o resultado de readmitir a alguien.

[1] **re·ad·mi·tir** [rreaðmitír] *tr* Volver a admitir.

[3] **re·a·fir·mar** [rreafirmár] *tr* REFL(-se) Afirmar(se) de nuevo.

[1] **re·a·gru·par** [rreaɣrupár] *tr* REFL(-se) Volver(se) a agrupar.

[2] **re·a·jus·tar** [rreaχustár] *tr* REFL(-se) Volver(se) a ajustar.

[1] **re·a·jus·te** [rreaχúste] *s/m* Acción o resultado de reajustar(se).

[5] **re·al** [rreál] *adj* **1.** Que existe en la realidad. **2.** Relativo a los reyes.

[1] **re·al·ce** [rreálθe] *s/m* **1.** Acción o resultado de realzar. **2.** (Con *dar*) Esplendor o relieve.

[2] **rea·le·za** [rrealéθa] *s/f* **1.** Carácter o condición de rey. **2.** Conjunto de familias reales.

[5] **rea·li·dad** [rrealiðáð] *s/f* Existencia efectiva de algo. LOC **En realidad**, de hecho.

[3] **rea·lis·mo** [rrealísmo] *s/m* **1.** Doctrina que defiende la existencia objetiva de los seres o ideas fuera de la mente. **2.** Tendencia a representar la realidad. **3.** Actitud de quien actúa teniendo en cuenta la realidad.

[4] **rea·lis·ta** [rrealísta] *adj s/m,f* **1.** Que se comporta con realismo (3). **2.** Partidario del realismo político.

[1] **rea·li·za·ble** [rrealiθáβle] *adj* Que puede ser realizado.

[4] **rea·li·za·ción** [rrealiθaθjón] *s/f* Acción o resultado de llevar(se) algo a cabo.

[2] **rea·li·za·dor, -ra** [rrealiθaðór] *adj s/m,*

Que realiza algo, *esp* aplicado al director de una obra cinematográfica o televisiva.

[5] **rea·li·zar** [rrealiθár] **I.** *tr* **1.** Llevar algo a cabo. **2.** En cine o televisión, dirigir una película o programa. **II.** *REFL(-se)* Hacer realidad las aspiraciones propias.
ORT Ante *e* la *z* cambia a *c: Realice.*

[1] **re·al·qui·lar** [rrealkilár] *tr* Ceder en alquiler a una tercera persona una vivienda quien, a su vez, es arrendatario de ella.

[2] **re·al·zar** [rrealθár] *tr* Hacer que algo o alguien destaque.
ORT Ante *e* la *z* cambia a *c: Realcen.*

[1] **re·a·ni·mar** [rreanimár] *tr REFL(-se)* **1.** Hacer recuperar las energías físicas. **2.** MED Hacer que alguien recupere el conocimiento.

[3] **re·a·nu·dar** [reanuðár] *tr REFL(-se)* Volver(se) a iniciar algo.

[2] **re·a·pa·re·cer** [rreapareθér] *intr* Volver a aparecer.
CONJ *Irreg: Reaparezco, reaparecí, reapareceré, reaparecido.*

[1] **re·a·pa·ri·ción** [rreapariθjón] *s/f* Acción o resultado de reaparecer.

[1] **re·a·per·tu·ra** [rreapertúra] *s/f* Acción de volver a abrir(se) o poner(se) en funcionamiento algo.

[1] **re·ar·mar** [rrearmár] *tr* Equipar a un ejército con armamento.

[1] **re·ar·me** [rreárme] *s/m* Acción o resultado de rearmar(se).

[1] **re·a·se·gu·ro** [rreaseɣúro] *s/m* Seguro que cubre un riesgo ya asegurado.

[1] **rea·ta** [rreáta] *s/f* Hilera de caballerías atadas unas a otras.

[1] **re·a·vi·var** [rreaβiβár] *tr REFL(-se)* Hacer(se) algo más fuerte e intenso.

re·ba·ba [rreβáβa] *s/f* Porción de materia sobrante en los bordes o superficie de algo.

[2] **re·ba·ja** [rreβáχa] *s/f* **1.** Acción de rebajar algo. **2.** Disminución del precio establecido. **3.** Cantidad que se rebaja.

[3] **re·ba·jar** [rreβaχár] *tr* **1.** Hacer que algo tenga menos altura. **2.** Reducir el grosor o espesor de algo. **3.** Bajar el precio de una mercancía. **4.** FIG Bajar de categoría. **5.** Bajar la graduación alcohólica de una bebida.

[1] **re·ba·na·da** [rreβanáða] *s/f* Trozo delgado y ancho de pan.

[2] **re·ba·nar** [rreβanár] *tr* Cortar rebanadas.

[2] **re·ba·ñar** [rreβaɲár] *tr* Recoger restos de lo que ha quedado en el fondo de un recipiente.

[2] **re·ba·ño** [rreβáɲo] *s/m* Conjunto de ganado, en especial ovino.

[3] **re·ba·sar** [rreβasár] *tr* **1.** Ir más allá de un límite. **2.** Dejar atrás al andar.

re·ba·ti·ble [rreβatíβle] *adj* Que puede ser rebatido.

[1] **re·ba·tir** [rreβatír] *tr* Refutar con argumentos.

re·ba·to [rreβáto] *s/m* Llamada urgente para avisar de un peligro.

[2] **re·be·ca** [rreβéka] *s/f* Prenda similar a una chaqueta, abierta por delante.

[1] **re·be·co** [rreβéko] *s/m* Rumiante de la familia del gamo.

[2] **re·be·lar·se** [rreβelárse] *REFL(-se)* **1.** Negarse a obedecer a la autoridad. **2.** Oponer resistencia. RPr **Rebelarse contra.**

[3] **re·bel·de** [rreβélde] **I.** *adj* Que se ha rebelado contra la autoridad. **II.** *adj s/m,f* Que tiende a no obedecer.

[2] **re·bel·día** [rreβeldía] *s/f* **1.** Cualidad o condición del rebelde. **2.** Acción o comportamiento de un rebelde.

[3] **re·be·lión** [rreβeljón] *s/f* **1.** Acción o resultado de rebelarse. **2.** Levantamiento armado contra la autoridad establecida.

[1] **re·blan·de·cer** [rreβlandeθér] *tr REFL(-se)* Poner(se) algo blando.
CONJ *Irreg: Reblandezco, reblandecí, reblandeceré, reblandecido.*

re·bo·bi·na·do, -da [reβoβináðo] *s/m* Acción o resultado de rebobinar.

[1] **re·bo·bi·nar** [rreβoβinár] *tr* Hacer que una cinta vaya en sentido inverso al avance o proyección.

[1] **re·bor·de** [rreβórðe] *s/m* **1.** Saliente estrecho a lo largo del borde de algo. **2.** Tira estrecha al borde de una prenda.

[2] **re·bo·san·te** [rreβosánte] *adj* Que rebosa.

[2] **re·bo·sar** [rreβosár] **I.** *intr* **1.** Salir un líquido por los bordes del recipiente que lo contiene. **2.** Salir algo de su continente por haber de ello más de lo que cabe. **II.** *tr intr* Tener algo en gran abundancia. RPr **Rebosar de/en.**

[2] **re·bo·tar** [rreβotár] *intr* **1.** Botar repetidamente una pelota en el suelo o en otra superficie. **2.** Chocar un objeto contra la superficie de algo y ser rechazado en dirección opuesta.

[1] **re·bo·te** [rreβóte] *s/m* Acción o resultado de rebotar.

[1] **re·bo·zar** [rreβoθár] *tr* Bañar los alimentos en huevo batido y harina.
ORT Ante *e* la *z* cambia a *c: Reboce.*

RE·BO·ZO

|1| **re·bo·zo** [rreβóθo] *s/m* **1.** Mantilla de mujer. **2.** FIG Sentimiento de pudor para hacer o decir algo.

|1| **re·bro·tar** [rreβrotár] *intr* Brotar de nuevo.

|1| **re·bro·te** [rreβróte] *s/m* Acción o resultado de rebrotar.

|1| **re·bu·llir** [rreβuʎír] *intr* REFL(-se) Moverse un poco lo que estaba quieto.

|1| **re·bus·ca·do, -da** [rreβuskáðo] *adj* **1.** (*lenguaje, estilo*) Artificioso, afectado. **2.** Que habla con ese estilo.

|1| **re·bus·ca·mien·to** [rreβuskamjénto] *s/m* Cualidad de rebuscado.

|2| **re·bus·car** [rreβuskár] *tr intr* **1.** Buscar con minuciosidad. **2.** Recoger los restos que quedan en los campos después de la cosecha.
ORT Ante *e* la *c* cambia a *qu: Rebusque*.

|1| **re·buz·nar** [rreβuθnár] *intr* Producir el asno el sonido que le caracteriza.

|1| **re·buz·no** [rreβúθno] *s/m* Acción de rebuznar.

|2| **re·ca·bar** [rrekaβár] *tr* Reclamar algo de otra persona.

|1| **re·ca·de·ro, -ra** [rrekaðéro] *s/m,f* Persona que se dedica a llevar recados.

|2| **re·ca·do** [rrekáðo] *s/m* Aviso o mensaje que se envía.

|3| **re·ca·er** [rrekaér] *intr* **1.** (Con *sobre*) Corresponder a alguien cierta responsabilidad, consecuencias, etc. **2.** Volver a caer en una enfermedad.
CONJ *Irreg: Recaigo, recaí, recaeré, recaído.*

|1| **re·caí·da** [rrekaíða] *s/f* Acción o resultado de recaer.

|1| **re·ca·lar** [rrekalár] *intr* **1.** Fondear transitoriamente una embarcación en puerto. **2.** Detenerse en un lugar tras haber pasado por otros.

|2| **re·cal·car** [rrekalkár] *tr* Decir algo con énfasis.
ORT Ante *e* la *c* cambia a *qu: Recalque*.

|1| **re·cal·ci·tran·te** [rrekalθitránte] *adj* Terco, obstinado.

|1| **re·ca·len·ta·mien·to** [rrekalentamjénto] *s/m* Acción o resultado de recalentar(se).

|1| **re·ca·len·tar** [rrekalentár] *tr* **1.** Volver a calentar algo. **2.** Calentar en exceso.
CONJ *Irreg: Recaliento, recalenté, recalentaré, recalentado.*

|2| **re·cá·ma·ra** [rrekámara] *s/f* **1.** Aposento detrás de otro más importante. **2.** Lugar en que se coloca el cartucho en un arma de fuego.

|1| **re·cam·bio** [rrekámbjo] *s/m* Pieza idéntica a otra que se sustituye.

|1| **re·ca·pa·ci·tar** [rrekapaθitár] *intr* Reflexionar detenidamente.

|1| **re·car·ga** [rrekárɣa] *s/f* Acción o resultado de recargar.

re·car·ga·ble [rrekarɣáβle] *adj* Que puede ser recargado.

|2| **re·car·gar** [rrekarɣár] *tr* **1.** Volver a cargar. **2.** Poner un peso excesivo sobre algo. **3.** Adornar en exceso o con mal gusto.
ORT Ante *e* la *g* cambia a *gu: Recargue*.

|1| **re·car·go** [rrekárɣo] *s/m* **1.** Acción o resultado de recargar(se). **2.** Cantidad con que se recarga el pago o precio de algo.

|1| **re·ca·ta·do, -da** [rrekatáðo] *adj* **1.** Reservado, discreto. **2.** Que actúa con recato.

|1| **re·ca·tar** [rrekatár] REFL(-se) Tener timidez o recato. RPr **Recatarse de/en**.

|1| **re·ca·to** [rrekáto] *s/m* **1.** Discreción, cautela. **2.** Pudor.

re·cau·chu·tar [rrekautʃutár] *tr* Volver a cubrir de caucho una llanta o cubierta desgastada.

|3| **re·cau·da·ción** [rrekauðaθjón] *s/f* **1.** Acción o resultado de recaudar. **2.** Cantidad que se recauda.

|1| **re·cau·da·dor, -ra** [rrekauðaðór] *adj s/m,f* Que recauda.

|2| **re·cau·dar** [rrekauðár] *tr* Recoger fondos para un fin.

|1| **re·cau·da·to·rio, -ia** [rrekauðatórjo] *adj* Relativo a la recaudación.

|1| **re·cau·do** [rrekáuðo] *s/m* Recaudación.
LOC **A buen recaudo,** en sitio seguro.

|2| **re·ce·lar** [rreθelár] *tr intr* Desconfiar. RPr **Recelar de**.

|2| **re·ce·lo** [rreθélo] *s/m* Desconfianza.

|2| **re·ce·lo·so, -sa** [rreθelóso] *adj* Que siente recelo. RPr **Receloso de**.

|1| **re·cen·sión** [rreθensjón] *s/f* Noticia crítica de una obra.

|3| **re·cep·ción** [rreθepθjón] *s/f* **1.** Acción o resultado de recibir. **2.** Acto solemne en el que se recibe a algún personaje importante. **3.** (*hotel*) Lugar donde se recibe a los recién llegados para formalizar su admisión.

|1| **re·cep·cio·nis·ta** [rreθepθjonísta] *adj s/m,f* Persona encargada de la recepción de un hotel o empresa.

|1| **re·cep·tá·cu·lo** [rreθeptákulo] *s/m* Recipiente para contener algo.

|1| **re·cep·ti·vi·dad** [rreθeptiβiðáð] *s/f* Cualidad de receptivo.

[2] **re·cep·ti·vo, -va** [rreθeptíβo] *adj* 1. Dispuesto a recibir. 2. De talante abierto.

[3] **re·cep·tor** [rreθeptór] *s/m* Aparato de radio.

[2] **re·ce·sión** [rreθesjón] *s/f* Etapa depresiva en la economía.

[1] **re·ce·si·vo, -va** [rreθesíβo] *adj* Relativo a la recesión o que tiende a ella.

[1] **re·ce·so** [rreθéso] *s/m* Interrupción de una actividad.

[3] **re·ce·ta** [rreθéta] *s/f* 1. Lista de ingredientes para elaborar algo (medicamento, plato de comida). 2. Escrito con lo que el médico prescribe.

[3] **re·ce·tar** [rreθetár] *tr* 1. Prescribir el médico un medicamento. 2. Aconsejar o recomendar algo para solucionar un problema.

[1] **re·ce·ta·rio** [rreθetárjo] *s/m* Lista de recetas.

[1] **re·cha·za·ble** [rretʃaθáβle] *adj* Que puede o debe ser rechazado.

[5] **re·cha·zar** [rretʃaθár] *tr* 1. No admitir. 2. Oponer resistencia.
ORT Ante *e* la *z* cambia a *c: Rechace*.

[3] **re·cha·zo** [rretʃáθo] *s/m* Acción o resultado de rechazar. LOC **De rechazo,** de manera indirecta.

re·chi·fla [rretʃífla] *s/f* Silbido, expresión de burla.

[1] **re·chi·nar** [rretʃinár] *tr intr* Producirse un sonido desagradable o estridente al rozar o frotar una cosa con otra.

[1] **re·chis·tar** [rretʃistár] *intr* Replicar, *gen* protestando. LOC **Sin rechistar,** sin protestar.

[1] **re·chon·cho, -cha** [rretʃóntʃo] *adj* Gordo y bajo.

re·chu·pe·te [rretʃupéte] LOC **De rechupete,** COL estupendo.

[1] **re·ci·bí** [rreθiβí] *s/m* Acuse de recibo.

[2] **re·ci·bi·dor, -ra** [rreθiβiðór] *s/m* Estancia para las visitas.

[2] **re·ci·bi·mien·to** [rreθiβimjénto] *s/m* Acción o resultado de recibir a alguien.

[5] **re·ci·bir** [rreθiβír] I. *tr* 1. Ser beneficiario de algo que se entrega o se da. 2. Admitir o acoger a alguien. II. *REFL(-se)* AMER Obtener un título o licenciatura.

[3] **re·ci·bo** [rreθíβo] *s/m* 1. Acción o resultado de recibir algo. 2. Escrito justificante de la entrega o recepción. LOC **Acuse de recibo,** comunicación escrita de que se ha recibido algo.

] **re·ci·cla·ble** [rreθikláβle] *adj* Que puede ser reciclado.

[1] **re·ci·cla·do** [rreθikláðo] *s/m* Acción o resultado de reciclar.

[2] **re·ci·cla·je** [rreθikláχe] *s/m* Operaciones para reconvertir ciertos materiales de manera que puedan ser utilizados de nuevo.

[2] **re·ci·clar** [rreθiklár] *tr REFL(-se)* 1. Someter el material usado a un proceso de reciclaje. 2. Dar a alguien nuevos conocimientos para ponerse al día.

[1] **re·cie·dum·bre** [rreθjeðúmbre] *s/f* Cualidad de recio o fuerte.

[4] **re·cién** [rreθjén] *adv* 1. Recientemente. 2. AMER Hace un momento: *Recién estaba empezando.* 3. AMER En ese preciso momento: *Y fue recién ahí que se dio cuenta.*

[5] **re·cien·te** [rreθjénte] *adj* Que ha tenido lugar hace poco tiempo.

[3] **re·cin·to** [rreθínto] *s/m* Cualquier espacio delimitado dentro de una construcción.

[2] **re·cio, -ia** [rréθjo] *adj* 1. De constitución robusta. 2. Sólido y resistente.

[3] **re·ci·pien·te** [rreθipjénte] I. *adj s/m* Que recibe. II. *s/m* Vasija para contener algo.

[2] **re·ci·pro·ci·dad** [rreθiproθiðáð] *s/f* Correspondencia mutua.

[2] **re·cí·pro·co, -ca** [rreθíproko] *adj* Que se corresponden mutuamente.

[1] **re·ci·ta·ción** [rreθitaθjón] *s/f* Acción o resultado de recitar.

[2] **re·ci·tal** [rreθitál] *s/m* 1. Concierto. 2. Lectura pública de poesías.

[2] **re·ci·tar** [rreθitár] *tr* Leer un texto en voz alta.

[3] **re·cla·ma·ción** [rreklamaθjón] *s/f* Acción o resultado de reclamar.

[1] **re·cla·man·te** [rreklamánte] *s/m,f* Quien reclama.

[4] **re·cla·mar** [rreklamár] I. *tr* 1. Exigir legalmente algo a lo que se tiene derecho. 2. FIG Tener necesidad de algo que se expresa. II. *intr* Protestar contra algo.

[2] **re·cla·mo** [rreklámo] *s/m* 1. Acción de llamar la atención. 2. Cosa con que se pretende atraer la atención sobre algo. 3. En la caza, ave amaestrada para que con su canto atraiga a otras.

[2] **re·cli·nar** [rreklinár] *tr REFL(-se)* 1. Inclinar(se) algo apoyándolo sobre otra cosa. 2. Inclinar un asiento para aumentar la comodidad de quien se sienta.

[1] **re·cli·na·to·rio** [rreklinatórjo] *s/m* Mueble para arrodillarse sobre él.

RE·CLUIR

[2] **re·cluir** [rrekluír] *tr* REFL(-se) Encerrar(se) (a) alguien en un lugar.
CONJ *Irreg: Recluyo, recluí, recluiré, recluido.*

[1] **re·clu·sión** [rreklusjón] *s/f* Encierro en un lugar.

[2] **re·clu·so, ·sa** [rreklúso] *s/m,f* Persona recluida en un centro penitenciario.

[1] **re·clu·ta** [rreklúta] **I.** *s/f* Acción o resultado de reclutar. **II.** *s/m,f* Persona alistada en el ejército, antes de jurar bandera.

[2] **re·clu·ta·mien·to** [rreklutamjénto] *s/m* Acción de reclutar.

[2] **re·clu·tar** [rreklutár] *tr* 1. Alistar en el ejército. 2. Buscar personas para un fin.

[3] **re·co·brar** [rrekoβrár] **I.** *tr* Volver a tener lo que se había perdido. **II.** REFL(-se) Restablecerse de un daño o enfermedad. RPr **Recobrarse de**.

re·co·chi·neo [rrekotʃinéo] *s/m* Burla que se añade a una acción ya por sí molesta.

[1] **re·co·do** [rrekóðo] *s/m* Curva en camino, carretera, río, etc.

re·co·ge·dor [rrekoχeðór] *s/m* Utensilio para recoger barreduras.

[5] **re·co·ger** [rrekoχér] **I.** *tr* 1. Coger lo caído o volver a coger algo. 2. Reunir varias cosas que estaban dispersas. 3. Ir a buscar a una persona al lugar donde llegan de un viaje. 4. Ir acumulando algo poco a poco. 5. Reunir en un lugar o espacio. 6. Dar alojamiento a alguien. **II.** REFL(-se) 1. Retirarse a un lugar resguardado. 2. Irse a la cama por la noche. **III.** *tr* REFL(-se) Atarse o sujetarse una prenda.
ORT Ante *o/a* la *g* cambia a *j*: *Recojo, recoja*.

[2] **re·co·gi·da** [rrekoχíða] *s/f* Acción o resultado de recoger (I) algo.

[1] **re·co·gi·mien·to** [rrekoχimjénto] *s/m* 1. Acción o resultado de recoger(se). 2. Actitud de meditación o concentración en sí mismo.

[2] **re·co·lec·ción** [rrekolekaθjón] *s/f* 1. Acción o resultado de recoger o recolectar. 2. Cosecha.

[2] **re·co·lec·tar** [rrekolektár] *tr* 1. Recoger los frutos. 2. Recaudar fondos para un fin.

[1] **re·co·lec·tor, ·ra** [rrekolektór] *adj s/m,f* Que recolecta.

[2] **re·co·le·to, ·ta** [rrekoléto] *adj* Se dice del lugar solitario y tranquilo.

[3] **re·co·men·da·ble** [rrekomendáβle] *adj* Que puede ser recomendado.

[3] **re·co·men·da·ción** [rrekomendaθjón] *s/f* 1. Acción de recomendar. 2. Consejo.

[4] **re·co·men·dar** [rrekomendár] *tr* 1. Aconsejar a alguien que haga o deje de hacer algo. 2. Hablar elogiosamente de alguien a un tercero.
CONJ *Irreg: Recomiendo, recomendé, recomendaré, recomendado.*

[2] **re·com·pen·sa** [rrekompénsa] *s/f* 1. Acción de recompensar a alguien. 2. Lo que se da para recompensar.

[2] **re·com·pen·sar** [rrekompensár] *tr* Premiar un mérito o servicio.

[2] **re·com·po·ner** [rrekomponér] *tr* Volver a componer algo.
CONJ *Irreg: Recompongo, recompuse, recompondré, recompuesto.*

[3] **re·con·ci·lia·ción** [rrekonθiljaθjón] *s/f* Acción o resultado de reconciliar(se).

[2] **re·con·ci·liar** [rrekonθiljár] *tr* Restablecer la concordia. RPr **Reconciliar(se) con**.

re·con·co·mer [rrekonkomér] *tr* REFL(-se) Invadir a alguien el resentimiento y el odio.

[2] **re·cón·di·to, ·ta** [rrekóndito] *adj* (*lugar*) Alejado de todo.

[1] **re·con·du·cir** [rrekonduθír] *tr* Cambiar la dirección o enfoque de algo.
CONJ Se conjuga como *conducir*.

[1] **re·con·for·tan·te** [rrekonfortánte] *adj* Que reconforta.

[1] **re·con·for·tar** [rrekonfortár] *tr* Producir alivio o bienestar.

[5] **re·co·no·cer** [rrekonoθér] **I.** *tr* 1. Advertir que lo ya visto es lo mismo que ya se conocía y no otra cosa. 2. Examinar con atención y detalle. 3. Admitir: *Reconoce como único marco del Protocolo de Río*. **II.** REFL(-se) Ser capaz de identificarse a sí mismo. RPr **Reconocer(se) como/por**.
CONJ *Irreg: Reconozco, reconocí, reconoceré, reconocido.*

[2] **re·co·no·ci·ble** [rrekonoθíβle] *adj* Que puede ser reconocido.

[3] **re·co·no·ci·do, ·da** [rrekonoθíðo] *adj* 1. Que es muy conocido. 2. (Con *estar*) Que muestra agradecimiento por algo.

[4] **re·co·no·ci·mien·to** [rrekonoθimjénto] *s/n* 1. Acción o resultado de reconocer(se). 2 Gratitud.

[2] **re·con·quis·ta** [rrekonkísta] *s/f* Acción resultado de reconquistar algo.

[2] **re·con·quis·tar** [rrekonkistár] *tr* Volver tener el dominio o posesión de alg(perdido.

REC·TI·TUD

re·con·si·de·rar [rrekonsiðerár] *tr* Volver a considerar algo.

re·cons·ti·tuir [rreko(n)stitwír] *tr* Volver a constituir o rehacer.
CONJ *Irreg:* Reconstituyo, reconstituí, reconstituiré, reconstituido.

re·cons·ti·tu·yen·te [rreko(n)stitujénte] *adj s/m* Sustancia que restituye la fuerza al organismo.

re·cons·truc·ción [rreko(n)strukθjón] *s/f* 1. Acción de reconstruir algo. 2. Cosa reconstruida.

re·cons·truir [rreko(n)struír] *tr* 1. Volver a construir algo derruido o derribado. 2. Reproducir algo pasado.
CONJ *Irreg:* Reconstruyo, reconstruí, reconstruiré, reconstruido.

re·con·ven·ción [rrekombenθjón] *s/f* Acción o resultado de reconvenir.

re·con·ve·nir [rrekombenír] *tr* Reprender a alguien.
CONJ *Irreg:* Reconvengo, reconvine, reconvendré, reconvenido.

re·con·ver·sión [rrekombersjón] *s/f* Acción o resultado de reconvertir(se).

re·con·ver·tir [rrekombertír] *tr* 1. Reorganizar una industria para incrementar su eficacia. 2. Transformar una cosa en otra. RPr **Reconvertir en**.
CONJ *Irreg:* Reconvierto, reconvertí, reconvertiré, reconvertido.

re·co·pi·la·ción [rrekopilaθjón] *s/f* 1. Acción de recopilar(se) algo. 2. Colección de textos.

re·co·pi·lar [rrekopilár] *tr* Reunir cosas dispersas.

ré·cord [rrékor(d)] *s/m* ANGL Marca de una prueba que supera a las anteriores.

re·cor·dar [rrekorðár] *tr intr* Tener en la memoria o traer algo a la memoria.
CONJ *Irreg:* Recuerdo, recordé, recordaré, recordado.

re·cor·da·to·rio, -ia [rrekorðatórjo] *adj s/m* Que sirve para recordar.

re·co·rrer [rrekorrér] *tr* 1. Ir pasando por las distintas partes de un lugar. 2. Desplazarse un cuerpo a lo largo de cierta distancia.

re·co·rri·do [rrekorríðo] *s/m* 1. Acción de recorrer. 2. Distancia recorrida o que se recorre. 3. Ruta.

re·cor·ta·ble [rrekortáβle] I. *adj* Que puede ser recortado. II. *s/m* Trozo de cartulina con figuras que pueden ser recortadas.

re·cor·tar [rrekortár] *tr* 1. Cortar los extremos de algo o lo que sobra. 2. Cortar formas de un papel. 3. Disminuir la cantidad, volumen o intensidad de algo.

re·cor·te [rrekórte] *s/m* 1. Acción o resultado de recortar algo. 2. Trozo recortado.

re·cos·tar [rrekostár] *tr* Inclinar el cuerpo apoyándose en algo.
CONJ *Irreg:* Recuesto, recosté, recostaré, recostado.

re·co·ve·co [rrekoβéko] *s/m* 1. Rincón o curva de un recorrido. 2. Idea o sentimiento oculto o íntimo.

re·crea·ción [rrekreaθjón] *s/f* 1. Acción o resultado de recrear. 2. Recreo.

re·cre·ar [rrekreár] I. *tr* 1. Volver a crear algo. 2. Divertir. II. REFL(-se) Hallar satisfacción en algo. RPr **Recrear(se) con/en**.

re·crea·ti·vo, -va [rrekreatíβo] *adj* 1. Relativo a la recreación o recreo. 2. Que divierte.

re·creo [rrekréo] *s/m* 1. Acción de recrear(se). 2. Espacio de tiempo dedicado al juego o descanso.

re·cri·mi·na·ción [rrekriminaθjón] *s/f* Acción o resultado de recriminar.

re·cri·mi·nar [rrekriminár] *tr* Censurar a alguien.

re·cru·de·cer [rrekruðeθér] *intr* REFL(-se) Hacerse más intenso algo que empezaba a remitir.
CONJ *Irreg:* Recrudezco, recrudecí, recrudeceré, recrudecido.

re·cru·de·ci·mien·to [rrekruðeθimjénto] *s/m* Acción o resultado de recrudecer(se) algo.

rec·ta [rrékta] *s/f* Línea alargada y sin curvas.

rec·tal [rrektál] *adj* Relativo al recto.

rec·tan·gu·lar [rrektangulár] *adj* Relativo al rectángulo.

rec·tán·gu·lo, -la [rrektángulo] *s/m* Cuerpo geométrico con cuatro lados iguales de dos en dos, que forman entre sí ángulo recto.

rec·ti·fi·ca·ción [rrektifikaθjón] *s/f* 1. Acción de rectificar. 2. Palabras con que se rectifica.

rec·ti·fi·car [rrektifikár] I. *tr* Corregir lo equivocado o incorrecto. II. *intr* Corregir algo que se ha dicho anteriormente.
ORT Ante *e* la *c* cambia a *qu*: *Rectifique*.

rec·ti·lí·neo, -ea [rrektilíneo] *adj* Que sigue la línea recta.

rec·ti·tud [rrektitúð] *s/f* 1. Cualidad de recto y justo.

501

REC·TO

④ **rec·to, -ta** [rrékto] **I.** *adj* **1.** Que sigue una línea sin curvas ni ángulos. **2.** Que no se desvía ni a un lado ni a otro. **3.** Vertical o perpendicular a algo. **4.** Aplicado a ángulo, con los lados cruzándose a 90° y de forma perpendicular. **5.** Sin vicios, honrado. **II.** *s/m* Parte última del intestino grueso, que llega hasta el ano.

④ **rec·tor, -ra** [rrektór] **I.** *adj s/m,f* Que rige o gobierna. **II.** *s/m,f* Persona que gobierna una universidad o seminario. **III.** *s/m* Párroco de una iglesia.

① **rec·to·ra·do** [rrektoráðo] *s/m* **1.** Oficio o cargo de rector (II). **2.** Edificio donde está el rector y sus oficinas.

① **rec·to·ral** [rrektorál] *adj* Relativo al rector o al rectorado.

① **re·cua** [rrékwa] *s/f* **1.** Conjunto de caballerías que van juntas. **2.** Cosas o personas que se siguen unas a otras.

② **re·cua·dro** [rrekwáðro] *s/m* Área delimitada por un cuadrado.

① **re·cu·bri·mien·to** [rrekuβrimjénto] *s/m* Acción o resultado de recubrir algo.

② **re·cu·brir** [rrekuβrír] *tr* Cubrir un cuerpo o superficie con algo.
CONJ *Irreg: Recubro, recubrí, recubriré, recubierto.*

② **re·cuen·to** [rrekwénto] *s/m* Acción o resultado de volver a contar algo.

⑤ **re·cuer·do** [rrekwérðo] *s/m* **1.** Acción o resultado de recordar. **2.** Presencia de algo en la memoria. **3.** Objeto que se vende o compra para evocar algo. **4.** *pl* Saludos.

① **re·cu·lar** [rrekulár] *intr* Moverse hacia atrás.

① **re·cu·pe·ra·ble** [rrekuperáβle] *adj* Que puede ser recuperado.

④ **re·cu·pe·ra·ción** [rrekuperaθjón] *s/f* **1.** Acción o resultado de recuperar(se). **2.** MED Ejercicios o prácticas para recuperar las funciones de alguna parte del cuerpo.

⑤ **re·cu·pe·rar** [rrekuperár] **I.** *tr* **1.** Volver a estar en posesión de algo que se había perdido. **2.** Aprobar una asignatura que se había suspendido. **3.** Trabajar los días u horas que se habían dejado de trabajar. **II.** REFL(-se) Recobrar la salud habitual.

② **re·cu·rren·te** [rrekurrénte] **I.** *adj* Que se repite de forma reiterada. **II.** *adj s/m,f* Quien recurre ante un tribunal o autoridad.

④ **re·cu·rrir** [rrekurrír] *intr* **1.** Acudir a alguien o algo en busca de protección y apoyo. **2.** Presentar una demanda ante un juez.

① **re·cur·si·vo, -va** [rrekursíβo] *adj* Que se repite una y otra vez.

⑤ **re·cur·so** [rrekúrso] *s/m* **1.** Medio que se utiliza para obtener algo. **2.** (También en *pl*) Medios para subsistir. **3.** *pl* Medios económicos. **4.** Reclamación ante la autoridad.

① **re·cu·sar** [rrekusár] *tr* Rechazar.

⑤ **red** [rréð] *s/f* **1.** Malla de hilos, alambres, etc., entrelazados para retener objetos, animales, etc. **2.** Conjunto sistemático y organizado de conductos, carreteras, empresas, etc. **3.** COMP Conjunto de enlaces y aparatos que permiten el acceso e intercambio de información a través de Internet.

④ **re·dac·ción** [rreðakθjón] *s/f* **1.** Acción de redactar. **2.** Texto redactado. **3.** Personas que trabajan en un periódico o revista.

③ **re·dac·tar** [rreðaktár] *tr* Poner por escrito.

② **re·dac·tor, -ra** [rreðaktór] *adj s/m,f* Encargado de la redacción en un periódico o revista.

② **re·da·da** [rreðáða] *s/f* Operación policial en la que se detiene a un grupo de personas simultáneamente.

① **re·de·ci·lla** [rreðeθíʎa] *s/f* Red muy fina para llevar el pelo recogido.

② **re·den·ción** [rreðenθjón] *s/f* Acción o resultado de redimir a alguien.

② **re·den·tor, -ra** [rreðentór] **I.** *adj s/m,f* Que redime. **II.** *s/m* Jesucristo.

① **re·des·cu·brir** [rreðeskuβrír] *tr* Volver a descubrir algo ya conocido.
CONJ *Irreg: Redescubro, redescubrí, redescubriré, redescubierto.*

① **re·di·cho, -cha** [rreðítʃo] *adj* Afectado en el hablar.

re·diez [rreðjéθ] *interj* Expresa asombro, enfado, etc.

① **re·dil** [rreðíl] *s/m* Lugar vallado donde se guardan las ovejas.

② **re·di·mir** [rreðimír] *tr* **1.** Liberar de una pena, castigo, esclavitud, etc. **2.** Dejar los bienes libres de cargas.

① **ré·di·to** [rréðito] *s/m* Intereses que produce el dinero o un capital.

② **re·do·blar** [rreðoβlár] **I.** *intr* Tocar redobles en el tambor. **II.** *tr* Intensificar o reforzar algo.

① **re·do·ble** [rreðóβle] *s/m* Toque repetido de tambor.

① **re·do·ma·do, -da** [rreðomáðo] *adj* Consumado, perfecto en lo que se expresa.

② **re·don·de·ar** [rreðondeár] *tr* **1.** Dar a alge

forma redonda. **2.** No tener en cuenta las fracciones.

① **re·don·del** [rreðondél] *s/m* Círculo, circunferencia.

① **re·don·deo** [rreðondéo] *s/m* Acción o resultado de redondear.

① **re·don·dez** [rreðondéθ] *s/f* Cualidad de redondo.

④ **re·don·do, -da** [rreðóndo] *adj* **1.** De forma esférica o circular. **2.** (*números*) No fraccionario. **3.** Perfecto. LOC **En redondo**, de forma categórica. **Salir (algo) redondo**, acabar muy bien.

④ **re·duc·ción** [rreðukθjón] *s/f* Acción o resultado de reducir(se).

⑤ **re·du·cir** [rreðuθír] *tr* **1.** Disminuir en peso, tamaño o importancia. **2.** Dominar, sujetar a obediencia. RPr **Reducirse a/en**.
CONJ *Irreg: Reduzco, reduje, reduciré, reducido.*

② **re·duc·to** [rreðúkto] *s/m* **1.** Obra de fortificación. **2.** Territorio exclusivo de alguien.

① **re·duc·tor, -ra** [rreðuktór] *adj* Que reduce.

② **re·dun·dan·cia** [rreðundánθja] *s/f* Repetición innecesaria de algo.

① **re·dun·dan·te** [rreðundánte] *adj* Que implica redundancia.

② **re·dun·dar** [rreðundár] *intr* **1.** Tener o implicar algo ciertas consecuencias. **2.** Insistir en algo ya tratado. RPr **Redundar en**.

re·du·pli·ca·ción [rreðuplikaθjón] *s/f* Acción o resultado de reduplicar(se).

re·du·pli·car [rreðuplikár] *tr* **1.** Intensificar. **2.** Duplicar.
ORT Ante *e* la *c* cambia a *qu: Reduplique.*

① **re·e·di·tar** [rre(e)ðitár] *tr* Volver a editar un texto.

① **re·e·du·ca·ción** [rre(e)ðukaθjón] *s/f* Acción o resultado de reeducar.

① **re·e·du·car** [rre(e)ðukár] *tr* Volver a educar, *esp* practicar para recobrar el movimiento de un miembro corporal sin capacidad funcional.
ORT Ante *e* la *c* cambia a *qu: Reeduque.*

① **re·e·lec·ción** [rre(e)lekθjón] *s/f* Acción o resultado de reelegir.

① **re·e·le·gir** [rre(e)leχír] *tr* REFL(*-se*) Volver a elegir.
CONJ *Irreg: Reelijo, reelegí, reelegiré, reelegido.*

re·em·bol·sar [rre(e)mbolsár] *tr* Recuperar una cantidad prestada.

re·em·bol·so [rre(e)mbólso] *s/m* **1.** Acción o resultado de reembolsar. **2.** Cantidad que se reembolsa.

③ **re·em·pla·zar** [rre(e)mplaθár] *tr* **1.** Ocupar el puesto o posición de otra persona. **2.** Poner una cosa en lugar de otra.
ORT Ante *e* la *z* cambia a *c: Reemplace.*

① **re·em·pla·zo** [rre(e)mpláθo] *s/m* **1.** Acción o resultado de reemplazar. **2.** Cada grupo de soldados reclutado de una vez.

① **re·en·car·na·ción** [rre(e)nkarnaθjón] *s/f* Acción o resultado de reencarnar(se).

① **re·en·car·nar** [rre(e)nkarnár] *intr* REFL(*-se*) Volver a encarnarse un alma de nuevo.
RPr **Reencarnarse en**.

② **re·en·con·trar** [rre(e)nkontrár] *tr* REFL(*-se*) Volver a encontrar(se).
CONJ *Irreg: Reencuentro, reencontré, reencontraré, reencontrado.*

② **re·en·cuen·tro** [rre(e)nkwéntro] *s/m* Acción o resultado de reencontrar(se).

③ **re·es·truc·tu·ra·ción** [rre(e)strukturaθjón] *s/f* Acción o resultado de reestructurar(se) algo.

② **re·es·truc·tu·rar** [rre(e)strukturár] *tr* Modificar la estructura de algo.

① **re·fac·ción** [rrefa(k)θjón] *s/m* Comida ligera.

① **re·fa·jo** [rrefáχo] *s/m* Falda interior de abrigo que usaban las mujeres.

① **re·fec·to·rio** [rrefektórjo] *s/m* Comedor de un monasterio o colegio.

④ **re·fe·ren·cia** [rreferénθja] *s/f* **1.** Informe sobre un asunto. **2.** Alusión o comentario que remite a otro texto. **3.** Libro de consulta que remite a otras fuentes. **4.** *pl* Informe sobre la competencia profesional de alguien.

① **re·fe·ren·cial** [rreferenθjál] *adj* Que sirve de referencia.

③ **re·fe·rén·dum** [rreferéndum] *s/m* Consulta al electorado sobre un tema.
GRAM *pl Referéndums.*

④ **re·fe·ren·te** [rreferénte] *adj* Que se refiere a lo que se expresa.

⑤ **re·fe·rir** [rreferír] **I.** *tr* **1.** Relatar, narrar algo. **2.** Remitir a otra obra o texto. **II.** REFL(*-se*) **1.** Hacer referencia a alguien o algo. **2.** Estar una cosa relacionada con otra. RPr **Referir(se) a**.
CONJ *Irreg: Refiero, referí, referiré, referido.*

① **re·fi·lón** [rrefilón] LOC **De refilón, 1,** de costado. **2,** de forma indirecta.

② **re·fi·na·do, -da** [rrefináðo] **I.** *adj* Elegante,

de buen gusto. **II.** *s/m* Acción o resultado de refinar.

2 **re·fi·na·mien·to** [rrefinamjénto] *s/m* Cualidad de refinado o elegante.

2 **re·fi·nar** [rrefinár] **I.** *tr* Quitar las impurezas. **II.** *REFL(-se)* Hacerse más elegante y perfecto.

1 **re·fi·ne·ría** [rrefinería] *s/f* Industria para refinar un producto.

1 **re·flec·tan·te** [rreflektánte] *adj s/m* Que produce reflejos.

re·flec·tar [rreflektár] *tr intr* Reflejar la luz, sonido, etc.

2 **re·flec·tor, -ra** [rreflektór] **I.** *adj* Que refleja algo. **II.** *s/m* Aparato para reflejar rayos de luz u ondas de sonido.

4 **re·fle·jar** [rrefleχár] *tr* **1.** Hacer que la luz, sonido o algo similar se desvíe en otra dirección. **2.** Indicar o expresar algo. **3.** Ser la imagen o reflejo de algo.

4 **re·fle·jo, -ja** [rrefléχo] **I.** *adj* Se dice del acto que se realiza involuntariamente como respuesta a un estímulo. **II.** *s/m* **1.** Luz que emite un objeto. **2.** Imagen que se reproduce en un espejo. **3.** Acto que responde a un estímulo inconsciente.

4 **re·fle·xión** [rrefle(k)sjón] *s/f* **1.** Acción o resultado de reflexionar. **2.** Idea(s) que resultan de la reflexión. **3.** Acción o resultado de reflejarse una luz, un sonido, etc.

4 **re·fle·xio·nar** [rrefle(k)sjonár] *intr* Meditar detenidamente sobre algo.

2 **re·fle·xi·vo, -va** [rrefle(k)síβo] *adj* **1.** Capaz de reflexionar. **2.** Que actúa con reflexión.

1 **re·flo·tar** [rreflotár] *tr* Volver a poner a flote.

1 **re·flu·jo** [rreflúχo] *s/m* Movimiento de descenso de la marea.

1 **re·fo·ci·lar·se** [rrefoθilárse] *REFL(-se)* Disfrutar.

1 **re·fo·res·tar** [rreforestár] *tr* Volver a poblar de árboles.

4 **re·for·ma** [rrefórma] *s/f* **1.** Acción o resultado de reformar. **2.** *pl* Obras de mejora. **3.** Movimiento religioso protestante.

2 **re·for·ma·dor, -ra** [rreformaðór] *adj s/m,f* Que reforma.

5 **re·for·mar** [rreformár] **I.** *tr* **1.** Cambiar algo para mejorarlo. **2.** Realizar obras de reparación o mejora. **II.** *REFL(-se)* Corregirse o enmendarse.

1 **re·for·ma·to·rio, -ia** [rreformatórjo] *s/m* Institución para corregir la conducta de jóvenes internos.

2 **re·for·mis·ta** [rreformísta] *adj s/m,f* Partidario de efectuar reformas.

1 **re·for·mu·lar** [rreformulár] *tr* Volver a formular algo.

2 **re·for·za·mien·to** [rreforθamjénto] *s/m* Acción o resultado de reforzar.

4 **re·for·zar** [rreforθár] *tr* Hacer que una cosa sea más fuerte.
CONJ *Irreg: Refuerzo, reforcé, reforzaré, reforzado.*

1 **re·frac·ción** [rrefra(k)θjón] *s/f* Acción o resultado de refractar(se) algo.

1 **re·frac·tar** [rrefraktár] *tr REFL(-se)* Cambiar o cambiarse por sí misma la dirección de una radiación al pasar por densidades distintas.

2 **re·frac·ta·rio, -ia** [rrefraktárjo] *adj* Capaz de resistir la acción del fuego.

2 **re·frán** [rrefrán] *s/m* Frase breve que encierra una verdad o creencia popular.

1 **re·fra·ne·ro** [rrefranéro] *s/m* Colección de refranes.

1 **re·fre·gar** [rrefreɣár] *tr* Frotar una cosa con otra.
CONJ *Irreg: Refriego, refregué, refregaré, refregado.*

1 **re·fre·nar** [rrefrenár] *tr REFL(-se)* Disminuir un impulso.

2 **re·fren·dar** [rrefrendár] *tr* **1.** Firmar la autoridad un documento para que sea válido. **2.** Respaldar lo dicho o hecho por otro.

1 **re·fren·do** [rrefréndo] *s/m* Acción o resultado de refrendar.

1 **re·fres·can·te** [rrefreskánte] *adj* Que refresca.

2 **re·fres·car** [rrefreskár] **I.** *tr* **1.** Hacer que algo o alguien esté más fresco. **2.** Traer a la memoria. **II.** *intr* Tornarse fresco el tiempo.
ORT Ante *e* la *c* cambia a *qu: Refresque.*

2 **re·fres·co** [rrefrésko] *s/m* Bebida que refresca.

1 **re·frie·ga** [rrefrjéɣa] *s/f* **1.** Batalla de poca importancia. **2.** Riña violenta.

1 **re·fri·ge·ra·ción** [rrefriχeraθjón] *s/f* Acción o resultado de refrigerar(se).

2 **re·fri·ge·ra·dor, -ra** [rrefriχeraðór] **I.** *adj* Que refrigera o sirve para refrigerar. **II.** *s/m* Electrodoméstico para mantener los alimentos a baja temperatura. **III.** *s/* AMER Refrigerador.

1 **re·fri·ge·ran·te** [rrefriχeránte] **I.** *adj* Que refrigera. **II.** *s/m* Líquido que refrigera.

1 **re·fri·ge·rar** [rrefriχerár] *tr REFL(-se)* Enfriar.

RE·GIO·NA·LIS·MO

[1] **re·fri·ge·rio** [rrefriχérjo] *s/m* Cantidad pequeña de comida.

[1] **re·fri·to, -ta** [rrefríto] **I.** *adj* Frito varias veces o en exceso. **III.** *s/m* **1.** Guiso de alimentos diversos troceados. **2.** Obra hecha con fragmentos de otras.

[2] **re·fuer·zo** [rrefwérθo] *s/m* **1.** Acción o resultado de reforzar algo. **2.** Cosa que refuerza a otra. **3.** *pl* Tropas que acuden como ayuda suplementaria.

[2] **re·fu·gia·do, -da** [rrefuχjáðo] *adj s/m,f* Persona expatriada por razones políticas.

[4] **re·fu·giar** [rrefuχjár] **I.** *tr* Ofrecer refugio a alguien. **II.** REFL(-se) Buscar refugio.

[3] **re·fu·gio** [rrefúχjo] *s/m* **1.** Lugar en que alguien se refugia. **2.** Construcción para protegerse en caso de necesidad.

[1] **re·ful·gen·te** [rrefulχénte] *adj* Que despide brillo.

[1] **re·ful·gir** [rrefulχír] *intr* Despedir brillo.
ORT Ante *o/a* la *g* cambia a *j*: *Refulja*.

[2] **re·fun·dir** [rrefundír] *tr* Disponer algo en forma distinta a como estaba.

[1] **re·fun·fu·ñar** [rrefunfuɲár] *intr* Protestar con palabras irreconocibles.

[1] **re·fu·ta·ción** [rrefutaθjón] *s/f* Acción o resultado de refutar algo.

[2] **re·fu·tar** [rrefutár] *tr* Rebatir con razones y argumentos.

[1] **re·ga·de·ra** [rreɣaðéra] *s/f* Recipiente para regar.

[2] **re·ga·dío** [rreɣaðío] *adj s/m* Terreno con plantaciones que requieren riegos.

[4] **re·ga·lar** [rreɣalár] **I.** *tr* Dar algo gratuitamente. **II.** REFL(-se) Proporcionarse alguien algo que gusta.

[1] **re·ga·liz** [rreɣalíθ] *s/f* Planta cuya raíz es dulce y aromática.

[4] **re·ga·lo** [rreɣálo] *s/m* **1.** Cosa que se regala a alguien. **2.** Placer que alguien se da a sí mismo: *Lleva una vida de regalo*.

[1] **re·gan·te** [rreɣánte] *adj s/m,f* Que riega.

[1] **re·ga·ña·dien·tes** [rreɣaɲaðjéntes] LOC **A regañadientes**, de mala gana.

[2] **re·ga·ñar** [rreɣaɲár] *tr intr* Criticar, reprender severamente.

[1] **re·ga·ñi·na** [rreɣaɲína] *s/f* Acción o resultado de regañar.

[3] **re·gar** [rreɣár] *tr* **1.** Echar agua a las plantas. **2.** Atravesar un curso de agua una zona. **3.** Hacer que un líquido se extienda por una superficie.
CONJ *Irreg: Riego, regué, regaré, regado*.

[2] **re·ga·ta** [rreɣáta] *s/f* Competición deportiva entre embarcaciones de vela.

[1] **re·ga·te** [rreɣáte] *s/m* Movimiento brusco del cuerpo para evitar un choque. En el fútbol, ese mismo movimiento para evitar que el contrario se haga con el balón.

[1] **re·ga·te·ar** [rreɣateár] **I.** *tr intr* **1.** Discutir con el vendedor el precio de un artículo. **2.** Poner límites en la consecución de algo. **II.** *intr* Hacer regates un jugador con la pelota.

[1] **re·ga·teo** [rreɣateó] *s/m* Acción o resultado de regatear.

[1] **re·ga·tis·ta** [rreɣatísta] *s/m,f* Persona que participa en una regata.

[2] **re·ga·zo** [rreɣáθo] *s/m* Parte del cuerpo de la mujer entre la cintura y las rodillas, sobre todo cuando está sentada.

[2] **re·gen·cia** [rreχénθja] *s/f* Gobierno ejercido por alguien durante la minoría de edad del monarca o Jefe de Estado.

[2] **re·ge·ne·ra·ción** [rreχeneraθjón] *s/f* Acción o resultado de regenerar(se).

[2] **re·ge·ne·rar** [rreχenerár] **I.** *tr* **1.** Hacer que algo vuelva a su estado original. **2.** Tratar un producto usado para volverlo a utilizar de nuevo. **II.** REFL(-se) Abandonar alguien sus malas costumbres o vicios.

[2] **re·gen·tar** [rreχentár] *tr* Dirigir un negocio, empresa, etc.

[2] **re·gen·te** [rreχénte] *s/m,f* **1.** Persona que gobierna, *esp* durante la minoría de edad, ausencia o incapacidad del titular. **2.** Persona al frente de un negocio.

re·gi·ci·dio [rreχiθíðjo] *s/m* Acción de matar a un monarca.

[2] **re·gi·dor, -ra** [rreχiðór] *adj s/m,f* Que gobierna algo.

[5] **ré·gi·men** [rréχimen] *s/m* **1.** Conjunto de normas, reglamentos, etc., por los que se rige algo. **2.** Sistema de gobierno de un país. **3.** Manera en que se realiza algo: *Se hospeda en régimen de alojamiento y desayuno*. **4.** Dieta alimenticia.

[2] **re·gi·mien·to** [rreχimjénto] *s/m* Unidad militar al mando de un coronel.

[2] **re·gio, -ia** [rréχjo] *adj* **1.** Relativo al rey o a la realeza. **2.** FIG De gran calidad.

[5] **re·gión** [rreχjón] *s/f* Territorio diferenciado del resto y con características propias.

[4] **re·gio·nal** [rreχjonál] *adj* Relativo a una región.

[2] **re·gio·na·lis·mo** [rreχjonalísmo] *adj* Ideología que tiende a primar el papel de la región.

② **re·gio·na·lis·ta** [rreχjonalísta] *adj s/m,f* Relativo al regionalismo o partidario de él.

④ **re·gir** [rreχír] **I.** *tr* Gobernar, administrar una empresa. **II.** *intr* **1.** Señalar las reglas a que debe atenerse algo. **2.** Tener vigencia. **III.** REFL(-se) (Con *por*) Guiarse o funcionar algo según ciertas normas. RPr **Regir(se) por**.
CONJ *Irreg: Rijo, regí, regiré, regido*.

② **re·gis·tra·dor, -ra** *s/m,f* Persona encargada de un registro.

④ **re·gis·trar** [rreχistrár] *tr* **1.** Inscribir en un registro o lista. **2.** Inspeccionar meticulosamente. **3.** Dejar constancia un aparato de control de un proceso o magnitud.

④ **re·gis·tro** [rreχístro] *s/m* **1.** Libro en el que se deja constancia de los hechos. **2.** Cosa o dato que se registra. **3.** Acción o resultado de registrar algo. **4.** Oficina en la que se registra algo oficialmente. **5.** Cada clase de sonido del órgano o voz humana. **6.** Lugar en que se puede inspeccionar una instalación (gas, etc.).

④ **re·gla** [rréγla] *s/f* **1.** Utensilio para trazar líneas rectas. **2.** Norma respecto a algo. **3.** Evacuación periódica de la sangre del óvulo femenino durante la edad fértil. LOC **En (toda) regla**, de forma debida. **Por regla general**, habitualmente.

re·gla·je [rreγláχe] *s/m* Reajuste de ciertas piezas.

② **re·gla·men·ta·ción** [rreγlamentaθjón] *s/f* **1.** Acción o resultado de reglamentar algo. **2.** Conjunto de reglas.

③ **re·gla·men·tar** [rreγlamentár] *tr* Fijar reglas o normas.

② **re·gla·men·ta·rio, -ia** [rreγlamentárjo] *adj* **1.** Relativo a un reglamento. **2.** Ajustado a un reglamento.

③ **re·gla·men·to** [rreγlaménto] *s/m* Conjunto de normas que regulan una actividad.

④ **re·glar** [rreγlár] *tr* REFL(-se) Sujetar a regla.

② **re·go·ci·jar** [rreγoθiχár] **I.** *tr* Llenar de regocijo a alguien. **II.** REFL(-se) Sentir regocijo. RPr **Regocijar(se) con/de/por**.

① **re·go·ci·jo** [rreγoθíχo] *s/m* Alegría muy intensa.

re·go·de·ar·se [rreγoðeárse] REFL(-se) Sentir una satisfacción grande.

re·go·deo [rreγoðéo] *s/m* Acción o resultado de regodearse.

① **re·gor·de·te, -ta** [rreγorðéte] *adj* Pequeño y un poco gordo.

⑤ **re·gre·sar** [rreγresár] *intr* Volver al punto de partida.

② **re·gre·sión** [rreγresjón] *s/f* Acción de volver atrás.

② **re·gre·si·vo, -va** [rreγresíβo] *adj* Que produce regresión.

② **re·gre·so** [rreγréso] *s/m* Acción o resultado de regresar.

① **re·gue·ro** [rreγéro] *s/m* **1.** Canal pequeño de agua. **2.** Rastro continuado de algo que se derrama.

① **re·gu·la·ble** [rreγuláβle] *adj* Que puede ser regulado.

③ **re·gu·la·ción** [rreγulaθjón] *s/f* Acción o resultado de regular.

③ **re·gu·la·dor, -ra** [rreγulaðór] *adj* Que regula.

④ **re·gu·lar** [rreγulár] **I.** *tr* **1.** Dosificar el grado o intensidad de un mecanismo. **2.** Controlar mediante normas o reglas. **II.** *adv* De forma no muy satisfactoria. **III.** *adj* **1.** De calidad mediocre. **2.** Que no es desigual. **3.** GRAM Que sigue la regla general. **4.** (*viaje, vuelo*) Que se programa habitualmente. **5.** Que se repite a intervalos idénticos.

② **re·gu·la·ri·dad** [rreγulariðáð] *s/f* Cualidad de regular.

① **re·gu·la·ri·za·ción** [rreγulariθaθjón] *s/f* Acción o resultado de regularizar.

② **re·gu·la·ri·zar** [rreγulariθár] *tr* **1.** Someter a reglas de funcionamiento. **2.** Hacer que algo adquiera un ritmo o estado regular.
ORT Ante *e* la *z* cambia a *c*: *Regularice*.

① **re·gur·gi·tar** [rreγurχitár] *tr intr* Expulsar por la boca alimentos ya ingeridos.

① **re·gus·to** [rreγústo] *s/m* Sabor poco preciso de algo.

③ **re·ha·bi·li·ta·ción** [rreaβilitaθjón] *s/f* Acción o resultado de rehabilitar(se).

② **re·ha·bi·li·tar** [rreaβilitár] *tr* REFL(-se) Restablecer en su estado antiguo.

② **re·ha·cer** [rreaθér] **I.** *tr* Volver a hacer. **II.** REFL(-se) Recuperarse.
CONJ *Irreg: Rehago, rehice, reharé, rehecho*.

② **re·hén** [rreén] *s/m* Persona que alguien retiene en su poder como garantía de otra cosa.

② **re·ho·gar** [rreoγár] *tr* Freír algo a fuego lento y sin agua.
ORT Ante *e* la *g* cambia a *gu*: *Rehogué*.

② **re·huir** [rreuír] *tr* Evitar, eludir.
CONJ *Irreg: Rehúyo, rehuí, rehuiré, rehuido*.

RE·LA·JO

2 **re·hu·sar** [rreusár] *tr* Negarse a hacer algo. ORT PRON *Irreg: Rehúso, rehúse*, etc., pero *rehusaba, rehusé*, etc.

1 **re·im·plan·tar** [rreimplantár] *tr* Volver a implantar.

1 **re·im·pre·sión** [rreimpresjón] *s/f* 1. Acción de reimprimir algo. 2. Ejemplares reimpresos.

re·im·pri·mir [rreimprimír] *tr* Volver a imprimir una obra.

4 **rei·na** [rréina] *s/f* 1. Mujer que ejerce el poder real. 2. Esposa de un rey. 3. Pieza más importante del ajedrez, después del rey. 4. Hembra más importante de un enjambre.

2 **rei·na·do** [rreináðo] *s/m* Ejercicio y duración del cargo de un monarca.

2 **rei·nan·te** [rreinánte] *adj* 1. Que reina. 2. Que predomina.

5 **rei·nar** [rreinár] *intr* 1. Ejercer su cargo y función un rey o reina. 2. Predominar, prevalecer.

1 **re·in·ci·den·cia** [rreinθiðénθja] *s/f* Acción o resultado de reincidir en algo.

1 **re·in·ci·den·te** [rreinθiðénte] *adj s/m,f* Que reincide.

1 **re·in·ci·dir** [rreinθiðír] *intr* Cometer nuevamente un mismo delito, falta, error, etc.

4 **rei·no** [rréino] *s/m* 1. Territorio y habitantes sobre los que reina un monarca. 2. Cada grupo en que se clasifican los seres y objetos que existen: *El reino vegetal*.

3 **re·in·ser·ción** [rreinserθjón] *s/f* Acción o resultado de reinsertar(se).

1 **re·in·ser·tar** [rreinsertár] *tr* REFL(-*se*) Volver a integrar(se) en la sociedad.

2 **re·in·te·grar** [rreinteɣrár] I. *tr* REFL(-*se*) 1. Hacer que alguien vuelva a incorporarse a la situación que tenía. 2. Devolver el importe o gasto realizado. II. *tr* Adherir a un documento oficial los timbres o pólizas requeridos.

1 **re·in·te·gro** [rreintéɣro] *s/m* Acción o resultado de reintegrar.

5 **reír** [rreír] I. *intr* REFL(-*se*) Manifestar contento o alegría mediante ciertos sonidos o movimientos corporales. II. *tr* Apreciar la gracia de algo y manifestarlo riéndose. III. REFL(-*se*) (Con *de*) Burlarse de alguien o algo. RPr **Reír(se) de**. CONJ *Irreg: Río, reí, reiré, reído*.

] **rei·te·ra·ción** [rreiteraθjón] *s/f* Acción o resultado de reiterar algo.

rei·te·rar [rreiterár] *tr* REFL(-*se*) Volver a afirmar algo.

1 **rei·te·ra·ti·vo, -va** [rreiteratíβo] *adj* Que es repetido con insistencia.

3 **rei·vin·di·ca·ción** [rreiβindikaθjón] *s/f* 1. Acción o resultado de reivindicar. 2. Cosa que se reivindica.

3 **rei·vin·di·car** [rreiβindikár] *tr* 1. Exigir algo a lo que se tiene derecho. 2. Atribuirse la autoría de un hecho. ORT Ante *e* la *c* cambia a *qu: Reivindique*.

1 **rei·vin·di·ca·ti·vo, -va** [rreiβindikatíβo] *adj* Que reivindica.

3 **re·ja** [rréχa] *s/f* 1. Pieza del arado que se hinca en la tierra para removerla. 2. Armazón de barras de hierro que se coloca como protección en puertas y ventanas. LOC **(Estar) entre rejas**, (estar) en la cárcel.

2 **re·ji·lla** [rreχíʎa] *s/f* Entramado de varillas, hilos, alambres, etc., que se usa para impedir el paso, para separar espacios.

1 **re·jón** [rreχón] *s/m* Barra de hierro terminada en punta.

1 **re·jo·ne·a·dor, -ra** [rreχoneaðór] *s/m,f* Quien torea sobre un caballo y con rejón.

re·jo·ne·ar [rreχoneár] *tr* Lidiar toros a caballo y con rejón.

re·jo·neo [rreχonéo] *s/m* Acción o resultado de rejonear.

1 **re·ju·ve·ne·cer** [rreχuβeneθér] *tr* REFL(-*se*) 1. Hacer que alguien parezca más joven. 2. Renovar algo. CONJ *Irreg: Rejuvenezco, rejuvenecí, rejuveneceré, rejuvenecido*.

1 **re·ju·ve·ne·ci·mien·to** [rreχuβeneθimjénto] *s/m* Acción o resultado de rejuvenecer(se).

5 **re·la·ción** [rrelaθjón] *s/f* 1. Conexión entre cosas o personas. 2. Trato entre personas, *esp* si es íntimo o amoroso. 3. Correspondencia de igualdad o proporción entre dos cosas. 4. Enumeración de cosas, lista. 5. Texto o narración de sucesos.

5 **re·la·cio·nar** [rrelaθjonár] I. *tr* REFL(-*se*) Poner en relación personas o cosas. II. *tr* Enumerar elementos de una lista. RPr **Relacionar(se) con**.

2 **re·la·ja·ción** [rrelaχaθjón] *s/f* Acción o resultado de relajar(se).

1 **re·la·jan·te** [rrelaχánte] *adj s/m* Que relaja.

3 **re·la·jar** [rrelaχár] *tr* Disminuir la tensión, dureza, etc.

1 **re·la·jo** [rrelaχo] *s/m* 1. COL Relajación, tranquilidad. 2. AMER Situación de confusión y barullo.

[1] **re·la·mer** [rrelamér] *tr* REFL(-se) **1.** Lamer con intensidad o avidez. **2.** Sentir satisfacción anticipando el disfrute de algo.

[2] **re·lám·pa·go** [rrelámpaɣo] *s/m* Destello muy vivo e intenso causado por una descarga eléctrica durante las tormentas.

[1] **re·lam·pa·gue·an·te** [rrelampaɣeánte] *adj* Que relampaguea.

[1] **re·lam·pa·gue·ar** [rrelampaɣeár] *intr* En una tormenta, producirse relámpagos.

re·lam·pa·gueo [rrelampaɣéo] *s/m* Acción o resultado de relampaguear.

[1] **re·lan·za·mien·to** [rrelanθamjénto] *s/m* Acción o resultado de relanzar algo.

[1] **re·lan·zar** [rrelanθár] *tr* Volver a lanzar o impulsar.
ORT Ante *e* la *z* cambia a *c: Relance*.

[4] **re·la·tar** [rrelatár] *tr* Contar.

[2] **re·la·ti·vi·dad** [rrelatiβiðáð] *s/f* Condición o cualidad de relativo.

[1] **re·la·ti·vis·mo** [rrelatiβísmo] *s/m* Doctrina según la cual el conocimiento humano no puede alcanzar lo absoluto.

[4] **re·la·ti·vo, -va** [rrelatíβo] **I.** *adj* **1.** Que no tiene valor por sí mismo, que depende de otra cosa. **2.** Moderado en cantidad o dimensión. **3.** En una votación, que ha obtenido más votos que el resto. **II.** *adj s/m* Palabra que expresa una relación con algo mencionado anteriormente.

[4] **re·la·to** [rreláto] *s/m* **1.** Acción de relatar. **2.** Texto que relata algo.

[1] **re·lax** [rrelá(k)s] *s/m* ANGL Relajación física o síquica.

[2] **re·le·er** [rreleér] *tr* Volver a leer algo ya leído.

[2] **re·le·gar** [rreleɣár] *tr* Hacer que alguien o algo ocupen un lugar menos importante.
ORT Ante *e* la *g* cambia a *gu: Relegue*.

[1] **re·len·te** [rrelénte] *s/m* Humedad nocturna.

[3] **re·le·van·cia** [rreleβánθja] *s/f* Importancia o trascendencia de algo.

[4] **re·le·van·te** [rreleβánte] *adj* Que posee relevancia.

[2] **re·le·var** [rreleβár] *tr* **1.** (Con *de*) Liberar de una obligación o carga. **2.** Sustituir a una persona por otra.

[2] **re·le·vo** [rreléβo] *s/m* **1.** Acción o resultado de relevar. **2.** Persona que releva a otra.

[1] **re·li·ca·rio** [rrelikárjo] *s/m* Lugar para guardar reliquias.

[4] **re·lie·ve** [rreljéβe] *s/m* **1.** Cosa o figura que sobresale en una superficie. **2.** Accidente orográfico de la corteza terrestre. **3.** FIG Importancia o trascendencia. LOC **Poner de relieve,** subrayar la importancia de algo.

[5] **re·li·gión** [rreliχjón] *s/f* Creencias sobre Dios, y normas o prácticas basadas en estas creencias.

[2] **re·li·gio·si·dad** [rreliχjosiðáð] *s/f* Cualidad de religioso.

[5] **re·li·gio·so, -sa** [rreliχjóso] **I.** *adj* Relativo a la religión, o a quien la practica. **II.** *adj s/m,f* Persona que forma parte de una orden religiosa.

[1] **re·lin·char** [rrelintʃár] *intr* Emitir un caballo su sonido característico.

[1] **re·lin·cho** [rrelíntʃo] *s/m* Sonido característico del caballo.

[1] **re·li·quia** [rrelíkja] *s/f* Resto de alguien ya fallecido, o de objetos suyos, que se conservan como objeto de veneración.

[1] **re·lla·no** [rreʎáno] *s/m* Zona horizontal entre dos tramos de una escalera.

[3] **re·lle·nar** [rreʎenár] *tr* **1.** Volver a llenar. **2.** Llenar un hueco o vacío. **3.** Completar un documento con la información requerida.

[2] **re·lle·no, -na** [rreʎéno] **I.** *adj* Que ha sido rellenado. **II.** *s/m* **1.** Acción de rellenar algo. **2.** Materia con que se rellena algo. LOC **De relleno,** con función secundaria.

[4] **re·loj** [rrelóχ] *s/m* Mecanismo o aparato para medir el tiempo.

[1] **re·lo·je·ría** [rreloχería] *s/f* **1.** Arte u oficio de fabricar relojes. **2.** Taller en que se fabrican relojes o tienda donde se venden.

[1] **re·lo·je·ro, -ra** [rreloχéro] *s/m,f* Persona que fabrica, vende o repara relojes.

[2] **re·lu·cien·te** [rreluθjénte] *adj* **1.** Que reluce o brilla. **2.** Limpio, pulcro.

[2] **re·lu·cir** [rreluθír] *intr* Brillar mucho.
CONJ *Irreg: Reluzco, relucí, reluciré, relucido.*

[1] **re·ma·char** [rrematʃár] *tr* **1.** Golpear la cabeza de un clavo ya clavado para reforzar su solidez. **2.** Sujetar con remaches. **3.** Repetir algo con insistencia.

[1] **re·ma·che** [rremátʃe] *s/m* Pieza cilíndrica con cabeza en un extremo, que sujeta una pieza a otra.

[1] **re·ma·nen·te** [rremanénte] *s/m* Resto de algo.

[1] **re·man·gar** [rremangár] *tr* REFL(-se) Recoger las mangas hacia arriba.
ORT Ante *e* la *g* cambia a *gu: Remangue.*

[1] **re·man·so** [rremánso] *s/m* Lugar en que una corriente de agua se remansa.

RE·MO·ZAR

[2] **re·mar** [rremár] *intr* Hacer que una embarcación se desplace en el agua mediante la acción de remos.

[2] **re·mar·car** [rremarkár] *tr* Llamar la atención sobre algo.
ORT Ante *e* la *c* cambia a *qu: Remarque*.

[3] **re·ma·tar** [rrematár] **I.** *tr* **1.** Acabar de matar a un ser moribundo. **2.** Acabar una acción totalmente. **II.** *intr* **1.** Terminar algo. **2.** Conseguir un tanto mediante una pelota o balón de remate.

[2] **re·ma·te** [rremáte] *s/m* Acción o resultado de rematar.

[1] **re·me·dar** [rremeðár] *tr* Imitar.

[3] **re·me·diar** [rremeðjár] *tr* **1.** Dar solución a un problema o situación. **2.** Evitar un mal.

[4] **re·me·dio** [rremédjo] *s/m* **1.** Acción o resultado de remediar. **2.** Cosa que remedia. LOC **Sin remedio,** sin solución.

[1] **re·me·do** [rremédo] *s/m* Imitación.

[2] **re·me·mo·rar** [rrememorár] *tr* Traer a la memoria.

[1] **re·men·dar** [rremendár] *tr* Reforzar con remiendos.
CONJ *Irreg: Remiendo, remendé, remendaré, remendado.*

[1] **re·men·dón, -do·na** [rremendón] *adj s/m,f* Quien arregla prendas usadas.

[1] **re·me·ro, -ra** [rreméro] **I.** *s/m,f* Persona que rema. **II.** *s/f* AMER Camiseta de manga corta.

[1] **re·me·sa** [rremésa] *s/f* Mercancía que se envía de una vez.

[1] **re·mien·do** [rremjéndo] *s/m* Trozo que se añade a una pieza mayor para arreglar un roto.

re·mil·ga·do, -da [rremilɣáðo] *adj* Afectado, delicado en exceso.

[1] **re·mil·go** [rremílɣo] *s/m* Gesto de afectación o amaneramiento.

[2] **re·mi·nis·cen·cia** [rreminisθénθja] *s/f* Recuerdo poco preciso.

[2] **re·mi·sión** [rremisjón] *s/f* **1.** Acción o resultado de remitir. **2.** Perdón de una falta.

[1] **re·mi·so, -sa** [rremíso] *adj* Que siente reparos o escrúpulos. RPr **Remiso a.**

[2] **re·mi·te** [rremíte] *s/m* Dirección o señas de quien hace un envío.

[1] **re·mi·ten·te** [rremiténte] *s/m,f* Quien hace un envío.

[1] **re·mi·tir** [rremitír] **I.** *tr* **1.** Enviar algo de un sitio a otro. **2.** (Con *a*) Referir a otro pasaje o texto. **II.** *intr* **1.** Disminuir la intensidad de algo. **2.** Hacer referencia a otra cosa. RPr **Remitir(se) a.**

[2] **re·mo** [rrémo] *s/m* Pala alargada y estrecha para hacer que una embarcación avance.

[2] **re·mo·de·la·ción** [rremoðelaθjón] *s/f* Acción o resultado de remodelar algo.

[2] **re·mo·de·lar** [rremoðelár] *tr* Introducir en algo.

[2] **re·mo·jar** [rremoxár] *tr* REFL(-se) Empapar(se) en agua.

[1] **re·mo·jo** [rremóxo] *s/m* Acción o resultado de remojar algo.

re·mo·jón [rremoxón] *s/m* Acción de mojarse bruscamente y en su totalidad.

[2] **re·mo·la·cha** [rremolátʃa] *s/f* Planta de raíz carnosa y comestible, de la que se extrae azúcar.

[1] **re·mol·ca·dor, -ra** [rremolkaðór] *adj s/m* Que remolca.

[1] **re·mol·car** [rremolkár] *tr* Arrastrar un vehículo a otro.
ORT Ante *e* la *c* cambia a *qu: Remolque.*

[2] **re·mo·li·no** [rremolíno] *s/m* Movimiento giratorio, brusco y violento.

[1] **re·mo·lón, -lo·na** [rremolón] *adj s/m,f* Que se resiste a hacer algo.

[1] **re·mol·que** [rremólke] *s/m* **1.** Acción o resultado de remolcar algo. **2.** Vehículo remolcado por otro. LOC **A remolque,** sin entusiasmo.

[3] **re·mon·tar** [rremontár] **I.** *tr* **1.** Subir por un terreno ascendente, por el curso de un río hacia sus fuentes, etc. **2.** FIG Superar un obstáculo o dificultad. **3.** (*avión*) Alejarse del suelo y ganar altura. **II.** REFL(-se) Retroceder alguien al pasado. RPr **Remontar(se) a.**

[1] **ré·mo·ra** [rrémora] *s/f* **1.** Pez marino que se adhiere a otros. **2.** Cosa que entorpece la marcha de algo.

[2] **re·mor·di·mien·to** [rremorðimjénto] *s/m* Sentimiento de culpabilidad por algo hecho.

[3] **re·mo·to, -ta** [rremóto] *adj* **1.** Muy distante. **2.** Poco probable. **3.** Que se activa a distancia.

[3] **re·mo·ver** [rremoβér] *tr* **1.** Cambiar de posición. **2.** Agitar un líquido. **3.** Destituir a alguien de un cargo.
CONJ *Irreg: Remuevo, removí, removeré, removido.*

[1] **re·mo·zar** [rremoθár] *tr* REFL(-se) Renovar(se) algo.
ORT Ante *e* la *z* cambia a *c: Remoce.*

[2] **re·mu·ne·ra·ción** [rremuneraθjón] *s/f* **1.** Acción o resultado de remunerar. **2.** Cantidad con que se remunera.

[2] **re·mu·ne·rar** [rremunerár] *tr* Pagar por un trabajo o servicio.

[3] **re·na·cen·tis·ta** [rrenaθentísta] *adj s/m,f* Relativo al Renacimiento o seguidor de él.

[2] **re·na·cer** [rrenaθér] *intr* Volver a nacer o a aparecer.
CONJ *Irreg: Renazco, renací, renaceré, renacido.*

[4] **re·na·ci·mien·to** [rrenaθimjénto] *s/m* **1.** Acción o resultado de renacer o resurgir. **2.** Periodo entre los siglos XIII y XIV, en que surge el gusto por las letras y lo clásico.

[1] **re·na·cua·jo** [rrenakwáχo] *s/m* Cría de la rana, cuando aún tiene cola.

[2] **re·nal** [rrenál] *adj* Relativo a los riñones.

[1] **ren·ci·lla** [rrenθíʎa] *s/f* Resentimiento, desavenencia.

[3] **ren·cor** [rrenkór] *s/m* Sentimiento de aversión hacia alguien.

[1] **ren·co·ro·so, -sa** [rrenkoróso] *adj* Que siente rencor.

[2] **ren·di·ción** [rrendiθjón] *s/f* Acción o resultado de rendir(se).

[2] **ren·di·do, -da** [rrendíðo] *adj* **1.** Muy cansado. **2.** Que se ha entregado, con sumisión o sometimiento.

[2] **ren·di·ja** [rrendíχa] *s/f* Abertura estrecha y alargada entre dos cosas.

[2] **ren·di·mien·to** [rrendimjénto] *s/m* **1.** Utilidad que algo comporta. **2.** Beneficio económico.

[4] **ren·dir** [rrendír] **I.** *tr* **1.** Dar. **2.** Ofrecer a alguien el resultado de un trabajo, informe, etc. **3.** Hacer que alguien se entregue al enemigo. **4.** Cansar a alguien. **II.** *tr intr* Producir un determinado resultado. **III.** *REFL(-se)* Entregarse al enemigo.
CONJ *Irreg: Rindo, rendí, rendiré, rendido.*

[1] **re·ne·ga·do, -da** [rreneɣáðo] *adj s/m,f* Que renuncia a sus creencias religiosas.

[2] **re·ne·gar** [rreneɣár] *intr tr* **1.** (Con *de*) Negar repetidamente. **2.** Expresar disgusto o rechazo.
CONJ *Irreg: Reniego, renegué, renegaré, renegado.*

[2] **re·ne·go·ciar** [rreneɣoθjár] *tr* Volver a negociar algo.

[2] **ren·glón** [rrenglón] *s/m* Grupo de palabras que se escriben en una sola línea. LOC **A renglón seguido,** FIG a continuación.

[1] **ren·gue·ar** [rrengeár] *intr* Cojear.

[1] **re·no** [rréno] *s/m* Mamífero rumiante con gran cornamenta.

[2] **re·nom·brar** [rrenombrár] *tr* Dar un nuevo nombre.

[2] **re·nom·bre** [rrenómbre] *s/m* Fama, celebridad.

[2] **re·no·va·ble** [rrenoβáβle] *adj* Que puede ser renovado.

[2] **re·no·va·ción** [rrenoβaθjón] *s/f* Acción o resultado de renovar(se).

[2] **re·no·va·dor, -ra** [rrenoβaðór] *adj s/m,f* Que renueva algo.

[4] **re·no·var** [rrenoβár] *tr* **1.** Cambiar lo viejo por lo nuevo. **2.** Dar nuevo impulso a algo.
CONJ *Irreg: Renuevo, renové, renovaré, renovado.*

[1] **ren·que·ar** [rrenkeár] *intr* Andar cojeando.

[3] **ren·ta** [rrénta] *s/f* **1.** Beneficio que produce una propiedad. **2.** Cuota que se paga por una vivienda alquilada. **3.** Producto económico de un país.

[3] **ren·ta·bi·li·dad** [rrentaβiliðáð] *s/f* Cualidad de rentable.

[1] **ren·ta·bi·li·zar** [rrentaβiliθár] *tr* Hacer que algo sea rentable.
ORT Ante *e* la *z* cambia a *c*: *Rentabilice.*

[3] **ren·ta·ble** [rrentáβle] *adj* Que produce beneficio.

[3] **ren·tar** [rrentár] *tr intr* **1.** Producir renta o beneficio. **2.** AMER Alquilar.

[1] **re·nuen·cia** [rrenwénθja] *s/f* Resistencia u oposición a algo.

[1] **re·nuen·te** [rrenwénte] *adj* Que muestra renuencia.

[3] **re·nun·cia** [rrenúnθja] *s/f* Acción o resultado de renunciar a algo.

[4] **re·nun·ciar** [rrenunθjár] *intr* **1.** Abandonar o dejar algo que se tiene. **2.** Rechazar. RPr **Renunciar a.**

[1] **re·ñi·do, -da** [rreɲíðo] *adj* **1.** Que implica competencia entre personas. **2.** (Con *con*) En contradicción con otra cosa.

[2] **re·ñir** [rreɲír] **I.** *intr* **1.** Disputar. **2.** Enemistarse. **II.** *tr* Reprender duramente a alguien. **III.** *intr REFL(-se)* FIG (Con *con*) Ser una cosa incompatible con otra. RPr **Reñir(se) con.**
CONJ *Irreg: Riño, reñí, reñiré, reñido.*

[2] **reo** [rréo] *s/m,f* Persona acusada de un delito por un tribunal.

re·o·ca [rreóka] *s/f* LOC **(Ser) la reoca** COL (ser) algo asombroso.

RE·PLIE·GUE

[2] **re·o·jo** [rreóχo] *s/m* LOC **De reojo,** con disimulo.

[1] **re·or·de·nar** [rreorðenár] *tr* Volver a ordenar algo.

[2] **re·or·ga·ni·za·ción** [rreorɣaniθaθjón] *s/f* Acción o resultado de reorganizar algo.

[2] **re·or·ga·ni·zar** [rreorɣaniθár] *tr* REFL(-se) Volver(se) a organizar algo.
ORT Ante *e* la *z* cambia a *c: Reorganice.*

[1] **re·o·rien·tar** [rreorjentár] *tr* Orientar hacia un objetivo diferente.

[3] **re·pa·ra·ción** [rreparaθjón] *s/f* Acción o resultado de reparar.

[3] **re·pa·rar** [rreparár] I. *tr* 1. Arreglar algo roto. 2. Recuperar energía o fuerzas. II. *intr* (Con *en*) Fijar la atención en algo, analizarlo. RPr **Reparar en.**

[2] **re·pa·ro** [rrepáro] *s/m* Inconveniente.

[2] **re·par·ti·ción** [rrepartiθjón] *s/f* Acción o resultado de repartir.

[1] **re·par·ti·dor, -ra** [rrepartiðór] *adj s/m,f* Que reparte.

[4] **re·par·tir** [rrepartír] *tr* REFL(-se) 1. Distribuir algo entre varios. 2. Distribuir mercancías a domicilio.

[3] **re·par·to** [rrepárto] *s/m* 1. Acción o resultado de repartir. 2. Asignación de los distintos papeles a los actores.

[3] **re·pa·sar** [rrepasár] *tr* 1. Volver a hacer algo para subsanar defectos. 2. Leer o mirar una vez más. 3. Revisar algo para comprobar si está como debe.

[2] **re·pa·so** [rrepáso] *s/m* Acción o resultado de repasar algo.

[1] **re·pa·tria·ción** [rrepatrjaθjón] *s/f* Acción o resultado de repatriar(se).

[1] **re·pa·tria·do, -da** [rrepatrjáðo] *adj s/m,f* Persona que ha vuelto a su patria.

[1] **re·pa·triar** [rrepatrjár] *tr* REFL(-se) Devolver a alguien a su patria.
ORT PRON El acento recae sobre la *i* en el *sing* y *3ª p* del *pl* de los *pres* de *ind* y *subj: Repatrío.*

[1] **re·pe·cho** [rrepétʃo] *s/m* Cuesta pronunciada y corta.

[1] **re·pe·len·te** [rrepelénte] *adj s/m* Que repele.

[3] **re·pe·ler** [rrepelér] I. *tr* 1. Rechazar. 2. No permitir una sustancia que otra penetre en ella. II. *intr* Causar repugnancia o aversión.

[1] **re·pe·lús** [rrepelús] *s/m* COL Desagrado o rechazo.

[1] **re·pen·te** [rrepénte] *s/m* COL Impulso brusco e inesperado. LOC **De repente,** de forma brusca e inesperada.

[3] **re·pen·ti·no, -na** [rrepentíno] *adj* Que sucede de forma brusca e inesperada.

[3] **re·per·cu·sión** [rreperkusjón] *s/f* Acción o resultado de repercutir.

[2] **re·per·cu·tir** [rreperkutír] I. *intr* Causar algo un efecto. RPr **Repercutir en.** II. *tr* Hacer recaer cierto efecto sobre otra cosa.

[3] **re·per·to·rio** [rrepertórjo] *s/m* Conjunto de obras de un actor o autor para representar o interpretar.

[3] **re·pe·ti·ción** [rrepetiθjón] *s/f* Acción o resultado de repetir.

[1] **re·pe·ti·dor, -ra** [rrepetiðór] I. *adj s/m,f* Que repite. II. *s/m* Instalación para recibir y reenviar señales.

[5] **re·pe·tir** [rrepetír] I. *tr* Hacer o decir algo ya hecho o dicho. II. *intr* COL Volver a la boca el sabor de los alimentos que se han tomado. III. *tr intr* 1. COL Cursar un estudiante de nuevo una asignatura suspendida. 2. Servir(se) otra ración de la misma comida.
CONJ *Irreg: Repito, repetí, repetiré, repetido.*

[2] **re·pe·ti·ti·vo, -va** [rrepetitíβo] *adj* Que se repite muchas veces.

[2] **re·pi·car** [rrepikár] *tr intr* Tañer las campanas en señal de fiesta.
ORT Ante *e* la *c* cambia a *qu: Repique.*

re·pi·pi [rrepípi] *adj s/m,f* COL Afectado, pedante.

[1] **re·pi·que** [rrepíke] *s/m* Acción o resultado de repicar.

[1] **re·pi·que·te·ar** [rrepiketeár] *tr intr* Tañer las campanas con sonido vivo e insistente.

[1] **re·pi·sa** [rrepísa] *s/f* Estante.

[1] **re·plan·tea·mien·to** [rreplanteamjénto] *s/m* Acción o resultado de replantear(se) algo.

[2] **re·plan·te·ar** [rreplanteár] *tr* REFL(-se) Volver(se) a plantear algo.

[2] **re·ple·gar** [rrepleɣár] *tr* REFL(-se) Retirar(se) las tropas, en orden.
CONJ *Irreg: Repliego, replegué, replegaré, replegado.*

[3] **re·ple·to, -ta** [rrepléto] *adj* Lleno completamente. RPr **Repleto de.**

[3] **ré·pli·ca** [rréplika] *s/f* 1. Copia exacta de algo. 2. Acción de replicar.

[3] **re·pli·car** [rreplikár] *tr intr* Contestar respondiendo a lo dicho por otro.
ORT Ante *e* la *c* cambia a *qu: Replique.*

[1] **re·plie·gue** [rrepliéɣe] *s/m* 1. Pliegue doble o irregular. 2. MIL Retirada de tropas.

RE·PO·BLA·CIÓN

1 **re·po·bla·ción** [rrepoβlaθjón] *s/f* Acción o resultado de repoblar.

1 **re·po·blar** [rrepoβlár] *tr* REFL(-se) Volver(se) a poblar una zona.
CONJ *Irreg: Repueblo, repoblé, repoblaré, repoblado.*

1 **re·po·llo** [rrepóʎo] *s/m* Conjunto apretado y redondo de hojas de la col.

3 **re·po·ner** [rreponér] I. *tr* 1. Volver a poner o completar lo que falta. 2. Volver a representar una obra. II. REFL(-se) Recuperar alguien sus fuerzas. RPr **Reponerse de**.
CONJ *Irreg: Repongo, repuse, repondré, repuesto.*

3 **re·por·ta·je** [rreportáxe] *s/m* Información periodística sobre un tema.

3 **re·por·tar** [rreportár] *tr* 1. Producir un beneficio o daño. 2. AMER Informar.

1 **re·por·te** [rrepórte] *s/m* AMER Informe.

2 **re·por·te·ro, -ra** [rreportéro] *s/m,f* Periodista que hace reportajes.

1 **re·po·sa·do, -da** [rreposáðo] *adj* Sosegado, tranquilo.

3 **re·po·sar** [rreposár] *tr intr* 1. CULT Descansar. 2. FIG Estar alguien enterrado en un lugar. 3. Estar en situación de quietud.

2 **re·po·si·ción** [rreposiθjón] *s/f* Acción o resultado de reponer.

2 **re·po·so** [rrepóso] *s/m* Descanso.

1 **re·pos·tar** [rrepostár] *tr* Reponer algo que se ha acabado.

1 **re·pos·te·ría** [rrepostería] *s/f* 1. Arte o trabajo de elaborar pasteles y dulces. 2. Dulces elaborados o establecimiento donde se venden.

1 **re·pos·te·ro, -ra** [rrepostéro] *s/m,f* Persona dedicada a la repostería.

2 **re·pren·der** [rreprendér] *tr* Expresar desaprobación.

re·pren·sión [rreprensjón] *s/f* Acción o resultado de reprender a alguien.

1 **re·pre·sa** [rreprésa] *s/f* Acumulación de agua mediante un muro, o este mismo muro.

2 **re·pre·sa·lia** [rrepresálja] *s/f* Acto de venganza por un mal causado.

3 **re·pre·sen·ta·ción** [rrepresentaθjón] *s/f* 1. Acción o resultado de representar. 2. Categoría o importancia que se da a algo o a alguien: *Vehículo de representación.*

5 **re·pre·sen·tan·te** [rrepresentánte] *adj s/m,f* 1. Que representa a otra persona o entidad. 2. Agente comercial.

5 **re·pre·sen·tar** [rrepresentár] *tr* 1. Actuar alguien en lugar de otra persona o entidad. 2. Poner en escena una obra de teatro. 3. Traer una cosa otra a la mente. 4. Aparentar algo, como una determinada edad.

2 **re·pre·sen·ta·ti·vi·dad** [rrepresentatiβiðáð] *s/f* Cualidad de representativo.

4 **re·pre·sen·ta·ti·vo, -va** [rrepresentatíβo] *adj* Que representa algo.

3 **re·pre·sión** [rrepresjón] *s/f* Acción o resultado de reprimir.

2 **re·pre·si·vo, -va** [rrepresíβo] *adj* Relativo a la represión, o que la ejerce.

1 **re·pre·sor, -ra** [rrepresór] *adj s/m,f* Que reprime.

1 **re·pri·men·da** [rrepriménda] *s/f* Acción de reprender, o palabras con que se reprende.

3 **re·pri·mir** [rreprimír] *tr* 1. Contener la expresión de un impulso o sentimiento. 2. Impedir que alguien manifieste ciertas ideas.

1 **re·pro·ba·ble** [rreproβáβle] *adj* Que merece ser reprobado.

2 **re·pro·ba·ción** [rreproβaθjón] *s/f* Acción o resultado de reprobar.

1 **re·pro·ba·do, -da** [rreproβáðo] *adj s/m,f* AMER (*estudiante*) Suspendido.

1 **re·pro·bar** [rreproβár] *tr* Manifestar descontento por cierta conducta o acción.
CONJ *Irreg: Repruebo, reprobé, reprobaré, reprobado.*

1 **ré·pro·bo, -ba** [rréproβo] *adj s/m,f* Condenado a las penas del infierno.

1 **re·pro·cha·ble** [rreprotʃáβle] *adj* Digno de reproche.

3 **re·pro·char** [rreprotʃár] *tr* Censurar.

2 **re·pro·che** [rreprótʃe] *s/m* Acción o resultado de reprochar algo a alguien.

4 **re·pro·duc·ción** [rreproðukθjón] *s/f* 1. Acción o resultado de reproducirse los seres vivos. 2. Acción o resultado de reproducir o copiar algo. 3. Objeto reproducido.

1 **re·pro·du·cir** [rreproðuθír] I. *tr* 1. Producir una cosa a imitación de otra existente. 2. Oír lo grabado en una cinta o disco. 3. Fotocopiar un texto. II. REFL(-se) 1. Crear descendencia los seres vivos. 2. FIG Repetirse un fenómeno.
CONJ *Irreg: Reproduzco, reproduje, reproduciré, reproducido.*

2 **re·pro·duc·ti·vo, -va** [rreproðuktíβo] *adj* 1. Relativo a la reproducción. 2. Que reproduce.

2 **re·pro·duc·tor, -ra** [rreproðuktór] I. *adj* Qu

reproduce o sirve para reproducir. **II.** *s/m* Animal para la reproducción.

re·pro·gra·fía [rreproɣrafía] *s/f* Técnica de reproducción de escritos o grabados.

[1] **rep·tar** [rreptár] *intr* Desplazarse un animal tocando el suelo con el vientre.

[2] **rep·til** [rreptíl] *adj s/m* **1.** Animal vertebrado que se desplaza arrastrándose por el suelo. **2.** *pl* Familia de estos animales.

[5] **re·pú·bli·ca** [rrepúβlika] *s/f* **1.** Forma de gobierno en la que el presidente es elegido por los ciudadanos. **2.** Estado con este sistema de gobierno.

[4] **re·pu·bli·ca·no, ·na** [rrepuβlikáno] **I.** *adj* Relativo a la república. **II.** *adj s/m,f* Que profesa ideas republicanas.

[2] **re·pu·diar** [rrepuðjár] *tr* **1.** Rechazar algo que no es moralmente correcto. **2.** Rechazar legalmente el marido a su mujer.

[1] **re·pu·dio** [rrepúðjo] *s/m* Acción o resultado de repudiar.

[2] **re·pues·to** [rrepwésto] *s/m* Pieza de recambio.

[2] **re·pug·nan·cia** [rrepuɣnánθja] *s/f* Sentimiento de rechazo o repulsa.

[2] **re·pug·nan·te** [rrepuɣnánte] *adj* Que causa repugnancia.

[2] **re·pug·nar** [rrepuɣnár] *intr* **1.** Producir algo repugnancia. **2.** Sentir repugnancia.

[1] **re·pu·ja·do** [rrepuχáðo] *s/m* **1.** Acción de repujar. **2.** Obra hecha mediante esta técnica.

re·pu·jar [rrepuχár] *tr* Labrar en relieve.

[2] **re·pul·sa** [rrepúlsa] *s/f* Acción o resultado de reprobar.

[2] **re·pul·sión** [rrepulsjón] *s/f* Acción o resultado de repeler(se).

[1] **re·pul·si·vo, ·va** [rrepulsíβo] *adj* Que inspira repulsión.

[1] **re·pun·tar** [rrepuntár] *intr* Experimentar algo recuperación o subida.

[1] **re·pun·te** [rrepúnte] *s/m* Acción o resultado de repuntar.

[2] **re·pu·ta·ción** [rreputaθjón] *s/f* Fama u opinión que se tiene de alguien.

[1] **re·pu·ta·do, ·da** [rreputáðo] *adj* Muy conocido o famoso.

[4] **re·que·mar** [rrekemár] *tr* REFL(-*se*) Quemar(se) excesivamente algo.

[3] **re·que·ri·mien·to** [rrekerimjénto] *s/m* **1.** Acción o resultado de requerir el juez a alguien. **2.** Documento en que consta.

[5] **re·que·rir** [rrekerír] *tr* **1.** Exigir. **2.** Solicitar formalmente una autoridad que alguien haga algo.
CONJ *Irreg: Requiero, requerí, requeriré, requerido.*

[1] **re·que·són** [rrekesón] *s/m* Leche cuajada sin suero.

[1] **re·que·te·bién** [rreketeβjén] *adv* COL Muy bien.

[1] **re·quie·bro** [rrekjéβro] *s/m* Halago o lisonja a una mujer.

[1] **ré·quiem** [rrékjem] *s/m* Oración fúnebre.

re·qui·sa [rrekísa] *s/f* Acción o resultado de requisar algo.

[1] **re·qui·sar** [rrekisár] *tr* Apoderarse la autoridad de bienes privados.

[4] **re·qui·si·to** [rrekisíto] *s/m* Condición que se exige para algo.

[2] **res** [rés] *s/f* Animal cuadrúpedo, doméstico o no (*esp* vaca, oveja, jabalí, ciervo, ñu, o similares).

[1] **re·sa·bio** [rresáβjo] *s/m* **1.** Sabor desagradable que queda de algo. **2.** Cosa que queda de experiencias anteriores.

[2] **re·sa·ca** [rresáka] *s/f* **1.** Movimiento de retroceso de las olas del mar. **2.** COL Malestar físico al día siguiente de una noche de excesos.

[4] **re·sal·tar** [rresaltár] **I.** *intr* Destacar sobre el resto. **II.** *tr* Hacer que algo destaque.

[1] **re·sar·cir** [rresarθír] *tr* Compensar por un daño o perjuicio. RPr **Resarcir(se) de.**
ORT Ante *o* y *a* la *c* cambia a *z*: *Resarza.*

[1] **res·ba·la·di·zo, ·za** [rresβalaðíθo] *adj* **1.** Que resbala con facilidad o es propicio para ello. **2.** Difícil de tratar por su falta de claridad.

[3] **res·ba·lar** [rresβalár] *intr* Deslizarse con rapidez por una superficie.

[1] **res·ba·lón** [rresβalón] *s/m* Acción o resultado de resbalar(se).

[4] **res·ca·tar** [rreskatár] *tr* Recuperar.

[2] **res·ca·te** [rreskáte] *s/m* **1.** Acción o resultado de rescatar. **2.** Cantidad que se cobra o se paga por rescatar.

[2] **res·cin·dir** [rresθindír] *tr* Dejar sin efecto un acuerdo o contrato.

[1] **res·ci·sión** [rresθisjón] *s/f* Acción o resultado de rescindir algo.

[1] **res·col·do** [rreskóldo] *s/m* Brasa que queda bajo la ceniza.

[1] **re·se·co, ·ca** [rreséko] *adj* Muy seco.

[1] **re·sen·ti·do, ·da** [rresentíðo] *adj s/m,f* Que tiene resentimiento.

[2] **re·sen·ti·mien·to** [rresentimjénto] *s/m* Rencor de quien se siente ofendido.

② **re·sen·tir·se** [rresentírse] *REFL(-se)* **1.** Experimentar dolor. **2.** Experimentar debilitamiento. **3.** Experimentar un sentimiento de rencor.
CONJ *Irreg: Resiento, resentí, resentiré, resentido.*

② **re·se·ña** [rresépa] *s/f* Informe valorativo de una obra.

② **re·se·ñar** [rresepár] *tr* **1.** Hacer una reseña. **2.** Describir con brevedad.

④ **re·ser·va** [rresérβa] *s/f* **1.** Acción o resultado de reservar algo. **2.** Provisión de algo para que no falte cuando se necesita. **3.** Fuerzas del ejército o policiales que están disponibles, pero no en servicio. **4.** Zona destinada al mantenimiento y protección de especies animales o vegetales. **5.** FIG Actitud de prudencia o cautela. **6.** Excepción o salvedad a la aceptación total de algo. **7.** Vino con una crianza superior a tres años. **8.** En América, colonia de indios circunscrita a un territorio.

③ **re·ser·va·do, -da** [rreserβáðo] *adj* **1.** Poco comunicativo. **2.** (*asunto*) Que debe ser mantenido en secreto. **3.** No definitivo en el diagnóstico.

④ **re·ser·var** [rreserβár] I. *tr* **1.** Apartar algo para uso futuro. **2.** Pedir con antelación una plaza en un transporte público. II. *REFL(-se)* No manifestar abiertamente alguien su pensamiento.

① **re·ser·vis·ta** [rreserβísta] *s/m,f* Militar de la reserva.

① **res·fria·do** [rresfrjáðo] I. *adj* Que padece un constipado o catarro. II. *s/m* Estado de quien está acatarrado.

① **res·friar·se** [rresfrjárse] *REFL(-se)* Coger alguien un enfriamiento o catarro.
ORT PRON El acento recae sobre la *i* en el *sing* y *3ª p pl* del *pres* de *ind* y *subj*: *Resfrío*.

② **res·guar·dar** [rresɣwárðar] *tr* Proteger contra un daño o peligro. RPr **Resguardar(se) de**.

① **res·guar·do** [rresɣwárðo] *s/m* **1.** Acción o resultado de resguardar. **2.** Documento que acredita la entrega de algo.

④ **re·si·den·cia** [rresiðénθja] *s/f* **1.** Acción o resultado de residir. **2.** Lugar o edificio donde alguien reside.

② **re·si·den·cial** [rresiðenθjál] *adj* **1.** Relativo a la residencia. **2.** Destinado a residencia de gente acomodada.

③ **re·si·den·te** [rresiðénte] *adj s/m,f* Quien reside en un lugar.

④ **re·si·dir** [rresiðír] *intr* **1.** Vivir habitualmente en un lugar. **2.** (Con *en*) Ser algo la razón de otra cosa. RPr **Residir en**.

② **re·si·dual** [rresiðwál] *adj s/m* Que queda como residuo de algo.

③ **re·si·duo** [rresíðwo] *s/m* **1.** Cosa que queda de algo. **2.** *pl* Parte desechable que queda de algo.

② **re·sig·na·ción** [rresiɣnaθjón] *s/f* Acción o resultado de resignarse.

③ **re·sig·nar·se** [rresiɣnár] *REFL(-se)* Aceptar sin rebelarse una situación adversa.

② **re·si·na** [rresína] *s/f* Sustancia que fluye de algunas plantas, viscosa e insoluble en agua.

① **re·si·no·so, -sa** [resinóso] *adj* Que tiene resina.

④ **re·sis·ten·cia** [rresisténθja] *s/f* **1.** Acción o resultado de resistir(se). **2.** Fuerza para resistir. **3.** ELECTR Elemento intercalado en un circuito para obstaculizar el paso de la corriente.

③ **re·sis·ten·te** [rresisténte] *adj* Que resiste. RPr **Resistente a**.

④ **re·sis·tir** [rresistír] I. *tr* Aguantar una presión, fuerza, acción, etc., sin ceder. II. *intr* Tener capacidad de aguante para soportar una prueba. RPr **Resistir(se) a**.

① **res·ma** [rrésma] *s/f* Conjunto de quinientos pliegos.

① **re·so·llar** [rresoʎár] *intr* Respirar ruidosamente.

④ **re·so·lu·ción** [rresoluθjón] *s/f* **1.** Acción o resultado de resolver(se) algo. **2.** Carácter decidido.

⑤ **re·sol·ver** [rresolβér] I. *tr* Solucionar un problema. II. *REFL(-se)* Decidirse a hacer algo. RPr **Resolverse a**.
CONJ *Irreg: Resuelvo, resolví, resolveré, resuelto.*

② **re·so·nan·cia** [rresonánθja] *s/f* **1.** Prolongación de un sonido, por la reflexión del mismo o por su repercusión en otros cuerpos. **2.** Impacto que causa un hecho, noticia, etc.

② **re·so·nar** [rresonár] *intr* Producir resonancia.
CONJ *Irreg: Resueno, resoné, resonaré, resonado.*

② **re·so·plar** [rresoplár] *intr* Respirar ruidosamente y con fuerza.

① **re·so·pli·do** [rresoplíðo] *s/m* **1.** Acción o circunstancia de resoplar. **2.** Expresión de indignación o ira.

② **re·sor·te** [rresórte] *s/m* **1.** Pieza elástica que tiende a recobrar su forma primitiva. **2.** Medio para lograr un fin.

[4] **res·pal·dar** [rrespaldár] *tr* Prestar apoyo o respaldo.

[3] **res·pal·do** [rrespáldo] *s/m* 1. Parte de un asiento para apoyar la espalda. 2. Acción o resultado de respaldar.

[4] **res·pec·ti·vo, -va** [rrespektíβo] *adj* Que se refiere a cada uno de los elementos de un grupo mencionados anteriormente y en el mismo orden.

[5] **res·pec·to** [rrespékto] LOC **Con respecto a**, con relación a.

[2] **res·pe·ta·ble** [rrespetáβle] I. *adj* Que puede o debe ser respetado. II. *s/m* Público que acude a un espectáculo.

[5] **res·pe·tar** [rrespetár] *tr* 1. Dar a alguien el trato que merece. 2. Acatar una orden. 3. Mantener algo o no estropearlo.

[4] **res·pe·to** [rrespéto] *s/m* Acción o resultado de respetar.

[3] **res·pe·tuo·so, -sa** [rrespetwóso] *adj* Que muestra respeto.

[1] **res·pin·gar** [rrespingár] *intr* Emitir un sonido de disgusto o queja.
ORT Ante *e* la *g* cambia a *gu*: *Respingue*.

[1] **res·pin·go** [rrespíngo] *s/m* Expresión de disgusto o rechazo.

[1] **res·pin·gón, -go·na** [rrespingón] *adj* Con la punta hacia arriba.

[3] **res·pi·ra·ción** [rrespiraθjón] *s/f* Acción o resultado de respirar.

[1] **res·pi·ra·de·ro** [rrespiraðéro] *s/m* Abertura por la que entra y sale el aire.

[4] **res·pi·rar** [rrespirár] I. *intr tr* 1. Introducir aire un ser vivo en sus pulmones y expulsarlo tras absorber el oxígeno necesario. 2. Experimentar sensación de alivio tras una crisis o dificultad. 3. Estar atento y callado.

[3] **res·pi·ra·to·rio, -ia** [rrespiratórjo] *adj* Relativo a la respiración.

[2] **res·pi·ro** [rrespíro] *s/m* 1. Acción de respirar. 2. Tiempo breve de descanso en una actividad.

[2] **res·plan·de·cer** [rresplandeθér] *intr* Despedir luz o brillo.
CONJ *Irreg: Resplandezco, resplandecí, resplandeceré, resplandecido.*

[2] **res·plan·de·cien·te** [rresplandeθjénte] *adj* Que resplandece.

[2] **res·plan·dor** [rresplandór] *s/m* Luz intensa y brillante.

[5] **res·pon·der** [rrespondér] I. *tr intr* 1. Contestar a quien pregunta. 2. Atender a quien llama. 3. Satisfacer una petición. II. *intr* 1. Estar algo motivado por otra causa.
2. Reaccionar ante un estímulo: *El cuerpo responde produciendo sudor.* 3. (Con *de, por*) Hacerse responsable de algo o alguien: *Usted responde de ellos.*

[1] **res·pon·dón, -do·na** [rrespondón] *adj s/m,f* Con tendencia a replicar.

[5] **res·pon·sa·bi·li·dad** [rresponsaβiliðáð] *s/f* Cualidad de responsable.

[2] **res·pon·sa·bi·li·zar** [rresponsaβiliθár] I. *tr* Hacer a alguien responsable de algo. II. REFL(-se) Asumir alguien cierta responsabilidad. RPr **Responsabilizarse de**.
ORT Ante *e* la *z* cambia a *c*: *Responsabilice*.

[5] **res·pon·sa·ble** [rresponsáβle] *adj* 1. Que tiene cierta responsabilidad a su cargo. 2. Serio y sensato. RPr **Responsable de**.

[1] **res·pon·so** [rrespónso] *s/m* Rezo por un difunto.

[5] **res·pues·ta** [rrespwésta] *s/f* 1. Acción de responder. 2. Cosa que responde. 3. Reacción ante cierto estímulo.

[1] **res·que·bra·ja·mien·to** [rreskeβraχamjénto] *s/m* Acción o resultado de resquebrajar(se).

[1] **res·que·bra·jar** [rreskeβraχár] *tr* REFL(-se) Producir(se) una fisura o grieta en algo.

[1] **res·que·mor** [rreskemór] *s/m* Sentimiento de recelo o rencor.

[2] **res·qui·cio** [rreskíθjo] *s/m* 1. Hueco entre la puerta y su quicio o entre las dos hojas de una puerta. 2. Cualquier grieta o hendedura. 3. Posibilidad leve de algo.

[2] **res·ta** [rrésta] *s/f* Operación de restar.

[3] **res·ta·ble·cer** [rrestaβleθér] I. *tr* Volver a establecer o instaurar. II. *tr* REFL(-se) Hacer que alguien recupere o recuperar uno mismo la salud. RPr **Restablecerse de**.
CONJ *Irreg: Restablezco, restablecí, restableceré, restablecido.*

[2] **res·ta·ble·ci·mien·to** [rrestaβleθimjénto] *s/m* Acción o resultado de restablecer(se).

[3] **res·tan·te** [rrestánte] *adj s/m* Que queda de un total.

[1] **res·ta·ñar** [rrestapár] *tr intr* Detener(se) el curso de un líquido, *esp* la sangre.

[5] **res·tar** [rrestár] I. *tr intr* 1. Hacer la operación aritmética de deducir una cantidad de otra. 2. FIG Quitar una cosa de otra. II. *intr* Faltar.

[3] **res·tau·ra·ción** [rrestauraθjón] *s/f* Acción o resultado de restaurar.

[2] **res·tau·ra·dor, -ra** [rrestauraðór] *adj s/m,f* Que restaura.

RES·TAU·RAN·TE

[4] **res·tau·ran·te** [rrestauránte] *s/m* Establecimiento de comidas.

[3] **res·tau·rar** [rrestaurár] *tr* Volver a poner algo en su estado primitivo.

[1] **res·ti·tu·ción** [rrestituθjón] *s/f* Acción o resultado de restituir.

[2] **res·ti·tuir** [rrestituír] *tr* 1. Devolver a su situación o posición original. 2. Devolver a su dueño.
CONJ *Irreg: Restituyo, restituí, restituiré, restituido.*

[5] **res·to** [rrésto] *s/m* 1. Lo que queda de algo tras quitar una parte. 2. *pl* Cadáver.

[2] **res·tre·gar** [rrestreγár] *tr* REFL(-se) Frotar con fuerza y repetidamente un objeto contra otro.
CONJ *Irreg: Restriego, restregué, restregaré, restregado.*

[3] **res·tric·ción** [rrestrikθjón] *s/f* Acción o resultado de restringir algo.

[2] **res·tric·ti·vo, ·va** [rrestriktíβo] *adj* Que restringe.

[3] **res·trin·gir** [rrestrinxír] *tr* Poner limitaciones.
ORT Ante *o/a* la g cambia a *j*: Restrinja.

[3] **re·su·ci·tar** [rresuθitár] *tr intr* Hacer que alguien vuelva o volver uno mismo a la vida.

[1] **re·sue·llo** [rreswéʎo] *s/m* Respiración ruidosa y penosa.

[2] **re·suel·to, ·ta** [rreswélto] *adj* Decidido y enérgico.

[1] **re·sul·ta** [rresúlta] *s/f* 1. Consecuencia o resultado de algo. 2. *pl* Vacantes que quedan en un cuerpo por ascenso o jubilación de alguien. LOC **A/De resultas de,** como consecuencia de.

[5] **re·sul·ta·do** [rresultáðo] *s/m* 1. Lo que resulta de una operación aritmética, bancaria, etc. 2. Datos que derivan de un análisis.

[3] **re·sul·tan·te** [rresultánte] *adj* Que es el resultado de algo.

[5] **re·sul·tar** [rresultár] *intr* 1. Originarse algo de una cosa. 2. (Seguido de *adj*) Acabar algo siendo de determinada manera.

re·sul·tón, ·to·na [rresultón] *adj* COL No bello, pero agradable.

[3] **re·su·men** [rresúmen] *s/m* 1. Acción o resultado de resumir. 2. Texto que resume algo. LOC **En resumen,** en conclusión.

[4] **re·su·mir** [rresumír] *tr* Expresar de forma breve.

[2] **re·sur·gi·mien·to** [rresurxímjénto] *s/m* Acción o resultado de resurgir algo.

[2] **re·sur·gir** [rresurxír] *intr* Surgir de nuevo. RPr **Resurgir de.**
ORT Ante *o/a* la g cambia a *j*: Resurja.

[2] **re·su·rrec·ción** [rresurrekθjón] *s/f* Acción o resultado de resucitar.

[2] **re·ta·blo** [rretáβlo] *s/m* Obra encima o detrás del altar de una iglesia, con figuras en ella.

[2] **re·ta·guar·dia** [rretaγuárðja] *s/f* 1. Cuerpo de un ejército que marcha en última posición. 2. Lo que ocupa una posición en segunda fila.

[1] **re·ta·hí·la** [rretaíla] *s/f* Serie larga y repetitiva de algo.
ORT También *retahila*.

[1] **re·tal** [rretál] *s/m* Parte que sobra al cortar un trozo de tela.

[1] **re·ta·ma** [rretáma] *s/f* Planta leguminosa silvestre.

[1] **re·tar** [rretár] *tr* Desafiar. RPr **Retar a.**

[2] **re·tar·dar** [rretarðár] *tr* Hacer que algo se retrase.

[1] **re·tar·do** [rretárðo] *s/m* 1. Acción o resultado de retardar(se). 2. AMER Deficiencia (mental).

[1] **re·ta·zo** [rretáθo] *s/m* 1. Trozo de tela o similar. 2. Fragmento.

[1] **re·tén** [rretén] *s/m* Tropa disponible y en reserva.

[2] **re·ten·ción** [rretenθjón] *s/f* Acción o resultado de retener algo.

[3] **re·te·ner** [rretenér] *tr* 1. Tener a alguien consigo, no permitiendo que se vaya o que esté libre. 2. Detener el movimiento de algo. 3. Conservar algo en su poder o en la memoria.
CONJ *Irreg: Retengo, retuve, retendré, retenido.*

[1] **re·tí·cu·lo** [rretíkulo] *s/m* Tejido de estructura reticular.

[2] **re·ti·na** [rretína] *s/f* Membrana interna del ojo, sensible a la luz.

[1] **re·tin·tín** [rretintín] *s/m* Ironía maliciosa.

[2] **re·ti·ra·da** [rretiráða] *s/f* Acción o resultado de retirar algo o de retirarse de un lugar.

[3] **re·ti·ra·do, ·da** [rretiráðo] *adj s/m,f* Quien ha dejado de trabajar en razón de su edad.

[5] **re·ti·rar** [rretirár] I. *tr* 1. Apartar o mover una cosa o persona de donde está. 2. Quitar un permiso o autorización por haber hecho mal uso de él. II. REFL(-se) Abandonar alguien su puesto de trabajo por razones de edad.

[3] **re·ti·ro** [rretíro] *s/m* 1. Acción o resultado

RE·TRO·CE·DER

de retirar(se). **2.** Lugar al que alguien se retira.

3 **re·to** [rréto] *s/m* **1.** Acción de retar. **2.** Dificultad que debe superarse.

2 **re·to·car** [rretokár] *tr* Corregir las imperfecciones de algo.
ORT Ante *e* la *c* cambia a *qu*: *Retoque*.

3 **re·to·mar** [rretomár] *tr* **1.** Volver a tomar algo. **2.** Volver a emprender una acción.

1 **re·to·ñar** [rretoɲár] *intr* Echar brotes una planta.

1 **re·to·ño** [rretóɲo] *s/m* **1.** Brote nuevo de una planta. **2.** FIG Hijo.

1 **re·to·que** [rretóke] *s/m* Acción de retocar.

2 **re·tor·cer** [rretorθér] **I.** *tr* Torcer algo dándole vueltas. **II.** *REFL(-se)* **1.** Dar una cosa vueltas sobre sí misma. **2.** Mover alguien su cuerpo de forma agitada o convulsa. RPr **Retorcerse de**.
CONJ *Irreg: Retuerzo, retorcí, retorceré, retorcido.*

2 **re·tor·ci·do, -da** [rretorθíðo] *adj* De ideas o comportamiento malicioso o complicado.

1 **re·tor·ci·mien·to** [rretorθimjénto] *s/m* Acción o resultado de retorcer(se).

2 **re·tó·ri·ca** [rretórika] *s/f* **1.** Conjunto de normas y reglas que se refieren a la manera de escribir bien y eficazmente. **2.** DES Se aplica la palabrería artificiosa o falta de contenido o sinceridad.

2 **re·tó·ri·co, -ca** [rretóriko] *adj* Relativo a la retórica.

4 **re·tor·nar** [rretornár] **I.** *intr* Volver a un lugar donde se estaba antes. **II.** *tr* Devolver.

3 **re·tor·no** [rretórno] *s/m* Acción o resultado de retornar.

1 **re·tor·ta** [rretórta] *s/f* Vasija de cuello largo y encorvado hacia abajo.

1 **re·tor·ti·jón** [rretortixón] *s/m* **1.** Retorcimiento violento. **2.** Fuerte dolor de vientre.

1 **re·to·zar** [rretoθár] *intr* Brincar y saltar alegremente.
ORT Ante *e* la *z* cambia a *c: Retoce*.

re·to·zón, -zo·na [rretoθón] *adj* Inclinado a retozar.

1 **re·trac·ción** [rretrakθjón] *s/f* Acción o resultado de retraer(se).

2 **re·trac·tar** [rretraktár] *REFL(-se)* *tr* Desdecirse de algo. RPr **Retractarse de**.

re·trác·til [rretráktil] *adj* Que puede retraerse.

1 **re·tra·er** [rretraér] **I.** *tr* Retirar hacia el interior de algo. **II.** *REFL(-se)* **1.** Encogerse o retirarse hacia dentro. **2.** FIG Reducirse progresivamente: *Se retrae la compra de automóviles.* RPr **Retraerse a/de**.
CONJ *Irreg: Retraigo, retraje, retraeré, retraído.*

1 **re·traí·do, -da** [rretraíðo] *adj* Tímido, poco comunicativo.

1 **re·trai·mien·to** [rretraimjénto] *s/m* Acción o resultado de retraer(se) algo o alguien.

1 **re·trans·mi·sión** [rretra(n)smisjón] *s/f* Acción o resultado de retransmitir algo.

2 **re·trans·mi·tir** [rretra(n)smitír] *tr* Emitir un programa, filme, etc., por radio o televisión.

2 **re·tra·sa·do, -da** [rretrasáðo] *adj s/m,f* Que tiene las facultades mentales disminuidas.

3 **re·tra·sar** [rretrasár] **I.** *tr* **1.** Hacer que algo suceda más tarde de lo que es debido. **2.** Retroceder las agujas del reloj. **II.** *intr REFL(-se)* Ir un reloj más despacio de lo que debería ir.

3 **re·tra·so** [rretráso] *s/m* Acción o resultado de retrasar(se).

4 **re·tra·tar** [rretratár] *tr* **1.** Hacer un retrato. **2.** Describir algo con exactitud.

1 **re·tra·tis·ta** [rretratísta] *adj s/m,f* Que hace retratos.

4 **re·tra·to** [rretráto] *s/m* **1.** Pintura, dibujo o fotografía de algo o alguien. **2.** Descripción de alguien.

1 **re·tre·ta** [rretréta] *s/f* Toque militar de retirada.

2 **re·tre·te** [rretréte] *s/m* **1.** Recipiente en el que se evacuan los excrementos. **2.** Habitación en que se halla este recipiente.

2 **re·tri·bu·ción** [rretriβuθjón] *s/f* Paga.

1 **re·tri·buir** [rretriβwír] *tr* Remunerar económicamente a alguien por un trabajo o servicio.
CONJ *Irreg: Retribuyo, retribuí, retribuiré, retribuido.*

1 **re·tri·bu·ti·vo, -va** [rretriβutíβo] *adj* Relativo a la retribución.

1 **re·tro** [rrétro] **I.** *adj* De tendencias retrógradas. **II.** *s/f* Máquina excavadora con cuchara de brazo flexible.

1 **re·tro·ac·ti·vi·dad** [rretroaktiβiðáð] *s/f* Cualidad de retroactivo.

1 **re·tro·ac·ti·vo, -va** [rretroaktíβo] *adj* Que se aplica sobre algo pasado.

3 **re·tro·ce·der** [rretroθeðér] *intr* Ir hacia atrás.

2 **re·tro·ce·so** [rretroθéso] *s/m* Acción o resultado de retroceder.

1 **re·tró·gra·do, -da** [rretróɣraðo] *adj s/m,f* Que tiende hacia el pasado y es contrario al progreso.

2 **re·tros·pec·ti·vo, -va** [rretrospektíβo] *adj* Relativo a tiempos pasados.

1 **re·tro·tra·er** [rretrotraér] *tr* REFL(-se) Retroceder hasta un punto determinado del pasado.
CONJ *Irreg: Retrotraigo, retrotraje, retrotraeré, retrotraído.*

1 **re·tro·vi·sor** [rretroβisór] *adj s/m* Espejo para ver hacia atrás.

2 **re·tum·bar** [rretumbár] *intr* Resonar con gran ruido.

1 **reu·ma** [rréuma] *s/m,f* Enfermedad que causa dolor en las articulaciones y músculos.
ORT También *reúma.*

1 **reu·má·ti·co, -ca** [rreumátiko] I. *adj* Relativo al reuma. II. *s/m,f* Persona que padece reuma.

1 **reu·ma·tis·mo** [rreumatísmo] *s/m* Enfermedad reumática.

1 **reu·ma·tó·lo·go, -ga** [rreumatóloɣo] *s/m,f* Experto en reumatología.

1 **re·u·ni·fi·ca·ción** [rreunifikaθjón] *s/f* Acción o resultado de reunificar.

1 **re·u·ni·fi·car** [rreunifikár] *tr* Volver a unir lo separado.
ORT Ante *e* la *c* cambia a *qu: Reunifique.*

5 **re·u·nión** [rreunjón] *s/f* 1. Acción o resultado de reunir(se). 2. Sesión de personas reunidas.

5 **re·u·nir** [rreunír] *tr* 1. Agrupar o unir cosas dispersas. 2. Agrupar en un mismo lugar. 3. Tener alguien o algo un determinado número de cualidades, requisitos, etc.
ORT PRON El acento recae sobre la *u* en el *sing* y *3ª p pl* del *pres* de *indic* y *subj: Reúne.*

1 **re·u·ti·li·zar** [rreutiliθár] *tr* Volver a utilizar.
ORT Ante *e* la *z* cambia a *c: Reutilice.*

1 **re·vá·li·da** [rreβáliða] *s/f* Examen global al finalizar ciertos estudios.

1 **re·va·li·dar** [rreβaliðár] *tr* Validar de nuevo.

1 **re·va·lo·ri·za·ción** [rreβaloriθaθjón] *s/f* Acción o resultado de revalorizar algo.

1 **re·va·lo·ri·zar** [rreβaloriθár] *tr* Dar un nuevo valor a algo.
ORT Ante *e* la *z* cambia a *c: Revalorice.*

1 **re·van·cha** [rreβántʃa] *s/f* Venganza.

1 **re·van·chis·mo** [rreβantʃísmo] *s/m* Afán excesivo de revancha.

3 **re·ve·la·ción** [rreβelaθjón] *s/f* 1. Acción o resultado de revelar algo. 2. FIG Cosa que se presenta como novedosa y de mucha calidad.

2 **re·ve·la·do** [rreβeláðo] *s/m* Operaciones para hacer visibles las imágenes fotográficas.

2 **re·ve·la·dor, -ra** [rreβelaðór] *adj* Que revela.

4 **re·ve·lar** [rreβelár] *tr* 1. Dar a conocer algo oculto. 2. Poner de manifiesto. 3. Hacer visible una imagen fotográfica.

1 **re·ve·nir** [rreβenír] *intr* REFL(-se) Agriarse o estropearse los alimentos.
CONJ *Irreg: Revengo, revine, revendré, revenido.*

1 **re·ven·ta** [rreβénta] *s/f* Acción o resultado de revender algo.

3 **re·ven·tar** [rreβentár] I. *tr* 1. Romper algo, haciendo que su interior se desparrame. 2. Producir sensación de molestia o mucho disgusto. 3. FIG Cansar mucho a una persona o animal por haberlo sometido a grandes esfuerzos. II. *intr* 1. (Con *de*) Estar un lugar muy lleno. 2. FIG Estar muy lleno de comida. 3. FIG (Con *por*) Tener grandes deseos de hacer algo: *Reventaba por ir al Caribe.* RPr **Reventar de/por.**
CONJ *Irreg: Reviento, reventé, reventaré, reventado.*

1 **re·ven·tón** [rreβentón] *s/m* Acción o resultado de reventar(se) algo.

1 **re·ver·be·rar** [rreβerβerár] *intr* 1. Reflejarse la luz en una superficie pulida. 2. Producir un sonido cierto eco.

1 **re·ver·de·cer** [rreβerðeθér] *intr tr* Recobrar el verdor.
CONJ *Irreg: Reverdezco, reverdecí, reverdeceré, reverdecido.*

1 **re·ve·ren·cia** [rreβerénθja] *s/f* 1. Respeto por una persona o institución. 2. Inclinación del cuerpo hacia delante en señal de respeto.

2 **re·ve·ren·ciar** [rreβerenθjár] *tr* Tratar con reverencia.

1 **re·ve·ren·do, -da** [rreβeréndo] *adj s/m,f* Tratamiento a los religiosos, sacerdotes, obispos o pastores protestantes.

1 **re·ve·ren·te** [rreβerénte] *adj* Que contiene reverencia.

1 **re·ver·si·ble** [rreβersíβle] *adj* 1. Que puede ser cambiado de posición o dirección. 2. Que puede experimentar un retroceso.

RE·ZU·MAR

[2] **re·ver·so** [rreβérso] *s/m* Parte posterior de algo con dos caras.

[2] **re·ver·tir** [rreβertír] *intr* REFL(-*se*) **1.** Volver algo a manos de quien lo poseía antes. **2.** (Con *en*) Resultar una cosa en el efecto que se expresa.
CONJ *Irreg: Revierto, revertí, revertiré, revertido.*

[4] **re·vés** [rreβés] *s/m* **1.** Parte de una cosa en su lado posterior. **2.** Golpe que se da con el dorso de la mano. **3.** Adversidad.

[2] **re·ves·ti·mien·to** [rreβestimjénto] *s/m* **1.** Acción o resultado de revestir(se). **2.** Capa con que se recubre algo.

[4] **re·ves·tir** [rreβestír] *tr* **1.** Recubrir una superficie con una capa de algo. **2.** Cubrir con ropas o prendas superpuestas. **3.** FIG Adquirir algo rasgos propios. RPr **Revestir(se) con/de.**
CONJ *Irreg: Revisto, revestí, revestiré, revestido.*

[4] **re·vi·sar** [rreβisár] *tr* Examinar con detenimiento.

[4] **re·vi·sión** [rreβisjón] *s/f* Acción o resultado de revisar algo.

[1] **re·vi·sor, -ra** [rreβisór] *s/m,f* En los transportes públicos, persona que comprueba los billetes.

[5] **re·vis·ta** [rreβísta] *s/f* **1.** Acción o resultado de revisar. **2.** Publicación periódica no diaria. **3.** Espectáculo de variedades.

[2] **re·vi·ta·li·zar** [rreβitaliθár] *tr* Dar más vitalidad a algo.
ORT *Ante* e *la* z *cambia a* c: *Revitalice.*

[2] **re·vi·vir** [rreβiβír] *intr* Recuperar la vida o la vitalidad.

[1] **re·vo·ca·ble** [rreβokáβle] *adj* Que puede o debe ser revocado.

[2] **re·vo·ca·ción** [rreβokaθjón] *s/f* Acción o resultado de revocar.

[2] **re·vo·car** [rreβokár] *tr* **1.** Dejar sin validez un acuerdo, ley, etc. **2.** Enlucir la superficie de un muro.
ORT *Ante* e *la* c *cambia a* qu: *Revoque.*

[2] **re·vol·car** [rreβolkár] *tr* **1.** Tirar al suelo y darle vueltas en él. **2.** FIG Derrotar a un contrario.
CONJ *Irreg: Revuelco, revolqué, revolcaré, revolcado.*

[1] **re·vol·cón** [rreβolkón] *s/m* Acción o resultado de revolcar(se).

[2] **re·vo·lo·te·ar** [rreβoloteár] *intr* Volar con vuelos cortos e irregulares.

re·vo·lo·teo [rreβolotéo] *s/m* Acción o resultado de revolotear.

[1] **re·vol·ti·jo** [rreβoltíxo] *s/m* Mezcla heterogénea y desordenada.

[1] **re·vol·to·so, -sa** [rreβoltóso] *adj* Travieso.

[5] **re·vo·lu·ción** [rreβoluθjón] *s/f* **1.** Alteración violenta del orden público. **2.** Cambio radical en algo. **3.** Giro de una pieza sobre sí misma.

[2] **re·vo·lu·cio·nar** [rreβoluθjonár] *tr* **1.** Causar una revolución. **2.** Hacer que un motor gire con determinadas revoluciones.

[4] **re·vo·lu·cio·na·rio, -ia** [rreβoluθjonárjo] **I.** *adj* Relativo a la revolución. **II.** *adj s/m,f* Partidario de una revolución.

[2] **re·vol·ver** [rreβolβér] **I.** *tr* **1.** Remover y mezclar cosas ordenadas. **2.** Remover ingredientes para mezclarlos con otros. **II.** *intr* Remover el contenido en busca de algo. **III.** REFL(-*se*) Plantar cara al enemigo.
CONJ *Irreg: Revuelvo, revolví, revolveré, revuelto.*

[3] **re·vól·ver** [rreβólβer] *s/m* Pistola de mano, con cilindro giratorio y múltiple.

re·vo·que [rreβóke] *s/m* **1.** Acción de enlucir un muro. **2.** Material con que se revoca.

[2] **re·vue·lo** [rreβwélo] *s/m* **1.** Agitación. **2.** Movimiento agitado de aves volando juntas.

[2] **re·vuel·ta** [rreβwélta] *s/f* **1.** Rebelión contra el poder establecido. **2.** Altercado o protesta callejera.

[3] **re·vuel·to, -ta** [rreβwélto] *adj* **1.** Enturbiado por haberse removido el fondo. **2.** Desordenado. **3.** Que amenaza tormenta.

[1] **re·vul·si·vo, -va** [rreβulsíβo] *adj s/m* Que produce una reacción beneficiosa, aunque parezca inicialmente perjudicial.

[5] **rey** [réi] *s/m* **1.** Jefe supremo por herencia; monarca. **2.** Persona, animal o cosa que sobresale sobre los demás.

[1] **re·yer·ta** [rrejérta] *s/f* Disputa violenta.

[2] **re·za·gar** [rreθaɣár] *tr* REFL(-*se*) Dejar o quedarse atrás.
ORT *Ante* e *la* g *cambia a* gu: *Rezague.*

[4] **re·zar** [rreθár] **I.** *tr* Dirigir una súplica a Dios o a los santos. **II.** *intr* Expresar un escrito algo determinado.
ORT *Ante* e *la* z *cambia a* c: *Recé.*

[2] **re·zo** [rréθo] *s/m* Oración.

[1] **re·zon·gar** [rreθoŋgár] *intr* Protestar refunfuñando.
ORT *Ante* e *la* g *cambia a* gu: *Rezongue.*

[1] **re·zu·mar** [rreθumár] **I.** *intr* Filtrarse un

519

RÍ·A

líquido por los poros de un recipiente. **II.** *tr* **1.** Soltar o dejar salir algo. **2.** Transmitir al exterior determinados sentimientos o ideas.

② **rí·a** [rría] *s/f* Desembocadura de un río, invadida por el mar.

② **ria·chue·lo** [rrjatʃwélo] *s/m* Río muy pequeño.

① **ria·da** [rrjáða] *s/f* **1.** Aumento brusco del caudal de un río. **2.** Cantidad muy grande de personas o cosas.

① **ri·ba·zo** [rriβáθo] *s/m* Terreno con una inclinación pronunciada.

③ **ri·be·ra** [rriβéra] *s/f* Ribera del mar u orillas de un río.

① **ri·be·re·ño, -ña** [rriβeréno] *adj* Relativo a una ribera.

① **ri·be·te** [rriβéte] *s/m* Cinta o adorno en el borde de algo.

① **ri·be·te·ar** [rriβeteár] *tr* Poner ribetes.

① **ri·ca·chón, -cho·na** [rrikatʃón] *s/m,f* COL Muy rico.

① **ri·ci·no** [rriθíno] *s/m* Planta de cuya semilla se extrae un aceite purgante.

⑤ **ri·co, -ca** [rríko] **I.** *adj s/m,f* **1.** Que tiene mucho dinero. **2.** Que abunda en algo. **3.** De buen sabor. **4.** FIG Referido a niños, gracioso o simpático. RPr **Rico de/en.**

① **ric·tus** [rríktus] *s/m* Contracción de los labios o músculos faciales para expresar dolor, miedo, risa, etc.

① **ri·di·cu·lez** [rriðikuléθ] *s/f* Cualidad de ridículo.

② **ri·di·cu·li·zar** [rriðikuliθár] *tr* Poner en ridículo.
ORT Ante *e* la *z* cambia a *c*: *Ridiculice.*

④ **ri·dí·cu·lo, -la** [rriðíkulo] **I.** *adj* **1.** Que provoca la risa. **2.** Muy pequeño. **II.** *s/m* Situación irrisoria.

② **rie·go** [rrjéγo] *s/m* **1.** Acción o resultado de regar. **2.** Agua para regar.

① **riel** [rrjél] *s/m* **1.** Carril de una vía férrea. **2.** Guía de cortinas móviles.

① **rie·lar** [rrjelár] *intr* Brillar la luz de un astro de forma trémula.

② **rien·da** [rrjénda] *s/f* **1.** Cada una de las dos correas para gobernar las caballerías. **2.** FIG Control de algo. LOC **Dar rienda suelta,** dar libertad.

⑤ **ries·go** [rrjésγo] *s/m* Posibilidad de un daño o desgracia. LOC **A riesgo de,** corriendo el peligro de. **A todo riesgo,** que cubre todo tipo de daños.

① **ri·fa** [rrífa] *s/f* Acción de rifar algo.

① **ri·far** [rrifár] **I.** *tr* Vender papeletas numeradas para luego sacar al azar una de ellas, que será la que obtenga un premio. **II.** REFL(-se) Ser alguien muy codiciado por sus cualidades.

① **ri·fi·rra·fe** [rrifirráfe] *s/m* COL Riña.

① **ri·fle** [rrífle] *s/m* Fusil de cañón largo.

② **ri·gi·dez** [rriχiðéθ] *s/f* Cualidad de rígido.

③ **rí·gi·do, -da** [rríχiðo] *adj* **1.** Muy duro, difícil de doblar. **2.** Inflexible.

④ **ri·gor** [rriγór] *s/m* **1.** Actitud exigente de quien no acepta faltas o errores. **2.** Exactitud, precisión. **3.** Severidad del tiempo.

① **ri·gu·ro·si·dad** [rriγurosiðáð] *s/f* Cualidad de riguroso.

③ **ri·gu·ro·so, -sa** [rriγuróso] *adj* Que obra con rigor.

① **ri·jo·so, -sa** [rriχóso] *adj s/m,f* Lujurioso, sensual.

① **ri·ma** [rríma] *s/f* **1.** Igualdad entre versos en las últimas sílabas. **2.** *pl* Composición rimada.

② **ri·mar** [rrimár] *tr intr* Hacer versos con rima.

① **rim·bom·ban·te** [rrimbombánte] *adj* Grandilocuente.

① **rí·mel** [rrímel] *s/m* Cosmético oscuro para las pestañas.

④ **rin·cón** [rrinkón] *s/m* **1.** Ángulo interior en el encuentro de dos paredes, lados, etc. **2.** Lugar apartado.

① **rin·co·ne·ra** [rrinkonéra] *s/f* Mueble triangular para colocar en un rincón o esquina.

② **ring** [rrín] *s/m* ANGL Cuadrilátero para boxear.

rin·gle·ra [rrinɡléra] *s/f* Hilera de cosas unas después de otras.

① **ri·no·ce·ron·te** [rrinoθerónte] *s/m* Mamífero paquidermo de gran tamaño, con un gran cuerno en el extremo de la nariz.

① **ri·ña** [rrína] *s/f* Acción o resultado de reñir.

② **ri·ñón** [rrinón] *s/m* **1.** Cada una de las dos glándulas encargadas de segregar la orina. **2.** *pl* Parte del cuerpo que rodea estas glándulas. LOC **Costar algo un riñón,** ser muy caro.

⑤ **río** [rrío] *s/m* Corriente de agua que desemboca en el mar u otro río.

③ **rio·ja** [rrjóχa] *s/m* Vino de La Rioja.

① **ri·pio** [rrípjo] *s/m* Palabra de relleno para completar una rima.

④ **ri·que·za** [rrikéθa] *s/f* **1.** Abundancia de

bienes materiales o de cualidades. **2.** Cualidad de rico.

④ **ri·sa** [rrísa] *s/f* Acción o resultado de reírse.

① **ris·co** [rrísko] *s/m* Peñasco o roca escarpados.

① **ri·si·ble** [rrisíβle] *adj* Que provoca a la risa.

① **ri·so·ta·da** [rrisotáða] *s/f* Risa ruidosa.

① **ris·tra** [rrístra] *s/f* **1.** Grupo de ajos, cebollas, etc., que se unen trenzando sus tallos. **2.** Serie de cosas entrelazadas.

① **ris·tre** [rrístre] LOC **En ristre,** en posición de ser usado.

② **ri·sue·ño, -ña** [rrisweɲo] *adj* De buen humor, alegre.

② **rít·mi·co, -ca** [rrítmiko] *adj* Relativo al ritmo.

④ **rit·mo** [rrítmo] *s/m* **1.** Combinación armoniosa de sonidos, notas musicales, movimientos, etc. **2.** Tipo de metro de un verso. **3.** Mayor o menor rapidez con que se hace algo.

② **ri·to** [rríto] *s/m* Conjunto de normas para el culto.

③ **ri·tual** [rritwál] **I.** *s/m* Conjunto de reglas aplicadas en una ceremonia o acto solemne. **II.** *adj* Relativo al rito.

③ **ri·val** [rriβál] *s/m,f* Quien compite con alguien para conseguir lo mismo.

② **ri·va·li·dad** [rriβaliðáð] *s/f* **1.** Oposición entre rivales. **2.** Enemistad, celos entre personas.

① **ri·va·li·zar** [rriβaliθár] *intr* Competir por algo. RPr **Rivalizar con/en/por**.
ORT Ante *e* la *z* cambia a *c: Rivalice*.

② **ri·za·do, -da** [rriθáðo] *adj* Con rizos.

② **ri·zar** [rriθár] *tr* Hacer ondulaciones en el pelo.
ORT Ante *e* la *z* cambia a *c: Rice*.

② **ri·zo, -za** [rríθo] *s/m* Pequeña porción de cabello rizado.

① **ri·zo·ma** [rriθóma] *s/m* Tallo subterráneo y horizontal.

① **ro** [rró] Voz para arrullar a los bebés.

④ **ro·bar** [rroβár] *tr* Quitar a alguien lo suyo en contra de su voluntad.

③ **ro·ble** [rróβle] *s/m* **1.** Árbol grande, apreciado por su madera. **2.** Madera de este árbol.

ro·ble·da [rroβléða] *s/f* Robledal.

ro·ble·dal; ro·ble·do [rroβleðál; rroβléðo] *s/m* Lugar poblado de robles.

③ **ro·bo** [rróβo] *s/m* Acción o resultado de robar.

① **ro·bot** [rroβót] *s/m* Aparato mecánico que realiza algunas funciones humanas automáticamente.
GRAM *pl Robots.*

① **ro·bó·ti·co, -ca** [rroβótiko] **I.** *adj* Relativo a los robots. **II.** *s/f* Ciencia de los robots.

ro·bo·ti·zar [rroβotiθár] *tr* Equipar con robots.
ORT Ante *e* la *z* cambia a *c: Robotice*.

① **ro·bus·te·cer** [rroβusteθér] *tr* REFL(-se) Hacer(se) más robusto.
CONJ *Irreg: Robustezco, robustecí, robusteceré, robustecido.*

① **ro·bus·te·ci·mien·to** [rroβusteθimjénto] *s/m* Acción o resultado de robustecer(se).

① **ro·bus·tez** [rroβustéθ] *s/f* Cualidad de robusto.

② **ro·bus·to, -ta** [rroβústo] *adj* **1.** De constitución fuerte y corpulenta. **2.** Resistente.

④ **ro·ca** [rróka] *s/f* Mineral de consistencia dura, o porción de él.

① **ro·cam·bo·les·co, -ca** [rrokambolésko] *adj* Enrevesado e inverosímil, por contener peripecias insólitas.

② **ro·ce** [rróθe] *s/m* **1.** Acción o resultado de rozar(se). **2.** Señal que deja esta acción. **3.** Enfado de poca importancia.

① **ro·cia·da** [rroθjáða] *s/f* Acción o resultado de rociar algo.

② **ro·ciar** [rroθjár] *tr* Esparcir un líquido en gotas menudas.
ORT PRON En el *sing* y $3^{a} p pl$ del *pres* de *indc* y de *subj* el acento recae sobre la *i: Rocía*.

① **ro·cín** [rroθín] *s/m* Caballo débil o enfermo.

② **ro·cío** [rroθío] *s/m* Vapor de agua que se condensa por la noche en gotas diminutas.

③ **rock** [rrók] *adj s/m* Tipo de música caracterizada por su ritmo frenético.

rock-and-roll [rrokandrról] *s/m* Rock.

① **roc·ke·ro, -ra** [rrokéro] *adj s/m,f* Aficionado al rock.

② **ro·co·có** [rrokokó] *s/m* Estilo artístico que siguió al barroco.

② **ro·co·so, -sa** [rrokóso] *adj* Abundante en rocas o formado por rocas.

② **ro·da·da** [rroðáða] *s/f* Señal que deja una rueda por donde pasa.

② **ro·da·do, -da** [rroðáðo] **I.** *adj* **1.** Que se desplaza sobre ruedas. **2.** Filmado con una cámara. **3.** Que discurre con suavidad. **II.** *s/m* AMER Vehículo con ruedas.

② **ro·da·ja** [rroðáxa] *s/f* Porción plana que se corta de algo en forma de rueda.

RO·DA·JE

3 ro·da·je [rroðáxe] *s/m* 1. Acción o resultado de rodar o filmar algo. 2. Situación de un vehículo en su primer periodo de funcionamiento. 3. Periodo de prueba y de adaptación de algo.

1 ro·da·mien·to [rroðamjénto] *s/m* Mecanismo que permite que una pieza gire sin sufrir desgaste.

1 ro·dan·te [rroðánte] *adj* Que rueda.

ro·da·pié [rroðapjé] *s/m* Pieza alargada para revestir la parte de la pared que toca el suelo.

4 ro·dar [rroðár] I. *intr* 1. Dar algo vueltas alrededor de su eje. 2. Caer algo girando sobre sí mismo. 3. Moverse sobre ruedas. II. *tr* (También *intr*) Grabar las escenas de una película.
CONJ *Irreg: Ruedo, rodé, rodaré, rodado.*

5 ro·de·ar [rroðeár] I. *tr* 1. Estar alrededor de alguien o algo. 2. Dar vueltas alrededor de algo o alguien. II. *intr* Dar un rodeo.

2 ro·deo [rroðéo] *s/m* 1. Acción o resultado de rodear. 2. Desviación para evitar un lugar determinado. 3. Recorrido más largo. 4. Modo de hablar que evita decir las cosas directamente. 5. Fiesta con juegos y competiciones con ganado.

4 ro·di·lla [rroðiʎá] *s/f* Zona donde se articula el muslo con la pierna. LOC **Doblar/Hincar la rodilla,** someterse.

1 ro·di·lle·ra [rroðiʎéra] *s/f* Protección para la rodilla.

2 ro·di·llo [rroðiʎo] *s/m* Pieza cilíndrica de diferentes tamaños, a veces con mango, para usos diversos (allanar, pintar, etc.).

ro·dri·gón [rroðriɣón] *s/m* Vara o palo para sujetar plantas o ramas.

1 roe·dor, -ra [rroeðór] I. *adj* Que roe. II. *adj s/m* Animal mamífero, como el ratón o la ardilla, con incisivos para roer.

2 ro·er [rroér] *tr* 1. Raspar algo duro con los dientes para desgastarlo. 2. Atormentar interiormente.
CONJ *Irreg: Roo, roí/royó, roeré, roído.*

3 ro·gar [rroɣár] *tr intr* Pedir algo a alguien.
CONJ *Irreg: Ruego, rogué, rogaré, rogado.*

1 ro·ga·ti·va [rroɣatíβa] (A menudo en *pl*) *s/f* Oración para pedir algo.

1 roí·do, -da [rroíðo] *adj* Desgastado.

2 ro·ji·zo, -za [rroxíθo] *adj* Que tira a rojo.

5 ro·jo, -ja [rróxo] I. *adj s/m* De color parecido al de la sangre. II. *s/m,f* Persona de ideas izquierdistas o comunistas. LOC **Al rojo (vivo),** incandescente. **(En) números rojos,** sin dinero.

3 rol [rról] *s/m* 1. Función o cometido. 2. Papel desempeñado por un actor.

1 ro·lli·zo, -za [rroʎíθo] *adj* De carnes robustas.

3 ro·llo [rróʎo] *s/m* 1. Cilindro de materiales diversos (papel, tela, etc.) enrollados sobre sí mismos. 2. Tira de celuloide o película enrollada. 3. Persona o asunto enojoso o pesado. LOC **Soltar el rollo,** COL hablar mucho y sobre temas aburridos.

ro·ma·na [rromána] *s/f* Instrumento antiguo para pesar, con una palanca colgante y de brazos desiguales.

3 ro·man·ce [rrománθe] I. *adj* (*lengua*) Derivado del latín. II. *s/m* Aventura amorosa.

3 ro·má·ni·co, -ca [rromániko] I. *adj* Relativo a las lenguas romances. II. *adj s/m* Se aplica al estilo artístico del siglo X y a todo lo relativo a él.

ro·ma·ni·zar [rromaniθár] *tr* REFL(-se) Implantar(se) la cultura y civilización de los antiguos romanos.
ORT *Ante* e *la* z *cambia a* c: *Romanice.*

4 ro·ma·no, -na [rrománo] *adj s/m* De Roma.

3 ro·man·ti·cis·mo [rromantiθísmo] *s/m* 1. Movimiento ideológico y artístico de los siglos XVIII y XIX. 2. Cualidad de romántico.

4 ro·mán·ti·co, -ca [rromántiko] *adj s/m,f* 1. Relativo al romanticismo o seguidor de él. 2. Con tendencia a exaltar lo sentimental.

1 rom·bo [rrómbo] *s/m* Cuadrilátero con lados iguales y con dos ángulos mayores que los otros dos.

2 ro·me·ría [rromería] *s/f* Peregrinación a un lugar sagrado, o fiesta que se celebra con tal ocasión.

1 ro·me·ro, ra [rroméro] I. *s/m* Planta de hojas aromáticas. II. *s/m,f* Quien participa en una romería.

1 ro·mo, -ma [rrómo] *adj* Que no acaba en punta.

2 rom·pe·ca·be·zas [rrompekaβéθas] *s/m* 1. Pasatiempo consistente en recomponer una figura combinando sus piezas. 2. Situación difícil.

1 rom·pe·o·las [rrompeólas] *s/m* Dique en un puerto para protegerlo.

5 rom·per [rrompér] I. *tr* 1. Hacer algo pedazos. 2. Interrumpir la continuidad de algo. 3. Estropear. 4. No cumplir un

compromiso adquirido. **II.** *intr* **1.** Chocar las olas contra las rocas u orilla. **2.** (Con *a, en*) Iniciarse bruscamente una acción: *El crío rompió a llorar*. **3.** (Con *con*) Interrumpir una relación: *Rompieron con la tradición*. RPr **Romper a/con/en.**
CONJ *pp irreg: Roto.*

[1] **rom·pien·te** [rrompjénte] *s/m,f* Escollo contra el que chocan las olas.

[1] **rom·pi·mien·to** [rrompimjénto] *s/m* Acción o resultado de romper(se).

[2] **ron** [rrón] *s/m* Bebida alcohólica obtenida de la fermentación de melazas y caña de azúcar.

[2] **ron·car** [rronkár] *intr* Producir un sonido ronco y profundo al respirar mientras se duerme.
ORT Ante *e* la *c* cambia a *qu: Ronque.*

[1] **ron·cha** [rróntʃa] *s/f* Bulto enrojecido en la piel.

[2] **ron·co, -ca** [rrónko] *adj* (*sonido*) Bajo, profundo.

[2] **ron·da** [rrónda] *s/f* **1.** Acción o resultado de rondar. **2.** Grupo de personas que efectúa esta acción. **3.** Paseo, avenida, etc., de forma circular. **4.** MIL Patrulla de vigilancia en un grupo de soldados. **5.** Fase de un proceso. **6.** Tanda de consumiciones en un bar.

[1] **ron·da·lla** [rrondáʎa] *s/f* Grupo de personas, *esp* estudiantes, que van cantando y tocando por las calles.

[3] **ron·dar** [rrondár] **I.** *intr* **1.** Andar vigilando por las calles. **2.** Dar vueltas una idea por la cabeza a alguien. **II.** *tr* **1.** Pasear con fines de vigilancia u observación. **2.** Cortejar a alguien. **3.** FIG Acercarse mucho a una cifra determinada.

[1] **ron·que·ra** [rronkéra] *s/f* Voz bronca o áspera.

[2] **ron·qui·do** [rronkíðo] *s/m* Acción de roncar o sonido que se emite al roncar.

[1] **ron·ro·ne·ar** [rronroneár] *intr* Producir los gatos un sonido bronco y continuo al dormir.

ron·ro·neo [rronronéo] *s/m* Acción o resultado de ronronear.

[1] **ron·zal** [rronθál] *s/m* Cuerda para sujetar a una caballería por el cuello o cabeza.

[1] **ro·ña** [rróɲa] *s/f* Suciedad adherida al cuerpo.

ro·ñi·ca [rroɲíka] *s/m,f* COL Tacaño.

[1] **ro·ño·so, -sa** [rroɲóso] *adj* Tacaño.

[5] **ro·pa** [rrópa] *s/f* Cualquier tipo de tela, *esp* las prendas de vestir.

[2] **ro·pa·je** [rropáxe] *s/m* Conjunto de prendas de vestir.

[2] **ro·pe·ro, -ra** [rropéro] **I.** *adj* Relacionado con la ropa. **II.** *s/m* Armario para guardar la ropa.

ro·que [rróke] LOC **Estar/Quedarse roque,** quedarse dormido.

[1] **ro·que·dal** [rrokeðál] *s/m* Lugar abundante en rocas.

ro·rro [rrórro] *s/m* Niño muy pequeño.

[5] **ro·sa** [rrósa] **I.** *s/f* Flor del rosal. **II.** *s/m* Color pálido, mezcla del rojo y el blanco. **III.** *adj* **1.** De ese color. **2.** De tipo sentimental.

[1] **ro·sá·ceo, -ea** [rrosáθeo] *adj* De color rosa.

[2] **ro·sa·do, -da** [rrosáðo] **I.** *adj* De color rosa. **II.** *s/m* Color rosáceo.

[2] **ro·sal** [rrosál] *s/m* Planta que da flores.

ro·sa·le·da [rrosaléða] *s/f* Lugar con muchos rosales.

[4] **ro·sa·rio** [rrosárjo] *s/m* **1.** Oración dedicada a la Virgen María. **2.** Objeto con una sarta de cuentas para dicho rezo. **3.** Serie de hechos o cosas.

[1] **ros·ca** [rróska] *s/f* Objeto en forma cilíndrica, con un hueco redondo en su centro. LOC **Hacer la rosca a alguien,** COL adularle. **No comerse una rosca,** no conseguir algo. **Pasarse alguien de rosca,** cometer un exceso.

ros·car [rroskár] *tr* Enroscar.
ORT Ante *e* la *c* cambia a *qu: Rosque.*

[1] **ros·co** [rrósko] *s/m* Rosca de pan o bollería.

[1] **ros·cón** [rroskón] *s/m* Torta circular con un orificio en el centro.

[1] **ros·qui·lla** [rroskíʎa] *s/f* Dulce en forma de rosca pequeña. LOC **Venderse como rosquillas,** venderse mucho.

[5] **ros·tro** [rróstro] *s/m* Cara de una persona.

[2] **ro·ta·ción** [rrotaθjón] *s/f* Acción o resultado de rotar.

[3] **ro·tar** [rrotár] *intr* **1.** Girar alrededor de un eje. **2.** Alternar con otro en una función o trabajo.

[1] **ro·ta·ti·va** [rrotatíβa] *s/f* Máquina para imprimir periódicos.

[2] **ro·ta·ti·vo, -va** [rrotatíβo] **I.** *adj* **1.** Que gira o da vueltas. **2.** Que alterna con otra cosa. **II.** *s/m* Periódico.

[1] **ro·ta·to·rio, -ia** [rrotatórjo] *adj* **1.** Relativo a la rotación o giro. **2.** Rotativo.

[3] **ro·to, -ta** [rróto] **I.** *adj* **1.** Que está partido o

tiene roturas. **2.** Estropeado. **III.** *s/m* Agujero causado por una rotura.

① **ro·ton·da** [rrotónda] *s/f* Edificio o plaza de forma circular.

① **ro·tor** [rrotór] *s/m* Elemento giratorio de un motor o turbina.

① **ró·tu·la** [rrótula] *s/f* **1.** Hueso en la articulación de la rodilla. **2.** MEC Pieza para articular elementos fijos.

① **ro·tu·la·ción** [rrotulaθjón] *s/f* Acción o resultado de rotular.

② **ro·tu·la·dor, -ra** [rrotulaðór] *s/m* Utensilio para escribir o dibujar.

① **ro·tu·lar** [rrotulár] *tr intr* Poner rótulos.

② **ró·tu·lo** [rrótulo] *s/m* **1.** Título de un escrito. **2.** Letrero indicador.

① **ro·tun·di·dad** [rrotundiðáð] *s/f* Cualidad de rotundo.

③ **ro·tun·do, -da** [rrotúndo] *adj* **1.** Claro, categórico. **2.** Completo, total.

② **ro·tu·ra** [rrotúra] *s/f* Acción o resultado de romper(se).

① **ro·tu·rar** [rroturár] *tr* Labrar por primera vez la tierra.

① **ro·yal·ty** [rrojálti] *s/m* ANGL Tasa o derechos que se cobran en proporción al precio del producto.

① **ro·za** [rróθa] *s/f* Surco o canal en una pared para poner cables, tuberías o algo similar.

ro·za·du·ra [rroθaðúra] *s/f* Acción o resultado de rozar(se), o señal que queda de ello.

① **ro·za·mien·to** [rroθamjénto] *s/m* Roce.

③ **ro·zar** [rroθár] **I.** *tr* **1.** Tocar ligeramente una superficie. **2.** FIG Estar muy próximo a otra cosa en cantidad o características. **II.** *intr* Tener roce una cosa con otra.
ORT Ante *e* la *z* cambia a *c*: *Roce*.

① **rúa** [rrúa] *s/m* Calle.

① **ru·béo·la** [rruβéola] *s/f* Enfermedad infecciosa con erupciones en la piel.

② **ru·bí** [rruβí] *s/m* Mineral muy duro, rojo y brillante, apreciado en joyería.

④ **ru·bio, -ia** [rrúβjo] *adj* De color dorado.

① **ru·blo** [rrúβlo] *s/m* Unidad monetaria de Rusia.

② **ru·bor** [rruβór] *s/m* **1.** Enrojecimiento de las mejillas al sentir vergüenza o pudor.

① **ru·bo·ri·zar** [rruβoriθár] *tr* REFL(*-se*) Hacer que alguien sienta rubor o sentirlo uno mismo.
ORT Ante *e* la *z* cambia a *c*: *Ruborice*.

① **rú·bri·ca** [rrúβrika] *s/f* **1.** Trazo o trazos que acompañan a la firma. **2.** Acción de ratificar algo.

① **ru·bri·car** [rruβrikár] *tr* **1.** Poner una rúbrica o firma. **2.** Suscribir algo.
ORT Ante *e* la *c* cambia a *qu*: *Rubrique*.

① **ru·de·za** [rruðéθa] *s/f* Cualidad de rudo.

② **ru·di·men·ta·rio, -ia** [rruðimentárjo] *adj* Elemental.

① **ru·di·men·to** [rruðiménto] *s/m* Conocimientos básicos sobre algo.

② **ru·do, -da** [rrúðo] *adj* **1.** Tosco. **2.** Falto de refinamiento.

① **rue·ca** [rrwéka] *s/f* Utensilio antiguo para hilar.

④ **rue·da** [rrwéða] *s/f* Pieza circular que gira alrededor de un eje.

② **rue·do** [rrwéðo] *s/m* **1.** Contorno de algo redondo. **2.** En la plaza de toros, espacio central en forma de círculo, donde se efectúa la lidia.

② **rue·go** [rrwéγo] *s/m* Acción o resultado de rogar.

① **ru·fián, -a·na** [rrufján] *s/m,f* Despreciable, vil.

① **ru·gi·do** [rruχíðo] *s/m* Acción o resultado de rugir.

② **ru·gir** [rruχír] *intr tr* **1.** Emitir el león y otros animales su sonido característico. **2.** Producir algunos elementos ciertos sonidos roncos.
ORT Ante *o/a* la *g* cambia a *j*: *Ruja, rujo*.

① **ru·go·si·dad** [rruγosiðáð] *s/f* Cualidad de rugoso.

① **ru·go·so, -sa** [rruγóso] *adj* Que tiene arrugas en su superficie.

④ **rui·do** [rrwíðo] *s/m* Sonido confuso o poco armonioso.

② **rui·do·so, -sa** [rrwiðóso] *adj* Que produce ruido.

① **ruin** [rrwín] *adj* Despreciable, mezquino.

④ **rui·na** [rrwína] *s/f* **1.** Estado de deterioro en algo. **2.** Estado de decadencia total. **3.** Estado de pérdida total de los bienes materiales. **4.** *pl* Restos de algún edificio antiguo.

① **ruin·dad** [rrwindáð] *s/f* **1.** Condición o cualidad de ruin. **2.** Acción ruin.

② **rui·no·so, -sa** [rrwinóso] *adj* Que está en ruinas.

① **rui·se·ñor** [rrwisepór] *s/m* Ave pequeña, de canto agradable.

② **ru·le·ta** [rruléta] *s/f* Juego de azar.

① **ru·le·te·ro, -ra** [rruletéro] *s/m,f* AMER Chófer que trabaja por horas.

RU·TI·NA·RIO

② **ru·lo** [rrúlo] *s/m* Cilindro hueco y pequeño para ondular el cabello.

② **ru·ma·no, -na** [rrumáno] *adj s/m,f* De Rumania.

① **rum·ba** [rrúmba] *s/f* Baile flamenco de ritmo rápido.

① **rum·be·ro, -ra** [rrumbéro] *adj, s/m,f* Relativo a la rumba o quien la baila.

④ **rum·bo** [rrúmbo] *s/m* Dirección que debe seguirse o que se sigue.

① **rum·bo·so, -sa** [rrumbóso] *adj* Que gasta con esplendidez.

① **ru·mian·te** [rrumjánte] **I.** *adj* Que rumia. **II.** *adj s/m,pl* Mamíferos que se alimentan de vegetales, que luego rumian.

② **ru·miar** [rrumjár] *tr intr* **1.** Masticar los rumiantes los alimentos por segunda vez. **2.** Pensar detenidamente sobre algo.

④ **ru·mor** [rrumór] *s/m* Información no confirmada que se difunde entre la gente.

① **ru·mo·re·ar** [rrumoreár] *intr* REFL(-se) Circular rumores.

① **run·rún** [rrunrún] *s/m* Rumor de sonidos.

run·ru·ne·ar [rrunruneár] *intr* Producir un runrún.

① **ru·pes·tre** [rrupéstre] *adj* Relativo a las rocas o a las pinturas prehistóricas sobre rocas.

ru·pia [rrúpja] *s/f* Moneda persa o india.

③ **rup·tu·ra** [rruptúra] *s/f* Acción o resultado de romper(se).

④ **ru·ral** [rrurál] *adj* Relativo al campo.

④ **ru·so, -sa** [rrúso] *adj s/m,f* De Rusia.

① **rus·ti·ci·dad** [rrustiθiðáð] *s/f* Cualidad de rústico.

② **rús·ti·co, -ca** [rrústiko] **I.** *adj* Rural. **II.** *s/m,f* Campesino.

④ **ru·ta** [rrúta] *s/f* Recorrido de un viaje.

① **ru·te·ro, -ra** [rrutéro] *adj* Relativo a la ruta.

① **ru·ti·lan·te** [rrutilánte] *adj* Que resplandece.

ru·ti·lar [rrutilár] *intr* CULT Brillar intensamente.

③ **ru·ti·na** [rrutína] *s/f* Repetición de actos de forma idéntica y monótona.

② **ru·ti·na·rio, -ia** [rrutinárjo] *adj* **1.** Que se hace por rutina o costumbre. **2.** Que sigue una rutina.

S s

[5] **S; s** [ése] *s/f* Vigésima letra del alfabeto español, de nombre 'ese'.

[4] **sá·ba·do** [sáβaðo] *s/m* Día de la semana entre el viernes y el domingo.

[2] **sa·ba·na** [saβána] *s/f* Llanura extensa y sin árboles.

[3] **sá·ba·na** [sáβana] *s/f* Cada una de las dos piezas de tela que arropan a quien se acuesta.

[1] **sa·ban·di·ja** [saβandíxa] *s/f* **1.** Cualquier reptil pequeño y molesto o perjudicial. **2.** Persona despreciable.

[1] **sa·ba·ñón** [saβaɲón] *s/m* Hinchazón en manos, pies y orejas debido al frío.

[1] **sa·bá·ti·co, -ca** [saβátiko] *adj* Relativo al sábado.

[1] **sa·be·dor, -ra** [saβeðór] *adj* Que sabe algo.

[1] **sa·be·lo·to·do** [saβelotóðo] *s/m,f* DES Persona que presume de saberlo todo.

[5] **sa·ber** [saβér] **I.** *s/m* Conocimiento sobre algo. **II.** *tr* **1.** Conocer algo. **2.** Tener la preparación o capacidad necesaria para hacer algo. **III.** *intr* **1.** (*gen con a*) Tener sabor a algo. **2.** (Con *de*) Conocer algo: *Esta tierra no sabe de aguaceros.* **IV.** REFL(-se) Tener conciencia de algo (situación, cargo, etc.). LOC **A saber,** esto es. **¡Vete a saber! ¡Vaya usted a saber!,** expresa que algo es difícil de encontrar. RPr **Saber a. Saber de.**
CONJ *Irreg:* Sé, supe, sabré, sabido.

[3] **sa·bi·do, -da** [saβíðo] *adj s/m,f* **1.** Conocido. **2.** Que sabe muchas cosas.

[3] **sa·bi·du·ría** [saβiðuría] *s/f* Conjunto de conocimientos sobre una materia.

[2] **sa·bien·das** [saβjéndas] LOC **A sabiendas,** intencionadamente y con pleno conocimiento.

[1] **sa·bi·hon·do, -da** [saβjóndo] *adj s/m,f* DES Que presume o se jacta de saber mucho.
ORT También *sabiondo*.

[4] **sa·bio, -ia** [sáβjo] *adj s/m,f* **1.** Persona con conocimientos profundos. **2.** Prudente y sensato.

[1] **sa·bla·zo** [saβláθo] *s/m* **1.** Golpe dado con un sable. **2.** Acción de sablear (2).

[2] **sa·ble** [sáβle] *s/m* Arma blanca algo curva y de un solo filo.

sa·ble·ar [saβleár] *tr* **1.** Conseguir dinero de otros con engaño y astucia y con la intención de no devolverlo. **2.** Dar golpes con el sable.

[4] **sa·bor** [saβór] *s/m* **1.** Sensación que ciertas sustancias producen en el gusto o en el ánimo. **2.** Huella, recuerdo de algo pasado. RPr **Sabor a.**

[2] **sa·bo·re·ar** [saβoreár] *tr* **1.** Paladear con agrado lo que se come o se bebe. **2.** Recrearse con fruición en algo.
ORT La *e* de la raíz no desaparece, aunque la terminación empiece por *e: Saboreemos.*

[1] **sa·bo·ta·je** [saβotáxe] *s/m* **1.** Deterioro o daño en instalaciones o productos de una entidad o empresa para perjudicarla. **2.** Acción intencionada para entorpecer algo.

[1] **sa·bo·tea·dor, -ra** [saβoteaðór] *s/m,f* Quien practica el sabotaje.

[1] **sa·bo·te·ar** [saβoteár] *tr* Llevar a cabo acciones de sabotaje.

[2] **sa·bro·so, -sa** [saβróso] *adj* **1.** Agradable al gusto. **2.** Cuantioso, considerable. **3.** Malicioso o con gracia.

[1] **sa·bue·so, -sa** [saβwéso] **I.** *adj s/m* Variedad de perro de olfato finísimo. **II.** *s/m* Agente especializado en la investigación de delitos.

[1] **sa·ca·cor·chos** [sakakórtʃos] *s/m* Instrumento para sacar el corcho de las botellas.

[1] **sa·ca·pun·tas** [sakapúntas] *s/m* Instrumento para afilar la punta de los lápices.

[5] **sa·car** [sakár] *tr* **1.** Extraer algo del interior de otra cosa. **2.** Hacer salir a alguien de la situación o condición en que se encontraba. **3.** Conseguir algo (premio, título). **4.** Lograr una calificación en un examen. **5.** Mencionar algo que se expresa. **6.** Comprar billetes o entradas. **7.** Asomar una parte del cuerpo. **8.** Hacer la jugada inicial o poner en movimiento la pelota. LOC **Sacar en claro/en limpio,** deducir. **Sacar los trapos sucios,** poner al descubierto las faltas de

otro. **Sacar tajada**, conseguir beneficio. RPr **Sacar de**.
ORT La *c* cambia a *qu* ante *e: Saquemos*.

1 **sa·ca·ri·na** [sakarína] *s/f* Sustancia sintética para endulzar.

1 **sa·ca·ro·sa** [sakarósa] *s/f* Azúcar.

1 **sa·cer·do·cio** [saθerðóθio] *s/m* Dignidad y estado de sacerdote.

1 **sa·cer·do·tal** [saθerðotál] *adj* Relativo al sacerdote.

4 **sa·cer·do·te** [saθerðóte] *s/m* Ministro de una religión.

1 **sa·cer·do·ti·sa** [saθerðotísa] *s/f* Mujer dedicada al culto religioso.

2 **sa·ciar** [saθjár] *tr* REFL(-*se*) **1**. Satisfacer el hambre o la sed. **2**. Satisfacer los deseos de alguien. RPr **Saciarse con/de**.

1 **sa·cie·dad** [saθjeðáð] *s/f* Estado de harto o satisfecho.

3 **sa·co** [sáko] *s/m* **1**. Bolsa grande de tela, plástico o cualquier otro material. **2**. Saqueo o robo. **3**. AMER Chaqueta, americana. LOC **Caer en saco roto**, olvidar. **Entrar a saco**, saquear.

1 **sa·cra·li·zar** [sakraliθar] *tr* Dar carácter sagrado a algo.
ORT Ante *e* la *z* cambia a *c: Sacralice*.

1 **sa·cra·men·tal** [sakramentál] *adj* Relativo a los sacramentos.

2 **sa·cra·men·to** [sakraménto] *s/m* Signo externo con efectos espirituales.

3 **sa·cri·fi·car** [sakrifikár] **I**. *tr* **1**. Ofrecer a los dioses una víctima en sacrificio. **2**. Referido a un animal, matarlo para el consumo. **3**. Arriesgar algo para lograr un fin. **II**. REFL(-*se*) Renunciar a algo por alguna razón. RPr **Sacrificarse a/por**.
ORT La *c* cambia a *qu* ante *e: Sacrifique*.

4 **sa·cri·fi·cio** [sakrifíθjo] *s/m* **1**. Ofrenda a los dioses. **2**. Acto de renuncia o privación.

1 **sa·cri·le·gio** [sakriléχjo] *s/m* Profanación de algo sagrado.

1 **sa·crí·le·go, -ga** [sakríleɣo] **I**. *adj* Relativo al sacrilegio o que lo implica. **II**. *adj s/m,f* Quien comete sacrilegio.

1 **sa·cris·tán, -ta·na** [sakristán] *s/m* Ayudante del sacerdote en el altar.

2 **sa·cris·tía** [sakristía] *s/f* Lugar de las iglesias donde se reviste el sacerdote para el culto.

2 **sa·cro, -ra** [sákro] *adj* Sagrado.

1 **sa·cro·san·to, -ta** [sakrosánto] *adj* Sagrado y santo a la vez.

2 **sa·cu·di·da** [sakuðíða] *s/f* Acción o resultado de sacudir(se).

4 **sa·cu·dir** [sakuðír] *tr* **1**. Agitar con violencia de un lado a otro. **2**. Pegar. **3**. Causar algo gran conmoción.

1 **sá·di·co, -ca** [sáðiko] *adj s/m,f* Relativo al sadismo o quien lo practica.

1 **sa·dis·mo** [saðísmo] *s/m* Placer sexual que alguien experimenta mediante el sufrimiento.

1 **sa·do·ma·so·quis·mo** [saðomasokísmo] *s/m* Comportamiento del sádico.

1 **sa·do·ma·so·quis·ta** [saðomasokísta] *adj s/m,f* Relativo al sadismo y masoquismo, o persona que los practica.

1 **sae·ta** [saéta] *s/f* **1**. Flecha. **2**. Copla devota de Semana Santa.

1 **sa·fa·ri** [safári] *s/m* Expedición de caza mayor en África.

2 **sa·ga** [sáɣa] *s/f* Relato poético escandinavo, basado en la historia de una familia.

1 **sa·ga·ci·dad** [saɣaθiðáð] *s/f* Cualidad de sagaz.

1 **sa·gaz** [saɣáθ] *adj* Agudo y perspicaz.

1 **sa·gi·ta·rio** [saχitárjo] *s/m* Noveno signo del Zodíaco.

4 **sa·gra·do, -da** [saɣráðo] *adj* **1**. Relacionado con la divinidad y su culto. **2**. Digno de respeto y veneración.

1 **sa·gra·rio** [saɣrárjo] *s/m* Urna en la iglesia con las hostias consagradas.

1 **sa·ha·raui** [saχaráwi] *adj s/m,f* Del Sáhara.

1 **sa·ha·ria·no, -na** [saχarjáno] *adj* Relativo al desierto del Sáhara.

1 **sai·ne·te** [sainéte] *s/m* Pieza dramática de carácter satírico, cómico y popular.

sa·jar [saχár] *tr* MED Hacer un corte en el cuerpo con fines curativos.

1 **sa·jón, -jo·na** [saχón] *adj s/m,f* De Sajonia.

1 **sa·ke** [sáke] *s/m* Bebida alcohólica japonesa, obtenida del arroz.

4 **sal** [sál] **I**. *s/f* **1**. Sustancia para sazonar y conservar los alimentos. **2**. Gracia, ingenio. **II**. *s/f,pl* Sustancia salina usada con fines diversos.

4 **sa·la** [sála] *s/f* **1**. Habitación o local grande. **2**. Lugar donde se constituye un tribunal, o ese tribunal.

1 **sa·la·de·ro** [salaðéro] *s/m* Lugar para salar carnes o pescados.

2 **sa·la·do, -da** [saláðo] **I**. *adj* **1**. (Con *estar*) Que tiene más sal de la necesaria. **2**. (Con *ser*) Con gracia y desenvoltura. **II**. *s/m* Acción de salar.

SA·LA·MAN·DRA

[1] **sa·la·man·dra** [salamándra] *s/f* Reptil de piel negruzca, parecido a la lagartija.

sa·la·man·que·sa [salamankésa] *s/f* Reptil parecido a la lagartija, con cuerpo comprimido y ceniciento.

[1] **sa·lar** [salár] **I.** *tr* 1. Cubrir con sal. 2. Sazonar con sal. **II.** *s/m* AMER Salina.

[3] **sa·la·rial** [salarjál] *adj* Relativo al salario.

[4] **sa·la·rio** [salárjo] *s/m* Cantidad de dinero que se recibe por el trabajo realizado.

[1] **sa·laz** [saláθ] *adj* Lujurioso.

[1] **sa·la·zón** [salaθón] **I.** *s/m* Operación de salar carnes o pescados. **II.** *s/m,pl* Carne o pescado salados.

[1] **sal·chi·cha** [saltʃitʃa] *s/f* Embutido alargado y cilíndrico, de carne picada de cerdo.

sal·chi·che·ría [saltʃitʃería] *s/f* Tienda de embutidos.

[1] **sal·chi·chón** [saltʃitʃón] *s/m* Embutido grueso de jamón, tocino y especias.

[2] **sal·dar** [saldár] *tr* 1. Liquidar completamente una cuenta. 2. Dar algo por acabado.

[3] **sal·do** [sáldo] *s/m* 1. Diferencia entre el debe y el haber de una cuenta. 2. *s/m,pl* Mercancías no vendidas, que se liquidan a bajo precio.

sa·le·di·zo [saleðiθo] *adj* Que sobresale.

[1] **sa·le·ro** [saléro] *s/m* 1. Recipiente para servir(se) la sal. 2. Gracia o donaire.

sa·le·ro·so, -sa [saleróso] *adj* Que tiene gracia.

[2] **sa·le·sia·no, -na** [salesjáno] *adj* Relativo a la orden de San Francisco de Sales.

[4] **sa·li·da** [salíða] *s/f* 1. Acción o resultado de salir. 2. Lugar por el que se sale. 3. Lugar desde el que se parte o en el que se inicia algo. 4. Posibilidad laboral o profesional que se ofrece para el futuro. 5. (Con *tener*) Mayor o menor posibilidad de venta de un producto. 6. Recurso o posibilidad. 7. Ocurrencia graciosa.

[5] **sa·li·do, -da** [salíðo] *adj* Que están en celo o que tiene fuertes deseos sexuales.

[2] **sa·lien·te** [saljénte] *adj s/m* Lo que sobresale de algo.

sa·li·na [salína] *s/f* 1. Mina de sal. 2. (*gen* en *pl*) Instalación para obtener sal.

[1] **sa·li·ni·dad** [saliniðáð] *s/f* Cantidad relativa de sal en un líquido.

[3] **sa·li·no, -na** [salíno] *adj* Que contiene sal.

[5] **sa·lir** [salír] **I.** *intr* 1. Irse de un lugar. 2. Sacar por un determinado lugar o hueco. 3. Aparecer algo que se saca del lugar en que estaba. 4. Iniciar su trayecto un vehículo. 5. (Con *con*) Mantener una relación sentimental con otro y estar juntos. 6. Brotar, nacer. 7. Nacer un animal rompiendo el cascarón. 8. (Con *en*) Aparecer una noticia o información en un medio de comunicación. 9. Aparecer una publicación. 10. (Con *con*) Decir algo inesperado: *Mamá, a mí no me sales con esos cuentos*. 11. Aparecer o surgir de improviso. 12. Resultar algo de un proceso, debate, etc. 13. (Con *de*) Resultar alguien elegido para un cargo o función. 14. (Con *a, por*) Costar algo una cierta cantidad de dinero. 15. (Con *a*) Ser una persona muy parecida a alguno de sus ascendientes. 16. Desviarse de cierto ámbito o tema. **II.** REFL(-*se*) Desbordarse un líquido, no caber algo en el lugar donde está contenido. LOC **Salir ganando/perdiendo**, acabar ganando o perdiendo. RPr **Salir de/con/por/a/para. Salirse con/de/por.**

CONJ *Irreg: Salgo, salí, saldré, salido.*

[2] **sa·li·tre** [salítre] *s/m* Nitrato potásico que aflora en terrenos húmedos o salinos.

[1] **sa·li·tro·so, -sa** [salitróso] *adj* Que contiene salitre.

[2] **sa·li·va** [salíβa] *s/f* Sustancia clara y viscosa segregada por las glándulas salivares de la boca. LOC **Tragar saliva**, aguantar.

[1] **sa·li·va·zo** [salíβáθo] *s/m* Saliva escupida de una sola vez.

[2] **sal·mo** [sálmo] *s/m* Cántico de alabanza a Dios.

[1] **sal·mo·dia** [salmóðja] *s/f* Canturreo monótono.

[1] **sal·mo·diar** [salmoðjár] *tr* Cantar con cadencia monótona.

[2] **sal·món** [salmón] **I.** *s/m* Pez de carne rosada y muy apreciada. **II.** *adj* De color rosa anaranjado.

sal·mo·na·do, -da [salmonáðo] *adj* Parecido al salmón.

[1] **sal·mo·ne·te** [salmonéte] *s/m* Pez de color rojizo, de carne apreciada.

[1] **sal·mue·ra** [salmwéra] *s/f* Agua con mucha sal disuelta.

[1] **sa·lo·bre** [salóβre] *adj* Que tiene sabor salado o que contiene sal.

[4] **sa·lón** [salón] *s/m* 1. Habitación principal de una vivienda, donde se reciben las visitas. 2. Exposición. 3. Local en que se organizan los actos que se especifican.

[1] **sal·pi·ca·de·ro** [salpikaðéro] *s/m* Tablero de mandos de un automóvil.

SAL·VE

[1] **sal·pi·ca·du·ra** [salpikaðúra] *s/f* Acción o resultado de salpicar.

[2] **sal·pi·car** [salpikár] *intr tr* 1. Saltar un líquido o sustancia pastosa a consecuencia de un golpe. 2. Afectar un asunto al nombre o fama de alguien.
ORT Ante *e* la *c* cambia a *qu: Salpique*.

[1] **sal·pi·cón** [salpikón] *s/m* 1. Salpicadura. 2. Guiso de carne picada, marisco o pescado, con aderezo.

[1] **sal·pi·men·tar** [salpimentár] *tr* Sazonar las comidas con sal y pimienta.
CONJ *Irreg: Salpimiento, salpimenté, salpimentaré, salpimentado*.

sal·pu·lli·do [salpuʎíðo] *s/m* Sarpullido.

[3] **sal·sa** [sálsa] *s/f* 1. Sustancia líquida o cremosa para aderezar las comidas. 2. Tipo de música y ritmo de carácter alegre.

sal·se·ra [salséra] *s/f* Recipiente para servir salsa.

[1] **sal·ta·dor, -ra** [saltaðór] *adj* Que salta.

[1] **sal·ta·mon·tes** [saltamóntes] *s/m* Insecto saltador de color verde amarillento.

[4] **sal·tar** [saltár] I. *intr* 1. Levantarse del suelo impulsando el cuerpo con las piernas. 2. Lanzarse desde un lugar elevado para caer a otro de menor altura. 3. Salir hacia arriba con ímpetu. 4. Romper algo a golpes, *esp* las cerraduras. 5. Soltarse una cosa de otra a la que está pegada. 6. (Con *con*) Decir algo repentinamente. 7. Hacerse notar mucho. 8. (Con *sobre*) Abalanzarse sobre algo o alguien. II. *tr* Pasar por encima de un obstáculo mediante un fuerte impulso. III. *tr intr* REFL(*-se*). Pasar de una cosa a otra sin coherencia, omitir algo al leer o escribir. LOC **Saltarse a la torera**, eludir alegremente una obligación. RPr **Saltar a/con/de/por/sobre**.

[1] **sal·ta·rín, -ri·na** [saltarín] *adj* Que salta o se mueve mucho.

[1] **sal·tea·dor, -ra** [salteaðór] *s/m,f* Ladrón de caminos.

[2] **sal·te·ar** [salteár] *tr* 1. Freír ligeramente un alimento. 2. Hacer algo con discontinuidad.

[1] **sal·tim·ban·qui** [saltimbánki] *s/m,f* Acróbata en espectáculos públicos al aire libre.

[3] **sal·to** [sálto] *s/m* 1. Acción o resultado de saltar. 2. Movimiento de pasar de un lugar a otro mediante brincos. 3. Diferencia notable en cantidad, calidad o intensidad entre dos cosas. 4. Distancia que se salta. LOC **A salto de mata**, sin orden ni método.

[1] **sal·tón, -to·na** [saltón] *adj* Que sobresale más de lo normal.

[1] **sa·lu·bre** [salúβre] *adj* Bueno para la salud.

[1] **sa·lu·bri·dad** [saluβriðáð] *s/f* Cualidad de salubre.

[5] **sa·lud** [salúð] *s/f* 1. Estado de quien no está enfermo. 2. Buen funcionamiento de algo. 3. Fórmula de saludo. LOC **Curarse en salud**, prevenir algo perjudicial.

[2] **sa·lu·da** [salúða] *s/m* Impreso formulario y sin firma para saludar al destinatario.

[3] **sa·lu·da·ble** [saluðáβle] *adj* 1. Que tiene buena salud. 2. Bueno para la salud.

[4] **sa·lu·dar** [saluðár] *tr*. Dirigir a alguien palabras corteses o saludos.

[3] **sa·lu·do** [salúðo] *s/m* 1. Acción de saludar. 2. Palabras de aprecio, de bienvenida o despedida.

[1] **sa·lu·ta·ción** [salutaθjón] *s/f* Acción o resultado de saludar.

[2] **sal·va** [sálβa] *s/f* Saludo hecho disparando armas de fuego.

[3] **sal·va·ción** [salβaθjón] *s/f* Acción o resultado de salvar(se).

[2] **sal·va·do** [salβáðo] *s/m* Cáscara molida del grano de los cereales.

[4] **sal·va·dor, -ra** [salβaðór] *adj s/m,f* Que salva.

[2] **sal·va·do·re·ño, -ña** [salβaðoréɲo] *adj s/m,f* De El Salvador.

[1] **sal·va·guar·d(i)a** [salβaɣwárð(j)a] *s/f* 1. Defensa o garantía. 2. Salvoconducto.

[2] **sal·va·guar·dar** [salβaɣwarðár] *tr* Defender, proteger.

[1] **sal·va·ja·da** [salβaxáða] *s/f* Acto o dicho propios de un salvaje.

[3] **sal·va·je** [salβáxe] I. *adj* Se dice de la planta silvestre, del animal no domesticado o del terreno agreste. II. *adj s/m,f* 1. Persona de formas de vida primitiva. 2. Cruel, inhumano.

[1] **sal·va·jis·mo** [salβaxísmo] *s/m* Cualidad de salvaje.

sal·va·man·te·les [salβamantéles] *s/m* Pieza para proteger los manteles.

[1] **sal·va·men·to** [salβaménto] *s/m* Acción o resultado de salvar.

[5] **sal·var** [salβár] *tr* 1. Librar de un peligro o daño. 2. Superar un obstáculo. 3. Exceptuar. 4. Recorrer un espacio o distancia: *Nadó hasta salvar el río*. RPr **Salvar(se) de**.

[1] **sal·va·vi·das** [salβaβíðas] *s/m* Objeto para mantenerse a flote.

[1] **sal·ve** [sálβe] *s/f* Oración a la Virgen.

SAL·VE·DAD

1 **sal·ve·dad** [salβeðáð] *s/f* Excepción.

4 **sal·vo** [sálβo] *adv* Excepto. LOC **A salvo,** fuera de peligro.

1 **sal·vo·con·duc·to** [salβokondúkto] *s/m* Documento que permite entrar o salir de un país.

1 **sam·ba** [sámba] *s/f* Música y baile de origen brasileño.

1 **sam·be·ni·to** [sambeníto] *s/m* Descrédito, mala fama.

1 **sa·mu·rái** [samurái] *s/m* Noble guerrero del antiguo Japón.

5 **san** [sán] *adj* apóc de 'santo'.

1 **sa·na·ción** [sanaθjón] *s/f* AMER Acción o resultado de sanar.

1 **sa·na·dor, -ra** [sanaðór] *s/m,f* Curandero.

4 **sa·nar** [sanár] **I.** *tr* Curar una enfermedad. **II.** *intr* Recuperar la salud. RPr **Sanar de**.

2 **sa·na·to·rio** [sanatórjo] *s/m* Residencia para la cura de enfermos.

4 **san·ción** [sanθjón] *s/f* Acción o resultado de sancionar.

2 **san·cio·na·dor, -ra** [sanθjonaðór] *adj* Que sanciona.

4 **san·cio·nar** [sanθjonár] *tr* **1.** Aplicar una pena a un hecho delictivo. **2.** Dictar la autoridad una ley. **3.** Aprobar.

1 **san·co·cho** [sankótʃo] *s/m* **1.** Alimento a medio cocer. **2.** AMER Cocido de carne, yuca y plátano.

2 **san·da·lia** [sandálja] *s/f* Calzado que se sujeta al pie con correas atadas al tobillo y empeine.

1 **sán·da·lo** [sándalo] *s/m* **1.** Árbol de madera aromática muy apreciada. **2.** Esencia extraída de él.

1 **san·dez** [sandéθ] *s/f* Estupidez.

1 **san·día** [sandía] *s/f* Planta de tallo tendido por el suelo, cuyo fruto contiene mucha pulpa dulce y jugosa.

san·dio, -ia [sándjo] *adj s/m,f* Ignorante, simple.

1 **san·dun·ga** [sandúnga] *s/f* Salero, gracia natural.

2 **sand·wich** [sándwitʃ] *s/m* ANGL Bocadillo de pan de molde.

3 **sa·nea·mien·to** [saneamjénto] *s/m* Acción o resultado de sanear.

2 **sa·ne·ar** [saneár] *tr* **1.** Acondicionar higiénicamente algo. **2.** Corregir las deficiencias en la gestión y economía de una empresa.

1 **san·gra·do** [sangráðo] *s/m* Espacio en blanco que precede a una línea escrita.

1 **san·gran·te** [sangránte] *adj* **1.** Que sangra. **2.** Que resulta indignante o cruel.

4 **san·grar** [sangrár] **I.** *tr* **1.** Abrir una vena para que salga sangre. **2.** Hacer un corte en un árbol o planta para que salga la resina o látex. **3.** Dejar espacios en blanco al inicio de una línea. **II.** *intr* Echar sangre.

4 **san·gre** [sángre] *s/f* **1.** Líquido rojo que circula por las venas y las arterias de los vertebrados. **2.** Linaje, parentesco. LOC **A sangre fría,** sin estar alterado. **Chupar alguien la sangre a otro,** explotarle. **Llevar algo en la sangre,** tener aptitud innata para algo. **Tener mala sangre,** ser malvado.

1 **san·gría** [sangría] *s/f* **1.** Acción o resultado de sangrar. **2.** Gastos continuados, aunque no muy grandes. **3.** Espacio en blanco al principio de una línea o párrafo. **4.** Bebida refrescante hecha con vino, limón, azúcar, agua y frutas.

2 **san·grien·to, -ta** [sangrjénto] *adj* **1.** Que causa derramamiento de sangre. **2.** Que echa sangre o está manchado con ella.

1 **san·gui·jue·la** [sangiχwéla] *s/f* **1.** Gusano de cuerpo anillado, que se alimenta de sangre. **2.** Persona que vive a costa de otro(s).

2 **san·gui·na·rio, -ia** [sanginárjo] *adj* Cruel, capaz de matar.

2 **san·guí·neo, -ea** [sangíneo] *adj* **1.** Relativo a la sangre. **2.** Del color de la sangre.

san·gui·no·len·cia [sanginolénθja] *s/f* Cualidad de sanguinolento.

1 **san·gui·no·len·to, -ta** [sanginolénto] *adj* **1.** Sangriento. **2.** Del color de la sangre.

4 **sa·ni·dad** [saniðáð] *s/f* **1.** Conjunto de servicios para preservar la salud de la población. **2.** Salubridad.

4 **sa·ni·ta·rio, -ia** [sanitárjo] **I.** *adj* Relativo a la sanidad. **II.** *s/m,f s/m (gen en pl)* Aparatos higiénicos en un cuarto de baño.

3 **sa·no, -na** [sáno] *adj* **1.** Que tiene buena salud. **2.** Beneficioso para la salud. **3.** En buen estado. **4.** Sin vicios. **5.** Sincero y sin malicia.

1 **san·sea·ca·bó** [sanseakabó] *interj* COL Expresión para zanjar un asunto.

1 **san·són** [sansón] *s/m* Hombre corpulento y forzudo.

1 **san·tan·de·ri·no, -na** [santanderíno] *adj s/m,f* Relativo a Santander o natural de esta ciudad cántabra.

1 **san·te·ría** [santería] *s/f* **1.** Cualidad de

SAR·NO·SO

quien muestra una devoción exagerada o supersticiosa a los santos. **2.** Creencia supersticiosa que se practica en Cuba.

1 **san·te·ro, -ra** [santéro] **I.** *adj s/m,f* Que practica un culto o devoción exagerados a las imágenes de los santos: *Oraciones y herejías de santeros*. **II.** *s/m,f* **1.** Persona que cuida de un santuario. **2.** Persona que pide limosna usando como reclamo imágenes de santos.

san·tia·guen·se [santjaɣénse] *adj s/m,f* Relativo a Santiago, capital de la República Dominicana, o natural o habitante de esta provincia y ciudad.

san·tia·gue·ño, -a [santjaɣéɲo] *adj s/m,f* Relativo a Santiago del Estero, o natural de esta capital o provincia del norte de Argentina.

1 **san·tia·gue·ro, -ra** [santjaɣéro] *adj s/m,f* Relativo a Santiago de Cuba o natural de esta ciudad.

san·tia·gués, -gue·sa [santjaɣés] *adj s/m,f* Relativo a Santiago de Compostela, o natural de esta ciudad gallega.

1 **san·tia·gui·no, -na** [santjaɣíno] *adj* Relativo a Santiago de Chile, o natural de esta ciudad.

1 **san·tia·mén** [santjamén] COL **En un santiamén,** muy rápidamente.

2 **san·ti·dad** [santiðáð] *s/f* **1.** Cualidad de santo. **2.** Tratamiento que se da al Papa.

1 **san·ti·fi·ca·ción** [santifikaθjón] *s/f* Acción o resultado de santificar(se).

1 **san·ti·fi·car** [santifikár] *tr* **1.** Convertir en santo. **2.** Venerar a Dios dedicándole días o actos religiosos.
ORT La *c* cambia a *qu* delante de *e: Santifique*.

1 **san·ti·guar** [santiɣwár] *tr* REFL*(-se)* Hacer alguien sobre sí mismo la señal de la cruz.
ORT Ante *e* la *u* cambia *ü: Santigüe*.

5 **san·to, -ta** [sánto] **I.** *adj* **1.** Sagrado. **2.** Conforme a la ley de Dios. **II.** *s/m,f* **1.** Persona reconocida por la Iglesia como modelo de virtudes. **2.** Virtuoso. **III.** *s/m* **1.** Figura, imagen de un santo. **2.** (*gen en pl*) Grabado o ilustración en un libro. LOC **Írsele a alguien el santo al cielo,** olvidar alguien completamente lo que iba a decir o hacer. **Llegar y besar el santo,** conseguir algo al primer intento.

1 **san·tón, -to·na** [santón] *s/m* Asceta no cristiano.

1 **san·to·ral** [santorál] *s/m* Libro con la vida de los santos.

2 **san·tua·rio** [santwárjo] *s/m* **1.** Templo dedicado a la Virgen o a los santos. **2.** Lugar casi sagrado y respetado.

1 **sa·ña** [sáɲa] *s/f* Crueldad insistente.

1 **sa·ñu·do, -da** [saɲúðo] *adj* Que actúa con saña.

2 **sa·po** [sápo] *s/m* Batracio de piel rugosa y verde, parecido a la rana.

2 **sa·que** [sáke] *s/m* Acción de poner en juego el balón en un deporte. LOC **Tener buen saque,** comer mucho.

1 **sa·quea·dor, -ra** [sakeaðór] *adj s/m,f* Que saquea.

2 **sa·que·ar** [sakeár] *tr* Apoderarse violentamente de los bienes ajenos, *esp* si son los vencidos o conquistados.
ORT La *e* de la raíz no desaparece, aunque la desinencia empiece por *e: Saqueen*.

1 **sa·queo** [sakéo] *s/m* Acción o resultado de saquear.

2 **sa·ram·pión** [sarampjón] *s/m* Enfermedad contagiosa que se manifiesta con manchas rojas en la piel.

1 **sa·rao** [saráo] *s/m* Fiesta, jolgorio.

1 **sa·ra·pe** [sarápe] *s/m* Especie de manta con una abertura en el centro para meter la cabeza.

2 **sar·cas·mo** [sarkásmo] *s/m* Ironía o burla cruel.

1 **sar·cás·ti·co, -ca** [sarkástiko] *adj* Relativo al sarcasmo.

1 **sar·có·fa·go** [sarkófaɣo] *s/m* Sepulcro.

1 **sar·da·na** [sarðána] *s/f* Danza popular de Cataluña.

2 **sar·di·na** [sarðína] *s/f* Pez marino pequeño y comestible, que forma grandes grupos.

1 **sar·di·ne·ro, -ra** [sarðinéro] *adj* Relativo a las sardinas.

1 **sar·do, -da** [sárðo] *adj s/m,f* De Cerdeña.

1 **sar·dó·ni·co, -ca** [sarðóniko] *adj* Referido a la risa irónica o poco natural.

3 **sar·gen·to, -ta** [sarχénto] *s/m,f* **1.** Suboficial superior al cabo, que manda un pelotón. **2.** Persona autoritaria y brusca.

1 **sa·ri** [sári] *s/m* Vestido femenino hindú, en forma de túnica.

1 **sar·men·to·so, -sa** [sarmentóso] *adj* Relativo al sarmiento o parecido a él.

1 **sar·mien·to** [sarmjénto] *s/m* Rama o tallo de la vid.

1 **sar·na** [sárna] *s/f* Enfermedad contagiosa de la piel humana.

1 **sar·no·so, -sa** [sarnóso] *adj* Que tiene sarna.

sar·pu·lli·do [sarpuʎíðo] *s/m* Erupción leve y pasajera en la piel.

① **sa·rra·ce·no, -na** [sarraθéno] *adj s/m,f* De religión islámica.

sa·rra·ci·na [sarraθína] *s/f* 1. Pelea tumultuosa y confusa: *Siempre anda armando sarracinas.* 2. Gran mortandad o destrozo causados en personas, animales o cosas.

① **sa·rro** [sárro] *s/m* Sustancia amarillenta que se adhiere a los dientes.

① **sar·ta** [sárta] *s/f* 1. Serie de cosas sujetas por un hilo. 2. Serie de hechos.

③ **sar·tén** [sartén] *s/f* Recipiente de cocina con forma circular, de poco fondo y con mango largo, que se usa para freír. LOC **Tener la sartén por el mango,** tener el poder para decidir.

② **sas·tre, -ra** [sástre] *s/m,f* Persona que hace o arregla trajes, *esp* de caballero.

① **sas·tre·ría** [sastrería] *s/f* Oficio y taller del sastre.

① **Sa·tán** [satán] *s/m* Satanás.

① **sa·ta·nás** [satanás] *s/m* 1. *may* Nombre del demonio. 2. Persona mala y perversa.

① **sa·tá·ni·co, -ca** [satániko] *adj* Relativo a Satanás; perverso.

sa·ta·nis·mo [satanísmo] *s/m* Creencia o práctica relacionada con el culto a Satanás.

sa·ta·ni·zar [sataniθár] *tr* Atribuir las características perversas de Satanás. ORT Ante *e* la *z* cambia a *c: Satanice.*

④ **sa·té·li·te** [satélite] *s/m* 1. Cuerpo celeste o lanzado por el hombre que gira alrededor de un planeta. 2. Persona o institución que depende de otra.

① **sa·tén** [satén] *s/m* Tela parecida al raso pero de peor calidad.

① **sa·ti·na·do** [satináðo] *adj* Liso y con brillo.

sa·ti·nar [satinár] *tr* Alisar y abrillantar la tela o el papel.

② **sá·ti·ra** [sátira] *s/f* Escrito, dicho o hecho que ridiculiza.

② **sa·tí·ri·co, -ca** [satíriko] *adj* Relativo a la sátira.

① **sa·ti·ri·zar** [satiriθár] *tr* Ridiculizar de forma cruel o mordaz. ORT Ante *e* la *z* cambia a *c: Satirice.*

① **sá·ti·ro** [sátiro] *s/m* 1. Hombre lascivo. 2. Monstruo mitológico, medio hombre y medio cabra.

④ **sa·tis·fac·ción** [satisfakθjón] *s/f* 1. Gusto o placer que se obtiene de algo. 2. Realización de un deseo o necesidad. 3. Cualidad o condición de quien está satisfecho. 4. Cosa que satisface.

④ **sa·tis·fa·cer** [satisfaθér] *tr* 1. Pagar lo que se debe. 2. Saciar un deseo, inquietud, pasión, etc. 3. Gustar o agradar a alguien. CONJ *Irreg: Satisfago, satisfice, satisfaré, satisfecho.*

③ **sa·tis·fac·to·rio, -ia** [satisfaktórjo] *adj* 1. Que puede satisfacer. 2. Bueno, favorable.

④ **sa·tis·fe·cho, -cha** [satisfétʃo] *adj* 1. Contento, complacido. 2. Harto de comida.

sá·tra·pa [sátrapa] *s/m* Gobernante déspota.

② **sa·tu·ra·ción** [saturaθjón] *s/f* Acción o resultado de saturar(se).

② **sa·tu·rar** [saturár] *tr* Llenar o completar al máximo.

① **sa·tur·no** [satúrno] *s/m may* Planeta del sistema solar.

② **sau·ce** [sáuθe] *s/m* Árbol de hoja caduca, común en las orillas de los ríos.

① **sau·dí** [sauðí] *adj s/m,f* De Arabia Saudita.

① **sau·di·ta** [sauðíta] *adj s/m,f* Saudí.

① **sau·na** [sáuna] *s/f* 1. Baño de vapor muy caliente. 2. Lugar donde se toman esos baños.

① **sau·rio** [sáurjo] *adj s/m* Reptil de piel escamosa, patas cortas, cola alargada y mandíbula con dientes.

② **sa·via** [sáβja] *s/f* 1. Jugo nutritivo que alimenta las plantas. 2. Lo que da energía o vida.

① **sa·xo** [sákso] *s/m* Instrumento musical de viento.

① **sa·xo·fón** [saksofón] *s/m* Saxo.

① **sa·xo·fo·nis·ta** [saksofonísta] *s/m,f* Persona que toca el saxofón.

① **sa·ya** [sája] *s/f* Falda de tejido recio.

① **sa·yo** [sájo] *s/m* Vestido antiguo, muy amplio y sin botones.

sa·yón [sajón] *s/m* 1. Falda larga y acampanada. 2. Verdugo.

② **sa·zón** [saθón] *s/f* 1. Estado de madurez de algo. 2. Sabor. LOC **A la sazón,** entonces.

② **sa·zo·nar** [saθonár] **I.** *tr* Echar a las comidas condimentos para darles sabor. **II.** *intr* Alcanzar algo su madurez.

① **sca·nner** [eskáner] *s/m* Aparato para explorar un objeto y hacer una copia de él. ORT También *escáner*; *pl scán(n)ers.*

⑤ **se** [sé] **I.** *pron pers de 3ª p,* para ambos géneros y números. **II.** *pron reflexivo de* tercera persona. **III.** *pron recíproco de 3ª* *p.* Marca intransitividad, impersonalidad o la pasiva refleja.

se·bá·ceo, -ea [seβáθeo] *adj* Relativo al sebo, o que segrega grasa.

se·bo [séβo] *s/m* **1.** Grasa de los herbívoros. **2.** Gordura.

se·bo·rrea [seβorréa] *s/f* Secreción de las glándulas sebáceas.

se·bo·so, -sa [seβóso] *adj* Que tiene sebo o grasa.

se·ca·de·ro [sekaðéro] *s/m* Lugar para secar ciertos productos.

se·ca·do, -da [sekáðo] *s/m* Eliminación del líquido o humedad de algo.

se·ca·dor [sekaðór] *s/m* Aparato para secar.

se·ca·do·ra [sekaðóra] *s/f* Máquina para secar la ropa lavada.

se·ca·no [sekáno] *s/m* Tierra de labor que no se riega.

se·can·te [sekánte] **I.** *adj s/m* **1.** Se aplica al papel para secar lo escrito. **2.** Sustancia para secar la pintura. **II.** *s/f* Recta que corta una figura.

se·car [sekár] **I.** *tr* **1.** Eliminar la humedad de un cuerpo. **2.** Hacer que las plantas pierdan su savia y mueran. **3.** Limpiar las lágrimas o el sudor. **II.** REFL(-*se*) **1.** Quedarse algo sin agua. **2.** Morirse las plantas por falta de agua.
ORT La *c* cambia a *qu* ante *e: Sequemos*.

se·ca·rral [sekarrál] *s/m* Terreno muy seco.

sec·ción [sekθjón] *s/f* **1.** Corte o separación en un cuerpo. **2.** Cada parte en que se divide algo. **3.** Cada parte en una organización.

sec·cio·nar [sekθjonár] *tr* **1.** Dividir en secciones. **2.** Cortar algo.

se·ce·sión [seθesjón] *s/f* Separación de parte del territorio de una nación.

se·ce·sio·nis·mo [seθesjonísmo] *s/m* Tendencia a la secesión política.

se·ce·sio·nis·ta [seθesjonísta] *adj s/m,f* Relativo a la secesión o partidario de ella.

se·co, -ca [séko] *adj* **1.** Que no contiene agua ni está mojado. **2.** Con muy poca agua. **3.** (*plantas*) Sin vida. **4.** (*clima, lugar*) Poco lluvioso. **5.** (*Persona*) Muy delgada. **6.** De trato brusco, antipático. **7.** (*Golpe*) Fuerte, contundente. **8.** (*Bebida*) No dulce. LOC **A secas,** sin añadir nada. **Dejar seco a alguien,** matarlo.

se·cre·ción [sekreθjón] *s/f* **1.** Acción o resultado de segregar. **2.** Sustancia segregada.

se·cre·ta·ría [sekretaría] *s/f* **1.** Cargo de secretario. **2.** Oficina del secretario.

se·cre·ta·ria·do [sekretarjáðo] *s/m* **1.** Cargo de secretario. **2.** Oficina donde trabaja el secretario o donde está ubicada la administración de un organismo.

se·cre·ta·rio, -ia [sekretárjo] *s/m,f* **1.** Encargado de las tareas administrativas de una oficina o institución. **2.** Persona que lleva los asuntos administrativos de alguien.

se·cre·ter [sekretér] *s/m* Mueble con una superficie para escribir y con cajones.

se·cre·tis·mo [sekretísmo] *s/m* Tendencia a mantener cosas en secreto.

se·cre·to, -ta [sekréto] **I.** *adj* Que está oculto, escondido. **II.** *s/m* **1.** Cosa que se mantiene oculta. **2.** Método o medio clave para lograr algo. LOC **En secreto,** con sigilo y disimulo.

se·cre·tor, -ra [sekretór] *adj s/m,f* Que segrega.

sec·ta [sékta] *s/f* **1.** Grupo minoritario unido en torno a un líder y sus ideas. **2.** Grupo de personas disidentes.

sec·ta·rio, -ia [sektárjo] **I.** *adj s/m,f* Relativo a una secta o partidario de ella. **II.** *adj* Intransigente, fanático.

sec·ta·ris·mo [sektarísmo] *s/m* Actitud del sectario.

sec·tor [sektór] *s/m* **1.** Parte diferenciada de un colectivo. **2.** Ámbito en que se desarrolla una actividad: *El sector agrario.* **3.** Cada parte en que está dividida una ciudad.

sec·to·rial [sektorjál] *adj* Relativo a un sector.

se·cuaz [sekwáθ] *adj s/m,f* Seguidor de otro, o de sus ideas y doctrina.

se·cue·la [sekwéla] *s/f* Consecuencia o resultado que sigue a otra cosa.

se·cuen·cia [sekwénθja] *s/f* Serie de cosas que se siguen unas a otras ordenadamente.

se·cuen·cial [sekwenθjál] *adj* Relativo a la secuencia.

se·cuen·ciar [sekwenθjár] *tr* Poner en secuencia.

se·cues·tra·dor, -ra [sekwestraðór] *adj s/m,f* Que retiene a una persona contra su voluntad.

se·cues·trar [sekwestrár] *tr* **1.** Capturar a alguien y retenerlo por la fuerza para obtener un rescate. **2.** Apoderarse con violencia de un vehículo (avión, autobús, etc.). **3.** Confiscar la autoridad un producto o retirar de la venta.

③ **se·cues·tro** [sekwéstro] *s/m* Acción de secuestrar.

② **se·cu·lar** [sekulár] **I.** *adj* **1.** Que no pertenece a ninguna orden religiosa. **2.** Que dura o permanece a través de los siglos: *Tradición secular*. **II.** *adj s/m* Se dice del clero que no pertenece a una orden religiosa.

① **se·cu·la·ri·za·ción** [sekulariθaθjón] *s/f* Acción o resultado de secularizar(se).

① **se·cu·la·ri·zar** [sekulariθár] *tr* **1.** Hacer secular lo que era eclesiástico. **2.** Promover los valores civiles, en oposición a los religiosos.
ORT La *z* cambia a *c* ante *e*: *Secularicen*.

② **se·cun·dar** [sekundár] *tr* Ayudar a alguien o colaborar con él.

④ **se·cun·da·rio, -ia** [sekundárjo] **I.** *adj* **1.** De segundo orden. **2.** Que no es principal. **II.** *s/f* Nivel educativo posterior a la primaria.

② **sed** [séð] *s/f* **1.** Necesidad de beber. **2.** Deseo intenso de algo.

③ **se·da** [séða] *s/f* **1.** Hebra segregada por insectos como la oruga o los gusanos. **2.** Hilo y tejido hecho de estas hebras. LOC **Como la seda, 1,** COL sin dificultades, con suavidad. **2,** dócil.

① **se·dal** [seðál] *s/m* Hilo fino y resistente para pescar.

① **se·dan·te** [seðánte] *adj s/m* Que calma y relaja.

① **se·dar** [seðár] *tr* Calmar, relajar.

③ **se·de** [séðe] *s/f* Lugar donde reside una empresa o entidad.

② **se·den·ta·rio, -ia** [seðentárjo] *adj* **1.** Que tiene o requiere poco movimiento o se hace sentado. **2.** Que vive permanentemente en un lugar.

① **se·den·ta·ris·mo** [seðentarísmo] *s/m* Modo de vida sedentario.

① **se·de·ría** [seðería] *s/f* Industria y negocio de la seda.

① **se·di·ción** [seðiθjón] *s/f* Levantamiento contra la autoridad.

① **se·di·cio·so, -sa** [seðiθjóso] *adj s/m,f* Relativo a la sedición o quien la promueve.

② **se·dien·to, -ta** [seðjénto] *adj s/m,f* Que tiene sed. RPr **Sediento de**.

① **se·di·men·ta·ción** [seðimentaθjón] *s/f* Acción o resultado de sedimentar(se).

① **se·di·men·tar** [seðimentár] *tr intr* REFL(*-se*) Depositar(se) sedimentos en el fondo de algo.

② **se·di·men·to** [seðiménto] *s/m* Materia en suspensión en un líquido, que se deposita en el fondo.

① **se·do·so, -sa** [seðóso] *adj* Relativo a la seda o parecido a ella.

② **se·duc·ción** [seðukθjón] *s/f* Acción o resultado de seducir.

③ **se·du·cir** [seðuθír] *tr* **1.** Persuadir a alguien para que haga algo. **2.** Enamorar mediante halagos o engaño.
CONJ *Irreg: Seduzco, seduciré, seduje, seducido*.

② **se·duc·tor, -ra** [seðuktór] *adj s/m,f* Que seduce.

① **se·far·dí; se·far·di·ta** [sefarðí; -ðitá] *adj s/m,f* Se aplica a los judíos expulsados de España en el siglo XV.

① **se·ga·dor, -ra** [seɣaðór] *adj s/m,f* Que siega.

② **se·gar** [seɣár] *tr* Cortar la hierba o las mieses para recolectarlas.
CONJ *Irreg: Siego, segaré, segué, segado*.

① **se·glar** [seɣlár] *adj* Laico, no religioso.

① **seg·men·ta·ción** [seɣmentaθjón] *s/f* Acción o resultado de segmentar.

② **seg·men·tar** [seɣmentár] *tr* REFL(*-se*) Dividir una cosa en partes o segmentos.

③ **seg·men·to** [seɣménto] *s/m* Parte de un todo.

② **se·gre·ga·ción** [seɣreɣaθjón] *s/f* Acción o resultado de segregar.

② **se·gre·gar** [seɣreɣár] *tr* **1.** Apartar o separar de sí. **2.** Producir ciertas sustancias viscosas.
ORT La *g* lleva *u* delante de *e*: *Segreguen*.

① **se·gui·di·lla** [seɣiðíʎa] *s/f* **1.** Estrofa popular de cuatro versos. **2.** Música y danza popular española.

④ **se·gui·do, -da** [seɣíðo] *adj* Continuo, sin interrupciones.

③ **se·gui·dor, -ra** [seɣiðór] *s/m,f* Partidario de algo o de alguien.

③ **se·gui·mien·to** [seɣimjénto] *s/m* Acción o resultado de seguir a alguien o algo.

⑤ **se·guir** [seɣír] **I.** *tr* **1.** (Con *a*) Ir detrás o después de algo o alguien. **2.** Ser partidario de alguien o de sus ideas. **3.** Imitar. **4.** (*seguir + ger* o *pp*) Continuar desarrollando algo: *Sigo resfriada*. **5.** Estar a continuación de algo. **6.** Entender un razonamiento, una explicación o una instrucción. **II.** *intr* (Con *por*) Continuar avanzando. **III.** REFL(*-se*) (Con *de*) Deducirse.
CONJ *Irreg: Sigo, seguí, seguiré, seguido*.

⑤ **se·gún** [seɣún] **I.** *prep* **1.** En conformida-

SE·MI·CÍR·CU·LO

con. **2.** Con arreglo a. **II.** *adv* **1.** Como. **2.** Por el modo en que. **3.** Con respecto a.

1 **se·gun·de·ro, -ra** [seɣundéro] *s/m* Aguja que marca los segundos en un reloj.

5 **se·gun·do, -da** [seɣúndo] **I.** *adj* Que sigue al primero en una serie. **II.** *s/m* Unidad de medida de tiempo.

1 **se·gun·dón, -do·na** [seɣundón] *s/m,f* Persona que nunca llega a ocupar la primera posición.

5 **se·gu·ri·dad** [seɣuriðáð] *s/f* Cualidad de seguro.

5 **se·gu·ro, -ra** [seɣúro] **I.** *adj* **1.** Sin riesgo, fuera de todo peligro. **2.** Que es cierto y no admite dudas. **3.** Firme, constante, fijo. **4.** (Con *estar* o *sentirse*) Confiado, sin temor. **5.** Que tiene confianza en sí mismo. **II.** *s/m* **1.** Contrato que, mediante el pago de cierta cantidad, asegura contra un riesgo. **2.** Sistema que bloquea un mecanismo cuando conviene o interesa. **III.** *adv* Con certeza. LOC **Sobre seguro,** sin riesgo de fallar.

5 **seis** [séis] *adj pron s/m* Cinco más uno.

1 **seís·mo** [seísmo] *s/m* Sacudida intensa y breve de la corteza terrestre.

4 **se·lec·ción** [selekθjón] *s/f* **1.** Acción de seleccionar. **2.** Cosa seleccionada. **3.** DEP Equipo seleccionado.

1 **se·lec·cio·na·dor, -ra** [selekθjonaðór] *adj s/m,f* Que selecciona.

4 **se·lec·cio·nar** [selekθjonár] *tr* Escoger, elegir.

2 **se·lec·ti·vi·dad** [selektiβiðáð] *s/f* **1.** Cualidad de selectivo. **2.** Examen para ingresar en la universidad.

3 **se·lec·ti·vo, -va** [selektíβo] *adj* Que selecciona.

2 **se·lec·to, -ta** [selékto] *adj* Que es o se considera lo mejor en su clase.

se·lec·tor [selektór] *s/m* Dispositivo para seleccionar.

self·ser·vi·ce [sel(f)sérβis] *s/m* ANGL Autoservicio.

3 **se·llar** [seʎár] *tr* **1.** Imprimir o marcar con un sello. **2.** Precintar. **3.** Cerrar.

3 **se·llo** [séʎo] *s/m* **1.** Instrumento para imprimir en un documento el logotipo de una empresa o entidad. **2.** Estampa que queda impresa. **3.** Póliza, timbre. **4.** Marca comercial para certificar la autenticidad de algo. **5.** Carácter distintivo de algo.

4 **sel·va** [sélβa] *s/f* Espacio natural abundante en árboles y animales en estado salvaje.

1 **sel·vá·ti·co, -ca** [selβátiko] *adj* Relativo a la selva.

2 **se·má·fo·ro** [semáforo] *s/m* Poste con señales luminosas para regular el tráfico.

5 **se·ma·na** [semána] *s/f* Periodo de siete días consecutivos. LOC **Fin de semana,** periodo desde el viernes por la tarde hasta el domingo.

3 **se·ma·nal** [semanál] *adj* **1.** Que se repite cada semana. **2.** Que dura una semana.

2 **se·ma·na·rio, -ia** [semanárjo] *s/m* Publicación semanal.

2 **se·mán·ti·co, -ca** [semántiko] *adj* LIN Relativo al significado de palabras y oraciones.

2 **sem·blan·te** [semblánte] *s/m* **1.** Aspecto de personas o cosas. **2.** Cara, rostro.

1 **sem·blan·za** [semblánθa] *s/f* Descripción breve de alguien.

2 **sem·bra·do** [sembráðó] *s/m* Tierra sembrada.

1 **sem·bra·dor, -ra** [sembraðór] *s/m,f* Persona que siembra.

3 **sem·brar** [sembrár] *tr* **1.** Esparcir las semillas sobre la tierra para que germinen. **2.** Esparcir en abundancia. **3.** FIG Provocar algo, *esp* si es perjudicial.
CONJ *Irreg: Siembro, sembré, sembraré, sembrado.*

4 **se·me·jan·te** [semeχánte] **I.** *adj* **1.** Que es parecido a algo. **2.** De tales características. **II.** *s/m* Persona en general.

3 **se·me·jan·za** [semeχánθa] *s/f* Cualidad de semejante.

2 **se·me·jar** [semeχár] *tr* REFL(-*se*) Parecerse algo o alguien a otra persona o cosa.

2 **se·men** [sémen] *s/m* Líquido producido por los aparatos reproductores masculinos.

1 **se·men·tal** [sementál] **I.** *adj* Relativo a la siembra. **II.** *adj s/m* (Animal) destinado a la reproducción.

se·men·te·ra [sementéra] *s/f* **1.** Acción de esparcir las semillas en la tierra para que germinen: *Era terreno abonado para futuras sementeras.* **2.** Estación del año para realizar la siembra.

1 **se·mes·tral** [semestrál] *adj* Que sucede o se repite cada seis meses.

3 **se·mes·tre** [seméstre] *s/m* Periodo de seis meses.

1 **se·mi·cir·cu·lar** [semiθirkulár] *adj* Que tiene forma de semicírculo.

1 **se·mi·cír·cu·lo** [semiθírkulo] *s/m* Cada una de las dos mitades del círculo.

SE·MI·DES·NU·DO

[1] **se·mi·des·nu·do, -da** [semiðesnúðo] *adj* Que está a medio vestir.

[1] **se·mi·fi·nal** [semifinál] *s/f* Cada una de las dos penúltimas pruebas que preceden a la final de una competición.

[1] **se·mi·fi·na·lis·ta** [semifinalísta] *adj s/m,f* Que participa en la semifinal.

[4] **se·mi·lla** [semíʎa] *s/f* Parte del fruto que contiene el germen de una nueva planta.

[1] **se·mi·lle·ro** [semiʎéro] *s/m* 1. Lugar en que se siembran las semillas para que germinen y puedan ser trasplantadas. 2. Cosa que origina ciertas cosas.

[1] **se·mi·nal** [seminál] *adj* Relativo al semen o a las semillas.

[3] **se·mi·na·rio** [seminárjo] *s/m* 1. Institución religiosa para formar sacerdotes. 2. Lugar de reunión de alumnos y profesores para ciertas actividades académicas. 3. Congreso de carácter científico.

[1] **se·mi·na·ris·ta** [seminarísta] *s/m* Estudiante de un seminario eclesiástico.

se·mió·ti·ca [semjótika] *s/f* Ciencia que estudia los signos.

[1] **se·mió·ti·co, -ca** [semjótiko] *adj* Relativo a la semiótica.

[1] **se·mi·ta** [semíta] *adj s/m,f* Relativo a pueblos descendientes de Sem (personaje bíblico).

[1] **se·mí·ti·co, -ca** [semítiko] *adj* Relativo a los semitas.

[1] **se·mi·trans·pa·ren·te** [semitransparénte] *adj* Que es casi transparente.

[1] **sé·mo·la** [sémola] *s/f* Pasta hecha de harina de cereal para preparar papillas o sopas.

[1] **sem·pi·ter·no, -na** [sempitérno] *adj* Que es eterno.

[4] **se·na·do** [senáðo] *s/m* Asamblea parlamentaria elegida por votación directa.

[1] **se·na·dor, -ra** [senaðór] *s/m,f* Miembro de un senado.

[1] **se·na·to·rial** [senatorjál] *adj* Relativo al Senado o a los senadores.

[3] **sen·ci·llez** [senθiʎéθ] *s/f* Cualidad de sencillo.

[5] **sen·ci·llo, -lla** [senθíʎo] *adj* 1. Que es simple y no tiene complicación. 2. Fácil de entender. 3. Sin lujo ni adornos. 4. (Persona) humilde. 5. De poco espesor y consistencia. 6. (Habitación) para el uso de una sola persona.

[3] **sen·da** [sénda] *s/f* Camino estrecho, no asfaltado.

[1] **sen·de·ris·mo** [senderísmo] *s/m* Actividad deportiva de recorrer andando senderos naturales.

[1] **sen·de·ris·ta** [senderísta] *s/m,f* Quien practica el senderismo.

[2] **sen·de·ro** [sendéro] *s/m* Senda.

[2] **sen·dos, -as** [séndos] *adj* Que corresponde uno para cada cosa o persona.

[1] **se·nec·tud** [senektúð] *s/f* Edad avanzada de alguien.

[1] **se·ne·ga·lés, -le·sa** [seneɣalés] *adj s/m,f* De Senegal.

[2] **se·nil** [seníl] *adj* Relativo a la vejez.

[1] **se·ni·li·dad** [seniliðáð] *s/f* Cualidad o condición de senil.

[1] **sé·nior** [sénjor] **I.** *adj* De más edad, entre dos con el mismo nombre. **II.** *adj s/m,f* Deportista de más de veinte años.

[4] **se·no** [séno] *s/m* 1. Hueco o concavidad. 2. Pecho o mama de la mujer. 3. Regazo, refugio. 4. Interior de algo.

[5] **sen·sa·ción** [sensaθjón] *s/f* 1. Impresión que se percibe a través de los sentidos. 2. Emoción que causa un hecho.

[2] **sen·sa·cio·nal** [sensaθjonál] *adj* 1. Que causa sensación. 2. Muy bueno.

[1] **sen·sa·cio·na·lis·mo** [sensaθjonalísmo] *s/m* Tendencia a lo sensacional.

[1] **sen·sa·cio·na·lis·ta** [sensaθjonalísta] *adj s/m,f* Que actúa con sensacionalismo o lo implica.

[2] **sen·sa·tez** [sensatéθ] *s/f* Cualidad de sensato.

[2] **sen·sa·to, -ta** [sensáto] *adj* Que actúa con buen juicio; prudente.

[4] **sen·si·bi·li·dad** [sensiβiliðáð] *s/f* 1. Cualidad de sensible. 2. Inclinación natural del hombre a dejarse llevar por sentimientos de compasión o ternura. 3. Grado de precisión de algunos aparatos científicos para medir variaciones muy pequeñas. 4. Cualidad de una película para ser impresionada por la luz.

[1] **sen·si·bi·li·za·ción** [sensiβiliθaθjón] *s/f* Acción o resultado de sensibilizar(se).

[2] **sen·si·bi·li·zar** [sensiβiliθár] *tr* Hacer sensible o aumentar la sensibilidad de alguien.

ORT Ante *e* la *z* cambia a *c*: Sensibilice.

[4] **sen·si·ble** [sensíβle] *adj* 1. Que es capaz de percibir sensaciones a través de los sentidos o de sentir emociones y sentimientos. 2. Que se emociona o impresiona fácilmente. 3. Que es fácilmente afectado por otra cosa. 4. (Aparato) que registra con precisión cambios o va

riaciones pequeñas. RPr **Sensible a/ ante.**

sen·si·ble·ría [sensiβlería] *s/f* Sentimentalismo exagerado.

② **sen·si·ti·vo, -va** [sensitíβo] *adj* **1.** Que recoge o transmite los estímulos sensoriales. **2.** Que tiene sensibilidad.

② **sen·sor** [sensór] *s/m* Dispositivo que detecta cambios (temperatura, movimiento, etc).

② **sen·so·rial** [sensorjál] *adj* Relativo a los sentidos o a la sensibilidad.

② **sen·sual** [senswál] *adj* **1.** Que provoca sensaciones de placer. **2.** Que despierta deseo sexual en otros.

② **sen·sua·li·dad** [senswaliðáð] *s/f* Cualidad de sensual.

sen·ta·da [sentáða] *s/f* Protesta que se manifiesta permaneciendo sentado en un lugar LOC **De una sentada,** de una sola vez.

④ **sen·ta·do, -da** [sentáðo] *adj* Establecido o apoyado en algo sólido. LOC **Dar por sentado,** suponerlo fuera de toda duda o discusión. **Dejar sentado algo,** darlo por bueno o irrefutable.

⑤ **sen·tar** [sentár] **I.** *tr* **1.** Poner a alguien de modo que sus nalgas descansen sobre una silla, banco, etc. **2.** Fundamentar algo (*teoría*). **II.** *intr* **1.** (Con *bien, mal*) Ser algo adecuado o favorecer a alguien. **2.** Agradar.
CONJ *Irreg: Siento, senté, sentaré, sentado.*

④ **sen·ten·cia** [senténθja] *s/f* **1.** Resolución de un juez. **2.** Dicho breve de contenido moral.

④ **sen·ten·ciar** [sentenθjár] *tr* **1.** Dictar sentencia. **2.** Emitir un juicio u opinión con rotundidad.

① **sen·ten·cio·so, -sa** [sentenθjóso] *adj* **1.** Que expresa o contiene un dicho o sentencia con valor moral. **2.** (*lenguaje*) Grave, solemne.

⑤ **sen·ti·do, -da** [sentíðo] **I.** *adj* **1.** Que supone sentimiento o afecto. **2.** Que se molesta u ofende con facilidad. **II.** *s/m* **1.** Facultad o capacidad para recibir impresiones externas mediante la vista, olfato, oído, gusto y tacto. **2.** Estado de quien está consciente. **3.** Razón de ser de algo. **4.** Significado de una palabra. **5.** Modo de entender algo. **6.** Dirección que algo o alguien toma.

③ **sen·ti·men·tal** [sentimentál] *adj* **1.** Que expresa o suscita sentimientos como la ternura, el amor, etc. **2.** Relativo a los sentimientos.

① **sen·ti·men·ta·lis·mo** [sentimentalísmo] *s/m* Cualidad de quien se deja llevar por los sentimientos.

① **sen·ti·men·ta·loi·de** [sentimentalójðe] *adj* COL Que aparenta ser sentimental, sin serlo.

⑤ **sen·ti·mien·to** [sentimjénto] *s/m* **1.** (Con *de*) Impresión causada en los sentidos. **2.** Estado afectivo o emocional de pesar, dolor o tristeza.

① **sen·ti·na** [sentína] *s/f* **1.** Cavidad inferior de una embarcación. **2.** Lugar por donde corren o se depositan aguas sucias u otras inmundicias.

⑤ **sen·tir** [sentír] **I.** *s/m* **1.** Opinión o juicio sobre algo. **2.** Sentimiento. **II.** *tr* **1.** Percibir algo por medio de los sentidos. **2.** Experimentar una sensación física. **3.** Lamentar alguien algo. **III.** REFL(*-se*) **1.** Encontrarse en un determinado estado físico o anímico. **2.** Considerarse alguien como se expresa: *No se siente responsable de lo sucedido.*
CONJ *Irreg: Siento, sentí, sentiré, sentido.*

③ **se·ña** [séɲa] **I.** *s/f* **1.** Gesto o signo con el que se da a entender algo. **2.** Característica propia de algo o alguien. **II.** *s/f,pl* Datos del domicilio de alguien.

④ **se·ñal** [seɲál] *s/f* **1.** Indicio, signo o manifestación de algo. **2.** Cantidad de dinero que se anticipa como garantía. **3.** Serie de ondas de diferente naturaleza que transmiten información. **4.** Marca física en el cuerpo de alguien (*cicatriz*).

① **se·ña·la·mien·to** [seɲalamjénto] *s/m* **1.** AMER Conjunto de señales de tráfico. **2.** DER Designación de día y hora para la celebración de un juicio o vista.

⑤ **se·ña·lar** [seɲalár] **I.** *tr* **1.** Poner una marca o señal. **2.** Indicar algo con la mano o con una seña. **3.** Decir o afirmar algo. **II.** REFL(*-se*) Distinguirse o singularizarse en algo. RPr **Señalarse con/por.**

① **se·ña·li·za·ción** [seɲaliθaθjón] *s/f* Acción o resultado de señalizar.

① **se·ña·li·zar** [seɲaliθár] *tr* Colocar señales para un fin (regular el tráfico, etc.). ORT Ante *e* la *z* cambia a *c: Señalice.*

① **se·ñe·ra** [seɲéra] *s/f* Bandera, *esp* la oficial de Cataluña.

① **se·ñe·ro, -ra** [seɲéro] *adj* Que es único o de gran importancia.

⑤ **se·ñor, -ra** [seɲór] **I.** *adj s/m,f* **1.** Quien es dueño de algo o alguien. **2.** Forma de tratamiento para dirigirse a alguien con respeto. **II.** *s/m,f* **1.** Persona adulta o respetable. **2.** Tratamiento de respeto. **III.**

s/f Mujer casada. **IV.** *s/m* Hombre (en oposición a mujer).

1 **se·ño·re·ar** [señoreár] *intr* **1.** Dominar o mandar como dueño. **2.** Destacar sobre otras cosas.

2 **se·ño·ría** [señoría] *s/f* Tratamiento honorífico a personas con cierta dignidad (jueces, parlamentarios, etc.), o esa misma persona.

2 **se·ño·rial** [señorjál] *adj* Majestuoso, noble.

2 **se·ño·río** [señorío] *s/m* **1.** Distinción en el porte o conducta de alguien. **2.** Cierto título nobiliario. **3.** Dominio sobre algo.

4 **se·ño·ri·to, -ta** [señoríto] **I.** *s/m* COL Joven de buena posición y de vida frívola. **II.** *s/m,f* Persona joven y de familia distinguida. **III.** *s/f* **1.** Mujer joven. **2.** Tratamiento hacia las maestras, dependientas, etc.

1 **se·ñue·lo** [señwélo] *s/m* **1.** Cosa para atraer a las aves. **2.** Cualquier cosa que se usa para atraer.

1 **seo** [séo] *s/f* Iglesia catedral.

1 **sé·pa·lo** [sépalo] *s/m* Cada una de las hojas del cáliz de una flor.

1 **se·pa·ra·ble** [separáβle] *adj* Que se puede separar.

4 **se·pa·ra·ción** [separaθjón] *s/f* **1.** Acción o resultado de separar(se). **2.** Distancia entre dos cosas.

4 **se·pa·ra·do, -da** [separáðo] *adj s/m,f* Divorciado.

5 **se·pa·rar** [separár] **I.** *tr* **1.** Alejar una cosa de otra. **2.** Dividir en partes. **3.** Destituir, deponer. **4.** Existir cierta distancia entre dos lugares. **II.** REFL(-se) **1.** Interrumpir dos cónyuges su vida en común. **2.** Conseguir un territorio la independencia de un Estado. RPr **Separar(se) de**.

1 **se·pa·ra·ta** [separáta] *s/f* Artículo de revista impreso aparte.

1 **se·pa·ra·tis·mo** [separatísmo] *s/m* Doctrina que propugna la separación de un territorio del Estado al que pertenece.

2 **se·pa·ra·tis·ta** [separatísta] *adj* Relativo al separatismo o partidario de él.

1 **se·pe·lio** [sepéljo] *s/m* Entierro con ceremonial religioso.

1 **se·pia** [sépja] **I.** *s/f* Molusco cefalópodo similar al calamar. **II.** *adj* De color pardo rosáceo.

sep·ten·trión [septentrjón] *s/m* Norte.

2 **sep·ten·trio·nal** [septentrjonál] *adj* Relativo al norte.

1 **sép·ti·co, -ca** [séptiko] *adj* Portador de gérmenes infecciosos.

5 **sep·tiem·bre** [septjémbre] *s/m* Mes que sigue a agosto.
ORT También *setiembre*.

3 **sép·ti·mo, -ma** [séptimo] *adj* Que ocupa el lugar número siete en una serie.

1 **sep·tua·ge·na·rio, -ia** [septwaχenárjo] *adj s/m,f* Persona que está entre los setenta y ochenta años de edad.

sep·tu·pli·car [septuplikár] *tr* Multiplicar por siete.
ORT Ante *e* la *c* cambia a *qu: Septuplique*.

1 **se·pul·cral** [sepulkrál] *adj* Relativo al sepulcro.

2 **se·pul·cro** [sepúlkro] *s/m* Obra para sepultar un cadáver.

2 **se·pul·tar** [sepultár] *tr* **1.** Depositar a un muerto en su sepultura o tumba. **2.** Tapar totalmente.

2 **se·pul·tu·ra** [sepultúra] *s/f* **1.** Enterramiento de un cuerpo sin vida. **2.** Lugar o fosa donde se entierra un cadáver.

1 **se·pul·tu·re·ro, -ra** [sepulturéro] *s/m,f* Persona cuyo trabajo consiste en enterrar a los muertos.

2 **se·que·dad** [sekeðáð] *s/f* **1.** Carencia de agua. **2.** Falta de amabilidad o cariño.

3 **se·quía** [sekía] *s/f* Falta de lluvias durante un largo tiempo.

1 **sé·qui·to** [sékito] *s/m* Personas que acompañan a un personaje ilustre.

5 **ser** [sér] **I.** *s/m* **1.** Cualquier cosa que existe. **2.** Naturaleza o esencia. **II.** *intr* **1.** Haber o existir. **2.** Ocurrir, producirse algo: *El accidente fue aquí*. **3.** Situarse, localizarse en el tiempo: *Las vacaciones son en verano*. **III.** *copulativo* **1.** Poseer una cualidad o condición determinada: *En su familia son todos altos*. **2.** (Con *de*) Provenir de un lugar u origen: *Es de Madrid*. **3.** Pertenecer algo a alguien. **4.** (Con *para*) Tener una finalidad: *Este producto es para limpiar*. LOC **O sea**, expresión para aclarar algo.
CONJ *Irreg: Soy (eres, es, somos, sois, son), fui, seré, sido*.

1 **se·rá·fi·co, -ca** [seráfiko] *adj* Relativo a los serafines.

1 **se·ra·fín** [serafín] *s/m* **1.** Espíritu angélico. **2.** Persona de rostro hermoso.

2 **se·re·nar** [serenár] *tr* Tranquilizar, calmar.

1 **se·re·na·ta** [serenáta] *s/f* Música que se toca y canta en una ronda nocturna.

3 **se·re·ni·dad** [sereniðáð] *s/f* Cualidad de sereno.

3 **se·re·no, -na** [seréno] **I.** *adj* **1.** Tranquilo. **2.**

(*tiempo*) Claro y despejado. **II.** *s/m* Vigilante nocturno. LOC **Al sereno,** a la intemperie durante la noche.

1 **se·ria·do, ·da** [serjáðo] *adj* Que se hace en serie.

2 **se·rial** [serjál] **I.** *adj* Relativo a una serie. **II.** *s/m* Obra que se emite en capítulos sucesivos.

se·ri·ci·cul·tu·ra; se·ri·cul·tu·ra [seriθikultúra; serikultúra] *s/f* Arte y técnica de la seda.

5 **se·rie** [sérje] *s/f* **1.** Conjunto de cosas relacionadas que se suceden unas a otras. **2.** Obra que se emite por capítulos. LOC **De serie,** fabricado en serie. **Fuera de serie,** extraordinario.

3 **se·rie·dad** [serjeðáð] *s/f* Cualidad de serio.

1 **se·ri·gra·fía** [seriɣrafía] *s/f* **1.** Técnica de impresión mediante un tamiz. **2.** Obra artística así hecha.

5 **se·rio, ·ia** [sérjo] *adj* **1.** Responsable y sensato en la forma de ser o actuar. **2.** Grave y severo, que impone respeto. **3.** Importante, digno de consideración.

2 **ser·món** [sermón] *s/m* **1.** Discurso moral de un sacerdote ante sus fieles. **2.** Amonestación, reprimenda.

1 **ser·mo·ne·ar** [sermoneár] *intr tr* **1.** Predicar con un sermón. **2.** COL Reprender.

1 **se·ro·po·si·ti·vo, ·va** [seropositíβo] *adj s/m,f* Positivo en un serodiagnóstico.

se·ro·si·dad [serosiðáð] *s/f* Líquido que segregan ciertas membranas serosas del organismo.

1 **se·ro·so, ·sa** [seróso] *adj* Relativo al suero o serosidad.

1 **ser·pen·te·an·te** [serpenteánte] *adj* Que serpentea.

1 **ser·pen·te·ar** [serpenteár] *intr* Deslizarse o moverse como las serpientes.

ser·pen·teo [serpentéo] *s/m* Acción de serpentear.

ser·pen·tín [serpentín] *s/m* Tubo largo, enrollado en espiral para enfriar líquidos y vapores.

1 **ser·pen·ti·na** [serpentína] *s/f* Tira de papel enrollado que se tira en las fiestas.

3 **ser·pien·te** [serpjénte] *s/f* Reptil sin patas, de cuerpo cilíndrico y alargado.

1 **se·rra·nía** [serranía] *s/f* Zona con sierras y terrenos elevados.

3 **se·rra·no, ·na** [serráno] *adj* Relativo a la sierra.

1 **se·rrar** [serrár] *tr* Cortar con una sierra. CONJ *Irreg: Sierro, serré, serraré, serrado.*

se·rre·ría [serrería] *s/f* Taller para serrar madera.

1 **se·rrín** [serrín] *s/m* Partículas de madera que se desprenden al serrar.

1 **se·rru·cho** [serrútʃo] *s/m* Sierra manual, de hoja ancha.

1 **ser·vi·cial** [seβiθjál] *adj* Que está siempre dispuesto a complacer.

5 **ser·vi·cio** [serβíθjo] *s/m* **1.** Utilidad de algo para un fin o función. **2.** Suministro público de algo necesario o conveniente para una comunidad. **3.** Persona o personas que realizan el trabajo doméstico en una casa particular. **4.** Conjunto de la vajilla. **5.** Retrete. **6.** DEP Saque. **7.** Atención que se presta a un cliente.

3 **ser·vi·dor, ·ra** [serβiðór] **I.** *s/m,f* **1.** COL Término para referirse alguien a sí mismo. **2.** Persona que presta un determinado servicio. **II.** *s/m* Ordenador central para los usuarios de una intranet o de internet.

2 **ser·vi·dum·bre** [serβiðúmbre] *s/f* **1.** Conjunto de empleados que sirven en una casa. **2.** Conjunto de siervos. **3.** Sujeción a algo. **4.** Derecho a favor de otro que pesa sobre un predio o finca.

1 **ser·vil** [serβíl] *adj* Que muestra sumisión excesiva e interesada.

1 **ser·vi·lis·mo** [serβilísmo] *s/m* Cualidad de servil.

2 **ser·vi·lle·ta** [serβiʎéta] *s/f* Pieza de tela o de papel para limpiar labios y dedos durante las comidas.

5 **ser·vir** [serβír] **I.** *tr* **1.** Poner alimento en platos, copas, etc. **2.** Ayudar o atender a alguien. **3.** Atender a los comensales. **II.** *intr* **1.** Valer, ser útil. **2.** Estar al servicio de alguien. **3.** Trabajar como sirviente o criado. **III.** REFL(-se) **1.** Ponerse alguien comida o bebida. **2.** (Con *de*) Utilizar algo para un determinado fin. **3.** (seguido de *inf*) Rogar cortésmente que alguien haga algo. CONJ *Irreg: Sirvo, serví, serviré, servido.*

ser·vo·di·rec·ción [serβoðirekθjón] *s/f* Mecanismo auxiliar que facilita el movimiento del volante.

ser·vo·fre·no [serβofréno] *s/m* Mecanismo auxiliar que facilita el frenado de los vehículos.

se·se·ar [seseár] *intr* Pronunciar la 'c' o 'z' ante 'e' o 'i' como 's'.

4 **se·sen·ta** [sesénta] *adj pron* Cantidad equivalente a seis veces diez.

1 **se·sen·tón, ·to·na** [sesentón] *adj s/m,f* COL Persona entre los sesenta y setenta años.

se·seo [seséo] *s/m* Acción de sesear.

① **se·se·ra** [seséra] *s/f* **1.** COL Cerebro humano. **2.** COL Inteligencia.

① **ses·ga·do, -da** [sesɣáðo] *adj* **1.** Dispuesto de forma oblicua. **2.** Parcial.

① **ses·gar** [sesɣár] *tr* **1.** Cortar en sentido oblicuo o transversal. **2.** Informar de algo omitiendo o falseando datos.
ORT La *g* lleva *u* ante *e*: *Sesguemos.*

① **ses·go, -ga** [sésɣo] *s/m* Orientación que toma cierto asunto o hecho.

④ **se·sión** [sesjón] *s/f* **1.** Cada reunión de una asamblea, junta, etc. **2.** Pase de una obra cinematográfica. **3.** Tiempo destinado a un fin.

② **se·so** [séso] *s/m* **1.** (*gen* en *pl*) Masa encefálica. **2.** Sensatez, buen juicio. LOC **Perder el seso,** COL enloquecer; perder el juicio. **Sorberle a alguien el seso,** ejercer sobre él gran influencia.

① **ses·te·ar** [sesteár] *intr* Dormir la siesta.

① **se·su·do, -da** [sesúðo] *adj* Sensato.

② **set** [sét] *s/m* ANGL Cada parte en un partido de tenis y balonvolea.

① **se·ta** [séta] *s/f* Hongo en forma de sombrero.

④ **se·ten·ta** [seténta] *adj pron* Sesenta y nueve más uno, o diez veces siete.

② **se·tiem·bre** [setjémbre] *s/m* Septiembre.

① **se·to** [séto] *s/m* Cercado de varas o palos entretejidos.

① **se·tter** [sétter] *adj s/m* ANGL Perro de caza de tamaño medio.

① **seu·do, -da** [séuðo] *adj* Falso, supuesto.

② **seu·dó·ni·mo** [seuðónimo] *s/m* Nombre falso para encubrir el verdadero.

② **se·ve·ri·dad** [seβeriðáð] *s/f* Calidad de severo.

③ **se·ve·ro, -ra** [seβéro] *adj* **1.** Riguroso y estricto **2.** Sobrio, sin adornos. **3.** De aspecto serio y grave. **4.** Que reviste gravedad e importancia.

① **se·vi·lla·na** [seβiʎána] *s/f* (*gen* en *pl*) Música y danza propias de Sevilla.

③ **se·vi·lla·no, -na** [seβiʎáno] *adj s/m,f* De Sevilla.

④ **se·xa·ge·na·rio, -ia** [se(k)saxenárjo] *adj s/m,f* Que tiene entre sesenta y setenta años.

② **se·xe·nio** [se(k)sénjo] *s/m* Periodo de seis años.

① **se·xis·mo** [se(k)sísmo] *s/m* Discriminación negativa por razón del sexo.

① **se·xis·ta** [se(k)sísta] *adj s/m,f* Relativo al sexismo o que lo practica.

④ **se·xo** [sé(k)so] *s/m* **1.** Condición orgánica que distingue al macho de la hembra. **2.** Individuos con la misma condición sexual. **3.** Órganos sexuales.

① **se·xó·lo·go, -ga** [se(k)sóloɣo] *s/m,f* Especialista en cuestiones de sexo.

① **sex-shop** [se(k)ssóp] *s/m* ANGL Local dedicado a la venta de artículos eróticos o pornográficos.

① **sex·tan·te** [se(k)stánte] *s/m* Instrumento para determinar la posición de barcos y aviones.

① **sex·te·to** [se(k)stéto] *s/m* Conjunto de seis personas o cosas.

③ **sex·to, -ta** [sé(k)sto] *adj s/m,f* Que sigue al quinto en una serie.

sex·tu·pli·car [se(k)stuplikár] *tr* Multiplicar por seis.
ORT La *c* cambia a *qu* delante de *e*: *Sextupliquen.*

⑤ **se·xual** [se(k)swál] *adj* Relativo al sexo o sexualidad.

③ **se·xua·li·dad** [se(k)swaliðáð] *s/f* **1.** Conjunto de rasgos propios de cada sexo. **2.** Comportamiento o actividad sexual.

① **se·xy** [sé(k)si] *adj* ANGL Que atrae o provoca sexualmente.

shé·rif [tʃérif] *s/m* ANGL Encargado del cumplimiento de las leyes y del mantenimiento del orden.

① **shock** [ʃók] *s/m* ANGL Impacto emocional.

② **show** [tʃóu] *s/m* **1.** ANGL Espectáculo público. **2.** Espectáculo o exhibición para llamar la atención o mostrar algo.

⑤ **si** [si] **I.** *conj* Expresa condición, pregunta indirecta o deseo. **II.** *s/m* MÚS Séptima nota de la escala musical.

⑤ **sí** [sí] **I.** *pron pers* Forma reflexiva de la tercera persona del pronombre personal. **II.** *adv* Se usa para contestar afirmativamente a una pregunta. **III.** *s/m* Asentimiento, aceptación.

① **sia·més, -me·sa** [sjamés] *adj s/m,f* Gemelo que ha nacido unido a su hermano por alguna parte del cuerpo.

① **si·ba·ri·ta** [siβaríta] *adj s/m,f* Amante de los placeres refinados.

si·ba·ri·tis·mo [siβaritísmo] *s/m* Gusto refinado.

① **si·be·ria·no, -na** [siβerjáno] *adj s/m,f* De Siberia.

① **si·bi·la** [siβíla] *s/f* Profetisa en la antigüedad.

① **si·bi·li·no, -na** [siβilíno] *adj* Ambiguo, enigmático.

SI·LI·CIO

[1] **si·ca·rio** [sikárjo] *s/m* Asesino a sueldo.

[4] **si·da** [síða] *s/m* Enfermedad infecciosa, que destruye las defensas del organismo.

[1] **si·de·car** [siðekár] *s/m* Vehículo con una sola rueda, que se une por un lado a la motocicleta.

[1] **si·de·ral** [siðerál] *adj* Relativo a los astros y a las estrellas.

[1] **si·de·rur·gia** [siðerúrχja] *s/f* Industria de la extracción y elaboración del hierro.

[2] **si·de·rúr·gi·co, -ca** [siðerúrχiko] *adj* Relativo a la siderurgia.

[1] **si·dra** [síðra] *s/f* Bebida alcohólica obtenida de la fermentación de las manzanas.

[1] **sie·ga** [sjéγa] *s/f* 1. Acción de segar. 2. Periodo en que se siega.

[2] **siem·bra** [sjémbra] *s/f* 1. Acción de sembrar. 2. Periodo en que se siembra.

[5] **siem·pre** [sjémpre] *adv* En todo tiempo y momento. LOC **Hasta siempre**, expresión de despedida.

[2] **sien** [sjén] *s/f* Cada parte lateral de la cabeza, entre la frente, la oreja y el ojo.

[1] **sier·pe** [sjérpe] *s/f* Serpiente.

[3] **sie·rra** [sjérra] *s/f* 1. Cordillera o sistema montañoso. 2. Herramienta con dientes en uno de sus bordes, para serrar.

[2] **sier·vo, -va** [sjérβo] *s/m* Esclavo.

[3] **sies·ta** [sjésta] *s/f* Breve descanso tras la comida del mediodía.

[5] **sie·te** [sjéte] I. *adj pron* Seis más uno. II. *s/m* Roto en una prenda o tela.

[2] **sí·fi·lis** [sífilis] *s/f* Enfermedad venérea infecciosa.

[1] **si·fi·lí·ti·co, -ca** [sifilítiko] I. *adj* Relativo a la sífilis. II. *adj s/m,f* Que tiene la sífilis.

[1] **si·fón** [sifón] *s/m* Tubo con forma de 'U' para trasvasar líquidos o impedir el paso de malos olores en los desagües.

[1] **si·gi·lo** [siχílo] *s/m* Cuidado con que se actúa para no ser descubierto u oído.

[1] **si·gi·lo·so, -sa** [siχilóso] *adj* Que actúa con sigilo.

[1] **si·gla** [síγla] *s/f* Conjunto de las letras iniciales de las palabras que forman el nombre de un organismo, producto, etc.

[ ] **si·glo** [síγlo] *s/m* 1. Periodo de cien años. 2. Tiempo muy largo.

[ ] **sig·nar** [siγnár] *tr* Firmar.

[ ] **sig·na·ta·rio, -ia** [siγnatárjo] *adj s/m,f* Firmante.

[1] **sig·na·tu·ra** [siγnatúra] *s/f* Marca o referencia en algo.

[3] **sig·ni·fi·ca·ción** [siγnifikaθjón] *s/f* 1. Acción o resultado de significar.

[4] **sig·ni·fi·ca·do** [siγnifikáðo] *s/m* 1. Sentido de una palabra, frase o expresión. 2. Valor o importancia que tiene algo.

[5] **sig·ni·fi·car** [siγnifikár] I. *tr* 1. Ser algo signo de otra cosa. 2. Expresar una frase o palabra un concepto o idea. 3. Tener un determinado valor: *Ella ya no significa nada para mí.* II. REFL(-se) Distinguirse por algo.
ORT La *c* cambia a *qu* delante de *e*: *Signifiquen*.

[4] **sig·ni·fi·ca·ti·vo, -va** [siγnifikatíβo] *adj* Que significa o da a entender algo.

[4] **sig·no** [síγno] *s/m* 1. Indicio o señal de algo, cuya existencia nos recuerda. 2. Señal con la que se da a entender algo. 3. Rasgo o atributo.

[5] **si·guien·te** [siγjénte] *adj* Que sigue a otra cosa.

[2] **sí·la·ba** [sílaβa] *s/f* Combinación básica de sonidos, que se pronuncian con una sola emisión de voz.

si·la·be·ar [silaβeár] *intr tr* Separar las sílabas al hablar.

[1] **si·lá·bi·co, -ca** [siláβiko] *adj* Relativo a la sílaba.

[2] **sil·bar** [silβár] *intr* Emitir silbidos.

[1] **sil·ba·to** [silβáto] *s/m* Instrumento que silba al soplar por él.

[1] **sil·bi·do** [silβíðo] *s/m* 1. Sonido agudo que se produce al expulsar el aire por la boca, cerrando casi completamente los labios. 2. Sonido agudo producido por un instrumento musical.

[1] **sil·bo** [sílβo] *s/m* Sonido agudo producido por el aire, por un instrumento o por un silbato.

[1] **si·len·cia·dor** [silenθjaðór] *s/m* Dispositivo para disminuir el ruido.

[4] **si·len·ciar** [silenθjár] *tr* 1. Callar o acallar algo. 2. Hacer que cese algo.

[4] **si·len·cio** [silénθjo] *s/m* 1. Ausencia total de ruidos o sonidos. 2. Hecho de no hablar de cierta cosa.

[3] **si·len·cio·so, -sa** [silenθjóso] *adj* 1. Que guarda silencio. 2. Que no hace ruido. 3. Se dice del lugar en el que no hay ruidos.

[1] **sí·lex** [síle(k)s] *s/m* Piedra muy dura, que al romperse forma aristas muy cortantes.

[2] **si·li·cio** [silíθjo] *s/m* QUÍM Metaloide que se extrae de la sílice. Símbolo *Si*.

SI·LI·CO·NA

[2] **si·li·co·na** [silikóna] *s/f* Sustancia sintética usada como aislante, pegamento, etc.

[1] **si·li·co·sis** [silikósis] *s/f* Enfermedad respiratoria causada por la inhalación de polvo de sílice.

[4] **si·lla** [síʎa] *s/f* 1. Asiento individual, con respaldo. 2. Aparejo para montar las caballerías.

[1] **si·llar** [siʎár] *s/m* Piedra labrada usada en construcción.

[1] **si·lle·ría** [siʎería] *s/f* 1. Conjunto de sillas, sillones y sofás de una habitación o casa. 2. Conjunto de asientos en el coro de las iglesias o catedrales.

[1] **si·llín** [siʎín] *s/m* 1. Asiento de las bicicletas. 2. Silla ligera de montar.

[3] **si·llón** [siʎón] *s/m* Mueble individual para sentarse, amplio y confortable, con apoyabrazos y respaldo.

[2] **si·lo** [sílo] *s/m* Almacén de granos.

[1] **si·lo·gis·mo** [siloχísmo] *s/m* Razonamiento deductivo.

[2] **si·lue·ta** [silwéta] *s/f* Contorno o forma de algo.

[2] **sil·ves·tre** [silβéstre] *adj* 1. Que se cría espontáneamente, sin cultivarlo. 2. No cultivado ni domesticado.

[1] **sil·vi·cul·tu·ra** [silβikultúra] *s/f* Cultivo y explotación de los bosques.

[2] **si·ma** [síma] *s/f* Cavidad grande y muy profunda en el terreno.

[2] **sim·bio·sis** [simbjósis] *s/f* Asociación de organismos que se benefician mutuamente.

[3] **sim·bó·li·co, -ca** [simbóliko] *adj* Relativo al símbolo.

[2] **sim·bo·lis·mo** [simbolísmo] *s/m* 1. Sistema de símbolos de una ciencia, disciplina, etc. 2. Movimiento poético francés de finales del siglo XIX. 3. Significado simbólico de algo.

[2] **sim·bo·li·zar** [simboliθár] *tr* Servir una cosa como símbolo de otra.
ORT Ante *e* la *z* cambia a *c: Simbolice.*

[4] **sím·bo·lo** [símbolo] *s/m* Objeto o signo que representa otra cosa.

[1] **sim·bo·lo·gía** [simboloχía] *s/f* Tratado de los símbolos.

[2] **si·me·tría** [simetría] *s/f* Armonía entre sí de los elementos que forman un conjunto.

[2] **si·mé·tri·co, -ca** [simétriko] *adj* Relativo a la simetría.

[1] **si·mien·te** [simjénte] *s/f* Semilla.

[1] **si·mies·co, -ca** [simjésko] *adj* Relativo a los simios.

[1] **sí·mil** [símil] *s/m* Comparación o semejanza entre cosas.

[5] **si·mi·lar** [similár] *adj* Que es semejante a algo. RPr **Similar a**.

[2] **si·mi·li·tud** [similitúð] *s/f* Parecido o semejanza.

[1] **si·mio, -ia** [símjo] *s/m,f* Mamífero primate; mono.

[1] **si·mo·nía** [simonía] *s/f* Compraventa de cosas espirituales.

[3] **sim·pa·tía** [simpatía] *s/f* 1. Inclinación de afecto o cariño hacia otra persona. 2. Encanto o gracia que tiene alguien.

[3] **sim·pá·ti·co, -ca** [simpátiko] *adj* 1. Atractivo, agradable. 2. Gracioso, cordial en el trato.

[2] **sim·pa·ti·zan·te** [simpatiθánte] *adj s/m,f* Que simpatiza con una persona, opinión o idea.

[2] **sim·pa·ti·zar** [simpatiθár] *intr* 1. Entenderse o congeniar bien dos o más personas. 2. Sentir simpatía hacia algo o alguien. RPr **Simpatizar con**.
ORT Ante *e* la *z* cambia a *c: Simpatice.*

[5] **sim·ple** [símple] **I.** *adj* 1. Que no es compuesto. 2. Que no tiene adornos, ni añadidos. 3. Sencillo, fácil. 4. Solo, mero: *Una simple frase basta.* **II.** *adj s/m,f* Necio, tonto.

[1] **sim·ple·za** [simpléθa] *s/f* 1. Cualidad de lo que es simple. 2. Cualidad de ingenuo o tonto. 3. Cosa insignificante.

[2] **sim·pli·ci·dad** [simpliθiðáð] *s/f* Cualidad de lo que no es complejo.

[2] **sim·pli·fi·ca·ción** [simplifikaθjón] *s/f* Acción o resultado de simplificar.

[3] **sim·pli·fi·car** [simplifikár] *tr* Hacer más fácil o sencillo.
ORT La *c* cambia a *qu* ante *e: Simplifique.*

[1] **sim·plis·mo** [simplísmo] *s/m* Cualidad de simplista.

[1] **sim·plis·ta** [simplísta] *adj s/m,f* Que simplifica las cosas en exceso.

[1] **sim·plón, -plo·na** [simplón] **I.** *adj s/m,f* col Ingenuo, inocente. **II.** *adj* Extremadamente sencillo.

[2] **sim·po·sio** [simpósjo] *s/m* Reunión de especialistas para tratar un tema.

[2] **si·mu·la·ción** [simulaθjón] *s/f* Acción o resultado de simular.

[2] **si·mu·la·cro** [simulákro] *s/m* Acción fingida.

[1] **si·mu·la·dor** [simulaðór] *s/m* Sistema que reproduce artificialmente el funcionamiento real de un aparato.

SIN·TA·XIS

[3] **si·mu·lar** [simulár] *tr* 1. Fingir. 2. Reproducir o imitar algo.

[1] **si·mul·ta·ne·ar** [simultaneár] *tr* Hacer dos o más cosas al mismo tiempo.

[1] **si·mul·ta·nei·dad** [simultaneiðáð] *s/f* Cualidad de simultáneo.

[3] **si·mul·tá·neo, -ea** [simultáneo] *adj* Que sucede o se realiza al mismo tiempo que otra cosa.

[5] **sin** [sin] *prep* Indica carencia o privación.

[1] **si·na·go·ga** [sinaɣóɣa] *s/f* Edificio dedicado al culto, entre los judíos.

[2] **sin·ce·rar·se** [sinθerárse] *REFL(-se)* Hablar con sinceridad ante los demás o ante sí mismo. RPr **Sincerarse con**.

[3] **sin·ce·ri·dad** [sinθeriðáð] *s/f* Cualidad de sincero.

[3] **sin·ce·ro, -ra** [sinθéro] *adj* Que se expresa o actúa sin engaño ni doblez.

[1] **sín·co·pe** [sínkope] *s/m* Desfallecimiento, desmayo.

[1] **sin·cre·tis·mo** [sinkretísmo] *s/m* Fusión de doctrinas o ideas diferentes.

[1] **sin·cro·nía** [sinkronía] *s/f* Simultaneidad.

[1] **sin·cró·ni·co, -ca** [sinkróniko] *adj* Que sucede al mismo tiempo que otra u otras cosas.

[1] **sin·cro·ni·za·ción** [sinkroniθaθjón] *s/f* Acción o resultado de sincronizar.

[2] **sin·cro·ni·zar** [sinkroniθár] *tr* Hacer que dos o más cosas ocurran o se realicen al mismo tiempo.
ORT Ante *e* la *z* cambia a *c*: *Sincronice*.

[4] **sin·di·cal** [sindikál] *adj* Relativo al sindicato.

[2] **sin·di·ca·lis·mo** [sindikalísmo] *s/m* Movimiento social que defiende los intereses de los trabajadores.

[2] **sin·di·ca·lis·ta** [sindikalísta] *adj s/m,f* Relativo al sindicalismo o que participa activamente en él.

[3] **sin·di·ca·to** [sindikáto] *s/m* 1. Asociación de trabajadores en defensa de sus intereses. 2. Asociación de bancos para concertar determinadas acciones.

sín·di·co [síndiko] *s/m* Persona elegida por una comunidad o corporación para que la represente y defienda sus intereses.

sín·dro·me [síndrome] *s/m* Síntomas de una enfermedad.

si·ne·cu·ra [sinekúra] *s/f* Cargo de poco trabajo y bien pagado.

sin·fín [sinfín] *s/m* 1. Infinidad, sin número. 2. Correa unida por sus extremos y que no tiene fin al girar.

[3] **sin·fo·nía** [sinfonía] *s/f* 1. Composición instrumental para orquesta. 2. Conjunto armónico de voces o instrumentos musicales.

[3] **sin·fó·ni·co, -ca** [sinfóniko] *adj* Relativo a la sinfonía.

[1] **sin·gla·du·ra** [singlaðúra] *s/f* 1. Trayectoria seguida por alguien. 2. Cada una de las etapas en que se desarrolla algo. 3. Recorrido marítimo de un barco en un día.

[4] **sin·gu·lar** [singulár] I. *adj* 1. Único o simple. 2. Extraordinario, especial. II. *adj s/m* Categoría gramatical de número que señala unidad.

[2] **sin·gu·la·ri·dad** [singulariðáð] *s/f* Cualidad de singular.

[1] **sin·gu·la·ri·zar** [singulariθár] I. *tr* Distinguir una cosa entre otras de igual naturaleza. II. *REFL(-se)* Distinguirse por alguna particularidad.
ORT La *z* cambia a *c* ante *e*: *Singularicen*.

[1] **si·nies·tra·li·dad** [sinjestraliðáð] *s/f* Cantidad de accidentes producidos en un periodo de tiempo.

[3] **si·nies·tro, -ra** [sinjéstro] I. *adj* 1. Situado a la izquierda. 2. Perverso. 3. Que inspira temor o desconfianza. II. *s/m* Accidente, desgracia.

[1] **sin·nú·me·ro** [sinnúmero] *s/m* Número incalculable.

[5] **si·no** [síno] I. *s/m* Destino o fuerza incontrolable que determina lo que sucede. II. *conj* 1. Se usa para negar el primero de los términos de una proposición mediante la oposición del segundo. 2. Excepto, tan sólo.

[1] **sí·no·do** [sínoðo] *s/m* Concilio de autoridades eclesiásticas.

[2] **si·nó·ni·mo, -ma** [sinónimo] *s/m adj* Se aplica a las palabras con significados equivalentes.

[1] **si·nop·sis** [sinópsis] *s/f* Resumen, esquema.

[1] **si·nóp·ti·co, -ca** [sinóptiko] *adj* Resumido, de forma esquemática.

si·no·via [sinóβja] *s/f* Líquido que lubrica las articulaciones óseas.

[1] **sin·ra·zón** [sinrraθón] *s/f* Cosa que carece de lógica.

[1] **sin·sa·bor** [sinsaβór] *s/m* Disgusto, contrariedad.

[1] **sin·sen·ti·do** [sinsentíðo] *s/m* Cosa que resulta absurda o que carece de toda lógica.

[2] **sin·tác·ti·co, -ca** [sintáktiko] *adj* LIN Relativo a la sintaxis.

[2] **sin·ta·xis** [sintá(k)sis] *s/f* LIN Parte de la

SÍN·TE·SIS

gramática que estudia las funciones y orden de las palabras en la oración.

3 **sín·te·sis** [síntesis] *s/f* **1.** Composición de varias partes en un todo. **2.** Compendio o resumen.

2 **sin·té·ti·co, -ca** [sintétiko] *adj* **1.** Relativo a la síntesis. **2.** Obtenido mediante síntesis.

3 **sin·te·ti·zar** [sintetiθár] *tr* Reducir a síntesis.
ORT Ante *e* la *z* cambia a *c: Sintetice.*

3 **sín·to·ma** [síntoma] *s/m* Señal, indicio de algo.

1 **sin·to·má·ti·co, -ca** [sintomátiko] *adj* Significativo o característico de algo.

1 **sin·to·ma·to·lo·gía** [sintomatoloχia] *s/f* Conjunto de síntomas.

2 **sin·to·nía** [sintonía] *s/f* **1.** Igualdad o ajuste en las frecuencias de vibración de dos circuitos eléctricos. **2.** Melodía que señala el inicio de un programa de televisión o radio. **3.** FIG Armonía entre dos personas.

1 **sin·to·ni·za·dor** [sintoniθaðór] *s/m* Sistema que genera sintonía.

2 **sin·to·ni·zar** [sintoniθár] **I.** *tr* Lograr que la señal de un aparato emisor sea captada satisfactoriamente por un aparato receptor mediante el sintonizador. **II.** *intr* Coincidir en ideas, aficiones, etc. RPr **Sintonizar con/en:** *Sintonizaron en algunos temas.*
ORT La *z* cambia a *c* ante *e: Sintonicen.*

1 **si·nuo·si·dad** [sinwosiðáð] *s/f* Cualidad de sinuoso.

1 **si·nuo·so, -sa** [sinwóso] *adj* **1.** Con numerosos recodos, curvas u ondulaciones. **2.** Que disimula sus intenciones reales.

1 **si·nu·si·tis** [sinusítis] *s/f* Inflamación de la mucosa de los senos, *esp* en las vías respiratorias de la nariz.

2 **sin·ver·güen·za** [simberɣwénθa] *adj s/m,f* Que actúa con descaro o sin pudor.

1 **sio·nis·mo** [sjonísmo] *s/m* Movimiento político judío que aspira a tener un Estado propio.

1 **sio·nis·ta** [sjonísta] *adj* Relativo al sionismo o partidario de él.

2 **si·quia·tra** [sikjátra] *s/m* Psiquiatra.

1 **si·quia·tría** [sikjatría] *s/f* Psiquiatría.

1 **si·quiá·tri·co, -ca** [sikjátriko] *adj* Psiquiátrico.

2 **sí·qui·co, -ca** [síkiko] *adj* Psíquico.

5 **si·quie·ra** [sikjéra] **I.** *conj* Aunque, bien que. **II.** *adv* Por lo menos, tan sólo.

2 **si·re·na** [siréna] *s/f* **1.** Ninfa marina con busto de mujer y mitad inferior de pez. **2.** Señal de aviso de gran potencia.

sir·ga [sírɣa] *s/f* Cabo grueso y resistente para remolcar vehículos.

2 **si·rio, -ia** [sírjo] *adj s/m,f* De Siria.

si·ro·co [siróko] *s/m* Viento caliente y muy seco.

2 **sir·vien·te, -ta** [sirβjénte] *s/m,f* Persona al servicio de otra.

1 **si·sa** [sísa] *s/f* **1.** Corte de las prendas a la altura de la axila. **2.** Acción de sisar o cantidad robada.

1 **si·sar** [sisár] *tr* Robar algo de poco valor o pequeñas cantidades de algo.

1 **si·se·ar** [siseár] *intr tr* Emitir repetidamente un sonido semejante a la 's' o la 'ch'.

1 **si·seo** [siséo] *s/m* Acción o resultado de sisear.

2 **sís·mi·co, -ca** [sísmiko] *adj* Relativo al terremoto.

2 **sis·mo** [sísmo] *s/m* Seísmo, terremoto.

1 **sis·mó·gra·fo** [sismóɣrafo] *s/m* Instrumento que registra los movimientos sísmicos.

5 **sis·te·ma** [sistéma] *s/m* **1.** Conjunto de elementos coordinados e interdependientes que contribuyen al mismo fin. **2.** Procedimiento para hacer algo.

3 **sis·te·má·ti·co, -ca** [sistemátiko] *adj* **1.** Que se ajusta a un sistema. **2.** Que se da o sucede con regularidad.

1 **sis·te·ma·ti·za·ción** [sistematiθaθjón] *s/f* Acción o resultado de sistematizar.

2 **sis·te·ma·ti·zar** [sistematiθár] *tr* Organizar conforme a un método o sistema.
ORT La *z* cambia a *c* ante *e: Sistematicen.*

sís·to·le [sístole] *s/f* Movimiento de contracción del corazón.

1 **si·tial** [sitjál] *s/m* Asiento para personas importantes.

3 **si·tiar** [sitjár] *tr* Rodear una fortaleza o cualquier otro lugar para apoderarse de ellos.

5 **si·tio** [sítjo] *s/m* **1.** Espacio que puede ser ocupado. **2.** Acción o resultado de sitiar.

2 **si·to, -ta** [síto] *adj* Situado.

5 **si·tua·ción** [sitwaθjón] *s/f* **1.** Lugar que ocupa una persona o cosa. **2.** Localización o emplazamiento de algo en relación con el lugar que ocupa. **3.** Estado de una persona en cualquier aspecto. **4.** Circunstancias que concurren en un momento determinado.

5 **si·tuar** [sitwár] **I.** *tr* **1.** Poner en un determinado lugar. **2.** Localizar temp

ralmente un hecho. **3.** Determinar la posición de algo o alguien. **II.** *REFL(-se)* Conseguir una determinada posición en un orden o escala. RPr **Situarse en**.
ORT PRON El acento recae sobre la *u* en el *sing* y 3ª *p pl* del *pres* de *ind* y *subj*: *Sitúo*.

1 **slip** [(e)slíp] *s/m* ANGL Calzoncillo corto y ajustado.

1 **slo·gan** [(e)slóγan] *s/m* ANGL Frase breve y concisa.

1 **smo·king** [(e)smókin] *s/m* ANGL Chaqueta masculina de etiqueta, *gen* de color negro.
ORT También *esmoquin*.

1 **snob** [(e)snóβ] *adj s/m,f* ANGL Imitador afectado de la gente de la alta sociedad.

sno·bis·mo [(e)snoβísmo] *s/m* Cualidad de snob.

2 **so** [so] **I.** *prep* Bajo, debajo de. **II.** *adv* Refuerza el sentido DES o de insulto: *¡So imbécil!* **III.** *interj* Orden para que paren las caballerías.

so·ba [sóβa] *s/f* Paliza.

1 **so·ba·co** [soβáko] *s/m* Concavidad inferior en la unión del brazo y tronco.

1 **so·ba·do, -da** [soβáðo] *adj* Desgastado por el uso.

1 **so·bar** [soβár] *tr* **1.** Manosear o toquetear mucho. **2.** Acariciar lascivamente. **3.** Amasar una sustancia con las manos.

4 **so·be·ra·nía** [soβeranía] *s/f* **1.** Autoridad máxima ejercida por un Gobierno o autoridad. **2.** Poder o independencia de una nación.

3 **so·be·ra·no, -na** [soβeráno] **I.** *adj* **1.** Propio de la soberanía o de quien la ejerce. **2.** Independiente respecto a otro poder. **II.** *s/m,f* Rey, reina o príncipe de un Estado.

2 **so·ber·bia** [soβérβja] *s/f* Actitud del soberbio.

2 **so·ber·bio, -ia** [soβérβjo] *adj* **1.** Que se comporta con altivez y desprecio hacia los demás. **2.** Espléndido, maravilloso.

so·bón, -bo·na [soβón] *adj s/m,f* Que soba o manosea.

so·bor·na·ble [soβornáβle] *adj* Que puede ser sobornado.

1 **so·bor·nar** [soβornár] *tr* Corromper con dinero o regalos.

1 **so·bor·no** [soβórno] *s/m* **1.** Acción o resultado de sobornar. **2.** Cosa con que se soborna.

so·bra [sóβra] **I.** *s/f* Exceso de cualquier cosa. **II.** *s/f,pl* Restos. LOC **De sobra(s)**, más de lo necesario.

1 **so·bra·do, -da** [soβráðo] *adj* **1.** Que sobra. **2.** (Con *de*) Con más de lo necesario.

2 **so·bran·te** [soβránte] *adj s/m* Que sobra.

5 **so·brar** [soβrár] *intr* **1.** Haber más de lo necesario. **2.** Quedar una parte de algo después de haber sido utilizado. **3.** Ser innecesario.

1 **so·bra·sa·da** [soβrasáða] *s/f* Embutido de carne de cerdo picada y sazonada.

5 **so·bre** [sóβre] **I.** *s/m* Bolsa de papel para introducir un escrito y enviarlo a su destinatario. **II.** *prep* **1.** Expresa valoración aproximada de algo. **2.** Expresa localización temporal o espacial imprecisa. **3.** Hacia. **4.** Expresa superioridad respecto a otra cosa.

so·bre·a·bun·dan·te [soβreaβundánte] *adj* Que sobreabunda.

so·bre·a·bun·dar [soβreaβundár] *intr* Abundar en exceso.

so·bre·a·vi·so [soβreaβíso] *s/m* (Con *poner, estar*) Advertencia o aviso.

1 **so·bre·ca·len·ta·mien·to** [soβrekalentamjénto] *s/m* Acción o resultado de sobrecalentar(se) algo.

so·bre·ca·len·tar [soβrekalentár] *tr* REFL(-se) Calentar(se) excesivamente.
CONJ *Irreg*: Sobrecaliento, sobrecalenté, sobrecalentaré, sobrecalentado.

1 **so·bre·ca·ma** [soβrekáma] *s/f* Colcha.

2 **so·bre·car·ga** [soβrekárγa] *s/f* Exceso de carga.

so·bre·car·gar [soβrekarγár] *tr* Cargar en exceso.
ORT Ante *e* la *g* cambia a *gu*: *Sobrecargue*.

so·bre·car·go [soβrekárγo] *s/m,f* Persona encargada de las mercancías o del pasaje.

1 **so·bre·co·ge·dor, -ra** [soβrekoχeðór] *adj* Que sobrecoge.

2 **so·bre·co·ger** [soβrekoχér] *tr* REFL(-se) Asustar(se) mucho.
ORT Ante *o/a* la *g* cambia a *j*: *Sobrecoja*.

so·bre·cos·te [soβrekóste] *s/m* Coste superior al previsto.

so·bre·cu·bier·ta [soβrekuβjérta] *s/f* Cubierta adicional para proteger otra que está debajo.

1 **so·bre·di·men·sio·nar** [soβreðimensjonár] *tr* FIG Dar a algo más importancia de la que realmente tiene.

1 **so·bre·do·sis** [soβreðósis] *s/f* Dosis excesiva de algo.

1 **so·bre·en·ten·der** [soβre(e)ntendér] *tr* Entender o percibir algo que está implícito.

SO·BRE·EX·PLO·TAR

CONJ *Irreg: Sobreentiendo, sobreentenderé, sobreentendí, sobreentendido.*
ORT También *sobrentender.*

so·bre·ex·plo·tar [soβre(e)(k)splotár] *tr* Utilizar abusivamente los recursos.

so·bre·hi·lar [soβreilár] *tr* Dar puntadas largas y flojas para que no se deshilache un borde de tela.

[1] **so·bre·hu·ma·no, -na** [soβreumáno] *adj* Que excede las posibilidades humanas.

so·bre·im·pri·mir [soβreimprimír] *tr* Imprimir sobre algo ya impreso.

[2] **so·bre·lle·var** [soβreʎeβár] *tr* Soportar.

[1] **so·bre·ma·ne·ra** [soβremanéra] *adv* Mucho, en alto grado.

[1] **so·bre·me·sa** [soβremésa] *s/f* Tiempo de charla después de la comida.

[1] **so·bre·na·dar** [soβrenaðár] *intr* Mantenerse algo sobre el agua u otro líquido.

[2] **so·bre·na·tu·ral** [soβrenaturál] *adj* Que excede a las leyes de la naturaleza.

[1] **so·bre·nom·bre** [soβrenómbre] *s/m* Apodo.

so·bre·pa·go [soβrepáɣo] *s/m* Pago añadido al normal.

[3] **so·bre·pa·sar** [soβrepasár] *tr* 1. Rebasar un límite. 2. Aventajar a alguien.

[1] **so·bre·pe·so** [soβrepéso] *s/m* Exceso de peso.

[2] **so·bre·po·ner** [soβreponér] **I.** *tr* Poner algo encima de otra cosa. **II.** *intr* REFL(-*se*) 1. Imponerse a otra cosa o superarla. 2. Dominar un estado de ánimo adverso. RPr **Sobreponerse a.**
CONJ *Irreg: Sobrepongo, sobrepondré, sobrepuse, sobrepuesto.*

[1] **so·bre·pre·cio** [soβrepréθjo] *s/m* Recargo por encima del precio ordinario.

[1] **so·bre·pro·duc·ción** [soβreproðukθjón] *s/f* Exceso de producción.

[1] **so·bre·pues·to, -ta** [soβrepwésto] *adj* Colocado encima de cierta cosa.

[2] **so·bre·sa·lien·te** [soβresaljénte] **I.** *adj* Que sobresale. **II.** *s/m* Calificación equivalente a 9 sobre 10.

[3] **so·bre·sa·lir** [soβresalír] *intr* Destacar en algo. RPr **Sobresalir en/por/entre/de.**
CONJ *Irreg,* como *salir.*

[2] **so·bre·sal·to** [soβresálto] *s/m* Susto repentino.

[1] **so·bre·se·er** [soβreseér] *tr* DER Suspender la tramitación de una causa o sumario.

[1] **so·bre·sei·mien·to** [soβreseimjénto] *s/m* Acción o resultado de sobreseer una causa.

[1] **so·bre·suel·do** [soβreswéldo] *s/m* Cantidad que se añade al sueldo.

[1] **so·bre·ta·sa** [soβretása] *s/f* Tasa suplementaria.

[2] **so·bre·to·do** [soβretóðo] *s/m* Prenda de vestir que se lleva sobre la ropa habitual para no ensuciarla.

[1] **so·bre·va·lo·rar** [soβreβalorár] *tr* REFL(-*se*) Valorar en exceso.

[2] **so·bre·ve·nir** [soβreβenír] *intr* Ocurrir algo de forma repentina.
CONJ *Irreg* (usado en 3ª p): *Sobreviene, sobrevino, sobrevendrá, sobrevenido.*

[2] **so·bre·vi·ven·cia** [soβreβiβénθja] *s/f* Acción o resultado de sobrevivir.

[2] **so·bre·vi·vien·te** [soβreβiβjénte] *adj s/m,f* Que sobrevive.

[4] **so·bre·vi·vir** [soβreβiβír] *intr* 1. Seguir viviendo tras un hecho o fecha. 2. FIG Permanecer en el tiempo. RPr **Sobrevivir a.**

[2] **so·bre·vo·lar** [soβreβolár] *tr* Volar sobre alguien o algo.
CONJ Se conjuga como *volar.*

so·bre·vue·lo [soβreβwélo] *s/m* Acción de sobrevolar.

[2] **so·brie·dad** [soβrjeðáð] *s/f* Cualidad de sobrio.

[3] **so·bri·no, -na** [soβríno] *s/m,f* Hijo del hermano o de la hermana de una persona.

so·brio [sóβrjo] *adj* Moderado en la comida y bebida. RPr **Sobrio de/en.**

[1] **so·cai·re** [sokáire] *s/m* LOC **Al socaire de,** al amparo de.

so·ca·pa [sokápa] *s/f* LOC **Socapa de,** con el pretexto de.

[1] **so·ca·rrón, -rro·na** [sokarrón] *adj s/m,f* Que se burla de alguien con agudeza y disimulo.

[1] **so·ca·rro·ne·ría** [sokarronería] *s/f* Cualidad de socarrón.

[1] **so·ca·var** [sokaβár] *tr* Excavar por debajo de una cosa, dejándola sin apoyos.

[1] **so·ca·vón** [sokaβón] *s/m* Hoyo en el suelo producido por hundimiento.

[1] **so·cia·ble** [soθjáβle] *adj* Que gusta de trato con los demás.

[5] **so·cial** [soθjál] *adj* Relativo a la sociedad a una entidad y sus socios.

[3] **so·cia·lis·mo** [soθjalísmo] *s/m* Doctrina que aboga por el predominio de los intereses generales y la colectivización de los medios de producción.

[5] **so·cia·lis·ta** [soθjalísta] *adj s/m,f* Relativo al socialismo o partidario de él.

[2] **so·cia·li·za·ción** [soθjaliθaθjón] *s/f* Acción o resultado de socializar.

[1] **so·cia·li·zar** [soθjaliθár] *tr* REFL(*-se*) Transferir al Estado la propiedad de los bienes y medios de producción.
ORT Ante *e* la *z* cambia a *c: Socialice.*

[5] **so·cie·dad** [soθjeðáð] *s/f* **1.** Agrupación de individuos que conviven y se relacionan organizadamente. **2.** Conjunto de los seres humanos. **3.** Agrupación de individuos para un fin. **4.** Entidad legal con fines comerciales o económicos.

[4] **so·cio, -ia** [sóθjo] *s/m,f* **1.** Miembro de una sociedad o asociación. **2.** Compañero, amigo.

[3] **so·cio·e·co·nó·mi·co, -ca** [soθjoekonómiko] *adj* Relativo a la economía de una sociedad.

[3] **so·cio·lo·gía** [soθjoloχía] *s/f* Ciencia que estudia los fenómenos sociales.

[3] **so·cio·ló·gi·co, -ca** [soθjolóχiko] *adj* Relativo a la sociología.

[3] **so·ció·lo·go, -ga** [soθjóloɣo] *s/m,f* Experto en sociología.

[2] **so·co·rrer** [sokorrér] *tr* Ayudar en un peligro o necesidad.

[1] **so·co·rri·do, -da** [sokorríðo] *adj* Muy visto o usado.

[1] **so·co·rris·mo** [sokorrísmo] *s/m* Técnicas de salvación y auxilio en accidentes y desastres.

[1] **so·co·rris·ta** [sokorrísta] *s/m,f* Experto en técnicas de socorrismo.

[2] **so·co·rro** [sokórro] *s/m* Auxilio o ayuda.
LOC **¡Socorro!**, exclamación para pedir ayuda.

[1] **so·da** [sóða] *s/f* **1.** Agua carbónica, usada como bebida. **2.** QUÍM Sosa.

[2] **so·dio** [sóðjo] *s/m* Metal blando, ligero y maleable, de color plateado.

so·do·mía [soðomía] *s/f* Relación sexual basada en el coito anal.

[1] **so·do·mi·ta** [soðomíta] **I.** *adj* Relativo a la sodomía. **II.** *adj s/m* Quien practica el coito anal.

[ ] **so·do·mi·zar** [soðomiθár] *tr* Someter a prácticas de sodomía.
ORT Ante *e* la *z* cambia a *c: Sodomice.*

[ ] **so·ez** [soéθ] *adj* Grosero, de mal gusto.

[ ] **so·fá** [sofá] *s/m* Mueble confortable, para sentarse dos o más personas.

so·fis·ma [sofísma] *s/m* Argumento falso o engañoso.

so·fis·ta [sofísta] *adj s/m,f* Que utiliza sofismas.

[1] **so·fis·ti·ca·ción** [sofistikaθjón] *s/f* Acción o resultado de sofisticar.

[2] **so·fis·ti·car** [sofistikár] *tr* REFL(*-se*) **1.** Cambiar lo natural o auténtico con elementos que no le son propios. **2.** Hacer que algo pierda su sencillez.
ORT La *c* cambia a *qu* ante *e: Sofistiquen.*

so·fla·ma [sofláma] *s/f* Discurso apasionado para incitar a la audiencia.

[1] **so·fo·ca·ción** [sofokaθjón] *s/f* Acción o resultado de sofocar(se).

[2] **so·fo·can·te** [sofokánte] *adj* Que produce sensación de ahogo.

[2] **so·fo·car** [sofokár] *tr* **1.** Producir algo sensación de ahogo. **2.** Apagar un incendio. **3.** Impedir que una rebelión o similar progrese.
ORT La *c* cambia a *qu* ante *e: Sofoquemos.*

[1] **so·fo·co** [sofóko] *s/m* **1.** Sensación de ahogo. **2.** COL Excitación, vergüenza.

[1] **so·fo·cón** [sofokón] *s/m* Disgusto muy grande.

[1] **so·freír** [sofreír] *tr* Freír ligeramente.
CONJ *Irreg: Sofrío, sofreí, sofreiré, sofrito.*

[1] **so·fri·to, -ta** [sofríto] *s/m* Salsa que resulta de freír algo ligeramente.

[3] **soft·ware** [sófwer; sófgwer] *s/m* ANGL Programa de ordenador.

[2] **so·ga** [sóɣa] *s/f* Cuerda gruesa.

so·ja [sóχa] **1.** Planta leguminosa con cuyas semillas se elabora aceite y harina. **2.** Fruto de esta planta.

[1] **so·juz·gar** [soχuθɣár] *tr* Dominar o someter con violencia.
ORT La *g* ante *e* cambia a *gu: Sojuzguen.*

[5] **sol** [sól] *s/m* **1.** *may* Estrella que constituye el centro de nuestro sistema planetario. **2.** Luz y calor que produce. **3.** Imagen circular, con rayos, que representa al sol. **4.** COL Persona buena y encantadora. **5.** Moneda peruana. **6.** Quinta nota de la escala musical. LOC **De sol a sol**, durante todo el día.

[5] **so·la·men·te** [sólamente] *adv* Únicamente.

[2] **so·la·na** [solána] *s/f* Lugar en que da plenamente el sol.

[2] **so·la·no** [soláno] *s/m* Viento del Este.

[1] **so·la·pa** [solápa] *s/f* **1.** Cada doblez a los lados del escote en una prenda de vestir. **2.** Sobrecubierta de un libro.

[1] **so·la·pa·do, -da** [solapáðo] *adj* De manera encubierta o disimulada.

[1] **so·la·pa·mien·to** [solapamjénto] *s/m* Acción o resultado de solapar.

SO·LA·PAR

[2] **so·la·par** [solapár] I. *tr* Interferir dos cosas al sobreponerse una sobre otra. II. *intr* REFL(-se) Superponer(se) dos o más cosas de modo que una cubra parcialmente a la otra, la sustituya o interfiera en su funcionamiento.

[5] **so·lar** [solár] I. *adj* Relativo al sol. II. *s/m* 1. Suelo. 2. Terreno destinado a la construcción de edificios. III. *tr* Pavimentar el suelo con baldosas.

[1] **so·la·rie·go, -ga** [solarjéγo] *adj* Relativo a un linaje o solar noble y antiguo.

[1] **so·laz** [soláθ] *s/m* Distracción, esparcimiento.

[1] **so·la·zar** [solaθár] *tr* REFL(-se) Hacer que alguien se entretenga, o entretenerse alguien.
ORT Ante *e* la *z* cambia a *c: Solace*.

[1] **sol·da·da** [soldáða] *s/f* Paga de un soldado.

[1] **sol·da·des·ca** [soldaðéska] *s/f* DES Tropa indisciplinada.

[4] **sol·da·do** [soldáðo] *s/m* 1. Persona que presta servicio en el ejército. 2. Militar sin graduación. LOC **Soldado raso**, soldado sin graduación o rango militar.

[1] **sol·da·dor, -ra** [soldaðór] *adj s/m,f* Que suelda.

[1] **sol·da·du·ra** [soldaðúra] *s/m* 1. Acción o resultado de soldar. 2. Punto de unión entre dos cosas soldadas.

[4] **sol·dar** [soldár] *tr* Unir dos piezas metálicas mediante la fusión de ambas con una tercera sustancia.
CONJ *Irreg: Sueldo, soldé, soldaré, soldado.*

[2] **so·lea·do, -da** [soleáðo] *adj* 1. (*Tiempo*) con sol y sin nubes. 2. Que recibe la radiación del sol.

[2] **so·le·ar** [soleár] *tr* REFL(-se) Exponer al sol.

[4] **so·le·dad** [soleðáð] *s/f* 1. Circunstancia de estar alguien solo. 2. Sentimiento de tristeza por la ausencia o falta de alguien.

[3] **so·lem·ne** [solémne] *adj* 1. (Acto público) con gran ceremonia. 2. Majustuoso.

[2] **so·lem·ni·dad** [solemniðáð] *s/f* 1. Cualidad de solemne. 2. Acto solemne.

[5] **so·ler** [solér] *intr* 1. Tener por costumbre. 2. Ocurrir con frecuencia.
CONJ *Irreg: Suelo, solí, solido*. Es *v* defectivo.

[1] **so·le·ra** [soléra] *s/f* 1. Soporte que sirve de base a un edificio. 2. Antigüedad que tiene algo.

[1] **sol·fa** [sólfa] *s/f* Notación musical. LOC **Poner en solfa**, ridiculizar o criticar.

[1] **sol·feo** [solféo] *s/m* Sistema de signos para escribir y leer música.

[2] **so·li·ci·tan·te** [soliθitánte] *adj s/m,f* Que solicita.

[5] **so·li·ci·tar** [soliθitár] *tr* Pedir algo a alguien, sea o no con trámites formales.

[2] **so·lí·ci·to, -ta** [solíθito] *adj* 1. Que actúa con diligencia para atender a alguien. 2. Complaciente, amable.

[4] **so·li·ci·tud** [soliθitúð] *s/f* 1. Acción de solicitar algo. 2. Documento impreso en que se pide algo de modo oficial.

[4] **so·li·da·ri·dad** [soliðariðáð] *s/f* Adhesión a la causa de otros.

[3] **so·li·da·rio, -ia** [soliðárjo] *adj* Que siente solidaridad. RPr **Solidario con**.

[2] **so·li·da·ri·zar·se** [soliðariθárse] REFL(-se) Adherirse a una causa ajena.
ORT Ante *e* la *z* cambia a *c: Solidarice*.

[2] **so·li·dez** [soliðéθ] *s/f* Cualidad de sólido.

[2] **so·li·di·fi·car** [soliðifikár] *tr intr* REFL(-se) Convertir(se) un líquido en sólido.
ORT La *c* cambia a *qu* ante *e: Solidifiquemos*.

[4] **só·li·do, -da** [sóliðo] I. *adj* 1. Resistente y duro. 2. Que está bien fundado en razones. II. *adj s/m* Estado en que puede presentarse la materia.

[1] **so·li·lo·quio** [solilókjo] *s/m* Monólogo.

[1] **so·lio** [sóljo] *s/m* Silla real con dosel.

[2] **so·lis·ta** [solísta] *s/m,f* Quien ejecuta solo una pieza musical.

[4] **so·li·ta·rio, -ia** [solitárjo] I. *adj* 1. Que está solo. 2. No habitado, aislado o poco frecuentado. II. *adj s/m,f* Que ama la soledad. III. *s/m* Diamante, gen grueso, engarzado en una joya. IV. *s/f* Tenia, gusano parasitario del intestino humano.

[1] **so·li·vian·tar** [soliβjantár] *tr* REFL(-se) 1 Inducir a alguien a rebelarse. 2. Irritar(se)

[2] **so·llo·zar** [soʎoθár] *intr* Llorar de un mod convulsivo y con suspiros.
ORT Ante *e* la *z* cambia a *c: Solloce*.

[2] **so·llo·zo** [soʎóθo] *s/m* Acción de sollozar.

[5] **so·lo, -la** [sólo] I. *adj* 1. No acompañad 2. Único en su especie. II. *s/m* Pie musical para un solo instrumento o inte pretado por un solista. LOC **A solas**, s compañía.

[5] **só·lo, so·lo** [sólo] *adv* Solamente.

[1] **so·lo·mi·llo** [solomíʎo] *s/m* En las reses

cerdo, pieza de carne situada entre las costillas y el lomo.

[1] **sols·ti·cio** [solstíθjo] *s/m* Momento en que el Sol está situado en el punto más alejado del ecuador celeste.

[4] **sol·tar** [soltár] I. *tr* 1. Quitar las ataduras. 2. Desprenderse de algo, dejándolo. 3. Dejar en libertad. 4. Despedir una cosa vapor, gas, olores, etc. II. REFL(-se) 1. Quedar algo sin sujeción. 2. Comenzar alguien a hablar. 3. Iniciarse algo de forma repentina.
CONJ *Irreg: Suelto, soltaré, solté, soltado.*

[1] **sol·te·ría** [soltería] *s/f* Estado de soltero.

[3] **sol·te·ro, -ra** [soltéro] *adj s/m,f* Quien no está casado.

[2] **sol·te·rón, -ro·na** [solterón] *adj s/m,f* (a veces DES) Se dice de la persona de cierta edad que aún no está casada.

[2] **sol·tu·ra** [soltúra] *s/f* Habilidad para hacer algo.

[1] **so·lu·bi·li·dad** [soluβiliðáð] *s/f* Cualidad de soluble.

[2] **so·lu·ble** [solúβle] *adj* 1. Que se puede disolver en otra sustancia. 2. Que tiene solución.

[5] **so·lu·ción** [soluθjón] *s/f* 1. Acción o resultado de disolver una cosa. 2. Acción o resultado de resolver algo.

[4] **so·lu·cio·nar** [soluθjonár] *tr* 1. Hallar la solución de algo. 2. Resolver un asunto.

[2] **sol·ven·cia** [solβénθja] *s/f* Cualidad de solvente.

[2] **sol·ven·tar** [solβentár] *tr* REFL(-se) Solucionar un asunto.

[1] **sol·ven·te** [solβénte] *adj* 1. Que no tiene deudas pendientes. 2. Digno de confianza o crédito.

[1] **so·ma·lí** [somalí] *adj s/m,f* De Somalia.

[2] **so·má·ti·co, -ca** [somátiko] *adj* Relativo al cuerpo.

so·ma·ti·zar [somatiθár] *tr* Hacer que un problema síquico se manifieste en una dolencia física.
ORT Ante *e* la *z* cambia a *c: Somatice.*

[1] **som·bra** [sómbra] *s/f* 1. Silueta oscurecida que proyecta un cuerpo al oponerse a la luz. 2. Oscuridad o ausencia de luz. 3. Persona que sigue a otra a todas partes. 4. Señal leve de algo. LOC **A la sombra de,** bajo la protección de.

[ ] **som·bre·a·do** [sombreáðo] *s/m* Acción o resultado de sombrear algo.

[ ] **som·bre·ar** [sombreár] *tr* 1. Poner sombras en lo que se pinta. 2. Maquillar (ojos, mejillas).

[1] **som·bre·re·ro, -ra** [sombreréro] *s/m,f* Persona que hace o vende sombreros.

[3] **som·bre·ro** [sombréro] *s/m* Prenda de vestir para cubrir la cabeza.

[1] **som·bri·lla** [sombríʎa] *s/f* Paraguas grande para protegerse del sol.

[3] **som·brío, -ía** [sombrío] *adj* 1. Con sombra o poca luz. 2. Triste, demasiado serio.

[1] **so·me·ro, -ra** [soméro] *adj* Poco profundo.

[5] **so·me·ter** [sometér] I. *tr* 1. Imponer la autoridad a la fuerza. 2. Reprimir. 3. (Con *a*) Presentar una ley o plan para su aprobación. II. REFL(-se) 1. (Con *a*) Rendirse en una lucha. 2. (Con *a*) Aceptar una persona lo que se le impone. RPr **Someter(se) a.**

[2] **so·me·ti·mien·to** [sometimjénto] *s/m* Acción o resultado de someter(se).

[1] **so·mier** [somjér] *s/m* En las camas, soporte flexible sobre el cual se coloca el colchón.

[2] **som·ní·fe·ro, -ra** [somnífero] *adj s/m* Que produce sueño.

[1] **som·no·len·cia** [somnolénθja] *s/f* Sensación de pesadez debida al sueño.

[1] **som·no·lien·to, -ta** [somnoljénto] *adj* Que tiene somnolencia.

[5] **son** [són] *s/m* 1. Sonido agradable. 2. (*gen* precedido de *en*) Modo o manera de hacer algo. LOC **Sin ton ni son,** sin motivo alguno.

[2] **so·na·do, -da** [sonáðo] *adj* Famoso. LOC **Estar sonado,** estar loco.

[1] **so·na·ja** [sonáxa] *s/f* Par de chapas metálicas, atravesadas por un alambre, que suenan al ser agitadas.

[1] **so·na·je·ro** [sonaxéro] *s/m* Juguete con sonajas.

[1] **so·nam·bu·lis·mo** [sonambulísmo] *s/m* Situación del sonámbulo.

[2] **so·nám·bu·lo, -la** [sonámbulo] *adj s/m,f* Que se levanta y deambula durante el sueño.

[1] **so·nan·te** [sonánte] *adj* Que suena.

[5] **so·nar** [sonár] I. *intr* 1. Emitir un sonido. 2. (Con *a*) Tener una cosa cierta apariencia. 3. Recordar algo de forma vaga o imprecisa. 4. Ser mencionado o citado para cierto cargo. 5. Oírse una cosa. II. *tr* 1. Hacer que algo emita un ruido. 2. Limpiar una persona la nariz. III. REFL(-se) Limpiarse las narices de mocos. IV. *s/m* Instrumento marino para detectar la situación de algo bajo el agua. RPr **Sonar a.**
CONJ *Irreg: Sueno, sonaré, soné, sonado.*
ORT También *sónar.*

SO·NA·TA

[2] **so·na·ta** [sonáta] *s/f* MÚS Composición musical de tres o cuatro movimientos.

[2] **son·da** [sónda] *s/f* **1.** Instrumento alargado y fino para explorar un órgano. **2.** Instrumento para explorar zonas inaccesibles.

[2] **son·de·ar** [sondeár] *tr* Intentar averiguar con sutileza las intenciones de alguien.

[2] **son·deo** [sondéo] *s/m* **1.** Exploración de un lugar mediante una sonda. **2.** Acción o resultado de sondear.

[2] **so·ne·to** [sonéto] *s/m* Composición poética de catorce versos endecasílabos.

[4] **so·ni·do** [soníðo] *s/m* Sensación acústica percibida por el oído.

[1] **so·ni·que·te** [sonikéte] *s/m* Ruido monótono y repetitivo.

[2] **so·no·ri·dad** [sonoriðáð] *s/f* Cualidad de sonoro.

[1] **so·no·ri·za·ción** [sonoriθaθjón] *s/f* Acción o resultado de sonorizar.

so·no·ri·zar [sonoriθár] *tr* **1.** Incorporar el sonido a la imagen de una película. **2.** LIN Convertir una consonante sorda en sonora. ORT Ante *e* la *z* cambia a *c*: *Sonorice*.

[4] **so·no·ro, ·ra** [sonóro] *adj* **1.** Relativo al sonido. **2.** Que suena. **3.** (Sonido) en que hay vibración de las cuerdas vocales. **4.** (*película*) Con los sonidos de la realidad filmada.

[5] **son·reír** [sonreír] *intr* REFL(-se) Reír levemente.
CONJ *Irreg: Sonrío, sonreí, sonreiré, sonreído.*

[3] **son·rien·te** [sonrjénte] *adj* Que sonríe.

[4] **son·ri·sa** [sonrísa] *s/f* **1.** Acción de sonreír(se). **2.** Gesto que se hace al sonreír.

[1] **son·ro·jar** [sonrroxár] *tr* REFL(-se) Hacer que una persona se ponga colorada.

[1] **son·ro·jo** [sonrróxo] *s/m* Acción o resultado de sonrojar(se).

[1] **son·sa·car** [sonsakár] *tr* Hacer con habilidad y astucia que alguien diga lo que sabe sobre un tema de interés.
ORT Ante *e* la *c* cambia a *qu*: *Sonsaque*.

[1] **son·so·ne·te** [sonsonéte] *s/m* Ruido repetitivo y molesto.

[2] **so·ña·dor, ·ra** [soɲaðór] *adj s/m,f* Que sueña.

[5] **so·ñar** [soɲár] **I.** *tr intr* **1.** Experimentar e imaginar cosas durante el sueño. **2.** Imaginar cosas fantásticas. **II.** *intr* (Con *con*, *en*) Desear intensamente. RPr **Soñar con/en**.
CONJ *Irreg: Sueño, soñaré, soñé, soñado.*

[2] **so·pa** [sópa] *s/f* **1.** Caldo con distintos ingredientes cocidos en él. **2.** (*gen* en *pl*) Rebanadas de pan cocidas en agua y condimentos. LOC **Como/Hecho una sopa**, empapado en agua.

[1] **so·pa·po** [sopápo] *s/m* Bofetada.

[2] **so·pe·ro, ·ra** [sopéro] *adj s/m,f* **1.** Que se utiliza para servir o comer la sopa. **2.** Que gusta mucho de la sopa.

[2] **so·pe·sar** [sopesár] *tr* **1.** Calcular el peso aproximado de una cosa levantándola con las manos y tanteándola. **2.** Considerar los pros y contras de algo.

[1] **so·pe·tón** [sopetón] *s/m* LOC **De sopetón**, de forma repentina.

so·pla·mo·cos [soplamókos] *s/m* Sopapo. GRAM *pl Soplamocos*.

so·pla·po·llas [soplapóʎas] *adj s/m,f* VULG Persona estúpida.

[3] **so·plar** [soplár] **I.** *intr tr* **1.** Echar aire con fuerza por la boca abriendo y redondeando un poco los labios. **2.** Beber mucho. **II.** *intr* Moverse el viento o el aire. **III.** *tr* **1.** Echar soplos de aire sobre las ascuas o el fuego para que se avive, o para apagarlo. **2.** Cobrar mucho dinero por algo. **3.** COL Decir algo al oído.

[1] **so·ple·te** [sopléte] *s/m* Instrumento que lanza una llama sobre un material para cortarlo o fundirlo.

[1] **so·pli·do** [soplíðo] *s/m* Acción o resultado de soplar.

[1] **so·plo** [sóplo] *s/m* **1.** Acción o resultado de soplar. **2.** Denuncia, chivatazo. **3.** Ruido anómalo en el latir del corazón.

[1] **so·plón, ·plo·na** [soplón] *s/m,f* COL Chivato.

[1] **so·pon·cio** [sopónθjo] *s/m* Desmayo.

[1] **so·por** [sopór] *s/m* Somnolencia persistente.

[1] **so·po·rí·fe·ro, ·ra** [soporífero] *adj* **1.** Que produce sueño o sopor. **2.** Muy aburrido.

[1] **so·por·ta·ble** [soportáβle] *adj* Que se puede soportar.

[1] **so·por·tal** [soportál] *s/m* Pórtico con arcadas.

[4] **so·por·tar** [soportár] *tr* **1.** Aguantar el peso de algo. **2.** Tolerar algo molesto o doloroso.

[3] **so·por·te** [sopórte] *s/m* Apoyo.

[2] **so·pra·no** [sopráno] *s/m,f* **1.** Voz más aguda del ser humano. **2.** Cantante con dicha voz.

[3] **sor** [sór] *s/f* Tratamiento que se antepone al nombre de una monja.

SO·TE·RRAR

2 **sor·ber** [sorβér] *tr* **1.** Beber aspirando. **2.** Atraer algo a su interior.

1 **sor·be·te** [sorβéte] *s/m* Refresco de zumo de frutas.

2 **sor·bo** [sórβo] *s/m* **1.** Acción o resultado de sorber. **2.** Cantidad que se sorbe de una vez.

1 **sor·de·ra** [sorðéra] *s/f* Disminución o ausencia total de la audición.

1 **sor·di·dez** [sorðiðéθ] *s/f* Cualidad de sórdido.

2 **sór·di·do, -da** [sórðiðo] *adj* **1.** Pobre, miserable. **2.** Obsceno.

1 **sor·di·na** [sorðína] *s/f* Dispositivo para disminuir la intensidad del sonido o variar el timbre de algunos instrumentos.

3 **sor·do, -da** [sórðo] **I.** *adj s/m,f* Que no oye bien. **II.** *adj* **1.** Que hace un ruido apagado. **2.** Silencioso, que no hace ruido. **3.** Que no presta atención. **4.** LIN (Sonido) en el que no vibran las cuerdas vocales.

1 **sor·do·mu·do, -da** [sorðomúðo] *adj s/m,f* Que no oye ni habla.

1 **sor·go** [sóryo] *s/m* **1.** Planta que se cultiva como cereal o como forraje. **2.** Grano de esta planta.

1 **sor·na** [sórna] *s/f* Tono irónico o burlón al hablar.

1 **sor·pren·den·te** [sorprendénte] *adj* Que sorprende.

5 **sor·pren·der** [sorprendér] *tr* **1.** Causar sorpresa. **2.** Coger desprevenido a alguien. RPr **Sorprenderse de/por**.

4 **sor·pre·sa** [sorprésa] *s/f* **1.** Impresión de asombro, fascinación o emoción. **2.** Cosa que sorprende.

2 **sor·pre·si·vo, -va** [sorpresíβo] *adj* Que implica sorpresa.

2 **sor·te·ar** [sorteár] *tr* **1.** Evitar algo con habilidad o astucia. **2.** Dar o repartir algo sometiendo la decisión al azar.

2 **sor·teo** [sortéo] *s/m* Acción o resultado de sortear (2).

1 **sor·ti·ja** [sortíxa] *s/f* Anillo de adorno en un dedo de la mano.

1 **sor·ti·le·gio** [sortiléxjo] *s/m* Hechizo, encantamiento.

1 **SOS** [ése ó ése] *s/m may* Señal internacional para pedir socorro.

so·sai·na [sosáina] *adj s/m,f* Que no tiene gracia.

1 **so·se·ga·do, -da** [soseyáðo] *adj* Relajado, sereno.

2 **so·se·gar** [soseyár] *tr* REFL(*-se*) Calmar, apaciguar.
CONJ *Irreg: Sosiego, sosegué, sosegaré, sosegado*.

2 **so·sie·go** [sosjéyo] *s/m* Calma, tranquilidad.

2 **sos·la·yar** [soslajár] *tr* Esquivar algo molesto.

1 **sos·la·yo** [soslájo] *s/m* LOC **De soslayo**, de forma oblicua, indirectamente.

2 **so·so, -sa** [sóso] *adj* **1.** Sin sal. **2.** Que carece de gracia, atractivo.

3 **sos·pe·cha** [sospétʃa] *s/f* Acción o resultado de sospechar.

4 **sos·pe·char** [sospetʃár] **I.** *tr* Tener cierta idea sobre algo a partir de indicios. **II.** *intr* **1.** Tener o sentir desconfianza. **2.** (Con *de*) Considerar que alguien es autor de un hecho delictivo. RPr **Sospechar de**.

3 **sos·pe·cho·so, -sa** [sospetʃóso] *adj s/m,f* Que inspira sospecha. RPr **Sospechoso de**.

2 **sos·tén** [sostén] *s/m* **1.** Acción o resultado de sostener. **2.** Cosa que sostiene algo. **3.** Prenda interior femenina para sujetar los pechos.

5 **sos·te·ner** [sostenér] **I.** *tr* **1.** Servir una cosa de soporte o sostén a otra. **2.** Sujetar. **3.** Mantener algo erguido o en una determinada posición. **4.** Mantener con obstinación. **II.** REFL(*-se*) Mantenerse de cierta manera, sin caerse.
CONJ *Irreg: Sostengo, sostuve, sostendré, sostenido*.

1 **sos·te·ni·bi·li·dad** [sosteniβiliðáð] *s/f* Cualidad de sostenible.

2 **sos·te·ni·ble** [sosteníβle] *adj* Que puede ser sostenido.

3 **sos·te·ni·do** [sosteníðo] *adj s/m* MÚS (Nota) que es un semitono más alta que otra, o signo que la representa.

1 **sos·te·ni·mien·to** [sostenimjénto] *s/m* Acción o resultado de sostener(se).

1 **so·ta** [sóta] *s/f* Décima carta de cada uno de los palos de la baraja española.

2 **so·ta·na** [sotána] *s/f* Vestidura talar de sacerdotes y clérigos.

2 **só·ta·no** [sótano] *s/m* Planta por debajo del nivel del suelo.

so·ta·ven·to [sotaβénto] *s/m* Lado de un barco opuesto a aquel donde sopla el viento.

1 **so·te·rrar** [soterrár] *tr* REFL(*-se*) Poner bajo tierra.
CONJ *Irreg: Sotierro, soterré, soterraré, soterrado*.

SO·татинг

[2] **so·to** [sóto] *s/m* Arboleda en la ribera de los ríos.

[1] **sou·ve·nir** [suβenír] *s/m* GAL Objeto que se compra como recuerdo de un lugar.

[4] **so·vié·ti·co, -ca** [soβjétiko] *adj s/m,f* De la antigua Unión Soviética.

[1] **spot** [(e)spót] *s/m* ANGL Película publicitaria de corta duración.

[1] **spray** [(e)spráj] *s/m* ANGL Líquido envasado a presión, que sale pulverizado al ser liberado.

[1] **sprint** [(e)sprínt] *s/m* ANGL Esfuerzo intenso y de corta duración.

[2] **stand** [(e)stán] *s/m* ANGL Espacio acotado para exponer productos en ferias. GRAM *pl* Stands.

[2] **sta·tus** [(e)státus] *s/m* Estado, posición o situación de alguien en la sociedad.

[2] **stock** [(e)stók] *s/m* Mercancías almacenadas para la venta.

[1] **stop** [(e)stóp] *s/m* ANGL Señal de tráfico que obliga a deternerse.

[1] **stress** [(e)strés] *s/m* ANGL Estado de tensión o sobreexcitación de alguien. ORT También *estrés*.

strip-tease [(e)stríptis] *s/m* ANGL Espectáculo en el que una persona se desnuda ante el público al son de una música.

[5] **su** [sú] *adj* Expresa pertenencia.

sua·so·rio, -ia [swasórjo] *adj* Que convence o persuade.

[4] **sua·ve** [swáβe] *adj* 1. Blando y fino al tacto: *El pincel debe ser muy suave para que no raye el oro.* 2. Delicado. 3. (*temperatura*) Moderado. 4. (*sonido*) No estridente.

[2] **sua·vi·dad** [swaβiðáð] *s/f* Cualidad de suave.

[1] **sua·vi·zan·te** [swaβiθánte] *adj s/m* Que suaviza.

[2] **sua·vi·zar** [swaβiθár] *tr* Hacer que algo sea más suave o agradable. ORT Ante *e* la *z* cambia a *c: Suavice.*

[1] **sub·a·cuá·ti·co, -ca** [suβakwátiko] *adj* Que vive o está bajo el agua.

[2] **sub·al·ter·no, -na** [suβaltérno] *adj s/m,f* 1. Subordinado a otro. 2. Que desempeña tareas para las que no se requiere cualificación.

[1] **sub·a·rren·dar** [suβarrendár] *tr* 1. Arrendar alguien a otro una propiedad arrendada por él. 2. Tomar algo en arriendo.

[1] **sub·a·rren·da·ta·rio, -ia** [suβarrendatárjo] *adj s/m,f* Se dice de quien subarrienda.

[1] **sub·a·rrien·do** [suβarrjéndo] *s/m* Acción o resultado de subarrendar.

[2] **su·bas·ta** [suβásta] *s/f* Venta pública de bienes a quien más ofrece por ellos.

[2] **su·bas·tar** [suβastár] *tr* Vender en subasta.

[1] **sub·cam·peón, -o·na** [subkampeón] *s/m,f* Quien en un campeonato queda en segunda posición.

[2] **sub·cons·cien·te** [subkonsθjénte] I. *adj* Que no es consciente. II. *s/m* Parte de la mente responsable de la actividad no controlada por ella.

[1] **sub·con·ti·nen·te** [subkontinénte] *s/m* Parte de un continente.

[1] **sub·con·tra·ta·ción** [subkontrataθjón] *s/f* Acción o resultado de subcontratar algo.

[1] **sub·con·tra·tar** [subkontratár] *tr* Contratar una empresa a otra para que realice una parte de las obras o servicios que ella tiene adjudicados en contrata.

[1] **sub·cu·tá·neo, -ea** [subkutáneo] *adj* Que está bajo la piel.

sub·de·le·gar [suβðeleɣár] *tr* Dejar algo en manos de otra persona. ORT Ante *e* la *g* cambia a *gu: Subdelegue.*

[2] **sub·de·sa·rro·lla·do, -da** [suβðesarroʎáðo] *adj s/m,f* Poco desarrollado.

[1] **sub·de·sa·rro·llo** [suβðesarróʎo] *s/m* Escaso desarrollo económico y social de un país.

[2] **sub·di·rec·tor, -ra** [suβðirektór] *s/m,f* Persona que depende directamente del director y le sustituye en sus funciones.

[2] **súb·di·to, -ta** [súβðito] *s/m,f* 1. Persona sujeta a la autoridad de alguien a quien debe obediencia. 2. Ciudadano de un país.

[1] **sub·di·vi·dir** [suβðiβiðír] *tr* REFL(-se) Volver(se) a dividir algo que ya había sido dividido.

[1] **sub·di·vi·sión** [suβðiβisjón] *s/f* Acción o resultado de subdividir.

sub·em·plea·do, -da [suβempleáðo] *adj s/m,f* Trabajador en empleos precarios o mal retribuidos.

[1] **sub·em·ple·ar** [suβempleár] *tr* REFL(-se) Contratar a alguien en condiciones inferiores a lo normal o legal.

[1] **sub·em·pleo** [suβempléo] *s/m* Trabajo mal retribuido o sin todos los derechos legales.

[1] **sub·es·ti·ma·ción** [suβestimaθjón] *s/f* Acción o resultado de subestimar.

[1] **sub·es·ti·mar** [suβestimár] *tr* REFL(-se) Dar a algo menos importancia de la que tiene

[1] **sub·fu·sil** [suffusíl] *s/m* Arma de fuego automática y portátil.

[2] **sub·gru·po** [suβɣrúpo] *s/m* Cada parte en que se divide un grupo.

[3] **su·bi·da** [suβíða] *s/f* 1. Acción de subir. 2. Aumento en intensidad, cantidad, volumen, etc. 3. Camino con pendiente ascendente para subir.

[3] **su·bi·do, -da** [suβíðo] *adj* 1. Muy elevado, alto. 2. (*color*) Intenso. 3. (*prenda de ropa*) Que se ha puesto hacia arriba.

[1] **sub·ín·di·ce** [suβíndiθe] *s/m* Letra o número a la derecha y en la parte inferior de otro para caracterizarlo.

[5] **su·bir** [suβír] **I.** *intr* 1. Ir de un lugar a otro más elevado. 2. Entrar en un vehículo o montarse en algo. 3. Aumentar la intensidad, la cantidad, etc., de algo. 4. Aumentar el precio. 5. (Con *de*) Mejorar la condición o la categoría de algo o alguien. **II.** *tr* 1. Recorrer hacia arriba un camino en pendiente. 2. Enderezar, poner verticalmente algo.

[3] **sú·bi·to, -ta** [súβito] *adj* Repentino.

[2] **sub·je·ti·vi·dad** [suβχetiβiðáð] *s/f* Cualidad de subjetivo.

[1] **sub·je·ti·vis·mo** [suβχetiβísmo] *s/m* Actitud subjetiva.

[3] **sub·je·ti·vo, -va** [suβχetíβo] *adj* 1. Relativo al sujeto. 2. Basado en las ideas o sentimientos del sujeto. 3. Que se rige por criterios interesados y no objetivos.

[1] **sub·jun·ti·vo, -va** [suβχuntíβo] *adj s/m* Modo verbal en el que la acción se presenta como imaginada, marcada por rasgos de irrealidad.

[2] **su·ble·va·ción** [suβleβaθjón] *s/f* Acción de sublevar(se).

[1] **su·ble·va·do, -da** [suβleβáðo] *adj s/m,f* Que se enfrenta al poder o a sus leyes.

[2] **su·ble·var** [suβleβár] **I.** *tr* Hacer que alguien se rebele. **II.** *REFL(-se)* Enfrentarse al poder y a quien lo ostenta.

[1] **su·bli·ma·ción** [suβlimaθjón] *s/f* Acción o resultado de sublimar.

[2] **su·bli·mar** [suβlimár] *tr REFL(-se)* 1. Llevar a una categoría o posición moral o estética superior. 2. Transformar los instintos o deseos reprimidos de modo que se libere la frustración acumulada. 3. Pasar del estado sólido al gaseoso mediante un proceso de vaporización.

[3] **su·bli·me** [suβlíme] *adj* Excelso, eminente.

sub·ma·ri·nis·mo [submarinísmo] *s/m* Técnicas de buceo bajo el agua.

sub·ma·ri·nis·ta [submariníski] *s/m,f* Practicante del submarinismo.

[3] **sub·ma·ri·no, -na** [submaríno] **I.** *adj* Que está o se practica bajo la superficie del mar. **II.** *s/m* 1. Buque que puede navegar bajo la superficie del agua. 2. COL Infiltrado en una organización política.

[1] **sub·mun·do** [submúndo] *s/m* Ambiente de marginación.

[1] **sub·nor·mal** [subnormál] **I.** *adj* Inferior a lo normal. **II.** *adj s/m,f* Persona que padece una deficiencia mental.

[2] **sub·o·fi·cial** [suβofiθjál] *s/m,f* 1. Militar con grado o empleo inferior al de oficial. 2. Cargo o empleo inmediatamente superior al de sargento.

[2] **su·bor·di·na·ción** [suβordinaθjón] *s/f* Acción o resultado de subordinar.

[2] **su·bor·di·na·do, -da** [suβorðináðo] *adj s/m,f* Sujeto a otro.

[2] **su·bor·di·nar** [suβorðinár] *tr REFL(-se)* Hacer depender de algo o de alguien. RPr **Subordinar(se) a.**

[1] **sub·pro·duc·to** [subproðúkto] *s/m* Producto residual.

[1] **sub·ra·ya·do** [suβrrajáðo] *s/m* Acción o resultado de subrayar.

[4] **sub·ra·yar** [suβrrajár] *tr* 1. Pronunciar con énfasis. 2. FIG Destacar lo escrito con una raya por debajo.

[1] **sub·rep·ti·cio, -ia** [suβrreptíθjo] *adj* Que se hace a escondidas.

[2] **sub·ro·ga·ción** [suβrroɣaθjón] *s/f* DER Acción de subrogar(se).

[1] **sub·ro·gar** [suβrroɣár] *tr REFL(-se)* DER Poner una cosa o persona en lugar de otra, con fines jurídicos.
ORT Ante *e* la *g* cambia a *gu: Subrogue.*

sub·sa·na·ble [suβsanáβle] *adj* Que puede subsanarse.

[2] **sub·sa·nar** [suβsanár] *tr* Corregir un defecto o error.

[1] **subs·cri·bir** [suβskriβír] *tr REFL(-se)* Suscribir.

[1] **subs·crip·ción** [suβskripθjón] *s/f* Suscripción.

[1] **sub·sec·ción** [suβsekθjón] *s/f* Cada parte en que se divide una sección.

[2] **sub·se·cre·ta·ría** [suβsekretaría] *s/f* Cargo u oficina del subsecretario.

[2] **sub·se·cre·ta·rio, -ia** [suβsekretárjo] *s/m,f* En la Administración del Estado, persona que depende directamente de un ministro.

1 **sub·sec·tor** [suβsektór] *s/m* Cada parte en que se divide un sector.

2 **sub·si·diar** [suβsiðjár] *tr* Ayudar con subsidios.

1 **sub·si·dia·ri·dad** [suβsiðjariðáð] *s/f* Subsidiariedad.

1 **sub·si·dia·ri(e)·dad** [suβsiðjarj(e)ðáð] *s/f* Cualidad de subsidiario.

2 **sub·si·dia·rio, -ia** [suβsiðjárjo] *adj* 1. Que puede ser complemento o apoyo. 2. DER Quien sustituye a otro y asume las responsabilidades del sustituido.

2 **sub·si·dio** [suβsíðjo] *s/m* Ayuda económica, de carácter oficial, para los necesitados.

2 **sub·si·guien·te** [suβsiɣjénte] *adj* Que sigue inmediatamente a otra cosa.

2 **sub·sis·ten·cia** [suβsisténθja] *s/f* 1. Acción de subsistir. 2. (*gen en pl*) Medios necesarios para subsistir.

2 **sub·sis·tir** [suβsistír] *intr* 1. Mantenerse con vida un ser vivo. 2. Perdurar en el tiempo.

1 **sub·só·ni·co, -ca** [suβsóniko] *adj* Que vuela sin sobrepasar la velocidad del sonido.

2 **subs-** = **sub-**.

2 **sub·sue·lo** [suβswélo] *s/m* Terreno por debajo de la superficie terrestre.

1 **sub·te** [súβte] *s/m* AMER Metro (medio de transporte subterráneo).

1 **sub·te·nien·te** [subtenjénte] *s/m,f* Grado militar más alto de la clase de suboficiales.

1 **sub·ter·fu·gio** [subterfúxjo] *s/m* Excusa, evasiva.

3 **sub·te·rrá·neo, -ea** [subterráneo] *adj s/m* Que está o se realiza debajo de la superficie de la Tierra.

1 **sub·ti·tu·lar** [subtitulár] *tr* Poner subtítulos.

1 **sub·tí·tu·lo** [subtítulo] *s/m* En las películas, texto escrito traducido a otro idioma, que aparece en pantalla.

1 **sub·ur·ba·no, -na** [suβurβáno] *adj* Relativo al suburbio.

1 **su·bur·bial** [suβurβjál] *adj* Relativo al suburbio.

2 **su·bur·bio** [suβúrβjo] *s/m* 1. Barrio en las afueras de las grandes ciudades. 2. Barrio pobre en los alrededores de una ciudad.

3 **sub·ven·ción** [su(β)βenθjón] *s/f* Ayuda económica que se da para un fin.

3 **sub·ven·cio·nar** [su(β)βenθjonár] *tr* Dar una subvención.

1 **sub·ve·nir** [su(β)βenír] *intr* Ayudar, *esp* con dinero. RPr **Subvenir a**.
CONJ Se conjuga como *venir*.

1 **sub·ver·sión** [su(β)βersjón] *s/f* Grupo de personas que practica la subversión.

2 **sub·ver·si·vo, -va** [su(β)βersíβo] I. *adj* Relativo a la subversión. II. *s/m,f* Persona que practica la subversión.

1 **sub·ver·tir** [su(β)βertír] *tr* Alterar el orden social, político, etc., para instalar otro orden nuevo.
CONJ *Irreg*: Subvierto, subvertí, subvertiré, subvertido.

2 **sub·ya·cen·te** [suβjaθénte] *adj* Que subyace.

2 **sub·ya·cer** [suβjaθér] *intr* Estar debajo. RPr **Subyacer a/bajo/en**.
CONJ *Irreg*: Se conjuga como *yacer*.

1 **sub·yu·gar** [suβjuɣár] *tr* Oprimir, someter por la fuerza.
ORT Ante *e* la *g* cambia a *gu*: *Subyugue*.

1 **suc·ción** [sukθjón] *s/f* Acción o resultado de chupar o sorber.

1 **suc·cio·nar** [sukθjonár] *tr* 1. Chupar algo con la boca. 2. Absorber o aspirar.

2 **su·ce·dá·neo, -ea** [suθeðáneo] *adj s/m* Que es sustituto de otro.

5 **su·ce·der** [suθeðér] I. *tr* Seguir una cosa a otra, ir después de algo. II. *intr* Producirse un hecho.

3 **su·ce·sión** [suθesjón] *s/f* 1. Acción o resultado de suceder. 2. Descendencia.

4 **su·ce·si·vo, -va** [suθesíβo] *adj* Que sucede o sigue. LOC **En lo sucesivo**, a partir del momento presente.

4 **su·ce·so** [suθéso] *s/m* 1. Acontecimiento, *esp* si es importante. 2. (*gen en pl*) Noticia sobre un acontecimiento trágico.

3 **su·ce·sor, -ra** [suθesór] *adj s/m,f* 1. Que sucede o sigue. 2. Descendiente de alguien.

1 **su·ce·so·rio, -ia** [suθesórjo] *adj* Relativo a la sucesión.

2 **su·cie·dad** [suθjeðáð] *s/f* 1. Cualidad de sucio. 2. Cosa sucia.

1 **su·cin·to, -ta** [suθínto] *adj* Breve, resumido.

4 **su·cio, -ia** [súθjo] *adj* 1. Manchado, con aspecto deslucido. 2. Que tiene impureza o imperfecciones. 3. Que se manch fácilmente. 4. Que produce suciedad. 5 Ilegal o contrario a la ética.

2 **su·cu·len·to, -ta** [sukulénto] *adj* 1. Sabrosc 2. FIG Que deja mucho beneficio.

[2] **su·cum·bir** [sukumbír] *intr* **1.** Claudicar, rendirse. **2.** Morir.

[2] **su·cur·sal** [sukursál] *adj s/f* Establecimiento que depende de otro principal.

[2] **sud·a·me·ri·ca·no, -na** [suðamerikáno] *adj* De América del Sur.

[1] **su·da·nés, -ne·sa** [suðanés] *adj s/m,f* De Sudán.

[3] **su·dar** [suðár] **I.** *intr tr* **1.** Expulsar sudor por los poros de la piel. **2.** Segregar algo un líquido. **II.** *tr* **1.** Mojar con el sudor. **2.** Poner mucho esfuerzo.

[1] **su·da·rio** [suðárjo] *s/m* Paño con que se cubre el rostro o el cuerpo de un difunto.

[2] **su·des·te** [suðéste] *s/m* Punto del horizonte entre el Sur y el Este.

[1] **sud·oes·te** [suðoéste] *s/m* Punto del horizonte entre el Sur y el Oeste.

[3] **su·dor** [suðór] *s/m* **1.** Líquido que segregan las glándulas sudoríparas de la piel. **2.** Esfuerzo grande.

[1] **su·do·ra·ción** [suðoraθjón] *s/f* Acción de sudar.

[1] **su·do·rí·pa·ro, -ra** [suðoríparo] *adj* Que segrega sudor.

[2] **su·do·ro·so, -sa** [suðoróso] *adj* Lleno de sudor.

[3] **sue·co, -ca** [swéko] *adj s/m,f* De Suecia.

[3] **sue·gro, -ra** [swéɣro] *s/m,f* Padre o madre del cónyuge de una persona.

[1] **sue·la** [swéla] *s/f* Parte inferior del calzado, en contacto con el suelo.

[3] **suel·do** [swéldo] *s/m* Paga o salario de un trabajador por cuenta ajena.

[4] **sue·lo** [swélo] *s/m* **1.** Capa superficial de la corteza terrestre. **2.** Piso o pavimento. **3.** Tierra, terreno. LOC **Venirse al suelo,** hundirse algo.

[3] **suel·to, -ta** [swélto] **I.** *adj* **1.** No sujeto ni atado. **2.** Separado del conjunto de que forma parte. **3.** Que no está pegado a otras cosas. **4.** Flojo. **II.** *adj s/m* **1.** Dinero en monedas, no en billetes. **2.** Baile que se ejecuta sin agarrarse los bailarines.

[5] **sue·ño** [swéɲo] *s/m* **1.** Estado de reposo del que duerme. **2.** Acción de soñar mientras se duerme. **3.** Cosa soñada. **4.** Hecho o cosa irreal.

[2] **sue·ro** [swéro] *s/m* Parte de la sangre que no se coagula.

[5] **suer·te** [swérte] *s/f* **1.** Causa o azar que supuestamente determina los acontecimientos, que suceden de forma no intencionada. **2.** Casualidad, fortuna. **3.** Especie, género o tipo de algo. **4.** TAUR En la lidia del toro, cada una de las partes de que consta. LOC **De suerte que,** de manera que. **Por suerte,** afortunadamente.

[1] **sué·ter** [swéter] *s/m* Jersey.

[2] **su·fi·cien·cia** [sufiθjénθja] *s/f* Cualidad de suficiente.

[5] **su·fi·cien·te** [sufiθjénte] **I.** *adj* Que es bastante para lo que se necesita. **II.** *s/m* Calificación de aprobado.

[1] **su·fi·jo, -ja** [sufiχo] *adj s/m* Elemento que se pospone a un lexema para formar una nueva palabra.

su·flé [suflé] *s/m* GAL Plato de ingredientes que se hinchan y tornan esponjosos al ser cocidos en el horno.

[2] **su·fra·gar** [sufraɣár] **I.** *tr* Pagar los gastos ocasionados por algo. **II.** *intr* AMER Votar. ORT Ante *e* la *g* cambia a *gu: Sufrague.*

[2] **su·fra·gio** [sufráχjo] *s/m* **1.** Voto en unas elecciones. **2.** Sistema electoral mediante votos.

[3] **su·fri·do, -da** [sufríðo] *adj* **1.** Que sufre con resignación. **2.** Resistente al uso.

[1] **su·fri·dor, -ra** [sufriðór] *adj s/m,f* Que sufre.

[3] **su·fri·mien·to** [sufrimjénto] *s/m* **1.** Acción de sufrir. **2.** Dolor.

[5] **su·frir** [sufrír] **I.** *tr* **1.** Experimentar o sentir dolor. **2.** Padecer una enfermedad o daño. **3.** Soportar, aguantar. **II.** *intr* Experimentar sufrimiento. RPr **Sufrir de**.

[3] **su·ge·ren·cia** [suχerénθja] *s/f* Cosa que se sugiere.

[2] **su·ge·ren·te** [suχerénte] *adj* Que sugiere.

[4] **su·ge·rir** [suχerír] *tr* **1.** Proponer una idea, proyecto, etc., pero sin pretender imponerlos. **2.** Insinuar algo otra cosa.
CONJ *Irreg: Sugiero, sugerí, sugeriré, sugerido.*

[2] **su·ges·tión** [suχestjón] *s/f* Acción o resultado de sugerir.

[1] **su·ges·tio·nar** [suχestjonár] **I.** *tr* Alterar la capacidad de reflexión o juicio de alguien. **II.** REFL(*-se*) Dejarse influir de manera obsesiva por algo.

[2] **su·ges·ti·vo, -va** [suχestíβo] *adj* **1.** Que sugiere o sugestiona. **2.** Atractivo.

[2] **sui·ci·da** [swiθíða] *adj s/m,f* Quien se quita voluntariamente la vida o la pone en serio peligro.

[2] **sui·ci·dar·se** [swiθiðárse] REFL(*-se*) Quitarse alguien voluntariamente la vida.

[3] **sui·ci·dio** [swiθíðjo] *s/m* Acción o resultado de suicidarse.

② **sui·te** [swít] *s/f* Conjunto de habitaciones de un hotel comunicadas entre sí.

④ **sui·zo, ·za** [swíθo] *adj s/m,f* De Suiza.

② **su·je·ción** [suχeθjón] *s/f* Acción o resultado de sujetar algo.

① **su·je·ta·dor, ·ra** [suχetaðór] I. *adj* Que sujeta. II. *s/m* Prenda interior femenina para sujetar los pechos.

④ **su·je·tar** [suχetár] *tr* 1. Mantener algo firmemente. 2. Someter a un dominio. 3. Atar, clavar, etc., para que no se caiga ni se mueva. RPr **Sujetar(se) a**.

④ **su·je·to, ·ta** [suχéto] I. *adj* 1. Que está fijo en un lugar. 2. (Con *a*) Que es susceptible de lo que se expresa a continuación o está expuesto a ello. II. *s/m* 1. Persona, individuo. 2. LIN Elemento de la oración que concuerda en número y persona con el verbo. RPr **Sujeto a**.

① **sul·fa·tar** [sulfatár] *tr* Pulverizar las plantas con sulfato para prevenir o proteger contra las plagas.

① **sul·fa·to** [sulfáto] *s/m* Sal obtenida del ácido sulfúrico.

① **sul·fu·rar** [sulfurár] *tr* REFL(-se) COL Irritar(se).

① **sul·fú·ri·co, ·ca** [sulfúriko] *adj* Se dice del ácido obtenido a partir del dióxido de azufre.

① **sul·fu·ro** [sulfúro] *s/m* Sal obtenida del ácido sulfhídrico.

① **sul·fu·ro·so, ·sa** [sulfuróso] *adj* Que contiene azufre.

② **sul·tán, ·na** [sultán] *s/m,f* Emperador turco o soberano musulmán.

③ **su·ma** [súma] *s/f* 1. Acción o resultado de sumar. 2. Cantidad de varias cosas, *esp* si se trata de dinero. LOC **En suma,** en resumen.

④ **su·mar** [sumár] I. *tr* 1. MAT Reunir varias cantidades en una mediante una operación aritmética. 2. Recopilar, juntar. II. REFL(-se) Adherirse a algo. RPr **Sumarse a** (II).

① **su·ma·rial** [sumarjál] *adj* DER Relativo al sumario.

③ **su·ma·rio, ·ia** [sumárjo] I. *adj* 1. Compendiado, sintetizado. 2. (Juicio) que se tramita rápidamente. II. *s/m* 1. DER Trámites en un proceso judicial. 2. Exposición abreviada de algo.

su·mer·gi·ble [sumerχíβle] I. *adj* Que se puede sumergir. II. *s/m* Submarino.

③ **su·mer·gir** [sumerχír] I. *tr* Hundir bajo la superficie del agua o de un líquido. II. REFL(-se) (Con *en*) Concentrarse en algo. RPr **Sumergir(se) en**.

ORT Ante *a/o* la *g* cambia a *j: Sumerjo*.

① **su·mi·de·ro** [sumiðéro] *s/m* Conducto que recoge las aguas residuales.

① **su·mi·nis·tra·dor, ·ra** [suministraðór] *adj s/m,f* Que suministra.

③ **su·mi·nis·trar** [suministrár] *tr* Proporcionar algo a alguien.

② **su·mi·nis·tro** [sumínistro] *s/m* 1. Acción de suministrar. 2. Conjunto de cosas suministradas.

④ **su·mir** [sumír] *tr* 1. Hacer que alguien se centre en algo. 2. Hundir bajo el agua. RPr **Sumir(se) en**.

② **su·mi·sión** [sumisjón] *s/f* 1. Acción o resultado de someter(se). 2. Actitud sumisa.

② **su·mi·so, ·sa** [sumíso] *adj* Dócil, obediente.

① **súm·mum** [súmun] *s/m* Lo máximo.

③ **su·mo, ·ma** [súmo] *adj* 1. Que es superior a todo lo demás. 2. Mucho, muy grande. LOC **A lo sumo,** como límite o punto máximo.

① **sun·tua·rio, ·ia** [suntwárjo] *adj* Relativo al lujo.

① **sun·tuo·si·dad** [suntwosiðáð] *s/f* Cualidad de suntuoso.

② **sun·tuo·so, ·sa** [suntwóso] *adj* Muy lujoso.

② **su·pe·di·tar** [supeðitár] *tr* Hacer depender de otra cosa. RPr **Supeditar(se) a**.

③ **sú·per** [súper] I. *adj* COL Superior, magnífico. II. *adj s/f* (Gasolina) con un elevado índice de octano. III. *s/m* Supermercado. IV. *adv* Estupendamente.

① **su·pe·ra·ble** [superáβle] *adj* Que se puede superar.

② **su·pe·ra·ción** [superaθjón] *s/f* Acción o resultado de superar(se).

⑤ **su·pe·rar** [superár] I. *tr* 1. Aventajar en algo. 2. Pasar con éxito una prueba o dificultad. II. REFL(-se) Mejorar el rendimiento.

② **su·pe·rá·vit** [superáβit] *s/m* Ingresos que exceden a los gastos.

① **su·per·che·ría** [supertʃería] *s/f* Engaño o fraude.

① **su·per·do·ta·do, ·da** [superðotáðo] *adj s/m,f* Que tiene cualidades superiores a lo normal.

su·per·fa·mo·so, ·sa [superfamóso] *adj s/m,f* Muy famoso.

③ **su·per·fi·cial** [superfiθjál] *adj* 1. Relativo a la superficie. 2. Poco profundo, ligero.

① **su·per·fi·cia·li·dad** [superfiθjaliðáð] *s/f* Cualidad de superficial.

⑤ **su·per·fi·cie** [superfíθje] *s/f* 1. Parte externa de un cuerpo. 2. Medida o extensión de algo.

SU·PRE·SIÓN

[2] **su·per·fluo, ·ua** [supérflwo] *adj* No necesario.

[1] **su·per·hom·bre** [superómbre] *s/m* Hombre con cualidades extraordinarias.

[2] **su·per·in·ten·den·cia** [superintendénθja] *s/f* **1.** Organismo supremo de una empresa o institución. **2.** Cargo u oficina del superintendente.

[2] **su·per·in·ten·den·te** [superintendénte] *s/m,f* Encargado de una superintendencia.

[5] **su·pe·rior, ·ra** [superjór] **I.** *adj* **1.** Que está más alto que otra cosa o es mejor que ella. **2.** De mayor dimensión, medida, intensidad, etc., que otra cosa. **3.** De gran calidad. **II.** *s/m,f* Persona al cargo de una comunidad religiosa. RPr **Superior a**.

[2] **su·pe·rio·ri·dad** [superjoriðáð] *s/f* **1.** Cualidad de superior. **2.** Predominio o supremacía.

[1] **su·per·la·ti·vo, ·va** [superlatíβo] **I.** *adj* Muy grande, excelente. **II.** *adj s/m* GRAM Que expresa el grado máximo de significación de un adjetivo o adverbio.

su·per·lu·jo [superlúχo] *s/m* Lujo excesivo o extraordinario.

[3] **su·per·mer·ca·do** [supermerkáðo] *s/m* Establecimiento comercial de autoservicio.

[2] **su·per·po·ner** [superponér] *tr* Poner una cosa encima de otra. RPr **Superponer(se) a/sobre**.
CONJ *Irreg: Superpongo, superpuse, superpondré, superpuesto*.

[1] **su·per·po·si·ción** [superposiθjón] *s/f* Acción o resultado de superponer(se).

[1] **su·per·pro·duc·ción** [superproðukθjón] *s/f* **1.** Exceso de producción. **2.** Película o espectáculo muy espectacular.

[1] **su·per·só·ni·co, ·ca** [supersóniko] *adj* Que excede la velocidad del sonido.

[2] **su·pers·ti·ción** [superstiθjón] *s/f* Creencia irracional en cosas sobrenaturales o paranormales.

[1] **su·pers·ti·cio·so, ·sa** [superstiθjóso] **I.** *adj* Relativo a la superstición. **II.** *adj s/m,f* Quien cree en supersticiones.

[2] **su·per·vi·sar** [superβisár] *tr* Revisar lo que ha sido previamente visto por otro.

[2] **su·per·vi·sión** [superβisjón] *s/f* Acción o resultado de supervisar.

[2] **su·per·vi·sor, ·ra** [superβisór] *s/m,f* Encargado de supervisar el trabajo.

[3] **su·per·vi·ven·cia** [superβiβénθja] *s/f* Acción de sobrevivir.

[2] **su·per·vi·vien·te** [superβiβjénte] *adj* Que sobrevive.

[1] **su·pi·no, ·na** [supíno] *adj* **1.** En posición tendida o boca arriba. **2.** En exceso.

[1] **su·plan·ta·ción** [suplantaθjón] *s/f* Acción o resultado de suplantar.

[2] **su·plan·tar** [suplantár] *tr* Sustituir ilegalmente a otro en un puesto o función.

su·ple·men·tar [suplementár] *tr* Añadir algo a una cosa para completarla.

[2] **su·ple·men·ta·rio, ·ia** [suplementárjo] *adj* Que suplementa.

[2] **su·ple·men·to** [supleménto] *s/m* **1.** Cosa que se añade a algo para perfeccionarlo o completarlo. **2.** Cantidad adicional.

[1] **su·plen·cia** [suplénθja] *s/f* Acción o resultado de suplir.

[2] **su·plen·te** [suplénte] *adj s/m,f* Que suple.

[1] **su·ple·to·rio, ·ia** [supletórjo] **I.** *adj* Que suple o sirve para suplir. **II.** *s/m* Aparato de teléfono, además del principal.

[2] **sú·pli·ca** [súplika] *s/f* **1.** Acción o resultado de suplicar. **2.** Escrito mediante el cual se eleva un recurso contra algo.

[3] **su·pli·car** [suplikár] *tr* Rogar con humildad o insistencia.
ORT *La c cambia a qu ante e: Supliquemos*.

[1] **su·pli·ca·to·rio, ·ia** [suplikatórjo] *s/m* DER Instancia de un juez pidiendo autorización para juzgar a un miembro de la judicatura.

[1] **su·pli·cio** [suplíθjo] *s/m* Tortura.

[2] **su·plir** [suplír] *tr* Sustituir o reemplazar a alguien o algo que falta.

[5] **su·po·ner** [suponér] *tr* **1.** Creer que algo es verdadero o ha ocurrido sin tener certeza sobre ello. **2.** Implicar algo una determinada consecuencia. **3.** Tener importancia.
CONJ *Irreg: Supongo, supuse, supondré, supuesto*.

[2] **su·po·si·ción** [suposiθjón] *s/f* Acción o resultado de suponer.

[1] **su·po·si·to·rio** [supositórjo] *s/m* Medicamento que se introduce en el recto o la vagina.

[1] **su·pra·na·cio·nal** [supranaθjonál] *adj* Que está por encima de lo nacional.

[1] **su·pra·rre·nal** [suprarrenál] *adj* Que está encima de los riñones.

[2] **su·pre·ma·cía** [supremaθía] *s/f* Grado supremo o máximo.

[4] **su·pre·mo, ·ma** [suprémo] **I.** *adj* Que tiene el grado máximo. **II.** *s/m,f* DER Organismo último y máximo para resolver litigios.

[3] **su·pre·sión** [supresjón] *s/f* Acción o resultado de suprimir.

SU·PRI·MIR

3 **su·pri·mir** [suprimír] *tr* 1. Eliminar. 2. Matar a alguien.

5 **su·pues·to, -ta** [supwésto] I. *adj* Hipotético. II. *s/m* Hipótesis o conjetura. LOC **Dar por supuesto,** dar por seguro.

1 **su·pu·ra·ción** [supuraθjón] *s/f* 1. Acción o resultado de supurar. 2. Sustancia supurada.

1 **su·pu·rar** [supurár] *intr tr* Segregar o producir pus.

5 **sur** [súr] *s/m* 1. Punto cardinal opuesto al Norte. 2. Lo que está orientado a dicho punto cardinal.

2 **sur·car** [surkár] *tr* 1. Cruzar una línea en forma de surco la superficie de algo. 2. Navegar o volar.
ORT Ante *e* la *c* cambia a *qu: Surque.*

2 **sur·co** [súrko] *s/m* 1. Hendidura del arado en las tierras de labranza. 2. Hendidura que queda al pasar por una superficie blanda. 3. Arruga en el rostro.

1 **su·re·ño, -ña** [suréɲo] *adj s/m,f* Del Sur.

2 **sur·es·te** [suréste] *s/m* Punto entre el Sur y el Este.

1 **surf** [súrf] *s/m* ANGL Deslizamiento sobre el agua encima de una tabla estrecha y alargada.

2 **sur·gi·mien·to** [surχimjénto] *s/m* Acción o resultado de surgir.

5 **sur·gir** [surχír] *intr* 1. Brotar. 2. Manifestarse algo o alguien, aparecer.
ORT La *g* cambia a *j* ante *a/o: Surjan.*

2 **sur·oes·te** [suroéste] *s/m* Punto entre el Sur y el Este.

2 **su·rrea·lis·mo** [surrealísmo] *s/m* Movimiento artístico que pretende ir más allá de la realidad.

2 **su·rrea·lis·ta** [surrealísta] *adj s/m,f* Relativo al surrealismo o seguidor de él.

1 **sur·ti·do, -da** [surtíðo] I. *adj* Que ofrece mucha variedad de cosas. II. *s/m* Conjunto de varias cosas.

1 **sur·ti·dor, -ra** [surtiðór] *s/m* 1. Chorro de agua que sale hacia arriba. 2. En las gasolineras, manguera para el suministro de combustible.

2 **sur·tir** [surtír] I. *tr REFL(-se)* Suministrar algo o proveerse de ello. II. *intr* Brotar agua u otro líquido de un sitio. RPr **Surtir de.**

1 **sus·cep·ti·bi·li·dad** [susθeptiβiliðáð] *s/f* Cualidad de susceptible.

3 **sus·cep·ti·ble** [susθeptíβle] *adj* 1. (Con *de*) Que es capaz de algo. 2. Suspicaz. RPr **Susceptible de/a.**

3 **sus·ci·tar** [susθitár] *tr* Provocar o causar un efecto.

3 **sus·cri·bir** [suskriβír] *tr REFL(-se)* 1. Firmar algo. 2. Adherirse o comprometerse a algo.
CONJ *pp irreg: Suscrito.*

2 **sus·crip·ción** [suskripθjón] *s/f* Acción o resultado de suscribir.

2 **sus·cri·to, -ta** [suskríto] *s/m,f* Persona que suscribe o firma algo.

1 **su·so·di·cho, -cha** [susoðítʃo] *adj* Mencionado con anterioridad.

4 **sus·pen·der** [suspendér] I. *tr* 1. (Con *de*) Colgar una cosa de modo que penda en el aire. 2. Detener algo que estaba en funcionamiento o en marcha. 3. Anular temporalmente una ley. 4. Calificar negativamente una prueba o examen. RPr **Suspender de/en** (1, 2). II. *intr* No aprobar un examen. III. *REFL(-se)* (Con *de*) Colgarse de un sitio.

1 **sus·pen·se** [suspénse] *s/m* Intriga o emoción que provoca algo.

3 **sus·pen·sión** [suspensjón] *s/f* 1. Acción o resultado de suspender. 2. En los vehículos, sistema de amortiguación.

2 **sus·pen·so, -sa** [suspénso] I. *adj* 1. Momentáneamente parado. 2. (*prueba, examen*) No aprobado. II. *s/m* Calificación de insuficiente en una prueba o examen.

1 **sus·pi·ca·cia** [suspikáθja] *s/f* 1. Cualidad de suspicaz. 2. Actitud suspicaz.

1 **sus·pi·caz** [suspikáθ] *adj* Propenso a desconfiar de los demás.

3 **sus·pi·rar** [suspirár] *intr* 1. Dar suspiros, lamentarse. 2. (Con *por*) Desear mucho algo. RPr **Suspirar por/de.**

2 **sus·pi·ro** [suspíro] *s/m* Aspiración profunda seguida de una espiración ruidosa.

4 **sus·tan·cia** [sustánθja] *s/f* 1. Materia. 2. Parte esencial de algo. 3. Parte nutritiva de los alimentos.

3 **sus·tan·cial** [sustanθjál] *adj* 1. Relativo a la sustancia. 2. Esencial, fundamental. 3. (*cantidad*) Considerable.

1 **sus·tan·ciar** [sustanθjár] *tr* Hacer que algo sea real o concreto.

1 **sus·tan·cio·so, -sa** [sustanθjóso] *adj* Muy nutritivo.

2 **sus·tan·ti·var** [sustantiβár] *tr REFL(-se)* Hacer que una palabra funcione como un sustantivo.

2 **sus·tan·ti·vo, -va** [sustantíβo] I. *adj* 1. Sustancial. 2. Real, concreto. II. *s/m*

GRAM Palabra que actúa como núcleo del sintagma nominal y recibe inflexiones.

[1] **sus·ten·ta·ble** [sustentáβle] *adj* Que puede ser sustentado.

[1] **sus·ten·ta·ción** [sustentaθjón] *s/f* 1. Acción de sustentarse. 2. Cosa que sustenta.

[3] **sus·ten·tar** [sustentár] *tr* 1. Sostener, mantener. 2. Proporcionar lo que se necesita para subsistir.

[2] **sus·ten·to** [sustento] *s/m* 1. Cosa que sustenta. 2. Manutención.

[3] **sus·ti·tu·ción** [sustituθjón] *s/f* Acción o resultado de sustituir.

[1] **sus·ti·tui·ble** [sustitwíβle] *adj* Que se puede sustituir.

[4] **sus·ti·tuir** [sustitwír] *tr* Cambiar una cosa por otra.
CONJ *Irreg: Sustituyo, sustituí, sustituiré, sustituido.*

[1] **sus·ti·tu·ti·vo, -va** [sustitutíβo] *adj* Que sustituye.

[2] **sus·ti·tu·to, -ta** [sustitúto] *s/m,f* Persona que sustituye.

[1] **sus·ti·tu·to·rio, -ia** [sustitutórjo] *adj* Que sustituye o sirve para sustituir.

[3] **sus·to** [sústo] *s/m* Impresión repentina de miedo o temor.

[1] **sus·trac·ción** [sustrakθjón] *s/f* 1. Acción o resultado de sustraer. 2. Resta.

[2] **sus·tra·er** [sustraér] I. *tr* 1. Quitar o separar una parte de algo. 2. Robar fraudulentamente. 3. Restar una cantidad a otra. II. *REFL(-se)* (Con *a*) Abstenerse de hacer algo. RPr **Sustraerse a/de**.
CONJ Se conjuga como *traer*.

[2] **sus·tra·to** [sustráto] *s/m* 1. Cosa que sirve de base a otra. 2. Terreno sobre el que reposa una capa geológica.

[1] **su·su·rran·te** [susurránte] *adj* Que susurra.

[3] **su·su·rrar** [susurrár] *intr tr* Hablar o decir algo en voz baja.

[2] **su·su·rro** [susúrro] *s/m* Acción o resultado de susurrar.

[3] **su·til** [sutíl] *adj* 1. Fino, delgado. 2. Suave o delicado. 3. Tenue, poco perceptible.

[2] **su·ti·le·za** [sutiléθa] *s/f* 1. Cualidad de sutil. 2. Cosa sutil.

[1] **su·tu·ra** [sutúra] *s/f* Cosido quirúrgico.

[1] **su·tu·rar** [suturár] *tr* Hacer una sutura.

[5] **su·yo, -ya** [sújo] I. *adj pron pos 3ª p s* Indica posesión. II. *pron 3ª p m pl* (Precedido de *art* determinado) Familiares. III. *adj* (Precedido de 'muy') Muy independiente. LOC **De suyo**, por sí mismo. **Salirse con la suya**, conseguir alguien lo que se había propuesto.

T t

[4] **T; t** [té] *s/f* Vigesimoprimera letra del alfabeto español.

[1] **ta·ba** [táβa] *s/f* Hueso de la parte posterior del pie.

[1] **ta·ba·ca·le·ro, -ra** [taβakaléro] *adj* Relativo a la producción, fabricación o venta de tabaco.

[4] **ta·ba·co** [taβáko] *s/m* 1. Planta de origen americano, de un olor muy fuerte y narcótica. 2. Producto elaborado con sus hojas secas.

[1] **tá·ba·no** [táβano] *s/m* Insecto díptero parecido a la mosca pero más grande.

[1] **ta·ba·que·ro, -ra** [taβakéro] *adj* Relativo al tabaco.

[1] **ta·ba·quis·mo** [taβakísmo] *s/m* Dependencia excesiva del tabaco.

ta·bar·do [taβárðo] *s/m* Especie de abrigo, de paño tosco.

[1] **ta·ba·rra** [taβárra] *s/f* Cosa que molesta. LOC **Dar la tabarra,** molestar.

[2] **ta·bas·co** [taβásko] *s/m* Salsa muy picante.

[2] **ta·ber·na** [taβérna] *s/f* Establecimiento público en que se consume y despacha vino y otras bebidas, y a veces comidas.

[1] **ta·ber·ne·ro, -ra** [taβernéro] *s/m,f* Dueño de una taberna.

[1] **ta·bi·car** [taβikár] *tr* Tapar con un tabique. ORT Ante *e* la *c* cambia a *qu: Tabique.*

[1] **ta·bi·que** [taβíke] *s/m* Pared delgada que separa dos espacios o habitaciones.

ta·bi·que·ría [taβikeɾía] *s/f* Conjunto de tabiques.

[4] **ta·bla** [táβla] I. *s/f* 1. Pieza de madera o de otra materia, poco gruesa y con las caras paralelas entre sí. 2. Recuadro de texto estructurado en secciones encuadradas. 3. Pliegue en faldas o vestidos. II. *s/f,pl* Situación final de un juego, en que ambas partes quedan iguales. LOC **A raja tabla,** rigurosa y estrictamente.

[1] **ta·bla·do** [taβláðo] *s/m* Suelo de madera, a una cierta altura del suelo.

[1] **ta·blao** [taβláo] *s/m* Tablado para el cante flamenco.

ta·bla·zón [taβlaθón] *s/m* Conjunto de tablas.

[3] **ta·ble·ro** [taβléro] *s/m* 1. Plancha de madera para fines diversos. 2. Superficie de madera para juegos de mesa. 3. Plancha de madera o corcho para colocar sobre ella anuncios. 4. Cuadro de mandos.

[1] **ta·ble·ta** [taβléta] *s/f* 1. Trozo de chocolate o turrón, plano y alargado, dividido en porciones. 2. Porción sólida y de tamaño variable de un medicamento.

ta·ble·te·ar [taβleteár] *intr* Producir un ruido fuerte y seco al entrechocar dos tablas u otros objetos, o al disparar una ametralladora.

ta·ble·teo [taβletéo] *s/m* Acción o resultado de tabletear.

[1] **ta·bloi·de** [taβlóiðe] *s/m* Periódico o revista de formato más reducido que el habitual.

[2] **ta·blón** [taβlón] *s/m* Tabla gruesa y grande.

[2] **ta·bú** [taβú] *s/m* Prohibición a menudo basada en prejuicios sociales.
GRAM *pl Tabúes.*

ta·bu·la·dor [taβulaðór] *s/m* Dispositivo espaciador en ordenadores y máquinas de escribir.

[1] **ta·bu·lar** [taβulár] I. *adj* En formato de tabla. II. *tr* 1. Representar algo con formato de tablas. 2. Sangrar la línea de un texto mediante el tabulador.

[2] **ta·bu·re·te** [taβuréte] *s/m* Asiento individual, sin brazos ni respaldo.

[1] **ta·ca·da** [takáða] *s/f* Conjunto de cosas que se hacen de una sola vez.

[1] **ta·ca·ñe·ría** [takaɲeɾía] *s/f* Cualidad de tacaño.

[1] **ta·ca·ño, -ña** [takáɲo] *adj* Quien ni da ni gasta.

[1] **ta·cha** [tátʃa] *s/f* Falta, defecto. LOC **Sin tacha,** sin defecto.

[1] **ta·cha·du·ra** [tatʃaðúra] *s/f* Borrón sobre lo escrito para anularlo.

[2] **ta·char** [tatʃár] *tr* 1. (Con *de*) Atribuir a alguien o algo cierta falta. 2. Borrar lo escrito. RPr **Tachar de.**

[1] **ta·cho·nar** [tatʃonár] *tr* 1. Clavetear o adornar con tachones. 2. FIG Cubrir

TA·LLA

abundantemente de algo una superficie. RPr **Tachonar con/de**.

[1] **ta·chue·la** [tatʃwéla] *s/f* Clavo corto y de cabeza grande.

[2] **tá·ci·to, -ta** [táθito] *adj* Que se supone, pero no se dice expresamente.

[2] **ta·ci·tur·no, -na** [taθitúrno] *adj* Que habla poco.

[2] **ta·co** [táko] I. *s/m* 1. Pedazo corto y grueso de cualquier material. 2. COL Palabra malsonante. 3. AMER Tacón del calzado. 4. Conjunto de hojas pegadas por un solo extremo. 5. MEX Tortilla de harina de maíz. II. *s/m,pl* COL Años. LOC **Armarse/Hacerse alguien un taco**, embarullarse.

ta·có·gra·fo [takóɣrafo] *s/m* Aparato que registra la velocidad de un vehículo.

[2] **ta·cón** [takón] *s/m* En la suela de los zapatos, saliente bajo el talón para elevarlo.

[1] **ta·co·na·zo** [takonáθo] *s/m* Golpe de tacón.

[1] **ta·co·ne·ar** [takoneár] *intr* Pisar haciendo ruido con el tacón.

[1] **ta·co·neo** [takonéo] *s/m* Acción o resultado de taconear.

[3] **tác·ti·ca** [táktika] *s/f* Reglas o método calculado de actuación para conseguir algo.

[2] **tác·ti·co, -ca** [táktiko] *adj* Relativo a la táctica.

[2] **tác·til** [táktil] *adj* Relativo al sentido del tacto.

[3] **tac·to** [tákto] *s/m* 1. Sentido mediante el cual se perciben cualidades físicas de las cosas, como suavidad, aspereza, etc. 2. Acción de tocar algo para percibirlo mediante este sentido. 3. Cualidad material de los objetos, que se aprecia al tocarlos. 4. Habilidad para actuar o comportarse con cuidado y acierto.

[1] **ta·fe·tán** [tafetán] *s/m* Tela de seda, delgada y tupida.

[1] **ta·hi·tia·no, -na** [taitjáno] *adj s/m,f* De Tahití.

[1] **ta·ho·na** [taóna] *s/f* Panadería.

[1] **tai·lan·dés, -de·sa** [tailandés] *adj s/m,f* De Tailandia.

[1] **tai·ma·do, -da** [taimáðo] *adj* 1. Con malas intenciones. 2. Hábil en el engaño.

[1] **tai·wa·nés, -ne·sa** [taiwanés] *adj s/m,f* De Taiwán.

[1] **ta·ja·da** [taxáða] *s/f* 1. Porción pequeña, *gen* cortada de un alimento. 2. Provecho, beneficio. 3. COL Estado de embriaguez.

[1] **ta·jan·te** [taxánte] *adj* Brusco, concluyente.

[1] **ta·jo** [táxo] *s/m* 1. Acción de tajar. 2. Corte brusco y profundo en el terreno. 3. Golpe con un arma como la espada. 4. Lugar donde los trabajadores realizan su trabajo, o ese mismo trabajo.

[1] **tal** [tál] I. *adj* 1. Se usa para especificar algo no especificado. 2. Tan grande o muy grande. 3. Antepuesto a un nombre de persona, que no es conocido. 4. Igual, semejante. II. *s/m,f* DES Persona despreciable o tenida en poco. III. *pron* Designa algo nombrado ya. IV. *conj* En correlación con 'que', tiene valor consecutivo. LOC **Tal vez**, quizá.

[1] **ta·la** [tála] *s/f* Corte de árboles por la base.

ta·la·dra·dor, -ra [talaðraðór] *adj s/m,f* Que taladra, o máquina para taladrar.

[1] **ta·la·drar** [talaðrár] *tr* Agujerear con un instrumento perforador.

[1] **ta·la·dro** [taláðro] *s/m* Herramienta para hacer agujeros.

[1] **tá·la·mo** [tálamo] *s/m* Lecho donde duermen marido y mujer.

[2] **ta·lan·te** [talánte] *s/m* Disposición de ánimo de alguien.

[4] **ta·lar** [talár] I. *tr* Cortar los árboles a ras del suelo. II. *adj* (*vestidura*) Que llega hasta los talones.

[1] **ta·le·ga** [taléɣa] *s/f* 1. Bolsa de tela, larga y estrecha, que se usa para guardar o llevar cosas: *Se llenó la talega con los ahorros del padre*. 2. Contenido de una talega.

ta·le·ga·da [taleɣáða] *s/f* Cantidad que cabe en un talego o talega.

[1] **ta·le·go** [taléɣo] *s/m* 1. Cesto ancho de mimbre. 2. VULG Cárcel.

[4] **ta·len·to** [talénto] *s/m* Capacidad intelectual.

[1] **tal·go** [tálɣo] *s/m* Tren articulado, con ejes movibles.

ta·li·do·mi·da [taliðomíða] *s/f* Medicamento tranquilizante.

[1] **ta·lis·mán** [talismán] *s/m* Objeto o animal al que se atribuyen propiedades mágicas.

[3] **ta·lla** [táʎa] *s/f* 1. Acción de tallar. 2. Obra de escultura realizada en madera. 3. Estatura de una persona. 4. Medida o tamaño convencional de las prendas de vestir y del calzado. 5. Importancia, mérito. 6. Labrado de las piedras preciosas. LOC **(No) dar la talla**, ser alguien apto o no para realizar un trabajo o tarea.

TA·LLA·DO

ta·lla·do [taʎáðo] *s/m* Acción o resultado de tallar.

ta·llar [taʎár] *tr* **1.** Trabajar un material para hacer una escultura o darle forma. **2.** Medir la estatura de una persona.

ta·lla·rín [taʎarín] *s/m,pl* Pasta de harina cortada en tiras largas, finas y planas.

ta·lle [táʎe] *s/m* **1.** Parte estrecha del cuerpo entre las caderas y el tórax. **2.** Parte del vestido que corresponde a la cintura. **3.** Proporción del cuerpo que incide en su belleza. **4.** Medida desde los hombros hasta la cintura. **5.** AMER Medida o tamaño de las prendas de vestir.

ta·ller [taʎér] *s/m* **1.** Lugar en que se realizan trabajos manuales. **2.** Coloquio, reunión, etc., en que se practica algo.

ta·llis·ta [taʎísta] *s/m,f* Persona que talla en madera.

ta·llo [táʎo] *s/m* Parte de la planta que sostiene las hojas, flores y frutos.

ta·llu·do, -da [taʎúðo] *adj* **1.** De tallo grande o con muchos tallos. **2.** (Persona) de edad.

ta·lón [talón] *s/m* **1.** Parte posterior del pie. **2.** Parte del calzado o de los calcetines que corresponde a esa parte del pie. **3.** Documento que se arranca de un talonario o matriz. LOC **Pisar los talones, 1,** estar a punto de alcanzar a alguien. **2,** estar próximo a superar o igualar a otro.

ta·lo·na·rio [talonárjo] *s/m* **1.** Cuadernillo de hojas con su correspondiente resguardo. **2.** Cuadernillo de cheques o talones expedidos por una entidad bancaria.

ta·lud [talúð] *s/m* Pendiente o inclinación de un terreno o muro.

ta·ma·ño [tamáɲo] **I.** *adj* De igual magnitud que aquello a lo que se refiere. **II.** *s/m,f* Volumen, dimensión de algo.

tam·ba·le·ar·se [tambaleár] REFL(-se) Moverse de un lado a otro, como si se fuera a caer.

tam·ba·leo [tambaléo] *s/m* Acción de tambalearse.

tam·bién [tambjén] *adv* Afirma o confirma lo dicho antes.

tam·bo [támbo] *s/m* **1.** AMER Posada. **2.** AMER Cuadra o corral.

tam·bor [tambór] *s/m* **1.** Instrumento musical de percusión, o músico que lo toca. **2.** Recipiente cilíndrico utilizado como envase. **3.** Objeto cilíndrico similar al tambor (1). **4.** Disco de acero sobre el que actúan las zapatas para frenar. **5.** Cilindro giratorio de un revólver.

tam·bo·ril [tamboríl] *s/m* Tambor pequeño que se toca con un solo palillo.

tam·bo·ri·le·ar [tamborileár] *intr* **1.** Tocar el tambor o el tamboril. **2.** Dar golpes repetidos y rítmicos con los dedos sobre una superficie.

tam·bo·ri·le·ro, -ra [tamboriléro] *s/m,f* Persona que toca el tamboril.

ta·miz [tamíθ] *s/m* Utensilio con un aro y una red muy tupida, para filtrar y separar sustancias de distinto grosor.

ta·mi·zar [tamiθár] *tr* Pasar por un tamiz. ORT Ante *e* la *z* cambia a *c*: *Tamice*.

ta·mo [támo] *s/m* **1.** Pelusa que se forma bajo los muebles por falta de limpieza. **2.** Pelusilla que desprende la lana, algodón o lino.

tám·pax [támpaks] *s/m* Tampón (2).

tam·po·co [tampóko] *adv* Niega una cosa después de haber negado otra.

tam·pón [tampón] *s/m* **1.** Almohadilla impregnada de tinta para mojar los sellos de marcar. **2.** Rollo delgado y alargado de celulosa absorbente, que se introduce en la vagina y absorbe el flujo menstrual de la mujer.

tan [tan] *adv apóc* de 'tanto' cuando va antepuesto a un *adj* u otro *adv*.

ta·na·to·rio [tanatórjo] *s/m* Local para servicios funerarios.

tan·da [tánda] *s/f* **1.** Número indeterminado de cosas de la misma clase que se dan o siguen sin interrupción. **2.** Turno.

tán·dem [tándem] *s/m* **1.** Bicicleta para dos (o más) personas. **2.** FIG Grupo o conjunto de dos personas.

tan·ga [tánga] *s/m* Bañador o prenda interior que sólo cubre los genitales.

tan·gen·cial [tanxenθjál] *adj* Que es tangente.

tan·gen·te [tanxénte] *adj s/f* Que toca o tiene algún punto en común con otra línea o superficie sin que lleguen a cortarse. LOC **Escapar(se)/Irse/Salirse por la tangente,** valerse alguien de una evasiva para salir de una situación comprometida.

tan·gi·ble [tanxíβle] *adj* Que se puede tocar.

tan·go [tángo] *s/m* Composición musical de origen argentino o danza que se baila con esa música.

tan·gue·ro, -ra [tangéro] **I.** *adj* Relativo al tango o relacionado con él. **II.** *s/m,f* Cantante o bailarín de tangos.

ta·ni·no [taníno] *s/m* Sustancia astringente, para curtir pieles.

② **tan·que** [tánke] *s/m* **1.** Depósito grande de líquido o gas. **2.** Depósito de combustible de un vehículo. **3.** Carro de combate pesado y blindado, con cañón móvil y ametralladoras.

① **tan·que·ta** [tankéta] *s/f* Carro de combate ligero.

② **tan·te·ar** [tanteár] *tr* **1.** Examinar o buscar algo mediante el sentido del tacto. **2.** Calcular aproximadamente la medida, el peso, el valor, etc., de algo. **3.** Indagar con discreción y prudencia.

① **tan·teo** [tantéo] *s/m* **1.** Acción o resultado de tantear. **2.** Puntos obtenidos en un juego o competición deportiva.

⑤ **tan·to, -ta** [tánto] **I.** *adj* En correlación con 'que', significa 'tal cantidad' o 'tan grande'. **II.** *pron* Eso: *No llego a tanto*. **III.** *s/m* **1.** Cantidad o número indeterminado: *Me lo pagaron a tanto la hora*. **2.** Con 'por ciento', expresa una parte proporcional de un total de cien. **3.** En juegos y competiciones deportivas, puntos: *Vencimos por tres tantos a dos*. **IV.** *adv* **1.** De tal manera, hasta tal punto: *Nos ha gustado tanto que queremos más*. **2.** En correlación con 'como', expresa equivalencia o igualdad: *Sé tanto como tú*. LOC **En tanto que/Entre tanto que,** mientras, en calidad de. **Mientras tanto,** durante el tiempo a que se hace referencia. **Otro tanto,** lo mismo. **Por (lo) tanto,** como consecuencia de. **Uno de tantos,** una persona cualquiera.

① **ta·ñer** [tañér] **I.** *tr* **1.** Tocar un instrumento de percusión o de cuerda. **2.** Tocar las campanas. **II.** *intr* Emitir su sonido la campana al ser tocada.
CONJ *Irreg:* Tañe, tañó, tañera, tañido.

① **ta·ñi·do** [tañíðo] *s/m* Sonido de las campanas que se tañen.

② **ta·pa** [tápa] *s/f* **1.** Pieza que cubre y cierra recipientes por su parte superior. **2.** Cubierta de un libro. **3.** AMER Portada de un diario o revista. **4.** Pequeña cantidad de comida que se sirve para acompañar la bebida.

① **ta·pa·cu·bos** [tapakúβos] *s/m* Pieza metálica o de plástico en la parte externa de las llantas de los vehículos, para tapar la cabeza del eje y los tornillos.

① **ta·pa·de·ra** [tapaðéra] *s/f* **1.** Pieza con un asa, que cubre la abertura de un recipiente. **2.** Encubridor de algo.

② **ta·pa·do, -da** [tapáðo] **I.** *s/m,f* Persona que hace algo que otro le encarga para no darse a conocer. **II.** *s/m* AMER Abrigo.

④ **ta·par** [tapár] *tr* REFL(-se) **1.** Poner una tapa para cubrir o cerrar lo que está descubierto o abierto. **2.** Impedir una cosa que otra pase por un tubo u orificio: *El cemento había tapado un desagüe de bajada*. **3.** Poner algo de forma que se impida la visión de otra cosa. **4.** Resguardarse del frío o de las inclemencias del tiempo con ropa adecuada. **5.** Ocultar algo, *esp* si es punible.

① **ta·pa·rra·bo** [taparráβo] *s/m* (*gen* en *pl*) Trozo de tela o similar con que algunos primitivos se cubrían los genitales.

① **ta·pe·ar** [tapeár] *intr* Ir de tapas por los bares.

① **ta·peo** [tapéo] *s/m* Acción de tomar tapas.

② **ta·pe·te** [tapéte] *s/m* Pieza de tela o de otro material para cubrir la superficie de un mueble. LOC **Estar sobre el tapete,** ser cierto un asunto objeto de discusión.

② **ta·pia** [tápja] *s/f* Muro de tierra apisonada que separa una finca de otra.

② **ta·piar** [tapjár] *tr* Cerrar un espacio con una tapia.

② **ta·pi·ce·ría** [tapiθería] *s/f* **1.** Lugar donde trabaja el tapicero. **2.** Material con que se tapiza. **3.** Colección de tapices.

① **ta·pi·ce·ro, -ra** [tapiθéro] *s/m,f* Persona que trabaja en la confección de tapices o en el revestimiento de muebles y paredes.

② **ta·pio·ca** [tapjóka] *s/f* Harina o fécula que se extrae de la raíz de la mandioca o yuca.

① **ta·pir** [tapír] *s/m* Mamífero parecido al jabalí, con hocico en forma de pequeña trompa.

② **ta·piz** [tapíθ] *s/m* Tela o paño grande, con dibujos o figuras, para decorar paredes.

② **ta·pi·za·do** [tapiθáðo] *s/m* Acción o resultado de tapizar.

② **ta·pi·zar** [tapiθár] *tr* **1.** Forrar con tela una pared o un mueble. **2.** Decorar una pared con tapices.
ORT Ante *e* la *z* cambia a *c*: *Tapice*.

② **ta·pón** [tapón] *s/m* **1.** Pieza de corcho, plástico, etc., que tapa la abertura de una botella o vasija. **2.** Obstrucción en una cañería. **3.** Acumulación de cera en el oído. **4.** Retención del tráfico producida por un atasco.

ta·po·na·mien·to [taponamjénto] *s/m* Obstrucción o atasco.

① **ta·po·nar** [taponár] *tr* Cerrar la abertura de un recipiente con un tapón.

① **ta·pu·jo** [tapúxo] *s/m* Disimulo o engaño

en el obrar. LOC **Decir algo sin tapujos,** decirlo sin rodeos.

1 **ta·qui·car·dia** [takikárðja] *s/f* Exceso de frecuencia en los latidos del corazón.

ta·qui·cár·di·co, -ca [takikárðiko] *adj* Relativo a la taquicardia o que la sufre.

ta·qui·gra·fía [takiɣrafía] *s/f* Sistema de escritura que permite escribir a la misma velocidad del que habla.

1 **ta·quí·gra·fo, -fa** [takíɣrafo] *s/m,f* Persona que copia mediante taquigrafía.

2 **ta·qui·lla** [takíʎa] *s/f* **1.** Despacho donde se venden entradas o billetes. **2.** Ingresos recaudados en ese despacho. **3.** Armario individual para la ropa y objetos personales.

1 **ta·qui·lle·ro, -ra** [takiʎéro] **I.** *adj* Que se vende mucho y proporciona beneficios. **II.** *s/m,f* Encargado de una taquilla.

1 **ta·ra** [tára] *s/f* **1.** Defecto que disminuye la capacidad o valor de algo o alguien. **2.** Peso del envase o del vehículo sin la carga que transporta.

1 **ta·ra·do, -da** [taráðo] *adj* **1.** Con taras o defectos. **2.** COL (También *s*) Con alguna deficiencia mental.

ta·ram·ba·na [tarambána] *adj s/m,f* COL Imprudente, alocado.

1 **ta·rán·tu·la** [tarántula] *s/f* Araña grande, de picadura venenosa.

1 **ta·rar** [tarár] *tr* Calcular la tara.

1 **ta·ra·re·ar** [tarareár] *tr* Catar sin articular palabras.

1 **tar·dan·za** [tarðánθa] *s/f* Demora o retraso.

5 **tar·dar** [tarðár] *intr* **1.** Emplear cierto tiempo en hacer algo. **2.** Pasar más tiempo del necesario en hacer algo.

5 **tar·de** [tárðe] **I.** *s/f* Parte del día entre el mediodía y el anochecer. **II.** *adv* **1.** A una hora avanzada del día o de la noche. **2.** Con retraso. LOC **Buenas tardes,** expresión de saludo entre el mediodía y el anochecer.

3 **tar·dío, -ía** [tarðío] *adj* **1.** Que ocurre después de lo previsto o acostumbrado. **2.** (*frutos*) Que madura más tarde de lo habitual.

2 **tar·do, -da** [tárðo] *adj* Lento.

1 **tar·dón, -do·na** [tarðón] *adj s/m,f* Muy lento en su actuación.

5 **ta·rea** [taréa] *s/f* Obra o trabajo que debe hacerse.

2 **ta·ri·fa** [tarífa] *s/f* Lista de precios, derechos o impuestos.

1 **ta·ri·ma** [taríma] *s/f* Entarimado de madera sobre el suelo.

4 **tar·je·ta** [tarχéta] *s/f* **1.** Cartulina con el nombre y dirección de alguien. **2.** Pieza rígida de plástico usado como sistema de pago. **3.** En algunos deportes, cartulina que se muestra a un jugador como penalización. **4.** COMP Placa con un circuito integrado.

1 **tar·je·tón** [tarχetón] *s/m* Tarjeta grande.

1 **ta·rot** [tarót] *s/m* Baraja de setenta y ocho cartas usada para la adivinación y otras prácticas supersticiosas.

1 **ta·rri·na** [tarrína] *s/f* Envase pequeño de alimentos.

2 **ta·rro** [tárro] *s/m* **1.** Vasija de cristal con alimentos envasados. **2.** AMER Cubo de basura.

1 **tar·so** [társo] *s/m* Articulación posterior del pie.

2 **tar·ta** [tárta] *s/f* Pastel grande.

tar·ta·ja [tartáχa] *adj s/m,f* Tartamudo.

tar·ta·je·ar [tartaχeár] *intr* Tartamudear.

1 **tar·ta·mu·de·ar** [tartamuðeár] *intr* Hablar defectuosa y entrecortadamente.

tar·ta·mu·deo [tartamuðéo] *s/m* Acción o resultado de tartamudear.

tar·ta·mu·dez [tartamuðéθ] *s/f* Cualidad de tartamudo.

1 **tar·ta·mu·do, -da** [tartamúðo] *adj s/m,f* Que tartamudea al hablar.

1 **tar·ta·na** [tartána] *s/f* Carruaje de dos ruedas, con toldo y asientos laterales, tirado por caballos.

1 **tár·ta·ro, -ra** [tártaro] *adj* Se dice de la carne servida cruda y con condimentos.

1 **tar·te·ra** [tartéra] *s/f* Recipiente con cierre hermético, para conservar o llevar comidas preparadas.

1 **ta·ru·go** [tarúɣo] *s/m* **1.** Trozo de madera grueso y corto. **2.** Tonto, torpe.

1 **ta·rum·ba** [tarúmba] LOC **Estar tarumba,** estar con el juicio trastornado. **Poner/Volver a alguien tarumba,** confundir o equivocar a alguien.

4 **ta·sa** [tása] *s/f* **1.** Precio que se paga por un servicio. **2.** Acción de tasar. LOC **Sin tasa,** sin restricción.

1 **ta·sa·ción** [tasaθjón] *s/f* Fijación del precio de un producto o trabajo.

ta·sa·dor, -ra [tasaðór] *s/m,f* Persona cualificada y autorizada para tasar.

1 **ta·sa·jo** [tasáχo] *s/m* Pedazo de carne salada y conservada seca.

TÉC·NI·CO

[4] **ta·sar** [tasár] *tr* Determinar el precio de algo.

[1] **tas·ca** [táska] *s/f* Taberna.

tas·queo [taskéo] *s/m* Recorrido de tasca en tasca.

[1] **ta·ta** [táta] **I.** *s/f* Niñera. **II.** *s/m* AMER Tratamiento de respeto en general o dado al padre de uno.

[1] **ta·ta·ra·bue·lo, -la** [tataraβwélo] *s/m,f* Padre o madre del bisabuelo de alguien.

[1] **ta·tua·je** [tatwáχe] *s/m* Acción de tatuar o cosa tatuada.

[1] **ta·tu·ar** [tatwár] *tr* REFL(*-se*) Grabar dibujos, nombres, símbolos, etc., en la piel de una persona.
PRON El acento recae sobre la *u* en el *sing* y *3ª p pl* del *pres* de *ind* y *subj: Tatúo*.

tau·ma·tur·gia [taumatúrχja] *s/f* Facultad para hacer milagros.

[1] **tau·ma·túr·gi·co, -ca** [taumatúrχiko] *adj* Relativo a la taumaturgia.

tau·ma·tur·go, -ga [taumatúrγo] *s/m,f* Persona que supuestamente hace milagros.

[2] **tau·ri·no, -na** [tauríno] *adj* Relativo a los toros o a las corridas.

[2] **tau·ro** [táuro] *s/m* Signo del Zodíaco.

[1] **tau·ro·ma·quia** [tauromákja] *s/f* Arte o conocimientos relacionados con la lidia de los toros.

[1] **tau·to·lo·gía** [tautoloχía] *s/f* Repetición innecesaria de un mismo pensamiento.

[1] **tau·to·ló·gi·co, -ca** [tautolóχiko] *adj* Relativo a la tautología.

[1] **ta·xa·ti·vo, -va** [ta(k)satíβo] *adj* Que no admite discusión.

[4] **ta·xi** [tá(k)si] *s/m* Automóvil de alquiler con conductor.

[1] **ta·xí·me·tro** [ta(k)símetro] *s/m* En los taxis, contador electrónico que marca lo que hay que pagar por el recorrido realizado.

[3] **ta·xis·ta** [ta(k)sísta] *s/m,f* Conductor de un taxi.

[1] **ta·xo·no·mía** [ta(k)sonomía] *s/f* **1.** Ciencia que estudia los principios y métodos de la clasificación. **2.** Clasificación de algo.

[1] **ta·xo·nó·mi·co, -ca** [ta(k)sonómiko] *adj* Relativo a la taxonomía.

[3] **ta·za** [táθa] *s/f* **1.** Recipiente pequeño, con asa, para tomar líquidos. **2.** Cavidad del retrete en que se evacuan los excrementos.

[1] **ta·zón** [taθón] *s/m* Taza grande y semiesférica, sin asas.

[5] **te** [té] **I.** *s/m* Nombre de la letra 't'. **II.** *pron pers 2ª p s*.

[3] **té** [té] *s/m* **1.** Árbol con cuyas hojas se hacen infusiones. **2.** Infusión hecha con estas hojas.

[1] **tea** [téa] *s/f* Madera resinosa que se usaba para dar luz.

[3] **tea·tral** [teatrál] *adj* **1.** Relativo al teatro. **2.** De actuación exagerada y poco natural.

[1] **tea·tra·li·dad** [teatraliðáð] *s/f* Condición de teatral.

[5] **tea·tro** [teátro] *s/m* **1.** Lugar para representar obras dramáticas. **2.** Arte de componer obras dramáticas o de representarlas. **3.** Público que asiste a una representación. **4.** Lugar donde suceden hechos notables: *El teatro de la batalla*. **5.** (Con *tener, haber*) Fingimiento, simulación.

[5] **te·beo** [teβéo] *s/m* Cómic que consta de historietas de dibujos en secuencia.

te·ca [téka] *s/f* Árbol de madera muy apreciada.

[1] **te·cha·do** [tetʃáðo] *s/m* Techo.

[3] **te·char** [tetʃár] *tr* Cubrir un edificio con un techo o cubierta.

[5] **te·cho** [tétʃo] *s/m* **1.** Parte interior de la cubierta que cierra las habitaciones por arriba. **2.** Cubierta que cubre y protege una construcción. **3.** Casa o lugar donde es posible cobijarse. **4.** Límite máximo al que puede llegarse. LOC **Sin techo,** FIG sin casa.

[1] **te·chum·bre** [tetʃúmbre] *s/f* Cubierta de un edificio.

[5] **te·cla** [tékla] *s/f* **1.** Pieza que se oprime con el dedo para obtener un sonido en ciertos instrumentos musicales (piano). **2.** Palanca que se oprime en una máquina de escribir o teclado. LOC **Dar en la tecla,** acertar con la solución de algo.

[2] **te·cla·do** [tekláðo] *s/m* Conjunto ordenado de teclas.

[2] **te·cle·ar** [tekleár] *tr* Pulsar las teclas de un instrumento musical o de un teclado.

[5] **téc·ni·ca** [téknika] *s/f* **1.** Conjunto de conocimientos y procedimientos prácticos de que se vale una ciencia o arte. **2.** Procedimiento para hacer algo.

[1] **tec·ni·cis·mo** [tekniθísmo] *s/m* Término propio de una ciencia.

[5] **téc·ni·co, -ca** [tékniko] **I.** *adj* Relativo a la técnica. **II.** *s/m,f* Persona experta en una ciencia, arte u oficio.

[1] **tec·no** [tékno] *adj s/m* (Música) que incorpora sonidos creados mediante instrumentos tecnológicos.

[1] **tec·no·cra·cia** [teknokráθja] *s/f* Gobierno de los tecnócratas.

[1] **tec·nó·cra·ta** [teknókrata] *s/m,f* Persona que gobierna un país con criterios puramente técnicos.

[1] **tec·no·crá·ti·co, -ca** [teknokrátiko] *adj* Relativo a la tecnocracia.

[5] **tec·no·lo·gía** [teknoloɣía] *s/f* **1.** Conjunto de medios técnicos e industriales usados en la producción de bienes y servicios. **2.** Conjunto de conocimientos y técnicas de una ciencia, arte u oficio.

[4] **tec·no·ló·gi·co, -ca** [teknolóχiko] *adj* Relativo a la tecnología.

[2] **tec·tó·ni·co, -ca** [tektóniko] *adj s/f* GEOL Relativo a la estructura de la corteza terrestre, o ciencia que se ocupa de ella.

[2] **te·dio** [téðjo] *s/m* Aburrimiento, falta de interés.

[2] **te·dio·so, -sa** [teðjóso] *adj* Que produce tedio.

te·gu·men·to [teɣuménto] *s/m* Tejido que cubre algunas partes de las plantas.

[2] **te·ja** [téχa] **I.** *s/f* **1.** Pieza de barro cocido, en forma de canal, usada para cubrir los tejados y protegerlos del agua. **2.** Sombrero de los eclesiásticos. LOC **A toca teja**, (pagar algo) al contado. **II.** *adj* De color rojizo.

[2] **te·ja·do** [teχáðo] *s/m* Cubierta superior e inclinada de un edificio.

[1] **te·ja·no** [teχáno] *s/m,pl* Pantalón muy resistente.

te·jar [teχár] *tr* Cubrir con tejas el tejado de un edificio.

[1] **te·je·dor, -ra** [teχeðór] **I.** *s/m,f* Quien teje. **II.** *s/f* Máquina para tejer.

[1] **te·je·ma·ne·je** [teχemanéχe] *s/m* **1.** Despliegue de mucha actividad. **2.** Actividad y acciones poco honestas.

[4] **te·jer** [teχér] *tr* **1.** Entrelazar hilos para hacer telas, tapices, etc. **2.** Hacer las arañas y otros insectos sus telas. **3.** FIG Preparar algo poco a poco.

[3] **te·ji·do, -da** [teχíðo] *s/m* **1.** Prenda de vestir tejida con hilos. **2.** Conjunto organizado de células diferenciadas de un organismo, con la misma función. **3.** Conjunto homogéneo de cosas o hechos interrelacionados.

[1] **te·jón** [teχón] *s/m* Mamífero carnívoro nocturno, que vive en madrigueras profundas y cerca del agua.

te·jue·lo [teχwélo] *s/m* Trozo de papel que se pega en el lomo de los libros con los datos que lo identifican.

[4] **te·la** [téla] *s/f* **1.** Tejido hecho con hilos o fibras textiles. **2.** Capa fina y delgada sobre la superficie de un líquido. **3.** Membrana de tejido corporal. **4.** (*gen* con *mucha*) Asunto o materia. **5.** COL Dinero.

[2] **te·lar** [telár] *s/m* **1.** Máquina para tejer. **2.** Fábrica de tejidos.

[2] **te·la·ra·ña** [telarápa] *s/f* **1.** Tela que hace la araña. **2.** FIG Red que envuelve o atrapa a alguien.

[3] **te·le** [téle] *s/f* COL Televisión o televisor.

te·le·cá·ma·ra [telekámara] *s/f* Cámara grabadora de televisión.

te·le·car·ga [telekárɣa] *s/f* Sistema de copia o instalación de algo a distancia.

[4] **te·le·co·mu·ni·ca·ción** [telekomunikaθjón] *s/f* **1.** Sistema de comunicación a distancia, mediante el envío y captación de señales. **2.** *pl* Conjunto de medios de comunicación a distancia.

te·le·con·trol [telekontról] *s/m* Sistema de control a distancia.

[2] **te·le·dia·rio** [teleðjárjo] *s/m* Noticiario por televisión.

[1] **te·le·di·ri·gir** [teleðiriχír] *tr* Conducir un vehículo a distancia.
ORT La *g* cambia a *j* ante *o/a*: *Teledirijo, teledirija*.

[1] **te·le·film(e)** [telefilm(e)] *s/m* Película realizada para la televisión.

[1] **te·le·fo·na·zo** [telefonáθo] *s/m* Llamada telefónica.

[2] **te·le·fo·ne·ar** [telefoneár] *intr* Llamar por teléfono.

[2] **te·le·fo·nía** [telefonía] *s/f* Sistema de transmisión de sonidos por teléfono.

[4] **te·le·fó·ni·co, -ca** [telefóniko] *adj* Relativo al teléfono o a la telefonía.

[1] **te·le·fo·nis·ta** [telefonísta] *s/m,f* Encargado de las comunicaciones por teléfono.

[5] **te·lé·fo·no** [teléfono] *s/m* **1.** Sistema de comunicaciones que transmite señales acústicas mediante cable u ondas electromagnéticas. **2.** Aparato que se basa en ese sistema.
Teléfono móvil, teléfono inalámbrico portátil.

[1] **te·le·gra·fía** [teleɣrafía] *s/f* Sistema de telecomunicaciones que envía o recibe mensajes escritos.

[1] **te·le·gra·fiar** [teleɣrafjár] *tr* Enviar mensajes a través del telégrafo.

TE·ME·RO·SO

ORT PRON El acento recae sobre la *i* en el *sing* y *3ª p pl* del *pres* de *ind* y *subj: Telegrafío*.

1 **te·le·grá·fi·co, -ca** [teleɣráfiko] *adj* 1. Relativo al telégrafo. 2. Conciso y breve.

1 **te·le·gra·fis·ta** [teleɣrafísta] *s/m,f* Persona que trabaja en el servicio de telégrafos.

2 **te·lé·gra·fo** [teléɣrafo] *s/m* 1. Sistema de comunicación a distancia mediante señales por impulsos eléctricos. 2. Aparato que recibe y envía mensajes por ese sistema.

2 **te·le·gra·ma** [teleɣráma] *s/m* Mensaje transmitido por telégrafo.

te·le·le [teléle] *s/m* Ataque de nervios, desmayo.

1 **te·le·man·do** [telemándo] *s/m* Mando a distancia.

1 **te·le·me·tría** [telemetría] *s/f* Sistema para medir distancias entre lugares lejanos.

2 **te·le·no·ve·la** [telenoβéla] *s/f* Serie de televisión por capítulos, de contenido melodramático.

1 **te·le·ob·je·ti·vo** [teleoβxetíβo] *s/m* Aparato óptico que permite hacer fotografías de objetos muy lejanos.

te·leo·lo·gía [teleolojía] *s/f* Método que se guía por los objetivos finales.

1 **te·leo·ló·gi·co, -ca** [teleolóxiko] *adj* Relativo a la teleología.

1 **te·le·pa·tía** [telepatía] *s/f* Transmisión de pensamientos mediante el poder de la mente.

2 **te·les·có·pi·co, -ca** [teleskópiko] *adj* Relativo al telescopio.

1 **te·les·co·pio** [teleskópjo] *s/m* Instrumento óptico que permite la observación de cuerpos lejanos.

1 **te·le·se·rie** [telesérje] *s/f* AMER Serie continuada de telefilmes.

te·le·si·lla [telesíʎa] *s/f* Teleférico aéreo con sillas suspendidas de un cable de tracción.

2 **te·les·pec·ta·dor, -ra** [telespektaðór] *s/m,f* Persona que ve la televisión.

1 **te·le·tex·to** [teleté(k)sto] *s/m* Texto accesible a través del televisor.

te·le·tien·da [teletjénda] *s/f* Venta de productos por televisión.

1 **te·le·ti·po** [teletípo] *s/m* Aparato telegráfico de teclado que permite recibir mensajes escritos.

2 **te·le·vi·den·te** [teleβiðénte] *s/m,f* Persona que ve la televisión.

2 **te·le·vi·sar** [teleβisár] *tr* Transmitir imágenes por televisión.

5 **te·le·vi·sión** [teleβisjón] *s/f* 1. Sistema de transmisión de imágenes y sonidos mediante las ondas hertzianas. 2. Aparato receptor y reproductor de esas imágenes.

3 **te·le·vi·si·vo, -va** [teleβisíβo] *adj* Relacionado con la televisión.

3 **te·le·vi·sor** [teleβisór] *s/m* Aparato receptor de televisión.

1 **té·lex** [téle(k)s] *s/m* 1. Sistema telegráfico de mecanografía a distancia. 2. Aparato receptor y transmisor de mensajes por este sistema. 3. Mensaje así recibido.

2 **te·lón** [telón] *s/m* Cortina grande que sube y baja y cubre el escenario de un teatro o la pantalla de un cine.

1 **te·lo·ne·ro, -ra** [telonéro] *adj s/m,f* Artista, grupo musical, orador, etc., que actúa antes de otro para hacer tiempo antes de iniciarse la actuación principal.

1 **te·lú·ri·co, -ca** [telúriko] *adj* Relativo a la Tierra.

5 **te·ma** [téma] *s/m* 1. Asunto o materia de que trata un escrito, discurso, etc. 2. Cada unidad de un libro o materia. 3. Melodía fundamental que se repite. 4. Argumento o trama.

2 **te·ma·rio** [temárjo] *s/m* Conjunto de temas para discutir, estudiar, etc.

3 **te·má·ti·co, -ca** [temátiko] I. *adj* Relativo a un tema. II. *s/f* Conjunto de temas de que consta una ciencia u obra.

4 **tem·blar** [temblár] *intr* Agitarse el cuerpo, o una parte de él con sacudidas breves y rápidas. RPr **Temblar de/por**.
CONJ *Irreg: Tiemblo, temblaré, temblé, temblando*.

1 **tem·ble·que** [tembléke] *s/m* Temblor intenso.

3 **tem·blor** [temblór] *s/m* 1. Agitación involuntaria del cuerpo o de una parte de él. 2. Movimiento sísmico.

2 **tem·blo·ro·so, -sa** [tembloróso] *adj* Que tiembla mucho.

5 **te·mer** [temér] I. *tr* 1. Tener miedo. 2. Sospechar que va a ocurrir algo negativo. II. *intr* Sentir temor.

2 **te·me·ra·rio, -ia** [temerárjo] *adj* Imprudente, que corre un riesgo excesivo.

1 **te·me·ri·dad** [temeriðáð] *s/f* 1. Cualidad de temerario. 2. Acción temeraria.

2 **te·me·ro·so, -sa** [temeróso] *adj* 1. Que causa miedo o temor. 2. Que tiene miedo. RPr **Temeroso de**.

TE·MI·BLE

[2] **te·mi·ble** [temíβle] *adj* Digno de ser temido.

[4] **te·mor** [temór] *s/m* 1. Sentimiento de miedo o de inquietud. 2. Sospecha o recelo ante algo negativo que pueda ocurrir.

[1] **tém·pa·no** [témpano] *s/m* Plataforma flotante de hielo.

[1] **tem·pe·ra·men·tal** [temperamentál] *adj* 1. Relativo al temperamento o producido por él. 2. Que cambia rápidamente de estado de ánimo.

[2] **tem·pe·ra·men·to** [temperaménto] *s/m* 1. Carácter o modo de ser de alguien. 2. Vehemencia y viveza en las reacciones.

[1] **tem·pe·rar** [temperár] *tr* Moderar.

[5] **tem·pe·ra·tu·ra** [temperatúra] *s/f* Grado de calor de un cuerpo o de la atmósfera.

[2] **tem·pes·tad** [tempestáð] *s/f* 1. Perturbación fuerte de la atmósfera, con vientos, lluvia o granizo. 2. Agitación violenta del agua del mar.

[1] **tem·pes·tuo·so, ·sa** [tempestwóso] *adj* 1. Que causa tempestad. 2. Que causa tensión o conflictos.

[2] **tem·pla·do, ·da** [templáðo] *adj* 1. Que no es ni frío ni caliente. 2. Moderado.

[1] **tem·plan·za** [templánθa] *s/f* Moderación o sobriedad.

[3] **tem·plar** [templár] I. *tr* 1. Quitar el frío de algo. 2. Afinar un instrumento musical. II. *intr* Perder fuerza o intensidad, *esp* el frío.

[1] **tem·ple** [témple] *s/m* 1. Acción o resultado de templar. 2. Pintura especial para paredes y revestimientos. 2. Valor ante las dificultades. 3. Punto de dureza o elasticidad logrado en un metal o vidrio.

[1] **tem·ple·te** [templéte] *s/m* 1. Cúpula con columnas, para cobijar una estatua. 2. Pabellón o quiosco al aire libre.

[3] **tem·plo** [témplo] *s/m* Edificio dedicado al culto religioso. LOC **Como un templo,** muy grande.

[4] **tem·po·ra·da** [temporáða] *s/f* 1. Espacio de tiempo (días, meses) considerado como un conjunto. 2. Tiempo en que habitualmente se hace algo.

[4] **tem·po·ral** [temporál] I. *adj* 1. Relativo al tiempo. 2. Que dura un tiempo limitado. 3. Profano, de este mundo. II. *s/m* Tempestad en tierra o en el mar.

[1] **tem·po·ra·li·dad** [temporaliðáð] *s/f* Carácter transitorio de algo.

[1] **tem·po·re·ro, ·ra** [temporéro] I. *adj* De carácter temporal. II. *s/m,f* 1. Persona contratada por un tiempo determinado. 2. Trabajador del campo por temporadas.

[1] **tem·po·ri·za·dor** [temporiθaðór] *s/m* Mecanismo electrónico que controla el funcionamiento de un sistema de acuerdo con pautas temporales fijadas previamente.

[1] **tem·pra·ne·ro, ·ra** [tempranéro] *adj* Que hace pronto algo o es el primero en una cosa.

[4] **tem·pra·no, ·na** [tempráno] I. *adj* 1. Que ocurre o aparece pronto. 2. Relativo a una cosecha o al fruto, primero en madurar. II. *adv* Muy pronto.

[2] **te·na·ci·dad** [tenaθiðáð] *s/f* Cualidad de tenaz.

[1] **te·na·ci·llas** [tenaθíʎas] *s/f,pl* Tenazas pequeñas.

[2] **te·naz** [tenáθ] *adj* 1. Persistente, constante. 2. Firme en sus propósitos.

[1] **te·na·za** [tenáθa] *s/f* Herramienta con dos brazos o pinzas movibles, unidos por un eje que permite que se abran y se cierren para sujetar fuertemente algo.

[1] **ten·de·de·ro** [tendeðéro] *s/m* Lugar o utensilio para tender la ropa.

[5] **ten·den·cia** [tendénθja] *s/f* Propensión hacia un fin. RPr **Tendencia a.**

[1] **ten·den·cio·so, ·sa** [tendenθjóso] *adj* Que implica o manifiesta una tendencia excesiva hacia algo.

[2] **ten·den·te** [tendénte] *adj* Que tiende hacia un fin. RPr **Tendente a.**

[5] **ten·der** [tendér] I. *tr* 1. Extender la ropa mojada para que se seque. 2. Desplegar algo horizontalmente sobre una superficie. 3. (Con *a*) Dirigirse hacia una meta o un fin. 4. Preparar algo perjudicial (trampa, etc.). 5. Construir algo que permita la comunicación entre dos o más puntos (puente, pasarela). II. REFL(-se) Tumbarse. RPr **Tender a.**
CONJ *Irreg: Tiendo, tendí, tenderé, tendido.*

[1] **ten·de·re·te** [tenderéte] *s/m* Puesto de venta al aire libre.

[1] **ten·de·ro, ·ra** [tendéro] *s/m,f* Persona que trabaja en una tienda o es propietario de ella.

[2] **ten·di·do, ·da** [tendíðo] I. *adj* Relativo al galope de un caballo que durante la carrera extiende al máximo sus patas. II. *s/m* Red eléctrica, telefónica, ferroviaria, etc., mediante un sistema de cables vías, etc.

[2] **ten·dón** [tendón] *s/m* Tejido fibroso que une los músculos a los huesos.

te·ne·bro·si·dad [teneβrosiðáð] *s/f* Oscuridad, tinieblas.

[2] **te·ne·bro·so, -sa** [teneβróso] *adj* **1.** Oscuro. **2.** Misterioso, sombrío.

[2] **te·ne·dor, -ra** [teneðór] **I.** *s/m,f* Persona que tiene o posee algo. **II.** *s/m* Cubierto de mesa con un mango y tres o cuatro dientes para pinchar los alimentos.

[2] **te·nen·cia** [tenénθja] *s/f* Posesión de un bien o cosa.

[5] **te·ner** [tenér] **I.** *tr* **1.** Poseer alguien una cosa. **2.** Disponer, estar a disposición de alguien. **3.** Estar dotado de lo que se expresa: *Luisa tenía un carácter fuerte*. **4.** Contener: *El armario tiene cajones*. **5.** Haber alcanzado la edad que se indica: *Tenía catorce años*. **6.** Dar a luz un hijo. **7.** Recibir: *No volvimos a tener noticias suyas*. **8.** Recibir como huésped. **II.** *aux* **1.** Seguido de un participio, funciona como 'haber': *Tenía vista una casa que le gustaba*. **2.** 'Tener que + inf' indica obligación: *Tenía que coger un avión*. **III.** REFL(-*se*) **1.** Sostenerse o mantenerse firme: *No podía tenerse por sí solo*. **2.** (Con *por*) Ser considerado como se indica: *Se le tenía por un chico estudioso*. LOC **Tener en mucho a una persona**, valorarla muy positivamente. **Tenérselas con alguien**, enfrentarse a él. RPr **Tener por/en/a**.
CONJ *Irreg: Tengo, tienes ..., tendré, tuve, tenido.*

[1] **te·nia** [ténja] *s/f* Parásito del intestino humano y otros animales.

[4] **te·nien·te** [tenjénte] *s/m,f* Oficial de grado intermedio entre el de alférez y el de capitán.

[3] **te·nis** [ténis] *s/m* Deporte que se practica con una pelota que se golpea con una raqueta, en un campo dividido en dos mitades por una red.

[1] **te·nis·ta** [tenísta] *s/m,f* Jugador de tenis.

[3] **te·nor** [tenór] *s/m* **1.** Contenido literal de un escrito o declaración. **2.** MÚS Voz entre la de contralto y la de barítono. **3.** Cantante con este tipo de voz. LOC **A tenor de**, según. **De este tenor**, de esta naturaleza.

[2] **te·no·rio** [tenórjo] *s/m* Galanteador.

[3] **ten·sar** [tensár] *tr* Ponerse algo tenso.

[4] **ten·sión** [tensjón] *s/f* **1.** Acción de tensar. **2.** Estado de lo que está tensado. **3.** Voltaje. **4.** Presión arterial. **5.** Angustia, intranquilidad.

[2] **ten·so, -sa** [ténso] *adj* **1.** Sometido a tensión. **2.** Con gran presión emocional o sicológica. **3.** Hostil, que muestra animadversión contenida.

[1] **ten·sor, -ra** [tensór] *adj s/m* Que sirve para tensar o poner en tensión.

[3] **ten·ta·ción** [tentaθjón] *adj* Estímulo o impulso que empuja a hacer algo que no debería hacerse.

[1] **ten·tá·cu·lo** [tentákulo] *s/m* **1.** Apéndice blando, flexible y móvil de algunos animales invertebrados. **2.** Medios para hacer valer y ejercer alguien su poder.

[1] **ten·ta·dor, -ra** [tentaðór] *adj* Que tienta.

[2] **ten·tar** [tentár] *tr* **1.** Tocar algo para examinarlo mediante el tacto. **2.** (Con *a, con*) Inducir a hacer algo que no se desea ni debe hacerse. **3.** Presentarse algo como apetecible o deseable.
CONJ *Irreg: Tiento, tentaré, tenté, tentado.*

[2] **ten·ta·ti·va** [tentatíβa] *s/f* Hecho o acción de intentar llevar algo a cabo, que *gen* resulta un fracaso o sólo parcialmente exitoso.

[2] **ten·ta·ti·vo, -va** [tentatíβo] *adj* Que induce a hacer algo.

[1] **ten·tem·pié** [tentempjé] *s/m* Alimento ligero para conservar las fuerzas.

[2] **te·nue** [ténwe] *adj* **1.** Delgado, de poco espesor. **2.** (*luz, sonido*) De poca intensidad.

[1] **te·ñi·do, -da** [teɲíðo] **I.** *adj* Que tiene un color diferente al original. **II.** *s/m* Acción de teñir.

[3] **te·ñir** [teɲír] *tr* Cambiar el color de algo aplicándole un tinte. RPr **Teñir(se) de**.
CONJ *Irreg: Tiñó, teñiré, teñí, teñido.*

[1] **teo·cra·cia** [teokráθja] *s/f* Sistema político que considera que el poder emana directamente de Dios y es ejercido por sus representantes.

[1] **teo·crá·ti·co, -ca** [teokrátiko] *adj* Relativo a la teocracia.

[3] **teo·lo·gía** [teoloxía] *s/f* Ciencia que trata de Dios y sus atributos.

[2] **teo·ló·gi·co, -ca** [teolóxiko] *adj* Relativo a la teología.

[2] **teó·lo·go, -ga** [teóloɣo] *s/m,f* Experto en teología.

[2] **teo·re·ma** [teoréma] *s/m* Proposición científica que puede ser demostrada.

[5] **teo·ría** [teoría] *s/f* **1.** Conjunto sistemático y organizado de conocimientos. **2.** Conocimiento elaborado sin tener en cuenta su aplicación práctica. LOC **En teoría**, sin haber sido puesto en práctica.

[4] **teó·ri·co, -ca** [teóriko] **I.** *adj* **1.** Relativo a

TEO·RI·ZAR

la teoría. **2.** Hipotético. **II.** *adj s/m,f* Experto en el pensamiento especulativo y no práctico.

1 **teo·ri·zar** [teoriθár] **I.** *tr* Tratar un tema de forma teórica. **II.** *intr* Formular teorías. ORT Ante *e* la *z* cambia a *c*: *Teorice*.

1 **te·qui·la** [tekíla] *s/m,f* Bebida alcohólica.

1 **te·ra·peu·ta** [terapéuta] *s/m,f* Experto en terapéutica.

2 **te·ra·péu·ti·ca** [terapéutika] *s/f* Ciencia que se ocupa del tratamiento y curación de las enfermedades.

2 **te·ra·péu·ti·co, -ca** [terapéutiko] *adj* Relativo a la terapéutica.

3 **te·ra·pia** [terápja] *s/f* Tratamiento para curar o aliviar una enfermedad.

4 **ter·cer** [terθér] *adj apócope* de 'tercero'.

ter·cer·mun·dis·mo [terθermundísmo] *s/m* Conjunto de rasgos o problemas propios de los países poco desarrollados.

1 **ter·cer·mun·dis·ta** [terθermundísta] *adj* Relativo al tercer mundo.

5 **ter·ce·ro, -ra** [terθéro] **I.** *adj* Que es el tercio de un todo. **II.** *adj s/m,f* **1.** Que ocupa el lugar número tres en una serie. **2.** Persona que media entre dos o más personas. **III.** *s/f* Una de las marchas de los vehículos, que permite alcanzar más velocidad que la segunda.

1 **ter·ce·to** [terθéto] *s/m* Estrofa de tres versos endecasílabos.

1 **ter·cia·do, -da** [terθjáðo] *adj* **1.** Ladeado o torcido. **2.** (*cinta, banda*) Colocado diagonalmente. **3.** Reducido en una tercera parte.

1 **ter·cia·na** [terθjána] *s/f adj* Fiebre intermitente cada tres días.

2 **ter·ciar** [terθjár] **I.** *tr* **1.** Poner una cosa diagonalmente, *esp* si es un adorno. **2.** Llevar un arma colgada a la espalda, diagonalmente. **II.** *intr* Intervenir alguien en una conversación para dar su propia opinión. **III.** *REFL(-se)* Suceder algo de forma inesperada: *Si se tercia, puedes ser escultor.* RPr **Terciar con/en/entre**.

2 **ter·cia·rio, -ia** [terθjárjo] *adj s/m* GEOL Periodo en la historia de la Tierra que sigue a la era secundaria.

3 **ter·cio, -ia** [térθjo] **I.** *pron num s/m* Cada fracción de dividir un todo en tres partes iguales. **II.** *s/m* **1.** Regimiento español de infantería de los siglos XVI y XVII. **2.** Bebida en botella, que equivale a la tercera parte de un litro.

2 **ter·cio·pe·lo** [terθjopélo] *s/m* Tejido, tupido y velludo por una cara y liso por la otra.

2 **ter·co, -ca** [térko] *adj* Que se obstina en una idea o actitud.

ter·gal [terɣál] *s/m* Fibra sintética.

1 **ter·gi·ver·sa·ción** [terɣiβersaθjón] *s/f* Acción o resultado de tergiversar.

1 **ter·gi·ver·sar** [terɣiβersár] *tr* Dar una interpretación errónea o falsa de algo.

1 **ter·mal** [termál] *adj* Relativo a las termas.

1 **ter·mas** [térmas] *s/f,pl* Lugar donde se toman baños de aguas minerales calientes.

2 **tér·mi·co, -ca** [térmiko] *adj* Relacionado con el calor o la temperatura.

2 **ter·mi·na·ción** [terminaθjón] *s/f* **1.** Acción o resultado de terminar. **2.** Parte final de algo.

3 **ter·mi·nal** [terminál] **I.** *adj* **1.** Que acaba o pone fin a algo. **2.** Que no tiene cura. **3.** Que está en el extremo o fin de algo. **II.** *adj s/f* Lugar desde donde salen o al que llegan los medios de transporte. **III.** *s/m,f* Unidad periférica conectada a un ordenador central.

1 **ter·mi·nan·te** [terminánte] *adj* Que no admite discusión.

5 **ter·mi·nar** [terminár] **I.** *tr* **1.** Acabar, poner fin a algo. **2.** Agotar algo o gastarlo. **II.** *intr* **1.** Llegar algo a su fin. **2.** (Con *en*) Tener algo un final determinado, o acabar un hecho en otro. **3.** (Con *por*) Decidirse a hacer algo: *El jugador ha terminado por retirarse.*

5 **tér·mi·no** [término] *s/m* **1.** Conclusión o final de algo. **2.** Punto o lugar en que algo termina, llegada. **3.** Límite, frontera. **4.** Zona sujeta a la autoridad municipal. **5.** Palabra. **6.** (Con *en*) Modo o manera de expresarse. **7.** Precedido de 'primer', 'segundo', 'tercer', etc., puesto o lugar que ocupa algo. **8.** *pl* Condiciones: *Aceptaron los términos del acuerdo.* LOC **Invertir los términos**, cambiar radicalmente una situación. **Llevar a término**, finalizar.

2 **ter·mi·no·lo·gía** [terminoloχía] *s/f* Palabras propias de una ciencia.

1 **ter·mi·no·ló·gi·co, -ca** [terminolóχiko] *adj* Relativo a la terminología o a los términos.

1 **ter·mi·ta, -te** [termíta] *s/f* (*gen en pl*) Insecto parecido a la hormiga, que se alimenta de madera.

ter·mi·te·ro, -ra [termitéro] *s/m,f* Nido de termitas.

1 **ter·mo** [térmo] *s/m* Recipiente hermético y de paredes aislantes para conservar la temperatura del contenido.

ter·mo·di·ná·mi·ca [termoðinámika] *s/f* Parte de la física que estudia la relación entre el calor y las formas de energía.

1 **ter·mo·di·ná·mi·co, -ca** [termoðinámiko] *adj* Relativo a la termodinámica.

1 **ter·mo·e·léc·tri·co, -ca** [termoeléktriko] *adj* Relacionado con la electricidad producida por el calor.

2 **ter·mó·me·tro** [termómetro] *s/m* Instrumento para medir la temperatura.

1 **ter·mo·nu·cle·ar** [termonukleár] *adj* Relativo a la fusión del núcleo por la fisión del átomo.

2 **ter·mos·ta·to** [termostáto] *s/m* Aparato que regula la temperatura.

2 **ter·na** [térna] *s/f* Grupo de tres personas o cosas.

ter·nas·co [ternásko] *s/m* Cordero lechal.

2 **ter·ne·ra** [ternéra] *s/f* Carne de la cría de la vaca (macho o hembra).

2 **ter·ne·ro, -ra** [ternéro] *s/m,f* Cría de la vaca, macho o hembra.

1 **ter·ne·za** [ternéθa] *s/f* Amor y ternura.

ter·ni·lla [terníʎa] *s/f* Cartílago.

1 **ter·no** [térno] *s/m* Conjunto de tres cosas de la misma clase.

3 **ter·nu·ra** [ternúra] *s/f* 1. Sentimiento o actitud de cariño, afecto, protección, etc. 2. Cualidad de tierno.

1 **ter·que·dad** [terkeðáð] *s/f* Cualidad de terco.

1 **te·rra·co·ta** [terrakóta] *s/f* Escultura de barro cocido.

1 **te·rra·plén** [terraplén] *s/m* 1. Montón de tierra compactada. 2. Inclinación del terreno, con acusada pendiente.

1 **te·rrá·queo, -ea** [terrákeo] **I.** *adj* Relativo a la Tierra. **II.** *s/m,f* Habitante de la Tierra.

2 **te·rra·te·nien·te** [terratenjénte] *s/m,f* Propietario de grandes extensiones de tierras.

3 **te·rra·za** [terráθa] *s/f* 1. Azotea. 2. En algunas viviendas, parte abierta al exterior que puede sobresalir del propio edificio, y con una barandilla de protección. 3. Zona exterior en bares o restaurantes. 4. Superficie de tierra cultivable y llana, con fuertes desniveles.

1 **te·rra·zo** [terráθo] *s/m* Pavimento pulido, con trozos de mármol y cemento.

3 **te·rre·mo·to** [terremóto] *s/m* Sacudida violenta de la corteza terrestre.

2 **te·rre·nal** [terrenál] *adj* Relativo a la Tierra.

5 **te·rre·no, -na** [terréno] **I.** *adj* 1. Relativo al planeta Tierra. 2. De este mundo, y no de otro. **II.** *s/m* 1. Suelo. 2. Porción de tierra. 3. Ámbito de acción, de una ciencia, etc. LOC **Tantear el terreno**, indagar discretamente las posibilidades de lograr algo.

1 **te·rre·ro, -ra** [terréro] *adj* Relativo a la tierra.

4 **te·rres·tre** [terréstre] **I.** *adj* 1. Relativo al planeta Tierra. 2. Que vive en la Tierra, por oposición al cielo, mar o aire. **II.** *s/m,f* Habitante de la Tierra.

4 **te·rri·ble** [terríβle] *adj* Que causa terror.

1 **te·rrí·co·la** [terríkola] *adj s/m,f* Habitante del planeta Tierra.

te·rrier [terriér] *adj s/m,f* GAL Raza de perros de tamaño pequeño o mediano.

te·rrí·fi·co, -ca [terrífiko] *adj* Que causa mucho miedo.

te·rri·na [terrína] *s/f* Recipiente pequeño.

4 **te·rri·to·rial** [territorjál] *adj* Relativo a un territorio o país.

1 **te·rri·to·ria·li·dad** [territorjaliðáð] *s/f* Cualidad de territorial.

5 **te·rri·to·rio** [territórjo] *s/m* Parte de la superficie terrestre que corresponde a una división establecida (nación, región, etc.).

1 **te·rrón** [terrón] *s/m* Masa pequeña y compacta de una sustancia (azúcar, tierra, etc.).

4 **te·rror** [terrór] *s/m* 1. Miedo muy grande e intenso. 2. Persona o cosa que provoca un miedo muy grande.

1 **te·rro·rí·fi·co, -ca** [terrorífiko] *adj* Que causa gran terror.

4 **te·rro·ris·mo** [terrorísmo] *s/m* Lucha política que pretende lograr sus objetivos mediante la violencia y el asesinato.

4 **te·rro·ris·ta** [terrorísta] **I.** *adj* Relativo al terrorismo. **II.** *adj s/m,f* Que practica el terrorismo o pertenece a un grupo terrorista.

1 **te·rru·ño** [terrúɲo] *s/m* Pequeña extensión de tierra, *esp* de cultivo.

2 **ter·so, -sa** [térso] *adj* Tirante y sin arrugas.

1 **ter·su·ra** [tersúra] *s/f* Cualidad de lo que es terso.

3 **ter·tu·lia** [tertúlja] *s/f* Grupo de personas que se reúnen habitualmente para hablar.

1 **ter·tu·lia·no, -na** [tertuljáno] *adj s/m,f* Que participa habitualmente en una tertulia.

4 **te·sis** [tésis] *s/f* 1. Opinión que alguien mantiene razonadamente. 2. Trabajo de investigación escrito que se presenta ante un tribunal académico para optar al título de doctor.

TE·SI·TU·RA

[1] **te·si·tu·ra** [tesitúra] *s/f* **1.** Estado de ánimo. **2.** Circunstancias que concurren en una situación.

[1] **te·són** [tesón] *s/m* Actitud decidida y firme.

[2] **te·so·re·ría** [tesorería] *s/f* **1.** Cargo u oficio del tesorero. **2.** Oficina del tesorero.

[2] **te·so·re·ro, -ra** [tesoréro] *s/m,f* Persona que se encarga de guardar y administrar el dinero.

[4] **te·so·ro** [tesóro] *s/m* **1.** Conjunto de dinero, joyas o cosas de mucho valor, reunidas o escondidas en algún sitio. **2.** Conjunto de bienes, rentas o impuestos del Estado. **3.** Persona o cosa de gran valor. **4.** Apelativo cariñoso aplicado a personas.

[3] **test** [tés(t)] *s/m* Prueba objetiva.

[1] **tes·ta** [tésta] *s/f* Cabeza de una persona o animal.

[1] **tes·ta·dor, -ra** [testaðór] *s/m,f* Persona que hace testamento.

[1] **tes·ta·fe·rro** [testaférro] *s/m* DER Persona cuyo nombre figura en un contrato como propietaria de algo, en lugar del propietario real.

[1] **tes·ta·men·ta·rio, -ia** [testamentárjo] *adj* Relativo al testamento.

[3] **tes·ta·men·to** [testaménto] *s/m* **1.** Declaración voluntaria en la que se señala cómo se deben repartir los bienes a la muerte de alguien. **2.** DER Documento legal en el que consta esta voluntad.
Antiguo/Viejo/Nuevo Testamento, la Biblia (parte antigua o nueva).

[1] **tes·tar** [testár] **I.** *tr* ANGL Controlar algo mediante una prueba. **II.** *intr* Hacer alguien testamento.

[1] **tes·ta·ru·dez** [testaruðéθ] *s/f* Cualidad de testarudo.

[1] **tes·ta·ru·do, -da** [testarúðo] *adj s/m,f* Terco y obstinado.

[1] **tes·ti·cu·lar** [testikulár] *adj* Relativo a los testículos.

[2] **tes·tí·cu·lo** [testíkulo] *s/m* Cada una de las dos glándulas sexuales masculinas, que producen los espermatozoides.

tes·ti·fi·ca·ción [testifikaθjón] *s/f* Acción o resultado de testificar.

[1] **tes·ti·fi·cal** [testifikál] *adj* DER Relativo a los testigos.

[1] **tes·ti·fi·car** [testifikár] *tr intr* DER Declarar como testigo.

[4] **tes·ti·go** [testíɣo] **I.** *s/m,f* **1.** Persona que ha visto una cosa y da testimonio de ello. **2.** Persona que presencia un hecho. **II.** *s/m* **1.** Cosa que prueba la verdad de algo. **2.** Señal que se deja como marca de algo en un lugar.

[2] **tes·ti·mo·nial** [testimonjál] *adj* Que da testimonio de algo.

[2] **tes·ti·mo·niar** [testimonjár] *tr* Actuar como testigo.

[4] **tes·ti·mo·nio** [testimónjo] *s/m* **1.** Acción de testimoniar. **2.** Cosa que da testimonio de algo.

[1] **tes·tos·te·ro·na** [testosteróna] *s/f* Hormona sexual masculina.

[1] **tes·tuz** [testúθ] *s/m,f* **1.** En algunos animales, *esp* en el caballo, parte frontal de la cabeza. **2.** Nuca del toro o de la vaca.

[2] **te·ta** [téta] *s/f* **1.** Órganos de las hembras de los mamíferos, que producen leche para alimentar a las crías. **2.** Cada uno de esos órganos situados en el pecho de las mujeres. LOC **Dar (la) teta**, dar de mamar. **De teta**, que aún se alimentan de la leche materna.

[1] **té·ta·no(s)** [tétano(o)] *s/m* MED Enfermedad infecciosa grave.

[1] **te·te·ra** [tetéra] *s/f* Recipiente para hacer y servir el té.

[1] **te·ti·lla** [tetíʎa] *s/f* **1.** Cada una de las tetas o pechos del macho en los mamíferos, y *esp* en el hombre. **2.** Boquilla de goma o látex que se ajusta en la boca del biberón para que los bebés chupen de él.

[1] **te·to·na** [tetóna] *adj s/f* COL Mujer de pechos muy grandes.

[1] **té·tri·co, -ca** [tétriko] *adj* Pesimista, triste y de aspecto sombrío.

te·tu·da [tetúða] *adj* COL De tetas muy grandes.

[1] **teu·tón, -to·na** [teutón] *adj s/m,f* Alemán.

teu·tó·ni·co, -ca [teutóniko] *adj* Relativo a los alemanes.

[3] **tex·til** [te(k)stíl] *adj s/m* Relativo a los tejidos, o materia que puede tejerse.

[5] **tex·to** [té(k)sto] *s/m* **1.** Conjunto de palabras de un documento escrito. **2.** Libro que sirve como guía de estudio o manual.

[2] **tex·tual** [te(k)stwál] *adj* Relativo al texto.

[2] **tex·tu·ra** [ter(k)stúra] *s/f* Manera de estar entrelazados o cosidos los hilos de un tejido.

[2] **tez** [téθ] *s/f* Superficie o aspecto externo de la piel del rostro.

[5] **ti** [tí] **I.** *pron pers 2ª p s* Se construye siempre con preposición, y si ésta es *con* se dice *contigo*.

tía [tía] *s/f* **1.** Hermana o prima del padre o de la madre de una persona. **2.** Forma popular de tratamiento de una mujer casada o mayor: *La tía Rita*. **3.** INFML Forma despectiva para referirse a una mujer. **4.** COL Mujer en sentido general. **5.** COL Compañera, amiga: *¡Tía, estoy alucinando!* LOC **Cuéntaselo a tu tía,** FIG expresión de incredulidad. **No hay tu tía,** indica la dificultad o imposibilidad de hacer o evitar algo.

tia·ra [tjára] *s/f* Gorro alto, usado por el Papa y otras altas jerarquías, como símbolo de autoridad.

ti·bia [tíβja] *s/f* Hueso principal de la parte delantera de la pierna.

ti·bie·za [tiβjéθa] *s/f* **1.** Estado intermedio entre el frío y el calor. **2.** FIG Poco entusiasmo.

ti·bio, -ia [tíβjo] *adj* **1.** Templado. **2.** Con poco entusiasmo o interés.

ti·bu·rón [tiβurón] *s/m* Pez marino de gran tamaño y muy voraz.

tic [tík] *s/m* Movimiento inconsciente y repetitivo.

tic·ket [tíket] *s/m* Billete.

ti·co, -ca [tíko] *adj s/m,f* AMER De Costa Rica.

tic·tac [tikták] *s/m* Palabra onomatopéyica que imita el sonido acompasado del reloj.

tiem·po [tjémpo] *s/m* **1.** Duración de las cosas. **2.** Periodo concreto de esta duración. **3.** (Con *ser*) Momento oportuno para algo: *Es tiempo de ir a la playa*. **4.** DEP Cada parte en las competiciones deportivas. **5.** (Con *hacer*) Estado de la atmósfera (llover, hacer calor, frío, etc.). **6.** Edad de una persona. **7.** Cada movimiento de que consta una acción. **8.** GRAM Categoría gramatical del verbo. **9.** MÚS Cada una de las distintas velocidades en la manera de tocar. LOC **A su tiempo,** en el momento apropiado. **A tiempo,** cuando todavía no es tarde para algo. **Con el tiempo,** después de cierto tiempo. **Correr el tiempo,** FIG pasar el tiempo. **Del tiempo,** a temperatura ambiente. **Fuera de tiempo,** en momento poco oportuno. **Matar el tiempo,** FIG hacer algo sólo para distraerse. **Buen/Mal tiempo,** tiempo atmosférico agradable o no.

tien·da [tjénda] *s/f* Establecimiento comercial en el que se venden artículos al por menor.

tien·ta [tjénta] *s/f* Prueba para comprobar la bravura de las reses. LOC **A tientas, 1,** que se hace tocando o palpando. **2,** que se hace con desorientación o dudas.

tien·to [tjénto] *s/m* **1.** Cuidado o habilidad en el obrar o hablar. **2.** Pulso, seguridad.

tier·no, -na [tjérno] *adj* **1.** Que se deforma con facilidad al apretarlo, o que se rompe fácilmente. **2.** De poca edad, joven. **3.** Cariñoso, amable.

tie·rra [tjérra] *s/f* **1.** *may* Nombre del planeta en que vivimos. **2.** Parte de la Tierra no cubierta por el mar. **3.** Suelo en general. **4.** Terreno dedicado al cultivo. **5.** Lugar en el que una persona ha nacido. **6.** Nación, región o territorio. LOC **Poner tierra por medio,** marcharse huyendo de un sitio.

tie·so, -sa [tjéso] *adj* **1.** Difícil de doblar o torcer. **2.** Estirado, firme. **3.** Muy serio, que denota frialdad en el trato.

ties·to [tjésto] *s/m* Recipiente para cultivar plantas.

ti·fol·deo, -ea [tifoiðéo] *adj* Relativo al tifus.

ti·fón [tifón] *s/m* Huracán de los países tropicales.

ti·fus [tífus] *s/m* Enfermedad infecciosa que provoca fiebres muy altas.

ti·gre [tíyre] *s/m* Mamífero felino, carnívoro, de piel roja amarillenta o anaranjada con rayas negras.

ti·gre·sa [tiyrésa] *s/f* **1.** Hembra del tigre. **2.** Mujer agresiva y cruel.

ti·je·ra [tiχéra] I. *s/f* (*gen pl*) Utensilio para cortar, formado por dos hojas de acero de un solo filo, unidas por un eje. LOC **Meter (la) tijera,** recortar o eliminar algo.

ti·je·re·ta·zo [tiχeretáθo] *s/m* Corte brusco y rápido con unas tijeras.

ti·la [tíla] *s/f* **1.** Árbol de gran altura, o su flor. **2.** Infusión que se hace con estas flores.

til·dar [tildár] *tr* **1.** (Con *de*) Acusar a alguien del defecto o falta expresado. RPr **Tildar de.**

til·de [tílde] *s/f* **1.** GRAM Signo gráfico sobre algunas letras. **2.** Cosa de poca importancia.

ti·lín [tilín] *s/m* Onomatopeya que imita el sonido de la campanilla. LOC **Hacer tilín,** gustar mucho a una persona.

ti·lo [tílo] *s/m* Árbol de gran altura, tronco recto y grueso.

ti·ma·dor, -ra [timaðór] *s/m,f* Persona que tima o estafa.

3 **ti·mar** [timár] *tr* COL Robar o estafar con engaño.

1 **tim·bal** [timbál] *s/m* Instrumento musical de percusión.

2 **tim·brar** [timbrár] **I.** *intr* COL Sonar el timbre. **II.** *tr* Poner un timbre o sello en un papel o documento.

1 **tim·bra·zo** [timbráθo] *s/m* Toque fuerte de un timbre o sonido que produce.

2 **tim·bre** [tímbre] *s/m* **1.** Mecanismo que produce un sonido de aviso o llamada. **2.** Rasgo característico del sonido de un instrumento musical o de la voz humana. **3.** Sello que se pega o se estampa en un papel o documento.

2 **ti·mi·dez** [timiðéθ] *s/f* Cualidad de tímido.

3 **tí·mi·do, -da** [tímiðo] *adj s/m,f* Inseguro en las relaciones con los demás.

1 **ti·mo** [tímo] *s/m* Robo, estafa.

2 **ti·món** [timón] *s/m* **1.** En una barca, pieza articulada inmersa en el agua por su parte posterior, que sirve para cambiar de dirección. **2.** Pieza con función similar en las aeronaves. **3.** FIG (Con *coger, empuñar, llevar*) Dirección o gobierno de algo.

1 **ti·mo·nel** [timonél] *s/m* Persona que lleva el timón.

1 **ti·mo·ra·to, -ta** [timoráto] *adj s/m,f* Excesivamente temeroso y tímido.

2 **tím·pa·no** [tímpano] *s/m* **1.** ANAT Membrana que separa el conducto auditivo externo del oído medio. **2.** ARQ Espacio triangular, en los frontones situados encima de ventanas, puertas, etc.

1 **ti·na** [tína] *s/f* **1.** Vasija grande de barro. **2.** Vasija grande, *gen* de madera, con forma de media cuba.

2 **ti·na·ja** [tináxa] *s/f* Vasija grande de barro cocido, para almacenar líquidos.

1 **tin·ción** [tinθjón] *s/f* Aplicación de un color sobre algo.

1 **ti·ner·fe·ño, -a** [tinerféɲo] *adj s/m,f* De Tenerife.

1 **tin·gla·do** [tingláðo] *s/m* **1.** Situación confusa. **2.** Lugar cubierto, para guardar cosas o refugiarse. **3.** Superficie elevada de tablas para ver mejor algo, como un espectáculo. LOC **Montar el tinglado,** preparar todo lo necesario para hacer algo.

3 **ti·nie·bla** [tinjéβla] *s/f,pl* Falta o escasez de luz.

2 **ti·no** [tíno] *s/m* **1.** Habilidad o destreza para dar en el blanco. **2.** Habilidad para encontrar lo que se busca. **3.** Vasija grande para contener el tinte. LOC **Sin tino,** sin rumbo claro, sin acierto.

3 **tin·ta** [tínta] *s/f* **1.** Líquido de color para escribir, dibujar e imprimir. **2.** Líquido negruzco que expulsan los moluscos cefalópodos, como los calamares. LOC **Cargar/Recargar las tintas,** FIG exagerar en algo. **Con medias tintas,** con vaguedad e imprecisión, sin definirse claramente.

1 **tin·tar** [tintár] *tr* Dar a algo un color distinto del que tenía.

2 **tin·te** [tínte] *s/m* **1.** Acción de teñir. **2.** Sustancia para teñir.

1 **tin·te·ro** [tintéro] *s/m* Recipiente para la tinta con que antiguamente se escribía. LOC **Dejar(se) alguien una cosa en el tintero,** FIG olvidar algo.

1 **tin·ti·ne·ar** [tintineár] *intr* Producir una campanilla su sonido característico.

1 **tin·ti·neo** [tintinéo] *s/m* Acción o resultado de tintinear.

3 **tin·to, -ta** [tínto] *adj s/m* Se aplica al vino de color rojizo oscuro.

tin·to·re·ra [tintoréra] *s/f* **1.** Tiburón de color oscuro azulado. **2.** AMER Hembra del tiburón.

1 **tin·to·re·ría** [tintorería] *s/f* Establecimiento donde se tiñen o limpian tejidos.

tin·to·re·ro, -ra [tintoréro] *s/m,f* Persona que se dedica a teñir o limpiar telas y prendas de vestir.

tin·to·rro [tintórro] *s/m* COL Vino tinto, *esp* el más corriente.

1 **tin·tu·ra** [tintúra] *s/f* **1.** Sustancia con que se tiñe. **2.** Proceso o acción de teñir.

ti·ña [tíɲa] *s/f* Enfermedad contagiosa de la piel.

1 **ti·ño·so, -sa** [tiɲóso] *adj s/m,f* Que padece la tiña.

5 **tío, -ía** [tío] *s/m* **1.** Hermano o hermana, o primo o prima del padre o de la madre de una persona. **2.** COL Apelativo equivalente a 'compañero', 'amigo', 'colega'. **3.** COL Hombre o mujer en general.

1 **tio·vi·vo** [tjoβíβo] *s/m* Atracción de feria, que consiste en una plataforma giratoria con figuras de caballos y otros animales o cosas a los que pueden subirse los niños.

1 **ti·pe·jo, -ja** [tipéxo] *s/m,f* COL DES Persona despreciable o ridícula.

4 **tí·pi·co, -ca** [típiko] *adj* Característico o representativo de algo o alguien.

1 **ti·pi·fi·ca·ción** [tipifikaθjón] *s/f* Acción y resultado de tipificar.

2 **ti·pi·fi·car** [tipifikár] *tr* **1.** Reducir a un tipo

o modelo estándar. **2.** Ser algo representativo de la clase a la que pertenece. RPr **Tipificar de**.

ORT La *c* cambia a *qu* ante *e: Tipifiquen*.

① **ti·pis·mo** [tipísmo] *s/m* Cualidad de típico.

① **ti·ple** [típle] **I.** *s/m,f* Persona que tiene la más aguda de las voces humanas. **II.** *s/m* MÚS La voz humana más aguda.

⑤ **ti·po, -pa** [típo] **I.** *s/m,f* Persona que no se conoce o cuyo nombre no se quiere decir: *La tipa esa está enamorada del muchacho*. **II.** *s/m* **1.** Modelo o ejemplo característico de algo. **2.** Clase, modalidad. **3.** Figura de alguien, teniendo en cuenta la belleza, peso, elegancia, etc. **4.** BIOL Cada uno de los grandes grupos en que se dividen los animales y plantas. **5.** Cada una de las clases de las letras de imprenta. LOC **Aguantar/Mantener el tipo,** FIG actuar con calma y serenidad. **Jugarse el tipo,** FIG poner una persona en peligro su vida.
Tipo de interés, COM porcentaje de dinero que produce una cantidad invertida o prestada.

① **ti·po·gra·fía** [tipoɣrafía] *s/f* Arte o técnica de imprimir o taller donde se hace.

① **ti·po·grá·fi·co, -ca** [tipoɣráfiko] *adj* Relativo a la tipografía.

① **ti·pó·gra·fo, -fa** [tipóɣrafo] *s/m,f* Profesional de la impresión de textos.

② **ti·po·lo·gía** [tipoloxía] *s/f* Estudio o clasificación de los diferentes tipos o clases de algo.

ti·quis·mi·qui(s) [tikismíki(s)] **I.** *adj s/m,f* COL Persona maniática. **II.** *s/m,pl* Inconvenientes, reparos de poca importancia.

③ **ti·ra** [tíra] **I.** *s/f* **1.** Pedazo largo y estrecho de un material delgado y flexible (tela, papel, etc.). **2.** Serie de dibujos o de viñetas en los periódicos, en que se cuenta una historieta. LOC **La tira (de),** mucho o gran cantidad de algo. **II.** *s/m* MEX Cuerpo de policía civil.

① **ti·ra·bu·zón** [tiraβuθón] *s/m* Rizo de pelo largo en espiral.

① **ti·ra·chi·nas** [tiratʃinas] *s/m* Horquilla con dos gomas sujetas a cada extremo y unidas por una banda o tira, para lanzar piedras pequeñas.

② **ti·ra·da** [tiráða] *s/f* **1.** Acción o resultado de tirar. **2.** Número de ejemplares de que consta una edición. LOC **De/En una tirada,** de una vez, sin interrupción.

③ **ti·ra·de·ro** [tiraðéro] *s/m* AMER Lugar al aire libre donde se almacena la basura.

① **ti·ra·do, -da** [tiráðo] *adj* **1.** Que está en el suelo o tumbado. **2.** Que se vende muy barato. **3.** Muy fácil de hacer.

① **ti·ra·dor, -ra** [tiraðór] **I.** *s/m,f* Persona que tira, lanza o dispara algo. **II.** *s/m* Especie de asa para abrir una puerta, cajón, etc.

ti·ra·fon·do [tirafóndo] *s/m* Tornillo para sujetar piezas metálicas a la madera.

① **ti·ra·je** [tiráχe] *s/m* Acción o resultado de imprimir.

ti·ra·lí·neas [tiralíneas] *s/m* Instrumento para trazar líneas.

② **ti·ra·nía** [tiranía] *s/f* **1.** Forma de gobierno despótico. **2.** Abuso de autoridad o poder.

① **ti·rá·ni·co, -ca** [tirániko] *adj* Relativo a la tiranía.

① **ti·ra·ni·zar** [tiraniθár] *tr* FIG Ejercer la tiranía.

ORT Ante *e* la *z* cambia a *c: Tiranicen*.

② **ti·ra·no, -na** [tiráno] *adj s/m,f* **1.** Quien gobierna con despotismo y crueldad. **2.** Persona que abusa de su poder o superioridad.

② **ti·ran·te** [tiránte] **I.** *adj* **1.** Estirado, tenso. **2.** (Situación) incómoda y molesta. **II.** *s/m* **1.** (*gen pl*) Tira con que se sujeta a los hombros una prenda de vestir. **2.** Pieza que en una construcción aguanta una fuerza o tensión.

① **ti·ran·tez** [tirantéθ] *s/f* Cualidad de tirante.

⑤ **ti·rar** [tirár] **I.** *tr* **1.** Lanzar o arrojar una cosa que se tiene en la mano. **2.** Deshacerse de algo que ya no sirve o está viejo. **3.** Malgastar, derrochar. **4.** Disparar con un arma de fuego. **5.** Imprimir un libro, revista, etc. **II.** *intr* **1.** (Con *de*) Hacer fuerza una persona o animal para traer hacia sí o para arrastrar algo. **2.** FIG Gustar algo a alguien. **3.** (Con *de*) Utilizar algo: *Si necesitas dinero, tira de la tarjeta de crédito*. **4.** Mantener, seguir usando algo: (Con *a*) Parecerse. **5.** Seguir viviendo o funcionando. **6.** Facilitar un tiro o chimenea la expulsión del humo al exterior. **III.** REFL(-*se*) **1.** (Con *a, encima, sobre*) Echarse encima o dejarse caer sobre algo o alguien. **2.** (Con *a, en, sobre*) Echarse, tenderse en el suelo o sobre una superficie. **3.** INFML Dejar pasar el tiempo de cierta manera. **4.** VULG (Con *a*) Tener una relación sexual con alguien. RPr **Tirar(se) a/con/de/en/para/por/sobre.**

ti·ri·cia [tiríθja] *s/f* Coloración amarillenta de la piel y de las membranas mucosas.

① **ti·ri·ta** [tiríta] *s/f* Pequeña tira de esparadrapo con gasa y desinfectante, para cubrir y proteger pequeñas heridas.

TI·RI·TAR

ti·ri·tar [tiritár] *intr* Temblar. RPr **Tiritar de**.

ti·ro [tíro] *s/m* **1.** Lanzamiento de algo en una dirección determinada. **2.** Disparo con arma de fuego. **3.** Acción o resultado de arrastrar algo. **4.** Conjunto de caballos que tiran de un carruaje. **5.** En una chimenea, hueco por el que pasa la corriente de aire que hace que arda mejor el fuego. LOC **A tiro, 1,** al alcance de un arma. **2,** FIG al alcance. **Caer/Sentar algo como un tiro,** FIG no sentar bien algo. **De tiros largos,** INFML muy bien vestido. **Ni a tiros,** FIG de ningún modo. **Salir el tiro por la culata,** dar algo un resultado contrario del que se esperaba.

ti·roi·des [tiróiðes] *adj s/m,f* Glándula que regula el metabolismo y el crecimiento.

ti·rón [tirón] *s/m* **1.** Acción de tirar de alguien con violencia o brusquedad. **2.** Contracción brusca de un músculo. **3.** (Con *tener*) Éxito.

ti·ro·ne·ro, -ra [tironéro] *s/m,f* Ladrón de bolsos quitándoselos a las víctimas.

ti·ro·te·ar [tirotreár] *tr intr* Disparar repetidamente.

ti·ro·teo [tirotéo] *s/m* Acción o resultado de tirotear.

ti·rria [tírrja] *s/f* (Con *tener*) Antipatía.

ti·sa·na [tisána] *s/f* Bebida medicinal de hierbas y otros ingredientes.

tí·si·co, -ca [tísiko] *adj s/m,f* Que padece tisis o tuberculosis.

ti·sis [tísis] *s/f* MED Tuberculosis.

ti·tán [titán] *s/m* FIG Persona que destaca por algo extraordinario.

ti·tá·ni·co, -ca [titániko] *adj* Muy grande, o que exige mucho esfuerzo.

ti·ta·nio [titánjo] *s/m* Elemento químico, de color gris y gran dureza. Símbolo *Ti*.

tí·te·re [títere] **I.** *s/m* **1.** Muñeco que se mueve por medio de hilos o metiendo una mano en su interior. **2.** *pl* Representación teatral con estos muñecos. **II.** *adj s/m,f* FIG Persona sin personalidad, que cambia fácilmente de opinión. LOC **No dejar/quedar títere con cabeza,** destrozarlo todo.

ti·ti·lar [titilár] *intr* Despedir luz un cuerpo con ligeras oscilaciones, como si temblase.

ti·ti·leo [titiléo] *s/m* Acción de titilar.

ti·ti·ri·tar [titiritár] *intr* Temblar a causa del frío, miedo o fiebre.

ti·ti·ri·te·ro, -ra [titiritéro] *s/m,f* Persona que maneja títeres.

ti·to, -ta [títo] *s/m,f* Forma cariñosa empleada por los niños para referirse al hermano o hermana de su padre o madre.

ti·tu·be·an·te [tituβeánte] *adj* Que titubea.

ti·tu·be·ar [tituβeár] *intr* **1.** Hablar con inseguridad o duda. **2.** Dudar al tener que decidir.

ti·tu·beo [tituβéo] *s/m* Acción o resultado de titubear.

ti·tu·la·ción [titulaθjón] *s/f* Título académico.

ti·tu·la·do, -da [tituláðo] *adj s/m,f* Que ha obtenido un título académico.

ti·tu·lar [titulár] **I.** *adj s/m,f* **1.** Que ocupa un cargo con el título y nombramiento requerido para ello. **2.** Propietario de algo. **II.** *s/m* **1.** Título que encabeza una noticia o texto. **2.** DEP Jugador adscrito a un equipo con carácter permanente. **III.** *tr* Poner título a algo. **IV.** REFL(*-se*) **1.** Obtener un título académico. **2.** Tener algo por título la palabra o frase que se dice. RPr **Titularse en**.

ti·tu·la·ri·dad [titulariðáð] *s/f* Condición de quien es titular.

tí·tu·lo [título] *s/m* **1.** Palabra o palabras con que se designa e identifica una obra. **2.** Categoría académica que se obtiene tras realizar ciertos estudios y superar ciertas pruebas. **3.** Cada una de las partes en que se dividen las leyes o reglamentos. **4.** Tratamiento a que alguien tiene derecho. **5.** COM Documento que demuestra que su poseedor tiene cierta cantidad de dinero invertida. LOC **A título de,** en calidad de lo que se expresa.

ti·za [tíθa] *s/f* Barra de yeso para escribir en una pizarra.

tiz·nar [tiθnár] *tr* REFL(*-se*) Manchar con tizne o cualquier sustancia negruzca.

tiz·ne [tíθne] *s/m,f* Hollín del fuego.

ti·zón [tiθón] *s/m* Palo o leño a medio quemar.

toa·lla [toáʎa] *s/f* Pieza rectangular de algodón o de otro tejido absorbente, que se usa para secarse. LOC **Arrojar/Tirar la toalla,** abandonar una actividad, o darse por vencido en algo.

toa·lle·ro [toaʎéro] *s/m* Soporte para colgar toallas.

toa·lli·ta [toaʎíta] *s/f* Trocito de papel humedecido, que se tira después de usar.

to·be·ra [toβéra] *s/f* Tubo que regula la salida de los gases de combustión.

to·bi·lle·ra [toβiʎéra] *s/f* Calcetín elástico para proteger los tobillos.

TO·LE·RA·BLE

② **to·bi·llo** [toβíλo] *s/m* Abultamiento que forman la tibia y el peroné en la unión de la pierna con el pie.

to·bo·gán [toβoγán] Atracción o diversión infantil que consiste en una rampa por la que es posible deslizarse.

③ **to·ca** [tóka] *s/f* Prenda femenina para cubrirse la cabeza.

① **to·ca·dis·cos** [tokaðískos] *s/m* Aparato que reproduce el sonido grabado en un disco.

③ **to·ca·do, -da** [tokáðo] **I.** *adj* **1.** FIG (Con *estar*) Con algún trastorno mental. **2.** FIG (Con *estar*) Afectado por alguna enfermedad o problema. **3.** FIG Se aplica a la fruta que empieza a pudrirse. **II.** *s/m* **1.** Forma concreta de arreglarse el pelo y peinarse, *esp* una mujer. **2.** Cualquier prenda con que se cubre la cabeza.

① **to·ca·dor, -ra** [tokaðór] *s/m* **1.** Mueble para peinarse y maquillarse las mujeres. **2.** Habitación para maquillarse.

① **to·ca·mien·to** [tokamjénto] *s/m* Acción de manosear a alguien.

① **to·can·te** [tokánte] LOC **En lo tocante a,** por lo que se refiere a.

⑤ **to·car** [tokár] **I.** *tr* **1.** Ejercitar el sentido del tacto. **2.** Estar o ponerse en contacto con algo o alguien mediante un objeto: *Lo tocó con la punta del cigarrillo.* **3.** Interpretar una pieza musical. **4.** Tropezar ligeramente una cosa con otra. **5.** FIG Tratar de un tema de forma superficial. **6.** Mover algo del sitio donde está. **II.** *intr* **1.** FIG Corresponderle a alguien una obligación. **2.** Caer a alguien algo en suerte o como premio: *Les ha tocado la lotería.* **3.** Corresponderle a alguien la parte de un todo que se reparte. **4.** Llegarle a alguien el turno de hacer algo. **III.** *REFL(-se)* (Con *con*) Cubrirse la cabeza con algo. RPr **Tocarse con.**

ORT La *c* cambia a *qu* ante *e: Toquemos.*

to·ca·te·ja [tokatéχa] *s/f* LOC **A toca teja,** al contado y puntualmente.

to·ca·yo, -ya [tokájo] Se aplica a la persona que tiene el mismo nombre que otra.

① **to·cho** [tótʃo] *s/m* DESP Libro voluminoso o grande, pero aburrido.

② **to·ci·no** [toθíno] *s/m* Capa de grasa del cerdo, por debajo de la piel.

to·co·gi·ne·co·lo·gía [tokoχinekoloχía] *s/f* MED Estudio de los órganos sexuales y reproductores femeninos.

to·co·gi·ne·có·lo·go, -ga [tokoχinekóloγo] *s/m,f* Especialista en tocoginecología.

to·co·lo·gía [tokoloχía] *s/f* MED Rama de la medicina que se ocupa de la asistencia en el parto.

to·có·lo·go, -ga [tokóloγo] *s/m,f* Especialista en tocología.

to·co·mo·cho [tokomótʃo] *s/m* COL Timo o engaño que consiste en vender un billete de lotería falso, supuestamente premiado, por un precio inferior al del supuesto premio.

① **to·cón, -co·na** [tokón] **I.** *s/m* Parte del tronco de un árbol que queda sujeta a la raíz después de ser cortado. **II.** *adj s/m,f* COL Persona que acostumbra a tocar o manosear a otro.

⑤ **to·da·vía** [toðaβía] *adv* Indica que hasta el momento expresado está ocurriendo o no ha ocurrido lo que se dice.

⑤ **to·do, -da** [tóðo] **I.** *adj* **1.** Que se toma por entero o en todas sus partes. **2.** Delante de un *adj* o *s*, 'completamente': *Su canción era toda lo mismo.* **3.** Precedido de 'con', equivale a 'a pesar de': *Con toda la lluvia que ha caído, no ha servido de nada.* **4.** Cada: *Ingresa dinero todos los meses.* **II.** *s/m* **1.** Cosa entera o con todas sus partes. **2.** *pl* Conjunto de personas. **III.** *adv* Enteramente, completamente. LOC **A todo esto, 1,** mientras tanto. **2,** a propósito: *Y a todo esto, ¿dónde está tu madre?* **Así y todo,** a pesar de ello. **Con todo/Con eso y todo/Con todo y eso,** a pesar de eso. **De todas todas,** con absoluta seguridad.

ORT *Todo* como *adj* y seguido de *s* nunca lleva *art* o *determinantes* antepuestos.

② **to·do·po·de·ro·so, -sa** [toðopoðeróso] **I.** *adj* Que tiene mucho poder. **II.** *s/m* REL *may* Dios.

① **to·do·te·rre·no** [toðoterréno] **I.** *adj s/m* Vehículo que puede circular por todo tipo de terrenos. **II.** *s/m,f* FIG Persona que sirve para todo.

① **to·ga** [tóγa] *s/f* Especie de túnica con mangas anchas, que se pone *gen* encima de la ropa y llega hasta los talones.

to·ga·do, -da [toγáðo] *adj s/m,f* Se aplica a la persona que viste toga, *esp* magistrados y jueces.

① **toi·le·tte** [twalét; tóilet] *s/f* **1.** GAL Cuarto de baño o aseo. **2.** (Con *hacerse*) Aseo personal.

① **tol·do** [tóldo] *s/m* **1.** Cubierta de tela gruesa para dar sombra o para proteger del frío, lluvia, etc. **2.** Tela gruesa con la que se cubrían los carros.

① **to·le·ra·ble** [toleráβle] *adj* Que se puede tolerar.

TO·LE·RAN·CIA

3 **to·le·ran·cia** [toleránθja] *s/f* Capacidad para tolerar o soportar algo.

2 **to·le·ran·te** [toleránte] *adj* Que respeta a los demás o sus opiniones.

3 **to·le·rar** [tolerár] *tr* **1.** Sufrir o aguantar algo con paciencia. **2.** Resistir algo sin que cause daño. **3.** Respetar las ideas ajenas.

4 **to·ma** [tóma] *s/f* **1.** Acción de tomar. **2.** Cantidad que se toma de una vez. **3.** Lugar y punto en el que se puede conectar algo (agua, gas). **4.** Impresión de imágenes en una película. **5.** Reunión de cosas dispersas. LOC **Toma y daca**, COL expresa que lo que hace o dice una persona suele encontrar una respuesta similar en otra.

1 **to·ma·dor, -ra** [tomaðór] *s/m,f* Persona que suscribe una póliza a cambio de ciertas prestaciones.

1 **to·ma·du·ra** [tomaðúra] *s/f* Acción o resultado de agarrar o tomar algo. LOC **Tomadura de pelo**, burla o engaño.

5 **to·mar** [tomár] **I.** *tr* **1.** Agarrar algo con la mano, con los brazos o con un instrumento. **2.** Utilizar o emplear un medio de transporte. **3.** MIL Lograr el control de una posición militar. **4.** Ingerir un líquido, comida, etc. **5.** Sentir o experimentar un sentimiento de rechazo, aversión, afecto, etc., hacia otra persona. **6.** Seguir una dirección determinada. **7.** Recibir el efecto de un agente externo: *Tomar el aire*. **II.** REFL(-se) **1.** Comer o beber algo. **2.** Experimentar algo de cierta manera. LOC **Tomar el pelo a alguien**, burlarse de él. **Tomar la palabra**, ejercer el derecho a hablar en un debate.

4 **to·ma·te** [tomáte] *s/m* **1.** Fruto comestible, redondo y de color rojo cuando madura. **2.** FIG (Con *tener*) Situación confusa.

to·ma·te·ra [tomatéra] *s/f* BOT Planta cuyo fruto es el tomate.

1 **to·ma·vis·tas** [tomaβístas] *s/m* TÉC Cámara para hacer películas.

1 **tóm·bo·la** [tómbola] *s/f* Sorteo, rifa.

2 **to·mi·llo** [tomíʎo] *s/m* BOT Planta muy olorosa.

3 **to·mo** [tómo] *s/m* Libro que forma parte de una obra mayor. LOC **De tomo y lomo**, muy importante o muy grande.

1 **ton** [tón] *s/m* LOC **Sin ton ni son**, sin motivo que lo justifique.

1 **to·na·da** [tonáða] *s/f* Letra o composición poética.

1 **to·na·di·lla** [tonaðíʎa] *s/f* FIG Composición musical breve, de tema ligero y alegre.

2 **to·nal** [tonál] *adj* MÚS Relativo al tono o tonalidad.

2 **to·na·li·dad** [tonaliðáð] *s/f* **1.** Melodía más generalizada en una composición o canción. **2.** Combinación de varios colores y tonos.

1 **to·nel** [tonél] *s/m* Cuba grande.

3 **to·ne·la·da** [toneláða] *s/f* **1.** Unidad de peso o capacidad equivalente a mil kilogramos. **2.** (*gen* en *pl*) Gran cantidad de algo.

1 **to·ne·la·je** [toneláxe] *s/m* Capacidad de carga de un vehículo.

to·ner [tóner] *s/m* ANGL Cartucho con tinta, para fotocopiadoras o impresoras.

ton·go [tóŋgo] *s/m* Trampa.

2 **tó·ni·ca** [tónika] *s/f* **1.** Tendencia general. **2.** Bebida refrescante.

2 **tó·ni·co, -ca** [tóniko] **I.** *adj* **1.** Que da fuerza o vigor. **2.** LIN Sílaba sobre la que recae el acento. **II.** *s/m* Sustancia para dar fuerza o vigor.

to·ni·fi·ca·ción [tonifikaθjón] *s/f* Acción o resultado de tonificar(se).

1 **to·ni·fi·can·te** [tonifikánte] *adj s/m* Que tonifica.

1 **to·ni·fi·car** [tonifikár] *tr* REFL(-se) Dar fuerza o vigor.
ORT Ante *e* la *c* cambia a *qu*: *Tonifique*.

1 **to·ni·llo** [toníʎo] *s/m* **1.** Entonación o manera de hablar monótona y desagradable. **2.** Manera enfática o burlona de decir algo.

4 **to·no** [tóno] *s/m* **1.** Cada variante gradual que puede percibirse en un color o sonido. **2.** Manera de articular un sonido. **3.** Combinación de varios colores y tonos. **4.** Rasgo predominante en una conversación, escrito, etc. **5.** TÉC En el teléfono, sonido continuo para establecer una comunicación. LOC **Darse tono**, COL presumir. **En tono (de)**, con la intención que se expresa. **Fuera de tono**, desacertado, inoportuno. **Salida de tono**, acción o dicho que demuestra falta de oportunidad o discreción.

1 **ton·su·rar** [tonsurár] *tr* Cortar el pelo.

ton·ta·da [tontáða] *s/f* Tontería.

1 **ton·tai·na** [tontáina] *s/m,f* Persona muy tonta.

1 **ton·te·ar** [tonteár] *intr* **1.** Decir o hacer tonterías. **2.** Tener relaciones amorosas sin intenciones serias.

3 **ton·te·ría** [tontería] *s/f* **1.** Cualidad estado de tonto. **2.** Acción o dicho qu

demuestra falta de inteligencia o discreción. **3.** Cosa de poco valor.

4 **ton·to, -ta** [tónto] *adj s/m,f* **1.** Falto de inteligencia, estúpido. **2.** Que se lleva a cabo sin un motivo o razón que lo justifique. **3.** (Con *estar, ponerse, ser*) Altivo. LOC **A lo tonto, 1,** de manera estúpida. **2,** sin intención ni motivo.

1 **to·pa·cio** [topáθjo] *s/m* GEOL Piedra preciosa, transparente o de color amarillo, violeta o verdoso. Es muy apreciada en joyería.

3 **to·par** [topár] *tr intr* **1.** Chocar contra algo. **2.** Encontrarse con algo o alguien por casualidad. RPr **Topar con.**

2 **to·pe** [tópe] *s/m* **1.** Límite o extremo superior. **2.** Parte que sobresale de una cosa. LOC **A tope,** lleno completamente. **Hasta los topes,** cargado hasta el máximo de su capacidad.

1 **to·pe·ta·zo** [topetáθo] *s/m* Choque o encuentro violento.

3 **tó·pi·co, -ca** [tópiko] **I.** *adj s/m* De uso externo. **II.** *s/m* Expresión corriente y trivial.

1 **top·less** [tóples] *s/m* LOC **En topless,** con los pechos al descubierto.

1 **to·po** [tópo] *s/m* **1.** Mamífero insectívoro parecido al ratón, que excava y vive en galerías subterráneas. **2.** Persona infiltrada en una organización para obtener información.

1 **to·po·gra·fía** [topoɣrafía] *s/f* Ciencia que tiene como objeto la representación gráfica del terreno.

1 **to·po·grá·fi·co, -ca** [topoɣráfiko] *adj* Relativo a la topografía.

1 **to·pó·gra·fo, -fa** [topóɣrafo] *s/m,f* Especialista en topografía.

1 **to·po·ni·mia** [toponímja] *s/f* Estudio de los nombres propios de lugar.

1 **to·pó·ni·mo** [topónimo] *s/m* Nombre de un lugar.

3 **to·que** [tóke] *s/m* **1.** Acción o resultado de tocar algo. **2.** Cambio o modificación ligera de algo. **3.** Aviso, advertencia. **4.** Sonido de una campana u otro instrumento.

1 **to·que·te·ar** [toketeár] *tr* **1.** Tocar repetidamente. **2.** VULG Realizar toques con intención sexual.

to·que·teo [toketéo] *s/m* Acción o resultado de toquetear.

1 **to·qui·lla** [tokíʎa] *s/f* Prenda de vestir femenina, que se coloca sobre la cabeza.

] **to·ra, to·rá** [tóra;torá] *s/f* Libro que recoge la ley religiosa judía.

1 **to·rá·ci·co, -ca** [toráθiko] *s/f* Relativo al tórax.

2 **tó·rax** [tóra(k)s] *s/m* Cavidad del cuerpo que contiene el corazón y los pulmones.

2 **tor·be·lli·no** [torβeʎíno] *s/m* **1.** Movimiento giratorio y rápido del viento. **2.** Situación de confusión y agitación. **3.** Persona muy inquieta y atropellada en su actuación.

1 **tor·caz** [torkáθ] *adj* Relativo a una especie de paloma silvestre.

tor·ce·du·ra [torθeðúra] *s/f* Acción o resultado de torcer(se).

3 **tor·cer** [torθér] **I.** *tr* **1.** Doblar o inclinar algo que estaba recto o vertical. **2.** FIG Hacer que alguien cambie su actuación o conducta. **3.** Forzar una articulación. **4.** Aplicado a la cabeza, girarla. **II.** *intr* Cambiar de dirección o rumbo. **III.** REFL(-*se*) Malograrse algo.
CONJ *Irreg: Tuerzo, torcí, torceré, torcido.*

1 **tor·do, -da** [tórðo] **I.** *adj* Se dice de la caballería con el pelaje de color blanco y negro. **II.** *s/m,f* Pájaro de plumaje pardo y con pico corto y fuerte.

2 **to·re·ar** [toreár] *tr* **1.** Lidiar a un toro. **2.** Evitar, sortear algo con habilidad o astucia.

1 **to·reo** [toréo] *s/m* Acción o resultado de torear.

3 **to·re·ro, -ra** [toréro] **I.** *adj* Relativo a la lidia de toros. **II.** *s/m,f* Profesional del toreo. LOC **Saltarse algo a la torera,** no respetar algo.

1 **to·ril** [toríl] *s/m* TAUR Lugar donde se mantienen encerrados los toros antes de la corrida.

1 **to·rio** [tórjo] *s/m* Elemento químico, radiactivo. Símbolo Th.

3 **tor·men·ta** [torménta] *s/f* Alteración violenta de la presión atmosférica, con lluvias, nevadas o descargas eléctricas.

1 **tor·men·to** [torménto] *s/m* **1.** Tortura. **2.** Sufrimiento intenso o prolongado.

2 **tor·men·to·so, -sa** [tormentóso] *adj* **1.** Que causa o implica tormenta. **2.** Que causa agitación o alteración del ánimo.

1 **tor·na** [tórna] *s/f* Linde de un terreno.

1 **tor·na·di·zo, -za** [tornaðíθo] *adj* Inconstante.

1 **tor·na·do** [tornáðo] *s/m* Torbellino de aire de gran intensidad y potencia.

4 **tor·nar** [tornár] **I.** *tr* **1.** (Con *en*) Transformar(se) o cambiar(se) (a) alguien o algo en una persona o cosa diferente de

TOR·NA·SOL

lo que era antes. **2.** Entregar, devolver. **II.** *intr* REFL(-*se*) **1.** Volver(se) al punto de donde se ha salido. **2.** (Con *a* + *inf*) Volver a hacer lo que se expresa.

1 **tor·na·sol** [tornasól] *s/m* Reflejo de la luz sobre ciertos tejidos u objetos lisos.

2 **tor·ne·ar** [torneár] *tr* Dar forma a algo con un torno.

3 **tor·neo** [tornéo] *s/m* **1.** Enfrentamiento o combate entre caballeros. **2.** Competición deportiva.

1 **tor·ne·ro, -ra** [tornéro] *s/m,f* Persona que trabaja en un torno.

2 **tor·ni·llo** [torníʎo] *s/m* Cilindro de metal y roscado, con una parte superior que se puede roscar con un destornillador. LOC **Apretar los tornillos a alguien,** FIG obligar a alguien a hacer algo. **Faltar un tornillo a alguien/ Tener alguien los tornillos flojos,** FIG ser poco sensato, no estar cuerdo.

1 **tor·ni·que·te** [tornikéte] *s/m* Ligadura para evitar o contener las hemorragias.

4 **tor·no** [tórno] *s/m* **1.** Mecanismo en forma de aspa que se coloca sobre un eje giratorio vertical para regular o impedir la entrada o la salida de las personas de un lugar. **2.** Máquina para dar formas diversas a un objeto. **3.** Armazón giratorio en el hueco de una pared, para pasar cosas de un lado a otro.

4 **to·ro** [tóro] *s/m* Mamífero rumiante, macho de la vaca, de gran tamaño.

to·ron·ja [torónχa] *s/f* Fruto comestible del cidro, similar a la naranja.

3 **tor·pe** [tórpe] *adj* **1.** Que se mueve con dificultad. **2.** Poco hábil con las manos. **3.** Que aprende despacio, poco inteligente.

1 **tor·pe·de·ar** [torpeðeár] *tr* Disparar torpedos.

tor·pe·deo [torpeðéo] *s/m* Acción o resultado de torpedear.

tor·pe·de·ro, -ra [torpeðéro] *adj s/m,f* Barco para lanzar torpedos.

1 **tor·pe·do** [torpéðo] *s/m* Proyectil submarino.

2 **tor·pe·za** [torpéθa] *s/f* **1.** Cualidad de torpe. **2.** Acción o dicho torpe.

4 **to·rrar** [torrár] **I.** *tr* Tostar al fuego. **II.** REFL(-*se*) COL Quedarse adormecido o dormido.

4 **to·rre** [tórre] *s/f* **1.** Construcción más alta que ancha. P *ext*, edificio de gran altura, en especial los rascacielos: *La torre Eiffel.* **2.** Pieza del ajedrez, con forma de torre de castillo. **3.** MIL Estructura acorazada en la cubierta de las embarcaciones de guerra. **4.** Estructura metálica de gran tamaño y altura. **Torre de control,** edificio en un aeropuerto para controlar la navegación aérea.

to·rre·fac·ción [torrefakθjón] *s/f* Acción de tostar algo al fuego.

to·rre·fac·to, -ta [torrefákto] *adj* Tostado.

1 **to·rren·cial** [torrenθjál] *adj* Relativo al torrente, o a lo que se le parece (impetuosidad, intensidad).

2 **to·rren·te** [torrénte] *s/m* Corriente fuerte e impetuosa de agua.

to·rren·te·ra [torrentéra] *s/f* **1.** Cauce de un torrente. **2.** Torrente.

2 **to·rre·ón** [torreón] *s/m* Torre de defensa en un castillo o fortificación.

1 **to·rre·ro, -ra** [torréro] *s/m,f* Persona que cuida de una torre o faro.

1 **to·rre·ta** [torréta] *s/f* **1.** Torre de pequeñas dimensiones, o de materiales ligeros. **2.** Estructura acorazada en la cubierta de las embarcaciones de guerra u otros vehículos militares.

1 **to·rrez·no** [torréθno] *s/m* Pedazo de tocino frito.

1 **tó·rri·do, -da** [tórriðo] *adj* Muy caliente.

1 **to·rri·ja** [torríχa] *s/f* Rebanada de pan bañada en vino o leche, que se fríe rebozada en huevo y se endulza con miel o azúcar.

1 **tor·sión** [torsjón] *s/f* Acción o resultado de torcer(se).

2 **tor·so, -sa** [tórso] *s/m* **1.** Parte del cuerpo entre el cuello y el abdomen. **2.** Estatua sin cabeza ni extremidades.

2 **tor·ta** [tórta] *s/f* **1.** Masa, *gen* redonda, de harina, aceite, huevos y azúcar, que se cuece a fuego lento. **2.** Golpe fuerte en la cara con la mano abierta.

1 **tor·ta·zo** [tortáθo] *s/m* **1.** Golpe fuerte en la cara con la mano abierta. **2.** Golpe violento al tropezar, caerse, etc. LOC **A tortazos,** a golpes o a puñetazos.

1 **tor·ti·ce·ro, -ra** [tortiθéro] *adj* Injusto ilegal.

1 **tor·tí·co·lis** [tortíkolis] *s/m* Contracción involuntaria y dolorosa de los músculos del cuello.

3 **tor·ti·lla** [tortíʎa] *s/f* **1.** Masa de huevo batidos, revueltos con otros ingredientes como patatas, cebolla, etc., y luego fritos **2.** Torta de maíz cocida.

1 **tor·ti·lle·ra** [tortiʎéra] *s/f* Mujer que mantiene relaciones sexuales con otra.

TRA·BA·JAR

① **tór·to·la, -ta** [tórtola] *s/f* Ave similar a la paloma, pero más pequeña.

① **tór·to·lo** [tórtolo] **I.** *s/m* **1.** Macho de la tórtola. **2.** Hombre muy enamorado. **II.** *s/m,pl* Pareja de enamorados.

② **tor·tu·ga** [tortúγa] *s/f* Reptil con el cuerpo cubierto por un caparazón óseo.

tor·tuo·si·dad [tortwosiðáð] *s/f* Cualidad de tortuoso.

① **tor·tuo·so, -sa** [tortwóso] *adj* **1.** Que no sigue una línea recta. **2.** Que actúa sin dar la cara.

② **tor·tu·ra** [tortúra] *s/f* Tormento que recibe alguien para que renuncie a sus creencias o para que diga lo que sabe.

① **tor·tu·ra·dor, -ra** [torturaðór] *adj s/m,f* Que tortura.

③ **tor·tu·rar** [torturár] *tr* Atormentar, causar tortura.

① **tor·vo, -va** [tórβo] *adj* De aspecto amenazador y terrible.

② **tos** [tós] *s/f* Acción o resultado de toser.

② **tos·co, -ca** [tósko] *adj* Poco refinado, rudo.

② **to·ser** [tosér] *intr* Expulsar el aire del aparato respiratorio, ruidosa, brusca y enérgicamente.

① **tos·que·dad** [toskeðáð] *s/f* Cualidad de tosco.

① **tos·ta·da** [tostáða] *s/f* Rebanada de pan tostado.

② **tos·ta·do, -da** [tostáðo] **I.** *adj* **1.** Que es resultado de tostar. **2.** De color ocre. **II.** *s/m* Acción o resultado de tostar.

① **tos·ta·dor, -ra** [tostaðór] *adj s/m,f* Que tuesta.

② **tos·tar** [tostár] *tr* REFL(-se) **1.** Calentar un alimento hasta que adquiere un color dorado. **2.** Broncear el sol o el viento la piel de una persona. RPr **Tostar(se) a**.
CONJ *Irreg: Tuesto, tosté, tostaré, tostado*.

① **tos·tón** [tostón] *s/m* **1.** Trozo de pan frito. **2.** Persona o cosa molesta o pesada. **3.** Cochinillo asado.

⑤ **to·tal** [totál] **I.** *adj* Completo, entero. **II.** *s/m* Cantidad que incluye todos los elementos de algo. **III.** *adv* Como conclusión.

to·ta·li·dad [totaliðáð] *s/f* **1.** Cualidad de lo que está completo. **2.** Suma de todos los elementos de algo. LOC **En su totalidad,** de manera completa.

to·ta·li·ta·rio, -ia [totalitárjo] *adj* Relativo al totalitarismo o seguidor de él.

to·ta·li·ta·ris·mo [totalitarísmo] *s/m* Doctrina política que propugna la sumisión completa del individuo al control del Estado.

① **to·ta·li·za·ción** [totaliθaθjón] *s/f* Acción o resultado de totalizar.

① **to·ta·li·za·dor, -ra** [totaliθaðór] *adj* Que totaliza.

① **to·ta·li·zar** [totaliθár] *tr* Resultar en un total determinado la suma de varios elementos o cantidades.
ORT Ante *e* la *z* cambia a *c: Totalice*.

① **tó·tem** [tótem] *s/m* Animal, planta u objeto al que se le atribuyen poderes mágicos y es objeto de culto.
GRAM *pl Tótems*.

① **to·té·mi·co, -ca** [totémiko] *adj* Relativo al tótem o al totemismo.

② **tour** [túr] *s/m* **1.** Vuelta ciclista a Francia. **2.** Excursión, viaje.

tour·née [turné] *s/f* Gira turística, o de un cantante representando sus obras.

① **to·xi·ci·dad** [to(k)siθiðáð] *s/f* Cualidad de tóxico.

③ **tó·xi·co, -ca** [tó(k)siko] *adj s/m* Venenoso.

① **to·xi·co·lo·gía** [to(k)sikoloχía] *s/f* Especialidad que se ocupa de las sustancias tóxicas.

to·xi·có·lo·go, -ga [to(k)sikóloγo] *s/m,f* Especialista en toxicología.

① **to·xi·co·ma·nía** [to(k)sikomanía] *s/f* Consumo abusivo y habitual de droga.

① **to·xi·có·ma·no, -na** [to(k)sikómano] *s/m,f* Adicto al consumo de droga.

① **to·xi·na** [to(k)sína] *s/f* Sustancia venenosa elaborada por microbios.

① **to·zu·dez** [toθuðéθ] *s/f* Cualidad de tozudo.

① **to·zu·do, -da** [toθúðo] *adj* Obstinado, terco.

② **tra·ba** [tráβa] *s/f* **1.** Acción o resultado de trabar(se). **2.** Cuerda para sujetar cosas, en especial las patas de los animales para que no se escapen. **3.** Cosa que impide la libertad de acción.

③ **tra·ba·ja·do, -da** [traβaχáðo] *adj* Que se hace con mucha delicadeza o minuciosidad.

⑤ **tra·ba·ja·dor, -ra** [traβaχaðór] **I.** *adj* Que trabaja. **II.** *s/m,f* Obrero.

⑤ **tra·ba·jar** [traβaχár] **I.** *intr* **1.** Hacer algo que requiere esfuerzo. **2.** Llevar a cabo las tareas y funciones correspondientes a un puesto o empleo. **3.** Funcionar algo, *esp* determinados mecanismos. **II.** *tr* **1.** Someter una sustancia o material al efecto de una acción para moldearlos o configurarlos. **2.** Esforzarse para que un asunto se solucione. **3.** Concentrar el esfuerzo en

TRA·BA·JO

algo: *En estos momentos trabajo mucho la electrónica.*

5 **tra·ba·jo** [traβáχo] *s/m* **1.** Acción o resultado de trabajar. **2.** Actividad o empleo que alguien desarrolla a cambio de un salario. **3.** Producto o resultado de lo que alguien crea o hace. **4.** (*gen en pl*) Situación de dificultad o necesidad que alguien atraviesa.

1 **tra·ba·jo·so, ·sa** [traβaχóso] *adj* Que exige mucho esfuerzo.

1 **tra·ba·len·guas** [traβaléŋgwas] *s/m* Palabra o combinación de ellas que resultan difíciles de pronunciar.

2 **tra·bar** [traβár] **I.** *tr* **1.** Juntar o unir dos o más cosas entre sí para darles mayor consistencia. **2.** Inmovilizar las manos con una cuerda. **3.** FIG Iniciar algo que se expresa: *Trabar amistad.* **4.** FIG Quedar algo enganchado en un mecanismo, de modo que éste no puede seguir funcionando. **5.** Aumentar la consistencia de una masa. **II.** REFL(-se) Hablar con dificultad o sin articular correctamente.

1 **tra·ba·zón** [traβaθón] *s/f* Elemento de unión entre dos o más cosas o personas.

1 **tra·bi·lla** [traβíʎa] *s/f* Tira pequeña que une dos partes de una prenda, o que permite sujetarla al cuerpo con una cinta.

1 **tra·bu·car** [traβukár] *tr* REFL(-se) Cambiar o alterar el orden o posición de algo.
ORT La *c* cambia a *qu* ante *e*: *Trabuquen.*

1 **tra·bu·ca·zo** [traβukáθo] *s/m* Disparo de trabuco.

1 **tra·bu·co** [traβúko] *s/m* Arma de fuego más corta y de mayor calibre que la escopeta.

1 **tra·ca** [tráka] *s/f* Conjunto de petardos unidos, que estallan sucesivamente.

2 **trac·ción** [trakθjón] *s/f* Acción de tirar de algo para arrastrarlo o moverlo.

1 **trac·to** [trákto] *s/m* Estructura anatómica de forma alargada: *Tracto digestivo.*

2 **trac·tor, ·ra** [traktór] **I.** *adj* Que desarrolla fuerza de tracción. **II.** *s/m* Vehículo de gran potencia de arrastre.

1 **trac·to·ris·ta** [traktorísta] *s/m,f* Persona cuyo oficio es conducir un tractor.

5 **tra·di·ción** [traðiθjón] *s/f* **1.** Conjunto de hechos y tradiciones que se transmiten de generación en generación. **2.** Práctica o costumbre que tiene su origen en el pasado.

5 **tra·di·cio·nal** [traðiθjonál] *adj* Relativo a la tradición.

1 **tra·di·cio·na·lis·mo** [traðiθjonalísmo] *s/m* **1.** Doctrina que pretende la conservación o recuperación de costumbres antiguas. **2.** Apego o amor por el pasado.

2 **tra·di·cio·na·lis·ta** [traðiθjonalísta] *adj s/m,f* Relativo al tradicionalismo, o seguidor de él.

4 **tra·duc·ción** [traðukθjón] *s/f* **1.** Acción o resultado de traducir. **2.** Texto traducido.

1 **tra·du·ci·ble** [traðuθíβle] *adj* Que se puede traducir.

4 **tra·du·cir** [traðuθír] **I.** *tr* **1.** Expresar en una lengua algo dicho o escrito en otra. **2.** Adaptar el significado de algo a un periodo de tiempo determinado. **3.** Expresar una idea o sentimiento mediante palabras, gestos o acciones. **II.** REFL(-se) Convertirse algo en lo que se expresa: *El cambio se tradujo en una actitud de diálogo.* RPr **Traducir(se) en.**
CONJ *Irreg: Traduzco, traduciré, traduje, traducido.*

2 **tra·duc·tor, ·ra** [traðuktór] *adj s/m,f* Que traduce.

5 **tra·er** [traér] *tr* **1.** Llevar algo al lugar donde está la persona que habla. **2.** Llevar consigo lo que se expresa: *Hoy traen una cara sonriente.* **3.** Producir, ser motivo de lo que se expresa: *Cada nuevo día trae algo nuevo.* **4.** Hacer que una persona cambie de estado de ánimo. **5.** Llevar una prenda de vestir de la manera que se expresa. LOC **Traer de cabeza,** ocasionar muchos problemas.
CONJ *Irreg: Traigo, traeré, traje, traído.*

1 **trá·fa·go** [tráfaɣo] *s/m* Ajetreo.

2 **tra·fi·can·te** [trafikánte] *s/m,f* Que trafica.

2 **tra·fi·car** [trafikár] *intr* Comerciar. RPr **Traficar con/en.**
ORT La *c* cambia a *qu* ante *e*: *Trafique.*

4 **trá·fi·co** [tráfiko] *s/m* **1.** Acción o resultado de traficar. **2.** Tránsito o circulación de vehículos.

tra·ga·de·ras [traɣaðéras] *s/f,pl* Capacidad para admitir o tolerar cualquier cosa.

1 **tra·ga·luz** [traɣalúθ] *s/m* Ventana en la parte superior del techo o de una pared.

1 **tra·ga·pe·rras** [traɣapérras] *s/f* Máquina con juegos de azar, que funciona con monedas.
GRAM *pl Tragaperras.*

4 **tra·gar** [traɣár] **I.** *tr* **1.** Hacer pasar algo de la boca al aparato digestivo. **2.** FIG Comer con voracidad. **3.** FIG Soportar, tolerar algo molesto o desagradable. **4.** FIG Consumir mucho de lo que se expresa. **5.** FIG Creer cualquier cosa con facilidad.

intr Verse alguien obligado a hacer algo que no le gusta. LOC **No tragar a alguien,** FIG detestarlo.
ORT Ante *e* la *g* cambia a *gu: Trague.*

4 **tra·ge·dia** [traχéðja] *s/f* **1.** Obra dramática con desenlace trágico. **2.** FIG Suceso desgraciado.

3 **trá·gi·co, -ca** [tráχiko] *adj* **1.** Relativo a la tragedia. **2.** Que provoca o lleva consigo desgracias o tragedia.

1 **tra·gi·co·me·dia** [traχikoméðja] *s/f* Obra dramática donde se mezcla lo cómico y lo dramático.

1 **tra·gi·có·mi·co, -ca** [traχikómiko] *adj* Que mezcla motivos de alegría y de tristeza.

3 **tra·go** [tráγo] *s/m* **1.** Acción de tragar o cantidad de líquido que se traga de una vez. **2.** COL Situación difícil o desagradable que alguien debe soportar. LOC **De un trago,** de una vez. **Pasar un mal trago,** pasar por un mal momento.

1 **tra·gón, -go·na** [traγón] *adj s/m,f* Que come mucho.

3 **trai·ción** [traiθjón] *s/f* **1.** Falta de quien engaña a quien ha depositado su confianza en él. **2.** Delito contra la patria.

3 **trai·cio·nar** [traiθjonár] *tr* **1.** Cometer traición contra alguien o algo. **2.** Ocasionar algo el fracaso de un proyecto: *Al magnate le ha traicionado su ingenuidad.*

1 **trai·cio·ne·ro, -ra** [traiθjonéro] *adj* Traidor.

2 **traí·da** [traíða] *s/f* Acción o resultado de traer: *Traída de aguas a la ciudad.*

2 **trai·dor, -ra** [traiðór] *adj s/m,f* Que traiciona.

1 **trái·ler** [tráiler] *s/m* ANGL **1.** Resumen y avance propagandístico de una película. **2.** Remolque arrastrado por un camión grande.

traí·lla [traíʎa] *s/f* **1.** Cuerda para sujetar a un perro en una cacería. **2.** Pareja de perros atados de esa manera.

traí·na [traína] *s/f* Red de pescar en forma de gran cesta o de embudo.

trai·ne·ra [trainéra] *s/f* Embarcación para pescar con traína.

tra·je [tráχe] *s/m* Conjunto de prendas de vestir, masculinas (pantalón y chaqueta), o femeninas (una o dos piezas, chaqueta, falda o pantalones). LOC **De traje,** vestido con un traje.

tra·jea·do, -da [traχeáðo] *adj* Vestido de traje o bien vestido.

tra·je·ar [traχeár] *tr* Vestir con traje a alguien.

1 **tra·jín** [traχín] *s/m* Actividad intensa, ajetreo.

1 **tra·ji·nar** [traχinár] **I.** *tr* Transportar o trasladar mercancías de un lugar a otro. **II.** *intr* Desarrollar mucha actividad.

tra·lla [tráʎa] *s/f* Látigo con una o varias tiras de cuero en un extremo.

1 **tra·lla·zo** [traʎáθo] *s/m* Golpe o crujido de tralla.

2 **tra·ma** [tráma] *s/f* **1.** En un tejido, conjunto de hilos paralelos al sentido del ancho de la tela. **2.** Plan.

3 **tra·mar** [tramár] *intr* Preparar un plan con sigilo.

2 **tra·mi·ta·ción** [tramitaθjón] *s/f* Acción o resultado de tramitar.

2 **tra·mi·tar** [tramitár] *tr* Realizar las gestiones necesarias para que un asunto sea resuelto.

4 **trá·mi·te** [trámite] *s/m* **1.** Gestiones necesarias para resolver un asunto. **2.** Procedimiento oficial para solucionar un asunto. LOC **De trámite,** sin importancia en sí mismo.

3 **tra·mo** [trámo] *s/m* **1.** Trozo longitudinal de un camino. **2.** Trozo de escalera entre dos rellanos.

1 **tra·mon·ta·na** [tramontána] *s/f* Viento seco y fuerte que sopla del norte.

1 **tra·mo·ya** [tramója] *s/f* Mecanismos para cambiar de decorado en un teatro.

1 **tra·mo·yis·ta** [tramojísta] *s/m,f* Quien maneja la tramoya de un teatro.

3 **tram·pa** [trámpa] *s/f* **1.** Mecanismo para atrapar animales. **2.** Puerta o tablero que permite el acceso de un lugar a otro, *p ej*, a la bodega. **3.** FIG Engaño o ardid contra alguien.

1 **tram·pe·ar** [trampeár] **I.** *intr* Contraer deudas continuamente. **II.** *tr* Hacer trampas.

tram·pe·ro, -ra [trampéro] *s/m,f* Persona cuyo oficio es atrapar animales con trampas.

1 **tram·po·lín** [trampolín] *s/m* **1.** Plataforma alargada y estrecha, para tomar impulso en saltos de gimnasia, natación o esquí. **2.** Medio para hacer algo que en circunstancias normales sería imposible de hacer o lograr.

1 **tram·po·so, -sa** [trampóso] *adj s/m,f* Que hace trampas.

1 **tran·ca** [tránka] *s/f* **1.** Palo grueso para asegurar por detrás puertas o ventanas. **2.** Borrachera. LOC **A trancas y barrancas,** FIG con mucha dificultad.

TRAN·CAR

[1] **tran·car** [trankár] *tr* Asegurar con una tranca.
ORT Ante *e* la *c* cambia a *qu: Tranque.*
tran·ca·zo [trankáθo] *s/m* **1.** Golpe dado con una tranca. **2.** Gripe.

[2] **tran·ce** [tránθe] *s/m* **1.** Situación difícil o de mucho apuro. **2.** Estado hipnótico.

[4] **tran·qui·li·dad** [trankiliðáð] *s/f* Cualidad o estado de tranquilo.

[1] **tran·qui·li·za·dor, -ra** [trankiliθaðór] *adj* Que tranquiliza.

[1] **tran·qui·li·zan·te** [trankiliθánte] *adj s/m* Que tranquiliza.

[3] **tran·qui·li·zar** [trankiliθár] *tr* REFL(*-se*) Dar tranquilidad o sosiego a alguien.
ORT Ante *e* la *z* cambia a *c: Tranquilice.*

tran·qui·llo [trankíʎo] *s/m* Manera óptima en la utilización ventajosa de algo.

[4] **tran·qui·lo, -la** [trankílo] *adj* **1.** (Con *ser*) Que está en calma o no se altera. **2.** Apacible y manso (*esp* al agua). **3.** Que se desarrolla sin incidentes.

[3] **tran·sac·ción** [transakθjón] *s/f* **1.** Acción o resultado de transigir. **2.** Acuerdo comercial.

[1] **tran·sar** [transár] *tr intr* AMER Llevar a cabo negociaciones o acuerdos comerciales.

[1] **trans·at·lán·ti·co, -ca** [transatlántiko] **I.** *adj* Del otro lado del Atlántico. **II.** *adj s/m* Barco de grandes dimensiones, que recorre grandes distancias.

[1] **trans·bor·da·dor, -ra** [transβorðaðór] *s/m* **1.** Embarcación grande y de cubierta plana, para el transporte de viajeros, mercancías o automóviles. **2.** Nave espacial *esp* preparada para el transporte de astronautas o materiales.

[1] **trans·bor·dar** [transβorðár] *tr* Trasladar cosas o personas de un vehículo a otro.

[1] **trans·bor·do** [transβórðo] *s/m* Acción o resultado de transbordar.

[1] **trans·cen·den·cia** [transθendénθja] *s/f* Cualidad de transcendente.

[1] **trans·cen·den·tal** [transθendentál] *adj* Importante, fundamental.

[1] **trans·cen·den·te** [transθendénte] *adj* Transcendental.

[2] **trans·cen·der** [transθendér] *intr* Comenzar a saberse algo que había permanecido oculto. RPr **Transcender de.**
CONJ *Irreg: Transciende, transcenderá, transcendió, transcendido.*

[2] **trans·cri·bir** [transkriβír] *tr* Copiar lo que se ha escrito con otro sistema o codificación.
CONJ *pp transcrito.*

[2] **trans·crip·ción** [transkripθjón] *s/f* Acción o resultado de transcribir.

[4] **trans·cu·rrir** [transkurrír] *intr* Pasar el tiempo.

[3] **trans·cur·so** [transkúrso] *s/m* **1.** Acción o resultado de transcurrir un periodo de tiempo. **2.** Periodo de tiempo transcurrido.

[2] **tran·seún·te** [transeúnte] *s/m,f* Persona que pasa o está de paso por un lugar.

[1] **tran·se·xual** [transe(k)swál] *adj s/m,f* Que cambia su sexo original por el contrario.

[2] **trans·fe·ren·cia** [transferénθja] *s/f* Acción o resultado de transferir.

[1] **trans·fe·ri·ble** [transferíβle] *adj* Que se puede transferir.

[3] **trans·fe·rir** [transferír] *tr* **1.** Pasar algo a otro. **2.** Traspasar una cantidad de dinero de una cuenta a otra.
CONJ *Irreg: Transfiero, transferiré, transferí, transferido.*

[1] **trans·fi·gu·ra·ción** [transfiɣuraθjón] *s/f* Acción o resultado de transfigurar(se).

[1] **trans·fi·gu·rar** [transfiɣurár] *tr* REFL(*-se*) Hacer cambiar de figura.

[4] **trans·for·ma·ción** [transformaθjón] *s/f* Acción o resultado de transformar(se).

[2] **trans·for·ma·dor, -ra** [transformaðór] **I.** *adj* Que transforma. **II.** *s/m* Dispositivo para transformar una corriente alterna en otra de tensión distinta.

[5] **trans·for·mar** [transformár] *tr* REFL(*-se*) Cambiar(se) una cosa en otra distinta. RPr **Transformar(se) en.**

[1] **trans·fron·te·ri·zo, -za** [transfronteríθo] *adj* Más allá de las fronteras de un país.

[1] **trá(n)s·fu·ga** [trá(n)sfuɣa] *s/m,f* Persona que huye de un lugar a otro, o de un partido a otro.

[1] **tra(n)s·fu·guis·mo** [tra(n)sfuɣísmo] *s/m* Abandono de una tendencia, militancia o ideología por otra.

[1] **tra(n)s·fu·sión** [tra(n)sfusjón] *s/f* Traspaso de una determinada cantidad de sangre de una persona a otra que lo necesite.

[2] **trans·gé·ni·co, -ca** [tra(n)sxéniko] *adj* Se dice de las especies cuyos genes han sido manipulados para lograr determinadas características.

[2] **tra(n)s·gre·dir** [tra(n)sɣreðír] *tr* No respetar lo establecido en una ley o norma.

[2] **tra(n)s·gre·sión** [tra(n)sɣresjón] *s/f* Acción o resultado de transgredir.

[1] **tra(n)s·gre·sor, -ra** [tra(n)sɣresór] *adj s/m* Que transgrede.

TRA(N)S·PO·NER

[4] **tran·si·ción** [transiθjón] *s/f* Acción o resultado de pasar de un estado, conducta, idea o comportamiento a otro.

[1] **tran·si·do, -da** [transíðo] *adj* Que sufre un gran dolor.

[1] **tran·si·gen·cia** [transiχénθja] *s/f* Cualidad o actitud de quien transige.

[1] **tran·si·gir** [transiχír] *intr* 1. Ceder a las ideas u opiniones de los demás. 2. (Con *con*) Ser tolerante con algo. RPr **Transigir con/en**.
ORT La *g* cambia a *j* ante *a/o: Transijo, transijamos.*

[2] **tran·sis·tor** [transistór] *s/m* 1. Dispositivo electrónico para transformar y amplificar las señales eléctricas. 2. *P ext*, aparato de radio de pequeñas dimensiones.

[1] **tran·si·ta·ble** [transitáβle] *adj* Se aplica al lugar por el que se puede caminar con facilidad.

tran·si·ta·do, -da [transitáðo] *adj* Se dice del lugar o camino por donde se pasa con frecuencia.

[2] **tran·si·tar** [transitár] *tr* Ir por una calle, camino o carretera.

[1] **tran·si·ti·vo, -va** [transitíβo] *adj* 1. Que pasa con facilidad de una cosa a otra. 2. GRAM Relativo al verbo que se construye con complemento directo.

[4] **trán·si·to** [tránsito] *s/m* 1. Acción de transitar. 2. Paso o tráfico de personas o vehículos por un lugar. 3. Muerte.

[1] **tran·si·to·rie·dad** [transitorjeðáð] *s/f* Cualidad de transitorio.

[3] **tran·si·to·rio, -ia** [transitórjo] *adj* Que no es permanente.

[1] **tra(n)s·lú·ci·do, -da** [tra(n)slúθiðo] *adj* Que deja pasar la luz, pero sin ser totalmente transparentes.

[2] **tra(n)s·lu·cir** [tra(n)sluθír] *tr* REFL*(-se)* 1. Dejar un cuerpo pasar la luz, sin llegar a ser transparente. 2. Percibir(se) algo a través de un cuerpo translúcido. 3. Revelar(se), delatar(se) algo a partir de otra cosa, de la cual se deduce.
CONJ *Irreg: Transluzco, transluciré, translucí, translucido.*

tra(n)s·mi·grar [tra(n)smiɣrár] *tr* Encarnarse el alma después de la muerte, y sucesivamente, en varios seres.

tra(n)s·mi·si·ble [tra(n)smisíβle] *adj* Que se puede transmitir.

tra(n)s·mi·sión [tra(n)smisjón] *s/f* 1. Acción o resultado de transmitir. 2. Mecanismo que transmite el movimiento de un motor a las ruedas de un vehículo.

[2] **tra(n)s·mi·sor, -ra** [tra(n)smisór] I. *adj* Que transmite. II. *s/m* Dispositivo para la transmisión de señales.

[1] **tra(n)s·mi·ten·te** [tra(n)smiténte] *adj s/m,f* Que transmite algo.

[4] **tra(n)s·mi·tir** [tra(n)smitír] *tr* 1. Comunicar o hacer llegar a alguien un mensaje. 2. Traspasar a otro algo que uno posee (enfermedad, estado de ánimo). 3. Hacer llegar cierto mecanismo un movimiento o fuerza a otro. 4. Conducir la electricidad, luz o sonido.

[1] **tra(n)s·mu·tar** [tra(n)smutár] *tr* REFL*(-se)* Convertir(se) en otra cosa.

[2] **tra(n)s·na·cio·nal** [tra(n)snaθjonál] *adj* Relativo a lo que está formado por varias naciones.

[1] **trans·o·ceá·ni·co, -ca** [transoθeániko] *adj* 1. Del otro lado del océano. 2. (*viajes*) Que atraviesa un océano.

[3] **tra(n)s·pa·ren·cia** [tra(n)sparénθja] *s/f* 1. Cualidad de transparente. 2. Imagen impresa sobre una película de celuloide, que permite proyectarlos sobre una pantalla.

[1] **tra(n)s·pa·ren·tar** [tra(n)sparentár] I. *tr* REFL*(-se)* Permitir la visión de un cuerpo a través de otro que es transparente. II. *intr* Ser algo transparente.

[3] **tra(n)s·pa·ren·te** [tra(n)sparente] *adj* 1. Que deja pasar la luz. 2. Que se percibe con claridad.

tra(n)s·pi·ra·ble [tra(n)spiráβle] *adj* Que transpira.

[1] **tra(n)s·pi·ra·ción** [tra(n)spiraθjón] *s/f* 1. Acción o resultado de transpirar. 2. Cosa transpirada.

[1] **tra(n)s·pi·rar** [tra(n)spirár] *intr tr* 1. Expulsar el cuerpo el sudor a través de la piel. 2. Expeler las plantas vapor de agua a través de sus hojas. 3. Rebosar algo de una cosa.

tra(n)s·pi·re·nai·co, -ca [tra(n)spirenáiko] *adj* Del otro lado de los Pirineos.

[1] **tra(n)s·plan·tar** [tra(n)splantár] *tr* 1. Cambiar una planta de un lugar a otro. 2. Implantar en un ser vivo un órgano de otro.

[2] **tra(n)s·plan·te** [tra(n)splánte] *s/m* Acción o resultado de trasplantar.

[1] **tra(n)s·po·ner** [tra(n)sponér] I. *tr* 1. Poner algo en otro lugar. 2. Cruzar o atravesar un lugar. II. REFL*(-se)* FIG Quedarse adormecido o absorto.
CONJ *Irreg: Transpongo, transpuse, transpondré, transpuesto.*

1. **tra(n)s·por·ta·ble** [tra(n)sportáβle] *adj* Que se puede transportar.

1. **tra(n)s·por·ta·dor, -ra** [tra(n)sportaðór] *adj s/m,f* Que transporta.

3. **tra(n)s·por·tar** [tra(n)sportár] *tr* Llevar de un lugar a otro.

4. **tra(n)s·por·te** [tra(n)spórte] *s/m* 1. Acción o resultado de transportar. 2. Medios utilizados para transportar.

1. **tra(n)s·por·tis·ta** [tra(n)sportísta] *adj s/m,f* Que se dedica al transporte.

1. **tra(n)s·po·si·ción** [tra(n)sposiθjón] *s/f* Acción o resultado de transponer(se).

1. **tran·su(b)s·tan·cia·ción** [transu(β)stanθjaθjón] *s/f* CULT Transformación de una sustancia en otra.

1. **tra(n)s·va·sar** [tra(n)sβasár] *tr* Trasladar un líquido de un recipiente o lugar a otro.

2. **tra(n)s·va·se** [tra(n)sβáse] *s/m* 1. Acción o resultado de trasvasar. 2. Obra que permite el paso de un caudal de agua de un lugar a otro.

2. **tra(n)s·ver·sal** [tra(n)sβersál] *adj* 1. Colocado en el sentido de la anchura de lo que se trata. 2. Que cruza algo perpendicularmente.

2. **tran·vía** [trambía] *s/m* Vehículo de tracción eléctrica, sobre raíles.

2. **tra·pe·cio** [trapéθjo] *s/m* 1. Barra horizontal sujetada por dos cuerdas, para hacer ejercicios gimnásticos y circenses. 2. MAT Cuadrilátero irregular con dos lados paralelos.

1. **tra·pe·cis·ta** [trapeθísta] *s/m,f* Acróbata o equilibrista sobre un trapecio (1).

1. **tra·pe·ro, -ra** [trapéro] *s/m,f* Persona que recoge trapos, papel, etc., para venderlos.

tra·pi·che·ar [trapitʃeár] *intr* Negociar o hacer algo con poca claridad o con intrigas.

1. **tra·pi·cheo** [trapitʃéo] *s/m* Acción o resultado de trapichear.

1. **tra·pío** [trapío] *s/m* Bravura de un toro de lidia.

1. **tra·pi·son·da** [trapisónda] *s/f* Situación difícil o confusa, jaleo.

3. **tra·po** [trápo] *s/m* 1. Trozo de tela viejo o roto. 2. Trozo de tela usado para limpiar, secar, etc. 3. Vela de una embarcación. 4. FIG (*gen* en *pl*) Prenda de vestir, *esp* de mujer. LOC **A todo trapo**, con gran velocidad.

1. **trá·quea** [trákea] *s/f* Conducto entre la laringe y el inicio de los bronquios.

1. **tra·que·te·ar** [traketeár] *intr* Mover(se) algo de un lado a otro, haciendo mucho ruido.

1. **tra·que·teo** [traketéo] *s/m* Acción o resultado de traquetear.

5. **tras** [trás] *prep* 1. Expresa posterioridad en el espacio o en el tiempo. 2. (Seguido de *inf* o *de*) Expresa algo que se añade a lo que se acaba de decir. 3. (Con *ir, marchar*) Buscar, seguir o perseguir a alguien: *El policía iba tras él.* 4. FIG (Con *andar, estar*) Aspirar a algo o pretender a alguien.

1. **tra·se·gar** [traseɣár] *tr* Cambiar de recipiente un líquido.
CONJ *Irreg: Trasiego, trasegué, trasegaré, trasegado.*

3. **tra·se·ro, -ra** [traséro] **I.** *adj* Que está en la parte posterior. **II.** *s/m* Nalgas.

2. **tras·fon·do** [trasfóndo] *s/m* Lo que está debajo de algo.

2. **tras·go** [trásɣo] *s/m* Duende.

1. **tras·hu·man·cia** [trasumánθja] *s/f* Acción o resultado de trashumar.

1. **tras·hu·man·te** [trasumánte] *adj* Que trashuma.

tras·hu·mar [trasumár] *intr* Ir los ganados desde los lugares de pasto de invierno a los de verano.

1. **tra·sie·go** [trasjéɣo] *s/m* Acción o resultado de trasegar.

2. **tras·la·ción** [traslaθjón] *s/f* 1. Acción o resultado de trasladar. 2. Movimiento de la Tierra alrededor del Sol.

tras·la·da·ble [traslaðáβle] *adj* Que se puede trasladar.

tras·la·dar [traslaðár] *tr* 1. Cambiar de un lugar a otro. 2. Traducir.

3. **tras·la·do** [trasláðo] *s/m* Acción o resultado de trasladar.

1. **tras·luz** [traslúθ] *s/m* Luz que pasa a través de un cuerpo traslúcido.

tras·ma·no [trasmáno] *s/m* LOC **A trasmano**, alejado, de difícil acceso.

1. **tras·no·cha·do, -da** [trasnotʃáðo] *adj* Que ha perdido vigencia.

1. **tras·no·cha·dor, -ra** [trasnotʃaðór] *adj s/m,f* Que trasnocha.

1. **tras·no·char** [trasnotʃár] *intr* Pasar la noche sin acostarse.

tras·pa·pe·lar [traspapelár] *tr* REFL(-se) Perder(se) un papel o documento en medio de otros.

tras·pa·sa·ble [traspasáβle] *adj* Que se puede traspasar.

TRA·VÉS

3 **tras·pa·sar** [traspasár] *tr* **1.** Pasar o atravesar algo de parte a parte, o de un lugar a otro. **2.** Entregar, ceder, vender o alquilar a otra persona un derecho o una propiedad. **3.** FIG Pasar más allá de un determinado límite.

2 **tras·pa·so** [traspáso] *s/m* **1.** Acción o resultado de traspasar. **2.** Cantidad de dinero por la que se traspasa algo.

1 **tras·pié** [traspjé] *s/m* **1.** (*Dar (un) traspié*) Tropiezo. **2.** Error.

tras·qui·lar [traskilár] *tr* Cortar el pelo o la lana a los animales.

1 **tras·ta·da** [trastáða] *s/f* Travesura.

tras·ta·zo [trastáθo] *s/m* Golpe fuerte contra algo.

2 **tras·te** [tráste] *s/m* **1.** MÚS Saliente en el mástil de algunos instrumentos musicales de cuerda, como *p ej* la guitarra, para producir el sonido deseado. **2.** AMER Objeto inservible. LOC **Dar al traste con algo,** acabar con ello.

1 **tras·te·ar** [trasteár] *intr* Mover o revolver algo, en especial trastos.

1 **tras·te·ro, ·ra** [trastéro] *adj s/m,f* Cuarto para almacenar los objetos viejos e inservibles.

1 **tras·tien·da** [trastjénda] *s/f* Habitación en la parte posterior de una tienda.

2 **tras·to** [trásto] *s/m* **1.** Objeto de poco valor. **2.** Persona inquieta o traviesa. LOC **Tirarse los trastos a la cabeza,** FIG pelear o disputar.

2 **tras·to·car** [trastokár] *tr* Cambiar o alterar algo o alguien su posición o estado original o inicial, o cambiar el que tiene por otro: *Las posibilidades que el teléfono abrió al comercio trastocaron todas las reglas establecidas hasta entonces.*
ORT Ante *e* la *c* cambia a *qu: Trastoque.*

2 **tras·tor·nar** [trastornár] *tr* Cambiar o alterar el orden establecido.

3 **tras·tor·no** [trastórno] *s/m* Acción o resultado de trastornar(se).

tra·su·dar [trasuðár] *intr tr* Transpirar ligeramente.

] **tra·sun·to** [trasúnto] *s/m* Cosa que es reflejo de otra o la recuerda y representa.

] **tra·ta** [tráta] *s/f* Comercio con seres humanos, en especial el de esclavos o prostitutas.

tra·ta·ble [tratáβle] *adj* **1.** Relativo a aquello sobre lo que se puede tratar. **2.** Amable, respetuoso en el trato.

1 **tra·ta·dis·ta** [trataðísta] *s/m,f* Autor de tratados.

4 **tra·ta·do** [tratáðo] *s/m* **1.** Libro sobre una materia. **2.** Acuerdo o convenio internacional entre Estados. **3.** DER Documento en que consta ese acuerdo.

5 **tra·ta·mien·to** [tratamjénto] *s/m* **1.** Modo de comportarse con alguien. **2.** Título que recibe alguien. **3.** Manera como se trata o estudia una cuestión.

1 **tra·tan·te** [tratánte] *adj s/m,f* Persona que comercia con animales, en especial ganado.

5 **tra·tar** [tratár] **I.** *tr* **1.** Actuar sobre las cosas con una determinada finalidad: *Este programa trata las imágenes con luces y color.* **2.** Comportarse de la manera en que se expresa. **3.** Recomendar un médico una medicina o ejercicio para curar o aliviar una enfermedad. **4.** (Con *de*) Llamar a alguien por el título que ostenta. **5.** Hablar sobre algo para llegar a un acuerdo. **II.** *tr intr* Ocuparse de un determinado asunto. **III.** *intr* **1.** Iniciar una acción o prepararse para llevarla a cabo: *Trató de tomar la palabra varias veces.* **2.** (Con *en*) Realizar una actividad comercial: *Trata en ultramarinos.* **IV.** REFL(-*se*) Referirse a algo: *Cuando se trata de indicaciones en el sobre, deben escribirse debajo del sello.*
RPr **Tratar con/de/en.**

4 **tra·to** [tráto] *s/m* **1.** Acción o resultado de tratar(se). **2.** Manera de comportarse con los demás. **3.** Acuerdo o pacto.

2 **trau·ma** [tráuma] *s/m* **1.** Lesión o daño de un tejido a causa de un golpe. **2.** Impresión profunda que algún hecho desagradable o morboso deja en el subconsciente de alguien.

2 **trau·má·ti·co, ·ca** [traumátiko] *adj* Relativo al trauma.

2 **trau·ma·tis·mo** [traumatísmo] *s/m* Lesión o daño producido por un golpe.

1 **trau·ma·ti·zan·te** [traumatiθánte] *adj* Que traumatiza.

1 **trau·ma·ti·zar** [traumatiθár] *tr* Causar un trauma.
ORT Ante *e* la *z* cambia a *c: Traumatice.*

1 **trau·ma·to·lo·gía** [traumatoloxía] *s/f* MED Parte de la medicina que se ocupa del tratamiento y cura de los traumatismos.

1 **trau·ma·tó·lo·go, ·ga** [traumatóloɣo] *s/m,f* Especialista en traumatología.

5 **tra·vés** [traβés] *s/m* Inclinación de algo que debía estar colocado paralela o perpendicularmente a otra cosa. LOC **A través de,** por medio de lo que se expresa.

TRA·VE·SA·ÑO

1 **tra·ve·sa·ño** [traβesáɲo] *s/m* Pieza que conecta dos partes opuestas o refuerza una estructura.

2 **tra·ve·sía** [traβesía] *s/f* 1. Camino o calle transversal. 2. Viaje en una embarcación o aeronave.

1 **tra·ves·ti** [traβésti] *s/m,f* Persona que se viste o disfraza con las ropas propias del sexo contrario.

1 **tra·ves·tir** [traβestír] *tr* REFL(-se) Vestirse o disfrazarse con ropas propias del sexo contrario.
CONJ *Irreg: Travisto, travestí, travestiré, travestido.*

1 **tra·ve·su·ra** [traβesúra] *s/f* Acción propia de los niños, para divertirse o burlarse de alguien.

tra·vie·sa [traβjésa] *s/f* Madero colocado transversalmente en las vías del tren para sujetar los raíles.

2 **tra·vie·so, -sa** [traβjéso] *adj s/m,f* Que comete travesuras.

3 **tra·yec·to** [trajékto] *s/m* Espacio que se puede recorrer entre dos puntos.

3 **tra·yec·to·ria** [trajektórja] *s/f* 1. Línea que describe el movimiento de un cuerpo en el espacio. 2. Conducta de alguien.

2 **tra·za** [tráθa] *s/f* 1. Diseño, proyecto o plano de un edificio. 2. (También en *pl*) Aspecto o apariencia de alguien. 3. Habilidad especial para determinadas tareas. LOC **Por las trazas,** por el aspecto.

2 **tra·za·do** [traθáðo] *s/m* Diseño de un edificio o similar.

4 **tra·zar** [traθár] *tr* 1. Dibujar. 2. Idear algo.
ORT Ante *e* la *z* cambia a *c: Trace.*

3 **tra·zo** [tráθo] *s/m* 1. Línea que se traza al dibujar. 2. Rasgo o característica que caracteriza a alguien o algo.

1 **tré·bol** [tréβol] *s/m* 1. BOT Planta corriente en los prados, de hojas con tres en tres lóbulos. 2. En la baraja de naipes, uno de los cuatro palos. 3. Lugar en que se cruzan varias carreteras.

3 **tre·ce** [tréθe] *pron adj* Diez más tres. LOC **Mantenerse/Seguir alguien en sus trece,** obstinarse alguien en mantener una postura o actitud.

2 **tre·cho** [trétʃo] *s/m* Trozo de un camino o recorrido, o distancia entre dos puntos del mismo.

3 **tre·gua** [tréɣwa] *s/f* Pausa en una lucha o combate. LOC **Sin tregua,** sin interrupción.

5 **trein·ta** [tréinta] *pron adj* Tres veces diez.

1 **trein·ta·ñe·ro** [treintaɲéro] *adj s/m,f* Quien ha cumplido ya la treintena.

2 **trein·te·na** [treinténa] *s/f* Conjunto de treinta unidades de algo.

1 **tre·me·bun·do, -da** [tremeβúndo] *adj* Que causa terror.

4 **tre·men·do, -da** [treméndo] *adj* 1. Que causa terror. 2. COL De proporciones muy exageradas: *Una injusticia tremenda.* 3. De carácter travieso o juguetón.

1 **tre·men·ti·na** [trementína] *s/f* Resina que fluye de algunos árboles.

1 **tre·mo·lar** [tremolár] *tr intr* Agitar(se) con el aire las banderas o estandartes.

1 **tré·mo·lo** [trémolo] *s/m* MÚS Sucesión rápida de notas iguales y cortas.

2 **tré·mu·lo, -la** [trémulo] *adj* Que tiembla.

4 **tren** [trén] *s/m* 1. Serie de vagones unidos entre sí, arrastrados por una locomotora sobre una vía férrea. 2. Conjunto de aparatos o instrumentos necesarios para un determinado trabajo industrial o función. LOC **A todo tren, 1,** con todas las comodidades. **2,** con rapidez. **Estar como un tren,** ser atractivo físicamente. **(Llevar) un tren de vida,** mantener un cierto nivel de lujo y comodidades.

tre·na [tréna] *s/f* ARG Cárcel.

1 **tren·ca** [trénka] *s/f* Prenda de vestir, *gen* con capucha y con tiras en vez de botones.

1 **tren·ci·lla** [trenθíʎa] *s/f* Cinta de adorno.

1 **tren·za** [trénθa] *s/f* 1. Conjunto de tres o más cabos, que se entretejen cruzándolos. 2. Porción de cabello entretejido de esta manera.

1 **tren·za·do** [trenθáðo] *s/m* 1. Acción de trenzar algo. 2. Cosa trenzada.

2 **tren·zar** [trenθár] *tr* Entretejer algo a modo de trenza.
ORT Ante *e* la *z* cambia a *c: Trence.*

1 **tre·pa** [trépa] I. *s/f* Acción de trepar. II. *s/m,f* COL Persona interesada sólo en subir en la escala social y triunfar.

1 **tre·pa·dor, -ra** [trepaðór] *adj s/m,f* Que trepa.

1 **tre·pa·na·ción** [trepanaθjón] *s/f* Acción o resultado de trepanar.

tre·pa·nar [trepanár] *tr* Horadar el cráneo para realizar una intervención quirúrgica.

tré·pa·no [trépano] *s/m* Instrument quirúrgico empleado para trepanar.

2 **tre·par** [trepár] I. *intr tr* Subir a un siti poco accesible valiéndose de pies manos. II. *intr* 1. Crecer ciertas plant

adhiriéndose a una superficie o a otras plantas. **2.** Ascender en la escala social sin escrúpulos. RPr **Trepar a/por**.

1 **tre·pi·dan·te** [trepiðánte] *adj* Que trepida.

1 **tre·pi·dar** [trepiðár] *intr* Temblar o agitarse con intensidad.

5 **tres** [trés] *adj pron* Dos más uno.

1 **tre·si·llo** [tresíʎo] *s/m* Conjunto de sofá y dos sillones.

1 **tre·ta** [tréta] *s/f* Maniobra hábil para engañar o lograr algo.

1 **tria·da** [tríaða] *s/f* Conjunto de tres cosas.

1 **trial** [trjál] *s/m* Pruebas de habilidad con moto y sobre terreno con obstáculos.

2 **trian·gu·lar** [trjangulár] *adj* Que tiene tres lados o forma de triángulo.

3 **trián·gu·lo, ·la** [trjángulo] *s/m* Figura geométrica formada por tres lados y que tiene tres ángulos.

1 **tri·bal** [triβál] *adj* Relativo a la tribu.

tri·ba·lis·mo [triβalísmo] *s/m* Tendencia a formar grupos pequeños y aislados.

3 **tri·bu** [tríβu] *s/f* Agrupación de familias bajo la autoridad de un jefe, propia de los primitivos.

1 **tri·bu·la·ción** [triβulaθjón] *s/f* Aflicción, desgracia.

3 **tri·bu·na** [triβúna] *s/f* Plataforma elevada para hablar en público.

5 **tri·bu·nal** [triβunál] *s/m* **1.** Conjunto de jueces que administran justicia. **2.** Lugar en el que estas personas desempeñan su tarea. **3.** Conjunto de personas que actúan para juzgar la competencia o idoneidad de los candidatos a una plaza.

tri·bu·ta·ble [triβutáβle] *adj* Que puede pagar tributo.

1 **tri·bu·ta·ción** [triβutaθjón] *s/f* Acción o resultado de tributar.

2 **tri·bu·tar** [triβutár] *intr* Pagar tributos.

4 **tri·bu·ta·rio, ·ia** [triβutárjo] *adj s/m,f* **1.** Relativo a los tributos. **2.** Se dice del afluente de un río mayor.

2 **tri·bu·to** [triβúto] *s/m* **1.** Impuesto que se paga al Estado. **2.** Acto de homenaje.

1 **tri·ci·clo** [triθíklo] *s/m* Vehículo de tres ruedas.

1 **tri·co·lor** [trikolór] *adj* De tres colores.

1 **tri·cor·nio** [trikórnjo] *s/m* Sombrero de tres puntas.

1 **tri·co·ta** [trikóta] *s/f* AMER Chaleco de punto.

tri·co·tar [trikotár] *tr intr* Hacer labor de punto.

1 **tri·den·te** [triðénte] *s/m* Arpón de tres dientes.

2 **tri·di·men·sio·nal** [triðimensjonál] *adj* De tres dimensiones.

1 **tri·di·men·sio·na·li·dad** [triðimensjonaliðáð] *s/f* Cualidad de tridimensional.

1 **trie·nal** [trjenál] *adj* **1.** Que sucede cada tres años. **2.** Que dura tres años.

1 **trie·nio** [trjénjo] *s/m* Periodo de tres años, o cantidad que se cobra por cada tres años de antigüedad.

1 **tri·fá·si·co, ·ca** [trifásiko] *adj* De tres fases.

1 **tri·ful·ca** [trifúlka] *s/f* Pelea o riña violenta.

1 **tri·gal** [triɣál] *s/m* Campo sembrado de trigo.

1 **tri·gé·si·mo, ·ma** [triχésimo] *adj* Que ocupa el lugar número 30 en una clasificación.

3 **tri·go** [tríɣo] *s/m* **1.** Planta de tallo hueco, con flores en espiga y de cuyas semillas se extrae la harina del pan. **2.** Grano de esta planta. LOC **Ser trigo limpio**, ser honrado.

1 **tri·go·no·me·tría** [triɣonometría] *s/f* Tratado del cálculo de los elementos de los triángulos.

1 **tri·gue·ño, ·a** [triɣéɲo] *adj* Del color de la espiga de trigo.

1 **tri·la·te·ral** [trilaterál] *adj* Que se compone de tres partes.

1 **tri·le·ro, ·ra** [triléro] *s/m,f* COL Persona que se dedica a las apuestas callejeras, las cuales implican trampa.

tri·lin·güe [trilíngwe] *adj* **1.** Escrito en tres lenguas. **2.** Que habla tres lenguas.

1 **tri·lla** [tríʎa] *s/f* Acción o resultado de trillar.

1 **tri·lla·do, ·da** [triʎaðo] *adj* Muy conocido.

1 **tri·llar** [triʎár] *tr* **1.** Triturar la mies para separar el grano de la paja. **2.** Usar algo muchas veces.

tri·lli·zo, ·za [triʎíθo] *adj s/m,f* Cada uno de los tres hermanos nacidos en un parto triple.

1 **tri·llo** [tríʎo] *s/m* Utensilio para trillar la mies.

tri·llón [triʎón] *s/m* Un millón de billones.

2 **tri·lo·gía** [triloχía] *s/f* Conjunto de tres obras que constituyen una unidad temática.

2 **tri·mes·tral** [trimestrál] *adj* **1.** Relativo a un trimestre. **2.** Que tiene lugar cada tres meses.

3 **tri·mes·tre** [triméstre] *s/m* Periodo de tres meses.

TRI·NAR

1 **tri·nar** [trinár] *intr* 1. Cantar los pájaros. 2. Enfadarse.

1 **trin·car** [trinkár] *tr* 1. Sujetar con cabos o cuerdas. 2. COL Detener o apresar a alguien. 3. ARG Matar o eliminar a alguien.
ORT Ante *e* la *c* cambia a *qu*: *Trinque*.

1 **trin·char** [trintʃár] *tr* Cortar una vianda en pedazos para servirla o comerla.

2 **trin·che·ra** [trintʃéra] *s/f* 1. Excavación larga y estrecha para proteger a los soldados del fuego enemigo. 2. Gabardina.

1 **tri·neo** [trinéo] *s/m* Vehículo para deslizarse sobre nieve o hielo.

1 **tri·no, -na** [tríno] I. *adj* Que está compuesto de tres partes o elementos que forman una unidad. II. *s/m* Canto de un pájaro.

trin·que·te [trinkéte] *s/m* 1. Mecanismo que detiene periódicamente el funcionamiento de otra pieza. 2. DEP Juego de pelota en frontón cerrado. 3. NÁUT Palo que se arbola al lado de la proa.

2 **trío** [trío] *s/m* Conjunto de tres.

2 **tri·pa** [trípa] *s/f* 1. Intestino o vísceras abdominales. 2. Vientre. 3. Interior de ciertos objetos o máquinas. LOC **Rascarse la tripa,** FIG no hacer nada.

1 **tri·par·ti·to, -ta** [tripartíto] *adj* Que consta de tres partes.

2 **tri·ple** [tríple] I. *s/m* Que es tres veces mayor que otra cosa. II. *adj* 1. Que contiene tres elementos o partes,. 2. Que se repite tres veces: *La triple derrota electoral.*

1 **tri·ple·te** [tripléte] *s/m* Cosa que se repite tres veces.

1 **tri·pli·ca·do** [triplikáðo] *s/m* Copia triple de algo. LOC **Por triplicado,** haciendo tres copias de algo.

1 **tri·pli·car** [triplikár] *tr* REFL(-*se*) Multiplicar por tres.
ORT Ante *e* la *c* cambia a *qu*: *Triplique*.

1 **trí·po·de** [trípoðe] *s/m* Utensilio de tres patas.

tri·pón, -po·na [tripón] *adj s/m,f* Que tiene mucha tripa.

1 **tríp·ti·co** [tríptiko] *s/m* 1. Pintura dispuesta en tres tablas articuladas, de modo tal que las laterales pueden doblarse sobre la del centro. 2. Impreso que se edita con este formato.

1 **trip·ton·go** [triptóngo] *s/m* Grupo de tres vocales en una sola sílaba.

2 **tri·pu·la·ción** [tripulaθjón] *s/f* Personas encargadas del gobierno y servicio de un barco o avión.

2 **tri·pu·lan·te** [tripulánte] *s/m,f* Miembro de la tripulación.

1 **tri·pu·lar** [tripulár] *tr* Gobernar un barco o avión.

tri·qui·na [trikína] *s/f* Gusano parásito del cerdo.

tri·qui·no·sis [trikinósis] *s/f* Enfermedad infecciosa causada por la triquina.

1 **tri·qui·ñue·la** [trikiɲwéla] *s/f* Manera de conseguir algo con engaño.

1 **tris** [trís] LOC **En un tris,** en un instante. **Estar en un tris de...,** estar a punto de.

1 **tris·car** [triskár] I. *intr* Juguetear o saltar por un lugar. II. *tr* Torcer alternativamente y a uno y otro lado los dientes de la sierra para que corte mejor.
ORT Ante *e* la *c* cambia a *qu*: *Trisque*.

4 **tris·te** [tríste] *adj* 1. Que siente pena o pesar. 2. Insignificante, escaso en cantidad. LOC **Ni un/una triste...,** (seguido de *s*) alude a la falta total de algo que se menciona.

4 **tris·te·za** [tristéθa] *s/f* Cualidad de triste.

1 **tris·tón, -to·na** [tristón] *adj* Que está triste, o tiende a la tristeza.

1 **tri·tu·ra·ción** [trituraθjón] *s/f* Acción o resultado de triturar.

1 **tri·tu·ra·dor, -ra** [trituraðór] *adj s/f* Que tritura.

2 **tri·tu·rar** [triturár] *tr* Reducir un cuerpo sólido a pequeños trozos, pulverizarlo.

2 **triun·fa·dor, -ra** [triunfaðór] *adj s/m,f* Que triunfa.

2 **triun·fal** [triunfál] *adj* Relativo al triunfo.

1 **triun·fa·lis·mo** [triunfalísmo] *s/m* Tendencia exagerada al optimismo o a creer en el triunfo.

1 **triun·fa·lis·ta** [triunfalísta] *adj s/m,f* Relativo al triunfalismo o quien lo practica.

2 **triun·fan·te** [triunfánte] *adj* Que triunfa o ha triunfado.

4 **triun·far** [triunfár] *intr* 1. Resultar victorioso en un enfrentamiento o competición. 2. Tener éxito en la vida. RPI **Triunfar en/sobre.**

4 **triun·fo** [triúnfo] *s/m* 1. Victoria frente a un contrario. 2. En ciertos juegos de naipes palo que tiene más valor que los demás.

1 **triun·vi·ra·to** [triumbiráto] *s/m* Gobierno de tres personas.

2 **tri·vial** [triβjál] *adj* De poca trascendencia o importancia.

1 **tri·via·li·dad** [triβjaljðáð] *adj* Cualidad de lo que es trivial.

TRO·PE·ZAR

1 **tri·via·li·za·ción** [triβjaliθaθjón] *s/f* Acción o resultado de trivializar.

1 **tri·via·li·zar** [triβjaliθár] *tr* Hacer que algo sea trivial.
ORT Ante *e* la *z* cambia a *c: Trivialice.*

1 **tri·za** [tríθa] *s/f* Porción muy pequeña de algo. LOC **Hacer trizas**, destrozar desmenuzando (algo).

tro·car [trokár] I. *tr* Cambiar una cosa por otra. II. REFL(-*se*) Transformarse. RPr **Trocar(se) por/en**.
CONJ *Irreg: Trueco, trocaré, troqué, trocado.*

2 **tro·ce·ar** [troθeár] *tr* Dividir en trozos.

1 **tro·cha** [trótʃa] *s/f* Camino campestre y estrecho.

1 **tro·che** [trótʃe] *s/m* LOC **A troche y moche**, sin orden ni control.

2 **tro·feo** [troféo] *s/m* 1. Premio o símbolo de una victoria, que se entrega al vencedor. 2. Objeto que se obtiene como símbolo de un logro, en general.

1 **tro·glo·di·ta** [troyloðita] *adj s/m,f* 1. Habitante de las cavernas prehistóricas. 2. Atrasado o poco civilizado.

1 **troi·ka** [tróika] *s/f* Grupo de tres personas o instituciones.

tro·la [tróla] *s/f* COL Mentira.

1 **tro·le** [tróle] *s/m* 1. Dispositivo a modo de brazo que transmite la corriente eléctrica a un vehículo. 2. Vehículo con este dispositivo.

1 **tro·le·bús** [troleβús] *s/m* Autobús que funciona con un trole.

tro·le·ro, -ra [troléro] *adj s/m,f* Que cuenta trolas.

1 **trom·ba** [trómba] *s/f* Gran cantidad de agua que avanza a mucha velocidad o cae con intensidad.

1 **trom·bo** [trómbo] *s/m* Coágulo de sangre en el interior de una vena.

1 **trom·bón** [trombón] *s/m* Instrumento de viento semejante a una trompeta grande.

1 **trom·bo·sis** [trombósis] *s/f* Obstrucción de un vaso sanguíneo por un trombo.

2 **trom·pa** [trómpa] I. *s/f* 1. Instrumento de viento consistente en un tubo de latón enroscado circularmente. 2. Prolongación de la nariz en algunos animales como el elefante o el tapir. 3. Nariz de una persona cuando es grande. 4. Conducto que enlaza la matriz con los ovarios, en la mujer. 5. COL Borrachera.

1 **trom·pa·da** [trompáða] *s/f* COL Golpe violento al chocar contra otra cosa.

1 **trom·pa·zo** [trompáθo] *s/m* Trompada.

2 **trom·pe·ta** [trompéta] I. *s/f* Instrumento musical de viento, con un tubo de perforación cilíndrico, terminado en un pabellón. II. *s/m* Persona que lo toca.

trom·pe·te·ar [trompeteár] *intr* Tocar la trompeta.

trom·pe·teo [trompetéo] *s/m* Acción o resultado de trompetear.

1 **trom·pe·tis·ta** [trompetísta] *s/m,f* Persona que toca la trompeta.

1 **trom·pi·car** [trompikár] *intr* REFL(-*se*) Ir tropezando al caminar.
ORT Ante *e* la *c* cambia a *qu: Trompique.*

1 **trom·pi·cón** [trompikón] *s/m* Acción o resultado de trompicar. LOC **A trompicones,** con dificultad y tropiezos.

1 **trom·po** [trómpo] *s/m* Peonza.

tro·na·da [tronáða] *s/f* Tormenta con truenos.

tro·na·do, -da [tronáðo] *adj* Muy gastado, deteriorado. LOC **(Estar) tronado alguien,** estar loco.

2 **tro·nar** [tronár] *intr* 1. Producirse truenos en una tormenta. 2. FIG Producir un ruido como el de los truenos.
CONJ *Irreg: Truena, tronó, tronará, tronado.*

1 **tron·cal** [tronkál] *adj* 1. Que pertenece al tronco. 2. Fundamental.

1 **tron·char** [trontʃár] I. *tr* Partir el tronco, tallo o ramas de una planta. II. REFL(-*se*) 1. Partirse algo por el tallo o tronco. 2. FIG (*Troncharse de risa*) Reírse mucho.

tron·cho [tróntʃo] *s/m* Tallo de una hortaliza.

3 **tron·co, -ca** [trónko] I. *s/m* 1. Tallo de los árboles, de consistencia leñosa. 2. ANAT Parte central de un cuerpo, comprendida entre las extremidades y la cabeza. II. *s/m,f* VULG Compañero, amigo.

1 **tro·ne·ra** [tronéra] *s/f* 1. Ventana muy pequeña por donde entra escasamente la luz. 2. Abertura para disparar por el hueco.

3 **tro·no** [tróno] *s/m* 1. Asiento con dosel y sobre gradas, propio de los monarcas. 2. Dignidad o cargo de rey o soberano.

4 **tro·pa** [trópa] *s/f* 1. Categoría de los soldados en el ejército. 2. *pl* Conjunto de fuerzas de un ejército.

1 **tro·pel** [tropél] *s/m* Conjunto de personas que avanza en desorden.

1 **tro·pe·lía** [tropelía] *s/f* Acto ilegal o violento.

3 **tro·pe·zar** [tropeθár] I. *intr* 1. Dar con los

TRO·PE·ZÓN

pies contra algún obstáculo al andar, de modo que se pierde el equilibrio. 2. FIG Encontrarse con un obstáculo que impide avanzar. II. *REFL(-se)* Encontrarse con alguien de modo fortuito. RPr **Tropezar(se) con/contra/en.**
CONJ *Irreg: Tropiezo, tropecé, tropezaré, tropezado.*

[1] **tro·pe·zón** [tropeθón] *s/m* 1. Acción o resultado de tropezar. 2. Trozo de carne, jamón o vianda. LOC **A tropezones,** FIG de forma discontinua.

[3] **tro·pi·cal** [tropikál] *adj* Relativo a los trópicos.

[2] **tró·pi·co, -ca** [trópiko] *s/m* Paralelo situado al Norte o al Sur del ecuador, en latitud de 23° 27'.

[1] **tro·pie·zo** [tropjéθo] *s/m* 1. Percance que se encuentra en una actuación. 2. Error, falta. 3. Ingrediente sólido en un guiso.

tro·quel [trokél] *s/m* Molde de acero para la estampación en serie.

tro·que·lar [trokelár] *tr* Modelar con un troquel.

[1] **tro·ta·mun·dos** [trotamúndos] *s/m,f* Persona que ha viajado mucho.

[2] **tro·tar** [trotár] *intr* Ir una caballería al trote.

[1] **tro·te** [tróte] *s/m* Modo acelerado de caminar de las caballerías, menos rápido que el galope. LOC **De mucho trote,** con gran resistencia.

[1] **tro·va** [tróβa] *s/f* Composición poética cantada por los trovadores.

[2] **tro·va·dor, -ra** [troβaðór] *s/m,f* 1. Poeta provenzal de los siglos XII y XIII. 2. Poeta y cantante.

[1] **tro·ve·ro** [troβéro] *s/m* Persona que compone trovos.

tro·vo [tróβo] *s/m* Composición versificada popular.

[2] **tro·ya** [trója] *s/f* LOC **Allí/Aquí ardió/fue Troya,** alude a un gran escándalo o alboroto.

[4] **tro·zo** [tróθo] *s/m* Parte o fragmento de algo.

[1] **tru·ca·je** [trukáxe] *s/m* Acción o resultado de trucar algo.

[2] **tru·car** [trukár] *tr intr* 1. Hacer algún cambio en un mecanismo o aparato de modo que aparente algo mejor o más ostentoso. 2. Aplicado a coches, dotarlos de un motor más potente que el que corresponde a ese modelo.
ORT Ante *e* la *c* cambia a *qu: Truque.*

[2] **tru·cha** [trútʃa] *s/f* Pez salmónido de carne apreciada, que vive en ríos y lagos de montaña.

[1] **tru·che·ro, -ra** [trutʃéro] *adj* Que abunda en truchas.

tru·chi·mán, -ma·na [trutʃimán] *s/m,f* 1. Intérprete. 2. Astuto, engañoso.

[2] **tru·co** [trúko] *s/m* Trampa o engaño hábil. LOC **Tener truco una cosa,** ser algo de difícil realización.

[1] **tru·cu·len·cia** [trukulénθja] *s/f* Cualidad de truculento.

[1] **tru·cu·len·to, -ta** [trukulénto] *adj* Cruel, atroz.

[2] **true·no** [trwéno] *s/m* Estampido seco que se produce en una tormenta.

[2] **true·que** [trwéke] *s/m* Acción o resultado de intercambiar una cosa por otra.

[1] **tru·fa** [trúfa] *s/f* Variedad de hongo muy aromático que se desarrolla totalmente bajo tierra.

tru·far [trufár] *tr* Rellenar con trufa.

[1] **tru·hán, -ha·na** [truán] *adj s/m,f* Persona que comete delitos o estafas.

tru·ha·ne·ría [truanería] *s/f* Acción del truhán.

[1] **tru·llo** [trúʎo] *s/m* ARG Cárcel, calabozo.

trun·ca·mien·to [trunkamjénto] *s/m* Acción o resultado de truncar.

[1] **trun·car** [trunkár] *tr* 1. Cortar el extremo de algo. 2. Dejar algo incompleto o inacabado. 3. Interrumpir algo, como la vida de una persona.
ORT Ante *e* la *c* cambia a *qu: Trunque.*

[1] **trust** [trúst] *s/m* ANGL Consorcio de sociedades o empresas.

[5] **tu** [tu] *adj apóc* de 'tuyo', que se usa antepuesto al nombre.

[5] **tú** [tú] *pron pers* de segunda persona, que funciona como sujeto.

[1] **tua·reg** [twaréɣ] *s/m,f* Miembro de una tribu nómada bereber que habita el desierto.

[2] **tu·bér·cu·lo** [tuβérkulo] *s/m* Raíz o tallo subterráneo.

[2] **tu·ber·cu·lo·sis** [tuβerkulósis] *s/f* Enfermedad infecciosa que afecta al pulmón.

[1] **tu·ber·cu·lo·so, -sa** [tuβerkulóso] *adj s/m,* Relativo a la tuberculosis o persona que l padece.

[2] **tu·be·ría** [tuβería] *s/f* Conducto en form de tubo, para conducir fluidos.

[3] **tu·bo** [túβo] *s/m* 1. Pieza cilíndrica y huec por dentro, para el transporte de fluido 2. Conducto orgánico con forma simila

LOC **Pasar por el tubo,** tener que aceptar algo no deseado. **Por un tubo,** en gran cantidad.

1 **tu·bu·lar** [tuβulár] *adj* Con forma de tubo.

2 **tuer·ca** [twérka] *s/f* Pieza con un orificio circular y una rosca en la cara interna, para sujetar un tornillo.

2 **tuer·to, -ta** [twérto] *adj s/m,f* Que ha perdido un ojo o la visión de uno de ellos.

tues·te [twéste] *s/m* Acción o resultado de tostar.

1 **tué·ta·no** [twétano] *s/m* **1.** Sustancia blanda en los conductos medulares de los huesos. **2.** Esencia de algo. LOC **Hasta los tuétanos,** FIG hasta lo más profundo.

1 **tu·fa·ra·da** [tufaráða] *s/f* Olor fuerte que se percibe de pronto.

1 **tu·fi·llo** [tufiʎo] *s/m* Olor poco intenso.

1 **tu·fo** [túfo] *s/m* Olor fuerte y desagradable.

1 **tu·gu·rio** [tuɣúrjo] *s/m* Habitación o vivienda miserable.

1 **tul** [túl] *s/m* Tejido de mallas poligonales.

1 **tu·li·pa** [tulípa] *s/f* En una lámpara pequeña, pantalla parecida a un tulipán, que rodea a la bombilla y puede orientar la luz hacia un punto determinado.

1 **tu·li·pán** [tulipán] *s/m* **1.** Planta de raíz bulbosa y con flor única de seis pétalos. **2.** Flor de esta planta.

1 **tu·lli·do, -da** [tuʎíðo] *adj s/m,f* Que ha perdido el movimiento de su cuerpo o de alguno de sus miembros.

1 **tu·llir** [tuʎír] *tr* Dejar a alguien imposibilitado para andar o moverse.

3 **tum·ba** [túmba] *s/f* **1.** Lugar en el que se entierra a un muerto. **2.** Persona muy reservada.

3 **tum·bar** [tumbár] **I.** *tr* **1.** Poner en posición horizontal. **2.** Derribar, hacer caer al suelo. **3.** FIG Suspender a alguien en un examen. **II.** *REFL(-se)* Tenderse horizontalmente sobre el suelo, una cama, etc.

1 **tum·bo** [túmbo] *s/m* Vaivén violento.

tum·bo·na [tumbón] *s/f* Asiento extensible y articulado, que suele usarse para tomar el sol o relajarse.

tu·me·fac·ción [tumefakθjón] *s/f* Inflamación o hinchazón.

1 **tu·me·fac·to, -ta** [tumefákto] *adj* Que tiene tumefacción.

3 **tu·mor** [tumór] *s/m* Masa de tejido que ha crecido anormalmente.

1 **tu·mo·ral** [tumorál] *adj* Relativo a un tumor.

1 **tú·mu·lo** [túmulo] *s/m* Monumento funerario.

2 **tu·mul·to** [tumúlto] *s/m* Alboroto, confusión.

1 **tu·mul·tuo·so, -sa** [tumultwóso] *adj* Que causa tumulto.

1 **tu·na** [túna] *s/f* Grupo de estudiantes que forman un conjunto musical y visten a la antigua usanza estudiantil española.

tu·nan·te, -ta [tunánte] *adj s/m,f* Pícaro, astuto.

tun·da [túnda] *s/f* Paliza.

1 **tun·dir** [tundír] *tr* **1.** Golpear con dureza a alguien. **2.** Cortar a tijera el pelo de los paños o pieles.

1 **tun·dra** [túndra] *s/f* Configuración forestal de los territorios polares.

1 **tu·ne·ci·no, -na** [tuneθíno] *adj s/m,f* De Túnez.

3 **tú·nel** [túnel] *s/m* Paso subterráneo.

2 **tú·ni·ca** [túnika] *s/f* Vestidura en forma de camisa, *gen* larga y sin mangas.

tú·ni·do [túniðo] **I.** *adj* Se dice del pez de la familia del atún. **II.** *s/m,pl* Esta familia de peces.

2 **tu·no, -na** [túno] **I.** *s/m* Miembro de una tuna estudiantil. **II.** *adj s/m,f* Bribón, granuja.

tun·tún [tuntún] LOC **Al (buen) tuntún,** de modo irreflexivo o imprudente.

1 **tu·pé** [tupé] *s/m* Mechón de pelo que cae sobre la frente.

2 **tu·pi·do, -da** [tupíðo] *adj* Espeso.

2 **tur·ba** [túrβa] *s/f* **1.** Combustible fósil. **2.** Muchedumbre que se comporta de forma tumultuosa o violenta.

1 **tur·ba·ción** [turβaθjón] *s/f* Acción o resultado de turbar(se).

1 **tur·ban·te** [turβánte] *s/m* Faja larga de tela arrollada a la cabeza.

1 **tur·bar** [turβár] *tr REFL(-se)* Alterar el estado de ánimo de alguien.

2 **tur·bi·na** [turβína] *s/f* Máquina que transforma en fuerza motriz rotativa la energía cinética de un fluido.

2 **tur·bio, -ia** [túrβjo] *adj* **1.** Que ha perdido la transparencia o claridad. **2.** *(vista)* Que ha perdido la nitidez. **3.** FIG Sospechoso de falta de honradez.

tur·bo·rre·ac·tor [turβorreaktór] *s/m* Motor a reacción con turbinas.

2 **tur·bu·len·cia** [turβulénθja] *s/f* **1.** Cualidad de turbulento. **2.** Depresión atmosférica

TUR·BU·LEN·TO

que provoca un cambio repentino de altura o nivel en el avión.

2 **tur·bu·len·to, -ta** [turβulénto] *adj* Revuelto, agitado.

3 **tur·co, -ca** [túrko] **I.** *adj s/m,f* De Turquía. **II.** *s/f* ARG (Con *agarrar/coger una*) Borrachera. LOC **Ser cabeza de turco,** FIG ser la persona sobre la cual recaen siempre las responsabilidades o culpas.

1 **tur·gen·cia** [turχénθja] *s/f* Cualidad de turgente.

1 **tur·gen·te** [turχénte] *adj* Abultado y terso.

4 **tu·ris·mo** [turísmo] *s/m* **1.** Acción o práctica de viajar por placer. **2.** Conjunto de actividades relacionadas con este tipo de viajes. **3.** Vehículo para usos no comerciales.

3 **tu·ris·ta** [turísta] *s/m,f* Persona que practica el turismo.

4 **tu·rís·ti·co, -ca** [turístiko] *adj* Relativo al turismo.

3 **tur·nar** [turnár] *tr intr* REFL(-se) Alternar(se) en la realización de una actividad.

3 **tur·no** [túrno] *s/m* **1.** Orden de sucesión para hacer algo. **2.** Periodo que corresponde a quienes se turnan. **3.** Orden que corresponde a quienes esperan en la cola. **4.** En una reunión, tiempo que corresponde a quien interviene. LOC **Por turnos,** de forma alterna.

1 **tur·que·sa** [turkésa] **I.** *s/f* Mineral de color azul verdoso, usado en joyería. **II.** *adj s/m* Color de este mineral.

2 **tu·rrón** [turrón] *s/m* Dulce elaborado con almendras, piñones, avellanas, nueces u otros ingredientes, que se tuestan y se mezclan con miel o azúcar.

1 **tu·ru·la·to, -ta** [turuláto] *adj* Atontado.

1 **tu·te** [túte] *s/m* **1.** Juego de cartas para cuatro personas. **2.** Tarea o actividad muy cansada.

2 **tu·te·ar** [tuteár] *tr intr* **1.** Tratar de tú a alguien. **2.** Tener una relación amistosa con alguien.

2 **tu·te·la** [tutéla] *s/f* **1.** Autoridad para administrar los bienes de un menor huérfano o de quien está incapacitado. **2.** Protección o cuidado sobre algo o alguien.

2 **tu·te·lar** [tutelár] **I.** *adj* Relativo a la tutela. **II.** *tr* Ejercer una tutela sobre algo o alguien.

1 **tu·teo** [tutéo] *s/m* Acción o resultado de tutear.

2 **tu·tor, -ra** [tutór] *s/m,f* **1.** Persona encargada de la tutela de alguien. **2.** Profesor o instructor que tiene a su cargo la educación de un menor. **3.** Profesor encargado de supervisar el trabajo o conducta de determinados alumnos o de dirigir sus investigaciones.

1 **tu·to·ría** [tutoría] *s/f* Cargo o actividad de un tutor.

4 **tu·yo, -ya** [tújo] *pron pos 2ª p s adj* Corresponde a la *2ª p* y establece relación de pertenencia. LOC **De las tuyas,** característico de la persona a quien se está hablando.

3 **TV** [teúβe] *s/f* Televisión.

twist [twís(t)] *s/m* ANGL Baile de ritmo movido, que se baila suelto.

U u

[5] **U, u** [u] **I.** *s/f* Vigesimosegunda letra del alfabeto español. **II.** *conj* Sustituye a 'o' cuando sigue '(h)o'.

[1] **u·bé·rri·mo, -ma** [uβérrimo] *sup* Muy abundante o fértil.

[3] **u·bi·ca·ción** [uβikaθjón] *s/f* Acción o resultado de ubicar(se).

[4] **u·bi·car** [uβikár] *tr* REFL(*-se*) Situar(se) en un determinado lugar.
ORT La *c* cambia a *qu* ante *e: Ubiquemos*.

[1] **u·bi·cui·dad** [uβikwiðáð] *s/f* Cualidad de ubicuo.

[1] **u·bi·cuo, -ua** [uβíkwo] *adj* Que está o puede estar en varias partes al mismo tiempo.

[1] **u·bre** [úβre] *s/f* En los mamíferos hembra, órgano que produce la leche.

[1] **u·cra·nia·no, -na** [ukranjáno] *adj s/m,f* De Ucrania.

[2] **¡uf!** [úf] *interj* Exclamación de fastidio o repugnancia.

[1] **u·fa·nar·se** [ufanárse] REFL(*-se*) Estar, sentirse satisfecho y orgulloso de algo.
RPr **Ufanarse de**.

[1] **u·fa·no, -na** [ufáno] *adj* Orgulloso, satisfecho.

u·gan·dés, -de·sa [uγandés] *adj s/m,f* De Uganda.

[1] **u·jier** [uxjér] *s/m* Subalterno de algunos tribunales y cuerpos del Estado.

[2] **úl·ce·ra** [úlθera] *s/f* Lesión en la piel o en una mucosa.

[1] **ul·ce·ra·ción** [ulθeraθjón] *s/f* Acción o resultado de ulcerar(se).

[1] **ul·ce·rar** [ulθerár] *tr* REFL(*-se*) Producir(se) úlcera.

[1] **ul·ce·ro·so, -sa** [ulθeróso] *adj* Que tiene úlceras, o se parece a ellas.

[2] **ul·te·rior** [ulterjór] *adj* **1.** Que sucede o se hace después de otra cosa. **2.** Situado más allá en el espacio.

[3] **ul·ti·mar** [ultimár] *tr* Finalizar algo.

[2] **ul·ti·má·tum** [ultimátum] *s/m* Resolución terminante.

[5] **úl·ti·mo, -ma** [último] *adj* **1.** Se dice de lo que, en una serie, pone punto final a ella. **2.** Que está al final de algo. **3.** Más novedoso o nuevo. **4.** Definitivo, decisivo. LOC **Estar en las últimas,** estar muriéndose.

[1] **ul·tra** [última] **I.** *s/m,f* Persona de la extrema derecha. **II.** *adj* Relativo a la política de extrema derecha.
ORT Como *adj* tiene forma única para el *sing* y *pl*.

[1] **ul·tra·de·re·cha** [ultraðerétʃa] *s/f* Grupo político exageradamente nacionalista que tiende a la radicalización de la doctrina conservadora.

[1] **ul·tra·de·re·chis·ta** [ultraðeretʃísta] *adj s/m,f* Relativo a la ultraderecha o partidario de ella.

ul·tra·jan·te [ultraxánte] *adj* Que ofende.

[1] **ul·tra·jar** [ultraxár] *tr* Ofender.

[1] **ul·tra·je** [ultráxe] *s/m* Acción o resultado de ultrajar.

[1] **ul·tra·li·ge·ro, -ra** [ultralixéro] **I.** *adj* Muy ligero o de poco peso. **II.** *s/m* Avión pequeño y deportivo.

[1] **ul·tra·mar** [ultramár] *s/m* Conjunto de territorios al otro lado del mar.

[1] **ul·tra·ma·ri·no, -na** [ultramaríno] **I.** *adj* De ultramar: *Comercio ultramarino*. **II.** *s/m,pl* Tienda de comestibles.

[2] **ul·tran·za** [ultránθa] LOC **A ultranza,** sin concesiones.

ul·tra·rrá·pi·do, -da [ultrarrápiðo] *adj* Muy rápido.

[1] **ul·tra·so·ni·do** [ultrasoníðo] *s/m* Ondas sonoras no perceptibles por el oído humano.

[1] **ul·tra·tum·ba** [ultratúmba] *s/f* Lo que está más allá de la tumba o de la muerte.

[2] **ul·tra·vio·le·ta** [ultraβjoléta] *adj* Más allá del violeta en el espectro luminoso.

[1] **u·lu·lar** [ululár] *intr* **1.** Dar o emitir aullidos algunos animales salvajes. **2.** Emitir aullidos semejantes el viento o una sirena.

[1] **um·bi·li·cal** [umbilikál] *adj* Relativo al ombligo.

③ **um·bral** [umbrál] *s/m* **1.** Escalón en la parte inferior de una puerta. **2.** ARQ Madero que sostiene el muro de arriba en un vano. **3.** Comienzo o entrada de algo.

① **um·bría** [umbría] *s/f* Terreno en que casi siempre da la sombra.

① **um·brío, -ía** [umbrío] *adj* Que da poco el sol.

① **um·bro·so, -sa** [umbróso] *adj* Que tiene o da mucha sombra.

⑤ **un; u·na** [ún; úna] **I.** *art/m,sing art/f,sing* indefinido **II.** *adj* **1.** (*Unos, unas*) *pl* Expresa número aproximado. **2.** Único en su especie: *La verdad es una.* **3.** Tal: *Coge unos cabreos que nadie le aguanta.*

② **u·ná·ni·me** [unánime] *adj* De la misma opinión o sentir.

② **u·na·ni·mi·dad** [unanimiðáð] *s/f* Cualidad de unánime.

① **un·ción** [unθjón] *s/f* Acción o resultado de ungir.

① **un·cir** [unθír] *tr* Atar un animal de labor al yugo.
ORT Ante *o/a* la *c* cambia a *z*: *Unzo, unzan.*

① **un·gir** [unχír] *tr* Marcar con óleo sagrado para consagrar algo o a alguien.
ORT La *g* cambia a *j* ante *a/o*: *Unja, unjo.*

① **un·güen·to** [ungwénto] *s/m* Sustancia grasienta que se unta el cuerpo.

un·gu·la·do [unguláðo] **I.** *adj* Que tiene pezuña o casco, como el caballo o el elefante. **II.** *s/m,pl* Orden de estos animales.

un·gu·lar [ungulár] *adj* Relativo a la uña.

① **u·ni·ca·me·ral** [unikamerál] *adj* De una sola cámara legislativa.

① **u·ni·ce·lu·lar** [uniθelulár] *adj* De una sola célula.

① **u·ni·ci·dad** [uniθiðáð] *s/f* Cualidad de único.

① **ú·ni·co, -ca** [úniko] *adj* Solo o exclusivo en su género.

① **u·ni·cor·nio** [unikórnjo] *s/m* Animal fantástico, con figura de caballo y un cuerno recto en la frente.

⑤ **u·ni·dad** [uniðáð] *s/f* **1.** Cada parte que forma un todo o un conjunto contable. **2.** Conjunto homogéneo formado por las partes que lo integran. **3.** El número entero más pequeño, el uno. **4.** Cualidad de lo que se caracteriza por la unión y la concordia. **5.** Cantidad que sirve como término de comparación para medir.

① **u·ni·di·men·sio·nal** [uniðimensjonál] *adj* De una sola dimensión.

① **u·ni·di·rec·cio·nal** [uniðirekθjonál] *adj* Que es de una sola dirección.

① **u·ni·fa·mi·liar** [unifamiljár] *adj* Se aplica al tipo de vivienda para una sola familia.

② **u·ni·fi·ca·ción** [unifikaθjón] *s/f* Acción o resultado de unificar.

③ **u·ni·fi·car** [unifikár] *tr* REFL(-se) Juntar cosas para que formen una unidad homogénea.
ORT La *c* cambia a *qu* ante *e*: *Unifiquemos.*

③ **u·ni·for·mar** [uniformár] *tr* **1.** Hacer que una o más cosas diferentes sean iguales y uniformes. **2.** Hacer que los individuos de una colectividad lleven todos el mismo uniforme.

③ **u·ni·for·me** [unifórme] **I.** *adj* **1.** Con las mismas características que los demás de su especie. **2.** De desarrollo constante e igual. **II.** *s/m* Traje distintivo de un grupo o entidad.

② **u·ni·for·mi·dad** [uniformiðáð] *s/f* Cualidad de uniforme.

u·ni·gé·ni·to, -ta [uniχénito] *adj* Se dice del hijo único.

② **u·ni·la·te·ral** [unilaterál] *adj* Referido a un solo aspecto o parte.

⑤ **u·nión** [unjón] *s/f* **1.** Acción o resultado de unir(se). **2.** Cosa unida. **3.** Punto donde dos cosas se unen.

① **u·ni·per·so·nal** [unipersonál] *adj* Que consta de una sola persona o es sólo para una persona.

① **u·ni·po·lar** [unipolár] *adj* Que tiene solo un polo.

⑤ **u·nir** [uním] **I.** *tr* Hacer que dos o más cosas se junten, formando un todo. **II.** REFL(-se) Adherirse, juntarse.

① **u·ni·sex** [unisé(k)s] *adj* ANGL Se aplica a la ropa usada por hombres o mujeres.

u·ni·se·xual [unise(k)swál] *adj* Con un solo sexo.

① **u·ní·so·no, -na** [unísono] *adj* De un solo tono. LOC **Al unísono**, a un tiempo y de común acuerdo.

③ **u·ni·ta·rio, -ia** [unitárjo] *adj* **1.** Que forma una sola unidad. **2.** Referido a los precios, que se aplican por cada unidad.

④ **u·ni·ver·sal** [uniβersál] *adj* **1.** Relativo a todo el universo. **2.** Que se refiere a la totalidad de algo.

② **u·ni·ver·sa·li·dad** [uniβersaliðáð] *s/f* Cualidad de universal.

① **u·ni·ver·sa·li·zar** [uniβersaliθár] *tr* Hace

que algo se aplique a todo y a todos.
ORT Ante *e* la *z* cambia a *c: Universalice.*

⑤ **u·ni·ver·si·dad** [uniβersiðáð] *s/f* **1.** Institución docente e investigadora donde se cursan estudios superiores. **2.** Edificio o conjunto de edificios que integran esta institución.

⑤ **u·ni·ver·si·ta·rio, -ia** [uniβersitárjo] **I.** *adj s/m,f* Que realiza o ha realizado estudios en la universidad. **II.** *adj* Relativo a la universidad.

④ **u·ni·ver·so, -sa** [uniβérso] *s/m* Conjunto de todo lo que existe.

① **u·ní·vo·co, -ca** [uníβoko] *adj* Que tiene un solo sentido.

⑤ **u·no, -na** [úno] **I.** *adj* **1.** Primero en su género. **2.** *pl* Precediendo a un número cardinal expresa aproximación. **3.** Que no admite división ni pluralidad: *El alma es una.* **4.** Único. **II.** *pron indef* Designa a una persona indeterminada. **III.** *s/m* Unidad entera mínima, primera de los números naturales. LOC **No dar una,** ser muy poco afortunado en algo, no acertar.

② **un·tar** [untár] *tr* **1.** Extender una sustancia pastosa sobre una superficie. **2.** Sobornar con dinero.

un·to [únto] *s/m* Grasa animal.

① **un·tuo·so, -sa** [untwóso] *adj* Pegajoso y graso.

③ **u·ña** [úɲa] *s/f* **1.** Parte dura y córnea en las puntas de los dedos. **2.** Casco o pezuña de algunos animales. **3.** Punta con forma curva, en algunos instrumentos metálicos. LOC **De uñas,** con una actitud agresiva o de enfado. **Ser uña y carne/carne y uña,** ser muy amigos.

u·pe·ri·za·ción [uperiθaθjón] *s/f* Acción o resultado de uperizar.

u·pe·ri·zar [uperiθár] *tr* Esterilizar la leche mediante la inyección de vapor recalentado.
ORT Ante *e* la *z* cambia a *c: Upericen.*

u·ra·li·ta [uralíta] *s/f* Aglomerado de cemento y amianto desfibrado, usado en la construcción.

② **u·ra·nio** [uránjo] *s/m* Metal radioactivo. Símbolo *U*.

① **ur·ba·ni·dad** [urβaniðáð] *s/f* Amabilidad y educación en el trato.

② **ur·ba·nis·mo** [urβanísmo] *s/m* Estudio de todo lo que es necesario para hacer más agradable la vida en las ciudades.

② **ur·ba·nís·ti·co, -ca** [urβanístiko] *adj* Relativo al urbanismo.

① **ur·ba·ni·za·ble** [urβaniθáβle] *adj* Que puede urbanizarse.

② **ur·ba·ni·za·ción** [urβaniθaθjón] *s/f* **1.** Acción o resultado de urbanizar. **2.** Barrio residencial en la periferia de una ciudad.

ur·ba·ni·za·dor, -ra [urβaniθaðór] **I.** *adj* Que urbaniza. **II.** *s/f* Empresa que se dedica a urbanizar terrenos.

① **ur·ba·ni·zar** [urβaniθár] *tr* Acondicionar un terreno dotándolo de los servicios para hacerlo habitable.
ORT Ante *e* la *z* cambia a *c: Urbanicemos.*

④ **ur·ba·no, -na** [urβáno] **I.** *adj* **1.** Relativo a la ciudad. **2.** Que tiene hábitos propios de la ciudad. **II.** *adj s/m,f* Agente de policía que regula la circulación y cuida del orden en las ciudades.

② **ur·be** [úrβe] *s/f* Ciudad grande.

① **ur·dim·bre** [urðímbre] *s/f* Armazón que sirve de base a un tejido urdido.

① **ur·dir** [urðír] *tr* **1.** Disponer los hilos en la devanadera r. **2.** FIG Tramar una intriga, maquinar.

① **u·rea** [uréa] *s/f* Sustancia nitrogenada presente en la orina.

① **u·ré·ter** [uréter] *s/m* Conducto por donde la orina pasa de los riñones a la vejiga.

① **u·re·tra** [urétra] *s/f* ANAT Conducto por donde sale al exterior la orina.

① **u·re·tral** [uretrál] *adj* Relativo a la uretra.

④ **ur·gen·cia** [urxénθja] *s/f* **1.** Cualidad de urgente. **2.** *pl* Servicio de un hospital para atender a los enfermos graves.

ur·gen·te [urxénte] *adj* Que debe hacerse con rapidez.

② **ur·gir** [urxír] **I.** *intr* Requerir algo su pronta ejecución. **II.** *tr* Pedir que algo se lleve a cabo con rapidez.
ORT Ante *a* o la *g* cambia a *j: Urja, urjo.*

② **u·ri·na·rio, -ia** [urinárjo] **I.** *adj* Relativo a la orina. **II.** *s/m* Lugar para orinar, *gen* en sitios públicos.

③ **ur·na** [úrna] *s/f* **1.** Caja para depositar las papeletas en una votación. **2.** Caja o vasija para guardar las cenizas de los muertos.

u·ro·lo·gía [uroloxía] *s/f* MED Especialidad médica que estudia las enfermedades relativas al aparato urinario.

① **u·ró·lo·go, -ga** [uróloɣo] *s/m,f* Estudio de las enfermedades del aparato urinario.

② **u·rra·ca** [urráka] *s/f* Pájaro córvido, blanco por debajo y negro brillante por encima. Es domesticable.

ur·ti·can·te [urtikánte] *adj* Que produce picor ardiente en la piel.

① **ur·ti·ca·ria** [urtikárja] *s/f* Enfermedad eruptiva de la piel.

③ **u·ru·gua·yo, -ya** [uruɣwájo] *adj, s/m,f* De Uruguay.

① **u·san·za** [usánθa] *s/f* Uso, costumbre.

⑤ **u·sar** [usár] **I.** *tr* **1.** Hacer servir una cosa para algo. **2.** Tener costumbre de hacer algo. **II.** *intr* Hacer uso de algo. RPr **Usar de.**

① **u·sía** [usía] *s/m,f* Tratamiento equivalente a 'vuestra señoría'.

⑤ **u·so** [úso] *s/m* **1.** Acción o resultado de usar. **2.** Fin para el que se emplea algo. **3.** Modo de obrar característico de una persona, país o época. LOC **En buen uso,** bien conservado. **En uso,** que se está utilizando.

⑤ **us·ted** [ustéð] *pron pers 2ª pers sing* Voz de tratamiento cortés.

② **u·sual** [uswál] *adj* De uso frecuente.

④ **u·sua·rio, -ia** [uswárjo] *adj s/m,f* Quien usa algo.

① **u·su·fruc·to** [usufrúkto] *s/m* Derecho a disfrutar de bienes ajenos.

① **u·su·fruc·tua·rio, -ia** [usufruktwárjo] *adj s/m,f* Que tiene el usufructo de algo.

① **u·su·ra** [usúra] *s/f* Interés excesivo aplicado a un préstamo.

② **u·su·re·ro, -ra** [usuréro] *s/m,f* Persona que presta a cambio de un interés excesivo.

① **u·sur·pa·ción** [usurpaθjón] *s/f* Acción o resultado de usurpar.

① **u·sur·pa·dor, -ra** [usurpaðór] *adj s/m,f* Que usurpa.

① **u·sur·par** [usurpár] *tr* Apoderarse de algo que pertenece a otro.

② **u·ten·si·lio** [utensíljo] *s/m* **1.** Objeto para trabajos manuales o domésticos. **2.** Herramienta de un oficio o arte.

② **u·te·ri·no, -na** [uteríno] *adj* Relativo al útero.

② **ú·te·ro** [útero] *s/m* Órgano genital de la hembra de los mamíferos, que alberga al feto.

④ **ú·til** [útil] **I.** *adj* **1.** Que produce beneficio. **2.** Se dice del día hábil. **II.** *s/m* Herramienta, utensilio.

④ **u·ti·li·dad** [utiliðáð] *s/f* Cualidad de útil.

① **u·ti·li·ta·rio, -ia** [utilitárjo] **I.** *adj* Que tiene como principal objetivo conseguir algo útil. **II.** *adj s/m* Vehículo modesto, de bajo precio y poco consumo.

① **u·ti·li·ta·ris·mo** [utilitarísmo] *s/m* Tendencia de quien busca la utilidad en las cosas.

① **u·ti·li·ta·ris·ta** [utilitarísta] *adj* Relativo al utilitarismo, o partidario de él.

④ **u·ti·li·za·ción** [utiliθaθjón] *s/f* Acción de utilizar algo.

⑤ **u·ti·li·zar** [utiliθár] *tr* Aprovecharse del uso de algo para sacar provecho de ello.
ORT Ante *e* la *z* cambia a *c*: *Utilice*.

① **u·ti·lla·je** [utiʎáxe] *s/m* Conjunto de herramientas propias de un trabajo.

② **u·to·pía** [utopía] *s/f* FIL Cosa inexistente o alejada de la realidad.

② **u·tó·pi·co, -ca** [utópiko] *adj* Relativo a la utopía.

② **u·va** [úβa] *s/f* Fruto de la vid, del que se extrae el vino. LOC **Estar de mala uva/Tener mala uva,** tener mal carácter o estar muy enfadado.

① **u·ve** [úβe] *s/f* Nombre de la letra 'v'.

① **UVI** [úβi] *s/f* Unidad hospitalaria de vigilancia intensiva.

ú·vu·la [úβula] *s/f* Masa carnosa de forma cónica y textura membranosa y muscular, que pende del velo del paladar.

u·xo·ri·ci·dio [u(k)soriθíðjo] *s/m* Acción de matar un hombre a su mujer.

② **¡uy!** [úi] *interj* Expresa dolor, sorpresa o alegría.

V v

[4] **V; v** [úβe] *s/f* Vigesimotercera letra del alfabeto español.

[4] **va·ca** [báka] *s/f* **1.** Hembra del toro. **2.** Carne de vaca, para el consumo.

[4] **va·ca·ción** [bakaθjón] *s/f* (*gen* en *pl*) Suspensión temporal del trabajo.

[1] **va·ca·cio·nal** [bakaθjonál] *adj* Relativo a las vacaciones.

[2] **va·can·te** [bakánte] *adj s/f* Que no está ocupado; libre.

[1] **va·cia·do** [baθjáðo] *s/m* Acción o resultado de vaciar(se).

[4] **va·ciar** [baθjár] **I.** *tr* REFL(-*se*) **1.** Dejar o quedarse algo sin nada en su interior. **2.** Depositar(se) un contenido cualquiera en una vasija o desparramarlo en un lugar. **II.** *tr* **1.** Dejar hueca una cosa. **2.** Formar un objeto llenando un molde hueco. **3.** Gastar completamente la munición de un arma.
PRON El acento recae sobre la *i* en el *sing* y *3ª p pl* del *pres* de *ind* y *subj*: *Vacía*.

[1] **va·cie·dad** [baθjeðáð] *s/f* **1.** Cualidad de vacío. **2.** Dicho o hecho necio.

[2] **va·ci·la·ción** [baθilaθjón] *s/f* Acción o resultado de vacilar.

[2] **va·ci·lan·te** [baθilánte] *adj* Que vacila.

[3] **va·ci·lar** [baθilár] *intr* **1.** Oscilar por falta de estabilidad. **2.** Dudar o estar indeciso.

[1] **va·ci·lón, ·lo·na** [baθilón] *adj s/m,f* Quien siempre está de broma o acostumbra a burlarse de los demás.

[4] **va·cío, ·ía** [baθío] **I.** *adj* **1.** Que no contiene nada en su interior. **2.** Desierto, sin nadie. **3.** Sin ocupar. **4.** Que resulta vacuo o insustancial. **II.** *s/m* **1.** Espacio sin nada dentro. **2.** Ausencia muy sentida de alguien. LOC **De vacío,** sin nada.

[1] **va·cui·dad** [bakwiðáð] *s/f* Cualidad de vacuo.

[2] **va·cu·na** [bakúna] *s/f* **1.** Virus que se inocula para inmunizar contra alguna enfermedad. **2.** FIG Cosa que sirve de prevención contra un mal.

[2] **va·cu·na·ción** [bakunaθjón] *s/f* Acción o resultado de vacunar.

[2] **va·cu·nar** [bakunár] *tr* Inmunizar mediante la inoculación de un virus. RPr **Vacunar contra**.

[2] **va·cu·no, ·na** [bakúno] **I.** *adj* Relativo al ganado bovino. **II.** *s/m* Ganado bovino.

[1] **va·cuo, ·ua** [bákwo] *adj* Superficial, insustancial.

[1] **va·de·ar** [baðeár] *tr* Atravesar una corriente de agua por un lugar de poca profundidad.

[1] **va·de·mé·cum** [baðemékum] *s/m* Libro que contiene los aspectos más fundamentales de una materia.

[1] **va·do** [báðo] *s/m* **1.** Lugar de un curso de agua que se puede atravesar. **2.** Bordillo rebajado en una acera para permitir el paso de vehículos.

[1] **va·ga·bun·de·ar** [baɣaβundeár] *intr* Comportarse como un vagabundo.

[1] **va·ga·bun·deo** [baɣaβundéo] *s/m* Acción o resultado de vagabundear.

[2] **va·ga·bun·do, ·da** [baɣaβúndo] *adj s/m,f* Persona que carece de domicilio y trabajo y vive de la mendicidad.

[1] **va·gan·cia** [baɣánθja] *s/f* Cualidad de vago.

[3] **va·gar** [baɣár] *intr* Ir de un lado para otro sin propósito definido.
ORT Ante *e* la *g* cambia a *gu*: *Vague*.

[1] **va·gi·do** [baχíðo] *s/m* Llanto del recién nacido.

[2] **va·gi·na** [baχína] *s/f* En las hembras de los mamíferos, conducto desde la vulva hasta la matriz.

[2] **va·gi·nal** [baχinál] *adj* Relativo a la vagina.

[1] **va·gi·ni·tis** [baχinítis] *s/f* Infección de la vagina.

[2] **va·go, ·ga** [báɣo] **I.** *adj s/m,f* Perezoso, holgazán. **II.** *adj* Impreciso o indeterminado.

[2] **va·gón** [baɣón] *s/m* Cada unidad de un tren, sin poder de tracción.

[1] **va·go·ne·ta** [baɣonéta] *s/f* Vagón pequeño para trasladar el mineral al exterior de las minas.

[1] **va·gua·da** [baɣwáða] *s/f* En un valle, parte más profunda.

va·gue·ar [baɣeár] *intr* Deambular sin dirección ni propósito fijos.

[1] **va·gue·dad** [baɣeðáð] *s/f* Cualidad de vago.

[1] **va·ha·ra·da** [ba(a)ráða] *s/f* Ráfaga de buen o mal olor.

[1] **va·hí·do** [baíðo] *s/m* Pérdida momentánea y pasajera del conocimiento.

[1] **va·ho** [báo] *s/m* Vapor que desprende un líquido al calentarse.

[2] **vai·na** [báina] I. *s/f* 1. Funda para guardar un arma. 2. BOT Envoltura de las semillas de las plantas leguminosas. 3. Casquillo de un cartucho o bala. II. *s/m,f* Persona de poco valor o poco fiable.

[1] **vai·ni·lla** [bainíʎa] *s/f* 1. Planta arbustiva, con flores grandes y fruto oloroso. 2. Fruto de dicha planta. 3. Condimento o sabor a dicho fruto.

[2] **vai·vén** [baiβén] *s/m* 1. Movimiento pendular de un cuerpo. 2. Inconstancia o inestabilidad.

[2] **va·ji·lla** [baχíʎa] *s/f* Conjunto de platos, fuentes, vasos, etc., para comer o servir los alimentos.

[5] **va·le** [bále] I. *s/m* Documento que puede ser canjeado por alguna cosa. II. *interj* COL Expresión que denota conformidad: *Vale, te veo por la mañana.*

[1] **va·le·de·ro, -ra** [baleðéro] *adj* Que vale o es válido.

[1] **va·le·dor, -ra** [baleðór] *s/m,f* Protector.

[2] **va·len·tía** [balentía] *s/f* Cualidad de valiente.

va·len·to·na·da [balentonáða] *s/f* Dicho o hecho arrogante.

[5] **va·ler** [balér] I. *tr* 1. Tener algo un determinado valor. 2. Equivaler una moneda a otra en determinada proporción. 3. Tener algo cierta calidad o cualidades. II. *intr* 1. Ser válida una cosa. 2. Ser una cosa útil o apropiada para un fin: *Este pantalón no me vale.* 3. (Con *por*) Equivaler una cosa a otra que se expresa: *Una persona bilingüe vale por dos.* 4. Estar permitido algo: *Para los chavales vale todo.* III. REFL(-*se*) 1. (Con *de*) Recurrir a algo o a alguien para conseguir algo: *Se vale de la miseria ajena.* 2. (Con *por*) Desenvolverse una persona por sí misma. LOC **¡Vale!**, expresión de conformidad. RPr **Valer por/Valerse de/por**.
CONJ *Irreg: Valgo, valí, valeré, valido.*

[1] **va·le·ro·so, -sa** [baleróso] *adj* Que es valiente.

[2] **va·lía** [balía] *s/f* 1. Valor de una cosa. 2. Competencia de la persona con talento.

[1] **va·li·da·ción** [baliðaθjón] *s/f* Acción o resultado de validar.

[2] **va·li·dar** [baliðár] *tr* Hacer que algo sea válido.

[3] **va·li·dez** [baliðéθ] *s/f* Cualidad de válido.

[1] **va·li·do** [balíðo] *s/m* Persona de confianza de un soberano para ejercer el poder.

[4] **vá·li·do, -da** [báliðo] *adj* 1. Capaz de lograr algo. 2. Que tiene valor o calidad.

[3] **va·lien·te** [baljénte] I. *adj* *s/m,f* Que no tiene miedo al peligro. II. *adj* 1. Propio de la persona valiente. 2. Decidido o animoso.

[1] **va·li·ja** [balíχa] *s/f* 1. Maleta para guardar lo necesario en un viaje. 2. Saca para el transporte de la correspondencia.

[3] **va·lio·so, -sa** [baljóso] *adj* Que vale mucho o tiene mucho valor.

[2] **va·lla** [báʎa] *s/f* 1. Cercado con obra o alambre, de poca altura. 2. Cartel publicitario.

va·lla·dar [baʎaðár] *s/m* Cercado con estacas de madera y alambres.

va·lla·do [baʎáðo] *s/m* 1. Cercado de madera. 2. Acción de vallar.

va·llar [baʎár] *tr* Cercar con vallas.

[5] **va·lle** [báʎe] *s/m* 1. Terreno llano entre dos montañas. 2. Terreno por el que discurre un río.

[5] **va·lor** [balór] *s/m* 1. Cualidad que hace que las cosas sean estimables, útiles o deseables. 2. Cualidad de valiente. 3. Precio o cantidad que importa algo. 4. Cantidad a que corresponde una medida, magnitud u operación matemática. 5. Equivalencia de una moneda en relación con otra. 6. *pl* Títulos de participación en sociedades, préstamos, etc. 7. *gen pl* Principios de carácter moral o ético.

[4] **va·lo·ra·ción** [baloraθjón] *s/f* Acción o resultado de valorar algo.

[5] **va·lo·rar** [balorár] *tr* Determinar el valor de personas o cosas.

[1] **va·lo·ri·za·ción** [baloriθaθjón] *s/f* Acción o resultado de valorizar.

[1] **va·lo·ri·zar** [baloriθár] *tr* Hacer que algo adquiera valor o lo aumente.
ORT Ante *e* la *z* cambia a *c*: *Valorice*.

[1] **val·qui·ria** [balkírja] *s/f* Walkiria.
ORT *Valkiria, walkiria.*

[2] **vals** [báls] *s/m* Música de origen alemán, o danza que se baila con ella.

[1] **va·luar** [balwár] *tr* Tasar, determinar el valor de algo.
ORT El acento recae sobre la *u* en el *sing* y *3ª p pl* del *pres* de *ind* y *subj: Valúo*.

[1] **val·va** [bálβa] *s/f* Cada una de las dos piezas que constituyen la concha de ciertos moluscos.

[2] **vál·vu·la** [bálβula] *s/f* Dispositivo que en un conducto abre y cierra el paso de un fluido. LOC **Válvula de escape**, lo que sirve de desahogo o distracción.

[1] **vam·pi·re·sa** [bampirésa] *s/f* Mujer irresistible, que enamora a los hombres.

vam·pi·ris·mo [bampirísmo] *s/m* Actividad de los vampiros.

[2] **vam·pi·ro, -ra** [bampíro] *s/m,f* **1.** En algunas creencias supersticiosas, cadáver viviente que sale por la noche y chupa la sangre de las personas. **2.** Murciélago que chupa la sangre.

[1] **va·na·dio** [banáðjo] *s/m* Metal que aumenta la dureza o resistencia del acero. Símbolo *V*.

[1] **va·na·glo·ria** [banaɣlórja] *s/f* Jactancia.

va·na·glo·riar·se [banaɣloriárse] *REFL(-se)* Alabarse a sí mismo.
ORT El acento recae sobre la *i* en el *sing* y *3ª p pl* del *pres* de *ind* y *subj: Vanaglorío, vanagloríen*.

[1] **van·dá·li·co, -ca** [bandáliko] *adj* De comportamiento destructivo y salvaje.

[1] **van·da·lis·mo** [bandalísmo] *s/m* Acción o comportamiento destructivo y salvaje.

[1] **ván·da·lo** [bándalo] *s/m* Persona que actúa brutalmente y sin civismo.

[1] **van·guar·dia** [bangwárðja] *s/f* **1.** Fuerza armada de primera línea. **2.** Parte más avanzada o progresista de algo.

[2] **van·guar·dis·ta** [bangwarðista] *s/m,f* Partidario de los movimientos innovadores y progresistas.

[2] **va·ni·dad** [baniðáð] *s/f* Cualidad de vanidoso.

[1] **va·ni·do·so, -sa** [baniðóso] *adj s/m,f* Satisfecho de sí mismo y que gusta del halago de los demás, o sus actos.

[3] **va·no, -na** [báno] **I.** *adj* **1.** Que carece de contenido, insustancial. **2.** Ineficaz, inútil. **II.** *s/m* Hueco de puerta o ventana. LOC **En vano**, inútilmente.

[4] **va·por** [bapór] *s/m* **1.** Estado gaseoso de una sustancia líquida sometida a altas temperaturas. **2.** *pl* Emanaciones. **3.** Buque de vapor.

[1] **va·po·ri·za·ción** [baporiθaθjón] *s/f* Acción o resultado de vaporizar(se).

va·po·ri·za·dor [baporiθaðór] *s/m* Aparato que produce vapor.

[1] **va·po·ri·zar** [baporiθár] *tr* REFL(-se) Transformar(se) un líquido en vapor mediante su calentamiento a una temperatura determinada.
ORT Ante *e* la *z* cambia a *c: Vaporice*.

[1] **va·po·ro·so, -sa** [baporóso] *adj* Fino, ligero o transparente.

[1] **va·pu·le·ar** [bapuleár] *tr* Azotar o golpear repetidamente.

va·pu·leo [bapuléo] *s/m* Acción o resultado de vapulear.

[1] **va·que·ría** [bakería] *s/f* Granja de ganado vacuno para ordeñar.

va·que·ri·zo, -za [bakeríθo] *s/m,f* Persona que cuida el ganado vacuno.

[2] **va·que·ro, -ra** [bakéro] **I.** *adj* **1.** Relativo a los pastores de ganado vacuno. **2.** Se aplica a un tipo de ropa fuerte y duradera. **II.** *s/m,f* Pastor o dueño de ganado vacuno. **III.** *s/m gen pl* Pantalón de tela fuerte.

[1] **va·qui·lla** [bakíʎa] *s/f* Vaca joven que se torea en algunos festejos taurinos.

[2] **va·ra** [bára] *s/f* **1.** Rama de un árbol, delgada, lisa y sin hojas. **2.** Palo de madera seca, largo y delgado. **3.** Bastón que es símbolo de autoridad. **4.** Medida de longitud (835,9 mm). **5.** Palos delanteros de un carro, a los que se engancha la caballería.

[1] **va·ra·de·ro** [baraðéro] *s/m* Lugar donde se varan las embarcaciones.

[1] **va·ra·do, -da** [baráðo] *adj* (Embarcaciones) ancladas o fuera del agua.

[1] **va·ra·pa·lo** [barapálo] *s/m* **1.** Represión o crítica. **2.** Disgusto o contratiempo.

[1] **va·rar** [barár] *intr* Encallar un barco o ponerlo en (dique) seco.

[1] **va·re·ar** [bareár] *tr* Golpear los árboles con una vara para que caigan los frutos y poder recogerlos.

[1] **va·ria·bi·li·dad** [barjaβiliðáð] *s/f* Cualidad de variable.

[4] **va·ria·ble** [barjáβle] **I.** *adj* Que puede variar. **II.** *s/f* Magnitud con distintos valores, según los casos.

[4] **va·ria·ción** [barjaθjón] *s/f* Acción o resultado de variar.

[3] **va·ria·do, -da** [barjáðo] *adj* Que no es siempre igual o está formado por distintos elementos.

[3] **va·rian·te** [barjánte] *s/f* **1.** Forma alternativa en algo. **2.** Desviación provisional o alternativa de una carretera, camino, etc.

VA·RIAR

[4] **va·riar** [barjár] I. *intr* (Con *de, en*) Cambiar algo o alguien en algún aspecto (forma, tamaño, estado, etc.). II. *tr* Hacer que algo o alguien sea diferente.
PRON El acento tónico recae sobre la *i* en el *sing* y 3^a *p pl* del *pres* de *ind* y *subj: Varío*.

[1] **va·ri·ce·la** [bariθéla] *s/f* Enfermedad vírica, con erupciones semejantes a las de la viruela.

va·ri·co·so, -sa [barikóso] *adj* Relativo a las varices.

[4] **va·rie·dad** [barjeðáð] *s/f* 1. Cualidad de variado. 2. Cosa que varía respecto a otra. 3. Cada una de las diversas especies de una cosa. 4. *pl* Espectáculo con actuaciones de diverso tipo.

[2] **va·ri·lla** [baríʎa] *s/f* 1. Vara larga y delgada,. 2. Cada una de las varas que forman el armazón de un paraguas, abanico, etc.

[5] **va·rio, -ia** [bárjo] I. *adj* Variado, diverso. II. *adj pron pl* Algunos.

[2] **va·rio·pin·to, -ta** [barjopínto] *adj* 1. Con diversidad de colores. 2. (*cosas, personas*) Que son muy diferentes entre sí.

[1] **va·ri·ta** [baríta] *s/f* LOC **Varita mágica**, vara que utilizan las hadas y magos para hacer prodigios o trucos.

[1] **va·riz** [baríθ] *s/f* Dilatación permanente de una vena.

[4] **va·rón** [barón] *s/m* Persona del sexo masculino.

[2] **va·ro·nil** [baroníl] *adj* Relativo al varón o propio de él.

[1] **va·sa·lla·je** [basaʎáxe] *s/m* 1. Condición de vasallo de alguien respecto de su señor. 2. Tributo que pagaba el vasallo a su señor.

[2] **va·sa·llo, -lla** [basáʎo] I. *adj* Vínculo de dependencia de alguien respecto de un señor. II. *s/m,f* Persona sometida a un señor.

[5] **vas·co, -ca** [básko] I. *adj s/m,f* Del País Vasco. II. *s/m* Lengua vasca.

[1] **vas·con·ga·do, -da** [baskongáðo] *adj s/m,f* De las Vascongadas.

[1] **vas·cuen·ce** [baskwénθe] *adj* Vasco.

[1] **vas·cu·lar** [baskulár] *adj* Relativo a los vasos sanguíneos.

[1] **va·sec·to·mía** [basektomía] *s/f* Corte quirúrgico de los conductos portadores del semen masculino.

[1] **va·se·li·na** [baselína] *s/f* Sustancia derivada del petróleo, utilizada en perfumería y farmacia.

[2] **va·si·ja** [basíxa] *s/f* Recipiente para almacenar líquidos.

[4] **va·so** [báso] *s/m* 1. Recipiente pequeño para beber. 2. Jarrón o ánfora, *gen* para adorno. 3. Conducto orgánico por donde circulan los fluidos.

va·so·cons·tric·ción [basokonstrikθjón] *s/f* Reducción del calibre de los vasos sanguíneos.

[1] **va·so·cons·tric·tor** [basokonstríktor] *adj s/m* Que produce vasoconstricción.

va·so·di·la·ta·ción [basoðilataθjón] *s/f* Dilatación del diámetro de los vasos sanguíneos.

[1] **va·so·di·la·ta·dor, -ra** [basoðilataðór] *adj s/m* Que dilata los vasos sanguíneos.

[1] **vás·ta·go** [bástaɣo] *s/m* 1. Brote nuevo de una planta. 2. Hijo o descendiente de una familia. 3. Especie de varilla que sirve de estructura, sujeción o articulación de otras piezas.

[1] **vas·te·dad** [basteðáð] *s/f* Cualidad de vasto.

[3] **vas·to, -ta** [básto] *adj* Muy extenso, grande.

[3] **va·te** [báte] *s/m* 1. Poeta. 2. Adivino.

[2] **va·ti·ci·nar** [batiθinár] *tr* Predecir o pronosticar.

[1] **va·ti·ci·nio** [batiθínjo] *s/m* Acción o resultado de vaticinar.

[1] **va·tio** [bátjo] *s/m* Unidad de potencia eléctrica.

[2] **ve·ci·nal** [beθinál] *adj* Relativo al vecindario o a los vecinos.

[2] **ve·cin·dad** [beθindáð] *s/f* 1. Condición de vecino. 2. Cercanías, inmediaciones. 3. Conjunto de personas que viven en un edificio o población.

[2] **ve·cin·da·rio** [beθindárjo] *s/m* Conjunto de personas de una población o barrio.

[5] **ve·ci·no, -na** [beθíno] I. *adj s/m,f* Habitante de una región, municipio, barrio o mismo edificio, junto con otros. II. *adj* Que está próximo o cercano.

[3] **vec·tor** [bektór] *s/m* Representación geométrica o magnitud física con longitud, dirección y sentido.

[1] **vec·to·rial** [bektorjál] *adj* Relativo a los vectores.

[1] **ve·da** [béða] *s/f* Acción de vedar o época que dura.

[2] **ve·dar** [beðár] *tr* Prohibir la autoridad algo a alguien, *esp* la caza o pesca.

[1] **ve·det·te** [beðét] *s/f* GAL Artista femenina principal en un espectáculo de revista.

VE·LO·CÍ·PE·DO

③ **ve·ga** [béγa] *s/f* Terreno próximo a las riberas de los ríos.

③ **ve·ge·ta·ción** [beχetaθjón] *s/f* **1.** Conjunto de plantas que crecen y pueblan un terreno. **2.** *pl* Masas de tejido linfoide en la parte posterior de la nariz.

④ **ve·ge·tal** [beχetál] **I.** *adj* Relativo a las plantas. **II.** *s/m* Organismo vivo sujeto al suelo y sin funciones intelectivas.

① **ve·ge·tar** [beχetár] *intr* **1.** Vivir alguien como un vegetal, con sólo sus funciones orgánicas. **2.** Tener alguien una vida monótona y sin interés.

② **ve·ge·ta·ria·no, -na** [beχetarjáno] **I.** *adj* De sustancias vegetales. **II.** *adj s/m,f* Que se alimenta exclusivamente de verduras o sustancias vegetales.

② **ve·ge·ta·ti·vo, -va** [beχetatíβo] *adj* **1.** Que sólo posee las funciones vitales puramente orgánicas. **2.** Relativo al crecimiento de la población.

② **ve·he·men·cia** [be(e)ménθja] *s/f* Cualidad de vehemente.

② **ve·he·men·te** [be(e)ménte] *adj* Apasionado, impulsivo.

① **ve·hi·cu·lar** [beikulár] *adj* Relativo a los vehículos.

⑤ **ve·hí·cu·lo** [beíkulo] *s/m* **1.** Máquina para transportar personas o cosas. **2.** Automóvil. **3.** Medio, soporte o transmisor de algo.

⑤ **vein·te** [béinte] *adj pron* Diecinueve más uno.

① **vein·te·a·ñe·ro, -ra** [beinteañéro] *adj s/m,f* Que tiene entre veinte y treinta años.

② **vein·te·na** [beinténa] *s/f* Conjunto de veinte unidades.

① **ve·ja·ción** [beχaθjón] *s/f* Acción de vejar.

① **ve·ja·men** [beχámen] *s/m* Vejación.

① **ve·jar** [beχár] *tr* Maltratar.

① **ve·ja·to·rio, -ia** [beχatórjo] *adj* Que supone maltrato.

② **ve·jen·tud** [beχentúð] *s/f* AMER Condición de viejo.

① **ve·jes·to·rio** [beχestórjo] *s/m* DES Persona muy vieja.

① **ve·je·te** [beχéte] *adj s/m* Anciano.

③ **ve·jez** [beχéθ] *s/f* **1.** Condición de viejo. **2.** Período de tiempo que sigue a la madurez.

② **ve·ji·ga** [beχíγa] *s/f* Bolsa en que se depositan las secreciones líquidas del organismo, como la orina.

③ **ve·la** [béla] *s/f* **1.** Pieza cilíndrica de cera, con un pabilo en su interior y que se utiliza para dar luz. **2.** Acción de velar. **3.** Pieza de tela resistente, que se sujeta a los mástiles de una embarcación para que el viento la mueva. LOC **A toda vela/A velas desplegadas**, velozmente. **En vela**, sin dormir. **Quedarse a dos velas**, no entender lo dicho.

② **ve·la·da** [beláða] *s/f* **1.** Celebración nocturna. **2.** Tiempo posterior a la cena y anterior a la hora de dormir.

② **ve·la·dor, -ra** [belaðór] *s/m* Mesa pequeña con un solo pie central.

① **ve·la·men** [belámen] *s/m* Conjunto de velas de una embarcación.

④ **ve·lar** [belár] **I.** *intr* **1.** Mantenerse alguien despierto. **2.** (Con *por, sobre*) Cuidar, vigilar. **II.** *tr* **1.** Custodiar, vigilar algo. **2.** Cubrir un objeto con un velo. **3.** Ocultar. **4.** Hacer que una cosa sea menos perceptible. **5.** Inutilizar un film exponiéndolo a la luz. **III.** *adj* Relativo al velo del paladar.

① **ve·la·to·rio** [belatórjo] *s/m* Acto de velar a un difunto, o lugar donde se vela.

① **vel·cro** [bélkro] *s/m* Sistema de cierre formado por dos tiras adherentes.

① **ve·lei·dad** [beleiðáð] *s/f* **1.** Cualidad de veleidoso. **2.** Cosa veleidosa.

① **ve·lei·do·so, -sa** [beleiðóso] *adj* **1.** Caprichoso. **2.** Inconstante.

① **ve·le·ro** [beléro] *s/m* Embarcación de vela.

① **ve·le·ta** [beléta] **I.** *s/f* Instrumento para señalar la dirección del viento. **II.** *s/m,f* Persona inconstante o veleidosa.

② **ve·llo** [béʎo] *s/m* **1.** Conjunto de pelos pequeños y suaves en algunas partes del cuerpo humano, excepto en la cabeza y barba. **2.** Pelusa.

① **ve·llón** [beʎón] *s/m* **1.** Lana de un carnero u oveja. **2.** Aleación de cobre y plata.

① **ve·llo·so, -sa** [beʎóso] *adj* Que tiene vello.

① **ve·llu·do, -da** [beʎúðo] *adj* Velloso.

② **ve·lo** [bélo] *s/m* **1.** Tela o lienzo con que se cubre una cosa. **2.** Prenda de tela ligera y transparente, para cubrir la cabeza o cara. **3.** Cosa que oculta o impide ver algo con claridad.

⑤ **ve·lo·ci·dad** [beloθiðáð] *s/f* **1.** Cualidad de veloz. **2.** Relación entre el movimiento realizado y el tiempo empleado en ello. **3.** Cada una de las marchas de un vehículo.

① **ve·lo·cí·me·tro** [beloθímetro] *s/m* Instrumento para medir la velocidad a la que se circula.

① **ve·lo·cí·pe·do** [beloθípeðo] *s/m* Nombre

antiguo de la bicicleta o cualquier otro vehículo movido con pedales.

1 **ve·lo·cis·ta** [beloθísta] *s/m,f* Deportista especializado en carreras de velocidad.

1 **ve·ló·dro·mo** [belóðromo] *s/m* Circuito para carreras de bicicleta.

1 **ve·lo·rio** [belórjo] *s/m* Velatorio.

2 **ve·loz** [belóθ] *adj* Que se mueve o actúa con rapidez.

3 **ve·na** [béna] *s/f* 1. Vaso sanguíneo que transporta la sangre al corazón. 2. Franja o lista de color en ciertos materiales. 3. FIG Habilidad especial para algo.

1 **ve·na·blo** [benáβlo] *s/m* Dardo arrojadizo.

2 **ve·na·do** [benáðo] *s/m* Ciervo.

1 **ve·nal** [benál] *adj* 1. Relativo a las venas. 2. Que se puede vender. 3. Que se deja sobornar.

1 **ve·na·li·dad** [benaliðáð] *s/f* Cualidad de venal.

3 **ven·ce·dor, -ra** [benθeðór] *adj s/m,f* Que vence.

1 **ven·ce·jo** [benθéχo] *s/m* Pájaro insectívoro parecido a la golondrina.

4 **ven·cer** [benθér] I. *tr* 1. Imponerse una persona o grupo a otra u otras en cierta confrontación o lucha. 2. Dominar algo. 3. (Con *en*) Aventajar. II. *intr* 1. Terminar el plazo o periodo fijado. 2. Quedar sin efecto una deuda u obligación.
ORT Ante *o/a* la *c* cambia a *z: Venza.*

3 **ven·ci·do, -da** [benθíðo] I. *adj s/m,f* Derrotado. II. *adj* Referido a una obligación, deuda, etc., que ha finalizado el plazo para abonarla.

2 **ven·ci·mien·to** [benθimjénto] *s/m* Acción o resultado de vencer.

1 **ven·da** [bénda] *s/f* Tira de gasa para cubrir una herida o para sujetar una parte herida del cuerpo.

1 **ven·da·je** [bendáχe] *s/m* Ligadura con vendas.

2 **ven·dar** [bendár] *tr* Poner una venda en una herida, o sujetar con ella un miembro herido o roto.

1 **ven·da·val** [bendaβál] *s/m* Viento muy fuerte.

4 **ven·de·dor, -ra** [bendeðór] *adj s/m,f* Que vende o se dedica a vender.

5 **ven·der** [bendér] I. *tr* 1. Dar una cosa a cambio de un precio determinado. 2. Convencer a alguien de algo. 3. Traicionar. II. REFL(-*se*) Someterse a alguien por un precio o beneficio. RPr **Vender a/en/por.**

1 **ven·det·ta** [bendéta] *s/f* ITAL Venganza.

1 **ven·di·mia** [bendímja] *s/f* 1. Acción de vendimiar. 2. Tiempo en que se vendimia.

1 **ven·di·mia·dor, -ra** [bendimjaðór] *s/m,f* Persona que vendimia.

2 **ven·di·miar** [bendimjár] *tr* Recolectar la uva madura.

2 **ve·ne·no** [benéno] *s/m* Sustancia tóxica que al ser ingerida produce graves lesiones o la muerte.

2 **ve·ne·no·so, -sa** [benenóso] *adj* Que contiene o segrega veneno.

2 **ve·ne·ra·ble** [beneráβle] *adj* Digno de veneración y respeto.

2 **ve·ne·ra·ción** [beneraθjón] *s/f* Acción o resultado de venerar.

2 **ve·ne·rar** [benerár] *tr* 1. Respetar. 2. Dar culto a Dios o a los santos.

1 **ve·né·reo, -ea** [benéreo] *adj* Que se contagia a través de las relaciones sexuales.

ve·ne·ro [benéro] *s/m* 1. Manantial. 2. Filón que contiene algo en abundancia.

3 **ve·ne·zo·la·no, -na** [beneθoláno] *adj s/m,f* De Venezuela.

1 **ven·ga·dor, -ra** [bengaðór] *adj s/m,f* Que se venga.

3 **ven·gan·za** [bengánθa] *s/f* Acción o resultado de vengar(se).

4 **ven·gar** [bengár] *tr* REFL(-*se*) Hacer mal a alguien como respuesta a un daño u ofensa recibida. RPr **Vengarse de.**
ORT Ante *e* la *g* cambia a *gu: Vengue.*

1 **ven·ga·ti·vo, -va** [bengatíβo] *adj* Propenso a vengar(se).

1 **ve·nia** [bénja] *s/f* 1. Autorización, permiso. 2. Reverencia inclinando la cabeza.

1 **ve·nial** [benjál] *adj* De poca gravedad.

2 **ve·ni·da** [beníða] *s/f* Acción de venir.

2 **ve·ni·de·ro, -ra** [beniðéro] *adj* Que vendrá o sucederá en el futuro.

5 **ve·nir** [benír] I. *intr* 1. Acercarse hacia el sitio donde se encuentra el que habla. 2. Traer algo: *Las almejas vienen en la mallita.* 3. Ser algo conveniente. 4. Sentar bien algo (*esp* una prenda de vestir). 5. (Con *en*) Presentar algo un determinado motivo, aspecto, etc. II. REFL(-*se*) 1. Dejar un sitio para irse a otro. 2. Con 'abajo, al suelo', etc., hundirse o derrumbarse algo. LOC **¡Venga!,** invitación animando a hacer o decir algo. **Venir a menos,** perder importancia, decaer.
CONJ *Irreg: Vengo, vine, vendré, venido.*

VER·BE·NA

[1] **ve·no·so, -sa** [benóso] *adj* Relativo a las venas.

[5] **ven·ta** [bénta] *s/f* **1.** Acción o resultado de vender. **2.** Cosas que se venden. **3.** Posada.

[4] **ven·ta·ja** [bentáχa] *s/f* **1.** Circunstancia que hace que una persona o cosa sea superior a otra. **2.** Diferencia a favor de alguien o algo.

[2] **ven·ta·jo·so, -sa** [bentaχóso] *adj* Que tiene ventajas.

[5] **ven·ta·na** [bentána] *s/f* **1.** Abertura en una pared para dar luz y ventilación al interior. **2.** Estructura de madera, aluminio, etc., sobre el que se ajustan los cristales y que permite abrir y cerrar la abertura.

[2] **ven·ta·nal** [bentanál] *s/m* Ventana grande.

[3] **ven·ta·ni·lla** [bentaníʎa] *s/f* **1.** Abertura pequeña por la que el empleado atiende al público. **2.** Abertura acristalada y practicable de un vehículo.

[1] **ven·ta·rrón** [bentarrón] *s/m* Viento muy fuerte.

[1] **ven·te·ar** [benteár] *tr* **1.** Olfatear los animales el viento para orientarse o para detectar rastros. **2.** Exponer una cosa al viento para que se seque.

[1] **ven·te·ro, -ra** [bentéro] *s/m,f* Propietario o encargado de una venta.

[2] **ven·ti·la·ción** [bentilajón] *s/f* **1.** Acción o resultado de ventilar o dar aire a un organismo para mantenerlo con vida. **2.** Sistema de aireación de algunas instalaciones.

[1] **ven·ti·la·dor** [bentilaðór] *s/m* Aparato que remueve el aire.

[2] **ven·ti·lar** [bentilár] **I.** *tr REFL(-se)* **1.** Renovar(se) el aire de un lugar. **2.** Exponer al aire. **3.** Oxigenar(se) un organismo mediante la entrada y salida del aire. **II.** *tr* **1.** Tratar un asunto. **2.** Solucionar un asunto, *gen* de forma rápida.

[1] **ven·tis·ca** [bentíska] *s/f* Borrasca de viento y nieve.

[1] **ven·tis·que·ro** [bentiskéro] *s/m* **1.** Lugar expuesto a las ventiscas. **2.** Lugar donde la nieve y el hielo duran mucho tiempo.

[1] **ven·to·le·ra** [bentoléra] *s/f* Golpe de viento fuerte.

[1] **ven·to·sa** [bentósa] *s/f* **1.** Órgano de adherencia a una superficie. **2.** Instrumento con forma de campana, para adherirse a una superficie.

ven·to·se·ar [bentoseár] *tr* Expulsar gases del intestino por el ano.

[1] **ven·to·si·dad** [bentosiðáð] *s/f* Gases intestinales expulsados por el ano.

[1] **ven·to·so, -sa** [bentóso] *adj* (*tiempo*) Con mucho viento.

[1] **ven·tral** [bentrál] *adj* Relativo al vientre.

[1] **ven·trí·cu·lo** [bentríkulo] *s/m* Cada una de las dos cavidades del corazón.

ven·trí·lo·cuo, -ua [bentrílokwo] *adj s/m,f* Que es capaz de hablar modulando su voz con diferentes timbres.

[3] **ven·tu·ra** [bentúra] *s/f* **1.** Estado de satisfacción o felicidad. **2.** Suerte, azar.

[1] **ven·tu·ro·so, -sa** [benturóso] *adj* Afortunado.

[2] **ve·nus** [bénus] **I.** *s/f* Mujer muy hermosa. **II.** *s/m may* Planeta del sistema solar.

[5] **ver** [bér] *tr* **1.** Percibir por los ojos las cosas materiales. **2.** Comprender algo con la razón. **3.** Intuir o percibir algo. **4.** Examinar, mirar. **5.** Entrevistarse con alguien **6.** Asistir, presenciar un espectáculo. **7.** DER Juzgar en una causa: *El juicio quedó visto para sentencia.* LOC **De buen ver**, atractivo. **Por lo visto**, según parece. **Se ve que**, está claro que: *Se ve que es un buen hombre.* **Verse las caras**, enfrentarse con alguien.
CONJ *Irreg: Veo, vi, veré, visto.*

[1] **ve·ra** [béra] *s/f* Orilla de un río.

[1] **ve·ra·ci·dad** [beraθiðáð] *s/f* Cualidad de veraz.

[1] **ve·ra·ne·an·te** [beraneánte] *adj s/m,f* Que veranea.

[2] **ve·ra·ne·ar** [beraneár] *intr* Pasar las vacaciones de verano en un lugar (*gen* distinto al lugar de residencia habitual).

[1] **ve·ra·neo** [beranéo] *s/m* Acción de veranear.

[2] **ve·ra·nie·go, -ga** [beranjéɣo] *adj* **1.** Relativo al verano o propio de él. **2.** (Prenda de vestir) fresca y ligera.

[5] **ve·ra·no** [beráno] *s/m* Estación más calurosa del año.

[2] **ve·ras** [béras] LOC **De veras**, **1,** realmente, de verdad. **2,** en serio. **3,** auténtico, verdadero.

[2] **ve·raz** [beráθ] *adj* Que dice la verdad.

[3] **ver·bal** [berβál] *adj* **1.** Relativo a la expresión oral o a las palabras. **2.** GRAM Relativo al verbo.

[1] **ver·ba·li·zar** [berβaliθár] *tr* Expresar algo con palabras.
ORT Ante *e* la *z* cambia a *c*: *Verbalice.*

[2] **ver·be·na** [berβéna] *s/f* Fiesta popular nocturna.

[1] **ver·be·ne·ro, ·ra** [berβenéro] *adj* Relativo a la verbena o que gusta de verbenas.

[1] **ver·bi·gra·cia** [berβiɣráθja] *adv* Por ejemplo. Suele abreviarse como 'v.g.'.

[3] **ver·bo** [bérβo] *s/m* **1.** GRAM Clase de la palabra o categoría gramatical que expresa tiempo, aspecto, modo, número y persona. **2.** Capacidad para la expresión verbal.

[1] **ver·bo·rrea** [berβorréa] *s/f* Locuacidad exagerada.

ver·bo·si·dad [berβosiðáð] *s/f* Abundancia de palabras al hablar.

[5] **ver·dad** [berðáð] *s/f* **1.** Hecho real, que ha sucedido o existe. **2.** Conformidad o correspondencia entre una cosa y lo que ésta es o lo que se piensa de ella. **3.** *pl* Cosa que se dice sincera y directamente. **4.** Abstracción de lo que es verdadero. LOC **De verdad,** asegura la certeza de lo dicho. **En honor a la verdad,** de acuerdo con la realidad. **En verdad,** verdaderamente. **¿Verdad?,** expresión con que se pide asentimiento a lo que se dice.

[5] **ver·da·de·ro, ·ra** [berðaðéro] *adj* **1.** Que se ajusta a la verdad. **2.** Real o auténtico.

[5] **ver·de** [bérðe] **I.** *s/m adj* Color característico de las plantas. **II.** *adj* **1.** Que tiene dicho color. **2.** (*plantas*) Que tiene savia. **3.** (*fruto*) Que no está maduro. **4.** Joven inexperto. **5.** (*chiste*) Indecente, obsceno. **6.** Que manifiesta deseos sexuales impropios de la edad. **7.** Que abunda en vegetación. **III.** *s/m* **1.** Hierba del campo. LOC **Poner verde a uno,** criticarle.

[1] **ver·de·ar** [berðeár] *intr* Mostrar una cosa el color verde o tender a él.

ver·de·cer [berðeθér] *intr* Cubrirse de verde los campos o las plantas.
CONJ *Irreg: Verdezco, verdeció, verdecerá, verdecido* (Se usa *gen en 3ªp*).

[1] **ver·dín** [berðín] *s/m* Color verde, propio de las plantas, *esp* en zonas húmedas.

[1] **ver·dor** [berðór] *s/m* Color verde intenso de plantas y campos.

[2] **ver·do·so, ·sa** [berðóso] *adj* Que tiende a verde.

[2] **ver·du·go** [berðúɣo] *s/m* **1.** Funcionario que ejecuta la pena de muerte. **2.** Persona cruel o sanguinaria.

ver·du·le·ría [berðulería] *s/f* Tienda de hortalizas y frutas.

[1] **ver·du·le·ro, ·ra** [berðuléro] **I.** *s/m,f* Persona que vende verduras y frutas. **II.** *s/f* Mujer descarada y malhablada.

[3] **ver·du·ra** [berðúra] *s/f* Hortaliza comestible.

[1] **ver·dus·co, ·ca** [berðúsko] *adj* Que se aproxima al verde oscuro: *Ojos verduscos.*

[2] **ve·re·da** [beréða] *s/f* Camino estrecho y sin asfaltar. LOC **Meter en vereda,** encaminar debidamente el comportamiento de alguien.

[2] **ve·re·dic·to** [bereðikto] *s/m* Sentencia de un juez o tribunal.

[2] **ver·ga** [bérɣa] *s/f* **1.** Miembro genital de los mamíferos. **2.** NÁUT Percha giratoria sobre la que se fija una vela.

[1] **ver·ga·jo** [berɣáxo] *s/m* Látigo hecho con una verga de toro.

[1] **ver·gel** [berxél] *s/m* Huerto abundante en flores y plantas variadas.

[1] **ver·gon·zan·te** [berɣonθánte] *adj* Que tiene o produce vergüenza.

[2] **ver·gon·zo·so, ·sa** [berɣonθóso] *adj* **1.** Propenso a sentir vergüenza. **2.** Que causa vergüenza.

[4] **ver·güen·za** [berɣwénθa] *s/f* **1.** Sentimiento de pérdida de la dignidad o del orgullo. **2.** Sentimiento de timidez ante alguien o algo. **3.** Aprecio de la dignidad o estimación propia. **4.** *pl* Partes externas de los órganos sexuales del hombre o de la mujer. LOC **De vergüenza,** que causa vergüenza.

[1] **ve·ri·cue·to** [berikwéto] *s/m* Camino o sendero sinuoso y difícil.

[1] **ve·rí·di·co, ·ca** [beríðiko] *adj* Verdadero.

[1] **ve·ri·fi·ca·ble** [berifikáβle] *adj* Que puede verificarse.

[2] **ve·ri·fi·ca·ción** [berifikaθjón] *s/f* Acción o resultado de verificar(se).

[3] **ve·ri·fi·car** [berifikár] *tr* **1.** Probar la verdad o exactitud de algo. **2.** Comprobar el funcionamiento de algo.
ORT Ante *e* la *c* cambia a *qu: Verifique.*

[1] **ve·ris·mo** [berísmo] *s/m* Autenticidad, realismo.

[2] **ver·ja** [bérxa] *s/f* **1.** Cerca o enrejado metálico. **2.** Cancela en el acceso a algunas casas.

[1] **ver·mí·fu·go, ·ga** [bermífuɣo] *adj* Que ahuyenta a los gusanos.

[1] **ver·mut** [bermút] *s/m* Licor que se toma como aperitivo.

[1] **ver·ná·cu·lo, ·la** [bernákulo] *adj* Propio de un país o lugar.

[2] **ve·ro·sí·mil** [berosímil] *adj* Creíble.

[1] **ve·ro·si·mi·li·tud** [berosimilitúð] *s/f* Cualidad de verosímil.

ve·rra·co [berráko] *s/m* Cerdo macho, que sirve como semental.

[1] **ve·rru·ga** [berrúγa] *s/f* Abultamiento de la piel, *gen* redondo, rugoso.

[1] **ver·sa·do, -da** [bersáðo] *adj* Experto en algo. RPr **Versado en**.

[1] **ver·sal** [bersál] *adj s/f* Se dice de la letra mayúscula.

ver·sa·li·ta [bersalíta] *adj s/f* Letra mayúscula del tamaño de la minúscula.

[3] **ver·sar** [bersár] *intr* Tratar algo sobre un determinado tema.

[1] **ver·sá·til** [bersátil] *adj* 1. Inconstante o propenso a cambiar. 2. Que cambia con facilidad.

[1] **ver·sa·ti·li·dad** [bersatiliðáð] *s/f* Cualidad de versátil.

[1] **ver·sí·cu·lo** [bersíkulo] *s/m* En la Biblia, el Corán, etc., cada una de las pequeñas divisiones de sus capítulos.

[1] **ver·si·fi·ca·ción** [bersifikaθjón] *s/f* Acción de versificar.

ver·si·fi·ca·dor, -ra [bersifikaðór] *adj s/m,f* Que compone versos.

[1] **ver·si·fi·car** [bersifikár] I. *intr* Componer versos. II. *tr* Poner en verso.
ORT Ante *e* la *c* cambia a *qu: Versifique*.

[5] **ver·sión** [bersjón] *s/f* 1. Traducción de un texto a otro idioma. 2. Interpretación o descripción personal de algo. 3. Cada una de las variantes en que se ofrece algo.

[4] **ver·so** [bérso] *s/m* 1. Conjunto de palabras sujetas a ciertas reglas de medida, ritmo y rima. 2. Obras en verso.

[2] **vér·te·bra** [bérteβra] *s/f* Cada uno de los huesos articulados que constituyen la columna vertebral.

[2] **ver·te·bra·do, -da** [berteβráðo] I. *adj s/m,f* Que tiene vértebras. II. *s/m,pl* Clase de estos animales.

[1] **ver·te·bra·dor, -ra** [berteβraðór] *adj s/m,f* Que vertebra.

[2] **ver·te·bral** [berteβrál] *adj* Relativo a las vértebras, que las tiene.

ver·te·brar [berteβrár] *tr* Organizar algo de forma que las partes que lo constituyen queden articuladas y unidas.

[2] **ver·te·de·ro** [berteðéro] *s/m* 1. Lugar en el que se depositan escombros o basuras. 2. Desagüe para las aguas residuales.

[3] **ver·ter** [bertér] *tr* 1. Decir o expresar algo en un discurso o escrito. 2. Echar un líquido o sustancia en un recipiente, o en otra corriente (río) 3. Desembocar una corriente de agua en otra o en el mar. 4. Derramar o salirse un líquido fuera del recipiente en que está contenida. 5. (Con *lágrimas*) Llorar. 6. Traducir.
CONJ *Irreg: Vierto, vertí, verteré, vertido*.

[3] **ver·ti·cal** [bertikál] I. *adj s/f* Recta o plano perpendicular al horizonte. II. *s/f* Posición vertical.

[1] **ver·ti·ca·li·dad** [bertikaliðáð] *s/f* Calidad de vertical.

[2] **vér·ti·ce** [bértiθe] *s/m* 1. Punto de encuentro de los dos lados de un ángulo. 2. Cúspide de una pirámide o de un cono.

[1] **ver·ti·do** [bertíðo] *s/m* 1. Acción de verter(se). 2. Sustancias de desecho que han sido vertidas.

[3] **ver·tien·te** [bertjénte] *s/f* 1. Parte de la ladera de una montaña. 2. Cada lado de un tejado. 3. Aspecto, punto de vista.

[2] **ver·ti·gi·no·so, -sa** [bertiχinóso] *adj* 1. Que produce vértigo. 2. Que sucede muy deprisa.

[3] **vér·ti·go** [bértiγo] *s/m* Mareo o pérdida del equilibrio.

[1] **ver·tir** [bertír] *tr intr* Verter.
CONG *Irreg: Vierto, vertí, vertiré, vertido*.

ve·sa·nia [besánja] *s/f* Demencia rabiosa o ira intensa.

[1] **ve·sí·cu·la** [besíkula] *s/f* Vejiga pequeña.

ve·si·cu·lar [besikulár] *adj* Relativo a la vesícula.

[1] **ves·per·ti·no, -na** [bespertíno] *adj* Relativo a la tarde o al atardecer.

[1] **ves·pi·no** [bespíno] *s/m* Ciclomotor de pequeña cilindrada.

[1] **ves·tí·bu·lo** [bestíβulo] *s/m* 1. Sala o pasillo que comunica la entrada de una vivienda con las habitaciones. 2. Sala contigua a la entrada de un edificio o casa.

[4] **ves·ti·do** [bestíðo] I. *s/m* 1. Prenda con que se cubre el cuerpo. 2. Prenda de vestir exterior, con que se visten las mujeres. 3. Acción o manera de vestir(se). II. *adj* Cubierto con alguna pieza de tela.

[1] **ves·ti·dor** [bestiðór] *s/m* 1. Habitación o zona de una habitación para vestirse en ella. 2. AMER Vestuario de una piscina o instalación deportiva.

[2] **ves·ti·du·ra** [bestiðúra] *s/f* (*gen* en *pl*) Vestido o ropa exterior.

[2] **ves·ti·gio** [bestíχjo] *s/m* Señal o huella.

[2] **ves·ti·men·ta** [bestiménta] *s/f* Prenda o conjunto de prendas de vestir.

[5] **ves·tir** [bestír] I. *tr* 1. Poner a alguien una prenda de vestir. 2. Usar algo como vestido. 3. Costear alguien las necesidades de ropa de otra persona. 4. Hacer una

VES·TUA·RIO

persona los vestidos a otra: *Aquel hombre vestía a Brigitte Bardot*. **5.** Cubrir una cosa con otra (tela, etc.) para adornarla o taparla en parte: *Un sol primaveral vistió el campo de gala*. **II.** *intr* **1.** Llevar alguien un vestido determinado y de una manera concreta **2.** Resultar algo elegante. **III.** *tr* REFL(*-se*) **1.** Cubrirse de hierba los campos, de hojas los árboles, etc.
CONJ *Irreg: Visto, vestí, vestiré, vestido.*

② **ves·tua·rio** [bestwárjo] *s/m* **1.** Conjunto de vestidos que tiene una persona. **2.** Sala destinada a cambiarse de ropa.

② **ve·ta** [béta] *s/f* **1.** Franja o lista de un color en un material. **2.** Yacimiento de mineral que se presenta en franjas o filones.

② **ve·tar** [betár] *tr* Poner veto a alguien o a algo.

① **ve·tea·do, -da** [beteáðo] *adj* Que tiene vetas.

① **ve·te·ra·nía** [beteranía] *s/f* Cualidad de veterano.

③ **ve·te·ra·no, -na** [beteráno] **I.** *adj s/m,f* Se aplica al militar que tiene muchos años de servicio. **II.** *adj* Antiguo, con experiencia.

① **ve·te·ri·na·ria** [beterinárja] *s/f* Ciencia que estudia los animales, sus enfermedades y cómo curarlas.

② **ve·te·ri·na·rio, -ia** [beterinárjo] **I.** *adj* Relativo a la veterinaria. **II.** *s/m,f* Persona que ejerce la veterinaria.

② **ve·to** [béto] *s/m* **1.** Acción de vetar. **2.** Derecho legal que tiene alguien para impedir una cosa.

① **ve·tus·to, -ta** [betústo] *adj* Muy viejo.

⑤ **vez** [béθ] *s/f* **1.** Tiempo u ocasión en que sucede una cosa. **2.** Cada caso repetido en una serie. **3.** Turno que tiene o le corresponde a alguien. LOC **A la vez,** simultáneamente. **A veces,** en ocasiones. **De una vez, 1,** en un solo acto. **2,** definitivamente. **En vez de,** en lugar de. **Hacer las veces de,** desempeñar las funciones de. **Tal vez,** quizá. **Toda vez que,** puesto que.

⑤ **vía** [bía] *s/f* **1.** Camino por donde se transita. **2.** Itinerario o ruta que sigue una persona o un medio de transporte. **3.** Medio de tránsito o de conexión: *Vías electrónicas*. **4.** Medio a través del cual se transmite algo al organismo. **5.** Instalación ferroviaria para la circulación de trenes. **6.** Conducto del cuerpo para transportar alimentos, sustancias de desecho, etc. **7.** FIG Procedimiento o medio. LOC **En vías de,** en proceso de.

② **via·bi·li·dad** [bjaβiliðáð] *s/f* Cualidad de viable.

② **via·ble** [bjáβle] *adj* **1.** Que puede ser realizado. **2.** Que se puede recorrer o transitar.

① **vía cru·cis** [bía krúθis] *s/m* Conjunto de catorce cuadros o cruces que conmemoran la Pasión de Jesucristo, camino que dichas cruces señalan, o rezos que en él se hacen.
ORT También *viacrucis*.

① **via·duc·to** [bjaðúkto] *s/m* Puente para salvar un vacío.

① **via·jan·te** [bjaxánte] **I.** *adj s/m,f* Se dice de quien viaja. **II.** *s/m,f* Representante comercial, que viaja para promocionar sus productos.

⑤ **via·jar** [bjaxár] *intr* Desplazarse de un lugar a otro.

⑤ **via·je** [bjáxe] *s/m* **1.** Acción o resultado de viajar. **2.** Recorrido de un sitio a otro.

④ **via·je·ro, -ra** [bjaxéro] **I.** *adj* **1.** Que viaja. **2.** Relativo a los viajes. **II.** *s/m,f* Persona que realiza un viaje.

② **vial** [bjál] **I.** *adj* Relativo a la vía. **II.** *s/m* Calle, vía pública.

① **vian·da** [bjánda] *s/f* Comida que se sirve a la mesa.

① **vian·dan·te** [bjandánte] *s/m,f* Caminante.

① **via·rio, -ia** [bjárjo] *adj* Relativo a las vías públicas.

② **ví·bo·ra** [bíβora] *s/f* **1.** Serpiente venenosa, pequeña y de cabeza triangular. **2.** Persona con maldad.

③ **vi·bra·ción** [biβraθjón] *s/f* Acción o resultado de vibrar.

① **vi·bra·dor, -ra** [biβraðór] *adj s/m* Que vibra.

② **vi·bran·te** [biβránte] *adj* Que vibra.

② **vi·brar** [biβrár] *intr* **1.** Moverse algo de forma rápida y trémula. **2.** Sentir emoción o excitación.

① **vi·bra·to·rio, -ia** [biβratórjo] *adj* Que vibra o experimenta vibraciones.

① **vi·ca·ría** [bikaría] *s/f* Cargo o dignidad de vicario. LOC **Pasar por la vicaría,** casarse.

② **vi·ca·rio, -ia** [bikárjo] *adj s/m,f* Que sustituye a otro.

② **vi·ce·ver·sa** [biθeβérsa] *adv* De forma contraria, a la inversa.

② **vi·ciar** [biθjár] **I.** *tr* **1.** Falsear algo. **2.** Contaminar, corromper. **II.** *tr* REFL(*-se*) Corromper(se) o adulterar(se) algo.

⑤ **vi·cio** [bíθjo] *s/m* **1.** Costumbre o hábito de hacer algo malo o mal. **2.** Cosa que causa placer y crea adicción. **3.** Exceso en el

VI·GI·LAN·TE

verdor y crecimiento de las plantas. LOC **De vicio,** sin necesidad.

[2] **vi·cio·so, -sa** [biθjóso] *adj* **1.** Que tiene vicios. **2.** Con mucho verdor y lozanía.

[2] **vi·ci·si·tud** [biθisitúð] *s/f* **1.** Alternancia de hechos opuestos (buenos y malos). **2.** *pl* Hechos que implican dificultad.

[4] **víc·ti·ma** [bíktima] *s/f* Persona o animal que resulta muerto o sufre daño.

[1] **vic·ti·mis·mo** [biktimísmo] *s/m* Actitud de quien se cree víctima de algo.

[4] **vic·to·ria** [biktórja] *s/f* Acción o resultado de vencer en una competición o pelea.

[2] **vic·to·rio·so, -sa** [biktorjóso] *adj* Que ha obtenido una victoria.

[2] **vi·cu·ña** [bikúṇa] *s/f* Mamífero rumiante de los Andes.

[2] **vid** [bíð] *s/f* Planta trepadora, cuyo fruto es la uva.

[5] **vi·da** [bíða] *s/f* **1.** Cualidad o condición de los seres orgánicos, que les permite desarrollarse, renovarse y reproducirse. **2.** Existencia de los seres vivos. **3.** Periodo de tiempo entre el nacimiento y la muerte de un ser vivo. **4.** Vigor o viveza de algo. **5.** Modo o forma de vivir. **6.** Cosa muy importante para la existencia de alguien o algo. LOC **Buscarse la vida,** buscar la forma de conseguir lo necesario para vivir. **De por vida,** siempre. **Mala vida,** mala conducta.

[1] **vi·den·cia** [biðénθja] *s/f* Cualidad o condición de vidente.

[2] **vi·den·te** [biðénte] **I.** *adj s/m,f* Quien tiene el sentido de la vista. **II.** *s/m,f* Adivino.

[4] **ví·deo** [bíðeo] *s/m* **1.** Técnica de registro de imágenes y sonido en soporte magnético o digital. **2.** Aparato para este fin. **3.** Programa filmado y grabado para ser emitido por televisión. ORT PRON En América es más frecuente *video*.

[1] **vi·deo·cá·ma·ra** [biðeokámara] *s/f* Cámara o aparato de vídeo.

[1] **vi·deo·ca·se·te** [biðeokaséte] *s/m* Estuche de plástico rígido con un rollo de cinta magnética en su interior.

[1] **vi·deo·club** [biðeoklúb] *s/m* Establecimiento para la venta o alquiler de películas en formato de vídeo.

[2] **vi·deo·jue·go** [biðeoxwéɣo] *s/m* Juego electrónico que se practica y visualiza sobre una pantalla de ordenador o un televisor.

vi·deo·rre·por·ta·je [biðeorreportáxe] *s/m* Reportaje de televisión grabado en vídeo.

[1] **vi·deo·te·lé·fo·no** [biðeoteléfono] *s/m* Sistema y aparato de telecomunicación que permite oír y ver a la persona con la cual se habla.

[1] **vi·deo·vi·gi·lan·cia** [biðeoβiχilánθja] *s/f* Servicio de vigilancia mediante cámaras de vídeo.

[1] **vi·driar** [biðrjár] *tr* REFL(-se) Recubrir las piezas de cerámica con un barniz brillante.

[2] **vi·drie·ro, -ra** [biðrjéro] **I.** *adj* Que se refiere al vidrio. **II.** *s/m,f* Persona que trabaja el vidrio. **III.** *s/f* **1.** Bastidor con vidrios. **2.** Obra ornamental hecha con vidrio de distintos tamaños y colores.

[3] **vi·drio** [bíðrjo] *s/m* Material duro, frágil y transparente.

[1] **vi·drio·so, -sa** [biðrjóso] *adj* **1.** Relativo al vidrio o relacionado con alguna de sus propiedades. **2.** *(asunto)* Muy delicado. **3.** *(ojos, mirada)* Que carece de brillo, apagado.

[5] **vie·jo, -ja** [bjéχo] **I.** *adj* **1.** De mucha edad. **2.** Que dura ya mucho tiempo. **3.** Estropeado o gastado por el uso. **II.** *s/m,f* **1.** COL Se usa para referirse cariñosamente a los padres. **2.** Persona que tiene muchos años.

[5] **vien·to** [bjénto] *s/m* Movimiento o corriente de aire. LOC **A los cuatro vientos,** por todas partes. **Contra viento y marea,** a pesar de las dificultades.

[3] **vien·tre** [bjéntre] *s/m* **1.** Cavidad con las vísceras del aparato digestivo, reproductor y urinario. **2.** Parte exterior del abdomen. LOC **Hacer de vientre,** expulsar los excrementos del intestino por el ano.

[4] **vier·nes** [bjérnes] *s/m* Día entre el jueves y el sábado.

[1] **viet·na·mi·ta** [bjetnamíta] *adj s/m,f* De Vietnam.

[2] **vi·ga** [bíɣa] *s/f* Pieza larga y gruesa, para sujetar o sostener pesos o cubiertas.

[3] **vi·gen·cia** [biχénθja] *s/f* Cualidad de vigente.

[4] **vi·gen·te** [biχénte] *adj* Que tiene validez.

vi·gé·si·mo, -ma [biχésimo] *adj* Que sigue después del decimonoveno.

[1] **vi·gía** [biχía] **I.** *s/f* Torre en un sitio alto para vigilar. **II.** *s/m,f* Persona que vigila desde una torre o atalaya.

[3] **vi·gi·lan·cia** [biχilánθja] *s/f* **1.** Acción o resultado de vigilar. **2.** Servicio para vigilar.

[2] **vi·gi·lan·te** [biχilánte] *adj s/m,f* Que vigila.

④ **vi·gi·lar** [biχilár] **I.** *tr* Estar atento para impedir que alguien cause o reciba daños. **II.** *intr* Velar por el bienestar de alguien o algo. RPr **Vigilar por**.

② **vi·gi·lia** [biχílja] *s/f* **1.** Estado de quien no está durmiendo. **2.** Falta de sueño. **3.** Víspera de una festividad.

④ **vi·gor** [biɣór] *s/m* **1.** Fortaleza para hacer grandes esfuerzos, resistir adversidades, etc. **2.** Energía o vehemencia. **3.** (Con *entrar en, estar en, poner en*, etc.) Vigencia de algo.

① **vi·go·ri·zar** [biɣoriθár] *tr* REFL(-se) Dar vigor.
ORT Ante *e* la *z* cambia a *c*: *Vigorice*.

② **vi·go·ro·so, -sa** [biɣoróso] *adj* Que tiene vigor.

① **vi·gue·ta** [biɣéta] *s/f* Viga pequeña.

① **vi·hue·la** [biwéla] *s/f* Instrumento antiguo de cuerda.

① **vi·kin·go, -ga** [bikíngo] *adj s/m,f* Relativo a un pueblo escandinavo o miembro de ese pueblo.

② **vil** [bíl] *adj* Mezquino.

① **vi·le·za** [biléθa] *s/f* **1.** Cualidad de vil. **2.** Dicho, hecho o acto vil.

① **vi·li·pen·diar** [bilipendjár] *tr* Denigrar, tratar con desprecio.

vi·li·pen·dio [bilipéndjo] *s/m* Acción o resultado de vilipendiar.

④ **vi·lla** [bíʎa] *s/f* **1.** Casa de recreo fuera de una población, *gen* con jardín. **2.** Población más grande o importante que un pueblo.

Vi·lla·die·go [biʎaðjéɣo] LOC **Coger/Tomar las de Villadiego**, huir de un lugar precipitadamente.

① **vi·llan·ci·co** [biʎanθíko] *s/m* Canción navideña de tema religioso.

① **vi·lla·nía** [biʎanía] *s/f* Condición de villano.

② **vi·lla·no, -na** [biʎáno] **I.** *adj* Indigno, vil. **II.** *adj s/m,f* **1.** Persona del pueblo llano, no noble. **2.** Personaje malvado de una obra.

① **vi·llo·rrio** [biʎórrjo] *s/m* Aldea pequeña y de poca importancia.

② **vi·lo** [bílo] LOC **En vilo**, en suspenso, poco tranquilo.

③ **vi·na·gre** [bináɣre] *s/m* Líquido agrio, que procede de la fermentación ácida del vino.

vi·na·gre·ra(s) [binaɣréra(s)] *s/f Frec* en *pl* Utensilio para el aliño de las comidas, con dos recipientes, uno para el vinagre y otro para el aceite (y, ocasionalmente, otros dos para la sal y la pimienta).

① **vi·na·gre·ta** [binaɣréta] *s/f* Salsa para el aliño de verduras, ensaladas y pescados.

vi·na·te·ro, -ra [binatéro] *s/m,f* Comerciante de vinos.

vin·cu·la·ción [binkulaθjón] *s/f* Acción o resultado de vincular(se).

① **vin·cu·lan·te** [binkulánte] *adj* Que vincula.

④ **vin·cu·lar** [binkulár] *tr* REFL(-se) Unir mediante vínculos. RPr **Vincular(se) a**.

③ **vín·cu·lo** [bínkulo] *s/m* Nexo o atadura que une a personas o cosas entre sí.

① **vin·di·ca·ción** [bindikaθjón] *s/f* Acción de vindicar.

vin·di·car [bindikár] *tr* REFL(-se) **1.** Defender de una ofensa o de agravio. **2.** Reivindicar o defender algo.
ORT Ante *e* la *c* cambia a *qu*: *Vindique*.

① **vi·ní·co·la** [biníkola] *adj* Relativo a la elaboración del vino.

vi·ni·cul·tu·ra [binikultúra] *s/f* Arte o técnica de la elaboración de vinos.

④ **vi·no** [bíno] *s/m* **1.** Bebida alcohólica que se obtiene por la fermentación del zumo de las uvas. **2.** Vaso o copa de vino.

② **vi·ña** [bíɲa] *s/f* Terreno plantado de vides.

② **vi·ñe·do** [biɲéðo] *s/m* Viña.

① **vi·ñe·ta** [biɲéta] *s/f* Dibujo que adorna y acompaña al texto escrito.

① **vio·la** [bjóla] *s/f* Instrumento musical de cuerda y arco, más grande que el violín.

① **vio·lá·ceo, -ea** [bjoláθeo] *adj* Que se asemeja al color violeta.

③ **vio·la·ción** [bjolaθjón] *s/f* Acción o resultado de violar.

② **vio·la·do, -da** [bjoláðo] *adj* Color semejante al violeta.

② **vio·la·dor, -ra** [bjolaðór] *adj s/m,f* Que viola.

③ **vio·lar** [bjolár] *tr* **1.** Agredir sexualmente una persona a otra. **2.** Incumplir o desobedecer una ley. **3.** Entrar violentamente o ilegalmente en un sitio.

⑤ **vio·len·cia** [bjolénθja] *s/f* **1.** Cualidad de violento. **2.** Acción violenta.

③ **vio·len·tar** [bjolentár] *tr* **1.** Ejercer violencia. **2.** Agredir sexualmente a una persona. **3.** Abrir algo usando la fuerza.

④ **vio·len·to, -ta** [bjolénto] *adj* **1.** Que usa la fuerza o actúa con agresividad contra personas o cosas. **2.** Intenso o impetuoso. **3.** Que resulta forzado.

③ **vio·le·ta** [bjoléta] **I.** *s/f* **1.** Planta violácea con flores de color morado o blanco. **2.** Flor de esta planta. **II.** *adj s/m* Color morado claro.

[2] **vio·lín** [bjolín] *s/m* Instrumento musical de cuerdas y arco.

[1] **vio·li·nis·ta** [bjolinísta] *s/m,f* Persona que toca el violín.

[1] **vio·lón** [bjolón] *s/m* Instrumento musical de cuerda y arco, de grandes dimensiones, que se apoya en el suelo.

vio·lon·ce·lo; vio·lon·che·lo [bjolonθélo; bjolontʃélo] *s/m* Instrumento de cuerda y arco, más grande que el violín y menos que el violón.

[1] **vip** [bíp] *s/m,f* ANGL (*gen may*) Persona importante o famosa.

[1] **vi·pe·ri·no, -na** [biperíno] *adj* Relativo a la víbora, o con sus propiedades.

[2] **vi·ra·je** [biráχe] *s/m* Acción o resultado de virar.

[1] **vi·ral** [birál] *adj* Relativo a los virus.

[2] **vi·rar** [birár] **I.** *intr* Cambiar de dirección un vehículo en marcha o hacer que el vehículo gire. **II.** *tr* Doblar algo (una esquina, un cabo, etc.).

[4] **vir·gen** [bírχen] **I.** *adj s/m,f* Que no ha tenido nunca relaciones sexuales completas. **II.** *adj* **1.** (*tierra*) No cultivada. **2.** Intacto. **III.** *s/f* En la religión católica, la madre de Jesucristo.

[1] **vir·gi·nal** [birχinál] *adj* **1.** Relativo a la virgen o relacionado con ella. **2.** Intacto, no manipulado.

[2] **vir·gi·ni·dad** [birχiniðáð] *s/f* Cualidad o condición de virgen.

[2] **vir·go** [bírɣo] *s/m* **1.** ASTR Signo del Zodíaco. **2.** Himen.

[1] **vir·gue·ría** [birɣería] *s/f* **1.** COL Adorno cuidadoso, pero excesivo o exagerado. **2.** Cosa complicada.

vír·gu·la [bírɣula] *s/f* Trazo curvo utilizado en la escritura (comas, acentos).

[1] **ví·ri·co, -ca** [bíriko] *adj* Relativo al virus.

[2] **vi·ril** [biríl] *adj* **1.** Relativo al hombre adulto o propio de él. **2.** Fuerte y vigoroso.

[2] **vi·ri·li·dad** [biriliðáð] *s/f* Condición o cualidad de viril.

[2] **vi·rrei·na·to** [birreináto] *s/m* **1.** Cargo de virrey. **2.** Territorio gobernado por un virrey.

[2] **vi·rrey** [birréi] *s/m* Quien gobierna un territorio en nombre del rey.

[3] **vir·tual** [birtwál] *adj* **1.** Que puede producir un cierto efecto. **2.** Se dice de ciertas simulaciones informáticas de animación que tienen apariencia de realidad.

[1] **vir·tua·li·dad** [birtwaliðáð] *s/f* Cualidad o condición de virtual.

[4] **vir·tud** [birtúð] *s/f* **1.** Cualidad o valor moralmente bueno. **2.** Hecho o costumbre estimado como bueno. **3.** Fuerza o capacidad para producir un determinado efecto. LOC **En virtud de,** gracias a.

vir·tuo·sis·mo [birtwosísmo] *s/m* Dominio de la técnica y ejecución de una actividad artística.

[2] **vir·tuo·so, -sa** [birtwóso] **I.** *adj s/m,f* Que tiene o muestra virtud. **II.** *s/m,f* Persona que practica un arte con gran dominio de su técnica. RPr **Virtuoso de.**

[1] **vi·rue·la** [birwéla] *s/f* Enfermedad contagiosa que acaba dejando hoyos en la piel.

vi·ru·lé [birulé] LOC **A la virulé,** en mal estado o de mala manera.

[1] **vi·ru·len·cia** [birulénθja] *s/f* Cualidad de virulento.

[1] **vi·ru·len·to, -ta** [birulénto] *adj* **1.** Que produce infección. **2.** Violenta, vehemente.

[3] **vi·rus** [bírus] *s/m* **1.** MED Germen tóxico que causa enfermedades. **2.** COMP Programa informático que daña un programa o sistema informático.
GRAM *pl* Virus.

[1] **vi·ru·ta** [birúta] *s/f* Lámina fina, con forma de rollo o espiral, que se produce al labrar la madera o el metal. LOC **(Ir/Marchar) Echando virutas,** COL (irse/marcharse) muy deprisa.

[2] **vi·sa** [bísa] *s/m* AMER Visado.

[1] **vi·sa·do** [bisáðo] *s/m* **1.** Acción de visar. **2.** Autorización para entrar o salir de un país, o documento en que consta.

[2] **vi·sar** [bisár] *tr* Examinar algo dando conformidad a lo que se pide.

[1] **vis a vis** [bisabís] *adv* Frente a frente.

[2] **vís·ce·ra** [bísθera] *s/f* **1.** Cualquier órgano de las cavidades abdominal, craneana o pectoral. **2.** FIG (*gen en pl*) Parte interior de algo.

[2] **vis·ce·ral** [bisθerál] *adj* **1.** Relativo a las vísceras. **2.** Irracional o pasional.

vis·ce·ra·li·dad [bisθeraliðáð] *s/f* Cualidad de visceral.

[1] **vis·co·si·dad** [biskosiðáð] *s/f* **1.** Cualidad de viscoso. **2.** Cosa viscosa.

[2] **vis·co·so, -sa** [biskóso] *adj* Pagajoso, muy espeso.

VI·SE·RA

② **vi·se·ra** [biséra] *s/f* Parte delantera y saliente de las gorras.

② **vi·si·bi·li·dad** [bisiβiliðáð] *s/f* Cualidad de visible.

④ **vi·si·ble** [bisíβle] *adj* Que se puede ver.

① **vi·si·llo** [bisíʎo] *s/m* Cortina fina y transparente.

⑤ **vi·sión** [bisjón] *s/f* **1.** Acción o resultado de ver. **2.** Capacidad de ver por los ojos. **3.** Producto de la imaginación o del sueño.

② **vi·sio·nar** [bisjonár] *tr* Ver una grabación para valorarla.

② **vi·sio·na·rio, -ia** [bisjonárjo] *adj s/m,f* Que toma lo irreal como si fuera real.

① **vi·sir** [bisír] *s/m* Ministro de un soberano musulmán.

④ **vi·si·ta** [bisíta] *s/f* **1.** Acción o resultado de visitar. **2.** Persona que visita a otra.

③ **vi·si·tan·te** [bisitánte] *adj s/m,f* Persona que visita a alguien o algo.

⑤ **vi·si·tar** [bisitár] *tr* **1.** Ir a ver a alguien a un lugar. **2.** Ir un médico o un profesional a casa de alguien para atenderle.

② **vis·lum·brar** [bislumbrár] *tr* **1.** Ver algo de forma poco clara por falta de luz o por otra causa. **2.** Comprender o adivinar algo por indicios.

① **vis·lum·bre** [bislúmbre] *s/f* Acción o resultado de vislumbrar.

① **vi·so** [bíso] *s/m* Apariencia o aspecto que presenta algo.

① **vi·són** [bisón] *s/m* **1.** Mamífero cuya piel es muy apreciada en peletería. **2.** Abrigo o chaquetón hecho con la piel de dicho animal.

① **vi·sor** [bisór] *s/m* Dispositivo para enfocar un objeto cuya imagen se desea grabar.

③ **vís·pe·ra** [bíspera] *s/f* Día que precede a otro determinado.

④ **vis·ta** [bísta] *s/f* **1.** Sentido corporal que permite ver. **2.** Acción o resultado de ver. **3.** Conjunto de ambos ojos: *Alzó la vista y miró a su madre.* **4.** Panorama. **5.** FIG Mirada o pensamiento. **6.** DER Acto de presenciar y juzgar un proceso. LOC **Con vistas a,** con el propósito de. **Hacer la vista gorda,** COL disimular que se ha visto o que se sabe algo. **¡Hasta la vista!,** fórmula de despedida. **Tener alguien vista,** ser sagaz.

② **vis·ta·zo** [bistáθo] *s/m* Mirada superficial o rápida.

⑤ **vis·to, -ta** [bísto] **I.** *adj* **1.** (*gen* con *estar*) Muy conocido, pasado de moda. **2.** (Con *bien, mal*) (Que está) bien o mal conside- rado. **3.** Que queda a la vista. LOC **Por lo visto,** según lo que se ve o se dice. **Visto que,** dado que.

① **vis·to·si·dad** [bistosiðáð] *s/f* Cualidad de vistoso.

② **vis·to·so, -sa** [bistóso] *adj* Que llama mucho la atención por su brillantez, colorido, etc.

④ **vi·sual** [biswál] *adj* Relativo al sentido de la vista.

① **vi·sua·li·za·ción** [biswaliθaθjón] *s/f* Acción o resultado de visualizar.

② **vi·sua·li·zar** [biswaliθár] *tr* **1.** Hacer visible algo que no lo es. **2.** Formar en la mente una imagen o representación visual de un concepto abstracto.
ORT Ante la *e* la *z* cambia a *c: Visualice.*

④ **vi·tal** [bitál] *adj* **1.** Relativo a la vida. **2.** (Con *ser*) Que es necesario para la vida. **3.** De gran interés, muy importante.

② **vi·ta·li·cio, -ia** [bitaliθjo] *adj* Que dura toda la vida de alguien.

② **vi·ta·li·dad** [bitaliðáð] *s/f* Energía, impulso para actuar.

① **vi·ta·lis·mo** [bitalísmo] *s/m* Energía, vitalidad.

① **vi·ta·lis·ta** [bitalísta] *adj s/m,f* Que muestra muchas ganas de vivir.

③ **vi·ta·mi·na** [bitamína] *s/f* Nombre de diversas sustancias imprescindibles para el desarrollo del organismo.

① **vi·ta·mi·na·do, -da** [bitaminádo] *adj* Que tiene vitaminas.

vi·ta·mi·nar [bitaminár] **I.** *tr* Añadir vitaminas a los alimentos. **II.** *tr* REFL(-*se*) Tomar una persona vitaminas.

① **vi·ta·mí·ni·co, -ca** [bitamíniko] *adj* **1.** Relativo a las vitaminas. **2.** Rico en vitaminas.

① **vi·ti·co·la** [bitíkola] *adj* Relativo a la viticultura.

vi·ti·cul·tor, -ra [bitikultór] *s/m,f* Persona dedicada a la viticultura.

vi·ti·cul·tu·ra [bitikultúra] *s/f* Técnica del cultivo de la vid.

① **vi·ti·vi·ní·co·la** [bitiβiníkola] *adj* Relativo a la vitivinicultura.

vi·ti·vi·ni·cul·tu·ra [bitiβinikultúra] *s/f* Técnica del cultivo de la vid y de la elaboración del vino.

① **vi·to·la** [bitóla] *s/f* **1.** Banda o anillo de papel en los cigarros puros. **2.** Distinción, honor o título.

① **ví·tor** [bítor] *s/m* (*gen* en *pl*) Aclamación.

VO·CA·LI·ZAR

[1] **vi·to·re·ar** [bitoreár] *tr* Aclamar con vítores.

[1] **ví·treo, -ea** [bítreo] *adj* **1.** Relativo al vidrio. **2.** Hecho de vidrio o con sus propiedades.

vi·tri·fi·car [bitrifikár] **I.** *intr* Adquirir algo las propiedades del vidrio. **II.** *tr* Hacer que una cosa adquiera el aspecto del vidrio.
ORT La *c* cambia a *qu* ante *e*: *Vitrifique*.

[2] **vi·tri·na** [bitrína] *s/f* Armario con las puertas de cristal.

[2] **vi·tro** [bítro] LOC **In vitro**, en el laboratorio.

[1] **vi·tua·lla** [bitwáʎa] *s/f pl* Víveres.

[1] **vi·tu·pe·rar** [bituperár] *tr* Reprobar o criticar.

[1] **vi·tu·pe·rio** [bitupérjo] *s/m* Acción o resultado de vituperar.

[1] **viu·de·dad** [biuðeðáð] *s/f* Cualidad o condición de viudo.

[1] **viu·dez** [biuðéθ] *s/f* Viudedad.

[4] **viu·do, -da** [biúðo] *adj s/m,f* Persona cuyo cónyuge ha fallecido y que no ha vuelto a casarse.

[2] **¡vi·va!** [bíβa] *interj* Expresión para saludar o aclamar.

[1] **vi·va·ci·dad** [biβaθiðáð] *s/f* Cualidad de vivaz.

vi·va·la·vir·gen [biβalaβírxen] *adj s/m,f* Se dice de la persona que obra o se comporta despreocupadamente.

vi·va·les [biβáles] *adj s/m,f* Persona que es muy espabilada.

vi·va·ra·cho, -cha [biβarátʃo] *adj s/m,f* Alegre, vivo.

[1] **vi·vaz** [biβáθ] *adj* De ingenio rápido y comprensión aguda.

[3] **vi·ven·cia** [biβénθja] *s/f* Experiencia vital.

[1] **vi·ven·cial** [biβenθjál] *adj* Relativo a la vivencia.

[2] **ví·ve·res** [bíβeres] *s/m,pl* Provisión de alimentos para sobrevivir.

[1] **vi·ve·ro** [biβéro] *s/m* Lugar donde se siembran y cuidan plantas o peces.

[1] **vi·ve·za** [biβéθa] *s/f* **1.** Celeridad o dinamismo. **2.** Agudeza de ingenio.

ví·vi·do, -da [bíβiðo] *adj* **1.** Que parece real. **2.** Muy expresivo.

[1] **vi·vi·dor, -ra** [biβiðór] *adj s/m,f* **1.** Que vive o pretende vivir a costa de los demás. **2.** Que disfruta de la vida.

[5] **vi·vien·da** [biβjénda] *s/f* Casa en la que viven las personas.

[2] **vi·vien·te** [biβjénte] *adj* Que tiene vida.

vi·vi·fi·can·te [biβifikánte] *adj* Que da vida.

[1] **vi·vi·fi·car** [biβifikár] *tr* Dar vida o vitalidad.
ORT Ante *e* la *c* cambia a *qu*: *Vivifique*.

[1] **vi·ví·pa·ro, -ra** [biβíparo] *adj s/m,f* Que se desarrolla completamente en el cuerpo de la madre.

[5] **vi·vir** [biβír] **I.** *intr* **1.** Tener vida, existir como ser vivo. **2.** Habitar en un lugar. **II.** *tr* **1.** Experimentar algo. **2.** Experimentar la vida de un modo intenso. **3.** Tener algo una determinada existencia o permanencia. **4.** Tener o padecer algo: *El país vive un proceso de recesión económica*. **III.** *s/m* Vida. LOC **De mal vivir**, de malas costumbres.

vi·vi·sec·ción [biβisekθjón] *s/f* Disección de un animal con fines científicos.

[4] **vi·vo, -va** [bíβo] **I.** *adj s/m,f* **1.** Que tiene vida. **2.** Astuto y ágil de mente. **II.** *adj* **1.** Que tiene vida. **2.** Actual. **3.** (*idioma*) Que está en uso. **4.** Idéntico al original. **5.** De colores fuertes o intensos. **6.** Se aplica a la cal que no ha recibido aún agua. LOC **En vivo**, en directo.

[1] **viz·con·de** [biθkónde] *s/m* Título nobiliario inferior al del conde.

[2] **vo·ca·blo** [bokáβlo] *s/m* Voz o palabra.

[2] **vo·ca·bu·la·rio** [bokaβulárjo] *s/m* Conjunto de palabras de un idioma.

[4] **vo·ca·ción** [bokaθjón] *s/f* Afición o llamada especial que siente alguien hacia determinada actividad u ocupación.

[1] **vo·ca·cio·nal** [bokaθjonál] *adj* Relativo a la vocación.

[3] **vo·cal** [bokál] **I.** *adj* Relativo a la voz. **II.** *s/m,f* Miembro de un tribunal, consejo, etc., con derecho a voz y *gen* también a voto. **III.** *s/f* Sonido del lenguaje que se produce con vibración de las cuerdas vocales y sin articulación.

[1] **vo·ca·lía** [bokalía] *s/f* Cargo de vocal.

[1] **vo·cá·li·co, -ca** [bokáliko] *adj* **1.** Que se expresa mediante la voz. **2.** Relativo a las vocales.

vo·ca·lis·mo [bokalísmo] *s/m* Sistema vocálico de una lengua.

[1] **vo·ca·lis·ta** [bokalísta] *s/m,f* Cantante de un grupo de música popular.

[1] **vo·ca·li·za·ción** [bokaliθaθjón] *s/f* Acción o resultado de vocalizar.

[1] **vo·ca·li·zar** [bokaliθár] *intr* Pronunciar y articular con claridad.
ORT Ante *e* la *z* cambia a *c*: *Vocalice*.

VO·CA·TI·VO

vo·ca·ti·vo [bokatíβo] *s/m* GRAM Caso gramatical.
vo·cea·dor, -ra [boθeaðór] I. *adj s/m,f* Que vocea. II. *s/m,f* AMER Vendedor de periódicos.
① **vo·ce·ar** [boθeár] I. *intr* Dar voces o gritos. II. *tr* 1. Decir algo a voces. 2. AMER Lanzar algo como rumor.
vo·ce·río [boθerío] *s/m* Alboroto de voces y gritos.
② **vo·ce·ro, -ra** [boθéro] *s/m,f* Persona que habla o escribe en representación de otro.
① **vo·ci·fe·ran·te** [boθiferánte] *adj* Que vocifera.
① **vo·ci·fe·rar** [boθiferár] I. *intr* Dar voces. II. *tr* Decir algo a voces.
① **vo·cin·gle·ro, -ra** [boθingléro] *adj s/m,f* Que habla muy alto o da muchas voces.
① **vo·de·vil** [boðeβíl] *s/m* Comedia o revista ligera.
① **vod·ka** [bóðka] *s/m* Aguardiente original de Rusia.
① **vo·la·di·zo, -za** [bolaðíθo] *s/m* Elemento arquitectónico que sobresale de la pared.
① **vo·la·do, -da** [boláðo] *adj s/m,f* 1. Que ha perdido el juicio, que está demente. 2. Que sobresale del resto de la construcción.
② **vo·la·dor, -ra** [bolaðór] *adj s/m,f* Que vuela.
① **vo·la·du·ra** [bolaðúra] *s/f* Acción o resultado de destruir algo con explosivos.
① **vo·lan·das** [bolándas] LOC **En volandas**, sin tocar el suelo.
③ **vo·lan·te** [bolánte] I. *adj* Que vuela. II. *s/m* 1. En los automóviles, aro redondo mediante el cual se controla la dirección. 2. Hoja de papel impreso para comunicar algo. 3. Adorno en las prendas de vestir y en las tapicerías. 4. DEP Jugador en la línea media o la delantera.
④ **vo·lar** [bolár] I. *intr* 1. Desplazarse las aves y otros animales por el aire impulsados por sus alas. 2. Desplazarse una nave por el aire. 3. Desplazarse en un medio de transporte aéreo. 4. Pasar el tiempo con rapidez: *Los minutos vuelan.* 5. Ir alguien o algo muy deprisa. 6. Desaparecer algo inesperadamente: *Han volado mis gafas y sin ellas no veo nada.* II. *tr* 1. Hacer que estalle una cosa o destruirla con explosivos. 2. Matar de un disparo en la cabeza.
CONJ *Irreg: Vuelo, volé, volaré, volado.*
② **vo·lá·til** [bolátil] I. *adj s/m,f* Que vuela o puede volar. II. *adj* 1. Inestable. 2. Que se evapora con facilidad.

① **vo·la·ti·li·dad** [bolatiliðáð] *s/f* Cualidad de volátil.
① **vo·la·ti·li·zar** [bolatiliθár] *tr* REFL(-se) 1. Transformar(se) una sustancia en gas. 2. Desaparecer rápidamente una cosa.
ORT *Ante e la z cambia a c: Volatilice.*
③ **vol·cán** [bolkán] *s/m* Abertura en la superficie de la tierra por la que salen al exterior materias incandescentes.
② **vol·cá·ni·co, -ca** [bolkániko] *adj* Relativo al volcán.
③ **vol·car** [bolkár] I. *tr* 1. Poner algo al revés, invertirlo. 2. Echar una cosa (líquido, materia sólida) en otro lugar. 3. Verter o derramar por el suelo. II. *intr* Darse la vuelta un vehículo, quedando con las ruedas hacia arriba. III. REFL(-se) (Con *en, con, por*) Poner una persona todo su esfuerzo y su interés en algo. RPr **Volcarse con/en/por.**
CONJ *Irreg: Vuelco, volqué, volcaré, volcado.*
① **vo·lei·bol** [boleiβól] *s/m* Deporte en el que dos equipos compiten y tratan de volear un balón por encima de una red elevada.
① **vo·leo** [boléo] *s/m* Golpe dado a la pelota en el aire, antes de que toque el suelo.
① **vo·li·ción** [boliθjón] *s/f* Acto de la voluntad.
① **vo·li·ti·vo, -va** [bolitíβo] *adj* Relativo a la voluntad.
vol·que·te [bolkéte] *s/m* Vehículo con caja móvil para vaciarla con facilidad.
② **vol·ta·je** [boltáxe] *s/m* Unidad para medir la diferencia de potencial eléctrico entre dos puntos.
② **vol·te·ar** [bolteár] I. *intr* 1. Girar o dar vueltas. 2. AMER Cambiar de dirección. II. *tr* 1. Cambiar o invertir la posición de algo. 2. Hacer que algo gire o dé vueltas.
vol·teo [boltéo] *s/m* Acción o resultado de voltear.
① **vol·te·re·ta** [boltoréta] *s/f* Vuelta que se da en el aire.
① **vol·tí·me·tro** [boltímetro] *s/m* Aparato para medir el potencial eléctrico.
② **vol·tio** [bóltjo] *s/m* Unidad de potencial eléctrico.
① **vo·lu·bi·li·dad** [boluβiliðáð] *s/f* Cualidad de voluble.
① **vo·lu·ble** [bolúβle] *adj* Inconstante, mudable.
④ **vo·lu·men** [bolúmen] *s/m* 1. Espacio ocupado por un cuerpo. 2. Intensidad de la voz o de otros sonidos. 3. Tamaño

dimensiones de algo. **4.** Magnitud o dimensión de un negocio o empresa. **5.** Libro.

[1] **vo·lu·me·tría** [bolumetría] *s/f* Ciencia que trata de la medición de los volúmenes.

vo·lu·mi·no·si·dad [boluminosiðáð] *s/f* Cualidad de voluminoso.

[2] **vo·lu·mi·no·so, -sa** [boluminóso] *adj* Que tiene mucho volumen.

[5] **vo·lun·tad** [boluntáð] *s/f* **1.** Facultad de los seres humanos para hacer lo que desean o les conviene. **2.** Resolución o determinación de hacer algo. LOC **Última voluntad,** testamento.

[2] **vo·lun·ta·ria·do** [boluntarjáðo] *s/m* **1.** Afiliación o incorporación voluntaria a un determinado trabajo o misión. **2.** Conjunto de personas dedicadas a actividades filantrópicas.

[1] **vo·lun·ta·rie·dad** [boluntarjeðáð] *s/f* Cualidad de voluntario o voluntarioso.

[4] **vo·lun·ta·rio, -ia** [boluntárjo] **I.** *adj* **1.** Que se hace por propia voluntad. **2.** Que no implica obligación alguna. **II.** *adj s/m,f* **1.** Persona que dedica su tiempo y esfuerzo voluntariamente al desarrollo de actividades humanitarias. **2.** Persona que se alista voluntariamente en el servicio militar.

[1] **vo·lun·ta·rio·so, -sa** [boluntarjóso] *adj* Que hace algo con buena voluntad.

[1] **vo·lup·tuo·si·dad** [boluptwosiðáð] *s/f* Cualidad de voluptuoso.

[1] **vo·lup·tuo·so, -sa** [boluptwóso] *adj* **1.** Que produce un intenso placer, *gen* sensual. **2.** Que disfruta los placeres sensuales.

[1] **vo·lu·ta** [bolúta] *s/f* **1.** ARQ Elemento decorativo en los capiteles de tipo jónico. **2.** Espiral que forma el humo al fumar.

[5] **vol·ver** [bolβér] **I.** *tr* **1.** Hacer que algo o alguien presente la cara o lado opuesto. **2.** Torcer o girar algo. **3.** Girar o virar cambiando de dirección. **4.** (Con *a*) Devolver a una persona o cosa el estado o condición que previamente tenía. **II.** *intr* **1.** (*gen* con *a, hacia*) Regresar al lugar del que se partió. **2.** (Con *a+inf*) Repetir algo que ya se ha dicho o hecho: *Volver a empezar.* **3.** (Con *de*) Regresar tras haber terminado de hacer algo. **4.** (Con *sobre*) Retomar algo hecho o dicho: *Volveré sobre esto.* **III.** REFL(*-se*) **1.** Girar el cuerpo o volver la cabeza hacia atrás. **2.** Transformarse alguien o algo en una cosa distinta: *Creí volverme loco.* **3.** Ir contra otra cosa o persona: *Aquel acto irresponsable se volverá contra ellos.* LOC **Volver (al-**

guien) en sí, recobrar la conciencia. RPr **Volver a/en/por/de**.
CONJ *Irreg: Vuelvo, volví, volveré, vuelto.*

[2] **vo·mi·tar** [bomitár] *tr* **1.** Arrojar por la boca restos de comida del estómago. **2.** Proferir insultos, amenazas, etc., contra alguien.

vo·mi·te·ra [bomitéra] *s/f* Serie de vómitos.

[1] **vo·mi·ti·vo, -va** [bomitíβo] *adj s/m* Que provoca vómitos.

[2] **vó·mi·to** [bómito] *s/m* Acción o resultado de vomitar.

[1] **vo·ra·ci·dad** [boraθiðáð] *s/f* Cualidad de voraz.

[1] **vo·rá·gi·ne** [boráxine] *s/f* Remolino impetuoso de las aguas.

[1] **vo·raz** [boráθ] *adj* **1.** Que come mucho y con avidez. **2.** Que no se sacia con facilidad. **3.** (*incendio*) Muy destructivo.

[4] **vos** [bós] *pron pers* $2^a p\ s$ **1.** Tratamiento de respeto en vez de 'usted'. **2.** En algunas regiones de Hispanoamérica, 'vos' se emplea en lugar de 'tú': *Vos, ¿a qué venís?*

vo·se·ar [boseár] *tr* Usar el voseo al hablar.

vo·seo [boséo] *s/m* Uso de 'vos' en vez de 'tú'.

[4] **vo·so·tros, -as** [bosótros] *pron pers* de 2^a *pers pl*.

[3] **vo·ta·ción** [botaθjón] *s/f* Acción o resultado de votar.

[2] **vo·tan·te** [botánte] *adj s/m,f* Quien vota.

[4] **vo·tar** [botár] *intr tr* Dar alguien su voto en una elección.

[1] **vo·ti·vo, -va** [botíβo] *adj* Ofrecido como voto o promesa.

[4] **vo·to** [bóto] *s/m* **1.** Papeleta emitida en una votación. **2.** Dictamen, decisión u opinión sobre algo. **3.** Acción de votar. **4.** Promesa hecha a Dios, a la Virgen o a los santos. **5.** Cada una de las promesas de pobreza, castidad y obediencia que se hacen al ingresar en el estado religioso.

[5] **voz** [bóθ] *s/f* **1.** Sonido producido al salir el aire de los pulmones por la laringe y haciendo vibrar las cuerdas vocales o por resonancia de otros órganos. **2.** Palabra. **3.** GRAM Categoría verbal que expresa si el sujeto de la oración es el agente o el objeto o tema de la acción descrita por el verbo. LOC **A voces,** dando gritos. **Alzarle/Levantarle la voz a alguien,** hablar a una persona sin el debido respeto.
GRAM *pl Voces.*

[1] **vo·za·rrón** [boθarrón] *s/m* Voz muy fuerte.

VU·DÚ

[1] **vu·dú** [buðú] *s/m* Creencia religiosa con prácticas y ritos de brujería.

vue·la·plu·ma [bwelaplúma] LOC **A vuelapluma,** muy rápidamente.

[1] **vuel·co** [bwélko] *s/m* **1.** Acción o resultado de volcar(se). **2.** FIG Transformación o cambio radical.

[4] **vue·lo** [bwélo] *s/m* **1.** Acción de volar. **2.** Distancia recorrida volando o tiempo que se tarda en recorrerla: *Un vuelo de mil kilómetros.* **3.** Viaje o trayecto en avión. **4.** Amplitud o anchura de una prenda de vestir desde el punto en que está fruncido. **5.** Elemento arquitectónico que sobresale de la construcción. LOC **Al vuelo,** rápidamente. **De altos vuelos,** COL de mucha importancia o categoría.

[4] **vuel·ta** [bwélta] *s/f* **1.** Movimiento giratorio de una cosa alrededor de sí misma o de un determinado punto. **2.** Viaje, trayecto o paseo. **3.** Rodeo para llegar a un lugar. **4.** Cada una de las circunvoluciones de un objeto que se enrolla. **5.** Cada una de las veces en que se hace o se repite algo. **6.** Acción de girar la llave en la cerradura. **7.** Acción de regresar a un lugar o de retomar algo que se dejó. **8.** Curva o recodo que hace un camino, río, etc. **9.** Dinero que sobra y se devuelve. LOC **A la vuelta,** al regresar. **A vuelta de correo,** (contestación) inmediatamente después de haber recibido una carta. **Vuelta de rosca/de tuerca,** hecho de apurar o forzar algo al máximo.

[4] **vues·tro, -ra** [bwéstro] *pron pers adj* **1.** Forma correspondiente a la *2ª pers pl.* **2.** (En *f sing*) Se emplea ante tratamientos como 'majestad', 'alteza', etc.

vul·ca·ni·zar [bulkaniθár] *tr* Combinar o mezclar el caucho o la goma elástica con azufre para aumentar sus propiedades de elasticidad y duración.
ORT Ante *e* la *z* cambia a *c: Vulcanice.*

[1] **vul·ca·nó·lo·go, -ga** [bulkanóloγo] *s/m,f* Persona experta en volcanes.

[3] **vul·gar** [bulγár] *adj* **1.** Relativo al vulgo. **2.** Ordinario, grosero. **3.** Referido a una lengua derivada del latín.

[2] **vul·ga·ri·dad** [bulγariðáð] *s/f* **1.** Cualidad de vulgar. **2.** Acción o expresión vulgar.

[1] **vul·ga·ri·za·ción** [bulγariθaθjón] *s/f* Acción o resultado de vulgarizar.

[1] **vul·ga·ri·zar** [bulγariθár] *tr* **1.** Hacer que algo sea vulgar o corriente. **2.** Divulgar una materia científica.
ORT Ante *e* la *z* cambia a *c: Vulgarice.*

[1] **vul·go** [búlγo] *s/m* Gente normal u ordinaria.

[2] **vul·ne·ra·bi·li·dad** [bulneraβiliðáð] *s/f* Cualidad de vulnerable.

[2] **vul·ne·ra·ble** [bulneráβle] *adj* Que puede ser herido o dañado.

[1] **vul·ne·ra·ción** [bulneraθjón] *s/f* Acción o resultado de vulnerar.

[2] **vul·ne·rar** [bulnerár] *tr* Transgredir o incumplir una ley o norma.

[1] **vul·va** [búlβa] *s/f* Abertura externa de la vagina.

W w

W; w [úβe ðóβle] *s/f* Vigesimocuarta letra del abecedario, llamada 'uve doble'.

[1] **wal·ki·ria** [balkírja] *s/f* Valquiria.

[1] **wá·ter** [báter] *s/m* **1.** ANGL Instalación sanitaria con una cisterna de agua corriente. **2.** Aseo.
ORT También *váter*.

[1] **wa·ter·po·lo** [baterpólo] *s/m* ANGL Deporte que se practica en el agua.

[1] **wa·tio** [bátjo] *s/m* ANGL Unidad de potencia eléctrica.

[3] **web** [(g)wéb] *s/f* ANGL Sistema global de transmisión de la información mediante la interconexión de sistemas informáticos por todo el mundo.

[1] **week-end** [wikén(d)] *s/m* ANGL Fin de semana.

[2] **wes·tern** [wéster(n)] *s/m* ANGL Película cuya acción transcurre en el Oeste norteamericano.

[3] **whis·ky** [gwíski] *s/m* **1.** ANGL Bebida alcohólica elaborada a partir de la fermentación de cereales (avena y cebada). **2.** Vaso de whisky.

[1] **wind·surf** [wín(d)surf] *s/m* ANGL Deporte náutico que se practica sobre una tabla provista de vela.

wind·sur·fis·ta [win(d)surfista] *s/m,f* Persona que practica windsurf.

[3] **X; x** [ékis] *s/f* **1.** Vigesimoquinta letra del abecedario español. Su nombre es 'equis'. Su sonido equivale a 'ks'.

[1] **xe·no·fo·bia** [senofóβja] *s/f* Odio u hostilidad hacia lo extranjero.

[1] **xe·nó·fo·bo, ·ba** [senófoβo] *adj* Que siente xenofobia.

xe·ro·gra·fiar [seroɣrafjár] *tr* Reproducir imágenes o textos, *gen* sobre papel, por medio de la xerografía.

[1] **xi·ló·fa·go, ·ga** [silófaɣo] *adj s/m* Se aplica a los insectos que roen y se alimentan de la madera.

xi·lo·fón; xi·ló·fo·no [silofón; silófono] *s/m* Instrumento musical de percusión formado por una serie de listones de madera o metal que suenan al ser golpeados con dos macillos de madera.

[1] **xi·lo·gra·fía** [siloɣrafía] *s/f* **1.** Técnica de grabado en madera. **2.** Impresión tipográfica con planchas de madera grabadas.

Y y

⑤ **y** [i] **I.** *s/f* Vigesimosexta letra del abecedario español, cuyo nombre es 'i griega' y, en raras ocasiones, 'ye'. **II.** *conj* Conjunción copulativa.

⑤ **ya** [ja] **I.** *adv* **1.** Indica que lo expresado por el verbo ha sido realizado en el pasado. **2.** Inmediatamente: *Ya voy para allá.* **II.** *conj* **1.** Señala alternativa de valor equivalente.

ya·ca·ré [jakaré] *s/m* AMER Reptil anfibio parecido al cocodrilo, pero mucho menor.

ya·cen·te [jaθénte] *adj* Que yace.

② **ya·cer** [jaθér] *intr* **1.** Estar una persona tendida o acostada. **2.** Estar enterrados los restos de un difunto.
CONJ *Irreg: Yazgo/yazco/yago, yací, yaceré, yacido.*

② **ya·ci·mien·to** [jaθimjénto] *s/m* Lugar abundante en minerales, fósiles, etc.

yam·bo [jámbo] *s/m* Pie de la métrica grecolatina compuesto por una sílaba breve y otra larga.

② **yan·qui** [jánki] *adj s/m,f* De los Estados Unidos de América.

① **yan·tar** [jantár] **I.** *tr* Comer. **II.** *s/m* Comida o alimento.

① **yar·da** [járða] *s/f* ANGL Medida anglosajona de longitud (91,4 cm).

② **ya·te** [játe] *s/m* Embarcación de recreo grande y *gen* lujosa.

ya·yo, ·ya [jájo] *s/m,f* COL Abuelo.

① **ye·dra** [jéðra] *s/f* Hiedra.

② **ye·gua** [jéɣwa] *s/f* Hembra del caballo.

ye·gua·da [jeɣwáða] *s/f* Rebaño de ganado caballar.

yeís·mo [jeísmo] *s/m* Pronunciación de la 'll' como si fuera 'y'.

yeís·ta [jeísta] *adj s/m,f* Relativo al yeísmo o quien lo practica.

① **yel·mo** [jélmo] *s/m* Pieza de la armadura, que cubría y protegía la cabeza y rostro.

③ **ye·ma** [jéma] *s/f* **1.** Brote sin desarrollar, en forma de botón escamoso. **2.** Parte del extremo de los dedos. **3.** Parte central del huevo.

ye·me·ní [jemení] *adj s/m,f* De Yemen,.

ye·me·ni·ta [jemeníta] *adj s/m,f* Yemení.

② **yen** [jén] *s/m* Unidad monetaria del Japón.

① **yer·mo, ·ma** [jérmo] **I.** *adj* **1.** Deshabitado. **2.** (Terreno) estéril o baldío. **II.** *s/m* Terreno baldío y estéril.

② **yer·no** [jérno] *s/m* Marido de una hija respecto a los padres de ésta.

① **yer·to, ·ta** [jérto] *adj* Rígido, inmóvil.

① **yes·ca** [jéska] *s/f* Materia muy seca e inflamable, que arde con cualquier chispa.

① **ye·se·ría** [jesería] *s/f* Fábrica o elemento decorativo de yeso.

ye·se·ro, ·ra [jeséro] **I.** *adj* Relativo al yeso. **II.** *s/m,f* Persona que fabrica, vende o trabaja con yeso.

③ **ye·so** [jéso] *s/m* Sulfato de calcio hidratado, usado en la construcción.

⑤ **yo** [jó] **I.** *pron pers 1ª p sing m/f* con función de sujeto o predicado nominal. **II.** *s/m* Sujeto pensante.

② **yo·do** [jóðo] *s/m* QUÍM Elemento sólido, no metálico, que se emplea como desinfectante. Símbolo *I*.

① **yo·du·ro** [joðúro] *s/m* Compuesto de yodo y otro elemento.

② **yo·ga** [jóɣa] *s/f* Técnicas para lograr la concentración mental y dominio del cuerpo y del espíritu.

② **yo·gur** [joɣúr] *s/m* Producto lácteo obtenido a partir de la fermentación de la leche.

yo·gur·te·ra [joɣurtéra] *s/f* Aparato para hacer yogures.

① **yon·qui** [jónki] *s/m,f* COL Drogadicto.

yo·yó [jojó] *s/m* Juguete de dos pequeños discos unidos por un eje, que suben y bajan a medida que va enrollándose y desenrollándose sobre una cuerda.

② **yu·ca** [júka] *s/f* BOT Planta tropical americana, de cuya raíz se extrae una harina alimenticia.

① **yu·go** [júɣo] *s/m* **1.** Instrumento de madera que se coloca a los animales de tiro en el cuello o en la cabeza, y al que va sujeto

YU·GU·LAR

el tiro del carro o el palo del arado. **2.** FIG Dominio, opresión.

⬜ **yu·gu·lar** [juɣulár] **I.** *adj s/f* Vena que hay a uno y otro lado del cuello. **II.** *tr* Cortar radicalmente el desarrollo de algo.

⬜ **yun·que** [júnke] *s/m* **1.** Pieza de hierro acerado sobre la que se forjan y trabajan los metales. **2.** ANAT Hueso central del oído medio.

⬜ **yun·ta** [júnta] *s/f* Conjunto de dos animales de tiro.

¡**yu·pi!** [júpi] *interj* Expresa entusiasmo.

⬜ **yu·ppie** [júpi] *adj s/m,f* ANGL Joven profesional culto y de posición económica elevada.

⬜ **yu·te** [júte] *s/m* Planta de cuyo tallo se obtiene una fibra textil.

⬜ **yux·ta·po·ner** [justaponér] *tr* REFL(-se) Poner(se) una cosa junto a otra.
ORT Se conjuga como *poner*.

⬜ **yux·ta·po·si·ción** [justaposiθjón] *s/f* Acción o resultado de yuxtaponer(se).

Z z

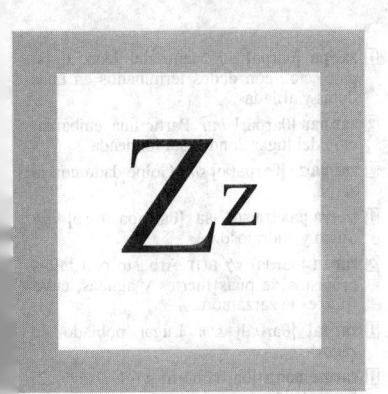

Z; z [θéta] *s/f* Vigesimosexta letra del alfabeto español. Su nombre es 'zeta'. Ante 'a', 'o', 'u' se pronuncia como la 'z', excepto en algunas zonas de Andalucía e Hispanoamérica, donde la pronunciación es 's'.

1 **za·far** [θafár] *tr* REFL(-se) Liberar(se) o librar(se) algo de aquello que lo retiene. RPr **Zafarse de**.

1 **za·fa·rran·cho** [θafarránt∫o] *s/m* Riña, alboroto.
Zafarrancho de combate, preparativos para entrar en combate.

1 **za·fie·dad** [θafjeðáð] *s/f* **1**. Cualidad de zafio. **2**. Acción zafia.

1 **za·fio, -ia** [θáfjo] *adj* Que carece de delicadeza y elegancia.

1 **za·fi·ro** [θafiro] *s/m* Mineral de color azul, muy apreciado en joyería.

1 **za·fra** [θáfra] *s/f* Cosecha de la caña de azúcar.

1 **za·ga** [θáγa] *s/f* Parte posterior o trasera de algo. LOC **A la zaga**, detrás.

1 **za·gal, -la** [θaγál] *s/m,f* **1**. Adolescente. **2**. Pastor joven.

2 **za·guán** [θaγwán] *s/m* Vestíbulo.

1 **za·gue·ro, -ra** [θaγéro] *adj* Que está detrás.

1 **za·he·rir** [θaerír] *tr* Reprender o censurar. CONJ *Irreg: Zahiero, zaherí, zaheriré, zaherido*.

1 **za·ho·rí** [θaorí] *s/m,f* Persona supuestamente dotada para descubrir lo que está oculto bajo tierra, *esp* manantiales de agua.

za·ho·rra [θaórra] *s/f* Piedra pequeña para compactar el firme en caminos o carreteras.

1 **zai·no, -na** [θáino] *adj* **1**. Falso, traidor. **2**. (Caballería) de pelo castaño oscuro. ORT PRON También *zaíno*.

1 **zai·re·ño, -ña** [θairéɲo] *adj s/m,f* De el Zaire.

1 **za·la·me·ría** [θalamería] *s/f* Demostración empalagosa de afecto y cariño.

1 **za·la·me·ro, -ra** [θalaméro] *adj s/m,f* Que actúa con zalamería.

1 **za·ma·rra** [θamárra] *s/f* Chaleco de piel con su pelo.

1 **zam·bo, -ba** [θámbo] *adj s/m,f* Con las piernas torcidas hacia fuera de rodillas para abajo.

zam·bom·ba [θambómba] *s/f* MÚS Instrumento musical popular, con una piel tirante en cuyo centro se sujeta un palo que, al frotarlo, produce un sonido bronco y monótono.

zam·bom·ba·zo [θambombáθo] *s/m* Estallido o explosión muy potente.

zam·bu·lli·da [θambuʎíða] *s/f* Acción o resultado de zambullirse.

zam·bu·llir [θambuʎír] **I.** *tr* REFL(-se) Sumergir(se). **II.** REFL(-se) Dedicarse de lleno a una actividad o asunto.

1 **zam·par** [θampár] *tr* REFL(-se) COL Comer(se) con precipitación y avidez.

2 **za·na·ho·ria** [θanaórja] *s/f* **1**. Planta de raíz comestible. **2**. Raíz comestible de esta planta, de color anaranjado.

zan·ca [θánka] *s/f* **1**. Pata larga de algunas aves. **2**. Pierna, cuando es larga y delgada.

1 **zan·ca·da** [θankáða] *s/f* COL Paso largo.

1 **zan·ca·di·lla** [θankaðíʎa] *s/f* **1**. Interposición de la pierna de una persona entre las de otra, para derribarla. **2**. Maniobra malintencionada para perjudicar a otro o entorpecer algo.

zan·ca·di·lle·ar [θankaðiʎeár] *tr* Poner a alguien una zancadilla, en sentido real o FIG.

1 **zan·ca·jo** [θankáxo] *s/m* Persona de baja estatura o mala figura.

1 **zan·co** [θánko] *s/m* Palo alto, con salientes en los que se apoyan los pies para andar sobre él.

1 **zan·cu·do, -da** [θankúðo] **I.** *adj* COL De piernas o patas largas. **II.** *adj s/m,f* Ave con los tarsos, cuello, pico y patas muy largas. **III.** *s/f,pl* Clase de estas aves. **IV.** *s/m* AMER Mosquito.

zan·ga·ne·ar [θanganeár] *intr* COL No trabajar.

1 **zán·ga·no, -na** [θángano] **I.** *s/m,f* COL Persona holgazana. **II.** *s/m* Abeja macho.

2 **zan·ja** [θánxa] *s/f* Excavación larga y estrecha en el suelo.

② **zan·jar** [θanχár] *tr* Resolver una situación conflictiva de modo expedito.

za·pa [θápa] LOC **Trabajo de zapa**, actividad clandestina para destruir algo progresivamente.

① **za·pa·dor** [θapaðór] *s/m* MIL Soldado cuya labor consiste en construir fortificaciones.

② **za·pa·ta** [θapáta] *s/f* 1. Pieza que en un sistema de frenado actúa contra las ruedas de un vehículo para moderar o detener el movimiento. 2. Soporte plano sobre el que se apoya la estructura de una construcción.

za·pa·tea·do [θapateáðo] *s/m* Golpeteo rítmico del suelo con los zapatos de baile.

① **za·pa·te·ar** [θapateár] *tr intr* Golpear repetidamente el suelo con los pies calzados.

za·pa·teo [θapatéo] *s/m* Acción o resultado de zapatear.

① **za·pa·te·ría** [θapatería] *s/f* 1. Actividad, oficio y sector industrial del calzado. 2. Tienda donde se vende calzado.

② **za·pa·te·ro, -ra** [θapatéro] **I.** *adj* Relativo al calzado. **II.** *s/m,f* Persona que fabrica, arregla o vende calzado.

② **za·pa·ti·lla** [θapatíʎa] *s/f* Zapato ligero, de tela, piel fina, etc., y con suela delgada.

④ **za·pa·to** [θapáto] *s/m* Calzado que cubre el pie sin superar la altura del tobillo.

za·pe·ar [θapeár] *tr* COL Cambiar frecuentemente de canal de televisión con un mando a distancia.

za·peo [θapéo] *s/m* Zapping.

① **za·pping** [θápin] *s/m* ANGL Cambio frecuente o continuado del canal de televisión con el mando a distancia.

② **zar, za·ri·na** [θár] *s/m* Título de los antiguos soberanos rusos y búlgaros.

① **za·ra·ban·da** [θaraβánda] *s/f* 1. Antigua danza española, popular y picaresca, ejecutada con movimientos sensuales. 2. Música y letra de esta danza.

① **za·ra·güe·lles** [θarraɣwéʎes] *s/m,pl* Calzones anchos, típicos del traje tradicional del campo y huerta valenciana y murciana.

za·ran·da·ja [θarandáχa] *s/f* (*Frec* en *pl*) Cosas de escaso valor o importancia.

① **za·ran·de·ar** [θarandeár] *tr* Mover algo de un lado a otro con rapidez y energía.

za·ran·deo [θarandéo] *s/m* Acción de zarandear.

① **zar·ci·llo** [θarθíʎo] *s/m* 1. Pendiente. 2. Órgano filamentoso para fijarse las plantas a un soporte y trepar.

① **zar·pa** [θárpa] *s/f* Mano del león, tigre, gato, etc., con dedos terminados en uñas duras y afiladas.

② **zar·par** [θarpár] *intr* Partir una embarcación del lugar donde está fondeada.

① **zar·pa·zo** [θarpáθo] *s/m* Golpe dado con la zarpa.

① **za·rra·pas·tro·so, -sa** [θarrapastróso] *adj* Sucio y andrajoso.

② **zar·za** [θárθa] *s/f* BOT Arbusto con tallos provistos de púas fuertes y agudas, cuyo fruto es la zarzamora.

① **zar·zal** [θarθál] *s/m* Lugar poblado de zarzas.

① **zar·za·mo·ra** [θarθamóra] *s/f* 1. Zarza. 2. Fruto de la zarza.

① **zar·za·pa·rri·lla** [θarθaparríʎa] *s/f* 1. Arbusto de tallos delgados y frutos en baya. 2. Bebida refrescante preparada con las raíces de esta planta.

③ **zar·zue·la** [θarθwéla] *s/f* 1. Composición musical dramática española. 2. Plato con diversos pescados y mariscos.

① **¡zas!** [θás] *interj* Expresa la brusquedad o rapidez de una acción.

① **zas·can·dil** [θaskandíl] *s/m,f* COL Chismoso, entrometido.

① **zas·can·di·le·ar** [θaskandileár] *intr* Ir de un lado para otro sin hacer algo útil.

ze·pe·lín [θepelín] *s/m* Globo dirigible de grandes dimensiones.

ze·ta [θéta] *s/f* Nombre de la letra 'z'.

① **zig·zag** [θiɣθáɣ] *s/m* Línea quebrada, de ángulos entrantes y salientes.

① **zig·za·gue·an·te** [θiɣθaɣeánte] *adj* En zigzag.

① **zig·za·gue·ar** [θiɣθaɣeár] *intr* Moverse en zigzag.

① **zinc** [θínk] *s/m* Cinc.

① **zín·ga·ro, -ra** [θínɣaro] *adj s/m,f* Gitano.

① **zi·pi·za·pe** [θipiθápe] *s/m* COL Alboroto, jaleo.

② **zó·ca·lo** [θókalo] *s/m* 1. ARQ Parte inferior de una construcción, para elevar lo basamentos a un mismo nivel. 2. Part inferior de un pedestal. 3. MEX Plaz pública.

① **zo·co** [θóko] *s/m* Plaza o zona co numerosas tiendas y puestos de vent típica de ciertos países árabes.

zo·diac [θóðjak] *s/f* NÁUT Embarcació pequeña, de caucho y estructura rígida con motor fuera borda.

ZU·TA·NO

1 **zo·dia·cal** [θoðjakál] *adj* Relativo al Zodíaco.

1 **zo·día·co** [θoðíako] *s/m* Zona de la esfera celeste, dividida en doce partes, con un signo para cada una. ORT También *zodiaco*.

1 **zom·bi** *adj* COL Alelado, atontado.

5 **zo·na** [θóna] *s/f* 1. Cierta extensión delimitada de terreno. 2. Parte de algo (edificio, vivienda) con determinadas características.

1 **zoo** [θóo] *s/m* Parque zoológico.

1 **zoo·lo·gía** [θooloxía] *s/f* Ciencia que estudia los organismos animales.

2 **zoo·ló·gi·co, -ca** [θoolóxiko] I. *adj* Relativo a la zoología. II. *s/m* Lugar en el que viven, son cuidados y se exhiben animales al público.

1 **zoó·lo·go, -ga** [θoóloγo] *s/m,f* Experto en el estudio de los animales.

1 **zoom** [θúm] *s/m* Objetivo acoplado a una cámara, que permite acercar o alejar las imágenes.

1 **zo·pen·co, -ca** [θopénko] *adj s/m,f* COL Torpe, bruto.

1 **zo·que·te** [θokéte] I. *s/m* Trozo grueso de pan. II. *adj s/m,f* COL Persona torpe y poco inteligente.

3 **zo·rro, -rra** [θórro] I. *s/m,f* Animal de pelaje largo y espeso, famoso por su astucia. II. *s/m* Piel de este animal. III. *adj s/m,f* FIG Persona astuta. IV. *adj s/f* Prostituta.

1 **zo·te** [θóte] *adj s/m,f* COL Torpe y de escasa inteligencia.

1 **zo·zo·bra** [θoθóβra] *s/f* Inquietud del ánimo.

1 **zo·zo·brar** [θoθoβrár] *intr* 1. Naufragar. 2. Fracasar.

1 **zue·co** [θwéko] *s/m* Zapato de madera de una sola pieza.

1 **zu·lo** [θúlo] *s/m* Escondite pequeño y oscuro.

1 **zum·ba** [θúmba] *s/f* Burla.

2 **zum·bar** [θumbár] I. *intr* 1. Producir un sonido sordo y persistente. II. *tr* COL Golpear, pegar. LOC **Hacer algo zumbando,** COL hacerlo muy deprisa.

2 **zum·bi·do** [θumbíðo] *s/m* Ruido sordo, continuado y molesto.

1 **zum·bón, -bo·na** [θumbón] I. *adj* Que se burla o contiene burla. II. *adj s/m,f* Bromista.

2 **zu·mo** [θúmo] *s/m* Líquido que se extrae de las frutas u otros vegetales.

zur·ci·do [θurθíðo] *s/m* Acción o resultado de zurcir.

1 **zur·cir** [θurθír] *tr* Coser un agujero o desgarro. LOC **Que (me, te, le...) zurzan,** COL exclamación de desprecio. ORT Ante *o/a* la *c* cambia a *z: Zurzo, zurza.*

2 **zur·do, -da** [θúrðo] I. *adj s/m,f* Que se vale preferentemente de la mano izquierda y no de la derecha. II. *s/f* 1. COL Parte o lado izquierdo de algo. 2. Mano izquierda. 3. Pie izquierdo.

1 **zu·rra** [θúrra] *s/f* Paliza.

1 **zu·rrar** [θurrár] *tr* Pegar.

zu·rria·ga·zo [θurrjaγáθo] *s/m* Latigazo.

1 **zu·rrón** [θurrón] *s/m* Bolsa grande, que usa la gente de campo o los cazadores para llevar provisiones o guardar la caza.

1 **zu·ta·no, -na** [θutáno] *s/m,f* Persona no identificada.